개역개정 | 새찬송가

HOLY BIBLE & HYMNAL

님께

주후 년 월 일

드립니다

주기도문 | The Lord's Prayer

하늘에 계신 우리 아버지여,
이름이 거룩히 여김을 받으시오며, 나라가 임하시오며,
뜻이 하늘에서 이루어진 것 같이 땅에서도 이루어지이다.
오늘 우리에게 일용할 양식을 주시옵고,
우리가 우리에게 죄 지은 자를 사하여 준 것 같이
우리 죄를 사하여 주시옵고,
우리를 시험에 들게 하지 마시옵고,
다만 악에서 구하시옵소서.
나라와 권세와 영광이 아버지께 영원히 있사옵나이다.
아멘. (마태복음 6:9-13)

새번역 주기도문

하늘에 계신 우리 아버지,
아버지의[1] 이름을 거룩하게 하시며[2]
아버지의 나라가 오게 하시며,
아버지의 뜻이 하늘에서와 같이 땅에서도 이루어지게 하소서.
오늘 우리에게 일용할 양식을 주시고,
우리가 우리에게 잘못한 사람을 용서하여 준 것 같이
우리 죄를 용서하여 주시고,
우리를 시험에 빠지지 않게 하시고 악에서 구하소서.
나라와 권능과 영광이 영원히 아버지의 것입니다. 아멘.

---

1) 원문(σου)은 '당신의'라는 뜻이다.
2) '아버지께서 우리를 통하여 당신의 이름을 거룩하게 하소서'라는 의미가 함축되어 있다.

The Apostles' Creed | 사도신경

전능하사 천지를 만드신 하나님 아버지를 내가 믿사오며,
그 외아들 우리 주 예수 그리스도를 믿사오니,
이는 성령으로 잉태하사 동정녀 마리아에게 나시고,
본디오 빌라도에게 고난을 받으사, 십자가에 못 박혀 죽으시고,
장사한 지 사흘 만에 죽은 자 가운데서 다시 살아나시며,
하늘에 오르사, 전능하신 하나님 우편에 앉아 계시다가,
저리로서 산 자와 죽은 자를 심판하러 오시리라.
성령을 믿사오며, 거룩한 공회와,
성도가 서로 교통하는 것과,
죄를 사하여 주시는 것과, 몸이 다시 사는 것과,
영원히 사는 것을 믿사옵나이다. 아멘.

[1]사도신경 새번역

나는 전능하신 아버지 하나님, 천지의 창조주를 믿습니다.
나는 그의 유일하신 아들, 우리 주 예수 그리스도를 믿습니다.
그는 성령으로 잉태되어 동정녀 마리아에게서 나시고,
본디오 빌라도에게 고난을 받아 십자가에 못 박혀 죽으시고,
장사된 지[2] 사흘 만에 죽은 자 가운데서 다시 살아나셨으며,
하늘에 오르시어 전능하신 아버지 하나님 우편에 앉아 계시다가,
거기로부터 살아 있는 자와 죽은 자를 심판하러 오십니다.
나는 성령을 믿으며, 거룩한 공교회와 성도의 교제와
죄를 용서받는 것과 몸의 부활과 영생을 믿습니다. 아멘.

---

1) '사도신조'로도 번역할 수 있다.
2) '장사 되시어 지옥에 내려가신 지'가 공인된 원문(Forma Recepta)에는 있으나, 대다수의 본문에는 없다.

Agape Holy Bible

The Old Testament & New Testament

The Holy Bible
Old and New Testaments
New Korean Revised Version

NKR 72EAM

Printed in Seoul, Korea

성경전서

개역개정판

THE HOLY BIBLE
Old and New Testaments
New Korean Revised Version

NKR72EAM 5th Printing, 5,000; March 2024
Printed in Korea

성경전서 개역개정판

2018년 11월 20일 초판 1쇄 발행
2024년 3월 20일 초판 5쇄 발행
(2005년 11월 1일 4판 본문 사용)

발행처 | 재단법인 대한성서공회
서울특별시 서초구 남부순환로 2569
등 록 | 1962년 7월 20일, 제1-78호
인쇄소 | (주)한일문화사
제본소 | (주)바이블코리아

구약전서

구약전서 목록

성경책명 약자표

구약전서

책명	약자	책명	약자	책명	약자
창세기	창	역대하	대하	다니엘	단
출애굽기	출	에스라	스	호세아	호
레위기	레	느헤미야	느	요엘	욜
민수기	민	에스더	에	아모스	암
신명기	신	욥기	욥	오바댜	옵
여호수아	수	시편	시	요나	욘
사사기	삿	잠언	잠	미가	미
룻기	룻	전도서	전	나훔	나
사무엘상	삼상	아가	아	하박국	합
사무엘하	삼하	이사야	사	스바냐	습
열왕기상	왕상	예레미야	렘	학개	학
열왕기하	왕하	예레미야애가	애	스가랴	슥
역대상	대상	에스겔	겔	말라기	말

신약전서

책명	약자	책명	약자	책명	약자
마태복음	마	에베소서	엡	히브리서	히
마가복음	막	빌립보서	빌	야고보서	약
누가복음	눅	골로새서	골	베드로전서	벧전
요한복음	요	데살로니가전서	살전	베드로후서	벧후
사도행전	행	데살로니가후서	살후	요한일서	요일
로마서	롬	디모데전서	딤전	요한이서	요이
고린도전서	고전	디모데후서	딤후	요한삼서	요삼
고린도후서	고후	디도서	딛	유다서	유
갈라디아서	갈	빌레몬서	몬	요한계시록	계

범 례
* 본문에 사용한 ●표는 새로운 문단의 시작을 가리킴
* 난외의 주는 본문을 이렇게 번역할 수도 있음을 밝히거나 이해를 돕기 위하여 설명을 덧붙인 것임
* 본문에 들어 있는 작은 글자는 원문에는 없는 말이지만 뜻을 명확하게 나타내기 위하여 번역하면서 더한 것임
* 히-히브리어 * 헬-헬라어
* 본문의 쪽 숫자는 〈성경전서 개역개정판〉 NKR73ES와 일치시켰음

창세기

Genesis

천지 창조

1 태초에 하나님이 천지를 창조하
시니라
2 땅이 [1]혼돈하고 공허하며 흑암이
깊음 위에 있고 하나님의 영은 수
면 위에 운행하시니라
3 하나님이 이르시되 빛이 있으라 하
시니 빛이 있었고
4 빛이 하나님이 보시기에 좋았더라
하나님이 빛과 어둠을 나누사
5 하나님이 빛을 낮이라 부르시고 어
둠을 밤이라 부르시니라 저녁이 되
고 아침이 되니 이는 첫째 날이니
라
6 ●하나님이 이르시되 물 가운데에
궁창이 있어 물과 물로 나뉘라 하
시고
7 하나님이 궁창을 만드사 궁창 아래
의 물과 궁창 위의 물로 나뉘게 하
시니 그대로 되니라
8 하나님이 궁창을 하늘이라 부르시
니라 저녁이 되고 아침이 되니 이
는 둘째 날이니라
9 ●하나님이 이르시되 천하의 물이
한 곳으로 모이고 뭍이 드러나라
하시니 그대로 되니라
10 하나님이 뭍을 땅이라 부르시고 모
인 물을 바다라 부르시니 하나님이
보시기에 좋았더라
11 하나님이 이르시되 땅은 풀과 씨
맺는 채소와 각기 종류대로 씨 가
진 열매 맺는 나무를 내라 하시니
그대로 되어
12 땅이 풀과 각기 종류대로 씨 맺는
채소와 각기 종류대로 씨 가진 열
매 맺는 나무를 내니 하나님이 보
시기에 좋았더라
13 저녁이 되고 아침이 되니 이는 셋
째 날이니라
14 ●하나님이 이르시되 하늘의 궁창
에 [2]광명체들이 있어 낮과 밤을 나
뉘게 하고 그것들로 징조와 계절과
날과 해를 이루게 하라
15 또 광명체들이 하늘의 궁창에 있어
땅을 비추라 하시니 그대로 되니라
16 하나님이 두 큰 광명체를 만드사
큰 광명체로 낮을 주관하게 하시고
작은 광명체로 밤을 주관하게 하시
며 또 별들을 만드시고
17 하나님이 그것들을 하늘의 궁창에
두어 땅을 비추게 하시며
18 낮과 밤을 주관하게 하시고 빛과
어둠을 나뉘게 하시니 하나님이 보
시기에 좋았더라
19 저녁이 되고 아침이 되니 이는 넷
째 날이니라
20 ●하나님이 이르시되 물들은 생물
을 번성하게 하라 땅 위 하늘의 궁
창에는 새가 날으라 하시고
21 하나님이 큰 바다 짐승들과 물에서
번성하여 움직이는 모든 생물을 그
종류대로, 날개 있는 모든 새를 그
종류대로 창조하시니 하나님이 보
시기에 좋았더라
22 하나님이 그들에게 복을 주시며 이
르시되 생육하고 번성하여 여러 바
닷물에 충만하라 새들도 땅에 번성
하라 하시니라
23 저녁이 되고 아침이 되니 이는 다
섯째 날이니라
24 ●하나님이 이르시되 땅은 생물을
그 종류대로 내되 가축과 기는 것
과 땅의 짐승을 종류대로 내라 하
시니 그대로 되니라
25 하나님이 땅의 짐승을 그 종류대

1) 또는 형체가 없는 2) 히, 또는 발광체

로, 가축을 그 종류대로, 땅에 기는
모든 것을 그 종류대로 만드시니
하나님이 보시기에 좋았더라
26 하나님이 이르시되 우리의 형상을
따라 우리의 모양대로 우리가 사람
을 만들고 그들로 바다의 물고기와
하늘의 새와 가축과 [1)]온 땅과 땅에
기는 모든 것을 다스리게 하자 하
시고
27 하나님이 자기 형상 곧 하나님의
형상대로 사람을 창조하시되 남자
와 여자를 창조하시고
28 하나님이 그들에게 복을 주시며 하
나님이 그들에게 이르시되 생육하
고 번성하여 땅에 충만하라, 땅을
정복하라, 바다의 물고기와 하늘의
새와 땅에 움직이는 모든 생물을
다스리라 하시니라
29 하나님이 이르시되 내가 온 지면의
씨 맺는 모든 채소와 씨 가진 열매
맺는 모든 나무를 너희에게 주노니
너희의 먹을거리가 되리라
30 또 땅의 모든 짐승과 하늘의 모든
새와 생명이 있어 땅에 기는 모든
것에게는 내가 모든 푸른 풀을 먹
을거리로 주노라 하시니 그대로 되
니라
31 하나님이 지으신 그 모든 것을 보
시니 보시기에 심히 좋았더라 저녁
이 되고 아침이 되니 이는 여섯째
날이니라

2 천지와 만물이 다 이루어지니라
2 하나님이 그가 하시던 일을 일
곱째 날에 마치시니 그가 하시던
모든 일을 그치고 일곱째 날에 안
식하시니라
3 하나님이 그 일곱째 날을 복되게
하사 거룩하게 하셨으니 이는 하나
님이 그 창조하시며 만드시던 모든
일을 마치시고 그날에 안식하셨음
이니라

에덴 동산

4 ●이것이 천지가 창조될 때에 하늘
과 땅의 내력이니 여호와 하나님이
땅과 하늘을 만드시던 날에
5 여호와 하나님이 땅에 비를 내리지
아니하셨고 땅을 갈 사람도 없었으
므로 들에는 초목이 아직 없었고
밭에는 채소가 나지 아니하였으며
6 안개만 땅에서 올라와 온 지면을
적셨더라
7 여호와 하나님이 땅의 흙으로 사람
을 지으시고 생기를 그 코에 불어
넣으시니 사람이 [2)]생령이 되니라
8 여호와 하나님이 동방의 에덴에 동
산을 창설하시고 그 지으신 사람을
거기 두시니라
9 여호와 하나님이 그 땅에서 보기에
아름답고 먹기에 좋은 나무가 나게
하시니 동산 가운데에는 생명 나무
와 [3)]선악을 알게 하는 나무도 있더
라
10 강이 에덴에서 흘러 나와 동산을
적시고 거기서부터 갈라져 네 근원
이 되었으니
11 첫째의 이름은 비손이라 금이 있는
하윌라 온 땅을 둘렀으며
12 그 땅의 금은 순금이요 그곳에는
[4)]베델리엄과 호마노도 있으며
13 둘째 강의 이름은 기혼이라 구스
온 땅을 둘렀고
14 셋째 강의 이름은 힛데겔이라 앗수
르 동쪽으로 흘렀으며 넷째 강은
유브라데더라
15 여호와 하나님이 그 사람을 이끌어
에덴 동산에 두어 그것을 경작하며
지키게 하시고
16 여호와 하나님이 그 사람에게 명하

1) 시리아어 역본에는 온 땅의 짐승과 2) 히, 생물 3) 선악 지식의 나무 4) 진주

여 이르시되 동산 각종 나무의 열
매는 네가 임의로 먹되
17 선악을 알게 하는 나무의 열매는
먹지 말라 네가 먹는 날에는 반드
시 죽으리라 하시니라
18 ●여호와 하나님이 이르시되 사람
이 혼자 사는 것이 좋지 아니하니
내가 그를 위하여 돕는 배필을 지
으리라 하시니라
19 여호와 하나님이 흙으로 각종 들짐
승과 공중의 각종 새를 지으시고
아담이 무엇이라고 부르나 보시려
고 그것들을 그에게로 이끌어 가시
니 아담이 각 생물을 부르는 것이
곧 그 이름이 되었더라
20 아담이 모든 가축과 공중의 새와
들의 모든 짐승에게 이름을 주니라
아담이 돕는 배필이 없으므로
21 여호와 하나님이 아담을 깊이 잠들
게 하시니 잠들매 그가 그 갈빗대
하나를 취하고 살로 대신 채우시고
22 여호와 하나님이 아담에게서 취하
신 그 갈빗대로 여자를 만드시고
그를 아담에게로 이끌어 오시니
23 아담이 이르되 이는 내 뼈 중의 뼈
요 살 중의 살이라 이것을 남자에
게서 취하였은즉 여자라 부르리라
하니라
24 이러므로 남자가 부모를 떠나 그의
아내와 합하여 둘이 한 몸을 이룰
지로다
25 아담과 그의 아내 두 사람이 벌거
벗었으나 부끄러워하지 아니하니
라

사람의 불순종과 하나님의 심판 선언

3 그런데 뱀은 여호와 하나님이 지
으신 들짐승 중에 가장 간교하니
라 뱀이 여자에게 물어 이르되 하
나님이 참으로 너희에게 동산 모
든 나무의 열매를 먹지 말라 하시
더냐
2 여자가 뱀에게 말하되 동산 나무의
열매를 우리가 먹을 수 있으나
3 동산 중앙에 있는 나무의 열매는
하나님의 말씀에 너희는 먹지도 말
고 만지지도 말라 너희가 죽을까
하노라 하셨느니라
4 뱀이 여자에게 이르되 너희가 결코
죽지 아니하리라
5 너희가 그것을 먹는 날에는 너희
눈이 밝아져 하나님과 같이 되어
선악을 알 줄 하나님이 아심이니라
6 여자가 그 나무를 본즉 먹음직도
하고 보암직도 하고 지혜롭게 할
만큼 탐스럽기도 한 나무인지라 여
자가 그 열매를 따먹고 자기와 함
께 있는 남편에게도 주매 그도 먹
은지라
7 이에 그들의 눈이 밝아져 자기들이
벗은 줄을 알고 무화과나무 잎을
엮어 치마로 삼았더라
8 그들이 그날 바람이 불 때 동산에
거니시는 여호와 하나님의 소리를
듣고 아담과 그의 아내가 여호와
하나님의 낯을 피하여 동산 나무
사이에 숨은지라
9 여호와 하나님이 아담을 부르시며
그에게 이르시되 네가 어디 있느냐
10 이르되 내가 동산에서 하나님의 소
리를 듣고 내가 벗었으므로 두려워
하여 숨었나이다
11 이르시되 누가 너의 벗었음을 네게
알렸느냐 내가 네게 먹지 말라 명
한 그 나무 열매를 네가 먹었느냐
12 아담이 이르되 하나님이 주셔서 나
와 함께 있게 하신 여자 그가 그 나
무 열매를 내게 주므로 내가 먹었
나이다
13 여호와 하나님이 여자에게 이르시
되 네가 어찌하여 이렇게 하였느냐

여자가 이르되 뱀이 나를 꾀므로
내가 먹었나이다
14 여호와 하나님이 뱀에게 이르시되
네가 이렇게 하였으니 네가 모든
가축과 들의 모든 짐승보다 더욱
저주를 받아 배로 다니고 살아 있
는 동안 흙을 먹을지니라
15 내가 너로 여자와 원수가 되게 하
고 네 후손도 여자의 후손과 원수
가 되게 하리니 여자의 후손은 네
머리를 상하게 할 것이요 너는 그
의 발꿈치를 상하게 할 것이니라
하시고
16 또 여자에게 이르시되 내가 네게
임신하는 고통을 크게 더하리니 네
가 수고하고 자식을 낳을 것이며
너는 남편을 원하고 남편은 너를
다스릴 것이니라 하시고
17 아담에게 이르시되 네가 네 아내의
말을 듣고 내가 네게 먹지 말라 한
나무의 열매를 먹었은즉 땅은 너로
말미암아 저주를 받고 너는 네 평
생에 수고하여야 그 소산을 먹으리
라
18 땅이 네게 가시덤불과 엉겅퀴를 낼
것이라 네가 먹을 것은 밭의 채소
인즉
19 네가 흙으로 돌아갈 때까지 얼굴에
땀을 흘려야 먹을 것을 먹으리니
네가 그것에서 취함을 입었음이라
너는 흙이니 흙으로 돌아갈 것이니
라 하시니라
20 아담이 그의 아내의 이름을 [1]하와
라 불렀으니 그는 모든 산 자의 어
머니가 됨이더라
21 여호와 하나님이 아담과 그의 아내
를 위하여 가죽 옷을 지어 입히시
니라

아담과 하와를 쫓아내시다

22 ●여호와 하나님이 이르시되 보라
이 사람이 선악을 아는 일에 우리
중 하나같이 되었으니 그가 그의
손을 들어 생명 나무 열매도 따먹
고 영생할까 하노라 하시고
23 여호와 하나님이 에덴 동산에서 그
를 내보내어 그의 근원이 된 땅을
갈게 하시니라
24 이같이 하나님이 그 사람을 쫓아내
시고 에덴 동산 동쪽에 그룹들과
두루 도는 불 칼을 두어 생명 나무
의 길을 지키게 하시니라

가인과 아벨

4 아담이 그의 아내 하와와 [2]동침
하매 하와가 임신하여 [3]가인을
낳고 이르되 내가 여호와로 말미암
아 득남하였다 하니라
2 그가 또 가인의 아우 아벨을 낳았
는데 아벨은 양 치는 자였고 가인
은 농사하는 자였더라
3 세월이 지난 후에 가인은 땅의 소
산으로 제물을 삼아 여호와께 드렸
고
4 아벨은 자기도 양의 첫 새끼와 그
기름으로 드렸더니 여호와께서 아
벨과 그의 제물은 받으셨으나
5 가인과 그의 제물은 받지 아니하신
지라 가인이 몹시 분하여 안색이
변하니
6 여호와께서 가인에게 이르시되 네
가 분하여 함은 어찌 됨이며 안색
이 변함은 어찌 됨이냐
7 네가 선을 행하면 어찌 낯을 들지
못하겠느냐 선을 행하지 아니하면
죄가 문에 엎드려 있느니라 죄가
너를 원하나 너는 죄를 다스릴지니
라
8 가인이 그의 아우 아벨에게 [4]말하
고 그들이 들에 있을 때에 가인이

1) 생명 2) 히, 알게 되매 3) 얻음 4) 고대 역본들에 의하면 '우리가 들로 나가자' 가 있음

그의 아우 아벨을 쳐죽이니라
9 여호와께서 가인에게 이르시되 네
아우 아벨이 어디 있느냐 그가 이
르되 내가 알지 못하나이다 내가
내 아우를 지키는 자니이까
10 이르시되 네가 무엇을 하였느냐 네
아우의 핏소리가 땅에서부터 내게
호소하느니라
11 땅이 그 입을 벌려 네 손에서부터
네 아우의 피를 받았은즉 네가 땅
에서 저주를 받으리니
12 네가 밭을 갈아도 땅이 다시는 그
효력을 네게 주지 아니할 것이요
너는 땅에서 피하며 유리하는 자가
되리라
13 가인이 여호와께 아뢰되 내 죄벌이
지기가 너무 무거우니이다
14 주께서 오늘 이 지면에서 나를 쫓
아내시온즉 내가 주의 낯을 뵈옵지
못하리니 내가 땅에서 피하며 유리
하는 자가 될지라 무릇 나를 만나
는 자마다 나를 죽이겠나이다
15 여호와께서 그에게 이르시되 그렇
지 아니하다 가인을 죽이는 자는
벌을 칠 배나 받으리라 하시고 가
인에게 표를 주사 그를 만나는 모
든 사람에게서 죽임을 면하게 하시
니라

가인의 자손

16 ●가인이 여호와 앞을 떠나서 에덴
동쪽 [1]놋 땅에 거주하더니
17 아내와 동침하매 그가 임신하여 에
녹을 낳은지라 가인이 성을 쌓고
그의 아들의 이름으로 성을 이름하
여 에녹이라 하니라
18 에녹이 이랏을 낳고 이랏은 므후야
엘을 낳고 므후야엘은 므드사엘을
낳고 므드사엘은 라멕을 낳았더라
19 라멕이 두 아내를 맞이하였으니 하
나의 이름은 아다요 하나의 이름은
씰라였더라
20 아다는 야발을 낳았으니 그는 장막
에 거주하며 가축을 치는 자의 조
상이 되었고
21 그의 아우의 이름은 유발이니 그는
수금과 퉁소를 잡는 모든 자의 조
상이 되었으며
22 씰라는 두발가인을 낳았으니 그는
구리와 쇠로 여러 가지 기구를 만
드는 자요 두발가인의 누이는 나아
마였더라
23 라멕이 아내들에게 이르되
아다와 씰라여 내 목소리를 들으
라 라멕의 아내들이여 내 말을 들
으라 나의 상처로 말미암아 내가
사람을 죽였고 나의 상함으로 말
미암아 소년을 죽였도다
24 가인을 위하여는 벌이 칠 배일진
대 라멕을 위하여는 벌이 칠십칠
배이리로다
하였더라

셋과 에노스

25 ●아담이 다시 자기 아내와 동침하
매 그가 아들을 낳아 그의 이름을
셋이라 하였으니 이는 하나님이 내
게 가인이 죽인 아벨 대신에 다른
씨를 주셨다 함이며
26 셋도 아들을 낳고 그의 이름을 에
노스라 하였으며 그때에 사람들이
비로소 여호와의 이름을 불렀더라

아담의 계보

5 이것은 아담의 계보를 적은 책이
니라 하나님이 사람을 창조하실
때에 하나님의 모양대로 지으시되
2 남자와 여자를 창조하셨고 그들이
창조되던 날에 하나님이 그들에게
복을 주시고 그들의 이름을 사람이
라 일컬으셨더라
3 아담은 백삼십 세에 자기의 모양

1) 유리함

곧 자기의 형상과 같은 아들을 낳
아 이름을 셋이라 하였고
4 아담은 셋을 낳은 후 팔백 년을 지
내며 자녀들을 낳았으며
5 그는 구백삼십 세를 살고 죽었더라
6 ●셋은 백오 세에 에노스를 낳았고
7 에노스를 낳은 후 팔백칠 년을 지
내며 자녀들을 낳았으며
8 그는 구백십이 세를 살고 죽었더라
9 ●에노스는 구십 세에 게난을 낳았
고
10 게난을 낳은 후 팔백십오 년을 지
내며 자녀들을 낳았으며
11 그는 구백오 세를 살고 죽었더라
12 ●게난은 칠십 세에 마할랄렐을 낳
았고
13 마할랄렐을 낳은 후 팔백사십 년을
지내며 자녀들을 낳았으며
14 그는 구백십 세를 살고 죽었더라
15 ●마할랄렐은 육십오 세에 야렛을
낳았고
16 야렛을 낳은 후 팔백삼십 년을 지
내며 자녀를 낳았으며
17 그는 팔백구십오 세를 살고 죽었더
라
18 ●야렛은 백육십이 세에 에녹을 낳
았고
19 에녹을 낳은 후 팔백 년을 지내며
자녀들을 낳았으며
20 그는 구백육십이 세를 살고 죽었더
라
21 ●에녹은 육십오 세에 므두셀라를
낳았고
22 므두셀라를 낳은 후 삼백 년을 하
나님과 동행하며 자녀들을 낳았으
며
23 그는 삼백육십오 세를 살았더라
24 에녹이 하나님과 동행하더니 하나
님이 그를 데려가시므로 세상에 있
지 아니하였더라
25 ●므두셀라는 백팔십칠 세에 라멕
을 낳았고
26 라멕을 낳은 후 칠백팔십이 년을
지내며 자녀를 낳았으며
27 그는 구백육십구 세를 살고 죽었더
라
28 ●라멕은 백팔십이 세에 아들을 낳
고
29 이름을 [1]노아라 하여 이르되 여호
와께서 땅을 저주하시므로 수고롭
게 일하는 우리를 이 아들이 안위
하리라 하였더라
30 라멕은 노아를 낳은 후 오백구십오
년을 지내며 자녀들을 낳았으며
31 그는 칠백칠십칠 세를 살고 죽었더
라
32 ●노아는 오백 세 된 후에 셈과 함
과 야벳을 낳았더라

사람의 죄악

6 사람이 땅 위에 번성하기 시작할
때에 그들에게서 딸들이 나니
2 하나님의 아들들이 사람의 딸들의
아름다움을 보고 자기들이 좋아하
는 모든 여자를 아내로 삼는지라
3 여호와께서 이르시되 나의 영이 영
원히 사람과 함께하지 아니하리니
이는 그들이 육신이 됨이라 그러나
그들의 날은 백이십 년이 되리라
하시니라
4 당시에 땅에는 [2]네피림이 있었고
그 후에도 하나님의 아들들이 사람
의 딸들에게로 들어와 자식을 낳았
으니 그들은 용사라 고대에 명성이
있는 사람들이었더라
5 ●여호와께서 사람의 죄악이 세상
에 가득함과 그의 마음으로 생각하
는 모든 계획이 항상 악할 뿐임을
보시고
6 땅 위에 사람 지으셨음을 한탄하사

1) 안위함 2) 장부가

마음에 근심하시고
7 이르시되 내가 창조한 사람을 내가
지면에서 쓸어버리되 사람으로부
터 가축과 기는 것과 공중의 새까
지 그리하리니 이는 내가 그것들을
지었음을 한탄함이니라 하시니라
8 그러나 노아는 여호와께 은혜를 입
었더라

노아의 족보

9 ●이것이 노아의 족보니라 노아는
의인이요 당대에 완전한 자라 그는
하나님과 동행하였으며
10 세 아들을 낳았으니 셈과 함과 야
벳이라
11 그때에 온 땅이 하나님 앞에 부패
하여 포악함이 땅에 가득한지라
12 하나님이 보신즉 땅이 부패하였으
니 이는 땅에서 모든 혈육 있는 자
의 행위가 부패함이었더라
13 ●하나님이 노아에게 이르시되 모
든 혈육 있는 자의 포악함이 땅에
가득하므로 그 끝날이 내 앞에 이
르렀으니 내가 그들을 땅과 함께
멸하리라
14 너는 고페르 나무로 너를 위하여
방주를 만들되 그 안에 칸들을 막
고 역청을 그 안팎에 칠하라
15 네가 만들 방주는 이러하니 그 길
이는 삼백 [1]규빗, 너비는 오십 규
빗, 높이는 삼십 규빗이라
16 거기에 창을 내되 위에서부터 한
규빗에 내고 그 문은 옆으로 내고
상중하 삼 층으로 할지니라
17 내가 홍수를 땅에 일으켜 무릇 생
명의 기운이 있는 모든 육체를 천
하에서 멸절하리니 땅에 있는 것들
이 다 죽으리라
18 그러나 너와는 내가 내 언약을 세
우리니 너는 네 아들들과 네 아내
와 네 며느리들과 함께 그 방주로
들어가고
19 혈육 있는 모든 생물을 너는 각기
암수 한 쌍씩 방주로 이끌어들여
너와 함께 생명을 보존하게 하되
20 새가 그 종류대로, 가축이 그 종류
대로, 땅에 기는 모든 것이 그 종류
대로 각기 둘씩 네게로 나아오리니
그 생명을 보존하게 하라
21 너는 먹을 모든 양식을 네게로 가
져다가 저축하라 이것이 너와 그들
의 먹을 것이 되리라
22 노아가 그와 같이 하여 하나님이
자기에게 명하신 대로 다 준행하였
더라

홍수

7 여호와께서 노아에게 이르시되
너와 네 온 집은 방주로 들어가라
이 세대에서 네가 내 앞에 의로움
을 내가 보았음이니라
2 너는 모든 정결한 짐승은 암수 일
곱씩, 부정한 것은 암수 둘씩을 네
게로 데려오며
3 공중의 새도 암수 일곱씩을 데려와
그 씨를 온 지면에 유전하게 하라
4 지금부터 칠 일이면 내가 사십 주
야를 땅에 비를 내려 내가 지은 모
든 생물을 지면에서 쓸어버리리라
5 노아가 여호와께서 자기에게 명하
신 대로 다 준행하였더라
6 ●홍수가 땅에 있을 때에 노아가
육백 세라
7 노아는 아들들과 아내와 며느리들
과 함께 홍수를 피하여 방주에 들
어갔고
8 정결한 짐승과 부정한 짐승과 새와
땅에 기는 모든 것은
9 하나님이 노아에게 명하신 대로 암
수 둘씩 노아에게 나아와 방주로
들어갔으며

1) 히, 암마

10 칠 일 후에 홍수가 땅에 덮이니
11 노아가 육백 세 되던 해 둘째 달 곧
그달 열이렛날이라 그날에 큰 깊음
의 샘들이 터지며 하늘의 창문들이
열려
12 사십 주야를 비가 땅에 쏟아졌더라
13 ●곧 그날에 노아와 그의 아들 셈,
함, 야벳과 노아의 아내와 세 며느
리가 다 방주로 들어갔고
14 그들과 모든 들짐승이 그 종류대
로, 모든 가축이 그 종류대로, 땅에
기는 모든 것이 그 종류대로, 모든
새가 그 종류대로
15 무릇 생명의 기운이 있는 육체가
둘씩 노아에게 나아와 방주로 들어
갔으니
16 들어간 것들은 모든 것의 암수라
하나님이 그에게 명하신 대로 들어
가매 여호와께서 그를 들여보내고
문을 닫으시니라
17 홍수가 땅에 사십 일 동안 계속된
지라 물이 많아져 방주가 땅에서
떠올랐고
18 물이 더 많아져 땅에 넘치매 방주
가 물 위에 떠 다녔으며
19 물이 땅에 더욱 넘치매 천하의 높
은 산이 다 잠겼더니
20 물이 불어서 십오 규빗이나 오르니
산들이 잠긴지라
21 땅 위에 움직이는 생물이 다 죽었
으니 곧 새와 가축과 들짐승과 땅
에 기는 모든 것과 모든 사람이라
22 육지에 있어 그 코에 생명의 기운
의 숨이 있는 것은 다 죽었더라
23 지면의 모든 생물을 쓸어버리시니
곧 사람과 가축과 기는 것과 공중
의 새까지라 이들은 땅에서 쓸어버
림을 당하였으되 오직 노아와 그와
함께 방주에 있던 자들만 남았더라
24 물이 백오십 일을 땅에 넘쳤더라

홍수가 그치다

8 하나님이 노아와 그와 함께 방주
에 있는 모든 들짐승과 가축을
기억하사 하나님이 바람을 땅 위에
불게 하시매 물이 줄어들었고
2 깊음의 샘과 하늘의 창문이 닫히고
하늘에서 비가 그치매
3 물이 땅에서 물러가고 점점 물러가
서 백오십 일 후에 줄어들고
4 일곱째 달 곧 그달 열이렛날에 방
주가 아라랏 산에 머물렀으며
5 물이 점점 줄어들어 열째 달 곧 그
달 초하룻날에 산들의 봉우리가 보
였더라
6 ●사십 일을 지나서 노아가 그 방
주에 낸 창문을 열고
7 까마귀를 내놓으매 까마귀가 물이
땅에서 마르기까지 날아 왕래하였
더라
8 그가 또 비둘기를 내놓아 지면에서
물이 줄어들었는지를 알고자 하매
9 온 지면에 물이 있으므로 비둘기가
발 붙일 곳을 찾지 못하고 방주로
돌아와 그에게로 오는지라 그가 손
을 내밀어 방주 안 자기에게로 받
아들이고
10 또 칠 일을 기다려 다시 비둘기를
방주에서 내놓으매
11 저녁때에 비둘기가 그에게로 돌아
왔는데 그 입에 감람나무 새 잎사
귀가 있는지라 이에 노아가 땅에
물이 줄어든 줄을 알았으며
12 또 칠 일을 기다려 비둘기를 내놓
으매 다시는 그에게로 돌아오지 아
니하였더라
13 ●육백일 년 첫째 달 곧 그달 초하
룻날에 땅 위에서 물이 걷힌지라
노아가 방주 뚜껑을 제치고 본즉
지면에서 물이 걷혔더니
14 둘째 달 스무이렛날에 땅이 말랐더

라
15 하나님이 노아에게 말씀하여 이르
시되
16 너는 네 아내와 네 아들들과 네 며
느리들과 함께 방주에서 나오고
17 너와 함께한 모든 혈육 있는 생물
곧 새와 가축과 땅에 기는 모든 것
을 다 이끌어내라 이것들이 땅에서
생육하고 땅에서 번성하리라 하시
매
18 노아가 그 아들들과 그의 아내와
그 며느리들과 함께 나왔고
19 땅 위의 동물 곧 모든 짐승과 모든
기는 것과 모든 새도 그 종류대로
방주에서 나왔더라

노아가 번제를 드리다

20 ●노아가 여호와께 제단을 쌓고 모
든 정결한 [1]짐승과 모든 정결한 새
중에서 제물을 취하여 번제로 제단
에 드렸더니
21 여호와께서 그 향기를 받으시고 그
중심에 이르시되 내가 다시는 사람
으로 말미암아 땅을 저주하지 아니
하리니 이는 사람의 마음이 계획하
는 바가 어려서부터 악함이라 내가
전에 행한 것같이 모든 생물을 다
시 멸하지 아니하리니
22 땅이 있을 동안에는 심음과 거둠과
추위와 더위와 여름과 겨울과 낮과
밤이 쉬지 아니하리라

하나님이 노아와 언약을 세우시다

9 하나님이 노아와 그 아들들에게
복을 주시며 그들에게 이르시되
생육하고 번성하여 땅에 충만하라
2 땅의 모든 짐승과 공중의 모든 새
와 땅에 기는 모든 것과 바다의 모
든 물고기가 너희를 두려워하며 너
희를 무서워하리니 이것들은 너희
의 손에 붙였음이니라
3 모든 산 동물은 너희의 먹을 것이
될지라 채소같이 내가 이것을 다
너희에게 주노라
4 그러나 고기를 그 생명 되는 피째
먹지 말 것이니라
5 내가 반드시 너희의 피 곧 너희의
생명의 피를 찾으리니 짐승이면 그
짐승에게서, 사람이나 사람의 형제
면 그에게서 그의 생명을 찾으리라
6 다른 사람의 피를 흘리면 그 사람
의 피도 흘릴 것이니 이는 하나님
이 자기 형상대로 사람을 지으셨음
이니라
7 너희는 생육하고 번성하며 땅에 가
득하여 그중에서 번성하라 하셨더
라
8 ●하나님이 노아와 그와 함께한 아
들들에게 말씀하여 이르시되
9 내가 내 언약을 너희와 너희 후손
과
10 너희와 함께한 모든 생물 곧 너희
와 함께한 새와 가축과 땅의 모든
생물에게 세우리니 방주에서 나온
모든 것 곧 땅의 모든 짐승에게니
라
11 내가 너희와 언약을 세우리니 다시
는 모든 생물을 홍수로 멸하지 아
니할 것이라 땅을 멸할 홍수가 다
시 있지 아니하리라
12 하나님이 이르시되 내가 나와 너희
와 및 너희와 함께하는 모든 생물
사이에 대대로 영원히 세우는 언약
의 증거는 이것이니라
13 내가 내 무지개를 구름 속에 두었
나니 이것이 나와 세상 사이의 언
약의 증거니라
14 내가 구름으로 땅을 덮을 때에 무
지개가 구름 속에 나타나면
15 내가 나와 너희와 및 육체를 가진
모든 생물 사이의 내 언약을 기억

1) 히, 또는 가축

하리니 다시는 물이 모든 육체를
멸하는 홍수가 되지 아니할지라
16 무지개가 구름 사이에 있으리니 내
가 보고 나 하나님과 모든 육체를
가진 땅의 모든 생물 사이의 영원
한 언약을 기억하리라
17 하나님이 노아에게 또 이르시되 내
가 나와 땅에 있는 모든 생물 사이
에 세운 언약의 증거가 이것이라
하셨더라

노아와 그 아들들

18 ●방주에서 나온 노아의 아들들은
셈과 함과 야벳이며 함은 가나안의
아버지라
19 노아의 이 세 아들로부터 사람들이
온 땅에 퍼지니라
20 ●노아가 농사를 시작하여 포도나
무를 심었더니
21 포도주를 마시고 취하여 그 장막
안에서 벌거벗은지라
22 가나안의 아버지 함이 그의 아버지
의 하체를 보고 밖으로 나가서 그
의 두 형제에게 알리매
23 셈과 야벳이 옷을 가져다가 자기들
의 어깨에 메고 뒷걸음쳐 들어가서
그들의 아버지의 하체를 덮었으며
그들이 얼굴을 돌이키고 그들의 아
버지의 하체를 보지 아니하였더라
24 노아가 술이 깨어 그의 [1]작은 아들
이 자기에게 행한 일을 알고
25 이에 이르되

가나안은 저주를 받아 그의 형제
의 종들의 종이 되기를 원하노라

하고
26 또 이르되

셈의 하나님 여호와를 찬송하리
로다 가나안은 셈의 종이 되고
27 하나님이 야벳을 창대하게 하사
셈의 장막에 거하게 하시고 가나
안은 그의 종이 되게 하시기를 원
하노라

하였더라
28 ●홍수 후에 노아가 삼백오십 년을
살았고
29 그의 나이가 구백오십 세가 되어
죽었더라

노아의 아들들의 족보(대상 1:5-23)

10 노아의 아들 셈과 함과 야벳의
족보는 이러하니라 홍수 후에
그들이 아들들을 낳았으니
2 야벳의 아들은 고멜과 마곡과 마대
와 야완과 두발과 메섹과 디라스요
3 고멜의 아들은 아스그나스와 리밧
과 도갈마요
4 야완의 아들은 엘리사와 달시스와
깃딤과 도다님이라
5 이들로부터 여러 나라 백성으로 나
뉘어서 각기 언어와 종족과 나라대
로 바닷가의 땅에 머물렀더라
6 ●함의 아들은 구스와 미스라임과
붓과 가나안이요
7 구스의 아들은 스바와 하윌라와 삽
다와 라아마와 삽드가요 라아마의
아들은 스바와 드단이며
8 구스가 또 니므롯을 낳았으니 그는
세상에 첫 용사라
9 그가 여호와 앞에서 용감한 사냥꾼
이 되었으므로 속담에 이르기를 아
무는 여호와 앞에 니므롯같이 용감
한 사냥꾼이로다 하더라
10 그의 나라는 시날 땅의 바벨과 에
렉과 악갓과 갈레에서 시작되었으
며
11 그가 그 땅에서 앗수르로 나아가
니느웨와 르호보딜과 갈라와
12 및 니느웨와 갈라 사이의 레센을
건설하였으니 이는 큰 성읍이라
13 미스라임은 루딤과 아나밈과 르하
빔과 납두힘과

1) 둘째

14 바드루심과 가슬루힘과 갑도림을
낳았더라 (가슬루힘에게서 블레셋
이 나왔더라)
15 ●가나안은 장자 시돈과 헷을 낳고
16 또 여부스 족속과 아모리 족속과
기르가스 족속과
17 히위 족속과 알가 족속과 신 족속
과
18 아르왓 족속과 스말 족속과 하맛
족속을 낳았더니 이후로 가나안 자
손의 족속이 흩어져 나아갔더라
19 가나안의 경계는 시돈에서부터 그
랄을 지나 가사까지와 소돔과 고모
라와 아드마와 스보임을 지나 라사
까지였더라
20 이들은 함의 자손이라 각기 족속과
언어와 지방과 나라대로였더라
21 ●셈은 에벨 온 자손의 조상이요 야
벳의 형이라 그에게도 자녀가 출생
하였으니
22 셈의 아들은 엘람과 앗수르와 아르
박삿과 룻과 아람이요
23 아람의 아들은 우스와 훌과 게델과
마스며
24 아르박삿은 셀라를 낳고 셀라는 에
벨을 낳았으며
25 에벨은 두 아들을 낳고 하나의 이
름을 [1]벨렉이라 하였으니 그때에
세상이 나뉘었음이요 [1]벨렉의 아우
의 이름은 욕단이며
26 욕단은 알모닷과 셀렙과 하살마웻
과 예라와
27 하도람과 우살과 디글라와
28 오발과 아비마엘과 스바와
29 오빌과 하윌라와 요밥을 낳았으니
이들은 다 욕단의 아들이며
30 그들이 거주하는 곳은 메사에서부
터 스발로 가는 길의 동쪽 산이었
더라
31 이들은 셈의 자손이니 그 족속과
언어와 지방과 나라대로였더라
32 ●이들은 그 백성들의 족보에 따르
면 노아 자손의 족속들이요 홍수
후에 이들에게서 그 땅의 백성들이
나뉘었더라

바벨

11 온 땅의 언어가 하나요 말이 하
나였더라
2 이에 그들이 동방으로 옮기다가 시
날 평지를 만나 거기 거류하며
3 서로 말하되 자, 벽돌을 만들어 견
고히 굽자 하고 이에 벽돌로 돌을
대신하며 역청으로 진흙을 대신하
고
4 또 말하되 자, 성읍과 탑을 건설하
여 그 탑 꼭대기를 하늘에 닿게 하
여 우리 이름을 내고 온 지면에 흩
어짐을 면하자 하였더니
5 여호와께서 사람들이 건설하는 그
성읍과 탑을 보려고 내려오셨더라
6 여호와께서 이르시되 이 무리가 한
족속이요 언어도 하나이므로 이같
이 시작하였으니 이후로는 그 하고
자 하는 일을 막을 수 없으리로다
7 자, 우리가 내려가서 거기서 그들
의 언어를 혼잡하게 하여 그들이
서로 알아듣지 못하게 하자 하시고
8 여호와께서 거기서 그들을 온 지면
에 흩으셨으므로 그들이 그 도시를
건설하기를 그쳤더라
9 그러므로 그 이름을 바벨이라 하니
이는 여호와께서 거기서 온 땅의
언어를 혼잡하게 하셨음이니라 여
호와께서 거기서 그들을 온 지면에
흩으셨더라

셈의 족보 (대상 1:24-27)

10 ●셈의 족보는 이러하니라 셈은 백
세 곧 홍수 후 이 년에 아르박삿을
낳았고

1) 나뉨

11 아르박삿을 낳은 후에 오백 년을
지내며 자녀를 낳았으며
12 아르박삿은 삼십오 세에 셀라를 낳
았고
13 셀라를 낳은 후에 사백삼 년을 지
내며 자녀를 낳았으며
14 셀라는 삼십 세에 에벨을 낳았고
15 에벨을 낳은 후에 사백삼 년을 지
내며 자녀를 낳았으며
16 에벨은 삼십사 세에 벨렉을 낳았고
17 벨렉을 낳은 후에 사백삼십 년을
지내며 자녀를 낳았으며
18 벨렉은 삼십 세에 르우를 낳았고
19 르우를 낳은 후에 이백구 년을 지
내며 자녀를 낳았으며
20 르우는 삼십이 세에 스룩을 낳았고
21 스룩을 낳은 후에 이백칠 년을 지
내며 자녀를 낳았으며
22 스룩은 삼십 세에 나홀을 낳았고
23 나홀을 낳은 후에 이백 년을 지내
며 자녀를 낳았으며
24 나홀은 이십구 세에 데라를 낳았고
25 데라를 낳은 후에 백십구 년을 지
내며 자녀를 낳았으며
26 데라는 칠십 세에 아브람과 나홀과
하란을 낳았더라

데라의 족보

27 ●데라의 족보는 이러하니라 데라
는 아브람과 나홀과 하란을 낳고
하란은 롯을 낳았으며
28 하란은 그 아비 데라보다 먼저 [1]고
향 갈대아인의 우르에서 죽었더라
29 아브람과 나홀이 장가 들었으니 아
브람의 아내의 이름은 사래며 나홀
의 아내의 이름은 밀가니 하란의
딸이요 하란은 밀가의 아버지이며
또 이스가의 아버지더라
30 사래는 임신하지 못하므로 자식이
없었더라
31 데라가 그 아들 아브람과 하란의
아들인 그의 손자 롯과 그의 며느
리 아브람의 아내 사래를 데리고
갈대아인의 우르를 떠나 가나안 땅
으로 가고자 하더니 하란에 이르러
거기 거류하였으며
32 데라는 나이가 이백오 세가 되어
하란에서 죽었더라

여호와께서 아브람에게 이르시다

12 여호와께서 아브람에게 이르
시되 너는 너의 고향과 친척과
아버지의 집을 떠나 내가 네게 보
여줄 땅으로 가라
2 내가 너로 큰 민족을 이루고 네게
복을 주어 네 이름을 창대하게 하
리니 너는 복이 될지라
3 너를 축복하는 자에게는 내가 복을
내리고 너를 저주하는 자에게는 내
가 저주하리니 땅의 모든 족속이
너로 말미암아 복을 얻을 것이라
하신지라
4 이에 아브람이 여호와의 말씀을 따
라갔고 롯도 그와 함께 갔으며 아
브람이 하란을 떠날 때에 칠십오
세였더라
5 아브람이 그의 아내 사래와 조카
롯과 하란에서 모은 모든 소유와
얻은 사람들을 이끌고 가나안 땅으
로 가려고 떠나서 마침내 가나안
땅에 들어갔더라
6 아브람이 그 땅을 지나 세겜 땅 모
레 상수리나무에 이르니 그때에 가
나안 사람이 그 땅에 거주하였더라
7 여호와께서 아브람에게 나타나 이
르시되 내가 이 땅을 네 자손에게
주리라 하신지라 자기에게 나타나
신 여호와께 그가 그곳에서 제단을
쌓고
8 거기서 벧엘 동쪽 산으로 옮겨 장
막을 치니 서쪽은 벧엘이요 동쪽은

1) 히, 그의 출생지

아이라 그가 그곳에서 여호와께 제
단을 쌓고 여호와의 이름을 부르더
니
9 점점 남방으로 옮겨갔더라

아브람이 애굽으로 내려가다

10 ●그 땅에 기근이 들었으므로 아브
람이 애굽에 거류하려고 그리로 내
려갔으니 이는 그 땅에 기근이 심
하였음이라
11 그가 애굽에 가까이 이르렀을 때에
그의 아내 사래에게 말하되 내가
알기에 그대는 아리따운 여인이라
12 애굽 사람이 그대를 볼 때에 이르
기를 이는 그의 아내라 하여 나는
죽이고 그대는 살리리니
13 원하건대 그대는 나의 누이라 하라
그러면 내가 그대로 말미암아 안전
하고 내 목숨이 그대로 말미암아
보존되리라 하니라
14 아브람이 애굽에 이르렀을 때에 애
굽 사람들이 그 여인이 심히 아리
따움을 보았고
15 바로의 고관들도 그를 보고 바로
앞에서 칭찬하므로 그 여인을 바로
의 궁으로 이끌어들인지라
16 이에 바로가 그로 말미암아 아브람
을 후대하므로 아브람이 양과 소와
노비와 암수 나귀와 낙타를 얻었더
라
17 여호와께서 아브람의 아내 사래의
일로 바로와 그 집에 큰 재앙을 내
리신지라
18 바로가 아브람을 불러서 이르되 네
가 어찌하여 나에게 이렇게 행하였
느냐 네가 어찌하여 그를 네 아내
라고 내게 말하지 아니하였느냐
19 네가 어찌 그를 누이라 하여 내가
그를 데려다가 아내를 삼게 하였느
냐 네 아내가 여기 있으니 이제 데
려가라 하고
20 바로가 사람들에게 그의 일을 명하
매 그들이 그와 함께 그의 아내와
그의 모든 소유를 보내었더라

아브람과 롯이 서로 떠나다

13 아브람이 애굽에서 그와 그의
아내와 모든 소유와 롯과 함께
네게브로 올라가니
2 아브람에게 가축과 은과 금이 풍부
하였더라
3 그가 네게브에서부터 길을 떠나 벧
엘에 이르며 벧엘과 아이 사이 곧
전에 장막 쳤던 곳에 이르니
4 그가 처음으로 제단을 쌓은 곳이라
그가 거기서 여호와의 이름을 불렀
더라
5 아브람의 일행 롯도 양과 소와 장
막이 있으므로
6 그 땅이 그들이 동거하기에 넉넉하
지 못하였으니 이는 그들의 소유가
많아서 동거할 수 없었음이니라
7 그러므로 아브람의 가축의 목자와
롯의 가축의 목자가 서로 다투고
또 가나안 사람과 브리스 사람도
그 땅에 거주하였는지라
8 아브람이 롯에게 이르되 우리는 한
[1]친족이라 나나 너나 내 목자나 네
목자나 서로 다투게 하지 말자
9 네 앞에 온 땅이 있지 아니하냐 나
를 떠나가라 네가 좌하면 나는 우
하고 네가 우하면 나는 좌하리라
10 이에 롯이 눈을 들어 요단 지역을
바라본즉 소알까지 온 땅에 물이
넉넉하니 여호와께서 소돔과 고모
라를 멸하시기 전이었으므로 여호
와의 동산 같고 애굽 땅과 같았더
라
11 그러므로 롯이 요단 온 지역을 택
하고 동으로 옮기니 그들이 서로
떠난지라

1) 히, 형제들

12 아브람은 가나안 땅에 거주하였고
롯은 그 지역의 도시들에 머무르며
그 장막을 옮겨 소돔까지 이르렀더
라
13 소돔 사람은 여호와 앞에 악하며
큰 죄인이었더라

아브람이 헤브론으로 옮기다

14 ●롯이 아브람을 떠난 후에 여호와
께서 아브람에게 이르시되 너는 눈
을 들어 너 있는 곳에서 북쪽과 남
쪽 그리고 동쪽과 서쪽을 바라보라
15 보이는 땅을 내가 너와 네 자손에
게 주리니 영원히 이르리라
16 내가 네 자손이 땅의 티끌 같게 하
리니 사람이 땅의 티끌을 능히 셀
수 있을진대 네 자손도 세리라
17 너는 일어나 그 땅을 종과 횡으로
두루 다녀 보라 내가 그것을 네게
주리라
18 이에 아브람이 장막을 옮겨 헤브론
에 있는 마므레 상수리 수풀에 이
르러 거주하며 거기서 여호와를 위
하여 제단을 쌓았더라

아브람이 롯을 구하다

14 당시에 시날 왕 아므라벨과 엘
라살 왕 아리옥과 엘람 왕 그
돌라오멜과 고임 왕 디달이
2 소돔 왕 베라와 고모라 왕 비르사
와 아드마 왕 시납과 스보임 왕 세
메벨과 벨라 곧 소알 왕과 싸우니
라
3 이들이 다 싯딤 골짜기 곧 지금의
염해에 모였더라
4 이들이 십이 년 동안 그돌라오멜을
섬기다가 제십삼년에 배반한지라
5 제십사년에 그돌라오멜과 그와 함
께한 왕들이 나와서 아스드롯 가르
나임에서 르바 족속을, 함에서 수스
족속을, [1]사웨 기랴다임에서 엠 족
속을 치고
6 호리 족속을 그 산 세일에서 쳐서
광야 근방 엘바란까지 이르렀으며
7 그들이 돌이켜 엔미스밧 곧 가데스
에 이르러 아말렉 족속의 온 땅과
하사손다말에 사는 아모리 족속을
친지라
8 소돔 왕과 고모라 왕과 아드마 왕
과 스보임 왕과 벨라 곧 소알 왕이
나와서 싯딤 골짜기에서 그들과 전
쟁을 하기 위하여 진을 쳤더니
9 엘람 왕 그돌라오멜과 고임 왕 디
달과 시날 왕 아므라벨과 엘라살
왕 아리옥 네 왕이 곧 그 다섯 왕과
맞서니라
10 싯딤 골짜기에는 역청 구덩이가 많
은지라 소돔 왕과 고모라 왕이 달
아날 때에 그들이 거기 빠지고 그
나머지는 산으로 도망하매
11 네 왕이 소돔과 고모라의 모든 재
물과 양식을 빼앗아 가고
12 소돔에 거주하는 아브람의 조카 롯
도 사로잡고 그 재물까지 노략하여
갔더라
13 ●도망한 자가 와서 히브리 사람
아브람에게 알리니 그때에 아브람
이 아모리 족속 마므레의 상수리
수풀 근처에 거주하였더라 마므레
는 에스골의 형제요 또 아넬의 형
제라 이들은 아브람과 동맹한 사람
들이더라
14 아브람이 그의 조카가 사로잡혔음
을 듣고 집에서 길리고 훈련된 자
삼백십팔 명을 거느리고 단까지 쫓
아가서
15 그와 그의 가신들이 나뉘어 밤에
그들을 쳐부수고 다메섹 왼편 호바
까지 쫓아가
16 모든 빼앗겼던 재물과 자기의 조카
롯과 그의 재물과 또 부녀와 친척

1) 평지

을 다 찾아왔더라

멜기세덱이 아브람에게 축복하다

17 ●아브람이 그돌라오멜과 그와 함
께한 왕들을 쳐부수고 돌아올 때에
소돔 왕이 사웨 골짜기 곧 왕의 골
짜기로 나와 그를 영접하였고
18 살렘 왕 멜기세덱이 떡과 포도주를
가지고 나왔으니 그는 지극히 높으
신 하나님의 제사장이었더라
19 그가 아브람에게 축복하여 이르되
천지의 주재이시요 지극히 높으신
하나님이여 아브람에게 복을 주옵
소서
20 너희 대적을 네 손에 붙이신 지극
히 높으신 하나님을 찬송할지로다
하매 아브람이 그 얻은 것에서 십
분의 일을 멜기세덱에게 주었더라
21 소돔 왕이 아브람에게 이르되 사람
은 내게 보내고 물품은 네가 가지
라
22 아브람이 소돔 왕에게 이르되 천지
의 주재이시요 지극히 높으신 하나
님 여호와께 내가 손을 들어 맹세
하노니
23 네 말이 내가 아브람으로 치부하게
하였다 할까 하여 네게 속한 것은
실 한 오라기나 들메끈 한 가닥도
내가 가지지 아니하리라
24 오직 젊은이들이 먹은 것과 나와
동행한 아넬과 에스골과 마므레의
분깃을 제할지니 그들이 그 분깃을
가질 것이니라

여호와께서 아브람과 언약을 세우시다

15 이후에 여호와의 말씀이 환상
중에 아브람에게 임하여 이르
시되 아브람아 두려워하지 말라 나
는 네 방패요 너의 지극히 큰 상급
이니라
2 아브람이 이르되 주 여호와여 무엇
을 내게 주시려 하나이까 나는 자
식이 없사오니 나의 상속자는 이
다메섹 사람 엘리에셀이니이다
3 아브람이 또 이르되 주께서 내게
씨를 주지 아니하셨으니 내 집에서
길린 자가 내 상속자가 될 것이니
이다
4 여호와의 말씀이 그에게 임하여 이
르시되 그 사람이 네 상속자가 아
니라 네 몸에서 날 자가 네 상속자
가 되리라 하시고
5 그를 이끌고 밖으로 나가 이르시되
하늘을 우러러 뭇별을 셀 수 있나
보라 또 그에게 이르시되 네 자손
이 이와 같으리라
6 아브람이 여호와를 믿으니 여호와
께서 이를 그의 의로 여기시고
7 또 그에게 이르시되 나는 이 땅을
네게 주어 소유를 삼게 하려고 너
를 갈대아인의 우르에서 이끌어낸
여호와니라
8 그가 이르되 주 여호와여 내가 이
땅을 소유로 받을 것을 무엇으로
알리이까
9 여호와께서 그에게 이르시되 나를
위하여 삼 년 된 암소와 삼 년 된
암염소와 삼 년 된 숫양과 산비둘
기와 집비둘기 새끼를 가져올지니
라
10 아브람이 그 모든 것을 가져다가
그 중간을 쪼개고 그 쪼갠 것을 마
주 대하여 놓고 그 새는 쪼개지 아
니하였으며
11 솔개가 그 사체 위에 내릴 때에는
아브람이 쫓았더라
12 ●해 질 때에 아브람에게 깊은 잠
이 임하고 큰 흑암과 두려움이 그
에게 임하였더니
13 여호와께서 아브람에게 이르시되
너는 반드시 알라 네 자손이 이방
에서 객이 되어 그들을 섬기겠고

그들은 사백 년 동안 네 자손을 괴
롭히리니
14 그들이 섬기는 나라를 내가 징벌할
지며 그 후에 네 자손이 큰 재물을
이끌고 나오리라
15 너는 장수하다가 평안히 조상에게
로 돌아가 장사될 것이요
16 네 자손은 사 대 만에 이 땅으로 돌
아오리니 이는 아모리 족속의 죄악
이 아직 가득 차지 아니함이니라
하시더니
17 해가 져서 어두울 때에 연기 나는
화로가 보이며 타는 횃불이 쪼갠
고기 사이로 지나더라
18 그날에 여호와께서 아브람과 더불
어 언약을 세워 이르시되 내가 이
땅을 애굽 강에서부터 그 큰 강 유
브라데까지 네 자손에게 주노니
19 곧 겐 족속과 그니스 족속과 갓몬
족속과
20 헷 족속과 브리스 족속과 르바 족
속과
21 아모리 족속과 가나안 족속과 기르
가스 족속과 여부스 족속의 땅이니
라 하셨더라

하갈과 이스마엘

16 아브람의 아내 사래는 출산하
지 못하였고 그에게 한 여종이
있으니 애굽 사람이요 이름은 하갈
이라
2 사래가 아브람에게 이르되 여호와
께서 내 출산을 허락하지 아니하셨
으니 원하건대 내 여종에게 들어가
라 내가 혹 그로 말미암아 자녀를
얻을까 하노라 하매 아브람이 사래
의 말을 들으니라
3 아브람의 아내 사래가 그 여종 애
굽 사람 하갈을 데려다가 그 남편
아브람에게 [1]첩으로 준 때는 아브
람이 가나안 땅에 거주한 지 십 년
후였더라
4 아브람이 하갈과 동침하였더니 하
갈이 임신하매 그가 자기의 임신함
을 알고 그의 여주인을 멸시한지라
5 사래가 아브람에게 이르되 내가
받는 모욕은 당신이 받아야 옳도
다 내가 나의 여종을 당신의 품에
두었거늘 그가 자기의 임신함을
알고 나를 멸시하니 당신과 나 사
이에 여호와께서 판단하시기를 원
하노라
6 아브람이 사래에게 이르되 당신의
여종은 당신의 수중에 있으니 당신
의 눈에 좋을 대로 그에게 행하라
하매 사래가 하갈을 학대하였더니
하갈이 사래 앞에서 도망하였더라
7 여호와의 사자가 광야의 샘물 곁
곧 술 길 샘 곁에서 그를 만나
8 이르되 사래의 여종 하갈아 네가
어디서 왔으며 어디로 가느냐 그가
이르되 나는 내 여주인 사래를 피
하여 도망하나이다
9 여호와의 사자가 그에게 이르되 네
여주인에게로 돌아가서 그 수하에
복종하라
10 여호와의 사자가 또 그에게 이르되
내가 네 씨를 크게 번성하여 그 수
가 많아 셀 수 없게 하리라
11 여호와의 사자가 또 그에게 이르되
네가 임신하였은즉 아들을 낳으리
니 그 이름을 [2]이스마엘이라 하라
이는 여호와께서 네 고통을 들으셨
음이니라
12 그가 사람 중에 들나귀같이 되리니
그의 손이 모든 사람을 치겠고 모
든 사람의 손이 그를 칠지며 그가
모든 형제와 대항해서 살리라 하니
라
13 하갈이 자기에게 이르신 여호와의

1) 히, 아내 2) 하나님이 들으심

이름을 나를 살피시는 하나님이라
하였으니 이는 내가 어떻게 여기서
나를 살피시는 하나님을 뵈었는고
함이라
14 이러므로 그 샘을 1)브엘라해로이라
불렀으며 그것은 가데스와 베렛 사
이에 있더라
15 ●하갈이 아브람의 아들을 낳으매
아브람이 하갈이 낳은 그 아들을
이름하여 이스마엘이라 하였더라
16 하갈이 아브람에게 이스마엘을 낳
았을 때에 아브람이 팔십육 세였더
라

할례 : 언약의 표징

17 아브람이 구십구 세 때에 여호
와께서 아브람에게 나타나서
그에게 이르시되 나는 전능한 하나
님이라 너는 내 앞에서 행하여 완
전하라
2 내가 내 언약을 나와 너 사이에 두
어 너를 크게 번성하게 하리라 하
시니
3 아브람이 엎드렸더니 하나님이 또
그에게 말씀하여 이르시되
4 보라 내 언약이 너와 함께 있으니
너는 여러 민족의 아버지가 될지라
5 이제 후로는 네 이름을 아브람이라
하지 아니하고 2)아브라함이라 하리
니 이는 내가 너를 여러 민족의 아
버지가 되게 함이니라
6 내가 너로 심히 번성하게 하리니
내가 네게서 민족들이 나게 하며
왕들이 네게로부터 나오리라
7 내가 내 언약을 나와 너 및 네 대대
후손 사이에 세워서 영원한 언약을
삼고 너와 네 후손의 하나님이 되
리라
8 내가 너와 네 후손에게 네가 거류
하는 이 땅 곧 가나안 온 땅을 주어
영원한 기업이 되게 하고 나는 그
들의 하나님이 되리라
9 ●하나님이 또 아브라함에게 이르
시되 그런즉 너는 내 언약을 지키
고 네 후손도 대대로 지키라
10 너희 중 남자는 다 할례를 받으라
이것이 나와 너희와 너희 후손 사
이에 지킬 내 언약이니라
11 너희는 포피를 베어라 이것이 나와
너희 사이의 언약의 표징이니라
12 너희의 대대로 모든 남자는 집에서
난 자나 또는 너희 자손이 아니라
이방 사람에게서 돈으로 산 자를
막론하고 난 지 팔 일 만에 할례를
받을 것이라
13 너희 집에서 난 자든지 너희 돈으
로 산 자든지 할례를 받아야 하리
니 이에 내 언약이 너희 살에 있어
영원한 언약이 되려니와
14 할례를 받지 아니한 남자 곧 그 포
피를 베지 아니한 자는 백성 중에
서 끊어지리니 그가 내 언약을 배
반하였음이니라
15 ●하나님이 또 아브라함에게 이르
시되 네 아내 사래는 이름을 사래
라 하지 말고 3)사라라 하라
16 내가 그에게 복을 주어 그가 네게
아들을 낳아 주게 하며 내가 그에
게 복을 주어 그를 여러 민족의 어
머니가 되게 하리니 민족의 여러
왕이 그에게서 나리라
17 아브라함이 엎드려 웃으며 마음속
으로 이르되 백 세 된 사람이 어찌
자식을 낳을까 사라는 구십 세니
어찌 출산하리요 하고
18 아브라함이 이에 하나님께 아뢰되
이스마엘이나 하나님 앞에 살기를
원하나이다
19 하나님이 이르시되 아니라 네 아내

1) 나를 살피시는 살아 계신 이의 우물이라 2) 많은 무리의 아버지 3) 여주인

사라가 네게 아들을 낳으리니 너는
그 이름을 [1]이삭이라 하라 내가 그
와 내 언약을 세우리니 그의 후손
에게 영원한 언약이 되리라
20 이스마엘에 대하여는 내가 네 말을
들었나니 내가 그에게 복을 주어
그를 매우 크게 생육하고 번성하게
할지라 그가 열두 두령을 낳으리니
내가 그를 큰 나라가 되게 하려니
와
21 내 언약은 내가 내년 이 시기에 사
라가 네게 낳을 이삭과 세우리라
22 하나님이 아브라함과 말씀을 마치
시고 그를 떠나 올라가셨더라
23 ●이에 아브라함이 하나님이 자기
에게 말씀하신 대로 이날에 그 아
들 이스마엘과 집에서 태어난 모든
자와 돈으로 산 모든 자 곧 아브라
함의 집 사람 중 모든 남자를 데려
다가 그 포피를 베었으니
24 아브라함이 그의 포피를 벤 때는
구십구 세였고
25 그의 아들 이스마엘이 그의 포피를
벤 때는 십삼 세였더라
26 그날에 아브라함과 그 아들 이스마
엘이 할례를 받았고
27 그 집의 모든 남자 곧 집에서 태어
난 자와 돈으로 이방 사람에게서
사온 자가 다 그와 함께 할례를 받
았더라

아브라함이 아들을 약속받다

18 여호와께서 마므레의 상수리
나무들이 있는 곳에서 아브라
함에게 나타나시니라 날이 뜨거울
때에 그가 장막 문에 앉아 있다가
2 눈을 들어 본즉 사람 셋이 맞은편
에 서 있는지라 그가 그들을 보자
곧 장막 문에서 달려나가 영접하며
몸을 땅에 굽혀
3 이르되 내 주여 내가 주께 은혜를
입었사오면 원하건대 종을 떠나 지
나가지 마시옵고
4 물을 조금 가져오게 하사 당신들의
발을 씻으시고 나무 아래에서 쉬소
서
5 내가 떡을 조금 가져오리니 당신들
의 마음을 상쾌하게 하신 후에 지
나가소서 당신들이 종에게 오셨음
이니이다 그들이 이르되 네 말대로
그리하라
6 아브라함이 급히 장막으로 가서 사
라에게 이르되 속히 고운 가루 세
스아를 가져다가 반죽하여 떡을 만
들라 하고
7 아브라함이 또 가축 떼 있는 곳으
로 달려가서 기름지고 좋은 송아지
를 잡아 하인에게 주니 그가 급히
요리한지라
8 아브라함이 엉긴 젖과 우유와 하인
이 요리한 송아지를 가져다가 그들
앞에 차려 놓고 나무 아래에 모셔
서매 그들이 먹으니라
9 그들이 아브라함에게 이르되 네 아
내 사라가 어디 있느냐 대답하되
장막에 있나이다
10 그가 이르시되 내년 이맘때 내가
반드시 네게로 돌아오리니 네 아내
사라에게 아들이 있으리라 하시니
사라가 그 뒤 장막 문에서 들었더
라
11 아브라함과 사라는 나이가 많아 늙
었고 사라에게는 여성의 생리가 끊
어졌는지라
12 사라가 속으로 웃고 이르되 내가
노쇠하였고 내 주인도 늙었으니 내
게 무슨 즐거움이 있으리요
13 여호와께서 아브라함에게 이르시
되 사라가 왜 웃으며 이르기를 내
가 늙었거늘 어떻게 아들을 낳으리

1) 웃음

요 하느냐
14 여호와께 능하지 못한 일이 있겠느
냐 기한이 이를 때에 내가 네게로
돌아오리니 사라에게 아들이 있으
리라
15 사라가 두려워서 부인하여 이르되
내가 웃지 아니하였나이다 이르시
되 아니라 네가 웃었느니라

아브라함이 소돔을 위하여 빌다

16 ●그 사람들이 거기서 일어나서 소
돔으로 향하고 아브라함은 그들을
전송하러 함께 나가니라
17 여호와께서 이르시되 내가 하려는
것을 아브라함에게 숨기겠느냐
18 아브라함은 강대한 나라가 되고 천
하 만민은 그로 말미암아 복을 받
게 될 것이 아니냐
19 내가 그로 그 자식과 권속에게 명
하여 여호와의 도를 지켜 의와 공
도를 행하게 하려고 그를 택하였
나니 이는 나 여호와가 아브라함에
게 대하여 말한 일을 이루려 함이
니라
20 여호와께서 또 이르시되 소돔과 고
모라에 대한 부르짖음이 크고 그
죄악이 심히 무거우니
21 내가 이제 내려가서 그 모든 행한
것이 과연 내게 들린 부르짖음과
같은지 그렇지 않은지 내가 보고
알려 하노라
22 ●그 사람들이 거기서 떠나 소돔으
로 향하여 가고 아브라함은 여호와
앞에 그대로 섰더니
23 아브라함이 가까이 나아가 이르되
주께서 의인을 악인과 함께 멸하려
하시나이까
24 그 성중에 의인 오십 명이 있을지
라도 주께서 그곳을 멸하시고 그
오십 의인을 위하여 용서하지 아니
하시리이까
25 주께서 이같이 하사 의인을 악인과
함께 죽이심은 부당하오며 의인과
악인을 같이 하심도 부당하니이다
세상을 심판하시는 이가 정의를 행
하실 것이 아니니이까
26 여호와께서 이르시되 내가 만일 소
돔 성읍 가운데에서 의인 오십 명
을 찾으면 그들을 위하여 온 지역
을 용서하리라
27 아브라함이 대답하여 이르되 나는
티끌이나 재와 같사오나 감히 주께
아뢰나이다
28 오십 의인 중에 오 명이 부족하다면
그 오 명이 부족함으로 말미암아 온
성읍을 멸하시리이까 이르시되 내
가 거기서 사십오 명을 찾으면 멸하
지 아니하리라
29 아브라함이 또 아뢰어 이르되 거기
서 사십 명을 찾으시면 어찌 하려
하시나이까 이르시되 사십 명으로
말미암아 멸하지 아니하리라
30 아브라함이 이르되 내 주여 노하지
마시옵고 말씀하게 하옵소서 거기
서 삼십 명을 찾으시면 어찌 하려
하시나이까 이르시되 내가 거기서
삼십 명을 찾으면 그리하지 아니하
리라
31 아브라함이 또 이르되 내가 감히
내 주께 아뢰나이다 거기서 이십
명을 찾으시면 어찌 하려 하시나이
까 이르시되 내가 이십 명으로 말
미암아 그리하지 아니하리라
32 아브라함이 또 이르되 주는 노하지
마옵소서 내가 이번만 더 아뢰리이
다 거기서 십 명을 찾으시면 어찌
하려 하시나이까 이르시되 내가 십
명으로 말미암아 멸하지 아니하리
라
33 여호와께서 아브라함과 말씀을 마
치시고 가시니 아브라함도 자기 곳

으로 돌아갔더라

소돔의 죄악

19 저녁 때에 그 두 천사가 소돔
에 이르니 마침 롯이 소돔 성
문에 앉아 있다가 그들을 보고 일
어나 영접하고 땅에 엎드려 절하며
2 이르되 내 주여 돌이켜 종의 집으
로 들어와 발을 씻고 주무시고 일
찍이 일어나 갈 길을 가소서 그들
이 이르되 아니라 우리가 거리에서
밤을 새우리라
3 롯이 간청하매 그제서야 돌이켜 그
집으로 들어오는지라 롯이 그들을
위하여 식탁을 베풀고 무교병을 구
우니 그들이 먹으니라
4 그들이 눕기 전에 그 성 사람 곧 소
돔 백성들이 노소를 막론하고 원근
에서 다 모여 그 집을 에워싸고
5 롯을 부르고 그에게 이르되 오늘
밤에 네게 온 사람들이 어디 있느
냐 이끌어내라 우리가 그들을 상관
하리라
6 롯이 문밖의 무리에게로 나가서 뒤
로 문을 닫고
7 이르되 청하노니 내 형제들아 이런
악을 행하지 말라
8 내게 남자를 가까이 하지 아니한
두 딸이 있노라 청하건대 내가 그
들을 너희에게로 이끌어내리니 너
희 눈에 좋을 대로 그들에게 행하
고 이 사람들은 내 집에 들어왔은
즉 이 사람들에게는 아무 일도 저
지르지 말라
9 그들이 이르되 너는 물러나라 또
이르되 이 자가 들어와서 거류하면
서 우리의 법관이 되려 하는도다
이제 우리가 그들보다 너를 더 해
하리라 하고 롯을 밀치며 가까이
가서 그 문을 부수려고 하는지라
10 그 사람들이 손을 내밀어 롯을 집
으로 끌어들이고 문을 닫고
11 문밖의 무리를 대소를 막론하고 그
눈을 어둡게 하니 그들이 문을 찾
느라고 헤매었더라

롯이 소돔을 떠나다

12 ●그 사람들이 롯에게 이르되 이
외에 네게 속한 자가 또 있느냐 네
사위나 자녀나 성중에 네게 속한
자들을 다 성 밖으로 이끌어내라
13 그들에 대한 부르짖음이 여호와 앞
에 크므로 여호와께서 이곳을 멸하
시려고 우리를 보내셨나니 우리가
멸하리라
14 롯이 나가서 그 딸들과 결혼할 사
위들에게 말하여 이르기를 여호와
께서 이 성을 멸하실 터이니 너희
는 일어나 이곳에서 떠나라 하되
그의 사위들은 농담으로 여겼더라
15 동틀 때에 천사가 롯을 재촉하여
이르되 일어나 여기 있는 네 아내
와 두 딸을 이끌어내라 이 성의 죄
악 중에 함께 멸망할까 하노라
16 그러나 롯이 지체하매 그 사람들이
롯의 손과 그 아내의 손과 두 딸의
손을 잡아 인도하여 성 밖에 두니
여호와께서 그에게 자비를 더하심
이었더라
17 그 사람들이 그들을 밖으로 이끌어
낸 후에 이르되 도망하여 생명을
보존하라 돌아보거나 들에 머물지
말고 산으로 도망하여 멸망함을 면
하라
18 롯이 그들에게 이르되 내 주여 그
리 마옵소서
19 주의 종이 주께 은혜를 입었고 주
께서 큰 인자를 내게 베푸사 내 생
명을 구원하시오나 내가 도망하여
산에까지 갈 수 없나이다 두렵건대
재앙을 만나 죽을까 하나이다
20 보소서 저 성읍은 도망하기에 가깝

고 작기도 하오니 나를 그곳으로
도망하게 하소서 이는 작은 성읍이
아니니이까 내 생명이 보존되리이
다
21 그가 그에게 이르되 내가 이 일에
도 네 소원을 들었은즉 네가 말하
는 그 성읍을 멸하지 아니하리니
22 그리로 속히 도망하라 네가 거기
이르기까지는 내가 아무 일도 행할
수 없노라 하였더라 그러므로 그
성읍 이름을 [1]소알이라 불렀더라

소돔과 고모라를 멸하시다

23 ●롯이 소알에 들어갈 때에 해가
돋았더라
24 여호와께서 하늘 곧 여호와께로부
터 유황과 불을 소돔과 고모라에
비같이 내리사
25 그 성들과 온 들과 성에 거주하는
모든 백성과 땅에 난 것을 다 엎어
멸하셨더라
26 롯의 아내는 뒤를 돌아보았으므로
소금 기둥이 되었더라
27 아브라함이 그 아침에 일찍이 일어
나 여호와 앞에 서 있던 곳에 이르
러
28 소돔과 고모라와 그 온 지역을 향
하여 눈을 들어 연기가 옹기 가마
의 연기같이 치솟음을 보았더라
29 ●하나님이 그 지역의 성을 멸하실
때 곧 롯이 거주하는 성을 엎으실
때에 하나님이 아브라함을 생각하
사 롯을 그 엎으시는 중에서 내보
내셨더라

모압과 암몬 자손의 조상

30 ●롯이 소알에 거주하기를 두려워
하여 두 딸과 함께 소알에서 나와
산에 올라가 거주하되 그 두 딸과
함께 굴에 거주하였더니
31 큰딸이 작은딸에게 이르되 우리 아
버지는 늙으셨고 온 세상의 도리를
따라 우리의 배필 될 사람이 이 땅
에는 없으니
32 우리가 우리 아버지에게 술을 마시
게 하고 동침하여 우리 아버지로
말미암아 후손을 이어가자 하고
33 그 밤에 그들이 아버지에게 술을
마시게 하고 큰딸이 들어가서 그
아버지와 동침하니라 그러나 그 아
버지는 그 딸이 눕고 일어나는 것
을 깨닫지 못하였더라
34 이튿날 큰딸이 작은딸에게 이르되
어제 밤에는 내가 우리 아버지와
동침하였으니 오늘 밤에도 우리가
아버지에게 술을 마시게 하고 네가
들어가 동침하고 우리가 아버지로
말미암아 후손을 이어가자 하고
35 그 밤에도 그들이 아버지에게 술을
마시게 하고 작은딸이 일어나 아버
지와 동침하니라 그러나 아버지는
그 딸이 눕고 일어나는 것을 깨닫
지 못하였더라
36 롯의 두 딸이 아버지로 말미암아
임신하고
37 큰딸은 아들을 낳아 이름을 모압이
라 하였으니 오늘날 모압의 조상이
요
38 작은딸도 아들을 낳아 이름을 벤암
미라 하였으니 오늘날 암몬 자손의
조상이었더라

아브라함과 아비멜렉

20 아브라함이 거기서 네게브 땅
으로 옮겨가 가데스와 술 사
이 그랄에 거류하며
2 그의 아내 사라를 자기 누이라 하
였으므로 그랄 왕 아비멜렉이 사람
을 보내어 사라를 데려갔더니
3 그 밤에 하나님이 아비멜렉에게 현
몽하시고 그에게 이르시되 네가 데
려간 이 여인으로 말미암아 네가

1) 작음

죽으리니 그는 남편이 있는 여자임
이라
4 아비멜렉이 그 여인을 가까이 하지
아니하였으므로 그가 대답하되 주
여 주께서 의로운 백성도 멸하시나
이까
5 그가 나에게 이는 내 누이라고 하
지 아니하였나이까 그 여인도 그는
내 오라비라 하였사오니 나는 온전
한 마음과 깨끗한 손으로 이렇게
하였나이다
6 하나님이 꿈에 또 그에게 이르시되
네가 온전한 마음으로 이렇게 한
줄을 나도 알았으므로 너를 막아
내게 범죄하지 아니하게 하였나니
여인에게 가까이하지 못하게 함이
이 때문이니라
7 이제 그 사람의 아내를 돌려보내라
그는 선지자라 그가 너를 위하여
기도하리니 네가 살려니와 네가 돌
려보내지 아니하면 너와 네게 속한
자가 다 반드시 죽을 줄 알지니라
8 ●아비멜렉이 그날 아침에 일찍이
일어나 모든 종들을 불러 그 모든
일을 말하여 들려주니 그들이 심히
두려워하였더라
9 아비멜렉이 아브라함을 불러서 그
에게 이르되 네가 어찌하여 우리에
게 이렇게 하느냐 내가 무슨 죄를
네게 범하였기에 네가 나와 내 나
라가 큰 죄에 빠질 뻔하게 하였느
냐 네가 합당하지 아니한 일을 내
게 행하였도다 하고
10 아비멜렉이 또 아브라함에게 이르
되 네가 무슨 뜻으로 이렇게 하였
느냐
11 아브라함이 이르되 이곳에서는 하
나님을 두려워함이 없으니 내 아내
로 말미암아 사람들이 나를 죽일까
생각하였음이요
12 또 그는 정말로 나의 이복 누이로
서 내 아내가 되었음이니라
13 하나님이 나를 내 아버지의 집을
떠나 두루 다니게 하실 때에 내가
아내에게 말하기를 이후로 우리의
가는 곳마다 그대는 나를 그대의
오라비라 하라 이것이 그대가 내게
베풀 은혜라 하였었노라
14 아비멜렉이 양과 소와 종들을 이끌
어 아브라함에게 주고 그의 아내
사라도 그에게 돌려보내고
15 아브라함에게 이르되 내 땅이 네
앞에 있으니 네가 보기에 좋은 대
로 거주하라 하고
16 사라에게 이르되 내가 은 천 개를
네 오라비에게 주어서 그것으로 너
와 함께한 여러 사람 앞에서 네 수
치를 가리게 하였노니 네 일이 다
해결되었느니라
17 아브라함이 하나님께 기도하매 하
나님이 아비멜렉과 그의 아내와 여
종을 치료하사 출산하게 하셨으니
18 여호와께서 이왕에 아브라함의 아
내 사라의 일로 아비멜렉의 집의
모든 태를 닫으셨음이더라

사라가 이삭을 낳다

21 여호와께서 말씀하신 대로 사
라를 돌보셨고 여호와께서 말
씀하신 대로 사라에게 행하셨으므
로
2 사라가 임신하고 하나님이 말씀하
신 시기가 되어 노년의 아브라함에
게 아들을 낳으니
3 아브라함이 그에게 태어난 아들 곧
사라가 자기에게 낳은 아들을 이름
하여 이삭이라 하였고
4 그 아들 이삭이 난 지 팔 일 만에
그가 하나님이 명령하신 대로 할례
를 행하였더라
5 아브라함이 그의 아들 이삭이 그에

게 태어날 때에 백 세라
6 사라가 이르되 하나님이 나를 웃게
하시니 듣는 자가 다 나와 함께 웃
으리로다
7 또 이르되 사라가 자식들을 젖먹이
겠다고 누가 아브라함에게 말하였
으리요마는 아브라함의 노경에 내
가 아들을 낳았도다 하니라

하갈과 이스마엘을 내쫓다

8 ●아이가 자라매 젖을 떼고 이삭이
젖을 떼는 날에 아브라함이 큰 잔
치를 베풀었더라
9 사라가 본즉 아브라함의 아들 애굽
여인 하갈의 아들이 이삭을 놀리는
지라
10 그가 아브라함에게 이르되 이 여종
과 그 아들을 내쫓으라 이 종의 아
들은 내 아들 이삭과 함께 기업을
얻지 못하리라 하므로
11 아브라함이 그의 아들로 말미암아
그 일이 매우 근심이 되었더니
12 하나님이 아브라함에게 이르시되
네 아이나 네 여종으로 말미암아
근심하지 말고 사라가 네게 이른
말을 다 들으라 이삭에게서 나는
자라야 네 씨라 부를 것임이니라
13 그러나 여종의 아들도 네 씨니 내
가 그로 한 민족을 이루게 하리라
하신지라
14 아브라함이 아침에 일찍이 일어나
떡과 물 한 가죽부대를 가져다가
하갈의 어깨에 메워 주고 그 아이
를 데리고 가게 하니 하갈이 나가
서 브엘세바 광야에서 방황하더니
15 가죽부대의 물이 떨어진지라 그 자
식을 관목덤불 아래에 두고
16 이르되 아이가 죽는 것을 차마 보
지 못하겠다 하고 화살 한 바탕 거
리 떨어져 마주 앉아 바라보며 소
리 내어 우니
17 하나님이 그 어린아이의 소리를 들
으셨으므로 하나님의 사자가 하늘
에서부터 하갈을 불러 이르시되 하
갈아 무슨 일이냐 두려워하지 말라
하나님이 저기 있는 아이의 소리를
들으셨나니
18 일어나 아이를 일으켜 네 손으로
붙들라 그가 큰 민족을 이루게 하
리라 하시니라
19 하나님이 하갈의 눈을 밝히셨으므
로 샘물을 보고 가서 가죽부대에
물을 채워다가 그 아이에게 마시게
하였더라
20 하나님이 그 아이와 함께 계시매
그가 장성하여 광야에서 거주하며
활 쏘는 자가 되었더니
21 그가 바란 광야에 거주할 때에 그
의 어머니가 그를 위하여 애굽 땅
에서 아내를 얻어 주었더라

아브라함과 아비멜렉의 언약

22 ●그때에 아비멜렉과 그 군대 장관
비골이 아브라함에게 말하여 이르
되 네가 무슨 일을 하든지 하나님
이 너와 함께 계시도다
23 그런즉 너는 나와 내 아들과 내 손
자에게 거짓되이 행하지 아니하기
를 이제 여기서 하나님을 가리켜
내게 맹세하라 내가 네게 후대한
대로 너도 나와 네가 머무는 이 땅
에 행할 것이니라
24 아브라함이 이르되 내가 맹세하리
라 하고
25 아비멜렉의 종들이 아브라함의 우
물을 빼앗은 일에 관하여 아브라함
이 아비멜렉을 책망하매
26 아비멜렉이 이르되 누가 그리하였
는지 내가 알지 못하노라 너도 내
게 알리지 아니하였고 나도 듣지
못하였더니 오늘에야 들었노라
27 아브라함이 양과 소를 가져다가 아

비멜렉에게 주고 두 사람이 서로
언약을 세우니라
28 아브라함이 일곱 암양 새끼를 따로
놓으니
29 아비멜렉이 아브라함에게 이르되
이 일곱 암양 새끼를 따로 놓음은
어찜이냐
30 아브라함이 이르되 너는 내 손에서
이 암양 새끼 일곱을 받아 내가 이
우물 판 증거를 삼으라 하고
31 두 사람이 거기서 서로 맹세하였으
므로 그곳을 [1]브엘세바라 이름하였
더라
32 그들이 브엘세바에서 언약을 세우
매 아비멜렉과 그 군대 장관 비골
은 떠나 블레셋 사람의 땅으로 돌
아갔고
33 아브라함은 브엘세바에 에셀 나무
를 심고 거기서 영원하신 하나님
여호와의 이름을 불렀으며
34 그가 블레셋 사람의 땅에서 여러
날을 지냈더라

이삭을 번제로 드리라 하시다

22 그 일 후에 하나님이 아브라
함을 시험하시려고 그를 부르
시되 아브라함아 하시니 그가 이르
되 내가 여기 있나이다
2 여호와께서 이르시되 네 아들 네
사랑하는 독자 이삭을 데리고 모리
아 땅으로 가서 내가 네게 일러 준
한 산 거기서 그를 번제로 드리라
3 아브라함이 아침에 일찍이 일어나
나귀에 안장을 지우고 두 종과 그
의 아들 이삭을 데리고 번제에 쓸
나무를 쪼개어 가지고 떠나 하나님
이 자기에게 일러 주신 곳으로 가
더니
4 제삼일에 아브라함이 눈을 들어 그
곳을 멀리 바라본지라
5 이에 아브라함이 종들에게 이르되
너희는 나귀와 함께 여기서 기다리
라 내가 아이와 함께 저기 가서 예
배하고 우리가 너희에게로 돌아오
리라 하고
6 아브라함이 이에 번제 나무를 가져
다가 그의 아들 이삭에게 지우고
자기는 불과 칼을 손에 들고 두 사
람이 동행하더니
7 이삭이 그 아버지 아브라함에게 말
하여 이르되 내 아버지여 하니 그
가 이르되 내 아들아 내가 여기 있
노라 이삭이 이르되 불과 나무는
있거니와 번제할 어린 양은 어디
있나이까
8 아브라함이 이르되 내 아들아 번제
할 어린 양은 하나님이 자기를 위
하여 친히 준비하시리라 하고 두
사람이 함께 나아가서
9 하나님이 그에게 일러 주신 곳에
이른지라 이에 아브라함이 그곳에
제단을 쌓고 나무를 벌여 놓고 그
의 아들 이삭을 결박하여 제단 나
무 위에 놓고
10 손을 내밀어 칼을 잡고 그 아들을
잡으려 하니
11 여호와의 사자가 하늘에서부터 그
를 불러 이르시되 아브라함아 아브
라함아 하시는지라 아브라함이 이
르되 내가 여기 있나이다 하매
12 사자가 이르시되 그 아이에게 네
손을 대지 말라 그에게 아무 일도
하지 말라 네가 네 아들 네 독자까
지도 내게 아끼지 아니하였으니 내
가 이제야 네가 하나님을 경외하는
줄을 아노라
13 아브라함이 눈을 들어 살펴본즉 한
숫양이 뒤에 있는데 뿔이 수풀에
걸려 있는지라 아브라함이 가서 그
숫양을 가져다가 아들을 대신하여

1) 맹세의 우물

번제로 드렸더라
14 아브라함이 그 땅 이름을 [1]여호와
이레라 하였으므로 오늘날까지 사
람들이 이르기를 여호와의 산에서
준비되리라 하더라
15 여호와의 사자가 하늘에서부터 두
번째 아브라함을 불러
16 이르시되 여호와께서 이르시기를
내가 나를 가리켜 맹세하노니 네가
이같이 행하여 네 아들 네 독자도
아끼지 아니하였은즉
17 내가 네게 큰 복을 주고 네 씨가 크
게 번성하여 하늘의 별과 같고 바
닷가의 모래와 같게 하리니 네 씨
가 그 대적의 성문을 차지하리라
18 또 네 씨로 말미암아 천하 만민이
복을 받으리니 이는 네가 나의 말
을 준행하였음이니라 하셨다 하니
라
19 이에 아브라함이 그의 종들에게로
돌아가서 함께 떠나 브엘세바에 이
르러 거기 거주하였더라

나홀의 후예

20 ●이 일 후에 어떤 사람이 아브라
함에게 알리어 이르기를 밀가가 당
신의 형제 나홀에게 자녀를 낳았다
하였더라
21 그의 맏아들은 우스요 우스의 형제
는 부스와 아람의 아버지 그므엘과
22 게셋과 하소와 빌다스와 이들랍과
브두엘이라
23 이 여덟 사람은 아브라함의 형제
나홀의 아내 밀가의 소생이며 브두
엘은 리브가를 낳았고
24 나홀의 첩 르우마라 하는 자도 데
바와 가함과 다하스와 마아가를 낳
았더라

아브라함이 막벨라 굴을 사다

23 사라가 백이십칠 세를 살았으
니 이것이 곧 사라가 누린 햇
수라
2 사라가 가나안 땅 헤브론 곧 기럇
아르바에서 죽으매 아브라함이 들
어가서 사라를 위하여 슬퍼하며 애
통하다가
3 그 시신 앞에서 일어나 나가서 헷
족속에게 말하여 이르되
4 나는 당신들 중에 나그네요 거류하
는 자이니 당신들 중에서 내게 매
장할 소유지를 주어 내가 나의 죽
은 자를 내 앞에서 내어다가 장사
하게 하시오
5 헷 족속이 아브라함에게 대답하여
이르되
6 내 주여 들으소서 당신은 우리 가
운데 있는 하나님이 세우신 지도자
이시니 우리 묘실 중에서 좋은 것
을 택하여 당신의 죽은 자를 장사
하소서 우리 중에서 자기 묘실에
당신의 죽은 자 장사함을 금할 자
가 없으리이다
7 아브라함이 일어나 그 땅 주민 헷
족속을 향하여 몸을 굽히고
8 그들에게 말하여 이르되 나로 나의
죽은 자를 내 앞에서 내어다가 장
사하게 하는 일이 당신들의 뜻일진
대 내 말을 듣고 나를 위하여 소할
의 아들 에브론에게 구하여
9 그가 그의 밭머리에 있는 그의 막
벨라 굴을 내게 주도록 하되 충분
한 대가를 받고 그 굴을 내게 주어
당신들 중에서 매장할 소유지가 되
게 하기를 원하노라 하매
10 에브론이 헷 족속 중에 앉아 있더
니 그가 헷 족속 곧 성문에 들어온
모든 자가 듣는 데서 아브라함에게
대답하여 이르되
11 내 주여 그리 마시고 내 말을 들으
소서 내가 그 밭을 당신에게 드리

1) 여호와께서 준비하심

고 그 속의 굴도 내가 당신에게 드
리되 내가 내 동족 앞에서 당신에
게 드리오니 당신의 죽은 자를 장
사하소서
12 아브라함이 이에 그 땅의 백성 앞
에서 몸을 굽히고
13 그 땅의 백성이 듣는 데서 에브론
에게 말하여 이르되 당신이 합당히
여기면 청하건대 내 말을 들으시오
내가 그 밭 값을 당신에게 주리니
당신은 내게서 받으시오 내가 나의
죽은 자를 거기 장사하겠노라
14 에브론이 아브라함에게 대답하여
이르되
15 내 주여 내 말을 들으소서 땅 값은
은 사백 세겔이나 그것이 나와 당
신 사이에 무슨 문제가 되리이까
당신의 죽은 자를 장사하소서
16 아브라함이 에브론의 말을 따라 에
브론이 헷 족속이 듣는 데서 말한
대로 상인이 통용하는 은 사백 세
겔을 달아 에브론에게 주었더니
17 마므레 앞 막벨라에 있는 에브론의
밭 곧 그 밭과 거기에 속한 굴과 그
밭과 그 주위에 둘린 모든 나무가
18 성문에 들어온 모든 헷 족속이 보
는 데서 아브라함의 소유로 확정된
지라
19 그 후에 아브라함이 그 아내 사라
를 가나안 땅 마므레 앞 막벨라 밭
굴에 장사하였더라 (마므레는 곧
헤브론이라)
20 이와 같이 그 밭과 거기에 속한 굴
이 헷 족속으로부터 아브라함이 매
장할 소유지로 확정되었더라

이삭이 리브가를 아내로 삼다

24 아브라함이 나이가 많아 늙었
고 여호와께서 그에게 범사에
복을 주셨더라
2 아브라함이 자기 집 모든 소유를
맡은 늙은 종에게 이르되 청하건대
내 허벅지 밑에 네 손을 넣으라
3 내가 너에게 하늘의 하나님, 땅의
하나님이신 여호와를 가리켜 맹세
하게 하노니 너는 내가 거주하는 이
지방 가나안 족속의 딸 중에서 내
아들을 위하여 아내를 택하지 말고
4 내 고향 내 족속에게로 가서 내 아
들 이삭을 위하여 아내를 택하라
5 종이 이르되 여자가 나를 따라 이
땅으로 오려고 하지 아니하거든 내
가 주인의 아들을 주인이 나오신
땅으로 인도하여 돌아가리이까
6 아브라함이 그에게 이르되 내 아들
을 그리로 데리고 돌아가지 아니하
도록 하라
7 하늘의 하나님 여호와께서 나를 내
아버지의 집과 내 고향 땅에서 떠
나게 하시고 내게 말씀하시며 내게
맹세하여 이르시기를 이 땅을 네
씨에게 주리라 하셨으니 그가 그
사자를 너보다 앞서 보내실지라 네
가 거기서 내 아들을 위하여 아내
를 택할지니라
8 만일 여자가 너를 따라오려고 하지
아니하면 나의 이 맹세가 너와 상
관이 없나니 오직 내 아들을 데리
고 그리로 가지 말지니라
9 그 종이 이에 그의 주인 아브라함
의 허벅지 아래에 손을 넣고 이 일
에 대하여 그에게 맹세하였더라
10 ●이에 종이 그 주인의 낙타 중 열
필을 끌고 떠났는데 곧 그의 주인
의 모든 좋은 것을 가지고 떠나 메
소보다미아로 가서 나홀의 성에 이
르러
11 그 낙타를 성 밖 우물 곁에 꿇렸으
니 저녁 때라 여인들이 물을 길으
러 나올 때였더라
12 그가 이르되 우리 주인 아브라함의

하나님 여호와여 원하건대 오늘 나
에게 순조롭게 만나게 하사 내 주
인 아브라함에게 은혜를 베푸시옵
소서
13 성중 사람의 딸들이 물 길으러 나
오겠사오니 내가 우물 곁에 서 있
다가
14 한 소녀에게 이르기를 청하건대 너
는 물동이를 기울여 나로 마시게
하라 하리니 그의 대답이 마시라
내가 당신의 낙타에게도 마시게 하
리라 하면 그는 주께서 주의 종 이
삭을 위하여 정하신 자라 이로 말
미암아 주께서 내 주인에게 은혜
베푸심을 내가 알겠나이다
15 말을 마치기도 전에 리브가가 물동
이를 어깨에 메고 나오니 그는 아
브라함의 동생 나홀의 아내 밀가의
아들 브두엘의 소생이라
16 그 소녀는 보기에 심히 아리땁고
지금까지 남자가 가까이하지 아니
한 처녀더라 그가 우물로 내려가서
물을 그 물동이에 채워가지고 올라
오는지라
17 종이 마주 달려가서 이르되 청하건
대 네 물동이의 물을 내게 조금 마
시게 하라
18 그가 이르되 내 주여 마시소서 하
며 급히 그 물동이를 손에 내려 마
시게 하고
19 마시게 하기를 다하고 이르되 당신
의 낙타를 위하여서도 물을 길어
그것들도 배불리 마시게 하리이다
하고
20 급히 물동이의 물을 구유에 붓고
다시 길으려고 우물로 달려가서 모
든 낙타를 위하여 긷는지라
21 그 사람이 그를 묵묵히 주목하며
여호와께서 과연 평탄한 길을 주신
여부를 알고자 하더니
22 낙타가 마시기를 다하매 그가 반
세겔 무게의 금 코걸이 한 개와 열
세겔 무게의 금 손목고리 한 쌍을
그에게 주며
23 이르되 네가 누구의 딸이냐 청하건
대 내게 말하라 네 아버지의 집에
우리가 유숙할 곳이 있느냐
24 그 여자가 그에게 이르되 나는 밀
가가 나홀에게서 낳은 아들 브두엘
의 딸이니이다
25 또 이르되 우리에게 짚과 사료가
족하며 유숙할 곳도 있나이다
26 이에 그 사람이 머리를 숙여 여호
와께 경배하고
27 이르되 나의 주인 아브라함의 하나
님 여호와를 찬송하나이다 나의 주
인에게 주의 사랑과 성실을 그치지
아니하셨사오며 여호와께서 길에
서 나를 인도하사 내 주인의 동생
집에 이르게 하셨나이다 하니라
28 ●소녀가 달려가서 이 일을 어머니
집에 알렸더니
29 리브가에게 오라버니가 있어 그의
이름은 라반이라 그가 우물로 달려
가 그 사람에게 이르러
30 그의 누이의 코걸이와 그 손의 손
목고리를 보고 또 그의 누이 리브
가가 그 사람이 자기에게 이같이
말하더라 함을 듣고 그 사람에게로
나아감이라 그때에 그가 우물가 낙
타 곁에 서 있더라
31 라반이 이르되 여호와께 복을 받은
자여 들어오소서 어찌 밖에 서 있
나이까 내가 방과 낙타의 처소를
준비하였나이다
32 그 사람이 그 집으로 들어가매 라
반이 낙타의 짐을 부리고 짚과 사
료를 낙타에게 주고 그 사람의 발
과 그의 동행자들의 발 씻을 물을
주고

33 그 앞에 음식을 베푸니 그 사람이
이르되 내가 내 일을 진술하기 전
에는 먹지 아니하겠나이다 라반이
이르되 말하소서
34 그가 이르되 나는 아브라함의 종이
니이다
35 여호와께서 나의 주인에게 크게 복
을 주시어 창성하게 하시되 소와
양과 은금과 종들과 낙타와 나귀를
그에게 주셨고
36 나의 주인의 아내 사라가 노년에
나의 주인에게 아들을 낳으매 주인
이 그의 모든 소유를 그 아들에게
주었나이다
37 나의 주인이 나에게 맹세하게 하여
이르되 너는 내 아들을 위하여 내
가 사는 땅 가나안 족속의 딸들 중
에서 아내를 택하지 말고
38 내 아버지의 집, 내 족속에게로 가
서 내 아들을 위하여 아내를 택하
라 하시기로
39 내가 내 주인에게 여쭈되 혹 여자
가 나를 따르지 아니하면 어찌하리
이까 한즉
40 주인이 내게 이르되 내가 섬기는
여호와께서 그의 사자를 너와 함께
보내어 네게 평탄한 길을 주시리니
너는 내 족속 중 내 아버지 집에서
내 아들을 위하여 아내를 택할 것
이니라
41 네가 내 족속에게 이를 때에는 네
가 내 맹세와 상관이 없으리라 만
일 그들이 네게 주지 아니할지라도
네가 내 맹세와 상관이 없으리라
하시기로
42 내가 오늘 우물에 이르러 말하기를
내 주인 아브라함의 하나님 여호와
여 만일 내가 행하는 길에 형통함
을 주실진대
43 내가 이 우물 곁에 서 있다가 젊은
여자가 물을 길으러 오거든 내가
그에게 청하기를 너는 물동이의 물
을 내게 조금 마시게 하라 하여
44 그의 대답이 당신은 마시라 내가
또 당신의 낙타를 위하여도 길으리
라 하면 그 여자는 여호와께서 내
주인의 아들을 위하여 정하여 주신
자가 되리이다 하며
45 내가 마음속으로 말하기를 마치기
도 전에 리브가가 물동이를 어깨에
메고 나와서 우물로 내려와 긷기로
내가 그에게 이르기를 청하건대 내
게 마시게 하라 한즉
46 그가 급히 물동이를 어깨에서 내리
며 이르되 마시라 내가 당신의 낙
타에게도 마시게 하리라 하기로 내
가 마시매 그가 또 낙타에게도 마
시게 한지라
47 내가 그에게 묻기를 네가 뉘 딸이
냐 한즉 이르되 밀가가 나홀에게서
낳은 브두엘의 딸이라 하기로 내가
코걸이를 그 코에 꿰고 손목고리를
그 손에 끼우고
48 내 주인 아브라함의 하나님 여호와
께서 나를 바른 길로 인도하사 나
의 주인의 동생의 딸을 그의 아들
을 위하여 택하게 하셨으므로 내가
머리를 숙여 그에게 경배하고 찬송
하였나이다
49 이제 당신들이 인자함과 진실함으
로 내 주인을 대접하려거든 내게
알게 해 주시고 그렇지 아니할지라
도 내게 알게 해 주셔서 내가 우로
든지 좌로든지 행하게 하소서
50 ●라반과 브두엘이 대답하여 이르
되 이 일이 여호와께로 말미암았으
니 우리는 가부를 말할 수 없노라
51 리브가가 당신 앞에 있으니 데리고
가서 여호와의 명령대로 그를 당신
의 주인의 아들의 아내가 되게 하

라
52 아브라함의 종이 그들의 말을 듣고
땅에 엎드려 여호와께 절하고
53 은금 패물과 의복을 꺼내어 리브가
에게 주고 그의 오라버니와 어머니
에게도 보물을 주니라
54 이에 그들 곧 종과 동행자들이 먹
고 마시고 유숙하고 아침에 일어나
서 그가 이르되 나를 보내어 내 주
인에게로 돌아가게 하소서
55 리브가의 오라버니와 그의 어머니
가 이르되 이 아이로 하여금 며칠
또는 열흘을 우리와 함께 머물게
하라 그 후에 그가 갈 것이니라
56 그 사람이 그들에게 이르되 나를
만류하지 마소서 여호와께서 내게
형통한 길을 주셨으니 나를 보내어
내 주인에게로 돌아가게 하소서
57 그들이 이르되 우리가 소녀를 불러
그에게 물으리라 하고
58 리브가를 불러 그에게 이르되 네가
이 사람과 함께 가려느냐 그가 대
답하되 가겠나이다
59 그들이 그 누이 리브가와 그의 유
모와 아브라함의 종과 그 동행자들
을 보내며
60 리브가에게 축복하여 이르되 우리
누이여 너는 천만 인의 어머니가
될지어다 네 씨로 그 원수의 성문
을 얻게 할지어다
61 ●리브가가 일어나 여자 종들과 함
께 낙타를 타고 그 사람을 따라가
니 그 종이 리브가를 데리고 가니
라
62 그때에 이삭이 브엘라해로이에서
왔으니 그가 네게브 지역에 거주하
였음이라
63 이삭이 저물 때에 들에 나가 묵상
하다가 눈을 들어 보매 낙타들이
오는지라
64 리브가가 눈을 들어 이삭을 바라보
고 낙타에서 내려
65 종에게 말하되 들에서 배회하다가
우리에게로 마주 오는 자가 누구냐
종이 이르되 이는 내 주인이니이다
리브가가 너울을 가지고 자기의 얼
굴을 가리더라
66 종이 그 행한 일을 다 이삭에게 아
뢰매
67 이삭이 리브가를 인도하여 그의 어
머니 사라의 장막으로 들이고 그를
맞이하여 아내로 삼고 사랑하였으
니 이삭이 그의 어머니를 장례한
후에 위로를 얻었더라

아브라함이 죽다

25 아브라함이 후처를 맞이하였
으니 그의 이름은 그두라라
2 그가 시므란과 욕산과 므단과 미디
안과 이스박과 수아를 낳고
3 욕산은 스바와 드단을 낳았으며 드
단의 자손은 앗수르 족속과 르두시
족속과 르움미 족속이며
4 미디안의 아들은 에바와 에벨과 하
녹과 아비다와 엘다아이니 다 그두
라의 자손이었더라
5 아브라함이 이삭에게 자기의 모든
소유를 주었고
6 자기 서자들에게도 재산을 주어 자
기 생전에 그들로 하여금 자기 아
들 이삭을 떠나 동방 곧 동쪽 땅으
로 가게 하였더라
7 아브라함의 향년이 백칠십오 세라
8 그의 나이가 높고 늙어서 기운이
다하여 죽어 자기 열조에게로 돌아
가매
9 그의 아들들인 이삭과 이스마엘이
그를 마므레 앞 헷 족속 소할의 아
들 에브론의 밭에 있는 막벨라 굴
에 장사하였으니
10 이것은 아브라함이 헷 족속에게서

산 밭이라 아브라함과 그의 아내
사라가 거기 장사되니라
11 아브라함이 죽은 후에 하나님이 그
의 아들 이삭에게 복을 주셨고 이
삭은 브엘라해로이 근처에 거주하
였더라

이스마엘의 후예

12 ●사라의 여종 애굽인 하갈이 아브
라함에게 낳은 아들 이스마엘의 족
보는 이러하고
13 이스마엘의 아들들의 이름은 그 이
름과 그 세대대로 이와 같으니라
이스마엘의 장자는 느바욧이요 그
다음은 게달과 앗브엘과 밉삼과
14 미스마와 두마와 맛사와
15 하닷과 데마와 여둘과 나비스와 게
드마니
16 이들은 이스마엘의 아들들이요 그
촌과 부락대로 된 이름이며 그 족
속대로는 열두 지도자들이었더라
17 이스마엘은 향년이 백삼십칠 세에
기운이 다하여 죽어 자기 백성에게
로 돌아갔고
18 그 자손들은 하윌라에서부터 앗수
르로 통하는 애굽 앞 술까지 이르
러 그 모든 형제의 맞은편에 거주
하였더라

에서와 야곱이 태어나다

19 ●아브라함의 아들 이삭의 족보는
이러하니라 아브라함이 이삭을 낳
았고
20 이삭은 사십 세에 리브가를 맞이하
여 아내를 삼았으니 리브가는 밧단
아람의 아람 족속 중 브두엘의 딸
이요 아람 족속 중 라반의 누이였
더라
21 이삭이 그의 아내가 임신하지 못하
므로 그를 위하여 여호와께 간구하
매 여호와께서 그의 간구를 들으셨
으므로 그의 아내 리브가가 임신하
였더니
22 그 아들들이 그의 태 속에서 서로
싸우는지라 그가 이르되 이럴 경우
에는 내가 어찌할꼬 하고 가서 여
호와께 묻자온대
23 여호와께서 그에게 이르시되
두 국민이 네 태중에 있구나 두
민족이 네 복중에서부터 나누이
리라 이 족속이 저 족속보다 강하
겠고 큰 자가 어린 자를 섬기리라
하셨더라
24 그 해산 기한이 찬즉 태에 쌍둥이
가 있었는데
25 먼저 나온 자는 붉고 전신이 털옷
같아서 이름을 에서라 하였고
26 후에 나온 아우는 손으로 에서의 발
꿈치를 잡았으므로 그 이름을 [1]야
곱이라 하였으며 리브가가 그들을
낳을 때에 이삭이 육십 세였더라

에서가 장자의 명분을 팔다

27 ●그 아이들이 장성하매 에서는 익
숙한 사냥꾼이었으므로 들사람이
되고 야곱은 조용한 사람이었으므
로 장막에 거주하니
28 이삭은 에서가 사냥한 고기를 좋아
하므로 그를 사랑하고 리브가는 야
곱을 사랑하였더라
29 야곱이 죽을 쑤었더니 에서가 들에
서 돌아와서 심히 피곤하여
30 야곱에게 이르되 내가 피곤하니 그
붉은 것을 내가 먹게 하라 한지라
그러므로 에서의 별명은 [2]에돔이더
라
31 야곱이 이르되 형의 장자의 명분을
오늘 내게 팔라
32 에서가 이르되 내가 죽게 되었으니
이 장자의 명분이 내게 무엇이 유
익하리요
33 야곱이 이르되 오늘 내게 맹세하라

1) 발꿈치를 잡았다는 뜻 2) 붉음

에서가 맹세하고 장자의 명분을 야
곱에게 판지라
34 야곱이 떡과 팥죽을 에서에게 주매
에서가 먹으며 마시고 일어나 갔으
니 에서가 장자의 명분을 가볍게
여김이었더라

이삭이 그랄에 거주하다

26 아브라함 때에 첫 흉년이 들
었더니 그 땅에 또 흉년이 들
매 이삭이 그랄로 가서 블레셋 왕
아비멜렉에게 이르렀더니
2 여호와께서 이삭에게 나타나 이르
시되 애굽으로 내려가지 말고 내가
네게 지시하는 땅에 거주하라
3 이 땅에 거류하면 내가 너와 함께
있어 네게 복을 주고 내가 이 모든
땅을 너와 네 자손에게 주리라 내
가 네 아버지 아브라함에게 맹세한
것을 이루어
4 네 자손을 하늘의 별과 같이 번성
하게 하며 이 모든 땅을 네 자손에
게 주리니 네 자손으로 말미암아
천하 만민이 복을 받으리라
5 이는 아브라함이 내 말을 순종하고
내 명령과 내 계명과 내 율례와 내
법도를 지켰음이라 하시니라
6 이삭이 그랄에 거주하였더니
7 그곳 사람들이 그의 아내에 대하여
물으매 그가 말하기를 그는 내 누이
라 하였으니 리브가는 보기에 아리
따우므로 그곳 백성이 리브가로 말
미암아 자기를 죽일까 하여 그는 내
아내라 하기를 두려워함이었더라
8 이삭이 거기 오래 거주하였더니 이
삭이 그 아내 리브가를 껴안은 것
을 블레셋 왕 아비멜렉이 창으로
내다본지라
9 이에 아비멜렉이 이삭을 불러 이르
되 그가 분명히 네 아내거늘 어찌
네 누이라 하였느냐 이삭이 그에게
대답하되 내 생각에 그로 말미암아
내가 죽게 될까 두려워하였음이로
라
10 아비멜렉이 이르되 네가 어찌 우리
에게 이렇게 행하였느냐 백성 중
하나가 네 아내와 동침할 뻔하였도
다 네가 죄를 우리에게 입혔으리라
11 아비멜렉이 이에 모든 백성에게 명
하여 이르되 이 사람이나 그의 아내
를 범하는 자는 죽이리라 하였더라
12 ●이삭이 그 땅에서 농사하여 그
해에 백 배나 얻었고 여호와께서
복을 주시므로
13 그 사람이 창대하고 왕성하여 마침
내 거부가 되어
14 양과 소가 떼를 이루고 종이 심히
많으므로 블레셋 사람이 그를 시기
하여
15 그 아버지 아브라함 때에 그 아버
지의 종들이 판 모든 우물을 막고
흙으로 메웠더라
16 아비멜렉이 이삭에게 이르되 네가
우리보다 크게 강성한즉 우리를 떠
나라
17 이삭이 그곳을 떠나 그랄 골짜기에
장막을 치고 거기 거류하며
18 그 아버지 아브라함 때에 팠던 우
물들을 다시 팠으니 이는 아브라함
이 죽은 후에 블레셋 사람이 그 우
물들을 메웠음이라 이삭이 그 우물
들의 이름을 그의 아버지가 부르던
이름으로 불렀더라
19 이삭의 종들이 골짜기를 파서 샘
근원을 얻었더니
20 그랄 목자들이 이삭의 목자와 다투
어 이르되 이 물은 우리의 것이라
하매 이삭이 그 다툼으로 말미암아
그 우물 이름을 [1]에섹이라 하였으
며

1) 다툼

21 또 다른 우물을 팠더니 그들이 또
다투므로 그 이름을 [1]싯나라 하였
으며
22 이삭이 거기서 옮겨 다른 우물을
팠더니 그들이 다투지 아니하였으
므로 그 이름을 [2]르호봇이라 하여
이르되 이제는 여호와께서 우리를
위하여 넓게 하셨으니 이 땅에서
우리가 번성하리로다 하였더라
23 ●이삭이 거기서부터 브엘세바로
올라갔더니
24 그 밤에 여호와께서 그에게 나타나
이르시되 나는 네 아버지 아브라함
의 하나님이니 두려워하지 말라 내
종 아브라함을 위하여 내가 너와
함께 있어 네게 복을 주어 네 자손
이 번성하게 하리라 하신지라
25 이삭이 그곳에 제단을 쌓고, 여호
와의 이름을 부르며 거기 장막을
쳤더니 이삭의 종들이 거기서도 우
물을 팠더라

이삭과 아비멜렉의 계약

26 ●아비멜렉이 그 친구 아훗삿과 군
대 장관 비골과 더불어 그랄에서부
터 이삭에게로 온지라
27 이삭이 그들에게 이르되 너희가 나
를 미워하여 나에게 너희를 떠나게
하였거늘 어찌하여 내게 왔느냐
28 그들이 이르되 여호와께서 너와 함
께 계심을 우리가 분명히 보았으므
로 우리의 사이 곧 우리와 너 사이
에 맹세하여 너와 계약을 맺으리라
말하였노라
29 너는 우리를 해하지 말라 이는 우
리가 너를 범하지 아니하고 선한
일만 네게 행하여 네가 평안히 가
게 하였음이니라 이제 너는 여호와
께 복을 받은 자니라
30 이삭이 그들을 위하여 잔치를 베풀
매 그들이 먹고 마시고
31 아침에 일찍이 일어나 서로 맹세한
후에 이삭이 그들을 보내매 그들이
평안히 갔더라
32 그날에 이삭의 종들이 자기들이 판
우물에 대하여 이삭에게 와서 알리
어 이르되 우리가 물을 얻었나이다
하매
33 그가 그 이름을 세바라 한지라 그러
므로 그 성읍 이름이 오늘까지 브
엘세바더라

에서의 이방인 아내들

34 ●에서가 사십 세에 헷 족속 브에
리의 딸 유딧과 헷 족속 엘론의 딸
바스맛을 아내로 맞이하였더니
35 그들이 이삭과 리브가의 마음에 근
심이 되었더라

이삭이 야곱에게 축복하다

27 이삭이 나이가 많아 눈이 어두
워 잘 보지 못하더니 맏아들 에
서를 불러 이르되 내 아들아 하매
그가 이르되 내가 여기 있나이다
하니
2 이삭이 이르되 내가 이제 늙어 어
느 날 죽을는지 알지 못하니
3 그런즉 네 기구 곧 화살통과 활을
가지고 들에 가서 나를 위하여 사
냥하여
4 내가 즐기는 별미를 만들어 내게로
가져와서 먹게 하여 내가 죽기 전
에 내 마음껏 네게 축복하게 하라
5 ●이삭이 그의 아들 에서에게 말할
때에 리브가가 들었더니 에서가 사
냥하여 오려고 들로 나가매
6 리브가가 그의 아들 야곱에게 말하
여 이르되 네 아버지가 네 형 에서
에게 말씀하시는 것을 내가 들으니
이르시기를
7 나를 위하여 사냥하여 가져다가 별
미를 만들어 내가 먹게 하여 죽기

1) 대적함 2) 장소가 넓음

전에 여호와 앞에서 네게 축복하게
하라 하셨으니
8 그런즉 내 아들아 내 말을 따라 내
가 네게 명하는 대로
9 염소 떼에 가서 거기서 좋은 염소
새끼 두 마리를 내게로 가져오면
내가 그것으로 네 아버지를 위하여
그가 즐기시는 별미를 만들리니
10 네가 그것을 네 아버지께 가져다
드려서 그가 죽기 전에 네게 축복
하기 위하여 잡수시게 하라
11 야곱이 그 어머니 리브가에게 이르
되 내 형 에서는 털이 많은 사람이
요 나는 매끈매끈한 사람인즉
12 아버지께서 나를 만지실진대 내가
아버지의 눈에 속이는 자로 보일지
라 복은 고사하고 저주를 받을까
하나이다
13 어머니가 그에게 이르되 내 아들아
너의 저주는 내게로 돌리리니 내
말만 따르고 가서 가져오라
14 그가 가서 끌어다가 어머니에게로
가져왔더니 그의 어머니가 그의 아
버지가 즐기는 별미를 만들었더라
15 리브가가 집 안 자기에게 있는 그
의 맏아들 에서의 좋은 의복을 가
져다가 그의 작은 아들 야곱에게
입히고
16 또 염소 새끼의 가죽을 그의 손과
목의 매끈매끈한 곳에 입히고
17 자기가 만든 별미와 떡을 자기 아
들 야곱의 손에 주니
18 야곱이 아버지에게 나아가서 내 아
버지여 하고 부르니 이르되 내가 여
기 있노라 내 아들아 네가 누구냐
19 야곱이 아버지에게 대답하되 나는
아버지의 맏아들 에서로소이다 아
버지께서 내게 명하신 대로 내가
하였사오니 원하건대 일어나 앉아
서 내가 사냥한 고기를 잡수시고
아버지 마음껏 내게 축복하소서
20 이삭이 그의 아들에게 이르되 내
아들아 네가 어떻게 이같이 속히
잡았느냐 그가 이르되 아버지의 하
나님 여호와께서 나로 순조롭게 만
나게 하셨음이니이다
21 이삭이 야곱에게 이르되 내 아들아
가까이오라 네가 과연 내 아들 에
서인지 아닌지 내가 너를 만져보려
하노라
22 야곱이 그 아버지 이삭에게 가까이
가니 이삭이 만지며 이르되 음성은
야곱의 음성이나 손은 에서의 손이
로다 하며
23 그의 손이 형 에서의 손과 같이 털
이 있으므로 분별하지 못하고 축복
하였더라
24 이삭이 이르되 네가 참 내 아들 에
서냐 그가 대답하되 그러하니이다
25 이삭이 이르되 내게로 가져오라 내
아들이 사냥한 고기를 먹고 내 마
음껏 네게 축복하리라 야곱이 그에
게로 가져가매 그가 먹고 또 포도
주를 가져가매 그가 마시고
26 그의 아버지 이삭이 그에게 이르되
내 아들아 가까이와서 내게 입맞추
라
27 그가 가까이 가서 그에게 입맞추니
아버지가 그의 옷의 향취를 맡고
그에게 축복하여 이르되
내 아들의 향취는 여호와께서 복
주신 밭의 향취로다
28 하나님은 하늘의 이슬과 땅의 기
름짐이며 풍성한 곡식과 포도주
를 네게 주시기를 원하노라
29 만민이 너를 섬기고 열국이 네게
굴복하리니 네가 형제들의 주가
되고 네 어머니의 아들들이 네게
굴복하며 너를 저주하는 자는 저
주를 받고 너를 축복하는 자는 복

을 받기를 원하노라
30 이삭이 야곱에게 축복하기를 마치
매 야곱이 그의 아버지 이삭 앞에
서 나가자 곧 그의 형 에서가 사냥
하여 돌아온지라
31 그가 별미를 만들어 아버지에게로
가지고 가서 이르되 아버지여 일어
나서 아들이 사냥한 고기를 잡수시
고 마음껏 내게 축복하소서
32 그의 아버지 이삭이 그에게 이르되
너는 누구냐 그가 대답하되 나는
아버지의 아들 곧 아버지의 맏아들
에서로소이다
33 이삭이 심히 크게 떨며 이르되 그
러면 사냥한 고기를 내게 가져온
자가 누구냐 네가 오기 전에 내가
다 먹고 그를 위하여 축복하였은즉
그가 반드시 복을 받을 것이니라
34 에서가 그의 아버지의 말을 듣고
소리 질러 슬피 울며 아버지에게
이르되 내 아버지여 내게 축복하소
서 내게도 그리하소서
35 이삭이 이르되 네 아우가 와서 속
여 네 복을 빼앗았도다
36 에서가 이르되 그의 이름을 야곱이
라 함이 합당하지 아니하니이까 그
가 나를 속임이 이것이 두 번째니이
다 전에는 나의 장자의 명분을 빼앗
고 이제는 내 복을 빼앗았나이다 또
이르되 아버지께서 나를 위하여 빌
복을 남기지 아니하셨나이까
37 이삭이 에서에게 대답하여 이르되
내가 그를 너의 주로 세우고 그의
모든 형제를 내가 그에게 종으로
주었으며 곡식과 포도주를 그에게
주었으니 내 아들아 내가 네게 무
엇을 할 수 있으랴
38 에서가 아버지에게 이르되 내 아버
지여 아버지가 빌 복이 이 하나뿐
이리이까 내 아버지여 내게 축복하
소서 내게도 그리하소서 하고 소리
를 높여 우니
39 그 아버지 이삭이 그에게 대답하여
이르되
네 주소는 땅의 기름짐에서 멀고
내리는 하늘 이슬에서 멀 것이며
40 너는 칼을 믿고 생활하겠고 네 아
우를 섬길 것이며 네가 매임을 벗
을 때에는 그 멍에를 네 목에서
떨쳐버리리라
하였더라
41 그의 아버지가 야곱에게 축복한 그
축복으로 말미암아 에서가 야곱을
미워하여 심중에 이르기를 아버지
를 곡할 때가 가까웠은즉 내가 내
아우 야곱을 죽이리라 하였더니
42 맏아들 에서의 이 말이 리브가에게
들리매 이에 사람을 보내어 작은
아들 야곱을 불러 그에게 이르되
네 형 에서가 너를 죽여 그 한을 풀
려 하니
43 내 아들아 내 말을 따라 일어나 하
란으로 가서 내 오라버니 라반에게
로 피신하여
44 네 형의 노가 풀리기까지 몇 날 동
안 그와 함께 거주하라
45 네 형의 분노가 풀려 네가 자기에
게 행한 것을 잊어버리거든 내가
곧 사람을 보내어 너를 거기서 불
러오리라 어찌 하루에 너희 둘을
잃으랴

이삭이 야곱을 라반에게 보내다

46 ●리브가가 이삭에게 이르되 내가
헷 사람의 딸들로 말미암아 내 삶
이 싫어졌거늘 야곱이 만일 이 땅
의 딸들 곧 그들과 같은 헷 사람의
딸들 중에서 아내를 맞이하면 내
삶이 내게 무슨 재미가 있으리이까

28 이삭이 야곱을 불러 그에게
축복하고 또 당부하여 이르되

너는 가나안 사람의 딸들 중에서
아내를 맞이하지 말고
2 일어나 밧단아람으로 가서 네 외조
부 브두엘의 집에 이르러 거기서
네 외삼촌 라반의 딸 중에서 아내
를 맞이하라
3 전능하신 하나님이 네게 복을 주
시어 네가 생육하고 번성하게 하
여 네가 여러 족속을 이루게 하시
고
4 아브라함에게 허락하신 복을 네게
주시되 너와 너와 함께 네 자손에
게도 주사 하나님이 아브라함에게
주신 땅 곧 네가 거류하는 땅을 네
가 차지하게 하시기를 원하노라
5 이에 이삭이 야곱을 보내매 그가
밧단아람으로 가서 라반에게 이르
렀으니 라반은 아람 사람 브두엘의
아들이요 야곱과 에서의 어머니 리
브가의 오라비더라

에서가 다른 아내를 맞이하다

6 ●에서가 본즉 이삭이 야곱에게 축
복하고 그를 밧단아람으로 보내어
거기서 아내를 맞이하게 하였고 또
그에게 축복하고 명하기를 너는 가
나안 사람의 딸들 중에서 아내를
맞이하지 말라 하였고
7 또 야곱이 부모의 명을 따라 밧단
아람으로 갔으며
8 에서가 또 본즉 가나안 사람의 딸
들이 그의 아버지 이삭을 기쁘게
하지 못하는지라
9 이에 에서가 이스마엘에게 가서 그
본처들 외에 아브라함의 아들 이스
마엘의 딸이요 느바욧의 누이인 마
할랏을 아내로 맞이하였더라

야곱이 벧엘에서 꿈을 꾸다

10 ●야곱이 브엘세바에서 떠나 하란
으로 향하여 가더니
11 한 곳에 이르러는 해가 진지라 거
기서 유숙하려고 그곳의 한 돌을
가져다가 베개로 삼고 거기 누워
자더니
12 꿈에 본즉 사닥다리가 땅 위에 서
있는데 그 꼭대기가 하늘에 닿았고
또 본즉 하나님의 사자들이 그 위
에서 오르락내리락 하고
13 또 본즉 여호와께서 그 위에 서서
이르시되 나는 여호와니 너의 조부
아브라함의 하나님이요 이삭의 하
나님이라 네가 누워 있는 땅을 내
가 너와 네 자손에게 주리니
14 네 자손이 땅의 티끌같이 되어 네
가 서쪽과 동쪽과 북쪽과 남쪽으로
퍼져나갈지며 땅의 모든 족속이 너
와 네 자손으로 말미암아 복을 받
으리라
15 내가 너와 함께 있어 네가 어디로
가든지 너를 지키며 너를 이끌어
이 땅으로 돌아오게 할지라 내가
네게 허락한 것을 다 이루기까지
너를 떠나지 아니하리라 하신지라
16 야곱이 잠이 깨어 이르되 여호와께
서 과연 여기 계시거늘 내가 알지
못하였도다
17 이에 두려워하여 이르되 두렵도다
이곳이여 이것은 다름 아닌 하나님
의 집이요 이는 하늘의 문이로다
하고
18 야곱이 아침에 일찍이 일어나 베개
로 삼았던 돌을 가져다가 기둥으로
세우고 그 위에 기름을 붓고
19 그곳 이름을 [1)]벧엘이라 하였더라 이
성의 옛 이름은 루스더라
20 야곱이 서원하여 이르되 하나님이
나와 함께 계셔서 내가 가는 이 길
에서 나를 지키시고 먹을 떡과 입
을 옷을 주시어
21 내가 평안히 아버지 집으로 돌아가

1) 하나님의 집

게 하시오면 여호와께서 나의 하나
님이 되실 것이요
22 내가 기둥으로 세운 이 돌이 하나
님의 집이 될 것이요 하나님께서
내게 주신 모든 것에서 십분의 일
을 내가 반드시 하나님께 드리겠나
이다 하였더라

야곱이 라반의 집에 이르다

29 야곱이 길을 떠나 동방 사람
의 땅에 이르러
2 본즉 들에 우물이 있고 그 곁에 양
세 떼가 누워 있으니 이는 목자들
이 그 우물에서 양 떼에게 물을 먹
임이라 큰 돌로 우물 아귀를 덮었
다가
3 모든 떼가 모이면 그들이 우물 아
귀에서 돌을 옮기고 그 양 떼에게
물을 먹이고는 우물 아귀 그 자리
에 다시 그 돌을 덮더라
4 야곱이 그들에게 이르되 내 형제여
어디서 왔느냐 그들이 이르되 하란
에서 왔노라
5 야곱이 그들에게 이르되 너희가 나
홀의 손자 라반을 아느냐 그들이
이르되 아노라
6 야곱이 그들에게 이르되 그가 평안
하냐 이르되 평안하니라 그의 딸
라헬이 지금 양을 몰고 오느니라
7 야곱이 이르되 해가 아직 높은즉
가축 모일 때가 아니니 양에게 물
을 먹이고 가서 풀을 뜯게 하라
8 그들이 이르되 우리가 그리하지 못
하겠노라 떼가 다 모이고 목자들이
우물 아귀에서 돌을 옮겨야 우리가
양에게 물을 먹이느니라
9 야곱이 그들과 말하는 동안에 라헬
이 그의 아버지의 양과 함께 오니
그가 그의 양들을 치고 있었기 때
문이더라
10 야곱이 그의 외삼촌 라반의 딸 라
헬과 그의 외삼촌의 양을 보고 나
아가 우물 아귀에서 돌을 옮기고
외삼촌 라반의 양 떼에게 물을 먹
이고
11 그가 라헬에게 입맞추고 소리 내어
울며
12 그에게 자기가 그의 아버지의 생질
이요 리브가의 아들 됨을 말하였더
니 라헬이 달려가서 그 아버지에게
알리매
13 라반이 그의 생질 야곱의 소식을
듣고 달려와서 그를 영접하여 안고
입맞추며 자기 집으로 인도하여 들
이니 야곱이 자기의 모든 일을 라
반에게 말하매
14 라반이 이르되 너는 참으로 내 혈
육이로다 하였더라 야곱이 한 달을
그와 함께 거주하더니
15 라반이 야곱에게 이르되 네가 비록
내 생질이나 어찌 그저 내 일을 하
겠느냐 네 품삯을 어떻게 할지 내
게 말하라
16 라반에게 두 딸이 있으니 언니의
이름은 레아요 아우의 이름은 라헬
이라
17 레아는 시력이 약하고 라헬은 곱고
아리따우니
18 야곱이 라헬을 더 사랑하므로 대답
하되 내가 외삼촌의 작은딸 라헬을
위하여 외삼촌에게 칠 년을 섬기리
이다
19 라반이 이르되 그를 네게 주는 것
이 타인에게 주는 것보다 나으니
나와 함께 있으라
20 야곱이 라헬을 위하여 칠 년 동안
라반을 섬겼으나 그를 사랑하는 까
닭에 칠 년을 며칠같이 여겼더라

야곱이 레아와 라헬을 아내로 맞다

21 ●야곱이 라반에게 이르되 내 기한
이 찼으니 내 아내를 내게 주소서

내가 그에게 들어가겠나이다
22 라반이 그곳 사람을 다 모아 잔치
하고
23 저녁에 그의 딸 레아를 야곱에게로
데려가매 야곱이 그에게로 들어가
니라
24 라반이 또 그의 여종 실바를 그의
딸 레아에게 시녀로 주었더라
25 야곱이 아침에 보니 레아라 라반에
게 이르되 외삼촌이 어찌하여 내게
이같이 행하셨나이까 내가 라헬을
위하여 외삼촌을 섬기지 아니하였
나이까 외삼촌이 나를 속이심은 어
찌됨이니이까
26 라반이 이르되 언니보다 아우를 먼
저 주는 것은 우리 지방에서 하지
아니하는 바이라
27 이를 위하여 칠 일을 채우라 우리
가 그도 네게 주리니 네가 또 나를
칠 년 동안 섬길지니라
28 야곱이 그대로 하여 그 칠 일을 채
우매 라반이 딸 라헬도 그에게 아
내로 주고
29 라반이 또 그의 여종 빌하를 그의
딸 라헬에게 주어 시녀가 되게 하매
30 야곱이 또한 라헬에게로 들어갔고
그가 레아보다 라헬을 더 사랑하여
다시 칠 년 동안 라반을 섬겼더라

야곱에게 아이들이 생기다

31 ●여호와께서 레아가 사랑받지 못
함을 보시고 그의 태를 여셨으나
라헬은 자녀가 없었더라
32 레아가 임신하여 아들을 낳고 그
이름을 [1]르우벤이라 하여 이르되
여호와께서 나의 괴로움을 돌보셨
으니 이제는 내 남편이 나를 사랑
하리로다 하였더라
33 그가 다시 임신하여 아들을 낳고
이르되 여호와께서 내가 사랑받지
못함을 들으셨으므로 내게 이 아들
도 주셨도다 하고 그의 이름을 [2]시
므온이라 하였으며
34 그가 또 임신하여 아들을 낳고 이
르되 내가 그에게 세 아들을 낳았
으니 내 남편이 지금부터 나와 연
합하리로다 하고 그의 이름을 [3]레
위라 하였으며
35 그가 또 임신하여 아들을 낳고 이
르되 내가 이제는 여호와를 찬송하
리로다 하고 이로 말미암아 그가
그의 이름을 [4]유다라 하였고 그의
출산이 멈추었더라

30 라헬이 자기가 야곱에게서 아
들을 낳지 못함을 보고 그의
언니를 시기하여 야곱에게 이르되
내게 자식을 낳게 하라 그렇지 아
니하면 내가 죽겠노라
2 야곱이 라헬에게 성을 내어 이르되
그대를 임신하지 못하게 하시는 이
는 하나님이시니 내가 하나님을 대
신하겠느냐
3 라헬이 이르되 내 여종 빌하에게로
들어가라 그가 아들을 낳아 내 무
릎에 두리니 그러면 나도 그로 말
미암아 자식을 얻겠노라 하고
4 그의 시녀 빌하를 남편에게 아내로
주매 야곱이 그에게로 들어갔더니
5 빌하가 임신하여 야곱에게 아들을
낳은지라
6 라헬이 이르되 하나님이 내 억울함
을 푸시려고 내 호소를 들으사 내게
아들을 주셨다 하고 이로 말미암아
그의 이름을 [5]단이라 하였으며
7 라헬의 시녀 빌하가 다시 임신하여
둘째 아들을 야곱에게 낳으매
8 라헬이 이르되 내가 언니와 크게
경쟁하여 이겼다 하고 그의 이름을
[6]납달리라 하였더라

1) 보라 아들이라 2) 들으심 3) 연합함 4) 찬송함 5) 억울함을 푸심 6) 경쟁함

9 ●레아가 자기의 출산이 멈춤을 보
고 그의 시녀 실바를 데려다가 야
곱에게 주어 아내로 삼게 하였더니
10 레아의 시녀 실바가 야곱에게서 아
들을 낳으매
11 레아가 이르되 복되도다 하고 그의
이름을 [1]갓이라 하였으며
12 레아의 시녀 실바가 둘째 아들을
야곱에게 낳으매
13 레아가 이르되 기쁘도다 모든 딸들
이 나를 기쁜 자라 하리로다 하고
그의 이름을 [2]아셀이라 하였더라
14 ●밀 거둘 때 르우벤이 나가서 들
에서 합환채를 얻어 그의 어머니
레아에게 드렸더니 라헬이 레아에
게 이르되 언니의 아들의 합환채를
청구하노라
15 레아가 그에게 이르되 네가 내 남
편을 빼앗은 것이 작은 일이냐 그
런데 네가 내 아들의 합환채도 빼
앗고자 하느냐 라헬이 이르되 그러
면 언니의 아들의 합환채 대신에
오늘 밤에 내 남편이 언니와 동침
하리라 하니라
16 저물 때에 야곱이 들에서 돌아오매
레아가 나와서 그를 영접하며 이르
되 내게로 들어오라 내가 내 아들
의 합환채로 당신을 샀노라 그 밤
에 야곱이 그와 동침하였더라
17 하나님이 레아의 소원을 들으셨으
므로 그가 임신하여 다섯째 아들을
야곱에게 낳은지라
18 레아가 이르되 내가 내 시녀를 내
남편에게 주었으므로 하나님이 내
게 그 값을 주셨다 하고 그의 이름
을 [3]잇사갈이라 하였으며
19 레아가 다시 임신하여 여섯째 아들
을 야곱에게 낳은지라
20 레아가 이르되 하나님이 내게 후한
선물을 주시도다 내가 남편에게 여
섯 아들을 낳았으니 이제는 그가
나와 함께 살리라 하고 그의 이름
을 [4]스불론이라 하였으며
21 그 후에 그가 딸을 낳고 그의 이름
을 디나라 하였더라
22 하나님이 라헬을 생각하신지라 하
나님이 그의 소원을 들으시고 그의
태를 여셨으므로
23 그가 임신하여 아들을 낳고 이르되
하나님이 내 부끄러움을 씻으셨다
하고
24 그 이름을 [5]요셉이라 하니 여호와
는 다시 다른 아들을 내게 더하시
기를 원하노라 하였더라

야곱이 라반과 품삯을 정하다

25 ●라헬이 요셉을 낳았을 때에 야곱
이 라반에게 이르되 나를 보내어
내 고향 나의 땅으로 가게 하시되
26 내가 외삼촌에게서 일하고 얻은 처
자를 내게 주시어 나로 가게 하소
서 내가 외삼촌에게 한 일은 외삼
촌이 아시나이다
27 라반이 그에게 이르되 여호와께서
너로 말미암아 내게 복 주신 줄을
내가 깨달았노니 네가 나를 사랑스
럽게 여기거든 그대로 있으라
28 또 이르되 네 품삯을 정하라 내가
그것을 주리라
29 야곱이 그에게 이르되 내가 어떻게
외삼촌을 섬겼는지, 어떻게 외삼촌
의 가축을 쳤는지 외삼촌이 아시나
이다
30 내가 오기 전에는 외삼촌의 소유가
적더니 번성하여 떼를 이루었으니
내 발이 이르는 곳마다 여호와께서
외삼촌에게 복을 주셨나이다 그러
나 나는 언제나 내 집을 세우리이
까
31 라반이 이르되 내가 무엇으로 네게

1) 복됨 2) 기쁨 3) 값 4) 거함 5) 더함

주랴 야곱이 이르되 외삼촌께서 내
게 아무것도 주시지 않아도 나를
위하여 이 일을 행하시면 내가 다
시 외삼촌의 양 떼를 먹이고 지키
리이다
32 오늘 내가 외삼촌의 양 떼에 두루
다니며 그 양 중에 아롱진 것과 점
있는 것과 검은 것을 가려내며 또
염소 중에 점 있는 것과 아롱진 것
을 가려내리니 이 같은 것이 내 품
삯이 되리이다
33 후일에 외삼촌께서 오셔서 내 품삯
을 조사하실 때에 나의 의가 내 대
답이 되리이다 내게 혹시 염소 중
아롱지지 아니한 것이나 점이 없는
것이나 양 중에 검지 아니한 것이
있거든 다 도둑질한 것으로 인정하
소서
34 라반이 이르되 내가 네 말대로 하
리라 하고
35 그날에 그가 숫염소 중 얼룩무늬
있는 것과 점 있는 것을 가리고 암
염소 중 흰 바탕에 아롱진 것과 점
있는 것을 가리고 양 중의 검은 것
들을 가려 자기 아들들의 손에 맡
기고
36 자기와 야곱의 사이를 사흘 길이
뜨게 하였고 야곱은 라반의 남은
양 떼를 치니라
37 ●야곱이 버드나무와 살구나무와
신풍나무의 푸른 가지를 가져다가
그것들의 껍질을 벗겨 흰 무늬를
내고
38 그 껍질 벗긴 가지를 양 떼가 와서
먹는 개천의 물 구유에 세워 양 떼
를 향하게 하매 그 떼가 물을 먹으
러 올 때에 새끼를 배니
39 가지 앞에서 새끼를 배므로 얼룩얼
룩한 것과 점이 있고 아롱진 것을
낳은지라
40 야곱이 새끼 양을 구분하고 그 얼
룩무늬와 검은 빛 있는 것을 라반
의 양과 서로 마주 보게 하며 자기
양을 따로 두어 라반의 양과 섞이
지 않게 하며
41 튼튼한 양이 새끼 밸 때에는 야곱
이 개천에다가 양 떼의 눈 앞에 그
가지를 두어 양이 그 가지 곁에서
새끼를 배게 하고
42 약한 양이면 그 가지를 두지 아니
하니 그렇게 함으로 약한 것은 라
반의 것이 되고 튼튼한 것은 야곱
의 것이 된지라
43 이에 그 사람이 매우 번창하여 양
떼와 노비와 낙타와 나귀가 많았더
라

야곱이 라반을 떠나다

31 야곱이 라반의 아들들이 하는
말을 들은즉 야곱이 우리 아버
지의 소유를 다 빼앗고 우리 아버
지의 소유로 말미암아 이 모든 재
물을 모았다 하는지라
2 야곱이 라반의 안색을 본즉 자기에
게 대하여 전과 같지 아니하더라
3 여호와께서 야곱에게 이르시되 네
조상의 땅 네 족속에게로 돌아가라
내가 너와 함께 있으리라 하신지라
4 야곱이 사람을 보내어 라헬과 레아
를 자기 양 떼가 있는 들로 불러다
가
5 그들에게 이르되 내가 그대들의 아
버지의 안색을 본즉 내게 대하여
전과 같지 아니하도다 그러할지라
도 내 아버지의 하나님은 나와 함
께 계셨느니라
6 그대들도 알거니와 내가 힘을 다하
여 그대들의 아버지를 섬겼거늘
7 그대들의 아버지가 나를 속여 품삯
을 열 번이나 변경하였느니라 그러
나 하나님이 그를 막으사 나를 해

치지 못하게 하셨으며
8 그가 이르기를 점 있는 것이 네 삯
이 되리라 하면 온 양 떼가 낳은 것
이 점 있는 것이요 또 얼룩무늬 있
는 것이 네 삯이 되리라 하면 온 양
떼가 낳은 것이 얼룩무늬 있는 것
이니
9 하나님이 이같이 그대들의 아버지
의 가축을 빼앗아 내게 주셨느니라
10 그 양 떼가 새끼 밸 때에 내가 꿈에
눈을 들어 보니 양 떼를 탄 숫양은
다 얼룩무늬 있는 것과 점 있는 것
과 아롱진 것이었더라
11 꿈에 하나님의 사자가 내게 말씀하
시기를 야곱아 하기로 내가 대답하
기를 여기 있나이다 하매
12 이르시되 네 눈을 들어 보라 양 떼
를 탄 숫양은 다 얼룩무늬 있는 것,
점 있는 것과 아롱진 것이니라 라
반이 네게 행한 모든 것을 내가 보
았노라
13 나는 벧엘의 하나님이라 네가 거기
서 기둥에 기름을 붓고 거기서 내
게 서원하였으니 지금 일어나 이곳
을 떠나서 네 출생지로 돌아가라
하셨느니라
14 라헬과 레아가 그에게 대답하여 이
르되 우리가 우리 아버지 집에서
무슨 분깃이나 유산이 있으리요
15 아버지가 우리를 팔고 우리의 돈을
다 먹어버렸으니 아버지가 우리를
외국인처럼 여기는 것이 아닌가
16 하나님이 우리 아버지에게서 취하
여 가신 재물은 우리와 우리 자식
의 것이니 이제 하나님이 당신에게
이르신 일을 다 준행하라
17 ●야곱이 일어나 자식들과 아내들
을 낙타들에게 태우고
18 그 모은 바 모든 가축과 모든 소유
물 곧 그가 밧단아람에서 모은 가
축을 이끌고 가나안 땅에 있는 그
의 아버지 이삭에게로 가려 할새
19 그때에 라반이 양털을 깎으러 갔으
므로 라헬은 그의 아버지의 드라빔
을 도둑질하고
20 야곱은 그 거취를 아람 사람 라반
에게 말하지 아니하고 가만히 떠났
더라
21 그가 그의 모든 소유를 이끌고 강
을 건너 길르앗 산을 향하여 도망
한 지
22 삼 일 만에 야곱이 도망한 것이 라
반에게 들린지라
23 라반이 그의 형제를 거느리고 칠
일 길을 쫓아가 길르앗 산에서 그
에게 이르렀더니
24 밤에 하나님이 아람 사람 라반에게
현몽하여 이르시되 너는 삼가 야곱
에게 선악 간에 말하지 말라 하셨
더라
25 라반이 야곱을 뒤쫓아 이르렀으니
야곱이 그 산에 장막을 친지라 라
반이 그 형제와 더불어 길르앗 산
에 장막을 치고
26 라반이 야곱에게 이르되 네가 나를
속이고 내 딸들을 칼에 사로잡힌
자같이 끌고 갔으니 어찌 이같이
하였느냐
27 내가 즐거움과 노래와 북과 수금으
로 너를 보내겠거늘 어찌하여 네가
나를 속이고 가만히 도망하고 내게
알리지 아니하였으며
28 내가 내 손자들과 딸들에게 입맞추
지 못하게 하였으니 네 행위가 참
으로 어리석도다
29 너를 해할 만한 능력이 내 손에 있
으나 너희 아버지의 하나님이 어제
밤에 내게 말씀하시기를 너는 삼가
야곱에게 선악 간에 말하지 말라
하셨느니라

30 이제 네가 네 아버지 집을 사모하
여 돌아가려는 것은 옳거니와 어찌
내 신을 도둑질하였느냐
31 야곱이 라반에게 대답하여 이르되
내가 생각하기를 외삼촌이 외삼촌
의 딸들을 내게서 억지로 빼앗으리
라 하여 두려워하였음이니이다
32 외삼촌의 신을 누구에게서 찾든지
그는 살지 못할 것이요 우리 형제
들 앞에서 무엇이든지 외삼촌의 것
이 발견되거든 외삼촌에게로 가져
가소서 하니 야곱은 라헬이 그것을
도둑질한 줄을 알지 못함이었더라
33 라반이 야곱의 장막에 들어가고 레
아의 장막에 들어가고 두 여종의
장막에 들어갔으나 찾지 못하고 레
아의 장막에서 나와 라헬의 장막에
들어가매
34 라헬이 그 드라빔을 가져 낙타 안
장 아래에 넣고 그 위에 앉은지라
라반이 그 장막에서 찾다가 찾아내
지 못하매
35 라헬이 그의 아버지에게 이르되 마
침 생리가 있어 일어나서 영접할
수 없사오니 내 주는 노하지 마소
서 하니라 라반이 그 드라빔을 두
루 찾다가 찾아내지 못한지라
36 야곱이 노하여 라반을 책망할새 야
곱이 라반에게 대답하여 이르되 내
허물이 무엇이니이까 무슨 죄가 있
기에 외삼촌께서 내 뒤를 급히 추
격하나이까
37 외삼촌께서 내 물건을 다 뒤져보셨
으니 외삼촌의 집안 물건 중에서
무엇을 찾아내었나이까 여기 내 형
제와 외삼촌의 형제 앞에 그것을
두고 우리 둘 사이에 판단하게 하
소서
38 내가 이 이십 년을 외삼촌과 함께
하였거니와 외삼촌의 암양들이나
암염소들이 낙태하지 아니하였고
또 외삼촌의 양 떼의 숫양을 내가
먹지 아니하였으며
39 물려 찢긴 것은 내가 외삼촌에게로
가져가지 아니하고 낮에 도둑을 맞
았든지 밤에 도둑을 맞았든지 외삼
촌이 그것을 내 손에서 찾았으므로
내가 스스로 그것을 보충하였으며
40 내가 이와 같이 낮에는 더위와 밤
에는 추위를 무릅쓰고 눈 붙일 겨
를도 없이 지냈나이다
41 내가 외삼촌의 집에 있는 이 이십
년 동안 외삼촌의 두 딸을 위하여
십사 년, 외삼촌의 양 떼를 위하여
육 년을 외삼촌에게 봉사하였거니
와 외삼촌께서 내 품삯을 열 번이
나 바꾸셨으며
42 우리 아버지의 하나님, 아브라함의
하나님 곧 이삭이 경외하는 이가
나와 함께 계시지 아니하셨더라면
외삼촌께서 이제 나를 빈손으로 돌
려보내셨으리이다마는 하나님이
내 고난과 내 손의 수고를 보시고
어제 밤에 외삼촌을 책망하셨나이
다

야곱과 라반의 언약

43 ●라반이 야곱에게 대답하여 이르
되 딸들은 내 딸이요 자식들은 내
자식이요 양 떼는 내 양 떼요 네가
보는 것은 다 내 것이라 내가 오늘
내 딸들과 그들이 낳은 자식들에게
무엇을 하겠느냐
44 이제 오라 나와 네가 언약을 맺고
그것으로 너와 나 사이에 증거를
삼을 것이니라
45 이에 야곱이 돌을 가져다가 기둥으
로 세우고
46 또 그 형제들에게 돌을 모으라 하
니 그들이 돌을 가져다가 무더기를
이루매 무리가 거기 무더기 곁에서

먹고
47 라반은 그것을 [1]여갈사하두다라 불
렀고 야곱은 그것을 [2]갈르엣이라
불렀으니
48 라반의 말에 오늘 이 무더기가 너
와 나 사이에 증거가 된다 하였으
므로 그 이름을 갈르엣이라 불렀으
며
49 또 미스바라 하였으니 이는 그의
말에 우리가 서로 떠나 있을 때에
여호와께서 나와 너 사이를 살피시
옵소서 함이라
50 만일 네가 내 딸을 박대하거나 내
딸들 외에 다른 아내들을 맞이하면
우리와 함께할 사람은 없어도 보라
하나님이 나와 너 사이에 증인이
되시느니라 함이었더라
51 라반이 또 야곱에게 이르되 내가
나와 너 사이에 둔 이 무더기를 보
라 또 이 기둥을 보라
52 이 무더기가 증거가 되고 이 기둥이
증거가 되나니 내가 이 무더기를 넘
어 네게로 가서 해하지 않을 것이요
네가 이 무더기, 이 기둥을 넘어 내
게로 와서 해하지 아니할 것이라
53 아브라함의 하나님, 나홀의 하나
님, 그들의 조상의 하나님은 우리
사이에 판단하옵소서 하매 야곱이
그의 아버지 이삭이 경외하는 이를
가리켜 맹세하고
54 야곱이 또 산에서 제사를 드리고
형제들을 불러 떡을 먹이니 그들이
떡을 먹고 산에서 밤을 지내고
55 라반이 아침에 일찍이 일어나 손자
들과 딸들에게 입맞추며 그들에게
축복하고 떠나 고향으로 돌아갔더
라

야곱이 에서를 만날 준비를 하다

32 야곱이 길을 가는데 하나님의
사자들이 그를 만난지라
2 야곱이 그들을 볼 때에 이르기를
이는 하나님의 군대라 하고 그 땅
이름을 마하나임이라 하였더라
3 ●야곱이 세일 땅 에돔 들에 있는
형 에서에게로 자기보다 앞서 사자
들을 보내며
4 그들에게 명령하여 이르되 너희는
내 주 에서에게 이같이 말하라 주
의 종 야곱이 이같이 말하기를 내
가 라반과 함께 거류하며 지금까지
머물러 있었사오며
5 내게 소와 나귀와 양 떼와 노비가
있으므로 사람을 보내어 내 주께
알리고 내 주께 은혜 받기를 원하
나이다 하라 하였더니
6 사자들이 야곱에게 돌아와 이르되
우리가 주인의 형 에서에게 이른즉
그가 사백 명을 거느리고 주인을
만나려고 오더이다
7 야곱이 심히 두렵고 답답하여 자기
와 함께한 동행자와 양과 소와 낙
타를 두 떼로 나누고
8 이르되 에서가 와서 한 떼를 치면
남은 한 떼는 피하리라 하고
9 야곱이 또 이르되 내 조부 아브라
함의 하나님, 내 아버지 이삭의 하
나님 여호와여 주께서 전에 내게
명하시기를 네 고향, 네 족속에게
로 돌아가라 내가 네게 은혜를 베
풀리라 하셨나이다
10 나는 주께서 주의 종에게 베푸신
모든 은총과 모든 진실하심을 조금
도 감당할 수 없사오나 내가 내 지
팡이만 가지고 이 요단을 건넜더니
지금은 두 떼나 이루었나이다
11 내가 주께 간구하오니 내 형의 손
에서, 에서의 손에서 나를 건져내
시옵소서 내가 그를 두려워함은 그

1) 아람 방언이니 증거의 무더기 2) 히브리 방언이니 증거의 무더기

가 와서 나와 내 처자들을 칠까 겁
이 나기 때문이니이다
12 주께서 말씀하시기를 내가 반드시
네게 은혜를 베풀어 네 씨로 바다
의 셀 수 없는 모래와 같이 많게 하
리라 하셨나이다

야곱이 브니엘에서 씨름을 하다

13 ●야곱이 거기서 밤을 지내고 그
소유 중에서 형 에서를 위하여 예
물을 택하니
14 암염소가 이백이요 숫염소가 이십
이요 암양이 이백이요 숫양이 이십
이요
15 젖 나는 낙타 삼십과 그 새끼요 암
소가 사십이요 황소가 열이요 암나
귀가 이십이요 그 새끼 나귀가 열
이라
16 그것을 각각 떼로 나누어 종들의
손에 맡기고 그의 종에게 이르되
나보다 앞서 건너가서 각 떼로 거
리를 두게 하라 하고
17 그가 또 앞선 자에게 명령하여 이
르되 내 형 에서가 너를 만나 묻기
를 네가 누구의 사람이며 어디로
가느냐 네 앞의 것은 누구의 것이
냐 하거든
18 대답하기를 주의 종 야곱의 것이요
자기 주 에서에게로 보내는 예물이
오며 야곱도 우리 뒤에 있나이다
하라 하고
19 그 둘째와 셋째와 각 떼를 따라가
는 자에게 명령하여 이르되 너희도
에서를 만나거든 곧 이같이 그에게
말하고
20 또 너희는 말하기를 주의 종 야곱
이 우리 뒤에 있다 하라 하니 이는
야곱이 말하기를 내가 내 앞에 보
내는 예물로 형의 감정을 푼 후에
대면하면 형이 혹시 나를 받아 주
리라 함이었더라
21 그 예물은 그에 앞서 보내고 그는
무리 가운데서 밤을 지내다가
22 밤에 일어나 두 아내와 두 여종과
열한 아들을 인도하여 얍복 나루를
건널새
23 그들을 인도하여 시내를 건너가게
하며 그의 소유도 건너가게 하고
24 야곱은 홀로 남았더니 어떤 사람이
날이 새도록 야곱과 씨름하다가
25 자기가 야곱을 이기지 못함을 보고
그가 야곱의 허벅지 관절을 치매
야곱의 허벅지 관절이 그 사람과
씨름할 때에 어긋났더라
26 그가 이르되 날이 새려 하니 나로
가게 하라 야곱이 이르되 당신이
내게 축복하지 아니하면 가게 하지
아니하겠나이다
27 그 사람이 그에게 이르되 네 이름
이 무엇이냐 그가 이르되 야곱이니
이다
28 그가 이르되 네 이름을 다시는 야
곱이라 부를 것이 아니요 [1)]이스라
엘이라 부를 것이니 이는 네가 하
나님과 및 사람들과 겨루어 이겼음
이니라
29 야곱이 청하여 이르되 당신의 이름
을 알려주소서 그 사람이 이르되
어찌하여 내 이름을 묻느냐 하고
거기서 야곱에게 축복한지라
30 그러므로 야곱이 그곳 이름을 [2)]브
니엘이라 하였으니 그가 이르기를
내가 하나님과 대면하여 보았으나
내 생명이 보전되었다 함이더라
31 그가 브니엘을 지날 때에 해가 돋
았고 그의 허벅다리로 말미암아 절
었더라
32 그 사람이 야곱의 허벅지 관절에
있는 둔부의 힘줄을 쳤으므로 이스
라엘 사람들이 지금까지 허벅지 관

1) 하나님과 겨루어 이김 2) 하나님의 얼굴

절에 있는 둔부의 힘줄을 먹지 아
니하더라

야곱이 에서를 만나다

33 야곱이 눈을 들어 보니 에서
가 사백 명의 장정을 거느리
고 오고 있는지라 그의 자식들을
나누어 레아와 라헬과 두 여종에게
맡기고
2 여종들과 그들의 자식들은 앞에 두
고 레아와 그의 자식들은 다음에
두고 라헬과 요셉은 뒤에 두고
3 자기는 그들 앞에서 나아가되 몸을
일곱 번 땅에 굽히며 그의 형 에서
에게 가까이 가니
4 에서가 달려와서 그를 맞이하여 안
고 목을 어긋맞추어 그와 입맞추고
서로 우니라
5 에서가 눈을 들어 여인들과 자식들
을 보고 묻되 너와 함께한 이들은
누구냐 야곱이 이르되 하나님이 주
의 종에게 은혜로 주신 자식들이니
이다
6 그때에 여종들이 그의 자식들과 더
불어 나아와 절하고
7 레아도 그의 자식들과 더불어 나아
와 절하고 그 후에 요셉이 라헬과
더불어 나아와 절하니
8 에서가 또 이르되 내가 만난 바 이
모든 떼는 무슨 까닭이냐 야곱이
이르되 내 주께 은혜를 입으려 함
이니이다
9 에서가 이르되 내 동생아 내게 있
는 것이 족하니 네 소유는 네게 두
라
10 야곱이 이르되 그렇지 아니하니이
다 내가 형님의 눈앞에서 은혜를
입었사오면 청하건대 내 손에서 이
예물을 받으소서 내가 형님의 얼굴
을 뵈온즉 하나님의 얼굴을 본 것
같사오며 형님도 나를 기뻐하심이
니이다
11 하나님이 내게 은혜를 베푸셨고 내
소유도 족하오니 청하건대 내가 형
님께 드리는 예물을 받으소서 하고
그에게 강권하매 받으니라
12 에서가 이르되 우리가 떠나자 내가
너와 동행하리라
13 야곱이 그에게 이르되 내 주도 아
시거니와 자식들은 연약하고 내게
있는 양 떼와 소가 새끼를 데리고
있은즉 하루만 지나치게 몰면 모든
떼가 죽으리니
14 청하건대 내 주는 종보다 앞서 가
소서 나는 앞에 가는 가축과 자식
들의 걸음대로 천천히 인도하여 세
일로 가서 내 주께 나아가리이다
15 에서가 이르되 내가 내 종 몇 사람
을 네게 머물게 하리라 야곱이 이
르되 어찌하여 그리하리이까 나로
내 주께 은혜를 얻게 하소서 하매
16 이날에 에서는 세일로 돌아가고
17 야곱은 숙곳에 이르러 자기를 위하
여 집을 짓고 그의 가축을 위하여
[1]우릿간을 지었으므로 그 땅 이름
을 [2]숙곳이라 부르더라
18 ●야곱이 밧단아람에서부터 평안
히 가나안 땅 세겜 성읍에 이르러
그 성읍 앞에 장막을 치고
19 그가 장막을 친 밭을 세겜의 아버
지 하몰의 아들들의 손에서 백 [3]크
시타에 샀으며
20 거기에 제단을 쌓고 그 이름을 [4]엘
엘로헤이스라엘이라 불렀더라

디나가 부끄러운 일을 당하다

34 레아가 야곱에게 낳은 딸 디
나가 그 땅의 딸들을 보러 나
갔더니
2 히위 족속 중 하몰의 아들 그 땅의

1) 히, 막 2) 막들 3) 히, 화폐 단위임 4) 하나님, 이스라엘의 하나님

추장 세겜이 그를 보고 끌어들여
강간하여 욕되게 하고
3 그 마음이 깊이 야곱의 딸 디나에
게 연연하며 그 소녀를 사랑하여
그의 마음을 말로 위로하고
4 그의 아버지 하몰에게 청하여 이르
되 이 소녀를 내 아내로 얻게 하여
주소서 하였더라
5 야곱이 그 딸 디나를 그가 더럽혔
다 함을 들었으나 자기의 아들들이
들에서 목축하므로 그들이 돌아오
기까지 잠잠하였고
6 세겜의 아버지 하몰은 야곱에게 말
하러 왔으며
7 야곱의 아들들은 들에서 이를 듣고
돌아와서 그들 모두가 근심하고 심
히 노하였으니 이는 세겜이 야곱의
딸을 강간하여 이스라엘에게 부끄
러운 일 곧 행하지 못할 일을 행하
였음이더라
8 하몰이 그들에게 이르되 내 아들
세겜이 마음으로 너희 딸을 연연하
여 하니 원하건대 그를 세겜에게
주어 아내로 삼게 하라
9 너희가 우리와 통혼하여 너희 딸을
우리에게 주며 우리 딸을 너희가
데려가고
10 너희가 우리와 함께 거주하되 땅이
너희 앞에 있으니 여기 머물러 매
매하며 여기서 기업을 얻으라 하고
11 세겜도 디나의 아버지와 그의 남자
형제들에게 이르되 나로 너희에게
은혜를 입게 하라 너희가 내게 말
하는 것은 내가 다 주리니
12 이 소녀만 내게 주어 아내가 되게
하라 아무리 큰 혼수와 예물을 청
할지라도 너희가 내게 말한 대로
주리라
13 야곱의 아들들이 세겜과 그의 아버
지 하몰에게 속여 대답하였으니 이
는 세겜이 그 누이 디나를 더럽혔
음이라
14 야곱의 아들들이 그들에게 말하되
우리는 그리하지 못하겠노라 할례
받지 아니한 사람에게 우리 누이를
줄 수 없노니 이는 우리의 수치가
됨이니라
15 그런즉 이같이 하면 너희에게 허락
하리라 만일 너희 중 남자가 다 할
례를 받고 우리같이 되면
16 우리 딸을 너희에게 주며 너희 딸
을 우리가 데려오며 너희와 함께
거주하여 한 민족이 되려니와
17 너희가 만일 우리 말을 듣지 아니
하고 할례를 받지 아니하면 우리는
곧 우리 딸을 데리고 가리라
18 ●그들의 말을 하몰과 그의 아들
세겜이 좋게 여기므로
19 이 소년이 그 일 행하기를 지체하
지 아니하였으니 그가 야곱의 딸을
사랑함이며 그는 그의 아버지 집에
서 가장 존귀하였더라
20 하몰과 그의 아들 세겜이 그들의
성읍 문에 이르러 그들의 성읍 사
람들에게 말하여 이르되
21 이 사람들은 우리와 친목하고 이
땅은 넓어 그들을 용납할 만하니
그들이 여기서 거주하며 매매하게
하고 우리가 그들의 딸들을 아내로
데려오고 우리 딸들도 그들에게 주
자
22 그러나 우리 중의 모든 남자가 그
들이 할례를 받음같이 할례를 받아
야 그 사람들이 우리와 함께 거주
하여 한 민족 되기를 허락할 것이
라
23 그러면 그들의 가축과 재산과 그들
의 모든 짐승이 우리의 소유가 되
지 않겠느냐 다만 그들의 말대로
하자 그러면 그들이 우리와 함께

거주하리라
24 성문으로 출입하는 모든 자가 하몰
과 그의 아들 세겜의 말을 듣고 성
문으로 출입하는 그 모든 남자가
할례를 받으니라
25 제삼일에 아직 그들이 아파할 때에
야곱의 두 아들 디나의 오라버니
시므온과 레위가 각기 칼을 가지고
가서 몰래 그 성읍을 기습하여 그
모든 남자를 죽이고
26 칼로 하몰과 그의 아들 세겜을 죽
이고 디나를 세겜의 집에서 데려오
고
27 야곱의 여러 아들이 그 시체 있는
성읍으로 가서 노략하였으니 이는
그들이 그들의 누이를 더럽힌 까닭
이라
28 그들이 양과 소와 나귀와 그 성읍
에 있는 것과 들에 있는 것과
29 그들의 모든 재물을 빼앗으며 그들
의 자녀와 그들의 아내들을 사로
잡고 집 속의 물건을 다 노략한지
라
30 야곱이 시므온과 레위에게 이르되
너희가 내게 화를 끼쳐 나로 하여
금 이 땅의 주민 곧 가나안 족속과
브리스 족속에게 악취를 내게 하였
도다 나는 수가 적은즉 그들이 모
여 나를 치고 나를 죽이리니 그러
면 나와 내 집이 멸망하리라
31 그들이 이르되 그가 우리 누이를
창녀같이 대우함이 옳으니이까

하나님이 야곱에게 복을 주시다

35 하나님이 야곱에게 이르시되
일어나 벧엘로 올라가서 거기
거주하며 네가 네 형 에서의 낯을
피하여 도망하던 때에 네게 나타났
던 하나님께 거기서 제단을 쌓으라
하신지라
2 야곱이 이에 자기 집안 사람과 자
기와 함께한 모든 자에게 이르되
너희 중에 있는 이방 신상들을 버
리고 자신을 정결하게 하고 너희들
의 의복을 바꾸어 입으라
3 우리가 일어나 벧엘로 올라가자 내
환난날에 내게 응답하시며 내가 가
는 길에서 나와 함께하신 하나님께
내가 거기서 제단을 쌓으려 하노라
하매
4 그들이 자기 손에 있는 모든 이방
신상들과 자기 귀에 있는 귀고리들
을 야곱에게 주는지라 야곱이 그것
들을 세겜 근처 상수리나무 아래에
묻고
5 그들이 떠났으나 하나님이 그 사면
고을들로 크게 두려워하게 하셨으
므로 야곱의 아들들을 추격하는 자
가 없었더라
6 야곱과 그와 함께한 모든 사람이
가나안 땅 루스 곧 벧엘에 이르고
7 그가 거기서 제단을 쌓고 그곳을
[1]엘벧엘이라 불렀으니 이는 그의
형의 낯을 피할 때에 하나님이 거
기서 그에게 나타나셨음이더라
8 리브가의 유모 드보라가 죽으매 그
를 벧엘 아래에 있는 상수리나무
밑에 장사하고 그 나무 이름을 [2]알
론바굿이라 불렀더라
9 ●야곱이 밧단아람에서 돌아오매
하나님이 다시 야곱에게 나타나사
그에게 복을 주시고
10 하나님이 그에게 이르시되 네 이름
이 야곱이지마는 네 이름을 다시는
야곱이라 부르지 않겠고 이스라엘
이 네 이름이 되리라 하시고 그가
그의 이름을 이스라엘이라 부르시
고
11 하나님이 그에게 이르시되 나는 전
능한 하나님이라 생육하며 번성하

1) 벧엘의 하나님 2) 곡함의 상수리

라 한 백성과 백성들의 총회가 네
게서 나오고 왕들이 네 허리에서
나오리라
12 내가 아브라함과 이삭에게 준 땅을
네게 주고 내가 네 후손에게도 그
땅을 주리라 하시고
13 하나님이 그와 말씀하시던 곳에서
그를 떠나 올라가시는지라
14 야곱이 하나님이 자기와 말씀하시
던 곳에 기둥 곧 돌 기둥을 세우고
그 위에 전제물을 붓고 또 그 위에
기름을 붓고
15 하나님이 자기와 말씀하시던 곳의
이름을 벧엘이라 불렀더라

라헬이 산고로 죽다

16 ●그들이 벧엘에서 길을 떠나 에브
랏에 이르기까지 얼마간 거리를 둔
곳에서 라헬이 해산하게 되어 심히
고생하여
17 그가 난산할 즈음에 산파가 그에게
이르되 두려워하지 말라 지금 네가
또 득남하느니라 하매
18 그가 죽게 되어 그의 혼이 떠나려
할 때에 아들의 이름을 [1]베노니라
불렀으나 그의 아버지는 그를 [2]베
냐민이라 불렀더라
19 라헬이 죽으매 에브랏 곧 베들레헴
길에 장사되었고
20 야곱이 라헬의 묘에 비를 세웠더니
지금까지 라헬의 묘비라 일컫더라
21 이스라엘이 다시 길을 떠나 에델
망대를 지나 장막을 쳤더라
22 이스라엘이 그 땅에 거주할 때에
르우벤이 가서 그 아버지의 첩 빌
하와 동침하매 이스라엘이 이를 들
었더라

야곱의 아들들 (대상 2:1-2)

●야곱의 아들은 열둘이라
23 레아의 아들들은 야곱의 장자 르우
벤과 그 다음 시므온과 레위와 유
다와 잇사갈과 스불론이요
24 라헬의 아들들은 요셉과 베냐민이
며
25 라헬의 여종 빌하의 아들들은 단과
납달리요
26 레아의 여종 실바의 아들들은 갓과
아셀이니 이들은 야곱의 아들들이
요 밧단아람에서 그에게 낳은 자더
라

이삭이 죽다

27 ●야곱이 기럇아르바의 마므레로
가서 그의 아버지 이삭에게 이르렀
으니 기럇아르바는 곧 아브라함과
이삭이 거류하던 헤브론이더라
28 이삭의 나이가 백팔십 세라
29 이삭이 나이가 많고 늙어 기운이
다하매 죽어 자기 열조에게로 돌아
가니 그의 아들 에서와 야곱이 그
를 장사하였더라

에서의 자손 (대상 1:34-37)

36 에서 곧 에돔의 족보는 이러
하니라
2 에서가 가나안 여인 중 헷 족속 엘
론의 딸 아다와 히위 족속 시브온
의 딸인 아나의 딸 오홀리바마를
자기 아내로 맞이하고
3 또 이스마엘의 딸 느바욧의 누이
바스맛을 맞이하였더니
4 아다는 엘리바스를 에서에게 낳았
고 바스맛은 르우엘을 낳았고
5 오홀리바마는 여우스와 얄람과 고
라를 낳았으니 이들은 에서의 아들
들이요 가나안 땅에서 그에게 태어
난 자들이더라
6 에서가 자기 아내들과 자기 자녀들
과 자기 집의 모든 사람과 자기의
가축과 자기의 모든 짐승과 자기가
가나안 땅에서 모은 모든 재물을
이끌고 그의 동생 야곱을 떠나 다

1) 슬픔의 아들 2) 오른손의 아들

른 곳으로 갔으니
7 두 사람의 소유가 풍부하여 함께
거주할 수 없음이러라 그들이 거주
하는 땅이 그들의 가축으로 말미암
아 그들을 용납할 수 없었더라
8 이에 에서 곧 에돔이 세일 산에 거
주하니라
9 ●세일 산에 있는 에돔 족속의 조
상 에서의 족보는 이러하고
10 그 자손의 이름은 이러하니라 에서
의 아내 아다의 아들은 엘리바스요
에서의 아내 바스맛의 아들은 르우
엘이며
11 엘리바스의 아들들은 데만과 오말
과 스보와 가담과 그나스요
12 에서의 아들 엘리바스의 첩 딤나는
아말렉을 엘리바스에게 낳았으니
이들은 에서의 아내 아다의 자손이
며
13 르우엘의 아들들은 나핫과 세라와
삼마와 미사니 이들은 에서의 아내
바스맛의 자손이며
14 시브온의 손녀 아나의 딸 에서의
아내 오홀리바마의 아들들은 이러
하니 그가 여우스와 얄람과 고라를
에서에게 낳았더라
15 ●에서 자손 중 족장은 이러하니라
에서의 장자 엘리바스의 자손으로
는 데만 족장, 오말 족장, 스보 족
장, 그나스 족장과
16 고라 족장, 가담 족장, 아말렉 족장
이니 이들은 에돔 땅에 있는 엘리
바스의 족장들이요 이들은 아다의
자손이며
17 에서의 아들 르우엘의 자손으로는
나핫 족장, 세라 족장, 삼마 족장,
미사 족장이니 이들은 에돔 땅에
있는 르우엘의 족장들이요 이들은
에서의 아내 바스맛의 자손이며
18 에서의 아내인 오홀리바마의 아들
들은 여우스 족장, 얄람 족장, 고라
족장이니 이들은 아나의 딸이요 에
서의 아내인 오홀리바마로 말미암
아 나온 족장들이라
19 에서 곧 에돔의 자손으로서 족장
된 자들이 이러하였더라

세일의 자손 (대상 1:38-41)

20 ●그 땅의 주민 호리 족속 세일의
자손은 로단과 소발과 시브온과 아
나와
21 디손과 에셀과 디산이니 이들은 에
돔 땅에 있는 세일의 자손 중 호리
족속의 족장들이요
22 로단의 자녀는 호리와 헤맘과 로단
의 누이 딤나요
23 소발의 자녀는 알완과 마나핫과 에
발과 스보와 오남이요
24 시브온의 자녀는 아야와 아나며 이
아나는 그 아버지 시브온의 나귀를
칠 때에 광야에서 온천을 발견하였
고
25 아나의 자녀는 디손과 오홀리바마
니 오홀리바마는 아나의 딸이며
26 디손의 자녀는 헴단과 에스반과 이
드란과 그란이요
27 에셀의 자녀는 빌한과 사아완과 아
간이요
28 디산의 자녀는 우스와 아란이니
29 호리 족속의 족장들은 곧 로단 족
장, 소발 족장, 시브온 족장, 아나
족장,
30 디손 족장, 에셀 족장, 디산 족장이
라 이들은 그들의 족속들에 따라
세일 땅에 있는 호리 족속의 족장
들이었더라

에돔의 왕들 (대상 1:43-54)

31 ●이스라엘 자손을 다스리는 왕이
있기 전에 에돔 땅을 다스리던 왕
들은 이러하니라
32 브올의 아들 벨라가 에돔의 왕이

되었으니 그 도성의 이름은 딘하바
며
33 벨라가 죽고 보스라 사람 세라의
아들 요밥이 그를 대신하여 왕이
되었고
34 요밥이 죽고 데만 족속의 땅의 후
삼이 그를 대신하여 왕이 되었고
35 후삼이 죽고 브닷의 아들 곧 모압
들에서 미디안 족속을 친 하닷이
그를 대신하여 왕이 되었으니 그
도성 이름은 아윗이며
36 하닷이 죽고 마스레가의 삼라가 그
를 대신하여 왕이 되었고
37 삼라가 죽고 유브라데 강변 르호봇
의 사울이 그를 대신하여 왕이 되
었고
38 사울이 죽고 악볼의 아들 바알하난
이 그를 대신하여 왕이 되었고
39 악볼의 아들 바알하난이 죽고 하달
이 그를 대신하여 왕이 되었으니
그 도성 이름은 바우며 그의 아내
의 이름은 므헤다벨이니 마드렛의
딸이요 메사합의 손녀더라
40 ●에서에게서 나온 족장들의 이름
은 그 종족과 거처와 이름을 따라
나누면 이러하니 딤나 족장, 알와
족장, 여뎃 족장,
41 오홀리바마 족장, 엘라 족장, 비논
족장,
42 그나스 족장, 데만 족장, 밉살 족장,
43 막디엘 족장, 이람 족장이라 이들
은 그 구역과 거처를 따른 에돔 족
장들이며 에돔 족속의 조상은 에서
더라

요셉과 형제들

37 야곱이 가나안 땅 곧 그의 아
버지가 거류하던 땅에 거주하
였으니
2 야곱의 족보는 이러하니라 요셉이
십칠 세의 소년으로서 그의 형들과
함께 양을 칠 때에 그의 아버지의
아내들 빌하와 실바의 아들들과 더
불어 함께 있었더니 그가 그들의
잘못을 아버지에게 말하더라
3 요셉은 노년에 얻은 아들이므로 이
스라엘이 여러 아들들보다 그를 더
사랑하므로 그를 위하여 채색옷을
지었더니
4 그의 형들이 아버지가 형들보다 그
를 더 사랑함을 보고 그를 미워하
여 그에게 편안하게 말할 수 없었
더라
5 ●요셉이 꿈을 꾸고 자기 형들에게
말하매 그들이 그를 더욱 미워하였
더라
6 요셉이 그들에게 이르되 청하건대
내가 꾼 꿈을 들으시오
7 우리가 밭에서 곡식 단을 묶더니
내 단은 일어서고 당신들의 단은
내 단을 둘러서서 절하더이다
8 그의 형들이 그에게 이르되 네가
참으로 우리의 왕이 되겠느냐 참으
로 우리를 다스리게 되겠느냐 하고
그의 꿈과 그의 말로 말미암아 그
를 더욱 미워하더니
9 요셉이 다시 꿈을 꾸고 그의 형들
에게 말하여 이르되 내가 또 꿈을
꾼즉 해와 달과 열한 별이 내게 절
하더이다 하니라
10 그가 그의 꿈을 아버지와 형들에게
말하매 아버지가 그를 꾸짖고 그에
게 이르되 네가 꾼 꿈이 무엇이냐
나와 네 어머니와 네 형들이 참으
로 가서 땅에 엎드려 네게 절하겠
느냐
11 그의 형들은 시기하되 그의 아버지
는 그 말을 간직해 두었더라

요셉이 애굽으로 팔려가다

12 ●그의 형들이 세겜에 가서 아버지
의 양 떼를 칠 때에

13 이스라엘이 요셉에게 이르되 네 형
들이 세겜에서 양을 치지 아니하느
냐 너를 그들에게로 보내리라 요셉
이 아버지에게 대답하되 내가 그리
하겠나이다
14 이스라엘이 그에게 이르되 가서 네
형들과 양 떼가 다 잘 있는지를 보
고 돌아와 내게 말하라 하고 그를
헤브론 골짜기에서 보내니 그가 세
겜으로 가니라
15 어떤 사람이 그를 만난즉 그가 들
에서 방황하는지라 그 사람이 그에
게 물어 이르되 네가 무엇을 찾느
냐
16 그가 이르되 내가 내 형들을 찾으
오니 청하건대 그들이 양치는 곳을
내게 가르쳐 주소서
17 그 사람이 이르되 그들이 여기서 떠
났느니라 내가 그들의 말을 들으니
도단으로 가자 하더라 하니라 요셉
이 그의 형들의 뒤를 따라 가서 도
단에서 그들을 만나니라
18 ●요셉이 그들에게 가까이 오기 전
에 그들이 요셉을 멀리서 보고 죽
이기를 꾀하여
19 서로 이르되 꿈꾸는 자가 오는도다
20 자, 그를 죽여 한 구덩이에 던지고
우리가 말하기를 악한 짐승이 그를
잡아먹었다 하자 그의 꿈이 어떻게
되는지를 우리가 볼 것이니라 하는
지라
21 르우벤이 듣고 요셉을 그들의 손에
서 구원하려 하여 이르되 우리가
그의 생명은 해치지 말자
22 르우벤이 또 그들에게 이르되 피를
흘리지 말라 그를 광야 그 구덩이
에 던지고 손을 그에게 대지 말라
하니 이는 그가 요셉을 그들의 손
에서 구출하여 그의 아버지에게로
돌려보내려 함이었더라

23 요셉이 형들에게 이르매 그의 형들
이 요셉의 옷 곧 그가 입은 채색옷
을 벗기고
24 그를 잡아 구덩이에 던지니 그 구
덩이는 빈 것이라 그 속에 물이 없
었더라
25 ●그들이 앉아 음식을 먹다가 눈을
들어 본즉 한 무리의 이스마엘 사
람들이 길르앗에서 오는데 그 낙타
들에 향품과 유향과 몰약을 싣고
애굽으로 내려가는지라
26 유다가 자기 형제에게 이르되 우리
가 우리 동생을 죽이고 그의 피를
덮어둔들 무엇이 유익할까
27 자 그를 이스마엘 사람들에게 팔고
그에게 우리 손을 대지 말자 그는
우리의 동생이요 우리의 혈육이니
라 하매 그의 형제들이 청종하였더
라
28 그때에 미디안 사람 상인들이 지나
가고 있는지라 형들이 요셉을 구덩
이에서 끌어올리고 은 이십에 그를
이스마엘 사람들에게 팔매 그 상인
들이 요셉을 데리고 애굽으로 갔더
라
29 ●르우벤이 돌아와 구덩이에 이르
러 본즉 거기 요셉이 없는지라 옷
을 찢고
30 아우들에게로 되돌아와서 이르되
아이가 없도다 나는 어디로 갈까
31 그들이 요셉의 옷을 가져다가 숫염
소를 죽여 그 옷을 피에 적시고
32 그의 채색옷을 보내어 그의 아버지
에게로 가지고 가서 이르기를 우리
가 이것을 발견하였으니 아버지 아
들의 옷인가 보소서 하매
33 아버지가 그것을 알아보고 이르되
내 아들의 옷이라 악한 짐승이 그
를 잡아 먹었도다 요셉이 분명히
찢겼도다 하고

34 자기 옷을 찢고 굵은 베로 허리를
묶고 오래도록 그의 아들을 위하여
애통하니
35 그의 모든 자녀가 위로하되 그가
그 위로를 받지 아니하여 이르되
내가 슬퍼하며 스올로 내려가 아들
에게로 가리라 하고 그의 아버지가
그를 위하여 울었더라
36 그 미디안 사람들은 그를 애굽에서
바로의 신하 친위대장 보디발에게
팔았더라

유다와 다말

38 그 후에 유다가 자기 형제들
로부터 떠나 내려가서 아둘람
사람 히라와 가까이 하니라
2 유다가 거기서 가나안 사람 수아라
하는 자의 딸을 보고 그를 데리고
동침하니
3 그가 임신하여 아들을 낳으매 유다
가 그의 이름을 엘이라 하니라
4 그가 다시 임신하여 아들을 낳고
그의 이름을 오난이라 하고
5 그가 또 다시 아들을 낳고 그의 이
름을 셀라라 하니라 그가 셀라를
낳을 때에 유다는 거십에 있었더라
6 유다가 장자 엘을 위하여 아내를
데려오니 그의 이름은 다말이더라
7 유다의 장자 엘이 여호와가 보시기
에 악하므로 여호와께서 그를 죽이
신지라
8 유다가 오난에게 이르되 네 형수에
게로 들어가서 남편의 아우 된 본
분을 행하여 네 형을 위하여 씨가
있게 하라
9 오난이 그 씨가 자기 것이 되지 않
을 줄 알므로 형수에게 들어갔을
때에 그의 형에게 씨를 주지 아니
하려고 땅에 설정하매
10 그 일이 여호와가 보시기에 악하므
로 여호와께서 그도 죽이시니
11 유다가 그의 며느리 다말에게 이르
되 수절하고 네 아버지 집에 있어
내 아들 셀라가 장성하기를 기다리
라 하니 셀라도 그 형들같이 죽을
까 염려함이라 다말이 가서 그의
아버지 집에 있으니라
12 ●얼마 후에 유다의 아내 수아의
딸이 죽은지라 유다가 위로를 받은
후에 그의 친구 아둘람 사람 히라
와 함께 딤나로 올라가서 자기의
양털 깎는 자에게 이르렀더니
13 어떤 사람이 다말에게 말하되 네
시아버지가 자기의 양털을 깎으려
고 딤나에 올라왔다 한지라
14 그가 그 과부의 의복을 벗고 너울
로 얼굴을 가리고 몸을 휩싸고 딤
나 길 곁 에나임 문에 앉으니 이는
셀라가 장성함을 보았어도 자기를
그의 아내로 주지 않음으로 말미암
음이라
15 그가 얼굴을 가리었으므로 유다가
그를 보고 창녀로 여겨
16 길 곁으로 그에게 나아가 이르되
청하건대 나로 네게 들어가게 하라
하니 그의 며느리인 줄을 알지 못
하였음이라 그가 이르되 당신이 무
엇을 주고 내게 들어오려느냐
17 유다가 이르되 내가 내 떼에서 염
소 새끼를 주리라 그가 이르되 당
신이 그것을 줄 때까지 담보물을
주겠느냐
18 유다가 이르되 무슨 담보물을 네게
주랴 그가 이르되 당신의 도장과
그 끈과 당신의 손에 있는 지팡이
로 하라 유다가 그것들을 그에게
주고 그에게로 들어갔더니 그가 유
다로 말미암아 임신하였더라
19 그가 일어나 떠나가서 그 너울을
벗고 과부의 의복을 도로 입으니라
20 유다가 그 친구 아둘람 사람의 손

에 부탁하여 염소 새끼를 보내고
그 여인의 손에서 담보물을 찾으려
하였으나 그가 그 여인을 찾지 못
한지라
21 그가 그곳 사람에게 물어 이르되
길 곁 에나임에 있던 [1]창녀가 어디
있느냐 그들이 이르되 여기는 [1]창
녀가 없느니라
22 그가 유다에게로 돌아와 이르되 내
가 그를 찾지 못하였고 그곳 사람
도 이르기를 거기에는 창녀가 없다
하더이다 하더라
23 유다가 이르되 그로 그것을 가지게
두라 우리가 부끄러움을 당할까 하
노라 내가 이 염소 새끼를 보냈으
나 그대가 그를 찾지 못하였느니라
24 석 달쯤 후에 어떤 사람이 유다에
게 일러 말하되 네 며느리 다말이
행음하였고 그 행음함으로 말미암
아 임신하였느니라 유다가 이르되
그를 끌어내어 불사르라
25 여인이 끌려나갈 때에 사람을 보내
어 시아버지에게 이르되 이 물건
임자로 말미암아 임신하였나이다
청하건대 보소서 이 도장과 그 끈
과 지팡이가 누구의 것이니이까 한
지라
26 유다가 그것들을 알아보고 이르되
그는 나보다 옳도다 내가 그를 내
아들 셀라에게 주지 아니하였음이
로다 하고 다시는 그를 가까이 하
지 아니하였더라
27 해산할 때에 보니 쌍태라
28 해산할 때에 손이 나오는지라 산파
가 이르되 이는 먼저 나온 자라 하
고 홍색 실을 가져다가 그 손에 매
었더니
29 그 손을 도로 들이며 그의 아우가
나오는지라 산파가 이르되 네가 어
찌하여 터뜨리고 나오느냐 하였으
므로 그 이름을 [2]베레스라 불렀고
30 그의 형 곧 손에 홍색 실 있는 자가
뒤에 나오니 그의 이름을 세라라
불렀더라

요셉과 보디발의 아내

39 요셉이 이끌려 애굽에 내려가
매 바로의 신하 친위대장 애
굽 사람 보디발이 그를 그리로 데
려간 이스마엘 사람의 손에서 요셉
을 사니라
2 여호와께서 요셉과 함께하시므로
그가 형통한 자가 되어 그의 주인
애굽 사람의 집에 있으니
3 그의 주인이 여호와께서 그와 함께
하심을 보며 또 여호와께서 그의
범사에 형통하게 하심을 보았더라
4 요셉이 그의 주인에게 은혜를 입어
섬기매 그가 요셉을 가정 총무로
삼고 자기의 소유를 다 그의 손에
위탁하니
5 그가 요셉에게 자기의 집과 그의
모든 소유물을 주관하게 한 때부터
여호와께서 요셉을 위하여 그 애굽
사람의 집에 복을 내리시므로 여호
와의 복이 그의 집과 밭에 있는 모
든 소유에 미친지라
6 주인이 그의 소유를 다 요셉의 손
에 위탁하고 자기가 먹는 음식 외
에는 간섭하지 아니하였더라 요셉
은 용모가 빼어나고 아름다웠더라
7 ●그 후에 그의 주인의 아내가 요
셉에게 눈짓하다가 동침하기를 청
하니
8 요셉이 거절하며 자기 주인의 아내
에게 이르되 내 주인이 집안의 모
든 소유를 간섭하지 아니하고 다
내 손에 위탁하였으니
9 이 집에는 나보다 큰 이가 없으며
주인이 아무것도 내게 금하지 아니

1) 히, 크데샤, 가나안 이방 성소의 창녀 2) 터뜨림

하였어도 금한 것은 당신뿐이니 당
신은 그의 아내임이라 그런즉 내가
어찌 이 큰 악을 행하여 하나님께
죄를 지으리이까
10 여인이 날마다 요셉에게 청하였으
나 요셉이 듣지 아니하여 동침하지
아니할 뿐더러 함께 있지도 아니하
니라
11 그러할 때에 요셉이 그의 일을 하
러 그 집에 들어갔더니 그 집 사람
들은 하나도 거기에 없었더라
12 그 여인이 그의 옷을 잡고 이르되
나와 동침하자 그러나 요셉이 자기
의 옷을 그 여인의 손에 버려두고
밖으로 나가매
13 그 여인이 요셉이 그의 옷을 자기
손에 버려두고 도망하여 나감을 보
고
14 그 여인의 집 사람들을 불러서 그
들에게 이르되 보라 주인이 히브리
사람을 우리에게 데려다가 우리를
희롱하게 하는도다 그가 나와 동침
하고자 내게로 들어오므로 내가 크
게 소리 질렀더니
15 그가 나의 소리 질러 부름을 듣고
그의 옷을 내게 버려두고 도망하여
나갔느니라 하고
16 그의 옷을 곁에 두고 자기 주인이
집으로 돌아오기를 기다려
17 이 말로 그에게 말하여 이르되 당
신이 우리에게 데려온 히브리 종이
나를 희롱하려고 내게로 들어왔으
므로
18 내가 소리 질러 불렀더니 그가 그
의 옷을 내게 버려두고 밖으로 도
망하여 나갔나이다
19 ●그의 주인이 자기 아내가 자기에
게 이르기를 당신의 종이 내게 이
같이 행하였다 하는 말을 듣고 심
히 노한지라
20 이에 요셉의 주인이 그를 잡아 옥
에 가두니 그 옥은 왕의 죄수를 가
두는 곳이었더라 요셉이 옥에 갇혔
으나
21 여호와께서 요셉과 함께하시고 그
에게 인자를 더하사 간수장에게 은
혜를 받게 하시매
22 간수장이 옥중 죄수를 다 요셉의
손에 맡기므로 그 제반 사무를 요
셉이 처리하고
23 간수장은 그의 손에 맡긴 것을 무
엇이든지 살펴보지 아니하였으니
이는 여호와께서 요셉과 함께하심
이라 여호와께서 그를 범사에 형통
하게 하셨더라

요셉이 관원장의 꿈을 해석하다

40 그 후에 애굽 왕의 술 맡은 자
와 떡 굽는 자가 그들의 주인
애굽 왕에게 범죄한지라
2 바로가 그 두 관원장 곧 술 맡은 관
원장과 떡 굽는 관원장에게 노하여
3 그들을 친위대장의 집 안에 있는
옥에 가두니 곧 요셉이 갇힌 곳이
라
4 친위대장이 요셉에게 그들을 수종
들게 하매 요셉이 그들을 섬겼더라
그들이 갇힌 지 여러 날이라
5 옥에 갇힌 애굽 왕의 술 맡은 자와
떡 굽는 자 두 사람이 하룻밤에 꿈
을 꾸니 각기 그 내용이 다르더라
6 아침에 요셉이 들어가 보니 그들에
게 근심의 빛이 있는지라
7 요셉이 그 주인의 집에 자기와 함
께 갇힌 바로의 신하들에게 묻되
어찌하여 오늘 당신들의 얼굴에 근
심의 빛이 있나이까
8 그들이 그에게 이르되 우리가 꿈을
꾸었으나 이를 해석할 자가 없도다
요셉이 그들에게 이르되 해석은 하
나님께 있지 아니하니이까 청하건

대 내게 이르소서
9 ●술 맡은 관원장이 그의 꿈을 요
셉에게 말하여 이르되 내가 꿈에
보니 내 앞에 포도나무가 있는데
10 그 나무에 세 가지가 있고 싹이 나
서 꽃이 피고 포도송이가 익었고
11 내 손에 바로의 잔이 있기로 내가
포도를 따서 그 즙을 바로의 잔에
짜서 그 잔을 바로의 손에 드렸노
라
12 요셉이 그에게 이르되 그 해석이
이러하니 세 가지는 사흘이라
13 지금부터 사흘 안에 바로가 당신의
머리를 들고 당신의 전직을 회복시
키리니 당신이 그 전에 술 맡은 자
가 되었을 때에 하던 것같이 바로
의 잔을 그의 손에 드리게 되리이
다
14 당신이 잘 되시거든 나를 생각하고
내게 은혜를 베풀어서 내 사정을
바로에게 아뢰어 이 집에서 나를
건져 주소서
15 나는 히브리 땅에서 끌려온 자요
여기서도 옥에 갇힐 일은 행하지
아니하였나이다
16 ●떡 굽는 관원장이 그 해석이 좋
은 것을 보고 요셉에게 이르되 나
도 꿈에 보니 흰 떡 세 광주리가 내
머리에 있고
17 맨 윗광주리에 바로를 위하여 만든
각종 구운 음식이 있는데 새들이
내 머리의 광주리에서 그것을 먹더
라
18 요셉이 대답하여 이르되 그 해석은
이러하니 세 광주리는 사흘이라
19 지금부터 사흘 안에 바로가 당신의
머리를 들고 당신을 나무에 달리니
새들이 당신의 고기를 뜯어 먹으리
이다 하더니
20 제삼일은 바로의 생일이라 바로가
그의 모든 신하를 위하여 잔치를
베풀 때에 술 맡은 관원장과 떡 굽
는 관원장에게 그의 신하들 중에
머리를 들게 하니라
21 바로의 술 맡은 관원장은 전직을
회복하매 그가 잔을 바로의 손에
받들어 드렸고
22 떡 굽는 관원장은 매달리니 요셉이
그들에게 해석함과 같이 되었으나
23 술 맡은 관원장이 요셉을 기억하지
못하고 그를 잊었더라

요셉이 바로의 꿈을 해석하다

41 만 이 년 후에 바로가 꿈을 꾼
즉 자기가 나일 강가에 서 있
는데
2 보니 아름답고 살진 일곱 암소가
강가에서 올라와 갈밭에서 뜯어먹
고
3 그 뒤에 또 흉하고 파리한 다른 일
곱 암소가 나일 강가에서 올라와
그 소와 함께 나일 강가에 서 있더
니
4 그 흉하고 파리한 소가 그 아름답
고 살진 일곱 소를 먹은지라 바로
가 곧 깨었다가
5 다시 잠이 들어 꿈을 꾸니 한 줄기
에 무성하고 충실한 일곱 이삭이
나오고
6 그 후에 또 가늘고 동풍에 마른 일
곱 이삭이 나오더니
7 그 가는 일곱 이삭이 무성하고 충
실한 일곱 이삭을 삼킨지라 바로가
깬즉 꿈이라
8 아침에 그의 마음이 번민하여 사람
을 보내어 애굽의 점술가와 현인들
을 모두 불러 그들에게 그의 꿈을
말하였으나 그것을 바로에게 해석
하는 자가 없었더라
9 ●술 맡은 관원장이 바로에게 말하
여 이르되 내가 오늘 내 죄를 기억

하나이다
10 바로께서 종들에게 노하사 나와 떡
굽는 관원장을 친위대장의 집에 가
두셨을 때에
11 나와 그가 하룻밤에 꿈을 꾼즉 각
기 뜻이 있는 꿈이라
12 그곳에 친위대장의 종 된 히브리
청년이 우리와 함께 있기로 우리가
그에게 말하매 그가 우리의 꿈을
풀되 그 꿈대로 각 사람에게 해석
하더니
13 그 해석한 대로 되어 나는 복직되
고 그는 매달렸나이다
14 ●이에 바로가 사람을 보내어 요셉
을 부르매 그들이 급히 그를 옥에
서 내놓은지라 요셉이 곧 수염을
깎고 그의 옷을 갈아 입고 바로에
게 들어가니
15 바로가 요셉에게 이르되 내가 한
꿈을 꾸었으나 그것을 해석하는 자
가 없더니 들은즉 너는 꿈을 들으
면 능히 푼다 하더라
16 요셉이 바로에게 대답하여 이르되
내가 아니라 하나님께서 바로에게
편안한 대답을 하시리이다
17 바로가 요셉에게 이르되 내가 꿈에
나일 강가에 서서
18 보니 살지고 아름다운 일곱 암소가
나일 강가에 올라와 갈밭에서 뜯어
먹고
19 그 뒤에 또 약하고 심히 흉하고 파
리한 일곱 암소가 올라오니 그같이
흉한 것들은 애굽 땅에서 내가 아
직 보지 못한 것이라
20 그 파리하고 흉한 소가 처음의 일
곱 살진 소를 먹었으며
21 먹었으나 먹은 듯 하지 아니하고
여전히 흉하더라 내가 곧 깨었다가
22 다시 꿈에 보니 한 줄기에 무성하
고 충실한 일곱 이삭이 나오고
23 그 후에 또 가늘고 동풍에 마른 일
곱 이삭이 나더니
24 그 가는 이삭이 좋은 일곱 이삭을
삼키더라 내가 그 꿈을 점술가에게
말하였으나 그것을 내게 풀이해 주
는 자가 없느니라
25 ●요셉이 바로에게 아뢰되 바로의
꿈은 하나라 하나님이 그가 하실 일
을 바로에게 보이심이니이다
26 일곱 좋은 암소는 일곱 해요 일곱
좋은 이삭도 일곱 해니 그 꿈은 하
나라
27 그 후에 올라온 파리하고 흉한 일
곱 소는 칠 년이요 동풍에 말라 속
이 빈 일곱 이삭도 일곱 해 흉년이
니
28 내가 바로에게 이르기를 하나님이
그가 하실 일을 바로에게 보이신다
함이 이것이라
29 온 애굽 땅에 일곱 해 큰 풍년이 있
겠고
30 후에 일곱 해 흉년이 들므로 애굽
땅에 있던 풍년을 다 잊어버리게
되고 이 땅이 그 기근으로 망하리
니
31 후에 든 그 흉년이 너무 심하므로
이전 풍년을 이 땅에서 기억하지
못하게 되리이다
32 바로께서 꿈을 두 번 겹쳐 꾸신 것
은 하나님이 이 일을 정하셨음이라
하나님이 속히 행하시리니
33 이제 바로께서는 명철하고 지혜 있
는 사람을 택하여 애굽 땅을 다스
리게 하시고
34 바로께서는 또 이같이 행하사 나라
안에 감독관들을 두어 그 일곱 해
풍년에 애굽 땅의 오분의 일을 거
두되
35 그들로 장차 올 풍년의 모든 곡물
을 거두고 그 곡물을 바로의 손에

돌려 양식을 위하여 각 성읍에 쌓
아 두게 하소서
36 이와 같이 그 곡물을 이 땅에 저장
하여 애굽 땅에 임할 일곱 해 흉년
에 대비하시면 땅이 이 흉년으로
말미암아 망하지 아니하리이다

요셉이 애굽의 총리가 되다

37 ●바로와 그의 모든 신하가 이 일
을 좋게 여긴지라
38 바로가 그의 신하들에게 이르되 이
와 같이 하나님의 영에 감동된 사
람을 우리가 어찌 찾을 수 있으리
요 하고
39 요셉에게 이르되 하나님이 이 모든
것을 네게 보이셨으니 너와 같이
명철하고 지혜 있는 자가 없도다
40 너는 내 집을 다스리라 내 백성이
다 네 명령에 복종하리니 내가 너
보다 높은 것은 내 왕좌뿐이니라
41 바로가 또 요셉에게 이르되 내가
너를 애굽 온 땅의 총리가 되게 하
노라 하고
42 자기의 인장 반지를 빼어 요셉의
손에 끼우고 그에게 세마포 옷을
입히고 금 사슬을 목에 걸고
43 자기에게 있는 버금 수레에 그를
태우매 무리가 그의 앞에서 소리
지르기를 엎드리라 하더라 바로가
그에게 애굽 전국을 총리로 다스리
게 하였더라
44 바로가 요셉에게 이르되 나는 바로
라 애굽 온 땅에서 네 허락이 없이
는 수족을 놀릴 자가 없으리라 하
고
45 그가 요셉의 이름을 사브낫바네아
라 하고 또 온의 제사장 보디베라
의 딸 아스낫을 그에게 주어 아내
로 삼게 하니라 요셉이 나가 애굽
온 땅을 순찰하니라
46 ●요셉이 애굽 왕 바로 앞에 설 때
에 삼십 세라 그가 바로 앞을 떠나
애굽 온 땅을 순찰하니
47 일곱 해 풍년에 토지 소출이 심히
많은지라
48 요셉이 애굽 땅에 있는 그 칠 년 곡
물을 거두어 각 성에 저장하되 각
성읍 주위의 밭의 곡물을 그 성읍
중에 쌓아두매
49 쌓아둔 곡식이 바다 모래같이 심히
많아 세기를 그쳤으니 그 수가 한
이 없음이었더라
50 흉년이 들기 전에 요셉에게 두 아
들이 나되 곧 온의 제사장 보디베
라의 딸 아스낫이 그에게서 낳은지
라
51 요셉이 그의 장남의 이름을 [1]므낫
세라 하였으니 하나님이 내게 내
모든 고난과 내 아버지의 온 집 일
을 잊어버리게 하셨다 함이요
52 차남의 이름을 [2]에브라임이라 하였
으니 하나님이 나를 내가 수고한
땅에서 번성하게 하셨다 함이었더
라
53 애굽 땅에 일곱 해 풍년이 그치고
54 요셉의 말과 같이 일곱 해 흉년이
들기 시작하매 각국에는 기근이 있
으나 애굽 온 땅에는 먹을 것이 있
더니
55 애굽 온 땅이 굶주리매 백성이 바
로에게 부르짖어 양식을 구하는지
라 바로가 애굽 모든 백성에게 이
르되 요셉에게 가서 그가 너희에게
이르는 대로 하라 하니라
56 온 지면에 기근이 있으매 요셉이
모든 창고를 열고 애굽 백성에게
팔새 애굽 땅에 기근이 심하며
57 각국 백성도 양식을 사려고 애굽으
로 들어와 요셉에게 이르렀으니 기
근이 온 세상에 심함이었더라

1) 잊어버림 2) 창성함

요셉의 형들이 애굽으로 가다

42 그때에 야곱이 애굽에 곡식이
있음을 보고 아들들에게 이르
되 너희는 어찌하여 서로 바라보고
만 있느냐
2 야곱이 또 이르되 내가 들은즉 저
애굽에 곡식이 있다 하니 너희는
그리로 가서 거기서 우리를 위하여
사오라 그러면 우리가 살고 죽지
아니하리라 하매
3 요셉의 형 열 사람이 애굽에서 곡
식을 사려고 내려갔으나
4 야곱이 요셉의 아우 베냐민은 그의
형들과 함께 보내지 아니하였으니
이는 그의 생각에 재난이 그에게
미칠까 두려워함이었더라
5 이스라엘의 아들들이 양식 사러 간
자 중에 있으니 가나안 땅에 기근
이 있음이라
6 때에 요셉이 나라의 총리로서 그
땅 모든 백성에게 곡식을 팔더니
요셉의 형들이 와서 그 앞에서 땅
에 엎드려 절하매
7 요셉이 보고 형들인 줄을 아나 모
르는 체하고 엄한 소리로 그들에게
말하여 이르되 너희가 어디서 왔느
냐 그들이 이르되 곡물을 사려고
가나안에서 왔나이다
8 요셉은 그의 형들을 알아보았으나
그들은 요셉을 알아보지 못하더라
9 요셉이 그들에게 대하여 꾼 꿈을
생각하고 그들에게 이르되 너희는
정탐꾼들이라 이 나라의 틈을 엿보
려고 왔느니라
10 그들이 그에게 이르되 내 주여 아
니니이다 당신의 종들은 곡물을 사
러 왔나이다
11 우리는 다 한 사람의 아들들로서
확실한 자들이니 당신의 종들은 정
탐꾼이 아니니이다
12 요셉이 그들에게 이르되 아니라 너
희가 이 나라의 틈을 엿보러 왔느
니라
13 그들이 이르되 당신의 종 우리들은
열두 형제로서 가나안 땅 한 사람
의 아들들이라 막내 아들은 오늘
아버지와 함께 있고 또 하나는 없
어졌나이다
14 요셉이 그들에게 이르되 내가 너희
에게 이르기를 너희는 정탐꾼들이
라 한 말이 이것이니라
15 너희는 이같이 하여 너희 진실함을
증명할 것이라 바로의 생명으로 맹
세하노니 너희 막내 아우가 여기
오지 아니하면 너희가 여기서 나가
지 못하리라
16 너희 중 하나를 보내어 너희 아우
를 데려오게 하고 너희는 갇히어
있으라 내가 너희의 말을 시험하여
너희 중에 진실이 있는지 보리라
바로의 생명으로 맹세하노니 그리
하지 아니하면 너희는 과연 정탐꾼
이니라 하고
17 그들을 다 함께 삼 일을 가두었더
라
18 ●사흘 만에 요셉이 그들에게 이르
되 나는 하나님을 경외하노니 너희
는 이같이 하여 생명을 보전하라
19 너희가 확실한 자들이면 너희 형제
중 한 사람만 그 옥에 갇히게 하고
너희는 곡식을 가지고 가서 너희
집안의 굶주림을 구하고
20 너희 막내 아우를 내게로 데리고
오라 그러면 너희 말이 진실함이
되고 너희가 죽지 아니하리라 하니
그들이 그대로 하니라
21 그들이 서로 말하되 우리가 아우의
일로 말미암아 범죄하였도다 그가
우리에게 애걸할 때에 그 마음의
괴로움을 보고도 듣지 아니하였으

므로 이 괴로움이 우리에게 임하도
다
22 르우벤이 그들에게 대답하여 이르
되 내가 너희에게 그 아이에 대하
여 죄를 짓지 말라고 하지 아니하
였더냐 그래도 너희가 듣지 아니하
였느니라 그러므로 그의 핏값을 치
르게 되었도다 하니
23 그들 사이에 통역을 세웠으므로 그
들은 요셉이 듣는 줄을 알지 못하
였더라
24 요셉이 그들을 떠나가서 울고 다시
돌아와서 그들과 말하다가 그들 중
에서 시므온을 끌어내어 그들의 눈
앞에서 결박하고
25 명하여 곡물을 그 그릇에 채우게
하고 각 사람의 돈은 그의 자루에
도로 넣게 하고 또 길 양식을 그들
에게 주게 하니 그대로 행하였더라

요셉의 형들이 가나안으로 돌아오다

26 ●그들이 곡식을 나귀에 싣고 그곳
을 떠났더니
27 한 사람이 여관에서 나귀에게 먹이
를 주려고 자루를 풀고 본즉 그 돈
이 자루 아귀에 있는지라
28 그가 그 형제에게 말하되 내 돈을
도로 넣었도다 보라 자루 속에 있
도다 이에 그들이 혼이 나서 떨며
서로 돌아보며 말하되 하나님이 어
찌하여 이런 일을 우리에게 행하셨
는가 하고
29 그들이 가나안 땅에 돌아와 그들의
아버지 야곱에게 이르러 그들이 당
한 일을 자세히 알리어 아뢰되
30 그 땅의 주인인 그 사람이 엄하게
우리에게 말씀하고 우리를 그 땅에
대한 정탐꾼으로 여기기로
31 우리가 그에게 이르되 우리는 확실
한 자들이요 정탐꾼이 아니니이다
32 우리는 한 아버지의 아들 열두 형
제로서 하나는 없어지고 막내는 오
늘 우리 아버지와 함께 가나안 땅
에 있나이다 하였더니
33 그 땅의 주인인 그 사람이 우리에
게 이르되 내가 이같이 하여 너희
가 확실한 자들임을 알리니 너희
형제 중의 하나를 내게 두고 양식
을 가지고 가서 너희 집안의 굶주
림을 구하고
34 너희 막내 아우를 내게로 데려오라
그러면 너희가 정탐꾼이 아니요 확
실한 자들임을 내가 알고 너희 형
제를 너희에게 돌리리니 너희가 이
나라에서 무역하리라 하더이다 하
고
35 각기 자루를 쏟고 본즉 각 사람의
돈뭉치가 그 자루 속에 있는지라
그들과 그들의 아버지가 돈뭉치를
보고 다 두려워하더니
36 그들의 아버지 야곱이 그들에게 이
르되 너희가 나에게 내 자식들을
잃게 하도다 요셉도 없어졌고 시므
온도 없어졌거늘 베냐민을 또 빼앗
아 가고자 하니 이는 다 나를 해롭
게 함이로다
37 르우벤이 그의 아버지에게 말하여
이르되 내가 그를 아버지께로 데리
고 오지 아니하거든 내 두 아들을
죽이소서 그를 내 손에 맡기소서
내가 그를 아버지께로 데리고 돌아
오리이다
38 야곱이 이르되 내 아들은 너희와
함께 내려가지 못하리니 그의 형은
죽고 그만 남았음이라 만일 너희가
가는 길에서 재난이 그에게 미치면
너희가 내 흰 머리를 슬퍼하며 스
올로 내려가게 함이 되리라

형들이 베냐민을 데리고 애굽으로 가다

43 그 땅에 기근이 심하고
2 그들이 애굽에서 가져온 곡

식을 다 먹으매 그 아버지가 그들
에게 이르되 다시 가서 우리를 위
하여 양식을 조금 사오라
3 유다가 아버지에게 말하여 이르되
그 사람이 우리에게 엄히 경고하여
이르되 너희 아우가 너희와 함께
오지 아니하면 너희가 내 얼굴을
보지 못하리라 하였으니
4 아버지께서 우리 아우를 우리와 함
께 보내시면 우리가 내려가서 아버
지를 위하여 양식을 사려니와
5 아버지께서 만일 그를 보내지 아니
하시면 우리는 내려가지 아니하리
니 그 사람이 우리에게 말하기를
너희의 아우가 너희와 함께 오지
아니하면 너희가 내 얼굴을 보지
못하리라 하였음이니이다
6 이스라엘이 이르되 너희가 어찌하
여 너희에게 또 다른 아우가 있다
고 그 사람에게 말하여 나를 괴롭
게 하였느냐
7 그들이 이르되 그 사람이 우리와
우리의 친족에 대하여 자세히 질문
하여 이르기를 너희 아버지가 아직
살아 계시느냐 너희에게 아우가 있
느냐 하기로 그 묻는 말에 따라 그
에게 대답한 것이니 그가 너희의
아우를 데리고 내려오라 할 줄을
우리가 어찌 알았으리이까
8 유다가 그의 아버지 이스라엘에게
이르되 저 아이를 나와 함께 보내
시면 우리가 곧 가리니 그러면 우
리와 아버지와 우리 어린아이들이
다 살고 죽지 아니하리이다
9 내가 그를 위하여 담보가 되오리니
아버지께서 내 손에서 그를 찾으소
서 내가 만일 그를 아버지께 데려
다가 아버지 앞에 두지 아니하면
내가 영원히 죄를 지리이다
10 우리가 지체하지 아니하였더라면
벌써 두 번 갔다 왔으리이다
11 그들의 아버지 이스라엘이 그들에
게 이르되 그러할진대 이렇게 하라
너희는 이 땅의 아름다운 소산을
그릇에 담아 가지고 내려가서 그
사람에게 예물로 드릴지니 곧 유향
조금과 꿀 조금과 향품과 몰약과
유향나무 열매와 감복숭아이니라
12 너희 손에 갑절의 돈을 가지고 너
희 자루 아귀에 도로 넣어져 있던
그 돈을 다시 가지고 가라 혹 잘못
이 있었을까 두렵도다
13 네 아우도 데리고 떠나 다시 그 사
람에게로 가라
14 전능하신 하나님께서 그 사람 앞에
서 너희에게 은혜를 베푸사 그 사
람으로 너희 다른 형제와 베냐민을
돌려보내게 하시기를 원하노라 내
가 자식을 잃게 되면 잃으리로다
15 그 형제들이 예물을 마련하고 갑절
의 돈을 자기들의 손에 가지고 베
냐민을 데리고 애굽에 내려가서 요
셉 앞에 서니라
16 ●요셉은 베냐민이 그들과 함께 있
음을 보고 자기의 청지기에게 이르
되 이 사람들을 집으로 인도해 들
이고 짐승을 잡고 준비하라 이 사
람들이 정오에 나와 함께 먹을 것
이니라
17 청지기가 요셉의 명대로 하여 그
사람들을 요셉의 집으로 인도하니
18 그 사람들이 요셉의 집으로 인도되
매 두려워하여 이르되 전번에 우리
자루에 들어 있던 돈의 일로 우리
가 끌려드는도다 이는 우리를 억류
하고 달려들어 우리를 잡아 노예로
삼고 우리의 나귀를 빼앗으려 함이
로다 하고
19 그들이 요셉의 집 청지기에게 가까
이 나아가 그 집 문 앞에서 그에게

말하여
20 이르되 내 주여 우리가 전번에 내
려와서 양식을 사가지고
21 여관에 이르러 자루를 풀어본즉 각
사람의 돈이 전액 그대로 자루 아
귀에 있기로 우리가 도로 가져왔고
22 양식 살 다른 돈도 우리가 가지고
내려왔나이다 우리의 돈을 우리 자
루에 넣은 자는 누구인지 우리가
알지 못하나이다
23 그가 이르되 너희는 안심하라 두려
워하지 말라 너희 하나님, 너희 아
버지의 하나님이 재물을 너희 자루
에 넣어 너희에게 주신 것이니라
너희 돈은 내가 이미 받았느니라
하고 시므온을 그들에게로 이끌어
내고
24 그들을 요셉의 집으로 인도하고 물
을 주어 발을 씻게 하며 그들의 나
귀에게 먹이를 주더라
25 그들이 거기서 음식을 먹겠다 함을
들었으므로 예물을 정돈하고 요셉
이 정오에 오기를 기다리더니
26 요셉이 집으로 오매 그들이 집으로
들어가서 예물을 그에게 드리고 땅
에 엎드려 절하니
27 요셉이 그들의 안부를 물으며 이르
되 너희 아버지 너희가 말하던 그
노인이 안녕하시냐 아직도 생존해
계시느냐
28 그들이 대답하되 주의 종 우리 아
버지가 평안하고 지금까지 생존하
였나이다 하고 머리 숙여 절하더라
29 요셉이 눈을 들어 자기 어머니의
아들 자기 동생 베냐민을 보고 이
르되 너희가 내게 말하던 너희 작
은 동생이 이 아이냐 그가 또 이르
되 소자여 하나님이 네게 은혜 베
푸시기를 원하노라
30 요셉이 아우를 사랑하는 마음이 복
받쳐 급히 울 곳을 찾아 안방으로
들어가서 울고
31 얼굴을 씻고 나와서 그 정을 억제
하고 음식을 차리라 하매
32 그들이 요셉에게 따로 차리고 그
형제들에게 따로 차리고 그와 함께
먹는 애굽 사람에게도 따로 차리니
애굽 사람은 히브리 사람과 같이
먹으면 부정을 입음이었더라
33 그들이 요셉 앞에 앉되 그들의 나
이에 따라 앉히게 되니 그들이 서
로 이상히 여겼더라
34 요셉이 자기 음식을 그들에게 주되
베냐민에게는 다른 사람보다 다섯
배나 주매 그들이 마시며 요셉과
함께 즐거워하였더라

은잔이 없어지다

44 요셉이 그의 집 청지기에게
명하여 이르되 양식을 각자의
자루에 운반할 수 있을 만큼 채우
고 각자의 돈을 그 자루에 넣고
2 또 내 잔 곧 은잔을 그 청년의 자루
아귀에 넣고 그 양식 값 돈도 함께
넣으라 하매 그가 요셉의 명령대로
하고
3 아침이 밝을 때에 사람들과 그들의
나귀들을 보내니라
4 그들이 성읍에서 나가 멀리 가기
전에 요셉이 청지기에게 이르되 일
어나 그 사람들의 뒤를 따라 가서
그들에게 이르기를 너희가 어찌하
여 선을 악으로 갚느냐
5 이것은 내 주인이 가지고 마시며
늘 점치는 데에 쓰는 것이 아니냐
너희가 이같이 하니 악하도다 하라
6 청지기가 그들에게 따라 가서 그대
로 말하니
7 그들이 그에게 대답하되 내 주여
어찌 이렇게 말씀하시나이까 당신
의 종들이 이런 일은 결단코 아니

하나이다
8 우리 자루에 있던 돈도 우리가 가
나안 땅에서부터 당신에게로 가져
왔거늘 우리가 어찌 당신의 주인의
집에서 은 금을 도둑질하리이까
9 당신의 종들 중 누구에게서 발견되
든지 그는 죽을 것이요 우리는 내
주의 종들이 되리이다
10 그가 이르되 그러면 너희의 말과
같이 하리라 그것이 누구에게서든
지 발견되면 그는 내게 종이 될 것
이요 너희는 죄가 없으리라
11 그들이 각각 급히 자루를 땅에 내
려놓고 자루를 각기 푸니
12 그가 나이 많은 자에게서부터 시작
하여 나이 적은 자에게까지 조사하
매 그 잔이 베냐민의 자루에서 발
견된지라
13 그들이 옷을 찢고 각기 짐을 나귀
에 싣고 성으로 돌아가니라

유다가 베냐민을 위하여 인질을 청하다

14 ●유다와 그의 형제들이 요셉의 집
에 이르니 요셉이 아직 그곳에 있
는지라 그의 앞에서 땅에 엎드리니
15 요셉이 그들에게 이르되 너희가 어
찌하여 이런 일을 행하였느냐 나
같은 사람이 점을 잘 치는 줄을 너
희는 알지 못하였느냐
16 유다가 말하되 우리가 내 주께 무
슨 말을 하오리이까 무슨 설명을
하오리이까 우리가 어떻게 우리의
정직함을 나타내리이까 하나님이
종들의 죄악을 찾아내셨으니 우리
와 이 잔이 발견된 자가 다 내 주의
노예가 되겠나이다
17 요셉이 이르되 내가 결코 그리하지
아니하리라 잔이 그 손에서 발견된
자만 내 종이 되고 너희는 평안히
너희 아버지께로 도로 올라갈 것이
니라

18 유다가 그에게 가까이 가서 이르되
내 주여 원하건대 당신의 종에게
내 주의 귀에 한 말씀을 아뢰게 하
소서 주의 종에게 노하지 마소서
주는 바로와 같으심이니이다
19 이전에 내 주께서 종들에게 물으시
되 너희는 아버지가 있느냐 아우가
있느냐 하시기에
20 우리가 내 주께 아뢰되 우리에게
아버지가 있으니 노인이요 또 그가
노년에 얻은 아들 청년이 있으니
그의 형은 죽고 그의 어머니가 남
긴 것은 그뿐이므로 그의 아버지가
그를 사랑하나이다 하였더니
21 주께서 또 종들에게 이르시되 그를
내게로 데리고 내려와서 내가 그를
보게 하라 하시기로
22 우리가 내 주께 말씀드리기를 그
아이는 그의 아버지를 떠나지 못할
지니 떠나면 그의 아버지가 죽겠나
이다
23 주께서 또 주의 종들에게 말씀하시
되 너희 막내 아우가 너희와 함께
내려오지 아니하면 너희가 다시 내
얼굴을 보지 못하리라 하시기로
24 우리가 주의 종 우리 아버지에게로
도로 올라가서 내 주의 말씀을 그
에게 아뢰었나이다
25 그 후에 우리 아버지가 다시 가서
곡물을 조금 사오라 하시기로
26 우리가 이르되 우리가 내려갈 수
없나이다 우리 막내 아우가 함께
가면 내려가려니와 막내 아우가 우
리와 함께 가지 아니하면 그 사람
의 얼굴을 볼 수 없음이니이다
27 주의 종 우리 아버지가 우리에게
이르되 너희도 알거니와 내 아내가
내게 두 아들을 낳았으나
28 하나는 내게서 나갔으므로 내가 말
하기를 틀림없이 찢겨 죽었다 하고

내가 지금까지 그를 보지 못하거늘
29 너희가 이 아이도 내게서 데려가려
하니 만일 재해가 그 몸에 미치면
나의 흰 머리를 슬퍼하며 스올로
내려가게 하리라 하니
30 아버지의 생명과 아이의 생명이 서
로 하나로 묶여 있거늘 이제 내가
주의 종 우리 아버지에게 돌아갈
때에 아이가 우리와 함께 가지 아
니하면
31 아버지가 아이의 없음을 보고 죽으
리니 이같이 되면 종들이 주의 종
우리 아버지가 흰 머리로 슬퍼하며
스올로 내려가게 함이니이다
32 주의 종이 내 아버지에게 아이를
담보하기를 내가 이를 아버지께로
데리고 돌아오지 아니하면 영영히
아버지께 죄짐을 지리이다 하였사
오니
33 이제 주의 종으로 그 아이를 대신
하여 머물러 있어 내 주의 종이 되
게 하시고 그 아이는 그의 형제들
과 함께 올려 보내소서
34 그 아이가 나와 함께 가지 아니하
면 내가 어찌 내 아버지에게로 올
라갈 수 있으리이까 두렵건대 재해
가 내 아버지에게 미침을 보리이다

요셉이 형제들에게 자기를 밝히다

45 요셉이 시종하는 자들 앞에서
그 정을 억제하지 못하여 소
리 질러 모든 사람을 자기에게서
물러가라 하고 그 형제들에게 자기
를 알리니 그때에 그와 함께한 다
른 사람이 없었더라
2 요셉이 큰 소리로 우니 애굽 사람
에게 들리며 바로의 궁중에 들리더
라
3 요셉이 그 형들에게 이르되 나는
요셉이라 내 아버지께서 아직 살아
계시니이까 형들이 그 앞에서 놀라
서 대답하지 못하더라
4 요셉이 형들에게 이르되 내게로 가
까이 오소서 그들이 가까이 가니
이르되 나는 당신들의 아우 요셉이
니 당신들이 애굽에 판 자라
5 당신들이 나를 이곳에 팔았다고 해
서 근심하지 마소서 한탄하지 마소
서 하나님이 생명을 구원하시려고
나를 당신들보다 먼저 보내셨나이
다
6 이 땅에 이 년 동안 흉년이 들었으
나 아직 오 년은 밭갈이도 못하고
추수도 못할지라
7 하나님이 큰 구원으로 당신들의 생
명을 보존하고 당신들의 후손을 세
상에 두시려고 나를 당신들보다 먼
저 보내셨나니
8 그런즉 나를 이리로 보낸 이는 당
신들이 아니요 하나님이시라 하나
님이 나를 바로에게 아버지로 삼으
시고 그 온 집의 주로 삼으시며 애
굽 온 땅의 통치자로 삼으셨나이다
9 당신들은 속히 아버지께로 올라가
서 아뢰기를 아버지의 아들 요셉의
말에 하나님이 나를 애굽 전국의
주로 세우셨으니 지체 말고 내게로
내려오사
10 아버지의 아들들과 아버지의 손자
들과 아버지의 양과 소와 모든 소
유가 고센 땅에 머물며 나와 가깝
게 하소서
11 흉년이 아직 다섯 해가 있으니 내
가 거기서 아버지를 봉양하리이다
아버지와 아버지의 가족과 아버지
께 속한 모든 사람에게 부족함이
없도록 하겠나이다 하더라고 전하
소서
12 당신들의 눈과 내 아우 베냐민의
눈이 보는 바 당신들에게 이 말을
하는 것은 내 입이라

13 당신들은 내가 애굽에서 누리는 영
화와 당신들이 본 모든 것을 다 내
아버지께 아뢰고 속히 모시고 내려
오소서 하며
14 자기 아우 베냐민의 목을 안고 우
니 베냐민도 요셉의 목을 안고 우
니라
15 요셉이 또 형들과 입맞추며 안고
우니 형들이 그제서야 요셉과 말하
니라
16 ●요셉의 형들이 왔다는 소문이 바
로의 궁에 들리매 바로와 그의 신
하들이 기뻐하고
17 바로는 요셉에게 이르되 네 형들에
게 명령하기를 너희는 이렇게 하여
너희 양식을 싣고 가서 가나안 땅
에 이르거든
18 너희 아버지와 너희 가족을 이끌고
내게로 오라 내가 너희에게 애굽의
좋은 땅을 주리니 너희가 나라의
기름진 것을 먹으리라
19 이제 명령을 받았으니 이렇게 하라
너희는 애굽 땅에서 수레를 가져다
가 너희 자녀와 아내를 태우고 너
희 아버지를 모셔 오라
20 또 너희의 기구를 아끼지 말라 온
애굽 땅의 좋은 것이 너희 것임이
니라
21 ●이스라엘의 아들들이 그대로 할
새 요셉이 바로의 명령대로 그들에
게 수레를 주고 길 양식을 주며
22 또 그들에게 다 각기 옷 한 벌씩을
주되 베냐민에게는 은 삼백과 옷
다섯 벌을 주고
23 그가 또 이와 같이 그 아버지에게
보내되 수나귀 열 필에 애굽의 아
름다운 물품을 실리고 암나귀 열
필에는 아버지에게 길에서 드릴 곡
식과 떡과 양식을 실리고
24 이에 형들을 돌려보내며 그들에게
이르되 당신들은 길에서 다투지 말
라 하였더라
25 그들이 애굽에서 올라와 가나안 땅
으로 들어가서 아버지 야곱에게 이
르러
26 알리어 이르되 요셉이 지금까지 살
아 있어 애굽 땅 총리가 되었더이
다 야곱이 그들의 말을 믿지 못하
여 어리둥절하더니
27 그들이 또 요셉이 자기들에게 부탁
한 모든 말로 그에게 말하매 그들
의 아버지 야곱은 요셉이 자기를
태우려고 보낸 수레를 보고서야 기
운이 소생한지라
28 이스라엘이 이르되 족하도다 내 아
들 요셉이 지금까지 살아 있으니
내가 죽기 전에 가서 그를 보리라
하니라

야곱 가족이 애굽으로 내려가다

46 이스라엘이 모든 소유를 이끌
고 떠나 브엘세바에 이르러
그의 아버지 이삭의 하나님께 희생
제사를 드리니
2 그 밤에 하나님이 이상 중에 이스
라엘에게 나타나 이르시되 야곱아
야곱아 하시는지라 야곱이 이르되
내가 여기 있나이다 하매
3 하나님이 이르시되 나는 하나님이
라 네 아버지의 하나님이니 애굽으
로 내려가기를 두려워하지 말라 내
가 거기서 너로 큰 민족을 이루게
하리라
4 내가 너와 함께 애굽으로 내려가겠
고 반드시 너를 인도하여 다시 올
라올 것이며 요셉이 그의 손으로
네 눈을 감기리라 하셨더라
5 야곱이 브엘세바에서 떠날새 이스
라엘의 아들들이 바로가 그를 태우
려고 보낸 수레에 자기들의 아버지
야곱과 자기들의 처자들을 태우고

6 그들의 가축과 가나안 땅에서 얻은
재물을 이끌었으며 야곱과 그의 자
손들이 다 함께 애굽으로 갔더라
7 이와 같이 야곱이 그 아들들과 손
자들과 딸들과 손녀들 곧 그의 모
든 자손을 데리고 애굽으로 갔더라
8 ●애굽으로 내려간 이스라엘 가족
의 이름은 이러하니라 야곱과 그의
아들들 곧 야곱의 맏아들 르우벤과
9 르우벤의 아들 하녹과 발루와 헤스
론과 갈미요
10 시므온의 아들은 여무엘과 야민과
오핫과 야긴과 스할과 가나안 여인
의 아들 사울이요
11 레위의 아들은 게르손과 그핫과 므
라리요
12 유다의 아들 곧 엘과 오난과 셀라
와 베레스와 세라니 엘과 오난은
가나안 땅에서 죽었고 베레스의 아
들은 헤스론과 하물이요
13 잇사갈의 아들은 돌라와 부와와 욥
과 시므론이요
14 스불론의 아들은 세렛과 엘론과 얄
르엘이니
15 이들은 레아가 밧단아람에서 야곱
에게 난 자손들이라 그 딸 디나를
합하여 남자와 여자가 삼십삼 명이
며
16 갓의 아들은 시뵨과 학기와 수니와
에스본과 에리와 아로디와 아렐리
요
17 아셀의 아들은 임나와 이스와와 이
스위와 브리아와 그들의 누이 세라
며 또 브리아의 아들은 헤벨과 말
기엘이니
18 이들은 라반이 그의 딸 레아에게
준 실바가 야곱에게 낳은 자손들이
니 모두 십육 명이라
19 야곱의 아내 라헬의 아들 곧 요셉
과 베냐민이요
20 애굽 땅에서 온의 제사장 보디베라
의 딸 아스낫이 요셉에게 낳은 므
낫세와 에브라임이요
21 베냐민의 아들 곧 벨라와 베겔과
아스벨과 게라와 나아만과 에히와
로스와 뭅빔과 훕빔과 아릇이니
22 이들은 라헬이 야곱에게 낳은 자손
들이니 모두 십사 명이요
23 단의 아들 후심이요
24 납달리의 아들 곧 야스엘과 구니와
예셀과 실렘이라
25 이들은 라반이 그의 딸 라헬에게
준 빌하가 야곱에게 낳은 자손들이
니 모두 칠 명이라
26 야곱과 함께 애굽에 들어간 자는
야곱의 며느리들 외에 육십육 명이
니 이는 다 야곱의 몸에서 태어난
자이며
27 애굽에서 요셉이 낳은 아들은 두
명이니 야곱의 집 사람으로 애굽에
이른 자가 모두 칠십 명이었더라

야곱 일행이 애굽에 이르다

28 ●야곱이 유다를 요셉에게 미리 보
내어 자기를 고센으로 인도하게 하
고 다 고센 땅에 이르니
29 요셉이 그의 수레를 갖추고 고센으
로 올라가서 그의 아버지 이스라엘
을 맞으며 그에게 보이고 그의 목
을 어긋맞춰 안고 얼마 동안 울매
30 이스라엘이 요셉에게 이르되 네가
지금까지 살아 있고 내가 네 얼굴
을 보았으니 지금 죽어도 족하도다
31 요셉이 그의 형들과 아버지의 가족
에게 이르되 내가 올라가서 바로에
게 아뢰어 이르기를 가나안 땅에
있던 내 형들과 내 아버지의 가족
이 내게로 왔는데
32 그들은 목자들이라 목축하는 사람
들이므로 그들의 양과 소와 모든
소유를 이끌고 왔나이다 하리니

33 바로가 당신들을 불러서 너희의 직
업이 무엇이냐 묻거든
34 당신들은 이르기를 주의 종들은 어
렸을 때부터 지금까지 목축하는 자
들이온데 우리와 우리 선조가 다
그러하니이다 하소서 애굽 사람은
다 목축을 가증히 여기나니 당신들
이 고센 땅에 살게 되리이다

47 요셉이 바로에게 가서 고하여
이르되 내 아버지와 내 형들과
그들의 양과 소와 모든 소유가 가
나안 땅에서 와서 고센 땅에 있나
이다 하고
2 그의 형들 중 다섯 명을 택하여 바
로에게 보이니
3 바로가 요셉의 형들에게 묻되 너희
생업이 무엇이냐 그들이 바로에게
대답하되 종들은 목자이온데 우리
와 선조가 다 그러하니이다 하고
4 그들이 또 바로에게 고하되 가나안
땅에 기근이 심하여 종들의 양 떼
를 칠 곳이 없기로 종들이 이곳에
거류하고자 왔사오니 원하건대 종
들로 고센 땅에 살게 하소서
5 바로가 요셉에게 말하여 이르되 네
아버지와 형들이 네게 왔은즉
6 애굽 땅이 네 앞에 있으니 땅의 좋
은 곳에 네 아버지와 네 형들이 거
주하게 하되 그들이 고센 땅에 거
주하고 그들 중에 능력 있는 자가
있거든 그들로 내 가축을 관리하게
하라
7 요셉이 자기 아버지 야곱을 인도하
여 바로 앞에 서게 하니 야곱이 바
로에게 축복하매
8 바로가 야곱에게 묻되 네 나이가
얼마냐
9 야곱이 바로에게 아뢰되 내 나그네
길의 세월이 백삼십 년이니이다 내
나이가 얼마 못 되니 우리 조상의
나그네 길의 연조에 미치지 못하나
험악한 세월을 보내었나이다 하고
10 야곱이 바로에게 축복하고 그 앞에
서 나오니라
11 요셉이 바로의 명령대로 그의 아버
지와 그의 형들에게 거주할 곳을
주되 애굽의 좋은 땅 라암셋을 그
들에게 주어 소유로 삼게 하고
12 또 그의 아버지와 그의 형들과 그
의 아버지의 온 집에 그 식구를 따
라 먹을 것을 주어 봉양하였더라

기근이 더욱 심해지다

13 ●기근이 더욱 심하여 사방에 먹을
것이 없고 애굽 땅과 가나안 땅이
기근으로 황폐하니
14 요셉이 곡식을 팔아 애굽 땅과 가
나안 땅에 있는 돈을 모두 거두어
들이고 그 돈을 바로의 궁으로 가
져가니
15 애굽 땅과 가나안 땅에 돈이 떨어
진지라 애굽 백성이 다 요셉에게
와서 이르되 돈이 떨어졌사오니 우
리에게 먹을거리를 주소서 어찌 주
앞에서 죽으리이까
16 요셉이 이르되 너희의 가축을 내라
돈이 떨어졌은즉 내가 너희의 가축
과 바꾸어 주리라
17 그들이 그들의 가축을 요셉에게 끌
어오는지라 요셉이 그 말과 양 떼
와 소 떼와 나귀를 받고 그들에게
먹을 것을 주되 곧 그 모든 가축과
바꾸어서 그 해 동안에 먹을 것을
그들에게 주니라
18 그 해가 다 가고 새 해가 되매 무리
가 요셉에게 와서 그에게 말하되
우리가 주께 숨기지 아니하나이다
우리의 돈이 다하였고 우리의 가축
떼가 주께로 돌아갔사오니 주께 낼
것이 아무것도 남지 아니하고 우리
의 몸과 토지뿐이라

19 우리가 어찌 우리의 토지와 함께
주의 목전에 죽으리이까 우리 몸과
우리 토지를 먹을 것을 주고 사소
서 우리가 토지와 함께 바로의 종
이 되리니 우리에게 종자를 주시면
우리가 살고 죽지 아니하며 토지도
황폐하게 되지 아니하리이다
20 ●그러므로 요셉이 애굽의 모든 토
지를 다 사서 바로에게 바치니 애
굽의 모든 사람들이 기근에 시달려
각기 토지를 팔았음이라 땅이 바로
의 소유가 되니라
21 요셉이 애굽 땅 이 끝에서 저 끝까
지의 백성을 성읍들에 옮겼으나
22 제사장들의 토지는 사지 아니하였
으니 제사장들은 바로에게서 녹을
받음이라 바로가 주는 녹을 먹으므
로 그들이 토지를 팔지 않음이었더
라
23 요셉이 백성에게 이르되 오늘 내가
바로를 위하여 너희 몸과 너희 토
지를 샀노라 여기 종자가 있으니
너희는 그 땅에 뿌리라
24 추수의 오분의 일을 바로에게 상납
하고 오분의 사는 너희가 가져서
토지의 종자로도 삼고 너희의 양식
으로도 삼고 너희 가족과 어린아이
의 양식으로도 삼으라
25 그들이 이르되 주께서 우리를 살리
셨사오니 우리가 주께 은혜를 입고
바로의 종이 되겠나이다
26 요셉이 애굽 토지법을 세우매 그
오분의 일이 바로에게 상납되나 제
사장의 토지는 바로의 소유가 되지
아니하여 오늘날까지 이르니라

야곱의 마지막 청

27 ●이스라엘 족속이 애굽 고센 땅에
거주하며 거기서 생업을 얻어 생육
하고 번성하였더라
28 야곱이 애굽 땅에 십칠 년을 거주
하였으니 그의 나이가 백사십칠 세
라
29 이스라엘이 죽을 날이 가까우매 그
의 아들 요셉을 불러 그에게 이르
되 이제 내가 네게 은혜를 입었거
든 청하노니 네 손을 내 허벅지 아
래에 넣고 인애와 성실함으로 내게
행하여 애굽에 나를 장사하지 아니
하도록 하라
30 내가 조상들과 함께 눕거든 너는
나를 애굽에서 메어다가 조상의 묘
지에 장사하라 요셉이 이르되 내가
아버지의 말씀대로 행하리이다
31 야곱이 또 이르되 내게 맹세하라
하매 그가 맹세하니 이스라엘이 침
상 머리에서 하나님께 경배하니라

야곱이 에브라임과 므낫세에게 축복하다

48 이 일 후에 어떤 사람이 요셉
에게 말하기를 네 아버지가
병들었다 하므로 그가 곧 두 아들
므낫세와 에브라임과 함께 이르니
2 어떤 사람이 야곱에게 말하되 네
아들 요셉이 네게 왔다 하매 이스
라엘이 힘을 내어 침상에 앉아
3 요셉에게 이르되 이전에 가나안 땅
루스에서 전능하신 하나님이 내게
나타나사 복을 주시며
4 내게 이르시되 내가 너로 생육하고
번성하게 하여 네게서 많은 백성이
나게 하고 내가 이 땅을 네 후손에
게 주어 영원한 소유가 되게 하리
라 하셨느니라
5 내가 애굽으로 와서 네게 이르기
전에 애굽에서 네가 낳은 두 아들
에브라임과 므낫세는 내 것이라 르
우벤과 시므온처럼 내 것이 될 것
이요
6 이들 후의 네 소생은 네 것이 될 것
이며 그들의 유산은 그들의 형의
이름으로 함께 받으리라

7 내게 대하여는 내가 이전에 밧단에
서 올 때에 라헬이 나를 따르는 도
중 가나안 땅에서 죽었는데 그곳은
에브랏까지 길이 아직도 먼 곳이라
내가 거기서 그를 에브랏 길에 장
사하였느니라 (에브랏은 곧 베들레
헴이라)
8 ●이스라엘이 요셉의 아들들을 보
고 이르되 이들은 누구냐
9 요셉이 그의 아버지에게 아뢰되 이
는 하나님이 여기서 내게 주신 아
들들이니이다 아버지가 이르되 그
들을 데리고 내 앞으로 나아오라
내가 그들에게 축복하리라
10 이스라엘의 눈이 나이로 말미암아
어두워서 보지 못하더라 요셉이 두
아들을 이끌어 아버지 앞으로 나아
가니 이스라엘이 그들에게 입맞추
고 그들을 안고
11 요셉에게 이르되 내가 네 얼굴을
보리라고는 생각하지 못하였더니
하나님이 내게 네 자손까지도 보게
하셨도다
12 요셉이 아버지의 무릎 사이에서 두
아들을 물러나게 하고 땅에 엎드려
절하고
13 오른손으로는 에브라임을 이스라
엘의 왼손을 향하게 하고 왼손으로
는 므낫세를 이스라엘의 오른손을
향하게 하여 이끌어 그에게 가까이
나아가매
14 이스라엘이 오른손을 펴서 차남 에
브라임의 머리에 얹고 왼손을 펴서
므낫세의 머리에 얹으니 므낫세는
장자라도 팔을 엇바꾸어 얹었더라
15 그가 요셉을 위하여 축복하여 이르
되 내 조부 아브라함과 아버지 이
삭이 섬기던 하나님, 나의 출생으
로부터 지금까지 나를 기르신 하나
님,
16 나를 모든 환난에서 건지신 여호와
의 사자께서 이 아이들에게 복을
주시오며 이들로 내 이름과 내 조
상 아브라함과 이삭의 이름으로 칭
하게 하시오며 이들이 세상에서 번
식되게 하시기를 원하나이다
17 요셉이 그 아버지가 오른손을 에브
라임의 머리에 얹은 것을 보고 기
뻐하지 아니하여 아버지의 손을 들
어 에브라임의 머리에서 므낫세의
머리로 옮기고자 하여
18 그의 아버지에게 이르되 아버지여
그리 마옵소서 이는 장자이니 오른
손을 그의 머리에 얹으소서 하였으
나
19 그의 아버지가 허락하지 아니하며
이르되 나도 안다 내 아들아 나도
안다 그도 한 족속이 되며 그도 크
게 되려니와 그의 아우가 그보다
큰 자가 되고 그의 자손이 여러 민
족을 이루리라 하고
20 그날에 그들에게 축복하여 이르되
이스라엘이 너로 말미암아 축복하
기를 하나님이 네게 에브라임 같고
므낫세 같게 하시리라 하며 에브라
임을 므낫세보다 앞세웠더라
21 이스라엘이 요셉에게 또 이르되 나
는 죽으나 하나님이 너희와 함께
계시사 너희를 인도하여 너희 조상
의 땅으로 돌아가게 하시려니와
22 내가 네게 네 형제보다 [1]세겜 땅을
더 주었나니 이는 내가 내 칼과 활
로 아모리 족속의 손에서 빼앗은
것이니라

야곱의 유언과 죽음

49 야곱이 그 아들들을 불러 이
르되 너희는 모이라 너희가
후일에 당할 일을 내가 너희에게
이르리라

1) 또는 한 몫을

2 너희는 모여 들으라 야곱의 아들
들아 너희 아버지 이스라엘에게
들을지어다
3 르우벤아 너는 내 장자요 내 능력
이요 내 기력의 시작이라 위풍이
월등하고 권능이 탁월하다마는
4 물의 끓음 같았은즉 너는 탁월하
지 못하리니 네가 아버지의 침상
에 올라 더럽혔음이로다 그가 내
침상에 올랐었도다
5 시므온과 레위는 형제요 그들의
칼은 폭력의 도구로다
6 내 혼아 그들의 모의에 상관하지
말지어다 내 영광아 그들의 집회
에 참여하지 말지어다 그들이 그
들의 분노대로 사람을 죽이고 그
들의 혈기대로 소의 발목 힘줄을
끊었음이로다
7 그 노여움이 혹독하니 저주를 받
을 것이요 분기가 맹렬하니 저주
를 받을 것이라 내가 그들을 야곱
중에서 나누며 이스라엘 중에서
흩으리로다
8 유다야 너는 네 형제의 찬송이 될
지라 네 손이 네 원수의 목을 잡
을 것이요 네 아버지의 아들들이
네 앞에 절하리로다
9 유다는 사자 새끼로다 내 아들아
너는 움킨 것을 찢고 올라갔도다
그가 엎드리고 웅크림이 수사자
같고 암사자 같으니 누가 그를 범
할 수 있으랴
10 규가 유다를 떠나지 아니하며 통
치자의 지팡이가 그 발 사이에서
떠나지 아니하기를 실로가 오시
기까지 이르리니 그에게 모든 백
성이 복종하리로다
11 그의 나귀를 포도나무에 매며 그
의 암나귀 새끼를 아름다운 포도
나무에 맬 것이며 또 그 옷을 포
도주에 빨며 그의 복장을 포도즙
에 빨리로다
12 그의 눈은 포도주로 인하여 붉겠
고 그의 이는 우유로 말미암아 희
리로다
13 스불론은 해변에 거주하리니 그
곳은 배 매는 해변이라 그의 경계
가 시돈까지리로다
14 잇사갈은 양의 우리 사이에 꿇어
앉은 건장한 나귀로다
15 그는 쉴 곳을 보고 좋게 여기며
토지를 보고 아름답게 여기고 어
깨를 내려 짐을 메고 압제 아래에
서 섬기리로다
16 단은 이스라엘의 한 지파같이 그
의 백성을 심판하리로다
17 단은 길섶의 뱀이요 샛길의 독사
로다 말굽을 물어서 그 탄 자를
뒤로 떨어지게 하리로다
18 여호와여 나는 주의 구원을 기다
리나이다
19 갓은 군대의 추격을 받으나 도리
어 그 뒤를 추격하리로다
20 아셀에게서 나는 먹을 것은 기름
진 것이라 그가 왕의 수라상을 차
리리로다
21 납달리는 놓인 암사슴이라 아름
다운 소리를 발하는도다
22 요셉은 무성한 가지 곧 샘 곁의
무성한 가지라 그 가지가 담을 넘
었도다
23 활 쏘는 자가 그를 학대하며 적개
심을 가지고 그를 쏘았으나
24 요셉의 활은 도리어 굳세며 그의
팔은 힘이 있으니 이는 야곱의 전
능자 이스라엘의 반석인 목자의
손을 힘입음이라
25 네 아버지의 하나님께로 말미암
나니 그가 너를 도우실 것이요 전
능자로 말미암나니 그가 네게 복

을 주실 것이라 위로 하늘의 복과
아래로 깊은 샘의 복과 젖먹이는
복과 태의 복이리로다
26 네 아버지의 축복이 내 선조의 축
복보다 나아서 영원한 산이 한없
음같이 이 축복이 요셉의 머리로
돌아오며 그 형제 중 뛰어난 자의
정수리로 돌아오리로다
27 베냐민은 물어뜯는 이리라 아침
에는 빼앗은 것을 먹고 저녁에는
움킨 것을 나누리로다
28 이들은 이스라엘의 열두 지파라 이
와 같이 그들의 아버지가 그들에게
말하고 그들에게 축복하였으니 곧
그들 각 사람의 분량대로 축복하였
더라
29 그가 그들에게 명하여 이르되 내가
내 조상들에게로 돌아가리니 나를
헷 사람 에브론의 밭에 있는 굴에
우리 선조와 함께 장사하라
30 이 굴은 가나안 땅 마므레 앞 막벨
라 밭에 있는 것이라 아브라함이
헷 사람 에브론에게서 밭과 함께
사서 그의 매장지를 삼았으므로
31 아브라함과 그의 아내 사라가 거기
장사되었고 이삭과 그의 아내 리브
가도 거기 장사되었으며 나도 레아
를 그곳에 장사하였노라
32 이 밭과 거기 있는 굴은 헷 사람에
게서 산 것이니라
33 야곱이 아들에게 명하기를 마치고
그 발을 침상에 모으고 숨을 거두
니 그의 [1]백성에게로 돌아갔더라

50 요셉이 그의 아버지 얼굴에
구푸려 울며 입맞추고
2 그 수종 드는 의원에게 명하여 아
버지의 몸을 향으로 처리하게 하매
의원이 이스라엘에게 그대로 하되
3 사십 일이 걸렸으니 향으로 처리하
는 데는 이 날수가 걸림이며 애굽
사람들은 칠십 일 동안 그를 위하
여 곡하였더라
4 ●곡하는 기한이 지나매 요셉이 바
로의 궁에 말하여 이르되 내가 너
희에게 은혜를 입었으면 원하건대
바로의 귀에 아뢰기를
5 우리 아버지가 나로 맹세하게 하여
이르되 내가 죽거든 가나안 땅에
내가 파 놓은 묘실에 나를 장사하
라 하였나니 나로 올라가서 아버지
를 장사하게 하소서 내가 다시 오
리이다 하라 하였더니
6 바로가 이르되 그가 네게 시킨 맹
세대로 올라가서 네 아버지를 장사
하라
7 요셉이 자기 아버지를 장사하러 올
라가니 바로의 모든 신하와 바로
궁의 원로들과 애굽 땅의 모든 원
로와
8 요셉의 온 집과 그의 형제들과 그
의 아버지의 집이 그와 함께 올라
가고 그들의 어린아이들과 양 떼와
소 떼만 고센 땅에 남겼으며
9 병거와 기병이 요셉을 따라 올라가
니 그 떼가 심히 컸더라
10 그들이 요단 강 건너편 아닷 타작
마당에 이르러 거기서 크게 울고
애통하며 요셉이 아버지를 위하여
칠 일 동안 애곡하였더니
11 그 땅 거민 가나안 백성들이 아닷
마당의 애통을 보고 이르되 이는
애굽 사람의 큰 애통이라 하였으므
로 그 땅 이름을 [2]아벨미스라임이
라 하였으니 곧 요단 강 건너편이
더라
12 야곱의 아들들이 아버지가 그들에
게 명령한 대로 그를 위해 따라 행
하여
13 그를 가나안 땅으로 메어다가 마므

1) 또는 열조에게로 2) 애굽인의 곡함

출

레 앞 막벨라 밭 굴에 장사하였으
니 이는 아브라함이 헷 족속 에브
론에게 밭과 함께 사서 매장지를
삼은 곳이더라
14 요셉이 아버지를 장사한 후에 자기
형제와 호상꾼과 함께 애굽으로 돌
아왔더라

요셉이 형들을 위로하다

15 ●요셉의 형제들이 그들의 아버지
가 죽었음을 보고 말하되 요셉이
혹시 우리를 미워하여 우리가 그에
게 행한 모든 악을 다 갚지나 아니
할까 하고
16 요셉에게 말을 전하여 이르되 당신
의 아버지가 돌아가시기 전에 명령
하여 이르시기를
17 너희는 이같이 요셉에게 이르라 네
형들이 네게 악을 행하였을지라도
이제 바라건대 그들의 허물과 죄를
용서하라 하셨나니 당신 아버지의
하나님의 종들인 우리 죄를 이제
용서하소서 하매 요셉이 그들이 그
에게 하는 말을 들을 때에 울었더
라
18 그의 형들이 또 친히 와서 요셉의
앞에 엎드려 이르되 우리는 당신의
종들이니이다
19 요셉이 그들에게 이르되 두려워하
지 마소서 내가 하나님을 대신하리
이까
20 당신들은 나를 해하려 하였으나 하
나님은 그것을 선으로 바꾸사 오늘
과 같이 많은 백성의 생명을 구원
하게 하시려 하셨나니
21 당신들은 두려워하지 마소서 내가
당신들과 당신들의 자녀를 기르리
이다 하고 그들을 간곡한 말로 위
로하였더라

요셉이 죽다

22 ●요셉이 그의 아버지의 가족과 함
께 애굽에 거주하여 백십 세를 살며
23 에브라임의 자손 삼대를 보았으며
므낫세의 아들 마길의 아들들도 요
셉의 슬하에서 양육되었더라
24 요셉이 그의 형제들에게 이르되 나
는 죽을 것이나 하나님이 당신들을
돌보시고 당신들을 이 땅에서 인도
하여 내사 아브라함과 이삭과 야곱
에게 맹세하신 땅에 이르게 하시리
라 하고
25 요셉이 또 이스라엘 자손에게 맹세
시켜 이르기를 하나님이 반드시 당
신들을 돌보시리니 당신들은 여기
서 내 해골을 메고 올라가겠다 하
라 하였더라
26 요셉이 백십 세에 죽으매 그들이
그의 몸에 향 재료를 넣고 애굽에
서 입관하였더라

출애굽기

Exodus

이스라엘 자손이 학대를 받다

1 야곱과 함께 각각 자기 가족을 데
리고 애굽에 이른 이스라엘 아들
들의 이름은 이러하니
2 르우벤과 시므온과 레위와 유다와
3 잇사갈과 스불론과 베냐민과
4 단과 납달리와 갓과 아셀이요
5 야곱의 허리에서 나온 사람이 모
두 칠십이요 요셉은 애굽에 있었더
라
6 요셉과 그 모든 형제와 그 시대
의 사람은 다 죽었고

7 이스라엘 자손은 생육하고 불어나
번성하고 매우 강하여 온 땅에 가
득하게 되었더라
8 ●요셉을 알지 못하는 새 왕이 일
어나 애굽을 다스리더니
9 그가 그 백성에게 이르되 이 백성
이스라엘 자손이 우리보다 많고 강
하도다
10 자, 우리가 그들에게 대하여 지혜
롭게 하자 두렵건대 그들이 더 많
게 되면 전쟁이 일어날 때에 우리
대적과 합하여 우리와 싸우고 이
땅에서 나갈까 하노라 하고
11 감독들을 그들 위에 세우고 그들에
게 무거운 짐을 지워 괴롭게 하여
그들에게 바로를 위하여 국고성 비
돔과 라암셋을 건축하게 하니라
12 그러나 학대를 받을수록 더욱 번성
하여 퍼져 나가니 애굽 사람이 이스
라엘 자손으로 말미암아 근심하여
13 이스라엘 자손에게 일을 엄하게 시
켜
14 어려운 노동으로 그들의 생활을 괴
롭게 하니 곧 흙 이기기와 벽돌 굽
기와 농사의 여러 가지 일이라 그
시키는 일이 모두 엄하였더라
15 ●애굽 왕이 히브리 산파 십브라라
하는 사람과 부아라 하는 사람에게
말하여
16 이르되 너희는 히브리 여인을 위하
여 해산을 도울 때에 그 자리를 살
펴서 아들이거든 그를 죽이고 딸이
거든 살려두라
17 그러나 산파들이 하나님을 두려워
하여 애굽 왕의 명령을 어기고 남
자 아기들을 살린지라
18 애굽 왕이 산파를 불러 그들에게
이르되 너희가 어찌하여 이같이 남
자 아기들을 살렸느냐
19 산파가 바로에게 대답하되 히브리
여인은 애굽 여인과 같지 아니하고
건장하여 산파가 그들에게 이르기
전에 해산하였더이다 하매
20 하나님이 그 산파들에게 은혜를 베
푸시니 그 백성은 번성하고 매우
강해지니라
21 그 산파들은 하나님을 경외하였으
므로 하나님이 그들의 집안을 흥왕
하게 하신지라
22 그러므로 바로가 그의 모든 백성에
게 명령하여 이르되 아들이 태어나
거든 너희는 그를 나일 강에 던지
고 딸이거든 살려두라 하였더라

모세가 태어나다

2 레위 가족 중 한 사람이 가서 레
위 여자에게 장가들어
2 그 여자가 임신하여 아들을 낳으니
그가 잘생긴 것을 보고 석 달 동안
그를 숨겼으나
3 더 숨길 수 없게 되매 그를 위하여
갈대 상자를 가져다가 역청과 나무
진을 칠하고 아기를 거기 담아 나
일 강가 갈대 사이에 두고
4 그의 누이가 어떻게 되는지를 알려
고 멀리 섰더니
5 바로의 딸이 목욕하러 나일 강으로
내려오고 시녀들은 나일 강가를 거
닐 때에 그가 갈대 사이의 상자를
보고 시녀를 보내어 가져다가
6 열고 그 아기를 보니 아기가 우는
지라 그가 그를 불쌍히 여겨 이르
되 이는 히브리 사람의 아기로다
7 그의 누이가 바로의 딸에게 이르되
내가 가서 당신을 위하여 히브리
여인 중에서 유모를 불러다가 이
아기에게 젖을 먹이게 하리이까
8 바로의 딸이 그에게 이르되 가라
하매 그 소녀가 가서 그 아기의 어
머니를 불러오니
9 바로의 딸이 그에게 이르되 이 아

출

기를 데려다가 나를 위하여 젖을
먹이라 내가 그 삯을 주리라 여인
이 아기를 데려다가 젖을 먹이더니
10 그 아기가 자라매 바로의 딸에게로
데려가니 그가 그의 아들이 되니라
그가 그의 이름을 [1]모세라 하여 이
르되 이는 내가 그를 물에서 건져
내었음이라 하였더라

모세가 미디안으로 피하다

11 ●모세가 장성한 후에 한번은 자기
형제들에게 나가서 그들이 고되게
노동하는 것을 보더니 어떤 애굽
사람이 한 히브리 사람 곧 자기 형
제를 치는 것을 본지라
12 좌우를 살펴 사람이 없음을 보고
그 애굽 사람을 쳐죽여 모래 속에
감추니라
13 이튿날 다시 나가니 두 히브리 사
람이 서로 싸우는지라 그 잘못한
사람에게 이르되 네가 어찌하여 동
포를 치느냐 하매
14 그가 이르되 누가 너를 우리를 다
스리는 자와 재판관으로 삼았느냐
네가 애굽 사람을 죽인 것처럼 나
도 죽이려느냐 모세가 두려워하여
이르되 일이 탄로되었도다
15 바로가 이 일을 듣고 모세를 죽이
고자 하여 찾는지라 모세가 바로의
낯을 피하여 미디안 땅에 머물며
하루는 우물 곁에 앉았더라
16 ●미디안 제사장에게 일곱 딸이 있
었더니 그들이 와서 물을 길어 구
유에 채우고 그들의 아버지의 양
떼에게 먹이려 하는데
17 목자들이 와서 그들을 쫓는지라 모
세가 일어나 그들을 도와 그 양 떼
에게 먹이니라
18 그들이 그들의 아버지 르우엘에게
이를 때에 아버지가 이르되 너희가
오늘은 어찌하여 이같이 속히 돌아
오느냐
19 그들이 이르되 한 애굽 사람이 우
리를 목자들의 손에서 건져내고 우
리를 위하여 물을 길어 양 떼에게
먹였나이다
20 아버지가 딸들에게 이르되 그 사람
이 어디에 있느냐 너희가 어찌하여
그 사람을 버려두고 왔느냐 그를
청하여 음식을 대접하라 하였더라
21 모세가 그와 동거하기를 기뻐하매
그가 그의 딸 십보라를 모세에게
주었더니
22 그가 아들을 낳으매 모세가 그의
이름을 게르솜이라 하여 이르되 내
가 타국에서 나그네가 되었음이라
하였더라
23 ●여러 해 후에 애굽 왕은 죽었고
이스라엘 자손은 고된 노동으로 말
미암아 탄식하며 부르짖으니 그 고
된 노동으로 말미암아 부르짖는 소
리가 하나님께 상달된지라
24 하나님이 그들의 고통 소리를 들으
시고 하나님이 아브라함과 이삭과
야곱에게 세운 그의 언약을 기억하
사
25 하나님이 이스라엘 자손을 돌보셨
고 하나님이 그들을 기억하셨더라

여호와께서 모세를 부르시다

3 모세가 그의 장인 미디안 제사장
이드로의 양 떼를 치더니 그 떼
를 광야 서쪽으로 인도하여 하나님
의 산 호렙에 이르매
2 여호와의 사자가 떨기나무 가운데
로부터 나오는 불꽃 안에서 그에게
나타나시니라 그가 보니 떨기나무
에 불이 붙었으나 그 떨기나무가
사라지지 아니하는지라
3 이에 모세가 이르되 내가 돌이켜
가서 이 큰 광경을 보리라 떨기나

1) 건져 냄

무가 어찌하여 타지 아니하는고 하
니 그때에
4 여호와께서 그가 보려고 돌이켜 오
는 것을 보신지라 하나님이 떨기나
무 가운데서 그를 불러 이르시되
모세야 모세야 하시매 그가 이르되
내가 여기 있나이다
5 하나님이 이르시되 이리로 가까이
오지 말라 네가 선 곳은 거룩한 땅
이니 네 발에서 신을 벗으라
6 또 이르시되 나는 네 조상의 하나
님이니 아브라함의 하나님, 이삭의
하나님, 야곱의 하나님이니라 모세
가 하나님 뵈옵기를 두려워하여 얼
굴을 가리매
7 여호와께서 이르시되 내가 애굽에
있는 내 백성의 고통을 분명히 보고
그들이 그들의 감독자로 말미암아
부르짖음을 듣고 그 근심을 알고
8 내가 내려가서 그들을 애굽인의 손
에서 건져내고 그들을 그 땅에서
인도하여 아름답고 광대한 땅, 젖
과 꿀이 흐르는 땅 곧 가나안 족속,
헷 족속, 아모리 족속, 브리스 족속,
히위 족속, 여부스 족속의 지방에
데려가려 하노라
9 이제 가라 이스라엘 자손의 부르짖
음이 내게 달하고 애굽 사람이 그
들을 괴롭히는 학대도 내가 보았으
니
10 이제 내가 너를 바로에게 보내어
너에게 내 백성 이스라엘 자손을
애굽에서 인도하여 내게 하리라
11 모세가 하나님께 아뢰되 내가 누구
이기에 바로에게 가며 이스라엘 자
손을 애굽에서 인도하여 내리이까
12 하나님이 이르시되 내가 반드시 너
와 함께 있으리라 네가 그 백성을
애굽에서 인도하여 낸 후에 너희가
이 산에서 하나님을 섬기리니 이것
이 내가 너를 보낸 증거니라
13 ●모세가 하나님께 아뢰되 내가 이
스라엘 자손에게 가서 이르기를 너
희의 조상의 하나님이 나를 너희에
게 보내셨다 하면 그들이 내게 묻
기를 그의 이름이 무엇이냐 하리니
내가 무엇이라고 그들에게 말하리
이까
14 하나님이 모세에게 이르시되 나는
[1]스스로 있는 자이니라 또 이르시
되 너는 이스라엘 자손에게 이같이
이르기를 [1]스스로 있는 자가 나를
너희에게 보내셨다 하라
15 ●하나님이 또 모세에게 이르시되
너는 이스라엘 자손에게 이같이 이
르기를 너희 조상의 하나님 여호와
곧 아브라함의 하나님, 이삭의 하
나님, 야곱의 하나님께서 나를 너
희에게 보내셨다 하라 이는 나의
영원한 이름이요 대대로 기억할 나
의 칭호니라
16 너는 가서 이스라엘의 장로들을 모
으고 그들에게 이르기를 여호와 너
희 조상의 하나님 곧 아브라함과
이삭과 야곱의 하나님이 내게 나타
나 이르시되 내가 너희를 돌보아
너희가 애굽에서 당한 일을 확실히
보았노라
17 내가 말하였거니와 내가 너희를 애
굽의 고난 중에서 인도하여 내어
젖과 꿀이 흐르는 땅 곧 가나안 족
속, 헷 족속, 아모리 족속, 브리스
족속, 히위 족속, 여부스 족속의 땅
으로 올라가게 하리라 하셨다 하면
18 그들이 네 말을 들으리니 너는 그
들의 장로들과 함께 애굽 왕에게
이르기를 히브리 사람의 하나님 여
호와께서 우리에게 임하셨은즉 우
리가 우리 하나님 여호와께 제사를

1) 히, 나는 나다

출

드리려 하오니 사흘길쯤 광야로 가
도록 허락하소서 하라
19 내가 아노니 강한 손으로 치기 전
에는 애굽 왕이 너희가 가도록 허
락하지 아니하다가
20 내가 내 손을 들어 애굽 중에 여러
가지 이적으로 그 나라를 친 후에
야 그가 너희를 보내리라
21 내가 애굽 사람으로 이 백성에게
은혜를 입히게 할지라 너희가 나갈
때에 빈손으로 가지 아니하리니
22 여인들은 모두 그 이웃 사람과 및
자기 집에 거류하는 여인에게 은
패물과 금 패물과 의복을 구하여
너희의 자녀를 꾸미라 너희는 애굽
사람들의 물품을 [1]취하리라

여호와께서 모세에게 능력을 주시다

4 모세가 대답하여 이르되 그러나
그들이 나를 믿지 아니하며 내
말을 듣지 아니하고 이르기를 여호
와께서 네게 나타나지 아니하셨다
하리이다
2 여호와께서 그에게 이르시되 네 손
에 있는 것이 무엇이냐 그가 이르
되 지팡이니이다
3 여호와께서 이르시되 그것을 땅에
던지라 하시매 곧 땅에 던지니 그
것이 뱀이 된지라 모세가 뱀 앞에
서 피하매
4 여호와께서 모세에게 이르시되 네
손을 내밀어 그 꼬리를 잡으라 그
가 손을 내밀어 그것을 잡으니 그
의 손에서 지팡이가 된지라
5 이는 그들에게 그들의 조상의 하나
님 곧 아브라함의 하나님, 이삭의
하나님, 야곱의 하나님 여호와가
네게 나타난 줄을 믿게 하려 함이
라 하시고
6 여호와께서 또 그에게 이르시되 네
손을 품에 넣으라 하시매 그가 손
을 품에 넣었다가 내어보니 그의
손에 나병이 생겨 눈같이 된지라
7 이르시되 네 손을 다시 품에 넣으
라 하시매 그가 다시 손을 품에 넣
었다가 내어보니 그의 손이 본래의
살로 되돌아왔더라
8 여호와께서 이르시되 만일 그들이
너를 믿지 아니하며 그 처음 표적
의 [2]표징을 받지 아니하여도 나중
표적의 [3]표징은 믿으리라
9 그들이 이 두 이적을 믿지 아니하
며 네 말을 듣지 아니하거든 너는
나일 강물을 조금 떠다가 땅에 부
으라 네가 떠온 나일 강물이 땅에
서 피가 되리라
10 ●모세가 여호와께 아뢰되 오 주여
나는 본래 말을 잘하지 못하는 자
니이다 주께서 주의 종에게 명령하
신 후에도 역시 그러하니 나는 입
이 뻣뻣하고 혀가 둔한 자니이다
11 여호와께서 그에게 이르시되 누가
사람의 입을 지었느냐 누가 말 못
하는 자나 못 듣는 자나 눈 밝은 자
나 맹인이 되게 하였느냐 나 여호
와가 아니냐
12 이제 가라 내가 네 입과 함께 있어
서 할 말을 가르치리라
13 모세가 이르되 오 주여 보낼 만한
자를 보내소서
14 여호와께서 모세를 향하여 노하여
이르시되 레위 사람 네 형 아론이
있지 아니하냐 그가 말 잘하는 것
을 내가 아노라 그가 너를 만나러
나오나니 그가 너를 볼 때에 그의
마음에 기쁨이 있을 것이라
15 너는 그에게 말하고 그의 입에 할
말을 주라 내가 네 입과 그의 입에
함께 있어서 너희들이 행할 일을

1) '약탈'의 뜻이 있음 2) 히, 소리를 듣지 3) 히, 소리는

가르치리라
16 그가 너를 대신하여 백성에게 말할
것이니 그는 네 입을 대신할 것이
요 너는 그에게 하나님같이 되리라
17 너는 이 지팡이를 손에 잡고 이것
으로 이적을 행할지니라

모세가 애굽으로 돌아가다

18 ●모세가 그의 장인 이드로에게로
돌아가서 그에게 이르되 내가 애굽
에 있는 내 형제들에게로 돌아가서
그들이 아직 살아 있는지 알아보려
하오니 나로 가게 하소서 이드로가
모세에게 평안히 가라 하니라
19 여호와께서 미디안에서 모세에게
이르시되 애굽으로 돌아가라 네 목
숨을 노리던 자가 다 죽었느니라
20 모세가 그의 아내와 아들들을 나귀
에 태우고 애굽으로 돌아가는데 모
세가 하나님의 지팡이를 손에 잡았
더라
21 여호와께서 모세에게 이르시되 네
가 애굽으로 돌아가거든 내가 네
손에 준 이적을 바로 앞에서 다 행
하라 그러나 내가 그의 마음을 완
악하게 한즉 그가 백성을 보내 주
지 아니하리니
22 너는 바로에게 이르기를 여호와의 말
씀에 이스라엘은 내 아들 내 장자라
23 내가 네게 이르기를 내 아들을 보
내 주어 나를 섬기게 하라 하여도
네가 보내 주기를 거절하니 내가
네 아들 네 장자를 죽이리라 하셨
다 하라 하시니라
24 모세가 길을 가다가 숙소에 있을
때에 여호와께서 그를 만나사 그를
죽이려 하신지라
25 십보라가 돌칼을 가져다가 그의 아
들의 포피를 베어 그의 발에 갖다
대며 이르되 당신은 참으로 내게
피 남편이로다 하니
26 여호와께서 그를 놓아주시니라 그
때에 십보라가 피 남편이라 함은
할례 때문이었더라
27 ●여호와께서 아론에게 이르시되
광야에 가서 모세를 맞으라 하시매
그가 가서 하나님의 산에서 모세를
만나 그에게 입맞추니
28 모세가 여호와께서 자기에게 분부
하여 보내신 모든 말씀과 여호와께
서 자기에게 명령하신 모든 이적을
아론에게 알리니라
29 모세와 아론이 가서 이스라엘 자손
의 모든 장로를 모으고
30 아론이 여호와께서 모세에게 이르
신 모든 말씀을 전하고 그 백성 앞
에서 이적을 행하니
31 백성이 믿으며 여호와께서 이스라
엘 자손을 찾으시고 그들의 고난을
살피셨다 함을 듣고 머리 숙여 경
배하였더라

모세와 아론이 바로 앞에 서다

5 그 후에 모세와 아론이 바로에게
가서 이르되 이스라엘의 하나님
여호와께서 이렇게 말씀하시기를
내 백성을 보내라 그러면 그들이
광야에서 내 앞에 절기를 지킬 것
이니라 하셨나이다
2 바로가 이르되 여호와가 누구이기
에 내가 그의 목소리를 듣고 이스
라엘을 보내겠느냐 나는 여호와를
알지 못하니 이스라엘을 보내지 아
니하리라
3 그들이 이르되 히브리인의 하나님
이 우리에게 나타나셨은즉 우리가
광야로 사흘길쯤 가서 우리 하나님
여호와께 제사를 드리려 하오니 가
도록 허락하소서 여호와께서 전염
병이나 칼로 우리를 치실까 두려워
하나이다
4 애굽 왕이 그들에게 이르되 모세와

아론아 너희가 어찌하여 백성의 노
역을 쉬게 하려느냐 가서 너희의
노역이나 하라
5 바로가 또 이르되 이제 이 땅의 백
성이 많아졌거늘 너희가 그들로 노
역을 쉬게 하는도다 하고
6 바로가 그날에 백성의 감독들과 기
록원들에게 명령하여 이르되
7 너희는 백성에게 다시는 벽돌에 쓸
짚을 전과 같이 주지 말고 그들이
가서 스스로 짚을 줍게 하라
8 또 그들이 전에 만든 벽돌 수효대
로 그들에게 만들게 하고 감하지
말라 그들이 게으르므로 소리 질러
이르기를 우리가 가서 우리 하나님
께 제사를 드리자 하나니
9 그 사람들의 노동을 무겁게 함으로
수고롭게 하여 그들로 거짓말을 듣
지 않게 하라
10 ●백성의 감독들과 기록원들이 나
가서 백성에게 말하여 이르되 바로
가 이렇게 말하기를 내가 너희에게
짚을 주지 아니하리니
11 너희는 짚을 찾을 곳으로 가서 주
우라 그러나 너희 일은 조금도 감
하지 아니하리라 하셨느니라
12 백성이 애굽 온 땅에 흩어져 곡초
그루터기를 거두어다가 짚을 대신
하니
13 감독들이 그들을 독촉하여 이르되
너희는 짚이 있을 때와 같이 그날
의 일을 그날에 마치라 하며
14 바로의 감독들이 자기들이 세운 바
이스라엘 자손의 기록원들을 때리
며 이르되 너희가 어찌하여 어제와
오늘에 만드는 벽돌의 수효를 전과
같이 채우지 아니하였느냐 하니라
15 ●이스라엘 자손의 기록원들이 가
서 바로에게 호소하여 이르되 왕은
어찌하여 당신의 종들에게 이같이
하시나이까
16 당신의 종들에게 짚을 주지 아니하
고 그들이 우리에게 벽돌을 만들라
하나이다 당신의 종들이 매를 맞사
오니 이는 당신의 백성의 죄니이다
17 바로가 이르되 너희가 게으르다 게
으르다 그러므로 너희가 이르기를
우리가 가서 여호와께 제사를 드리
자 하는도다
18 이제 가서 일하라 짚은 너희에게
주지 않을지라도 벽돌은 너희가 수
량대로 바칠지니라
19 기록하는 일을 맡은 이스라엘 자손
들이 너희가 매일 만드는 벽돌을
조금도 감하지 못하리라 함을 듣고
화가 몸에 미친 줄 알고
20 그들이 바로를 떠나 나올 때에 모세
와 아론이 길에 서 있는 것을 보고
21 그들에게 이르되 너희가 우리를 바
로의 눈과 그의 신하의 눈에 [1]미운
것이 되게 하고 그들의 손에 칼을
주어 우리를 죽이게 하는도다 여호
와는 너희를 살피시고 판단하시기
를 원하노라

모세가 여호와께 아뢰다

22 ●모세가 여호와께 돌아와서 아뢰
되 주여 어찌하여 이 백성이 학대
를 당하게 하셨나이까 어찌하여 나
를 보내셨나이까
23 내가 바로에게 들어가서 주의 이름
으로 말한 후로부터 그가 이 백성
을 더 학대하며 주께서도 주의 백
성을 구원하지 아니하시나이다

6 여호와께서 모세에게 이르시되
이제 내가 바로에게 하는 일을
네가 보리라 강한 손으로 말미암아
바로가 그들을 보내리라 강한 손으
로 말미암아 바로가 그들을 그의
땅에서 쫓아내리라

1) 히, 나쁜 냄새

하나님이 모세를 부르시다

2 ●하나님이 모세에게 말씀하여 이
르시되 나는 여호와이니라
3 내가 아브라함과 이삭과 야곱에게
[1]전능의 하나님으로 나타났으나 나
의 이름을 여호와로는 그들에게 알
리지 아니하였고
4 가나안 땅 곧 그들이 거류하는 땅
을 그들에게 주기로 그들과 언약하
였더니
5 이제 애굽 사람이 종으로 삼은 이
스라엘 자손의 신음 소리를 내가
듣고 나의 언약을 기억하노라
6 그러므로 이스라엘 자손에게 말하
기를 나는 여호와라 내가 애굽 사
람의 무거운 짐 밑에서 너희를 빼
내며 그들의 노역에서 너희를 건지
며 편 팔과 여러 큰 심판들로써 너
희를 속량하여
7 너희를 내 백성으로 삼고 나는 너
희의 하나님이 되리니 나는 애굽 사
람의 무거운 짐 밑에서 너희를 빼
낸 너희의 하나님 여호와인 줄 너
희가 알지라
8 내가 아브라함과 이삭과 야곱에게
주기로 맹세한 땅으로 너희를 인도
하고 그 땅을 너희에게 주어 기업
을 삼게 하리라 나는 여호와라 하
셨다 하라
9 모세가 이와 같이 이스라엘 자손에
게 전하나 그들이 마음의 상함과
가혹한 노역으로 말미암아 모세의
말을 듣지 아니하였더라
10 ●여호와께서 모세에게 말씀하여
이르시되
11 들어가서 애굽 왕 바로에게 말하여
이스라엘 자손을 그 땅에서 내보내
게 하라
12 모세가 여호와 앞에 아뢰어 이르되
이스라엘 자손도 내 말을 듣지 아
니하였거든 바로가 어찌 들으리이
까 나는 입이 둔한 자니이다
13 ●여호와께서 모세와 아론에게 말
씀하사 그들로 이스라엘 자손과 애
굽 왕 바로에게 명령을 전하고 이
스라엘 자손을 애굽 땅에서 인도하
여 내게 하시니라

모세와 아론의 조상

14 ●그들의 조상을 따라 집의 어른은
이러하니라 이스라엘의 장자 르우
벤의 아들은 하녹과 발루와 헤스론
과 갈미니 이들은 르우벤의 족장이
요
15 시므온의 아들들은 여무엘과 야민
과 오핫과 야긴과 소할과 가나안
여인의 아들 사울이니 이들은 시므
온의 가족이요
16 레위의 아들들의 이름은 그들의 족
보대로 이러하니 게르손과 고핫과
므라리요 레위의 나이는 백삼십칠
세였으며
17 게르손의 아들들은 그들의 가족대
로 립니와 시므이요
18 고핫의 아들들은 아므람과 이스할
과 헤브론과 웃시엘이요 고핫의 나
이는 백삼십삼 세였으며
19 므라리의 아들들은 마흘리와 무시
니 이들은 그들의 족보대로 레위의
족장이요
20 아므람은 그들의 아버지의 누이 요
게벳을 아내로 맞이하였고 그는 아
론과 모세를 낳았으며 아므람의 나
이는 백삼십칠 세였으며
21 이스할의 아들들은 고라와 네벡과
시그리요
22 웃시엘의 아들들은 미사엘과 엘사
반과 시드리요
23 아론은 암미나답의 딸 나손의 누이
엘리세바를 아내로 맞이하였고 그

1) 히, 엘샤다이

는 나답과 아비후와 엘르아살과 이
다말을 낳았으며
24 고라의 아들들은 앗실과 엘가나와
아비아삽이니 이들은 고라 사람의
족장이요
25 아론의 아들 엘르아살은 부디엘의
딸 중에서 아내를 맞이하였고 그는
비느하스를 낳았으니 이들은 레위
사람의 조상을 따라 가족의 어른들
이라
26 이스라엘 자손을 그들의 군대대로
애굽 땅에서 인도하라 하신 여호와
의 명령을 받은 자는 이 아론과 모
세요
27 애굽 왕 바로에게 이스라엘 자손을
애굽에서 내보내라 말한 사람도 이
모세와 아론이었더라

여호와께서 모세와 아론에게 명령하시다

28 ●여호와께서 애굽 땅에서 모세에
게 말씀하시던 날에
29 여호와께서 모세에게 말씀하여 이
르시되 나는 여호와라 내가 네게
이르는 바를 너는 애굽 왕 바로에
게 다 말하라
30 모세가 여호와 앞에서 아뢰되 나는
입이 둔한 자이오니 바로가 어찌
나의 말을 들으리이까

7 여호와께서 모세에게 이르시되
볼지어다 내가 너를 바로에게 신
같이 되게 하였은즉 네 형 아론은
네 [1]대언자가 되리니
2 내가 네게 명령한 바를 너는 네 형
아론에게 말하고 그는 바로에게 말
하여 그에게 이스라엘 자손을 그
땅에서 내보내게 할지니라
3 내가 바로의 마음을 완악하게 하고
내 표징과 내 이적을 애굽 땅에서
많이 행할 것이나
4 바로가 너희의 말을 듣지 아니할
터인즉 내가 내 손을 애굽에 뻗쳐
여러 큰 심판을 내리고 내 군대, 내
백성 이스라엘 자손을 그 땅에서
인도하여 낼지라
5 내가 내 손을 애굽 위에 펴서 이스
라엘 자손을 그 땅에서 인도하여
낼 때에야 애굽 사람이 나를 여호
와인 줄 알리라 하시매
6 모세와 아론이 여호와께서 자기들
에게 명령하신 대로 행하였더라
7 그들이 바로에게 말할 때에 모세는
팔십 세였고 아론은 팔십삼 세였더
라

뱀이 된 아론의 지팡이

8 ●여호와께서 모세와 아론에게 말
씀하여 이르시되
9 바로가 너희에게 이르기를 너희는
이적을 보이라 하거든 너는 아론에
게 말하기를 너의 지팡이를 들어서
바로 앞에 던지라 하라 그것이 뱀
이 되리라
10 모세와 아론이 바로에게 가서 여호
와께서 명령하신 대로 행하여 아론
이 바로와 그의 신하 앞에 지팡이
를 던지니 뱀이 된지라
11 바로도 현인들과 마술사들을 부르
매 그 애굽 요술사들도 그들의 요
술로 그와 같이 행하되
12 각 사람이 지팡이를 던지매 뱀이
되었으나 아론의 지팡이가 그들의
지팡이를 삼키니라
13 그러나 바로의 마음이 완악하여 그
들의 말을 듣지 아니하니 여호와의
말씀과 같더라

첫째 재앙 : 물이 피가 되다

14 ●여호와께서 모세에게 이르시되
바로의 마음이 완강하여 백성 보내
기를 거절하는도다
15 아침에 너는 바로에게로 가라 보
라 그가 물 있는 곳으로 나오리니

1) 히, 예언자가

너는 나일 강가에 서서 그를 맞으
며 그 뱀 되었던 지팡이를 손에 잡
고
16 그에게 이르기를 히브리 사람의 하
나님 여호와께서 나를 왕에게 보내
어 이르시되 내 백성을 보내라 그
러면 그들이 광야에서 나를 섬길
것이니라 하였으나 이제까지 네가
듣지 아니하도다
17 여호와가 이같이 이르노니 네가 이
로 말미암아 나를 여호와인 줄 알
리라 볼지어다 내가 내 손의 지팡
이로 나일 강을 치면 그것이 피로
변하고
18 나일 강의 고기가 죽고 그 물에서는
악취가 나리니 애굽 사람들이 그 강
물 마시기를 싫어하리라 하라
19 여호와께서 또 모세에게 이르시되
아론에게 명령하기를 네 지팡이를
잡고 네 팔을 애굽의 물들과 강들
과 운하와 못과 모든 호수 위에 내
밀라 하라 그것들이 피가 되리니
애굽 온 땅과 나무 그릇과 돌 그릇
안에 모두 피가 있으리라
20 ●모세와 아론이 여호와께서 명령
하신 대로 행하여 바로와 그의 신
하의 목전에서 지팡이를 들어 나일
강을 치니 그 물이 다 피로 변하고
21 나일 강의 고기가 죽고 그 물에서
는 악취가 나니 애굽 사람들이 나
일 강물을 마시지 못하며 애굽 온
땅에는 피가 있으나
22 애굽 요술사들도 자기들의 요술로
그와 같이 행하므로 바로의 마음이
완악하여 그들의 말을 듣지 아니하
니 여호와의 말씀과 같더라
23 바로가 돌이켜 궁으로 들어가고 그
일에 관심을 가지지도 아니하였고
24 애굽 사람들은 나일 강물을 마실
수 없으므로 나일 강가를 두루 파
서 마실 물을 구하였더라
25 여호와께서 나일 강을 치신 후 이
레가 지나니라

둘째 재앙 : 개구리가 올라오다

8 여호와께서 모세에게 이르시되
너는 바로에게 가서 그에게 이르
기를 여호와의 말씀에 내 백성을
보내라 그들이 나를 섬길 것이니라
2 네가 만일 보내기를 거절하면 내가
개구리로 너의 온 땅을 치리라
3 개구리가 나일 강에서 무수히 생기
고 올라와서 네 궁과 네 침실과 네
침상 위와 네 신하의 집과 네 백성
과 네 화덕과 네 떡 반죽 그릇에 들
어갈 것이며
4 개구리가 너와 네 백성과 네 모든 신
하에게 기어오르리라 하셨다 하라
5 여호와께서 모세에게 이르시되 아
론에게 명령하기를 네 지팡이를 잡
고 네 팔을 강들과 운하들과 못 위
에 펴서 개구리들이 애굽 땅에 올
라오게 하라 할지니라
6 아론이 애굽 물들 위에 그의 손을
내밀매 개구리가 올라와서 애굽 땅
에 덮이니
7 요술사들도 자기 요술대로 그와 같
이 행하여 개구리가 애굽 땅에 올
라오게 하였더라
8 ●바로가 모세와 아론을 불러 이르
되 여호와께 구하여 나와 내 백성
에게서 개구리를 떠나게 하라 내가
이 백성을 보내리니 그들이 여호와
께 제사를 드릴 것이니라
9 모세가 바로에게 이르되 내가 왕과
왕의 신하와 왕의 백성을 위하여
이 개구리를 왕과 왕궁에서 끊어
나일 강에만 있도록 언제 간구하는
것이 좋을는지 내게 분부하소서
10 그가 이르되 내일이니라 모세가 이
르되 왕의 말씀대로 하여 왕에게

우리 하나님 여호와와 같은 이가
없는 줄을 알게 하리니
11 개구리가 왕과 왕궁과 왕의 신하와
왕의 백성을 떠나서 나일 강에만
있으리이다 하고
12 모세와 아론이 바로를 떠나 나가서
바로에게 내리신 개구리에 대하여
모세가 여호와께 간구하매
13 여호와께서 모세의 말대로 하시니
개구리가 집과 마당과 밭에서부터
나와서 죽은지라
14 사람들이 모아 무더기로 쌓으니 땅
에서 악취가 나더라
15 그러나 바로가 숨을 쉴 수 있게 됨
을 보았을 때에 그의 마음을 완강
하게 하여 그들의 말을 듣지 아니
하였으니 여호와께서 말씀하신 것
과 같더라

셋째 재앙 : 티끌이 이가 되다

16 ●여호와께서 모세에게 이르시되
아론에게 명령하기를 네 지팡이를
들어 땅의 티끌을 치라 하라 그것
이 애굽 온 땅에서 이가 되리라
17 그들이 그대로 행할새 아론이 지팡
이를 잡고 손을 들어 땅의 티끌을
치매 애굽 온 땅의 티끌이 다 이가
되어 사람과 가축에게 오르니
18 요술사들도 자기 요술로 그같이 행
하여 [1]이를 생기게 하려 하였으나
못하였고 이가 사람과 가축에게 생
긴지라
19 요술사가 바로에게 말하되 이는 하
나님의 [2]권능이니이다 하였으나 바
로의 마음이 완악하게 되어 그들의
말을 듣지 아니하였으니 여호와의
말씀과 같더라

넷째 재앙 : 파리가 가득하다

20 ●여호와께서 모세에게 이르시되
아침에 일찍이 일어나 바로 앞에
서라 그가 물 있는 곳으로 나오리
니 그에게 이르기를 여호와께서 이
와 같이 말씀하시기를 내 백성을
보내라 그러면 그들이 나를 섬길
것이니라
21 네가 만일 내 백성을 보내지 아니
하면 내가 너와 네 신하와 네 백성
과 네 집들에 파리 떼를 보내리니
애굽 사람의 집집에 파리 떼가 가
득할 것이며 그들이 사는 땅에도
그러하리라
22 그날에 나는 내 백성이 거주하는
고센 땅을 구별하여 그곳에는 파리
가 없게 하리니 이로 말미암아 이
땅에서 내가 여호와인 줄을 네가
알게 될 것이라
23 내가 내 백성과 네 백성 사이를 구
별하리니 내일 이 표징이 있으리라
하셨다 하라 하시고
24 여호와께서 그와 같이 하시니 무수
한 파리가 바로의 궁과 그의 신하
의 집과 애굽 온 땅에 이르니 파리
로 말미암아 그 땅이 황폐하였더라
25 ●바로가 모세와 아론을 불러 이르
되 너희는 가서 이 땅에서 너희 하
나님께 제사를 드리라
26 모세가 이르되 그리함은 부당하니
이다 우리가 우리 하나님 여호와께
제사를 드리는 것은 애굽 사람이
싫어하는 바인즉 우리가 만일 애굽
사람의 목전에서 제사를 드리면 그
들이 그것을 미워하여 우리를 돌로
치지 아니하리이까
27 우리가 사흘길쯤 광야로 들어가서
우리 하나님 여호와께 제사를 드리
되 우리에게 명령하시는 대로 하려
하나이다
28 바로가 이르되 내가 너희를 보내리
니 너희가 너희의 하나님 여호와께
광야에서 제사를 드릴 것이나 너무

1) 각다귀 종류로 볼 수 있음 2) 히, 손가락

멀리 가지는 말라 그런즉 너희는
나를 위하여 간구하라
29 모세가 이르되 내가 왕을 떠나가서
여호와께 간구하리니 내일이면 파
리 떼가 바로와 바로의 신하와 바
로의 백성을 떠나려니와 바로는 이
백성을 보내어 여호와께 제사를 드
리는 일에 다시 거짓을 행하지 마
소서 하고
30 모세가 바로를 떠나 나와서 여호와
께 간구하니
31 여호와께서 모세의 말대로 하시니
그 파리 떼가 바로와 그의 신하와
그의 백성에게서 떠나니 하나도 남
지 아니하였더라
32 그러나 바로가 이때에도 그의 마음
을 완강하게 하여 그 백성을 보내
지 아니하였더라

다섯째 재앙 : 가축의 죽음

9 여호와께서 모세에게 이르시되
바로에게 들어가서 그에게 이르
라 히브리 사람의 하나님 여호와께
서 말씀하시기를 내 백성을 보내라
그들이 나를 섬길 것이니라
2 네가 만일 보내기를 거절하고 억지
로 잡아두면
3 여호와의 손이 들에 있는 네 가축
곧 말과 나귀와 낙타와 소와 양에
게 더하리니 심한 돌림병이 있을
것이며
4 여호와가 이스라엘의 가축과 애굽
의 가축을 구별하리니 이스라엘 자
손에게 속한 것은 하나도 죽지 아
니하리라 하셨다 하라 하시고
5 여호와께서 기한을 정하여 이르시
되 여호와가 내일 이 땅에서 이 일
을 행하리라 하시더니
6 이튿날에 여호와께서 이 일을 행하
시니 애굽의 모든 가축은 죽었으나
이스라엘 자손의 가축은 하나도 죽
지 아니한지라
7 바로가 사람을 보내어 본즉 이스라
엘의 가축은 하나도 죽지 아니하였
더라 그러나 바로의 마음이 완강하
여 백성을 보내지 아니하니라

여섯째 재앙 : 악성 종기가 생기다

8 ●여호와께서 모세와 아론에게 이
르시되 너희는 화덕의 재 두 움큼
을 가지고 모세가 바로의 목전에서
하늘을 향하여 날리라
9 그 재가 애굽 온 땅의 티끌이 되어
애굽 온 땅의 사람과 짐승에게 붙
어서 악성 종기가 생기리라
10 그들이 화덕의 재를 가지고 바로
앞에 서서 모세가 하늘을 향하여
날리니 사람과 짐승에게 붙어 악성
종기가 생기고
11 요술사들도 악성 종기로 말미암아
모세 앞에 서지 못하니 악성 종기
가 요술사들로부터 애굽 모든 사람
에게 생겼음이라
12 그러나 여호와께서 바로의 마음을
완악하게 하셨으므로 그들의 말을
듣지 아니하였으니 여호와께서 모
세에게 말씀하심과 같더라

일곱째 재앙 : 우박이 내리다

13 ●여호와께서 모세에게 이르시되
아침에 일찍이 일어나 바로 앞에
서서 그에게 이르기를 히브리 사람
의 하나님 여호와의 말씀에 내 백
성을 보내라 그들이 나를 섬길 것
이니라
14 내가 이번에는 모든 재앙을 [1]너와
네 신하와 네 백성에게 내려 온 천
하에 나와 같은 자가 없음을 네가
알게 하리라
15 내가 손을 펴서 돌림병으로 너와
네 백성을 쳤더라면 네가 세상에서
끊어졌을 것이나

1) 히, 네 마음과

16 내가 너를 세웠음은 나의 능력을
네게 보이고 내 이름이 온 천하에
전파되게 하려 하였음이니라
17 네가 여전히 내 백성 앞에 교만하
여 그들을 보내지 아니하느냐
18 내일 이맘때면 내가 무거운 우박을
내리리니 애굽 나라가 세워진 그날
로부터 지금까지 그와 같은 일이
없었더라
19 이제 사람을 보내어 네 가축과 네
들에 있는 것을 다 모으라 사람이
나 짐승이나 무릇 들에 있어서 집
에 돌아오지 않는 것들에게는 우박
이 그 위에 내리리니 그것들이 죽
으리라 하셨다 하라 하시니라
20 바로의 신하 중에 여호와의 말씀을
두려워하는 자들은 그 종들과 가축
을 집으로 피하여 들였으나
21 여호와의 말씀을 마음에 두지 아니
하는 사람은 그의 종들과 가축을
들에 그대로 두었더라
22 ●여호와께서 모세에게 이르시되
너는 하늘을 향하여 손을 들어 애
굽 전국에 우박이 애굽 땅의 사람
과 짐승과 밭의 모든 채소에 내리
게 하라
23 모세가 하늘을 향하여 지팡이를 들
매 여호와께서 우렛소리와 우박을
보내시고 불을 내려 땅에 달리게
하시니라 여호와께서 우박을 애굽
땅에 내리시매
24 우박이 내림과 불덩이가 우박에 섞
여 내림이 심히 맹렬하니 나라가
생긴 그때로부터 애굽 온 땅에는
그와 같은 일이 없었더라
25 우박이 애굽 온 땅에서 사람과 짐
승을 막론하고 밭에 있는 모든 것
을 쳤으며 우박이 또 밭의 모든 채
소를 치고 들의 모든 나무를 꺾었
으되

26 이스라엘 자손들이 있는 그곳 고센
땅에는 우박이 없었더라
27 ●바로가 사람을 보내어 모세와 아
론을 불러 그들에게 이르되 이번
은 내가 범죄하였노라 여호와는 의
로우시고 나와 나의 백성은 악하
도다
28 여호와께 구하여 이 우렛소리와 우
박을 그만 그치게 하라 내가 너희
를 보내리니 너희가 다시는 머물지
아니하리라
29 모세가 그에게 이르되 내가 성에서
나가서 곧 내 손을 여호와를 향하
여 펴리니 그리하면 우렛소리가 그
치고 우박이 다시 있지 아니할지라
세상이 여호와께 속한 줄을 왕이
알리이다
30 그러나 왕과 왕의 신하들이 여호와
하나님을 아직도 두려워하지 아니
할 줄을 내가 아나이다
31 그때에 보리는 이삭이 나왔고 삼은
꽃이 피었으므로 삼과 보리가 상하
였으나
32 그러나 밀과 쌀보리는 자라지 아니
한 고로 상하지 아니하였더라
33 모세가 바로를 떠나 성에서 나가
여호와를 향하여 손을 펴매 우렛소
리와 우박이 그치고 비가 땅에 내
리지 아니하니라
34 바로가 비와 우박과 우렛소리가 그
친 것을 보고 다시 범죄하여 마음
을 완악하게 하니 그와 그의 신하
가 꼭 같더라
35 바로의 마음이 완악하여 이스라엘
자손을 내보내지 아니하였으니 여
호와께서 모세에게 말씀하심과 같
더라

여덟째 재앙 : 메뚜기가 땅을 덮다

10 여호와께서 모세에게 이르시
되 바로에게로 들어가라 내가

그의 마음과 그의 신하들의 마음을
완강하게 함은 나의 표징을 그들
중에 보이기 위함이며
2 네게 내가 애굽에서 행한 일들 곧
내가 그들 가운데에서 행한 표징을
네 아들과 네 자손의 귀에 전하기
위함이라 너희는 내가 여호와인 줄
을 알리라
3 모세와 아론이 바로에게 들어가서
그에게 이르되 히브리 사람의 하나
님 여호와께서 말씀하시기를 네가
어느 때까지 내 앞에 겸비하지 아
니하겠느냐 내 백성을 보내라 그들
이 나를 섬길 것이라
4 네가 만일 내 백성 보내기를 거절
하면 내일 내가 메뚜기를 네 경내
에 들어가게 하리니
5 메뚜기가 지면을 덮어서 사람이 땅
을 볼 수 없을 것이라 메뚜기가 네
게 남은 그것 곧 우박을 면하고 남
은 것을 먹으며 너희를 위하여 들
에서 자라나는 모든 나무를 먹을
것이며
6 또 네 집들과 네 모든 신하의 집들
과 모든 애굽 사람의 집들에 가득하
리니 이는 네 아버지와 네 조상이
이 땅에 있었던 그날로부터 오늘까
지 보지 못하였던 것이리라 하셨다
하고 돌이켜 바로에게서 나오니
7 바로의 신하들이 그에게 말하되 어
느 때까지 이 사람이 우리의 함정
이 되리이까 그 사람들을 보내어
그들의 하나님 여호와를 섬기게 하
소서 왕은 아직도 애굽이 망한 줄
을 알지 못하시나이까 하고
8 모세와 아론을 바로에게로 다시 데
려오니 바로가 그들에게 이르되 가
서 너희의 하나님 여호와를 섬기라
갈 자는 누구 누구냐
9 모세가 이르되 우리가 여호와 앞에
절기를 지킬 것인즉 우리가 남녀
노소와 양과 소를 데리고 가겠나이
다
10 바로가 그들에게 이르되 내가 너희
와 너희의 어린아이들을 보내면 여
호와가 너희와 함께함과 같으니라
보라 그것이 너희에게는 나쁜 것이
니라
11 그렇게 하지 말고 너희 장정만 가
서 여호와를 섬기라 이것이 너희가
구하는 바니라 이에 그들이 바로
앞에서 쫓겨나니라
12 ●여호와께서 모세에게 이르시되
애굽 땅 위에 네 손을 내밀어 메뚜
기를 애굽 땅에 올라오게 하여 우
박에 상하지 아니한 밭의 모든 채
소를 먹게 하라
13 모세가 애굽 땅 위에 그 지팡이를
들매 여호와께서 동풍을 일으켜 온
낮과 온 밤에 불게 하시니 아침이
되매 동풍이 메뚜기를 불어 들인지
라
14 메뚜기가 애굽 온 땅에 이르러 그
사방에 내리매 그 피해가 심하니
이런 메뚜기는 전에도 없었고 후에
도 없을 것이라
15 메뚜기가 온 땅을 덮어 땅이 어둡
게 되었으며 메뚜기가 우박에 상하
지 아니한 밭의 채소와 나무 열매
를 다 먹었으므로 애굽 온 땅에서
나무나 밭의 채소나 푸른 것은 남
지 아니하였더라
16 바로가 모세와 아론을 급히 불러
이르되 내가 너희의 하나님 여호와
와 너희에게 죄를 지었으니
17 바라건대 이번만 나의 죄를 용서하
고 너희의 하나님 여호와께 구하여
이 죽음만은 내게서 떠나게 하라
18 그가 바로에게서 나가서 여호와께
구하매

19 여호와께서 돌이켜 강렬한 서풍을
불게 하사 메뚜기를 홍해에 몰아넣
으시니 애굽 온 땅에 메뚜기가 하
나도 남지 아니하니라
20 그러나 여호와께서 바로의 마음을
완악하게 하셨으므로 이스라엘 자
손을 보내지 아니하였더라

아홉째 재앙 : 흑암이 땅에 있다

21 ●여호와께서 모세에게 이르시되
하늘을 향하여 네 손을 내밀어 애
굽 땅 위에 흑암이 있게 하라 곧 더
듬을 만한 흑암이리라
22 모세가 하늘을 향하여 손을 내밀매
캄캄한 흑암이 삼 일 동안 애굽 온
땅에 있어서
23 그 동안은 사람들이 서로 볼 수 없
으며 자기 처소에서 일어나는 자가
없으되 온 이스라엘 자손들이 거주
하는 곳에는 빛이 있었더라
24 바로가 모세를 불러서 이르되 너희
는 가서 여호와를 섬기되 너희의
양과 소는 머물러 두고 너희 어린
것들은 너희와 함께 갈지니라
25 모세가 이르되 왕이라도 우리 하나
님 여호와께 드릴 제사와 번제물을
우리에게 주어야 하겠고
26 우리의 가축도 우리와 함께 가고
한 마리도 남길 수 없으니 이는 우
리가 그 중에서 가져다가 우리 하
나님 여호와를 섬길 것임이며 또
우리가 거기에 이르기까지는 어떤
것으로 여호와를 섬길는지 알지 못
함이니이다 하나
27 여호와께서 바로의 마음을 완악하
게 하셨으므로 그들 보내기를 기뻐
하지 아니하고
28 바로가 모세에게 이르되 너는 나를
떠나가고 스스로 삼가 다시 내 얼
굴을 보지 말라 네가 내 얼굴을 보
는 날에는 죽으리라
29 모세가 이르되 당신이 말씀하신 대
로 내가 다시는 당신의 얼굴을 보
지 아니하리이다

처음 난 것의 죽음을 경고하다

11 여호와께서 모세에게 이르시기
를 내가 이제 한 가지 재앙을
바로와 애굽에 내린 후에야 그가
너희를 여기서 내보내리라 그가 너
희를 내보낼 때에는 여기서 반드시
다 쫓아내리니
2 백성에게 말하여 사람들에게 각기
이웃들에게 은금 패물을 구하게 하
라 하시더니
3 여호와께서 그 백성으로 애굽 사람
의 은혜를 받게 하셨고 또 그 사람
모세는 애굽 땅에 있는 바로의 신
하와 백성의 눈에 아주 위대하게
보였더라
4 ●모세가 바로에게 이르되 여호와
께서 이와 같이 말씀하시기를 밤중
에 내가 애굽 가운데로 들어가리
니
5 애굽 땅에 있는 모든 처음 난 것은
왕위에 앉아 있는 바로의 장자로부
터 맷돌 뒤에 있는 몸종의 장자와
모든 가축의 처음 난 것까지 죽으
리니
6 애굽 온 땅에 전무후무한 큰 부르
짖음이 있으리라
7 그러나 이스라엘 자손에게는 사람
에게나 짐승에게나 개 한 마리도
그 혀를 움직이지 아니하리니 여호
와께서 애굽 사람과 이스라엘 사이
를 구별하는 줄을 너희가 알리라
하셨나니
8 왕의 이 모든 신하가 내게 내려와
내게 절하며 이르기를 너와 너를
따르는 온 백성은 나가라 한 후에
야 내가 나가리라 하고 심히 노하
여 바로에게서 나오니라

9 ●여호와께서 모세에게 이르시기
를 바로가 너희의 말을 듣지 아니
하리라 그러므로 내가 애굽 땅에서
나의 기적을 더하리라 하셨고
10 모세와 아론이 이 모든 기적을 바
로 앞에서 행하였으나 여호와께서
바로의 마음을 완악하게 하셨으므
로 그가 이스라엘 자손을 그 나라
에서 보내지 아니하였더라

유월절

12 여호와께서 애굽 땅에서 모세
와 아론에게 일러 말씀하시되
2 이달을 너희에게 달의 시작 곧 해
의 첫 달이 되게 하고
3 너희는 이스라엘 온 회중에게 말하
여 이르라 이달 열흘에 너희 각자
가 어린 양을 취할지니 각 가족대
로 그 식구를 위하여 어린 양을 취
하되
4 그 어린 양에 대하여 식구가 너무
적으면 그 집의 이웃과 함께 사람
수를 따라서 하나를 취하며 각 사
람이 먹을 수 있는 분량에 따라서
너희 어린 양을 계산할 것이며
5 너희 어린 양은 흠 없고 일 년 된
수컷으로 하되 양이나 염소 중에서
취하고
6 이달 열나흗날까지 간직하였다가
해 질 때에 이스라엘 회중이 그 양
을 잡고
7 그 피를 양을 먹을 집 좌우 문설주
와 인방에 바르고
8 그 밤에 그 고기를 불에 구워 무교
병과 쓴 나물과 아울러 먹되
9 날것으로나 물에 삶아서 먹지 말고
머리와 다리와 내장을 다 불에 구
워 먹고
10 아침까지 남겨 두지 말며 아침까지
남은 것은 곧 불사르라
11 너희는 그것을 이렇게 먹을지니 허
리에 띠를 띠고 발에 신을 신고 손
에 지팡이를 잡고 급히 먹으라 이
것이 여호와의 유월절이니라
12 내가 그 밤에 애굽 땅에 두루 다니
며 사람이나 짐승을 막론하고 애굽
땅에 있는 모든 처음 난 것을 다 치
고 애굽의 모든 신을 내가 심판하
리라 나는 여호와라
13 내가 애굽 땅을 칠 때에 그 피가 너
희가 사는 집에 있어서 너희를 위
하여 표적이 될지라 내가 피를 볼
때에 너희를 넘어가리니 재앙이 너
희에게 내려 멸하지 아니하리라
14 너희는 이날을 기념하여 여호와의
절기를 삼아 영원한 규례로 대대로
지킬지니라

무교절

15 ●너희는 이레 동안 무교병을 먹을
지니 그 첫날에 누룩을 너희 집에
서 제하라 무릇 첫날부터 일곱째
날까지 유교병을 먹는 자는 이스라
엘에서 끊어지리라
16 너희에게 첫날에도 성회요 일곱째
날에도 성회가 되리니 너희는 이
두 날에는 아무 일도 하지 말고 각
자의 먹을 것만 갖출 것이니라
17 너희는 무교절을 지키라 이날에 내
가 너희 군대를 애굽 땅에서 인도
하여 내었음이니라 그러므로 너희
가 영원한 규례로 삼아 대대로 이
날을 지킬지니라
18 첫째 달 그달 열나흗날 저녁부터
이십일 일 저녁까지 너희는 무교병
을 먹을 것이요
19 이레 동안은 누룩이 너희 집에서
발견되지 아니하도록 하라 무릇 유
교물을 먹는 자는 타국인이든지 본
국에서 난 자든지를 막론하고 이스
라엘 회중에서 끊어지리니
20 너희는 아무 유교물이든지 먹지 말

고 너희 모든 유하는 곳에서 무교
병을 먹을지니라

첫 유월절

21 ●모세가 이스라엘 모든 장로를 불
러서 그들에게 이르되 너희는 나가
서 너희의 가족대로 어린 양을 택
하여 유월절 양으로 잡고
22 우슬초 묶음을 가져다가 그릇에 담
은 피에 적셔서 그 피를 문 인방과
좌우 설주에 뿌리고 아침까지 한
사람도 자기 집 문밖에 나가지 말
라
23 여호와께서 애굽 사람들에게 재앙
을 내리려고 지나가실 때에 문 인
방과 좌우 문설주의 피를 보시면
여호와께서 그 문을 넘으시고 멸하
는 자에게 너희 집에 들어가서 너
희를 치지 못하게 하실 것임이니라
24 너희는 이 일을 규례로 삼아 너희와
너희 자손이 영원히 지킬 것이니
25 너희는 여호와께서 허락하신 대로
너희에게 주시는 땅에 이를 때에
이 예식을 지킬 것이라
26 이후에 너희의 자녀가 묻기를 이
예식이 무슨 뜻이냐 하거든
27 너희는 이르기를 이는 여호와의 유
월절 제사라 여호와께서 애굽 사람
에게 재앙을 내리실 때에 애굽에
있는 이스라엘 자손의 집을 넘으사
우리의 집을 구원하셨느니라 하라
하매 백성이 머리 숙여 경배하니라
28 이스라엘 자손이 물러가서 그대로
행하되 여호와께서 모세와 아론에
게 명령하신 대로 행하니라

열째 재앙 : 처음 난 것들의 죽음

29 ●밤중에 여호와께서 애굽 땅에서
모든 처음 난 것 곧 왕위에 앉은 바
로의 장자로부터 옥에 갇힌 사람의
장자까지와 가축의 처음 난 것을
다 치시매
30 그 밤에 바로와 그 모든 신하와 모
든 애굽 사람이 일어나고 애굽에
큰 부르짖음이 있었으니 이는 그
나라에 죽임을 당하지 아니한 집이
하나도 없었음이었더라
31 밤에 바로가 모세와 아론을 불러서
이르되 너희와 이스라엘 자손은 일
어나 내 백성 가운데에서 떠나 너
희의 말대로 가서 여호와를 섬기며
32 너희가 말한 대로 너희 양과 너희
소도 몰아가고 나를 위하여 축복하
라 하며
33 애굽 사람들은 말하기를 우리가 다
죽은 자가 되도다 하고 그 백성을
재촉하여 그 땅에서 속히 내보내려
하므로
34 그 백성이 발교되지 못한 반죽 담은
그릇을 옷에 싸서 어깨에 메니라
35 이스라엘 자손이 모세의 말대로 하
여 애굽 사람에게 은금 패물과 의
복을 구하매
36 여호와께서 애굽 사람들에게 이스
라엘 백성에게 은혜를 입히게 하사
그들이 구하는 대로 주게 하시므로
그들이 애굽 사람의 물품을 [1]취하
였더라

이스라엘이 애굽 땅에서 나오다

37 ●이스라엘 자손이 라암셋을 떠나
서 숙곳에 이르니 유아 외에 보행
하는 장정이 육십만 가량이요
38 수많은 잡족과 양과 소와 심히 많
은 가축이 그들과 함께하였으며
39 그들이 애굽으로부터 가지고 나온
발교되지 못한 반죽으로 무교병을
구웠으니 이는 그들이 애굽에서 쫓
겨나므로 지체할 수 없었음이며 아
무 양식도 준비하지 못하였음이었
더라
40 이스라엘 자손이 애굽에 거주한 지

1) '약탈'의 뜻이 있음

사백삼십 년이라
41 사백삼십 년이 끝나는 그날에 여호
와의 군대가 다 애굽 땅에서 나왔
은즉
42 이 밤은 그들을 애굽 땅에서 인도
하여 내심으로 말미암아 여호와 앞
에 지킬 것이니 이는 여호와의 밤
이라 이스라엘 자손이 다 대대로
지킬 것이니라

유월절 규례

43 ●여호와께서 모세와 아론에게 이
르시되 유월절 규례는 이러하니라
이방 사람은 먹지 못할 것이나
44 각 사람이 돈으로 산 종은 할례를
받은 후에 먹을 것이며
45 거류인과 타국 품꾼은 먹지 못하리
라
46 한 집에서 먹되 그 고기를 조금도
집 밖으로 내지 말고 뼈도 꺾지 말
지며
47 이스라엘 회중이 다 이것을 지킬지
니라
48 너희와 함께 거류하는 타국인이 여
호와의 유월절을 지키고자 하거든
그 모든 남자는 할례를 받은 후에
야 가까이하여 지킬지니 곧 그는
본토인과 같이 될 것이나 할례받지
못한 자는 먹지 못할 것이니라
49 본토인에게나 너희 중에 거류하는
이방인에게 이 법이 동일하니라 하
셨으므로
50 온 이스라엘 자손이 이와 같이 행
하되 여호와께서 모세와 아론에게
명령하신 대로 행하였으며
51 바로 그날에 여호와께서 이스라엘
자손을 그 무리대로 애굽 땅에서
인도하여 내셨더라

무교절

13 여호와께서 모세에게 일러 이
르시되
2 이스라엘 자손 중에서 사람이나 짐
승을 막론하고 태에서 처음 난 모
든 것은 다 거룩히 구별하여 내게
돌리라 이는 내 것이니라 하시니라
3 모세가 백성에게 이르되 너희는 애
굽 곧 종 되었던 집에서 나온 그날
을 기념하여 유교병을 먹지 말라
여호와께서 그 손의 권능으로 너희
를 그곳에서 인도해 내셨음이니라
4 아빕 월 이날에 너희가 나왔으니
5 여호와께서 너를 인도하여 가나안
사람과 헷 사람과 아모리 사람과
히위 사람과 여부스 사람의 땅 곧
네게 주시려고 네 조상들에게 맹세
하신 바 젖과 꿀이 흐르는 땅에 이
르게 하시거든 너는 이달에 이 예
식을 지켜
6 이레 동안 무교병을 먹고 일곱째
날에는 여호와께 절기를 지키라
7 이레 동안에는 무교병을 먹고 유교
병을 네게 보이지 아니하게 하며
네 땅에서 누룩을 네게 보이지 아
니하게 하라
8 너는 그날에 네 아들에게 보여 이
르기를 이 예식은 내가 애굽에서
나올 때에 여호와께서 나를 위하여
행하신 일로 말미암음이라 하고
9 이것으로 네 손의 기호와 네 미간
의 표를 삼고 여호와의 율법이 네
입에 있게 하라 이는 여호와께서
강하신 손으로 너를 애굽에서 인도
하여 내셨음이니
10 해마다 절기가 되면 이 규례를 지
킬지니라

태에서 처음 난 것

11 ●여호와께서 너와 네 조상에게 맹
세하신 대로 너를 가나안 사람의
땅에 인도하시고 그 땅을 네게 주
시거든
12 너는 태에서 처음 난 모든 것과 네

게 있는 가축의 태에서 처음 난 것
을 다 구별하여 여호와께 돌리라
수컷은 여호와의 것이니라
13 나귀의 첫 새끼는 다 어린 양으로
대속할 것이요 그렇게 하지 아니하
려면 그 목을 꺾을 것이며 네 아들
중 처음 난 모든 자는 대속할지니
라
14 후일에 네 아들이 네게 묻기를 이
것이 어찌 됨이냐 하거든 너는 그
에게 이르기를 여호와께서 그 손의
권능으로 우리를 애굽에서 곧 종이
되었던 집에서 인도하여 내실새
15 그때에 바로가 완악하여 우리를 보
내지 아니하매 여호와께서 애굽 나
라 가운데 처음 난 모든 것은 사람
의 장자로부터 가축의 처음 난 것
까지 다 죽이셨으므로 태에서 처음
난 모든 수컷들은 내가 여호와께
제사를 드려서 내 아들 중에 모든
처음 난 자를 다 대속하리니
16 이것이 네 손의 기호와 네 미간의
표가 되리라 이는 여호와께서 그
손의 권능으로 우리를 애굽에서 인
도하여 내셨음이니라 할지니라

구름 기둥과 불 기둥

17 ●바로가 백성을 보낸 후에 블레셋
사람의 땅의 길은 가까울지라도 하
나님이 그들을 그 길로 인도하지
아니하셨으니 이는 하나님이 말씀
하시기를 이 백성이 전쟁을 하게
되면 마음을 돌이켜 애굽으로 돌아
갈까 하셨음이라
18 그러므로 하나님이 홍해의 광야 길
로 돌려 백성을 인도하시매 이스라
엘 자손이 애굽 땅에서 대열을 지
어 나올 때에
19 모세가 요셉의 유골을 가졌으니 이
는 요셉이 이스라엘 자손으로 단단
히 맹세하게 하여 이르기를 하나님
이 반드시 너희를 찾아오시리니 너
희는 내 유골을 여기서 가지고 나
가라 하였음이더라
20 그들이 숙곳을 떠나서 광야 끝 에
담에 장막을 치니
21 여호와께서 그들 앞에서 가시며 낮
에는 구름 기둥으로 그들의 길을
인도하시고 밤에는 불 기둥을 그들
에게 비추사 낮이나 밤이나 진행하
게 하시니
22 낮에는 구름 기둥, 밤에는 불 기둥
이 백성 앞에서 떠나지 아니하니라

홍해를 건너다

14 여호와께서 모세에게 말씀하
여 이르시되
2 이스라엘 자손에게 명령하여 돌이
켜 바다와 믹돌 사이의 비하히롯
앞 곧 바알스본 맞은편 바닷가에
장막을 치게 하라
3 바로가 이스라엘 자손에 대하여 말
하기를 그들이 그 땅에서 멀리 떠
나 광야에 갇힌 바 되었다 하리라
4 내가 바로의 마음을 완악하게 한즉
바로가 그들의 뒤를 따르리니 내가
그와 그의 온 군대로 말미암아 영
광을 얻어 애굽 사람들이 나를 여
호와인 줄 알게 하리라 하시매 무
리가 그대로 행하니라
5 그 백성이 도망한 사실이 애굽 왕
에게 알려지매 바로와 그의 신하들
이 그 백성에 대하여 마음이 변하
여 이르되 우리가 어찌 이같이 하
여 이스라엘을 우리를 섬김에서 놓
아 보내었는가 하고
6 바로가 곧 그의 병거를 갖추고 그
의 백성을 데리고 갈새
7 선발된 병거 육백 대와 애굽의 모
든 병거를 동원하니 지휘관들이 다
거느렸더라
8 여호와께서 애굽 왕 바로의 마음을

완악하게 하셨으므로 그가 이스라
엘 자손의 뒤를 따르니 이스라엘
자손이 [1]담대히 나갔음이라
9 애굽 사람들과 바로의 말들, 병거
들과 그 마병과 그 군대가 그들의
뒤를 따라 바알스본 맞은편 비하히
롯 곁 해변 그들이 장막 친 데에 미
치니라
10 ●바로가 가까이 올 때에 이스라엘
자손이 눈을 들어 본즉 애굽 사람
들이 자기들 뒤에 이른지라 이스라
엘 자손이 심히 두려워하여 여호와
께 부르짖고
11 그들이 또 모세에게 이르되 애굽에
매장지가 없어서 당신이 우리를 이
끌어내어 이 광야에서 죽게 하느냐
어찌하여 당신이 우리를 애굽에서
이끌어내어 우리에게 이같이 하느
냐
12 우리가 애굽에서 당신에게 이른 말
이 이것이 아니냐 이르기를 우리를
내버려 두라 우리가 애굽 사람을
섬길 것이라 하지 아니하더냐 애굽
사람을 섬기는 것이 광야에서 죽는
것보다 낫겠노라
13 모세가 백성에게 이르되 너희는 두
려워하지 말고 가만히 서서 여호와
께서 오늘 너희를 위하여 행하시는
구원을 보라 너희가 오늘 본 애굽
사람을 영원히 다시 보지 아니하리
라
14 여호와께서 너희를 위하여 싸우시
리니 너희는 가만히 있을지니라
15 ●여호와께서 모세에게 이르시되
너는 어찌하여 내게 부르짖느냐 이
스라엘 자손에게 명령하여 앞으로
나아가게 하고
16 지팡이를 들고 손을 바다 위로 내
밀어 그것이 갈라지게 하라 이스라
엘 자손이 바다 가운데서 마른 땅
으로 행하리라
17 내가 애굽 사람들의 마음을 완악하
게 할 것인즉 그들이 그 뒤를 따라
들어갈 것이라 내가 바로와 그의
모든 군대와 그의 병거와 마병으로
말미암아 영광을 얻으리니
18 내가 바로와 그의 병거와 마병으로
말미암아 영광을 얻을 때에야 애굽
사람들이 나를 여호와인 줄 알리라
하시더니
19 이스라엘 진 앞에 가던 하나님의
사자가 그들의 뒤로 옮겨 가매 구
름 기둥도 앞에서 그 뒤로 옮겨
20 애굽 진과 이스라엘 진 사이에 이
르러 서니 저쪽에는 구름과 흑암이
있고 이쪽에는 밤이 밝으므로 밤새
도록 저쪽이 이쪽에 가까이 못하였
더라
21 ●모세가 바다 위로 손을 내밀매
여호와께서 큰 동풍이 밤새도록 바
닷물을 물러가게 하시니 물이 갈라
져 바다가 마른 땅이 된지라
22 이스라엘 자손이 바다 가운데를 육
지로 걸어가고 물은 그들의 좌우에
벽이 되니
23 애굽 사람들과 바로의 말들, 병거
들과 그 마병들이 다 그들의 뒤를
추격하여 바다 가운데로 들어오는
지라
24 새벽에 여호와께서 불과 구름 기둥
가운데서 애굽 군대를 보시고 애굽
군대를 어지럽게 하시며
25 그들의 병거 바퀴를 벗겨서 달리기
가 어렵게 하시니 애굽 사람들이
이르되 이스라엘 앞에서 우리가 도
망하자 여호와가 그들을 위하여 싸
워 애굽 사람들을 치는도다
26 ●여호와께서 모세에게 이르시되
네 손을 바다 위로 내밀어 물이 애

1) 히, 높은 손으로

굽 사람들과 그들의 병거들과 마병
들 위에 다시 흐르게 하라 하시니
27 모세가 곧 손을 바다 위로 내밀매
새벽이 되어 바다의 힘이 회복된지
라 애굽 사람들이 물을 거슬러 도
망하나 여호와께서 애굽 사람들을
바다 가운데 엎으시니
28 물이 다시 흘러 병거들과 기병들을
덮되 그들의 뒤를 따라 바다에 들
어간 바로의 군대를 다 덮으니 하
나도 남지 아니하였더라
29 그러나 이스라엘 자손은 바다 가운
데를 육지로 행하였고 물이 좌우에
벽이 되었더라
30 그날에 여호와께서 이같이 이스라
엘을 애굽 사람의 손에서 구원하시
매 이스라엘이 바닷가에서 애굽 사
람들이 죽어 있는 것을 보았더라
31 이스라엘이 여호와께서 애굽 사람
들에게 행하신 그 큰 [1]능력을 보았
으므로 백성이 여호와를 경외하며
여호와와 그의 종 모세를 믿었더라

모세의 노래

15 이때에 모세와 이스라엘 자손
이 이 노래로 여호와께 노래하
니 일렀으되
내가 여호와를 찬송하리니 그는
높고 영화로우심이요 말과 그 탄
자를 바다에 던지셨음이로다
2 여호와는 나의 힘이요 노래시며
나의 구원이시로다 그는 나의 하
나님이시니 내가 그를 찬송할 것
이요 내 아버지의 하나님이시니
내가 그를 높이리로다
3 여호와는 용사시니 여호와는 그
의 이름이시로다
4 그가 바로의 병거와 그의 군대를
바다에 던지시니 최고의 지휘관
들이 홍해에 잠겼고
5 깊은 물이 그들을 덮으니 그들이
돌처럼 깊음 속에 가라앉았도다
6 여호와여 주의 오른손이 권능으
로 영광을 나타내시니이다 여호
와여 주의 오른손이 원수를 부수
시니이다
7 주께서 주의 큰 위엄으로 주를 거
스르는 자를 엎으시니이다 주께
서 진노를 발하시니 그 진노가 그
들을 지푸라기같이 사르니이다
8 주의 콧김에 물이 쌓이되 파도가
언덕같이 일어서고 큰 물이 바다
가운데 엉기니이다
9 원수가 말하기를 내가 뒤쫓아 따
라잡아 탈취물을 나누리라, 내가
그들로 말미암아 내 욕망을 채우
리라, 내가 내 칼을 빼리니 내 손
이 그들을 멸하리라 하였으나
10 주께서 바람을 일으키시매 바다
가 그들을 덮으니 그들이 거센 물
에 납같이 잠겼나이다
11 여호와여 신 중에 주와 같은 자가
누구니이까 주와 같이 거룩함으
로 영광스러우며 찬송할 만한 위
엄이 있으며 기이한 일을 행하는
자가 누구니이까
12 주께서 오른손을 드신즉 땅이 그
들을 삼켰나이다
13 주의 인자하심으로 주께서 구속
하신 백성을 인도하시되 주의 힘
으로 그들을 주의 거룩한 처소에
들어가게 하시나이다
14 여러 나라가 듣고 떨며 블레셋 주
민이 두려움에 잡히며
15 에돔 두령들이 놀라고 모압 영웅
이 떨림에 잡히며 가나안 주민이
다 낙담하나이다
16 놀람과 두려움이 그들에게 임하
매 주의 팔이 크므로 그들이 돌같
이 침묵하였사오니 여호와여 주

1) 히, 손

의 백성이 통과하기까지 곧 주께
서 사신 백성이 통과하기까지였
나이다
17 주께서 백성을 인도하사 그들을
주의 기업의 산에 심으시리이다
여호와여 이는 주의 처소를 삼으
시려고 예비하신 것이라 주여 이
것이 주의 손으로 세우신 성소로
소이다
18 여호와께서 영원무궁하도록 다스
리시도다
하였더라

미리암의 노래

19 ●바로의 말과 병거와 마병이 함께
바다에 들어가매 여호와께서 바닷
물을 그들 위에 되돌려 흐르게 하
셨으나 이스라엘 자손은 바다 가운
데서 마른 땅으로 지나간지라
20 아론의 누이 선지자 미리암이 손에
소고를 잡으매 모든 여인도 그를
따라나오며 소고를 잡고 춤추니
21 미리암이 그들에게 화답하여 이르
되
너희는 여호와를 찬송하라 그는
높고 영화로우심이요 말과 그 탄
자를 바다에 던지셨음이로다
하였더라

단 물로 변한 마라의 쓴 물

22 ●모세가 홍해에서 이스라엘을 인
도하매 그들이 나와서 수르 광야로
들어가서 거기서 사흘길을 걸었으
나 물을 얻지 못하고
23 마라에 이르렀더니 그곳 물이 써서
마시지 못하겠으므로 그 이름을
[1]마라라 하였더라
24 백성이 모세에게 원망하여 이르되
우리가 무엇을 마실까 하매
25 모세가 여호와께 부르짖었더니 여
호와께서 그에게 한 나무를 가리키
시니 그가 물에 던지니 물이 달게
되었더라 거기서 여호와께서 그들
을 위하여 법도와 율례를 정하시고
그들을 시험하실새
26 이르시되 너희가 너희 하나님 나
여호와의 말을 들어 순종하고 내가
보기에 의를 행하며 내 계명에 귀
를 기울이며 내 모든 규례를 지키
면 내가 애굽 사람에게 내린 모든
질병 중 하나도 너희에게 내리지
아니하리니 나는 너희를 치료하는
여호와임이라
27 ●그들이 엘림에 이르니 거기에 물
샘 열둘과 종려나무 일흔 그루가
있는지라 거기서 그들이 그 물 곁
에 장막을 치니라

만나와 메추라기

16 이스라엘 자손의 온 회중이 엘
림에서 떠나 엘림과 시내 산
사이에 있는 신 광야에 이르니 애
굽에서 나온 후 둘째 달 십오 일이
라
2 이스라엘 자손 온 회중이 그 광야
에서 모세와 아론을 원망하여
3 이스라엘 자손이 그들에게 이르되
우리가 애굽 땅에서 고기 가마 곁
에 앉아 있던 때와 떡을 배불리 먹
던 때에 여호와의 손에 죽었더라면
좋았을 것을 너희가 이 광야로 우
리를 인도해 내어 이 온 회중이 주
려 죽게 하는도다
4 ●그때에 여호와께서 모세에게 이
르시되 보라 내가 너희를 위하여
하늘에서 양식을 비같이 내리리니
백성이 나가서 일용할 것을 날마다
거둘 것이라 이같이 하여 그들이
내 율법을 준행하나 아니하나 내가
시험하리라
5 여섯째 날에는 그들이 그 거둔 것
을 준비할지니 날마다 거두던 것의

1) 쓴 것

갑절이 되리라
6 모세와 아론이 온 이스라엘 자손에
게 이르되 저녁이 되면 너희가 여
호와께서 너희를 애굽 땅에서 인도
하여 내셨음을 알 것이요
7 아침에는 너희가 여호와의 영광을
보리니 이는 여호와께서 너희가 자
기를 향하여 원망함을 들으셨음이
라 우리가 누구이기에 너희가 우리
에게 대하여 원망하느냐
8 모세가 또 이르되 여호와께서 저녁
에는 너희에게 고기를 주어 먹이시
고 아침에는 떡으로 배불리시리니
이는 여호와께서 자기를 향하여 너
희가 원망하는 그 말을 들으셨음이
라 우리가 누구냐 너희의 원망은
우리를 향하여 함이 아니요 여호와
를 향하여 함이로다
9 모세가 또 아론에게 이르되 이스라
엘 자손의 온 회중에게 말하기를
여호와께 가까이 나아오라 여호와
께서 너희의 원망함을 들으셨느니
라 하라
10 아론이 이스라엘 자손의 온 회중에
게 말하매 그들이 광야를 바라보니
여호와의 영광이 구름 속에 나타나
더라
11 여호와께서 모세에게 말씀하여 이
르시되
12 내가 이스라엘 자손의 원망함을 들
었노라 그들에게 말하여 이르기를
너희가 해 질 때에는 고기를 먹고
아침에는 떡으로 배부르리니 내가
여호와 너희의 하나님인 줄 알리라
하라 하시니라
13 ●저녁에는 메추라기가 와서 진에
덮이고 아침에는 이슬이 진 주위에
있더니
14 그 이슬이 마른 후에 광야 지면에
작고 둥글며 서리같이 가는 것이
있는지라
15 이스라엘 자손이 보고 그것이 무엇
인지 알지 못하여 서로 이르되 이
것이 무엇이냐 하니 모세가 그들에
게 이르되 이는 여호와께서 너희에
게 주어 먹게 하신 양식이라
16 여호와께서 이같이 명령하시기를
너희 각 사람은 먹을 만큼만 이것
을 거둘지니 곧 너희 사람 수효대
로 한 사람에 한 [1]오멜씩 거두되 각
사람이 그의 장막에 있는 자들을
위하여 거둘지니라 하셨느니라
17 이스라엘 자손이 그같이 하였더니
그 거둔 것이 많기도 하고 적기도
하나
18 오멜로 되어 본즉 많이 거둔 자도
남음이 없고 적게 거둔 자도 부족
함이 없이 각 사람은 먹을 만큼만
거두었더라
19 모세가 그들에게 이르기를 아무든
지 아침까지 그것을 남겨 두지 말
라 하였으나
20 그들이 모세에게 순종하지 아니하
고 더러는 아침까지 두었더니 벌레
가 생기고 냄새가 난지라 모세가
그들에게 노하니라
21 ●무리가 아침마다 각 사람은 먹을
만큼만 거두었고 햇볕이 뜨겁게 쬐
면 그것이 스러졌더라
22 여섯째 날에는 각 사람이 갑절의
식물 곧 하나에 두 오멜씩 거둔지
라 회중의 모든 지도자가 와서 모
세에게 알리매
23 모세가 그들에게 이르되 여호와께
서 이같이 말씀하셨느니라 내일은
휴일이니 여호와께 거룩한 안식일
이라 너희가 구울 것은 굽고 삶을
것은 삶고 그 나머지는 다 너희를
위하여 아침까지 간수하라

1) 한 오멜은 약 2리터임

24 그들이 모세의 명령대로 아침까지
간수하였으나 냄새도 나지 아니하
고 벌레도 생기지 아니한지라
25 모세가 이르되 오늘은 그것을 먹으
라 오늘은 여호와의 안식일인즉 오
늘은 너희가 들에서 그것을 얻지
못하리라
26 엿새 동안은 너희가 그것을 거두되
일곱째 날은 안식일인즉 그날에는
없으리라 하였으나
27 일곱째 날에 백성 중 어떤 사람들
이 거두러 나갔다가 얻지 못하니라
28 여호와께서 모세에게 이르시되 어
느 때까지 너희가 내 계명과 내 율
법을 지키지 아니하려느냐
29 볼지어다 여호와가 너희에게 안식
일을 줌으로 여섯째 날에는 이틀
양식을 너희에게 주는 것이니 너희
는 각기 처소에 있고 일곱째 날에
는 아무도 그의 처소에서 나오지
말지니라
30 그러므로 백성이 일곱째 날에 안식
하니라
31 ●이스라엘 족속이 그 이름을 [1)]만
나라 하였으며 [2)]깟씨같이 희고 맛
은 꿀 섞은 과자 같았더라
32 모세가 이르되 여호와께서 이같이
명령하시기를 이것을 오멜에 채워
서 너희의 대대 후손을 위하여 간
수하라 이는 내가 너희를 애굽 땅
에서 인도하여 낼 때에 광야에서
너희에게 먹인 양식을 그들에게 보
이기 위함이니라 하셨다 하고
33 또 모세가 아론에게 이르되 항아리
를 가져다가 그 속에 만나 한 오멜
을 담아 여호와 앞에 두어 너희 대
대로 간수하라
34 아론이 여호와께서 모세에게 명령
하신 대로 그것을 증거판 앞에 두
어 간수하게 하였고
35 사람이 사는 땅에 이르기까지 이스
라엘 자손이 사십 년 동안 만나를
먹었으니 곧 가나안 땅 접경에 이
르기까지 그들이 만나를 먹었더라
36 오멜은 십분의 일 에바이더라

반석에서 물이 나오다(민 20:1-13)

17 이스라엘 자손의 온 회중이 여
호와의 명령대로 신 광야에서
떠나 그 노정대로 행하여 르비딤에
장막을 쳤으나 백성이 마실 물이
없는지라
2 백성이 모세와 다투어 이르되 우리
에게 물을 주어 마시게 하라 모세
가 그들에게 이르되 너희가 어찌하
여 나와 다투느냐 너희가 어찌하여
여호와를 시험하느냐
3 거기서 백성이 목이 말라 물을 찾
으매 그들이 모세에게 대하여 원망
하여 이르되 당신이 어찌하여 우리
를 애굽에서 인도해 내어서 우리와
우리 자녀와 우리 가축이 목말라
죽게 하느냐
4 모세가 여호와께 부르짖어 이르되
내가 이 백성에게 어떻게 하리이까
그들이 조금 있으면 내게 돌을 던
지겠나이다
5 여호와께서 모세에게 이르시되 백
성 앞을 지나서 이스라엘 장로들을
데리고 나일 강을 치던 네 지팡이
를 손에 잡고 가라
6 내가 호렙 산에 있는 그 반석 위 거
기서 네 앞에 서리니 너는 그 반석
을 치라 그것에서 물이 나오리니
백성이 마시리라 모세가 이스라엘
장로들의 목전에서 그대로 행하니
라
7 그가 그곳 이름을 맛사 또는 므리
바라 불렀으니 이는 이스라엘 자손
이 다투었음이요 또는 그들이 여호

1) 히, 만 2) 깟은 식물의 일종

와를 시험하여 이르기를 여호와께
서 우리 중에 계신가 안 계신가 하
였음이더라

아말렉과 싸우다

8 ●그때에 아말렉이 와서 이스라엘
과 르비딤에서 싸우니라
9 모세가 여호수아에게 이르되 우리
를 위하여 사람들을 택하여 나가서
아말렉과 싸우라 내일 내가 하나님
의 지팡이를 손에 잡고 산꼭대기에
서리라
10 여호수아가 모세의 말대로 행하여
아말렉과 싸우고 모세와 아론과 훌
은 산꼭대기에 올라가서
11 모세가 손을 들면 이스라엘이 이기
고 손을 내리면 아말렉이 이기더니
12 모세의 팔이 피곤하매 그들이 돌을
가져다가 모세의 아래에 놓아 그가
그 위에 앉게 하고 아론과 훌이 한
사람은 이쪽에서, 한 사람은 저쪽
에서 모세의 손을 붙들어 올렸더니
그 손이 해가 지도록 내려오지 아
니한지라
13 여호수아가 칼날로 아말렉과 그 백
성을 쳐서 무찌르니라
14 여호와께서 모세에게 이르시되 이
것을 책에 기록하여 기념하게 하고
여호수아의 귀에 외워 들리라 내가
아말렉을 없이하여 천하에서 기억
도 못하게 하리라
15 모세가 제단을 쌓고 그 이름을 여
호와 [1]닛시라 하고
16 이르되 [2]여호와께서 맹세하시기를
여호와가 아말렉과 더불어 대대로
싸우리라 하셨다 하였더라

이드로가 모세를 방문하다

18 모세의 장인이며 미디안 제사
장인 이드로가 하나님이 모세
에게와 자기 백성 이스라엘에게 하
신 일 곧 여호와께서 이스라엘을
애굽에서 인도하여 내신 모든 일을
들으니라
2 모세의 장인 이드로가 모세가 돌려
보냈던 그의 아내 십보라와
3 그의 두 아들을 데리고 왔으니 그
하나의 이름은 [3]게르솜이라 이는
모세가 이르기를 내가 이방에서 나
그네가 되었다 함이요
4 하나의 이름은 [4]엘리에셀이라 이는
내 아버지의 하나님이 나를 도우사
바로의 칼에서 구원하셨다 함이더
라
5 모세의 장인 이드로가 모세의 아들
들과 그의 아내와 더불어 광야에
들어와 모세에게 이르니 곧 모세가
하나님의 산에 진친 곳이라
6 그가 모세에게 말을 전하되 네 장
인 나 이드로가 네 아내와 그와 함
께한 그의 두 아들과 더불어 네게
왔노라
7 모세가 나가서 그의 장인을 맞아 절
하고 그에게 입맞추고 그들이 서
로 문안하고 함께 장막에 들어가
서
8 모세가 여호와께서 이스라엘을 위
하여 바로와 애굽 사람에게 행하신
모든 일과 길에서 그들이 당한 모
든 고난과 여호와께서 그들을 구원
하신 일을 다 그 장인에게 말하매
9 이드로가 여호와께서 이스라엘에
게 큰 은혜를 베푸사 애굽 사람의
손에서 구원하심을 기뻐하여
10 이드로가 이르되 여호와를 찬송하
리로다 너희를 애굽 사람의 손에서
와 바로의 손에서 건져내시고 백성
을 애굽 사람의 손 아래에서 건지
셨도다
11 이제 내가 알았도다 여호와는 모든

1) 나의 기 2) 여호와의 보좌를 향해 손을 들었으니 3) 객이라는 뜻 4) 하나님이 도우심

신보다 크시므로 이스라엘에게 교
만하게 행하는 그들을 이기셨도다
하고
12 모세의 장인 이드로가 번제물과 희
생제물들을 하나님께 가져오매 아
론과 이스라엘 모든 장로가 와서
모세의 장인과 함께 하나님 앞에서
떡을 먹으니라

우두머리를 세워 재판하게 하다 (신 1:9-18)

13 ●이튿날 모세가 백성을 재판하느
라고 앉아 있고 백성은 아침부터
저녁까지 모세 곁에 서 있는지라
14 모세의 장인이 모세가 백성에게 행
하는 모든 일을 보고 이르되 네가
이 백성에게 행하는 이 일이 어찌
됨이냐 어찌하여 네가 홀로 앉아
있고 백성은 아침부터 저녁까지 네
곁에 서 있느냐
15 모세가 그의 장인에게 대답하되 백
성이 하나님께 물으려고 내게로 옴
이라
16 그들이 일이 있으면 내게로 오나니
내가 그 양쪽을 재판하여 하나님의
율례와 법도를 알게 하나이다
17 모세의 장인이 그에게 이르되 네가
하는 것이 옳지 못하도다
18 너와 또 너와 함께한 이 백성이 필
경 기력이 쇠하리니 이 일이 네게
너무 중함이라 네가 혼자 할 수 없
으리라
19 이제 내 말을 들으라 내가 네게 방
침을 가르치리니 하나님이 너와 함
께 계실지로다 너는 하나님 앞에서
그 백성을 위하여 그 사건들을 하
나님께 가져오며
20 그들에게 율례와 법도를 가르쳐서
마땅히 갈 길과 할 일을 그들에게
보이고
21 너는 또 온 백성 가운데서 능력 있
는 사람들 곧 하나님을 두려워하며
진실하며 불의한 이익을 미워하는
자를 살펴서 백성 위에 세워 천부
장과 백부장과 오십부장과 십부장
을 삼아
22 그들이 때를 따라 백성을 재판하게
하라 큰 일은 모두 네게 가져갈 것
이요 작은 일은 모두 그들이 스스
로 재판할 것이니 그리하면 그들이
너와 함께 담당할 것인즉 일이 네
게 쉬우리라
23 네가 만일 이 일을 하고 하나님께
서도 네게 허락하시면 네가 이 일
을 감당하고 이 모든 백성도 자기
곳으로 평안히 가리라
24 이에 모세가 자기 장인의 말을 듣
고 그 모든 말대로 하여
25 모세가 이스라엘 무리 중에서 능력
있는 사람들을 택하여 그들을 백성
의 우두머리 곧 천부장과 백부장과
오십부장과 십부장을 삼으매
26 그들이 때를 따라 백성을 재판하되
어려운 일은 모세에게 가져오고 모
든 작은 일은 스스로 재판하더라
27 모세가 그의 장인을 보내니 그가
자기 땅으로 가니라

이스라엘 자손이 시내 산에 이르다

19 이스라엘 자손이 애굽 땅을 떠
난 지 삼 개월이 되던 날 그들
이 시내 광야에 이르니라
2 그들이 르비딤을 떠나 시내 광야에
이르러 그 광야에 장막을 치되 이
스라엘이 거기 산 앞에 장막을 치
니라
3 모세가 하나님 앞에 올라가니 여호
와께서 산에서 그를 불러 말씀하시
되 너는 이같이 야곱의 집에 말하
고 이스라엘 자손들에게 말하라
4 내가 애굽 사람에게 어떻게 행하였
음과 내가 어떻게 독수리 날개로
너희를 업어 내게로 인도하였음을

너희가 보았느니라
5 세계가 다 내게 속하였나니 너희가
내 말을 잘 듣고 내 언약을 지키면
너희는 모든 민족 중에서 내 소유
가 되겠고
6 너희가 내게 대하여 제사장 나라가
되며 거룩한 백성이 되리라 너는 이
말을 이스라엘 자손에게 전할지니라
7 ●모세가 내려와서 백성의 장로들
을 불러 여호와께서 자기에게 명령
하신 그 모든 말씀을 그들 앞에 진
술하니
8 백성이 일제히 응답하여 이르되 여
호와께서 명령하신 대로 우리가 다
행하리이다 모세가 백성의 말을 여
호와께 전하매
9 여호와께서 모세에게 이르시되 내
가 빽빽한 구름 가운데서 네게 임
함은 내가 너와 말하는 것을 백성
들이 듣게 하며 또한 너를 영영히
믿게 하려 함이니라 모세가 백성의
말을 여호와께 아뢰었으므로
10 여호와께서 모세에게 이르시되 너
는 백성에게로 가서 오늘과 내일
그들을 성결하게 하며 그들에게 옷
을 빨게 하고
11 준비하게 하여 셋째 날을 기다리게
하라 이는 셋째 날에 나 여호와가
온 백성의 목전에서 시내 산에 강
림할 것임이니
12 너는 백성을 위하여 주위에 경계를
정하고 이르기를 너희는 삼가 산에
오르거나 그 경계를 침범하지 말지
니 산을 침범하는 자는 반드시 죽
임을 당할 것이라
13 그런 자에게는 손을 대지 말고 돌
로 쳐죽이거나 화살로 쏘아 죽여야
하리니 짐승이나 사람을 막론하고
살아남지 못하리라 하고 나팔을 길
게 불거든 산 앞에 이를 것이니라

하라
14 모세가 산에서 내려와 백성에게 이
르러 백성을 성결하게 하니 그들이
자기 옷을 빨더라
15 모세가 백성에게 이르되 준비하여
셋째 날을 기다리고 여인을 가까이
하지 말라 하니라
16 ●셋째 날 아침에 우레와 번개와
빽빽한 구름이 산 위에 있고 나팔
소리가 매우 크게 들리니 진중에
있는 모든 백성이 다 떨더라
17 모세가 하나님을 맞으려고 백성을
거느리고 진에서 나오매 그들이 산
기슭에 서 있는데
18 시내 산에 연기가 자욱하니 여호와
께서 불 가운데서 거기 강림하심이
라 그 연기가 옹기 가마 연기같이
떠오르고 온 산이 크게 진동하며
19 나팔 소리가 점점 커질 때에 모세
가 말한즉 하나님이 음성으로 대답
하시더라
20 여호와께서 시내 산 곧 그 산꼭대
기에 강림하시고 모세를 그리로 부
르시니 모세가 올라가매
21 여호와께서 모세에게 이르시되 내
려가서 백성을 경고하라 백성이 밀
고 들어와 나 여호와에게로 와서
보려고 하다가 많이 죽을까 하노라
22 또 여호와에게 가까이하는 제사장
들에게 그 몸을 성결히 하게 하라
나 여호와가 그들을 칠까 하노라
23 모세가 여호와께 아뢰되 주께서 우
리에게 명령하여 이르시기를 산 주
위에 경계를 세워 산을 거룩하게
하라 하셨사온즉 백성이 시내 산에
오르지 못하리이다
24 여호와께서 그에게 이르시되 가라
너는 내려가서 아론과 함께 올라오
고 제사장들과 백성에게는 경계를
넘어 나 여호와에게로 올라오지 못

하게 하라 내가 그들을 칠까 하노라
25 모세가 백성에게 내려가서 그들에
게 알리니라

십계명 (신 5:1-21)

20 하나님이 이 모든 말씀으로 말
씀하여 이르시되
2 나는 너를 애굽 땅, 종 되었던 집에서
인도하여 낸 네 하나님 여호와니라
3 ●너는 [1]나 외에는 다른 신들을 네
게 두지 말라
4 ●너를 위하여 새긴 우상을 만들지
말고 또 위로 하늘에 있는 것이나
아래로 땅에 있는 것이나 땅 아래
물 속에 있는 것의 어떤 형상도 만
들지 말며
5 그것들에게 절하지 말며 그것들을
섬기지 말라 나 네 하나님 여호와
는 질투하는 하나님인즉 나를 미워
하는 자의 죄를 갚되 아버지로부터
아들에게로 삼사 대까지 이르게 하
거니와
6 나를 사랑하고 내 계명을 지키는
자에게는 천 대까지 은혜를 베푸느
니라
7 ●너는 네 하나님 여호와의 이름을
망령되게 부르지 말라 여호와는 그
의 이름을 망령되게 부르는 자를
죄 없다 하지 아니하리라
8 ●안식일을 기억하여 거룩하게 지
키라
9 엿새 동안은 힘써 네 모든 일을 행
할 것이나
10 일곱째 날은 네 하나님 여호와의 안
식일인즉 너나 네 아들이나 네 딸이
나 네 남종이나 네 여종이나 네 가
축이나 네 문안에 머무는 객이라도
아무 일도 하지 말라
11 이는 엿새 동안에 나 여호와가 하
늘과 땅과 바다와 그 가운데 모든
것을 만들고 일곱째 날에 쉬었음이
라 그러므로 나 여호와가 안식일을
복되게 하여 그날을 거룩하게 하였
느니라
12 ●네 부모를 공경하라 그리하면 네
하나님 여호와가 네게 준 땅에서
네 생명이 길리라
13 ●살인하지 말라
14 ●간음하지 말라
15 ●도둑질하지 말라
16 ●네 이웃에 대하여 거짓 증거하지
말라
17 ●네 이웃의 집을 탐내지 말라 네
이웃의 아내나 그의 남종이나 그의
여종이나 그의 소나 그의 나귀나 무
릇 네 이웃의 소유를 탐내지 말라

백성이 두려워 떨다 (신 5:22-33)

18 ●뭇 백성이 우레와 번개와 나팔
소리와 산의 연기를 본지라 그들이
볼 때에 떨며 멀리 서서
19 모세에게 이르되 당신이 우리에게
말씀하소서 우리가 들으리이다 하
나님이 우리에게 말씀하시지 말게
하소서 우리가 죽을까 하나이다
20 모세가 백성에게 이르되 두려워하
지 말라 하나님이 임하심은 너희를
시험하고 너희로 경외하여 범죄하
지 않게 하려 하심이니라
21 백성은 멀리 서 있고 모세는 하나
님이 계신 흑암으로 가까이 가니라

제단에 관한 법

22 ●여호와께서 모세에게 이르시되
너는 이스라엘 자손에게 이같이 이
르라 내가 하늘로부터 너희에게 말
하는 것을 너희 스스로 보았으니
23 너희는 나를 비겨서 은으로나 금으
로나 너희를 위하여 신상을 만들지
말고
24 내게 토단을 쌓고 그 위에 네 양과
소로 네 번제와 화목제를 드리라 내

1) 히, 내 앞에

가 내 이름을 기념하게 하는 모든
곳에서 네게 임하여 복을 주리라
25 네가 내게 돌로 제단을 쌓거든 다
듬은 돌로 쌓지 말라 네가 정으로
그것을 쪼면 부정하게 함이니라
26 너는 층계로 내 제단에 오르지 말
라 네 하체가 그 위에서 드러날까
함이니라

종에 관한 법 (신 15:12-18)

21 네가 백성 앞에 세울 법규는
이러하니라
2 ●네가 히브리 종을 사면 그는 여
섯 해 동안 섬길 것이요 일곱째 해
에는 몸값을 물지 않고 나가 자유
인이 될 것이며
3 만일 그가 단신으로 왔으면 단신으
로 나갈 것이요 장가들었으면 그의
아내도 그와 함께 나가려니와
4 만일 상전이 그에게 아내를 주어
그의 아내가 아들이나 딸을 낳았으
면 그의 아내와 그의 자식들은 상
전에게 속할 것이요 그는 단신으로
나갈 것이로되
5 만일 종이 분명히 말하기를 내가
상전과 내 처자를 사랑하니 나가서
자유인이 되지 않겠노라 하면
6 상전이 그를 데리고 [1]재판장에게로
갈 것이요 또 그를 문이나 문설주
앞으로 데리고 가서 그것에다가 송
곳으로 그의 귀를 뚫을 것이라 그
는 종신토록 그 상전을 섬기리라
7 ●사람이 자기의 딸을 여종으로 팔
았으면 그는 남종같이 나오지 못할
지며
8 만일 상전이 그를 기뻐하지 아니하
여 상관하지 *아니하면* 그를 속량하
게 할 것이나 상전이 그 여자를 속
인 것이 되었으니 외국인에게는 팔
지 못할 것이요
9 만일 그를 자기 아들에게 주기로
하였으면 그를 딸같이 대우할 것이
요
10 만일 상전이 다른 여자에게 장가
들지라도 그 여자의 음식과 의복과
동침하는 것은 끊지 말 것이요
11 그가 이 세 가지를 시행하지 아니
하면, 여자는 속전을 내지 않고 거
저 나가게 할 것이니라

폭행에 관한 법

12 ●사람을 쳐죽인 자는 반드시 죽일
것이나
13 만일 사람이 고의적으로 한 것이 아
니라 나 하나님이 사람을 그의 손
에 넘긴 것이면 내가 그를 위하여
한 곳을 정하리니 그 사람이 그리
로 도망할 것이며
14 사람이 그의 이웃을 고의로 죽였으
면 너는 그를 내 제단에서라도 잡
아내려 죽일지니라
15 ●자기 아버지나 어머니를 치는 자
는 반드시 죽일지니라
16 ●사람을 납치한 자가 그 사람을
팔았든지 자기 수하에 두었든지 그
를 반드시 죽일지니라
17 ●자기의 아버지나 어머니를 저주
하는 자는 반드시 죽일지니라
18 ●사람이 서로 싸우다가 하나가 돌
이나 주먹으로 그의 상대방을 쳤으
나 그가 죽지 않고 자리에 누웠다
가
19 지팡이를 짚고 일어나 걸으면 그를
친 자가 형벌은 면하되 그간의 손
해를 배상하고 그가 완치되게 할
것이니라
20 ●사람이 매로 그 남종이나 여종을
쳐서 당장에 죽으면 반드시 형벌을
받으려니와
21 그가 하루나 이틀을 연명하면 형벌
을 면하리니 그는 상전의 재산임이

1) 하나님

라
22 ●사람이 서로 싸우다가 임신한 여
인을 쳐서 낙태하게 하였으나 다른
해가 없으면 그 남편의 청구대로
반드시 벌금을 내되 재판장의 판결
을 따라 낼 것이니라
23 그러나 다른 해가 있으면 갚되 생
명은 생명으로,
24 눈은 눈으로, 이는 이로, 손은 손으
로, 발은 발로,
25 덴 것은 덴 것으로, 상하게 한 것은
상함으로, 때린 것은 때림으로 갚
을지니라
26 ●사람이 그 남종의 한 눈이나 여종
의 한 눈을 쳐서 상하게 하면 그 눈
에 대한 보상으로 그를 놓아 줄 것
이며
27 그 남종의 이나 여종의 이를 쳐서
빠뜨리면 그 이에 대한 보상으로 그
를 놓아 줄지니라

임자의 책임

28 ●소가 남자나 여자를 받아서 죽이
면 그 소는 반드시 돌로 쳐서 죽일
것이요 그 고기는 먹지 말 것이며
임자는 형벌을 면하려니와
29 소가 본래 받는 버릇이 있고 그 임
자는 그로 말미암아 경고를 받았으
되 단속하지 아니하여 남녀를 막론
하고 받아 죽이면 그 소는 돌로 쳐
죽일 것이고 임자도 죽일 것이며
30 만일 그에게 속죄금을 부과하면 무
릇 그 명령한 것을 생명의 대가로
낼 것이요
31 아들을 받든지 딸을 받든지 이 법
규대로 그 임자에게 행할 것이며
32 소가 만일 남종이나 여종을 받으면
소 임자가 은 삼십 세겔을 그의 상
전에게 줄 것이요 소는 돌로 쳐서
죽일지니라
33 ●사람이 구덩이를 열어 두거나 구
덩이를 파고 덮지 아니하므로 소나
나귀가 거기에 빠지면
34 그 구덩이 주인이 잘 보상하여 짐
승의 임자에게 돈을 줄 것이요 죽
은 것은 그가 차지할 것이니라
35 ●이 사람의 소가 저 사람의 소를
받아 죽이면 살아 있는 소를 팔아
그 값을 반으로 나누고 또한 죽은
것도 반으로 나누려니와
36 그 소가 본래 받는 버릇이 있는 줄
을 알고도 그 임자가 단속하지 아
니하였으면 그는 소로 소를 갚을
것이요 죽은 것은 그가 차지할지니
라

배상에 관한 법

22 사람이 소나 양을 도둑질하여
잡거나 팔면 그는 소 한 마리
에 소 다섯 마리로 갚고 양 한 마리
에 양 네 마리로 갚을지니라
2 도둑이 뚫고 들어오는 것을 보고 그
를 쳐죽이면 피 흘린 죄가 없으나
3 해 돋은 후에는 피 흘린 죄가 있으
리라 도둑은 반드시 배상할 것이나
배상할 것이 없으면 그 몸을 팔아
그 도둑질한 것을 배상할 것이요
4 도둑질한 것이 살아 그의 손에 있
으면 소나 나귀나 양을 막론하고
갑절을 배상할지니라
5 ●사람이 밭에서나 포도원에서 짐
승을 먹이다가 자기의 짐승을 놓아
남의 밭에서 먹게 하면 자기 밭의
가장 좋은 것과 자기 포도원의 가
장 좋은 것으로 배상할지니라
6 ●불이 나서 가시나무에 댕겨 낟가
리나 거두지 못한 곡식이나 밭을
태우면 불 놓은 자가 반드시 배상
할지니라
7 ●사람이 돈이나 물품을 이웃에게
맡겨 지키게 하였다가 그 이웃 집
에서 도둑을 맞았는데 그 도둑이

잡히면 갑절을 배상할 것이요
8 도둑이 잡히지 아니하면 그 집주인
이 [1]재판장 앞에 가서 자기가 그 이
웃의 물품에 손 댄 여부의 조사를
받을 것이며
9 어떤 잃은 물건 즉 소나 나귀나 양
이나 의복이나 또는 다른 잃은 물
건에 대하여 어떤 사람이 이르기를
이것이 그것이라 하면 양편이 [1]재
판장 앞에 나아갈 것이요 재판장이
죄 있다고 하는 자가 그 상대편에
게 갑절을 배상할지니라
10 ●사람이 나귀나 소나 양이나 다른
짐승을 이웃에게 맡겨 지키게 하였
다가 죽거나 상하거나 끌려가도 본
사람이 없으면
11 두 사람 사이에 맡은 자가 이웃의
것에 손을 대지 아니하였다고 여호
와께 맹세할 것이요 그 임자는 그
대로 믿을 것이며 그 사람은 배상
하지 아니하려니와
12 만일 자기에게서 도둑맞았으면 그
임자에게 배상할 것이며
13 만일 찢겼으면 그것을 가져다가 증
언할 것이요 그 찢긴 것에 대하여
배상하지 아니할지니라
14 ●만일 이웃에게 빌려온 것이 그 임
자가 함께 있지 아니할 때에 상하거
나 죽으면 반드시 배상하려니와
15 그 임자가 그것과 함께 있었으면
배상하지 아니할지니라 만일 세 낸
것이면 세로 족하니라

도덕에 관한 법

16 ●사람이 약혼하지 아니한 처녀를
꾀어 동침하였으면 납폐금을 주고
아내로 삼을 것이요
17 만일 처녀의 아버지가 딸을 그에게
주기를 거절하면 그는 처녀에게 납
폐금으로 돈을 낼지니라
18 ●너는 무당을 살려두지 말라
19 ●짐승과 행음하는 자는 반드시 죽
일지니라
20 ●여호와 외에 다른 신에게 제사를
드리는 자는 멸할지니라
21 너는 이방 나그네를 압제하지 말며
그들을 학대하지 말라 너희도 애굽
땅에서 나그네였음이라
22 너는 과부나 고아를 해롭게 하지
말라
23 네가 만일 그들을 해롭게 하므로
그들이 내게 부르짖으면 내가 반드
시 그 부르짖음을 들으리라
24 나의 노가 맹렬하므로 내가 칼로
너희를 죽이리니 너희의 아내는 과
부가 되고 너희 자녀는 고아가 되
리라
25 ●네가 만일 너와 함께한 내 백성
중에서 가난한 자에게 돈을 꾸어
주면 너는 그에게 채권자같이 하지
말며 이자를 받지 말 것이며
26 네가 만일 이웃의 옷을 전당 잡거
든 해가 지기 전에 그에게 돌려보
내라
27 그것이 유일한 옷이라 그것이 그의
알몸을 가릴 옷인즉 그가 무엇을
입고 자겠느냐 그가 내게 부르짖으
면 내가 들으리니 나는 자비로운
자임이니라
28 ●너는 재판장을 모독하지 말며 백
성의 지도자를 저주하지 말지니라
29 너는 네가 추수한 것과 네가 짜낸
즙을 바치기를 더디 하지 말지며
네 처음 난 아들들을 내게 줄지며
30 네 소와 양도 그와 같이 하되 이레
동안 어미와 함께 있게 하다가 여
드레 만에 내게 줄지니라
31 너희는 내게 거룩한 사람이 될지니
들에서 짐승에게 찢긴 동물의 고기
를 먹지 말고 그것을 개에게 던질

1) 하나님

지니라

공평에 관한 법

23 너는 거짓된 풍설을 퍼뜨리지
말며 악인과 연합하여 위증하
는 증인이 되지 말며
2 다수를 따라 악을 행하지 말며 송
사에 다수를 따라 부당한 증언을
하지 말며
3 가난한 자의 송사라고 해서 편벽되
이 두둔하지 말지니라
4 ●네가 만일 네 원수의 길 잃은 소
나 나귀를 보거든 반드시 그 사람
에게로 돌릴지며
5 네가 만일 너를 미워하는 자의 나
귀가 짐을 싣고 엎드러짐을 보거든
그것을 버려두지 말고 그것을 도와
그 짐을 부릴지니라
6 ●너는 가난한 자의 송사라고 정의
를 굽게 하지 말며
7 거짓 일을 멀리하며 무죄한 자와
의로운 자를 죽이지 말라 나는 악
인을 의롭다 하지 아니하겠노라
8 너는 뇌물을 받지 말라 뇌물은 밝
은 자의 눈을 어둡게 하고 의로운
자의 말을 굽게 하느니라
9 너는 이방 나그네를 압제하지 말라
너희가 애굽 땅에서 나그네 되었었
은즉 나그네의 사정을 아느니라

안식년과 안식일에 관한 법

10 ●너는 여섯 해 동안은 너의 땅에
파종하여 그 소산을 거두고
11 일곱째 해에는 갈지 말고 묵혀 두
어서 네 백성의 가난한 자들이 먹
게 하라 그 남은 것은 들짐승이 먹
으리라 네 포도원과 감람원도 그리
할지니라
12 너는 엿새 동안에 네 일을 하고 일
곱째 날에는 쉬라 네 소와 나귀가
쉴 것이며 네 여종의 자식과 나그
네가 숨을 돌리리라
13 내가 네게 이른 모든 일을 삼가 지
키고 다른 신들의 이름은 부르지도
말며 네 입에서 들리게도 하지 말
지니라

세 가지 절기에 관한 법

(출 34:18-26; 신 16:1-17)

14 ●너는 매년 세 번 내게 절기를 지
킬지니라
15 너는 무교병의 절기를 지키라 내가
네게 명령한 대로 아빕 월의 정한
때에 이레 동안 무교병을 먹을지니
이는 그달에 네가 애굽에서 나왔음
이라 빈 손으로 내 앞에 나오지 말
지니라
16 맥추절을 지키라 이는 네가 수고하
여 밭에 뿌린 것의 첫 열매를 거둠
이니라 수장절을 지키라 이는 네가
수고하여 이룬 것을 연말에 밭에서
부터 거두어 저장함이니라
17 네 모든 남자는 매년 세 번씩 주 여
호와께 보일지니라
18 ●너는 네 제물의 피를 유교병과 함
께 드리지 말며 내 절기 제물의 기
름을 아침까지 남겨 두지 말지니라
19 네 토지에서 처음 거둔 열매의 가
장 좋은 것을 가져다가 너의 하나
님 여호와의 전에 드릴지니라 너는
염소 새끼를 그 어미의 젖으로 삶
지 말지니라

명령과 약속

20 ●내가 사자를 네 앞서 보내어 길
에서 너를 보호하여 너를 내가 예
비한 곳에 이르게 하리니
21 너희는 삼가 그의 목소리를 청종하
고 그를 노엽게 하지 말라 그가 너
희의 허물을 용서하지 아니할 것은
내 이름이 그에게 있음이니라
22 네가 그의 목소리를 잘 청종하고
내 모든 말대로 행하면 내가 네 원
수에게 원수가 되고 네 대적에게

대적이 될지라
23 내 사자가 네 앞서 가서 너를 아모
리 사람과 헷 사람과 브리스 사람
과 가나안 사람과 히위 사람과 여
부스 사람에게로 인도하고 나는 그
들을 끊으리니
24 너는 그들의 신을 경배하지 말며
섬기지 말며 그들의 행위를 본받지
말고 그것들을 다 깨뜨리며 그들의
주상을 부수고
25 네 하나님 여호와를 섬기라 그리하
면 여호와가 너희의 양식과 물에
복을 내리고 너희 중에서 병을 제
하리니
26 네 나라에 낙태하는 자가 없고 임
신하지 못하는 자가 없을 것이라
내가 너의 날수를 채우리라
27 내가 내 위엄을 네 앞서 보내어 네
가 이를 곳의 모든 백성을 물리치
고 네 모든 원수들이 네게 등을 돌
려 도망하게 할 것이며
28 내가 왕벌을 네 앞에 보내리니 그
벌이 히위 족속과 가나안 족속과
헷 족속을 네 앞에서 쫓아내리라
29 그러나 그 땅이 황폐하게 됨으로
들짐승이 번성하여 너희를 해할까
하여 일 년 안에는 그들을 네 앞에
서 쫓아내지 아니하고
30 네가 번성하여 그 땅을 기업으로
얻을 때까지 내가 그들을 네 앞에
서 조금씩 쫓아내리라
31 내가 네 경계를 홍해에서부터 블레
셋 바다까지, 광야에서부터 [1]강까
지 정하고 그 땅의 주민을 네 손에
넘기리니 네가 그들을 네 앞에서
쫓아낼지라
32 너는 그들과 그들의 신들과 언약하
지 말라
33 그들이 네 땅에 머무르지 못할 것
은 그들이 너를 내게 범죄하게 할
까 두려움이라 네가 그 신들을 섬
기면 그것이 너의 올무가 되리라

시내 산에서 언약을 세우다

24 또 모세에게 이르시되 너는
아론과 나답과 아비후와 이스
라엘 장로 칠십 명과 함께 여호와
께로 올라와 멀리서 경배하고
2 너 모세만 여호와께 가까이 나아오
고 그들은 가까이 나아오지 말며
백성은 너와 함께 올라오지 말지니
라
3 모세가 와서 여호와의 모든 말씀과
그의 모든 율례를 백성에게 전하매
그들이 한 소리로 응답하여 이르되
여호와께서 말씀하신 모든 것을 우
리가 준행하리이다
4 모세가 여호와의 모든 말씀을 기록
하고 이른 아침에 일어나 산 아래
에 제단을 쌓고 이스라엘 열두 지
파대로 열두 기둥을 세우고
5 이스라엘 자손의 청년들을 보내어
여호와께 소로 번제와 화목제를 드
리게 하고
6 모세가 피를 가지고 반은 여러 양
푼에 담고 반은 제단에 뿌리고
7 언약서를 가져다가 백성에게 낭독
하여 듣게 하니 그들이 이르되 여
호와의 모든 말씀을 우리가 준행하
리이다
8 모세가 그 피를 가지고 백성에게
뿌리며 이르되 이는 여호와께서 이
모든 말씀에 대하여 너희와 세우신
언약의 피니라
9 ●모세와 아론과 나답과 아비후와
이스라엘 장로 칠십 인이 올라가서
10 이스라엘의 하나님을 보니 그의 발
아래에는 청옥을 편 듯하고 하늘같
이 청명하더라
11 하나님이 이스라엘 자손들의 존귀

1) 유브라데 강

한 자들에게 손을 대지 아니하셨고
그들은 하나님을 뵙고 먹고 마셨더
라

시내 산에서 사십 일을 있다

12 ●여호와께서 모세에게 이르시되
너는 산에 올라 내게로 와서 거기
있으라 네가 그들을 가르치도록 내
가 율법과 계명을 친히 기록한 돌
판을 네게 주리라
13 모세가 그의 부하 여호수아와 함께
일어나 모세가 하나님의 산으로 올
라가며
14 장로들에게 이르되 너희는 여기서
우리가 너희에게로 돌아오기까지
기다리라 아론과 훌이 너희와 함께
하리니 무릇 일이 있는 자는 그들
에게로 나아갈지니라 하고
15 모세가 산에 오르매 구름이 산을
가리며
16 여호와의 영광이 시내 산 위에 머
무르고 구름이 엿새 동안 산을 가
리더니 일곱째 날에 여호와께서 구
름 가운데서 모세를 부르시니라
17 산 위의 여호와의 영광이 이스라엘
자손의 눈에 맹렬한 불같이 보였고
18 모세는 구름 속으로 들어가서 산
위에 올랐으며 모세가 사십 일 사
십 야를 산에 있으니라

성소를 지을 예물

25 여호와께서 모세에게 말씀하
여 이르시되
2 이스라엘 자손에게 명령하여 내게
예물을 가져오라 하고 기쁜 마음으
로 내는 자가 내게 바치는 모든 것
을 너희는 받을지니라
3 너희가 그들에게서 받을 예물은 이
러하니 금과 은과 놋과
4 청색 자색 홍색 실과 가는 베실과
염소 털과
5 붉은 물 들인 숫양의 가죽과 [1]해달
의 가죽과 [2]조각목과
6 등유와 관유에 드는 향료와 분향할
향을 만들 향품과
7 호마노며 에봇과 흉패에 물릴 보석
이니라
8 내가 그들 중에 거할 성소를 그들
이 나를 위하여 짓되
9 무릇 내가 네게 보이는 모양대로
장막을 짓고 기구들도 그 모양을
따라 지을지니라

증거궤 (출 37:1-9)

10 ●그들은 조각목으로 궤를 짜되 길
이는 두 [3]규빗 반, 너비는 한 규빗
반, 높이는 한 규빗 반이 되게 하고
11 너는 순금으로 그것을 싸되 그 안
팎을 싸고 위쪽 가장자리로 돌아가
며 금테를 두르고
12 금 고리 넷을 부어 만들어 그 네 발
에 달되 이쪽에 두 고리 저쪽에 두
고리를 달며
13 조각목으로 채를 만들어 금으로 싸
고
14 그 채를 궤 양쪽 고리에 꿰어서 궤
를 메게 하며
15 채를 궤의 고리에 꿴 대로 두고 빼
내지 말지며
16 내가 네게 줄 [4]증거판을 궤 속에
둘지며
17 순금으로 [5]속죄소를 만들되 길이
는 두 규빗 반, 너비는 한 규빗 반
이 되게 하고
18 금으로 그룹 둘을 [5]속죄소 두 끝에
쳐서 만들되
19 한 그룹은 이 끝에, 또 한 그룹은
저 끝에 곧 [5]속죄소 두 끝에 [5]속죄
소와 한 덩이로 연결할지며
20 그룹들은 그 날개를 높이 펴서 그
날개로 [5]속죄소를 덮으며 그 얼굴

1) 또는 돌고래 2) 또는 아카시아 나무 3) 히, 암마 4) 법 5) 시은좌 곧 은혜의 자리

을 서로 대하여 [1)]속죄소를 향하게
하고
21 [1)]속죄소를 궤 위에 얹고 내가 네게
줄 [2)]증거판을 궤 속에 넣으라
22 거기서 내가 너와 만나고 [1)]속죄소
위 곧 [3)]증거궤 위에 있는 두 그룹
사이에서 내가 이스라엘 자손을 위
하여 네게 명령할 모든 일을 네게
이르리라

진설병을 두는 상 (출 37:10-16)

23 ●너는 조각목으로 상을 만들되 길
이는 두 규빗, 너비는 한 규빗, 높
이는 한 규빗 반이 되게 하고
24 순금으로 싸고 주위에 금테를 두르
고
25 그 주위에 손바닥 넓이만한 턱을
만들고 그 턱 주위에 금으로 테를
만들고
26 그것을 위하여 금 고리 넷을 만들
어 그 네 발 위 네 모퉁이에 달되
27 턱 곁에 붙이라 이는 상을 멜 채를
꿸 곳이며
28 또 조각목으로 그 채를 만들고 금
으로 싸라 상을 이것으로 멜 것이
니라
29 너는 대접과 숟가락과 병과 붓는
잔을 만들되 순금으로 만들며
30 상 위에 진설병을 두어 항상 내 앞
에 있게 할지니라

등잔대와 기구들 (출 37:17-24)

31 ●너는 순금으로 등잔대를 쳐 만들
되 그 밑판과 줄기와 잔과 꽃받침
과 꽃을 한 덩이로 연결하고
32 가지 여섯을 등잔대 곁에서 나오게
하되 다른 세 가지는 이쪽으로 나
오고 다른 세 가지는 저쪽으로 나
오게 하며
33 이쪽 가지에 살구꽃 형상의 잔 셋
과 꽃받침과 꽃이 있게 하고 저쪽
가지에도 살구꽃 형상의 잔 셋과
꽃받침과 꽃이 있게 하여 등잔대에
서 나온 가지 여섯을 같게 할지며
34 등잔대 줄기에는 살구꽃 형상의 잔
넷과 꽃받침과 꽃이 있게 하고
35 등잔대에서 나온 가지 여섯을 위하
여 꽃받침이 있게 하되 두 가지 아
래에 한 꽃받침이 있어 줄기와 연
결하며 또 두 가지 아래에 한 꽃받
침이 있어 줄기와 연결하며 또 두
가지 아래에 한 꽃받침이 있어 줄
기와 연결하게 하고
36 그 꽃받침과 가지를 줄기와 연결하
여 전부를 순금으로 쳐 만들고
37 등잔 일곱을 만들어 그 위에 두어
앞을 비추게 하며
38 그 불 집게와 불똥 그릇도 순금으
로 만들지니
39 등잔대와 이 모든 기구를 순금 한
달란트로 만들되
40 너는 삼가 이 산에서 네게 보인 양
식대로 할지니라

성막 (출 36:8-38)

26 너는 성막을 만들되 가늘게
꼰 베실과 청색 자색 홍색 실
로 그룹을 정교하게 수놓은 열 폭
의 휘장을 만들지니
2 매 폭의 길이는 스물여덟 규빗, 너
비는 네 규빗으로 각 폭의 장단을
같게 하고
3 그 휘장 다섯 폭을 서로 연결하며
다른 다섯 폭도 서로 연결하고
4 그 휘장을 이을 끝폭 가에 청색 고
를 만들며 이어질 다른 끝폭 가에
도 그와 같이 하고
5 휘장 끝폭 가에 고 쉰 개를 달며 다
른 휘장 끝폭 가에도 고 쉰 개를 달
고 그 고들을 서로 마주 보게 하고
6 금 갈고리 쉰 개를 만들고 그 갈고
리로 휘장을 연결하여 한 성막을

1) 시은좌 곧 은혜의 자리 2) 법 3) 법궤

이룰지며
7 그 성막을 덮는 막 곧 휘장을 염소
털로 만들되 열한 폭을 만들지며
8 각 폭의 길이는 서른 규빗, 너비는
네 규빗으로 열한 폭의 길이를 같
게 하고
9 그 휘장 다섯 폭을 서로 연결하며
또 여섯 폭을 서로 연결하고 그 여
섯째 폭 절반은 성막 전면에 접어
드리우고
10 휘장을 이을 끝폭 가에 고 쉰 개를
달며 다른 이을 끝폭 가에도 고 쉰
개를 달고
11 놋 갈고리 쉰 개를 만들고 그 갈고
리로 그 고를 꿰어 연결하여 한 막
이 되게 하고
12 그 막 곧 휘장의 그 나머지 반 폭은
성막 뒤에 늘어뜨리고
13 막 곧 휘장의 길이의 남은 것은 이
쪽에 한 규빗, 저쪽에 한 규빗씩 성
막 좌우 양쪽에 덮어 늘어뜨리고
14 붉은 물 들인 숫양의 가죽으로 막
의 덮개를 만들고 [1]해달의 가죽으
로 그 웃덮개를 만들지니라
15 ●너는 조각목으로 성막을 위하여
널판을 만들어 세우되
16 각 판의 길이는 열 규빗, 너비는 한
규빗 반으로 하고
17 각 판에 두 촉씩 내어 서로 연결하
게 하되 너는 성막 널판을 다 그와
같이 하라
18 너는 성막을 위하여 널판을 만들되
남쪽을 위하여 널판 스무 개를 만
들고
19 스무 널판 아래에 은 받침 마흔 개
를 만들지니 이쪽 널판 아래에도
그 두 촉을 위하여 두 받침을 만들
고 저쪽 널판 아래에도 그 두 촉을
위하여 두 받침을 만들지며
20 성막 다른 쪽 곧 그 북쪽을 위하여
도 널판 스무 개로 하고
21 은 받침 마흔 개를 이쪽 널판 아래
에도 두 받침, 저쪽 널판 아래에도
두 받침으로 하며
22 성막 뒤 곧 그 서쪽을 위하여는 널
판 여섯 개를 만들고
23 성막 뒤 두 모퉁이 쪽을 위하여는
널판 두 개를 만들되
24 아래에서부터 위까지 각기 두 겹
두께로 하여 윗고리에 이르게 하고
두 모퉁이 쪽을 다 그리하며
25 그 여덟 널판에는 은 받침이 열여섯
이니 이쪽 판 아래에도 두 받침이요
저쪽 판 아래에도 두 받침이니라
26 너는 조각목으로 띠를 만들지니 성
막 이쪽 널판을 위하여 다섯 개요
27 성막 저쪽 널판을 위하여 다섯 개
요 성막 뒤 곧 서쪽 널판을 위하여
다섯 개이며
28 널판 가운데에 있는 중간 띠는 이
끝에서 저 끝에 미치게 하고
29 그 널판들을 금으로 싸고 그 널판
들의 띠를 꿸 금 고리를 만들고 그
띠를 금으로 싸라
30 너는 산에서 보인 양식대로 성막을
세울지니라
31 ●너는 청색 자색 홍색 실과 가늘게
꼰 베실로 짜서 휘장을 만들고 그
위에 그룹들을 정교하게 수놓아서
32 금 갈고리를 네 기둥 위에 늘어뜨
리되 그 네 기둥을 조각목으로 만
들고 금으로 싸서 네 은 받침 위에
둘지며
33 그 휘장을 갈고리 아래에 늘어뜨린
후에 [2]증거궤를 그 휘장 안에 들여
놓으라 그 휘장이 너희를 위하여
성소와 지성소를 구분하리라
34 너는 지성소에 있는 [2]증거궤 위에
[3]속죄소를 두고

1) 또는 돌고래 2) 법궤 3) 시은좌 곧 은혜의 자리

35 그 휘장 바깥 북쪽에 상을 놓고 남
쪽에 등잔대를 놓아 상과 마주하게
할지며
36 청색 자색 홍색 실과 가늘게 꼰 베
실로 수놓아 짜서 성막 문을 위하
여 휘장을 만들고
37 그 휘장 문을 위하여 기둥 다섯을
조각목으로 만들어 금으로 싸고 그
갈고리도 금으로 만들지며 또 그
기둥을 위하여 받침 다섯 개를 놋
으로 부어 만들지니라

제단 (출 38:1-7)

27 너는 조각목으로 길이가 다섯
규빗, 너비가 다섯 규빗의 제
단을 만들되 네모 반듯하게 하며
높이는 삼 규빗으로 하고
2 그 네 모퉁이 위에 뿔을 만들되 그
뿔이 그것에 이어지게 하고 그 제
단을 놋으로 싸고
3 재를 담는 통과 부삽과 대야와 고
기 갈고리와 불 옮기는 그릇을 만
들되 제단의 그릇을 다 놋으로 만
들지며
4 제단을 위하여 놋으로 그물을 만들
고 그 위 네 모퉁이에 놋 고리 넷을
만들고
5 그물은 제단 주위 가장자리 아래
곧 제단 절반에 오르게 할지며
6 또 그 제단을 위하여 채를 만들되
조각목으로 만들고 놋으로 쌀지며
7 제단 양쪽 고리에 그 채를 꿰어 제
단을 메게 할지며
8 제단은 널판으로 속이 비게 만들되
산에서 네게 보인 대로 그들이 만
들게 하라

성막의 뜰 (출 38:9-20)

9 ●너는 성막의 뜰을 만들지니 남쪽
을 향하여 뜰 남쪽에 너비가 백 규
빗의 세마포 휘장을 쳐서 그 한 쪽
을 당하게 할지니
10 그 기둥이 스물이며 그 받침 스물
은 놋으로 하고 그 기둥의 갈고리
와 가름대는 은으로 할지며
11 그 북쪽에도 너비가 백 규빗의 포
장을 치되 그 기둥이 스물이며 그
기둥의 받침 스물은 놋으로 하고
그 기둥의 갈고리와 가름대는 은으
로 할지며
12 뜰의 옆 곧 서쪽에 너비 쉰 규빗의
포장을 치되 그 기둥이 열이요 받
침이 열이며
13 동쪽을 향하여 뜰 동쪽의 너비도
쉰 규빗이 될지며
14 문 이쪽을 위하여 포장이 열다섯
규빗이며 그 기둥이 셋이요 받침이
셋이요
15 문 저쪽을 위하여도 포장이 열다섯
규빗이며 그 기둥이 셋이요 받침이
셋이며
16 뜰 문을 위하여는 청색 자색 홍색
실과 가늘게 꼰 베실로 수놓아 짠
스무 규빗의 휘장이 있게 할지니
그 기둥이 넷이요 받침이 넷이며
17 뜰 주위 모든 기둥의 가름대와 갈
고리는 은이요 그 받침은 놋이며
18 뜰의 길이는 백 규빗이요 너비는
쉰 규빗이요 세마포 휘장의 높이는
다섯 규빗이요 그 받침은 놋이며
19 성막에서 쓰는 모든 기구와 그 말
뚝과 뜰의 포장 말뚝을 다 놋으로
할지니라

등불 관리 (레 24:1-4)

20 ●너는 또 이스라엘 자손에게 명령
하여 감람으로 짠 순수한 기름을
등불을 위하여 네게로 가져오게 하
고 끊이지 않게 등불을 켜되
21 아론과 그의 아들들로 회막 안 [1]증
거궤 앞 휘장 밖에서 저녁부터 아
침까지 항상 여호와 앞에 그 등불

1) 법궤

을 보살피게 하라 이는 이스라엘
자손이 대대로 지킬 규례이니라

제사장의 옷 (출 39:1-7)

28 너는 이스라엘 자손 중 네 형
아론과 그의 아들들 곧 아론
과 아론의 아들들 나답과 아비후와
엘르아살과 이다말을 그와 함께 네
게로 나아오게 하여 나를 섬기는
제사장 직분을 행하게 하되
2 네 형 아론을 위하여 거룩한 옷을
지어 영화롭고 아름답게 할지니
3 너는 무릇 마음에 지혜 있는 모든
자 곧 내가 지혜로운 영으로 채운
자들에게 말하여 아론의 옷을 지어
그를 거룩하게 하여 내게 제사장
직분을 행하게 하라
4 그들이 지을 옷은 이러하니 곧 흉패
와 에봇과 겉옷과 반포 속옷과 관과
띠라 그들이 네 형 아론과 그 아들
들을 위하여 거룩한 옷을 지어 아론
이 내게 제사장 직분을 행하게 하라
5 그들이 쓸 것은 금실과 청색 자색
홍색 실과 가늘게 꼰 베실이니라
6 ●그들이 금실과 청색 자색 홍색
실과 가늘게 꼰 베실로 정교하게
짜서 에봇을 짓되
7 그것에 어깨받이 둘을 달아 그 두
끝을 이어지게 하고
8 에봇 위에 매는 띠는 에봇 짜는 법
으로 금실과 청색 자색 홍색 실과
가늘게 꼰 베실로 에봇에 정교하게
붙여 짤지며
9 호마노 두 개를 가져다가 그 위에
이스라엘 아들들의 이름을 새기되
10 그들의 나이대로 여섯 이름을 한
보석에, 나머지 여섯 이름은 다른
보석에 새기라
11 보석을 새기는 자가 도장에 새김같
이 너는 이스라엘 아들들의 이름을
그 두 보석에 새겨 금테에 물리고
12 그 두 보석을 에봇의 두 어깨받이
에 붙여 이스라엘 아들들의 기념
보석을 삼되 아론이 여호와 앞에서
그들의 이름을 그 두 어깨에 메워
서 기념이 되게 할지며
13 너는 금으로 테를 만들고
14 순금으로 노끈처럼 두 사슬을 땋고
그 땋은 사슬을 그 테에 달지니라

판결 흉패 (출 39:8-21)

15 ●너는 판결 흉패를 에봇 짜는 방
법으로 금실과 청색 자색 홍색 실
과 가늘게 꼰 베실로 정교하게 짜
서 만들되
16 길이와 너비가 한 뼘씩 두 겹으로
네모 반듯하게 하고
17 그것에 네 줄로 보석을 물리되 첫
줄은 홍보석 황옥 녹주옥이요
18 둘째 줄은 석류석 [1]남보석 [2]홍마노요
19 셋째 줄은 호박 백마노 자수정이요
20 넷째 줄은 녹보석 호마노 벽옥으로
다 금테에 물릴지니
21 이 보석들은 이스라엘 아들들의 이
름대로 열둘이라 보석마다 열두 지
파의 한 이름씩 도장을 새기는 법
으로 새기고
22 순금으로 노끈처럼 땋은 사슬을 흉
패 위에 붙이고
23 또 금 고리 둘을 만들어 흉패 위 곧
흉패 두 끝에 그 두 고리를 달고
24 땋은 두 금 사슬로 흉패 두 끝 두
고리에 꿰어 매고
25 두 땋은 사슬의 다른 두 끝을 에봇
앞 두 어깨받이의 금테에 매고
26 또 금 고리 둘을 만들어 흉패 아래
양쪽 가 안쪽 곧 에봇에 닿은 곳에
달고
27 또 금 고리 둘을 만들어 에봇 앞 두
어깨받이 아래 매는 자리 가까운
쪽 곧 정교하게 짠 띠 위쪽에 달고

1) 청보석 2) 금강석

28 청색 끈으로 흉패 고리와 에봇 고리
에 꿰어 흉패로 정교하게 짠 에봇
띠 위에 붙여 떨어지지 않게 하라
29 아론이 성소에 들어갈 때에는 이스
라엘 아들들의 이름을 기록한 이
판결 흉패를 가슴에 붙여 여호와
앞에 영원한 기념을 삼을 것이니라
30 너는 [1]우림과 [2]둠밈을 판결 흉패
안에 넣어 아론이 여호와 앞에 들
어갈 때에 그의 가슴에 붙이게 하
라 아론은 여호와 앞에서 이스라엘
자손의 흉패를 항상 그의 가슴에
붙일지니라

제사장의 또 다른 옷 (출 39:22-31)

31 ●너는 에봇 받침 겉옷을 전부 청
색으로 하되
32 두 어깨 사이에 머리 들어갈 구멍
을 내고 그 주위에 갑옷 깃같이 깃
을 짜서 찢어지지 않게 하고
33 그 옷 가장자리로 돌아가며 청색
자색 홍색 실로 석류를 수놓고 금
방울을 간격을 두어 달되
34 그 옷 가장자리로 돌아가며 한 금
방울, 한 석류, 한 금 방울, 한 석류
가 있게 하라
35 아론이 입고 여호와를 섬기러 성소
에 들어갈 때와 성소에서 나올 때
에 그 소리가 들릴 것이라 그리하
면 그가 죽지 아니하리라
36 ●너는 또 순금으로 패를 만들어
도장을 새기는 법으로 그 위에 새
기되 '여호와께 성결' 이라 하고
37 그 패를 청색 끈으로 관 위에 매되
곧 관 전면에 있게 하라
38 이 패를 아론의 이마에 두어 그가
이스라엘 자손이 거룩하게 드리는
성물과 관련된 죄책을 담당하게 하
라 그 패가 아론의 이마에 늘 있으
므로 그 성물을 여호와께서 받으시
게 되리라
39 너는 가는 베실로 반포 속옷을 짜
고 가는 베실로 관을 만들고 띠를
수놓아 만들지니라
40 ●너는 아론의 아들들을 위하여 속
옷을 만들며 그들을 위하여 띠를
만들며 그들을 위하여 관을 만들어
영화롭고 아름답게 하되
41 너는 그것들로 네 형 아론과 그와
함께한 그의 아들들에게 입히고 그
들에게 기름을 부어 위임하고 거룩
하게 하여 그들이 제사장 직분을
내게 행하게 할지며
42 또 그들을 위하여 베로 속바지를
만들어 허리에서부터 두 넓적다리
까지 이르게 하여 하체를 가리게
하라
43 아론과 그의 아들들이 회막에 들어
갈 때에나 제단에 가까이하여 거룩
한 곳에서 섬길 때에 그것들을 입
어야 죄를 짊어진 채 죽지 아니하
리니 그와 그의 후손이 영원히 지
킬 규례니라

제사장 직분 위임 (레 8:1-36)

29 네가 그들에게 나를 섬길 제
사장 직분을 위임하여 그들을
거룩하게 할 일은 이러하니 곧 어
린 수소 하나와 흠 없는 숫양 둘을
택하고
2 무교병과 기름 섞인 무교 과자와
기름 바른 무교 전병을 모두 고운
밀가루로 만들고
3 그것들을 한 광주리에 담고 그것을
광주리에 담은 채 그 송아지와 두
양과 함께 가져오라
4 너는 아론과 그의 아들들을 회막
문으로 데려다가 물로 씻기고
5 의복을 가져다가 아론에게 속옷과
에봇 받침 겉옷과 에봇을 입히고
흉패를 달고 에봇에 정교하게 짠

1) 빛 2) 완전함

띠를 띠게 하고
6 그의 머리에 관을 씌우고 그 위에
거룩한 패를 더하고
7 관유를 가져다가 그의 머리에 부어
바르고
8 그의 아들들을 데려다가 그들에게
속옷을 입히고
9 아론과 그의 아들들에게 띠를 띠우
며 관을 씌워 그들에게 제사장의
직분을 맡겨 영원한 규례가 되게
하라 너는 이같이 아론과 그의 아
들들에게 위임하여 거룩하게 할지
니라
10 ●너는 수송아지를 회막 앞으로 끌
어오고 아론과 그의 아들들은 그
송아지 머리에 안수할지며
11 너는 회막문 여호와 앞에서 그 송
아지를 잡고
12 그 피를 네 손가락으로 제단 뿔들
에 바르고 그 피 전부를 제단 밑에
쏟을지며
13 내장에 덮인 모든 기름과 간 위에
있는 꺼풀과 두 콩팥과 그 위의 기
름을 가져다가 제단 위에 불사르
고
14 그 수소의 고기와 가죽과 똥을 진
밖에서 불사르라 이는 속죄제니라
15 ●너는 또 숫양 한 마리를 끌어오
고 아론과 그의 아들들은 그 숫양
의 머리 위에 안수할지며
16 너는 그 숫양을 잡고 그 피를 가져
다가 제단 위의 주위에 뿌리고
17 그 숫양의 각을 뜨고 그 장부와 다
리는 씻어 각을 뜬 고기와 그 머리
와 함께 두고
18 그 숫양 전부를 제단 위에 불사르
라 이는 여호와께 드리는 번제요
이는 향기로운 냄새니 여호와께 드
리는 화제니라
19 ●너는 다른 숫양을 택하고 아론과
그 아들들은 그 숫양의 머리 위에
안수할지며
20 너는 그 숫양을 잡고 그것의 피를
가져다가 아론의 오른쪽 귓부리와
그의 아들들의 오른쪽 귓부리에 바
르고 그 오른손 엄지와 오른발 엄
지에 바르고 그 피를 제단 주위에
뿌리고
21 제단 위의 피와 관유를 가져다가
아론과 그의 옷과 그의 아들들과
그의 아들들의 옷에 뿌리라 그와
그의 옷과 그의 아들들과 그의 아
들들의 옷이 거룩하리라
22 또 너는 그 숫양의 기름과 기름진
꼬리와 그것의 내장에 덮인 기름과
간 위의 꺼풀과 두 콩팥과 그것들
위의 기름과 오른쪽 넓적다리를 가
지라 이는 위임식의 숫양이라
23 또 여호와 앞에 있는 무교병 광주
리에서 떡 한 개와 기름 바른 과자
한 개와 전병 한 개를 가져다가
24 그 전부를 아론의 손과 그의 아들
들의 손에 주고 그것을 흔들어 여
호와 앞에 요제를 삼을지며
25 너는 그것을 그들의 손에서 가져다
가 제단 위에서 번제물을 더하여
불사르라 이는 여호와 앞에 향기로
운 냄새니 곧 여호와께 드리는 화
제니라
26 ●너는 아론의 위임식 숫양의 가슴
을 가져다가 여호와 앞에 흔들어 요
제를 삼으라 이것이 네 분깃이니라
27 너는 그 흔든 요제물 곧 아론과 그
의 아들들의 위임식 숫양의 가슴과
넓적다리를 거룩하게 하라
28 이는 이스라엘 자손이 아론과 그의
자손에게 돌릴 영원한 분깃이요 거
제물이니 곧 이스라엘 자손이 화목
제의 제물 중에서 취한 거제물로서
여호와께 드리는 거제물이니라

29 ●아론의 성의는 후에 아론의 아들
들에게 돌릴지니 그들이 그것을 입
고 기름부음으로 위임을 받을 것이
며
30 그를 이어 제사장이 되는 아들이
회막에 들어가서 성소에서 섬길 때
에는 이레 동안 그것을 입을지니라
31 ●너는 위임식 숫양을 가져다가 거
룩한 곳에서 그 고기를 삶고
32 아론과 그의 아들들은 회막문에서
그 숫양의 고기와 광주리에 있는
떡을 먹을지라
33 그들은 속죄물 곧 그들을 위임하며
그들을 거룩하게 하는 데 쓰는 것
을 먹되 타인은 먹지 못할지니 그
것이 거룩하기 때문이라
34 위임식 고기나 떡이 아침까지 남아
있으면 그것을 불에 사를지니 이는
거룩한즉 먹지 못할지니라
35 ●너는 내가 네게 한 모든 명령대
로 아론과 그의 아들들에게 그같이
하여 이레 동안 위임식을 행하되
36 매일 수송아지 하나로 속죄하기 위
하여 속죄제를 드리며 또 제단을
위하여 속죄하여 깨끗하게 하고 그
것에 기름을 부어 거룩하게 하라
37 너는 이레 동안 제단을 위하여 속
죄하여 거룩하게 하라 그리하면 지
극히 거룩한 제단이 되리니 제단에
접촉하는 모든 것이 거룩하리라

매일 드릴 번제 (민 28:1-8)

38 ●네가 제단 위에 드릴 것은 이러
하니라 매일 일 년 된 어린 양 두
마리니
39 한 어린 양은 아침에 드리고 한 어
린 양은 저녁 때에 드릴지며
40 한 어린 양에 고운 밀가루 십분의
일 에바와 찧은 기름 사분의 일 힌
을 더하고 또 전제로 포도주 사분
의 일 힌을 더할지며
41 한 어린 양은 저녁 때에 드리되 아
침에 한 것처럼 소제와 전제를 그
것과 함께 드려 향기로운 냄새가
되게 하여 여호와께 화제로 삼을지
니
42 이는 너희가 대대로 여호와 앞 회
막문에서 늘 드릴 번제라 내가 거
기서 너희와 만나고 네게 말하리
라
43 내가 거기서 이스라엘 자손을 만나
리니 내 영광으로 말미암아 회막이
거룩하게 될지라
44 내가 그 회막과 제단을 거룩하게
하며 아론과 그의 아들들도 거룩하
게 하여 내게 제사장 직분을 행하
게 하며
45 내가 이스라엘 자손 중에 거하여
그들의 하나님이 되리니
46 그들은 내가 그들의 하나님 여호와
로서 그들 중에 거하려고 그들을
애굽 땅에서 인도하여 낸 줄을 알
리라 나는 그들의 하나님 여호와니
라

분향할 제단 (출 37:25-28)

30 너는 분향할 제단을 만들지니
곧 조각목으로 만들되
2 길이가 한 규빗, 너비가 한 규빗으
로 네모가 반듯하게 하고 높이는
두 규빗으로 하며 그 뿔을 그것과
이어지게 하고
3 제단 상면과 전후 좌우 면과 뿔을
순금으로 싸고 주위에 금테를 두를
지며
4 금테 아래 양쪽에 금 고리 둘을 만
들되 곧 그 양쪽에 만들지니 이는
제단을 메는 채를 꿸 곳이며
5 그 채를 조각목으로 만들고 금으로
싸고
6 그 제단을 [1]증거궤 위 [2]속죄소 맞

1) 법궤 2) 시은좌 곧 은혜의 자리

은편 곧 증거궤 앞에 있는 휘장 밖
에 두라 그 속죄소는 내가 너와 만
날 곳이며
7 아론이 아침마다 그 위에 향기로운
향을 사르되 등불을 손질할 때에
사를지며
8 또 저녁 때 등불을 켤 때에 사를지
니 이 향은 너희가 대대로 여호와
앞에 끊지 못할지며
9 너희는 그 위에 다른 향을 사르지
말며 번제나 소제를 드리지 말며
전제의 술을 붓지 말며
10 아론이 일 년에 한 번씩 이 향단 뿔
을 위하여 속죄하되 속죄제의 피로
일 년에 한 번씩 대대로 속죄할지
니라 이 제단은 여호와께 지극히
거룩하니라

회막 봉사에 쓰는 속전

11 ●여호와께서 모세에게 말씀하여
이르시되
12 네가 이스라엘 자손의 수효를 조사
할 때에 조사받은 각 사람은 그들
을 계수할 때에 자기의 생명의 속
전을 여호와께 드릴지니 이는 그들
을 계수할 때에 그들 중에 질병이
없게 하려 함이라
13 무릇 계수 중에 드는 자마다 성소
의 세겔로 반 세겔을 낼지니 한 세
겔은 이십 게라라 그 반 세겔을 여
호와께 드릴지며
14 계수 중에 드는 모든 자 곧 스무 살
이상 된 자가 여호와께 드리되
15 너희의 생명을 대속하기 위하여 여
호와께 드릴 때에 부자라고 반 세
겔에서 더 내지 말고 가난한 자라
고 덜 내지 말지며
16 너는 이스라엘 자손에게서 속전을
취하여 회막 봉사에 쓰라 이것이
여호와 앞에서 이스라엘 자손의 기
념이 되어서 너희의 생명을 대속하
리라

놋 물두멍

17 ●여호와께서 모세에게 말씀하여
이르시되
18 너는 물두멍을 놋으로 만들고 그
받침도 놋으로 만들어 씻게 하되
그것을 회막과 제단 사이에 두고
그 속에 물을 담으라
19 아론과 그의 아들들이 그 두멍에서
수족을 씻되
20 그들이 회막에 들어갈 때에 물로
씻어 죽기를 면할 것이요 제단에
가까이 가서 그 직분을 행하여 여
호와 앞에 화제를 사를 때에도 그
리할지니라
21 이와 같이 그들이 그 수족을 씻어
죽기를 면할지니 이는 그와 그의 자
손이 대대로 영원히 지킬 규례니라

거룩한 향기름

22 ●여호와께서 모세에게 또 말씀하
여 이르시되
23 너는 상등 향품을 가지되 액체 몰
약 오백 세겔과 그 반수의 향기로
운 육계 이백오십 세겔과 향기로운
창포 이백오십 세겔과
24 계피 오백 세겔을 성소의 세겔로
하고 감람 기름 한 힌을 가지고
25 그것으로 거룩한 관유를 만들되 향
을 제조하는 법대로 향기름을 만들
지니 그것이 거룩한 관유가 될지라
26 너는 그것을 회막과 [1]증거궤에 바
르고
27 상과 그 모든 기구이며 등잔대와
그 기구이며 분향단과
28 및 번제단과 그 모든 기구와 물두
멍과 그 받침에 발라
29 그것들을 지극히 거룩한 것으로 구
별하라 [2]이것에 접촉하는 것은 모
두 거룩하리라

1) 법궤 2) 이것을 만지는 자가

30 너는 아론과 그의 아들들에게 기름
을 발라 그들을 거룩하게 하고 그
들이 내게 제사장 직분을 행하게
하고
31 이스라엘 자손에게 말하여 이르기
를 이것은 너희 대대로 내게 거룩
한 관유니
32 사람의 몸에 붓지 말며 이 방법대
로 이와 같은 것을 만들지 말라 이
는 거룩하니 너희는 거룩히 여기라
33 이와 같은 것을 만드는 모든 자와
이것을 타인에게 붓는 모든 자는
그 백성 중에서 끊어지리라 하라

거룩한 향

34 ●여호와께서 모세에게 이르시되
너는 소합향과 나감향과 풍자향의
향품을 가져다가 그 향품을 유향에
섞되 각기 같은 분량으로 하고
35 그것으로 향을 만들되 향 만드는
법대로 만들고 그것에 소금을 쳐서
성결하게 하고
36 그 향 얼마를 곱게 찧어 내가 너와
만날 회막 안 [1]증거궤 앞에 두라 이
향은 너희에게 지극히 거룩하니라
37 네가 여호와를 위하여 만들 향은
거룩한 것이니 너희를 위하여는 그
방법대로 만들지 말라
38 냄새를 맡으려고 이 같은 것을 만
드는 모든 자는 그 백성 중에서 끊
어지리라

회막 기구를 만들게 하라 (출 35:30-36:1)

31 여호와께서 모세에게 말씀하
여 이르시되
2 내가 유다 지파 훌의 손자요 우리의
아들인 브살렐을 지명하여 부르고
3 하나님의 영을 그에게 충만하게 하
여 지혜와 총명과 지식과 여러 가
지 재주로
4 정교한 일을 연구하여 금과 은과
놋으로 만들게 하며
5 보석을 깎아 물리며 여러 가지 기
술로 나무를 새겨 만들게 하리라
6 내가 또 단 지파 아히사막의 아들
오홀리압을 세워 그와 함께하게 하
며 지혜로운 마음이 있는 모든 자
에게 내가 지혜를 주어 그들이 내
가 네게 명령한 것을 다 만들게 할
지니
7 곧 회막과 [1]증거궤와 그 위의 [2]속
죄소와 회막의 모든 기구와
8 상과 그 기구와 순금 등잔대와 그
모든 기구와 분향단과
9 번제단과 그 모든 기구와 물두멍과
그 받침과
10 제사직을 행할 때에 입는 정교하게
짠 의복 곧 제사장 아론의 성의와
그의 아들들의 옷과
11 관유와 성소의 향기로운 향이라 무
릇 내가 네게 명령한 대로 그들이
만들지니라

안식일

12 ●여호와께서 모세에게 말씀하여
이르시되
13 너는 이스라엘 자손에게 말하여 이
르기를 너희는 나의 안식일을 지키
라 이는 나와 너희 사이에 너희 대
대의 표징이니 나는 너희를 거룩하
게 하는 여호와인 줄 너희가 알게
함이라
14 너희는 안식일을 지킬지니 이는 너
희에게 거룩한 날이 됨이니라 그날
을 더럽히는 자는 모두 죽일지며
그날에 일하는 자는 모두 그 백성
중에서 그 생명이 끊어지리라
15 엿새 동안은 일할 것이나 일곱째
날은 큰 안식일이니 여호와께 거룩
한 것이라 안식일에 일하는 자는
누구든지 반드시 죽일지니라
16 이같이 이스라엘 자손이 안식일을

1) 법궤 2) 시은좌 곧 은혜의 자리

지켜서 그것으로 대대로 영원한 언
약을 삼을 것이니
17 이는 나와 이스라엘 자손 사이에
영원한 표징이며 나 여호와가 엿새
동안에 천지를 창조하고 일곱째 날
에 일을 마치고 쉬었음이니라 하라

증거판

18 ●여호와께서 시내 산 위에서 모세
에게 이르시기를 마치신 때에 [1]증
거판 둘을 모세에게 주시니 이는
돌판이요 하나님이 [2]친히 쓰신 것
이더라

금 송아지 (신 9:6-29)

32 백성이 모세가 산에서 내려옴
이 더딤을 보고 모여 백성이
아론에게 이르러 말하되 일어나라
우리를 위하여 우리를 인도할 신을
만들라 이 모세 곧 우리를 애굽 땅
에서 인도하여 낸 사람은 어찌 되
었는지 알지 못함이니라
2 아론이 그들에게 이르되 너희의 아
내와 자녀의 귀에서 금 고리를 빼
어 내게로 가져오라
3 모든 백성이 그 귀에서 금 고리를
빼어 아론에게로 가져가매
4 아론이 그들의 손에서 금 고리를
받아 부어서 조각칼로 새겨 송아지
형상을 만드니 그들이 말하되 이스
라엘아 이는 너희를 애굽 땅에서
인도하여 낸 너희의 신이로다 하는
지라
5 아론이 보고 그 앞에 제단을 쌓고
이에 아론이 공포하여 이르되 내일
은 여호와의 절일이니라 하니
6 이튿날에 그들이 일찍이 일어나 번
제를 드리며 화목제를 드리고 백성
이 앉아서 먹고 마시며 일어나서
뛰놀더라
7 ●여호와께서 모세에게 이르시되
너는 내려가라 네가 애굽 땅에서
인도하여 낸 네 백성이 부패하였도
다
8 그들이 내가 그들에게 명령한 길을
속히 떠나 자기를 위하여 송아지
를 부어 만들고 그것을 예배하며
그것에게 제물을 드리며 말하기를
이스라엘아 이는 너희를 애굽 땅
에서 인도하여 낸 너희 신이라 하
였도다
9 여호와께서 또 모세에게 이르시되
내가 이 백성을 보니 목이 뻣뻣한
백성이로다
10 그런즉 내가 하는 대로 두라 내가
그들에게 진노하여 그들을 진멸하
고 너를 큰 나라가 되게 하리라
11 모세가 그의 하나님 여호와께 구하
여 이르되 여호와여 어찌하여 그
큰 권능과 강한 손으로 애굽 땅에
서 인도하여 내신 주의 백성에게
진노하시나이까
12 어찌하여 애굽 사람들이 이르기를
여호와가 자기의 백성을 산에서 죽
이고 지면에서 진멸하려는 악한 의
도로 인도해 내었다고 말하게 하시
려 하나이까 주의 맹렬한 노를 그
치시고 뜻을 돌이키사 주의 백성에
게 이 화를 내리지 마옵소서
13 주의 종 아브라함과 이삭과 이스라
엘을 기억하소서 주께서 그들을 위
하여 주를 가리켜 맹세하여 이르시
기를 내가 너희의 자손을 하늘의 별
처럼 많게 하고 내가 허락한 이 온
땅을 너희의 자손에게 주어 영원한
기업이 되게 하리라 하셨나이다
14 여호와께서 뜻을 돌이키사 말씀하
신 화를 그 백성에게 내리지 아니
하시니라
15 ●모세가 돌이켜 산에서 내려오는
데 두 [1]증거판이 그의 손에 있고

1) 법 2) 손가락으로

그 판의 양면 이쪽 저쪽에 글자가
있으니
16 그 판은 하나님이 만드신 것이요
글자는 하나님이 쓰셔서 판에 새기
신 것이더라
17 여호수아가 백성들의 요란한 소리
를 듣고 모세에게 말하되 진중에서
싸우는 소리가 나나이다
18 모세가 이르되 이는 승전가도 아니
요 패하여 부르짖는 소리도 아니라
내가 듣기에는 노래하는 소리로다
하고
19 진에 가까이 이르러 그 송아지와
그 춤추는 것들을 보고 크게 노하
여 손에서 그 판들을 산 아래로 던
져 깨뜨리니라
20 모세가 그들이 만든 송아지를 가져
다가 불살라 부수어 가루를 만들어
물에 뿌려 이스라엘 자손에게 마시
게 하니라
21 ●모세가 아론에게 이르되 이 백성
이 당신에게 어떻게 하였기에 당신
이 그들을 큰 죄에 빠지게 하였느냐
22 아론이 이르되 내 주여 노하지 마
소서 이 백성의 악함을 당신이 아
나이다
23 그들이 내게 말하기를 우리를 위하
여 우리를 인도할 신을 만들라 이
모세 곧 우리를 애굽 땅에서 인도
하여 낸 사람은 어찌 되었는지 알
수 없노라 하기에
24 내가 그들에게 이르기를 금이 있는
자는 빼내라 한즉 그들이 그것을
내게로 가져왔기로 내가 불에 던졌
더니 이 송아지가 나왔나이다
25 ●모세가 본즉 백성이 방자하니 이
는 아론이 그들을 방자하게 하여
원수에게 조롱거리가 되게 하였음
이라
26 이에 모세가 진 문에 서서 이르되
누구든지 여호와의 편에 있는 자는
내게로 나아오라 하매 레위 자손이
다 모여 그에게로 가는지라
27 모세가 그들에게 이르되 이스라엘
의 하나님 여호와께서 이렇게 말씀
하시기를 너희는 각각 허리에 칼을
차고 진 이 문에서 저 문까지 왕래
하며 각 사람이 그 형제를, 각 사람
이 자기의 친구를, 각 사람이 자기
의 이웃을 죽이라 하셨느니라
28 레위 자손이 모세의 말대로 행하매
이날에 백성 중에 삼천 명 가량이
죽임을 당하니라
29 모세가 이르되 각 사람이 자기의
아들과 자기의 형제를 쳤으니 오늘
여호와께 헌신하게 되었느니라 그
가 오늘 너희에게 복을 내리시리라
30 ●이튿날 모세가 백성에게 이르되
너희가 큰 죄를 범하였도다 내가
이제 여호와께로 올라가노니 혹 너
희를 위하여 속죄가 될까 하노라
하고
31 모세가 여호와께로 다시 나아가 여
짜오되 슬프도소이다 이 백성이 자
기들을 위하여 금 신을 만들었사오
니 큰 죄를 범하였나이다
32 그러나 이제 그들의 죄를 사하시옵
소서 그렇지 아니하시오면 원하건
대 주께서 기록하신 책에서 내 이
름을 지워 버려 주옵소서
33 여호와께서 모세에게 이르시되 누
구든지 내게 범죄하면 내가 내 책
에서 그를 지워 버리리라
34 이제 가서 내가 네게 말한 곳으로
백성을 인도하라 내 사자가 네 앞
서 가리라 그러나 내가 보응할 날
에는 그들의 죄를 보응하리라
35 여호와께서 백성을 치시니 이는 그
들이 아론이 만든 바 그 송아지를
만들었음이더라

시내 산을 떠나라고 명하시다

33 여호와께서 모세에게 이르시
되 너는 네가 애굽 땅에서 인
도하여 낸 백성과 함께 여기를 떠
나서 내가 아브라함과 이삭과 야곱
에게 맹세하여 네 자손에게 주기로
한 그 땅으로 올라가라
2 내가 사자를 너보다 앞서 보내어
가나안 사람과 아모리 사람과 헷
사람과 브리스 사람과 히위 사람과
여부스 사람을 쫓아내고
3 너희를 젖과 꿀이 흐르는 땅에 이
르게 하려니와 나는 너희와 함께
올라가지 아니하리니 너희는 목이
곧은 백성인즉 내가 길에서 너희를
진멸할까 염려함이니라 하시니
4 백성이 이 준엄한 말씀을 듣고 슬
퍼하여 한 사람도 자기의 몸을 단
장하지 아니하니
5 여호와께서 모세에게 이르시기를
이스라엘 자손에게 이르라 너희는
목이 곧은 백성인즉 내가 한 순간
이라도 너희 가운데에 이르면 너희
를 진멸하리니 너희는 장신구를 떼
어 내라 그리하면 내가 너희에게
어떻게 할 것인지 정하겠노라 하셨
음이라
6 이스라엘 자손이 호렙 산에서부터
그들의 장신구를 떼어 내니라

회막

7 ●모세가 항상 장막을 취하여 진
밖에 쳐서 진과 멀리 떠나게 하고
회막이라 이름하니 여호와를 앙모
하는 자는 다 진 바깥 회막으로 나
아가며
8 모세가 회막으로 나아갈 때에는 백
성이 다 일어나 자기 장막문에 서
서 모세가 회막에 들어가기까지 바
라보며
9 모세가 회막에 들어갈 때에 구름
기둥이 내려 회막문에 서며 여호와
께서 모세와 말씀하시니
10 모든 백성이 회막문에 구름 기둥이
서 있는 것을 보고 다 일어나 각기
장막문에 서서 예배하며
11 사람이 자기의 친구와 이야기함같
이 여호와께서는 모세와 대면하여
말씀하시며 모세는 진으로 돌아오
나 눈의 아들 젊은 수종자 여호수
아는 회막을 떠나지 아니하니라

여호와께서 친히 가리라 하시다

12 ●모세가 여호와께 아뢰되 보시옵
소서 주께서 내게 이 백성을 인도
하여 올라가라 하시면서 나와 함
께 보낼 자를 내게 지시하지 아니
하시나이다 주께서 전에 말씀하시
기를 나는 이름으로도 너를 알고
너도 내 앞에 은총을 입었다 하셨
사온즉
13 내가 참으로 주의 목전에 은총을
입었사오면 원하건대 주의 길을 내
게 보이사 내게 주를 알리시고 나
로 주의 목전에 은총을 입게 하시
며 이 족속을 주의 백성으로 여기
소서
14 여호와께서 이르시되 내가 친히 가
리라 내가 너를 쉬게 하리라
15 모세가 여호와께 아뢰되 주께서 친
히 가지 아니하시려거든 우리를 이
곳에서 올려 보내지 마옵소서
16 나와 주의 백성이 주의 목전에 은
총 입은 줄을 무엇으로 알리이까
주께서 우리와 함께 행하심으로 나
와 주의 백성을 천하 만민 중에 구
별하심이 아니니이까
17 ●여호와께서 모세에게 이르시되
네가 말하는 이 일도 내가 하리니
너는 내 목전에 은총을 입었고 내
가 이름으로도 너를 앎이니라
18 모세가 이르되 원하건대 주의 영광

을 내게 보이소서
19 여호와께서 이르시되 내가 내 모든
선한 것을 네 앞으로 지나가게 하
고 여호와의 이름을 네 앞에 선포
하리라 나는 은혜 베풀 자에게 은
혜를 베풀고 긍휼히 여길 자에게
긍휼을 베푸느니라
20 또 이르시되 네가 내 얼굴을 보지
못하리니 나를 보고 살 자가 없음
이니라
21 여호와께서 또 이르시기를 보라 내
곁에 한 장소가 있으니 너는 그 반
석 위에 서라
22 내 영광이 지나갈 때에 내가 너를
반석 틈에 두고 내가 지나도록 내
손으로 너를 덮었다가
23 손을 거두리니 네가 내 등을 볼 것
이요 얼굴은 보지 못하리라

두 번째 돌판 (신 10:1-5)

34 여호와께서 모세에게 이르시
되 너는 돌판 둘을 처음 것과
같이 다듬어 만들라 네가 깨뜨린
처음 판에 있던 말을 내가 그 판에
쓰리니
2 아침까지 준비하고 아침에 시내 산
에 올라와 산꼭대기에서 내게 보이
되
3 아무도 너와 함께 오르지 말며 온
산에 아무도 나타나지 못하게 하고
양과 소도 산 앞에서 먹지 못하게
하라
4 모세가 돌판 둘을 처음 것과 같이
깎아 만들고 아침에 일찍이 일어나
그 두 돌판을 손에 들고 여호와의
명령대로 시내 산에 올라가니
5 여호와께서 구름 가운데에 강림하
사 그와 함께 거기 서서 여호와의
이름을 선포하실새
6 여호와께서 그의 앞으로 지나시며
선포하시되 여호와라 여호와라 자
비롭고 은혜롭고 노하기를 더디 하
고 인자와 진실이 많은 하나님이라
7 인자를 천 대까지 베풀며 악과 과
실과 죄를 용서하리라 그러나 벌을
면제하지는 아니하고 아버지의 악
행을 자손 삼사 대까지 보응하리라
8 모세가 급히 땅에 엎드려 경배하며
9 이르되 주여 내가 주께 은총을 입
었거든 원하건대 주는 우리와 동행
하옵소서 이는 목이 뻣뻣한 백성이
니이다 우리의 악과 죄를 사하시고
우리를 주의 기업으로 삼으소서

다시 언약을 세우시다
(출 23:14-19; 신 7:1-5; 16:1-17)

10 ●여호와께서 이르시되 보라 내가
언약을 세우나니 곧 내가 아직 온
땅 아무 국민에게도 행하지 아니한
이적을 너희 전체 백성 앞에 행할
것이라 네가 머무는 나라 백성이
다 여호와의 행하심을 보리니 내가
너를 위하여 행할 일이 두려운 것
임이니라
11 너는 내가 오늘 네게 명령하는 것
을 삼가 지키라 보라 내가 네 앞에
서 아모리 사람과 가나안 사람과
헷 사람과 브리스 사람과 히위 사
람과 여부스 사람을 쫓아내리니
12 너는 스스로 삼가 네가 들어가는
땅의 주민과 언약을 세우지 말라
그것이 너희에게 올무가 될까 하노
라
13 너희는 도리어 그들의 제단들을 헐
고 그들의 주상을 깨뜨리고 그들의
아세라 상을 찍을지어다
14 너는 다른 신에게 절하지 말라 여
호와는 질투라 이름하는 질투의 하
나님임이니라
15 너는 삼가 그 땅의 주민과 언약을
세우지 말지니 이는 그들이 모든
신을 음란하게 섬기며 그들의 신들

에게 제물을 드리고 너를 청하면
네가 그 제물을 먹을까 함이며
16 또 네가 그들의 딸들을 네 아들들
의 아내로 삼음으로 그들의 딸들이
그들의 신들을 음란하게 섬기며 네
아들에게 그들의 신들을 음란하게
섬기게 할까 함이니라
17 너는 신상들을 부어 만들지 말지니
라
18 ●너는 무교절을 지키되 내가 네게
명령한 대로 아빕 월 그 절기에 이
레 동안 무교병을 먹으라 이는 네
가 아빕 월에 애굽에서 나왔음이니
라
19 모든 첫 태생은 다 내 것이며 네 가
축의 모든 처음 난 수컷인 소와 양
도 다 그러하며
20 나귀의 첫 새끼는 어린 양으로 대
속할 것이요 그렇게 하지 아니하려
면 그 목을 꺾을 것이며 네 아들 중
장자는 다 대속할지며 빈손으로 내
얼굴을 보지 말지니라
21 ●너는 엿새 동안 일하고 일곱째
날에는 쉴지니 밭 갈 때에나 거둘
때에도 쉴지며
22 칠칠절 곧 맥추의 초실절을 지키고
세말에는 수장절을 지키라
23 너희의 모든 남자는 매년 세 번씩
주 여호와 이스라엘의 하나님 앞에
보일지라
24 내가 이방 나라들을 네 앞에서 쫓
아내고 네 지경을 넓히리니 네가
매년 세 번씩 여호와 네 하나님을
뵈려고 올 때에 아무도 네 땅을 탐
내지 못하리라
25 ●너는 내 제물의 피를 유교병과
함께 드리지 말며 유월절 제물을
아침까지 두지 말지며
26 네 토지 소산의 처음 익은 것을 가
져다가 네 하나님 여호와의 전에
드릴지며 너는 염소 새끼를 그 어
미의 젖으로 삶지 말지니라
27 ●여호와께서 모세에게 이르시되
너는 이 말들을 기록하라 내가 이
말들의 뜻대로 너와 이스라엘과 언
약을 세웠음이니라 하시니라
28 모세가 여호와와 함께 사십 일 사
십 야를 거기 있으면서 떡도 먹지
아니하였고 물도 마시지 아니하였
으며 여호와께서는 언약의 말씀 곧
십계명을 그 판들에 기록하셨더라

모세가 시내 산에서 내려오다

29 ●모세가 그 증거의 두 판을 모세
의 손에 들고 시내 산에서 내려오
니 그 산에서 내려올 때에 모세는
자기가 여호와와 말하였음으로 말
미암아 얼굴 피부에 광채가 나나
깨닫지 못하였더라
30 아론과 온 이스라엘 자손이 모세를
볼 때에 모세의 얼굴 피부에 광채
가 남을 보고 그에게 가까이하기를
두려워하더니
31 모세가 그들을 부르매 아론과 회중
의 모든 어른이 모세에게로 오고
모세가 그들과 말하니
32 그 후에야 온 이스라엘 자손이 가
까이 오는지라 모세가 여호와께서
시내 산에서 자기에게 이르신 말씀
을 다 그들에게 명령하고
33 모세가 그들에게 말하기를 마치고
수건으로 자기 얼굴을 가렸더라
34 그러나 모세가 여호와 앞에 들어가
서 함께 말할 때에는 나오기까지
수건을 벗고 있다가 나와서는 그
명령하신 일을 이스라엘 자손에게
전하며
35 이스라엘 자손이 모세의 얼굴의 광
채를 보므로 모세가 여호와께 말하
러 들어가기까지 다시 수건으로 자
기 얼굴을 가렸더라

안식일 규례

35 모세가 이스라엘 자손의 온
회중을 모으고 그들에게 이르
되 여호와께서 너희에게 명령하
사 행하게 하신 말씀이 이러하니
라
2 엿새 동안은 일하고 일곱째 날은
너희를 위한 거룩한 날이니 여호와
께 엄숙한 안식일이라 누구든지 이
날에 일하는 자는 죽일지니
3 안식일에는 너희의 모든 처소에서
불도 피우지 말지니라

여호와께 드릴 것들 (출 25:1-9)

4 ●모세가 이스라엘 자손의 온 회중
에게 말하여 이르되 여호와께서 명
령하신 일이 이러하니라 이르시기
를
5 너희의 소유 중에서 너희는 여호와
께 드릴 것을 택하되 마음에 원하
는 자는 누구든지 그것을 가져다가
여호와께 드릴지니 곧 금과 은과
놋과
6 청색 자색 홍색 실과 가는 베실과
염소 털과
7 붉은 물 들인 숫양의 가죽과 [1]해달
의 가죽과 조각목과
8 등유와 및 관유에 드는 향품과 분
향할 향을 만드는 향품과
9 호마노며 에봇과 흉패에 물릴 보석
이니라
10 ●무릇 너희 중 마음이 지혜로운
자는 와서 여호와께서 명령하신 것
을 다 만들지니
11 곧 성막과 천막과 그 덮개와 그 갈
고리와 그 널판과 그 띠와 그 기둥
과 그 받침과
12 증거궤와 그 채와 속죄소와 그 가
리는 휘장과
13 상과 그 채와 그 모든 기구와 진설
병과
14 불 켜는 등잔대와 그 기구와 그 등
잔과 등유와
15 분향단과 그 채와 관유와 분향할
향품과 성막문의 휘장과
16 번제단과 그 놋 그물과 그 채와 그
모든 기구와 물두멍과 그 받침과
17 뜰의 포장과 그 기둥과 그 받침과
뜰 문의 휘장과
18 장막 말뚝과 뜰의 말뚝과 그 줄과
19 성소에서 섬기기 위하여 정교하게
만든 옷 곧 제사 직분을 행할 때에
입는 제사장 아론의 거룩한 옷과
그의 아들들의 옷이니라

여호와께 자원하여 드린 예물

20 ●이스라엘 자손의 온 회중이 모세
앞에서 물러갔더니
21 마음이 감동된 모든 자와 자원하는
모든 자가 와서 회막을 짓기 위하
여 그 속에서 쓸 모든 것을 위하여,
거룩한 옷을 위하여 예물을 가져다
가 여호와께 드렸으니
22 곧 마음에 원하는 남녀가 와서 팔
찌와 귀고리와 가락지와 [2]목걸이와
여러 가지 금품을 가져다가 사람마
다 여호와께 금 예물을 드렸으며
23 무릇 청색 자색 홍색 실과 가는 베
실과 염소 털과 붉은 물 들인 숫양
의 가죽과 [1]해달의 가죽이 있는 자
도 가져왔으며
24 은과 놋으로 예물을 삼는 모든 자
가 가져다가 여호와께 드렸으며 섬
기는 일에 소용되는 조각목이 있는
모든 자는 가져왔으며
25 마음이 슬기로운 모든 여인은 손수
실을 빼고 그 뺀 청색 자색 홍색 실
과 가는 베실을 가져왔으며
26 마음에 감동을 받아 슬기로운 모든
여인은 염소 털로 실을 뽑았으며
27 모든 족장은 호마노와 및 에봇과

1) 또는 돌고래 2) 팔고리

흉패에 물릴 보석을 가져왔으며
28 등불과 관유와 분향할 향에 소용되
는 기름과 향품을 가져왔으니
29 마음에 자원하는 남녀는 누구나 여
호와께서 모세의 손을 빌어 명령하
신 모든 것을 만들기 위하여 물품
을 드렸으니 이것이 이스라엘 자손
이 여호와께 자원하여 드린 예물이
니라

성막 일꾼 (출 31:1-11)

30 ●모세가 이스라엘 자손에게 이르
되 볼지어다 여호와께서 유다 지파
훌의 손자요 우리의 아들인 브살렐
을 지명하여 부르시고
31 하나님의 영을 그에게 충만하게 하
여 지혜와 총명과 지식으로 여러
가지 일을 하게 하시되
32 금과 은과 놋으로 제작하는 기술을
고안하게 하시며
33 보석을 깎아 물리며 나무를 새기는
여러 가지 정교한 일을 하게 하셨
고
34 또 그와 단 지파 아히사막의 아들
오홀리압을 감동시키사 가르치게
하시며
35 지혜로운 마음을 그들에게 충만하
게 하사 여러 가지 일을 하게 하시
되 조각하는 일과 세공하는 일과
청색 자색 홍색 실과 가는 베실로
수놓는 일과 짜는 일과 그 외에 여
러 가지 일을 하게 하시고 정교한
일을 고안하게 하셨느니라

36 브살렐과 오홀리압과 및 마음
이 지혜로운 사람 곧 여호와
께서 지혜와 총명을 부으사 성소에
쓸 모든 일을 할 줄 알게 하신 자들
은 모두 여호와께서 명령하신 대로
할 것이니라

예물로 드린 재료가 넉넉하다

2 ●모세가 브살렐과 오홀리압과 및
마음이 지혜로운 사람 곧 그 마음
에 여호와께로부터 지혜를 얻고 와
서 그 일을 하려고 마음에 원하는
모든 자를 부르매
3 그들이 이스라엘 자손의 성소의 모
든 것을 만들기 위하여 가져온 예
물을 모세에게서 받으니라 그러나
백성이 아침마다 자원하는 예물을
연하여 가져왔으므로
4 성소의 모든 일을 하는 지혜로운
자들이 각기 하는 일을 중지하고
와서
5 모세에게 말하여 이르되 백성이 너
무 많이 가져오므로 여호와께서 명
령하신 일에 쓰기에 남음이 있나이
다
6 모세가 명령을 내리매 그들이 진중
에 공포하여 이르되 남녀를 막론하
고 성소에 드릴 예물을 다시 만들
지 말라 하매 백성이 가져오기를
그치니
7 있는 재료가 모든 일을 하기에 넉
넉하여 남음이 있었더라

성막을 만들다 (출 26:1-37)

8 ●일하는 사람 중에 마음이 지혜로
운 모든 사람이 열 폭 휘장으로 성
막을 지었으니 곧 가늘게 꼰 베실
과 청색 자색 홍색 실로 그룹들을
무늬 놓아 짜서 지은 것이라
9 매 폭의 길이는 스물여덟 규빗, 너
비는 네 규빗으로 각 폭의 장단을
같게 하여
10 그 다섯 폭을 서로 연결하며 또 그
다섯 폭을 서로 연결하고
11 연결할 끝폭 가에 청색 [1]고를 만들
며 다른 연결할 끝폭 가에도 [1]고를
만들되
12 그 연결할 한 폭에 고리 쉰 개를 달
고 다른 연결할 한 폭의 가에도 고

1) 또는 고리

리 쉰 개를 달아 그 고들이 서로 대
하게 하고
13 금 갈고리 쉰 개를 만들어 그 갈고
리로 두 휘장을 연결하여 한 막을
이루었더라
14 ●그 성막을 덮는 막 곧 휘장을 염
소 털로 만들되 열한 폭을 만들었
으니
15 각 폭의 길이는 서른 규빗, 너비는
네 규빗으로 열한 폭의 장단을 같
게 하여
16 그 휘장 다섯 폭을 서로 연결하며
또 여섯 폭을 서로 연결하고
17 휘장을 연결할 끝폭 가에 고리 쉰
개를 달며 다른 연결할 끝폭 가에
도 고리 쉰 개를 달고
18 놋 갈고리 쉰 개를 만들어 그 휘장
을 연결하여 한 막이 되게 하고
19 붉은 물 들인 숫양의 가죽으로 막
의 덮개를 만들고 [1)]해달의 가죽으
로 그 윗덮개를 만들었더라
20 ●그가 또 조각목으로 성막에 세울
널판들을 만들었으니
21 각 판의 길이는 열 규빗, 너비는 한
규빗 반이며
22 각 판에 두 촉이 있어 서로 연결하
게 하였으니 성막의 모든 판이 그
러하며
23 성막을 위하여 널판을 만들었으되
남으로는 남쪽에 널판이 스무 개
라
24 그 스무 개 널판 밑에 은 받침 마흔
개를 만들었으되 곧 이 널판 밑에
도 두 받침이 그 두 촉을 받게 하였
고 저 널판 밑에도 두 받침이 그 두
촉을 받게 하였으며
25 성막 다른 쪽 곧 북쪽을 위하여도
널판 스무 개를 만들고
26 또 은 받침 마흔 개를 만들었으니
곧 이 판 밑에도 받침이 둘이요 저
판 밑에도 받침이 둘이며
27 장막 뒤 곧 서쪽을 위하여는 널판
여섯 개를 만들었고
28 장막 뒤 두 모퉁이 편을 위하여는
널판 두 개를 만들되
29 아래에서부터 위까지 각기 두 겹
두께로 하여 윗고리에 이르게 하고
두 모퉁이 쪽을 다 그리하며
30 그 널판은 여덟 개요 그 받침은 은
받침 열여섯 개라 각 널판 밑에 두
개씩이었더라
31 ●그가 또 조각목으로 띠를 만들었
으니 곧 성막 이쪽 널판을 위하여
다섯 개요
32 성막 저쪽 널판을 위하여 다섯 개
요 성막 뒤 곧 서쪽 널판을 위하여
다섯 개며
33 그 중간 띠를 만들되 널판 중간 이
끝에서 저 끝에 미치게 하였으며
34 그 널판들을 금으로 싸고 그 널판
에 띠를 꿸 금 고리를 만들고 그 띠
도 금으로 쌌더라
35 ●그가 또 청색 자색 홍색 실과 가
늘게 꼰 베실로 휘장을 짜고 그 위
에 그룹들을 정교하게 수놓고
36 조각목으로 네 기둥을 만들어 금으
로 쌌으며 그 갈고리는 금으로 기
둥의 네 받침은 은으로 부어 만들
었으며
37 청색 자색 홍색 실과 가늘게 꼰 베
실로 수놓아 장막문을 위하여 휘장
을 만들고
38 휘장 문의 기둥 다섯과 그 갈고리
를 만들고 기둥 머리와 그 가름대
를 금으로 쌌으며 그 다섯 받침은
놋이었더라

언약궤를 만들다 (출 25:10-22)

37 브살렐이 조각목으로 궤를 만
들었으니 길이가 두 규빗 반,

1) 또는 돌고래

너비가 한 규빗 반, 높이가 한 규빗
반이며
2 순금으로 안팎을 싸고 위쪽 가장자
리로 돌아가며 금테를 만들었으며
3 금 고리 넷을 부어 만들어 네 발에
달았으니 곧 이쪽에 두 고리요 저
쪽에 두 고리이며
4 조각목으로 채를 만들어 금으로 싸
고
5 그 채를 궤 양쪽 고리에 꿰어 궤를
메게 하였으며
6 순금으로 [1]속죄소를 만들었으니 길
이가 두 규빗 반, 너비가 한 규빗
반이며
7 금으로 그룹 둘을 [1]속죄소 양쪽에
쳐서 만들었으되
8 한 그룹은 이쪽 끝에, 한 그룹은 저
쪽 끝에 곧 [1]속죄소와 한 덩이로 그
양쪽에 만들었으니
9 그룹들이 그 날개를 높이 펴서 그
날개로 [1]속죄소를 덮었으며 그 얼
굴은 서로 대하여 [1]속죄소를 향하
였더라

상을 만들다 (출 25:23-30)

10 ●그가 또 조각목으로 상을 만들었
으니 길이가 두 규빗, 너비가 한 규
빗, 높이가 한 규빗 반이며
11 순금으로 싸고 위쪽 가장자리로 돌
아가며 금테를 둘렀으며
12 그 주위에 손바닥 넓이만한 턱을
만들고 그 턱 주위에 금으로 테를
만들었고
13 상을 위하여 금 고리 넷을 부어 만
들어 네 발 위, 네 모퉁이에 달았으
니
14 그 고리가 턱 곁에 있어서 상을 메
는 채를 꿰게 하였으며
15 또 조각목으로 상 멜 채를 만들어
금으로 쌌으며
16 상 위의 기구 곧 대접과 숟가락과
잔과 따르는 병을 순금으로 만들었
더라

등잔대를 만들다 (출 25:31-40)

17 ●그가 또 순금으로 등잔대를 만들
되 그것을 쳐서 만들었으니 그 밑
판과 줄기와 잔과 꽃받침과 꽃이
그것과 한 덩이로 되었고
18 가지 여섯이 그 곁에서 나왔으니
곧 등잔대의 세 가지는 저쪽으로
나왔고 등잔대의 세 가지는 이쪽으
로 나왔으며
19 이쪽 가지에 살구꽃 형상의 잔 셋
과 꽃받침과 꽃이 있고 저쪽 가지
에 살구꽃 형상의 잔 셋과 꽃받침
과 꽃이 있어 등잔대에서 나온 가
지 여섯이 그러하며
20 등잔대 줄기에는 살구꽃 형상의 잔
넷과 꽃받침과 꽃이 있고
21 등잔대에서 나온 가지 여섯을 위하
여는 꽃받침이 있게 하였으되 두
가지 아래에 한 꽃받침이 있어 줄
기와 연결하였고 또 두 가지 아래
에 한 꽃받침이 있어 줄기와 연결
하였고 또 다시 두 가지 아래에 한
꽃받침이 있어 줄기와 연결되게 하
였으니
22 이 꽃받침과 가지들을 줄기와 연결
하여 전부를 순금으로 쳐서 만들었
으며
23 등잔 일곱과 그 불 집게와 불똥 그
릇을 순금으로 만들었으니
24 등잔대와 그 모든 기구는 순금 한
달란트로 만들었더라

분향할 제단을 만들다(출 30:1-5; 30:22-38)

25 ●그가 또 조각목으로 분향할 제단
을 만들었으니 길이는 한 규빗이요
너비도 한 규빗이라 네모가 반듯하
고 높이는 두 규빗이며 그 뿔들이
제단과 연결되었으며

1) 시은좌 곧 은혜의 자리

26 제단 상면과 전후 좌우 면과 그 뿔
을 순금으로 싸고 주위에 금테를
둘렀고
27 그 테 아래 양쪽에 금 고리 둘을 만
들었으되 곧 그 양쪽에 만들어 제
단을 메는 채를 꿰게 하였으며
28 조각목으로 그 채를 만들어 금으로
쌌으며
29 거룩한 관유와 향품으로 정결한 향
을 만들었으되 향을 만드는 법대로
하였더라

번제단을 만들다 (출 27:1-8)

38 그가 또 조각목으로 번제단을
만들었으니 길이는 다섯 규빗
이요 너비도 다섯 규빗이라 네모가
반듯하고 높이는 세 규빗이며
2 그 네 모퉁이 위에 그 뿔을 만들되
그 뿔을 제단과 연결하게 하고 제
단을 놋으로 쌌으며
3 제단의 모든 기구 곧 통과 부삽과
대야와 고기 갈고리와 불 옮기는
그릇을 다 놋으로 만들고
4 제단을 위하여 놋 그물을 만들어
제단 주위 가장자리 아래에 두되
제단 절반에 오르게 하고
5 그 놋 그물 네 모퉁이에 채를 꿸 고
리 넷을 부어 만들었으며
6 채를 조각목으로 만들어 놋으로 싸
고
7 제단 양쪽 고리에 그 채를 꿰어 메
게 하였으며 제단은 널판으로 속이
비게 만들었더라

놋 물두멍을 만들다 (출 30:18)

8 ●그가 놋으로 물두멍을 만들고 그
받침도 놋으로 하였으니 곧 회막
문에서 수종 드는 여인들의 거울로
만들었더라

성막 울타리를 만들다 (출 27:9-19)

9 ●그가 또 뜰을 만들었으니 남으로
뜰의 남쪽에는 세마포 포장이 백
규빗이라
10 그 기둥이 스물이며 그 받침이 스
물이니 놋이요 기둥의 갈고리와 가
름대는 은이며
11 그 북쪽에도 백 규빗이라 그 기둥
이 스물이며 그 받침이 스물이니
놋이요 기둥의 갈고리와 가름대는
은이며
12 서쪽에 포장은 쉰 규빗이라 그 기
둥이 열이요 받침이 열이며 기둥의
갈고리와 가름대는 은이며
13 동으로 동쪽에도 쉰 규빗이라
14 문 이쪽의 포장이 열다섯 규빗이요
그 기둥이 셋이요 받침이 셋이며
15 문 저쪽도 그와 같으니 뜰 문 이쪽,
저쪽의 포장이 열다섯 규빗씩이요
그 기둥이 셋씩, 받침이 셋씩이라
16 뜰 주위의 포장은 세마포요
17 기둥 받침은 놋이요 기둥의 갈고리
와 가름대는 은이요 기둥 머리 싸
개는 은이며 뜰의 모든 기둥에 은
가름대를 꿰었으며
18 뜰의 휘장 문을 청색 자색 홍색 실
과 가늘게 꼰 베실로 수놓아 짰으
니 길이는 스무 규빗이요 너비와
높이는 뜰의 포장과 같이 다섯 규
빗이며
19 그 기둥은 넷인데 그 받침 넷은 놋
이요 그 갈고리는 은이요 그 머리
싸개와 가름대도 은이며
20 성막 말뚝과 뜰 주위의 말뚝은 모
두 놋이더라

성막 재료의 물자 목록

21 ●성막 곧 [1]증거막을 위하여 레위
사람이 쓴 재료의 물목은 제사장
아론의 아들 이다말이 모세의 명령
대로 계산하였으며
22 유다 지파 훌의 손자요 우리의 아
들인 브살렐은 여호와께서 모세에

1) 법

계 명령하신 모든 것을 만들었고
23 단 지파 아히사막의 아들 오홀리압
이 그와 함께하였으니 오홀리압은
재능이 있어서 조각하며 또 청색
자색 홍색 실과 가는 베실로 수놓
은 자더라
24 ●성소 건축 비용으로 들인 금은
성소의 세겔로 스물아홉 달란트와
칠백삼십 세겔이며
25 계수된 회중이 드린 은은 성소의
세겔로 백 달란트와 천칠백칠십오
세겔이니
26 계수된 자가 이십 세 이상으로 육
십만 삼천오백오십 명인즉 성소의
세겔로 각 사람에게 은 한 베가 곧
반 세겔씩이라
27 은 백 달란트로 성소의 받침과 휘
장 문의 기둥 받침을 모두 백 개를
부어 만들었으니 각 받침마다 한
달란트씩 모두 백 달란트요
28 천칠백칠십오 세겔로 기둥 갈고리
를 만들고 기둥 머리를 싸고 기둥
가름대를 만들었으며
29 드린 놋은 칠십 달란트와 이천사백
세겔이라
30 이것으로 회막문 기둥 받침과 놋
제단과 놋 그물과 제단의 모든 기
구를 만들었으며
31 뜰 주위의 기둥 받침과 그 휘장 문
의 기둥 받침이며 성막의 모든 말
뚝과 뜰 주위의 모든 말뚝을 만들
었더라

제사장의 옷을 만들다 (출 28:1-14)

39 그들은 여호와께서 모세에게
명령하신 대로 청색 자색 홍
색 실로 성소에서 섬길 때 입을 정
교한 옷을 만들고 또 아론을 위해
거룩한 옷을 만들었더라
2 ●그는 또 금실과 청색 자색 홍색
실과 가늘게 꼰 베실로 에봇을 만
들었으되
3 금을 얇게 쳐서 오려서 실을 만들
어 청색 자색 홍색 실과 가는 베실
에 섞어 정교하게 짜고
4 에봇에는 어깨받이를 만들어 그 두
끝에 달아 서로 연결되게 하고
5 에봇 위에 에봇을 매는 띠를 에봇
과 같은 모양으로 금실과 청색 자
색 홍색 실과 가늘게 꼰 베실로 에
봇에 붙여 짰으니 여호와께서 모세
에게 명령하신 대로 하였더라
6 ●그들은 또 호마노를 깎아 금테에
물려 도장을 새김같이 이스라엘의
아들들의 이름을 그것에 새겨
7 에봇 어깨받이에 달아 이스라엘의
아들들을 기념하는 보석을 삼았으
니 여호와께서 모세에게 명령하신
대로 하였더라

흉패를 짜다 (출 28:15-30)

8 ●그가 또 흉패를 정교하게 짜되
에봇과 같은 모양으로 금실과 청색
자색 홍색 실과 가늘게 꼰 베실로
하였으니
9 그것의 길이가 한 뼘, 너비가 한 뼘
으로 네 모가 반듯하고 두 겹이며
10 그것에 네 줄 보석을 물렸으니 곧
홍보석 황옥 녹주옥이 첫 줄이요
11 둘째 줄은 석류석 [1]남보석 [2]홍마노
요
12 셋째 줄은 호박 백마노 자수정이요
13 넷째 줄은 녹보석 호마노 벽옥이라
다 금테에 물렸으니
14 이 보석들은 이스라엘의 아들들의
이름 곧 그들의 이름대로 열둘이라
도장을 새김같이 그 열두 지파의
각 이름을 새겼으며
15 그들이 또 순금으로 노끈처럼 사슬
을 땋아 흉패에 붙이고
16 또 금테 둘과 금 고리 둘을 만들어

1) 청보석 2) 금강석

그 두 고리를 흉패 두 끝에 달고
17 그 땋은 두 금 사슬을 흉패 끝 두
고리에 꿰매었으며
18 그 땋은 두 사슬의 다른 두 끝을
에봇 앞 두 어깨받이의 금테에 매
고
19 또 금 고리 둘을 만들어 흉패 두 끝
에 달았으니 곧 그 에봇을 마주한
안쪽 가장자리에 달았으며
20 또 금 고리 둘을 만들어 에봇 앞 두
어깨받이 아래 매는 자리 가까운
쪽 곧 정교하게 짠 에봇 띠 위쪽에
달고
21 청색 끈으로 흉패 고리와 에봇 고
리에 꿰어 흉패로 정교하게 짠 에
봇 띠 위에 붙여서 에봇에서 벗어
지지 않게 하였으니 여호와께서 모
세에게 명령하신 대로 하였더라

제사장의 또 다른 옷을 만들다 (출 28:31-43)

22 ●그가 에봇 받침 긴 옷을 전부 청
색으로 짜서 만들되
23 그 옷의 두 어깨 사이에 구멍을 내
고 갑옷 깃같이 그 구멍 주위에 깃
을 짜서 찢어지지 않게 하고
24 청색 자색 홍색 실과 가는 베실로
그 옷 가장자리에 석류를 수놓고
25 순금으로 방울을 만들어 그 옷 가
장자리로 돌아가며 석류 사이사이
에 달되
26 방울과 석류를 서로 간격을 두고
번갈아 그 옷 가장자리로 돌아가며
달았으니 여호와께서 모세에게 명
령하신 대로 하였더라
27 ●그들이 또 직조한 가는 베로 아
론과 그의 아들들을 위하여 속옷을
짓고
28 세마포로 두건을 짓고 세마포로 빛
난 관을 만들고 가는 베실로 짜서
세마포 속바지들을 만들고
29 가는 베실과 청색 자색 홍색 실로
수놓아 띠를 만들었으니 여호와께
서 모세에게 명령하신 대로 하였더
라
30 ●그들이 또 순금으로 거룩한 [1]패
를 만들고 도장을 새김같이 그 위
에 '여호와께 성결'이라 새기고
31 그 패를 청색 끈으로 관 전면에 달
았으니 여호와께서 모세에게 명령
하신 대로 하였더라

성막의 모든 역사를 마치다 (출 35:10-19)

32 ●이스라엘 자손이 이와 같이 성막
곧 회막의 모든 역사를 마치되 여
호와께서 모세에게 명령하신 대로
다 행하고
33 그들이 성막을 모세에게로 가져왔
으니 곧 막과 그 모든 기구와 그 갈
고리들과 그 널판들과 그 띠들과
그 기둥들과 그 받침들과
34 붉은 물을 들인 숫양의 가죽 덮개
와 [2]해달의 가죽 덮개와 가리는 휘
장과
35 [3]증거궤와 그 채들과 [4]속죄소와
36 상과 그 모든 기구와 진설병과
37 순금 등잔대와 그 잔 곧 벌여 놓는
등잔대와 그 모든 기구와 등유와
38 금 제단과 관유와 향기로운 향과
장막 휘장 문과
39 놋 제단과 그 놋 그물과 그 채들과
그 모든 기구와 물두멍과 그 받침
과
40 뜰의 포장들과 그 기둥들과 그 받
침들과 뜰 문의 휘장과 그 줄들과
그 말뚝들과 성막 곧 회막에서 사
용할 모든 기구와
41 성소에서 섬기기 위한 정교한 옷
곧 제사 직분을 행할 때에 입는 제
사장 아론의 거룩한 옷과 그의 아

1) 히, 면류관의 패 2) 또는 돌고래 3) 법궤 4) 시은좌 곧 은혜의 자리

들들의 옷이라
42 여호와께서 모세에게 명령하신 대
로 이스라엘 자손이 모든 역사를
마치매
43 모세가 그 마친 모든 것을 본즉
여호와께서 명령하신 대로 되었으
므로 모세가 그들에게 축복하였더
라

성막 봉헌

40 여호와께서 모세에게 말씀하
여 이르시되
2 너는 첫째 달 초하루에 성막 곧 회
막을 세우고
3 또 [1]증거궤를 들여놓고 또 휘장으
로 그 궤를 가리고
4 또 상을 들여놓고 그 위에 물품을
진설하고 등잔대를 들여놓아 불을
켜고
5 또 금 향단을 [1]증거궤 앞에 두고 성
막 문에 휘장을 달고
6 또 번제단을 회막의 성막 문 앞에
놓고
7 또 물두멍을 회막과 제단 사이에
놓고 그 속에 물을 담고
8 또 뜰 주위에 포장을 치고 뜰 문에
휘장을 달고
9 또 관유를 가져다가 성막과 그 안
에 있는 모든 것에 발라 그것과 그
모든 기구를 거룩하게 하라 그것이
거룩하리라
10 너는 또 번제단과 그 모든 기구에
발라 그 안을 거룩하게 하라 그 제
단이 지극히 거룩하리라
11 너는 또 물두멍과 그 받침에 발라
거룩하게 하고
12 너는 또 아론과 그 아들들을 회막
문으로 데려다가 물로 씻기고
13 아론에게 거룩한 옷을 입히고 그에
게 기름을 [2]부어 거룩하게 하여 그
가 내게 제사장의 직분을 행하게
하라
14 너는 또 그 아들들을 데려다가 그
들에게 겉옷을 입히고
15 그 아버지에게 기름을 부음같이 그
들에게도 부어서 그들이 내게 제사
장의 직분을 행하게 하라 그들이
기름부음을 받았은즉 대대로 영영
히 제사장이 되리라 하시매
16 모세가 그같이 행하되 곧 여호와께
서 자기에게 명령하신 대로 다 행
하였더라
17 ●둘째 해 첫째 달 곧 그달 초하루
에 성막을 세우니라
18 모세가 성막을 세우되 그 받침들을
놓고 그 널판들을 세우고 그 띠를
띠우고 그 기둥들을 세우고
19 또 성막 위에 막을 펴고 그 위에 덮
개를 덮으니 여호와께서 모세에게
명령하신 대로 되니라
20 그는 또 증거판을 궤 속에 넣고 채
를 궤에 꿰고 속죄소를 궤 위에 두
고
21 또 그 궤를 성막에 들여놓고 가리
개 휘장을 늘어뜨려 그 증거궤를
가리니 여호와께서 모세에게 명령
하신 대로 되니라
22 그는 또 회막 안 곧 성막 북쪽으로
휘장 밖에 상을 놓고
23 또 여호와 앞 그 상 위에 떡을 진설
하니 여호와께서 모세에게 명령하
신 대로 되니라
24 그는 또 회막 안 곧 성막 남쪽에 등
잔대를 놓아 상과 마주하게 하고
25 또 여호와 앞에 등잔대에 불을 켜
니 여호와께서 모세에게 명령하신
대로 되니라
26 그가 또 금 향단을 회막 안 휘장 앞
에 두고
27 그 위에 향기로운 향을 사르니 여

1) 법궤 2) 또는 '발라'

호와께서 모세에게 명령하신 대로
되니라
28 그는 또 성막 문에 휘장을 달고
29 또 회막의 성막 문 앞에 번제단을
두고 번제와 소제를 그 위에 드리
니 여호와께서 모세에게 명령하신
대로 되니라
30 그는 또 물두멍을 회막과 제단 사이
에 두고 거기 씻을 물을 담으니라
31 모세와 아론과 그 아들들이 거기서
수족을 씻되
32 그들이 회막에 들어갈 때와 제단
에 가까이 갈 때에 씻었으니 여호
와께서 모세에게 명령하신 대로
되니라
33 그는 또 성막과 제단 주위 뜰에 포
장을 치고 뜰 문에 휘장을 다니라
모세가 이같이 역사를 마치니

여호와의 영광이 성막에 충만하다
(민 9:15-23)

34 ●구름이 회막에 덮이고 여호와의
영광이 성막에 충만하매
35 모세가 회막에 들어갈 수 없었으니
이는 구름이 회막 위에 덮이고 여
호와의 영광이 성막에 충만함이었
으며
36 구름이 성막 위에서 떠오를 때에는
이스라엘 자손이 그 모든 행진하는
길에 앞으로 나아갔고
37 구름이 떠오르지 않을 때에는 떠오
르는 날까지 나아가지 아니하였으며
38 낮에는 여호와의 구름이 성막 위에
있고 밤에는 불이 그 구름 가운데
에 있음을 이스라엘의 온 족속이
그 모든 행진하는 길에서 그들의
눈으로 보았더라

레위기

Leviticus

번제

1 여호와께서 회막에서 모세를 부
르시고 그에게 말씀하여 이르시
되
2 이스라엘 자손에게 말하여 이르라
너희 중에 누구든지 여호와께 예물
을 드리려거든 가축 중에서 소나
양으로 예물을 드릴지니라
3 ●그 예물이 소의 번제이면 흠 없는
수컷으로 회막문에서 여호와 앞에
기쁘게 받으시도록 드릴지니라
4 그는 번제물의 머리에 안수할지니
그를 위하여 기쁘게 받으심이 되어
그를 위하여 속죄가 될 것이라
5 그는 여호와 앞에서 그 수송아지를
잡을 것이요 아론의 자손 제사장들
은 그 피를 가져다가 회막문 앞 제
단 사방에 뿌릴 것이며
6 그는 또 그 번제물의 가죽을 벗기
고 각을 뜰 것이요
7 제사장 아론의 자손들은 제단 위에
불을 붙이고 불 위에 나무를 벌여
놓고
8 아론의 자손 제사장들은 그 뜬 각
과 머리와 기름을 제단 위의 불 위
에 있는 나무에 벌여 놓을 것이며
9 그 내장과 정강이를 물로 씻을 것이
요 제사장은 그 전부를 제단 위에서
불살라 번제를 드릴지니 이는 화제
라 여호와께 향기로운 냄새니라
10 ●만일 그 예물이 가축 떼의 양이
나 염소의 번제이면 흠 없는 수컷
으로 드릴지니
11 그가 제단 북쪽 여호와 앞에서 그

것을 잡을 것이요 아론의 자손 제
사장들은 그것의 피를 제단 사방에
뿌릴 것이며
12 그는 그것의 각을 뜨고 그것의 머
리와 그것의 기름을 베어낼 것이요
제사장은 그것을 다 제단 위의 불
위에 있는 나무 위에 벌여 놓을 것
이며
13 그 내장과 그 정강이를 물로 씻을
것이요 제사장은 그 전부를 가져다
가 제단 위에서 불살라 번제를 드
릴지니 이는 화제라 여호와께 향기
로운 냄새니라
14 ●만일 여호와께 드리는 예물이 새
의 번제이면 산비둘기나 집비둘기
새끼로 예물을 드릴 것이요
15 제사장은 그것을 제단으로 가져다
가 그것의 머리를 비틀어 끊고 제
단 위에서 불사르고 피는 제단 곁
에 흘릴 것이며
16 그것의 모이주머니와 [1]그 더러운
것은 제거하여 제단 동쪽 재 버리
는 곳에 던지고
17 또 그 날개 자리에서 그 몸을 찢되
아주 찢지 말고 제사장이 그것을 제
단 위의 불 위에 있는 나무 위에서
불살라 번제를 드릴지니 이는 화제
라 여호와께 향기로운 냄새니라

소제의 예물

2 누구든지 소제의 예물을 여호와
께 드리려거든 고운 가루로 예물
을 삼아 그 위에 기름을 붓고 또 그
위에 유향을 놓아
2 아론의 자손 제사장들에게로 가져
갈 것이요 제사장은 그 고운 가루
한 움큼과 기름과 그 모든 유향을
가져다가 기념물로 제단 위에서 불
사를지니 이는 화제라 여호와께 향
기로운 냄새니라
3 그 소제물의 남은 것은 아론과 그
의 자손에게 돌릴지니 이는 여호와
의 화제물 중에 지극히 거룩한 것
이니라
4 ●네가 화덕에 구운 것으로 소제의
예물을 드리려거든 고운 가루에 기
름을 섞어 만든 무교병이나 기름을
바른 무교전병을 드릴 것이요
5 철판에 부친 것으로 소제의 예물을
드리려거든 고운 가루에 누룩을 넣
지 말고 기름을 섞어
6 조각으로 나누고 그 위에 기름을
부을지니 이는 소제니라
7 네가 냄비의 것으로 소제를 드리려
거든 고운 가루와 기름을 섞어 만
들지니라
8 너는 이것들로 만든 소제물을 여호
와께로 가져다가 제사장에게 줄 것
이요 제사장은 그것을 제단으로 가
져가서
9 그 소제물 중에서 기념할 것을 가
져다가 제단 위에서 불사를지니 이
는 화제라 여호와께 향기로운 냄새
니라
10 소제물의 남은 것은 아론과 그의
아들들에게 돌릴지니 이는 여호와
의 화제물 중에 지극히 거룩한 것
이니라
11 ●너희가 여호와께 드리는 모든 소
제물에는 누룩을 넣지 말지니 너희
가 누룩이나 꿀을 여호와께 화제로
드려 사르지 못할지니라
12 처음 익은 것으로는 그것을 여호와
께 드릴지나 향기로운 냄새를 위하
여는 제단에 올리지 말지며
13 네 모든 소제물에 소금을 치라 네
하나님의 언약의 소금을 네 소제에
빼지 못할지니 네 모든 예물에 소
금을 드릴지니라
14 ●너는 첫 이삭의 소제를 여호와께

1) 또는 깃털

드리거든 첫 이삭을 볶아 찧은 것
으로 네 소제를 삼되
15 그 위에 기름을 붓고 그 위에 유향
을 더할지니 이는 소제니라
16 제사장은 찧은 곡식과 기름을 모든
유향과 함께 기념물로 불사를지니
이는 여호와께 드리는 화제니라

화목제의 예물

3 사람이 만일 [1]화목제의 제물을
예물로 드리되 소로 드리려면 수
컷이나 암컷이나 흠 없는 것으로
여호와 앞에 드릴지니
2 그 예물의 머리에 안수하고 회막
문에서 잡을 것이요 아론의 자손
제사장들은 그 피를 제단 사방에
뿌릴 것이며
3 그는 또 그 화목제의 제물 중에서
여호와께 화제를 드릴지니 곧 내장
에 덮인 기름과 내장에 붙은 모든
기름과
4 두 콩팥과 그 위의 기름 곧 허리 쪽
에 있는 것과 간에 덮인 꺼풀을 콩
팥과 함께 떼어낼 것이요
5 아론의 자손은 그것을 제단 위의
불 위에 있는 나무 위의 번제물 위
에서 사를지니 이는 화제라 여호와
께 향기로운 냄새니라
6 ●만일 여호와께 예물로 드리는 화
목제의 제물이 양이면 수컷이나 암
컷이나 흠 없는 것으로 드릴지며
7 만일 그의 예물로 드리는 것이 어
린 양이면 그것을 여호와 앞으로
끌어다가
8 그 예물의 머리에 안수하고 회막
앞에서 잡을 것이요 아론의 자손은
그 피를 제단 사방에 뿌릴 것이며
9 그는 그 화목제의 제물 중에서 여
호와께 화제를 드릴지니 그 기름
곧 미골에서 벤 기름진 꼬리와 내
장에 덮인 기름과 내장에 붙은 모
든 기름과
10 두 콩팥과 그 위의 기름 곧 허리 쪽
에 있는 것과 간에 덮인 꺼풀을 콩
팥과 함께 떼어낼 것이요
11 제사장은 그것을 제단 위에서 불사
를지니 이는 화제로 여호와께 드리
는 음식이니라
12 ●만일 그의 예물이 염소면 그것을
여호와 앞으로 끌어다가
13 그것의 머리에 안수하고 회막 앞에
서 잡을 것이요 아론의 자손은 그
피를 제단 사방에 뿌릴 것이며
14 그는 그 중에서 예물을 가져다가
여호와께 화제를 드릴지니 곧 내장
에 덮인 기름과 내장에 붙은 모든
기름과
15 두 콩팥과 그 위의 기름 곧 허리 쪽
에 있는 것과 간에 덮인 꺼풀을 콩
팥과 함께 떼어낼 것이요
16 제사장은 그것을 제단 위에서 불사
를지니 이는 화제로 드리는 음식이
요 향기로운 냄새라 모든 기름은
여호와의 것이니라
17 너희는 기름과 피를 먹지 말라 이
는 너희의 모든 처소에서 너희 대
대로 지킬 영원한 규례니라

속죄제를 드리는 규례

4 여호와께서 모세에게 말씀하여
이르시되
2 이스라엘 자손에게 말하여 이르라
누구든지 여호와의 계명 중 하나라
도 그릇 범하였으되
3 만일 기름부음을 받은 제사장이 범
죄하여 백성의 허물이 되었으면 그
가 범한 죄로 말미암아 흠 없는 수
송아지로 속죄제물을 삼아 여호와
께 드릴지니
4 그 수송아지를 회막문 여호와 앞으
로 끌어다가 그 수송아지의 머리

1) 또는 감사제

에 안수하고 그것을 여호와 앞에서
잡을 것이요
5 기름부음을 받은 제사장은 그 수송아
지의 피를 가지고 회막에 들어가서
6 그 제사장이 손가락에 그 피를 찍
어 여호와 앞 곧 성소의 휘장 앞에
일곱 번 뿌릴 것이며
7 제사장은 또 그 피를 여호와 앞 곧
회막 안 향단 뿔들에 바르고 그 송
아지의 피 전부를 회막문 앞 번제
단 밑에 쏟을 것이며
8 또 그 속죄제물이 된 수송아지의
모든 기름을 떼어낼지니 곧 내장에
덮인 기름과 내장에 붙은 모든 기
름과
9 두 콩팥과 그 위의 기름 곧 허리 쪽
에 있는 것과 간에 덮인 꺼풀을 콩
팥과 함께 떼어내되
10 화목제 제물의 소에게서 떼어냄같
이 할 것이요 제사장은 그것을 번
제단 위에서 불사를 것이며
11 그 수송아지의 가죽과 그 모든 고기
와 그것의 머리와 정강이와 내장과
12 똥 곧 그 송아지의 전체를 진영 바
깥 재 버리는 곳인 정결한 곳으로
가져다가 불로 나무 위에서 사르되
곧 재 버리는 곳에서 불사를지니라
13 ●만일 이스라엘 온 회중이 여호와
의 계명 중 하나라도 부지중에 범
하여 허물이 있으나 스스로 깨닫지
못하다가
14 그 범한 죄를 깨달으면 회중은 수
송아지를 속죄제로 드릴지니 그것
을 회막 앞으로 끌어다가
15 회중의 장로들이 여호와 앞에서 그
수송아지 머리에 안수하고 그것을
여호와 앞에서 잡을 것이요
16 기름부음을 받은 제사장은 그 수송
아지의 피를 가지고 회막에 들어가
서
17 그 제사장이 손가락으로 그 피를
찍어 여호와 앞, 휘장 앞에 일곱 번
뿌릴 것이며
18 또 그 피로 회막 안 여호와 앞에 있
는 제단 뿔들에 바르고 그 피 전부
는 회막문 앞 번제단 밑에 쏟을 것
이며
19 그것의 기름은 다 떼어 제단 위에
서 불사르되
20 그 송아지를 속죄제의 수송아지에
게 한 것같이 할지며 제사장이 그
것으로 회중을 위하여 속죄한즉 그
들이 사함을 받으리라
21 그는 그 수송아지를 진영 밖으로
가져다가 첫번 수송아지를 사름같
이 불사를지니 이는 회중의 속죄제
니라
22 ●만일 족장이 그의 하나님 여호와
의 계명 중 하나라도 부지중에 범
하여 허물이 있었는데
23 그가 범한 죄를 누가 그에게 깨우
쳐 주면 그는 흠 없는 숫염소를 예
물로 가져다가
24 그 숫염소의 머리에 안수하고 여호
와 앞 번제물을 잡는 곳에서 잡을
지니 이는 속죄제라
25 제사장은 그 속죄제물의 피를 손가
락에 찍어 번제단 뿔들에 바르고
그 피는 번제단 밑에 쏟고
26 그 모든 기름은 화목제 제물의 기
름같이 제단 위에서 불사를지니 이
같이 제사장이 그 범한 죄에 대하
여 그를 위하여 속죄한즉 그가 사
함을 얻으리라
27 ●만일 평민의 한 사람이 여호와의
계명 중 하나라도 부지중에 범하여
허물이 있었는데
28 그가 범한 죄를 누가 그에게 깨우
쳐 주면 그는 흠 없는 암염소를 끌
고 와서 그 범한 죄로 말미암아 그

레

것을 예물로 삼아
29 그 속죄제물의 머리에 안수하고 그
제물을 번제물을 잡는 곳에서 잡을
것이요
30 제사장은 손가락으로 그 피를 찍어
번제단 뿔들에 바르고 그 피 전부
를 제단 밑에 쏟고
31 그 모든 기름을 화목제물의 기름을
떼어낸 것같이 떼어내 제단 위에서
불살라 여호와께 향기롭게 할지니
제사장이 그를 위하여 속죄한즉 그
가 사함을 받으리라
32 ●그가 만일 어린 양을 속죄제물로
가져오려거든 흠 없는 암컷을 끌어
다가
33 그 속죄제 제물의 머리에 안수하고
번제물을 잡는 곳에서 속죄제물로
잡을 것이요
34 제사장은 그 속죄제물의 피를 손가
락으로 찍어 번제단 뿔들에 바르고
그 피는 전부 제단 밑에 쏟고
35 그 모든 기름을 화목제 어린 양의
기름을 떼낸 것같이 떼내어 제단
위 여호와의 화제물 위에서 불사를
지니 이같이 제사장이 그가 범한
죄에 대하여 그를 위하여 속죄한즉
그가 사함을 받으리라

5 만일 누구든지 저주하는 소리를
듣고서도 증인이 되어 그가 본
것이나 알고 있는 것을 알리지 아
니하면 그는 자기의 죄를 져야 할
것이요 그 허물이 그에게로 돌아갈
것이며
2 만일 누구든지 부정한 것들 곧 부
정한 들짐승의 사체나 부정한 가축
의 사체나 부정한 곤충의 사체를
만졌으면 부지중이라고 할지라도
그 몸이 더러워져서 허물이 있을
것이요
3 만일 부지중에 어떤 사람의 부정에
닿았는데 그 사람의 부정이 어떠한
부정이든지 그것을 깨달았을 때에
는 허물이 있을 것이요
4 만일 누구든지 입술로 맹세하여 악
한 일이든지 선한 일이든지 하리라
고 함부로 말하면 그 사람이 함부
로 말하여 맹세한 것이 무엇이든지
그가 깨닫지 못하다가 그것을 깨닫
게 되었을 때에는 그 중 하나에 그
에게 허물이 있을 것이니
5 이 중 하나에 허물이 있을 때에는
아무 일에 잘못하였노라 자복하고
6 그 잘못으로 말미암아 여호와께
[1]속죄제를 드리되 양 떼의 암컷 어
린 양이나 염소를 끌어다가 속죄제
를 드릴 것이요 제사장은 그의 허
물을 위하여 속죄할지니라
7 ●만일 그의 힘이 어린 양을 바치
는 데에 미치지 못하면 그가 지은
죄를 속죄하기 위하여 산비둘기 두
마리나 집비둘기 새끼 두 마리를
여호와께로 가져가되 하나는 속죄
제물을 삼고 하나는 번제물을 삼아
8 제사장에게로 가져갈 것이요 제사
장은 그 속죄제물을 먼저 드리되
그 머리를 목에서 비틀어 끊고 몸
은 아주 쪼개지 말며
9 그 속죄제물의 피를 제단 곁에 뿌
리고 그 남은 피는 제단 밑에 흘릴
지니 이는 속죄제요
10 그 다음 것은 규례대로 번제를 드
릴지니 제사장이 그의 잘못을 위하
여 속죄한즉 그가 사함을 받으리라
11 ●만일 그의 손이 산비둘기 두 마
리나 집비둘기 두 마리에도 미치지
못하면 그의 범죄로 말미암아 고운
가루 십분의 일 [2]에바를 예물로 가
져다가 속죄제물로 드리되 이는 속
죄제인즉 그 위에 기름을 붓지 말

1) 히, 벌금 2) 1에바는 22리터

며 유향을 놓지 말고
12 그것을 제사장에게로 가져갈 것이
요 제사장은 그것을 기념물로 한
움큼을 가져다가 제단 위 여호와의
화제물 위에서 불사를지니 이는 속
죄제라
13 제사장이 그가 이 중에서 하나를
범하여 얻은 허물을 위하여 속죄한
즉 그가 사함을 받으리라 그 나머
지는 소제물같이 제사장에게 돌릴
지니라

속건제를 드리는 규례

14 ●여호와께서 모세에게 말씀하여
이르시되
15 누구든지 여호와의 성물에 대하여
부지중에 범죄하였으면 여호와께
속건제를 드리되 네가 지정한 가치
를 따라 성소의 [1)]세겔로 몇 [1)]세겔
은에 상당한 흠 없는 숫양을 양 떼
중에서 끌어다가 속건제로 드려서
16 성물에 대한 잘못을 보상하되 그것
에 오분의 일을 더하여 제사장에게
줄 것이요 제사장은 그 속건제의
숫양으로 그를 위하여 속죄한즉 그
가 사함을 받으리라
17 ●만일 누구든지 여호와의 계명 중
하나를 부지중에 범하여도 허물이
라 벌을 당할 것이니
18 그는 네가 지정한 가치대로 양 떼
중 흠 없는 숫양을 속건제물로 제
사장에게로 가져갈 것이요 제사장
은 그가 부지중에 범죄한 허물을
위하여 속죄한즉 그가 사함을 받으
리라
19 이는 속건제니 그가 여호와 앞에
참으로 잘못을 저질렀음이니라

6 여호와께서 모세에게 말씀하여
이르시되
2 누구든지 여호와께 신실하지 못하
여 범죄하되 곧 이웃이 맡긴 물건이
나 전당물을 속이거나 도둑질하거
나 착취하고도 사실을 부인하거나
3 남의 잃은 물건을 줍고도 사실을
부인하여 거짓 맹세하는 등 사람이
이 모든 일 중의 하나라도 행하여
범죄하면
4 이는 죄를 범하였고 죄가 있는 자니
그 훔친 것이나 착취한 것이나 맡은
것이나 잃은 물건을 주운 것이나
5 그 거짓 맹세한 모든 물건을 돌려
보내되 곧 그 본래 물건에 오분의
일을 더하여 돌려보낼 것이니 그
죄가 드러나는 날에 그 임자에게
줄 것이요
6 그는 또 그 속건제물을 여호와께
가져갈지니 곧 네가 지정한 가치대
로 양 떼 중 흠 없는 숫양을 속건제
물을 위하여 제사장에게로 끌고 갈
것이요
7 제사장은 여호와 앞에서 그를 위하
여 속죄한즉 그는 무슨 허물이든지
사함을 받으리라

번제를 드리는 규례

8 ●여호와께서 모세에게 말씀하여
이르시되
9 아론과 그의 자손에게 명령하여 이
르라 번제의 규례는 이러하니라 번
제물은 아침까지 제단 위에 있는
석쇠 위에 두고 제단의 불이 그 위
에서 꺼지지 않게 할 것이요
10 제사장은 세마포 긴 옷을 입고 세
마포 속바지로 하체를 가리고 제단
위에서 불태운 번제의 재를 가져다
가 제단 곁에 두고
11 그 옷을 벗고 다른 옷을 입고 그 재
를 진영 바깥 정결한 곳으로 가져
갈 것이요
12 제단 위의 불은 항상 피워 꺼지지
않게 할지니 제사장은 아침마다 나

1) 1세겔은 11.4그램

무를 그 위에서 태우고 번제물을
그 위에 벌여 놓고 화목제의 기름
을 그 위에서 불사를지며
13 불은 끊임이 없이 제단 위에 피워
꺼지지 않게 할지니라

소제를 드리는 규례

14 ●소제의 규례는 이러하니라 아론
의 자손은 그것을 제단 앞 여호와
앞에 드리되
15 그 소제의 고운 가루 한 움큼과 기
름과 소제물 위의 유향을 다 가져
다가 기념물로 제단 위에서 불살라
여호와 앞에 향기로운 냄새가 되게
하고
16 그 나머지는 아론과 그의 자손이
먹되 누룩을 넣지 말고 거룩한 곳
회막 뜰에서 먹을지니라
17 그것에 누룩을 넣어 굽지 말라 이
는 나의 화제물 중에서 내가 그들
에게 주어 그들의 소득이 되게 하
는 것이라 속죄제와 속건제같이 지
극히 거룩한즉
18 아론 자손의 남자는 모두 이를 먹
을지니 이는 여호와의 화제물 중에
서 대대로 그들의 영원한 소득이
됨이라 이를 만지는 자마다 거룩하
리라
19 ●여호와께서 모세에게 말씀하여
이르시되
20 아론과 그의 자손이 기름부음을 받
는 날에 여호와께 드릴 예물은 이
러하니라 고운 가루 십분의 일 에
바를 항상 드리는 소제물로 삼아
그 절반은 아침에, 절반은 저녁에
드리되
21 그것을 기름으로 반죽하여 *철판에
굽고 기름에* 적셔 썰어서 소제로
여호와께 드려 향기로운 냄새가 되
게 하라
22 이 소제는 아론의 자손 중 기름부
음을 받고 그를 이어 제사장 된 자
가 드릴 것이요 영원한 규례로 여
호와께 온전히 불사를 것이니
23 제사장의 모든 소제물은 온전히 불
사르고 먹지 말지니라

속죄제를 드리는 규례

24 ●여호와께서 모세에게 말씀하여
이르시되
25 아론과 그의 아들들에게 말하여 이
르라 속죄제의 규례는 이러하니라
속죄제 제물은 지극히 거룩하니 여
호와 앞 번제물을 잡는 곳에서 그
속죄제 제물을 잡을 것이요
26 죄를 위하여 제사 드리는 제사장이
그것을 먹되 곧 회막 뜰 거룩한 곳
에서 먹을 것이며
27 그 고기에 접촉하는 모든 자는 거
룩할 것이며 그 피가 어떤 옷에든
지 묻었으면 묻은 그것을 거룩한
곳에서 빨 것이요
28 그 고기를 토기에 삶았으면 그 그
릇을 깨뜨릴 것이요 유기에 삶았
으면 그 그릇을 닦고 물에 씻을 것
이며
29 제사장인 남자는 모두 그것을 먹을
지니 그것은 지극히 거룩하니라
30 그러나 피를 가지고 회막에 들어가
성소에서 속죄하게 한 속죄제 제물
의 고기는 먹지 못할지니 불사를지
니라

속건제를 드리는 규례

7 속건제의 규례는 이러하니라 이
는 지극히 거룩하니
2 번제물을 잡는 곳에서 속건제의 번
제물을 잡을 것이요 제사장은 그
피를 제단 사방에 뿌릴 것이며
3 그 기름을 모두 드리되 곧 그 기름
진 꼬리와 내장에 덮인 기름과
4 두 콩팥과 그 위의 기름 곧 허리 쪽
에 있는 것과 간에 덮인 꺼풀을 콩

팔과 함께 떼어내고
5 제사장은 그것을 다 제단 위에서
불살라 여호와께 화제로 드릴 것이
니 이는 속건제니라
6 제사장인 남자는 모두 그것을 먹되
거룩한 곳에서 먹을지니라 그것은
지극히 거룩하니라
7 속죄제와 속건제는 규례가 같으니
그 제물은 속죄하는 제사장에게로
돌아갈 것이요
8 사람을 위하여 번제를 드리는 제사
장 곧 그 제사장은 그 드린 번제물
의 가죽을 자기가 가질 것이며
9 화덕에 구운 소제물과 냄비에나 철
판에서 만든 소제물은 모두 그 드
린 제사장에게로 돌아갈 것이니
10 소제물은 기름 섞은 것이나 마른
것이나 모두 아론의 모든 자손이
균등하게 분배할 것이니라

화목제물을 드리는 규례

11 ●여호와께 드릴 화목제물의 규례
는 이러하니라
12 만일 그것을 감사함으로 드리려면
기름 섞은 무교병과 기름 바른 무
교전병과 고운 가루에 기름 섞어
구운 과자를 그 감사제물과 함께
드리고
13 또 유교병을 화목제의 감사제물과
함께 그 예물로 드리되
14 그 전체의 예물 중에서 하나씩 여
호와께 거제로 드리고 그것을 화목
제의 피를 뿌린 제사장들에게로 돌
릴지니라
15 ●감사함으로 드리는 화목제물의
고기는 드리는 그날에 먹을 것이요
조금이라도 이튿날 아침까지 두지
말 것이니라
16 그러나 그의 예물의 제물이 서원이
나 자원하는 것이면 그 제물을 드
린 날에 먹을 것이요 그 남은 것은
이튿날에도 먹되
17 그 제물의 고기가 셋째 날까지 남
았으면 불사를지니
18 만일 그 화목제물의 고기를 셋째
날에 조금이라도 먹으면 그 제사는
기쁘게 받아들여지지 않을 것이라
드린 자에게도 예물답게 되지 못하
고 도리어 가증한 것이 될 것이며
그것을 먹는 자는 그 죄를 짊어지
리라
19 ●그 고기가 부정한 물건에 접촉되
었으면 먹지 말고 불사를 것이라 그
고기는 깨끗한 자만 먹을 것이니
20 만일 몸이 부정한 자가 여호와께
속한 화목제물의 고기를 먹으면 그
사람은 자기 백성 중에서 끊어질
것이요
21 만일 누구든지 부정한 것 곧 사람
의 부정이나 부정한 짐승이나 부정
하고 가증한 무슨 물건을 만지고
여호와께 속한 화목제물의 고기를
먹으면 그 사람도 자기 백성 중에
서 끊어지리라

피와 기름은 먹지 말라

22 ●여호와께서 모세에게 말씀하여
이르시되
23 이스라엘 자손에게 말하여 이르라
너희는 소나 양이나 염소의 기름을
먹지 말 것이요
24 스스로 죽은 것의 기름이나 짐승에
게 찢긴 것의 기름은 다른 데는 쓰
려니와 결단코 먹지는 말지니라
25 사람이 여호와께 화제로 드리는 제
물의 기름을 먹으면 그 먹는 자는
자기 백성 중에서 끊어지리라
26 너희가 사는 모든 곳에서 새나 짐
승의 피나 무슨 피든지 먹지 말라
27 무슨 피든지 먹는 사람이 있으면
그 사람은 다 자기 백성 중에서 끊
어지리라

화목제물 중에서 제사장이 받을 소득

28 ●여호와께서 모세에게 말씀하여
이르시되
29 이스라엘 자손에게 말하여 이르라
화목제물을 여호와께 드리려는 자
는 그 화목제물 중에서 그의 예물
을 여호와께 가져오되
30 여호와의 화제물은 그 사람이 자기
손으로 가져올지니 곧 그 제물의
기름과 가슴을 가져올 것이요 제사
장은 그 가슴을 여호와 앞에 흔들
어 요제를 삼고
31 그 기름은 제단 위에서 불사를 것
이며 가슴은 아론과 그의 자손에게
돌릴 것이며
32 또 너희는 그 화목제물의 오른쪽
뒷다리를 제사장에게 주어 거제를
삼을지니
33 아론의 자손 중에서 화목제물의 피
와 기름을 드리는 자는 그 오른쪽
뒷다리를 자기의 소득으로 삼을 것
이니라
34 내가 이스라엘 자손의 화목제물
중에서 그 흔든 가슴과 든 뒷다리
를 가져다가 제사장 아론과 그의
자손에게 주었나니 이는 이스라엘
자손에게서 받을 영원한 소득이니
라

맺는 말(1)

35 ●이는 여호와의 화제물 중에서 아
론에게 돌릴 것과 그의 아들들에게
돌릴 것이니 그들을 세워 여호와의
제사장의 직분을 행하게 한 날
36 곧 그들에게 기름부은 날에 여호와
께서 명령하사 이스라엘 자손 중에
서 그들에게 돌리게 하신 것이라
대대로 영원히 받을 소득이니라

맺는 말(2)

37 ●이는 번제와 소제와 속죄제와 속
건제와 위임식과 화목제의 규례라
38 여호와께서 시내 광야에서 이스라
엘 자손에게 그 예물을 여호와께
드리라 명령하신 날에 시내 산에서
이같이 모세에게 명령하셨더라

아론과 그의 아들들의 제사장 위임식

8 여호와께서 모세에게 말씀하여
이르시되
2 너는 아론과 그의 아들들과 함께
그 의복과 관유와 속죄제의 수송아
지와 숫양 두 마리와 무교병 한 광
주리를 가지고
3 온 회중을 회막문에 모으라
4 모세가 여호와께서 자기에게 명령
하신 대로 하매 회중이 회막문에
모인지라
5 모세가 회중에게 이르되 여호와께
서 행하라고 명령하신 것이 이러하
니라 하고
6 모세가 아론과 그의 아들들을 데려
다가 물로 그들을 씻기고
7 아론에게 속옷을 입히며 띠를 띠우
고 겉옷을 입히며 에봇을 걸쳐 입
히고 에봇의 장식 띠를 띠워서 에
봇을 몸에 매고
8 흉패를 붙이고 흉패에 우림과 둠밈
을 넣고
9 그의 머리에 관을 씌우고 그 관 위
전면에 금 패를 붙이니 곧 거룩한
관이라 여호와께서 모세에게 명령
하신 것과 같았더라
10 ●모세가 관유를 가져다가 성막과
그 안에 있는 모든 것에 발라 거룩
하게 하고
11 또 제단에 일곱 번 뿌리고 또 그 제
단과 그 모든 기구와 물두멍과 그
받침에 발라 거룩하게 하고
12 또 관유를 아론의 머리에 붓고 그
에게 발라 거룩하게 하고
13 모세가 또 아론의 아들들을 데려다
가 그들에게 속옷을 입히고 띠를

띠우며 관을 씌웠으니 여호와께서
모세에게 명령하신 것과 같았더라
14 ●모세가 또 속죄제의 수송아지를
끌어오니 아론과 그의 아들들이 그
속죄제의 수송아지 머리에 안수하
매
15 모세가 잡고 그 피를 가져다가 손
가락으로 그 피를 제단의 네 귀퉁
이 뿔에 발라 제단을 깨끗하게 하
고 그 피는 제단 밑에 쏟아 제단을
속하여 거룩하게 하고
16 또 내장에 덮인 모든 기름과 간 꺼
풀과 두 콩팥과 그 기름을 가져다
가 모세가 제단 위에 불사르고
17 그 수송아지 곧 그 가죽과 고기와
똥은 진영 밖에서 불살랐으니 여호
와께서 모세에게 명령하심과 같았
더라
18 ●또 번제의 숫양을 드릴새 아론과
그의 아들들이 그 숫양의 머리에
안수하매
19 모세가 잡아 그 피를 제단 사방에
뿌리고
20 그 숫양의 각을 뜨고 모세가 그 머
리와 각 뜬 것과 기름을 불사르고
21 물로 내장과 정강이들을 씻고 모세
가 그 숫양의 전부를 제단 위에서
불사르니 이는 향기로운 냄새를 위
하여 드리는 번제로 여호와께 드리
는 화제라 여호와께서 모세에게 명
령하심과 같았더라
22 ●또 다른 숫양 곧 위임식의 숫양
을 드릴새 아론과 그의 아들들이
그 숫양의 머리에 안수하매
23 모세가 잡고 그 피를 가져다가 아
론의 오른쪽 귓부리와 그의 오른쪽
엄지 손가락과 그의 오른쪽 엄지
발가락에 바르고
24 아론의 아들들을 데려다가 모세가
그 오른쪽 귓부리와 그들의 손의
오른쪽 엄지 손가락과 그들의 발의
오른쪽 엄지 발가락에 그 피를 바
르고 또 모세가 그 피를 제단 사방
에 뿌리고
25 그가 또 그 기름과 기름진 꼬리와
내장에 덮인 모든 기름과 간 꺼풀
과 두 콩팥과 그 기름과 오른쪽 뒷
다리를 떼어내고
26 여호와 앞 무교병 광주리에서 무교
병 한 개와 기름 섞은 떡 한 개와
전병 한 개를 가져다가 그 기름 위
에와 오른쪽 뒷다리 위에 놓아
27 그 전부를 아론의 손과 그의 아들
들의 손에 두어 여호와 앞에 흔들
어 요제를 삼게 하고
28 모세가 그것을 그들의 손에서 가져
다가 제단 위에 있는 번제물 위에
불사르니 이는 향기로운 냄새를 위
하여 드리는 위임식 제사로 여호와
께 드리는 화제라
29 이에 모세가 그 가슴을 가져다가
여호와 앞에 흔들어 요제를 삼았으
니 이는 위임식에서 잡은 숫양 중
모세의 몫이라 여호와께서 모세에
게 명령하심과 같았더라
30 ●모세가 관유와 제단 위의 피를 가
져다가 아론과 그의 옷과 그의 아들
들과 그의 아들들의 옷에 뿌려서 아
론과 그의 옷과 그의 아들들과 그의
아들들의 옷을 거룩하게 하고
31 모세가 아론과 그의 아들들에게 이
르되 내게 이미 명령하시기를 아론
과 그의 아들들은 먹으라 하셨은즉
너희는 회막문에서 그 고기를 삶아
위임식 광주리 안의 떡과 아울러
그곳에서 먹고
32 고기와 떡의 나머지는 불사를지며
33 위임식은 이레 동안 행하나니 위임
식이 끝나는 날까지 이레 동안은
회막문에 나가지 말라

34 오늘 행한 것은 여호와께서 너희를
위하여 속죄하게 하시려고 명령하
신 것이니
35 너희는 칠 주야를 회막문에 머물면
서 여호와께서 지키라고 하신 것을
지키라 그리하면 사망을 면하리라
내가 이같이 명령을 받았느니라
36 아론과 그의 아들들이 여호와께서
모세를 통하여 명령하신 모든 일을
준행하니라

아론이 첫 제사를 드리다

9 여덟째 날에 모세가 아론과 그의
아들들과 이스라엘 장로들을 불
러다가
2 아론에게 이르되 속죄제를 위하여
흠 없는 송아지를 가져오고 번제를
위하여 흠 없는 숫양을 여호와 앞
에 가져다 드리고
3 이스라엘 자손에게 말하여 이르기
를 너희는 속죄제를 위하여 숫염소
를 가져오고 또 번제를 위하여 일
년 되고 흠 없는 송아지와 어린 양
을 가져오고
4 또 화목제를 위하여 여호와 앞에
드릴 수소와 숫양을 가져오고 또
기름 섞은 소제물을 가져오라 하라
오늘 여호와께서 너희에게 나타나
실 것임이니라 하매
5 그들이 모세가 명령한 모든 것을
회막 앞으로 가져오고 온 회중이
나아와 여호와 앞에 선지라
6 모세가 이르되 이는 여호와께서 너
희에게 하라고 명령하신 것이니 여
호와의 영광이 너희에게 나타나리
라
7 모세가 또 아론에게 이르되 너는
제단에 나아가 네 속죄제와 네 번
제를 드려서 너를 위하여, 백성을
위하여 속죄하고 또 백성의 예물을
드려서 그들을 위하여 속죄하되 여
호와의 명령대로 하라
8 ●이에 아론이 제단에 나아가 자기
를 위한 속죄제 송아지를 잡으매
9 아론의 아들들이 그 피를 아론에게
가져오니 아론이 손가락으로 그 피
를 찍어 제단 뿔들에 바르고 그 피
는 제단 밑에 쏟고
10 그 속죄제물의 기름과 콩팥과 간
꺼풀을 제단 위에서 불사르니 여호
와께서 모세에게 명령하심과 같았
고
11 그 고기와 가죽은 진영 밖에서 불
사르니라
12 ●아론이 또 번제물을 잡으매 아론
의 아들들이 그 피를 그에게로 가
져오니 그가 그 피를 제단 사방에
뿌리고
13 그들이 또 번제의 제물 곧 그의 각
과 머리를 그에게로 가져오매 그가
제단 위에서 불사르고
14 또 내장과 정강이는 씻어서 단 위
에 있는 번제물 위에서 불사르니라
15 ●그가 또 백성의 예물을 드리되
곧 백성을 위한 속죄제의 염소를
가져다가 잡아 전과 같이 죄를 위
하여 드리고
16 또 번제물을 드리되 규례대로 드리
고
17 또 소제를 드리되 그 중에서 그의
손에 한 움큼을 채워서 아침 번제
물에 더하여 제단 위에서 불사르고
18 또 백성을 위하는 화목제물의 수소
와 숫양을 잡으매 아론의 아들들이
그 피를 그에게로 가져오니 그가
제단 사방에 뿌리고
19 그들이 또 수소와 숫양의 기름과
기름진 꼬리와 내장에 덮인 것과
콩팥과 간 꺼풀을 아론에게로 가져
다가
20 그 기름을 가슴들 위에 놓으매 아

론이 그 기름을 제단 위에서 불사
르고
21 가슴들과 오른쪽 뒷다리를 그가 여
호와 앞에 요제로 흔드니 모세가
명령한 것과 같았더라
22 ●아론이 백성을 향하여 손을 들어
축복함으로 속죄제와 번제와 화목
제를 마치고 내려오니라
23 모세와 아론이 회막에 들어갔다가
나와서 백성에게 축복하매 여호와
의 영광이 온 백성에게 나타나며
24 불이 여호와 앞에서 나와 제단 위
의 번제물과 기름을 사른지라 온
백성이 이를 보고 소리 지르며 엎
드렸더라

나답과 아비후가 벌을 받아 죽다

10 아론의 아들 나답과 아비후가
각기 향로를 가져다가 여호와
께서 명령하시지 아니하신 다른 불
을 담아 여호와 앞에 분향하였더니
2 불이 여호와 앞에서 나와 그들을
삼키매 그들이 여호와 앞에서 죽은
지라
3 모세가 아론에게 이르되 이는 여호
와의 말씀이라 이르시기를 나는 나
를 가까이 하는 자 중에서 내 거룩
함을 나타내겠고 온 백성 앞에서
내 영광을 나타내리라 하셨느니라
아론이 잠잠하니
4 모세가 아론의 삼촌 웃시엘의 아들
미사엘과 엘사반을 불러 그들에게
이르되 나아와 너희 형제들을 성소
앞에서 진영 밖으로 메고 나가라
하매
5 그들이 나와 모세가 말한 대로 그
들을 옷 입은 채 진영 밖으로 메어
내니
6 모세가 아론과 그의 아들 엘르아살
과 이다말에게 이르되 너희는 머리
를 풀거나 옷을 찢지 말라 그리하
여 너희가 죽음을 면하고 여호와의
진노가 온 회중에게 미침을 면하게
하라 오직 너희 형제 이스라엘 온
족속은 여호와께서 치신 불로 말미
암아 슬퍼할 것이니라
7 여호와의 관유가 너희에게 있은즉
너희는 회막문에 나가지 말라 그리
하면 죽음을 면하리라 그들이 모세
의 말대로 하니라

제사장이 회막에 들어갈 때의 규례

8 ●여호와께서 아론에게 말씀하여
이르시되
9 너와 네 자손들이 회막에 들어갈 때
에는 포도주나 독주를 마시지 말라
그리하여 너희 죽음을 면하라 이는
너희 대대로 지킬 영영한 규례라
10 그리하여야 너희가 거룩하고 속된
것을 분별하며 부정하고 정한 것을
분별하고
11 또 나 여호와가 모세를 통하여 모
든 규례를 이스라엘 자손에게 가르
치리라

제사장이 거룩한 곳에서 먹을 제물

12 ●모세가 아론과 그 남은 아들 엘
르아살에게와 이다말에게 이르되
여호와께 드린 화제물 중 소제의
남은 것은 지극히 거룩하니 너희는
그것을 취하여 누룩을 넣지 말고
제단 곁에서 먹되
13 이는 여호와의 화제물 중 네 소득
과 네 아들들의 소득인즉 너희는
그것을 거룩한 곳에서 먹으라 내가
명령을 받았느니라
14 흔든 가슴과 들어올린 뒷다리는 너
와 네 자녀가 너와 함께 정결한 곳
에서 먹을지니 이는 이스라엘 자손
의 화목제물 중에서 네 소득과 네
아들들의 소득으로 주신 것임이니
라
15 그 들어올린 뒷다리와 흔든 가슴을

17 화제물의 기름과 함께 가져다가 여
호와 앞에 흔들어 요제를 삼을지니
이는 여호와의 명령대로 너와 네
자손의 영원한 소득이니라
16 ●모세가 속죄제 드린 염소를 찾은
즉 이미 불살랐는지라 그가 아론의
남은 아들 엘르아살과 이다말에게
노하여 이르되
17 이 속죄제물은 지극히 거룩하거늘
너희가 어찌하여 거룩한 곳에서 먹
지 아니하였느냐 이는 너희로 회중
의 죄를 담당하여 그들을 위하여
여호와 앞에 속죄하게 하려고 너희
에게 주신 것이니라
18 그 피는 성소에 들여오지 아니하는
것이었으니 그 제물은 너희가 내가
명령한 대로 거룩한 곳에서 먹었어
야 했을 것이니라
19 아론이 모세에게 이르되 오늘 그들
이 그 속죄제와 번제를 여호와께
드렸어도 이런 일이 내게 임하였거
늘 오늘 내가 속죄제물을 먹었더라
면 여호와께서 어찌 좋게 여기셨으
리요
20 모세가 그 말을 듣고 좋게 여겼더
라

정한 짐승과 부정한 짐승

11 여호와께서 모세와 아론에게
말씀하여 이르시되
2 이스라엘 자손에게 말하여 이르라
육지의 모든 짐승 중 너희가 먹을
만한 생물은 이러하니
3 모든 짐승 중 굽이 갈라져 쪽발이
되고 새김질하는 것은 너희가 먹되
4 새김질하는 것이나 굽이 갈라진 짐
승 중에도 너희가 먹지 못할 것은
이러하니 낙타는 새김질은 하되 굽
이 갈라지지 아니하였으므로 너희
에게 부정하고
5 사반도 새김질은 하되 굽이 갈라지
지 아니하였으므로 너희에게 부정
하고
6 토끼도 새김질은 하되 굽이 갈라지
지 아니하였으므로 너희에게 부정
하고
7 돼지는 굽이 갈라져 쪽발이로되 새
김질을 못하므로 너희에게 부정하
니
8 너희는 이러한 고기를 먹지 말고
그 주검도 만지지 말라 이것들은
너희에게 부정하니라
9 ●물에 있는 모든 것 중에서 너희
가 먹을 만한 것은 이것이니 강과
바다와 다른 물에 있는 모든 것 중
에서 지느러미와 비늘 있는 것은
너희가 먹되
10 물에서 움직이는 모든 것과 물에서
사는 모든 것 곧 강과 바다에 있는
것으로서 지느러미와 비늘 없는 모
든 것은 너희에게 가증한 것이라
11 이들은 너희에게 가증한 것이니 너
희는 그 고기를 먹지 말고 그 주검
을 가증히 여기라
12 수중 생물에 지느러미와 비늘 없는
것은 너희가 혐오할 것이니라
13 ●새 중에 너희가 가증히 여길 것
은 이것이라 이것들이 가증한즉 먹
지 말지니 곧 독수리와 솔개와 물
수리와
14 말똥가리와 말똥가리 종류와
15 까마귀 종류와
16 타조와 [1]타흐마스와 갈매기와 새매
종류와
17 올빼미와 가마우지와 부엉이와
18 흰 올빼미와 사다새와 너새와
19 황새와 백로 종류와 오디새와 박쥐
니라
20 ●날개가 있고 네 발로 기어다니는
곤충은 너희가 혐오할 것이로되

1) 히, 새의 일종

21 다만 날개가 있고 네 발로 기어다
니는 모든 곤충 중에 그 발에 뛰는
다리가 있어서 땅에서 뛰는 것은
너희가 먹을지니
22 곧 그 중에 메뚜기 종류와 베짱이
종류와 귀뚜라미 종류와 팥중이 종
류는 너희가 먹으려니와
23 오직 날개가 있고 기어다니는 곤충
은 다 너희가 혐오할 것이니라
24 ●이런 것은 너희를 부정하게 하나
니 누구든지 이것들의 주검을 만지
면 저녁까지 부정할 것이며
25 그 주검을 옮기는 모든 자는 그 옷
을 빨지니 저녁까지 부정하리라
26 굽이 갈라진 모든 짐승 중에 쪽발
이 아닌 것이나 새김질 아니하는
것의 주검은 다 네게 부정하니 만
지는 자는 부정할 것이요
27 네 발로 다니는 모든 짐승 중 발바
닥으로 다니는 것은 다 네게 부정
하니 그 주검을 만지는 자는 저녁
까지 부정할 것이며
28 그 주검을 옮기는 자는 그 옷을 빨
지니 저녁까지 부정하리라 그것들
이 네게 부정하니라
29 ●땅에 기는 길짐승 중에 네게 부
정한 것은 이러하니 곧 두더지와
쥐와 큰 도마뱀 종류와
30 도마뱀붙이와 육지 악어와 도마뱀
과 사막 도마뱀과 카멜레온이라
31 모든 기는 것 중 이것들은 네게 부
정하니 그 주검을 만지는 모든 자
는 저녁까지 부정할 것이며
32 이런 것 중 어떤 것의 주검이 나무
그릇에든지 의복에든지 가죽에든
지 자루에든지 무엇에 쓰는 그릇에
든지 떨어지면 부정하여지리니 물
에 담그라 저녁까지 부정하다가 정
할 것이며
33 그것 중 어떤 것이 어느 질그릇에
떨어지면 그 속에 있는 것이 다 부
정하여지나니 너는 그 그릇을 깨뜨
리라
34 먹을 만한 축축한 식물이 거기 담
겼으면 부정하여질 것이요 그 같은
그릇에 담긴 마실 것도 부정할 것
이며
35 이런 것의 주검이 물건 위에 떨어
지면 그것이 모두 부정하여지리니
화덕이든지 화로이든지 깨뜨려버
리라 이것이 부정하여져서 너희에
게 부정한 것이 되리라
36 샘물이나 물이 고인 웅덩이는 부정
하여지지 아니하되 그 주검에 닿는
것은 모두 부정하여질 것이요
37 이것들의 주검이 심을 종자에 떨어
지면 그것이 정하거니와
38 만일 종자에 물이 묻었을 때에 그
것이 그 위에 떨어지면 너희에게
부정하리라
39 ●너희가 먹을 만한 짐승이 죽은
때에 그 주검을 만지는 자는 저녁
까지 부정할 것이며
40 그것을 먹는 자는 그 옷을 빨 것이
요 저녁까지 부정할 것이며 그 주
검을 옮기는 자도 그의 옷을 빨 것
이요 저녁까지 부정하리라
41 ●땅에 기어다니는 모든 길짐승은
가증한즉 먹지 못할지니
42 곧 땅에 기어다니는 모든 기는 것
중에 배로 밀어 다니는 것이나 네
발로 걷는 것이나 여러 발을 가진
것이라 너희가 먹지 말지니 이것들
은 가증함이니라
43 너희는 기는 바 기어다니는 것 때
문에 자기를 가증하게 되게 하지
말며 또한 그것 때문에 스스로 더
럽혀 부정하게 되게 하지 말라
44 나는 여호와 너희의 하나님이라 내
가 거룩하니 너희도 몸을 구별하여

거룩하게 하고 땅에 기는 길짐승
으로 말미암아 스스로 더럽히지 말
라
45 나는 너희의 하나님이 되려고 너희
를 애굽 땅에서 인도하여 낸 여호
와라 내가 거룩하니 너희도 거룩할
지어다
46 ●이는 짐승과 새와 물에서 움직이
는 모든 생물과 땅에 기는 모든 길
짐승에 대한 규례니
47 부정하고 정한 것과 먹을 생물과
먹지 못할 생물을 분별한 것이니라

아이를 낳은 여인에 대한 규례

12 여호와께서 모세에게 말씀하
여 이르시되
2 이스라엘 자손에게 말하여 이르라
여인이 임신하여 남자를 낳으면 그
는 이레 동안 부정하리니 곧 월경
할 때와 같이 부정할 것이며
3 여덟째 날에는 그 아이의 포피를
벨 것이요
4 그 여인은 아직도 삼십삼 일을 지
내야 산혈이 깨끗하리니 정결하게
되는 기한이 차기 전에는 성물을
만지지도 말며 성소에 들어가지도
말 것이며
5 여자를 낳으면 그는 두 이레 동안
부정하리니 월경할 때와 같을 것이
며 산혈이 깨끗하게 됨은 육십육
일을 지내야 하리라
6 ●아들이나 딸이나 정결하게 되는
기한이 차면 그 여인은 번제를 위
하여 일 년 된 어린 양을 가져가고
속죄제를 위하여 집비둘기 새끼나
산비둘기를 회막문 제사장에게로
가져갈 것이요
7 제사장은 그것을 여호와 앞에 드려
서 그 여인을 위하여 속죄할지니
그리하면 산혈이 깨끗하리라 이는
아들이나 딸을 생산한 여인에게 대
한 규례니라
8 그 여인이 어린 양을 바치기에 힘
이 미치지 못하면 산비둘기 두 마
리나 집비둘기 새끼 두 마리를 가
져다가 하나는 번제물로, 하나는
속죄제물로 삼을 것이요 제사장은
그를 위하여 속죄할지니 그가 정결
하리라

피부에 나병 같은 것이 생기거든

13 여호와께서 모세와 아론에게
말씀하여 이르시되
2 만일 사람이 그의 피부에 무엇이
돋거나 뾰루지가 나거나 색점이 생
겨서 그의 피부에 [1]나병 같은 것이
생기거든 그를 곧 제사장 아론에게
나 그의 아들 중 한 제사장에게로
데리고 갈 것이요
3 제사장은 그 피부의 병을 진찰할지
니 환부의 털이 희어졌고 환부가
피부보다 우묵하여졌으면 이는 나
병의 환부라 제사장이 그를 진찰하
여 그를 부정하다 할 것이요
4 피부에 색점이 희나 우묵하지 아니
하고 그 털이 희지 아니하면 제사
장은 그 환자를 이레 동안 가두어
둘 것이며
5 이레 만에 제사장이 그를 진찰할지
니 그가 보기에 그 환부가 변하지
아니하고 병색이 피부에 퍼지지 아
니하였으면 제사장이 그를 또 이레
동안을 가두어둘 것이며
6 이레 만에 제사장이 또 진찰할지니
그 환부가 엷어졌고 병색이 피부에
퍼지지 아니하였으면 피부병이라
제사장이 그를 정하다 할 것이요
그의 옷을 빨 것이라 그리하면 정
하리라
7 그러나 그가 정결한지를 제사장에
게 보인 후에 병이 피부에 퍼지면

1) 넓은 의미로 악성 피부병을 뜻함

제사장에게 다시 보일 것이요
8 제사장은 진찰할지니 그 병이 피부
에 퍼졌으면 그를 부정하다 할지니
라 이는 나병임이니라
9 ●사람에게 나병이 들었거든 그를
제사장에게로 데려갈 것이요
10 제사장은 진찰할지니 피부에 흰 점
이 돋고 털이 희어지고 거기 생살
이 생겼으면
11 이는 그의 피부의 오랜 나병이라
제사장이 부정하다 할 것이요 그가
이미 부정하였은즉 가두어두지는
않을 것이며
12 제사장이 보기에 나병이 그 피부에
크게 발생하였으되 그 환자의 머리
부터 발끝까지 퍼졌으면
13 그가 진찰할 것이요 나병이 과연
그의 전신에 퍼졌으면 그 환자를
정하다 할지니 다 희어진 자인즉
정하거니와
14 아무 때든지 그에게 생살이 보이면
그는 부정한즉
15 제사장이 생살을 진찰하고 그를 부
정하다 할지니 그 생살은 부정한
것인즉 이는 나병이며
16 그 생살이 변하여 다시 희어지면
제사장에게로 갈 것이요
17 제사장은 그를 진찰하여서 그 환부
가 희어졌으면 환자를 정하다 할지
니 그는 정하니라
18 ●피부에 종기가 생겼다가 나았고
19 그 종처에 흰 점이 돋거나 희고 불
그스름한 색점이 생겼으면 제사장
에게 보일 것이요
20 그는 진찰하여 피부보다 얕고 그
털이 희면 그를 부정하다 할지니
이는 종기로 된 나병의 환부임이니
라
21 그러나 제사장이 진찰하여 거기 흰
털이 없고 피부보다 얕지 아니하고
빛이 엷으면 제사장은 그를 이레
동안 가두어둘 것이며
22 그 병이 크게 피부에 퍼졌으면 제
사장은 그를 부정하다 할지니 이는
환부임이니라
23 그러나 그 색점이 여전하고 퍼지지
아니하였으면 이는 종기 흔적이니
제사장은 그를 정하다 할지니라
24 ●피부가 불에 데었는데 그 덴 곳
에 불그스름하고 희거나 순전히 흰
색점이 생기면
25 제사장은 진찰할지니 그 색점의 털
이 희고 그 자리가 피부보다 우묵
하면 이는 화상에서 생긴 나병인즉
제사장이 그를 부정하다 할 것은
나병의 환부가 됨이니라
26 그러나 제사장이 보기에 그 색점에
흰 털이 없으며 그 자리가 피부보다
얕지 아니하고 빛이 엷으면 그는 그
를 이레 동안 가두어둘 것이며
27 이레 만에 제사장이 그를 진찰할지
니 만일 병이 크게 피부에 퍼졌으
면 그가 그를 부정하다 할 것은 나
병의 환부임이니라
28 만일 색점이 여전하여 피부에 퍼지
지 아니하고 빛이 엷으면 화상으로
부은 것이니 제사장이 그를 정하다
할 것은 이는 화상의 흔적임이니라
29 ●남자나 여자의 머리에나 수염에
환부가 있으면
30 제사장은 진찰할지니 환부가 피부
보다 우묵하고 그 자리에 누르스름
하고 가는 털이 있으면 그가 그를
부정하다 할 것은 이는 옴이니라
머리에나 수염에 발생한 나병임이
니라
31 만일 제사장이 보기에 그 옴의 환
부가 피부보다 우묵하지 아니하고
그 자리에 검은 털이 없으면 제사
장은 그 옴 환자를 이레 동안 가두

어둘 것이며
32 이레 만에 제사장은 그 환부를 진
찰할지니 그 옴이 퍼지지 아니하고
그 자리에 누르스름한 털이 없고
피부보다 우묵하지 아니하면
33 그는 모발을 밀되 환부는 밀지 말
것이요 제사장은 옴 환자를 또 이
레 동안 가두어둘 것이며
34 이레 만에 제사장은 그 옴을 또 진
찰할지니 그 옴이 피부에 퍼지지
아니하고 피부보다 우묵하지 아니
하면 그는 그를 정하다 할 것이요
그는 자기의 옷을 빨아서 정하게
되려니와
35 깨끗한 후에라도 옴이 크게 피부에
퍼지면
36 제사장은 그를 진찰할지니 과연 옴
이 피부에 퍼졌으면 누른 털을 찾
을 것 없이 그는 부정하니라
37 그러나 제사장이 보기에 옴이 여전
하고 그 자리에 검은 털이 났으면
그 옴은 나았고 그 사람은 정하니
제사장은 그를 정하다 할지니라
38 ●남자나 여자의 피부에 색점 곧
흰 색점이 있으면
39 제사장은 진찰할지니 그 피부의 색
점이 부유스름하면 이는 피부에 발
생한 어루러기라 그는 정하니라
40 ●누구든지 그 머리털이 빠지면 그
는 대머리니 정하고
41 앞머리가 빠져도 그는 이마 대머리
니 정하니라
42 그러나 대머리나 이마 대머리에 희
고 불그스름한 색점이 있으면 이는
나병이 대머리에나 이마 대머리에
발생함이라
43 제사장은 그를 진찰할지니 그 대머
리에나 이마 대머리에 돋은 색점이
희고 불그스름하여 피부에 발생한
나병과 같으면
44 이는 나병 환자라 부정하니 제사장
이 그를 확실히 부정하다고 할 것은
그 환부가 그 머리에 있음이니라
45 ●나병 환자는 옷을 찢고 머리를
풀며 윗입술을 가리고 외치기를 부
정하다 부정하다 할 것이요
46 병 있는 날 동안은 늘 부정할 것이
라 그가 부정한즉 혼자 살되 진영
밖에서 살지니라

의복이나 가죽에 생기는 곰팡이

47 ●만일 의복에 나병 색점이 발생하
여 털옷에나 베옷에나
48 베나 털의 [1]날에나 씨에나 혹 가죽
에나 가죽으로 만든 모든 것에 있
으되
49 그 의복에나 가죽에나 그날에나 씨
에나 가죽으로 만든 모든 것에 병
색이 푸르거나 붉으면 이는 나병의
색점이라 제사장에게 보일 것이요
50 제사장은 그 색점을 진찰하고 그것
을 이레 동안 간직하였다가
51 이레 만에 그 색점을 살필지니 그
색점이 그 의복의 날에나 씨에나
가죽에나 가죽으로 만든 것에 퍼졌
으면 이는 악성 나병이라 그것이
부정하므로
52 그는 그 색점 있는 의복이나 털이
나 베의 날이나 씨나 모든 가죽으
로 만든 것을 불사를지니 이는 악
성 나병인즉 그것을 불사를지니라
53 ●그러나 제사장이 보기에 그 색점
이 그 의복의 날에나 씨에나 모든
가죽으로 만든 것에 퍼지지 아니하
였으면
54 제사장은 명령하여 그 색점 있는
것을 빨게 하고 또 이레 동안 간직
하였다가
55 그 빤 곳을 볼지니 그 색점의 빛이
변하지 아니하고 그 색점이 퍼지지

1) 직조한 것에나 편물

아니하였으면 부정하니 너는 그것
을 불사르라 이는 거죽에 있든지
속에 있든지 악성 나병이니라
56 ●빤 후에 제사장이 보기에 그 색
점이 엷으면 그 의복에서나 가죽에
서나 그 날에서나 씨에서나 그 색
점을 찢어 버릴 것이요
57 그 의복의 날에나 씨에나 가죽으로
만든 모든 것에 색점이 여전히 보
이면 재발하는 것이니 너는 그 색
점 있는 것을 불사를지니라
58 네가 빤 의복의 날에나 씨에나 가
죽으로 만든 모든 것에 그 색점이
벗겨졌으면 그것을 다시 빨아야 정
하리라
59 ●이는 털옷에나 베옷에나 그날에
나 씨에나 가죽으로 만든 모든 것
에 발생한 나병 색점의 정하고 부
정한 것을 진단하는 규례니라

환자가 정결하게 되는 날의 규례

14 여호와께서 모세에게 말씀하
여 이르시되
2 나병 환자가 정결하게 되는 날의
규례는 이러하니 곧 그 사람을 제
사장에게로 데려갈 것이요
3 제사장은 진영에서 나가 진찰할지
니 그 환자에게 있던 나병 환부가
나았으면
4 제사장은 그 정결함을 받을 자를
위하여 명령하여 살아 있는 정결한
새 두 마리와 백향목과 홍색 실과
우슬초를 가져오게 하고
5 제사장은 또 명령하여 그 새 하나
는 흐르는 물 위 질그릇 안에서 잡
게 하고
6 다른 새는 산 채로 가져다가 백향
목과 홍색 실과 우슬초와 함께 가
져다가 흐르는 물 위에서 잡은 새
의 피를 찍어
7 나병에서 정결함을 받을 자에게 일
곱 번 뿌려 정하다 하고 그 살아 있
는 새는 들에 놓을지며
8 정결함을 받는 자는 그의 옷을 빨
고 모든 털을 밀고 물로 몸을 씻을
것이라 그리하면 정하리니 그 후에
진영에 들어올 것이나 자기 장막
밖에 이레를 머물 것이요
9 일곱째 날에 그는 모든 털을 밀되
머리털과 수염과 눈썹을 다 밀고
그의 옷을 빨고 몸을 물에 씻을 것
이라 그리하면 정하리라
10 ●여덟째 날에 그는 흠 없는 어린
숫양 두 마리와 일 년 된 흠 없는
어린 암양 한 마리와 또 고운 가루
십분의 삼 에바에 기름 섞은 소제
물과 기름 한 [1]록을 취할 것이요
11 정결하게 하는 제사장은 정결함을
받을 자와 그 물건들을 회막문 여
호와 앞에 두고
12 어린 숫양 한 마리를 가져다가 기름
한 록과 아울러 속건제로 드리되 여
호와 앞에 흔들어 요제를 삼고
13 그 어린 숫양은 거룩한 장소 곧 속
죄제와 번제물 잡는 곳에서 잡을
것이며 속건제물은 속죄제물과 마
찬가지로 제사장에게 돌릴지니 이
는 지극히 거룩한 것이니라
14 제사장은 그 속건제물의 피를 취하
여 정결함을 받을 자의 오른쪽 귓
부리와 오른쪽 엄지 손가락과 오른
쪽 엄지 발가락에 바를 것이요
15 제사장은 또 그 한 록의 기름을 취
하여 자기 왼쪽 손바닥에 따르고
16 오른쪽 손가락으로 왼쪽 손의 기름
을 찍어 그 손가락으로 그것을 여
호와 앞에 일곱 번 뿌릴 것이요
17 손에 남은 기름은 제사장이 정결함
을 받을 자의 오른쪽 귓부리와 오
른쪽 엄지 손가락과 오른쪽 엄지

1) 약 0.31리터

발가락 곧 속건제물의 피 위에 바
를 것이며
18 아직도 그 손에 남은 기름은 제사
장이 그 정결함을 받는 자의 머리
에 바르고 제사장은 여호와 앞에서
그를 위하여 속죄하고
19 또 제사장은 속죄제를 드려 그 부
정함으로 말미암아 정결함을 받을
자를 위하여 속죄하고 그 후에 번
제물을 잡을 것이요
20 제사장은 그 번제와 소제를 제단에
드려 그를 위하여 속죄할 것이라
그리하면 그가 정결하리라
21 ●만일 그가 가난하여 그의 힘이
미치지 못하면 그는 흔들어 자기를
속죄할 속건제를 위하여 어린 숫양
한 마리와 소제를 위하여 고운 가
루 십분의 일 에바에 기름 섞은 것
과 기름 한 록을 취하고
22 그의 힘이 미치는 대로 산비둘기
둘이나 집비둘기 새끼 둘을 가져다
가 하나는 속죄제물로, 하나는 번
제물로 삼아
23 여덟째 날에 그 결례를 위하여 그
것들을 회막문 여호와 앞 제사장에
게로 가져갈 것이요
24 제사장은 속건제의 어린 양과 기름
한 록을 가져다가 여호와 앞에 흔
들어 요제를 삼고
25 속건제의 어린 양을 잡아서 제사장
은 그 속건제물의 피를 가져다가
정결함을 받을 자의 오른쪽 귓부리
와 오른쪽 엄지 손가락과 오른쪽
엄지 발가락에 바를 것이요
26 제사장은 그 기름을 자기 왼쪽 손
바닥에 따르고
27 오른쪽 손가락으로 왼쪽 손의 기름
을 조금 찍어 여호와 앞에 일곱 번
뿌릴 것이요
28 그 손의 기름은 제사장이 정결함을
받을 자의 오른쪽 귓부리와 오른쪽
엄지 손가락과 오른쪽 엄지 발가락
곧 속건제물의 피를 바른 곳에 바
를 것이며
29 또 그 손에 남은 기름은 제사장이
그 정결함을 받는 자의 머리에 발
라 여호와 앞에서 그를 위하여 속
죄할 것이며
30 그는 힘이 미치는 대로 산비둘기
한 마리나 집비둘기 새끼 한 마리
를 드리되
31 곧 그의 힘이 미치는 대로 한 마리
는 속죄제로, 한 마리는 소제와 함
께 번제로 드릴 것이요 제사장은
정결함을 받을 자를 위하여 여호와
앞에 속죄할지니
32 나병 환자로서 그 정결예식에 그의
힘이 미치지 못한 자의 규례가 그
러하니라

집에 생기는 곰팡이

33 ●여호와께서 모세와 아론에게 말
씀하여 이르시되
34 내가 네게 기업으로 주는 가나안
땅에 너희가 이를 때에 너희 기업
의 땅에서 어떤 집에 나병 색점을
발생하게 하거든
35 그 집 주인은 제사장에게 가서 말
하여 알리기를 무슨 색점이 집에
생겼다 할 것이요
36 제사장은 그 색점을 살펴보러 가기
전에 그 집안에 있는 모든 것이 부
정을 면하게 하기 위하여 그 집을
비우도록 명령한 후에 들어가서 그
집을 볼지니
37 그 색점을 볼 때에 그 집 벽에 푸르
거나 붉은 무늬의 색점이 있어 벽
보다 우묵하면
38 제사장은 그 집 문으로 나와 그 집
을 이레 동안 폐쇄하였다가
39 이레 만에 또 가서 살펴볼 것이요

그 색점이 벽에 퍼졌으면
40 그는 명령하여 색점 있는 돌을 빼
내어 성 밖 부정한 곳에 버리게 하
고
41 또 집 안 사방을 긁게 하고 그 긁은
흙을 성 밖 부정한 곳에 쏟아버리
게 할 것이요
42 그들은 다른 돌로 그 돌을 대신하
며 다른 흙으로 집에 바를지니라
43 ●돌을 빼내며 집을 긁고 고쳐 바
른 후에 색점이 집에 재발하면
44 제사장은 또 가서 살펴볼 것이요
그 색점이 만일 집에 퍼졌으면 악
성 나병인즉 이는 부정하니
45 그는 그 집을 헐고 돌과 그 재목과
그 집의 모든 흙을 성 밖 부정한 곳
으로 내어 갈 것이며
46 그 집을 폐쇄한 날 동안에 들어가
는 자는 저녁까지 부정할 것이요
47 그 집에서 자는 자는 그의 옷을 빨
것이요 그 집에서 먹는 자도 그의
옷을 빨 것이니라
48 ●그 집을 고쳐 바른 후에 제사장
이 들어가 살펴보아서 색점이 집에
퍼지지 아니하였으면 이는 색점이
나은 것이니 제사장은 그 집을 정
하다 하고
49 그는 그 집을 정결하게 하기 위하
여 새 두 마리와 백향목과 홍색 실
과 우슬초를 가져다가
50 그 새 하나를 흐르는 물 위 질그릇
안에서 잡고
51 백향목과 우슬초와 홍색 실과 살아
있는 새를 가져다가 잡은 새의 피
와 흐르는 물을 찍어 그 집에 일곱
번 뿌릴 것이요
52 그는 새의 피와 흐르는 물과 살아
있는 새와 백향목과 우슬초와 홍색
실로 집을 정결하게 하고
53 그 살아 있는 새는 성 밖 들에 놓아
주고 그 집을 위하여 속죄할 것이
라 그러면 정결하리라
54 ●이는 각종 나병 환부에 대한 규
례니 곧 옴과
55 의복과 가옥의 나병과
56 돋는 것과 뾰루지와 색점이
57 어느 때는 부정하고 어느 때는 정
함을 가르치는 것이니 나병의 규례
가 이러하니라

몸에 유출병이 있으면

15 여호와께서 모세와 아론에게
말씀하여 이르시되
2 이스라엘 자손에게 말하여 이르라
누구든지 그의 몸에 유출병이 있으
면 그 유출병으로 말미암아 부정한
자라
3 그의 유출병으로 말미암아 부정함
이 이러하니 곧 그의 몸에서 흘러
나오든지 그의 몸에서 흘러 나오는
것이 막혔든지 부정한즉
4 유출병 있는 자가 눕는 침상은 다
부정하고 그가 앉았던 자리도 다
부정하니
5 그의 침상에 접촉하는 자는 그의
옷을 빨고 물로 몸을 씻을 것이며
저녁까지 부정하리라
6 유출병이 있는 자가 앉았던 자리에
앉는 자는 그의 옷을 빨고 물로 씻
을 것이요 저녁까지 부정하리라
7 유출병이 있는 자의 몸에 접촉하는
자는 그의 옷을 빨고 물로 몸을 씻
을 것이며 저녁까지 부정하리라
8 유출병이 있는 자가 정한 자에게
침을 뱉으면 정한 자는 그의 옷을
빨고 물로 몸을 씻을 것이며 저녁
까지 부정하리라
9 유출병이 있는 자가 탔던 안장은
다 부정하며
10 그의 몸 아래에 닿았던 것에 접촉
한 자는 다 저녁까지 부정하며 그

런 것을 옮기는 자는 그의 옷을 빨
고 물로 몸을 씻을 것이며 저녁까
지 부정하리라
11 유출병이 있는 자가 물로 그의 손
을 씻지 아니하고 아무든지 만지면
그 자는 그의 옷을 빨고 물로 몸을
씻을 것이며 저녁까지 부정하리라
12 유출병이 있는 자가 만진 질그릇은
깨뜨리고 나무 그릇은 다 물로 씻
을지니라
13 ●유출병이 있는 자는 그의 유출이
깨끗해지거든 그가 정결하게 되기
위하여 이레를 센 후에 옷을 빨고
흐르는 물에 그의 몸을 씻을 것이
라 그러면 그가 정하리니
14 여덟째 날에 산비둘기 두 마리나
집비둘기 새끼 두 마리를 자기를
위하여 가져다가 회막문 여호와 앞
으로 가서 제사장에게 줄 것이요
15 제사장은 그 한 마리는 속죄제로,
다른 한 마리는 번제로 드려 그의
유출병으로 말미암아 여호와 앞에
서 속죄할지니라
16 ●설정한 자는 전신을 물로 씻을
것이며 저녁까지 부정하리라
17 정수가 묻은 모든 옷과 가죽은 물
에 빨 것이며 저녁까지 부정하리라
18 남녀가 동침하여 설정하였거든 둘
다 물로 몸을 씻을 것이며 저녁까
지 부정하리라

여인이 유출을 하면

19 ●어떤 여인이 유출을 하되 그의
몸에 그의 유출이 피이면 이레 동
안 불결하니 그를 만지는 자마다
저녁까지 부정할 것이요
20 그가 불결할 동안에는 그가 누웠던
자리도 다 부정하며 그가 앉았던
자리도 다 부정한즉
21 그의 침상을 만지는 자는 다 그의
옷을 빨고 물로 몸을 씻을 것이요
저녁까지 부정할 것이며
22 그가 앉은 자리를 만지는 자도 다
그들의 옷을 빨고 물로 몸을 씻을
것이요 저녁까지 부정할 것이며
23 그의 침상 위에나 그가 앉은 자리
위에 있는 것을 만지는 모든 자도
저녁까지 부정할 것이며
24 누구든지 이 여인과 동침하여 그의
불결함에 전염되면 이레 동안 부정
할 것이라 그가 눕는 침상은 다 부
정하니라
25 ●만일 여인의 피의 유출이 그의
[1]불결기가 아닌데도 여러 날이 간
다든지 그 유출이 그의 [1]불결기를
지나도 계속되면 그 부정을 유출하
는 모든 날 동안은 그 불결한 때와
같이 부정한즉
26 그의 유출이 있는 모든 날 동안에
그가 눕는 침상은 그에게 불결한
때의 침상과 같고 그가 앉는 모든
자리도 부정함이 불결한 때의 부정
과 같으니
27 그것들을 만지는 자는 다 부정한즉
그의 옷을 빨고 물로 몸을 씻을 것
이며 저녁까지 부정할 것이요
28 그의 유출이 그치면 이레를 센 후
에야 정하리니
29 그는 여덟째 날에 산비둘기 두 마
리나 집비둘기 새끼 두 마리를 자
기를 위하여 가져다가 회막문 앞
제사장에게로 가져갈 것이요
30 제사장은 그 한 마리는 속죄제로,
다른 한 마리는 번제로 드려 유출
로 부정한 여인을 위하여 여호와
앞에서 속죄할지니라
31 ●너희는 이와 같이 이스라엘 자손
이 그들의 부정에서 떠나게 하여
그들 가운데에 있는 내 성막을 그
들이 더럽히고 그들이 부정한 중에

1) 또는 생리 기간

서 죽지 않도록 할지니라
32 ●이 규례는 유출병이 있는 자와
설정함으로 부정하게 된 자와
33 불결기의 앓는 여인과 유출병이 있
는 남녀와 그리고 불결한 여인과
동침한 자에 대한 것이니라

속죄일

16 아론의 두 아들이 여호와 앞에
나아가다가 죽은 후에 여호와
께서 모세에게 말씀하시니라
2 여호와께서 모세에게 이르시되 네
형 아론에게 이르라 성소의 휘장
안 법궤 위 속죄소 앞에 아무 때나
들어오지 말라 그리하여 죽지 않도
록 하라 이는 내가 구름 가운데에
서 속죄소 위에 나타남이니라
3 아론이 성소에 들어오려면 수송아
지를 속죄제물로 삼고 숫양을 번제
물로 삼고
4 거룩한 세마포 속옷을 입으며 세마
포 속바지를 몸에 입고 세마포 띠
를 띠며 세마포 관을 쓸지니 이것
들은 거룩한 옷이라 물로 그의 몸
을 씻고 입을 것이며
5 이스라엘 자손의 회중에게서 속죄
제물로 삼기 위하여 숫염소 두 마
리와 번제물로 삼기 위하여 숫양
한 마리를 가져갈지니라
6 ●아론은 자기를 위한 속죄제의 수
송아지를 드리되 자기와 집안을 위
하여 속죄하고
7 또 그 두 염소를 가지고 회막문 여
호와 앞에 두고
8 두 염소를 위하여 제비 뽑되 한 제비
는 여호와를 위하고 한 제비는 [1]아
사셀을 위하여 할지며
9 아론은 여호와를 위하여 제비 뽑은
염소를 속죄제로 드리고
10 아사셀을 위하여 제비 뽑은 염소는
산 채로 여호와 앞에 두었다가 그
것으로 속죄하고 아사셀을 위하여
광야로 보낼지니라
11 ●아론은 자기를 위한 속죄제의 수
송아지를 드리되 자기와 집안을 위
하여 속죄하고 자기를 위한 그 속
죄제 수송아지를 잡고
12 향로를 가져다가 여호와 앞 제단
위에서 피운 불을 그것에 채우고
또 곱게 간 향기로운 향을 두 손에
채워 가지고 휘장 안에 들어가서
13 여호와 앞에서 분향하여 향연으로
[2]증거궤 위 [3]속죄소를 가리게 할지
니 그리하면 그가 죽지 아니할 것
이며
14 그는 또 수송아지의 피를 가져다가
손가락으로 [3]속죄소 동쪽에 뿌리
고 또 손가락으로 그 피를 [3]속죄소
앞에 일곱 번 뿌릴 것이며
15 또 백성을 위한 속죄제 염소를 잡
아 그 피를 가지고 휘장 안에 들어
가서 그 수송아지 피로 행함같이
그 피로 행하여 [3]속죄소 위와 [3]속
죄소 앞에 뿌릴지니
16 곧 이스라엘 자손의 부정과 그들이
범한 모든 죄로 말미암아 지성소를
위하여 속죄하고 또 그들의 부정한
중에 있는 회막을 위하여 그같이
할 것이요
17 그가 지성소에 속죄하러 들어가서
자기와 그의 집안과 이스라엘 온
회중을 위하여 속죄하고 나오기까
지는 누구든지 회막에 있지 못할
것이며
18 그는 여호와 앞 제단으로 나와서
그것을 위하여 속죄할지니 곧 그
수송아지의 피와 염소의 피를 가져
다가 제단 귀퉁이 뿔들에 바르고
19 또 손가락으로 그 피를 그 위에 일
곱 번 뿌려 이스라엘 자손의 부정

1) 내보내는 염소 2) 법궤 3) 시은좌 곧 은혜의 자리

에서 제단을 성결하게 할 것이요
20 그 지성소와 회막과 제단을 위하여
속죄하기를 마친 후에 살아 있는
염소를 드리되
21 아론은 그의 두 손으로 살아 있는
염소의 머리에 안수하여 이스라엘
자손의 모든 불의와 그 범한 모든
죄를 아뢰고 그 죄를 염소의 머리
에 두어 미리 정한 사람에게 맡겨
광야로 보낼지니
22 염소가 그들의 모든 불의를 지고
접근하기 어려운 땅에 이르거든 그
는 그 염소를 광야에 놓을지니라
23 ●아론은 회막에 들어가서 지성소
에 들어갈 때에 입었던 세마포 옷
을 벗어 거기 두고
24 거룩한 곳에서 물로 그의 몸을 씻
고 자기 옷을 입고 나와서 자기의
번제와 백성의 번제를 드려 자기와
백성을 위하여 속죄하고
25 속죄제물의 기름을 제단에서 불사
를 것이요
26 염소를 아사셀에게 보낸 자는 그의
옷을 빨고 물로 그의 몸을 씻은 후
에 진영에 들어갈 것이며
27 속죄제 수송아지와 속죄제 염소의
피를 성소로 들여다가 속죄하였은
즉 그 가죽과 고기와 똥을 밖으로
내다가 불사를 것이요
28 불사른 자는 그의 옷을 빨고 물로
그의 몸을 씻은 후에 진영에 들어
갈지니라
29 ●너희는 영원히 이 규례를 지킬지
니라 일곱째 달 곧 그달 십 일에 너
희는 스스로 괴롭게 하고 아무 일
도 하지 말되 본토인이든지 너희
중에 거류하는 거류민이든지 그리
하라
30 이날에 너희를 위하여 속죄하여 너
희를 정결하게 하리니 너희의 모든
죄에서 너희가 여호와 앞에 정결하
리라
31 이는 너희에게 안식일 중의 안식일
인즉 너희는 스스로 괴롭게 할지니
영원히 지킬 규례라
32 기름부음을 받고 위임되어 자기의
아버지를 대신하여 제사장의 직분
을 행하는 제사장은 속죄하되 세마
포 옷 곧 거룩한 옷을 입고
33 지성소를 [1)]속죄하며 회막과 제단을
속죄하고 또 제사장들과 백성의 회
중을 위하여 속죄할지니
34 이는 너희가 영원히 지킬 규례라
이스라엘 자손의 모든 죄를 위하여
일 년에 한 번 속죄할 것이니라 아
론이 여호와께서 모세에게 명령하
신 대로 행하니라

제물을 드릴 곳

17 여호와께서 모세에게 말씀하여
이르시되
2 아론과 그의 아들들과 이스라엘의
모든 자손에게 말하여 그들에게 이
르기를 여호와의 명령이 이러하시
다 하라
3 이스라엘 집의 모든 사람이 소나
어린 양이나 염소를 진영 안에서
잡든지 진영 밖에서 잡든지
4 먼저 회막문으로 끌고 가서 여호와
의 성막 앞에서 여호와께 예물로
드리지 아니하는 자는 피 흘린 자
로 여길 것이라 그가 피를 흘렸은
즉 자기 백성 중에서 끊어지리라
5 그런즉 이스라엘 자손이 들에서 잡
던 그들의 제물을 회막문 여호와
께로 끌고 가서 제사장에게 주어
화목제로 여호와께 드려야 할 것이
요
6 제사장은 그 피를 회막문 여호와
의 제단에 뿌리고 그 기름을 불살

1) 또는 정결하게 하고

라 여호와께 향기로운 냄새가 되게
할 것이라
7 그들은 전에 음란하게 섬기던 숫염
소에게 다시 제사하지 말 것이니라
이는 그들이 대대로 지킬 영원한
규례니라
8 ●너는 또 그들에게 이르라 이스라
엘 집 사람이나 혹은 그들 중에 거
류하는 거류민이 번제나 제물을 드
리되
9 회막문으로 가져다가 여호와께 드
리지 아니하면 그는 백성 중에서
끊어지리라

피를 먹지 말라

10 ●이스라엘 집 사람이나 그들 중에
거류하는 거류민 중에 무슨 피든지
먹는 자가 있으면 내가 그 피를 먹
는 그 사람에게는 내 얼굴을 대하
여 그를 백성 중에서 끊으리니
11 육체의 생명은 피에 있음이라 내가
이 피를 너희에게 주어 제단에 뿌
려 너희의 생명을 위하여 속죄하게
하였나니 생명이 피에 있으므로 피
가 죄를 속하느니라
12 그러므로 내가 이스라엘 자손에게
말하기를 너희 중에 아무도 피를
먹지 말며 너희 중에 거류하는 거
류민이라도 피를 먹지 말라 하였나
니
13 모든 이스라엘 자손이나 그들 중에
거류하는 거류민이 먹을 만한 짐승
이나 새를 사냥하여 잡거든 그것의
피를 흘리고 흙으로 덮을지니라
14 모든 생물은 그 피가 생명과 일체
라 그러므로 내가 이스라엘 자손에
게 이르기를 너희는 어떤 육체의
피든지 먹지 말라 하였나니 모든
육체의 생명은 그것의 피인즉 그
피를 먹는 모든 자는 끊어지리라
15 또 스스로 죽은 것이나 들짐승에게
찢겨 죽은 것을 먹은 모든 자는 본
토인이거나 거류민이거나 그의 옷
을 빨고 물로 몸을 씻을 것이며 저
녁까지 부정하고 그 후에는 정하려
니와
16 그가 빨지 아니하거나 그의 몸을
물로 씻지 아니하면 그가 죄를 담
당하리라

가증한 풍속을 따르지 말라

18 여호와께서 모세에게 말씀하
여 이르시되
2 너는 이스라엘 자손에게 말하여 이
르라 나는 여호와 너희의 하나님이
니라
3 너희는 너희가 거주하던 애굽 땅의
풍속을 따르지 말며 내가 너희를
인도할 가나안 땅의 풍속과 규례도
행하지 말고
4 너희는 내 법도를 따르며 내 규례
를 지켜 그대로 행하라 나는 너희
의 하나님 여호와이니라
5 너희는 내 규례와 법도를 지키라
사람이 이를 행하면 그로 말미암아
살리라 나는 여호와이니라
6 ●각 사람은 자기의 살붙이를 가까
이 하여 그의 하체를 범하지 말라
나는 여호와이니라
7 네 어머니의 하체는 곧 네 아버지
의 하체이니 너는 범하지 말라 그
는 네 어머니인즉 너는 그의 하체
를 범하지 말지니라
8 너는 네 아버지의 아내의 하체를
범하지 말라 이는 네 아버지의 하
체니라
9 너는 네 자매 곧 네 아버지의 딸이
나 네 어머니의 딸이나 집에서나
다른 곳에서 출생하였음을 막론하
고 그들의 하체를 범하지 말지니
라
10 네 손녀나 네 외손녀의 하체를 범

하지 말라 이는 네 하체니라
11 네 아버지의 아내가 네 아버지에게
낳은 딸은 네 누이니 너는 그의 하
체를 범하지 말지니라
12 너는 네 고모의 하체를 범하지 말
라 그는 네 아버지의 살붙이니라
13 너는 네 이모의 하체를 범하지 말
라 그는 네 어머니의 살붙이니라
14 너는 네 아버지 형제의 아내를 가
까이 하여 그의 하체를 범하지 말
라 그는 네 숙모니라
15 너는 네 며느리의 하체를 범하지
말라 그는 네 아들의 아내이니 그
의 하체를 범하지 말지니라
16 너는 네 형제의 아내의 하체를 범하
지 말라 이는 네 형제의 하체니라
17 너는 여인과 그 여인의 딸의 하체
를 아울러 범하지 말며 또 그 여인
의 손녀나 외손녀를 아울러 데려다
가 그의 하체를 범하지 말라 그들
은 그의 살붙이이니 이는 악행이니
라
18 너는 아내가 생존할 동안에 그의
자매를 데려다가 그의 하체를 범하
여 그로 질투하게 하지 말지니라
19 ●너는 여인이 월경으로 불결한 동
안에 그에게 가까이하여 그의 하체
를 범하지 말지니라
20 너는 네 이웃의 아내와 동침하여
설정하므로 그 여자와 함께 자기를
더럽히지 말지니라
21 너는 결단코 자녀를 몰렉에게 주어
불로 통과하게 함으로 네 하나님의
이름을 욕되게 하지 말라 나는 여
호와이니라
22 너는 여자와 동침함같이 남자와 동
침하지 말라 이는 가증한 일이니라
23 너는 짐승과 교합하여 자기를 더럽
히지 말며 여자는 짐승 앞에 서서
그것과 교접하지 말라 이는 문란한
일이니라
24 ●너희는 이 모든 일로 스스로 더
럽히지 말라 내가 너희 앞에서 쫓
아내는 족속들이 이 모든 일로 말
미암아 더러워졌고
25 그 땅도 더러워졌으므로 내가 그
악으로 말미암아 벌하고 그 땅도
스스로 그 주민을 토하여 내느니라
26 그러므로 너희 곧 너희의 동족이나
혹은 너희 중에 거류하는 거류민이
나 내 규례와 내 법도를 지키고 이
런 가증한 일의 하나라도 행하지
말라
27 너희 전에 있던 그 땅 주민이 이 모
든 가증한 일을 행하였고 그 땅도
더러워졌느니라
28 너희도 더럽히면 그 땅이 너희가
있기 전 주민을 토함같이 너희를
토할까 하노라
29 이 가증한 모든 일을 행하는 자는
그 백성 중에서 끊어지리라
30 그러므로 너희는 내 명령을 지키고
너희가 들어가기 전에 행하던 가증
한 풍속을 하나라도 따름으로 스스
로 더럽히지 말라 나는 너희의 하
나님 여호와이니라

너희는 거룩하라

19 여호와께서 모세에게 말씀하
여 이르시되
2 너는 이스라엘 자손의 온 회중에게
말하여 이르라 너희는 거룩하라 이
는 나 여호와 너희 하나님이 거룩
함이니라
3 너희 각 사람은 부모를 경외하고
나의 안식일을 지키라 나는 너희의
하나님 여호와이니라
4 너희는 헛된 것들에게로 향하지 말
며 너희를 위하여 신상들을 부어
만들지 말라 나는 너희의 하나님
여호와이니라

5 ●너희는 화목제물을 여호와께 드
릴 때에 기쁘게 받으시도록 드리고
6 그 제물은 드리는 날과 이튿날에
먹고 셋째 날까지 남았거든 불사르
라
7 셋째 날에 조금이라도 먹으면 가증
한 것이 되어 기쁘게 받으심이 되
지 못하고
8 그것을 먹는 자는 여호와의 성물을
더럽힘으로 말미암아 죄를 담당하
리니 그가 그의 백성 중에서 끊어
지리라
9 ●너희가 너희의 땅에서 곡식을 거
둘 때에 너는 밭 모퉁이까지 다 거
두지 말고 네 떨어진 이삭도 줍지
말며
10 네 포도원의 열매를 다 따지 말며
네 포도원에 떨어진 열매도 줍지
말고 가난한 사람과 거류민을 위하
여 버려두라 나는 너희의 하나님
여호와이니라
11 ●너희는 도둑질하지 말며 속이지
말며 서로 거짓말하지 말며
12 너희는 내 이름으로 거짓 맹세함으
로 네 하나님의 이름을 욕되게 하
지 말라 나는 여호와이니라
13 ●너는 네 이웃을 억압하지 말며
착취하지 말며 품꾼의 삯을 아침까
지 밤새도록 네게 두지 말며
14 너는 귀먹은 자를 저주하지 말며
맹인 앞에 장애물을 놓지 말고 네
하나님을 경외하라 나는 여호와이
니라
15 ●너희는 재판할 때에 불의를 행하
지 말며 가난한 자의 편을 들지 말
며 세력 있는 자라고 두둔하지 말
고 공의로 사람을 재판할지며
16 너는 네 백성 중에 돌아다니며 사
람을 비방하지 말며 네 이웃의 피
를 흘려 이익을 도모하지 말라 나
는 여호와이니라
17 ●너는 네 형제를 마음으로 미워하
지 말며 네 이웃을 반드시 견책하
라 그러면 네가 그에 대하여 죄를
담당하지 아니하리라
18 원수를 갚지 말며 동포를 원망하지
말며 네 이웃 사랑하기를 네 자신
과 같이 사랑하라 나는 여호와이니
라
19 ●너희는 내 규례를 지킬지어다 네
가축을 다른 종류와 교미시키지 말
며 네 밭에 두 종자를 섞어 뿌리지
말며 두 재료로 직조한 옷을 입지
말지며
20 만일 어떤 사람이 다른 사람과 정
혼한 여종 곧 아직 속량되거나 해
방되지 못한 여인과 동침하여 설정
하면 그것은 책망을 받을 일이니라
그러나 그들은 죽임을 당하지는 아
니하리니 그 여인이 해방되지 못하
였기 때문이니라
21 그 남자는 그 속건제물 곧 속건제
숫양을 회막문 여호와께로 끌고 올
것이요
22 제사장은 그가 범한 죄를 위하여
그 속건제의 숫양으로 여호와 앞에
속죄할 것이요 그리하면 그가 범한
죄를 사함 받으리라
23 ●너희가 그 땅에 들어가 각종 과
목을 심거든 그 열매는 아직 할례
받지 못한 것으로 여기되 곧 삼 년
동안 너희는 그것을 할례받지 못한
것으로 여겨 먹지 말 것이요
24 넷째 해에는 그 모든 과실이 거룩
하니 여호와께 드려 찬송할 것이며
25 다섯째 해에는 그 열매를 먹을지니
그리하면 너희에게 그 소산이 풍성
하리라 나는 너희의 하나님 여호와
이니라
26 ●너희는 무엇이든지 피째 먹지 말

며 점을 치지 말며 술법을 행하지
말며
27 머리 가를 둥글게 깎지 말며 수염
끝을 손상하지 말며
28 죽은 자 때문에 너희의 살에 문신
을 하지 말며 무늬를 놓지 말라 나
는 여호와이니라
29 ●네 딸을 더럽혀 창녀가 되게 하
지 말라 음행이 전국에 퍼져 죄악
이 가득할까 하노라
30 내 안식일을 지키고 내 성소를 귀
히 여기라 나는 여호와이니라
31 ●너희는 신접한 자와 박수를 믿지
말며 그들을 추종하여 스스로 더럽
히지 말라 나는 너희 하나님 여호
와이니라
32 ●너는 센 머리 앞에서 일어서고
노인의 얼굴을 공경하며 네 하나님
을 경외하라 나는 여호와이니라
33 ●거류민이 너희의 땅에 거류하여
함께 있거든 너희는 그를 학대하지
말고
34 너희와 함께 있는 거류민을 너희
중에서 낳은 자같이 여기며 자기같
이 사랑하라 너희도 애굽 땅에서
거류민이 되었었느니라 나는 너희
의 하나님 여호와이니라
35 ●너희는 재판할 때나 길이나 무게
나 양을 잴 때 불의를 행하지 말고
36 공평한 저울과 공평한 추와 공평한
에바와 공평한 [1]힌을 사용하라 나
는 너희를 인도하여 애굽 땅에서
나오게 한 너희의 하나님 여호와이
니라
37 너희는 내 모든 규례와 내 모든 법
도를 지켜 행하라 나는 여호와이니
라

반드시 죽여야 하는 죄

20 여호와께서 모세에게 말씀하
여 이르시되
2 너는 이스라엘 자손에게 또 이르라
그가 이스라엘 자손이든지 이스라
엘에 거류하는 거류민이든지 그의
자식을 몰렉에게 주면 반드시 죽이
되 그 지방 사람이 돌로 칠 것이요
3 나도 그 사람에게 진노하여 그를
그의 백성 중에서 끊으리니 이는
그가 그의 자식을 몰렉에게 주어서
내 성소를 더럽히고 내 성호를 욕
되게 하였음이라
4 그가 그의 자식을 몰렉에게 주는
것을 그 지방 사람이 못 본 체하고
그를 죽이지 아니하면
5 내가 그 사람과 그의 권속에게 진
노하여 그와 그를 본받아 몰렉을
음란하게 섬기는 모든 사람을 그들
의 백성 중에서 끊으리라
6 ●접신한 자와 박수무당을 음란하
게 따르는 자에게는 내가 진노하여
그를 그의 백성 중에서 끊으리니
7 너희는 스스로 깨끗하게 하여 거룩
할지어다 나는 너희의 하나님 여호
와이니라
8 너희는 내 규례를 지켜 행하라 나
는 너희를 거룩하게 하는 여호와이
니라
9 만일 누구든지 자기의 아버지나 어
머니를 저주하는 자는 반드시 죽일
지니 그가 자기의 아버지나 어머니
를 저주하였은즉 그의 피가 자기에
게로 돌아가리라
10 ●누구든지 남의 아내와 간음하는
자 곧 그의 이웃의 아내와 간음하
는 자는 그 간부와 음부를 반드시
죽일지니라
11 누구든지 그의 아버지의 아내와 동
침하는 자는 그의 아버지의 하체를
범하였은즉 둘 다 반드시 죽일지니
그들의 피가 자기들에게로 돌아가

1) 한 힌은 3.67리터

리라
12 누구든지 그의 며느리와 동침하거
든 둘 다 반드시 죽일지니 그들이
가증한 일을 행하였음이라 그들의
피가 자기들에게로 돌아가리라
13 누구든지 여인과 동침하듯 남자와
동침하면 둘 다 가증한 일을 행함
인즉 반드시 죽일지니 자기의 피가
자기에게로 돌아가리라
14 누구든지 아내와 자기의 장모를 함
께 데리고 살면 악행인즉 그와 그
들을 함께 불사를지니 이는 너희
중에 악행이 없게 하려 함이니라
15 남자가 짐승과 교합하면 반드시 죽
이고 너희는 그 짐승도 죽일 것이
며
16 여자가 짐승에게 가까이 하여 교합
하면 너는 여자와 짐승을 죽이되
그들을 반드시 죽일지니 그들의 피
가 자기들에게로 돌아가리라
17 ●누구든지 그의 자매 곧 그의 아
버지의 딸이나 그의 어머니의 딸을
데려다가 그 여자의 하체를 보고
여자는 그 남자의 하체를 보면 부
끄러운 일이라 그들의 민족 앞에서
그들이 끊어질지니 그가 자기의 자
매의 하체를 범하였은즉 그가 그의
죄를 담당하리라
18 누구든지 월경 중의 여인과 동침하
여 그의 하체를 범하면 남자는 그
여인의 근원을 드러냈고 여인은 자
기의 피 근원을 드러내었음인즉 둘
다 백성 중에서 끊어지리라
19 네 이모나 고모의 하체를 범하지
말지니 이는 살붙이의 하체인즉 그
들이 그들의 죄를 담당하리라
20 누구든지 그의 숙모와 동침하면 그
의 숙부의 하체를 범함이니 그들은
그들의 죄를 담당하여 자식이 없이
죽으리라
21 누구든지 그의 형제의 아내를 데리
고 살면 더러운 일이라 그가 그의
형제의 하체를 범함이니 그들에게
자식이 없으리라
22 ●너희는 나의 모든 규례와 법도를
지켜 행하라 그리하여야 내가 너희
를 인도하여 거주하게 하는 땅이
너희를 토하지 아니하리라
23 너희는 내가 너희 앞에서 쫓아내는
족속의 풍속을 따르지 말라 그들이
이 모든 일을 행하므로 내가 그들
을 가증히 여기노라
24 내가 전에 너희에게 이르기를 너희
가 그들의 땅을 기업으로 받을 것
이라 내가 그 땅 곧 젖과 꿀이 흐르
는 땅을 너희에게 주어 유업을 삼
게 하리라 하였노라 나는 너희를
만민 중에서 구별한 너희의 하나님
여호와이니라
25 너희는 짐승이 정하고 부정함과 새
가 정하고 부정함을 구별하고 내가
너희를 위하여 부정한 것으로 구별
한 짐승이나 새나 땅에 기는 것들
로 너희의 몸을 더럽히지 말라
26 너희는 나에게 거룩할지어다 이는
나 여호와가 거룩하고 내가 또 너
희를 나의 소유로 삼으려고 너희를
만민 중에서 구별하였음이니라
27 ●남자나 여자가 접신하거나 박수
무당이 되거든 반드시 죽일지니 곧
돌로 그를 치라 그들의 피가 자기
들에게로 돌아가리라

제사장이 지켜야 할 규례

21 여호와께서 모세에게 이르시
되 아론의 자손 제사장들에게
말하여 이르라 그의 백성 중에서
죽은 자를 만짐으로 말미암아 스스
로를 더럽히지 말려니와
2 그의 살붙이인 그의 어머니나 그의
아버지나 그의 아들이나 그의 딸이

나 그의 형제나
3 출가하지 아니한 처녀인 그의 자매
로 말미암아서는 몸을 더럽힐 수
있느니라
4 제사장은 그의 백성의 1)어른인즉
자신을 더럽혀 속되게 하지 말지니
라
5 제사장들은 머리털을 깎아 대머리
같게 하지 말며 자기의 수염 양쪽
을 깎지 말며 살을 베지 말고
6 그들의 하나님께 대하여 거룩하고
그들의 하나님의 이름을 욕되게 하
지 말 것이며 그들은 여호와의 화
제 곧 그들의 하나님의 음식을 드
리는 자인즉 거룩할 것이라
7 그들은 부정한 창녀나 이혼 당한
여인을 취하지 말지니 이는 그가
여호와 하나님께 거룩함이니라
8 너는 그를 거룩히 여기라 그는 네
하나님의 음식을 드림이니라 너는
그를 거룩히 여기라 너희를 거룩하
게 하는 나 여호와는 거룩함이니라
9 어떤 제사장의 딸이든지 행음하여
자신을 속되게 하면 그의 아버지를
속되게 함이니 그를 불사를지니라
10 ●자기의 형제 중 관유로 부음을
받고 위임되어 그 예복을 입은 대
제사장은 그의 머리를 풀지 말며
그의 옷을 찢지 말며
11 어떤 시체에든지 가까이 하지 말지
니 그의 부모로 말미암아서도 더러
워지게 하지 말며
12 그 성소에서 나오지 말며 그의 하
나님의 성소를 속되게 하지 말라
이는 하나님께서 성별하신 관유가
그 위에 있음이니라 나는 여호와이
니라
13 그는 처녀를 데려다가 아내를 삼을
지니
14 과부나 이혼 당한 여자나 창녀 짓
을 하는 더러운 여인을 취하지 말
고 자기 백성 중에서 처녀를 취하
여 아내를 삼아
15 그의 자손이 그의 백성 중에서 속
되게 하지 말지니 나는 그를 거룩
하게 하는 여호와임이니라
16 ●여호와께서 모세에게 말씀하여
이르시되
17 아론에게 말하여 이르라 누구든지
너의 자손 중 대대로 육체에 흠이
있는 자는 그 하나님의 음식을 드
리려고 가까이 오지 못할 것이니라
18 누구든지 흠이 있는 자는 가까이
하지 못할지니 곧 맹인이나 다리
저는 자나 코가 불완전한 자나 지
체가 더한 자나
19 발 부러진 자나 손 부러진 자나
20 등 굽은 자나 키 못 자란 자나 눈에
백막이 있는 자나 습진이나 버짐이
있는 자나 고환 상한 자나
21 제사장 아론의 자손 중에 흠이 있
는 자는 나와 여호와께 화제를 드
리지 못할지니 그는 흠이 있은즉
나와서 그의 하나님께 음식을 드리
지 못하느니라
22 그는 그의 하나님의 음식이 지성물
이든지 성물이든지 먹을 것이나
23 휘장 안에 들어가지 못할 것이요
제단에 가까이하지 못할지니 이는
그가 흠이 있음이니라 이와 같이
그가 내 성소를 더럽히지 못할 것
은 나는 그들을 거룩하게 하는 여
호와임이니라
24 이와 같이 모세가 아론과 그의 아
들들과 온 이스라엘 자손에게 말하
였더라

성물을 먹는 규례

22 여호와께서 모세에게 말씀하
여 이르시되

1) 또는 남편

2 아론과 그의 아들들에게 말하여 그
들로 이스라엘 자손이 내게 드리는
그 성물에 대하여 스스로 구별하여
내 성호를 욕되게 함이 없게 하라
나는 여호와이니라
3 그들에게 이르라 누구든지 네 자손
중에 대대로 그의 몸이 부정하면서
도 이스라엘 자손이 구별하여 여호
와께 드리는 성물에 가까이 하는
자는 내 앞에서 끊어지리라 나는
여호와이니라
4 아론의 자손 중 나병 환자나 유출
병자는 그가 정결하기 전에는 그
성물을 먹지 말 것이요 시체의 부
정에 접촉된 자나 설정한 자나
5 무릇 사람을 부정하게 하는 벌레에
접촉된 모든 사람과 무슨 부정이든
지 사람을 더럽힐 만한 것에게 접
촉된 자
6 곧 이런 것에 접촉된 자는 저녁까
지 부정하니 그의 몸을 물로 씻지
아니하면 그 성물을 먹지 못할지며
7 해 질 때에야 정하리니 그 후에야
그 성물을 먹을 것이니라 이는 자
기의 음식이 됨이니라
8 시체나 찢겨 죽은 짐승을 먹음으로
자기를 더럽히지 말라 나는 여호와
이니라
9 그들은 내 명령을 지킬 것이니라
그것을 속되게 하면 그로 말미암아
죄를 짓고 그 가운데에서 죽을까
하노라 나는 그들을 거룩하게 하는
여호와이니라
10 ●일반인은 성물을 먹지 못할 것이
며 제사장의 객이나 품꾼도 다 성
물을 먹지 못할 것이니라
11 그러나 제사장이 그의 돈으로 어떤
사람을 샀으면 그는 그것을 먹을
것이며 그의 집에서 출생한 자도
그렇게 하여 그들이 제사장의 음식
을 먹을 것이며
12 제사장의 딸이 일반인에게 출가하
였으면 거제의 성물을 먹지 못하되
13 만일 그가 과부가 되든지 이혼을
당하든지 자식이 없이 그의 친정에
돌아와서 젊었을 때와 같으면 그는
그의 아버지 몫의 음식을 먹을 것
이나 일반인은 먹지 못할 것이니라
14 만일 누가 부지중에 성물을 먹으면
그 성물에 그것의 오분의 일을 더
하여 제사장에게 줄지니라
15 이스라엘 자손이 여호와께 드리는
성물을 그들은 속되게 하지 말지니
16 그들이 성물을 먹으면 그 죄로 인
하여 형벌을 받게 할 것이니라 나
는 그 음식을 거룩하게 하는 여호
와이니라

여호와께서 기쁘게 받으시는 제물

17 ●여호와께서 모세에게 말씀하여
이르시되
18 아론과 그의 아들들과 이스라엘 온
족속에게 말하여 이르라 이스라엘
자손이나 그 중에 거류하는 자가
서원제물이나 자원제물로 번제와
더불어 여호와께 예물로 드리려거
든
19 기쁘게 받으심이 되도록 소나 양이
나 염소의 흠 없는 수컷으로 드릴
지니
20 흠 있는 것은 무엇이나 너희가 드
리지 말 것은 그것이 기쁘게 받으
심이 되지 못할 것임이니라
21 만일 누구든지 서원한 것을 갚으려
하든지 자의로 예물을 드리려 하여
소나 양으로 화목제물을 여호와께
드리는 자는 기쁘게 받으심이 되도
록 아무 흠이 없는 온전한 것으로
할지니
22 너희는 눈 먼 것이나 상한 것이나
지체에 베임을 당한 것이나 종기

있는 것이나 습진 있는 것이나 비
루먹은 것을 여호와께 드리지 말며
이런 것들은 제단 위에 화제물로
여호와께 드리지 말라
23 소나 양의 지체가 더하거나 덜하거
나 한 것은 너희가 자원제물로는
쓰려니와 서원제물로 드리면 기쁘
게 받으심이 되지 못하리라
24 너희는 고환이 상하였거나 치었거
나 터졌거나 베임을 당한 것은 여
호와께 드리지 말며 너희의 땅에서
는 이런 일을 행하지도 말지며
25 너희는 외국인에게서도 이런 것을
받아 너희의 하나님의 음식으로 드
리지 말라 이는 결점이 있고 흠이
있는 것인즉 너희를 위하여 기쁘게
받으심이 되지 못할 것임이니라
26 ●여호와께서 모세에게 말씀하여
이르시되
27 수소나 양이나 염소가 나거든 이레
동안 그것의 어미와 같이 있게 하
라 여덟째 날 이후로는 여호와께
화제로 예물을 드리면 기쁘게 받으
심이 되리라
28 암소나 암양을 막론하고 어미와 새
끼를 같은 날에 잡지 말지니라
29 너희가 여호와께 감사제물을 드리
려거든 너희가 기쁘게 받으심이 되
도록 드릴지며
30 그 제물은 그날에 먹고 이튿날까지
두지 말라 나는 여호와이니라
31 너희는 내 계명을 지키며 행하라
나는 여호와이니라
32 너희는 내 성호를 속되게 하지 말
라 나는 이스라엘 자손 중에서 거
룩하게 함을 받을 것이니라 나는
너희를 거룩하게 하는 여호와요
33 너희의 하나님이 되려고 너희를 애
굽 땅에서 인도하여 낸 자니 나는
여호와이니라

성회를 삼을 여호와의 절기

23 여호와께서 모세에게 말씀하
여 이르시되
2 이스라엘 자손에게 말하여 이르라
이것이 나의 절기들이니 너희가 성
회로 공포할 여호와의 절기들이니
라
3 엿새 동안은 일할 것이요 일곱째
날은 쉴 안식일이니 성회의 날이라
너희는 아무 일도 하지 말라 이는
너희가 거주하는 각처에서 지킬 여
호와의 안식일이니라

유월절과 무교절

4 ●이것이 너희가 그 정한 때에 성
회로 공포할 여호와의 절기들이니
라
5 첫째 달 열나흗날 저녁은 여호와의
유월절이요
6 이달 열닷샛날은 여호와의 무교절
이니 이레 동안 너희는 무교병을
먹을 것이요
7 그 첫 날에는 너희가 성회로 모이
고 아무 노동도 하지 말지며
8 너희는 이레 동안 여호와께 화제를
드릴 것이요 일곱째 날에도 성회로
모이고 아무 노동도 하지 말지니라

첫 이삭 한 단을 바치는 절기

9 ●여호와께서 모세에게 말씀하여
이르시되
10 이스라엘 자손에게 말하여 이르라
너희는 내가 너희에게 주는 땅에
들어가서 너희의 곡물을 거둘 때에
너희의 곡물의 첫 이삭 한 단을 제
사장에게로 가져갈 것이요
11 제사장은 너희를 위하여 그 단을
여호와 앞에 기쁘게 받으심이 되도
록 흔들되 안식일 이튿날에 흔들
것이며
12 너희가 그 단을 흔드는 날에 일 년
되고 흠 없는 숫양을 여호와께 번

제로 드리고
13 그 소제로는 기름 섞은 고운 가루
십분의 이 에바를 여호와께 드려
화제로 삼아 향기로운 냄새가 되게
하고 전제로는 포도주 사분의 일
힌을 쓸 것이며
14 너희는 너희 하나님께 예물을 가져
오는 그날까지 떡이든지 볶은 곡식
이든지 생 이삭이든지 먹지 말지니
이는 너희가 거주하는 각처에서 대
대로 지킬 영원한 규례니라

두 번째 거둔 곡식을 바치는 절기

15 ●안식일 이튿날 곧 너희가 요제로
곡식단을 가져온 날부터 세어서 일
곱 안식일의 수효를 채우고
16 일곱 안식일 이튿날까지 합하여 오
십 일을 계수하여 새 소제를 여호
와께 드리되
17 너희의 처소에서 십분의 이 에바로
만든 떡 두 개를 가져다가 흔들지
니 이는 고운 가루에 누룩을 넣어
서 구운 것이요 이는 첫 요제로 여
호와께 드리는 것이며
18 너희는 또 이 떡과 함께 일 년 된
흠 없는 어린 양 일곱 마리와 어린
수소 한 마리와 숫양 두 마리를 드
리되 이것들을 그 소제와 그 전제
제물과 함께 여호와께 드려서 번제
로 삼을지니 이는 화제라 여호와께
향기로운 냄새며
19 또 숫염소 하나로 속죄제를 드리며
일 년 된 어린 숫양 두 마리를 화목
제물로 드릴 것이요
20 제사장은 그 첫 이삭의 떡과 함께
그 두 마리 어린 양을 여호와 앞에
흔들어서 요제를 삼을 것이요 이것
들은 여호와께 드리는 성물이니 제
사장에게 돌릴 것이며
21 이날에 너희는 너희 중에 성회를
공포하고 어떤 노동도 하지 말지니
이는 너희가 그 거주하는 각처에서
대대로 지킬 영원한 규례니라
22 ●너희 땅의 곡물을 벨 때에 밭 모
퉁이까지 다 베지 말며 떨어진 것
을 줍지 말고 그것을 가난한 자와
거류민을 위하여 남겨두라 나는 너
희의 하나님 여호와이니라

일곱째 달 첫 날은 쉬는 날

23 ●여호와께서 모세에게 말씀하여
이르시되
24 이스라엘 자손에게 말하여 이르라
일곱째 달 곧 그달 첫 날은 너희에
게 쉬는 날이 될지니 이는 나팔을
불어 기념할 날이요 성회라
25 어떤 노동도 하지 말고 여호와께
화제를 드릴지니라

속죄일

26 ●여호와께서 모세에게 말씀하여
이르시되
27 일곱째 달 열흘날은 속죄일이니 너
희는 성회를 열고 스스로 괴롭게
하며 여호와께 화제를 드리고
28 이날에는 어떤 일도 하지 말 것은
너희를 위하여 너희 하나님 여호와
앞에 속죄할 속죄일이 됨이니라
29 이날에 스스로 괴롭게 하지 아니하
는 자는 그 백성 중에서 끊어질 것
이라
30 이날에 누구든지 어떤 일이라도 하
는 자는 내가 그의 백성 중에서 멸
절시키리니
31 너희는 아무 일도 하지 말라 이는
너희가 거주하는 각처에서 대대로
지킬 영원한 규례니라
32 이는 너희가 쉴 안식일이라 너희는
스스로 괴롭게 하고 이달 아흐렛날
저녁 곧 그 저녁부터 이튿날 저녁
까지 안식을 지킬지니라

초막절

33 ●여호와께서 모세에게 말씀하여

이르시되
34 이스라엘 자손에게 말하여 이르라
일곱째 달 열닷샛날은 초막절이니
여호와를 위하여 이레 동안 지킬
것이라
35 첫 날에는 성회로 모일지니 너희는
아무 노동도 하지 말지며
36 이레 동안에 너희는 여호와께 화제
를 드릴 것이요 여덟째 날에도 너
희는 성회로 모여서 여호와께 화제
를 드릴지니 이는 거룩한 대회라
너희는 어떤 노동도 하지 말지니라
37 ●이것들은 여호와의 절기라 너희
는 공포하여 성회를 열고 여호와께
화제를 드릴지니 번제와 소제와 희
생제물과 전제를 각각 그날에 드릴
지니
38 이는 여호와의 안식일 외에, 너희
의 헌물 외에, 너희의 모든 서원제
물 외에 또 너희의 모든 자원제물
외에 너희가 여호와께 드리는 것이
니라
39 ●너희가 토지 소산 거두기를 마치
거든 일곱째 달 열닷샛날부터 이레
동안 여호와의 절기를 지키되 첫
날에도 안식하고 여덟째 날에도 안
식할 것이요
40 첫 날에는 너희가 아름다운 나무
실과와 종려나무 가지와 무성한 나
무 가지와 시내 버들을 취하여 너
희의 하나님 여호와 앞에서 이레
동안 즐거워할 것이라
41 너희는 매년 이레 동안 여호와께
이 절기를 지킬지니 너희 대대의
영원한 규례라 너희는 일곱째 달에
이를 지킬지니라
42 너희는 이레 동안 초막에 거주하되
이스라엘에서 난 자는 다 초막에
거주할지니
43 이는 내가 이스라엘 자손을 애굽
땅에서 인도하여 내던 때에 초막에
거주하게 한 줄을 너희 대대로 알
게 함이니라 나는 너희의 하나님
여호와이니라
44 모세는 이와 같이 여호와의 절기를
이스라엘 자손에게 공포하였더라

계속해서 켜 둘 등잔불

24 여호와께서 모세에게 말씀하
여 이르시되
2 이스라엘 자손에게 명령하여 불을
켜기 위하여 감람을 찧어낸 순결한
기름을 네게로 가져오게 하여 계속
해서 등잔불을 켜 둘지며
3 아론은 회막 안 [1]증거궤 휘장 밖에
서 저녁부터 아침까지 여호와 앞에
항상 등잔불을 정리할지니 이는 너
희 대대로 지킬 영원한 규례라
4 그는 여호와 앞에서 [2]순결한 등잔
대 위의 등잔들을 항상 정리할지니
라

여호와 앞에 진설할 떡

5 ●너는 고운 가루를 가져다가 떡
열두 개를 굽되 각 덩이를 십분의
이 에바로 하여
6 여호와 앞 [2]순결한 상 위에 두 줄
로 한 줄에 여섯씩 진설하고
7 너는 또 정결한 유향을 그 각 줄 위
에 두어 기념물로 여호와께 화제를
삼을 것이며
8 안식일마다 이 떡을 여호와 앞에
항상 진설할지니 이는 이스라엘 자
손을 위한 것이요 영원한 언약이니
라
9 이 떡은 아론과 그의 자손에게 돌
리고 그들은 그것을 거룩한 곳에서
먹을지니 이는 여호와의 화제 중
그에게 돌리는 것으로서 지극히
거룩함이니라 이는 영원한 규례니
라

1) 법궤 2) 또는 순금

여호와의 이름을 모독하면

10 ●이스라엘 자손 중에 그의 어머니
가 이스라엘 여인이요 그의 아버지
는 애굽 사람인 어떤 사람이 나가
서 한 이스라엘 사람과 진영 중에
서 싸우다가
11 그 이스라엘 여인의 아들이 여호와
의 이름을 모독하며 저주하므로 무
리가 끌고 모세에게로 가니라 그의
어머니의 이름은 슬로밋이요 단 지
파 디브리의 딸이었더라
12 그들이 그를 가두고 여호와의 명령
을 기다리더니
13 여호와께서 모세에게 말씀하여 이
르시되
14 그 저주한 사람을 진영 밖으로 끌
어내어 그것을 들은 모든 사람이
그들의 손을 그의 머리에 얹게 하
고 온 회중이 돌로 그를 칠지니라
15 너는 이스라엘 자손에게 말하여 이
르라 누구든지 그의 하나님을 저주
하면 죄를 담당할 것이요
16 여호와의 이름을 모독하면 그를 반
드시 죽일지니 온 회중이 돌로 그
를 칠 것이니라 거류민이든지 본토
인이든지 여호와의 이름을 모독하
면 그를 죽일지니라
17 사람을 쳐죽인 자는 반드시 죽일
것이요
18 짐승을 쳐죽인 자는 짐승으로 짐승
을 갚을 것이며
19 사람이 만일 그의 이웃에게 상해를
입혔으면 그가 행한 대로 그에게
행할 것이니
20 상처에는 상처로, 눈에는 눈으로,
이에는 이로 갚을지라 남에게 상해
를 입힌 그대로 그에게 그렇게 할
것이며
21 짐승을 죽인 자는 그것을 물어 줄
것이요 사람을 죽인 자는 죽일지니
22 거류민에게든지 본토인에게든지
그 법을 동일하게 할 것은 나는 너
희의 하나님 여호와임이니라
23 모세가 이스라엘 자손에게 말하니
그들이 그 저주한 자를 진영 밖으
로 끌어내어 돌로 쳤더라 이스라엘
자손이 여호와께서 모세에게 명령
하신 대로 행하였더라

안식년

25 여호와께서 시내 산에서 모세
에게 말씀하여 이르시되
2 이스라엘 자손에게 말하여 이르라
너희는 내가 너희에게 주는 땅에
들어간 후에 그 땅으로 여호와 앞
에 안식하게 하라
3 너는 육 년 동안 그 밭에 파종하며
육 년 동안 그 포도원을 가꾸어 그
소출을 거둘 것이나
4 일곱째 해에는 그 땅이 쉬어 안식
하게 할지니 여호와께 대한 안식이
라 너는 그 밭에 파종하거나 포도
원을 가꾸지 말며
5 네가 거둔 후에 자라난 것을 거두
지 말고 가꾸지 아니한 포도나무가
맺은 열매를 거두지 말라 이는 땅
의 안식년임이니라
6 안식년의 소출은 너희가 먹을 것이
니 너와 네 남종과 네 여종과 네 품
꾼과 너와 함께 거류하는 자들과
7 네 가축과 네 땅에 있는 들짐승들
이 다 그 소출로 먹을 것을 삼을지
니라

희년

8 ●너는 일곱 안식년을 계수할지니
이는 칠 년이 일곱 번인즉 안식년
일곱 번 동안 곧 사십구 년이라
9 일곱째 달 열흘날은 속죄일이니 너
는 뿔나팔 소리를 내되 전국에서
뿔나팔을 크게 불지며
10 너희는 오십 년째 해를 거룩하게

하여 그 땅에 있는 모든 주민을 위
하여 자유를 공포하라 이 해는 너
희에게 희년이니 너희는 각각 자기
의 [1]소유지로 돌아가며 각각 자기
의 가족에게로 돌아갈지며
11 그 오십 년째 해는 너희의 희년이
니 너희는 파종하지 말며 스스로
난 것을 거두지 말며 가꾸지 아니
한 포도를 거두지 말라
12 이는 희년이니 너희에게 거룩함이
니라 너희는 밭의 소출을 먹으리라

부당한 이익을 취하지 말라

13 ●이 희년에는 너희가 각기 자기의
소유지로 돌아갈지라
14 네 이웃에게 팔든지 네 이웃의 손
에서 사거든 너희 각 사람은 그의
형제를 속이지 말라
15 그 희년 후의 연수를 따라서 너는
이웃에게서 살 것이요 그도 소출
을 얻을 연수를 따라서 네게 팔 것
인즉
16 연수가 많으면 너는 그것의 값을
많이 매기고 연수가 적으면 너는
그것의 값을 적게 매길지니 곧 그
가 소출의 다소를 따라서 네게 팔
것이라
17 너희 각 사람은 자기 이웃을 속이
지 말고 네 하나님을 경외하라 나
는 너희의 하나님 여호와이니라
18 ●너희는 내 규례를 행하며 내 법
도를 지켜 행하라 그리하면 너희가
그 땅에 안전하게 거주할 것이라
19 땅은 그것의 열매를 내리니 너희가
배불리 먹고 거기 안전하게 거주하
리라
20 만일 너희가 말하기를 우리가 만일
일곱째 해에 심지도 못하고 소출을
거두지도 못하면 우리가 무엇을 먹
으리요 하겠으나
21 내가 명령하여 여섯째 해에 내 복
을 너희에게 주어 그 소출이 삼 년
동안 쓰기에 족하게 하리라
22 너희가 여덟째 해에는 파종하려니
와 묵은 소출을 먹을 것이며 아홉째
해에 그 땅에 소출이 들어오기까지
너희는 묵은 것을 먹으리라
23 ●토지를 영구히 팔지 말 것은 토
지는 다 내 것임이니라 너희는 [2]거
류민이요 동거하는 자로서 나와 함
께 있느니라
24 너희 기업의 온 땅에서 그 토지 무
르기를 허락할지니
25 만일 네 형제가 가난하여 그의 기
업 중에서 얼마를 팔았으면 그에게
가까운 기업 무를 자가 와서 그의
형제가 판 것을 무를 것이요
26 만일 그것을 무를 사람이 없고 자
기가 부유하게 되어 무를 힘이 있
으면
27 그 판 해를 계수하여 그 남은 값을
산 자에게 주고 자기의 소유지로
돌릴 것이니라
28 그러나 자기가 무를 힘이 없으면
그 판 것이 희년에 이르기까지 산
자의 손에 있다가 희년에 이르러
돌아올지니 그것이 곧 그의 기업으
로 돌아갈 것이니라
29 ●성벽 있는 성 내의 가옥을 팔았
으면 판 지 만 일 년 안에는 무를
수 있나니 곧 그 기한 안에 무르려
니와
30 일 년 안에 무르지 못하면 그 성 안
의 가옥은 산 자의 소유로 확정되
어 대대로 영구히 그에게 속하고
희년에라도 돌려보내지 아니할 것
이니라
31 그러나 성벽이 둘리지 아니한 촌락
의 가옥은 나라의 전토와 같이 물
러 주기도 할 것이요 희년에 돌려

1) 분배 받은 토지 2) 또는 소작인

보내기도 할 것이니라
32 레위 족속의 성읍 곧 그들의 소유
의 성읍의 가옥은 레위 사람이 언
제든지 무를 수 있으나
33 만일 레위 사람이 무르지 아니하면
그의 소유 성읍의 판 가옥은 희년
에 돌려보낼지니 이는 레위 사람의
성읍의 가옥은 이스라엘 자손 중
에서 받은 그들의 기업이 됨이니
라
34 그러나 그들의 성읍 주위에 있는
들판은 그들의 영원한 소유지이니
팔지 못할지니라
35 ●네 형제가 가난하게 되어 빈손으
로 네 곁에 있거든 너는 그를 도와
거류민이나 동거인처럼 너와 함께
생활하게 하되
36 너는 그에게 이자를 받지 말고 네
하나님을 경외하여 네 형제로 너와
함께 생활하게 할 것인즉
37 너는 그에게 이자를 위하여 돈을
꾸어 주지 말고 이익을 위하여 네
양식을 꾸어 주지 말라
38 나는 너희의 하나님이 되며 또 가
나안 땅을 너희에게 주려고 애굽
땅에서 너희를 인도하여 낸 너희의
하나님 여호와이니라
39 ●너와 함께 있는 네 형제가 가난
하게 되어 네게 몸이 팔리거든 너
는 그를 종으로 부리지 말고
40 품꾼이나 동거인과 같이 함께 있게
하여 희년까지 너를 섬기게 하라
41 그때에는 그와 그의 자녀가 함께
네게서 떠나 그의 가족과 그의 조
상의 기업으로 돌아가게 하라
42 그들은 내가 애굽 땅에서 인도하여
낸 내 종들이니 종으로 팔지 말 것
이라
43 너는 그를 엄하게 부리지 말고 네
하나님을 경외하라
44 네 종은 남녀를 막론하고 네 사방
이방인 중에서 취할지니 남녀 종은
이런 자 중에서 사올 것이며
45 또 너희 중에 거류하는 동거인들의
자녀 중에서도 너희가 사올 수 있
고 또 그들이 너희와 함께 있어서
너희 땅에서 가정을 이룬 자들 중
에서도 그리 할 수 있은즉 그들이
너희의 소유가 될지니라
46 너희는 그들을 너희 후손에게 기업
으로 주어 소유가 되게 할 것이라
이방인 중에서는 너희가 영원한 종
을 삼으려니와 너희 동족 이스라엘
자손은 너희가 피차 엄하게 부리지
말지니라
47 ●만일 너와 함께 있는 거류민이나
동거인은 부유하게 되고 그와 함께
있는 네 형제는 가난하게 되므로
그가 너와 함께 있는 거류민이나
동거인 또는 거류민의 가족의 후손
에게 팔리면
48 그가 팔린 후에 그에게는 속량 받
을 권리가 있나니 그의 형제 중 하
나가 그를 속량하거나
49 또는 그의 삼촌이나 그의 삼촌의
아들이 그를 속량하거나 그의 가족
중 그의 살붙이 중에서 그를 속량
할 것이요 그가 부유하게 되면 스
스로 속량하되
50 자기 몸이 팔린 해로부터 희년까지
를 그 산 자와 계산하여 그 연수를
따라서 그 몸의 값을 정할 때에 그
사람을 섬긴 날을 그 사람에게 고
용된 날로 여길 것이라
51 만일 남은 해가 많으면 그 연수대
로 팔린 값에서 속량하는 값을 그
사람에게 도로 주고
52 만일 희년까지 남은 해가 적으면
그 사람과 계산하여 그 연수대로
속량하는 그 값을 그에게 도로 줄

지며
53 주인은 그를 매년의 삯꾼과 같이
여기고 네 목전에서 엄하게 부리지
말지니라
54 그가 이같이 속량되지 못하면 희년
에 이르러는 그와 그의 자녀가 자
유하리니
55 이스라엘 자손은 나의 종들이 됨이
라 그들은 내가 애굽 땅에서 인도
하여 낸 내 종이요 나는 너희의 하
나님 여호와이니라

26 너희는 자기를 위하여 우상을
만들지 말지니 조각한 것이나
주상을 세우지 말며 너희 땅에 조
각한 석상을 세우고 그에게 경배하
지 말라 나는 너희의 하나님 여호
와임이니라
2 너희는 내 안식일을 지키며 내 성
소를 경외하라 나는 여호와이니라

상과 벌

3 ●너희가 내 규례와 계명을 준행하
면
4 내가 너희에게 철따라 비를 주리니
땅은 그 산물을 내고 밭의 나무는
열매를 맺으리라
5 너희의 타작은 포도 딸 때까지 미
치며 너희의 포도 따는 것은 파종
할 때까지 미치리니 너희가 음식을
배불리 먹고 너희의 땅에 안전하게
거주하리라
6 내가 그 땅에 평화를 줄 것인즉 너
희가 누울 때 너희를 두렵게 할 자
가 없을 것이며 내가 사나운 짐승
을 그 땅에서 제할 것이요 칼이 너
희의 땅에 두루 행하지 아니할 것
이며
7 너희의 원수들을 쫓으리니 그들이
너희 앞에서 칼에 엎드러질 것이라
8 또 너희 다섯이 백을 쫓고 너희 백
이 만을 쫓으리니 너희 대적들이
너희 앞에서 칼에 엎드러질 것이며
9 내가 너희를 돌보아 너희를 번성하
게 하고 너희를 창대하게 할 것이
며 내가 너희와 함께 한 내 언약을
이행하리라
10 너희는 오래 두었던 묵은 곡식을
먹다가 새 곡식으로 말미암아 묵은
곡식을 치우게 될 것이며
11 내가 내 성막을 너희 중에 세우리
니 내 마음이 너희를 싫어하지 아
니할 것이며
12 나는 너희 중에 행하여 너희의 하
나님이 되고 너희는 내 백성이 될
것이니라
13 나는 너희를 애굽 땅에서 인도해
내어 그들에게 종된 것을 면하게
한 너희의 하나님 여호와이니라 내
가 너희의 멍에의 빗장을 부수고
너희를 바로 서서 걷게 하였느니라
14 ●그러나 너희가 내게 청종하지 아
니하여 이 모든 명령을 준행하지
아니하며
15 내 규례를 멸시하며 마음에 내 법
도를 싫어하여 내 모든 계명을 준
행하지 아니하며 내 언약을 배반할
진대
16 내가 이같이 너희에게 행하리니 곧
내가 너희에게 놀라운 재앙을 내려
폐병과 열병으로 눈이 어둡고 생명
이 쇠약하게 할 것이요 너희가 파
종한 것은 헛되리니 너희의 대적이
그것을 먹을 것임이며
17 내가 너희를 치리니 너희가 너희의
대적에게 패할 것이요 너희를 미워
하는 자가 너희를 다스릴 것이며
너희는 쫓는 자가 없어도 도망하리
라
18 또 만일 너희가 그렇게까지 되어도
내게 청종하지 아니하면 너희의 죄
로 말미암아 내가 너희를 일곱 배

나 더 징벌하리라
19 내가 너희의 세력으로 말미암은 교
만을 꺾고 너희의 하늘을 철과 같
게 하며 너희 땅을 놋과 같게 하리
니
20 너희의 수고가 헛될지라 땅은 그
산물을 내지 아니하고 땅의 나무는
그 열매를 맺지 아니하리라
21 ●너희가 나를 거슬러 내게 청종하
지 아니할진대 내가 너희의 죄대로
너희에게 일곱 배나 더 재앙을 내
릴 것이라
22 내가 들짐승을 너희 중에 보내리니
그것들이 너희의 자녀를 움키고 너
희 가축을 멸하며 너희의 수효를
줄이리니 너희의 길들이 황폐하리
라
23 ●이런 일을 당하여도 너희가 내게
로 돌아오지 아니하고 내게 대항할
진대
24 나 곧 나도 너희에게 대항하여 너
희 죄로 말미암아 너희를 칠 배나
더 치리라
25 내가 칼을 너희에게로 가져다가 언
약을 어긴 원수를 갚을 것이며 너
희가 성읍에 모일지라도 너희 중에
염병을 보내고 너희를 대적의 손에
넘길 것이며
26 내가 너희가 의뢰하는 양식을 끊을
때에 열 여인이 한 화덕에서 너희
떡을 구워 저울에 달아 주리니 너
희가 먹어도 배부르지 아니하리라
27 ●너희가 이같이 될지라도 내게 청
종하지 아니하고 내게 대항할진대
28 내가 진노로 너희에게 대항하되 너
희의 죄로 말미암아 칠 배나 더 징
벌하리니
29 너희가 아들의 살을 먹을 것이요
딸의 살을 먹을 것이며
30 내가 너희의 산당들을 헐며 너희의
분향단들을 부수고 너희의 시체들
을 부서진 우상들 위에 던지고 내
마음이 너희를 싫어할 것이며
31 내가 너희의 성읍을 황폐하게 하고
너희의 성소들을 황량하게 할 것이
요 너희의 향기로운 냄새를 내가
흠향하지 아니하고
32 그 땅을 황무하게 하리니 거기 거
주하는 너희의 원수들이 그것으로
말미암아 놀랄 것이며
33 내가 너희를 여러 민족 중에 흩을
것이요 내가 칼을 빼어 너희를 따
르게 하리니 너희의 땅이 황무하며
너희의 성읍이 황폐하리라
34 ●너희가 원수의 땅에 살 동안에
너희의 본토가 황무할 것이므로 땅
이 안식을 누릴 것이라 그때에 땅
이 안식을 누리리니
35 너희가 그 땅에 거주하는 동안 너
희가 안식할 때에 땅은 쉬지 못하
였으나 그 땅이 황무할 동안에는
쉬게 되리라
36 너희 남은 자에게는 그 원수들의
땅에서 내가 그들의 마음을 약하게
하리니 그들은 바람에 불린 잎사귀
소리에도 놀라 도망하기를 칼을 피
하여 도망하듯 할 것이요 쫓는 자
가 없어도 엎드러질 것이라
37 그들은 쫓는 자가 없어도 칼 앞에
있음같이 서로 짓밟혀 넘어지리니
너희가 원수들을 맞설 힘이 없을
것이요
38 너희가 여러 민족 중에서 망하리니
너희의 원수들의 땅이 너희를 삼킬
것이라
39 너희 남은 자가 너희의 원수들의
땅에서 자기의 죄로 말미암아 쇠잔
하며 그 조상의 죄로 말미암아 그
조상같이 쇠잔하리라
40 ●그들이 나를 거스른 잘못으로 자

기의 죄악과 그들의 조상의 죄악을
자복하고 또 그들이 내게 대항하므
로
41 나도 그들에게 대항하여 내가 그들
을 그들의 원수들의 땅으로 끌어
갔음을 깨닫고 그 할례받지 아니한
그들의 마음이 낮아져서 그들의 죄
악의 형벌을 기쁘게 받으면
42 내가 야곱과 맺은 내 언약과 이삭
과 맺은 내 언약을 기억하며 아브
라함과 맺은 내 언약을 기억하고
그 땅을 기억하리라
43 그들이 내 법도를 싫어하며 내 규
례를 멸시하였으므로 그 땅을 떠나
서 사람이 없을 때에 그 땅은 황폐
하여 안식을 누릴 것이요 그들은
자기 죄악의 형벌을 기쁘게 받으리
라
44 그런즉 그들이 그들의 원수들의 땅
에 있을 때에 내가 그들을 내버리
지 아니하며 미워하지 아니하며 아
주 멸하지 아니하고 그들과 맺은
내 언약을 폐하지 아니하리니 나는
여호와 그들의 하나님이 됨이니라
45 내가 그들의 하나님이 되기 위하여
민족들이 보는 앞에서 애굽 땅으로
부터 그들을 인도하여 낸 그들의
조상과의 언약을 그들을 위하여 기
억하리라 나는 여호와이니라
46 ●이것은 여호와께서 시내 산에서
자기와 이스라엘 자손 사이에 모세
를 통하여 세우신 규례와 법도와
율법이니라

서원 예물의 값

27 여호와께서 모세에게 말씀하
여 이르시되
2 이스라엘 자손에게 말하여 이르라
만일 어떤 사람이 사람의 값을 여
호와께 드리기로 분명히 서원하였
으면 너는 그 값을 정할지니
3 네가 정한 값은 스무 살로부터 예
순 살까지는 남자면 성소의 세겔로
은 오십 세겔로 하고
4 여자면 그 값을 삼십 세겔로 하며
5 다섯 살로부터 스무 살까지는 남자
면 그 값을 이십 세겔로 하고 여자
면 열 세겔로 하며
6 일 개월로부터 다섯 살까지는 남자
면 그 값을 은 다섯 세겔로 하고 여
자면 그 값을 은 삼 세겔로 하며
7 예순 살 이상은 남자면 그 값을 십
오 세겔로 하고 여자는 열 세겔로
하라
8 그러나 서원자가 가난하여 네가 정
한 값을 감당하지 못하겠으면 그를
제사장 앞으로 데리고 갈 것이요 제
사장은 그 값을 정하되 그 서원자의
형편대로 값을 정할지니라
9 ●사람이 서원하는 예물로 여호와
께 드리는 것이 가축이면 여호와께
드릴 때는 다 거룩하니
10 그것을 변경하여 우열간 바꾸지 못
할 것이요 혹 가축으로 가축을 바
꾸면 둘 다 거룩할 것이며
11 부정하여 여호와께 예물로 드리지
못할 가축이면 그 가축을 제사장
앞으로 끌어갈 것이요
12 제사장은 우열간에 값을 정할지니
그 값이 제사장의 정한 대로 될 것
이며
13 만일 그가 그것을 무르려면 네가
정한 값에 그 오분의 일을 더할지
니라
14 ●만일 어떤 사람이 자기 집을 성
별하여 여호와께 드리려 하면 제사
장이 그 우열간에 값을 정할지니
그 값은 제사장이 정한 대로 될 것
이며
15 만일 그 사람이 자기 집을 무르려
면 네가 값을 정한 돈에 그 오분의

일을 더할지니 그리하면 자기 소유
가 되리라
16 ●만일 어떤 사람이 자기 기업된
밭 얼마를 성별하여 여호와께 드리
려 하면 마지기 수대로 네가 값을
정하되 보리 한 호멜지기에는 은
오십 세겔로 계산할지며
17 만일 그가 그 밭을 희년부터 성별
하여 드렸으면 그 값을 네가 정한
대로 할 것이요
18 만일 그 밭을 희년 후에 성별하여
드렸으면 제사장이 다음 희년까지
남은 연수를 따라 그 값을 계산하
고 정한 값에서 그 값에 상당하게
감할 것이며
19 만일 밭을 성별하여 드린 자가 그
것을 무르려면 네가 값을 정한 돈
에 그 오분의 일을 더할지니 그리
하면 그것이 자기 소유가 될 것이
요
20 만일 그가 그 밭을 무르지 아니하
려거나 타인에게 팔았으면 다시는
무르지 못하고
21 희년이 되어서 그 밭이 돌아오게
될 때에는 여호와께 바친 성물이
되어 영영히 드린 땅과 같이 제사
장의 기업이 될 것이며
22 만일 사람에게 샀고 자기 기업이
아닌 밭을 여호와께 성별하여 드렸
으면
23 너는 값을 정하고 제사장은 그를
위하여 희년까지 계산하고 그는 네
가 값을 정한 돈을 그날에 여호와
께 드려 성물로 삼을지며
24 그가 판 밭은 희년에 그 판 사람 곧
그 땅의 원주인에게로 되돌아갈지
니라
25 또 네가 정한 모든 값은 성소의 세
겔로 하되 이십 게라를 한 세겔로
할지니라

처음 난 가축

26 ●오직 가축 중의 처음 난 것은 여
호와께 드릴 첫 것이라 소나 양은
여호와의 것이니 누구든지 그것으
로는 성별하여 드리지 못할 것이며
27 만일 부정한 짐승이면 네가 정한
값에 그 오분의 일을 더하여 무를
것이요 만일 무르지 아니하려면 네
가 정한 값대로 팔지니라

여호와께 온전히 바친 것

28 ●어떤 사람이 자기 소유 중에서
오직 여호와께 온전히 바친 모든
것은 사람이든지 가축이든지 기업
의 밭이든지 팔지도 못하고 무르지
도 못하나니 바친 것은 다 여호와
께 지극히 거룩함이며
29 온전히 바쳐진 그 사람은 다시 무
르지 못하나니 반드시 죽일지니라

십분의 일은 여호와의 것

30 ●그리고 그 땅의 십분의 일 곧 그
땅의 곡식이나 나무의 열매는 그
십분의 일은 여호와의 것이니 여호
와의 성물이라
31 또 만일 어떤 사람이 그의 십일조
를 무르려면 그것에 오분의 일을
더할 것이요
32 모든 소나 양의 십일조는 목자의
지팡이 아래로 통과하는 것의 열
번째의 것마다 여호와의 성물이 되
리라
33 그 우열을 가리거나 바꾸거나 하지
말라 바꾸면 둘 다 거룩하리니 무
르지 못하리라
34 ●이것은 여호와께서 시내 산에서
이스라엘 자손을 위하여 모세에게
명령하신 계명이니라

민수기

Numbers

싸움에 나갈 만한 자를 계수하다

1 이스라엘 자손이 애굽 땅에서 나
온 후 둘째 해 둘째 달 첫째 날에
여호와께서 시내 광야 회막에서 모
세에게 말씀하여 이르시되
2 너희는 이스라엘 자손의 모든 회중
각 남자의 수를 그들의 종족과 조
상의 가문에 따라 그 명수대로 계
수할지니
3 이스라엘 중 이십 세 이상으로 싸
움에 나갈 만한 모든 자를 너와 아
론은 그 진영별로 계수하되
4 각 지파의 각 조상의 가문의 우두
머리 한 사람씩을 너희와 함께하게
하라
5 너희와 함께 설 사람들의 이름은
이러하니 르우벤 지파에서는 스데
울의 아들 엘리술이요
6 시므온 지파에서는 수리삿대의 아
들 슬루미엘이요
7 유다 지파에서는 암미나답의 아들
나손이요
8 잇사갈 지파에서는 수알의 아들 느
다넬이요
9 스불론 지파에서는 헬론의 아들 엘
리압이요
10 요셉의 자손들 중 에브라임 지파에
서는 암미훗의 아들 엘리사마요 므
낫세 지파에서는 브다술의 아들 가
말리엘이요
11 베냐민 지파에서는 기드오니의 아
들 아비단이요
12 단 지파에서는 암미삿대의 아들 아
히에셀이요
13 아셀 지파에서는 오그란의 아들 바
기엘이요
14 갓 지파에서는 [1]드우엘의 아들 엘
리아삽이요
15 납달리 지파에서는 에난의 아들 아
히라이니라 하시니
16 그들은 회중에서 부름을 받은 자요
그 조상 지파의 지휘관으로서 이스
라엘 종족들의 우두머리라
17 모세와 아론이 지명된 이 사람들을
데리고
18 둘째 달 첫째 날에 온 회중을 모으
니 그들이 각 종족과 조상의 가문
에 따라 이십 세 이상인 남자의 이
름을 자기 계통별로 신고하매
19 여호와께서 모세에게 명령하신 대
로 그가 시내 광야에서 그들을 계
수하였더라
20 ●이스라엘의 장자 르우벤의 아들
들에게서 난 자를 그들의 종족과
조상의 가문에 따라 이십 세 이상
으로 싸움에 나갈 만한 각 남자를
그 명수대로 다 계수하니
21 르우벤 지파에서 계수된 자는 사만
육천오백 명이었더라
22 ●시므온의 아들들에게서 난 자를
그들의 종족과 조상의 가문에 따라
이십 세 이상으로 싸움에 나갈 만
한 각 남자를 그 명수대로 다 계수
하니
23 시므온 지파에서 계수된 자는 오만
구천삼백 명이었더라
24 ●갓의 아들들에게서 난 자를 그들
의 종족과 조상의 가문에 따라 이
십 세 이상으로 싸움에 나갈 만한
자를 그 명수대로 다 계수하니
25 갓 지파에서 계수된 자는 사만 오
천육백오십 명이었더라
26 ●유다의 아들들에게서 난 자를 그
들의 종족과 조상의 가문에 따라
이십 세 이상으로 싸움에 나갈 만

1) 2:14 '르우엘'

한 자를 그 명수대로 다 계수하니
27 유다 지파에서 계수된 자는 칠만
사천육백 명이었더라
28 ●잇사갈의 아들들에게서 난 자를
그들의 종족과 조상의 가문에 따라
이십 세 이상으로 싸움에 나갈 만
한 자를 그 명수대로 다 계수하니
29 잇사갈 지파에서 계수된 자는 오만
사천사백 명이었더라
30 ●스불론의 아들들에게서 난 자를
그들의 종족과 조상의 가문에 따라
이십 세 이상으로 싸움에 나갈 만
한 자를 그 명수대로 다 계수하니
31 스불론 지파에서 계수된 자는 오만
칠천사백 명이었더라
32 ●요셉의 아들 에브라임의 아들들
에게서 난 자를 그들의 종족과 조
상의 가문에 따라 이십 세 이상으
로 싸움에 나갈 만한 자를 그 명수
대로 다 계수하니
33 에브라임 지파에서 계수된 자는 사
만 오백 명이었더라
34 ●므낫세의 아들들에게서 난 자를
그들의 종족과 조상의 가문에 따라
이십 세 이상으로 싸움에 나갈 만
한 자를 그 명수대로 다 계수하니
35 므낫세 지파에서 계수된 자는 삼만
이천이백 명이었더라
36 ●베냐민의 아들들에게서 난 자를
그들의 종족과 조상의 가문에 따라
이십 세 이상으로 싸움에 나갈 만
한 자를 그 명수대로 다 계수하니
37 베냐민 지파에서 계수된 자는 삼만
오천사백 명이었더라
38 ●단의 아들들에게서 난 자를 그들
의 종족과 조상의 가문에 따라 이
십 세 이상으로 싸움에 나갈 만한
자를 그 명수대로 다 계수하니
39 단 지파에서 계수된 자는 육만 이
천칠백 명이었더라

40 ●아셀의 아들들에게서 난 자를 그
들의 종족과 조상의 가문에 따라
이십 세 이상으로 싸움에 나갈 만
한 자를 그 명수대로 다 계수하니
41 아셀 지파에서 계수된 자는 사만
천오백 명이었더라
42 ●납달리의 아들들에게서 난 자를
그들의 종족과 조상의 가문에 따라
이십 세 이상으로 싸움에 나갈 만
한 자를 그 명수대로 다 계수하니
43 납달리 지파에서 계수된 자는 오만
삼천사백 명이었더라
44 ●이 계수함을 받은 자는 모세와
아론과 각기 이스라엘 조상의 가문
을 대표한 열두 지휘관이 계수하였
더라
45 이같이 이스라엘 자손이 그 조상의
가문을 따라 이십 세 이상으로 싸
움에 나갈 만한 이스라엘 자손이
다 계수되었으니
46 계수된 자의 총계는 육십만 삼천오
백오십 명이었더라

레위 지파는 계수하지 말라

47 ●그러나 레위인은 그들의 조상의
지파대로 그 계수에 들지 아니하였
으니
48 이는 여호와께서 모세에게 말씀하
여 이르시되
49 너는 레위 지파만은 계수하지 말며
그들을 이스라엘 자손 계수 중에
넣지 말고
50 그들에게 증거의 성막과 그 모든
기구와 그 모든 부속품을 관리하게
하라 그들은 그 성막과 그 모든 기
구를 운반하며 거기서 봉사하며 성
막 주위에 진을 칠지며
51 성막을 운반할 때에는 레위인이 그
것을 걷고 성막을 세울 때에는 레
위인이 그것을 세울 것이요 외인이
가까이 오면 죽일지며

52 이스라엘 자손은 막사를 치되 그
진영별로 각각 그 진영과 군기 곁
에 칠 것이나
53 레위인은 증거의 성막 사방에 진을
쳐서 이스라엘 자손의 회중에게 진
노가 임하지 않게 할 것이라 레위
인은 증거의 성막에 대한 책임을
지킬지니라 하셨음이라
54 이스라엘 자손이 그대로 행하되 여
호와께서 모세에게 명령하신 대로
행하였더라

진 편성 및 행군 순서

2 여호와께서 모세와 아론에게 말
씀하여 이르시되
2 이스라엘 자손은 각각 자기의 진영
의 군기와 자기의 조상의 가문의
기호 곁에 진을 치되 회막을 향하
여 사방으로 치라
3 동방 해 돋는 쪽에 진칠 자는 그 진
영별로 유다의 진영의 군기에 속한
자라 유다 자손의 지휘관은 암미나
답의 아들 나손이요
4 그의 군대로 계수된 자가 칠만 사
천육백 명이며
5 그 곁에 진칠 자는 잇사갈 지파라
잇사갈 자손의 지휘관은 수알의 아
들 느다넬이요
6 그의 군대로 계수된 자가 오만 사
천사백 명이라
7 그리고 스불론 지파라 스불론 자손의
지휘관은 헬론의 아들 엘리압이요
8 그의 군대로 계수된 자가 오만 칠
천사백 명이니
9 유다 진영에 속한 군대로 계수된
군인의 총계는 십팔만 육천사백 명
이라 그들은 제일 대로 행진할지니
라
10 ●남쪽에는 르우벤 군대 진영의 군
기가 있을 것이라 르우벤 자손의
지휘관은 스데울의 아들 엘리술이
요
11 그의 군대로 계수된 자가 사만 육
천오백 명이며
12 그 곁에 진 칠 자는 시므온 지파라
시므온 자손의 지휘관은 수리삿대
의 아들 슬루미엘이요
13 그의 군대로 계수된 자가 오만 구
천삼백 명이며
14 또 갓 지파라 갓 자손의 지휘관은
[1]르우엘의 아들 엘리아삽이요
15 그의 군대로 계수된 자가 사만 오
천육백오십 명이니
16 르우벤 진영에 속하여 계수된 군인
의 총계는 십오만 천사백오십 명이
라 그들은 제이 대로 행진할지니라
17 ●그 다음에 회막이 레위인의 진영
과 함께 모든 진영의 중앙에 있어
행진하되 그들의 진친 순서대로 각
사람은 자기의 위치에서 자기들의
기를 따라 앞으로 행진할지니라
18 ●서쪽에는 에브라임의 군대의 진
영의 군기가 있을 것이라 에브라임
자손의 지휘관은 암미훗의 아들 엘
리사마요
19 그의 군대로 계수된 자가 사만 오
백 명이며
20 그 곁에는 므낫세 지파가 있을 것
이라 므낫세 자손의 지휘관은 브다
술의 아들 가말리엘이요
21 그의 군대로 계수된 자가 삼만 이
천이백 명이며
22 또 베냐민 지파라 베냐민 자손의
지휘관은 기드오니의 아들 아비단
이요
23 그의 군대로 계수된 자가 삼만 오
천사백 명이니
24 에브라임 진영에 속하여 계수된 군
인의 총계는 십만 팔천백 명이라
그들은 제삼 대로 행진할지니라

1) 1:14 '드우엘'

25 ●북쪽에는 단 군대 진영의 군기가
있을 것이라 단 자손의 지휘관은
암미삿대의 아들 아히에셀이요
26 그의 군대로 계수된 자가 육만 이
천칠백 명이며
27 그 곁에 진칠 자는 아셀 지파라 아
셀 자손의 지휘관은 오그란의 아들
바기엘이요
28 그의 군대로 계수된 자가 사만 천
오백 명이며
29 또 납달리 지파라 납달리 자손의
지휘관은 에난의 아들 아히라요
30 그의 군대로 계수된 자가 오만 삼
천사백 명이니
31 단의 진영에 속하여 계수함을 받은
군인의 총계는 십오만 칠천육백 명
이라 그들은 기를 따라 후대로 행
진할지니라 하시니라
32 ●이상은 이스라엘 자손이 그들의
조상의 가문을 따라 계수된 자니
모든 진영의 군인 곧 계수된 자의
총계는 육십만 삼천오백오십 명이
며
33 레위인은 이스라엘 자손과 함께 계
수되지 아니하였으니 여호와께서
모세에게 명령하심과 같았느니라
34 이스라엘 자손이 여호와께서 모세
에게 명령하신 대로 다 준행하여
각기 종족과 조상의 가문에 따르며
자기들의 기를 따라 진치기도 하며
행진하기도 하였더라

아론의 아들들

3 여호와께서 시내 산에서 모세와
말씀하실 때에 아론과 모세가 낳
은 자는 이러하니라
2 아론의 아들들의 이름은 이러하니
장자는 나답이요 다음은 아비후와
엘르아살과 이다말이니
3 이는 아론의 아들들의 이름이며 그
들은 기름부음을 받고 거룩하게 구
별되어 제사장 직분을 위임 받은
제사장들이라
4 나답과 아비후는 시내 광야에서 여
호와 앞에 다른 불을 드리다가 여
호와 앞에서 죽어 자식이 없었으며
엘르아살과 이다말이 그의 아버지
아론 앞에서 제사장의 직분을 행하
였더라

제사장을 돕는 레위 사람

5 ●여호와께서 또 모세에게 말씀하
여 이르시되
6 레위 지파는 나아가 제사장 아론
앞에 서서 그에게 시종하게 하라
7 그들이 회막 앞에서 아론의 직무와
온 회중의 직무를 위하여 회막에서
시무하되
8 곧 회막의 모든 기구를 맡아 지키
며 이스라엘 자손의 직무를 위하여
성막에서 시무할지니
9 너는 레위인을 아론과 그의 아들들
에게 맡기라 그들은 이스라엘 자손
중에서 아론에게 온전히 맡겨진 자
들이니라
10 너는 아론과 그의 아들들을 세워
제사장 직무를 행하게 하라 외인이
가까이하면 죽임을 당할 것이니라
11 ●여호와께서 모세에게 말씀하여
이르시되
12 보라 내가 이스라엘 자손 중에서
레위인을 택하여 이스라엘 자손 중
에 태를 열어 태어난 모든 맏이를
대신하게 하였은즉 레위인은 내 것
이라
13 처음 태어난 자는 다 내 것임은 내
가 애굽 땅에서 그 처음 태어난 자
를 다 죽이던 날에 이스라엘의 처
음 태어난 자는 사람이나 짐승을
다 거룩하게 구별하였음이니 그들
은 내 것이 될 것임이니라 나는 여
호와이니라

민

레위 자손 인구 조사

14 ●여호와께서 시내 광야에서 모세
에게 말씀하여 이르시되
15 레위 자손을 그들의 조상의 가문과
종족을 따라 계수하되 일 개월 이
상 된 남자를 다 계수하라
16 모세가 여호와의 말씀을 따라 그
명령하신 대로 계수하니라
17 레위의 아들들의 이름은 이러하니
게르손과 고핫과 므라리요
18 게르손의 아들들의 이름은 그들의
종족대로 이러하니 립니와 시므이
요
19 고핫의 아들들은 그들의 종족대로
이러하니 아므람과 이스할과 헤브
론과 웃시엘이요
20 므라리의 아들들은 그들의 종족대
로 말리와 무시이니 이는 그의 종
족대로 된 레위인의 조상의 가문들
이니라
21 ●게르손에게서는 립니 종족과 시
므이 종족이 났으니 이들이 곧 게
르손의 조상의 가문들이라
22 계수된 자 곧 일 개월 이상 된 남자
의 수효 합계는 칠천오백 명이며
23 게르손 종족들은 성막 뒤 곧 서쪽
에 진을 칠 것이요
24 라엘의 아들 엘리아삽은 게르손 사
람의 조상의 가문의 지휘관이 될
것이며
25 게르손 자손이 회막에서 맡을 일은
성막과 장막과 그 덮개와 회막 휘
장 문과
26 뜰의 휘장과 및 성막과 제단 사방
에 있는 뜰의 휘장 문과 그 모든 것
에 쓰는 줄들이니라
27 ●고핫에게서는 아므람 종족과 이
스할 종족과 헤브론 종족과 웃시엘
종족이 났으니 이들은 곧 고핫 종
족들이라
28 계수된 자로서 출생 후 일 개월 이
상 된 남자는 모두 팔천육백 명인
데 성소를 맡을 것이며
29 고핫 자손의 종족들은 성막 남쪽에
진을 칠 것이요
30 웃시엘의 아들 엘리사반은 고핫 사
람의 종족과 조상의 가문의 지휘관
이 될 것이며
31 그들이 맡을 것은 [1]증거궤와 상과
등잔대와 제단들과 성소에서 봉사
하는 데 쓰는 기구들과 휘장과 그
것에 쓰는 모든 것이며
32 제사장 아론의 아들 엘르아살은 레
위인의 지휘관들의 어른이 되고 또
성소를 맡을 자를 통할할 것이니라
33 ●므라리에게서는 말리 종족과 무
시 종족이 났으니 이들은 곧 므라
리 종족들이라
34 그 계수된 자 곧 일 개월 이상 된
남자는 모두 육천이백 명이며
35 아비하일의 아들 수리엘은 므라리
종족과 조상의 가문의 지휘관이 될
것이요 이 종족은 성막 북쪽에 진
을 칠 것이며
36 므라리 자손이 맡을 것은 성막의
널판과 그 띠와 그 기둥과 그 받침
과 그 모든 기구와 그것에 쓰는 모
든 것이며
37 뜰 사방 기둥과 그 받침과 그 말뚝
과 그 줄들이니라
38 ●성막 앞 동쪽 곧 회막 앞 해 돋는
쪽에는 모세와 아론과 아론의 아들
들이 진을 치고 이스라엘 자손의
직무를 위하여 성소의 직무를 수행
할 것이며 외인이 가까이하면 죽일
지니라
39 모세와 아론이 여호와의 명령을 따
라 레위인을 각 종족대로 계수한즉
일 개월 이상 된 남자는 모두 이만

1) 법궤

이천 명이었더라

레위 사람이 맏아들 구실을 하다

40 ●여호와께서 또 모세에게 이르시
되 이스라엘 자손의 처음 태어난
남자를 일 개월 이상으로 다 계수
하여 그 명수를 기록하라
41 나는 여호와라 이스라엘 자손 중 모
든 처음 태어난 자 대신에 레위인을
내게 돌리고 또 이스라엘 자손의 가
축 중 모든 처음 태어난 것 대신에
레위인의 가축을 내게 돌리라
42 모세가 여호와께서 자기에게 명령
하신 대로 이스라엘 자손 중 모든
처음 태어난 자를 계수하니
43 일 개월 이상으로 계수된 처음 태
어난 남자의 총계는 이만 이천이백
칠십삼 명이었더라
44 ●여호와께서 모세에게 말씀하여
이르시되
45 이스라엘 자손 중 모든 처음 태어
난 자 대신에 레위인을 취하고 또
그들의 가축 대신에 레위인의 가축
을 취하라 레위인은 내 것이라 나
는 여호와니라
46 이스라엘 자손의 처음 태어난 자가
레위인보다 이백칠십삼 명이 더 많
은즉 속전으로
47 한 사람에 다섯 세겔씩 받되 성소
의 세겔로 받으라 한 세겔은 이십
게라니라
48 그 더한 자의 속전을 아론과 그의
아들들에게 줄 것이니라
49 모세가 레위인으로 대속한 이외의
사람에게서 속전을 받았으니
50 곧 이스라엘 자손의 처음 태어난
자에게서 받은 돈이 성소의 세겔로
천삼백육십오 세겔이라
51 모세가 이 속전을 여호와의 말씀대
로 아론과 그의 아들들에게 주었으
니 여호와께서 모세에게 명령하심
과 같았느니라

고핫 자손의 임무

4 또 여호와께서 모세와 아론에게
말씀하여 이르시되
2 레위 자손 중에서 고핫 자손을 그
들의 종족과 조상의 가문에 따라
집계할지니
3 곧 삼십 세 이상으로 오십 세까지
회막의 일을 하기 위하여 그 역사에
참가할 만한 모든 자를 계수하라
4 고핫 자손이 회막 안의 지성물에
대하여 할 일은 이러하니라
5 진영이 전진할 때에 아론과 그의
아들들이 들어가서 칸 막는 휘장을
걷어 [1)]증거궤를 덮고
6 그 위를 해달의 가죽으로 덮고 그
위에 순청색 보자기를 덮은 후에
그 채를 꿰고
7 진설병의 상에 청색 보자기를 펴고
대접들과 숟가락들과 주발들과 붓
는 잔들을 그 위에 두고 또 항상 진
설하는 떡을 그 위에 두고
8 홍색 보자기를 그 위에 펴고 그것
을 해달의 가죽 덮개로 덮은 후에
그 채를 꿰고
9 청색 보자기를 취하여 등잔대와 등
잔들과 불 집게들과 불똥 그릇들과
그 쓰는 바 모든 기름 그릇을 덮고
10 등잔대와 그 모든 기구를 해달의
가죽 덮개 안에 넣어 메는 틀 위에
두고
11 금제단 위에 청색 보자기를 펴고
해달의 가죽 덮개로 덮고 그 채를
꿰고
12 성소에서 봉사하는 데에 쓰는 모든
기구를 취하여 청색 보자기에 싸서
해달의 가죽 덮개로 덮어 메는 틀
위에 두고
13 제단의 재를 버리고 그 제단 위에

1) 법궤

자색 보자기를 펴고
14 봉사하는 데에 쓰는 모든 기구 곧
불 옮기는 그릇들과 고기 갈고리들
과 부삽들과 대야들과 제단의 모든
기구를 두고 해달의 가죽 덮개를
그 위에 덮고 그 채를 꿸 것이며
15 진영을 떠날 때에 아론과 그의 아
들들이 [1]성소와 성소의 모든 기구
덮는 일을 마치거든 고핫 자손들이
와서 멜 것이니라 그러나 성물은
만지지 말라 그들이 죽으리라 회막
물건 중에서 이것들은 고핫 자손이
멜 것이며
16 제사장 아론의 아들 엘르아살이 맡
을 것은 등유와 태우는 향과 항상
드리는 소제물과 관유이며 또 장막
전체와 그 중에 있는 모든 것과 성
소와 그 모든 기구니라
17 ●여호와께서 또 모세와 아론에게
말씀하여 이르시되
18 너희는 고핫 족속의 지파를 레위인
중에서 끊어지게 하지 말지니
19 그들이 지성물에 접근할 때에 그들
의 생명을 보존하고 죽지 않게 하
기 위하여 이같이 하라 아론과 그
의 아들들이 들어가서 각 사람에게
그가 할 일과 그가 멜 것을 지휘하
게 할지니라
20 그들은 잠시라도 들어가서 [1]성소를
보지 말라 그들이 죽으리라

게르손 자손의 임무

21 ●여호와께서 또 모세에게 말씀하
여 이르시되
22 게르손 자손도 그 조상의 가문과
종족에 따라 계수하되
23 삼십 세 이상으로 오십 세까지 회
막에서 복무하고 봉사할 모든 자를
계수하라
24 게르손 종족의 할 일과 멜 것은 이
러하니
25 곧 그들이 성막의 휘장들과 회막과
그 덮개와 그 위의 해달의 가죽 덮
개와 회막 휘장 문을 메며
26 뜰의 휘장과 성막과 제단 사방에
있는 뜰의 휘장 문과 그 줄들과 그
것에 사용하는 모든 기구를 메며
이 모든 것을 이렇게 맡아 처리할
것이라
27 게르손 자손은 그들의 모든 일 곧
멜 것과 처리할 것을 아론과 그의
아들들의 명령대로 할 것이니 너희
는 그들이 멜 짐을 그들에게 맡길
것이니라
28 게르손 자손의 종족들이 회막에서
할 일은 이러하며 그들의 직무는
제사장 아론의 아들 이다말이 감독
할지니라

므라리 자손의 임무

29 ●너는 므라리 자손도 그 조상의
가문과 종족에 따라 계수하되
30 삼십 세부터 오십 세까지 회막에서
복무하고 봉사할 모든 자를 계수하
라
31 그들이 직무를 따라 회막에서 할
모든 일 곧 그 멜 것은 이러하니 곧
장막의 널판들과 그 띠들과 그 기
둥들과 그 받침들과
32 뜰 둘레의 기둥들과 그 받침들과
그 말뚝들과 그 줄들과 그 모든 기
구들과 그것에 쓰는 모든 것이라
너희는 그들이 맡아 멜 모든 기구
의 품목을 지정하라
33 이는 제사장 아론의 아들 이다말의
수하에 있을 므라리 자손의 종족들
이 그 모든 직무대로 회막에서 행
할 일이니라

레위 사람 인구 조사

34 ●모세와 아론과 회중의 지도자들
이 고핫 자손들을 그 종족과 조상

1) 성물

의 가문에 따라 계수하니
35 삼십 세부터 오십 세까지 회막에서
복무하고 봉사할 모든 자
36 곧 그 종족대로 계수된 자가 이천
칠백오십 명이니
37 이는 모세와 아론이 여호와께서 모
세에게 명령하신 대로 회막에서 종
사하는 고핫인의 모든 종족 중 계
수된 자이니라
38 ●게르손 자손 중 그 종족과 조상
의 가문을 따라 계수된 자는
39 삼십 세부터 오십 세까지 회막 봉
사에 참여하여 일할 만한 모든 자
라
40 그 종족과 조상의 가문을 따라 계
수된 자는 이천육백삼십 명이니
41 이는 모세와 아론이 여호와의 명
령대로 회막에서 종사하는 게르손
자손의 모든 종족 중 계수된 자니
라
42 ●므라리 자손의 종족 중 그 종족과
조상의 가문을 따라 계수된 자는
43 삼십 세부터 오십 세까지 회막에서
복무하고 봉사할 모든 자라
44 그 종족을 따라 계수된 자는 삼천
이백 명이니
45 이는 모세와 아론이 여호와께서 모
세에게 명령하신 대로 므라리 자손
들의 종족 중 계수된 자니라
46 ●모세와 아론과 이스라엘 지휘관
들이 레위인을 그 종족과 조상의
가문에 따라 다 계수하니
47 삼십 세부터 오십 세까지 회막 봉
사와 메는 일에 참여하여 일할 만
한 모든 자
48 곧 그 계수된 자는 팔천오백팔십
명이라
49 그들이 할 일과 짐을 메는 일을 따
라 모세에게 계수되었으되 여호와
께서 모세에게 명령하신 대로 그들
이 계수되었더라

부정한 사람의 처리

5 여호와께서 모세에게 말씀하여
이르시되
2 이스라엘 자손에게 명령하여 모든
나병 환자와 유출증이 있는 자와
주검으로 부정하게 된 자를 다 진
영 밖으로 내보내되
3 남녀를 막론하고 다 진영 밖으로
내보내어 그들이 진영을 더럽히게
하지 말라 내가 그 진영 가운데에
거하느니라 하시매
4 이스라엘 자손이 그같이 행하여 그
들을 진영 밖으로 내보냈으니 곧
여호와께서 모세에게 이르신 대로
이스라엘 자손이 행하였더라

죄에 대한 값

5 ●여호와께서 모세에게 말씀하여
이르시되
6 이스라엘 자손에게 이르라 남자나
여자나 사람들이 범하는 죄를 범하
여 여호와께 거역함으로 죄를 지으
면
7 그 지은 죄를 자복하고 그 죄 값을
온전히 갚되 오분의 일을 더하여
그가 죄를 지었던 그 사람에게 돌
려줄 것이요
8 만일 죄 값을 받을 만한 친척이 없
으면 그 죄 값을 여호와께 드려 제
사장에게로 돌릴 것이니 이는 그를
위하여 속죄할 속죄의 숫양과 함께
돌릴 것이니라
9 이스라엘 자손이 거제로 제사장에
게 가져오는 모든 성물은 그의 것
이 될 것이라
10 각 사람이 구별한 물건은 그의 것
이 되나니 누구든지 제사장에게 주
는 것은 그의 것이 되느니라

아내의 간통을 밝히는 절차

11 ●여호와께서 모세에게 말씀하여

이르시되
12 이스라엘 자손에게 말하여 그들에
게 이르라 만일 어떤 사람의 아내
가 탈선하여 남편에게 신의를 저버
렸고
13 한 남자가 그 여자와 동침하였으나
그의 남편의 눈에 숨겨 드러나지
아니하였고 그 여자의 더러워진 일
에 증인도 없고 그가 잡히지도 아
니하였어도
14 그 남편이 의심이 생겨 그 아내를
의심하였는데 그의 아내가 더럽혀
졌거나 또는 그 남편이 의심이 생
겨 그 아내를 의심하였으나 그 아
내가 더럽혀지지 아니하였든지
15 그의 아내를 데리고 제사장에게로
가서 그를 위하여 보리 가루 십분
의 일 에바를 헌물로 드리되 그것
에 기름도 붓지 말고 유향도 두지
말라 이는 의심의 소제요 죄악을
기억나게 하는 기억의 소제라
16 ●제사장은 그 여인을 가까이 오게
하여 여호와 앞에 세우고
17 토기에 거룩한 물을 담고 성막 바
닥의 티끌을 취하여 물에 넣고
18 여인을 여호와 앞에 세우고 그의
머리를 풀게 하고 기억나게 하는
소제물 곧 의심의 소제물을 그의
두 손에 두고 제사장은 저주가 되
게 할 쓴 물을 자기 손에 들고
19 여인에게 맹세하게 하여 그에게 이
르기를 네가 네 남편을 두고 탈선
하여 다른 남자와 동침하여 더럽힌
일이 없으면 저주가 되게 하는 이
쓴 물의 해독을 면하리라
20 그러나 네가 네 남편을 두고 탈선
하여 몸을 더럽혀서 네 남편 아닌
사람과 동침하였으면
21 (제사장이 그 여인에게 저주의 맹
세를 하게 하고 그 여인에게 말할
지니라) 여호와께서 네 넓적다리가
마르고 네 배가 부어서 네가 네 백
성 중에 저줏거리, 맹셋거리가 되
게 하실지라
22 이 저주가 되게 하는 이 물이 네 창
자에 들어가서 네 배를 붓게 하고
네 넓적다리를 마르게 하리라 할
것이요 여인은 아멘 아멘 할지니라
23 ●제사장이 저주의 말을 두루마리
에 써서 그 글자를 그 쓴 물에 빨아
넣고
24 여인에게 그 저주가 되게 하는 쓴
물을 마시게 할지니 그 저주가 되
게 하는 물이 그의 속에 들어가서
쓰리라
25 제사장이 먼저 그 여인의 손에서
의심의 소제물을 취하여 그 소제물
을 여호와 앞에 흔들고 제단으로
가지고 가서
26 제사장은 그 소제물 중에서 한 움
큼을 취하여 그 여자에게 기억나게
하는 소제물로 제단 위에 불사르고
그 후에 여인에게 그 물을 마시게
할지라
27 그 물을 마시게 한 후에 만일 여인
이 몸을 더럽혀서 그 남편에게 범
죄하였으면 그 저주가 되게 하는
물이 그의 속에 들어가서 쓰게 되
어 그의 배가 부으며 그의 넓적다
리가 마르리니 그 여인이 그 백성
중에서 저줏거리가 될 것이니라
28 그러나 여인이 더럽힌 일이 없고
정결하면 해를 받지 않고 임신하리
라
29 ●이는 의심의 법이니 아내가 그의
남편을 두고 탈선하여 더럽힌 때나
30 또는 그 남편이 의심이 생겨서 자
기의 아내를 의심할 때에 여인을
여호와 앞에 두고 제사장이 이 법
대로 행할 것이라

31 남편은 무죄할 것이요 여인은 죄가
있으면 당하리라

나실인의 법

6 여호와께서 모세에게 말씀하여
이르시되
2 이스라엘 자손에게 전하여 그들에
게 이르라 남자나 여자가 특별한
서원 곧 [1]나실인의 서원을 하고 자
기 몸을 구별하여 여호와께 드리려
고 하면
3 포도주와 독주를 멀리하며 포도주
로 된 초나 독주로 된 초를 마시지
말며 포도즙도 마시지 말며 생포도
나 건포도도 먹지 말지니
4 자기 몸을 구별하는 모든 날 동안
에는 포도나무 소산은 씨나 껍질이
라도 먹지 말지며
5 그 서원을 하고 구별하는 모든 날
동안은 삭도를 절대로 그의 머리에
대지 말 것이라 자기 몸을 구별하
여 여호와께 드리는 날이 차기까지
그는 거룩한즉 그의 머리털을 길게
자라게 할 것이며
6 자기의 몸을 구별하여 여호와께 드
리는 모든 날 동안은 시체를 가까
이하지 말 것이요
7 그의 부모 형제 자매가 죽은 때에
라도 그로 말미암아 몸을 더럽히지
말 것이니 이는 자기의 몸을 구별
하여 하나님께 드리는 표가 그의
머리에 있음이라
8 자기의 몸을 구별하는 모든 날 동
안 그는 여호와께 거룩한 자니라
9 누가 갑자기 그 곁에서 죽어서 스
스로 구별한 자의 머리를 더럽히면
그의 몸을 정결하게 하는 날에 머
리를 밀 것이니 곧 일곱째 날에 밀
것이며
10 여덟째 날에 산비둘기 두 마리나
집비둘기 새끼 두 마리를 가지고
회막문에 와서 제사장에게 줄 것이
요
11 제사장은 그 하나를 속죄제물로,
하나를 번제물로 드려서 그의 시체
로 말미암아 얻은 죄를 속하고 또
그는 그날에 그의 머리를 성결하게
할 것이며
12 자기 몸을 구별하여 여호와께 드릴
날을 새로 정하고 일 년 된 숫양을
가져다가 속건제물로 드릴지니라
자기의 몸을 구별한 때에 그의 몸
을 더럽혔은즉 지나간 기간은 무효
니라
13 ●나실인의 법은 이러하니라 자기
의 몸을 구별한 날이 차면 그 사람
을 회막문으로 데리고 갈 것이요
14 그는 여호와께 헌물을 드리되 번제
물로 일 년 된 흠 없는 숫양 한 마
리와 속죄제물로 일 년 된 흠 없는
어린 암양 한 마리와 화목제물로
흠 없는 숫양 한 마리와
15 무교병 한 광주리와 고운 가루에
기름 섞은 과자들과 기름 바른 무
교전병들과 그 소제물과 전제물을
드릴 것이요
16 제사장은 그것들을 여호와 앞에 가
져다가 속죄제와 번제를 드리고
17 화목제물로 숫양에 무교병 한 광주
리를 아울러 여호와께 드리고 그
소제와 전제를 드릴 것이요
18 자기의 몸을 구별한 나실인은 회막
문에서 자기의 머리털을 밀고 그것
을 화목제물 밑에 있는 불에 둘지며
19 자기의 몸을 구별한 나실인이 그의
머리털을 민 후에 제사장이 삶은
숫양의 어깨와 광주리 가운데 무교
병 하나와 무교전병 하나를 취하여
나실인의 두 손에 두고
20 여호와 앞에 요제로 흔들 것이며

1) 구별

그것과 흔든 가슴과 받들어올린
[1]넓적다리는 성물이라 다 제사장에
게 돌릴 것이니라 그 후에는 나실
인이 포도주를 마실 수 있느니라
21 ●이는 곧 서원한 나실인이 자기의
몸을 구별한 일로 말미암아 여호와
께 헌물을 드림과 행할 법이며 이
외에도 힘이 미치는 대로 하려니와
그가 서원한 대로 자기의 몸을 구
별하는 법을 따라 할 것이니라

제사장의 축복

22 ●여호와께서 모세에게 말씀하여
이르시되
23 아론과 그의 아들들에게 말하여 이
르기를 너희는 이스라엘 자손을 위
하여 이렇게 축복하여 이르되
24 여호와는 네게 복을 주시고 너를
지키시기를 원하며
25 여호와는 그의 얼굴을 네게 비추사
은혜 베푸시기를 원하며
26 여호와는 그 얼굴을 네게로 향하여
드사 평강 주시기를 원하노라 할지
니라 하라
27 ●그들은 이같이 내 이름으로 이스
라엘 자손에게 축복할지니 내가 그
들에게 복을 주리라

감독된 자들이 드린 헌물

7 모세가 장막 세우기를 끝내고 그
것에 기름을 발라 거룩히 구별하
고 또 그 모든 기구와 제단과 그 모
든 기물에 기름을 발라 거룩히 구
별한 날에
2 이스라엘 지휘관들 곧 그들의 조상
의 가문의 우두머리들이요 그 지파
의 지휘관으로서 그 계수함을 받은
자의 감독된 자들이 헌물을 드렸으
니
3 그들이 여호와께 드린 헌물은 [2]덮
개 있는 수레 여섯 대와 소 열두 마
리이니 지휘관 두 사람에 수레가
하나씩이요 지휘관 한 사람에 소가
한 마리씩이라 그것들을 장막 앞에
드린지라
4 여호와께서 모세에게 말씀하여 이
르시되
5 그것을 그들에게서 받아 레위인에
게 주어 각기 직임대로 회막 봉사
에 쓰게 할지니라
6 모세가 수레와 소를 받아 레위인에
게 주었으니
7 곧 게르손 자손들에게는 그들의 직
임대로 수레 둘과 소 네 마리를 주
었고
8 므라리 자손들에게는 그들의 직임
대로 수레 넷과 소 여덟 마리를 주
고 제사장 아론의 아들 이다말에게
감독하게 하였으나
9 고핫 자손에게는 주지 아니하였으
니 그들의 성소의 직임은 그 어깨
로 메는 일을 하는 까닭이었더라
10 제단에 기름을 바르던 날에 지휘관
들이 제단의 봉헌을 위하여 헌물을
가져다가 그 헌물을 제단 앞에 드
리니라
11 여호와께서 모세에게 이르시기를
지휘관들은 하루 한 사람씩 제단의
봉헌물을 드릴지니라 하셨더라
12 ●첫째 날에 헌물을 드린 자는 유
다 지파 암미나답의 아들 나손이라
13 그의 헌물은 성소의 세겔로 백삼십
세겔 무게의 은반 하나와 칠십 세
겔 무게의 은 바리 하나라 이 두 그
릇에는 소제물로 기름 섞은 고운
가루를 채웠고
14 또 열 세겔 무게의 금 그릇 하나라
그것에는 향을 채웠고
15 또 번제물로 수송아지 한 마리와
숫양 한 마리와 일 년 된 어린 숫양
한 마리이며

1) 어깨 2) 짐차

16 속죄제물로 숫염소 한 마리이며
17 화목제물로 소 두 마리와 숫양 다
섯 마리와 숫염소 다섯 마리와 일
년 된 어린 숫양 다섯 마리라 이는
암미나답의 아들 나손의 헌물이었
더라
18 ●둘째 날에는 잇사갈의 지휘관 수
알의 아들 느다넬이 헌물을 드렸으
니
19 그가 드린 헌물도 성소의 세겔로
백삼십 세겔 무게의 은반 하나와
칠십 세겔 무게의 은 바리 하나라
이 두 그릇에는 소제물로 기름 섞
은 고운 가루를 채웠고
20 또 열 세겔 무게의 금 그릇 하나라
그것에는 향을 채웠고
21 또 번제물로 수송아지 한 마리와
숫양 한 마리와 일 년 된 어린 숫양
한 마리이며
22 속죄제물로 숫염소 한 마리이며
23 화목제물로 소 두 마리와 숫양 다섯
마리와 숫염소 다섯 마리와 일 년
된 어린 숫양 다섯 마리라 이는 수
알의 아들 느다넬의 헌물이었더라
24 ●셋째 날에는 스불론 자손의 지휘
관 헬론의 아들 엘리압이 헌물을
드렸으니
25 그의 헌물도 성소의 세겔로 백삼십
세겔 무게의 은반 하나와 칠십 세
겔 무게의 은 바리 하나라 이 두 그
릇에는 소제물로 기름 섞은 고운
가루를 채웠고
26 또 열 세겔 무게의 금 그릇 하나라
이것에는 향을 채웠고
27 또 번제물로 수송아지 한 마리와
숫양 한 마리와 일 년 된 어린 숫양
한 마리이며
28 속죄제물로 숫염소 한 마리이며
29 화목제물로 소 두 마리와 숫양 다섯
마리와 숫염소 다섯 마리와 일 년
된 어린 숫양 다섯 마리라 이는 헬
론의 아들 엘리압의 헌물이었더라
30 ●넷째 날에는 르우벤 자손의 지휘
관 스데울의 아들 엘리술이 헌물을
드렸으니
31 그의 헌물도 성소의 세겔로 백삼십
세겔 무게의 은 쟁반 하나와 칠십
세겔 무게의 은 바리 하나라 이 두
그릇에는 소제물로 기름 섞은 고운
가루를 채웠고
32 또 열 세겔 무게의 금 그릇 하나라
이것에는 향을 채웠고
33 또 번제물로 수송아지 한 마리와
숫양 한 마리와 일 년 된 어린 숫양
한 마리이며
34 속죄제물로 숫염소 한 마리이며
35 화목제물로 소 두 마리와 숫양 다
섯 마리와 숫염소 다섯 마리와 일
년 된 어린 숫양 다섯 마리라 이는
스데울의 아들 엘리술의 헌물이었
더라
36 ●다섯째 날에는 시므온 자손의 지
휘관 수리삿대의 아들 슬루미엘이
헌물을 드렸으니
37 그 헌물도 성소의 세겔로 백삼십
세겔 무게의 은 쟁반 하나와 칠십
세겔 무게의 은 바리 하나라 이 두
그릇에는 소제물로 기름 섞은 고운
가루를 채웠고
38 또 열 세겔 무게의 금 그릇 하나라
이것에는 향을 채웠고
39 또 번제물로 수송아지 한 마리와
숫양 한 마리와 일 년 된 어린 숫양
한 마리이며
40 속죄제물로 숫염소 한 마리이며
41 화목제물로 소 두 마리와 숫양 다
섯 마리와 숫염소 다섯 마리와 일
년 된 어린 숫양 다섯 마리라 이는
수리삿대의 아들 슬루미엘의 헌물
이었더라

42 ●여섯째 날에는 갓 자손의 지휘관
드우엘의 아들 엘리아삽이 헌물을
드렸으니
43 그의 헌물도 성소의 세겔로 백삼십
세겔 무게의 은 쟁반 하나와 칠십
세겔 무게의 은 바리 하나라 이 두
그릇에는 소제물로 기름 섞은 고운
가루를 채웠고
44 또 열 세겔 무게의 금 그릇 하나라
이것에는 향을 채웠고
45 또 번제물로 수송아지 한 마리와
숫양 한 마리와 일 년 된 어린 숫양
한 마리이며
46 속죄제물로 숫염소 한 마리이며
47 화목제물로 소 두 마리와 숫양 다
섯 마리와 숫염소 다섯 마리와 일
년 된 어린 숫양 다섯 마리라 이는
드우엘의 아들 엘리아삽의 헌물이
었더라
48 ●일곱째 날에는 에브라임 자손의
지휘관 암미훗의 아들 엘리사마가
헌물을 드렸으니
49 그의 헌물도 성소의 세겔로 백삼십
세겔 무게의 은 쟁반 하나와 칠십
세겔 무게의 은 바리 하나라 이 두
그릇에는 소제물로 기름 섞은 고운
가루를 채웠고
50 또 열 세겔 무게의 금 그릇 하나라
이것에는 향을 채웠고
51 또 번제물로 수송아지 한 마리와
숫양 한 마리와 일 년 된 어린 숫양
한 마리이며
52 속죄제물로 숫염소 한 마리이며
53 화목제물로 소 두 마리와 숫양 다
섯 마리와 숫염소 다섯 마리와 일
년 된 어린 숫양 다섯 마리라 이는
암미훗의 아들 엘리사마의 헌물이
었더라
54 ●여덟째 날에는 므낫세 자손의 지
휘관 브다술의 아들 가말리엘이 헌
물을 드렸으니
55 그 헌물도 성소의 세겔로 백삼십
세겔 무게의 은 쟁반 하나와 칠십
세겔 무게의 은 바리 하나라 이 두
그릇에는 소제물로 기름 섞은 고운
가루를 채웠고
56 또 열 세겔 무게의 금 그릇 하나라
이것에는 향을 채웠고
57 또 번제물로 수송아지 한 마리와
숫양 한 마리와 일 년 된 어린 숫양
한 마리이며
58 속죄제물로 숫염소 한 마리이며
59 화목제물로 소 두 마리와 숫양 다
섯 마리와 숫염소 다섯 마리와 일
년 된 어린 숫양 다섯 마리라 이는
브다술의 아들 가말리엘의 헌물이
었더라
60 ●아홉째 날에는 베냐민 자손의 지
휘관 기드오니의 아들 아비단이 헌
물을 드렸으니
61 그의 헌물도 성소의 세겔로 백삼십
세겔 무게의 은 쟁반 하나와 칠십
세겔 무게의 은 바리 하나라 이 두
그릇에는 소제물로 기름 섞은 고운
가루를 채웠고
62 또 열 세겔 무게의 금 그릇 하나라
이것에는 향을 채웠고
63 또 번제물로 수송아지 한 마리와
숫양 한 마리와 일 년 된 어린 숫양
한 마리이며
64 속죄제물로 숫염소 한 마리이며
65 화목제물로 소 두 마리와 숫양 다
섯 마리와 숫염소 다섯 마리와 일
년 된 어린 숫양 다섯 마리라 이는
기드오니의 아들 아비단의 헌물이
었더라
66 ●열째 날에는 단 자손의 지휘관
암미삿대의 아들 아히에셀이 헌물
을 드렸으니
67 그의 헌물도 성소의 세겔로 백삼십

세겔 무게의 은 쟁반 하나와 칠십
세겔 무게의 은 바리 하나라 이 두
그릇에는 소제물로 기름 섞은 고운
가루를 채웠고
68 또 열 세겔 무게의 금 그릇 하나라
이것에는 향을 채웠고
69 또 번제물로 수송아지 한 마리와
숫양 한 마리와 일 년 된 어린 숫양
한 마리이며
70 속죄제물로 숫염소 한 마리이며
71 화목제물로 소 두 마리와 숫양 다
섯 마리와 숫염소 다섯 마리와 일
년 된 어린 숫양 다섯 마리라 이는
암미삿대의 아들 아히에셀의 헌물
이었더라
72 ●열한째 날에는 아셀 자손의 지휘
관 오그란의 아들 바기엘이 헌물을
드렸으니
73 그의 헌물도 성소의 세겔로 백삼십
세겔 무게의 은 쟁반 하나와 칠십
세겔 무게의 은 바리 하나라 이 두
그릇에는 소제물로 기름 섞은 고운
가루를 채웠고
74 또 열 세겔 무게의 금 그릇 하나라
이것에는 향을 채웠고
75 또 번제물로 수송아지 한 마리와
숫양 한 마리와 일 년 된 어린 숫양
한 마리이며
76 속죄제물로 숫염소 한 마리이며
77 화목제물로 소 두 마리와 숫양 다
섯 마리와 숫염소 다섯 마리와 일
년 된 어린 숫양 다섯 마리라 이는
오그란의 아들 바기엘의 헌물이었
더라
78 ●열두째 날에는 납달리 자손의 지
휘관 에난의 아들 아히라가 헌물을
드렸으니
79 그의 헌물도 성소의 세겔로 백삼십
세겔 무게의 은 쟁반 하나와 칠십
세겔 무게의 은 바리 하나라 이 두
그릇에는 소제물로 기름 섞은 고운
가루를 채웠고
80 또 열 세겔 무게의 금 그릇 하나라
이것에는 향을 채웠고
81 또 번제물로 수송아지 한 마리와
숫양 한 마리와 일 년 된 어린 숫양
한 마리이며
82 속죄제물로 숫염소 한 마리이며
83 화목제물로 소 두 마리와 숫양 다섯
마리와 숫염소 다섯 마리와 일 년
된 어린 숫양 다섯 마리라 이는 에
난의 아들 아히라의 헌물이었더라
84 ●이는 곧 제단에 기름 바르던 날
에 이스라엘 지휘관들이 드린 바
제단의 봉헌물이라 은 쟁반이 열둘
이요 은 바리가 열둘이요 금 그릇
이 열둘이니
85 은 쟁반은 각각 백삼십 세겔 무게
요 은 바리는 각각 칠십 세겔 무게
라 성소의 세겔로 모든 기구의 은
이 모두 이천사백 세겔이요
86 또 향을 채운 금 그릇이 열둘이니
성소의 세겔로 각각 열 세겔 무게
라 그 그릇의 금이 모두 백이십 세
겔이요
87 또 번제물로 수송아지가 열두 마리
요 숫양이 열두 마리요 일 년 된 어
린 숫양이 열두 마리요 그 소제물
이며 속죄제물로 숫염소가 열두 마
리이며
88 화목제물로 수소가 스물네 마리요
숫양이 육십 마리요 숫염소가 육십
마리요 일 년 된 어린 숫양이 육십
마리라 이는 제단에 기름 바른 후
에 드린 바 제단의 봉헌물이었더라
89 ●모세가 회막에 들어가서 여호와
께 말하려 할 때에 [1]증거궤 위 [2]속
죄소 위의 두 그룹 사이에서 자기
에게 말씀하시는 목소리를 들었으

1) 법궤 2) 시은좌 곧 은혜의 자리

니 여호와께서 그에게 말씀하심이
었더라

등잔을 차려 놓는 방식

8 여호와께서 또 모세에게 말씀하
여 이르시되
2 아론에게 말하여 이르라 등불을 켤
때에는 일곱 등잔을 등잔대 앞으로
비추게 할지니라 하시매
3 아론이 그리하여 등불을 등잔대 앞
으로 비추도록 켰으니 여호와께서
모세에게 명령하심과 같았더라
4 이 등잔대의 제작법은 이러하니 곧
금을 쳐서 만든 것인데 밑판에서
그 꽃까지 쳐서 만든 것이라 모세
가 여호와께서 자기에게 보이신 양
식을 따라 이 등잔대를 만들었더라

레위인을 요제로 여호와께 드리다

5 ●여호와께서 모세에게 말씀하여
이르시되
6 이스라엘 자손 중에서 레위인을 데
려다가 정결하게 하라
7 너는 이같이 하여 그들을 정결하게
하되 곧 속죄의 물을 그들에게 뿌
리고 그들에게 그들의 전신을 삭도
로 밀게 하고 그 의복을 빨게 하여
몸을 정결하게 하고
8 또 그들에게 수송아지 한 마리를
번제물로, 기름 섞은 고운 가루를
그 소제물로 가져오게 하고 그 외
에 너는 또 수송아지 한 마리를 속
죄제물로 가져오고
9 레위인을 회막 앞에 나오게 하고
이스라엘 자손의 온 회중을 모으고
10 레위인을 여호와 앞에 나오게 하고
이스라엘 자손이 그들에게 안수하
게 한 후에
11 아론이 이스라엘 자손을 위하여 레
위인을 흔들어 바치는 제물로 여호
와 앞에 드릴지니 이는 그들에게
여호와께 봉사하게 하기 위함이라
12 레위인으로 수송아지들의 머리에
안수하게 하고 네가 그 하나는 속
죄제물로, 하나는 번제물로 여호와
께 드려 레위인을 속죄하고
13 레위인을 아론과 그의 아들들 앞에
세워 여호와께 요제로 드릴지니라
14 ●너는 이같이 이스라엘 자손 중에
서 레위인을 구별하라 그리하면 그
들이 내게 속할 것이라
15 네가 그들을 정결하게 하여 요제로
드린 후에 그들이 회막에 들어가서
봉사할 것이니라
16 그들은 이스라엘 자손 중에서 내게
온전히 드린 바 된 자라 이스라엘
자손 중 모든 초태생 곧 모든 처음
태어난 자 대신 내가 그들을 취하
였나니
17 이스라엘 자손 중에 처음 태어난
것은 사람이든지 짐승이든지 다 내
게 속하였음은 내가 애굽 땅에서
모든 처음 태어난 자를 치던 날에
그들을 내게 구별하였음이라
18 이러므로 내가 이스라엘 자손 중
모든 처음 태어난 자 대신 레위인
을 취하였느니라
19 내가 이스라엘 자손 중에서 레위인
을 취하여 그들을 아론과 그의 아
들들에게 주어 그들로 회막에서 이
스라엘 자손을 대신하여 봉사하게
하며 또 이스라엘 자손을 위하여
속죄하게 하였나니 이는 이스라엘
자손이 성소에 가까이할 때에 그들
중에 재앙이 없게 하려 하였음이니
라
20 ●모세와 아론과 이스라엘 자손의
온 회중이 여호와께서 레위인에 대
하여 모세에게 명령하신 것을 다
따라 레위인에게 행하였으되 곧 이
스라엘 자손이 그와 같이 그들에게
행하였더라

21 레위인이 이에 죄에서 스스로 깨끗
하게 하고 그들의 옷을 빨매 아론
이 그들을 여호와 앞에 요제로 드
리고 그가 또 그들을 위하여 속죄
하여 정결하게 한
22 후에 레위인이 회막에 들어가서 아
론과 그의 아들들 앞에서 봉사하니
라 여호와께서 레위인의 일에 대하
여 모세에게 명령하게 하신 것을 따
라 그와 같이 그들에게 행하였더라
23 ●여호와께서 또 모세에게 말씀하
여 이르시되
24 레위인은 이같이 할지니 곧 이십오
세 이상으로는 회막에 들어가서 복
무하고 봉사할 것이요
25 오십 세부터는 그 일을 쉬어 봉사
하지 아니할 것이나
26 그의 형제와 함께 회막에서 돕는
직무를 지킬 것이요 일하지 아니할
것이라 너는 레위인의 직무에 대하
여 이같이 할지니라

두 번째 유월절

9 애굽 땅에서 나온 다음 해 첫째
달에 여호와께서 시내 광야에서
모세에게 말씀하여 이르시되
2 이스라엘 자손에게 유월절을 그 정
한 기일에 지키게 하라
3 그 정한 기일 곧 이달 열넷째 날 해
질 때에 너희는 그것을 지키되 그
모든 율례와 그 모든 규례대로 지
킬지니라
4 모세가 이스라엘 자손에게 명령하
여 유월절을 지키라 하매
5 그들이 첫째 달 열넷째 날 해 질 때
에 시내 광야에서 유월절을 지켰으
되 이스라엘 자손이 여호와께서 모
세에게 명령하신 것을 다 따라 행
하였더라
6 그때에 사람의 시체로 말미암아 부
정하게 되어서 유월절을 지킬 수
없는 사람들이 있었는데 그들이 그
날에 모세와 아론 앞에 이르러
7 그에게 이르되 우리가 사람의 시체
로 말미암아 부정하게 되었거니와
우리를 금지하여 이스라엘 자손과
함께 정한 기일에 여호와께 헌물을
드리지 못하게 하심은 어찌함이니
이까
8 모세가 그들에게 이르되 기다리라
여호와께서 너희에게 대하여 어떻
게 명령하시는지 내가 들으리라
9 ●여호와께서 모세에게 말씀하여
이르시되
10 이스라엘 자손에게 말하여 이르라
너희나 너희 후손 중에 시체로 말
미암아 부정하게 되든지 먼 여행
중에 있다 할지라도 다 여호와 앞
에 마땅히 유월절을 지키되
11 둘째 달 열넷째 날 해 질 때에 그것
을 지켜서 어린 양에 무교병과 쓴
나물을 아울러 먹을 것이요
12 아침까지 그것을 조금도 남겨두지
말며 그 뼈를 하나도 꺾지 말아서 유
월절 모든 율례대로 지킬 것이니라
13 그러나 사람이 정결하기도 하고 여
행 중에도 있지 아니하면서 유월절
을 지키지 아니하는 자는 그 백성
중에서 끊어지리니 이런 사람은 그
정한 기일에 여호와께 헌물을 드리
지 아니하였은즉 그의 죄를 담당할
지며
14 만일 타국인이 너희 중에 거류하여
여호와 앞에 유월절을 지키고자 하
면 유월절 율례대로 그 규례를 따라
서 행할지니 거류민에게나 본토인
에게나 그 율례는 동일할 것이니라

길을 안내한 구름

(출 40:34-38)

15 ●성막을 세운 날에 구름이 성막
곧 증거의 성막을 덮었고 저녁이

되면 성막 위에 불 모양 같은 것이
나타나서 아침까지 이르렀으되
16 항상 그러하여 낮에는 구름이 그것
을 덮었고 밤이면 불 모양이 있었
는데
17 구름이 성막에서 떠오르는 때에는
이스라엘 자손이 곧 행진하였고 구
름이 머무는 곳에 이스라엘 자손이
진을 쳤으니
18 이스라엘 자손이 여호와의 명령을
따라 행진하였고 여호와의 명령을
따라 진을 쳤으며 구름이 성막 위
에 머무는 동안에는 그들이 진영에
머물렀고
19 구름이 성막 위에 머무는 날이 오
랠 때에는 이스라엘 자손이 여호와
의 명령을 지켜 행진하지 아니하였
으며
20 혹시 구름이 성막 위에 머무는 날이
적을 때에도 그들이 다만 여호와의
명령을 따라 진영에 머물고 여호와
의 명령을 따라 행진하였으며
21 혹시 구름이 저녁부터 아침까지 있
다가 아침에 그 구름이 떠오를 때
에는 그들이 행진하였고 구름이 밤
낮 있다가 떠오르면 곧 행진하였으
며
22 이틀이든지 한 달이든지 일 년이든
지 구름이 성막 위에 머물러 있을
동안에는 이스라엘 자손이 진영에
머물고 행진하지 아니하다가 떠오
르면 행진하였으니
23 곧 그들이 여호와의 명령을 따라
진을 치며 여호와의 명령을 따라
행진하고 또 모세를 통하여 이르신
여호와의 명령을 따라 여호와의 직
임을 지켰더라

나팔 신호

10 여호와께서 모세에게 말씀하
여 이르시되
2 은 나팔 둘을 만들되 두들겨 만들
어서 그것으로 회중을 소집하며 진
영을 출발하게 할 것이라
3 나팔 두 개를 불 때에는 온 회중이
회막문 앞에 모여서 네게로 나아올
것이요
4 하나만 불 때에는 이스라엘의 천부
장 된 지휘관들이 모여서 네게로
나아올 것이며
5 너희가 그것을 크게 불 때에는 동
쪽 진영들이 행진할 것이며
6 두 번째로 크게 불 때에는 남쪽 진
영들이 행진할 것이라 떠나려 할
때에는 나팔 소리를 크게 불 것이
며
7 또 회중을 모을 때에도 나팔을 불
것이나 소리를 크게 내지 말며
8 그 나팔은 아론의 자손인 제사장들
이 불지니 이는 너희 대대에 영원
한 율례니라
9 또 너희 땅에서 너희가 자기를 압
박하는 대적을 치러 나갈 때에는
나팔을 크게 불지니 그리하면 너희
하나님 여호와가 너희를 기억하고
너희를 너희의 대적에게서 구원하
시리라
10 또 너희의 희락의 날과 너희가 정
한 절기와 초하루에는 번제물을 드
리고 화목제물을 드리며 나팔을 불
라 그로 말미암아 너희의 하나님이
너희를 기억하시리라 나는 너희의
하나님 여호와니라

이스라엘 자손이 진행하기를 시작하다

11 ●둘째 해 둘째 달 스무날에 구름
이 증거의 성막에서 떠오르매
12 이스라엘 자손이 시내 광야에서 출
발하여 자기 길을 가더니 바란 광
야에 구름이 머무니라
13 이와 같이 그들이 여호와께서 모세
에게 명령하신 것을 따라 행진하기

를 시작하였는데
14 선두로 유다 자손의 진영의 군기에
속한 자들이 그들의 진영별로 행진
하였으니 유다 군대는 암미나답의
아들 나손이 이끌었고
15 잇사갈 자손 지파의 군대는 수알의
아들 느다넬이 이끌었고
16 스불론 자손 지파의 군대는 헬론의
아들 엘리압이 이끌었더라
17 ●이에 성막을 걷으매 게르손 자손
과 므라리 자손이 성막을 메고 출
발하였으며
18 다음으로 르우벤 진영의 군기에 속
한 자들이 그들의 진영별로 출발하
였으니 르우벤의 군대는 스데울의
아들 엘리술이 이끌었고
19 시므온 자손 지파의 군대는 수리삿
대의 아들 슬루미엘이 이끌었고
20 갓 자손 지파의 군대는 드우엘의
아들 엘리아삽이 이끌었더라
21 ●고핫인은 성물을 메고 행진하였
고 그들이 이르기 전에 성막을 세
웠으며
22 다음으로 에브라임 자손 진영의 군
기에 속한 자들이 그들의 진영별로
행진하였으니 에브라임 군대는 암
미훗의 아들 엘리사마가 이끌었고
23 므낫세 자손 지파의 군대는 브다술
의 아들 가말리엘이 이끌었고
24 베냐민 자손 지파의 군대는 기드오
니의 아들 아비단이 이끌었더라
25 ●다음으로 단 자손 진영의 군기에
속한 자들이 그들의 진영별로 행진
하였으니 이 군대는 모든 진영의
마지막 진영이었더라 단 군대는 암
미삿대의 아들 아히에셀이 이끌었
고
26 아셀 자손 지파의 군대는 오그란의
아들 바기엘이 이끌었고
27 납달리 자손 지파의 군대는 에난의
아들 아히라가 이끌었더라
28 이스라엘 자손이 행진할 때에 이와
같이 그들의 군대를 따라 나아갔더
라
29 ●모세가 모세의 장인 미디안 사람
르우엘의 아들 호밥에게 이르되 여
호와께서 주마 하신 곳으로 우리가
행진하나니 우리와 동행하자 그리
하면 선대하리라 여호와께서 이스
라엘에게 복을 내리리라 하셨느니
라
30 호밥이 그에게 이르되 나는 가지
아니하고 내 고향 내 친족에게로
가리라
31 모세가 이르되 청하건대 우리를 떠
나지 마소서 당신은 우리가 광야에
서 어떻게 진칠지를 아나니 우리의
눈이 되리이다
32 우리와 동행하면 여호와께서 우리
에게 복을 내리시는 대로 우리도
당신에게 행하리이다
33 ●그들이 여호와의 산에서 떠나 삼
일 길을 갈 때에 여호와의 언약궤
가 그 삼 일 길에 앞서 가며 그들의
쉴 곳을 찾았고
34 그들이 진영을 떠날 때에 낮에는 여
호와의 구름이 그 위에 덮였었더라
35 ●궤가 떠날 때에는 모세가 말하되
여호와여 일어나사 주의 대적들을
흩으시고 주를 미워하는 자가 주
앞에서 도망하게 하소서 하였고
36 궤가 쉴 때에는 말하되 여호와여
이스라엘 종족들에게로 돌아오소
서 하였더라

다베라

11 여호와께서 들으시기에 백성이
악한 말로 원망하매 여호와께
서 들으시고 진노하사 여호와의 불
을 그들 중에 붙여서 진영 끝을 사
르게 하시매

2 백성이 모세에게 부르짖으므로 모
세가 여호와께 기도하니 불이 꺼졌
더라
3 그곳 이름을 [1]다베라라 불렀으니
이는 여호와의 불이 그들 중에 붙
은 까닭이었더라

모세가 장로 칠십 인을 뽑다

4 ●그들 중에 섞여 사는 다른 인종
들이 탐욕을 품으매 이스라엘 자손
도 다시 울며 이르되 누가 우리에
게 고기를 주어 먹게 하랴
5 우리가 애굽에 있을 때에는 값없이
생선과 오이와 참외와 부추와 파와
마늘들을 먹은 것이 생각나거늘
6 이제는 우리의 기력이 다하여 이
만나 외에는 보이는 것이 아무것도
없도다 하니
7 만나는 [2]깟씨와 같고 모양은 진주
와 같은 것이라
8 백성이 두루 다니며 그것을 거두어
맷돌에 갈기도 하며 절구에 찧기도
하고 가마에 삶기도 하여 과자를
만들었으니 그 맛이 기름 섞은 과
자 맛 같았더라
9 밤에 이슬이 진영에 내릴 때에 만
나도 함께 내렸더라
10 ●백성의 온 종족들이 각기 자기 장
막문에서 우는 것을 모세가 들으니
라 이러므로 여호와의 진노가 심히
크고 모세도 기뻐하지 아니하여
11 모세가 여호와께 여짜오되 어찌하
여 주께서 종을 괴롭게 하시나이까
어찌하여 내게 주의 목전에서 은혜
를 입게 아니하시고 이 모든 백성
을 내게 맡기사 내가 그 짐을 지게
하시나이까
12 이 모든 백성을 내가 배었나이까
내가 그들을 낳았나이까 어찌 주께
서 내게 양육하는 아버지가 젖 먹
는 아이를 품듯 그들을 품에 품고
주께서 그들의 열조에게 맹세하신
땅으로 가라 하시나이까
13 이 모든 백성에게 줄 고기를 내가
어디서 얻으리이까 그들이 나를 향
하여 울며 이르되 우리에게 고기를
주어 먹게 하라 하온즉
14 책임이 심히 중하여 나 혼자는 이
모든 백성을 감당할 수 없나이다
15 주께서 내게 이같이 행하실진대 구
하옵나니 내게 은혜를 베푸사 즉시
나를 죽여 내가 고난 당함을 내가
보지 않게 하옵소서
16 ●여호와께서 모세에게 이르시되
이스라엘 노인 중에 네가 알기로
백성의 장로와 지도자가 될 만한
자 칠십 명을 모아 내게 데리고 와
회막에 이르러 거기서 너와 함께
서게 하라
17 내가 강림하여 거기서 너와 말하고
네게 임한 영을 그들에게도 임하게
하리니 그들이 너와 함께 백성의
짐을 담당하고 너 혼자 담당하지
아니하리라
18 또 백성에게 이르기를 너희의 몸을
거룩히 하여 내일 고기 먹기를 기
다리라 너희가 울며 이르기를 누가
우리에게 고기를 주어 먹게 하랴
애굽에 있을 때가 우리에게 좋았다
하는 말이 여호와께 들렸으므로 여
호와께서 너희에게 고기를 주어 먹
게 하실 것이라
19 하루나 이틀이나 닷새나 열흘이나
스무 날만 먹을 뿐 아니라
20 냄새도 싫어하기까지 한 달 동안 먹
게 하시리니 이는 너희가 너희 중에
계시는 여호와를 멸시하고 그 앞에
서 울며 이르기를 우리가 어찌하여
애굽에서 나왔던가 함이라 하라
21 모세가 이르되 나와 함께 있는 이

1) 불사름 2) 식물의 일종

백성의 보행자가 육십만 명이온데
주의 말씀이 한 달 동안 고기를 주
어 먹게 하겠다 하시오니
22 그들을 위하여 양 떼와 소 떼를 잡
은들 족하오며 바다의 모든 고기를
모은들 족하오리이까
23 여호와께서 모세에게 이르시되 여호
와의 손이 짧으냐 네가 이제 내 말이
네게 응하는 여부를 보리라
24 ●모세가 나가서 여호와의 말씀을
백성에게 알리고 백성의 장로 칠십
인을 모아 장막에 둘러 세우매
25 여호와께서 구름 가운데 강림하사
모세에게 말씀하시고 그에게 임한
영을 칠십 장로에게도 임하게 하시
니 영이 임하신 때에 그들이 예언을
하다가 다시는 하지 아니하였더라
26 ●그 기명된 자 중 엘닷이라 하는
자와 메닷이라 하는 자 두 사람이
진영에 머물고 장막에 나아가지 아
니하였으나 그들에게도 영이 임하
였으므로 진영에서 예언한지라
27 한 소년이 달려와서 모세에게 전하
여 이르되 엘닷과 메닷이 진중에서
예언하나이다 하매
28 택한 자 중 한 사람 곧 모세를 섬기
는 눈의 아들 여호수아가 말하여
이르되 내 주 모세여 그들을 말리
소서
29 모세가 그에게 이르되 네가 나를
두고 시기하느냐 여호와께서 그의
영을 그의 모든 백성에게 주사 다
선지자가 되게 하시기를 원하노라
30 모세와 이스라엘 장로들이 진중으
로 돌아왔더라

여호와께서 메추라기를 보내시다

31 ●바람이 여호와에게서 나와 바다
에서부터 메추라기를 몰아 진영 곁
이쪽 저쪽 곧 진영 사방으로 각기
하룻길 되는 지면 위 두 [1]규빗쯤에
내리게 한지라
32 백성이 일어나 그날 종일 종야와
그 이튿날 종일토록 메추라기를 모
으니 적게 모은 자도 열 [2]호멜이라
그들이 자기들을 위하여 진영 사면
에 펴 두었더라
33 고기가 아직 이 사이에 있어 씹히
기 전에 여호와께서 백성에게 대하
여 진노하사 심히 큰 재앙으로 치
셨으므로
34 그곳 이름을 [3]기브롯 핫다아와라
불렀으니 욕심을 낸 백성을 거기
장사함이었더라
35 백성이 기브롯 핫다아와에서 행진하
여 하세롯에 이르러 거기 거하니라

미리암이 벌을 받다

12 모세가 구스 여자를 취하였더
니 그 구스 여자를 취하였으므
로 미리암과 아론이 모세를 비방하
니라
2 그들이 이르되 여호와께서 모세와
만 말씀하셨느냐 우리와도 말씀하
지 아니하셨느냐 하매 여호와께서
이 말을 들으셨더라
3 이 사람 모세는 온유함이 지면의
모든 사람보다 더하더라
4 ●여호와께서 갑자기 모세와 아론
과 미리암에게 이르시되 너희 세
사람은 회막으로 나아오라 하시니
그 세 사람이 나아가매
5 여호와께서 구름 기둥 가운데로부
터 강림하사 장막문에 서시고 아론
과 미리암을 부르시는지라 그 두
사람이 나아가매
6 이르시되 내 말을 들으라 너희 중
에 선지자가 있으면 나 여호와가
환상으로 나를 그에게 알리기도 하
고 꿈으로 그와 말하기도 하거니와
7 내 종 모세와는 그렇지 아니하니

1) 히, 암마 2) 1호멜은 약 220리터 3) 탐욕의 무덤

그는 내 온 집에 충성함이라
8 그와는 내가 대면하여 명백히 말하
고 은밀한 말로 하지 아니하며 그
는 또 여호와의 형상을 보거늘 너
희가 어찌하여 내 종 모세 비방하
기를 두려워하지 아니하느냐
9 여호와께서 그들을 향하여 진노하
시고 떠나시매
10 구름이 장막 위에서 떠나갔고 미리
암은 나병에 걸려 눈과 같더라 아
론이 미리암을 본즉 나병에 걸렸는
지라
11 아론이 이에 모세에게 이르되 슬프
도다 내 주여 우리가 어리석은 일
을 하여 죄를 지었으나 청하건대
그 벌을 우리에게 돌리지 마소서
12 그가 살이 반이나 썩어 모태로부터
죽어서 나온 자같이 되지 않게 하
소서
13 모세가 여호와께 부르짖어 이르되
하나님이여 원하건대 그를 고쳐 주
옵소서
14 여호와께서 모세에게 이르시되 그
의 아버지가 그의 얼굴에 침을 뱉
었을지라도 그가 이레 동안 부끄러
워하지 않겠느냐 그런즉 그를 진영
밖에 이레 동안 가두고 그 후에 들
어오게 할지니라 하시니
15 이에 미리암이 진영 밖에 이레 동
안 갇혀 있었고 백성은 그를 다시
들어오게 하기까지 행진하지 아니
하다가
16 그 후에 백성이 하세롯을 떠나 바
란 광야에 진을 치니라

가나안 땅 정탐 (신 1:19-33)

13 여호와께서 모세에게 말씀하
여 이르시되
2 사람을 보내어 내가 이스라엘 자손
에게 주는 가나안 땅을 정탐하게
하되 그들의 조상의 가문 각 지파
중에서 지휘관 된 자 한 사람씩 보
내라
3 모세가 여호와의 명령을 따라 바란
광야에서 그들을 보냈으니 그들은
다 이스라엘 자손의 수령된 사람이
라
4 그들의 이름은 이러하니라 르우벤
지파에서는 삭굴의 아들 삼무아요
5 시므온 지파에서는 호리의 아들 사
밧이요
6 유다 지파에서는 여분네의 아들 갈
렙이요
7 잇사갈 지파에서는 요셉의 아들 이
갈이요
8 에브라임 지파에서는 눈의 아들 호
세아요
9 베냐민 지파에서는 라부의 아들 발
디요
10 스불론 지파에서는 소디의 아들 갓
디엘이요
11 요셉 지파 곧 므낫세 지파에서는
수시의 아들 갓디요
12 단 지파에서는 그말리의 아들 암미
엘이요
13 아셀 지파에서는 미가엘의 아들 스
둘이요
14 납달리 지파에서는 웝시의 아들 나
비요
15 갓 지파에서는 마기의 아들 그우엘
이니
16 이는 모세가 땅을 정탐하러 보낸
자들의 이름이라 모세가 눈의 아들
호세아를 여호수아라 불렀더라
17 ●모세가 가나안 땅을 정탐하러 그
들을 보내며 이르되 너희는 네겝
길로 행하여 산지로 올라가서
18 그 땅이 어떠한지 정탐하라 곧 그
땅 거민이 강한지 약한지 많은지
적은지와
19 그들이 사는 땅이 좋은지 나쁜지

와 사는 성읍이 진영인지 산성인지
와
20 토지가 비옥한지 메마른지 나무가
있는지 없는지를 탐지하라 담대하
라 또 그 땅의 실과를 가져오라 하
니 그때는 포도가 처음 익을 즈음
이었더라
21 ●이에 그들이 올라가서 땅을 정탐
하되 신 광야에서부터 하맛 어귀
르홉에 이르렀고
22 또 네겝으로 올라가서 헤브론에 이
르렀으니 헤브론은 애굽 소안보다
칠 년 전에 세운 곳이라 그곳에 아
낙 자손 아히만과 세새와 달매가
있었더라
23 또 에스골 골짜기에 이르러 거기서
포도송이가 달린 가지를 베어 둘이
막대기에 꿰어 메고 또 석류와 무
화과를 따니라
24 이스라엘 자손이 거기서 포도를 베
었으므로 그곳을 에스골 골짜기라
불렀더라
25 ●사십 일 동안 땅을 정탐하기를
마치고 돌아와
26 바란 광야 가데스에 이르러 모세와
아론과 이스라엘 자손의 온 회중에
게 나아와 그들에게 보고하고 그
땅의 과일을 보이고
27 모세에게 말하여 이르되 당신이 우
리를 보낸 땅에 간즉 과연 그 땅에
젖과 꿀이 흐르는데 이것은 그 땅
의 과일이니이다
28 그러나 그 땅 거주민은 강하고 성
읍은 견고하고 심히 클 뿐 아니라
거기서 아낙 자손을 보았으며
29 아말렉인은 남방 땅에 거주하고 헷
인과 여부스인과 아모리인은 산지
에 거주하고 가나안인은 해변과 요
단 가에 거주하더이다
30 ●갈렙이 모세 앞에서 백성을 조용
하게 하고 이르되 우리가 곧 올라
가서 그 땅을 취하자 능히 이기리
라 하나
31 그와 함께 올라갔던 사람들은 이르
되 우리는 능히 올라가서 그 백성
을 치지 못하리라 그들은 우리보다
강하니라 하고
32 이스라엘 자손 앞에서 그 정탐한
땅을 악평하여 이르되 우리가 두루
다니며 정탐한 땅은 그 거주민을
삼키는 땅이요 거기서 본 모든 백
성은 신장이 장대한 자들이며
33 거기서 네피림 후손인 아낙 자손의
[1]거인들을 보았나니 우리는 스스로
보기에도 메뚜기 같으니 그들이 보
기에도 그와 같았을 것이니라

백성의 원망

14 온 회중이 소리를 높여 부르짖
으며 백성이 밤새도록 통곡하
였더라
2 이스라엘 자손이 다 모세와 아론을
원망하며 온 회중이 그들에게 이르
되 우리가 애굽 땅에서 죽었거나
이 광야에서 죽었으면 좋았을 것을
3 어찌하여 여호와가 우리를 그 땅으
로 인도하여 칼에 쓰러지게 하려
하는가 우리 처자가 사로잡히리니
애굽으로 돌아가는 것이 낫지 아니
하랴
4 ●이에 서로 말하되 우리가 한 지
휘관을 세우고 애굽으로 돌아가자
하매
5 모세와 아론이 이스라엘 자손의 온
회중 앞에서 엎드린지라
6 그 땅을 정탐한 자 중 눈의 아들 여
호수아와 여분네의 아들 갈렙이 자
기들의 옷을 찢고
7 이스라엘 자손의 온 회중에게 말하
여 이르되 우리가 두루 다니며 정

1) 히, '네피림'

탐한 땅은 심히 아름다운 땅이라
8 여호와께서 우리를 기뻐하시면 우
리를 그 땅으로 인도하여 들이시고
그 땅을 우리에게 주시리라 이는
과연 젖과 꿀이 흐르는 땅이니라
9 다만 여호와를 거역하지는 말라 또
그 땅 백성을 두려워하지 말라 그
들은 우리의 먹이라 그들의 보호자
는 그들에게서 떠났고 여호와는 우
리와 함께하시느니라 그들을 두려
워하지 말라 하나
10 온 회중이 그들을 돌로 치려 하는
데 그때에 여호와의 영광이 회막에
서 이스라엘 모든 자손에게 나타나
시니라

모세가 백성을 두고 기도하다

11 ●여호와께서 모세에게 이르시되
이 백성이 어느 때까지 나를 멸시
하겠느냐 내가 그들 중에 많은 이
적을 행하였으나 어느 때까지 나를
믿지 않겠느냐
12 내가 전염병으로 그들을 쳐서 멸하
고 네게 그들보다 크고 강한 나라
를 이루게 하리라
13 ●모세가 여호와께 여짜오되 애굽
인 중에서 주의 능력으로 이 백성
을 인도하여 내셨거늘 그리하시면
그들이 듣고
14 이 땅 거주민에게 전하리이다 주
여호와께서 이 백성 중에 계심을
그들도 들었으니 곧 주 여호와께서
대면하여 보이시며 주의 구름이 그
들 위에 섰으며 주께서 낮에는 구
름 기둥 가운데에서, 밤에는 불 기
둥 가운데에서 그들 앞에 행하시는
것이니이다
15 이제 주께서 이 백성을 하나같이
죽이시면 주의 명성을 들은 여러
나라가 말하여 이르기를
16 여호와가 이 백성에게 주기로 맹세
한 땅에 인도할 능력이 없었으므로
광야에서 죽였다 하리이다
17 이제 구하옵나니 이미 말씀하신 대
로 주의 큰 권능을 나타내옵소서
이르시기를
18 여호와는 노하기를 더디하시고 인
자가 많아 죄악과 허물을 사하시나
형벌 받을 자는 결단코 사하지 아
니하시고 아버지의 죄악을 자식에
게 갚아 삼사 대까지 이르게 하리
라 하셨나이다
19 구하옵나니 주의 인자의 광대하심
을 따라 이 백성의 죄악을 사하시
되 애굽에서부터 지금까지 이 백성
을 사하신 것같이 사하시옵소서
20 ●여호와께서 이르시되 내가 네 말
대로 사하노라
21 그러나 진실로 내가 살아 있는 것
과 여호와의 영광이 온 세계에 충
만할 것을 두고 맹세하노니
22 내 영광과 애굽과 광야에서 행한
내 이적을 보고서도 이같이 열 번
이나 나를 시험하고 내 목소리를
청종하지 아니한 그 사람들은
23 내가 그들의 조상들에게 맹세한 땅
을 결단코 보지 못할 것이요 또 나
를 멸시하는 사람은 한 사람도 그
것을 보지 못하리라
24 그러나 내 종 갈렙은 그 마음이 그
들과 달라서 나를 온전히 따랐은즉
그가 갔던 땅으로 내가 그를 인도
하여 들이리니 그의 자손이 그 땅
을 차지하리라
25 아말렉인과 가나안인이 골짜기에
거주하나니 너희는 내일 돌이켜
홍해 길을 따라 광야로 들어갈지니
라

여호와께서 원망하는 백성을 벌하시다

26 ●여호와께서 모세와 아론에게 말
씀하여 이르시되

27 나를 원망하는 이 악한 회중에게
내가 어느 때까지 참으랴 이스라엘
자손이 나를 향하여 원망하는 바
그 원망하는 말을 내가 들었노라
28 그들에게 이르기를 여호와의 말씀
에 내 삶을 두고 맹세하노라 너희
말이 내 귀에 들린 대로 내가 너희
에게 행하리니
29 너희 시체가 이 광야에 엎드러질
것이라 너희 중에서 이십 세 이상
으로서 계수된 자 곧 나를 원망한
자 전부가
30 여분네의 아들 갈렙과 눈의 아들
여호수아 외에는 내가 1)맹세하여
너희에게 살게 하리라 한 땅에 결
단코 들어가지 못하리라
31 너희가 사로잡히겠다고 말하던 너
희의 유아들은 내가 인도하여 들이
리니 그들은 너희가 싫어하던 땅을
보려니와
32 너희의 시체는 이 광야에 엎드러질
것이요
33 너희의 자녀들은 너희 반역한 죄를
지고 너희의 시체가 광야에서 소멸
되기까지 사십 년을 광야에서 2)방
황하는 자가 되리라
34 너희는 그 땅을 정탐한 날 수인 사
십 일의 하루를 일 년으로 쳐서 그
사십 년간 너희의 죄악을 담당할지
니 너희는 그제서야 내가 싫어하면
어떻게 되는지를 알리라 하셨다 하
라
35 나 여호와가 말하였거니와 모여 나
를 거역하는 이 악한 온 회중에게
내가 반드시 이같이 행하리니 그들
이 이 광야에서 소멸되어 거기서
죽으리라
36 ●모세의 보냄을 받고 땅을 정탐하
고 돌아와서 그 땅을 악평하여 온
회중이 모세를 원망하게 한 사람
37 곧 그 땅에 대하여 악평한 자들은
여호와 앞에서 재앙으로 죽었고
38 그 땅을 정탐하러 갔던 사람들 중
에서 오직 눈의 아들 여호수아와
여분네의 아들 갈렙은 생존하니라

첫 번째 점령 시도 (신 1:41-46)

39 ●모세가 이 말로 이스라엘 모든
자손에게 알리매 백성이 크게 슬퍼
하여
40 아침에 일찍이 일어나 산꼭대기로
올라가며 이르되 보소서 우리가 여
기 있나이다 우리가 여호와께서 허
락하신 곳으로 올라가리니 우리가
범죄하였음이니이다
41 모세가 이르되 너희가 어찌하여 이
제 여호와의 명령을 범하느냐 이
일이 형통하지 못하리라
42 여호와께서 너희 중에 계시지 아니
하니 올라가지 말라 너희의 대적
앞에서 패할까 하노라
43 아말렉인과 가나안인이 너희 앞에
있으니 너희가 그 칼에 망하리라
너희가 여호와를 배반하였으니 여
호와께서 너희와 함께하지 아니하
시리라 하나
44 그들이 그래도 산꼭대기로 올라갔
고 여호와의 언약궤와 모세는 진영
을 떠나지 아니하였더라
45 아말렉인과 산간지대에 거주하는
가나안인이 내려와 그들을 무찌르
고 호르마까지 이르렀더라

여호와께 드리는 제물

15 여호와께서 모세에게 말씀하
여 이르시되
2 이스라엘 자손에게 말하여 그들에
게 이르라 너희는 내가 주어 살게
할 땅에 들어가서
3 여호와께 화제나 번제나 3)서원을
갚는 제사나 낙헌제나 정한 절기제

1) 손을 들어 2) 목자 3) 특별 서원하는

에 소나 양을 여호와께 향기롭게
드릴 때에
4 그러한 헌물을 드리는 자는 고운
가루 십분의 일에 기름 사분의 일
힌을 섞어 여호와께 소제로 드릴
것이며
5 번제나 다른 제사로 드리는 제물이
어린 양이면 전제로 포도주 사분의
일 힌을 준비할 것이요
6 숫양이면 소제로 고운 가루 십분의
이에 기름 삼분의 일 힌을 섞어 준
비하고
7 전제로 포도주 삼분의 일 힌을 드려
여호와 앞에 향기롭게 할 것이요
8 번제로나 서원을 갚는 제사로나 화
목제로 수송아지를 예비하여 여호
와께 드릴 때에는
9 소제로 고운 가루 십분의 삼 에바
에 기름 반 힌을 섞어 그 수송아지
와 함께 드리고
10 전제로 포도주 반 힌을 드려 여호와
앞에 향기로운 화제를 삼을지니라
11 ●수송아지나 숫양이나 어린 숫양
이나 어린 염소에는 그 마리 수마
다 위와 같이 행하되
12 너희가 준비하는 수효를 따라 각기
수효에 맞게 하라
13 누구든지 본토 소생이 여호와께 향
기로운 화제를 드릴 때에는 이 법
대로 할 것이요
14 너희 중에 거류하는 타국인이나 너
희 중에 대대로 있는 자나 누구든
지 여호와께 향기로운 화제를 드릴
때에는 너희가 하는 대로 그도 그
리할 것이라
15 회중 곧 너희에게나 거류하는 타국
인에게나 같은 율례이니 너희의 대
대로 영원한 율례라 너희가 어떠한
대로 타국인도 여호와 앞에 그러하
리라
16 너희에게나 너희 중에 거류하는 타
국인에게나 같은 법도, 같은 규례
이니라
17 ●여호와께서 모세에게 말씀하여
이르시되
18 이스라엘 자손에게 말하여 이르라
너희는 내가 인도하는 땅에 들어가
거든
19 그 땅의 양식을 먹을 때에 여호와
께 거제를 드리되
20 너희의 처음 익은 곡식 [1)]가루 떡을
거제로 타작 마당의 거제같이 들어
드리라
21 너희의 처음 익은 곡식 [1)]가루 떡을
대대에 여호와께 거제로 드릴지니라
22 ●너희가 그릇 범죄하여 여호와가
모세에게 말씀하신 이 모든 명령을
지키지 못하되
23 곧 여호와께서 모세를 통하여 너희
에게 명령한 모든 것을 여호와께서
명령한 날 이후부터 너희 대대에
지키지 못하여
24 회중이 부지중에 범죄하였거든 온
회중은 수송아지 한 마리를 여호와
께 향기로운 화제로 드리고 규례대
로 소제와 전제를 드리고 숫염소
한 마리를 속죄제로 드릴 것이라
25 제사장이 이스라엘 자손의 온 회중
을 위하여 속죄하면 그들이 사함을
받으리니 이는 그가 부지중에 범죄
함이며 또 부지중에 범죄함으로 말
미암아 헌물 곧 화제와 속죄제를
여호와께 드렸음이라
26 이스라엘 자손의 온 회중과 그들
중에 거류하는 타국인도 사함을 받
을 것은 온 백성이 부지중에 범죄
하였음이니라
27 ●만일 한 사람이 부지중에 범죄하
면 일 년 된 암염소로 속죄제를 드

1) 거친 먹을 거리

릴 것이요
28 제사장은 그 부지중에 범죄한 사람
이 부지중에 여호와 앞에 범한 죄
를 위하여 속죄하여 그 죄를 속할
지니 그리하면 사함을 얻으리라
29 이스라엘 자손 중 본토 소생이든지
그들 중에 거류하는 타국인이든지
누구든 부지중에 범죄한 자에 대한
법이 동일하거니와
30 본토인이든지 타국인이든지 고의
로 무엇을 범하면 누구나 여호와를
비방하는 자니 그의 백성 중에서
끊어질 것이라
31 그런 사람은 여호와의 말씀을 멸시
하고 그의 명령을 파괴하였은즉 그
의 죄악이 자기에게로 돌아가서 온
전히 끊어지리라

안식일에 일을 한 사람

32 ●이스라엘 자손이 광야에 거류할
때에 안식일에 어떤 사람이 나무하
는 것을 발견한지라
33 그 나무하는 자를 발견한 자들이
그를 모세와 아론과 온 회중 앞으
로 끌어왔으나
34 어떻게 처치할는지 지시하심을 받
지 못한 고로 가두었더니
35 여호와께서 모세에게 이르시되 그
사람을 반드시 죽일지니 온 회중이
진영 밖에서 돌로 그를 칠지니라
36 온 회중이 곧 그를 진영 밖으로 끌
어내고 돌로 그를 쳐죽여서 여호와
께서 모세에게 명령하신 대로 하니
라

옷단 귀에 다는 술

37 ●여호와께서 모세에게 말씀하여
이르시되
38 이스라엘 자손에게 명령하여 대대
로 그들의 옷단 귀에 술을 만들고
청색 끈을 그 귀의 술에 더하라
39 이 술은 너희가 보고 여호와의 모
든 계명을 기억하여 준행하고 너희
를 방종하게 하는 자신의 마음과
눈의 욕심을 따라 음행하지 않게
하기 위함이라
40 그리하여 너희가 내 모든 계명을
기억하고 행하면 너희의 하나님 앞
에 거룩하리라
41 나는 여호와 너희 하나님이라 나는
너희의 하나님이 되려고 너희를 애
굽 땅에서 인도해 내었느니라 나는
여호와 너희의 하나님이니라

고라와 다단과 아비람의 반역

16 레위의 증손 고핫의 손자 이스
할의 아들 고라와 르우벤 자손
엘리압의 아들 다단과 아비람과 벨
렛의 아들 온이 당을 짓고
2 이스라엘 자손 총회에서 택함을 받
은 자 곧 회중 가운데에서 이름 있
는 지휘관 이백오십 명과 함께 일
어나서 모세를 거스르니라
3 그들이 모여서 모세와 아론을 거슬
러 그들에게 이르되 너희가 분수에
지나도다 회중이 다 각각 거룩하고
여호와께서도 그들 중에 계시거늘
너희가 어찌하여 여호와의 총회 위
에 스스로 높이느냐
4 ●모세가 듣고 엎드렸다가
5 고라와 그의 모든 무리에게 말하여
이르되 아침에 여호와께서 자기에
게 속한 자가 누구인지, 거룩한 자
가 누구인지 보이시고 그 사람을
자기에게 가까이 나아오게 하시되
곧 그가 택하신 자를 자기에게 가
까이 나아오게 하시리니
6 이렇게 하라 너 고라와 네 모든 무
리는 향로를 가져다가
7 내일 여호와 앞에서 그 향로에 불
을 담고 그 위에 향을 두라 그때에
여호와께서 택하신 자는 거룩하게
되리라 레위 자손들아 너희가 너무

분수에 지나치느니라
8 모세가 또 고라에게 이르되 너희
레위 자손들아 들으라
9 이스라엘의 하나님이 이스라엘 회
중에서 너희를 구별하여 자기에게
가까이하게 하사 여호와의 성막에
서 봉사하게 하시며 회중 앞에 서
서 그들을 대신하여 섬기게 하심이
너희에게 작은 일이겠느냐
10 하나님이 너와 네 모든 형제 레위
자손으로 너와 함께 가까이 오게
하셨거늘 너희가 오히려 제사장의
직분을 구하느냐
11 이를 위하여 너와 너의 무리가 다
모여서 여호와를 거스르는도다 아
론이 어떠한 사람이기에 너희가 그
를 원망하느냐
12 ●모세가 엘리압의 아들 다단과 아
비람을 부르러 사람을 보냈더니 그
들이 이르되 우리는 올라가지 않겠
노라
13 네가 우리를 젖과 꿀이 흐르는 땅에
서 이끌어 내어 광야에서 죽이려 함
이 어찌 작은 일이기에 오히려 스스
로 우리 위에 왕이 되려 하느냐
14 이뿐 아니라 네가 우리를 젖과 꿀
이 흐르는 땅으로 인도하여 들이지
도 아니하고 밭도 포도원도 우리에
게 기업으로 주지 아니하니 네가
이 사람들의 눈을 1)빼려느냐 우리
는 올라가지 아니하겠노라
15 ●모세가 심히 노하여 여호와께 여
짜오되 주는 그들의 헌물을 돌아보
지 마옵소서 나는 그들의 나귀 한
마리도 빼앗지 아니하였고 그들 중
의 한 사람도 해하지 아니하였나이
다 하고
16 이에 모세가 고라에게 이르되 너와
너의 온 무리는 아론과 함께 내일
여호와 앞으로 나아오되
17 너희는 제각기 향로를 들고 그 위
에 향을 얹고 각 사람이 그 향로를
여호와 앞으로 가져오라 향로는 모
두 이백오십 개라 너와 아론도 각
각 향로를 가지고 올지니라
18 그들이 제각기 향로를 가져다가 불
을 담고 향을 그 위에 얹고 모세와
아론과 더불어 회막문에 서니라
19 고라가 온 회중을 회막문에 모아
놓고 그 두 사람을 대적하려 하매
여호와의 영광이 온 회중에게 나타
나시니라
20 ●여호와께서 모세와 아론에게 말
씀하여 이르시되
21 너희는 이 회중에게서 떠나라 내가
순식간에 그들을 멸하려 하노라
22 그 두 사람이 엎드려 이르되 하나
님이여 모든 육체의 생명의 하나님
이여 한 사람이 범죄하였거늘 온
회중에게 진노하시나이까
23 여호와께서 모세에게 말씀하여 이
르시되
24 회중에게 명령하여 이르기를 너희
는 고라와 다단과 아비람의 장막
사방에서 떠나라 하라
25 ●모세가 일어나 다단과 아비람에
게로 가니 이스라엘 장로들이 따랐
더라
26 모세가 회중에게 말하여 이르되 이
악인들의 장막에서 떠나고 그들의
물건은 아무것도 만지지 말라 그들
의 모든 죄 중에서 너희도 멸망할
까 두려워하노라 하매
27 무리가 고라와 다단과 아비람의 장
막 사방을 떠나고 다단과 아비람은
그들의 처자와 유아들과 함께 나와
서 자기 장막문에 선지라
28 모세가 이르되 여호와께서 나를 보
내사 이 모든 일을 행하게 하신 것

1) 꿰뚫으려

이요 나의 임의로 함이 아닌 줄을
이 일로 말미암아 알리라
29 곧 이 사람들의 죽음이 모든 사람
과 같고 그들이 당하는 벌이 모든
사람이 당하는 벌과 같으면 여호와
께서 나를 보내심이 아니거니와
30 만일 여호와께서 새 일을 행하사
땅이 입을 열어 이 사람들과 그들
의 모든 소유물을 삼켜 산 채로 스
올에 빠지게 하시면 이 사람들이
과연 여호와를 멸시한 것인 줄을
너희가 알리라
31 ●그가 이 모든 말을 마치자마자
그들이 섰던 땅바닥이 갈라지니라
32 땅이 그 입을 열어 그들과 그들의
집과 고라에게 속한 모든 사람과
그들의 재물을 삼키매
33 그들과 그의 모든 재물이 산 채로
스올에 빠지며 땅이 그 위에 덮이
니 그들이 회중 가운데서 망하니라
34 그 주위에 있는 온 이스라엘이 그
들의 부르짖음을 듣고 도망하며 이
르되 땅이 우리도 삼킬까 두렵다
하였고
35 여호와께로부터 불이 나와서 분향
하는 이백오십 명을 불살랐더라

향로

36 ●여호와께서 모세에게 말씀하여
이르시되
37 너는 제사장 아론의 아들 엘르아살
에게 명령하여 붙는 불 가운데에서
향로를 가져다가 그 불을 다른 곳
에 쏟으라 그 향로는 거룩함이니라
38 사람들은 범죄하여 그들의 생명을
스스로 해하였거니와 그들이 향로
를 여호와 앞에 드렸으므로 그 향
로가 거룩하게 되었나니 그 향로를
쳐서 제단을 싸는 철판을 만들라
이스라엘 자손에게 표가 되리라 하
신지라
39 제사장 엘르아살이 불탄 자들이 드
렸던 놋 향로를 가져다가 쳐서 제
단을 싸서
40 이스라엘 자손의 기념물이 되게 하
였으니 이는 아론 자손이 아닌 다른
사람은 여호와 앞에 분향하러 가까
이 오지 못하게 함이며 또 고라와
그의 무리와 같이 되지 않게 하기
위함이라 여호와께서 모세를 시켜
그에게 명령하신 대로 하였더라

아론이 백성을 구하다

41 ●이튿날 이스라엘 자손의 온 회중
이 모세와 아론을 원망하여 이르되
너희가 여호와의 백성을 죽였도다
하고
42 회중이 모여 모세와 아론을 칠 때
에 회막을 바라본즉 구름이 회막을
덮었고 여호와의 영광이 나타났더
라
43 모세와 아론이 회막 앞에 이르매
44 여호와께서 모세에게 말씀하여 이
르시되
45 너희는 이 회중에게서 떠나라 내가
순식간에 그들을 멸하려 하노라 하
시매 그 두 사람이 엎드리니라
46 이에 모세가 아론에게 이르되 너는
향로를 가져다가 제단의 불을 그것
에 담고 그 위에 향을 피워 가지고
급히 회중에게로 가서 그들을 위하
여 속죄하라 여호와께서 진노하셨
으므로 염병이 시작되었음이니라
47 아론이 모세의 명령을 따라 향로를
가지고 회중에게로 달려간즉 백성
중에 염병이 시작되었는지라 이에
백성을 위하여 속죄하고
48 죽은 자와 산 자 사이에 섰을 때에
염병이 그치니라
49 고라의 일로 죽은 자 외에 염병에
죽은 자가 만 사천칠백 명이었더라
50 염병이 그치매 아론이 회막문 모세

에게로 돌아오니라

아론의 지팡이

17 여호와께서 모세에게 말씀하여
이르시되
2 너는 이스라엘 자손에게 말하여 그
들 중에서 각 조상의 가문을 따라
지팡이 하나씩을 취하되 곧 그들의
조상의 가문대로 그 모든 지휘관에
게서 지팡이 열둘을 취하고 그 사
람들의 이름을 각각 그 지팡이에
쓰되
3 레위의 지팡이에는 아론의 이름을
쓰라 이는 그들의 조상의 가문의
각 수령이 지팡이 하나씩 있어야
할 것임이니라
4 그 지팡이를 회막 안에서 내가 너
희와 만나는 곳인 [1)]증거궤 앞에 두
라
5 내가 택한 자의 지팡이에는 싹이
나리니 이것으로 이스라엘 자손이
너희에게 대하여 원망하는 말을 내
앞에서 그치게 하리라
6 모세가 이스라엘 자손에게 말하매
그들의 지휘관들이 각 지파대로 지
팡이 하나씩을 그에게 주었으니 그
지팡이가 모두 열둘이라 그 중에
아론의 지팡이가 있었더라
7 모세가 그 지팡이들을 [1)]증거의 장
막 안 여호와 앞에 두었더라
8 ●이튿날 모세가 증거의 장막에 들
어가 본즉 레위 집을 위하여 낸 아
론의 지팡이에 움이 돋고 순이 나
고 꽃이 피어서 살구 열매가 열렸
더라
9 모세가 그 지팡이 전부를 여호와
앞에서 이스라엘 모든 자손에게로
가져오매 그들이 보고 각각 자기
지팡이를 집어들었더라
10 여호와께서 또 모세에게 이르시되
아론의 지팡이는 증거궤 앞으로 도
로 가져다가 거기 간직하여 반역한
자에 대한 표징이 되게 하여 그들
로 내게 대한 원망을 그치고 죽지
않게 할지니라
11 모세가 곧 그같이 하되 여호와께
서 자기에게 명령하신 대로 하였더
라
12 ●이스라엘 자손이 모세에게 말하
여 이르되 보소서 우리는 죽게 되
었나이다 망하게 되었나이다 다 망
하게 되었나이다
13 가까이 나아가는 자 곧 여호와의
성막에 가까이 나아가는 자마다 다
죽사오니 우리가 다 망하여야 하리
이까

제사장과 레위인의 직무

18 여호와께서 아론에게 이르시
되 너와 네 아들들과 네 조상
의 가문은 성소에 대한 죄를 함께
담당할 것이요 너와 네 아들들은
너희의 제사장 직분에 대한 죄를
함께 담당할 것이니라
2 너는 네 형제 레위 지파 곧 네 조상
의 지파를 데려다가 너와 함께 있
게 하여 너와 네 아들들이 [1)]증거의
장막 앞에 있을 때 그들이 너를 돕
게 하라
3 레위인은 네 직무와 장막의 모든
직무를 지키려니와 성소의 기구와
제단에는 가까이하지 못하리니 두
렵건대 그들과 너희가 죽을까 하노
라
4 레위인은 너와 합동하여 장막의 모
든 일과 회막의 직무를 다할 것이
요 다른 사람은 너희에게 가까이
하지 못할 것이니라
5 이와 같이 너희는 성소의 직무와
제단의 직무를 다하라 그리하면 여
호와의 진노가 다시는 이스라엘 자

1) 법궤

손에게 미치지 아니하리라
6 보라 내가 이스라엘 자손 중에서
너희의 형제 레위인을 택하여 내게
돌리고 너희에게 선물로 주어 회막
의 일을 하게 하였나니
7 너와 네 아들들은 제단과 휘장 안
의 모든 일에 대하여 제사장의 직
분을 지켜 섬기라 내가 제사장의
직분을 너희에게 선물로 주었은즉
거기 가까이하는 외인은 죽임을 당
할지니라

제사장의 몫

8 ●여호와께서 또 아론에게 이르시
되 보라 내가 내 거제물 곧 이스라
엘 자손이 거룩하게 한 모든 헌물
을 네가 주관하게 하고 네가 기름
부음을 받았음으로 말미암아 그것
을 너와 네 아들들에게 영구한 몫
의 음식으로 주노라
9 지성물 중에 불사르지 아니한 것은
네 것이라 그들이 내게 드리는 모
든 헌물의 모든 소제와 속죄제와
속건제물은 다 지극히 거룩한즉 너
와 네 아들들에게 돌리리니
10 지극히 거룩하게 여김으로 먹으라
이는 네게 성물인즉 남자들이 다
먹을지니라
11 네게 돌릴 것은 이것이니 곧 이스
라엘 자손이 드리는 거제물과 모든
요제물이라 내가 그것을 너와 네
자녀에게 영구한 몫의 음식으로 주
었은즉 네 집의 정결한 자마다 먹
을 것이니라
12 그들이 여호와께 드리는 첫 소산
곧 제일 좋은 기름과 제일 좋은 포
도주와 곡식을 네게 주었은즉
13 그들이 여호와께 드리는 그 땅의
처음 익은 모든 열매는 네 것이니
네 집에서 정결한 자마다 먹을 것
이라
14 이스라엘 중에서 특별히 드린 모든
것은 네 것이 되리라
15 여호와께 드리는 모든 생물의 처음
나는 것은 사람이나 짐승이나 다
네 것이로되 처음 태어난 사람은
반드시 대속할 것이요 처음 태어난
부정한 짐승도 대속할 것이며
16 그 사람을 대속할 때에는 난 지 한
달 이후에 네가 정한 대로 성소의
세겔을 따라 은 다섯 세겔로 대속
하라 한 세겔은 이십 게라이니라
17 오직 처음 태어난 소나 처음 태어
난 양이나 처음 태어난 염소는 대
속하지 말지니 그것들은 거룩한즉
그 피는 제단에 뿌리고 그 기름은
불살라 여호와께 향기로운 화제로
드릴 것이며
18 그 고기는 네게 돌릴지니 흔든 가
슴과 오른쪽 넓적다리같이 네게 돌
릴 것이니라
19 이스라엘 자손이 여호와께 거제로
드리는 모든 성물은 내가 영구한
몫의 음식으로 너와 네 자녀에게
주노니 이는 여호와 앞에 너와 네
후손에게 영원한 소금 언약이니라
20 여호와께서 또 아론에게 이르시되
너는 이스라엘 자손의 땅에 기업도
없겠고 그들 중에 아무 분깃도 없
을 것이나 내가 이스라엘 자손 중
에 네 분깃이요 네 기업이니라

레위인의 몫

21 ●내가 이스라엘의 십일조를 레위
자손에게 기업으로 다 주어서 그들
이 하는 일 곧 회막에서 하는 일을
갚나니
22 이 후로는 이스라엘 자손이 회막에
가까이하지 말 것이라 죄값으로 죽
을까 하노라
23 그러나 레위인은 회막에서 봉사하
며 자기들의 죄를 담당할 것이요

이스라엘 자손 중에는 기업이 없을
것이니 이는 너희 대대에 영원한
율례라
24 이스라엘 자손이 여호와께 거제로
드리는 십일조를 레위인에게 기업
으로 주었으므로 내가 그들에 대하
여 말하기를 이스라엘 자손 중에
기업이 없을 것이라 하였노라

레위인의 십일조

25 ●여호와께서 모세에게 말씀하여
이르시되
26 너는 레위인에게 말하여 그에게 이
르라 내가 이스라엘 자손에게 받아
너희에게 기업으로 준 십일조를 너
희가 그들에게서 받을 때에 그 십
일조의 십일조를 거제로 여호와께
드릴 것이라
27 내가 너희의 거제물을 타작 마당에
서 드리는 곡물과 포도즙틀에서 드
리는 즙같이 여기리니
28 너희는 이스라엘 자손에게서 받는
모든 것의 십일조 중에서 여호와께
거제로 드리고 여호와께 드린 그 거
제물은 제사장 아론에게로 돌리되
29 너희가 받은 모든 헌물 중에서 너
희는 그 아름다운 것 곧 거룩하게
한 부분을 가져다가 여호와께 거제
로 드릴지니라
30 이러므로 너는 그들에게 이르라 너
희가 그 중에서 아름다운 것을 가
져다가 드리고 남은 것은 너희 레
위인에게는 타작 마당의 소출과 포
도즙틀의 소출같이 되리니
31 너희와 너희의 권속이 어디서든지
이것을 먹을 수 있음은 이는 회막
에서 일한 너희의 보수임이니라
32 너희가 그 중 아름다운 것을 받들
어 드린즉 이로 말미암아 죄를 담
당하지 아니할 것이라 너희는 이스
라엘 자손의 성물을 더럽히지 말라
그리하여야 죽지 아니하리라

붉은 암송아지의 재

19 여호와께서 모세와 아론에게
말씀하여 이르시되
2 여호와께서 명령하시는 법의 율례
를 이제 이르노니 이스라엘 자손에
게 일러서 온전하여 흠이 없고 아
직 멍에 메지 아니한 붉은 암송아
지를 네게로 끌어오게 하고
3 너는 그것을 제사장 엘르아살에게
줄 것이요 그는 그것을 진영 밖으
로 끌어내어서 자기 목전에서 잡게
할 것이며
4 제사장 엘르아살은 손가락에 그 피
를 찍고 그 피를 회막 앞을 향하여
일곱 번 뿌리고
5 그 암소를 자기 목전에서 불사르게
하되 그 가죽과 고기와 피와 똥을
불사르게 하고
6 동시에 제사장은 백향목과 우슬초
와 홍색 실을 가져다가 암송아지
를 사르는 불 가운데에 던질 것이
며
7 제사장은 자기의 옷을 빨고 물로
몸을 씻은 후에 진영에 들어갈 것
이라 그는 저녁까지 부정하리라
8 송아지를 불사른 자도 자기의 옷을
물로 빨고 물로 그 몸을 씻을 것이
라 그도 저녁까지 부정하리라
9 이에 정결한 자가 암송아지의 재를
거두어 진영 밖 정한 곳에 둘지니
이것은 이스라엘 자손 회중을 위하
여 간직하였다가 부정을 씻는 물을
위해 간직할지니 그것은 속죄제니
라
10 암송아지의 재를 거둔 자도 자기의
옷을 빨 것이며 저녁까지 부정하리
라 이는 이스라엘 자손과 그 중에
거류하는 외인에게 영원한 율례니
라

시체를 만진 자

11 ●사람의 시체를 만진 자는 이레
동안 부정하리니
12 그는 [1]셋째 날과 일곱째 날에 잿물
로 자신을 정결하게 할 것이라 그
리하면 정하려니와 셋째 날과 일곱
째 날에 자신을 정결하게 하지 아
니하면 그냥 부정하니
13 누구든지 죽은 사람의 시체를 만지
고 자신을 정결하게 하지 아니하는
자는 여호와의 성막을 더럽힘이라
그가 이스라엘에서 끊어질 것은 정
결하게 하는 물을 그에게 뿌리지
아니하므로 깨끗하게 되지 못하고
그 부정함이 그대로 있음이니라
14 ●장막에서 사람이 죽을 때의 법은
이러하니 누구든지 그 장막에 들어
가는 자와 그 장막에 있는 자가 이
레 동안 부정할 것이며
15 뚜껑을 열어 놓고 덮지 아니한 그
릇은 모두 부정하니라
16 누구든지 들에서 칼에 죽은 자나
시체나 사람의 뼈나 무덤을 만졌으
면 이레 동안 부정하리니
17 그 부정한 자를 위하여 죄를 깨끗
하게 하려고 불사른 재를 가져다가
흐르는 물과 함께 그릇에 담고
18 정결한 자가 우슬초를 가져다가 그
물을 찍어 장막과 그 모든 기구와
거기 있는 사람들에게 뿌리고 또
뼈나 죽임을 당한 자나 시체나 무
덤을 만진 자에게 뿌리되
19 그 정결한 자가 셋째 날과 일곱째
날에 그 부정한 자에게 뿌려서 일
곱째 날에 그를 정결하게 할 것이
며 그는 자기 옷을 빨고 물로 몸을
씻을 것이라 저녁이면 정결하리라
20 ●사람이 부정하고도 자신을 정결
하게 하지 아니하면 여호와의 성소
를 더럽힘이니 그러므로 회중 가운
데에서 끊어질 것이니라 그는 정결
하게 하는 물로 뿌림을 받지 아니
하였은즉 부정하니라
21 이는 그들의 영구한 율례니라 정결
하게 하는 물을 뿌린 자는 자기의
옷을 빨 것이며 정결하게 하는 물
을 만지는 자는 저녁까지 부정할
것이며
22 부정한 자가 만진 것은 무엇이든지
부정할 것이며 그것을 만지는 자도
저녁까지 부정하리라

가데스의 다툼과 므리바 물

(출 17:1-7)

20 첫째 달에 이스라엘 자손 곧
온 회중이 신 광야에 이르러
백성이 가데스에 머물더니 미리암
이 거기서 죽으매 거기에 장사되니
라
2 ●회중이 물이 없으므로 모세와 아
론에게로 모여드니라
3 백성이 모세와 다투어 말하여 이르
되 우리 형제들이 여호와 앞에서
죽을 때에 우리도 죽었더라면 좋을
뻔하였도다
4 너희가 어찌하여 여호와의 회중을
이 광야로 인도하여 우리와 우리
짐승이 다 여기서 죽게 하느냐
5 너희가 어찌하여 우리를 애굽에서
나오게 하여 이 나쁜 곳으로 인도
하였느냐 이곳에는 파종할 곳이 없
고 무화과도 없고 포도도 없고 석
류도 없고 마실 물도 없도다
6 모세와 아론이 회중 앞을 떠나 회
막문에 이르러 엎드리매 여호와의
영광이 그들에게 나타나며
7 여호와께서 모세에게 말씀하여 이
르시되

1) 제삼 일에 이 물로 정결하게 하면 제칠 일에 정하려니와 제삼 일에 스스로 정결하게 아니하면 제칠 일에 정하지 못하며

8 지팡이를 가지고 네 형 아론과 함
께 회중을 모으고 그들의 목전에서
너희는 반석에게 명령하여 물을 내
라 하라 네가 그 반석이 물을 내게
하여 회중과 그들의 짐승에게 마시
게 할지니라
9 모세가 그 명령대로 여호와 앞에서
지팡이를 잡으니라
10 ●모세와 아론이 회중을 그 반석
앞에 모으고 모세가 그들에게 이르
되 반역한 너희여 들으라 우리가
너희를 위하여 이 반석에서 물을
내랴 하고
11 모세가 그의 손을 들어 그의 지팡
이로 반석을 두 번 치니 물이 많이
솟아나오므로 회중과 그들의 짐승
이 마시니라
12 여호와께서 모세와 아론에게 이르
시되 너희가 나를 믿지 아니하고 이
스라엘 자손의 목전에서 내 거룩함
을 나타내지 아니한 고로 너희는 이
회중을 내가 그들에게 준 땅으로 인
도하여 들이지 못하리라 하시니라
13 이스라엘 자손이 여호와와 다투었
으므로 이를 [1]므리바 물이라 하니
라 여호와께서 그들 중에서 그 거
룩함을 나타내셨더라

에돔이 이스라엘이 지나감을 거절하다

14 ●모세가 가데스에서 에돔 왕에게
사신을 보내며 이르되 당신의 형제
이스라엘의 말에 우리가 당한 모든
고난을 당신도 아시거니와
15 우리 조상들이 애굽으로 내려갔으
므로 우리가 애굽에 오래 거주하였
더니 애굽인이 우리 조상들과 우리
를 학대하였으므로
16 우리가 여호와께 부르짖었더니 우
리 소리를 들으시고 천사를 보내사
우리를 애굽에서 인도하여 내셨나
이다 이제 우리가 당신의 변방 모
퉁이 한 성읍 가데스에 있사오니
17 청하건대 우리에게 당신의 땅을 지
나가게 하소서 우리가 밭으로나 포
도원으로 지나가지 아니하고 우물
물도 마시지 아니하고 왕의 큰길로
만 지나가고 당신의 지경에서 나가
기까지 왼쪽으로나 오른쪽으로나
치우치지 아니하리이다 한다고 하
라 하였더니
18 에돔 왕이 대답하되 너는 우리 가
운데로 지나가지 못하리라 내가 칼
을 들고 나아가 너를 대적할까 하
노라
19 이스라엘 자손이 이르되 우리가 큰
길로만 지나가겠고 우리나 우리 짐
승이 당신의 물을 마시면 그 값을
낼 것이라 우리가 도보로 지나갈
뿐인즉 아무 일도 없으리이다 하나
20 그는 이르되 너는 지나가지 못하리
라 하고 에돔 왕이 많은 백성을 거
느리고 나와서 강한 손으로 막으니
21 에돔 왕이 이같이 이스라엘이 그의
영토로 지나감을 용납하지 아니하
므로 이스라엘이 그들에게서 돌이
키니라

아론의 죽음

22 ●이스라엘 자손 곧 온 회중이 가
데스를 떠나 호르 산에 이르렀더
니
23 여호와께서 에돔 땅 변경 호르 산
에서 모세와 아론에게 말씀하시니
라 이르시되
24 아론은 그 조상들에게로 돌아가고
내가 이스라엘 자손에게 준 땅에는
들어가지 못하리니 이는 너희가 므
리바 물에서 내 말을 거역한 까닭
이니라
25 너는 아론과 그의 아들 엘르아살을
데리고 호르 산에 올라

1) 다툼

26 아론의 옷을 벗겨 그의 아들 엘르
아살에게 입히라 아론은 거기서 죽
어 그 조상에게로 돌아가리라
27 모세가 여호와의 명령을 따라 그들
과 함께 회중의 목전에서 호르 산
에 오르니라
28 모세가 아론의 옷을 벗겨 그의 아
들 엘르아살에게 입히매 아론이 그
산꼭대기에서 죽으니라 모세와 엘
르아살이 산에서 내려오니
29 온 회중 곧 이스라엘 온 족속이 아
론이 죽은 것을 보고 그를 위하여
삼십 일 동안 애곡하였더라

호르마를 점령하다

21 네겝에 거주하는 가나안 사람
곧 아랏의 왕이 이스라엘이 [1]아
다림 길로 온다 함을 듣고 이스라
엘을 쳐서 그 중 몇 사람을 사로잡
은지라
2 이스라엘이 여호와께 서원하여 이
르되 주께서 만일 이 백성을 내 손
에 넘기시면 내가 그들의 성읍을
다 멸하리이다
3 여호와께서 이스라엘의 목소리를
들으시고 가나안 사람을 그들의 손
에 넘기시매 그들과 그들의 성읍을
다 멸하니라 그러므로 그곳 이름을
[2]호르마라 하였더라

놋뱀으로 백성을 구하다

4 ●백성이 호르 산에서 출발하여 홍
해 길을 따라 에돔 땅을 우회하려
하였다가 길로 말미암아 백성의 마
음이 상하니라
5 백성이 하나님과 모세를 향하여 원
망하되 어찌하여 우리를 애굽에서
인도해 내어 이 광야에서 죽게 하
는가 이곳에는 먹을 것도 없고 물
도 없도다 우리 마음이 이 하찮은
음식을 싫어하노라 하매
6 여호와께서 불뱀들을 백성 중에
보내어 백성을 물게 하시므로 이스
라엘 백성 중에 죽은 자가 많은지
라
7 백성이 모세에게 이르러 말하되 우
리가 여호와와 당신을 향하여 원망
함으로 범죄하였사오니 여호와께
기도하여 이 뱀들을 우리에게서 떠
나게 하소서 모세가 백성을 위하여
기도하매
8 여호와께서 모세에게 이르시되 불
뱀을 만들어 장대 위에 매달아라
물린 자마다 그것을 보면 살리라
9 모세가 놋뱀을 만들어 장대 위에
다니 뱀에게 물린 자가 놋뱀을 쳐
다본즉 모두 살더라

이스라엘 자손이 모압으로 떠나다

10 ●이스라엘 자손이 그곳을 떠나 오
봇에 진을 쳤고
11 오봇을 떠나 모압 앞쪽 해 돋는 쪽
광야 이예아바림에 진을 쳤고
12 거기를 떠나 세렛 골짜기에 진을
쳤고
13 거기를 떠나 아모리인의 영토에서
흘러 나와서 광야에 이른 아르논
강 건너편에 진을 쳤으니 아르논은
모압과 아모리 사이에서 모압의 경
계가 된 곳이라
14 이러므로 여호와의 전쟁기에 일렀
으되
[3]수바의 와헙과 아르논 골짜기와
15 모든 골짜기의 비탈은 아르 고을
을 향하여 기울어지고 모압의 경
계에 닿았도다
하였더라
16 거기서 [4]브엘에 이르니 브엘은 여
호와께서 모세에게 명령하시기를
백성을 모으라 내가 그들에게 물을
주리라 하시던 우물이라
17 그때에 이스라엘이 노래하여 이르

1) 정탐 2) 완전히 멸함 3) 폭풍우 4) 우물

되
우물물아 솟아나라 너희는 그것
을 노래하라
18 이 우물은 지휘관들이 팠고 백성
의 귀인들이 규와 지팡이로 판 것
이로다
하였더라 그들은 광야에서 맛다나
에 이르렀고
19 맛다나에서 나할리엘에 이르렀고
나할리엘에서 바못에 이르렀고
20 바못에서 모압 들에 있는 골짜기에
이르러 [1]광야가 내려다 보이는 비
스가 산 꼭대기에 이르렀더라

요단 동쪽을 점령하다 (신 2:26-3:11)

21 ●이스라엘이 아모리 왕 시혼에게
사신을 보내어 이르되
22 우리에게 당신의 땅을 지나가게 하
소서 우리가 밭에든지 포도원에든
지 들어가지 아니하며 우물물도 마
시지 아니하고 당신의 지경에서 다
나가기까지 왕의 큰길로만 지나가
리이다 하나
23 시혼이 이스라엘이 자기 영토로 지
나감을 용납하지 아니하고 그의 백
성을 다 모아 이스라엘을 치러 광
야로 나와서 야하스에 이르러 이스
라엘을 치므로
24 이스라엘이 칼날로 그들을 쳐서 무
찌르고 그 땅을 아르논에서부터 얍
복까지 점령하여 암몬 자손에게까
지 미치니 암몬 자손의 경계는 견
고하더라
25 이스라엘이 이같이 그 모든 성읍을
빼앗고 그 아모리인의 모든 성읍
헤스본과 그 모든 촌락에 거주하였
으니
26 헤스본은 아모리인의 왕 시혼의 도
성이라 시혼이 그 전 모압 왕을 치
고 그의 모든 땅을 아르논까지 그
의 손에서 빼앗았더라
27 그러므로 시인이 읊어 이르되
너희는 헤스본으로 올지어다 시
혼의 성을 세워 견고히 할지어다
28 헤스본에서 불이 나오며 시혼의
성에서 화염이 나와서 모압의 아
르를 삼키며 아르논 높은 곳의 주
인을 멸하였도다
29 모압아 네가 화를 당하였도다 그
모스의 백성아 네가 멸망하였도
다 그가 그의 아들들을 도망하게
하였고 그의 딸들을 아모리인의
왕 시혼의 포로가 되게 하였도다
30 우리가 그들을 쏘아서 헤스본을
디본까지 멸하였고 메드바에 가
까운 노바까지 황폐하게 하였도
다
하였더라
31 이스라엘이 아모리인의 땅에 거주
하였더니
32 모세가 또 사람을 보내어 야셀을
정탐하게 하고 그 촌락들을 빼앗고
그곳에 있던 아모리인을 몰아 내었
더라
33 ●그들이 돌이켜 바산 길로 올라가
매 바산 왕 옥이 그의 백성을 다 거
느리고 나와서 그들을 맞아 에드레
이에서 싸우려 하는지라
34 여호와께서 모세에게 이르시되 그
를 두려워하지 말라 내가 그와 그
의 백성과 그의 땅을 네 손에 넘겼
나니 너는 헤스본에 거주하던 아모
리인의 왕 시혼에게 행한 것같이
그에게도 행할지니라
35 이에 그와 그의 아들들과 그의 백
성을 다 쳐서 한 사람도 남기지 아
니하고 그의 땅을 점령하였더라

모압의 왕이 발람을 불러오다

22 이스라엘 자손이 또 길을 떠
나 모압 평지에 진을 쳤으니

1) 여시몬

요단 건너편 곧 여리고 맞은편이더
라
2 ●십볼의 아들 발락이 이스라엘이
아모리인에게 행한 모든 일을 보았
으므로
3 모압이 심히 두려워하였으니 이스
라엘 백성이 많음으로 말미암아 모
압이 이스라엘 자손 때문에 번민하
더라
4 미디안 장로들에게 이르되 이제 이
무리가 소가 밭의 풀을 뜯어먹음같
이 우리 사방에 있는 것을 다 뜯어
먹으리로다 하니 그때에 십볼의 아
들 발락이 모압 왕이었더라
5 그가 사신을 브올의 아들 발람의
고향인 [1]강가 브돌에 보내어 발람
을 부르게 하여 이르되 보라 한 민
족이 애굽에서 나왔는데 그들이 지
면에 덮여서 우리 맞은편에 거주하
였고
6 우리보다 강하니 청하건대 와서 나
를 위하여 이 백성을 저주하라 내
가 혹 그들을 쳐서 이겨 이 땅에서
몰아내리라 그대가 복을 비는 자는
복을 받고 저주하는 자는 저주를
받을 줄을 내가 앎이니라
7 ●모압 장로들과 미디안 장로들이
손에 [2]복채를 가지고 떠나 발람에
게 이르러 발락의 말을 그에게 전
하매
8 발람이 그들에게 이르되 이 밤에
여기서 유숙하라 여호와께서 내게
이르시는 대로 너희에게 대답하리
라 모압 귀족들이 발람에게서 유숙
하니라
9 하나님이 발람에게 임하여 말씀하
시되 너와 함께 있는 이 사람들이
누구냐
10 발람이 하나님께 아뢰되 모압 왕
십볼의 아들 발락이 내게 보낸 자
들이니이다 이르기를
11 보라 애굽에서 나온 민족이 지면에
덮였으니 이제 와서 나를 위하여
그들을 저주하라 내가 혹 그들을
쳐서 몰아낼 수 있으리라 하나이다
12 하나님이 발람에게 이르시되 너는
그들과 함께 가지도 말고 그 백성
을 저주하지도 말라 그들은 복을
받은 자들이니라
13 발람이 아침에 일어나서 발락의 귀
족들에게 이르되 너희는 너희의 땅
으로 돌아가라 여호와께서 내가 너
희와 함께 가기를 허락하지 아니하
시느니라
14 모압 귀족들이 일어나 발락에게로
가서 전하되 발람이 우리와 함께
오기를 거절하더이다
15 ●발락이 다시 그들보다 더 높은
고관들을 더 많이 보내매
16 그들이 발람에게로 나아가서 그에
게 이르되 십볼의 아들 발락의 말
씀에 청하건대 아무것에도 거리끼
지 말고 내게로 오라
17 내가 그대를 높여 크게 존귀하게
하고 그대가 내게 말하는 것은 무
엇이든지 시행하리니 청하건대 와
서 나를 위하여 이 백성을 저주하
라 하시더이다
18 발람이 발락의 신하들에게 대답하
여 이르되 발락이 그 집에 가득한
은금을 내게 줄지라도 내가 능히
여호와 내 하나님의 말씀을 어겨
덜하거나 더하지 못하겠노라
19 그런즉 이제 너희도 이 밤에 여기
서 유숙하라 여호와께서 내게 무슨
말씀을 더하실는지 알아보리라
20 밤에 하나님이 발람에게 임하여 이
르시되 그 사람들이 너를 부르러
왔거든 일어나 함께 가라 그러나

1) 히, 나할, 유브라데 강 2) 히, 점괘

내가 네게 이르는 말만 준행할지니
라

발람과 그 나귀

21 ●발람이 아침에 일어나서 자기 나
귀에 안장을 지우고 모압 고관들과
함께 가니
22 그가 감으로 말미암아 하나님이 진
노하시므로 여호와의 사자가 그를
막으려고 길에 서니라 발람은 자기
나귀를 탔고 그의 두 종은 그와 함
께 있더니
23 나귀가 여호와의 사자가 칼을 빼어
손에 들고 길에 선 것을 보고 길에
서 벗어나 밭으로 들어간지라 발람
이 나귀를 길로 돌이키려고 채찍질
하니
24 여호와의 사자는 포도원 사이 좁은
길에 섰고 좌우에는 담이 있더라
25 나귀가 여호와의 사자를 보고 몸을
담에 대고 발람의 발을 그 담에 짓
누르매 발람이 다시 채찍질하니
26 여호와의 사자가 더 나아가서 좌우
로 피할 데 없는 좁은 곳에 선지라
27 나귀가 여호와의 사자를 보고 발람
밑에 엎드리니 발람이 노하여 자기
지팡이로 나귀를 때리는지라
28 여호와께서 나귀 입을 여시니 발람
에게 이르되 내가 당신에게 무엇을
하였기에 나를 이같이 세 번을 때
리느냐
29 발람이 나귀에게 말하되 네가 나를
거역하기 때문이니 내 손에 칼이
있었더면 곧 너를 죽였으리라
30 나귀가 발람에게 이르되 나는 당신
이 오늘까지 당신의 일생 동안 탄
나귀가 아니냐 내가 언제 당신에게
이같이 하는 버릇이 있었더냐 그가
말하되 없었느니라
31 ●그때에 여호와께서 발람의 눈을
밝히시매 여호와의 사자가 손에 칼
을 빼들고 길에 선 것을 그가 보고
머리를 숙이고 엎드리니
32 여호와의 사자가 그에게 이르되 너
는 어찌하여 네 나귀를 이같이 세
번 때렸느냐 보라 내 앞에서 네 길
이 사악하므로 내가 너를 막으려고
나왔더니
33 나귀가 나를 보고 이같이 세 번을
돌이켜 내 앞에서 피하였느니라 나
귀가 만일 돌이켜 나를 피하지 아
니하였더면 내가 벌써 너를 죽이고
나귀는 살렸으리라
34 발람이 여호와의 사자에게 말하되
내가 범죄하였나이다 당신이 나를
막으려고 길에 서신 줄을 내가 알
지 못하였나이다 당신이 이를 기뻐
하지 아니하시면 나는 돌아가겠나
이다
35 여호와의 사자가 발람에게 이르되
그 사람들과 함께 가라 내가 네게
이르는 말만 말할지니라 발람이 발
락의 고관들과 함께 가니라

발락이 발람을 대접하다

36 ●발락은 발람이 온다 함을 듣고
모압 변경의 끝 아르논 가에 있는
성읍까지 가서 그를 영접하고
37 발락은 발람에게 이르되 내가 특별
히 사람을 보내어 그대를 부르지
아니하였느냐 그대가 어찌 내게 오
지 아니하였느냐 내가 어찌 그대를
높여 존귀하게 하지 못하겠느냐
38 발람이 발락에게 이르되 내가 오기
는 하였으나 무엇을 말할 능력이
있으리이까 하나님이 내 입에 주시
는 말씀 그것을 말할 뿐이니이다
39 발람이 발락과 동행하여 기랏후솟
에 이르러서는
40 발락이 소와 양을 잡아 발람과 그
와 함께한 고관들을 대접하였더
라

발람의 첫 번째 예언

41 ●아침에 발락이 발람과 함께하고
그를 인도하여 바알의 산당에 오르
매 발람이 거기서 이스라엘 백성의
진 끝까지 보니라

23 발람이 발락에게 이르되 나를
위하여 여기 제단 일곱을 쌓
고 거기 수송아지 일곱 마리와 숫
양 일곱 마리를 준비하소서 하매
2 발락이 발람의 말대로 준비한 후에
발락과 발람이 제단에 수송아지와
숫양을 드리니라
3 발람이 발락에게 이르되 당신의 번
제물 곁에 서소서 나는 저리로 가
리이다 여호와께서 혹시 오셔서 나
를 만나시리니 그가 내게 지시하시
는 것은 다 당신에게 알리리이다
하고 언덕길로 가니
4 하나님이 발람에게 임하시는지라
발람이 아뢰되 내가 일곱 제단을
쌓고 각 제단에 수송아지와 숫양을
드렸나이다
5 여호와께서 발람의 입에 말씀을 주
시며 이르시되 발락에게 돌아가서
이렇게 말할지니라
6 그가 발락에게로 돌아간즉 발락과
모압의 모든 고관이 번제물 곁에
함께 섰더라
7 발람이 예언을 전하여 말하되
발락이 나를 아람에서, 모압 왕이
동쪽 산에서 데려다가 이르기를
와서 나를 위하여 야곱을 저주하
라, 와서 이스라엘을 꾸짖으라 하
도다
8 하나님이 저주하지 않으신 자를
내가 어찌 저주하며 여호와께서
꾸짖지 않으신 자를 내가 어찌 꾸
짖으랴
9 내가 바위 위에서 그들을 보며 작
은 산에서 그들을 바라보니 이 백
성은 홀로 살 것이라 그를 여러
민족 중의 하나로 여기지 않으리
로다
10 야곱의 티끌을 누가 능히 세며 이
스라엘 사분의 일을 누가 능히 셀
고 나는 의인의 죽음을 죽기 원하
며 나의 종말이 그와 같기를 바라
노라
하매
11 발락이 발람에게 이르되 그대가 어
찌 내게 이같이 행하느냐 나의 원
수를 저주하라고 그대를 데려왔거
늘 그대가 오히려 축복하였도다
12 발람이 대답하여 이르되 여호와께
서 내 입에 주신 말씀을 내가 어찌
말하지 아니할 수 있으리이까

발람의 두 번째 예언

13 ●발락이 말하되 나와 함께 그들을
달리 볼 곳으로 가자 거기서는 그
들을 다 보지 못하고 그들의 끝만
보리니 거기서 나를 위하여 그들을
저주하라 하고
14 소빔 들로 인도하여 비스가 꼭대기
에 이르러 일곱 제단을 쌓고 각 제단
에 수송아지와 숫양을 드리니
15 발람이 발락에게 이르되 내가 저기
서 여호와를 만나뵐 동안에 여기
당신의 번제물 곁에 서소서 하니라
16 여호와께서 발람에게 임하사 그의
입에 말씀을 주시며 이르시되 발락
에게로 돌아가서 이렇게 말할지니
라
17 발람이 가서 본즉 발락이 번제물
곁에 섰고 모압 고관들이 함께 있
더라 발락이 발람에게 이르되 여호
와께서 무슨 말씀을 하시더냐
18 발람이 예언하여 이르기를
발락이여 일어나 들을지어다 십
볼의 아들이여 내게 자세히 들으
라

19 하나님은 사람이 아니시니 거짓
말을 하지 않으시고 인생이 아니
시니 후회가 없으시도다 어찌 그
말씀하신 바를 행하지 않으시며
하신 말씀을 실행하지 않으시랴
20 내가 축복할 것을 받았으니 그가
주신 복을 내가 돌이키지 않으리
라
21 야곱의 허물을 보지 아니하시며
이스라엘의 반역을 보지 아니하
시는도다 여호와 그들의 하나님
이 그들과 함께 계시니 왕을 부르
는 소리가 그 중에 있도다
22 하나님이 그들을 애굽에서 인도
하여 내셨으니 그의 힘이 들소와
같도다
23 야곱을 해할 점술이 없고 이스라
엘을 해할 복술이 없도다 이때에
야곱과 이스라엘에 대하여 논할
진대 하나님께서 행하신 일이 어
찌 그리 크냐 하리로다
24 이 백성이 암사자같이 일어나고
수사자같이 일어나서 움킨 것을
먹으며 죽인 피를 마시기 전에는
눕지 아니하리로다
하매
25 발락이 발람에게 이르되 그들을 저
주하지도 말고 축복하지도 말라
26 발람이 발락에게 대답하여 이르되
내가 당신에게 말하여 이르기를 여
호와께서 말씀하신 것은 내가 그대
로 하지 않을 수 없다고 하지 아니
하더이까

발람의 세 번째 예언

27 ●발락이 발람에게 또 이르되 오라
내가 너를 다른 곳으로 인도하리니
네가 거기서 나를 위하여 그들을
저주하기를 하나님이 혹시 기뻐하
시리라 하고
28 발락이 발람을 인도하여 [1]광야가
내려다 보이는 브올 산 꼭대기에
이르니
29 발람이 발락에게 이르되 나를 위하
여 여기 일곱 제단을 쌓고 거기 수
송아지 일곱 마리와 숫양 일곱 마
리를 준비하소서
30 발락이 발람의 말대로 행하여 각
제단에 수송아지와 숫양을 드리니
라

24 발람이 자기가 이스라엘을 축
복하는 것을 여호와께서 선히
여기심을 보고 전과 같이 점술을
쓰지 아니하고 그의 낯을 광야로
향하여
2 눈을 들어 이스라엘이 그 지파대로
천막 친 것을 보는데 그때에 하나
님의 영이 그 위에 임하신지라
3 그가 예언을 전하여 말하되
브올의 아들 발람이 말하며 눈을
[2]감았던 자가 말하며
4 하나님의 말씀을 듣는 자, 전능자
의 환상을 보는 자, 엎드려서 눈
을 뜬 자가 말하기를
5 야곱이여 네 장막들이, 이스라엘
이여 네 거처들이 어찌 그리 아름
다운고
6 그 벌어짐이 골짜기 같고 강가의
동산 같으며 여호와께서 심으신
침향목들 같고 물가의 백향목들
같도다
7 그 물통에서는 물이 넘치겠고 그
씨는 많은 물가에 있으리로다 그
의 왕이 아각보다 높으니 그의 나
라가 흥왕하리로다
8 하나님이 그를 애굽에서 인도하
여 내셨으니 그 힘이 들소와 같도
다 그의 적국을 삼키고 그들의 뼈
를 꺾으며 화살로 쏘아 꿰뚫으리
로다

1) 여시몬 2) 뜬 자

9 꿇어 앉고 누움이 수사자와 같고
암사자와도 같으니 일으킬 자 누
구이랴 너를 축복하는 자마다 복
을 받을 것이요 너를 저주하는 자
마다 저주를 받을지로다

발람의 마지막 예언

10 ●발락이 발람에게 노하여 손뼉을
치며 말하되 내가 그대를 부른 것
은 내 원수를 저주하라는 것이어늘
그대가 이같이 세 번 그들을 축복
하였도다
11 그러므로 그대는 이제 그대의 곳으
로 달아나라 내가 그대를 높여 심
히 존귀하게 하기로 뜻하였더니 여
호와께서 그대를 막아 존귀하지 못
하게 하셨도다
12 발람이 발락에게 이르되 당신이 내
게 보낸 사신들에게 내가 말하여
이르지 아니하였나이까
13 가령 발락이 그 집에 가득한 은금
을 내게 줄지라도 나는 여호와의
말씀을 어기고 선악 간에 내 마음
대로 행하지 못하고 여호와께서 말
씀하신 대로 말하리라 하지 아니하
였나이까
14 이제 나는 내 백성에게로 돌아가거
니와 들으소서 내가 이 백성이 후
일에 당신의 백성에게 어떻게 할지
를 당신에게 말하리이다 하고
15 예언하여 이르기를
브올의 아들 발람이 말하며 눈을
[1]감았던 자가 말하며
16 하나님의 말씀을 듣는 자가 말하
며 지극히 높으신 자의 지식을 아
는 자, 전능자의 환상을 보는 자,
엎드려서 눈을 뜬 자가 말하기를
17 내가 그를 보아도 이때의 일이 아
니며 내가 그를 바라보아도 가까
운 일이 아니로다 한 별이 야곱에
게서 나오며 한 규가 이스라엘에
게서 일어나서 모압을 이쪽에서
저쪽까지 쳐서 무찌르고 또 셋의
자식들을 다 멸하리로다
18 그의 원수 에돔은 그들의 유산이
되며 그의 원수 세일도 그들의 유
산이 되고 그와 동시에 이스라엘
은 용감히 행동하리로다
19 주권자가 야곱에게서 나서 남은
자들을 그 성읍에서 멸절하리로다
하고
20 또 아말렉을 바라보며 예언하여 이
르기를
아말렉은 민족들의 으뜸이나 그
의 종말은 멸망에 이르리로다
하고
21 또 겐 족속을 바라보며 예언하여
이르기를
네 거처가 견고하고 네 보금자리
는 바위에 있도다
22 그러나 가인이 쇠약하리니 나중
에는 앗수르의 포로가 되리로다
하고
23 또 예언하여 이르기를
슬프다 하나님이 이 일을 행하시
리니 그때에 살 자가 누구이랴
24 깃딤 해변에서 배들이 와서 앗수
르를 학대하며 에벨을 괴롭힐 것
이나 그도 멸망하리로다
하고
25 발람이 일어나 자기 곳으로 돌아가
고 발락도 자기 길로 갔더라

브올에서 생긴 일

25 이스라엘이 싯딤에 머물러 있
더니 그 백성이 모압 여자들
과 음행하기를 시작하니라
2 그 여자들이 자기 신들에게 제사할
때에 이스라엘 백성을 청하매 백성
이 먹고 그들의 신들에게 절하므로
3 이스라엘이 바알브올에게 가담한

1) 뜬 자

지라 여호와께서 이스라엘에게 진
노하시니라
4 여호와께서 모세에게 이르시되 백
성의 수령들을 잡아 태양을 향하여
여호와 앞에 목매어 달라 그리하면
여호와의 진노가 이스라엘에게서
떠나리라
5 모세가 이스라엘 재판관들에게 이
르되 너희는 각각 바알브올에게 가
담한 사람들을 죽이라 하니라
6 ●이스라엘 자손의 온 회중이 회막
문에서 울 때에 이스라엘 자손 한
사람이 모세와 온 회중의 눈앞에
미디안의 한 여인을 데리고 그의
형제에게로 온지라
7 제사장 아론의 손자 엘르아살의 아
들 비느하스가 보고 회중 가운데에
서 일어나 손에 창을 들고
8 그 이스라엘 남자를 따라 그의 막
사에 들어가 이스라엘 남자와 그
여인의 배를 꿰뚫어서 두 사람을
죽이니 염병이 이스라엘 자손에게
서 그쳤더라
9 그 염병으로 죽은 자가 이만 사천
명이었더라
10 ●여호와께서 모세에게 말씀하여
이르시되
11 제사장 아론의 손자 엘르아살의 아
들 비느하스가 내 질투심으로 질투
하여 이스라엘 자손 중에서 내 노
를 돌이켜서 내 질투심으로 그들을
소멸하지 않게 하였도다
12 그러므로 말하라 내가 그에게 내
평화의 언약을 주리니
13 그와 그의 후손에게 영원한 제사장
직분의 언약이라 그가 그의 하나님
을 위하여 질투하여 이스라엘 자손
을 속죄하였음이니라
14 ●죽임을 당한 이스라엘 남자 곧
미디안 여인과 함께 죽임을 당한
자의 이름은 시므리니 살루의 아들
이요 시므온인의 조상의 가문 중
한 지도자이며
15 죽임을 당한 미디안 여인의 이름은
고스비이니 수르의 딸이라 수르는
미디안 백성의 한 조상의 가문의
수령이었더라
16 ●여호와께서 모세에게 말씀하여
이르시되
17 미디안인들을 대적하여 그들을 치
라
18 이는 그들이 속임수로 너희를 대적
하되 브올의 일과 미디안 지휘관의
딸 곧 브올의 일로 염병이 일어난
날에 죽임을 당한 그들의 자매 고
스비의 사건으로 너희를 유혹하였
음이니라

두 번째 인구 조사

26 염병 후에 여호와께서 모세와
제사장 아론의 아들 엘르아살
에게 말씀하여 이르시되
2 이스라엘 자손의 온 회중의 총수를
그들의 조상의 가문을 따라 조사하
되 이스라엘 중에 이십 세 이상으
로 능히 전쟁에 나갈 만한 모든 자
를 계수하라 하시니
3 모세와 제사장 엘르아살이 여리고
맞은편 요단 가 모압 평지에서 그
들에게 전하여 이르되
4 여호와께서 애굽 땅에서 나온 모세
와 이스라엘 자손에게 명령하신 대
로 너희는 이십 세 이상 된 자를 계
수하라 하니라
5 ●이스라엘의 장자는 르우벤이라
르우벤 자손은 하녹에게서 난 하
녹 종족과 발루에게서 난 발루 종
족과
6 헤스론에게서 난 헤스론 종족과 갈
미에게서 난 갈미 종족이니
7 이는 르우벤 종족들이라 계수된 자

가 사만 삼천칠백삼십 명이었더라
8 발루의 아들은 엘리압이요
9 엘리압의 아들은 느무엘과 다단과
아비람이라 이 다단과 아비람은 회
중 가운데서 부름을 받은 자들이
니 고라의 무리에 들어가서 모세
와 아론을 거슬러 여호와께 반역
할 때에
10 땅이 그 입을 벌려서 그 무리와 고
라를 삼키매 그들이 죽었고 당시에
불이 이백오십 명을 삼켜 징표가
되게 하였으나
11 고라의 아들들은 죽지 아니하였더
라
12 ●시므온 자손의 종족들은 이러하
니 [1]느무엘에게서 난 느무엘 종족
과 야민에게서 난 야민 종족과 [2]야
긴에게서 난 야긴 종족과
13 [3]세라에게서 난 세라 종족과 사울
에게서 난 사울 종족이라
14 이는 시므온의 종족들이니 계수된
자가 이만 이천이백 명이었더라
15 ●갓 자손의 종족들은 이러하니
[4]스본에게서 난 스본 종족과 학기
에게서 난 학기 종족과 수니에게서
난 수니 종족과
16 [5]오스니에게서 난 오스니 종족과
에리에게서 난 에리 종족과
17 [6]아롯에게서 난 아롯 종족과 아렐
리에게서 난 아렐리 종족이라
18 이는 갓 자손의 종족들이니 계수된
자가 사만 오백 명이었더라
19 ●유다의 아들들은 에르와 오난이
라 이 에르와 오난은 가나안 땅에
서 죽었고
20 유다 자손의 종족들은 이러하니 셀
라에게서 난 셀라 종족과 베레스에
게서 난 베레스 종족과 세라에게서
난 세라 종족이며
21 또 베레스 자손은 이러하니 헤스론
에게서 난 헤스론 종족과 하물에게
서 난 하물 종족이라
22 이는 유다 종족들이니 계수된 자가
칠만 육천오백 명이었더라
23 ●잇사갈 자손의 종족들은 이러하
니 돌라에게서 난 돌라 종족과 부
와에게서 난 부니 종족과
24 [7]야숩에게서 난 야숩 종족과 시므
론에게서 난 시므론 종족이라
25 이는 잇사갈 종족들이니 계수된 자
가 육만 사천삼백 명이었더라
26 ●스불론 자손의 종족들은 이러하
니 세렛에게서 난 세렛 종족과 엘
론에게서 난 엘론 종족과 얄르엘에
게서 난 얄르엘 종족이라
27 이는 스불론 종족들이니 계수된 자
가 육만 오백 명이었더라
28 ●요셉의 아들들의 종족들은 므낫
세와 에브라임이요
29 므낫세의 자손 중 마길에게서 난
자손은 마길 종족이라 마길이 길르
앗을 낳았고 길르앗에게서 난 자손
은 길르앗 종족이라
30 길르앗 자손은 이러하니 이에셀에
게서 난 이에셀 종족과 헬렉에게서
난 헬렉 종족과
31 아스리엘에게서 난 아스리엘 종족
과 세겜에게서 난 세겜 종족과
32 스미다에게서 난 스미다 종족과 헤
벨에게서 난 헤벨 종족이며
33 헤벨의 아들 슬로브핫은 아들이 없
고 딸뿐이라 그 딸의 이름은 말라
와 노아와 호글라와 밀가와 디르사
니
34 이는 므낫세의 종족들이라 계수된
자가 오만 이천칠백 명이었더라
35 ●에브라임 자손의 종족들은 이러

1) 창 46:10; 출 6:15, 여므엘 2) 대상 4:24, 야립 3) 창 46:10, 소할 4) 창 46:16, 시본 5) 창 46:16, 에스본 6) 창 46:16, 아로디 7) 창 46:13, 욥

하니 수델라에게서 난 수델라 종족
과 [1]베겔에게서 난 베겔 종족과 다
한에게서 난 다한 종족이며
36 수델라 자손은 이러하니 에란에게
서 난 에란 종족이라
37 이는 에브라임 자손의 종족들이니
계수된 자가 삼만 이천오백 명이라
이상은 그 종족을 따른 요셉 자손
이었더라
38 ●베냐민 자손의 종족들은 이러하
니 벨라에게서 난 벨라 종족과 아
스벨에게서 난 아스벨 종족과 [2]아
히람에게서 난 아히람 종족과
39 [3]스부밤에게서 난 스부밤 종족과
후밤에게서 난 후밤 종족이며
40 벨라의 아들들은 [4]아릇과 나아만이
라 아릇에게서 아릇 종족과 나아만
에게서 나아만 종족이 났으니
41 이는 그들의 종족을 따른 베냐민
자손이라 계수된 자가 사만 오천육
백 명이었더라
42 ●단 자손의 종족들은 이러하니라
[5]수함에게서 수함 종족이 났으니
이는 그들의 종족을 따른 단 종족
들이라
43 수함 모든 종족의 계수된 자가 육
만 사천사백 명이었더라
44 ●아셀 자손의 종족들은 이러하니
임나에게서 난 임나 종족과 이스위
에게서 난 이스위 종족과 브리아에
게서 난 브리아 종족이며
45 브리아의 자손 중 헤벨에게서 난
헤벨 종족과 말기엘에게서 난 말기
엘 종족이며
46 아셀의 딸의 이름은 세라라
47 이는 아셀 자손의 종족들이니 계수
된 자가 오만 삼천사백 명이었더라
48 ●납달리 자손은 그들의 종족대로
이러하니 야셀에게서 난 야셀 종족
과 구니에게서 난 구니 종족과
49 예셀에게서 난 예셀 종족과 실렘에
게서 난 실렘 종족이라
50 이는 그들의 종족을 따른 납달리
종족들이니 계수된 자가 사만 오천
사백 명이었더라
51 ●이스라엘 자손의 계수된 자가 육
십만 천칠백삼십 명이었더라
52 ●여호와께서 모세에게 말씀하여
이르시되
53 이 명수대로 땅을 나눠 주어 기업
을 삼게 하라
54 수가 많은 자에게는 기업을 많이
줄 것이요 수가 적은 자에게는 기
업을 적게 줄 것이니 그들이 계수
된 수대로 각기 기업을 주되
55 오직 그 땅을 제비 뽑아 나누어 그
들의 조상 지파의 이름을 따라 얻
게 할지니라
56 그 다소를 막론하고 그들의 기업을
제비 뽑아 나눌지니라
57 ●레위인으로 계수된 자들의 종족
들은 이러하니 게르손에게서 난 게
르손 종족과 고핫에게서 난 고핫
종족과 므라리에게서 난 므라리 종
족이며
58 레위 종족들은 이러하니 립니 종족
과 헤브론 종족과 말리 종족과 무
시 종족과 고라 종족이라 고핫은
아므람을 낳았으며
59 아므람의 처의 이름은 요게벳이니
레위의 딸이요 애굽에서 레위에게
서 난 자라 그가 아므람에게서 아
론과 모세와 그의 누이 미리암을
낳았고
60 아론에게서는 나답과 아비후와 엘
르아살과 이다말이 났더니
61 나답과 아비후는 다른 불을 여호와

1) 대상 7:20, 베렛 2) 대상 8:1, 아하라, 창 46:21, 에히 3) 창 46:21, 뭅빔과 훕빔 4) 대상 8:3, 앗달 5) 창 46:23, 후심

앞에 드리다가 죽었더라
62 일 개월 이상으로 계수된 레위인의
모든 남자는 이만 삼천 명이었더라
그들은 이스라엘 자손 중 계수에
들지 아니하였으니 이는 이스라엘
자손 중에서 그들에게 준 기업이
없음이었더라
63 ●이는 모세와 제사장 엘르아살이
계수한 자라 그들이 여리고 맞은편
요단 가 모압 평지에서 이스라엘
자손을 계수한 중에는
64 모세와 제사장 아론이 시내 광야에
서 계수한 이스라엘 자손은 한 사
람도 들지 못하였으니
65 이는 여호와께서 그들에게 대하여
말씀하시기를 그들이 반드시 광야
에서 죽으리라 하셨음이라 이러므
로 여분네의 아들 갈렙과 눈의 아
들 여호수아 외에는 한 사람도 남
지 아니하였더라

슬로브핫의 딸들

27 요셉의 아들 므낫세 종족들에
게 므낫세의 현손 마길의 증손
길르앗의 손자 헤벨의 아들 슬로브
핫의 딸들이 찾아왔으니 그의 딸들
의 이름은 말라와 노아와 호글라와
밀가와 디르사라
2 그들이 회막문에서 모세와 제사장
엘르아살과 지휘관들과 온 회중 앞
에 서서 이르되
3 우리 아버지가 광야에서 죽었으나
여호와를 거슬러 모인 고라의 무리
에 들지 아니하고 자기 죄로 죽었
고 아들이 없나이다
4 어찌하여 아들이 없다고 우리 아버
지의 이름이 그의 종족 중에서 삭
제되리이까 우리 아버지의 형제 중
에서 우리에게 기업을 주소서 하매
5 모세가 그 사연을 여호와께 아뢰니
라
6 ●여호와께서 모세에게 말씀하여
이르시되
7 슬로브핫 딸들의 말이 옳으니 너는
반드시 그들의 아버지의 형제 중에
서 그들에게 기업을 주어 받게 하
되 그들의 아버지의 기업을 그들에
게 돌릴지니라
8 너는 이스라엘 자손에게 말하여 이
르기를 사람이 죽고 아들이 없으면
그의 기업을 그의 딸에게 돌릴 것
이요
9 딸도 없으면 그의 기업을 그의 형
제에게 줄 것이요
10 형제도 없으면 그의 기업을 그의
아버지의 형제에게 줄 것이요
11 그의 아버지의 형제도 없으면 그의
기업을 가장 가까운 친족에게 주어
받게 할지니라 하고 나 여호와가
너 모세에게 명령한 대로 이스라엘
자손에게 판결의 규례가 되게 할지
니라

모세의 후계자 여호수아
(신 31:1-8)

12 ●여호와께서 모세에게 이르시되
너는 이 아바림 산에 올라가서 내
가 이스라엘 자손에게 준 땅을 바
라보라
13 본 후에는 네 형 아론이 돌아간 것
같이 너도 [1]조상에게로 돌아가리니
14 이는 신 광야에서 회중이 분쟁할
때에 너희가 내 명령을 거역하고
그 물가에서 내 거룩함을 그들의
목전에 나타내지 아니하였음이니
라 이 물은 신 광야 가데스의 므리
바 물이니라
15 모세가 여호와께 여짜와 이르되
16 여호와, 모든 육체의 생명의 하나
님이시여 원하건대 한 사람을 이
회중 위에 세워서

1) 백성

17 그로 그들 앞에 출입하며 그들을
인도하여 출입하게 하사 여호와의
회중이 목자 없는 양과 같이 되지
않게 하옵소서
18 여호와께서 모세에게 이르시되 눈
의 아들 여호수아는 그 안에 영이
머무는 자니 너는 데려다가 그에게
안수하고
19 그를 제사장 엘르아살과 온 회중
앞에 세우고 그들의 목전에서 그에
게 위탁하여
20 네 존귀를 그에게 돌려 이스라엘
자손의 온 회중을 그에게 복종하게
하라
21 그는 제사장 엘르아살 앞에 설 것
이요 엘르아살은 그를 위하여 우림
의 판결로써 여호와 앞에 물을 것
이며 그와 온 이스라엘 자손 곧 온
회중은 엘르아살의 말을 따라 나가
며 들어올 것이니라
22 모세가 여호와께서 자기에게 명령
하신 대로 하여 여호수아를 데려다
가 제사장 엘르아살과 온 회중 앞
에 세우고
23 그에게 안수하여 위탁하되 여호와
께서 모세에게 명령하신 대로 하였
더라

날마다 바치는 번제물
(출 29:38-46)

28 여호와께서 모세에게 말씀하
여 이르시되
2 이스라엘 자손에게 명령하여 그들
에게 이르라 내 헌물, 내 음식인 화
제물 내 향기로운 것은 너희가 그
정한 시기에 삼가 내게 바칠지니라
3 또 그들에게 이르라 너희가 여호와
께 드릴 화제는 이러하니 일 년 되
고 흠 없는 숫양을 매일 두 마리씩
상번제로 드리되
4 어린 양 한 마리는 아침에 드리고
어린 양 한 마리는 해 질 때에 드릴
것이요
5 또 고운 가루 십분의 일 에바에 빻
아 낸 기름 사분의 일 힌을 섞어서
소제로 드릴 것이니
6 이는 시내 산에서 정한 상번제로서
여호와께 드리는 향기로운 화제며
7 또 그 전제는 어린 양 한 마리에 사
분의 일 힌을 드리되 거룩한 곳에
서 여호와께 독주의 전제를 부어
드릴 것이며
8 해 질 때에는 두 번째 어린 양을 드
리되 아침에 드린 소제와 전제와
같이 여호와께 향기로운 화제로 드
릴 것이니라

안식일

9 ●안식일에는 일 년 되고 흠 없는
숫양 두 마리와 고운 가루 십분의
이에 기름 섞은 소제와 그 전제를
드릴 것이니
10 이는 상번제와 그 전제 외에 매 안
식일의 번제니라

초하루

11 ●초하루에는 수송아지 두 마리와
숫양 한 마리와 일 년 되고 흠 없는
숫양 일곱 마리로 여호와께 번제를
드리되
12 매 수송아지에는 고운 가루 십분의
삼에 기름 섞은 소제와 숫양 한 마
리에는 고운 가루 십분의 이에 기
름 섞은 소제와
13 매 어린 양에는 고운 가루 십분의
일에 기름 섞은 소제를 향기로운
번제로 여호와께 화제를 드릴 것이
며
14 그 전제는 수송아지 한 마리에 포
도주 반 힌이요 숫양 한 마리에 삼
분의 일 힌이요 어린 양 한 마리에
사분의 일 힌이니 이는 일 년 중 매
월 초하루의 번제며

15 또 상번제와 그 전제 외에 숫염소
한 마리를 속죄제로 여호와께 드릴
것이니라

유월절 (레 23:5-14)

16 ●첫째 달 열넷째 날은 여호와를
위하여 지킬 유월절이며
17 또 그달 열다섯째 날부터는 명절이
니 이레 동안 무교병을 먹을 것이
며
18 그 첫날에는 성회로 모일 것이요
아무 일도 하지 말 것이며
19 수송아지 두 마리와 숫양 한 마리
와 일 년 된 숫양 일곱 마리를 다
흠 없는 것으로 여호와께 화제를
드려 번제가 되게 할 것이며
20 그 소제로는 고운 가루에 기름을
섞어서 쓰되 수송아지 한 마리에는
십분의 삼이요 숫양 한 마리에는
십분의 이를 드리고
21 어린 양 일곱에는 어린 양 한 마리
마다 십분의 일을 드릴 것이며
22 또 너희를 속죄하기 위하여 숫염소
한 마리로 속죄제를 드리되
23 아침의 번제 곧 상번제 외에 그것
들을 드릴 것이니라
24 너희는 이 순서대로 이레 동안 매
일 여호와께 향기로운 화제의 음식
을 드리되 상번제와 그 전제 외에
드릴 것이며
25 일곱째 날에는 성회로 모일 것이요
아무 일도 하지 말 것이니라

칠칠절

26 ●칠칠절 처음 익은 열매를 드리는
날에 너희가 여호와께 새 소제를
드릴 때에도 성회로 모일 것이요
아무 일도 하지 말 것이며
27 수송아지 두 마리와 숫양 한 마리
와 일 년 된 숫양 일곱 마리로 여호
와께 향기로운 번제를 드릴 것이며
28 그 소제로는 고운 가루에 기름을
섞어서 쓰되 수송아지 한 마리마다
십분의 삼이요 숫양 한 마리에는
십분의 이요
29 어린 양 일곱 마리에는 어린 양 한
마리마다 십분의 일을 드릴 것이며
30 또 너희를 속죄하기 위하여 숫염소
한 마리를 드리되
31 너희는 다 흠 없는 것으로 상번제
와 그 소제와 전제 외에 그것들을
드릴 것이니라

일곱째 달 초하루 (레 23:23-25)

29 일곱째 달에 이르러는 그달
초하루에 성회로 모이고 아무
노동도 하지 말라 이는 너희가 나
팔을 불 날이니라
2 너희는 수송아지 한 마리와 숫양
한 마리와 일 년 되고 흠 없는 숫양
일곱 마리를 여호와께 향기로운 번
제로 드릴 것이며
3 그 소제로는 고운 가루에 기름을
섞어서 쓰되 수송아지에는 십분의
삼이요 숫양에는 십분의 이요
4 어린 양 일곱 마리에는 어린 양 한
마리마다 십분의 일을 드릴 것이며
5 또 너희를 속죄하기 위하여 숫염소
한 마리로 속죄제를 드리되
6 그달의 번제와 그 소제와 상번제와
그 소제와 그 전제 외에 그 규례를
따라 향기로운 냄새로 화제를 여호
와께 드릴 것이니라

속죄일 (레 23:26-32)

7 ●일곱째 달 열흘 날에는 너희가
성회로 모일 것이요 너희의 심령을
괴롭게 하며 아무 일도 하지 말 것
이니라
8 너희는 수송아지 한 마리와 숫양
한 마리와 일 년 된 숫양 일곱 마리
를 다 흠 없는 것으로 여호와께 향
기로운 번제를 드릴 것이며
9 그 소제로는 고운 가루에 기름을

섞어서 쓰되 수송아지 한 마리에는
십분의 삼이요 숫양 한 마리에는
십분의 이요
10 어린 양 일곱 마리에는 어린 양 한
마리마다 십분의 일을 드릴 것이며
11 속죄제와 상번제와 그 소제와 그
전제 외에 숫염소 한 마리를 속죄
제로 드릴 것이니라

장막절 (레 23:33-44)

12 ●일곱째 달 열다섯째 날에는 너희
가 성회로 모일 것이요 아무 일도
하지 말 것이며 이레 동안 여호와
앞에 절기를 지킬 것이라
13 너희 번제로 여호와께 향기로운 화
제를 드리되 수송아지 열세 마리와
숫양 두 마리와 일 년 된 숫양 열네
마리를 다 흠 없는 것으로 드릴 것
이며
14 그 소제로는 고운 가루에 기름을
섞어서 수송아지 열세 마리에는 각
기 십분의 삼이요 숫양 두 마리에
는 각기 십분의 이요
15 어린 양 열네 마리에는 각기 십분
의 일을 드릴 것이며
16 상번제와 그 소제와 그 전제 외에
숫염소 한 마리를 속죄제로 드릴
것이니라
17 ●둘째 날에는 수송아지 열두 마리
와 숫양 두 마리와 일 년 되고 흠
없는 숫양 열네 마리를 드릴 것이
며
18 그 소제와 전제는 수송아지와 숫양
과 어린 양의 수효를 따라서 규례
대로 할 것이며
19 상번제와 그 소제와 그 전제 외에
숫염소 한 마리를 속죄제로 드릴
것이니라
20 ●셋째 날에는 수송아지 열한 마리
와 숫양 두 마리와 일 년 되고 흠
없는 숫양 열네 마리를 드릴 것이
며
21 그 소제와 전제는 수송아지와 숫양
과 어린 양의 수효를 따라서 규례
대로 할 것이며
22 상번제와 그 소제와 그 전제 외에
숫염소 한 마리를 속죄제로 드릴
것이니라
23 ●넷째 날에는 수송아지 열 마리와
숫양 두 마리와 일 년 되고 흠 없는
숫양 열네 마리를 드릴 것이며
24 그 소제와 전제는 수송아지와 숫양
과 어린 양의 수효를 따라 규례대
로 할 것이며
25 상번제와 그 소제와 그 전제 외에
숫염소 한 마리를 속죄제로 드릴
것이니라
26 ●다섯째 날에는 수송아지 아홉 마
리와 숫양 두 마리와 일 년 되고 흠
없는 숫양 열네 마리를 드릴 것이
며
27 그 소제와 전제는 수송아지와 숫양
과 어린 양의 수효를 따라서 규례
대로 할 것이며
28 상번제와 그 소제와 그 전제 외에
숫염소 한 마리를 속죄제로 드릴
것이니라
29 ●여섯째 날에는 수송아지 여덟 마
리와 숫양 두 마리와 일 년 되고 흠
없는 숫양 열네 마리를 드릴 것이
며
30 그 소제와 전제는 수송아지와 숫양
과 어린 양의 수효를 따라서 규례
대로 할 것이며
31 상번제와 그 소제와 그 전제 외에
숫염소 한 마리를 속죄제로 드릴
것이니라
32 ●일곱째 날에는 수송아지 일곱 마
리와 숫양 두 마리와 일 년 되고 흠
없는 숫양 열네 마리를 드릴 것이
며

33 그 소제와 전제는 수송아지와 숫양
과 어린 양의 수효를 따라 규례대
로 할 것이며
34 상번제와 그 소제와 그 전제 외에
숫염소 한 마리를 속죄제로 드릴
것이니라
35 ●여덟째 날에는 장엄한 대회로 모
일 것이요 아무 일도 하지 말 것이
며
36 번제로 여호와께 향기로운 화제를
드리되 수송아지 한 마리와 숫양
한 마리와 일 년 되고 흠 없는 숫양
일곱 마리를 드릴 것이며
37 그 소제와 전제는 수송아지와 숫양
과 어린 양의 수효를 따라 규례대
로 할 것이며
38 상번제와 그 소제와 그 전제 외에
숫염소 한 마리를 속죄제로 드릴
것이니라
39 ●너희가 이 절기를 당하거든 여호
와께 이같이 드릴지니 이는 너희의
서원제나 낙헌제로 드리는 번제,
소제, 전제, 화목제 외에 드릴 것이
니라
40 모세가 여호와께서 모세에게 명령
하신 모든 일을 이스라엘 자손에게
말하니라

여호와께 서원한 것

30 모세가 이스라엘 자손 지파의
수령들에게 말하여 이르되 여
호와의 명령이 이러하니라
2 사람이 여호와께 서원하였거나 결
심하고 서약하였으면 깨뜨리지 말
고 그가 입으로 말한 대로 다 이행
할 것이니라
3 또 여자가 만일 어려서 그 아버지
집에 있을 때에 여호와께 서원한
일이나 스스로 결심하려고 한 일이
있다고 하자
4 그의 아버지가 그의 서원이나 그가
결심한 서약을 듣고도 그에게 아무
말이 없으면 그의 모든 서원을 행
할 것이요 그가 결심한 서약을 지
킬 것이니라
5 그러나 그의 아버지가 그것을 듣는
날에 허락하지 아니하면 그의 서
원과 결심한 서약을 이루지 못할
것이니 그의 아버지가 허락하지
아니하였은즉 여호와께서 사하시
리라
6 ●또 혹시 남편을 맞을 때에 서원
이나 결심한 서약을 경솔하게 그의
입술로 말하였으면
7 그의 남편이 그것을 듣고 그 듣는
날에 그에게 아무 말이 없으면 그
서원을 이행할 것이요 그가 결심한
서약을 지킬 것이니라
8 그러나 그의 남편이 그것을 듣는
날에 허락하지 아니하면 그 서원과
결심하려고 경솔하게 입술로 말한
서약은 무효가 될 것이니 여호와께
서 그 여자를 사하시리라
9 ●과부나 이혼 당한 여자의 서원이
나 그가 결심한 모든 서약은 지킬
것이니라
10 부녀가 혹시 그의 남편의 집에서
서원을 하였다든지 결심하고 서약
을 하였다 하자
11 그의 남편이 그것을 듣고도 아무
말이 없고 금하지 않으면 그 서원
은 다 이행할 것이요 그가 결심한
서약은 다 지킬 것이니라
12 그러나 그의 남편이 그것을 듣는
날에 무효하게 하면 그 서원과 결
심한 일에 대하여 입술로 말한 것
을 아무것도 이루지 못하나니 그의
남편이 그것을 무효하게 하였은즉
여호와께서 그 부녀를 사하시느니
라
13 ●모든 서원과 마음을 자제하기로

한 모든 서약은 그의 남편이 그것
을 지키게도 할 수 있고 무효하게
도 할 수 있으니
14 그의 남편이 여러 날이 지나도록
말이 없으면 아내의 서원과 스스로
결심한 일을 지키게 하는 것이니
이는 그가 그것을 들을 때에 그의
아내에게 아무 말도 아니하였으므
로 지키게 됨이니라
15 그러나 그의 남편이 들은 지 얼마
후에 그것을 무효하게 하면 그가
아내의 죄를 담당할 것이니라
16 이는 여호와께서 모세에게 명령하
신 규례니 남편이 아내에게, 아버
지가 자기 집에 있는 어린 딸에 대
한 것이니라

미디안에게 여호와의 원수를 갚다

31 여호와께서 모세에게 말씀하
여 이르시되
2 이스라엘 자손의 원수를 미디안에
게 갚으라 그 후에 네가 네 [1]조상에
게로 돌아가리라
3 모세가 백성에게 말하여 이르되 너
와 함께 있는 사람들 가운데서 전
쟁에 나갈 사람들을 무장시키고 미
디안을 치러 보내어 여호와의 원수
를 갚되
4 이스라엘 모든 지파에게 각 지파에
서 천 명씩을 전쟁에 보낼지니라
하매
5 각 지파에서 천 명씩 이스라엘 [2]백
만 명 중에서 만 이천 명을 택하여
무장을 시킨지라
6 모세가 각 지파에 천 명씩 싸움에
보내되 제사장 엘르아살의 아들 비
느하스에게 성소의 기구와 신호 나
팔을 들려서 그들과 함께 전쟁에
보내매
7 그들이 여호와께서 모세에게 명령
하신 대로 미디안을 쳐서 남자를
다 죽였고
8 그 죽인 자 외에 미디안의 다섯 왕
을 죽였으니 미디안의 왕들은 에위
와 레겜과 수르와 후르와 레바이며
또 브올의 아들 발람을 칼로 죽였
더라
9 이스라엘 자손이 미디안의 부녀들
과 그들의 아이들을 사로잡고 그들
의 가축과 양 떼와 재물을 다 탈취
하고
10 그들이 거처하는 성읍들과 촌락을
다 불사르고
11 탈취한 것, 노략한 것, 사람과 짐승
을 다 빼앗으니라
12 그들이 사로잡은 자와 노략한 것과
탈취한 것을 가지고 여리고 맞은편
요단 강가 모압 평지의 진영에 이
르러 모세와 제사장 엘르아살과 이
스라엘 자손의 회중에게로 나아오
니라

군대가 이기고 돌아오다

13 ●모세와 제사장 엘르아살과 회중
의 지도자들이 다 진영 밖에 나가
서 영접하다가
14 모세가 군대의 지휘관 곧 싸움에서
돌아온 천부장들과 백부장들에게
노하니라
15 모세가 그들에게 이르되 너희가 여
자들을 다 살려두었느냐
16 보라 이들이 발람의 꾀를 따라 이
스라엘 자손을 브올의 사건에서 여
호와 앞에 범죄하게 하여 여호와의
회중 가운데에 염병이 일어나게 하
였느니라
17 그러므로 아이들 중에서 남자는 다
죽이고 남자와 동침하여 사내를 아
는 여자도 다 죽이고
18 남자와 동침하지 아니하여 사내를
알지 못하는 여자들은 다 너희를

1) 히, 백성 2) 히, 천천 인의

위하여 살려둘 것이니라
19 너희는 이레 동안 진영 밖에 주둔
하라 누구든지 살인자나 죽임을 당
한 사체를 만진 자는 셋째 날과 일
곱째 날에 몸을 깨끗하게 하고 너
희의 포로도 깨끗하게 할 것이며
20 모든 의복과 가죽으로 만든 모든
것과 염소털로 만든 모든 것과 나
무로 만든 모든 것을 다 깨끗하게
할지니라
21 ●제사장 엘르아살이 싸움에 나갔던
군인들에게 이르되 이는 여호와께
서 모세에게 명령하신 율법이니라
22 금, 은, 동, 철과 주석과 납 등의
23 불에 견딜 만한 모든 물건은 불을
지나게 하라 그리하면 깨끗하려니
와 다만 정결하게 하는 물로 그것
을 깨끗하게 할 것이며 불에 견디
지 못할 모든 것은 물을 지나게 할
것이니라
24 너희는 일곱째 날에 옷을 빨아서
깨끗하게 한 후에 진영에 들어올지
니라

전리품 분배

25 ●여호와께서 모세에게 말씀하여
이르시되
26 너는 제사장 엘르아살과 회중의 수
령들과 더불어 이 사로잡은 사람들
과 짐승들을 계수하고
27 그 얻은 물건을 반분하여 그 절반
은 전쟁에 나갔던 군인들에게 주고
절반은 회중에게 주고
28 전쟁에 나갔던 군인들은 사람이나
소나 나귀나 양 떼의 오백분의 일
을 여호와께 드릴지니라
29 곧 이를 그들의 절반에서 가져다가
여호와의 거제로 제사장 엘르아살
에게 주고
30 또 이스라엘 자손이 받은 절반에서
는 사람이나 소나 나귀나 양 떼나
각종 짐승 오십분의 일을 가져다가
여호와의 성막을 맡은 레위인에게
주라
31 모세와 제사장 엘르아살이 여호와
께서 모세에게 명령하신 대로 하니
라
32 ●그 탈취물 곧 군인들의 다른 탈
취물 외에 양이 육십칠만 오천 마
리요
33 소가 칠만 이천 마리요
34 나귀가 육만 천 마리요
35 사람은 남자와 동침하지 아니하여
서 사내를 알지 못하는 여자가 도
합 삼만 이천 명이니
36 그 절반 곧 전쟁에 나갔던 자들의
소유가 양이 삼십삼만 칠천오백 마
리라
37 여호와께 공물로 드린 양이 육백칠
십오요
38 소가 삼만 육천 마리라 그 중에서
여호와께 공물로 드린 것이 칠십이
마리요
39 나귀가 삼만 오백 마리라 그 중에
서 여호와께 공물로 드린 것이 육
십일 마리요
40 사람이 만 육천 명이라 그 중에서
여호와께 공물로 드린 자가 삼십이
명이니
41 여호와께 거제의 공물로 드린 것을
모세가 제사장 엘르아살에게 주었
으니 여호와께서 모세에게 명령하
심과 같았더라
42 ●모세가 전쟁에 나갔던 자에게서
나누어 이스라엘 자손에게 준 절반
43 곧 회중이 받은 절반은 양이 삼십
삼만 칠천오백 마리요
44 소가 삼만 육천 마리요
45 나귀가 삼만 오백 마리요
46 사람이 만 육천 명이라
47 이스라엘 자손의 그 절반에서 모세

가 사람이나 짐승의 오십분의 일을
취하여 여호와의 장막을 맡은 레위
인에게 주었으니 여호와께서 모세
에게 명령하심과 같았더라
48 ●군대의 지휘관들 곧 천부장과 백
부장들이 모세에게 나아와서
49 모세에게 말하되 당신의 종들이 이
끈 군인을 계수한즉 우리 중 한 사
람도 축나지 아니하였기로
50 우리 각 사람이 받은 바 금 패물
곧 발목 고리, 손목 고리, 인장 반
지, 귀 고리, 목걸이들을 여호와께
헌금으로 우리의 생명을 위하여
여호와 앞에 속죄하려고 가져왔나
이다
51 모세와 제사장 엘르아살이 그들에
게서 그 금으로 만든 모든 패물을
취한즉
52 천부장과 백부장들이 여호와께 드
린 거제의 금의 도합이 만 육천칠
백오십 세겔이니
53 군인들이 각기 자기를 위하여 탈취
한 것이니라
54 모세와 제사장 엘르아살이 천부장
과 백부장들에게서 금을 취하여 회
막에 드려 여호와 앞에서 이스라엘
자손의 기념을 삼았더라

요단 강 동쪽 지파들 (신 3:12-22)

32 르우벤 자손과 갓 자손은 심
히 많은 가축 떼를 가졌더라
그들이 야셀 땅과 길르앗 땅을 본
즉 그곳은 목축할 만한 장소인지라
2 갓 자손과 르우벤 자손이 와서 모
세와 제사장 엘르아살과 회중 지휘
관들에게 말하여 이르되
3 아다롯과 디본과 야셀과 니므라와
헤스본과 엘르알레와 스밤과 느보
와 브온
4 곧 여호와께서 이스라엘 회중 앞에
서 쳐서 멸하신 땅은 목축할 만한
장소요 당신의 종들에게는 가축이
있나이다
5 또 이르되 우리가 만일 당신에게
은혜를 입었으면 이 땅을 당신의
종들에게 그들의 소유로 주시고 우
리에게 요단 강을 건너지 않게 하
소서
6 ●모세가 갓 자손과 르우벤 자손에
게 이르되 너희 형제들은 싸우러
가거늘 너희는 여기 앉아 있고자
하느냐
7 너희가 어찌하여 이스라엘 자손에
게 낙심하게 하여서 여호와께서 그
들에게 주신 땅으로 건너갈 수 없
게 하려 하느냐
8 너희 조상들도 내가 가데스바네아
에서 그 땅을 보라고 보냈을 때에
그리하였었나니
9 그들이 에스골 골짜기에 올라가서
그 땅을 보고 이스라엘 자손을 낙
심하게 하여서 여호와께서 그들에
게 주신 땅으로 갈 수 없게 하였었
느니라
10 그때에 여호와께서 진노하사 맹세
하여 이르시되
11 애굽에서 나온 자들이 이십 세 이
상으로는 한 사람도 내가 아브라함
과 이삭과 야곱에게 맹세한 땅을
결코 보지 못하리니 이는 그들이
나를 온전히 따르지 아니하였음이
니라
12 그러나 그나스 사람 여분네의 아들
갈렙과 눈의 아들 여호수아는 여호
와를 온전히 따랐느니라 하시고
13 여호와께서 이스라엘에게 진노하
사 그들에게 사십 년 동안 광야에
방황하게 하셨으므로 여호와의 목
전에 악을 행한 그 세대가 마침내
는 다 끊어졌느니라
14 보라 너희는 너희의 조상의 대를

이어 일어난 죄인의 무리로서 이스
라엘을 향하신 여호와의 노를 더욱
심하게 하는도다
15 너희가 만일 돌이켜 여호와를 떠나
면 여호와께서 다시 이 백성을 광
야에 버리시리니 그리하면 너희가
이 모든 백성을 멸망시키리라
16 ●그들이 모세에게 가까이 나아와
이르되 우리가 이곳에 우리 가축을
위하여 우리를 짓고 우리 어린아이
들을 위하여 성읍을 건축하고
17 이 땅의 원주민이 있으므로 우리
어린아이들을 그 견고한 성읍에 거
주하게 한 후에 우리는 무장하고
이스라엘 자손을 그곳으로 인도하
기까지 그들의 앞에서 가고
18 이스라엘 자손이 각기 기업을 받기
까지 우리 집으로 돌아오지 아니하
겠사오며
19 우리는 요단 이쪽 곧 동쪽에서 기
업을 받았사오니 그들과 함께 요단
저쪽에서는 기업을 받지 아니하겠
나이다
20 ●모세가 그들에게 이르되 너희가
만일 이 일을 행하여 무장하고 여
호와 앞에서 가서 싸우되
21 너희가 다 무장하고 여호와 앞에서
요단을 건너가서 여호와께서 그의
원수를 자기 앞에서 쫓아내시고
22 그 땅이 여호와 앞에 복종하게 하
시기까지 싸우면 여호와 앞에서나
이스라엘 앞에서나 무죄하여 돌아
오겠고 이 땅은 여호와 앞에서 너
희의 소유가 되리라마는
23 너희가 만일 그같이 아니하면 여호
와께 범죄함이니 너희 죄가 반드시
너희를 찾아낼 줄 알라
24 너희는 어린아이들을 위하여 성읍
을 건축하고 양을 위하여 우리를
지으라 그리하고 너희의 입이 말한
대로 행하라
25 갓 자손과 르우벤 자손이 모세에게
대답하여 이르되 주의 종들인 우리
는 우리 주의 명령대로 행할 것이
라
26 우리의 어린아이들과 아내와 양 떼
와 모든 가축은 이곳 길르앗 성읍
들에 두고
27 종들은 우리 주의 말씀대로 무장하
고 여호와 앞에서 다 건너가서 싸
우리이다
28 ●이에 모세가 그들에 대하여 제사
장 엘르아살과 눈의 아들 여호수아
와 이스라엘 자손 지파의 수령들에
게 명령하니라
29 모세가 그들에게 이르되 갓 자손과
르우벤 자손이 만일 각각 무장하고
너희와 함께 요단을 건너가서 여호
와 앞에서 싸워서 그 땅이 너희 앞
에 항복하기에 이르면 길르앗 땅을
그들의 소유로 줄 것이니라
30 그러나 만일 그들이 너희와 함께
무장하고 건너지 아니하면 그들은
가나안 땅에서 너희와 함께 땅을
소유할 것이니라
31 갓 자손과 르우벤 자손이 대답하여
이르되 여호와께서 당신의 종들에
게 명령하신 대로 우리가 행할 것
이라
32 우리가 무장하고 여호와 앞에서 가
나안 땅에 건너가서 요단 이쪽을
우리가 소유할 기업이 되게 하리이
다
33 ●모세가 갓 자손과 르우벤 자손과
요셉의 아들 므낫세 반 지파에게
아모리인의 왕 시혼의 나라와 바산
왕 옥의 나라를 주되 곧 그 땅과 그
경내의 성읍들과 그 성읍들의 사방
땅을 그들에게 주매
34 갓 자손은 디본과 아다롯과 아로엘

과
35 아다롯소반과 야셀과 욕브하와
36 벧니므라와 벧하란들의 견고한 성
읍을 건축하였고 또 양을 위하여
우리를 지었으며
37 르우벤 자손은 헤스본과 엘르알레
와 기랴다임과
38 느보와 바알므온들을 건축하고 그
이름을 바꾸었고 또 십마를 건축하
고 건축한 성읍들에 새 이름을 주
었고
39 므낫세의 아들 마길의 자손은 가서
길르앗을 쳐서 빼앗고 거기 있는
아모리인을 쫓아내매
40 모세가 길르앗을 므낫세의 아들 마
길에게 주매 그가 거기 거주하였고
41 므낫세의 아들 야일은 가서 그 촌
락들을 빼앗고 [1]하봇야일이라 불렀
으며
42 노바는 가서 그낫과 그 마을들을
빼앗고 자기 이름을 따라서 노바라
불렀더라

애굽에서 모압까지

33 모세와 아론의 인도로 대오를
갖추어 애굽을 떠난 이스라엘
자손들의 노정은 이러하니라
2 모세가 여호와의 명령대로 그 노정
을 따라 그들이 행진한 것을 기록
하였으니 그들이 행진한 대로의 노
정은 이러하니라
3 그들이 첫째 달 열다섯째 날에 라
암셋을 떠났으니 곧 유월절 다음
날이라 이스라엘 자손이 애굽 모든
사람의 목전에서 큰 권능으로 나왔
으니
4 애굽인은 여호와께서 그들 중에 치
신 그 모든 장자를 장사하는 때라
여호와께서 그들의 신들에게도 벌
을 주셨더라
5 ●이스라엘 자손이 라암셋을 떠나
숙곳에 진을 치고
6 숙곳을 떠나 광야 끝 에담에 진을
치고
7 에담을 떠나 바알스본 앞 비하히롯
으로 돌아가서 믹돌 앞에 진을 치
고
8 하히롯 앞을 떠나 광야를 바라보고
바다 가운데를 지나 에담 광야로
사흘 길을 가서 마라에 진을 치고
9 마라를 떠나 엘림에 이르니 엘림에
는 샘물 열둘과 종려 칠십 그루가
있으므로 거기에 진을 치고
10 엘림을 떠나 홍해 가에 진을 치고
11 홍해 가를 떠나 신 광야에 진을 치
고
12 신 광야를 떠나
13 돕가에 진을 치고 돕가를 떠나 알
루스에 진을 치고
14 알루스를 떠나 르비딤에 진을 쳤는
데 거기는 백성이 마실 물이 없었
더라
15 르비딤을 떠나 시내 광야에 진을
치고
16 시내 광야를 떠나 기브롯핫다아와
에 진을 치고
17 기브롯핫다아와를 떠나 하세롯에
진을 치고
18 하세롯을 떠나 릿마에 진을 치고
19 릿마를 떠나 림몬베레스에 진을 치
고
20 림몬베레스를 떠나 립나에 진을 치고
21 립나를 떠나 릿사에 진을 치고
22 릿사를 떠나 그헬라다에 진을 치고
23 그헬라다를 떠나 세벨 산에 진을
치고
24 세벨 산을 떠나 하라다에 진을 치
고
25 하라다를 떠나 막헬롯에 진을 치고
26 막헬롯을 떠나 다핫에 진을 치고

1) 야일의 촌락

27 다핫을 떠나 데라에 진을 치고
28 데라를 떠나 밋가에 진을 치고
29 밋가를 떠나 하스모나에 진을 치고
30 하스모나를 떠나 모세롯에 진을 치
고
31 모세롯을 떠나 브네야아간에 진을
치고
32 브네야아간을 떠나 홀하깃갓에 진
을 치고
33 홀하깃갓을 떠나 욧바다에 진을 치
고
34 욧바다를 떠나 아브로나에 진을 치
고
35 아브로나를 떠나 에시온게벨에 진
을 치고
36 에시온게벨을 떠나 신 광야 곧 가
데스에 진을 치고
37 가데스를 떠나 에돔 땅 변경의 호
르 산에 진을 쳤더라
38 ●이스라엘 자손이 애굽 땅에서 나
온 지 사십 년째 오월 초하루에 제
사장 아론이 여호와의 명령으로 호
르 산에 올라가 거기서 죽었으니
39 아론이 호르 산에서 죽던 때의 나
이는 백이십삼 세였더라
40 ●가나안 땅 남방에 살고 있는 가
나안 사람 아랏 왕은 이스라엘 자
손이 온다는 소식을 들었더라
41 ●그들이 호르 산을 떠나 살모나에
진을 치고
42 살모나를 떠나 부논에 진을 치고
43 부논을 떠나 오봇에 진을 치고
44 오봇을 떠나 모압 변경 이예아바림
에 진을 치고
45 이임을 떠나 디본갓에 진을 치고
46 디본갓을 떠나 알몬디블라다임에
진을 치고
47 알몬디블라다임을 떠나 느보 앞 아
바림 산에 진을 치고
48 아바림 산을 떠나 여리고 맞은편 요
단 강가 모압 평지에 진을 쳤으니
49 요단 강가 모압 평지의 진영이 벧
여시못에서부터 아벨싯딤에 이르
렀더라

가나안 땅을 제비 뽑아 나누다

50 ●여리고 맞은편 요단 강가 모압
평지에서 여호와께서 모세에게 말
씀하여 이르시되
51 이스라엘 자손에게 말하여 그들에
게 이르라 너희가 요단 강을 건너
가나안 땅에 들어가거든
52 그 땅의 원주민을 너희 앞에서 다
몰아내고 그 새긴 석상과 부어 만
든 우상을 다 깨뜨리며 산당을 다
헐고
53 그 땅을 점령하여 거기 거주하라
내가 그 땅을 너희 소유로 너희에
게 주었음이라
54 너희의 종족을 따라 그 땅을 제비
뽑아 나눌 것이니 수가 많으면 많은
기업을 주고 적으면 적은 기업을 주
되 각기 제비 뽑은 대로 그 소유가
될 것인즉 너희 조상의 지파를 따라
기업을 받을 것이니라
55 너희가 만일 그 땅의 원주민을 너
희 앞에서 몰아내지 아니하면 너희
가 남겨둔 자들이 너희의 눈에 가
시와 너희의 옆구리에 찌르는 것이
되어 너희가 거주하는 땅에서 너희
를 괴롭게 할 것이요
56 나는 그들에게 행하기로 생각한 것
을 너희에게 행하리라

가나안 땅의 경계

34 여호와께서 모세에게 말씀하
여 이르시되
2 너는 이스라엘 자손에게 명령하여
그들에게 이르라 너희가 가나안 땅
에 들어가는 때에 그 땅은 너희의
기업이 되리니 곧 가나안 사방 지
경이라

3 너희 남쪽은 에돔 곁에 접근한 신
광야니 너희의 남쪽 경계는 동쪽으
로 염해 끝에서 시작하여
4 돌아서 아그랍빔 언덕 남쪽에 이르
고 신을 지나 가데스바네아 남쪽에
이르고 또 하살아달을 지나 아스몬
에 이르고
5 아스몬에서 돌아서 애굽 시내를 지
나 바다까지 이르느니라
6 ●서쪽 경계는 [1]대해가 경계가 되
나니 이는 너희의 서쪽 경계니라
7 ●북쪽 경계는 이러하니 대해에서
부터 호르 산까지 그어라
8 호르 산에서 그어 하맛 어귀에 이
르러 스닷에 이르고
9 그 경계가 또 시브론을 지나 하살
에난에 이르나니 이는 너희의 북쪽
경계니라
10 ●너희의 동쪽 경계는 하살에난에
서 그어 스밤에 이르고
11 그 경계가 또 스밤에서 리블라로
내려가서 아인 동쪽에 이르고 또
내려가서 긴네렛 동쪽 해변에 이르
고
12 그 경계가 또 요단으로 내려가서
염해에 이르나니 너희 땅의 사방
경계가 이러하니라
13 ●모세가 이스라엘 자손에게 명령
하여 이르되 이는 너희가 제비 뽑
아 받을 땅이라 여호와께서 이것을
아홉 지파 반 쪽에게 주라고 명령
하셨나니
14 이는 르우벤 자손의 지파와 갓 자
손의 지파가 함께 그들의 조상의
가문에 따라 그들의 기업을 받을
것이며 므낫세의 반쪽도 기업을 받
았음이니라
15 이 두 지파와 그 반 지파는 여리고
맞은편 요단 건너편 곧 해 돋는 쪽
에서 그들의 기업을 받으리라

각 지파의 기업 분할 책임자

16 ●여호와께서 또 모세에게 말씀하
여 이르시되
17 너희에게 땅을 기업으로 나눌 자의
이름은 이러하니 제사장 엘르아살
과 눈의 아들 여호수아니라
18 너희는 또 기업의 땅을 나누기 위하
여 각 지파에 한 지휘관씩 택하라
19 그 사람들의 이름은 이러하니 유다
지파에서는 여분네의 아들 갈렙이
요
20 시므온 지파에서는 암미훗의 아들
스므엘이요
21 베냐민 지파에서는 기슬론의 아들
엘리닷이요
22 단 자손 지파에서는 지휘관 요글리
의 아들 북기요
23 요셉 자손 중 므낫세 자손 지파에
서는 지휘관 에봇의 아들 한니엘이
요
24 에브라임 자손 지파에서는 지휘관
십단의 아들 그므엘이요
25 스불론 자손 지파에서는 지휘관 바
르낙의 아들 엘리사반이요
26 잇사갈 자손 지파에서는 지휘관 앗
산의 아들 발디엘이요
27 아셀 자손 지파에서는 지휘관 슬로
미의 아들 아히훗이요
28 납달리 자손 지파에서는 지휘관 암
미훗의 아들 브다헬이니라 하셨느
니라
29 이들이 여호와께서 명령하사 가나
안 땅에서 이스라엘 자손에게 기업
을 받게 하신 자들이니라

레위 사람에게 준 성읍

35 여호와께서 여리고 맞은편 요
단 강가 모압 평지에서 모세
에게 말씀하여 이르시되
2 이스라엘 자손에게 명령하여 그들

1) 대해로 경계를 삼을지니

이 받은 기업에서 레위인에게 거주
할 성읍들을 주게 하고 너희는 또
그 성읍들을 두르고 있는 초장을
레위인에게 주어서
3 성읍은 그들의 거처가 되게 하고
초장은 그들의 재산인 가축과 짐승
들을 둘 곳이 되게 할 것이라
4 너희가 레위인에게 줄 성읍들의 들
은 성벽에서부터 밖으로 사방 천
규빗이라
5 성을 중앙에 두고 성 밖 동쪽으로
이천 규빗, 남쪽으로 이천 규빗, 서
쪽으로 이천 규빗, 북쪽으로 이천
규빗을 측량할지니 이는 그들의 성
읍의 들이며
6 너희가 레위인에게 줄 성읍은 살인
자들이 피하게 할 도피성으로 여섯
성읍이요 그 외에 사십이 성읍이라
7 너희가 레위인에게 모두 사십팔 성
읍을 주고 그 초장도 함께 주되
8 너희가 이스라엘 자손의 소유에서
레위인에게 너희가 성읍을 줄 때에
많이 받은 자에게서는 많이 떼어서
주고 적게 받은 자에게서는 적게
떼어 줄 것이라 각기 받은 기업을
따라서 그 성읍들을 레위인에게 줄
지니라

도피성 (신 19:1-13; 수 20:1-9)

9 ●여호와께서 또 모세에게 말씀하
여 이르시되
10 이스라엘 자손에게 말하여 그들에
게 이르라 너희가 요단 강을 건너
가나안 땅에 들어가거든
11 너희를 위하여 성읍을 도피성으로
정하여 부지중에 살인한 자가 그리
로 피하게 하라
12 이는 너희가 복수할 자에게서 도피
하는 성을 삼아 살인자가 회중 앞
에 서서 판결을 받기까지 죽지 않
게 하기 위함이니라
13 너희가 줄 성읍 중에 여섯을 도피
성이 되게 하되
14 세 성읍은 요단 이쪽에 두고 세 성
읍은 가나안 땅에 두어 도피성이
되게 하라
15 이 여섯 성읍은 이스라엘 자손과
타국인과 이스라엘 중에 거류하는
자의 도피성이 되리니 부지중에 살
인한 모든 자가 그리로 도피할 수
있으리라
16 ●만일 철 연장으로 사람을 쳐죽이
면 그는 살인자니 그 살인자를 반
드시 죽일 것이요
17 만일 사람을 죽일 만한 돌을 손에
들고 사람을 쳐죽이면 이는 살인한
자니 그 살인자는 반드시 죽일 것
이요
18 만일 사람을 죽일 만한 나무 연장
을 손에 들고 사람을 쳐죽이면 그
는 살인한 자니 그 살인자는 반드
시 죽일 것이니라
19 피를 보복하는 자는 그 살인한 자
를 자신이 죽일 것이니 그를 만나
면 죽일 것이요
20 만일 미워하는 까닭에 밀쳐 죽이거
나 기회를 엿보아 무엇을 던져 죽
이거나
21 악의를 가지고 손으로 쳐죽이면 그
친 자는 반드시 죽일 것이니 이는
살인하였음이라 피를 보복하는 자
는 살인자를 만나면 죽일 것이니라
22 ●악의가 없이 우연히 사람을 밀치
거나 기회를 엿봄이 없이 무엇을
던지거나
23 보지 못하고 사람을 죽일 만한 돌
을 던져서 죽였을 때에 이는 악의
도 없고 해하려 한 것도 아닌즉
24 회중이 친 자와 피를 보복하는 자
간에 이 규례대로 판결하여
25 피를 보복하는 자의 손에서 살인자

를 건져내어 그가 피하였던 도피성
으로 돌려보낼 것이요 그는 거룩한
기름부음을 받은 대제사장이 죽기
까지 거기 거주할 것이니라
26 그러나 살인자가 어느 때든지 그
피하였던 도피성 지경 밖에 나가면
27 피를 보복하는 자가 도피성 지경
밖에서 그 살인자를 만나 죽일지라
도 피 흘린 죄가 없나니
28 이는 살인자가 대제사장이 죽기까
지 그 도피성에 머물러야 할 것임
이라 대제사장이 죽은 후에는 그
살인자가 자기 소유의 땅으로 돌아
갈 수 있느니라
29 ●이는 너희의 대대로 거주하는 곳
에서 판결하는 규례라
30 사람을 죽인 모든 자 곧 살인한 자
는 증인들의 말을 따라서 죽일 것
이나 한 증인의 증거만 따라서 죽
이지 말 것이요
31 고의로 살인죄를 범한 살인자는 생
명의 속전을 받지 말고 반드시 죽
일 것이며
32 또 도피성에 피한 자는 대제사장이
죽기 전에는 속전을 받고 그의 땅
으로 돌아가 거주하게 하지 말 것
이니라
33 너희는 너희가 거주하는 땅을 더럽
히지 말라 피는 땅을 더럽히나니
피 흘림을 받은 땅은 그 피를 흘리
게 한 자의 피가 아니면 1)속함을 받
을 수 없느니라
34 너희는 너희가 거주하는 땅 곧 내
가 거주하는 땅을 더럽히지 말라
나 여호와는 이스라엘 자손 중에
있음이니라

시집 간 여자의 유산

36 요셉 자손의 종족 중 므낫세
의 손자 마길의 아들 길르앗
자손 종족들의 수령들이 나아와 모
세와 이스라엘 자손의 수령된 지휘
관들 앞에 말하여
2 이르되 여호와께서 우리 주에게 명
령하사 이스라엘 자손에게 제비 뽑
아 그 기업의 땅을 주게 하셨고 여
호와께서 또 우리 주에게 명령하사
우리 형제 슬로브핫의 기업을 그의
딸들에게 주게 하셨은즉
3 그들이 만일 이스라엘 자손의 다른
지파들의 남자들의 아내가 되면 그
들의 기업은 우리 조상의 기업에서
떨어져 나가고 그들이 속할 그 지
파의 기업에 첨가되리니 그러면 우
리가 제비 뽑은 기업에서 떨어져
나갈 것이요
4 이스라엘 자손의 희년을 당하여 그
기업이 그가 속한 지파에 첨가될
것이라 그런즉 그들의 기업은 우리
조상 지파의 기업에서 아주 삭감되
리이다
5 ●모세가 여호와의 말씀으로 이스
라엘 자손에게 명령하여 이르되 요
셉 자손 지파의 말이 옳도다
6 슬로브핫의 딸들에게 대한 여호와
의 명령이 이러하니라 이르시되 슬
로브핫의 딸들은 마음대로 시집가
려니와 오직 그 조상 지파의 종족
에게로만 시집갈지니
7 그리하면 이스라엘 자손의 기업이
이 지파에서 저 지파로 옮기지 않
고 이스라엘 자손이 다 각기 조상
지파의 기업을 지킬 것이니라 하셨
나니
8 이스라엘 자손의 지파 중 그 기업
을 이은 딸들은 모두 자기 조상 지
파의 종족되는 사람의 아내가 될
것이라 그리하면 이스라엘 자손이
각기 조상의 기업을 보전하게 되어
9 그 기업이 이 지파에서 저 지파로

1) 히, 속죄할

옮기게 하지 아니하고 이스라엘 자
손 지파가 각각 자기 기업을 지키
리라
10 ●슬로브핫의 딸들이 여호와께서
모세에게 명령하신 대로 행하니라
11 슬로브핫의 딸 말라와 디르사와 호
글라와 밀가와 노아가 다 그들의
숙부의 아들들의 아내가 되니라
12 그들이 요셉의 아들 므낫세 자손의
종족 사람의 아내가 되었으므로 그
들의 종족 지파에 그들의 기업이
남아 있었더라
13 ●이는 여리고 맞은편 요단 가 모
압 평지에서 여호와께서 모세를 통
하여 이스라엘 자손에게 명령하신
계명과 규례니라

신

신명기

Deuteronomy

서론

1 이는 모세가 요단 저쪽 숩 맞은편
의 아라바 광야 곧 바란과 도벨과
라반과 하세롯과 디사합 사이에서
이스라엘 무리에게 선포한 말씀이
니라
2 호렙 산에서 세일 산을 지나 가데
스 바네아까지 열 하룻길이었더라
3 마흔째 해 열한째 달 그달 첫째 날
에 모세가 이스라엘 자손에게 여호
와께서 그들을 위하여 자기에게 주
신 명령을 다 알렸으니
4 그때는 모세가 헤스본에 거주하는
아모리 왕 시혼을 쳐죽이고 에드레
이에서 아스다롯에 거주하는 바산
왕 옥을 쳐죽인 후라
5 모세가 요단 저쪽 모압 땅에서 이
율법을 설명하기 시작하였더라 일
렀으되
6 우리 하나님 여호와께서 호렙 산에
서 우리에게 말씀하여 이르시기를
너희가 이 산에 거주한 지 오래니
7 방향을 돌려 행진하여 아모리 족속
의 산지로 가고 그 근방 곳곳으로
가고 아라바와 산지와 평지와 네겝
과 해변과 가나안 족속의 땅과 레
바논과 큰 강 유브라데까지 가라
8 내가 너희의 조상 아브라함과 이삭
과 야곱에게 맹세하여 그들과 그들
의 후손에게 주리라 한 땅이 너희
앞에 있으니 들어가서 그 땅을 차
지할지니라

모세가 수령을 세우다
(출 18:13-17)

9 ●그때에 내가 너희에게 말하여 이
르기를 나는 홀로 너희의 짐을 질
수 없도다
10 너희의 하나님 여호와께서 너희를
번성하게 하셨으므로 너희가 오늘
날 하늘의 별같이 많거니와
11 너희 조상의 하나님 여호와께서 너
희를 현재보다 천 배나 많게 하시
며 너희에게 허락하신 것과 같이
너희에게 복 주시기를 원하노라
12 그런즉 나 홀로 어찌 능히 너희의
괴로운 일과 너희의 힘겨운 일과
너희의 다투는 일을 담당할 수 있
으랴
13 너희의 각 지파에서 지혜와 지식이
있는 인정받는 자들을 택하라 내가
그들을 세워 너희 수령을 삼으리라
한즉
14 너희가 내게 대답하여 이르기를 당
신의 말씀대로 하는 것이 좋다 하

기에
15 내가 너희 지파의 수령으로 지혜가
있고 인정받는 자들을 취하여 너희
의 수령을 삼되 곧 각 지파를 따라
천부장과 백부장과 오십부장과 십
부장과 조장을 삼고
16 내가 그때에 너희의 재판장들에게
명하여 이르기를 너희가 너희의 형
제 중에서 송사를 들을 때에 쌍방
간에 공정히 판결할 것이며 그들
중에 있는 타국인에게도 그리 할
것이라
17 재판은 하나님께 속한 것인즉 너희
는 재판할 때에 외모를 보지 말고
귀천을 차별 없이 듣고 사람의 낯
을 두려워하지 말 것이며 스스로
결단하기 어려운 일이 있거든 내게
로 돌리라 내가 들으리라 하였고
18 내가 너희의 행할 모든 일을 그때
에 너희에게 다 명령하였느니라

정탐할 사람을 보내다
(민 13:1-33)

19 ●우리 하나님 여호와께서 우리에
게 명령하신 대로 우리가 호렙 산
을 떠나 너희가 보았던 그 크고 두
려운 광야를 지나 아모리 족속의
산지 길로 가데스 바네아에 이른
때에
20 내가 너희에게 이르기를 우리 하나
님 여호와께서 우리에게 주신 아모
리 족속의 산지에 너희가 이르렀나
니
21 너희의 하나님 여호와께서 이 땅을
너희 앞에 두셨은즉 너희 조상의
하나님 여호와께서 너희에게 이르
신 대로 올라가서 차지하라 두려워
하지 말라 주저하지 말라 한즉
22 너희가 다 내 앞으로 나아와 말하
기를 우리가 사람을 우리보다 먼저
보내어 우리를 위하여 그 땅을 정
탐하고 어느 길로 올라가야 할 것
과 어느 성읍으로 들어가야 할 것
을 우리에게 알리게 하자 하기에
23 내가 그 말을 좋게 여겨 너희 중 각
지파에서 한 사람씩 열둘을 택하매
24 그들이 돌이켜 산지에 올라 에스골
골짜기에 이르러 그곳을 정탐하고
25 그 땅의 열매를 손에 가지고 우리
에게로 돌아와서 우리에게 말하여
이르되 우리의 하나님 여호와께서
우리에게 주시는 땅이 좋더라 하였
느니라
26 그러나 너희가 올라가기를 원하지
아니하고 너희의 하나님 여호와의
명령을 거역하여
27 장막 중에서 원망하여 이르기를 여
호와께서 우리를 미워하시므로 아
모리 족속의 손에 넘겨 멸하시려고
우리를 애굽 땅에서 인도하여 내셨
도다
28 우리가 어디로 가랴 우리의 형제들
이 우리를 낙심하게 하여 말하기를
그 백성은 우리보다 장대하며 그
성읍들은 크고 성곽은 하늘에 닿았
으며 우리가 또 거기서 아낙 자손
을 보았노라 하는도다 하기로
29 내가 너희에게 말하기를 그들을 무
서워하지 말라 두려워하지 말라
30 너희보다 먼저 가시는 너희의 하나
님 여호와께서 애굽에서 너희를 위
하여 너희 목전에서 모든 일을 행
하신 것같이 이제도 너희를 위하여
싸우실 것이며
31 광야에서도 너희가 당하였거니와
사람이 자기의 아들을 안는 것같이
너희의 하나님 여호와께서 너희가
걸어온 길에서 너희를 안으사 이곳
까지 이르게 하셨느니라 하나
32 이 일에 너희가 너희의 하나님 여
호와를 믿지 아니하였도다

신

33 그는 너희보다 먼저 그 길을 가시
며 장막 칠 곳을 찾으시고 밤에는
불로, 낮에는 구름으로 너희가 갈
길을 지시하신 자이시니라

여호와께서 이스라엘을 벌하시다
(민 14:20-45)

34 ●여호와께서 너희의 말소리를 들
으시고 노하사 맹세하여 이르시되
35 이 악한 세대 사람들 중에는 내가
그들의 조상에게 주기로 맹세한 좋
은 땅을 볼 자가 하나도 없으리라
36 오직 여분네의 아들 갈렙은 온전
히 여호와께 순종하였은즉 그는 그
것을 볼 것이요 그가 밟은 땅을 내
가 그와 그의 자손에게 주리라 하
시고
37 여호와께서 너희 때문에 내게도 진
노하사 이르시되 너도 그리로 들어
가지 못하리라
38 네 앞에 서 있는 눈의 아들 여호수
아는 그리로 들어갈 것이니 너는
그를 담대하게 하라 그가 이스라엘
에게 그 땅을 기업으로 차지하게
하리라
39 또 너희가 사로잡히리라 하던 너희
의 아이들과 당시에 선악을 분별하
지 못하던 너희의 자녀들도 그리로
들어갈 것이라 내가 그 땅을 그들
에게 주어 산업이 되게 하리라
40 너희는 방향을 돌려 홍해 길을 따
라 광야로 들어갈지니라 하시매
41 너희가 대답하여 내게 이르기를 우
리가 여호와께 범죄하였사오니 우
리 하나님께서 우리에게 명령하신
대로 우리가 올라가서 싸우리이다
하고 너희가 각각 무기를 가지고
경솔히 산지로 올라가려 할 때에
42 여호와께서 내게 이르시되 너는 그
들에게 이르기를 너희는 올라가지
말라 싸우지도 말라 내가 너희 중
에 있지 아니하니 너희가 대적에게
패할까 하노라 하시기로
43 내가 너희에게 말하였으나 너희가
듣지 아니하고 여호와의 명령을 거
역하고 거리낌 없이 산지로 올라가
매
44 그 산지에 거주하는 아모리 족속이
너희에게 마주 나와 벌 떼같이 너
희를 쫓아 세일 산에서 쳐서 호르
마까지 이른지라
45 너희가 돌아와 여호와 앞에서 통곡
하나 여호와께서 너희의 소리를 듣
지 아니하시며 너희에게 귀를 기울
이지 아니하셨으므로
46 너희가 가데스에 여러 날 동안 머
물렀나니 곧 너희가 그곳에 머물던
날 수대로니라

이스라엘이 광야에서 보낸 해

2 우리가 방향을 돌려 여호와께서
내게 명령하신 대로 홍해 길로
광야에 들어가서 여러 날 동안 세
일 산을 두루 다녔더니
2 여호와께서 내게 말씀하여 이르시되
3 너희가 이 산을 두루 다닌 지 오래
니 돌이켜 북으로 나아가라
4 너는 또 백성에게 명령하여 이르기
를 너희는 세일에 거주하는 너희
동족 에서의 자손이 사는 지역으로
지날진대 그들이 너희를 두려워하
리니 너희는 스스로 깊이 삼가고
5 그들과 다투지 말라 그들의 땅은
한 발자국도 너희에게 주지 아니하
리니 이는 내가 세일 산을 에서에
게 기업으로 주었음이라
6 너희는 돈으로 그들에게서 양식을
사서 먹고 돈으로 그들에게서 물을
사서 마시라
7 네 하나님 여호와께서 네가 하는
모든 일에 네게 복을 주시고 네가
이 큰 광야에 두루 다님을 알고 네

하나님 여호와께서 이 사십 년 동안
을 너와 함께하셨으므로 네게 부족
함이 없었느니라 하시기로
8 우리가 세일 산에 거주하는 우리
동족 에서의 자손을 떠나서 아라바
를 지나며 엘랏과 에시온 게벨 곁
으로 지나 행진하고 돌이켜 모압
광야 길로 지날 때에
9 여호와께서 내게 이르시되 모압을
괴롭히지 말라 그와 싸우지도 말라
그 땅을 내가 네게 기업으로 주지
아니하리니 이는 내가 롯 자손에게
아르를 기업으로 주었음이라
10 (이전에는 에밈 사람이 거기 거주
하였는데 아낙 족속같이 강하고 많
고 키가 크므로
11 그들을 아낙 족속과 같이 르바임이
라 불렀으나 모압 사람은 그들을
에밈이라 불렀으며
12 호리 사람도 세일에 거주하였는데
에서의 자손이 그들을 멸하고 그
땅에 거주하였으니 이스라엘이 여
호와께서 주신 기업의 땅에서 행한
것과 같았느니라)
13 이제 너희는 일어나서 세렛 시내를
건너가라 하시기로 우리가 세렛 시
내를 건넜으니
14 가데스 바네아에서 떠나 세렛 시내
를 건너기까지 삼십팔 년 동안이라
이때에는 그 시대의 모든 군인들이
여호와께서 그들에게 맹세하신 대
로 진영 중에서 다 멸망하였나니
15 여호와께서 손으로 그들을 치사 진
영 중에서 멸하신 고로 마침내는
다 멸망되었느니라
16 ●모든 군인이 사망하여 백성 중에
서 멸망한 후에
17 여호와께서 내게 말씀하여 이르시되
18 네가 오늘 모압 변경 아르를 지나
리니
19 암몬 족속에게 가까이 이르거든 그
들을 괴롭히지 말고 그들과 다투지
도 말라 암몬 족속의 땅은 내가 네
게 기업으로 주지 아니하리니 이는
내가 그것을 롯 자손에게 기업으로
주었음이라
20 (이곳도 르바임의 땅이라 하였나니
전에 르바임이 거기 거주하였음이
요 암몬 족속은 그들을 삼숨밈이라
일컬었으며
21 그 백성은 아낙 족속과 같이 강하
고 많고 키가 컸으나 여호와께서
암몬 족속 앞에서 그들을 멸하셨으
므로 암몬 족속이 대신하여 그 땅
에 거주하였으니
22 마치 세일에 거주한 에서 자손 앞
에 호리 사람을 멸하심과 같으니
그들이 호리 사람을 쫓아내고 대신
하여 오늘까지 거기에 거주하였으
며
23 또 갑돌에서 나온 갑돌 사람이 가
사까지 각 촌에 거주하는 아위 사
람을 멸하고 그들을 대신하여 거기
에 거주하였느니라)
24 너희는 일어나 행진하여 아르논 골
짜기를 건너라 내가 헤스본 왕 아
모리 사람 시혼과 그의 땅을 네 손
에 넘겼은즉 이제 더불어 싸워서
그 땅을 차지하라
25 오늘부터 내가 천하 만민이 너를
무서워하며 너를 두려워하게 하리
니 그들이 네 명성을 듣고 떨며 너
로 말미암아 근심하리라 하셨느니
라

이스라엘이 헤스본 왕 시혼을 치다
(민 21:21-30)

26 ●내가 그데못 광야에서 헤스본 왕
시혼에게 사자를 보내어 평화의 말
로 이르기를
27 나를 네 땅으로 통과하게 하라 내

가 큰길로만 행하고 좌로나 우로나
치우치지 아니하리라
28 너는 돈을 받고 양식을 팔아 내가
먹게 하고 돈을 받고 물을 주어 내
가 마시게 하라 나는 걸어서 지날
뿐인즉
29 세일에 거주하는 에서 자손과 아르
에 거주하는 모압 사람이 내게 행
한 것같이 하라 그리하면 내가 요
단을 건너서 우리 하나님 여호와께
서 우리에게 주시는 땅에 이르리라
하였으나
30 헤스본 왕 시혼이 우리가 통과하기
를 허락하지 아니하였으니 이는 네
하나님 여호와께서 그를 네 손에
넘기시려고 그의 성품을 완강하게
하셨고 그의 마음을 완고하게 하셨
음이 오늘날과 같으니라
31 그때에 여호와께서 내게 이르시되
내가 이제 시혼과 그의 땅을 네게
넘기노니 너는 이제부터 그의 땅을
차지하여 기업으로 삼으라 하시더
니
32 시혼이 그의 모든 백성을 거느리고
나와서 우리를 대적하여 야하스에
서 싸울 때에
33 우리 하나님 여호와께서 그를 우리
에게 넘기시매 우리가 그와 그의
아들들과 그의 모든 백성을 쳤고
34 그때에 우리가 그의 모든 성읍을
점령하고 그의 각 성읍을 그 남녀
와 유아와 함께 하나도 남기지 아
니하고 진멸하였고
35 다만 그 가축과 성읍에서 탈취한
것은 우리의 소유로 삼았으며
36 우리 하나님 여호와께서 그 모든
땅을 우리에게 넘겨주심으로 아르
논 골짜기 가장자리에 있는 아로엘
과 골짜기 가운데에 있는 성읍으로
부터 길르앗까지 우리가 모든 높은
성읍을 점령하지 못한 것이 하나도
없었으나
37 오직 암몬 족속의 땅 얍복 강가와
산지에 있는 성읍들과 우리 하나님
여호와께서 우리가 가기를 금하신
모든 곳은 네가 가까이하지 못하였
느니라

이스라엘이 바산 왕 옥을 치다 (민 21:21-35)

3 우리가 돌이켜 바산으로 올라가매
바산 왕 옥이 그의 모든 백성을 거
느리고 나와서 우리를 대적하여 에
드레이에서 싸우고자 하는지라
2 여호와께서 내게 이르시되 그를 두
려워하지 말라 내가 그와 그의 모
든 백성과 그의 땅을 네 손에 넘겼
으니 네가 헤스본에 거주하던 아모
리 족속의 왕 시혼에게 행한 것과
같이 그에게도 행할 것이니라 하시
고
3 우리 하나님 여호와께서 바산 왕
옥과 그의 모든 백성을 우리 손에
넘기시매 우리가 그들을 쳐서 한
사람도 남기지 아니하였느니라
4 그때에 우리가 그들에게서 빼앗지
아니한 성읍이 하나도 없이 다 빼
앗았는데 그 성읍이 육십이니 곧
아르곱 온 지방이요 바산에 있는
옥의 나라이니라
5 그 모든 성읍이 높은 성벽으로 둘
려 있고 문과 빗장이 있어 견고하
며 그 외에 성벽 없는 고을이 심히
많았느니라
6 우리가 헤스본 왕 시혼에게 행한
것과 같이 그 성읍들을 멸망시키되
각 성읍의 남녀와 유아를 멸망시켰
으나
7 다만 모든 가축과 그 성읍들에서
탈취한 것은 우리의 소유로 삼았으
며
8 그때에 우리가 요단 강 이쪽 땅을

아르논 골짜기에서부터 헤르몬 산
에까지 아모리 족속의 두 왕에게서
빼앗았으니
9 (헤르몬 산을 시돈 사람은 시룐이
라 부르고 아모리 족속은 스닐이라
불렀느니라)
10 우리가 빼앗은 것은 평원의 모든
성읍과 길르앗 온 땅과 바산의 온
땅 곧 옥의 나라 바산의 성읍 살르
가와 에드레이까지이니라
11 (르바임 족속의 남은 자는 바산 왕
옥뿐이었으며 그의 침상은 철 침상
이라 아직도 암몬 족속의 랍바에 있
지 아니하냐 그것을 사람의 보통 [1]규
빗으로 재면 그 길이가 아홉 규빗이
요 너비가 네 규빗이니라)

요단 강 동쪽에 자리잡은 지파들
(민 32:1-42)

12 ●그때에 우리가 이 땅을 얻으매
아르논 골짜기 곁의 아로엘에서부
터 길르앗 산지 절반과 그 성읍들
을 내가 르우벤 자손과 갓 자손에
게 주었고
13 길르앗의 남은 땅과 옥의 나라였던
아르곱 온 지방 곧 온 바산으로는
내가 므낫세 반 지파에게 주었노라
(바산을 옛적에는 르바임의 땅이라
부르더니
14 므낫세의 아들 야일이 그술 족속과
마아갓 족속의 경계까지의 아르곱
온 지방을 점령하고 자기의 이름으
로 이 바산을 오늘날까지 하봇야일
이라 불러오느니라)
15 내가 마길에게 길르앗을 주었고
16 르우벤 자손과 갓 자손에게는 길르
앗에서부터 아르논 골짜기까지 주
었으되 그 골짜기의 중앙으로 지역
을 정하였으니 곧 암몬 자손의 지
역 얍복 강까지며
17 또는 아라바와 요단과 그 지역이요
긴네렛에서 아라바 바다 곧 염해와
비스가 산기슭에 이르기까지의 동
쪽 지역이니라
18 ●그때에 내가 너희에게 명령하여
이르기를 너희의 하나님 여호와께
서 이 땅을 너희에게 주어 기업이
되게 하셨은즉 너희의 군인들은 무
장하고 너희의 형제 이스라엘 자손
의 선봉이 되어 건너가되
19 너희에게 가축이 많은 줄 내가 아
노니 너희의 처자와 가축은 내가
너희에게 준 성읍에 머무르게 하라
20 여호와께서 너희에게 주신 것같이
너희의 형제에게도 안식을 주시리
니 그들도 요단 저쪽에서 너희의
하나님 여호와께서 그들에게 주시
는 땅을 받아 기업을 삼기에 이르
거든 너희는 각기 내가 준 기업으
로 돌아갈 것이니라 하고
21 그때에 내가 여호수아에게 명령하
여 이르기를 너희의 하나님 여호와
께서 이 두 왕에게 행하신 모든 일
을 네 눈으로 보았거니와 네가 가
는 모든 나라에도 여호와께서 이와
같이 행하시리니
22 너희는 그들을 두려워하지 말라 너
희의 하나님 여호와께서 친히 너희
를 위하여 싸우시리라 하였노라

모세가 요단을 건너지 못하다

23 ●그때에 내가 여호와께 간구하기
를
24 주 여호와여 주께서 주의 크심과
주의 권능을 주의 종에게 나타내시
기를 시작하셨사오니 천지간에 어
떤 신이 능히 주께서 행하신 일 곧
주의 큰 능력으로 행하신 일같이
행할 수 있으리이까
25 구하옵나니 나를 건너가게 하사 요
단 저쪽에 있는 아름다운 땅, 아름

1) 히, 암마

다운 1)산과 레바논을 보게 하옵소
서 하되
26 여호와께서 너희 때문에 내게 진노
하사 내 말을 듣지 아니하시고 내
게 이르시기를 그만해도 족하니 이
일로 다시 내게 말하지 말라
27 너는 비스가 산꼭대기에 올라가서
눈을 들어 동서남북을 바라고 네
눈으로 그 땅을 바라보라 너는 이
요단을 건너지 못할 것임이니라
28 너는 여호수아에게 명령하고 그를
담대하게 하며 그를 강하게 하라
그는 이 백성을 거느리고 건너가서
네가 볼 땅을 그들이 기업으로 얻
게 하리라 하셨느니라
29 그때에 우리가 벧브올 맞은편 골짜
기에 거주하였느니라

지켜야 할 하나님의 규례들

4 이스라엘아 이제 내가 너희에게
가르치는 규례와 법도를 듣고 준
행하라 그리하면 너희가 살 것이요
너희 조상의 하나님 여호와께서 너
희에게 주시는 땅에 들어가서 그것
을 얻게 되리라
2 내가 너희에게 명령하는 말을 너희
는 가감하지 말고 내가 너희에게
내리는 너희 하나님 여호와의 명령
을 지키라
3 여호와께서 바알브올의 일로 말미
암아 행하신 바를 너희가 눈으로
보았거니와 바알브올을 따른 모든
사람을 너희의 하나님 여호와께서
너희 가운데에서 멸망시키셨으되
4 오직 너희의 하나님 여호와께 붙어
떠나지 않은 너희는 오늘까지 다
생존하였느니라
5 내가 나의 하나님 여호와께서 명령
하신 대로 규례와 법도를 너희에게
가르쳤나니 이는 너희가 들어가서
기업으로 차지할 땅에서 그대로 행
하게 하려 함인즉
6 너희는 지켜 행하라 이것이 여러
민족 앞에서 너희의 지혜요 너희의
지식이라 그들이 이 모든 규례를
듣고 이르기를 이 큰 나라 사람은
과연 지혜와 지식이 있는 백성이로
다 하리라
7 우리 하나님 여호와께서 우리가 그
에게 기도할 때마다 우리에게 가까
이하심과 같이 그 신이 가까이함을
얻은 큰 나라가 어디 있느냐
8 오늘 내가 너희에게 선포하는 이
율법과 같이 그 규례와 법도가 공
의로운 큰 나라가 어디 있느냐
9 ●오직 너는 스스로 삼가며 네 마
음을 힘써 지키라 그리하여 네가
눈으로 본 그 일을 잊어버리지 말
라 네가 생존하는 날 동안에 그 일
들이 네 마음에서 떠나지 않도록
조심하라 너는 그 일들을 네 아들
들과 네 손자들에게 알게 하라
10 네가 호렙 산에서 네 하나님 여호
와 앞에 섰던 날에 여호와께서 내
게 이르시기를 나에게 백성을 모으
라 내가 그들에게 내 말을 들려주
어 그들이 세상에 사는 날 동안 나
를 경외함을 배우게 하며 그 자녀
에게 가르치게 하리라 하시매
11 너희가 가까이 나아와서 산 아래에
서니 그 산에 불이 붙어 불길이 충
천하고 어둠과 구름과 흑암이 덮였
는데
12 여호와께서 불길 중에서 너희에게
말씀하시되 음성뿐이므로 너희가
그 말소리만 듣고 형상은 보지 못
하였느니라
13 여호와께서 그의 언약을 너희에게
반포하시고 너희에게 지키라 명령
하셨으니 곧 십계명이며 두 돌판에

1) 산지

친히 쓰신 것이라
14 그때에 여호와께서 내게 명령하사
너희에게 규례와 법도를 교훈하게
하셨나니 이는 너희가 거기로 건너
가 받을 땅에서 행하게 하려 하심
이니라

우상을 만들어 섬기지 말라

15 ●여호와께서 호렙 산 불길 중에서
너희에게 말씀하시던 날에 너희가
어떤 형상도 보지 못하였은즉 너희
는 깊이 삼가라
16 그리하여 스스로 부패하여 자기를
위해 어떤 형상대로든지 우상을 새
겨 만들지 말라 남자의 형상이든
지, 여자의 형상이든지,
17 땅 위에 있는 어떤 짐승의 형상이
든지, 하늘을 나는 날개 가진 어떤
새의 형상이든지,
18 땅 위에 기는 어떤 곤충의 형상이
든지, 땅 아래 물 속에 있는 어떤
어족의 형상이든지 만들지 말라
19 또 그리하여 네가 하늘을 향하여
눈을 들어 해와 달과 별들, 하늘 위
의 모든 천체 곧 너희의 하나님 여
호와께서 천하 만민을 위하여 배정
하신 것을 보고 미혹하여 그것에
경배하며 섬기지 말라
20 여호와께서 너희를 택하시고 너희
를 쇠 풀무불 곧 애굽에서 인도하
여 내사 자기 기업의 백성을 삼으
신 것이 오늘과 같아도
21 여호와께서 너희로 말미암아 내게
진노하사 내게 요단을 건너지 못하
며 네 하나님 여호와께서 네게 기
업으로 주신 그 아름다운 땅에 들
어가지 못하게 하리라고 맹세하셨
은즉
22 나는 이 땅에서 죽고 요단을 건너
지 못하려니와 너희는 건너가서 그
아름다운 땅을 얻으리니
23 너희는 스스로 삼가 너희의 하나님
여호와께서 너희와 세우신 언약을
잊지 말고 네 하나님 여호와께서
금하신 어떤 형상의 우상도 조각하
지 말라
24 네 하나님 여호와는 소멸하는 불이
시요 질투하시는 하나님이시니라
25 ●네가 그 땅에서 아들을 낳고 손
자를 얻으며 오래 살 때에 만일 스
스로 부패하여 무슨 형상의 우상이
든지 조각하여 네 하나님 여호와
앞에 악을 행함으로 그의 노를 일
으키면
26 내가 오늘 천지를 불러 증거를 삼
노니 너희가 요단을 건너가서 얻는
땅에서 속히 망할 것이라 너희가
거기서 너희의 날이 길지 못하고
전멸될 것이니라
27 여호와께서 너희를 여러 민족 중에
흩으실 것이요 여호와께서 너희를
쫓아 보내실 그 여러 민족 중에 너
희의 남은 수가 많지 못할 것이며
28 너희는 거기서 사람의 손으로 만든
바 보지도 못하며 듣지도 못하며
먹지도 못하며 냄새도 맡지 못하는
목석의 신들을 섬기리라
29 그러나 네가 거기서 네 하나님 여
호와를 찾게 되리니 만일 마음을
다하고 뜻을 다하여 그를 찾으면
만나리라
30 이 모든 일이 네게 임하여 환난을
당하다가 끝날에 네가 네 하나님
여호와께로 돌아와서 그의 말씀을
청종하리니
31 네 하나님 여호와는 자비하신 하나
님이심이라 그가 너를 버리지 아니
하시며 너를 멸하지 아니하시며 네
조상들에게 맹세하신 언약을 잊지
아니하시리라
32 ●네가 있기 전 하나님이 사람을

세상에 창조하신 날부터 지금까지
지나간 날을 상고하여 보라 하늘
이 끝에서 저 끝까지 이런 큰일이
있었느냐 이런 일을 들은 적이 있
었느냐
33 어떤 국민이 불 가운데에서 말씀하
시는 하나님의 음성을 너처럼 듣고
생존하였느냐
34 어떤 [1]신이 와서 시험과 이적과 기
사와 전쟁과 강한 손과 편 팔과 크
게 두려운 일로 한 민족을 다른 민
족에게서 인도하여 낸 일이 있느냐
이는 다 너희의 하나님 여호와께서
애굽에서 너희를 위하여 너희의 목
전에서 행하신 일이라
35 이것을 네게 나타내심은 여호와는
하나님이시요 그 외에는 다른 신이
없음을 네게 알게 하려 하심이니라
36 여호와께서 너를 교훈하시려고 하
늘에서부터 그의 음성을 네게 듣게
하시며 땅에서는 그의 큰 불을 네
게 보이시고 네가 불 가운데서 나
오는 그의 말씀을 듣게 하셨느니라
37 여호와께서 네 조상들을 사랑하신
고로 그 후손인 너를 택하시고 큰
권능으로 친히 인도하여 애굽에서
나오게 하시며
38 너보다 강대한 여러 민족을 네 앞
에서 쫓아내고 너를 그들의 땅으로
인도하여 들여서 그것을 네게 기업
으로 주려 하심이 오늘과 같으니라
39 그런즉 너는 오늘 위로 하늘에나
아래로 땅에 오직 여호와는 하나님
이시요 다른 신이 없는 줄을 알아
명심하고
40 오늘 내가 네게 명령하는 여호와의
규례와 명령을 지키라 너와 네 후
손이 복을 받아 네 하나님 여호와
께서 네게 주시는 땅에서 한없이
오래 살리라

요단 강 동쪽의 도피성

41 ●그때에 모세가 요단 이쪽 해 돋
는 쪽에서 세 성읍을 구별하였으니
42 이는 과거에 원한이 없이 부지중에
살인한 자가 그곳으로 도피하게 하
기 위함이며 그 중 한 성읍으로 도
피한 자가 그의 생명을 보전하게
하기 위함이라
43 하나는 광야 평원에 있는 베셀이라
르우벤 지파를 위한 것이요 하나는
길르앗 라못이라 갓 지파를 위한
것이요 하나는 바산 골란이라 므낫
세 지파를 위한 것이었더라

모세가 선포한 율법

44 ●모세가 이스라엘 자손에게 선포
한 율법은 이러하니라
45 이스라엘 자손이 애굽에서 나온 후
에 모세가 증언과 규례와 법도를
선포하였으니
46 요단 동쪽 벳브올 맞은편 골짜기에
서 그리하였더라 이 땅은 헤스본에
사는 아모리 족속의 왕 시혼에게
속하였더니 모세와 이스라엘 자손
이 애굽에서 나온 후에 그를 쳐서
멸하고
47 그 땅을 기업으로 얻었고 또 바산
왕 옥의 땅을 얻었으니 그 두 사람
은 아모리 족속의 왕으로서 요단
이쪽 해 돋는 쪽에 살았으며
48 그 얻은 땅은 아르논 골짜기 가장
자리의 아로엘에서부터 시온 산 곧
헤르몬 산까지요
49 요단 이쪽 곧 그 동쪽 온 아라바니
비스가 기슭 아래 아라바의 바다까
지이니라

십계명 (출 20:1-17)

5 모세가 온 이스라엘을 불러 그들
에게 이르되 이스라엘아 오늘 내
가 너희의 귀에 말하는 규례와 법도

1) 히, 하나님

를 듣고 그것을 배우며 지켜 행하라
2 우리 하나님 여호와께서 호렙 산에
서 우리와 언약을 세우셨나니
3 이 언약은 여호와께서 우리 조상들
과 세우신 것이 아니요 오늘 여기
살아 있는 우리 곧 우리와 세우신
것이라
4 여호와께서 산 위 불 가운데에서
너희와 대면하여 말씀하시매
5 그때에 너희가 불을 두려워하여 산
에 오르지 못하므로 내가 여호와와
너희 중간에 서서 여호와의 말씀을
너희에게 전하였노라 여호와께서
이르시되
6 나는 너를 애굽 땅, 종 되었던 집
에서 인도하여 낸 네 하나님 여호와
라
7 ●나 외에는 다른 신들을 네게 두
지 말지니라
8 ●너는 자기를 위하여 새긴 우상을
만들지 말고 위로 하늘에 있는 것
이나 아래로 땅에 있는 것이나 땅
밑 물 속에 있는 것의 어떤 형상도
만들지 말며
9 그것들에게 절하지 말며 그것들을
섬기지 말라 나 네 하나님 여호와
는 질투하는 하나님인즉 나를 미워
하는 자의 죄를 갚되 아버지로부터
아들에게로 삼사 대까지 이르게 하
거니와
10 나를 사랑하고 내 계명을 지키는
자에게는 천 대까지 은혜를 베푸느
니라
11 ●너는 네 하나님 여호와의 이름을
망령되이 일컫지 말라 나 여호와는
내 이름을 망령되이 일컫는 자를
죄 없는 줄로 인정하지 아니하리라
12 ●네 하나님 여호와가 네게 명령한
대로 안식일을 지켜 거룩하게 하라
13 엿새 동안은 힘써 네 모든 일을 행
할 것이나
14 일곱째 날은 네 하나님 여호와의
안식일인즉 너나 네 아들이나 네
딸이나 네 남종이나 네 여종이나
네 소나 네 나귀나 네 모든 가축이
나 네 문 안에 유하는 객이라도 아
무 일도 하지 못하게 하고 네 남종
이나 네 여종에게 너같이 안식하게
할지니라
15 너는 기억하라 네가 애굽 땅에서
종이 되었더니 네 하나님 여호와가
강한 손과 편 팔로 거기서 너를 인
도하여 내었나니 그러므로 네 하나
님 여호와가 네게 명령하여 안식일
을 지키라 하느니라
16 ●너는 네 하나님 여호와께서 명령
한 대로 네 부모를 공경하라 그리
하면 네 하나님 여호와가 네게 준
땅에서 네 생명이 길고 복을 누리
리라
17 ●살인하지 말지니라
18 ●간음하지 말지니라
19 ●도둑질 하지 말지니라
20 ●네 이웃에 대하여 거짓 증거하지
말지니라
21 ●네 이웃의 아내를 탐내지 말지니
라 네 이웃의 집이나 그의 밭이나
그의 남종이나 그의 여종이나 그의
소나 그의 나귀나 네 이웃의 모든
소유를 탐내지 말지니라

여호와의 음성 듣기를 두려워하다
(출 20:18-21)

22 ●여호와께서 이 모든 말씀을 산
위 불 가운데, 구름 가운데, 흑암
가운데에서 큰 음성으로 너희 총회
에 이르신 후에 더 말씀하지 아니
하시고 그것을 두 돌판에 써서 내
게 주셨느니라
23 산이 불에 타며 캄캄한 가운데에서
나오는 그 소리를 너희가 듣고 너

희 지파의 수령과 장로들이 내게
나아와
24 말하되 우리 하나님 여호와께서 그
의 영광과 위엄을 우리에게 보이시
매 불 가운데에서 나오는 음성을
우리가 들었고 하나님이 사람과 말
씀하시되 그 사람이 생존하는 것을
오늘 우리가 보았나이다
25 이제 우리가 죽을 까닭이 무엇이니
이까 이 큰 불이 우리를 삼킬 것이
요 만일 우리가 우리 하나님 여호
와의 음성을 다시 들으면 죽을 것
이라
26 육신을 가진 자로서 우리처럼 살아
계시는 하나님의 음성이 불 가운데
에서 발함을 듣고 생존한 자가 누
구니이까
27 당신은 가까이 나아가서 우리 하나
님 여호와께서 하시는 말씀을 다
듣고 우리 하나님 여호와께서 당신
에게 이르시는 것을 다 우리에게
전하소서 우리가 듣고 행하겠나이
다 하였느니라
28 ●여호와께서 너희가 내게 말할 때
에 너희가 말하는 소리를 들으신지
라 여호와께서 내게 이르시되 이
백성이 네게 말하는 그 말소리를
내가 들은즉 그 말이 다 옳도다
29 다만 그들이 항상 이 같은 마음을
품어 나를 경외하며 내 모든 명령
을 지켜서 그들과 그 자손이 영원
히 복 받기를 원하노라
30 가서 그들에게 각기 장막으로 돌아
가라 이르고
31 너는 여기 내 곁에 서 있으라 내가
모든 명령과 규례와 법도를 네게
이르리니 너는 그것을 그들에게 가
르쳐서 내가 그들에게 기업으로 주
는 땅에서 그들에게 이것을 행하게
하라 하셨나니
32 그런즉 너희 하나님 여호와께서 너
희에게 명령하신 대로 너희는 삼가
행하여 좌로나 우로나 치우치지 말
고
33 너희 하나님 여호와께서 너희에게
명령하신 모든 도를 행하라 그리하
면 너희가 살 것이요 복이 너희에
게 있을 것이며 너희가 차지한 땅
에서 너희의 날이 길리라

여호와의 명령과 규례와 법도

6 이는 곧 너희의 하나님 여호와께
서 너희에게 가르치라고 명하신
명령과 규례와 법도라 너희가 건너
가서 차지할 땅에서 행할 것이니
2 곧 너와 네 아들과 네 손자들이 평
생에 네 하나님 여호와를 경외하며
내가 너희에게 명한 그 모든 규례
와 명령을 지키게 하기 위한 것이
며 또 네 날을 장구하게 하기 위한
것이라
3 이스라엘아 듣고 삼가 그것을 행하
라 그리하면 네가 복을 받고 네 조
상들의 하나님 여호와께서 네게 허
락하심같이 젖과 꿀이 흐르는 땅에
서 네가 크게 번성하리라
4 ●이스라엘아 들으라 우리 하나님
여호와는 오직 유일한 여호와이시니
5 너는 마음을 다하고 뜻을 다하고 힘
을 다하여 네 하나님 여호와를 사
랑하라
6 오늘 내가 네게 명하는 이 말씀을
너는 마음에 새기고
7 네 자녀에게 부지런히 가르치며 집
에 앉았을 때에든지 길을 갈 때에
든지 누워 있을 때에든지 일어날
때에든지 이 말씀을 강론할 것이
며
8 너는 또 그것을 네 손목에 매어 기
호를 삼으며 네 미간에 붙여 표로
삼고

9 또 네 집 문설주와 바깥 문에 기록
할지니라

불순종에 대한 경고

10 ●네 하나님 여호와께서 네 조상
아브라함과 이삭과 야곱을 향하여
네게 주리라 맹세하신 땅으로 너를
들어가게 하시고 네가 건축하지 아
니한 크고 아름다운 성읍을 얻게
하시며
11 네가 채우지 아니한 아름다운 물건
이 가득한 집을 얻게 하시며 네가
파지 아니한 우물을 차지하게 하시
며 네가 심지 아니한 포도원과 감
람나무를 차지하게 하사 네게 배불
리 먹게 하실 때에
12 너는 조심하여 너를 애굽 땅 종 되
었던 집에서 인도하여 내신 여호와
를 잊지 말고
13 네 하나님 여호와를 경외하며 그를
섬기며 그의 이름으로 맹세할 것이
니라
14 너희는 다른 신들 곧 네 사면에 있
는 백성의 신들을 따르지 말라
15 너희 중에 계신 너희의 하나님 여
호와는 질투하시는 하나님이신즉
너희의 하나님 여호와께서 네게 진
노하사 너를 지면에서 멸절시키실
까 두려워하노라
16 ●너희가 맛사에서 시험한 것같이
너희의 하나님 여호와를 시험하지
말고
17 너희의 하나님 여호와께서 너희에
게 명하신 명령과 증거와 규례를
삼가 지키며
18-19 여호와께서 보시기에 정직하고
선량한 일을 행하라 그리하면 네가
복을 받고 그 땅에 들어가서 여호
와께서 모든 대적을 네 앞에서 쫓
아내시겠다고 네 조상들에게 맹세
하신 아름다운 땅을 차지하리니 여
호와의 말씀과 같으니라
20 ●후일에 네 아들이 네게 묻기를
우리 하나님 여호와께서 명령하신
증거와 규례와 법도가 무슨 뜻이냐
하거든
21 너는 네 아들에게 이르기를 우리가
옛적에 애굽에서 바로의 종이 되었
더니 여호와께서 권능의 손으로 우
리를 애굽에서 인도하여 내셨나니
22 곧 여호와께서 우리의 목전에서 크
고 두려운 이적과 기사를 애굽과
바로와 그의 온 집에 베푸시고
23 우리 조상들에게 맹세하신 땅을 우
리에게 주어 들어가게 하시려고 우
리를 거기서 인도하여 내시고
24 여호와께서 우리에게 이 모든 규례
를 지키라 명령하셨으니 이는 우리
가 우리 하나님 여호와를 경외하여
항상 복을 누리게 하기 위하심이며
또 여호와께서 우리를 오늘과 같이
살게 하려 하심이라
25 우리가 그 명령하신 대로 이 모든
명령을 우리 하나님 여호와 앞에서
삼가 지키면 그것이 곧 우리의 의
로움이니라 할지니라

여호와께서 택하신 민족 (출 34:11-16)

7 네 하나님 여호와께서 너를 인도
하사 네가 가서 차지할 땅으로 들
이시고 네 앞에서 여러 민족 헷 족
속과 기르가스 족속과 아모리 족속
과 가나안 족속과 브리스 족속과
히위 족속과 여부스 족속 곧 너보
다 많고 힘이 센 일곱 족속을 쫓아
내실 때에
2 네 하나님 여호와께서 그들을 네게
넘겨 네게 치게 하시리니 그때에
너는 그들을 진멸할 것이라 그들과
어떤 언약도 하지 말 것이요 그들
을 불쌍히 여기지도 말 것이며
3 또 그들과 혼인하지도 말지니 네

딸을 그들의 아들에게 주지 말 것
이요 그들의 딸도 네 며느리로 삼
지 말 것은
4 그가 네 아들을 유혹하여 그가 여
호와를 떠나고 다른 신들을 섬기게
하므로 여호와께서 너희에게 진노
하사 갑자기 너희를 멸하실 것임이
니라
5 오직 너희가 그들에게 행할 것은
이러하니 그들의 제단을 헐며 주상
을 깨뜨리며 아세라 목상을 찍으며
조각한 우상들을 불사를 것이니라
6 너는 여호와 네 하나님의 성민이라
네 하나님 여호와께서 지상 만민
중에서 너를 자기 기업의 백성으로
택하셨나니
7 여호와께서 너희를 기뻐하시고 너
희를 택하심은 너희가 다른 민족보
다 수효가 많기 때문이 아니니라
너희는 오히려 모든 민족 중에 가
장 적으니라
8 여호와께서 다만 너희를 사랑하심
으로 말미암아, 또는 너희의 조상
들에게 하신 맹세를 지키려 하심으
로 말미암아 자기의 권능의 손으로
너희를 인도하여 내시되 너희를 그
종 되었던 집에서 애굽 왕 바로의
손에서 속량하셨나니
9 그런즉 너는 알라 오직 네 하나님
여호와는 하나님이시요 신실하신
하나님이시라 그를 사랑하고 그의
계명을 지키는 자에게는 천 대까지
그의 언약을 이행하시며 인애를 베
푸시되
10 그를 미워하는 자에게는 당장에 보
응하여 멸하시나니 여호와는 자기
를 미워하는 자에게 지체하지 아니
하시고 당장에 그에게 보응하시느
니라
11 그런즉 너는 오늘 내가 네게 명하
는 명령과 규례와 법도를 지켜 행
할지니라

법도를 듣고 지켜 행하면
(신 28:1-14)

12 ●너희가 이 모든 법도를 듣고 지
켜 행하면 네 하나님 여호와께서
네 조상들에게 맹세하신 언약을 지
켜 네게 인애를 베푸실 것이라
13 곧 너를 사랑하시고 복을 주사 너
를 번성하게 하시되 네게 주리라고
네 조상들에게 맹세하신 땅에서 네
소생에게 은혜를 베푸시며 네 토지
소산과 곡식과 포도주와 기름을 풍
성하게 하시고 네 소와 양을 번식
하게 하시리니
14 네가 복을 받음이 만민보다 훨씬
더하여 너희 중의 남녀와 너희의
짐승의 암수에 생육하지 못함이 없
을 것이며
15 여호와께서 또 모든 질병을 네게서
멀리하사 너희가 아는 애굽의 악질
에 걸리지 않게 하시고 너를 미워
하는 모든 자에게 걸리게 하실 것
이라
16 네 하나님 여호와께서 네게 넘겨주
신 모든 민족을 네 눈이 긍휼히 여
기지 말고 진멸하며 그들의 신을
섬기지 말라 그것이 네게 올무가
되리라
17 ●네가 혹시 심중에 이르기를 이 민
족들이 나보다 많으니 내가 어찌 그
를 쫓아낼 수 있으리요 하리라마는
18 그들을 두려워하지 말고 네 하나님
여호와께서 바로와 온 애굽에 행하
신 것을 잘 기억하되
19 네 하나님 여호와께서 너를 인도하
여 내실 때에 네가 본 큰 시험과 이
적과 기사와 강한 손과 편 팔을 기
억하라 네 하나님 여호와께서 네가
두려워하는 모든 민족에게 그와 같

이 행하실 것이요
20 네 하나님 여호와께서 또 왕벌을 그
들 중에 보내어 그들의 남은 자와
너를 피하여 숨은 자를 멸하시리니
21 너는 그들을 두려워하지 말라 너희
의 하나님 여호와 곧 크고 두려운
하나님이 너희 중에 계심이니라
22 네 하나님 여호와께서 이 민족들을
네 앞에서 조금씩 쫓아내시리니
너는 그들을 급히 멸하지 말라 들
짐승이 번성하여 너를 해할까 하
노라
23 네 하나님 여호와께서 그들을 네게
넘기시고 그들을 크게 혼란하게 하
여 마침내 진멸하시고
24 그들의 왕들을 네 손에 넘기시리니
너는 그들의 이름을 천하에서 제하
여 버리라 너를 당할 자가 없이 네
가 마침내 그들을 진멸하리라
25 너는 그들이 조각한 신상들을 불사
르고 그것에 입힌 은이나 금을 탐
내지 말며 취하지 말라 네가 그것
으로 말미암아 올무에 걸릴까 하노
니 이는 네 하나님 여호와께서 가
증히 여기시는 것임이니라
26 너는 가증한 것을 네 집에 들이지
말라 너도 그것과 같이 진멸당할까
하노라 너는 그것을 멀리하며 심히
미워하라 그것은 진멸당할 것임이
니라

이스라엘이 차지할 아름다운 땅

8 내가 오늘 명하는 모든 명령을
너희는 지켜 행하라 그리하면 너
희가 살고 번성하고 여호와께서 너
희의 조상들에게 맹세하신 땅에 들
어가서 그것을 차지하리라
2 네 하나님 여호와께서 이 사십 년
동안에 네게 광야 길을 걷게 하신
것을 기억하라 이는 너를 낮추시며
너를 시험하사 네 마음이 어떠한지
그 명령을 지키는지 지키지 않는지
알려 하심이라
3 너를 낮추시며 너를 주리게 하시며
또 너도 알지 못하며 네 조상들도
알지 못하던 만나를 네게 먹이신
것은 사람이 떡으로만 사는 것이
아니요 여호와의 입에서 나오는 모
든 말씀으로 사는 줄을 네가 알게
하려 하심이니라
4 이 사십 년 동안에 네 의복이 해어
지지 아니하였고 네 발이 부르트지
아니하였느니라
5 너는 사람이 그 아들을 징계함같이
네 하나님 여호와께서 너를 징계하
시는 줄 마음에 생각하고
6 네 하나님 여호와의 명령을 지켜
그의 길을 따라가며 그를 경외할지
니라
7 네 하나님 여호와께서 너를 아름다
운 땅에 이르게 하시나니 그곳은
골짜기든지 산지든지 시내와 분천
과 샘이 흐르고
8 밀과 보리의 소산지요 포도와 무화
과와 석류와 감람나무와 꿀의 소산
지라
9 네가 먹을 것에 모자람이 없고 네
게 아무 부족함이 없는 땅이며 그
땅의 돌은 철이요 산에서는 동을
캘 것이라
10 네가 먹어서 배부르고 네 하나님
여호와께서 옥토를 네게 주셨음으
로 말미암아 그를 찬송하리라

여호와를 잊지 말라

11 ●내가 오늘 네게 명하는 여호와의
명령과 법도와 규례를 지키지 아니
하고 네 하나님 여호와를 잊어버리
지 않도록 삼갈지어다
12 네가 먹어서 배부르고 아름다운 집
을 짓고 거주하게 되며
13 또 네 소와 양이 번성하며 네 은금

이 증식되며 네 소유가 다 풍부하
게 될 때에
14 네 마음이 교만하여 네 하나님 여
호와를 잊어버릴까 염려하노라 여
호와는 너를 애굽 땅 종 되었던 집
에서 이끌어 내시고
15 너를 인도하여 그 광대하고 위험한
광야 곧 불뱀과 전갈이 있고 물이
없는 간조한 땅을 지나게 하셨으며
또 너를 위하여 단단한 반석에서
물을 내셨으며
16 네 조상들도 알지 못하던 만나를
광야에서 네게 먹이셨나니 이는 다
너를 낮추시며 너를 시험하사 마침
내 네게 복을 주려 하심이었느니라
17 그러나 네가 마음에 이르기를 내
능력과 내 손의 힘으로 내가 이 재
물을 얻었다 말할 것이라
18 네 하나님 여호와를 기억하라 그가
네게 재물 얻을 능력을 주셨음이라
이같이 하심은 네 조상들에게 맹세
하신 언약을 오늘과 같이 이루려
하심이니라
19 네가 만일 네 하나님 여호와를 잊
어버리고 다른 신들을 따라 그들을
섬기며 그들에게 절하면 내가 너희
에게 증거하노니 너희가 반드시 멸
망할 것이라
20 여호와께서 너희 앞에서 멸망시키
신 민족들같이 너희도 멸망하리니
이는 너희가 너희의 하나님 여호와
의 소리를 청종하지 아니함이니라

백성의 불순종

9 이스라엘아 들으라 네가 오늘 요
단을 건너 너보다 강대한 나라들
로 들어가서 그것을 차지하리니 그
성읍들은 크고 성벽은 하늘에 닿았
으며
2 크고 많은 백성은 네가 아는 아낙
자손이라 그에 대한 말을 네가 들
었나니 이르기를 누가 아낙 자손을
능히 당하리요 하거니와
3 오늘 너는 알라 네 하나님 여호와
께서 맹렬한 불과 같이 네 앞에 나
아가신즉 여호와께서 그들을 멸하
사 네 앞에 엎드러지게 하시리니
여호와께서 네게 말씀하신 것같이
너는 그들을 쫓아내며 속히 멸할
것이라
4 네 하나님 여호와께서 그들을 네
앞에서 쫓아내신 후에 네가 심중에
이르기를 내 공의로움으로 말미암
아 여호와께서 나를 이 땅으로 인
도하여 들여서 그것을 차지하게 하
셨다 하지 말라 이 민족들이 악함
으로 말미암아 여호와께서 그들을
네 앞에서 쫓아내심이니라
5 네가 가서 그 땅을 차지함은 네 공
의로 말미암음도 아니며 네 마음이
정직함으로 말미암음도 아니요 이
민족들이 악함으로 말미암아 네 하
나님 여호와께서 그들을 네 앞에서
쫓아내심이라 여호와께서 이같이
하심은 네 조상 아브라함과 이삭과
야곱에게 하신 맹세를 이루려 하심
이니라
6 ●그러므로 네가 알 것은 네 하나
님 여호와께서 네게 이 아름다운
땅을 기업으로 주신 것이 네 공의
로 말미암음이 아니니라 너는 목이
곧은 백성이니라
7 너는 광야에서 네 하나님 여호와를
격노하게 하던 일을 잊지 말고 기
억하라 네가 애굽 땅에서 나오던
날부터 이곳에 이르기까지 늘 여호
와를 거역하였으되
8 호렙 산에서 너희가 여호와를 격노
하게 하였으므로 여호와께서 진노
하사 너희를 멸하려 하셨느니라
9 그때에 내가 돌판들 곧 여호와께서

너희와 세우신 언약의 돌판들을 받
으려고 산에 올라가서 사십 주 사
십 야를 산에 머물며 떡도 먹지 아
니하고 물도 마시지 아니하였더니
10 여호와께서 두 돌판을 내게 주셨나
니 그 돌판의 글은 하나님이 손으
로 기록하신 것이요 너희의 총회
날에 여호와께서 산상 불 가운데서
너희에게 이르신 모든 말씀이니라
11 사십 주 사십 야를 지난 후에 여호
와께서 내게 돌판 곧 언약의 두 돌
판을 주시고
12 내게 이르시되 일어나 여기서 속히
내려가라 네가 애굽에서 인도하여
낸 네 백성이 스스로 부패하여 내
가 그들에게 명령한 도를 속히 떠
나 자기를 위하여 우상을 부어 만
들었느니라
13 여호와께서 또 내게 말씀하여 이르
시되 내가 이 백성을 보았노라 보
라 이는 목이 곧은 백성이니라
14 나를 막지 말라 내가 그들을 멸하
여 그들의 이름을 천하에서 없애고
너를 그들보다 강대한 나라가 되게
하리라 하시기로
15 내가 돌이켜 산에서 내려오는데 산
에는 불이 붙었고 언약의 두 돌판
은 내 두 손에 있었느니라
16 내가 본즉 너희가 너희의 하나님
여호와께 범죄하여 자기를 위하여
송아지를 부어 만들어서 여호와께
서 명령하신 도를 빨리 떠났기로
17 내가 그 두 돌판을 내 두 손으로 들어
던져 너희의 목전에서 깨뜨렸노라
18 그리고 내가 전과 같이 사십 주 사
십 야를 여호와 앞에 엎드려서 떡
도 먹지 아니하고 물도 마시지 아
니하였으니 이는 너희가 여호와의
목전에 악을 행하여 그를 격노하게
하여 크게 죄를 지었음이라
19 여호와께서 심히 분노하사 너희를
멸하려 하셨으므로 내가 두려워하
였노라 그러나 여호와께서 그때에
도 내 말을 들으셨고
20 여호와께서 또 아론에게 진노하사
그를 멸하려 하셨으므로 내가 그때
에도 아론을 위하여 기도하고
21 너희의 죄 곧 너희가 만든 송아지
를 가져다가 불살라 찧고 티끌같이
가늘게 갈아 그 가루를 산에서 흘
러내리는 시내에 뿌렸느니라
22 ●너희가 다베라와 맛사와 기브롯
핫다아와에서도 여호와를 격노하
게 하였느니라
23 여호와께서 너희를 가데스 바네아
에서 떠나게 하실 때에 이르시기를
너희는 올라가서 내가 너희에게 준
땅을 차지하라 하시되 너희가 너희
의 하나님 여호와의 명령을 거역하
여 믿지 아니하고 그 말씀을 듣지
아니하였나니
24 내가 너희를 알던 날부터 너희가
항상 여호와를 거역하여 왔느니라
25 ●그때에 여호와께서 너희를 멸하
겠다 하셨으므로 내가 여전히 사십
주 사십 야를 여호와 앞에 엎드리고
26 여호와께 간구하여 이르되 주 여호
와여 주께서 큰 위엄으로 속량하시
고 강한 손으로 애굽에서 인도하여
내신 주의 백성 곧 주의 기업을 멸
하지 마옵소서
27 주의 종 아브라함과 이삭과 야곱을
생각하사 이 백성의 완악함과 악과
죄를 보지 마옵소서
28 주께서 우리를 인도하여 내신 그
땅 백성이 말하기를 여호와께서 그
들에게 허락하신 땅으로 그들을 인
도하여 들일 만한 능력도 없고 그
들을 미워하기도 하사 광야에서 죽
이려고 인도하여 내셨다 할까 두려

워하나이다
29 그들은 주의 큰 능력과 펴신 팔로
인도하여 내신 주의 백성 곧 주의
기업이로소이다 하였노라

모세가 십계명을 다시 받다 (출 34:1-10)

10 그때에 여호와께서 내게 이르
시기를 너는 처음과 같은 두
돌판을 다듬어 가지고 산에 올라
내게로 나아오고 또 나무궤 하나를
만들라
2 네가 깨뜨린 처음 판에 쓴 말을 내
가 그 판에 쓰리니 너는 그것을 그
궤에 넣으라 하시기로
3 내가 조각목으로 궤를 만들고 처음
것과 같은 돌판 둘을 다듬어 손에
들고 산에 오르매
4 여호와께서 그 총회 날에 산 위 불
가운데에서 너희에게 이르신 십계
명을 처음과 같이 그 판에 쓰시고
그것을 내게 주시기로
5 내가 돌이켜 산에서 내려와서 여호
와께서 내게 명령하신 대로 그 판
을 내가 만든 궤에 넣었더니 지금
까지 있느니라
6 (이스라엘 자손이 [1]브에롯 브네야
아간에서 길을 떠나 모세라에 이르
러 아론이 거기서 죽어 장사되었고
그의 아들 엘르아살이 그를 이어
제사장의 직임을 행하였으며
7 또 거기를 떠나 굿고다에 이르고
굿고다를 떠나 욧바다에 이른즉 그
땅에는 시내가 많았으며
8 그때에 여호와께서 레위 지파를 구
별하여 여호와의 언약궤를 메게 하
며 여호와 앞에 서서 그를 섬기며 또
여호와의 이름으로 축복하게 하셨으
니 그 일은 오늘까지 이르느니라
9 그러므로 레위는 그의 형제 중에
분깃이 없으며 기업이 없고 네 하
나님 여호와께서 그에게 말씀하심
같이 여호와가 그의 기업이시니라)
10 내가 처음과 같이 사십 주 사십 야
를 산에 머물렀고 그때에도 여호와
께서 내 말을 들으사 너를 참아 멸
하지 아니하시고
11 여호와께서 내게 이르시되 일어나
서 백성보다 먼저 길을 떠나라 내
가 그들에게 주리라고 그들의 조상
들에게 맹세한 땅에 그들이 들어가
서 그것을 차지하리라 하셨느니라

여호와께서 요구하시는 것

12 ●이스라엘아 네 하나님 여호와께
서 네게 요구하시는 것이 무엇이냐
곧 네 하나님 여호와를 경외하여
그의 모든 도를 행하고 그를 사랑
하며 마음을 다하고 뜻을 다하여
네 하나님 여호와를 섬기고
13 내가 오늘 네 행복을 위하여 네게
명하는 여호와의 명령과 규례를 지
킬 것이 아니냐
14 하늘과 모든 하늘의 하늘과 땅과
그 위의 만물은 본래 네 하나님 여
호와께 속한 것이로되
15 여호와께서 오직 네 조상들을 기뻐
하시고 그들을 사랑하사 그들의 후
손인 너희를 만민 중에서 택하셨음
이 오늘과 같으니라
16 그러므로 너희는 마음에 할례를 행
하고 다시는 목을 곧게 하지 말라
17 너희의 하나님 여호와는 신 가운데
신이시며 주 가운데 주시요 크고
능하시며 두려우신 하나님이시라
사람을 외모로 보지 아니하시며 뇌
물을 받지 아니하시고
18 고아와 과부를 위하여 정의를 행하
시며 나그네를 사랑하여 그에게 떡
과 옷을 주시나니
19 너희는 나그네를 사랑하라 전에 너
희도 애굽 땅에서 나그네 되었음이

1) 야아간의 아들들의 우물들

니라
20 네 하나님 여호와를 경외하여 그를
섬기며 그에게 의지하고 그의 이름
으로 맹세하라
21 그는 네 찬송이시요 네 하나님이시
라 네 눈으로 본 이같이 크고 두려
운 일을 너를 위하여 행하셨느니라
22 애굽에 내려간 네 조상들이 겨우
칠십 인이었으나 이제는 네 하나님
여호와께서 너를 하늘의 별같이 많
게 하셨느니라

여호와께서 행하신 큰일

11 그런즉 네 하나님 여호와를 사
랑하여 그가 주신 책무와 법도
와 규례와 명령을 항상 지키라
2 너희의 자녀는 알지도 못하고 보지
도 못하였으나 너희가 오늘날 기억
할 것은 너희의 하나님 여호와의
교훈과 그의 위엄과 그의 강한 손
과 펴신 팔과
3 애굽에서 그 왕 바로와 그 전국에
행하신 이적과 기사와
4 또 여호와께서 애굽 군대와 그 말
과 그 병거에 행하신 일 곧 그들이
너희를 뒤쫓을 때에 홍해 물로 그
들을 덮어 멸하사 오늘까지 이른
것과
5 또 너희가 이곳에 이르기까지 광야
에서 너희에게 행하신 일과
6 르우벤 자손 엘리압의 아들 다단과
아비람에게 하신 일 곧 땅이 입을
벌려서 그들과 그들의 가족과 그들
의 장막과 그들을 따르는 온 이스
라엘의 한가운데에서 모든 것을 삼
키게 하신 일이라
7 너희가 여호와께서 행하신 이 모든
큰일을 너희의 눈으로 보았느니라

주리라고 맹세하신 땅

8 ●그러므로 너희는 내가 오늘 너희
에게 명하는 모든 명령을 지키라
그리하면 너희가 강성할 것이요 너
희가 건너가 차지할 땅에 들어가서
그것을 차지할 것이며
9 또 여호와께서 너희의 조상들에게
맹세하여 그들과 그들의 후손에게
주리라고 하신 땅 곧 젖과 꿀이 흐
르는 땅에서 너희의 날이 장구하리
라
10 네가 들어가 차지하려 하는 땅은
네가 나온 애굽 땅과 같지 아니하
니 거기에서는 너희가 파종한 후에
발로 물 대기를 채소밭에 댐과 같
이 하였거니와
11 너희가 건너가서 차지할 땅은 산과
골짜기가 있어서 하늘에서 내리는
비를 흡수하는 땅이요
12 네 하나님 여호와께서 돌보아 주시
는 땅이라 연초부터 연말까지 네
하나님 여호와의 눈이 항상 그 위
에 있느니라
13 ●내가 오늘 너희에게 명하는 내
명령을 너희가 만일 청종하고 너희
의 하나님 여호와를 사랑하여 마음
을 다하고 뜻을 다하여 섬기면
14 1)여호와께서 너희의 땅에 이른 비,
늦은 비를 적당한 때에 내리시리니
너희가 곡식과 포도주와 기름을 얻
을 것이요
15 또 가축을 위하여 들에 풀이 나게
하시리니 네가 먹고 배부를 것이라
16 너희는 스스로 삼가라 두렵건대 마
음에 미혹하여 돌이켜 다른 신들을
섬기며 그것에게 절하므로
17 여호와께서 너희에게 진노하사 하
늘을 닫아 비를 내리지 아니하여 땅
이 소산을 내지 않게 하시므로 너희
가 여호와께서 주신 아름다운 땅에
서 속히 멸망할까 하노라
18 ●이러므로 너희는 나의 이 말을

1) 히, 내가

너희의 마음과 뜻에 두고 또 그것
을 너희의 손목에 매어 기호를 삼
고 너희 미간에 붙여 표를 삼으며
19 또 그것을 너희의 자녀에게 가르치
며 집에 앉아 있을 때에든지, 길을
갈 때에든지, 누워 있을 때에든지,
일어날 때에든지 이 말씀을 강론하
고
20 또 네 집 문설주와 바깥 문에 기록
하라
21 그리하면 여호와께서 너희 조상들
에게 주리라고 맹세하신 땅에서 너
희의 날과 너희의 자녀의 날이 많아
서 하늘이 땅을 덮는 날과 같으리라
22 너희가 만일 내가 너희에게 명하는
이 모든 명령을 잘 지켜 행하여 너
희의 하나님 여호와를 사랑하고 그
의 모든 도를 행하여 그에게 의지
하면
23 여호와께서 그 모든 나라 백성을
너희 앞에서 다 쫓아내실 것이라
너희가 너희보다 강대한 나라들을
차지할 것인즉
24 너희의 발바닥으로 밟는 곳은 다
너희의 소유가 되리니 너희의 경계
는 곧 광야에서부터 레바논까지와
유브라데 강에서부터 서해까지리라
25 너희의 하나님 여호와께서 너희에
게 말씀하신 대로 너희가 밟는 모
든 땅 사람들에게 너희를 두려워하
고 무서워하게 하시리니 너희를 능
히 당할 사람이 없으리라
26 ●내가 오늘 복과 저주를 너희 앞
에 두나니
27 너희가 만일 내가 오늘 너희에게
명하는 너희의 하나님 여호와의 명
령을 들으면 복이 될 것이요
28 너희가 만일 내가 오늘 너희에게
명령하는 도에서 돌이켜 떠나 너희
의 하나님 여호와의 명령을 듣지
아니하고 본래 알지 못하던 다른
신들을 따르면 저주를 받으리라
29 네 하나님 여호와께서 네가 가서
차지할 땅으로 너를 인도하여 들이
실 때에 너는 그리심 산에서 축복
을 선포하고 에발 산에서 저주를
선포하라
30 이 두 산은 요단 강 저쪽 곧 해지는
쪽으로 가는 길 뒤 길갈 맞은편 모
레 상수리나무 곁의 아라바에 거주
하는 가나안 족속의 땅에 있지 아
니하냐
31 너희가 요단을 건너 너희의 하나님
여호와께서 너희에게 주시는 땅에
들어가서 그 땅을 차지하려 하나니
반드시 그것을 차지하여 거기 거주
할지라
32 내가 오늘 너희 앞에 베푸는 모든
규례와 법도를 너희는 지켜 행할지
니라

택하신 예배 처소

12 네 조상의 하나님 여호와께서
네게 주셔서 차지하게 하신 땅
에서 너희가 평생에 지켜 행할 규
례와 법도는 이러하니라
2 너희가 쫓아낼 민족들이 그들의 신
들을 섬기는 곳은 높은 산이든지
작은 산이든지 푸른 나무 아래든지
를 막론하고 그 모든 곳을 너희가
마땅히 파멸하며
3 그 제단을 헐며 주상을 깨뜨리며
아세라 상을 불사르고 또 그 조각
한 신상들을 찍어 그 이름을 그곳
에서 멸하라
4 너희의 하나님 여호와께는 너희가
그처럼 행하지 말고
5 오직 너희의 하나님 여호와께서 자
기의 이름을 두시려고 너희 모든
지파 중에서 택하신 곳인 그 계실
곳으로 찾아 나아가서

6 너희의 번제와 너희의 제물과 너희
의 십일조와 너희 손의 거제와 너
희의 서원제와 낙헌 예물과 너희
소와 양의 처음 난 것들을 너희는
그리로 가져다가 드리고
7 거기 곧 너희의 하나님 여호와 앞
에서 먹고 너희의 하나님 여호와께
서 너희의 손으로 수고한 일에 복
주심으로 말미암아 너희와 너희의
가족이 즐거워할지니라
8 우리가 오늘 여기에서는 각기 소견
대로 하였거니와 너희가 거기에서
는 그렇게 하지 말지니라
9 너희가 너희 하나님 여호와께서 주
시는 안식과 기업에 아직은 이르지
못하였거니와
10 너희가 요단을 건너 너희 하나님
여호와께서 너희에게 기업으로 주
시는 땅에 거주하게 될 때 또는 여
호와께서 너희에게 너희 주위의 모
든 대적을 이기게 하시고 너희에게
안식을 주사 너희를 평안히 거주하
게 하실 때에
11 너희는 너희의 하나님 여호와께서
자기 이름을 두시려고 택하실 그곳
으로 내가 명령하는 것을 모두 가지
고 갈지니 곧 너희의 번제와 너희의
희생과 너희의 십일조와 너희 손의
거제와 너희가 여호와께 서원하는
모든 아름다운 서원물을 가져가고
12 너희와 너희의 자녀와 노비와 함께
너희의 하나님 여호와 앞에서 즐거
워할 것이요 네 성중에 있는 레위
인과도 그리할지니 레위인은 너희
중에 분깃이나 기업이 없음이니라
13 너는 삼가서 네게 보이는 아무 곳
에서나 번제를 드리지 말고
14 오직 너희의 한 지파 중에 여호와
께서 택하실 그곳에서 번제를 드리
고 또 내가 네게 명령하는 모든 것
을 거기서 행할지니라
15 ●그러나 네 하나님 여호와께서 네
게 주신 복을 따라 각 성에서 네 마
음에 원하는 대로 가축을 잡아 그
고기를 먹을 수 있나니 곧 정한 자
나 부정한 자를 막론하고 노루나
사슴을 먹는 것같이 먹으려니와
16 오직 그 피는 먹지 말고 물같이 땅
에 쏟을 것이며
17 너는 곡식과 포도주와 기름의 십일
조와 네 소와 양의 처음 난 것과 네
서원을 갚는 예물과 네 낙헌 예물
과 네 손의 거제물은 네 각 성에서
먹지 말고
18 오직 네 하나님 여호와께서 택하실
곳에서 네 하나님 여호와 앞에서
너는 네 자녀와 노비와 성중에 거
주하는 레위인과 함께 그것을 먹고
또 네 손으로 수고한 모든 일로 말
미암아 네 하나님 여호와 앞에서
즐거워하되
19 너는 삼가 네 땅에 거주하는 동안
에 레위인을 저버리지 말지니라
20 ●네 하나님 여호와께서 네게 허락
하신 대로 네 지경을 넓히신 후에
네 마음에 고기를 먹고자 하여 이
르기를 내가 고기를 먹으리라 하면
네가 언제나 마음에 원하는 만큼
고기를 먹을 수 있으리니
21 만일 네 하나님 여호와께서 자기
이름을 두시려고 택하신 곳이 네게
서 멀거든 내가 네게 명령한 대로
너는 여호와께서 주신 소와 양을
잡아 네 각 성에서 네가 마음에 원
하는 모든 것을 먹되
22 정한 자나 부정한 자를 막론하고
노루나 사슴을 먹는 것같이 먹을
수 있거니와
23 다만 크게 삼가서 그 피는 먹지 말
라 피는 그 생명인즉 네가 그 생명

을 고기와 함께 먹지 못하리니
24 너는 그것을 먹지 말고 물같이 땅
에 쏟으라
25 너는 피를 먹지 말라 네가 이같이 여
호와께서 의롭게 여기시는 일을 행
하면 너와 네 후손이 복을 누리리라
26 오직 네 성물과 서원물을 여호와께
서 택하신 곳으로 가지고 가라
27 네가 번제를 드릴 때에는 그 고기
와 피를 네 하나님 여호와의 제단
에 드릴 것이요 네 제물의 피는 네
하나님 여호와의 제단 위에 붓고
그 고기는 먹을지니라
28 내가 네게 명령하는 이 모든 말을
너는 듣고 지키라 네 하나님 여호와
의 목전에 선과 의를 행하면 너와
네 후손에게 영구히 복이 있으리라

다른 신들을 섬기지 말라

29 ●네 하나님 여호와께서 네가 들어
가서 쫓아낼 그 민족들을 네 앞에
서 멸절하시고 네가 그 땅을 차지
하여 거기에 거주하게 하실 때에
30 너는 스스로 삼가 네 앞에서 멸망
한 그들의 자취를 밟아 올무에 걸
리지 말라 또 그들의 신을 탐구하
여 이르기를 이 민족들은 그 신들
을 어떻게 섬겼는고 나도 그와 같
이 하겠다 하지 말라
31 네 하나님 여호와께는 네가 그와
같이 행하지 못할 것이라 그들은
여호와께서 꺼리시며 가증히 여기
시는 일을 그들의 신들에게 행하여
심지어 자기들의 자녀를 불살라 그
들의 신들에게 드렸느니라
32 ●내가 너희에게 명령하는 이 모든
말을 너희는 지켜 행하고 그것에
가감하지 말지니라

13 너희 중에 선지자나 꿈꾸는 자
가 일어나서 이적과 기사를 네
게 보이고
2 그가 네게 말한 그 이적과 기사가
이루어지고 너희가 알지 못하던 다
른 신들을 우리가 따라 섬기자고
말할지라도
3 너는 그 선지자나 꿈꾸는 자의 말
을 청종하지 말라 이는 너희의 하
나님 여호와께서 너희가 마음을 다
하고 뜻을 다하여 너희의 하나님
여호와를 사랑하는 여부를 알려 하
사 너희를 시험하심이니라
4 너희는 너희의 하나님 여호와를 따
르며 그를 경외하며 그의 명령을
지키며 그의 목소리를 청종하며 그
를 섬기며 그를 의지하며
5 그런 선지자나 꿈꾸는 자는 죽이라
이는 그가 너희에게 너희를 애굽
땅에서 인도하여 내시며 종 되었던
집에서 속량하신 너희의 하나님 여
호와를 배반하게 하려 하며 너희의
하나님 여호와께서 네게 행하라 명
령하신 도에서 너를 꾀어내려고 말
하였음이라 너는 이같이 하여 너희
중에서 악을 제할지니라
6 ●네 어머니의 아들 곧 네 형제나
네 자녀나 네 품의 아내나 너와 생
명을 함께하는 친구가 가만히 너를
꾀어 이르기를 너와 네 조상들이
알지 못하던 다른 신들
7 곧 네 사방을 둘러싸고 있는 민족
혹 네게서 가깝든지 네게서 멀든지
땅 이 끝에서 저 끝까지에 있는 민
족의 신들을 우리가 가서 섬기자
할지라도
8 너는 그를 따르지 말며 듣지 말며
긍휼히 여기지 말며 애석히 여기지
말며 덮어 숨기지 말고
9 너는 용서 없이 그를 죽이되 죽일
때에 네가 먼저 그에게 손을 대고
후에 뭇 백성이 손을 대라
10 그는 애굽 땅 종 되었던 집에서 너

를 인도하여 내신 네 하나님 여호
와에게서 너를 꾀어 떠나게 하려
한 자이니 너는 돌로 쳐죽이라
11 그리하면 온 이스라엘이 듣고 두려
워하여 이같은 악을 다시는 너희
중에서 행하지 못하리라
12 ●네 하나님 여호와께서 네게 주어
거주하게 하시는 한 성읍에 대하여
네게 소문이 들리기를
13 너희 가운데서 어떤 불량배가 일어
나서 그 성읍 주민을 유혹하여 이르
기를 너희가 알지 못하던 다른 신들
을 우리가 가서 섬기자 한다 하거든
14 너는 자세히 묻고 살펴 보아서 이
런 가증한 일이 너희 가운데에 있
다는 것이 확실한 사실로 드러나면
15 너는 마땅히 그 성읍 주민을 칼날
로 죽이고 그 성읍과 그 가운데에
거주하는 모든 것과 그 가축을 칼
날로 진멸하고
16 또 그 속에서 빼앗아 차지한 물건
을 다 거리에 모아 놓고 그 성읍과
그 탈취물 전부를 불살라 네 하나
님 여호와께 드릴지니 그 성읍은
영구히 폐허가 되어 다시는 건축되
지 아니할 것이라
17 너는 이 진멸할 물건을 조금도 네
손에 대지 말라 그리하면 여호와께
서 그의 진노를 그치시고 너를 긍
휼히 여기시고 자비를 더하사 네
조상들에게 맹세하심같이 너를 번
성하게 하실 것이라
18 네가 만일 네 하나님 여호와의 말
씀을 듣고 오늘 내가 네게 명하는
그 모든 명령을 지켜 네 하나님 여
호와의 목전에서 정직하게 행하면
이같이 되리라

금지된 애도법

14 너희는 너희 하나님 여호와의
자녀이니 죽은 자를 위하여 자
기 몸을 베지 말며 눈썹 사이 이마
위의 털을 밀지 말라
2 너는 네 하나님 여호와의 성민이라
여호와께서 지상 만민 중에서 너를
택하여 자기 기업의 백성으로 삼으
셨느니라

정한 짐승과 부정한 짐승 (레 11:1-47)

3 ●너는 가증한 것은 무엇이든지 먹
지 말라
4 너희가 먹을 만한 짐승은 이러하니
곧 소와 양과 염소와
5 사슴과 노루와 불그스름한 사슴과
산 염소와 볼기가 흰 노루와 뿔이
긴 사슴과 산양들이라
6 짐승 중에 굽이 갈라져 쪽발도 되
고 새김질도 하는 모든 것은 너희
가 먹을 것이니라
7 다만 새김질을 하거나 굽이 갈라진
짐승 중에도 너희가 먹지 못할 것
은 이것이니 곧 낙타와 토끼와 사
반, 그것들은 새김질은 하나 굽이
갈라지지 아니하였으니 너희에게
부정하고
8 돼지는 굽은 갈라졌으나 새김질을
못하므로 너희에게 부정하니 너희
는 이런 것의 고기를 먹지 말 것이
며 그 사체도 만지지 말 것이니라
9 ●물에 있는 모든 것 중에서 이런
것은 너희가 먹을 것이니 지느러미
와 비늘 있는 모든 것은 너희가 먹
을 것이요
10 지느러미와 비늘이 없는 모든 것은
너희가 먹지 말지니 이는 너희에게
부정함이니라
11 정한 새는 모두 너희가 먹으려니와
12 이런 것은 먹지 못할지니 곧 독수
리와 솔개와 물수리와
13 매와 새매와 매의 종류와
14 까마귀 종류와
15 타조와 타흐마스와 갈매기와 새매

종류와
16 올빼미와 부엉이와 흰 올빼미와
17 당아와 올응과 노자와
18 학과 황새 종류와 대승과 박쥐며
19 또 날기도 하고 기어다니기도 하는
것은 너희에게 부정하니 너희는 먹
지 말 것이나
20 정한 새는 모두 너희가 먹을지니라
21 ●너희는 너희의 하나님 여호와의
성민이라 스스로 죽은 모든 것은
먹지 말 것이나 그것을 성중에 거
류하는 객에게 주어 먹게 하거나
이방인에게 파는 것은 가하니라 너
는 염소 새끼를 그 어미의 젖에 삶
지 말지니라

십일조 규례

22 ●너는 마땅히 매 년 토지 소산의
십일조를 드릴 것이며
23 네 하나님 여호와 앞 곧 여호와께
서 그의 이름을 두시려고 택하신
곳에서 네 곡식과 포도주와 기름의
십일조를 먹으며 또 네 소와 양의
처음 난 것을 먹고 네 하나님 여호
와 경외하기를 항상 배울 것이니라
24 그러나 네 하나님 여호와께서 자기
의 이름을 두시려고 택하신 곳이
네게서 너무 멀고 행로가 어려워서
네 하나님 여호와께서 그 풍부히
주신 것을 가지고 갈 수 없거든
25 그것을 돈으로 바꾸어 그 돈을 싸
가지고 네 하나님 여호와께서 택하
신 곳으로 가서
26 네 마음에 원하는 모든 것을 그 돈
으로 사되 소나 양이나 포도주나
독주 등 네 마음에 원하는 모든 것
을 구하고 거기 네 하나님 여호와
앞에서 너와 네 권속이 함께 먹고
즐거워할 것이며
27 네 성읍에 거주하는 레위인은 너희
중에 분깃이나 기업이 없는 자이니
또한 저버리지 말지니라
28 ●매 삼 년 끝에 그 해 소산의 십분
의 일을 다 내어 네 성읍에 저축하여
29 너희 중에 분깃이나 기업이 없는
레위인과 네 성중에 거류하는 객과
및 고아와 과부들이 와서 먹고 배
부르게 하라 그리하면 네 하나님
여호와께서 네 손으로 하는 범사에
네게 복을 주시리라

빚을 면제해 주는 해 (레 25:1-7)

15 매 칠 년 끝에는 면제하라
2 면제의 규례는 이러하니라
그의 이웃에게 꾸어준 모든 채주는
그것을 면제하고 그의 이웃에게나
그 형제에게 독촉하지 말지니 이는
여호와를 위하여 면제를 선포하였
음이라
3 이방인에게는 네가 독촉하려니와
네 형제에게 꾸어준 것은 네 손에
서 면제하라
4-5 네가 만일 네 하나님 여호와의 말
씀만 듣고 내가 오늘 네게 내리는
그 명령을 다 지켜 행하면 네 하나
님 여호와께서 네게 기업으로 주신
땅에서 네가 반드시 복을 받으리니
너희 중에 가난한 자가 없으리라
6 네 하나님 여호와께서 네게 허락하
신 대로 네게 복을 주시리니 네가
여러 나라에 꾸어줄지라도 너는 꾸
지 아니하겠고 네가 여러 나라를
통치할지라도 너는 통치를 당하지
아니하리라
7 ●네 하나님 여호와께서 네게 주신
땅 어느 성읍에서든지 가난한 형
제가 너와 함께 거주하거든 그 가
난한 형제에게 네 마음을 완악하
게 하지 말며 네 손을 움켜 쥐지 말
고
8 반드시 네 손을 그에게 펴서 그에
게 필요한 대로 쓸 것을 넉넉히 꾸

어주라
9 삼가 너는 마음에 악한 생각을 품
지 말라 곧 이르기를 일곱째 해 면
제년이 가까이 왔다 하고 네 궁핍
한 형제를 악한 눈으로 바라보며
아무것도 주지 아니하면 그가 너를
여호와께 호소하리니 그것이 네게
죄가 되리라
10 너는 반드시 그에게 줄 것이요, 줄
때에는 아끼는 마음을 품지 말 것
이니라 이로 말미암아 네 하나님
여호와께서 네가 하는 모든 일과
네 손이 닿는 모든 일에 네게 복을
주시리라
11 땅에는 언제든지 가난한 자가 그치
지 아니하겠으므로 내가 네게 명령
하여 이르노니 너는 반드시 네 땅
안에 네 형제 중 곤란한 자와 궁핍
한 자에게 네 손을 펼지니라

종을 대우하는 법 (출 21:1-11)

12 ●네 동족 히브리 남자나 히브리
여자가 네게 팔렸다 하자 만일 여
섯 해 동안 너를 섬겼거든 일곱째
해에 너는 그를 놓아 자유롭게 할
것이요
13 그를 놓아 자유하게 할 때에는 빈
손으로 가게 하지 말고
14 네 양 무리 중에서와 타작마당에서
와 포도주 틀에서 그에게 후히 줄지
니 곧 네 하나님 여호와께서 네게
복을 주신 대로 그에게 줄지니라
15 너는 애굽 땅에서 종 되었던 것과
네 하나님 여호와께서 너를 속량하
셨음을 기억하라 그것으로 말미암
아 내가 오늘 이같이 네게 명령하
노라
16 종이 만일 너와 네 집을 사랑하므
로 너와 동거하기를 좋게 여겨 네
게 향하여 내가 주인을 떠나지 아
니하겠노라 하거든
17 송곳을 가져다가 그의 귀를 문에
대고 뚫으라 그리하면 그가 영구히
네 종이 되리라 네 여종에게도 그
같이 할지니라
18 그가 여섯 해 동안에 품꾼의 삯의
배나 받을 만큼 너를 섬겼은즉 너
는 그를 놓아 자유하게 하기를 어
렵게 여기지 말라 그리하면 네 하
나님 여호와께서 네 범사에 네게
복을 주시리라

처음 난 소와 양의 새끼

19 ●네 소와 양의 처음 난 수컷은 구
별하여 네 하나님 여호와께 드릴
것이니 네 소의 첫 새끼는 부리지
말고 네 양의 첫 새끼의 털은 깎지
말고
20 너와 네 가족은 매년 여호와께서
택하신 곳 네 하나님 여호와 앞에
서 먹을지니라
21 그러나 그 짐승이 흠이 있어서 절
거나 눈이 멀었거나 무슨 흠이 있
으면 네 하나님 여호와께 잡아 드
리지 못할지니
22 네 성중에서 먹되 부정한 자나 정
한 자가 다 같이 먹기를 노루와 사
슴을 먹음같이 할 것이요
23 오직 피는 먹지 말고 물같이 땅에
쏟을지니라

유월절 (출 12:1-20)

16 아빕 월을 지켜 네 하나님 여
호와께 유월절을 행하라 이는
아빕 월에 네 하나님 여호와께서
밤에 너를 애굽에서 인도하여 내셨
음이라
2 여호와께서 자기의 이름을 두시려
고 택하신 곳에서 소와 양으로 네
하나님 여호와께 유월절 제사를 드
리되
3 유교병을 그것과 함께 먹지 말고
이레 동안은 무교병 곧 고난의 떡

을 그것과 함께 먹으라 이는 네가
애굽 땅에서 급히 나왔음이니 이같
이 행하여 네 평생에 항상 네가 애
굽 땅에서 나온 날을 기억할 것이
니라
4 그 이레 동안에는 네 모든 지경 가
운데에 누룩이 보이지 않게 할 것
이요 또 네가 첫날 해 질 때에 제사
드린 고기를 밤을 지내 아침까지
두지 말 것이며
5 유월절 제사를 네 하나님 여호와께
서 네게 주신 각 성에서 드리지 말
고
6 오직 네 하나님 여호와께서 자기의
이름을 두시려고 택하신 곳에서 네
가 애굽에서 나오던 시각 곧 초저녁
해 질 때에 유월절 제물을 드리고
7 네 하나님 여호와께서 택하신 곳에
서 그 고기를 구워 먹고 아침에 네
장막으로 돌아갈 것이니라
8 너는 엿새 동안은 무교병을 먹고
일곱째 날에 네 하나님 여호와 앞
에 성회로 모이고 일하지 말지니라

칠칠절 (출 34:22; 레 23:15-21)

9 ●일곱 주를 셀지니 곡식에 낫을
대는 첫날부터 일곱 주를 세어
10 네 하나님 여호와 앞에 칠칠절을
지키되 네 하나님 여호와께서 네게
복을 주신 대로 네 힘을 헤아려 자
원하는 예물을 드리고
11 너와 네 자녀와 노비와 네 성중에
있는 레위인과 및 너희 중에 있는
객과 고아와 과부가 함께 네 하나
님 여호와께서 자기의 이름을 두시
려고 택하신 곳에서 네 하나님 여
호와 앞에서 즐거워할지니라
12 너는 애굽에서 종 되었던 것을 기
억하고 이 규례를 지켜 행할지니라

초막절 (레 23:33-43)

13 ●너희 타작마당과 포도주 틀의 소
출을 거두어 들인 후에 이레 동안
초막절을 지킬 것이요
14 절기를 지킬 때에는 너와 네 자녀
와 노비와 네 성중에 거주하는 레
위인과 객과 고아와 과부가 함께
즐거워하되
15 네 하나님 여호와께서 택하신 곳에
서 너는 이레 동안 네 하나님 여호
와 앞에서 절기를 지키고 네 하나
님 여호와께서 네 모든 소출과 네
손으로 행한 모든 일에 복 주실 것
이니 너는 온전히 즐거워할지니라
16 너의 가운데 모든 남자는 일 년에
세 번 곧 무교절과 칠칠절과 초막
절에 네 하나님 여호와께서 택하신
곳에서 여호와를 뵈옵되 빈손으로
여호와를 뵈옵지 말고
17 각 사람이 네 하나님 여호와께서
주신 복을 따라 그 힘대로 드릴지
니라

공의로 재판하라

18 ●네 하나님 여호와께서 네게 주시
는 각 성에서 네 지파를 따라 재판
장들과 지도자들을 둘 것이요 그들
은 공의로 백성을 재판할 것이니라
19 너는 재판을 굽게 하지 말며 사람
을 외모로 보지 말며 또 뇌물을 받
지 말라 뇌물은 지혜자의 눈을 어
둡게 하고 의인의 말을 굽게 하느
니라
20 너는 마땅히 공의만을 따르라 그리
하면 네가 살겠고 네 하나님 여호
와께서 네게 주시는 땅을 차지하리
라
21 ●네 하나님 여호와를 위하여 쌓은
제단 곁에 어떤 나무로든지 아세라
상을 세우지 말며
22 자기를 위하여 주상을 세우지 말라
네 하나님 여호와께서 미워하시느
니라

17 흠이나 악질이 있는 소와 양은
아무것도 네 하나님 여호와께
드리지 말지니 이는 네 하나님 여
호와께 가증한 것이 됨이니라
2 ●네 하나님 여호와께서 네게 주시
는 어느 성중에서든지 너희 가운데
에 어떤 남자나 여자가 네 하나님
여호와의 목전에 악을 행하여 그
언약을 어기고
3 가서 다른 신들을 섬겨 그것에게
절하며 내가 명령하지 아니한 일월
성신에게 절한다 하자
4 그것이 네게 알려지므로 네가 듣거
든 자세히 조사해 볼지니 만일 그
일과 말이 확실하여 이스라엘 중에
이런 가증한 일을 행함이 있으면
5 너는 그 악을 행한 남자나 여자를
네 성문으로 끌어내고 그 남자나
여자를 돌로 쳐죽이되
6 죽일 자를 두 사람이나 세 사람의
증언으로 죽일 것이요 한 사람의
증언으로는 죽이지 말 것이며
7 이런 자를 죽이기 위하여는 증인이
먼저 그에게 손을 댄 후에 뭇 백성
이 손을 댈지니라 너는 이와 같이
하여 너희 중에서 악을 제할지니라
8 ●네 성중에서 서로 피를 흘렸거나
다투었거나 구타하였거나 서로 간
에 고소하여 네가 판결하기 어려운
일이 생기거든 너는 일어나 네 하
나님 여호와께서 택하실 곳으로 올
라가서
9 레위 사람 제사장과 당시 재판장에
게 나아가서 물으라 그리하면 그들
이 어떻게 판결할지를 네게 가르치
리니
10 여호와께서 택하신 곳에서 그들이
네게 보이는 판결의 뜻대로 네가
행하되 그들이 네게 가르치는 대로
삼가 행할 것이니
11 곧 그들이 네게 가르치는 율법의
뜻대로, 그들이 네게 말하는 판결
대로 행할 것이요 그들이 네게 보
이는 판결을 어겨 좌로나 우로나
치우치지 말 것이니라
12 사람이 만일 무법하게 행하고 네
하나님 여호와 앞에 서서 섬기는
제사장이나 재판장에게 듣지 아니
하거든 그 사람을 죽여 이스라엘
중에서 악을 제하여 버리라
13 그리하면 온 백성이 듣고 두려워하
여 다시는 무법하게 행하지 아니하
리라

이스라엘의 왕

14 ●네가 네 하나님 여호와께서 네게
주시는 땅에 이르러 그 땅을 차지
하고 거주할 때에 만일 우리도 우
리 주위의 모든 민족들같이 우리
위에 왕을 세워야겠다는 생각이 나
거든
15 반드시 네 하나님 여호와께서 택하
신 자를 네 위에 왕으로 세울 것이
며 네 위에 왕을 세우려면 네 형제
중에서 한 사람을 할 것이요 네 형
제 아닌 타국인을 네 위에 세우지
말 것이며
16 그는 병마를 많이 두지 말 것이요
병마를 많이 얻으려고 그 백성을
애굽으로 돌아가게 하지 말 것이니
이는 여호와께서 너희에게 이르시
기를 너희가 이후에는 그 길로 다
시 돌아가지 말 것이라 하셨음이며
17 그에게 아내를 많이 두어 그의 마
음이 미혹되게 하지 말 것이며 자
기를 위하여 은금을 많이 쌓지 말
것이니라
18 ●그가 왕위에 오르거든 이 율법서
의 등사본을 레위 사람 제사장 앞
에서 책에 기록하여
19 평생에 자기 옆에 두고 읽어 그의

하나님 여호와 경외하기를 배우며
이 율법의 모든 말과 이 규례를 지
켜 행할 것이라
20 그리하면 그의 마음이 그의 형제
위에 교만하지 아니하고 이 명령에
서 떠나 좌로나 우로나 치우치지
아니하리니 이스라엘 중에서 그와
그의 자손이 왕위에 있는 날이 장
구하리라

제사장과 레위 사람의 몫

18 레위 사람 제사장과 레위의 온
지파는 이스라엘 중에 분깃도
없고 기업도 없을지니 그들은 여호
와의 화제물과 그 기업을 먹을 것
이라
2 그들이 그들의 형제 중에서 기업을
가지지 않을 것은 여호와께서 그들
의 기업이 되심이니 그들에게 말씀
하심 같으니라
3 제사장이 백성에게서 받을 몫은 이
러하니 곧 그 드리는 제물의 소나
양이나 그 앞다리와 두 볼과 위라
이것을 제사장에게 줄 것이요
4 또 네가 처음 거둔 곡식과 포도주
와 기름과 네가 처음 깎은 양털을
네가 그에게 줄 것이니
5 이는 네 하나님 여호와께서 네 모
든 지파 중에서 그를 택하여 내시
고 그와 그의 자손에게 항상 여호
와의 이름으로 서서 섬기게 하셨음
이니라
6 ●이스라엘 온 땅 어떤 성읍에든지
거주하는 레위인이 간절한 소원이
있어 그가 사는 곳을 떠날지라도
여호와께서 택하신 곳에 이르면
7 여호와 앞에 선 그의 모든 형제 레
위인과 같이 그의 하나님 여호와의
이름으로 섬길 수 있나니
8 그 사람의 몫은 그들과 같을 것이
요 그가 조상의 것을 판 것은 별도
의 소유이니라

다른 민족들의 가증한 행위

9 ●네 하나님 여호와께서 네게 주시
는 땅에 들어가거든 너는 그 민족
들의 가증한 행위를 본받지 말 것
이니
10 그의 아들이나 딸을 불 가운데로
지나게 하는 자나 점쟁이나 길흉을
말하는 자나 요술하는 자나 무당이
나
11 진언자나 신접자나 박수나 초혼자
를 너희 가운데에 용납하지 말라
12 이런 일을 행하는 모든 자를 여호
와께서 가증히 여기시나니 이런 가
증한 일로 말미암아 네 하나님 여
호와께서 그들을 네 앞에서 쫓아내
시느니라
13 너는 네 하나님 여호와 앞에서 완
전하라
14 네가 쫓아낼 이 민족들은 길흉을 말
하는 자나 점쟁이의 말을 듣거니와
네게는 네 하나님 여호와께서 이런
일을 용납하지 아니하시느니라

선지자를 일으키실 약속

15 ●네 하나님 여호와께서 너희 가운
데 네 형제 중에서 너를 위하여 나
와 같은 선지자 하나를 일으키시리
니 너희는 그의 말을 들을지니라
16 이것이 곧 네가 총회의 날에 호렙
산에서 네 하나님 여호와께 구한
것이라 곧 네가 말하기를 내가 다
시는 내 하나님 여호와의 음성을
듣지 않게 하시고 다시는 이 큰 불
을 보지 않게 하소서 두렵건대 내
가 죽을까 하나이다 하매
17 여호와께서 내게 이르시되 그들의
말이 옳도다
18 내가 그들의 형제 중에서 너와 같
은 선지자 하나를 그들을 위하여
일으키고 내 말을 그 입에 두리니

내가 그에게 명령하는 것을 그가
무리에게 다 말하리라
19 누구든지 내 이름으로 전하는 내
말을 듣지 아니하는 자는 내게 벌
을 받을 것이요
20 만일 어떤 선지자가 내가 전하라고
명령하지 아니한 말을 제 마음대로
내 이름으로 전하든지 다른 신들의
이름으로 말하면 그 선지자는 죽임
을 당하리라 하셨느니라
21 네가 마음속으로 이르기를 그 말이
여호와께서 이르신 말씀인지 우리
가 어떻게 알리요 하리라
22 만일 선지자가 있어 여호와의 이름
으로 말한 일에 증험도 없고 성취
함도 없으면 이는 여호와께서 말씀
하신 것이 아니요 그 선지자가 제
마음대로 한 말이니 너는 그를 두
려워하지 말지니라

도피성 (민 35:9-28; 수 20:1-9)

19 네 하나님 여호와께서 이 여러
민족을 멸절하시고 네 하나님
여호와께서 그 땅을 네게 주시므로
네가 그것을 받고 그들의 성읍과
가옥에 거주할 때에
2 네 하나님 여호와께서 네게 기업으
로 주신 땅 가운데에서 세 성읍을
너를 위하여 구별하고
3 네 하나님 여호와께서 네게 기업으
로 주시는 땅 전체를 세 구역으로
나누어 길을 닦고 모든 살인자를
그 성읍으로 도피하게 하라
4 살인자가 그리로 도피하여 살 만한
경우는 이러하니 곧 누구든지 본래
원한이 없이 부지중에 그의 이웃을
죽인 일,
5 가령 사람이 그 이웃과 함께 벌목
하러 삼림에 들어가서 손에 도끼를
들고 벌목하려고 찍을 때에 도끼가
자루에서 빠져 그의 이웃을 맞춰
그를 죽게 함과 같은 것이라 이런
사람은 그 성읍 중 하나로 도피하
여 생명을 보존할 것이니라
6 그 사람이 그에게 본래 원한이 없
으니 죽이기에 합당하지 아니하나
두렵건대 그 피를 보복하는 자의
마음이 복수심에 불타서 살인자를
뒤쫓는데 그 가는 길이 멀면 그를
따라잡아 죽일까 하노라
7 그러므로 내가 네게 명령하기를 세
성읍을 너를 위하여 구별하라 하노
라
8 네 하나님 여호와께서 네 조상들에
게 맹세하신 대로 네 지경을 넓혀
네 조상들에게 주리라고 말씀하신
땅을 다 네게 주실 때
9 또 너희가 오늘 내가 너희에게 명
하는 이 모든 명령을 지켜 행하여
네 하나님 여호와를 사랑하고 항상
그의 길로 행할 때에는 이 셋 외에
세 성읍을 더하여
10 네 하나님 여호와께서 네게 기업으
로 주시는 땅에서 무죄한 피를 흘
리지 말라 이같이 하면 그의 피가
네게로 돌아가지 아니하리라
11 ●그러나 만일 어떤 사람이 그의
이웃을 미워하여 엎드려 그를 기다
리다가 일어나 상처를 입혀 죽게
하고 이 한 성읍으로 도피하면
12 그 본 성읍 장로들이 사람을 보내
어 그를 거기서 잡아다가 보복자의
손에 넘겨 죽이게 할 것이라
13 네 눈이 그를 긍휼히 여기지 말고
무죄한 피를 흘린 죄를 이스라엘에
서 제하라 그리하면 네게 복이 있
으리라

이웃의 경계표를 옮기지 말라

14 ●네 하나님 여호와께서 네게 주어
차지하게 하시는 땅 곧 네 소유가
된 기업의 땅에서 조상이 정한 네

이웃의 경계표를 옮기지 말지니라

두 세 증인의 입으로 하라

15 ●사람의 모든 악에 관하여 또한
모든 죄에 관하여는 한 증인으로만
정할 것이 아니요 두 증인의 입으
로나 또는 세 증인의 입으로 그 사
건을 확정할 것이며
16 만일 위증하는 자가 있어 어떤 사
람이 악을 행하였다고 말하면
17 그 논쟁하는 쌍방이 같이 하나님
앞에 나아가 그 당시의 제사장과
재판장 앞에 설 것이요
18 재판장은 자세히 조사하여 그 증인
이 거짓 증거하여 그 형제를 거짓
으로 모함한 것이 판명되면
19 그가 그의 형제에게 행하려고 꾀한
그대로 그에게 행하여 너희 중에서
악을 제하라
20 그리하면 그 남은 자들이 듣고 두
려워하여 다시는 그런 악을 너희
중에서 행하지 아니하리라
21 네 눈이 긍휼히 여기지 말라 생명
에는 생명으로, 눈에는 눈으로, 이
에는 이로, 손에는 손으로, 발에는
발로이니라

적군과 싸우려 할 때에

20 네가 나가서 적군과 싸우려
할 때에 말과 병거와 백성이
너보다 많음을 볼지라도 그들을 두
려워하지 말라 애굽 땅에서 너를
인도하여 내신 네 하나님 여호와께
서 너와 함께하시느니라
2 너희가 싸울 곳에 가까이 가면 제
사장은 백성에게 나아가서 고하여
그들에게
3 말하여 이르기를 이스라엘아 들으
라 너희가 오늘 너희의 대적과 싸
우려고 나아왔으니 마음에 겁내지
말며 두려워하지 말며 떨지 말며
그들로 말미암아 놀라지 말라
4 너희 하나님 여호와는 너희와 함께
행하시며 너희를 위하여 너희 적군
과 싸우시고 구원하실 것이라 할
것이며
5 책임자들은 백성에게 말하여 이르
기를 새 집을 건축하고 낙성식을
행하지 못한 자가 있느냐 그는 집
으로 돌아갈지니 전사하면 타인이
낙성식을 행할까 하노라
6 포도원을 만들고 그 과실을 먹지
못한 자가 있느냐 그는 집으로 돌
아갈지니 전사하면 타인이 그 과실
을 먹을까 하노라
7 여자와 약혼하고 그와 결혼하지 못
한 자가 있느냐 그는 집으로 돌아
갈지니 전사하면 타인이 그를 데려
갈까 하노라 하고
8 책임자들은 또 백성에게 말하여 이
르기를 두려워서 마음이 허약한 자
가 있느냐 그는 집으로 돌아갈지니
그의 형제들의 마음도 그의 마음과
같이 낙심될까 하노라 하고
9 백성에게 이르기를 마친 후에 군대
의 지휘관들을 세워 무리를 거느리
게 할지니라
10 ●네가 어떤 성읍으로 나아가서 치
려 할 때에는 그 성읍에 먼저 화평
을 선언하라
11 그 성읍이 만일 화평하기로 회답하
고 너를 향하여 성문을 열거든 그
모든 주민들에게 네게 조공을 바치
고 너를 섬기게 할 것이요
12 만일 너와 화평하기를 거부하고 너
를 대적하여 싸우려 하거든 너는
그 성읍을 에워쌀 것이며
13 네 하나님 여호와께서 그 성읍을
네 손에 넘기시거든 너는 칼날로
그 안의 남자를 다 쳐죽이고
14 너는 오직 여자들과 유아들과 가축
들과 성읍 가운데에 있는 모든 것

을 너를 위하여 탈취물로 삼을 것
이며 너는 네 하나님 여호와께서
네게 주신 적군에게서 빼앗은 것을
먹을지니라
15 네가 네게서 멀리 떠난 성읍들 곧
이 민족들에게 속하지 아니한 성읍
들에게는 이같이 행하려니와
16 오직 네 하나님 여호와께서 네게
기업으로 주시는 이 민족들의 성읍
에서는 호흡 있는 자를 하나도 살
리지 말지니
17 곧 헷 족속과 아모리 족속과 가나
안 족속과 브리스 족속과 히위 족
속과 여부스 족속을 네가 진멸하되
네 하나님 여호와께서 네게 명령하
신 대로 하라
18 이는 그들이 그 신들에게 행하는
모든 가증한 일을 너희에게 가르쳐
본받게 하여 너희가 너희의 하나님
여호와께 범죄하게 할까 함이니라
19 ●너희가 어떤 성읍을 오랫동안 에
워싸고 그 성읍을 쳐서 점령하려
할 때에도 도끼를 둘러 그곳의 나
무를 찍어내지 말라 이는 너희가
먹을 것이 될 것임이니 찍지 말라
들의 수목이 사람이냐 너희가 어찌
그것을 에워싸겠느냐
20 다만 과목이 아닌 수목은 찍어내어
너희와 싸우는 그 성읍을 치는 기
구를 만들어 그 성읍을 함락시킬
때까지 쓸지니라

죽인 자를 알지 못하거든

21 네 하나님 여호와께서 네게 주
어 차지하게 하신 땅에서 피살
된 시체가 들에 엎드러진 것을 발
견하고 그 쳐죽인 자가 누구인지
알지 못하거든
2 너희의 장로들과 재판장들은 나가
서 그 피살된 곳의 사방에 있는 성
읍의 원근을 잴 것이요
3 그 피살된 곳에서 제일 가까운 성
읍의 장로들이 그 성읍에서 아직
부리지 아니하고 멍에를 메지 아니
한 암송아지를 취하여
4 그 성읍의 장로들이 물이 항상 흐
르고 갈지도 않고 씨를 뿌린 일도
없는 골짜기로 그 송아지를 끌고
가서 그 골짜기에서 그 송아지의
목을 꺾을 것이요
5 레위 자손 제사장들도 그리로 갈지
니 그들은 네 하나님 여호와께서
택하사 자기를 섬기게 하시며 또
여호와의 이름으로 축복하게 하신
자라 모든 소송과 모든 투쟁이 그
들의 말대로 판결될 것이니라
6 그 피살된 곳에서 제일 가까운 성
읍의 모든 장로들은 그 골짜기에서
목을 꺾은 암송아지 위에 손을 씻
으며
7 말하기를 우리의 손이 이 피를 흘
리지 아니하였고 우리의 눈이 이것
을 보지도 못하였나이다
8 여호와여 주께서 속량하신 주의 백
성 이스라엘을 사하시고 무죄한 피
를 주의 백성 이스라엘 중에 머물
러 두지 마옵소서 하면 그 피 흘린
죄가 사함을 받으리니
9 너는 이와 같이 여호와께서 보시기
에 정직한 일을 행하여 무죄한 자
의 피 흘린 죄를 너희 중에서 제할
지니라

여자 포로를 아내로 삼는 규정

10 ●네가 나가서 적군과 싸울 때에
네 하나님 여호와께서 그들을 네
손에 넘기시므로 네가 그들을 사로
잡은 후에
11 네가 만일 그 포로 중의 아리따운
여자를 보고 그에게 연연하여 아내
를 삼고자 하거든
12 그를 네 집으로 데려갈 것이요 그

는 그 머리를 밀고 손톱을 베고
13 또 포로의 의복을 벗고 네 집에 살
며 그 부모를 위하여 한 달 동안 애
곡한 후에 네가 그에게로 들어가서
그의 남편이 되고 그는 네 아내가
될 것이요
14 그 후에 네가 그를 기뻐하지 아니
하거든 그의 마음대로 가게 하고
결코 돈을 받고 팔지 말지라 네가
그를 욕보였은즉 종으로 여기지 말
지니라

장자의 상속권

15 ●어떤 사람이 두 아내를 두었는데
하나는 사랑을 받고 하나는 미움을
받다가 그 사랑을 받는 자와 미움
을 받는 자가 둘 다 아들을 낳았다
하자 그 미움을 받는 자의 아들이
장자이면
16 자기의 소유를 그의 아들들에게 기
업으로 나누는 날에 그 사랑을 받
는 자의 아들을 장자로 삼아 참 장
자 곧 미움을 받는 자의 아들보다
앞세우지 말고
17 반드시 그 미움을 받는 자의 아들
을 장자로 인정하여 자기의 소유에
서 그에게는 두 몫을 줄 것이니 그
는 자기의 기력의 시작이라 장자의
권리가 그에게 있음이니라

패역한 아들에게 내리는 벌

18 ●사람에게 완악하고 패역한 아들
이 있어 그의 아버지의 말이나 그
어머니의 말을 순종하지 아니하고
부모가 징계하여도 순종하지 아니
하거든
19 그의 부모가 그를 끌고 성문에 이
르러 그 성읍 장로들에게 나아가서
20 그 성읍 장로들에게 말하기를 우리
의 이 자식은 완악하고 패역하여
우리 말을 듣지 아니하고 방탕하며
술에 잠긴 자라 하면
21 그 성읍의 모든 사람들이 그를 돌
로 쳐죽일지니 이같이 네가 너희
중에서 악을 제하라 그리하면 온
이스라엘이 듣고 두려워하리라

기타 규정

22 ●사람이 만일 죽을 죄를 범하므로
네가 그를 죽여 나무 위에 달거든
23 그 시체를 나무 위에 밤새도록 두지
말고 그날에 장사하여 네 하나님 여
호와께서 네게 기업으로 주시는 땅
을 더럽히지 말라 나무에 달린 자는
하나님께 저주를 받았음이니라

22 네 형제의 소나 양이 길 잃은
것을 보거든 못 본 체하지 말
고 너는 반드시 그것들을 끌어다가
네 형제에게 돌릴 것이요
2 네 형제가 네게서 멀거나 또는 네
가 그를 알지 못하거든 그 짐승을
네 집으로 끌고 가서 네 형제가 찾
기까지 네게 두었다가 그에게 돌려
줄지니
3 나귀라도 그리하고 의복이라도 그
리하고 형제가 잃어버린 어떤 것이
든지 네가 얻거든 다 그리하고 못
본 체하지 말 것이며
4 네 형제의 나귀나 소가 길에 넘어
진 것을 보거든 못 본 체하지 말고
너는 반드시 형제를 도와 그것들을
일으킬지니라
5 ●여자는 남자의 의복을 입지 말
것이요 남자는 여자의 의복을 입지
말 것이라 이같이 하는 자는 네 하
나님 여호와께 가증한 자이니라
6 ●길을 가다가 나무에나 땅에 있는
새의 보금자리에 새 새끼나 알이
있고 어미 새가 그의 새끼나 알을
품은 것을 보거든 그 어미 새와 새
끼를 아울러 취하지 말고
7 어미는 반드시 놓아 줄 것이요 새
끼는 취하여도 되나니 그리하면 네

가 복을 누리고 장수하리라
8 ●네가 새 집을 지을 때에 지붕에
난간을 만들어 사람이 떨어지지 않
게 하라 그 피가 네 집에 돌아갈까
하노라
9 ●네 포도원에 두 종자를 섞어 뿌
리지 말라 그리하면 네가 뿌린 씨
의 열매와 포도원의 소산을 다 [1]빼
앗길까 하노라
10 너는 소와 나귀를 겨리하여 갈지
말며
11 양 털과 베 실로 섞어 짠 것을 입지
말지니라
12 ●너희는 너희가 입는 겉옷의 네
귀에 술을 만들지니라

순결에 관한 법

13 ●누구든지 아내를 맞이하여 그에
게 들어간 후에 그를 미워하여
14 비방거리를 만들어 그에게 누명을
씌워 이르되 내가 이 여자를 맞이
하였더니 그와 동침할 때에 그가
처녀임을 보지 못하였노라 하면
15 그 처녀의 부모가 그 처녀의 처녀
인 표를 얻어가지고 그 성문 장로
들에게로 가서
16 처녀의 아버지가 장로들에게 말하
기를 내 딸을 이 사람에게 아내로
주었더니 그가 미워하여
17 비방거리를 만들어 말하기를 내가
네 딸에게서 처녀임을 보지 못하였
노라 하나 보라 내 딸의 처녀의 표
적이 이것이라 하고 그 부모가 그
자리옷을 그 성읍 장로들 앞에 펼
것이요
18 그 성읍 장로들은 그 사람을 잡아
때리고
19 이스라엘 처녀에게 누명을 씌움으
로 말미암아 그에게서 은 일백 세
겔을 벌금으로 받아 여자의 아버지
에게 주고 그 여자는 그 남자가 평
생에 버릴 수 없는 아내가 되게 하
려니와
20 그 일이 참되어 그 처녀에게 처녀
의 표적이 없거든
21 그 처녀를 그의 아버지 집 문에서
끌어내고 그 성읍 사람들이 그를
돌로 쳐죽일지니 이는 그가 그의
아버지 집에서 창기의 행동을 하여
이스라엘 중에서 악을 행하였음이
라 너는 이와 같이 하여 너희 가운
데서 악을 제할지니라
22 ●어떤 남자가 유부녀와 동침한 것
이 드러나거든 그 동침한 남자와
그 여자를 둘 다 죽여 이스라엘 중
에 악을 제할지니라
23 ●처녀인 여자가 남자와 약혼한 후
에 어떤 남자가 그를 성읍 중에서
만나 동침하면
24 너희는 그들을 둘 다 성읍 문으로
끌어내고 그들을 돌로 쳐죽일 것이
니 그 처녀는 성안에 있으면서도
소리 지르지 아니하였음이요 그 남
자는 그 이웃의 아내를 욕보였음이
라 너는 이같이 하여 너희 가운데
에서 악을 제할지니라
25 ●만일 남자가 어떤 약혼한 처녀를
들에서 만나서 강간하였으면 그 강
간한 남자만 죽일 것이요
26 처녀에게는 아무것도 행하지 말 것
은 처녀에게는 죽일 죄가 없음이라
이 일은 사람이 일어나 그 이웃을
쳐죽인 것과 같은 것이라
27 남자가 처녀를 들에서 만난 까닭에
그 약혼한 처녀가 소리 질러도 구
원할 자가 없었음이니라
28 ●만일 남자가 약혼하지 아니한 처
녀를 만나 그를 붙들고 동침하는 중
에 그 두 사람이 발견되면
29 그 동침한 남자는 그 처녀의 아버

1) 히, 성물이

지에게 은 오십 세겔을 주고 그 처
녀를 아내로 삼을 것이라 그가 그
처녀를 욕보였은즉 평생에 그를 버
리지 못하리라
30 ●사람이 그의 아버지의 아내를 취
하여 아버지의 하체를 드러내지 말
지니라

총회에 들어오지 못하는 사람들

23 고환이 상한 자나 음경이 잘
린 자는 여호와의 총회에 들
어오지 못하리라
2 ●사생자는 여호와의 총회에 들어
오지 못하리니 십 대에 이르기까지
도 여호와의 총회에 들어오지 못하
리라
3 ●암몬 사람과 모압 사람은 여호와
의 총회에 들어오지 못하리니 그들
에게 속한 자는 십 대뿐 아니라 영
원히 여호와의 총회에 들어오지 못
하리라
4 그들은 너희가 애굽에서 나올 때에
떡과 물로 너희를 길에서 영접하지
아니하고 메소보다미아의 브돌 사
람 브올의 아들 발람에게 뇌물을 주
어 너희를 저주하게 하려 하였으나
5 네 하나님 여호와께서 너를 사랑하
시므로 네 하나님 여호와께서 발람
의 말을 듣지 아니하시고 네 하나
님 여호와께서 그 저주를 변하여
복이 되게 하셨나니
6 네 평생에 그들의 평안함과 형통함
을 영원히 구하지 말지니라
7 ●너는 에돔 사람을 미워하지 말라
그는 네 형제임이니라 애굽 사람을
미워하지 말라 네가 그의 땅에서
객이 되었음이니라
8 그들의 삼 대 후 자손은 여호와의
총회에 들어올 수 있느니라

진영을 거룩하게 하는 법

9 ●네가 적군을 치러 출진할 때에
모든 악한 일을 스스로 삼갈지니
10 너희 중에 누가 밤에 몽설함으로
부정하거든 진영 밖으로 나가고 진
영 안에 들어오지 아니하다가
11 해 질 때에 목욕하고 해 진 후에 진
에 들어올 것이요
12 네 진영 밖에 변소를 마련하고 그
리로 나가되
13 네 기구에 작은 삽을 더하여 밖에
나가서 대변을 볼 때에 그것으로
땅을 팔 것이요 몸을 돌려 그 배설
물을 덮을지니
14 이는 네 하나님 여호와께서 너를 구
원하시고 적군을 네게 넘기시려고
네 진영 중에 행하심이라 그러므로
네 진영을 거룩히 하라 그리하면 네
게서 불결한 것을 보시지 않으므로
너를 떠나지 아니하시리라

기타 규정

15 ●종이 그의 주인을 피하여 네게로
도망하거든 너는 그의 주인에게 돌
려주지 말고
16 그가 네 성읍 중에서 원하는 곳을
택하는 대로 너와 함께 네 가운데
에 거주하게 하고 그를 압제하지
말지니라
17 ●이스라엘 여자 중에 창기가 있지
못할 것이요 이스라엘 남자 중에
남창이 있지 못할지니
18 창기가 번 돈과 개 같은 자의 소득
은 어떤 서원하는 일로든지 네 하
나님 여호와의 전에 가져오지 말라
이 둘은 다 네 하나님 여호와께 가
증한 것임이니라
19 ●네가 형제에게 꾸어주거든 이자
를 받지 말지니 곧 돈의 이자, 식물
의 이자, 이자를 낼 만한 모든 것의
이자를 받지 말 것이라
20 타국인에게 네가 꾸어주면 이자를
받아도 되거니와 네 형제에게 꾸어

주거든 이자를 받지 말라 그리하면
네 하나님 여호와께서 네가 들어가
서 차지할 땅에서 네 손으로 하는
범사에 복을 내리시리라
21 ●네 하나님 여호와께 서원하거든
갚기를 더디하지 말라 네 하나님
여호와께서 반드시 그것을 네게 요
구하시리니 더디면 그것이 네게 죄
가 될 것이라
22 네가 서원하지 아니하였으면 무죄
하리라 그러나
23 네 입으로 말한 것은 그대로 실행하
도록 유의하라 무릇 자원한 예물은
네 하나님 여호와께 네가 서원하여
입으로 언약한 대로 행할지니라
24 ●네 이웃의 포도원에 들어갈 때에
는 마음대로 그 포도를 배불리 먹
어도 되느니라 그러나 그릇에 담지
는 말 것이요
25 네 이웃의 곡식밭에 들어갈 때에는
네가 손으로 그 이삭을 따도 되느
니라 그러나 네 이웃의 곡식밭에
낫을 대지는 말지니라

이혼과 재혼

24 사람이 아내를 맞이하여 데려
온 후에 그에게 수치되는 일
이 있음을 발견하고 그를 기뻐하지
아니하면 이혼 증서를 써서 그의
손에 주고 그를 자기 집에서 내보
낼 것이요
2 그 여자는 그의 집에서 나가서 다
른 사람의 아내가 되려니와
3 그의 둘째 남편도 그를 미워하여
이혼 증서를 써서 그의 손에 주고
그를 자기 집에서 내보냈거나 또는
그를 아내로 맞이한 둘째 남편이
죽었다 하자
4 그 여자는 이미 몸을 더럽혔은즉
그를 내보낸 전남편이 그를 다시
아내로 맞이하지 말지니 이 일은
여호와 앞에 가증한 것이라 너는
네 하나님 여호와께서 네게 기업으
로 주시는 땅을 범죄하게 하지 말
지니라

기타 규정

5 ●사람이 새로이 아내를 맞이하였
으면 그를 군대로 내보내지 말 것
이요 아무 직무도 그에게 맡기지
말 것이며 그는 일 년 동안 한가하
게 집에 있으면서 그가 맞이한 아
내를 즐겁게 할지니라
6 ●사람이 맷돌이나 그 위짝을 전당
잡지 말지니 이는 그 생명을 전당
잡음이니라
7 ●사람이 자기 형제 곧 이스라엘
자손 중 한 사람을 유인하여 종으
로 삼거나 판 것이 발견되면 그 유
인한 자를 죽일지니 이같이 하여
너희 중에서 악을 제할지니라
8 ●너는 나병에 대하여 삼가서 레위
사람 제사장들이 너희에게 가르치
는 대로 네가 힘써 다 지켜 행하되
너희는 내가 그들에게 명령한 대로
지켜 행하라
9 너희는 애굽에서 나오는 길에서 네
하나님 여호와께서 미리암에게 행
하신 일을 기억할지니라
10 ●네 이웃에게 무엇을 꾸어줄 때에
너는 그의 집에 들어가서 전당물을
취하지 말고
11 너는 밖에 서 있고 네게 꾸는 자가
전당물을 밖으로 가지고 나와서 네
게 줄 것이며
12 그가 가난한 자이면 너는 그의 전
당물을 가지고 자지 말고
13 해 질 때에 그 전당물을 반드시 그
에게 돌려줄 것이라 그리하면 그가
그 옷을 입고 자며 너를 위하여 축
복하리니 그 일이 네 하나님 여호
와 앞에서 네 공의로움이 되리라

14 ●곤궁하고 빈한한 품꾼은 너희 형
제든지 네 땅 성문 안에 우거하는
객이든지 그를 학대하지 말며
15 그 품삯을 당일에 주고 해 진 후까
지 미루지 말라 이는 그가 가난하
므로 그 품삯을 간절히 바람이라
그가 너를 여호와께 호소하지 않게
하라 그렇지 않으면 그것이 네게
죄가 될 것임이라
16 ●아버지는 그 자식들로 말미암아
죽임을 당하지 않을 것이요 자식들
은 그 아버지로 말미암아 죽임을
당하지 않을 것이니 각 사람은 자
기 죄로 말미암아 죽임을 당할 것
이니라
17 ●너는 객이나 고아의 송사를 억울
하게 하지 말며 과부의 옷을 전당
잡지 말라
18 너는 애굽에서 종 되었던 일과 네
하나님 여호와께서 너를 거기서 속
량하신 것을 기억하라 이러므로 내
가 네게 이 일을 행하라 명령하노
라
19 ●네가 밭에서 곡식을 벨 때에 그
한 뭇을 밭에 잊어버렸거든 다시
가서 가져오지 말고 나그네와 고아
와 과부를 위하여 남겨두라 그리하
면 네 하나님 여호와께서 네 손으
로 하는 모든 일에 복을 내리시리
라
20 네가 네 감람나무를 떤 후에 그 가
지를 다시 살피지 말고 그 남은 것
은 객과 고아와 과부를 위하여 남
겨두며
21 네가 네 포도원의 포도를 딴 후에
그 남은 것을 다시 따지 말고 객과
고아와 과부를 위하여 남겨두라
22 너는 애굽 땅에서 종 되었던 것을
기억하라 이러므로 내가 네게 이
일을 행하라 명령하노라

25

사람들 사이에 시비가 생겨
재판을 청하면 재판장은 그들
을 재판하여 의인은 의롭다 하고
악인은 정죄할 것이며
2 악인에게 태형이 합당하면 재판장
은 그를 엎드리게 하고 그 앞에서
그의 죄에 따라 수를 맞추어 때리
게 하라
3 사십까지는 때리려니와 그것을 넘
기지는 못할지니 만일 그것을 넘겨
매를 지나치게 때리면 네가 네 형제
를 경히 여기는 것이 될까 하노라
4 ●곡식 떠는 소에게 망을 씌우지
말지니라

죽은 형제에 대한 의무

5 ●형제들이 함께 사는데 그 중 하
나가 죽고 아들이 없거든 그 죽은
자의 아내는 나가서 타인에게 시집
가지 말 것이요 그의 남편의 형제
가 그에게로 들어가서 그를 맞이하
여 아내로 삼아 그의 남편의 형제
된 의무를 그에게 다 행할 것이요
6 그 여인이 낳은 첫 아들이 그 죽은
형제의 이름을 잇게 하여 그 이름
이 이스라엘 중에서 끊어지지 않게
할 것이니라
7 그러나 그 사람이 만일 그 형제의
아내 맞이하기를 즐겨하지 아니하
면 그 형제의 아내는 그 성문으로
장로들에게로 나아가서 말하기를
내 남편의 형제가 그의 형제의 이
름을 이스라엘 중에 잇기를 싫어하
여 남편의 형제된 의무를 내게 행
하지 아니하나이다 할 것이요
8 그 성읍 장로들은 그를 불러다가
말할 것이며 그가 이미 정한 뜻대
로 말하기를 내가 그 여자를 맞이
하기를 즐겨하지 아니하노라 하면
9 그의 형제의 아내가 장로들 앞에서
그에게 나아가서 그의 발에서 신을

벗기고 그의 얼굴에 침을 뱉으며
이르기를 그의 형제의 집을 세우기
를 즐겨 아니하는 자에게는 이같이
할 것이라 하고
10 이스라엘 중에서 그의 이름을 신
벗김 받은 자의 집이라 부를 것이
니라

다른 법

11 ●두 사람이 서로 싸울 때에 한 사
람의 아내가 그 치는 자의 손에서
그의 남편을 구하려 하여 가까이
가서 손을 벌려 그 사람의 음낭을
잡거든
12 너는 그 여인의 손을 찍어버릴 것
이고 네 눈이 그를 불쌍히 여기지
말지니라
13 ●너는 네 주머니에 두 종류의 저
울추 곧 큰 것과 작은 것을 넣지 말
것이며
14 네 집에 두 종류의 되 곧 큰 것과
작은 것을 두지 말 것이요
15 오직 온전하고 공정한 저울추를 두
며 온전하고 공정한 되를 둘 것이라
그리하면 네 하나님 여호와께서 네
게 주시는 땅에서 네 날이 길리라
16 이런 일들을 행하는 모든 자, 악을
행하는 모든 자는 네 하나님 여호
와께 가증하니라

아말렉에 대한 기억을 지워버리라

17 ●너희는 애굽에서 나오는 길에 아
말렉이 네게 행한 일을 기억하라
18 곧 그들이 너를 길에서 만나 네가
피곤할 때에 네 뒤에 떨어진 약한
자들을 쳤고 하나님을 두려워하지
아니하였느니라
19 *그러므로 네 하나님* 여호와께서 네
게 기업으로 주어 차지하게 하시는
땅에서 네 하나님 여호와께서 사방
에 있는 모든 적군으로부터 네게
안식을 주실 때에 너는 천하에서
아말렉에 대한 기억을 지워버리라
너는 잊지 말지니라

토지 소산

26 네 하나님 여호와께서 네게
기업으로 주어 차지하게 하실
땅에 네가 들어가서 거기에 거주할
때에
2 네 하나님 여호와께서 네게 주신
땅에서 그 토지의 모든 소산의 맏
물을 거둔 후에 그것을 가져다가
광주리에 담고 네 하나님 여호와께
서 그의 이름을 두시려고 택하신
곳으로 그것을 가지고 가서
3 그때의 제사장에게 나아가 그에게
이르기를 내가 오늘 당신의 하나님
여호와께 아뢰나이다 내가 여호와
께서 우리에게 주시겠다고 우리 조
상들에게 맹세하신 땅에 이르렀나
이다 할 것이요
4 제사장은 네 손에서 그 광주리를
받아서 네 하나님 여호와의 제단
앞에 놓을 것이며
5 너는 또 네 하나님 여호와 앞에 아
뢰기를 내 조상은 방랑하는 아람
사람으로서 애굽에 내려가 거기에
서 소수로 거류하였더니 거기에서
크고 강하고 번성한 민족이 되었는
데
6 애굽 사람이 우리를 학대하며 우리
를 괴롭히며 우리에게 중노동을 시
키므로
7 우리가 우리 조상의 하나님 여호와
께 부르짖었더니 여호와께서 우리
음성을 들으시고 우리의 고통과 신
고와 압제를 보시고
8 여호와께서 강한 손과 편 팔과 큰
위엄과 이적과 기사로 우리를 애굽
에서 인도하여 내시고
9 이곳으로 인도하사 이 땅 곧 젖과
꿀이 흐르는 땅을 주셨나이다

10 여호와여 이제 내가 주께서 내게
주신 토지 소산의 맏물을 가져왔나
이다 하고 너는 그것을 네 하나님
여호와 앞에 두고 네 하나님 여호
와 앞에 경배할 것이며
11 네 하나님 여호와께서 너와 네 집
에 주신 모든 복으로 말미암아 너
는 레위인과 너희 가운데에 거류하
는 객과 함께 즐거워할지니라
12 ●셋째 해 곧 십일조를 드리는 해
에 네 모든 소산의 십일조 내기를
마친 후에 그것을 레위인과 객과
고아와 과부에게 주어 네 성읍 안
에서 먹고 배부르게 하라
13 그리 할 때에 네 하나님 여호와 앞
에 아뢰기를 내가 성물을 내 집에
서 내어 레위인과 객과 고아와 과
부에게 주기를 주께서 내게 명령하
신 명령대로 하였사오니 내가 주의
명령을 범하지도 아니하였고 잊지
도 아니하였나이다
14 내가 애곡하는 날에 이 성물을 먹
지 아니하였고 부정한 몸으로 이를
떼어두지 아니하였고 죽은 자를 위
하여 이를 쓰지 아니하였고 내 하
나님 여호와의 말씀을 청종하여 주
께서 내게 명령하신 대로 다 행하
였사오니
15 원하건대 주의 거룩한 처소 하늘에
서 보시고 주의 백성 이스라엘에
게 복을 주시며 우리 조상들에게
맹세하여 우리에게 주신 젖과 꿀
이 흐르는 땅에 복을 내리소서 할
지니라

하나님의 보배로운 백성

16 ●오늘 네 하나님 여호와께서 이
규례와 법도를 행하라고 네게 명령
하시나니 그런즉 너는 마음을 다하
고 뜻을 다하여 지켜 행하라
17 네가 오늘 여호와를 네 하나님으로
인정하고 또 그 도를 행하고 그의
규례와 명령과 법도를 지키며 그의
소리를 들으리라 확언하였고
18 여호와께서도 네게 말씀하신 대로
오늘 너를 그의 보배로운 백성이
되게 하시고 그의 모든 명령을 지
키라 확언하셨느니라
19 그런즉 여호와께서 너를 그 지으신
모든 민족 위에 뛰어나게 하사 찬
송과 명예와 영광을 삼으시고 그가
말씀하신 대로 너를 네 하나님 여
호와의 성민이 되게 하시리라

돌 위에 기록한 율법

27 모세와 이스라엘 장로들이 백
성에게 명령하여 이르되 내가
오늘 너희에게 명령하는 이 명령을
너희는 다 지킬지니라
2 너희가 요단을 건너 네 하나님 여
호와께서 네게 주시는 땅에 들어가
는 날에 큰 돌들을 세우고 석회를
바르라
3 요단을 건넌 후에 이 율법의 모든
말씀을 그 위에 기록하라 그리하면
네 하나님 여호와께서 네게 주시는
땅 곧 젖과 꿀이 흐르는 땅에 네가
들어가기를 네 조상들의 하나님 여
호와께서 네게 말씀하신 대로 하리
라
4 너희가 요단을 건너거든 내가 오늘
너희에게 명령하는 이 돌들을 에발
산에 세우고 그 위에 석회를 바를
것이며
5 또 거기서 네 하나님 여호와를 위
하여 제단 곧 돌단을 쌓되 그것에
쇠 연장을 대지 말지니라
6 너는 다듬지 않은 돌로 네 하나님
여호와의 제단을 쌓고 그 위에 네
하나님 여호와께 번제를 드릴 것이
며
7 또 화목제를 드리고 거기에서 먹으

며 네 하나님 여호와 앞에서 즐거
워하라
8 너는 이 율법의 모든 말씀을 그 돌
들 위에 분명하고 정확하게 기록할
지니라
9 ●모세와 레위 제사장들이 온 이스
라엘에게 말하여 이르되 이스라엘
아 잠잠하여 들으라 오늘 네가 네
하나님 여호와의 백성이 되었으니
10 그런즉 네 하나님 여호와의 말씀을
청종하여 내가 오늘 네게 명령하는
그 명령과 규례를 행할지니라

에발 산에서 선포한 저주

11 ●모세가 그날 백성에게 명령하여
이르되
12 너희가 요단을 건넌 후에 시므온과
레위와 유다와 잇사갈과 요셉과 베
냐민은 백성을 축복하기 위하여 그
리심 산에 서고
13 르우벤과 갓과 아셀과 스불론과 단
과 납달리는 저주하기 위하여 에발
산에 서고
14 레위 사람은 큰 소리로 이스라엘
모든 사람에게 말하여 이르기를
15 장색의 손으로 조각하였거나 부어
만든 우상은 여호와께 가증하니 그
것을 만들어 은밀히 세우는 자는
저주를 받을 것이라 할 것이요 모
든 백성은 응답하여 말하되 아멘
할지니라
16 ●그의 부모를 경홀히 여기는 자는
저주를 받을 것이라 할 것이요 모
든 백성은 아멘 할지니라
17 ●그의 이웃의 경계표를 옮기는 자
는 저주를 받을 것이라 할 것이요
모든 백성은 아멘 할지니라
18 ●맹인에게 길을 잃게 하는 자는
저주를 받을 것이라 할 것이요 모
든 백성은 아멘 할지니라
19 ●객이나 고아나 과부의 송사를 억
울하게 하는 자는 저주를 받을 것
이라 할 것이요 모든 백성은 아멘
할지니라
20 ●그의 아버지의 아내와 동침하는
자는 그의 아버지의 하체를 드러냈
으니 저주를 받을 것이라 할 것이
요 모든 백성은 아멘 할지니라
21 ●짐승과 교합하는 모든 자는 저주
를 받을 것이라 할 것이요 모든 백
성은 아멘 할지니라
22 ●그의 자매 곧 그의 아버지의 딸
이나 어머니의 딸과 동침하는 자는
저주를 받을 것이라 할 것이요 모
든 백성은 아멘 할지니라
23 ●장모와 동침하는 자는 저주를 받
을 것이라 할 것이요 모든 백성은
아멘 할지니라
24 ●그의 이웃을 암살하는 자는 저주
를 받을 것이라 할 것이요 모든 백
성은 아멘 할지니라
25 ●무죄한 자를 죽이려고 뇌물을 받
는 자는 저주를 받을 것이라 할 것
이요 모든 백성은 아멘 할지니라
26 ●이 율법의 말씀을 실행하지 아니
하는 자는 저주를 받을 것이라 할
것이요 모든 백성은 아멘 할지니라

순종하여 받는 복

(레 26:3-13; 신 7:12-24)

28 네가 네 하나님 여호와의 말
씀을 삼가 듣고 내가 오늘 네
게 명령하는 그의 모든 명령을 지
켜 행하면 네 하나님 여호와께서
너를 세계 모든 민족 위에 뛰어나
게 하실 것이라
2 네가 네 하나님 여호와의 말씀을
청종하면 이 모든 복이 네게 임하
며 네게 이르리니
3 성읍에서도 복을 받고 들에서도 복
을 받을 것이며
4 네 몸의 자녀와 네 토지의 소산과

네 짐승의 새끼와 소와 양의 새끼
가 복을 받을 것이며
5 네 광주리와 떡 반죽 그릇이 복을
받을 것이며
6 네가 들어와도 복을 받고 나가도
복을 받을 것이니라
7 ●여호와께서 너를 대적하기 위해
일어난 적군들을 네 앞에서 패하게
하시리라 그들이 한 길로 너를 치
러 들어왔으나 네 앞에서 일곱 길
로 도망하리라
8 여호와께서 명령하사 네 창고와 네
손으로 하는 모든 일에 복을 내리
시고 네 하나님 여호와께서 네게
주시는 땅에서 네게 복을 주실 것
이며
9 여호와께서 네게 맹세하신 대로 너
를 세워 자기의 성민이 되게 하시
리니 이는 네가 네 하나님 여호와
의 명령을 지켜 그 길로 행할 것임
이니라
10 땅의 모든 백성이 여호와의 이름이
너를 위하여 불리는 것을 보고 너
를 두려워하리라
11 여호와께서 네게 주리라고 네 조상
들에게 맹세하신 땅에서 네게 복을
주사 네 몸의 소생과 가축의 새끼
와 토지의 소산을 많게 하시며
12 여호와께서 너를 위하여 하늘의 아
름다운 보고를 여시사 네 땅에 때
를 따라 비를 내리시고 네 손으로
하는 모든 일에 복을 주시리니 네
가 많은 민족에게 꾸어줄지라도 너
는 꾸지 아니할 것이요
13 여호와께서 너를 머리가 되고 꼬리
가 되지 않게 하시며 위에만 있고
아래에 있지 않게 하시리니 오직
너는 내가 오늘 네게 명령하는 네
하나님 여호와의 명령을 듣고 지켜
행하며
14 내가 오늘 너희에게 명령하는 그
말씀을 떠나 좌로나 우로나 치우치
지 아니하고 다른 신을 따라 섬기
지 아니하면 이와 같으리라
15 네가 만일 네 하나님 여호와의 말
씀을 순종하지 아니하여 내가 오늘
네게 명령하는 그의 모든 명령과
규례를 지켜 행하지 아니하면 이
모든 저주가 네게 임하며 네게 이
를 것이니
16 네가 성읍에서도 저주를 받으며 들
에서도 저주를 받을 것이요
17 또 네 광주리와 떡 반죽 그릇이 저
주를 받을 것이요
18 네 몸의 소생과 네 토지의 소산과
네 소와 양의 새끼가 저주를 받을
것이며
19 네가 들어와도 저주를 받고 나가도
저주를 받으리라

불순종하여 받는 저주

20 ●네가 악을 행하여 [1]그를 잊으므
로 네 손으로 하는 모든 일에 여호
와께서 저주와 혼란과 책망을 내리
사 망하며 속히 파멸하게 하실 것
이며
21 여호와께서 네 몸에 염병이 들게
하사 네가 들어가 차지할 땅에서
마침내 너를 멸하실 것이며
22 여호와께서 폐병과 열병과 염증과
학질과 한재와 풍재와 썩는 재앙으
로 너를 치시리니 이 재앙들이 너를
따라서 너를 진멸하게 할 것이라
23 네 머리 위의 하늘은 놋이 되고 네
아래의 땅은 철이 될 것이며
24 여호와께서 비 대신에 티끌과 모래
를 네 땅에 내리시리니 그것들이
하늘에서 네 위에 내려 마침내 너
를 멸하리라
25 ●여호와께서 네 적군 앞에서 너를

1) 히, 나

패하게 하시리니 네가 그들을 치러
한 길로 나가서 그들 앞에서 일곱
길로 도망할 것이며 네가 또 땅의
모든 나라 중에 흩어지고
26 네 시체가 공중의 모든 새와 땅의
짐승들의 밥이 될 것이나 그것들을
쫓아줄 자가 없을 것이며
27 여호와께서 애굽의 종기와 치질과
괴혈병과 피부병으로 너를 치시리
니 네가 치유받지 못할 것이며
28 여호와께서 또 너를 미치는 것과
눈 머는 것과 정신병으로 치시리니
29 맹인이 어두운 데에서 더듬는 것과
같이 네가 백주에도 더듬고 네 길
이 형통하지 못하여 항상 압제와
노략을 당할 뿐이리니 너를 구원할
자가 없을 것이며
30 네가 여자와 약혼하였으나 다른 사
람이 그 여자와 같이 동침할 것이요
집을 건축하였으나 거기에 거주하
지 못할 것이요 포도원을 심었으나
네가 그 열매를 따지 못할 것이며
31 네 소를 네 목전에서 잡았으나 네
가 먹지 못할 것이며 네 나귀를 네
목전에서 빼앗겨도 도로 찾지 못할
것이며 네 양을 원수에게 빼앗길
것이나 너를 [1]도와줄 자가 없을 것
이며
32 네 자녀를 다른 민족에게 빼앗기고
종일 생각하고 찾음으로 눈이 피곤
하여지나 네 손에 힘이 없을 것이며
33 네 토지 소산과 네 수고로 얻은 것
을 네가 알지 못하는 민족이 먹겠
고 너는 항상 압제와 학대를 받을
뿐이리니
34 이러므로 네 눈에 보이는 일로 말
미암아 네가 미치리라
35 여호와께서 네 무릎과 다리를 쳐서
고치지 못할 심한 종기를 생기게
하여 발바닥에서부터 정수리까지
이르게 하시리라
36 ●여호와께서 너와 네가 세울 네
임금을 너와 네 조상들이 알지 못
하던 나라로 끌어 가시리니 네가
거기서 목석으로 만든 다른 신들을
섬길 것이며
37 여호와께서 너를 끌어 가시는 모든
민족 중에서 네가 놀람과 속담과
비방거리가 될 것이라
38 네가 많은 종자를 들에 뿌릴지라도
메뚜기가 먹으므로 거둘 것이 적을
것이며
39 네가 포도원을 심고 가꿀지라도 벌
레가 먹으므로 포도를 따지 못하고
포도주를 마시지 못할 것이며
40 네 모든 경내에 감람나무가 있을지
라도 그 열매가 떨어지므로 그 기
름을 네 몸에 바르지 못할 것이며
41 네가 자녀를 낳을지라도 그들이 포
로가 되므로 너와 함께 있지 못할
것이며
42 네 모든 나무와 토지 소산은 메뚜
기가 먹을 것이며
43 너의 중에 우거하는 이방인은 점점
높아져서 네 위에 뛰어나고 너는
점점 낮아질 것이며
44 그는 네게 꾸어줄지라도 너는 그에
게 꾸어주지 못하리니 그는 머리가
되고 너는 꼬리가 될 것이라
45 네가 네 하나님 여호와의 말씀을
청종하지 아니하고 네게 명령하신
그의 명령과 규례를 지키지 아니하
므로 이 모든 저주가 네게 와서 너
를 따르고 네게 이르러 마침내 너
를 멸하리니
46 이 모든 저주가 너와 네 자손에게 영
원히 있어서 표징과 훈계가 되리라
47 ●네가 모든 것이 풍족하여도 기쁨
과 즐거운 마음으로 네 하나님 여

1) 히, 구원할

호와를 섬기지 아니함으로 말미암
아
48 네가 주리고 목마르고 헐벗고 모든
것이 부족한 중에서 여호와께서 보
내사 너를 치게 하실 적군을 섬기
게 될 것이니 그가 철 멍에를 네 목
에 메워 마침내 너를 멸할 것이라
49 곧 여호와께서 멀리 땅끝에서 한 민
족을 독수리가 날아오는 것같이 너
를 치러 오게 하시리니 이는 네가
그 언어를 알지 못하는 민족이요
50 그 용모가 흉악한 민족이라 노인을
보살피지 아니하며 유아를 불쌍히
여기지 아니하며
51 네 가축의 새끼와 네 토지의 소산
을 먹어 마침내 너를 멸망시키며
또 곡식이나 포도주나 기름이나 소
의 새끼나 양의 새끼를 너를 위하
여 남기지 아니하고 마침내 너를
멸절시키리라
52 그들이 전국에서 네 모든 성읍을
에워싸고 네가 의뢰하는 높고 견고
한 성벽을 다 헐며 네 하나님 여호
와께서 네게 주시는 땅의 모든 성
읍에서 너를 에워싸리니
53 네가 적군에게 에워싸이고 맹렬한
공격을 받아 곤란을 당하므로 네 하
나님 여호와께서 네게 주신 자녀 곧
네 몸의 소생의 살을 먹을 것이라
54 너희 중에 온유하고 연약한 남자까
지도 그의 형제와 그의 품의 아내
와 그의 남은 자녀를 미운 눈으로
바라보며
55 자기가 먹는 그 자녀의 살을 그 중
누구에게든지 주지 아니하리니 이
는 네 적군이 네 모든 성읍을 에워
싸고 맹렬히 너를 쳐서 곤란하게
하므로 아무것도 그에게 남음이 없
는 까닭일 것이며
56 또 너희 중에 온유하고 연약한 부
녀 곧 온유하고 연약하여 자기 발
바닥으로 땅을 밟아 보지도 아니하
던 자라도 자기 품의 남편과 자기
자녀를 미운 눈으로 바라보며
57 자기 다리 사이에서 나온 태와 자
기가 낳은 어린 자식을 남몰래 먹
으리니 이는 네 적군이 네 생명을
에워싸고 맹렬히 쳐서 곤란하게 하
므로 아무것도 얻지 못함이리라
58 ●네가 만일 이 책에 기록한 이 율
법의 모든 말씀을 지켜 행하지 아
니하고 네 하나님 여호와라 하는
영화롭고 두려운 이름을 경외하지
아니하면
59 여호와께서 네 재앙과 네 자손의
재앙을 극렬하게 하시리니 그 재앙
이 크고 오래고 그 질병이 중하고
오랠 것이라
60 여호와께서 네가 두려워하던 애굽
의 모든 질병을 네게로 가져다가
네 몸에 들어붙게 하실 것이며
61 또 이 율법책에 기록하지 아니한
모든 질병과 모든 재앙을 네가 멸
망하기까지 여호와께서 네게 내리
실 것이니
62 너희가 하늘의 별같이 많을지라도
네 하나님 여호와의 말씀을 청종하
지 아니하므로 남는 자가 얼마 되
지 못할 것이라
63 여호와께서 너희에게 선을 행하시
고 너희를 번성하게 하시기를 기뻐
하시던 것같이 이제는 여호와께서
너희를 망하게 하시며 멸하시기를
기뻐하시리니 너희가 들어가 차지
할 땅에서 뽑힐 것이요
64 여호와께서 너를 땅 이 끝에서 저
끝까지 만민 중에 흩으시리니 네가
그곳에서 너와 네 조상들이 알지
못하던 목석 우상을 섬길 것이라
65 그 여러 민족 중에서 네가 평안함

을 얻지 못하며 네 발바닥이 쉴 곳
도 얻지 못하고 여호와께서 거기에
서 네 마음을 떨게 하고 눈을 쇠하
게 하고 정신을 산란하게 하시리니
66 네 생명이 위험에 처하고 주야로
두려워하며 네 생명을 확신할 수
없을 것이라
67 네 마음의 두려움과 눈이 보는 것
으로 말미암아 아침에는 이르기를
아하 저녁이 되었으면 좋겠다 할
것이요 저녁에는 이르기를 아하 아
침이 되었으면 좋겠다 하리라
68 여호와께서 너를 배에 싣고 전에
네게 말씀하여 이르시기를 네가 다
시는 그 길을 보지 아니하리라 하
시던 그 길로 너를 애굽으로 끌어
가실 것이라 거기서 너희가 너희
몸을 적군에게 남녀 종으로 팔려
하나 너희를 살 자가 없으리라

모압 땅에서 세우신 언약

29 호렙에서 이스라엘 자손과 세
우신 언약 외에 여호와께서
모세에게 명령하여 모압 땅에서 그
들과 세우신 언약의 말씀은 이러하
니라
2 ●모세가 온 이스라엘을 소집하고
그들에게 이르되 여호와께서 애굽
땅에서 너희의 목전에 바로와 그의
모든 신하와 그의 온 땅에 행하신
모든 일을 너희가 보았나니
3 곧 그 큰 시험과 이적과 큰 기사를
네 눈으로 보았느니라
4 그러나 깨닫는 마음과 보는 눈과 듣
는 귀는 오늘까지 여호와께서 너희
에게 주지 아니하셨느니라
5 [1]주께서 사십 년 동안 너희를 광야
에서 인도하셨거니와 너희 몸의 옷
이 낡아지지 아니하였고 너희 발의
신이 해어지지 아니하였으며
6 너희에게 떡도 먹지 못하며 포도주
나 독주를 마시지 못하게 하셨음은
[2]주는 너희의 하나님 여호와이신
줄을 알게 하려 하심이니라
7 너희가 이곳에 올 때에 헤스본 왕
시혼과 바산 왕 옥이 우리와 싸우
러 나왔으므로 우리가 그들을 치고
8 그 땅을 차지하여 르우벤과 갓과
므낫세 반 지파에게 기업으로 주었
나니
9 그런즉 너희는 이 언약의 말씀을
지켜 행하라 그리하면 너희가 하는
모든 일이 형통하리라
10 ●오늘 너희 곧 너희의 수령과 너
희의 지파와 너희의 장로들과 너희
의 지도자와 이스라엘 모든 남자와
11 너희의 유아들과 너희의 아내와 및
네 진중에 있는 객과 너를 위하여
나무를 패는 자로부터 물 긷는 자
까지 다 너희의 하나님 여호와 앞
에 서 있는 것은
12 네 하나님 여호와의 언약에 참여하
며 또 네 하나님 여호와께서 오늘
네게 하시는 맹세에 참여하여
13 여호와께서 네게 말씀하신 대로 또
네 조상 아브라함과 이삭과 야곱에
게 맹세하신 대로 오늘 너를 세워
자기 백성을 삼으시고 그는 친히
네 하나님이 되시려 함이니라
14 ●내가 이 언약과 맹세를 너희에게
만 세우는 것이 아니라
15 오늘 우리 하나님 여호와 앞에서
우리와 함께 여기 서 있는 자와 오
늘 우리와 함께 여기 있지 아니한
자에게까지이니
16 (우리가 애굽 땅에서 살았던 것과
너희가 여러 나라를 통과한 것을
너희가 알며
17 너희가 또 그들 중에 있는 가증한
것과 목석과 은금의 우상을 보았느

1) 히, 내가 2) 히, 나는

니라)
18 너희 중에 남자나 여자나 가족이나
지파나 오늘 그 마음이 우리 하나님
여호와를 떠나서 그 모든 민족의 신
들에게 가서 섬길까 염려하며 독초
와 쑥의 뿌리가 너희 중에 생겨서
19 이 저주의 말을 듣고도 심중에 스
스로 복을 빌어 이르기를 내가 내
마음이 완악하여 젖은 것과 마른
것이 멸망할지라도 내게는 평안이
있으리라 할까 함이라
20 여호와는 이런 자를 사하지 않으실
뿐 아니라 그 위에 여호와의 분노
와 질투의 불을 부으시며 또 이 책
에 기록된 모든 저주를 그에게 더
하실 것이라 여호와께서 그의 이름
을 천하에서 지워버리시되
21 여호와께서 곧 이스라엘 모든 지파
중에서 그를 구별하시고 이 율법책
에 기록된 모든 언약의 저주대로
그에게 화를 더하시리라
22 ●너희 뒤에 일어나는 너희의 자손
과 멀리서 오는 객이 그 땅의 재앙
과 여호와께서 그 땅에 유행시키시
는 질병을 보며
23 그 온 땅이 유황이 되며 소금이 되
며 또 불에 타서 심지도 못하며 결
실함도 없으며 거기에는 아무 풀도
나지 아니함이 옛적에 여호와께서
진노와 격분으로 멸하신 소돔과 고
모라와 아드마와 스보임의 무너짐
과 같음을 보고 물을 것이요
24 여러 나라 사람들도 묻기를 여호와
께서 어찌하여 이 땅에 이같이 행
하셨느냐 이같이 크고 맹렬하게 노
하심은 무슨 뜻이냐 하면
25 그때에 사람들이 대답하기를 그 무
리가 자기 조상의 하나님 여호와께
서 그들의 조상을 애굽에서 인도하
여 내실 때에 더불어 세우신 언약
을 버리고
26 가서 자기들이 알지도 못하고 여호
와께서 그들에게 주시지도 아니한
다른 신들을 따라가서 그들을 섬기
고 절한 까닭이라
27 이러므로 여호와께서 이 땅에 진노
하사 이 책에 기록된 모든 저주대
로 재앙을 내리시고
28 여호와께서 또 진노와 격분과 크게
통한하심으로 그들을 이 땅에서 뽑
아내사 다른 나라에 내던지심이 오
늘과 같다 하리라
29 감추어진 일은 우리 하나님 여호와
께 속하였거니와 나타난 일은 영원
히 우리와 우리 자손에게 속하였나
니 이는 우리에게 이 율법의 모든
말씀을 행하게 하심이니라

복 받는 길

30 내가 네게 진술한 모든 복과
저주가 네게 임하므로 네가
네 하나님 여호와로부터 쫓겨간 모
든 나라 가운데서 이 일이 마음에
서 기억이 나거든
2 너와 네 자손이 네 하나님 여호와
께로 돌아와 내가 오늘 네게 명령
한 것을 온전히 따라 마음을 다하
고 뜻을 다하여 여호와의 말씀을
청종하면
3 네 하나님 여호와께서 마음을 돌이
키시고 너를 긍휼히 여기사 포로에
서 돌아오게 하시되 네 하나님 여
호와께서 흩으신 그 모든 백성 중
에서 너를 모으시리니
4 네 쫓겨간 자들이 하늘 가에 있을
지라도 네 하나님 여호와께서 거기
서 너를 모으실 것이며 거기서부터
너를 이끄실 것이라
5 네 하나님 여호와께서 너를 네 조
상들이 차지한 땅으로 돌아오게 하
사 네게 다시 그것을 차지하게 하

실 것이며 여호와께서 또 네게 선
을 행하사 너를 네 조상들보다 더
번성하게 하실 것이며
6 네 하나님 여호와께서 네 마음과
네 자손의 마음에 할례를 베푸사
너로 마음을 다하며 뜻을 다하여
네 하나님 여호와를 사랑하게 하사
너로 생명을 얻게 하실 것이며
7 네 하나님 여호와께서 네 적군과
너를 미워하고 핍박하던 자에게 이
모든 저주를 내리게 하시리니
8 너는 돌아와 다시 여호와의 말씀을
청종하고 내가 오늘 네게 명령하는
그 모든 명령을 행할 것이라
9-10 네가 네 하나님 여호와의 말씀을
청종하여 이 율법책에 기록된 그의
명령과 규례를 지키고 네 마음을
다하며 뜻을 다하여 여호와 네 하
나님께 돌아오면 네 하나님 여호와
께서 네 손으로 하는 모든 일과 네
몸의 소생과 네 가축의 새끼와 네
토지 소산을 많게 하시고 네게 복
을 주시되 곧 여호와께서 네 조상
들을 기뻐하신 것과 같이 너를 다
시 기뻐하사 네게 복을 주시리라
11 ●내가 오늘 네게 명령한 이 명령
은 네게 어려운 것도 아니요 먼 것
도 아니라
12 하늘에 있는 것이 아니니 네가 이
르기를 누가 우리를 위하여 하늘에
올라가 그의 명령을 우리에게로 가
지고 와서 우리에게 들려 행하게
하랴 할 것이 아니요
13 이것이 바다 밖에 있는 것이 아니
니 네가 이르기를 누가 우리를 위
하여 바다를 건너가서 그의 명령을
우리에게로 가지고 와서 우리에게
들려 행하게 하랴 할 것도 아니라
14 오직 그 말씀이 네게 매우 가까워
서 네 입에 있으며 네 마음에 있은
즉 네가 이를 행할 수 있느니라
15 ●보라 내가 오늘 생명과 복과 사
망과 화를 네 앞에 두었나니
16 곧 내가 오늘 네게 명령하여 네 하
나님 여호와를 사랑하고 그 모든
길로 행하며 그의 명령과 규례와
법도를 지키라 하는 것이라 그리하
면 네가 생존하며 번성할 것이요
또 네 하나님 여호와께서 네가 가
서 차지할 땅에서 네게 복을 주실
것임이니라
17 그러나 네가 만일 마음을 돌이켜
듣지 아니하고 유혹을 받아 다른
신들에게 절하고 그를 섬기면
18 내가 오늘 너희에게 선언하노니 너
희가 반드시 망할 것이라 너희가
요단을 건너가서 차지할 땅에서 너
희의 날이 길지 못할 것이니라
19 내가 오늘 하늘과 땅을 불러 너희
에게 증거를 삼노라 내가 생명과
사망과 복과 저주를 네 앞에 두었
은즉 너와 네 자손이 살기 위하여
생명을 택하고
20 네 하나님 여호와를 사랑하고 그의
말씀을 청종하며 또 그를 의지하라
[1]그는 네 생명이시요 네 장수이시
니 여호와께서 네 조상 아브라함과
이삭과 야곱에게 주리라고 맹세하
신 땅에 네가 거주하리라

여호수아가 모세의 뒤를 잇다

31 또 모세가 가서 온 이스라엘에
게 이 말씀을 전하여
2 그들에게 이르되 이제 내 나이 백
이십 세라 내가 더 이상 출입하지
못하겠고 여호와께서도 내게 이르
시기를 너는 이 요단을 건너지 못
하리라 하셨느니라
3 여호와께서 이미 말씀하신 것과 같
이 네 하나님 여호와께서 너보다

1) 그것이

먼저 건너가사 이 민족들을 네 앞
에서 멸하시고 네가 그 땅을 차지
하게 할 것이며 여호수아는 네 앞
에서 건너갈지라
4 또한 여호와께서 이미 멸하신 아모
리 왕 시혼과 옥과 및 그 땅에 행하
신 것과 같이 그들에게도 행하실
것이라
5 또한 여호와께서 그들을 너희 앞에
넘기시리니 너희는 내가 너희에게
명한 모든 명령대로 그들에게 행할
것이라
6 너희는 강하고 담대하라 두려워하
지 말라 그들 앞에서 떨지 말라 이
는 네 하나님 여호와 그가 너와 함께
가시며 결코 너를 떠나지 아니하시
며 버리지 아니하실 것임이라 하고
7 모세가 여호수아를 불러 온 이스라
엘의 목전에서 그에게 이르되 너는
강하고 담대하라 너는 이 백성을
거느리고 여호와께서 그들의 조상
에게 주리라고 맹세하신 땅에 들어
가서 그들에게 그 땅을 차지하게
하라
8 그리하면 여호와 그가 네 앞에서 가
시며 너와 함께하사 너를 떠나지 아
니하시며 버리지 아니하시리니 너
는 두려워하지 말라 놀라지 말라

일곱 해마다 율법을 낭독하여 주라

9 ●또 모세가 이 율법을 써서 여호
와의 언약궤를 메는 레위 자손 제
사장들과 이스라엘 모든 장로에게
주고
10 모세가 그들에게 명령하여 이르기
를 매 칠 년 끝 해 곧 면제년의 초
막절에
11 온 이스라엘이 네 하나님 여호와
앞 그가 택하신 곳에 모일 때에 이
율법을 낭독하여 온 이스라엘에게
듣게 할지니
12 곧 백성의 남녀와 어린이와 네 성
읍 안에 거류하는 타국인을 모으고
그들에게 듣고 배우고 네 하나님
여호와를 경외하며 이 율법의 모든
말씀을 지켜 행하게 하고
13 또 너희가 요단을 건너가서 차지할
땅에 거주할 동안에 이 말씀을 알
지 못하는 그들의 자녀에게 듣고
네 하나님 여호와 경외하기를 배우
게 할지니라

여호와께서 모세에게 하신 마지막 지시

14 ●여호와께서 모세에게 이르시되
네가 죽을 기한이 가까웠으니 여호
수아를 불러서 함께 회막으로 나아
오라 내가 그에게 명령을 내리리라
모세와 여호수아가 나아가서 회막
에 서니
15 여호와께서 구름 기둥 가운데에서
장막에 나타나시고 구름 기둥은 장
막 문 위에 머물러 있더라
16 또 여호와께서 모세에게 이르시되
너는 네 조상과 함께 누우려니와
이 백성은 그 땅으로 들어가 음란
히 그 땅의 이방 신들을 따르며 일
어날 것이요 나를 버리고 내가 그
들과 맺은 언약을 어길 것이라
17 내가 그들에게 진노하여 그들을 버
리며 내 얼굴을 숨겨 그들에게 보
이지 않게 할 것인즉 그들이 삼킴
을 당하여 허다한 재앙과 환난이
그들에게 임할 그때에 그들이 말하
기를 이 재앙이 우리에게 내림은
우리 하나님이 우리 가운데에 계시
지 않은 까닭이 아니냐 할 것이라
18 또 그들이 돌이켜 다른 신들을 따
르는 모든 악행으로 말미암아 내가
그때에 반드시 내 얼굴을 숨기리라
19 그러므로 이제 너희는 이 노래를
써서 이스라엘 자손들에게 가르쳐
그들의 입으로 부르게 하여 이 노

래로 나를 위하여 이스라엘 자손들
에게 증거가 되게 하라
20 내가 그들의 조상들에게 맹세한 바
젖과 꿀이 흐르는 땅으로 그들을
인도하여 들인 후에 그들이 먹어
배부르고 살찌면 돌이켜 다른 신들
을 섬기며 나를 멸시하여 내 언약
을 어기리니
21 그들이 수많은 재앙과 환난을 당할
때에 그들의 자손이 부르기를 잊지
아니한 이 노래가 그들 앞에 증인
처럼 되리라 나는 내가 맹세한 땅
으로 그들을 인도하여 들이기 전
오늘 나는 그들이 생각하는 바를
아노라
22 그러므로 모세가 그날 이 노래를
써서 이스라엘 자손들에게 가르쳤
더라
23 여호와께서 또 눈의 아들 여호수아
에게 명령하여 이르시되 너는 이스
라엘 자손들을 인도하여 내가 그들
에게 맹세한 땅으로 들어가게 하리
니 강하고 담대하라 내가 너와 함
께하리라 하시니라
24 ●모세가 이 율법의 말씀을 다 책
에 써서 마친 후에
25 모세가 여호와의 언약궤를 메는 레
위 사람에게 명령하여 이르되
26 이 율법책을 가져다가 너희 하나님
여호와의 언약궤 곁에 두어 너희에
게 증거가 되게 하라
27 내가 너희의 반역함과 목이 곧은
것을 아나니 오늘 내가 살아서 너
희와 함께 있어도 너희가 여호와를
거역하였거든 하물며 내가 죽은 후
의 일이랴
28 너희 지파 모든 장로와 관리들을
내 앞에 모으라 내가 이 말씀을 그
들의 귀에 들려주고 그들에게 하늘
과 땅을 증거로 삼으리라
29 내가 알거니와 내가 죽은 후에 너
희가 스스로 부패하여 내가 너희에
게 명령한 길을 떠나 여호와의 목
전에 악을 행하여 너희의 손으로
하는 일로 그를 격노하게 하므로
너희가 후일에 재앙을 당하리라 하
니라

모세의 노래

30 ●그리고 모세가 이스라엘 총회에
이 노래의 말씀을 끝까지 읽어 들
리니라

32 하늘이여 귀를 기울이라 내가
말하리라 땅은 내 입의 말을
들을지어다
2 내 교훈은 비처럼 내리고 내 말은
이슬처럼 맺히나니 연한 풀 위의
가는 비 같고 채소 위의 단비 같
도다
3 내가 여호와의 이름을 전파하리
니 너희는 우리 하나님께 위엄을
돌릴지어다
4 그는 반석이시니 그가 하신 일이
완전하고 그의 모든 길이 정의롭
고 진실하고 거짓이 없으신 하나
님이시니 공의로우시고 바르시도
다
5 그들이 여호와를 향하여 악을 행
하니 하나님의 자녀가 아니요 흠
이 있고 삐뚤어진 세대로다
6 어리석고 지혜 없는 백성아 여호
와께 이같이 보답하느냐 그는 네
아버지시요 너를 지으신 이가 아
니시냐 그가 너를 만드시고 너를
세우셨도다
7 옛날을 기억하라 역대의 연대를
생각하라 네 아버지에게 물으라
그가 네게 설명할 것이요 네 어른
들에게 물으라 그들이 네게 말하
리로다
8 지극히 높으신 자가 민족들에게

기업을 주실 때에, 인종을 나누실
때에 이스라엘 자손의 수효대로
백성들의 경계를 정하셨도다
9 여호와의 분깃은 자기 백성이라
야곱은 그가 택하신 기업이로다
10 여호와께서 그를 황무지에서, 짐
승이 부르짖는 광야에서 만나시
고 호위하시며 보호하시며 자기
의 눈동자같이 지키셨도다
11 마치 독수리가 자기의 보금자리
를 어지럽게 하며 자기의 새끼 위
에 너풀거리며 그의 날개를 펴서
새끼를 받으며 그의 날개 위에 그
것을 업는 것같이
12 여호와께서 홀로 그를 인도하셨
고 그와 함께한 다른 신이 없었도
다
13 여호와께서 그가 땅의 높은 곳을
타고 다니게 하시며 밭의 소산을
먹게 하시며 반석에서 꿀을, 굳은
반석에서 기름을 빨게 하시며
14 소의 엉긴 젖과 양의 젖과 어린
양의 기름과 바산에서 난 숫양과
염소와 지극히 아름다운 밀을 먹
이시며 또 포도즙의 붉은 술을 마
시게 하셨도다
15 그런데 여수룬이 기름지매 발로
찼도다 네가 살찌고 비대하고 윤
택하매 자기를 지으신 하나님을
버리고 자기를 구원하신 반석을
업신여겼도다
16 그들이 다른 신으로 그의 질투를
일으키며 가증한 것으로 그의 진
노를 격발하였도다
17 그들은 하나님께 제사하지 아니
하고 귀신들에게 하였으니 곧 그
들이 알지 못하던 신들, 근래에
들어온 새로운 신들 너희의 조상
들이 두려워하지 아니하던 것들
이로다

18 너를 낳은 반석을 네가 상관하지
아니하고 너를 내신 하나님을 네
가 잊었도다
19 그러므로 여호와께서 보시고 미
워하셨으니 그 자녀가 그를 격노
하게 한 까닭이로다
20 그가 말씀하시기를 내가 내 얼굴
을 그들에게서 숨겨 그들의 종말
이 어떠함을 보리니 그들은 심히
패역한 세대요 진실이 없는 자녀
임이로다
21 그들이 하나님이 아닌 것으로 내
질투를 일으키며 허무한 것으로
내 진노를 일으켰으니 나도 백성
이 아닌 자로 그들에게 시기가 나
게 하며 어리석은 민족으로 그들
의 분노를 일으키리로다
22 그러므로 내 분노의 불이 일어나
서 스올의 깊은 곳까지 불사르며
땅과 그 소산을 삼키며 산들의 터
도 불타게 하는도다
23 내가 재앙을 그들 위에 쌓으며 내
화살이 다할 때까지 그들을 쏘리
로다
24 그들이 주리므로 쇠약하며 불 같
은 더위와 독한 질병에 삼켜질 것
이라 내가 들짐승의 이와 티끌에
기는 것의 독을 그들에게 보내리
로다
25 밖으로는 칼에, 방 안에서는 놀람
에 멸망하리니 젊은 남자도 처녀
도 백발 노인과 함께 젖 먹는 아
이까지 그러하리로다
26 내가 그들을 흩어서 사람들 사이
에서 그들에 대한 기억이 끊어지
게 하리라 하였으나
27 혹시 내가 원수를 자극하여 그들
의 원수가 잘못 생각할까 걱정하
였으니 원수들이 말하기를 우리
의 수단이 높으며 여호와가 이 모

든 것을 행함이 아니라 할까 염려
함이라
28 그들은 모략이 없는 민족이라 그
들 중에 분별력이 없도다
29 만일 그들이 지혜가 있어 이것을
깨달았으면 자기들의 종말을 분
별하였으리라
30 그들의 반석이 그들을 팔지 아니
하였고 여호와께서 그들을 내주
지 아니하셨더라면 어찌 하나가
천을 쫓으며 둘이 만을 도망하게
하였으리요
31 진실로 그들의 반석이 우리의 반
석과 같지 아니하니 우리의 원수
들이 스스로 판단하도다
32 이는 그들의 포도나무는 소돔의
포도나무요 고모라의 밭의 소산
이라 그들의 포도는 독이 든 포도
이니 그 송이는 쓰며
33 그들의 포도주는 뱀의 독이요 독
사의 맹독이라
34 이것이 내게 쌓여 있고 내 곳간에
봉하여 있지 아니한가
35 그들이 실족할 그때에 내가 보복
하리라 그들의 환난날이 가까우
니 그들에게 닥칠 그 일이 속히
오리로다
36 참으로 여호와께서 자기 백성을
판단하시고 그 종들을 불쌍히 여
기시리니 곧 그들의 무력함과 갇
힌 자나 놓인 자가 없음을 보시는
때에로다
37 또한 그가 말씀하시기를 그들의
신들이 어디 있으며 그들이 피하
던 반석이 어디 있느냐
38 그들의 제물의 기름을 먹고 그들
의 전제의 제물인 포도주를 마시
던 자들이 일어나 너희를 돕게 하
고 너희를 위해 피난처가 되게 하
라
39 이제는 나 곧 내가 그인 줄 알라
나 외에는 신이 없도다 나는 죽이
기도 하며 살리기도 하며 상하게
도 하며 낫게도 하나니 내 손에서
능히 빼앗을 자가 없도다
40 이는 내가 하늘을 향하여 내 손을
들고 말하기를 내가 영원히 살리
라 하였노라
41 내가 내 번쩍이는 칼을 갈며 내
손이 정의를 붙들고 내 대적들에
게 복수하며 나를 미워하는 자들
에게 보응할 것이라
42 내 화살이 피에 취하게 하고 내
칼이 그 고기를 삼키게 하리니 곧
피살자와 포로된 자의 피요 [1]대적
의 우두머리의 머리로다
43 너희 민족들아 주의 백성과 즐거
워하라 주께서 그 종들의 피를 갚
으사 그 대적들에게 복수하시고
자기 땅과 자기 백성을 위하여 속
죄하시리로다
44 모세와 눈의 아들 호세아가 와서
이 노래의 모든 말씀을 백성에게
말하여 들리니라
45 모세가 이 모든 말씀을 온 이스라
엘에게 말하기를 마치고
46 그들에게 이르되 내가 오늘 너희에
게 증언한 모든 말을 너희의 마음
에 두고 너희의 자녀에게 명령하여
이 율법의 모든 말씀을 지켜 행하
게 하라
47 이는 너희에게 헛된 일이 아니라
너희의 생명이니 이 일로 말미암아
너희가 요단을 건너가 차지할 그
땅에서 너희의 날이 장구하리라
48 ●바로 그날에 여호와께서 모세에
게 말씀하여 이르시되
49 너는 여리고 맞은편 모압 땅에 있
는 아바림 산에 올라가 느보 산에

1) 히, 또는 장발한

이르러 내가 이스라엘 자손에게 기
업으로 주는 가나안 땅을 바라보라
50 네 형 아론이 호르 산에서 죽어 그
의 [1]조상에게로 돌아간 것같이 너
도 올라가는 이 산에서 죽어 네 조
상에게로 돌아가리니
51 이는 너희가 신 광야 가데스의 므
리바 물가에서 이스라엘 자손 중
내게 범죄하여 내 거룩함을 이스라
엘 자손 중에서 나타내지 아니한
까닭이라
52 네가 비록 내가 이스라엘 자손에게
주는 땅을 맞은편에서 바라보기는
하려니와 그리로 들어가지는 못하
리라 하시니라

모세의 축복

33 하나님의 사람 모세가 죽기
전에 이스라엘 자손을 위하여
축복함이 이러하니라
2 그가 일렀으되
여호와께서 시내 산에서 오시고
세일 산에서 일어나시고 바란 산
에서 비추시고 일만 성도 가운데
에 강림하셨고 그의 오른손에는
그들을 위해 [2]번쩍이는 불이 있도
다
3 여호와께서 백성을 사랑하시나니
모든 성도가 그의 수중에 있으며
주의 발 아래에 앉아서 주의 말씀
을 받는도다
4 모세가 우리에게 율법을 명령하
였으니 곧 야곱의 총회의 기업이
로다
5 여수룬에 왕이 있었으니 곧 백성
의 수령이 모이고 이스라엘 모든
지파가 함께한 때에로다
6 르우벤은 죽지 아니하고 살기를
원하며 그 사람 수가 적지 아니하
기를 원하나이다
7 유다에 대한 축복은 이러하니라 일
렀으되
여호와여 유다의 음성을 들으시
고 그의 백성에게로 인도하시오
며 그의 손으로 자기를 위하여 싸
우게 하시고 주께서 도우사 그가
그 대적을 치게 하시기를 원하나
이다
8 레위에 대하여는 일렀으되
주의 둠밈과 우림이 주의 경건한
자에게 있도다 주께서 그를 맛사
에서 시험하시고 므리바 물가에
서 그와 다투셨도다
9 그는 그의 부모에게 대하여 이르
기를 내가 그들을 보지 못하였다
하며 그의 형제들을 인정하지 아
니하며 그의 자녀를 알지 아니한
것은 주의 말씀을 준행하고 주의
언약을 지킴으로 말미암음이로다
10 주의 법도를 야곱에게, 주의 율법
을 이스라엘에게 가르치며 주 앞
에 분향하고 온전한 번제를 주의
제단 위에 드리리로다
11 여호와여 그의 재산을 풍족하게
하시고 그의 손의 일을 받으소서
그를 대적하여 일어나는 자와 미
워하는 자의 허리를 꺾으사 다시
일어나지 못하게 하옵소서
12 베냐민에 대하여는 일렀으되
여호와의 사랑을 입은 자는 그 곁
에 안전히 살리로다 여호와께서
그를 날이 마치도록 보호하시고
그를 자기 어깨 사이에 있게 하시
리로다
13 요셉에 대하여는 일렀으되
원하건대 그 땅이 여호와께 복을
받아 하늘의 보물인 이슬과 땅 아
래에 저장한 물과
14 태양이 결실하게 하는 선물과 태
음이 자라게 하는 선물과

1) 히, 백성 2) 불가타 역과 몇 사본에는 '불타는 율례'

15 옛 산의 좋은 산물과 영원한 작은
언덕의 선물과
16 땅의 선물과 거기 충만한 것과 가
시떨기나무 가운데에 계시던 이
의 은혜로 말미암아 복이 요셉의
머리에, 그의 형제 중 [1]구별한 자
의 정수리에 임할지로다
17 그는 첫 수송아지같이 위엄이 있
으니 그 뿔이 들소의 뿔 같도다
이것으로 민족들을 받아 땅끝까
지 이르리니 곧 에브라임의 자손
은 만만이요 므낫세의 자손은 천
천이리로다
18 스불론에 대하여는 일렀으되
스불론이여 너는 밖으로 나감을
기뻐하라 잇사갈이여 너는 장막
에 있음을 즐거워하라
19 그들이 백성들을 불러 산에 이르
게 하고 거기에서 의로운 제사를
드릴 것이며 바다의 풍부한 것과
모래에 감추어진 보배를 흡수하
리로다
20 갓에 대하여는 일렀으되
갓을 광대하게 하시는 이에게 찬
송을 부를지어다 갓이 암사자같
이 엎드리고 팔과 정수리를 찢는
도다
21 그가 자기를 위하여 먼저 기업을
택하였으니 곧 입법자의 분깃으
로 준비된 것이로다 그가 백성의
수령들과 함께 와서 여호와의 공
의와 이스라엘과 세우신 법도를
행하도다
22 단에 대하여는 일렀으되
단은 바산에서 뛰어나오는 사자
의 새끼로다
23 납달리에 대하여는 일렀으되
은혜가 풍성하고 여호와의 복이
가득한 납달리여 너는 [2]서쪽과 남
쪽을 차지할지로다
24 아셀에 대하여는 일렀으되
아셀은 아들들 중에 더 복을 받으
며 그의 형제에게 기쁨이 되며 그
의 발이 기름에 잠길지로다
25 네 문빗장은 철과 놋이 될 것이니
네가 사는 날을 따라서 능력이 있
으리로다
26 여수룬이여 하나님 같은 이가 없
도다 그가 너를 도우시려고 하늘
을 타고 궁창에서 위엄을 나타내
시는도다
27 영원하신 하나님이 네 처소가 되
시니 그의 영원하신 팔이 네 아래
에 있도다 그가 네 앞에서 대적을
쫓으시며 멸하라 하시도다
28 이스라엘이 안전히 거하며 야곱
의 샘은 곡식과 새 포도주의 땅에
홀로 있나니 곧 그의 하늘이 이슬
을 내리는 곳에로다
29 이스라엘이여 너는 행복한 사람
이로다 여호와의 구원을 너같이
얻은 백성이 누구냐 그는 너를
돕는 방패시요 네 영광의 칼이시
로다 네 대적이 네게 복종하리니
네가 그들의 높은 곳을 밟으리로
다

모세의 죽음

34 모세가 모압 평지에서 느보
산에 올라가 여리고 맞은편
비스가 산꼭대기에 이르매 여호와
께서 길르앗 온 땅을 단까지 보이
시고
2 또 온 납달리와 에브라임과 므낫세
의 땅과 서해까지의 유다 온 땅과
3 네겝과 종려나무의 성읍 여리고 골
짜기 평지를 소알까지 보이시고
4 여호와께서 그에게 이르시되 이는
내가 아브라함과 이삭과 야곱에게
맹세하여 그의 후손에게 주리라 한

1) 귀한 2) 바다 쪽

땅이라 내가 네 눈으로 보게 하였
거니와 너는 그리로 건너가지 못하
리라 하시매
5 이에 여호와의 종 모세가 여호와의
말씀대로 모압 땅에서 죽어
6 벳브올 맞은편 모압 땅에 있는 골
짜기에 장사되었고 오늘까지 그의
묻힌 곳을 아는 자가 없느니라
7 모세가 죽을 때 나이 백이십 세였
으나 그의 눈이 흐리지 아니하였고
기력이 쇠하지 아니하였더라
8 이스라엘 자손이 모압 평지에서 모
세를 위하여 애곡하는 기간이 끝나
도록 모세를 위하여 삼십 일을 애
곡하니라
9 ●모세가 눈의 아들 여호수아에게
안수하였으므로 그에게 지혜의 영
이 충만하니 이스라엘 자손이 여호
와께서 모세에게 명령하신 대로 여
호수아의 말을 순종하였더라
10 그 후에는 이스라엘에 모세와 같은
선지자가 일어나지 못하였나니 모
세는 여호와께서 대면하여 아시던
자요
11 여호와께서 그를 애굽 땅에 보내사
바로와 그의 모든 신하와 그의 온
땅에 모든 이적과 기사와
12 모든 큰 권능과 위엄을 행하게 하
시매 온 이스라엘의 목전에서 그것
을 행한 자이더라

여호수아

Joshua

여호와께서 여호수아에게 말씀하시다

1 여호와의 종 모세가 죽은 후에 여
호와께서 모세의 수종자 눈의 아
들 여호수아에게 말씀하여 이르시
되
2 내 종 모세가 죽었으니 이제 너는
이 모든 백성과 더불어 일어나 이
요단을 건너 내가 그들 곧 이스라
엘 자손에게 주는 그 땅으로 가라
3 내가 모세에게 말한 바와 같이 너
희 발바닥으로 밟는 곳은 모두 내
가 너희에게 주었노니
4 곧 광야와 이 레바논에서부터 큰
강 곧 유브라데 강까지 헷 족속의
온 땅과 또 해 지는 쪽 대해까지 너
희의 영토가 되리라
5 네 평생에 너를 능히 대적할 자가
없으리니 내가 모세와 함께 있었던
것같이 너와 함께 있을 것임이니라
내가 너를 떠나지 아니하며 버리지
아니하리니
6 강하고 담대하라 너는 내가 그들의
조상에게 맹세하여 그들에게 주리
라 한 땅을 이 백성에게 차지하게
하리라
7 오직 강하고 극히 담대하여 나의
종 모세가 네게 명령한 그 율법을
다 지켜 행하고 우로나 좌로나 치
우치지 말라 그리하면 어디로 가든
지 형통하리니
8 이 율법책을 네 입에서 떠나지 말
게 하며 주야로 그것을 묵상하여
그 안에 기록된 대로 다 지켜 행하
라 그리하면 네 길이 평탄하게 될
것이며 네가 형통하리라
9 내가 네게 명령한 것이 아니냐 강
하고 담대하라 두려워하지 말며 놀
라지 말라 네가 어디로 가든지 네
하나님 여호와가 너와 함께하느니
라 하시니라

여호수아가 백성에게 명령을 내리다

10 ●이에 여호수아가 그 백성의 관리
들에게 명령하여 이르되
11 진중에 두루 다니며 그 백성에게
명령하여 이르기를 양식을 준비하
라 사흘 안에 너희가 이 요단을 건
너 너희의 하나님 여호와께서 너희
에게 주사 차지하게 하시는 땅을
차지하기 위하여 들어갈 것임이니
라 하라
12 ●여호수아가 또 르우벤 지파와 갓
지파와 므낫세 반 지파에게 말하여
이르되
13 여호와의 종 모세가 너희에게 명령
하여 이르기를 너희의 하나님 여호
와께서 너희에게 안식을 주시며 이
땅을 너희에게 주시리라 하였나니
너희는 그 말을 기억하라
14 너희의 처자와 가축은 모세가 너희
에게 준 요단 이쪽 땅에 머무르려
니와 너희 모든 용사들은 무장하고
너희의 형제보다 앞서 건너가서 그
들을 돕되
15 여호와께서 너희를 안식하게 하신
것같이 너희의 형제도 안식하며 그
들도 너희의 하나님 여호와께서 주
시는 그 땅을 차지하기까지 하라
그리고 너희는 너희 소유지 곧 여
호와의 종 모세가 너희에게 준 요
단 이쪽 해 돋는 곳으로 돌아와서
그것을 차지할지니라
16 그들이 여호수아에게 대답하여 이
르되 당신이 우리에게 명령하신 것
은 우리가 다 행할 것이요 당신이
우리를 보내시는 곳에는 우리가 가
리이다
17 우리는 범사에 모세에게 순종한 것
같이 당신에게 순종하려니와 오직
당신의 하나님 여호와께서 모세와
함께 계시던 것같이 당신과 함께
계시기를 원하나이다
18 누구든지 당신의 명령을 거역하며
당신의 말씀을 순종하지 아니하는
자는 죽임을 당하리니 오직 강하고
담대하소서

여호수아가 여리고에 정탐꾼을 보내다

2 눈의 아들 여호수아가 싯딤에서
두 사람을 정탐꾼으로 보내며 이
르되 가서 그 땅과 여리고를 엿보
라 하매 그들이 가서 라합이라 하
는 기생의 집에 들어가 거기서 유
숙하더니
2 어떤 사람이 여리고 왕에게 말하여
이르되 보소서 이 밤에 이스라엘
자손 중의 몇 사람이 이 땅을 정탐
하러 이리로 들어왔나이다
3 여리고 왕이 라합에게 사람을 보내
어 이르되 네게로 와서 네 집에 들
어간 그 사람들을 끌어내라 그들은
이 온 땅을 정탐하러 왔느니라
4 그 여인이 그 두 사람을 이미 숨긴
지라 이르되 과연 그 사람들이 내
게 왔었으나 그들이 어디에서 왔는
지 나는 알지 못하였고
5 그 사람들이 어두워 성문을 닫을
때쯤 되어 나갔으니 어디로 갔는지
내가 알지 못하나 급히 따라가라
그리하면 그들을 따라잡으리라 하
였으나
6 그가 이미 그들을 이끌고 지붕에
올라가서 그 지붕에 벌여 놓은 삼
대에 숨겼더라
7 그 사람들은 요단 나루터까지 그들
을 쫓아갔고 그들을 뒤쫓는 자들이
나가자 곧 성문을 닫았더라
8 ●또 그들이 눕기 전에 라합이 지
붕에 올라가서 그들에게 이르러
9 말하되 여호와께서 이 땅을 너희에
게 주신 줄을 내가 아노라 우리가
너희를 심히 두려워하고 이 땅 주

민들이 다 너희 앞에서 간담이 녹
나니
10 이는 너희가 애굽에서 나올 때에
여호와께서 너희 앞에서 홍해 물을
마르게 하신 일과 너희가 요단 저
쪽에 있는 아모리 사람의 두 왕 시
혼과 옥에게 행한 일 곧 그들을 전
멸시킨 일을 우리가 들었음이니라
11 우리가 듣자 곧 마음이 녹았고 너
희로 말미암아 사람이 정신을 잃었
나니 너희의 하나님 여호와는 위로
는 하늘에서도 아래로는 땅에서도
하나님이시니라
12 그러므로 이제 청하노니 내가 너희
를 선대하였은즉 너희도 내 아버지
의 집을 선대하도록 여호와로 내게
맹세하고 내게 증표를 내라
13 그리고 나의 부모와 나의 남녀 형
제와 그들에게 속한 모든 사람을
살려 주어 우리 목숨을 죽음에서
건져내라
14 그 사람들이 그에게 이르되 네가
우리의 이 일을 누설하지 아니하면
우리의 목숨으로 너희를 대신할 것
이요 여호와께서 우리에게 이 땅을
주실 때에는 인자하고 진실하게 너
를 대우하리라
15 ●라합이 그들을 창문에서 줄로 달
아 내리니 그의 집이 성벽 위에 있
으므로 그가 성벽 위에 거주하였음
이라
16 라합이 그들에게 이르되 두렵건대
뒤쫓는 사람들이 너희와 마주칠까
하노니 너희는 산으로 가서 거기서
사흘 동안 숨어 있다가 뒤쫓는 자
들이 돌아간 후에 너희의 길을 갈
지니라
17 그 사람들이 그에게 이르되 네가
우리에게 서약하게 한 이 맹세에
대하여 우리가 허물이 없게 하리니
18 우리가 이 땅에 들어올 때에 우리
를 달아 내린 창문에 이 붉은 줄을
매고 네 부모와 형제와 네 아버지
의 가족을 다 네 집에 모으라
19 누구든지 네 집 문을 나가서 거리
로 가면 그의 피가 그의 머리로 돌
아갈 것이요 우리는 허물이 없으리
라 그러나 누구든지 너와 함께 집
에 있는 자에게 손을 대면 그의 피
는 우리의 머리로 돌아오려니와
20 네가 우리의 이 일을 누설하면 네
가 우리에게 서약하게 한 맹세에
대하여 우리에게 허물이 없으리라
하니
21 라합이 이르되 너희의 말대로 할
것이라 하고 그들을 보내어 가게
하고 붉은 줄을 창문에 매니라
22 ●그들이 가서 산에 이르러 뒤쫓는
자들이 돌아가기까지 사흘을 거기
머물매 뒤쫓는 자들이 그들을 길에
서 두루 찾다가 찾지 못하니라
23 그 두 사람이 돌이켜 산에서 내려
와 강을 건너 눈의 아들 여호수아
에게 나아가서 그들이 겪은 모든
일을 고하고
24 또 여호수아에게 이르되 진실로
여호와께서 그 온 땅을 우리 손에
주셨으므로 그 땅의 모든 주민이
우리 앞에서 간담이 녹더이다 하더
라

이스라엘 백성이 요단을 건너다

3 또 여호수아가 아침에 일찍이 일
어나서 그와 모든 이스라엘 자손
들과 더불어 싯딤에서 떠나 요단에
이르러 건너가기 전에 거기서 유숙
하니라
2 사흘 후에 관리들이 진중으로 두루
다니며
3 백성에게 명령하여 이르되 너희는
레위 사람 제사장들이 너희 하나님

여호와의 언약궤 메는 것을 보거든
너희가 있는 곳을 떠나 그 뒤를 따
르라
4 그러나 너희와 그 사이 거리가 이
천 [1]규빗쯤 되게 하고 그것에 가까
이하지는 말라 그리하면 너희가 행
할 길을 알리니 너희가 이전에 이
길을 지나보지 못하였음이니라 하
니라
5 여호수아가 또 백성에게 이르되 너
희는 자신을 성결하게 하라 여호와
께서 내일 너희 가운데에 기이한
일들을 행하시리라
6 여호수아가 또 제사장들에게 말하
여 이르되 언약궤를 메고 백성에
앞서 건너라 하매 곧 언약궤를 메
고 백성에 앞서 나아가니라
7 ●여호와께서 여호수아에게 이르
시되 내가 오늘부터 시작하여 너를
온 이스라엘의 목전에서 크게 하여
내가 모세와 함께 있었던 것같이
너와 함께 있는 것을 그들이 알게
하리라
8 너는 언약궤를 멘 제사장들에게 명
령하여 이르기를 너희가 요단 물가
에 이르거든 요단에 들어서라 하라
9 여호수아가 이스라엘 자손에게 이
르되 이리 와서 너희의 하나님 여
호와의 말씀을 들으라 하고
10 또 말하되 살아 계신 하나님이 너
희 가운데에 계시사 가나안 족속과
헷 족속과 히위 족속과 브리스 족
속과 기르가스 족속과 아모리 족속
과 여부스 족속을 너희 앞에서 반
드시 쫓아내실 줄을 이것으로서 너
희가 알리라
11 보라 온 땅의 주의 언약궤가 너희
앞에서 요단을 건너가나니
12 이제 이스라엘 지파 중에서 각 지
파에 한 사람씩 열두 명을 택하라
13 온 땅의 주 여호와의 궤를 멘 제사
장들의 발바닥이 요단 물을 밟고
멈추면 요단 물 곧 위에서부터 흘
러내리던 물이 끊어지고 한 곳에
쌓여 서리라
14 ●백성이 요단을 건너려고 자기들
의 장막을 떠날 때에 제사장들은
언약궤를 메고 백성 앞에서 나아가
니라
15 요단이 곡식 거두는 시기에는 항상
언덕에 넘치더라 궤를 멘 자들이
요단에 이르며 궤를 멘 제사장들의
발이 물가에 잠기자
16 곧 위에서부터 흘러내리던 물이 그
쳐서 사르단에 가까운 매우 멀리
있는 아담 성읍 변두리에 일어나
한 곳에 쌓이고 아라바의 바다 염
해로 향하여 흘러가는 물은 온전히
끊어지매 백성이 여리고 앞으로 바
로 건널새
17 여호와의 언약궤를 멘 제사장들은
요단 가운데 마른 땅에 굳게 섰고
그 모든 백성이 요단을 건너기를
마칠 때까지 모든 이스라엘은 그
마른 땅으로 건너갔더라

길갈에 세운 열두 돌

4 그 모든 백성이 요단을 건너가기
를 마치매 여호와께서 여호수아
에게 말씀하여 이르시되
2 백성의 각 지파에 한 사람씩 열두
사람을 택하고
3 그들에게 명령하여 이르기를 요단
가운데 제사장들의 발이 굳게 선
그곳에서 돌 열둘을 택하여 그것을
가져다가 오늘밤 너희가 유숙할 그
곳에 두게 하라 하시니라
4 여호수아가 이스라엘 자손 중에서
각 지파에 한 사람씩 준비한 그 열
두 사람을 불러

1) 히, 암마

5 그들에게 이르되 요단 가운데로 들
어가 너희 하나님 여호와의 궤 앞
으로 가서 이스라엘 자손들의 지파
수대로 각기 돌 한 개씩 가져다가
어깨에 메라
6 이것이 너희 중에 표징이 되리라
후일에 너희의 자손들이 물어 이르
되 이 돌들은 무슨 뜻이냐 하거든
7 그들에게 이르기를 요단 물이 여호
와의 언약궤 앞에서 끊어졌나니 곧
언약궤가 요단을 건널 때에 요단
물이 끊어졌으므로 이 돌들이 이스
라엘 자손에게 영원히 기념이 되리
라 하라 하니라
8 이스라엘 자손들이 여호수아가 명
령한 대로 행하되 여호와께서 여호
수아에게 이르신 대로 이스라엘 자
손들의 지파의 수를 따라 요단 가
운데에서 돌 열둘을 택하여 자기들
이 유숙할 곳으로 가져다가 거기에
두었더라
9 여호수아가 또 요단 가운데 곧 언
약궤를 멘 제사장들의 발이 선 곳
에 돌 열둘을 세웠더니 오늘까지
거기에 있더라
10 또 여호와께서 여호수아에게 명령
하사 백성에게 말하게 하신 일 곧
모세가 여호수아에게 명령한 일이
다 마치기까지 궤를 멘 제사장들이
요단 가운데에 서 있고 백성은 속
히 건넜으며
11 모든 백성이 건너기를 마친 후에
여호와의 궤와 제사장들이 백성의
목전에서 건넜으며
12 르우벤 자손과 갓 자손과 므낫세
반 지파는 모세가 그들에게 이른
것같이 무장하고 이스라엘 자손들
보다 앞서 건너갔으니
13 무장한 사만 명 가량이 여호와 앞
에서 건너가 싸우려고 여리고 평지
에 이르니라
14 그날에 여호와께서 모든 이스라엘
의 목전에서 여호수아를 크게 하시
매 그가 생존한 날 동안에 백성이
그를 두려워하기를 모세를 두려워
하던 것같이 하였더라
15 ●여호와께서 여호수아에게 말씀
하여 이르시되
16 증거궤를 멘 제사장들에게 명령하여
요단에서 올라오게 하라 하신지라
17 여호수아가 제사장들에게 명령하여
이르기를 요단에서 올라오라 하매
18 여호와의 언약궤를 멘 제사장들이
요단 가운데에서 나오며 그 발바닥
으로 육지를 밟는 동시에 요단 물
이 본 곳으로 도로 흘러서 전과 같
이 언덕에 넘쳤더라
19 ●첫째 달 십 일에 백성이 요단에
서 올라와 여리고 동쪽 경계 길갈
에 진치매
20 여호수아가 요단에서 가져온 그 열
두 돌을 길갈에 세우고
21 이스라엘 자손들에게 말하여 이르
되 후일에 너희의 자손들이 그들의
아버지에게 묻기를 이 돌들은 무슨
뜻이니이까 하거든
22 너희는 너희의 자손들에게 알게 하
여 이르기를 이스라엘이 마른 땅을
밟고 이 요단을 건넜음이라
23 너희의 하나님 여호와께서 요단 물
을 너희 앞에서 마르게 하사 너희를
건너게 하신 것이 너희의 하나님 여
호와께서 우리 앞에 홍해를 말리시
고 우리를 건너게 하심과 같았나니
24 이는 땅의 모든 백성에게 여호와의
손이 강하신 것을 알게 하며 너희
가 너희의 하나님 여호와를 항상
경외하게 하려 하심이라 하라

5 요단 서쪽의 아모리 사람의 모든
왕들과 해변의 가나안 사람의 모

든 왕들이 여호와께서 요단 물을
이스라엘 자손들 앞에서 말리시고
[1]우리를 건너게 하셨음을 듣고 마
음이 녹았고 이스라엘 자손들 때문
에 정신을 잃었더라

이스라엘이 길갈에서 할례를 받다

2 ●그때에 여호와께서 여호수아에
게 이르시되 너는 부싯돌로 칼을
만들어 이스라엘 자손들에게 다시
할례를 행하라 하시매
3 여호수아가 부싯돌로 칼을 만들어
[2]할례 산에서 이스라엘 자손들에게
할례를 행하니라
4 여호수아가 할례를 시행한 까닭은
이것이니 애굽에서 나온 모든 백성
중 남자 곧 모든 군사는 애굽에서
나온 후 광야 길에서 죽었는데
5 그 나온 백성은 다 할례를 받았으
나 다만 애굽에서 나온 후 광야 길
에서 난 자는 할례를 받지 못하였
음이라
6 이스라엘 자손들이 여호와의 음성
을 청종하지 아니하므로 여호와께
서 그들에게 대하여 맹세하사 그들
의 조상들에게 맹세하여 우리에게
주리라고 하신 땅 곧 젖과 꿀이 흐
르는 땅을 그들이 보지 못하게 하
리라 하시매 애굽에서 나온 족속
곧 군사들이 다 멸절하기까지 사십
년 동안을 광야에서 헤매었더니
7 그들의 대를 잇게 하신 이 자손에
게 여호수아가 할례를 행하였으니
길에서는 그들에게 할례를 행하지
못하였으므로 할례 없는 자가 되었
음이었더라
8 또 그 모든 백성에게 할례 행하기
를 마치매 백성이 진중 각 처소에
머물며 낫기를 기다릴 때에
9 여호와께서 여호수아에게 이르시
되 내가 오늘 애굽의 수치를 너희
에게서 떠나가게 하였다 하셨으므
로 그곳 이름을 오늘까지 [3]길갈이
라 하느니라
10 ●또 이스라엘 자손들이 길갈에 진
쳤고 그달 십사 일 저녁에는 여리고
평지에서 유월절을 지켰으며
11 유월절 이튿날에 그 땅의 소산물을
먹되 그날에 무교병과 볶은 곡식을
먹었더라
12 또 그 땅의 소산물을 먹은 다음 날
에 만나가 그쳤으니 이스라엘 사람
들이 다시는 만나를 얻지 못하였고
그 해에 가나안 땅의 소출을 먹었
더라

칼을 든 여호와의 군대 대장

13 ●여호수아가 여리고에 가까이 이
르렀을 때에 눈을 들어 본즉 한 사
람이 칼을 빼어 손에 들고 마주 서
있는지라 여호수아가 나아가서 그
에게 묻되 너는 우리를 위하느냐
우리의 적들을 위하느냐 하니
14 그가 이르되 아니라 나는 여호와의
군대 대장으로 지금 왔느니라 하는
지라 여호수아가 얼굴을 땅에 대고
엎드려 절하고 그에게 이르되 내
주여 종에게 무슨 말씀을 하려 하
시나이까
15 여호와의 군대 대장이 여호수아에
게 이르되 네 발에서 신을 벗으라
네가 선 곳은 거룩하니라 하니 여
호수아가 그대로 행하니라

여리고 성이 무너지다

6 이스라엘 자손들로 말미암아 여
리고는 굳게 닫혔고 출입하는 자
가 없더라
2 여호와께서 여호수아에게 이르시
되 보라 내가 여리고와 그 왕과 용
사들을 네 손에 넘겨주었으니
3 너희 모든 군사는 그 성을 둘러 성

1) 그들 2) 기브앗 하아랄롯 3) 굴러간다

주위를 매일 한 번씩 돌되 엿새 동
안을 그리하라
4 제사장 일곱은 일곱 양각 나팔을 잡
고 언약궤 앞에서 나아갈 것이요 일
곱째 날에는 그 성을 일곱 번 돌며
그 제사장들은 나팔을 불 것이며
5 제사장들이 양각 나팔을 길게 불어
그 나팔 소리가 너희에게 들릴 때
에는 백성은 다 큰 소리로 외쳐 부
를 것이라 그리하면 그 성벽이 무
너져 내리리니 백성은 각기 앞으로
올라갈지니라 하시매
6 눈의 아들 여호수아가 제사장들을
불러 그들에게 이르되 너희는 언약
궤를 메고 제사장 일곱은 양각 나
팔 일곱을 잡고 여호와의 궤 앞에
서 나아가라 하고
7 또 백성에게 이르되 나아가서 그
성을 돌되 무장한 자들이 여호와의
궤 앞에서 나아갈지니라 하니라
8 ●여호수아가 백성에게 이르기를
마치매 제사장 일곱은 양각 나팔
일곱을 잡고 여호와 앞에서 나아가
며 나팔을 불고 여호와의 언약궤는
그 뒤를 따르며
9 그 무장한 자들은 나팔 부는 제사
장들 앞에서 행진하며 후군은 궤
뒤를 따르고 제사장들은 나팔을 불
며 행진하더라
10 여호수아가 백성에게 명령하여 이
르되 너희는 외치지 말며 너희 음
성을 들리게 하지 말며 너희 입에
서 아무 말도 내지 말라 그리하다
가 내가 너희에게 명령하여 외치라
하는 날에 외칠지니라 하고
11 여호와의 궤가 그 성을 한 번 돌게
하고 그들이 진영으로 들어와서 진
영에서 자니라
12 ●또 여호수아가 아침에 일찍이 일
어나니 제사장들이 여호와의 궤를
메고
13 제사장 일곱은 양각 나팔 일곱을
잡고 여호와의 궤 앞에서 계속 행
진하며 나팔을 불고 무장한 자들은
그 앞에 행진하며 후군은 여호와의
궤 뒤를 따르고 제사장들은 나팔을
불며 행진하니라
14 그 둘째 날에도 그 성을 한 번 돌고
진영으로 돌아오니라 엿새 동안을
이같이 행하니라
15 ●일곱째 날 새벽에 그들이 일찍이
일어나서 전과 같은 방식으로 그
성을 일곱 번 도니 그 성을 일곱 번
돌기는 그날뿐이었더라
16 일곱 번째에 제사장들이 나팔을 불
때에 여호수아가 백성에게 이르되
외치라 여호와께서 너희에게 이 성
을 주셨느니라
17 이 성과 그 가운데에 있는 모든 것
은 여호와께 온전히 바치되 기생
라합과 그 집에 동거하는 자는 모
두 살려 주라 이는 우리가 보낸 사
자들을 그가 숨겨 주었음이니라
18 너희는 온전히 바치고 그 바친 것
중에서 어떤 것이든지 취하여 너희
가 이스라엘 진영으로 바치는 것이
되게 하여 고통을 당하게 되지 아
니하도록 오직 너희는 그 바친 물
건에 손대지 말라
19 은금과 동철 기구들은 다 여호와께
구별될 것이니 그것을 여호와의 곳
간에 들일지니라 하니라
20 이에 백성은 외치고 제사장들은 나
팔을 불매 백성이 나팔 소리를 들
을 때에 크게 소리 질러 외치니 성
벽이 무너져 내린지라 백성이 각기
앞으로 나아가 그 성에 들어가서
그 성을 점령하고
21 그 성 안에 있는 모든 것을 온전히
바치되 남녀 노소와 소와 양과 나

귀를 칼날로 멸하니라
22 ●여호수아가 그 땅을 정탐한 두
사람에게 이르되 그 기생의 집에
들어가서 너희가 그 여인에게 맹세
한 대로 그와 그에게 속한 모든 것
을 이끌어 내라 하매
23 정탐한 젊은이들이 들어가서 라합
과 그의 부모와 그의 형제와 그에
게 속한 모든 것을 이끌어 내고 또
그의 친족도 다 이끌어 내어 그들
을 이스라엘의 진영 밖에 두고
24 무리가 그 성과 그 가운데에 있는
모든 것을 불로 사르고 은금과 동
철 기구는 여호와의 집 곳간에 두
었더라
25 여호수아가 기생 라합과 그의 아버
지의 가족과 그에게 속한 모든 것
을 살렸으므로 그가 오늘까지 이스
라엘 중에 거주하였으니 이는 여호
수아가 여리고를 정탐하려고 보낸
사자들을 숨겼음이었더라
26 여호수아가 그때에 맹세하게 하여
이르되 누구든지 일어나서 이 여리
고 성을 건축하는 자는 여호와 앞
에서 저주를 받을 것이라 그 기초
를 쌓을 때에 그의 맏아들을 잃을
것이요 그 문을 세울 때에 그의 막
내아들을 잃으리라 하였더라
27 여호와께서 여호수아와 함께하시
니 여호수아의 소문이 그 온 땅에
퍼지니라

아간의 범죄

7 이스라엘 자손들이 온전히 바친
물건으로 말미암아 범죄하였으니
이는 유다 지파 세라의 증손 삽디의
손자 갈미의 아들 아간이 온전히 바
친 물건을 가졌음이라 여호와께서
이스라엘 자손들에게 진노하시니라
2 ●여호수아가 여리고에서 사람을
벧엘 동쪽 벧아웬 곁에 있는 아이
로 보내며 그들에게 말하여 이르되
올라가서 그 땅을 정탐하라 하매
그 사람들이 올라가서 아이를 정탐
하고
3 여호수아에게로 돌아와 그에게 이
르되 백성을 다 올라가게 하지 말
고 이삼천 명만 올라가서 아이를
치게 하소서 그들은 소수이니 모든
백성을 그리로 보내어 수고롭게 하
지 마소서 하므로
4 백성 중 삼천 명쯤 그리로 올라갔
다가 아이 사람 앞에서 도망하니
5 아이 사람이 그들을 삼십육 명쯤
쳐죽이고 성문 앞에서부터 스바림
까지 쫓아가 내려가는 비탈에서 쳤
으므로 백성의 마음이 녹아 물같이
된지라
6 여호수아가 옷을 찢고 이스라엘 장
로들과 함께 여호와의 궤 앞에서
땅에 엎드려 머리에 티끌을 뒤집어
쓰고 저물도록 있다가
7 이르되 슬프도소이다 주 여호와여
어찌하여 이 백성을 인도하여 요단
을 건너게 하시고 우리를 아모리
사람의 손에 넘겨 멸망시키려 하셨
나이까 우리가 요단 저쪽을 만족하
게 여겨 거주하였더면 좋을 뻔하였
나이다
8 주여 이스라엘이 그의 원수들 앞에
서 돌아섰으니 내가 무슨 말을 하
오리이까
9 가나안 사람과 이 땅의 모든 사람
들이 듣고 우리를 둘러싸고 우리
이름을 세상에서 끊으리니 주의 크
신 이름을 위하여 어떻게 하시려
하나이까 하니
10 여호와께서 여호수아에게 이르시
되 일어나라 어찌하여 이렇게 엎드
렸느냐
11 이스라엘이 범죄하여 내가 그들에

게 명령한 나의 언약을 어겼으며
또한 그들이 온전히 바친 물건을
가져가고 도둑질하며 속이고 그것
을 그들의 물건들 가운데에 두었느
니라
12 그러므로 이스라엘 자손들이 그들
의 원수 앞에 능히 맞서지 못하고
그 앞에서 돌아섰나니 이는 그들도
온전히 바친 것이 됨이라 그 온전
히 바친 물건을 너희 중에서 멸하
지 아니하면 내가 다시는 너희와
함께 있지 아니하리라
13 너는 일어나서 백성을 거룩하게 하
여 이르기를 너희는 내일을 위하여
스스로 거룩하게 하라 이스라엘의
하나님 여호와의 말씀에 이스라엘
아 너희 가운데에 온전히 바친 물
건이 있나니 너희가 그 온전히 바
친 물건을 너희 가운데에서 제하기
까지는 네 원수들 앞에 능히 맞서
지 못하리라
14 너희는 아침에 너희의 지파대로 가
까이 나아오라 여호와께 뽑히는 그
지파는 그 족속대로 가까이 나아올
것이요 여호와께 뽑히는 족속은 그
가족대로 가까이 나아올 것이요 여
호와께 뽑히는 그 가족은 그 남자
들이 가까이 나아올 것이며
15 온전히 바친 물건을 가진 자로 뽑
힌 자를 불사르되 그와 그의 모든
소유를 그리하라 이는 여호와의 언
약을 어기고 이스라엘 가운데에서
망령된 일을 행하였음이라 하셨다
하라
16 ●이에 여호수아가 아침 일찍이 일
어나서 이스라엘을 그의 지파대로
가까이 나아오게 하였더니 유다 지
파가 뽑혔고
17 유다 족속을 가까이 나아오게 하였
더니 세라 족속이 뽑혔고 세라 족
속의 각 남자를 가까이 나아오게
하였더니 삽디가 뽑혔고
18 삽디의 가족 각 남자를 가까이 나
아오게 하였더니 유다 지파 세라의
증손이요 삽디의 손자요 갈미의 아
들인 아간이 뽑혔더라
19 그러므로 여호수아가 아간에게 이
르되 내 아들아 청하노니 이스라엘
의 하나님 여호와께 영광을 돌려
그 앞에 자복하고 네가 행한 일을
내게 알게 하라 그 일을 내게 숨기
지 말라 하니
20 아간이 여호수아에게 대답하여 이
르되 참으로 나는 이스라엘의 하나
님 여호와께 범죄하여 이러이러하
게 행하였나이다
21 내가 노략한 물건 중에 시날 산의
아름다운 외투 한 벌과 은 이백 세
겔과 그 무게가 오십 세겔 되는 금
덩이 하나를 보고 탐내어 가졌나이
다 보소서 이제 그 물건들을 내 장
막 가운데 땅 속에 감추었는데 은
은 그 밑에 있나이다 하더라
22 ●이에 여호수아가 사자들을 보내
매 그의 장막에 달려가 본즉 물건
이 그의 장막 안에 감추어져 있는
데 은은 그 밑에 있는지라
23 그들이 그것을 장막 가운데서 취하
여 여호수아와 이스라엘 모든 자손
에게 가지고 오매 그들이 그것을
여호와 앞에 쏟아 놓으니라
24 여호수아가 이스라엘 모든 사람과
더불어 세라의 아들 아간을 잡고
그 은과 그 외투와 그 금덩이와 그
의 아들들과 그의 딸들과 그의 소
들과 그의 나귀들과 그의 [1]양들과
그의 장막과 그에게 속한 모든 것
을 이끌고 아골 골짜기로 가서
25 여호수아가 이르되 네가 어찌하여

1) 히, 양과 염소의 떼

우리를 괴롭게 하였느냐 여호와께
서 오늘 너를 괴롭게 하시리라 하
니 온 이스라엘이 그를 돌로 치고
물건들도 돌로 치고 불사르고
26 그 위에 돌 무더기를 크게 쌓았더
니 오늘까지 있더라 여호와께서 그
의 맹렬한 진노를 그치시니 그러므
로 그곳 이름을 오늘까지 [1]아골 골
짜기라 부르더라

아이 성을 점령하다

8 여호와께서 여호수아에게 이르
시되 두려워하지 말라 놀라지 말
라 군사를 다 거느리고 일어나 아
이로 올라가라 보라 내가 아이 왕
과 그의 백성과 그의 성읍과 그의
땅을 다 네 손에 넘겨주었으니
2 너는 여리고와 그 왕에게 행한 것
같이 아이와 그 왕에게 행하되 오
직 거기서 탈취할 물건과 가축은
스스로 가지라 너는 아이 성 뒤에
복병을 둘지니라 하시니
3 ●이에 여호수아가 일어나서 군사
와 함께 아이로 올라가려 하여 용
사 삼만 명을 뽑아 밤에 보내며
4 그들에게 명령하여 이르되 너희는
성읍 뒤로 가서 성읍을 향하여 매
복하되 그 성읍에서 너무 멀리하지
말고 다 스스로 준비하라
5 나와 나를 따르는 모든 백성은 다
성읍으로 가까이 가리니 그들이 처
음과 같이 우리에게로 쳐 올라올
것이라 그리할 때에 우리가 그들
앞에서 도망하면
6 그들이 나와서 우리를 추격하며 이
르기를 그들이 처음과 같이 우리 앞
에서 도망한다 하고 우리의 유인을
받아 그 성읍에서 멀리 떠날 것이라
우리가 그들 앞에서 도망하거든
7 너희는 매복한 곳에서 일어나 그
성읍을 점령하라 너희 하나님 여호
와께서 그 성읍을 너희 손에 주시
리라
8 너희가 그 성읍을 취하거든 그것을
불살라 여호와의 말씀대로 행하라
보라 내가 너희에게 명령하였느니
라 하고
9 그들을 보내매 그들이 매복할 곳으
로 가서 아이 서쪽 벧엘과 아이 사
이에 매복하였고 여호수아는 그 밤
에 백성 가운데에서 잤더라
10 ●여호수아가 아침에 일찍이 일어
나 백성을 점호하고 이스라엘 장로
들과 더불어 백성에 앞서 아이로
올라가매
11 그와 함께한 군사가 다 올라가서
그 성읍 앞에 가까이 이르러 아이
북쪽에 진치니 그와 아이 사이에는
한 골짜기가 있더라
12 그가 약 오천 명을 택하여 성읍 서
쪽 벧엘과 아이 사이에 매복시키니
13 이와 같이 성읍 북쪽에는 온 군대
가 있고 성읍 서쪽에는 복병이 있
었더라 여호수아가 그 밤에 골짜기
가운데로 들어가니
14 아이 왕이 이를 보고 그 성읍 백성
과 함께 일찍이 일어나 급히 나가
아라바 앞에 이르러 정한 때에 이
스라엘과 싸우려 하나 성읍 뒤에
복병이 있는 줄은 알지 못하였더라
15 여호수아와 온 이스라엘이 그들 앞
에서 거짓으로 패한 척하여 광야
길로 도망하매
16 그 성읍에 있는 모든 백성이 그들
을 추격하려고 모여 여호수아를 추
격하며 유인함을 받아 아이 성읍을
멀리 떠나니
17 아이와 벧엘에 이스라엘을 따라가
지 아니한 자가 하나도 없으며 성
문을 열어 놓고 이스라엘을 추격하

1) 괴로움

였더라
18 ●여호와께서 여호수아에게 이르
시되 네 손에 잡은 단창을 들어 아
이를 가리키라 내가 이 성읍을 네
손에 넘겨주리라 여호수아가 그의
손에 잡은 단창을 들어 그 성읍을
가리키니
19 그의 손을 드는 순간에 복병이 그
들의 자리에서 급히 일어나 성읍으
로 달려 들어가서 점령하고 곧 성
읍에 불을 놓았더라
20 아이 사람이 뒤를 돌아본즉 그 성
읍에 연기가 하늘에 닿은 것이 보
이니 이 길로도 저 길로도 도망할
수 없이 되었고 광야로 도망하던
이스라엘 백성은 그 추격하던 자에
게로 돌아섰더라
21 여호수아와 온 이스라엘이 그 복병
이 성읍을 점령함과 성읍에 연기가
오름을 보고 다시 돌이켜 아이 사
람들을 쳐죽이고
22 복병도 성읍에서 나와 그들을 치매
그들이 이스라엘 중간에 든지라 어
떤 사람들은 이쪽에서 어떤 사람들
은 저쪽에서 쳐죽여서 한 사람도
남거나 도망하지 못하게 하였고
23 아이 왕을 사로잡아 여호수아 앞으
로 끌어왔더라
24 ●이스라엘이 자기들을 광야로 추
격하던 모든 아이 주민을 들에서
죽이되 그들을 다 칼날에 엎드러지
게 하여 진멸하기를 마치고 온 이
스라엘이 아이로 돌아와서 칼날로
죽이매
25 그날에 엎드러진 아이 사람들은 남
녀가 모두 만 이천 명이라
26 아이 주민들을 진멸하여 바치기까
지 여호수아가 단창을 잡아 든 손
을 거두지 아니하였고
27 오직 그 성읍의 가축과 노략한 것은
여호와께서 여호수아에게 명령하신
대로 이스라엘이 탈취하였더라
28 이에 여호수아가 아이를 불살라 그
것으로 영원한 무더기를 만들었더
니 오늘까지 황폐하였으며
29 그가 또 아이 왕을 저녁 때까지 나
무에 달았다가 해 질 때에 명령하
여 그의 시체를 나무에서 내려 그
성문 어귀에 던지고 그 위에 돌로
큰 무더기를 쌓았더니 그것이 오늘
까지 있더라

에발 산에서 율법을 낭독하다

30 ●그때에 여호수아가 이스라엘의
하나님 여호와를 위하여 에발 산에
한 제단을 쌓았으니
31 이는 여호와의 종 모세가 이스라엘
자손에게 명령한 것과 모세의 율법
책에 기록된 대로 쇠 연장으로 다
듬지 아니한 새 돌로 만든 제단이
라 무리가 여호와께 번제물과 화목
제물을 그 위에 드렸으며
32 여호수아가 거기서 모세가 기록한
율법을 이스라엘 자손의 목전에서
그 돌에 기록하매
33 온 이스라엘과 그 장로들과 관리들
과 재판장들과 본토인뿐 아니라 이
방인까지 여호와의 언약궤를 멘 레
위 사람 제사장들 앞에서 궤의 좌
우에 서되 절반은 그리심 산 앞에,
절반은 에발 산 앞에 섰으니 이는
전에 여호와의 종 모세가 이스라엘
백성에게 축복하라고 명령한 대로
함이라
34 그 후에 여호수아가 율법책에 기록
된 모든 것대로 축복과 저주하는
율법의 모든 말씀을 낭독하였으니
35 모세가 명령한 것은 여호수아가 이
스라엘 온 회중과 여자들과 아이와
그들 중에 동행하는 거류민들 앞에
서 낭독하지 아니한 말이 하나도

없었더라

기브온 주민들이 여호수아를 속이다

9 이 일 후에 요단 서쪽 산지와 평
지와 레바논 앞 대해 연안에 있
는 헷 사람과 아모리 사람과 가나
안 사람과 브리스 사람과 히위 사
람과 여부스 사람의 모든 왕들이
이 일을 듣고
2 모여서 일심으로 여호수아와 이스
라엘에 맞서서 싸우려 하더라
3 ●기브온 주민들이 여호수아가 여
리고와 아이에 행한 일을 듣고
4 꾀를 내어 사신의 모양을 꾸미되 해
어진 전대와 해어지고 찢어져서 기
운 가죽 포도주 부대를 나귀에 싣고
5 그 발에는 낡아서 기운 신을 신고
낡은 옷을 입고 다 마르고 곰팡이
가 난 떡을 준비하고
6 그들이 길갈 진영으로 가서 여호수
아에게 이르러 그와 이스라엘 사람
들에게 이르되 우리는 먼 나라에서
왔나이다 이제 우리와 조약을 맺읍
시다 하니
7 이스라엘 사람들이 히위 사람에게
이르되 너희가 우리 가운데에 거주
하는 듯하니 우리가 어떻게 너희와
조약을 맺을 수 있으랴 하나
8 그들이 여호수아에게 이르되 우리
는 당신의 종들이니이다 하매 여호
수아가 그들에게 묻되 너희는 누구
며 어디서 왔느냐 하니
9 그들이 여호수아에게 대답하되 종
들은 당신의 하나님 여호와의 이름
으로 말미암아 심히 먼 나라에서
왔사오니 이는 우리가 그의 소문과
그가 애굽에서 행하신 모든 일을
들으며
10 또 그가 요단 동쪽에 있는 아모리
사람의 두 왕들 곧 헤스본 왕 시혼
과 아스다롯에 있는 바산 왕 옥에게
행하신 모든 일을 들었음이니이다
11 그러므로 우리 장로들과 우리 나라
의 모든 주민이 우리에게 말하여
이르되 너희는 여행할 양식을 손에
가지고 가서 그들을 만나서 그들에
게 이르기를 우리는 당신들의 종들
이니 이제 우리와 조약을 맺읍시다
하라 하였나이다
12 우리의 이 떡은 우리가 당신들에게
로 오려고 떠나던 날에 우리들의
집에서 아직도 뜨거운 것을 양식으
로 가지고 왔으나 보소서 이제 말
랐고 곰팡이가 났으며
13 또 우리가 포도주를 담은 이 가죽
부대도 새것이었으나 찢어지게 되
었으며 우리의 이 옷과 신도 여행
이 매우 길었으므로 낡아졌나이다
한지라
14 무리가 그들의 양식을 취하고는 어
떻게 할지를 여호와께 묻지 아니하
고
15 여호수아가 곧 그들과 화친하여 그
들을 살리리라는 조약을 맺고 회중
족장들이 그들에게 맹세하였더라
16 ●그들과 조약을 맺은 후 사흘이 지
나서야 그들이 이웃에서 자기들 중에
거주하는 자들이라 함을 들으니라
17 이스라엘 자손이 행군하여 셋째 날
에 그들의 여러 성읍들에 이르렀으
니 그들의 성읍들은 기브온과 그비
라와 브에롯과 기럇여아림이라
18 그러나 회중 족장들이 이스라엘의
하나님 여호와로 그들에게 맹세했
기 때문에 이스라엘 자손이 그들을
치지 못한지라 그러므로 회중이 다
족장들을 원망하니
19 모든 족장이 온 회중에게 이르되
우리가 이스라엘의 하나님 여호와
로 그들에게 맹세하였은즉 이제 그
들을 건드리지 못하리라

20 우리가 그들에게 맹세한 맹약으로
말미암아 진노가 우리에게 임할까
하노니 이렇게 행하여 그들을 살리
리라 하고
21 무리에게 이르되 그들을 살리라 하
니 족장들이 그들에게 이른 대로
그들이 온 회중을 위하여 나무를
패며 물을 긷는 자가 되었더라
22 ●여호수아가 그들을 불러다가 말
하여 이르되 너희가 우리 가운데에
거주하면서 어찌하여 심히 먼 곳에
서 왔다고 하여 우리를 속였느냐
23 그러므로 너희가 저주를 받나니 너
희가 대를 이어 종이 되어 다 내 하
나님의 집을 위하여 나무를 패며
물을 긷는 자가 되리라 하니
24 그들이 여호수아에게 대답하여 이
르되 당신의 하나님 여호와께서 그
의 종 모세에게 명령하사 이 땅을
다 당신들에게 주고 이 땅의 모든
주민을 당신들 앞에서 멸하라 하신
것이 당신의 종들에게 분명히 들리
므로 당신들로 말미암아 우리의 목
숨을 잃을까 심히 두려워하여 이같
이 하였나이다
25 보소서 이제 우리가 당신의 손에
있으니 당신의 의향에 좋고 옳은
대로 우리에게 행하소서 한지라
26 여호수아가 곧 그대로 그들에게 행
하여 그들을 이스라엘 자손의 손에
서 건져서 죽이지 못하게 하니라
27 그날에 여호수아가 그들을 여호와
께서 택하신 곳에서 회중을 위하며
여호와의 제단을 위하여 나무를 패
며 물을 긷는 자들로 삼았더니 오
늘까지 이르니라

여호수아가 기브온을 구하다

10 그때에 여호수아가 아이를 빼
앗아 진멸하되 여리고와 그 왕
에게 행한 것같이 아이와 그 왕에
게 행한 것과 또 기브온 주민이 이
스라엘과 화친하여 그 중에 있다
함을 예루살렘 왕 아도니세덱이 듣
고
2 크게 두려워하였으니 이는 기브온
은 왕도와 같은 큰 성임이요 아이보
다 크고 그 사람들은 다 강함이라
3 예루살렘 왕 아도니세덱이 헤브론
왕 호함과 야르뭇 왕 비람과 라기
스 왕 야비아와 에글론 왕 드빌에
게 보내어 이르되
4 내게로 올라와 나를 도우라 우리가
기브온을 치자 이는 기브온이 여호
수아와 이스라엘 자손과 더불어 화
친하였음이니라 하매
5 아모리 족속의 다섯 왕들 곧 예루
살렘 왕과 헤브론 왕과 야르뭇 왕
과 라기스 왕과 에글론 왕이 함께
모여 자기들의 모든 군대를 거느리
고 올라와 기브온에 대진하고 싸우
니라
6 ●기브온 사람들이 길갈 진영에 사
람을 보내어 여호수아에게 전하되
당신의 종들 돕기를 더디게 하지
마시고 속히 우리에게 올라와 우리
를 구하소서 산지에 거주하는 아모
리 사람의 왕들이 다 모여 우리를
치나이다 하매
7 여호수아가 모든 군사와 용사와 더
불어 길갈에서 올라가니라
8 그때에 여호와께서 여호수아에게
이르시되 그들을 두려워하지 말라
내가 그들을 네 손에 넘겨주었으니
그들 중에서 한 사람도 너를 당할
자 없으리라 하신지라
9 여호수아가 길갈에서 밤새도록 올
라가 갑자기 그들에게 이르니
10 여호와께서 그들을 이스라엘 앞에
서 패하게 하시므로 여호수아가 그
들을 기브온에서 크게 살륙하고 벧

호론에 올라가는 비탈에서 추격하
여 아세가와 막게다까지 이르니라
11 그들이 이스라엘 앞에서 도망하여
벧호론의 비탈에서 내려갈 때에 여
호와께서 하늘에서 큰 우박 덩이를
아세가에 이르기까지 내리시매 그
들이 죽었으니 이스라엘 자손의 칼
에 죽은 자보다 우박에 죽은 자가
더 많았더라
12 ●여호와께서 아모리 사람을 이스
라엘 자손에게 넘겨주시던 날에 여
호수아가 여호와께 아뢰어 이스라
엘의 목전에서 이르되

태양아 너는 기브온 위에 머무르
라 달아 너도 아얄론 골짜기에서
그리할지어다

하매
13 태양이 머물고 달이 멈추기를 백성
이 그 대적에게 원수를 갚기까지
하였느니라 야살의 책에 태양이 중
천에 머물러서 거의 종일토록 속히
내려가지 아니하였다고 기록되지
아니하였느냐
14 여호와께서 사람의 목소리를 들으
신 이 같은 날은 전에도 없었고 후
에도 없었나니 이는 여호와께서 이
스라엘을 위하여 싸우셨음이니라
15 ●여호수아가 온 이스라엘과 더불
어 길갈 진영으로 돌아왔더라

아모리의 모든 왕과 땅을 취하다

16 ●그 다섯 왕들이 도망하여 막게다
의 굴에 숨었더니
17 어떤 사람이 여호수아에게 고하여
이르되 막게다의 굴에 그 다섯 왕들
이 숨은 것을 발견하였나이다 하니
18 여호수아가 이르되 굴 어귀에 큰
돌을 굴려 막고 사람을 그 곁에 두
어 그들을 지키게 하고
19 너희는 지체하지 말고 너희 대적의
뒤를 따라가 그 후군을 쳐서 그들이
자기들의 성읍에 들어가지 못하게
하라 너희 하나님 여호와께서 그들
을 너희 손에 넘겨주셨느니라 하고
20 여호수아와 이스라엘 자손이 그들
을 크게 살륙하여 거의 멸하였고
그 남은 몇 사람은 견고한 성들로
들어간 고로
21 모든 백성이 평안히 막게다 진영으
로 돌아와 여호수아에게 이르렀더
니 혀를 놀려 이스라엘 자손을 대
적하는 자가 없었더라
22 ●그때에 여호수아가 이르되 굴 어
귀를 열고 그 굴에서 그 다섯 왕들
을 내게로 끌어내라 하매
23 그들이 그대로 하여 그 다섯 왕들
곧 예루살렘 왕과 헤브론 왕과 야
르뭇 왕과 라기스 왕과 에글론 왕
을 굴에서 그에게로 끌어내니라
24 그 왕들을 여호수아에게로 끌어내
매 여호수아가 이스라엘 모든 사람
을 부르고 자기와 함께 갔던 지휘관
들에게 이르되 가까이 와서 이 왕들
의 목을 발로 밟으라 하매 그들이
가까이 가서 그들의 목을 밟으매
25 여호수아가 그들에게 이르되 두려
워하지 말며 놀라지 말고 강하고
담대하라 너희가 맞서서 싸우는 모
든 대적에게 여호와께서 다 이와
같이 하시리라 하고
26 그 후에 여호수아가 그 왕들을 쳐
죽여 다섯 나무에 매달고 저녁까지
나무에 달린 채로 두었다가
27 해 질 때에 여호수아가 명령하매
그들의 시체를 나무에서 내려 그들
이 숨었던 굴 안에 던지고 굴 어귀
를 큰 돌로 막았더니 오늘까지 그
대로 있더라
28 ●그날에 여호수아가 막게다를 취
하고 칼날로 그 성읍과 왕을 쳐서
그 성읍과 그 중에 있는 모든 사람

을 진멸하여 바치고 한 사람도 남
기지 아니하였으니 막게다 왕에게
행한 것이 여리고 왕에게 행한 것
과 같았더라
29 ●여호수아가 온 이스라엘과 더불
어 막게다에서 립나로 나아가서 립
나와 싸우매
30 여호와께서 또 그 성읍과 그 왕을
이스라엘의 손에 붙이신지라 칼날
로 그 성읍과 그 중의 모든 사람을
쳐서 멸하여 한 사람도 남기지 아
니하였으니 그 왕에게 행한 것이
여리고 왕에게 행한 것과 같았더라
31 ●여호수아가 또 온 이스라엘과 더
불어 립나에서 라기스로 나아가서
대진하고 싸우더니
32 여호와께서 라기스를 이스라엘의
손에 넘겨주신지라 이튿날에 그 성
읍을 점령하고 칼날로 그것과 그
안의 모든 사람을 쳐서 멸하였으니
립나에 행한 것과 같았더라
33 ●그때에 게셀 왕 호람이 라기스를
도우려고 올라오므로 여호수아가
그와 그의 백성을 쳐서 한 사람도
남기지 아니하였더라
34 ●여호수아가 온 이스라엘과 더불
어 라기스에서 에글론으로 나아가
서 대진하고 싸워
35 그날에 그 성읍을 취하고 칼날로
그것을 쳐서 그 중에 있는 모든 사
람을 당일에 진멸하여 바쳤으니 라
기스에 행한 것과 같았더라
36 ●여호수아가 또 온 이스라엘과 더
불어 에글론에서 헤브론으로 올라
가서 싸워
37 그 성읍을 점령하고 그것과 그 왕
과 그 속한 성읍들과 그 중의 모든
사람을 칼날로 쳐서 하나도 남기지
아니하였으니 그 성읍들과 그 중의
모든 사람을 진멸하여 바친 것이
에글론에 행한 것과 같았더라
38 ●여호수아가 온 이스라엘과 더불
어 돌아와서 드빌에 이르러 싸워
39 그 성읍과 그 왕과 그 속한 성읍들
을 점령하고 칼날로 그 성읍을 쳐
서 그 안의 모든 사람을 진멸하여
바치고 하나도 남기지 아니하였으
니 드빌과 그 왕에게 행한 것이 헤
브론에 행한 것과 같았으며 립나와
그 왕에게 행한 것과 같았더라
40 ●이와 같이 여호수아가 그 온 땅
곧 산지와 네겝과 평지와 경사지와
그 모든 왕을 쳐서 하나도 남기지
아니하고 호흡이 있는 모든 자는
다 진멸하여 바쳤으니 이스라엘의
하나님 여호와께서 명령하신 것과
같았더라
41 여호수아가 또 가데스 바네아에서
가사까지와 온 고센 땅을 기브온에
이르기까지 치매
42 이스라엘의 하나님 여호와께서 이
스라엘을 위하여 싸우셨으므로 여
호수아가 이 모든 왕들과 그들의
땅을 단번에 빼앗으니라
43 여호수아가 온 이스라엘과 더불어
길갈 진영으로 돌아왔더라

가나안 북방을 취하다

11 하솔 왕 야빈이 이 소식을 듣고
마돈 왕 요밥과 시므론 왕과 악
삽 왕과
2 및 북쪽 산지와 긴네롯 남쪽 아라
바와 평지와 서쪽 돌의 높은 곳에
있는 왕들과
3 동쪽과 서쪽의 가나안 족속과 아모
리 족속과 헷 족속과 브리스 족속
과 산지의 여부스 족속과 미스바
땅 헤르몬 산 아래 히위 족속에게
사람을 보내매
4 그들이 그 모든 군대를 거느리고
나왔으니 백성이 많아 해변의 수많

은 모래 같고 말과 병거도 심히 많
았으며
5 이 왕들이 모두 모여 나아와서 이
스라엘과 싸우려고 메롬 물가에 함
께 진쳤더라
6 ●여호와께서 여호수아에게 이르
시되 그들로 말미암아 두려워하지
말라 내일 이맘때에 내가 그들을
이스라엘 앞에 넘겨주어 몰살시키
리니 너는 그들의 말 뒷발의 힘줄
을 끊고 그들의 병거를 불사르라
하시니라
7 이에 여호수아가 모든 군사와 함께
메롬 물가로 가서 갑자기 습격할
때에
8 여호와께서 그들을 이스라엘의 손
에 넘겨주셨기 때문에 그들을 격파
하고 큰 시돈과 미스르봇 마임까지
추격하고 동쪽으로는 미스바 골짜
기까지 추격하여 한 사람도 남기지
아니하고 쳐죽이고
9 여호수아가 여호와께서 자기에게
명령하신 대로 행하여 그들의 말
뒷발의 힘줄을 끊고 그들의 병거를
불로 살랐더라
10 ●하솔은 본래 그 모든 나라의 머
리였더니 그때에 여호수아가 돌아
와서 하솔을 취하고 그 왕을 칼날
로 쳐죽이고
11 그 가운데 모든 사람을 칼날로 쳐
서 진멸하여 호흡이 있는 자는 하
나도 남기지 아니하였고 또 하솔을
불로 살랐고
12 여호수아가 그 왕들의 모든 성읍과
그 모든 왕을 붙잡아 칼날로 쳐서
진멸하여 바쳤으니 여호와의 종 모
세가 명령한 것과 같이 하였으되
13 여호수아가 하솔만 불살랐고 산 위
에 세운 성읍들은 이스라엘이 불사
르지 아니하였으며
14 이 성읍들의 모든 재물과 가축은
이스라엘 자손들이 탈취하고 모든
사람은 칼날로 쳐서 멸하여 호흡이
있는 자는 하나도 남기지 아니하였
으니
15 여호와께서 그의 종 모세에게 명령
하신 것을 모세는 여호수아에게 명
령하였고 여호수아는 그대로 행하
여 여호와께서 모세에게 명하신 모
든 것을 하나도 행하지 아니한 것
이 없었더라

여호수아가 취한 지역

16 ●여호수아가 이같이 그 온 땅 곧
산지와 온 네겝과 고센 온 땅과 평
지와 아라바와 이스라엘 산지와 평
지를 점령하였으니
17 곧 세일로 올라가는 할락 산에서부
터 헤르몬 산 아래 레바논 골짜기
의 바알갓까지라 그들의 왕들을 모
두 잡아 쳐죽였으며
18 여호수아가 그 모든 왕들과 싸운
지가 오랫동안이라
19 기브온 주민 히위 족속 외에는 이
스라엘 자손과 화친한 성읍이 하나
도 없고 이스라엘 자손이 싸워서
다 점령하였으니
20 그들의 마음이 완악하여 이스라엘
을 대적하여 싸우러 온 것은 여호
와께서 그리하게 하신 것이라 그들
을 진멸하여 바치게 하여 은혜를
입지 못하게 하시고 여호와께서 모
세에게 명령하신 대로 그들을 멸하
려 하심이었더라
21 ●그때에 여호수아가 가서 산지와
헤브론과 드빌과 아납과 유다 온 산
지와 이스라엘의 온 산지에서 아낙
사람들을 멸절하고 그가 또 그들의
성읍들을 [1]진멸하여 바쳤으므로
22 이스라엘 자손의 땅에는 아낙 사람

1) 히, 바쳤으므로

들이 하나도 남지 아니하였고 가사
와 가드와 아스돗에만 남았더라
23 이와 같이 여호수아가 여호와께서
모세에게 말씀하신 대로 그 온 땅
을 점령하여 이스라엘 지파의 구분
에 따라 기업으로 주매 그 땅에 전
쟁이 그쳤더라

모세가 정복한 왕들

12 이스라엘 자손이 요단 저편 해
돋는 쪽 곧 아르논 골짜기에서
헤르몬 산까지의 동쪽 온 아라바를
차지하고 그 땅에서 쳐죽인 왕들은
이러하니라
2 시혼은 헤스본에 거주하던 아모리
족속의 왕이라 그가 다스리던 땅은
아르논 골짜기 가에 있는 아로엘에
서부터 골짜기 가운데 성읍과 길르
앗 절반 곧 암몬 자손의 경계 얍복
강까지이며
3 또 동방 아라바 긴네롯 바다까지이
며 또 동방 아라바의 바다 곧 염해
의 벧여시못으로 통한 길까지와 남
쪽으로 비스가 산기슭까지이며
4 옥은 르바의 남은 족속으로서 아스
다롯과 에드레이에 거주하던 바산
의 왕이라
5 그가 다스리던 땅은 헤르몬 산과
살르가와 온 바산과 및 그술 사람
과 마아가 사람의 경계까지의 길르
앗 절반이니 헤스본 왕 시혼의 경
계에 접한 곳이라
6 여호와의 종 모세와 이스라엘 자손
이 그들을 치고 여호와의 종 모세
가 그 땅을 르우벤 사람과 갓 사람
과 므낫세 반 지파에게 기업으로
주었더라

여호수아가 정복한 왕들

7 ●여호수아와 이스라엘 자손이 요
단 이편 곧 서쪽 레바논 골짜기의
바알갓에서부터 세일로 올라가는
곳 할락 산까지 쳐서 멸한 그 땅의
왕들은 이러하니라 (그 땅을 여호
수아가 이스라엘의 지파들에게 구
분에 따라 소유로 주었으니
8 곧 산지와 평지와 아라바와 경사지
와 광야와 네겝 곧 헷 족속과 아모
리 족속과 가나안 족속과 브리스
족속과 히위 족속과 여부스 족속의
땅이라)
9 하나는 여리고 왕이요 하나는 벧엘
곁의 아이 왕이요
10 하나는 예루살렘 왕이요 하나는 헤
브론 왕이요 하나는 야르뭇 왕이요
11 하나는 라기스 왕이요
12 하나는 에글론 왕이요 하나는 게셀
왕이요
13 하나는 드빌 왕이요 하나는 게델
왕이요
14 하나는 호르마 왕이요 하나는 아랏
왕이요
15 하나는 립나 왕이요 하나는 아둘람
왕이요
16 하나는 막게다 왕이요 하나는 벧엘
왕이요
17 하나는 답부아 왕이요 하나는 헤벨
왕이요
18 하나는 아벡 왕이요 하나는 랏사론
왕이요
19 하나는 마돈 왕이요 하나는 하솔
왕이요
20 하나는 시므론 므론 왕이요 하나는
악삽 왕이요
21 하나는 다아낙 왕이요 하나는 므깃
도 왕이요
22 하나는 게데스 왕이요 하나는 갈멜
의 욕느암 왕이요
23 하나는 돌의 높은 곳의 돌 왕이요
하나는 길갈의 고임 왕이요
24 하나는 디르사 왕이라 모두 서른한
왕이었더라

정복하지 못한 지역

13 여호수아가 나이가 많아 늙으
매 여호와께서 그에게 이르시
되 너는 나이가 많아 늙었고 얻을
땅이 매우 많이 남아 있도다
2 이 남은 땅은 이러하니 블레셋 사
람의 모든 지역과 그술 족속의 모
든 지역
3 곧 애굽 앞 시홀 시내에서부터 가
나안 사람에게 속한 북쪽 에그론
경계까지와 블레셋 사람의 다섯 통
치자들의 땅 곧 가사 족속과 아스
돗 족속과 아스글론 족속과 가드
족속과 에그론 족속과 또 남쪽 아
위 족속의 땅과
4 또 가나안 족속의 모든 땅과 시돈
사람에게 속한 므아라와 아모리 족
속의 경계 아벡까지와
5 또 그발 족속의 땅과 해 뜨는 곳의
온 레바논 곧 헤르몬 산 아래 바알
갓에서부터 하맛에 들어가는 곳까
지와
6 또 레바논에서부터 미스르봇마임까
지 산지의 모든 주민 곧 모든 시돈
사람의 땅이라 내가 그들을 이스라
엘 자손 앞에서 쫓아내리니 너는 내
가 명령한 대로 그 땅을 이스라엘에
게 분배하여 기업이 되게 하되
7 너는 이 땅을 아홉 지파와 므낫세
반 지파에게 나누어 기업이 되게
하라 하셨더라

요단 동쪽 기업의 분배

8 ●므낫세 반 지파와 함께 르우벤
족속과 갓 족속은 요단 저편 동쪽
에서 그들의 기업을 모세에게 받았
는데 여호와의 종 모세가 그들에게
준 것은 이러하니
9 곧 아르논 골짜기 가에 있는 아로
엘에서부터 골짜기 가운데에 있는
성읍과 디본까지 이르는 메드바 온
평지와
10 헤스본에서 다스리던 아모리 족속
의 왕 시혼의 모든 성읍 곧 암몬 자
손의 경계까지와
11 길르앗과 및 그술 족속과 마아갓
족속의 지역과 온 헤르몬 산과 살
르가까지 온 바산
12 곧 르바의 남은 족속으로서 아스다
롯과 에드레이에서 다스리던 바산
왕 옥의 온 나라라 모세가 이 땅의
사람들을 쳐서 쫓아냈어도
13 그술 족속과 마아갓 족속은 이스라
엘 자손이 쫓아내지 아니하였으므
로 그술과 마아갓이 오늘까지 이스
라엘 가운데에서 거주하니라
14 오직 레위 지파에게는 여호수아가
기업으로 준 것이 없었으니 이는
그에게 말씀하신 것과 같이 이스라
엘의 하나님 여호와께 드리는 화제
물이 그들의 기업이 되었음이더라

르우벤 자손의 기업

15 ●모세가 르우벤 자손의 지파에게
그들의 가족을 따라서 기업을 주었
으니
16 그들의 지역은 아르논 골짜기 가에
있는 아로엘에서부터 골짜기 가운
데 있는 성읍과 메드바 곁에 있는
온 평지와
17 헤스본과 그 평지에 있는 모든 성
읍 곧 디본과 바못 바알과 벧 바알
므온과
18 야하스와 그데못과 메바앗과
19 기랴다임과 십마와 골짜기의 언덕
에 있는 세렛 사할과
20 벧브올과 비스가 산기슭과 벧여시
못과
21 평지 모든 성읍과 헤스본에서 다스
리던 아모리 족속의 왕 시혼의 온
나라라 모세가 시혼을 그 땅에 거
주하는 시혼의 군주들 곧 미디안의

귀족 에위와 레겜과 술과 훌과 레
바와 함께 죽였으며
22 이스라엘 자손이 그들을 살륙하는
중에 브올의 아들 점술가 발람도
칼날로 죽였더라
23 르우벤 자손의 서쪽 경계는 요단과
그 강가라 이상은 르우벤 자손의
기업으로 그 가족대로 받은 성읍들
과 주변 마을들이니라

갓 자손의 기업

24 ●모세가 갓 지파 곧 갓 자손에게
도 그들의 가족을 따라서 기업을
주었으니
25 그들의 지역은 야셀과 길르앗 모든
성읍과 암몬 자손의 땅 절반 곧 랍
바 앞의 아로엘까지와
26 헤스본에서 라맛 미스베와 브도님
까지와 마하나임에서 드빌 지역까
지와
27 골짜기에 있는 벧 하람과 벧니므라
와 숙곳과 사본 곧 헤스본 왕 시혼
의 나라의 남은 땅 요단과 그 강가
에서부터 요단 동쪽 긴네렛 바다의
끝까지라
28 이는 갓 자손의 기업으로 그들의
가족대로 받은 성읍들과 주변 마을
들이니라

동쪽 므낫세 자손의 기업

29 ●모세가 므낫세 반 지파에게 기업
을 주었으되 므낫세 자손의 반 지
파에게 그들의 가족대로 주었으니
30 그 지역은 마하나임에서부터 온 바
산 곧 바산 왕 옥의 온 나라와 바산
에 있는 야일의 모든 고을 육십 성
읍과
31 길르앗 절반과 바산 왕 옥의 나라
성읍 아스다롯과 에드레이라 이는
므낫세의 아들 마길의 자손에게 돌
린 것이니 곧 마길 자손의 절반이
그들의 가족대로 받으니라
32 ●요단 동쪽 여리고 맞은편 모압
평지에서 모세가 분배한 기업이 이
러하여도
33 오직 레위 지파에게는 모세가 기업
을 주지 아니하였으니 이는 그들에
게 말씀하신 것과 같이 이스라엘의
하나님 여호와께서 그들의 기업이
되심이었더라

요단 서쪽 기업의 분배

14 이것은 이스라엘 자손이 가나
안 땅에서 받은 기업 곧 제사
장 엘르아살과 눈의 아들 여호수아
와 이스라엘 자손 지파의 족장들이
분배한 것이니라
2 여호와께서 모세에게 명령하신 대
로 그들의 기업을 제비 뽑아 아홉
지파와 반 지파에게 주었으니
3 이는 두 지파와 반 지파의 기업은
모세가 요단 저쪽에서 주었음이요
레위 자손에게는 그들 가운데에서
기업을 주지 아니하였으니
4 이는 요셉의 자손이 므낫세와 에브
라임의 두 지파가 되었음이라 이
땅에서 레위 사람에게 아무 분깃도
주지 아니하고 다만 거주할 성읍들
과 가축과 재산을 위한 목초지만
주었으니
5 이스라엘 자손이 여호와께서 모세
에게 명령하신 것과 같이 행하여
그 땅을 나누었더라

갈렙이 헤브론을 기업으로 받다

6 ●그때에 유다 자손이 길갈에 있는
여호수아에게 나아오고 그니스 사
람 여분네의 아들 갈렙이 여호수아
에게 말하되 여호와께서 가데스 바
네아에서 나와 당신에게 대하여 하
나님의 사람 모세에게 이르신 일을
당신이 아시는 바라
7 내 나이 사십 세에 여호와의 종 모
세가 가데스 바네아에서 나를 보내

어 이 땅을 정탐하게 하였으므로
내가 성실한 마음으로 그에게 보고
하였고
8 나와 함께 올라갔던 내 형제들은 백
성의 간담을 녹게 하였으나 나는 내
하나님 여호와께 충성하였으므로
9 그날에 모세가 맹세하여 이르되 네
가 내 하나님 여호와께 충성하였은
즉 네 발로 밟는 땅은 영원히 너와
네 자손의 기업이 되리라 하였나이
다
10 이제 보소서 여호와께서 이 말씀을
모세에게 이르신 때로부터 이스라
엘이 광야에서 방황한 이 사십오
년 동안을 여호와께서 말씀하신 대
로 나를 생존하게 하셨나이다 오늘
내가 팔십오 세로되
11 모세가 나를 보내던 날과 같이 오
늘도 내가 여전히 강건하니 내 힘
이 그때나 지금이나 같아서 싸움에
나 출입에 감당할 수 있으니
12 그날에 여호와께서 말씀하신 이 산
지를 지금 내게 주소서 당신도 그
날에 들으셨거니와 그곳에는 아낙
사람이 있고 그 성읍들은 크고 견
고할지라도 여호와께서 나와 함께
하시면 내가 여호와께서 말씀하신
대로 그들을 쫓아내리이다 하니
13 ●여호수아가 여분네의 아들 갈렙
을 위하여 축복하고 헤브론을 그에
게 주어 기업을 삼게 하매
14 헤브론이 그니스 사람 여분네의 아
들 갈렙의 기업이 되어 오늘까지
이르렀으니 이는 그가 이스라엘의
하나님 여호와를 온전히 좇았음이
라
15 헤브론의 옛 이름은 기럇 아르바라
아르바는 아낙 사람 가운데에서 가
장 큰 사람이었더라 그리고 그 땅
에 전쟁이 그쳤더라

유다 자손의 땅

15 또 유다 자손의 지파가 그들의
가족대로 제비 뽑은 땅의 남쪽
으로는 에돔 경계에 이르고 또 남
쪽 끝은 신 광야까지라
2 또 그들의 남쪽 경계는 염해의 끝
곧 남향한 해만에서부터
3 아그랍빔 비탈 남쪽으로 지나 신에
이르고 가데스 바네아 남쪽으로 올
라가서 헤스론을 지나며 아달로 올
라가서 돌이켜 갈가에 이르고
4 거기서 아스몬에 이르러 애굽 시내
로 나아가 바다에 이르러 경계의
끝이 되나니 이것이 너희 남쪽 경
계가 되리라
5 그 동쪽 경계는 염해이니 요단 끝
까지요 그 북쪽 경계는 요단 끝에
있는 해만에서부터
6 벧 호글라로 올라가서 벧 아라바
북쪽을 지나 르우벤 자손 보한의
돌에 이르고
7 또 아골 골짜기에서부터 드빌을 지
나 북쪽으로 올라가서 그 강 남쪽
에 있는 아둠밈 비탈 맞은편 길갈
을 향하고 나아가 엔 세메스 물들
을 지나 엔로겔에 이르며
8 또 힌놈의 아들의 골짜기로 올라가
서 여부스 곧 예루살렘 남쪽 어깨
에 이르며 또 힌놈의 골짜기 앞 서
쪽에 있는 산꼭대기로 올라가나니
이곳은 르바임 골짜기 북쪽 끝이며
9 또 이 산꼭대기에서부터 넵도아 샘
물까지 이르러 에브론 산 성읍들로
나아가고 또 바알라 곧 기럇 여아
림으로 접어들며
10 또 바알라에서부터 서쪽으로 돌이
켜 세일 산에 이르러 여아림 산 곧
그살론 곁 북쪽에 이르고 또 벧 세
메스로 내려가서 딤나를 지나고
11 또 에그론 비탈 북쪽으로 나아가

식그론으로 접어들어 바알라 산을
지나고 얍느엘에 이르나니 그 끝은
바다며
12 서쪽 경계는 대해와 그 해안이니
유다 자손이 그들의 가족대로 받은
사방 경계가 이러하니라

갈렙이 헤브론과 드빌을 정복하다(삿 1:11-15)

13 ●여호와께서 여호수아에게 명령하
신 대로 여호수아가 기럇 아르바 곧
헤브론을 유다 자손 중에서 분깃으
로 여분네의 아들 갈렙에게 주었으
니 아르바는 아낙의 아버지였더라
14 갈렙이 거기서 아낙의 소생 그 세
아들 곧 세새와 아히만과 달매를
쫓아내었고
15 거기서 올라가서 드빌 주민을 쳤는
데 드빌의 본 이름은 기럇 세벨이라
16 갈렙이 말하기를 기럇 세벨을 쳐서
그것을 점령하는 자에게는 내가 내
딸 악사를 아내로 주리라 하였더니
17 갈렙의 아우 그나스의 아들인 옷니
엘이 그것을 점령함으로 갈렙이 자
기 딸 악사를 그에게 아내로 주었
더라
18 악사가 출가할 때에 그에게 청하여
자기 아버지에게 밭을 구하자 하고
나귀에서 내리매 갈렙이 그에게 묻
되 네가 무엇을 원하느냐 하니
19 이르되 내게 복을 주소서 아버지께
서 나를 네겝 땅으로 보내시오니
샘물도 내게 주소서 하매 갈렙이
윗샘과 아랫샘을 그에게 주었더라

유다 자손의 기업

20 ●유다 자손의 지파가 그들의 가족
대로 받은 기업은 이러하니라
21 ●유다 자손의 지파의 남쪽 끝 에
돔 경계에 접근한 성읍들은 갑스엘
과 에델과 야굴과
22 기나와 디모나와 아다다와
23 게데스와 하솔과 잇난과
24 십과 델렘과 브알롯과
25 하솔 하닷다와 그리욧 헤스론 곧
하솔과
26 아맘과 세마와 몰라다와
27 하살갓다와 헤스몬과 벧 벨렛과
28 하살 수알과 브엘세바와 비스요댜
와
29 바알라와 이임과 에셈과
30 엘돌랏과 그실과 홀마와
31 시글락과 맛만나와 산산나와
32 르바옷과 실힘과 아인과 림몬이니
모두 스물아홉 성읍과 그 마을들이
었으며
33 평지에는 에스다올과 소라와 아스
나와
34 사노아와 엔간님과 답부아와 에남
과
35 야르뭇과 아둘람과 소고와 아세가와
36 사아라임과 아디다임과 그데라와
그데로다임이니 열네 성읍과 그 마
을들이었으며
37 스난과 하다사와 믹달갓과
38 딜르안과 미스베와 욕드엘과
39 라기스와 보스갓과 에글론과
40 갑본과 라맘과 기들리스와
41 그데롯과 벧다곤과 나아마와 막게
다이니 열여섯 성읍과 그 마을들이
었으며
42 립나와 에델과 아산과
43 입다와 아스나와 느십과
44 그일라와 악십과 마레사니 아홉 성
읍과 그 마을들이었으며
45 에그론과 그 촌락들과 그 마을들과
46 에그론에서부터 바다까지 아스돗
곁에 있는 모든 성읍과 그 마을들
이었으며
47 아스돗과 그 촌락들과 그 마을들과
가사와 그 촌락들과 그 마을들이니
애굽 시내와 대해의 경계에까지 이
르렀으며

48 산지는 사밀과 얏딜과 소고와
49 단나와 기럇 산나 곧 드빌과
50 아납과 에스드모와 아님과
51 고센과 홀론과 길로이니 열한 성읍
과 그 마을들이었으며
52 아랍과 두마와 에산과
53 야님과 벧 답부아와 아베가와
54 훔다와 기럇 아르바 곧 헤브론과
시올이니 아홉 성읍과 그 마을들이
었으며
55 마온과 갈멜과 십과 윳다와
56 이스르엘과 욕드암과 사노아와
57 가인과 기브아와 딤나니 열 성읍과
그 마을들이었으며
58 할훌과 벧술과 그돌과
59 마아랏과 벧 아놋과 엘드곤이니 여
섯 성읍과 그 마을들이었으며
60 기럇 바알 곧 기럇 여아림과 랍바
이니 두 성읍과 그 마을들이었으며
61 광야에는 벧 아라바와 밋딘과 스가
가와
62 닙산과 소금 성읍과 엔 게디니 여
섯 성읍과 그 마을들이었더라
63 ●예루살렘 주민 여부스 족속을 유
다 자손이 쫓아내지 못하였으므로
여부스 족속이 오늘까지 유다 자손
과 함께 예루살렘에 거주하니라

에브라임과 서쪽 므낫세 자손의 기업

16 요셉 자손이 제비 뽑은 것은
여리고 샘 동쪽 곧 여리고 곁
요단으로부터 광야로 들어가 여리
고로부터 벧엘 산지로 올라가고
2 벧엘에서부터 루스로 나아가 아렉
족속의 경계를 지나 아다롯에 이르
고
3 서쪽으로 내려가서 야블렛 족속의
경계와 아래 벧호론과 게셀에까지
이르고 그 끝은 바다라
4 요셉의 자손 므낫세와 에브라임이
그들의 기업을 받았더라

에브라임 자손의 기업

5 ●에브라임 자손이 그들의 가족대
로 받은 지역은 이러하니라 그들의
기업의 경계는 동쪽으로 아다롯 앗
달에서 윗 벧호론에 이르고
6 또 서쪽으로 나아가 북쪽 믹므다에
이르고 동쪽으로 돌아 다아낫 실로
에 이르러 야노아 동쪽을 지나고
7 야노아에서부터 아다롯과 나아라
로 내려가 여리고를 만나서 요단으
로 나아가고
8 또 답부아에서부터 서쪽으로 지나
서 가나 시내에 이르나니 그 끝은
바다라 에브라임 자손의 지파가 그
들의 가족대로 받은 기업이 이러하
였고
9 그 외에 므낫세 자손의 기업 중에
서 에브라임 자손을 위하여 구분한
모든 성읍과 그 마을들도 있었더라
10 그들이 게셀에 거주하는 가나안 족
속을 쫓아내지 아니하였으므로 가
나안 족속이 오늘까지 에브라임 가
운데에 거주하며 노역하는 종이 되
니라

서쪽 므낫세 자손의 기업

17 므낫세 지파를 위하여 제비 뽑
은 것은 이러하니라 므낫세는
요셉의 장자였고 므낫세의 장자 마
길은 길르앗의 아버지라 그는 용사
였기 때문에 길르앗과 바산을 받았
으므로
2 므낫세의 남은 자손을 위하여 그들
의 가족대로 제비를 뽑았는데 그들
은 곧 아비에셀의 자손과 헬렉의
자손과 아스리엘의 자손과 세겜의
자손과 헤벨의 자손과 스미다의 자
손이니 그들의 가족대로 요셉의 아
들 므낫세의 남자 자손들이며
3 헤벨의 아들 길르앗의 손자 마길의
증손 므낫세의 현손 슬로브핫은 아

들이 없고 딸뿐이요 그 딸들의 이
름은 말라와 노아와 호글라와 밀가
와 디르사라
4 그들이 제사장 엘르아살과 눈의 아
들 여호수아와 지도자들 앞에 나아
와서 말하기를 여호와께서 모세에게
명령하사 우리 형제 중에서 우리에
게 기업을 주라 하셨다 하매 여호와
의 명령을 따라 그들에게 그들의 아
버지 형제들 중에서 기업을 주므로
5 요단 동쪽 길르앗과 바산 외에 므
낫세에게 열 분깃이 돌아갔으니
6 므낫세의 여자 자손들이 그의 남자
자손들 중에서 기업을 받은 까닭이
었으며 길르앗 땅은 므낫세의 남은
자손들에게 속하였더라
7 ●므낫세의 경계는 아셀에서부터
세겜 앞 믹므닷까지이며 그 오른쪽
으로 가서 엔답부아 주민의 경계에
이르나니
8 답부아 땅은 므낫세에게 속하였으
되 므낫세 경계에 있는 답부아는
에브라임 자손에게 속하였으며
9 또 그 경계가 가나 시내로 내려가
서 그 시내 남쪽에 이르나니 므낫
세의 성읍 중에 이 성읍들은 에브
라임에게 속하였으며 므낫세의 경
계는 그 시내 북쪽이요 그 끝은 바
다이며
10 남쪽으로는 에브라임에 속하였고
북쪽으로는 므낫세에 속하였고 바
다가 그 경계가 되었으며 그들의
땅의 북쪽은 아셀에 이르고 동쪽은
잇사갈에 이르렀으며
11 잇사갈과 아셀에도 므낫세의 소유
가 있으니 곧 벧 스안과 그 마을들
과 이블르암과 그 마을들과 돌의
주민과 그 마을들이요 또 엔돌 주
민과 그 마을들과 다아낙 주민과
그 마을들과 므깃도 주민과 그 마
을들 세 언덕 지역이라
12 그러나 므낫세 자손이 그 성읍들의
주민을 쫓아내지 못하매 가나안 족
속이 결심하고 그 땅에 거주하였더
니
13 이스라엘 자손이 강성한 후에야 가
나안 족속에게 노역을 시켰고 다
쫓아내지 아니하였더라

에브라임과 므낫세 지파가 땅을 더 요구함

14 ●요셉 자손이 여호수아에게 말하
여 이르되 여호와께서 지금까지 내
게 복을 주시므로 내가 큰 민족이
되었거늘 당신이 나의 기업을 위하
여 한 제비, 한 분깃으로만 내게 주
심은 어찌함이니이까 하니
15 여호수아가 그들에게 이르되 네가
큰 민족이 되므로 에브라임 산지가
네게 너무 좁을진대 브리스 족속과
르바임 족속의 땅 삼림에 올라가서
스스로 개척하라 하니라
16 요셉 자손이 이르되 그 산지는 우
리에게 넉넉하지도 못하고 골짜기
땅에 거주하는 모든 가나안 족속에
게는 벧 스안과 그 마을들에 거주
하는 자이든지 이스르엘 골짜기에
거주하는 자이든지 다 철 병거가
있나이다 하니
17 여호수아가 다시 요셉의 족속 곧 에
브라임과 므낫세에게 말하여 이르
되 너는 큰 민족이요 큰 권능이 있
은즉 한 분깃만 가질 것이 아니라
18 그 산지도 네 것이 되리니 비록 삼
림이라도 네가 개척하라 그 끝까지
네 것이 되리라 가나안 족속이 비록
철 병거를 가졌고 강할지라도 네가
능히 그를 쫓아내리라 하였더라

나머지 땅 분배

18 이스라엘 자손의 온 회중이 실
로에 모여서 거기에 회막을 세
웠으며 그 땅은 그들 앞에서 돌아

와 정복되었더라
2 그러나 이스라엘 자손 중에 그 기
업의 분배를 받지 못한 자가 아직
도 일곱 지파라
3 여호수아가 이스라엘 자손에게 이
르되 너희가 너희 조상의 하나님
여호와께서 너희에게 주신 땅을 점
령하러 가기를 어느 때까지 지체하
겠느냐
4 너희는 각 지파에 세 사람씩 선정
하라 내가 그들을 보내리니 그들은
일어나서 그 땅에 두루 다니며 그
들의 기업에 따라 그 땅을 그려 가
지고 내게로 돌아올 것이라
5 그들이 그 땅을 일곱 부분으로 나
누되 유다는 남쪽 자기 지역에 있
고 요셉의 족속은 북쪽에 있는 그
들의 지역에 있으니
6 그 땅을 일곱 부분으로 그려서 이
곳 내게로 가져오라 그러면 내가
여기서 너희를 위하여 우리 하나님
여호와 앞에서 제비를 뽑으리라
7 레위 사람은 너희 중에 분깃이 없
나니 여호와의 제사장 직분이 그들
의 기업이 됨이며 갓과 르우벤과
므낫세 반 지파는 요단 저편 동쪽
에서 이미 기업을 받았나니 이는
여호와의 종 모세가 그들에게 준
것이니라 하더라
8 ●그 사람들이 일어나 떠나니 여호
수아가 그 땅을 그리러 가는 사람
들에게 명령하여 이르되 가서 그
땅으로 두루 다니며 그것을 그려
가지고 내게로 돌아오라 내가 여기
실로의 여호와 앞에서 너희를 위하
여 제비를 뽑으리라 하니
9 그 사람들이 가서 그 땅으로 두루
다니며 성읍들을 따라서 일곱 부분
으로 책에 그려서 실로 진영에 돌
아와 여호수아에게 나아오니
10 여호수아가 그들을 위하여 실로의
여호와 앞에서 제비를 뽑고 그가
거기서 이스라엘 자손의 분파대로
그 땅을 분배하였더라

베냐민 자손의 기업

11 ●베냐민 자손 지파를 위하여 그들
의 가족대로 제비를 뽑았으니 그
제비 뽑은 땅의 경계는 유다 자손
과 요셉 자손의 중간이라
12 그들의 북방 경계는 요단에서부터
여리고 북쪽으로 올라가서 서쪽 산
지를 넘어서 또 올라가서 벧아웬
황무지에 이르며
13 또 그 경계가 거기서부터 루스로
나아가서 루스 남쪽에 이르나니 루
스는 곧 벧엘이며 또 그 경계가 아
다롯 앗달로 내려가서 아래 벧호론
남쪽 산 곁으로 지나고
14 벧호론 앞 남쪽 산에서부터 서쪽으
로 돌아 남쪽으로 향하여 유다 자
손의 성읍 기럇 바알 곧 기럇 여아
림에 이르러 끝이 되나니 이는 서
쪽 경계며
15 남쪽 경계는 기럇 여아림 끝에서부
터 서쪽으로 나아가 넵도아 물 근
원에 이르고
16 르바임 골짜기 북쪽 힌놈의 아들
골짜기 앞에 있는 산 끝으로 내려
가고 또 힌놈의 골짜기로 내려가서
여부스 남쪽에 이르러 엔 로겔로
내려가고
17 또 북쪽으로 접어들어 엔 세메스로
나아가서 아둠밈 비탈 맞은편 글릴
롯으로 나아가서 르우벤 자손 보한
의 돌까지 내려가고
18 북으로 아라바 맞은편을 지나 아라
바로 내려가고
19 또 북으로 벧 호글라 곁을 지나서
요단 남쪽 끝에 있는 염해의 북쪽
해만이 그 경계의 끝이 되나니 이

는 남쪽 경계며
20 동쪽 경계는 요단이니 이는 베냐민
자손이 그들의 가족대로 받은 기업
의 사방 경계였더라
21 ●베냐민 자손의 지파가 그들의 가
족대로 받은 성읍들은 여리고와 벧
호글라와 에멕 그시스와
22 벧 아라바와 스마라임과 벧엘과
23 아윔과 바라와 오브라와
24 그발 암모니와 오브니와 게바이니
열두 성읍과 또 그 마을들이며
25 기브온과 라마와 브에롯과
26 미스베와 그비라와 모사와
27 레겜과 이르브엘과 다랄라와
28 셀라와 엘렙과 여부스 곧 예루살렘
과 기부앗과 기럇이니 열네 성읍이
요 또 그 마을들이라 이는 베냐민
자손이 그들의 가족대로 받은 기업
이었더라

시므온 자손의 기업

19 둘째로 시므온 곧 시므온 자손
의 지파를 위하여 그들의 가족
대로 제비를 뽑았으니 그들의 기업
은 유다 자손의 기업 중에서라
2 그들이 받은 기업은 브엘세바 곧
세바와 몰라다와
3 하살 수알과 발라와 에셈과
4 엘돌랏과 브둘과 호르마와
5 시글락과 벧 말가봇과 하살수사와
6 벧 르바옷과 사루헨이니 열세 성읍
이요 또 그 마을들이며
7 또 아인과 림몬과 에델과 아산이니
네 성읍이요 또 그 마을들이며
8 또 네겝의 라마 곧 바알랏 브엘까
지 이 성읍들을 둘러 있는 모든 마
을들이니 이는 시므온 자손의 지파
가 그들의 가족대로 받은 기업이라
9 시므온 자손의 이 기업은 유다 자
손의 기업 중에서 취하였으니 이는
유다 자손의 분깃이 자기들에게 너
무 많으므로 시므온 자손이 자기의
기업을 그들의 기업 중에서 받음이
었더라

스불론 자손의 기업

10 ●셋째로 스불론 자손을 위하여 그
들의 가족대로 제비를 뽑았으니 그
들의 기업의 경계는 사릿까지이며
11 서쪽으로 올라가서 마랄라에 이르
러 답베셋을 만나 욕느암 앞 시내
를 만나고
12 사릿에서부터 동쪽으로 돌아 해 뜨
는 쪽을 향하여 기슬롯 다볼의 경
계에 이르고 다브랏으로 나가서 야
비아로 올라가고
13 또 거기서부터 동쪽으로 가드 헤벨
을 지나 엣 가신에 이르고 네아까
지 연결된 림몬으로 나아가서
14 북쪽으로 돌아 한나돈에 이르고 입
다엘 골짜기에 이르러 끝이 되며
15 또 갓닷과 나할랄과 시므론과 이달
라와 베들레헴이니 모두 열두 성읍
과 그 마을들이라
16 스불론 자손이 그들의 가족대로 받
은 기업은 이 성읍들과 그 마을들
이었더라

잇사갈 자손의 기업

17 ●넷째로 잇사갈 곧 잇사갈 자손을
위하여 그들의 가족대로 제비를 뽑
았으니
18 그들의 지역은 이스르엘과 그술롯
과 수넴과
19 하바라임과 시온과 아나하랏과
20 랍빗과 기시온과 에베스와
21 레멧과 엔 간님과 엔핫다와 벧 바
세스이며
22 그 경계는 다볼과 사하수마와 벧
세메스에 이르고 그 끝은 요단이니
모두 열여섯 성읍과 그 마을들이라
23 잇사갈 자손 지파가 그 가족대로
받은 기업은 이 성읍들과 그 마을

들이었더라

아셀 자손의 기업

24 ●다섯째로 아셀 자손의 지파를 위
하여 그 가족대로 제비를 뽑았으니
25 그들의 지역은 헬갓과 할리와 베덴
과 악삽과
26 알람멜렉과 아맛과 미살이며 그 경
계의 서쪽은 갈멜을 만나 시홀 림
낫에 이르고
27 해 뜨는 쪽으로 돌아 벧 다곤에 이르
며 스불론을 만나고 북쪽으로 입다
엘 골짜기를 만나 벧에멕과 느이엘
에 이르고 가불 왼쪽으로 나아가서
28 에브론과 르홉과 함몬과 가나를 지
나 큰 시돈까지 이르고
29 돌아서 라마와 견고한 성읍 두로에
이르고 돌아서 호사에 이르고 악십
지방 곁 바다가 끝이 되며
30 또 움마와 아벡과 르홉이니 모두
스물두 성읍과 그 마을들이라
31 아셀 자손의 지파가 그 가족대로
받은 기업은 이 성읍들과 그 마을
들이었더라

납달리 자손의 기업

32 ●여섯째로 납달리 자손을 위하여
납달리 자손의 가족대로 제비를 뽑
았으니
33 그들의 지역은 헬렙과 사아난님의
상수리나무에서부터 아다미 네겝
과 얍느엘을 지나 락굼까지요 그
끝은 요단이며
34 서쪽으로 돌아 아스놋 다볼에 이르
고 그곳에서부터 훅곡으로 나아가
남쪽은 스불론에 이르고 서쪽은 아
셀에 이르며 해 뜨는 쪽은 요단에
서 유다에 이르고
35 그 견고한 성읍들은 싯딤과 세르와
함맛과 락갓과 긴네렛과
36 아다마와 라마와 하솔과
37 게데스와 에드레이와 엔 하솔과
38 이론과 믹다렐과 호렘과 벧 아낫과
벧 세메스니 모두 열아홉 성읍과
그 마을들이라
39 납달리 자손의 지파가 그 가족대로
받은 기업은 이 성읍들과 그 마을
들이었더라

단 자손의 기업

40 ●일곱째로 단 자손의 지파를 위하
여 그들의 가족대로 제비를 뽑았으
니
41 그들의 기업의 지역은 소라와 에스
다올과 이르세메스와
42 사알랍빈과 아얄론과 이들라와
43 엘론과 딤나와 에그론과
44 엘드게와 깁브돈과 바알랏과
45 여훗과 브네브락과 가드 림몬과
46 메얄곤과 락곤과 욥바 맞은편 경계
까지라
47 그런데 단 자손의 경계는 더욱 확장
되었으니 이는 단 자손이 올라가서
레셈과 싸워 그것을 점령하여 칼날
로 치고 그것을 차지하여 거기 거주
하였음이라 그들의 조상 단의 이름
을 따라서 레셈을 단이라 하였더라
48 단 자손의 지파가 그에 딸린 가족
대로 받은 기업은 이 성읍들과 그
들의 마을들이었더라

기업의 땅 나누기를 마치다

49 ●이스라엘 자손이 그들의 경계를
따라서 기업의 땅 나누기를 마치고
자기들 중에서 눈의 아들 여호수아
에게 기업을 주었으니
50 곧 여호와의 명령대로 여호수아가
요구한 성읍 에브라임 산지 딤낫
세라를 주매 여호수아가 그 성읍을
건설하고 거기 거주하였더라
51 ●제사장 엘르아살과 눈의 아들 여
호수아와 이스라엘 자손의 지파의
족장들이 실로에 있는 회막문 여
호와 앞에서 제비 뽑아 나눈 기업

이 이러하니라 이에 땅 나누는 일
을 마쳤더라

도피성

20 여호와께서 여호수아에게 말
씀하여 이르시되
2 이스라엘 자손에게 말하여 이르기
를 내가 모세를 통하여 너희에게 말
한 도피성들을 너희를 위해 정하여
3 부지중에 실수로 사람을 죽인 자를
그리로 도망하게 하라 이는 너희를
위해 피의 보복자를 피할 곳이니라
4 이 성읍들 중의 하나에 도피하는
자는 그 성읍에 들어가는 문 어귀
에 서서 그 성읍의 장로들의 귀에
자기의 사건을 말할 것이요 그들은
그를 성읍에 받아들여 한 곳을 주
어 자기들 중에 거주하게 하고
5 피의 보복자가 그의 뒤를 따라온다
할지라도 그들은 그 살인자를 그의
손에 내주지 말지니 이는 본래 미
워함이 없이 부지중에 그의 이웃을
죽였음이라
6 그 살인자는 회중 앞에 서서 재판
을 받기까지 또는 그 당시 대제사
장이 죽기까지 그 성읍에 거주하다
가 그 후에 그 살인자는 그 성읍 곧
자기가 도망하여 나온 자기 성읍
자기 집으로 돌아갈지니라 하라 하
시니라
7 ●이에 그들이 납달리의 산지 갈릴
리 게데스와 에브라임 산지의 세겜
과 유다 산지의 기럇 아르바 곧 헤
브론과
8 여리고 동쪽 요단 저쪽 르우벤 지
파 중에서 평지 광야의 베셀과 갓
지파 중에서 길르앗 라못과 므낫세
지파 중에서 바산 골란을 구별하였
으니
9 이는 곧 이스라엘 모든 자손과 그
들 중에 거류하는 거류민을 위하여
선정된 성읍들로서 누구든지 부지
중에 살인한 자가 그리로 도망하여
그가 회중 앞에 설 때까지 피의 보
복자의 손에 죽지 아니하게 하기
위함이라

레위 사람의 성읍

21 그때에 레위 사람의 족장들이
제사장 엘르아살과 눈의 아들
여호수아와 이스라엘 자손의 지파
족장들에게 나아와
2 가나안 땅 실로에서 그들에게 말하
여 이르되 여호와께서 모세에게 명
령하사 우리가 거주할 성읍들과 우
리 가축을 위해 그 목초지들을 우
리에게 주라 하셨나이다 하매
3 이스라엘 자손이 여호와의 명령을
따라 자기의 기업에서 이 성읍들과
그 목초지들을 레위 사람에게 주니
라
4 ●그핫 가족을 위하여 제비를 뽑았
는데 레위 사람 중 제사장 아론의
자손들은 유다 지파와 시므온 지파
와 베냐민 지파 중에서 제비 뽑은
대로 열세 성읍을 받았고
5 그핫 자손들 중에 남은 자는 에브
라임 지파의 가족과 단 지파와 므
낫세 반 지파 중에서 제비 뽑은 대
로 열 성읍을 받았으며
6 게르손 자손들은 잇사갈 지파의 가
족들과 아셀 지파와 납달리 지파와
바산에 있는 므낫세 반 지파 중에
서 제비 뽑은 대로 열세 성읍을 받
았더라
7 ●므라리 자손들은 그 가족대로 르
우벤 지파와 갓 지파와 스불론 지파
중에서 열두 성읍을 받았더라
8 ●여호와께서 모세에게 명령하신
대로 이스라엘 자손이 제비 뽑아
레위 사람에게 준 성읍들과 그 목
초지들이 이러하니라

9 유다 자손의 지파와 시므온 자손의
지파 중에서는 이 아래에 기명한
성읍들을 주었는데
10 레위 자손 중 그핫 가족들에 속한
아론 자손이 첫째로 제비 뽑혔으므
로
11 아낙의 아버지 아르바의 성읍 유다
산지 기럇 아르바 곧 헤브론과 그
주위의 목초지를 그들에게 주었고
12 그 성읍의 밭과 그 촌락들은 여분
네의 아들 갈렙에게 주어 소유가
되게 하였더라
13 ●제사장 아론의 자손에게 준 것은
살인자의 도피성 헤브론과 그 목초
지이요 또 립나와 그 목초지와
14 얏딜과 그 목초지와 에스드모아와
그 목초지와
15 홀론과 그 목초지와 드빌과 그 목
초지와
16 아인과 그 목초지와 윳다와 그 목
초지와 벧 세메스와 그 목초지이니
이 두 지파에서 아홉 성읍을 냈고
17 또 베냐민 지파 중에서는 기브온과
그 목초지와 게바와 그 목초지와
18 아나돗과 그 목초지와 알몬과 그
목초지 곧 네 성읍을 냈으니
19 제사장 아론 자손의 성읍은 모두
열세 성읍과 그 목초지들이었더라
20 ●레위 사람인 그핫 자손 중에 남
은 자들의 가족들 곧 그핫 자손에
게는 제비 뽑아 에브라임 지파 중
에서 그 성읍들을 주었으니
21 곧 살인자의 도피성 에브라임 산지
세겜과 그 목초지이요 또 게셀과
그 목초지와
22 깁사임과 그 목초지와 벧호론과 그
목초지이니 네 성읍이요
23 또 단 지파 중에서 준 것은 엘드게
와 그 목초지와 깁브돈과 그 목초
지와
24 아얄론과 그 목초지와 가드 림몬과
그 목초지이니 네 성읍이요
25 또 므낫세 반 지파 중에서 준 것은
다아낙과 그 목초지와 가드 림몬과
그 목초지이니 두 성읍이라
26 그핫 자손의 남은 가족들을 위한
성읍들은 모두 열 성읍과 그 목초
지들이었더라
27 ●레위 가족의 게르손 자손에게는
므낫세 반 지파 중에서 살인자의
도피성 바산 골란과 그 목초지를
주었고 또 브에스드라와 그 목초지
를 주었으니 두 성읍이요
28 잇사갈 지파 중에서는 기시온과 그
목초지와 다브랏과 그 목초지와
29 야르뭇과 그 목초지와 엔 간님과
그 목초지를 주었으니 네 성읍이요
30 아셀 지파 중에서는 미살과 그 목
초지와 압돈과 그 목초지와
31 헬갓과 그 목초지와 르홉과 그 목
초지를 주었으니 네 성읍이요
32 납달리 지파 중에서는 살인자의 도
피성 갈릴리 게데스와 그 목초지를
주었고 또 함못 돌과 그 목초지와
가르단과 그 목초지를 주었으니 세
성읍이라
33 게르손 사람이 그 가족대로 받은
성읍은 모두 열세 성읍과 그 목초
지들이었더라
34 ●그 남은 레위 사람 므라리 자손
의 가족들에게 준 것은 스불론 지
파 중에서 욕느암과 그 목초지와
가르다와 그 목초지와
35 딤나와 그 목초지와 나할랄과 그
목초지이니 네 성읍이요
36 르우벤 지파 중에서 준 것은 베셀
과 그 목초지와 야하스와 그 목초
지와
37 그데못과 그 목초지와 므바앗과 그
목초지이니 네 성읍이요

38 갓 지파 중에서 준 것은 살인자의
도피성 길르앗 라못과 그 목초지이
요 또 마하나임과 그 목초지와
39 헤스본과 그 목초지와 야셀과 그
목초지이니 모두 네 성읍이라
40 이는 레위 가족의 남은 자 곧 므라
리 자손이 그들의 가족대로 받은
성읍이니 그들이 제비 뽑아 얻은
성읍이 열두 성읍이었더라
41 ●레위 사람들이 이스라엘 자손의
기업 중에서 받은 성읍은 모두 마
흔여덟 성읍이요 또 그 목초지들이
라
42 이 각 성읍의 주위에 목초지가 있
었고 모든 성읍이 다 그러하였더라

약속하신 온 땅을 차지하다

43 ●여호와께서 이스라엘의 조상들
에게 맹세하사 주리라 하신 온 땅
을 이와 같이 이스라엘에게 다 주
셨으므로 그들이 그것을 차지하여
거기에 거주하였으니
44 여호와께서 그들의 주위에 안식을
주셨으되 그 조상들에게 맹세하신
대로 하셨으므로 그들의 모든 원수
들 중에 그들과 맞선 자가 하나도
없었으니 이는 여호와께서 그들의
모든 원수들을 그들의 손에 넘겨
주셨음이니라
45 여호와께서 이스라엘 족속에게 말
씀하신 선한 말씀이 하나도 남음이
없이 다 응하였더라

여호수아가 동쪽 지파들을 보내다

22 그때에 여호수아가 르우벤 사
람과 갓 사람과 므낫세 반 지
파를 불러서
2 그들에게 이르되 여호와의 종 모세
가 너희에게 명령한 것을 너희가 다
지키며 또 내가 너희에게 명령한 모
든 일에 너희가 내 말을 순종하여
3 오늘까지 날이 오래도록 너희가 너
희 형제를 떠나지 아니하고 오직
너희의 하나님 여호와께서 명령하
신 그 책임을 지키도다
4 이제는 너희의 하나님 여호와께서
이미 말씀하신 대로 너희 형제에게
안식을 주셨으니 그런즉 이제 너희
는 여호와의 종 모세가 요단 저쪽
에서 너희에게 준 소유지로 가서
너희의 장막으로 돌아가되
5 오직 여호와의 종 모세가 너희에게
명령한 명령과 율법을 반드시 행하
여 너희의 하나님 여호와를 사랑하
고 그의 모든 길로 행하며 그의 계
명을 지켜 그에게 친근히 하고 너
희의 마음을 다하며 성품을 다하여
그를 섬길지니라 하고
6 여호수아가 그들에게 축복하여 보
내매 그들이 자기 장막으로 갔더라
7 ●므낫세 반 지파에게는 모세가 바
산에서 기업을 주었고 그 남은 반
지파에게는 여호수아가 요단 이쪽
서쪽에서 그들의 형제들과 함께 기
업을 준지라 여호수아가 그들을 그
들의 장막으로 돌려보낼 때에 그들
에게 축복하고
8 말하여 이르되 너희는 많은 재산과
심히 많은 가축과 은과 금과 구리
와 쇠와 심히 많은 의복을 가지고
너희의 장막으로 돌아가서 너희의
원수들에게서 탈취한 것을 너희의
형제와 나눌지니라 하매
9 르우벤 자손과 갓 자손과 므낫세
반 지파가 가나안 땅 실로에서 이
스라엘 자손을 떠나 여호와께서 모
세에게 명령하신 대로 받은 땅 곧
그들의 소유지 길르앗으로 가니라

요단 가에 제단을 쌓다

10 ●르우벤 자손과 갓 자손과 므낫세
반 지파가 가나안 땅 요단 언덕 가
에 이르자 거기서 요단 가에 제단

을 쌓았는데 보기에 큰 제단이었더
라
11 이스라엘 자손이 들은즉 이르기를
르우벤 자손과 갓 자손과 므낫세 반
지파가 가나안 땅의 맨 앞쪽 요단
언덕 가 이스라엘 자손에게 속한 쪽
에 제단을 쌓았다 하는지라
12 이스라엘 자손이 이를 듣자 곧 이
스라엘 자손의 온 회중이 실로에
모여서 그들과 싸우러 가려 하니라
13 ●이스라엘 자손이 제사장 엘르아
살의 아들 비느하스를 길르앗 땅으
로 보내어 르우벤 자손과 갓 자손
과 므낫세 반 지파를 보게 하되
14 이스라엘 각 지파에서 한 지도자씩
열 지도자들을 그와 함께하게 하니
그들은 각기 그들의 조상들의 가문
의 수령으로서 이스라엘 중에서 천
부장들이라
15 그들이 길르앗 땅에 이르러 르우벤
자손과 갓 자손과 므낫세 반 지파
에게 나아가서 그들에게 말하여 이
르되
16 여호와의 온 회중이 말하기를 너희
가 어찌하여 이스라엘 하나님께 범
죄하여 오늘 여호와를 따르는 데서
돌아서서 너희를 위하여 제단을 쌓
아 너희가 오늘 여호와께 거역하고
자 하느냐
17 브올의 죄악으로 말미암아 여호와
의 회중에 재앙이 내렸으나 오늘까
지 우리가 그 죄에서 정결함을 받
지 못하였거늘 그 죄악이 우리에게
부족하여서
18 오늘 너희가 돌이켜 여호와를 따르
지 아니하려고 하느냐 너희가 오늘
여호와를 배역하면 내일은 그가 이
스라엘 온 회중에게 진노하시리라
19 그런데 너희의 소유지가 만일 깨끗
하지 아니하거든 여호와의 성막이
있는 여호와의 소유지로 건너와 우
리 중에서 소유지를 나누어 가질
것이니라 오직 우리 하나님 여호와
의 제단 외에 다른 제단을 쌓음으
로 여호와를 거역하지 말며 우리에
게도 거역하지 말라
20 세라의 아들 아간이 온전히 바친 물
건에 대하여 범죄하므로 이스라엘
온 회중에 진노가 임하지 아니하였
느냐 그의 죄악으로 멸망한 자가 그
한 사람만이 아니었느니라 하니라
21 ●르우벤 자손과 갓 자손과 므낫세
반 지파가 이스라엘 천천의 수령들
에게 대답하여 이르되
22 전능하신 자 하나님 여호와, 전능
하신 자 하나님 여호와께서 아시나
니 이스라엘도 장차 알리라 이 일
이 만일 여호와를 거역함이거나 범
죄함이거든 주께서는 오늘 우리를
구원하지 마시옵소서
23 우리가 제단을 쌓은 것이 돌이켜
여호와를 따르지 아니하려 함이거
나 또는 그 위에 번제나 소제를 드
리려 함이거나 또는 화목제물을 드
리려 함이거든 여호와는 친히 벌하
시옵소서
24 우리가 목적이 있어서 주의하고 이
같이 하였노라 곧 생각하기를 후일
에 너희의 자손이 우리 자손에게 말
하여 이르기를 너희가 이스라엘 하
나님 여호와와 무슨 상관이 있느냐
25 너희 르우벤 자손 갓 자손아 여호
와께서 우리와 너희 사이에 요단으
로 경계를 삼으셨나니 너희는 여호
와께 받을 분깃이 없느니라 하여
너희의 자손이 우리 자손에게 여호
와 경외하기를 그치게 할까 하여
26 우리가 말하기를 우리가 이제 한
제단 쌓기를 준비하자 하였노니 이
는 번제를 위함도 아니요 다른 제

사를 위함도 아니라
27 우리가 여호와 앞에서 우리의 번제
와 우리의 다른 제사와 우리의 화
목제로 섬기는 것을 우리와 너희
사이와 우리의 후대 사이에 증거가
되게 할 뿐으로서 너희 자손들이
후일에 우리 자손들에게 이르기를
너희는 여호와께 받을 분깃이 없다
하지 못하게 하려 함이라
28 우리가 말하였거니와 만일 그들이
후일에 우리에게나 우리 후대에게
이같이 말하면 우리가 말하기를 우
리 조상이 지은 여호와의 제단 모
형을 보라 이는 번제를 위한 것도
아니요 다른 제사를 위한 것도 아
니라 오직 우리와 너희 사이에 증
거만 되게 할 뿐이라
29 우리가 번제나 소제나 다른 제사를
위하여 우리 하나님 여호와의 성막
앞에 있는 제단 외에 제단을 쌓음
으로 여호와를 거역하고 오늘 여호
와를 따르는 데에서 돌아서려는 것
은 결단코 아니라 하리라
30 ●제사장 비느하스와 그와 함께한
회중의 지도자들 곧 이스라엘 천천
의 수령들이 르우벤 자손과 갓 자
손과 므낫세 자손의 말을 듣고 좋
게 여긴지라
31 제사장 엘르아살의 아들 비느하스
가 르우벤 자손과 갓 자손과 므낫
세 자손에게 이르되 우리가 오늘
여호와께서 우리 중에 계신 줄을
아노니 이는 너희가 이 죄를 여호
와께 범하지 아니하였음이니라 너
희가 이제 이스라엘 자손을 여호와
의 손에서 건져내었느니라 하고
32 제사장 엘르아살의 아들 비느하스
와 지도자들이 르우벤 자손과 갓
자손을 떠나 길르앗 땅에서 가나안
땅 이스라엘 자손에게 돌아와 그들
에게 보고하매
33 그 일이 이스라엘 자손을 즐겁게
한지라 이스라엘 자손이 하나님을
찬송하고 르우벤 자손과 갓 자손이
거주하는 땅에 가서 싸워 그것을
멸하자 하는 말을 다시는 하지 아
니하였더라
34 르우벤 자손과 갓 자손이 그 제단
을 엣이라 불렀으니 우리 사이에
이 제단은 여호와께서 하나님이 되
시는 증거라 함이었더라

여호수아의 마지막 말

23 여호와께서 주위의 모든 원수
들로부터 이스라엘을 쉬게 하
신 지 오랜 후에 여호수아가 나이
많아 늙은지라
2 여호수아가 온 이스라엘 곧 그들의
장로들과 수령들과 재판장들과 관
리들을 불러다가 그들에게 이르되
나는 나이가 많아 늙었도다
3 너희의 하나님 여호와께서 너희를
위하여 이 모든 나라에 행하신 일
을 너희가 다 보았거니와 너희의
하나님 여호와 그는 너희를 위하여
싸우신 이시니라
4 보라 내가 요단에서부터 해 지는
쪽 대해까지의 남아 있는 나라들과
이미 멸한 모든 나라를 내가 너희
를 위하여 제비 뽑아 너희의 지파
에게 기업이 되게 하였느니라
5 너희의 하나님 여호와 그가 너희
앞에서 그들을 쫓아내사 너희 목전
에서 그들을 떠나게 하시리니 너희
의 하나님 여호와께서 너희에게 말
씀하신 대로 너희가 그 땅을 차지
할 것이라
6 그러므로 너희는 크게 힘써 모세의
율법 책에 기록된 것을 다 지켜 행
하라 그것을 떠나 우로나 좌로나
치우치지 말라

7 너희 중에 남아 있는 이 민족들 중
에 들어가지 말라 그들의 신들의
이름을 부르지 말라 그것들을 가리
켜 맹세하지 말라 또 그것을 섬겨
서 그것들에게 절하지 말라
8 오직 너희의 하나님 여호와께 가까
이하기를 오늘까지 행한 것같이 하
라
9 이는 여호와께서 강대한 나라들을
너희의 앞에서 쫓아내셨으므로 오
늘까지 너희에게 맞선 자가 하나도
없었느니라
10 너희 중 한 사람이 천 명을 쫓으리
니 이는 너희의 하나님 여호와 그
가 너희에게 말씀하신 것같이 너희
를 위하여 싸우심이라
11 그러므로 스스로 조심하여 너희의
하나님 여호와를 사랑하라
12 너희가 만일 돌아서서 너희 중에
남아 있는 이 민족들을 가까이하여
더불어 혼인하며 서로 왕래하면
13 확실히 알라 너희의 하나님 여호와
께서 이 민족들을 너희 목전에서
다시는 쫓아내지 아니하시리니 그
들이 너희에게 올무가 되며 덫이
되며 너희의 옆구리에 채찍이 되며
너희의 눈에 가시가 되어서 너희가
마침내 너희의 하나님 여호와께서
너희에게 주신 이 아름다운 땅에서
멸하리라
14 ●보라 나는 오늘 온 세상이 가는
길로 가려니와 너희의 하나님 여호
와께서 너희에게 대하여 말씀하신
모든 선한 말씀이 하나도 틀리지 아
니하고 다 너희에게 응하여 그 중에
하나도 어김이 없음을 너희 모든 사
람은 마음과 뜻으로 아는 바라
15 너희의 하나님 여호와께서 너희에
게 말씀하신 모든 선한 말씀이 너
희에게 임한 것같이 여호와께서
모든 불길한 말씀도 너희에게 임
하게 하사 너희의 하나님 여호와께
서 너희에게 주신 이 아름다운 땅에
서 너희를 멸절하기까지 하실 것
이라
16 만일 너희가 너희의 하나님 여호와
께서 너희에게 명령하신 언약을 범
하고 가서 다른 신들을 섬겨 그들
에게 절하면 여호와의 진노가 너희
에게 미치리니 너희에게 주신 아름
다운 땅에서 너희가 속히 멸망하리
라 하니라

여호수아가 세겜에 모인 백성에게 이르다

24 여호수아가 이스라엘 모든 지
파를 세겜에 모으고 이스라엘
장로들과 그들의 수령들과 재판장
들과 관리들을 부르매 그들이 하나
님 앞에 나와 선지라
2 여호수아가 모든 백성에게 이르되
이스라엘의 하나님 여호와께서 이
같이 말씀하시기를 옛적에 너희의
조상들 곧 아브라함의 아버지, 나
홀의 아버지 데라가 강 저쪽에 거
주하여 다른 신들을 섬겼으나
3 내가 너희의 조상 아브라함을 강
저쪽에서 이끌어 내어 가나안 온
땅에 두루 행하게 하고 그의 씨를
번성하게 하려고 그에게 이삭을 주
었으며
4 이삭에게는 야곱과 에서를 주었고
에서에게는 세일 산을 소유로 주었
으나 야곱과 그의 자손들은 애굽으
로 내려갔으므로
5 내가 모세와 아론을 보내었고 또
애굽에 재앙을 내렸나니 곧 내가
그들 가운데 행한 것과 같고 그 후
에 너희를 인도하여 내었노라
6 내가 너희의 조상들을 애굽에서 인
도하여 내어 바다에 이르게 한즉
애굽 사람들이 병거와 마병을 거느

리고 너희의 조상들을 홍해까지 쫓
아오므로
7 너희의 조상들이 나 여호와께 부르
짖기로 내가 너희와 애굽 사람들
사이에 흑암을 두고 바다를 이끌어
그들을 덮었나니 내가 애굽에서 행
한 일을 너희의 눈이 보았으며 또
너희가 많은 날을 광야에서 거주하
였느니라
8 내가 또 너희를 인도하여 요단 저
쪽에 거주하는 아모리 족속의 땅으
로 들어가게 하매 그들이 너희와
싸우기로 내가 그들을 너희 손에
넘겨주매 너희가 그 땅을 점령하였
고 나는 그들을 너희 앞에서 멸절
시켰으며
9 또한 모압 왕 십볼의 아들 발락이
일어나 이스라엘과 싸우더니 사람
을 보내어 브올의 아들 발람을 불
러다가 너희를 저주하게 하려 하였
으나
10 내가 발람을 위해 듣기를 원하지
아니하였으므로 그가 오히려 너희
를 축복하였고 나는 너희를 그의
손에서 건져내었으며
11 너희가 요단을 건너 여리고에 이른
즉 여리고 주민들 곧 아모리 족속
과 브리스 족속과 가나안 족속과
헷 족속과 기르가스 족속과 히위
족속과 여부스 족속이 너희와 싸우
기로 내가 그들을 너희의 손에 넘
겨주었으며
12 내가 왕벌을 너희 앞에 보내어 그
아모리 족속의 두 왕을 너희 앞에
서 쫓아내게 하였나니 너희의 칼이
나 너희의 활로써 이같이 한 것이
아니며
13 내가 또 너희가 수고하지 아니한
땅과 너희가 건설하지 아니한 성읍
들을 너희에게 주었더니 너희가 그
가운데에 거주하며 너희는 또 너희
가 심지 아니한 포도원과 감람원의
열매를 먹는다 하셨느니라
14 ●그러므로 이제는 여호와를 경외
하며 온전함과 진실함으로 그를 섬
기라 너희의 조상들이 강 저쪽과
애굽에서 섬기던 신들을 치워 버리
고 여호와만 섬기라
15 만일 여호와를 섬기는 것이 너희에
게 좋지 않게 보이거든 너희 조상들
이 강 저쪽에서 섬기던 신들이든지
또는 너희가 거주하는 땅에 있는 아
모리 족속의 신들이든지 너희가 섬
길 자를 오늘 택하라 오직 나와 내
집은 여호와를 섬기겠노라 하니
16 백성이 대답하여 이르되 우리가 결
단코 여호와를 버리고 다른 신들을
섬기기를 하지 아니하오리니
17 이는 우리 하나님 여호와께서 친히
우리와 우리 조상들을 인도하여 애
굽 땅 종 되었던 집에서 올라오게
하시고 우리 목전에서 그 큰 이적
들을 행하시고 우리가 행한 모든
길과 우리가 지나온 모든 백성들
중에서 우리를 보호하셨음이며
18 여호와께서 또 모든 백성들과 이
땅에 거주하던 아모리 족속을 우리
앞에서 쫓아내셨음이라 그러므로
우리도 여호와를 섬기리니 그는 우
리 하나님이심이니이다 하니라
19 ●여호수아가 백성에게 이르되 너
희가 여호와를 능히 섬기지 못할
것은 그는 거룩하신 하나님이시요
질투하시는 하나님이시니 너희의
잘못과 죄들을 사하지 아니하실 것
임이라
20 만일 너희가 여호와를 버리고 이
방 신들을 섬기면 너희에게 복을
내리신 후에라도 돌이켜 너희에게
재앙을 내리시고 너희를 멸하시리

라 하니
21 백성이 여호수아에게 말하되 아니
니이다 우리가 여호와를 섬기겠나
이다 하는지라
22 여호수아가 백성에게 이르되 너희
가 여호와를 택하고 그를 섬기리라
하였으니 스스로 증인이 되었느니
라 하니 그들이 이르되 우리가 증
인이 되었나이다 하더라
23 여호수아가 이르되 그러면 이제 너
희 중에 있는 이방 신들을 치워 버
리고 너희의 마음을 이스라엘의 하
나님 여호와께로 향하라 하니
24 백성이 여호수아에게 말하되 우리
하나님 여호와를 우리가 섬기고 그
의 목소리를 우리가 청종하리이다
하는지라
25 그날에 여호수아가 세겜에서 백성
과 더불어 언약을 맺고 그들을 위
하여 율례와 법도를 제정하였더라
26 여호수아가 이 모든 말씀을 하나님
의 율법책에 기록하고 큰 돌을 가
져다가 거기 여호와의 성소 곁에
있는 상수리나무 아래에 세우고
27 모든 백성에게 이르되 보라 이 돌이
우리에게 증거가 되리니 이는 여호
와께서 우리에게 하신 모든 말씀을
이 돌이 들었음이니라 그런즉 너희
가 너희의 하나님을 부인하지 못하
도록 이 돌이 증거가 되리라 하고
28 백성을 보내어 각기 기업으로 돌아
가게 하였더라

여호수아와 엘르아살이 죽다

29 ●이 일 후에 여호와의 종 눈의 아
들 여호수아가 백십 세에 죽으매
30 그들이 그를 그의 기업의 경내 딤
낫 세라에 장사하였으니 딤낫 세라
는 에브라임 산지 가아스 산 북쪽
이었더라
31 이스라엘이 여호수아가 사는 날 동
안과 여호수아 뒤에 생존한 장로들
곧 여호와께서 이스라엘을 위하여
행하신 모든 일을 아는 자들이 사
는 날 동안 여호와를 섬겼더라
32 ●또 이스라엘 자손이 애굽에서 가
져 온 요셉의 뼈를 세겜에 장사하
였으니 이곳은 야곱이 백 [1]크시타
를 주고 세겜의 아버지 하몰의 자
손들에게서 산 밭이라 그것이 요셉
자손의 기업이 되었더라
33 아론의 아들 엘르아살도 죽으매 그들
이 그를 그의 아들 비느하스가 에브라
임 산지에서 받은 산에 장사하였더라

1) 크시타는 옛 무게 단위로서 정확한 중량은 불분명함

사사기

Judges

유다와 시므온 지파가 아도니 베섹을 잡다

1 여호수아가 죽은 후에 이스라엘
자손이 여호와께 여쭈어 이르되
우리 가운데 누가 먼저 올라가서
가나안 족속과 싸우리이까
2 여호와께서 이르시되 유다가 올라
갈지니라 보라 내가 이 땅을 그의
손에 넘겨주었노라 하시니라
3 유다가 그의 형제 시므온에게 이르
되 내가 제비 뽑아 얻은 땅에 나와
함께 올라가서 가나안 족속과 싸우
자 그리하면 나도 네가 제비 뽑아
얻은 땅에 함께 가리라 하니 이에
시므온이 그와 함께 가니라
4 유다가 올라가매 여호와께서 가나

안 족속과 브리스 족속을 그들의
손에 넘겨주시니 그들이 베섹에서
만 명을 죽이고
5 또 베섹에서 아도니 베섹을 만나
그와 싸워서 가나안 족속과 브리스
족속을 죽이니
6 아도니 베섹이 도망하는지라 그를
쫓아가서 잡아 그의 엄지손가락과
엄지발가락을 자르매
7 아도니 베섹이 이르되 옛적에 칠십
명의 왕들이 그들의 엄지손가락과
엄지발가락이 잘리고 내 상 아래에
서 먹을 것을 줍더니 하나님이 내
가 행한 대로 내게 갚으심이로다
하니라 무리가 그를 끌고 예루살렘
에 이르렀더니 그가 거기서 죽었더
라

유다 지파가 예루살렘과 헤브론을 치다

8 ●유다 자손이 예루살렘을 쳐서 점
령하여 칼날로 치고 그 성을 불살
랐으며
9 그 후에 유다 자손이 내려가서 산
지와 남방과 평지에 거주하는 가나
안 족속과 싸웠고
10 유다가 또 가서 헤브론에 거주하는
가나안 족속을 쳐서 세새와 아히만
과 달매를 죽였더라 헤브론의 본
이름은 기럇 아르바였더라

옷니엘이 드빌을 치다 (수 15:13-19)

11 ●거기서 나아가서 드빌의 주민들
을 쳤으니 드빌의 본 이름은 기럇
세벨이라
12 갈렙이 말하기를 기럇 세벨을 쳐서
그것을 점령하는 자에게는 내 딸
악사를 아내로 주리라 하였더니
13 갈렙의 아우 그나스의 아들인 옷니
엘이 그것을 점령하였으므로 갈렙
이 그의 딸 악사를 그에게 아내로
주었더라
14 악사가 출가할 때에 그에게 청하여
자기 아버지에게 밭을 구하자 하고
나귀에서 내리매 갈렙이 묻되 네가
무엇을 원하느냐 하니
15 이르되 내게 복을 주소서 아버지께
서 나를 남방으로 보내시니 샘물도
내게 주소서 하매 갈렙이 윗샘과
아랫샘을 그에게 주었더라

유다와 베냐민 지파의 승리

16 ●모세의 장인은 겐 사람이라 그의
자손이 유다 자손과 함께 종려나무
성읍에서 올라가서 아랏 남방의 유
다 황무지에 이르러 그 백성 중에
거주하니라
17 유다가 그의 형제 시므온과 함께
가서 스밧에 거주하는 가나안 족속
을 쳐서 그곳을 [1]진멸하였으므로
그 성읍의 이름을 호르마라 하니라
18 유다가 또 가사 및 그 지역과 아스
글론 및 그 지역과 에그론 및 그 지
역을 점령하였고
19 여호와께서 유다와 함께 계셨으므
로 그가 산지 주민을 쫓아내었으나
골짜기의 주민들은 철 병거가 있으
므로 그들을 쫓아내지 못하였으며
20 그들이 모세가 명령한 대로 헤브론
을 갈렙에게 주었더니 그가 거기서
아낙의 세 아들을 쫓아내었고
21 베냐민 자손은 예루살렘에 거주하
는 여부스 족속을 쫓아내지 못하였
으므로 여부스 족속이 베냐민 자손
과 함께 오늘까지 예루살렘에 거주
하니라

에브라임과 므낫세 지파가 벧엘을 치다

22 ●요셉 가문도 벧엘을 치러 올라가
니 여호와께서 그와 함께하시니라
23 요셉 가문이 벧엘을 정탐하게 하였
는데 그 성읍의 본 이름은 루스라
24 정탐꾼들이 그 성읍에서 한 사람이
나오는 것을 보고 그에게 이르되

1) 여호와께 드릴 목적으로 멸망시킴을 뜻함

청하노니 이 성읍의 입구를 우리에
게 보이라 그리하면 우리가 네게
선대하리라 하매
25 그 사람이 성읍의 입구를 가리킨지
라 이에 그들이 칼날로 그 성읍을
쳤으되 오직 그 사람과 그의 가족
을 놓아 보내매
26 그 사람이 헷 사람들의 땅에 가서
성읍을 건축하고 그것의 이름을 루
스라 하였더니 오늘까지 그곳의 이
름이 되니라

삿

쫓아내지 못한 가나안 족속

27 ●므낫세가 벧스안과 그에 딸린 마
을들의 주민과 다아낙과 그에 딸린
마을들의 주민과 돌과 그에 딸린
마을들의 주민과 이블르암과 그에
딸린 마을들의 주민과 므깃도와 그
에 딸린 마을들의 주민들을 쫓아내
지 못하매 가나안 족속이 결심하고
그 땅에 거주하였더니
28 이스라엘이 강성한 후에야 가나안
족속에게 노역을 시켰고 다 쫓아내
지 아니하였더라
29 ●에브라임이 게셀에 거주하는 가
나안 족속을 쫓아내지 못하매 가나
안 족속이 게셀에서 그들 중에 거
주하였더라
30 ●스불론은 기드론 주민과 나할롤
주민을 쫓아내지 못하였으므로 가
나안 족속이 그들 중에 거주하면서
노역을 하였더라
31 ●아셀이 악고 주민과 시돈 주민과
알랍과 악십과 헬바와 아빅과 르홉
주민을 쫓아내지 못하고
32 아셀 족속이 그 땅의 주민 가나안
족속 가운데 거주하였으니 이는 그
들을 쫓아내지 못함이었더라
33 ●납달리는 벧세메스 주민과 벧아
낫 주민을 쫓아내지 못하고 그 땅
의 주민 가나안 족속 가운데 거주
하였으나 벧세메스와 벧아낫 주민
들이 그들에게 노역을 하였더라
34 ●아모리 족속이 단 자손을 산지로
몰아넣고 골짜기에 내려오기를 용
납하지 아니하였으며
35 결심하고 헤레스 산과 아얄론과 사
알빔에 거주하였더니 요셉의 가문
의 힘이 강성하매 아모리 족속이
마침내는 노역을 하였으며
36 아모리 족속의 경계는 아그랍빔 비
탈의 바위부터 위쪽이었더라

여호와의 사자가 보김에 나타나다

2 여호와의 사자가 길갈에서부터
보김으로 올라와 말하되 내가 너
희를 애굽에서 올라오게 하여 내가
너희의 조상들에게 맹세한 땅으로
들어가게 하였으며 또 내가 이르기
를 내가 너희와 함께한 언약을 영
원히 어기지 아니하리니
2 너희는 이 땅의 주민과 언약을 맺지
말며 그들의 제단들을 헐라 하였거
늘 너희가 내 목소리를 듣지 아니하
였으니 어찌하여 그리하였느냐
3 그러므로 내가 또 말하기를 내가
그들을 너희 앞에서 쫓아내지 아니
하리니 그들이 너희 옆구리에 가시
가 될 것이며 그들의 신들이 너희
에게 올무가 되리라 하였노라
4 여호와의 사자가 이스라엘 모든 자
손에게 이 말씀을 이르매 백성이
소리를 높여 운지라
5 그러므로 그곳을 이름하여 1)보김이
라 하고 그들이 거기서 여호와께
제사를 드렸더라

여호수아가 죽다

6 ●전에 여호수아가 백성을 보내매
이스라엘 자손이 각기 그들의 기업
으로 가서 땅을 차지하였고
7 백성이 여호수아가 사는 날 동안과

1) 우는 자들

여호수아 뒤에 생존한 장로들 곧
여호와께서 이스라엘을 위하여 행
하신 모든 큰 일을 본 자들이 사는
날 동안에 여호와를 섬겼더라
8 여호와의 종 눈의 아들 여호수아가
백십 세에 죽으매
9 무리가 그의 기업의 경내 에브라임
산지 가아스 산 북쪽 딤낫 헤레스
에 장사하였고
10 그 세대의 사람도 다 그 조상들에
게로 돌아갔고 그 후에 일어난 다
른 세대는 여호와를 알지 못하며
여호와께서 이스라엘을 위하여 행
하신 일도 알지 못하였더라

이스라엘이 여호와를 버리다

11 ●이스라엘 자손이 여호와의 목전
에 악을 행하여 바알들을 섬기며
12 애굽 땅에서 그들을 인도하여 내신
그들의 조상들의 하나님 여호와를
버리고 다른 신들 곧 그들의 주위
에 있는 백성의 신들을 따라 그들
에게 절하여 여호와를 진노하시게
하였으되
13 곧 그들이 여호와를 버리고 바알과
아스다롯을 섬겼으므로
14 여호와께서 이스라엘에게 진노하
사 노략하는 자의 손에 넘겨주사
그들이 노략을 당하게 하시며 또
주위에 있는 모든 대적의 손에 팔
아넘기시매 그들이 다시는 대적을
당하지 못하였으며
15 그들이 어디로 가든지 여호와의 손
이 그들에게 재앙을 내리시니 곧
여호와께서 말씀하신 것과 같고 여
호와께서 그들에게 맹세하신 것과
같아서 그들의 괴로움이 심하였더
라
16 ●여호와께서 사사들을 세우사 노
략자의 손에서 그들을 구원하게 하
셨으나
17 그들이 그 사사들에게도 순종하지
아니하고 오히려 다른 신들을 따라
가 음행하며 그들에게 절하고 여호
와의 명령을 순종하던 그들의 조상
들이 행하던 길에서 속히 치우쳐
떠나서 그와 같이 행하지 아니하였
더라
18 여호와께서 그들을 위하여 사사들
을 세우실 때에는 그 사사와 함께
하셨고 그 사사가 사는 날 동안에
는 여호와께서 그들을 대적의 손에
서 구원하셨으니 이는 그들이 대적
에게 압박과 괴롭게 함을 받아 슬
피 부르짖으므로 여호와께서 뜻을
돌이키셨음이거늘
19 그 사사가 죽은 후에는 그들이 돌
이켜 그들의 조상들보다 더욱 타락
하여 다른 신들을 따라 섬기며 그
들에게 절하고 그들의 행위와 패역
한 길을 그치지 아니하였으므로
20 여호와께서 이스라엘에게 진노하
여 이르시되 이 백성이 내가 그들
의 조상들에게 명령한 언약을 어기
고 나의 목소리를 순종하지 아니하
였은즉
21 나도 여호수아가 죽을 때에 남겨
둔 이방 민족들을 다시는 그들 앞
에서 하나도 쫓아내지 아니하리니
22 이는 이스라엘이 그들의 조상들이
지킨 것같이 나 여호와의 도를 지
켜 행하나 아니하나 그들을 시험하
려 함이라 하시니라
23 여호와께서 그 이방 민족들을 머물
러 두사 그들을 속히 쫓아내지 아
니하셨으며 여호수아의 손에 넘겨
주지 아니하셨더라

그 땅에 남겨 두신 사람들

3 여호와께서 가나안의 모든 전쟁
들을 알지 못한 이스라엘을 시험
하려 하시며

2 이스라엘 자손의 세대 중에 아직
전쟁을 알지 못하는 자들에게 그것
을 가르쳐 알게 하려 하사 남겨 두
신 이방 민족들은
3 블레셋의 다섯 군주들과 모든 가나
안 족속과 시돈 족속과 바알 헤르
몬 산에서부터 하맛 입구까지 레바
논 산에 거주하는 히위 족속이라
4 남겨 두신 이 이방 민족들로 이스
라엘을 시험하사 여호와께서 모세
를 통하여 그들의 조상들에게 이르
신 명령들을 순종하는지 알고자 하
셨더라
5 그러므로 이스라엘 자손은 가나안
족속과 헷 족속과 아모리 족속과
브리스 족속과 히위 족속과 여부스
족속 가운데에 거주하면서
6 그들의 딸들을 맞아 아내로 삼으며
자기 딸들을 그들의 아들들에게 주
고 또 그들의 신들을 섬겼더라

사사 옷니엘

7 ●이스라엘 자손이 여호와의 목전
에 악을 행하여 자기들의 하나님
여호와를 잊어버리고 바알들과 아
세라들을 섬긴지라
8 여호와께서 이스라엘에게 진노하
사 그들을 [1]메소보다미아 왕 구산
리사다임의 손에 파셨으므로 이스
라엘 자손이 구산 리사다임을 팔
년 동안 섬겼더니
9 이스라엘 자손이 여호와께 부르짖
으매 여호와께서 이스라엘 자손을
위하여 한 구원자를 세워 그들을
구원하게 하시니 그는 곧 갈렙의
아우 그나스의 아들 옷니엘이라
10 *여호와의 영이 그에게* 임하셨으므
로 그가 이스라엘의 사사가 되어
나가서 싸울 때에 여호와께서 메소
보다미아 왕 구산 리사다임을 그의
손에 넘겨주시매 옷니엘의 손이 구
산 리사다임을 이기니라
11 그 땅이 평온한 지 사십 년에 그나
스의 아들 옷니엘이 죽었더라

사사 에훗

12 ●이스라엘 자손이 또 여호와의 목
전에 악을 행하니라 이스라엘 자손
이 여호와의 목전에 악을 행하므로
여호와께서 모압 왕 에글론을 강성
하게 하사 그들을 대적하게 하시매
13 에글론이 암몬과 아말렉 자손들을
모아 가지고 와서 이스라엘을 쳐서
종려나무 성읍을 점령한지라
14 이에 이스라엘 자손이 모압 왕 에
글론을 열여덟 해 동안 섬기니라
15 ●이스라엘 자손이 여호와께 부르
짖으매 여호와께서 그들을 위하여
한 구원자를 세우셨으니 그는 곧
베냐민 사람 게라의 아들 왼손잡이
에훗이라 이스라엘 자손이 그를 통
하여 모압 왕 에글론에게 공물을
바칠 때에
16 에훗이 길이가 한 [2]규빗 되는 좌우
에 날선 칼을 만들어 그의 오른쪽
허벅지 옷 속에 차고
17 공물을 모압 왕 에글론에게 바쳤는
데 에글론은 매우 비둔한 자였더라
18 에훗이 공물 바치기를 마친 후에
공물을 메고 온 자들을 보내고
19 자기는 길갈 근처 돌 뜨는 곳에서부
터 돌아와서 이르되 왕이여 내가 은
밀한 일을 왕에게 아뢰려 하나이다
하니 왕이 명령하여 조용히 하라 하
매 모셔 선 자들이 다 물러간지라
20 에훗이 그에게로 들어가니 왕은 서
늘한 다락방에 홀로 앉아 있는 중
이라 에훗이 이르되 내가 하나님의
명령을 받들어 왕에게 아뢸 일이
있나이다 하매 왕이 그의 좌석에서
일어나니

1) 히, 아람 나하라임 2) 히, 암마

21 에훗이 왼손을 뻗쳐 그의 오른쪽
허벅지 위에서 칼을 빼어 왕의 몸
을 찌르매
22 칼자루도 날을 따라 들어가서 그
끝이 등 뒤까지 나갔고 그가 칼을
그의 몸에서 빼내지 아니하였으므
로 기름이 칼날에 엉겼더라
23 에훗이 현관에 나와서 다락문들을
뒤에서 닫아 잠그니라
24 ●에훗이 나간 후에 왕의 신하들이
들어와서 다락문들이 잠겼음을 보
고 이르되 왕이 분명히 서늘한 방
에서 그의 [1]발을 가리우신다 하고
25 그들이 [2]오래 기다려도 왕이 다락
문들을 열지 아니하는지라 열쇠를
가지고 열어 본즉 그들의 군주가
이미 땅에 엎드러져 죽었더라
26 ●그들이 기다리는 동안에 에훗이
피하여 돌 뜨는 곳을 지나 스이라
로 도망하니라
27 그가 이르러 에브라임 산지에서 나
팔을 불매 이스라엘 자손이 산지에
서 그를 따라 내려오니 에훗이 앞
서 가며
28 그들에게 이르되 나를 따르라 여호
와께서 너희의 원수들인 모압을 너
희의 손에 넘겨주셨느니라 하매 무
리가 에훗을 따라 내려가 모압 맞
은편 요단 강나루를 장악하여 한
사람도 건너지 못하게 하였고
29 그때에 모압 사람 약 만 명을 죽였
으니 모두 장사요 모두 용사라 한
사람도 도망하지 못하였더라
30 그날에 모압이 이스라엘 수하에 굴
복하매 그 땅이 팔십 년 동안 평온
하였더라

사사 삼갈

31 ●에훗 후에는 아낫의 아들 삼갈이
있어 소 모는 막대기로 블레셋 사
람 육백 명을 죽였고 그도 이스라
엘을 구원하였더라

사사 드보라

4 에훗이 죽으니 이스라엘 자손이
또 여호와의 목전에 악을 행하매
2 여호와께서 하솔에서 통치하는 가
나안 왕 야빈의 손에 그들을 파셨
으니 그의 군대 장관은 하로셋학고
임에 거주하는 시스라요
3 야빈 왕은 철 병거 구백 대가 있어
이십 년 동안 이스라엘 자손을 심
히 학대했으므로 이스라엘 자손이
여호와께 부르짖었더라
4 ●그때에 랍비돗의 아내 여선지자
드보라가 이스라엘의 사사가 되었
는데
5 그는 에브라임 산지 라마와 벧엘
사이 드보라의 종려나무 아래에 거
주하였고 이스라엘 자손은 그에게
나아가 재판을 받더라
6 드보라가 사람을 보내어 아비노암
의 아들 바락을 납달리 게데스에서
불러다가 그에게 이르되 이스라엘
의 하나님 여호와께서 이같이 명령
하지 아니하셨느냐 너는 납달리 자
손과 스불론 자손 만 명을 거느리
고 다볼 산으로 가라
7 내가 야빈의 군대 장관 시스라와 그
의 병거들과 그의 무리를 기손 강으
로 이끌어 네게 이르게 하고 그를
네 손에 넘겨주리라 하셨느니라
8 바락이 그에게 이르되 만일 당신이
나와 함께 가면 내가 가려니와 만
일 당신이 나와 함께 가지 아니하
면 나도 가지 아니하겠노라 하니
9 이르되 내가 반드시 너와 함께 가
리라 그러나 네가 이번에 가는 길
에서는 영광을 얻지 못하리니 이는
여호와께서 시스라를 여인의 손에
파실 것임이니라 하고 드보라가 일

1) 용변을 보신다 2) 히, 부끄러울 때까지

어나 바락과 함께 게데스로 가니라
10 바락이 스불론과 납달리를 게데스
로 부르니 만 명이 그를 따라 올라
가고 드보라도 그와 함께 올라가니
라
11 ●모세의 [1]장인 [2]호밥의 자손 중
겐 사람 헤벨이 자기 족속을 떠나
게데스에 가까운 사아난님 상수리
나무 곁에 이르러 장막을 쳤더라
12 ●아비노암의 아들 바락이 다볼 산
에 오른 것을 사람들이 시스라에게
알리매
13 시스라가 모든 병거 곧 철 병거 구
백 대와 자기와 함께 있는 모든 백
성을 하로셋학고임에서부터 기손
강으로 모은지라
14 드보라가 바락에게 이르되 일어나
라 이는 여호와께서 시스라를 네
손에 넘겨주신 날이라 여호와께서
너에 앞서 나가지 아니하시느냐 하
는지라 이에 바락이 만 명을 거느
리고 다볼 산에서 내려가니
15 여호와께서 바락 앞에서 시스라와
그의 모든 병거와 그의 온 군대를
칼날로 혼란에 빠지게 하시매 시스
라가 병거에서 내려 걸어서 도망한
지라
16 바락이 그의 병거들과 군대를 추격
하여 하로셋학고임에 이르니 시스
라의 온 군대가 다 칼에 엎드러졌
고 한 사람도 남은 자가 없었더라
17 ●시스라가 걸어서 도망하여 겐 사
람 헤벨의 아내 야엘의 장막에 이
르렀으니 이는 하솔 왕 야빈과 겐
사람 헤벨의 집 사이에는 화평이
있음이라
18 야엘이 나가 시스라를 영접하며 그
에게 말하되 나의 주여 들어오소서
내게로 들어오시고 두려워하지 마
소서 하매 그가 그 장막에 들어가
니 야엘이 이불로 그를 덮으니라
19 시스라가 그에게 말하되 청하노니
내게 물을 조금 마시게 하라 내가
목이 마르다 하매 우유 부대를 열어
그에게 마시게 하고 그를 덮으니
20 그가 또 이르되 장막문에 섰다가
만일 사람이 와서 네게 묻기를 여
기 어떤 사람이 있느냐 하거든 너
는 없다 하라 하고
21 그가 깊이 잠드니 헤벨의 아내 야
엘이 장막 말뚝을 가지고 손에 방
망이를 들고 그에게로 가만히 가서
말뚝을 그의 관자놀이에 박으매 말
뚝이 꿰뚫고 땅에 박히니 그가 기
절하여 죽으니라
22 바락이 시스라를 추격할 때에 야엘
이 나가서 그를 맞아 그에게 이르되
오라 네가 찾는 그 사람을 내가 네게
보이리라 하매 바락이 그에게 들어
가 보니 시스라가 엎드러져 죽었고
말뚝이 그의 관자놀이에 박혔더라
23 ●이와 같이 이날에 하나님이 가나
안 왕 야빈을 이스라엘 자손 앞에
굴복하게 하신지라
24 이스라엘 자손의 손이 가나안 왕
야빈을 점점 더 눌러서 마침내 가
나안 왕 야빈을 진멸하였더라

드보라와 바락의 노래

5 이날에 드보라와 아비노암의 아
들 바락이 노래하여 이르되
2 이스라엘의 영솔자들이 영솔하였
고 백성이 즐거이 헌신하였으니
여호와를 찬송하라
3 너희 왕들아 들으라 통치자들아
귀를 기울이라 나 곧 내가 여호와
를 노래할 것이요 이스라엘의 하
나님 여호와를 찬송하리로다
4 여호와여 주께서 세일에서부터
나오시고 에돔 들에서부터 진행

1) 히, 처남이란 뜻도 있음 2) 민 10:29를 보라

하실 때에 땅이 진동하고 하늘이
물을 내리고 구름도 물을 내렸나
이다
5 산들이 여호와 앞에서 진동하니
저 시내 산도 이스라엘의 하나님
여호와 앞에서 진동하였도다
6 아낫의 아들 삼갈의 날에 또는 야
엘의 날에는 대로가 비었고 길의
행인들은 오솔길로 다녔도다
7 이스라엘에는 마을 [1]사람들이 그
쳤으니 나 드보라가 일어나 이스
라엘의 어머니가 되기까지 그쳤
도다
8 무리가 새 신들을 택하였으므로
그때에 전쟁이 성문에 이르렀으
나 이스라엘의 사만 명 중에 방패
와 창이 보였던가
9 내 마음이 이스라엘의 방백을 사
모함은 그들이 백성 중에서 즐거
이 헌신하였음이니 여호와를 찬
송하라
10 흰 나귀를 탄 자들, 양탄자에 앉
은 자들, 길에 행하는 자들아 전
파할지어다
11 활 쏘는 자들의 소리로부터 멀리
떨어진 물 긷는 곳에서도 여호와
의 공의로우신 일을 전하라 이스
라엘에서 마을 사람들을 위한 의
로우신 일을 노래하라 그때에 여
호와의 백성이 성문에 내려갔도다
12 깰지어다 깰지어다 드보라여 깰
지어다 깰지어다 너는 노래할지
어다 일어날지어다 바락이여 아
비노암의 아들이여 네가 사로잡
은 자를 끌고 갈지어다
13 그때에 남은 귀인과 백성이 내려
왔고 여호와께서 나를 위하여 용
사를 치시려고 내려오셨도다
14 에브라임에게서 나온 자들은 아
말렉에 뿌리박힌 자들이요 베냐
민은 백성들 중에서 너를 따르는
자들이요 마길에게서는 명령하는
자들이 내려왔고 스불론에게서는
[2]대장군의 지팡이를 잡은 자들이
내려왔도다
15 잇사갈의 방백들이 드보라와 함
께하니 잇사갈과 같이 바락도 그
의 뒤를 따라 골짜기로 달려 내려
가니 르우벤 시냇가에서 큰 결심
이 있었도다
16 네가 양의 우리 가운데에 앉아서
목자의 피리 부는 소리를 들음은
어찌 됨이냐 르우벤 시냇가에서
큰 결심이 있었도다
17 길르앗은 요단 강 저쪽에 거주하
며 단은 배에 머무름이 어찌 됨이
냐 아셀은 해변에 앉으며 자기 항
만에 거주하도다
18 스불론은 죽음을 무릅쓰고 목숨을
아끼지 아니한 백성이요 납달리도
들의 높은 곳에서 그러하도다
19 왕들이 와서 싸울 때에 가나안 왕
들이 므깃도 물가 다아낙에서 싸
웠으나 은을 탈취하지 못하였도다
20 별들이 하늘에서부터 싸우되 그
들이 다니는 길에서 시스라와 싸
웠도다
21 기손 강은 그 무리를 표류시켰으
니 이 기손 강은 옛 강이라 내 영
혼아 네가 힘있는 자를 밟았도다
22 그때에 군마가 빨리 달리니 말굽
소리가 땅을 울리도다
23 여호와의 사자의 말씀에 메로스
를 저주하라 너희가 거듭거듭 그
주민들을 저주할 것은 그들이 와
서 여호와를 돕지 아니하며 여호
와를 도와 용사를 치지 아니함이
니라 하시도다
24 겐 사람 헤벨의 아내 야엘은 다른

1) 또는 지도자들이 2) 히, 기록하는 자의

여인들보다 복을 받을 것이니 장
막에 있는 여인들보다 더욱 복을
받을 것이로다
25 시스라가 물을 구하매 우유를 주
되 곧 엉긴 우유를 귀한 그릇에
담아 주었고
26 손으로 장막 말뚝을 잡으며 오른
손에 일꾼들의 방망이를 들고 시
스라를 쳐서 그의 머리를 뚫되 곧
그의 관자놀이를 꿰뚫었도다
27 그가 그의 발 앞에 꾸부러지며 엎
드러지고 쓰러졌고 그의 발 앞에
꾸부러져 엎드러져서 그 꾸부러
진 곳에 엎드러져 죽었도다
28 시스라의 어머니가 창문을 통하
여 바라보며 창살을 통하여 부르
짖기를 그의 병거가 어찌하여 더
디 오는가 그의 병거들의 걸음이
어찌하여 늦어지는가 하매
29 그의 지혜로운 시녀들이 대답하
였겠고 그도 스스로 대답하기를
30 그들이 어찌 노략물을 얻지 못하
였으랴 그것을 나누지 못하였으
랴 사람마다 한두 처녀를 얻었으
리로다 시스라는 채색 옷을 노략
하였으리니 그것은 수놓은 채색
옷이리로다 곧 양쪽에 수놓은 채
색 옷이리니 노략한 자의 목에 꾸
미리로다 하였으리라
31 여호와여 주의 원수들은 다 이와
같이 망하게 하시고 주를 사랑하
는 자들은 해가 힘있게 돋음 같게
하시옵소서
하니라 그 땅이 사십 년 동안 평온
하였더라

사사 기드온

6 이스라엘 자손이 또 여호와의 목
전에 악을 행하였으므로 여호와
께서 칠 년 동안 그들을 미디안의
손에 넘겨주시니
2 미디안의 손이 이스라엘을 이긴지
라 이스라엘 자손이 미디안으로 말
미암아 산에서 웅덩이와 굴과 산성
을 자기들을 위하여 만들었으며
3 이스라엘이 파종한 때면 미디안과
아말렉과 동방 사람들이 치러 올라
와서
4 진을 치고 가사에 이르도록 토지
소산을 멸하여 이스라엘 가운데에
먹을 것을 남겨 두지 아니하며 양
이나 소나 나귀도 남기지 아니하
니
5 이는 그들이 그들의 짐승과 장막을
가지고 올라와 메뚜기 떼같이 많이
들어오니 그 사람과 낙타가 무수함
이라 그들이 그 땅에 들어와 멸하
려 하니
6 이스라엘이 미디안으로 말미암아
궁핍함이 심한지라 이에 이스라엘
자손이 여호와께 부르짖었더라
7 ● 이스라엘 자손이 미디안으로 말
미암아 여호와께 부르짖었으므로
8 여호와께서 이스라엘 자손에게 한
선지자를 보내시니 그가 그들에게
이르되 여호와께서 이같이 말씀하
시기를 이스라엘의 하나님 내가 너
희를 애굽에서 인도하여 내며 너희
를 그 종 되었던 집에서 나오게 하
여
9 애굽 사람의 손과 너희를 학대하는
모든 자의 손에서 너희를 건져내고
그들을 너희 앞에서 쫓아내고 그
땅을 너희에게 주었으며
10 내가 또 너희에게 이르기를 나는
너희의 하나님 여호와이니 너희가
거주하는 아모리 사람의 땅의 신들
을 두려워하지 말라 하였으나 너희
가 내 목소리를 듣지 아니하였느니
라 하셨다 하니라
11 ● 여호와의 사자가 아비에셀 사람

요아스에게 속한 오브라에 이르러
상수리나무 아래에 앉으니라 마침
요아스의 아들 기드온이 미디안 사
람에게 알리지 아니하려 하여 밀을
포도주 틀에서 타작하더니
12 여호와의 사자가 기드온에게 나타
나 이르되 큰 용사여 여호와께서
너와 함께 계시도다 하매
13 기드온이 그에게 대답하되 오 나의
주여 여호와께서 우리와 함께 계시
면 어찌하여 이 모든 일이 우리에
게 일어났나이까 또 우리 조상들이
일찍이 우리에게 이르기를 여호와
께서 우리를 애굽에서 올라오게 하
신 것이 아니냐 한 그 모든 이적이
어디 있나이까 이제 여호와께서 우
리를 버리사 미디안의 손에 우리를
넘겨주셨나이다 하니
14 여호와께서 그를 향하여 이르시되
너는 가서 이 너의 힘으로 이스라엘
을 미디안의 손에서 구원하라 내가
너를 보낸 것이 아니냐 하시니라
15 그러나 기드온이 그에게 대답하되
오 주여 내가 무엇으로 이스라엘을
구원하리이까 보소서 나의 집은 므
낫세 중에 극히 약하고 나는 내 아
버지 집에서 가장 작은 자니이다
하니
16 여호와께서 그에게 이르시되 내가
반드시 너와 함께하리니 네가 미디
안 사람 치기를 한 사람을 치듯 하
리라 하시니라
17 기드온이 그에게 대답하되 만일 내
가 주께 은혜를 얻었사오면 나와
말씀하신 이가 주 되시는 표징을
내게 보이소서
18 내가 예물을 가지고 다시 주께로
와서 그것을 주 앞에 드리기까지
이곳을 떠나지 마시기를 원하나이
다 하니 그가 이르되 내가 너 돌아
올 때까지 머무르리라 하니라
19 ●기드온이 가서 염소 새끼 하나를
준비하고 가루 한 에바로 무교병을
만들고 고기를 소쿠리에 담고 국을
양푼에 담아 상수리나무 아래 그에
게로 가져다가 드리매
20 하나님의 사자가 그에게 이르되 고
기와 무교병을 가져다가 이 바위
위에 놓고 국을 부으라 하니 기드
온이 그대로 하니라
21 여호와의 사자가 손에 잡은 지팡이
끝을 내밀어 고기와 무교병에 대니
불이 바위에서 나와 고기와 무교병
을 살랐고 여호와의 사자는 떠나서
보이지 아니한지라
22 기드온이 그가 여호와의 사자인 줄
을 알고 이르되 슬프도소이다 주
여호와여 내가 여호와의 사자를 대
면하여 보았나이다 하니
23 여호와께서 그에게 이르시되 너는
안심하라 두려워하지 말라 죽지 아
니하리라 하시니라
24 기드온이 여호와를 위하여 거기서
제단을 쌓고 그것을 [1]여호와 살롬
이라 하였더라 그것이 오늘까지 아
비에셀 사람에게 속한 오브라에 있
더라
25 ●그날 밤에 여호와께서 기드온에
게 이르시되 네 아버지에게 있는 수
소 곧 칠 년 된 둘째 수소를 끌어 오
고 네 아버지에게 있는 바알의 제단
을 헐며 그 곁의 아세라 상을 찍고
26 또 이 산성 꼭대기에 네 하나님 여
호와를 위하여 규례대로 한 제단을
쌓고 그 둘째 수소를 잡아 네가 찍
은 아세라 나무로 번제를 드릴지니
라 하시니라
27 이에 기드온이 종 열 사람을 데리
고 여호와께서 그에게 말씀하신 대

1) 여호와는 평강이라

로 행하되 그의 아버지의 가문과
그 성읍 사람들을 두려워하므로 이
일을 감히 낮에 행하지 못하고 밤
에 행하니라
28 ●그 성읍 사람들이 아침에 일찍이
일어나 본즉 바알의 제단이 파괴되
었으며 그 곁의 아세라가 찍혔고
새로 쌓은 제단 위에 그 둘째 수소
를 드렸는지라
29 서로 물어 이르되 이것이 누구의
소행인가 하고 그들이 캐어 물은
후에 이르되 요아스의 아들 기드온
이 이를 행하였도다 하고
30 성읍 사람들이 요아스에게 이르되
네 아들을 끌어내라 그는 당연히
죽을지니 이는 바알의 제단을 파괴
하고 그 곁의 아세라를 찍었음이니
라 하니
31 요아스가 자기를 둘러선 모든 자에
게 이르되 너희가 바알을 위하여
다투느냐 너희가 바알을 구원하겠
느냐 그를 위하여 다투는 자는 아
침까지 죽임을 당하리라 바알이 과
연 신일진대 그의 제단을 파괴하였
은즉 그가 자신을 위해 다툴 것이
니라 하니라
32 그날에 기드온을 여룹바알이라 불
렀으니 이는 그가 바알의 제단을
파괴하였으므로 바알이 그와 더불
어 다툴 것이라 함이었더라
33 ●그때에 미디안과 아말렉과 동방
사람들이 다 함께 모여 요단 강을
건너와서 이스르엘 골짜기에 진을
친지라
34 여호와의 영이 기드온에게 임하시
니 기드온이 나팔을 불매 아비에셀
이 그의 뒤를 따라 부름을 받으니라
35 기드온이 또 사자들을 온 므낫세에
두루 보내매 그들도 모여서 그를
따르고 또 사자들을 아셀과 스불론
과 납달리에 보내매 그 무리도 올
라와 그를 영접하더라
36 ●기드온이 하나님께 여쭈되 주께
서 이미 말씀하심같이 내 손으로
이스라엘을 구원하시려거든
37 보소서 내가 양털 한 뭉치를 타작
마당에 두리니 만일 이슬이 양털에
만 있고 주변 땅은 마르면 주께서
이미 말씀하심같이 내 손으로 이스
라엘을 구원하실 줄을 내가 알겠나
이다 하였더니
38 그대로 된지라 이튿날 기드온이 일
찍이 일어나서 양털을 가져다가 그
양털에서 이슬을 짜니 물이 그릇에
가득하더라
39 기드온이 또 하나님께 여쭈되 주여
내게 노하지 마옵소서 내가 이번만
말하리이다 구하옵나니 내게 이번
만 양털로 시험하게 하소서 원하건
대 양털만 마르고 그 주변 땅에는
다 이슬이 있게 하옵소서 하였더니
40 그 밤에 하나님이 그대로 행하시니
곧 양털만 마르고 그 주변 땅에는
다 이슬이 있었더라

기드온이 미디안을 치다

7 여룹바알이라 하는 기드온과 그
를 따르는 모든 백성이 일찍이 일
어나 하롯 샘 곁에 진을 쳤고 미디
안의 진영은 그들의 북쪽이요 모레
산 앞 골짜기에 있었더라
2 ●여호와께서 기드온에게 이르시
되 너를 따르는 백성이 너무 많은
즉 내가 그들의 손에 미디안 사람
을 넘겨주지 아니하리니 이는 이스
라엘이 나를 거슬러 스스로 자랑하
기를 내 손이 나를 구원하였다 할
까 함이니라
3 이제 너는 백성의 귀에 외쳐 이르
기를 누구든지 두려워 떠는 자는
길르앗 산을 떠나 돌아가라 하라

하시니 이에 돌아간 백성이 이만
이천 명이요 남은 자가 만 명이었
더라
4 ●여호와께서 또 기드온에게 이르
시되 백성이 아직도 많으니 그들을
인도하여 물가로 내려가라 거기서
내가 너를 위하여 그들을 시험하리
라 내가 누구를 가리켜 네게 이르
기를 이 사람이 너와 함께 가리라
하면 그는 너와 함께 갈 것이요 내
가 누구를 가리켜 네게 이르기를
이 사람은 너와 함께 가지 말 것이
니라 하면 그는 가지 말 것이니라
하신지라
5 이에 백성을 인도하여 물가에 내려
가매 여호와께서 기드온에게 이르
시되 누구든지 개가 핥는 것같이
혀로 물을 핥는 자들을 너는 따로
세우고 또 누구든지 무릎을 꿇고
마시는 자들도 그와 같이 하라 하
시더니
6 손으로 움켜 입에 대고 핥는 자의
수는 삼백 명이요 그 외의 백성은
다 무릎을 꿇고 물을 마신지라
7 여호와께서 기드온에게 이르시되
내가 이 물을 핥아 먹은 삼백 명으
로 너희를 구원하며 미디안을 네
손에 넘겨주리니 남은 백성은 각각
자기의 처소로 돌아갈 것이니라 하
시니
8 이에 백성이 양식과 나팔을 손에
든지라 기드온이 이스라엘 모든 백
성을 각각 그의 장막으로 돌려보내
고 그 삼백 명은 머물게 하니라 미
디안 진영은 그 아래 골짜기 가운
데에 있었더라
9 ●그 밤에 여호와께서 기드온에게
이르시되 일어나 진영으로 내려가
라 내가 그것을 네 손에 넘겨주었
느니라
10 만일 네가 내려가기를 두려워하거
든 네 부하 부라와 함께 그 진영으
로 내려가서
11 그들이 하는 말을 들으라 그 후에
네 손이 강하여져서 그 진영으로
내려가리라 하시니 기드온이 이에
그의 부하 부라와 함께 군대가 있
는 진영 근처로 내려간즉
12 미디안과 아말렉과 동방의 모든 사
람들이 골짜기에 누웠는데 메뚜기
의 많은 수와 같고 그들의 낙타의
수가 많아 해변의 모래가 많음 같
은지라
13 기드온이 그곳에 이른즉 어떤 사람
이 그의 친구에게 꿈을 말하여 이르
기를 보라 내가 한 꿈을 꾸었는데
꿈에 보리떡 한 덩어리가 미디안 진
영으로 굴러 들어와 한 장막에 이르
러 그것을 쳐서 무너뜨려 위쪽으로
엎으니 그 장막이 쓰러지더라
14 그의 친구가 대답하여 이르되 이는
다른 것이 아니라 이스라엘 사람
요아스의 아들 기드온의 칼이라 하
나님이 미디안과 그 모든 진영을
그의 손에 넘겨주셨느니라 하더라
15 ●기드온이 그 꿈과 해몽하는 말을
듣고 경배하며 이스라엘 진영으로
돌아와 이르되 일어나라 여호와께
서 미디안과 그 모든 진영을 너희
손에 넘겨주셨느니라 하고
16 삼백 명을 세 대로 나누어 각 손에
나팔과 빈 항아리를 들리고 항아리
안에는 횃불을 감추게 하고
17 그들에게 이르되 너희는 나만 보고
내가 하는 대로 하되 내가 그 진영
근처에 이르러서 내가 하는 대로
너희도 그리하여
18 나와 나를 따르는 자가 다 나팔을
불거든 너희도 모든 진영 주위에서
나팔을 불며 이르기를 여호와를 위

하라, 기드온을 위하라 하라 하니라
19 ●기드온과 그와 함께한 백 명이
이경 초에 진영 근처에 이른즉 바
로 파수꾼들을 교대한 때라 그들이
나팔을 불며 손에 가졌던 항아리를
부수니라
20 세 대가 나팔을 불며 항아리를 부
수고 왼손에 횃불을 들고 오른손에
나팔을 들어 불며 외쳐 이르되 여
호와와 기드온의 칼이다 하고
21 각기 제자리에 서서 그 진영을 에
워싸매 그 온 진영의 군사들이 뛰
고 부르짖으며 도망하였는데
22 삼백 명이 나팔을 불 때에 여호와
께서 그 온 진영에서 친구끼리 칼
로 치게 하시므로 적군이 도망하여
스레라의 벧 싯다에 이르고 또 답
밧에 가까운 아벨므홀라의 경계에
이르렀으며
23 이스라엘 사람들은 납달리와 아셀
과 온 므낫세에서부터 부름을 받고
미디안을 추격하였더라
24 ●기드온이 사자들을 보내서 에브
라임 온 산지로 두루 다니게 하여
이르기를 내려와서 미디안을 치고
그들을 앞질러 벧 바라와 요단 강
에 이르는 수로를 점령하라 하매
이에 에브라임 사람들이 다 모여
벧 바라와 요단 강에 이르는 수로
를 점령하고
25 또 미디안의 두 방백 오렙과 스엡
을 사로잡아 오렙은 오렙 바위에서
죽이고 스엡은 스엡 포도주 틀에서
죽이고 미디안을 추격하였고 오렙
과 스엡의 머리를 요단 강 건너편
에서 기드온에게 가져왔더라

기드온이 죽인 미디안 왕들

8 에브라임 사람들이 기드온에게
이르되 네가 미디안과 싸우러 갈
때에 우리를 부르지 아니하였으니
우리를 이같이 대접함은 어찌 됨이
냐 하고 그와 크게 다투는지라
2 기드온이 그들에게 이르되 내가 이
제 행한 일이 너희가 한 것에 비교
되겠느냐 에브라임의 끝물 포도가
아비에셀의 맏물 포도보다 낫지 아
니하냐
3 하나님이 미디안의 방백 오렙과 스
엡을 너희 손에 넘겨주셨으니 내가
한 일이 어찌 능히 너희가 한 것에
비교되겠느냐 하니라 기드온이 이
말을 하매 그때에 그들의 노여움이
풀리니라
4 ●기드온과 그와 함께한 자 삼백
명이 요단 강에 이르러 건너고 비
록 피곤하나 추격하며
5 그가 숙곳 사람들에게 이르되 나를
따르는 백성이 피곤하니 청하건대
그들에게 떡덩이를 주라 나는 미디
안의 왕들인 세바와 살문나의 뒤를
추격하고 있노라 하니
6 숙곳의 방백들이 이르되 세바와 살
문나의 손이 지금 네 손 안에 있다
는거냐 어찌 우리가 네 군대에게
떡을 주겠느냐 하는지라
7 기드온이 이르되 그러면 여호와께
서 세바와 살문나를 내 손에 넘겨
주신 후에 내가 들가시와 찔레로
너희 살을 찢으리라 하고
8 거기서 브누엘로 올라가서 그들에
게도 그같이 구한즉 브누엘 사람들
의 대답도 숙곳 사람들의 대답과
같은지라
9 기드온이 또 브누엘 사람들에게 말
하여 이르되 내가 평안히 돌아올
때에 이 망대를 헐리라 하니라
10 ●이때에 세바와 살문나가 갈골에
있는데 동방 사람의 모든 군대 중
에 칼 든 자 십이만 명이 죽었고 그
남은 만 오천 명 가량은 그들을 따

라와서 거기에 있더라
11 적군이 안심하고 있는 중에 기드온
이 노바와 욕브하 동쪽 장막에 거
주하는 자의 길로 올라가서 그 적
진을 치니
12 세바와 살문나가 도망하는지라 기
드온이 그들의 뒤를 추격하여 미디
안의 두 왕 세바와 살문나를 사로
잡고 그 온 진영을 격파하니라
13 ●요아스의 아들 기드온이 헤레스
비탈 전장에서 돌아오다가
14 숙곳 사람 중 한 소년을 잡아 그를
심문하매 그가 숙곳의 방백들과 장
로들 칠십칠 명을 그에게 적어 준
지라
15 기드온이 숙곳 사람들에게 이르러
말하되 너희가 전에 나를 희롱하여
이르기를 세바와 살문나의 손이 지
금 네 손 안에 있다는거냐 어찌 우
리가 네 피곤한 사람들에게 떡을
주겠느냐 한 그 세바와 살문나를
보라 하고
16 그 성읍의 장로들을 붙잡아 들가시
와 찔레로 숙곳 사람들을 징벌하고
17 브누엘 망대를 헐며 그 성읍 사람
들을 죽이니라
18 ●이에 그가 세바와 살문나에게 말
하되 너희가 다볼에서 죽인 자들은
어떠한 사람들이더냐 하니 대답하
되 그들이 너와 같아서 하나같이
왕자들의 모습과 같더라 하니라
19 그가 이르되 그들은 내 형제들이며
내 어머니의 아들들이니라 여호와
께서 살아 계심을 두고 맹세하노니
너희가 만일 그들을 살렸더라면 나
도 너희를 죽이지 아니하였으리라
하고
20 그의 맏아들 여델에게 이르되 일어
나 그들을 죽이라 하였으나 그 소
년이 그의 칼을 빼지 못하였으니
이는 아직 어려서 두려워함이었더
라
21 세바와 살문나가 이르되 네가 일어
나 우리를 치라 사람이 어떠하면
그의 힘도 그러하니라 하니 기드온
이 일어나 세바와 살문나를 죽이고
그들의 낙타 목에 있던 초승달 장
식들을 떼어서 가지니라
22 ●그때에 이스라엘 사람들이 기드
온에게 이르되 당신이 우리를 미디
안의 손에서 구원하셨으니 당신과
당신의 아들과 당신의 손자가 우리
를 다스리소서 하는지라
23 기드온이 그들에게 이르되 내가 너
희를 다스리지 아니하겠고 나의 아
들도 너희를 다스리지 아니할 것이
요 여호와께서 너희를 다스리시리
라 하니라
24 기드온이 또 그들에게 이르되 내가
너희에게 요청할 일이 있으니 너희
는 각기 탈취한 귀고리를 내게 줄
지니라 하였으니 이는 그들이 이스
마엘 사람들이므로 금 귀고리가 있
었음이라
25 무리가 대답하되 우리가 즐거이 드
리리이다 하고 겉옷을 펴고 각기
탈취한 귀고리를 그 가운데에 던지
니
26 기드온이 요청한 금 귀고리의 무게
가 금 천칠백 세겔이요 그 외에 또
초승달 장식들과 패물과 미디안 왕
들이 입었던 자색 의복과 또 그 외
에 그들의 낙타 목에 둘렀던 사슬
이 있었더라
27 기드온이 그 금으로 에봇 하나를
만들어 자기의 성읍 오브라에 두었
더니 온 이스라엘이 그것을 음란하
게 위하므로 그것이 기드온과 그의
집에 올무가 되니라
28 미디안이 이스라엘 자손 앞에 복종

하여 다시는 그 머리를 들지 못하
였으므로 기드온이 사는 사십 년
동안 그 땅이 평온하였더라

기드온이 죽다

29 ●요아스의 아들 여룹바알이 돌아
가서 자기 집에 거주하였는데
30 기드온이 아내가 많으므로 그의 몸
에서 낳은 아들이 칠십 명이었고
31 세겜에 있는 그의 첩도 아들을 낳
았으므로 그 이름을 아비멜렉이라
하였더라
32 요아스의 아들 기드온이 나이가 많
아 죽으매 아비에셀 사람의 오브라
에 있는 그의 아버지 요아스의 묘
실에 장사되었더라
33 ●기드온이 이미 죽으매 이스라엘
자손이 돌아서서 바알들을 따라가
음행하였으며 또 바알브릿을 자기
들의 신으로 삼고
34 이스라엘 자손이 주위의 모든 원수
들의 손에서 자기들을 건져내신 여
호와 자기들의 하나님을 기억하지
아니하며
35 또 여룹바알이라 하는 기드온이 이
스라엘에 베푼 모든 은혜를 따라
그의 집을 후대하지도 아니하였더
라

아비멜렉

9 여룹바알의 아들 아비멜렉이 세
겜에 가서 그의 어머니의 형제에
게 이르러 그들과 그의 외조부의
집의 온 가족에게 말하여 이르되
2 청하노니 너희는 세겜의 모든 사람
들의 귀에 말하라 여룹바알의 아들
칠십 명이 다 너희를 다스림과 한
사람이 너희를 다스림이 어느 것이
너희에게 나으냐 또 나는 너희와
골육임을 기억하라 하니
3 그의 어머니의 형제들이 그를 위하
여 이 모든 말을 세겜의 모든 사람
들의 귀에 말하매 그들의 마음이
아비멜렉에게로 기울어서 이르기
를 그는 우리 형제라 하고
4 바알브릿 신전에서 은 칠십 개를
내어 그에게 주매 아비멜렉이 그것
으로 방탕하고 경박한 사람들을 사
서 자기를 따르게 하고
5 오브라에 있는 그의 아버지의 집으
로 가서 여룹바알의 아들 곧 자기
형제 칠십 명을 한 바위 위에서 죽
였으되 다만 여룹바알의 막내 아들
요담은 스스로 숨었으므로 남으니
라
6 세겜의 모든 사람과 밀로 모든 족
속이 모여서 세겜에 있는 상수리나
무 기둥 곁에서 아비멜렉을 왕으로
삼으니라
7 ●사람들이 요담에게 그 일을 알리
매 요담이 그리심 산꼭대기로 가서
서서 그의 목소리를 높여 그들에게
외쳐 이르되 세겜 사람들아 내 말
을 들으라 그리하여야 하나님이 너
희의 말을 들으시리라
8 하루는 나무들이 나가서 기름을 부
어 자신들 위에 왕으로 삼으려 하
여 감람나무에게 이르되 너는 우리
위에 왕이 되라 하매
9 감람나무가 그들에게 이르되 내게
있는 나의 기름은 하나님과 사람을
영화롭게 하나니 내가 어찌 그것을
버리고 가서 나무들 위에 우쭐대리
요 한지라
10 나무들이 또 무화과나무에게 이르
되 너는 와서 우리 위에 왕이 되라
하매
11 무화과나무가 그들에게 이르되 나
의 단 것과 나의 아름다운 열매를
내가 어찌 버리고 가서 나무들 위
에 우쭐대리요 한지라
12 나무들이 또 포도나무에게 이르되

너는 와서 우리 위에 왕이 되라 하
매
13 포도나무가 그들에게 이르되 하나
님과 사람을 기쁘게 하는 내 포도
주를 내가 어찌 버리고 가서 나무
들 위에 우쭐대리요 한지라
14 이에 모든 나무가 가시나무에게 이
르되 너는 와서 우리 위에 왕이 되
라 하매
15 가시나무가 나무들에게 이르되 만
일 너희가 참으로 내게 기름을 부
어 너희 위에 왕으로 삼겠거든 와
서 내 그늘에 피하라 그리하지 아
니하면 불이 가시나무에서 나와서
레바논의 백향목을 사를 것이니라
하였느니라
16 이제 너희가 아비멜렉을 세워 왕으
로 삼았으니 너희가 행한 것이 과
연 진실하고 의로우냐 이것이 여룹
바알과 그의 집을 선대함이냐 이것
이 그의 손이 행한 대로 그에게 보
답함이냐
17 우리 아버지가 전에 죽음을 무릅쓰
고 너희를 위하여 싸워 미디안의
손에서 너희를 건져냈거늘
18 너희가 오늘 일어나 우리 아버지의
집을 쳐서 그의 아들 칠십 명을 한
바위 위에서 죽이고 그의 여종의
아들 아비멜렉이 너희 형제가 된다
고 그를 세워 세겜 사람들 위에 왕
으로 삼았도다
19 만일 너희가 오늘 여룹바알과 그의
집을 대접한 것이 진실하고 의로운
일이면 너희가 아비멜렉으로 말미
암아 기뻐할 것이요 아비멜렉도 너
희로 말미암아 기뻐하려니와
20 그렇지 아니하면 아비멜렉에게서
불이 나와서 세겜 사람들과 밀로의
집을 사를 것이요 세겜 사람들과
밀로의 집에서도 불이 나와 아비멜
렉을 사를 것이니라 하고
21 요담이 그의 형제 아비멜렉 앞에서
도망하여 피해서 브엘로 가서 거기
에 거주하니라
22 ●아비멜렉이 이스라엘을 다스린
지 삼 년에
23 하나님이 아비멜렉과 세겜 사람들
사이에 악한 영을 보내시매 세겜
사람들이 아비멜렉을 배반하였으
니
24 이는 여룹바알의 아들 칠십 명에게
저지른 포학한 일을 갚되 그들을
죽여 피 흘린 죄를 그들의 형제 아
비멜렉과 아비멜렉의 손을 도와 그
의 형제들을 죽이게 한 세겜 사람
들에게로 돌아가게 하심이라
25 세겜 사람들이 산들의 꼭대기에 사
람을 매복시켜 아비멜렉을 엿보게
하고 그 길로 지나는 모든 자를 다
강탈하게 하니 어떤 사람이 그것을
아비멜렉에게 알리니라
26 ●에벳의 아들 가알이 그의 형제와
더불어 세겜에 이르니 세겜 사람들
이 그를 신뢰하니라
27 그들이 밭에 가서 포도를 거두어다
가 밟아 짜서 연회를 베풀고 그들
의 신당에 들어가서 먹고 마시며
아비멜렉을 저주하니
28 에벳의 아들 가알이 이르되 아비멜
렉은 누구며 세겜은 누구기에 우리
가 아비멜렉을 섬기리요 그가 여룹
바알의 아들이 아니냐 그의 신복은
스불이 아니냐 차라리 세겜의 아버
지 하몰의 후손을 섬길 것이라 우
리가 어찌 아비멜렉을 섬기리요
29 이 백성이 내 수하에 있었더라면
내가 아비멜렉을 제거하였으리라
하고 아비멜렉에게 이르되 네 군대
를 증원해서 나오라 하니라
30 ●그 성읍의 방백 스불이 에벳의

아들 가알의 말을 듣고 노하여
31 사자들을 아비멜렉에게 가만히 보
내어 이르되 보소서 에벳의 아들
가알과 그의 형제들이 세겜에 이르
러 그 성읍이 당신을 대적하게 하
니
32 당신은 당신과 함께 있는 백성과
더불어 밤에 일어나 밭에 매복하였
다가
33 아침 해 뜰 때에 당신이 일찍 일어
나 이 성읍을 엄습하면 가알 및 그
와 함께 있는 백성이 나와서 당신
을 대적하리니 당신은 기회를 보아
그에게 행하소서 하니
34 ●아비멜렉과 그와 함께 있는 모든
백성이 밤에 일어나 네 떼로 나누
어 세겜에 맞서 매복하였더니
35 에벳의 아들 가알이 나와서 성읍
문 입구에 설 때에 아비멜렉과 그
와 함께 있는 백성이 매복하였던
곳에서 일어난지라
36 가알이 그 백성을 보고 스불에게
이르되 보라 백성이 산꼭대기에서
부터 내려오는도다 하니 스불이 그
에게 이르되 네가 산 그림자를 사
람으로 보았느니라 하는지라
37 가알이 다시 말하여 이르되 보라
백성이 밭 가운데를 따라 내려오고
또 한 떼는 므오느님 상수리나무
길을 따라 오는도다 하니
38 스불이 그에게 이르되 네가 전에
말하기를 아비멜렉이 누구이기에
우리가 그를 섬기리요 하던 그 입
이 이제 어디 있느냐 이들이 네가
업신여기던 그 백성이 아니냐 청하
노니 이제 나가서 그들과 싸우라
하니
39 가알이 세겜 사람들보다 앞에 서서
나가 아비멜렉과 싸우다가
40 아비멜렉이 그를 추격하니 그 앞에
서 도망하였고 부상하여 엎드러진
자가 많아 성문 입구까지 이르렀더
라
41 아비멜렉은 아루마에 거주하고 스
불은 가알과 그의 형제들을 쫓아내
어 세겜에 거주하지 못하게 하더니
42 이튿날 백성이 밭으로 나오매 사람
들이 그것을 아비멜렉에게 알리니
라
43 아비멜렉이 자기 백성을 세 무리로
나누어 밭에 매복시켰더니 백성이
성에서 나오는 것을 보고 일어나
그들을 치되
44 아비멜렉과 그 떼는 돌격하여 성문
입구에 서고 두 무리는 밭에 있는
자들에게 돌격하여 그들을 죽이니
45 아비멜렉이 그날 종일토록 그 성을
쳐서 마침내는 점령하고 거기 있는
백성을 죽이며 그 성을 헐고 소금
을 뿌리니라
46 ●세겜 망대의 모든 사람들이 이를
듣고 엘브릿 신전의 보루로 들어갔
더니
47 세겜 망대의 모든 사람들이 모인
것이 아비멜렉에게 알려지매
48 아비멜렉 및 그와 함께 있는 모든
백성이 살몬 산에 오르고 아비멜렉
이 손에 도끼를 들고 나뭇가지를
찍어 그것을 들어올려 자기 어깨에
메고 그와 함께 있는 백성에게 이
르되 너희는 내가 행하는 것을 보
나니 빨리 나와 같이 행하라 하니
49 모든 백성들도 각각 나뭇가지를 찍
어서 아비멜렉을 따라 보루 위에
놓고 그것들이 얹혀 있는 보루에
불을 놓으매 세겜 망대에 있는 사
람들이 다 죽었으니 남녀가 약 천
명이었더라
50 ●아비멜렉이 데베스에 가서 데베
스에 맞서 진치고 그것을 점령하

였더니
51 성읍 중에 견고한 망대가 있으므로
그 성읍 백성의 남녀가 모두 그리
로 도망하여 들어가서 문을 잠그고
망대 꼭대기로 올라간지라
52 아비멜렉이 망대 앞에 이르러 공격
하며 망대의 문에 가까이 나아가서
그것을 불사르려 하더니
53 한 여인이 맷돌 위짝을 아비멜렉의
머리 위에 내려 던져 그의 두개골
을 깨뜨리니
54 아비멜렉이 자기의 무기를 든 청년
을 급히 불러 그에게 이르되 너는
칼을 빼어 나를 죽이라 사람들이
나를 가리켜 이르기를 여자가 그를
죽였다 할까 하노라 하니 그 청년
이 그를 찌르매 그가 죽은지라
55 이스라엘 사람들이 아비멜렉이 죽
은 것을 보고 각각 자기 처소로 떠
나갔더라
56 아비멜렉이 그의 형제 칠십 명을
죽여 자기 아버지에게 행한 악행을
하나님이 이같이 갚으셨고
57 또 세겜 사람들의 모든 악행을 하
나님이 그들의 머리에 갚으셨으니
여룹바알의 아들 요담의 저주가 그
들에게 응하니라

사사 돌라

10 아비멜렉의 뒤를 이어서 잇사
갈 사람 도도의 손자 부아의
아들 돌라가 일어나서 이스라엘을
구원하니라 그가 에브라임 산지 사
밀에 거주하면서
2 이스라엘의 사사가 된 지 이십삼
년 만에 죽으매 사밀에 장사되었더
라

사사 야일

3 ●그 후에 길르앗 사람 야일이 일
어나서 이십이 년 동안 이스라엘의
사사가 되니라
4 그에게 아들 삼십 명이 있어 어린
나귀 삼십을 탔고 성읍 삼십을 가
졌는데 그 성읍들은 길르앗 땅에
있고 오늘까지 [1]하봇야일이라 부르
더라
5 야일이 죽으매 가몬에 장사되었더
라

사사 입다

6 ●이스라엘 자손이 다시 여호와의
목전에 악을 행하여 바알들과 아스
다롯과 아람의 신들과 시돈의 신들
과 모압의 신들과 암몬 자손의 신
들과 블레셋 사람들의 신들을 섬기
고 여호와를 버리고 그를 섬기지
아니하므로
7 여호와께서 이스라엘에게 진노하
사 블레셋 사람들의 손과 암몬 자
손의 손에 그들을 파시매
8 그 해에 그들이 요단 강 저쪽 길르
앗에 있는 아모리 족속의 땅에 있
는 모든 이스라엘 자손을 쳤으며
열여덟 해 동안 억압하였더라
9 암몬 자손이 또 요단을 건너서 유
다와 베냐민과 에브라임 족속과 싸
우므로 이스라엘의 곤고가 심하였
더라
10 ●이스라엘 자손이 여호와께 부르
짖어 이르되 우리가 우리 하나님을
버리고 바알들을 섬김으로 주께 범
죄하였나이다 하니
11 여호와께서 이스라엘 자손에게 이
르시되 내가 애굽 사람과 아모리
사람과 암몬 자손과 블레셋 사람에
게서 너희를 구원하지 아니하였느
냐
12 또 시돈 사람과 아말렉 사람과 마
온 사람이 너희를 압제할 때에 너
희가 내게 부르짖으므로 내가 너희
를 그들의 손에서 구원하였거늘

1) 야일의 동네

13 너희가 나를 버리고 다른 신들을
섬기니 그러므로 내가 다시는 너희
를 구원하지 아니하리라
14 가서 너희가 택한 신들에게 부르짖
어 너희의 환난 때에 그들이 너희
를 구원하게 하라 하신지라
15 이스라엘 자손이 여호와께 여쭈되
우리가 범죄하였사오니 주께서 보
시기에 좋은 대로 우리에게 행하시
려니와 오직 주께 구하옵나니 오늘
우리를 건져내옵소서 하고
16 자기 가운데에서 이방 신들을 제하
여 버리고 여호와를 섬기매 여호와
께서 이스라엘의 곤고로 말미암아
마음에 근심하시니라
17 ●그때에 암몬 자손이 모여서 길르
앗에 진을 쳤으므로 이스라엘 자손
도 모여서 미스바에 진을 치고
18 길르앗 백성과 방백들이 서로 이르
되 누가 먼저 나가서 암몬 자손과
싸움을 시작하랴 그가 길르앗 모든
주민의 머리가 되리라 하니라

11 길르앗 사람 입다는 큰 용사였
으니 기생이 길르앗에게서 낳
은 아들이었고
2 길르앗의 아내도 그의 아들들을 낳
았더라 그 아내의 아들들이 자라매
입다를 쫓아내며 그에게 이르되 너
는 다른 여인의 자식이니 우리 아
버지의 집에서 기업을 잇지 못하리
라 한지라
3 이에 입다가 그의 형제들을 피하여
돕 땅에 거주하매 잡류가 그에게로
모여 와서 그와 함께 출입하였더라
4 ●얼마 후에 암몬 자손이 이스라엘
을 치려 하니라
5 암몬 자손이 이스라엘을 치려 할
때에 길르앗 장로들이 입다를 데려
오려고 돕 땅에 가서
6 입다에게 이르되 우리가 암몬 자손
과 싸우려 하니 당신은 와서 우리
의 장관이 되라 하니
7 입다가 길르앗 장로들에게 이르되
너희가 전에 나를 미워하여 내 아
버지 집에서 쫓아내지 아니하였느
냐 이제 너희가 환난을 당하였다고
어찌하여 내게 왔느냐 하니라
8 그러므로 길르앗 장로들이 입다에
게 이르되 이제 우리가 당신을 찾
아온 것은 우리와 함께 가서 암몬
자손과 싸우게 하려 함이니 그리하
면 당신이 우리 길르앗 모든 주민
의 머리가 되리라 하매
9 입다가 길르앗 장로들에게 이르되
너희가 나를 데리고 고향으로 돌아
가서 암몬 자손과 싸우게 할 때에
만일 여호와께서 그들을 내게 넘겨
주시면 내가 과연 너희의 머리가
되겠느냐 하니
10 길르앗 장로들이 입다에게 이르되
여호와는 우리 사이의 증인이시니
당신의 말대로 우리가 그렇게 행하
리이다 하니라
11 이에 입다가 길르앗 장로들과 함께
가니 백성이 그를 자기들의 머리와
장관을 삼은지라 입다가 미스바에
서 자기의 말을 다 여호와 앞에 아
뢰니라
12 ●입다가 암몬 자손의 왕에게 사자
들을 보내 이르되 네가 나와 무슨
상관이 있기에 내 땅을 치러 내게
왔느냐 하니
13 암몬 자손의 왕이 입다의 사자들에
게 대답하되 이스라엘이 애굽에서
올라올 때에 아르논에서부터 얍복
과 요단까지 내 땅을 점령했기 때
문이니 이제 그것을 평화롭게 돌려
달라 하니라
14 입다가 암몬 자손의 왕에게 다시
사자들을 보내

15 그에게 이르되 입다가 이같이 말하
노라 이스라엘이 모압 땅과 암몬
자손의 땅을 점령하지 아니하였느
니라
16 이스라엘이 애굽에서 올라올 때에
광야로 행하여 홍해에 이르고 가데
스에 이르러서는
17 이스라엘이 사자들을 에돔 왕에게
보내어 이르기를 청하건대 나를 네
땅 가운데로 지나게 하라 하였으나
에돔 왕이 이를 듣지 아니하였고
또 그와 같이 사람을 모압 왕에게
도 보냈으나 그도 허락하지 아니하
므로 이스라엘이 가데스에 머물렀
더니
18 그 후에 광야를 지나 에돔 땅과 모
압 땅을 돌아서 모압 땅의 해 뜨는
쪽으로 들어가 아르논 저쪽에 진
쳤고 아르논은 모압의 경계이므로
모압 지역 안에는 들어가지 아니하
였으며
19 이스라엘이 헤스본 왕 곧 아모리
족속의 왕 시혼에게 사자들을 보내
어 그에게 이르되 청하건대 우리를
당신의 땅으로 지나 우리의 곳에
이르게 하라 하였으나
20 시혼이 이스라엘을 믿지 아니하여
그의 지역으로 지나지 못하게 할
뿐 아니라 그의 모든 백성을 모아
야하스에 진치고 이스라엘을 치므
로
21 이스라엘의 하나님 여호와께서 시
혼과 그의 모든 백성을 이스라엘의
손에 넘겨주시매 이스라엘이 그들
을 쳐서 그 땅 주민 아모리 족속의
온 땅을 점령하되
22 아르논에서부터 얍복까지와 광야
에서부터 요단까지 아모리 족속의
온 지역을 점령하였느니라
23 이스라엘의 하나님 여호와께서 이
같이 아모리 족속을 자기 백성 이
스라엘 앞에서 쫓아내셨거늘 네가
그 땅을 얻고자 하는 것이 옳으냐
24 네 신 그모스가 네게 주어 차지하
게 한 것을 네가 차지하지 아니하
겠느냐 우리 하나님 여호와께서 우
리 앞에서 어떤 사람이든지 쫓아내
시면 그것을 우리가 차지하리라
25 이제 네가 모압 왕 십볼의 아들 발
락보다 더 나은 것이 있느냐 그가
이스라엘과 더불어 다툰 일이 있었
느냐 싸운 일이 있었느냐
26 이스라엘이 헤스본과 그 마을들과
아로엘과 그 마을들과 아르논 강가
에 있는 모든 성읍에 거주한 지 삼
백 년이거늘 그 동안에 너희가 어찌
하여 도로 찾지 아니하였느냐
27 내가 네게 죄를 짓지 아니하였거늘
네가 나를 쳐서 내게 악을 행하고
자 하는도다 원하건대 심판하시는
여호와께서 오늘 이스라엘 자손과
암몬 자손 사이에 판결하시옵소서
하였으나
28 암몬 자손의 왕이 입다가 사람을
보내어 말한 것을 듣지 아니하였더
라
29 ●이에 여호와의 영이 입다에게 임
하시니 입다가 길르앗과 므낫세를
지나서 길르앗의 미스베에 이르고
길르앗의 미스베에서부터 암몬 자
손에게로 나아갈 때에
30 그가 여호와께 서원하여 이르되 주
께서 과연 암몬 자손을 내 손에 넘
겨주시면
31 내가 암몬 자손에게서 평안히 돌아
올 때에 누구든지 내 집 문에서 나
와서 나를 영접하는 그는 여호와께
돌릴 것이니 내가 그를 번제물로
드리겠나이다 하니라
32 이에 입다가 암몬 자손에게 이르러

그들과 싸우더니 여호와께서 그들
을 그의 손에 넘겨주시매
33 아로엘에서부터 민닛에 이르기까
지 이십 성읍을 치고 또 아벨 그라
밈까지 매우 크게 무찌르니 이에
암몬 자손이 이스라엘 자손 앞에
항복하였더라

입다의 딸

34 ●입다가 미스바에 있는 자기 집에
이를 때에 보라 그의 딸이 소고를
잡고 춤추며 나와서 영접하니 이는
그의 무남독녀라
35 입다가 이를 보고 자기 옷을 찢으
며 이르되 어찌할꼬 내 딸이여 너
는 나를 참담하게 하는 자요 너는
나를 괴롭게 하는 자 중의 하나로
다 내가 여호와를 향하여 입을 열
었으니 능히 돌이키지 못하리로다
하니
36 딸이 그에게 이르되 나의 아버지여
아버지께서 여호와를 향하여 입을
여셨으니 아버지의 입에서 낸 말씀
대로 내게 행하소서 이는 여호와께
서 아버지를 위하여 아버지의 대적
암몬 자손에게 원수를 갚으셨음이
니이다 하니라
37 또 그의 아버지에게 이르되 이 일
만 내게 허락하사 나를 두 달만 버
려 두소서 내가 내 여자 친구들과
산에 가서 나의 처녀로 죽음을 인
하여 애곡하겠나이다 하니
38 그가 이르되 가라 하고 두 달을 기
한하고 그를 보내니 그가 그 여자
친구들과 가서 산 위에서 처녀로
죽음을 인하여 애곡하고
39 두 달 만에 그의 아버지에게로 돌
아온지라 그는 자기가 서원한 대로
딸에게 행하니 딸이 남자를 알지
못하였더라 이것이 이스라엘에 관
습이 되어
40 이스라엘의 딸들이 해마다 가서 길
르앗 사람 입다의 딸을 위하여 나
흘씩 애곡하더라

입다와 에브라임 사람들

12 에브라임 사람들이 모여 북쪽
으로 가서 입다에게 이르되 네
가 암몬 자손과 싸우러 건너갈 때
에 어찌하여 우리를 불러 너와 함
께 가게 하지 아니하였느냐 우리가
반드시 너와 네 집을 불사르리라
하니
2 입다가 그들에게 이르되 나와 내
백성이 암몬 자손과 크게 싸울 때
에 내가 너희를 부르되 너희가 나
를 그들의 손에서 구원하지 아니한
고로
3 나는 너희가 도와주지 아니하는 것
을 보고 내 목숨을 돌보지 아니하
고 건너가서 암몬 자손을 쳤더니
여호와께서 그들을 내 손에 넘겨
주셨거늘 너희가 어찌하여 오늘 내
게 올라와서 나와 더불어 싸우고자
하느냐 하니라
4 입다가 길르앗 사람을 다 모으고
에브라임과 싸웠으며 길르앗 사람
들이 에브라임을 쳐서 무찔렀으니
이는 에브라임의 말이 너희 길르앗
사람은 본래 에브라임에서 도망한
자로서 에브라임과 므낫세 중에 있
다 하였음이라
5 길르앗 사람이 에브라임 사람보다
앞서 요단 강 나루턱을 장악하고
에브라임 사람의 도망하는 자가 말
하기를 청하건대 나를 건너가게 하
라 하면 길르앗 사람이 그에게 묻
기를 네가 에브라임 사람이냐 하여
그가 만일 아니라 하면
6 그에게 이르기를 쉽볼렛이라 발음
하라 하여 에브라임 사람이 그렇게
바로 말하지 못하고 십볼렛이라 발

음하면 길르앗 사람이 곧 그를 잡
아서 요단 강 나루턱에서 죽였더라
그때에 에브라임 사람의 죽은 자가
사만 이천 명이었더라
7 ●입다가 이스라엘의 사사가 된 지
육 년이라 길르앗 사람 입다가 죽
으매 길르앗에 있는 그의 성읍에
장사되었더라

사사 입산

8 ●그 뒤를 이어 베들레헴의 입산이
이스라엘의 사사가 되었더라
9 그가 아들 삼십 명과 딸 삼십 명을
두었더니 그가 딸들을 밖으로 시집
보냈고 아들들을 위하여는 밖에서
여자 삼십 명을 데려왔더라 그가
이스라엘의 사사가 된 지 칠 년이
라
10 입산이 죽으매 베들레헴에 장사되
었더라
11 ●그 뒤를 이어 스불론 사람 엘론
이 이스라엘의 사사가 되어 십 년
동안 이스라엘을 다스렸더라
12 스불론 사람 엘론이 죽으매 스불론
땅 아얄론에 장사되었더라

사사 압돈

13 ●그 뒤를 이어 비라돈 사람 힐렐
의 아들 압돈이 이스라엘의 사사가
되었더라
14 그에게 아들 사십 명과 손자 삼십
명이 있어 어린 나귀 칠십 마리를
탔더라 압돈이 이스라엘의 사사가
된 지 팔 년이라
15 비라돈 사람 힐렐의 아들 압돈이
죽으매 에브라임 땅 아말렉 사람의
산지 비라돈에 장사되었더라

삼손이 태어나다

13 이스라엘 자손이 다시 여호와
의 목전에 악을 행하였으므로
여호와께서 그들을 사십 년 동안
블레셋 사람의 손에 넘겨주시니라
2 ●소라 땅에 단 지파의 가족 중에
마노아라 이름하는 자가 있더라 그
의 아내가 임신하지 못하므로 출산
하지 못하더니
3 여호와의 사자가 그 여인에게 나타
나서 그에게 이르시되 보라 네가
본래 임신하지 못하므로 출산하지
못하였으나 이제 임신하여 아들을
낳으리니
4 그러므로 너는 삼가 포도주와 독주
를 마시지 말며 어떤 부정한 것도
먹지 말지니라
5 보라 네가 임신하여 아들을 낳으리
니 그의 머리 위에 삭도를 대지 말
라 이 아이는 태에서 나옴으로부터
하나님께 바쳐진 나실인이 됨이라
그가 블레셋 사람의 손에서 이스라
엘을 구원하기 시작하리라 하시니
6 이에 그 여인이 가서 그의 남편에
게 말하여 이르되 하나님의 사람이
내게 오셨는데 그의 모습이 하나님
의 사자의 용모 같아서 심히 두려
우므로 어디서부터 왔는지를 내가
묻지 못하였고 그도 자기 이름을
내게 이르지 아니하였으며
7 그가 내게 이르기를 보라 네가 임
신하여 아들을 낳으리니 이제 포도
주와 독주를 마시지 말며 어떤 부
정한 것도 먹지 말라 이 아이는 태
에서부터 그가 죽는 날까지 하나님
께 바쳐진 나실인이 됨이라 하더이
다 하니라
8 ●마노아가 여호와께 기도하여 이
르되 주여 구하옵나니 주께서 보내
셨던 하나님의 사람을 우리에게 다
시 오게 하사 우리가 그 낳을 아이
에게 어떻게 행할지를 우리에게 가
르치게 하소서 하니
9 하나님이 마노아의 목소리를 들으
시니라 여인이 밭에 앉았을 때에

하나님의 사자가 다시 그에게 임하
였으나 그의 남편 마노아는 함께
있지 아니한지라
10 여인이 급히 달려가서 그의 남편에
게 알리어 이르되 보소서 전일에
내게 오셨던 그 사람이 내게 나타
났나이다 하매
11 마노아가 일어나 아내를 따라가서
그 사람에게 이르러 그에게 묻되
당신이 이 여인에게 말씀하신 그
사람이니이까 하니 이르되 내가 그
로다 하니라
12 마노아가 이르되 이제 당신의 말씀
대로 되기를 원하나이다 이 아이를
어떻게 기르며 우리가 그에게 어떻
게 행하리이까
13 여호와의 사자가 마노아에게 이르
되 내가 여인에게 말한 것들을 그
가 다 삼가서
14 포도나무의 소산을 먹지 말며 포도
주와 독주를 마시지 말며 어떤 부
정한 것도 먹지 말고 내가 그에게
명령한 것은 다 지킬 것이니라 하
니라
15 ●마노아가 여호와의 사자에게 말
하되 구하옵나니 당신은 우리에게
머물러서 우리가 당신을 위하여 염
소 새끼 하나를 준비하게 하소서
하니
16 여호와의 사자가 마노아에게 이르
되 네가 비록 나를 머물게 하나 내
가 네 음식을 먹지 아니하리라 번
제를 준비하려거든 마땅히 여호와
께 드릴지니라 하니 이는 그가 여
호와의 사자인 줄을 마노아가 알지
못함이었더라
17 마노아가 또 여호와의 사자에게 말
하되 당신의 이름이 무엇이니이까
당신의 말씀이 이루어질 때에 우리
가 당신을 존귀히 여기리이다 하니
18 여호와의 사자가 그에게 이르되 어
찌하여 내 이름을 묻느냐 내 이름
은 기묘자라 하니라
19 이에 마노아가 염소 새끼와 소제물
을 가져다가 바위 위에서 여호와께
드리매 이적이 일어난지라 마노아
와 그의 아내가 본즉
20 불꽃이 제단에서부터 하늘로 올라
가는 동시에 여호와의 사자가 제단
불꽃에 휩싸여 올라간지라 마노아
와 그의 아내가 그것을 보고 그들
의 얼굴을 땅에 대고 엎드리니라
21 ●여호와의 사자가 마노아와 그의
아내에게 다시 나타나지 아니하니
마노아가 그제야 그가 여호와의 사
자인 줄 알고
22 그의 아내에게 이르되 우리가 하나
님을 보았으니 반드시 죽으리로다
하니
23 그의 아내가 그에게 이르되 여호와
께서 우리를 죽이려 하셨더라면 우
리 손에서 번제와 소제를 받지 아
니하셨을 것이요 이 모든 일을 보
이지 아니하셨을 것이며 이제 이런
말씀도 우리에게 이르지 아니하셨
으리이다 하였더라
24 그 여인이 아들을 낳으매 그의 이
름을 삼손이라 하니라 그 아이가
자라매 여호와께서 그에게 복을 주
시더니
25 소라와 에스다올 사이 마하네단에
서 여호와의 영이 그를 움직이기
시작하셨더라

삼손과 딤나의 여자

14 삼손이 딤나에 내려가서 거기
서 블레셋 사람의 딸들 중에서
한 여자를 보고
2 올라와서 자기 부모에게 말하여 이
르되 내가 딤나에서 블레셋 사람의
딸들 중에서 한 여자를 보았사오니

이제 그를 맞이하여 내 아내로 삼
게 하소서 하매
3 그의 부모가 그에게 이르되 네 형
제들의 딸들 중에나 내 백성 중에
어찌 여자가 없어서 네가 할례받지
아니한 블레셋 사람에게 가서 아내
를 맞으려 하느냐 하니 삼손이 그
의 아버지에게 이르되 내가 그 여
자를 좋아하오니 나를 위하여 그
여자를 데려오소서 하니라
4 그때에 블레셋 사람이 이스라엘을
다스린 까닭에 삼손이 틈을 타서
블레셋 사람을 치려 함이었으나 그
의 부모는 이 일이 여호와께로부터
나온 것인 줄은 알지 못하였더라
5 ●삼손이 그의 부모와 함께 딤나에
내려가 딤나의 포도원에 이른즉 젊
은 사자가 그를 보고 소리 지르는
지라
6 여호와의 영이 삼손에게 강하게 임
하니 그가 손에 아무것도 없이 그
사자를 염소 새끼를 찢는 것같이
찢었으나 그는 자기가 행한 일을 부
모에게 알리지 아니하였더라
7 그가 내려가서 그 여자와 말하니
그 여자가 삼손의 눈에 들었더라
8 얼마 후에 삼손이 그 여자를 맞이
하려고 다시 가다가 돌이켜 그 사
자의 주검을 본즉 사자의 몸에 벌
떼와 꿀이 있는지라
9 손으로 그 꿀을 떠서 걸어가며 먹
고 그의 부모에게 이르러 그들에게
그것을 드려서 먹게 하였으나 그
꿀을 사자의 몸에서 떠왔다고는 알
리지 아니하였더라
10 ●삼손의 아버지가 여자에게로 내
려가매 삼손이 거기서 잔치를 베풀
었으니 청년들은 이렇게 행하는 풍
속이 있음이더라
11 무리가 삼손을 보고 삼십 명을 데
려와서 친구를 삼아 그와 함께하게
한지라
12 삼손이 그들에게 이르되 이제 내가
너희에게 수수께끼를 내리니 잔치
하는 이레 동안에 너희가 그것을
풀어 내게 말하면 내가 베옷 삼십
벌과 겉옷 삼십 벌을 너희에게 주
리라
13 그러나 그것을 능히 내게 말하지
못하면 너희가 내게 베옷 삼십 벌
과 겉옷 삼십 벌을 줄지니라 하니
그들이 이르되 네가 수수께끼를 내
면 우리가 그것을 들으리라 하매
14 삼손이 그들에게 이르되 먹는 자에
게서 먹는 것이 나오고 강한 자에
게서 단 것이 나왔느니라 하니라
그들이 사흘이 되도록 수수께끼를
풀지 못하였더라
15 ●일곱째 날에 이르러 그들이 삼손
의 아내에게 이르되 너는 네 남편
을 꾀어 그 수수께끼를 우리에게
알려 달라 하라 그렇지 아니하면
너와 네 아버지의 집을 불사르리라
너희가 우리의 소유를 빼앗고자 하
여 우리를 청한 것이 아니냐 그렇
지 아니하냐 하니
16 삼손의 아내가 그의 앞에서 울며
이르되 당신이 나를 미워할 뿐이요
사랑하지 아니하는도다 우리 민족
에게 수수께끼를 말하고 그 뜻을
내게 알려 주지 아니하도다 하는지
라 삼손이 그에게 이르되 보라 내
가 그것을 나의 부모에게도 알려
주지 아니하였거든 어찌 그대에게
알게 하리요 하였으나
17 칠 일 동안 그들이 잔치할 때 그의
아내가 그 앞에서 울며 그에게 강
요함으로 일곱째 날에는 그가 그의
아내에게 수수께끼를 알려 주매 그
의 아내가 그것을 자기 백성들에게

알려 주었더라
18 일곱째 날 해 지기 전에 성읍 사람
들이 삼손에게 이르되 무엇이 꿀보
다 달겠으며 무엇이 사자보다 강하
겠느냐 한지라 삼손이 그들에게 이
르되 너희가 내 암송아지로 밭 갈
지 아니하였더라면 내 수수께끼를
능히 풀지 못하였으리라 하니라
19 ●여호와의 영이 삼손에게 갑자기
임하시매 삼손이 아스글론에 내려
가서 그곳 사람 삼십 명을 쳐죽이
고 노략하여 수수께끼 푼 자들에게
옷을 주고 심히 노하여 그의 아버
지의 집으로 올라갔고
20 삼손의 아내는 삼손의 친구였던 그
의 친구에게 준 바 되었더라

15 얼마 후 밀 거둘 때에 삼손이
염소 새끼를 가지고 그의 아내
에게로 찾아가서 이르되 내가 방에
들어가 내 아내를 보고자 하노라
하니 장인이 들어오지 못하게 하
고
2 이르되 네가 그를 심히 미워하는
줄 알고 그를 네 친구에게 주었노
라 그의 동생이 그보다 더 아름답
지 아니하냐 청하노니 너는 그를
대신하여 동생을 아내로 맞이하라
하니
3 삼손이 그들에게 이르되 이번은 내
가 블레셋 사람들을 해할지라도 그
들에게 대하여 내게 허물이 없을
것이니라 하고
4 삼손이 가서 여우 삼백 마리를 붙
들어서 그 꼬리와 꼬리를 매고 홰
를 가지고 그 두 꼬리 사이에 한 홰
를 달고
5 홰에 불을 붙이고 그것을 블레셋
사람들의 곡식 밭으로 몰아들여서
곡식 단과 아직 베지 아니한 곡식
과 포도원과 감람나무들을 사른지
라
6 블레셋 사람들이 이르되 누가 이
일을 행하였느냐 하니 사람들이 대
답하되 딤나 사람의 사위 삼손이니
장인이 삼손의 아내를 빼앗아 그의
친구에게 준 까닭이라 하였더라 블
레셋 사람들이 올라가서 그 여인과
그의 아버지를 불사르니라
7 삼손이 그들에게 이르되 너희가 이
같이 행하였은즉 내가 너희에게 원
수를 갚고야 말리라 하고
8 블레셋 사람들의 정강이와 넓적다
리를 크게 쳐서 죽이고 내려가서
에담 바위틈에 머물렀더라

삼손이 블레셋을 치다

9 ●이에 블레셋 사람들이 올라와 유
다에 진을 치고 레히에 가득한지라
10 유다 사람들이 이르되 너희가 어찌
하여 올라와서 우리를 치느냐 그들
이 대답하되 우리가 올라온 것은
삼손을 결박하여 그가 우리에게 행
한 대로 그에게 행하려 함이로라
하는지라
11 유다 사람 삼천 명이 에담 바위틈
에 내려가서 삼손에게 이르되 너는
블레셋 사람이 우리를 다스리는 줄
을 알지 못하느냐 네가 어찌하여
우리에게 이같이 행하였느냐 하니
삼손이 그들에게 이르되 그들이 내
게 행한 대로 나도 그들에게 행하
였노라 하니라
12 그들이 삼손에게 이르되 우리가 너
를 결박하여 블레셋 사람의 손에
넘겨주려고 내려왔노라 하니 삼손
이 그들에게 이르되 너희가 나를
치지 아니하겠다고 내게 맹세하라
하매
13 그들이 삼손에게 말하여 이르되
아니라 우리가 다만 너를 단단히
결박하여 그들의 손에 넘겨줄 뿐

이요 우리가 결단코 너를 죽이지
아니하리라 하고 새 밧줄 둘로 결
박하고 바위틈에서 그를 끌어내니
라
14 ●삼손이 레히에 이르매 블레셋 사
람들이 그에게로 마주 나가며 소리
지를 때 여호와의 영이 삼손에게
갑자기 임하시매 그의 팔 위의 밧
줄이 불탄 삼과 같이 그의 결박되
었던 손에서 떨어진지라
15 삼손이 나귀의 새 턱뼈를 보고 손
을 내밀어 집어들고 그것으로 천
명을 죽이고
16 이르되

나귀의 턱뼈로 한 더미, 두 더미
를 쌓았음이여 나귀의 턱뼈로 내
가 천 명을 죽였도다

하니라
17 그가 말을 마치고 턱뼈를 자기 손
에서 내던지고 그곳을 [1]라맛 레히
라 이름하였더라
18 삼손이 심히 목이 말라 여호와께
부르짖어 이르되 주께서 종의 손을
통하여 이 큰 구원을 베푸셨사오나
내가 이제 목말라 죽어서 할례받지
못한 자들의 손에 떨어지겠나이다
하니
19 하나님이 레히에서 한 우묵한 곳을
터뜨리시니 거기서 물이 솟아나오
는지라 삼손이 그것을 마시고 정신
이 회복되어 소생하니 그러므로 그
샘 이름을 [2]엔학고레라 불렀으며
그 샘이 오늘까지 레히에 있더라
20 블레셋 사람의 때에 삼손이 이스
라엘의 사사로 이십 년 동안 지냈
더라

삼손이 가사에 가다

16 삼손이 가사에 가서 거기서 한
기생을 보고 그에게로 들어갔
더니
2 가사 사람들에게 삼손이 왔다고 알
려지매 그들이 곧 그를 에워싸고
밤새도록 성문에 매복하고 밤새도
록 조용히 하며 이르기를 새벽이
되거든 그를 죽이리라 하였더라
3 삼손이 밤중까지 누워 있다가 그
밤중에 일어나 성 문짝들과 두 문
설주와 문빗장을 빼어 가지고 그것
을 모두 어깨에 메고 헤브론 앞산
꼭대기로 가니라

삼손과 들릴라

4 ●이후에 삼손이 소렉 골짜기의
들릴라라 이름하는 여인을 사랑하
매
5 블레셋 사람의 방백들이 그 여인에
게로 올라가서 그에게 이르되 삼손
을 꾀어서 무엇으로 말미암아 그
큰 힘이 생기는지 그리고 우리가
어떻게 하면 능히 그를 결박하여
굴복하게 할 수 있을는지 알아보라
그리하면 우리가 각각 은 천백 개
씩을 네게 주리라 하니
6 들릴라가 삼손에게 말하되 청하건
대 당신의 큰 힘이 무엇으로 말미
암아 생기며 어떻게 하면 능히 당
신을 결박하여 굴복하게 할 수 있
을는지 내게 말하라 하니
7 삼손이 그에게 이르되 만일 마르지
아니한 새 활줄 일곱으로 나를 결
박하면 내가 약해져서 다른 사람과
같으리라
8 블레셋 사람의 방백들이 마르지 아
니한 새 활줄 일곱을 여인에게로
가져오매 그가 그것으로 삼손을 결
박하고
9 이미 사람을 방 안에 매복시켰으므
로 삼손에게 말하되 삼손이여 블레
셋 사람들이 당신에게 들이닥쳤느
니라 하니 삼손이 그 줄들을 끊기

1) 턱뼈의 산 2) 부르짖은 자의 샘

를 불탄 삼실을 끊음같이 하였고
그의 힘의 근원은 알아내지 못하니
라
10 ●들릴라가 삼손에게 이르되 보라
당신이 나를 희롱하여 내게 거짓말
을 하였도다 청하건대 무엇으로 당
신을 결박할 수 있을는지 이제는
내게 말하라 하니
11 삼손이 그에게 이르되 만일 쓰지
아니한 새 밧줄들로 나를 결박하면
내가 약해져서 다른 사람과 같으리
라 하니라
12 들릴라가 새 밧줄들을 가져다가 그
것들로 그를 결박하고 그에게 이르
되 삼손이여 블레셋 사람이 당신에
게 들이닥쳤느니라 하니 삼손이 팔
위의 줄 끊기를 실을 끊음같이 하
였고 그때에도 사람이 방 안에 매
복하였더라
13 ●들릴라가 삼손에게 이르되 당신
이 이때까지 나를 희롱하여 내게
거짓말을 하였도다 내가 무엇으로
당신을 결박할 수 있을는지 내게
말하라 하니 삼손이 그에게 이르되
그대가 만일 나의 머리털 일곱 가
닥을 베틀의 날실에 섞어 짜면 되
리라 하는지라
14 들릴라가 바디로 그 머리털을 단단
히 짜고 그에게 이르되 삼손이여
블레셋 사람들이 당신에게 들이닥
쳤느니라 하니 삼손이 잠을 깨어
베틀의 바디와 날실을 다 빼내니라
15 ●들릴라가 삼손에게 이르되 당신
의 마음이 내게 있지 아니하면서
당신이 어찌 나를 사랑한다 하느냐
당신이 이로써 세 번이나 나를 희
롱하고 당신의 큰 힘이 무엇으로
말미암아 생기는지를 내게 말하지
아니하였도다 하며
16 날마다 그 말로 그를 재촉하여 조
르매 삼손의 마음이 번뇌하여 죽을
지경이라
17 삼손이 진심을 드러내어 그에게 이
르되 내 머리 위에는 삭도를 대지
아니하였나니 이는 내가 모태에서
부터 하나님의 나실인이 되었음이
라 만일 내 머리가 밀리면 내 힘이
내게서 떠나고 나는 약해져서 다른
사람과 같으리라 하니라
18 ●들릴라가 삼손이 진심을 다 알려
주므로 사람을 보내어 블레셋 사람
들의 방백들을 불러 이르되 삼손이
내게 진심을 알려 주었으니 이제
한 번만 올라오라 하니 블레셋 방
백들이 손에 은을 가지고 그 여인
에게로 올라오니라
19 들릴라가 삼손에게 자기 무릎을 베
고 자게 하고 사람을 불러 그의 머
리털 일곱 가닥을 밀고 괴롭게 하
여 본즉 그의 힘이 없어졌더라
20 들릴라가 이르되 삼손이여 블레셋
사람이 당신에게 들이닥쳤느니라
하니 삼손이 잠을 깨며 이르기를
내가 전과 같이 나가서 몸을 떨치
리라 하였으나 여호와께서 이미 자
기를 떠나신 줄을 깨닫지 못하였더
라
21 블레셋 사람들이 그를 붙잡아 그의
눈을 빼고 끌고 가사에 내려가 놋
줄로 매고 그에게 옥에서 맷돌을
돌리게 하였더라
22 그의 머리털이 밀린 후에 다시 자
라기 시작하니라

삼손이 죽다

23 ●블레셋 사람의 방백들이 이르되
우리의 신이 우리 원수 삼손을 우
리 손에 넘겨주었다 하고 다 모여
그들의 신 다곤에게 큰 제사를 드
리고 즐거워하고
24 백성들도 삼손을 보았으므로 이르

되 우리의 땅을 망쳐 놓고 우리의
많은 사람을 죽인 원수를 우리의
신이 우리 손에 넘겨주었다 하고
자기들의 신을 찬양하며
25 그들의 마음이 즐거울 때에 이르되
삼손을 불러다가 우리를 위하여 재
주를 부리게 하자 하고 옥에서 삼
손을 불러내매 삼손이 그들을 위하
여 재주를 부리니라 그들이 삼손을
두 기둥 사이에 세웠더니
26 삼손이 자기 손을 붙든 소년에게
이르되 나에게 이 집을 버틴 기둥
을 찾아 그것을 의지하게 하라 하
니라
27 그 집에는 남녀가 가득하니 블레셋
모든 방백들도 거기에 있고 지붕에
있는 남녀도 삼천 명 가량이라 다
삼손이 재주 부리는 것을 보더라
28 ●삼손이 여호와께 부르짖어 이르
되 주 여호와여 구하옵나니 나를
생각하옵소서 하나님이여 구하옵
나니 이번만 나를 강하게 하사 나
의 두 눈을 뺀 블레셋 사람에게 원
수를 단번에 갚게 하옵소서 하고
29 삼손이 집을 버틴 두 기둥 가운데
하나는 왼손으로 하나는 오른손으
로 껴 의지하고
30 삼손이 이르되 블레셋 사람과 함께
죽기를 원하노라 하고 힘을 다하여
몸을 굽히매 그 집이 곧 무너져 그
안에 있는 모든 방백들과 온 백성
에게 덮이니 삼손이 죽을 때에 죽
인 자가 살았을 때에 죽인 자보다
더욱 많았더라
31 그의 형제와 아버지의 온 집이 다
내려가서 그의 시체를 가지고 올라
가서 소라와 에스다올 사이 그의
아버지 마노아의 장지에 장사하니
라 삼손이 이스라엘의 사사로 이십
년 동안 지냈더라

미가 집의 제사장

17 에브라임 산지에 미가라 이름
하는 사람이 있더니
2 그의 어머니에게 이르되 어머니께
서 은 천백을 잃어버리셨으므로 저
주하시고 내 귀에도 말씀하셨더니
보소서 그 은이 내게 있나이다 내
가 그것을 가졌나이다 하니 그의
어머니가 이르되 내 아들이 여호와
께 복 받기를 원하노라 하니라
3 미가가 은 천백을 그의 어머니에게
도로 주매 그의 어머니가 이르되
내가 내 아들을 위하여 한 신상을
새기며 한 신상을 부어 만들기 위
해 내 손에서 이 은을 여호와께 거
룩히 드리노라 그러므로 내가 이제
이 은을 네게 도로 주리라
4 미가가 그 은을 그의 어머니에게
도로 주었으므로 어머니가 그 은
이백을 가져다 은장색에게 주어 한
신상을 새기고 한 신상을 부어 만
들었더니 그 신상이 미가의 집에
있더라
5 그 사람 미가에게 신당이 있으므로
그가 에봇과 드라빔을 만들고 한
아들을 세워 그의 제사장으로 삼았
더라
6 그때에는 이스라엘에 왕이 없었으
므로 사람마다 자기 소견에 옳은
대로 행하였더라
7 ●유다 가족에 속한 유다 베들레헴
에 한 청년이 있었으니 그는 레위
인으로서 거기서 거류하였더라
8 그 사람이 거주할 곳을 찾고자 하
여 그 성읍 유다 베들레헴을 떠나
가다가 에브라임 산지로 가서 미가
의 집에 이르매
9 미가가 그에게 묻되 너는 어디서부
터 오느냐 하니 그가 이르되 나는
유다 베들레헴의 레위인으로서 거

류할 곳을 찾으러 가노라 하는지라
10 미가가 그에게 이르되 네가 나와 함
께 거주하며 나를 위하여 아버지
와 제사장이 되라 내가 해마다 은
열과 의복 한 벌과 먹을 것을 주리
라 하므로 그 레위인이 들어갔더
라
11 그 레위인이 그 사람과 함께 거주
하기를 만족하게 생각했으니 이는
그 청년이 미가의 아들 중 하나같
이 됨이라
12 미가가 그 레위인을 거룩하게 구별
하매 그 청년이 미가의 제사장이
되어 그 집에 있었더라
13 이에 미가가 이르되 레위인이 내 제
사장이 되었으니 이제 여호와께서
내게 복 주실 줄을 아노라 하니라

미가와 단 지파

18 그때에 이스라엘에 왕이 없었
고 단 지파는 그때에 거주할
기업의 땅을 구하는 중이었으니 이
는 그들이 이스라엘 지파 중에서
그때까지 기업을 분배받지 못하였
음이라
2 단 자손이 소라와 에스다올에서부
터 그들의 가족 가운데 용맹스런 다
섯 사람을 보내어 땅을 정탐하고 살
피게 하며 그들에게 이르되 너희는
가서 땅을 살펴보라 하매 그들이 에
브라임 산지에 가서 미가의 집에 이
르러 거기서 유숙하니라
3 그들이 미가의 집에 있을 때에 그
레위 청년의 음성을 알아듣고 그리
로 돌아가서 그에게 이르되 누가
너를 이리로 인도하였으며 네가 여
기서 무엇을 하며 여기서 무엇을
얻었느냐 하니
4 그가 그들에게 이르되 미가가 이러
이러하게 나를 대접하고 나를 고용
하여 나를 자기의 제사장으로 삼았
느니라 하니라
5 그들이 그에게 이르되 청하건대 우
리를 위하여 하나님께 물어 보아서
우리가 가는 길이 형통할는지 우리
에게 알게 하라 하니
6 그 제사장이 그들에게 이르되 평안
히 가라 너희가 가는 길은 여호와
앞에 있느니라 하니라
7 ●이에 다섯 사람이 떠나 라이스에
이르러 거기 있는 백성을 본즉 염려
없이 거주하며 시돈 사람들이 사는
것처럼 평온하며 안전하니 그 땅에
는 부족한 것이 없으며 부를 누리며
시돈 사람들과 거리가 멀고 어떤 사
람과도 상종하지 아니함이라
8 그들이 소라와 에스다올에 돌아가
서 그들의 형제들에게 이르매 형제
들이 그들에게 묻되 너희가 보기에
어떠하더냐 하니
9 이르되 일어나 그들을 치러 올라가
자 우리가 그 땅을 본즉 매우 좋더
라 너희는 가만히 있느냐 나아가서
그 땅 얻기를 게을리 하지 말라
10 너희가 가면 평화로운 백성을 만날
것이요 그 땅은 넓고 그곳에는 세
상에 있는 것이 하나도 부족함이
없느니라 하나님이 그 땅을 너희
손에 넘겨주셨느니라 하는지라
11 ●단 지파의 가족 중 육백 명이 무
기를 지니고 소라와 에스다올에서
출발하여
12 올라가서 유다에 있는 기럇여아림
에 진치니 그러므로 그곳 이름이
오늘까지 마하네 단이며 그곳은 기
럇여아림 뒤에 있더라
13 무리가 거기서 떠나 에브라임 산지
미가의 집에 이르니라
14 ●전에 라이스 땅을 정탐하러 갔던
다섯 사람이 그 형제들에게 말하여
이르되 이 집에 에봇과 드라빔과

새긴 신상과 부어 만든 신상이 있
는 줄을 너희가 아느냐 그런즉 이
제 너희는 마땅히 행할 것을 생각
하라 하고
15 다섯 사람이 그 쪽으로 향하여 그
청년 레위 사람의 집 곧 미가의 집
에 이르러 그에게 문안하고
16 단 자손 육백 명은 무기를 지니고
문 입구에 서니라
17 그 땅을 정탐하러 갔던 다섯 사람이
그리로 들어가서 새긴 신상과 에봇
과 드라빔과 부어 만든 신상을 가져
갈 때에 그 제사장은 무기를 지닌
육백 명과 함께 문 입구에 섰더니
18 그 다섯 사람이 미가의 집에 들어
가서 그 새긴 신상과 에봇과 드라
빔과 부어 만든 신상을 가지고 나
오매 그 제사장이 그들에게 묻되
너희가 무엇을 하느냐 하니
19 그들이 그에게 이르되 잠잠하라 네
손을 입에 대라 우리와 함께 가서
우리의 아버지와 제사장이 되라 네
가 한 사람의 집의 제사장이 되는
것과 이스라엘의 한 지파 한 족속
의 제사장이 되는 것 중에서 어느
것이 낫겠느냐 하는지라
20 그 제사장이 마음에 기뻐하여 에봇
과 드라빔과 새긴 우상을 받아 가
지고 그 백성 가운데로 들어가니라
21 ●그들이 돌이켜서 어린아이들과
가축과 값진 물건들을 앞세우고 길
을 떠나더니
22 그들이 미가의 집을 멀리 떠난 때
에 미가의 이웃집 사람들이 모여서
단 자손을 따라붙어서
23 단 자손을 부르는지라 그들이 얼굴
을 돌려 미가에게 이르되 네가 무
슨 일로 이같이 모아 가지고 왔느
냐 하니
24 미가가 이르되 내가 만든 신들과
제사장을 빼앗아 갔으니 이제 내게
오히려 남은 것이 무엇이냐 너희가
어찌하여 나더러 무슨 일이냐고 하
느냐 하는지라
25 단 자손이 그에게 이르되 네 목소
리를 우리에게 들리게 하지 말라
노한 자들이 너희를 쳐서 네 생명
과 네 가족의 생명을 잃게 할까 하
노라 하고
26 단 자손이 자기 길을 간지라 미가
가 단 자손이 자기보다 강한 것을
보고 돌이켜 집으로 돌아갔더라
27 ●단 자손이 미가가 만든 것과 그
제사장을 취하여 라이스에 이르러
한가하고 걱정없이 사는 백성을 만
나 칼날로 그들을 치며 그 성읍을
불사르되
28 그들을 구원할 자가 없었으니 그
성읍이 베드르홉 가까운 골짜기에
있어서 시돈과 거리가 멀고 상종하
는 사람도 없음이었더라 단 자손이
성읍을 세우고 거기 거주하면서
29 이스라엘에게서 태어난 그들의 조
상 단의 이름을 따라 그 성읍을 단
이라 하니라 그 성읍의 본 이름은
라이스였더라
30 단 자손이 자기들을 위하여 그 새
긴 신상을 세웠고 [1]모세의 손자요
게르솜의 아들인 요나단과 그의 자
손은 단 지파의 제사장이 되어 그
땅 백성이 사로잡히는 날까지 이르
렀더라
31 하나님의 집이 실로에 있을 동안에
미가가 만든 바 새긴 신상이 단 자
손에게 있었더라

어떤 레위 사람과 그의 첩

19 이스라엘에 왕이 없을 그때에
에브라임 산지 구석에 거류하
는 어떤 레위 사람이 유다 베들레

1) 또는 므낫세의

헴에서 첩을 맞이하였더니
2 그 첩이 행음하고 남편을 떠나 유
다 베들레헴 그의 아버지의 집에
돌아가서 거기서 넉 달 동안을 지
내매
3 그의 남편이 그 여자에게 다정하게
말하고 그를 데려오고자 하여 하인
한 사람과 나귀 두 마리를 데리고
그에게로 가매 여자가 그를 인도하
여 아버지의 집에 들어가니 그 여
자의 아버지가 그를 보고 기뻐하니
라
4 그의 장인 곧 그 여자의 아버지가
그를 머물게 하매 그가 삼 일 동안
그와 함께 머물며 먹고 마시며 거
기서 유숙하다가
5 넷째 날 아침에 일찍이 일어나 떠
나고자 하매 그 여자의 아버지가
그의 사위에게 이르되 떡을 조금
먹고 그대의 기력을 돋운 후에 그
대의 길을 가라 하니라
6 두 사람이 앉아서 함께 먹고 마시
매 그 여자의 아버지가 그 사람에
게 이르되 청하노니 이 밤을 여기
서 유숙하여 그대의 마음을 즐겁게
하라 하니
7 그 사람이 일어나서 가고자 하되
그의 장인의 간청으로 거기서 다시
유숙하더니
8 다섯째 날 아침에 일찍이 일어나
떠나고자 하매 그 여자의 아버지가
이르되 청하노니 그대의 기력을 돋
우고 해가 기울도록 머물라 하므로
두 사람이 함께 먹고
9 그 사람이 첩과 하인과 더불어 일
어나 떠나고자 하매 그의 장인 곧
그 여자의 아버지가 그에게 이르되
보라 이제 날이 저물어 가니 청하
건대 이 밤도 유숙하라 보라 해가
기울었느니라 그대는 여기서 유숙
하여 그대의 마음을 즐겁게 하고
내일 일찍이 그대의 길을 가서 그
대의 집으로 돌아가라 하니
10 ●그 사람이 다시 밤을 지내고자 하
지 아니하여 일어나서 떠나 여부
스 맞은편에 이르렀으니 여부스는
곧 예루살렘이라 안장 지운 나귀
두 마리와 첩이 그와 함께하였더
라
11 그들이 여부스에 가까이 갔을 때에
해가 지려 하는지라 종이 주인에게
이르되 청하건대 우리가 돌이켜 여
부스 사람의 이 성읍에 들어가서
유숙하십시다 하니
12 주인이 그에게 이르되 우리가 돌이
켜 이스라엘 자손에게 속하지 아니
한 이방 사람의 성읍으로 들어갈
것이 아니니 기브아로 나아가리라
하고
13 또 그 종에게 이르되 우리가 기브
아나 라마 중 한 곳에 가서 거기서
유숙하자 하고
14 모두 앞으로 나아가더니 베냐민에
속한 기브아에 가까이 이르러 해가
진지라
15 기브아에 가서 유숙하려고 그리로
돌아 들어가서 성읍 넓은 거리에
앉아 있으나 그를 집으로 영접하여
유숙하게 하는 자가 없었더라
16 ●저녁 때에 한 노인이 밭에서 일
하다가 돌아오니 그 사람은 본래
에브라임 산지 사람으로서 기브아
에 거류하는 자요 그곳 사람들은
베냐민 자손이더라
17 노인이 눈을 들어 성읍 넓은 거리
에 나그네가 있는 것을 본지라 노
인이 묻되 그대는 어디로 가며 어
디서 왔느냐 하니
18 그가 그에게 이르되 우리는 유다
베들레헴에서 에브라임 산지 구석

으로 가나이다 나는 그곳 사람으로
서 유다 베들레헴에 갔다가 이제
여호와의 집으로 가는 중인데 나를
자기 집으로 영접하는 사람이 없나
이다
19 우리에게는 나귀들에게 먹일 짚과
여물이 있고 나와 당신의 여종과
당신의 종인 우리들과 함께한 청년
에게 먹을 양식과 포도주가 있어
무엇이든지 부족함이 없나이다 하
는지라
20 그 노인이 이르되 그대는 안심하라
그대의 쓸 것은 모두 내가 담당할
것이니 거리에서는 유숙하지 말라
하고
21 그를 데리고 자기 집에 들어가서
나귀에게 먹이니 그들이 발을 씻고
먹고 마시니라
22 ●그들이 마음을 즐겁게 할 때에
그 성읍의 불량배들이 그 집을 에
워싸고 문을 두들기며 집주인 노인
에게 말하여 이르되 네 집에 들어
온 사람을 끌어내라 우리가 그와
관계하리라 하니
23 집주인 그 사람이 그들에게로 나와
서 이르되 아니라 내 형제들아 청
하노니 이 같은 악행을 저지르지
말라 이 사람이 내 집에 들어왔으
니 이런 망령된 일을 행하지 말라
24 보라 여기 내 처녀 딸과 이 사람의
첩이 있은즉 내가 그들을 끌어내리
니 너희가 그들을 욕보이든지 너희
눈에 좋은 대로 행하되 오직 이 사
람에게는 이런 망령된 일을 행하지
말라 하나
25 무리가 듣지 아니하므로 그 사람이
자기 첩을 붙잡아 그들에게 밖으로
끌어내매 그들이 그 여자와 관계하
였고 밤새도록 그 여자를 능욕하다
가 새벽 미명에 놓은지라
26 동틀 때에 여인이 자기의 주인이
있는 그 사람의 집 문에 이르러 엎
드러져 밝기까지 거기 엎드러져 있
더라
27 ●그의 주인이 일찍이 일어나 집
문을 열고 떠나고자 하더니 그 여
인이 집 문에 엎드러져 있고 그의
두 손이 문지방에 있는 것을 보고
28 그에게 이르되 일어나라 우리가 떠
나가자 하나 아무 대답이 없는지라
이에 그의 시체를 나귀에 싣고 행
하여 자기 곳에 돌아가서
29 그 집에 이르러서는 칼을 가지고
자기 첩의 시체를 거두어 그 마디
를 찍어 열두 덩이에 나누고 그것
을 이스라엘 사방에 두루 보내매
30 그것을 보는 자가 다 이르되 이스
라엘 자손이 애굽 땅에서 올라온
날부터 오늘까지 이런 일은 일어나
지도 아니하였고 보지도 못하였도
다 이 일을 생각하고 상의한 후에
말하자 하니라

이스라엘이 전쟁 준비를 하다

20 이에 모든 이스라엘 자손이
단에서부터 브엘세바까지와
길르앗 땅에서 나와서 그 회중이
일제히 미스바에서 여호와 앞에 모
였으니
2 온 백성의 어른 곧 이스라엘 모든
지파의 어른들은 하나님 백성의 총
회에 섰고 칼을 빼는 보병은 사십
만 명이었으며
3 이스라엘 자손이 미스바에 올라간
것을 베냐민 자손이 들었더라 이스
라엘 자손이 이르되 이 악한 일이
어떻게 일어났는지 우리에게 말하
라 하니
4 레위 사람 곧 죽임을 당한 여인의
남편이 대답하여 이르되 내가 내
첩과 더불어 베냐민에 속한 기브아

에 유숙하러 갔더니
5 기브아 사람들이 나를 치러 일어나
서 밤에 내가 묵고 있던 집을 에워
싸고 나를 죽이려 하고 내 첩을 욕
보여 그를 죽게 한지라
6 내가 내 첩의 시체를 거두어 쪼개
서 이스라엘 기업의 온 땅에 보냈
나니 이는 그들이 이스라엘 중에서
음행과 망령된 일을 행하였기 때문
이라
7 이스라엘 자손들아 너희가 다 여기
있은즉 너희의 의견과 방책을 낼지
니라 하니라
8 ●모든 백성이 일제히 일어나 이르
되 우리가 한 사람도 자기 장막으
로 돌아가지 말며 한 사람도 자기
집으로 들어가지 말고
9 우리가 이제 기브아 사람에게 이렇
게 행하리니 곧 제비를 뽑아서 그
들을 치되
10 우리가 이스라엘 모든 지파 중에서
백 명에 열 명, 천 명에 백 명, 만
명에 천 명을 뽑아 그 백성을 위하
여 양식을 준비하고 그들에게 베냐
민의 기브아에 가서 그 무리가 이
스라엘 중에서 망령된 일을 행한
대로 징계하게 하리라 하니라
11 이와 같이 이스라엘 모든 사람이
하나같이 합심하여 그 성읍을 치려
고 모였더라
12 ●이스라엘 지파들이 베냐민 온 지
파에 사람들을 보내어 두루 다니며
이르기를 너희 중에서 생긴 이 악
행이 어찌 됨이냐
13 그런즉 이제 기브아 사람들 곧 그
불량배들을 *우리에게* 넘겨주어서
우리가 그들을 죽여 이스라엘 중에
서 악을 제거하여 버리게 하라 하
나 베냐민 자손이 그들의 형제 이
스라엘 자손의 말을 듣지 아니하고
14 도리어 성읍들로부터 기브아에 모
이고 나가서 이스라엘 자손과 싸우
고자 하니라
15 그때에 그 성읍들로부터 나온 베냐
민 자손의 수는 칼을 빼는 자가 모
두 이만 육천 명이요 그 외에 기브
아 주민 중 택한 자가 칠백 명인데
16 이 모든 백성 중에서 택한 칠백 명
은 다 왼손잡이라 물매로 돌을 던
지면 조금도 틀림이 없는 자들이더
라

이스라엘과 베냐민 자손이 싸우다

17 ●베냐민 자손 외에 이스라엘 사람
으로서 칼을 빼는 자의 수는 사십
만 명이니 다 전사라
18 이스라엘 자손이 일어나 벧엘에 올
라가서 하나님께 여쭈어 이르되 우
리 중에 누가 먼저 올라가서 베냐
민 자손과 싸우리이까 하니 여호와
께서 말씀하시되 유다가 먼저 갈지
니라 하시니라
19 ●이스라엘 자손이 아침에 일어나
기브아를 대하여 진을 치니라
20 이스라엘 사람이 나가 베냐민과 싸
우려고 전열을 갖추고 기브아에서
그들과 싸우고자 하매
21 베냐민 자손이 기브아에서 나와서
당일에 이스라엘 사람 이만 이천
명을 땅에 엎드러뜨렸으나
22 이스라엘 사람들이 스스로 용기를
내어 첫날 전열을 갖추었던 곳에서
다시 전열을 갖추니라
23 이스라엘 자손이 올라가 여호와 앞
에서 저물도록 울며 여호와께 여쭈
어 이르되 내가 다시 나아가서 내
형제 베냐민 자손과 싸우리이까 하
니 여호와께서 말씀하시되 올라가
서 치라 하시니라
24 ●그 이튿날에 이스라엘 자손이 베
냐민 자손을 치러 나아가매

25 베냐민도 그 이튿날에 기브아에서
그들을 치러 나와서 다시 이스라엘
자손 만 팔천 명을 땅에 엎드러뜨
렸으니 다 칼을 빼는 자였더라
26 이에 온 이스라엘 자손 모든 백성
이 올라가 벧엘에 이르러 울며 거
기서 여호와 앞에 앉아서 그날이
저물도록 금식하고 번제와 화목제
를 여호와 앞에 드리고
27 이스라엘 자손이 여호와께 물으니
라 그때에는 하나님의 언약궤가 거
기 있고
28 아론의 손자인 엘르아살의 아들 비
느하스가 그 앞에 모시고 섰더라
이스라엘 자손들이 여쭈기를 우리
가 다시 나아가 내 형제 베냐민 자
손과 싸우리이까 말리이까 하니 여
호와께서 이르시되 올라가라 내일
은 내가 그를 네 손에 넘겨주리라
하시는지라
29 ●이스라엘이 기브아 주위에 군사
를 매복하니라
30 이스라엘 자손이 셋째 날에 베냐민
자손을 치러 올라가서 전과 같이
기브아에 맞서 전열을 갖추매
31 베냐민 자손이 나와서 백성을 맞더
니 꾀임에 빠져 성읍을 떠났더라
그들이 큰 길 곧 한쪽은 벧엘로 올
라가는 길이요 한쪽은 기브아의 들
로 가는 길에서 백성을 쳐서 전과
같이 이스라엘 사람 삼십 명 가량
을 죽이기 시작하며
32 베냐민 자손이 스스로 이르기를 이
들이 처음과 같이 우리 앞에서 패
한다 하나 이스라엘 자손은 이르기
를 우리가 도망하여 그들을 성읍에
서 큰 길로 꾀어내자 하고
33 이스라엘 사람이 모두 그들의 처소
에서 일어나서 바알다말에서 전열
을 갖추었고 이스라엘의 복병은 그
장소 곧 기브아 초장에서 쏟아져
나왔더라
34 온 이스라엘 사람 중에서 택한 사람
만 명이 기브아에 이르러 치매 싸움
이 치열하나 베냐민 사람은 화가 자
기에게 미친 줄을 알지 못하였더라
35 여호와께서 이스라엘 앞에서 베냐
민을 치시매 당일에 이스라엘 자손
이 베냐민 사람 이만 오천백 명을
죽였으니 다 칼을 빼는 자였더라

이스라엘이 승리한 방법

36 ●이에 베냐민 자손이 자기가 패한
것을 깨달았으니 이는 이스라엘 사
람이 기브아에 매복한 군사를 믿고
잠깐 베냐민 사람 앞을 피하매
37 복병이 급히 나와 기브아로 돌격하
고 나아가며 칼날로 온 성읍을 쳤
음이더라
38 처음에 이스라엘 사람과 복병 사이
에 약속하기를 성읍에서 큰 연기가
치솟는 것으로 군호를 삼자 하고
39 이스라엘 사람은 싸우다가 물러가
고 베냐민 사람은 이스라엘 사람
삼십 명 가량을 쳐죽이기를 시작하
며 이르기를 이들이 틀림없이 처음
싸움같이 우리에게 패한다 하다가
40 연기 구름이 기둥같이 성읍 가운데
에서 치솟을 때에 베냐민 사람이
뒤를 돌아보매 온 성읍에 연기가
하늘에 닿았고
41 이스라엘 사람은 돌아서는지라 베
냐민 사람들이 화가 자기들에게 미
친 것을 보고 심히 놀라
42 이스라엘 사람 앞에서 몸을 돌려
광야 길로 향하였으나 군사가 급히
추격하며 각 성읍에서 나온 자를
그 가운데에서 진멸하니라
43 그들이 베냐민 사람을 에워싸고 기
브아 앞 동쪽까지 추격하며 그 쉬
는 곳에서 짓밟으매

44 베냐민 중에서 엎드러진 자가 만
팔천 명이니 다 용사더라
45 그들이 몸을 돌려 광야로 도망하였
으나 림몬 바위에 이르는 큰 길에서
이스라엘이 또 오천 명을 이삭 줍듯
하고 또 급히 그 뒤를 따라 기돔에
이르러 또 이천 명을 죽였으니
46 이날에 베냐민 사람으로서 칼을 빼
는 자가 엎드러진 것이 모두 이만
오천 명이니 다 용사였더라
47 베냐민 사람 육백 명이 돌이켜 광
야로 도망하여 림몬 바위에 이르러
거기에서 넉 달 동안을 지냈더라
48 이스라엘 사람이 베냐민 자손에게
로 돌아와서 온 성읍과 가축과 만
나는 자를 다 칼날로 치고 닥치는
성읍은 모두 다 불살랐더라

베냐민 자손의 아내

21 이스라엘 사람들이 미스바에
서 맹세하여 이르기를 우리 중
에 누구든지 딸을 베냐민 사람에게
아내로 주지 아니하리라 하였더라
2 백성이 벧엘에 이르러 거기서 저녁
까지 하나님 앞에 앉아서 큰 소리
로 울며
3 이르되 이스라엘의 하나님 여호와
여 어찌하여 이스라엘에 이런 일이
생겨서 오늘 이스라엘 중에 한 지
파가 없어지게 하시나이까 하더니
4 이튿날에 백성이 일찍이 일어나 거
기에 한 제단을 쌓고 번제와 화목
제를 드렸더라
5 이스라엘 자손이 이르되 이스라엘
온 지파 중에 총회와 함께하여 여
호와 앞에 올라오지 아니한 자가
누구냐 하니 이는 그들이 크게 맹
세하기를 미스바에 와서 여호와 앞
에 이르지 아니하는 자는 반드시
죽일 것이라 하였음이라
6 이스라엘 자손이 그들의 형제 베냐
민을 위하여 뉘우쳐 이르되 오늘
이스라엘 중에 한 지파가 끊어졌도
다
7 그 남은 자들에게 우리가 어떻게
하면 아내를 얻게 하리요 우리가
전에 여호와로 맹세하여 우리의 딸
을 그들의 아내로 주지 아니하리라
하였도다
8 ●또 이르되 이스라엘 지파 중 미
스바에 올라와서 여호와께 이르지
아니한 자가 누구냐 하고 본즉 야
베스 길르앗에서는 한 사람도 진영
에 이르러 총회에 참여하지 아니하
였으니
9 백성을 계수할 때에 야베스 길르앗
주민이 하나도 거기 없음을 보았음
이라
10 회중이 큰 용사 만 이천 명을 그리
로 보내며 그들에게 명령하여 이르
되 가서 야베스 길르앗 주민과 부
녀와 어린아이를 칼날로 치라
11 너희가 행할 일은 모든 남자 및 남
자와 잔 여자를 진멸하여 바칠 것
이니라 하였더라
12 그들이 야베스 길르앗 주민 중에서
젊은 처녀 사백 명을 얻었으니 이
는 아직 남자와 동침한 일이 없어
남자를 알지 못하는 자라 그들을
실로 진영으로 데려오니 이곳은 가
나안 땅이더라
13 ●온 회중이 림몬 바위에 있는 베
냐민 자손에게 사람을 보내어 평화
를 공포하게 하였더니
14 그때에 베냐민이 돌아온지라 이에
이스라엘 사람이 야베스 길르앗 여
자들 중에서 살려둔 여자들을 그
들에게 주었으나 아직도 부족하므
로
15 백성들이 베냐민을 위하여 뉘우쳤
으니 이는 여호와께서 이스라엘 지

파들 중에 한 지파가 빠지게 하셨
음이었더라
16 ●회중의 장로들이 이르되 베냐민
의 여인이 다 멸절되었으니 이제
그 남은 자들에게 어떻게 하여야
아내를 얻게 할까 하고
17 또 이르되 베냐민 중 도망하여 살
아남은 자에게 마땅히 기업이 있어
야 하리니 그리하면 이스라엘 중에
한 지파가 사라짐이 없으리라
18 그러나 우리가 우리의 딸을 그들의
아내로 주지 못하리니 이는 이스라
엘 자손이 맹세하여 이르기를 딸을
베냐민에게 아내로 주는 자는 저주
를 받으리라 하였음이로다 하니라
19 또 이르되 보라 벧엘 북쪽 르보나
남쪽 벧엘에서 세겜으로 올라가는
큰 길 동쪽 실로에 매년 여호와의
명절이 있도다 하고
20 베냐민 자손에게 명령하여 이르되
가서 포도원에 숨어
21 보다가 실로의 여자들이 춤을 추러
나오거든 너희는 포도원에서 나와
서 실로의 딸 중에서 각각 하나를
붙들어 가지고 자기의 아내로 삼아
베냐민 땅으로 돌아가라
22 만일 그의 아버지나 형제가 와서 우
리에게 시비하면 우리가 그에게 말
하기를 청하건대 너희는 우리에게
은혜를 베풀어 그들을 우리에게 줄
지니라 이는 우리가 전쟁할 때에 각
사람을 위하여 그의 아내를 얻어 주
지 못하였고 너희가 자의로 그들에
게 준 것이 아니니 너희에게 죄가
없을 것임이니라 하겠노라 하매
23 베냐민 자손이 그같이 행하여 춤추
는 여자들 중에서 자기들의 숫자대
로 붙들어 아내로 삼아 자기 기업
에 돌아가서 성읍들을 건축하고 거
기에 거주하였더라
24 그때에 이스라엘 자손이 그곳에서
각기 자기의 지파, 자기의 가족에
게로 돌아갔으니 곧 각기 그곳에서
나와서 자기의 기업으로 돌아갔더
라
25 ●그때에 이스라엘에 왕이 없으므
로 사람이 각기 자기의 소견에 옳
은 대로 행하였더라

룻기

Ruth

엘리멜렉과 그 가족의 모압 이주

1 사사들이 치리하던 때에 그 땅에
흉년이 드니라 유다 베들레헴에
한 사람이 그의 아내와 두 아들을
데리고 모압 지방에 가서 거류하였
는데
2 그 사람의 이름은 엘리멜렉이요 그
의 아내의 이름은 나오미요 그의
두 아들의 이름은 말론과 기룐이니
유다 베들레헴 에브랏 사람들이더
라 그들이 모압 지방에 들어가서
거기 살더니
3 나오미의 남편 엘리멜렉이 죽고 나
오미와 그의 두 아들이 남았으며
4 그들은 모압 여자 중에서 그들의
아내를 맞이하였는데 하나의 이름
은 오르바요 하나의 이름은 룻이더
라 그들이 거기에 거주한 지 십 년
쯤에
5 말론과 기룐 두 사람이 다 죽고 그
여인은 두 아들과 남편의 뒤에 남
았더라

룻

나오미와 룻이 베들레헴으로 오다

6 ●그 여인이 모압 지방에서 여호와
께서 자기 백성을 돌보시사 그들에
게 양식을 주셨다 함을 듣고 이에
두 며느리와 함께 일어나 모압 지
방에서 돌아오려 하여
7 있던 곳에서 나오고 두 며느리도
그와 함께하여 유다 땅으로 돌아오
려고 길을 가다가
8 나오미가 두 며느리에게 이르되 너
희는 각기 너희 어머니의 집으로
돌아가라 너희가 죽은 자들과 나를
선대한 것같이 여호와께서 너희를
선대하시기를 원하며
9 여호와께서 너희에게 허락하사 각
기 남편의 집에서 위로를 받게 하
시기를 원하노라 하고 그들에게 입
맞추매 그들이 소리를 높여 울며
10 나오미에게 이르되 아니니이다 우
리는 어머니와 함께 어머니의 백성
에게로 돌아가겠나이다 하는지라
11 나오미가 이르되 내 딸들아 돌아가
라 너희가 어찌 나와 함께 가려느
냐 내 태중에 너희의 남편 될 아들
들이 아직 있느냐
12 내 딸들아 되돌아가라 나는 늙었으
니 남편을 두지 못할지라 가령 내
가 소망이 있다고 말한다든지 오늘
밤에 남편을 두어 아들들을 낳는다
하더라도
13 너희가 어찌 그들이 자라기를 기다
리겠으며 어찌 남편 없이 지내겠다
고 결심하겠느냐 내 딸들아 그렇지
아니하니라 여호와의 손이 나를 치
셨으므로 나는 너희로 말미암아 더
욱 마음이 아프도다 하매
14 그들이 소리를 높여 다시 울더니
오르바는 그의 시어머니에게 입맞
추되 룻은 그를 붙좇았더라
15 ●나오미가 또 이르되 보라 네 동
서는 그의 백성과 그의 신들에게로
돌아가나니 너도 너의 동서를 따라
돌아가라 하니
16 룻이 이르되 내게 어머니를 떠나며
어머니를 따르지 말고 돌아가라 강
권하지 마옵소서 어머니께서 가시
는 곳에 나도 가고 어머니께서 머
무시는 곳에서 나도 머물겠나이다
어머니의 백성이 나의 백성이 되고
어머니의 하나님이 나의 하나님이
되시리니
17 어머니께서 죽으시는 곳에서 나도
죽어 거기 묻힐 것이라 만일 내가
죽는 일 외에 어머니를 떠나면 여
호와께서 내게 벌을 내리시고 더
내리시기를 원하나이다 하는지라
18 나오미가 룻이 자기와 함께 가기로
굳게 결심함을 보고 그에게 말하기
를 그치니라
19 ●이에 그 두 사람이 베들레헴까지
갔더라 베들레헴에 이를 때에 온
성읍이 그들로 말미암아 떠들며 이
르기를 이이가 [1]나오미냐 하는지라
20 나오미가 그들에게 이르되 나를 나
오미라 부르지 말고 나를 [2]마라라
부르라 이는 전능자가 나를 심히
괴롭게 하셨음이니라
21 내가 풍족하게 나갔더니 여호와께
서 내게 비어 돌아오게 하셨느니라
여호와께서 나를 징벌하셨고 전능자
가 나를 괴롭게 하셨거늘 너희가 어
찌 나를 나오미라 부르느냐 하니라
22 나오미가 모압 지방에서 그의 며느
리 모압 여인 룻과 함께 돌아왔는
데 그들이 보리 추수 시작할 때에
베들레헴에 이르렀더라

룻이 보아스를 만나다

2 나오미의 남편 엘리멜렉의 친족
으로 [3]유력한 자가 있으니 그의

1) 희락 2) 괴로움 3) 부호

이름은 보아스더라
2 모압 여인 룻이 나오미에게 이르되
원하건대 내가 밭으로 가서 내가
누구에게 은혜를 입으면 그를 따라
서 이삭을 줍겠나이다 하니 나오미
가 그에게 이르되 내 딸아 갈지어
다 하매
3 룻이 가서 베는 자를 따라 밭에서
이삭을 줍는데 우연히 엘리멜렉의
친족 보아스에게 속한 밭에 이르렀
더라
4 마침 보아스가 베들레헴에서부터
와서 베는 자들에게 이르되 여호와
께서 너희와 함께하시기를 원하노
라 하니 그들이 대답하되 여호와께
서 당신에게 복 주시기를 원하나이
다 하니라
5 보아스가 베는 자들을 거느린 사환에
게 이르되 이는 누구의 소녀냐 하니
6 베는 자를 거느린 사환이 대답하여
이르되 이는 나오미와 함께 모압
지방에서 돌아온 모압 소녀인데
7 그의 말이 나로 베는 자를 따라 단
사이에서 이삭을 줍게 하소서 하였
고 아침부터 와서는 잠시 집에서
쉰 외에 지금까지 계속하는 중이니
이다
8 ●보아스가 룻에게 이르되 내 딸아
들으라 이삭을 주우러 다른 밭으로
가지 말며 여기서 떠나지 말고 나
의 소녀들과 함께 있으라
9 그들이 베는 밭을 보고 그들을 따
르라 내가 그 소년들에게 명령하여
너를 건드리지 말라 하였느니라 목
이 마르거든 그릇에 가서 소년들이
길어 온 것을 마실지니라 하는지라
10 룻이 엎드려 얼굴을 땅에 대고 절
하며 그에게 이르되 나는 이방 여
인이거늘 당신이 어찌하여 내게 은
혜를 베푸시며 나를 돌보시나이까
하니
11 보아스가 그에게 대답하여 이르되
네 남편이 죽은 후로 네가 시어머
니에게 행한 모든 것과 네 부모와
고국을 떠나 전에 알지 못하던 백
성에게로 온 일이 내게 분명히 알
려졌느니라
12 여호와께서 네가 행한 일에 보답하
시기를 원하며 이스라엘의 하나님
여호와께서 그의 날개 아래에 보호
를 받으러 온 네게 온전한 상 주시
기를 원하노라 하는지라
13 룻이 이르되 내 주여 내가 당신께
은혜 입기를 원하나이다 나는 당신
의 하녀 중의 하나와도 같지 못하
오나 당신이 이 하녀를 위로하시고
마음을 기쁘게 하는 말씀을 하셨나
이다 하니라
14 ●식사할 때에 보아스가 룻에게 이
르되 이리로 와서 떡을 먹으며 네
떡 조각을 초에 찍으라 하므로 룻
이 곡식 베는 자 곁에 앉으니 [1)]그가
볶은 곡식을 주매 룻이 배불리 먹
고 남았더라
15 룻이 이삭을 주우러 일어날 때에
보아스가 자기 소년들에게 명령하
여 이르되 그에게 곡식 단 사이에
서 줍게 하고 책망하지 말며
16 또 그를 위하여 곡식 다발에서 조
금씩 뽑아 버려서 그에게 줍게 하
고 꾸짖지 말라 하니라
17 ●룻이 밭에서 저녁까지 줍고 그
주운 것을 떠니 보리가 한 에바쯤
되는지라
18 그것을 가지고 성읍에 들어가서 시
어머니에게 그 주운 것을 보이고
그가 배불리 먹고 남긴 것을 내어
시어머니에게 드리매
19 시어머니가 그에게 이르되 오늘 어

1) 그들이

디서 주웠느냐 어디서 일을 하였느
냐 너를 돌본 자에게 복이 있기를
원하노라 하니 룻이 누구에게서 일
했는지를 시어머니에게 알게 하여
이르되 오늘 일하게 한 사람의 이
름은 보아스니이다 하는지라
20 나오미가 자기 며느리에게 이르되
그가 여호와로부터 복 받기를 원하
노라 그가 살아 있는 자와 죽은 자
에게 은혜 베풀기를 그치지 아니하
도다 하고 나오미가 또 그에게 이
르되 그 사람은 우리와 가까우니
우리 [1)]기업을 무를 자 중의 하나이
니라 하니라
21 모압 여인 룻이 이르되 그가 내게
또 이르기를 내 추수를 다 마치기
까지 너는 내 소년들에게 가까이
있으라 하더이다 하니
22 나오미가 며느리 룻에게 이르되
내 딸아 너는 그의 소녀들과 함께
나가고 다른 밭에서 사람을 만나
지 아니하는 것이 좋으니라 하는
지라
23 이에 룻이 보아스의 소녀들에게 가
까이 있어서 보리 추수와 밀 추수
를 마치기까지 이삭을 주우며 그의
시어머니와 함께 거주하니라

룻이 보아스와 가까워지다

3 룻의 시어머니 나오미가 그에게
이르되 내 딸아 내가 너를 위하
여 안식할 곳을 구하여 너를 복되
게 하여야 하지 않겠느냐
2 네가 함께하던 하녀들을 둔 보아스
는 우리의 친족이 아니냐 보라 그
가 오늘 밤에 타작마당에서 보리를
까불리라
3 그런즉 너는 목욕하고 기름을 바르
고 의복을 입고 타작마당에 내려가
서 그 사람이 먹고 마시기를 다 하
기까지는 그에게 보이지 말고
4 그가 누울 때에 너는 그가 눕는 곳
을 알았다가 들어가서 그의 발치
이불을 들고 거기 누우라 그가 네
할 일을 네게 알게 하리라 하니
5 룻이 시어머니에게 이르되 어머니
의 말씀대로 내가 다 행하리이다
하니라
6 ●그가 타작마당으로 내려가서 시
어머니의 명령대로 다 하니라
7 보아스가 먹고 마시고 마음이 즐거
워 가서 곡식 단 더미의 끝에 눕는
지라 룻이 가만히 가서 그의 발치
이불을 들고 거기 누웠더라
8 밤중에 그가 놀라 몸을 돌이켜 본
즉 한 여인이 자기 발치에 누워 있
는지라
9 이르되 네가 누구냐 하니 대답하되
나는 당신의 여종 룻이오니 당신의
옷자락을 펴 당신의 여종을 덮으소
서 이는 당신이 기업을 무를 자가
됨이니이다 하니
10 그가 이르되 내 딸아 여호와께서
네게 복 주시기를 원하노라 네가
가난하건 부하건 젊은 자를 따르지
아니하였으니 네가 베푼 인애가 처
음보다 나중이 더하도다
11 그리고 이제 내 딸아 두려워하지
말라 내가 네 말대로 네게 다 행하
리라 네가 현숙한 여자인 줄을 나
의 성읍 백성이 다 아느니라
12 참으로 나는 기업을 무를 자이나
기업 무를 자로서 나보다 더 가까
운 사람이 있으니
13 이 밤에 여기서 머무르라 아침에
그가 기업 무를 자의 책임을 네게
이행하려 하면 좋으니 그가 그 기
업 무를 자의 책임을 행할 것이니
라 만일 그가 기업 무를 자의 책임
을 네게 이행하기를 기뻐하지 아니

1) 레 25:25를 보라

하면 여호와께서 살아 계심을 두고
맹세하노니 내가 기업 무를 자의
책임을 네게 이행하리라 아침까지
누워 있을지니라 하는지라
14 ●룻이 새벽까지 그의 발치에 누웠
다가 사람이 서로 알아보기 어려울
때에 일어났으니 보아스가 말하기
를 여인이 타작마당에 들어온 것을
사람이 알지 못하여야 할 것이라
하였음이라
15 보아스가 이르되 네 겉옷을 가져다
가 그것을 펴서 잡으라 하매 그것
을 펴서 잡으니 보리를 여섯 번 되
어 룻에게 [1]지워 주고 성읍으로 들
어가니라
16 룻이 시어머니에게 가니 그가 이르
되 내 딸아 [2]어떻게 되었느냐 하니
룻이 그 사람이 자기에게 행한 것
을 다 알리고
17 이르되 그가 내게 이 보리를 여섯
번 되어 주며 이르기를 빈손으로
네 시어머니에게 가지 말라 하더이
다 하니라
18 이에 시어머니가 이르되 내 딸아
이 사건이 어떻게 될지 알기까지
앉아 있으라 그 사람이 오늘 이 일
을 성취하기 전에는 쉬지 아니하리
라 하니라

룻이 보아스와 결혼하다

4 보아스가 성문으로 올라가서 거
기 앉아 있더니 마침 보아스가
말하던 기업 무를 자가 지나가는지
라 보아스가 그에게 이르되 아무개
여 이리로 와서 앉으라 하니 그가
와서 앉으매
2 보아스가 그 성읍 장로 열 명을 청
하여 이르되 당신들은 여기 앉으라
하니 그들이 앉으매
3 보아스가 그 기업 무를 자에게 이
르되 모압 지방에서 돌아온 나오미
가 우리 형제 엘리멜렉의 소유지를
팔려 하므로
4 내가 여기 앉은 이들과 내 백성의
장로들 앞에서 그것을 사라고 네게
말하여 알게 하려 하였노라 만일
네가 무르려면 무르려니와 만일 네
가 무르지 아니하려거든 내게 고하
여 알게 하라 네 다음은 나요 그 외
에는 무를 자가 없느니라 하니 그
가 이르되 내가 무르리라 하는지라
5 보아스가 이르되 네가 나오미의 손
에서 그 밭을 사는 날에 곧 죽은 자
의 아내 모압 여인 룻에게서 사서
그 죽은 자의 기업을 그의 이름으
로 세워야 할지니라 하니
6 그 기업 무를 자가 이르되 나는 내
기업에 손해가 있을까 하여 나를
위하여 무르지 못하노니 내가 무를
것을 네가 무르라 나는 무르지 못
하겠노라 하는지라
7 ●옛적 이스라엘 중에는 모든 것을
무르거나 교환하는 일을 확정하기
위하여 사람이 그의 신을 벗어 그
의 이웃에게 주더니 이것이 이스라
엘 중에 증명하는 전례가 된지라
8 이에 그 기업 무를 자가 보아스에
게 이르되 네가 너를 위하여 사라
하고 그의 신을 벗는지라
9 보아스가 장로들과 모든 백성에게
이르되 내가 엘리멜렉과 기룐과 말
론에게 있던 모든 것을 나오미의
손에서 산 일에 너희가 오늘 증인
이 되었고
10 또 말론의 아내 모압 여인 룻을 사
서 나의 아내로 맞이하고 그 죽은
자의 기업을 그의 이름으로 세워 그
의 이름이 그의 형제 중과 그곳 성
문에서 끊어지지 아니하게 함에 너

1) 수리아와 라틴 번역에는, 이워 주니 그가 성으로 돌아가니라 2) 너는 누구냐

희가 오늘 증인이 되었느니라 하니
11 성문에 있는 모든 백성과 장로들이
이르되 우리가 증인이 되나니 여호
와께서 네 집에 들어가는 여인으로
이스라엘의 집을 세운 라헬과 레아
두 사람과 같게 하시고 네가 에브
랏에서 유력하고 베들레헴에서 유
명하게 하시기를 원하며
12 여호와께서 이 젊은 여자로 말미암
아 네게 상속자를 주사 네 집이 다
말이 유다에게 낳아준 베레스의 집
과 같게 하시기를 원하노라 하니라
13 ●이에 보아스가 룻을 맞이하여 아
내로 삼고 그에게 들어갔더니 여호
와께서 그에게 임신하게 하시므로
그가 아들을 낳은지라
14 여인들이 나오미에게 이르되 찬송
할지로다 여호와께서 오늘 네게 기
업 무를 자가 없게 하지 아니하셨
도다 이 아이의 이름이 이스라엘
중에 유명하게 되기를 원하노라
15 이는 네 생명의 회복자이며 네 노
년의 봉양자라 곧 너를 사랑하며
일곱 아들보다 귀한 네 며느리가
낳은 자로다 하니라
16 나오미가 아기를 받아 품에 품고
그의 양육자가 되니
17 그의 이웃 여인들이 그에게 이름을
지어 주되 나오미에게 아들이 태어
났다 하여 그의 이름을 오벳이라
하였는데 그는 다윗의 아버지인 이
새의 아버지였더라
18 ●베레스의 계보는 이러하니라 베
레스는 헤스론을 낳고
19 헤스론은 람을 낳았고 람은 암미나
답을 낳았고
20 암미나답은 나손을 낳았고 나손은
살몬을 낳았고
21 살몬은 보아스를 낳았고 보아스는
오벳을 낳았고
22 오벳은 이새를 낳고 이새는 다윗을
낳았더라

사무엘상

1 Samuel

엘가나의 실로 순례

1 에브라임 산지 라마다임소빔에
에브라임 사람 엘가나라 하는 사
람이 있었으니 그는 여로함의 아들
이요 엘리후의 손자요 도후의 증손
이요 숩의 현손이더라
2 그에게 두 아내가 있었으니 한 사
람의 이름은 한나요 한 사람의 이
름은 브닌나라 브닌나에게는 자식
이 있고 한나에게는 자식이 없었더
라
3 이 사람이 매년 자기 성읍에서 나
와서 실로에 올라가서 만군의 여호
와께 예배하며 제사를 드렸는데 엘
리의 두 아들 홉니와 비느하스가
여호와의 제사장으로 거기에 있었
더라
4 엘가나가 제사를 드리는 날에는 제
물의 분깃을 그의 아내 브닌나와
그의 모든 자녀에게 주고
5 한나에게는 갑절을 주니 이는 그를
사랑함이라 그러나 여호와께서 그
에게 임신하지 못하게 하시니
6 여호와께서 그에게 임신하지 못하
게 하시므로 그의 적수인 브닌나가
그를 심히 격분하게 하여 괴롭게
하더라
7 매년 한나가 여호와의 집에 올라갈

때마다 남편이 그같이 하매 브닌나
가 그를 격분시키므로 그가 울고
먹지 아니하니
8 그의 남편 엘가나가 그에게 이르되
한나여 어찌하여 울며 어찌하여 먹
지 아니하며 어찌하여 그대의 마음
이 슬프냐 내가 그대에게 열 아들
보다 낫지 아니하냐 하니라

한나와 엘리

9 ●그들이 실로에서 먹고 마신 후에
한나가 일어나니 그때에 제사장 엘
리는 여호와의 전 문설주 곁 의자
에 앉아 있었더라
10 한나가 마음이 괴로워서 여호와께
기도하고 통곡하며
11 서원하여 이르되 만군의 여호와여
만일 주의 여종의 고통을 돌보시고
나를 기억하사 주의 여종을 잊지
아니하시고 주의 여종에게 아들을
주시면 내가 그의 평생에 그를 여
호와께 드리고 삭도를 그의 머리에
대지 아니하겠나이다
12 ●그가 여호와 앞에 오래 기도하는
동안에 엘리가 그의 입을 주목한즉
13 한나가 속으로 말하매 입술만 움직
이고 음성은 들리지 아니하므로 엘
리는 그가 취한 줄로 생각한지라
14 엘리가 그에게 이르되 네가 언제까
지 취하여 있겠느냐 포도주를 끊으
라 하니
15 한나가 대답하여 이르되 내 주여
그렇지 아니하니이다 나는 마음이
슬픈 여자라 포도주나 독주를 마신
것이 아니요 여호와 앞에 내 심정
을 통한 것뿐이오니
16 당신의 여종을 악한 여자로 여기지
마옵소서 내가 지금까지 말한 것은
나의 원통함과 격분됨이 많기 때문
이니이다 하는지라
17 엘리가 대답하여 이르되 평안히 가
라 이스라엘의 하나님이 네가 기도
하여 구한 것을 허락하시기를 원하
노라 하니
18 이르되 당신의 여종이 당신께 은혜
입기를 원하나이다 하고 가서 먹고
얼굴에 다시는 근심 빛이 없더라

사무엘의 출생과 봉헌

19 ●그들이 아침에 일찍이 일어나 여
호와 앞에 경배하고 돌아가 라마의
자기 집에 이르니라 엘가나가 그의
아내 한나와 동침하매 여호와께서
그를 생각하신지라
20 한나가 임신하고 때가 이르매 아들
을 낳아 사무엘이라 이름하였으니
이는 내가 여호와께 그를 구하였다
함이더라
21 ●그 사람 엘가나와 그의 온 집이
여호와께 매년제와 서원제를 드리
러 올라갈 때에
22 오직 한나는 올라가지 아니하고 그
의 남편에게 이르되 아이를 젖 떼
거든 내가 그를 데리고 가서 여호
와 앞에 뵙게 하고 거기에 영원히
있게 하리이다 하니
23 그의 남편 엘가나가 그에게 이르되
그대의 소견에 좋은 대로 하여 그
를 젖 떼기까지 기다리라 오직 여
호와께서 그의 말씀대로 이루시기
를 원하노라 하니라 이에 그 여자
가 그의 아들을 양육하며 그가 젖
떼기까지 기다리다가
24 젖을 뗀 후에 그를 데리고 올라갈
새 수소 세 마리와 밀가루 한 에바
와 포도주 한 가죽부대를 가지고
실로 여호와의 집에 나아갔는데 아
이가 어리더라
25 그들이 수소를 잡고 아이를 데리고
엘리에게 가서
26 한나가 이르되 내 주여 당신의 사
심으로 맹세하나이다 나는 여기서

내 주 당신 곁에 서서 여호와께 기
도하던 여자라
27 이 아이를 위하여 내가 기도하였더
니 내가 구하여 기도한 바를 여호
와께서 내게 허락하신지라
28 그러므로 나도 그를 여호와께 드리
되 그의 평생을 여호와께 드리나이
다 하고 그가 거기서 여호와께 경
배하니라

한나의 기도

2 한나가 기도하여 이르되
내 마음이 여호와로 말미암아 즐
거워하며 내 뿔이 여호와로 말미
암아 높아졌으며 내 입이 내 원
수들을 향하여 크게 열렸으니 이
는 내가 주의 구원으로 말미암아
기뻐함이니이다
2 여호와와 같이 거룩하신 이가 없
으시니 이는 주밖에 다른 이가
없고 우리 하나님 같은 반석도
없으심이니이다
3 심히 교만한 말을 다시 하지 말
것이며 오만한 말을 너희의 입에
서 내지 말지어다 여호와는 지식
의 하나님이시라 행동을 달아 보
시느니라
4 용사의 활은 꺾이고 넘어진 자는
힘으로 띠를 띠도다
5 풍족하던 자들은 양식을 위하여
품을 팔고 주리던 자들은 다시
주리지 아니하도다 전에 임신하
지 못하던 자는 일곱을 낳았고
많은 자녀를 둔 자는 쇠약하도다
6 여호와는 죽이기도 하시고 살리기
도 하시며 스올에 내리게도 하시
고 거기에서 올리기도 하시는도다
7 여호와는 가난하게도 하시고 부
하게도 하시며 낮추기도 하시고
높이기도 하시는도다
8 가난한 자를 진토에서 일으키시
며 빈궁한 자를 거름더미에서 올
리사 귀족들과 함께 앉게 하시며
영광의 자리를 차지하게 하시는
도다 땅의 기둥들은 여호와의 것
이라 여호와께서 세계를 그것들
위에 세우셨도다
9 그가 그의 거룩한 자들의 발을
지키실 것이요 악인들을 흑암 중
에서 잠잠하게 하시리니 힘으로
는 이길 사람이 없음이로다
10 여호와를 대적하는 자는 산산이
깨어질 것이라 하늘에서 우레로
그들을 치시리로다 여호와께서
땅끝까지 심판을 내리시고 자기
왕에게 힘을 주시며 자기의 기름
부음을 받은 자의 뿔을 높이시리
로다
하니라
11 엘가나는 라마의 자기 집으로 돌아
가고 그 아이는 제사장 엘리 앞에
서 여호와를 섬기니라

행실이 나쁜 엘리의 아들들

12 ●엘리의 아들들은 행실이 나빠 여
호와를 알지 못하더라
13 그 제사장들이 백성에게 행하는 관
습은 이러하니 곧 어떤 사람이 제
사를 드리고 그 고기를 삶을 때에
제사장의 사환이 손에 세 살 갈고
리를 가지고 와서
14 그것으로 냄비에나 솥에나 큰 솥에
나 가마에 찔러 넣어 갈고리에 걸
려 나오는 것은 제사장이 자기 것
으로 가지되 실로에서 그곳에 온
모든 이스라엘 사람에게 이같이 할
뿐 아니라
15 기름을 태우기 전에도 제사장의 사
환이 와서 제사 드리는 사람에게
이르기를 제사장에게 구워 드릴 고
기를 내라 그가 네게 삶은 고기를
원하지 아니하고 날 것을 원하신다

하다가
16 그 사람이 이르기를 반드시 [1]먼저
기름을 태운 후에 네 마음에 원하
는 대로 가지라 하면 그가 말하기
를 아니라 지금 내게 내라 그렇지
아니하면 내가 억지로 빼앗으리라
하였으니
17 이 소년들의 죄가 여호와 앞에 심
히 큰은 그들이 여호와의 제사를
멸시함이었더라

실로에 머문 사무엘

18 ●사무엘은 어렸을 때에 세마포 에
봇을 입고 여호와 앞에서 섬겼더라
19 그의 어머니가 매년 드리는 제사를
드리러 그의 남편과 함께 올라갈
때마다 작은 겉옷을 지어다가 그에
게 주었더니
20 엘리가 엘가나와 그의 아내에게 축
복하여 이르되 여호와께서 이 여인
으로 말미암아 네게 다른 후사를
주사 이가 여호와께 간구하여 얻어
바친 아들을 대신하게 하시기를 원
하노라 하였더니 그들이 자기 집으
로 돌아가매
21 여호와께서 한나를 돌보시사 그로
하여금 임신하여 세 아들과 두 딸
을 낳게 하셨고 아이 사무엘은 여
호와 앞에서 자라니라

엘리와 그의 아들들

22 ●엘리가 매우 늙었더니 그의 아들
들이 온 이스라엘에게 행한 모든
일과 회막문에서 수종 드는 여인들
과 동침하였음을 듣고
23 그들에게 이르되 너희가 어찌하여
이런 일을 하느냐 내가 너희의 악
행을 이 모든 백성에게서 듣노라
24 내 아들들아 그리하지 말라 내게
들리는 소문이 좋지 아니하니라 너
희가 여호와의 백성으로 범죄하게
하는도다
25 사람이 사람에게 범죄하면 [2]하나님
이 심판하시려니와 만일 사람이 여
호와께 범죄하면 누가 그를 위하여
간구하겠느냐 하되 그들이 자기 아
버지의 말을 듣지 아니하였으니 이
는 여호와께서 그들을 죽이기로 뜻
하셨음이더라
26 아이 사무엘이 점점 자라매 여호와
와 사람들에게 은총을 더욱 받더라

엘리의 집에 내린 저주

27 ●하나님의 사람이 엘리에게 와서
그에게 이르되 여호와의 말씀에 너
희 조상의 집이 애굽에서 바로의
집에 속하였을 때에 내가 그들에게
나타나지 아니하였느냐
28 이스라엘 모든 지파 중에서 내가
그를 택하여 내 제사장으로 삼아
그가 내 제단에 올라 분향하며 내
앞에서 에봇을 입게 하지 아니하였
느냐 이스라엘 자손이 드리는 모든
화제를 내가 네 조상의 집에 주지
아니하였느냐
29 너희는 어찌하여 내가 내 처소에서
명령한 내 제물과 예물을 밟으며 네
아들들을 나보다 더 중히 여겨 내
백성 이스라엘이 드리는 가장 좋은
것으로 너희들을 살지게 하느냐
30 그러므로 이스라엘의 하나님 나
여호와가 말하노라 내가 전에 네
집과 네 조상의 집이 내 앞에 영원
히 행하리라 하였으나 이제 나 여
호와가 말하노니 결단코 그렇게
하지 아니하리라 나를 존중히 여
기는 자를 내가 존중히 여기고 나
를 멸시하는 자를 내가 경멸하리
라
31 보라 내가 네 팔과 네 조상의 집 팔
을 끊어 네 집에 노인이 하나도 없
게 하는 날이 이를지라

1) 히, 오늘날 2) 법관

32 이스라엘에게 모든 복을 내리는 중
에 너는 내 처소의 [1]환난을 볼 것이
요 네 집에 영원토록 노인이 없을
것이며
33 내 제단에서 내가 끊어 버리지 아
니할 네 사람이 네 눈을 쇠잔하게
하고 네 마음을 슬프게 할 것이요
네 집에서 출산되는 모든 자가 젊
어서 죽으리라
34 네 두 아들 홉니와 비느하스가 한
날에 죽으리니 그 둘이 당할 그 일
이 네게 표징이 되리라
35 내가 나를 위하여 충실한 제사장을
일으키리니 그 사람은 내 마음, 내
뜻대로 행할 것이라 내가 그를 위
하여 견고한 집을 세우리니 그가
나의 기름부음을 받은 자 앞에서
영구히 행하리라
36 그리고 네 집에 남은 사람이 각기
와서 은 한 조각과 떡 한 덩이를 위
하여 그에게 엎드려 이르되 청하노
니 내게 제사장의 직분 하나를 맡
겨 내게 떡 조각을 먹게 하소서 하
리라 하셨다 하니라

여호와께서 사무엘을 부르시다

3 아이 사무엘이 엘리 앞에서 여호
와를 섬길 때에는 여호와의 말씀
이 희귀하여 이상이 흔히 보이지
않았더라
2 엘리의 눈이 점점 어두워가서 잘
보지 못하는 그때에 그가 자기 처
소에 누웠고
3 하나님의 등불은 아직 꺼지지 아니
하였으며 사무엘은 하나님의 궤 있
는 여호와의 전 안에 누웠더니
4 *여호와께서 사무엘을 부르시는지*
라 그가 대답하되 내가 여기 있나
이다 하고
5 엘리에게로 달려가서 이르되 당신
이 나를 부르셨기로 내가 여기 있
나이다 하니 그가 이르되 나는 부
르지 아니하였으니 다시 누우라 하
는지라 그가 가서 누웠더니
6 여호와께서 다시 사무엘을 부르시
는지라 사무엘이 일어나 엘리에게
로 가서 이르되 당신이 나를 부르셨
기로 내가 여기 있나이다 하니 그가
대답하되 내 아들아 내가 부르지 아
니하였으니 다시 누우라 하니라
7 사무엘이 아직 여호와를 알지 못하
고 여호와의 말씀도 아직 그에게
나타나지 아니한 때라
8 여호와께서 세 번째 사무엘을 부르
시는지라 그가 일어나 엘리에게로
가서 이르되 당신이 나를 부르셨기
로 내가 여기 있나이다 하니 엘리
가 여호와께서 이 아이를 부르신
줄을 깨닫고
9 엘리가 사무엘에게 이르되 가서 누
웠다가 그가 너를 부르시거든 네가
말하기를 여호와여 말씀하옵소서
주의 종이 듣겠나이다 하라 하니
이에 사무엘이 가서 자기 처소에
누우니라
10 ●여호와께서 임하여 서서 전과 같
이 사무엘아 사무엘아 부르시는지
라 사무엘이 이르되 말씀하옵소서
주의 종이 듣겠나이다 하니
11 여호와께서 사무엘에게 이르시되
보라 내가 이스라엘 중에 한 일을
행하리니 그것을 듣는 자마다 두
귀가 울리리라
12 내가 엘리의 집에 대하여 말한 것
을 처음부터 끝까지 그날에 그에게
다 이루리라
13 내가 그의 집을 영원토록 심판하겠
다고 그에게 말한 것은 그가 아는
죄악 때문이니 이는 그가 자기의
아들들이 저주를 자청하되 금하지

1) 대적

아니하였음이니라
14 그러므로 내가 엘리의 집에 대하여
맹세하기를 엘리 집의 죄악은 제물
로나 예물로나 영원히 속죄함을 받
지 못하리라 하였노라 하셨더라
15 ●사무엘이 아침까지 누웠다가 여
호와의 집의 문을 열었으나 그 이
상을 엘리에게 알게 하기를 두려워
하더니
16 엘리가 사무엘을 불러 이르되 내
아들 사무엘아 하니 그가 대답하되
내가 여기 있나이다 하니 그가
17 이르되 네게 무엇을 말씀하셨느냐
청하노니 내게 숨기지 말라 네게
말씀하신 모든 것을 하나라도 숨
기면 하나님이 네게 벌을 내리시
고 또 내리시기를 원하노라 하는
지라
18 사무엘이 그것을 그에게 자세히 말
하고 조금도 숨기지 아니하니 그가
이르되 이는 여호와이시니 선하신
대로 하실 것이니라 하니라
19 ●사무엘이 자라매 여호와께서 그
와 함께 계셔서 그의 말이 하나도
땅에 떨어지지 않게 하시니
20 단에서부터 브엘세바까지의 온 이
스라엘이 사무엘은 여호와의 선지
자로 세우심을 입은 줄을 알았더라
21 여호와께서 실로에서 다시 나타나
시되 여호와께서 실로에서 여호와
의 말씀으로 사무엘에게 자기를 나
타내시니라

4 사무엘의 말이 온 이스라엘에 전
파되니라

언약궤를 빼앗기다

●이스라엘은 나가서 블레셋 사람
들과 싸우려고 에벤에셀 곁에 진
치고 블레셋 사람들은 아벡에 진
쳤더니
2 블레셋 사람들이 이스라엘에 대하
여 전열을 벌이니라 그 둘이 싸우다
가 이스라엘이 블레셋 사람들 앞에
서 패하여 그들에게 전쟁에서 죽임
을 당한 군사가 사천 명 가량이라
3 백성이 진영으로 돌아오매 이스라
엘 장로들이 이르되 여호와께서 어
찌하여 우리에게 오늘 블레셋 사람
들 앞에 패하게 하셨는고 여호와의
언약궤를 실로에서 우리에게로 가
져다가 우리 중에 있게 하여 그것
으로 우리를 우리 원수들의 손에서
구원하게 하자 하니
4 이에 백성이 실로에 사람을 보내어
그룹 사이에 계신 만군의 여호와의
언약궤를 거기서 가져왔고 엘리의
두 아들 홉니와 비느하스는 하나님
의 언약궤와 함께 거기에 있었더라
5 ●여호와의 언약궤가 진영에 들어
올 때에 온 이스라엘이 큰 소리로
외치매 땅이 울린지라
6 블레셋 사람이 그 외치는 소리를
듣고 이르되 히브리 진영에서 큰
소리로 외침은 어찌 됨이냐 하다가
여호와의 궤가 진영에 들어온 줄을
깨달은지라
7 블레셋 사람이 두려워하여 이르되
신이 진영에 이르렀도다 하고 또
이르되 우리에게 화로다 전날에는
이런 일이 없었도다
8 우리에게 화로다 누가 우리를 이
능한 신들의 손에서 건지리요 그들
은 광야에서 여러 가지 재앙으로
애굽인을 친 신들이니라
9 너희 블레셋 사람들아 강하게 되며
대장부가 되라 너희가 히브리 사람
의 종이 되기를 그들이 너희의 종
이 되었던 것같이 되지 말고 대장
부같이 되어 싸우라 하고
10 블레셋 사람들이 쳤더니 이스라엘
이 패하여 각기 장막으로 도망하였

고 살륙이 심히 커서 이스라엘 보병
의 엎드러진 자가 삼만 명이었으며
11 하나님의 궤는 빼앗겼고 엘리의 두
아들 홉니와 비느하스는 죽임을 당
하였더라

엘리가 죽다

12 ●당일에 어떤 베냐민 사람이 진영
에서 달려나와 자기의 옷을 찢고
자기의 머리에 티끌을 덮어쓰고 실
로에 이르니라
13 그가 이를 때는 엘리가 길 옆 자기
의 의자에 앉아 기다리며 그의 마
음이 하나님의 궤로 말미암아 떨
릴 즈음이라 그 사람이 성읍에 들
어오며 알리매 온 성읍이 부르짖는
지라
14 엘리가 그 부르짖는 소리를 듣고
이르되 이 떠드는 소리는 어찌 됨
이냐 그 사람이 빨리 가서 엘리에
게 말하니
15 그때에 엘리의 나이가 구십팔 세라
그의 눈이 어두워서 보지 못하더라
16 그 사람이 엘리에게 말하되 나는
진중에서 나온 자라 내가 오늘 진
중에서 도망하여 왔나이다 엘리가
이르되 내 아들아 일이 어떻게 되
었느냐
17 소식을 전하는 자가 대답하여 이르
되 이스라엘이 블레셋 사람들 앞에
서 도망하였고 백성 중에는 큰 살
륙이 있었고 당신의 두 아들 홉니
와 비느하스도 죽임을 당하였고 하
나님의 궤는 빼앗겼나이다
18 하나님의 궤를 말할 때에 엘리가 자
기 의자에서 뒤로 넘어져 문 곁에서
목이 부러져 죽었으니 나이가 많고
비대한 까닭이라 그가 이스라엘의
사사가 된 지 사십 년이었더라

비느하스의 아내가 죽다

19 ●그의 며느리인 비느하스의 아내
가 임신하여 해산 때가 가까웠더니
하나님의 궤를 빼앗긴 것과 그의
시아버지와 남편이 죽은 소식을 듣
고 갑자기 아파서 몸을 구푸려 해
산하고
20 죽어갈 때에 곁에 서 있던 여인들
이 그에게 이르되 두려워하지 말라
네가 아들을 낳았다 하되 그가 대
답하지도 아니하며 관념하지도 아
니하고
21 이르기를 영광이 이스라엘에서 떠
났다 하고 아이 이름을 [1]이가봇이
라 하였으니 하나님의 궤가 빼앗겼
고 그의 시아버지와 남편이 죽었기
때문이며
22 또 이르기를 하나님의 궤를 빼앗겼
으므로 영광이 이스라엘에서 떠났
다 하였더라

블레셋 사람에게 빼앗긴 언약궤

5 블레셋 사람들이 하나님의 궤를
빼앗아 가지고 에벤에셀에서부
터 아스돗에 이르니라
2 블레셋 사람들이 하나님의 궤를 가
지고 다곤의 신전에 들어가서 다곤
곁에 두었더니
3 아스돗 사람들이 이튿날 일찍이 일
어나 본즉 다곤이 여호와의 궤 앞
에서 엎드러져 그 얼굴이 땅에 닿
았는지라 그들이 다곤을 일으켜 다
시 그 자리에 세웠더니
4 그 이튿날 아침에 그들이 일찍이
일어나 본즉 다곤이 여호와의 궤
앞에서 또다시 엎드러져 얼굴이 땅
에 닿았고 그 머리와 두 손목은 끊
어져 문지방에 있고 다곤의 몸뚱이
만 남았더라
5 그러므로 다곤의 제사장들이나 다
곤의 신전에 들어가는 자는 오늘까
지 아스돗에 있는 다곤의 문지방을

1) 영광이 없다 함

밟지 아니하더라
6 ●여호와의 손이 아스돗 사람에게
엄중히 더하사 독한 종기의 재앙으
로 아스돗과 그 지역을 쳐서 망하
게 하니
7 아스돗 사람들이 이를 보고 이르되
이스라엘 신의 궤를 우리와 함께
있지 못하게 할지라 그의 손이 우
리와 우리 신 다곤을 친다 하고
8 이에 사람을 보내어 블레셋 사람들
의 모든 방백을 모으고 이르되 우
리가 이스라엘 신의 궤를 어찌하
랴 하니 그들이 대답하되 이스라
엘 신의 궤를 가드로 옮겨 가라 하
므로 이스라엘 신의 궤를 옮겨 갔
더니
9 그것을 옮겨 간 후에 여호와의 손이
심히 큰 환난을 그 성읍에 더하사
성읍 사람들의 작은 자와 큰 자를
다 쳐서 독한 종기가 나게 하신지라
10 이에 그들이 하나님의 궤를 에그론
으로 보내니라 하나님의 궤가 에그
론에 이른즉 에그론 사람이 부르짖
어 이르되 그들이 이스라엘 신의
궤를 우리에게로 가져다가 우리와
우리 백성을 죽이려 한다 하고
11 이에 사람을 보내어 블레셋 모든
방백을 모으고 이르되 이스라엘 신
의 궤를 보내어 그 있던 곳으로 돌
아가게 하고 우리와 우리 백성이
죽임당함을 면하게 하자 하니 이는
온 성읍이 사망의 환난을 당함이라
거기서 하나님의 손이 엄중하시므
로
12 죽지 아니한 사람들은 독한 종기로
치심을 당해 성읍의 부르짖음이 하
늘에 사무쳤더라

언약궤가 돌아오다

6 여호와의 궤가 블레셋 사람들의
[1]지방에 있은 지 일곱 달이라
2 블레셋 사람들이 제사장들과 복술
자들을 불러서 이르되 우리가 여호
와의 궤를 어떻게 할까 그것을 어
떻게 그 있던 곳으로 보낼 것인지
우리에게 가르치라
3 그들이 이르되 이스라엘 신의 궤를
보내려거든 거저 보내지 말고 그에
게 속건제를 드려야 할지니라 그리
하면 병도 낫고 그의 손을 너희에
게서 옮기지 아니하는 이유도 알리
라 하니
4 그들이 이르되 무엇으로 그에게 드
릴 속건제를 삼을까 하니 이르되
블레셋 사람의 방백의 수효대로 금
독종 다섯과 금 쥐 다섯 마리라야
하리니 너희와 너희 통치자에게 내
린 재앙이 같음이니라
5 그러므로 너희는 너희의 독한 종기
의 형상과 땅을 해롭게 하는 쥐의
형상을 만들어 이스라엘 신께 영광
을 돌리라 그가 혹 그의 손을 너희
와 너희의 신들과 너희 땅에서 가
볍게 하실까 하노라
6 애굽인과 바로가 그들의 마음을 완
악하게 한 것같이 어찌하여 너희가
너희의 마음을 완악하게 하겠느냐
그가 그들 중에서 재앙을 내린 후
에 그들이 백성을 가게 하므로 백
성이 떠나지 아니하였느냐
7 그러므로 새 수레를 하나 만들고
멍에를 메어 보지 아니한 젖 나는
소 두 마리를 끌어다가 소에 수레
를 메우고 그 송아지들은 떼어 집
으로 돌려보내고
8 여호와의 궤를 가져다가 수레에 싣
고 속건제로 드릴 금으로 만든 물
건들은 상자에 담아 궤 곁에 두고
그것을 보내어 가게 하고
9 보고 있다가 만일 궤가 그 본 지역

1) 히, 들

길로 올라가서 벧세메스로 가면 이
큰 재앙은 그가 우리에게 내린 것
이요 그렇지 아니하면 우리를 친
것이 그의 손이 아니요 우연히 당
한 것인 줄 알리라 하니라
10 ●그 사람들이 그같이 하여 젖 나
는 소 둘을 끌어다가 수레를 메우
고 송아지들은 집에 가두고
11 여호와의 궤와 및 금 쥐와 그들의
독종의 형상을 담은 상자를 수레
위에 실으니
12 암소가 벧세메스 길로 바로 행하여
대로로 가며 갈 때에 울고 좌우로
치우치지 아니하였고 블레셋 방백
들은 벧세메스 경계선까지 따라가
니라
13 벧세메스 사람들이 골짜기에서 밀
을 베다가 눈을 들어 궤를 보고 그
본 것을 기뻐하더니
14 수레가 벧세메스 사람 여호수아의
밭 큰 돌 있는 곳에 이르러 선지
라 무리가 수레의 나무를 패고 그
암소들을 번제물로 여호와께 드리
고
15 레위인은 여호와의 궤와 그 궤와
함께 있는 금 보물 담긴 상자를 내
려다가 큰 돌 위에 두매 그날에 벧
세메스 사람들이 여호와께 번제와
다른 제사를 드리니라
16 블레셋 다섯 방백이 이것을 보고
그날에 에그론으로 돌아갔더라
17 ●블레셋 사람이 여호와께 속건제
물로 드린 금 독종은 이러하니 아
스돗을 위하여 하나요 가사를 위하
여 하나요 아스글론을 위하여 하나
요 가드를 위하여 하나요 에그론을
위하여 하나이며
18 드린 바 금 쥐들은 견고한 성읍에
서부터 시골의 마을에까지 그리고
사람들이 여호와의 궤를 놓은 큰
[1]돌에 이르기까지 다섯 방백들에게
속한 블레셋 사람들의 모든 성읍들
의 수대로였더라 그 돌은 벧세메스
사람 여호수아의 밭에 오늘까지 있
더라

언약궤를 기럇여아림으로 보내다

19 ●벧세메스 사람들이 여호와의 궤
를 들여다 본 까닭에 그들을 치사
[2](오만) 칠십 명을 죽이신지라 여호
와께서 백성을 쳐서 크게 살륙하셨
으므로 백성이 슬피 울었더라
20 벧세메스 사람들이 이르되 이 거룩
하신 하나님 여호와 앞에 누가 능
히 서리요 그를 우리에게서 누구에
게로 올라가시게 할까 하고
21 전령들을 기럇여아림 주민에게 보
내어 이르되 블레셋 사람들이 여호
와의 궤를 도로 가져왔으니 너희는
내려와서 그것을 너희에게로 옮겨
가라

7 기럇여아림 사람들이 와서 여호
와의 궤를 옮겨 [3]산에 사는 아비
나답의 집에 들여놓고 그의 아들
엘리아살을 거룩하게 구별하여 여
호와의 궤를 지키게 하였더니
2 궤가 기럇여아림에 들어간 날부터
이십 년 동안 오래 있은지라 이스
라엘 온 족속이 여호와를 사모하니
라

사무엘이 이스라엘을 다스리다

3 ●사무엘이 이스라엘 온 족속에게
말하여 이르되 만일 너희가 전심으
로 여호와께 돌아오려거든 이방 신
들과 아스다롯을 너희 중에서 제거
하고 너희 마음을 여호와께로 향하
여 그만을 섬기라 그리하면 너희를
블레셋 사람의 손에서 건져내시리
라
4 이에 이스라엘 자손이 바알들과 아

1) 조장 2) 어떤 사본에는, 오만이 없음 3) 기브아

스다롯을 제거하고 여호와만 섬기
니라
5 ●사무엘이 이르되 온 이스라엘은
미스바로 모이라 내가 너희를 위하
여 여호와께 기도하리라 하매
6 그들이 미스바에 모여 물을 길어
여호와 앞에 붓고 그날 종일 금식
하고 거기에서 이르되 우리가 여호
와께 범죄하였나이다 하니라 사무
엘이 미스바에서 이스라엘 자손을
다스리니라
7 이스라엘 자손이 미스바에 모였다
함을 블레셋 사람들이 듣고 그들의
방백들이 이스라엘을 치러 올라온
지라 이스라엘 자손들이 듣고 블레
셋 사람들을 두려워하여
8 이스라엘 자손이 사무엘에게 이르
되 당신은 우리를 위하여 우리 하
나님 여호와께 쉬지 말고 부르짖어
우리를 블레셋 사람들의 손에서 구
원하시게 하소서 하니
9 사무엘이 젖 먹는 어린 양 하나를
가져다가 온전한 번제를 여호와께
드리고 이스라엘을 위하여 여호와
께 부르짖으매 여호와께서 응답하
셨더라
10 사무엘이 번제를 드릴 때에 블레셋
사람이 이스라엘과 싸우려고 가까
이 오매 그날에 여호와께서 블레셋
사람에게 큰 우레를 발하여 그들을
어지럽게 하시니 그들이 이스라엘
앞에 패한지라
11 이스라엘 사람들이 미스바에서 나
가서 블레셋 사람들을 추격하여 벧
갈 아래에 이르기까지 쳤더라
12 ●사무엘이 돌을 취하여 미스바와
센 사이에 세워 이르되 여호와께서
여기까지 우리를 도우셨다 하고 그
이름을 [1]에벤에셀이라 하니라
13 이에 블레셋 사람들이 굴복하여 다
시는 이스라엘 지역 안에 들어오지
못하였으며 여호와의 손이 사무엘
이 사는 날 동안에 블레셋 사람을
막으시매
14 블레셋 사람들이 이스라엘에게서
빼앗았던 성읍이 에그론부터 가드
까지 이스라엘에게 회복되니 이스
라엘이 그 사방 지역을 블레셋 사
람들의 손에서 도로 찾았고 또 이
스라엘과 아모리 사람 사이에 평화
가 있었더라
15 ●사무엘이 사는 날 동안에 이스라
엘을 다스렸으되
16 해마다 벧엘과 길갈과 미스바로 순
회하여 그 모든 곳에서 이스라엘을
다스렸고
17 라마로 돌아왔으니 이는 거기에 자
기 집이 있음이니라 거기서도 이스
라엘을 다스렸으며 또 거기에 여호
와를 위하여 제단을 쌓았더라

백성이 왕을 요구하다

8 사무엘이 늙으매 그의 아들들을
이스라엘 사사로 삼으니
2 장자의 이름은 요엘이요 차자의 이
름은 아비야라 그들이 브엘세바에
서 사사가 되니라
3 그의 아들들이 자기 아버지의 행위
를 따르지 아니하고 이익을 따라
뇌물을 받고 판결을 굽게 하니라
4 ●이스라엘 모든 장로가 모여 라마
에 있는 사무엘에게 나아가서
5 그에게 이르되 보소서 당신은 늙고
당신의 아들들은 당신의 행위를 따
르지 아니하니 모든 나라와 같이
우리에게 왕을 세워 우리를 다스리
게 하소서 한지라
6 우리에게 왕을 주어 우리를 다스리
게 하라 했을 때에 사무엘이 그것
을 기뻐하지 아니하여 여호와께 기

1) 도움의 돌

도하매
7 여호와께서 사무엘에게 이르시되
백성이 네게 한 말을 다 들으라 이
는 그들이 너를 버림이 아니요 나
를 버려 자기들의 왕이 되지 못하
게 함이니라
8 내가 그들을 애굽에서 인도하여 낸
날부터 오늘까지 그들이 모든 행사
로 나를 버리고 다른 신들을 섬김
같이 네게도 그리하는도다
9 그러므로 그들의 말을 듣되 너는
그들에게 엄히 경고하고 그들을 다
스릴 왕의 제도를 가르치라
10 ●사무엘이 왕을 요구하는 백성에
게 여호와의 모든 말씀을 말하여
11 이르되 너희를 다스릴 왕의 제도는
이러하니라 그가 너희 아들들을 데
려다가 그의 병거와 말을 어거하게
하리니 그들이 그 병거 앞에서 달
릴 것이며
12 그가 또 너희의 아들들을 천부장과
오십부장을 삼을 것이며 자기 밭을
갈게 하고 자기 추수를 하게 할 것
이며 자기 무기와 병거의 장비도
만들게 할 것이며
13 그가 또 너희의 딸들을 데려다가
향료 만드는 자와 요리하는 자와
떡 굽는 자로 삼을 것이며
14 그가 또 너희의 밭과 포도원과 감
람원에서 제일 좋은 것을 가져다가
자기의 신하들에게 줄 것이며
15 그가 또 너희의 곡식과 포도원 소
산의 십일조를 거두어 자기의 [1]관
리와 신하에게 줄 것이며
16 그가 또 너희의 노비와 가장 아름
다운 소년과 나귀들을 끌어다가 자
기 일을 시킬 것이며
17 너희의 양 떼의 십분의 일을 거두어
가리니 너희가 그의 종이 될 것이라
18 그날에 너희는 너희가 택한 왕으로
말미암아 부르짖되 그날에 여호와
께서 너희에게 응답하지 아니하시
리라 하니
19 ●백성이 사무엘의 말 듣기를 거절
하여 이르되 아니로소이다 우리도
우리 왕이 있어야 하리니
20 우리도 다른 나라들같이 되어 우리
의 왕이 우리를 다스리며 우리 앞
에 나가서 우리의 싸움을 싸워야
할 것이니이다 하는지라
21 사무엘이 백성의 말을 다 듣고 여
호와께 아뢰매
22 여호와께서 사무엘에게 이르시되
그들의 말을 들어 왕을 세우라 하
시니 사무엘이 이스라엘 사람들에
게 이르되 너희는 각기 성읍으로
돌아가라 하니라

사울이 사무엘을 만나다

9 베냐민 지파에 기스라 이름하는
유력한 사람이 있으니 그는 아비
엘의 아들이요 스롤의 손자요 베고
랏의 증손이요 아비아의 현손이며
베냐민 사람이더라
2 기스에게 아들이 있으니 그의 이름
은 사울이요 준수한 소년이라 이스
라엘 자손 중에 그보다 더 준수한
자가 없고 키는 모든 백성보다 어
깨 위만큼 더 컸더라
3 사울의 아버지 기스가 암나귀들을
잃고 그의 아들 사울에게 이르되
너는 일어나 한 사환을 데리고 가
서 암나귀들을 찾으라 하매
4 그가 에브라임 산지와 살리사 땅으
로 두루 다녀 보았으나 찾지 못하
고 사알림 땅으로 두루 다녀 보았
으나 그곳에는 없었고 베냐민 사람
의 땅으로 두루 다녀 보았으나 찾
지 못하니라
5 ●그들이 숩 땅에 이른 때에 사울

1) 환관

이 함께 가던 사환에게 이르되 돌
아가자 내 아버지께서 암나귀 생각
은 고사하고 우리를 위하여 걱정하
실까 두려워하노라 하니
6 그가 대답하되 보소서 이 성읍에
하나님의 사람이 있는데 존경을 받
는 사람이라 그가 말한 것은 반드
시 다 응하나니 그리로 가사이다
그가 혹 우리가 갈 길을 가르쳐 줄
까 하나이다 하는지라
7 사울이 그의 사환에게 이르되 우리
가 가면 그 사람에게 무엇을 드리겠
느냐 우리 주머니에 먹을 것이 다하
였으니 하나님의 사람에게 드릴 예
물이 없도다 무엇이 있느냐 하니
8 사환이 사울에게 다시 대답하여 이
르되 보소서 내 손에 은 한 세겔의
사분의 일이 있으니 하나님의 사람
에게 드려 우리 길을 가르쳐 달라
하겠나이다 하더라
9 (옛적 이스라엘에 사람이 하나님께
가서 물으려 하면 말하기를 선견자
에게로 가자 하였으니 지금 선지자
라 하는 자를 옛적에는 선견자라
일컬었더라)
10 사울이 그의 사환에게 이르되 네
말이 옳다 가자 하고 그들이 하나
님의 사람이 있는 성읍으로 가니라
11 ●그들이 성읍을 향한 비탈길로 올
라가다가 물 길으러 나오는 소녀들
을 만나 그들에게 묻되 선견자가
여기 있느냐 하니
12 그들이 대답하여 이르되 있나이다
보소서 그가 당신보다 앞서 갔으니
빨리 가소서 백성이 오늘 산당에서
제사를 드리므로 그가 오늘 성읍에
들어오셨나이다
13 당신들이 성읍으로 들어가면 그가
먹으러 산당에 올라가기 전에 곧 만
나리이다 그가 오기 전에는 백성이
먹지 아니하나니 이는 그가 제물을
축사한 후에야 청함을 받은 자가 먹
음이니이다 그러므로 지금 올라가
소서 곧 그를 만나리이다 하는지라
14 그들이 성읍으로 올라가서 그리로
들어갈 때에 사무엘이 마침 산당으
로 올라가려고 마주 나오더라
15 ●사울이 오기 전날에 여호와께서
사무엘에게 알게 하여 이르시되
16 내일 이맘때에 내가 베냐민 땅에서
한 사람을 네게로 보내리니 너는
그에게 기름을 부어 내 백성 이스
라엘의 지도자로 삼으라 그가 내
백성을 블레셋 사람들의 손에서 구
원하리라 내 백성의 부르짖음이 내
게 상달되었으므로 내가 그들을 돌
보았노라 하셨더니
17 사무엘이 사울을 볼 때에 여호와께
서 그에게 이르시되 보라 이는 내
가 네게 말한 사람이니 이가 내 백
성을 다스리리라 하시니라
18 사울이 성문 안 사무엘에게 나아가
이르되 선견자의 집이 어디인지 청
하건대 내게 가르치소서 하니
19 사무엘이 사울에게 대답하여 이르
되 내가 선견자이니라 너는 내 앞
서 산당으로 올라가라 너희가 오늘
나와 함께 먹을 것이요 아침에는
내가 너를 보내되 네 마음에 있는
것을 다 네게 말하리라
20 사흘 전에 잃은 네 암나귀들을 염려
하지 말라 찾았느니라 온 [1]이스라
엘이 사모하는 자가 누구냐 너와 네
아버지의 온 집이 아니냐 하는지라
21 사울이 대답하여 이르되 나는 이스
라엘 지파의 가장 작은 지파 베냐
민 사람이 아니니이까 또 나의 가
족은 베냐민 지파 모든 가족 중에
가장 미약하지 아니하니이까 당신

1) 이스라엘의 보배가

이 어찌하여 내게 이같이 말씀하시
나이까 하니
22 ●사무엘이 사울과 그의 사환을 인
도하여 객실로 들어가서 청한 자
중 상석에 앉게 하였는데 객은 삼
십 명 가량이었더라
23 사무엘이 요리인에게 이르되 내가
네게 주며 네게 두라고 말한 그 부
분을 가져오라
24 요리인이 [1]넓적다리와 그것에 붙은
것을 가져다가 사울 앞에 놓는지라
사무엘이 이르되 보라 이는 두었던
것이니 네 앞에 놓고 먹으라 내가
백성을 청할 때부터 너를 위하여
이것을 두고 이때를 기다리게 하였
느니라 그날에 사울이 사무엘과 함
께 먹으니라

사무엘이 사울에게 기름을 붓다

25 ●그들이 산당에서 내려 성읍에 들
어가서는 사무엘이 사울과 함께 지
붕에서 담화하고
26 그들이 일찍이 일어날새 동틀 때쯤
이라 사무엘이 지붕에서 사울을 불
러 이르되 일어나라 내가 너를 보
내리라 하매 사울이 일어나고 그
두 사람 사울과 사무엘이 함께 밖
으로 나가서
27 성읍 끝에 이르매 사무엘이 사울에
게 이르되 사환에게 우리를 앞서게
하라 하니라 사환이 앞서 가므로
또 이르되 너는 이제 잠깐 서 있으
라 내가 하나님의 말씀을 네게 들
려 주리라 하더라

10 이에 사무엘이 기름병을 가져
다가 사울의 머리에 붓고 입맞
추며 이르되 여호와께서 네게 기름
을 부으사 그의 기업의 지도자로
삼지 아니하셨느냐
2 네가 오늘 나를 떠나가다가 베냐민
경계 셀사에 있는 라헬의 묘실 곁
에서 두 사람을 만나리니 그들이
네게 이르기를 네가 찾으러 갔던
암나귀들을 찾은지라 네 아버지가
암나귀들의 염려는 놓았으나 너희
로 말미암아 걱정하여 이르되 내
아들을 위하여 어찌하리요 하더라
할 것이요
3 네가 거기서 더 나아가서 다볼 상
수리나무에 이르면 거기서 하나님
을 뵈오려고 벧엘로 올라가는 세
사람을 만나리니 한 사람은 염소
새끼 셋을 이끌었고 한 사람은 떡
세 덩이를 가졌고 한 사람은 포도
주 한 가죽부대를 가진 자라
4 그들이 네게 문안하고 떡 두 덩이를
주겠고 너는 그의 손에서 받으리라
5 그 후에 네가 하나님의 산에 이르
리니 그곳에는 블레셋 사람들의 영
문이 있느니라 네가 그리로 가서
그 성읍으로 들어갈 때에 선지자의
무리가 산당에서부터 비파와 소고
와 저와 수금을 앞세우고 예언하며
내려오는 것을 만날 것이요
6 네게는 여호와의 영이 크게 임하리
니 너도 그들과 함께 예언을 하고
변하여 새 사람이 되리라
7 이 징조가 네게 임하거든 너는 기
회를 따라 행하라 하나님이 너와
함께하시느니라
8 너는 나보다 앞서 길갈로 내려가라
내가 네게로 내려가서 번제와 화목
제를 드리리니 내가 네게 가서 네
가 행할 것을 가르칠 때까지 칠 일
동안 기다리라
9 ●그가 사무엘에게서 떠나려고 몸
을 돌이킬 때에 하나님이 새 마음
을 주셨고 그날 그 징조도 다 응하
니라
10 그들이 산에 이를 때에 선지자의

1) 어깨

무리가 그를 영접하고 하나님의 영
이 사울에게 크게 임하므로 그가
그들 중에서 예언을 하니
11 전에 사울을 알던 모든 사람들이
사울이 선지자들과 함께 예언함을
보고 서로 이르되 기스의 아들에게
무슨 일이 일어났느냐 사울도 선지
자들 중에 있느냐 하고
12 그곳의 어떤 사람은 말하여 이르되
그들의 아버지가 누구냐 한지라 그
러므로 속담이 되어 이르되 사울도
선지자들 중에 있느냐 하더라
13 사울이 예언하기를 마치고 산당으
로 가니라
14 ●사울의 숙부가 사울과 그의 사환
에게 이르되 너희가 어디로 갔더냐
사울이 이르되 암나귀들을 찾다가
찾지 못하므로 사무엘에게 갔었나
이다 하니
15 사울의 숙부가 이르되 청하노니 사
무엘이 너희에게 이른 말을 내게
말하라 하니라
16 사울이 그의 숙부에게 말하되 그가
암나귀들을 찾았다고 우리에게 분
명히 말하더이다 하고 사무엘이 말
하던 나라의 일은 말하지 아니하니
라

사울이 왕으로 뽑히다

17 ●사무엘이 백성을 미스바로 불러
여호와 앞에 모으고
18 이스라엘 자손에게 이르되 이스라
엘 하나님 여호와께서 이같이 말씀
하시기를 내가 이스라엘을 애굽에
서 인도하여 내고 너희를 애굽인의
손과 너희를 압제하는 모든 나라의
손에서 건져내었느니라 하셨거늘
19 너희는 너희를 모든 재난과 고통
중에서 친히 구원하여 내신 너희의
하나님을 오늘 버리고 이르기를 우
리 위에 왕을 세우라 하는도다 그
런즉 이제 너희의 지파대로 천 명
씩 여호와 앞에 나아오라 하고
20 사무엘이 이에 이스라엘 모든 지파
를 가까이 오게 하였더니 베냐민
지파가 뽑혔고
21 베냐민 지파를 그들의 가족별로 가
까이 오게 하였더니 마드리의 가족
이 뽑혔고 그 중에서 기스의 아들
사울이 뽑혔으나 그를 찾아도 찾지
못한지라
22 그러므로 그들이 또 여호와께 묻되
그 사람이 여기 왔나이까 여호와께
서 대답하시되 그가 짐보따리들 사
이에 숨었느니라 하셨더라
23 그들이 달려가서 거기서 그를 데려
오매 그가 백성 중에 서니 다른 사
람보다 어깨 위만큼 컸더라
24 사무엘이 모든 백성에게 이르되 너
희는 여호와께서 택하신 자를 보느
냐 모든 백성 중에 짝할 이가 없느
니라 하니 모든 백성이 왕의 만세
를 외쳐 부르니라
25 ●사무엘이 나라의 제도를 백성에
게 말하고 책에 기록하여 여호와
앞에 두고 모든 백성을 각기 집으
로 보내매
26 사울도 기브아 자기 집으로 갈 때
에 마음이 하나님께 감동된 유력한
자들과 함께 갔느니라
27 어떤 불량배는 이르되 이 사람이
어떻게 우리를 구원하겠느냐 하고
멸시하며 예물을 바치지 아니하였
으나 그는 잠잠하였더라

사울이 암몬 사람을 치다

11 암몬 사람 나하스가 올라와서
길르앗 야베스에 맞서 진치매
야베스 모든 사람들이 나하스에게
이르되 우리와 언약하자 그리하면
우리가 너를 섬기리라 하니
2 암몬 사람 나하스가 그들에게 이르

되 내가 너희 오른 눈을 다 빼야 너
희와 언약하리라 내가 온 이스라엘
을 이같이 모욕하리라
3 야베스 장로들이 그에게 이르되 우
리에게 이레 동안 말미를 주어 우
리가 이스라엘 온 지역에 전령들을
보내게 하라 만일 우리를 구원할
자가 없으면 네게 나아가리라 하니
라
4 이에 전령들이 사울이 사는 기브아
에 이르러 이 말을 백성에게 전하매
모든 백성이 소리를 높여 울더니
5 마침 사울이 밭에서 소를 몰고 오
다가 이르되 백성이 무슨 일로 우
느냐 하니 그들이 야베스 사람의
말을 전하니라
6 ●사울이 이 말을 들을 때에 하나
님의 영에게 크게 감동되매 그의
노가 크게 일어나
7 한 겨리의 소를 잡아 각을 뜨고 전
령들의 손으로 그것을 이스라엘 모
든 지역에 두루 보내어 이르되 누
구든지 나와서 사울과 사무엘을 따
르지 아니하면 그의 소들도 이와
같이 하리라 하였더니 여호와의 두
려움이 백성에게 임하매 그들이 한
사람같이 나온지라
8 사울이 베섹에서 그들의 수를 세어
보니 이스라엘 자손이 삼십만 명이
요 유다 사람이 삼만 명이더라
9 무리가 와 있는 전령들에게 이르되
너희는 길르앗 야베스 사람에게 이
같이 이르기를 내일 해가 더울 때
에 너희가 구원을 받으리라 하라
전령들이 돌아가서 야베스 사람들
에게 전하매 그들이 기뻐하니라
10 야베스 사람들이 이에 이르되 우리
가 내일 너희에게 나아가리니 너희
생각에 좋을 대로 우리에게 다 행
하라 하니라
11 이튿날 사울이 백성을 삼 대로 나
누고 새벽에 적진 한가운데로 들어
가서 날이 더울 때까지 암몬 사람
들을 치매 남은 자가 다 흩어져서
둘도 함께한 자가 없었더라

사무엘이 길갈에서 사울을 왕으로 세우다

12 ●백성이 사무엘에게 이르되 사울
이 어찌 우리를 다스리겠느냐 한
자가 누구니이까 그들을 끌어내소
서 우리가 죽이겠나이다
13 사울이 이르되 이날에는 사람을 죽
이지 못하리니 여호와께서 오늘 이
스라엘 중에 구원을 베푸셨음이니
라
14 ●사무엘이 백성에게 이르되 오라
우리가 길갈로 가서 나라를 새롭게
하자
15 모든 백성이 길갈로 가서 거기서
여호와 앞에서 사울을 왕으로 삼고
길갈에서 여호와 앞에 화목제를 드
리고 사울과 이스라엘 모든 사람이
거기서 크게 기뻐하니라

사무엘의 마지막 말

12 사무엘이 온 이스라엘에게 이
르되 보라 너희가 내게 한 말
을 내가 다 듣고 너희 위에 왕을 세
웠더니
2 이제 왕이 너희 앞에 출입하느니라
보라 나는 늙어 머리가 희어졌고
내 아들들도 너희와 함께 있느니라
내가 어려서부터 오늘까지 너희 앞
에 출입하였거니와
3 내가 여기 있나니 여호와 앞과 그
의 기름부음을 받은 자 앞에서 내
게 대하여 증언하라 내가 누구의
소를 빼앗았느냐 누구의 나귀를 빼
앗았느냐 누구를 속였느냐 누구를
압제하였느냐 내 눈을 흐리게 하는
뇌물을 누구의 손에서 받았느냐 그
리하였으면 내가 그것을 너희에게

갚으리라 하니
4 그들이 이르되 당신이 우리를 속이
지 아니하였고 압제하지 아니하였
고 누구의 손에서든지 아무것도 빼
앗은 것이 없나이다 하니라
5 사무엘이 백성에게 이르되 너희가
내 손에서 아무것도 찾아낸 것이
없음을 여호와께서 너희에게 대하
여 증언하시며 그의 기름부음을 받
은 자도 오늘 증언하느니라 하니
그들이 이르되 그가 증언하시나이
다 하니라
6 ●사무엘이 백성에게 이르되 모세
와 아론을 세우시며 너희 조상들을
애굽 땅에서 인도하여 내신 이는
여호와이시니
7 그런즉 가만히 서 있으라 여호와께
서 너희와 너희 조상들에게 행하신
모든 공의로운 일에 대하여 내가
여호와 앞에서 너희와 담론하리라
8 야곱이 애굽에 들어간 후 너희 조
상들이 여호와께 부르짖으매 여호
와께서 모세와 아론을 보내사 그
두 사람으로 너희 조상들을 애굽에
서 인도해 내어 이곳에 살게 하셨
으나
9 그들이 그들의 하나님 여호와를 잊
은지라 여호와께서 그들을 하솔 군
사령관 시스라의 손과 블레셋 사람
들의 손과 모압 왕의 손에 넘기셨
더니 그들이 저희를 치매
10 백성이 여호와께 부르짖어 이르되
우리가 여호와를 버리고 바알들과
아스다롯을 섬김으로 범죄하였나
이다 그러하오나 이제 우리를 원수
들의 손에서 건져내소서 그리하시
면 우리가 주를 섬기겠나이다 하매
11 여호와께서 여룹바알과 [1)]베단과 입
다와 나 사무엘을 보내사 너희를
너희 사방 원수의 손에서 건져내사
너희에게 안전하게 살게 하셨거늘
12 너희가 암몬 자손의 왕 나하스가
너희를 치러 옴을 보고 너희의 하
나님 여호와께서는 너희의 왕이 되
심에도 불구하고 너희가 내게 이르
기를 아니라 우리를 다스릴 왕이
있어야 하겠다 하였도다
13 이제 너희가 구한 왕, 너희가 택한
왕을 보라 여호와께서 너희 위에
왕을 세우셨느니라
14 너희가 만일 여호와를 경외하여 그
를 섬기며 그의 목소리를 듣고 여
호와의 명령을 거역하지 아니하며
또 너희와 너희를 다스리는 왕이
너희의 하나님 여호와를 따르면 좋
겠지마는
15 너희가 만일 여호와의 목소리를 듣
지 아니하고 여호와의 명령을 거역
하면 여호와의 손이 너희의 조상들
을 치신 것같이 너희를 치실 것이라
16 너희는 이제 가만히 서서 여호와께
서 너희 목전에서 행하시는 이 큰
일을 보라
17 오늘은 밀 베는 때가 아니냐 내가
여호와께 아뢰리니 여호와께서 우
레와 비를 보내사 너희가 왕을 구
한 일 곧 여호와의 목전에서 범한
죄악이 큼을 너희에게 밝히 알게
하시리라
18 이에 사무엘이 여호와께 아뢰매 여
호와께서 그날에 우레와 비를 보내
시니 모든 백성이 여호와와 사무엘
을 크게 두려워하니라
19 ●모든 백성이 사무엘에게 이르되
당신의 종들을 위하여 당신의 하나
님 여호와께 기도하여 우리가 죽지
않게 하소서 우리가 우리의 모든
죄에 왕을 구하는 악을 더하였나이
다

1) 칠십인 역본에는, '바락'

20 사무엘이 백성에게 이르되 두려워
하지 말라 너희가 과연 이 모든 악
을 행하였으나 여호와를 따르는 데
에서 돌아서지 말고 오직 너희의
마음을 다하여 여호와를 섬기라
21 돌아서서 유익하게도 못하며 구원
하지도 못하는 헛된 것을 따르지
말라 그들은 헛되니라
22 여호와께서는 너희를 자기 백성으
로 삼으신 것을 기뻐하셨으므로 여
호와께서는 그의 크신 이름을 위해
서라도 자기 백성을 버리지 아니하
실 것이요
23 나는 너희를 위하여 기도하기를 쉬
는 죄를 여호와 앞에 결단코 범하
지 아니하고 선하고 의로운 길을
너희에게 가르칠 것인즉
24 너희는 여호와께서 너희를 위하여
행하신 그 큰 일을 생각하여 오직
그를 경외하며 너희의 마음을 다하
여 진실히 섬기라
25 만일 너희가 여전히 악을 행하면
너희와 너희 왕이 다 멸망하리라

사울이 블레셋과 싸우다

13 사울이 왕이 될 때에 사십 세
라 그가 이스라엘을 다스린 지
이 년에
2 이스라엘 사람 삼천 명을 택하여
그 중에서 이천 명은 자기와 함께
믹마스와 벧엘 산에 있게 하고 일
천 명은 요나단과 함께 베냐민 기
브아에 있게 하고 남은 백성은 각
기 장막으로 보내니라
3 요나단이 게바에 있는 블레셋 사람
의 수비대를 치매 블레셋 사람이
이를 들은지라 사울이 온 땅에 나
팔을 불어 이르되 히브리 사람들은
들으라 하니
4 온 이스라엘이 사울이 블레셋 사람
들의 수비대를 친 것과 이스라엘이
블레셋 사람들의 미움을 받게 되었
다 함을 듣고 그 백성이 길갈로 모
여 사울을 따르니라
5 ●블레셋 사람들이 이스라엘과 싸
우려고 모였는데 병거가 삼만이요
마병이 육천 명이요 백성은 해변의
모래같이 많더라 그들이 올라와 벧
아웬 동쪽 믹마스에 진치매
6 이스라엘 사람들이 위급함을 보고
절박하여 굴과 수풀과 바위 틈과
은밀한 곳과 웅덩이에 숨으며
7 어떤 히브리 사람들은 요단을 건너
갓과 길르앗 땅으로 가되 사울은
아직 길갈에 있고 그를 따른 모든
백성은 떨더라
8 ●사울은 사무엘이 정한 기한대로
이레 동안을 기다렸으나 사무엘이
길갈로 오지 아니하매 백성이 사울
에게서 흩어지는지라
9 사울이 이르되 번제와 화목제물을
이리로 가져오라 하여 번제를 드렸
더니
10 번제 드리기를 마치자 사무엘이 온
지라 사울이 나가 맞으며 [1]문안하
매
11 사무엘이 이르되 왕이 행하신 것이
무엇이냐 하니 사울이 이르되 백성
은 내게서 흩어지고 당신은 정한
날 안에 오지 아니하고 블레셋 사
람은 믹마스에 모였음을 내가 보았
으므로
12 이에 내가 이르기를 블레셋 사람들
이 나를 치러 길갈로 내려오겠거늘
내가 여호와께 은혜를 간구하지 못
하였다 하고 부득이하여 번제를 드
렸나이다 하니라
13 사무엘이 사울에게 이르되 왕이 망
령되이 행하였도다 왕이 왕의 하나
님 여호와께서 왕에게 내리신 명령

1) 축복

을 지키지 아니하였도다 그리하였
더라면 여호와께서 이스라엘 위에
왕의 나라를 영원히 세우셨을 것이
거늘
14 지금은 왕의 나라가 길지 못할 것
이라 여호와께서 왕에게 명령하신
바를 왕이 지키지 아니하였으므로
여호와께서 그의 마음에 맞는 사람
을 구하여 여호와께서 그를 그의
백성의 지도자로 삼으셨느니라 하
고
15 사무엘이 일어나 길갈에서 떠나 베
냐민 기브아로 올라가니라 ●사울
이 자기와 함께한 백성의 수를 세
어 보니 육백 명 가량이라
16 사울과 그의 아들 요나단과 그들과
함께한 백성은 베냐민 게바에 있고
블레셋 사람들은 믹마스에 진쳤더
니
17 노략꾼들이 세 대로 블레셋 사람들
의 진영에서 나와서 한 대는 오브라
길을 따라서 수알 땅에 이르렀고
18 한 대는 벧호론 길로 향하였고 한
대는 광야쪽으로 스보임 골짜기가
내려다 보이는 지역 길로 향하였더
라
19 ●그때에 이스라엘 온 땅에 철공이
없었으니 이는 블레셋 사람들이 말
하기를 히브리 사람이 칼이나 창을
만들까 두렵다 하였음이라
20 온 이스라엘 사람들이 각기 보습이
나 삽이나 도끼나 괭이를 벼리려면
블레셋 사람들에게로 내려갔었는
데
21 곧 그들이 괭이나 삽이나 쇠스랑이
나 도끼나 쇠채찍이 무딜 때에 그
리하였으므로
22 싸우는 날에 사울과 요나단과 함께
한 백성의 손에는 칼이나 창이 없
고 오직 사울과 그의 아들 요나단
에게만 있었더라
23 블레셋 사람들의 부대가 나와서 믹
마스 어귀에 이르렀더라

요나단이 블레셋을 습격하다

14 하루는 사울의 아들 요나단이
자기의 무기를 든 소년에게 이
르되 우리가 건너편 블레셋 사람들
의 부대로 건너가자 하고 그의 아
버지에게는 아뢰지 아니하였더라
2 사울이 기브아 변두리 미그론에 있
는 석류나무 아래에 머물렀고 함께
한 백성은 육백 명 가량이며
3 아히야는 에봇을 입고 거기 있었으
니 그는 이가봇의 형제 아히둡의
아들이요 비느하스의 손자요 실로
에서 여호와의 제사장이 되었던 엘
리의 증손이었더라 백성은 요나단
이 간 줄을 알지 못하니라
4 요나단이 블레셋 사람들에게로 건
너가려 하는 어귀 사이 이쪽에는
험한 바위가 있고 저쪽에도 험한
바위가 있는데 하나의 이름은 보세
스요 하나의 이름은 세네라
5 한 바위는 북쪽에서 믹마스 앞에
일어섰고 하나는 남쪽에서 게바 앞
에 일어섰더라
6 ●요나단이 자기의 무기를 든 소년
에게 이르되 우리가 이 할례받지
않은 자들에게로 건너가자 여호와
께서 우리를 위하여 일하실까 하노
라 여호와의 구원은 사람이 많고
적음에 달리지 아니하였느니라
7 무기를 든 자가 그에게 이르되 당
신의 마음에 있는 대로 다 행하여
앞서 가소서 내가 당신과 마음을
같이 하여 따르리이다
8 요나단이 이르되 보라 우리가 그
사람들에게로 건너가서 그들에게
보이리니
9 그들이 만일 우리에게 이르기를 우

리가 너희에게로 가기를 기다리라
하면 우리는 우리가 있는 곳에 가
만히 서서 그들에게로 올라가지 말
것이요
10 그들이 만일 말하기를 우리에게로
올라오라 하면 우리가 올라갈 것은
여호와께서 그들을 우리 손에 넘기
셨음이니 이것이 우리에게 표징이
되리라 하고
11 둘이 다 블레셋 사람들에게 보이매
블레셋 사람이 이르되 보라 히브리
사람이 그들이 숨었던 구멍에서 나
온다 하고
12 그 부대 사람들이 요나단과 그의
무기를 든 자에게 이르되 우리에게
로 올라오라 너희에게 보여 줄 것
이 있느니라 한지라 요나단이 자기
의 무기를 든 자에게 이르되 나를
따라 올라오라 여호와께서 그들을
이스라엘의 손에 넘기셨느니라 하
고
13 요나단이 손 발로 기어 올라갔고
그 무기를 든 자도 따랐더라 블레
셋 사람들이 요나단 앞에서 엎드러
지매 무기를 든 자가 따라가며 죽
였으니
14 요나단과 그 무기를 든 자가 반나
절 갈이 땅 안에서 처음으로 쳐죽
인 자가 이십 명 가량이라
15 들에 있는 진영과 모든 백성들이
공포에 떨었고 부대와 노략꾼들도
떨었으며 땅도 진동하였으니 이는
[1]큰 떨림이었더라

블레셋 군인들이 칼로 서로를 치다

16 ●베냐민 기브아에 있는 사울의 파
수꾼이 바라본즉 허다한 블레셋 사
람들이 무너져 이리저리 흩어지더
라
17 사울이 자기와 함께한 백성에게 이
르되 우리에게서 누가 나갔는지 점
호하여 보라 하여 점호한즉 요나단
과 그의 무기를 든 자가 없어졌더
라
18 사울이 아히야에게 이르되 하나님
의 궤를 이리로 가져오라 하니 그
때에 하나님의 궤가 이스라엘 자손
과 함께 있음이니라
19 사울이 제사장에게 말할 때에 블레
셋 사람들의 진영에 소동이 점점
더한지라 사울이 제사장에게 이르
되 네 손을 거두라 하고
20 사울과 그와 함께한 모든 백성이
모여 전장에 가서 본즉 블레셋 사
람들이 각각 칼로 자기의 동무들을
치므로 크게 혼란하였더라
21 전에 블레셋 사람들과 함께하던 히
브리 사람이 사방에서 블레셋 사람
들과 함께 진영에 들어왔더니 그들
이 돌이켜 사울과 요나단과 함께
한 이스라엘 사람들과 합하였고
22 에브라임 산지에 숨었던 이스라엘
모든 사람도 블레셋 사람들이 도망
함을 듣고 싸우러 나와서 그들을
추격하였더라
23 여호와께서 그날에 이스라엘을 구
원하시므로 전쟁이 벧아웬을 지나
니라

사울의 맹세와 요나단의 실수

24 ●이날에 이스라엘 백성들이 피곤
하였으니 이는 사울이 백성에게 맹
세시켜 경계하여 이르기를 저녁 곧
내가 내 원수에게 보복하는 때까지
아무 음식물이든지 먹는 사람은 저
주를 받을지어다 하였음이라 그러
므로 모든 백성이 음식물을 맛보지
못하고
25 그들이 다 수풀에 들어간즉 땅에
꿀이 있더라
26 백성이 수풀로 들어갈 때에 꿀이

1) 하나님이 떨리게 하심이었더라

흐르는 것을 보고도 그들이 맹세를
두려워하여 손을 그 입에 대는 자
가 없었으나
27 요나단은 그의 아버지가 백성에게
맹세하여 명령할 때에 듣지 못하였
으므로 손에 가진 지팡이 끝을 내
밀어 벌집의 꿀을 찍고 그의 손을
돌려 입에 대매 눈이 밝아졌더라
28 그때에 백성 중 한 사람이 말하여
이르되 당신의 부친이 백성에게 맹
세하여 엄히 말씀하시기를 오늘 음
식물을 먹는 사람은 저주를 받을지
어다 하셨나이다 그러므로 백성이
피곤하였나이다 하니
29 요나단이 이르되 내 아버지께서 이
땅을 곤란하게 하셨도다 보라 내가
이 꿀 조금을 맛보고도 내 눈이 이
렇게 밝아졌거든
30 하물며 백성이 오늘 그 대적에게서
탈취하여 얻은 것을 임의로 먹었더
라면 블레셋 사람을 살륙함이 더욱
많지 아니하였겠느냐
31 ●그날에 백성이 믹마스에서부터
아얄론에 이르기까지 블레셋 사람
들을 쳤으므로 그들이 심히 피곤한
지라
32 백성이 이에 탈취한 물건에 달려가
서 양과 소와 송아지들을 끌어다가
그것을 땅에서 잡아 피째 먹었더니
33 무리가 사울에게 전하여 이르되 보
소서 백성이 고기를 피째 먹어 여호
와께 범죄하였나이다 사울이 이르
되 너희가 믿음 없이 행하였도다 이
제 큰 돌을 내게로 굴려 오라 하고
34 또 사울이 이르되 너희는 백성 중에
흩어져 다니며 그들에게 이르기를
사람은 각기 소와 양을 이리로 끌어
다가 여기서 잡아 먹되 피째로 먹어
여호와께 범죄하지 말라 하라 하매
그 밤에 모든 백성이 각각 자기의
소를 끌어다가 거기서 잡으니라
35 사울이 여호와를 위하여 제단을 쌓
았으니 이는 그가 여호와를 위하여
처음 쌓은 제단이었더라
36 ●사울이 이르되 우리가 밤에 블레
셋 사람들을 추격하여 동틀 때까지
그들 중에서 탈취하고 한 사람도
남기지 말자 무리가 이르되 왕의
생각에 좋은 대로 하소서 할 때에
제사장이 이르되 이리로 와서 하나
님께로 나아가사이다 하매
37 사울이 하나님께 묻자오되 내가 블
레셋 사람들을 추격하리이까 주께
서 그들을 이스라엘의 손에 넘기시
겠나이까 하되 그날에 대답하지 아
니하시는지라
38 사울이 이르되 너희 군대의 지휘관
들아 다 이리로 오라 오늘 이 죄가
누구에게 있나 알아보자
39 이스라엘을 구원하신 여호와께서
살아 계심을 두고 맹세하노니 내
아들 요나단에게 있다 할지라도 반
드시 죽으리라 하되 모든 백성 중
한 사람도 대답하지 아니하매
40 이에 그가 온 이스라엘에게 이르되
너희는 저쪽에 있으라 나와 내 아
들 요나단은 이쪽에 있으리라 백성
이 사울에게 말하되 왕의 생각에
좋은 대로 하소서 하니라
41 이에 사울이 이스라엘의 하나님 여
호와께 아뢰되 원하건대 실상을 보
이소서 하였더니 요나단과 사울이
뽑히고 백성은 면한지라
42 사울이 이르되 나와 내 아들 요나
단 사이에 뽑으라 하였더니 요나단
이 뽑히니라
43 ●사울이 요나단에게 이르되 네가
행한 것을 내게 말하라 요나단이
말하여 이르되 내가 다만 내 손에
가진 지팡이 끝으로 꿀을 조금 맛

보았을 뿐이오나 내가 죽을 수밖에
없나이다
44 사울이 이르되 요나단아 네가 반드
시 죽으리라 그렇지 않으면 하나님
이 내게 벌을 내리시고 또 내리시
기를 원하노라 하니
45 백성이 사울에게 말하되 이스라엘
에 이 큰 구원을 이룬 요나단이 죽
겠나이까 결단코 그렇지 아니하니
이다 여호와의 살아 계심을 두고
맹세하옵나니 그의 머리털 하나도
땅에 떨어지지 아니할 것은 그가
오늘 하나님과 동역하였음이니이
다 하여 백성이 요나단을 구원하여
죽지 않게 하니라
46 사울이 블레셋 사람들 추격하기를
그치고 올라가매 블레셋 사람들이
자기 곳으로 돌아가니라

사울의 업적과 그 집안

47 ●사울이 이스라엘 왕위에 오른 후
에 사방에 있는 모든 대적 곧 모압
과 암몬 자손과 에돔과 소바의 왕
들과 블레셋 사람들을 쳤는데 향하
는 곳마다 이겼고
48 용감하게 아말렉 사람들을 치고 이
스라엘을 그 약탈하는 자들의 손에
서 건졌더라
49 ●사울의 아들은 요나단과 이스위
와 말기수아요 그의 두 딸의 이름
은 이러하니 맏딸의 이름은 메랍이
요 작은 딸의 이름은 미갈이며
50 사울의 아내의 이름은 아히노암이
니 아히마아스의 딸이요 그의 군사
령관의 이름은 아브넬이니 사울의
숙부 넬의 아들이며
51 *사울의 아버지는 기스요 아브넬의*
아버지는 넬이니 아비엘의 아들이
었더라
52 ●사울이 사는 날 동안에 블레셋
사람과 큰 싸움이 있었으므로 사울
이 힘센 사람이나 용감한 사람을
보면 그들을 불러모았더라

사울이 아말렉을 치다

15 사무엘이 사울에게 이르되 여
호와께서 나를 보내어 왕에게
기름을 부어 그의 백성 이스라엘
위에 왕으로 삼으셨은즉 이제 왕은
여호와의 말씀을 들으소서
2 만군의 여호와께서 이같이 말씀하
시기를 아말렉이 이스라엘에게 행
한 일 곧 애굽에서 나올 때에 길에
서 대적한 일로 내가 그들을 벌하
노니
3 지금 가서 아말렉을 쳐서 그들의
모든 소유를 남기지 말고 진멸하되
남녀와 소아와 젖 먹는 아이와 우
양과 낙타와 나귀를 죽이라 하셨나
이다 하니
4 ●사울이 백성을 소집하고 그들을
들라임에서 세어 보니 보병이 이십
만 명이요 유다 사람이 만 명이라
5 사울이 아말렉 성에 이르러 골짜기
에 복병시키니라
6 사울이 겐 사람에게 이르되 아말렉
사람 중에서 떠나가라 그들과 함께
너희를 멸하게 될까 하노라 이스라
엘 모든 자손이 애굽에서 올라올
때에 너희가 그들을 선대하였느니
라 이에 겐 사람이 아말렉 사람 중
에서 떠나니라
7 사울이 하윌라에서부터 애굽 앞 술
에 이르기까지 아말렉 사람을 치고
8 아말렉 사람의 왕 아각을 사로잡고
칼날로 그의 모든 백성을 진멸하였
으되
9 사울과 백성이 아각과 그의 양과
소의 가장 좋은 것 또는 기름진 것
과 어린 양과 모든 좋은 것을 남기
고 진멸하기를 즐겨 아니하고 가치
없고 하찮은 것은 진멸하니라

여호와께서 사울을 버리시다

10 ●여호와의 말씀이 사무엘에게 임
하니라 이르시되
11 내가 사울을 왕으로 세운 것을 후
회하노니 그가 돌이켜서 나를 따르
지 아니하며 내 명령을 행하지 아
니하였음이니라 하신지라 사무엘
이 근심하여 온 밤을 여호와께 부
르짖으니라
12 사무엘이 사울을 만나려고 아침에
일찍이 일어났더니 어떤 사람이 사
무엘에게 말하여 이르되 사울이 갈
멜에 이르러 자기를 위하여 [1]기념
비를 세우고 발길을 돌려 길갈로
내려갔다 하는지라
13 사무엘이 사울에게 이른즉 사울이
그에게 이르되 원하건대 당신은 여
호와께 복을 받으소서 내가 여호와
의 명령을 행하였나이다 하니
14 사무엘이 이르되 그러면 내 귀에
들려오는 이 양의 소리와 내게 들
리는 소의 소리는 어찌 됨이니이까
하니라
15 사울이 이르되 그것은 무리가 아말
렉 사람에게서 끌어 온 것인데 백
성이 당신의 하나님 여호와께 제사
하려 하여 양들과 소들 중에서 가
장 좋은 것을 남김이요 그 외의 것
은 우리가 진멸하였나이다 하는지
라
16 사무엘이 사울에게 이르되 가만히
계시옵소서 간밤에 여호와께서 내
게 이르신 것을 왕에게 말하리이다
하니 그가 이르되 말씀하소서
17 ●사무엘이 이르되 왕이 스스로 작
게 여길 그때에 이스라엘 지파의
머리가 되지 아니하셨나이까 여호
와께서 왕에게 기름을 부어 이스라
엘 왕을 삼으시고
18 또 여호와께서 왕을 길로 보내시며
이르시기를 가서 죄인 아말렉 사람
을 진멸하되 다 없어지기까지 치라
하셨거늘
19 어찌하여 왕이 여호와의 목소리를
청종하지 아니하고 탈취하기에만
급하여 여호와께서 악하게 여기시
는 일을 행하였나이까
20 사울이 사무엘에게 이르되 나는 실
로 여호와의 목소리를 청종하여 여
호와께서 보내신 길로 가서 아말렉
왕 아각을 끌어 왔고 아말렉 사람
들을 진멸하였으나
21 다만 백성이 그 마땅히 멸할 것 중
에서 가장 좋은 것으로 길갈에서
당신의 하나님 여호와께 제사하려
고 양과 소를 끌어 왔나이다 하는
지라
22 사무엘이 이르되 여호와께서 번제
와 다른 제사를 그의 목소리를 청
종하는 것을 좋아하심같이 좋아하
시겠나이까 순종이 제사보다 낫고
듣는 것이 숫양의 기름보다 나으니
23 이는 거역하는 것은 점치는 죄와
같고 완고한 것은 사신 우상에게
절하는 죄와 같음이라 왕이 여호와
의 말씀을 버렸으므로 여호와께서
도 왕을 버려 왕이 되지 못하게 하
셨나이다 하니
24 ●사울이 사무엘에게 이르되 내가
범죄하였나이다 내가 여호와의 명
령과 당신의 말씀을 어긴 것은 내
가 백성을 두려워하여 그들의 말을
청종하였음이니이다
25 청하오니 지금 내 죄를 사하고 나
와 함께 돌아가서 나로 하여금 여
호와께 경배하게 하소서 하니
26 사무엘이 사울에게 이르되 나는 왕
과 함께 돌아가지 아니하리니 이는
왕이 여호와의 말씀을 버렸으므로

1) 히, 손을 세우고

여호와께서 왕을 버려 이스라엘 왕
이 되지 못하게 하셨음이니이다 하
고
27 사무엘이 가려고 돌아설 때에 사울
이 그의 겉옷자락을 붙잡으매 찢어
진지라
28 사무엘이 그에게 이르되 여호와께
서 오늘 이스라엘 나라를 왕에게서
떼어 왕보다 나은 왕의 이웃에게
주셨나이다
29 이스라엘의 지존자는 거짓이나 변
개함이 없으시니 그는 사람이 아니
시므로 결코 변개하지 않으심이니
이다 하니
30 사울이 이르되 내가 범죄하였을지
라도 이제 청하옵나니 내 백성의
장로들 앞과 이스라엘 앞에서 나를
높이사 나와 함께 돌아가서 내가
당신의 하나님 여호와께 경배하게
하소서 하더라
31 이에 사무엘이 돌이켜 사울을 따라
가매 사울이 여호와께 경배하니라

사무엘이 아각을 처형하다

32 ●사무엘이 이르되 너희는 아말렉
사람의 왕 아각을 내게로 끌어 오
라 하였더니 아각이 즐거이 오며
이르되 진실로 사망의 괴로움이 지
났도다 하니라
33 사무엘이 이르되 네 칼이 여인들에
게 자식이 없게 한 것같이 여인 중
네 어미에게 자식이 없으리라 하고
그가 길갈에서 여호와 앞에서 아각
을 찍어 쪼개니라

사무엘이 다윗에게 기름을 붓다

34 ●이에 사무엘은 라마로 가고 사울
은 사울 기브아 자기의 집으로 올
라가니라
35 사무엘이 죽는 날까지 사울을 다시
가서 보지 아니하였으니 이는 그가
사울을 위하여 슬퍼함이었고 여호
와께서는 사울을 이스라엘 왕으로
삼으신 것을 후회하셨더라

16 여호와께서 사무엘에게 이르
시되 내가 이미 사울을 버려
이스라엘 왕이 되지 못하게 하였거
늘 네가 그를 위하여 언제까지 슬
퍼하겠느냐 너는 뿔에 기름을 채워
가지고 가라 내가 너를 베들레헴
사람 이새에게로 보내리니 이는 내
가 그의 아들 중에서 한 왕을 보았
느니라 하시는지라
2 사무엘이 이르되 내가 어찌 갈 수
있으리이까 사울이 들으면 나를 죽
이리이다 하니 여호와께서 이르시
되 너는 암송아지를 끌고 가서 말
하기를 내가 여호와께 제사를 드리
러 왔다 하고
3 이새를 제사에 청하라 내가 네게
행할 일을 가르치리니 내가 네게
알게 하는 자에게 나를 위하여 기
름을 부을지니라
4 사무엘이 여호와의 말씀대로 행하
여 베들레헴에 이르매 성읍 장로들
이 떨며 그를 영접하여 이르되 평
강을 위하여 오시나이까
5 이르되 평강을 위함이니라 내가 여
호와께 제사하러 왔으니 스스로 성
결하게 하고 와서 나와 함께 제사
하자 하고 이새와 그의 아들들을
성결하게 하고 제사에 청하니라
6 ●그들이 오매 사무엘이 엘리압을
보고 마음에 이르기를 여호와의 기
름부으실 자가 과연 주님 앞에 있
도다 하였더니
7 여호와께서 사무엘에게 이르시되
그의 용모와 키를 보지 말라 내가
이미 그를 버렸노라 내가 보는 것
은 사람과 같지 아니하니 사람은
외모를 보거니와 나 여호와는 중심
을 보느니라 하시더라

8 이새가 아비나답을 불러 사무엘 앞
을 지나가게 하매 사무엘이 이르되
이도 여호와께서 택하지 아니하셨
느니라 하니
9 이새가 삼마로 지나게 하매 사무엘
이 이르되 이도 여호와께서 택하지
아니하셨느니라 하니라
10 이새가 그의 아들 일곱을 다 사무
엘 앞으로 지나가게 하나 사무엘이
이새에게 이르되 여호와께서 이들
을 택하지 아니하셨느니라 하고
11 또 사무엘이 이새에게 이르되 네
아들들이 다 여기 있느냐 이새가
이르되 아직 막내가 남았는데 그
는 양을 지키나이다 사무엘이 이
새에게 이르되 사람을 보내어 그
를 데려오라 그가 여기 오기까지
는 우리가 식사 자리에 앉지 아니
하겠노라
12 이에 사람을 보내어 그를 데려오매
그의 빛이 붉고 눈이 빼어나고 얼
굴이 아름답더라 여호와께서 이르
시되 이가 그니 일어나 기름을 부
으라 하시는지라
13 사무엘이 기름 뿔병을 가져다가 그
의 형제 중에서 그에게 부었더니
이날 이후로 다윗이 여호와의 영에
게 크게 감동되니라 사무엘이 떠나
서 라마로 가니라

사울을 섬기게 된 다윗

14 ●여호와의 영이 사울에게서 떠나
고 여호와께서 부리시는 악령이 그
를 번뇌하게 한지라
15 사울의 신하들이 그에게 이르되 보
소서 하나님께서 부리시는 악령이
왕을 번뇌하게 하온즉
16 원하건대 우리 주께서는 당신 앞에
서 모시는 신하들에게 명령하여 수
금을 잘 타는 사람을 구하게 하소
서 하나님께서 부리시는 악령이 왕
에게 이를 때에 그가 손으로 타면
왕이 나으시리이다 하는지라
17 사울이 신하에게 이르되 나를 위하
여 잘 타는 사람을 구하여 내게로
데려오라 하니
18 소년 중 한 사람이 대답하여 이르
되 내가 베들레헴 사람 이새의 아
들을 본즉 수금을 탈 줄 알고 용기
와 무용과 구변이 있는 준수한 자
라 여호와께서 그와 함께 계시더이
다 하더라
19 사울이 이에 전령들을 이새에게 보
내어 이르되 양 치는 네 아들 다윗
을 내게로 보내라 하매
20 이새가 떡과 한 가죽부대의 포도주
와 염소 새끼를 나귀에 실리고 그
의 아들 다윗을 시켜 사울에게 보
내니
21 다윗이 사울에게 이르러 그 앞에 모
셔 서매 사울이 그를 크게 사랑하여
자기의 무기를 드는 자로 삼고
22 또 사울이 이새에게 사람을 보내어
이르되 원하건대 다윗을 내 앞에
모셔 서게 하라 그가 내게 은총을
얻었느니라 하니라
23 하나님께서 부리시는 악령이 사울
에게 이를 때에 다윗이 수금을 들고
와서 손으로 탄즉 사울이 상쾌하여
낫고 악령이 그에게서 떠나더라

골리앗이 이스라엘의 군대를 모욕하다

17 블레셋 사람들이 그들의 군대
를 모으고 싸우고자 하여 유다
에 속한 소고에 모여 소고와 아세
가 사이의 에베스담밈에 진치매
2 사울과 이스라엘 사람들이 모여서
[1]엘라 골짜기에 진치고 블레셋 사
람들을 대하여 전열을 벌였으니
3 블레셋 사람들은 이쪽 산에 섰고
이스라엘은 저쪽 산에 섰고 그 사

1) 상수리

이에는 골짜기가 있었더라
4 블레셋 사람들의 진영에서 싸움을
돋우는 자가 왔는데 그의 이름은
골리앗이요 가드 사람이라 그의 키
는 여섯 [1]규빗 한 뼘이요
5 머리에는 놋 투구를 썼고 몸에는
비늘 갑옷을 입었으니 그 갑옷의
무게가 놋 오천 세겔이며
6 그의 다리에는 놋 각반을 쳤고 어
깨 사이에는 놋 단창을 메었으니
7 그 창 자루는 베틀 채 같고 창 날은
철 육백 세겔이며 방패 든 자가 앞
서 행하더라
8 그가 서서 이스라엘 군대를 향하여
외쳐 이르되 너희가 어찌하여 나와
서 전열을 벌였느냐 나는 블레셋
사람이 아니며 너희는 사울의 신복
이 아니냐 너희는 한 사람을 택하
여 내게로 내려보내라
9 그가 나와 싸워서 나를 죽이면 우
리가 너희의 종이 되겠고 만일 내
가 이겨 그를 죽이면 너희가 우리
의 종이 되어 우리를 섬길 것이니
라
10 그 블레셋 사람이 또 이르되 내가
오늘 이스라엘의 군대를 모욕하였
으니 사람을 보내어 나와 더불어
싸우게 하라 한지라
11 사울과 온 이스라엘이 블레셋 사람
의 이 말을 듣고 놀라 크게 두려워
하니라

사울의 진영에 나타난 다윗

12 ●다윗은 유다 베들레헴 에브랏 사
람 이새라 하는 사람의 아들이었는
데 이새는 사울 당시 사람 중에 나
이가 많아 늙은 사람으로서 여덟
아들이 있는 중
13 그 장성한 세 아들은 사울을 따라
싸움에 나갔으니 싸움에 나간 세
아들의 이름은 장자 엘리압이요 그
다음은 아비나답이요 셋째는 삼마
며
14 다윗은 막내라 장성한 세 사람은
사울을 따랐고
15 다윗은 사울에게로 왕래하며 베들
레헴에서 그의 아버지의 양을 칠
때에
16 그 블레셋 사람이 사십 일을 조석
으로 나와서 몸을 나타내었더라
17 ●이새가 그의 아들 다윗에게 이르
되 지금 네 형들을 위하여 이 볶은
곡식 한 에바와 이 떡 열 덩이를 가
지고 진영으로 속히 가서 네 형들
에게 주고
18 이 치즈 열 덩이를 가져다가 그들
의 천부장에게 주고 네 형들의 안
부를 살피고 증표를 가져오라
19 그때에 사울과 그들과 이스라엘 모
든 사람들은 엘라 골짜기에서 블레
셋 사람들과 싸우는 중이더라
20 다윗이 아침에 일찍이 일어나서 양
을 양 지키는 자에게 맡기고 이새
가 명령한 대로 가지고 가서 진영
에 이른즉 마침 군대가 전장에 나
와서 싸우려고 고함치며,
21 이스라엘과 블레셋 사람들이 전열
을 벌이고 양군이 서로 대치하였더
라
22 다윗이 자기의 짐을 짐 지키는 자
의 손에 맡기고 군대로 달려가서
형들에게 문안하고
23 그들과 함께 말할 때에 마침 블레
셋 사람의 싸움 돋우는 가드 사람
골리앗이라 하는 자가 그 전열에서
나와서 전과 같은 말을 하매 다윗
이 들으니라
24 이스라엘 모든 사람이 그 사람을
보고 심히 두려워하여 그 앞에서
도망하며

1) 히, 암마

25 이스라엘 사람들이 이르되 너희가
이 올라 온 사람을 보았느냐 참으
로 이스라엘을 모욕하러 왔도다
그를 죽이는 사람은 왕이 많은 재
물로 부하게 하고 그의 딸을 그에
게 주고 그 아버지의 집을 이스라
엘 중에서 세금을 면제하게 하시
리라
26 다윗이 곁에 서 있는 사람들에게
말하여 이르되 이 블레셋 사람을
죽여 이스라엘의 치욕을 제거하는
사람에게는 어떠한 대우를 하겠느
냐 이 할례받지 않은 블레셋 사람
이 누구이기에 살아 계시는 하나님
의 군대를 모욕하겠느냐
27 백성이 전과 같이 말하여 이르되
그를 죽이는 사람에게는 이러이러
하게 하시리라 하니라
28 ●큰형 엘리압이 다윗이 사람들에
게 하는 말을 들은지라 그가 다윗
에게 노를 발하여 이르되 네가 어
찌하여 이리로 내려왔느냐 들에 있
는 양들을 누구에게 맡겼느냐 나는
네 교만과 네 마음의 완악함을 아
노니 네가 전쟁을 구경하러 왔도다
29 다윗이 이르되 내가 무엇을 하였나
이까 어찌 [1)]이유가 없으리이까 하
고
30 돌아서서 다른 사람을 향하여 전과
같이 말하매 백성이 전과 같이 대
답하니라
31 ●어떤 사람이 다윗이 한 말을 듣
고 그것을 사울에게 전하였으므로
사울이 다윗을 부른지라
32 다윗이 사울에게 말하되 그로 말미
암아 사람이 낙담하지 말 것이라
주의 종이 가서 저 블레셋 사람과
싸우리이다 하니
33 사울이 다윗에게 이르되 네가 가서
저 블레셋 사람과 싸울 수 없으리
니 너는 소년이요 그는 어려서부터
용사임이니라
34 다윗이 사울에게 말하되 주의 종이
아버지의 양을 지킬 때에 사자나
곰이 와서 양 떼에서 새끼를 물어
가면
35 내가 따라가서 그것을 치고 그 입
에서 새끼를 건져내었고 그것이 일
어나 나를 해하고자 하면 내가 그
수염을 잡고 그것을 쳐죽였나이다
36 주의 종이 사자와 곰도 쳤은즉 살
아 계시는 하나님의 군대를 모욕한
이 할례받지 않은 블레셋 사람이리
이까 그가 그 짐승의 하나와 같이
되리이다
37 또 다윗이 이르되 여호와께서 나를
사자의 발톱과 곰의 발톱에서 건져
내셨은즉 나를 이 블레셋 사람의
손에서도 건져내시리이다 사울이
다윗에게 이르되 가라 여호와께서
너와 함께 계시기를 원하노라
38 이에 사울이 자기 군복을 다윗에게
입히고 놋 투구를 그의 머리에 씌
우고 또 그에게 갑옷을 입히매
39 다윗이 칼을 군복 위에 차고는 익
숙하지 못하므로 시험적으로 걸어
보다가 사울에게 말하되 익숙하지
못하니 이것을 입고 가지 못하겠나
이다 하고 곧 벗고
40 손에 막대기를 가지고 시내에서 매
끄러운 돌 다섯을 골라서 자기 목
자의 제구 곧 주머니에 넣고 손에
물매를 가지고 블레셋 사람에게로
나아가니라

다윗이 골리앗을 이기다

41 ●블레셋 사람이 방패 든 사람을
앞세우고 다윗에게로 점점 가까이
나아가니라
42 그 블레셋 사람이 둘러보다가 다윗

1) 말 한 마디뿐이 아니니이까 하고

을 보고 업신여기니 이는 그가 젊
고 붉고 용모가 아름다움이라
43 블레셋 사람이 다윗에게 이르되 네
가 나를 개로 여기고 막대기를 가
지고 내게 나아왔느냐 하고 그의
신들의 이름으로 다윗을 저주하고
44 그 블레셋 사람이 또 다윗에게 이
르되 내게로 오라 내가 네 살을 공
중의 새들과 들짐승들에게 주리라
하는지라
45 다윗이 블레셋 사람에게 이르되 너
는 칼과 창과 단창으로 내게 나아
오거니와 나는 만군의 여호와의 이
름 곧 네가 모욕하는 이스라엘 군
대의 하나님의 이름으로 네게 나아
가노라
46 오늘 여호와께서 너를 내 손에 넘
기시리니 내가 너를 쳐서 네 목을
베고 블레셋 군대의 시체를 오늘
공중의 새와 땅의 들짐승에게 주어
온 땅으로 이스라엘에 하나님이 계
신 줄 알게 하겠고
47 또 여호와의 구원하심이 칼과 창에
있지 아니함을 이 무리에게 알게
하리라 전쟁은 여호와께 속한 것인
즉 그가 너희를 우리 손에 넘기시
리라
48 블레셋 사람이 일어나 다윗에게로
마주 가까이 올 때에 다윗이 블레
셋 사람을 향하여 빨리 달리며
49 손을 주머니에 넣어 돌을 가지고
물매로 던져 블레셋 사람의 이마를
치매 돌이 그의 이마에 박히니 땅
에 엎드러지니라
50 ●다윗이 이같이 물매와 돌로 블레
셋 사람을 이기고 그를 쳐죽였으나
자기 손에는 칼이 없었더라
51 다윗이 달려가서 블레셋 사람을 밟
고 그의 칼을 그 칼집에서 빼내어
그 칼로 그를 죽이고 그의 머리를
베니 블레셋 사람들이 자기 용사의
죽음을 보고 도망하는지라
52 이스라엘과 유다 사람들이 일어나
서 소리 지르며 블레셋 사람들을
쫓아 가이와 에그론 성문까지 이르
렀고 블레셋 사람들의 부상자들은
사아라임 가는 길에서부터 가드와
에그론까지 엎드러졌더라
53 이스라엘 자손이 블레셋 사람들을
쫓다가 돌아와서 그들의 진영을 노
략하였고
54 다윗은 그 블레셋 사람의 머리를
예루살렘으로 가져가고 갑주는 자
기 장막에 두니라

다윗이 사울 앞에 서다

55 ●사울은 다윗이 블레셋 사람을 향
하여 나아감을 보고 군사령관 아브
넬에게 묻되 아브넬아 이 소년이
누구의 아들이냐 아브넬이 이르되
왕이여 왕의 사심으로 맹세하옵나
니 내가 알지 못하나이다 하매
56 왕이 이르되 너는 이 청년이 누구
의 아들인가 물어보라 하였더니
57 다윗이 그 블레셋 사람을 죽이고
돌아올 때에 그 블레셋 사람의 머
리가 그의 손에 있는 채 아브넬이
그를 사울 앞으로 인도하니
58 사울이 그에게 묻되 소년이여 누구
의 아들이냐 하니 다윗이 대답하되
나는 주의 종 베들레헴 사람 이새
의 아들이니이다 하니라

18

다윗이 사울에게 말하기를 마
치매 요나단의 마음이 다윗의
마음과 하나가 되어 요나단이 그를
자기 생명같이 사랑하니라
2 그날에 사울은 다윗을 머무르게 하
고 그의 아버지의 집으로 다시 돌
아가기를 허락하지 아니하였고
3 요나단은 다윗을 자기 생명같이 사
랑하여 더불어 언약을 맺었으며

4 요나단이 자기가 입었던 겉옷을 벗
어 다윗에게 주었고 자기의 군복과
칼과 활과 띠도 그리하였더라
5 다윗은 사울이 보내는 곳마다 가서
지혜롭게 행하매 사울이 그를 군대
의 장으로 삼았더니 온 백성이 합
당히 여겼고 사울의 신하들도 합당
히 여겼더라

사울이 불쾌하여 다윗을 주목하다

6 ●무리가 돌아올 때 곧 다윗이 블
레셋 사람을 죽이고 돌아올 때에
여인들이 이스라엘 모든 성읍에서
나와서 노래하며 춤추며 소고와
경쇠를 가지고 왕 사울을 환영하는
데
7 여인들이 뛰놀며 노래하여 이르되
사울이 죽인 자는 천천이요 다윗
은 만만이로다
한지라
8 사울이 그 말에 불쾌하여 심히 노
하여 이르되 다윗에게는 만만을 돌
리고 내게는 천천만 돌리니 그가
더 얻을 것이 나라 말고 무엇이냐
하고
9 그날 후로 사울이 다윗을 주목하였
더라
10 ●그 이튿날 하나님께서 부리시는
악령이 사울에게 힘 있게 내리매
그가 집 안에서 정신 없이 떠들어
대므로 다윗이 평일과 같이 손으로
수금을 타는데 그때에 사울의 손에
창이 있는지라
11 그가 스스로 이르기를 내가 다윗을
벽에 박으리라 하고 사울이 그 창
을 던졌으나 다윗이 그의 앞에서
두 번 피하였더라
12 여호와께서 사울을 떠나 다윗과 함
께 계시므로 사울이 그를 두려워한
지라
13 그러므로 사울이 그를 자기 곁에서
떠나게 하고 그를 천부장으로 삼으
매 그가 백성 앞에 출입하며
14 다윗이 그의 모든 일을 지혜롭게
행하니라 여호와께서 그와 함께 계
시니라
15 사울은 다윗이 크게 지혜롭게 행함
을 보고 그를 두려워하였으나
16 온 이스라엘과 유다는 다윗을 사랑
하였으니 그가 자기들 앞에 출입하
기 때문이었더라

다윗이 사울의 사위가 되다

17 ●사울이 다윗에게 이르되 내 맏딸
메랍을 네게 아내로 주리니 오직
너는 나를 위하여 용기를 내어 여
호와의 싸움을 싸우라 하니 이는
그가 생각하기를 내 손을 그에게
대지 않고 블레셋 사람들의 손을
그에게 대게 하리라 함이라
18 다윗이 사울에게 이르되 내가 누구
며 이스라엘 중에 내 [1]친속이나 내
아버지의 집이 무엇이기에 내가 왕
의 사위가 되리이까 하였더니
19 사울의 딸 메랍을 다윗에게 줄 시
기에 므홀랏 사람 아드리엘에게 아
내로 주었더라
20 사울의 딸 미갈이 다윗을 사랑하매
어떤 사람이 사울에게 알린지라 사
울이 그 일을 좋게 여겨
21 스스로 이르되 내가 딸을 그에게
주어서 그에게 올무가 되게 하고
블레셋 사람들의 손으로 그를 치게
하리라 하고 이에 사울이 다윗에게
이르되 네가 오늘 다시 내 사위가
되리라 하니라
22 ●사울이 그의 신하들에게 명령하
되 너희는 다윗에게 비밀히 말하여
이르기를 보라 왕이 너를 기뻐하시
고 모든 신하도 너를 사랑하나니
그런즉 네가 왕의 사위가 되는 것

1) 생명

이 가하니라 하라
23 사울의 신하들이 이 말을 다윗의
귀에 전하매 다윗이 이르되 왕의
사위 되는 것을 너희는 작은 일로
보느냐 나는 가난하고 천한 사람이
라 한지라
24 사울의 신하들이 사울에게 말하여
이르되 다윗이 이러이러하게 말하
더이다 하니
25 사울이 이르되 너희는 다윗에게 이
같이 말하기를 왕이 아무것도 원하
지 아니하고 다만 왕의 원수의 보
복으로 블레셋 사람들의 포피 백
개를 원하신다 하라 하였으니 이는
사울의 생각에 다윗을 블레셋 사람
들의 손에 죽게 하리라 함이라
26 사울의 신하들이 이 말을 다윗에게
아뢰매 다윗이 왕의 사위 되는 것
을 좋게 여기므로 결혼할 날이 차
기 전에
27 다윗이 일어나서 그의 부하들과 함
께 가서 블레셋 사람 이백 명을 죽
이고 그들의 포피를 가져다가 수대
로 왕께 드려 왕의 사위가 되고자
하니 사울이 그의 딸 미갈을 다윗
에게 아내로 주었더라
28 여호와께서 다윗과 함께 계심을 사
울이 보고 알았고 사울의 딸 미갈
도 그를 사랑하므로
29 사울이 다윗을 더욱더욱 두려워하
여 평생에 다윗의 대적이 되니라
30 ●블레셋 사람들의 방백들이 싸우
러 나오면 그들이 나올 때마다 다
윗이 사울의 모든 신하보다 더 지
혜롭게 행하매 이에 그의 이름이
심히 귀하게 되니라

사울이 다윗을 죽이려 하다

19 사울이 그의 아들 요나단과 그
의 모든 신하에게 다윗을 죽이
라 말하였더니 사울의 아들 요나단
이 다윗을 심히 좋아하므로
2 그가 다윗에게 말하여 이르되 내
아버지 사울이 너를 죽이기를 꾀하
시느니라 그러므로 이제 청하노니
아침에 조심하여 은밀한 곳에 숨어
있으라
3 내가 나가서 네가 있는 들에서 내
아버지 곁에 서서 네 일을 내 아버
지와 말하다가 무엇을 보면 네게
알려 주리라 하고
4 요나단이 그의 아버지 사울에게 다
윗을 칭찬하여 이르되 원하건대 왕
은 신하 다윗에게 범죄하지 마옵소
서 그는 왕께 득죄하지 아니하였고
그가 왕께 행한 일은 심히 선함이
니이다
5 그가 자기 생명을 아끼지 아니하고
블레셋 사람을 죽였고 여호와께서
는 온 이스라엘을 위하여 큰 구원
을 이루셨으므로 왕이 이를 보고
기뻐하셨거늘 어찌 까닭 없이 다윗
을 죽여 무죄한 피를 흘려 범죄하
려 하시나이까
6 사울이 요나단의 말을 듣고 맹세하
되 여호와께서 살아 계심을 두고
맹세하거니와 그가 죽임을 당하지
아니하리라
7 요나단이 다윗을 불러 그 모든 일
을 그에게 알리고 요나단이 그를
사울에게로 인도하니 그가 사울 앞
에 전과 같이 있었더라
8 ●전쟁이 다시 있으므로 다윗이 나
가서 블레셋 사람들과 싸워 그들을
크게 쳐죽이매 그들이 그 앞에서
도망하니라
9 사울이 손에 단창을 가지고 그의
집에 앉았을 때에 여호와께서 부리
시는 악령이 사울에게 접하였으므
로 다윗이 손으로 수금을 탈 때에
10 사울이 단창으로 다윗을 벽에 박으

려 하였으나 그는 사울의 앞을 피
하고 사울의 창은 벽에 박힌지라
다윗이 그 밤에 도피하매
11 사울이 전령들을 다윗의 집에 보내
어 그를 지키다가 아침에 그를 죽
이게 하려 한지라 다윗의 아내 미
갈이 다윗에게 말하여 이르되 당신
이 이 밤에 당신의 생명을 구하지
아니하면 내일에는 죽임을 당하리
라 하고
12 미갈이 다윗을 창에서 달아 내리매
그가 피하여 도망하니라
13 미갈이 우상을 가져다가 침상에 누
이고 염소 털로 엮은 것을 그 머리
에 씌우고 의복으로 그것을 덮었더
니
14 사울이 전령들을 보내어 다윗을 잡
으려 하매 미갈이 이르되 그가 병
들었느니라
15 사울이 또 전령들을 보내어 다윗을
보라 하며 이르되 그를 침상째 내
게로 들고 오라 내가 그를 죽이리
라
16 전령들이 들어가 본즉 침상에는 우
상이 있고 염소 털로 엮은 것이 그
머리에 있었더라
17 사울이 미갈에게 이르되 너는 어찌
하여 이처럼 나를 속여 내 대적을
놓아 피하게 하였느냐 미갈이 사울
에게 대답하되 그가 내게 이르기를
나를 놓아 가게 하라 어찌하여 나
로 너를 죽이게 하겠느냐 하더이다
하니라
18 ●다윗이 도피하여 라마로 가서 사
무엘에게로 나아가서 사울이 자기
에게 행한 일을 다 전하였고 다윗
과 사무엘이 나욧으로 가서 살았더
라
19 어떤 사람이 사울에게 전하여 이르
되 다윗이 라마 나욧에 있더이다
하매
20 사울이 다윗을 잡으러 전령들을 보
냈더니 그들이 선지자 무리가 예언
하는 것과 사무엘이 그들의 수령으
로 선 것을 볼 때에 하나님의 영이
사울의 전령들에게 임하매 그들도
예언을 한지라
21 어떤 사람이 그것을 사울에게 알리
매 사울이 다른 전령들을 보냈더니
그들도 예언을 했으므로 사울이 세
번째 다시 전령들을 보냈더니 그들
도 예언을 한지라
22 이에 사울도 라마로 가서 세구에
있는 큰 우물에 도착하여 물어 이
르되 사무엘과 다윗이 어디 있느냐
어떤 사람이 이르되 라마 나욧에
있나이다
23 사울이 라마 나욧으로 가니라 하나
님의 영이 그에게도 임하시니 그가
라마 나욧에 이르기까지 걸어가며
예언을 하였으며
24 그가 또 그의 옷을 벗고 사무엘 앞
에서 예언을 하며 하루 밤낮을 벗
은 몸으로 누웠더라 그러므로 속담
에 이르기를 사울도 선지자 중에
있느냐 하니라

요나단이 다윗을 돕다

20 다윗이 라마 나욧에서 도망
하여 요나단에게 이르되 내
가 무엇을 하였으며 내 죄악이 무
엇이며 네 아버지 앞에서 내 죄가
무엇이기에 그가 내 생명을 찾느
냐
2 요나단이 그에게 이르되 결단코 아
니라 네가 죽지 아니하리라 내 아
버지께서 크고 작은 일을 내게 알
리지 아니하고는 행하지 아니하나
니 내 아버지께서 어찌하여 이 일
은 내게 숨기리요 그렇지 아니하니
라

3 다윗이 또 맹세하여 이르되 내가
네게 은혜 받은 줄을 네 아버지께
서 밝히 알고 스스로 이르기를 요
나단이 슬퍼할까 두려운즉 그에게
이것을 알리지 아니하리라 함이니
라 그러나 진실로 여호와의 살아
계심과 네 생명을 두고 맹세하노니
나와 죽음의 사이는 한 걸음 뿐이
니라
4 요나단이 다윗에게 이르되 네 마음
의 소원이 무엇이든지 내가 너를
위하여 그것을 이루리라
5 다윗이 요나단에게 이르되 내일은
초하루인즉 내가 마땅히 왕을 모시
고 앉아 식사를 하여야 할 것이나
나를 보내어 셋째 날 저녁까지 들
에 숨게 하고
6 네 아버지께서 만일 나에 대하여
자세히 묻거든 그때에 너는 말하기
를 다윗이 자기 성읍 베들레헴으로
급히 가기를 내게 허락하라 간청하
였사오니 이는 온 가족을 위하여
거기서 매년제를 드릴 때가 됨이니
이다 하라
7 그의 말이 좋다 하면 네 종이 평안
하려니와 그가 만일 노하면 나를
해하려고 결심한 줄을 알지니
8 그런즉 바라건대 네 종에게 인자하
게 행하라 네가 네 종에게 여호와
앞에서 너와 맹약하게 하였음이니
라 그러나 내게 죄악이 있으면 네
가 친히 나를 죽이라 나를 네 아버
지에게로 데려갈 이유가 무엇이냐
하니라
9 요나단이 이르되 이 일이 결코 네
게 일어나지 아니하리라 내 아버지
께서 너를 해치려 확실히 결심한
줄 알면 내가 네게 와서 그것을 네
게 이르지 아니하겠느냐 하니
10 다윗이 요나단에게 이르되 네 아버
지께서 혹 엄하게 네게 대답하면
누가 그것을 내게 알리겠느냐 하더
라
11 요나단이 다윗에게 이르되 오라 우
리가 들로 가자 하고 두 사람이 들
로 가니라
12 ●요나단이 다윗에게 이르되 이스
라엘의 하나님 여호와께서 증언하
시거니와 내가 내일이나 모레 이맘
때에 내 아버지를 살펴서 너 다윗
에게 대한 의향이 선하면 내가 사
람을 보내어 네게 알리지 않겠느냐
13 그러나 만일 내 아버지께서 너를
해치려 하는데도 내가 이 일을 네
게 알려 주어 너를 보내어 평안히
가게 하지 아니하면 여호와께서 나
요나단에게 벌을 내리시고 또 내리
시기를 원하노라 여호와께서 내 아
버지와 함께하신 것같이 너와 함께
하시기를 원하노니
14 너는 내가 사는 날 동안에 여호와
의 인자하심을 내게 베풀어서 나를
죽지 않게 할 뿐 아니라
15 여호와께서 너 다윗의 대적들을 지
면에서 다 끊어 버리신 때에도 너
는 네 인자함을 내 집에서 영원히
끊어 버리지 말라 하고
16 이에 요나단이 다윗의 집과 언약하
기를 여호와께서는 다윗의 대적들
을 치실지어다 하니라
17 ●다윗에 대한 요나단의 사랑이 그
를 다시 맹세하게 하였으니 이는
자기 생명을 사랑함같이 그를 사랑
함이었더라
18 요나단이 다윗에게 이르되 내일은
초하루인즉 네 자리가 비므로 네가
없음을 자세히 물으실 것이라
19 너는 사흘 동안 있다가 빨리 내려
가서 그 일이 있던 날에 숨었던 곳
에 이르러 에셀 바위 곁에 있으라

20 내가 과녁을 쏘려함같이 화살 셋을
그 바위 곁에 쏘고
21 아이를 보내어 가서 화살을 찾으라
하며 내가 짐짓 아이에게 이르기를
보라 화살이 네 이쪽에 있으니 가
져오라 하거든 너는 돌아올지니 여
호와께서 살아 계심을 두고 맹세하
노니 네가 평안 무사할 것이요
22 만일 아이에게 이르기를 보라 화살
이 네 앞쪽에 있다 하거든 네 길을
가라 여호와께서 너를 보내셨음이
니라
23 너와 내가 말한 일에 대하여는 여
호와께서 너와 나 사이에 영원토록
계시느니라 하니라
24 ●다윗이 들에 숨으니라 초하루가
되매 왕이 앉아 음식을 먹을 때에
25 왕은 평시와 같이 벽 곁 자기 자리
에 앉아 있고 요나단은 서 있고 아
브넬은 사울 곁에 앉아 있고 다윗
의 자리는 비었더라
26 그러나 그날에는 사울이 아무 말도
하지 아니하였으니 이는 생각하기
를 그에게 무슨 사고가 있어서 부
정한가보다 정녕히 부정한가보다
하였음이더니
27 이튿날 곧 그달의 둘째 날에도 다
윗의 자리가 여전히 비었으므로 사
울이 그의 아들 요나단에게 묻되
이새의 아들이 어찌하여 어제와 오
늘 식사에 나오지 아니하느냐 하니
28 요나단이 사울에게 대답하되 다윗
이 내게 베들레헴으로 가기를 간청
하여
29 이르되 원하건대 나에게 가게 하라
우리 가족이 그 성읍에서 제사할
일이 있으므로 나의 형이 내게 오
기를 명령하였으니 내가 네게 사랑
을 받거든 내가 가서 내 형들을 보
게 하라 하였으므로 그가 왕의 식
사 자리에 오지 아니하였나이다 하
니
30 ●사울이 요나단에게 화를 내며 그
에게 이르되 패역무도한 계집의
소생아 네가 이새의 아들을 택한
것이 네 수치와 네 어미의 벌거벗
은 수치 됨을 내가 어찌 알지 못하
랴
31 이새의 아들이 땅에 사는 동안은
너와 네 나라가 든든히 서지 못하
리라 그런즉 이제 사람을 보내어
그를 내게로 끌어 오라 그는 [1]죽어
야 할 자이니라 한지라
32 요나단이 그의 아버지 사울에게 대
답하여 이르되 그가 죽을 일이 무
엇이니이까 무엇을 행하였나이까
33 사울이 요나단에게 단창을 던져 죽
이려 한지라 요나단이 그의 아버
지가 다윗을 죽이기로 결심한 줄 알
고
34 심히 노하여 식탁에서 떠나고 그
달의 둘째 날에는 먹지 아니하였으
니 이는 그의 아버지가 다윗을 욕
되게 하였으므로 다윗을 위하여 슬
퍼함이었더라
35 ●아침에 요나단이 작은 아이를 데
리고 다윗과 정한 시간에 들로 나
가서
36 아이에게 이르되 달려가서 내가 쏘
는 화살을 찾으라 하고 아이가 달
려갈 때에 요나단이 화살을 그의
위로 지나치게 쏘니라
37 아이가 요나단이 쏜 화살 있는 곳
에 이를 즈음에 요나단이 아이 뒤
에서 외쳐 이르되 화살이 네 앞쪽
에 있지 아니하냐 하고
38 요나단이 아이 뒤에서 또 외치되
지체 말고 빨리 달음질하라 하매
요나단의 아이가 화살을 주워 가지

1) 사망의 자식이니라

고 주인에게로 돌아왔으나
39 그 아이는 아무것도 알지 못하고
요나단과 다윗만 그 일을 알았더라
40 요나단이 그의 무기를 아이에게 주
며 이르되 이것을 가지고 성읍으로
가라 하니
41 아이가 가매 다윗이 곧 바위 남쪽
에서 일어나서 땅에 엎드려 세 번
절한 후에 서로 입맞추고 같이 울
되 다윗이 더욱 심하더니
42 요나단이 다윗에게 이르되 평안히
가라 우리 두 사람이 여호와의 이
름으로 맹세하여 이르기를 여호와
께서 영원히 나와 너 사이에 계시
고 내 자손과 네 자손 사이에 계시
리라 하였느니라 하니 다윗은 일어
나 떠나고 요나단은 성읍으로 들어
가니라

다윗이 사울을 피하여 도망하다

21 다윗이 놉에 가서 제사장 아히
멜렉에게 이르니 아히멜렉이
떨며 다윗을 영접하여 그에게 이르
되 어찌하여 네가 홀로 있고 함께
하는 자가 아무도 없느냐 하니
2 다윗이 제사장 아히멜렉에게 이르
되 왕이 내게 일을 명령하고 이르
시기를 내가 너를 보내는 것과 네
게 명령한 일은 아무것도 사람에게
알리지 말라 하시기로 내가 나의
소년들을 이러이러한 곳으로 오라
고 말하였나이다
3 이제 당신의 수중에 무엇이 있나이
까 떡 다섯 덩이나 무엇이나 있는
대로 내 손에 주소서 하니
4 제사장이 다윗에게 대답하여 이르
되 보통 떡은 내 수중에 없으나 거
룩한 떡은 있나니 그 소년들이 여
자를 가까이만 하지 아니하였으면
주리라 하는지라
5 다윗이 제사장에게 대답하여 이르
되 우리가 참으로 삼 일 동안이나
여자를 가까이하지 아니하였나이
다 내가 떠난 길이 보통 여행이라
도 소년들의 그릇이 성결하겠거든
하물며 오늘 그들의 그릇이 성결하
지 아니하겠나이까 하매
6 제사장이 그 거룩한 떡을 주었으니
거기는 진설병 곧 여호와 앞에서
물려 낸 떡밖에 없었음이라 이 떡
은 더운 떡을 드리는 날에 물려 낸
것이더라
7 ●그날에 사울의 신하 한 사람이
여호와 앞에 머물러 있었는데 그는
도엑이라 이름하는 에돔 사람이요
사울의 목자장이었더라
8 다윗이 아히멜렉에게 이르되 여기
당신의 수중에 창이나 칼이 없나이
까 왕의 일이 급하므로 내가 내 칼
과 무기를 가지지 못하였나이다 하
니
9 제사장이 이르되 네가 엘라 골짜기
에서 죽인 블레셋 사람 골리앗의
칼이 보자기에 싸여 에봇 뒤에 있
으니 네가 그것을 가지려거든 가지
라 여기는 그것밖에 다른 것이 없
느니라 하는지라 다윗이 이르되 그
같은 것이 또 없나니 내게 주소서
하더라
10 ●그날에 다윗이 사울을 두려워하
여 일어나 도망하여 가드 왕 아기
스에게로 가니
11 아기스의 신하들이 아기스에게 말
하되 이는 그 땅의 왕 다윗이 아니
니이까 무리가 춤추며 이 사람의
일을 노래하여 이르되

사울이 죽인 자는 천천이요 다윗
은 만만이로다

하지 아니하였나이까 한지라
12 다윗이 이 말을 그의 마음에 두고
가드 왕 아기스를 심히 두려워하여

13 그들 앞에서 그의 행동을 변하여
미친 체하고 대문짝에 그적거리며
침을 수염에 흘리매
14 아기스가 그의 신하에게 이르되 너
희도 보거니와 이 사람이 미치광이
로다 어찌하여 그를 내게로 데려왔
느냐
15 내게 미치광이가 부족하여서 너희
가 이 자를 데려다가 내 앞에서 미
친 짓을 하게 하느냐 이 자가 어찌
내 집에 들어오겠느냐 하니라

사울이 놉의 제사장들을 죽이다

22 그러므로 다윗이 그곳을 떠나
아둘람 굴로 도망하매 그의
형제와 아버지의 온 집이 듣고 그
리로 내려가서 그에게 이르렀고
2 환난당한 모든 자와 빚진 모든 자
와 마음이 원통한 자가 다 그에게
로 모였고 그는 그들의 우두머리가
되었는데 그와 함께한 자가 사백
명 가량이었더라
3 ●다윗이 거기서 모압 미스베로 가
서 모압 왕에게 이르되 하나님이
나를 위하여 어떻게 하실지를 내가
알기까지 나의 부모가 나와서 당신
들과 함께 있게 하기를 청하나이다
하고
4 부모를 인도하여 모압 왕 앞에 나
아갔더니 그들은 다윗이 요새에 있
을 동안에 모압 왕과 함께 있었더
라
5 선지자 갓이 다윗에게 이르되 너는
이 요새에 있지 말고 떠나 유다 땅
으로 들어가라 다윗이 떠나 헤렛
수풀에 이르니라
6 ●사울이 다윗과 그와 함께 있는
사람들이 나타났다 함을 들으니라
그때에 사울이 기브아 높은 곳에서
손에 단창을 들고 에셀 나무 아래
에 앉았고 모든 신하들은 그의 곁
에 섰더니
7 사울이 곁에 선 신하들에게 이르되
너희 베냐민 사람들아 들으라 이새
의 아들이 너희에게 각기 밭과 포
도원을 주며 너희를 천부장, 백부
장을 삼겠느냐
8 너희가 다 공모하여 나를 대적하며
내 아들이 이새의 아들과 맹약하였
으되 내게 고발하는 자가 하나도
없고 나를 위하여 슬퍼하거나 내
아들이 내 신하를 선동하여 오늘이
라도 매복하였다가 나를 치려 하는
것을 내게 알리는 자가 하나도 없
도다 하니
9 그때에 에돔 사람 도엑이 사울의
신하 중에 섰더니 대답하여 이르되
이새의 아들이 놉에 와서 아히둡의
아들 아히멜렉에게 이른 것을 내가
보았는데
10 아히멜렉이 그를 위하여 여호와께
묻고 그에게 음식도 주고 블레셋
사람 골리앗의 칼도 주더이다
11 ●왕이 사람을 보내어 아히둡의 아
들 제사장 아히멜렉과 그의 아버
지의 온 집 곧 놉에 있는 제사장들
을 부르매 그들이 다 왕께 이른지
라
12 사울이 이르되 너 아히둡의 아들아
들으라 대답하되 내 주여 내가 여
기 있나이다
13 사울이 그에게 이르되 네가 어찌하
여 이새의 아들과 공모하여 나를
대적하여 그에게 떡과 칼을 주고
그를 위하여 하나님께 물어서 그에
게 오늘이라도 매복하였다가 나를
치게 하려 하였느냐 하니
14 아히멜렉이 왕에게 대답하여 이르
되 왕의 모든 신하 중에 다윗같이
충실한 자가 누구인지요 그는 왕
의 사위도 되고 왕의 호위대장도

되고 왕실에서 존귀한 자가 아니니
이까
15 내가 그를 위하여 하나님께 물은
것이 오늘이 처음이니이까 결단코
아니니이다 원하건대 왕은 종과 종
의 아비의 온 집에 아무것도 돌리
지 마옵소서 왕의 종은 이 모든 크
고 작은 일에 관하여 아는 것이 없
나이다 하니라
16 왕이 이르되 아히멜렉아 네가 반드
시 죽을 것이요 너와 네 아비의 온
집도 그러하리라 하고
17 왕이 좌우의 호위병에게 이르되 돌
아가서 여호와의 제사장들을 죽이
라 그들도 다윗과 합력하였고 또
그들이 다윗이 도망한 것을 알고도
내게 알리지 아니하였음이니라 하
나 왕의 신하들이 손을 들어 여호
와의 제사장들 죽이기를 싫어한지
라
18 왕이 도엑에게 이르되 너는 돌아가
서 제사장들을 죽이라 하매 에돔
사람 도엑이 돌아가서 제사장들을
쳐서 그날에 세마포 에봇 입은 자
팔십오 명을 죽였고
19 제사장들의 성읍 놉의 남녀와 아이
들과 젖 먹는 자들과 소와 나귀와
양을 칼로 쳤더라
20 ●아히둡의 아들 아히멜렉의 아들
중 하나가 피하였으니 그의 이름은
아비아달이라 그가 도망하여 다윗
에게로 가서
21 사울이 여호와의 제사장들 죽인 일
을 다윗에게 알리매
22 다윗이 아비아달에게 이르되 그날
에 에돔 사람 도엑이 거기 있기로
그가 반드시 사울에게 말할 줄 내
가 알았노라 네 아버지 집의 모든
사람 죽은 것이 나의 탓이로다
23 두려워하지 말고 내게 있으라 내
생명을 찾는 자가 네 생명도 찾는
자니 네가 나와 함께 있으면 안전
하리라 하니라

다윗이 그일라를 구원하다

23 사람들이 다윗에게 전하여 이
르되 보소서 블레셋 사람이
그일라를 쳐서 그 타작마당을 탈취
하더이다 하니
2 이에 다윗이 여호와께 묻자와 이르
되 내가 가서 이 블레셋 사람들을
치리이까 여호와께서 다윗에게 이
르시되 가서 블레셋 사람들을 치고
그일라를 구원하라 하시니
3 다윗의 사람들이 그에게 이르되 보
소서 우리가 유다에 있기도 두렵거
든 하물며 그일라에 가서 블레셋
사람들의 군대를 치는 일이리이까
한지라
4 다윗이 여호와께 다시 묻자온대 여
호와께서 대답하여 이르시되 일어
나 그일라로 내려가라 내가 블레셋
사람들을 네 손에 넘기리라 하신지
라
5 다윗과 그의 사람들이 그일라로 가
서 블레셋 사람들과 싸워 그들을
크게 쳐서 죽이고 그들의 가축을
끌어 오니라 다윗이 이와 같이 그
일라 주민을 구원하니라
6 ●아히멜렉의 아들 아비아달이 그
일라 다윗에게로 도망할 때에 손에
에봇을 가지고 내려왔더라
7 다윗이 그일라에 온 것을 어떤 사
람이 사울에게 알리매 사울이 이르
되 하나님이 그를 내 손에 넘기셨
도다 그가 문과 문빗장이 있는 성
읍에 들어갔으니 갇혔도다
8 사울이 모든 백성을 군사로 불러모
으고 그일라로 내려가서 다윗과 그
의 사람들을 에워싸려 하더니
9 다윗은 사울이 자기를 해하려 하는

음모를 알고 제사장 아비아달에게
이르되 에봇을 이리로 가져오라 하
고
10 다윗이 이르되 이스라엘 하나님 여
호와여 사울이 나 때문에 이 성읍
을 멸하려고 그일라로 내려오기를
꾀한다 함을 주의 종이 분명히 들
었나이다
11 그일라 사람들이 나를 그의 손에
넘기겠나이까 주의 종이 들은 대로
사울이 내려 오겠나이까 이스라엘
의 하나님 여호와여 원하건대 주의
종에게 일러 주옵소서 하니 여호와
께서 이르시되 그가 내려오리라 하
신지라
12 다윗이 이르되 그일라 사람들이 나
와 내 사람들을 사울의 손에 넘기
겠나이까 하니 여호와께서 이르시
되 그들이 너를 넘기리라 하신지라
13 다윗과 그의 사람 육백 명 가량이
일어나 그일라를 떠나서 갈 수 있
는 곳으로 갔더니 다윗이 그일라
에서 피한 것을 어떤 사람이 사울
에게 말하매 사울이 가기를 그치
니라
14 다윗이 광야의 요새에도 있었고 또
십 광야 산골에도 머물렀으므로 사
울이 매일 찾되 하나님이 그를 그
의 손에 넘기지 아니하시니라

다윗이 엔게디 요새로 피하다

15 ●다윗이 사울이 자기의 생명을 빼
앗으려고 나온 것을 보았으므로 그
가 십 광야 수풀에 있었더니
16 사울의 아들 요나단이 일어나 수풀
에 들어가서 다윗에게 이르러 그에
게 하나님을 힘있게 의지하게 하였
는데
17 곧 요나단이 그에게 이르기를 두려
워하지 말라 내 아버지 사울의 손
이 네게 미치지 못할 것이요 너는
이스라엘 왕이 되고 나는 네 다음
이 될 것을 내 아버지 사울도 안다
하니라
18 두 사람이 여호와 앞에서 언약하고
다윗은 수풀에 머물고 요나단은 자
기 집으로 돌아가니라
19 ●그때에 십 사람들이 기브아에 이
르러 사울에게 나아와 이르되 다윗
이 우리와 함께 [1]광야 남쪽 하길라
산 수풀 요새에 숨지 아니하였나이
까
20 그러하온즉 왕은 내려오시기를 원
하시는 대로 내려오소서 그를 왕의
손에 넘길 것이 우리의 의무니이다
하니
21 사울이 이르되 너희가 나를 긍휼히
여겼으니 여호와께 복 받기를 원하
노라
22 어떤 사람이 내게 말하기를 그는
심히 지혜롭게 행동한다 하나니 너
희는 가서 더 자세히 살펴서 그가
어디에 숨었으며 누가 거기서 그를
보았는지 알아보고
23 그가 숨어 있는 모든 곳을 정탐하
고 실상을 내게 보고하라 내가 너
희와 함께 가리니 그가 이 땅에 있
으면 유다 [2]몇 천 명 중에서라도
그를 찾아내리라 하더라
24 ●그들이 일어나 사울보다 먼저 십
으로 가니라 다윗과 그의 사람들이
[1]광야 남쪽 마온 광야 아라바에 있
더니
25 사울과 그의 사람들이 찾으러 온
것을 어떤 사람이 다윗에게 아뢰매
이에 다윗이 바위로 내려가 마온
황무지에 있더니 사울이 듣고 마온
황무지로 다윗을 따라가서는
26 사울이 산 이쪽으로 가매 다윗과
그의 사람들은 산 저쪽으로 가며

1) 여시몬 2) 또는 족속

다윗이 사울을 두려워하여 급히 피
하려 하였으니 이는 사울과 그의
사람들이 다윗과 그의 사람들을 에
워싸고 잡으려 함이었더라
27 전령이 사울에게 와서 이르되 급히
오소서 블레셋 사람들이 땅을 침노
하나이다
28 이에 사울이 다윗 뒤쫓기를 그치고
돌아와 블레셋 사람들을 치러 갔으
므로 그곳을 [1]셀라하마느곳이라 칭
하니라
29 다윗이 거기서 올라가서 엔게디 요
새에 머무니라

다윗이 사울을 살려 주다

24 사울이 블레셋 사람을 쫓다가
돌아오매 어떤 사람이 그에게
말하여 이르되 보소서 다윗이 엔게
디 광야에 있더이다 하니
2 사울이 온 이스라엘에서 택한 사람
삼천 명을 거느리고 다윗과 그의
사람들을 찾으러 들염소 바위로 갈
새
3 길가 양의 우리에 이른즉 굴이 있
는지라 사울이 [2]뒤를 보러 들어가
니라 다윗과 그의 사람들이 그 굴
깊은 곳에 있더니
4 다윗의 사람들이 이르되 보소서 여
호와께서 당신에게 이르시기를 내
가 원수를 네 손에 넘기리니 네 생
각에 좋은 대로 그에게 행하라 하
시더니 이것이 그날이니이다 하니
다윗이 일어나서 사울의 겉옷자락
을 가만히 베니라
5 그리한 후에 사울의 옷자락 벰으로
말미암아 다윗의 마음이 찔려
6 *자기 사람들에게 이르되 내가* 손을
들어 여호와의 기름부음을 받은 내
주를 치는 것은 여호와께서 금하시
는 것이니 그는 여호와의 기름부음
을 받은 자가 됨이니라 하고
7 다윗이 이 말로 자기 사람들을 금
하여 사울을 해하지 못하게 하니라
사울이 일어나 굴에서 나가 자기
길을 가니라
8 ●그 후에 다윗도 일어나 굴에서
나가 사울의 뒤에서 외쳐 이르되
내 주 왕이여 하매 사울이 돌아보
는지라 다윗이 땅에 엎드려 절하고
9 다윗이 사울에게 이르되 보소서 다
윗이 왕을 해하려 한다고 하는 사
람들의 말을 왕은 어찌하여 들으시
나이까
10 오늘 여호와께서 굴에서 왕을 내
손에 넘기신 것을 왕이 아셨을 것
이니이다 어떤 사람이 나를 권하여
왕을 죽이라 하였으나 내가 왕을
아껴 말하기를 나는 내 손을 들어
내 주를 해하지 아니하리니 그는
여호와의 기름부음을 받은 자이기
때문이라 하였나이다
11 내 아버지여 보소서 내 손에 있는
왕의 옷자락을 보소서 내가 왕을
죽이지 아니하고 겉옷자락만 베었
은즉 내 손에 악이나 죄과가 없는
줄을 오늘 아실지니이다 왕은 내
생명을 찾아 해하려 하시나 나는
왕에게 범죄한 일이 없나이다
12 여호와께서는 나와 왕 사이를 판단
하사 여호와께서 나를 위하여 왕에
게 보복하시려니와 내 손으로는 왕
을 해하지 않겠나이다
13 옛 속담에 말하기를 악은 악인에게
서 난다 하였으니 내 손이 왕을 해
하지 아니하리이다
14 이스라엘 왕이 누구를 따라 나왔으
며 누구의 뒤를 쫓나이까 죽은 개
나 벼룩을 쫓음이니이다
15 그런즉 여호와께서 재판장이 되어
나와 왕 사이에 심판하사 나의 사

1) 분리하는 바위 2) 히, 발을 가리려

정을 살펴 억울함을 풀어 주시고
나를 왕의 손에서 건지시기를 원하
나이다 하니라
16 ●다윗이 사울에게 이같이 말하기
를 마치매 사울이 이르되 내 아들
다윗아 이것이 네 목소리냐 하고
소리를 높여 울며
17 다윗에게 이르되 나는 너를 학대하
되 너는 나를 선대하니 너는 나보
다 의롭도다
18 네가 나 선대한 것을 오늘 나타냈
나니 여호와께서 나를 네 손에 넘
기셨으나 네가 나를 죽이지 아니하
였도다
19 사람이 그의 원수를 만나면 그를
평안히 가게 하겠느냐 네가 오늘
내게 행한 일로 말미암아 여호와께
서 네게 선으로 갚으시기를 원하노
라
20 보라 나는 네가 반드시 왕이 될 것
을 알고 이스라엘 나라가 네 손에
견고히 설 것을 아노니
21 그런즉 너는 내 후손을 끊지 아니
하며 내 아버지의 집에서 내 이름
을 멸하지 아니할 것을 이제 여호
와의 이름으로 내게 맹세하라 하니
라
22 다윗이 사울에게 맹세하매 사울은
집으로 돌아가고 다윗과 그의 사람
들은 요새로 올라가니라

사무엘이 죽다

25 사무엘이 죽으매 온 이스라엘
무리가 모여 그를 두고 슬피
울며 라마 그의 집에서 그를 장사
한지라 다윗이 일어나 바란 광야로
내려가니라

다윗과 아비가일

2 ●마온에 한 사람이 있는데 그의
생업이 갈멜에 있고 심히 부하여
양이 삼천 마리요 염소가 천 마리
이므로 그가 갈멜에서 그의 양털을
깎고 있었으니
3 그 사람의 이름은 나발이요 그의
아내의 이름은 아비가일이라 그 여
자는 총명하고 용모가 아름다우나
남자는 완고하고 행실이 악하며 그
는 갈렙 족속이었더라
4 다윗이 나발이 자기 양털을 깎는다
함을 광야에서 들은지라
5 다윗이 이에 소년 열 명을 보내며
그 소년들에게 이르되 너희는 갈멜
로 올라가 나발에게 이르러 내 이
름으로 그에게 문안하고
6 그 부하게 사는 자에게 이르기를
너는 평강하라 네 집도 평강하라
네 소유의 모든 것도 평강하라
7 네게 양털 깎는 자들이 있다 함을
이제 내가 들었노라 네 목자들이
우리와 함께 있었으나 우리가 그들
을 해하지 아니하였고 그들이 갈멜
에 있는 동안에 그들의 것을 하나
도 잃지 아니하였나니
8 네 소년들에게 물으면 그들이 네게
말하리라 그런즉 내 소년들이 네게
은혜를 얻게 하라 우리가 좋은 날
에 왔은즉 네 손에 있는 대로 네 종
들과 네 아들 다윗에게 주기를 원
하노라 하더라 하라
9 ●다윗의 소년들이 가서 다윗의 이
름으로 이 모든 말을 나발에게 말
하기를 마치매
10 나발이 다윗의 사환들에게 대답하
여 이르되 다윗은 누구며 이새의
아들은 누구냐 요즈음에 각기 주인
에게서 억지로 떠나는 종이 많도다
11 내가 어찌 내 떡과 물과 내 양털 깎
는 자를 위하여 잡은 고기를 가져
다가 어디서 왔는지도 알지 못하는
자들에게 주겠느냐 한지라
12 이에 다윗의 소년들이 돌아서 자기

길로 행하여 돌아와 이 모든 말을
그에게 전하매
13 다윗이 자기 사람들에게 이르되
너희는 각기 칼을 차라 하니 각기
칼을 차매 다윗도 자기 칼을 차고
사백 명 가량은 데리고 올라가고
이백 명은 소유물 곁에 있게 하니
라
14 ●하인들 가운데 하나가 나발의 아
내 아비가일에게 말하여 이르되 다
윗이 우리 주인에게 문안하러 광야
에서 전령들을 보냈거늘 주인이 그
들을 모욕하였나이다
15 우리가 들에 있어 그들과 상종할
동안에 그 사람들이 우리를 매우
선대하였으므로 우리가 다치거나
잃은 것이 없었으니
16 우리가 양을 지키는 동안에 그들이
우리와 함께 있어 밤낮 우리에게
담이 되었음이라
17 그런즉 이제 당신은 어떻게 할지를
알아 생각하실지니 이는 다윗이 우
리 주인과 주인의 온 집을 해하기
로 결정하였음이니이다 주인은 불
량한 사람이라 더불어 말할 수 없
나이다 하는지라
18 ●아비가일이 급히 떡 이백 덩이와
포도주 두 가죽 부대와 잡아서 요
리한 양 다섯 마리와 볶은 곡식 다
섯 [1]스아와 건포도 백 송이와 무화
과 뭉치 이백 개를 가져다가 나귀
들에게 싣고
19 소년들에게 이르되 나를 앞서 가라
나는 너희 뒤에 가리라 하고 그의
남편 나발에게는 말하지 아니하니
라
20 아비가일이 나귀를 타고 산 호젓한
곳을 따라 내려가더니 다윗과 그의
사람들이 자기에게로 마주 내려오
는 것을 만나니라
21 다윗이 이미 말하기를 내가 이 자
의 소유물을 광야에서 지켜 그 모
든 것을 하나도 손실이 없게 한 것
이 진실로 허사라 그가 악으로 나
의 선을 갚는도다
22 내가 그에게 속한 모든 남자 가운
데 한 사람이라도 아침까지 남겨
두면 하나님은 [2]다윗에게 벌을 내
리시고 또 내리시기를 원하노라 하
였더라
23 ●아비가일이 다윗을 보고 급히 나
귀에서 내려 다윗 앞에 엎드려 그
의 얼굴을 땅에 대니라
24 그가 다윗의 발에 엎드려 이르되
내 주여 원하건대 이 죄악을 나 곧
내게로 돌리시고 여종에게 주의 귀
에 말하게 하시고 이 여종의 말을
들으소서
25 원하옵나니 내 주는 이 불량한 사
람 나발을 개의치 마옵소서 그의
이름이 그에게 적당하니 그의 이름
이 나발이라 그는 미련한 자니이다
여종은 내 주께서 보내신 소년들을
보지 못하였나이다
26 내 주여 여호와께서 살아 계심을
두고 맹세하노니 내 주도 살아 계
시거니와 내 주의 손으로 피를 흘
려 친히 보복하시는 일을 여호와께
서 막으셨으니 내 주의 원수들과
내 주를 해하려 하는 자들은 나발
과 같이 되기를 원하나이다
27 여종이 내 주께 가져온 이 예물을
내 주를 따르는 이 소년들에게 주
게 하시고
28 주의 여종의 허물을 용서하여 주옵
소서 여호와께서 반드시 내 주를
위하여 든든한 집을 세우시리니 이
는 내 주께서 여호와의 싸움을 싸
우심이요 내 주의 일생에 내 주에

1) 히, 3분의 1에바 2) 히, 다윗의 원수에게

게서 악한 일을 찾을 수 없음이니
이다
29 사람이 일어나서 내 주를 쫓아 내
주의 생명을 찾을지라도 내 주의
생명은 내 주의 하나님 여호와와
함께 생명 싸개 속에 싸였을 것이
요 내 주의 원수들의 생명은 물매
로 던지듯 여호와께서 그것을 던지
시리이다
30 여호와께서 내 주에 대하여 하신
말씀대로 모든 선을 내 주에게 행
하사 내 주를 이스라엘의 지도자로
세우실 때에
31 내 주께서 무죄한 피를 흘리셨다든
지 내 주께서 친히 보복하셨다든지
함으로 말미암아 슬퍼하실 것도 없
고 내 주의 마음에 걸리는 것도 없
으시리니 다만 여호와께서 내 주를
후대하실 때에 원하건대 내 주의
여종을 생각하소서 하니라
32 ●다윗이 아비가일에게 이르되 오
늘 너를 보내어 나를 영접하게 하
신 이스라엘의 하나님 여호와를 찬
송할지로다
33 또 네 지혜를 칭찬할지며 또 네게
복이 있을지로다 오늘 내가 피를
흘릴 것과 친히 복수하는 것을 네
가 막았느니라
34 나를 막아 너를 해하지 않게 하신
이스라엘의 하나님 여호와의 살아
계심을 두고 맹세하노니 네가 급히
와서 나를 영접하지 아니하였더면
밝는 아침에는 과연 나발에게 한
남자도 남겨 두지 아니하였으리라
하니라
35 다윗이 그가 가져온 것을 그의 손
에서 받고 그에게 이르되 네 집으
로 평안히 올라가라 내가 네 말을
듣고 네 청을 허락하노라
36 ●아비가일이 나발에게로 돌아오
니 그가 왕의 잔치와 같은 잔치를
그의 집에 배설하고 크게 취하여
마음에 기뻐하므로 아비가일이 밝
는 아침까지는 아무 말도 하지 아
니하다가
37 아침에 나발이 포도주에서 깬 후에
그의 아내가 그에게 이 일을 말하
매 그가 [1]낙담하여 몸이 돌과 같이
되었더니
38 한 열흘 후에 여호와께서 나발을
치시매 그가 죽으니라
39 ●나발이 죽었다 함을 다윗이 듣고
이르되 나발에게 당한 나의 모욕을
갚아 주사 종으로 악한 일을 하지
않게 하신 여호와를 찬송할지로다
여호와께서 나발의 악행을 그의
머리에 돌리셨도다 하니라 다윗이
아비가일을 자기 아내로 삼으려고
사람을 보내어 그에게 말하게 하
매
40 다윗의 전령들이 갈멜에 가서 아비
가일에게 이르러 그에게 말하여 이
르되 다윗이 당신을 아내로 삼고자
하여 우리를 당신께 보내더이다 하
니
41 아비가일이 일어나 몸을 굽혀 얼굴
을 땅에 대고 이르되 내 주의 여종
은 내 주의 전령들의 발 씻길 종이
니이다 하고
42 아비가일이 급히 일어나서 나귀를
타고 그를 뒤따르는 처녀 다섯과
함께 다윗의 전령들을 따라가서 다
윗의 아내가 되니라
43 ●다윗이 또 이스르엘 아히노암을
아내로 맞았더니 그들 두 사람이
그의 아내가 되니라
44 사울이 그의 딸 다윗의 아내 미갈
을 갈림에 사는 라이스의 아들 [2]발
디에게 주었더라

1) 히, 마음이 죽어 2) 발디엘(삼하 3:15)

다윗이 또 사울을 살려 주다

26 십 사람이 기브아에 와서 사
울에게 말하여 이르되 다윗이
광야 앞 하길라 산에 숨지 아니하
였나이까 하매
2 사울이 일어나 십 광야에서 다윗
을 찾으려고 이스라엘에서 택한
사람 삼천 명과 함께 십 광야로 내
려가서
3 사울이 광야 앞 하길라 산 길가에
진치니라 다윗이 광야에 있더니 사
울이 자기를 따라 광야로 들어옴을
알고
4 이에 다윗이 정탐꾼을 보내어 사울
이 과연 이른 줄 알고
5 다윗이 일어나 사울이 진친 곳에
이르러 사울과 넬의 아들 군사령관
아브넬이 머무는 곳을 본즉 사울이
진영 가운데에 누웠고 백성은 그를
둘러 진쳤더라
6 ●이에 다윗이 헷 사람 아히멜렉과
스루야의 아들 요압의 아우 아비새
에게 물어 이르되 누가 나와 더불
어 진영에 내려가서 사울에게 이르
겠느냐 하니 아비새가 이르되 내가
함께 가겠나이다
7 다윗과 아비새가 밤에 그 백성에게
나아가 본즉 사울이 진영 가운데
누워 자고 창은 머리 곁 땅에 꽂혀
있고 아브넬과 백성들은 그를 둘러
누웠는지라
8 아비새가 다윗에게 이르되 하나
님이 오늘 당신의 원수를 당신의
손에 넘기셨나이다 그러므로 청
하오니 내가 창으로 그를 찔러서
단번에 땅에 꽂게 하소서 내가 그
를 두 번 찌를 것이 없으리이다 하
니
9 다윗이 아비새에게 이르되 죽이지
말라 누구든지 손을 들어 여호와의
기름부음 받은 자를 치면 죄가 없
겠느냐 하고
10 다윗이 또 이르되 여호와께서 살아
계심을 두고 맹세하노니 여호와께
서 그를 치시리니 혹은 죽을 날이
이르거나 또는 전장에 나가서 망하
리라
11 내가 손을 들어 여호와의 기름부음
받은 자를 치는 것을 여호와께서
금하시나니 너는 그의 머리 곁에
있는 창과 물병만 가지고 가자 하
고
12 다윗이 사울의 머리 곁에서 창과
물병을 가지고 떠나가되 아무도 보
거나 눈치 채지 못하고 깨어 있는
사람도 없었으니 이는 여호와께서
그들을 깊이 잠들게 하셨으므로 그
들이 다 잠들어 있었기 때문이었더
라
13 ●이에 다윗이 건너편으로 가서 멀
리 산꼭대기에 서니 거리가 멀더
라
14 다윗이 백성과 넬의 아들 아브넬을
대하여 외쳐 이르되 아브넬아 너는
대답하지 아니하느냐 하니 아브넬
이 대답하여 이르되 왕을 부르는
너는 누구냐 하더라
15 다윗이 아브넬에게 이르되 네가 용
사가 아니냐 이스라엘 가운데에 너
같은 자가 누구냐 그러한데 네가
어찌하여 네 주 왕을 보호하지 아
니하느냐 백성 가운데 한 사람이
네 주 왕을 죽이려고 들어갔었느니
라
16 네가 행한 이 일이 옳지 못하도다
여호와께서 살아 계심을 두고 맹세
하노니 여호와의 기름부음 받은 너
희 주를 보호하지 아니하였으니 너
희는 마땅히 죽을 자이니라 이제
왕의 창과 왕의 머리 곁에 있던 물

병이 어디 있나 보라 하니
17 ●사울이 다윗의 음성을 알아 듣고
이르되 내 아들 다윗아 이것이 네
음성이냐 하는지라 다윗이 이르되
내 주 왕이여 내 음성이니이다 하
고
18 또 이르되 내 주는 어찌하여 주의
종을 쫓으시나이까 내가 무엇을 하
였으며 내 손에 무슨 악이 있나이
까
19 원하건대 내 주 왕은 이제 종의
말을 들으소서 만일 왕을 충동시
켜 나를 해하려 하는 이가 여호와
시면 여호와께서는 제물을 받으시
기를 원하나이다마는 만일 사람들
이면 그들이 여호와 앞에 저주를
받으리니 이는 그들이 이르기를
너는 가서 다른 신들을 섬기라 하
고 오늘 나를 쫓아내어 여호와의
기업에 참여하지 못하게 함이니이
다
20 그런즉 청하건대 여호와 앞에서 먼
이곳에서 이제 나의 피가 땅에 흐
르지 말게 하옵소서 이는 산에서
메추라기를 사냥하는 자와 같이 이
스라엘 왕이 한 벼룩을 수색하러
나오셨음이니이다
21 ●사울이 이르되 내가 범죄하였도
다 내 아들 다윗아 돌아오라 네가
오늘 내 생명을 귀하게 여겼은즉
내가 다시는 너를 해하려 하지 아
니하리라 내가 어리석은 일을 하였
으니 대단히 잘못되었도다 하는지
라
22 다윗이 대답하여 이르되 왕은 창을
보소서 한 소년을 보내어 가져가게
하소서
23 여호와께서 사람에게 그의 공의와
신실을 따라 갚으시리니 이는 여호
와께서 오늘 왕을 내 손에 넘기셨
으되 나는 손을 들어 여호와의 기
름부음을 받은 자 치기를 원하지
아니하였음이니이다
24 오늘 왕의 생명을 내가 중히 여긴
것같이 내 생명을 여호와께서 중히
여기셔서 모든 환난에서 나를 구하
여 내시기를 바라나이다 하니라
25 사울이 다윗에게 이르되 내 아들
다윗아 네게 복이 있을지로다 네가
큰 일을 행하겠고 반드시 승리를
얻으리라 하니라 다윗은 자기 길로
가고 사울은 자기 곳으로 돌아가니
라

다윗이 블레셋 땅으로 피하다

27 다윗이 그 마음에 생각하기를
내가 후일에는 사울의 손에 붙
잡히리니 블레셋 사람들의 땅으로
피하여 들어가는 것이 좋으리로다
사울이 이스라엘 온 영토 내에서
다시 나를 찾다가 단념하리니 내가
그의 손에서 벗어나리라 하고
2 다윗이 일어나 함께 있는 사람 육
백 명과 더불어 가드 왕 마옥의 아
들 아기스에게로 건너가니라
3 다윗과 그의 사람들이 저마다 가족
을 거느리고 가드에서 아기스와 동
거하였는데 다윗이 그의 두 아내
이스르엘 여자 아히노암과 나발의
아내였던 갈멜 여자 아비가일과 함
께하였더니
4 다윗이 가드에 도망한 것을 어떤
사람이 사울에게 전하매 사울이 다
시는 그를 수색하지 아니하니라
5 ●다윗이 아기스에게 이르되 바라
건대 내가 당신께 은혜를 입었다면
[1]지방 성읍 가운데 한 곳을 내게 주
어 내가 살게 하소서 당신의 종이
어찌 당신과 함께 왕도에 살리이까
하니

1) 들

6 아기스가 그날에 시글락을 그에게
주었으므로 시글락이 오늘까지 유
다 왕에게 속하니라
7 다윗이 블레셋 사람들의 [1]지방에
산 날 수는 일 년 사 개월이었더라
8 ●다윗과 그의 사람들이 올라가서
그술 사람과 기르스 사람과 아말렉
사람을 침노하였으니 그들은 옛적
부터 술과 애굽 땅으로 지나가는
지방의 주민이라
9 다윗이 그 땅을 쳐서 남녀를 살려
두지 아니하고 양과 소와 나귀와
낙타와 의복을 빼앗아 가지고 돌아
와 아기스에게 이르매
10 아기스가 이르되 너희가 오늘은 누
구를 침노하였느냐 하니 다윗이 이
르되 유다 네겝과 여라무엘 사람의
네겝과 겐 사람의 네겝이니이다 하
였더라
11 다윗이 그 남녀를 살려서 가드로
데려가지 아니한 것은 그의 생각에
그들이 우리에게 대하여 이르기를
다윗이 행한 일이 이러하니라 하여
블레셋 사람들의 지방에 거주하는
동안에 이같이 행하는 습관이 있었
다 할까 두려워함이었더라
12 아기스가 다윗을 믿고 말하기를 다
윗이 자기 백성 이스라엘에게 심히
미움을 받게 되었으니 그는 영원히
내 부하가 되리라고 생각하니라

28 그때에 블레셋 사람들이 이스
라엘과 싸우려고 군대를 모집
한지라 아기스가 다윗에게 이르되
너는 밝히 알라 너와 네 사람들이
나와 함께 나가서 군대에 참가할
것이니라
2 다윗이 아기스에게 이르되 그러면
당신의 종이 행할 바를 아시리이다
하니 아기스가 다윗에게 이르되 그
러면 내가 너를 영원히 내 머리 지
키는 자를 삼으리라 하니라

사울이 신접한 여인을 찾다

3 ●사무엘이 죽었으므로 온 이스라
엘이 그를 두고 슬피 울며 그의 고
향 라마에 장사하였고 사울은 신접
한 자와 박수를 그 땅에서 쫓아내
었더라
4 블레셋 사람들이 모여 수넴에 이르
러 진치매 사울이 온 이스라엘을
모아 길보아에 진쳤더니
5 사울이 블레셋 사람들의 군대를 보
고 두려워서 그의 마음이 크게 떨
린지라
6 사울이 여호와께 묻자오되 여호와
께서 꿈으로도, 우림으로도, 선지
자로도 그에게 대답하지 아니하시
므로
7 사울이 그의 신하들에게 이르되 나
를 위하여 신접한 여인을 찾으라
내가 그리로 가서 그에게 물으리라
하니 그의 신하들이 그에게 이르되
보소서 엔돌에 신접한 여인이 있나
이다
8 ●사울이 다른 옷을 입어 변장하고
두 사람과 함께 갈새 그들이 밤에
그 여인에게 이르러서는 사울이 이
르되 청하노니 나를 위하여 신접한
술법으로 내가 네게 말하는 사람을
불러 올리라 하니
9 여인이 그에게 이르되 네가 사울이
행한 일 곧 그가 신접한 자와 박수
를 이 땅에서 멸절시켰음을 아나니
네가 어찌하여 내 생명에 올무를
놓아 나를 죽게 하려느냐 하는지라
10 사울이 여호와의 이름으로 그에게
맹세하여 이르되 여호와께서 살아
계심을 두고 맹세하노니 네가 이 일
로는 벌을 당하지 아니하리라 하니
11 여인이 이르되 내가 누구를 네게로

1) 들

불러 올리랴 하니 사울이 이르되
사무엘을 불러 올리라 하는지라
12 여인이 사무엘을 보고 큰 소리로
외치며 사울에게 말하여 이르되 당
신이 어찌하여 나를 속이셨나이까
당신이 사울이시니이다
13 왕이 그에게 이르되 두려워하지 말
라 네가 무엇을 보았느냐 하니 여
인이 사울에게 이르되 내가 영이
땅에서 올라오는 것을 보았나이다
하는지라
14 사울이 그에게 이르되 그의 모양이
어떠하냐 하니 그가 이르되 한 노
인이 올라오는데 그가 겉옷을 입었
나이다 하더라 사울이 그가 사무엘
인 줄 알고 그의 얼굴을 땅에 대고
절하니라
15 ●사무엘이 사울에게 이르되 네가
어찌하여 나를 불러 올려서 나를
성가시게 하느냐 하니 사울이 대답
하되 나는 심히 다급하니이다 블레
셋 사람들은 나를 향하여 군대를
일으켰고 하나님은 나를 떠나서 다
시는 선지자로도, 꿈으로도 내게
대답하지 아니하시기로 내가 행할
일을 알아보려고 당신을 불러 올렸
나이다 하더라
16 사무엘이 이르되 여호와께서 너를
떠나 네 대적이 되셨거늘 네가 어
찌하여 내게 묻느냐
17 여호와께서 나를 통하여 말씀하신
대로 네게 행하사 나라를 네 손에
서 떼어 네 이웃 다윗에게 주셨느
니라
18 네가 여호와의 목소리를 순종하지
아니하고 그의 진노를 아말렉에게
쏟지 아니하였으므로 여호와께서
오늘 이 일을 네게 행하셨고
19 여호와께서 이스라엘을 너와 함께
블레셋 사람들의 손에 넘기시리니
내일 너와 네 아들들이 나와 함께
있으리라 여호와께서 또 이스라엘
군대를 블레셋 사람들의 손에 넘기
시리라 하는지라
20 ●사울이 갑자기 땅에 완전히 엎드
러지니 이는 사무엘의 말로 말미암
아 심히 두려워함이요 또 그의 기
력이 다하였으니 이는 그가 하루
밤낮을 음식을 먹지 못하였음이니
라
21 그 여인이 사울에게 이르러 그가
심히 고통당함을 보고 그에게 이르
되 여종이 왕의 말씀을 듣고 내 생
명을 아끼지 아니하고 왕이 내게
이르신 말씀을 순종하였사오니
22 그런즉 청하건대 이제 당신도 여종
의 말을 들으사 내가 왕 앞에 한 조
각 떡을 드리게 하시고 왕은 잡수
시고 길 가실 때에 기력을 얻으소
서 하니
23 사울이 거절하여 이르되 내가 먹지
아니하겠노라 하니라 그의 신하들
과 여인이 강권하매 그들의 말을
듣고 땅에서 일어나 침상에 앉으니
라
24 여인의 집에 살진 송아지가 있으므
로 그것을 급히 잡고 가루를 가져
다가 뭉쳐 무교병을 만들고 구워서
25 사울 앞에와 그의 신하들 앞에 내
놓으니 그들이 먹고 일어나서 그
밤에 가니라

블레셋 사람들이 다윗을 좋아하지 아니하다

29

블레셋 사람들은 그들의 모든
군대를 아벡에 모았고 이스라
엘 사람들은 이스르엘에 있는 샘
곁에 진쳤더라
2 블레셋 사람들의 수령들은 수백 명
씩 수천 명씩 인솔하여 나아가고
다윗과 그의 사람들은 아기스와 함

께 그 뒤에서 나아가더니
3 블레셋 사람들의 방백들이 이르되
이 히브리 사람들이 무엇을 하려느
냐 하니 아기스가 블레셋 사람들의
방백들에게 이르되 이는 이스라엘
왕 사울의 신하 다윗이 아니냐 그
가 나와 함께 있은 지 여러 날 여러
해로되 그가 망명하여 온 날부터
오늘까지 내가 그의 허물을 보지
못하였노라
4 블레셋 사람의 방백들이 그에게 노
한지라 블레셋 방백들이 그에게 이
르되 이 사람을 돌려보내어 왕이
그에게 정하신 그 처소로 가게 하
소서 그는 우리와 함께 싸움에 내
려가지 못하리니 그가 전장에서 우
리의 대적이 될까 하나이다 그가
무엇으로 그 주와 다시 화합하리이
까 이 사람들의 머리로 하지 아니
하겠나이까
5 그들이 춤추며 노래하여 이르되
사울이 죽인 자는 천천이요 다윗
은 만만이로다
하던 그 다윗이 아니니이까 하니
6 ●아기스가 다윗을 불러 그에게 이
르되 여호와께서 살아 계심을 두고
맹세하노니 네가 정직하여 내게 온
날부터 오늘까지 네게 악이 있음을
보지 못하였으니 나와 함께 진중에
출입하는 것이 내 생각에는 좋으나
수령들이 너를 좋아하지 아니하니
7 그러므로 이제 너는 평안히 돌아가
서 블레셋 사람들의 수령들에게 거
슬러 보이게 하지 말라 하니라
8 다윗이 아기스에게 이르되 내가 무
엇을 하였나이까 내가 당신 앞에
오늘까지 있는 동안에 당신이 종에
게서 무엇을 보셨기에 내가 가서
내 주 왕의 원수와 싸우지 못하게
하시나이까 하니
9 아기스가 다윗에게 대답하여 이르
되 네가 내 목전에 하나님의 전령
같이 선한 것을 내가 아나 블레셋
사람들의 방백들은 말하기를 그가
우리와 함께 전장에 올라가지 못하
리라 하니
10 그런즉 너는 너와 함께 온 네 주의
신하들과 더불어 새벽에 일어나라
너희는 새벽에 일어나서 밝거든 곧
떠나라 하니라
11 이에 다윗이 자기 사람들과 더불어
아침에 일찍이 일어나서 떠나 블레
셋 사람들의 땅으로 돌아가고 블레
셋 사람들은 이스르엘로 올라가니
라

다윗이 아말렉을 치다

30 다윗과 그의 사람들이 사흘
만에 시글락에 이른 때에 아
말렉 사람들이 이미 네겝과 시글락
을 침노하였는데 그들이 시글락을
쳐서 불사르고
2 거기에 있는 젊거나 늙은 여인들은
한 사람도 죽이지 아니하고 다 사
로잡아 끌고 자기 길을 갔더라
3 다윗과 그의 사람들이 성읍에 이르
러 본즉 성읍이 불탔고 자기들의
아내와 자녀들이 사로잡혔는지라
4 다윗과 그와 함께한 백성이 울 기
력이 없도록 소리를 높여 울었더라
5 (다윗의 두 아내 이스르엘 여인 아
히노암과 갈멜 사람 나발의 아내였
던 아비가일도 사로잡혔더라)
6 백성들이 자녀들 때문에 마음이
슬퍼서 다윗을 돌로 치자 하니 다
윗이 크게 다급하였으나 그의 하나
님 여호와를 힘입고 용기를 얻었더
라
7 ●다윗이 아히멜렉의 아들 제사장
아비아달에게 이르되 원하건대 에
봇을 내게로 가져오라 아비아달이

에봇을 다윗에게로 가져가매
8 다윗이 여호와께 묻자와 이르되 내
가 이 군대를 추격하면 따라잡겠나
이까 하니 여호와께서 그에게 대답
하시되 그를 쫓아가라 네가 반드시
따라잡고 도로 찾으리라
9 이에 다윗과 또 그와 함께한 육백
명이 가서 브솔 시내에 이르러 뒤
떨어진 자를 거기 머물게 했으되
10 곧 피곤하여 브솔 시내를 건너지
못하는 이백 명을 머물게 했고 다
윗은 사백 명을 거느리고 쫓아가니
라
11 ●무리가 들에서 애굽 사람 하나를
만나 그를 다윗에게로 데려다가 떡
을 주어 먹게 하며 물을 마시게 하
고
12 그에게 무화과 뭉치에서 뗀 덩이
하나와 건포도 두 송이를 주었으니
그가 밤낮 사흘 동안 떡도 먹지 못
하였고 물도 마시지 못하였음이니
라 그가 먹고 정신을 차리매
13 다윗이 그에게 이르되 너는 누구에
게 속하였으며 어디에서 왔느냐 하
니 그가 이르되 나는 애굽 소년이
요 아말렉 사람의 종이더니 사흘
전에 병이 들매 주인이 나를 버렸
나이다
14 우리가 그렛 사람의 남방과 유다에
속한 지방과 갈렙 남방을 침노하고
시글락을 불살랐나이다
15 다윗이 그에게 이르되 네가 나를
그 군대로 인도하겠느냐 하니 그가
이르되 당신이 나를 죽이지도 아니
하고 내 주인의 수중에 넘기지도
아니하겠다고 하나님의 이름으로
내게 맹세하소서 그리하면 내가 당
신을 그 군대로 인도하리이다 하니
라
16 ●그가 다윗을 인도하여 내려가니
그들이 온 땅에 편만하여 블레셋
사람들의 땅과 유다 땅에서 크게
약탈하였음으로 말미암아 먹고 마
시며 춤추는지라
17 다윗이 새벽부터 이튿날 저물 때까
지 그들을 치매 낙타를 타고 도망
한 소년 사백 명 외에는 피한 사람
이 없었더라
18 다윗이 아말렉 사람들이 빼앗아 갔
던 모든 것을 도로 찾고 그의 두 아
내를 구원하였고
19 그들이 약탈하였던 것 곧 무리의
자녀들이나 빼앗겼던 것은 크고 작
은 것을 막론하고 아무것도 잃은
것이 없이 모두 다윗이 도로 찾아
왔고
20 다윗이 또 양 떼와 소 떼를 다 되찾
았더니 무리가 그 가축들을 앞에
몰고 가며 이르되 이는 다윗의 전
리품이라 하였더라
21 ●다윗이 전에 피곤하여 능히 자기
를 따르지 못하므로 브솔 시내에
머물게 한 이백 명에게 오매 그들
이 다윗과 그와 함께한 백성을 영
접하러 나오는지라 다윗이 그 백성
에게 이르러 문안하매
22 다윗과 함께 갔던 자들 가운데 악
한 자와 불량배들이 다 이르되 그
들이 우리와 함께 가지 아니하였은
즉 우리가 도로 찾은 물건은 무엇
이든지 그들에게 주지 말고 각자의
처자만 데리고 떠나가게 하라 하는
지라
23 다윗이 이르되 나의 형제들아 여호
와께서 우리를 보호하시고 우리를
치러 온 그 군대를 우리 손에 넘기
셨은즉 그가 우리에게 주신 것을
너희가 이같이 못하리라
24 이 일에 누가 너희에게 듣겠느냐
전장에 내려갔던 자의 분깃이나 소

유물 곁에 머물렀던 자의 분깃이
동일할지니 같이 분배할 것이니라
하고
25 그날부터 다윗이 이것으로 이스라
엘의 율례와 규례를 삼았더니 오늘
까지 이르니라
26 ●다윗이 시글락에 이르러 전리품
을 그의 친구 유다 장로들에게 보
내어 이르되 보라 여호와의 원수에
게서 탈취한 것을 너희에게 선사하
노라 하고
27 벧엘에 있는 자와 남방 라못에 있
는 자와 얏딜에 있는 자와
28 아로엘에 있는 자와 십못에 있는
자와 에스드모아에 있는 자와
29 라갈에 있는 자와 여라므엘 사람의
성읍들에 있는 자와 겐 사람의 성
읍들에 있는 자와
30 홀마에 있는 자와 고라 산에 있는
자와 아닥에 있는 자와
31 헤브론에 있는 자에게와 다윗과 그
의 사람들이 왕래하던 모든 곳에
보내었더라

사울과 요나단이 죽다 (대상 10:1-14)

31

블레셋 사람들이 이스라엘을
치매 이스라엘 사람들이 블레
셋 사람들 앞에서 도망하여 길보아
산에서 엎드러져 죽으니라
2 블레셋 사람들이 사울과 그의 아들
들을 추격하여 사울의 아들 요나단
과 아비나답과 말기수아를 죽이니
라
3 사울이 패전하매 활 쏘는 자가 따
라잡으니 사울이 그 활 쏘는 자에
게 [1]중상을 입은지라
4 그가 무기를 든 자에게 이르되 네
칼을 빼어 그것으로 나를 찌르라
할례받지 않은 자들이 와서 나를
찌르고 모욕할까 두려워하노라 하
나 무기를 든 자가 심히 두려워하
여 감히 행하지 아니하는지라 이에
사울이 자기의 칼을 뽑아서 그 위
에 엎드러지매
5 무기를 든 자가 사울이 죽음을 보
고 자기도 자기 칼 위에 엎드러져
그와 함께 죽으니라
6 사울과 그의 세 아들과 무기를 든
자와 그의 모든 사람이 다 그날에
함께 죽었더라
7 ●골짜기 저쪽에 있는 이스라엘 사
람과 요단 건너쪽에 있는 자들이
이스라엘 사람들이 도망한 것과 사
울과 그의 아들들이 죽었음을 보고
성읍들을 버리고 도망하매 블레셋
사람들이 이르러 거기에서 사니라
8 그 이튿날 블레셋 사람들이 죽은
자를 벗기러 왔다가 사울과 그의
세 아들이 길보아 산에서 죽은 것
을 보고
9 사울의 머리를 베고 그의 갑옷을
벗기고 자기들의 신당과 백성에게
알리기 위하여 그것을 블레셋 사람
들의 땅 사방에 보내고
10 그의 갑옷은 아스다롯의 집에 두
고 그의 시체는 벧산 성벽에 못 박
으매
11 길르앗 야베스 주민들이 블레셋 사
람들이 사울에게 행한 일을 듣고
12 모든 장사들이 일어나 밤새도록 달
려가서 사울의 시체와 그의 아들들
의 시체를 벧산 성벽에서 내려 가
지고 야베스에 돌아가서 거기서 불
사르고
13 그의 뼈를 가져다가 야베스 에셀
나무 아래에 장사하고 칠 일 동안
금식하였더라

1) 히, 심히 근심

사무엘하

2Samuel

사울이 죽은 소식을 다윗이 듣다

1 사울이 죽은 후에 다윗이 아말렉
사람을 쳐죽이고 돌아와 다윗이
시글락에서 이틀을 머물더니
2 사흘째 되는 날에 한 사람이 사울
의 진영에서 나왔는데 그의 옷은
찢어졌고 머리에는 흙이 있더라 그
가 다윗에게 나아와 땅에 엎드려
절하매
3 다윗이 그에게 묻되 너는 어디서
왔느냐 하니 대답하되 이스라엘
진영에서 도망하여 왔나이다 하니
라
4 다윗이 그에게 이르되 일이 어떻게
되었느냐 너는 내게 말하라 그가
대답하되 군사가 전쟁 중에 도망하
기도 하였고 무리 가운데에 엎드러
져 죽은 자도 많았고 사울과 그의
아들 요나단도 죽었나이다 하는지
라
5 다윗이 자기에게 알리는 청년에게
묻되 사울과 그의 아들 요나단이
죽은 줄을 네가 어떻게 아느냐
6 그에게 알리는 청년이 이르되 내가
우연히 길보아 산에 올라가 보니
사울이 자기 창에 기대고 병거와
기병은 그를 급히 따르는데
7 사울이 뒤로 돌아 나를 보고 부르
시기로 내가 대답하되 내가 여기
있나이다 한즉
8 내게 이르되 너는 누구냐 하시기로
내가 그에게 대답하되 나는 아말렉
사람이니이다 한즉
9 또 내게 이르시되 내 목숨이 아직
내게 완전히 있으므로 내가 고통
중에 있나니 청하건대 너는 내 곁
에 서서 나를 죽이라 하시기로
10 그가 엎드러진 후에는 살 수 없는
줄을 내가 알고 그의 곁에 서서 죽
이고 그의 머리에 있는 왕관과 팔
에 있는 고리를 벗겨서 내 주께로
가져왔나이다 하니라
11 ●이에 다윗이 자기 옷을 잡아 찢
으매 함께 있는 모든 사람도 그리
하고
12 사울과 그의 아들 요나단과 여호와
의 백성과 이스라엘 족속이 칼에
죽음으로 말미암아 저녁 때까지 슬
퍼하여 울며 금식하니라
13 다윗이 그 소식을 전한 청년에게
묻되 너는 어디 사람이냐 대답하되
나는 아말렉 사람 곧 외국인의 아
들이니이다 하니
14 다윗이 그에게 이르되 네가 어찌하
여 손을 들어 여호와의 기름부음
받은 자 죽이기를 두려워하지 아니
하였느냐 하고
15 다윗이 청년 중 한 사람을 불러 이
르되 가까이 가서 그를 죽이라 하
매 그가 치매 곧 죽으니라
16 다윗이 그에게 이르기를 네 피가
네 머리로 돌아갈지어다 네 입이
네게 대하여 증언하기를 내가 여호
와의 기름부음 받은 자를 죽였노라
함이니라 하였더라

사울과 요나단을 위한 다윗의 조가

17 ●다윗이 이 슬픈 노래로 사울과
그의 아들 요나단을 조상하고
18 명령하여 그것을 유다 족속에게 가
르치라 하였으니 곧 활 노래라 야
살의 책에 기록되었으되
19 이스라엘아 네 영광이 산 위에서
죽임을 당하였도다 오호라 두 용
사가 엎드러졌도다
20 이 일을 가드에도 알리지 말며 아
스글론 거리에도 전파하지 말지

어다 블레셋 사람들의 딸들이 즐
거워할까, 할례받지 못한 자의 딸
들이 개가를 부를까 염려로다
21 길보아 산들아 너희 위에 이슬과
비가 내리지 아니하며 제물 낼 밭
도 없을지어다 거기서 두 용사의
방패가 버린 바 됨이니라 곧 사울
의 방패가 기름부음을 받지 아니
함같이 됨이로다
22 죽은 자의 피에서, 용사의 기름에
서 요나단의 활이 뒤로 물러가지
아니하였으며 사울의 칼이 헛되
이 돌아오지 아니하였도다
23 사울과 요나단이 생전에 사랑스
럽고 아름다운 자이러니 죽을 때
에도 서로 떠나지 아니하였도다
그들은 독수리보다 빠르고 사자
보다 강하였도다
24 이스라엘 딸들아 사울을 슬퍼하
여 울지어다 그가 붉은 옷으로 너
희에게 화려하게 입혔고 금 노리
개를 너희 옷에 채웠도다
25 오호라 두 용사가 전쟁 중에 엎드
러졌도다 요나단이 네 산 위에서
죽임을 당하였도다
26 내 형 요나단이여 내가 그대를 애
통함은 그대는 내게 심히 아름다
움이라 그대가 나를 사랑함이 기
이하여 여인의 사랑보다 더하였
도다
27 오호라 두 용사가 엎드러졌으며
싸우는 무기가 망하였도다
하였더라

다윗이 유다의 왕이 되다

2 그 후에 다윗이 여호와께 여쭈어
아뢰되 내가 유다 한 성읍으로
올라가리이까 여호와께서 이르시
되 올라가라 다윗이 아뢰되 어디로
가리이까 이르시되 헤브론으로 갈
지니라
2 다윗이 그의 두 아내 이스르엘 여
인 아히노암과 갈멜 사람 나발의
아내였던 아비가일을 데리고 그리
로 올라갈 때에
3 또 자기와 함께한 추종자들과 그들
의 가족들을 다윗이 다 데리고 올
라가서 헤브론 각 성읍에 살게 하
니라
4 유다 사람들이 와서 거기서 다윗에
게 기름을 부어 유다 족속의 왕으
로 삼았더라 ●어떤 사람이 다윗에
게 말하여 이르되 사울을 장사한
사람은 길르앗 야베스 사람들이니
이다 하매
5 다윗이 길르앗 야베스 사람들에게
전령들을 보내 그들에게 이르되 너
희가 너희 주 사울에게 이처럼 은
혜를 베풀어 그를 장사하였으니 여
호와께 복을 받을지어다
6 너희가 이 일을 하였으니 이제 여
호와께서 은혜와 진리로 너희에게
베푸시기를 원하고 나도 이 선한
일을 너희에게 갚으리니
7 이제 너희는 손을 강하게 하고 담
대히 할지어다 너희 주 사울이 죽
었고 또 유다 족속이 내게 기름을
부어 그들의 왕으로 삼았음이니라
하니라

이스보셋이 이스라엘의 왕이 되다

8 ●사울의 군사령관 넬의 아들 아브
넬이 이미 사울의 아들 이스보셋을
데리고 마하나임으로 건너가
9 길르앗과 아술과 이스르엘과 에브
라임과 베냐민과 온 이스라엘의 왕
으로 삼았더라
10 사울의 아들 이스보셋이 이스라엘
왕이 될 때에 나이가 사십 세이며
두 해 동안 왕위에 있으니라 유다
족속은 다윗을 따르니
11 다윗이 헤브론에서 유다 족속의 왕

이 된 날 수는 칠 년 육 개월이더라

이스라엘과 유다의 전쟁

12 ●넬의 아들 아브넬과 사울의 아들
이스보셋의 신복들은 마하나임에
서 나와 기브온에 이르고
13 스루야의 아들 요압과 다윗의 신복
들도 나와 기브온 못가에서 그들을
만나 함께 앉으니 이는 못 이쪽이
요 그는 못 저쪽이라
14 아브넬이 요압에게 이르되 원하건
대 청년들에게 일어나서 우리 앞에
서 겨루게 하자 요압이 이르되 일
어나게 하자 하매
15 그들이 일어나 그 수대로 나아가니
베냐민과 사울의 아들 이스보셋의
편에 열두 명이요 다윗의 신복 중
에 열두 명이라
16 각기 상대방의 머리를 잡고 칼로
상대방의 옆구리를 찌르매 일제히
쓰러진지라 그러므로 그곳을 [1]헬갓
핫수림이라 일컬었으며 기브온에
있더라
17 그날에 싸움이 심히 맹렬하더니 아
브넬과 이스라엘 사람들이 다윗의
신복들 앞에서 패하니라
18 ●그곳에 스루야의 세 아들 요압과
아비새와 아사헬이 있었는데 아사
헬의 발은 들노루같이 빠르더라
19 아사헬이 아브넬을 쫓아 달려가되
좌우로 치우치지 않고 아브넬의 뒤
를 쫓으니
20 아브넬이 뒤를 돌아보며 이르되 아
사헬아 너냐 대답하되 나로라
21 아브넬이 그에게 이르되 너는 왼쪽
으로나 오른쪽으로나 가서 청년 하
나를 붙잡아 그의 군복을 빼앗으라
하되 아사헬이 그렇게 하기를 원하
지 아니하고 그의 뒤를 쫓으매
22 아브넬이 다시 아사헬에게 이르되
너는 나 쫓기를 그치라 내가 너를
쳐서 땅에 엎드러지게 할 까닭이
무엇이냐 그렇게 하면 내가 어떻게
네 형 요압을 대면하겠느냐 하되
23 그가 물러가기를 거절하매 아브넬
이 창 뒤 끝으로 그의 배를 찌르니
창이 그의 등을 꿰뚫고 나간지라
곧 그곳에 엎드러져 죽으매 아사헬
이 엎드러져 죽은 곳에 이르는 자
마다 머물러 섰더라
24 ●요압과 아비새가 아브넬의 뒤를
쫓아 기브온 거친 땅의 길가 기아
맞은쪽 암마 산에 이를 때에 해가
졌고
25 베냐민 족속은 함께 모여 아브넬을
따라 한 무리를 이루고 작은 산 꼭
대기에 섰더라
26 아브넬이 요압에게 외쳐 이르되 칼
이 영원히 사람을 상하겠느냐 마침
내 참혹한 일이 생길 줄을 알지 못
하느냐 네가 언제 무리에게 그의
형제 쫓기를 그치라 명령하겠느냐
27 요압이 이르되 하나님이 살아 계심
을 두고 맹세하노니 네가 말하지
아니하였더면 무리가 아침에 각각
다 돌아갔을 것이요 그의 형제를
쫓지 아니하였으리라 하고
28 요압이 나팔을 불매 온 무리가 머
물러 서고 다시는 이스라엘을 쫓아
가지 아니하고 다시는 싸우지도 아
니하니라
29 아브넬과 그의 부하들이 밤새도록
걸어서 아라바를 지나 요단을 건너
비드론 온 땅을 지나 마하나임에
이르니라
30 ●요압이 아브넬 쫓기를 그치고 돌
아와 무리를 다 모으니 다윗의 신
복 중에 열아홉 명과 아사헬이 없
어졌으나
31 다윗의 신복들이 베냐민과 아브넬

1) 날카로운 칼의 밭

에게 속한 자들을 쳐서 삼백육십
명을 죽였더라
32 무리가 아사헬을 들어올려 베들레
헴에 있는 그의 조상 묘에 장사하
고 요압과 그의 부하들이 밤새도록
걸어서 헤브론에 이른 때에 날이
밝았더라

3 사울의 집과 다윗의 집 사이에
전쟁이 오래매 다윗은 점점 강하
여 가고 사울의 집은 점점 약하여
가니라

다윗의 아들들 (대상 3:1-4)

2 ●다윗이 헤브론에서 아들들을 낳
았으되 맏아들은 암논이라 이스르
엘 여인 아히노암의 소생이요
3 둘째는 길르압이라 갈멜 사람 나발
의 아내였던 아비가일의 소생이요
셋째는 압살롬이라 그술 왕 달매의
딸 마아가의 아들이요
4 넷째는 아도니야라 학깃의 아들이
요 다섯째는 스바댜라 아비달의 아
들이요
5 여섯째는 이드르암이라 다윗의 아
내 에글라의 소생이니 이들은 다윗
이 헤브론에서 낳은 자들이더라

아브넬이 이스보셋을 배반하다

6 ●사울의 집과 다윗의 집 사이에
전쟁이 있는 동안에 아브넬이 사울
의 집에서 점점 권세를 잡으니라
7 사울에게 첩이 있었으니 이름은 리
스바요 아야의 딸이더라 이스보셋
이 아브넬에게 이르되 네가 어찌하
여 내 아버지의 첩과 통간하였느냐
하니
8 아브넬이 이스보셋의 말을 매우 분
하게 여겨 이르되 내가 유다의 개
머리냐 내가 오늘 당신의 아버지
사울의 집과 그의 형제와 그의 친
구에게 은혜를 베풀어 당신을 다윗
의 손에 내주지 아니하였거늘 당신
이 오늘 이 여인에게 관한 허물을
내게 돌리는도다
9 여호와께서 다윗에게 맹세하신 대
로 내가 이루게 하지 아니하면 하
나님이 아브넬에게 벌 위에 벌을
내리심이 마땅하니라
10 그 맹세는 곧 이 나라를 사울의 집
에서 다윗에게 옮겨서 그의 왕위를
단에서 브엘세바까지 이스라엘과
유다에 세우리라 하신 것이니라 하
매
11 이스보셋이 아브넬을 두려워하여
감히 한 마디도 대답하지 못하니라
12 ●아브넬이 자기를 대신하여 전령
들을 다윗에게 보내어 이르되 이 땅
이 누구의 것이니이까 또 이르되 당
신은 나와 더불어 언약을 맺사이다
내 손이 당신을 도와 온 이스라엘이
당신에게 돌아가게 하리이다 하니
13 다윗이 이르되 좋다 내가 너와 언
약을 맺거니와 내가 네게 한 가지
일을 요구하노니 나를 보러 올 때
에 우선 사울의 딸 미갈을 데리고
오라 그리하지 아니하면 내 얼굴을
보지 못하리라 하고
14 다윗이 사울의 아들 이스보셋에게
전령들을 보내 이르되 내 처 미갈
을 내게로 돌리라 그는 내가 전에
블레셋 사람의 포피 백 개로 나와
정혼한 자니라 하니
15 이스보셋이 사람을 보내 그의 남편
라이스의 아들 발디엘에게서 그를
빼앗아 오매
16 그의 남편이 그와 함께 오되 울며
바후림까지 따라왔더니 아브넬이
그에게 돌아가라 하매 돌아가니라
17 ●아브넬이 이스라엘 장로들에게
말하여 이르되 너희가 여러 번 다
윗을 너희의 임금으로 세우기를 구
하였으니

18 이제 그대로 하라 여호와께서 이미
다윗에 대하여 말씀하시기를 내가
내 종 다윗의 손으로 내 백성 이스
라엘을 구원하여 블레셋 사람의 손
과 모든 대적의 손에서 벗어나게
하리라 하셨음이니라 하고
19 아브넬이 또 베냐민 사람의 귀에
말하고 아브넬이 이스라엘과 베냐
민의 온 집이 선하게 여기는 모든
것을 다윗의 귀에 말하려고 헤브론
으로 가니라
20 아브넬이 부하 이십 명과 더불어 헤
브론에 이르러 다윗에게 나아가니
다윗이 아브넬과 그와 함께한 사람
을 위하여 잔치를 배설하였더라
21 아브넬이 다윗에게 말하되 내가 일
어나 가서 온 이스라엘 무리를 내
주 왕의 앞에 모아 더불어 언약을
맺게 하고 마음에 원하시는 대로
모든 것을 다스리시게 하리이다 하
니 이에 다윗이 아브넬을 보내매
그가 평안히 가니라

아브넬이 살해되다

22 ●다윗의 신복들과 요압이 적군을
치고 크게 노략한 물건을 가지고
돌아오니 아브넬은 이미 보냄을 받
아 평안히 갔고 다윗과 함께 헤브
론에 있지 아니한 때라
23 요압 및 요압과 함께한 모든 군사
가 돌아오매 어떤 사람이 요압에게
말하여 이르되 넬의 아들 아브넬이
왕에게 왔더니 왕이 보내매 그가
평안히 갔나이다 하니
24 요압이 왕에게 나아가 이르되 어찌
하심이니이까 아브넬이 왕에게 나
아왔거늘 어찌하여 그를 보내 잘
가게 하셨나이까
25 왕도 아시려니와 넬의 아들 아브넬
이 온 것은 왕을 속임이라 그가 왕
이 출입하는 것을 알고 왕이 하시는
모든 것을 알려 함이니이다 하고
26 이에 요압이 다윗에게서 나와 전령
들을 보내 아브넬을 쫓아가게 하였
더니 시라 우물가에서 그를 데리고
돌아왔으나 다윗은 알지 못하였더
라
27 ●아브넬이 헤브론으로 돌아오매
요압이 더불어 조용히 말하려는 듯
이 그를 데리고 성문 안으로 들어
가 거기서 배를 찔러 죽이니 이는
자기의 동생 아사헬의 피로 말미암
음이더라
28 그 후에 다윗이 듣고 이르되 넬의 아
들 아브넬의 피에 대하여 나와 내 나
라는 여호와 앞에 영원히 무죄하니
29 그 죄가 요압의 머리와 그의 아버
지의 온 집으로 돌아갈지어다 또
요압의 집에서 백탁병자나 나병 환
자나 지팡이를 의지하는 자나 칼에
죽는 자나 양식이 떨어진 자가 끊
어지지 아니할지로다 하니라
30 요압과 그의 동생 아비새가 아브넬
을 죽인 것은 그가 기브온 전쟁에
서 자기 동생 아사헬을 죽인 까닭
이었더라

아브넬을 장사하다

31 ●다윗이 요압과 및 자기와 함께
있는 모든 백성에게 이르되 너희는
옷을 찢고 굵은 베를 띠고 아브넬
앞에서 애도하라 하니라 다윗 왕이
상여를 따라가
32 아브넬을 헤브론에 장사하고 아브
넬의 무덤에서 왕이 소리를 높여
울고 백성도 다 우니라
33 왕이 아브넬을 위하여 애가를 지어
이르되
아브넬의 죽음이 어찌하여 미련
한 자의 죽음 같은고
34 네 손이 결박되지 아니하였고 네
발이 차꼬에 채이지 아니하였거

늘 불의한 자식의 앞에 엎드러짐
같이 네가 엎드러졌도다
하매 온 백성이 다시 그를 슬퍼하
여 우니라
35 석양에 뭇 백성이 나아와 다윗에게
음식을 권하니 다윗이 맹세하여 이
르되 만일 내가 해 지기 전에 떡이
나 다른 모든 것을 맛보면 하나님
이 내게 벌 위에 벌을 내리심이 마
땅하니라 하매
36 온 백성이 보고 기뻐하며 왕이 무슨
일을 하든지 무리가 다 기뻐하므로
37 이날에야 온 백성과 온 이스라엘이
넬의 아들 아브넬을 죽인 것이 왕
이 한 것이 아닌 줄을 아니라
38 왕이 그의 신복에게 이르되 오늘
이스라엘의 지도자요 큰 인물이 죽
은 것을 알지 못하느냐
39 내가 기름부음을 받은 왕이 되었으
나 오늘 약하여서 스루야의 아들인
이 사람들을 제어하기가 너무 어려
우니 여호와는 악행한 자에게 그
악한 대로 갚으실지로다 하니라

이스보셋이 살해되다

4 사울의 아들 이스보셋은 아브넬
이 헤브론에서 죽었다 함을 듣고
손의 맥이 풀렸고 온 이스라엘이
놀라니라
2 사울의 아들 이스보셋에게 군지휘
관 두 사람이 있으니 한 사람의 이
름은 바아나요 한 사람의 이름은
레갑이라 베냐민 족속 브에롯 사람
림몬의 아들들이더라 브에롯도 베
냐민 지파에 속하였으니
3 일찍이 브에롯 사람들이 깃다임으
로 도망하여 *오늘까지 거기에 우거*
함이더라
4 ●사울의 아들 요나단에게 다리 저
는 아들 하나가 있었으니 이름은 므
비보셋이라 전에 사울과 요나단이
죽은 소식이 이스르엘에서 올 때에
그의 나이가 다섯 살이었는데 그 유
모가 안고 도망할 때 급히 도망하다
가 아이가 떨어져 절게 되었더라
5 ●브에롯 사람 림몬의 아들 레갑과
바아나가 길을 떠나 볕이 쬘 때 즈
음에 이스보셋의 집에 이르니 마침
그가 침상에서 낮잠을 자는지라
6 레갑과 그의 형제 바아나가 밀을
가지러 온 체하고 집 가운데로 들
어가서 그의 배를 찌르고 도망하였
더라
7 그들이 집에 들어가니 이스보셋이
침실에서 침상 위에 누워 있는지라
그를 쳐죽이고 목을 베어 그의 머리
를 가지고 밤새도록 아라바 길로 가
8 헤브론에 이르러 다윗 왕에게 이스
보셋의 머리를 드리며 아뢰되 왕의
생명을 해하려 하던 원수 사울의
아들 이스보셋의 머리가 여기 있나
이다 여호와께서 오늘 우리 주 되
신 왕의 원수를 사울과 그의 자손
에게 갚으셨나이다 하니
9 다윗이 브에롯 사람 림몬의 아들
레갑과 그의 형제 바아나에게 대
답하여 그들에게 이르되 내 생명
을 여러 환난 가운데서 건지신 여
호와께서 살아 계심을 두고 맹세
하노니
10 전에 사람이 내게 알리기를 보라
사울이 죽었다 하며 그가 좋은 소
식을 전하는 줄로 생각하였어도 내
가 그를 잡아 시글락에서 죽여서
그것을 그 소식을 전한 갚음으로
삼았거든
11 하물며 악인이 의인을 그의 집 침
상 위에서 죽인 것이겠느냐 그런즉
내가 악인의 피흘린 죄를 너희에게
갚아서 너희를 이 땅에서 없이하지
아니하겠느냐 하고

삼하

12 청년들에게 명령하매 곧 그들을 죽
이고 수족을 베어 헤브론 못가에
매달고 이스보셋의 머리를 가져다
가 헤브론에서 아브넬의 무덤에 매
장하였더라

다윗이 온 이스라엘의 왕이 되다
(대상 11:1-3)

5 이스라엘 모든 지파가 헤브론에
이르러 다윗에게 나아와 이르되
보소서 우리는 왕의 한 골육이니이
다
2 전에 곧 사울이 우리의 왕이 되었
을 때에도 이스라엘을 거느려 출입
하게 하신 분은 왕이시었고 여호와
께서도 왕에게 말씀하시기를 네가
내 백성 이스라엘의 목자가 되며
네가 이스라엘의 주권자가 되리라
하셨나이다 하니라
3 이에 이스라엘 모든 장로가 헤브론
에 이르러 왕에게 나아오매 다윗
왕이 헤브론에서 여호와 앞에 그들
과 언약을 맺으매 그들이 다윗에게
기름을 부어 이스라엘 왕으로 삼으
니라
4 ●다윗이 나이가 삼십 세에 왕위에
올라 사십 년 동안 다스렸으되
5 헤브론에서 칠 년 육 개월 동안 유
다를 다스렸고 예루살렘에서 삼십
삼 년 동안 온 이스라엘과 유다를
다스렸더라

다윗이 시온을 빼앗아 성을 둘러쌓다
(대상 11:4-9; 14:1-2)

6 ●*왕과* 그의 부하들이 예루살렘으
로 가서 그 땅 주민 여부스 사람을
치려 하매 그 사람들이 다윗에게
이르되 네가 결코 이리로 들어오지
못하리라 맹인과 다리 저는 자라도
너를 물리치리라 하니 그들 생각에
는 다윗이 이리로 들어오지 못하리
라 함이나
7 다윗이 시온 산성을 빼앗았으니 이
는 다윗 성이더라
8 그날에 다윗이 이르기를 누구든지
여부스 사람을 치거든 물 긷는 데
로 올라가서 다윗의 마음에 미워하
는 다리 저는 사람과 맹인을 치라
하였으므로 속담이 되어 이르기를
맹인과 다리 저는 사람은 집에 들
어오지 못하리라 하더라
9 다윗이 그 산성에 살면서 다윗 성
이라 이름하고 다윗이 밀로에서부
터 안으로 성을 둘러쌓으니라
10 만군의 하나님 여호와께서 함께 계
시니 다윗이 점점 강성하여 가니라
11 ●두로 왕 히람이 다윗에게 사절들
과 백향목과 목수와 석수를 보내매
그들이 다윗을 위하여 집을 지으니
12 다윗이 여호와께서 자기를 세우사
이스라엘 왕으로 삼으신 것과 그의
백성 이스라엘을 위하여 그 나라를
높이신 것을 알았더라

다윗의 아들과 딸들 (대상 14:3-7)

13 ●다윗이 헤브론에서 올라온 후에
예루살렘에서 처첩들을 더 두었으
므로 아들과 딸들이 또 다윗에게서
나니
14 예루살렘에서 그에게서 난 자들의
이름은 삼무아와 소밥과 나단과 솔
로몬과
15 입할과 엘리수아와 네벡과 야비아
와
16 엘리사마와 엘랴다와 엘리벨렛이
었더라

다윗이 블레셋을 쳐서 이기다 (대상 14:8-17)

17 ●이스라엘이 다윗에게 기름을 부
어 이스라엘 왕으로 삼았다 함을
블레셋 사람들이 듣고 블레셋 사람
들이 다윗을 찾으러 다 올라오매
다윗이 듣고 요새로 나가니라
18 블레셋 사람들이 이미 이르러 르바

임 골짜기에 가득한지라
19 다윗이 여호와께 여쭈어 이르되 내
가 블레셋 사람에게로 올라가리이
까 여호와께서 그들을 내 손에 넘
기시겠나이까 하니 여호와께서 다
윗에게 말씀하시되 올라가라 내가
반드시 블레셋 사람을 네 손에 넘
기리라 하신지라
20 다윗이 바알브라심에 이르러 거기
서 그들을 치고 다윗이 말하되 여
호와께서 물을 흩음같이 내 앞에서
내 대적을 흩으셨다 하므로 그곳
이름을 바알브라심이라 부르니라
21 거기서 블레셋 사람들이 그들의 우
상을 버렸으므로 다윗과 그의 부하
들이 치우니라
22 ●블레셋 사람들이 다시 올라와서
르바임 골짜기에 가득한지라
23 다윗이 여호와께 여쭈니 이르시되
올라가지 말고 그들 뒤로 돌아서
뽕나무 수풀 맞은편에서 그들을 기
습하되
24 뽕나무 꼭대기에서 걸음 걷는 소리
가 들리거든 곧 공격하라 그때에
여호와가 너보다 앞서 나아가서 블
레셋 군대를 치리라 하신지라
25 이에 다윗이 여호와의 명령대로 행
하여 블레셋 사람을 쳐서 게바에서
게셀까지 이르니라

하나님의 궤를 다윗 성으로 옮기다
(대상 13:1-14; 15:25-16:6, 43)

6 다윗이 이스라엘에서 뽑은 무리
삼만 명을 다시 모으고
2 다윗이 일어나 자기와 함께 있는
모든 사람과 더불어 바알레유다로
가서 거기서 하나님의 궤를 메어
오려 하니 그 궤는 그룹들 사이에
좌정하신 만군의 여호와의 이름으
로 불리는 것이라
3 그들이 하나님의 궤를 새 수레에
싣고 산에 있는 아비나답의 집에서
나오는데 아비나답의 아들 웃사와
아효가 그 새 수레를 모니라
4 그들이 산에 있는 아비나답의 집에
서 하나님의 궤를 싣고 나올 때에
아효는 궤 앞에서 가고
5 다윗과 이스라엘 온 족속은 잣나무
로 만든 여러 가지 악기와 수금과
비파와 소고와 양금과 제금으로 여
호와 앞에서 연주하더라
6 ●그들이 나곤의 타작 마당에 이르
러서는 소들이 뛰므로 웃사가 손을
들어 하나님의 궤를 붙들었더니
7 여호와 하나님이 웃사가 잘못함으
로 말미암아 진노하사 그를 그곳에
서 치시니 그가 거기 하나님의 궤
곁에서 죽으니라
8 여호와께서 웃사를 치시므로 다윗
이 분하여 그곳을 [1]베레스웃사라 부
르니 그 이름이 오늘까지 이르니라
9 다윗이 그날에 여호와를 두려워하
여 이르되 여호와의 궤가 어찌 내
게로 오리요 하고
10 다윗이 여호와의 궤를 옮겨 다윗
성 자기에게로 메어 가기를 즐겨하
지 아니하고 가드 사람 오벧에돔의
집으로 메어 간지라
11 여호와의 궤가 가드 사람 오벧에돔
의 집에 석 달을 있었는데 여호와
께서 오벧에돔과 그의 온 집에 복
을 주시니라
12 ●어떤 사람이 다윗 왕에게 아뢰어
이르되 여호와께서 하나님의 궤로
말미암아 오벧에돔의 집과 그의 모
든 소유에 복을 주셨다 한지라 다
윗이 가서 하나님의 궤를 기쁨으로
메고 오벧에돔의 집에서 다윗 성으
로 올라갈새
13 여호와의 궤를 멘 사람들이 여섯

1) 웃사를 침이라는 뜻

걸음을 가매 다윗이 소와 살진 송
아지로 제사를 드리고
14 다윗이 여호와 앞에서 힘을 다하여
춤을 추는데 그때에 다윗이 베 에
봇을 입었더라
15 다윗과 온 이스라엘 족속이 즐거이
환호하며 나팔을 불고 여호와의 궤
를 메어오니라
16 ●여호와의 궤가 다윗 성으로 들어
올 때에 사울의 딸 미갈이 창으로
내다보다가 다윗 왕이 여호와 앞에
서 뛰놀며 춤추는 것을 보고 심중
에 그를 업신여기니라
17 여호와의 궤를 메고 들어가서 다윗
이 그것을 위하여 친 장막 가운데
그 준비한 자리에 그것을 두매 다
윗이 번제와 화목제를 여호와 앞에
드리니라
18 다윗이 번제와 화목제 드리기를 마
치고 만군의 여호와의 이름으로 백
성에게 축복하고
19 모든 백성 곧 온 이스라엘 무리에
게 남녀를 막론하고 떡 한 개와 고
기 한 조각과 건포도 떡 한 덩이씩
나누어 주매 모든 백성이 각기 집
으로 돌아가니라
20 ●다윗이 자기의 가족에게 축복하
러 돌아오매 사울의 딸 미갈이 나
와서 다윗을 맞으며 이르되 이스라
엘 왕이 오늘 어떻게 영화로우신지
방탕한 자가 염치 없이 자기의 몸
을 드러내는 것처럼 오늘 그의 신
복의 계집종의 눈앞에서 몸을 드러
내셨도다 하니
21 다윗이 미갈에게 이르되 이는 여호
와 앞에서 한 것이니라 그가 네 아
버지와 그의 온 집을 버리시고 나
를 택하사 나를 여호와의 백성 이
스라엘의 주권자로 삼으셨으니 내
가 여호와 앞에서 뛰놀리라
22 내가 이보다 더 낮아져서 스스로
천하게 보일지라도 네가 말한 바
계집종에게는 내가 높임을 받으리
라 한지라
23 그러므로 사울의 딸 미갈이 죽는
날까지 그에게 자식이 없으니라

다윗과 다윗 왕국에 대한 하나님의 약속
(대상 17:1-15)

7 여호와께서 주위의 모든 원수를
무찌르사 왕으로 궁에 평안히 살
게 하신 때에
2 왕이 선지자 나단에게 이르되 볼지
어다 나는 백향목 궁에 살거늘 하
나님의 궤는 휘장 가운데에 있도다
3 나단이 왕께 아뢰되 여호와께서 왕
과 함께 계시니 마음에 있는 모든
것을 행하소서 하니라
4 그 밤에 여호와의 말씀이 나단에게
임하여 이르시되
5 가서 내 종 다윗에게 말하기를 여
호와께서 이와 같이 말씀하시되 네
가 나를 위하여 내가 살 집을 건축
하겠느냐
6 내가 이스라엘 자손을 애굽에서 인
도하여 내던 날부터 오늘까지 집에
살지 아니하고 장막과 성막 안에서
다녔나니
7 이스라엘 자손과 더불어 다니는 모
든 곳에서 내가 내 백성 이스라엘
을 먹이라고 명령한 이스라엘 [1]어
느 지파들 가운데 하나에게 내가
말하기를 너희가 어찌하여 나를 위
하여 백향목 집을 건축하지 아니하
였느냐고 말하였느냐
8 그러므로 이제 내 종 다윗에게 이
와 같이 말하라 만군의 여호와께서
이와 같이 말씀하시기를 내가 너를
목장 곧 양을 따르는 데에서 데려
다가 내 백성 이스라엘의 주권자로

1) 사사(대상 17:6)

삼고
9 네가 가는 모든 곳에서 내가 너와
함께 있어 네 모든 원수를 네 앞에
서 멸하였은즉 땅에서 위대한 자들
의 이름같이 네 이름을 위대하게
만들어 주리라
10 내가 또 내 백성 이스라엘을 위하
여 한 곳을 정하여 그를 심고 그를
거주하게 하고 다시 옮기지 못하게
하며 악한 종류로 전과 같이 그들
을 해하지 못하게 하여
11 전에 내가 사사에게 명령하여 내
백성 이스라엘을 다스리던 때와 같
지 아니하게 하고 너를 모든 원수
에게서 벗어나 편히 쉬게 하리라
여호와가 또 네게 이르노니 여호와
가 너를 위하여 집을 짓고
12 네 수한이 차서 네 조상들과 함께
누울 때에 내가 네 몸에서 날 네 씨
를 네 뒤에 세워 그의 나라를 견고
하게 하리라
13 그는 내 이름을 위하여 집을 건축
할 것이요 나는 그의 나라 왕위를
영원히 견고하게 하리라
14 나는 그에게 아버지가 되고 그는
내게 아들이 되리니 그가 만일 죄
를 범하면 내가 사람의 매와 인생
의 채찍으로 징계하려니와
15 내가 네 앞에서 물러나게 한 사울
에게서 내 은총을 빼앗은 것처럼
그에게서 빼앗지는 아니하리라
16 네 집과 네 나라가 내 앞에서 영원
히 보전되고 네 왕위가 영원히 견
고하리라 하셨다 하라
17 나단이 이 모든 말씀들과 이 모든
계시대로 다윗에게 말하니라

다윗의 기도 (대상 17:16-27)

18 ●다윗 왕이 여호와 앞에 들어가
앉아서 이르되 주 여호와여 나는
누구이오며 내 집은 무엇이기에 나
를 여기까지 이르게 하셨나이까
19 주 여호와여 주께서 이것을 오히려
적게 여기시고 또 종의 집에 있을
먼 장래의 일까지도 말씀하셨나이
다 주 여호와여 이것이 사람의 법
이니이다
20 주 여호와는 주의 종을 아시오니
다윗이 다시 주께 무슨 말씀을 하
오리이까
21 주의 말씀으로 말미암아 주의 뜻대
로 이 모든 큰 일을 행하사 주의 종
에게 알게 하셨나이다
22 그런즉 주 여호와여 주는 위대하시
니 이는 우리 귀로 들은 대로는 주
와 같은 이가 없고 주 외에는 신이
없음이니이다
23 땅의 어느 한 나라가 주의 백성 이
스라엘과 같으리이까 하나님이 가
서 구속하사 자기 백성으로 삼아
주의 명성을 내시며 그들을 위하여
큰 일을, 주의 땅을 위하여 두려운
일을 애굽과 많은 나라들과 그의
신들에게서 구속하신 백성 앞에서
행하셨사오며
24 주께서 주의 백성 이스라엘을 세우
사 영원히 주의 백성으로 삼으셨사
오니 여호와여 주께서 그들의 하나
님이 되셨나이다
25 여호와 하나님이여 이제 주의 종과
종의 집에 대하여 말씀하신 것을
영원히 세우시며 말씀하신 대로 행
하사
26 사람이 영원히 주의 이름을 크게
높여 이르기를 만군의 여호와는 이
스라엘의 하나님이라 하게 하옵시
며 주의 종 다윗의 집이 주 앞에 견
고하게 하옵소서
27 만군의 여호와 이스라엘의 하나님
이여 주의 종의 귀를 여시고 이르
시기를 내가 너를 위하여 집을 세

우리라 하셨으므로 주의 종이 이
기도로 주께 간구할 마음이 생겼나
이다
28 주 여호와여 오직 주는 하나님이시
며 주의 말씀들이 참되시니이다 주
께서 이 좋은 것을 주의 종에게 말
씀하셨사오니
29 이제 청하건대 종의 집에 복을 주
사 주 앞에 영원히 있게 하옵소서
주 여호와께서 말씀하셨사오니 주
의 종의 집이 영원히 복을 받게 하
옵소서 하니라

다윗이 어디로 가든지 이기다 (대상 18:1-17)

8 그 후에 다윗이 블레셋 사람들을
쳐서 항복을 받고 블레셋 사람들
의 손에서 [1]메덱암마를 빼앗으니라
2 ●다윗이 또 모압을 쳐서 그들로
땅에 엎드리게 하고 줄로 재어 [2]그
두 줄 길이의 사람은 죽이고 한 줄
길이의 사람은 살리니 모압 사람들
이 다윗의 종들이 되어 조공을 드
리니라
3 ●르홉의 아들 소바 왕 하닷에셀이
자기 권세를 회복하려고 유브라데
강으로 갈 때에 다윗이 그를 쳐서
4 그에게서 마병 천칠백 명과 보병 이
만 명을 사로잡고 병거 일백 대의
말만 남기고 다윗이 그 외의 병거의
말은 다 발의 힘줄을 끊었더니
5 다메섹의 아람 사람들이 소바 왕
하닷에셀을 도우러 온지라 다윗이
아람 사람 이만 이천 명을 죽이고
6 다윗이 다메섹 아람에 수비대를 두
매 아람 사람이 다윗의 종이 되어
조공을 바치니라 다윗이 어디로 가
든지 여호와께서 이기게 하시니라
7 다윗이 하닷에셀의 신복들이 가진
금 방패를 빼앗아 예루살렘으로 가
져오고
8 또 다윗 왕이 하닷에셀의 고을 베
다와 베로대에서 매우 많은 놋을
빼앗으니라
9 ●하맛 왕 도이가 다윗이 하닷에셀
의 온 군대를 쳐서 무찔렀다 함을
듣고
10 도이가 그의 아들 요람을 보내 다윗
왕에게 문안하고 축복하게 하니 이
는 하닷에셀이 도이와 더불어 전쟁
이 있던 터에 다윗이 하닷에셀을 쳐
서 무찌름이라 요람이 은 그릇과 금
그릇과 놋 그릇을 가지고 온지라
11 다윗 왕이 그것도 여호와께 드리되
그가 정복한 모든 나라에서 얻은
은금
12 곧 아람과 모압과 암몬 자손과 블레
셋 사람과 아말렉에게서 얻은 것들
과 소바 왕 르홉의 아들 하닷에셀에
게서 노략한 것과 같이 드리니라
13 ●다윗이 소금 골짜기에서 [3]에돔
사람 만 팔천 명을 쳐죽이고 돌아
와서 명성을 떨치니라
14 다윗이 에돔에 수비대를 두되 온
에돔에 수비대를 두니 에돔 사람이
다 다윗의 종이 되니라 다윗이 어
디로 가든지 여호와께서 이기게 하
셨더라
15 ●다윗이 온 이스라엘을 다스려 다
윗이 모든 백성에게 정의와 공의를
행할새
16 스루야의 아들 요압은 군사령관이
되고 아힐룻의 아들 여호사밧은 사
관이 되고
17 아히둡의 아들 사독과 아비아달의
아들 아히멜렉은 제사장이 되고 스
라야는 서기관이 되고
18 여호야다의 아들 브나야는 그렛 사
람과 블렛 사람을 관할하고 다윗의
아들들은 대신들이 되니라

1) 모성의 굴레 2) 또는 삼분의 이는 죽이고 삼분의 일은 살리니 3) 히, 아람 [시편 60편 제목과 대상 18:11,12]

다윗과 므비보셋

9 다윗이 이르되 사울의 집에 아직
도 남은 사람이 있느냐 내가 요
나단으로 말미암아 그 사람에게 은
총을 베풀리라 하니라
2 사울의 집에는 종 한 사람이 있으
니 그의 이름은 시바라 그를 다윗
의 앞으로 부르매 왕이 그에게 말
하되 네가 시바냐 하니 이르되 당
신의 종이니이다 하니라
3 왕이 이르되 사울의 집에 아직도
남은 사람이 없느냐 내가 그 사람
에게 하나님의 은총을 베풀고자 하
노라 하니 시바가 왕께 아뢰되 요
나단의 아들 하나가 있는데 다리
저는 자니이다 하니라
4 왕이 그에게 말하되 그가 어디 있
느냐 하니 시바가 왕께 아뢰되 로
드발 암미엘의 아들 마길의 집에
있나이다 하니라
5 다윗 왕이 사람을 보내어 로드발
암미엘의 아들 마길의 집에서 그를
데려오니
6 사울의 손자 요나단의 아들 므비보
셋이 다윗에게 나아와 그 앞에 엎
드려 절하매 다윗이 이르되 므비보
셋이여 하니 그가 이르기를 보소서
당신의 종이니이다
7 다윗이 그에게 이르되 무서워하지
말라 내가 반드시 네 아버지 요나
단으로 말미암아 네게 은총을 베풀
리라 내가 네 할아버지 사울의 모
든 밭을 다 네게 도로 주겠고 또 너
는 항상 내 상에서 떡을 먹을지니
라 하니
8 그가 절하여 이르되 이 종이 무엇
이기에 왕께서 죽은 개 같은 나를
돌아보시나이까 하니라
9 ●왕이 사울의 시종 시바를 불러
그에게 이르되 사울과 그의 온 집
에 속한 것은 내가 다 네 주인의 아
들에게 주었노니
10 너와 네 아들들과 네 종들은 그를
위하여 땅을 갈고 거두어 네 주인
의 아들에게 양식을 대주어 먹게
하라 그러나 네 주인의 아들 므비
보셋은 항상 내 상에서 떡을 먹으
리라 하니라 시바는 아들이 열다섯
명이요 종이 스무 명이라
11 시바가 왕께 아뢰되 내 주 왕께서
모든 일을 종에게 명령하신 대로
종이 준행하겠나이다 하니라 므비
보셋은 왕자 중 하나처럼 왕의 상
에서 먹으니라
12 므비보셋에게 어린 아들 하나가 있
으니 이름은 미가더라 시바의 집에
사는 자마다 므비보셋의 종이 되니
라
13 므비보셋이 항상 왕의 상에서 먹으
므로 예루살렘에 사니라 그는 두
발을 다 절더라

다윗이 암몬과 싸우다 (대상 19:1-19)

10 그 후에 암몬 자손의 왕이 죽
고 그의 아들 하눈이 대신하여
왕이 되니
2 다윗이 이르되 내가 나하스의 아들
하눈에게 은총을 베풀되 그의 아버
지가 내게 은총을 베푼 것같이 하
리라 하고 다윗이 그의 신하들을
보내 그의 아버지를 조상하라 하니
라 다윗의 신하들이 암몬 자손의
땅에 이르매
3 암몬 자손의 관리들이 그들의 주
하눈에게 말하되 왕은 다윗이 조객
을 당신에게 보낸 것이 왕의 아버
지를 공경함인 줄로 여기시나이까
다윗이 그의 신하들을 당신에게 보
내 이 성을 엿보고 탐지하여 함락
시키고자 함이 아니니이까 하니
4 이에 하눈이 다윗의 신하들을 잡아

그들의 수염 절반을 깎고 그들의
의복의 중동볼기까지 자르고 돌려
보내매
5 사람들이 이 일을 다윗에게 알리니
라 그 사람들이 크게 부끄러워하므
로 왕이 그들을 맞으러 보내 이르기
를 너희는 수염이 자라기까지 여리
고에서 머물다가 돌아오라 하니라
6 ●암몬 자손들이 자기들이 다윗에
게 미움이 된 줄 알고 암몬 자손들
이 사람을 보내 벧르홉 아람 사람
과 소바 아람 사람의 보병 이만 명
과 마아가 왕과 그의 사람 천 명과
돕 사람 만 이천 명을 고용한지라
7 다윗이 듣고 요압과 용사의 온 무
리를 보내매
8 암몬 자손은 나와서 성문 어귀에
진을 쳤고 소바와 르홉 아람 사람
과 돕과 마아가 사람들은 따로 들
에 있더라
9 ●요압이 자기와 맞서 앞뒤에 친
적진을 보고 이스라엘의 선발한 자
중에서 또 엄선하여 아람 사람과
싸우려고 진치고
10 그 백성의 남은 자를 그 아우 아비
새의 수하에 맡겨 암몬 자손과 싸
우려고 진치게 하고
11 이르되 만일 아람 사람이 나보다
강하면 네가 나를 돕고 만일 암몬
자손이 너보다 강하면 내가 가서
너를 도우리라
12 너는 담대하라 우리가 우리 백성과
우리 하나님의 성읍들을 위하여 담
대히 하자 여호와께서 선히 여기시
는 대로 행하시기를 원하노라 하고
13 요압과 그와 함께한 백성이 아람
사람을 대항하여 싸우려고 나아가
니 그들이 그 앞에서 도망하고
14 암몬 자손은 아람 사람이 도망함을
보고 그들도 아비새 앞에서 도망하
여 성읍으로 들어간지라 요압이 암
몬 자손을 떠나 예루살렘으로 돌아
가니라
15 ●아람 사람이 자기가 이스라엘 앞
에서 패하였음을 보고 다 모이매
16 하닷에셀이 사람을 보내 강 건너쪽
에 있는 아람 사람을 불러 내매 그
들이 헬람에 이르니 하닷에셀의 군
사령관 소박이 그들을 거느린지라
17 어떤 사람이 다윗에게 알리매 그가
온 이스라엘을 모으고 요단을 건너
헬람에 이르매 아람 사람들이 다윗
을 향하여 진을 치고 더불어 싸우
더니
18 아람 사람이 이스라엘 앞에서 도망
한지라 다윗이 아람 병거 칠백 대
와 마병 사만 명을 죽이고 또 그 군
사령관 소박을 치매 거기서 죽으니
라
19 하닷에셀에게 속한 왕들이 자기가
이스라엘 앞에서 패함을 보고 이스
라엘과 화친하고 섬기니 그러므로
아람 사람들이 두려워하여 다시는
암몬 자손을 돕지 아니하니라

다윗과 밧세바

11 그 해가 돌아와 왕들이 출전할
때가 되매 다윗이 요압과 그에
게 있는 그의 부하들과 온 이스라
엘 군대를 보내니 그들이 암몬 자
손을 멸하고 랍바를 에워쌌고 다윗
은 예루살렘에 그대로 있더라
2 ●저녁 때에 다윗이 그의 침상에서
일어나 왕궁 옥상에서 거닐다가 그
곳에서 보니 한 여인이 목욕을 하
는데 심히 아름다워 보이는지라
3 다윗이 사람을 보내 그 여인을 알
아보게 하였더니 그가 아뢰되 그는
엘리암의 딸이요 헷 사람 우리아의
아내 밧세바가 아니니이까 하니
4 다윗이 전령을 보내어 그 여자를

자기에게로 데려오게 하고 그 여자
가 그 부정함을 깨끗하게 하였으므
로 더불어 동침하매 그 여자가 자
기 집으로 돌아가니라
5 그 여인이 임신하매 사람을 보내
다윗에게 말하여 이르되 내가 임신
하였나이다 하니라
6 ●다윗이 요압에게 기별하여 헷 사
람 우리아를 내게 보내라 하매 요
압이 우리아를 다윗에게로 보내니
7 우리아가 다윗에게 이르매 다윗이
요압의 안부와 군사의 안부와 싸움
이 어떠했는지를 묻고
8 그가 또 우리아에게 이르되 네 집
으로 내려가서 발을 씻으라 하니
우리아가 왕궁에서 나가매 왕의 음
식물이 뒤따라 가니라
9 그러나 우리아는 집으로 내려가지
아니하고 왕궁 문에서 그의 주의
모든 부하들과 더불어 잔지라
10 어떤 사람이 다윗에게 아뢰되 우리
아가 그의 집으로 내려가지 아니하
였나이다 다윗이 우리아에게 이르
되 네가 길 갔다가 돌아온 것이 아
니냐 어찌하여 네 집으로 내려가지
아니하였느냐 하니
11 우리아가 다윗에게 아뢰되 언약궤
와 이스라엘과 유다가 야영 중에
있고 내 주 요압과 내 왕의 부하들
이 바깥 들에 진치고 있거늘 내가
어찌 내 집으로 가서 먹고 마시고
내 처와 같이 자리이까 내가 이 일
을 행하지 아니하기로 왕의 살아
계심과 왕의 혼의 살아 계심을 두
고 맹세하나이다 하니라
12 다윗이 우리아에게 이르되 오늘도
여기 있으라 내일은 내가 너를 보
내리라 우리아가 그날에 예루살렘
에 머무니라 이튿날
13 다윗이 그를 불러서 그로 그 앞에
서 먹고 마시고 취하게 하니 저녁
때에 그가 나가서 그의 주의 부하
들과 더불어 침상에 눕고 그의 집
으로 내려가지 아니하니라
14 ●아침이 되매 다윗이 편지를 써서
우리아의 손에 들려 요압에게 보내
니
15 그 편지에 써서 이르기를 너희가
우리아를 맹렬한 싸움에 앞세워 두
고 너희는 뒤로 물러가서 그로 맞
아 죽게 하라 하였더라
16 요압이 그 성을 살펴 용사들이 있는
것을 아는 그곳에 우리아를 두니
17 그 성 사람들이 나와서 요압과 더
불어 싸울 때에 다윗의 부하 중 몇
사람이 엎드러지고 헷 사람 우리아
도 죽으니라
18 요압이 사람을 보내 그 전쟁의 모
든 일을 다윗에게 보고할새
19 그 전령에게 명령하여 이르되 전쟁
의 모든 일을 네가 왕께 보고하기
를 마친 후에
20 혹시 왕이 노하여 네게 말씀하기를
너희가 어찌하여 성에 그처럼 가까
이 가서 싸웠느냐 그들이 성 위에
서 쏠 줄을 알지 못하였느냐
21 여룹베셋의 아들 아비멜렉을 쳐죽
인 자가 누구냐 여인 하나가 성에
서 맷돌 위짝을 그 위에 던지매 그
가 데벳스에서 죽지 아니하였느냐
어찌하여 성에 가까이 갔더냐 하시
거든 네가 말하기를 왕의 종 헷 사
람 우리아도 죽었나이다 하라
22 ●전령이 가서 다윗에게 이르러 요
압이 그를 보낸 모든 일을 다윗에
게 아뢰어
23 이르되 그 사람들이 우리보다 우세
하여 우리를 향하여 들로 나오므로
우리가 그들을 쳐서 성문 어귀까지
미쳤더니

24 활 쏘는 자들이 성 위에서 왕의 부
하들을 향하여 쏘매 왕의 부하 중
몇 사람이 죽고 왕의 종 헷 사람 우
리아도 죽었나이다 하니
25 다윗이 전령에게 이르되 너는 요압
에게 이같이 말하기를 이 일로 걱정
하지 말라 칼은 이 사람이나 저 사
람이나 삼키느니라 그 성을 향하여
더욱 힘써 싸워 함락시키라 하여 너
는 그를 담대하게 하라 하니라
26 ●우리아의 아내는 그 남편 우리아
가 죽었음을 듣고 그의 남편을 위
하여 소리내어 우니라
27 그 장례를 마치매 다윗이 사람을
보내 그를 왕궁으로 데려오니 그가
그의 아내가 되어 그에게 아들을
낳으니라 다윗이 행한 그 일이 여
호와 보시기에 악하였더라

나단의 책망과 다윗의 회개

12 여호와께서 나단을 다윗에게
보내시니 그가 다윗에게 가서
그에게 이르되 한 성읍에 두 사람
이 있는데 한 사람은 부하고 한 사
람은 가난하니
2 그 부한 사람은 양과 소가 심히 많
으나
3 가난한 사람은 아무것도 없고 자기
가 사서 기르는 작은 암양 새끼 한
마리뿐이라 그 암양 새끼는 그와
그의 자식과 함께 자라며 그가 먹
는 것을 먹으며 그의 잔으로 마시
며 그의 품에 누우므로 그에게는
딸처럼 되었거늘
4 어떤 행인이 그 부자에게 오매 부
자가 자기에게 온 행인을 위하여
자기의 양과 소를 아껴 잡지 아니
하고 가난한 사람의 양 새끼를 빼
앗아다가 자기에게 온 사람을 위하
여 잡았나이다 하니
5 다윗이 그 사람으로 말미암아 노하
여 나단에게 이르되 여호와의 살아
계심을 두고 맹세하노니 이 일을
행한 그 사람은 마땅히 죽을 자라
6 그가 불쌍히 여기지 아니하고 이런
일을 행하였으니 그 양 새끼를 네
배나 갚아 주어야 하리라 한지라
7 ●나단이 다윗에게 이르되 당신이
그 사람이라 이스라엘의 하나님 여
호와께서 이와 같이 이르시기를 내
가 너를 이스라엘 왕으로 기름붓기
위하여 너를 사울의 손에서 구원하
고
8 네 주인의 집을 네게 주고 네 주인
의 아내들을 네 품에 두고 이스라엘
과 유다 족속을 네게 맡겼느니라 만
일 그것이 부족하였을 것 같으면 내
가 네게 이것 저것을 더 주었으리라
9 그러한데 어찌하여 네가 여호와의
말씀을 업신여기고 나 보기에 악을
행하였느냐 네가 칼로 헷 사람 우
리아를 치되 암몬 자손의 칼로 죽
이고 그의 아내를 빼앗아 네 아내
로 삼았도다
10 이제 네가 나를 업신여기고 헷 사
람 우리아의 아내를 빼앗아 네 아
내로 삼았은즉 칼이 네 집에서 영
원토록 떠나지 아니하리라 하셨고
11 여호와께서 또 이와 같이 이르시기
를 보라 내가 너와 네 집에 재앙을
일으키고 내가 네 눈앞에서 네 아
내를 빼앗아 네 이웃들에게 주리니
그 사람들이 네 아내들과 더불어
백주에 동침하리라
12 너는 은밀히 행하였으나 나는 온
이스라엘 앞에서 백주에 이 일을
행하리라 하셨나이다 하니
13 다윗이 나단에게 이르되 내가 여호
와께 죄를 범하였노라 하매 나단이
다윗에게 말하되 여호와께서도 당
신의 죄를 사하셨나니 당신이 죽지

아니하려니와
14 이 일로 말미암아 여호와의 원수가
크게 비방할 거리를 얻게 하였으니
당신이 낳은 아이가 반드시 죽으리
이다 하고
15 나단이 자기 집으로 돌아가니라

다윗의 아이가 죽다

●우리아의 아내가 다윗에게 낳은
아이를 여호와께서 치시매 심히 앓
는지라
16 다윗이 그 아이를 위하여 하나님께
간구하되 다윗이 금식하고 안에 들
어가서 밤새도록 땅에 엎드렸으니
17 그 집의 늙은 자들이 그 곁에 서서
다윗을 땅에서 일으키려 하되 왕이
듣지 아니하고 그들과 더불어 먹지
도 아니하더라
18 이레 만에 그 아이가 죽으니라 그
러나 다윗의 신하들이 아이가 죽은
것을 왕에게 아뢰기를 두려워하니
이는 그들이 말하기를 아이가 살았
을 때에 우리가 그에게 말하여도
왕이 그 말을 듣지 아니하셨나니
어떻게 그 아이가 죽은 것을 그에
게 아뢸 수 있으랴 왕이 상심하시
리로다 함이라
19 다윗이 그의 신하들이 서로 수군거
리는 것을 보고 그 아이가 죽은 줄
을 다윗이 깨닫고 그의 신하들에게
묻되 아이가 죽었느냐 하니 대답하
되 죽었나이다 하는지라
20 다윗이 땅에서 일어나 몸을 씻고
기름을 바르고 의복을 갈아입고 여
호와의 전에 들어가서 경배하고 왕
궁으로 돌아와 명령하여 음식을 그
앞에 차리게 하고 먹은지라
21 그의 신하들이 그에게 이르되 아이
가 살았을 때에는 그를 위하여 금
식하고 우시더니 죽은 후에는 일어
나서 잡수시니 이 일이 어찌 됨이
니이까 하니
22 이르되 아이가 살았을 때에 내가 금
식하고 운 것은 혹시 여호와께서 나
를 불쌍히 여기사 아이를 살려 주실
는지 누가 알까 생각함이거니와
23 지금은 죽었으니 내가 어찌 금식하
랴 내가 다시 돌아오게 할 수 있느
냐 나는 그에게로 가려니와 그는 내
게로 돌아오지 아니하리라 하니라

솔로몬이 태어나다

24 ●다윗이 그의 아내 밧세바를 위로
하고 그에게 들어가 그와 동침하였
더니 그가 아들을 낳으매 그의 이
름을 솔로몬이라 하니라 여호와께
서 그를 사랑하사
25 선지자 나단을 보내 그의 이름을
[1]여디디야라 하시니 이는 여호와께
서 사랑하셨기 때문이더라

다윗이 랍바를 쳐서 점령하다 (대상 20:1-3)

26 ●요압이 암몬 자손의 랍바를 쳐서
그 왕성을 점령하매
27 요압이 전령을 다윗에게 보내 이르
되 내가 랍바 곧 물들의 성읍을 쳐
서 점령하였으니
28 이제 왕은 그 백성의 남은 군사를 모
아 그 성에 맞서 진치고 이 성읍을
쳐서 점령하소서 내가 이 성읍을 점
령하면 이 성읍이 내 이름으로 일컬
음을 받을까 두려워하나이다 하니
29 다윗이 모든 군사를 모아 랍바로
가서 그곳을 쳐서 점령하고
30 그 왕의 머리에서 보석 박힌 왕관
을 가져오니 그 중량이 금 한 달란
트라 다윗이 자기의 머리에 쓰니라
다윗이 또 그 성읍에서 노략한 물
건을 무수히 내오고
31 그 안에 있는 백성들을 끌어내어
[2]톱질과 써레질과 철도끼질과 벽돌

1) 여호와께 사랑을 입음 2) 톱으로 켜고 써레로 썰고 도끼로 찍고 벽돌 가마로 지나게 하고

구이를 그들에게 하게 하니라 암몬
자손의 모든 성읍을 이같이 하고
다윗과 모든 백성이 예루살렘으로
돌아가니라

암논과 다말

13 그 후에 이 일이 있으니라 다
윗의 아들 압살롬에게 아름다
운 누이가 있으니 이름은 다말이라
다윗의 다른 아들 암논이 그를 사
랑하나
2 그는 처녀이므로 어찌할 수 없는 줄
을 알고 암논이 그의 누이 다말 때
문에 울화로 말미암아 병이 되니라
3 암논에게 요나답이라 하는 친구가
있으니 그는 다윗의 형 시므아의
아들이요 심히 간교한 자라
4 그가 암논에게 이르되 왕자여 당신
은 어찌하여 나날이 이렇게 파리하
여 가느냐 내게 말해 주지 아니하
겠느냐 하니 암논이 말하되 내가
아우 압살롬의 누이 다말을 사랑함
이니라 하니라
5 요나답이 그에게 이르되 침상에 누
워 병든 체하다가 네 아버지가 너
를 보러 오거든 너는 그에게 말하
기를 원하건대 내 누이 다말이 와
서 내게 떡을 먹이되 내가 보는 데
에서 떡을 차려 그의 손으로 먹여
주게 하옵소서 하라 하니
6 암논이 곧 누워 병든 체하다가 왕
이 와서 그를 볼 때에 암논이 왕께
아뢰되 원하건대 내 누이 다말이
와서 내가 보는 데에서 과자 두어
개를 만들어 그의 손으로 내게 먹
여 주게 하옵소서 하니
7 ●다윗이 사람을 그의 집으로 보내
다말에게 이르되 이제 네 오라버니
암논의 집으로 가서 그를 위하여
음식을 차리라 한지라
8 다말이 그 오라버니 암논의 집에 이
르매 그가 누웠더라 다말이 밀가루
를 가지고 반죽하여 그가 보는 데서
과자를 만들고 그 과자를 굽고
9 그 냄비를 가져다가 그 앞에 쏟아
놓아도 암논이 먹기를 거절하고 암
논이 이르되 모든 사람을 내게서
나가게 하라 하니 다 그를 떠나 나
가니라
10 암논이 다말에게 이르되 음식물을
가지고 침실로 들어오라 내가 네 손
에서 먹으리라 하니 다말이 자기가
만든 과자를 가지고 침실에 들어가
그의 오라버니 암논에게 이르러
11 그에게 먹이려고 가까이 가지고 갈
때에 암논이 그를 붙잡고 그에게
이르되 나의 누이야 와서 나와 동
침하자 하는지라
12 그가 그에게 대답하되 아니라 내
오라버니여 나를 욕되게 하지 말라
이런 일은 이스라엘에서 마땅히 행
하지 못할 것이니 이 어리석은 일
을 행하지 말라
13 내가 이 수치를 지니고 어디로 가
겠느냐 너도 이스라엘에서 어리석
은 자 중의 하나가 되리라 이제 청
하건대 왕께 말하라 그가 나를 네
게 주기를 거절하지 아니하시리라
하되
14 암논이 그 말을 듣지 아니하고 다
말보다 힘이 세므로 억지로 그와
동침하니라
15 ●그리하고 암논이 그를 심히 미워
하니 이제 미워하는 미움이 전에 사
랑하던 사랑보다 더한지라 암논이
그에게 이르되 일어나 가라 하니
16 다말이 그에게 이르되 옳지 아니하
다 나를 쫓아보내는 이 큰 악은 아
까 내게 행한 그 악보다 더하다 하
되 암논이 그를 듣지 아니하고
17 그가 부리는 종을 불러 이르되 이

계집을 내게서 이제 내보내고 곧
문빗장을 지르라 하니
18 암논의 하인이 그를 끌어내고 곧
문빗장을 지르니라 다말이 [1]채색옷
을 입었으니 출가하지 아니한 공주
는 이런 옷으로 단장하는 법이라
19 다말이 재를 자기의 머리에 덮어쓰
고 그의 채색옷을 찢고 손을 머리
위에 얹고 가서 크게 울부짖으니라
20 ●그의 오라버니 압살롬이 그에게
이르되 네 오라버니 암논이 너와
함께 있었느냐 그러나 그는 네 오
라버니이니 누이야 지금은 잠잠히
있고 이것으로 말미암아 근심하지
말라 하니라 이에 다말이 그의 오
라버니 압살롬의 집에 있어 처량하
게 지내니라
21 다윗 왕이 이 모든 일을 듣고 심히
노하니라
22 압살롬은 암논이 그의 누이 다말을
욕되게 하였으므로 그를 미워하여
암논에 대하여 잘잘못을 압살롬이
말하지 아니하니라

압살롬의 복수

23 ●만 이 년 후에 에브라임 곁 바알
하솔에서 압살롬이 양 털을 깎는
일이 있으매 압살롬이 왕의 모든
아들을 청하고
24 압살롬이 왕께 나아가 말하되 이제
종에게 양 털 깎는 일이 있사오니
청하건대 왕은 신하들을 데리시고
당신의 종과 함께 가사이다 하니
25 왕이 압살롬에게 이르되 아니라 내
아들아 이제 우리가 다 갈 것 없다 네
게 누를 끼칠까 하노라 하니라 압살
롬이 그에게 간청하였으나 그가 가지
아니하고 그에게 복을 비는지라
26 압살롬이 이르되 그렇게 하지 아니
하시려거든 청하건대 내 형 암논이
우리와 함께 가게 하옵소서 왕이
그에게 이르되 그가 너와 함께 갈
것이 무엇이냐 하되
27 압살롬이 간청하매 왕이 암논과 왕
의 모든 아들을 그와 함께 그에게
보내니라
28 압살롬이 이미 그의 종들에게 명령
하여 이르기를 너희는 이제 암논의
마음이 술로 즐거워할 때를 자세히
보다가 내가 너희에게 암논을 치라
하거든 그를 죽이라 두려워하지 말
라 내가 너희에게 명령한 것이 아
니냐 너희는 담대히 용기를 내라
한지라
29 압살롬의 종들이 압살롬의 명령대
로 암논에게 행하매 왕의 모든 아
들들이 일어나 각기 노새를 타고
도망하니라
30 ●그들이 길에 있을 때에 압살롬이
왕의 모든 아들들을 죽이고 하나도
남기지 아니하였다는 소문이 다윗
에게 이르매
31 왕이 곧 일어나서 자기의 옷을 찢
고 땅에 드러눕고 그의 신하들도
다 옷을 찢고 모셔 선지라
32 다윗의 형 시므아의 아들 요나답이
아뢰어 이르되 내 주여 젊은 왕자
들이 다 죽임을 당한 줄로 생각하
지 마옵소서 오직 암논만 죽었으리
이다 그가 압살롬의 누이 다말을
욕되게 한 날부터 압살롬이 결심한
것이니이다
33 그러하온즉 내 주 왕이여 왕자들이
다 죽은 줄로 생각하여 상심하지
마옵소서 오직 암논만 죽었으리이
다 하니라
34 ●이에 압살롬은 도망하니라 파수
하는 청년이 눈을 들어 보니 보아
라 뒷산 언덕길로 여러 사람이 오
는도다

1) 긴 옷

35 요나답이 왕께 아뢰되 보소서 왕자
들이 오나이다 당신의 종이 말한
대로 되었나이다 하고
36 말을 마치자 왕자들이 이르러 소리
를 높여 통곡하니 왕과 그의 모든
신하들도 심히 통곡하니라
37 ●압살롬은 도망하여 그술 왕 암미
훌의 아들 달매에게로 갔고 다윗은
날마다 그의 아들로 말미암아 슬퍼
하니라
38 압살롬이 도망하여 그술로 가서 거
기에 산 지 삼 년이라
39 [1]다윗 왕의 마음이 압살롬을 향하
여 간절하니 암논은 이미 죽었으므
로 왕이 위로를 받았음이더라

압살롬이 예루살렘으로 돌아오다

14 스루야의 아들 요압이 왕의 마
음이 압살롬에게로 향하는 줄
알고
2 드고아에 사람을 보내 거기서 지혜
로운 여인 하나를 데려다가 그에게
이르되 청하건대 너는 상주가 된
것처럼 상복을 입고 기름을 바르지
말고 죽은 사람을 위하여 오래 슬
퍼하는 여인같이 하고
3 왕께 들어가서 그에게 이러이러하
게 말하라고 요압이 그의 입에 할
말을 넣어 주니라
4 ●드고아 여인이 왕께 아뢸 때에
얼굴을 땅에 대고 엎드려 이르되
왕이여 도우소서 하니
5 왕이 그에게 이르되 무슨 일이냐
하니라 대답하되 나는 진정으로 과
부니이다 남편은 죽고
6 이 여종에게 아들 둘이 있더니 그
들이 들에서 싸우나 그들을 말리는
사람이 아무도 없으므로 한 아이가
다른 아이를 쳐죽인지라
7 온 족속이 일어나서 당신의 여종
나를 핍박하여 말하기를 그의 동생
을 쳐죽인 자를 내놓으라 우리가
그의 동생 죽인 죄를 갚아 그를 죽
여 상속자 될 것까지 끊겠노라 하
오니 그러한즉 그들이 내게 남아
있는 숯불을 꺼서 내 남편의 이름
과 씨를 세상에 남겨두지 아니하겠
나이다 하니
8 왕이 여인에게 이르되 네 집으로
가라 내가 너를 위하여 명령을 내
리리라 하는지라
9 드고아 여인이 왕께 아뢰되 내 주
왕이여 그 죄는 나와 내 아버지의
집으로 돌릴 것이니 왕과 왕위는
허물이 없으리이다
10 왕이 이르되 누구든지 네게 말하는
자를 내게로 데려오라 그가 다시는
너를 건드리지도 못하리라 하니라
11 여인이 이르되 청하건대 왕은 왕의
하나님 여호와를 기억하사 원수 갚
는 자가 더 죽이지 못하게 하옵소
서 내 아들을 죽일까 두렵나이다
하니 왕이 이르되 여호와께서 살아
계심을 두고 맹세하노니 네 아들의
머리카락 하나도 땅에 떨어지지 아
니하리라 하니라
12 ●여인이 이르되 청하건대 당신의
여종을 용납하여 한 말씀을 내 주
왕께 여쭙게 하옵소서 하니 그가
이르되 말하라 하니라
13 여인이 이르되 그러면 어찌하여 왕
께서 하나님의 백성에게 대하여 이
같은 생각을 하셨나이까 이 말씀을
하심으로 왕께서 죄 있는 사람같이
되심은 그 내쫓긴 자를 왕께서 집
으로 돌아오게 하지 아니하심이니
이다
14 우리는 필경 죽으리니 땅에 쏟아진
물을 다시 담지 못함 같을 것이오
나 하나님은 생명을 빼앗지 아니하

1) 다윗 왕이 압살롬에게 발노하기를 쉬니

시고 방책을 베푸사 내쫓긴 자가
하나님께 버린 자가 되지 아니하게
하시나이다
15 이제 내가 와서 내 주 왕께 이 말씀
을 여쭙는 것은 백성들이 나를 두
렵게 하므로 당신의 여종이 스스로
말하기를 내가 왕께 여쭈오면 혹시
종이 청하는 것을 왕께서 시행하실
것이라
16 왕께서 들으시고 나와 내 아들을
함께 하나님의 기업에서 끊을 자의
손으로부터 주의 종을 구원하시리
라 함이니이다
17 당신의 여종이 또 스스로 말하기를
내 주 왕의 말씀이 나의 위로가 되
기를 원한다 하였사오니 이는 내
주 왕께서 하나님의 사자같이 선과
악을 분간하심이니이다 원하건대
왕의 하나님 여호와께서 왕과 같이
계시옵소서
18 ●왕이 그 여인에게 대답하여 이르
되 바라노니 내가 네게 묻는 것을
내게 숨기지 말라 여인이 이르되
내 주 왕은 말씀하옵소서
19 왕이 이르되 이 모든 일에 요압이
너와 함께하였느냐 하니 여인이 대
답하여 이르되 내 주 왕의 살아 계
심을 두고 맹세하옵나니 내 주 왕의
말씀을 좌로나 우로나 옮길 자가 없
으리이다 왕의 종 요압이 내게 명령
하였고 그가 이 모든 말을 왕의 여
종의 입에 넣어 주었사오니
20 이는 왕의 종 요압이 이 일의 형편
을 바꾸려 하여 이렇게 함이니이다
내 주 왕의 지혜는 하나님의 사자
의 지혜와 같아서 땅에 있는 일을
다 아시나이다 하니라
21 ●왕이 요압에게 이르되 내가 이
일을 허락하였으니 가서 청년 압살
롬을 데려오라 하니라
22 요압이 땅에 엎드려 절하고 왕을
위하여 복을 빌고 요압이 이르되
내 주 왕이여 종의 구함을 왕이 허
락하시니 종이 왕 앞에서 은혜 입
은 줄을 오늘 아나이다 하고
23 요압이 일어나 그술로 가서 압살롬
을 데리고 예루살렘으로 오니
24 왕이 이르되 그를 그의 집으로 물러
가게 하여 내 얼굴을 볼 수 없게 하
라 하매 압살롬이 자기 집으로 돌아
가고 왕의 얼굴을 보지 못하니라

다윗이 압살롬과 화해하다

25 ●온 이스라엘 가운데에서 압살롬
같이 아름다움으로 크게 칭찬받는
자가 없었으니 그는 발바닥부터 정
수리까지 흠이 없음이라
26 그의 머리털이 무거우므로 연말마
다 깎았으며 그의 머리털을 깎을
때에 그것을 달아본즉 그의 머리털
이 왕의 저울로 이백 세겔이었더라
27 압살롬이 아들 셋과 딸 하나를 낳
았는데 딸의 이름은 다말이라 그는
얼굴이 아름다운 여자더라
28 ●압살롬이 이태 동안 예루살렘에
있으되 왕의 얼굴을 보지 못하였으
므로
29 압살롬이 요압을 왕께 보내려 하여
압살롬이 요압에게 사람을 보내 부
르되 그에게 오지 아니하고 또 다시
그에게 보내되 오지 아니하는지라
30 압살롬이 자기의 종들에게 이르되
보라 요압의 밭이 내 밭 근처에 있
고 거기 보리가 있으니 가서 불을
지르라 하니라 압살롬의 종들이 그
밭에 불을 질렀더니
31 요압이 일어나 압살롬의 집으로 가
서 그에게 이르되 어찌하여 네 종
들이 내 밭에 불을 질렀느냐 하니
32 압살롬이 요압에게 대답하되 내가
일찍이 사람을 네게 보내 너를 이

리로 오라고 청한 것은 내가 너를
왕께 보내 아뢰게 하기를 어찌하여
내가 그술에서 돌아오게 되었나이
까 이때까지 거기에 있는 것이 내
게 나았으리이다 하려 함이로라 이
제는 네가 나로 하여금 왕의 얼굴
을 볼 수 있게 하라 내가 만일 죄가
있으면 왕이 나를 죽이시는 것이
옳으니라 하는지라
33 요압이 왕께 나아가서 그에게 아뢰
매 왕이 압살롬을 부르니 그가 왕
께 나아가 그 앞에서 얼굴을 땅에
대어 그에게 절하매 왕이 압살롬과
입을 맞추니라

압살롬이 반역하다

15 그 후에 압살롬이 자기를 위하
여 병거와 말들을 준비하고 호
위병 오십 명을 그 앞에 세우니라
2 압살롬이 일찍이 일어나 성문 길
곁에 서서 어떤 사람이든지 송사가
있어 왕에게 재판을 청하러 올 때
에 그 사람을 불러 이르되 너는 어
느 성읍 사람이냐 하니 그 사람의
대답이 종은 이스라엘 아무 지파에
속하였나이다 하면
3 압살롬이 그에게 이르기를 보라 네
일이 옳고 바르다마는 네 송사를
들을 사람을 왕께서 세우지 아니하
셨다 하고
4 또 압살롬이 이르기를 내가 이 땅
에서 재판관이 되고 누구든지 송사
나 재판할 일이 있어 내게로 오는
자에게 내가 정의 베풀기를 원하노
라 하고
5 사람이 가까이 와서 그에게 절하려
하면 압살롬이 손을 펴서 그 사람
을 붙들고 그에게 입을 맞추니
6 이스라엘 무리 중에 왕께 재판을
청하러 오는 자들마다 압살롬의 행
함이 이와 같아서 이스라엘 사람의
마음을 압살롬이 훔치니라
7 ●[1]사 년 만에 압살롬이 왕께 아뢰
되 내가 여호와께 서원한 것이 있
사오니 청하건대 내가 헤브론에 가
서 그 서원을 이루게 하소서
8 당신의 종이 아람 그술에 있을 때
에 서원하기를 만일 여호와께서 반
드시 나를 예루살렘으로 돌아가게
하시면 내가 여호와를 섬기리이다
하였나이다
9 왕이 그에게 이르되 평안히 가라
하니 그가 일어나 헤브론으로 가니
라
10 이에 압살롬이 정탐을 이스라엘 모
든 지파 가운데에 두루 보내 이르
기를 너희는 나팔 소리를 듣거든
곧 말하기를 압살롬이 헤브론에서
왕이 되었다 하라 하니라
11 그때 청함을 받은 이백 명이 압살
롬과 함께 예루살렘에서부터 헤브
론으로 내려갔으니 그들은 압살롬
이 꾸민 그 모든 일을 알지 못하고
그저 따라가기만 한 사람들이라
12 제사 드릴 때에 압살롬이 사람을
보내 다윗의 모사 길로 사람 아히
도벨을 그의 성읍 길로에서 청하여
온지라 반역하는 일이 커가매 압살
롬에게로 돌아오는 백성이 많아지
니라

다윗이 예루살렘에서 도망하다

13 ●전령이 다윗에게 와서 말하되 이
스라엘의 인심이 다 압살롬에게로
돌아갔나이다 한지라
14 다윗이 예루살렘에 함께 있는 그의
모든 신하들에게 이르되 일어나 도
망하자 그렇지 아니하면 우리 중
한 사람도 압살롬에게서 피하지 못
하리라 빨리 가자 두렵건대 그가
우리를 급히 따라와 우리를 해하고

1) 어떤 기록에는 사십이라 함

칼날로 성읍을 칠까 하노라
15 왕의 신하들이 왕께 이르되 우리
주 왕께서 하고자 하시는 대로 우
리가 행하리이다 보소서 당신의 종
들이니이다 하더라
16 왕이 나갈 때에 그의 가족을 다 따
르게 하고 후궁 열 명을 왕이 남겨
두어 왕궁을 지키게 하니라
17 왕이 나가매 모든 백성이 다 따라서
1)벧메르학에 이르러 멈추어 서니
18 그의 모든 신하들이 그의 곁으로
지나가고 모든 그렛 사람과 모든
블렛 사람과 및 왕을 따라 가드에
서 온 모든 가드 사람 육백 명이 왕
앞으로 행진하니라
19 ●그때에 왕이 가드 사람 잇대에게
이르되 어찌하여 너도 우리와 함께
가느냐 너는 쫓겨난 나그네이니 돌
아가서 왕과 함께 네 곳에 있으라
20 너는 어제 왔고 나는 정처 없이 가니
오늘 어찌 너를 우리와 함께 떠돌아
다니게 하리요 너도 돌아가고 네 동
포들도 데려가라 은혜와 진리가 너
와 함께 있기를 원하노라 하니라
21 잇대가 왕께 대답하여 이르되 여호
와의 살아 계심과 내 주 왕의 살아
계심으로 맹세하옵나니 진실로 내
주 왕께서 어느 곳에 계시든지 사
나 죽으나 종도 그곳에 있겠나이다
하니
22 다윗이 잇대에게 이르되 앞서 건너
가라 하매 가드 사람 잇대와 그의
수행자들과 그와 함께한 아이들이
다 건너가고
23 온 땅 사람이 큰 소리로 울며 모든
백성이 앞서 건너가매 왕도 기드론
시내를 건너가니 건너간 모든 백성
이 광야 길로 향하니라
24 ●보라 사독과 그와 함께한 모든
레위 사람도 하나님의 언약궤를 메
어다가 하나님의 궤를 내려놓고 아
비아달도 올라와서 모든 백성이 성
에서 나오기를 기다리도다
25 왕이 사독에게 이르되 보라 하나님
의 궤를 성읍으로 도로 메어 가라
만일 내가 여호와 앞에서 은혜를
입으면 도로 나를 인도하사 내게
그 궤와 그 계신 데를 보이시리라
26 그러나 그가 이와 같이 말씀하시기
를 내가 너를 기뻐하지 아니한다
하시면 종이 여기 있사오니 선히
여기시는 대로 내게 행하시옵소서
하리라
27 왕이 또 제사장 사독에게 이르되
네가 선견자가 아니냐 너는 너희의
두 아들 곧 네 아들 아히마아스와
아비아달의 아들 요나단을 데리고
평안히 성읍으로 돌아가라
28 너희에게서 내게 알리는 소식이 올
때까지 내가 광야 나루터에서 기다
리리라 하니라
29 사독과 아비아달이 하나님의 궤를
예루살렘으로 도로 메어다 놓고 거
기 머물러 있으니라
30 ●다윗이 감람 산 길로 올라갈 때
에 그의 머리를 그가 가리고 맨발
로 울며 가고 그와 함께 가는 모든
백성들도 각각 자기의 머리를 가리
고 울며 올라가니라
31 어떤 사람이 다윗에게 알리되 압살
롬과 함께 모반한 자들 가운데 아
히도벨이 있나이다 하니 다윗이 이
르되 여호와여 원하옵건대 아히도
벨의 모략을 어리석게 하옵소서 하
니라
32 다윗이 하나님을 경배하는 마루턱
에 이를 때에 아렉 사람 후새가 옷
을 찢고 흙을 머리에 덮어쓰고 다
윗을 맞으러 온지라

1) 먼 궁

33 다윗이 그에게 이르되 네가 만일
나와 함께 나아가면 내게 누를 끼
치리라
34 그러나 네가 만일 성읍으로 돌아가
서 압살롬에게 말하기를 왕이여 내
가 왕의 종이니이다 전에는 내가
왕의 아버지의 종이었더니 이제는
내가 왕의 종이니이다 하면 네가
나를 위하여 아히도벨의 모략을 패
하게 하리라
35 사독과 아비아달 두 제사장이 너와
함께 거기 있지 아니하냐 네가 왕
의 궁중에서 무엇을 듣든지 사독과
아비아달 두 제사장에게 알리라
36 그들의 두 아들 곧 사독의 아히마
아스와 아비아달의 요나단이 그들
과 함께 거기 있나니 너희가 듣는
모든 것을 그들 편에 내게 소식을
알릴지니라 하는지라
37 다윗의 친구 후새가 곧 성읍으로
들어가고 압살롬도 예루살렘으로
들어갔더라

다윗과 시바

16 다윗이 마루턱을 조금 지나니
므비보셋의 종 시바가 안장 지
운 두 나귀에 떡 이백 개와 건포도
백 송이와 여름 과일 백 개와 포도
주 한 가죽부대를 싣고 다윗을 맞
는지라
2 왕이 시바에게 이르되 네가 무슨
뜻으로 이것을 가져왔느냐 하니 시
바가 이르되 나귀는 왕의 가족들이
타게 하고 떡과 과일은 청년들이
먹게 하고 포도주는 들에서 피곤한
자들에게 마시게 하려 함이니이다
3 왕이 이르되 네 주인의 아들이 어
디 있느냐 하니 시바가 왕께 아뢰
되 예루살렘에 있는데 그가 말하기
를 이스라엘 족속이 오늘 내 아버
지의 나라를 내게 돌리리라 하나이
다 하는지라
4 왕이 시바에게 이르되 므비보셋에
게 있는 것이 다 네 것이니라 하니
라 시바가 이르되 내가 절하나이다
내 주 왕이여 내가 왕 앞에서 은혜
를 입게 하옵소서 하니라

다윗과 시므이

5 ●다윗 왕이 바후림에 이르매 거기
서 사울의 친족 한 사람이 나오니
게라의 아들이요 이름은 시므이라
그가 나오면서 계속하여 저주하고
6 또 다윗과 다윗 왕의 모든 신하들
을 향하여 돌을 던지니 그때에 모
든 백성과 용사들은 다 왕의 좌우
에 있었더라
7 시므이가 저주하는 가운데 이와 같
이 말하니라 피를 흘린 자여 사악
한 자여 가거라 가거라
8 사울의 족속의 모든 피를 여호와께
서 네게로 돌리셨도다 그를 이어서
네가 왕이 되었으나 여호와께서 나
라를 네 아들 압살롬의 손에 넘기셨
도다 보라 너는 피를 흘린 자이므로
화를 자초하였느니라 하는지라
9 ●스루야의 아들 아비새가 왕께 여짜
오되 이 죽은 개가 어찌 내 주 왕을
저주하리이까 청하건대 내가 건너가
서 그의 머리를 베게 하소서 하니
10 왕이 이르되 스루야의 아들들아 내
가 너희와 무슨 상관이 있느냐 그
가 저주하는 것은 여호와께서 그에
게 다윗을 저주하라 하심이니 네가
어찌 그리하였느냐 할 자가 누구겠
느냐 하고
11 또 다윗이 아비새와 모든 신하들에
게 이르되 내 몸에서 난 아들도 내
생명을 해하려 하거든 하물며 이
베냐민 사람이랴 여호와께서 그에
게 명령하신 것이니 그가 저주하게
버려두라

12 혹시 여호와께서 나의 원통함을 감
찰하시리니 오늘 그 저주 때문에
여호와께서 선으로 내게 갚아 주시
리라 하고
13 다윗과 그의 추종자들이 길을 갈
때에 시므이는 산비탈로 따라가면
서 저주하고 그를 향하여 돌을 던
지며 먼지를 날리더라
14 왕과 그와 함께 있는 백성들이 [1)]다
피곤하여 한 곳에 이르러 거기서
쉬니라

압살롬의 입성과 후새의 위장 전향

15 ●압살롬과 모든 이스라엘 백성들
이 예루살렘에 이르고 아히도벨도
그와 함께 이른지라
16 다윗의 친구 아렉 사람 후새가 압
살롬에게 나갈 때에 그에게 말하기
를 왕이여 만세, 왕이여 만세 하니
17 압살롬이 후새에게 이르되 이것이
네가 친구를 후대하는 것이냐 네가
어찌하여 네 친구와 함께 가지 아
니하였느냐 하니
18 후새가 압살롬에게 이르되 그렇지
아니하니이다 내가 여호와와 이 백
성 모든 이스라엘의 택한 자에게
속하여 그와 함께 있을 것이니이다
19 또 내가 이제 누구를 섬기리이까
그의 아들이 아니니이까 내가 전에
왕의 아버지를 섬긴 것같이 왕을
섬기리이다 하니라
20 ●압살롬이 아히도벨에게 이르되
너는 어떻게 행할 계략을 우리에게
가르치라 하니
21 아히도벨이 압살롬에게 이르되 왕
의 아버지가 남겨 두어 왕궁을 지
키게 한 후궁들과 더불어 동침하소
서 그리하면 왕께서 왕의 아버지가
미워하는 바 됨을 온 이스라엘이
들으리니 왕과 함께 있는 모든 사
람의 힘이 더욱 강하여지리이다 하
니라
22 이에 사람들이 압살롬을 위하여 옥
상에 장막을 치니 압살롬이 온 이
스라엘 무리의 눈앞에서 그 아버지
의 후궁들과 더불어 동침하니라
23 그때에 아히도벨이 베푸는 계략은
사람이 하나님께 물어서 받은 말씀
과 같은 것이라 아히도벨의 모든
계략은 다윗에게나 압살롬에게나
그와 같이 여겨졌더라

압살롬이 아히도벨의 계략을 따르지 않다

17 아히도벨이 또 압살롬에게 이
르되 이제 내가 사람 만 이천
명을 택하게 하소서 오늘 밤에 내
가 일어나서 다윗의 뒤를 추적하여
2 그가 곤하고 힘이 빠졌을 때에 기
습하여 그를 무섭게 하면 그와 함
께 있는 모든 백성이 도망하리니
내가 다윗 왕만 쳐죽이고
3 모든 백성이 당신께 돌아오게 하리
니 모든 사람이 돌아오기는 왕이 찾
는 이 사람에게 달렸음이라 그리하
면 모든 백성이 평안하리이다 하니
4 압살롬과 이스라엘 장로들이 다 그
말을 옳게 여기더라
5 ●압살롬이 이르되 아렉 사람 후새
도 부르라 우리가 이제 그의 말도
듣자 하니라
6 후새가 압살롬에게 이르매 압살롬
이 그에게 말하여 이르되 아히도벨
이 이러이러하게 말하니 우리가 그
말대로 행하랴 그렇지 아니하거든
너는 말하라 하니
7 후새가 압살롬에게 이르되 이번에
는 아히도벨이 베푼 계략이 좋지
아니하니이다 하고
8 또 후새가 말하되 왕도 아시거니와
왕의 아버지와 그의 추종자들은 용
사라 그들은 들에 있는 곰이 새끼

1) 아예빔에 이르러

를 빼앗긴 것같이 격분하였고 왕의
부친은 전쟁에 익숙한 사람인즉 백
성과 함께 자지 아니하고
9 지금 그가 어느 굴에나 어느 곳에
숨어 있으리니 혹 [1]무리 중에 몇이
먼저 엎드러지면 그 소문을 듣는
자가 말하기를 압살롬을 따르는 자
가운데에서 패함을 당하였다 할지
라
10 비록 그가 사자 같은 마음을 가진
용사의 아들일지라도 낙심하리니
이는 이스라엘 무리가 왕의 아버지
는 영웅이요 그의 추종자들도 용사
인 줄 앎이니이다
11 나는 이렇게 계략을 세웠나이다 온
이스라엘을 단부터 브엘세바까지
바닷가의 많은 모래같이 당신께로
모으고 친히 전장에 나가시고
12 우리가 그 만날 만한 곳에서 그를
기습하기를 이슬이 땅에 내림같이
우리가 그의 위에 덮여 그와 그 함
께 있는 모든 사람을 하나도 남겨
두지 아니할 것이요
13 또 만일 그가 어느 성에 들었으면
온 이스라엘이 밧줄을 가져다가 그
성을 강으로 끌어들여서 그곳에 작
은 돌 하나도 보이지 아니하게 할
것이니이다 하매
14 압살롬과 온 이스라엘 사람들이 이
르되 아렉 사람 후새의 계략은 아
히도벨의 계략보다 낫다 하니 이는
여호와께서 압살롬에게 화를 내리
려 하사 아히도벨의 좋은 계략을
물리치라고 명령하셨음이더라

후새의 계략과 아히도벨의 죽음

15 ●이에 후새가 사독과 아비아달 두
제사장에게 이르되 아히도벨이 압
살롬과 이스라엘 장로들에게 이러
이러하게 계략을 세웠고 나도 이러
이러하게 계략을 세웠으니
16 이제 너희는 빨리 사람을 보내 다
윗에게 전하기를 오늘밤에 광야 나
루터에서 자지 말고 아무쪼록 건너
가소서 하라 혹시 왕과 그를 따르
는 모든 백성이 몰사할까 하노라
하니라
17 그때에 요나단과 아히마아스가 사
람이 볼까 두려워하여 감히 성에
들어가지 못하고 [2]에느로겔 가에
머물고 어떤 여종은 그들에게 나와
서 말하고 그들은 가서 다윗 왕에
게 알리더니
18 한 청년이 그들을 보고 압살롬에게
알린지라 그 두 사람이 빨리 달려
서 바후림 어떤 사람의 집으로 들
어가서 그의 뜰에 있는 우물 속으
로 내려가니
19 그 집 여인이 덮을 것을 가져다가
우물 아귀를 덮고 찧은 곡식을 그
위에 널매 전혀 알지 못하더라
20 압살롬의 종들이 그 집에 와서 여
인에게 묻되 아히마아스와 요나단
이 어디 있느냐 하니 여인이 그들
에게 이르되 그들이 시내를 건너가
더라 하니 그들이 찾아도 만나지
못하고 예루살렘으로 돌아가니라
21 ●그들이 간 후에 두 사람이 우물
에서 올라와서 다윗 왕에게 가서
다윗 왕에게 말하여 이르되 당신들
은 일어나 빨리 물을 건너가소서
아히도벨이 당신들을 해하려고 이
러이러하게 계략을 세웠나이다
22 다윗이 일어나 모든 백성과 함께
요단을 건널새 새벽까지 한 사람도
요단을 건너지 못한 자가 없었더라
23 아히도벨이 자기 계략이 시행되지
못함을 보고 나귀에 안장을 지우고
일어나 고향으로 돌아가 자기 집에
이르러 집을 정리하고 스스로 목매

1) 저가 무리 중에 몇을 치면 2) 로겔 샘

어 죽으매 그의 조상의 묘에 장사
되니라
24 ●이에 다윗은 마하나임에 이르고
압살롬은 모든 이스라엘 사람과 함
께 요단을 건너니라
25 압살롬이 아마사로 요압을 대신하
여 군지휘관으로 삼으니라 아마사
는 [1]이스라엘 사람 이드라라 하는
자의 아들이라 이드라가 나하스의
딸 아비갈과 동침하여 그를 낳았으
며 아비갈은 요압의 어머니 스루야
의 동생이더라
26 이에 이스라엘 무리와 압살롬이 길
르앗 땅에 진치니라
27 ●다윗이 마하나임에 이르렀을 때
에 암몬 족속에게 속한 랍바 사람
나하스의 아들 소비와 로데발 사람
암미엘의 아들 마길과 로글림 길르
앗 사람 바르실래가
28 침상과 대야와 질그릇과 밀과 보리
와 밀가루와 볶은 곡식과 콩과 팥
과 볶은 녹두와
29 꿀과 버터와 양과 치즈를 가져다가
다윗과 그와 함께한 백성에게 먹게
하였으니 이는 그들 생각에 백성이
들에서 시장하고 곤하고 목마르겠
다 함이더라

압살롬이 패하다

18 이에 다윗이 그와 함께한 백성
을 찾아가서 천부장과 백부장
을 그들 위에 세우고
2 다윗이 그의 백성을 내보낼새 삼분
의 일은 요압의 휘하에, 삼분의 일
은 스루야의 아들 요압의 동생 아
비새의 휘하에 넘기고 삼분의 일은
가드 사람 잇대의 휘하에 넘기고
왕이 백성에게 이르되 나도 반드시
너희와 함께 나가리라 하니
3 백성들이 이르되 왕은 나가지 마소
서 우리가 도망할지라도 그들은 우
리에게 마음을 쓰지 아니할 터이요
우리가 절반이나 죽을지라도 우리
에게 마음을 쓰지 아니할 터이라
왕은 우리 만 명보다 중하시오니
왕은 성읍에 계시다가 우리를 도우
심이 좋으니이다 하니라
4 왕이 그들에게 이르되 너희가 좋게
여기는 대로 내가 행하리라 하고 문
곁에 왕이 서매 모든 백성이 백 명
씩 천 명씩 대를 지어 나가는지라
5 왕이 요압과 아비새와 잇대에게 명
령하여 이르되 나를 위하여 젊은
압살롬을 너그러이 대우하라 하니
왕이 압살롬을 위하여 모든 군지휘
관에게 명령할 때에 백성들이 다
들으니라
6 ●이에 백성이 이스라엘을 치러 들
로 나가서 에브라임 수풀에서 싸우
더니
7 거기서 이스라엘 백성이 다윗의 부
하들에게 패하매 그날 그곳에서 전
사자가 많아 이만 명에 이르렀고
8 그 땅에서 사면으로 퍼져 싸웠으므
로 그날에 수풀에서 죽은 자가 칼
에 죽은 자보다 많았더라
9 ●압살롬이 다윗의 부하들과 마주
치니라 압살롬이 노새를 탔는데 그
노새가 큰 상수리나무 번성한 가지
아래로 지날 때에 압살롬의 머리가
그 상수리나무에 걸리매 그가 공중
과 그 땅 사이에 달리고 그가 탔던
노새는 그 아래로 빠져나간지라
10 한 사람이 보고 요압에게 알려 이
르되 내가 보니 압살롬이 상수리나
무에 달렸더이다 하니
11 요압이 그 알린 사람에게 이르되
네가 보고 어찌하여 당장에 쳐서
땅에 떨어뜨리지 아니하였느냐 내
가 네게 은 열 개와 띠 하나를 주었

1) 이스마엘

으리라 하는지라
12 그 사람이 요압에게 대답하되 내가
내 손에 은 천 개를 받는다 할지라
도 나는 왕의 아들에게 손을 대지
아니하겠나이다 우리가 들었거니
와 왕이 당신과 아비새와 잇대에게
명령하여 이르시기를 삼가 누구든
지 젊은 압살롬을 해하지 말라 하
셨나이다
13 아무 일도 왕 앞에는 숨길 수 없나
니 내가 만일 거역하여 그의 생명
을 해하였더라면 당신도 나를 대적
하였으리이다 하니
14 요압이 이르되 나는 너와 같이 지
체할 수 없다 하고 손에 작은 창 셋
을 가지고 가서 상수리나무 가운데
서 아직 살아 있는 압살롬의 심장
을 찌르니
15 요압의 무기를 든 청년 열 명이 압
살롬을 에워싸고 쳐죽이니라
16 ●요압이 나팔을 불어 백성들에게
그치게 하니 그들이 이스라엘을 추
격하지 아니하고 돌아오니라
17 그들이 압살롬을 옮겨다가 수풀 가
운데 큰 구멍에 그를 던지고 그 위
에 매우 큰 돌무더기를 쌓으니라
온 이스라엘 무리가 각기 장막으로
도망하니라
18 압살롬이 살았을 때에 자기를 위하
여 한 비석을 마련하여 세웠으니
이는 그가 자기 이름을 전할 아들
이 내게 없다고 말하였음이더라 그
러므로 자기 이름을 기념하여 그
비석에 이름을 붙였으며 그 비석이
왕의 골짜기에 있고 이제까지 그것
을 압살롬의 기념비라 일컫더라

압살롬의 죽음과 다윗의 울음

19 ●사독의 아들 아히마아스가 이르
되 청하건대 내가 빨리 왕에게 가
서 여호와께서 왕의 원수 갚아 주
신 소식을 전하게 하소서
20 요압이 그에게 이르되 너는 오늘
소식을 전하는 자가 되지 말고 다
른 날에 전할 것이니라 왕의 아들
이 죽었나니 네가 오늘 소식을 전
하지 못하리라 하고
21 요압이 구스 사람에게 이르되 네가
가서 본 것을 왕께 아뢰라 하매 구
스 사람이 요압에게 절하고 달음질
하여 가니
22 사독의 아들 아히마아스가 다시 요
압에게 이르되 청하건대 아무쪼록
내가 또한 구스 사람의 뒤를 따라
달려가게 하소서 하니 요압이 이르
되 내 아들아 너는 왜 달려가려 하
느냐 이 소식으로 말미암아서는 너
는 상을 받지 못하리라 하되
23 그가 한사코 달려가겠노라 하는지
라 요압이 이르되 그리하라 하니
아히마아스가 들길로 달음질하여
구스 사람보다 앞질러가니라
24 ●때에 다윗이 두 문 사이에 앉아
있더라 파수꾼이 성문 위층에 올라
가서 눈을 들어 보니 어떤 사람이
홀로 달려오는지라
25 파수꾼이 외쳐 왕께 아뢰매 왕이
이르되 그가 만일 혼자면 그의 입
에 소식이 있으리라 할 때에 그가
점점 가까이 오니라
26 파수꾼이 본즉 한 사람이 또 달려
오는지라 파수꾼이 문지기에게 외
쳐 이르되 보라 한 사람이 또 혼자
달려온다 하니 왕이 이르되 그도
소식을 가져오느니라
27 파수꾼이 이르되 내가 보기에는 앞
선 사람의 달음질이 사독의 아들 아
히마아스의 달음질과 같으니이다 하
니 왕이 이르되 그는 좋은 사람이니
좋은 소식을 가져오느니라 하니라
28 ●아히마아스가 외쳐 왕께 아뢰되

평강하옵소서 하고 왕 앞에서 얼굴
을 땅에 대고 절하며 이르되 왕의
하나님 여호와를 찬양하리로소이
다 그의 손을 들어 내 주 왕을 대적
하는 자들을 넘겨 주셨나이다 하니
29 왕이 이르되 젊은 압살롬은 잘 있
느냐 하니라 아히마아스가 대답하
되 요압이 왕의 [1)]종 나를 보낼 때에
크게 소동하는 것을 보았사오나 무
슨 일인지 알지 못하였나이다 하니
30 왕이 이르되 물러나 거기 서 있으
라 하매 물러나서 서 있더라
31 ●구스 사람이 이르러 말하되 내
주 왕께 아뢸 소식이 있나이다 여
호와께서 오늘 왕을 대적하던 모든
원수를 갚으셨나이다 하니
32 왕이 구스 사람에게 묻되 젊은 압
살롬은 잘 있느냐 구스 사람이 대
답하되 내 주 왕의 원수와 일어나
서 왕을 대적하는 자들은 다 그 청
년과 같이 되기를 원하나이다 하니
33 왕의 마음이 심히 아파 문 위층으로
올라가서 우니라 그가 올라갈 때에
말하기를 내 아들 압살롬아 내 아들
내 아들 압살롬아 차라리 내가 너를
대신하여 죽었더면, 압살롬 내 아들
아 내 아들아 하였더라

요압이 다윗에게 항의하다

19 어떤 사람이 요압에게 아뢰되
왕이 압살롬을 위하여 울며 슬
퍼하시나이다 하니
2 왕이 그 아들을 위하여 슬퍼한다
함이 그날에 백성들에게 들리매 그
날의 승리가 모든 백성에게 슬픔이
된지라
3 그날에 백성들이 싸움에 쫓겨 부끄
러워 도망함같이 가만히 성읍으로
들어가니라
4 왕이 그의 얼굴을 가리고 큰 소리
로 부르되 내 아들 압살롬아 압살
롬아 내 아들아 내 아들아 하니
5 요압이 집에 들어가서 왕께 말씀
드리되 왕께서 오늘 왕의 생명과
왕의 자녀의 생명과 처첩과 비빈들
의 생명을 구원한 모든 부하들의
얼굴을 부끄럽게 하시니
6 이는 왕께서 미워하는 자는 사랑하
시며 사랑하는 자는 미워하시고 오
늘 지휘관들과 부하들을 멸시하심
을 나타내심이라 오늘 내가 깨달으
니 만일 압살롬이 살고 오늘 우리
가 다 죽었더면 왕이 마땅히 여기
실 뻔하였나이다
7 이제 곧 일어나 나가 왕의 부하들
의 마음을 위로하여 말씀하옵소서
내가 여호와를 두고 맹세하옵나니
왕이 만일 나가지 아니하시면 오늘
밤에 한 사람도 왕과 함께 머물지
아니할지라 그리하면 그 화가 왕이
젊었을 때부터 지금까지 당하신 모
든 화보다 더욱 심하리이다 하니
8 왕이 일어나 성문에 앉으매 어떤
사람이 모든 백성에게 말하되 왕이
문에 앉아 계신다 하니 모든 백성
이 왕 앞으로 나아오니라

다윗의 귀환 준비

●이스라엘은 이미 각기 장막으로
도망하였더라
9 이스라엘 모든 지파 백성들이 변론
하여 이르되 왕이 우리를 원수의
손에서 구원하여 내셨고 또 우리를
블레셋 사람들의 손에서 구원하셨
으나 이제 압살롬을 피하여 그 땅
에서 나가셨고
10 우리가 기름을 부어 우리를 다스리
게 한 압살롬은 싸움에서 죽었거늘
이제 너희가 어찌하여 왕을 도로 모
셔 올 일에 잠잠하고 있느냐 하니라
11 ●다윗 왕이 사독과 아비아달 두

1) 종과

제사장에게 소식을 전하여 이르되
너희는 유다 장로들에게 말하여 이
르기를 왕의 말씀이 온 이스라엘이
왕을 왕궁으로 도로 모셔오자 하는
말이 왕께 들렸거늘 너희는 어찌하
여 왕을 궁으로 모시는 일에 나중
이 되느냐
12 너희는 내 형제요 내 골육이거늘 너
희는 어찌하여 왕을 도로 모셔오는
일에 나중이 되리요 하셨다 하고
13 너희는 또 아마사에게 이르기를 너
는 내 골육이 아니냐 네가 요압을
이어서 항상 내 앞에서 지휘관이
되지 아니하면 하나님이 내게 벌
위에 벌을 내리시기를 바라노라 하
셨다 하라 하여
14 모든 유다 사람들의 마음을 하나같
이 기울게 하매 그들이 왕께 전갈
을 보내어 이르되 당신께서는 모든
부하들과 더불어 돌아오소서 한지
라
15 왕이 돌아와 요단에 이르매 유다
족속이 왕을 맞아 요단을 건너가게
하려고 길갈로 오니라

다윗과 시므이

16 ●바후림에 있는 베냐민 사람 게라
의 아들 시므이가 급히 유다 사람
과 함께 다윗 왕을 맞으러 내려올
때에
17 베냐민 사람 천 명이 그와 함께하
고 사울 집안의 종 시바도 그의 아
들 열다섯과 종 스무 명과 더불어
그와 함께하여 요단 강을 밟고 건
너 왕 앞으로 나아오니라
18 왕의 가족을 건너가게 하며 왕이
좋게 여기는 대로 쓰게 하려 하여
나룻배로 건너가니 왕이 요단을 건
너가게 할 때에 게라의 아들 시므
이가 왕 앞에 엎드려
19 왕께 아뢰되 내 주여 원하건대 내
게 죄를 돌리지 마옵소서 내 주 왕
께서 예루살렘에서 나오시던 날에
종의 패역한 일을 기억하지 마시오
며 왕의 마음에 두지 마옵소서
20 왕의 종 내가 범죄한 줄 아옵기에
오늘 요셉의 온 족속 중 내가 먼저
내려와서 내 주 왕을 영접하나이다
하니
21 ●스루야의 아들 아비새가 대답하
여 이르되 시므이가 여호와의 기름
부으신 자를 저주하였으니 그로 말
미암아 죽어야 마땅하지 아니하니
이까 하니라
22 다윗이 이르되 스루야의 아들들아
내가 너희와 무슨 상관이 있기에
너희가 오늘 나의 [1]원수가 되느냐
오늘 어찌하여 이스라엘 가운데에
서 사람을 죽이겠느냐 내가 오늘
이스라엘의 왕이 된 것을 내가 알
지 못하리요 하고
23 왕이 시므이에게 이르되 네가 죽지
아니하리라 하고 그에게 맹세하니
라

다윗과 므비보셋

24 ●사울의 손자 므비보셋이 내려와
왕을 맞으니 그는 왕이 떠난 날부
터 평안히 돌아오는 날까지 그의
발을 맵시 내지 아니하며 그의 수
염을 깎지 아니하며 옷을 빨지 아
니하였더라
25 [2]예루살렘에서 와서 왕을 맞을 때
에 왕이 그에게 물어 이르되 므비
보셋이여 네가 어찌하여 나와 함께
가지 아니하였더냐 하니
26 대답하되 내 주 왕이여 왕의 종인
나는 다리를 절므로 내 나귀에 안장
을 지워 그 위에 타고 왕과 함께 가
려 하였더니 내 종이 나를 속이고
27 종인 나를 내 주 왕께 모함하였나이

1) 히, 사탄 2) 저가 왕을 맞으러 예루살렘에 이를 때에

다 내 주 왕께서는 하나님의 사자와
같으시니 왕의 처분대로 하옵소서
28 내 아버지의 온 집이 내 주 왕 앞에
서는 다만 죽을 사람이 되지 아니
하였나이까 그러나 종을 왕의 상에
서 음식 먹는 자 가운데에 두셨사
오니 내게 아직 무슨 공의가 있어
서 다시 왕께 부르짖을 수 있사오
리이까 하니라
29 왕이 그에게 이르되 네가 어찌하여
또 네 일을 말하느냐 내가 이르노
니 너는 시바와 밭을 나누라 하니
30 므비보셋이 왕께 아뢰되 내 주 왕
께서 평안히 왕궁에 돌아오시게 되
었으니 그로 그 전부를 차지하게
하옵소서 하니라

다윗과 바르실래

31 ●길르앗 사람 바르실래가 왕이 요
단을 건너가게 하려고 로글림에서
내려와 함께 요단에 이르니
32 바르실래는 매우 늙어 나이가 팔십
세라 그는 큰 부자이므로 왕이 마
하나임에 머물 때에 그가 왕을 공
궤하였더라
33 왕이 바르실래에게 이르되 너는 나
와 함께 건너가자 예루살렘에서 내
가 너를 공궤하리라
34 바르실래가 왕께 아뢰되 내 생명의
날이 얼마나 있사옵겠기에 어찌 왕
과 함께 예루살렘으로 올라가리이까
35 내 나이가 이제 팔십 세라 어떻게
좋고 흉한 것을 분간할 수 있사오
며 음식의 맛을 알 수 있사오리이
까 이 종이 어떻게 다시 노래하는
남자나 여인의 소리를 알아들을 수
있사오리이까 어찌하여 종이 내 주
왕께 아직도 누를 끼치리이까
36 당신의 종은 왕을 모시고 요단을
건너려는 것뿐이거늘 왕께서 어찌
하여 이 같은 상으로 내게 갚으려
하시나이까
37 청하건대 당신의 종을 돌려보내옵
소서 내가 내 고향 부모의 묘 곁에
서 죽으려 하나이다 그러나 왕의
종 김함이 여기 있사오니 청하건대
그가 내 주 왕과 함께 건너가게 하
시옵고 왕의 처분대로 그에게 베푸
소서 하니라
38 왕이 대답하되 김함이 나와 함께
건너가리니 나는 네가 좋아하는 대
로 그에게 베풀겠고 또 네가 내게
구하는 것은 다 너를 위하여 시행
하리라 하니라
39 백성이 다 요단을 건너매 왕도 건
너가서 왕이 바르실래에게 입을 맞
추고 그에게 복을 비니 그가 자기
곳으로 돌아가니라

남북의 분쟁

40 ●왕이 길갈로 건너오고 김함도 함
께 건너오니 온 유다 백성과 이스
라엘 백성의 절반이나 왕과 함께
건너니라
41 온 이스라엘 사람이 왕께 나아와
왕께 아뢰되 우리 형제 유다 사람
들이 어찌 왕을 도둑하여 왕과 왕
의 집안과 왕을 따르는 모든 사람
을 인도하여 요단을 건너가게 하였
나이까 하매
42 모든 유다 사람이 이스라엘 사람에
게 대답하되 왕은 우리의 종친인
까닭이라 너희가 어찌 이 일에 대
하여 분 내느냐 우리가 왕의 것을
조금이라도 얻어 먹었느냐 왕께서
우리에게 선물로 주신 것이 있느냐
43 이스라엘 사람이 유다 사람에게 대
답하여 이르되 우리는 왕에 대하여
열 몫을 가졌으니 다윗에게 대하여
너희보다 더욱 관계가 있거늘 너희
가 어찌 우리를 멸시하여 우리 왕
을 모셔 오는 일에 먼저 우리와 의

논하지 아니하였느냐 하나 유다 사
람의 말이 이스라엘 사람의 말보다
더 강경하였더라

세바의 반역

20 마침 거기에 불량배 하나가
있으니 그의 이름은 세바인데
베냐민 사람 비그리의 아들이었더
라 그가 나팔을 불며 이르되 우리
는 다윗과 나눌 분깃이 없으며 이
새의 아들에게서 받을 유산이 우리
에게 없도다 이스라엘아 각각 장막
으로 돌아가라 하매
2 이에 온 이스라엘 사람들이 다윗
따르기를 그치고 올라가 비그리의
아들 세바를 따르나 유다 사람들은
그들의 왕과 합하여 요단에서 예루
살렘까지 따르니라
3 ●다윗이 예루살렘 본궁에 이르러
전에 머물러 왕궁을 지키게 한 후
궁 열 명을 잡아 별실에 가두고 먹
을 것만 주고 그들에게 관계하지
아니하니 그들이 죽는 날까지 갇혀
서 생과부로 지내니라
4 ●왕이 아마사에게 이르되 너는 나
를 위하여 삼 일 내로 유다 사람을
큰 소리로 불러 모으고 너도 여기
있으라 하니라
5 아마사가 유다 사람을 모으러 가더
니 왕이 정한 기일에 지체된지라
6 다윗이 이에 아비새에게 이르되 이
제 비그리의 아들 세바가 압살롬보
다 우리를 더 해하리니 너는 네 주
의 부하들을 데리고 그의 뒤를 쫓
아가라 그가 견고한 성읍에 들어가
우리들을 피할까 염려하노라 하매
7 요압을 따르는 자들과 그렛 사람들
과 블렛 사람들과 모든 용사들이 다
아비새를 따라 비그리의 아들 세바
를 뒤쫓으려고 예루살렘에서 나와
8 기브온 큰 바위 곁에 이르매 아마
사가 맞으러 오니 그때에 요압이
군복을 입고 띠를 띠고 칼집에 꽂
은 칼을 허리에 맸는데 그가 나아
갈 때에 칼이 빠져 떨어졌더라
9 요압이 아마사에게 이르되 내 형은
평안하냐 하며 오른손으로 아마사
의 수염을 잡고 그와 입을 맞추려
는 체하매
10 아마사가 요압의 손에 있는 칼은
주의하지 아니한지라 요압이 칼로
그의 배를 찌르매 그의 창자가 땅
에 쏟아지니 그를 다시 치지 아니
하여도 죽으니라 ●요압과 그의 동
생 아비새가 비그리의 아들 세바를
뒤쫓을새
11 요압의 청년 중 하나가 아마사 곁
에 서서 이르되 요압을 좋아하는
자가 누구이며 요압을 따라 다윗을
위하는 자는 누구냐 하니
12 아마사가 길 가운데 피 속에 놓여
있는지라 그 청년이 모든 백성이
서 있는 것을 보고 아마사를 큰길
에서부터 밭으로 옮겼으나 거기에
이르는 자도 다 멈추어 서는 것을
보고 옷을 그 위에 덮으니라
13 아마사를 큰길에서 옮겨가매 사람
들이 다 요압을 따라 비그리의 아
들 세바를 뒤쫓아가니라
14 ●세바가 이스라엘 모든 지파 가운
데 두루 다녀서 아벨과 벧마아가와
베림 온 땅에 이르니 그 무리도 다
모여 그를 따르더라
15 이에 그들이 벧마아가 아벨로 가서
세바를 에우고 그 성읍을 향한 지
역 언덕 위에 토성을 쌓고 요압과
함께한 모든 백성이 성벽을 쳐서
헐고자 하더니
16 그 성읍에서 지혜로운 여인 한 사
람이 외쳐 이르되 들을지어다 들을
지어다 청하건대 너희는 요압에게

이르기를 이리로 가까이 오라 내가
네게 말하려 하노라 한다 하라
17 요압이 그 여인에게 가까이 가니
여인이 이르되 당신이 요압이니이
까 하니 대답하되 그러하다 하니라
여인이 그에게 이르되 여종의 말을
들으소서 하니 대답하되 내가 들으
리라 하니라
18 여인이 말하여 이르되 옛 사람들이
흔히 말하기를 아벨에게 가서 물을
것이라 하고 그 일을 끝내었나이다
19 나는 이스라엘의 화평하고 충성된
자 중 하나이거늘 당신이 이스라엘
가운데 어머니 같은 성을 멸하고자
하시는도다 어찌하여 당신이 여호
와의 기업을 삼키고자 하시나이까
하니
20 요압이 대답하여 이르되 결단코 그
렇지 아니하다 결단코 그렇지 아니
하다 삼키거나 멸하거나 하려 함이
아니니
21 그 일이 그러한 것이 아니니라 에
브라임 산지 사람 비그리의 아들
그의 이름을 세바라 하는 자가 손
을 들어 왕 다윗을 대적하였나니
너희가 그만 내주면 내가 이 성벽
에서 떠나가리라 하니라 여인이 요
압에게 이르되 그의 머리를 성벽에
서 당신에게 내어던지리이다 하고
22 이에 여인이 그의 지혜를 가지고
모든 백성에게 나아가매 그들이 비
그리의 아들 세바의 머리를 베어
요압에게 던진지라 이에 요압이 나
팔을 불매 무리가 흩어져 성읍에서
물러나 각기 장막으로 돌아가고 요
압은 예루살렘으로 돌아와 왕에게
나아가니라

다윗의 관리들

23 ●요압은 이스라엘 온 군대의 지휘
관이 되고 여호야다의 아들 브나야
는 그렛 사람과 블렛 사람의 지휘
관이 되고
24 [1]아도람은 감역관이 되고 아힐룻의
아들 여호사밧은 사관이 되고
25 스와는 서기관이 되고 사독과 아비
아달은 제사장이 되고
26 야일 사람 이라는 다윗의 대신이
되니라

다윗이 기브온 사람의 말을 들어주다

21 다윗의 시대에 해를 거듭하여
삼 년 기근이 있으므로 다윗이
여호와 앞에 간구하매 여호와께서
이르시되 이는 사울과 피를 흘린
그의 집으로 말미암음이니 그가 기
브온 사람을 죽였음이니라 하시니
라
2 기브온 사람은 이스라엘 족속이 아
니요 그들은 아모리 사람 중에서
남은 자라 이스라엘 족속들이 전에
그들에게 맹세하였거늘 사울이 이
스라엘과 유다 족속을 위하여 열심
이 있으므로 그들을 죽이고자 하였
더라 이에 왕이 기브온 사람을 불
러 그들에게 물으니라
3 다윗이 그들에게 묻되 내가 너희를
위하여 어떻게 하랴 내가 어떻게
속죄하여야 너희가 여호와의 기업
을 위하여 복을 빌겠느냐 하니
4 기브온 사람이 그에게 대답하되 사
울과 그의 집과 우리 사이의 문제
는 은금에 있지 아니하오며 이스라
엘 가운데에서 사람을 죽이는 문제
도 우리에게 있지 아니하니이다 하
니라 왕이 이르되 너희가 말하는
대로 시행하리라
5 그들이 왕께 아뢰되 우리를 학살하
였고 또 우리를 멸하여 이스라엘
영토 내에 머물지 못하게 하려고

1) 왕상 4:6; 5:14 및 몇몇 칠십인역 사본과 시리아어역에는 아도니람

모해한 사람의
6 자손 일곱 사람을 우리에게 내주소
서 여호와께서 택하신 사울의 고을
기브아에서 우리가 그들을 여호와
앞에서 목 매어 달겠나이다 하니
왕이 이르되 내가 내주리라 하니라
7 ●그러나 다윗과 사울의 아들 요나
단 사이에 서로 여호와를 두고 맹
세한 것이 있으므로 왕이 사울의
손자 요나단의 아들 므비보셋은 아
끼고
8 왕이 이에 아야의 딸 리스바에게서
난 자 곧 사울의 두 아들 알모니와
므비보셋과 사울의 딸 메랍에게서
난 자 곧 므홀랏 사람 바르실래의 아
들 아드리엘의 다섯 아들을 붙잡아
9 그들을 기브온 사람의 손에 넘기니
기브온 사람이 그들을 산 위에서
여호와 앞에 목 매어 달매 그들 일
곱 사람이 동시에 죽으니 죽은 때
는 곡식 베는 첫날 곧 보리를 베기
시작하는 때더라
10 ●아야의 딸 리스바가 굵은 베를
가져다가 자기를 위하여 바위 위에
펴고 곡식 베기 시작할 때부터 하
늘에서 비가 시체에 쏟아지기까지
그 시체에 낮에는 공중의 새가 앉
지 못하게 하고 밤에는 들짐승이
범하지 못하게 한지라
11 이에 아야의 딸 사울의 첩 리스바
가 행한 일이 다윗에게 알려지매
12 다윗이 가서 사울의 뼈와 그의 아
들 요나단의 뼈를 길르앗 야베스
사람에게서 가져가니 이는 전에 블
레셋 사람들이 사울을 길보아에서
죽여 블레셋 사람들이 벧산 거리에
매단 것을 그들이 가만히 가져온
것이라
13 다윗이 그곳에서 사울의 뼈와 그의
아들 요나단의 뼈를 가지고 올라오
매 사람들이 그 달려 죽은 자들의
뼈를 거두어다가
14 사울과 그의 아들 요나단의 뼈와
함께 베냐민 땅 셀라에서 그의 아
버지 기스의 묘에 장사하되 모두
왕의 명령을 따라 행하니라 그 후
에야 하나님이 그 땅을 위한 기도
를 들으시니라

블레셋의 거인들을 죽인 다윗의 용사들
(대상 20:4-8)

15 ●블레셋 사람이 다시 이스라엘을
치거늘 다윗이 그의 부하들과 함께
내려가서 블레셋 사람과 싸우더니
다윗이 피곤하매
16 [1]거인족의 아들 중에 무게가 삼백
세겔 되는 놋 창을 들고 새 칼을 찬
이스비브놉이 다윗을 죽이려 하므
로
17 스루야의 아들 아비새가 다윗을 도
와 그 블레셋 사람을 쳐죽이니 그
때에 다윗의 추종자들이 그에게 맹
세하여 이르되 왕은 다시 우리와
함께 전장에 나가지 마옵소서 이스
라엘의 등불이 꺼지지 말게 하옵소
서 하니라
18 ●그 후에 다시 블레셋 사람과 곱
에서 전쟁할 때에 후사 사람 십브
개는 [1]거인족의 아들 중의 삽을 쳐
죽였고
19 또 다시 블레셋 사람과 곱에서 전
쟁할 때에 베들레헴 사람 야레오르
김의 아들 엘하난은 가드 골리앗의
아우 라흐미를 죽였는데 그 자의
창 자루는 베틀 채 같았더라
20 또 가드에서 전쟁할 때에 그곳에 키
가 큰 자 하나는 손가락과 발가락이
각기 여섯 개씩 모두 스물네 개가
있는데 그도 거인족의 소생이라
21 그가 이스라엘 사람을 능욕하므로

1) 라파의

다윗의 형 삼마의 아들 요나단이
그를 죽이니라
22 이 네 사람 가드의 거인족의 소생
이 다윗의 손과 그의 부하들의 손
에 다 넘어졌더라

다윗의 승전가 (시 18)

22 여호와께서 다윗을 모든 원수
의 손과 사울의 손에서 구원
하신 그날에 다윗이 이 노래의 말
씀으로 여호와께 아뢰어
2 이르되
여호와는 나의 반석이시요 나의
요새시요 나를 위하여 나를 건지
시는 자시요
3 내가 피할 나의 반석의 하나님이
시요 나의 방패시요 나의 구원의
뿔이시요 나의 높은 망대시요 그
에게 피할 나의 피난처시요 나의
구원자시라 나를 폭력에서 구원
하셨도다
4 내가 찬송 받으실 여호와께 아뢰
리니 내 원수들에게서 구원을 받
으리로다
5 사망의 물결이 나를 에우고 불의
의 창수가 나를 두렵게 하였으며
6 스올의 줄이 나를 두르고 사망의
올무가 내게 이르렀도다
7 내가 환난 중에서 여호와께 아뢰
며 나의 하나님께 아뢰었더니 그
가 그의 성전에서 내 소리를 들으
심이여 나의 부르짖음이 그의 귀
에 들렸도다
8 이에 땅이 진동하고 떨며 하늘의
기초가 요동하고 흔들렸으니 그
의 진노로 말미암음이로다
9 그의 코에서 연기가 오르고 입에
서 불이 나와 사름이여 그 불에
숯이 피었도다
10 그가 또 하늘을 드리우고 강림하
시니 그의 발 아래는 어두캄캄하
였도다
11 그룹을 타고 날으심이여 바람 날
개 위에 나타나셨도다
12 그가 흑암 곧 모인 물과 공중의
빽빽한 구름으로 둘린 장막을 삼
으심이여
13 그 앞에 있는 광채로 말미암아 숯
불이 피었도다
14 여호와께서 하늘에서 우렛소리를
내시며 지존하신 자가 음성을 내
심이여
15 화살을 날려 그들을 흩으시며 번
개로 무찌르셨도다
16 이럴 때에 여호와의 꾸지람과 콧
김으로 말미암아 물 밑이 드러나
고 세상의 기초가 나타났도다
17 그가 위에서 손을 내미사 나를 붙
드심이여 많은 물에서 나를 건져
내셨도다
18 나를 강한 원수와 미워하는 자에
게서 건지셨음이여 그들은 나보
다 강했기 때문이로다
19 그들이 나의 재앙의 날에 내게 이
르렀으나 여호와께서 나의 의지
가 되셨도다
20 나를 또 넓은 곳으로 인도하시고
나를 기뻐하시므로 구원하셨도
다
21 여호와께서 내 공의를 따라 상 주
시며 내 손의 깨끗함을 따라 갚으
셨으니
22 이는 내가 여호와의 도를 지키고
악을 행함으로 내 하나님을 떠나
지 아니하였으며
23 그의 모든 법도를 내 앞에 두고
그의 규례를 버리지 아니하였음
이로다
24 내가 또 그의 앞에 완전하여 스스
로 지켜 죄악을 피하였나니
25 그러므로 여호와께서 내 의대로,

그의 눈앞에서 내 깨끗한 대로 내
게 갚으셨도다
26 자비한 자에게는 주의 자비하심
을 나타내시며 완전한 자에게는
주의 완전하심을 보이시며
27 깨끗한 자에게는 주의 깨끗하심
을 보이시며 사악한 자에게는 주
의 거스르심을 보이시리이다
28 주께서 곤고한 백성은 구원하시
고 교만한 자를 살피사 낮추시리
이다
29 여호와여 주는 나의 등불이시니
여호와께서 나의 어둠을 밝히시
리이다
30 내가 주를 의뢰하고 적진으로 달
리며 내 하나님을 의지하고 성벽
을 뛰어넘나이다
31 하나님의 도는 완전하고 여호와
의 말씀은 진실하니 그는 자기에
게 피하는 모든 자에게 방패시로
다
32 여호와 외에 누가 하나님이며 우
리 하나님 외에 누가 반석이냐
33 하나님은 나의 견고한 요새시며
나를 안전한 곳으로 인도하시며
34 나의 발로 암사슴 발 같게 하시며
나를 나의 높은 곳에 세우시며
35 내 손을 가르쳐 싸우게 하시니 내
팔이 놋 활을 당기도다
36 주께서 또 주의 구원의 방패를 내
게 주시며 주의 온유함이 나를 크
게 하셨나이다
37 내 걸음을 넓게 하셨고 내 발이
미끄러지지 아니하게 하셨나이다
38 내가 내 원수를 뒤쫓아 멸하였사
오며 그들을 무찌르기 전에는 돌
이키지 아니하였나이다
39 내가 그들을 무찔러 전멸시켰더
니 그들이 내 발 아래에 엎드러지
고 능히 일어나지 못하였나이다
40 이는 주께서 내게 전쟁하게 하려
고 능력으로 내게 띠 띠우사 일어
나 나를 치는 자를 내게 굴복하게
하셨사오며
41 주께서 또 내 원수들이 등을 내게
로 향하게 하시고 내게 나를 미워
하는 자를 끊어 버리게 하셨음이
니이다
42 그들이 도움을 구해도 구원할 자
가 없었고 여호와께 부르짖어도
대답하지 아니하셨나이다
43 내가 그들을 땅의 티끌같이 부스
러뜨리고 거리의 진흙같이 밟아
헤쳤나이다
44 주께서 또 나를 내 백성의 다툼에
서 건지시고 나를 보전하사 모든
민족의 으뜸으로 삼으셨으니 내
가 알지 못하는 백성이 나를 섬기
리이다
45 이방인들이 내게 굴복함이여 그
들이 내 소문을 귀로 듣고 곧 내
게 순복하리로다
46 이방인들이 쇠약하여 그들의 견
고한 곳에서 떨며 나오리로다
47 여호와의 사심을 두고 나의 반석
을 찬송하며 내 구원의 반석이신
하나님을 높일지로다
48 이 하나님이 나를 위하여 보복하
시고 민족들이 내게 복종하게 하
시며
49 나를 원수들에게서 이끌어내시며
나를 대적하는 자 위에 나를 높이
시고 나를 강포한 자에게서 건지
시는도다
50 이러므로 여호와여 내가 모든 민
족 중에서 주께 감사하며 주의 이
름을 찬양하리이다
51 여호와께서 그의 왕에게 큰 구원
을 주시며 기름부음 받은 자에게
인자를 베푸심이여 영원하도록

다윗과 그 후손에게로다
하였더라

다윗의 마지막 말

23 이는 다윗의 마지막 말이라
이새의 아들 다윗이 말함이여
높이 세워진 자, 야곱의 하나님께
로부터 기름부음 받은 자, 이스
라엘의 노래 잘하는 자가 말하노
라
2 여호와의 영이 나를 통하여 말씀
하심이여 그의 말씀이 내 혀에 있
도다
3 이스라엘의 하나님이 말씀하시며
이스라엘의 반석이 내게 이르시
기를 사람을 공의로 다스리는 자,
하나님을 경외함으로 다스리는
자여
4 그는 돋는 해의 아침 빛 같고 구
름 없는 아침 같고 비 내린 후의
광선으로 땅에서 움이 돋는 새 풀
같으니라 하시도다
5 내 집이 하나님 앞에 이 같지 아
니하냐 하나님이 나와 더불어 영
원한 언약을 세우사 만사에 구비
하고 견고하게 하셨으니 나의 모
든 구원과 나의 모든 소원을 어찌
이루지 아니하시랴
6 그러나 사악한 자는 다 내버려질
가시나무 같으니 이는 손으로 잡
을 수 없음이로다
7 그것들을 만지는 자는 철과 창자
루를 가져야 하리니 그것들이 당
장에 불살리리로다
하니라

다윗의 용사들 (대상 11:10-47)

8 ●다윗의 용사들의 이름은 이러하
니라 다그몬 사람 요셉밧세벳이라
고도 하고 에센 사람 아디노라고
도 하는 자는 군지휘관의 두목이
라 그가 단번에 팔백 명을 쳐죽였
더라
9 ●그 다음은 아호아 사람 도대의
아들 엘르아살이니 다윗과 함께한
세 용사 중의 한 사람이라 블레셋
사람들이 싸우려고 거기에 모이매
이스라엘 사람들이 물러간지라 세
용사가 싸움을 돋우고
10 그가 나가서 손이 피곤하여 그의
손이 칼에 붙기까지 블레셋 사람을
치니라 그날에 여호와께서 크게 이
기게 하셨으므로 백성들은 돌아와
그의 뒤를 따라가며 노략할 뿐이었
더라
11 ●그 다음은 하랄 사람 아게의 아
들 삼마라 블레셋 사람들이 사기가
올라 거기 녹두나무가 가득한 한쪽
밭에 모이매 백성들은 블레셋 사람
들 앞에서 도망하되
12 그는 그 밭 가운데 서서 막아 블레
셋 사람들을 친지라 여호와께서 큰
구원을 이루시니라
13 ●또 삼십 두목 중 세 사람이 곡식
벨 때에 아둘람 굴에 내려가 다윗
에게 나아갔는데 때에 블레셋 사람
의 한 무리가 르바임 골짜기에 진
쳤더라
14 그때에 다윗은 산성에 있고 그때에
블레셋 사람의 요새는 베들레헴에
있는지라
15 다윗이 소원하여 이르되 베들레헴
성문 곁 우물 물을 누가 내게 마시
게 할까 하매
16 세 용사가 블레셋 사람의 진영을
돌파하고 지나가서 베들레헴 성문
곁 우물 물을 길어 가지고 다윗에
게로 왔으나 다윗이 마시기를 기뻐
하지 아니하고 그 물을 여호와께
부어 드리며
17 이르되 여호와여 내가 나를 위하여
결단코 이런 일을 하지 아니하리이

다 이는 목숨을 걸고 갔던 사람들
의 피가 아니니이까 하고 마시기를
즐겨하지 아니하니라 세 용사가 이
런 일을 행하였더라
18 ●또 스루야의 아들 요압의 아우
아비새이니 그는 그 세 사람의 우
두머리라 그가 그의 창을 들어 삼
백 명을 죽이고 세 사람 중에 이름
을 얻었으니
19 그는 세 사람 중에 가장 존귀한 자
가 아니냐 그가 그들의 우두머리가
되었으나 그러나 첫 세 사람에게는
미치지 못하였더라
20 ●또 갑스엘 용사의 손자 여호야다
의 아들 브나야이니 그는 용맹스런
일을 행한 자라 일찍이 모압 아리
엘의 아들 둘을 죽였고 또 눈이 올
때에 구덩이에 내려가서 사자 한
마리를 쳐죽였으며
21 또 장대한 애굽 사람을 죽였는데
그의 손에 창이 있어도 그가 막대
기를 가지고 내려가 그 애굽 사람
의 손에서 창을 빼앗아 그 창으로
그를 죽였더라
22 여호야다의 아들 브나야가 이런 일
을 행하였으므로 세 용사 중에 이
름을 얻고
23 삼십 명보다 존귀하나 그러나 세
사람에게는 미치지 못하였더라 다
윗이 그를 세워 시위대 대장을 삼
았더라
24 ●요압의 아우 아사헬은 삼십 명
중의 하나요 또 베들레헴 도도의
아들 엘하난과
25 하롯 사람 삼훗과 하롯 사람 엘리
가와
26 발디 사람 헬레스와 드고아 사람
익게스의 아들 이라와
27 아나돗 사람 아비에셀과 후사 사람
므분내와
28 아호아 사람 살몬과 느도바 사람
마하래와
29 느도바 사람 바아나의 아들 헬렙과
베냐민 자손에 속한 기브아 사람
리배의 아들 잇대와
30 비라돈 사람 브나야와 가아스 시냇
가에 사는 힛대와
31 아르바 사람 아비알본과 바르훔 사
람 아스마웻과
32 사알본 사람 엘리아바와 야센의 아
들 요나단과
33 하랄 사람 삼마와 아랄 사람 사랄
의 아들 아히암과
34 마아가 사람의 손자 아하스배의 아
들 엘리벨렛과 길로 사람 아히도벨
의 아들 엘리암과
35 갈멜 사람 헤스래와 아랍 사람 바
아래와
36 소바 사람 나단의 아들 이갈과 갓
사람 바니와
37 암몬 사람 셀렉과 스루야의 아들
요압의 무기를 잡은 자 브에롯 사
람 나하래와
38 이델 사람 이라와 이델 사람 가렙과
39 헷 사람 우리아라 이상 총수가 삼
십칠 명이었더라

인구 조사 (대상 21:1-27)

24 여호와께서 다시 이스라엘을
향하여 진노하사 그들을 치시
려고 다윗을 격동시키사 가서 이스
라엘과 유다의 인구를 조사하라 하
신지라
2 이에 왕이 그 곁에 있는 군사령관
요압에게 이르되 너는 이스라엘 모
든 지파 가운데로 다니며 이제 단
에서부터 브엘세바까지 인구를 조
사하여 백성의 수를 내게 보고하라
하니
3 요압이 왕께 아뢰되 이 백성이 얼
마든지 왕의 하나님 여호와께서 백

배나 더하게 하사 내 주 왕의 눈으
로 보게 하시기를 원하나이다 그런
데 내 주 왕은 어찌하여 이런 일을
기뻐하시나이까 하되
4 왕의 명령이 요압과 군대 사령관들
을 재촉한지라 요압과 사령관들이
이스라엘 인구를 조사하려고 왕 앞
에서 물러나
5 요단을 건너 갓 골짜기 가운데 성
읍 아로엘 오른쪽 곧 야셀 맞은쪽
에 이르러 장막을 치고
6 길르앗에 이르고 닷딤홋시 땅에 이
르고 또 다냐안에 이르러서는 시돈
으로 돌아
7 두로 견고한 성에 이르고 히위 사
람과 가나안 사람의 모든 성읍에
이르고 유다 남쪽으로 나와 브엘세
바에 이르니라
8 그들 무리가 국내를 두루 돌아 아홉
달 스무 날 만에 예루살렘에 이르러
9 요압이 백성의 수를 왕께 보고하니
곧 이스라엘에서 칼을 빼는 담대한
자가 팔십만 명이요 유다 사람이
오십만 명이었더라
10 ●다윗이 백성을 조사한 후에 그의
마음에 자책하고 다윗이 여호와께
아뢰되 내가 이 일을 행함으로 큰
죄를 범하였나이다 여호와여 이제
간구하옵나니 종의 죄를 사하여 주
옵소서 내가 심히 미련하게 행하였
나이다 하니라
11 다윗이 아침에 일어날 때에 여호와
의 말씀이 다윗의 선견자 된 선지
자 갓에게 임하여 이르시되
12 가서 다윗에게 말하기를 여호와께
서 이와 같이 말씀하시기를 내가
네게 세 가지를 보이노니 너를 위
하여 너는 그 중에서 하나를 택하
라 내가 그것을 네게 행하리라 하
셨다 하라 하시니
13 갓이 다윗에게 이르러 아뢰어 이르
되 왕의 땅에 칠 년 기근이 있을 것
이니이까 혹은 왕이 왕의 원수에게
쫓겨 석 달 동안 그들 앞에서 도망
하실 것이니이까 혹은 왕의 땅에
사흘 동안 전염병이 있을 것이니이
까 왕은 생각하여 보고 나를 보내
신 이에게 무엇을 대답하게 하소서
하는지라
14 다윗이 갓에게 이르되 내가 고통 중
에 있도다 청하건대 여호와께서는
긍휼이 크시니 우리가 여호와의 손
에 빠지고 내가 사람의 손에 빠지지
아니하기를 원하노라 하는지라
15 이에 여호와께서 그 아침부터 정하
신 때까지 전염병을 이스라엘에게
내리시니 단에서부터 브엘세바까
지 백성의 죽은 자가 칠만 명이라
16 천사가 예루살렘을 향하여 그의 손
을 들어 멸하려 하더니 여호와께서
이 재앙 내리심을 뉘우치사 백성을
멸하는 천사에게 이르시되 족하다
이제는 네 손을 거두라 하시니 여호
와의 사자가 여부스 사람 아라우나
의 타작마당 곁에 있는지라
17 다윗이 백성을 치는 천사를 보고
곧 여호와께 아뢰어 이르되 나는
범죄하였고 악을 행하였거니와 이
양 무리는 무엇을 행하였나이까 청
하건대 주의 손으로 나와 내 아버
지의 집을 치소서 하니라
18 ●이날에 갓이 다윗에게 이르러 그
에게 아뢰되 올라가서 여부스 사람
아라우나의 타작마당에서 여호와
를 위하여 제단을 쌓으소서 하매
19 다윗이 여호와께서 명령하신 바 갓
의 말대로 올라가니라
20 아라우나가 바라보다가 왕과 그의
부하들이 자기를 향하여 건너옴을
보고 나가서 왕 앞에서 얼굴을 땅

에 대고 절하며
21 이르되 어찌하여 내 주 왕께서 종
에게 임하시나이까 하니 다윗이 이
르되 네게서 타작마당을 사서 여호
와께 제단을 쌓아 백성에게 내리는
재앙을 그치게 하려 함이라 하는지
라
22 아라우나가 다윗에게 아뢰되 원하
건대 내 주 왕은 좋게 여기시는 대
로 취하여 드리소서 번제에 대하여
는 소가 있고 땔 나무에 대하여는
마당질하는 도구와 소의 멍에가 있
나이다
23 왕이여 아라우나가 이것을 다 왕께
드리나이다 하고 또 왕께 아뢰되
왕의 하나님 여호와께서 왕을 기쁘
게 받으시기를 원하나이다
24 왕이 아라우나에게 이르되 그렇지
아니하다 내가 값을 주고 네게서
사리라 값없이는 내 하나님 여호와
께 번제를 드리지 아니하리라 하
고 다윗이 은 오십 세겔로 타작마
당과 소를 사고
25 그곳에서 여호와를 위하여 제단을
쌓고 번제와 화목제를 드렸더니 이
에 여호와께서 그 땅을 위한 기도
를 들으시매 이스라엘에게 내리는
재앙이 그쳤더라

왕대스

열왕기상

1 Kings

왕상

다윗이 늙은 때

1 다윗 왕이 나이가 많아 늙으니 이
불을 덮어도 따뜻하지 아니한지라
2 그의 시종들이 왕께 아뢰되 우리
주 왕을 위하여 젊은 처녀 하나를
구하여 그로 왕을 받들어 모시게
하고 왕의 품에 누워 우리 주 왕으
로 따뜻하시게 하리이다 하고
3 이스라엘 사방 영토 내에 아리따운
처녀를 구하던 중 수넴 여자 아비
삭을 얻어 왕께 데려왔으니
4 이 처녀는 심히 아름다워 그가 왕
을 받들어 시중들었으나 왕이 잠자
리는 같이하지 아니하였더라

아도니야가 왕이 되고자 하다

5 ●그때에 학깃의 아들 아도니야가
스스로 높여서 이르기를 내가 왕이
되리라 하고 자기를 위하여 병거와
기병과 호위병 오십 명을 준비하니
6 그는 압살롬 다음에 태어난 자요
용모가 심히 준수한 자라 그의 아
버지가 네가 어찌하여 그리하였느
냐고 하는 말로 [1]한 번도 그를 섭섭
하게 한 일이 없었더라
7 아도니야가 스루야의 아들 요압과
제사장 아비아달과 모의하니 그들
이 따르고 도우나
8 제사장 사독과 여호야다의 아들 브
나야와 선지자 나단과 시므이와 레
이와 다윗의 용사들은 아도니야와
같이하지 아니하였더라
9 아도니야가 에느로겔 근방 소헬렛
바위 곁에서 양과 소와 살찐 송아
지를 잡고 왕자 곧 자기의 모든 동
생과 왕의 신하 된 유다 모든 사람
을 다 청하였으나
10 선지자 나단과 브나야와 용사들과
자기 동생 솔로몬은 청하지 아니하
였더라

솔로몬이 왕이 되다

11 ●나단이 솔로몬의 어머니 밧세바

1) 평생에

에게 말하여 이르되 학깃의 아들
아도니야가 왕이 되었음을 듣지 못
하였나이까 우리 주 다윗은 알지
못하시나이다
12 이제 내게 당신의 생명과 당신의
아들 솔로몬의 생명을 구할 계책을
말하도록 허락하소서
13 당신은 다윗 왕 앞에 들어가서 아뢰
기를 내 주 왕이여 전에 왕이 여종
에게 맹세하여 이르시기를 네 아들
솔로몬이 반드시 나를 이어 왕이 되
어 내 왕위에 앉으리라 하지 아니하
셨나이까 그런데 아도니야가 무슨
이유로 왕이 되었나이까 하소서
14 당신이 거기서 왕과 말씀하실 때에
나도 뒤이어 들어가서 당신의 말씀
을 확증하리이다
15 ●밧세바가 이에 침실에 들어가 왕
에게 이르니 왕이 심히 늙었으므로
수넴 여자 아비삭이 시중들었더라
16 밧세바가 몸을 굽혀 왕께 절하니
왕이 이르되 어찌 됨이냐
17 그가 왕께 대답하되 내 주여 왕이
전에 왕의 하나님 여호와를 가리켜
여종에게 맹세하시기를 네 아들 솔
로몬이 반드시 나를 이어 왕이 되어
내 왕위에 앉으리라 하셨거늘
18 이제 아도니야가 왕이 되었어도 내
주 왕은 알지 못하시나이다
19 그가 수소와 살찐 송아지와 양을
많이 잡고 왕의 모든 아들과 제사
장 아비아달과 군사령관 요압을 청
하였으나 왕의 종 솔로몬은 청하지
아니하였나이다
20 내 주 왕이여 온 이스라엘이 왕에
게 다 주목하고 누가 내 주 왕을 이
어 그 왕위에 앉을지를 공포하시기
를 기다리나이다
21 그렇지 아니하면 내 주 왕께서 그
의 조상들과 함께 잘 때에 나와 내
아들 솔로몬은 죄인이 되리이다
22 ●밧세바가 왕과 말할 때에 선지자
나단이 들어온지라
23 어떤 사람이 왕께 말하여 이르되
선지자 나단이 여기 있나이다 하니
그가 왕 앞에 들어와서 얼굴을 땅
에 대고 왕께 절하고
24 이르되 내 주 왕께서 이르시기를
아도니야가 나를 이어 왕이 되어
내 왕위에 앉으리라 하셨나이까
25 그가 오늘 내려가서 수소와 살찐 송
아지와 양을 많이 잡고 왕의 모든
아들과 군사령관들과 제사장 아비
아달을 청하였는데 그들이 아도니
야 앞에서 먹고 마시며 아도니야 왕
은 만세수를 하옵소서 하였나이다
26 그러나 왕의 종 나와 제사장 사독과
여호야다의 아들 브나야와 왕의 종
솔로몬은 청하지 아니하였사오니
27 이것이 내 주 왕께서 정하신 일이
니이까 그런데 왕께서 내 주 왕을
이어 그 왕위에 앉을 자를 종에게
알게 하지 아니하셨나이다
28 다윗 왕이 명령하여 이르되 밧세바
를 내 앞으로 부르라 하매 그가 왕
의 앞으로 들어가 그 앞에 서는지라
29 왕이 이르되 내 생명을 모든 환난
에서 구하신 여호와께서 살아 계심
을 두고 맹세하노라
30 내가 이전에 이스라엘의 하나님 여
호와를 가리켜 네게 맹세하여 이르
기를 네 아들 솔로몬이 반드시 나
를 이어 왕이 되고 나를 대신하여
내 왕위에 앉으리라 하였으니 내가
오늘 그대로 행하리라
31 밧세바가 얼굴을 땅에 대고 절하며
내 주 다윗 왕은 만세수를 하옵소
서 하니라
32 ●다윗 왕이 이르되 제사장 사독과
선지자 나단과 여호야다의 아들 브

나야를 내 앞으로 부르라 하니 그
들이 왕 앞에 이른지라
33 왕이 그들에게 이르되 너희는 너희
주의 신하들을 데리고 내 아들 솔
로몬을 내 노새에 태우고 기혼으로
인도하여 내려가고
34 거기서 제사장 사독과 선지자 나단
은 그에게 기름을 부어 이스라엘 왕
으로 삼고 너희는 뿔나팔을 불며 솔
로몬 왕은 만세수를 하옵소서 하고
35 그를 따라 올라오라 그가 와서 내
왕위에 앉아 나를 대신하여 왕이
되리라 내가 그를 세워 이스라엘과
유다의 통치자로 지명하였느니라
36 여호야다의 아들 브나야가 왕께 대
답하여 이르되 아멘 내 주 왕의 하
나님 여호와께서도 이렇게 말씀하
시기를 원하오며
37 또 여호와께서 내 주 왕과 함께 계심
같이 솔로몬과 함께 계셔서 그의 왕
위를 내 주 다윗 왕의 왕위보다 더
크게 하시기를 원하나이다 하니라
38 ●제사장 사독과 선지자 나단과 여
호야다의 아들 브나야와 그렛 사람
과 블렛 사람이 내려가서 솔로몬을
다윗 왕의 노새에 태우고 인도하여
기혼으로 가서
39 제사장 사독이 성막 가운데에서 기
름 담은 뿔을 가져다가 솔로몬에게
기름을 부으니 이에 뿔나팔을 불고
모든 백성이 솔로몬 왕은 만세수를
하옵소서 하니라
40 모든 백성이 그를 따라 올라와서
피리를 불며 크게 즐거워하므로 땅
이 그들의 소리로 말미암아 갈라질
듯하니
41 아도니야와 그와 함께한 손님들이
먹기를 마칠 때에 다 들은지라 요
압이 뿔나팔 소리를 듣고 이르되
어찌하여 성읍 중에서 소리가 요란
하냐
42 말할 때에 제사장 아비아달의 아들
요나단이 오는지라 아도니야가 이
르되 들어오라 너는 용사라 아름다
운 소식을 가져오는도다
43 요나단이 아도니야에게 대답하여
이르되 과연 우리 주 다윗 왕이 솔
로몬을 왕으로 삼으셨나이다
44 왕께서 제사장 사독과 선지자 나단
과 여호야다의 아들 브나야와 그렛
사람과 블렛 사람을 솔로몬과 함께
보내셨는데 그들 무리가 왕의 노새
에 솔로몬을 태워다가
45 제사장 사독과 선지자 나단이 기혼
에서 기름을 부어 왕으로 삼고 무
리가 그곳에서 올라오며 즐거워하
므로 성읍이 진동하였나니 당신들
에게 들린 소리가 이것이라
46 또 솔로몬도 왕좌에 앉아 있고
47 왕의 신하들도 와서 우리 주 다윗
왕에게 축복하여 이르기를 왕의 하
나님이 솔로몬의 이름을 왕의 이름
보다 더 아름답게 하시고 그의 왕
위를 왕의 위보다 크게 하시기를
원하나이다 하매 왕이 침상에서 몸
을 굽히고
48 또한 이르시기를 이스라엘의 하나
님 여호와를 찬송하리로다 여호와
께서 오늘 내 왕위에 앉을 자를 주
사 내 눈으로 보게 하셨도다 하셨
나이다 하니
49 아도니야와 함께한 손님들이 다 놀
라 일어나 각기 갈 길로 간지라
50 아도니야도 솔로몬을 두려워하여
일어나 가서 제단 뿔을 잡으니
51 어떤 사람이 솔로몬에게 말하여 이
르되 아도니야가 솔로몬 왕을 두려
워하여 지금 제단 뿔을 잡고 말하
기를 솔로몬 왕이 오늘 칼로 자기
종을 죽이지 않겠다고 내게 맹세하

기를 원한다 하나이다
52 솔로몬이 이르되 그가 만일 [1]선한
사람일진대 그의 머리털 하나도 땅
에 떨어지지 아니하려니와 그에게
악한 것이 보이면 죽으리라 하고
53 사람을 보내어 그를 제단에서 이끌
어내리니 그가 와서 솔로몬 왕께
절하매 솔로몬이 이르기를 네 집으
로 가라 하였더라

다윗이 솔로몬에게 마지막으로 이르다

2 다윗이 죽을 날이 임박하매 그의
아들 솔로몬에게 명령하여 이르되
2 내가 이제 세상 모든 사람이 가는
길로 가게 되었노니 너는 힘써 대
장부가 되고
3 네 하나님 여호와의 명령을 지켜
그 길로 행하여 그 법률과 계명과
율례와 증거를 모세의 율법에 기록
된 대로 지키라 그리하면 네가 무
엇을 하든지 어디로 가든지 형통할
지라
4 여호와께서 내 일에 대하여 말씀하
시기를 만일 네 자손들이 그들의
길을 삼가 마음을 다하고 성품을
다하여 진실히 내 앞에서 행하면
이스라엘 왕위에 오를 사람이 네게
서 끊어지지 아니하리라 하신 말씀
을 확실히 이루게 하시리라
5 스루야의 아들 요압이 내게 행한
일 곧 이스라엘 군대의 두 사령관
넬의 아들 아브넬과 예델의 아들
아마사에게 행한 일을 네가 알거니
와 그가 그들을 죽여 태평 시대에
전쟁의 피를 흘리고 전쟁의 피를
자기의 허리에 띤 띠와 발에 신은
신에 묻혔으니
6 네 지혜대로 행하여 그의 백발이 평
안히 스올에 내려가지 못하게 하라
7 마땅히 길르앗 바르실래의 아들들
에게 은총을 베풀어 그들이 네 상
에서 먹는 자 중에 참여하게 하라
내가 네 형 압살롬의 낯을 피하여
도망할 때에 그들이 내게 나왔느니
라
8 바후림 베냐민 사람 게라의 아들
시므이가 너와 함께 있나니 그는
내가 마하나임으로 갈 때에 악독한
말로 나를 저주하였느니라 그러나
그가 요단에 내려와서 나를 영접하
므로 내가 여호와를 두고 맹세하여
이르기를 내가 칼로 너를 죽이지
아니하리라 하였노라
9 그러나 그를 무죄한 자로 여기지
말지어다 너는 지혜 있는 사람이므
로 그에게 행할 일을 알지니 그의
백발이 피 가운데 스올에 내려가게
하라

다윗이 죽다

10 ●다윗이 그의 조상들과 함께 누워
다윗 성에 장사되니
11 다윗이 이스라엘 왕이 된 지 사십
년이라 헤브론에서 칠 년 동안 다
스렸고 예루살렘에서 삼십삼 년 동
안 다스렸더라
12 솔로몬이 그의 아버지 다윗의 왕위
에 앉으니 그의 나라가 심히 견고
하니라

아도니야가 죽임을 당하다

13 ●학깃의 아들 아도니야가 솔로몬
의 어머니 밧세바에게 나아온지라
밧세바가 이르되 네가 화평한 목적
으로 왔느냐 대답하되 화평한 목적
이니이다
14 또 이르되 내가 말씀드릴 일이 있
나이다 밧세바가 이르되 말하라
15 그가 이르되 당신도 아시는 바이거
니와 이 왕위는 내 것이었고 온 이
스라엘은 다 얼굴을 내게로 향하여
왕으로 삼으려 하였는데 그 왕권이

1) 그럴 만한 사람

돌아가 내 아우의 것이 되었음은 여
호와께로 말미암음이니이다
16 이제 내가 한 가지 소원을 당신에
게 구하오니 내 청을 거절하지 마
옵소서 밧세바가 이르되 말하라
17 그가 이르되 청하건대 솔로몬 왕에
게 말씀하여 그가 수넴 여자 아비
삭을 내게 주어 아내를 삼게 하소
서 왕이 당신의 청을 거절하지 아
니하리이다
18 밧세바가 이르되 좋다 내가 너를
위하여 왕께 말하리라
19 ●밧세바가 이에 아도니야를 위하
여 말하려고 솔로몬 왕에게 이르니
왕이 일어나 영접하여 절한 후에
다시 왕좌에 앉고 그의 어머니를
위하여 자리를 베푸니 그가 그의
오른쪽에 앉는지라
20 밧세바가 이르되 내가 한 가지 작
은 일로 왕께 구하오니 내 청을 거
절하지 마소서 왕이 대답하되 내
어머니여 구하소서 내가 어머니의
청을 거절하지 아니하리이다
21 이르되 청하건대 수넴 여자 아비삭
을 왕의 형 아도니야에게 주어 아
내로 삼게 하소서
22 솔로몬 왕이 그의 어머니에게 대답
하여 이르되 어찌하여 아도니야를
위하여 수넴 여자 아비삭을 구하시
나이까 그는 나의 형이오니 그를
위하여 왕권도 구하옵소서 그뿐 아
니라 제사장 아비아달과 스루야의
아들 요압을 위해서도 구하옵소서
하고
23 여호와를 두고 맹세하여 이르되 아
도니야가 이런 말을 하였은즉 그의
생명을 잃지 아니하면 하나님은 내
게 벌 위에 벌을 내리심이 마땅하
니이다
24 그러므로 이제 나를 세워 내 아버
지 다윗의 왕위에 오르게 하시고
허락하신 말씀대로 나를 위하여 집
을 세우신 여호와께서 살아 계심을
두고 맹세하노니 아도니야는 오늘
죽임을 당하리라 하고
25 여호야다의 아들 브나야를 보내매
그가 아도니야를 쳐서 죽였더라

아비아달의 추방과 요압의 처형

26 ●왕이 제사장 아비아달에게 이르
되 네 고향 아나돗으로 가라 너는
마땅히 죽을 자이로되 네가 내 아
버지 다윗 앞에서 주 여호와의 궤
를 메었고 또 내 아버지가 모든 환
난을 받을 때에 너도 환난을 받았
은즉 내가 오늘 너를 죽이지 아니
하노라 하고
27 아비아달을 쫓아내어 여호와의 제
사장 직분을 파면하니 여호와께서
실로에서 엘리의 집에 대하여 하신
말씀을 응하게 함이더라
28 ●그 소문이 요압에게 들리매 그가
여호와의 장막으로 도망하여 제단
뿔을 잡으니 이는 그가 다윗을 떠
나 압살롬을 따르지 아니하였으나
아도니야를 따랐음이더라
29 어떤 사람이 솔로몬 왕에게 아뢰되
요압이 여호와의 장막으로 도망하
여 제단 곁에 있나이다 솔로몬이
여호야다의 아들 브나야를 보내며
이르되 너는 가서 그를 치라
30 브나야가 여호와의 장막에 이르러
그에게 이르되 왕께서 나오라 하시
느니라 그가 대답하되 아니라 내가
여기서 죽겠노라 브나야가 돌아가
서 왕께 아뢰어 이르되 요압이 이
리이리 내게 대답하더이다
31 왕이 이르되 그의 말과 같이 하여
그를 죽여 묻으라 요압이 까닭 없
이 흘린 피를 나와 내 아버지의 집
에서 네가 제하리라

32 여호와께서 요압의 피를 그의 머리
로 돌려보내실 것은 그가 자기보다
의롭고 선한 두 사람을 쳤음이니
곧 이스라엘 군사령관 넬의 아들
아브넬과 유다 군사령관 예델의 아
들 아마사를 칼로 죽였음이라 이
일을 내 아버지 다윗은 알지 못하
셨나니
33 그들의 피는 영영히 요압의 머리와
그의 자손의 머리로 돌아갈지라도
다윗과 그의 자손과 그의 집과 그
의 왕위에는 여호와께로 말미암는
평강이 영원히 있으리라
34 여호야다의 아들 브나야가 곧 올라
가서 그를 쳐죽이매 그가 광야에
있는 자기의 집에 매장되니라
35 왕이 이에 여호야다의 아들 브나야
를 요압을 대신하여 군사령관으로
삼고 또 제사장 사독으로 아비아달
을 대신하게 하니라

시므이가 처형되다

36 ●왕이 사람을 보내어 시므이를 불
러서 이르되 너는 예루살렘에서 너
를 위하여 집을 짓고 거기서 살고
어디든지 나가지 말라
37 너는 분명히 알라 네가 나가서 기
드론 시내를 건너는 날에는 반드시
죽임을 당하리니 네 피가 네 머리
로 돌아가리라
38 시므이가 왕께 대답하되 이 말씀이
좋사오니 내 주 왕의 말씀대로 종
이 그리하겠나이다 하고 이에 날이
오래도록 예루살렘에 머무니라
39 ●삼 년 후에 시므이의 두 종이 가
드 왕 마아가의 아들 아기스에게로
도망하여 간지라 어떤 사람이 시므
이에게 말하여 이르되 당신의 종이
가드에 있나이다
40 시므이가 그 종을 찾으려고 일어나
그의 나귀에 안장을 지우고 가드로
가서 아기스에게 나아가 그의 종을
가드에서 데려왔더니
41 시므이가 예루살렘에서부터 가드
에 갔다가 돌아온 일을 어떤 사람
이 솔로몬에게 말한지라
42 왕이 사람을 보내어 시므이를 불러
서 이르되 내가 너에게 여호와를
두고 맹세하게 하고 경고하여 이르
기를 너는 분명히 알라 네가 밖으
로 나가서 어디든지 가는 날에는
죽임을 당하리라 하지 아니하였느
냐 너도 내게 말하기를 내가 들은
말씀이 좋으니이다 하였거늘
43 네가 어찌하여 여호와를 두고 한
맹세와 내가 네게 이른 명령을 지
키지 아니하였느냐
44 왕이 또 시므이에게 이르되 네가
네 마음으로 아는 모든 악 곧 내 아
버지에게 행한 바를 네가 스스로
아나니 여호와께서 네 악을 네 머
리로 돌려보내시리라
45 그러나 솔로몬 왕은 복을 받고 다
윗의 왕위는 영원히 여호와 앞에서
견고히 서리라 하고
46 여호야다의 아들 브나야에게 명령
하매 그가 나가서 시므이를 치니
그가 죽은지라 이에 나라가 솔로몬
의 손에 견고하여지니라

솔로몬이 지혜를 구하다

(대하 1:3-12)

3 솔로몬이 애굽의 왕 바로와 더불
어 혼인 관계를 맺어 그의 딸을
맞이하고 다윗 성에 데려다가 두고
자기의 왕궁과 여호와의 성전과 예
루살렘 주위의 성의 공사가 끝나기
를 기다리니라
2 그때까지 여호와의 이름을 위하여
성전을 아직 건축하지 아니하였으
므로 백성들이 [1]산당에서 제사하며

1) 제단이 있는 높은 곳

3 솔로몬이 여호와를 사랑하고 그의
아버지 다윗의 법도를 행하였으나
산당에서 제사하며 분향하더라
4 ●이에 왕이 제사하러 기브온으로
가니 거기는 산당이 큼이라 솔로몬
이 그 제단에 일천 번제를 드렸더니
5 기브온에서 밤에 여호와께서 솔로
몬의 꿈에 나타나시니라 하나님이
이르시되 내가 네게 무엇을 줄꼬
너는 구하라
6 솔로몬이 이르되 주의 종 내 아버
지 다윗이 성실과 공의와 정직한
마음으로 주와 함께 주 앞에서 행
하므로 주께서 그에게 큰 은혜를
베푸셨고 주께서 또 그를 위하여
이 큰 은혜를 항상 주사 오늘과 같
이 그의 자리에 앉을 아들을 그에
게 주셨나이다
7 나의 하나님 여호와여 주께서 종으
로 종의 아버지 다윗을 대신하여
왕이 되게 하셨사오나 종은 작은
아이라 출입할 줄을 알지 못하고
8 주께서 택하신 백성 가운데 있나이
다 그들은 큰 백성이라 수효가 많
아서 셀 수도 없고 기록할 수도 없
사오니
9 누가 주의 이 많은 백성을 재판할
수 있사오리이까 듣는 마음을 종에
게 주사 주의 백성을 재판하여 선
악을 분별하게 하옵소서
10 솔로몬이 이것을 구하매 그 말씀이
주의 마음에 든지라
11 이에 하나님이 그에게 이르시되 네
가 이것을 구하도다 자기를 위하여
장수하기를 구하지 아니하며 부도
구하지 아니하며 자기 원수의 생명
을 멸하기도 구하지 아니하고 오직
송사를 듣고 분별하는 지혜를 구하
였으니
12 내가 네 말대로 하여 네게 지혜롭
고 총명한 마음을 주노니 네 앞에
도 너와 같은 자가 없었거니와 네
뒤에도 너와 같은 자가 일어남이
없으리라
13 내가 또 네가 구하지 아니한 부귀
와 영광도 네게 주노니 네 평생에
왕들 중에 너와 같은 자가 없을 것
이라
14 네가 만일 네 아버지 다윗이 행함
같이 내 길로 행하며 내 법도와 명
령을 지키면 내가 또 네 날을 길게
하리라
15 솔로몬이 깨어 보니 꿈이더라 이에
예루살렘에 이르러 여호와의 언약
궤 앞에 서서 번제와 감사의 제물
을 드리고 모든 신하들을 위하여
잔치하였더라

솔로몬의 재판

16 ●그때에 창기 두 여자가 왕에게
와서 그 앞에 서며
17 한 여자는 말하되 내 주여 나와 이
여자가 한집에서 사는데 내가 그와
함께 집에 있으며 해산하였더니
18 내가 해산한 지 사흘 만에 이 여자
도 해산하고 우리가 함께 있었고
우리 둘 외에는 집에 다른 사람이
없었나이다
19 그런데 밤에 저 여자가 그의 아들
위에 누우므로 그의 아들이 죽으니
20 그가 밤중에 일어나서 이 여종 내
가 잠든 사이에 내 아들을 내 곁에
서 가져다가 자기의 품에 누이고
자기의 죽은 아들을 내 품에 뉘었
나이다
21 아침에 내가 내 아들을 젖 먹이려
고 일어나 본즉 죽었기로 내가 아
침에 자세히 보니 내가 낳은 아들
이 아니더이다 하매
22 다른 여자는 이르되 아니라 산 것
은 내 아들이요 죽은 것은 네 아들

이라 하고 이 여자는 이르되 아니
라 죽은 것이 네 아들이요 산 것이
내 아들이라 하며 왕 앞에서 그와
같이 쟁론하는지라
23 왕이 이르되 이 여자는 말하기를
산 것은 내 아들이요 죽은 것은 네
아들이라 하고 저 여자는 말하기를
아니라 죽은 것이 네 아들이요 산
것이 내 아들이라 하는도다 하고
24 또 이르되 칼을 내게로 가져오라
하니 칼을 왕 앞으로 가져온지라
25 왕이 이르되 산 아이를 둘로 나누
어 반은 이 여자에게 주고 반은 저
여자에게 주라
26 그 산 아들의 어머니 되는 여자가
그 아들을 위하여 마음이 불붙는
것 같아서 왕께 아뢰어 청하건대
내 주여 산 아이를 그에게 주시고
아무쪼록 죽이지 마옵소서 하되 다
른 여자는 말하기를 내 것도 되게
말고 네 것도 되게 말고 나누게 하
라 하는지라
27 왕이 대답하여 이르되 산 아이를
저 여자에게 주고 결코 죽이지 말
라 저가 그의 어머니이니라 하매
28 온 이스라엘이 왕이 심리하여 판결
함을 듣고 왕을 두려워하였으니 이
는 하나님의 지혜가 그의 속에 있
어 판결함을 봄이더라

솔로몬이 거느린 신하들

4 솔로몬 왕이 온 이스라엘의 왕이
되었고
2 그의 신하들은 이러하니라 사독의
아들 아사리아는 제사장이요
3 시사의 아들 엘리호렙과 아히야는
서기관이요 아힐룻의 아들 여호사
밧은 사관이요
4 여호야다의 아들 브나야는 군사령
관이요 사독과 아비아달은 제사장
이요
5 나단의 아들 아사리아는 지방 관장
의 두령이요 나단의 아들 사붓은
제사장이니 왕의 벗이요
6 아히살은 궁내대신이요 압다의 아
들 아도니람은 노동 감독관이더라
7 ●솔로몬이 또 온 이스라엘에 열두
지방 관장을 두매 그 사람들이 왕
과 왕실을 위하여 양식을 공급하되
각기 일 년에 한 달씩 양식을 공급
하였으니
8 그들의 이름은 이러하니라 에브라
임 산지에는 벤훌이요
9 마가스와 사알빔과 벧세메스와 엘
론벧하난에는 벤데겔이요
10 아룹봇에는 벤헤셋이니 소고와 헤
벨 온 땅을 그가 주관하였으며
11 [1]나밧 돌 높은 땅 온 지방에는 벤아
비나답이니 그는 솔로몬의 딸 다밧
을 아내로 삼았으며
12 다아낙과 므깃도와 이스르엘 아래
사르단 가에 있는 벧스안 온 땅은
아힐룻의 아들 바아나가 맡았으니
벧스안에서부터 아벨므홀라에 이
르고 욕느암 바깥까지 미쳤으며
13 길르앗 라못에는 벤게벨이니 그는
길르앗에 있는 므낫세의 아들 야일
의 모든 마을을 주관하였고 또 바
산 아르곱 땅의 성벽과 놋빗장 있
는 육십 개의 큰 성읍을 주관하였
으며
14 마하나임에는 잇도의 아들 아히나
답이요
15 납달리에는 아히마아스이니 그는
솔로몬의 딸 바스맛을 아내로 삼았
으며
16 아셀과 아롯에는 후새의 아들 바아
나요
17 잇사갈에는 바루아의 아들 여호사
밧이요

1) 또는 돌 높은 땅

18 베냐민에는 엘라의 아들 시므이요
19 아모리 사람의 왕 시혼과 바산 왕
옥의 나라 길르앗 땅에는 우리의
아들 게벨이니 그 땅에서는 그 한
사람만 지방 관장이 되었더라

솔로몬의 영화

20 ●유다와 이스라엘의 인구가 바닷
가의 모래같이 많게 되매 먹고 마
시며 즐거워하였으며
21 솔로몬이 그 [1]강에서부터 블레셋
사람의 땅에 이르기까지와 애굽 지
경에 미치기까지의 모든 나라를 다
스리므로 솔로몬이 사는 동안에 그
나라들이 조공을 바쳐 섬겼더라
22 솔로몬의 하루의 음식물은 가는 밀
가루가 삼십 고르요 굵은 밀가루가
육십 고르요
23 살진 소가 열 마리요 초장의 소가
스무 마리요 양이 백 마리이며 그
외에 수사슴과 노루와 암사슴과 살
진 새들이었더라
24 솔로몬이 그 [1]강 건너편을 딥사에
서부터 가사까지 모두, 그 [1]강 건너
편의 왕을 모두 다스리므로 그가 사
방에 둘린 민족과 평화를 누렸으니
25 솔로몬이 사는 동안에 유다와 이스
라엘이 단에서부터 브엘세바에 이
르기까지 각기 포도나무 아래와 무
화과나무 아래에서 평안히 살았더
라
26 솔로몬의 병거의 말 외양간이 사만
이요 마병이 만 이천 명이며
27 그 지방 관장들은 각각 자기가 맡은
달에 솔로몬 왕과 왕의 상에 참여하
는 모든 자를 위하여 먹을 것을 공
급하여 부족함이 없게 하였으며
28 또 그들이 각기 직무를 따라 말과
준마에게 먹일 보리와 꼴을 그 말
들이 있는 곳으로 가져왔더라
29 ●하나님이 솔로몬에게 지혜와 총
명을 심히 많이 주시고 또 넓은 마
음을 주시되 바닷가의 모래같이 하
시니
30 솔로몬의 지혜가 동쪽 모든 사람의
지혜와 애굽의 모든 지혜보다 뛰어
난지라
31 그는 모든 사람보다 지혜로워서 예
스라 사람 에단과 마홀의 아들 헤
만과 갈골과 다르다보다 나으므로
그의 이름이 사방 모든 나라에 들
렸더라
32 그가 잠언 삼천 가지를 말하였고
그의 노래는 천다섯 편이며
33 그가 또 초목에 대하여 말하되 레
바논의 백향목으로부터 담에 나는
우슬초까지 하고 그가 또 짐승과
새와 기어다니는 것과 물고기에 대
하여 말한지라
34 사람들이 솔로몬의 지혜를 들으러
왔으니 이는 그의 지혜의 소문을
들은 천하 모든 왕들이 보낸 자들
이더라

솔로몬이 성전 건축을 준비하다 (대하 2:1-18)

5 솔로몬이 기름부음을 받고 그의
아버지를 이어 왕이 되었다 함을
두로 왕 히람이 듣고 그의 신하들
을 솔로몬에게 보냈으니 이는 히람
이 평생에 다윗을 사랑하였음이라
2 이에 솔로몬이 히람에게 사람을 보
내어 이르되
3 당신도 알거니와 내 아버지 다윗이
사방의 전쟁으로 말미암아 그의 하
나님 여호와의 이름을 위하여 성전
을 건축하지 못하고 여호와께서 그
의 원수들을 그의 발바닥 밑에 두
시기를 기다렸나이다
4 이제 내 하나님 여호와께서 내게
사방의 태평을 주시매 원수도 없고
재앙도 없도다

1) 유브라데 강

5 여호와께서 내 아버지 다윗에게 하
신 말씀에 내가 너를 이어 네 자리
에 오르게 할 네 아들 그가 내 이름
을 위하여 성전을 건축하리라 하신
대로 내가 내 하나님 여호와의 이름
을 위하여 성전을 건축하려 하오니
6 당신은 명령을 내려 나를 위하여
레바논에서 백향목을 베어내게 하
소서 내 종과 당신의 종이 함께할
것이요 또 내가 당신의 모든 말씀
대로 당신의 종의 삯을 당신에게
드리리이다 당신도 알거니와 우리
중에는 시돈 사람처럼 벌목을 잘하
는 자가 없나이다
7 ●히람이 솔로몬의 말을 듣고 크게
기뻐하여 이르되 오늘 여호와를 찬
양할지로다 그가 다윗에게 지혜로
운 아들을 주사 그 많은 백성을 다
스리게 하셨도다 하고
8 이에 솔로몬에게 사람을 보내어 이
르되 당신이 사람을 보내어 하신
말씀을 내가 들었거니와 내 백향목
재목과 잣나무 재목에 대하여는 당
신이 바라시는 대로 할지라
9 내 종이 레바논에서 바다로 운반하
겠고 내가 그것을 바다에서 뗏목으
로 엮어 당신이 지정하는 곳으로 보
내고 거기서 그것을 풀리니 당신은
받으시고 내 원을 이루어 나의 궁정
을 위하여 음식물을 주소서 하고
10 솔로몬의 모든 원대로 백향목 재목
과 잣나무 재목을 주매
11 솔로몬이 히람에게 그의 궁정의 음
식물로 밀 이만 고르와 맑은 기름
이십 고르를 주고 해마다 그와 같
이 주었더라
12 여호와께서 그의 말씀대로 솔로몬
에게 지혜를 주신 고로 히람과 솔
로몬이 친목하여 두 사람이 함께
약조를 맺었더라
13 ●이에 솔로몬 왕이 온 이스라엘
가운데서 역군을 불러일으키니 그
역군의 수가 삼만 명이라
14 솔로몬이 그들을 한 달에 만 명씩 번
갈아 레바논으로 보내매 그들이 한
달은 레바논에 있고 두 달은 집에 있
으며 아도니람은 감독이 되었고
15 솔로몬에게 또 짐꾼이 칠만 명이요
산에서 돌을 뜨는 자가 팔만 명이며
16 이 외에 그 사역을 감독하는 관리
가 삼천삼백 명이라 그들이 일하는
백성을 거느렸더라
17 이에 왕이 명령을 내려 크고 귀한
돌을 떠다가 다듬어서 성전의 기초
석으로 놓게 하매
18 솔로몬의 건축자와 히람의 건축자
와 그발 사람이 그 돌을 다듬고 성
전을 건축하기 위하여 재목과 돌들
을 갖추니라

솔로몬이 성전을 건축하다

6 이스라엘 자손이 애굽 땅에서 나
온 지 사백팔십 년이요 솔로몬이
이스라엘 왕이 된 지 사 년 시브 월
곧 둘째 달에 솔로몬이 여호와를 위
하여 성전 건축하기를 시작하였더라
2 솔로몬 왕이 여호와를 위하여 건축
한 성전은 길이가 육십 [1]규빗이요
너비가 이십 규빗이요 높이가 삼십
규빗이며
3 성전의 성소 앞 주랑의 길이는 성전
의 너비와 같이 이십 규빗이요 그 너
비는 성전 앞에서부터 십 규빗이며
4 성전을 위하여 창틀 있는 붙박이
창문을 내고
5 또 성전의 벽 곧 성소와 지성소의
벽에 연접하여 돌아가며 다락들을
건축하되 다락마다 돌아가며 골방
들을 만들었으니
6 하층 다락의 너비는 다섯 규빗이요

1) 히, 암마

중층 다락의 너비는 여섯 규빗이요
셋째 층 다락의 너비는 일곱 규빗
이라 성전의 벽 바깥으로 돌아가며
턱을 내어 골방 들보들로 성전의
벽에 박히지 아니하게 하였으며
7 이 성전은 건축할 때에 돌을 그 뜨
는 곳에서 다듬고 가져다가 건축하
였으므로 건축하는 동안에 성전 속
에서는 방망이나 도끼나 모든 철
연장 소리가 들리지 아니하였으며
8 중층 골방의 문은 성전 오른쪽에
있는데 나사 모양 층계로 말미암아
하층에서 중층에 오르고 중층에서
셋째 층에 오르게 하였더라
9 성전의 건축을 마치니라 그 성전은
백향목 서까래와 널판으로 덮었고
10 또 온 성전으로 돌아가며 높이가
다섯 규빗 되는 다락방을 건축하되
백향목 들보로 성전에 연접하게 하
였더라
11 ●여호와의 말씀이 솔로몬에게 임
하여 이르시되
12 네가 지금 이 성전을 건축하니 네
가 만일 내 법도를 따르며 내 율례
를 행하며 내 모든 계명을 지켜 그
대로 행하면 내가 네 아버지 다윗
에게 한 말을 네게 확실히 이룰 것
이요
13 내가 또한 이스라엘 자손 가운데에
거하며 내 백성 이스라엘을 버리지
아니하리라 하셨더라

성전 내부 장식 (대하 3:8-14)

14 ●솔로몬이 성전 건축하기를 마치고
15 백향목 널판으로 성전의 안벽 곧
성전 마루에서 천장까지의 벽에 입
히고 또 잣나무 널판으로 성전 마
루를 놓고
16 또 성전 뒤쪽에서부터 이십 규빗
되는 곳에 마루에서 천장까지 백향
목 널판으로 가로막아 성전의 내소
곧 지성소를 만들었으며
17 내소 앞에 있는 외소 곧 성소의 길
이가 사십 규빗이며
18 성전 안에 입힌 백향목에는 박과
핀 꽃을 아로새겼고 모두 백향목이
라 돌이 보이지 아니하며
19 여호와의 언약궤를 두기 위하여 성
전 안에 내소를 마련하였는데
20 그 내소의 안은 길이가 이십 규빗
이요 너비가 이십 규빗이요 높이가
이십 규빗이라 정금으로 입혔고 백
향목 제단에도 입혔더라
21 솔로몬이 정금으로 외소 안에 입히
고 내소 앞에 금사슬로 건너지르고
내소를 금으로 입히고
22 온 성전을 금으로 입히기를 마치고
내소에 속한 제단의 전부를 금으로
입혔더라
23 ●내소 안에 감람나무로 두 그룹을
만들었는데 그 높이가 각각 십 규
빗이라
24 한 그룹의 이쪽 날개도 다섯 규빗
이요 저쪽 날개도 다섯 규빗이니
이쪽 날개 끝으로부터 저쪽 날개
끝까지 십 규빗이며
25 다른 그룹도 십 규빗이니 그 두 그
룹은 같은 크기와 같은 모양이요
26 이 그룹의 높이가 십 규빗이요 저
그룹도 같았더라
27 솔로몬이 내소 가운데에 그룹을 두
었으니 그룹들의 날개가 펴져 있는
데 이쪽 그룹의 날개는 이쪽 벽에
닿았고 저쪽 그룹의 날개는 저쪽
벽에 닿았으며 두 날개는 성전의
중앙에서 서로 닿았더라
28 그가 금으로 그룹을 입혔더라
29 ●내 외소 사방 벽에는 모두 그룹들
과 종려와 핀 꽃 형상을 아로새겼고
30 내외 성전 마루에는 금으로 입혔으
며

31 내소에 들어가는 곳에는 감람나무
로 문을 만들었는데 그 문인방과
문설주는 벽의 오분의 일이요
32 감람나무로 만든 그 두 문짝에 그
룹과 종려와 핀 꽃을 아로새기고
금으로 입히되 곧 그룹들과 종려에
금으로 입혔더라
33 또 외소의 문을 위하여 감람나무로
문설주를 만들었으니 곧 벽의 사분
의 일이며
34 그 두 문짝은 잣나무라 이쪽 문짝
도 두 짝으로 접게 되었고 저쪽 문
짝도 두 짝으로 접게 되었으며
35 그 문짝에 그룹들과 종려와 핀 꽃
을 아로새기고 금으로 입히되 그
새긴 데에 맞게 하였고
36 또 다듬은 돌 세 켜와 백향목 두꺼
운 판자 한 켜로 둘러 안뜰을 만들
었더라
37 ●넷째 해 시브 월에 여호와의 성
전 기초를 쌓았고
38 열한째 해 불 월 곧 여덟째 달에 그
설계와 식양대로 성전 건축이 다
끝났으니 솔로몬이 칠 년 동안 성
전을 건축하였더라

솔로몬의 궁

7 솔로몬이 자기의 왕궁을 십삼 년
동안 건축하여 그 전부를 준공하
니라
2 그가 레바논 나무로 왕궁을 지었으
니 길이가 백 규빗이요 너비가 오
십 규빗이요 높이가 삼십 규빗이라
백향목 기둥이 네 줄이요 기둥 위
에 백향목 들보가 있으며
3 기둥 위에 있는 들보 사십오 개를
백향목으로 덮었는데 들보는 한 줄
에 열다섯이요
4 또 창틀이 세 줄로 있는데 창과 창
이 세 층으로 서로 마주 대하였고
5 모든 문과 문설주를 다 큰 나무로
네모지게 만들었는데 창과 창이 세
층으로 서로 마주 대하였으며
6 또 기둥을 세워 주랑을 지었으니 길
이가 오십 규빗이요 너비가 삼십 규
빗이며 또 기둥 앞에 한 주랑이 있고
또 그 앞에 기둥과 섬돌이 있으며
7 또 심판하기 위하여 보좌의 주랑
곧 재판하는 주랑을 짓고 온 마루
를 백향목으로 덮었고
8 솔로몬이 거처할 왕궁은 그 주랑
뒤 다른 뜰에 있으니 그 양식이 동
일하며 솔로몬이 또 그가 장가든
바로의 딸을 위하여 집을 지었는데
이 주랑과 같더라
9 ●이 집들은 안팎을 모두 귀하고
다듬은 돌로 지었으니 크기대로 톱
으로 켠 것이라 그 초석에서 처마
까지와 외면에서 큰 뜰에 이르기까
지 다 그러하니
10 그 초석은 귀하고 큰 돌 곧 십 규빗
되는 돌과 여덟 규빗 되는 돌이라
11 그 위에는 크기대로 다듬은 귀한
돌도 있고 백향목도 있으며
12 또 큰 뜰 주위에는 다듬은 돌 세 켜
와 백향목 두꺼운 판자 한 켜를 놓
았으니 마치 여호와의 성전 안뜰과
주랑에 놓은 것 같더라

놋쇠 대장장이 히람과 두 놋기둥
(대하 3:15-17)

13 ●솔로몬 왕이 사람을 보내어 히람
을 두로에서 데려오니
14 그는 납달리 지파 과부의 아들이요
그의 아버지는 두로 사람이니 놋쇠
대장장이라 이 히람은 모든 놋 일
에 지혜와 총명과 재능을 구비한
자이더니 솔로몬 왕에게 와서 그
모든 공사를 하니라
15 그가 놋기둥 둘을 만들었으니 그
높이는 각각 십팔 규빗이라 각각
십이 규빗 되는 줄을 두를 만하며

16 또 놋을 녹여 부어서 기둥 머리를
만들어 기둥 꼭대기에 두었으니 한
쪽 머리의 높이도 다섯 규빗이요 다
른쪽 머리의 높이도 다섯 규빗이며
17 기둥 꼭대기에 있는 머리를 위하여
바둑판 모양으로 얽은 그물과 사슬
모양으로 땋은 것을 만들었으니 이
머리에 일곱이요 저 머리에 일곱이
라
18 기둥을 이렇게 만들었고 또 두 줄
석류를 한 그물 위에 둘러 만들어
서 기둥 꼭대기에 있는 머리에 두
르게 하였고 다른 기둥 머리에도
그렇게 하였으며
19 주랑 기둥 꼭대기에 있는 머리의
네 규빗은 백합화 모양으로 만들었
으며
20 이 두 기둥 머리에 있는 그물 곁 곧
그 머리의 공같이 둥근 곳으로 돌
아가며 각기 석류 이백 개가 줄을
지었더라
21 이 두 기둥을 성전의 주랑 앞에 세
우되 오른쪽 기둥을 세우고 그 이
름을 [1]야긴이라 하고 왼쪽의 기둥
을 세우고 그 이름을 [2]보아스라 하
였으며
22 그 두 기둥 꼭대기에는 백합화 형
상이 있더라 두 기둥의 공사가 끝
나니라

놋을 부어 만든 바다 (대하 4:2-5)

23 ●또 바다를 부어 만들었으니 그
직경이 십 규빗이요 그 모양이 둥
글며 그 높이는 다섯 규빗이요 주
위는 삼십 규빗 줄을 두를 만하며
24 그 가장자리 아래에는 돌아가며 박
이 있는데 매 규빗에 열 개씩 있어
서 바다 주위에 둘렸으니 그 박은
바다를 부어 만들 때에 두 줄로 부
어 만들었으며
25 그 바다를 소 열두 마리가 받쳤으
니 셋은 북쪽을 향하였고 셋은 서
쪽을 향하였고 셋은 남쪽을 향하였
고 셋은 동쪽을 향하였으며 바다를
그 위에 놓았고 소의 뒤는 다 안으
로 두었으며
26 바다의 두께는 한 손 너비만 하고
그것의 가는 백합화의 양식으로 잔
가와 같이 만들었으니 그 바다에는
이천 밧을 담겠더라

놋 받침 수레와 물두멍

27 ●또 놋으로 받침 수레 열을 만들
었으니 매 받침 수레의 길이가 네
규빗이요 너비가 네 규빗이요 높이
가 세 규빗이라
28 그 받침 수레의 구조는 이러하니
사면 옆 가장자리 가운데에는 판이
있고
29 가장자리 가운데 판에는 사자와 소
와 그룹들이 있고 또 가장자리 위
에는 놓는 자리가 있고 사자와 소
아래에는 화환 모양이 있으며
30 그 받침 수레에 각각 네 놋바퀴와
놋축이 있고 받침 수레 네 발 밑에
는 어깨 같은 것이 있으며 그 어깨
같은 것은 물두멍 아래쪽에 부어
만들었고 화환은 각각 그 옆에 있
으며
31 그 받침 수레 위로 들이켜 높이가
한 규빗 되게 내민 것이 있고 그 면
은 직경 한 규빗 반 되게 반원형으
로 우묵하며 그 나머지 면에는 아
로새긴 것이 있으며 그 내민 판들
은 네모지고 둥글지 아니하며
32 네 바퀴는 옆판 밑에 있고 바퀴 축
은 받침 수레에 연결되었는데 바퀴
의 높이는 각각 한 규빗 반이며
33 그 바퀴의 구조는 병거 바퀴의 구
조 같은데 그 축과 테와 살과 통이
다 부어 만든 것이며

1) 저가 세우리라 2) 그에게 능력이 있다

34 받침 수레 네 모퉁이에 어깨 같은
것 넷이 있는데 그 어깨는 받침 수
레와 연결되었고
35 받침 수레 위에 둥근 테두리가 있
는데 높이가 반 규빗이요 또 받침
수레 위의 버팀대와 옆판들이 받침
수레와 연결되었고
36 버팀대 판과 옆판에는 각각 빈 곳
을 따라 그룹들과 사자와 종려나무
를 아로새겼고 또 그 둘레에 화환
모양이 있더라
37 이와 같이 받침 수레 열 개를 만들
었는데 그 부어 만든 법과 크기와
양식을 다 동일하게 만들었더라
38 또 물두멍 열 개를 놋으로 만들었
는데 물두멍마다 각각 사십 밧을
담게 하였으며 매 물두멍의 직경은
네 규빗이라 열 받침 수레 위에 각
각 물두멍이 하나씩이더라
39 그 받침 수레 다섯은 성전 오른쪽
에 두었고 다섯은 성전 왼쪽에 두
었고 성전 오른쪽 동남쪽에는 그
바다를 두었더라

성전 기구들 (대하 4:11-5:1)

40 ●히람이 또 [1]물두멍과 부삽과 대
접들을 만들었더라 이와 같이 히람
이 솔로몬 왕을 위하여 여호와의
전의 모든 일을 마쳤으니
41 곧 기둥 둘과 그 기둥 꼭대기의 공
같은 머리 둘과 또 기둥 꼭대기의
공 같은 머리를 가리는 그물 둘과
42 또 그 그물들을 위하여 만든 바 매
그물에 두 줄씩으로 기둥 위의 공
같은 두 머리를 가리게 한 석류 사
백 개와
43 또 열 개의 받침 수레와 받침 수레
위의 열 개의 물두멍과
44 한 바다와 그 바다 아래의 소 열두
마리와
45 솥과 부삽과 대접들이라 히람이 솔
로몬 왕을 위하여 여호와의 성전에
이 모든 그릇을 빛난 놋으로 만드
니라
46 왕이 요단 평지에서 숙곳과 사르단
사이의 차진 흙에 그것들을 부어
내었더라
47 기구가 심히 많으므로 솔로몬이 다
달아보지 아니하고 두었으니 그 놋
무게를 능히 측량할 수 없었더라
48 ●솔로몬이 또 여호와의 성전의 모
든 기구를 만들었으니 곧 금 단과
진설병의 금 상과
49 내소 앞에 좌우로 다섯씩 둘 정금
등잔대며 또 금 꽃과 등잔과 불집
게며
50 또 정금 대접과 불집게와 주발과
숟가락과 불을 옮기는 그릇이며 또
내소 곧 지성소 문의 금 돌쩌귀와
성전 곧 외소 문의 금 돌쩌귀더라
51 ●솔로몬 왕이 여호와의 성전을 위
하여 만드는 모든 일을 마친지라
이에 솔로몬이 그의 아버지 다윗이
드린 물건 곧 은과 금과 기구들을
가져다가 여호와의 성전 곳간에 두
었더라

언약궤를 성전으로 옮기다 (대하 5:2-6:2)

8 이에 솔로몬이 여호와의 언약궤
를 다윗 성 곧 시온에서 메어 올
리고자 하여 이스라엘 장로와 모든
지파의 우두머리 곧 이스라엘 자손
의 족장들을 예루살렘에 있는 자기
에게로 소집하니
2 이스라엘 모든 사람이 다 에다님
월 곧 일곱째 달 절기에 솔로몬 왕
에게 모이고
3 이스라엘 장로들이 다 이르매 제사
장들이 궤를 메니라
4 여호와의 궤와 회막과 성막 안의

1) 대하 4:11에는 〔솥〕

모든 거룩한 기구들을 메고 올라가
되 제사장과 레위 사람이 그것들을
메고 올라가매
5 솔로몬 왕과 그 앞에 모인 이스라
엘 회중이 그와 함께 그 궤 앞에 있
어 양과 소로 제사를 지냈으니 그
수가 많아 기록할 수도 없고 셀 수
도 없었더라
6 제사장들이 여호와의 언약궤를 그
처소로 메어 들였으니 곧 성전의 내
소인 지성소 그룹들의 날개 아래라
7 그룹들이 그 궤 처소 위에서 날개
를 펴서 궤와 그 채를 덮었는데
8 채가 길므로 채 끝이 내소 앞 성소에
서 보이나 밖에서는 보이지 아니하
며 그 채는 오늘까지 그곳에 있으며
9 그 궤 안에는 두 돌판 외에 아무것
도 없으니 이것은 이스라엘 자손이
애굽 땅에서 나온 후 여호와께서
저희와 언약을 맺으실 때에 모세가
호렙에서 그 안에 넣은 것이더라
10 제사장이 성소에서 나올 때에 구름
이 여호와의 성전에 가득하매
11 제사장이 그 구름으로 말미암아 능
히 서서 섬기지 못하였으니 이는
여호와의 영광이 여호와의 성전에
가득함이었더라

솔로몬의 연설 (대하 6:3-11)

12 ●그때에 솔로몬이 이르되 여호와
께서 캄캄한 데 계시겠다 말씀하셨
사오나
13 내가 참으로 주를 위하여 계실 성
전을 건축하였사오니 주께서 영원
히 계실 처소로소이다 하고
14 얼굴을 돌이켜 이스라엘의 온 회중
을 위하여 축복하니 그때에 이스라
엘의 온 회중이 서 있더라
15 왕이 이르되 이스라엘의 하나님 여
호와를 송축할지로다 여호와께서
그의 입으로 내 아버지 다윗에게
말씀하신 것을 이제 그의 손으로
이루셨도다 이르시기를
16 내가 내 백성 이스라엘을 애굽에서
인도하여 낸 날부터 내 이름을 둘
만한 집을 건축하기 위하여 이스라
엘 모든 지파 가운데에서 아무 성
읍도 택하지 아니하고 다만 다윗을
택하여 내 백성 이스라엘을 다스리
게 하였노라 하신지라
17 내 아버지 다윗이 이스라엘의 하나
님 여호와의 이름을 위하여 성전을
건축할 마음이 있었더니
18 여호와께서 내 아버지 다윗에게 이
르시되 네가 내 이름을 위하여 성
전을 건축할 마음이 있으니 이 마
음이 네게 있는 것이 좋도다
19 그러나 너는 그 성전을 건축하지
못할 것이요 네 몸에서 낳을 네 아
들 그가 내 이름을 위하여 성전을
건축하리라 하시더니
20 이제 여호와께서 말씀하신 대로 이
루시도다 내가 여호와께서 말씀하
신 대로 내 아버지 다윗을 이어서
일어나 이스라엘의 왕위에 앉고 이
스라엘의 하나님 여호와의 이름을
위하여 성전을 건축하고
21 내가 또 그곳에 우리 조상들을 애
굽 땅에서 인도하여 내실 때에 그
들과 세우신 바 여호와의 언약을
넣은 궤를 위하여 한 처소를 설치
하였노라

솔로몬의 기도 (대하 6:12-42)

22 ●솔로몬이 여호와의 제단 앞에서
이스라엘의 온 회중과 마주 서서
하늘을 향하여 손을 펴고
23 이르되 이스라엘의 하나님 여호와
여 위로 하늘과 아래로 땅에 주와
같은 신이 없나이다 주께서는 온
마음으로 주의 앞에서 행하는 종들
에게 언약을 지키시고 은혜를 베푸

시나이다
24 주께서 주의 종 내 아버지 다윗에
게 하신 말씀을 지키사 주의 입으
로 말씀하신 것을 손으로 이루심이
오늘과 같으니이다
25 이스라엘의 하나님 여호와여 주께
서 주의 종 내 아버지 다윗에게 말
씀하시기를 네 자손이 자기 길을
삼가서 네가 내 앞에서 행한 것같
이 내 앞에서 행하기만 하면 네게
서 나서 이스라엘의 왕위에 앉을
사람이 내 앞에서 끊어지지 아니하
리라 하셨사오니 이제 다윗을 위하
여 그 하신 말씀을 지키시옵소서
26 그런즉 이스라엘의 하나님이여 원
하건대 주는 주의 종 내 아버지 다
윗에게 하신 말씀이 확실하게 하옵
소서
27 ●하나님이 참으로 땅에 거하시리
이까 하늘과 하늘들의 하늘이라도
주를 용납하지 못하겠거든 하물며
내가 건축한 이 성전이오리이까
28 그러나 내 하나님 여호와여 주의
종의 기도와 간구를 돌아보시며 이
종이 오늘 주 앞에서 부르짖음과
비는 기도를 들으시옵소서
29 주께서 전에 말씀하시기를 내 이름
이 거기 있으리라 하신 곳 이 성전
을 향하여 주의 눈이 주야로 보시
오며 주의 종이 이곳을 향하여 비
는 기도를 들으시옵소서
30 주의 종과 주의 백성 이스라엘이
이곳을 향하여 기도할 때에 주는
그 간구함을 들으시되 주께서 계신
곳 하늘에서 들으시고 들으시사 사
하여 주옵소서
31 ●만일 어떤 사람이 그 이웃에게
범죄함으로 맹세시킴을 받고 그가
와서 이 성전에 있는 주의 제단 앞
에서 맹세하거든
32 주는 하늘에서 들으시고 행하시되
주의 종들을 심판하사 악한 자의 죄
를 정하여 그 행위대로 그 머리에
돌리시고 의로운 자를 의롭다 하사
그의 의로운 바대로 갚으시옵소서
33 ●만일 주의 백성 이스라엘이 주께
범죄하여 적국 앞에 패하게 되므로
주께로 돌아와서 주의 이름을 인정
하고 이 성전에서 주께 기도하며
간구하거든
34 주는 하늘에서 들으시고 주의 백성
이스라엘의 죄를 사하시고 그들의
조상들에게 주신 땅으로 돌아오게
하옵소서
35 ●만일 그들이 주께 범죄함으로 말
미암아 하늘이 닫히고 비가 없어서
주께 벌을 받을 때에 이곳을 향하
여 기도하며 주의 이름을 찬양하고
그들의 죄에서 떠나거든
36 주는 하늘에서 들으사 주의 종들과
주의 백성 이스라엘의 죄를 사하시
고 그들이 마땅히 행할 선한 길을
가르쳐 주시오며 주의 백성에게 기
업으로 주신 주의 땅에 비를 내리
시옵소서
37 ●만일 이 땅에 기근이나 전염병이
있거나 곡식이 시들거나 깜부기가
나거나 메뚜기나 황충이 나거나 적
국이 와서 성읍을 에워싸거나 무슨
재앙이나 무슨 질병이 있든지 막론
하고
38 한 사람이나 혹 주의 온 백성 이스라
엘이 다 각각 자기의 마음에 재앙을
깨닫고 이 성전을 향하여 손을 펴고
무슨 기도나 무슨 간구를 하거든
39 주는 계신 곳 하늘에서 들으시고
사하시며 각 사람의 마음을 아시오
니 그들의 모든 행위대로 행하사
갚으시옵소서 주만 홀로 사람의 마
음을 다 아심이니이다

40 그리하시면 그들이 주께서 우리 조
상들에게 주신 땅에서 사는 동안에
항상 주를 경외하리이다
41 ●또 주의 백성 이스라엘에 속하지
아니한 자 곧 주의 이름을 위하여
먼 지방에서 온 이방인이라도
42 그들이 주의 크신 이름과 주의 능한
손과 주의 펴신 팔의 소문을 듣고
와서 이 성전을 향하여 기도하거든
43 주는 계신 곳 하늘에서 들으시고
이방인이 주께 부르짖는 대로 이루
사 땅의 만민이 주의 이름을 알고
주의 백성 이스라엘처럼 경외하게
하시오며 또 내가 건축한 이 성전
을 주의 이름으로 일컫는 줄을 알
게 하옵소서
44 ●주의 백성이 그들의 적국과 더불
어 싸우고자 하여 주께서 보내신
길로 나갈 때에 그들이 주께서 택
하신 성읍과 내가 주의 이름을 위
하여 건축한 성전이 있는 쪽을 향
하여 여호와께 기도하거든
45 주는 하늘에서 그들의 기도와 간구
를 들으시고 그들의 일을 돌아보옵
소서
46 ●범죄하지 아니하는 사람이 없사
오니 그들이 주께 범죄함으로 주께
서 그들에게 진노하사 그들을 적국
에게 넘기시매 적국이 그들을 사로
잡아 원근을 막론하고 적국의 땅으
로 끌어간 후에
47 그들이 사로잡혀 간 땅에서 스스로
깨닫고 그 사로잡은 자의 땅에서
돌이켜 주께 간구하기를 우리가 범
죄하여 반역을 행하며 악을 지었나
이다 하며
48 자기를 사로잡아 간 적국의 땅에서
온 마음과 온 뜻으로 주께 돌아와
서 주께서 그들의 조상들에게 주신
땅 곧 주께서 택하신 성읍과 내가
주의 이름을 위하여 건축한 성전
있는 쪽을 향하여 주께 기도하거든
49 주는 계신 곳 하늘에서 그들의 기
도와 간구를 들으시고 그들의 일을
돌아보시오며
50 주께 범죄한 백성을 용서하시며 주
께 범한 그 모든 허물을 사하시고
그들을 사로잡아 간 자 앞에서 그
들로 불쌍히 여김을 얻게 하사 그
사람들로 그들을 불쌍히 여기게 하
옵소서
51 그들은 주께서 철 풀무 같은 애굽
에서 인도하여 내신 주의 백성, 주
의 소유가 됨이니이다
52 원하건대 주는 눈을 들어 종의 간
구함과 주의 백성 이스라엘의 간구
함을 보시고 주께 부르짖는 대로
들으시옵소서
53 주 여호와여 주께서 우리 조상을 애
굽에서 인도하여 내실 때에 주의 종
모세를 통하여 말씀하심같이 주께서
세상 만민 가운데에서 그들을 구별
하여 주의 기업으로 삼으셨나이다

솔로몬의 축복

54 ●솔로몬이 무릎을 꿇고 손을 펴서
하늘을 향하여 이 기도와 간구로
여호와께 아뢰기를 마치고 여호와
의 제단 앞에서 일어나
55 서서 큰 소리로 이스라엘의 온 회
중을 위하여 축복하며 이르되
56 여호와를 찬송할지로다 그가 말씀
하신 대로 그의 백성 이스라엘에게
태평을 주셨으니 그 종 모세를 통
하여 무릇 말씀하신 그 모든 좋은
약속이 하나도 이루어지지 아니함
이 없도다
57 우리 하나님 여호와께서 우리 조상
들과 함께 계시던 것같이 우리와
함께 계시옵고 우리를 떠나지 마시
오며 버리지 마시옵고

58 우리의 마음을 주께로 향하여 그의
모든 길로 행하게 하시오며 우리 조
상들에게 명령하신 계명과 법도와
율례를 지키게 하시기를 원하오며
59 여호와 앞에서 내가 간구한 이 말
씀이 주야로 우리 하나님 여호와께
가까이 있게 하시옵고 또 주의 종
의 일과 주의 백성 이스라엘의 일
을 날마다 필요한 대로 돌아보사
60 이에 세상 만민에게 여호와께서만
하나님이시고 그 외에는 없는 줄을
알게 하시기를 원하노라
61 그런즉 너희의 마음을 우리 하나님
여호와께 온전히 바쳐 완전하게 하
여 오늘과 같이 그의 법도를 행하
며 그의 계명을 지킬지어다

성전 봉헌식 (대하 7:4-10)

62 ●이에 왕과 및 왕과 함께한 이스
라엘이 다 여호와 앞에 희생제물을
드리니라
63 솔로몬이 화목제의 희생제물을 드
렸으니 곧 여호와께 드린 소가 이
만 이천 마리요 양이 십이만 마리
라 이와 같이 왕과 모든 이스라엘
자손이 여호와의 성전의 봉헌식을
행하였는데
64 그날에 왕이 여호와의 성전 앞뜰
가운데를 거룩히 구별하고 거기서
번제와 소제와 감사제물의 기름을
드렸으니 이는 여호와의 앞 놋 제
단이 작으므로 번제물과 소제물과
화목제의 기름을 다 용납할 수 없
음이라
65 그때에 솔로몬이 칠 일과 칠 일 도
합 십사 일간을 우리 하나님 여호
와 앞에서 절기로 지켰는데 하맛
어귀에서부터 애굽 강까지의 온 이
스라엘의 큰 회중이 모여 그와 함
께하였더니
66 여덟째 날에 솔로몬이 백성을 돌려
보내매 백성이 왕을 위하여 축복하
고 자기 장막으로 돌아가는데 여호
와께서 그의 종 다윗과 그의 백성
이스라엘에게 베푸신 모든 은혜로
말미암아 기뻐하며 마음에 즐거워
하였더라

여호와께서 다시 솔로몬에게 나타나시다

9 솔로몬이 여호와의 성전과 왕궁
건축하기를 마치며 자기가 이루
기를 원하던 모든 것을 마친 때에
2 여호와께서 전에 기브온에서 나타나
심같이 다시 솔로몬에게 나타나사
3 여호와께서 그에게 이르시되 네 기
도와 네가 내 앞에서 간구한 바를
내가 들었은즉 나는 네가 건축한 이
성전을 거룩하게 구별하여 내 이름
을 영원히 그곳에 두며 내 눈길과
내 마음이 항상 거기에 있으리니
4 네가 만일 네 아버지 다윗이 행함
같이 마음을 온전히 하고 바르게
하여 내 앞에서 행하며 내가 네게
명령한 대로 온갖 일에 순종하여
내 법도와 율례를 지키면
5 내가 네 아버지 다윗에게 말하기를
이스라엘의 왕위에 오를 사람이 네
게서 끊어지지 아니하리라 한 대로
네 이스라엘의 왕위를 영원히 견고
하게 하려니와
6 만일 너희나 너희의 자손이 아주
돌아서서 나를 따르지 아니하며 내
가 너희 앞에 둔 나의 계명과 법도
를 지키지 아니하고 가서 다른 신
을 섬겨 그것을 경배하면
7 내가 이스라엘을 내가 그들에게 준
땅에서 끊어 버릴 것이요 내 이름
을 위하여 내가 거룩하게 구별한
이 성전이라도 내 앞에서 던져버리
리니 이스라엘은 모든 민족 가운데
에서 속담거리와 이야기거리가 될
것이며

8 이 성전이 높을지라도 지나가는 자
마다 놀라며 비웃어 이르되 여호와
께서 무슨 까닭으로 이 땅과 이 성
전에 이같이 행하셨는고 하면
9 대답하기를 그들이 그들의 조상들
을 애굽 땅에서 인도하여 내신 그들
의 하나님 여호와를 버리고 다른 신
을 따라가서 그를 경배하여 섬기므
로 여호와께서 이 모든 재앙을 그들
에게 내리심이라 하리라 하셨더라

솔로몬과 히람의 거래
(대하 8:1-2)

10 ●솔로몬이 두 집 곧 여호와의 성
전과 왕궁을 이십 년 만에 건축하
기를 마치고
11 갈릴리 땅의 성읍 스무 곳을 히람
에게 주었으니 이는 두로 왕 히람
이 솔로몬에게 그 온갖 소원대로
백향목과 잣나무와 금을 제공하였
음이라
12 히람이 두로에서 와서 솔로몬이 자
기에게 준 성읍들을 보고 눈에 들
지 아니하여
13 이르기를 내 형제여 내게 준 이 성
읍들이 이러한가 하고 이름하여 가
불 땅이라 하였더니 그 이름이 오
늘까지 있느니라
14 히람이 금 일백이십 달란트를 왕에
게 보내었더라

솔로몬의 나머지 업적 (대하 8:3-18)

15 ●솔로몬 왕이 역군을 일으킨 까닭
은 이러하니 여호와의 성전과 자기
왕궁과 밀로와 예루살렘 성과 하솔
과 므깃도와 게셀을 건축하려 하였
음이라
16 전에 애굽 왕 바로가 올라와서 게
셀을 탈취하여 불사르고 그 성읍에
사는 가나안 사람을 죽이고 그 성
읍을 자기 딸 솔로몬의 아내에게
예물로 주었더니
17 솔로몬이 게셀과 아래 벧호론을 건
축하고
18 또 바알랏과 그 땅의 들에 있는 다
드몰과
19 자기에게 있는 모든 국고성과 병거
성들과 마병의 성들을 건축하고 솔
로몬이 또 예루살렘과 레바논과 그
가 다스리는 온 땅에 건축하고자
하던 것을 다 건축하였는데
20 이스라엘 자손이 아닌 아모리 사람
과 헷 사람과 브리스 사람과 히위
사람과 여부스 사람 중 남아 있는
모든 사람
21 곧 이스라엘 자손이 다 멸하지 못
하므로 그 땅에 남아 있는 그들의
자손들을 솔로몬이 노예로 역군을
삼아 오늘까지 이르렀으되
22 다만 이스라엘 자손은 솔로몬이 노
예를 삼지 아니하였으니 그들은 군
사와 그 신하와 고관과 대장이며 병
거와 마병의 지휘관이 됨이었더라
23 ●솔로몬에게 일을 감독하는 우두
머리 오백오십 명이 있어 일하는
백성을 다스렸더라
24 ●바로의 딸이 다윗 성에서부터 올
라와 솔로몬이 그를 위하여 건축한
궁에 이를 때에 솔로몬이 밀로를
건축하였더라
25 ●솔로몬이 여호와를 위하여 쌓은
제단 위에 해마다 세 번씩 번제와
감사의 제물을 드리고 또 여호와
앞에 있는 제단에 분향하니라 이에
성전 짓는 일을 마치니라
26 ●솔로몬 왕이 에돔 땅 홍해 물가
의 엘롯 근처 에시온게벨에서 배들
을 지은지라
27 히람이 자기 종 곧 바다에 익숙한
사공들을 솔로몬의 종과 함께 그
배로 보내매
28 그들이 오빌에 이르러 거기서 금

사백이십 달란트를 얻고 솔로몬 왕
에게로 가져왔더라

스바의 여왕이 솔로몬을 찾아오다
(대하 9:1-12)

10 스바의 여왕이 여호와의 이름
으로 말미암은 솔로몬의 명성
을 듣고 와서 어려운 문제로 그를
시험하고자 하여
2 예루살렘에 이르니 수행하는 자가
심히 많고 향품과 심히 많은 금과
보석을 낙타에 실었더라 그가 솔로
몬에게 나아와 자기 마음에 있는
것을 다 말하매
3 솔로몬이 그가 묻는 말에 다 대답
하였으니 왕이 알지 못하여 대답하
지 못한 것이 하나도 없었더라
4 스바의 여왕이 솔로몬의 모든 지혜
와 그 건축한 왕궁과
5 그 상의 식물과 그의 신하들의 좌
석과 그의 시종들이 시립한 것과
그들의 관복과 술 관원들과 여호와
의 성전에 올라가는 층계를 보고
크게 감동되어
6 왕께 말하되 내가 내 나라에서 당
신의 행위와 당신의 지혜에 대하여
들은 소문이 사실이로다
7 내가 그 말들을 믿지 아니하였더니
이제 와서 친히 본즉 내게 말한 것
은 절반도 못되니 당신의 지혜와
복이 내가 들은 소문보다 더하도다
8 복되도다 당신의 사람들이여 복되
도다 당신의 이 신하들이여 항상
당신 앞에 서서 당신의 지혜를 들
음이로다
9 당신의 하나님 여호와를 송축할지
로다 여호와께서 당신을 기뻐하사
이스라엘 왕위에 올리셨고 여호와
께서 영원히 이스라엘을 사랑하시
므로 당신을 세워 왕으로 삼아 정
의와 공의를 행하게 하셨도다 하
고
10 이에 그가 금 일백이십 달란트와
심히 많은 향품과 보석을 왕에게
드렸으니 스바의 여왕이 솔로몬 왕
에게 드린 것처럼 많은 향품이 다
시 오지 아니하였더라
11 ●오빌에서부터 금을 실어온 히람
의 배들이 오빌에서 많은 백단목과
보석을 운반하여 오매
12 왕이 백단목으로 여호와의 성전과
왕궁의 난간을 만들고 또 노래하는
자를 위하여 수금과 비파를 만들었
으니 이 같은 백단목은 전에도 온
일이 없었고 오늘까지도 보지 못하
였더라
13 솔로몬 왕이 왕의 규례대로 스바의
여왕에게 물건을 준 것 외에 또 그
의 소원대로 구하는 것을 주니 이
에 그가 그의 신하들과 함께 본국
으로 돌아갔더라

솔로몬의 재산과 지혜 (대하 9:13-29)

14 ●솔로몬의 세입금의 무게가 금 육
백육십육 달란트요
15 그 외에 또 상인들과 무역하는 객
상과 아라비아의 모든 왕들과 나라
의 고관들에게서도 가져온지라
16 솔로몬 왕이 쳐서 늘인 금으로 큰
방패 이백 개를 만들었으니 매 방
패에 든 금이 육백 세겔이며
17 또 쳐서 늘인 금으로 작은 방패 삼
백 개를 만들었으니 매 방패에 든
금이 삼 [1]마네라 왕이 이것들을 레
바논 나무 궁에 두었더라
18 왕이 또 상아로 큰 보좌를 만들고
정금으로 입혔으니
19 그 보좌에는 여섯 층계가 있고 보
좌 뒤에 둥근 머리가 있고 앉는 자
리 양쪽에는 팔걸이가 있고 팔걸이
곁에는 사자가 하나씩 서 있으며

1) 1마네는 50세겔

20 또 열두 사자가 있어 그 여섯 층계
좌우편에 서 있으니 어느 나라에도
이같이 만든 것이 없었더라
21 솔로몬 왕이 마시는 그릇은 다 금
이요 레바논 나무 궁의 그릇들도
다 정금이라 은 기물이 없으니 솔
로몬의 시대에 은을 귀히 여기지
아니함은
22 왕이 바다에 다시스 배들을 두어
히람의 배와 함께 있게 하고 그 다
시스 배로 삼 년에 한 번씩 금과 은
과 상아와 원숭이와 공작을 실어
왔음이더라
23 ●솔로몬 왕의 재산과 지혜가 세상
의 그 어느 왕보다 큰지라
24 온 세상 사람들이 다 하나님께서
솔로몬의 마음에 주신 지혜를 들으
며 그의 얼굴을 보기 원하여
25 그들이 각기 예물을 가지고 왔으니
곧 은 그릇과 금 그릇과 의복과 갑
옷과 향품과 말과 노새라 해마다
그리하였더라
26 ●솔로몬이 병거와 마병을 모으매
병거가 천사백 대요 마병이 만 이
천 명이라 병거성에도 두고 예루살
렘 왕에게도 두었으며
27 왕이 예루살렘에서 은을 돌같이 흔
하게 하고 백향목을 평지의 뽕나무
같이 많게 하였더라
28 솔로몬의 말들은 애굽에서 들여왔
으니 왕의 상인들이 값주고 산 것
이며
29 애굽에서 들여온 병거는 한 대에
은 육백 세겔이요 말은 한 필에 백
오십 세겔이라 이와 같이 헷 사람
의 모든 왕과 아람 왕들에게 그것
들을 되팔기도 하였더라

솔로몬의 마음이 여호와를 떠나다

11 솔로몬 왕이 바로의 딸 외에 이
방의 많은 여인을 사랑하였으
니 곧 모압과 암몬과 에돔과 시돈
과 헷 여인이라
2 여호와께서 일찍이 이 여러 백성에
대하여 이스라엘 자손에게 말씀하
시기를 너희는 그들과 서로 통혼하
지 말며 그들도 너희와 서로 통혼
하게 하지 말라 그들이 반드시 너
희의 마음을 돌려 그들의 신들을
따르게 하리라 하셨으나 솔로몬이
그들을 사랑하였더라
3 왕은 후궁이 칠백 명이요 첩이 삼
백 명이라 그의 여인들이 왕의 마
음을 돌아서게 하였더라
4 솔로몬의 나이가 많을 때에 그의
여인들이 그의 마음을 돌려 다른
신들을 따르게 하였으므로 왕의 마
음이 그의 아버지 다윗의 마음과
같지 아니하여 그의 하나님 여호와
앞에 온전하지 못하였으니
5 이는 시돈 사람의 여신 아스다롯을
따르고 암몬 사람의 가증한 밀곰을
따름이라
6 솔로몬이 여호와의 눈앞에서 악을
행하여 그의 아버지 다윗이 여호와
를 온전히 따름같이 따르지 아니하
고
7 모압의 가증한 그모스를 위하여 예
루살렘 앞산에 산당을 지었고 또
암몬 자손의 가증한 몰록을 위하여
그와 같이 하였으며
8 그가 또 그의 이방 여인들을 위하여
다 그와 같이 한지라 그들이 자기의
신들에게 분향하며 제사하였더라
9 ●솔로몬이 마음을 돌려 이스라엘
의 하나님 여호와를 떠나므로 여호
와께서 그에게 진노하시니라 여호
와께서 일찍이 두 번이나 그에게
나타나시고
10 이 일에 대하여 명령하사 다른 신
을 따르지 말라 하셨으나 그가 여

호와의 명령을 지키지 않았으므로
11 여호와께서 솔로몬에게 말씀하시
되 네게 이러한 일이 있었고 또 네
가 내 언약과 내가 네게 명령한 법
도를 지키지 아니하였으니 내가 반
드시 이 나라를 네게서 빼앗아 네
신하에게 주리라
12 그러나 네 아버지 다윗을 위하여 네
세대에는 이 일을 행하지 아니하고
네 아들의 손에서 빼앗으려니와
13 오직 내가 이 나라를 다 빼앗지 아
니하고 내 종 다윗과 내가 택한 예
루살렘을 위하여 한 지파를 네 아
들에게 주리라 하셨더라

솔로몬의 대적

14 ●여호와께서 에돔 사람 하닷을 일
으켜 솔로몬의 대적이 되게 하시니
그는 왕의 자손으로서 에돔에 거하
였더라
15 전에 다윗이 에돔에 있을 때에 군
대 지휘관 요압이 가서 죽임을 당
한 자들을 장사하고 에돔의 남자를
다 쳐서 죽였는데
16 요압은 에돔의 남자를 다 없애기까
지 이스라엘 무리와 함께 여섯 달
동안 그곳에 머물렀더라
17 그때에 하닷은 작은 아이라 그의
아버지 신하 중 에돔 사람 몇몇과
함께 도망하여 애굽으로 가려 하여
18 미디안을 떠나 바란에 이르고 거기
서 사람을 데리고 애굽으로 가서
애굽 왕 바로에게 나아가매 바로가
그에게 집과 먹을 양식을 주며 또
토지를 주었더라
19 하닷이 바로의 눈앞에 크게 은총을
얻었으므로 바로가 자기의 처제 곧
왕비 다브네스의 아우를 그의 아내
로 삼으매
20 다브네스의 아우가 그로 말미암아
아들 그누밧을 낳았더니 다브네스
가 그 아이를 바로의 궁중에서 젖
을 떼게 하매 그누밧이 바로의 궁
에서 바로의 아들 가운데 있었더라
21 하닷이 애굽에 있어서 다윗이 그의
조상들과 함께 잔 것과 군대 지휘
관 요압이 죽은 것을 듣고 바로에
게 아뢰되 나를 보내어 내 고국으
로 가게 하옵소서
22 바로가 그에게 이르되 네가 나와
함께 있어 무슨 부족함이 있기에
네 고국으로 가기를 구하느냐 대답
하되 없나이다 그러나 아무쪼록 나
를 보내옵소서 하였더라
23 ●하나님이 또 엘리아다의 아들 르
손을 일으켜 솔로몬의 대적자가 되
게 하시니 그는 그의 주인 소바 왕
하닷에셀에게서 도망한 자라
24 다윗이 소바 사람을 죽일 때에 르
손이 사람들을 자기에게 모으고 그
무리의 괴수가 되어 다메섹으로 가
서 살다가 거기서 왕이 되었더라
25 솔로몬의 일평생에 하닷이 끼친 환
난 외에 르손이 수리아 왕이 되어
이스라엘을 대적하고 미워하였더라

여로보암에게 하신 여호와의 말씀

26 ●솔로몬의 신하 느밧의 아들 여로
보암이 또한 손을 들어 왕을 대적
하였으니 그는 에브라임 족속인 스
레다 사람이요 그의 어머니의 이름
은 스루아이니 과부더라
27 그가 손을 들어 왕을 대적하는 까
닭은 이러하니라 솔로몬이 밀로를
건축하고 그의 아버지 다윗의 성읍
이 무너진 것을 수축하였는데
28 이 사람 여로보암은 큰 용사라 솔
로몬이 이 청년의 부지런함을 보고
세워 요셉 족속의 일을 감독하게
하였더니
29 그 즈음에 여로보암이 예루살렘에
서 나갈 때에 실로 사람 선지자 아

히야가 길에서 그를 만나니 아히야
가 새 의복을 입었고 그 두 사람만
들에 있었더라
30 아히야가 자기가 입은 새 옷을 잡
아 열두 조각으로 찢고
31 여로보암에게 이르되 너는 열 조각
을 가지라 이스라엘의 하나님 여호
와의 말씀이 내가 이 나라를 솔로
몬의 손에서 찢어 빼앗아 열 지파
를 네게 주고
32 오직 내 종 다윗을 위하고 이스라
엘 모든 지파 중에서 택한 성읍 예
루살렘을 위하여 한 지파를 솔로몬
에게 주리니
33 이는 그들이 나를 버리고 시돈 사
람의 여신 아스다롯과 모압의 신
그모스와 암몬 자손의 신 밀곰을
경배하며 그의 아버지 다윗이 행함
같지 아니하여 내 길로 행하지 아
니하며 나 보기에 정직한 일과 내
법도와 내 율례를 행하지 아니함이
니라
34 그러나 내가 택한 내 종 다윗이 내
명령과 내 법도를 지켰으므로 내가
그를 위하여 솔로몬의 생전에는 온
나라를 그의 손에서 빼앗지 아니하
고 주관하게 하려니와
35 내가 그의 아들의 손에서 나라를 빼
앗아 그 열 지파를 네게 줄 것이요
36 그의 아들에게는 내가 한 지파를
주어서 내가 거기에 내 이름을 두
고자 하여 택한 성읍 예루살렘에서
내 종 다윗이 항상 내 앞에 등불을
가지고 있게 하리라
37 내가 너를 취하리니 너는 네 마음
에 원하는 대로 다스려 이스라엘
위에 왕이 되되
38 네가 만일 내가 명령한 모든 일에
순종하고 내 길로 행하며 내 눈에
합당한 일을 하며 내 종 다윗이 행
함같이 내 율례와 명령을 지키면
내가 너와 함께 있어 내가 다윗을
위하여 세운 것같이 너를 위하여
견고한 집을 세우고 이스라엘을 네
게 주리라
39 내가 이로 말미암아 다윗의 자손을
괴롭게 할 것이나 영원히 하지는
아니하리라 하셨느니라 한지라
40 이러므로 솔로몬이 여로보암을 죽
이려 하매 여로보암이 일어나 애굽
으로 도망하여 애굽 왕 시삭에게
이르러 솔로몬이 죽기까지 애굽에
있으니라

솔로몬이 죽다 (대하 9:29-31)

41 ●솔로몬의 남은 사적과 그의 행한
모든 일과 그의 지혜는 솔로몬의
실록에 기록되지 아니하였느냐
42 솔로몬이 예루살렘에서 온 이스라
엘을 다스린 날 수가 사십 년이라
43 솔로몬이 그의 조상들과 함께 자매
그의 아버지 다윗의 성읍에 장사되
고 그의 아들 르호보암이 대신하여
왕이 되니라

북쪽 지파들의 배반 (대하 10:1-19)

12 르호보암이 세겜으로 갔으니
이는 온 이스라엘이 그를 왕으
로 삼고자 하여 세겜에 이르렀음이
더라
2 느밧의 아들 여로보암이 전에 솔로
몬 왕의 얼굴을 피하여 애굽으로
도망하여 있었더니 이제 그 소문을
듣고 여전히 애굽에 있는 중에
3 무리가 사람을 보내 그를 불렀더라
여로보암과 이스라엘의 온 회중이
와서 르호보암에게 말하여 이르되
4 왕의 아버지가 우리의 멍에를 무겁
게 하였으나 왕은 이제 왕의 아버
지가 우리에게 시킨 고역과 메운
무거운 멍에를 가볍게 하소서 그리
하시면 우리가 왕을 섬기겠나이다

5 르호보암이 대답하되 갔다가 삼 일
후에 다시 내게로 오라 하매 백성
이 가니라
6 ●르호보암 왕이 그의 아버지 솔로
몬의 생전에 그 앞에 모셨던 노인
들과 의논하여 이르되 너희는 어떻
게 충고하여 이 백성에게 대답하게
하겠느냐
7 대답하여 이르되 왕이 만일 오늘
이 백성을 섬기는 자가 되어 그들
을 섬기고 좋은 말로 대답하여 이
르시면 그들이 영원히 왕의 종이
되리이다 하나
8 왕이 노인들이 자문하는 것을 버리
고 자기 앞에 모셔 있는 자기와 함
께 자라난 어린 사람들과 의논하여
9 이르되 너희는 어떻게 자문하여 이
백성에게 대답하게 하겠느냐 백성
이 내게 말하기를 왕의 아버지가
우리에게 메운 멍에를 가볍게 하라
하였느니라
10 함께 자라난 소년들이 왕께 아뢰어
이르되 이 백성들이 왕께 아뢰기를
왕의 부친이 우리의 멍에를 무겁게
하였으나 왕은 우리를 위하여 가볍
게 하라 하였은즉 왕은 대답하기를
내 새끼 손가락이 내 아버지의 허
리보다 굵으니
11 내 아버지께서 너희에게 무거운 멍
에를 메게 하였으나 이제 나는 너
희의 멍에를 더욱 무겁게 할지라
내 아버지는 채찍으로 너희를 징계
하였으나 나는 전갈 채찍으로 너희
를 징계하리라 하소서
12 ●삼 일 만에 여로보암과 모든 백
성이 르호보암에게 나아왔으니 이
는 왕이 명령하여 이르기를 삼 일
만에 내게로 다시 오라 하였음이라
13 왕이 포학한 말로 백성에게 대답할
새 노인의 자문을 버리고
14 어린 사람들의 자문을 따라 그들에
게 말하여 이르되 내 아버지는 너
희의 멍에를 무겁게 하였으나 나는
너희의 멍에를 더욱 무겁게 할지라
내 아버지는 채찍으로 너희를 징계
하였으나 나는 전갈 채찍으로 너희
를 징치하리라 하니라
15 왕이 이같이 백성의 말을 듣지 아
니하였으니 이 일은 여호와께로 말
미암아 난 것이라 여호와께서 전에
실로 사람 아히야로 느밧의 아들
여로보암에게 하신 말씀을 이루게
하심이더라
16 ●온 이스라엘이 자기들의 말을 왕
이 듣지 아니함을 보고 왕에게 대
답하여 이르되 우리가 다윗과 무슨
관계가 있느냐 이새의 아들에게서
받을 유산이 없도다 이스라엘아 너
희의 장막으로 돌아가라 다윗이여
이제 너는 네 집이나 돌아보라 하
고 이스라엘이 그 장막으로 돌아가
니라
17 그러나 유다 성읍들에 사는 이스라
엘 자손에게는 르호보암이 그들의
왕이 되었더라
18 르호보암 왕이 역군의 감독 아도람
을 보냈더니 온 이스라엘이 그를
돌로 쳐죽인지라 르호보암 왕이 급
히 수레에 올라 예루살렘으로 도망
하였더라
19 이에 이스라엘이 다윗의 집을 배반
하여 오늘까지 이르렀더라
20 온 이스라엘이 여로보암이 돌아왔
다 함을 듣고 사람을 보내 그를 공
회로 청하여 온 이스라엘의 왕으로
삼았으니 유다 지파 외에는 다윗의
집을 따르는 자가 없으니라

스마야가 여호와의 말씀을 전하다
(대하 11:1-4)

21 ●르호보암이 예루살렘에 이르러

유다 온 족속과 베냐민 지파를 모
으니 택한 용사가 십팔만 명이라
이스라엘 족속과 싸워 나라를 회복
하여 솔로몬의 아들 르호보암에게
돌리려 하더니
22 하나님의 말씀이 하나님의 사람 스
마야에게 임하여 이르시되
23 솔로몬의 아들 유다 왕 르호보암과
유다와 베냐민 온 족속과 또 그 남
은 백성에게 말하여 이르기를
24 여호와의 말씀이 너희는 올라가지
말라 너희 형제 이스라엘 자손과
싸우지 말고 각기 집으로 돌아가라
이 일이 나로 말미암아 난 것이라
하셨다 하라 하신지라 그들이 여호
와의 말씀을 듣고 그 말씀을 따라
돌아갔더라

여로보암이 금송아지를 만들다

25 ●여로보암이 에브라임 산지에 세
겜을 건축하고 거기서 살며 또 거
기서 나가서 부느엘을 건축하고
26 그의 마음에 스스로 이르기를 나라
가 이제 다윗의 집으로 돌아가리로
다
27 만일 이 백성이 예루살렘에 있는
여호와의 성전에 제사를 드리고자
하여 올라가면 이 백성의 마음이
유다 왕 된 그들의 주 르호보암에
게로 돌아가서 나를 죽이고 유다의
왕 르호보암에게로 돌아가리로다
하고
28 이에 계획하고 두 금송아지를 만들
고 무리에게 말하기를 너희가 다시
는 예루살렘에 올라갈 것이 없도다
이스라엘아 이는 너희를 애굽 땅에
서 인도하여 올린 너희의 신들이라
하고
29 하나는 벧엘에 두고 하나는 단에
둔지라
30 이 일이 죄가 되었으니 이는 백성
들이 단까지 가서 그 하나에게 경
배함이더라
31 그가 또 산당들을 짓고 레위 자손
아닌 보통 백성으로 제사장을 삼고
32 여덟째 달 곧 그달 열다섯째 날로
절기를 정하여 유다의 절기와 비슷
하게 하고 제단에 올라가되 벧엘에
서 그와 같이 행하여 그가 만든 송
아지에게 제사를 드렸으며 그가 지
은 산당의 제사장을 벧엘에서 세웠
더라
33 그가 자기 마음대로 정한 달 곧 여
덟째 달 열다섯째 날로 이스라엘
자손을 위하여 절기로 정하고 벧엘
에 쌓은 제단에 올라가서 분향하였
더라

벧엘 제단 규탄

13

보라 그때에 하나님의 사람이
여호와의 말씀으로 말미암아
유다에서부터 벧엘에 이르니 마침
여로보암이 제단 곁에 서서 분향하
는지라
2 하나님의 사람이 제단을 향하여 여
호와의 말씀으로 외쳐 이르되 제단
아 제단아 여호와께서 이와 같이
말씀하시기를 다윗의 집에 요시야
라 이름하는 아들을 낳으리니 그가
네 위에 분향하는 산당 제사장을
네 위에서 제물로 바칠 것이요 또
사람의 뼈를 네 위에서 사르리라
하셨느니라 하고
3 그날에 그가 징조를 들어 이르되
이는 여호와께서 말씀하신 징조라
제단이 갈라지며 그 위에 있는 재
가 쏟아지리라 하매
4 여로보암 왕이 하나님의 사람이 벧
엘에 있는 제단을 향하여 외쳐 말함
을 들을 때에 제단에서 손을 펴며
그를 잡으라 하더라 그를 향하여 편
손이 말라 다시 거두지 못하며

5 하나님의 사람이 여호와의 말씀으
로 보인 징조대로 제단이 갈라지며
재가 제단에서 쏟아진지라
6 왕이 하나님의 사람에게 말하여 이
르되 청하건대 너는 나를 위하여
네 하나님 여호와께 은혜를 구하여
내 손이 다시 성하게 기도하라 하
나님의 사람이 여호와께 은혜를 구
하니 왕의 손이 다시 성하여 전과
같이 되니라
7 왕이 하나님의 사람에게 이르되 나
와 함께 집에 가서 쉬라 내가 네게
예물을 주리라
8 하나님의 사람이 왕께 대답하되 왕
께서 왕의 집 절반을 내게 준다 할
지라도 나는 왕과 함께 들어가지도
아니하고 이곳에서는 떡도 먹지 아
니하고 물도 마시지 아니하리니
9 이는 곧 여호와의 말씀이 내게 명
령하여 이르시기를 떡도 먹지 말며
물도 마시지 말고 왔던 길로 되돌
아가지 말라 하셨음이니이다 하고
10 이에 다른 길로 가고 자기가 벧엘
에 오던 길로 되돌아가지도 아니하
니라

벧엘의 늙은 선지자

11 ●벧엘에 한 늙은 선지자가 살더니
그의 아들들이 와서 이날에 하나님
의 사람이 벧엘에서 행한 모든 일
을 그에게 말하고 또 그가 왕에게
드린 말씀도 그들이 그들의 아버지
에게 말한지라
12 그들의 아버지가 그들에게 이르되
그가 어느 길로 가더냐 하니 그의
아들들이 유다에서부터 온 하나님
의 사람의 간 길을 보았음이라
13 그가 그의 아들들에게 이르되 나를
위하여 나귀에 안장을 지우라 그들
이 나귀에 안장을 지우니 그가 타고
14 하나님의 사람을 뒤따라가서 상수
리나무 아래에 앉은 것을 보고 이
르되 그대가 유다에서 온 하나님의
사람이냐 대답하되 그러하다
15 그가 그 사람에게 이르되 나와 함
께 집으로 가서 떡을 먹으라
16 대답하되 나는 그대와 함께 돌아가
지도 못하겠고 그대와 함께 들어가
지도 못하겠으며 내가 이곳에서 그
대와 함께 떡도 먹지 아니하고 물
도 마시지 아니하리니
17 이는 여호와의 말씀이 내게 이르시
기를 네가 거기서 떡도 먹지 말고
물도 마시지 말며 또 네가 오던 길
로 되돌아가지도 말라 하셨음이로
다
18 그가 그 사람에게 이르되 나도 그
대와 같은 선지자라 천사가 여호와
의 말씀으로 내게 이르기를 그를
네 집으로 데리고 돌아가서 그에게
떡을 먹이고 물을 마시게 하라 하
였느니라 하니 이는 그 사람을 속
임이라
19 이에 그 사람이 그와 함께 돌아가
서 그의 집에서 떡을 먹으며 물을
마시니라
20 ●그들이 상 앞에 앉아 있을 때에
여호와의 말씀이 그 사람을 데려온
선지자에게 임하니
21 그가 유다에서부터 온 하나님의 사
람을 향하여 외쳐 이르되 여호와의
말씀에 네가 여호와의 말씀을 어기
며 네 하나님 여호와께서 네게 내
리신 명령을 지키지 아니하고
22 돌아와서 여호와가 너더러 떡도 먹
지 말고 물도 마시지 말라 하신 곳
에서 떡을 먹고 물을 마셨으니 네
시체가 네 조상들의 묘실에 들어가
지 못하리라 하셨느니라 하니라
23 그리고 자기가 데리고 온 선지자가
떡을 먹고 물을 마신 후에 그를 위

하여 나귀에 안장을 지우니라
24 이에 그 사람이 가더니 사자가 길
에서 그를 만나 물어 죽이매 그의
시체가 길에 버린 바 되니 나귀는
그 곁에 서 있고 사자도 그 시체 곁
에 서 있더라
25 지나가는 사람들이 길에 버린 시체
와 그 시체 곁에 선 사자를 보고 그
늙은 선지자가 사는 성읍에 가서
말한지라
26 그 사람을 길에서 데리고 돌아간
선지자가 듣고 말하되 이는 여호와
의 말씀을 어긴 하나님의 사람이로
다 여호와께서 그에게 하신 말씀과
같이 여호와께서 그를 사자에게 넘
기시매 사자가 그를 찢어 죽였도다
하고
27 이에 그의 아들들에게 말하여 이르
되 나를 위하여 나귀에 안장을 지
우라 그들이 안장을 지우매
28 그가 가서 본즉 그의 시체가 길에
버린 바 되었고 나귀와 사자는 그
시체 곁에 서 있는데 사자가 시체
를 먹지도 아니하였고 나귀를 찢지
도 아니하였더라
29 늙은 선지자가 하나님의 사람의 시
체를 들어 나귀에 실어 가지고 돌
아와 자기 성읍으로 들어가서 슬피
울며 장사하되
30 곧 그의 시체를 자기의 묘실에 두
고 오호라 내 형제여 하며 그를 위
하여 슬피 우니라
31 그 사람을 장사한 후에 그가 그 아
들들에게 말하여 이르되 내가 죽거
든 하나님의 사람을 장사한 묘실에
나를 장사하되 내 뼈를 그의 뼈 곁
에 두라
32 그가 여호와의 말씀으로 벧엘에 있
는 제단을 향하고 또 사마리아 성
읍들에 있는 모든 산당을 향하여
외쳐 말한 것이 반드시 이룰 것임
이니라

여로보암의 죄

33 ●여로보암이 이 일 후에도 그의
악한 길에서 떠나 돌이키지 아니하
고 다시 일반 백성을 산당의 제사
장으로 삼되 누구든지 자원하면 그
사람을 산당의 제사장으로 삼았으
므로
34 이 일이 여로보암 집에 죄가 되어
그 집이 땅 위에서 끊어져 멸망하
게 되니라

여로보암의 아들의 죽음

14 그때에 여로보암의 아들 아비
야가 병든지라
2 여로보암이 자기 아내에게 이르되
청하건대 일어나 변장하여 사람들
이 그대가 여로보암의 아내임을 알
지 못하게 하고 실로로 가라 거기
선지자 아히야가 있나니 그는 이전
에 내가 이 백성의 왕이 될 것을 내
게 말한 사람이니라
3 그대의 손에 떡 열 개와 과자와 꿀
한 병을 가지고 그에게로 가라 그
가 그대에게 이 아이가 어떻게 될
지를 알게 하리라
4 여로보암의 아내가 그대로 하여 일
어나 실로로 가서 아히야의 집에
이르니 아히야는 나이가 많아 눈이
어두워 보지 못하더라
5 여호와께서 아히야에게 이르시되
여로보암의 아내가 자기 아들이 병
들었으므로 네게 물으러 오나니 너
는 이러이러하게 대답하라 그가 들
어올 때에 다른 사람인 체함이니라
6 ●그가 문으로 들어올 때에 아히야
가 그 발소리를 듣고 말하되 여로
보암의 아내여 들어오라 네가 어찌
하여 다른 사람인 체하느냐 내가
명령을 받아 흉한 일을 네게 전하

리니
7 가서 여로보암에게 말하라 이스라
엘의 하나님 여호와의 말씀이 내가
너를 백성 중에서 들어 내 백성 이
스라엘의 주권자가 되게 하고
8 나라를 다윗의 집에서 찢어내어 네
게 주었거늘 너는 내 종 다윗이 내
명령을 지켜 전심으로 나를 따르며
나 보기에 정직한 일만 행하였음과
같지 아니하고
9 네 이전 사람들보다도 더 악을 행하
고 가서 너를 위하여 다른 신을 만
들며 우상을 부어 만들어 나를 노엽
게 하고 나를 네 등 뒤에 버렸도다
10 그러므로 내가 여로보암의 집에 재
앙을 내려 여로보암에게 속한 사내
는 이스라엘 가운데 매인 자나 놓
인 자나 다 끊어 버리되 거름 더미
를 쓸어버림같이 여로보암의 집을
말갛게 쓸어버릴지라
11 여로보암에게 속한 자가 성읍에서
죽은즉 개가 먹고 들에서 죽은즉
공중의 새가 먹으리니 이는 여호와
께서 말씀하셨음이니라 하셨나니
12 너는 일어나 네 집으로 가라 네 발
이 성읍에 들어갈 때에 그 아이가
죽을지라
13 온 이스라엘이 그를 위하여 슬퍼하
며 장사하려니와 여로보암에게 속
한 자는 오직 이 아이만 묘실에 들
어가리니 이는 여로보암의 집 가운
데에서 그가 이스라엘의 하나님 여
호와를 향하여 선한 뜻을 품었음이
니라
14 여호와께서 이스라엘 위에 한 왕을
일으키신즉 그가 그날에 여로보암
의 집을 끊어 버리리라 언제냐 하
니 곧 이제라
15 여호와께서 이스라엘을 쳐서 물에
서 흔들리는 갈대같이 되게 하시고
이스라엘을 그의 조상들에게 주신
이 좋은 땅에서 뽑아 그들을 [1]강 너
머로 흩으시리니 그들이 아세라 상
을 만들어 여호와를 진노하게 하였
음이니라
16 여호와께서 여로보암의 죄로 말미
암아 이스라엘을 버리시리니 이는
그도 범죄하고 이스라엘로 범죄하
게 하였음이니라 하니라
17 ●여로보암의 아내가 일어나 디르
사로 돌아가서 집 문지방에 이를
때에 그 아이가 죽은지라
18 온 이스라엘이 그를 장사하고 그를
위하여 슬퍼하니 여호와께서 그의
종 선지자 아히야를 통하여 하신
말씀과 같이 되었더라

여로보암의 죽음

19 ●여로보암의 그 남은 행적 곧 그
가 어떻게 싸웠는지와 어떻게 다스
렸는지는 이스라엘 왕 역대지략에
기록되니라
20 여로보암이 왕이 된 지 이십이 년
이라 그가 그의 조상들과 함께 자
매 그의 아들 나답이 대신하여 왕
이 되니라

유다 왕 르호보암
(대하 11:5-12:15)

21 ●솔로몬의 아들 르호보암은 유다
왕이 되었으니 르호보암이 왕위에
오를 때에 나이가 사십일 세라 여
호와께서 자기 이름을 두시려고 이
스라엘 모든 지파 가운데에서 택하
신 성읍 예루살렘에서 십칠 년 동
안 다스리니라 그의 어머니의 이름
은 나아마요 암몬 사람이더라
22 유다가 여호와 보시기에 악을 행하
되 그의 조상들이 행한 모든 일보
다 뛰어나게 하여 그 범한 죄로 여
호와를 노엽게 하였으니

1) 유브라데 강

23 이는 그들도 산 위에와 모든 푸른
나무 아래에 산당과 우상과 아세라
상을 세웠음이라
24 그 땅에 또 남색하는 자가 있었고
여호와께서 이스라엘 자손 앞에서
쫓아내신 국민의 모든 가증한 일을
무리가 본받아 행하였더라
25 ●르호보암 왕 제오 년에 애굽의
왕 시삭이 올라와서 예루살렘을 치
고
26 여호와의 성전의 보물과 왕궁의 보
물을 모두 빼앗고 또 솔로몬이 만
든 금 방패를 다 빼앗은지라
27 르호보암 왕이 그 대신 놋으로 방
패를 만들어 왕궁 문을 지키는 시
위대 대장의 손에 맡기매
28 왕이 여호와의 성전에 들어갈 때마
다 시위하는 자가 그 방패를 들고
갔다가 시위소로 도로 가져갔더라
29 ●르호보암의 남은 사적과 그가 행
한 모든 일은 유다 왕 역대지략에
기록되지 아니하였느냐
30 르호보암과 여로보암 사이에 항상
전쟁이 있으니라
31 르호보암이 그의 조상들과 함께 자
니 그의 조상들과 함께 다윗 성에
장사되니라 그의 어머니의 이름은
나아마요 암몬 사람이더라 그의 아
들 아비얌이 대신하여 왕이 되니라

유다 왕 아비얌

(대하 13:1-14:1)

15 느밧의 아들 여로보암 왕 열여
덟째 해에 아비얌이 유다 왕이
되고
2 예루살렘에서 삼 년 동안 다스리니
라 그의 어머니의 이름은 마아가요
아비살롬의 딸이더라
3 아비얌이 그의 아버지가 이미 행한
모든 죄를 행하고 그의 마음이 그
의 조상 다윗의 마음과 같지 아니
하여 그의 하나님 여호와 앞에 온
전하지 못하였으나
4 그의 하나님 여호와께서 다윗을 위
하여 예루살렘에서 그에게 등불을
주시되 그의 아들을 세워 뒤를 잇
게 하사 예루살렘을 견고하게 하셨
으니
5 이는 다윗이 헷 사람 우리아의 일
외에는 평생에 여호와 보시기에 정
직하게 행하고 자기에게 명령하신
모든 일을 어기지 아니하였음이라
6 르호보암과 여로보암 사이에 사는
날 동안 전쟁이 있었더니
7 아비얌과 여로보암 사이에도 전쟁
이 있으니라 아비얌의 남은 사적과
그 행한 모든 일은 유다 왕 역대지
략에 기록되지 아니하였느냐
8 아비얌이 그의 조상들과 함께 자니
다윗 성에 장사되고 그 아들 아사
가 대신하여 왕이 되니라

유다 왕 아사

(대하 15:16-16:6)

9 ●이스라엘의 여로보암 왕 제이십
년에 아사가 유다 왕이 되어
10 예루살렘에서 사십일 년 동안 다스
리니라 그의 어머니의 이름은 마아
가라 아비살롬의 딸이더라
11 아사가 그의 조상 다윗같이 여호와
보시기에 정직하게 행하여
12 남색하는 자를 그 땅에서 쫓아내고
그의 조상들이 지은 모든 우상을
없애고
13 또 그의 어머니 마아가가 혐오스러
운 아세라 상을 만들었으므로 태후
의 위를 폐하고 그 우상을 찍어 기
드론 시냇가에서 불살랐으나
14 다만 산당은 없애지 아니하니라 그
러나 아사의 마음이 일평생 여호와
앞에 온전하였으며
15 그가 그의 아버지가 성별한 것과

자기가 성별한 것을 여호와의 성전
에 받들어 드렸으니 곧 은과 금과
그릇들이더라
16 ●아사와 이스라엘의 왕 바아사 사
이에 일생 동안 전쟁이 있으니라
17 이스라엘의 왕 바아사가 유다를 치
러 올라와서 라마를 건축하여 사람
을 유다 왕 아사와 왕래하지 못하
게 하려 한지라
18 아사가 여호와의 성전 곳간과 왕궁
곳간에 남은 은금을 모두 가져다가
그 신하의 손에 넘겨 다메섹에 거
주하고 있는 아람의 왕 헤시온의
손자 다브림몬의 아들 벤하닷에게
보내며 이르되
19 나와 당신 사이에 약조가 있고 내
아버지와 당신의 아버지 사이에도
있었느니라 내가 당신에게 은금 예
물을 보냈으니 와서 이스라엘의 왕
바아사와 세운 약조를 깨뜨려서 그
가 나를 떠나게 하라 하매
20 벤하닷이 아사 왕의 말을 듣고 그
의 군대 지휘관들을 보내 이스라엘
성읍들을 치되 이욘과 단과 아벨벧
마아가와 긴네렛 온 땅과 납달리
온 땅을 쳤더니
21 바아사가 듣고 라마를 건축하는 일
을 중단하고 디르사에 거주하니라
22 이에 아사 왕이 온 유다에 명령을
내려 한 사람도 모면하지 못하게
하여 바아사가 라마를 건축하던 돌
과 재목을 가져오게 하고 그것으로
베냐민의 게바와 미스바를 건축하
였더라
23 ●아사의 남은 사적과 모든 권세와
그가 행한 모든 일과 성읍을 건축
한 일이 유다 왕 역대지략에 기록
되지 아니하였느냐 그러나 그는 늘
그막에 발에 병이 들었더라
24 아사가 그의 조상들과 함께 자매
그의 조상들과 함께 그의 조상 다
윗의 성읍에 장사되고 그의 아들
여호사밧이 대신하여 왕이 되니라

이스라엘 왕 나답

25 ●유다의 아사 왕 둘째 해에 여로
보암의 아들 나답이 이스라엘 왕이
되어 이 년 동안 이스라엘을 다스
리니라
26 그가 여호와 보시기에 악을 행하되
그의 아버지의 길로 행하며 그가
이스라엘에게 범하게 한 그 죄 중
에 행한지라
27 이에 잇사갈 족속 아히야의 아들
바아사가 그를 모반하여 블레셋 사
람에게 속한 깁브돈에서 그를 죽였
으니 이는 나답과 온 이스라엘이
깁브돈을 에워싸고 있었음이더라
28 유다의 아사 왕 셋째 해에 바아사
가 나답을 죽이고 대신하여 왕이
되고
29 왕이 될 때에 여로보암의 온 집을
쳐서 생명 있는 자를 한 사람도 남
기지 아니하고 다 멸하였는데 여호
와께서 그의 종 실로 사람 아히야를
통하여 하신 말씀과 같이 되었으니
30 이는 여로보암이 범죄하고 또 이스
라엘에게 범하게 한 죄로 말미암음
이며 또 그가 이스라엘의 하나님
여호와를 노엽게 한 일 때문이었더
라
31 나답의 남은 사적과 행한 모든 일
은 이스라엘 왕 역대지략에 기록되
지 아니하였느냐
32 아사와 이스라엘의 바아사 왕 사이
에 일생 동안 전쟁이 있으니라

이스라엘 왕 바아사

33 ●유다의 아사 왕 셋째 해에 아히
야의 아들 바아사가 디르사에서 모
든 이스라엘의 왕이 되어 이십사
년 동안 다스리니라

34 바아사가 여호와 보시기에 악을 행
하되 여로보암의 길로 행하며 그가
이스라엘에게 범하게 한 그 죄 중
에 행하였더라

16 여호와의 말씀이 하나니의 아
들 예후에게 임하여 바아사를
꾸짖어 이르시되
2 내가 너를 티끌에서 들어 내 백성 이
스라엘 위에 주권자가 되게 하였거
늘 네가 여로보암의 길로 행하며 내
백성 이스라엘에게 범죄하게 하여
그들의 죄로 나를 노엽게 하였은즉
3 내가 너 바아사와 네 집을 쓸어버
려 네 집이 느밧의 아들 여로보암
의 집같이 되게 하리니
4 바아사에게 속한 자가 성읍에서 죽
은즉 개가 먹고 그에게 속한 자가
들에서 죽은즉 공중의 새가 먹으리
라 하셨더라
5 ●바아사의 남은 사적과 행한 모든
일과 권세는 이스라엘 왕 역대지략
에 기록되지 아니하였느냐
6 바아사가 그의 조상들과 함께 자매
디르사에 장사되고 그의 아들 엘라
가 대신하여 왕이 되니라
7 여호와의 말씀이 하나니의 아들 선
지자 예후에게도 임하사 바아사와
그의 집을 꾸짖으심은 그가 여로보
암의 집과 같이 여호와 보시기에
모든 악을 행하며 그의 손의 행위
로 여호와를 노엽게 하였음이며 또
그의 집을 쳤음이더라

이스라엘 왕 엘라

8 ●유다의 아사 왕 제이십육 년에
바아사의 아들 엘라가 디르사에서
이스라엘의 왕이 되어 이 년 동안
그 왕위에 있으니라
9 엘라가 디르사에 있어 왕궁 맡은
자 아르사의 집에서 마시고 취할
때에 그 신하 곧 병거 절반을 통솔
한 지휘관 시므리가 왕을 모반하여
10 시므리가 들어가서 그를 쳐죽이고
그를 대신하여 왕이 되니 곧 유다
의 아사 왕 제이십칠 년이라
11 시므리가 왕이 되어 왕위에 오를
때에 바아사의 온 집안 사람들을
죽이되 남자는 그의 친족이든지 그
의 친구든지 한 사람도 남기지 아
니하고
12 바아사의 온 집을 멸하였는데 선지
자 예후를 통하여 바아사를 꾸짖어
하신 여호와의 말씀같이 되었으니
13 이는 바아사의 모든 죄와 그의 아들
엘라의 죄 때문이라 그들이 범죄하
고 또 이스라엘에게 범죄하게 하여
그들의 헛된 것들로 이스라엘의 하
나님 여호와를 노하시게 하였더라
14 엘라의 남은 사적과 행한 모든 일
은 이스라엘 왕 역대지략에 기록되
지 아니하였느냐

이스라엘 왕 시므리

15 ●유다의 아사 왕 제이십칠 년에
시므리가 디르사에서 칠 일 동안
왕이 되니라 그때에 백성들이 블레
셋 사람에게 속한 깁브돈을 향하여
진을 치고 있더니
16 진중 백성들이 시므리가 모반하여
왕을 죽였다는 말을 들은지라 그날
에 이스라엘의 무리가 진에서 군대
지휘관 오므리를 이스라엘의 왕으
로 삼으매
17 오므리가 이에 이스라엘의 무리를
거느리고 깁브돈에서부터 올라와
서 디르사를 에워쌌더라
18 시므리가 성읍이 함락됨을 보고 왕
궁 요새에 들어가서 왕궁에 불을
지르고 그 가운데에서 죽었으니
19 이는 그가 여호와 보시기에 악을
행하여 범죄하였기 때문이니라 그
가 여로보암의 길로 행하며 그가

이스라엘에게 죄를 범하게 한 그
죄 중에 행하였더라
20 시므리의 남은 행위와 그가 반역한
일은 이스라엘 왕 역대지략에 기록
되지 아니하였느냐

이스라엘 왕 오므리

21 ●그때에 이스라엘 백성이 둘로 나
뉘어 그 절반은 기낫의 아들 디브
니를 따라 그를 왕으로 삼으려 하
고 그 절반은 오므리를 따랐더니
22 오므리를 따른 백성이 기낫의 아들
디브니를 따른 백성을 이긴지라 디브
니가 죽으매 오므리가 왕이 되니라
23 유다의 아사 왕 제삼십일 년에 오
므리가 이스라엘의 왕이 되어 십이
년 동안 왕위에 있으며 디르사에서
육 년 동안 다스리니라
24 그가 은 두 달란트로 세멜에게서
사마리아 산을 사고 그 산 위에 성
읍을 건축하고 그 건축한 성읍 이
름을 그 산 주인이었던 세멜의 이
름을 따라 사마리아라 일컬었더라
25 오므리가 여호와 보시기에 악을 행
하되 그 전의 모든 사람보다 더욱
악하게 행하여
26 느밧의 아들 여로보암의 모든 길로
행하며 그가 이스라엘에게 죄를 범
하게 한 그 죄 중에 행하여 그들의
헛된 것들로 이스라엘의 하나님 여
호와를 노하시게 하였더라
27 오므리가 행한 그 남은 사적과 그
가 부린 권세는 이스라엘 왕 역대
지략에 기록되지 아니하였느냐
28 오므리가 그의 조상들과 함께 자매
사마리아에 장사되고 그의 아들 아
합이 대신하여 왕이 되니라

이스라엘 왕 아합

29 ●유다의 아사 왕 제삼십팔 년에
오므리의 아들 아합이 이스라엘의
왕이 되니라 오므리의 아들 아합이
사마리아에서 이십이 년 동안 이스
라엘을 다스리니라
30 오므리의 아들 아합이 그의 이전의
모든 사람보다 여호와 보시기에 악
을 더욱 행하여
31 느밧의 아들 여로보암의 죄를 따라
행하는 것을 오히려 가볍게 여기며
시돈 사람의 왕 엣바알의 딸 이세
벨을 아내로 삼고 가서 바알을 섬
겨 예배하고
32 사마리아에 건축한 바알의 신전 안
에 바알을 위하여 제단을 쌓으며
33 또 아세라 상을 만들었으니 그는
그 이전의 이스라엘의 모든 왕보다
심히 이스라엘 하나님 여호와를 노
하시게 하였더라
34 그 시대에 벧엘 사람 히엘이 여리
고를 건축하였는데 그가 그 터를
쌓을 때에 맏아들 아비람을 잃었고
그 성문을 세울 때에 막내 아들 스
굽을 잃었으니 여호와께서 눈의 아
들 여호수아를 통하여 하신 말씀과
같이 되었더라

엘리야와 가뭄

17 길르앗에 우거하는 자 중에 디
셉 사람 엘리야가 아합에게 말
하되 내가 섬기는 이스라엘의 하나
님 여호와께서 살아 계심을 두고
맹세하노니 내 말이 없으면 수 년
동안 비도 이슬도 있지 아니하리라
하니라
2 여호와의 말씀이 엘리야에게 임하
여 이르시되
3 너는 여기서 떠나 동쪽으로 가서
요단 앞 그릿 시냇가에 숨고
4 그 시냇물을 마시라 내가 까마귀들
에게 명령하여 거기서 너를 먹이게
하리라
5 그가 여호와의 말씀과 같이 하여
곧 가서 요단 앞 그릿 시냇가에 머

물매
6 까마귀들이 아침에도 떡과 고기를,
저녁에도 떡과 고기를 가져왔고 그
가 시냇물을 마셨으나
7 땅에 비가 내리지 아니하므로 얼마
후에 그 시내가 마르니라

엘리야와 사르밧 과부

8 ●여호와의 말씀이 엘리야에게 임
하여 이르시되
9 너는 일어나 시돈에 속한 사르밧으
로 가서 거기 머물라 내가 그곳 과
부에게 명령하여 네게 음식을 주게
하였느니라
10 그가 일어나 사르밧으로 가서 성문
에 이를 때에 한 과부가 그곳에서
나뭇가지를 줍는지라 이에 불러 이
르되 청하건대 그릇에 물을 조금
가져다가 내가 마시게 하라
11 그가 가지러 갈 때에 엘리야가 그
를 불러 이르되 청하건대 네 손의
떡 한 조각을 내게로 가져오라
12 그가 이르되 당신의 하나님 여호와
께서 살아 계심을 두고 맹세하노니
나는 떡이 없고 다만 통에 가루 한
움큼과 병에 기름 조금뿐이라 내가
나뭇가지 둘을 주워다가 나와 내
아들을 위하여 음식을 만들어 먹고
그 후에는 죽으리라
13 엘리야가 그에게 이르되 두려워하
지 말고 가서 네 말대로 하려니와
먼저 그것으로 나를 위하여 작은 떡
한 개를 만들어 내게로 가져오고 그
후에 너와 네 아들을 위하여 만들라
14 이스라엘의 하나님 여호와의 말씀
이 나 여호와가 비를 지면에 내리
는 날까지 그 통의 가루가 떨어지
지 아니하고 그 병의 기름이 없어
지지 아니하리라 하셨느니라
15 그가 가서 엘리야의 말대로 하였더
니 그와 엘리야와 그의 식구가 여
러 날 먹었으나
16 여호와께서 엘리야를 통하여 하신
말씀같이 통의 가루가 떨어지지 아
니하고 병의 기름이 없어지지 아니
하니라
17 ●이 일 후에 그 집주인 되는 여인
의 아들이 병들어 증세가 심히 위
중하다가 숨이 끊어진지라
18 여인이 엘리야에게 이르되 하나님
의 사람이여 당신이 나와 더불어
무슨 상관이 있기로 내 죄를 생각
나게 하고 또 내 아들을 죽게 하려
고 내게 오셨나이까
19 엘리야가 그에게 그의 아들을 달라
하여 그를 그 여인의 품에서 받아
안고 자기가 거처하는 다락에 올라
가서 자기 침상에 누이고
20 여호와께 부르짖어 이르되 내 하나
님 여호와여 주께서 또 내가 우거
하는 집 과부에게 재앙을 내리사
그 아들이 죽게 하셨나이까 하고
21 그 아이 위에 몸을 세 번 펴서 엎드
리고 여호와께 부르짖어 이르되 내
하나님 여호와여 원하건대 이 아이
의 혼으로 그의 몸에 돌아오게 하
옵소서 하니
22 여호와께서 엘리야의 소리를 들으
시므로 그 아이의 혼이 몸으로 돌
아오고 살아난지라
23 엘리야가 그 아이를 안고 다락에서
방으로 내려가서 그의 어머니에게
주며 이르되 보라 네 아들이 살아
났느니라
24 여인이 엘리야에게 이르되 내가 이
제야 당신은 하나님의 사람이시요
당신의 입에 있는 여호와의 말씀이
진실한 줄 아노라 하니라

엘리야와 바알 선지자들

18 많은 날이 지나고 제삼 년에
여호와의 말씀이 엘리야에게

임하여 이르시되 너는 가서 아합에
게 보이라 내가 비를 지면에 내리
리라
2 엘리야가 아합에게 보이려고 가니
그때에 사마리아에 기근이 심하였
더라
3 아합이 왕궁 맡은 자 오바댜를 불
렀으니 이 오바댜는 여호와를 지극
히 경외하는 자라
4 이세벨이 여호와의 선지자들을 멸
할 때에 오바댜가 선지자 백 명을
가지고 오십 명씩 굴에 숨기고 떡
과 물을 먹였더라
5 아합이 오바댜에게 이르되 이 땅의
모든 물 근원과 모든 내로 가자 혹
시 꼴을 얻으리라 그리하면 말과
노새를 살리리니 짐승을 다 잃지
않게 되리라 하고
6 두 사람이 두루 다닐 땅을 나누어
아합은 홀로 이 길로 가고 오바댜
는 홀로 저 길로 가니라
7 ●오바댜가 길에 있을 때에 엘리야
가 그를 만난지라 그가 알아보고
엎드려 말하되 내 주 엘리야여 당
신이시니이까
8 그가 그에게 대답하되 그러하다 가
서 네 주에게 말하기를 엘리야가
여기 있다 하라
9 이르되 내가 무슨 죄를 범하였기에
당신이 당신의 종을 아합의 손에
넘겨 죽이게 하려 하시나이까
10 당신의 하나님 여호와께서 살아 계
심을 두고 맹세하노니 내 주께서
사람을 보내어 당신을 찾지 아니한
족속이나 나라가 없었는데 그들이
말하기를 엘리야가 없다 하면 그
나라와 그 족속으로 당신을 보지
못하였다는 맹세를 하게 하였거늘
11 이제 당신의 말씀이 가서 네 주에
게 말하기를 엘리야가 여기 있다
하라 하시나
12 내가 당신을 떠나간 후에 여호와의
영이 내가 알지 못하는 곳으로 당
신을 이끌어 가시리니 내가 가서
아합에게 말하였다가 그가 당신을
찾지 못하면 내가 죽임을 당하리이
다 당신의 종은 어려서부터 여호와
를 경외하는 자라
13 이세벨이 여호와의 선지자들을 죽
일 때에 내가 여호와의 선지자 중
에 백 명을 오십 명씩 굴에 숨기고
떡과 물로 먹인 일이 내 주에게 들
리지 아니하였나이까
14 이제 당신의 말씀이 가서 네 주에
게 말하기를 엘리야가 여기 있다
하라 하시니 그리하면 그가 나를
죽이리이다
15 엘리야가 이르되 내가 섬기는 만군
의 여호와께서 살아 계심을 두고
맹세하노니 내가 오늘 아합에게 보
이리라
16 ●오바댜가 가서 아합을 만나 그에
게 말하매 아합이 엘리야를 만나러
가다가
17 엘리야를 볼 때에 아합이 그에게
이르되 이스라엘을 괴롭게 하는 자
여 너냐
18 그가 대답하되 내가 이스라엘을 괴
롭게 한 것이 아니라 당신과 당신
의 아버지의 집이 괴롭게 하였으니
이는 여호와의 명령을 버렸고 당신
이 바알들을 따랐음이라
19 그런즉 사람을 보내 온 이스라엘과
이세벨의 상에서 먹는 바알의 선지
자 사백오십 명과 아세라의 선지자
사백 명을 갈멜 산으로 모아 내게
로 나아오게 하소서
20 ●아합이 이에 이스라엘의 모든 자
손에게로 사람을 보내 선지자들을
갈멜 산으로 모으니라

21 엘리야가 모든 백성에게 가까이 나
아가 이르되 너희가 어느 때까지
둘 사이에서 머뭇머뭇하려느냐 여
호와가 만일 하나님이면 그를 따르
고 바알이 만일 하나님이면 그를
따를지니라 하니 백성이 말 한마디
도 대답하지 아니하는지라
22 엘리야가 백성에게 이르되 여호와
의 선지자는 나만 홀로 남았으나
바알의 선지자는 사백오십 명이로
다
23 그런즉 송아지 둘을 우리에게 가져
오게 하고 그들은 송아지 한 마리
를 택하여 각을 떠서 나무 위에 놓
고 불은 붙이지 말며 나도 송아지
한 마리를 잡아 나무 위에 놓고 불
은 붙이지 않고
24 너희는 너희 신의 이름을 부르라
나는 여호와의 이름을 부르리니 이
에 불로 응답하는 신 그가 하나님
이니라 백성이 다 대답하되 그 말
이 옳도다 하니라
25 ●엘리야가 바알의 선지자들에게
이르되 너희는 많으니 먼저 송아지
한 마리를 택하여 잡고 너희 신의
이름을 부르라 그러나 불을 붙이지
말라
26 그들이 받은 송아지를 가져다가 잡
고 아침부터 낮까지 바알의 이름을
불러 이르되 바알이여 우리에게 응
답하소서 하나 아무 소리도 없고 아
무 응답하는 자도 없으므로 그들이
그 쌓은 제단 주위에서 뛰놀더라
27 정오에 이르러는 엘리야가 그들을
조롱하여 이르되 큰 소리로 부르라
그는 신인즉 묵상하고 있는지 혹은
그가 잠깐 나갔는지 혹은 그가 길
을 행하는지 혹은 그가 잠이 들어
서 깨워야 할 것인지 하매
28 이에 그들이 큰 소리로 부르고 그
들의 규례를 따라 피가 흐르기까지
칼과 창으로 그들의 몸을 상하게
하더라
29 이같이 하여 정오가 지났고 그들이
미친 듯이 떠들어 저녁 소제 드릴
때까지 이르렀으나 아무 소리도 없
고 응답하는 자나 돌아보는 자가
아무도 없더라
30 ●엘리야가 모든 백성을 향하여 이
르되 내게로 가까이 오라 백성이
다 그에게 가까이 가매 그가 무너
진 여호와의 제단을 수축하되
31 야곱의 아들들의 지파의 수효를 따
라 엘리야가 돌 열두 개를 취하니
이 야곱은 옛적에 여호와의 말씀이
임하여 이르시기를 네 이름을 이스
라엘이라 하리라 하신 자더라
32 그가 여호와의 이름을 의지하여 그
돌로 제단을 쌓고 제단을 돌아가며
곡식 종자 [1)]두 스아를 둘 만한 도랑
을 만들고
33 또 나무를 벌이고 송아지의 각을
떠서 나무 위에 놓고 이르되 통 넷
에 물을 채워다가 번제물과 나무
위에 부으라 하고
34 또 이르되 다시 그리하라 하여 다
시 그리하니 또 이르되 세 번째로
그리하라 하여 세 번째로 그리하니
35 물이 제단으로 두루 흐르고 도랑에
도 물이 가득 찼더라
36 저녁 소제 드릴 때에 이르러 선지자
엘리야가 나아가서 말하되 아브라
함과 이삭과 이스라엘의 하나님 여
호와여 주께서 이스라엘 중에서 하
나님이신 것과 내가 주의 종인 것과
내가 주의 말씀대로 이 모든 일을
행하는 것을 오늘 알게 하옵소서
37 여호와여 내게 응답하옵소서 내게
응답하옵소서 이 백성에게 주 여호

1) 약 15리터

와는 하나님이신 것과 주는 그들의
마음을 되돌이키심을 알게 하옵소
서 하매
38 이에 여호와의 불이 내려서 번제물
과 나무와 돌과 흙을 태우고 또 도
랑의 물을 핥은지라
39 모든 백성이 보고 엎드려 말하되
여호와 그는 하나님이시로다 여호
와 그는 하나님이시로다 하니
40 엘리야가 그들에게 이르되 바알의
선지자를 잡되 그들 중 하나도 도
망하지 못하게 하라 하매 곧 잡은
지라 엘리야가 그들을 기손 시내로
내려다가 거기서 죽이니라

가뭄이 그침

41 ●엘리야가 아합에게 이르되 올라
가서 먹고 마시소서 큰 비 소리가
있나이다
42 아합이 먹고 마시러 올라가니라 엘
리야가 갈멜 산꼭대기로 올라가서
땅에 꿇어 엎드려 그의 얼굴을 무
릎 사이에 넣고
43 그의 사환에게 이르되 올라가 바다
쪽을 바라보라 그가 올라가 바라보
고 말하되 아무것도 없나이다 이르
되 일곱 번까지 다시 가라
44 일곱 번째 이르러서는 그가 말하되
바다에서 사람의 손만한 작은 구름
이 일어나나이다 이르되 올라가 아
합에게 말하기를 비에 막히지 아니
하도록 마차를 갖추고 내려가소서
하라 하니라
45 조금 후에 구름과 바람이 일어나서
하늘이 캄캄해지며 큰 비가 내리는
지라 아합이 마차를 타고 이스르엘
로 가니
46 여호와의 능력이 엘리야에게 임하
매 그가 허리를 동이고 이스르엘로
들어가는 곳까지 아합 앞에서 달려
갔더라

호렙 산의 엘리야

19 아합이 엘리야가 행한 모든 일
과 그가 어떻게 모든 선지자를
칼로 죽였는지를 이세벨에게 말하
니
2 이세벨이 사신을 엘리야에게 보내
어 이르되 내가 내일 이맘때에는
반드시 네 생명을 저 사람들 중 한
사람의 생명과 같게 하리라 그렇게
하지 아니하면 신들이 내게 벌 위
에 벌을 내림이 마땅하니라 한지라
3 그가 이 형편을 보고 일어나 자기
의 생명을 위해 도망하여 유다에
속한 브엘세바에 이르러 자기의 사
환을 그곳에 머물게 하고
4 자기 자신은 광야로 들어가 하룻길
쯤 가서 한 로뎀 나무 아래에 앉아
서 자기가 죽기를 원하여 이르되
여호와여 넉넉하오니 지금 내 생명
을 거두시옵소서 나는 내 조상들보
다 낫지 못하니이다 하고
5 로뎀 나무 아래에 누워 자더니 천
사가 그를 어루만지며 그에게 이르
되 일어나서 먹으라 하는지라
6 본즉 머리맡에 숯불에 구운 떡과
한 병 물이 있더라 이에 먹고 마시
고 다시 누웠더니
7 여호와의 천사가 또 다시 와서 어
루만지며 이르되 일어나 먹으라 네
가 갈 길을 다 가지 못할까 하노라
하는지라
8 이에 일어나 먹고 마시고 그 음식
물의 힘을 의지하여 사십 주 사십
야를 가서 하나님의 산 호렙에 이
르니라
9 ●엘리야가 그곳 굴에 들어가 거기
서 머물더니 여호와의 말씀이 그에
게 임하여 이르시되 엘리야야 네가
어찌하여 여기 있느냐
10 그가 대답하되 내가 만군의 하나님

여호와께 열심이 유별하오니 이는
이스라엘 자손이 주의 언약을 버리
고 주의 제단을 헐며 칼로 주의 선
지자들을 죽였음이오며 오직 나만
남았거늘 그들이 내 생명을 찾아
빼앗으려 하나이다
11 여호와께서 이르시되 너는 나가서
여호와 앞에서 산에 서라 하시더니
여호와께서 지나가시는데 여호와
앞에 크고 강한 바람이 산을 가르고
바위를 부수나 바람 가운데에 여호
와께서 계시지 아니하며 바람 후에
지진이 있으나 지진 가운데에도 여
호와께서 계시지 아니하며
12 또 지진 후에 불이 있으나 불 가운
데에도 여호와께서 계시지 아니하
더니 불 후에 세미한 소리가 있는
지라
13 엘리야가 듣고 겉옷으로 얼굴을 가
리고 나가 굴 어귀에 서매 소리가
그에게 임하여 이르시되 엘리야야
네가 어찌하여 여기 있느냐
14 그가 대답하되 내가 만군의 하나님
여호와께 열심이 유별하오니 이는
이스라엘 자손이 주의 언약을 버리
고 주의 제단을 헐며 칼로 주의 선
지자들을 죽였음이오며 오직 나만
남았거늘 그들이 내 생명을 찾아
빼앗으려 하나이다
15 ●여호와께서 그에게 이르시되 너
는 네 길을 돌이켜 광야를 통하여
다메섹에 가서 이르거든 하사엘에
게 기름을 부어 아람의 왕이 되게
하고
16 너는 또 님시의 아들 예후에게 기
름을 부어 이스라엘의 왕이 되게
하고 또 아벨므홀라 사밧의 아들
엘리사에게 기름을 부어 너를 대신
하여 선지자가 되게 하라
17 하사엘의 칼을 피하는 자를 예후가
죽일 것이요 예후의 칼을 피하는
자를 엘리사가 죽이리라
18 그러나 내가 이스라엘 가운데에 칠
천 명을 남기리니 다 바알에게 무
릎을 꿇지 아니하고 다 바알에게
입맞추지 아니한 자니라

엘리야가 엘리사를 부르다

19 ●엘리야가 거기서 떠나 사밧의 아
들 엘리사를 만나니 그가 열두 겨
릿소를 앞세우고 밭을 가는데 자기
는 열두째 겨릿소와 함께 있더라
엘리야가 그리로 건너가서 겉옷을
그의 위에 던졌더니
20 그가 소를 버리고 엘리야에게로 달
려가서 이르되 청하건대 나를 내
부모와 입맞추게 하소서 그리한 후
에 내가 당신을 따르리이다 엘리야
가 그에게 이르되 돌아가라 내가
네게 어떻게 행하였느냐 하니라
21 엘리사가 그를 떠나 돌아가서 한
겨릿소를 가져다가 잡고 소의 기구
를 불살라 그 고기를 삶아 백성에
게 주어 먹게 하고 일어나 엘리야
를 따르며 수종 들었더라

아람과 이스라엘의 싸움

20 아람의 벤하닷 왕이 그의 군
대를 다 모으니 왕 삼십이 명
이 그와 함께 있고 또 말과 병거들
이 있더라 이에 올라가서 사마리아
를 에워싸고 그곳을 치며
2 사자들을 성 안에 있는 이스라엘의
아합 왕에게 보내 이르기를 벤하닷
이 그에게 이르되
3 네 은금은 내 것이요 네 아내들과
네 자녀들의 아름다운 자도 내 것
이니라 하매
4 이스라엘의 왕이 대답하여 말하기
를 내 주 왕이여 왕의 말씀같이 나
와 내 것은 다 왕의 것이니이다 하
였더니

5 사신들이 다시 와서 이르되 벤하닷
이 이르노라 내가 이미 네게 사람
을 보내어 말하기를 너는 네 은금
과 아내들과 자녀들을 내게 넘기라
하였거니와
6 내일 이맘때에 내가 내 신하들을
네게 보내리니 그들이 네 집과 네
신하들의 집을 수색하여 네 눈이
기뻐하는 것을 그들의 손으로 잡아
가져가리라 한지라
7 이에 이스라엘 왕이 나라의 장로를
다 불러 이르되 너희는 이 사람이
악을 도모하고 있는 줄을 자세히
알라 그가 내 아내들과 내 자녀들
과 내 은금을 빼앗으려고 사람을
내게 보냈으나 내가 거절하지 못하
였노라
8 모든 장로와 백성들이 다 왕께 아
뢰되 왕은 듣지도 말고 허락하지도
마옵소서 한지라
9 그러므로 왕이 벤하닷의 사신들에
게 이르되 너희는 내 주 왕께 말하
기를 왕이 처음에 보내 종에게 구하
신 것은 내가 다 그대로 하려니와 이
것은 내가 할 수 없나이다 하라 하니
사자들이 돌아가서 보고하니라
10 그때에 벤하닷이 다시 그에게 사람
을 보내어 이르되 사마리아의 [1)]부
스러진 것이 나를 따르는 백성의
무리의 손에 채우기에 족할 것 같
으면 신들이 내게 벌 위에 벌을 내
림이 마땅하니라 하매
11 이스라엘 왕이 대답하여 이르되 갑
옷 입는 자가 갑옷 벗는 자같이 자
랑하지 못할 것이라 하라 하니라
12 그때에 벤하닷이 왕들과 장막에서
마시다가 이 말을 듣고 그의 신하
들에게 이르되 너희는 진영을 치라
하매 곧 성읍을 향하여 진영을 치
니라
13 ●한 선지자가 이스라엘의 아합 왕
에게 나아가서 이르되 여호와의 말
씀이 네가 이 큰 무리를 보느냐 내
가 오늘 그들을 네 손에 넘기리니
너는 내가 여호와인 줄을 알리라
하셨나이다
14 아합이 이르되 누구를 통하여 그렇
게 하시리이까 대답하되 여호와의
말씀이 각 지방 고관의 청년들로
하리라 하셨나이다 아합이 이르되
누가 싸움을 시작하리이까 대답하
되 왕이니이다
15 아합이 이에 각 지방 고관의 청년들
을 계수하니 이백삼십이 명이요 그
외에 모든 백성 곧 이스라엘의 모든
자손을 계수하니 칠천 명이더라
16 ●그들이 정오에 나가니 벤하닷은
장막에서 돕는 왕 삼십이 명과 더
불어 마시고 취한 중이라
17 각 지방의 고관의 청년들이 먼저 나
갔더라 벤하닷이 정탐꾼을 보냈더
니 그들이 보고하여 이르되 사마리
아에서 사람들이 나오더이다 하매
18 그가 이르되 화친하러 나올지라도
사로잡고 싸우러 나올지라도 사로
잡으라 하니라
19 각 지방 고관의 청년들과 그들을
따르는 군대가 성읍에서 나가서
20 각각 적군을 쳐죽이매 아람 사람이
도망하는지라 이스라엘이 쫓으니
아람 왕 벤하닷이 말을 타고 마병
과 더불어 도망하여 피하니라
21 이스라엘 왕이 나가서 말과 병거를
치고 또 아람 사람을 쳐서 크게 이
겼더라

아람 군대의 두 번째 공격

22 ●그 선지자가 이스라엘 왕에게 나
아와 이르되 왕은 가서 힘을 기르
고 왕께서 행할 일을 알고 준비하

1) 티끌

소서 해가 바뀌면 아람 왕이 왕을
치러 오리이다 하니라
23 아람 왕의 신하들이 왕께 아뢰되
그들의 신은 산의 신이므로 그들이
우리보다 강하였거니와 우리가 만
일 평지에서 그들과 싸우면 반드시
그들보다 강할지라
24 또 왕은 이 일을 행하실지니 곧 왕
들을 제하여 각각 그곳에서 떠나게
하고 그들 대신에 총독들을 두시고
25 또 왕의 잃어버린 군대와 같은 군
대를 왕을 위하여 보충하고 말은
말대로, 병거는 병거대로 보충하고
우리가 평지에서 그들과 싸우면 반
드시 그들보다 강하리이다 왕이 그
말을 듣고 그리하니라
26 ●해가 바뀌니 벤하닷이 아람 사람
을 소집하고 아벡으로 올라와서 이
스라엘과 싸우려 하매
27 이스라엘 자손도 소집되어 군량을
받고 마주 나가서 그들 앞에 진영
을 치니 이스라엘 자손은 두 무리
의 적은 염소 떼와 같고 아람 사람
은 그 땅에 가득하였더라
28 그때에 하나님의 사람이 이스라엘
왕에게 나아와 말하여 이르되 여호
와의 말씀에 아람 사람이 말하기를
여호와는 산의 신이요 골짜기의 신
은 아니라 하는도다 그러므로 내가
이 큰 군대를 다 네 손에 넘기리니
너희는 내가 여호와인 줄을 알리라
하셨나이다 하니라
29 진영이 서로 대치한 지 칠 일이라
일곱째 날에 접전하여 이스라엘 자
손이 하루에 아람 보병 십만 명을
죽이매
30 그 남은 자는 아벡으로 도망하여
성읍으로 들어갔더니 그 성벽이 그
남은 자 이만 칠천 명 위에 무너지
고 벤하닷은 도망하여 성읍에 이르
러 골방으로 들어가니라
31 ●그의 신하들이 그에게 말하되 우
리가 들은즉 이스라엘 집의 왕들은
인자한 왕이라 하니 만일 우리가
굵은 베로 허리를 동이고 테두리를
머리에 쓰고 이스라엘의 왕에게로
나아가면 그가 혹시 왕의 생명을
살리리이다 하고
32 그들이 굵은 베로 허리를 동이고
테두리를 머리에 쓰고 이스라엘의
왕에게 이르러 이르되 왕의 종 벤
하닷이 청하기를 내 생명을 살려
주옵소서 하더이다 아합이 이르되
그가 아직도 살아 있느냐 그는 내
형제이니라
33 그 사람들이 좋은 징조로 여기고
그 말을 얼른 받아 대답하여 이르
되 벤하닷은 왕의 형제니이다 왕이
이르되 너희는 가서 그를 인도하여
오라 벤하닷이 이에 왕에게 나아오
니 왕이 그를 병거에 올린지라
34 벤하닷이 왕께 아뢰되 내 아버지께
서 당신의 아버지에게서 빼앗은 모
든 성읍을 내가 돌려보내리이다 또
내 아버지께서 사마리아에서 만든
것같이 당신도 다메섹에서 당신을
위하여 거리를 만드소서 아합이 이
르되 내가 이 조약으로 인해 당신
을 놓으리라 하고 이에 더불어 조
약을 맺고 그를 놓았더라

한 선지자가 아합을 규탄하다

35 ●선지자의 무리 중 한 사람이 여
호와의 말씀을 그의 친구에게 이르
되 너는 나를 치라 하였더니 그 사
람이 치기를 싫어하는지라
36 그가 그 사람에게 이르되 네가 여
호와의 말씀을 듣지 아니하였으니
네가 나를 떠나갈 때에 사자가 너
를 죽이리라 그 사람이 그의 곁을
떠나가더니 사자가 그를 만나 죽였

더라
37 그가 또 다른 사람을 만나 이르되
너는 나를 치라 하매 그 사람이 그
를 치되 상하도록 친지라
38 선지자가 가서 수건으로 자기의 눈
을 가리어 변장하고 길가에서 왕을
기다리다가
39 왕이 지나갈 때에 그가 소리 질러
왕을 불러 이르되 종이 전장 가운
데에 나갔더니 한 사람이 돌이켜
어떤 사람을 끌고 내게로 와서 말
하기를 이 사람을 지키라 만일 그
를 잃어버리면 네 생명으로 그의
생명을 대신하거나 그렇지 아니하
면 네가 은 한 달란트를 내어야 하
리라 하였거늘
40 종이 이리저리 일을 볼 동안에 그
가 없어졌나이다 이스라엘 왕이 그
에게 이르되 네가 스스로 결정하였
으니 그대로 당하여야 하리라
41 그가 급히 자기의 눈을 가린 수건
을 벗으니 이스라엘 왕이 그는 선
지자 중의 한 사람인 줄을 알아본
지라
42 그가 왕께 아뢰되 여호와의 말씀이
내가 멸하기로 작정한 사람을 네
손으로 놓았은즉 네 목숨은 그의
목숨을 대신하고 네 백성은 그의
백성을 대신하리라 하셨나이다
43 이스라엘 왕이 근심하고 답답하여
그의 왕궁으로 돌아가려고 사마리
아에 이르니라

나봇의 포도원

21 그 후에 이 일이 있으니라 이
스르엘 사람 나봇에게 이스르
엘에 포도원이 있어 사마리아의 왕
아합의 왕궁에서 가깝더니
2 아합이 나봇에게 말하여 이르되 네
포도원이 내 왕궁 곁에 가까이 있
으니 내게 주어 채소 밭을 삼게 하
라 내가 그 대신에 그보다 더 아름
다운 포도원을 네게 줄 것이요 만
일 네가 좋게 여기면 그 값을 돈으
로 네게 주리라
3 나봇이 아합에게 말하되 내 조상의
유산을 왕에게 주기를 여호와께서
금하실지로다 하니
4 이스르엘 사람 나봇이 아합에게 대
답하여 이르기를 내 조상의 유산을
왕께 줄 수 없다 하므로 아합이 근
심하고 답답하여 왕궁으로 돌아와
침상에 누워 얼굴을 돌리고 식사를
아니하니
5 그의 아내 이세벨이 그에게 나아와
이르되 왕의 마음에 무엇을 근심하
여 식사를 아니하나이까
6 왕이 그에게 이르되 내가 이스르엘
사람 나봇에게 말하여 이르기를 네
포도원을 내게 주되 돈으로 바꾸거
나 만일 네가 좋아하면 내가 그 대
신에 포도원을 네게 주리라 한즉
그가 대답하기를 내가 내 포도원을
네게 주지 아니하겠노라 하기 때문
이로다
7 그의 아내 이세벨이 그에게 이르되
왕이 지금 이스라엘 나라를 다스리
시나이까 일어나 식사를 하시고 마
음을 즐겁게 하소서 내가 이스르엘
사람 나봇의 포도원을 왕께 드리리
이다 하고
8 아합의 이름으로 편지들을 쓰고 그
인을 치고 봉하여 그의 성읍에서
나봇과 함께 사는 장로와 귀족들에
게 보내니
9 그 편지 사연에 이르기를 금식을
선포하고 나봇을 백성 가운데에 높
이 앉힌 후에
10 불량자 두 사람을 그의 앞에 마주
앉히고 그에게 대하여 증거하기를
네가 하나님과 왕을 저주하였다 하

게 하고 곧 그를 끌고 나가서 돌로
쳐죽이라 하였더라
11 ●그의 성읍 사람 곧 그의 성읍에
사는 장로와 귀족들이 이세벨의 지
시 곧 그가 자기들에게 보낸 편지
에 쓴 대로 하여
12 금식을 선포하고 나봇을 백성 가운
데 높이 앉히매
13 때에 불량자 두 사람이 들어와 그
의 앞에 앉고 백성 앞에서 나봇에
게 대하여 증언을 하여 이르기를
나봇이 하나님과 왕을 저주하였다
하매 무리가 그를 성읍 밖으로 끌
고 나가서 돌로 쳐죽이고
14 이세벨에게 통보하기를 나봇이 돌
에 맞아 죽었나이다 하니
15 이세벨이 나봇이 돌에 맞아 죽었
다 함을 듣고 이세벨이 아합에게
이르되 일어나 그 이스르엘 사람
나봇이 돈으로 바꾸어 주기를 싫
어하던 나봇의 포도원을 차지하소
서 나봇이 살아 있지 아니하고 죽
었나이다
16 아합은 나봇이 죽었다 함을 듣고
곧 일어나 이스르엘 사람 나봇의
포도원을 차지하러 그리로 내려갔
더라
17 ●여호와의 말씀이 디셉 사람 엘리
야에게 임하여 이르시되
18 너는 일어나 내려가서 사마리아에
있는 이스라엘의 아합 왕을 만나라
그가 나봇의 포도원을 차지하러 그
리로 내려갔나니
19 너는 그에게 말하여 이르기를 여호
와의 말씀이 네가 죽이고 또 빼앗
았느냐고 하셨다 하고 또 그에게
이르기를 여호와의 말씀이 개들이
나봇의 피를 핥은 곳에서 개들이
네 피 곧 네 몸의 피도 핥으리라 하
였다 하라
20 아합이 엘리야에게 이르되 내 대적
자여 네가 나를 찾았느냐 대답하되
내가 찾았노라 네가 네 자신을 팔
아 여호와 보시기에 악을 행하였으
므로
21 여호와의 말씀이 내가 재앙을 네게
내려 너를 쓸어버리되 네게 속한
남자는 이스라엘 가운데에 매인 자
나 놓인 자를 다 멸할 것이요
22 또 네 집이 느밧의 아들 여로보암의
집처럼 되게 하고 아히야의 아들 바
아사의 집처럼 되게 하리니 이는 네
가 나를 노하게 하고 이스라엘이 범
죄하게 한 까닭이니라 하셨고
23 이세벨에게 대하여도 여호와께서
말씀하여 이르시되 개들이 이스르
엘 성읍 곁에서 이세벨을 먹을지라
24 아합에게 속한 자로서 성읍에서 죽
은 자는 개들이 먹고 들에서 죽은
자는 공중의 새가 먹으리라고 하셨
느니라 하니
25 예로부터 아합과 같이 그 자신을
팔아 여호와 앞에서 악을 행한 자
가 없음은 그를 그의 아내 이세벨
이 충동하였음이라
26 그가 여호와께서 이스라엘 자손 앞
에서 쫓아내신 아모리 사람의 모든
행함같이 우상에게 복종하여 심히
가증하게 행하였더라
27 ●아합이 이 모든 말씀을 들을 때
에 그의 옷을 찢고 굵은 베로 몸을
동이고 금식하고 굵은 베에 누우며
또 풀이 죽어 다니더라
28 여호와의 말씀이 디셉 사람 엘리야
에게 임하여 이르시되
29 아합이 내 앞에서 겸비함을 네가
보느냐 그가 내 앞에서 겸비하므로
내가 재앙을 저의 시대에는 내리지
아니하고 그 아들의 시대에야 그의
집에 재앙을 내리리라 하셨더라

선지자 미가야가 아합에게 경고하다
(대하 18:2-27)

22 아람과 이스라엘 사이에 전쟁
이 없이 삼 년을 지냈더라
2 셋째 해에 유다의 여호사밧 왕이
이스라엘의 왕에게 내려가매
3 이스라엘의 왕이 그의 신하들에게
이르되 길르앗 라못은 본래 우리의
것인 줄을 너희가 알지 못하느냐
우리가 어찌 아람의 왕의 손에서
도로 찾지 아니하고 잠잠히 있으리
요 하고
4 여호사밧에게 이르되 당신은 나와
함께 길르앗 라못으로 가서 싸우시
겠느냐 여호사밧이 이스라엘 왕에
게 이르되 나는 당신과 같고 내 백
성은 당신의 백성과 같고 내 말들도
당신의 말들과 같으니이다
5 ●여호사밧이 또 이스라엘의 왕에
게 이르되 청하건대 먼저 여호와의
말씀이 어떠하신지 물어보소서
6 이스라엘의 왕이 이에 선지자 사백
명쯤 모으고 그들에게 이르되 내가
길르앗 라못에 가서 싸우랴 말랴
그들이 이르되 올라가소서 주께서
그 성읍을 왕의 손에 넘기시리이다
7 여호사밧이 이르되 이 외에 우리가
물을 만한 여호와의 선지자가 여기
있지 아니하니이까
8 이스라엘의 왕이 여호사밧 왕에게
이르되 아직도 이믈라의 아들 미가
야 한 사람이 있으니 그로 말미암
아 여호와께 물을 수 있으나 그는
내게 대하여 길한 일은 예언하지
아니하고 흉한 일만 예언하기로 내
가 그를 미워하나이다 여호사밧이
이르되 왕은 그런 말씀을 마소서
9 이스라엘의 왕이 한 내시를 불러
이르되 이믈라의 아들 미가야를 속
히 오게 하라 하니라
10 이스라엘의 왕과 유다의 여호사밧
왕이 왕복을 입고 사마리아 성문
어귀 광장에서 각기 왕좌에 앉아
있고 모든 선지자가 그들의 앞에서
예언을 하고 있는데
11 그나아나의 아들 시드기야는 자기
를 위하여 철로 뿔들을 만들어 가
지고 말하되 여호와의 말씀이 왕이
이것들로 아람 사람을 찔러 진멸하
리라 하셨다 하고
12 모든 선지자도 그와 같이 예언하여
이르기를 길르앗 라못으로 올라가
승리를 얻으소서 여호와께서 그 성
읍을 왕의 손에 넘기시리이다 하더
라
13 미가야를 부르러 간 사신이 일러
이르되 선지자들의 말이 하나같이
왕에게 길하게 하니 청하건대 당신
의 말도 그들 중 한 사람의 말처럼
길하게 하소서
14 미가야가 이르되 여호와께서 살아
계심을 두고 맹세하노니 여호와께
서 내게 말씀하시는 것 곧 그것을
내가 말하리라 하고
15 이에 왕에게 이르니 왕이 그에게
이르되 미가야야 우리가 길르앗 라
못으로 싸우러 가랴 또는 말랴 그
가 왕께 이르되 올라가서 승리를
얻으소서 여호와께서 그 성읍을 왕
의 손에 넘기시리이다
16 왕이 그에게 이르되 내가 몇 번이
나 네게 맹세하게 하여야 네가 여
호와의 이름으로 진실한 것으로만
내게 말하겠느냐
17 그가 이르되 내가 보니 온 이스라
엘이 목자 없는 양같이 산에 흩어
졌는데 여호와의 말씀이 이 무리에
게 주인이 없으니 각각 평안히 자
기의 집으로 돌아갈 것이니라 하셨
나이다

18 이스라엘의 왕이 여호사밧 왕에게
이르되 저 사람이 내게 대하여 길
한 것을 예언하지 아니하고 흉한
것을 예언하겠다고 당신에게 말씀
하지 아니하였나이까
19 미가야가 이르되 그런즉 왕은 여호
와의 말씀을 들으소서 내가 보니
여호와께서 그의 보좌에 앉으셨고
하늘의 만군이 그의 좌우편에 모시
고 서 있는데
20 여호와께서 말씀하시기를 누가 아
합을 꾀어 그를 길르앗 라못에 올
라가서 죽게 할꼬 하시니 하나는
이렇게 하겠다 하고 또 하나는 저
렇게 하겠다 하였는데
21 한 영이 나아와 여호와 앞에 서서
말하되 내가 그를 꾀겠나이다
22 여호와께서 그에게 이르시되 어떻
게 하겠느냐 이르되 내가 나가서 거
짓말하는 영이 되어 그의 모든 선지
자들의 입에 있겠나이다 여호와께
서 이르시되 너는 꾀겠고 또 이루리
라 나가서 그리하라 하셨은즉
23 이제 여호와께서 거짓말하는 영을
왕의 이 모든 선지자의 입에 넣으
셨고 또 여호와께서 왕에 대하여
화를 말씀하셨나이다
24 ●그나아나의 아들 시드기야가 가
까이 와서 미가야의 뺨을 치며 이
르되 여호와의 영이 나를 떠나 어
디로 가서 네게 말씀하시더냐
25 미가야가 이르되 네가 골방에 들어
가서 숨는 그날에 보리라
26 이스라엘의 왕이 이르되 미가야를
잡아 성주 아몬과 왕자 요아스에게
로 끌고 돌아가서
27 말하기를 왕의 말씀이 이 놈을 옥
에 가두고 내가 평안히 돌아올 때
까지 고생의 떡과 고생의 물을 먹
이라 하였다 하라
28 미가야가 이르되 왕이 참으로 평안
히 돌아오시게 될진대 여호와께서
나를 통하여 말씀하지 아니하셨으
리이다 또 이르되 너희 백성들아
다 들을지어다 하니라

아합의 죽음 (대하 18:28-34)

29 ●이스라엘의 왕과 유다의 여호사
밧 왕이 길르앗 라못으로 올라가니
라
30 이스라엘의 왕이 여호사밧에게 이
르되 나는 변장하고 전쟁터로 들어
가려 하노니 당신은 왕복을 입으소
서 하고 이스라엘의 왕이 변장하고
전쟁터로 들어가니라
31 아람 왕이 그의 병거의 지휘관 삼
십이 명에게 명령하여 이르기를 너
희는 작은 자나 큰 자와 더불어 싸
우지 말고 오직 이스라엘 왕과 싸
우라 한지라
32 병거의 지휘관들이 여호사밧을 보
고 그들이 이르되 이가 틀림없이
이스라엘의 왕이라 하고 돌이켜 그
와 싸우려 한즉 여호사밧이 소리를
지르는지라
33 병거의 지휘관들이 그가 이스라엘
의 왕이 아님을 보고 쫓기를 그치
고 돌이켰더라
34 한 사람이 무심코 활을 당겨 이스라
엘 왕의 갑옷 솔기를 맞힌지라 왕이
그 병거 모는 자에게 이르되 내가
부상하였으니 네 손을 돌려 내가 전
쟁터에서 나가게 하라 하였으나
35 이날에 전쟁이 맹렬하였으므로 왕
이 병거 가운데에 붙들려 서서 아
람 사람을 막다가 저녁에 이르러
죽었는데 상처의 피가 흘러 병거
바닥에 고였더라
36 해가 질 녘에 진중에서 외치는 소
리가 있어 이르되 각기 성읍으로
또는 각기 본향으로 가라 하더라

37 ●왕이 이미 죽으매 그의 시체를
메어 사마리아에 이르러 왕을 사마
리아에 장사하니라
38 그 병거를 사마리아 못에서 씻으매
개들이 그의 피를 핥았으니 여호와
께서 하신 말씀과 같이 되었더라
거기는 창기들이 목욕하는 곳이었
더라
39 아합의 남은 행적과 그가 행한 모
든 일과 그가 건축한 상아궁과 그
가 건축한 모든 성읍은 이스라엘
왕 역대지략에 기록되지 아니하였
느냐
40 아합이 그의 조상들과 함께 자매
그의 아들 아하시야가 대신하여 왕
이 되니라

유다 왕 여호사밧 (대하 20:31-21:1)

41 ●이스라엘의 아합 왕 제사 년에
아사의 아들 여호사밧이 유다의 왕
이 되니
42 여호사밧이 왕이 될 때에 나이가
삼십오 세라 예루살렘에서 이십오
년 동안 다스리니라 그의 어머니의
이름은 아수바라 실히의 딸이더라
43 여호사밧이 그의 아버지 아사의 모
든 길로 행하며 돌이키지 아니하고
여호와 앞에서 정직히 행하였으나
산당은 폐하지 아니하였으므로 백
성이 아직도 산당에서 제사를 드리
며 분향하였더라
44 여호사밧이 이스라엘의 왕과 더불
어 화평하니라
45 ●여호사밧의 남은 사적과 그가 부
린 권세와 그가 어떻게 전쟁하였는
지는 다 유다 왕 역대지략에 기록
되지 아니하였느냐
46 그가 그의 아버지 아사의 시대에
남아 있던 [1]남색하는 자들을 그 땅
에서 쫓아내었더라
47 그때에 에돔에는 왕이 없고 섭정
왕이 있었더라
48 여호사밧이 다시스의 선박을 제조
하고 오빌로 금을 구하러 보내려
하였더니 그 배가 에시온게벨에서
파선하였으므로 가지 못하게 되매
49 아합의 아들 아하시야가 여호사밧
에게 이르되 내 종으로 당신의 종
과 함께 배에 가게 하라 하나 여호
사밧이 허락하지 아니하였더라
50 여호사밧이 그의 조상들과 함께 자
매 그의 조상 다윗 성에 그의 조상
들과 함께 장사되고 그의 아들 여
호람이 대신하여 왕이 되니라

이스라엘 왕 아하시야

51 ●유다의 여호사밧 왕 제십칠 년에
아합의 아들 아하시야가 사마리아
에서 이스라엘의 왕이 되어 이 년
동안 이스라엘을 다스리니라
52 그가 여호와 앞에서 악을 행하여
그의 아버지의 길과 그의 어머니의
길과 이스라엘에게 범죄하게 한 느
밧의 아들 여로보암의 길로 행하며
53 바알을 섬겨 그에게 예배하여 이스
라엘의 하나님 여호와를 노하시게
하기를 그의 아버지의 온갖 행위같
이 하였더라

1) 우상 신전의 남자 창기

열왕기하
2Kings

엘리야와 아하시야 왕

1 아합이 죽은 후에 모압이 이스라
엘을 배반하였더라
2 아하시야가 사마리아에 있는 그의
다락 난간에서 떨어져 병들매 사자
를 보내며 그들에게 이르되 가서
에그론의 신 바알세붑에게 이 병이
낫겠나 물어보라 하니라
3 여호와의 사자가 디셉 사람 엘리야
에게 이르되 너는 일어나 올라가서
사마리아 왕의 사자를 만나 그에게
이르기를 이스라엘에 하나님이 없
어서 너희가 에그론의 신 바알세붑
에게 물으러 가느냐
4 그러므로 여호와의 말씀이 네가 올
라간 침상에서 내려오지 못할지라
네가 반드시 죽으리라 하셨다 하라
엘리야가 이에 가니라
5 ●사자들이 왕에게 돌아오니 왕이
그들에게 이르되 너희는 어찌하여
돌아왔느냐 하니
6 그들이 말하되 한 사람이 올라와서
우리를 만나 이르되 너희는 너희를
보낸 왕에게로 돌아가서 그에게 고
하기를 여호와의 말씀이 이스라엘
에 하나님이 없어서 네가 에그론의
신 바알세붑에게 물으려고 보내느
냐 그러므로 네가 올라간 침상에서
내려오지 못할지라 네가 반드시 죽
으리라 하셨다 하라 하더이다
7 왕이 그들에게 이르되 올라와서 너
희를 만나 이 말을 너희에게 한 그
사람은 어떤 사람이더냐
8 그들이 그에게 대답하되 그는 1)털
이 많은 사람인데 허리에 가죽 띠
를 띠었더이다 하니 왕이 이르되
그는 디셉 사람 엘리야로다
9 ●이에 오십부장과 그의 군사 오십
명을 엘리야에게로 보내매 그가 엘
리야에게로 올라가 본즉 산꼭대기
에 앉아 있는지라 그가 엘리야에게
이르되 하나님의 사람이여 왕의 말
씀이 내려오라 하셨나이다
10 엘리야가 오십부장에게 대답하여
이르되 내가 만일 하나님의 사람이
면 불이 하늘에서 내려와 너와 너
의 오십 명을 사를지로다 하매 불
이 곧 하늘에서 내려와 그와 그의
군사 오십 명을 살랐더라
11 왕이 다시 다른 오십부장과 그의
군사 오십 명을 엘리야에게로 보내
니 그가 엘리야에게 말하여 이르되
하나님의 사람이여 왕의 말씀이 속
히 내려오라 하셨나이다 하니
12 엘리야가 그들에게 대답하여 이르
되 내가 만일 하나님의 사람이면
불이 하늘에서 내려와 너와 너의
오십 명을 사를지로다 하매 하나님
의 불이 곧 하늘에서 내려와 그와
그의 군사 오십 명을 살랐더라
13 왕이 세 번째 오십부장과 그의 군
사 오십 명을 보낸지라 셋째 오십
부장이 올라가서 엘리야 앞에 이르
러 그의 무릎을 꿇어 엎드려 간구
하여 이르되 하나님의 사람이여 원
하건대 나의 생명과 당신의 종인
이 오십 명의 생명을 당신은 귀히
보소서
14 불이 하늘에서 내려와 전번의 오십
부장 둘과 그의 군사 오십 명을 살
랐거니와 나의 생명을 당신은 귀히
보소서 하매
15 여호와의 사자가 엘리야에게 이르
되 너는 그를 두려워하지 말고 함
께 내려가라 하신지라 엘리야가 곧

1) 털옷 입은

일어나 그와 함께 내려와 왕에게
이르러
16 말하되 여호와의 말씀이 네가 사자
를 보내 에그론의 신 바알세붑에게
물으려 하니 이스라엘에 그의 말을
물을 만한 하나님이 안 계심이냐
그러므로 네가 그 올라간 침상에서
내려오지 못할지라 네가 반드시 죽
으리라 하셨다 하니라
17 ●왕이 엘리야가 전한 여호와의 말
씀대로 죽고 그가 아들이 없으므로
여호람이 그를 대신하여 왕이 되니
유다 왕 여호사밧의 아들 여호람의
둘째 해였더라
18 아하시야가 행한 그 남은 사적은
모두 이스라엘 왕 역대지략에 기록
되지 아니하였느냐

엘리야가 하늘로 올라가다

2 여호와께서 회오리바람으로 엘리
야를 하늘로 올리고자 하실 때에
엘리야가 엘리사와 더불어 길갈에
서 나가더니
2 엘리야가 엘리사에게 이르되 청하
건대 너는 여기 머물라 여호와께서
나를 벧엘로 보내시느니라 하니 엘
리사가 이르되 여호와께서 살아 계
심과 당신의 영혼이 살아 있음을
두고 맹세하노니 내가 당신을 떠나
지 아니하겠나이다 하는지라 이에
두 사람이 벧엘로 내려가니
3 벧엘에 있는 선지자의 제자들이 엘
리사에게로 나아와 그에게 이르되
여호와께서 오늘 당신의 선생을 당
신의 머리 위로 데려가실 줄을 아
시나이까 하니 이르되 나도 또한
아노니 너희는 잠잠하라 하니라
4 엘리야가 그에게 이르되 엘리사야
청하건대 너는 여기 머물라 여호와
께서 나를 여리고로 보내시느니라
엘리사가 이르되 여호와께서 살아
계심과 당신의 영혼이 살아 있음을
두고 맹세하노니 내가 당신을 떠나
지 아니하겠나이다 하니라 그들이
여리고에 이르매
5 여리고에 있는 선지자의 제자들이
엘리사에게 나아와 이르되 여호와
께서 오늘 당신의 선생을 당신의
머리 위로 데려가실 줄을 아시나이
까 하니 엘리사가 이르되 나도 아
노니 너희는 잠잠하라
6 엘리야가 또 엘리사에게 이르되 청
하건대 너는 여기 머물라 여호와께
서 나를 요단으로 보내시느니라 하
니 그가 이르되 여호와께서 살아
계심과 당신의 영혼이 살아 있음을
두고 맹세하노니 내가 당신을 떠나
지 아니하겠나이다 하는지라 이에
두 사람이 가니라
7 선지자의 제자 오십 명이 가서 멀
리 서서 바라보매 그 두 사람이 요
단 가에 서 있더니
8 엘리야가 겉옷을 가지고 말아 물을
치매 물이 이리저리 갈라지고 두
사람이 마른 땅 위로 건너더라
9 건너매 엘리야가 엘리사에게 이르
되 나를 네게서 데려감을 당하기
전에 내가 네게 어떻게 할지를 구
하라 엘리사가 이르되 당신의 성령
이 하시는 역사가 갑절이나 내게
있게 하소서 하는지라
10 이르되 네가 어려운 일을 구하는도
다 그러나 나를 네게서 데려가시는
것을 네가 보면 그 일이 네게 이루
어지려니와 그렇지 아니하면 이루
어지지 아니하리라 하고
11 두 사람이 길을 가며 말하더니 불
수레와 불말들이 두 사람을 갈라놓
고 엘리야가 회오리바람으로 하늘
로 올라가더라
12 ●엘리사가 보고 소리 지르되 내

아버지여 내 아버지여 이스라엘의
병거와 그 마병이여 하더니 다시
보이지 아니하는지라 이에 엘리사
가 자기의 옷을 잡아 둘로 찢고
13 엘리야의 몸에서 떨어진 겉옷을 주
워 가지고 돌아와 요단 언덕에 서서
14 엘리야의 몸에서 떨어진 그의 겉옷
을 가지고 물을 치며 이르되 엘리
야의 하나님 여호와는 어디 계시니
이까 하고 그도 물을 치매 물이 이
리저리 갈라지고 엘리사가 건너니
라
15 ●맞은편 여리고에 있는 선지자의
제자들이 그를 보며 말하기를 엘리
야의 성령이 하시는 역사가 엘리사
위에 머물렀다 하고 가서 그에게로
나아가 땅에 엎드려 그에게 경배하
고
16 그에게 이르되 당신의 종들에게 용
감한 사람 오십 명이 있으니 청하
건대 그들이 가서 당신의 주인을
찾게 하소서 염려하건대 여호와의
성령이 그를 들고 가다가 어느 산
에나 어느 골짜기에 던지셨을까 하
나이다 하니라 엘리사가 이르되 보
내지 말라 하나
17 무리가 그로 부끄러워하도록 강청
하매 보내라 한지라 그들이 오십
명을 보냈더니 사흘 동안을 찾되
발견하지 못하고
18 엘리사가 여리고에 머무는 중에 무
리가 그에게 돌아오니 엘리사가 그
들에게 이르되 내가 가지 말라고
너희에게 이르지 아니하였느냐 하
였더라

엘리사의 기적

19 ●그 성읍 사람들이 엘리사에게 말
하되 우리 주인께서 보시는 바와
같이 이 성읍의 위치는 좋으나 물
이 나쁘므로 토산이 익지 못하고
떨어지나이다
20 엘리사가 이르되 새 그릇에 소금을
담아 내게로 가져오라 하매 곧 가
져온지라
21 엘리사가 물 근원으로 나아가서 소
금을 그 가운데에 던지며 이르되
여호와의 말씀이 내가 이 물을 고
쳤으니 이로부터 다시는 죽음이나
열매 맺지 못함이 없을지니라 하셨
느니라 하니
22 그 물이 엘리사가 한 말과 같이 고
쳐져서 오늘에 이르렀더라
23 ●엘리사가 거기서 벧엘로 올라가
더니 그가 길에서 올라갈 때에 작
은 아이들이 성읍에서 나와 그를
조롱하여 이르되 대머리여 올라가
라 대머리여 올라가라 하는지라
24 엘리사가 뒤로 돌이켜 그들을 보고
여호와의 이름으로 저주하매 곧 수
풀에서 암곰 둘이 나와서 아이들
중의 사십이 명을 찢었더라
25 엘리사가 거기서부터 갈멜 산으로
가고 거기서 사마리아로 돌아왔더라

이스라엘과 모압의 전쟁

3 유다의 여호사밧 왕 열여덟째 해
에 아합의 아들 여호람이 사마리
아에서 이스라엘을 열두 해 동안
다스리니라
2 그가 여호와 보시기에 악을 행하였
으나 그의 부모와 같이 하지는 아
니하였으니 이는 그가 그의 아버지
가 만든 바알의 주상을 없이하였음
이라
3 그러나 그가 느밧의 아들 여로보암
이 이스라엘에게 범하게 한 그 죄
를 따라 행하고 떠나지 아니하였더
라
4 ●모압 왕 메사는 양을 치는 자라
새끼 양 십만 마리의 털과 숫양 십
만 마리의 털을 이스라엘 왕에게

바치더니
5 아합이 죽은 후에 모압 왕이 이스
라엘 왕을 배반한지라
6 그때에 여호람 왕이 사마리아에서
나가 온 이스라엘을 둘러보고
7 또 가서 유다의 왕 여호사밧에게
사신을 보내 이르되 모압 왕이 나
를 배반하였으니 당신은 나와 함께
가서 모압을 치시겠느냐 하니 그가
이르되 내가 올라가리이다 나는 당
신과 같고 내 백성은 당신의 백성
과 같고 내 말들도 당신의 말들과
같으니이다 하는지라
8 여호람이 이르되 우리가 어느 길로
올라가리이까 하니 그가 대답하되
에돔 광야 길로니이다 하니라
9 이스라엘 왕과 유다 왕과 에돔 왕
이 가더니 길을 둘러 간 지 칠 일에
군사와 따라가는 가축을 먹일 물이
없는지라
10 이스라엘 왕이 이르되 슬프다 여호
와께서 이 세 왕을 불러 모아 모압
의 손에 넘기려 하시는도다 하니
11 여호사밧이 이르되 우리가 여호와
께 물을 만한 여호와의 선지자가
여기 없느냐 하는지라 이스라엘 왕
의 신하들 중의 한 사람이 대답하
여 이르되 전에 엘리야의 손에 물
을 붓던 사밧의 아들 엘리사가 여
기 있나이다 하니
12 여호사밧이 이르되 여호와의 말씀
이 그에게 있도다 하는지라 이에
이스라엘 왕과 여호사밧과 에돔 왕
이 그에게로 내려가니라
13 ●엘리사가 이스라엘 왕에게 이르
되 내가 당신과 무슨 상관이 있나
이까 당신의 부친의 선지자들과 당
신의 모친의 선지자들에게로 가소
서 하니 이스라엘 왕이 그에게 이
르되 그렇지 아니하니이다 여호와
께서 이 세 왕을 불러 모아 모압의
손에 넘기려 하시나이다 하니라
14 엘리사가 이르되 내가 섬기는 만군
의 여호와께서 살아 계심을 두고
맹세하노니 내가 만일 유다의 왕
여호사밧의 얼굴을 봄이 아니면 그
앞에서 당신을 향하지도 아니하고
보지도 아니하였으리이다
15 이제 내게로 거문고 탈 자를 불러
오소서 하니라 거문고 타는 자가
거문고를 탈 때에 여호와의 손이
엘리사 위에 있더니
16 그가 이르되 여호와의 말씀이 이
골짜기에 개천을 많이 파라 하셨나
이다
17 여호와께서 이르시기를 너희가 바
람도 보지 못하고 비도 보지 못하
되 이 골짜기에 물이 가득하여 너
희와 너희 가축과 짐승이 마시리라
하셨나이다
18 이것은 여호와께서 보시기에 작은
일이라 여호와께서 모압 사람도 당
신의 손에 넘기시리니
19 당신들이 모든 견고한 성읍과 모든
아름다운 성읍을 치고 모든 좋은 나
무를 베고 모든 샘을 메우고 돌로
모든 좋은 밭을 헐리이다 하더니
20 아침이 되어 소제 드릴 때에 물이
에돔 쪽에서부터 흘러와 그 땅에
가득하였더라
21 ●모압의 모든 사람은 왕들이 올라
와서 자기를 치려 한다 함을 듣고
갑옷 입을 만한 자로부터 그 이상
이 다 모여 그 경계에 서 있더라
22 아침에 모압 사람이 일찍이 일어나
서 해가 물에 비치므로 맞은편 물
이 붉어 피와 같음을 보고
23 이르되 이는 피라 틀림없이 저 왕
들이 싸워 서로 죽인 것이로다 모
압 사람들아 이제 노략하러 가자

하고
24 이스라엘 진에 이르니 이스라엘 사
람이 일어나 모압 사람을 쳐서 그
들 앞에서 도망하게 하고 그 지경
에 들어가며 모압 사람을 치고
25 그 성읍들을 쳐서 헐고 각기 돌을
던져 모든 좋은 밭에 가득하게 하고
모든 샘을 메우고 모든 좋은 나무를
베고 길하레셋의 돌들은 남기고 물
매꾼이 두루 다니며 치니라
26 모압 왕이 전세가 극렬하여 당하기
어려움을 보고 칼 찬 군사 칠백 명
을 거느리고 돌파하여 지나서 에
돔 왕에게로 가고자 하되 가지 못
하고
27 이에 자기 왕위를 이어 왕이 될 맏
아들을 데려와 성 위에서 번제를
드린지라 이스라엘에게 크게 격노
함이 임하매 그들이 떠나 각기 고
국으로 돌아갔더라

과부의 기름 그릇

4 선지자의 제자들의 아내 중의 한
여인이 엘리사에게 부르짖어 이
르되 당신의 종 나의 남편이 이미
죽었는데 당신의 종이 여호와를 경
외한 줄은 당신이 아시는 바니이다
이제 빚 준 사람이 와서 나의 두 아
이를 데려가 그의 종을 삼고자 하
나이다 하니
2 엘리사가 그에게 이르되 내가 너를
위하여 어떻게 하랴 네 집에 무엇
이 있는지 내게 말하라 그가 이르
되 계집종의 집에 기름 한 그릇 외
에는 아무것도 없나이다 하니
3 이르되 너는 밖에 나가서 모든 이
웃에게 그릇을 빌리라 빈 그릇을
빌리되 조금 빌리지 말고
4 너는 네 두 아들과 함께 들어가서
문을 닫고 그 모든 그릇에 기름을
부어서 차는 대로 옮겨 놓으라 하
니라
5 여인이 물러가서 그의 두 아들과 함
께 문을 닫은 후에 그들은 그릇을
그에게로 가져오고 그는 부었더니
6 그릇에 다 찬지라 여인이 아들에게
이르되 또 그릇을 내게로 가져오라
하니 아들이 이르되 다른 그릇이
없나이다 하니 기름이 곧 그쳤더라
7 그 여인이 하나님의 사람에게 나아
가서 말하니 그가 이르되 너는 가
서 기름을 팔아 빚을 갚고 남은 것
으로 너와 네 두 아들이 생활하라
하였더라

엘리사와 수넴 여인

8 ●하루는 엘리사가 수넴에 이르렀
더니 거기에 한 귀한 여인이 그를
간권하여 음식을 먹게 하였으므로
엘리사가 그곳을 지날 때마다 음식
을 먹으러 그리로 들어갔더라
9 여인이 그의 남편에게 이르되 항상
우리를 지나가는 이 사람은 하나님
의 거룩한 사람인 줄을 내가 아노니
10 청하건대 우리가 그를 위하여 작은
방을 담 위에 만들고 침상과 책상
과 의자와 촛대를 두사이다 그가
우리에게 이르면 거기에 머물리이
다 하였더라
11 하루는 엘리사가 거기에 이르러 그
방에 들어가 누웠더니
12 자기 사환 게하시에게 이르되 이 수
넴 여인을 불러오라 하니 곧 여인을
부르매 여인이 그 앞에 선지라
13 엘리사가 자기 사환에게 이르되 너
는 그에게 이르라 네가 이같이 우리
를 위하여 세심한 배려를 하는도다
내가 너를 위하여 무엇을 하랴 왕에
게나 사령관에게 무슨 구할 것이 있
느냐 하니 여인이 이르되 나는 내
백성 중에 거주하나이다 하니라
14 엘리사가 이르되 그러면 그를 위하

여 무엇을 하여야 할까 하니 게하
시가 대답하되 참으로 이 여인은
아들이 없고 그 남편은 늙었나이다
하니
15 이르되 다시 부르라 하여 부르매
여인이 문에 서니라
16 엘리사가 이르되 한 해가 지나 이
때쯤에 네가 아들을 안으리라 하니
여인이 이르되 아니로소이다 내 주
하나님의 사람이여 당신의 계집종
을 속이지 마옵소서 하니라
17 ●여인이 과연 잉태하여 한 해가
지나 이때쯤에 엘리사가 여인에게
말한 대로 아들을 낳았더라
18 그 아이가 자라매 하루는 추수꾼들
에게 나가서 그의 아버지에게 이르
렀더니
19 그의 아버지에게 이르되 내 머리야
내 머리야 하는지라 그의 아버지가
사환에게 말하여 그의 어머니에게
로 데려가라 하매
20 곧 어머니에게로 데려갔더니 낮까
지 어머니의 무릎에 앉아 있다가
죽은지라
21 그의 어머니가 올라가서 아들을 하
나님의 사람의 침상 위에 두고 문
을 닫고 나와
22 그 남편을 불러 이르되 청하건대
사환 한 명과 나귀 한 마리를 내게
로 보내소서 내가 하나님의 사람에
게 달려갔다가 돌아오리이다 하니
23 그 남편이 이르되 초하루도 아니요
안식일도 아니거늘 그대가 오늘 어
찌하여 그에게 나아가고자 하느냐
하는지라 여인이 이르되 평안을 비
나이다 하니라
24 이에 나귀에 안장을 지우고 자기
사환에게 이르되 몰고 가라 내가
말하지 아니하거든 나를 위하여 달
려가기를 멈추지 말라 하고
25 드디어 갈멜 산으로 가서 하나님의
사람에게로 나아가니라 ●하나님
의 사람이 멀리서 그를 보고 자기
사환 게하시에게 이르되 저기 수넴
여인이 있도다
26 너는 달려가서 그를 맞아 이르기를
너는 평안하냐 네 남편이 평안하냐
아이가 평안하냐 하라 하였더니 여
인이 대답하되 평안하다 하고
27 산에 이르러 하나님의 사람에게 나
아가서 그 발을 안은지라 게하시가
가까이 와서 그를 물리치고자 하매
하나님의 사람이 이르되 가만 두라
그의 영혼이 괴로워하지마는 여호
와께서 내게 숨기시고 이르지 아니
하셨도다 하니라
28 여인이 이르되 내가 내 주께 아들
을 구하더이까 나를 속이지 말라고
내가 말하지 아니하더이까 하니
29 엘리사가 게하시에게 이르되 네 허
리를 묶고 내 지팡이를 손에 들고
가라 사람을 만나거든 인사하지 말
며 사람이 네게 인사할지라도 대답
하지 말고 내 지팡이를 그 아이 얼
굴에 놓으라 하는지라
30 아이의 어머니가 이르되 여호와께
서 살아 계심과 당신의 영혼이 살아
계심을 두고 맹세하노니 내가 당신
을 떠나지 아니하리이다 엘리사가
이에 일어나 여인을 따라가니라
31 게하시가 그들보다 앞서 가서 지팡
이를 그 아이의 얼굴에 놓았으나
소리도 없고 듣지도 아니하는지라
돌아와서 엘리사를 맞아 그에게 말
하여 아이가 깨지 아니하였나이다
하니라
32 ●엘리사가 집에 들어가 보니 아이
가 죽었는데 자기의 침상에 눕혔는
지라
33 들어가서는 문을 닫으니 두 사람

뿐이라 엘리사가 여호와께 기도하
고
34 아이 위에 올라 엎드려 자기 입을
그의 입에, 자기 눈을 그의 눈에,
자기 손을 그의 손에 대고 그의 몸
에 엎드리니 아이의 살이 차차 따
뜻하더라
35 엘리사가 내려서 집 안에서 한 번
이리저리 다니고 다시 아이 위에
올라 엎드리니 아이가 일곱 번 재
채기하고 눈을 뜨는지라
36 엘리사가 게하시를 불러 저 수넴
여인을 불러오라 하니 곧 부르매
여인이 들어가니 엘리사가 이르되
네 아들을 데리고 가라 하니라
37 여인이 들어가서 엘리사의 발 앞에
서 땅에 엎드려 절하고 아들을 안
고 나가니라

두 가지 기적

38 ●엘리사가 다시 길갈에 이르니 그
땅에 흉년이 들었는데 선지자의 제
자들이 엘리사의 앞에 앉은지라 엘
리사가 자기 사환에게 이르되 큰
솥을 걸고 선지자의 제자들을 위하
여 국을 끓이라 하매
39 한 사람이 채소를 캐러 들에 나가
들포도 덩굴을 만나 그것에서 들호
박을 따서 옷자락에 채워 가지고
돌아와 썰어 국 끓이는 솥에 넣되
그들은 무엇인지 알지 못한지라
40 이에 퍼다가 무리에게 주어 먹게
하였더니 무리가 국을 먹다가 그들
이 외쳐 이르되 하나님의 사람이여
솥에 죽음의 독이 있나이다 하고
능히 먹지 못하는지라
41 엘리사가 이르되 그러면 가루를 가
져오라 하여 솥에 던지고 이르되
퍼다가 무리에게 주어 먹게 하라
하매 이에 솥 가운데 독이 없어지
니라
42 ●한 사람이 바알 살리사에서부터
와서 처음 만든 떡 곧 보리떡 이십
개와 또 자루에 담은 채소를 하나
님의 사람에게 드린지라 그가 이르
되 무리에게 주어 먹게 하라
43 그 사환이 이르되 내가 어찌 이것
을 백 명에게 주겠나이까 하나 엘
리사는 또 이르되 무리에게 주어
먹게 하라 여호와의 말씀이 그들이
먹고 남으리라 하셨느니라
44 그가 그들 앞에 주었더니 여호와께
서 말씀하신 대로 먹고 남았더라

나아만이 고침을 받다

5 아람 왕의 군대 장관 나아만은
그의 주인 앞에서 크고 존귀한
자니 이는 여호와께서 전에 그에게
아람을 구원하게 하셨음이라 그는
큰 용사이나 나병환자더라
2 전에 아람 사람이 떼를 지어 나가
서 이스라엘 땅에서 어린 소녀 하
나를 사로잡으매 그가 나아만의 아
내에게 수종 들더니
3 그의 여주인에게 이르되 우리 주인
이 사마리아에 계신 선지자 앞에
계셨으면 좋겠나이다 그가 그 나병
을 고치리이다 하는지라
4 나아만이 들어가서 그의 주인께 아
뢰어 이르되 이스라엘 땅에서 온 소
녀의 말이 이러이러하더이다 하니
5 아람 왕이 이르되 갈지어다 이제
내가 이스라엘 왕에게 글을 보내리
라 하더라 나아만이 곧 떠날새 은
십 달란트와 금 육천 개와 의복 열
벌을 가지고 가서
6 이스라엘 왕에게 그 글을 전하니
일렀으되 내가 내 신하 나아만을
당신에게 보내오니 이 글이 당신에
게 이르거든 당신은 그의 나병을
고쳐 주소서 하였더라
7 이스라엘 왕이 그 글을 읽고 자기

옷을 찢으며 이르되 내가 사람을
죽이고 살리는 하나님이냐 그가 어
찌하여 사람을 내게로 보내 그의
나병을 고치라 하느냐 너희는 깊이
생각하고 저 왕이 틈을 타서 나와
더불어 시비하려 함인 줄 알라 하
니라
8 ●하나님의 사람 엘리사가 이스라
엘 왕이 자기의 옷을 찢었다 함을
듣고 왕에게 보내 이르되 왕이 어
찌하여 옷을 찢었나이까 그 사람을
내게로 오게 하소서 그가 이스라엘
중에 선지자가 있는 줄을 알리이다
하니라
9 나아만이 이에 말들과 병거들을 거
느리고 이르러 엘리사의 집 문에
서니
10 엘리사가 사자를 그에게 보내 이르
되 너는 가서 요단 강에 몸을 일곱
번 씻으라 네 살이 회복되어 깨끗
하리라 하는지라
11 나아만이 노하여 물러가며 이르되
내 생각에는 그가 내게로 나와 서
서 그의 하나님 여호와의 이름을
부르고 그의 손을 그 부위 위에 흔
들어 나병을 고칠까 하였도다
12 다메섹 강 아바나와 바르발은 이스
라엘 모든 강물보다 낫지 아니하냐
내가 거기서 몸을 씻으면 깨끗하게
되지 아니하랴 하고 몸을 돌려 분
노하여 떠나니
13 그의 종들이 나아와서 말하여 이르
되 내 아버지여 선지자가 당신에게
큰 일을 행하라 말하였더면 행하지
아니하였으리이까 하물며 당신에
게 이르기를 씻어 깨끗하게 하라
함이리이까 하니
14 나아만이 이에 내려가서 하나님의
사람의 말대로 요단 강에 일곱 번
몸을 잠그니 그의 살이 어린아이의
살같이 회복되어 깨끗하게 되었더
라
15 ●나아만이 모든 군대와 함께 하나
님의 사람에게로 도로 와서 그의
앞에 서서 이르되 내가 이제 이스
라엘 외에는 온 천하에 신이 없는
줄을 아나이다 청하건대 당신의 종
에게서 예물을 받으소서 하니
16 이르되 내가 섬기는 여호와께서 살
아 계심을 두고 맹세하노니 내가
그 앞에서 받지 아니하리라 하였더
라 나아만이 받으라고 강권하되 그
가 거절하니라
17 나아만이 이르되 그러면 청하건대
노새 두 마리에 실을 흙을 당신의
종에게 주소서 이제부터는 종이 번
제물과 다른 희생제사를 여호와 외
다른 신에게는 드리지 아니하고 다
만 여호와께 드리겠나이다
18 오직 한 가지 일이 있사오니 여호
와께서 당신의 종을 용서하시기를
원하나이다 곧 내 주인께서 림몬의
신당에 들어가 거기서 경배하며 그
가 내 손을 의지하시매 내가 림몬
의 신당에서 몸을 굽히오니 내가
림몬의 신당에서 몸을 굽힐 때에
여호와께서 이 일에 대하여 당신의
종을 용서하시기를 원하나이다 하
니
19 엘리사가 이르되 너는 평안히 가라
하니라 그가 엘리사를 떠나 조금
가니라
20 ●하나님의 사람 엘리사의 사환 게
하시가 스스로 이르되 내 주인이
이 아람 사람 나아만에게 면하여
주고 그가 가지고 온 것을 그의 손
에서 받지 아니하였도다 여호와께
서 살아 계심을 두고 맹세하노니
내가 그를 쫓아가서 무엇이든지 그
에게서 받으리라 하고

21 나아만의 뒤를 쫓아가니 나아만이
자기 뒤에 달려옴을 보고 수레에서
내려 맞이하여 이르되 평안이냐 하
니
22 그가 이르되 평안하나이다 우리 주
인께서 나를 보내시며 말씀하시기
를 지금 선지자의 제자 중에 두 청
년이 에브라임 산지에서부터 내게
로 왔으니 청하건대 당신은 그들에
게 은 한 달란트와 옷 두 벌을 주라
하시더이다
23 나아만이 이르되 바라건대 두 달란
트를 받으라 하고 그를 강권하여
은 두 달란트를 두 전대에 넣어 매
고 옷 두 벌을 아울러 두 사환에게
지우매 그들이 게하시 앞에서 지고
가니라
24 언덕에 이르러서는 게하시가 그 물
건을 두 사환의 손에서 받아 집에
감추고 그들을 보내 가게 한 후
25 들어가 그의 주인 앞에 서니 엘리
사가 이르되 게하시야 네가 어디서
오느냐 하니 대답하되 당신의 종이
아무데도 가지 아니하였나이다 하
니라
26 엘리사가 이르되 한 사람이 수레에
서 내려 너를 맞이할 때에 내 마음
이 함께 가지 아니하였느냐 지금이
어찌 은을 받으며 옷을 받으며 감
람원이나 포도원이나 양이나 소나
남종이나 여종을 받을 때이냐
27 그러므로 나아만의 나병이 네게 들
어 네 자손에게 미쳐 영원토록 이
르리라 하니 게하시가 그 앞에서
물러나오매 나병이 발하여 눈같이
되었더라

쇠도끼를 찾다

6 선지자의 제자들이 엘리사에게
이르되 보소서 우리가 당신과 함
께 거주하는 이곳이 우리에게는 좁
으니
2 우리가 요단으로 가서 거기서 각각
한 재목을 가져다가 그곳에 우리가
거주할 처소를 세우사이다 하니 엘
리사가 이르되 가라 하는지라
3 그 하나가 이르되 청하건대 당신도
종들과 함께하소서 하니 엘리사가
이르되 내가 가리라 하고
4 드디어 그들과 함께 가니라 무리가
요단에 이르러 나무를 베더니
5 한 사람이 나무를 벨 때에 쇠도끼
가 물에 떨어진지라 이에 외쳐 이
르되 아아, 내 주여 이는 빌려온 것
이니이다 하니
6 하나님의 사람이 이르되 어디 빠졌
느냐 하매 그곳을 보이는지라 엘리
사가 나뭇가지를 베어 물에 던져
쇠도끼를 떠오르게 하고
7 이르되 너는 그것을 집으라 하니
그 사람이 손을 내밀어 그것을 집
으니라

아람 군대를 물리치다

8 ●그때에 아람 왕이 이스라엘과 더
불어 싸우며 그의 신복들과 의논하
여 이르기를 우리가 아무데 아무데
진을 치리라 하였더니
9 하나님의 사람이 이스라엘 왕에게
보내 이르되 왕은 삼가 아무 곳으
로 지나가지 마소서 아람 사람이
그곳으로 나오나이다 하는지라
10 이스라엘 왕이 하나님의 사람이 자
기에게 말하여 경계한 곳으로 사람
을 보내 방비하기가 한두 번이 아
닌지라
11 이러므로 아람 왕의 마음이 불안하
여 그 신복들을 불러 이르되 우리
중에 누가 이스라엘 왕과 내통하는
것을 내게 말하지 아니하느냐 하니
12 그 신복 중의 한 사람이 이르되 우
리 주 왕이여 아니로소이다 오직

이스라엘 선지자 엘리사가 왕이 침
실에서 하신 말씀을 이스라엘의 왕
에게 고하나이다 하는지라
13 왕이 이르되 너희는 가서 엘리사가
어디 있나 보라 내가 사람을 보내
어 그를 잡으리라 왕에게 아뢰어
이르되 보라 그가 도단에 있도다
하나이다
14 ●왕이 이에 말과 병거와 많은 군
사를 보내매 그들이 밤에 가서 그
성읍을 에워쌌더라
15 하나님의 사람의 사환이 일찍이 일
어나서 나가보니 군사와 말과 병거
가 성읍을 에워쌌는지라 그의 사환
이 엘리사에게 말하되 아아, 내 주
여 우리가 어찌하리이까 하니
16 대답하되 두려워하지 말라 우리와
함께한 자가 그들과 함께한 자보다
많으니라 하고
17 기도하여 이르되 여호와여 원하건
대 그의 눈을 열어서 보게 하옵소서
하니 여호와께서 그 청년의 눈을 여
시매 그가 보니 불말과 불병거가 산
에 가득하여 엘리사를 둘렀더라
18 아람 사람이 엘리사에게 내려오매
엘리사가 여호와께 기도하여 이르
되 원하건대 저 무리의 눈을 어둡
게 하옵소서 하매 엘리사의 말대로
그들의 눈을 어둡게 하신지라
19 엘리사가 그들에게 이르되 이는 그
길이 아니요 이는 그 성읍도 아니
니 나를 따라오라 내가 너희를 인
도하여 너희가 찾는 사람에게로 나
아가리라 하고 그들을 인도하여 사
마리아에 이르니라
20 ●사마리아에 들어갈 때에 엘리사
가 이르되 여호와여 이 무리의 눈
을 열어서 보게 하옵소서 하니 여
호와께서 그들의 눈을 여시매 그들
이 보니 자기들이 사마리아 가운데
에 있더라
21 이스라엘 왕이 그들을 보고 엘리사
에게 이르되 내 아버지여 내가 치
리이까 내가 치리이까 하니
22 대답하되 치지 마소서 칼과 활로
사로잡은 자인들 어찌 치리이까 떡
과 물을 그들 앞에 두어 먹고 마시
게 하고 그들의 주인에게로 돌려보
내소서 하는지라
23 왕이 위하여 음식을 많이 베풀고
그들이 먹고 마시매 놓아보내니 그
들이 그들의 주인에게로 돌아가니
라 이로부터 아람 군사의 부대가
다시는 이스라엘 땅에 들어오지 못
하니라

에워싸인 사마리아가 굶주리다

24 ●이 후에 아람 왕 벤하닷이 그의
온 군대를 모아 올라와서 사마리아
를 에워싸니
25 아람 사람이 사마리아를 에워싸므
로 성중이 크게 주려서 나귀 머리
하나에 은 팔십 세겔이요 비둘기
똥 사분의 일 갑에 은 다섯 세겔이
라 하니
26 이스라엘 왕이 성 위로 지나갈 때
에 한 여인이 외쳐 이르되 나의 주
왕이여 도우소서
27 왕이 이르되 여호와께서 너를 돕지
아니하시면 내가 무엇으로 너를 도
우랴 타작마당으로 말미암아 하겠
느냐 포도주 틀로 말미암아 하겠느
냐 하니라
28 또 이르되 무슨 일이냐 하니 여인이
대답하되 이 여인이 내게 이르기를
네 아들을 내놓아라 우리가 오늘 먹
고 내일은 내 아들을 먹자 하매
29 우리가 드디어 내 아들을 삶아 먹
었더니 이튿날에 내가 그 여인에게
이르되 네 아들을 내놓아라 우리가
먹으리라 하나 그가 그의 아들을

숨겼나이다 하는지라
30 왕이 그 여인의 말을 듣고 자기 옷
을 찢으니라 그가 성 위로 지나갈
때에 백성이 본즉 그의 속살에 굵
은 베를 입었더라
31 왕이 이르되 사밧의 아들 엘리사의
머리가 오늘 그 몸에 붙어 있으면
하나님이 내게 벌 위에 벌을 내리
실지로다 하니라
32 그때에 엘리사가 그의 집에 앉아
있고 장로들이 그와 함께 앉아 있
는데 왕이 자기 처소에서 사람을
보냈더니 그 사자가 이르기 전에
엘리사가 장로들에게 이르되 너희
는 이 살인한 자의 아들이 내 머리
를 베려고 사람을 보내는 것을 보
느냐 너희는 보다가 사자가 오거든
문을 닫고 문 안에 들이지 말라 그
의 주인의 발소리가 그의 뒤에서
나지 아니하느냐 하고
33 무리와 말을 할 때에 그 사자가 그
에게 이르니라 왕이 이르되 이 재
앙이 여호와께로부터 나왔으니 어
찌 더 여호와를 기다리리요

7 엘리사가 이르되 여호와의 말씀
을 들을지어다 여호와께서 이르
시되 내일 이맘때에 사마리아 성
문에서 고운 밀가루 한 스아를 한
세겔로 매매하고 보리 두 스아를
한 세겔로 매매하리라 하셨느니
라
2 그때에 왕이 그의 손에 의지하는
자 곧 한 장관이 하나님의 사람에
게 대답하여 이르되 여호와께서 하
늘에 창을 내신들 어찌 이런 일이
있으리요 하더라 엘리사가 이르되
네가 네 눈으로 보리라 그러나 그
것을 먹지는 못하리라 하니라

아람 군대가 도망하다

3 ●성문 어귀에 나병환자 네 사람이
있더니 그 친구에게 서로 말하되
우리가 어찌하여 여기 앉아서 죽기
를 기다리랴
4 만일 우리가 성읍으로 가자고 말한
다면 성읍에는 굶주림이 있으니 우
리가 거기서 죽을 것이요 만일 우
리가 여기서 머무르면 역시 우리가
죽을 것이라 그런즉 우리가 가서
아람 군대에게 항복하자 그들이 우
리를 살려두면 살 것이요 우리를
죽이면 죽을 것이라 하고
5 아람 진으로 가려 하여 해 질 무렵
에 일어나 아람 진영 끝에 이르러
서 본즉 그곳에 한 사람도 없으니
6 이는 주께서 아람 군대로 병거 소
리와 말 소리와 큰 군대의 소리를
듣게 하셨으므로 아람 사람이 서로
말하기를 이스라엘 왕이 우리를 치
려 하여 헷 사람의 왕들과 애굽 왕
들에게 값을 주고 그들을 우리에게
오게 하였다 하고
7 해 질 무렵에 일어나서 도망하되
그 장막과 말과 나귀를 버리고 진
영을 그대로 두고 목숨을 위하여
도망하였음이라
8 그 나병환자들이 진영 끝에 이르자
한 장막에 들어가서 먹고 마시고
거기서 은과 금과 의복을 가지고
가서 감추고 다시 와서 다른 장막
에 들어가 거기서도 가지고 가서
감추니라
9 ●나병환자들이 그 친구에게 서로
말하되 우리가 이렇게 해서는 아니
되겠도다 오늘은 아름다운 소식이
있는 날이거늘 우리가 침묵하고 있
도다 만일 밝은 아침까지 기다리면
벌이 우리에게 미칠지니 이제 떠나
왕궁에 가서 알리자 하고
10 가서 성읍 문지기를 불러 그들에게
말하여 이르되 우리가 아람 진에

이르러서 보니 거기에 한 사람도
없고 사람의 소리도 없고 오직 말
과 나귀만 매여 있고 장막들이 그
대로 있더이다 하는지라
11 그가 문지기들을 부르매 그들이 왕
궁에 있는 자에게 말하니
12 왕이 밤에 일어나 그의 신복들에게
이르되 아람 사람이 우리에게 행한
것을 내가 너희에게 알게 하노니 그
들이 우리가 주린 것을 알고 있으므
로 그 진영을 떠나서 들에 매복하고
스스로 이르기를 그들이 성읍에서
나오거든 우리가 사로잡고 성읍에
들어가겠다 한 것이니라 하니
13 그의 신하 중 한 사람이 대답하여
이르되 청하건대 아직 성중에 남아
있는 말 다섯 마리를 취하고 사람
을 보내 정탐하게 하소서 그것들이
성중에 남아 있는 이스라엘 온 무
리 곧 멸망한 이스라엘 온 무리와
같으니이다 하고
14 그들이 병거 둘과 그 말들을 취한
지라 왕이 아람 군대 뒤로 보내며
가서 정탐하라 하였더니
15 그들이 그들의 뒤를 따라 요단에
이른즉 아람 사람이 급히 도망하느
라고 버린 의복과 병기가 길에 가
득하였더라 사자가 돌아와서 왕에
게 알리니
16 백성들이 나가서 아람 사람의 진영
을 노략한지라 이에 고운 밀가루
한 스아에 한 세겔이 되고 보리 두
스아가 한 세겔이 되니 여호와의
말씀과 같이 되었고
17 왕이 그의 손에 의지하였던 그의
장관을 세워 성문을 지키게 하였더
니 백성이 성문에서 그를 밟으매
하나님의 사람의 말대로 죽었으니
곧 왕이 내려왔을 때에 그가 말한
대로라
18 하나님의 사람이 왕에게 말한 바와
같으니 이르기를 내일 이맘때에 사
마리아 성문에서 보리 두 스아를 한
세겔로 매매하고 고운 밀가루 한 스
아를 한 세겔로 매매하리라 한즉
19 그때에 이 장관이 하나님의 사람에
게 대답하여 이르되 여호와께서 하
늘에 창을 내신들 어찌 이 일이 있
으랴 하매 대답하기를 네가 네 눈
으로 보리라 그러나 그것을 먹지는
못하리라 하였더니
20 그의 장관에게 그대로 이루어졌으
니 곧 백성이 성문에서 그를 밟으
매 죽었더라

수넴 여인이 돌아오다

8 엘리사가 이전에 아들을 다시 살
려 준 여인에게 이르되 너는 일
어나서 네 가족과 함께 거주할 만
한 곳으로 가서 거주하라 여호와께
서 기근을 부르셨으니 그대로 이
땅에 칠 년 동안 임하리라 하니
2 여인이 일어나서 하나님의 사람의
말대로 행하여 그의 가족과 함께
가서 블레셋 사람들의 땅에 칠 년
을 우거하다가
3 칠 년이 다하매 여인이 블레셋 사
람들의 땅에서 돌아와 자기 집과
전토를 위하여 호소하려 하여 왕에
게 나아갔더라
4 그때에 왕이 하나님의 사람의 사환
게하시와 서로 말하며 이르되 너는
엘리사가 행한 모든 큰일을 내게
설명하라 하니
5 게하시가 곧 엘리사가 죽은 자를
다시 살린 일을 왕에게 이야기할
때에 그 다시 살린 아이의 어머니
가 자기 집과 전토를 위하여 왕에
게 호소하는지라 게하시가 이르되
내 주 왕이여 이는 그 여인이요 저
는 그의 아들이니 곧 엘리사가 다

시 살린 자니이다 하니라
6 왕이 그 여인에게 물으매 여인이
설명한지라 왕이 그를 위하여 한
관리를 임명하여 이르되 이 여인에
게 속한 모든 것과 이 땅에서 떠날
때부터 이제까지 그의 밭의 소출을
다 돌려주라 하였더라

엘리사와 아람 왕 벤하닷

7 ●엘리사가 다메섹에 갔을 때에 아
람 왕 벤하닷이 병들었더니 왕에게
들리기를 이르되 하나님의 사람이
여기 이르렀나이다 하니
8 왕이 하사엘에게 이르되 너는 손에
예물을 가지고 가서 하나님의 사람
을 맞이하고 내가 이 병에서 살아
나겠는지 그를 통하여 여호와께 물
으라
9 하사엘이 그를 맞이하러 갈새 다메
섹의 모든 좋은 물품으로 예물을
삼아 가지고 낙타 사십 마리에 싣
고 나아가서 그의 앞에 서서 이르
되 당신의 아들 아람 왕 벤하닷이
나를 당신에게 보내 이르되 나의
이 병이 낫겠나이까 하더이다 하니
10 엘리사가 이르되 너는 가서 그에게
말하기를 왕이 반드시 나으리라 하
라 그러나 여호와께서 그가 반드시
죽으리라고 내게 알게 하셨느니라
하고
11 하나님의 사람이 그가 부끄러워하
기까지 그의 얼굴을 쏘아보다가 우
니
12 하사엘이 이르되 내 주여 어찌하여
우시나이까 하는지라 대답하되 네
가 이스라엘 자손에게 행할 모든
악을 내가 앎이라 네가 그들의 성
에 불을 지르며 장정을 칼로 죽이
며 어린아이를 메치며 아이 밴 부
녀를 가르리라 하니
13 하사엘이 이르되 당신의 개 같은
종이 무엇이기에 이런 큰일을 행하
오리이까 하더라 엘리사가 대답하
되 여호와께서 네가 아람 왕이 될
것을 내게 알게 하셨느니라 하더라
14 그가 엘리사를 떠나가서 그의 주인
에게 나아가니 왕이 그에게 묻되
엘리사가 네게 무슨 말을 하더냐
하니 대답하되 그가 내게 이르기를
왕이 반드시 살아나시리이다 하더
이다 하더라
15 그 이튿날에 하사엘이 이불을 물에
적시어 왕의 얼굴에 덮으매 왕이
죽은지라 그가 대신하여 왕이 되니
라

유다 왕 여호람 (대하 21:1-20)

16 ●이스라엘의 왕 아합의 아들 요람
제오 년에 여호사밧이 유다의 왕이
었을 때에 유다의 왕 여호사밧의
아들 여호람이 왕이 되니라
17 여호람이 왕이 될 때에 나이가 삼
십이 세라 예루살렘에서 팔 년 동
안 통치하니라
18 그가 이스라엘 왕들의 길을 가서
아합의 집과 같이 하였으니 이는
아합의 딸이 그의 아내가 되었음이
라 그가 여호와 보시기에 악을 행
하였으나
19 여호와께서 그의 종 다윗을 위하여
유다 멸하기를 즐겨하지 아니하셨
으니 이는 그와 그의 자손에게 항
상 등불을 주겠다고 말씀하셨음이
더라
20 ●여호람 때에 에돔이 유다의 손에
서 배반하여 자기 위에 왕을 세운
고로
21 여호람이 모든 병거를 거느리고 사
일로 갔더니 밤에 일어나 자기를
에워싼 에돔 사람과 그 병거의 장
관들을 치니 이에 백성이 도망하여
각각 그들의 장막들로 돌아갔더라

22 이와 같이 에돔이 유다의 수하에서
배반하였더니 오늘까지 그러하였
으며 그때에 립나도 배반하였더라
23 여호람의 남은 사적과 그가 행한
모든 일은 유다 왕 역대지략에 기
록되지 아니하였느냐
24 여호람이 그의 조상들과 함께 자매
그의 조상들과 함께 다윗 성에 장
사되고 그의 아들 아하시야가 대신
하여 왕이 되니라

유다 왕 아하시야 (대하 22:1-6)

25 ●이스라엘의 왕 아합의 아들 요람
제십이 년에 유다 왕 여호람의 아
들 아하시야가 왕이 되니
26 아하시야가 왕이 될 때에 나이가
이십이 세라 예루살렘에서 일 년을
통치하니라 그의 어머니의 이름은
아달랴라 이스라엘 왕 오므리의 손
녀이더라
27 아하시야가 아합의 집 길로 행하여
아합의 집과 같이 여호와 보시기에
악을 행하였으니 그는 아합의 집의
사위가 되었음이러라
28 그가 아합의 아들 요람과 함께 길
르앗 라못으로 가서 아람 왕 하사
엘과 더불어 싸우더니 아람 사람들
이 요람에게 부상을 입힌지라
29 요람 왕이 아람 왕 하사엘과 싸울
때에 라마에서 아람 사람에게 당한
부상을 치료하려 하여 이스르엘로
돌아왔더라 유다의 왕 여호람의 아
들 아하시야가 아합의 아들 요람을
보기 위하여 내려갔으니 이는 그에
게 병이 생겼음이더라

예후가 이스라엘 왕이 되다

9 선지자 엘리사가 선지자의 제자
중 하나를 불러 이르되 너는 허
리를 동이고 이 기름병을 손에 가
지고 길르앗 라못으로 가라
2 거기에 이르거든 님시의 손자 여호
사밧의 아들 예후를 찾아 들어가서
그의 형제 중에서 일어나게 하고
그를 데리고 골방으로 들어가
3 기름병을 가지고 그의 머리에 부으
며 이르기를 여호와의 말씀이 내가
네게 기름을 부어 이스라엘 왕으로
삼노라 하셨느니라 하고 곧 문을
열고 도망하되 지체하지 말지니라
하니
4 그 청년 곧 그 선지자의 청년이 길
르앗 라못으로 가니라
5 그가 이르러 보니 군대 장관들이
앉아 있는지라 소년이 이르되 장관
이여 내가 당신에게 할 말이 있나
이다 예후가 이르되 우리 모든 사
람 중에 누구에게 하려느냐 하니
이르되 장관이여 당신에게니이다
하는지라
6 예후가 일어나 집으로 들어가니 청
년이 그의 머리에 기름을 부으며
그에게 이르되 이스라엘 하나님 여
호와의 말씀이 내가 네게 기름을
부어 여호와의 백성 곧 이스라엘의
왕으로 삼노니
7 너는 네 주 아합의 집을 치라 내가
나의 종 곧 선지자들의 피와 여호
와의 종들의 피를 이세벨에게 갚아
주리라
8 아합의 온 집이 멸망하리니 이스라
엘 중에 매인 자나 놓인 자나 아합
에게 속한 모든 남자는 내가 다 멸
절하되
9 아합의 집을 느밧의 아들 여로보암
의 집과 같게 하며 또 아히야의 아
들 바아사의 집과 같게 할지라
10 이스르엘 지방에서 개들이 이세벨
을 먹으리니 그를 장사할 사람이
없으리라 하셨느니라 하고 곧 문을
열고 도망하니라
11 ●예후가 나와서 그의 주인의 신복

들에게 이르니 한 사람이 그에게
묻되 평안하냐 그 미친 자가 무슨
까닭으로 그대에게 왔더냐 대답하
되 그대들이 그 사람과 그가 말한
것을 알리라 하더라
12 무리가 이르되 당치 아니한 말이라
청하건대 그대는 우리에게 이르라
하니 대답하되 그가 이리이리 내게
말하여 이르기를 여호와의 말씀이
내가 네게 기름을 부어 이스라엘
왕으로 삼는다 하셨다 하더라 하는
지라
13 무리가 각각 자기의 옷을 급히 가
져다가 섬돌 위 곧 예후의 밑에 깔
고 나팔을 불며 이르되 예후는 왕
이라 하니라

이스라엘 왕 요람이 살해되다

14 ●이에 님시의 손자 여호사밧의 아
들 예후가 요람을 배반하였으니 곧
요람이 온 이스라엘과 더불어 아람
의 왕 하사엘과 맞서서 길르앗 라
못을 지키다가
15 아람의 왕 하사엘과 더불어 싸울
때에 아람 사람에게 부상한 것을
치료하려 하여 이스르엘로 돌아왔
던 때라 예후가 이르되 너희 뜻에
합당하거든 한 사람이라도 이 성에
서 도망하여 이스르엘에 알리러 가
지 못하게 하라 하니라
16 예후가 병거를 타고 이스르엘로 가
니 요람 왕이 거기에 누워 있었음
이라 유다의 왕 아하시야는 요람을
보러 내려왔더라
17 ●이스르엘 망대에 파수꾼 하나가
서 있더니 예후의 무리가 오는 것
을 보고 이르되 내가 한 무리를 보
나이다 하니 요람이 이르되 한 사
람을 말에 태워 보내어 맞이하여
평안하냐 묻게 하라 하는지라
18 한 사람이 말을 타고 가서 만나 이
르되 왕의 말씀이 평안하냐 하시더
이다 하매 예후가 이르되 평안이
네게 상관이 있느냐 내 뒤로 물러
나라 하니라 파수꾼이 전하여 이르
되 사자가 그들에게 갔으나 돌아오
지 아니하나이다 하는지라
19 다시 한 사람을 말에 태워 보내었
더니 그들에게 가서 이르되 왕의
말씀이 평안하냐 하시더이다 하매
예후가 이르되 평안이 네게 상관이
있느냐 내 뒤를 따르라 하더라
20 파수꾼이 또 전하여 이르되 그도
그들에게까지 갔으나 돌아오지 아
니하고 그 병거 모는 것이 님시의
손자 예후가 모는 것같이 미치게
모나이다 하니
21 ●요람이 이르되 메우라 하매 그의
병거를 메운지라 이스라엘 왕 요람
과 유다 왕 아하시야가 각각 그의 병
거를 타고 가서 예후를 맞을새 이스
르엘 사람 나봇의 토지에서 만나매
22 요람이 예후를 보고 이르되 예후야
평안하냐 하니 대답하되 네 어머니
이세벨의 음행과 술수가 이렇게 많
으니 어찌 평안이 있으랴 하더라
23 요람이 곧 손을 돌이켜 도망하며
아하시야에게 이르되 아하시야여
반역이로다 하니
24 예후가 힘을 다하여 활을 당겨 요
람의 두 팔 사이를 쏘니 화살이 그
의 염통을 꿰뚫고 나오매 그가 병
거 가운데에 엎드러진지라
25 예후가 그의 장관 빗갈에게 이르되
그 시체를 가져다가 이스르엘 사람
나봇의 밭에 던지라 네가 기억하려
니와 이전에 너와 내가 함께 타고
그의 아버지 아합을 좇았을 때에
여호와께서 이같이 그의 일을 예언
하셨느니라
26 여호와께서 말씀하시기를 내가 어

제 나봇의 피와 그의 아들들의 피
를 분명히 보았노라 여호와께서 또
말씀하시기를 이 토지에서 네게 갚
으리라 하셨으니 그런즉 여호와의
말씀대로 그의 시체를 가져다가 이
밭에 던질지니라 하는지라

유다 왕 아하시야가 살해되다

27 ●유다의 왕 아하시야가 이를 보고
정원의 정자 길로 도망하니 예후가
그 뒤를 쫓아가며 이르되 그도 병
거 가운데서 죽이라 하매 이블르암
가까운 구르 비탈에서 치니 그가
므깃도까지 도망하여 거기서 죽은
지라
28 그의 신복들이 그를 병거에 싣고
예루살렘에 이르러 다윗 성에서 그
들의 조상들과 함께 그의 묘실에
장사하니라
29 ●아합의 아들 요람의 제십일 년에
아하시야가 유다 왕이 되었었더라

이세벨 왕후가 살해되다

30 ●예후가 이스르엘에 오니 이세벨
이 듣고 눈을 그리고 머리를 꾸미
고 창에서 바라보다가
31 예후가 문에 들어오매 이르되 주인
을 죽인 너 시므리여 평안하냐 하니
32 예후가 얼굴을 들어 창을 향하고
이르되 내 편이 될 자가 누구냐 누
구냐 하니 두어 내시가 예후를 내
다보는지라
33 이르되 그를 내려던지라 하니 내려
던지매 그의 피가 담과 말에게 튀
더라 예후가 그의 시체를 밟으니라
34 예후가 들어가서 먹고 마시고 이르
되 가서 이 저주받은 여자를 찾아
장사하라 그는 왕의 딸이니라 하매
35 가서 장사하려 한즉 그 두골과 발
과 그의 손 외에는 찾지 못한지라
36 돌아와서 전하니 예후가 이르되 이
는 여호와께서 그 종 디셉 사람 엘
리야를 통하여 말씀하신 바라 이르
시기를 이스르엘 토지에서 개들이
이세벨의 살을 먹을지라
37 그 시체가 이스르엘 토지에서 거름
같이 밭에 있으리니 이것이 이세벨
이라고 가리켜 말하지 못하게 되리
라 하셨느니라 하였더라

아합의 아들들이 살해되다

10 아합의 아들 칠십 명이 사마리
아에 있는지라 예후가 편지들
을 써서 사마리아에 보내서 이스르
엘 귀족들 곧 장로들과 아합의 여
러 아들을 교육하는 자들에게 전하
니 일렀으되
2 너희 주의 아들들이 너희와 함께
있고 또 병거와 말과 견고한 성과
무기가 너희에게 있으니 이 편지가
너희에게 이르거든
3 너희 주의 아들들 중에서 가장 어
질고 정직한 자를 택하여 그의 아
버지의 왕좌에 두고 너희 주의 집
을 위하여 싸우라 하였더라
4 그들이 심히 두려워하여 이르되 두
왕이 그를 당하지 못하였거든 우리
가 어찌 당하리요 하고
5 그 왕궁을 책임지는 자와 그 성읍
을 책임지는 자와 장로들과 왕자를
교육하는 자들이 예후에게 말을 전
하여 이르되 우리는 당신의 종이라
당신이 말하는 모든 것을 우리가
행하고 어떤 사람이든지 왕으로 세
우지 아니하리니 당신이 보기에 좋
은 대로 행하라 한지라
6 예후가 다시 그들에게 편지를 부치
니 일렀으되 만일 너희가 내 편이
되어 내 말을 너희가 들으려거든
너희 주의 아들된 사람들의 머리를
가지고 내일 이맘때에 이스르엘에
이르러 내게 나아오라 하였더라 왕
자 칠십 명이 그 성읍의 귀족들, 곧

그들을 양육하는 자들과 함께 있는
중에
7 편지가 그들에게 이르매 그들이 왕
자 칠십 명을 붙잡아 죽이고 그들
의 머리를 광주리에 담아 이스르엘
예후에게로 보내니라
8 사자가 와서 예후에게 전하여 이르
되 그 무리가 왕자들의 머리를 가
지고 왔나이다 이르되 두 무더기로
쌓아 내일 아침까지 문 어귀에 두
라 하고
9 이튿날 아침에 그가 나가 서서 뭇
백성에게 이르되 너희는 의롭도다
나는 내 주를 배반하여 죽였거니와
이 여러 사람을 죽인 자는 누구냐
10 그런즉 이제 너희는 알라 곧 여호
와께서 아합의 집에 대하여 하신
말씀은 하나도 땅에 떨어지지 아니
하리라 여호와께서 그의 종 엘리야
를 통하여 하신 말씀을 이제 이루
셨도다 하니라
11 예후가 아합의 집에 속한 이스르엘
에 남아 있는 자를 다 죽이고 또 그
의 귀족들과 신뢰받는 자들과 제사
장들을 죽이되 그에게 속한 자를
하나도 생존자를 남기지 아니하였
더라

아하시야 왕의 형제들이 살해되다

12 ●예후가 일어나서 사마리아로 가
더니 도중에 목자가 양털 깎는 집
에 이르러
13 예후가 유다의 왕 아하시야의 형제
들을 만나 묻되 너희는 누구냐 하
니 대답하되 우리는 아하시야의 형
제라 이제 왕자들과 태후의 아들들
에게 문안하러 내려가노라 하는지
라
14 이르되 사로잡으라 하매 곧 사로잡
아 목자가 양털 깎는 집 웅덩이 곁
에서 죽이니 사십이 명이 하나도
남지 아니하였더라

아합의 나머지 사람들이 살해되다

15 ●예후가 거기에서 떠나가다가 자
기를 맞이하러 오는 레갑의 아들
여호나답을 만난지라 그의 안부를
묻고 그에게 이르되 내 마음이 네
마음을 향하여 진실함과 같이 네
마음도 진실하냐 하니 여호나답이
대답하되 그러하니이다 이르되 그
러면 나와 손을 잡자 손을 잡으니
예후가 끌어 병거에 올리며
16 이르되 나와 함께 가서 여호와를
위한 나의 열심을 보라 하고 이에
자기 병거에 태우고
17 사마리아에 이르러 거기에 남아 있
는 바 아합에게 속한 자들을 죽여
진멸하였으니 여호와께서 엘리야
에게 이르신 말씀과 같이 되었더라

바알을 섬기는 자들이 살해되다

18 ●예후가 뭇 백성을 모으고 그들에
게 이르되 아합은 바알을 조금 섬
겼으나 예후는 많이 섬기리라
19 그러므로 내가 이제 큰 제사를 바
알에게 드리고자 하노니 바알의 모
든 선지자와 모든 섬기는 자와 모
든 제사장들을 한 사람도 빠뜨리지
말고 불러 내게로 나아오게 하라
모든 오지 아니하는 자는 살려두지
아니하리라 하니 이는 예후가 바알
섬기는 자를 멸하려 하여 계책을
씀이라
20 예후가 바알을 위하는 대회를 거룩
히 열라 하매 드디어 공포되었더라
21 예후가 온 이스라엘에 사람을 두루
보냈더니 바알을 섬기는 모든 사람
이 하나도 빠진 자가 없이 다 이르
렀고 무리가 바알의 신당에 들어가
매 바알의 신당 이쪽부터 저쪽까지
가득하였더라
22 예후가 예복 맡은 자에게 이르되

예복을 내다가 바알을 섬기는 모든
자에게 주라 하매 그들에게로 예복
을 가져온지라
23 예후가 레갑의 아들 여호나답과 더
불어 바알의 신당에 들어가서 바알
을 섬기는 자들에게 이르되 너희는
살펴보아 바알을 섬기는 자들만 여
기 있게 하고 여호와의 종은 하나
도 여기 너희 중에 있지 못하게 하
라 하고
24 무리가 번제와 다른 제사를 드리려
고 들어간 때에 예후가 팔십 명을
밖에 두며 이르되 내가 너희 손에
넘겨 주는 사람을 한 사람이라도
도망하게 하는 자는 자기의 생명으
로 그 사람의 생명을 대신하리라
하니라
25 ●번제 드리기를 다하매 예후가 호
위병과 지휘관들에게 이르되 들어
가서 한 사람도 나가지 못하게 하
고 죽이라 하매 호위병과 지휘관들
이 칼로 그들을 죽여 밖에 던지고
26 바알의 신당 있는 성으로 가서 바
알의 신당에서 목상들을 가져다가
불사르고
27 바알의 목상을 헐며 바알의 신당을
헐어서 변소를 만들었더니 오늘까
지 이르니라
28 예후가 이와 같이 이스라엘 중에서
바알을 멸하였으나
29 이스라엘에게 범죄하게 한 느밧의
아들 여로보암의 죄 곧 벧엘과 단
에 있는 금송아지를 섬기는 죄에서
는 떠나지 아니하였더라
30 ●여호와께서 예후에게 이르시되
네가 나보기에 정직한 일을 행하되
잘 행하여 내 마음에 있는 대로 아
합 집에 다 행하였은즉 네 자손이
이스라엘 왕위를 이어 사 대를 지
내리라 하시니라
31 그러나 예후가 전심으로 이스라엘
하나님 여호와의 율법을 지켜 행하
지 아니하며 여로보암이 이스라엘
에게 범하게 한 그 죄에서 떠나지
아니하였더라

예후가 죽다

32 ●이때에 여호와께서 이스라엘에
서 땅을 잘라내기 시작하시매 하사
엘이 이스라엘의 모든 영토에서 공
격하되
33 요단 동쪽 길르앗 온 땅 곧 갓 사람
과 르우벤 사람과 므낫세 사람의
땅 아르논 골짜기에 있는 아로엘에
서부터 길르앗과 바산까지 하였더
라
34 예후의 남은 사적과 행한 모든 일
과 업적은 이스라엘 왕 역대지략에
기록되지 아니하였느냐
35 예후가 그의 조상들과 함께 자매
사마리아에 장사되고 그의 아들 여
호아하스가 그를 대신하여 왕이 되
니라
36 예후가 사마리아에서 이스라엘을
다스린 햇수는 스물여덟 해이더라

유다 여왕 아달랴
(대하 22:10-23:15)

11 아하시야의 어머니 아달랴가
그의 아들이 죽은 것을 보고 일
어나 왕의 자손을 모두 멸절하였으
나
2 요람 왕의 딸 아하시야의 누이 여
호세바가 아하시야의 아들 요아스
를 왕자들이 죽임을 당하는 중에서
빼내어 그와 그의 유모를 침실에
숨겨 아달랴를 피하여 죽임을 당하
지 아니하게 한지라
3 요아스가 그와 함께 여호와의 성전
에 육 년을 숨어 있는 동안에 아달
랴가 나라를 다스렸더라
4 ●일곱째 해에 여호야다가 사람을

보내 가리 사람의 백부장들과 호위
병의 백부장들을 불러 데리고 여호
와의 성전으로 들어가서 그들과 언
약을 맺고 그들에게 여호와의 성전
에서 맹세하게 한 후에 왕자를 그
들에게 보이고
5 명령하여 이르되 너희가 행할 것이
이러하니 안식일에 들어온 너희 중
삼분의 일은 왕궁을 주의하여 지키
고
6 삼분의 일은 수르 문에 있고 삼분
의 일은 호위대 뒤에 있는 문에 있
어서 이와 같이 왕궁을 주의하여
지키고
7 안식일에 나가는 너희 중 두 대는
여호와의 성전을 주의하여 지켜 왕
을 호위하되
8 너희는 각각 손에 무기를 잡고 왕
을 호위하며 너희 대열을 침범하는
모든 자는 죽이고 왕이 출입할 때
에 시위할지니라 하니
9 ●백부장들이 이에 제사장 여호야
다의 모든 명령대로 행하여 각기
관할하는 바 안식일에 들어오는 자
와 안식일에 나가는 자를 거느리고
제사장 여호야다에게 나아오매
10 제사장이 여호와의 성전에 있는 다
윗 왕의 창과 방패를 백부장들에게
주니
11 호위병이 각각 손에 무기를 잡고 왕
을 호위하되 성전 오른쪽에서부터
왼쪽까지 제단과 성전 곁에 서고
12 여호야다가 왕자를 인도하여 내어
왕관을 씌우며 율법책을 주고 기름
을 부어 왕으로 삼으매 무리가 박
수하며 왕의 만세를 부르니라
13 ●아달랴가 호위병과 백성의 소리
를 듣고 여호와의 성전에 들어가
백성에게 이르러
14 보매 왕이 규례대로 단 위에 섰고
장관들과 나팔수가 왕의 곁에 모셔
섰으며 온 백성이 즐거워하여 나팔
을 부는지라 아달랴가 옷을 찢으며
외치되 반역이로다 반역이로다 하
매
15 제사장 여호야다가 군대를 거느린
백부장들에게 명령하여 이르되 그
를 대열 밖으로 몰아내라 그를 따
르는 자는 모두 칼로 죽이라 하니
제사장의 이 말은 여호와의 성전에
서는 그를 죽이지 말라 함이라
16 이에 그의 길을 열어주매 그가 왕
궁의 말이 다니는 길로 가다가 거
기서 죽임을 당하였더라

여호야다의 개혁 (대하 23:16-21)

17 ●여호야다가 왕과 백성에게 여호
와와 언약을 맺어 여호와의 백성이
되게 하고 왕과 백성 사이에도 언
약을 세우게 하매
18 온 백성이 바알의 신당으로 가서
그 신당을 허물고 그 제단들과 우
상들을 철저히 깨뜨리고 그 제단
앞에서 바알의 제사장 맛단을 죽이
니라 제사장이 관리들을 세워 여호
와의 성전을 수직하게 하고
19 또 백부장들과 가리 사람과 호위병
과 온 백성을 거느리고 왕을 인도
하여 여호와의 성전에서 내려와 호
위병의 문 길을 통하여 왕궁에 이
르매 그가 왕의 왕좌에 앉으니
20 온 백성이 즐거워하고 온 성이 평
온하더라 아달랴를 무리가 왕궁에
서 칼로 죽였더라
21 ●요아스가 왕이 될 때에 나이가
칠 세였더라

유다 왕 요아스 (대하 24:1-16)

12 예후의 제칠 년에 요아스가 왕
이 되어 예루살렘에서 사십 년
간 통치하니라 그의 어머니의 이름
은 시비아라 브엘세바 사람이더라

2 요아스는 제사장 여호야다가 그를
교훈하는 모든 날 동안에는 여호와
보시기에 정직히 행하였으되
3 다만 산당들을 제거하지 아니하였
으므로 백성이 여전히 산당에서 제
사하며 분향하였더라
4 ●요아스가 제사장들에게 이르되
여호와의 성전에 거룩하게 하여 드
리는 모든 은 곧 사람이 통용하는
은이나 각 사람의 몸값으로 드리는
은이나 자원하여 여호와의 성전에
드리는 모든 은을
5 제사장들이 각각 아는 자에게서 받
아들여 성전의 어느 곳이든지 파손
된 것을 보거든 그것으로 수리하라
하였으나
6 요아스 왕 제이십삼 년에 이르도록
제사장들이 성전의 파손한 데를 수
리하지 아니하였는지라
7 요아스 왕이 대제사장 여호야다와
제사장들을 불러 이르되 너희가 어
찌하여 성전의 파손한 데를 수리하
지 아니하였느냐 이제부터는 너희
가 아는 사람에게서 은을 받지 말
고 그들이 성전의 파손한 데를 위
하여 드리게 하라
8 제사장들이 다시는 백성에게 은을
받지도 아니하고 성전 파손한 것을
수리하지도 아니하기로 동의하니라
9 ●제사장 여호야다가 한 궤를 가져
다가 그것의 뚜껑에 구멍을 뚫어
여호와의 전 문 어귀 오른쪽 곧 제
단 옆에 두매 여호와의 성전에 가
져오는 모든 은을 다 문을 지키는
제사장들이 그 궤에 넣더라
10 이에 그 궤 가운데 은이 많은 것을
보면 왕의 서기와 대제사장이 올라
와서 여호와의 성전에 있는 대로
그 은을 계산하여 봉하고
11 그 달아본 은을 일하는 자 곧 여호
와의 성전을 맡은 자의 손에 넘기
면 그들은 또 여호와의 성전을 수
리하는 목수와 건축하는 자들에게
주고
12 또 미장이와 석수에게 주고 또 여
호와의 성전 파손한 데를 수리할
재목과 다듬은 돌을 사게 하며 그
성전을 수리할 모든 물건을 위하여
쓰게 하였으되
13 여호와의 성전에 드린 그 은으로
그 성전의 은 대접이나 불집게나
주발이나 나팔이나 아무 금그릇이
나 은그릇도 만들지 아니하고
14 그 은을 일하는 자에게 주어 그것
으로 여호와의 성전을 수리하게 하
였으며
15 또 그 은을 받아 일꾼에게 주는 사
람들과 회계하지 아니하였으니 이
는 그들이 성실히 일을 하였음이라
16 속건제의 은과 속죄제의 은은 여호
와의 성전에 드리지 아니하고 제사
장에게 돌렸더라
17 ●그때에 아람 왕 하사엘이 올라와
서 가드를 쳐서 점령하고 예루살렘
을 향하여 올라오고자 하므로
18 유다의 왕 요아스가 그의 조상들
유다 왕 여호사밧과 여호람과 아하
시야가 구별하여 드린 모든 성물과
자기가 구별하여 드린 성물과 여호
와의 성전 곳간과 왕궁에 있는 금
을 다 가져다가 아람 왕 하사엘에
게 보냈더니 하사엘이 예루살렘에
서 떠나갔더라
19 ●요아스의 남은 사적과 그가 행한
모든 일은 유다 왕 역대지략에 기
록되지 아니하였느냐
20 요아스의 신복들이 일어나 반역하
여 실라로 내려가는 길가의 밀로
궁에서 그를 죽였고
21 그를 쳐서 죽인 신복은 시므앗의

아들 요사갈과 소멜의 아들 여호사
바드였더라 그는 다윗 성에 그의
조상들과 함께 장사되고 그의 아들
아마샤가 그를 대신하여 왕이 되니
라

이스라엘 왕 여호아하스

13 유다의 왕 아하시야의 아들 요
아스의 제이십삼 년에 예후의
아들 여호아하스가 사마리아에서
이스라엘 왕이 되어 십칠 년간 다
스리며
2 여호와 보시기에 악을 행하여 이스
라엘에게 범죄하게 한 느밧의 아들
여로보암의 죄를 따라가고 거기서
떠나지 아니하였으므로
3 여호와께서 이스라엘에게 노하사
늘 아람 왕 하사엘의 손과 그의 아
들 벤하닷의 손에 넘기셨더니
4 아람 왕이 이스라엘을 학대하므로
여호아하스가 여호와께 간구하매
여호와께서 들으셨으니 이는 그들
이 학대받음을 보셨음이라
5 여호와께서 이에 구원자를 이스라
엘에게 주시매 이스라엘 자손이 아
람 사람의 손에서 벗어나 전과 같
이 자기 장막에 거하였으나
6 그들이 이스라엘에게 범죄하게 한
여로보암 집의 죄에서 떠나지 아니
하고 그 안에서 따라 행하며 또 사
마리아에 아세라 목상을 그냥 두었
더라
7 아람 왕이 여호아하스의 백성을 멸
절하여 타작마당의 티끌같이 되게
하고 마병 오십 명과 병거 열 대와
보병 만 명 외에는 여호아하스에게
남겨 두지 아니하였더라
8 여호아하스의 남은 사적과 행한 모
든 일과 그의 업적은 이스라엘 왕
역대지략에 기록되지 아니하였느
냐
9 여호아하스가 그의 조상들과 함께
자매 사마리아에 장사되고 그 아들
요아스가 대신하여 왕이 되니라

이스라엘 왕 요아스

10 ●유다의 왕 요아스의 제삼십칠 년
에 여호아하스의 아들 요아스가 사
마리아에서 이스라엘 왕이 되어 십
육 년간 다스리며
11 여호와께서 보시기에 악을 행하여
이스라엘에게 범죄하게 한 느밧의
아들 여로보암의 모든 죄에서 떠나
지 아니하고 그 가운데 행하였더라
12 요아스의 남은 사적과 행한 모든
일과 유다 왕 아마샤와 싸운 그의
업적은 이스라엘 왕 역대지략에 기
록되지 아니하였느냐
13 요아스가 그의 조상들과 함께 자매
이스라엘 왕들과 함께 사마리아에
장사되고 여로보암이 그 자리에 앉
으니라

엘리사가 죽다

14 ●엘리사가 죽을 병이 들매 이스라
엘의 왕 요아스가 그에게로 내려와
자기의 얼굴에 눈물을 흘리며 이르
되 내 아버지여 내 아버지여 이스
라엘의 병거와 마병이여 하매
15 엘리사가 그에게 이르되 활과 화살
들을 가져오소서 하는지라 활과 화
살들을 그에게 가져오매
16 또 이스라엘 왕에게 이르되 왕의
손으로 활을 잡으소서 하매 그가
손으로 잡으니 엘리사가 자기 손을
왕의 손 위에 얹고
17 이르되 동쪽 창을 여소서 하여 곧
열매 엘리사가 이르되 쏘소서 하는
지라 곧 쏘매 엘리사가 이르되 이
는 여호와를 위한 구원의 화살 곧
아람에 대한 구원의 화살이니 왕이
아람 사람을 멸절하도록 아벡에서
치리이다 하니라

18 또 이르되 화살들을 집으소서 곧
집으매 엘리사가 또 이스라엘 왕에
게 이르되 땅을 치소서 하는지라
이에 세 번 치고 그친지라
19 하나님의 사람이 노하여 이르되 왕
이 대여섯 번을 칠 것이니이다 그리
하였더면 왕이 아람을 진멸하기까
지 쳤으리이다 그런즉 이제는 왕이
아람을 세 번만 치리이다 하니라
20 ●엘리사가 죽으니 그를 장사하였
고 해가 바뀌매 모압 도적떼들이
그 땅에 온지라
21 마침 사람을 장사하는 자들이 그
도적떼를 보고 그의 시체를 엘리사
의 묘실에 들이던지매 시체가 엘리
사의 뼈에 닿자 곧 회생하여 일어
섰더라

이스라엘과 아람의 전쟁

22 ●여호아하스 왕의 시대에 아람 왕
하사엘이 항상 이스라엘을 학대하
였으나
23 여호와께서 아브라함과 이삭과 야
곱과 더불어 세우신 언약 때문에 이
스라엘에게 은혜를 베풀며 그들을
불쌍히 여기시며 돌보사 멸하기를
즐겨하지 아니하시고 이때까지 자
기 앞에서 쫓아내지 아니하셨더라
24 아람의 왕 하사엘이 죽고 그의 아
들 벤하닷이 대신하여 왕이 되매
25 여호아하스의 아들 요아스가 하사
엘의 아들 벤하닷의 손에서 성읍을
다시 빼앗으니 이 성읍들은 자기
부친 여호아하스가 전쟁 중에 빼앗
겼던 것이라 요아스가 벤하닷을 세
번 쳐서 무찌르고 이스라엘 성읍들
을 회복하였더라

유다 왕 아마샤 (대하 25:1-24)

14 이스라엘의 왕 여호아하스의
아들 요아스 제이 년에 유다의
왕 요아스의 아들 아마샤가 왕이
되니
2 그가 왕이 된 때에 나이 이십오 세
라 예루살렘에서 이십구 년간 다스
리니라 그의 어머니의 이름은 여호
앗단이요 예루살렘 사람이더라
3 아마샤가 여호와 보시기에 정직히
행하였으나 그의 조상 다윗과는 같
지 아니하였으며 그의 아버지 요아
스가 행한 대로 다 행하였어도
4 오직 산당들을 제거하지 아니하였
으므로 백성이 여전히 산당에서 제
사를 드리며 분향하였더라
5 나라가 그의 손에 굳게 서매 그의
부왕을 죽인 신복들을 죽였으나
6 왕을 죽인 자의 자녀들은 죽이지
아니하였으니 이는 모세의 율법책
에 기록된 대로 함이라 곧 여호와
께서 명령하여 이르시기를 자녀로
말미암아 아버지를 죽이지 말 것이
요 아버지로 말미암아 자녀를 죽이
지 말 것이라 오직 사람마다 자기
의 죄로 말미암아 죽을 것이니라
하셨더라
7 아마샤가 소금 골짜기에서 에돔 사
람 만 명을 죽이고 또 전쟁을 하여
셀라를 취하고 이름을 욕드엘이라
하였더니 오늘까지 그러하니라
8 ●아마샤가 예후의 손자 여호아하
스의 아들 이스라엘의 왕 요아스에
게 사자를 보내 이르되 오라 우리
가 서로 대면하자 한지라
9 이스라엘의 왕 요아스가 유다의 왕
아마샤에게 사람을 보내 이르되 레
바논 가시나무가 레바논 백향목에
게 전갈을 보내어 이르기를 네 딸을
내 아들에게 주어 아내로 삼게 하라
하였더니 레바논 들짐승이 지나가
다가 그 가시나무를 짓밟았느니라
10 네가 에돔을 쳐서 파하였으므로 마
음이 교만하였으니 스스로 영광을

삼아 왕궁에나 네 집으로 돌아가라
어찌하여 화를 자취하여 너와 유다
가 함께 망하고자 하느냐 하나
11 아마샤가 듣지 아니하므로 이스라
엘의 왕 요아스가 올라와서 그와
유다의 왕 아마샤가 유다의 벧세메
스에서 대면하였더니
12 유다가 이스라엘 앞에서 패하여 각
기 장막으로 도망한지라
13 이스라엘 왕 요아스가 벧세메스에
서 아하시야의 손자 요아스의 아들
유다 왕 아마샤를 사로잡고 예루살
렘에 이르러 예루살렘 성벽을 에브
라임 문에서부터 성 모퉁이 문까지
사백 [1]규빗을 헐고
14 또 여호와의 성전과 왕궁 곳간에
있는 금은과 모든 기명을 탈취하고
또 사람을 볼모로 잡고서 사마리아
로 돌아갔더라
15 ●요아스의 남은 사적과 그의 업적
과 또 유다의 왕 아마샤와 싸운 일
은 이스라엘 왕 역대지략에 기록되
지 아니하였느냐
16 요아스가 그의 조상들과 함께 자매
이스라엘 왕들과 사마리아에 함께
장사되고 그의 아들 여로보암이 대
신하여 왕이 되니라

유다 왕 아마샤가 죽다 (대하 25:25-28)

17 ●이스라엘의 왕 여호아하스의 아
들 요아스가 죽은 후에도 유다의
왕 요아스의 아들 아마샤가 십오
년간을 생존하였더라
18 아마샤의 남은 행적은 유다 왕 역
대지략에 기록되지 아니하였느냐
19 예루살렘에서 무리가 그를 반역한
고로 그가 라기스로 도망하였더니
반역한 무리가 사람을 라기스로 따
라 보내 그를 거기서 죽이게 하고
20 그 시체를 말에 실어다가 예루살렘
에서 그의 조상들과 함께 다윗 성
에 장사하니라
21 유다 온 백성이 아사랴를 그의 아버
지 아마샤를 대신하여 왕으로 삼으
니 그때에 그의 나이가 십육 세라
22 아마샤가 그의 조상들과 함께 잔
후에 아사랴가 엘랏을 건축하여 유
다에 복귀시켰더라

이스라엘 왕 여로보암 2세

23 ●유다의 왕 요아스의 아들 아마샤
제십오 년에 이스라엘의 왕 요아스
의 아들 여로보암이 사마리아에서
왕이 되어 사십일 년간 다스렸으며
24 여호와 보시기에 악을 행하여 이스
라엘에게 범죄하게 한 느밧의 아들
여로보암의 모든 죄에서 떠나지 아
니하였더라
25 이스라엘의 하나님 여호와께서 그
의 종 가드헤벨 아밋대의 아들 선
지자 요나를 통하여 하신 말씀과
같이 여로보암이 이스라엘 영토를
회복하되 하맛 어귀에서부터 아라
바 바다까지 하였으니
26 이는 여호와께서 이스라엘의 고난
이 심하여 매인 자도 없고 놓인 자
도 없고 이스라엘을 도울 자도 없
음을 보셨고
27 여호와께서 또 이스라엘의 이름을
천하에서 없이 하겠다고도 아니하
셨으므로 요아스의 아들 여로보암
의 손으로 구원하심이었더라
28 ●여로보암의 남은 사적과 모든 행
한 일과 싸운 업적과 다메섹을 회
복한 일과 이전에 유다에 속하였던
하맛을 이스라엘에 돌린 일은 이스
라엘 왕 역대지략에 기록되지 아니
하였느냐
29 여로보암이 그의 조상 이스라엘 왕
들과 함께 자고 그의 아들 스가랴
가 대신하여 왕이 되니라

1) 히, 암마

유다 왕 아사랴 (대하 26:1-23)

15 이스라엘 왕 여로보암 제이십
칠 년에 유다 왕 아마샤의 아
들 아사랴가 왕이 되니
2 그가 왕이 될 때에 나이가 십육 세
라 예루살렘에서 오십이 년간 다스
리니라 그의 어머니의 이름은 여골
리야라 예루살렘 사람이더라
3 아사랴가 그의 아버지 아마샤의 모
든 행위대로 여호와 보시기에 정직
히 행하였으나
4 오직 산당은 제거하지 아니하였으
므로 백성이 여전히 그 산당에서
제사를 드리며 분향하였고
5 여호와께서 왕을 치셨으므로 그가
죽는 날까지 나병환자가 되어 별궁
에 거하고 왕자 요담이 왕궁을 다스
리며 그 땅의 백성을 치리하였더라
6 아사랴의 남은 사적과 행한 모든
일은 유다 왕 역대지략에 기록되지
아니하였느냐
7 아사랴가 그의 조상들과 함께 자매
다윗 성에 그의 조상들과 함께 장
사되고 그의 아들 요담이 대신하여
왕이 되니라

이스라엘 왕 스가랴

8 ●유다의 왕 아사랴의 제삼십팔 년
에 여로보암의 아들 스가랴가 사마
리아에서 여섯 달 동안 이스라엘을
다스리며
9 그의 조상들의 행위대로 여호와 보
시기에 악을 행하여 이스라엘로 범
죄하게 한 느밧의 아들 여로보암의
죄에서 떠나지 아니한지라
10 야베스의 아들 살룸이 그를 반역하
여 백성 앞에서 쳐죽이고 대신하여
왕이 되니라
11 스가랴의 남은 사적은 이스라엘 왕
역대지략에 기록되니라
12 여호와께서 예후에게 말씀하여 이
르시기를 네 자손이 사 대 동안 이
스라엘 왕위에 있으리라 하신 그
말씀대로 과연 그렇게 되니라

이스라엘 왕 살룸

13 ●유다 왕 웃시야 제삼십구 년에 야
베스의 아들 살룸이 사마리아에서
왕이 되어 한 달 동안 다스리니라
14 가디의 아들 므나헴이 디르사에서
부터 사마리아로 올라가서 야베스
의 아들 살룸을 거기에서 쳐죽이고
대신하여 왕이 되니라
15 살룸의 남은 사적과 그가 반역한
일은 이스라엘 왕 역대지략에 기록
되니라
16 그때에 므나헴이 디르사에서 와서
딥사와 그 가운데에 있는 모든 사
람과 그 사방을 쳤으니 이는 그들
이 성문을 열지 아니하였음이라
그러므로 그들이 그곳을 치고 그
가운데에 아이 밴 부녀를 갈랐더
라

이스라엘 왕 므나헴

17 ●유다 왕 아사랴 제삼십구 년에
가디의 아들 므나헴이 이스라엘 왕
이 되어 사마리아에서 십 년간 다
스리며
18 여호와 보시기에 악을 행하여 이스
라엘로 범죄하게 한 느밧의 아들
여로보암의 죄에서 평생 떠나지 아
니하였더라
19 앗수르 왕 불이 와서 그 땅을 치려
하매 므나헴이 은 천 달란트를 불
에게 주어서 그로 자기를 도와주게
함으로 나라를 자기 손에 굳게 세
우고자 하여
20 그 은을 이스라엘 모든 큰 부자에게
서 강탈하여 각 사람에게 은 오십
세겔씩 내게 하여 앗수르 왕에게 주
었더니 이에 앗수르 왕이 되돌아가
그 땅에 머물지 아니하였더라

21 므나헴의 남은 사적과 그가 행한
모든 일은 이스라엘 왕 역대지략에
기록되지 아니하였느냐
22 므나헴이 그의 조상들과 함께 자고
그의 아들 브가히야가 대신하여 왕
이 되니라

이스라엘 왕 브가히야

23 ●유다의 왕 아사랴 제오십 년에
므나헴의 아들 브가히야가 사마리
아에서 이스라엘 왕이 되어 이 년
간 다스리며
24 여호와께서 보시기에 악을 행하여
이스라엘로 범죄하게 한 느밧의 아
들 여로보암의 죄에서 떠나지 아니
한지라
25 그 장관 르말랴의 아들 베가가 반
역하여 사마리아 왕궁 호위소에서
왕과 아르곱과 아리에를 죽이되 길
르앗 사람 오십 명과 더불어 죽이
고 대신하여 왕이 되었더라
26 브가히야의 남은 사적과 그가 행한
모든 일은 이스라엘 왕 역대지략에
기록되니라

이스라엘 왕 베가

27 ●유다의 왕 아사랴 제오십이 년에
르말랴의 아들 베가가 이스라엘 왕
이 되어 사마리아에서 이십 년간
다스리며
28 여호와께서 보시기에 악을 행하여
이스라엘로 범죄하게 한 느밧의 아
들 여로보암의 죄에서 떠나지 아니
하였더라
29 ●이스라엘 왕 베가 때에 앗수르
왕 디글랏 빌레셀이 와서 이욘과
아벨벳 마아가와 야노아와 게데스
와 하솔과 길르앗과 갈릴리와 납달
리 온 땅을 점령하고 그 백성을 사
로잡아 앗수르로 옮겼더라
30 웃시야의 아들 요담 제이십 년에
엘라의 아들 호세아가 반역하여 르
말랴의 아들 베가를 쳐서 죽이고
대신하여 왕이 되니라
31 베가의 남은 사적과 그가 행한 모
든 일은 이스라엘 왕 역대지략에
기록되니라

유다 왕 요담 (대하 27:1-9)

32 ●이스라엘의 왕 르말랴의 아들 베
가 제이 년에 유다 왕 웃시야의 아
들 요담이 왕이 되니
33 나이가 이십오 세라 예루살렘에서 십
육 년간 다스리니라 그의 어머니의
이름은 여루사라 사독의 딸이더라
34 요담이 그의 아버지 웃시야의 모든
행위대로 여호와께서 보시기에 정
직히 행하였으나
35 오직 산당을 제거하지 아니하였으
므로 백성이 여전히 그 산당에서
제사를 드리며 분향하였더라 요담
이 여호와의 성전의 윗문을 건축하
니라
36 요담의 남은 사적과 그가 행한 모
든 일은 유다 왕 역대지략에 기록
되지 아니하였느냐
37 ●그때에 여호와께서 비로소 아람
왕 르신과 르말랴의 아들 베가를
보내어 유다를 치게 하셨더라
38 요담이 그의 조상들과 함께 자매
그의 조상 다윗 성에 조상들과 함
께 장사되고 그 아들 아하스가 대
신하여 왕이 되니라

유다 왕 아하스 (대하 28:1-27)

16 르말랴의 아들 베가 제십칠 년
에 유다의 왕 요담의 아들 아
하스가 왕이 되니
2 아하스가 왕이 될 때에 나이가 이
십 세라 예루살렘에서 십육 년간
다스렸으나 그의 조상 다윗과 같지
아니하여 그의 하나님 여호와께서
보시기에 정직히 행하지 아니하고
3 이스라엘의 여러 왕의 길로 행하며

또 여호와께서 이스라엘 자손 앞에
서 쫓아내신 이방 사람의 가증한
일을 따라 자기 아들을 불 가운데
로 지나가게 하며
4 또 산당들과 작은 산 위와 모든 푸
른 나무 아래에서 제사를 드리며
분향하였더라
5 ●이때에 아람의 왕 르신과 이스라
엘의 왕 르말랴의 아들 베가가 예
루살렘에 올라와서 싸우려 하여 아
하스를 에워쌌으나 능히 이기지 못
하니라
6 당시에 아람의 왕 르신이 엘랏을
회복하여 아람에 돌리고 유다 사람
을 엘랏에서 쫓아내었고 아람 사람
이 엘랏에 이르러 거기에 거주하여
오늘까지 이르렀더라
7 아하스가 앗수르 왕 디글랏 빌레셀
에게 사자를 보내 이르되 나는 왕
의 신복이요 왕의 아들이라 이제
아람 왕과 이스라엘 왕이 나를 치
니 청하건대 올라와 그 손에서 나
를 구원하소서 하고
8 아하스가 여호와의 성전과 왕궁 곳
간에 있는 은금을 내어다가 앗수르
왕에게 예물로 보냈더니
9 앗수르 왕이 그 청을 듣고 곧 올라
와서 다메섹을 쳐서 점령하여 그
백성을 사로잡아 기르로 옮기고 또
르신을 죽였더라
10 ●아하스 왕이 앗수르의 왕 디글랏
빌레셀을 만나러 다메섹에 갔다가
거기 있는 제단을 보고 아하스 왕
이 그 제단의 모든 구조와 제도의
양식을 그려 제사장 우리야에게 보
냈더니
11 아하스 왕이 다메섹에서 돌아오기
전에 제사장 우리야가 아하스 왕이
다메섹에서 보낸 대로 모두 행하여
제사장 우리야가 제단을 만든지라
12 왕이 다메섹에서 돌아와 제단을 보
고 제단 앞에 나아가 그 위에 제사
를 드리되
13 자기의 번제물과 소제물을 불사르
고 또 전제물을 붓고 수은제 짐승
의 피를 제단에 뿌리고
14 또 여호와의 앞 곧 성전 앞에 있던
놋 제단을 새 제단과 여호와의 성
전 사이에서 옮겨다가 그 제단 북
쪽에 그것을 두니라
15 아하스 왕이 제사장 우리야에게 명
령하여 이르되 아침 번제물과 저녁
소제물과 왕의 번제물과 그 소제물
과 모든 국민의 번제물과 그 소제
물과 전제물을 다 이 큰 제단 위에
불사르고 또 번제물의 피와 다른
제물의 피를 다 그 위에 뿌리라 오
직 놋 제단은 내가 주께 여쭐 일에
만 쓰게 하라 하매
16 제사장 우리야가 아하스 왕의 모든
명령대로 행하였더라
17 ●아하스 왕이 물두멍 받침의 옆판
을 떼내고 물두멍을 그 자리에서
옮기고 또 놋바다를 놋소 위에서
내려다가 돌판 위에 그것을 두며
18 또 안식일에 쓰기 위하여 성전에
건축한 낭실과 왕이 밖에서 들어가
는 낭실을 앗수르 왕을 두려워하여
여호와의 성전에 옮겨 세웠더라
19 아하스가 행한 그 남은 사적은 유
다 왕 역대지략에 기록되지 아니하
였느냐
20 아하스가 그의 조상들과 함께 자매
다윗 성에 그 열조와 함께 장사되
고 그의 아들 히스기야가 대신하여
왕이 되니라

이스라엘 왕 호세아

17 유다의 왕 아하스 제십이 년에
엘라의 아들 호세아가 사마리
아에서 이스라엘 왕이 되어 구 년

간 다스리며
2 여호와께서 보시기에 악을 행하였
으나 다만 그 전 이스라엘 여러 왕
들과 같이 하지는 아니하였더라
3 앗수르의 왕 살만에셀이 올라오니
호세아가 그에게 종이 되어 조공을
드리더니
4 그가 애굽의 왕 소에게 사자들을
보내고 해마다 하던 대로 앗수르
왕에게 조공을 드리지 아니하매 앗
수르 왕이 호세아가 배반함을 보고
그를 옥에 감금하여 두고
5 앗수르 왕이 올라와 그 온 땅에 두
루 다니고 사마리아로 올라와 그곳
을 삼 년간 에워쌌더라
6 호세아 제구 년에 앗수르 왕이 사
마리아를 점령하고 이스라엘 사람
을 사로잡아 앗수르로 끌어다가 고
산 강가에 있는 할라와 하볼과 메
대 사람의 여러 고을에 두었더라

앗수르 왕이 사마리아를 차지하다

7 ●이 일은 이스라엘 자손이 자기를
애굽 땅에서 인도하여 내사 애굽의
왕 바로의 손에서 벗어나게 하신
그 하나님 여호와께 죄를 범하고
또 다른 신들을 경외하며
8 여호와께서 이스라엘 자손 앞에서
쫓아내신 이방 사람의 규례와 이스
라엘 여러 왕이 세운 율례를 행하
였음이라
9 이스라엘의 자손이 점차로 불의를
행하여 그 하나님 여호와를 배역하
여 모든 성읍에 망대로부터 견고한
성에 이르도록 산당을 세우고
10 모든 산 위에와 모든 푸른 나무 아
래에 목상과 아세라 상을 세우고
11 또 여호와께서 그들 앞에서 물리치
신 이방 사람같이 그곳 모든 산당
에서 분향하며 또 악을 행하여 여
호와를 격노하게 하였으며
12 또 우상을 섬겼으니 이는 여호와께
서 그들에게 행하지 말라고 말씀하
신 일이라
13 여호와께서 각 선지자와 각 선견자
를 통하여 이스라엘과 유다에게 지
정하여 이르시기를 너희는 돌이켜
너희 악한 길에서 떠나 나의 명령
과 율례를 지키되 내가 너희 조상
들에게 명령하고 또 내 종 선지자
들을 통하여 너희에게 전한 모든
율법대로 행하라 하셨으나
14 그들이 듣지 아니하고 그들의 목을
곧게 하기를 그들의 하나님 여호와
를 믿지 아니하던 그들 조상들의
목같이 하여
15 여호와의 율례와 여호와께서 그들
의 조상들과 더불어 세우신 언약과
경계하신 말씀을 버리고 허무한 것
을 뒤따라 허망하며 또 여호와께서
명령하사 따르지 말라 하신 사방
이방 사람을 따라
16 그들의 하나님 여호와의 모든 명
령을 버리고 자기들을 위하여 두
송아지 형상을 부어 만들고 또 아
세라 목상을 만들고 하늘의 일월
성신을 경배하며 또 바알을 섬기
고
17 또 자기 자녀를 불 가운데로 지나
가게 하며 복술과 사술을 행하고
스스로 팔려 여호와 보시기에 악을
행하여 그를 격노하게 하였으므로
18 여호와께서 이스라엘에게 심히 노
하사 그들을 그의 앞에서 제거하시
니 오직 유다 지파 외에는 남은 자
가 없으니라
19 ●유다도 그들의 하나님 여호와의
명령을 지키지 아니하고 이스라엘
사람들이 만든 관습을 행하였으므
로
20 여호와께서 이스라엘의 온 족속을

버리사 괴롭게 하시며 노략꾼의 손
에 넘기시고 마침내 그의 앞에서
쫓아내시니라
21 이스라엘을 다윗의 집에서 찢어 나
누시매 그들이 느밧의 아들 여로보
암을 왕으로 삼았더니 여로보암이
이스라엘을 몰아 여호와를 떠나고
큰 죄를 범하게 하매
22 이스라엘 자손이 여로보암이 행한
모든 죄를 따라 행하여 거기서 떠
나지 아니하므로
23 여호와께서 그의 종 모든 선지자를
통하여 하신 말씀대로 드디어 이스
라엘을 그 앞에서 내쫓으신지라 이
스라엘이 고향에서 앗수르에 사로
잡혀 가서 오늘까지 이르렀더라

앗수르 사람들이 사마리아에 거주하다

24 ●앗수르 왕이 바벨론과 구다와 아
와와 하맛과 스발와임에서 사람을
옮겨다가 이스라엘 자손을 대신하
여 사마리아 여러 성읍에 두매 그
들이 사마리아를 차지하고 그 여러
성읍에 거주하니라
25 그들이 처음으로 거기 거주할 때에
여호와를 경외하지 아니하므로 여
호와께서 사자들을 그들 가운데에
보내시매 몇 사람을 죽인지라
26 그러므로 어떤 사람이 앗수르 왕에
게 말하여 이르되 왕께서 사마리아
여러 성읍에 옮겨 거주하게 하신
민족들이 그 땅 신의 법을 알지 못
하므로 그들의 신이 사자들을 그들
가운데에 보내매 그들을 죽였사오
니 이는 그들이 그 땅 신의 법을 알
지 못함이니이다 하니라
27 ●앗수르 왕이 명령하여 이르되 너
희는 그곳에서 사로잡아 온 제사장
한 사람을 그곳으로 데려가되 그가
그곳에 가서 거주하며 그 땅 신의
법을 무리에게 가르치게 하라 하니
28 이에 사마리아에서 사로잡혀 간 제
사장 중 한 사람이 와서 벧엘에 살
며 백성에게 어떻게 여호와 경외할
지를 가르쳤더라
29 그러나 각 민족이 각기 자기의 신
상들을 만들어 사마리아 사람이 지
은 여러 산당들에 두되 각 민족이
자기들이 거주한 성읍에서 그렇게
하여
30 바벨론 사람들은 숙곳브놋을 만들
었고 굿 사람들은 네르갈을 만들었
고 하맛 사람들은 아시마를 만들었
고
31 아와 사람들은 닙하스와 다르닥을
만들었고 스발와임 사람들은 그 자
녀를 불살라 그들의 신 아드람멜렉
과 아남멜렉에게 드렸으며
32 그들이 또 여호와를 경외하여 자기
중에서 사람을 산당의 제사장으로
택하여 그 산당들에서 자기를 위하
여 제사를 드리게 하니라
33 이와 같이 그들이 여호와도 경외하
고 또한 어디서부터 옮겨왔든지 그
민족의 풍속대로 자기의 신들도 섬
겼더라
34 ●그들이 오늘까지 이전 풍속대로
행하여 여호와를 경외하지 아니하
며 또 여호와께서 이스라엘이라 이
름을 주신 야곱의 자손에게 명령하
신 율례와 법도와 율법과 계명을
준행하지 아니하는도다
35 옛적에 여호와께서 야곱의 자손에
게 언약을 세우시고 그들에게 명령
하여 이르시되 너희는 다른 신을
경외하지 말며 그를 경배하지 말며
그를 섬기지 말며 그에게 제사하지
말고
36 오직 큰 능력과 편 팔로 너희를 애
굽에서 인도하여 내신 여호와만 경
외하여 그를 예배하며 그에게 제사

를 드릴 것이며
37 또 여호와가 너희를 위하여 기록한
율례와 법도와 율법과 계명을 지켜
영원히 행하고 다른 신들을 경외하
지 말며
38 또 내가 너희와 세운 언약을 잊지
말며 다른 신들을 경외하지 말고
39 오직 너희 하나님 여호와만을 경외
하라 그가 너희를 모든 원수의 손
에서 건져내리라 하셨으나
40 그러나 그들이 듣지 아니하고 오히
려 이전 풍속대로 행하였느니라
41 이 여러 민족이 여호와를 경외하고
또 그 아로새긴 우상을 섬기니 그
들의 자자손손이 그들의 조상들이
행하던 대로 그들도 오늘까지 행하
니라

유다 왕 히스기야 (대하 29:1-2; 31:1)

18 이스라엘의 왕 엘라의 아들 호
세아 제삼 년에 유다 왕 아하
스의 아들 히스기야가 왕이 되니
2 그가 왕이 될 때에 나이가 이십오
세라 예루살렘에서 이십구 년간 다
스리니라 그의 어머니의 이름은 아
비요 스가리야의 딸이더라
3 히스기야가 그의 조상 다윗의 모든
행위와 같이 여호와께서 보시기에
정직하게 행하여
4 그가 여러 산당들을 제거하며 주상
을 깨뜨리며 아세라 목상을 찍으며
모세가 만들었던 놋뱀을 이스라엘
자손이 이때까지 향하여 분향하므
로 그것을 부수고 1)느후스단이라
일컬었더라
5 히스기야가 이스라엘 하나님 여호
와를 의지하였는데 그의 전후 유다
여러 왕 중에 그러한 자가 없었으
니
6 곧 그가 여호와께 연합하여 그에게
서 떠나지 아니하고 여호와께서 모
세에게 명령하신 계명을 지켰더라
7 여호와께서 그와 함께하시매 그가
어디로 가든지 형통하였더라 저가
앗수르 왕을 배반하고 섬기지 아니
하였고
8 그가 블레셋 사람들을 쳐서 가사와
그 사방에 이르고 망대에서부터 견
고한 성까지 이르렀더라
9 ●히스기야 왕 제사 년 곧 이스라
엘의 왕 엘라의 아들 호세아 제칠
년에 앗수르의 왕 살만에셀이 사마
리아로 올라와서 에워쌌더라
10 삼 년 후에 그 성읍이 함락되니 곧
히스기야 왕의 제육 년이요 이스라
엘 왕 호세아의 제구 년에 사마리
아가 함락되매
11 앗수르 왕이 이스라엘을 사로잡아
앗수르에 이르러 고산 강가에 있는
할라와 하볼과 메대 사람의 여러
성읍에 두었으니
12 이는 그들이 하나님 여호와의 말씀
을 듣지 아니하고 그의 언약과 여
호와의 종 모세가 명령한 모든 것
을 따르지 아니하였음이더라

앗수르 사람들이 예루살렘을 위협하다
(대하 32:1-19; 사 36:1-22)

13 ●히스기야 왕 제십사 년에 앗수르
의 왕 산헤립이 올라와서 유다 모
든 견고한 성읍들을 쳐서 점령하매
14 유다의 왕 히스기야가 라기스로 사
람을 보내어 앗수르 왕에게 이르되
내가 범죄하였나이다 나를 떠나 돌
아가소서 왕이 내게 지우시는 것을
내가 당하리이다 하였더니 앗수르
왕이 곧 은 삼백 달란트와 금 삼십
달란트를 정하여 유다 왕 히스기야
에게 내게 한지라
15 히스기야가 이에 여호와의 성전과
왕궁 곳간에 있는 은을 다 주었고

1) 놋조각이라는 뜻

16 또 그때에 유다 왕 히스기야가 여
호와의 성전 문의 금과 자기가 모
든 기둥에 입힌 금을 벗겨 모두 앗
수르 왕에게 주었더라
17 ●앗수르 왕이 다르단과 랍사리스
와 랍사게로 하여금 대군을 거느리
고 라기스에서부터 예루살렘으로
가서 히스기야 왕을 치게 하매 그
들이 예루살렘으로 올라가니라 그
들이 올라가서 윗못 수도 곁 곧 세
탁자의 밭에 있는 큰 길에 이르러
서니라
18 그들이 왕을 부르매 힐기야의 아들
로서 왕궁의 책임자인 엘리야김과
서기관 셉나와 아삽의 아들 사관
요아가 그에게 나가니
19 랍사게가 그들에게 이르되 너희는
히스기야에게 말하라 대왕 앗수르
왕의 말씀이 네가 의뢰하는 이 의
뢰가 무엇이냐
20 네가 싸울 만한 계교와 용력이 있
다고 한다마는 이는 입에 붙은 말
뿐이라 네가 이제 누구를 의뢰하고
나를 반역하였느냐
21 이제 네가 너를 위하여 저 상한 갈
대 지팡이 애굽을 의뢰하도다 사람
이 그것을 의지하면 그의 손에 찔
려 들어갈지라 애굽의 왕 바로는
그에게 의뢰하는 모든 자에게 이와
같으니라
22 너희가 내게 이르기를 우리는 우리
하나님 여호와를 의뢰하노라 하리
라마는 히스기야가 그들의 산당들
과 제단을 제거하고 유다와 예루살
렘 사람에게 명령하기를 예루살렘
이 제단 앞에서만 예배하라 하지
아니하였느냐 하셨나니
23 청하건대 이제 너는 내 주 앗수르
왕과 내기하라 네가 만일 말을 탈
사람을 낼 수 있다면 나는 네게 말
이천 마리를 주리라
24 네가 어찌 내 주의 신하 중 지극히
작은 지휘관 한 사람인들 물리치며
애굽을 의뢰하고 그 병거와 기병을
얻을 듯하냐
25 내가 어찌 여호와의 뜻이 아니고야
이제 이곳을 멸하러 올라왔겠느냐
여호와께서 전에 내게 이르시기를
이 땅으로 올라와서 쳐서 멸하라
하셨느니라 하는지라
26 힐기야의 아들 엘리야김과 셉나와
요아가 랍사게에게 이르되 우리가
알아듣겠사오니 청하건대 아람 말
로 당신의 종들에게 말씀하시고 성
위에 있는 백성이 듣는 데서 유다
말로 우리에게 말씀하지 마옵소서
27 랍사게가 그에게 이르되 내 주께서
네 주와 네게만 이 말을 하라고 나
를 보내신 것이냐 성 위에 앉은 사
람들도 너희와 함께 자기의 대변을
먹게 하고 자기의 소변을 마시게
하신 것이 아니냐 하고
28 랍사게가 드디어 일어서서 유다 말
로 크게 소리 질러 불러 이르되 너
희는 대왕 앗수르 왕의 말씀을 들
으라
29 왕의 말씀이 너희는 히스기야에게
속지 말라 그가 너희를 내 손에서
건져내지 못하리라
30 또한 히스기야가 너희에게 여호와
를 의뢰하라 함을 듣지 말라 그가
이르기를 여호와께서 반드시 우리
를 건지실지라 이 성읍이 앗수르
왕의 손에 함락되지 아니하게 하시
리라 할지라도
31 너희는 히스기야의 말을 듣지 말라
앗수르 왕의 말씀이 너희는 내게
항복하고 내게로 나아오라 그리하
고 너희는 각각 그의 포도와 무화
과를 먹고 또한 각각 자기의 우물

의 물을 마시라
32 내가 장차 와서 너희를 한 지방으
로 옮기리니 그곳은 너희 본토와
같은 지방 곧 곡식과 포도주가 있
는 지방이요 떡과 포도원이 있는
지방이요 기름 나는 감람과 꿀이
있는 지방이라 너희가 살고 죽지
아니하리라 히스기야가 너희를 설
득하여 이르기를 여호와께서 우리
를 건지시리라 하여도 히스기야에
게 듣지 말라
33 민족의 신들 중에 어느 한 신이 그
의 땅을 앗수르 왕의 손에서 건진
자가 있느냐
34 하맛과 아르밧의 신들이 어디 있으
며 스발와임과 헤나와 아와의 신들
이 어디 있느냐 그들이 사마리아를
내 손에서 건졌느냐
35 민족의 모든 신들 중에 누가 그의
땅을 내 손에서 건졌기에 여호와가
예루살렘을 내 손에서 건지겠느냐
하셨느니라
36 ●그러나 백성이 잠잠하고 한 마디
도 그에게 대답하지 아니하니 이는
왕이 명령하여 대답하지 말라 하였
음이라
37 이에 힐기야의 아들로서 왕궁 내의
책임자인 엘리야김과 서기관 셉나
와 아삽의 아들 사관 요아가 옷을
찢고 히스기야에게 나아가서 랍사
게의 말을 전하니라

왕이 이사야의 충고를 듣고자 하다 (사 37:1-7)

19 히스기야 왕이 듣고 그 옷을
찢고 굵은 베를 두르고 여호와
의 전에 들어가서
2 왕궁의 책임자인 엘리야김과 서기
관 셉나와 제사장 중 장로들에게
굵은 베를 둘려서 아모스의 아들
선지자 이사야에게로 보내매
3 그들이 이사야에게 이르되 히스기
야의 말씀이 오늘은 환난과 징벌과
모욕의 날이라 아이를 낳을 때가
되었으나 해산할 힘이 없도다
4 랍사게가 그의 주 앗수르 왕의 보
냄을 받고 와서 살아 계신 하나님
을 비방하였으니 당신의 하나님 여
호와께서 혹시 그의 말을 들으셨을
지라 당신의 하나님 여호와께서 그
들으신 말 때문에 꾸짖으실 듯하니
당신은 이 남아 있는 자들을 위하
여 기도하소서 하더이다 하니라
5 이와 같이 히스기야 왕의 신복이
이사야에게 나아가니
6 이사야가 그들에게 이르되 너희는
너희 주에게 이렇게 말하라 여호와
의 말씀이 너는 앗수르 왕의 신복
에게 들은 바 나를 모욕하는 말 때
문에 두려워하지 말라
7 내가 한 영을 그의 속에 두어 그로
소문을 듣고 그의 본국으로 돌아가
게 하고 또 그의 본국에서 그에게 칼
에 죽게 하리라 하셨느니라 하더라

앗수르가 또 위협하다 (사 37:8-20)

8 ●랍사게가 돌아가다가 앗수르 왕
이 이미 라기스에서 떠났다 함을
듣고 립나로 가서 앗수르 왕을 만
났으니 왕이 거기서 립나와 싸우는
중이더라
9 앗수르 왕은 구스 왕 디르하가가
당신과 싸우고자 나왔다 함을 듣고
다시 히스기야에게 사자를 보내며
이르되
10 너희는 유다의 왕 히스기야에게 이
같이 말하여 이르기를 네가 믿는
네 하나님이 예루살렘을 앗수르 왕
의 손에 넘기지 아니하겠다 하는
말에 속지 말라
11 앗수르의 여러 왕이 여러 나라에
행한 바 진멸한 일을 네가 들었나

니 네가 어찌 구원을 얻겠느냐
12 내 조상들이 멸하신 여러 민족 곧
고산과 하란과 레셉과 들라살에 있
는 에덴 족속을 그 나라들의 신들
이 건졌느냐
13 하맛 왕과 아르밧 왕과 스발와임
성의 왕과 헤나와 아와의 왕들이
다 어디 있느냐 하라 하니라
14 ●히스기야가 사자의 손에서 편지
를 받아보고 여호와의 성전에 올라
가서 히스기야가 그 편지를 여호와
앞에 펴 놓고
15 그 앞에서 히스기야가 기도하여 이
르되 그룹들 위에 계신 이스라엘의
하나님 여호와여 주는 천하 만국에
홀로 하나님이시라 주께서 천지를
만드셨나이다
16 여호와여 귀를 기울여 들으소서 여
호와여 눈을 떠서 보시옵소서 산헤
립이 살아 계신 하나님을 비방하러
보낸 말을 들으시옵소서
17 여호와여 앗수르 여러 왕이 과연
여러 민족과 그들의 땅을 황폐하게
하고
18 또 그들의 신들을 불에 던졌사오니
이는 그들이 신이 아니요 사람의
손으로 만든 것 곧 나무와 돌뿐이
므로 멸하였나이다
19 우리 하나님 여호와여 원하건대 이
제 우리를 그의 손에서 구원하옵소
서 그리하시면 천하 만국이 주 여
호와가 홀로 하나님이신 줄 알리이
다 하니라

이사야가 왕에게 보낸 여호와의 말씀
(사 37:21-38)

20 ●아모스의 아들 이사야가 히스기
야에게 보내 이르되 이스라엘 하나
님 여호와의 말씀이 네가 앗수르
왕 산헤립 때문에 내게 기도하는
것을 내가 들었노라 하셨나이다
21 여호와께서 앗수르 왕에게 대하여
이같이 말씀하시기를
처녀 딸 시온이 너를 멸시하며 너
를 비웃었으며 딸 예루살렘이 너
를 향하여 머리를 흔들었느니라
22 네가 누구를 꾸짖었으며 비방하였
느냐 누구를 향하여 소리를 높였
으며 눈을 높이 떴느냐 이스라엘
의 거룩한 자에게 그리하였도다
23 네가 사자들을 통하여 주를 비방
하여 이르기를 내가 많은 병거를
거느리고 여러 산꼭대기에 올라
가며 레바논 깊은 곳에 이르러 높
은 백향목과 아름다운 잣나무를
베고 내가 그 가장 먼 곳에 들어
가며 그의 동산의 무성한 수풀에
이르리라
24 내가 땅을 파서 이방의 물을 마셨
고 나의 발바닥으로 애굽의 모든
강들을 말렸노라 하였도다
25 네가 듣지 못하였느냐 이 일은 내
가 태초부터 행하였고 옛날부터
정한 바라 이제 내가 이루어 너로
견고한 성들을 멸하여 무너진 돌
무더기가 되게 함이니라
26 그러므로 거기에 거주하는 백성
의 힘이 약하여 두려워하며 놀랐
나니 그들은 들의 채소와 푸른 풀
과 지붕의 잡초와 자라기 전에 시
든 곡초같이 되었느니라
27 네 거처와 네 출입과 네가 내게
향한 분노를 내가 다 아노니
28 네가 내게 향한 분노와 네 교만한
말이 내 귀에 들렸도다 그러므로
내가 갈고리를 네 코에 꿰고 재갈
을 네 입에 물려 너를 오던 길로
끌어 돌이키리라
하셨나이다
29 ●또 네게 보일 징조가 이러하니
너희가 금년에는 스스로 자라난 것

을 먹고 내년에는 그것에서 난 것
을 먹되 제삼 년에는 심고 거두며
포도원을 심고 그 열매를 먹으리라
30 유다 족속 중에서 피하고 남은 자
는 다시 아래로 뿌리를 내리고 위
로 열매를 맺을지라
31 남은 자는 예루살렘에서부터 나올
것이요 피하는 자는 시온 산에서부
터 나오리니 여호와의 열심이 이
일을 이루리라 하셨나이다 하니라
32 그러므로 여호와께서 앗수르 왕을
가리켜 이르시기를 그가 이 성에 이
르지 못하며 이리로 화살을 쏘지 못
하며 방패를 성을 향하여 세우지 못
하며 치려고 토성을 쌓지도 못하고
33 오던 길로 돌아가고 이 성에 이르
지 못하리라 하셨으니 이는 여호와
의 말씀이시라
34 내가 나와 나의 종 다윗을 위하여
이 성을 보호하여 구원하리라 하셨
나이다 하였더라

산헤립이 죽다

35 ●이 밤에 여호와의 사자가 나와서
앗수르 진영에서 군사 십팔만 오천
명을 친지라 아침에 일찍이 일어나
보니 다 송장이 되었더라
36 앗수르 왕 산헤립이 떠나 돌아가서
니느웨에 거주하더니
37 그가 그의 신 니스록의 신전에서
경배할 때에 아드람멜렉과 사레셀
이 그를 칼로 쳐죽이고 아라랏 땅
으로 그들이 도망하매 그 아들 에
살핫돈이 대신하여 왕이 되니라

히스기야의 발병과 회복

(대하 32:24-26; 사 38:1-8, 21-22)

20 그때에 히스기야가 병들어 죽
게 되매 아모스의 아들 선지
자 이사야가 그에게 나아와서 그에
게 이르되 여호와의 말씀이 너는
집을 정리하라 네가 죽고 살지 못
하리라 하셨나이다
2 히스기야가 낯을 벽으로 향하고 여
호와께 기도하여 이르되
3 여호와여 구하오니 내가 진실과 전심
으로 주 앞에 행하며 주께서 보시기
에 선하게 행한 것을 기억하옵소서
하고 히스기야가 심히 통곡하더라
4 이사야가 성읍 가운데까지도 이르
기 전에 여호와의 말씀이 그에게
임하여 이르시되
5 너는 돌아가서 내 백성의 주권자
히스기야에게 이르기를 왕의 조상
다윗의 하나님 여호와의 말씀이 내
가 네 기도를 들었고 네 눈물을 보
았노라 내가 너를 낫게 하리니 네
가 삼 일 만에 여호와의 성전에 올
라가겠고
6 내가 네 날에 십오 년을 더할 것이
며 내가 너와 이 성을 앗수르 왕의
손에서 구원하고 내가 나를 위하고
또 내 종 다윗을 위하므로 이 성을
보호하리라 하셨다 하라 하셨더라
7 이사야가 이르되 무화과 반죽을 가
져오라 하매 무리가 가져다가 그
상처에 놓으니 나으니라
8 ●히스기야가 이사야에게 이르되
여호와께서 나를 낫게 하시고 삼
일 만에 여호와의 성전에 올라가게
하실 무슨 징표가 있나이까 하니
9 이사야가 이르되 여호와께서 하신
말씀을 응하게 하실 일에 대하여
여호와께로부터 왕에게 한 징표가
임하리이다 해 그림자가 십도를 나
아갈 것이니이까 혹 십도를 물러갈
것이니이까 하니
10 히스기야가 대답하되 그림자가 십
도를 나아가기는 쉬우니 그리할 것
이 아니라 십도가 뒤로 물러갈 것
이니이다 하니라
11 선지자 이사야가 여호와께 간구하

매 아하스의 해시계 위에 나아갔던
해 그림자를 십도 뒤로 물러가게
하셨더라

바벨론에서 온 사자들 (사 39:1-8)

12 ●그때에 발라단의 아들 바벨론의
왕 브로닥발라단이 히스기야가 병
들었다 함을 듣고 편지와 예물을
그에게 보낸지라
13 히스기야가 사자들의 말을 듣고 자
기 보물고의 금은과 향품과 보배로
운 기름과 그의 군기고와 창고의
모든 것을 다 사자들에게 보였는데
왕궁과 그의 나라 안에 있는 모든
것 중에서 히스기야가 그에게 보이
지 아니한 것이 없더라
14 선지자 이사야가 히스기야 왕에게
나아와 그에게 이르되 이 사람들이
무슨 말을 하였으며 어디서부터
왕에게 왔나이까 히스기야가 이르
되 먼 지방 바벨론에서 왔나이다
하니
15 이사야가 이르되 그들이 왕궁에서
무엇을 보았나이까 하니 히스기야
가 대답하되 내 궁에 있는 것을 그
들이 다 보았나니 나의 창고에서
하나도 보이지 아니한 것이 없나이
다 하더라

히스기야가 죽다 (대하 32:32-33)

16 ●이사야가 히스기야에게 이르되
여호와의 말씀을 들으소서
17 여호와의 말씀이 날이 이르리니 왕
궁의 모든 것과 왕의 조상들이 오
늘까지 쌓아 두었던 것이 바벨론으
로 옮긴 바 되고 하나도 남지 아니
할 것이요
18 또 왕의 몸에서 날 아들 중에서 사
로잡혀 바벨론 왕궁의 환관이 되리
라 하셨나이다 하니
19 히스기야가 이사야에게 이르되 당
신이 전한 바 여호와의 말씀이 선하
니이다 하고 또 이르되 만일 내가
사는 날에 태평과 진실이 있을진대
어찌 선하지 아니하리요 하니라
20 히스기야의 남은 사적과 그의 모든
업적과 저수지와 수도를 만들어 물
을 성 안으로 끌어들인 일은 유다
왕 역대지략에 기록되지 아니하였
느냐
21 히스기야가 그의 조상들과 함께 자
고 그의 아들 므낫세가 대신하여
왕이 되니라

유다 왕 므낫세 (대하 33:1-20)

21 므낫세가 왕이 될 때에 나이가
십이 세라 예루살렘에서 오십
오 년간 다스리니라 그의 어머니의
이름은 헵시바더라
2 므낫세가 여호와 보시기에 악을 행
하여 여호와께서 이스라엘 자손 앞
에서 쫓아내신 이방 사람의 가증한
일을 따라서
3 그의 아버지 히스기야가 헐어 버린
산당들을 다시 세우며 이스라엘의
왕 아합의 행위를 따라 바알을 위
하여 제단을 쌓으며 아세라 목상을
만들며 하늘의 일월 성신을 경배하
여 섬기며
4 여호와께서 전에 이르시기를 내가
내 이름을 예루살렘에 두리라 하신
여호와의 성전에 제단들을 쌓고
5 또 여호와의 성전 두 마당에 하늘
의 일월 성신을 위하여 제단들을
쌓고
6 또 자기의 아들을 불 가운데로 지
나게 하며 점치며 사술을 행하며
신접한 자와 박수를 신임하여 여호
와께서 보시기에 악을 많이 행하여
그 진노를 일으켰으며
7 또 자기가 만든 아로새긴 아세라
목상을 성전에 세웠더라 옛적에 여
호와께서 이 성전에 대하여 다윗과

그의 아들 솔로몬에게 이르시기를
내가 이스라엘의 모든 지파 중에서
택한 이 성전과 예루살렘에 내 이
름을 영원히 둘지라
8 만일 이스라엘이 나의 모든 명령과
나의 종 모세가 명령한 모든 율법
을 지켜 행하면 내가 그들의 발로
다시는 그의 조상들에게 준 땅에서
떠나 유리하지 아니하게 하리라 하
셨으나
9 이 백성이 듣지 아니하였고 므낫세
의 꾐을 받고 악을 행한 것이 여호
와께서 이스라엘 자손 앞에서 멸하
신 여러 민족보다 더 심하였더라
10 ●여호와께서 그의 종 모든 선지자
들을 통하여 말씀하여 이르시되
11 유다 왕 므낫세가 이 가증한 일과
악을 행함이 그 전에 있던 아모리
사람들의 행위보다 더욱 심하였고
또 그들의 우상으로 유다를 범죄하
게 하였도다
12 그러므로 이스라엘의 하나님 여호
와가 말하노니 내가 이제 예루살렘
과 유다에 재앙을 내리리니 듣는
자마다 두 귀가 울리리라
13 내가 사마리아를 잰 줄과 아합의
집을 다림 보던 추를 예루살렘에
베풀고 또 사람이 그릇을 씻어 엎
음같이 예루살렘을 씻어 버릴지라
14 내가 나의 기업에서 남은 자들을
버려 그들의 원수의 손에 넘긴즉
그들이 모든 원수에게 노략거리와
겁탈거리가 되리니
15 이는 애굽에서 나온 그의 조상 때
부터 오늘까지 내가 보기에 악을
행하여 나의 진노를 일으켰음이니
라 하셨더라
16 ●므낫세가 유다에게 범죄하게 하
여 여호와께서 보시기에 악을 행한
것 외에도 또 무죄한 자의 피를 심
히 많이 흘려 예루살렘 이 끝에서
저 끝까지 가득하게 하였더라
17 므낫세의 남은 사적과 그가 행한
모든 일과 범한 죄는 유다 왕 역대
지략에 기록되지 아니하였느냐
18 므낫세가 그의 조상들과 함께 자매
그의 궁궐 동산 곧 웃사의 동산에
장사되고 그의 아들 아몬이 대신하
여 왕이 되니라

유다 왕 아몬 (대하 33:21-25)

19 ●아몬이 왕이 될 때에 나이가 이
십이 세라 예루살렘에서 이 년간
다스리니라 그의 어머니의 이름은
므술레멧이요 욧바 하루스의 딸이
더라
20 아몬이 그의 아버지 므낫세의 행함
같이 여호와 보시기에 악을 행하되
21 그의 아버지가 행한 모든 길로 행
하여 그의 아버지가 섬기던 우상을
섬겨 그것들에게 경배하고
22 그의 조상들의 하나님 여호와를 버
리고 그 길로 행하지 아니하더니
23 그의 신복들이 그에게 반역하여 왕
을 궁중에서 죽이매
24 그 국민이 아몬 왕을 반역한 사람
들을 다 죽이고 그의 아들 요시야
를 대신하게 하여 왕을 삼았더라
25 아몬이 행한 바 남은 사적은 유다
왕 역대지략에 기록되지 아니하였
느냐
26 아몬이 웃사의 동산 자기 묘실에
장사되고 그의 아들 요시야가 대신
하여 왕이 되니라

유다 왕 요시야 (대하 34:1-2)

22 요시야가 왕위에 오를 때에
나이가 팔 세라 예루살렘에서
삼십일 년간 다스리니라 그의 어머
니의 이름은 여디다요 보스갓 아다
야의 딸이더라
2 요시야가 여호와 보시기에 정직히

행하여 그의 조상 다윗의 모든 길
로 행하고 좌우로 치우치지 아니하
였더라

율법책을 발견하다 (대하 34:8-28)

3 ●요시야 왕 열여덟째 해에 왕이
므술람의 손자 아살리야의 아들 서
기관 사반을 여호와의 성전에 보내
며 이르되
4 너는 대제사장 힐기야에게 올라가
서 백성이 여호와의 성전에 드린
은 곧 문 지킨 자가 수납한 은을 계
산하여
5 여호와의 성전을 맡은 감독자의 손
에 넘겨 그들이 여호와의 성전에
있는 작업자에게 주어 성전에 부서
진 것을 수리하게 하되
6 곧 목수와 건축자와 미장이에게 주
게 하고 또 재목과 다듬은 돌을 사
서 그 성전을 수리하게 하라
7 그러나 그들의 손에 맡긴 은을 회
계하지 말지니 이는 그들이 진실하
게 행함이니라
8 ●대제사장 힐기야가 서기관 사반
에게 이르되 내가 여호와의 성전에
서 율법책을 발견하였노라 하고 힐
기야가 그 책을 사반에게 주니 사
반이 읽으니라
9 서기관 사반이 왕에게 돌아가서 보
고하여 이르되 왕의 신복들이 성전
에서 찾아낸 돈을 쏟아 여호와의
성전을 맡은 감독자의 손에 맡겼나
이다 하고
10 또 서기관 사반이 왕에게 말하여
이르되 제사장 힐기야가 내게 책을
주더이다 하고 사반이 왕의 앞에서
읽으매
11 왕이 율법책의 말을 듣자 곧 그의
옷을 찢으니라
12 왕이 제사장 힐기야와 사반의 아들
아히감과 미가야의 아들 악볼과 서
기관 사반과 왕의 시종 아사야에게
명령하여 이르되
13 너희는 가서 나와 백성과 온 유다
를 위하여 이 발견한 책의 말씀에
대하여 여호와께 물으라 우리 조상
들이 이 책의 말씀을 듣지 아니하
며 이 책에 우리를 위하여 기록된
모든 것을 행하지 아니하였으므로
여호와께서 우리에게 내리신 진노
가 크도다
14 ●이에 제사장 힐기야와 또 아히감
과 악볼과 사반과 아사야가 여선지
훌다에게로 나아가니 그는 할하스
의 손자 디과의 아들로서 예복을
주관하는 살룸의 아내라 예루살렘
둘째 구역에 거주하였더라 그들이
그와 더불어 말하매
15 훌다가 그들에게 이르되 이스라엘
하나님 여호와의 말씀이 너희는 너
희를 내게 보낸 사람에게 말하기를
16 여호와의 말씀이 내가 이곳과 그 주
민에게 재앙을 내리되 곧 유다 왕이
읽은 책의 모든 말대로 하리니
17 이는 이 백성이 나를 버리고 다른
신에게 분향하며 그들의 손의 모든
행위로 나를 격노하게 하였음이라
그러므로 내가 이곳을 향하여 내린
진노가 꺼지지 아니하리라 하라 하
셨느니라
18 너희를 보내 여호와께 묻게 한 유
다 왕에게는 너희가 이렇게 말하라
이스라엘의 하나님 여호와가 이같
이 말씀하셨느니라 네가 들은 말들
에 대하여는
19 내가 이곳과 그 주민에게 대하여
빈 터가 되고 저주가 되리라 한 말
을 네가 듣고 마음이 부드러워져서
여호와 앞 곧 내 앞에서 겸비하여
옷을 찢고 통곡하였으므로 나도 네
말을 들었노라 여호와가 말하였느

니라
20 그러므로 보라 내가 너로 너의 조
상들에게 돌아가서 평안히 묘실로
들어가게 하리니 내가 이곳에 내리
는 모든 재앙을 네 눈이 보지 못하
리라 하셨느니라 하니 사자들이 왕
에게 보고하니라

요시야가 이방 예배를 없애다
(대하 34:3-7, 29-33)

23 왕이 보내 유다와 예루살렘의
모든 장로를 자기에게로 모으
고
2 이에 왕이 여호와의 성전에 올라가
매 유다 모든 사람과 예루살렘 주
민과 제사장들과 선지자들과 모든
백성이 노소를 막론하고 다 왕과
함께한지라 왕이 여호와의 성전 안
에서 발견한 언약책의 모든 말씀을
읽어 무리의 귀에 들리고
3 왕이 단 위에 서서 여호와 앞에서
언약을 세우되 마음을 다하고 뜻을
다하여 여호와께 순종하고 그의 계
명과 법도와 율례를 지켜 이 책에
기록된 이 언약의 말씀을 이루게
하리라 하매 백성이 다 그 언약을
따르기로 하니라
4 ●왕이 대제사장 힐기야와 모든 부
제사장들과 문을 지킨 자들에게 명
령하여 바알과 아세라와 하늘의 일
월 성신을 위하여 만든 모든 그릇
들을 여호와의 성전에서 내다가 예
루살렘 바깥 기드론 밭에서 불사르
고 그것들의 재를 벧엘로 가져가게
하고
5 옛적에 유다 왕들이 세워서 유다
모든 성읍과 예루살렘 주위의 산당
들에서 분향하며 우상을 섬기게 한
제사장들을 폐하며 또 바알과 해와
달과 별 떼와 하늘의 모든 별에게
분향하는 자들을 폐하고
6 또 여호와의 성전에서 아세라 상을
내다가 예루살렘 바깥 기드론 시내
로 가져다 거기에서 불사르고 빻아
서 가루를 만들어 그 가루를 평민
의 묘지에 뿌리고
7 또 여호와의 성전 가운데 남창의 집
을 헐었으니 그곳은 여인이 아세라
를 위하여 휘장을 짜는 처소였더라
8 또 유다 각 성읍에서 모든 제사장
을 불러오고 또 제사장이 분향하던
산당을 게바에서부터 브엘세바까
지 더럽게 하고 또 성문의 산당들
을 헐어 버렸으니 이 산당들은 그
성읍의 지도자 여호수아의 대문 어
귀 곧 성문 왼쪽에 있었더라
9 산당들의 제사장들은 예루살렘 여
호와의 제단에 올라가지 못하고 다
만 그의 형제 중에서 무교병을 먹
을 뿐이었더라
10 왕이 또 힌놈의 아들 골짜기의 도
벳을 더럽게 하여 어떤 사람도 몰
록에게 드리기 위하여 자기의 자녀
를 불로 지나가지 못하게 하고
11 또 유다 여러 왕이 태양을 위하여
드린 말들을 제하여 버렸으니 이
말들은 여호와의 성전으로 들어가
는 곳의 근처 내시 나단멜렉의 집
곁에 있던 것이며 또 태양 수레를
불사르고
12 유다 여러 왕이 아하스의 다락 지
붕에 세운 제단들과 므낫세가 여호
와의 성전 두 마당에 세운 제단들
을 왕이 다 헐고 거기서 빻아내려
서 그것들의 가루를 기드론 시내에
쏟아 버리고
13 또 예루살렘 앞 멸망의 산 오른쪽
에 세운 산당들을 왕이 더럽게 하
였으니 이는 옛적에 이스라엘 왕
솔로몬이 시돈 사람의 가증한 아스
다롯과 모압 사람의 가증한 그모스

와 암몬 자손의 가증한 밀곰을 위
하여 세웠던 것이며
14 왕이 또 석상들을 깨뜨리며 아세라
목상들을 찍고 사람의 해골로 그곳
에 채웠더라
15 ●또한 이스라엘에게 범죄하게 한
느밧의 아들 여로보암이 벧엘에 세
운 제단과 산당을 왕이 헐고 또 그
산당을 불사르고 빻아서 가루를 만
들며 또 아세라 목상을 불살랐더라
16 요시야가 몸을 돌이켜 산에 있는
무덤들을 보고 보내어 그 무덤에서
해골을 가져다가 제단 위에서 불살
라 그 제단을 더럽게 하니라 이 일
을 하나님의 사람이 전하였더니 그
전한 여호와의 말씀대로 되었더라
17 요시야가 이르되 내게 보이는 저것
은 무슨 비석이냐 하니 성읍 사람
들이 그에게 말하되 왕께서 벧엘의
제단에 대하여 행하신 이 일을 전
하러 유다에서 왔던 하나님의 사람
의 묘실이니이다 하니라
18 이르되 그대로 두고 그의 뼈를 옮
기지 말라 하매 무리가 그의 뼈와
사마리아에서 온 선지자의 뼈는 그
대로 두었더라
19 전에 이스라엘 여러 왕이 사마리아
각 성읍에 지어서 여호와를 격노하
게 한 산당을 요시야가 다 제거하
되 벧엘에서 행한 모든 일대로 행
하고
20 또 거기 있는 산당의 제사장들을
다 제단 위에서 죽이고 사람의 해
골을 제단 위에서 불사르고 예루살
렘으로 돌아왔더라

요시야 왕이 유월절을 지키다
(대하 35:1-19)

21 ●왕이 뭇 백성에게 명령하여 이르
되 이 언약책에 기록된 대로 너희
의 하나님 여호와를 위하여 유월절
을 지키라 하매
22 사사가 이스라엘을 다스리던 시대
부터 이스라엘 여러 왕의 시대와
유다 여러 왕의 시대에 이렇게 유
월절을 지킨 일이 없었더니
23 요시야 왕 열여덟째 해에 예루살렘
에서 여호와 앞에 이 유월절을 지
켰더라

요시야의 나머지 개혁

24 ●요시야가 또 유다 땅과 예루살렘
에 보이는 신접한 자와 점쟁이와
드라빔과 우상과 모든 가증한 것을
다 제거하였으니 이는 대제사장 힐
기야가 여호와의 성전에서 발견한
책에 기록된 율법의 말씀을 이루려
함이라
25 요시야와 같이 마음을 다하며 뜻을
다하며 힘을 다하여 모세의 모든
율법을 따라 여호와께로 돌이킨 왕
은 요시야 전에도 없었고 후에도
그와 같은 자가 없었더라
26 ●그러나 여호와께서 유다를 향하
여 내리신 그 크게 타오르는 진노
를 돌이키지 아니하셨으니 이는 므
낫세가 여호와를 격노하게 한 그
모든 격노 때문이라
27 여호와께서 이르시되 내가 이스라
엘을 물리친 것같이 유다도 내 앞
에서 물리치며 내가 택한 이 성 예
루살렘과 내 이름을 거기에 두리라
한 이 성전을 버리리라 하셨더라

요시야가 죽다 (대하 35:20-36:1)

28 ●요시야의 남은 사적과 행한 모든
일은 유다 왕 역대지략에 기록되지
아니하였느냐
29 요시야 당시에 애굽의 왕 바로 느
고가 앗수르 왕을 치고자 하여 유
브라데 강으로 올라가므로 요시야
왕이 맞서 나갔더니 애굽 왕이 요
시야를 므깃도에서 만났을 때에 죽

인지라
30 신복들이 그의 시체를 병거에 싣고
므깃도에서 예루살렘으로 돌아와
그의 무덤에 장사하니 백성들이 요
시야의 아들 여호아하스를 데려다
가 그에게 기름을 붓고 그의 아버
지를 대신하여 왕으로 삼았더라

유다 왕 여호아하스 (대하 36:2-4)

31 ●여호아하스가 왕이 될 때에 나이
가 이십삼 세라 예루살렘에서 석
달간 다스리니라 그의 어머니의 이
름은 하무달이라 립나 예레미야의
딸이더라
32 여호아하스가 그의 조상들의 모든
행위대로 여호와 보시기에 악을 행
하였더니
33 바로 느고가 그를 하맛 땅 리블라
에 가두어 예루살렘에서 왕이 되지
못하게 하고 또 그 나라로 은 백 달
란트와 금 한 달란트를 벌금으로
내게 하고
34 바로 느고가 요시야의 아들 엘리아
김을 그의 아버지 요시야를 대신하
여 왕으로 삼고 그의 이름을 고쳐
여호야김이라 하고 여호아하스는
애굽으로 잡아갔더니 그가 거기서
죽으니라
35 여호야김이 은과 금을 바로에게 주
니라 그가 바로 느고의 명령대로
그에게 그 돈을 주기 위하여 나라
에 부과하되 백성들 각 사람의 힘
대로 액수를 정하고 은금을 징수하
였더라

유다 왕 여호야김 (대하 36:5-8)

36 ●여호야김이 왕이 될 때에 나이가
이십오 세라 예루살렘에서 십일 년
간 다스리니라 그의 어머니의 이름
은 스비다라 루마 브다야의 딸이더
라
37 여호야김이 그의 조상들이 행한 모
든 일을 따라서 여호와 보시기에
악을 행하였더라

24 여호야김 시대에 바벨론의 왕
느부갓네살이 올라오매 여호
야김이 삼 년간 섬기다가 돌아서
그를 배반하였더니
2 여호와께서 그의 종 선지자들을 통
하여 하신 말씀과 같이 갈대아의 부
대와 아람의 부대와 모압의 부대와
암몬 자손의 부대를 여호야김에게
로 보내 유다를 쳐 멸하려 하시니
3 이 일이 유다에 임함은 곧 여호와
의 말씀대로 그들을 자기 앞에서
물리치고자 하심이니 이는 므낫세
의 지은 모든 죄 때문이며
4 또 그가 무죄한 자의 피를 흘려 그
의 피가 예루살렘에 가득하게 하였
음이라 여호와께서 사하시기를 즐
겨하지 아니하시니라
5 ●여호야김의 남은 사적과 행한 모
든 일은 유다 왕 역대지략에 기록
되지 아니하였느냐
6 여호야김이 그의 조상들과 함께 자
매 그의 아들 여호야긴이 대신하여
왕이 되니라
7 애굽 왕이 다시는 그 나라에서 나
오지 못하였으니 이는 바벨론 왕이
애굽 강에서부터 유브라데 강까지
애굽 왕에게 속한 땅을 다 점령하
였음이더라

유다 왕 여호야긴 (대하 36:9-10)

8 ●여호야긴이 왕이 될 때에 나이가
십팔 세라 예루살렘에서 석 달간
다스리니라 그의 어머니의 이름은
느후스다요 예루살렘 엘라단의 딸
이더라
9 여호야긴이 그의 아버지의 모든 행
위를 따라서 여호와께서 보시기에
악을 행하였더라
10 ●그때에 바벨론의 왕 느부갓네살

의 신복들이 예루살렘에 올라와서
그 성을 에워싸니라
11 그의 신복들이 에워쌀 때에 바벨론
의 왕 느부갓네살도 그 성에 이르니
12 유다의 왕 여호야긴이 그의 어머니
와 신복과 지도자들과 내시들과 함
께 바벨론 왕에게 나아가매 왕이
잡으니 때는 바벨론의 왕 여덟째
해이라
13 그가 여호와의 성전의 모든 보물과
왕궁 보물을 집어내고 또 이스라엘
의 왕 솔로몬이 만든 것 곧 여호와
의 성전의 금 그릇을 다 파괴하였
으니 여호와의 말씀과 같이 되었더
라
14 그가 또 예루살렘의 모든 백성과
모든 지도자와 모든 용사 만 명과
모든 장인과 대장장이를 사로잡아
가매 비천한 자 외에는 그 땅에 남
은 자가 없었더라
15 그가 여호야긴을 바벨론으로 사로
잡아 가고 왕의 어머니와 왕의 아
내들과 내시들과 나라에 권세 있는
자도 예루살렘에서 바벨론으로 사
로잡아 가고
16 또 용사 칠천 명과 장인과 대장장
이 천 명 곧 용감하여 싸움을 할 만
한 모든 자들을 바벨론 왕이 바벨
론으로 사로잡아 가고
17 바벨론 왕이 또 여호야긴의 숙부
맛다니야를 대신하여 왕으로 삼고
그의 이름을 고쳐 시드기야라 하였
더라

유다 왕 시드기야
(대하 36:11-12; 렘 52:1-3 상)

18 ●*시드기야가 왕이 될 때에* 나이가
이십일 세라 예루살렘에서 십일 년
간 다스리니라 그의 어머니의 이름
은 하무달이요 립나인 예레미야의
딸이더라
19 그가 여호야김의 모든 행위를 따라
여호와 보시기에 악을 행한지라
20 여호와께서 예루살렘과 유다를 진
노하심이 그들을 그 앞에서 쫓아내
실 때까지 이르렀더라 ●시드기야
가 바벨론 왕을 배반하니라

예루살렘의 멸망
(대하 36:13-21; 렘 52:3 하-11)

25 시드기야 제구 년 열째 달 십
일에 바벨론의 왕 느부갓네살
이 그의 모든 군대를 거느리고 예
루살렘을 치러 올라와서 그 성에
대하여 진을 치고 주위에 토성을
쌓으매
2 그 성이 시드기야 왕 제십일 년까
지 포위되었더라
3 그 해 넷째 달 구 일에 성중에 기근
이 심하여 그 땅 백성의 양식이 떨
어졌더라
4 그 성벽이 파괴되매 모든 군사가
밤중에 두 성벽 사이 왕의 동산 곁
문 길로 도망하여 갈대아인들이 그
성읍을 에워쌌으므로 그가 아라바
길로 가더니
5 갈대아 군대가 그 왕을 뒤쫓아가서
여리고 평지에서 그를 따라잡으매
왕의 모든 군대가 그를 떠나 흩어
진지라
6 그들이 왕을 사로잡아 그를 리블라
에 있는 바벨론 왕에게로 끌고 가
매 그들이 그를 심문하니라
7 그들이 시드기야의 아들들을 그의
눈앞에서 죽이고 시드기야의 두 눈
을 빼고 놋 사슬로 그를 결박하여
바벨론으로 끌고 갔더라

성전 붕괴 (렘 52:12-33)

8 ●바벨론 왕 느부갓네살의 열아홉
째 해 오월 칠일에 바벨론 왕의 신
복 시위대장 느부사라단이 예루살
렘에 이르러

9 여호와의 성전과 왕궁을 불사르고
예루살렘의 모든 집을 귀인의 집까
지 불살랐으며
10 시위대장에게 속한 갈대아 온 군대
가 예루살렘 주위의 성벽을 헐었으
며
11 성중에 남아 있는 백성과 바벨론
왕에게 항복한 자들과 무리 중 남
은 자는 시위대장 느부사라단이 모
두 사로잡아 가고
12 시위대장이 그 땅의 비천한 자를
남겨 두어 포도원을 다스리는 자와
농부가 되게 하였더라
13 ●갈대아 사람이 또 여호와의 성전
의 두 놋 기둥과 받침들과 여호와
의 성전의 놋 바다를 깨뜨려 그 놋
을 바벨론으로 가져가고
14 또 가마들과 부삽들과 부집게들과
숟가락들과 섬길 때에 쓰는 모든
놋그릇을 다 가져갔으며
15 시위대장이 또 불 옮기는 그릇들과
주발들 곧 금으로 만든 것이나 은
으로 만든 것이나 모두 가져갔으며
16 또 솔로몬이 여호와의 성전을 위하
여 만든 두 기둥과 한 바다와 받침
들을 가져갔는데 이 모든 기구의
놋 무게를 헤아릴 수 없었으니
17 그 한 기둥은 높이가 열여덟 규빗
이요 그 꼭대기에 놋 머리가 있어
높이가 세 규빗이요 그 머리에 둘
린 그물과 석류가 다 놋이라 다른
기둥의 장식과 그물도 이와 같았더
라

유다 백성이 바벨론으로 사로잡혀 가다
(렘 52:24-27)

18 ●시위대장이 대제사장 스라야와
부제사장 스바냐와 성전 문지기 세
사람을 사로잡고
19 또 성중에서 사람을 사로잡았으니
곧 군사를 거느린 내시 한 사람과
또 성중에서 만난 바 왕의 시종 다
섯 사람과 백성을 징집하는 장관의
서기관 한 사람과 성중에서 만난
바 백성 육십 명이라
20 시위대장 느부사라단이 그들을 사
로잡아 가지고 리블라 바벨론 왕에
게 나아가매
21 바벨론 왕이 하맛 땅 리블라에서
다 쳐죽였더라 이와 같이 유다가
사로잡혀 본토에서 떠났더라

유다 지도자 그달리야 (렘 40:7-9; 41:1-3)

22 ●유다 땅에 머물러 있는 백성은 곧
바벨론 왕 느부갓네살이 남긴 자라
왕이 사반의 손자 아히감의 아들 그
달리야가 관할하게 하였더라
23 모든 군대 지휘관과 그를 따르는
자가 바벨론 왕이 그달리야를 지도
자로 삼았다 함을 듣고 이에 느다
니야의 아들 이스마엘과 가레아의
아들 요하난과 느도바 사람 단후멧
의 아들 스라야와 마아가 사람의
아들 야아사니야와 그를 따르는 사
람이 모두 미스바로 가서 그달리야
에게 나아가매
24 그달리야가 그들과 그를 따르는 군
사들에게 맹세하여 이르되 너희는
갈대아 인을 섬기기를 두려워하지
말고 이 땅에 살며 바벨론 왕을 섬
기라 그리하면 너희가 평안하리라
하니라
25 칠월에 왕족 엘리사마의 손자 느다
니야의 아들 이스마엘이 부하 열
명을 거느리고 와서 그달리야를 쳐
서 죽이고 또 그와 함께 미스바에
있는 유다 사람과 갈대아 사람을
죽인지라
26 노소를 막론하고 백성과 군대 장관
들이 다 일어나서 애굽으로 갔으니
이는 갈대아 사람을 두려워함이었
더라

여호야긴이 석방되다 (렘 52:31-34)

27 ●유다의 왕 여호야긴이 사로잡혀
간 지 삼십칠 년 곧 바벨론의 왕 에
월므로닥이 즉위한 원년 십이 월
그 달 이십칠 일에 유다의 왕 여호
야긴을 옥에서 내놓아 그 머리를
들게 하고
28 그에게 좋게 말하고 그의 지위를
바벨론에 그와 함께 있는 모든 왕
의 지위보다 높이고
29 그 죄수의 의복을 벗게 하고 그의
일평생에 항상 왕의 앞에서 양식을
먹게 하였고
30 그가 쓸 것은 날마다 왕에게서 받
는 양이 있어서 종신토록 끊이지
아니하였더라

역대상

1 Chronicles

아담에서 아브라함까지
(창 5:1-32; 10:1-32; 11:10-26)

1 아담, 셋, 에노스,
2 게난, 마할랄렐, 야렛,
3 에녹, 므두셀라, 라멕,
4 노아, 셈, 함과 야벳은 조상들이라
5 ●야벳의 자손은 고멜과 마곡과 마
대와 야완과 두발과 메섹과 디라스
요
6 고멜의 자손은 아스그나스와 디밧
과 도갈마요
7 야완의 자손은 엘리사와 다시스와
깃딤과 도다님이더라
8 ●함의 자손은 구스와 미스라임과
붓과 가나안이요
9 구스의 자손은 스바와 하윌라와 삽
다와 라아마와 삽드가요 라아마의
자손은 스바와 드단이요
10 구스가 또 니므롯을 낳았으니 세상
에서 첫 영걸이며
11 미스라임은 루딤과 아나밈과 르하
빔과 납두힘과
12 바드루심과 가슬루힘과 *갑도림*을
낳았으니 블레셋 종족은 가슬루힘
에게서 나왔으며
13 가나안은 맏아들 시돈과 헷을 낳고
14 또 여부스 종족과 아모리 종족과
기르가스 종족과
15 히위 종족과 알가 종족과 신 종족과
16 아르왓 종족과 스말 종족과 하맛
종족을 낳았더라
17 ●셈의 자손은 엘람과 앗수르와 아
르박삿과 룻과 아람과 우스와 훌과
게델과 메섹이라
18 아르박삿은 셀라를 낳고 셀라는 에
벨을 낳고
19 에벨은 두 아들을 낳아 하나의 이
름을 벨렉이라 하였으니 이는 그때
에 땅이 나뉘었음이요 그의 아우의
이름은 욕단이며
20 욕단이 알모닷과 셀렙과 하살마웻
과 예라와
21 하도람과 우살과 디글라와
22 에발과 아비마엘과 스바와
23 오빌과 하윌라와 요밥을 낳았으니
욕단의 자손은 이상과 같으니라
24 ●셈, 아르박삿, 셀라,
25 에벨, 벨렉, 르우,
26 스룩, 나홀, 데라,
27 아브람 곧 아브라함은 조상들이요

이스마엘의 세계 (창 25:12-16)

28 ●아브라함의 자손은 이삭과 이스
마엘이라
29 이스마엘의 족보는 이러하니 그의

대상

맏아들은 느바욧이요 다음은 게달
과 앗브엘과 밉삼과
30 미스마와 두마와 맛사와 하닷과 데
마와
31 여둘과 나비스와 게드마라 이들은
이스마엘의 자손들이라
32 ●아브라함의 소실 그두라가 낳은
자손은 시므란과 욕산과 므단과 미
디안과 이스박과 수아요 욕산의 자
손은 스바와 드단이요
33 미디안의 자손은 에바와 에벨과 하
녹과 아비다와 엘다아니 이들은 모
두 그두라의 자손들이라

에서의 자손 (창 36:1-19, 20-30)

34 ●아브라함이 이삭을 낳았으니 이
삭의 아들은 에서와 이스라엘이더
라
35 ●에서의 아들은 엘리바스와 르우
엘과 여우스와 얄람과 고라요
36 엘리바스의 아들은 데만과 오말과
스비와 가담과 그나스와 딤나와 아
말렉이요
37 르우엘의 아들은 나핫과 세라와 삼
마와 밋사요
38 세일의 아들은 로단과 소발과 시브
온과 아나와 디손과 에셀과 디산이
요
39 로단의 아들은 호리와 호맘이요 로
단의 누이는 딤나요
40 소발의 아들은 알란과 마나핫과 에
발과 스비와 오남이요 시브온의 아
들은 아야와 아나요
41 아나의 아들은 디손이요 디손의 아
들은 하므란과 에스반과 이드란과
그란이요
42 에셀의 아들은 빌한과 사아완과 야
아간이요 디산의 아들은 우스와 아
란이더라

에돔 땅을 다스린 왕들 (창 36:31-43)

43 ●이스라엘 자손을 다스리는 왕이
있기 전에 에돔 땅을 다스린 왕은
이러하니라 브올의 아들 벨라니 그
의 도성 이름은 딘하바이며
44 벨라가 죽으매 보스라 세라의 아들
요밥이 대신하여 왕이 되고
45 요밥이 죽으매 데만 종족의 땅의
사람 후삼이 대신하여 왕이 되고
46 후삼이 죽으매 브닷의 아들 하닷이
대신하여 왕이 되었으니 하닷은 모
압 들에서 미디안을 친 자요 그 도
성 이름은 아윗이며
47 하닷이 죽으매 마스레가의 사믈라
가 대신하여 왕이 되고
48 사믈라가 죽으매 강가의 르호봇 사
울이 대신하여 왕이 되고
49 사울이 죽으매 악볼의 아들 바알하
난이 대신하여 왕이 되고
50 바알하난이 죽으매 하닷이 대신하
여 왕이 되었으니 그의 도성 이름
은 바이요 그의 아내의 이름은 므
헤다벨이라 메사합의 손녀요 마드
렛의 딸이더라
51 하닷이 죽으니라 그리고 에돔의 족
장은 이러하니 딤나 족장과 알랴
족장과 여뎃 족장과
52 오홀리바마 족장과 엘라 족장과 비
논 족장과
53 그나스 족장과 데만 족장과 밉살
족장과
54 막디엘 족장과 이람 족장이라 에돔
의 족장이 이러하였더라

2 이스라엘의 아들은 이러하니 르
우벤과 시므온과 레위와 유다와
잇사갈과 스불론과
2 단과 요셉과 베냐민과 납달리와 갓
과 아셀이더라

유다의 자손

3 ●유다의 아들은 에르와 오난과 셀
라니 이 세 사람은 가나안 사람 수
아의 딸이 유다에게 낳아 준 자요

유다의 맏아들 에르는 여호와 보시
기에 악하였으므로 여호와께서 죽
이셨고
4 유다의 며느리 다말이 유다에게 베
레스와 세라를 낳아 주었으니 유다
의 아들이 모두 다섯이더라
5 ●베레스의 아들은 헤스론과 하물
이요
6 세라의 아들은 시므리와 에단과 헤
만과 갈골과 다라니 모두 다섯 사
람이요
7 갈미의 아들은 아갈이니 그는 진멸
시킬 물건을 범하여 이스라엘을 괴
롭힌 자이며
8 에단의 아들은 아사랴더라

다윗의 가계

9 ●헤스론이 낳은 아들은 여라므엘
과 람과 글루배라
10 람은 암미나답을 낳고 암미나답은
나손을 낳았으니 나손은 유다 자손
의 방백이며
11 나손은 살마를 낳고 살마는 보아스
를 낳고
12 보아스는 오벳을 낳고 오벳은 이새
를 낳고
13 이새는 맏아들 엘리압과 둘째로 아
비나답과 셋째로 시므아와
14 넷째로 느다넬과 다섯째로 랏대와
15 여섯째로 오셈과 일곱째로 다윗을
낳았으며
16 그들의 자매는 스루야와 아비가일
이라 스루야의 아들은 아비새와 요
압과 아사헬 삼형제요
17 아비가일은 아마사를 낳았으니 아
마사의 아버지는 이스마엘 사람 예
델이었더라

헤스론의 자손

18 ●헤스론의 아들 갈렙이 그의 아내
아수바와 여리옷에게서 아들을 낳
았으니 그가 낳은 아들들은 예셀과
소밥과 아르돈이며
19 아수바가 죽은 후에 갈렙이 또 에
브랏에게 장가들었더니 에브랏이
그에게 훌을 낳아 주었고
20 훌은 우리를 낳고 우리는 브살렐을
낳았더라
21 ●그 후에 헤스론이 육십 세에 길
르앗의 아버지 마길의 딸에게 장가
들어 동침하였더니 그가 스굽을 헤
스론에게 낳아 주었으며
22 스굽은 야일을 낳았고 야일은 길르
앗 땅에서 스물세 성읍을 가졌더니
23 그술과 아람이 야일의 성읍들과 그
낫과 그에 딸린 성읍들 모두 육십
을 그들에게서 빼앗았으며 이들은
다 길르앗의 아버지 마길의 자손이
었더라
24 헤스론이 갈렙 에브라다에서 죽은
후에 그의 아내 아비야가 그로 말
미암아 아스훌을 낳았으니 아스훌
은 드고아의 아버지더라

여라므엘의 자손

25 ●헤스론의 맏아들 여라므엘의 아
들은 맏아들 람과 그 다음 브나와
오렌과 오셈과 아히야이며
26 여라므엘이 다른 아내가 있었으니
이름은 아다라라 그는 오남의 어머
니더라
27 여라므엘의 맏아들 람의 아들은 마
아스와 야민과 에겔이요
28 오남의 아들들은 삼매와 야다요 삼
매의 아들은 나답과 아비술이며
29 아비술의 아내의 이름은 아비하일
이라 아비하일이 아반과 몰릿을 그
에게 낳아 주었으며
30 나답의 아들들은 셀렛과 압바임이
라 셀렛은 아들이 없이 죽었고
31 압바임의 아들은 이시요 이시의 아
들은 세산이요 세산의 아들은 알래
요

32 삼매의 아우 야다의 아들들은 예델
과 요나단이라 예델은 아들이 없이
죽었고
33 요나단의 아들들은 벨렛과 사사라
여라므엘의 자손은 이러하며
34 세산은 아들이 없고 딸뿐이라 그에
게 야르하라 하는 애굽 종이 있으
므로
35 세산이 딸을 그 종 야르하에게 주
어 아내를 삼게 하였더니 그가 그
로 말미암아 앗대를 낳고
36 앗대는 나단을 낳고 나단은 사밧을
낳고
37 사밧은 에블랄을 낳고 에블랄은 오
벳을 낳고
38 오벳은 예후를 낳고 예후는 아사랴
를 낳고
39 아사랴는 헬레스를 낳고 헬레스는
엘르아사를 낳고
40 엘르아사는 시스매를 낳고 시스매
는 살룸을 낳고
41 살룸은 여가먀를 낳고 여가먀는 엘
리사마를 낳았더라

갈렙의 자손

42 ●여라므엘의 아우 갈렙의 아들 곧
맏아들은 메사이니 십의 아버지요
그 아들은 마레사니 헤브론의 아버
지이며
43 헤브론의 아들들은 고라와 답부아
와 레겜과 세마라
44 세마는 라함을 낳았으니 라함은 요
르그암의 아버지이며 레겜은 삼매
를 낳았고
45 삼매의 아들은 마온이라 마온은 벧
술의 아버지이며
46 갈렙의 소실 에바는 하란과 모사와
가세스를 낳고 하란은 가세스를 낳
았으며
47 야대의 아들은 레겜과 요단과 게산
과 벨렛과 에바와 사압이며
48 갈렙의 소실 마아가는 세벨과 디르
하나를 낳았고
49 또 맛만나의 아버지 사압을 낳았고
또 막베나와 기브아의 아버지 스와
를 낳았으며 갈렙의 딸은 악사더라
50 ●갈렙의 자손 곧 에브라다의 맏아
들 훌의 아들은 이러하니 기럇여아
림의 아버지 소발과
51 베들레헴의 아버지 살마와 벧가델
의 아버지 하렙이라
52 기럇여아림의 아버지 소발의 자손
은 하로에와 므누훗 사람의 절반이
니
53 기럇여아림 족속들은 이델 종족과
붓 종족과 수맛 종족과 미스라 종
족이라 이로 말미암아 소라와 에스
다올 두 종족이 나왔으며
54 살마의 자손들은 베들레헴과 느도
바 종족과 아다롯벧요압과 마나핫
종족의 절반과 소라 종족과
55 야베스에 살던 서기관 종족 곧 디
랏 종족과 시므앗 종족과 수갓 종
족이니 이는 다 레갑 가문의 조상
함맛에게서 나온 겐 종족이더라

다윗 왕의 아들과 딸

3 다윗이 헤브론에서 낳은 아들들
은 이러하니 맏아들은 암논이라
이스르엘 여인 아히노암의 소생이
요 둘째는 다니엘이라 갈멜 여인
아비가일의 소생이요
2 셋째는 압살롬이라 그술 왕 달매의
딸 마아가의 아들이요 넷째는 아도
니야라 학깃의 아들이요
3 다섯째는 스바댜라 아비달의 소생
이요 여섯째는 이드르암이라 다윗
의 아내 에글라의 소생이니
4 이 여섯은 헤브론에서 낳았더라 다
윗이 거기서 칠 년 육 개월 다스렸
고 또 예루살렘에서 삼십삼 년 다
스렸으며

5 예루살렘에서 그가 낳은 아들들은
이러하니 시므아와 소밥과 나단과
솔로몬 네 사람은 다 암미엘의 딸
밧수아의 소생이요
6 또 입할과 엘리사마와 엘리벨렛과
7 노가와 네벡과 야비아와
8 엘리사마와 엘랴다와 엘리벨렛 아
홉 사람은
9 다 다윗의 아들이요 그들의 누이는
다말이며 이 외에 또 소실의 아들
이 있었더라

솔로몬 왕의 자손

10 ●솔로몬의 아들은 르호보암이요
그의 아들은 아비야요 그의 아들은
아사요 그의 아들은 여호사밧이요
11 그의 아들은 요람이요 그의 아들은
아하시야요 그의 아들은 요아스요
12 그의 아들은 아마샤요 그의 아들은
아사랴요 그의 아들은 요담이요
13 그의 아들은 아하스요 그의 아들은
히스기야요 그의 아들은 므낫세요
14 그의 아들은 아몬이요 그의 아들은
요시야이며
15 요시야의 아들들은 맏아들 요하난
과 둘째 여호야김과 셋째 시드기야
와 넷째 살룸이요
16 여호야김의 아들들은 그의 아들 여
고냐, 그의 아들 시드기야요
17 사로잡혀 간 여고냐의 아들들은 그
의 아들 스알디엘과
18 말기람과 브다야와 세낫살과 여가
먀와 호사마와 느다뱌요
19 브다야의 아들들은 스룹바벨과 시
므이요 스룹바벨의 아들은 므술람
과 하나냐와 그의 매제 슬로밋과
20 또 하수바와 오헬과 베레갸와 하사
댜와 유삽헤셋 다섯 사람이요
21 하나냐의 아들은 블라댜와 여사야
요 또 르바야의 아들 아르난의 아
들들, 오바댜의 아들들, 스가냐의
아들들이니
22 스가냐의 아들은 스마야요 스마야
의 아들들은 핫두스와 이갈과 바리
야와 느아랴와 사밧 여섯 사람이요
23 느아랴의 아들은 에료에내와 히스
기야와 아스리감 세 사람이요
24 에료에내의 아들들은 호다위야와
엘리아십과 블라야와 악굽과 요하
난과 들라야와 아나니 일곱 사람이
더라

유다의 자손

4 유다의 아들들은 베레스와 헤스
론과 갈미와 훌과 소발이라
2 소발의 아들 르아야는 야핫을 낳고
야핫은 아후매와 라핫을 낳았으니
이는 소라 사람의 종족이며
3 에담 조상의 자손들은 이스르엘과
이스마와 잇바스와 그들의 매제 하
술렐보니와
4 그돌의 아버지 브누엘과 후사의 아
버지 에셀이니 이는 다 베들레헴의
아버지 에브라다의 맏아들 훌의 소
생이며
5 드고아의 아버지 아스훌의 두 아내
는 헬라와 나아라라
6 나아라는 그에게 아훗삼과 헤벨과
데므니와 하아하스다리를 낳아 주
었으니 이는 나아라의 소생이요
7 헬라의 아들들은 세렛과 이소할과
에드난이며
8 고스는 아눕과 소베바와 하룸의 아
들 아하헬 종족들을 낳았으며
9 야베스는 그의 형제보다 귀중한 자
라 그의 어머니가 이름하여 이르되
야베스라 하였으니 이는 내가 수고
로이 낳았다 함이었더라
10 야베스가 이스라엘 하나님께 아뢰
어 이르되 주께서 내게 복을 주시
려거든 나의 지역을 넓히시고 주의
손으로 나를 도우사 나로 환난을

벗어나 내게 근심이 없게 하옵소서
하였더니 하나님이 그가 구하는 것
을 허락하셨더라

다른 족보

11 ●수하의 형 글룹이 므힐을 낳았으
니 므힐은 에스돈의 아버지요
12 에스돈은 베드라바와 바세아와 이
르나하스의 아버지 드힌나를 낳았
으니 이는 다 레가 사람이며
13 그나스의 아들들은 옷니엘과 스라
야요 옷니엘의 아들은 하닷이며
14 므오노대는 오브라를 낳고 스라야
는 요압을 낳았으니 요압은 게하라
심의 조상이라 그들은 공장이었더
라
15 여분네의 아들 갈렙의 자손은 이루
와 엘라와 나암과 엘라의 자손과
그나스요
16 여할렐렐의 아들은 십과 시바와 디
리아와 아사렐이요
17 에스라의 아들들은 예델과 메렛과
에벨과 얄론이며 메렛은 미리암과
삼매와 에스드모아의 조상 이스바
를 낳았으니
18 이는 메렛이 아내로 맞은 바로의
딸 비디아의 아들들이며 또 그의
아내 여후디야는 그돌의 조상 예렛
과 소고의 조상 헤벨과 사노아의
조상 여구디엘을 낳았으며
19 나함의 누이인 호디야의 아내의 아
들들은 가미 사람 그일라의 아버지
와 마아가 사람 에스드모아며
20 시몬의 아들들은 암논과 린나와 벤
하난과 딜론이요 이시의 아들들은
소헷과 벤소헷이더라
21 유다의 아들 셀라의 자손은 레가의
아버지 에르와 마레사의 아버지 라
아다와 세마포 짜는 자의 집 곧 아
스베아의 집 종족과
22 또 요김과 고세바 사람들과 요아스
와 모압을 다스리던 사랍과 야수비
네헴이니 이는 다 옛 기록에 의존
한 것이라
23 이 모든 사람은 토기장이가 되어
수풀과 산울 가운데에 거주하는 자
로서 거기서 왕과 함께 거주하면서
왕의 일을 하였더라

시므온의 자손

24 ●시므온의 아들들은 느무엘과 야
민과 야립과 세라와 사울이요
25 사울의 아들은 살룸이요 그의 아들
은 밉삼이요 그의 아들은 미스마요
26 미스마의 아들은 함무엘이요 그의
아들은 삭굴이요 그의 아들은 시므
이라
27 시므이에게는 아들 열여섯과 딸 여
섯이 있으나 그의 형제에게는 자녀
가 몇이 못되니 그들의 온 종족이
유다 자손처럼 번성하지 못하였더
라
28 시므온 자손이 거주한 곳은 브엘세
바와 몰라다와 하살수알과
29 빌하와 에셈과 돌랏과
30 브두엘과 호르마와 시글락과
31 벧말가봇과 하살수심과 벧비리와
사아라임이니 다윗 왕 때까지 이
모든 성읍이 그들에게 속하였으며
32 그들이 사는 곳은 에담과 아인과
림몬과 도겐과 아산 다섯 성읍이
요
33 또 모든 성읍 주위에 살던 주민들
의 경계가 바알까지 다다랐으니 시
므온 자손의 거주지가 이러하고 각
기 계보가 있더라
34 또 메소밥과 야믈렉과 아마시야의
아들 요사와
35 요엘과 아시엘의 증손 스라야의 손
자 요시비야의 아들 예후와
36 또 엘료에내와 야아고바와 여소하
야와 아사야와 아디엘과 여시미엘

과 브나야와
37 또 스마야의 오대 손 시므리의 현
손 여다야의 증손 알론의 손자 시
비의 아들은 시사이니
38 여기 기록된 것들은 그들의 종족과
그들의 가문의 지도자들의 이름이
라 그들이 매우 번성한지라
39 그들이 그들의 양 떼를 위하여 목
장을 구하고자 하여 골짜기 동쪽
그돌 지경에 이르러
40 기름지고 아름다운 목장을 발견하
였는데 그 땅이 넓고 안정되고 평안
하니 이는 옛적부터 거기에 거주해
온 사람은 함의 자손인 까닭이라
41 이 명단에 기록된 사람들이 유다
왕 히스기야 때에 가서 그들의 장
막을 쳐서 무찌르고 거기에 있는
모우님 사람을 쳐서 진멸하고 대신
하여 오늘까지 거기에 살고 있으니
이는 그들의 양 떼를 먹일 목장이
거기에 있음이며
42 또 시므온 자손 중에 오백 명이 이
시의 아들 블라댜와 느아랴와 르바
야와 웃시엘을 두목으로 삼고 세일
산으로 가서
43 피신하여 살아남은 아말렉 사람을
치고 오늘까지 거기에 거주하고 있
더라

르우벤의 자손

5 이스라엘의 장자 르우벤의 아들
들은 이러하니라 (르우벤은 장자
라도 그의 아버지의 침상을 더럽혔
으므로 장자의 명분이 이스라엘의
아들 요셉의 자손에게로 돌아가서
족보에 장자의 명분대로 기록되지
못하였느니라
2 유다는 형제보다 뛰어나고 주권자
가 유다에게서 났으나 장자의 명분
은 요셉에게 있으니라)
3 이스라엘의 장자 르우벤의 아들들
은 하녹과 발루와 헤스론과 갈미요
4 요엘의 아들은 스마야요 그의 아들
은 곡이요 그의 아들은 시므이요
5 그의 아들은 미가요 그의 아들은
르아야요 그의 아들은 바알이요
6 그의 아들은 브에라이니 그는 르우
벤 자손의 지도자로서 앗수르 왕
디글랏빌레셀에게 사로잡힌 자라
7 그의 형제가 종족과 계보대로 우두
머리 된 자는 여이엘과 스가랴와
8 벨라니 벨라는 아사스의 아들이요
세마의 손자요 요엘의 증손이라 그
가 아로엘에 살면서 느보와 바알므
온까지 다다랐고
9 또 동으로 가서 거주하면서 유브라
데 강에서부터 광야 지경까지 다다
랐으니 이는 길르앗 땅에서 그 가
축이 번식함이라
10 사울 왕 때에 그들이 하갈 사람과
더불어 싸워 손으로 쳐죽이고 길르
앗 동쪽 온 땅에서 장막에 거주하
였더라

갓의 자손

11 ●갓 자손은 르우벤 사람을 마주
대하여 바산 땅에 거주하면서 살르
가까지 다다랐으니
12 우두머리는 요엘이요 다음은 사밤
이요 또 야내와 바산에 산 사밧이요
13 그 조상의 가문의 형제들은 미가엘
과 므술람과 세바와 요래와 야간과
시아와 에벨 일곱 명이니
14 이는 다 아비하일의 아들들이라 아
비하일은 후리의 아들이요 야로아
의 손자요 길르앗의 증손이요 미가
엘의 현손이요 여시새의 오대손이
요 야도의 육대손이요 부스의 칠대
손이며
15 또 구니의 손자 압디엘의 아들 아
히가 우두머리가 되었고
16 그들이 바산 길르앗과 그 마을과

사론의 모든 들에 거주하여 그 사
방 변두리에 다다랐더라
17 이상은 유다 왕 요담 때와 이스라
엘 왕 여로보암 때에 족보에 기록
되었더라

므낫세 반 지파의 용사

18 ●르우벤 자손과 갓 사람과 므낫세
반 지파에서 나가 싸울 만한 용사
곧 능히 방패와 칼을 들며 활을 당
겨 싸움에 익숙한 자는 사만 사천
칠백육십 명이라
19 그들이 하갈 사람과 여두르와 나비
스와 노답과 싸우는 중에
20 도우심을 입었으므로 하갈 사람과
그들과 함께 있는 자들이 다 그들
의 손에 패하였으니 이는 그들이
싸울 때에 하나님께 의뢰하고 부르
짖으므로 하나님이 그들에게 응답
하셨음이라
21 그들이 대적의 짐승 곧 낙타 오만
마리와 양 이십오만 마리와 나귀
이천 마리를 빼앗으며 사람 십만
명을 사로잡았고
22 죽임을 당한 자가 많았으니 이 싸
움이 하나님께로 말미암았음이라
그들이 그들의 땅에 거주하여 사로
잡힐 때까지 이르렀더라

므낫세 반 지파의 자손들

23 ●므낫세 반 지파 자손들이 그 땅
에 거주하면서 그들이 번성하여 바
산에서부터 바알헤르몬과 스닐과
헤르몬 산까지 다다랐으며
24 그들의 족장은 에벨과 이시와 엘리
엘과 아스리엘과 예레미야와 호다
위아와 야디엘이며 다 용감하고 유
명한 족장이었더라

므낫세 반 지파의 추방

25 ●그들이 그들의 조상들의 하나님
께 범죄하여 하나님이 그들 앞에서
멸하신 그 땅 백성의 신들을 간음
하듯 섬긴지라
26 그러므로 이스라엘 하나님이 앗수
르 왕 불의 마음을 일으키시며 앗
수르 왕 디글랏빌레셀의 마음을 일
으키시매 곧 르우벤과 갓과 므낫세
반 지파를 사로잡아 할라와 하볼과
하라와 고산 강가에 옮긴지라 그들
이 오늘까지 거기에 있으니라

레위의 가계

6 레위의 아들들은 게르손과 그핫
과 므라리요
2 그핫의 아들들은 아므람과 이스할
과 헤브론과 웃시엘이요
3 아므람의 자녀는 아론과 모세와 미
리암이요 아론의 자녀는 나답과 아
비후와 엘르아살과 이다말이며
4 엘르아살은 비느하스를 낳고 비느
하스는 아비수아를 낳고
5 아비수아는 북기를 낳고 북기는 웃
시를 낳고
6 웃시는 스라히야를 낳고 스라히야
는 므라욧을 낳고
7 므라욧은 아마랴를 낳고 아마랴는
아히둡을 낳고
8 아히둡은 사독을 낳고 사독은 아히
마아스를 낳고
9 아히마아스는 아사랴를 낳고 아사
랴는 요하난을 낳고
10 요하난은 아사랴를 낳았으니 이 아
사랴는 솔로몬이 예루살렘에 세운
성전에서 제사장의 직분을 행한 자
이며
11 아사랴는 아마랴를 낳고 아마랴는
아히둡을 낳고
12 아히둡은 사독을 낳고 사독은 살룸
을 낳고
13 살룸은 힐기야를 낳고 힐기야는 아
사랴를 낳고
14 아사랴는 스라야를 낳고 스라야는
여호사닥을 낳았으며

15 여호와께서 느부갓네살의 손으로
유다와 예루살렘 백성을 옮기실 때
에 여호사닥도 가니라

레위의 자손

16 ●레위의 아들들은 게르손과 그핫
과 므라리이며
17 게르손의 아들들의 이름은 이러하
니 립니와 시므이요
18 그핫의 아들들은 아므람과 이스할
과 헤브론과 웃시엘이요
19 므라리의 아들들은 말리와 무시라
그 조상에 따라 레위의 종족은 이
러하니
20 게르손에게서 난 자는 곧 그의 아
들 립니요 그의 아들은 야핫이요
그의 아들은 심마요
21 그의 아들은 요아요 그의 아들은
잇도요 그의 아들은 세라요 그의
아들은 여아드래이며
22 그핫에게서 난 자는 곧 그 아들은
암미나답이요 그의 아들은 고라요
그의 아들은 앗실이요
23 그의 아들은 엘가나요 그의 아들은
에비아삽이요 그의 아들은 앗실이
요
24 그의 아들은 다핫이요 그의 아들은
우리엘이요 그의 아들은 웃시야요
그의 아들은 사울이라
25 엘가나의 아들들은 아마새와 아히
못이라
26 엘가나로 말하면 그의 자손은 이러
하니 그의 아들은 소배요 그의 아
들은 나핫이요
27 그의 아들은 엘리압이요 그의 아들은
여로함이요 그의 아들은 엘가나라
28 사무엘의 아들들은 맏아들 요엘이
요 다음은 아비야라
29 므라리에게서 난 자는 말리요 그의
아들은 립니요 그의 아들은 시므이
요 그의 아들은 웃사요
30 그의 아들은 시므아요 그의 아들은
학기야요 그의 아들은 아사야더라

회막 앞에서 찬송하는 사람들

31 ●언약궤가 평안을 얻었을 때에 다
윗이 여호와의 성전에서 찬송하는
직분을 맡긴 자들은 아래와 같았더
라
32 솔로몬이 예루살렘에서 여호와의
성전을 세울 때까지 그들이 회막
앞에서 찬송하는 일을 행하되 그
계열대로 직무를 행하였더라
33 직무를 행하는 자와 그의 아들들은
이러하니 그핫의 자손 중에 헤만은
찬송하는 자라 그는 요엘의 아들이
요 요엘은 사무엘의 아들이요
34 사무엘은 엘가나의 아들이요 엘가
나는 여로함의 아들이요 여로함은
엘리엘의 아들이요 엘리엘은 도아
의 아들이요
35 도아는 숩의 아들이요 숩은 엘가나
의 아들이요 엘가나는 마핫의 아들
이요 마핫은 아마새의 아들이요
36 아마새는 엘가나의 아들이요 엘가
나는 요엘의 아들이요 요엘은 아사
랴의 아들이요 아사랴는 스바냐의
아들이요
37 스바냐는 다핫의 아들이요 다핫은
앗실의 아들이요 앗실은 에비아삽
의 아들이요 에비아삽은 고라의 아
들이요
38 고라는 이스할의 아들이요 이스할은
그핫의 아들이요 그핫은 레위의 아
들이요 레위는 이스라엘의 아들이라
39 헤만의 형제 아삽은 헤만의 오른쪽
에서 직무를 행하였으니 그는 베레
갸의 아들이요 베레갸는 시므아의
아들이요
40 시므아는 미가엘의 아들이요 미가
엘은 바아세야의 아들이요 바아세
야는 말기야의 아들이요

41 말기야는 에드니의 아들이요 에드
니는 세라의 아들이요 세라는 아다
야의 아들이요
42 아다야는 에단의 아들이요 에단은
심마의 아들이요 심마는 시므이의
아들이요
43 시므이는 야핫의 아들이요 야핫은
게르손의 아들이요 게르손은 레위
의 아들이며
44 그들의 형제 므라리의 자손 중 그
의 왼쪽에서 직무를 행하는 자는
에단이라 에단은 기시의 아들이요
기시는 압디의 아들이요 압디는 말
룩의 아들이요
45 말룩은 하사뱌의 아들이요 하사뱌
는 아마시야의 아들이요 아마시야
는 힐기야의 아들이요
46 힐기야는 암시의 아들이요 암시는
바니의 아들이요 바니는 세멜의 아
들이요
47 세멜은 말리의 아들이요 말리는 무
시의 아들이요 무시는 므라리의 아
들이요 므라리는 레위의 아들이며
48 그들의 형제 레위 사람들은 하나님
의 집 장막의 모든 일을 맡았더라

아론의 자손

49 ●아론과 그의 자손들은 번제단과
향단 위에 분향하며 제사를 드리며
지성소의 모든 일을 하여 하나님의
종 모세의 모든 명령대로 이스라엘
을 위하여 속죄하니
50 아론의 자손들은 이러하니라 그의
아들은 엘르아살이요 그의 아들은
비느하스요 그의 아들은 아비수아
요
51 그의 아들은 북기요 그의 아들은
웃시요 그의 아들은 스라히야요
52 그의 아들은 므라욧이요 그의 아들은
아마랴요 그의 아들은 아히둡이요
53 그의 아들은 사독이요 그의 아들은
아히마아스이더라

레위 사람의 정착지

54 ●그들의 거주한 곳은 사방 지계
안에 있으니 그들의 마을은 아래와
같으니라 아론 자손 곧 그핫 종족
이 먼저 제비 뽑았으므로
55 그들에게 유다 땅의 헤브론과 그
사방 초원을 주었고
56 그러나 그 성의 밭과 마을은 여분
네의 아들 갈렙에게 주었으며
57 아론 자손에게 도피성을 주었으니
헤브론과 립나와 그 초원과 얏딜과
에스드모아와 그 초원과
58 힐렌과 그 초원과 드빌과 그 초원
과
59 아산과 그 초원과 벧세메스와 그
초원이며
60 또 베냐민 지파 중에서는 게바와 그
초원과 알레멧과 그 초원과 아나돗
과 그 초원을 주었으니 그들의 종족
이 얻은 성이 모두 열셋이었더라
61 ●그핫 자손의 남은 자에게는 절반
지파 즉 므낫세 반 지파 종족 중에
서 제비 뽑아 열 성읍을 주었고
62 게르손 자손에게는 그들의 종족대
로 잇사갈 지파와 아셀 지파와 납
달리 지파와 바산에 있는 므낫세
지파 중에서 열세 성읍을 주었고
63 므라리 자손에게는 그 종족대로 르
우벤 지파와 갓 지파와 스불론 지
파 중에서 제비 뽑아 열두 성읍을
주었더라
64 이스라엘 자손이 이 모든 성읍과
그 목초지를 레위 자손에게 주되
65 유다 자손의 지파와 시므온 자손의
지파와 베냐민 자손의 지파 중에서
이 위에 기록한 여러 성읍을 제비
뽑아 주었더라
66 ●그핫 자손의 몇 종족은 에브라임
지파 중에서 성읍을 얻어 영토를

삼았으며
67 또 그들에게 도피성을 주었으니 에
브라임 산 중 세겜과 그 초원과 게
셀과 그 초원과
68 욕므암과 그 초원과 벧호론과 그
초원과
69 아얄론과 그 초원과 가드림몬과 그
초원이며
70 또 그핫 자손의 남은 종족에게는 므
낫세 반 지파 중에서 아넬과 그 초
원과 빌르암과 그 초원을 주었더라
71 ●게르손 자손에게는 므낫세 반 지
파 종족 중에서 바산의 골란과 그
초원과 아스다롯과 그 초원을 주고
72 또 잇사갈 지파 중에서 게데스와
그 초원과 다브랏과 그 초원과
73 라못과 그 초원과 아넴과 그 초원
을 주고
74 아셀 지파 중에서 마살과 그 초원
과 압돈과 그 초원과
75 후곡과 그 초원과 르홉과 그 초원
을 주고
76 납달리 지파 중에서 갈릴리의 게데
스와 그 초원과 함몬과 그 초원과
기랴다임과 그 초원을 주니라
77 ●므라리 자손의 남은 자에게는 스
불론 지파 중에서 림모노와 그 초
원과 다볼과 그 초원을 주었고
78 또 요단 건너 동쪽 곧 여리고 맞은
편 르우벤 지파 중에서 광야의 베
셀과 그 초원과 야사와 그 초원과
79 그데못과 그 초원과 메바앗과 그
초원을 주었고
80 또 갓 지파 중에서 길르앗의 라못과
그 초원과 마하나임과 그 초원과
81 헤스본과 그 초원과 야셀과 그 초
원을 주었더라

잇사갈의 자손

7 잇사갈의 아들들은 돌라와 부아
와 야숩과 시므론 네 사람이며
2 돌라의 아들들은 웃시와 르바야와
여리엘과 야매와 입삼과 스므엘이
니 다 그의 아버지 돌라의 집 우두
머리라 대대로 용사이더니 다윗 때
에 이르러는 그 수효가 이만 이천
육백 명이었더라
3 웃시의 아들은 이스라히야요 이스
라히야의 아들들은 미가엘과 오바
댜와 요엘과 잇시야 다섯 사람이
모두 우두머리며
4 그들과 함께 있는 자는 그 계보와
종족대로 능히 출전할 만한 군대가
삼만 육천 명이니 이는 그 처자가
많기 때문이며
5 그의 형제 잇사갈의 모든 종족은
다 용감한 장사라 그 전체를 계수
하면 팔만 칠천 명이었더라

베냐민의 자손

6 ●베냐민의 아들들은 벨라와 베겔
과 여디아엘 세 사람이며
7 벨라의 아들들은 에스본과 우시와
웃시엘과 여리못과 이리 다섯 사람
이니 다 그 집의 우두머리요 큰 용
사라 그 계보대로 계수하면 이만
이천삼십사 명이며
8 베겔의 아들들은 스미라와 요아스
와 엘리에셀과 엘료에내와 오므리
와 여레못과 아비야와 아나돗과 알
레멧이니 베겔의 아들들은 모두 이
러하며
9 그들은 다 그 집의 우두머리요 용
감한 장사라 그 자손을 계보에 의
해 계수하면 이만 이백 명이며
10 여디아엘의 아들은 빌한이요 빌한
의 아들들은 여우스와 베냐민과 에
훗과 그나아나와 세단과 다시스와
아히사할이니
11 이 여디아엘의 아들들은 모두 그
집의 우두머리요 큰 용사라 그들의
자손 중에 능히 출전할 만한 자가

만 칠천이백 명이며
12 일의 아들은 숩빔과 훕빔이요 아헬
의 아들은 후심이더라

납달리의 자손

13 ●납달리의 아들들은 야시엘과 구
니와 예셀과 살룸이니 이는 빌하의
손자더라

므낫세의 자손

14 ●므낫세의 아들들은 그의 아내가
낳아 준 아스리엘과 그의 소실 아
람 여인이 낳아 준 길르앗의 아버
지 마길이니
15 마길은 훕빔과 숩빔의 누이 마아가
라 하는 이에게 장가들었더라 므낫
세의 둘째 아들의 이름은 슬로브핫
이니 슬로브핫은 딸들만 낳았으며
16 마길의 아내 마아가는 아들을 낳아
그의 이름을 베레스라 하였으며 그
의 아우의 이름은 세레스이며 세레
스의 아들들은 울람과 라겜이요
17 울람의 아들들은 브단이니 이는 다
길르앗의 자손이라 길르앗은 마길
의 아들이요 므낫세의 손자이며
18 그의 누이 함몰레겟은 이스홋과 아
비에셀과 말라를 낳았고
19 스미다의 아들들은 아히안과 세겜
과 릭히와 아니암이더라

에브라임의 자손

20 ●에브라임의 아들은 수델라요 그
의 아들은 베렛이요 그의 아들은
다핫이요 그의 아들은 엘르아다요
그의 아들은 다핫이요
21 그의 아들은 사밧이요 그의 아들은
수델라며 그가 또 에셀과 엘르앗을
낳았으나 그들이 가드 원주민에게
죽임을 당하였으니 이는 그들이 내
려가서 가드 사람의 짐승을 빼앗고
자 하였음이라
22 그의 아버지 에브라임이 여러 날
슬퍼하므로 그의 형제가 가서 위로
하였더라
23 그리고 에브라임이 그의 아내와 동
침하매 임신하여 아들을 낳으니 그
집이 재앙을 받았으므로 그의 이름
을 브리아라 하였더라
24 에브라임의 딸은 세에라이니 그가
아래 윗 성 벧호론과 우센세에라를
건설하였더라
25 브리아의 아들들은 레바와 레셉이
요 레셉의 아들은 델라요 그의 아
들은 다한이요
26 그의 아들은 라단이요 그의 아들은
암미훗이요 그의 아들은 엘리사마
요
27 그의 아들은 눈이요 그의 아들은
여호수아더라
28 ●에브라임 자손의 토지와 거주지
는 벧엘과 그 주변 마을이요 동쪽
으로는 나아란이요 서쪽에는 게셀
과 그 주변 마을이며 또 세겜과 그
주변 마을이니 아사와 그 주변 마
을까지이며
29 또 므낫세 자손의 지계에 가까운
벧스안과 그 주변 마을과 다아낙과
그 주변 마을과 므깃도와 그 주변
마을과 돌과 그 주변 마을이라 이
스라엘의 아들 요셉의 자손이 이
여러 곳에 거하였더라

아셀의 자손

30 ●아셀의 아들들은 임나와 이스와
와 이스위와 브리아요 그들의 매제
는 세라이며
31 브리아의 아들들은 헤벨과 말기엘
이니 말기엘은 비르사잇의 아버지
이며
32 헤벨은 야블렛과 소멜과 호담과 그
들의 매제 수아를 낳았으며
33 야블렛의 아들들은 바삭과 빔할과
아스왓이니 야블렛의 아들은 이러
하며

34 소멜의 아들들은 아히와 로가와 호
바와 아람이요
35 그의 아우 헬렘의 아들들은 소바와
임나와 셀레스와 아말이요
36 소바의 아들들은 수아와 하르네벨
과 수알과 베리와 이므라와
37 베셀과 홋과 사마와 실사와 이드란
과 브에라요
38 예델의 아들들은 여분네와 비스바
와 아라요
39 울라의 아들들은 아라와 한니엘과
리시아이니
40 이는 다 아셀의 자손으로 우두머리
요 정선된 용감한 장사요 방백의
우두머리라 출전할 만한 자를 그들
의 계보대로 계수하면 이만 육천
명이었더라

베냐민의 자손

8 베냐민이 낳은 자는 맏아들 벨라
와 둘째 아스벨과 셋째 아하라와
2 넷째 노하와 다섯째 라바이며
3 벨라에게 아들들이 있으니 곧 앗달
과 게라와 아비훗과
4 아비수아와 나아만과 아호아와
5 게라와 스부반과 후람이라
6 에훗의 아들들은 이러하니라 그들
은 게바 주민의 우두머리로서, 사
로잡혀 마나핫으로 갔으니
7 곧 나아만과 아히야와 게라이며 게
라는 또 웃사와 아히훗을 낳았으며
8 사하라임은 두 아내 후심과 바아라
를 내보낸 후에 모압 땅에서 자녀
를 낳았으니
9 그의 아내 호데스에게서 낳은 자는
요밥과 시비아와 메사와 말감과
10 여우스와 사가와 미르마이니 이 아
들들은 우두머리이며
11 또 그의 아내 후심에게서 아비둡과
엘바알을 낳았으며
12 엘바알의 아들들은 에벨과 미삼과
세멧이니 그는 오노와 롯과 그 주
변 마을들을 세웠고
13 또 브리아와 세마이니 그들은 아얄
론 주민의 우두머리가 되어 그들이
가드 주민을 쫓아냈더라
14 아히요와 사삭과 여레못과
15 스바댜와 아랏과 에델과
16 미가엘과 이스바와 요하는 다 브리
아의 아들들이요
17 스바댜와 므술람과 히스기와 헤벨
과
18 이스므래와 이슬리아와 요밥은 다
엘바알의 아들들이요
19 야김과 시그리와 삽디와
20 엘리에내와 실르대와 엘리엘과
21 아다야와 브라야와 시므랏은 다 시
므이의 아들들이요
22 이스반과 에벨과 엘리엘과
23 압돈과 시그리와 하난과
24 하나냐와 엘람과 안도디야와
25 이브드야와 브누엘은 다 사삭의 아
들들이요
26 삼스래와 스하랴와 아달랴와
27 야아레시야와 엘리야와 시그리는
다 여로함의 아들들이니
28 그들은 다 가문의 우두머리이며 그
들의 족보의 우두머리로서 예루살
렘에 거주하였더라

기브온과 예루살렘의 베냐민 사람들

29 ●기브온의 조상 여이엘은 기브온
에 거주하였으니 그 아내의 이름은
마아가며
30 장자는 압돈이요 다음은 술과 기스
와 바알과 나답과
31 그돌과 아히오와 세겔이며
32 미글롯은 시므아를 낳았으며 그들
은 친족들과 더불어 마주하고 예루
살렘에 거주하였더라
33 넬은 기스를 낳고 기스는 사울을
낳고 사울은 요나단과 말기수아와

아비나답과 에스바알을 낳았으며
34 요나단의 아들은 므립바알이라 므
립바알은 미가를 낳았고
35 미가의 아들들은 비돈과 멜렉과 다
레아와 아하스이며
36 아하스는 여호앗다를 낳고 여호앗
다는 알레멧과 아스마웻과 시므리
를 낳고 시므리는 모사를 낳고
37 모사는 비느아를 낳았으며 비느아
의 아들은 라바요 그의 아들은 엘
르아사요 그의 아들은 아셀이며
38 아셀에게 여섯 아들이 있어 그들의
이름은 이러하니 아스리감과 보그
루와 이스마엘과 스아랴와 오바댜
와 하난이라 아셀의 모든 아들이
이러하며
39 그의 아우 에섹의 아들은 이러하니
그의 맏아들은 울람이요 둘째는 여
우스요 셋째는 엘리벨렛이며
40 울람의 아들은 다 용감한 장사요
활을 잘 쏘는 자라 아들과 손자가
많아 모두 백오십 명이었더라 베냐
민의 자손들은 이러하였더라

포로 생활에서 돌아온 백성

9 온 이스라엘이 그 계보대로 계수
되어 그들은 이스라엘 왕조실록
에 기록되니라 유다가 범죄함으로
말미암아 바벨론으로 사로잡혀 갔
더니
2 그들의 땅 안에 있는 성읍에 처음
으로 거주한 이스라엘 사람들은 제
사장들과 레위 사람들과 느디님 사
람들이라
3 유다 자손과 베냐민 자손과 에브라
임과 므낫세 자손 중에서 예루살렘
에 거주한 자는
4 유다의 아들 베레스 자손 중에 우
대이니 그는 암미훗의 아들이요 오
므리의 손자요 이므리의 증손이요
바니의 현손이며
5 실로 사람 중에서는 맏아들 아사야
와 그의 아들들이요
6 세라 자손 중에서는 여우엘과 그
형제 육백구십 명이요
7 베냐민 자손 중에서는 핫스누아의
증손 호다위아의 손자 므술람의 아
들 살루요
8 여로함의 아들 이브느야와 미그리
의 손자 웃시의 아들 엘라요 이브
니야의 증손 르우엘의 손자 스바댜
의 아들 므술람이요
9 또 그의 형제들이라 그들의 계보대
로 계수하면 구백오십육 명이니 다
종족의 가문의 우두머리들이더라

예루살렘에 정착한 제사장들

10 ●제사장 중에서는 여다야와 여호
야립과 야긴과
11 하나님의 성전을 맡은 자 아사랴이
니 그는 힐기야의 아들이요 므술람
의 손자요 사독의 증손이요 므라욧
의 현손이요 아히둡의 오대손이며
12 또 아다야이니 그는 여로함의 아들
이요 바스훌의 손자요 말기야의 증
손이며 또 마아새니 그는 아디엘의
아들이요 야세라의 손자요 므술람
의 증손이요 므실레밋의 현손이요
임멜의 오대손이며
13 또 그의 형제들이니 종족의 가문의
우두머리라 하나님의 성전의 임무
를 수행할 힘있는 자는 모두 천칠
백육십 명이더라

예루살렘에 정착한 레위 사람들

14 ●레위 사람 중에서는 므라리 자손
스마야이니 그는 핫숩의 아들이요
아스리감의 손자요 하사뱌의 증손
이며
15 또 박박갈과 헤레스와 갈랄과 맛다
냐이니 그는 미가의 아들이요 시그
리의 손자요 아삽의 증손이며
16 또 오바댜이니 그는 스마야의 아들

이요 갈랄의 손자요 여두둔의 증손
이며 또 베레갸이니 그는 아사의
아들이요 엘가나의 손자라 느도바
사람의 마을에 거주하였더라

예루살렘에 정착한 회막 문지기

17 ●문지기는 살룸과 악굽과 달몬과
아히만과 그의 형제들이니 살룸은
그 우두머리라
18 이 사람들은 전에 왕의 문 동쪽 곧
레위 자손의 진영의 문지기이며
19 고라의 증손 에비아삽의 손자 고레
의 아들 살룸과 그의 종족 형제 곧
고라의 자손이 수종 드는 일을 맡
아 성막 문들을 지켰으니 그들의
조상들도 여호와의 진영을 맡고 출
입문을 지켰으며
20 여호와께서 함께하신 엘르아살의
아들 비느하스가 옛적에 그의 무리
를 거느렸고
21 므셀레먀의 아들 스가랴는 회막 문
지기가 되었더라
22 택함을 입어 문지기 된 자가 모두
이백열두 명이니 이는 그들의 마을
에서 그들의 계보대로 계수된 자요
다윗과 선견자 사무엘이 전에 세워
서 이 직분을 맡긴 자라
23 그들과 그들의 자손이 그 순차를
좇아 여호와의 성전 곧 성막 문을
지켰는데
24 이 문지기가 동, 서, 남, 북 사방에
섰고
25 그들의 마을에 있는 형제들은 이레
마다 와서 그들과 함께 있으니
26 이는 문지기의 우두머리 된 레위
사람 넷이 중요한 직분을 맡아 하
나님의 성전 모든 방과 곳간을 지
켰음이라
27 그들은 하나님의 성전을 맡은 직분
이 있으므로 성전 주위에서 밤을
지내며 아침마다 문을 여는 책임이
그들에게 있었더라

나머지 레위 사람들

28 ●그 중에 어떤 자는 섬기는 데 쓰
는 기구를 맡아서 그 수효대로 들
여가고 수효대로 내오며
29 또 어떤 자는 성소의 기구와 모든
그릇과 고운 가루와 포도주와 기름
과 유향과 향품을 맡았으며
30 또 제사장의 아들 중의 어떤 자는
향품으로 향기름을 만들었으며
31 고라 자손 살룸의 맏아들 맛디댜라
하는 레위 사람은 전병을 굽는 일
을 맡았으며
32 또 그의 형제 그핫 자손 중에 어떤
자는 진설하는 떡을 맡아 안식일마
다 준비하였더라
33 ●또 찬송하는 자가 있으니 곧 레
위 우두머리라 그들은 골방에 거주
하면서 주야로 자기 직분에 전념하
므로 다른 일은 하지 아니하였더라
34 그들은 다 레위 가문의 우두머리이
며 그들의 족보의 우두머리로서 예
루살렘에 거주하였더라

사울의 족보 (대상 8:29-38)

35 ●기브온의 조상 여이엘은 기브온
에 거주하였으니 그의 아내의 이름
은 마아가라
36 그의 맏아들은 압돈이요 다음은 술
과 기스와 바알과 넬과 나답과
37 그돌과 아히오와 스가랴와 미글롯
이며
38 미글롯은 시므암을 낳았으니 그들
은 그들의 친족들과 더불어 마주하
고 예루살렘에 거주하였더라
39 넬은 기스를 낳고 기스는 사울을
낳고 사울은 요나단과 말기수아와
아비나답과 에스바알을 낳았으며
40 요나단의 아들은 므립바알이라 므
립바알은 미가를 낳았고
41 미가의 아들들은 비돈과 멜렉과 다

레아와 아하스이며
42 아하스는 야라를 낳고 야라는 알레
멧과 아스마웻과 시므리를 낳고 시
므리는 모사를 낳고
43 모사는 비느아를 낳았으며 비느아
의 아들은 르바야요 그의 아들은
엘르아사요 그의 아들은 아셀이며
44 아셀이 여섯 아들이 있으니 그들의
이름은 아스리감과 보그루와 이스
마엘과 스아랴와 오바댜와 하난이
라 아셀의 아들들이 이러하였더라

사울 왕이 죽다 (삼상 31:1-13)

10 블레셋 사람들과 이스라엘이
싸우더니 이스라엘 사람들이
블레셋 사람들 앞에서 도망하다가
길보아 산에서 죽임을 당하여 엎드
러지니라
2 블레셋 사람들이 사울과 그 아들들
을 추격하여 블레셋 사람들이 사울
의 아들 요나단과 아비나답과 말기
수아를 죽이고
3 사울을 맹렬히 치며 활 쏘는 자가
사울에게 따라 미치매 사울이 그
쏘는 자로 말미암아 심히 다급하여
4 사울이 자기의 무기를 가진 자에게
이르되 너는 칼을 빼어 그것으로
나를 찌르라 할례받지 못한 자들이
와서 나를 욕되게 할까 두려워하노
라 그러나 그의 무기를 가진 자가
심히 두려워하여 행하기를 원하지
아니하매 사울이 자기 칼을 뽑아서
그 위에 엎드러지니
5 무기 가진 자가 사울이 죽는 것을
보고 자기도 칼에 엎드러져 죽으니
라
6 이와 같이 사울과 그의 세 아들과
그 온 집안이 함께 죽으니라
7 ●골짜기에 있는 모든 이스라엘 사
람이 그들의 도망한 것과 사울과 그
의 아들들이 다 죽은 것을 보고 그
성읍들을 버리고 도망하매 블레셋
사람들이 와서 거기에 거주하니라
8 이튿날에 블레셋 사람들이 와서 죽
임을 당한 자의 옷을 벗기다가 사
울과 그의 아들들이 길보아 산에
엎드러졌음을 보고
9 곧 사울의 옷을 벗기고 그의 머리
와 갑옷을 가져다가 사람을 블레셋
땅 사방에 보내 모든 이방 신전과
그 백성에게 소식을 전하고
10 사울의 갑옷을 그들의 신전에 두고
그의 머리를 다곤의 신전에 단지라
11 길르앗야베스 모든 사람이 블레셋
사람들이 사울에게 행한 모든 일을
듣고
12 용사들이 다 일어나서 사울의 시체
와 그의 아들들의 시체를 거두어
야베스로 가져다가 그곳 상수리나
무 아래에 그 해골을 장사하고 칠
일간 금식하였더라
13 사울이 죽은 것은 여호와께 범죄하
였기 때문이라 그가 여호와의 말씀
을 지키지 아니하고 또 신접한 자
에게 가르치기를 청하고
14 여호와께 묻지 아니하였으므로 여
호와께서 그를 죽이시고 그 나라를
이새의 아들 다윗에게 넘겨주셨더
라

다윗이 이스라엘과 유다의 왕이 되다
(삼하 5:1-10)

11 온 이스라엘이 헤브론에 모여
다윗을 보고 이르되 우리는 왕
의 가까운 혈족이니이다
2 전에 곧 사울이 왕이 되었을 때에
도 이스라엘을 거느리고 출입하게
한 자가 왕이시었고 왕의 하나님
여호와께서도 왕에게 말씀하시기
를 네가 내 백성 이스라엘의 목자
가 되며 내 백성 이스라엘의 주권
자가 되리라 하셨나이다 하니라

3 이에 이스라엘의 모든 장로가 헤브
론에 있는 왕에게로 나아가니 헤브
론에서 다윗이 그들과 여호와 앞에
언약을 맺으매 그들이 다윗에게 기
름을 부어 이스라엘의 왕으로 삼으
니 여호와께서 사무엘을 통하여 전
하신 말씀대로 되었더라
4 ●다윗이 온 이스라엘과 더불어 예
루살렘 곧 여부스에 이르니 여부스
땅의 주민들이 거기에 거주하였더
라
5 여부스 원주민이 다윗에게 이르기
를 네가 이리로 들어오지 못하리라
하나 다윗이 시온 산성을 빼앗았으
니 이는 다윗 성이더라
6 다윗이 이르되 먼저 여부스 사람을
치는 자는 우두머리와 지휘관으로
삼으리라 하였더니 스루야의 아들
요압이 먼저 올라갔으므로 우두머
리가 되었고
7 다윗이 그 산성에 살았으므로 무리
가 다윗 성이라 불렀으며
8 다윗이 밀로에서부터 두루 성을 쌓
았고 그 성의 나머지는 요압이 중
수하였더라
9 만군의 여호와께서 함께 계시니 다
윗이 점점 강성하여 가니라

다윗의 용사들 (삼하 23:8-39)

10 ●다윗에게 있는 용사의 우두머리
는 이러하니라 이 사람들이 온 이
스라엘과 더불어 다윗을 힘껏 도와
나라를 얻게 하고 그를 세워 왕으
로 삼았으니 이는 여호와께서 이스
라엘에 대하여 이르신 말씀대로 함
이었더라
11 다윗에게 있는 용사의 수효가 이러
하니라 학몬 사람의 아들 야소브암
은 삼십 명의 우두머리라 그가 창
을 들어 한꺼번에 삼백 명을 죽였
고
12 그 다음은 아호아 사람 도도의 아
들 엘르아살이니 세 용사 중 하나
이라
13 그가 바스담밈에서 다윗과 함께 있
었더니 블레셋 사람들이 그곳에 모
여와서 치니 거기에 보리가 많이
난 밭이 있더라 백성들이 블레셋
사람들 앞에서 도망하되
14 그가 그 밭 가운데에 서서 그 밭을
보호하여 블레셋 사람들을 죽였으
니 여호와께서 큰 구원으로 구원하
심이었더라
15 ●삼십 우두머리 중 세 사람이 바
위로 내려가서 아둘람 굴 다윗에게
이를 때에 블레셋 군대가 르바임
골짜기에 진쳤더라
16 그때에 다윗은 산성에 있고 블레셋
사람들의 진영은 베들레헴에 있는
지라
17 다윗이 갈망하여 이르되 베들레헴
성문 곁 우물물을 누가 내게 마시
게 할꼬 하매
18 이 세 사람이 블레셋 사람들의 군
대를 돌파하고 지나가서 베들레헴
성문 곁 우물물을 길어가지고 다윗
에게로 왔으나 다윗이 마시기를 기
뻐하지 아니하고 그 물을 여호와께
부어드리고
19 이르되 내 하나님이여 내가 결단코
이런 일을 하지 아니하리이다 생명
을 돌아보지 아니하고 갔던 이 사
람들의 피를 어찌 마시리이까 하고
그들이 자기 생명도 돌보지 아니하
고 이것을 가져왔으므로 그것을 마
시기를 원하지 아니하니라 세 용사
가 이런 일을 행하였더라
20 ●요압의 아우 아비새는 그 세 명
중 우두머리라 그가 창을 휘둘러
삼백 명을 죽이고 그 세 명 가운데
에 이름을 얻었으니

21 그는 둘째 세 명 가운데에 가장 뛰
어나 그들의 우두머리가 되었으나
첫째 세 명에게는 미치지 못하니
라
22 ●갑스엘 용사의 손자 여호야다의
아들 브나야는 용감한 사람이라 그
가 모압 아리엘의 아들 둘을 죽였
고 또 눈 올 때에 함정에 내려가서
사자 한 마리를 죽였으며
23 또 키가 큰 애굽 사람을 죽였는데
그 사람의 키가 다섯 [1]규빗이요 그
손에 든 창이 베틀채 같으나 그가
막대기를 가지고 내려가서 그 애굽
사람의 손에서 창을 빼앗아 그 창
으로 죽였더라
24 여호야다의 아들 브나야가 이런 일
을 행하였으므로 세 용사 중에 이
름을 얻고
25 삼십 명 중에서는 뛰어나나 첫째
세 사람에게는 미치지 못하니라 다
윗이 그를 세워 시위대장을 삼았더
라
26 ●또 군사 중의 큰 용사는 요압의
아우 아사헬과 베들레헴 사람 도도
의 아들 엘하난과
27 하롤 사람 삼훗과 블론 사람 헬레
스와
28 드고아 사람 익게스의 아들 이라와
아나돗 사람 아비에셀과
29 후사 사람 십브개와 아호아 사람
일래와
30 느도바 사람 마하래와 느도바 사람
바아나의 아들 헬렛과
31 베냐민 자손에 속한 기브아 사람
리배의 아들 이대와 비라돈 사람
브나야와
32 가아스 시냇가에 사는 후래와 아르
바 사람 아비엘과
33 바하룸 사람 아스마웻과 사알본 사
람 엘리아바와
34 기손 사람 하셈의 아들들과 하랄
사람 사게의 아들 요나단과
35 하랄 사람 사갈의 아들 아히암과
울의 아들 엘리발과
36 므게랏 사람 헤벨과 블론 사람 아
히야와
37 갈멜 사람 헤스로와 에스배의 아들
나아래와
38 나단의 아우 요엘과 하그리의 아들
밉할과
39 암몬 사람 셀렉과 스루야의 아들
요압의 무기 잡은 자 베롯 사람 나
하래와
40 이델 사람 이라와 이델 사람 가렙
과
41 헷 사람 우리아와 알래의 아들 사
밧과
42 르우벤 자손 시사의 아들 곧 르우
벤 자손의 우두머리 아디나와 그
추종자 삼십 명과
43 마아가의 아들 하난과 미덴 사람
요사밧과
44 아스드랏 사람 웃시야와 아로엘 사
람 호담의 아들 사마와 여이엘과
45 시므리의 아들 여디아엘과 그의 아
우 디스 사람 요하와
46 마하위 사람 엘리엘과 엘라암의 아
들 여리배와 요사위야와 모압 사람
이드마와
47 엘리엘과 오벳과 므소바 사람 야아
시엘이더라

베냐민 지파에서 다윗을 도운 용사들

12 다윗이 기스의 아들 사울로 말
미암아 시글락에 숨어 있을 때
에 그에게 와서 싸움을 도운 용사
중에 든 자가 있었으니
2 그들은 활을 가지며 좌우 손을 놀
려 물매도 던지며 화살도 쏘는 자
요 베냐민 지파 사울의 동족인데

1) 히, 암마

그 이름은 이러하니라
3 그 우두머리는 아히에셀이요 다음
은 요아스이니 기브아 사람 스마아
의 두 아들이요 또 아스마웻의 아
들 여시엘과 벨렛과 또 브라가와
아나돗 사람 예후와
4 기브온 사람 곧 삼십 명 중에 용사
요 삼십 명의 우두머리가 된 이스
마야이며 또 예레미야와 야하시엘
과 요하난과 그데라 사람 요사밧과
5 엘루새와 여리못과 브아랴와 스마
랴와 하룹 사람 스바댜와
6 고라 사람들 엘가나와 잇시야와 아
사렐과 요에셀과 야소브암이며
7 그돌 사람 여로함의 아들 요엘라와
스바댜더라

갓 지파에서 다윗을 도운 용사들

8 ●갓 사람 중에서 광야에 있는 요
새에 이르러 다윗에게 돌아온 자가
있었으니 다 용사요 싸움에 익숙하
여 방패와 창을 능히 쓰는 자라 그
의 얼굴은 사자 같고 빠르기는 산
의 사슴 같으니
9 그 우두머리는 에셀이요 둘째는 오
바댜요 셋째는 엘리압이요
10 넷째는 미스만나요 다섯째는 예레
미야요
11 여섯째는 앗대요 일곱째는 엘리엘
이요
12 여덟째는 요하난이요 아홉째는 엘
사밧이요
13 열째는 예레미야요 열한째는 막반
내라
14 이 갓 자손이 군대 지휘관이 1)되어
그 작은 자는 백부장이요, 그 큰 자
는 천부장이더니
15 정월에 요단 강물이 모든 언덕에
넘칠 때에 이 무리가 강물을 건너
서 골짜기에 있는 모든 자에게 동
서로 도망하게 하였더라

베냐민과 유다에서 다윗을 도운 용사들

16 ●베냐민과 유다 자손 중에서 요새
에 이르러 다윗에게 나오매
17 다윗이 나가서 맞아 그들에게 말하
여 이르되 만일 너희가 평화로이
내게 와서 나를 돕고자 하면 내 마
음이 너희 마음과 하나가 되려니와
만일 너희가 나를 속여 내 대적에
게 넘기고자 하면 내 손에 불의함
이 없으니 우리 조상들의 하나님이
감찰하시고 책망하시기를 원하노
라 하매
18 그때에 성령이 삼십 명의 우두머리
아마새를 감싸시니 이르되 다윗이
여 우리가 당신에게 속하겠고 이새
의 아들이여 우리가 당신과 함께
있으리니 원하건대 평안하소서 당
신도 평안하고 당신을 돕는 자에게
도 평안이 있을지니 이는 당신의
하나님이 당신을 도우심이니이다
한지라 다윗이 그들을 받아들여 군
대 지휘관을 삼았더라

므낫세 지파에서 다윗을 도운 용사들

19 ●다윗이 전에 블레셋 사람들과 함
께 가서 사울을 치려 할 때에 므낫
세 지파에서 두어 사람이 다윗에게
돌아왔으나 다윗 등이 블레셋 사람
들을 돕지 못하였음은 블레셋 사람
들의 방백이 서로 의논하고 보내며
이르기를 그가 그의 왕 사울에게로
돌아가리니 우리 머리가 위태할까
하노라 함이라
20 다윗이 시글락으로 갈 때에 므낫세
지파에서 그에게로 돌아온 자는 아
드나와 요사밧과 여디아엘과 미가
엘과 요사밧과 엘리후와 실르대이
니 다 므낫세의 천부장이라
21 이 무리가 다윗을 도와 도둑 떼를

1) 되니 그 작은 자는 일당 백이요 그 큰 자는 일당 천이라

쳤으니 그들은 다 큰 용사요 군대
지휘관이 됨이었더라
22 그때에 사람이 날마다 다윗에게로
돌아와서 돕고자 하매 큰 군대를
이루어 하나님의 군대와 같았더라

다윗의 군사들

23 ●싸움을 준비한 군대 지휘관들이
헤브론에 이르러 다윗에게로 나아
와서 여호와의 말씀대로 사울의 나
라를 그에게 돌리고자 하였으니 그
수효가 이러하였더라
24 유다 자손 중에서 방패와 창을 들
고 싸움을 준비한 자가 육천팔백
명이요
25 시므온 자손 중에서 싸움하는 큰
용사가 칠천백 명이요
26 레위 자손 중에서 사천육백 명이요
27 아론의 집 우두머리 여호야다와 그
와 함께 있는 자가 삼천칠백 명이요
28 또 젊은 용사 사독과 그의 가문의
지휘관이 이십이 명이요
29 베냐민 자손 곧 사울의 동족은 아
직도 태반이나 사울의 집을 따르나
그 중에서 나온 자가 삼천 명이요
30 에브라임 자손 중에서 가족으로서
유명한 큰 용사가 이만 팔백 명이요
31 므낫세 반 지파 중에 이름이 기록된
자로서 와서 다윗을 세워 왕으로 삼
으려 하는 자가 만 팔천 명이요
32 잇사갈 자손 중에서 시세를 알고
이스라엘이 마땅히 행할 것을 아는
우두머리가 이백 명이니 그들은 그
모든 형제를 통솔하는 자이며
33 스불론 중에서 모든 무기를 가지고
전열을 갖추고 두 마음을 품지 아
니하고 능히 진영에 나아가서 싸움
을 잘하는 자가 오만 명이요
34 납달리 중에서 지휘관 천 명과 방
패와 창을 가지고 따르는 자가 삼
만 칠천 명이요
35 단 자손 중에서 싸움을 잘하는 자
가 이만 팔천육백 명이요
36 아셀 중에서 능히 진영에 나가서
싸움을 잘하는 자가 사만 명이요
37 요단 저편 르우벤 자손과 갓 자손
과 므낫세 반 지파 중에서 모든 무
기를 가지고 능히 싸우는 자가 십
이만 명이었더라
38 ●이 모든 군사가 전열을 갖추고 다
성심으로 헤브론에 이르러 다윗을
온 이스라엘 왕으로 삼고자 하고 또
이스라엘의 남은 자도 다 한마음으
로 다윗을 왕으로 삼고자 하여
39 무리가 거기서 다윗과 함께 사흘을
지내며 먹고 마셨으니 이는 그들의
형제가 이미 식물을 준비하였음이
며
40 또 그들의 근처에 있는 자로부터
잇사갈과 스불론과 납달리까지도
나귀와 낙타와 노새와 소에다 음식
을 많이 실어왔으니 곧 밀가루 과
자와 무화과 과자와 건포도와 포도
주와 기름이요 소와 양도 많이 가
져왔으니 이는 이스라엘 가운데에
기쁨이 있음이었더라

하나님의 궤를 옮기다 (삼하 6:1-11)

13 다윗이 천부장과 백부장 곧 모
든 지휘관과 더불어 의논하고
2 다윗이 이스라엘의 온 회중에게 이
르되 만일 너희가 좋게 여기고 또
우리의 하나님 여호와께로 말미암
았으면 우리가 이스라엘 온 땅에
남아 있는 우리 형제와 또 초원이
딸린 성읍에 사는 제사장과 레위
사람에게 전령을 보내 그들을 우리
에게로 모이게 하고
3 우리가 우리 하나님의 궤를 우리에
게로 옮겨오자 사울 때에는 우리가
궤 앞에서 묻지 아니하였느니라 하
매

4 뭇 백성의 눈이 이 일을 좋게 여기
므로 온 회중이 그대로 행하겠다
한지라
5 이에 다윗이 애굽의 시홀 시내에서
부터 하맛 어귀까지 온 이스라엘을
불러모으고 기럇여아림에서부터
하나님의 궤를 메어오고자 할새
6 다윗이 온 이스라엘을 거느리고 바
알라 곧 유다에 속한 기럇여아림에
올라가서 여호와 하나님의 궤를 메
어오려 하니 이는 여호와께서 두
그룹 사이에 계시므로 그러한 이름
으로 일컬음을 받았더라
7 하나님의 궤를 새 수레에 싣고 아
비나답의 집에서 나오는데 웃사와
아히오는 수레를 몰며
8 다윗과 이스라엘 온 무리는 하나님
앞에서 힘을 다하여 뛰놀며 노래하
며 수금과 비파와 소고와 제금과
나팔로 연주하니라
9 ●기돈의 타작마당에 이르러서는
소들이 뛰므로 웃사가 손을 펴서
궤를 붙들었더니
10 웃사가 손을 펴서 궤를 붙듦으로
말미암아 여호와께서 진노하사 치
시매 그가 거기 하나님 앞에서 죽
으니라
11 여호와께서 웃사의 몸을 찢으셨으
므로 다윗이 노하여 그곳을 베레스
웃사라 부르니 그 이름이 오늘까지
이르니라
12 그날에 다윗이 하나님을 두려워하
여 이르되 내가 어떻게 하나님의
궤를 내 곳으로 오게 하리요 하고
13 다윗이 궤를 옮겨 자기가 있는 다
윗 성으로 메어들이지 못하고 그
대신 가드 사람 오벧에돔의 집으로
메어가니라
14 하나님의 궤가 오벧에돔의 집에서
그의 가족과 함께 석 달을 있으니
라 여호와께서 오벧에돔의 집과 그
의 모든 소유에 복을 내리셨더라

예루살렘에서 다윗이 활동하다 (삼하 5:11-16)

14 두로 왕 히람이 다윗에게 사신
들과 백향목과 석수와 목수를
보내 그의 궁전을 건축하게 하였더
라
2 다윗이 여호와께서 자기를 이스라
엘의 왕으로 삼으신 줄을 깨달았으
니 이는 그의 백성 이스라엘을 위
하여 그의 나라가 높이 들림을 받
았음을 앎이었더라
3 ●다윗이 예루살렘에서 또 아내들
을 맞아 다윗이 다시 아들들과 딸
들을 낳았으니
4 예루살렘에서 낳은 아들들의 이름
은 삼무아와 소밥과 나단과 솔로몬
과
5 입할과 엘리수아와 엘벨렛과
6 노가와 네벡과 야비아와
7 엘리사마와 브엘랴다와 엘리벨렛
이었더라

다윗이 블레셋을 이기다 (삼하 5:17-25)

8 ●다윗이 기름부음을 받아 온 이스
라엘의 왕이 되었다 함을 블레셋
사람들이 듣고 모든 블레셋 사람들
이 다윗을 찾으러 올라오매 다윗이
듣고 대항하러 나갔으나
9 블레셋 사람들이 이미 이르러 르바
임 골짜기로 쳐들어온지라
10 다윗이 하나님께 물어 이르되 내가
블레셋 사람들을 치러 올라가리이
까 주께서 그들을 내 손에 넘기시
겠나이까 하니 여호와께서 그에게
이르시되 올라가라 내가 그들을 네
손에 넘기리라 하신지라
11 이에 무리가 바알브라심으로 올라
갔더니 다윗이 거기서 그들을 치고
다윗이 이르되 하나님이 물을 쪼갬
같이 내 손으로 내 대적을 흩으셨

다 하므로 그곳 이름을 바알브라심
이라 부르니라
12 블레셋 사람이 그들의 우상을 그곳
에 버렸으므로 다윗이 명령하여 불
에 사르니라
13 ●블레셋 사람들이 다시 골짜기를
침범한지라
14 다윗이 또 하나님께 묻자온대 하나
님이 이르시되 마주 올라가지 말고
그들 뒤로 돌아 뽕나무 수풀 맞은
편에서 그들을 기습하되
15 뽕나무 꼭대기에서 걸음 걷는 소리
가 들리거든 곧 나가서 싸우라 너보
다 하나님이 앞서 나아가서 블레셋
사람들의 군대를 치리라 하신지라
16 이에 다윗이 하나님의 명령대로 행
하여 블레셋 사람들의 군대를 쳐서
기브온에서부터 게셀까지 이르렀
더니
17 다윗의 명성이 온 세상에 퍼졌고
여호와께서 모든 이방 민족으로 그
를 두려워하게 하셨더라

하나님의 궤를 옮길 준비

15 다윗이 다윗 성에서 자기를 위
하여 궁전을 세우고 또 하나님
의 궤를 둘 곳을 마련하고 그것을
위하여 장막을 치고
2 다윗이 이르되 레위 사람 외에는
하나님의 궤를 멜 수 없나니 이는
여호와께서 그들을 택하사 여호와
의 궤를 메고 영원히 그를 섬기게
하셨음이라 하고
3 다윗이 이스라엘 온 무리를 예루살
렘으로 모으고 여호와의 궤를 그
마련한 곳으로 메어 올리고자 하여
4 다윗이 아론 자손과 레위 사람을
모으니
5 그핫 자손 중에 지도자 우리엘과
그의 형제가 백이십 명이요
6 므라리 자손 중에 지도자 아사야와
그의 형제가 이백이십 명이요
7 게르솜 자손 중에 지도자 요엘과
그의 형제가 백삼십 명이요
8 엘리사반 자손 중에 지도자 스마야
와 그의 형제가 이백 명이요
9 헤브론 자손 중에 지도자 엘리엘과
그의 형제가 팔십 명이요
10 웃시엘 자손 중에 지도자 암미나답
과 그의 형제가 백십이 명이라
11 다윗이 제사장 사독과 아비아달을
부르고 또 레위 사람 우리엘과 아
사야와 요엘과 스마야와 엘리엘과
암미나답을 불러
12 그들에게 이르되 너희는 레위 사람
의 지도자이니 너희와 너희 형제는
몸을 성결하게 하고 내가 마련한
곳으로 이스라엘의 하나님 여호와
의 궤를 메어 올리라
13 전에는 너희가 메지 아니하였으므
로 우리 하나님 여호와께서 우리를
찢으셨으니 이는 우리가 규례대로
그에게 구하지 아니하였음이라 하
니
14 이에 제사장들과 레위 사람들이 이
스라엘 하나님 여호와의 궤를 메고
올라가려 하여 몸을 성결하게 하고
15 모세가 여호와의 말씀을 따라 명령
한 대로 레위 자손이 채에 하나님
의 궤를 꿰어 어깨에 메니라
16 ●다윗이 레위 사람의 어른들에게
명령하여 그의 형제들을 노래하는
자들로 세우고 비파와 수금과 제금
등의 악기를 울려서 즐거운 소리를
크게 내라 하매
17 레위 사람이 요엘의 아들 헤만과
그의 형제 중 베레갸의 아들 아삽
과 그의 형제 므라리 자손 중에 구
사야의 아들 에단을 세우고
18 그 다음으로 그들의 형제 스가랴와
벤과 야아시엘과 스미라못과 여히

엘과 운니와 엘리압과 브나야와 마
아세야와 맛디디야와 엘리블레후
와 믹네야와 문지기 오벧에돔과 여
이엘을 세우니
19 노래하는 자 헤만과 아삽과 에단은
놋제금을 크게 치는 자요
20 스가랴와 아시엘과 스미라못과 여
히엘과 운니와 엘리압과 마아세야
와 브나야는 비파를 타서 알라못에
맞추는 자요
21 맛디디야와 엘리블레후와 믹네야
와 오벧에돔과 여이엘과 아사시야
는 수금을 타서 여덟째 음에 맞추
어 인도하는 자요
22 레위 사람의 지도자 그나냐는 노래
에 익숙하므로 노래를 인도하는 자
요
23 베레갸와 엘가나는 궤 앞에서 문을
지키는 자요
24 제사장 스바냐와 요사밧과 느다넬
과 아미새와 스가랴와 브나야와 엘
리에셀은 하나님의 궤 앞에서 나팔
을 부는 자요 오벧에돔과 여히야는
궤 앞에서 문을 지키는 자이더라

하나님의 궤를 예루살렘으로 옮기다
(삼하 6:12-22)

25 ●이에 다윗과 이스라엘 장로들과
천부장들이 가서 여호와의 언약궤
를 즐거이 메고 오벧에돔의 집에서
올라왔는데
26 하나님이 여호와의 언약궤를 멘 레
위 사람을 도우셨으므로 무리가 수
송아지 일곱 마리와 숫양 일곱 마
리로 제사를 드렸더라
27 다윗과 및 궤를 멘 레위 사람과 노
래하는 자와 그의 우두머리 그나냐
와 모든 노래하는 자도 다 세마포
겉옷을 입었으며 다윗은 또 베 에
봇을 입었고
28 이스라엘 무리는 크게 부르며 뿔나
팔과 나팔을 불며 제금을 치며 비
파와 수금을 힘있게 타며 여호와의
언약궤를 메어 올렸더라
29 ●여호와의 언약궤가 다윗 성으로
들어올 때에 사울의 딸 미갈이 창
으로 내다보다가 다윗 왕이 춤추며
뛰노는 것을 보고 그 마음에 업신
여겼더라

16 하나님의 궤를 메고 들어가서
다윗이 그것을 위하여 친 장막
가운데에 두고 번제와 화목제를 하
나님께 드리니라
2 다윗이 번제와 화목제 드리기를 마
치고 여호와의 이름으로 백성에게
축복하고
3 이스라엘 무리 중 남녀를 막론하고
각 사람에게 떡 한 덩이와 야자열
매로 만든 과자와 건포도로 만든
과자 하나씩을 나누어 주었더라
4 ●또 레위 사람을 세워 여호와의
궤 앞에서 섬기며 이스라엘 하나님
여호와를 칭송하고 감사하며 찬양
하게 하였으니
5 아삽은 우두머리요 그 다음은 스가
랴와 여이엘과 스미라못과 여히엘
과 맛디디야와 엘리압과 브나야와
오벧에돔과 여이엘이라 비파와 수
금을 타고 아삽은 제금을 힘있게
치고
6 제사장 브나야와 야하시엘은 항상
하나님의 언약궤 앞에서 나팔을 부
니라

감사 찬양
(시 105:1-15; 96:1-13; 106:47-48)

7 ●그날에 다윗이 아삽과 그의 형제
를 세워 먼저 여호와께 감사하게
하여 이르기를
8 너희는 여호와께 감사하며 그의
이름을 불러 아뢰며 그가 행하신
일을 만민 중에 알릴지어다

9 그에게 노래하며 그를 찬양하고
그의 모든 기사를 전할지어다
10 그의 성호를 자랑하라 여호와를
구하는 자마다 마음이 즐거울지
로다
11 여호와와 그의 능력을 구할지어
다 항상 그의 얼굴을 찾을지어다
12-13 그의 종 이스라엘의 후손 곧 택하
신 야곱의 자손 너희는 그의 행하
신 기사와 그의 이적과 그의 입의
법도를 기억할지어다
14 그는 여호와 우리 하나님이시라
그의 법도가 온 땅에 있도다
15 너희는 그의 언약 곧 천 대에 명
령하신 말씀을 영원히 기억할지
어다
16 이것은 아브라함에게 하신 언약
이며 이삭에게 하신 맹세이며
17 이는 야곱에게 세우신 율례 곧 이
스라엘에게 하신 영원한 언약이라
18 이르시기를 내가 가나안 땅을 네
게 주어 너희 기업의 지경이 되게
하리라 하셨도다
19 그때에 너희 사람 수가 적어서 보
잘것없으며 그 땅에 객이 되어
20 이 민족에게서 저 민족에게로, 이
나라에서 다른 백성에게로 유랑
하였도다
21 여호와께서는 사람이 그들을 해
하기를 용납하지 아니하시고 그
들 때문에 왕들을 꾸짖어
22 이르시기를 나의 기름 부은 자에
게 손을 대지 말며 나의 선지자를
해하지 말라 하셨도다
23 온 땅이여 여호와께 노래하며 그
의 구원을 날마다 선포할지어다
24 그의 영광을 모든 민족 중에, 그
의 기이한 행적을 만민 중에 선포
할지어다
25 여호와는 위대하시니 극진히 찬
양할 것이요 모든 신보다 경외할
것임이여
26 만국의 모든 신은 헛것이나 여호
와께서는 하늘을 지으셨도다
27 존귀와 위엄이 그의 앞에 있으며
능력과 즐거움이 그의 처소에 있
도다
28 여러 나라의 종족들아 영광과 권
능을 여호와께 돌릴지어다 여호
와께 돌릴지어다
29 여호와의 이름에 합당한 영광을
그에게 돌릴지어다 제물을 들고
그 앞에 들어갈지어다 아름답고
거룩한 것으로 여호와께 경배할
지어다
30 온 땅이여 그 앞에서 떨지어다 세
계가 굳게 서고 흔들리지 아니하
는도다
31 하늘은 기뻐하고 땅은 즐거워하
며 모든 나라 중에서는 이르기를
여호와께서 통치하신다 할지로다
32 바다와 거기 충만한 것이 외치며
밭과 그 가운데 모든 것은 즐거워
할지로다
33 그리할 때에 숲 속의 나무들이 여
호와 앞에서 즐거이 노래하리니
주께서 땅을 심판하러 오실 것임
이로다
34 여호와께 감사하라 그는 선하시며
그의 인자하심이 영원함이로다
35 너희는 이르기를 우리 구원의 하
나님이여 우리를 구원하여 만국
가운데에서 건져내시고 모으사
우리로 주의 거룩한 이름을 감사
하며 주의 영광을 드높이게 하소
서 할지어다
36 여호와 이스라엘의 하나님을 영
원부터 영원까지 송축할지로다
하매 모든 백성이 아멘 하고 여호
와를 찬양하였더라

기브온에서 번제를 드리다

37 ●다윗이 아삽과 그의 형제를 여호
와의 언약궤 앞에 있게 하며 항상
그 궤 앞에서 섬기게 하되 날마다
그 일대로 하게 하였고
38 오벧에돔과 그의 형제 육십팔 명과
여두둔의 아들 오벧에돔과 호사를
문지기로 삼았고
39 제사장 사독과 그의 형제 제사장들
에게 기브온 산당에서 여호와의 성
막 앞에 모시게 하여
40 항상 아침 저녁으로 번제단 위에
여호와께 번제를 드리되 여호와의
율법에 기록하여 이스라엘에게 명
령하신 대로 다 준행하게 하였고
41 또 여호와의 인자하심이 영원하시
므로 그들과 함께 헤만과 여두둔과
그리고 택함을 받아 지명된 나머지
사람을 세워 감사하게 하였고
42 또 그들과 함께 헤만과 여두둔을
세워 나팔과 제금들과 하나님을 찬
송하는 악기로 소리를 크게 내게
하였고 또 여두둔의 아들에게 문을
지키게 하였더라
43 이에 뭇 백성은 각각 그 집으로 돌
아가고 다윗도 자기 집을 위하여
축복하려고 돌아갔더라

다윗에 대한 여호와의 말씀과 계시

(삼하 7:1-17)

17 다윗이 그의 궁전에 거주할 때
에 다윗이 선지자 나단에게 이
르되 나는 백향목 궁에 거주하거늘
여호와의 언약궤는 휘장 아래에 있
도다
2 나단이 다윗에게 아뢰되 하나님이
왕과 함께 계시니 마음에 있는 바
를 모두 행하소서
3 그 밤에 하나님의 말씀이 나단에게
임하여 이르시되
4 가서 내 종 다윗에게 말하기를 여
호와의 말씀이 너는 내가 거할 집
을 건축하지 말라
5 내가 이스라엘을 애굽에서 올라오
게 한 날부터 오늘까지 집에 있지
아니하고 오직 이 장막과 저 장막
에 있으며 이 성막과 저 성막에 있
었나니
6 이스라엘 무리와 더불어 가는 모든
곳에서 내가 내 백성을 먹이라고
명령한 이스라엘 어느 사사에게 내
가 말하기를 너희가 어찌하여 내
백향목 집을 건축하지 아니하였느
냐고 말하였느냐 하고
7 또한 내 종 다윗에게 이처럼 말하
라 만군의 여호와께서 이처럼 말씀
하시기를 내가 너를 목장 곧 양 떼
를 따라다니던 데에서 데려다가 내
백성 이스라엘의 주권자로 삼고
8 네가 어디로 가든지 내가 너와 함
께 있어 네 모든 대적을 네 앞에서
멸하였은즉 세상에서 존귀한 자들
의 이름 같은 이름을 네게 만들어
주리라
9 내가 또 내 백성 이스라엘을 위하
여 한 곳을 정하여 그들을 심고 그
들이 그곳에 거주하면서 다시는 옮
겨가지 아니하게 하며 악한 사람들
에게 전과 같이 그들을 해치지 못
하게 하여
10 전에 내가 사사에게 명령하여 내
백성 이스라엘을 다스리던 때와 같
지 아니하게 하고 또 네 모든 대적
으로 네게 복종하게 하리라 또 네
게 이르노니 여호와가 너를 위하여
한 왕조를 세울지라
11 네 생명의 연한이 차서 네가 조상
들에게로 돌아가면 내가 네 뒤에
네 씨 곧 네 아들 중 하나를 세우고
그 나라를 견고하게 하리니
12 그는 나를 위하여 집을 건축할 것

이요 나는 그의 왕위를 영원히 견
고하게 하리라
13 나는 그의 아버지가 되고 그는 나
의 아들이 되리니 나의 인자를 그
에게서 빼앗지 아니하기를 내가 네
전에 있던 자에게서 빼앗음과 같이
하지 아니할 것이며
14 내가 영원히 그를 내 집과 내 나라
에 세우리니 그의 왕위가 영원히
견고하리라 하셨다 하라
15 나단이 이 모든 말씀과 이 모든 계
시대로 다윗에게 전하니라

다윗의 감사 기도 (삼하 7:18-29)

16 ●다윗 왕이 여호와 앞에 들어가
앉아서 이르되 여호와 하나님이여
나는 누구이오며 내 집은 무엇이기
에 나에게 이에 이르게 하셨나이까
17 하나님이여 주께서 이것을 오히려
작게 여기시고 또 종의 집에 대하
여 먼 장래까지 말씀하셨사오니 여
호와 하나님이여 나를 존귀한 자들
같이 여기셨나이다
18 주께서 주의 종에게 베푸신 영예에
대하여 이 다윗이 다시 주께 무슨
말을 하오리이까 주께서는 주의 종
을 아시나이다
19 여호와여 주께서 주의 종을 위하여
주의 뜻대로 이 모든 큰 일을 행하사
이 모든 큰 일을 알게 하셨나이다
20 여호와여 우리 귀로 들은 대로는
주와 같은 이가 없고 주 외에는 하
나님이 없나이다
21 땅의 어느 한 나라가 주의 백성 이
스라엘과 같으리이까 하나님이 자
기 백성을 구속하시려고 나가사 크
고 두려운 일로 말미암아 이름을
얻으시고 애굽에서 구속하신 자기
백성 앞에서 모든 민족을 쫓아내셨
사오며
22 주께서 주의 백성 이스라엘을 영원
히 주의 백성으로 삼으셨사오니 여
호와여 주께서 그들의 하나님이 되
셨나이다
23 여호와여 이제 주의 종과 그의 집
에 대하여 말씀하신 것을 영원히
견고하게 하시며 말씀하신 대로 행
하사
24 견고하게 하시고 사람에게 영원히
주의 이름을 높여 이르기를 만군의
여호와는 이스라엘의 하나님 곧 이
스라엘에게 하나님이시라 하게 하
시며 주의 종 다윗의 왕조가 주 앞
에서 견고히 서게 하옵소서
25 나의 하나님이여 주께서 종을 위하
여 왕조를 세우실 것을 이미 듣게
하셨으므로 주의 종이 주 앞에서 이
기도로 간구할 마음이 생겼나이다
26 여호와여 오직 주는 하나님이시라
주께서 이 좋은 것으로 주의 종에
게 허락하시고
27 이제 주께서 종의 왕조에 복을 주
사 주 앞에 영원히 두시기를 기뻐
하시나이다 여호와여 주께서 복을
주셨사오니 이 복을 영원히 누리리
이다 하니라

다윗의 승전 기록 (삼하 8:1-18)

18 그 후에 다윗이 블레셋 사람들
을 쳐서 항복을 받고 블레셋
사람들의 손에서 가드와 그 동네를
빼앗고
2 또 모압을 치매 모압 사람이 다윗
의 종이 되어 조공을 바치니라
3 ●소바 왕 하닷에셀이 유브라데 강
가에서 자기 세력을 펴고자 하매
다윗이 그를 쳐서 하맛까지 이르고
4 다윗이 그에게서 병거 천 대와 기
병 칠천 명과 보병 이만 명을 빼앗
고 다윗이 그 병거 백 대의 말들만
남기고 그 외의 병거의 말은 다 발
의 힘줄을 끊었더니

5 다메섹 아람 사람이 소바 왕 하닷
에셀을 도우러 온지라 다윗이 아람
사람 이만 이천 명을 죽이고
6 다윗이 다메섹 아람에 수비대를 두
매 아람 사람이 다윗의 종이 되어
조공을 바치니라 다윗이 어디로 가
든지 여호와께서 이기게 하시니라
7 다윗이 하닷에셀의 신하들이 가진
금 방패를 빼앗아 예루살렘으로 가
져오고
8 또 하닷에셀의 성읍 디브핫과 군에
서 심히 많은 놋을 빼앗았더니 솔
로몬이 그것으로 [1]놋대야와 기둥과
놋그릇들을 만들었더라
9 ●하맛 왕 도우가 다윗이 소바 왕
하닷에셀의 온 군대를 쳐서 무찔렀
다 함을 듣고
10 그의 아들 하도람을 보내서 다윗
왕에게 문안하고 축복하게 하니 이
는 하닷에셀이 벌써 도우와 맞서
여러 번 전쟁이 있던 터에 다윗이
하닷에셀을 쳐서 무찔렀음이라 하
도람이 금과 은과 놋의 여러 가지
그릇을 가져온지라
11 다윗 왕이 그것도 여호와께 드리되
에돔과 모압과 암몬 자손과 블레셋
사람들과 아말렉 등 모든 이방 민
족에게서 빼앗아 온 은금과 함께
하여 드리니라
12 스루야의 아들 아비새가 소금 골짜
기에서 에돔 사람 만 팔천 명을 쳐
죽인지라
13 다윗이 에돔에 수비대를 두매 에돔
사람이 다 다윗의 종이 되니라 다
윗이 어디로 가든지 여호와께서 이
기게 하셨더라
14 ●다윗이 온 이스라엘을 다스려 모
든 백성에게 정의와 공의를 행할새
15 스루야의 아들 요압은 군대사령관
이 되고 아힐룻의 아들 여호사밧은
행정장관이 되고
16 아히둡의 아들 사독과 아비아달의
아들 아비멜렉은 제사장이 되고 사
워사는 서기관이 되고
17 여호야다의 아들 브나야는 그렛 사
람과 블렛 사람을 다스리고 다윗의
아들들은 왕을 모시는 사람들의 우
두머리가 되니라

다윗이 암몬과 아람을 치다 (삼하 10:1-19)

19 그 후에 암몬 자손의 왕 나하
스가 죽고 그의 아들이 대신하
여 왕이 되니
2 다윗이 이르되 하눈의 아버지 나하
스가 전에 내게 호의를 베풀었으니
이제 내가 그의 아들 하눈에게 호
의를 베풀리라 하고 사절들을 보내
서 그의 아버지 죽음을 문상하게
하니라 다윗의 신하들이 암몬 자손
의 땅에 이르러 하눈에게 나아가
문상하매
3 암몬 자손의 방백들이 하눈에게 말
하되 왕은 다윗이 조문사절을 보낸
것이 왕의 부친을 존경함인 줄로
여기시나이까 그의 신하들이 왕에
게 나아온 것이 이 땅을 엿보고 정
탐하여 전복시키고자 함이 아니니
이까 하는지라
4 하눈이 이에 다윗의 신하들을 잡아
그들의 수염을 깎고 그 의복을 볼
기 중간까지 자르고 돌려보내매
5 어떤 사람이 다윗에게 가서 그 사
람들이 당한 일을 말하니라 그 사
람들이 심히 부끄러워하므로 다윗
이 그들을 맞으러 보내 왕이 이르
기를 너희는 수염이 자라기까지 여
리고에 머물다가 돌아오라 하니라
6 ●암몬 자손이 자기가 다윗에게 밉
게 한 줄 안지라 하눈과 암몬 자손
은 더불어 은 천 달란트를 아람 나

1) 히, 놋바다

하라임과 아람마아가와 소바에 보
내 병거와 마병을 삯 내되
7 곧 병거 삼만 이천 대와 마아가 왕
과 그의 군대를 고용하였더니 그들
이 와서 메드바 앞에 진치매 암몬
자손이 그 모든 성읍으로부터 모여
와서 싸우려 한지라
8 다윗이 듣고 요압과 용사의 온 무
리를 보냈더니
9 암몬 자손은 나가서 성문 앞에 진
을 치고 도우러 온 여러 왕은 따로
들에 있더라
10 ●요압이 앞 뒤에 친 적진을 보고
이스라엘에서 뽑은 자 중에서 또 뽑
아 아람 사람을 대하여 진을 치고
11 그 남은 무리는 그의 아우 아비새
의 수하에 맡겨 암몬 자손을 대하
여 진을 치게 하고
12 이르되 만일 아람 사람이 나보다
강하면 네가 나를 돕고 만일 암몬
자손이 너보다 강하면 내가 너를
도우리라
13 너는 힘을 내라 우리가 우리 백성
과 우리 하나님의 성읍들을 위하여
힘을 내자 여호와께서 선히 여기시
는 대로 행하시기를 원하노라 하고
14 요압과 그 추종자가 싸우려고 아람
사람 앞에 나아가니 그들이 그 앞
에서 도망하고
15 암몬 자손은 아람 사람이 도망함을
보고 그들도 요압의 아우 아비새
앞에서 도망하여 성읍으로 들어간
지라 이에 요압이 예루살렘으로 돌
아오니라
16 ●아람 사람이 자기가 이스라엘 앞
에서 패하였음을 보고 사신을 보내
강 건너편에 있는 아람 사람을 불
러내니 하닷에셀의 군대사령관 소
박이 그들을 거느린지라
17 어떤 사람이 다윗에게 전하매 다윗
이 온 이스라엘을 모으고 요단을
건너 아람 사람에게 이르러 그들을
향하여 진을 치니라 다윗이 아람
사람을 향하여 진을 치매 그들이
다윗과 맞서 싸우더니
18 아람 사람이 이스라엘 앞에서 도망
한지라 다윗이 아람 병거 칠천 대
의 군사와 보병 사만 명을 죽이고
또 군대 지휘관 소박을 죽이매
19 하닷에셀의 부하들이 자기가 이스
라엘 앞에서 패하였음을 보고 다윗
과 더불어 화친하여 섬기고 그 후
로는 아람 사람이 암몬 자손 돕기
를 원하지 아니하였더라

다윗이 랍바를 함락시키다 (삼하 12:26-31)

20 해가 바뀌어 왕들이 출전할
때가 되매 요압이 그 군대를
거느리고 나가서 암몬 자손의 땅을
격파하고 들어가 랍바를 에워싸고
다윗은 예루살렘에 그대로 있더니
요압이 랍바를 쳐서 함락시키매
2 다윗이 그 왕의 머리에서 보석 있
는 왕관을 빼앗아 중량을 달아보니
금 한 달란트라 그들의 왕관을 자
기 머리에 쓰니라 다윗이 또 그 성
에서 노략한 물건을 무수히 내오고
3 그 가운데 백성을 끌어내어 톱과
쇠도끼와 돌써래로 일하게 하니라
다윗이 암몬 자손의 모든 성읍을
이같이 하고 다윗이 모든 백성과
함께 예루살렘으로 돌아오니라

블레셋 사람들과 싸우다 (삼하 21:15-22)

4 ●이후에 블레셋 사람들과 게셀에
서 전쟁할 때에 후사 사람 십브개
가 키가 큰 자의 아들 중에 십배를
쳐죽이매 그들이 항복하였더라
5 다시 블레셋 사람들과 전쟁할 때에
야일의 아들 엘하난이 가드 사람 골
리앗의 아우 라흐미를 죽였는데 이
사람의 창자루는 베틀채 같았더라

6 또 가드에서 전쟁할 때에 그곳에
키 큰 자 하나는 손과 발에 가락이
여섯씩 모두 스물넷이 있는데 그도
키가 큰 자의 소생이라
7 그가 이스라엘을 능욕하므로 다윗
의 형 시므아의 아들 요나단이 그
를 죽이니라
8 가드의 키 큰 자의 소생이라도 다
윗의 손과 그 신하의 손에 다 죽었
더라

다윗의 인구 조사 (삼하 24:1-25)

21 사탄이 일어나 이스라엘을 대
적하고 다윗을 충동하여 이스
라엘을 계수하게 하니라
2 다윗이 요압과 백성의 지도자들에
게 이르되 너희는 가서 브엘세바에
서부터 단까지 이스라엘을 계수하
고 돌아와 내게 보고하여 그 수효
를 알게 하라 하니
3 요압이 아뢰되 여호와께서 그 백성
을 지금보다 백 배나 더하시기를
원하나이다 내 주 왕이여 이 백성
이 다 내 주의 종이 아니니이까 내
주께서 어찌하여 이 일을 명령하시
나이까 어찌하여 이스라엘이 범죄
하게 하시나이까 하나
4 왕의 명령이 요압을 재촉한지라 드
디어 요압이 떠나 이스라엘 땅에
두루 다닌 후에 예루살렘으로 돌아
와
5 요압이 백성의 수효를 다윗에게 보
고하니 이스라엘 중에 칼을 뺄 만
한 자가 백십만 명이요 유다 중에
칼을 뺄 만한 자가 사십칠만 명이
라
6 요압이 왕의 명령을 마땅치 않게
여겨 레위와 베냐민 사람은 계수하
지 아니하였더라
7 하나님이 이 일을 악하게 여기사
이스라엘을 치시매
8 다윗이 하나님께 아뢰되 내가 이
일을 행함으로 큰 죄를 범하였나이
다 이제 간구하옵나니 종의 죄를
용서하여 주옵소서 내가 심히 미련
하게 행하였나이다 하니라
9 ●여호와께서 다윗의 선견자 갓에
게 말씀하여 이르시되
10 가서 다윗에게 말하여 이르기를 여
호와의 말씀이 내가 네게 세 가지를
내어 놓으리니 그 중에서 하나를 네
가 택하라 내가 그것을 네게 행하
리라 하셨다 하라 하신지라
11 갓이 다윗에게 나아가 그에게 말하
되 여호와의 말씀이 너는 마음대로
택하라
12 혹 삼년 기근이든지 혹 네가 석 달
을 적군에게 패하여 적군의 칼에
쫓길 일이든지 혹 여호와의 칼 곧
전염병이 사흘 동안 이 땅에 유행
하며 여호와의 천사가 이스라엘 온
지경을 멸할 일이든지라고 하셨나
니 내가 무슨 말로 나를 보내신 이
에게 대답할지를 결정하소서 하니
13 다윗이 갓에게 이르되 내가 곤경에
빠졌도다 여호와께서는 긍휼이 심
히 크시니 내가 그의 손에 빠지고
사람의 손에 빠지지 아니하기를 원
하나이다 하는지라
14 이에 여호와께서 이스라엘 백성에
게 전염병을 내리시매 이스라엘 백
성 중에서 죽은 자가 칠만 명이었
더라
15 하나님이 예루살렘을 멸하러 천사
를 보내셨더니 천사가 멸하려 할
때에 여호와께서 보시고 이 재앙
내림을 뉘우치사 멸하는 천사에게
이르시되 족하다 이제는 네 손을
거두라 하시니 그때에 여호와의 천
사가 여부스 사람 오르난의 타작
마당 곁에 선지라

16 다윗이 눈을 들어 보매 여호와의
천사가 천지 사이에 섰고 칼을 빼
어 손에 들고 예루살렘 하늘을 향
하여 편지라 다윗이 장로들과 더불
어 굵은 베를 입고 얼굴을 땅에 대
고 엎드려
17 하나님께 아뢰되 명령하여 백성을
계수하게 한 자가 내가 아니니이까
범죄하고 악을 행한 자는 곧 나이
니이다 이 양 떼는 무엇을 행하였
나이까 청하건대 나의 하나님 여호
와여 주의 손으로 나와 내 아버지
의 집을 치시고 주의 백성에게 재
앙을 내리지 마옵소서 하니라
18 ●여호와의 천사가 갓에게 명령하
여 다윗에게 이르시기를 다윗은 올
라가서 여부스 사람 오르난의 타작
마당에서 여호와를 위하여 제단을
쌓으라 하신지라
19 이에 갓이 여호와의 이름으로 이른
말씀대로 다윗이 올라가니라
20 그때에 오르난이 밀을 타작하다가
돌이켜 천사를 보고 오르난이 네
명의 아들과 함께 숨었더니
21 다윗이 오르난에게 나아가매 오르
난이 내다보다가 다윗을 보고 타작
마당에서 나와 얼굴을 땅에 대고
다윗에게 절하매
22 다윗이 오르난에게 이르되 이 타작
하는 곳을 내게 넘기라 너는 상당
한 값으로 내게 넘기라 내가 여호
와를 위하여 여기 한 제단을 쌓으
리니 그리하면 전염병이 백성 중에
서 그치리라 하니
23 오르난이 다윗에게 말하되 왕은 취
하소서 내 주 왕께서 좋게 여기시
는 대로 행하소서 보소서 내가 이
것들을 드리나이다 소들은 번제물
로, 곡식 떠는 기계는 화목으로, 밀
은 소제물로 삼으시기 위하여 다
드리나이다 하는지라
24 다윗 왕이 오르난에게 이르되 그렇
지 아니하다 내가 반드시 상당한
값으로 사리라 내가 여호와께 드리
려고 네 물건을 빼앗지 아니하겠고
값없이는 번제를 드리지도 아니하
리라 하니라
25 그리하여 다윗은 그 터 값으로 금
육백 세겔을 달아 오르난에게 주고
26 다윗이 거기서 여호와를 위하여 제
단을 쌓고 번제와 화목제를 드려
여호와께 아뢰었더니 여호와께서
하늘에서부터 번제단 위에 불을 내
려 응답하시고
27 여호와께서 천사를 명령하시매 그
가 칼을 칼집에 꽂았더라
28 ●이때에 다윗이 여호와께서 여부
스 사람 오르난의 타작마당에서 응
답하심을 보고 거기서 제사를 드렸
으니
29 옛적에 모세가 광야에서 지은 여호
와의 성막과 번제단이 그때에 기브
온 산당에 있었으나
30 다윗이 여호와의 천사의 칼을 두려
워하여 감히 그 앞에 가서 하나님
께 묻지 못하더라

22 다윗이 이르되 이는 여호와
하나님의 성전이요 이는 이스
라엘의 번제단이라 하였더라

성전 건축 준비

2 ●다윗이 명령하여 이스라엘 땅에
거류하는 이방 사람을 모으고 석수
를 시켜 하나님의 성전을 건축할
돌을 다듬게 하고
3 다윗이 또 문짝 못과 거멀 못에 쓸
철을 많이 준비하고 또 무게를 달
수 없을 만큼 심히 많은 놋을 준비
하고
4 또 백향목을 무수히 준비하였으니
이는 시돈 사람과 두로 사람이 백

향목을 다윗에게로 많이 수운하여
왔음이라
5 다윗이 이르되 내 아들 솔로몬은
어리고 미숙하고 여호와를 위하여
건축할 성전은 극히 웅장하여 만국
에 명성과 영광이 있게 하여야 할
지라 그러므로 내가 이제 그것을
위하여 준비하리라 하고 다윗이 죽
기 전에 많이 준비하였더라
6 ●다윗이 그의 아들 솔로몬을 불러
이스라엘 하나님 여호와를 위하여
성전 건축하기를 부탁하여
7 다윗이 솔로몬에게 이르되 내 아들
아 나는 내 하나님 여호와의 이름
을 위하여 성전을 건축할 마음이
있었으나
8 여호와의 말씀이 내게 임하여 이르
시되 너는 피를 심히 많이 흘렸고
크게 전쟁하였느니라 네가 내 앞에
서 땅에 피를 많이 흘렸은즉 내 이
름을 위하여 성전을 건축하지 못하
리라
9 보라 한 아들이 네게서 나리니 그
는 온순한 사람이라 내가 그로 주
변 모든 대적에게서 평온을 얻게
하리라 그의 이름을 솔로몬이라 하
리니 이는 내가 그의 생전에 평안
과 안일함을 이스라엘에게 줄 것임
이니라
10 그가 내 이름을 위하여 성전을 건
축할지라 그는 내 아들이 되고 나
는 그의 아버지가 되어 그 나라 왕
위를 이스라엘 위에 굳게 세워 영
원까지 이르게 하리라 하셨나니
11 이제 내 아들아 여호와께서 너와
함께 계시기를 원하며 네가 형통하
여 여호와께서 네게 대하여 말씀하
신 대로 네 하나님 여호와의 성전
을 건축하며
12 여호와께서 네게 지혜와 총명을 주
사 네게 이스라엘을 다스리게 하시
고 네 하나님 여호와의 율법을 지
키게 하시기를 더욱 원하노라
13 그때에 네가 만일 여호와께서 모세
를 통하여 이스라엘에게 명령하신
모든 규례와 법도를 삼가 행하면
형통하리니 강하고 담대하여 두려
워하지 말고 놀라지 말지어다
14 내가 환난 중에 여호와의 성전을
위하여 금 십만 달란트와 은 백만
달란트와 놋과 철을 그 무게를 달
수 없을 만큼 심히 많이 준비하였
고 또 재목과 돌을 준비하였으나
너는 더할 것이며
15 또 장인이 네게 많이 있나니 곧 석
수와 목수와 온갖 일에 익숙한 모
든 사람이니라
16 금과 은과 놋과 철이 무수하니 너
는 일어나 일하라 여호와께서 너와
함께 계실지로다 하니라
17 ●다윗이 또 이스라엘 모든 방백에
게 명령하여 그의 아들 솔로몬을
도우라 하여 이르되
18 너희 하나님 여호와께서 너희와 함
께 계시지 아니하시느냐 사면으로
너희에게 평온함을 주지 아니하셨
느냐 이 땅 주민을 내 손에 넘기사
이 땅으로 여호와와 그의 백성 앞
에 복종하게 하셨나니
19 이제 너희는 마음과 뜻을 바쳐서
너희 하나님 여호와를 구하라 그리
고 일어나서 여호와 하나님의 성전
을 건축하고 여호와의 언약궤와 하
나님 성전의 기물을 가져다가 여호
와의 이름을 위하여 건축한 성전에
들이게 하라 하였더라

레위 사람의 일

23 다윗이 나이가 많아 늙으매
아들 솔로몬을 이스라엘 왕으
로 삼고

2 이스라엘 모든 방백과 제사장과 레
위 사람을 모았더라
3 레위 사람은 삼십 세 이상으로 계
수하니 모든 남자의 수가 삼만 팔
천 명인데
4 그 중의 이만 사천 명은 여호와의
성전의 일을 보살피는 자요 육천
명은 관원과 재판관이요
5 사천 명은 문지기요 사천 명은 그
가 여호와께 찬송을 드리기 위하여
만든 악기로 찬송하는 자들이라
6 다윗이 레위의 아들들을 게르손과
그핫과 므라리에 따라 각 반으로
나누었더라
7 ●게르손 자손은 라단과 시므이라
8 라단의 아들들은 우두머리 여히엘
과 또 세담과 요엘 세 사람이요
9 시므이의 아들들은 슬로밋과 하시
엘과 하란 세 사람이니 이는 라단
의 우두머리들이며
10 또 시므이의 아들들은 야핫과 시나
와 여우스와 브리아이니 이 네 사
람도 시므이의 아들이라
11 그 우두머리는 야핫이요 그 다음은
시사며 여우스와 브리아는 아들이
많지 아니하므로 그들과 한 조상의
가문으로 계수되었더라
12 ●그핫의 아들들은 아므람과 이스
할과 헤브론과 웃시엘 네 사람이라
13 아므람의 아들들은 아론과 모세이
니 아론은 그 자손들과 함께 구별
되어 몸을 성결하게 하여 영원토록
심히 거룩한 자가 되어 여호와 앞
에 분향하고 섬기며 영원토록 그
이름으로 축복하게 되었느니라
14 하나님의 사람 모세의 아들들은 레
위 지파 중에 기록되었으니
15 모세의 아들들은 게르솜과 엘리에셀
이라
16 게르솜의 아들 중에 스브엘이 우두
머리가 되었고
17 엘리에셀의 아들들은 우두머리 르
하뱌라 엘리에셀에게 이 외에는 다
른 아들이 없고 르하뱌의 아들들은
심히 많았으며
18 이스할의 아들들은 우두머리 슬로
밋이요
19 헤브론의 아들들은 우두머리 여리
야와 둘째 아마랴와 셋째 야하시엘
과 넷째 여가므암이며
20 웃시엘의 아들들은 우두머리 미가
와 그 다음 잇시야더라
21 ●므라리의 아들들은 마흘리와 무
시요 마흘리의 아들들은 엘르아살
과 기스라
22 엘르아살이 아들이 없이 죽고 딸만
있더니 그의 형제 기스의 아들이
그에게 장가들었으며
23 무시의 아들들은 마흘리와 에델과
여레못 세 사람이더라
24 ●이는 다 레위 자손이니 그 조상
의 가문을 따라 계수된 이름이 기
록되고 여호와의 성전에서 섬기는
일을 하는 이십세 이상 된 우두머
리들이라
25 다윗이 이르기를 이스라엘 하나님
여호와께서 평강을 그의 백성에게
주시고 예루살렘에 영원히 거하시
나니
26 레위 사람이 다시는 성막과 그 가
운데에서 쓰는 모든 기구를 멜 필
요가 없다 한지라
27 다윗의 유언대로 레위 자손이 이십
세 이상으로 계수되었으니
28 그 직분은 아론의 자손을 도와 여
호와의 성전과 뜰과 골방에서 섬기
고 또 모든 성물을 정결하게 하는
일 곧 하나님의 성전에서 섬기는
일과
29 또 진설병과 고운 가루의 소제물

곧 무교전병이나 과자를 굽는 것이
나 반죽하는 것이나 또 모든 저울
과 자를 맡고
30 아침과 저녁마다 서서 여호와께 감
사하고 찬송하며
31 또 안식일과 초하루와 절기에 모든
번제를 여호와께 드리되 그가 명령
하신 규례의 정한 수효대로 항상
여호와 앞에 드리며
32 또 회막의 직무와 성소의 직무와
그들의 형제 아론 자손의 직무를
지켜 여호와의 성전에서 수종 드는
것이더라

제사장 직분을 맡은 사람들

24 아론 자손의 계열들이 이러하
니라 아론의 아들들은 나답과
아비후와 엘르아살과 이다말이라
2 나답과 아비후가 그들의 아버지보
다 먼저 죽고 그들에게 아들이 없
으므로 엘르아살과 이다말이 제사
장의 직분을 행하였더라
3 다윗이 엘르아살의 자손 사독과 이
다말의 자손 아히멜렉과 더불어 그
들을 나누어 각각 그 섬기는 직무
를 맡겼는데
4 엘르아살의 자손 중에 우두머리가
이다말의 자손보다 많으므로 나눈
것이 이러하니 엘르아살 자손의 우
두머리가 열여섯 명이요 이다말 자
손은 그 조상들의 가문을 따라 여
덟 명이라
5 이에 제비 뽑아 피차에 차등이 없
이 나누었으니 이는 성전의 일을
다스리는 자와 하나님의 일을 다스
리는 자가 엘르아살의 자손 중에도
있고 이다말의 자손 중에도 있음이
라
6 레위 사람 느다넬의 아들 서기관 스
마야가 왕과 방백과 제사장 사독과
아비아달의 아들 아히멜렉과 및 제
사장과 레위 사람의 우두머리 앞에
서 그 이름을 기록하여 엘르아살의
자손 중에서 한 집을 뽑고 이다말의
자손 중에서 한 집을 뽑았으니
7 첫째로 제비 뽑힌 자는 여호야립이
요 둘째는 여다야요
8 셋째는 하림이요 넷째는 스오림이
요
9 다섯째는 말기야요 여섯째는 미야
민이요
10 일곱째는 학고스요 여덟째는 아비
야요
11 아홉째는 예수아요 열째는 스가냐
요
12 열한째는 엘리아십이요 열두째는
야김이요
13 열셋째는 훕바요 열넷째는 예세브
압이요
14 열다섯째는 빌가요 열여섯째는 임
멜이요
15 열일곱째는 헤실이요 열여덟째는
합비세스요
16 열아홉째는 브다히야요 스무째는
여헤스겔이요
17 스물한째는 야긴이요 스물두째는
가물이요
18 스물셋째는 들라야요 스물넷째는
마아시야라
19 이와 같은 직무에 따라 여호와의
성전에 들어가서 그의 아버지 아론
을 도왔으니 이는 이스라엘의 하나
님 여호와께서 명하신 규례더라

레위 자손 중에 남은 자들

20 ●레위 자손 중에 남은 자는 이러
하니 아므람의 아들들 중에는 수바
엘이요 수바엘의 아들들 중에는 예
드야며
21 르하뱌에게 이르러는 그의 아들들
중에 우두머리 잇시야요
22 이스할의 아들들 중에는 슬로못이

요 슬로못의 아들들 중에는 야핫이
요
23 헤브론의 아들들은 장자 여리야와
둘째 아마랴와 셋째 야하시엘과 넷
째 여가므암이요
24 웃시엘의 아들들은 미가요 미가의
아들들 중에는 사밀이요
25 미가의 아우는 잇시야라 잇시야의
아들들 중에는 스가랴이며
26 므라리의 아들들은 마흘리와 무시
요 야아시야의 아들들은 브노이니
27 므라리의 자손 야아시야에게서 난
자는 브노와 소함과 삭굴과 이브리
요
28 마흘리의 아들 중에는 엘르아살이
니 엘르아살은 아들이 없으며
29 기스에게 이르러는 그의 아들 여라
므엘이요
30 무시의 아들들은 마흘리와 에델과
여리못이니 이는 다 그 조상의 가
문에 따라 기록한 레위 자손이라
31 이 여러 사람도 다윗 왕과 사독과
아히멜렉과 제사장과 레위 우두머
리 앞에서 그들의 형제 아론 자손
처럼 제비 뽑혔으니 장자의 가문
과 막내 동생의 가문이 다름이 없
더라

찬송을 맡은 사람들

25 다윗이 군대 지휘관들과 더불
어 아삽과 헤만과 여두둔의 자
손 중에서 구별하여 섬기게 하되 수
금과 비파와 제금을 잡아 [1]신령한
노래를 하게 하였으니 그 직무대로
일하는 자의 수효는 이러하니라
2 아삽의 아들들은 삭굴과 요셉과 느
다냐와 아사렐라니 이 아삽의 아들
들이 아삽의 지휘 아래 왕의 명령
을 따라 [1]신령한 노래를 하며
3 여두둔에게 이르러서는 그의 아들
들 그달리야와 스리와 여사야와
[2]시므이와 하사뱌와 맛디디야 여
섯 사람이니 그의 아버지 여두둔의
지휘 아래 수금을 잡아 [1]신령한 노
래를 하며 여호와께 감사하며 찬양
하며
4 헤만에게 이르러는 그의 아들들 북
기야와 맛다냐와 웃시엘과 스브엘
과 여리못과 하나냐와 하나니와 엘
리아다와 깃달디와 로맘디에셀과
요스브가사와 말로디와 호딜과 마
하시옷이라
5 이는 다 헤만의 아들들이니 나팔을
부는 자들이며 헤만은 하나님의 말
씀을 가진 왕의 선견자라 하나님이
헤만에게 열네 아들과 세 딸을 주
셨더라
6 이들이 다 그들의 아버지의 지휘
아래 제금과 비파와 수금을 잡아
여호와의 전에서 노래하여 하나님
의 전을 섬겼으며 아삽과 여두둔과
헤만은 왕의 지휘 아래 있었으니
7 그들과 모든 형제 곧 여호와 찬송
하기를 배워 익숙한 자의 수효가
이백팔십팔 명이라
8 이 무리의 큰 자나 작은 자나 스승
이나 제자를 막론하고 다같이 제비
뽑아 직임을 얻었으니
9 첫째로 제비 뽑힌 자는 아삽의 아
들 중 요셉이요 둘째는 그달리야이
니 그와 그의 형제들과 아들들 십
이 명이요
10 셋째는 삭굴이니 그의 아들들과 형
제들과 십이 명이요
11 넷째는 이스리이니 그의 아들들과
형제들과 십이 명이요
12 다섯째는 느다냐니 그의 아들들과
형제들과 십이 명이요
13 여섯째는 북기야니 그의 아들들과
형제들과 십이 명이요

1) 히, 예언을 뜻함 2) 히, '시므이'가 없음. 헬, '시므이'

14 일곱째는 여사렐라니 그의 아들들
과 형제들과 십이 명이요
15 여덟째는 여사야니 그의 아들들과
형제들과 십이 명이요
16 아홉째는 맛다냐니 그의 아들들과
형제들과 십이 명이요
17 열째는 시므이니 그의 아들들과 형
제들과 십이 명이요
18 열한째는 아사렐이니 그의 아들들
과 형제들과 십이 명이요
19 열두째는 하사뱌니 그의 아들들과
형제들과 십이 명이요
20 열셋째는 수바엘이니 그의 아들들
과 형제들과 십이 명이요
21 열넷째는 맛디디야니 그의 아들들
과 형제들과 십이 명이요
22 열다섯째는 여레못이니 그의 아들
들과 형제들과 십이 명이요
23 열여섯째는 하나냐니 그의 아들들
과 형제들과 십이 명이요
24 열일곱째는 요스브가사니 그의 아
들들과 형제들과 십이 명이요
25 열여덟째는 하나니니 그의 아들들
과 형제들과 십이 명이요
26 열아홉째는 말로디니 그의 아들들
과 형제들과 십이 명이요
27 스무째는 엘리아다니 그의 아들들
과 형제들과 십이 명이요
28 스물한째는 호딜이니 그의 아들들
과 형제들과 십이 명이요
29 스물두째는 깃달디니 그의 아들들
과 형제들과 십이 명이요
30 스물셋째는 마하시옷이니 그의 아
들들과 형제들과 십이 명이요
31 스물넷째는 로맘디에셀이니 그의
아들들과 형제들과 십이 명이었더
라

성전 문지기

26 고라 사람들의 문지기 반들은
이러하니라 아삽의 가문 중
고레의 아들 므셀레먀라
2 므셀레먀의 아들들인 맏아들 스가
랴와 둘째 여디아엘과 셋째 스바댜
와 넷째 야드니엘과
3 다섯째 엘람과 여섯째 여호하난과
일곱째 엘여호에내이며
4 오벧에돔의 아들들은 맏아들 스마
야와 둘째 여호사밧과 셋째 요아와
넷째 사갈과 다섯째 느다넬과
5 여섯째 암미엘과 일곱째 잇사갈과
여덟째 브울래대이니 이는 하나님
이 오벧에돔에게 복을 주셨음이라
6 그의 아들 스마야도 두어 아들을
낳았으니 그들의 조상의 가문을 다
스리는 자요 큰 용사라
7 스마야의 아들들은 오드니와 르바
엘과 오벳과 엘사밧이며 엘사밧의
형제 엘리후와 스마갸는 능력이 있
는 자이니
8 이는 다 오벧에돔의 자손이라 그들
과 그의 아들들과 그의 형제들은
다 능력이 있어 그 직무를 잘하는
자이니 오벧에돔에게서 난 자가 육
십이 명이며
9 또 므셀레먀의 아들과 형제 열여덟
명은 능력이 있는 자라
10 므라리 자손 중 호사에게도 아들들
이 있으니 그의 장자는 시므리라
시므리는 본래 맏아들이 아니나 그
의 아버지가 장자로 삼았고
11 둘째는 힐기야요 셋째는 드발리야
요 넷째는 스가랴이니 호사의 아들
들과 형제들이 열세 명이더라
12 ●이상은 다 문지기의 반장으로서
그 형제처럼 직임을 얻어 여호와의
성전에서 섬기는 자들이라
13 각 문을 지키기 위하여 그의 조상
의 가문을 따라 대소를 막론하고
다 제비 뽑혔으니
14 셀레먀는 동쪽을 뽑았고 그의 아들

스가랴는 명철한 모사라 모사를 위
하여 제비 뽑으니 북쪽을 뽑았고
15 오벧에돔은 남쪽을 뽑았고 그의 아
들들은 곳간에 뽑혔으며
16 숩빔과 호사는 서쪽을 뽑아 큰 길
로 통한 살래겟 문 곁에 있어 서로
대하여 파수하였으니
17 동쪽 문에 레위 사람이 여섯이요
북쪽 문에 매일 네 사람이요 남쪽
문에 매일 네 사람이요 곳간에는
둘씩이며
18 서쪽 뜰에 있는 큰 길에 네 사람 그
리고 뜰에 두 사람이라
19 고라와 므라리 자손의 문지기의 직
책은 이러하였더라

성전 곳간을 맡은 사람들

20 ●레위 사람 중에 아히야는 하나님
의 전 곳간과 성물 곳간을 맡았으
며
21 라단의 자손은 곧 라단에게 속한
게르손 사람의 자손이니 게르손 사
람 라단에게 속한 가문의 우두머리
는 여히엘리라
22 여히엘리의 아들들은 스담과 그의
아우 요엘이니 여호와의 성전 곳간
을 맡았고
23 아므람 자손과 이스할 자손과 헤브
론 자손과 웃시엘 자손 중에
24 모세의 아들 게르솜의 자손 스브엘
은 곳간을 맡았고
25 그의 형제 곧 엘리에셀에게서 난
자는 그의 아들 르하뱌와 그의 아
들 여사야와 그의 아들 요람과 그
의 아들 시그리와 그의 아들 슬로
못이라
26 이 슬로못과 그의 형제는 성물의
모든 곳간을 맡았으니 곧 다윗 왕
과 가문의 우두머리와 천부장과 백
부장과 군대의 모든 지휘관이 구별
하여 드린 성물이라
27 그들이 싸울 때에 노략하여 얻은
물건 중에서 구별하여 드려 여호와
의 성전을 개수한 일과
28 선견자 사무엘과 기스의 아들 사울
과 넬의 아들 아브넬과 스루야의
아들 요압이 무엇이든지 구별하여
드린 성물은 다 슬로못과 그의 형
제의 지휘를 받았더라

다른 레위 사람들의 직임

29 ●이스할 자손 중에 그나냐와 그의
아들들은 성전 밖에서 이스라엘의
일을 다스리는 관원과 재판관이 되
었고
30 헤브론 자손 중에 하사뱌와 그의
동족 용사 천칠백 명은 요단 서쪽
에서 이스라엘을 주관하여 여호와
의 모든 일과 왕을 섬기는 직임을
맡았으며
31 헤브론 자손 중에서는 여리야가 그
의 족보와 종족대로 헤브론 자손의
우두머리가 되었더라 다윗이 왕위
에 있은 지 사십 년에 길르앗 야셀
에서 그들 중에 구하여 큰 용사를
얻었으니
32 그의 형제 중 이천칠백 명이 다 용
사요 가문의 우두머리라 다윗 왕
이 그들로 르우벤과 갓과 므낫세
반 지파를 주관하여 하나님의 모
든 일과 왕의 일을 다스리게 하였
더라

모든 가문의 우두머리와 관원들

27 이스라엘 자손의 모든 가문의
우두머리와 천부장과 백부장
과 왕을 섬기는 관원들이 그들의
숫자대로 반이 나누이니 각 반열이
이만 사천 명씩이라 일 년 동안 달
마다 들어가며 나왔으니
2 첫째 달 반의 반장은 삽디엘의 아
들 야소브암이요 그의 반에 이만
사천 명이라

3 그는 베레스의 자손으로서 첫째 달
반의 모든 지휘관의 우두머리가 되
었고
4 둘째 달 반의 반장은 아호아 사람
도대요 또 미글롯이 그의 반의 주
장이 되었으니 그의 반에 이만 사
천 명이요
5 셋째 달 군대의 셋째 지휘관은 대
제사장 여호야다의 아들 브나야요
그의 반에 이만 사천 명이라
6 이 브나야는 삼십 명 중에 용사요
삼십 명 위에 있으며 그의 반 중에
그의 아들 암미사밧이 있으며
7 넷째 달 넷째 지휘관은 요압의 아
우 아사헬이요 그 다음은 그의 아
들 스바댜이니 그의 반에 이만 사
천 명이요
8 다섯째 달 다섯째 지휘관은 이스라
사람 삼훗이니 그의 반에 이만 사
천 명이요
9 여섯째 달 여섯째 지휘관은 드고아
사람 익게스의 아들 이라이니 그의
반에 이만 사천 명이요
10 일곱째 달 일곱째 지휘관은 에브라
임 자손에 속한 발론 사람 헬레스
이니 그의 반에 이만 사천 명이요
11 여덟째 달 여덟째 지휘관은 세라
족속 후사 사람 십브개이니 그의
반에 이만 사천 명이요
12 아홉째 달 아홉째 지휘관은 베냐민
자손 아나돗 사람 아비에셀이니 그
의 반에 이만 사천 명이요
13 열째 달 열째 지휘관은 세라 족속
느도바 사람 마하래이니 그의 반에
이만 사천 명이요
14 열한째 달 열한째 지휘관은 에브라
임 자손에 속한 비라돈 사람 브나
야이니 그의 반에 이만 사천 명이
요
15 열두째 달 열두째 지휘관은 옷니엘
자손에 속한 느도바 사람 헬대니
그 반에 이만 사천 명이었더라

각 지파를 관할하는 자들

16 ●이스라엘 지파를 관할하는 자는
이러하니라 르우벤 사람의 지도자
는 시그리의 아들 엘리에셀이요 시
므온 사람의 지도자는 마아가의 아
들 스바댜요
17 레위 사람의 지도자는 그무엘의 아
들 하사뱌요 아론 자손의 지도자는
사독이요
18 유다의 지도자는 다윗의 형 엘리후
요 잇사갈의 지도자는 미가엘의 아
들 오므리요
19 스불론의 지도자는 오바댜의 아들
이스마야요 납달리의 지도자는 아
스리엘의 아들 여레못이요
20 에브라임 자손의 지도자는 아사시
야의 아들 호세아요 므낫세 반 지
파의 지도자는 브다야의 아들 요엘
이요
21 길르앗에 있는 므낫세 반 지파의
지도자는 스가랴의 아들 잇도요 베
냐민의 지도자는 아브넬의 아들 야
아시엘이요
22 단은 여로함의 아들 아사렐이니 이
들은 이스라엘 지파의 지휘관이었
더라
23 이스라엘 사람의 이십 세 이하의
수효는 다윗이 조사하지 아니하였
으니 이는 여호와께서 전에 말씀하
시기를 이스라엘 사람을 하늘의 별
같이 많게 하리라 하셨음이라
24 스루야의 아들 요압이 조사하기를
시작하고 끝내지도 못해서 그 일로
말미암아 진노가 이스라엘에게 임
한지라 그 수효를 다윗 왕의 역대
지략에 기록하지 아니하였더라

왕의 재산을 맡은 자들

25 ●아디엘의 아들 아스마웻은 왕의

곳간을 맡았고 웃시야의 아들 요나
단은 밭과 성읍과 마을과 망대의
곳간을 맡았고
26 글룹의 아들 에스리는 밭 가는 농
민을 거느렸고
27 라마 사람 시므이는 포도원을 맡았
고 스밤 사람 삽디는 포도원의 소
산 포도주 곳간을 맡았고
28 게델 사람 바알하난은 평야의 감람
나무와 뽕나무를 맡았고 요아스는
기름 곳간을 맡았고
29 사론 사람 시드래는 사론에서 먹이
는 소 떼를 맡았고 아들래의 아들
사밧은 골짜기에 있는 소 떼를 맡
았고
30 이스마엘 사람 오빌은 낙타를 맡았
고 메로놋 사람 예드야는 나귀를
맡았고 하갈 사람 야시스는 양 떼
를 맡았으니
31 다윗 왕의 재산을 맡은 자들이 이
러하였더라

다윗을 섬기는 사람들

32 ●다윗의 숙부 요나단은 지혜가 있
어서 모사가 되며 서기관도 되었고
학모니의 아들 여히엘은 왕자들의
수종자가 되었고
33 아히도벨은 왕의 모사가 되었고 아
렉 사람 후새는 왕의 벗이 되었고
34 브나야의 아들 여호야다와 아비아
달은 아히도벨의 뒤를 이었고 요
압은 왕의 군대 지휘관이 되었더
라

다윗이 성전 건축을 지시하다

28 다윗이 이스라엘 모든 고관
들 곧 각 지파의 어른과 왕을
섬기는 반장들과 천부장들과 백부
장들과 및 왕과 왕자의 모든 소유
와 가축의 감독과 내시와 장사와
모든 용사를 예루살렘으로 소집하
고
2 이에 다윗 왕이 일어서서 이르되
나의 형제들, 나의 백성들아 내 말
을 들으라 나는 여호와의 언약궤
곧 우리 하나님의 발판을 봉안할
성전을 건축할 마음이 있어서 건축
할 재료를 준비하였으나
3 하나님이 내게 이르시되 너는 전쟁
을 많이 한 사람이라 피를 많이 흘
렸으니 내 이름을 위하여 성전을
건축하지 못하리라 하셨느니라
4 그러나 이스라엘 하나님 여호와께
서 전에 나를 내 부친의 온 집에서
택하여 영원히 이스라엘 왕이 되게
하셨나니 곧 하나님이 유다 지파를
택하사 머리를 삼으시고 유다의 가
문에서 내 부친의 집을 택하시고
내 부친의 아들들 중에서 나를 기
뻐하사 온 이스라엘의 왕을 삼으셨
느니라
5 여호와께서 내게 여러 아들을 주시
고 그 모든 아들 중에서 내 아들 솔
로몬을 택하사 여호와의 나라 왕
위에 앉혀 이스라엘을 다스리게 하
려 하실새
6 내게 이르시기를 네 아들 솔로몬
그가 내 성전을 건축하고 내 여러
뜰을 만들리니 이는 내가 그를 택
하여 내 아들로 삼고 나는 그의 아
버지가 될 것임이라
7 그가 만일 나의 계명과 법도를 힘
써 준행하기를 오늘과 같이 하면
내가 그의 나라를 영원히 견고하게
하리라 하셨느니라
8 이제 너희는 온 이스라엘 곧 여호
와의 회중이 보는 데에서와 우리
하나님이 들으시는 데에서 너희 하
나님 여호와의 모든 계명을 구하여
지키기로 하라 그리하면 너희가 이
아름다운 땅을 누리고 너희 후손
에게 끼쳐 영원한 기업이 되게 하

리라
9 내 아들 솔로몬아 너는 네 아버지
의 하나님을 알고 온전한 마음과
기쁜 뜻으로 섬길지어다 여호와께
서는 모든 마음을 감찰하사 모든
의도를 아시나니 네가 만일 그를
찾으면 만날 것이요 만일 네가 그
를 버리면 그가 너를 영원히 버리
시리라
10 그런즉 이제 너는 삼갈지어다 여호
와께서 너를 택하여 성전의 건물을
건축하게 하셨으니 힘써 행할지니
라 하니라
11 ●다윗이 성전의 복도와 그 집들과
그 곳간과 다락과 골방과 속죄소의
설계도를 그의 아들 솔로몬에게 주
고
12 또 그가 영감으로 받은 모든 것 곧
여호와의 성전의 뜰과 사면의 모든
방과 하나님의 성전 곳간과 성물
곳간의 설계도를 주고
13 또 제사장과 레위 사람의 반열과
여호와의 성전에서 섬기는 모든 일
과 여호와의 성전을 섬기는 데에
쓰는 모든 그릇의 양식을 설명하
고
14 또 모든 섬기는 데에 쓰는 금 기구
를 만들 금의 무게와 모든 섬기는
데에 쓰는 은 기구를 만들 은의 무
게를 정하고
15 또 금 등잔대들과 그 등잔 곧 각 등
잔대와 그 등잔을 만들 금의 무게
와 은 등잔대와 그 등잔을 만들 은
의 무게를 각기 그 기구에 알맞게
하고
16 또 진설병의 각 상을 만들 금의 무
게를 정하고 은상을 만들 은도 그
렇게 하고
17 갈고리와 대접과 종지를 만들 순금
과 금 잔 곧 각 잔을 만들 금의 무
게와 또 은 잔 곧 각 잔을 만들 은
의 무게를 정하고
18 또 향단에 쓸 순금과 또 수레 곧 금
그룹들의 설계도대로 만들 금의 무
게를 정해 주니 이 그룹들은 날개
를 펴서 여호와의 언약궤를 덮는
것이더라
19 다윗이 이르되 여호와의 손이 내게
임하여 이 모든 일의 설계를 그려
나에게 알려 주셨느니라
20 ●또 그의 아들 솔로몬에게 이르되
너는 강하고 담대하게 이 일을 행
하라 두려워하지 말며 놀라지 말라
네가 여호와의 성전 공사의 모든
일을 마치기까지 여호와 하나님 나
의 하나님이 너와 함께 계시사 네
게서 떠나지 아니하시고 너를 버리
지 아니하시리라
21 제사장과 레위 사람의 반이 있으니
하나님의 성전의 모든 공사를 도울
것이요 또 모든 공사에 유능한 기
술자가 기쁜 마음으로 너와 함께
할 것이요 또 모든 지휘관과 백성
이 온전히 네 명령 아래에 있으리
라

성전 건축에 쓸 예물

29 다윗 왕이 온 회중에게 이르
되 내 아들 솔로몬이 유일하
게 하나님께서 택하신 바 되었으나
아직 어리고 미숙하며 이 공사는
크도다 이 성전은 사람을 위한 것
이 아니요 여호와 하나님을 위한
것이라
2 내가 이미 내 하나님의 성전을 위
하여 힘을 다하여 준비하였나니 곧
기구를 만들 금과 은과 놋과 철과
나무와 또 마노와 가공할 검은 보
석과 채석과 다른 모든 보석과 옥
돌이 매우 많으며
3 성전을 위하여 준비한 이 모든 것

외에도 내 마음이 내 하나님의 성
전을 사모하므로 내가 사유한 금,
은으로 내 하나님의 성전을 위하여
드렸노니
4 곧 오빌의 금 삼천 달란트와 순은
칠천 달란트라 모든 성전 벽에 입
히며
5 금, 은 그릇을 만들며 장인의 손으
로 하는 모든 일에 쓰게 하였노니
오늘 누가 즐거이 손에 채워 여호
와께 드리겠느냐 하는지라
6 ●이에 모든 가문의 지도자들과 이
스라엘 모든 지파의 지도자들과 천
부장과 백부장과 왕의 사무관이 다
즐거이 드리되
7 하나님의 성전 공사를 위하여 금
오천 달란트와 금 만 다릭 은 만 달
란트와 놋 만 팔천 달란트와 철 십
만 달란트를 드리고
8 보석을 가진 모든 사람은 게르손
사람 여히엘의 손에 맡겨 여호와의
성전 곳간에 드렸더라
9 백성들은 자원하여 드렸으므로 기
뻐하였으니 곧 그들이 성심으로 여
호와께 자원하여 드렸으므로 다윗
왕도 심히 기뻐하니라

다윗의 감사 기도

10 ●다윗이 온 회중 앞에서 여호와를
송축하여 이르되 우리 조상 이스라
엘의 하나님 여호와여 주는 영원부
터 영원까지 송축을 받으시옵소서
11 여호와여 위대하심과 권능과 영광
과 승리와 위엄이 다 주께 속하였
사오니 천지에 있는 것이 다 주의
것이로소이다 여호와여 주권도 주
께 속하였사오니 주는 높으사 만물
의 머리이심이니이다
12 부와 귀가 주께로 말미암고 또 주
는 만물의 주재가 되사 손에 권세
와 능력이 있사오니 모든 사람을
크게 하심과 강하게 하심이 주의
손에 있나이다
13 우리 하나님이여 이제 우리가 주께
감사하오며 주의 영화로운 이름을
찬양하나이다
14 나와 내 백성이 무엇이기에 이처럼
즐거운 마음으로 드릴 힘이 있었나
이까 모든 것이 주께로 말미암았사
오니 우리가 주의 손에서 받은 것
으로 주께 드렸을 뿐이니이다
15 우리는 우리 조상들과 같이 주님
앞에서 이방 나그네와 거류민들이
라 세상에 있는 날이 그림자 같아
서 희망이 없나이다
16 우리 하나님 여호와여 우리가 주의
거룩한 이름을 위하여 성전을 건축
하려고 미리 저축한 이 모든 물건
이 다 주의 손에서 왔사오니 다 주
의 것이니이다
17 나의 하나님이여 주께서 마음을 감
찰하시고 정직을 기뻐하시는 줄을
내가 아나이다 내가 정직한 마음으
로 이 모든 것을 즐거이 드렸사오
며 이제 내가 또 여기 있는 주의 백
성이 주께 자원하여 드리는 것을
보오니 심히 기쁘도소이다
18 우리 조상들 아브라함과 이삭과 이
스라엘의 하나님 여호와여 주께서
이것을 주의 백성의 심중에 영원히
두어 생각하게 하시고 그 마음을
준비하여 주께로 돌아오게 하시오
며
19 또 내 아들 솔로몬에게 정성된 마
음을 주사 주의 계명과 권면과 율
례를 지켜 이 모든 일을 행하게 하
시고 내가 위하여 준비한 것으로
성전을 건축하게 하옵소서 하였더
라
20 ●다윗이 온 회중에게 이르되 너희
는 너희 하나님 여호와를 송축하라

하매 회중이 그의 조상들의 하나님
여호와를 송축하고 머리를 숙여 여
호와와 왕에게 절하고
21 이튿날 여호와께 제사를 드리고 또
여호와께 번제를 드리니 수송아지
가 천 마리요 숫양이 천 마리요 어
린 양이 천 마리요 또 그 전제라 온
이스라엘을 위하여 풍성한 제물을
드리고
22 이날에 무리가 크게 기뻐하여 여호
와 앞에서 먹으며 마셨더라 ●무리
가 다윗의 아들 솔로몬을 다시 왕
으로 삼아 기름을 부어 여호와께
돌려 주권자가 되게 하고 사독에게
도 기름을 부어 제사장이 되게 하
니라
23 솔로몬이 여호와께서 주신 왕위에
앉아 아버지 다윗을 이어 왕이 되
어 형통하니 온 이스라엘이 그의
명령에 순종하며
24 모든 방백과 용사와 다윗 왕의 여
러 아들들이 솔로몬 왕에게 복종하
니
25 여호와께서 솔로몬을 모든 이스라
엘의 목전에서 심히 크게 하시고
또 왕의 위엄을 그에게 주사 그전
이스라엘 모든 왕보다 뛰어나게 하
셨더라

다윗의 행적

26 ●이새의 아들 다윗이 온 이스라엘
의 왕이 되어
27 이스라엘을 다스린 기간은 사십 년
이라 헤브론에서 칠 년간 다스렸고
예루살렘에서 삼십삼 년을 다스렸
더라
28 그가 나이 많아 늙도록 부하고 존
귀를 누리다가 죽으매 그의 아들
솔로몬이 대신하여 왕이 되니라
29 다윗 왕의 행적은 처음부터 끝까지
선견자 사무엘의 글과 선지자 나단
의 글과 선견자 갓의 글에 다 기록
되고
30 또 그의 왕 된 일과 그의 권세와 그
와 이스라엘과 온 세상 모든 나라
의 지난날의 역사가 다 기록되어
있느니라

역대하

2Chronicles

솔로몬 왕이 지혜를 구하다 (왕상 3:1-15)

1 다윗의 아들 솔로몬의 왕위가 견
고하여 가며 그의 하나님 여호와
께서 그와 함께하사 심히 창대하게
하시니라
2 솔로몬이 온 이스라엘의 천부장들
과 백부장들과 재판관들과 온 이스
라엘의 방백들과 족장들에게 명령
하여
3 솔로몬이 온 회중과 함께 기브온
산당으로 갔으니 하나님의 회막 곧
여호와의 종 모세가 광야에서 지은
것이 거기에 있음이라
4 다윗이 전에 예루살렘에서 하나님
의 궤를 위하여 장막을 쳐 두었으
므로 그 궤는 다윗이 이미 기럇여
아림에서부터 그것을 위하여 준비
한 곳으로 메어 올렸고
5 옛적에 훌의 손자 우리의 아들 브
살렐이 지은 놋 제단은 여호와의
장막 앞에 있더라 솔로몬이 회중과
더불어 나아가서
6 여호와 앞 곧 회막 앞에 있는 놋 제
단에 솔로몬이 이르러 그 위에 천

마리 희생으로 번제를 드렸더라
7 ●그날 밤에 하나님이 솔로몬에게
나타나 그에게 이르시되 내가 네게
무엇을 주랴 너는 구하라 하시니
8 솔로몬이 하나님께 말하되 주께서
전에 큰 은혜를 내 아버지 다윗에
게 베푸시고 내가 그를 대신하여
왕이 되게 하셨사오니
9 여호와 하나님이여 원하건대 주는
내 아버지 다윗에게 허락하신 것을
이제 굳게 하옵소서 주께서 나를
땅의 티끌같이 많은 백성의 왕으로
삼으셨사오니
10 주는 이제 내게 지혜와 지식을 주
사 이 백성 앞에서 출입하게 하옵
소서 이렇게 많은 주의 백성을 누
가 능히 재판하리이까 하니
11 하나님이 솔로몬에게 이르시되 이
런 마음이 네게 있어서 부나 재물
이나 영광이나 원수의 생명 멸하기
를 구하지 아니하며 장수도 구하지
아니하고 오직 내가 네게 다스리게
한 내 백성을 재판하기 위하여 지
혜와 지식을 구하였으니
12 그러므로 내가 네게 지혜와 지식을
주고 부와 재물과 영광도 주리니
네 전의 왕들도 이런 일이 없었거
니와 네 후에도 이런 일이 없으리
라 하시니라
13 이에 솔로몬이 기브온 산당 회막
앞에서부터 예루살렘으로 돌아와
서 이스라엘을 다스렸더라

솔로몬의 부귀영화 (왕상 10:26-29)

14 ●솔로몬이 병거와 마병을 모으매
병거가 천사백 대요 마병이 만 이
천 명이라 병거성에도 두고 예루살
렘 왕에게도 두었으며
15 왕이 예루살렘에서 은금을 돌같이
흔하게 하고 백향목을 평지의 뽕나
무같이 많게 하였더라
16 솔로몬의 말들은 애굽과 구에에서
사들였으니 왕의 무역상들이 떼로
값을 정하여 산 것이며
17 애굽에서 사들인 병거는 한 대에
은 육백 세겔이요 말은 백오십 세
겔이라 이와 같이 헷 사람들의 모
든 왕들과 아람 왕들을 위하여 그
들의 손으로 되팔기도 하였더라

성전 건축을 준비하다

(왕상 5:1-18)

2 솔로몬이 여호와의 이름을 위하
여 성전을 건축하고 자기 왕위를
위하여 궁궐 건축하기를 결심하니
라
2 솔로몬이 이에 짐꾼 칠만 명과 산
에서 돌을 떠낼 자 팔만 명과 일을
감독할 자 삼천육백 명을 뽑고
3 솔로몬이 사절을 두로 왕 후람에게
보내어 이르되 당신이 전에 내 아
버지 다윗에게 백향목을 보내어 그
가 거주하실 궁궐을 건축하게 한
것같이 내게도 그리하소서
4 이제 내가 나의 하나님 여호와의
이름을 위하여 성전을 건축하여 구
별하여 드리고 주 앞에서 향 재료
를 사르며 항상 떡을 차려 놓으며
안식일과 초하루와 우리 하나님 여
호와의 절기에 아침 저녁으로 번제
를 드리려 하오니 이는 이스라엘의
영원한 규례니이다
5 내가 건축하고자 하는 성전은 크니
우리 하나님은 모든 신들보다 크심
이라
6 누가 능히 하나님을 위하여 성전을
건축하리요 하늘과 하늘들의 하늘
이라도 주를 용납하지 못하겠거든
내가 누구이기에 어찌 능히 그를
위하여 성전을 건축하리요 그 앞에
분향하려 할 따름이니이다
7 이제 청하건대 당신은 금, 은, 동,

철로 제조하며 자색 홍색 청색 실
로 직조하며 또 아로새길 줄 아는
재주 있는 사람 하나를 내게 보내
어 내 아버지 다윗이 유다와 예루
살렘에서 준비한 나의 재주 있는
사람들과 함께 일하게 하고
8 또 레바논에서 백향목과 잣나무와
백단목을 내게로 보내소서 내가 알
거니와 당신의 종은 레바논에서 벌
목을 잘하나니 내 종들이 당신의
종들을 도울지라
9 이와 같이 나를 위하여 재목을 많
이 준비하게 하소서 내가 건축하려
하는 성전은 크고 화려할 것이니이
다
10 내가 당신의 벌목하는 종들에게 찧
은 밀 이만 고르와 보리 이만 고르
와 포도주 이만 밧과 기름 이만 밧
을 주리이다 하였더라
11 ●두로 왕 후람이 솔로몬에게 답장
하여 이르되 여호와께서 자기 백성
을 사랑하시므로 당신을 세워 그들
의 왕을 삼으셨도다
12 후람이 또 이르되 천지를 지으신
이스라엘의 하나님 여호와는 송축
을 받으실지로다 다윗 왕에게 지혜
로운 아들을 주시고 명철과 총명을
주시사 능히 여호와를 위하여 성전
을 건축하고 자기 왕위를 위하여
궁궐을 건축하게 하시도다
13 내가 이제 재주 있고 총명한 사람
을 보내오니 전에 내 아버지 후람
에게 속하였던 자라
14 이 사람은 단의 여자들 중 한 여인
의 아들이요 그의 아버지는 두로
사람이라 능히 금, 은, 동, 철과 돌
과 나무와 자색 청색 홍색 실과 가
는 베로 일을 잘하며 또 모든 아로
새기는 일에 익숙하고 모든 기묘한
양식에 능한 자이니 그에게 당신의
재주 있는 사람들과 당신의 아버지
내 주 다윗의 재주 있는 사람들과
함께 일하게 하소서
15 내 주께서 말씀하신 밀과 보리와
기름과 포도주는 주의 종들에게 보
내소서
16 우리가 레바논에서 당신이 쓰실 만
큼 벌목하여 떼를 엮어 바다에 띄
워 욥바로 보내리니 당신은 재목들
을 예루살렘으로 올리소서 하였더
라

성전 건축 시작 (왕상 6:1-38)

17 ●전에 솔로몬의 아버지 다윗이 이
스라엘 땅에 사는 이방 사람들을
조사하였더니 이제 솔로몬이 다시
조사하매 모두 십오만 삼천육백 명
이라
18 그 중에서 칠만 명은 짐꾼이 되게
하였고 팔만 명은 산에서 벌목하게
하였고 삼천육백 명은 감독으로 삼
아 백성들에게 일을 시키게 하였더
라

3 솔로몬이 예루살렘 모리아 산에
여호와의 전 건축하기를 시작하
니 그곳은 전에 여호와께서 그의
아버지 다윗에게 나타나신 곳이요
여부스 사람 오르난의 타작 마당에
다윗이 정한 곳이라
2 솔로몬이 왕위에 오른 지 넷째 해
둘째 달 둘째 날 건축을 시작하였
더라
3 솔로몬이 하나님의 전을 위하여 놓
은 지대는 이러하니 옛날에 쓰던
자로 길이가 육십 [1]규빗이요 너비
가 이십 규빗이며
4 그 성전 앞에 있는 낭실의 길이가
성전의 너비와 같이 이십 규빗이요
높이가 백이십 규빗이니 안에는 순
금으로 입혔으며

1) 히, 암마

5 그 대전 천장은 잣나무로 만들고
또 순금으로 입히고 그 위에 종려
나무와 사슬 형상을 새겼고
6 또 보석으로 성전을 꾸며 화려하게
하였으니 그 금은 바르와임 금이며
7 또 금으로 성전과 그 들보와 문지
방과 벽과 문짝에 입히고 벽에 그
룹들을 아로새겼더라
8 ●또 지성소를 지었으니 성전 넓이
대로 길이가 이십 규빗이요 너비도
이십 규빗이라 순금 육백 달란트로
입혔으니
9 못 무게가 금 오십 세겔이요 다락
들도 금으로 입혔더라
10 ●지성소 안에 두 그룹의 형상을
새겨 만들어 금으로 입혔으니
11 두 그룹의 날개 길이가 모두 이십
규빗이라 왼쪽 그룹의 한 날개는
다섯 규빗이니 성전 벽에 닿았고
그 다른 날개도 다섯 규빗이니 오
른쪽 그룹의 날개에 닿았으며
12 오른쪽 그룹의 한 날개도 다섯 규
빗이니 성전 벽에 닿았고 그 다른
날개도 다섯 규빗이니 왼쪽 그룹의
날개에 닿았으며
13 이 두 그룹이 편 날개가 모두 이십
규빗이라 그 얼굴을 내전으로 향하
여 서 있으며
14 청색 자색 홍색 실과 고운 베로 휘
장문을 짓고 그 위에 그룹의 형상
을 수놓았더라

두 기둥 (왕상 7:15-22)

15 ●성전 앞에 기둥 둘을 만들었으니
높이가 삼십오 규빗이요 각 기둥
꼭대기의 머리가 다섯 규빗이라
16 성소같이 사슬을 만들어 그 기둥
머리에 두르고 석류 백 개를 만들
어 사슬에 달았으며
17 그 두 기둥을 성전 앞에 세웠으니
왼쪽에 하나요 오른쪽에 하나라 오
른쪽 것은 [1]야긴이라 부르고 왼쪽
것은 [2]보아스라 불렀더라

성전 안에 있는 물건들 (왕상 7:23-51)

4 솔로몬이 또 놋으로 제단을 만들
었으니 길이가 이십 규빗이요 너
비가 이십 규빗이요 높이가 십 규
빗이며
2 또 놋을 부어 바다를 만들었으니
지름이 십 규빗이요 그 모양이 둥
글며 그 높이는 다섯 규빗이요 주
위는 삼십 규빗 길이의 줄을 두를
만하며
3 그 가장자리 아래에는 돌아가며 [3]소
형상이 있는데 각 규빗에 [3]소가 열
마리씩 있어서 바다 주위에 둘렸으
니 그 [3]소는 바다를 부어 만들 때
에 두 줄로 부어 만들었으며
4 그 바다를 놋쇠 황소 열두 마리가
받쳤으니 세 마리는 북쪽을 향하였
고 세 마리는 서쪽을 향하였고 세
마리는 남쪽을 향하였고 세 마리는
동쪽을 향하였으며 바다를 그 위에
놓았고 [3]소의 엉덩이는 다 안으로
향하였으며
5 바다의 두께는 한 손 너비만 하고
그 둘레는 잔 둘레와 같이 백합화
의 모양으로 만들었으니 그 바다에
는 삼천 밧을 담겠으며
6 또 물두멍 열 개를 만들어 다섯 개
는 오른쪽에 두고 다섯 개는 왼쪽
에 두어 씻게 하되 번제에 속한 물
건을 거기서 씻게 하였으며 그 바
다는 제사장들이 씻기 위한 것이더
라
7 ●또 규례대로 금으로 등잔대 열
개를 만들어 내전 안에 두었으니
왼쪽에 다섯 개요 오른쪽에 다섯
개이며

1) 저가 세우리라 2) 그에게 능력이 있다 3) 왕상 7:24에는 '박'

8 또 상 열 개를 만들어 내전 안에 두
었으니 왼쪽에 다섯 개요 오른쪽에
다섯 개이며 또 금으로 대접 백 개
를 만들었고
9 또 제사장의 뜰과 큰 뜰과 뜰 문을
만들고 그 문짝에 놋을 입혔고
10 그 바다는 성전 오른쪽 동남방에
두었더라
11 ●후람이 또 솥과 부삽과 대접을
만들었더라 이와 같이 후람이 솔로
몬 왕을 위하여 하나님의 성전에서
할 일을 마쳤으니
12 곧 기둥 둘과 그 기둥 꼭대기의 공
같은 머리 둘과 또 기둥 꼭대기의
공 같은 기둥 머리를 가리는 그물
둘과
13 또 그 그물들을 위하여 만든 각 그
물에 두 줄씩으로 기둥 위의 공 같
은 두 머리를 가리는 석류 사백 개
와
14 또 받침과 받침 위의 물두멍과
15 [1]한 바다와 그 바다 아래에 소 열두
마리와
16 솥과 부삽과 고기 갈고리와 여호와
의 전의 모든 그릇들이라 후람의
아버지가 솔로몬 왕을 위하여 빛나
는 놋으로 만들 때에
17 왕이 요단 평지에서 숙곳과 스레다
사이의 진흙에 그것들을 부어 내었
더라
18 이와 같이 솔로몬이 이 모든 기구
를 매우 많이 만들었으므로 그 놋
무게를 능히 측량할 수 없었더라
19 ●솔로몬이 또 하나님의 전의 모든
기구를 만들었으니 곧 금 제단과
진설병 상들과
20 지성소 앞에서 규례대로 불을 켤
순금 등잔대와 그 등잔이며
21 또 순수한 금으로 만든 꽃과 등잔
과 부젓가락이며
22 또 순금으로 만든 불집게와 주발과
숟가락과 불 옮기는 그릇이며 또
성전 문 곧 지성소의 문과 내전의
문을 금으로 입혔더라

5 솔로몬이 여호와의 전을 위하여
만드는 모든 일을 마친지라 이에
솔로몬이 그의 아버지 다윗이 드린
은과 금과 모든 기구를 가져다가
하나님의 전 곳간에 두었더라

언약궤를 성전으로 옮기다 (왕상 8:1-9)

2 ●이에 솔로몬이 여호와의 언약궤
를 다윗 성 곧 시온에서부터 메어
올리고자 하여 이스라엘 장로들과
모든 지파의 우두머리 곧 이스라엘
자손의 족장들을 다 예루살렘으로
소집하니
3 일곱째 달 절기에 이스라엘 모든
사람이 다 왕에게로 모이고
4 이스라엘 장로들이 이르매 레위 사
람들이 궤를 메니라
5 궤와 회막과 장막 안에 모든 거룩
한 기구를 메고 올라가되 레위인
제사장들이 그것들을 메고 올라가
매
6 솔로몬 왕과 그 앞에 모인 모든 이
스라엘 회중이 궤 앞에서 양과 소
로 제사를 드렸으니 그 수가 많아
기록할 수도 없고 셀 수도 없었더
라
7 제사장들이 여호와의 언약궤를 그
처소로 메어 들였으니 곧 본전 지
성소 그룹들의 날개 아래라
8 그룹들이 궤 처소 위에서 날개를
펴서 궤와 그 채를 덮었는데
9 그 채가 길어서 궤에서 나오므로
그 끝이 본전 앞에서 보이나 밖에
서는 보이지 아니하며 그 궤가 오
늘까지 그곳에 있으며
10 궤 안에는 두 돌판 외에 아무것도

1) 히, 큰 물두멍을 가리킴

없으니 이것은 이스라엘 자손이 애
굽에서 나온 후 여호와께서 그들과
언약을 세우실 때에 모세가 호렙에
서 그 안에 넣은 것이더라

여호와의 영광

11 ●이때에는 제사장들이 그 반열대
로 하지 아니하고 스스로 정결하게
하고 성소에 있다가 나오매
12 노래하는 레위 사람 아삽과 헤만과
여두둔과 그의 아들들과 형제들이
다 세마포를 입고 제단 동쪽에 서
서 제금과 비파와 수금을 잡고 또
나팔 부는 제사장 백이십 명이 함
께 서 있다가
13 나팔 부는 자와 노래하는 자들이
일제히 소리를 내어 여호와를 찬송
하며 감사하는데 나팔 불고 제금
치고 모든 악기를 울리며 소리를
높여 여호와를 찬송하여 이르되 선
하시도다 그의 자비하심이 영원히
있도다 하매 그때에 여호와의 전에
구름이 가득한지라
14 제사장들이 그 구름으로 말미암아
능히 서서 섬기지 못하였으니 이는
여호와의 영광이 하나님의 전에 가
득함이었더라

솔로몬의 축복 (왕상 8:12-21)

6 그때에 솔로몬이 이르되 여호와
께서 캄캄한 데 계시겠다 말씀하
셨사오나
2 내가 주를 위하여 거하실 성전을
건축하였사오니 주께서 영원히 계
실 처소로소이다 하고
3 얼굴을 돌려 이스라엘 온 회중을
위하여 축복하니 그때에 이스라엘
의 온 회중이 서 있더라
4 왕이 이르되 이스라엘 하나님 여호
와를 송축할지로다 여호와께서 그
의 입으로 내 아버지 다윗에게 말
씀하신 것을 이제 그의 손으로 이
루셨도다 이르시기를
5 내가 내 백성을 애굽 땅에서 인도
하여 낸 날부터 내 이름을 둘 만한
집을 건축하기 위하여 이스라엘 모
든 지파 가운데서 아무 성읍도 택
하지 아니하였으며 내 백성 이스라
엘의 주권자가 될 사람을 아무도
택하지 아니하였더니
6 예루살렘을 택하여 내 이름을 거기
두고 또 다윗을 택하여 내 백성 이
스라엘을 다스리게 하였노라 하신
지라
7 내 아버지 다윗이 이스라엘의 하나
님 여호와의 이름을 위하여 성전을
건축할 마음이 있었더니
8 여호와께서 내 아버지 다윗에게 이
르시되 네가 내 이름을 위하여 성
전을 건축할 마음이 있으니 이 마
음이 네게 있는 것이 좋도다
9 그러나 너는 그 성전을 건축하지
못할 것이요 네 허리에서 나올 네
아들 그가 내 이름을 위하여 성전
을 건축하리라 하시더니
10 이제 여호와께서 말씀하신 대로 이
루셨도다 내가 여호와께서 말씀하
신 대로 내 아버지 다윗을 대신하
여 일어나 이스라엘 왕위에 앉고
이스라엘의 하나님 여호와의 이름
을 위하여 성전을 건축하고
11 내가 또 그곳에 여호와께서 이스라
엘 자손과 더불어 세우신 언약을
넣은 궤를 두었노라 하니라

솔로몬의 기도
(왕상 8:22-53)

12 ●솔로몬이 여호와의 제단 앞에서
이스라엘의 모든 회중과 마주 서서
그의 손을 펴니라
13 솔로몬이 일찍이 놋으로 대를 만들
었으니 길이가 다섯 규빗이요 너비
가 다섯 규빗이요 높이가 세 규빗

이라 뜰 가운데에 두었더니 그가
그 위에 서서 이스라엘의 모든 회
중 앞에서 무릎을 꿇고 하늘을 향
하여 손을 펴고
14 이르되 이스라엘의 하나님 여호와
여 천지에 주와 같은 신이 없나이
다 주께서는 온 마음으로 주의 앞
에서 행하는 주의 종들에게 언약을
지키시고 은혜를 베푸시나이다
15 주께서 주의 종 내 아버지 다윗에
게 허락하신 말씀을 지키시되 주의
입으로 말씀하신 것을 손으로 이루
심이 오늘과 같으니이다
16 이스라엘의 하나님 여호와여 주께
서 주의 종 내 아버지 다윗에게 말
씀하시기를 네 자손이 그들의 행위
를 삼가서 네가 내 앞에서 행한 것
같이 내 율법대로 행하기만 하면
네게로부터 나서 이스라엘 왕위에
앉을 사람이 내 앞에서 끊어지지
아니하리라 하셨사오니 이제 다윗
을 위하여 그 허락하신 말씀을 지
키시옵소서
17 그런즉 이스라엘 하나님 여호와여
원하건대 주는 주의 종 다윗에게
하신 말씀이 확실하게 하옵소서
18 ●하나님이 참으로 사람과 함께 땅
에 계시리이까 보소서 하늘과 하늘
들의 하늘이라도 주를 용납하지 못
하겠거든 하물며 내가 건축한 이
성전이오리이까
19 그러나 나의 하나님 여호와여 주의
종의 기도와 간구를 돌아보시며 주
의 종이 주 앞에서 부르짖는 것과
비는 기도를 들으시옵소서
20 주께서 전에 말씀하시기를 내 이름
을 거기에 두리라 하신 곳 이 성전
을 향하여 주의 눈이 주야로 보시
오며 종이 이곳을 향하여 비는 기
도를 들으시옵소서
21 주의 종과 주의 백성 이스라엘이
이곳을 향하여 기도할 때에 주는
그 간구함을 들으시되 주께서 계신
곳 하늘에서 들으시고 들으시사 사
하여 주옵소서
22 ●만일 어떤 사람이 그의 이웃에게
범죄하므로 맹세시킴을 받고 그가
와서 이 성전에 있는 주의 제단 앞
에서 맹세하거든
23 주는 하늘에서 들으시고 행하시되
주의 종들을 심판하사 악한 자의
죄를 정하여 그의 행위대로 그의
머리에 돌리시고 공의로운 자를 의
롭다 하사 그 의로운 대로 갚으시
옵소서
24 ●만일 주의 백성 이스라엘이 주께
범죄하여 적국 앞에 패하게 되므로
주의 이름을 인정하고 주께로 돌아
와서 이 성전에서 주께 빌며 간구
하거든
25 주는 하늘에서 들으시고 주의 백성
이스라엘의 죄를 사하시고 그들과
그들의 조상들에게 주신 땅으로 돌
아오게 하옵소서
26 ●만일 그들이 주께 범죄함으로 말
미암아 하늘이 닫히고 비가 내리지
않는 주의 벌을 받을 때에 이곳을
향하여 빌며 주의 이름을 인정하고
그들의 죄에서 떠나거든
27 주께서는 하늘에서 들으사 주의 종
들과 주의 백성 이스라엘의 죄를
사하시고 그 마땅히 행할 선한 길
을 가르쳐 주시오며 주의 백성에게
기업으로 주신 주의 땅에 비를 내
리시옵소서
28 ●만일 이 땅에 기근이나 전염병이
있거나 곡식이 시들거나 깜부기가
나거나 메뚜기나 황충이 나거나 적
국이 와서 성읍들을 에워싸거나 무
슨 재앙이나 무슨 질병이 있거나를

막론하고
29 한 사람이나 혹 주의 온 백성 이스
라엘이 다 각각 자기의 마음에 재
앙과 고통을 깨닫고 이 성전을 향
하여 손을 펴고 무슨 기도나 무슨
간구를 하거든
30 주는 계신 곳 하늘에서 들으시며
사유하시되 각 사람의 마음을 아시
오니 그의 모든 행위대로 갚으시옵
소서 주만 홀로 사람의 마음을 아
심이니이다
31 그리하시면 그들이 주께서 우리 조
상들에게 주신 땅에서 사는 동안에
항상 주를 경외하며 주의 길로 걸
어가리이다
32 ●주의 백성 이스라엘에 속하지 않
은 이방인에게 대하여도 그들이 주
의 큰 이름과 능한 손과 펴신 팔을
위하여 먼 지방에서 와서 이 성전
을 향하여 기도하거든
33 주는 계신 곳 하늘에서 들으시고
모든 이방인이 주께 부르짖는 대로
이루사 땅의 만민이 주의 이름을
알고 주의 백성 이스라엘처럼 경외
하게 하시오며 또 내가 건축한 이
성전을 주의 이름으로 일컫는 줄을
알게 하옵소서
34 ●주의 백성이 그 적국과 더불어
싸우고자 하여 주께서 보내신 길로
나갈 때에 그들이 주께서 택하신
이 성과 내가 주의 이름을 위하여
건축한 성전 있는 쪽을 향하여 주
께 기도하거든
35 주는 하늘에서 그들의 기도와 간구
를 들으시고 그들의 일을 돌보시옵
소서
36 주께 범죄하지 아니하는 사람이 없
사오니 그들이 주께 범죄하므로 주
께서 그들에게 진노하사 그들을 적
국에게 넘기시매 적국이 그들을 사
로잡아 땅의 원근을 막론하고 끌고
간 후에
37 그들이 사로잡혀 간 땅에서 스스로
깨닫고 그들을 사로잡은 자들의 땅
에서 돌이켜 주께 간구하기를 우리
가 범죄하여 패역을 행하며 악을
행하였나이다 하며
38 자기들을 사로잡아 간 적국의 땅에
서 온 마음과 온 뜻으로 주께 돌아
와서 주께서 그들의 조상들에게 주
신 땅과 주께서 택하신 성과 내가
주의 이름을 위하여 건축한 성전
있는 쪽을 향하여 기도하거든
39 주는 계신 곳 하늘에서 그들의 기
도와 간구를 들으시고 그들의 일을
돌보시오며 주께 범죄한 주의 백성
을 용서하옵소서
40 나의 하나님이여 이제 이곳에서 하
는 기도에 눈을 드시고 귀를 기울
이소서
41 여호와 하나님이여 일어나 들어가
사 주의 능력의 궤와 함께 주의 평
안한 처소에 계시옵소서 여호와 하
나님이여 원하옵건대 주의 제사장
들에게 구원을 입게 하시고 또 주
의 성도들에게 은혜를 기뻐하게 하
옵소서
42 여호와 하나님이여 주의 기름부음
받은 자에게서 얼굴을 돌리지 마시
옵고 주의 종 [1]다윗에게 베푸신 은
총을 기억하옵소서 하였더라

성전 낙성식 (왕상 8:62-66)

7 솔로몬이 기도를 마치매 불이 하
늘에서부터 내려와서 그 번제물
과 제물들을 사르고 여호와의 영광
이 그 성전에 가득하니
2 여호와의 영광이 여호와의 전에 가
득하므로 제사장들이 여호와의 전
으로 능히 들어가지 못하였고

1) 또는 다윗의 덕행을

3 이스라엘 모든 자손은 불이 내리는
것과 여호와의 영광이 성전 위에
있는 것을 보고 돌을 깐 땅에 엎드
려 경배하며 여호와께 감사하여 이
르되 선하시도다 그의 인자하심이
영원하도다 하니라
4 ●이에 왕과 모든 백성이 여호와
앞에 제사를 드리니
5 솔로몬 왕이 드린 제물이 소가 이
만 이천 마리요 양이 십이만 마리
라 이와 같이 왕과 모든 백성이 하
나님의 전의 낙성식을 행하니라
6 그때에 제사장들은 직분대로 모셔
서고 레위 사람도 여호와의 악기를
가지고 섰으니 이 악기는 전에 다
윗 왕이 레위 사람들에게 여호와께
감사하게 하려고 만들어서 여호와
의 인자하심이 영원함을 찬송하게
하던 것이라 제사장들은 무리 앞에
서 나팔을 불고 온 이스라엘은 서
있더라
7 솔로몬이 또 여호와의 전 앞뜰 가
운데를 거룩하게 하고 거기서 번제
물과 화목제의 기름을 드렸으니 이
는 솔로몬이 지은 놋 제단이 능히
그 번제물과 소제물과 기름을 용납
할 수 없음이더라
8 ●그때에 솔로몬이 칠 일 동안 절
기를 지켰는데 하맛 어귀에서부터
애굽 강까지의 온 이스라엘의 심히
큰 회중이 모여 그와 함께하였더
니
9 여덟째 날에 무리가 한 성회를 여
니라 제단의 낙성식을 칠 일 동안
행한 후 이 절기를 칠 일 동안 지키
니라
10 일곱째 달 제이십삼 일에 왕이 백
성을 그들의 장막으로 돌려보내매
백성이 여호와께서 다윗과 솔로몬
과 그의 백성 이스라엘에게 베푸신
은혜로 말미암아 기뻐하며 마음에
즐거워하였더라

여호와께서 다시 솔로몬에게 나타나시다
(왕상 9:1-9)

11 ●솔로몬이 여호와의 전과 왕궁 건
축을 마치고 솔로몬의 심중에 여호
와의 전과 자기의 궁궐에 그가 이
루고자 한 것을 다 형통하게 이루
니라
12 밤에 여호와께서 솔로몬에게 나타
나사 그에게 이르시되 내가 이미
네 기도를 듣고 이곳을 택하여 내
게 제사하는 성전을 삼았으니
13 혹 내가 하늘을 닫고 비를 내리지
아니하거나 혹 메뚜기들에게 토산
을 먹게 하거나 혹 전염병이 내 백
성 가운데에 유행하게 할 때에
14 내 이름으로 일컫는 내 백성이 그
들의 악한 길에서 떠나 스스로 낮
추고 기도하여 내 얼굴을 찾으면
내가 하늘에서 듣고 그들의 죄를
사하고 그들의 땅을 고칠지라
15 이제 이곳에서 하는 기도에 내가
눈을 들고 귀를 기울이리니
16 이는 내가 이미 이 성전을 택하고
거룩하게 하여 내 이름을 여기에
영원히 있게 하였음이라 내 눈과
내 마음이 항상 여기에 있으리라
17 네가 만일 내 앞에서 행하기를 네
아버지 다윗이 행한 것과 같이 하
여 내가 네게 명령한 모든 것을 행
하여 내 율례와 법규를 지키면
18 내가 네 나라 왕위를 견고하게 하
되 전에 내가 네 아버지 다윗과 언
약하기를 이스라엘을 다스릴 자가
네게서 끊어지지 아니하리라 한 대
로 하리라
19 ●그러나 너희가 만일 돌아서서 내
가 너희 앞에 둔 내 율례와 명령을
버리고 가서 다른 신들을 섬겨 그

들을 경배하면
20 내가 너희에게 준 땅에서 그 뿌리
를 뽑아내고 내 이름을 위하여 거
룩하게 한 이 성전을 내 앞에서 버
려 모든 민족 중에 속담거리와 이
야깃거리가 되게 하리니
21 이 성전이 비록 높을지라도 그리로
지나가는 자마다 놀라 이르되 여호
와께서 무슨 까닭으로 이 땅과 이
성전에 이같이 행하셨는고 하면
22 대답하기를 그들이 자기 조상들을
애굽 땅에서 인도하여 내신 자기
하나님 여호와를 버리고 다른 신들
에게 붙잡혀서 그것들을 경배하여
섬기므로 여호와께서 이 모든 재앙
을 그들에게 내리셨다 하리라 하셨
더라

솔로몬의 업적 (왕상 9:10-28)

8 솔로몬이 여호와의 전과 자기의
궁궐을 이십 년 동안에 건축하기
를 마치고
2 후람이 솔로몬에게 되돌려 준 성읍
들을 솔로몬이 건축하여 이스라엘
자손에게 거기에 거주하게 하니라
3 ●솔로몬이 가서 하맛소바를 쳐서
점령하고
4 또 광야에서 다드몰을 건축하고 하
맛에서 모든 국고성들을 건축하고
5 또 윗 벧호론과 아랫 벧호론을 건
축하되 성벽과 문과 문빗장이 있게
하여 견고한 성읍으로 만들고
6 또 바알랏과 자기에게 있는 모든
국고성들과 모든 병거성들과 마병
의 성들을 건축하고 솔로몬이 또
예루살렘과 레바논과 그가 다스리
는 온 땅에 건축하고자 하던 것을
다 건축하니라
7 ●이스라엘이 아닌 헷 족속과 아모
리 족속과 브리스 족속과 히위 족
속과 여부스 족속의 남아 있는 모
든 자
8 곧 이스라엘 자손이 다 멸하지 않
았으므로 그 땅에 남아 있는 그들
의 자손들을 솔로몬이 역군으로 삼
아 오늘에 이르렀으되
9 오직 이스라엘 자손은 솔로몬이 노
예로 삼아 일을 시키지 아니하였으
니 그들은 군사와 지휘관의 우두머
리들과 그의 병거와 마병의 지휘관
들이 됨이라
10 솔로몬 왕의 공장을 감독하는 자들
이 이백오십 명이라 그들이 백성을
다스렸더라
11 ●솔로몬이 바로의 딸을 데리고 다
윗 성에서부터 그를 위하여 건축한
왕궁에 이르러 이르되 내 아내가
이스라엘 왕 다윗의 왕궁에 살지
못하리니 이는 여호와의 궤가 이른
곳은 다 거룩함이니라 하였더라
12 ●솔로몬이 낭실 앞에 쌓은 여호와
의 제단 위에 여호와께 번제를 드
리되
13 모세의 명령을 따라 매일의 일과대
로 안식일과 초하루와 정한 절기
곧 일 년의 세 절기 무교절과 칠칠
절과 초막절에 드렸더라
14 ●솔로몬이 또 그의 아버지 다윗의
규례를 따라 제사장들의 반열을 정
하여 섬기게 하고 레위 사람들에게
도 그 직분을 맡겨 매일의 일과대
로 찬송하며 제사장들 앞에서 수종
들게 하며 또 문지기들에게 그 반
열을 따라 각 문을 지키게 하였으
니 이는 하나님의 사람 다윗이 전
에 이렇게 명령하였음이라
15 제사장들과 레위 사람들이 국고 일
에든지 무슨 일에든지 왕이 명령한
바를 전혀 어기지 아니하였더라
16 ●솔로몬이 여호와의 전의 기초를
쌓던 날부터 준공하기까지 모든 것

을 완비하였으므로 여호와의 전 공
사가 결점 없이 끝나니라
17 ●그때에 솔로몬이 에돔 땅의 바닷
가 에시온게벨과 엘롯에 이르렀더
니
18 후람이 그의 신복들에게 부탁하여
배와 바닷길을 아는 종들을 보내매
그들이 솔로몬의 종들과 함께 오빌
에 이르러 거기서 금 사백오십 달
란트를 얻어 솔로몬 왕에게로 가져
왔더라

스바 여왕이 솔로몬을 찾아오다

(왕상 10:1-13)

9 스바 여왕이 솔로몬의 명성을 듣
고 와서 어려운 질문으로 솔로몬
을 시험하고자 하여 예루살렘에
이르니 매우 많은 시종들을 거느
리고 향품과 많은 금과 보석을 낙
타에 실었더라 그가 솔로몬에게 나
아와 자기 마음에 있는 것을 다 말
하매
2 솔로몬이 그가 묻는 말에 다 대답
하였으니 솔로몬이 몰라서 대답하
지 못한 것이 없었더라
3 스바 여왕이 솔로몬의 지혜와 그가
건축한 궁과
4 그의 상의 음식물과 그의 신하들의
좌석과 그의 신하들이 도열한 것과
그들의 공복과 술 관원들과 그들의
공복과 여호와의 전에 올라가는 층
계를 보고 정신이 황홀하여
5 왕께 말하되 내가 내 나라에서 당
신의 행위와 당신의 지혜에 대하여
들은 소문이 진실하도다
6 내가 그 말들을 믿지 아니하였더니
이제 와서 본즉 당신의 지혜가 크
다 한 말이 그 절반도 못되니 당신
은 내가 들은 소문보다 더하도다
7 복되도다 당신의 사람들이여, 복되
도다 당신의 이 신하들이여, 항상
당신 앞에 서서 당신의 지혜를 들
음이로다
8 당신의 하나님 여호와를 송축할지
로다 하나님이 당신을 기뻐하시고
그 자리에 올리사 당신의 하나님
여호와를 위하여 왕이 되게 하셨도
다 당신의 하나님이 이스라엘을 사
랑하사 영원히 견고하게 하시려고
당신을 세워 그들의 왕으로 삼아
정의와 공의를 행하게 하셨도다 하
고
9 이에 그가 금 백이십 달란트와 매우
많은 향품과 보석을 왕께 드렸으니
스바 여왕이 솔로몬 왕께 드린 향품
같은 것이 전에는 없었더라
10 (후람의 신하들과 솔로몬의 신하들
도 오빌에서 금을 실어 올 때에 백
단목과 보석을 가져온지라
11 왕이 백단목으로 여호와의 전과 왕
궁의 층대를 만들고 또 노래하는
자들을 위하여 수금과 비파를 만들
었으니 이 같은 것들은 유다 땅에
서 전에는 보지 못하였더라)
12 솔로몬 왕이 스바 여왕이 가져온
대로 답례하고 그 외에 또 그의 소
원대로 구하는 것을 모두 주니 이
에 그가 그의 신하들과 더불어 본
국으로 돌아갔더라

솔로몬의 재산과 지혜 (왕상 10:14-25)

13 ●솔로몬의 세입금의 무게가 금 육
백육십육 달란트요
14 그 외에 또 무역상과 객상들이 가
져온 것이 있고 아라비아 왕들과
그 나라 방백들도 금과 은을 솔로
몬에게 가져온지라
15 솔로몬 왕이 쳐서 늘인 금으로 큰
방패 이백 개를 만들었으니 방패
하나에 든 금이 육백 세겔이며
16 또 쳐서 늘인 금으로 작은 방패 삼
백 개를 만들었으니 방패 하나에

든 금이 삼백 세겔이라 왕이 이것
들을 레바논 나무 궁에 두었더라
17 왕이 또 상아로 큰 보좌를 만들고
순금으로 입혔으니
18 그 보좌에는 여섯 층계와 금 발판
이 있어 보좌와 이어졌고 앉는 자
리 양쪽에는 팔걸이가 있고 팔걸이
곁에는 사자가 하나씩 섰으며
19 또 열두 사자가 있어 그 여섯 층계
양쪽에 섰으니 어떤 나라에도 이같
이 만든 것이 없었더라
20 솔로몬 왕이 마시는 그릇은 다 금
이요 레바논 나무 궁의 그릇들도
다 순금이라 솔로몬의 시대에 은을
귀하게 여기지 아니함은
21 왕의 배들이 후람의 종들과 함께 다
시스로 다니며 그 배들이 삼 년에
일차씩 다시스의 금과 은과 상아와
원숭이와 공작을 실어옴이더라
22 ●솔로몬 왕의 재산과 지혜가 천하
의 모든 왕들보다 큰지라
23 천하의 열왕이 하나님께서 솔로몬
의 마음에 주신 지혜를 들으며 그
의 얼굴을 보기 원하여
24 각기 예물을 가지고 왔으니 곧 은
그릇과 금 그릇과 의복과 갑옷과
향품과 말과 노새라 해마다 정한
수가 있었더라
25 솔로몬의 병거 메는 말의 외양간은
사천이요 마병은 만 이천 명이라
병거성에도 두고 예루살렘 왕에게
도 두었으며
26 솔로몬이 유브라데 강에서부터 블
레셋 땅과 애굽 지경까지의 모든
왕을 다스렸으며
27 왕이 예루살렘에서 은을 돌같이 흔
하게 하고 백향목을 평지의 뽕나무
같이 많게 하였더라
28 솔로몬을 위하여 애굽과 각국에서
말들을 가져왔더라

솔로몬이 죽다 (왕상 11:41-43)

29 ●이 외에 솔로몬의 시종 행적은
선지자 나단의 글과 실로 사람 아
히야의 예언과 선견자 잇도의 묵시
책 곧 잇도가 느밧의 아들 여로보
암에 대하여 쓴 책에 기록되지 아
니하였느냐
30 솔로몬이 예루살렘에서 온 이스라
엘을 다스린 지 사십 년이라
31 솔로몬이 그의 조상들과 함께 자매
그의 아버지 다윗의 성에 장사되고
그의 아들 르호보암이 대신하여 왕
이 되니라

북쪽 지파들의 배반 (왕상 12:1-20)

10 르호보암이 세겜으로 갔으니
이는 온 이스라엘이 그를 왕으
로 삼고자 하여 세겜에 이르렀음이
더라
2 느밧의 아들 여로보암이 전에 솔로
몬 왕의 낯을 피하여 애굽으로 도
망하여 있었더니 이 일을 듣고 여
로보암이 애굽에서부터 돌아오매
3 무리가 사람을 보내어 그를 불렀더
라 여로보암과 온 이스라엘이 와서
르호보암에게 말하여 이르되
4 왕의 아버지께서 우리의 멍에를 무
겁게 하였으나 왕은 이제 왕의 아
버지께서 우리에게 시킨 고역과 메
운 무거운 멍에를 가볍게 하소서
그리하시면 우리가 왕을 섬기겠나
이다
5 르호보암이 그들에게 대답하되 삼
일 후에 다시 내게로 오라 하매 백
성이 가니라
6 ●르호보암 왕이 그의 아버지 솔로
몬의 생전에 그 앞에 모셨던 원로
들과 의논하여 이르되 너희는 이
백성에게 어떻게 대답하도록 권고
하겠느냐 하니
7 그들이 대답하여 이르되 왕이 만일

이 백성을 후대하여 기쁘게 하고
선한 말을 하시면 그들이 영원히
왕의 종이 되리이다 하나
8 왕은 원로들이 가르치는 것을 버리
고 그 앞에 모시고 있는 자기와 함
께 자라난 젊은 신하들과 의논하여
9 이르되 너희는 이 백성에게 어떻게
대답하도록 권고하겠느냐 백성이
내게 말하기를 왕의 아버지께서 우
리에게 메운 멍에를 가볍게 하라
하였느니라 하니
10 함께 자라난 젊은 신하들이 왕께
말하여 이르되 이 백성들이 왕께
아뢰기를 왕의 아버지께서 우리의
멍에를 무겁게 하였으나 왕은 우
리를 위하여 가볍게 하라 하였은
즉 왕은 대답하시기를 내 새끼 손
가락이 내 아버지의 허리보다 굵
으니
11 내 아버지가 너희에게 무거운 멍에
를 메게 하였으나 이제 나는 너희
의 멍에를 더욱 무겁게 할지라 내
아버지는 가죽 채찍으로 너희를 치
셨으나 나는 전갈 채찍으로 하리라
하소서 하더라
12 ●삼 일 만에 여로보암과 모든 백
성이 르호보암에게 나왔으니 이는
왕이 명령하여 이르기를 삼 일 만
에 내게로 다시 오라 하였음이라
13 왕이 포학한 말로 대답할새 르호보
암이 원로들의 가르침을 버리고
14 젊은 신하들의 가르침을 따라 그들
에게 말하여 이르되 내 아버지는
너희의 멍에를 무겁게 하였으나 나
는 더 무겁게 할지라 내 아버지는
가죽 채찍으로 너희를 치셨으나 나
는 전갈 채찍으로 치리라 하니라
15 왕이 이같이 백성의 말을 듣지 아
니하였으니 이 일은 하나님께로 말
미암아 난 것이라 여호와께서 전에
실로 사람 아히야로 하여금 느밧의
아들 여로보암에게 이르신 말씀을
응하게 하심이더라
16 ●온 이스라엘은 왕이 자기들의 말
을 듣지 아니함을 보고 왕에게 대
답하여 이르되 우리가 다윗과 무슨
관계가 있느냐 이새의 아들에게서
받을 유산이 없도다 이스라엘아 각
각 너희의 장막으로 돌아가라 다윗
이여 이제 너는 네 집이나 돌보라
하고 온 이스라엘이 그들의 장막으
로 돌아가니라
17 그러나 유다 성읍들에 사는 이스라
엘 자손들에게는 르호보암이 그들
의 왕이 되었더라
18 르호보암 왕이 역군의 감독 하도람
을 보냈더니 이스라엘 자손이 저를
돌로 쳐 죽인지라 르호보암 왕이
급히 수레에 올라 예루살렘으로 도
망하였더라
19 이에 이스라엘이 다윗의 집을 배반
하여 오늘날까지 이르니라

스마야가 여호와의 말씀을 전하다
(왕상 12:21-24)

11 르호보암이 예루살렘에 이르러
유다와 베냐민 족속을 모으니
택한 용사가 십팔만 명이라 이스라
엘과 싸워 나라를 회복하여 르호보
암에게 돌리려 하더니
2 여호와의 말씀이 하나님의 사람 스
마야에게 임하여 이르시되
3 솔로몬의 아들 유다 왕 르호보암과
유다와 베냐민에 속한 모든 이스라
엘 무리에게 말하여 이르기를
4 여호와께서 이같이 말씀하시기를
너희는 올라가지 말라 너희 형제와
싸우지 말고 각기 집으로 돌아가라
이 일이 내게로 말미암아 난 것이
라 하셨다 하라 하신지라 그들이
여호와의 말씀을 듣고 돌아가고 여

로보암을 치러 가던 길에서 되돌아
왔더라

르호보암이 방비하는 성읍들을 건축하다

5 ●르호보암이 예루살렘에 살면서
유다 땅에 방비하는 성읍들을 건축
하였으니
6 곧 베들레헴과 에담과 드고아와
7 벧술과 소고와 아둘람과
8 가드와 마레사와 십과
9 아도라임과 라기스와 아세가와
10 소라와 아얄론과 헤브론이니 다 유
다와 베냐민 땅에 있어 견고한 성
읍들이라
11 르호보암이 그 방비하는 성읍들을
더욱 견고하게 하고 지휘관들을 그
가운데에 두고 양식과 기름과 포도
주를 저축하고
12 모든 성읍에 방패와 창을 두어 매
우 강하게 하니라 유다와 베냐민이
르호보암에게 속하였더라

제사장들과 레위 사람들이 유다로 오다

13 ●온 이스라엘의 제사장들과 레위
사람들이 그들의 모든 지방에서부
터 르호보암에게 돌아오되
14 레위 사람들이 자기들의 마을들과
산업을 떠나 유다와 예루살렘에 이
르렀으니 이는 여로보암과 그의 아
들들이 그들을 해임하여 여호와께
제사장의 직분을 행하지 못하게 하
고
15 여로보암이 여러 산당과 숫염소 우
상과 자기가 만든 송아지 우상을
위하여 친히 제사장들을 세움이라
16 이스라엘 모든 지파 중에 마음을
굳게 하여 이스라엘의 하나님 여호
와를 찾는 자들이 레위 사람들을
따라 예루살렘에 이르러 그들의 조
상들의 하나님 여호와께 제사하고
자 한지라
17 그러므로 삼 년 동안 유다 나라를
도와 솔로몬의 아들 르호보암을 강
성하게 하였으니 이는 무리가 삼
년 동안을 다윗과 솔로몬의 길로
행하였음이더라

르호보암의 가족

18 ●르호보암이 다윗의 아들 여리못
의 딸 마할랏을 아내로 삼았으니
마할랏은 이새의 아들 엘리압의 딸
아비하일의 소생이라
19 그가 아들들 곧 여우스와 스마라와
사함을 낳았으며
20 그 후에 압살롬의 딸 마아가에게
장가들었더니 그가 아비야와 앗대
와 시사와 슬로밋을 낳았더라
21 르호보암은 아내 열여덟 명과 첩
예순 명을 거느려 아들 스물여덟
명과 딸 예순 명을 낳았으나 압살
롬의 딸 마아가를 모든 처첩보다
더 사랑하여
22 르호보암은 마아가의 아들 아비야
를 후계자로 세웠으니 이는 그의
형제들 가운데 지도자로 삼아 왕으
로 세우고자 함이었더라
23 르호보암이 지혜롭게 행하여 그의
모든 아들을 유다와 베냐민의 온
땅 모든 견고한 성읍에 흩어 살게
하고 양식을 후히 주고 아내를 많
이 구하여 주었더라

애굽이 유다를 치다
(왕상 14:25-28)

12 르호보암의 나라가 견고하고
세력이 강해지매 그가 여호와
의 율법을 버리니 온 이스라엘이
본받은지라
2 그들이 여호와께 범죄하였으므로
르호보암 왕 제오 년에 애굽 왕 시
삭이 예루살렘을 치러 올라오니
3 그에게 병거가 천이백 대요 마병이
육만 명이며 애굽에서 그와 함께
온 백성 곧 리비아와 숙과 구스 사

람이 헤아릴 수 없이 많더라
4 시삭이 유다의 견고한 성읍들을 빼
앗고 예루살렘에 이르니
5 그때에 유다 방백들이 시삭의 일로
예루살렘에 모였는지라 선지자 스
마야가 르호보암과 방백들에게 나
아와 이르되 여호와께서 이같이 말
씀하시기를 너희가 나를 버렸으므
로 나도 너희를 버려 시삭의 손에
넘겼노라 하셨다 한지라
6 이에 이스라엘 방백들과 왕이 스스
로 겸비하여 이르되 여호와는 의로
우시다 하매
7 여호와께서 그들이 스스로 겸비함
을 보신지라 여호와의 말씀이 스마
야에게 임하여 이르시되 그들이 스
스로 겸비하였으니 내가 멸하지 아
니하고 저희를 조금 구원하여 나의
노를 시삭의 손을 통하여 예루살렘
에 쏟지 아니하리라
8 그러나 그들이 시삭의 종이 되어
나를 섬기는 것과 세상 나라들을
섬기는 것이 어떠한지 알게 되리라
하셨더라
9 ●애굽 왕 시삭이 올라와서 예루살
렘을 치고 여호와의 전 보물과 왕
궁의 보물을 모두 빼앗고 솔로몬이
만든 금 방패도 빼앗은지라
10 르호보암 왕이 그 대신에 놋으로
방패를 만들어 궁문을 지키는 경호
책임자들의 손에 맡기매
11 왕이 여호와의 전에 들어갈 때마다
경호하는 자가 그 방패를 들고 갔
다가 경호실로 도로 가져갔더라
12 르호보암이 스스로 겸비하였고 유
다에 선한 일도 있으므로 여호와께
서 노를 돌이키사 다 멸하지 아니
하셨더라

르호보암이 죽다

13 ●르호보암 왕은 예루살렘에서 스
스로 세력을 굳게 하여 다스리니라
르호보암이 왕위에 오를 때에 나이
가 사십일 세라 예루살렘 곧 여호
와께서 이스라엘의 모든 지파 중에
서 택하여 그의 이름을 두신 성에
서 십칠 년 동안 다스리니라 르호
보암의 어머니의 이름은 나아마요
암몬 여인이더라
14 르호보암이 악을 행하였으니 이는
그가 여호와를 구하는 마음을 굳게
하지 아니함이었더라
15 ●르호보암의 처음부터 끝까지의
행적은 선지자 스마야와 선견자 잇
도의 족보책에 기록되지 아니하였
느냐 르호보암과 여로보암 사이에
항상 전쟁이 있으니라
16 르호보암이 그의 조상들과 함께 누
우매 다윗 성에 장사되고 그의 아
들 아비야가 그를 대신하여 왕이
되니라

아비야와 여로보암의 전쟁

(왕상 15:1-8)

13 여로보암 왕 열여덟째 해에 아
비야가 유다의 왕이 되고
2 예루살렘에서 삼 년 동안 다스리니
라 그의 어머니의 이름은 미가야요
기브아 사람 우리엘의 딸이더라 아
비야가 여로보암과 더불어 싸울새
3 아비야는 싸움에 용감한 군사 사십
만 명을 택하여 싸움을 준비하였고
여로보암은 큰 용사 팔십만 명을
택하여 그와 대진한지라
4 아비야가 에브라임 산 중 스마라임
산 위에 서서 이르되 여로보암과
이스라엘 무리들아 다 들으라
5 이스라엘 하나님 여호와께서 소금
언약으로 이스라엘 나라를 영원히
다윗과 그의 자손에게 주신 것을
너희가 알 것 아니냐
6 다윗의 아들 솔로몬의 신하 느밧의

아들 여로보암이 일어나 자기의 주
를 배반하고
7 난봉꾼과 잡배가 모여 따르므로 스
스로 강하게 되어 솔로몬의 아들
르호보암을 대적하였으나 그때에
르호보암이 어리고 마음이 연약하
여 그들의 입을 능히 막지 못하였
었느니라
8 이제 너희가 또 다윗 자손의 손으
로 다스리는 여호와의 나라를 대적
하려 하는도다 너희는 큰 무리요
또 여로보암이 너희를 위하여 신으
로 만든 금송아지들이 너희와 함께
있도다
9 너희가 아론 자손인 여호와의 제사
장들과 레위 사람들을 쫓아내고 이
방 백성들의 풍속을 따라 제사장을
삼지 아니하였느냐 누구를 막론하
고 어린 수송아지 한 마리와 숫양
일곱 마리를 끌고 와서 장립을 받
고자 하는 자마다 허무한 신들의
제사장이 될 수 있도다
10 우리에게는 여호와께서 우리 하나
님이 되시니 우리가 그를 배반하지
아니하였고 여호와를 섬기는 제사
장들이 있으니 아론의 자손이요 또
레위 사람들이 수종 들어
11 매일 아침 저녁으로 여호와 앞에
번제를 드리며 분향하며 또 깨끗한
상에 진설병을 놓고 또 금 등잔대
가 있어 그 등에 저녁마다 불을 켜
나니 우리는 우리 하나님 여호와의
계명을 지키나 너희는 그를 배반하
였느니라
12 하나님이 우리와 함께하사 우리의
머리가 되시고 그의 제사장들도 우
리와 함께하여 전쟁의 나팔을 불어
너희를 공격하느니라 이스라엘 자
손들아 너희 조상들의 하나님 여호
와와 싸우지 말라 너희가 형통하지
못하리라
13 ●여로보암이 유다의 뒤를 둘러 복
병하였으므로 그 앞에는 이스라엘
사람들이 있고 그 뒤에는 복병이
있는지라
14 유다 사람이 뒤를 돌아보고 자기
앞뒤의 적병으로 말미암아 여호와
께 부르짖고 제사장들은 나팔을 부
니라
15 유다 사람이 소리 지르매 유다 사
람이 소리 지를 때에 하나님이 여
로보암과 온 이스라엘을 아비야와
유다 앞에서 치시니
16 이스라엘 자손이 유다 앞에서 도망
하는지라 하나님이 그들의 손에 넘
기셨으므로
17 아비야와 그의 백성이 크게 무찌르
니 이스라엘이 택한 병사들이 죽임
을 당하고 엎드러진 자들이 오십만
명이었더라
18 그때에 이스라엘 자손이 항복하고
유다 자손이 이겼으니 이는 그들이
그들의 조상들의 하나님 여호와를
의지하였음이라
19 아비야가 여로보암을 쫓아가서 그
의 성읍들을 빼앗았으니 곧 벧엘과
그 동네들과 여사나와 그 동네들과
에브론과 그 동네들이라
20 아비야 때에 여로보암이 다시 강성
하지 못하고 여호와의 치심을 입어
죽었고
21 아비야는 점점 강성하며 아내 열넷
을 거느려 아들 스물둘과 딸 열여
섯을 낳았더라
22 아비야의 남은 사적과 그의 행위와
그의 말은 선지자 잇도의 주석 책
에 기록되니라

아사가 유다 왕이 되다

14 아비야가 그의 조상들과 함께
누우매 다윗 성에 장사되고 그

의 아들 아사가 대신하여 왕이 되
니 그의 시대에 그의 땅이 십 년 동
안 평안하니라
2 아사가 그의 하나님 여호와 보시기
에 선과 정의를 행하여
3 이방 제단과 산당을 없애고 주상을
깨뜨리며 아세라 상을 찍고
4 유다 사람에게 명하여 그 조상들의
하나님 여호와를 찾게 하며 그의
율법과 명령을 행하게 하고
5 또 유다 모든 성읍에서 산당과 태
양상을 없애매 나라가 그 앞에서
평안함을 누리니라
6 여호와께서 아사에게 평안을 주셨
으므로 그 땅이 평안하여 여러 해
싸움이 없은지라 그가 견고한 성읍
들을 유다에 건축하니라
7 아사가 일찍이 유다 사람에게 이르
되 우리가 우리 하나님 여호와를
찾았으므로 이 땅이 아직 우리 앞
에 있나니 우리가 이 성읍들을 건
축하고 그 주위에 성곽과 망대와
문과 빗장을 만들자 우리가 주를
찾았으므로 주께서 우리 사방에 평
안을 주셨느니라 하고 이에 그들이
성읍을 형통하게 건축하였더라
8 아사의 군대는 유다 중에서 큰 방
패와 창을 잡는 자가 삼십만 명이
요 베냐민 중에서 작은 방패를 잡
으며 활을 당기는 자가 이십팔만
명이라 그들은 다 큰 용사였더라
9 ●구스 사람 세라가 그들을 치려
하여 군사 백만 명과 병거 삼백 대
를 거느리고 마레사에 이르매
10 아사가 마주 나가서 마레사의 스바
다 골짜기에 전열을 갖추고
11 아사가 그의 하나님 여호와께 부르
짖어 이르되 여호와여 힘이 강한
자와 약한 자 사이에는 주밖에 도
와 줄 이가 없사오니 우리 하나님
여호와여 우리를 도우소서 우리가
주를 의지하오며 주의 이름을 의탁
하옵고 이 많은 무리를 치러 왔나
이다 여호와여 주는 우리 하나님이
시오니 원하건대 사람이 주를 이기
지 못하게 하옵소서 하였더니
12 여호와께서 구스 사람들을 아사와
유다 사람들 앞에서 치시니 구스
사람들이 도망하는지라
13 아사와 그와 함께한 백성이 구스
사람들을 추격하여 그랄까지 이르
매 이에 구스 사람들이 엎드러지고
살아남은 자가 없었으니 이는 여호
와 앞에서와 그의 군대 앞에서 패
망하였음이라 노략한 물건이 매우
많았더라
14 여호와께서 그랄 사면 모든 성읍
백성을 두렵게 하시니 무리가 그의
모든 성읍을 치고 그 가운데에 있
는 많은 물건을 노략하고
15 또 짐승 지키는 천막을 치고 양과
낙타를 많이 이끌고 예루살렘으로
돌아왔더라

아사의 개혁

15 하나님의 영이 오뎃의 아들 아
사랴에게 임하시매
2 그가 나가서 아사를 맞아 이르되
아사와 및 유다와 베냐민의 무리들
아 내 말을 들으라 너희가 여호와
와 함께하면 여호와께서 너희와 함
께하실지라 너희가 만일 그를 찾으
면 그가 너희와 만나게 되시려니와
너희가 만일 그를 버리면 그도 너
희를 버리시리라
3 이스라엘에는 참 신이 없고 가르치
는 제사장도 없고 율법도 없은 지
가 오래되었으나
4 그들이 그 환난 때에 이스라엘 하
나님 여호와께로 돌아가서 찾으매
그가 그들과 만나게 되셨나니

5 그때에 온 땅의 모든 주민이 크게
요란하여 사람의 출입이 평안하지
못하며
6 이 나라와 저 나라가 서로 치고 이
성읍이 저 성읍과 또한 그러하여
피차 상한 바 되었나니 이는 하나
님이 여러 가지 고난으로 요란하게
하셨음이라
7 그런즉 너희는 강하게 하라 너희의
손이 약하지 않게 하라 너희 행위
에는 상급이 있음이라 하니라
8 ●아사가 이 말 곧 선지자 오뎃의
예언을 듣고 마음을 강하게 하여
가증한 물건들을 유다와 베냐민 온
땅에서 없애고 또 에브라임 산지에
서 빼앗은 성읍들에서도 없애고 또
여호와의 낭실 앞에 있는 여호와의
제단을 재건하고
9 또 유다와 베냐민의 무리를 모으고
에브라임과 므낫세와 시므온 가운
데에서 나와서 저희 중에 머물러
사는 자들을 모았으니 이는 이스라
엘 사람들이 아사의 하나님 여호와
께서 그와 함께하심을 보고 아사
에게로 돌아오는 자가 많았음이더
라
10 아사 왕 제십오 년 셋째 달에 그들
이 예루살렘에 모이고
11 그날에 노략하여 온 물건 중에서
소 칠백 마리와 양 칠천 마리로 여
호와께 제사를 지내고
12 또 마음을 다하고 목숨을 다하여
조상들의 하나님 여호와를 찾기로
언약하고
13 이스라엘 하나님 여호와를 찾지 아
니하는 자는 대소 남녀를 막론하고
죽이는 것이 마땅하다 하고
14 무리가 큰 소리로 외치며 피리와
나팔을 불어 여호와께 맹세하매
15 온 유다가 이 맹세를 기뻐한지라 무
리가 마음을 다하여 맹세하고 뜻을
다하여 여호와를 찾았으므로 여호
와께서도 그들을 만나 주시고 그들
의 사방에 평안을 주셨더라
16 ●아사 왕의 어머니 마아가가 아세
라의 가증한 목상을 만들었으므로
아사가 그의 태후의 자리를 폐하고
그의 우상을 찍고 빻아 기드론 시
냇가에서 불살랐으니
17 산당은 이스라엘 중에서 제하지 아
니하였으나 아사의 마음이 일평생
온전하였더라
18 그가 또 그의 아버지가 구별한 물
건과 자기가 구별한 물건 곧 은과
금과 그릇들을 하나님의 전에 드렸
더니
19 이때부터 아사 왕 제삼십오 년까지
다시는 전쟁이 없으니라

이스라엘과 유다의 충돌 (왕상 15:17-22)

16 아사 왕 제삼십육 년에 이스라
엘 왕 바아사가 유다를 치러
올라와서 라마를 건축하여 사람을
유다 왕 아사에게 왕래하지 못하게
하려 한지라
2 아사가 여호와의 전 곳간과 왕궁
곳간의 은금을 내어다가 다메섹에
사는 아람 왕 벤하닷에게 보내며
이르되
3 내 아버지와 당신의 아버지 사이에
와 같이 나와 당신 사이에 약조하
자 내가 당신에게 은금을 보내노니
와서 이스라엘 왕 바아사와 세운
약조를 깨뜨려 그가 나를 떠나게
하라 하매
4 벤하닷이 아사 왕의 말을 듣고 그
의 군대 지휘관들을 보내어 이스라
엘 성읍들을 치되 이욘과 단과 아
벨마임과 납달리의 모든 국고성들
을 쳤더니
5 바아사가 듣고 라마 건축하는 일을

포기하고 그 공사를 그친지라
6 아사 왕이 온 유다 무리를 거느리
고 바아사가 라마를 건축하던 돌과
재목을 운반하여다가 게바와 미스
바를 건축하였더라

선견자 하나니

7 ●그때에 선견자 하나니가 유다 왕
아사에게 나와서 그에게 이르되 왕
이 아람 왕을 의지하고 왕의 하나
님 여호와를 의지하지 아니하였으
므로 아람 왕의 군대가 왕의 손에
서 벗어났나이다
8 구스 사람과 룹 사람의 군대가 크
지 아니하며 말과 병거가 심히 많
지 아니하더이까 그러나 왕이 여호
와를 의지하였으므로 여호와께서
왕의 손에 넘기셨나이다
9 여호와의 눈은 온 땅을 두루 감찰
하사 전심으로 자기에게 향하는 자
들을 위하여 능력을 베푸시나니 이
일은 왕이 망령되이 행하였은즉 이
후부터는 왕에게 전쟁이 있으리이
다 하매
10 아사가 노하여 선견자를 옥에 가두
었으니 이는 그의 말에 크게 노하
였음이며 그때에 아사가 또 백성
중에서 몇 사람을 학대하였더라

아사가 죽다 (왕상 15:23-24)

11 ●아사의 처음부터 끝까지의 행적
은 유다와 이스라엘 열왕기에 기록
되니라
12 아사가 왕이 된 지 삼십구 년에 그
의 발이 병들어 매우 위독했으나
병이 있을 때에 그가 여호와께 구
하지 아니하고 의원들에게 구하였
더라
13 아사가 왕위에 있은 지 사십일 년
후에 죽어 그의 조상들과 함께 누
우매
14 다윗 성에 자기를 위하여 파 두었
던 묘실에 무리가 장사하되 그의
시체를 법대로 만든 각양 향 재료
를 가득히 채운 상에 두고 또 그것
을 위하여 많이 분향하였더라

여호사밧이 유다의 왕이 되다

17 아사의 아들 여호사밧이 대신
하여 왕이 되어 스스로 강하게
하여 이스라엘을 방어하되
2 유다 모든 견고한 성읍에 군대를
주둔시키고 또 유다 땅과 그의 아
버지 아사가 정복한 에브라임 성읍
들에 영문을 두었더라
3 여호와께서 여호사밧과 함께하셨
으니 이는 그가 그의 조상 다윗의
처음 길로 행하여 바알들에게 구하
지 아니하고
4 오직 그의 아버지의 하나님께 구하
며 그의 계명을 행하고 이스라엘의
행위를 따르지 아니하였음이라
5 그러므로 여호와께서 나라를 그의
손에서 견고하게 하시매 유다 무리
가 여호사밧에게 예물을 드렸으므
로 그가 부귀와 영광을 크게 떨쳤
더라
6 그가 전심으로 여호와의 길을 걸어
산당들과 아세라 목상들도 유다에
서 제거하였더라
7 ●그가 왕위에 있은 지 삼 년에 그
의 방백들 벤하일과 오바댜와 스가
랴와 느다넬과 미가야를 보내어 유
다 여러 성읍에 가서 가르치게 하
고
8 또 그들과 함께 레위 사람 스마야
와 느다냐와 스바댜와 아사헬과 스
미라못과 여호나단과 아도니야와
도비야와 도바도니야 등 레위 사람
들을 보내고 또 저희와 함께 제사
장 엘리사마와 여호람을 보내었더
니
9 그들이 여호와의 율법책을 가지고

유다에서 가르치되 그 모든 유다
성읍들로 두루 다니며 백성들을 가
르쳤더라

여호사밧이 강대하여지다

10 ●여호와께서 유다 사방의 모든 나
라에 두려움을 주사 여호사밧과 싸
우지 못하게 하시매
11 블레셋 사람들 중에서는 여호사밧
에게 예물을 드리며 은으로 조공을
바쳤고 아라비아 사람들도 짐승 떼
곧 숫양 칠천칠백 마리와 숫염소
칠천칠백 마리를 드렸더라
12 여호사밧이 점점 강대하여 유다에
견고한 요새와 국고성을 건축하고
13 유다 여러 성에 공사를 많이 하고
또 예루살렘에 크게 용맹스러운 군
사를 두었으니
14 군사의 수효가 그들의 족속대로 이
러하니라 유다에 속한 천부장 중에
는 아드나가 으뜸이 되어 큰 용사
삼십만 명을 거느렸고
15 그 다음은 지휘관 여호하난이니 이
십팔만 명을 거느렸고
16 그 다음은 시그리의 아들 아마시야
니 그는 자기를 여호와께 즐거이
드린 자라 큰 용사 이십만 명을 거
느렸고
17 베냐민에 속한 자 중에 큰 용사 엘
리아다는 활과 방패를 잡은 자 이
십만 명을 거느렸고
18 그 다음은 여호사밧이라 싸움을 준
비한 자 십팔만 명을 거느렸으니
19 이는 다 왕을 모시는 자요 이 외에
또 온 유다 견고한 성읍들에 왕이
군사를 두었더라

선지자 미가야가 아합 왕에게 경고하다
(왕상 22:1-28)

18 여호사밧이 부귀와 영광을 크
게 떨쳤고 아합 가문과 혼인함
으로 인척 관계를 맺었더라
2 이 년 후에 그가 사마리아의 아합
에게 내려갔더니 아합이 그와 시종
을 위하여 양과 소를 많이 잡고 함
께 가서 길르앗 라못 치기를 권하
였더라
3 이스라엘 왕 아합이 유다 왕 여호
사밧에게 이르되 당신이 나와 함께
길르앗 라못으로 가시겠느냐 하니
여호사밧이 대답하되 나는 당신과
다름이 없고 내 백성은 당신의 백
성과 다름이 없으니 당신과 함께
싸우리이다 하는지라
4 ●여호사밧이 또 이스라엘 왕에게
이르되 청하건대 먼저 여호와의 말
씀이 어떠하신지 오늘 물어 보소서
하더라
5 이스라엘 왕이 이에 선지자 사백
명을 모으고 그들에게 이르되 우리
가 길르앗 라못에 가서 싸우랴 말
랴 하니 그들이 이르되 올라가소서
하나님이 그 성읍을 왕의 손에 붙
이시리이다 하더라
6 여호사밧이 이르되 이 외에 우리가
물을 만한 여호와의 선지자가 여기
있지 아니하니이까 하니
7 이스라엘 왕이 여호사밧에게 이르
되 아직도 이믈라의 아들 미가야
한 사람이 있으니 그로 말미암아
여호와께 물을 수 있으나 그는 내
게 대하여 좋은 일로는 예언하지
아니하고 항상 나쁜 일로만 예언하
기로 내가 그를 미워하나이다 하더
라 여호사밧이 이르되 왕은 그런
말씀을 마소서 하니
8 이스라엘 왕이 한 내시를 불러 이
르되 이믈라의 아들 미가야를 속히
오게 하라 하니라
9 이스라엘 왕과 유다 왕 여호사밧이
왕복을 입고 사마리아 성문 어귀
광장에서 각기 보좌에 앉았고 여러

선지자들이 그 앞에서 예언을 하는
데
10 그나아나의 아들 시드기야는 철로
뿔들을 만들어 가지고 말하되 여호
와께서 이같이 말씀하시기를 왕이
이것들로 아람 사람을 찔러 진멸하
리라 하셨다 하고
11 여러 선지자들도 그와 같이 예언하
여 이르기를 길르앗 라못으로 올라
가서 승리를 거두소서 여호와께서
그 성읍을 왕의 손에 넘기시리이다
하더라
12 미가야를 부르러 간 사자가 그에게
말하여 이르되 선지자들의 말이 하
나같이 왕에게 좋게 말하니 청하건
대 당신의 말도 그들 중 한 사람처
럼 좋게 말하소서 하니
13 미가야가 이르되 여호와께서 살아
계심을 두고 맹세하노니 내 하나님
께서 말씀하시는 것 곧 그것을 내
가 말하리라 하고
14 이에 왕에게 이르니 왕이 그에게
이르되 미가야야 우리가 길르앗 라
못으로 싸우러 가랴 말랴 하는지라
이르되 올라가서 승리를 거두소서
그들이 왕의 손에 넘긴 바 되리이
다 하니
15 왕이 그에게 이르되 여호와의 이름
으로 진실한 것 이외에는 아무것
도 말하지 말라고 내가 몇 번이나
네게 맹세하게 하여야 하겠느냐
하니
16 그가 이르되 내가 보니 온 이스라
엘이 목자 없는 양같이 산에 흩어
졌는데 여호와의 말씀이 이 무리가
주인이 없으니 각각 평안히 자기들
의 집으로 돌아갈 것이니라 하셨나
이다 하는지라
17 이스라엘 왕이 여호사밧에게 이르
되 저 사람이 내게 대하여 좋은 일
로 예언하지 아니하고 나쁜 일로만
예언할 것이라고 당신에게 말씀하
지 아니하였나이까 하더라
18 미가야가 이르되 그런즉 왕은 여호
와의 말씀을 들으소서 내가 보니
여호와께서 그의 보좌에 앉으셨고
하늘의 만군이 그의 좌우편에 모시
고 섰는데
19 여호와께서 말씀하시기를 누가 이
스라엘 왕 아합을 꾀어 그에게 길
르앗 라못에 올라가서 죽게 할까
하시니 하나는 이렇게 하겠다 하고
하나는 저렇게 하겠다 하였는데
20 한 영이 나와서 여호와 앞에 서서
말하되 내가 그를 꾀겠나이다 하니
여호와께서 그에게 이르시되 어떻
게 하겠느냐 하시니
21 그가 이르되 내가 나가서 거짓말하
는 영이 되어 그의 모든 선지자들
의 입에 있겠나이다 하니 여호와께
서 이르시되 너는 꾀겠고 또 이루
리라 나가서 그리하라 하셨은즉
22 이제 보소서 여호와께서 거짓말하
는 영을 왕의 이 모든 선지자들의
입에 넣으셨고 또 여호와께서 왕에
게 대하여 재앙을 말씀하셨나이다
하니
23 ●그나아나의 아들 시드기야가 가
까이 와서 미가야의 뺨을 치며 이
르되 여호와의 영이 나를 떠나 어
디로 가서 네게 말씀하더냐 하는지
라
24 미가야가 이르되 네가 골방에 들어
가서 숨는 바로 그날에 보리라 하
더라
25 이스라엘 왕이 이르되 미가야를 잡
아 시장 아몬과 왕자 요아스에게로
끌고 돌아가서
26 왕이 이같이 말하기를 이 놈을 옥
에 가두고 내가 평안히 돌아올 때

까지 고난의 떡과 고난의 물을 먹
게 하라 하셨나이다 하니
27 미가야가 이르되 왕이 참으로 평안
히 돌아오시게 된다면 여호와께서
내게 말씀하지 아니하셨으리이다
하고 또 이르되 너희 백성들아 다
들을지어다 하니라

아합이 죽다 (왕상 22:29-35)

28 ●이스라엘 왕과 유다 왕 여호사밧
이 길르앗 라못으로 올라가니라
29 이스라엘 왕이 여호사밧에게 이르
되 나는 변장하고 전쟁터로 들어가
려 하노니 당신은 왕복을 입으소서
하고 이스라엘 왕이 변장하고 둘이
전쟁터로 들어가니라
30 아람 왕이 그의 병거 지휘관들에게
이미 명령하여 이르기를 너희는 작
은 자나 큰 자나 더불어 싸우지 말
고 오직 이스라엘 왕하고만 싸우라
한지라
31 병거의 지휘관들이 여호사밧을 보
고 이르되 이가 이스라엘 왕이라
하고 돌아서서 그와 싸우려 한즉
여호사밧이 소리를 지르매 여호와
께서 그를 도우시며 하나님이 그들
을 감동시키사 그를 떠나가게 하신
지라
32 병거의 지휘관들이 그가 이스라엘
왕이 아님을 보고 추격을 그치고
돌아갔더라
33 한 사람이 무심코 활을 당겨 이스
라엘 왕의 갑옷 솔기를 쏜지라 왕
이 그의 병거 모는 자에게 이르되
내가 부상하였으니 네 손을 돌려
나를 진중에서 나가게 하라 하였으
나
34 이날의 전쟁이 맹렬하였으므로 이
스라엘 왕이 병거에서 겨우 지탱하
며 저녁 때까지 아람 사람을 막다
가 해가 질 즈음에 죽었더라

선견자 예후가 여호사밧을 규탄하다

19 유다 왕 여호사밧이 평안히 예
루살렘에 돌아와서 그의 궁으
로 들어가니라
2 하나니의 아들 선견자 예후가 나가
서 여호사밧 왕을 맞아 이르되 왕
이 악한 자를 돕고 여호와를 미워
하는 자들을 사랑하는 것이 옳으니
이까 그러므로 여호와께로부터 진
노하심이 왕에게 임하리이다
3 그러나 왕에게 선한 일도 있으니
이는 왕이 아세라 목상들을 이 땅
에서 없애고 마음을 기울여 하나님
을 찾음이니이다 하였더라

여호사밧의 개혁

4 ●여호사밧이 예루살렘에 살더니
다시 나가서 브엘세바에서부터 에
브라임 산지까지 민간에 두루 다니
며 그들을 그들의 조상들의 하나님
여호와께로 돌아오게 하고
5 또 유다 온 나라의 견고한 성읍에
재판관을 세우되 성읍마다 있게 하
고
6 재판관들에게 이르되 너희가 재판
하는 것이 사람을 위하여 할 것인
지 여호와를 위하여 할 것인지를
잘 살피라 너희가 재판할 때에 여
호와께서 너희와 함께하심이니라
7 그런즉 너희는 여호와를 두려워하
는 마음으로 삼가 행하라 우리의
하나님 여호와께서는 불의함도 없
으시고 치우침도 없으시고 뇌물을
받는 일도 없으시니라 하니라
8 ●여호사밧이 또 예루살렘에서 레
위 사람들과 제사장들과 이스라엘
족장들 중에서 사람을 세워 여호와
께 속한 일과 [1]예루살렘 주민의 모
든 송사를 재판하게 하고

1) 히, 모든 송사를 재판하게 하고 예루살렘으로 돌아가니라

9 그들에게 명령하여 이르되 너희는
진실과 성심을 다하여 여호와를 경
외하라
10 어떤 성읍에 사는 너희 형제가 혹
피를 흘림이나 혹 율법이나 계명이
나 율례나 규례로 말미암아 너희에
게 와서 송사하거든 어떤 송사든지
그들에게 경고하여 여호와께 죄를
범하지 않게 하여 너희와 너희 형
제에게 진노하심이 임하지 말게 하
라 너희가 이렇게 행하면 죄가 없
으리라
11 여호와께 속한 모든 일에는 대제사
장 아마랴가 너희를 다스리고 왕에
게 속한 모든 일은 유다 지파의 어
른 이스마엘의 아들 스바댜가 다스
리고 레위 사람들은 너희 앞에 관
리가 되리라 너희는 힘써 행하라
여호와께서 선한 자와 함께하실지
로다 하니라

여호사밧과 아람의 전쟁

20 그 후에 모압 자손과 암몬 자
손들이 [1)]마온 사람들과 함께
와서 여호사밧을 치고자 한지라
2 어떤 사람이 와서 여호사밧에게 전
하여 이르되 큰 무리가 바다 저쪽
아람에서 왕을 치러 오는데 이제
하사손다말 곧 엔게디에 있나이다
하니
3 여호사밧이 두려워하여 여호와께
로 낯을 향하여 간구하고 온 유다
백성에게 금식하라 공포하매
4 유다 사람이 여호와께 도우심을 구
하려 하여 유다 모든 성읍에서 모
여와서 여호와께 간구하더라
5 ●여호사밧이 여호와의 전 새 뜰
앞에서 유다와 예루살렘의 회중 가
운데 서서
6 이르되 우리 조상들의 하나님 여호
와여 주는 하늘에서 하나님이 아니
시니이까 이방 사람들의 모든 나라
를 다스리지 아니하시나이까 주의
손에 권세와 능력이 있사오니 능히
주와 맞설 사람이 없나이다
7 우리 하나님이시여 전에 이 땅 주
민을 주의 백성 이스라엘 앞에서
쫓아내시고 그 땅을 주께서 사랑하
시는 아브라함의 자손에게 영원히
주지 아니하셨나이까
8 그들이 이 땅에 살면서 주의 이름
을 위하여 한 성소를 주를 위해 건
축하고 이르기를
9 만일 재앙이나 난리나 견책이나 전
염병이나 기근이 우리에게 임하면
주의 이름이 이 성전에 있으니 우
리가 이 성전 앞과 주 앞에 서서 이
환난 가운데에서 주께 부르짖은즉
들으시고 구원하시리라 하였나이
다
10 옛적에 이스라엘이 애굽 땅에서 나
올 때에 암몬 자손과 모압 자손과
세일 산 사람들을 침노하기를 주께
서 용납하지 아니하시므로 이에 돌
이켜 그들을 떠나고 멸하지 아니하
였거늘
11 이제 그들이 우리에게 갚는 것을
보옵소서 그들이 와서 주께서 우리
에게 주신 주의 기업에서 우리를
쫓아내고자 하나이다
12 우리 하나님이여 그들을 징벌하지
아니하시나이까 우리를 치러 오는
이 큰 무리를 우리가 대적할 능력
이 없고 어떻게 할 줄도 알지 못하
옵고 오직 주만 바라보나이다 하고
13 유다 모든 사람들이 그들의 아내와
자녀와 어린이와 더불어 여호와 앞
에 섰더라
14 ●여호와의 영이 회중 가운데에서
레위 사람 야하시엘에게 임하셨으

1) 암몬

니 그는 아삽 자손 맛다냐의 현손
이요 여이엘의 증손이요 브나야의
손자요 스가랴의 아들이더라
15 야하시엘이 이르되 온 유다와 예루
살렘 주민과 여호사밧 왕이여 들을
지어다 여호와께서 이같이 너희에
게 말씀하시기를 너희는 이 큰 무
리로 말미암아 두려워하거나 놀라
지 말라 이 전쟁은 너희에게 속한
것이 아니요 하나님께 속한 것이니
라
16 내일 너희는 그들에게로 내려가라
그들이 시스 고개로 올라올 때에
너희가 골짜기 어귀 여루엘 들 앞
에서 그들을 만나려니와
17 이 전쟁에는 너희가 싸울 것이 없
나니 대열을 이루고 서서 너희와
함께한 여호와가 구원하는 것을 보
라 유다와 예루살렘아 너희는 두려
워하지 말며 놀라지 말고 내일 그
들을 맞서 나가라 여호와가 너희와
함께하리라 하셨느니라 하매
18 여호사밧이 몸을 굽혀 얼굴을 땅에
대니 온 유다와 예루살렘 주민들도
여호와 앞에 엎드려 여호와께 경배
하고
19 그핫 자손과 고라 자손에게 속한
레위 사람들은 서서 심히 큰 소리
로 이스라엘 하나님 여호와를 찬송
하니라
20 ●이에 백성들이 아침에 일찍이 일
어나서 드고아 들로 나가니라 나갈
때에 여호사밧이 서서 이르되 유다
와 예루살렘 주민들아 내 말을 들
을지어다 너희는 너희 하나님 여호
와를 신뢰하라 그리하면 견고히 서
리라 그의 선지자들을 신뢰하라 그
리하면 형통하리라 하고
21 백성과 더불어 의논하고 노래하는
자들을 택하여 거룩한 예복을 입히
고 군대 앞에서 행진하며 여호와를
찬송하여 이르기를 여호와께 감사
하세 그의 인자하심이 영원하도다
하게 하였더니
22 그 노래와 찬송이 시작될 때에 여
호와께서 복병을 두어 유다를 치러
온 암몬 자손과 모압과 세일 산 주
민들을 치게 하시므로 그들이 패하
였으니
23 곧 암몬과 모압 자손이 일어나 세
일 산 주민들을 쳐서 진멸하고 세
일 주민들을 멸한 후에는 그들이
서로 쳐죽였더라
24 ●유다 사람이 들 망대에 이르러
그 무리를 본즉 땅에 엎드러진 시
체들뿐이요 한 사람도 피한 자가
없는지라
25 여호사밧과 그의 백성이 가서 적군
의 물건을 탈취할새 본즉 그 가운
데에 재물과 의복과 보물이 많이
있으므로 각기 탈취하는데 그 물건
이 너무 많아 능히 가져갈 수 없을
만큼 많으므로 사흘 동안에 거두어
들이고
26 넷째 날에 무리가 [1]브라가 골짜기
에 모여서 거기서 여호와를 송축한
지라 그러므로 오늘날까지 그곳을
[1]브라가 골짜기라 일컫더라
27 유다와 예루살렘 모든 사람이 다시
여호사밧을 선두로 하여 즐겁게 예
루살렘으로 돌아왔으니 이는 여호
와께서 그들이 그 적군을 이김으로
써 즐거워하게 하셨음이라
28 그들이 비파와 수금과 나팔을 합주
하고 예루살렘에 이르러 여호와의
전에 나아가니라
29 이방 모든 나라가 여호와께서 이스
라엘의 적군을 치셨다 함을 듣고
하나님을 두려워하므로

1) 송축

30 여호사밧의 나라가 태평하였으니
이는 그의 하나님이 사방에서 그들
에게 평강을 주셨음이더라

여호사밧의 행적 (왕상 22:41-50)

31 ●여호사밧이 유다의 왕이 되어 왕
위에 오를 때에 나이가 삼십오 세
라 예루살렘에서 이십오 년 동안
다스리니라 그의 어머니의 이름은
아수바라 실히의 딸이더라
32 여호사밧이 그의 아버지 아사의 길
로 행하여 돌이켜 떠나지 아니하고
여호와 보시기에 정직하게 행하였
으나
33 산당만은 철거하지 아니하였으므
로 백성이 여전히 마음을 정하여
그들의 조상들의 하나님께로 돌아
오지 아니하였더라
34 이외에 여호사밧의 시종 행적은 하
나니의 아들 예후의 글에 다 기록
되었고 그 글은 이스라엘 열왕기에
올랐더라
35 ●유다 왕 여호사밧이 나중에 이스
라엘 왕 아하시야와 교제하였는데
아하시야는 심히 악을 행하는 자였
더라
36 두 왕이 서로 연합하고 배를 만들
어 다시스로 보내고자 하여 에시온
게벨에서 배를 만들었더니
37 마레사 사람 도다와후의 아들 엘리
에셀이 여호사밧을 향하여 예언하
여 이르되 왕이 아하시야와 교제하
므로 여호와께서 왕이 지은 것들을
파하시리라 하더니 이에 그 배들이
부서져서 다시스로 가지 못하였더
라

유다 왕 여호람 (왕하 8:17-24)

21 여호사밧이 그의 조상들과 함
께 누우매 그의 조상들과 함께
다윗 성에 장사되고 그의 아들 여
호람이 대신하여 왕이 되니라
2 여호사밧의 아들 여호람의 아우들
아사랴와 여히엘과 스가랴와 아사
랴와 미가엘과 스바댜는 다 유다
왕 여호사밧의 아들들이라
3 그의 아버지가 그들에게는 은금과
보물과 유다 견고한 성읍들을 선물
로 후히 주었고 여호람은 장자이므
로 왕위를 주었더니
4 여호람이 그의 아버지의 왕국을 다
스리게 되어 세력을 얻은 후에 그
의 모든 아우들과 이스라엘 방백들
중 몇 사람을 칼로 죽였더라
5 여호람이 왕위에 오를 때에 나이가
삼십이 세라 예루살렘에서 팔 년
동안 다스리니라
6 그가 이스라엘 왕들의 길로 행하여
아합의 집과 같이 하였으니 이는
아합의 딸이 그의 아내가 되었음이
라 그가 여호와 보시기에 악을 행
하였으나
7 여호와께서 다윗의 집을 멸하기를
즐겨하지 아니하셨음은 이전에 다
윗과 더불어 언약을 세우시고 또
다윗과 그의 자손에게 항상 등불을
주겠다고 말씀하셨음이더라
8 ●여호람 때에 에돔이 배반하여 유
다의 지배 하에서 벗어나 자기 위
에 왕을 세우므로
9 여호람이 지휘관들과 모든 병거를
거느리고 출정하였더니 밤에 일어
나서 자기를 에워싼 에돔 사람과
그 병거의 지휘관들을 쳤더라
10 이와 같이 에돔이 배반하여 유다의
지배 하에서 벗어났더니 오늘까지
그러하였으며 그때에 립나도 배반
하여 여호람의 지배 하에서 벗어났
으니 이는 그가 그의 조상들의 하
나님 여호와를 버렸음이더라
11 ●여호람이 또 유다 여러 산에 산
당을 세워 예루살렘 주민으로 음행

하게 하고 또 유다를 미혹하게 하
였으므로
12 선지자 엘리야가 여호람에게 글을
보내어 이르되 왕의 조상 다윗의
하나님 여호와께서 이같이 말씀하
시기를 네가 네 아비 여호사밧의
길과 유다 왕 아사의 길로 행하지
아니하고
13 오직 이스라엘 왕들의 길로 행하여
유다와 예루살렘 주민들이 음행하
게 하기를 아합의 집이 음행하듯
하며 또 네 아비 집에서 너보다 착
한 아우들을 죽였으니
14 여호와가 네 백성과 네 자녀들과
네 아내들과 네 모든 재물을 큰 재
앙으로 치시리라
15 또 너는 창자에 중병이 들고 그 병
이 날로 중하여 창자가 빠져나오리
라 하셨다 하였더라
16 ●여호와께서 블레셋 사람들과 구
스에서 가까운 아라비아 사람들의
마음을 격동시키사 여호람을 치게
하셨으므로
17 그들이 올라와서 유다를 침략하여
왕궁의 모든 재물과 그의 아들들과
아내들을 탈취하였으므로 막내 아
들 여호아하스 외에는 한 아들도
남지 아니하였더라
18 ●이 모든 일 후에 여호와께서 여
호람을 치사 능히 고치지 못할 병
이 그 창자에 들게 하셨으므로
19 여러 날 후 이 년 만에 그의 창자가
그 병으로 말미암아 빠져나오매
그가 그 심한 병으로 죽으니 백성
이 그들의 조상들에게 분향하던 것
같이 그에게 분향하지 아니하였으
며
20 여호람이 삼십이 세에 즉위하고 예
루살렘에서 팔 년 동안 다스리다가
아끼는 자 없이 세상을 떠났으며
무리가 그를 다윗 성에 장사하였으
나 열왕의 묘실에는 두지 아니하였
더라

유다 왕 아하시야
(왕하 8:25-29; 9:21-28)

22 예루살렘 주민이 여호람의 막
내 아들 아하시야에게 왕위를
계승하게 하였으니 이는 전에 아라
비아 사람들과 함께 와서 진을 치던
부대가 그의 모든 형들을 죽였음이
라 그러므로 유다 왕 여호람의 아들
아하시야가 왕이 되었더라
2 아하시야가 왕이 될 때에 나이가
사십이 세라 예루살렘에서 일 년
동안 다스리니라 그의 어머니의 이
름은 아달랴요 오므리의 손녀더라
3 아하시야도 아합의 집 길로 행하였
으니 이는 그의 어머니가 꾀어 악
을 행하게 하였음이라
4 그의 아버지가 죽은 후에 그가 패
망하게 하는 아합의 집의 가르침을
따라 여호와 보시기에 아합의 집같
이 악을 행하였더라
5 아하시야가 아합의 집의 가르침을
따라 이스라엘 왕 아합의 아들 요
람과 함께 길르앗 라못으로 가서
아람 왕 하사엘과 더불어 싸우더니
아람 사람들이 요람을 상하게 한지
라
6 요람이 아람 왕 하사엘과 싸울 때
에 라마에서 맞아 상한 것을 치료
하려 하여 이스르엘로 돌아왔더라
아합의 아들 요람이 병이 있으므
로 유다 왕 여호람의 아들 [1]아사랴
가 이스르엘에 내려가서 방문하였
더라
7 ●아하시야가 요람에게 가므로 해
를 입었으니 이는 하나님께로 말미
암은 것이라 아하시야가 갔다가 요

1) 본 장 1절에는 '아하시야'

람과 함께 나가서 님시의 아들 예
후를 맞았으니 그는 여호와께서 기
름을 부으시고 아합의 집을 멸하게
하신 자이더라
8 예후로 하여금 아합의 집을 심판
하게 하실 때에 유다 방백들과 아
하시야의 형제들의 아들들 곧 아하
시야를 섬기는 자들을 만나서 죽였
고
9 아하시야는 사마리아에 숨었더니
예후가 찾으매 무리가 그를 예후에
게로 잡아가서 죽이고 이르기를 그
는 전심으로 여호와를 구하던 여호
사밧의 아들이라 하고 장사하였더
라 이에 아하시야의 집이 약하여
왕위를 힘으로 지키지 못하게 되니
라

유다 여왕 아달랴 (왕하 11:1-3)

10 ●아하시야의 어머니 아달랴가 자
기의 아들이 죽은 것을 보고 일어
나 유다 집의 왕국의 씨를 모두 진
멸하였으나
11 왕의 딸 여호사브앗이 아하시야의
아들 요아스를 왕자들이 죽임을 당
하는 중에서 몰래 빼내어 그와 그의
유모를 침실에 숨겨 아달랴를 피하
게 하였으므로 아달랴가 그를 죽이
지 못하였더라 여호사브앗은 여호
람 왕의 딸이요 아하시야의 누이요
제사장 여호야다의 아내이더라
12 요아스가 그들과 함께 하나님의 전
에 육 년을 숨어 있는 동안에 아달
랴가 나라를 다스렸더라

아달랴에 대한 반역 (왕하 11:4-16)

23 제칠 년에 여호야다가 용기를
내어 백부장 곧 여로함의 아
들 아사랴와 여호하난의 아들 이스
마엘과 오벳의 아들 아사랴와 아다
야의 아들 마아세야와 시그리의 아
들 엘리사밧 등과 더불어 언약을
세우매
2 그들이 유다를 두루 다니며 유다
모든 고을에서 레위 사람들과 이스
라엘 족장들을 모아 예루살렘에 이
른지라
3 온 회중이 하나님의 전에서 왕과
언약을 세우매 여호야다가 무리에
게 이르되 여호와께서 다윗의 자손
에게 대하여 말씀하신 대로 왕자가
즉위하여야 할지니
4 이제 너희는 이와 같이 행하라 너
희 제사장들과 레위 사람들 곧 안
식일에 당번인 자들의 삼분의 일은
문을 지키고
5 삼분의 일은 왕궁에 있고 삼분의
일은 기초문에 있고 백성들은 여호
와의 전 뜰에 있을지라
6 제사장들과 수종 드는 레위 사람들
은 거룩한즉 여호와의 전에 들어오
려니와 그 외의 다른 사람은 들어
오지 못할 것이니 모든 백성은 여
호와께 지켜야 할 바를 지킬지며
7 레위 사람들은 각각 손에 무기를
잡고 왕을 호위하며 다른 사람이
성전에 들어오거든 죽이고 왕이 출
입할 때에 경호할지니라 하니
8 ●레위 사람들과 모든 유다 사람들
이 제사장 여호야다가 명령한 모든
것을 준행하여 각기 수하에 안식일
에 당번인 자와 안식일에 비번인
자들을 거느리고 있었으니 이는 제
사장 여호야다가 비번인 자들을 보
내지 아니함이더라
9 제사장 여호야다가 하나님의 전 안
에 있는 다윗 왕의 창과 큰 방패와
작은 방패를 백부장들에게 주고
10 또 백성들에게 각각 손에 무기를
잡고 왕을 호위하되 성전 오른쪽에
서부터 성전 왼쪽까지 제단과 성전
곁에 서게 하고

11 무리가 왕자를 인도해 내어 면류
관을 씌우며 율법책을 주고 세워
왕으로 삼을새 여호야다와 그의 아
들들이 그에게 기름을 붓고 이르기
를 왕이여 만세수를 누리소서 하니
라
12 ●아달랴가 백성들이 뛰며 왕을 찬
송하는 소리를 듣고 여호와의 전에
들어가서 백성에게 이르러
13 보매 왕이 성전 문 기둥 곁에 섰고
지휘관들과 나팔수들이 왕의 곁에
모셔 서 있으며 그 땅의 모든 백성
들이 즐거워하여 나팔을 불며 노래
하는 자들은 주악하며 찬송을 인도
하는지라 이에 아달랴가 그의 옷을
찢으며 외치되 반역이로다 반역이
로다 하매
14 제사장 여호야다가 군대를 거느린
백부장들을 불러내어 이르되 반열
밖으로 몰아내라 그를 따르는 자는
칼로 죽이라 하니 제사장의 이 말
은 여호와의 전에서는 그를 죽이지
말라 함이라
15 이에 무리가 그에게 길을 열어 주
고 그가 왕궁 말문 어귀에 이를 때
에 거기서 죽였더라

여호야다의 개혁 (왕하 11:17-20)

16 ●여호야다가 자기와 모든 백성과
왕 사이에 언약을 세워 여호와의
백성이 되리라 한지라
17 온 국민이 바알의 신당으로 가서
그 신당을 부수고 그의 제단들과
형상들을 깨뜨리고 그 제단 앞에서
바알의 제사장 맛단을 죽이니라
18 여호야다가 여호와의 전의 직원들
을 세워 레위 제사장의 수하에 맡
기니 이들은 다윗이 전에 그들의
반열을 나누어서 여호와의 전에서
모세의 율법에 기록한 대로 여호와
께 번제를 드리며 다윗이 정한 규
례대로 즐거이 부르고 노래하게 하
였던 자들이더라
19 또 문지기를 여호와의 전 여러 문
에 두어 무슨 일에든지 부정한 모
든 자는 들어오지 못하게 하고
20 백부장들과 존귀한 자들과 백성의
방백들과 그 땅의 모든 백성을 거
느리고 왕을 인도하여 여호와의 전
에서 내려와 윗문으로부터 왕궁에
이르러 왕을 나라 보좌에 앉히매
21 그 땅의 모든 백성이 즐거워하고
성중이 평온하더라 아달랴를 무리
가 칼로 죽였었더라

유다 왕 요아스 (왕하 12:1-16)

24 요아스가 왕위에 오를 때에
나이가 칠 세라 예루살렘에서
사십 년 동안 다스리니라 그의 어
머니의 이름은 시비아요 브엘세바
사람이더라
2 제사장 여호야다가 세상에 사는 모
든 날에 요아스가 여호와 보시기에
정직하게 행하였으며
3 여호야다가 그를 두 아내에게 장가
들게 하였더니 자녀를 낳았더라
4 ●그 후에 요아스가 여호와의 전을
보수할 뜻을 두고
5 제사장들과 레위 사람들을 모으고
그들에게 이르되 너희는 유다 여러
성읍에 가서 모든 이스라엘에게 해
마다 너희의 하나님의 전을 수리할
돈을 거두되 그 일을 빨리 하라 하
였으나 레위 사람이 빨리 하지 아
니한지라
6 왕이 대제사장 여호야다를 불러 이
르되 네가 어찌하여 레위 사람들을
시켜서 여호와의 종 모세와 이스라
엘의 회중이 성막을 위하여 정한
세를 유다와 예루살렘에서 거두게
하지 아니하였느냐 하니
7 이는 그 악한 여인 아달랴의 아들

들이 하나님의 전을 파괴하고 또
여호와의 전의 모든 성물들을 바알
들을 위하여 사용하였음이었더라
8 ●이에 왕이 말하여 한 궤를 만들
어 여호와의 전 문 밖에 두게 하고
9 유다와 예루살렘에 공포하여 하나
님의 종 모세가 광야에서 이스라엘
에게 정한 세를 여호와께 드리라
하였더니
10 모든 방백들과 백성들이 기뻐하여
마치기까지 돈을 가져다가 궤에 던
지니라
11 레위 사람들이 언제든지 궤를 메고
왕의 관리에게 가지고 가서 돈이
많은 것을 보이면 왕의 서기관과
대제사장에게 속한 관원이 와서 그
궤를 쏟고 다시 그곳에 가져다 두
었더라 때때로 이렇게 하여 돈을
많이 거두매
12 왕과 여호야다가 그 돈을 여호와의
전 감독자에게 주어 석수와 목수를
고용하여 여호와의 전을 보수하며
또 철공과 놋쇠공을 고용하여 여호
와의 전을 수리하게 하였더니
13 기술자들이 맡아서 수리하는 공사
가 점점 진척되므로 하나님의 전을
이전 모양대로 견고하게 하니라
14 공사를 마친 후에 그 남은 돈을 왕
과 여호야다 앞으로 가져왔으므로
그것으로 여호와의 전에 쓸 그릇을
만들었으니 곧 섬겨 제사드리는 그
릇이며 또 숟가락과 금은 그릇들이
라 여호야다가 세상에 사는 모든
날에 여호와의 전에 항상 번제를
드렸더라

여호야다의 정책이 뒤집히다

15 ●여호야다가 나이가 많고 늙어서
죽으니 죽을 때에 백삼십 세라
16 무리가 다윗 성 여러 왕의 묘실 중
에 장사하였으니 이는 그가 이스라
엘과 하나님과 그의 성전에 대하여
선을 행하였음이더라
17 여호야다가 죽은 후에 유다 방백들
이 와서 왕에게 절하매 왕이 그들
의 말을 듣고
18 그의 조상들의 하나님 여호와의 전
을 버리고 아세라 목상과 우상을
섬겼으므로 그 죄로 말미암아 진노
가 유다와 예루살렘에 임하니라
19 그러나 여호와께서 그들에게 선지
자를 보내사 다시 여호와에게로 돌
아오게 하려 하시매 선지자들이 그
들에게 경고하였으나 듣지 아니하
니라
20 ●이에 하나님의 영이 제사장 여호
야다의 아들 스가랴를 감동시키시
매 그가 백성 앞에 높이 서서 그들
에게 이르되 하나님이 이같이 말씀
하시기를 너희가 어찌하여 여호와
의 명령을 거역하여 스스로 형통하
지 못하게 하느냐 하셨나니 너희가
여호와를 버렸으므로 여호와께서
도 너희를 버리셨느니라 하나
21 무리가 함께 꾀하고 왕의 명령을
따라 그를 여호와의 전 뜰 안에서
돌로 쳐죽였더라
22 요아스 왕이 이와 같이 스가랴의
아버지 여호야다가 베푼 은혜를 기
억하지 아니하고 그의 아들을 죽이
니 그가 죽을 때에 이르되 여호와
는 감찰하시고 신원하여 주옵소서
하니라

요아스가 죽다

23 ●일 주년 말에 아람 군대가 요아
스를 치려고 올라와서 유다와 예루
살렘에 이르러 백성 중에서 모든
방백들을 다 죽이고 노략한 물건을
다메섹 왕에게로 보내니라
24 아람 군대가 적은 무리로 왔으나
여호와께서 심히 큰 군대를 그들의

손에 넘기셨으니 이는 유다 사람들
이 그들의 조상들의 하나님 여호와
를 버렸음이라 이와 같이 아람 사
람들이 요아스를 징벌하였더라
25 요아스가 크게 부상하매 적군이 그
를 버리고 간 후에 그의 신하들이
제사장 여호야다의 아들들의 피로
말미암아 반역하여 그를 그의 침상
에서 쳐죽인지라 다윗 성에 장사하
였으나 왕들의 묘실에는 장사하지
아니하였더라
26 반역한 자들은 암몬 여인 시므앗의
아들 사밧과 모압 여인 시므릿의
아들 여호사밧이더라
27 요아스의 아들들의 사적과 요아스
가 중대한 경책을 받은 것과 하나
님의 전을 보수한 사적은 다 열왕
기 주석에 기록되니라 그의 아들
아마샤가 대신하여 왕이 되니라

유다 왕 아마샤 (왕하 14:2-6)

25 아마샤가 왕위에 오를 때에
나이가 이십오 세라 예루살렘
에서 이십구 년 동안 다스리니라
그의 어머니의 이름은 여호앗단이
요 예루살렘 사람이더라
2 아마샤가 여호와께서 보시기에 정
직하게 행하기는 하였으나 온전한
마음으로 행하지 아니하였더라
3 그의 나라가 굳게 서매 그의 부왕
을 죽인 신하들을 죽였으나
4 그들의 자녀들은 죽이지 아니하였
으니 이는 모세의 율법책에 기록된
대로 함이라 곧 여호와께서 명령하
여 이르시기를 자녀로 말미암아 아
버지를 죽이지 말 것이요 아버지로
말미암아 자녀를 죽이지 말 것이라
오직 각 사람은 자기의 죄로 말미
암아 죽을 것이니라 하셨더라

아마샤와 에돔의 전쟁 (왕하 14:7)

5 ●아마샤가 유다 사람들을 모으고
그 여러 족속을 따라 천부장들과
백부장들을 세우되 유다와 베냐민
을 함께 그리하고 이십 세 이상으
로 계수하여 창과 방패를 잡고 능
히 전장에 나갈 만한 자 삼십만 명
을 얻고
6 또 은 백 달란트로 이스라엘 나라
에서 큰 용사 십만 명을 고용하였
더니
7 어떤 하나님의 사람이 아마샤에게
나아와서 이르되 왕이여 이스라엘
군대를 왕과 함께 가게 하지 마옵
소서 여호와께서는 이스라엘 곧 온
에브라임 자손과 함께하지 아니하
시나니
8 왕이 만일 가시거든 힘써 싸우소서
하나님이 왕을 적군 앞에 엎드러지
게 하시리이다 하나님은 능히 돕기
도 하시고 능히 패하게도 하시나이
다 하니
9 아마샤가 하나님의 사람에게 이르
되 내가 백 달란트를 이스라엘 군
대에게 주었으니 어찌할까 하나님
의 사람이 말하되 여호와께서 능히
이보다 많은 것을 왕에게 주실 수
있나이다 하니라
10 아마샤가 이에 에브라임에서 자기
에게 온 군대를 나누어 그들의 고
향으로 돌아가게 하였더니 그 무리
가 유다 사람에게 심히 노하여 분
연히 고향으로 돌아갔더라
11 아마샤가 담력을 내어 그의 백성을
거느리고 소금 골짜기에 이르러 세
일 자손 만 명을 죽이고
12 유다 자손이 또 만 명을 사로잡아
가지고 바위 꼭대기에 올라가서 거
기서 밀쳐 내려뜨려서 그들의 온
몸이 부서지게 하였더라
13 아마샤가 자기와 함께 전장에 나가
지 못하게 하고 돌려보낸 군사들이

사마리아에서부터 벧호론까지 유
다 성읍들을 약탈하고 사람 삼천
명을 죽이고 물건을 많이 노략하였
더라
14 ●아마샤가 에돔 사람들을 죽이고
돌아올 때에 세일 자손의 신들을
가져와서 자기의 신으로 세우고 그
것들 앞에 경배하며 분향한지라
15 그러므로 여호와께서 아마샤에게
진노하사 한 선지자를 그에게 보내
시니 그가 이르되 저 백성의 신들
이 그들의 백성을 왕의 손에서 능
히 구원하지 못하였거늘 왕은 어찌
하여 그 신들에게 구하나이까 하며
16 선지자가 아직 그에게 말할 때에
왕이 그에게 이르되 우리가 너를
왕의 모사로 삼았느냐 그치라 어찌
하여 맞으려 하느냐 하니 선지자가
그치며 이르되 왕이 이 일을 행하
고 나의 경고를 듣지 아니하니 하
나님이 왕을 멸하시기로 작정하신
줄 아노라 하였더라

유다와 이스라엘의 전쟁 (왕하 14:8-20)

17 ●유다 왕 아마샤가 상의하고 예후
의 손자 여호아하스의 아들 이스라
엘 왕 요아스에게 사신을 보내어
이르되 오라 서로 대면하자 한지라
18 이스라엘 왕 요아스가 유다 왕 아
마샤에게 사람을 보내어 이르되 레
바논 가시나무가 레바논 백향목에
게 전갈을 보내어 이르기를 네 딸
을 내 아들에게 주어 아내로 삼게
하라 하였더니 레바논 들짐승이 지
나가다가 그 가시나무를 짓밟았느
니라
19 네가 에돔 사람들을 쳤다고 네 마
음이 교만하여 자긍하는도다 네 궁
에나 있으라 어찌하여 화를 자초하
여 너와 유다가 함께 망하고자 하
느냐 하나
20 아마샤가 듣지 아니하였으니 이는
하나님께로 말미암은 것이라 그들
이 에돔 신들에게 구하였으므로 그
대적의 손에 넘기려 하심이더라
21 이스라엘 왕 요아스가 올라와서 유
다 왕 아마샤와 더불어 유다의 벧
세메스에서 대면하였더니
22 유다가 이스라엘 앞에서 패하여 각
기 장막으로 도망한지라
23 이스라엘 왕 요아스가 벧세메스에
서 여호아하스의 손자 요아스의 아
들 유다 왕 아마샤를 사로잡고 예
루살렘에 이르러 예루살렘 성벽을
에브라임 문에서부터 성 모퉁이 문
까지 사백 규빗을 헐고
24 또 하나님의 전 안에서 오벧에돔이
지키는 모든 금은과 그릇과 왕궁의
재물을 빼앗고 또 사람들을 볼모로
잡아 가지고 사마리아로 돌아갔더
라
25 ●이스라엘 왕 여호아하스의 아들
요아스가 죽은 후에도 유다 왕 요
아스의 아들 아마샤가 십오 년간
생존하였더라
26 아마샤의 이외의 처음부터 끝까지
의 행적은 유다와 이스라엘 열왕기
에 기록되지 아니하였느냐
27 아마샤가 돌아서서 여호와를 버린
후로부터 예루살렘에서 무리가 그
를 반역하였으므로 그가 라기스로
도망하였더니 반역한 무리가 사람
을 라기스로 따라 보내어 그를 거
기서 죽이게 하고
28 그의 시체를 말에 실어다가 그의
조상들과 함께 유다 성읍에 장사하
였더라

유다 왕 웃시야
(왕하 14:21-22; 15:1-7)

26 유다 온 백성이 나이가 십육
세 된 웃시야를 세워 그의 아

버지 아마샤를 대신하여 왕으로 삼
으니
2 아마샤 왕이 그의 열조들의 묘실에
누운 후에 웃시야가 엘롯을 건축하
여 유다에 돌렸더라
3 웃시야가 왕위에 오를 때에 나이가
십육 세라 예루살렘에서 오십이 년
간 다스리니라 그의 어머니의 이름
은 여골리아요 예루살렘 사람이더
라
4 웃시야가 그의 아버지 아마샤의 모
든 행위대로 여호와 보시기에 정직
하게 행하며
5 하나님의 묵시를 밝히 아는 스가랴
가 사는 날에 하나님을 찾았고 그
가 여호와를 찾을 동안에는 하나님
이 형통하게 하셨더라
6 ●웃시야가 나가서 블레셋 사람들
과 싸우고 가드 성벽과 야브네 성
벽과 아스돗 성벽을 헐고 아스돗
땅과 블레셋 사람들 가운데에 성읍
들을 건축하매
7 하나님이 그를 도우사 블레셋 사람
들과 구르바알에 거주하는 아라비
아 사람들과 마온 사람들을 치게
하신지라
8 암몬 사람들이 웃시야에게 조공을
바치매 웃시야가 매우 강성하여 이
름이 애굽 변방까지 퍼졌더라
9 웃시야가 예루살렘에서 성 모퉁이
문과 골짜기 문과 성 굽이에 망대
를 세워 견고하게 하고
10 또 광야에 망대를 세우고 물 웅덩
이를 많이 파고 고원과 평지에 가
축을 많이 길렀으며 또 여러 산과
좋은 밭에 농부와 포도원을 다스리
는 자들을 두었으니 농사를 좋아함
이었더라
11 웃시야에게 또 싸우는 군사가 있으
니 서기관 여이엘과 병영장 마아세
야가 직접 조사한 수효대로 왕의
지휘관 하나냐의 휘하에 속하여 떼
를 지어 나가서 싸우는 자라
12 족장의 총수가 이천육백 명이니 모
두 큰 용사요
13 그의 휘하의 군대가 삼십만 칠천오
백 명이라 건장하고 싸움에 능하여
왕을 도와 적을 치는 자이며
14 웃시야가 그의 온 군대를 위하여
방패와 창과 투구와 갑옷과 활과
물매 돌을 준비하고
15 또 예루살렘에서 재주 있는 사람들
에게 무기를 고안하게 하여 망대와
성곽 위에 두어 화살과 큰 돌을 쏘
고 던지게 하였으니 그의 이름이
멀리 퍼짐은 기이한 도우심을 얻어
강성하여짐이었더라

웃시야에게 나병이 생기다

16 ●그가 강성하여지매 그의 마음이
교만하여 악을 행하여 그의 하나님
여호와께 범죄하되 곧 여호와의 성
전에 들어가서 향단에 분향하려 한
지라
17 제사장 아사랴가 여호와의 용맹한
제사장 팔십 명을 데리고 그의 뒤
를 따라 들어가서
18 웃시야 왕 곁에 서서 그에게 이르
되 웃시야여 여호와께 분향하는 일
은 왕이 할 바가 아니요 오직 분향
하기 위하여 구별함을 받은 아론의
자손 제사장들이 할 바니 성소에서
나가소서 왕이 범죄하였으니 하나
님 여호와에게서 영광을 얻지 못하
리이다
19 웃시야가 손으로 향로를 잡고 분향
하려 하다가 화를 내니 그가 제사
장에게 화를 낼 때에 여호와의 전
안 향단 곁 제사장들 앞에서 그의
이마에 나병이 생긴지라
20 대제사장 아사랴와 모든 제사장이

왕의 이마에 나병이 생겼음을 보
고 성전에서 급히 쫓아내고 여호
와께서 치시므로 왕도 속히 나가니
라
21 웃시야 왕이 죽는 날까지 나병환자
가 되었고 나병환자가 되매 여호와
의 전에서 끊어져 별궁에 살았으므
로 그의 아들 요담이 왕궁을 관리
하며 백성을 다스렸더라
22 웃시야의 남은 시종 행적은 아모스
의 아들 선지자 이사야가 기록하였
더라
23 웃시야가 그의 조상들과 함께 누우
매 그는 나병환자라 하여 왕들의
묘실에 접한 땅 곧 그의 조상들의
곁에 장사하니라 그의 아들 요담이
대신하여 왕이 되니라

유다 왕 요담 (왕하 15:32-38)

27 요담이 왕위에 오를 때에 나이
가 이십오 세라 예루살렘에서
십육 년 동안 다스리니라 그의 어
머니의 이름은 여루사요 사독의 딸
이더라
2 요담이 그의 아버지 웃시야의 모든
행위대로 여호와 보시기에 정직하
게 행하였으나 여호와의 성전에는
들어가지 아니하였고 백성은 여전
히 부패하였더라
3 그가 여호와의 전 윗문을 건축하고
또 오벨 성벽을 많이 증축하고
4 유다 산중에 성읍들을 건축하며 수
풀 가운데에 견고한 진영들과 망대
를 건축하고
5 암몬 자손의 왕과 더불어 싸워 그
들을 이겼더니 그 해에 암몬 자손
이 은 백 달란트와 밀 만 고르와 보
리 만 고르를 바쳤고 제이 년과 제
삼 년에도 암몬 자손이 그와 같이
바쳤더라
6 요담이 그의 하나님 여호와 앞에서
바른 길을 걸었으므로 점점 강하여
졌더라
7 요담의 남은 사적과 그의 모든 전
쟁과 행위는 이스라엘과 유다 열왕
기에 기록되니라
8 요담이 왕위에 오를 때에 나이가
이십오 세요 예루살렘에서 다스린
지 십육 년이라
9 그가 그의 조상들과 함께 누우매
다윗 성에 장사되고 그의 아들 아
하스가 대신하여 왕이 되니라

유다 왕 아하스 (왕하 16:1-5)

28 아하스가 왕위에 오를 때에
나이가 이십 세라 예루살렘에
서 십육 년 동안 다스렸으나 그의
조상 다윗과 같지 아니하여 여호와
보시기에 정직하게 행하지 아니하
고
2 이스라엘 왕들의 길로 행하여 바알
들의 우상을 부어 만들고
3 또 힌놈의 아들 골짜기에서 분향하
고 여호와께서 이스라엘 자손 앞에
서 쫓아내신 이방 사람들의 가증한
일을 본받아 그의 자녀들을 불사르
고
4 또 산당과 작은 산 위와 모든 푸른
나무 아래에서 제사를 드리며 분향
하니라
5 그러므로 그의 하나님 여호와께서
그를 아람 왕의 손에 넘기시매 그
들이 쳐서 심히 많은 무리를 사로
잡아 다메섹으로 갔으며 또 이스라
엘 왕의 손에 넘기시매 그가 쳐서
크게 살륙하였으니
6 이는 그의 조상들의 하나님 여호와
를 버렸음이라 르말랴의 아들 베가
가 유다에서 하루 동안에 용사 십
이만 명을 죽였으며
7 에브라임의 용사 시그리는 왕의 아
들 마아세야와 궁내대신 아스리감

과 총리대신 엘가나를 죽였더라

선지자 오뎃

8 ●이스라엘 자손이 그들의 형제 중
에서 그들의 아내와 자녀를 합하여
이십만 명을 사로잡고 그들의 재물
을 많이 노략하여 사마리아로 가져
가니
9 그곳에 여호와의 선지자가 있는데
이름은 오뎃이라 그가 사마리아로
돌아오는 군대를 영접하고 그들에
게 이르되 너희 조상의 하나님 여
호와께서 유다에게 진노하셨으므
로 너희 손에 넘기셨거늘 너희의
노기가 충천하여 살륙하고
10 이제 너희가 또 유다와 예루살렘
백성들을 압제하여 노예로 삼고자
생각하는도다 그러나 너희는 너희
의 하나님 여호와께 범죄함이 없느
냐
11 그런즉 너희는 내 말을 듣고 너희
의 형제들 중에서 사로잡아 온 포
로를 놓아 돌아가게 하라 여호와의
진노가 너희에게 임박하였느니라
한지라
12 에브라임 자손의 우두머리 몇 사람
곧 요하난의 아들 아사랴와 무실레
못의 아들 베레갸와 살룸의 아들
여히스기야와 하들래의 아들 아마
사가 일어나서 전장에서 돌아오는
자들을 막으며
13 그들에게 이르되 너희는 이 포로를
이리로 끌어들이지 못하리라 너희
가 행하는 일이 우리를 여호와께
허물이 있게 함이니 우리의 죄와
허물을 더하게 함이로다 우리의 허
물이 이미 커서 진노하심이 이스라
엘에게 임박하였느니라 하매
14 이에 무기를 가진 사람들이 포로와
노략한 물건을 방백들과 온 회중
앞에 둔지라
15 이 위에 이름이 기록된 자들이 일
어나서 포로를 맞고 노략하여 온
것 중에서 옷을 가져다가 벗은 자
들에게 입히며 신을 신기며 먹이고
마시게 하며 기름을 바르고 그 약
한 자들은 모두 나귀에 태워 데리
고 종려나무 성 여리고에 이르러
그의 형제에게 돌려준 후에 사마리
아로 돌아갔더라

아하스가 앗수르에 도움을 구하다
(왕하 16:7-9)

16 ●그때에 아하스 왕이 앗수르 왕에
게 사람을 보내어 도와 주기를 구
하였으니
17 이는 에돔 사람들이 다시 와서 유
다를 치고 그의 백성을 사로잡았음
이며
18 블레셋 사람들도 유다의 평지와 남
방 성읍들을 침노하여 벧세메스와
아얄론과 그데롯과 소고 및 그 주
변 마을들과 딤나 및 그 주변 마을
들과 김소 및 그 주변 마을들을 점
령하고 거기에 살았으니
19 이는 이스라엘 왕 아하스가 유다에
서 망령되이 행하여 여호와께 크게
범죄하였으므로 여호와께서 유다
를 낮추심이라
20 앗수르 왕 디글랏빌레셀이 그에게
이르렀으나 돕지 아니하고 도리어
그를 공격하였더라
21 아하스가 여호와의 전과 왕궁과 방
백들의 집에서 재물을 가져다가 앗
수르 왕에게 주었으나 그에게 유익
이 없었더라

아하스의 범죄

22 ●이 아하스 왕이 곤고할 때에 더
욱 여호와께 범죄하여
23 자기를 친 다메섹 신들에게 제사하
여 이르되 아람 왕들의 신들이 그
들을 도왔으니 나도 그 신에게 제

사하여 나를 돕게 하리라 하였으나
그 신이 아하스와 온 이스라엘을
망하게 하였더라
24 아하스가 하나님의 전의 기구들을
모아 하나님의 전의 기구들을 부수
고 또 여호와의 전 문들을 닫고 예
루살렘 구석마다 제단을 쌓고
25 유다 각 성읍에 산당을 세워 다른
신에게 분향하여 그의 조상들의 하
나님 여호와를 진노하게 하였더라
26 아하스의 남은 시종 사적과 모든
행위는 유다와 이스라엘 열왕기에
기록되니라
27 아하스가 그의 조상들과 함께 누우
매 이스라엘 왕들의 묘실에 들이지
아니하고 예루살렘 성에 장사하였
더라 그의 아들 히스기야가 대신하
여 왕이 되니라

유다 왕 히스기야의 성전 정화

(왕하 18:1-3)

29 히스기야가 왕위에 오를 때에
나이가 이십오 세라 예루살렘
에서 이십구 년 동안 다스리니라
그의 어머니의 이름은 아비야요 스
가랴의 딸이더라
2 히스기야가 그의 조상 다윗의 모든
행실과 같이 여호와 보시기에 정직
하게 행하여
3 첫째 해 첫째 달에 여호와의 전 문
들을 열고 수리하고
4 제사장들과 레위 사람들을 동쪽 광
장에 모으고
5 그들에게 이르되 레위 사람들아 내
말을 들으라 이제 너희는 성결하게
하고 또 너희 조상들의 하나님 여
호와의 전을 성결하게 하여 그 더
러운 것을 성소에서 없애라
6 우리 조상들이 범죄하여 우리 하나
님 여호와 보시기에 악을 행하여
하나님을 버리고 얼굴을 돌려 여호
와의 성소를 등지고
7 또 낭실 문을 닫으며 등불을 끄고
성소에서 분향하지 아니하며 이스
라엘의 하나님께 번제를 드리지 아
니하므로
8 여호와께서 유다와 예루살렘에 진
노하시고 내버리사 두려움과 놀람
과 비웃음거리가 되게 하신 것을
너희가 똑똑히 보는 바라
9 이로 말미암아 우리의 조상들이 칼
에 엎드러지며 우리의 자녀와 아내
들이 사로잡혔느니라
10 이제 이스라엘의 하나님 여호와와
더불어 언약을 세워 그 맹렬한 노
를 우리에게서 떠나게 할 마음이
내게 있노니
11 내 아들들아 이제는 게으르지 말라
여호와께서 이미 너희를 택하사 그
앞에 서서 수종 들어 그를 섬기며
분향하게 하셨느니라
12 ●이에 레위 사람들이 일어나니 곧
그핫의 자손 중 아마새의 아들 마
핫과 아사랴의 아들 요엘과 므라리
의 자손 중 압디의 아들 기스와 여
할렐렐의 아들 아사랴와 게르손 사
람 중 심마의 아들 요아와 요아의
아들 에덴과
13 엘리사반의 자손 중 시므리와 여우
엘과 아삽의 자손 중 스가랴와 맛
다냐와
14 헤만의 자손 중 여후엘과 시므이와
여두둔의 자손 중 스마야와 웃시엘
이라
15 그들이 그들의 형제들을 모아 성결
하게 하고 들어가서 왕이 여호와의
말씀대로 명령한 것을 따라 여호와
의 전을 깨끗하게 할새
16 제사장들도 여호와의 전 안에 들어
가서 깨끗하게 하여 여호와의 전에
있는 모든 더러운 것을 끌어내어

여호와의 전 뜰에 이르매 레위 사
람들이 받아 바깥 기드론 시내로
가져갔더라
17 첫째 달 초하루에 성결하게 하기를
시작하여 그달 초팔 일에 여호와의
낭실에 이르고 또 팔 일 동안 여호
와의 전을 성결하게 하여 첫째 달
십육 일에 이르러 마치고
18 안으로 들어가서 히스기야 왕을 보
고 이르되 우리가 여호와의 온 전
과 번제단과 그 모든 그릇들과 떡
을 진설하는 상과 그 모든 그릇들
을 깨끗하게 하였고
19 또 아하스 왕이 왕위에 있어 범죄
할 때에 버린 모든 그릇들도 우리
가 정돈하고 성결하게 하여 여호와
의 제단 앞에 두었나이다 하니라

성전의 일이 갖추어지다

20 ●히스기야 왕이 일찍이 일어나 성
읍의 귀인들을 모아 여호와의 전에
올라가서
21 수송아지 일곱 마리와 숫양 일곱
마리와 어린 양 일곱 마리와 숫염
소 일곱 마리를 끌어다가 나라와
성소와 유다를 위하여 속죄제물로
삼고 아론의 자손 제사장들을 명
령하여 여호와의 제단에 드리게
하니
22 이에 수소를 잡으매 제사장들이 그
피를 받아 제단에 뿌리고 또 숫양
들을 잡으매 그 피를 제단에 뿌리
고 또 어린 양들을 잡으매 그 피를
제단에 뿌리고
23 이에 속죄제물로 드릴 숫염소들을
왕과 회중 앞으로 끌어오매 그들이
그 위에 안수하고
24 제사장들이 잡아 그 피를 속죄제로
삼아 제단에 드려 온 이스라엘을
위하여 속죄하니 이는 왕이 명령하
여 온 이스라엘을 위하여 번제와
속죄제를 드리게 하였음이더라
25 ●왕이 레위 사람들을 여호와의 전
에 두어서 다윗과 왕의 선견자 갓
과 선지자 나단이 명령한 대로 제
금과 비파와 수금을 잡게 하니 이
는 여호와께서 그의 선지자들로 이
렇게 명령하셨음이라
26 레위 사람은 다윗의 악기를 잡고
제사장은 나팔을 잡고 서매
27 히스기야가 명령하여 번제를 제단
에 드릴새 번제 드리기를 시작하는
동시에 여호와의 시로 노래하고 나
팔을 불며 이스라엘 왕 다윗의 악
기를 울리고
28 온 회중이 경배하며 노래하는 자들
은 노래하고 나팔 부는 자들은 나
팔을 불어 번제를 마치기까지 이르
니라
29 ●제사드리기를 마치매 왕과 그와
함께 있는 자들이 다 엎드려 경배
하니라
30 히스기야 왕이 귀인들과 더불어 레
위 사람을 명령하여 다윗과 선견자
아삽의 시로 여호와를 찬송하게 하
매 그들이 즐거움으로 찬송하고 몸
을 굽혀 예배하니라
31 ●이에 히스기야가 말하여 이르되
너희가 이제 스스로 몸을 깨끗하게
하여 여호와께 드렸으니 마땅히 나
아와 제물과 감사제물을 여호와의
전으로 가져오라 하니 회중이 제물
과 감사제물을 가져오되 무릇 마음
에 원하는 자는 또한 번제물도 가
져오니
32 회중이 가져온 번제물의 수효는 수
소가 칠십 마리요 숫양이 백 마리
요 어린 양이 이백 마리이니 이는
다 여호와께 번제물로 드리는 것이
며
33 또 구별하여 드린 소가 육백 마리

요 양이 삼천 마리라
34 그런데 제사장이 부족하여 그 모든
번제 짐승들의 가죽을 능히 벗기지
못하는 고로 그의 형제 레위 사람
들이 그 일을 마치기까지 돕고 다
른 제사장들이 성결하게 하기까지
기다렸으니 이는 레위 사람들의 성
결하게 함이 제사장들보다 성심이
있었음이라
35 번제와 화목제의 기름과 각 번제에
속한 전제들이 많더라 이와 같이
여호와의 전에서 섬기는 일이 순서
대로 갖추어지니라
36 이 일이 갑자기 되었으나 하나님께
서 백성을 위하여 예비하셨으므로
히스기야가 백성과 더불어 기뻐하
였더라

유월절 준비

30 히스기야가 온 이스라엘과 유
다에 사람을 보내고 또 에브
라임과 므낫세에 편지를 보내어 예
루살렘 여호와의 전에 와서 이스라
엘 하나님 여호와를 위하여 유월절
을 지키라 하니라
2 왕이 방백들과 예루살렘 온 회중과
더불어 의논하고 둘째 달에 유월절
을 지키려 하였으니
3 이는 성결하게 한 제사장들이 부족
하고 백성도 예루살렘에 모이지 못
하였으므로 그 정한 때에 지킬 수
없었음이라
4 왕과 온 회중이 이 일을 좋게 여기
고
5 드디어 왕이 명령을 내려 브엘세바
에서부터 단까지 온 이스라엘에 공
포하여 일제히 예루살렘으로 와서
이스라엘 하나님 여호와의 유월절
을 지키라 하니 이는 기록한 규례
대로 오랫동안 지키지 못하였음이
더라
6 보발꾼들이 왕과 방백들의 편지를
받아 가지고 왕의 명령을 따라 온
이스라엘과 유다에 두루 다니며 전
하니 일렀으되 이스라엘 자손들아
너희는 아브라함과 이삭과 이스라
엘의 하나님 여호와께로 돌아오라
그리하면 그가 너희 남은 자 곧 앗
수르 왕의 손에서 벗어난 자에게로
돌아오시리라
7 너희 조상들과 너희 형제같이 하지
말라 그들은 그의 조상들의 하나님
여호와께 범죄하였으므로 여호와
께서 멸망하도록 버려 두신 것을
너희가 똑똑히 보는 바니라
8 그런즉 너희 조상들같이 목을 곧게
하지 말고 여호와께 돌아와 영원히
거룩하게 하신 전에 들어가서 너희
하나님 여호와를 섬겨 그의 진노가
너희에게서 떠나게 하라
9 너희가 만일 여호와께 돌아오면 너
희 형제들과 너희 자녀가 사로잡은
자들에게서 자비를 입어 다시 이
땅으로 돌아오리라 너희 하나님 여
호와는 은혜로우시고 자비하신지
라 너희가 그에게로 돌아오면 그의
얼굴을 너희에게서 돌이키지 아니
하시리라 하였더라
10 ●보발꾼이 에브라임과 므낫세 지
방 각 성읍으로 두루 다녀서 스불
론까지 이르렀으나 사람들이 그들
을 조롱하며 비웃었더라
11 그러나 아셀과 므낫세와 스불론 중
에서 몇 사람이 스스로 겸손한 마
음으로 예루살렘에 이르렀고
12 하나님의 손이 또한 유다 사람들을
감동시키사 그들에게 왕과 방백들
이 여호와의 말씀대로 전한 명령을
한마음으로 준행하게 하셨더라

유월절을 성대히 지키다

13 ●둘째 달에 백성이 무교절을 지키

려 하여 예루살렘에 많이 모이니
매우 큰 모임이라
14 무리가 일어나 예루살렘에 있는 제
단과 향단들을 모두 제거하여 기드
론 시내에 던지고
15 둘째 달 열넷째 날에 유월절 양을
잡으니 제사장과 레위 사람이 부끄
러워하여 성결하게 하고 번제물을
가지고 여호와의 전에 이르러
16 규례대로 각각 자기들의 처소에 서
고 하나님의 사람 모세의 율법을
따라 제사장들이 레위 사람의 손에
서 피를 받아 뿌리니라
17 회중 가운데 많은 사람이 자신들을
성결하게 하지 못하였으므로 레위
사람들이 모든 부정한 사람을 위하
여 유월절 양을 잡아 그들로 여호
와 앞에서 성결하게 하였으나
18 에브라임과 므낫세와 잇사갈과 스
불론의 많은 무리는 자기들을 깨끗
하게 하지 아니하고 유월절 양을
먹어 기록한 규례를 어긴지라 히스
기야가 그들을 위하여 기도하여 이
르되 선하신 여호와여 사하옵소서
19 결심하고 하나님 곧 그의 조상들의
하나님 여호와를 구하는 사람은 누
구든지 비록 성소의 결례대로 스스
로 깨끗하게 못하였을지라도 사하
옵소서 하였더니
20 여호와께서 히스기야의 기도를 들
으시고 백성을 고치셨더라
21 예루살렘에 모인 이스라엘 자손이
크게 즐거워하며 칠 일 동안 무교
절을 지켰고 레위 사람들과 제사장
들은 날마다 여호와를 칭송하며 큰
소리 나는 악기를 울려 여호와를
찬양하였으며
22 히스기야는 여호와를 섬기는 일에
능숙한 모든 레위 사람들을 위로하
였더라 이와 같이 절기 칠 일 동안
에 무리가 먹으며 화목제를 드리고
그의 조상들의 하나님 여호와께 감
사하였더라

두 번째 절기

23 ●온 회중이 다시 칠 일을 지키기
로 결의하고 이에 또 칠 일을 즐겁
게 지켰더라
24 유다 왕 히스기야가 수송아지 천
마리와 양 칠천 마리를 회중에게
주었고 방백들은 수송아지 천 마리
와 양 만 마리를 회중에게 주었으
며 자신들을 성결하게 한 제사장들
도 많았더라
25 유다 온 회중과 제사장들과 레위
사람들과 이스라엘에서 온 모든 회
중과 이스라엘 땅에서 나온 나그네
들과 유다에 사는 나그네들이 다
즐거워하였으므로
26 예루살렘에 큰 기쁨이 있었으니 이
스라엘 왕 다윗의 아들 솔로몬 때
로부터 이러한 기쁨이 예루살렘에
없었더라
27 그때에 제사장들과 레위 사람들이
일어나서 백성을 위하여 축복하였
으니 그 소리가 하늘에 들리고 그
기도가 여호와의 거룩한 처소 하늘
에 이르렀더라

히스기야의 개혁

31 이 모든 일이 끝나매 거기에
있는 이스라엘 무리가 나가서
유다 여러 성읍에 이르러 주상들을
깨뜨리며 아세라 목상들을 찍으며
유다와 베냐민과 에브라임과 므낫
세 온 땅에서 산당들과 제단들을
제거하여 없애고 이스라엘 모든 자
손이 각각 자기들의 본성 기업으로
돌아갔더라
2 ●히스기야가 제사장들과 레위 사
람들의 반열을 정하고 그들의 반열
에 따라 각각 그들의 직임을 행하

게 하되 곧 제사장들과 레위 사람
들에게 번제와 화목제를 드리며 여
호와의 휘장 문에서 섬기며 감사하
며 찬송하게 하고
3 또 왕의 재산 중에서 얼마를 정하
여 여호와의 율법에 기록된 대로
번제 곧 아침과 저녁의 번제와 안
식일과 초하루와 절기의 번제에 쓰
게 하고
4 또 예루살렘에 사는 백성을 명령하
여 제사장들과 레위 사람들 몫의
음식을 주어 그들에게 여호와의 율
법을 힘쓰게 하라 하니라
5 왕의 명령이 내리자 곧 이스라엘
자손이 곡식과 포도주와 기름과 꿀
과 밭의 모든 소산의 첫 열매들을
풍성히 드렸고 또 모든 것의 십일
조를 많이 가져왔으며
6 유다 여러 성읍에 사는 이스라엘과
유다 자손들도 소와 양의 십일조를
가져왔고 또 그들의 하나님 여호와
께 구별하여 드릴 성물의 십일조를
가져왔으며 그것을 쌓아 여러 더미
를 이루었는데
7 셋째 달에 그 더미들을 쌓기 시작
하여 일곱째 달에 마친지라
8 히스기야와 방백들이 와서 쌓인 더
미들을 보고 여호와를 송축하고 그
의 백성 이스라엘을 위하여 축복하
니라
9 히스기야가 그 더미들에 대하여 제
사장들과 레위 사람들에게 물으니
10 사독의 족속 대제사장 아사랴가 그
에게 대답하여 이르되 백성이 예물
을 여호와의 전에 드리기 시작함으
로부터 우리가 만족하게 먹었으나
남은 것이 많으니 이는 여호와께
서 그의 백성에게 복을 주셨음이
라 그 남은 것이 이렇게 많이 쌓였
나이다

11 ●그때에 히스기야가 명령하여 여
호와의 전 안에 방들을 준비하라
하므로 그렇게 준비하고
12 성심으로 그 예물과 십일조와 구별
한 물건들을 갖다 두고 레위 사람
고나냐가 그 일의 책임자가 되고
그의 아우 시므이는 부책임자가 되
며
13 여히엘과 아사시야와 나핫과 아사
헬과 여리못과 요사밧과 엘리엘과
이스마갸와 마핫과 브나야는 고나
냐와 그의 아우 시므이의 수하에서
보살피는 자가 되니 이는 히스기야
왕과 하나님의 전을 관리하는 아사
랴가 명령한 바이며
14 동문지기 레위 사람 임나의 아들
고레는 즐거이 하나님께 드리는 예
물을 맡아 여호와께 드리는 것과
모든 지성물을 나눠 주며
15 그의 수하의 에덴과 미냐민과 예수
아와 스마야와 아마랴와 스가냐는
제사장들의 성읍들에 있어서 직임
을 맡아 그의 형제들에게 반열대로
대소를 막론하고 나눠 주되
16 삼 세 이상으로 족보에 기록된 남
자 외에 날마다 여호와의 전에 들
어가서 그 반열대로 직무에 수종
드는 자들에게 다 나눠 주며
17 또 그들의 족속대로 족보에 기록된
제사장들에게 나눠 주며 이십 세
이상에서 그 반열대로 직무를 맡은
레위 사람들에게 나눠 주며
18 또 그 족보에 기록된 온 회중의 어
린아이들 아내들 자녀들에게 나눠
주었으니 이 회중은 성결하고 충실
히 그 직분을 다하는 자며
19 각 성읍에서 등록된 사람이 있어
성읍 가까운 들에 사는 아론 자손
제사장들에게도 나눠 주되 제사장
들의 모든 남자와 족보에 기록된

레위 사람들에게 나눠 주었더라
20 ●히스기야가 온 유다에 이같이 행
하되 그의 하나님 여호와 보시기에
선과 정의와 진실함으로 행하였으
니
21 그가 행하는 모든 일 곧 하나님의
전에 수종 드는 일에나 율법에나
계명에나 그의 하나님을 찾고 한마
음으로 행하여 형통하였더라

앗수르 군대가 예루살렘을 위협하다
(왕하 18:13-37; 19:14-19,35-37;
사 36:1-22; 37:8-38)

32 이 모든 충성된 일을 한 후에
앗수르 왕 산헤립이 유다에
들어와서 견고한 성읍들을 향하여
진을 치고 쳐서 점령하고자 한지라
2 히스기야가 산헤립이 예루살렘을
치러 온 것을 보고
3 그의 방백들과 용사들과 더불어 의
논하고 성 밖의 모든 물 근원을 막
고자 하매 그들이 돕더라
4 이에 백성이 많이 모여 모든 물 근
원과 땅으로 흘러가는 시내를 막고
이르되 어찌 앗수르 왕들이 와서
많은 물을 얻게 하리요 하고
5 히스기야가 힘을 내어 무너진 모든
성벽을 보수하되 망대까지 높이 쌓
고 또 외성을 쌓고 다윗 성의 밀로
를 견고하게 하고 무기와 방패를
많이 만들고
6 군대 지휘관들을 세워 백성을 거느
리게 하고 성문 광장에서 자기 앞
에 무리를 모으고 말로 위로하여
이르되
7 너희는 마음을 강하게 하며 담대히
하고 앗수르 왕과 그를 따르는 온
무리로 말미암아 두려워하지 말며
놀라지 말라 우리와 함께하시는 이
가 그와 함께하는 자보다 크니
8 그와 함께하는 자는 육신의 팔이
요 우리와 함께하시는 이는 우리의
하나님 여호와시라 반드시 우리를
도우시고 우리를 대신하여 싸우시
리라 하매 백성이 유다 왕 히스기
야의 말로 말미암아 안심하니라
9 ●그 후에 앗수르 왕 산헤립이 그
의 온 군대를 거느리고 라기스를
치며 그의 신하들을 예루살렘에 보
내어 유다 왕 히스기야와 예루살렘
에 있는 유다 무리에게 말하여 이
르기를
10 앗수르 왕 산헤립은 이같이 말하노
라 너희가 예루살렘에 에워싸여 있
으면서 무엇을 의뢰하느냐
11 히스기야가 너희를 꾀어 이르기를
우리 하나님 여호와께서 우리를 앗
수르 왕의 손에서 건져내시리라 하
거니와 이 어찌 너희를 주림과 목
마름으로 죽게 함이 아니냐
12 이 히스기야가 여호와의 산당들과
제단들을 제거하여 버리고 유다와
예루살렘에 명령하여 이르기를 너
희는 다만 한 제단 앞에서 예배하
고 그 위에 분향하라 하지 아니하
였느냐
13 나와 내 조상들이 이방 모든 백성
들에게 행한 것을 너희가 알지 못
하느냐 모든 나라의 신들이 능히
그들의 땅을 내 손에서 건져낼 수
있었느냐
14 내 조상들이 진멸한 모든 나라의
그 모든 신들 중에 누가 능히 그의
백성을 내 손에서 건져내었기에 너
희 [1]하나님이 능히 너희를 내 손에
서 건지겠느냐
15 그런즉 이와 같이 너희는 히스기야
에게 속지 말라 꾀임을 받지 말라
그를 믿지도 말라 어떤 백성이나
어떤 나라의 신도 능히 자기의 백

1) 신들이

성을 나의 손과 나의 조상들의 손
에서 건져내지 못하였나니 하물며
너희 [1]하나님이 너희를 내 손에서
건져내겠느냐 하였더라
16 ●산헤립의 신하들도 더욱 여호와
하나님과 그의 종 히스기야를 비방
하였으며
17 산헤립이 또 편지를 써 보내어 이
스라엘 하나님 여호와를 욕하고 비
방하여 이르기를 모든 나라의 신들
이 그들의 백성을 내 손에서 구원
하여 내지 못한 것같이 히스기야의
신들도 그의 백성을 내 손에서 구
원하여 내지 못하리라 하고
18 산헤립의 신하가 유다 방언으로 크
게 소리 질러 예루살렘 성 위에 있
는 백성을 놀라게 하고 괴롭게 하
여 그 성을 점령하려 하였는데
19 그들이 예루살렘의 하나님을 비방
하기를 사람의 손으로 지은 세상
사람의 신들을 비방하듯 하였더
라
20 ●이러므로 히스기야 왕이 아모스
의 아들 선지자 이사야와 더불어
하늘을 향하여 부르짖어 기도하였
더니
21 여호와께서 한 천사를 보내어 앗수
르 왕의 진영에서 모든 큰 용사와
대장과 지휘관들을 멸하신지라 앗
수르 왕이 낯이 뜨거워 그의 고국
으로 돌아갔더니 그의 신의 전에
들어갔을 때에 그의 몸에서 난 자
들이 거기서 칼로 죽였더라
22 이와 같이 여호와께서 히스기야와
예루살렘 주민을 앗수르 왕 산헤립
의 손과 모든 적국의 손에서 구원
하여 내사 사면으로 보호하시매
23 여러 사람이 예물을 가지고 예루살
렘에 와서 여호와께 드리고 또 보
물을 유다 왕 히스기야에게 드린지
라 이 후부터 히스기야가 모든 나
라의 눈에 존귀하게 되었더라

히스기야의 병과 교만

(왕하 20:1-3,12-19; 사 38:1-3; 39:1-8)

24 ●그때에 히스기야가 병들어 죽게
되었으므로 여호와께 기도하매 여
호와께서 그에게 대답하시고 또 이
적을 보이셨으나
25 히스기야가 마음이 교만하여 그 받
은 은혜를 보답하지 아니하므로 진
노가 그와 유다와 예루살렘에 내리
게 되었더니
26 히스기야가 마음의 교만함을 뉘우
치고 예루살렘 주민들도 그와 같이
하였으므로 여호와의 진노가 히스
기야의 생전에는 그들에게 내리지
아니하니라

히스기야의 부와 영광

27 ●히스기야가 부와 영광이 지극한
지라 이에 은금과 보석과 향품과
방패와 온갖 보배로운 그릇들을 위
하여 창고를 세우며
28 곡식과 새 포도주와 기름의 산물을
위하여 창고를 세우며 온갖 짐승의
외양간을 세우며 양 떼의 우리를
갖추며
29 양 떼와 많은 소 떼를 위하여 성읍
들을 세웠으니 이는 하나님이 그에
게 재산을 심히 많이 주셨음이며
30 이 히스기야가 또 기혼의 윗샘물을
막아 그 아래로부터 다윗 성 서쪽
으로 곧게 끌어들였으니 히스기야
가 그의 모든 일에 형통하였더라
31 그러나 바벨론 방백들이 히스기야
에게 사신을 보내어 그 땅에서 나
타난 이적을 물을 때에 하나님이
히스기야를 떠나시고 그의 심중에
있는 것을 다 알고자 하사 시험하
셨더라

1) 신들이

히스기야가 죽다
(왕하 20:20-21)

32 ●히스기야의 남은 행적과 그의 모
든 선한 일은 아모스의 아들 선지
자 이사야의 묵시책과 유다와 이스
라엘 열왕기에 기록되니라
33 히스기야가 그의 조상들과 함께 누
우매 온 유다와 예루살렘 주민이
그를 다윗 자손의 묘실 중 높은 곳
에 장사하여 그의 죽음에 그에게
경의를 표하였더라 그의 아들 므낫
세가 대신하여 왕이 되니라

유다 왕 므낫세
(왕하 21:1-9)

33 므낫세가 왕위에 오를 때에
나이가 십이 세라 예루살렘에
서 오십오 년 동안 다스리며
2 여호와 보시기에 악을 행하여 여호
와께서 이스라엘 자손 앞에서 쫓아
내신 이방 사람들의 가증한 일을
본받아
3 그의 아버지 히스기야가 헐어 버린
산당을 다시 세우며 바알들을 위하
여 제단을 쌓으며 아세라 목상을
만들며 하늘의 모든 일월성신을 경
배하여 섬기며
4 여호와께서 전에 이르시기를 내가
내 이름을 예루살렘에 영원히 두리
라 하신 여호와의 전에 제단들을
쌓고
5 또 여호와의 전 두 마당에 하늘의
일월성신을 위하여 제단들을 쌓고
6 또 힌놈의 아들 골짜기에서 그의
아들들을 불 가운데로 지나가게 하
며 또 점치며 사술과 요술을 행하
며 신접한 자와 박수를 신임하여
여호와 보시기에 악을 많이 행하여
여호와를 진노하게 하였으며
7 또 자기가 만든 아로새긴 목상을
하나님의 전에 세웠더라 옛적에 하
나님이 이 성전에 대하여 다윗과
그의 아들 솔로몬에게 이르시기를
내가 이스라엘 모든 지파 중에서
택한 이 성전과 예루살렘에 내 이
름을 영원히 둘지라
8 만일 이스라엘 사람이 내가 명령한
일들 곧 모세를 통하여 전한 모든
율법과 율례와 규례를 지켜 행하면
내가 그들의 발로 다시는 그의 조
상들에게 정하여 준 땅에서 옮기지
않게 하리라 하셨으나
9 유다와 예루살렘 주민이 므낫세의
꾀임을 받고 악을 행한 것이 여호
와께서 이스라엘 자손 앞에서 멸하
신 모든 나라보다 더욱 심하였더라

므낫세가 기도하다

10 ●여호와께서 므낫세와 그의 백성
에게 이르셨으나 그들이 듣지 아니
하므로
11 여호와께서 앗수르 왕의 군대 지휘
관들이 와서 치게 하시매 그들이
므낫세를 사로잡고 쇠사슬로 결박
하여 바벨론으로 끌고 간지라
12 그가 환난을 당하여 그의 하나님
여호와께 간구하고 그의 조상들의
하나님 앞에 크게 겸손하여
13 기도하였으므로 하나님이 그의 기
도를 받으시며 그의 간구를 들으시
사 그가 예루살렘에 돌아와서 다시
왕위에 앉게 하시매 므낫세가 그제
서야 여호와께서 하나님이신 줄을
알았더라

므낫세가 죽다
(왕하 21:17-18)

14 ●그 후에 다윗 성 밖 기혼 서쪽 골
짜기 안에 외성을 쌓되 어문 어귀
까지 이르러 오벨을 둘러 매우 높
이 쌓고 또 유다 모든 견고한 성읍
에 군대 지휘관을 두며
15 이방 신들과 여호와의 전의 우상을

제거하며 여호와의 전을 건축한 산
에와 예루살렘에 쌓은 모든 제단들
을 다 성 밖에 던지고
16 여호와의 제단을 보수하고 화목제
와 감사제를 그 제단 위에 드리고
유다를 명령하여 이스라엘 하나님
여호와를 섬기라 하매
17 백성이 그의 하나님 여호와께만 제
사를 드렸으나 아직도 산당에서 제
사를 드렸더라
18 므낫세의 남은 사적과 그가 하나님
께 한 기도와 선견자가 이스라엘
하나님 여호와의 이름으로 권한 말
씀은 모두 이스라엘 왕들의 행장에
기록되었고
19 또 그의 기도와 그의 기도를 들으
신 것과 그의 모든 죄와 허물과 겸
손하기 전에 산당을 세운 곳과 아
세라 목상과 우상을 세운 곳들이
다 호새의 사기에 기록되니라
20 므낫세가 그의 열조와 함께 누우매
그의 궁에 장사되고 그의 아들 아
몬이 대신하여 왕이 되니라

유다 왕 아몬 (왕하 21:19-26)

21 ●아몬이 왕위에 오를 때에 나이가
이십이 세라 예루살렘에서 이 년
동안 다스리며
22 그의 아버지 므낫세의 행함같이 여호
와 보시기에 악을 행하여 아몬이 그
의 아버지 므낫세가 만든 아로새긴
모든 우상에게 제사하여 섬겼으며
23 이 아몬이 그의 아버지 므낫세가
스스로 겸손함같이 여호와 앞에서
스스로 겸손하지 아니하고 더욱 범
죄하더니
24 그의 신하가 반역하여 왕을 궁중에
서 죽이매
25 백성들이 아몬 왕을 반역한 사람들
을 다 죽이고 그의 아들 요시야를
대신하여 왕으로 삼으니라

유다 왕 요시야의 개혁
(왕하 22:1-2)

34 요시야가 왕위에 오를 때에
나이가 팔 세라 예루살렘에서
삼십일 년 동안 다스리며
2 여호와 보시기에 정직하게 행하여
그의 조상 다윗의 길로 걸으며 좌
우로 치우치지 아니하고
3 아직도 어렸을 때 곧 왕위에 있은
지 팔 년에 그의 조상 다윗의 하나
님을 비로소 찾고 제십이 년에 유
다와 예루살렘을 비로소 정결하게
하여 그 산당들과 아세라 목상들과
아로새긴 우상들과 부어 만든 우상
들을 제거하여 버리매
4 무리가 왕 앞에서 바알의 제단들을
헐었으며 왕이 또 그 제단 위에 높
이 달린 태양상들을 찍고 또 아세
라 목상들과 아로새긴 우상들과 부
어 만든 우상들을 빻아 가루를 만
들어 제사하던 자들의 무덤에 뿌리
고
5 제사장들의 뼈를 제단 위에서 불살
라 유다와 예루살렘을 정결하게 하
였으며
6 또 므낫세와 에브라임과 시므온과
납달리까지 사면 황폐한 성읍들에
도 그렇게 행하여
7 제단들을 허물며 아세라 목상들과
아로새긴 우상들을 빻아 가루를 만
들며 온 이스라엘 땅에 있는 모든
태양상을 찍고 예루살렘으로 돌아
왔더라

율법책의 발견 (왕하 22:3-20)

8 ●요시야가 왕위에 있은 지 열여덟
째 해에 그 땅과 성전을 정결하게
하기를 마치고 그의 하나님 여호와
의 전을 수리하려 하여 아살랴의
아들 사반과 시장 마아세야와 서기
관 요아하스의 아들 요아를 보낸지

라
9 그들이 대제사장 힐기야에게 나아
가 전에 하나님의 전에 헌금한 돈
을 그에게 주니 이 돈은 문을 지키
는 레위 사람들이 므낫세와 에브라
임과 남아 있는 모든 이스라엘 사
람과 온 유다와 베냐민과 예루살렘
주민들에게서 거둔 것이라
10 그 돈을 여호와의 전 공사를 감독
하는 자들의 손에 넘기니 그들이
여호와의 전에 있는 일꾼들에게 주
어 그 전을 수리하게 하되
11 곧 목수들과 건축하는 자들에게 주
어 다듬은 돌과 연접하는 나무를
사며 유다 왕들이 헐어버린 성전들
을 위하여 들보를 만들게 하매
12 그 사람들이 성실하게 그 일을 하
니라 그의 감독들은 레위 사람들
곧 므라리 자손 중 야핫과 오바댜
요 그핫 자손들 중 스가랴와 무술
람이라 다 그 일을 감독하고 또 악
기에 익숙한 레위 사람들이 함께
하였으며
13 그들은 또 목도꾼을 감독하며 모든
공사 담당자를 감독하고 어떤 레위
사람은 서기와 관리와 문지기가 되
었더라
14 ●무리가 여호와의 전에 헌금한 돈
을 꺼낼 때에 제사장 힐기야가 모
세가 전한 여호와의 율법책을 발견
하고
15 힐기야가 서기관 사반에게 말하여
이르되 내가 여호와의 전에서 율법
책을 발견하였노라 하고 힐기야가
그 책을 사반에게 주매
16 사반이 책을 가지고 왕에게 나아가
서 복명하여 이르되 왕께서 종들에
게 명령하신 것을 종들이 다 준행
하였나이다
17 또 여호와의 전에서 발견한 돈을
쏟아서 감독자들과 일꾼들에게 주
었나이다 하고
18 서기관 사반이 또 왕에게 아뢰어
이르되 제사장 힐기야가 내게 책을
주더이다 하고 사반이 왕 앞에서
그것을 읽으매
19 왕이 율법의 말씀을 듣자 곧 자기
옷을 찢더라
20 왕이 힐기야와 사반의 아들 아히감
과 미가의 아들 압돈과 서기관 사
반과 왕의 시종 아사야에게 명령하
여 이르되
21 너희는 가서 나와 및 이스라엘과
유다의 남은 자들을 위하여 이 발
견한 책의 말씀에 대하여 여호와께
물으라 우리 조상들이 여호와의 말
씀을 지키지 아니하고 이 책에 기
록된 모든 것을 준행하지 아니하였
으므로 여호와께서 우리에게 쏟으
신 진노가 크도다 하니라
22 ●이에 힐기야와 왕이 보낸 사람들
이 여선지자 훌다에게로 나아가니
그는 하스라의 손자 독핫의 아들로
서 예복을 관리하는 살룸의 아내라
예루살렘 둘째 구역에 살았더라 그
들이 그에게 이 뜻을 전하매
23 훌다가 그들에게 이르되 이스라엘
의 하나님 여호와께서 이같이 말씀
하시기를 너희는 너희를 내게 보낸
사람에게 말하라 하시니라
24 여호와께서 이같이 말씀하시기를
내가 이곳과 그 주민에게 재앙을
내리되 곧 유다 왕 앞에서 읽은 책
에 기록된 모든 저주대로 하리니
25 이는 이 백성들이 나를 버리고 다
른 신들에게 분향하며 그의 손의
모든 행위로 나의 노여움을 샀음이
라 그러므로 나의 노여움을 이곳에
쏟으매 꺼지지 아니하리라 하라 하
셨느니라

26 너희를 보내어 여호와께 묻게 한
유다 왕에게는 너희가 이렇게 전하
라 이스라엘의 하나님 여호와께서
이같이 말씀하시기를 네가 들은 말
을 의논하건대
27 내가 이곳과 그 주민을 가리켜 말
한 것을 네가 듣고 마음이 연약하
여 하나님 앞 곧 내 앞에서 겸손하
여 옷을 찢고 통곡하였으므로 나도
네 말을 들었노라 여호와가 말하였
느니라
28 그러므로 내가 네게 너의 조상들에
게 돌아가서 평안히 묘실로 들어가
게 하리니 내가 이곳과 그 주민에
게 내리는 모든 재앙을 네가 눈으
로 보지 못하리라 하셨느니라 이에
사신들이 왕에게 복명하니라

여호와께 순종하기로 하다 (왕하 23:1-20)

29 ●왕이 사람을 보내어 유다와 예루
살렘의 모든 장로를 불러 모으고
30 여호와의 전에 올라가매 유다 모든
사람과 예루살렘 주민들과 제사장
들과 레위 사람들과 모든 백성이
노소를 막론하고 다 함께 한지라
왕이 여호와의 전 안에서 발견한
언약책의 모든 말씀을 읽어 무리의
귀에 들려 주고
31 왕이 자기 처소에 서서 여호와 앞
에서 언약을 세우되 마음을 다하고
목숨을 다하여 여호와를 순종하고
그의 계명과 법도와 율례를 지켜
이 책에 기록된 언약의 말씀을 이
루리라 하고
32 예루살렘과 베냐민에 있는 자들이
다 여기에 참여하게 하매 예루살렘
주민이 하나님 곧 그의 조상들의
하나님의 언약을 따르니라
33 이와 같이 요시야가 이스라엘 자손
에게 속한 모든 땅에서 가증한 것
들을 다 제거하여 버리고 이스라엘
의 모든 사람으로 그들의 하나님
여호와를 섬기게 하였으므로 요시
야가 사는 날에 백성이 그들의 조
상들의 하나님 여호와께 복종하고
떠나지 아니하였더라

요시야가 유월절을 지키다

(왕하 23:21-23)

35 요시야가 예루살렘에서 여호
와께 유월절을 지켜 첫째 달
열넷째 날에 유월절 어린 양을 잡
으니라
2 왕이 제사장들에게 그들의 직분을
맡기고 격려하여 여호와의 전에서
직무를 수행하게 하고
3 또 여호와 앞에 구별되어서 온 이
스라엘을 가르치는 레위 사람에게
이르되 거룩한 궤를 이스라엘 왕
다윗의 아들 솔로몬이 건축한 전
가운데 두고 다시는 너희 어깨에
메지 말고 마땅히 너희의 하나님
여호와와 그의 백성 이스라엘을 섬
길 것이라
4 너희는 이스라엘 왕 다윗의 글과
다윗의 아들 솔로몬의 글을 준행하
여 너희 족속대로 반열을 따라 스
스로 준비하고
5 너희 형제 모든 백성의 족속의 서
열대로 또는 레위 족속의 서열대로
성소에 서서
6 스스로 성결하게 하고 유월절 어린
양을 잡아 너희 형제들을 위하여
준비하되 여호와께서 모세를 통하
여 전하신 말씀을 따라 행할지니라
7 ●요시야가 그 모인 모든 이를 위
하여 백성들에게 자기의 소유 양
떼 중에서 어린 양과 어린 염소 삼
만 마리와 수소 삼천 마리를 내어
유월절 제물로 주매
8 방백들도 즐거이 희생을 드려 백성
과 제사장들과 레위 사람들에게 주

었고 하나님의 전을 주장하는 자
힐기야와 스가랴와 여히엘은 제사
장들에게 양 이천육백 마리와 수소
삼백 마리를 유월절 제물로 주었고
9 또 레위 사람들의 우두머리들 곧
고나냐와 그의 형제 스마야와 느다
넬과 또 하사뱌와 여이엘과 요사밧
은 양 오천 마리와 수소 오백 마리
를 레위 사람들에게 유월절 제물로
주었더라
10 ●이와 같이 섬길 일이 구비되매
왕의 명령을 따라 제사장들은 그들
의 처소에 서고 레위 사람들은 그
들의 반열대로 서고
11 유월절 양을 잡으니 제사장들은 그
들의 손에서 피를 받아 뿌리고 또
레위 사람들은 잡은 짐승의 가죽을
벗기고
12 그 번제물을 옮겨 족속의 서열대로
모든 백성에게 나누어 모세의 책에
기록된 대로 여호와께 드리게 하고
소도 그와 같이 하고
13 이에 규례대로 유월절 양을 불에
굽고 그 나머지 성물은 솥과 가마
와 냄비에 삶아 모든 백성들에게
속히 분배하고
14 그 후에 자기와 제사장들을 위하여
준비하니 이는 아론의 자손 제사장
들이 번제와 기름을 저녁까지 드리
므로 레위 사람들이 자기와 아론의
자손 제사장들을 위하여 준비함이
더라
15 아삽의 자손 노래하는 자들은 다윗
과 아삽과 헤만과 왕의 선견자 여
두둔이 명령한 대로 자기 처소에
있고 문지기들은 각 문에 있고 그
직무에서 떠날 것이 없었으니 이는
그의 형제 레위 사람들이 그들을
위하여 준비하였음이더라
16 ●이와 같이 당일에 여호와를 섬길
일이 다 준비되매 요시야 왕의 명
령대로 유월절을 지키며 번제를 여
호와의 제단에 드렸으며
17 그때에 모인 이스라엘 자손이 유월
절을 지키고 이어서 무교절을 칠
일 동안 지켰으니
18 선지자 사무엘 이후로 이스라엘 가
운데서 유월절을 이같이 지키지 못
하였고 이스라엘 모든 왕들도 요시
야가 제사장들과 레위 사람들과 모
인 온 유다와 이스라엘 무리와 예
루살렘 주민과 함께 지킨 것처럼은
유월절을 지키지 못하였더라
19 요시야가 왕위에 있은 지 열여덟째
해에 이 유월절을 지켰더라

요시야가 죽다 (왕하 23:28-30)

20 ●이 모든 일 후 곧 요시야가 성전
을 정돈하기를 마친 후에 애굽 왕
느고가 유브라데 강가의 갈그미스
를 치러 올라왔으므로 요시야가 나
가서 방비하였더니
21 느고가 요시야에게 사신을 보내어
이르되 유다 왕이여 내가 그대와
무슨 관계가 있느냐 내가 오늘 그
대를 치려는 것이 아니요 나와 더
불어 싸우는 족속을 치려는 것이라
하나님이 나에게 명령하사 속히 하
라 하셨은즉 하나님이 나와 함께
계시니 그대는 하나님을 거스르지
말라 그대를 멸하실까 하노라 하나
22 요시야가 몸을 돌이켜 떠나기를 싫
어하고 오히려 변장하고 그와 싸우
고자 하여 하나님의 입에서 나온
느고의 말을 듣지 아니하고 므깃도
골짜기에 이르러 싸울 때에
23 활 쏘는 자가 요시야 왕을 쏜지라
왕이 그의 신하들에게 이르되 내가
중상을 입었으니 나를 도와 나가게
하라
24 그 부하들이 그를 병거에서 내리게

하고 그의 버금 병거에 태워 예루
살렘에 이른 후에 그가 죽으니 그
의 조상들의 묘실에 장사되니라 온
유다와 예루살렘 사람들이 요시야
를 슬퍼하고
25 예레미야는 그를 위하여 애가를 지
었으며 모든 노래하는 남자들과 여
자들은 요시야를 슬피 노래하니 이
스라엘에 규례가 되어 오늘까지 이
르렀으며 그 가사는 애가 중에 기
록되었더라
26 요시야의 남은 사적과 여호와의 율
법에 기록된 대로 행한 모든 선한
일과
27 그의 처음부터 끝까지의 행적은 이
스라엘과 유다 열왕기에 기록되니
라

유다 왕 여호아하스
(왕하 23:30-35)

36 그 땅의 백성이 요시야의 아
들 여호아하스를 세워 그의
아버지를 대신하여 예루살렘에서
왕으로 삼으니
2 여호아하스가 왕위에 오를 때에 나
이가 이십삼 세더라 그가 예루살렘
에서 다스린 지 석 달에
3 애굽 왕이 예루살렘에서 그의 왕위
를 폐하고 또 그 나라에 은 백 달란
트와 금 한 달란트를 벌금으로 내
게 하며
4 애굽 왕 느고가 또 그의 형제 엘리
아김을 세워 유다와 예루살렘 왕으
로 삼고 그의 이름을 고쳐 여호야
김이라 하고 그의 형제 여호아하스
를 애굽으로 잡아갔더라

유다 왕 여호야김 (왕하 23:36-24:7)

5 ●여호야김이 왕위에 오를 때에 나
이가 이십오 세라 예루살렘에서 십
일 년 동안 다스리며 그의 하나님
여호와 보시기에 악을 행하였더라
6 바벨론 왕 느부갓네살이 올라와서
그를 치고 그를 쇠사슬로 결박하여
바벨론으로 잡아가고
7 느부갓네살이 또 여호와의 전 기구
들을 바벨론으로 가져다가 바벨론
에 있는 자기 신당에 두었더라
8 여호야김의 남은 사적과 그가 행한
모든 가증한 일들과 그에게 발견된
악행이 이스라엘과 유다 열왕기에
기록되니라 그의 아들 여호야긴이
대신하여 왕이 되니라

유다 왕 여호야긴 (왕하 24:8-17)

9 ●여호야긴이 왕위에 오를 때에 나
이가 팔 세라 예루살렘에서 석 달
열흘 동안 다스리며 여호와 보시기
에 악을 행하였더라
10 그 해에 느부갓네살 왕이 사람을
보내어 여호야긴을 바벨론으로 잡
아가고 여호와의 전의 귀한 그릇들
도 함께 가져가고 그의 숙부 시드
기야를 세워 유다와 예루살렘 왕으
로 삼았더라

유다 왕 시드기야
(왕하 24:18-20; 25:1-21; 렘 52:1-11)

11 ●시드기야가 왕위에 오를 때에 나
이가 이십일 세라 예루살렘에서 십
일 년 동안 다스리며
12 그의 하나님 여호와 보시기에 악을
행하고 선지자 예레미야가 여호와
의 말씀으로 일러도 그 앞에서 겸
손하지 아니하였으며
13 또한 느부갓네살 왕이 그를 그의
하나님을 가리켜 맹세하게 하였으
나 그가 왕을 배반하고 목을 곧게
하며 마음을 완악하게 하여 이스라
엘 하나님 여호와께로 돌아오지 아
니하였고
14 모든 제사장들의 우두머리들과 백
성도 크게 범죄하여 이방 모든 가
증한 일을 따라서 여호와께서 예루

살렘에 거룩하게 두신 그의 전을
더럽게 하였으며
15 그 조상들의 하나님 여호와께서 그
의 백성과 그 거하시는 곳을 아끼
사 부지런히 그의 사신들을 그 백
성에게 보내어 이르셨으나
16 그의 백성이 하나님의 사신들을 비
웃고 그의 말씀을 멸시하며 그의
선지자를 욕하여 여호와의 진노를
그의 백성에게 미치게 하여 회복할
수 없게 하였으므로
17 하나님이 갈대아 왕의 손에 그들을
다 넘기시매 그가 와서 그들의 성
전에서 칼로 청년들을 죽이며 청년
남녀와 노인과 병약한 사람을 긍휼
히 여기지 아니하였으며
18 또 하나님의 전의 대소 그릇들과
여호와의 전의 보물과 왕과 방백
들의 보물을 다 바벨론으로 가져
가고
19 또 하나님의 전을 불사르며 예루살
렘 성벽을 헐며 그들의 모든 궁실
을 불사르며 그들의 모든 귀한 그
릇들을 부수고
20 칼에서 살아남은 자를 그가 바벨론
으로 사로잡아가매 무리가 거기서
갈대아 왕과 그의 자손의 노예가
되어 바사국이 통치할 때까지 이르
니라
21 이에 토지가 황폐하여 땅이 안식년
을 누림같이 안식하여 칠십 년을
지냈으니 여호와께서 예레미야의
입으로 하신 말씀이 이루어졌더라

고레스의 귀국 명령 (스 1:1-4)

22 ●바사의 고레스 왕 원년에 여호와
께서 예레미야의 입으로 하신 말씀
을 이루시려고 여호와께서 바사의
고레스 왕의 마음을 감동시키시매
그가 온 나라에 공포도 하고 조서
도 내려 이르되
23 바사 왕 고레스가 이같이 말하노니
하늘의 신 여호와께서 세상 만국을
내게 주셨고 나에게 명령하여 유다
예루살렘에 성전을 건축하라 하셨
나니 너희 중에 그의 백성된 자는
다 올라갈지어다 너희 하나님 여호
와께서 함께하시기를 원하노라 하
였더라

스

에스라

Ezra

여호와께서 고레스의
마음을 감동시키다

1 바사 왕 고레스 원년에 여호와께
서 예레미야의 입을 통하여 하신
말씀을 이루게 하시려고 바사 왕
고레스의 마음을 감동시키시매 그
가 온 나라에 공포도 하고 조서도
내려 이르되
2 바사 왕 고레스는 말하노니 하늘의
하나님 여호와께서 세상 모든 나라
를 내게 주셨고 나에게 명령하사
유다 예루살렘에 성전을 건축하라
하셨나니
3 이스라엘의 하나님은 참 신이시라
너희 중에 그의 백성 된 자는 다 유
다 예루살렘으로 올라가서 이스라
엘의 하나님 여호와의 성전을 건축
하라 그는 예루살렘에 계신 하나님
이시라
4 그 남아 있는 백성이 어느 곳에 머
물러 살든지 그곳 사람들이 마땅히
은과 금과 그 밖의 물건과 짐승으로

도와 주고 그 외에도 예루살렘에
세울 하나님의 성전을 위하여 예물
을 기쁘게 드릴지니라 하였더라

사로잡혀 간 백성이 돌아오다

5 ●이에 유다와 베냐민 족장들과 제
사장들과 레위 사람들과 그 마음이
하나님께 감동을 받고 올라가서 예
루살렘에 여호와의 성전을 건축하
고자 하는 자가 다 일어나니
6 그 사면 사람들이 은 그릇과 금과
물품들과 짐승과 보물로 돕고 그
외에도 예물을 기쁘게 드렸더라
7 고레스 왕이 또 여호와의 성전 그
릇을 꺼내니 옛적에 느부갓네살이
예루살렘에서 옮겨다가 자기 신들
의 신당에 두었던 것이라
8 바사 왕 고레스가 창고지기 미드르
닷에게 명령하여 그 그릇들을 꺼내
어 세어서 유다 총독 세스바살에게
넘겨주니
9 그 수는 금 접시가 서른 개요 은 접
시가 천 개요 칼이 스물아홉 개요
10 금 대접이 서른 개요 그보다 못한
은 대접이 사백열 개요 그 밖의 그
릇이 천 개이니
11 금, 은 그릇이 모두 오천사백 개라
사로잡힌 자를 바벨론에서 예루살
렘으로 데리고 갈 때에 세스바살이
그 그릇들을 다 가지고 갔더라

돌아온 사람들 (느 7:4-73)

2 옛적에 바벨론 왕 느부갓네살에
게 사로잡혀 바벨론으로 갔던 자
들의 자손들 중에서 놓임을 받고
예루살렘과 유다 도로 돌아와 각기
각자의 성읍으로 돌아간 자
2 곧 스룹바벨과 예수아와 느헤미야
와 스라야와 르엘라야와 모르드개
와 빌산과 미스발과 비그왜와 르훔
과 바아나 등과 함께 나온 이스라
엘 백성의 명수가 이러하니
3 바로스 자손이 이천백칠십이 명이
요
4 스바댜 자손이 삼백칠십이 명이요
5 아라 자손이 칠백칠십오 명이요
6 바핫모압 자손 곧 예수아와 요압
자손이 이천팔백십이 명이요
7 엘람 자손이 천이백오십사 명이요
8 삿두 자손이 구백사십오 명이요
9 삭개 자손이 칠백육십 명이요
10 바니 자손이 육백사십이 명이요
11 브배 자손이 육백이십삼 명이요
12 아스갓 자손이 천이백이십이 명이
요
13 아도니감 자손이 육백육십육 명이
요
14 비그왜 자손이 이천오십육 명이요
15 아딘 자손이 사백오십사 명이요
16 아델 자손 곧 히스기야 자손이 구
십팔 명이요
17 베새 자손이 삼백이십삼 명이요
18 요라 자손이 백십이 명이요
19 하숨 자손이 이백이십삼 명이요
20 깁발 자손이 구십오 명이요
21 베들레헴 사람이 백이십삼 명이요
22 느도바 사람이 오십육 명이요
23 아나돗 사람이 백이십팔 명이요
24 아스마웻 자손이 사십이 명이요
25 기랴다림과 그비라와 브에롯 자손
이 칠백사십삼 명이요
26 라마와 게바 자손이 육백이십일 명
이요
27 믹마스 사람이 백이십이 명이요
28 벧엘과 아이 사람이 이백이십삼 명
이요
29 느보 자손이 오십이 명이요
30 막비스 자손이 백오십육 명이요
31 다른 엘람 자손이 천이백오십사 명
이요
32 하림 자손이 삼백이십 명이요
33 로드와 하딧과 오노 자손이 칠백이

십오 명이요
34 여리고 자손이 삼백사십오 명이요
35 스나아 자손이 삼천육백삼십 명이
었더라
36 ●제사장들은 예수아의 집 여다야
자손이 구백칠십삼 명이요
37 임멜 자손이 천오십이 명이요
38 바스훌 자손이 천이백사십칠 명이
요
39 하림 자손이 천십칠 명이었더라
40 ●레위 사람은 호다위야 자손 곧
예수아와 갓미엘 자손이 칠십사 명
이요
41 노래하는 자들은 아삽 자손이 백이
십팔 명이요
42 문지기의 자손들은 살룸과 아델과
달문과 악굽과 하디다와 소배 자손
이 모두 백삼십구 명이었더라
43 ●느디님 사람들은 시하 자손과 하
수바 자손과 답바옷 자손과
44 게로스 자손과 시아하 자손과 바돈
자손과
45 르바나 자손과 하가바 자손과 악굽
자손과
46 하갑 자손과 사믈래 자손과 하난
자손과
47 깃델 자손과 가할 자손과 르아야
자손과
48 르신 자손과 느고다 자손과 갓삼
자손과
49 웃사 자손과 바세아 자손과 베새
자손과
50 아스나 자손과 므우님 자손과 느부
심 자손과
51 박북 자손과 하그바 자손과 할훌
자손과
52 바슬룻 자손과 므히다 자손과 하르
사 자손과
53 바르고스 자손과 시스라 자손과 데
마 자손과
54 느시야 자손과 하디바 자손이었더
라
55 ●솔로몬의 신하의 자손은 소대 자
손과 하소베렛 자손과 브루다 자손
과
56 야알라 자손과 다르곤 자손과 깃델
자손과
57 스바댜 자손과 하딜 자손과 보게렛
하스바임 자손과 아미 자손이니
58 모든 느디님 사람과 솔로몬의 신하
의 자손이 삼백구십이 명이었더라
59 ●델멜라와 델하르사와 그룹과 앗
단과 임멜에서 올라온 자가 있으나
그들의 조상의 가문과 선조가 이스
라엘에 속하였는지 밝힐 수 없었더
라
60 그들은 들라야 자손과 도비야 자손
과 느고다 자손이라 모두 육백오십
이 명이요
61 제사장 중에는 하바야 자손과 학고
스 자손과 바르실래 자손이니 바르
실래는 길르앗 사람 바르실래의 딸
중의 한 사람을 아내로 삼고 바르
실래의 이름을 따른 자라
62 이 사람들은 계보 중에서 자기 이
름을 찾아도 얻지 못하므로 그들을
부정하게 여겨 제사장의 직분을 행
하지 못하게 하고
63 방백이 그들에게 명령하여 우림과
둠밈을 가진 제사장이 일어나기 전
에는 지성물을 먹지 말라 하였느니
라
64 ●온 회중의 합계가 사만 이천삼백
육십 명이요
65 그 외에 남종과 여종이 칠천삼백삼
십칠 명이요 노래하는 남녀가 이백
명이요
66 말이 칠백삼십육이요 노새가 이백
사십오요
67 낙타가 사백삼십오요 나귀가 육천

칠백이십이었더라
68 ●어떤 족장들이 예루살렘에 있는
여호와의 성전 터에 이르러 하나님
의 전을 그곳에 다시 건축하려고
예물을 기쁘게 드리되
69 힘 자라는 대로 공사하는 금고에
들이니 금이 육만 천 다릭이요 은
이 오천 마네요 제사장의 옷이 백
벌이었더라
70 ●이에 제사장들과 레위 사람들과
백성 몇과 노래하는 자들과 문지기
들과 느디님 사람들이 각자의 성읍
에 살았고 이스라엘 무리도 각자의
성읍에 살았더라

비로소 여호와께 번제를 드리다

3 이스라엘 자손이 각자의 성읍에
살았더니 일곱째 달에 이르러 일
제히 예루살렘에 모인지라
2 요사닥의 아들 예수아와 그의 형제
제사장들과 스알디엘의 아들 스룹
바벨과 그의 형제들이 다 일어나
이스라엘 하나님의 제단을 만들고
하나님의 사람 모세의 율법에 기록
한 대로 번제를 그 위에서 드리려
할새
3 무리가 모든 나라 백성을 두려워하
여 제단을 그 터에 세우고 그 위에
서 아침 저녁으로 여호와께 번제를
드리며
4 기록된 규례대로 초막절을 지켜
번제를 매일 정수대로 날마다 드리
고
5 그 후에는 항상 드리는 번제와 초
하루와 여호와의 모든 거룩한 절기
의 번제와 사람이 여호와께 기쁘게
드리는 *예물을 드리되*
6 일곱째 달 초하루부터 비로소 여호
와께 번제를 드렸으나 그때에 여호
와의 성전 지대는 미처 놓지 못한
지라
7 이에 석수와 목수에게 돈을 주고
또 시돈 사람과 두로 사람에게 먹
을 것과 마실 것과 기름을 주고 바
사 왕 고레스의 명령대로 백향목을
레바논에서 욥바 해변까지 운송하
게 하였더라

성전 건축을 시작하다

8 ●예루살렘에 있는 하나님의 성전
에 이른 지 이 년 둘째 달에 스알디
엘의 아들 스룹바벨과 요사닥의 아
들 예수아와 다른 형제 제사장들과
레위 사람들과 무릇 사로잡혔다가
예루살렘에 돌아온 자들이 공사를
시작하고 이십 세 이상의 레위 사
람들을 세워 여호와의 성전 공사를
감독하게 하매
9 이에 예수아와 그의 아들들과 그의
형제들과 갓미엘과 그의 아들들과
유다 자손과 헤나닷 자손과 그의
형제 레위 사람들이 일제히 일어나
하나님의 성전 일꾼들을 감독하니
라
10 건축자가 여호와의 성전의 기초를
놓을 때에 제사장들은 예복을 입고
나팔을 들고 아삽 자손 레위 사람
들은 제금을 들고 서서 이스라엘
왕 다윗의 규례대로 여호와를 찬송
하되
11 찬양으로 화답하며 여호와께 감사
하여 이르되 주는 지극히 선하시므
로 그의 인자하심이 이스라엘에게
영원하시도다 하니 모든 백성이 여
호와의 성전 기초가 놓임을 보고
여호와를 찬송하며 큰 소리로 즐거
이 부르며
12 제사장들과 레위 사람들과 나이 많
은 족장들은 첫 성전을 보았으므로
이제 이 성전의 기초가 놓임을 보
고 대성통곡하였으나 여러 사람은
기쁨으로 크게 함성을 지르니

스

13 백성이 크게 외치는 소리가 멀리
들리므로 즐거이 부르는 소리와 통
곡하는 소리를 백성들이 분간하지
못하였더라

성전 건축을 방해하는 사람들

4 사로잡혔던 자들의 자손이 이스
라엘의 하나님 여호와의 성전을
건축한다 함을 유다와 베냐민의 대
적이 듣고
2 스룹바벨과 족장들에게 나아와 이
르되 우리도 너희와 함께 건축하게
하라 우리도 너희같이 너희 하나님
을 찾노라 앗수르 왕 에살핫돈이
우리를 이리로 오게 한 날부터 우
리가 하나님께 제사를 드리노라 하
니
3 스룹바벨과 예수아와 기타 이스라
엘 족장들이 이르되 우리 하나님의
성전을 건축하는 데 너희는 우리와
상관이 없느니라 바사 왕 고레스가
우리에게 명령하신 대로 우리가 이
스라엘의 하나님 여호와를 위하여
홀로 건축하리라 하였더니
4 이로부터 그 땅 백성이 유다 백성
의 손을 약하게 하여 그 건축을 방
해하되
5 바사 왕 고레스의 시대부터 바사
왕 다리오가 즉위할 때까지 관리들
에게 뇌물을 주어 그 계획을 막았
으며
6 또 아하수에로가 즉위할 때에 그들
이 글을 올려 유다와 예루살렘 주
민을 고발하니라
7 ●아닥사스다 때에 비슬람과 미드
르닷과 다브엘과 그의 동료들이 바
사 왕 아닥사스다에게 글을 올렸으
니 그 글은 아람 문자와 아람 방언
으로 써서 진술하였더라
8 방백 르훔과 서기관 심새가 아닥사
스다 왕에게 올려 예루살렘 백성을
고발한 그 글에
9 방백 르훔과 서기관 심새와 그의
동료 디나 사람과 아바삿 사람과
다블래 사람과 아바새 사람과 아렉
사람과 바벨론 사람과 수산 사람과
데해 사람과 엘람 사람과
10 그 밖에 백성 곧 존귀한 오스납발
이 사마리아 성과 유브라데 강 건
너편 다른 땅에 옮겨 둔 자들과 함
께 고발한다 하였더라
11 ●아닥사스다 왕에게 올린 그 글의
초본은 이러하니 강 건너편에 있는
신하들은
12 왕에게 아뢰나이다 당신에게서 우
리에게로 올라온 유다 사람들이 예
루살렘에 이르러 이 패역하고 악한
성읍을 건축하는데 이미 그 기초를
수축하고 성곽을 건축하오니
13 이제 왕은 아시옵소서 만일 이 성
읍을 건축하고 그 성곽을 완공하면
저 무리가 다시는 조공과 관세와
통행세를 바치지 아니하리니 결국
왕들에게 손해가 되리이다
14 우리가 이제 왕궁의 소금을 먹으므
로 왕이 수치 당함을 차마 보지 못
하여 사람을 보내어 왕에게 아뢰오
니
15 왕은 조상들의 사기를 살펴보시면
그 사기에서 이 성읍은 패역한 성
읍이라 예로부터 그 중에서 항상
반역하는 일을 행하여 왕들과 각
도에 손해가 된 것을 보시고 아실
지라 이 성읍이 무너짐도 이 때문
이니이다
16 이제 감히 왕에게 아뢰오니 이 성
읍이 중건되어 성곽이 준공되면 이
로 말미암아 왕의 강 건너편 영지
가 없어지리이다 하였더라
17 ●왕이 방백 르훔과 서기관 심새와
사마리아에 거주하는 그들 동관들

과 강 건너편 다른 땅 백성에게 조
서를 내리니 일렀으되 너희는 평안
할지어다
18 너희가 올린 글을 내 앞에서 낭독
시키고
19 명령하여 살펴보니 과연 이 성읍이
예로부터 왕들을 거역하며 그 중에
서 항상 패역하고 반역하는 일을
행하였으며
20 옛적에는 예루살렘을 다스리는 큰
군왕들이 있어서 강 건너편 모든
땅이 그들에게 조공과 관세와 통행
세를 다 바쳤도다
21 이제 너희는 명령을 전하여 그 사
람들에게 공사를 그치게 하여 그
성을 건축하지 못하게 하고 내가
다시 조서 내리기를 기다리라
22 너희는 삼가서 이 일에 게으르지
말라 어찌하여 화를 더하여 왕들에
게 손해가 되게 하랴 하였더라
23 ●아닥사스다 왕의 조서 초본이 르
훔과 서기관 심새와 그의 동료 앞
에서 낭독되매 그들이 예루살렘으
로 급히 가서 유다 사람들을 보고
권력으로 억제하여 그 공사를 그치
게 하니
24 이에 예루살렘에서 하나님의 성전
공사가 바사 왕 다리오 제이 년까
지 중단되니라

성전 건축을 다시 시작하다

5 선지자들 곧 선지자 학개와 잇도
의 손자 스가랴가 이스라엘의 하
나님의 이름으로 유다와 예루살렘
에 거주하는 유다 사람들에게 예언
하였더니
2 이에 스알디엘의 아들 스룹바벨과
요사닥의 아들 예수아가 일어나
예루살렘에 있던 하나님의 성전을
다시 건축하기 시작하매 하나님의
선지자들이 함께 있어 그들을 돕
더니
3 그때에 유브라데 강 건너편 총독
닷드내와 스달보스내와 그들의 동
관들이 다 나아와 그들에게 이르되
누가 너희에게 명령하여 이 성전을
건축하고 이 성곽을 마치게 하였느
냐 하기로
4 우리가 이 건축하는 자의 이름을
아뢰었으나
5 하나님이 유다 장로들을 돌보셨으
므로 그들이 능히 공사를 막지 못
하고 이 일을 다리오에게 아뢰고
그 답장이 오기를 기다렸더라
6 ●유브라데 강 건너편 총독 닷드내
와 스달보스내와 그들의 동관인 유
브라데 강 건너편 아바삭 사람이
다리오 왕에게 올린 글의 초본은
이러하니라
7 그 글에 일렀으되 다리오 왕은 평
안하옵소서
8 왕께 아뢰옵나이다 우리가 유다 도
에 가서 지극히 크신 하나님의 성
전에 나아가 본즉 성전을 큰 돌로
세우며 벽에 나무를 얹고 부지런히
일하므로 공사가 그 손에서 형통하
옵기에
9 우리가 그 장로들에게 물어보기를
누가 너희에게 명령하여 이 성전을
건축하고 이 성곽을 마치라고 하였
느냐 하고
10 우리가 또 그 우두머리들의 이름을
적어 왕에게 아뢰고자 하여 그들의
이름을 물은즉
11 그들이 우리에게 대답하여 이르기
를 우리는 천지의 하나님의 종이라
예전에 건축되었던 성전을 우리가
다시 건축하노라 이는 본래 이스라
엘의 큰 왕이 건축하여 완공한 것
이었으나
12 우리 조상들이 하늘에 계신 하나님

스

을 노엽게 하였으므로 하나님이 그
들을 갈대아 사람 바벨론 왕 느부
갓네살의 손에 넘기시매 그가 이
성전을 헐며 이 백성을 사로잡아
바벨론으로 옮겼더니
13 바벨론 왕 고레스 원년에 고레스
왕이 조서를 내려 하나님의 이 성
전을 다시 건축하게 하고
14 또 느부갓네살이 예루살렘 하나님
의 성전 안에서 금, 은 그릇을 옮겨
다가 바벨론 신당에 두었던 것을
고레스 왕이 그 신당에서 꺼내어
그가 세운 총독 세스바살이라고 부
르는 자에게 내주고
15 일러 말하되 너는 이 그릇들을 가
지고 가서 예루살렘 성전에 두고
하나님의 전을 제자리에 건축하라
하매
16 이에 이 세스바살이 이르러 예루살
렘 하나님의 성전 지대를 놓았고
그때로부터 지금까지 건축하여 오
나 아직도 마치지 못하였다 하였사
오니
17 이제 왕께서 좋게 여기시거든 바벨
론에서 왕의 보물전각에서 조사하
사 과연 고레스 왕이 조서를 내려
하나님의 이 성전을 예루살렘에 다
시 건축하라 하셨는지 보시고 왕은
이 일에 대하여 왕의 기쁘신 뜻을
우리에게 보이소서 하였더라

고레스의 조서와 다리오 왕의 명령

6 이에 다리오 왕이 조서를 내려
문서 창고 곧 바벨론의 보물을
쌓아둔 보물전각에서 조사하게 하
여
2 메대도 악메다 궁성에서 한 두루마
리를 찾았으니 거기에 기록하였으
되
3 고레스 왕 원년에 조서를 내려 이
르기를 예루살렘에 있는 하나님의
성전에 대하여 이르노니 이 성전
곧 제사 드리는 처소를 건축하되
지대를 견고히 쌓고 그 성전의 높
이는 육십 [1]규빗으로, 너비도 육십
규빗으로 하고
4 큰 돌 세 켜에 새 나무 한 켜를 놓
으라 그 경비는 다 왕실에서 내리
라
5 또 느부갓네살이 예루살렘 성전에
서 탈취하여 바벨론으로 옮겼던 하
나님의 성전 금, 은 그릇들을 돌려
보내어 예루살렘 성전에 가져다가
하나님의 성전 안 각기 제자리에
둘지니라 하였더라
6 이제 유브라데 강 건너편 총독 닷
드내와 스달보스내와 너희 동관 유
브라데 강 건너편 아바삭 사람들은
그곳을 멀리하여
7 하나님의 성전 공사를 막지 말고
유다 총독과 장로들이 하나님의 이
성전을 제자리에 건축하게 하라
8 내가 또 조서를 내려서 하나님의
이 성전을 건축함에 대하여 너희가
유다 사람의 장로들에게 행할 것
을 알리노니 왕의 재산 곧 유브라
데 강 건너편에서 거둔 세금 중에
서 그 경비를 이 사람들에게 끊임
없이 주어 그들로 멈추지 않게 하
라
9 또 그들이 필요로 하는 것 곧 하늘
의 하나님께 드릴 번제의 수송아지
와 숫양과 어린 양과 또 밀과 소금
과 포도주와 기름을 예루살렘 제사
장의 요구대로 어김없이 날마다 주
어
10 그들이 하늘의 하나님께 향기로운
제물을 드려 왕과 왕자들의 생명을
위하여 기도하게 하라
11 내가 또 명령을 내리노니 누구를

1) 히, 암마

막론하고 이 명령을 변조하면 그의
집에서 들보를 빼내고 그를 그 위
에 매어 달게 하고 그의 집은 이로
말미암아 거름더미가 되게 하라
12 만일 왕들이나 백성이 이 명령을
변조하고 손을 들어 예루살렘 하나
님의 성전을 헐진대 그곳에 이름을
두신 하나님이 그들을 멸하시기를
원하노라 나 다리오가 조서를 내렸
노니 신속히 행할지어다 하였더라

성전 봉헌

13 ●다리오 왕의 조서가 내리매 유브
라데 강 건너편 총독 닷드내와 스
달보스내와 그들의 동관들이 신속
히 준행하니라
14 유다 사람의 장로들이 선지자 학개
와 잇도의 손자 스가랴의 권면을
따랐으므로 성전 건축하는 일이 형
통한지라 이스라엘 하나님의 명령
과 바사 왕 고레스와 다리오와 아
닥사스다의 조서를 따라 성전을 건
축하며 일을 끝내되
15 다리오 왕 제육 년 아달 월 삼 일에
성전 일을 끝내니라
16 ●이스라엘 자손과 제사장들과 레
위 사람들과 기타 사로잡혔던 자의
자손이 즐거이 하나님의 성전 봉헌
식을 행하니
17 하나님의 성전 봉헌식을 행할 때에
수소 백 마리와 숫양 이백 마리와
어린 양 사백 마리를 드리고 또 이
스라엘 지파의 수를 따라 숫염소
열두 마리로 이스라엘 전체를 위하
여 속죄제를 드리고
18 제사장을 그 분반대로, 레위 사람
을 그 순차대로 *세워* 예루살렘에서
하나님을 섬기게 하되 모세의 책에
기록된 대로 하게 하니라

유월절

19 ●사로잡혔던 자의 자손이 첫째 달
십사 일에 유월절을 지키되
20 제사장들과 레위 사람들이 일제히
몸을 정결하게 하여 다 정결하매
사로잡혔던 자들의 모든 자손과 자
기 형제 제사장들과 자기를 위하여
유월절 양을 잡으니
21 사로잡혔다가 돌아온 이스라엘 자
손과 자기 땅에 사는 이방 사람의
더러운 것으로부터 스스로를 구별
한 모든 이스라엘 사람들에게 속하
여 이스라엘의 하나님 여호와를 찾
는 자들이 다 먹고
22 즐거움으로 이레 동안 무교절을 지
켰으니 이는 여호와께서 그들을 즐
겁게 하시고 또 앗수르 왕의 마음
을 그들에게로 돌려 이스라엘의 하
나님이신 하나님의 성전 건축하는
손을 힘있게 하도록 하셨음이었더
라

에스라가 예루살렘에 이르다

7 이 일 후에 바사 왕 아닥사스다가
왕위에 있을 때에 에스라라 하는
자가 있으니라 그는 스라야의 아들
이요 아사랴의 손자요 힐기야의 증
손이요
2 살룸의 현손이요 사독의 오대 손이
요 아히둡의 육대 손이요
3 아마랴의 칠대 손이요 아사랴의 팔
대 손이요 므라욧의 구대 손이요
4 스라히야의 십대 손이요 웃시엘의
십일대 손이요 북기의 십이대 손이
요
5 아비수아의 십삼대 손이요 비느하
스의 십사대 손이요 엘르아살의 십
오대 손이요 대제사장 아론의 십육
대 손이라
6 이 에스라가 바벨론에서 올라왔으
니 그는 이스라엘의 하나님 여호와
께서 주신 모세의 율법에 익숙한
학자로서 그의 하나님 여호와의 도

우심을 입음으로 왕에게 구하는 것
은 다 받는 자이더니
7 아닥사스다 왕 제칠 년에 이스라엘
자손과 제사장들과 레위 사람들과
노래하는 자들과 문지기들과 느디
님 사람들 중에 몇 사람이 예루살
렘으로 올라올 때에
8 이 에스라가 올라왔으니 왕의 제칠
년 다섯째 달이라
9 첫째 달 초하루에 바벨론에서 길을
떠났고 하나님의 선한 손의 도우심
을 입어 다섯째 달 초하루에 예루
살렘에 이르니라
10 에스라가 여호와의 율법을 연구하
여 준행하며 율례와 규례를 이스
라엘에게 가르치기로 결심하였었
더라

아닥사스다 왕이 내린 조서

11 ●여호와의 계명의 말씀과 이스라
엘에게 주신 율례 학자요 학자 겸
제사장인 에스라에게 아닥사스다
왕이 내린 조서의 초본은 아래와
같으니라
12 모든 왕의 왕 아닥사스다는 하늘의
하나님의 율법에 완전한 학자 겸
제사장 에스라에게
13 조서를 내리노니 우리 나라에 있는
이스라엘 백성과 그들 제사장들과
레위 사람들 중에 예루살렘으로 올
라갈 뜻이 있는 자는 누구든지 너
와 함께 갈지어다
14 너는 네 손에 있는 네 하나님의 율
법을 따라 유다와 예루살렘의 형편
을 살피기 위하여 왕과 일곱 자문
관의 보냄을 받았으니
15 왕과 자문관들이 예루살렘에 거하
시는 이스라엘 하나님께 성심으로
드리는 은금을 가져가고
16 또 네가 바벨론 온 도에서 얻을 모
든 은금과 및 백성과 제사장들이
예루살렘에 있는 그들의 하나님의
성전을 위하여 기쁘게 드릴 예물을
가져다가
17 그들의 돈으로 수송아지와 숫양과
어린 양과 그 소제와 그 전제의 물
품을 신속히 사서 예루살렘 네 하
나님의 성전 제단 위에 드리고
18 그 나머지 은금은 너와 너의 형제
가 좋게 여기는 일에 너희 하나님
의 뜻을 따라 쓸지며
19 네 하나님의 성전에서 섬기는 일을
위하여 네게 준 그릇은 예루살렘
하나님 앞에 드리고
20 그 외에도 네 하나님의 성전에 쓰
일 것이 있어서 네가 드리고자 하
거든 무엇이든지 궁중 창고에서 내
다가 드릴지니라
21 나 곧 아닥사스다 왕이 유브라데
강 건너편 모든 창고지기에게 조서
를 내려 이르기를 하늘의 하나님의
율법 학자 겸 제사장 에스라가 무
릇 너희에게 구하는 것을 신속히
시행하되
22 은은 백 달란트까지, 밀은 백 고르
까지, 포도주는 백 밧까지, 기름도
백 밧까지 하고 소금은 정량 없이
하라
23 무릇 하늘의 하나님의 전을 위하여
하늘의 하나님이 명령하신 것은 삼
가 행하라 어찌하여 진노가 왕과
왕자의 나라에 임하게 하랴
24 내가 너희에게 이르노니 제사장들
이나 레위 사람들이나 노래하는 자
들이나 문지기들이나 느디님 사람
들이나 혹 하나님의 성전에서 일하
는 자들에게 조공과 관세와 통행세
를 받는 것이 옳지 않으니라 하였
노라
25 에스라여 너는 네 손에 있는 네 하
나님의 지혜를 따라 네 하나님의

율법을 아는 자를 법관과 재판관을
삼아 강 건너편 모든 백성을 재판
하게 하고 그 중 알지 못하는 자는
너희가 가르치라
26 무릇 네 하나님의 명령과 왕의 명
령을 준행하지 아니하는 자는 속히
그 죄를 정하여 혹 죽이거나 귀양
보내거나 가산을 몰수하거나 옥에
가둘지니라 하였더라

에스라가 여호와를 송축하다

27 ●우리 조상들의 하나님 여호와를
송축할지로다 그가 왕의 마음에 예
루살렘 여호와의 성전을 아름답게
할 뜻을 두시고
28 또 나로 왕과 그의 보좌관들 앞과
왕의 권세 있는 모든 방백의 앞에
서 은혜를 얻게 하셨도다 내 하나
님 여호와의 손이 내 위에 있으므
로 내가 힘을 얻어 이스라엘 중에
우두머리들을 모아 나와 함께 올라
오게 하였노라

에스라와 함께 돌아온 백성들

8 아닥사스다 왕이 왕위에 있을 때
에 나와 함께 바벨론에서 올라온
족장들과 그들의 계보는 이러하니
라
2 비느하스 자손 중에서는 게르솜이
요 이다말 자손 중에서는 다니엘이
요 다윗 자손 중에서는 핫두스요
3 스가냐 자손 곧 바로스 자손 중에
서는 스가랴니 그와 함께 족보에
기록된 남자가 백오십 명이요
4 바핫모압 자손 중에서는 스라히야
의 아들 엘여호에내니 그와 함께
있는 남자가 이백 명이요
5 스가냐 자손 중에서는 야하시엘의
아들이니 그와 함께 있는 남자가
삼백 명이요
6 아딘 자손 중에서는 요나단의 아들
에벳이니 그와 함께 있는 남자가
오십 명이요
7 엘람 자손 중에서는 아달리야의 아
들 여사야니 그와 함께 있는 남자
가 칠십 명이요
8 스바댜 자손 중에서는 미가엘의 아
들 스바댜니 그와 함께 있는 남자
가 팔십 명이요
9 요압 자손 중에서는 여히엘의 아들
오바댜니 그와 함께 있는 남자가
이백십팔 명이요
10 슬로밋 자손 중에서는 요시뱌의 아
들이니 그와 함께 있는 남자가 백
육십 명이요
11 베배 자손 중에서는 베배의 아들
스가랴니 그와 함께 있는 남자가
이십팔 명이요
12 아스갓 자손 중에서는 학가단의 아
들 요하난이니 그와 함께 있는 남
자가 백십 명이요
13 아도니감 자손 중에 나중된 자의
이름은 엘리벨렛과 여우엘과 스마
야니 그와 함께 있는 남자가 육십
명이요
14 비그왜 자손 중에서는 우대와 사붓
이니 그와 함께 있는 남자가 칠십
명이었느니라

에스라가 레위 사람을 찾다

15 ●내가 무리를 아하와로 흐르는 강
가에 모으고 거기서 삼 일 동안 장
막에 머물며 백성과 제사장들을 살
핀즉 그 중에 레위 자손이 한 사람
도 없는지라
16 이에 모든 족장 곧 엘리에셀과 아
리엘과 스마야와 엘라단과 야립과
엘라단과 나단과 스가랴와 므술람
을 부르고 또 명철한 사람 요야립
과 엘라단을 불러
17 가시뱌 지방으로 보내어 그곳 족장
잇도에게 나아가게 하고 잇도와 그
의 형제 곧 가시뱌 지방에 사는 느

디님 사람들에게 할 말을 일러 주고
우리 하나님의 성전을 위하여 섬길
자를 데리고 오라 하였더니
18 우리 하나님의 선한 손의 도우심을
입고 그들이 이스라엘의 손자 레위
의 아들 말리의 자손 중에서 한 명
철한 사람을 데려오고 또 세레뱌와
그의 아들들과 형제 십팔 명과
19 하사뱌와 므라리 자손 중 여사야와
그의 형제와 그의 아들들 이십 명
을 데려오고
20 다윗과 방백들이 레위 사람들을 섬
기라고 준 느디님 사람 중 성전 일
꾼은 이백이십 명이었는데 그들은
모두 지명 받은 이들이었더라

에스라가 금식하며 간구하다

21 ●그때에 내가 아하와 강가에서 금
식을 선포하고 우리 하나님 앞에서
스스로 겸비하여 우리와 우리 어린
아이와 모든 소유를 위하여 평탄한
길을 그에게 간구하였으니
22 이는 우리가 전에 왕에게 아뢰기를
우리 하나님의 손은 자기를 찾는
모든 자에게 선을 베푸시고 자기를
배반하는 모든 자에게는 권능과 진
노를 내리신다 하였으므로 길에서
적군을 막고 우리를 도울 보병과
마병을 왕에게 구하기를 부끄러워
하였음이라
23 그러므로 우리가 이를 위하여 금식
하며 우리 하나님께 간구하였더니
그의 응낙하심을 입었느니라

성전에 바친 예물

24 ●그때에 내가 제사장의 우두머리
들 중 열두 명 곧 세레뱌와 하사
뱌와 그의 형제 열 명을 따로 세우
고
25 그들에게 왕과 모사들과 방백들과
또 그곳에 있는 이스라엘 무리가
우리 하나님의 성전을 위하여 드린
은과 금과 그릇들을 달아서 주었으
니
26 내가 달아서 그들 손에 준 것은 은
이 육백오십 달란트요 은 그릇이
백 달란트요 금이 백 달란트며
27 또 금잔이 스무 개라 그 무게는 천
다릭이요 또 아름답고 빛나 금같이
보배로운 놋그릇이 두 개라
28 내가 그들에게 이르되 너희는 여호
와께 거룩한 자요 이 그릇들도 거
룩하고 그 은과 금은 너희 조상들
의 하나님 여호와께 즐거이 드린
예물이니
29 너희는 예루살렘 여호와의 성전 골
방에 이르러 제사장들과 레위 사람
의 우두머리들과 이스라엘의 족장
들 앞에서 이 그릇을 달기까지 삼
가 지키라
30 이에 제사장들과 레위 사람들이 은
과 금과 그릇을 예루살렘 우리 하
나님의 성전으로 가져가려 하여 그
무게대로 받으니라

에스라가 예루살렘으로 돌아오다

31 ●첫째 달 십이 일에 우리가 아하
와 강을 떠나 예루살렘으로 갈새
우리 하나님의 손이 우리를 도우사
대적과 길에 매복한 자의 손에서
건지신지라
32 이에 예루살렘에 이르러 거기서 삼
일 간 머물고
33 제사 일에 우리 하나님의 성전에서
은과 금과 그릇을 달아서 제사장
우리야의 아들 므레못의 손에 넘기
니 비느하스의 아들 엘르아살과 레
위 사람 예수아의 아들 요사밧과
빈누이의 아들 노아댜가 함께 있어
34 모든 것을 다 세고 달아 보고 그 무
게의 총량을 그때에 기록하였느니
라
35 ●사로잡혔던 자의 자손 곧 이방에

서 돌아온 자들이 이스라엘의 하나
님께 번제를 드렸는데 이스라엘 전
체를 위한 수송아지가 열두 마리요
또 숫양이 아흔여섯 마리요 어린
양이 일흔일곱 마리요 또 속죄제의
숫염소가 열두 마리니 모두 여호와
께 드린 번제물이라
36 무리가 또 왕의 조서를 왕의 총독
들과 유브라데 강 건너편 총독들에
게 넘겨주매 그들이 백성과 하나님
의 성전을 도왔느니라

에스라의 회개 기도

9 이 일 후에 방백들이 내게 나아
와 이르되 이스라엘 백성과 제사
장들과 레위 사람들이 이 땅 백성
들에게서 떠나지 아니하고 가나안
사람들과 헷 사람들과 브리스 사람
들과 여부스 사람들과 암몬 사람들
과 모압 사람들과 애굽 사람들과
아모리 사람들의 가증한 일을 행하
여
2 그들의 딸을 맞이하여 아내와 며느
리로 삼아 거룩한 자손이 그 지방
사람들과 서로 섞이게 하는데 방백
들과 고관들이 이 죄에 더욱 으뜸
이 되었다 하는지라
3 내가 이 일을 듣고 속옷과 겉옷을
찢고 머리털과 수염을 뜯으며 기가
막혀 앉으니
4 이에 이스라엘의 하나님의 말씀으
로 말미암아 떠는 자가 사로잡혔던
이 사람들의 죄 때문에 다 내게로
모여오더라 내가 저녁 제사 드릴
때까지 기가 막혀 앉았더니
5 저녁 제사를 드릴 때에 내가 근심
중에 일어나서 속옷과 겉옷을 찢은
채 무릎을 꿇고 나의 하나님 여호
와를 향하여 손을 들고
6 말하기를 나의 하나님이여 내가 부
끄럽고 낯이 뜨거워서 감히 나의
하나님을 향하여 얼굴을 들지 못하
오니 이는 우리 죄악이 많아 정수
리에 넘치고 우리 허물이 커서 하
늘에 미침이니이다
7 우리 조상들의 때로부터 오늘까지
우리의 죄가 심하매 우리의 죄악으
로 말미암아 우리와 우리 왕들과
우리 제사장들을 여러 나라 왕들의
손에 넘기사 칼에 죽으며 사로잡히
며 노략을 당하며 얼굴을 부끄럽게
하심이 오늘날과 같으니이다
8 이제 우리 하나님 여호와께서 우리
에게 잠시 동안 은혜를 베푸사 얼
마를 남겨 두어 피하게 하신 우리
를 그 거룩한 처소에 박힌 못과 같
게 하시고 우리 하나님이 우리 눈
을 밝히사 우리가 종노릇 하는 중
에서 조금 소생하게 하셨나이다
9 우리가 비록 노예가 되었사오나 우
리 하나님이 우리를 그 종살이하는
중에 버려 두지 아니하시고 바사
왕들 앞에서 우리가 불쌍히 여김을
입고 소생하여 우리 하나님의 성전
을 세우게 하시며 그 무너진 것을
수리하게 하시며 유다와 예루살렘
에서 우리에게 울타리를 주셨나이
다
10 우리 하나님이여 이렇게 하신 후에
도 우리가 주의 계명을 저버렸사오
니 이제 무슨 말씀을 하오리이까
11 전에 주께서 주의 종 선지자들에게
명령하여 이르시되 너희가 가서 얻
으려 하는 땅은 더러운 땅이니 이
는 이방 백성들이 더럽고 가증한
일을 행하여 이 끝에서 저 끝까지
그 더러움으로 채웠음이라
12 그런즉 너희 여자들을 그들의 아들
들에게 주지 말고 그들의 딸들을
너희 아들들을 위하여 데려오지 말
며 그들을 위하여 평화와 행복을

영원히 구하지 말라 그리하면 너희
가 왕성하여 그 땅의 아름다운 것
을 먹으며 그 땅을 자손에게 물려
주어 영원한 유산으로 물려 주게
되리라 하셨나이다
13 우리의 악한 행실과 큰 죄로 말미
암아 이 모든 일을 당하였사오나
우리 하나님이 우리 죄악보다 형벌
을 가볍게 하시고 이만큼 백성을
남겨 주셨사오니
14 우리가 어찌 다시 주의 계명을 거
역하고 이 가증한 백성들과 통혼하
오리이까 그리하면 주께서 어찌 우
리를 멸하시고 남아 피할 자가 없
도록 진노하시지 아니하시리이까
15 이스라엘의 하나님 여호와여 주는
의로우시니 우리가 남아 피한 것이
오늘날과 같사옵거늘 도리어 주께
범죄하였사오니 이로 말미암아 주
앞에 한 사람도 감히 서지 못하겠
나이다 하니라

이방 아내와 그 소생을 내쫓기로 하다

10 에스라가 하나님의 성전 앞에
엎드려 울며 기도하여 죄를 자
복할 때에 많은 백성이 크게 통곡
하매 이스라엘 중에서 백성의 남녀
와 어린아이의 큰 무리가 그 앞에
모인지라
2 엘람 자손 중 여히엘의 아들 스가
냐가 에스라에게 이르되 우리가 우
리 하나님께 범죄하여 이 땅 이방
여자를 맞이하여 아내로 삼았으나
이스라엘에게 아직도 소망이 있나
니
3 곧 내 주의 교훈을 따르며 우리 하
나님의 명령을 떨며 준행하는 자의
가르침을 따라 이 모든 아내와 그
들의 소생을 다 내보내기로 우리
하나님과 언약을 세우고 율법대로
행할 것이라
4 이는 당신이 주장할 일이니 일어나
소서 우리가 도우리니 힘써 행하소
서 하니라
5 ●이에 에스라가 일어나 제사장들
과 레위 사람들과 온 이스라엘에게
이 말대로 행하기를 맹세하게 하매
무리가 맹세하는지라
6 이에 에스라가 하나님의 성전 앞에
서 일어나 엘리아십의 아들 여호하
난의 방으로 들어가니라 그가 들어
가서 사로잡혔던 자들의 죄를 근심
하여 음식도 먹지 아니하며 물도
마시지 아니하더니
7 유다와 예루살렘에 사로잡혔던 자
들의 자손들에게 공포하기를 너희
는 예루살렘으로 모이라
8 누구든지 방백들과 장로들의 훈시
를 따라 삼 일 내에 오지 아니하면
그의 재산을 적몰하고 사로잡혔던
자의 모임에서 쫓아내리라 하매
9 유다와 베냐민 모든 사람들이 삼
일 내에 예루살렘에 모이니 때는
아홉째 달 이십 일이라 무리가 하
나님의 성전 앞 광장에 앉아서 이
일과 큰 비 때문에 떨고 있더니
10 제사장 에스라가 일어나 그들에게
이르되 너희가 범죄하여 이방 여자
를 아내로 삼아 이스라엘의 죄를
더하게 하였으니
11 이제 너희 조상들의 하나님 앞에서
죄를 자복하고 그의 뜻대로 행하여
그 지방 사람들과 이방 여인을 끊
어 버리라 하니
12 모든 회중이 큰 소리로 대답하여
이르되 당신의 말씀대로 우리가 마
땅히 행할 것이니이다
13 그러나 백성이 많고 또 큰 비가 내
리는 때니 능히 밖에 서지 못할 것
이요 우리가 이 일로 크게 범죄하
였은즉 하루 이틀에 할 일이 아니

오니
14 이제 온 회중을 위하여 우리의 방
백들을 세우고 우리 모든 성읍에
이방 여자에게 장가든 자는 다 기
한에 각 고을의 장로들과 재판장과
함께 오게 하여 이 일로 인한 우리
하나님의 진노가 우리에게서 떠나
게 하소서 하나
15 오직 아사헬의 아들 요나단과 디과
의 아들 야스야가 일어나 그 일을
반대하고 므술람과 레위 사람 삽브
대가 그들을 돕더라
16 ●사로잡혔던 자들의 자손이 그대
로 한지라 제사장 에스라가 그 종
족을 따라 각각 지명된 족장들 몇
사람을 선임하고 열째 달 초하루에
앉아 그 일을 조사하여
17 첫째 달 초하루에 이르러 이방 여
인을 아내로 맞이한 자의 일 조사
하기를 마치니라

이방 여자와 결혼한 남자들

18 ●제사장의 무리 중에 이방 여인을
아내로 맞이한 자는 예수아 자손
중 요사닥의 아들과 그의 형제 마
아세야와 엘리에셀과 야립과 그달
랴라
19 그들이 다 손을 잡아 맹세하여 그
들의 아내를 내보내기로 하고 또
그 죄로 말미암아 숫양 한 마리를
속건제로 드렸으며
20 또 임멜 자손 중에서는 하나니와
스바댜요
21 하림 자손 중에서는 마아세야와 엘
리야와 스마야와 여히엘과 웃시야
요
22 바스훌 자손 중에서는 엘료에내와
마아세야와 이스마엘과 느다넬과
요사밧과 엘라사였더라
23 ●레위 사람 중에서는 요사밧과 시
므이와 글라야라 하는 글리다와
브다히야와 유다와 엘리에셀이었
더라
24 ●노래하는 자 중에서는 엘리아십
이요 문지기 중에서는 살룸과 델렘
과 우리였더라
25 ●이스라엘 중에서는 바로스 자손
중에서는 라먀와 잇시야와 말기야
와 미야민과 엘르아살과 말기야와
브나야요
26 엘람 자손 중에서는 맛다냐와 스가
랴와 여히엘과 압디와 여레못과 엘
리야요
27 삿두 자손 중에서는 엘료에내와 엘
리아십과 맛다냐와 여레못과 사밧
과 아시사요
28 베배 자손 중에서는 여호하난과 하
나냐와 삽배와 아들래요
29 바니 자손 중에서는 므술람과 말룩
과 아다야와 야숩과 스알과 여레못
이요
30 바핫모압 자손 중에서는 앗나와 글
랄과 브나야와 마아세야와 맛다냐
와 브살렐과 빈누이와 므낫세요
31 하림 자손 중에서는 엘리에셀과 잇
시야와 말기야와 스마야와 시므온
과
32 베냐민과 말룩과 스마랴요
33 하숨 자손 중에서는 맛드내와 맛닷
다와 사밧과 엘리벨렛과 여레매와
므낫세와 시므이요
34 바니 자손 중에서는 마아대와 아므
람과 우엘과
35 브나야와 베드야와 글루히와
36 와냐와 므레못과 에랴십과
37 맛다냐와 맛드내와 야아수와
38 바니와 빈누이와 시므이와
39 셀레먀와 나단과 아다야와
40 막나드배와 사새와 사래와
41 아사렐과 셀레먀와 스마랴와
42 살룸과 아마랴와 요셉이요

43 느보 자손 중에서는 여이엘과 맛디
디야와 사밧과 스비내와 잇도와 요
엘과 브나야더라

44 이상은 모두 이방 여인을 아내로
맞이한 자라 그 중에는 자녀를 낳
은 여인도 있었더라

느헤미야

Nehemiah

느헤미야가 예루살렘을 두고 기도하다

1 하가랴의 아들 느헤미야의 말이
라 ●아닥사스다 왕 제이십 년 기
슬르 월에 내가 수산 궁에 있는데
2 내 형제들 가운데 하나인 하나니가
두어 사람과 함께 유다에서 내게
이르렀기로 내가 그 사로잡힘을 면
하고 남아 있는 유다와 예루살렘
사람들의 형편을 물은즉
3 그들이 내게 이르되 사로잡힘을 면
하고 남아 있는 자들이 그 지방 거
기에서 큰 환난을 당하고 능욕을
받으며 예루살렘 성은 허물어지고
성문들은 불탔다 하는지라
4 내가 이 말을 듣고 앉아서 울고 수
일 동안 슬퍼하며 하늘의 하나님
앞에 금식하며 기도하여
5 이르되 하늘의 하나님 여호와 크고
두려우신 하나님이여 주를 사랑하
고 주의 계명을 지키는 자에게 언
약을 지키시며 긍휼을 베푸시는 주
여 간구하나이다
6 이제 종이 주의 종들인 이스라엘
자손을 위하여 주야로 기도하오며
우리 이스라엘 자손이 주께 범죄한
죄들을 자복하오니 주는 귀를 기울
이시며 눈을 여시사 종의 기도를
들으시옵소서 나와 내 아버지의 집
이 범죄하여
7 주를 향하여 크게 악을 행하여 주
께서 주의 종 모세에게 명령하신
계명과 율례와 규례를 지키지 아니
하였나이다
8 옛적에 주께서 주의 종 모세에게
명령하여 이르시되 만일 너희가 범
죄하면 내가 너희를 여러 나라 가
운데에 흩을 것이요
9 만일 내게로 돌아와 내 계명을 지
켜 행하면 너희 쫓긴 자가 하늘 끝
에 있을지라도 내가 거기서부터 그
들을 모아 내 이름을 두려고 택한
곳에 돌아오게 하리라 하신 말씀을
이제 청하건대 기억하옵소서
10 이들은 주께서 일찍이 큰 권능과
강한 손으로 구속하신 주의 종들이
요 주의 백성이니이다
11 주여 구하오니 귀를 기울이사 종의
기도와 주의 이름을 경외하기를 기
뻐하는 종들의 기도를 들으시고 오
늘 종이 형통하여 이 사람 앞에서
은혜를 입게 하옵소서 하였나니 그
때에 내가 왕의 술 관원이 되었느
니라

느헤미야가 예루살렘으로 가다

2 아닥사스다 왕 제이십 년 니산
월에 왕 앞에 포도주가 있기로
내가 그 포도주를 왕에게 드렸는데
이전에는 내가 왕 앞에서 수심이
없었더니
2 왕이 내게 이르시되 네가 병이 없
거늘 어찌하여 얼굴에 수심이 있느
냐 이는 필연 네 마음에 근심이 있
음이로다 하더라 그때에 내가 크게
두려워하여

3 왕께 대답하되 왕은 만세수를 하옵
소서 내 조상들의 묘실이 있는 성
읍이 이제까지 황폐하고 성문이 불
탔사오니 내가 어찌 얼굴에 수심이
없사오리이까 하니
4 왕이 내게 이르시되 그러면 네가
무엇을 원하느냐 하시기로 내가 곧
하늘의 하나님께 묵도하고
5 왕에게 아뢰되 왕이 만일 좋게 여
기시고 종이 왕의 목전에서 은혜를
얻었사오면 나를 유다 땅 나의 조
상들의 묘실이 있는 성읍에 보내어
그 성을 건축하게 하옵소서 하였는
데
6 그때에 왕후도 왕 곁에 앉아 있었
더라 왕이 내게 이르시되 네가 몇
날에 다녀올 길이며 어느 때에 돌
아오겠느냐 하고 왕이 나를 보내기
를 좋게 여기시기로 내가 기한을
정하고
7 내가 또 왕에게 아뢰되 왕이 만일
좋게 여기시거든 강 서쪽 총독들에
게 내리시는 조서를 내게 주사 그
들이 나를 용납하여 유다에 들어가
기까지 통과하게 하시고
8 또 왕의 삼림 감독 아삽에게 조서
를 내리사 그가 성전에 속한 영문
의 문과 성곽과 내가 들어갈 집을
위하여 들보로 쓸 재목을 내게 주
게 하옵소서 하매 내 하나님의 선
한 손이 나를 도우시므로 왕이 허
락하고
9 군대 장관과 마병을 보내어 나와
함께하게 하시기로 내가 강 서쪽에
있는 총독들에게 이르러 왕의 조서
를 전하였더니
10 호론 사람 산발랏과 종이었던 암몬
사람 도비야가 이스라엘 자손을 흥
왕하게 하려는 사람이 왔다 함을
듣고 심히 근심하더라
11 내가 예루살렘에 이르러 머무른 지
사흘 만에
12 내 하나님께서 예루살렘을 위해 무
엇을 할 것인지 내 마음에 주신 것
을 내가 아무에게도 말하지 아니하
고 밤에 일어나 몇몇 사람과 함께
나갈새 내가 탄 짐승 외에는 다른
짐승이 없더라
13 그 밤에 골짜기 문으로 나가서 용
정으로 분문에 이르는 동안에 보니
예루살렘 성벽이 다 무너졌고 성문
은 불탔더라
14 앞으로 나아가 샘문과 왕의 못에
이르러서는 탄 짐승이 지나갈 곳이
없는지라
15 그 밤에 시내를 따라 올라가서 성
벽을 살펴본 후에 돌아서 골짜기
문으로 들어와 돌아왔으나
16 방백들은 내가 어디 갔었으며 무엇
을 하였는지 알지 못하였고 나도
그 일을 유다 사람들에게나 제사장
들에게나 귀족들에게나 방백들에
게나 그 외에 일하는 자들에게 알
리지 아니하다가
17 후에 그들에게 이르기를 우리가 당
한 곤경은 너희도 보고 있는 바라
예루살렘이 황폐하고 성문이 불탔
으니 자, 예루살렘 성을 건축하여
다시 수치를 당하지 말자 하고
18 또 그들에게 하나님의 선한 손이
나를 도우신 일과 왕이 내게 이른
말씀을 전하였더니 그들의 말이 일
어나 건축하자 하고 모두 힘을 내
어 이 선한 일을 하려 하매
19 호론 사람 산발랏과 종이었던 암몬
사람 도비야와 아라비아 사람 게셈
이 이 말을 듣고 우리를 업신여기
고 우리를 비웃어 이르되 너희가
하는 일이 무엇이냐 너희가 왕을
배반하고자 하느냐 하기로

20 내가 그들에게 대답하여 이르되 하
늘의 하나님이 우리를 형통하게 하
시리니 그의 종들인 우리가 일어나
건축하려니와 오직 너희에게는 예
루살렘에서 아무 기업도 없고 권리
도 없고 기억되는 바도 없다 하였
느니라

예루살렘 성벽 중수

3 그때에 대제사장 엘리아십이 그
의 형제 제사장들과 함께 일어나
양문을 건축하여 성별하고 문짝을
달고 또 성벽을 건축하여 함메아
망대에서부터 하나넬 망대까지 성
별하였고
2 그 다음은 여리고 사람들이 건축하
였고 또 그 다음은 이므리의 아들
삭굴이 건축하였으며
3 어문은 하스나아의 자손들이 건축
하여 그 들보를 얹고 문짝을 달고
자물쇠와 빗장을 갖추었고
4 그 다음은 학고스의 손자 우리야의
아들 므레못이 중수하였고 그 다음
은 므세사벨의 손자 베레갸의 아들
므술람이 중수하였고 그 다음은 바
아나의 아들 사독이 중수하였고
5 그 다음은 드고아 사람들이 중수하
였으나 그 귀족들은 그들의 주인들
의 공사를 분담하지 아니하였으며
6 옛 문은 바세아의 아들 요야다와
브소드야의 아들 므술람이 중수하
여 그 들보를 얹고 문짝을 달고 자
물쇠와 빗장을 갖추었고
7 그 다음은 기브온 사람 믈라댜와
메로놋 사람 야돈이 강 서쪽 총독
의 관할에 속한 기브온 사람들 및
미스바 사람들과 더불어 중수하였
고
8 그 다음은 금장색 할해야의 아들
웃시엘 등이 중수하였고 그 다음은
향품 장사 하나냐 등이 중수하되
그들이 예루살렘의 넓은 성벽까지
하였고
9 그 다음은 예루살렘 지방의 절반을
다스리는 후르의 아들 르바야가 중
수하였고
10 그 다음은 하루맙의 아들 여다야가
자기 집과 마주 대한 곳을 중수하
였고 그 다음은 하삽느야의 아들
핫두스가 중수하였고
11 하림의 아들 말기야와 바핫모압의
아들 핫숩이 한 부분과 화덕 망대
를 중수하였고
12 그 다음은 예루살렘 지방 절반을
다스리는 할로헤스의 아들 살룸과
그의 딸들이 중수하였고
13 골짜기 문은 하눈과 사노아 주민이
중수하여 문을 세우며 문짝을 달고
자물쇠와 빗장을 갖추고 또 분문까
지 성벽 천 [1]규빗을 중수하였고
14 분문은 벧학게렘 지방을 다스리는
레갑의 아들 말기야가 중수하여 문
을 세우며 문짝을 달고 자물쇠와
빗장을 갖추었고
15 샘문은 미스바 지방을 다스리는 골
호세의 아들 살룬이 중수하여 문을
세우고 덮었으며 문짝을 달고 자물
쇠와 빗장을 갖추고 또 왕의 동산
근처 셀라 못가의 성벽을 중수하여
다윗 성에서 내려오는 층계까지 이
르렀고
16 그 다음은 벧술 지방 절반을 다스
리는 아스북의 아들 느헤미야가 중
수하여 다윗의 묘실과 마주 대한
곳에 이르고 또 파서 만든 못을 지
나 용사의 집까지 이르렀고
17 그 다음은 레위 사람 바니의 아들
르훔이 중수하였고 그 다음은 그일
라 지방 절반을 다스리는 하사뱌가
그 지방을 대표하여 중수하였고

1) 히, 암마

18 그 다음은 그들의 형제들 가운데
그일라 지방 절반을 다스리는 헤나
닷의 아들 바왜가 중수하였고
19 그 다음은 미스바를 다스리는 예수
아의 아들 에셀이 한 부분을 중수
하여 성 굽이에 있는 군기고 맞은
편까지 이르렀고
20 그 다음은 삽배의 아들 바룩이 한
부분을 힘써 중수하여 성 굽이에서
부터 대제사장 엘리아십의 집 문에
이르렀고
21 그 다음은 학고스의 손자 우리야의
아들 므레못이 한 부분을 중수하여
엘리아십의 집 문에서부터 엘리아
십의 집 모퉁이에 이르렀고
22 그 다음은 평지에 사는 제사장들이
중수하였고
23 그 다음은 베냐민과 핫숩이 자기
집 맞은편 부분을 중수하였고 그
다음은 아나냐의 손자 마아세야의
아들 아사랴가 자기 집에서 가까운
부분을 중수하였고
24 그 다음은 헤나닷의 아들 빈누이가
한 부분을 중수하되 아사랴의 집에
서부터 성 굽이를 지나 성 모퉁이
에 이르렀고
25 우새의 아들 발랄은 성 굽이 맞은
편과 왕의 윗 궁에서 내민 망대 맞
은편 곧 시위청에서 가까운 부분을
중수하였고 그 다음은 바로스의 아
들 브다야가 중수하였고
26 (그때에 느디님 사람은 오벨에 거
주하여 동쪽 수문과 마주 대한 곳
에서부터 내민 망대까지 이르렀느
니라)
27 그 다음은 드고아 사람들이 한 부
분을 중수하여 내민 큰 망대와 마
주 대한 곳에서부터 오벨 성벽까지
이르렀느니라
28 ●마문 위로부터는 제사장들이 각
각 자기 집과 마주 대한 부분을 중
수하였고
29 그 다음은 임멜의 아들 사독이 자
기 집과 마주 대한 부분을 중수하
였고 그 다음은 동문지기 스가냐의
아들 스마야가 중수하였고
30 그 다음은 셀레먀의 아들 하나냐와
살랍의 여섯째 아들 하눈이 한 부
분을 중수하였고 그 다음은 베레갸
의 아들 므술람이 자기의 방과 마
주 대한 부분을 중수하였고
31 그 다음은 금장색 말기야가 함밉갓
문과 마주 대한 부분을 중수하여
느디님 사람과 상인들의 집에서부
터 성 모퉁이 성루에 이르렀고
32 성 모퉁이 성루에서 양문까지는 금
장색과 상인들이 중수하였느니라

방해를 물리치다

4 산발랏이 우리가 성을 건축한다
함을 듣고 크게 분노하여 유다
사람들을 비웃으며
2 자기 형제들과 사마리아 군대 앞에
서 일러 말하되 이 미약한 유다 사
람들이 하는 일이 무엇인가, 스스
로 견고하게 하려는가, 제사를 드
리려는가, 하루에 일을 마치려는가
불탄 돌을 흙 무더기에서 다시 일
으키려는가 하고
3 암몬 사람 도비야는 곁에 있다가
이르되 그들이 건축하는 돌 성벽은
여우가 올라가도 곧 무너지리라 하
더라
4 우리 하나님이여 들으시옵소서 우
리가 업신여김을 당하나이다 원하
건대 그들이 욕하는 것을 자기들의
머리에 돌리사 노략거리가 되어 이
방에 사로잡히게 하시고
5 주 앞에서 그들의 악을 덮어 두지
마시며 그들의 죄를 도말하지 마옵
소서 그들이 건축하는 자 앞에서

주를 노하시게 하였음이니이다 하
고
6 이에 우리가 성을 건축하여 전부가
연결되고 높이가 절반에 이르렀으
니 이는 백성이 마음 들여 일을 하
였음이니라
7 ●산발랏과 도비야와 아라비아 사
람들과 암몬 사람들과 아스돗 사람
들이 예루살렘 성이 중수되어 그
허물어진 틈이 메꾸어져 간다 함을
듣고 심히 분노하여
8 다 함께 꾀하기를 예루살렘으로 가
서 치고 그곳을 요란하게 하자 하
기로
9 우리가 우리 하나님께 기도하며 그
들로 말미암아 파수꾼을 두어 주야
로 방비하는데
10 유다 사람들은 이르기를 흙 무더기
가 아직도 많거늘 짐을 나르는 자
의 힘이 다 빠졌으니 우리가 성을
건축하지 못하리라 하고
11 우리의 원수들은 이르기를 그들이
알지 못하고 보지 못하는 사이에
우리가 그들 가운데 달려 들어가서
살륙하여 역사를 그치게 하리라 하
고
12 그 원수들의 근처에 거주하는 유다
사람들도 그 각처에서 와서 열 번
이나 우리에게 말하기를 너희가 우
리에게로 와야 하리라 하기로
13 내가 성벽 뒤의 낮고 넓은 곳에 백
성이 그들의 종족을 따라 칼과 창
과 활을 가지고 서 있게 하고
14 내가 돌아본 후에 일어나서 귀족
들과 민장들과 남은 백성에게 말
하기를 너희는 그들을 두려워하지
말고 지극히 크시고 두려우신 주를
기억하고 너희 형제와 자녀와 아
내와 집을 위하여 싸우라 하였느
니라
15 ●우리의 대적이 우리가 그들의 의
도를 눈치챘다 함을 들으니라 하나
님이 그들의 꾀를 폐하셨으므로 우
리가 다 성에 돌아와서 각각 일하
였는데
16 그때로부터 내 수하 사람들의 절반
은 일하고 절반은 갑옷을 입고 창
과 방패와 활을 가졌고 민장은 유
다 온 족속의 뒤에 있었으며
17 성을 건축하는 자와 짐을 나르는
자는 다 각각 한 손으로 일을 하며
한 손에는 병기를 잡았는데
18 건축하는 자는 각각 허리에 칼을
차고 건축하며 나팔 부는 자는 내
곁에 섰었느니라
19 내가 귀족들과 민장들과 남은 백성
에게 이르기를 이 공사는 크고 넓
으므로 우리가 성에서 떨어져 거리
가 먼즉
20 너희는 어디서든지 나팔 소리를 듣
거든 그리로 모여서 우리에게로 나
아오라 우리 하나님이 우리를 위하
여 싸우시리라 하였느니라
21 ●우리가 이같이 공사하는데 무리
의 절반은 동틀 때부터 별이 나기
까지 창을 잡았으며
22 그때에 내가 또 백성에게 말하기를
사람마다 그 종자와 함께 예루살렘
안에서 잘지니 밤에는 우리를 위하
여 파수하겠고 낮에는 일하리라 하
고
23 나나 내 형제들이나 종자들이나 나
를 따라 파수하는 사람들이나 우리
가 다 우리의 옷을 벗지 아니하였
으며 물을 길으러 갈 때에도 각각
병기를 잡았느니라

가난한 백성이 부르짖다

5 그때에 백성들이 그들의 아내와
함께 크게 부르짖어 그들의 형제
인 유다 사람들을 원망하는데

2 어떤 사람은 말하기를 우리와 우리
자녀가 많으니 양식을 얻어 먹고
살아야 하겠다 하고
3 어떤 사람은 말하기를 우리가 밭과
포도원과 집이라도 저당 잡히고 이
흉년에 곡식을 얻자 하고
4 어떤 사람은 말하기를 우리는 밭과
포도원으로 돈을 빚내서 왕에게 세
금을 바쳤도다
5 우리 육체도 우리 형제의 육체와
같고 우리 자녀도 그들의 자녀와
같거늘 이제 우리 자녀를 종으로
파는도다 우리 딸 중에 벌써 종 된
자가 있고 우리의 밭과 포도원이
이미 남의 것이 되었으나 우리에게
는 아무런 힘이 없도다 하더라
6 ●내가 백성의 부르짖음과 이런 말
을 듣고 크게 노하였으나
7 깊이 생각하고 귀족들과 민장들을
꾸짖어 그들에게 이르기를 너희가
각기 형제에게 높은 이자를 취하는
도다 하고 대회를 열고 그들을 쳐
서
8 그들에게 이르기를 우리는 이방인
의 손에 팔린 우리 형제 유다 사람
들을 우리의 힘을 다하여 도로 찾
았거늘 너희는 너희 형제를 팔고자
하느냐 더구나 우리의 손에 팔리게
하겠느냐 하매 그들이 잠잠하여 말
이 없기로
9 내가 또 이르기를 너희의 소행이
좋지 못하도다 우리의 대적 이방
사람의 비방을 생각하고 우리 하나
님을 경외하는 가운데 행할 것이
아니냐
10 나와 내 형제와 종자들도 역시 돈과
양식을 백성에게 꾸어 주었거니와
우리가 그 이자 받기를 그치자
11 그런즉 너희는 그들에게 오늘이라
도 그들의 밭과 포도원과 감람원과
집이며 너희가 꾸어 준 돈이나 양
식이나 새 포도주나 기름의 백분의
일을 돌려보내라 하였더니
12 그들이 말하기를 우리가 당신의 말
씀대로 행하여 돌려보내고 그들에
게서 아무것도 요구하지 아니하리
이다 하기로 내가 제사장들을 불러
그들에게 그 말대로 행하겠다고 맹
세하게 하고
13 내가 옷자락을 털며 이르기를 이
말대로 행하지 아니하는 자는 모두
하나님이 또한 이와 같이 그 집과
산업에서 털어 버리실지니 그는 곧
이렇게 털려서 빈손이 될지로다 하
매 회중이 다 아멘 하고 여호와를
찬송하고 백성들이 그 말한 대로
행하였느니라

느헤미야가 총독의 녹을 받지 아니하다

14 ●또한 유다 땅 총독으로 세움을
받은 때 곧 아닥사스다 왕 제이십
년부터 제삼십이 년까지 십이 년
동안은 나와 내 형제들이 총독의
녹을 먹지 아니하였느니라
15 나보다 먼저 있었던 총독들은 백성
에게서, 양식과 포도주와 또 은 사
십 세겔을 그들에게서 빼앗았고 또
한 그들의 종자들도 백성을 압제하
였으나 나는 하나님을 경외하므로
이같이 행하지 아니하고
16 도리어 이 성벽 공사에 힘을 다하
며 땅을 사지 아니하였고 내 모든
종자들도 모여서 일을 하였으며
17 또 내 상에는 유다 사람들과 민장
들 백오십 명이 있고 그 외에도 우
리 주위에 있는 이방 족속들 중에
서 우리에게 나아온 자들이 있었는
데
18 매일 나를 위하여 소 한 마리와 살
진 양 여섯 마리를 준비하며 닭도

많이 준비하고 열흘에 한 번씩은
각종 포도주를 갖추었나니 비록 이
같이 하였을지라도 내가 총독의 녹
을 요구하지 아니하였음은 이 백성
의 부역이 중함이었더라
19 내 하나님이여 내가 이 백성을 위
하여 행한 모든 일을 기억하사 내
게 은혜를 베푸시옵소서

느헤미야에 대한 음모

6 산발랏과 도비야와 아라비아 사
람 게셈과 그 나머지 우리의 원
수들이 내가 성벽을 건축하여 허물
어진 틈을 남기지 아니하였다 함을
들었는데 그때는 내가 아직 성문에
문짝을 달지 못한 때였더라
2 산발랏과 게셈이 내게 사람을 보내
어 이르기를 오라 우리가 오노 평
지 한 촌에서 서로 만나자 하니 실
상은 나를 해하고자 함이었더라
3 내가 곧 그들에게 사자들을 보내어
이르기를 내가 이제 큰 역사를 하
니 내려가지 못하겠노라 어찌하여
역사를 중지하게 하고 너희에게로
내려가겠느냐 하매
4 그들이 네 번이나 이같이 내게 사
람을 보내되 나는 꼭 같이 대답하
였더니
5 산발랏이 다섯 번째는 그 종자의
손에 봉하지 않은 편지를 들려 내
게 보냈는데
6 그 글에 이르기를 이방 중에도 소
문이 있고 가스무도 말하기를 너와
유다 사람들이 모반하려 하여 성벽
을 건축한다 하나니 네가 그 말과
같이 왕이 되려 하는도다
7 또 네가 선지자를 세워 예루살렘에
서 너를 들어 선전하기를 유다에
왕이 있다 하게 하였으니 지금 이
말이 왕에게 들릴지라 그런즉 너는
이제 오라 함께 의논하자 하였기로
8 내가 사람을 보내어 그에게 이르기
를 네가 말한 바 이런 일은 없는 일
이요 네 마음에서 지어낸 것이라
하였나니
9 이는 그들이 다 우리를 두렵게 하
고자 하여 말하기를 그들의 손이
피곤하여 역사를 중지하고 이루지
못하리라 함이라 이제 내 손을 힘
있게 하옵소서 하였노라
10 ●이 후에 므헤다벨의 손자 들라야
의 아들 스마야가 두문불출 하기로
내가 그 집에 가니 그가 이르기를
그들이 너를 죽이러 올 터이니 우
리가 하나님의 전으로 가서 외소
안에 머물고 그 문을 닫자 저들이
반드시 밤에 와서 너를 죽이리라
하기로
11 내가 이르기를 나 같은 자가 어찌
도망하며 나 같은 몸이면 누가 외
소에 들어가서 생명을 보존하겠
느냐 나는 들어가지 않겠노라 하
고
12 깨달은즉 그는 하나님께서 보내신
바가 아니라 도비야와 산발랏에게
뇌물을 받고 내게 이런 예언을 함
이라
13 그들이 뇌물을 준 까닭은 나를 두
렵게 하고 이렇게 함으로 범죄하게
하고 악한 말을 지어 나를 비방하
려 함이었느니라
14 내 하나님이여 도비야와 산발랏과
여선지 노아댜와 그 남은 선지자들
곧 나를 두렵게 하고자 한 자들의
소행을 기억하옵소서 하였노라

성벽 공사가 끝나다

15 ●성벽 역사가 오십이 일 만인 엘
룰 월 이십오 일에 끝나매
16 우리의 모든 대적과 주위에 있는
이방 족속들이 이를 듣고 다 두려
워하여 크게 낙담하였으니 그들이

우리 하나님께서 이 역사를 이루신
것을 앎이니라
17 또한 그때에 유다의 귀족들이 여러
번 도비야에게 편지하였고 도비야
의 편지도 그들에게 이르렀으니
18 도비야는 아라의 아들 스가냐의 사
위가 되었고 도비야의 아들 여호하
난도 베레갸의 아들 므술람의 딸을
아내로 맞이하였으므로 유다에서
그와 동맹한 자가 많음이라
19 그들이 도비야의 선행을 내 앞에
말하고 또 내 말도 그에게 전하매
도비야가 내게 편지하여 나를 두렵
게 하고자 하였느니라

느헤미야가 지도자들을 세우다

7 성벽이 건축되매 문짝을 달고 문
지기와 노래하는 자들과 레위 사
람들을 세운 후에
2 내 아우 하나니와 영문의 관원 하
나냐가 함께 예루살렘을 다스리게
하였는데 하나냐는 충성스러운 사
람이요 하나님을 경외함이 무리 중
에서 뛰어난 자라
3 내가 그들에게 이르기를 해가 높이
뜨기 전에는 예루살렘 성문을 열지
말고 아직 파수할 때에 곧 문을 닫
고 빗장을 지르며 또 예루살렘 주
민이 각각 자기가 지키는 곳에서
파수하되 자기 집 맞은편을 지키게
하라 하였노니
4 그 성읍은 광대하고 그 주민은 적
으며 가옥은 미처 건축하지 못하였
음이니라

포로에서 돌아온 사람들 (스 2:1-70)

5 ●내 하나님이 내 마음을 감동하사
귀족들과 민장들과 백성을 모아 그
계보대로 등록하게 하시므로 내가
처음으로 돌아온 자의 계보를 얻었
는데 거기에 기록된 것을 보면
6 옛적에 바벨론 왕 느부갓네살에게
사로잡혀 갔던 자들 중에서 놓임을
받고 예루살렘과 유다에 돌아와 각
기 자기들의 성읍에 이른 자들 곧
7 스룹바벨과 예수아와 느헤미야와
아사랴와 라아먀와 나하마니와 모
르드개와 빌산과 미스베렛과 비그
왜와 느훔과 바아나와 함께 나온
이스라엘 백성의 명수가 이러하니
라
8 바로스 자손이 이천백칠십이 명이
요
9 스바댜 자손이 삼백칠십이 명이요
10 아라 자손이 육백오십이 명이요
11 바핫모압 자손 곧 예수아와 요압
자손이 이천팔백십팔 명이요
12 엘람 자손이 천이백오십사 명이요
13 삿두 자손이 팔백사십오 명이요
14 삭개 자손이 칠백육십 명이요
15 빈누이 자손이 육백사십팔 명이요
16 브배 자손이 육백이십팔 명이요
17 아스갓 자손이 이천삼백이십이 명
이요
18 아도니감 자손이 육백육십칠 명이
요
19 비그왜 자손이 이천육십칠 명이요
20 아딘 자손이 육백오십오 명이요
21 아델 자손 곧 히스기야 자손이 구
십팔 명이요
22 하숨 자손이 삼백이십팔 명이요
23 베새 자손이 삼백이십사 명이요
24 하립 자손이 백십이 명이요
25 기브온 사람이 구십오 명이요
26 베들레헴과 느도바 사람이 백팔십
팔 명이요
27 아나돗 사람이 백이십팔 명이요
28 벧아스마웻 사람이 사십이 명이요
29 기랴여아림과 그비라와 브에롯 사
람이 칠백사십삼 명이요
30 라마와 게바 사람이 육백이십일 명
이요

31 믹마스 사람이 백이십이 명이요
32 벧엘과 아이 사람이 백이십삼 명이
요
33 기타 느보 사람이 오십이 명이요
34 기타 엘람 자손이 천이백오십사 명
이요
35 하림 자손이 삼백이십 명이요
36 여리고 자손이 삼백사십오 명이요
37 로드와 하딧과 오노 자손이 칠백이
십일 명이요
38 스나아 자손이 삼천구백삼십 명이
었느니라
39 ●제사장들은 예수아의 집 여다야
자손이 구백칠십삼 명이요
40 임멜 자손이 천오십이 명이요
41 바스훌 자손이 천이백사십칠 명이
요
42 하림 자손이 천십칠 명이었느니라
43 ●레위 사람들은 호드야 자손 곧
예수아와 갓미엘 자손이 칠십사 명
이요
44 노래하는 자들은 아삽 자손이 백사
십팔 명이요
45 문지기들은 살룸 자손과 아델 자손
과 달문 자손과 악굽 자손과 하디
다 자손과 소배 자손이 모두 백삼
십팔 명이었느니라
46 ●느디님 사람들은 시하 자손과 하
수바 자손과 답바옷 자손과
47 게로스 자손과 시아 자손과 바돈
자손과
48 르바나 자손과 하가바 자손과 살매
자손과
49 하난 자손과 깃델 자손과 가할 자
손과
50 르아야 자손과 르신 자손과 느고다
자손과
51 갓삼 자손과 웃사 자손과 바세아
자손과
52 베새 자손과 므우님 자손과 느비스
심 자손과
53 박북 자손과 하그바 자손과 할훌
자손과
54 바슬릿 자손과 므히다 자손과 하르
사 자손과
55 바르고스 자손과 시스라 자손과 데
마 자손과
56 느시야 자손과 하디바 자손이었느
니라
57 ●솔로몬의 신하의 자손은 소대 자
손과 소베렛 자손과 브리다 자손과
58 야알라 자손과 다르곤 자손과 깃델
자손과
59 스바댜 자손과 핫딜 자손과 보게렛
하스바임 자손과 아몬 자손이니
60 모든 느디님 사람과 솔로몬의 신하
의 자손이 삼백구십이 명이었느니
라
61 ●델멜라와 델하르사와 그룹과 앗
돈과 임멜로부터 올라온 자가 있으
나 그들의 종족이나 계보가 이스라
엘에 속하였는지는 증거할 수 없으
니
62 그들은 들라야 자손과 도비야 자손
과 느고다 자손이라 모두가 육백사
십이 명이요
63 제사장 중에는 호바야 자손과 학고
스 자손과 바르실래 자손이니 바르
실래는 길르앗 사람 바르실래의 딸
중의 하나로 아내를 삼고 바르실래
의 이름으로 불린 자라
64 이 사람들은 계보 중에서 자기 이
름을 찾아도 찾지 못하였으므로 그
들을 부정하게 여겨 제사장의 직분
을 행하지 못하게 하고
65 총독이 그들에게 명령하여 우림과
둠밈을 가진 제사장이 일어나기 전
에는 지성물을 먹지 말라 하였느니
라
66 ●온 회중의 합계는 사만 이천삼백

육십 명이요
67 그 외에 노비가 칠천삼백삼십칠 명
이요 그들에게 노래하는 남녀가 이
백사십오 명이 있었고
68 말이 칠백삼십육 마리요 노새가 이
백사십오 마리요
69 낙타가 사백삼십오 마리요 나귀가
육천칠백이십 마리였느니라
70 ●어떤 족장들은 역사를 위하여 보
조하였고 총독은 금 천 드라크마와
대접 오십과 제사장의 의복 오백삼
십 벌을 보물 곳간에 드렸고
71 또 어떤 족장들은 금 이만 드라크
마와 은 이천이백 [1)]마네를 역사 곳
간에 드렸고
72 그 나머지 백성은 금 이만 드라크
마와 은 이천 마네와 제사장의 의
복 육십칠 벌을 드렸느니라

백성 앞에서 율법책을 읽다

73 ●이와 같이 제사장들과 레위 사람
들과 문지기들과 노래하는 자들과
백성 몇 명과 느디님 사람들과 온
이스라엘 자손이 다 자기들의 성읍
에 거주하였느니라

8 이스라엘 자손이 자기들의 성읍
에 거주하였더니 일곱째 달에 이
르러 모든 백성이 일제히 수문 앞
광장에 모여 [2)]학사 에스라에게 여
호와께서 이스라엘에게 명령하신
모세의 율법책을 가져오기를 청하
매
2 일곱째 달 초하루에 제사장 에스라
가 율법책을 가지고 회중 앞 곧 남
자나 여자나 알아들을 만한 모든
사람 앞에 이르러
3 수문 앞 광장에서 새벽부터 정오
까지 남자나 여자나 알아들을 만
한 모든 사람 앞에서 읽으매 뭇 백
성이 그 율법책에 귀를 기울였는
데
4 그때에 학사 에스라가 특별히 지은
나무 강단에 서고 그의 곁 오른쪽
에 선 자는 맛디댜와 스마와 아나
야와 우리야와 힐기야와 마아세야
요 그의 왼쪽에 선 자는 브다야와
미사엘과 말기야와 하숨과 하스밧
다나와 스가랴와 므술람이라
5 에스라가 모든 백성 위에 서서 그
들 목전에 책을 펴니 책을 펼 때에
모든 백성이 일어서니라
6 에스라가 위대하신 하나님 여호와
를 송축하매 모든 백성이 손을 들
고 아멘 아멘 하고 응답하고 몸을
굽혀 얼굴을 땅에 대고 여호와께
경배하니라
7 예수아와 바니와 세레뱌와 야민과
악굽과 사브대와 호디야와 마아세
야와 그리다와 아사랴와 요사밧과
하난과 블라야와 레위 사람들은 백
성이 제자리에 서 있는 동안 그들
에게 율법을 깨닫게 하였는데
8 하나님의 율법책을 낭독하고 그 뜻
을 해석하여 백성에게 그 낭독하는
것을 다 깨닫게 하니
9 백성이 율법의 말씀을 듣고 다 우
는지라 총독 느헤미야와 제사장 겸
학사 에스라와 백성을 가르치는 레
위 사람들이 모든 백성에게 이르기
를 오늘은 너희 하나님 여호와의
성일이니 슬퍼하지 말며 울지 말라
하고
10 느헤미야가 또 그들에게 이르기를
너희는 가서 살진 것을 먹고 단 것
을 마시되 준비하지 못한 자에게는
나누어 주라 이날은 우리 주의 성
일이니 근심하지 말라 여호와로 인
하여 기뻐하는 것이 너희의 힘이니
라 하고
11 레위 사람들도 모든 백성을 정숙하

1) 1마네는 50세겔 2) 히, 서기관

게 하여 이르기를 오늘은 성일이니
마땅히 조용하고 근심하지 말라 하
니
12 모든 백성이 곧 가서 먹고 마시며
나누어 주고 크게 즐거워하니 이는
그들이 그 읽어 들려 준 말을 밝히
앎이라
13 ●그 이튿날 뭇 백성의 족장들과
제사장들과 레위 사람들이 율법의
말씀을 밝히 알고자 하여 학사 에
스라에게 모여서
14 율법에 기록된 바를 본즉 여호와께
서 모세를 통하여 명령하시기를 이
스라엘 자손은 일곱째 달 절기에
초막에서 거할지니라 하였고
15 또 일렀으되 모든 성읍과 예루살렘
에 공포하여 이르기를 너희는 산에
가서 감람나무 가지와 들감람나무
가지와 화석류나무 가지와 종려나
무 가지와 기타 무성한 나무 가지
를 가져다가 기록한 바를 따라 초
막을 지으라 하라 한지라
16 백성이 이에 나가서 나뭇가지를 가
져다가 혹은 지붕 위에, 혹은 뜰 안
에, 혹은 하나님의 전 뜰에, 혹은
수문 광장에, 혹은 에브라임 문 광
장에 초막을 짓되
17 사로잡혔다가 돌아온 회중이 다 초
막을 짓고 그 안에서 거하니 눈의
아들 여호수아 때로부터 그날까지
이스라엘 자손이 이같이 행한 일이
없었으므로 이에 크게 기뻐하며
18 에스라는 첫날부터 끝날까지 날마
다 하나님의 율법책을 낭독하고 무
리가 이레 동안 절기를 지키고 여
덟째 날에 규례를 따라 성회를 열
었느니라

백성들이 죄를 자복하다

9 그달 스무나흗 날에 이스라엘 자
손이 다 모여 금식하며 굵은 베
옷을 입고 티끌을 무릅쓰며
2 모든 이방 사람들과 절교하고 서서
자기의 죄와 조상들의 허물을 자복
하고
3 이날에 낮 사분의 일은 그 제자리
에 서서 그들의 하나님 여호와의
율법책을 낭독하고 낮 사분의 일은
죄를 자복하며 그들의 하나님 여호
와께 경배하는데
4 레위 사람 예수아와 바니와 갓미엘
과 스바냐와 분니와 세레뱌와 바니
와 그나니는 단에 올라서서 큰 소
리로 그들의 하나님 여호와께 부르
짖고
5 또 레위 사람 예수아와 갓미엘과
바니와 하삽느야와 세레뱌와 호디
야와 스바냐와 브다히야는 이르기
를 너희 무리는 마땅히 일어나 영
원부터 영원까지 계신 너희 하나님
여호와를 송축할지어다 주여 주의
영화로운 이름을 송축하올 것은 주
의 이름이 존귀하여 모든 송축이나
찬양에서 뛰어남이니이다
6 오직 주는 여호와시라 하늘과 하늘
들의 하늘과 일월 성신과 땅과 땅
위의 만물과 바다와 그 가운데 모
든 것을 지으시고 다 보존하시오니
모든 천군이 주께 경배하나이다
7 주는 하나님 여호와시라 옛적에 아
브람을 택하시고 갈대아 우르에서
인도하여 내시고 아브라함이라는
이름을 주시고
8 그의 마음이 주 앞에서 충성됨을
보시고 그와 더불어 언약을 세우사
가나안 족속과 헷 족속과 아모리
족속과 브리스 족속과 여부스 족속
과 기르가스 족속의 땅을 그의 씨
에게 주리라 하시더니 그 말씀대로
이루셨사오매 주는 의로우심이로
소이다

9 주께서 우리 조상들이 애굽에서 고
난받는 것을 감찰하시며 홍해에서
그들의 부르짖음을 들으시고
10 이적과 기사를 베푸사 바로와 그의
모든 신하와 그의 나라 온 백성을
치셨사오니 이는 그들이 우리의 조
상들에게 교만하게 행함을 아셨음
이라 주께서 오늘과 같이 명예를
얻으셨나이다
11 또 주께서 우리 조상들 앞에서 바
다를 갈라지게 하사 그들이 바다
가운데를 육지같이 통과하게 하시
고 쫓아오는 자들을 돌을 큰 물에
던짐같이 깊은 물에 던지시고
12 낮에는 구름 기둥으로 인도하시고
밤에는 불 기둥으로 그들이 행할
길을 그들에게 비추셨사오며
13 또 시내 산에 강림하시고 하늘에서
부터 그들과 말씀하사 정직한 규례
와 진정한 율법과 선한 율례와 계
명을 그들에게 주시고
14 거룩한 안식일을 그들에게 알리시
며 주의 종 모세를 통하여 계명과
율례와 율법을 그들에게 명령하시
고
15 그들의 굶주림 때문에 하늘에서 그
들에게 양식을 주시며 그들의 목마
름 때문에 그들에게 반석에서 물을
내시고 또 주께서 옛적에 손을 들어
맹세하시고 주겠다고 하신 땅을 들
어가서 차지하라 말씀하셨사오나
16 그들과 우리 조상들이 교만하고 목
을 굳게 하여 주의 명령을 듣지 아
니하고
17 거역하며 주께서 그들 가운데에서
행하신 기사를 기억하지 아니하고
목을 굳게 하며 패역하여 스스로
한 우두머리를 세우고 종 되었던
땅으로 돌아가고자 하였나이다 그
러나 주께서는 용서하시는 하나님
이시라 은혜로우시며 긍휼히 여기
시며 더디 노하시며 인자가 풍부하
시므로 그들을 버리지 아니하셨나
이다
18 또 그들이 자기들을 위하여 송아지
를 부어 만들고 이르기를 이는 곧
너희를 인도하여 애굽에서 나오게
한 신이라 하여 하나님을 크게 모
독하였사오나
19 주께서는 주의 크신 긍휼로 그들을
광야에 버리지 아니하시고 낮에는
구름 기둥이 그들에게서 떠나지 아
니하고 길을 인도하며 밤에는 불
기둥이 그들이 갈 길을 비추게 하
셨사오며
20 또 주의 선한 영을 주사 그들을 가
르치시며 주의 만나가 그들의 입에
서 끊어지지 않게 하시고 그들의
목마름을 인하여 그들에게 물을 주
어
21 사십 년 동안 들에서 기르시되 부
족함이 없게 하시므로 그 옷이 해
어지지 아니하였고 발이 부르트지
아니하였사오며
22 또 나라들과 족속들을 그들에게 각
각 나누어 주시매 그들이 시혼의
땅 곧 헤스본 왕의 땅과 바산 왕 옥
의 땅을 차지하였나이다
23 주께서 그들의 자손을 하늘의 별같
이 많게 하시고 전에 그들의 열조
에게 들어가서 차지하라고 말씀하
신 땅으로 인도하여 이르게 하셨으
므로
24 그 자손이 들어가서 땅을 차지하되
주께서 그 땅 가나안 주민들이 그
들 앞에 복종하게 하실 때에 가나
안 사람들과 그들의 왕들과 본토
여러 족속들을 그들의 손에 넘겨
임의로 행하게 하시매
25 그들이 견고한 성읍들과 기름진 땅

을 점령하고 모든 아름다운 물건이
가득한 집과 판 우물과 포도원과
감람원과 허다한 과목을 차지하여
배불리 먹어 살찌고 주의 큰 복을
즐겼사오나
26 그들은 순종하지 아니하고 주를 거
역하며 주의 율법을 등지고 주께로
돌아오기를 권면하는 선지자들을
죽여 주를 심히 모독하였나이다
27 그러므로 주께서 그들을 대적의 손
에 넘기사 그들이 곤고를 당하게
하시매 그들이 환난을 당하여 주께
부르짖을 때에 주께서 하늘에서 들
으시고 주의 크신 긍휼로 그들에게
구원자들을 주어 그들을 대적의 손
에서 구원하셨거늘
28 그들이 평강을 얻은 후에 다시 주
앞에서 악을 행하므로 주께서 그들
을 원수들의 손에 버려 두사 원수
들에게 지배를 당하게 하시다가 그
들이 돌이켜 주께 부르짖으매 주께
서 하늘에서 들으시고 여러 번 주
의 긍휼로 건져내시고
29 다시 주의 율법을 복종하게 하시려
고 그들에게 경계하셨으나 그들이
교만하여 사람이 준행하면 그 가운
데에서 삶을 얻는 주의 계명을 듣
지 아니하며 주의 규례를 범하여
고집하는 어깨를 내밀며 목을 굳게
하여 듣지 아니하였나이다
30 그러나 주께서 그들을 여러 해 동
안 참으시고 또 주의 선지자들을
통하여 주의 영으로 그들을 경계하
시되 그들이 듣지 아니하므로 열방
사람들의 손에 넘기시고도
31 주의 크신 긍휼로 그들을 아주 멸
하지 아니하시며 버리지도 아니하
셨사오니 주는 은혜로우시고 불쌍
히 여기시는 하나님이심이니이다
32 우리 하나님이여 광대하시고 능하
시고 두려우시며 언약과 인자하심
을 지키시는 하나님이여 우리와 우
리 왕들과 방백들과 제사장들과 선
지자들과 조상들과 주의 모든 백성
이 앗수르 왕들의 때로부터 오늘까
지 당한 모든 환난을 이제 작게 여
기지 마옵소서
33 그러나 우리가 당한 모든 일에 주
는 공의로우시니 우리는 악을 행하
였사오나 주께서는 진실하게 행하
셨음이니이다
34 우리 왕들과 방백들과 제사장들과
조상들이 주의 율법을 지키지 아니
하며 주의 명령과 주께서 그들에게
경계하신 말씀을 순종하지 아니하
고
35 그들이 그 나라와 주께서 그들에게
베푸신 큰 복과 자기 앞에 주신 넓
고 기름진 땅을 누리면서도 주를
섬기지 아니하며 악행을 그치지 아
니하였으므로
36 우리가 오늘날 종이 되었는데 곧
주께서 우리 조상들에게 주사 그것
의 열매를 먹고 그것의 아름다운
소산을 누리게 하신 땅에서 우리가
종이 되었나이다
37 우리의 죄로 말미암아 주께서 우리
위에 세우신 이방 왕들이 이 땅의
많은 소산을 얻고 그들이 우리의
몸과 가축을 임의로 관할하오니 우
리의 곤란이 심하오며
38 우리가 이 모든 일로 말미암아 이
제 견고한 언약을 세워 기록하고
우리의 방백들과 레위 사람들과 제
사장들이 다 인봉하나이다 하였느
니라

언약에 인봉한 사람들

10 그 인봉한 자는 하가랴의 아들
총독 느헤미야와 시드기야,
2 스라야, 아사랴, 예레미야,

3 바스훌, 아마랴, 말기야,
4 핫두스, 스바냐, 말룩,
5 하림, 므레못, 오바댜,
6 다니엘, 긴느돈, 바룩,
7 므술람, 아비야, 미야민,
8 마아시야, 빌개, 스마야이니 이는
제사장들이요
9 또 레위 사람 곧 아사냐의 아들 예
수아, 헤나닷의 자손 중 빈누이, 갓
미엘과
10 그의 형제 스바냐, 호디야, 그리다,
블라야, 하난,
11 미가, 르홉, 하사뱌,
12 삭굴, 세레뱌, 스바냐,
13 호디야, 바니, 브니누요
14 또 백성의 우두머리들 곧 바로스,
바핫모압, 엘람, 삿두, 바니,
15 분니, 아스갓, 베배,
16 아도니야, 비그왜, 아딘,
17 아델, 히스기야, 앗술,
18 호디야, 하숨, 베새,
19 하립, 아나돗, 노배,
20 막비아스, 므술람, 헤실,
21 므세사벨, 사독, 얏두아,
22 블라댜, 하난, 아나야,
23 호세아, 하나냐, 핫숩,
24 할르헤스, 빌하, 소벡,
25 르훔, 하삽나, 마아세야,
26 아히야, 하난, 아난,
27 말룩, 하림, 바아나이니라
28 ●그 남은 백성과 제사장들과 레위
사람들과 문지기들과 노래하는 자
들과 느디님 사람들과 및 이방 사
람과 절교하고 하나님의 율법을 준
행하는 모든 자와 그들의 아내와
그들의 자녀들 곧 지식과 총명이
있는 자들은
29 다 그들의 형제 귀족들을 따라 저
주로 맹세하기를 우리가 하나님의
종 모세를 통하여 주신 하나님의
율법을 따라 우리 주 여호와의 모
든 계명과 규례와 율례를 지켜 행
하여
30 우리의 딸들을 이 땅 백성에게 주
지 아니하고 우리의 아들들을 위하
여 그들의 딸들을 데려오지 아니하
며
31 혹시 이 땅 백성이 안식일에 물품
이나 온갖 곡물을 가져다가 팔려고
할지라도 우리가 안식일이나 성일
에는 그들에게서 사지 않겠고 일곱
째 해마다 땅을 쉬게 하고 모든 빚
을 탕감하리라 하였고
32 우리가 또 스스로 규례를 정하기를
해마다 각기 세겔의 삼분의 일을
수납하여 하나님의 전을 위하여 쓰
게 하되
33 곧 진설병과 항상 드리는 소제와
항상 드리는 번제와 안식일과 초하
루와 정한 절기에 쓸 것과 성물과
이스라엘을 위하는 속죄제와 우리
하나님의 전의 모든 일을 위하여
쓰게 하였고
34 또 우리 제사장들과 레위 사람들과
백성들이 제비 뽑아 각기 종족대로
해마다 정한 시기에 나무를 우리
하나님의 전에 바쳐 율법에 기록한
대로 우리 하나님 여호와의 제단에
사르게 하였고
35 해마다 우리 토지 소산의 맏물과
각종 과목의 첫 열매를 여호와의
전에 드리기로 하였고
36 또 우리의 맏아들들과 가축의 처음
난 것과 소와 양의 처음 난 것을 율
법에 기록된 대로 우리 하나님의
전으로 가져다가 우리 하나님의 전
에서 섬기는 제사장들에게 주고
37 또 처음 익은 밀의 가루와 거제물
과 각종 과목의 열매와 새 포도주
와 기름을 제사장들에게로 가져다

가 우리 하나님의 전의 여러 방에
두고 또 우리 산물의 십일조를 레
위 사람들에게 주리라 하였나니 이
레위 사람들은 우리의 모든 성읍에
서 산물의 십일조를 받는 자임이며
38 레위 사람들이 십일조를 받을 때에
는 아론의 자손 제사장 한 사람이
함께 있을 것이요 레위 사람들은
그 십일조의 십분의 일을 가져다가
우리 하나님의 전 곳간의 여러 방
에 두되
39 곧 이스라엘 자손과 레위 자손이
거제로 드린 곡식과 새 포도주와
기름을 가져다가 성소의 그릇들을
두는 골방 곧 섬기는 제사장들과
문지기들과 노래하는 자들이 있는
골방에 둘 것이라 그리하여 우리가
우리 하나님의 전을 버려 두지 아
니하리라

예루살렘에 거주하는 백성들

11 백성의 지도자들은 예루살렘에
거주하였고 그 남은 백성은 제
비 뽑아 십분의 일은 거룩한 성 예
루살렘에서 거주하게 하고 그 십분
의 구는 다른 성읍에 거주하게 하
였으며
2 예루살렘에 거주하기를 자원하는
모든 자를 위하여 백성들이 복을
빌었느니라
3 ●이스라엘과 제사장들과 레위 사
람들과 느디님 사람들과 솔로몬의
신하들의 자손은 유다 여러 성읍
에서 각각 자기 성읍 자기 기업에
거주하였느니라 예루살렘에 거주
한 그 지방의 지도자들은 이러하
니
4 예루살렘에 거주한 자는 유다 자손
과 베냐민 자손 몇 명이라 유다 자
손 중에는 베레스 자손 아다야이니
그는 웃시야의 아들이요 스가랴의
손자요 아마랴의 증손이요 스바댜
의 현손이요 마할랄렐의 오대 손이
며
5 또 마아세야니 그는 바룩의 아들이
요 골호세의 손자요 하사야의 증손
이요 아다야의 현손이요 요야립의
오대 손이요 스가랴의 육대 손이요
실로 사람의 칠대 손이라
6 예루살렘에 거주한 베레스 자손은
모두 사백육십팔 명이니 다 용사였
느니라
7 ●베냐민 자손은 살루이니 그는 므
술람의 아들이요 요엣의 손자요 브
다야의 증손이요 골라야의 현손이
요 마아세야의 오대 손이요 이디엘
의 육대 손이요 여사야의 칠대 손
이며
8 그 다음은 갑배와 살래 등이니 모
두 구백이십팔 명이라
9 시그리의 아들 요엘이 그들의 감독
이 되었고 핫스누아의 아들 유다는
버금이 되어 성읍을 다스렸느니라
10 ●제사장 중에는 요야립의 아들 여
다야와 야긴이며
11 또 하나님의 전을 맡은 자 스라야이
니 그는 힐기야의 아들이요 므술람
의 손자요 사독의 증손이요 므라욧
의 현손이요 아히둡의 오대 손이며
12 또 전에서 일하는 그들의 형제니
모두 팔백이십이 명이요 또 아다야
이니 그는 여로함의 아들이요 블라
야의 손자요 암시의 증손이요 스가
랴의 현손이요 바스훌의 오대 손이
요 말기야의 육대 손이며
13 또 그 형제의 족장된 자이니 모두
이백사십이 명이요 또 아맛새이니
그는 아사렐의 아들이요 아흐새의
손자요 므실레못의 증손이요 임멜
의 현손이며
14 또 그들의 형제의 큰 용사들이니

모두 백이십팔 명이라 하그돌림의
아들 삽디엘이 그들의 감독이 되었
느니라
15 ●레위 사람 중에는 스마야이니 그
는 핫숩의 아들이요 아스리감의 손
자요 하사뱌의 증손이요 분니의 현
손이며
16 또 레위 사람의 족장 삽브대와 요
사밧이니 그들은 하나님의 전 바깥
일을 맡았고
17 또 아삽의 증손 삽디의 손자 미가
의 아들 맛다냐이니 그는 기도할
때에 감사하는 말씀을 인도하는 자
가 되었고 형제 중에 박부갸가 버
금이 되었으며 또 여두둔의 증손
갈랄의 손자 삼무아의 아들 압다니
18 거룩한 성에 레위 사람은 모두 이
백팔십사 명이었느니라
19 ●성 문지기는 악굽과 달몬과 그
형제이니 모두 백칠십이 명이며
20 그 나머지 이스라엘 백성과 제사장
과 레위 사람은 유다 모든 성읍에
흩어져 각각 자기 기업에 살았고
21 느디님 사람은 오벨에 거주하니 시
하와 기스바가 그들의 책임자가 되
었느니라
22 ●노래하는 자들인 아삽 자손 중
미가의 현손 맛다냐의 증손 하사뱌
의 손자 바니의 아들 웃시는 예루
살렘에 거주하는 레위 사람의 감독
이 되어 하나님의 전 일을 맡아 다
스렸으니
23 이는 왕의 명령대로 노래하는 자들
에게 날마다 할 일을 정해 주었기
때문이며
24 유다의 아들 세라의 자손 곧 므세
사벨의 아들 브다히야는 왕의 수하
에서 백성의 일을 다스렸느니라

마을과 주변 동네들에 거주하는 백성들

25 ●마을과 들로 말하면 유다 자손의
일부는 기럇 아르바와 그 주변 동
네들과 디본과 그 주변 동네들과
여갑스엘과 그 마을들에 거주하며
26 또 예수아와 몰라다와 벧벨렛과
27 하살수알과 브엘세바와 그 주변 동
네들에 거주하며
28 또 시글락과 므고나와 그 주변 동
네들에 거주하며
29 또 에느림몬과 소라와 야르뭇에 거
주하며
30 또 사노아와 아둘람과 그 마을들과
라기스와 그 들판과 아세가와 그
주변 동네들에 살았으니 그들은 브
엘세바에서부터 힌놈의 골짜기까
지 장막을 쳤으며
31 또 베냐민 자손은 게바에서부터 믹
마스와 아야와 벧엘과 그 주변 동
네들에 거주하며
32 아나돗과 놉과 아나냐와
33 하솔과 라마와 깃다임과
34 하딧과 스보임과 느발랏과
35 로드와 오노와 장인들의 골짜기에
거주하였으며
36 유다에 있던 레위 사람의 일부는
베냐민과 합하였느니라

제사장과 레위 사람들

12 스알디엘의 아들 스룹바벨과 예
수아와 함께 돌아온 제사장들과
레위 사람들은 이러하니라 제사장들
은 스라야와 예레미야와 에스라와
2 아마랴와 말룩과 핫두스와
3 스가냐와 르훔과 므레못과
4 잇도와 긴느도이와 아비야와
5 미야민과 마아댜와 빌가와
6 스마야와 요야립과 여다야와
7 살루와 아목과 힐기야와 여다야니
이상은 예수아 때에 제사장들과 그
들의 형제의 지도자들이었느니라

대제사장 예수아의 자손들

8 ●레위 사람들은 예수아와 빈누이

와 갓미엘과 세레뱌와 유다와 맛다
냐니 이 맛다냐는 그의 형제와 함
께 찬송하는 일을 맡았고
9 또 그들의 형제 박부갸와 운노는
직무를 따라 그들의 맞은편에 있으
며
10 예수아는 요야김을 낳고 요야김은
엘리아십을 낳고 엘리아십은 요야
다를 낳고
11 요야다는 요나단을 낳고 요나단은
얏두아를 낳았느니라

제사장의 족장들

12 ●요야김 때에 제사장, 족장된 자
는 스라야 족속에는 므라야요 예레
미야 족속에는 하나냐요
13 에스라 족속에는 므술람이요 아마
랴 족속에는 여호하난이요
14 말루기 족속에는 요나단이요 스바
냐 족속에는 요셉이요
15 하림 족속에는 아드나요 므라욧 족
속에는 헬개요
16 잇도 족속에는 스가랴요 긴느돈 족
속에는 므술람이요
17 아비야 족속에는 시그리요 미냐민
곧 모아다 족속에는 빌대요
18 빌가 족속에는 삼무아요 스마야 족
속에는 여호나단이요
19 요야립 족속에는 맛드내요 여다야
족속에는 웃시요
20 살래 족속에는 갈래요 아목 족속에
는 에벨이요
21 힐기야 족속에는 하사뱌요 여다야
족속에는 느다넬이었느니라

제사장과 레위 사람들에 관한 기록

22 ●엘리아십과 요야다와 요하난과
얏두아 때에 레위 사람의 족장이
모두 책에 기록되었고 바사 왕 다
리오 때에 제사장도 책에 기록되었
고
23 레위 자손의 족장들은 엘리아십의
아들 요하난 때까지 역대지략에 기
록되었으며
24 레위 족속의 지도자들은 하사뱌와
세레뱌와 갓미엘의 아들 예수아라
그들은 그들의 형제의 맞은편에 있
어 하나님의 사람 다윗의 명령대로
순서를 따라 주를 찬양하며 감사하
고
25 맛다냐와 박부갸와 오바댜와 므술
람과 달몬과 악굽은 다 문지기로서
순서대로 문 안의 곳간을 파수하였
나니
26 이상의 모든 사람들은 요사닥의 손
자 예수아의 아들 요야김과 총독
느헤미야와 제사장 겸 학사 에스라
때에 있었느니라

느헤미야가 성벽을 봉헌하다

27 ●예루살렘 성벽을 봉헌하게 되니
각처에서 레위 사람들을 찾아 예루
살렘으로 데려다가 감사하며 노래
하며 제금을 치며 비파와 수금을
타며 즐거이 봉헌식을 행하려 하매
28 이에 노래하는 자들이 예루살렘 사
방 들과 느도바 사람의 마을에서
모여들고
29 또 벧길갈과 게바와 아스마웻 들에
서 모여들었으니 이 노래하는 자들
은 자기들을 위하여 예루살렘 사방
에 마을들을 이루었음이라
30 제사장들과 레위 사람들이 몸을 정
결하게 하고 또 백성과 성문과 성
벽을 정결하게 하니라
31 ●이에 내가 유다의 방백들을 성벽
위에 오르게 하고 또 감사 찬송하
는 자의 큰 무리를 둘로 나누어 성
벽 위로 대오를 지어 가게 하였는
데 한 무리는 오른쪽으로 분문을
향하여 가게 하니
32 그들의 뒤를 따르는 자는 호세야와
유다 지도자의 절반이요

33 또 아사랴와 에스라와 므술람과
34 유다와 베냐민과 스마야와 예레미
야이며
35 또 제사장들의 자손 몇 사람이 나
팔을 잡았으니 요나단의 아들 스마
야의 손자 맛다냐의 증손 미가야의
현손 삭굴의 오대 손 아삽의 육대
손 스가랴와
36 그의 형제들인 스마야와 아사렐과
밀랄래와 길랄래와 마애와 느다넬
과 유다와 하나니라 다 하나님의
사람 다윗의 악기를 잡았고 학사
에스라가 앞서서
37 샘문으로 전진하여 성벽으로 올
라가는 곳에 이르러 다윗 성의 층
계로 올라가서 다윗의 궁 윗길에
서 동쪽으로 향하여 수문에 이르
렀고
38 감사 찬송하는 다른 무리는 왼쪽으
로 행진하는데 내가 백성의 절반과
더불어 그 뒤를 따라 성벽 위로 가
서 화덕 망대 윗길로 성벽 넓은 곳
에 이르고
39 에브라임 문 위로 옛문과 어문과
하나넬 망대와 함메아 망대를 지
나 양문에 이르러 감옥 문에 멈추
매
40 이에 감사 찬송하는 두 무리가 하
나님의 전에 섰고 또 나와 민장의
절반도 함께하였고
41 제사장 엘리아김과 마아세야와
미냐민과 미가야와 엘료에내와
스가랴와 하나냐는 다 나팔을 잡
았고
42 또 마아세야와 스마야와 엘르아살
과 웃시와 여호하난과 말기야와 엘
람과 에셀이 함께 있으며 노래하는
자는 크게 찬송하였는데 그 감독은
예스라히야라
43 이날에 무리가 큰 제사를 드리고
심히 즐거워하였으니 이는 하나님
이 크게 즐거워하게 하셨음이라 부
녀와 어린아이도 즐거워하였으므
로 예루살렘이 즐거워하는 소리가
멀리 들렸느니라

제사장과 레위 사람에게 준 몫

44 ●그날에 사람을 세워 곳간을 맡
기고 제사장들과 레위 사람들에게
돌릴 것 곧 율법에 정한 대로 거
제물과 처음 익은 것과 십일조를
모든 성읍 밭에서 거두어 이 곳간
에 쌓게 하였노니 이는 유다 사람
이 섬기는 제사장들과 레위 사람
들로 말미암아 즐거워하기 때문이
라
45 그들은 하나님을 섬기는 일과 결례
의 일을 힘썼으며 노래하는 자들과
문지기들도 그러하여 모두 다윗과
그의 아들 솔로몬의 명령을 따라
행하였으니
46 옛적 다윗과 아삽의 때에는 노래하
는 자의 지도자가 있어서 하나님께
찬송하는 노래와 감사하는 노래를
하였음이며
47 스룹바벨 때와 느헤미야 때에는 온
이스라엘이 노래하는 자들과 문지
기들에게 날마다 쓸 몫을 주되 그
들이 성별한 것을 레위 사람들에
게 주고 레위 사람들은 그것을 또
성별하여 아론 자손에게 주었느니
라

느헤미야의 개혁

13 그날 모세의 책을 낭독하여 백
성에게 들렸는데 그 책에 기록
하기를 암몬 사람과 모압 사람은
영원히 하나님의 총회에 들어오지
못하리니
2 이는 그들이 양식과 물로 이스라엘
자손을 영접하지 아니하고 도리어
발람에게 뇌물을 주어 저주하게 하

였음이라 그러나 우리 하나님이 그
저주를 돌이켜 복이 되게 하셨다
하였는지라
3 백성이 이 율법을 듣고 곧 섞인 무
리를 이스라엘 가운데에서 모두 분
리하였느니라
4 ●이전에 우리 하나님의 전의 방을
맡은 제사장 엘리아십이 도비야와
연락이 있었으므로
5 도비야를 위하여 한 큰 방을 만들
었으니 그 방은 원래 소제물과 유
향과 그릇과 또 레위 사람들과 노
래하는 자들과 문지기들에게 십일
조로 주는 곡물과 새 포도주와 기
름과 또 제사장들에게 주는 거제물
을 두는 곳이라
6 그때에는 내가 예루살렘에 있지 아
니하였느니라 바벨론 왕 아닥사스
다 삼십이 년에 내가 왕에게 나아
갔다가 며칠 후에 왕에게 말미를
청하고
7 예루살렘에 이르러서야 엘리아십
이 도비야를 위하여 하나님의 전
뜰에 방을 만든 악한 일을 안지라
8 내가 심히 근심하여 도비야의 세
간을 그 방 밖으로 다 내어 던지
고
9 명령하여 그 방을 정결하게 하고
하나님의 전의 그릇과 소제물과
유향을 다시 그리로 들여놓았느니
라
10 ●내가 또 알아본즉 레위 사람들이
받을 몫을 주지 아니하였으므로 그
직무를 행하는 레위 사람들과 노래
하는 자들이 각각 자기 밭으로 도
망하였기로
11 내가 모든 민장들을 꾸짖어 이르
기를 하나님의 전이 어찌하여 버
린 바 되었느냐 하고 곧 레위 사람
을 불러 모아 다시 제자리에 세웠
더니
12 이에 온 유다가 곡식과 새 포도주
와 기름의 십일조를 가져다가 곳간
에 들이므로
13 내가 제사장 셀레마와 서기관 사독
과 레위 사람 브다야를 창고지기로
삼고 맛다냐의 손자 삭굴의 아들
하난을 버금으로 삼았나니 이는 그
들이 충직한 자로 인정됨이라 그
직분은 형제들에게 분배하는 일이
었느니라
14 내 하나님이여 이 일로 말미암아
나를 기억하옵소서 내 하나님의
전과 그 모든 직무를 위하여 내가
행한 선한 일을 도말하지 마옵소
서
15 ●그때에 내가 본즉 유다에서 어떤
사람이 안식일에 술틀을 밟고 곡식
단을 나귀에 실어 운반하며 포도주
와 포도와 무화과와 여러 가지 짐
을 지고 안식일에 예루살렘에 들어
와서 음식물을 팔기로 그날에 내가
경계하였고
16 또 두로 사람이 예루살렘에 살며
물고기와 각양 물건을 가져다가 안
식일에 예루살렘에서도 유다 자손
에게 팔기로
17 내가 유다의 모든 귀인들을 꾸짖
어 그들에게 이르기를 너희가 어
찌 이 악을 행하여 안식일을 범하
느냐
18 너희 조상들이 이같이 행하지 아니
하였느냐 그래서 우리 하나님이 이
모든 재앙을 우리와 이 성읍에 내
리신 것이 아니냐 그럼에도 불구하
고 너희가 안식일을 범하여 진노가
이스라엘에게 더욱 심하게 임하도
록 하는도다 하고
19 안식일 전 예루살렘 성문이 어두워
갈 때에 내가 성문을 닫고 안식일

이 지나기 전에는 열지 말라 하고
나를 따르는 종자 몇을 성문마다
세워 안식일에는 아무 짐도 들어오
지 못하게 하였으므로
20 장사꾼들과 각양 물건 파는 자들이
한두 번 예루살렘 성 밖에서 자므
로
21 내가 그들에게 경계하여 이르기를
너희가 어찌하여 성 밑에서 자느
냐 다시 이같이 하면 내가 잡으리
라 하였더니 그 후부터는 안식일
에 그들이 다시 오지 아니하였느
니라
22 내가 또 레위 사람들에게 몸을 정
결하게 하고 와서 성문을 지켜서
안식일을 거룩하게 하라 하였느니
라 내 하나님이여 나를 위하여 이
일도 기억하시옵고 주의 크신 은혜
대로 나를 아끼시옵소서
23 ●그때에 내가 또 본즉 유다 사람
이 아스돗과 암몬과 모압 여인을
맞아 아내로 삼았는데
24 그들의 자녀가 아스돗 방언을 절반
쯤은 하여도 유다 방언은 못하니
그 하는 말이 각 족속의 방언이므
로
25 내가 그들을 책망하고 저주하며 그
들 중 몇 사람을 때리고 그들의 머
리털을 뽑고 이르되 너희는 너희
딸들을 그들의 아들들에게 주지
말고 너희 아들들이나 너희를 위
하여 그들의 딸을 데려오지 아니
하겠다고 하나님을 가리켜 맹세하
라 하고
26 또 이르기를 옛적에 이스라엘 왕
솔로몬이 이 일로 범죄하지 아니하
였느냐 그는 많은 나라 중에 비길
왕이 없이 하나님의 사랑을 입은
자라 하나님이 그를 왕으로 삼아
온 이스라엘을 다스리게 하셨으나
이방 여인이 그를 범죄하게 하였나
니
27 너희가 이방 여인을 아내로 맞아
이 모든 큰 악을 행하여 우리 하나
님께 범죄하는 것을 우리가 어찌
용납하겠느냐
28 ●대제사장 엘리아십의 손자 요야
다의 아들 하나가 호론 사람 산발
랏의 사위가 되었으므로 내가 쫓아
내어 나를 떠나게 하였느니라
29 내 하나님이여 그들이 제사장의 직
분을 더럽히고 제사장의 직분과 레
위 사람에 대한 언약을 어겼사오니
그들을 기억하옵소서
30 내가 이와 같이 그들에게 이방 사
람을 떠나게 하여 그들을 깨끗하게
하고 또 제사장과 레위 사람의 반
열을 세워 각각 자기의 일을 맡게
하고
31 또 정한 기한에 나무와 처음 익은
것을 드리게 하였사오니 내 하나
님이여 나를 기억하사 복을 주옵
소서

에스더

Esther

와스디 왕후가 폐위되다

1 이 일은 아하수에로 왕 때에 있었
던 일이니 아하수에로는 인도로
부터 구스까지 백이십칠 지방을 다
스리는 왕이라
2 당시에 아하수에로 왕이 수산 궁에
서 즉위하고
3 왕위에 있은 지 제삼 년에 그의 모
든 지방관과 신하들을 위하여 잔치
를 베푸니 바사와 메대의 장수와
각 지방의 귀족과 지방관들이 다
왕 앞에 있는지라
4 왕이 여러 날 곧 백팔십 일 동안에
그의 영화로운 나라의 부함과 위엄
의 혁혁함을 나타내니라
5 이날이 지나매 왕이 또 도성 수산
에 있는 귀천 간의 백성을 위하여
왕궁 후원 뜰에서 칠 일 동안 잔치
를 베풀새
6 백색, 녹색, 청색 휘장을 자색 가는
베 줄로 대리석 기둥 은고리에 매
고 금과 은으로 만든 걸상을 화반
석, 백석, 운모석, 흑석을 깐 땅에
진설하고
7 금 잔으로 마시게 하니 잔의 모양
이 각기 다르고 왕이 풍부하였으므
로 어주가 한이 없으며
8 마시는 것도 법도가 있어 사람으
로 억지로 하지 않게 하니 이는 왕
이 모든 궁내 관리에게 명령하여
각 사람이 마음대로 하게 함이더
라
9 ●왕후 와스디도 아하수에로 왕궁
에서 여인들을 위하여 잔치를 베푸
니라
10 제칠 일에 왕이 주흥이 일어나서
어전 내시 므후만과 비스다와 하르
보나와 빅다와 아박다와 세달과 가
르가스 일곱 사람을 명령하여
11 왕후 와스디를 청하여 왕후의 관
을 정제하고 왕 앞으로 나아오게
하여 그의 아리따움을 뭇 백성과
지방관들에게 보이게 하라 하니
이는 왕후의 용모가 보기에 좋음
이라
12 그러나 왕후 와스디는 내시가 전하
는 왕명을 따르기를 싫어하니 왕이
진노하여 마음속이 불붙는 듯하더
라
13 ●왕이 사례를 아는 현자들에게 묻
되 (왕이 규례와 법률을 아는 자에
게 묻는 전례가 있는데
14 그때에 왕에게 가까이하여 왕의 기
색을 살피며 나라 첫 자리에 앉은
자는 바사와 메대의 일곱 지방관
곧 가르스나와 세달과 아드마다와
다시스와 메레스와 마르스나와 므
무간이라)
15 왕후 와스디가 내시가 전하는 아
하수에로 왕의 명령을 따르지 아
니하니 규례대로 하면 어떻게 처
치할까
16 므무간이 왕과 지방관 앞에서 대답
하여 이르되 왕후 와스디가 왕에게
만 잘못했을 뿐 아니라 아하수에로
왕의 각 지방의 관리들과 뭇 백성
에게도 잘못하였나이다
17 아하수에로 왕이 명령하여 왕후 와
스디를 청하여도 오지 아니하였다
하는 왕후의 행위의 소문이 모든
여인들에게 전파되면 그들도 그들
의 남편을 멸시할 것인즉
18 오늘이라도 바사와 메대의 귀부
인들이 왕후의 행위를 듣고 왕의
모든 지방관들에게 그렇게 말하
리니 멸시와 분노가 많이 일어나

리이다
19 왕이 만일 좋게 여기실진대 와스디
가 다시는 왕 앞에 오지 못하게 하
는 조서를 내리되 바사와 메대의
법률에 기록하여 변개함이 없게 하
고 그 왕후의 자리를 그보다 나은
사람에게 주소서
20 왕의 조서가 이 광대한 전국에 반
포되면 귀천을 막론하고 모든 여인
들이 그들의 남편을 존경하리이다
하니라
21 왕과 지방관들이 그 말을 옳게 여
긴지라 왕이 므무간의 말대로 행하
여
22 각 지방 각 백성의 문자와 언어로
모든 지방에 조서를 내려 이르기를
남편이 자기의 집을 주관하게 하고
자기 민족의 언어로 말하게 하라
하였더라

에스더가 왕후가 되다

2 그 후에 아하수에로 왕의 노가
그치매 와스디와 그가 행한 일과
그에 대하여 내린 조서를 생각하거
늘
2 왕의 측근 신하들이 아뢰되 왕은
왕을 위하여 아리따운 처녀들을 구
하게 하시되
3 전국 각 지방에 관리를 명령하여
아리따운 처녀를 다 도성 수산으
로 모아 후궁으로 들여 궁녀를 주
관하는 내시 헤개의 손에 맡겨 그
몸을 정결하게 하는 물품을 주게
하시고
4 왕의 눈에 아름다운 처녀를 와스디
대신 왕후로 삼으소서 하니 왕이
그 말을 좋게 여겨 그대로 행하니
라
5 ●도성 수산에 한 유다인이 있으니
이름은 모르드개라 그는 베냐민 자
손이니 기스의 증손이요 시므이의
손자요 야일의 아들이라
6 전에 바벨론 왕 느부갓네살이 예루
살렘에서 유다 왕 여고냐와 백성을
사로잡아 갈 때에 모르드개도 함께
사로잡혔더라
7 그의 삼촌의 딸 하닷사 곧 에스더
는 부모가 없었으나 용모가 곱고
아리따운 처녀라 그의 부모가 죽은
후에 모르드개가 자기 딸같이 양육
하더라
8 ●왕의 조서와 명령이 반포되매 처
녀들이 도성 수산에 많이 모여 헤
개의 수하에 나아갈 때에 에스더도
왕궁으로 이끌려 가서 궁녀를 주관
하는 헤개의 수하에 속하니
9 헤개가 이 처녀를 좋게 보고 은혜
를 베풀어 몸을 정결하게 할 물품
과 일용품을 곧 주며 또 왕궁에서
으레 주는 일곱 궁녀를 주고 에스
더와 그 궁녀들을 후궁 아름다운
처소로 옮기더라
10 에스더가 자기의 민족과 종족을 말
하지 아니하니 이는 모르드개가 명
령하여 말하지 말라 하였음이라
11 모르드개가 날마다 후궁 뜰 앞으로
왕래하며 에스더의 안부와 어떻게
될지를 알고자 하였더라
12 ●처녀마다 차례대로 아하수에로
왕에게 나아가기 전에 여자에 대하
여 정한 규례대로 열두 달 동안을
행하되 여섯 달은 몰약 기름을 쓰
고 여섯 달은 향품과 여자에게 쓰
는 다른 물품을 써서 몸을 정결하
게 하는 기한을 마치며
13 처녀가 왕에게 나아갈 때에는 그가
구하는 것을 다 주어 후궁에서 왕
궁으로 가지고 가게 하고
14 저녁이면 갔다가 아침에는 둘째 후
궁으로 돌아와서 비빈을 주관하는
내시 사아스가스의 수하에 속하고

왕이 그를 기뻐하여 그의 이름을
부르지 아니하면 다시 왕에게 나아
가지 못하더라
15 모르드개의 삼촌 아비하일의 딸 곧
모르드개가 자기의 딸같이 양육하
는 에스더가 차례대로 왕에게 나아
갈 때에 궁녀를 주관하는 내시 헤
개가 정한 것 외에는 다른 것을 구
하지 아니하였으나 모든 보는 자에
게 사랑을 받더라
16 아하수에로 왕의 제칠 년 시월 곧
데벳 월에 에스더가 왕궁에 인도되
어 들어가서 왕 앞에 나가니
17 왕이 모든 여자보다 에스더를 더
사랑하므로 그가 모든 처녀보다 왕
앞에 더 은총을 얻은지라 왕이 그
의 머리에 관을 씌우고 와스디를
대신하여 왕후로 삼은 후에
18 왕이 크게 잔치를 베푸니 이는 에
스더를 위한 잔치라 모든 지방관과
신하들을 위하여 잔치를 베풀고 또
각 지방의 세금을 면제하고 왕의
이름으로 큰 상을 주니라

모르드개가 왕의 목숨을 구하다

19 ●처녀들을 다시 모을 때에는 모르
드개가 대궐 문에 앉았더라
20 에스더는 모르드개가 명령한 대로
그 종족과 민족을 말하지 아니하니
그가 모르드개의 명령을 양육 받을
때와 같이 따름이더라
21 모르드개가 대궐 문에 앉았을 때에
문을 지키던 왕의 내시 빅단과 데
레스 두 사람이 원한을 품고 아하
수에로 왕을 암살하려는 음모를 꾸
미는 것을
22 모르드개가 알고 왕후 에스더에게
알리니 에스더가 모르드개의 이름
으로 왕에게 아뢴지라
23 조사하여 실증을 얻었으므로 두 사
람을 나무에 달고 그 일을 왕 앞에
서 궁중 일기에 기록하니라

하만이 유다 사람을 멸하고자 하다

3 그 후에 아하수에로 왕이 아각
사람 함므다다의 아들 하만의 지
위를 높이 올려 함께 있는 모든 대
신 위에 두니
2 대궐 문에 있는 왕의 모든 신하들
이 다 왕의 명령대로 하만에게 꿇
어 절하되 모르드개는 꿇지도 아니
하고 절하지도 아니하니
3 대궐 문에 있는 왕의 신하들이 모
르드개에게 이르되 너는 어찌하여
왕의 명령을 거역하느냐 하고
4 날마다 권하되 모르드개가 듣지 아
니하고 자기는 유다인임을 알렸더
니 그들이 모르드개의 일이 어찌
되나 보고자 하여 하만에게 전하였
더라
5 하만이 모르드개가 무릎을 꿇지도
아니하고 절하지도 아니함을 보고
매우 노하더니
6 그들이 모르드개의 민족을 하만에
게 알리므로 하만이 모르드개만 죽
이는 것이 부족하다고 생각하고 아
하수에로의 온 나라에 있는 유다인
곧 모르드개의 민족을 다 멸하고자
하더라
7 ●아하수에로 왕 제십이 년 첫째
달 곧 니산 월에 무리가 하만 앞에
서 날과 달에 대하여 부르 곧 제비
를 뽑아 열두째 달 곧 아달 월을 얻
은지라
8 하만이 아하수에로 왕에게 아뢰되
한 민족이 왕의 나라 각 지방 백성
중에 흩어져 거하는데 그 법률이
만민의 것과 달라서 왕의 법률을
지키지 아니하오니 용납하는 것이
왕에게 무익하니이다

9 왕이 옳게 여기시거든 조서를 내려
그들을 진멸하소서 내가 은 일만
달란트를 왕의 일을 맡은 자의 손
에 맡겨 왕의 금고에 드리리이다
하니
10 왕이 반지를 손에서 빼어 유다인의
대적 곧 아각 사람 함므다다의 아
들 하만에게 주며
11 이르되 그 은을 네게 주고 그 백성
도 그리하노니 너의 소견에 좋을
대로 행하라 하더라
12 ●첫째 달 십삼 일에 왕의 서기관
이 소집되어 하만의 명령을 따라
왕의 대신과 각 지방의 관리와 각
민족의 관원에게 아하수에로 왕의
이름으로 조서를 쓰되 곧 각 지방
의 문자와 각 민족의 언어로 쓰고
왕의 반지로 인치니라
13 이에 그 조서를 역졸에게 맡겨 왕
의 각 지방에 보내니 열두째 달 곧
아달 월 십삼 일 하루 동안에 모든
유다인을 젊은이 늙은이 어린이 여
인들을 막론하고 죽이고 도륙하고
진멸하고 또 그 재산을 탈취하라
하였고
14 이 명령을 각 지방에 전하기 위하
여 조서의 초본을 모든 민족에게
선포하여 그날을 위하여 준비하게
하라 하였더라
15 역졸이 왕의 명령을 받들어 급히
나가매 그 조서가 도성 수산에도
반포되니 왕은 하만과 함께 앉아
마시되 수산 성은 어지럽더라

에스더가 백성을 구원하겠다고 하다

4 모르드개가 이 모든 일을 알고
자기의 옷을 찢고 굵은 베 옷을
입고 재를 뒤집어쓰고 성중에 나가
서 대성통곡하며
2 대궐 문 앞까지 이르렀으니 굵은
베 옷을 입은 자는 대궐 문에 들어
가지 못함이라
3 왕의 명령과 조서가 각 지방에 이
르매 유다인이 크게 애통하여 금
식하며 울며 부르짖고 굵은 베 옷
을 입고 재에 누운 자가 무수하더
라
4 ●에스더의 시녀와 내시가 나아와
전하니 왕후가 매우 근심하여 입을
의복을 모르드개에게 보내어 그 굵
은 베 옷을 벗기고자 하나 모르드
개가 받지 아니하는지라
5 에스더가 왕의 어명으로 자기에게
가까이 있는 내시 하닥을 불러 명
령하여 모르드개에게 가서 이것이
무슨 일이며 무엇 때문인가 알아보
라 하매
6 하닥이 대궐 문 앞 성중 광장에 있
는 모르드개에게 이르니
7 모르드개가 자기가 당한 모든 일과
하만이 유다인을 멸하려고 왕의 금
고에 바치기로 한 은의 정확한 액
수를 하닥에게 말하고
8 또 유다인을 진멸하라고 수산 궁에
서 내린 조서 초본을 하닥에게 주
어 에스더에게 보여 알게 하고 또
그에게 부탁하여 왕에게 나아가서
그 앞에서 자기 민족을 위하여 간
절히 구하라 하니
9 하닥이 돌아와 모르드개의 말을 에
스더에게 알리매
10 에스더가 하닥에게 이르되 너는 모
르드개에게 전하기를
11 왕의 신하들과 왕의 각 지방 백성
이 다 알거니와 남녀를 막론하고
부름을 받지 아니하고 안뜰에 들
어가서 왕에게 나아가면 오직 죽이
는 법이요 왕이 그 자에게 금 규
를 내밀어야 살 것이라 이제 내가
부름을 입어 왕에게 나아가지 못한

지가 이미 삼십 일이라 하라 하니
라
12 그가 에스더의 말을 모르드개에게
전하매
13 모르드개가 그를 시켜 에스더에게
회답하되 너는 왕궁에 있으니 모든
유다인 중에 홀로 목숨을 건지리라
생각하지 말라
14 이때에 네가 만일 잠잠하여 말이
없으면 유다인은 다른 데로 말미
암아 놓임과 구원을 얻으려니와
너와 네 아버지 집은 멸망하리라
네가 왕후의 자리를 얻은 것이 이
때를 위함이 아닌지 누가 알겠느
냐 하니
15 에스더가 모르드개에게 회답하여
이르되
16 당신은 가서 수산에 있는 유다인을
다 모으고 나를 위하여 금식하되
밤낮 삼 일을 먹지도 말고 마시지
도 마소서 나도 나의 시녀와 더불
어 이렇게 금식한 후에 규례를 어
기고 왕에게 나아가리니 죽으면 죽
으리이다 하니라
17 모르드개가 가서 에스더가 명령한
대로 다 행하니라

에스더가 왕과 하만을
잔치에 청하다

5 제삼 일에 에스더가 왕후의 예복
을 입고 왕궁 안뜰 곧 어전 맞은
편에 서니 왕이 어전에서 전 문을
대하여 왕좌에 앉았다가
2 왕후 에스더가 뜰에 선 것을 본즉
매우 사랑스러우므로 손에 잡았
던 금 규를 그에게 내미니 에스더
가 가까이 가서 금 규 끝을 만진지
라
3 왕이 이르되 왕후 에스더여 그대의
소원이 무엇이며 요구가 무엇이냐
나라의 절반이라도 그대에게 주겠
노라 하니
4 에스더가 이르되 오늘 내가 왕을
위하여 잔치를 베풀었사오니 왕이
좋게 여기시거든 하만과 함께 오소
서 하니
5 ●왕이 이르되 에스더가 말한 대로
하도록 하만을 급히 부르라 하고
이에 왕이 하만과 함께 에스더가
베푼 잔치에 가니라
6 잔치의 술을 마실 때에 왕이 에스
더에게 이르되 그대의 소청이 무엇
이뇨 곧 허락하겠노라 그대의 요구
가 무엇이뇨 나라의 절반이라 할지
라도 시행하겠노라 하니
7 에스더가 대답하여 이르되 나의 소
청, 나의 요구가 이러하니이다
8 내가 만일 왕의 목전에서 은혜를
입었고 왕이 내 소청을 허락하시며
내 요구를 시행하시기를 좋게 여기
시면 내가 왕과 하만을 위하여 베
푸는 잔치에 또 오소서 내일은 왕
의 말씀대로 하리이다 하니라

하만의 음모

9 ●그날 하만이 마음이 기뻐 즐거이
나오더니 모르드개가 대궐 문에 있
어 일어나지도 아니하고 몸을 움직
이지도 아니하는 것을 보고 매우
노하나
10 참고 집에 돌아와서 사람을 보내어
그의 친구들과 그의 아내 세레스를
청하여
11 자기의 큰 영광과 자녀가 많은 것
과 왕이 자기를 들어 왕의 모든 지
방관이나 신하들보다 높인 것을 다
말하고
12 또 하만이 이르되 왕후 에스더가
그 베푼 잔치에 왕과 함께 오기를
허락받은 자는 나밖에 없었고 내
일도 왕과 함께 청함을 받았느니
라

13 그러나 유다 사람 모르드개가 대궐
문에 앉은 것을 보는 동안에는 이
모든 일이 만족하지 아니하도다 하
니
14 그의 아내 세레스와 모든 친구들이
이르되 높이가 오십 [1]규빗 되는 나
무를 세우고 내일 왕에게 모르드개
를 그 나무에 매달기를 구하고 왕
과 함께 즐거이 잔치에 가소서 하
니 하만이 그 말을 좋게 여기고 명
령하여 나무를 세우니라

왕이 모르드개를 존귀하게 하다

6 그날 밤에 왕이 잠이 오지 아니
하므로 명령하여 역대 일기를 가
져다가 자기 앞에서 읽히더니
2 그 속에 기록하기를 문을 지키던
왕의 두 내시 빅다나와 데레스가
아하수에로 왕을 암살하려는 음모
를 모르드개가 고발하였다 하였는
지라
3 왕이 이르되 이 일에 대하여 무슨
존귀와 관작을 모르드개에게 베풀
었느냐 하니 측근 신하들이 대답하
되 아무것도 베풀지 아니하였나이
다 하니라
4 왕이 이르되 누가 뜰에 있느냐 하
매 마침 하만이 자기가 세운 나무
에 모르드개 달기를 왕께 구하고자
하여 왕궁 바깥뜰에 이른지라
5 측근 신하들이 아뢰되 하만이 뜰에
섰나이다 하니 왕이 이르되 들어오
게 하라 하니
6 하만이 들어오거늘 왕이 묻되 왕이
존귀하게 하기를 원하는 사람에게
어떻게 하여야 하겠느냐 하만이 심
중에 이르되 왕이 존귀하게 하기를
원하시는 자는 나 외에 누구리요
하고
7 왕께 아뢰되 왕께서 사람을 존귀하
게 하시려면
8 왕께서 입으시는 왕복과 왕께서 타
시는 말과 머리에 쓰시는 왕관을
가져다가
9 그 왕복과 말을 왕의 신하 중 가장
존귀한 자의 손에 맡겨서 왕이 존
귀하게 하시기를 원하시는 사람에
게 옷을 입히고 말을 태워서 성중
거리로 다니며 그 앞에서 반포하여
이르기를 왕이 존귀하게 하기를 원
하시는 사람에게는 이같이 할 것이
라 하게 하소서 하니라
10 ●이에 왕이 하만에게 이르되 너는
네 말대로 속히 왕복과 말을 가져
다가 대궐 문에 앉은 유다 사람 모
르드개에게 행하되 무릇 네가 말
한 것에서 조금도 빠짐이 없이 하
라
11 하만이 왕복과 말을 가져다가 모르
드개에게 옷을 입히고 말을 태워
성중 거리로 다니며 그 앞에서 반
포하되 왕이 존귀하게 하시기를 원
하시는 사람에게는 이같이 할 것이
라 하니라
12 모르드개는 다시 대궐 문으로 돌아
오고 하만은 번뇌하여 머리를 싸고
급히 집으로 돌아가서
13 자기가 당한 모든 일을 그의 아내
세레스와 모든 친구에게 말하매 그
중 지혜로운 자와 그의 아내 세레
스가 이르되 모르드개가 과연 유다
사람의 후손이면 당신이 그 앞에서
굴욕을 당하기 시작하였으니 능히
그를 이기지 못하고 분명히 그 앞
에 엎드러지리이다
14 아직 말이 그치지 아니하여서 왕의
내시들이 이르러 하만을 데리고 에
스더가 베푼 잔치에 빨리 나아가니
라

1) 히, 암마

하만의 몰락

7 왕이 하만과 함께 또 왕후 에스더
의 잔치에 가니라
2 왕이 이 둘째 날 잔치에 술을 마실
때에 다시 에스더에게 물어 이르되
왕후 에스더여 그대의 소청이 무엇
이냐 곧 허락하겠노라 그대의 요구
가 무엇이냐 곧 나라의 절반이라
할지라도 시행하겠노라
3 왕후 에스더가 대답하여 이르되 왕
이여 내가 만일 왕의 목전에서 은
혜를 입었으며 왕이 좋게 여기시면
내 소청대로 내 생명을 내게 주시
고 내 요구대로 내 민족을 내게 주
소서
4 나와 내 민족이 팔려서 죽임과 도
륙함과 진멸함을 당하게 되었나이
다 만일 우리가 노비로 팔렸더라면
내가 잠잠하였으리이다 그래도 대
적이 왕의 손해를 보충하지 못하였
으리이다 하니
5 아하수에로 왕이 왕후 에스더에게
말하여 이르되 감히 이런 일을 심
중에 품은 자가 누구며 그가 어디
있느냐 하니
6 에스더가 이르되 대적과 원수는 이
악한 하만이니이다 하니 하만이 왕
과 왕후 앞에서 두려워하거늘
7 왕이 노하여 일어나서 잔치 자리
를 떠나 왕궁 후원으로 들어가니
라 하만이 일어서서 왕후 에스더
에게 생명을 구하니 이는 왕이 자
기에게 벌을 내리기로 결심한 줄
앎이더라
8 왕이 후원으로부터 잔치 자리에 돌
아오니 하만이 에스더가 앉은 걸상
위에 엎드렸거늘 왕이 이르되 저가
궁중 내 앞에서 왕후를 강간까지
하고자 하는가 하니 이 말이 왕의
입에서 나오매 무리가 하만의 얼굴
을 싸더라
9 왕을 모신 내시 중에 하르보나가 왕
에게 아뢰되 왕을 위하여 충성된
말로 고발한 모르드개를 달고자
하여 하만이 높이가 오십 규빗 되
는 나무를 준비하였는데 이제 그
나무가 하만의 집에 섰나이다 왕
이 이르되 하만을 그 나무에 달라
하매
10 모르드개를 매달려고 한 나무에 하
만을 다니 왕의 노가 그치니라

유다 사람에게
살 길이 열리다

8 그날 아하수에로 왕이 유다인의
대적 하만의 집을 왕후 에스더에
게 주니라 에스더가 모르드개는 자
기에게 어떻게 관계됨을 왕께 아뢰
었으므로 모르드개가 왕 앞에 나오
니
2 왕이 하만에게서 거둔 반지를 빼어
모르드개에게 준지라 에스더가 모
르드개에게 하만의 집을 관리하게
하니라
3 ●에스더가 다시 왕 앞에서 말씀하
며 왕의 발 아래 엎드려 아각 사람
하만이 유다인을 해하려 한 악한
꾀를 제거하기를 울며 구하니
4 왕이 에스더를 향하여 금 규를 내
미는지라 에스더가 일어나 왕 앞에
서서
5 이르되 왕이 만일 즐거워하시며
내가 왕의 목전에 은혜를 입었고
또 왕이 이 일을 좋게 여기시며 나
를 좋게 보실진대 조서를 내리사
아각 사람 함므다다의 아들 하만
이 왕의 각 지방에 있는 유다인을
진멸하려고 꾀하고 쓴 조서를 철
회하소서
6 내가 어찌 내 민족이 화 당함을 차
마 보며 내 친척의 멸망함을 차마

보리이까 하니
7 아하수에로 왕이 왕후 에스더와 유
다인 모르드개에게 이르되 하만이
유다인을 살해하려 하므로 나무에
매달렸고 내가 그 집을 에스더에게
주었으니
8 너희는 왕의 명의로 유다인에게 조
서를 뜻대로 쓰고 왕의 반지로 인
을 칠지어다 왕의 이름을 쓰고 왕
의 반지로 인친 조서는 누구든지
철회할 수 없음이니라 하니라
9 ●그때 시완 월 곧 삼 월 이십삼 일
에 왕의 서기관이 소집되고 모르드
개가 시키는 대로 조서를 써서 인
도로부터 구스까지의 백이십칠 지
방 유다인과 대신과 지방관과 관원
에게 전할새 각 지방의 문자와 각
민족의 언어와 유다인의 문자와 언
어로 쓰되
10 아하수에로 왕의 명의로 쓰고 왕의
반지로 인을 치고 그 조서를 역졸
들에게 부쳐 전하게 하니 그들은
왕궁에서 길러서 왕의 일에 쓰는
준마를 타는 자들이라
11 조서에는 왕이 여러 고을에 있는
유다인에게 허락하여 그들이 함께
모여 스스로 생명을 보호하여 각
지방의 백성 중 세력을 가지고 그
들을 치려하는 자들과 그들의 처자
를 죽이고 도륙하고 진멸하고 그
재산을 탈취하게 하되
12 아하수에로 왕의 각 지방에서 아달
월 곧 십이 월 십삼 일 하루 동안에
하게 하였고
13 이 조서 초본을 각 지방에 전하고
각 민족에게 반포하고 유다인들에
게 준비하였다가 그날에 대적에게
원수를 갚게 한지라
14 왕의 어명이 매우 급하매 역졸이
왕의 일에 쓰는 준마를 타고 빨리
나가고 그 조서가 도성 수산에도
반포되니라
15 ●모르드개가 푸르고 흰 조복을 입
고 큰 금관을 쓰고 자색 가는 베 겉
옷을 입고 왕 앞에서 나오니 수산
성이 즐거이 부르며 기뻐하고
16 유다인에게는 영광과 즐거움과 기
쁨과 존귀함이 있는지라
17 왕의 어명이 이르는 각 지방, 각 읍
에서 유다인들이 즐기고 기뻐하
여 잔치를 베풀고 그날을 명절로
삼으니 본토 백성이 유다인을 두
려워하여 유다인 되는 자가 많더
라

유다 사람이 대적들을 진멸하다

9 아달 월 곧 열두째 달 십삼 일은
왕의 어명을 시행하게 된 날이라
유다인의 대적들이 그들을 제거하
기를 바랐더니 유다인이 도리어 자
기들을 미워하는 자들을 제거하게
된 그날에
2 유다인들이 아하수에로 왕의 각 지
방, 각 읍에 모여 자기들을 해하고
자 한 자를 죽이려 하니 모든 민족
이 그들을 두려워하여 능히 막을
자가 없고
3 각 지방 모든 지방관과 대신들과
총독들과 왕의 사무를 보는 자들이
모르드개를 두려워하므로 다 유다
인을 도우니
4 모르드개가 왕궁에서 존귀하여 점
점 창대하매 이 사람 모르드개의
명성이 각 지방에 퍼지더라
5 유다인이 칼로 그 모든 대적들을
쳐서 도륙하고 진멸하고 자기를
미워하는 자에게 마음대로 행하
고
6 유다인이 또 도성 수산에서 오백
명을 죽이고 진멸하고
7 또 바산다다와 달본과 아스바다와

8 보라다와 아달리야와 아리다다와
9 바마스다와 아리새와 아리대와 왜
사다
10 곧 함므다다의 손자요 유다인의 대
적 하만의 열 아들을 죽였으나 그
들의 재산에는 손을 대지 아니하였
더라
11 ●그날에 도성 수산에서 도륙한 자
의 수효를 왕께 아뢰니
12 왕이 왕후 에스더에게 이르되 유다
인이 도성 수산에서 이미 오백 명
을 죽이고 멸하고 또 하만의 열 아
들을 죽였으니 왕의 다른 지방에서
는 어떠하였겠느냐 이제 그대의 소
청이 무엇이냐 곧 허락하겠노라 그
대의 요구가 무엇이냐 또한 시행하
겠노라 하니
13 에스더가 이르되 왕이 만일 좋게
여기시면 수산에 사는 유다인들이
내일도 오늘 조서대로 행하게 하시
고 하만의 열 아들의 시체를 나무
에 매달게 하소서 하니
14 왕이 그대로 행하기를 허락하고 조
서를 수산에 내리니 하만의 열 아
들의 시체가 매달리니라
15 아달 월 십사 일에도 수산에 있는
유다인이 모여 또 삼백 명을 수산
에서 도륙하되 그들의 재산에는 손
을 대지 아니하였고
16 왕의 각 지방에 있는 다른 유다인
들이 모여 스스로 생명을 보호하여
대적들에게서 벗어나며 자기들을
미워하는 자 칠만 오천 명을 도륙
하되 그들의 재산에는 손을 대지
아니하였더라
17 ●아달 월 십삼 일에 그 일을 행하
였고 십사 일에 쉬며 그날에 잔치
를 베풀어 즐겼고
18 수산에 사는 유다인들은 십삼 일과
십사 일에 모였고 십오 일에 쉬며
이날에 잔치를 베풀어 즐긴지라
19 그러므로 시골의 유다인 곧 성이
없는 고을고을에 사는 자들이 아
달 월 십사 일을 명절로 삼아 잔치
를 베풀고 즐기며 서로 예물을 주
더라

부림일

20 ●모르드개가 이 일을 기록하고 아
하수에로 왕의 각 지방에 있는 모
든 유다인에게 원근을 막론하고 글
을 보내어 이르기를
21 한 규례를 세워 해마다 아달 월 십
사 일과 십오 일을 지키라
22 이달 이날에 유다인들이 대적에게
서 벗어나서 평안함을 얻어 슬픔이
변하여 기쁨이 되고 애통이 변하여
길한 날이 되었으니 이 두 날을 지
켜 잔치를 베풀고 즐기며 서로 예
물을 주며 가난한 자를 구제하라
하매
23 유다인이 자기들이 이미 시작한 대
로 또한 모르드개가 보낸 글대로
계속하여 행하였으니
24 곧 아각 사람 함므다다의 아들 모
든 유다인의 대적 하만이 유다인을
진멸하기를 꾀하고 부르 곧 제비를
뽑아 그들을 죽이고 멸하려 하였으
나
25 에스더가 왕 앞에 나아감으로 말
미암아 왕이 조서를 내려 하만이
유다인을 해하려던 악한 꾀를 그
의 머리에 돌려보내어 하만과 그
의 여러 아들을 나무에 달게 하였
으므로
26 무리가 부르의 이름을 따라 이 두
날을 부림이라 하고 유다인이 이
글의 모든 말과 이 일에 보고 당한
것으로 말미암아
27 뜻을 정하고 자기들과 자손과 자기
들과 화합한 자들이 해마다 그 기

록하고 정해 놓은 때 이 두 날을 이
어서 지켜 폐하지 아니하기로 작정
하고
28 각 지방, 각 읍, 각 집에서 대대로
이 두 날을 기념하여 지키되 이 부
림일을 유다인 중에서 폐하지 않게
하고 그들의 후손들이 계속해서 기
념하게 하였더라
29 아비하일의 딸 왕후 에스더와 유다
인 모르드개가 전권으로 글을 쓰고
부림에 대한 이 둘째 편지를 굳게
지키게 하되
30 화평하고 진실한 말로 편지를 써
서 아하수에로의 나라 백이십칠 지
방에 있는 유다 모든 사람에게 보
내어
31 정한 기간에 이 부림일을 지키게
하였으니 이는 유다인 모르드개와
왕후 에스더가 명령한 바와 유다인
이 금식하며 부르짖은 것으로 말미
암아 자기와 자기 자손을 위하여
정한 바가 있음이더라
32 에스더의 명령이 이 부림에 대한
일을 견고하게 하였고 그 일이 책
에 기록되었더라

왕과 모르드개가 높임을 받다

10 아하수에로 왕이 그의 본토와
바다 섬들로 하여금 조공을 바
치게 하였더라
2 왕의 능력 있는 모든 행적과 모르
드개를 높여 존귀하게 한 사적이
메대와 바사 왕들의 일기에 기록되
지 아니하였느냐
3 유다인 모르드개가 아하수에로 왕
의 다음이 되고 유다인 중에 크게
존경받고 그의 허다한 형제에게 사
랑을 받고 그의 백성의 이익을 도
모하며 그의 모든 종족을 안위하였
더라

욥기

Job

사탄이 욥을 시험하다

1 우스 땅에 욥이라 불리는 사람이
있었는데 그 사람은 온전하고 정
직하여 하나님을 경외하며 악에서
떠난 자더라
2 그에게 아들 일곱과 딸 셋이 태어
나니라
3 그의 소유물은 양이 칠천 마리요
낙타가 삼천 마리요 소가 오백 겨
리요 암나귀가 오백 마리이며 종도
많이 있었으니 이 사람은 동방 사
람 중에 가장 훌륭한 자라
4 그의 아들들이 자기 생일에 각각
자기의 집에서 잔치를 베풀고 그의
누이 세 명도 청하여 함께 먹고 마
시더라
5 그들이 차례대로 잔치를 끝내면 욥
이 그들을 불러다가 성결하게 하되
아침에 일어나서 그들의 명수대로
번제를 드렸으니 이는 욥이 말하기
를 혹시 내 아들들이 죄를 범하여
마음으로 하나님을 욕되게 하였을
까 함이라 욥의 행위가 항상 이러
하였더라
6 ●하루는 하나님의 아들들이 와서
여호와 앞에 섰고 사탄도 그들 가
운데에 온지라
7 여호와께서 사탄에게 이르시되 네
가 어디서 왔느냐 사탄이 여호와께
대답하여 이르되 땅을 두루 돌아

욥

여기저기 다녀왔나이다
8 여호와께서 사탄에게 이르시되 네
가 내 종 욥을 주의하여 보았느냐
그와 같이 온전하고 정직하여 하나
님을 경외하며 악에서 떠난 자는
세상에 없느니라
9 사탄이 여호와께 대답하여 이르되
욥이 어찌 까닭 없이 하나님을 경
외하리이까
10 주께서 그와 그의 집과 그의 모든
소유물을 울타리로 두르심 때문이
아니니이까 주께서 그의 손으로 하
는 바를 복되게 하사 그의 소유물
이 땅에 넘치게 하셨음이니이다
11 이제 주의 손을 펴서 그의 모든 소
유물을 치소서 그리하시면 틀림없
이 주를 향하여 욕하지 않겠나이
까
12 여호와께서 사탄에게 이르시되 내
가 그의 소유물을 다 네 손에 맡기
노라 다만 그의 몸에는 네 손을 대
지 말지니라 사탄이 곧 여호와 앞
에서 물러가니라

욥이 자녀와 재산을 잃다

13 ●하루는 욥의 자녀들이 그 맏아들
의 집에서 음식을 먹으며 포도주를
마실 때에
14 사환이 욥에게 와서 아뢰되 소는
밭을 갈고 나귀는 그 곁에서 풀을
먹는데
15 스바 사람이 갑자기 이르러 그것들
을 빼앗고 칼로 종들을 죽였나이다
나만 홀로 피하였으므로 주인께 아
뢰러 왔나이다
16 그가 아직 말하는 동안에 또 한 사
람이 와서 아뢰되 하나님의 불이
하늘에서 떨어져서 양과 종들을 살
라 버렸나이다 나만 홀로 피하였으
므로 주인께 아뢰러 왔나이다
17 그가 아직 말하는 동안에 또 한 사
람이 와서 아뢰되 갈대아 사람이
세 무리를 지어 갑자기 낙타에게
달려들어 그것을 빼앗으며 칼로
종들을 죽였나이다 나만 홀로 피
하였으므로 주인께 아뢰러 왔나이
다
18 그가 아직 말하는 동안에 또 한 사
람이 와서 아뢰되 주인의 자녀들이
그들의 맏형의 집에서 음식을 먹으
며 포도주를 마시는데
19 거친 들에서 큰 바람이 와서 집 네
모퉁이를 치매 그 청년들 위에 무
너지므로 그들이 죽었나이다 나만
홀로 피하였으므로 주인께 아뢰러
왔나이다 한지라
20 욥이 일어나 겉옷을 찢고 머리털을
밀고 땅에 엎드려 예배하며
21 이르되 내가 모태에서 알몸으로 나
왔사온즉 또한 알몸이 그리로 돌아
가올지라 주신 이도 여호와시요 거
두신 이도 여호와시오니 여호와의
이름이 찬송을 받으실지니이다 하
고
22 이 모든 일에 욥이 범죄하지 아니
하고 하나님을 향하여 원망하지 아
니하니라

사탄이 다시 욥을 시험하다

2 또 하루는 하나님의 아들들이 와
서 여호와 앞에 서고 사탄도 그들
가운데에 와서 여호와 앞에 서니
2 여호와께서 사탄에게 이르시되 네
가 어디서 왔느냐 사탄이 여호와께
대답하여 이르되 땅을 두루 돌아
여기저기 다녀왔나이다
3 여호와께서 사탄에게 이르시되 네
가 내 종 욥을 주의하여 보았느냐
그와 같이 온전하고 정직하여 하나
님을 경외하며 악에서 떠난 자가
세상에 없느니라 네가 나를 충동하
여 까닭 없이 그를 치게 하였어도

그가 여전히 자기의 온전함을 굳게
지켰느니라
4 사탄이 여호와께 대답하여 이르되
가죽으로 가죽을 바꾸오니 사람이
그의 모든 소유물로 자기의 생명을
바꾸올지라
5 이제 주의 손을 펴서 그의 뼈와 살
을 치소서 그리하시면 틀림없이 주
를 향하여 욕하지 않겠나이까
6 여호와께서 사탄에게 이르시되 내
가 그를 네 손에 맡기노라 다만 그
의 생명은 해하지 말지니라
7 ●사탄이 이에 여호와 앞에서 물러
가서 욥을 쳐서 그의 발바닥에서
정수리까지 종기가 나게 한지라
8 욥이 재 가운데 앉아서 질그릇 조
각을 가져다가 몸을 긁고 있더니
9 그의 아내가 그에게 이르되 당신이
그래도 자기의 온전함을 굳게 지키
느냐 하나님을 욕하고 죽으라
10 그가 이르되 그대의 말이 한 어리
석은 여자의 말 같도다 우리가 하
나님께 복을 받았은즉 화도 받지
아니하겠느냐 하고 이 모든 일에
욥이 입술로 범죄하지 아니하니
라

친구들이 욥을 위로하러 오다

11 ●그때에 욥의 친구 세 사람이 이
모든 재앙이 그에게 내렸다 함을
듣고 각각 자기 지역에서부터 이
르렀으니 곧 데만 사람 엘리바스
와 수아 사람 빌닷과 나아마 사람
소발이라 그들이 욥을 위문하고
위로하려 하여 서로 약속하고 오
더니
12 눈을 들어 멀리 보매 그가 욥인 줄
알기 어렵게 되었으므로 그들이 일
제히 소리 질러 울며 각각 자기의
겉옷을 찢고 하늘을 향하여 티끌을
날려 자기 머리에 뿌리고
13 밤낮 칠 일 동안 그와 함께 땅에 앉
았으나 욥의 고통이 심함을 보므로
그에게 한마디도 말하는 자가 없었
더라

욥이 자기 생일을 저주하다

3 그 후에 욥이 입을 열어 자기의
생일을 저주하니라
2 욥이 입을 열어 이르되
3 내가 난 날이 멸망하였더라면, 사
내 아이를 배었다 하던 그 밤도 그
러하였더라면,
4 그날이 캄캄하였더라면, 하나님이
위에서 돌아보지 않으셨더라면, 빛
도 그날을 비추지 않았더라면,
5 어둠과 죽음의 그늘이 그날을 자기
의 것이라 주장하였더라면, 구름이
그 위에 덮였더라면, 흑암이 그날
을 덮었더라면,
6 그 밤이 캄캄한 어둠에 잡혔더라
면, 해의 날수와 달의 수에 들지 않
았더라면
7 그 밤에 자식을 배지 못하였더라
면, 그 밤에 즐거운 소리가 나지 않
았더라면,
8 날을 저주하는 자들 곧 [1)]리워야단
을 격동시키기에 익숙한 자들이 그
밤을 저주하였더라면,
9 그 밤에 새벽 별들이 어두웠더라
면, 그 밤이 광명을 바랄지라도 얻
지 못하며 동틈을 보지 못하였더라
면 좋았을 것을,
10 이는 내 모태의 문을 닫지 아니하
여 내 눈으로 환난을 보게 하였음
이로구나
11 어찌하여 내가 태에서 죽어 나오지
아니하였던가 어찌하여 내 어머니
가 해산할 때에 내가 숨지지 아니
하였던가
12 어찌하여 무릎이 나를 받았던가 어

1) 악어로 볼 수도 있음

찌하여 내가 젖을 빨았던가
13 그렇지 아니하였던들 이제는 내가
평안히 누워서 자고 쉬었을 것이니
14 자기를 위하여 폐허를 일으킨 세상
임금들과 모사들과 함께 있었을 것
이요
15 혹시 금을 가지며 은으로 집을 채
운 고관들과 함께 있었을 것이며
16 또는 낙태되어 땅에 묻힌 아이처럼
나는 존재하지 않았겠고 빛을 보지
못한 아이들 같았을 것이라
17 거기서는 악한 자가 소요를 그치며
거기서는 피곤한 자가 쉼을 얻으며
18 거기서는 갇힌 자가 다 함께 평안
히 있어 감독자의 호통 소리를 듣
지 아니하며
19 거기서는 작은 자와 큰 자가 함께
있고 종이 상전에게서 놓이느니라
20 ●어찌하여 고난당하는 자에게 빛
을 주셨으며 마음이 아픈 자에게
생명을 주셨는고
21 이러한 자는 죽기를 바라도 오지
아니하니 땅을 파고 숨긴 보배를
찾음보다 죽음을 구하는 것을 더하
다가
22 무덤을 찾아 얻으면 심히 기뻐하고
즐거워하나니
23 하나님에게 둘러싸여 길이 아득한
사람에게 어찌하여 빛을 주셨는고
24 나는 음식 앞에서도 탄식이 나며
내가 앓는 소리는 물이 쏟아지는
소리 같구나
25 내가 두려워하는 그것이 내게 임하
고 내가 무서워하는 그것이 내 몸
에 미쳤구나
26 나에게는 평온도 없고 안일도 없고
휴식도 없고 다만 불안만이 있구나

엘리바스의 첫번째 말

4 데만 사람 엘리바스가 대답하여
이르되
2 누가 네게 말하면 네가 싫증을 내
겠느냐, 누가 참고 말하지 아니하
겠느냐
3 보라 전에 네가 여러 사람을 훈계
하였고 손이 늘어진 자를 강하게
하였고
4 넘어지는 자를 말로 붙들어 주었고
무릎이 약한 자를 강하게 하였거늘
5 이제 이 일이 네게 이르매 네가 힘
들어 하고 이 일이 네게 닥치매 네
가 놀라는구나
6 네 경외함이 네 자랑이 아니냐 네
소망이 네 온전한 길이 아니냐
7 생각하여 보라 죄 없이 망한 자가
누구인가 정직한 자의 끊어짐이 어
디 있는가
8 내가 보건대 악을 밭 갈고 독을 뿌
리는 자는 그대로 거두나니
9 다 하나님의 입 기운에 멸망하고
그의 콧김에 사라지느니라
10 사자의 우는 소리와 젊은 사자의
소리가 그치고 어린 사자의 이가
부러지며
11 사자는 사냥한 것이 없어 죽어 가
고 암사자의 새끼는 흩어지느니라
12 ●어떤 말씀이 내게 가만히 이르고
그 가느다란 소리가 내 귀에 들렸
었나니
13 사람이 깊이 잠들 즈음 내가 그 밤
에 본 환상으로 말미암아 생각이
번거로울 때에
14 두려움과 떨림이 내게 이르러서 모
든 뼈마디가 흔들렸느니라
15 그때에 영이 내 앞으로 지나매 내
몸에 털이 주뼛하였느니라
16 그 영이 서 있는데 나는 그 형상을
알아보지는 못하여도 오직 한 형상
이 내 눈 앞에 있었느니라 그때에
내가 조용한 중에 한 목소리를 들
으니

17 사람이 어찌 하나님보다 의롭겠느
냐 사람이 어찌 그 창조하신 이보
다 깨끗하겠느냐
18 하나님은 그의 종이라도 그대로 믿
지 아니하시며 그의 천사라도 미련
하다 하시나니
19 하물며 흙 집에 살며 티끌로 터를
삼고 하루살이 앞에서라도 무너질
자이겠느냐
20 아침과 저녁 사이에 부스러져 가루
가 되며 영원히 사라지되 기억하는
자가 없으리라
21 장막 줄이 그들에게서 뽑히지 아니
하겠느냐 그들은 지혜가 없이 죽느
니라

5 너는 부르짖어 보라 네게 응답할
자가 있겠느냐 거룩한 자 중에
네가 누구에게로 향하겠느냐
2 분노가 미련한 자를 죽이고 시기가
어리석은 자를 멸하느니라
3 내가 미련한 자가 뿌리내리는 것을
보고 그의 집을 당장에 저주하였노
라
4 그의 자식들은 구원에서 멀고 성
문에서 억눌리나 구하는 자가 없으
며
5 그가 추수한 것은 주린 자가 먹되
덫에 걸린 것도 빼앗으며 올무가
그의 재산을 향하여 입을 벌리느니
라
6 재난은 티끌에서 일어나는 것이 아
니며 고생은 흙에서 나는 것이 아
니니라
7 사람은 고생을 위하여 났으니 불꽃
이 위로 날아가는 것 같으니라
8 ●나라면 하나님을 찾겠고 내 일을
하나님께 의탁하리라
9 하나님은 헤아릴 수 없이 큰 일을
행하시며 기이한 일을 셀 수 없이
행하시나니
10 비를 땅에 내리시고 물을 밭에 보
내시며
11 낮은 자를 높이 드시고 애곡하는
자를 일으키사 구원에 이르게 하시
느니라
12 하나님은 교활한 자의 계교를 꺾으
사 그들의 손이 성공하지 못하게
하시며
13 지혜로운 자가 자기의 계략에 빠지
게 하시며 간교한 자의 계략을 무
너뜨리시므로
14 그들은 낮에도 어두움을 만나고 대
낮에도 더듬기를 밤과 같이 하느니
라
15 하나님은 가난한 자를 강한 자의
칼과 그 입에서, 또한 그들의 손에
서 구출하여 주시나니
16 그러므로 가난한 자가 희망이 있고
악행이 스스로 입을 다무느니라
17 ●볼지어다 하나님께 징계받는 자
에게는 복이 있나니 그런즉 너는
전능자의 징계를 업신여기지 말지
니라
18 하나님은 아프게 하시다가 싸매시
며 상하게 하시다가 그의 손으로
고치시나니
19 여섯 가지 환난에서 너를 구원하시
며 일곱 가지 환난이라도 그 재앙
이 네게 미치지 않게 하시며
20 기근 때에 죽음에서, 전쟁 때에 칼
의 위협에서 너를 구원하실 터인
즉
21 네가 혀의 채찍을 피하여 숨을 수
가 있고 멸망이 올 때에도 두려워
하지 아니할 것이라
22 너는 멸망과 기근을 비웃으며 들짐
승을 두려워하지 말라
23 들에 있는 돌이 너와 언약을 맺겠
고 들짐승이 너와 화목하게 살 것
이니라

24 네가 네 장막의 평안함을 알고 네
[1]우리를 살펴도 잃은 것이 없을 것
이며
25 네 자손이 많아지며 네 후손이 땅
의 풀과 같이 될 줄을 네가 알 것이
라
26 네가 장수하다가 무덤에 이르리니
마치 곡식단을 제 때에 들어올림
같으니라
27 볼지어다 우리가 연구한 바가 이와
같으니 너는 들어 보라 그러면 네
가 알리라

욥의 대답

6 욥이 대답하여 이르되
2 나의 괴로움을 달아 보며 나의
파멸을 저울 위에 모두 놓을 수 있
다면
3 바다의 모래보다도 무거울 것이라
그러므로 나의 말이 경솔하였구나
4 전능자의 화살이 내게 박히매 나
의 영이 그 독을 마셨나니 하나님
의 두려움이 나를 엄습하여 치는
구나
5 들나귀가 풀이 있으면 어찌 울겠으
며 소가 꼴이 있으면 어찌 울겠느냐
6 싱거운 것이 소금 없이 먹히겠느냐
닭의 알 흰자위가 맛이 있겠느냐
7 내 마음이 이런 것을 만지기도 싫
어하나니 꺼리는 음식물같이 여김
이니라
8 ●나의 간구를 누가 들어줄 것이며
나의 소원을 하나님이 허락하시
랴
9 이는 곧 나를 멸하시기를 기뻐하사
하나님이 그의 손을 들어 나를 끊
어 버리실 것이라
10 그러할지라도 내가 오히려 위로를
받고 그칠 줄 모르는 고통 가운데
서도 기뻐하는 것은 내가 거룩하신
이의 말씀을 거역하지 아니하였음
이라
11 내가 무슨 기력이 있기에 기다리겠
느냐 내 마지막이 어떠하겠기에 그
저 참겠느냐
12 나의 기력이 어찌 돌의 기력이겠느
냐 나의 살이 어찌 놋쇠겠느냐
13 나의 도움이 내 속에 없지 아니하
냐 나의 능력이 내게서 쫓겨나지
아니하였느냐
14 ●낙심한 자가 비록 전능자를 경외
하기를 저버릴지라도 그의 친구로
부터 동정을 받느니라
15 내 형제들은 개울과 같이 변덕스럽
고 그들은 개울의 물살같이 지나가
누나
16 얼음이 녹으면 물이 검어지며 눈이
그 속에 감추어질지라도
17 따뜻하면 마르고 더우면 그 자리에
서 아주 없어지나니
18 대상들은 그들의 길을 벗어나서 삭
막한 들에 들어가 멸망하느니라
19 데마의 떼들이 그것을 바라보고 스
바의 행인들도 그것을 사모하다가
20 거기 와서는 바라던 것을 부끄러워
하고 낙심하느니라
21 이제 너희는 아무것도 아니로구나
너희가 두려운 일을 본즉 겁내는구
나
22 내가 언제 너희에게 무엇을 달라고
말했더냐 나를 위하여 너희 재물을
선물로 달라고 하더냐
23 내가 언제 말하기를 원수의 손에서
나를 구원하라 하더냐 폭군의 손에
서 나를 구원하라 하더냐
24 ●내게 가르쳐서 나의 허물된 것을
깨닫게 하라 내가 잠잠하리라
25 옳은 말이 어찌 그리 고통스러운
고, 너희의 책망은 무엇을 책망함
이냐

1) 거하는 곳

26 너희가 남의 말을 꾸짖을 생각을
하나 실망한 자의 말은 바람에 날
아가느니라
27 너희는 고아를 제비 뽑으며 너희
친구를 팔아넘기는구나
28 이제 원하건대 너희는 내게로 얼굴
을 돌리라 내가 너희를 대면하여
결코 거짓말하지 아니하리라
29 너희는 돌이켜 행악자가 되지 말라
아직도 나의 의가 건재하니 돌아오
라
30 내 혀에 어찌 불의한 것이 있으랴
내 미각이 어찌 속임을 분간하지
못하랴

7 이 땅에 사는 인생에게 힘든 노동
이 있지 아니하겠느냐 그의 날이
품꾼의 날과 같지 아니하겠느냐
2 종은 저녁 그늘을 몹시 바라고 품
꾼은 그의 삯을 기다리나니
3 이와 같이 내가 여러 달째 고통을
받으니 고달픈 밤이 내게 작정되었
구나
4 내가 누울 때면 말하기를 언제나
일어날까, 언제나 밤이 갈까 하며
새벽까지 이리 뒤척, 저리 뒤척 하
는구나
5 내 살에는 구더기와 흙덩이가 의복
처럼 입혀졌고 내 피부는 굳어졌다
가 터지는구나
6 나의 날은 베틀의 북보다 빠르니
희망 없이 보내는구나
7 내 생명이 한낱 바람 같음을 생각
하옵소서 나의 눈이 다시는 행복을
보지 못하리이다
8 나를 본 자의 눈이 다시는 나를 보
지 못할 것이고 주의 눈이 나를 향
하실지라도 내가 있지 아니하리이
다
9 구름이 사라져 없어짐같이 스올로
내려가는 자는 다시 올라오지 못할
것이오니
10 그는 다시 자기 집으로 돌아가지
못하겠고 자기 처소도 다시 그를
알지 못하리이다
11 ●그런즉 내가 내 입을 금하지 아
니하고 내 영혼의 아픔 때문에 말
하며 내 마음의 괴로움 때문에 불
평하리이다
12 내가 바다니이까 바다 괴물이니이
까 주께서 어찌하여 나를 지키시나
이까
13 혹시 내가 말하기를 내 잠자리가
나를 위로하고 내 침상이 내 수심
을 풀리라 할 때에
14 주께서 꿈으로 나를 놀라게 하시고
환상으로 나를 두렵게 하시나이다
15 이러므로 내 마음이 뼈를 깎는 고
통을 겪느니 차라리 숨이 막히는
것과 죽는 것을 택하리이다
16 내가 생명을 싫어하고 영원히 살기
를 원하지 아니하오니 나를 놓으소
서 내 날은 헛것이니이다
17 사람이 무엇이기에 주께서 그를 크
게 만드사 그에게 마음을 두시고
18 아침마다 권징하시며 순간마다 단
련하시나이까
19 주께서 내게서 눈을 돌이키지 아니
하시며 내가 침을 삼킬 동안도 나
를 놓지 아니하시기를 어느 때까지
하시리이까
20 사람을 감찰하시는 이여 내가 범죄
하였던들 주께 무슨 해가 되오리이
까 어찌하여 나를 당신의 과녁으로
삼으셔서 내게 무거운 짐이 되게
하셨나이까
21 주께서 어찌하여 내 허물을 사하여
주지 아니하시며 내 죄악을 제거하
여 버리지 아니하시나이까 내가 이
제 흙에 누우리니 주께서 나를 애
써 찾으실지라도 내가 남아 있지

아니하리이다

빌닷의 첫번째 말

8 수아 사람 빌닷이 대답하여 이르
되
2 네가 어느 때까지 이런 말을 하겠
으며 어느 때까지 네 입의 말이 거
센 바람과 같겠는가
3 하나님이 어찌 정의를 굽게 하시겠
으며 전능하신 이가 어찌 공의를
굽게 하시겠는가
4 네 자녀들이 주께 죄를 지었으므로
주께서 그들을 그 죄에 버려두셨나
니
5 네가 만일 하나님을 찾으며 전능하
신 이에게 간구하고
6 또 청결하고 정직하면 반드시 너를
돌보시고 네 의로운 처소를 평안하
게 하실 것이라
7 네 시작은 미약하였으나 네 나중은
심히 창대하리라
8 ●청하건대 너는 옛 시대 사람에게
물으며 조상들이 터득한 일을 배울
지어다
9 (우리는 어제부터 있었을 뿐이라
우리는 아는 것이 없으며 세상에
있는 날이 그림자와 같으니라)
10 그들이 네게 가르쳐 이르지 아니하
겠느냐 그 마음에서 나오는 말을
하지 아니하겠느냐
11 ●[1]왕골이 진펄 아닌 데서 크게 자
라겠으며 갈대가 물 없는 데서 크
게 자라겠느냐
12 이런 것은 새순이 돋아 아직 뜯을
때가 되기 전에 다른 풀보다 일찍
이 마르느니라
13 하나님을 잊어버리는 자의 길은 다
이와 같고 저속한 자의 희망은 무
너지리니
14 그가 믿는 것이 끊어지고 그가 의
지하는 것이 거미줄 같은즉
15 그 집을 의지할지라도 집이 서지
못하고 굳게 붙잡아 주어도 집이
보존되지 못하리라
16 그는 햇빛을 받고 물이 올라 그 가
지가 동산에 뻗으며
17 그 뿌리가 돌무더기에 서리어서 돌
가운데로 들어갔을지라도
18 그곳에서 뽑히면 그 자리도 모르는
체하고 이르기를 내가 너를 보지
못하였다 하리니
19 그 길의 기쁨은 이와 같고 그 후에
다른 것이 흙에서 나리라
20 하나님은 순전한 사람을 버리지 아
니하시고 악한 자를 붙들어 주지
아니하시므로
21 웃음을 네 입에, 즐거운 소리를 네
입술에 채우시리니
22 너를 미워하는 자는 부끄러움을 당
할 것이라 악인의 장막은 없어지리
라

욥의 대답

9 욥이 대답하여 이르되
2 진실로 내가 이 일이 그런 줄을
알거니와 인생이 어찌 하나님 앞에
의로우랴
3 사람이 하나님께 변론하기를 좋아
할지라도 천 마디에 한마디도 대답
하지 못하리라
4 그는 마음이 지혜로우시고 힘이
강하시니 그를 거슬러 스스로 완
악하게 행하고도 형통할 자가 누
구이랴
5 그가 진노하심으로 산을 무너뜨리
시며 옮기실지라도 산이 깨닫지 못
하며
6 그가 땅을 그 자리에서 움직이시니
그 기둥들이 흔들리도다
7 그가 해를 명령하여 뜨지 못하게
하시며 별들을 가두시도다

1) 파피루스의 일종

8 그가 홀로 하늘을 펴시며 바다 물
결을 밟으시며
9 북두성과 삼성과 묘성과 남방의 밀
실을 만드셨으며
10 측량할 수 없는 큰 일을, 셀 수 없
는 기이한 일을 행하시느니라
11 그가 내 앞으로 지나시나 내가 보
지 못하며 그가 내 앞에서 움직이
시나 내가 깨닫지 못하느니라
12 하나님이 빼앗으시면 누가 막을 수
있으며 무엇을 하시나이까 하고 누
가 물을 수 있으랴
13 하나님이 진노를 돌이키지 아니하
시나니 라합을 돕는 자들이 그 밑
에 굴복하겠거든
14 하물며 내가 감히 대답하겠으며 그
앞에서 무슨 말을 택하랴
15 가령 내가 의로울지라도 대답하지
못하겠고 나를 심판하실 그에게 간
구할 뿐이며
16 가령 내가 그를 부르므로 그가 내
게 대답하셨을지라도 내 음성을
들으셨다고는 내가 믿지 아니하리
라
17 그가 폭풍으로 나를 치시고 까닭
없이 내 상처를 깊게 하시며
18 나를 숨 쉬지 못하게 하시며 괴로
움을 내게 채우시는구나
19 힘으로 말하면 그가 강하시고 심판
으로 말하면 누가 [1]그를 소환하겠
느냐
20 가령 내가 의로울지라도 내 입이
나를 정죄하리니 가령 내가 온전할
지라도 나를 정죄하시리라
21 나는 온전하다마는 내가 나를 돌아
보지 아니하고 내 생명을 천히 여
기는구나
22 일이 다 같은 것이라 그러므로 나
는 말하기를 하나님이 온전한 자나
악한 자나 멸망시키신다 하나니
23 갑자기 재난이 닥쳐 죽을지라도 무
죄한 자의 절망도 그가 비웃으시리
라
24 세상이 악인의 손에 넘어갔고 재
판관의 얼굴도 가려졌나니 그렇게
되게 한 이가 그가 아니시면 누구
냐
25 ●나의 날이 경주자보다 빨리 사라
져 버리니 복을 볼 수 없구나
26 그 지나가는 것이 [2]빠른 배 같고
먹이에 날아 내리는 독수리와도 같
구나
27 가령 내가 말하기를 내 불평을 잊
고 얼굴빛을 고쳐 즐거운 모양을
하자 할지라도
28 내 모든 고통을 두려워하오니 주께
서 나를 죄 없다고 여기지 않으실
줄을 아나이다
29 내가 정죄하심을 당할진대 어찌 헛
되이 수고하리이까
30 내가 눈 녹은 물로 몸을 씻고 잿물
로 손을 깨끗하게 할지라도
31 주께서 나를 개천에 빠지게 하시리
니 내 옷이라도 나를 싫어하리이다
32 하나님은 나처럼 사람이 아니신즉
내가 그에게 대답할 수 없으며 함
께 들어가 재판을 할 수도 없고
33 우리 사이에 손을 얹을 판결자도
없구나
34 주께서 그의 막대기를 내게서 떠
나게 하시고 그의 위엄이 나를 두
렵게 하지 아니하시기를 원하노
라
35 그리하시면 내가 두려움 없이 말하
리라 나는 본래 그렇게 할 수 있는
자가 아니니라

10

내 영혼이 살기에 곤비하니 내
불평을 토로하고 내 마음이 괴
로운 대로 말하리라

1) 히, 나를 2) 히, 갈대 배

2 내가 하나님께 아뢰오리니 나를 정
죄하지 마시옵고 무슨 까닭으로 나
와 더불어 변론하시는지 내게 알게
하옵소서
3 주께서 주의 손으로 지으신 것을
학대하시며 멸시하시고 악인의 꾀
에 빛을 비추시기를 선히 여기시나
이까
4 주께도 육신의 눈이 있나이까 주께
서 사람처럼 보시나이까
5 주의 날이 어찌 사람의 날과 같으
며 주의 해가 어찌 인생의 해와 같
기로
6 나의 허물을 찾으시며 나의 죄를
들추어내시나이까
7 주께서는 내가 악하지 않은 줄을
아시나이다 주의 손에서 나를 벗어
나게 할 자도 없나이다
8 주의 손으로 나를 빚으셨으며 만드
셨는데 이제 나를 멸하시나이다
9 기억하옵소서 주께서 내 몸 지으시
기를 흙을 뭉치듯 하셨거늘 다시
나를 티끌로 돌려보내려 하시나이
까
10 주께서 나를 젖과 같이 쏟으셨으며
엉긴 젖처럼 엉기게 하지 아니하셨
나이까
11 피부와 살을 내게 입히시며 뼈와
힘줄로 나를 엮으시고
12 생명과 은혜를 내게 주시고 나를
보살피심으로 내 영을 지키셨나이
다
13 그러한데 주께서 이것들을 마음에
품으셨나이다 이 뜻이 주께 있는
줄을 내가 아나이다
14 내가 범죄하면 주께서 나를 죄인으
로 인정하시고 내 죄악을 사하지
아니하시나이다
15 내가 악하면 화가 있을 것이오며
내가 의로울지라도 머리를 들지 못
하는 것은 내 속에 부끄러움이 가
득하고 내 환난을 내 눈이 보기 때
문이니이다
16 내가 머리를 높이 들면 주께서 젊
은 사자처럼 나를 사냥하시며 내게
주의 놀라움을 다시 나타내시나이
다
17 주께서 자주자주 증거하는 자를 바
꾸어 나를 치시며 나를 향하여 진
노를 더하시니 군대가 번갈아서 치
는 것 같으니이다
18 주께서 나를 태에서 나오게 하셨
음은 어찌함이니이까 그렇지 아니
하셨더라면 내가 기운이 끊어져 아
무 눈에도 보이지 아니하였을 것
이라
19 있어도 없던 것같이 되어서 태에서
바로 무덤으로 옮겨졌으리이다
20 내 날은 적지 아니하니이까 그런즉
그치시고 나를 버려두사 잠시나마
평안하게 하시되
21 내가 돌아오지 못할 땅 곧 어둡고
죽음의 그늘진 땅으로 가기 전에
그리하옵소서
22 땅은 어두워서 흑암 같고 죽음의
그늘이 져서 아무 구별이 없고 광
명도 흑암 같으니이다

소발의 첫번째 말

11 나아마 사람 소발이 대답하여
이르되
2 말이 많으니 어찌 대답이 없으랴
말이 많은 사람이 어찌 의롭다 함
을 얻겠느냐
3 네 자랑하는 말이 어찌게 사람으로
잠잠하게 하겠으며 네가 비웃으면
어찌 너를 부끄럽게 할 사람이 없
겠느냐
4 네 말에 의하면 내 도는 정결하고
나는 주께서 보시기에 깨끗하다 하
는구나

5 하나님은 말씀을 내시며 너를 향하
여 입을 여시고
6 지혜의 오묘함으로 네게 보이시기
를 원하노니 이는 그의 지식이 광
대하심이라 하나님께서 너로 하여
금 너의 죄를 잊게 하여 주셨음을
알라
7 ●네가 하나님의 오묘함을 어찌 능
히 측량하며 전능자를 어찌 능히
완전히 알겠느냐
8 하늘보다 높으시니 네가 무엇을 하
겠으며 스올보다 깊으시니 네가 어
찌 알겠느냐
9 그의 크심은 땅보다 길고 바다보다
넓으니라
10 하나님이 두루 다니시며 사람을 잡
아 가두시고 재판을 여시면 누가
능히 막을소냐
11 하나님은 허망한 사람을 아시나니
악한 일은 상관하지 않으시는 듯하
나 다 보시느니라
12 허망한 사람은 지각이 없나니 그의
출생함이 들나귀 새끼 같으니라
13 만일 네가 마음을 바로 정하고 주
를 향하여 손을 들 때에
14 네 손에 죄악이 있거든 멀리 버리
라 불의가 네 장막에 있지 못하게
하라
15 그리하면 네가 반드시 흠 없는 얼
굴을 들게 되고 굳게 서서 두려움
이 없으리니
16 곧 네 환난을 잊을 것이라 네가 기
억할지라도 물이 흘러감 같을 것이
며
17 네 생명의 날이 대낮보다 밝으리니
어둠이 있다 할지라도 아침과 같이
될 것이요
18 네가 희망이 있으므로 안전할 것
이며 두루 살펴보고 평안히 쉬리
라
19 네가 누워도 두렵게 할 자가 없겠
고 많은 사람이 네게 은혜를 구하
리라
20 그러나 악한 자들은 눈이 어두워서
도망할 곳을 찾지 못하리니 그들의
희망은 숨을 거두는 것이니라

욥의 대답

12 욥이 대답하여 이르되
2 너희만 참으로 백성이로구
나 너희가 죽으면 지혜도 죽겠구
나
3 나도 너희같이 생각이 있어 너희만
못하지 아니하니 그 같은 일을 누
가 알지 못하겠느냐
4 하나님께 불러 아뢰어 들으심을 입
은 내가 이웃에게 웃음거리가 되었
으니 의롭고 온전한 자가 조롱거리
가 되었구나
5 평안한 자의 마음은 재앙을 멸시하
나 재앙이 실족하는 자를 기다리는
구나
6 강도의 장막은 형통하고 하나님을
진노하게 하는 자는 평안하니 하
나님이 그의 손에 후히 주심이니
라
7 ●이제 모든 짐승에게 물어보라 그
것들이 네게 가르치리라 공중의 새
에게 물어보라 그것들이 또한 네게
말하리라
8 땅에게 말하라 네게 가르치리라 바
다의 고기도 네게 설명하리라
9 이것들 중에 어느 것이 여호와의
손이 이를 행하신 줄을 알지 못하
랴
10 모든 생물의 생명과 모든 사람의
육신의 목숨이 다 그의 손에 있느
니라
11 입이 음식의 맛을 구별함같이 귀가
말을 분간하지 아니하느냐
12 늙은 자에게는 지혜가 있고 장수하

는 자에게는 명철이 있느니라
13 ●지혜와 권능이 하나님께 있고 계
략과 명철도 그에게 속하였나니
14 그가 헐으신즉 다시 세울 수 없고
사람을 가두신즉 놓아주지 못하느
니라
15 그가 물을 막으신즉 곧 마르고 물
을 보내신즉 곧 땅을 뒤집나니
16 능력과 지혜가 그에게 있고 속은
자와 속이는 자가 다 그에게 속하
였으므로
17 모사를 벌거벗겨 끌어가시며 재판
장을 어리석은 자가 되게 하시며
18 왕들이 맨 것을 풀어 그들의 허리
를 동이시며
19 제사장들을 벌거벗겨 끌어가시고
권력이 있는 자를 넘어뜨리시며
20 충성된 사람들의 말을 물리치시며
늙은 자들의 판단을 빼앗으시며
21 귀인들에게 멸시를 쏟으시며 강한
자의 띠를 푸시며
22 어두운 가운데에서 은밀한 것을 드
러내시며 죽음의 그늘을 광명한 데
로 나오게 하시며
23 민족들을 커지게도 하시고 다시 멸
하기도 하시며 민족들을 널리 퍼지
게도 하시고 다시 끌려가게도 하시
며
24 만민의 우두머리들의 총명을 빼앗
으시고 그들을 길 없는 거친 들에
서 방황하게 하시며
25 빛없이 캄캄한 데를 더듬게 하시며
취한 사람같이 비틀거리게 하시느
니라

13 나의 눈이 이것을 다 보았고
나의 귀가 이것을 듣고 깨달았
느니라
2 너희 아는 것을 나도 아노니 너희
만 못하지 않으니라
3 참으로 나는 전능자에게 말씀하려
하며 하나님과 변론하려 하노라
4 너희는 거짓말을 지어내는 자요 다
쓸모없는 의원이니라
5 너희가 참으로 잠잠하면 그것이 너
희의 지혜일 것이니라
6 너희는 나의 변론을 들으며 내 입
술의 변명을 들어 보라
7 너희가 하나님을 위하여 불의를 말
하려느냐 그를 위하여 속임을 말하
려느냐
8 너희가 하나님의 낯을 따르려느냐
그를 위하여 변론하려느냐
9 하나님이 너희를 감찰하시면 좋겠
느냐 너희가 사람을 속임같이 그를
속이려느냐
10 만일 너희가 몰래 낯을 따를진대
그가 반드시 책망하시리니
11 그의 존귀가 너희를 두렵게 하지
않겠으며 그의 두려움이 너희 위에
임하지 않겠느냐
12 너희의 격언은 재 같은 속담이요
너희가 방어하는 것은 토성이니라
13 너희는 잠잠하고 나를 버려두어 말
하게 하라 무슨 일이 닥치든지 내
가 당하리라
14 내가 어찌하여 내 살을 내 이로 물
고 내 생명을 내 손에 두겠느냐
15 [1]그가 나를 죽이시리니 내가 희망
이 없노라 그러나 그의 앞에서 내
행위를 아뢰리라
16 경건하지 않은 자는 그 앞에 이르
지 못하나니 이것이 나의 구원이
되리라
17 너희들은 내 말을 분명히 들으라
내가 너희 귀에 알려 줄 것이 있느
니라
18 보라 내가 내 사정을 진술하였거니
와 내가 정의롭다 함을 얻을 줄 아
노라

1) 또는 그가 나를 죽이실지라도 나는 그를 의뢰하리니

19 나와 변론할 자가 누구이랴 그러면
내가 잠잠하고 기운이 끊어지리라

욥의 기도

20 ●오직 내게 이 두 가지 일을 행하
지 마옵소서 그리하시면 내가 주의
얼굴을 피하여 숨지 아니하오리니
21 곧 주의 손을 내게 대지 마시오며
주의 위엄으로 나를 두렵게 하지
마실 것이니이다
22 그리하시고 주는 나를 부르소서 내
가 대답하리이다 혹 내가 말씀하게
하옵시고 주는 내게 대답하옵소서
23 나의 죄악이 얼마나 많으니이까 나
의 허물과 죄를 내게 알게 하옵소
서
24 주께서 어찌하여 얼굴을 가리시고
나를 주의 원수로 여기시나이까
25 주께서 어찌하여 날리는 낙엽을 놀
라게 하시며 마른 검불을 뒤쫓으시
나이까
26 주께서 나를 대적하사 괴로운 일들
을 기록하시며 내가 젊었을 때에
지은 죄를 내가 받게 하시오며
27 내 발을 차꼬에 채우시며 나의 모
든 길을 살피사 내 발자취를 점검
하시나이다
28 나는 썩은 물건의 낡아짐 같으며
좀 먹은 의복 같으니이다

14 여인에게서 태어난 사람은 생
애가 짧고 걱정이 가득하며
2 그는 꽃과 같이 자라나서 시들며
그림자같이 지나가며 머물지 아니
하거늘
3 이와 같은 자를 주께서 눈여겨 보
시나이까 나를 주 앞으로 이끌어서
재판하시나이까
4 누가 깨끗한 것을 더러운 것 가운
데에서 낼 수 있으리이까 하나도
없나이다
5 그의 날을 정하셨고 그의 달수도
주께 있으므로 그의 규례를 정하여
넘어가지 못하게 하셨사온즉
6 그에게서 눈을 돌이켜 그가 품꾼같
이 그의 날을 마칠 때까지 그를 홀
로 있게 하옵소서
7 ●나무는 희망이 있나니 찍힐지라
도 다시 움이 나서 연한 가지가 끊
이지 아니하며
8 그 뿌리가 땅에서 늙고 줄기가 흙
에서 죽을지라도
9 물 기운에 움이 돋고 가지가 뻗어
서 새로 심은 것과 같거니와
10 장정이라도 죽으면 소멸되나니 인
생이 숨을 거두면 그가 어디 있느
냐
11 물이 바다에서 줄어들고 강물이 잦
아서 마름같이
12 사람이 누우면 다시 일어나지 못하
고 하늘이 없어지기까지 눈을 뜨지
못하며 잠을 깨지 못하느니라
13 주는 나를 스올에 감추시며 주의
진노를 돌이키실 때까지 나를 숨기
시고 나를 위하여 규례를 정하시고
나를 기억하옵소서
14 장정이라도 죽으면 어찌 다시 살리
이까 나는 나의 모든 고난의 날 동
안을 참으면서 풀려나기를 기다리
겠나이다
15 주께서는 나를 부르시겠고 나는
대답하겠나이다 주께서는 주의 손
으로 지으신 것을 기다리시겠나이
다
16 그러하온데 이제 주께서 나의 걸음
을 세시오니 나의 죄를 감찰하지
아니하시나이까
17 주는 내 허물을 주머니에 봉하시고
내 죄악을 싸매시나이다
18 ●무너지는 산은 반드시 흩어지고
바위는 그 자리에서 옮겨가고
19 물은 돌을 닳게 하고 넘치는 물은

땅의 티끌을 씻어버리나이다 이와
같이 주께서는 사람의 희망을 끊으
시나이다
20 주께서 사람을 영원히 이기셔서 떠
나게 하시며 그의 얼굴빛을 변하게
하시고 쫓아보내시오니
21 그의 아들들이 존귀하게 되어도 그
가 알지 못하며 그들이 비천하게
되어도 그가 깨닫지 못하나이다
22 다만 그의 살이 아프고 그의 영혼
이 애곡할 뿐이니이다

엘리바스의 두 번째 말

15 데만 사람 엘리바스가 대답하
여 이르되
2 지혜로운 자가 어찌 헛된 지식으로
대답하겠느냐 어찌 동풍을 그의 복
부에 채우겠느냐
3 어찌 도움이 되지 아니하는 이야
기, 무익한 말로 변론하겠느냐
4 참으로 네가 하나님 경외하는 일을
그만두어 하나님 앞에 묵도하기를
그치게 하는구나
5 네 죄악이 네 입을 가르치나니 네
가 간사한 자의 혀를 좋아하는구나
6 너를 정죄한 것은 내가 아니요 네
입이라 네 입술이 네게 불리하게
증언하느니라
7 ●네가 제일 먼저 난 사람이냐 산
들이 있기 전에 네가 출생하였느냐
8 하나님의 오묘하심을 네가 들었느
냐 지혜를 홀로 가졌느냐
9 네가 아는 것을 우리가 알지 못하
는 것이 무엇이냐 네가 깨달은 것
을 우리가 소유하지 못한 것이 무
엇이냐
10 우리 중에는 머리가 흰 사람도 있
고 연로한 사람도 있고 네 아버지
보다 나이가 많은 사람도 있느니
라
11 하나님의 위로와 은밀하게 하시는
말씀이 네게 작은 것이냐
12 어찌하여 네 마음에 불만스러워하
며 네 눈을 번뜩거리며
13 네 영이 하나님께 분노를 터뜨리며
네 입을 놀리느냐
14 사람이 어찌 깨끗하겠느냐 여인에게
서 난 자가 어찌 의롭겠느냐
15 하나님은 거룩한 자들을 믿지 아니
하시나니 하늘이라도 그가 보시기
에 부정하거든
16 하물며 악을 저지르기를 물 마심같
이 하는 가증하고 부패한 사람을
용납하시겠느냐
17 ●내가 네게 보이리니 내게서 들으
라 내가 본 것을 설명하리라
18 이는 곧 지혜로운 자들이 전하여
준 것이니 그들의 조상에게서 숨기
지 아니하였느니라
19 이 땅은 그들에게만 주셨으므로 외
인은 그들 중에 왕래하지 못하였느
니라
20 그 말에 이르기를 악인은 그의 일
평생에 고통을 당하며 포악자의 햇
수는 정해졌으므로
21 그의 귀에는 무서운 소리가 들리고
그가 평안할 때에 멸망시키는 자가
그에게 이르리니
22 그가 어두운 데서 나오기를 바라지
못하고 칼날이 숨어서 기다리느니
라
23 그는 헤매며 음식을 구하여 이르기
를 어디 있느냐 하며 흑암의 날이
가까운 줄을 스스로 아느니라
24 환난과 역경이 그를 두렵게 하며
싸움을 준비한 왕처럼 그를 쳐서
이기리라
25 이는 그의 손을 들어 하나님을 대
적하며 교만하여 전능자에게 힘을
과시하였음이니라
26 그는 목을 세우고 방패를 들고 하

나님께 달려드니
27 그의 얼굴에는 살이 찌고 허리에는
기름이 엉기었고
28 그는 황폐한 성읍, 사람이 살지 아
니하는 집, 돌무더기가 될 곳에 거
주하였음이니라
29 그는 부요하지 못하고 재산이 보존
되지 못하고 그의 소유가 땅에서
증식되지 못할 것이라
30 어두운 곳을 떠나지 못하리니 불꽃
이 그의 가지를 말릴 것이라 하나
님의 입김으로 그가 불려가리라
31 그가 스스로 속아 허무한 것을 믿
지 아니할 것은 허무한 것이 그의
보응이 될 것임이라
32 그의 날이 이르기 전에 그 일이 이
루어질 것인즉 그의 가지가 푸르지
못하리니
33 포도 열매가 익기 전에 떨어짐 같
고 감람 꽃이 곧 떨어짐 같으리라
34 경건하지 못한 무리는 자식을 낳지
못할 것이며 뇌물을 받는 자의 장
막은 불탈 것이라
35 그들은 재난을 잉태하고 죄악을 낳
으며 그들의 뱃속에 속임을 준비하
느니라

욥의 대답

16 욥이 대답하여 이르되
2 이런 말은 내가 많이 들었나
니 너희는 다 재난을 주는 위로자
들이로구나
3 헛된 말이 어찌 끝이 있으랴 네가
무엇에 자극을 받아 이같이 대답하
는가
4 나도 너희처럼 말할 수 있나니 가
령 너희 마음이 내 마음 자리에 있
다 하자 나도 그럴듯한 말로 너희
를 치며 너희를 향하여 머리를 흔
들 수 있느니라
5 그래도 입으로 너희를 강하게 하며
입술의 위로로 너희의 근심을 풀었
으리라
6 ●내가 말하여도 내 근심이 풀리지
아니하고 잠잠하여도 내 아픔이 줄
어들지 않으리라
7 이제 주께서 나를 피로하게 하시고
나의 온 집안을 패망하게 하셨나이
다
8 주께서 나를 시들게 하셨으니 이는
나를 향하여 증거를 삼으심이라 나
의 파리한 모습이 일어나서 대면하
여 내 앞에서 증언하리이다
9 그는 진노하사 나를 찢고 적대시
하시며 나를 향하여 이를 갈고 원
수가 되어 날카로운 눈초리로 나를
보시고
10 무리들은 나를 향하여 입을 크게
벌리며 나를 모욕하여 뺨을 치며
함께 모여 나를 대적하는구나
11 하나님이 나를 악인에게 넘기시며
행악자의 손에 던지셨구나
12 내가 평안하더니 그가 나를 꺾으시
며 내 목을 잡아 나를 부서뜨리시
며 나를 세워 과녁을 삼으시고
13 그의 화살들이 사방에서 날아와 사
정없이 나를 쏨으로 그는 내 콩팥
들을 꿰뚫고 그는 내 쓸개가 땅에
흘러나오게 하시는구나
14 그가 나를 치고 다시 치며 용사같
이 내게 달려드시니
15 내가 굵은 베를 꿰매어 내 피부에
덮고 내 뿔을 티끌에 더럽혔구나
16 내 얼굴은 울음으로 붉었고 내 눈
꺼풀에는 죽음의 그늘이 있구나
17 그러나 내 손에는 포학이 없고 나
의 기도는 정결하니라
18 ●땅아 내 피를 가리지 말라 나의
부르짖음이 쉴 자리를 잡지 못하게
하라
19 지금 나의 증인이 하늘에 계시고 나

의 중보자가 높은 데 계시니라
20 나의 친구는 나를 조롱하고 내 눈
은 하나님을 향하여 눈물을 흘리
니
21 사람과 하나님 사이에와 인자와 그
이웃 사이에 중재하시기를 원하노
니
22 수년이 지나면 나는 돌아오지 못할
길로 갈 것임이니라

17 나의 기운이 쇠하였으며 나의
날이 다하였고 무덤이 나를 위
하여 준비되었구나
2 나를 조롱하는 자들이 나와 함께
있으므로 내 눈이 그들의 충동함을
항상 보는구나
3 ●청하건대 나에게 담보물을 주소
서 나의 손을 잡아 줄 자가 누구리
이까
4 주께서 그들의 마음을 가리어 깨닫
지 못하게 하셨사오니 그들을 높이
지 마소서
5 보상을 얻으려고 친구를 비난하는
자는 그의 자손들의 눈이 멀게 되
리라
6 ●하나님이 나를 백성의 속담거리
가 되게 하시니 그들이 내 얼굴에
침을 뱉는구나
7 내 눈은 근심 때문에 어두워지고
나의 온 지체는 그림자 같구나
8 정직한 자는 이로 말미암아 놀라고
죄 없는 자는 경건하지 못한 자 때
문에 분을 내나니
9 그러므로 의인은 그 길을 꾸준히
가고 손이 깨끗한 자는 점점 힘을
얻느니라
10 너희는 모두 다시 올지니라 내가
너희 중에서 지혜자를 찾을 수 없
느니라
11 나의 날이 지나갔고 내 계획, 내 마
음의 소원이 다 끊어졌구나
12 그들은 밤으로 낮을 삼고 빛 앞에
서 어둠이 가깝다 하는구나
13 내가 스올이 내 집이 되기를 희망
하여 내 침상을 흑암에 펴놓으매
14 무덤에게 너는 내 아버지라, 구더
기에게 너는 내 어머니, 내 자매라
할지라도
15 나의 희망이 어디 있으며 나의 희
망을 누가 보겠느냐
16 우리가 흙 속에서 쉴 때에는 희망
이 스올의 문으로 내려갈 뿐이니라

빌닷의 두 번째 말

18 수아 사람 빌닷이 대답하여 이
르되
2 너희가 어느 때에 가서 말의 끝을
맺겠느냐 깨달으라 그 후에야 우리
가 말하리라
3 어찌하여 우리를 짐승으로 여기며
부정하게 보느냐
4 울분을 터뜨리며 자기 자신을 찢는
사람아 너 때문에 땅이 버림을 받
겠느냐 바위가 그 자리에서 옮겨지
겠느냐
5 ●악인의 빛은 꺼지고 그의 불꽃은
빛나지 않을 것이요
6 그의 장막 안의 빛은 어두워지고
그 위의 등불은 꺼질 것이요
7 그의 활기찬 걸음이 피곤하여지고
그가 마련한 꾀에 스스로 빠질 것
이니
8 이는 그의 발이 그물에 빠지고 올
가미에 걸려들며
9 그의 발뒤꿈치는 덫에 치이고 그의
몸은 올무에 얽힐 것이며
10 그를 잡을 덫이 땅에 숨겨져 있고
그를 빠뜨릴 함정이 길목에 있으며
11 무서운 것이 사방에서 그를 놀라게
하고 그 뒤를 쫓아갈 것이며
12 그의 힘은 기근으로 말미암아 쇠하
고 그 곁에는 재앙이 기다릴 것이

며
13 질병이 그의 피부를 삼키리니 곧
사망의 장자가 그의 지체를 먹을
것이며
14 그가 의지하던 것들이 장막에서 뽑
히며 그는 공포의 왕에게로 잡혀가
고
15 그에게 속하지 않은 자가 그의 장
막에 거하리니 유황이 그의 처소에
뿌려질 것이며
16 밑으로 그의 뿌리가 마르고 위로는
그의 가지가 시들 것이며
17 그를 기념함이 땅에서 사라지고 거
리에서는 그의 이름이 전해지지 않
을 것이며
18 그는 광명으로부터 흑암으로 쫓겨
들어가며 세상에서 쫓겨날 것이
며
19 그는 그의 백성 가운데 후손도 없
고 후예도 없을 것이며 그가 거하
던 곳에는 남은 자가 한 사람도 없
을 것이라
20 그의 운명에 서쪽에서 오는 자와
동쪽에서 오는 자가 깜짝 놀라리라
21 참으로 불의한 자의 집이 이러하고
하나님을 알지 못하는 자의 처소도
이러하니라

욥의 대답

19 욥이 대답하여 이르되
2 너희가 내 마음을 괴롭히며
말로 나를 짓부수기를 어느 때까지
하겠느냐
3 너희가 열 번이나 나를 학대하고도
부끄러워 아니하는구나
4 비록 내게 허물이 있다 할지라도
그 허물이 내게만 있느냐
5 너희가 참으로 나를 향하여 자만하
며 내게 수치스러운 행위가 있다고
증언하려면 하려니와
6 하나님이 나를 억울하게 하시고 자
기 그물로 나를 에워싸신 줄을 알
아야 할지니라
7 ●내가 폭행을 당한다고 부르짖으
나 응답이 없고 도움을 간구하였으
나 정의가 없구나
8 그가 내 길을 막아 지나가지 못하
게 하시고 내 앞길에 어둠을 두셨
으며
9 나의 영광을 거두어가시며 나의 관
모를 머리에서 벗기시고
10 사면으로 나를 헐으시니 나는 [1)]죽
었구나 내 희망을 나무 뽑듯 뽑으
시고
11 나를 향하여 진노하시고 원수같이
보시는구나
12 그 군대가 일제히 나아와서 길을
돋우고 나를 치며 내 장막을 둘러
진을 쳤구나
13 ●나의 형제들이 나를 멀리 떠나게
하시니 나를 아는 모든 사람이 내
게 낯선 사람이 되었구나
14 내 친척은 나를 버렸으며 가까운
친지들은 나를 잊었구나
15 내 집에 머물러 사는 자와 내 여종
들은 나를 낯선 사람으로 여기니
내가 그들 앞에서 타국 사람이 되
었구나
16 내가 내 종을 불러도 대답하지 아
니하니 내 입으로 그에게 간청하여
야 하겠구나
17 내 아내도 내 숨결을 싫어하며 내
허리의 자식들도 나를 가련하게 여
기는구나
18 어린아이들까지도 나를 업신여기
고 내가 일어나면 나를 조롱하는구
나
19 나의 가까운 친구들이 나를 미워하
며 내가 사랑하는 사람들이 돌이켜
나의 원수가 되었구나

1) 히, 갔구나

20 내 피부와 살이 뼈에 붙었고 남은
것은 겨우 잇몸 뿐이로구나
21 나의 친구야 너희는 나를 불쌍히
여겨다오 나를 불쌍히 여겨다오 하
나님의 손이 나를 치셨구나
22 너희가 어찌하여 하나님처럼 나를
박해하느냐 내 살로도 부족하냐
23 ●나의 말이 곧 기록되었으면, 책
에 씌어졌으면,
24 철필과 납으로 영원히 돌에 새겨졌
으면 좋겠노라
25 내가 알기에는 나의 대속자가 살아
계시니 마침내 그가 땅 위에 서실
것이라
26 내 가죽이 벗김을 당한 뒤에도 내
가 육체 밖에서 하나님을 보리라
27 내가 그를 보리니 내 눈으로 그를
보기를 낯선 사람처럼 하지 않을
것이라 내 [1]마음이 초조하구나
28 너희가 만일 이르기를 우리가 그를
어떻게 칠까 하며 또 이르기를 일
의 뿌리가 그에게 있다 할진대
29 너희는 칼을 두려워할지니라 분
노는 칼의 형벌을 부르나니 너희
가 심판장이 있는 줄을 알게 되리
라

소발의 두 번째 말

20 나아마 사람 소발이 대답하여
이르되
2 그러므로 내 초조한 마음이 나로
하여금 대답하게 하나니 이는 내
중심이 조급함이니라
3 내가 나를 부끄럽게 하는 책망을
들었으므로 나의 슬기로운 마음
이 나로 하여금 대답하게 하는구
나
4 네가 알지 못하느냐 예로부터 사람
이 이 세상에 생긴 때로부터
5 악인이 이긴다는 자랑도 잠시요 경
건하지 못한 자의 즐거움도 잠깐이
니라
6 그 존귀함이 하늘에 닿고 그 머리
가 구름에 미칠지라도
7 자기의 똥처럼 영원히 망할 것이라
그를 본 자가 이르기를 그가 어디
있느냐 하리라
8 그는 꿈같이 지나가니 다시 찾을
수 없을 것이요 밤에 보이는 환상
처럼 사라지리라
9 그를 본 눈이 다시 그를 보지 못할
것이요 그의 처소도 다시 그를 보
지 못할 것이며
10 그의 아들들은 가난한 자에게 은혜
를 구하겠고 그도 얻은 재물을 자
기 손으로 도로 줄 것이며
11 그의 기골이 청년같이 강장하나 그
기세가 그와 함께 흙에 누우리라
12 ●그는 비록 악을 달게 여겨 혀 밑
에 감추며
13 아껴서 버리지 아니하고 입천장에
물고 있을지라도
14 그의 음식이 창자 속에서 변하며
뱃속에서 독사의 쓸개가 되느니
라
15 그가 재물을 삼켰을지라도 토할 것
은 하나님이 그의 배에서 도로 나
오게 하심이니
16 그는 독사의 독을 빨며 뱀의 혀에
죽을 것이라
17 그는 강 곧 꿀과 [2]엉긴 젖이 흐르
는 강을 보지 못할 것이요
18 수고하여 얻은 것을 삼키지 못하고
돌려 주며 매매하여 얻은 재물로
즐거움을 삼지 못하리니
19 이는 그가 가난한 자를 학대하고
버렸음이요 자기가 세우지 않은 집
을 빼앗음이니라
20 ●그는 마음에 평안을 알지 못하니
그가 기뻐하는 것을 하나도 보존하

1) 히, 콩팥을 의미함 2) 히, 버터

지 못하겠고
21 남기는 것이 없이 모두 먹으니 그
런즉 그 행복이 오래 가지 못할 것
이라
22 풍족할 때에도 괴로움이 이르리니
모든 재난을 주는 자의 손이 그에
게 임하리라
23 그가 배를 불리려 할 때에 하나님
이 맹렬한 진노를 내리시리니 음식
을 먹을 때에 그의 위에 비같이 쏟
으시리라
24 그가 철 병기를 피할 때에는 놋 화
살을 쏘아 꿰뚫을 것이요
25 몸에서 그의 화살을 빼낸즉 번쩍
번쩍하는 촉이 그의 쓸개에서 나
오고 큰 두려움이 그에게 닥치느
니라
26 큰 어둠이 그를 위하여 예비되어
있고 사람이 피우지 않은 불이 그
를 멸하며 그 장막에 남은 것을 해
치리라
27 하늘이 그의 죄악을 드러낼 것이요
땅이 그를 대항하여 일어날 것인
즉
28 그의 가산이 떠나가며 하나님의 진
노의 날에 끌려가리라
29 이는 악인이 하나님께 받을 분깃이
요 하나님이 그에게 정하신 기업이
니라

욥의 대답

21 욥이 대답하여 이르되
2 너희는 내 말을 자세히 들으
라 이것이 너희의 위로가 될 것이
니라
3 나를 용납하여 말하게 하라 내가
말한 후에 너희가 조롱할지니라
4 나의 원망이 사람을 향하여 하는
것이냐 내 마음이 어찌 조급하지
아니하겠느냐
5 너희가 나를 보면 놀라리라 손으로
입을 가리리라
6 내가 기억하기만 하여도 불안하고
두려움이 내 몸을 잡는구나
7 어찌하여 악인이 생존하고 장수하
며 세력이 강하냐
8 그들의 후손이 앞에서 그들과 함께
굳게 서고 자손이 그들의 목전에서
그러하구나
9 그들의 집이 평안하여 두려움이 없
고 하나님의 매가 그들 위에 임하
지 아니하며
10 그들의 수소는 새끼를 배고 그들의
암소는 낙태하는 일이 없이 새끼를
낳는구나
11 그들은 아이들을 양 떼같이 내보내
고 그들의 자녀들은 춤추는구나
12 그들은 소고와 수금으로 노래하고
피리 불어 즐기며
13 그들의 날을 행복하게 지내다가
잠깐 사이에 스올에 내려가느니
라
14 그러할지라도 그들은 하나님께 말
하기를 우리를 떠나소서 우리가 주
의 도리 알기를 바라지 아니하나이
다
15 전능자가 누구이기에 우리가 섬기
며 우리가 그에게 기도한들 무슨
소용이 있으랴 하는구나
16 그러나 그들의 행복이 그들의 손
안에 있지 아니하니 악인의 계획은
나에게서 멀구나
17 ●악인의 등불이 꺼짐과 재앙이
그들에게 닥침과 하나님이 진노하
사 그들을 곤고하게 하심이 몇 번인
가
18 그들이 바람 앞에 검불같이, 폭풍
에 날려가는 겨같이 되었도다
19 하나님은 그의 죄악을 그의 자손들
을 위하여 쌓아 두시며 그에게 갚
으실 것을 알게 하시기를 원하노라

20 자기의 멸망을 자기의 눈으로 보게
하며 전능자의 진노를 마시게 할
것이니라
21 그의 달수가 다하면 자기 집에 대
하여 무슨 관계가 있겠느냐
22 그러나 하나님께서는 높은 자들을
심판하시나니 누가 능히 하나님께
지식을 가르치겠느냐
23 어떤 사람은 죽도록 기운이 충실하
여 안전하며 평안하고
24 그의 [1]그릇에는 젖이 가득하며 그
의 골수는 윤택하고
25 어떤 사람은 마음에 고통을 품고
죽으므로 행복을 맛보지 못하는도
다
26 이 둘이 매한가지로 흙 속에 눕고
그들 위에 구더기가 덮이는구나
27 ●내가 너희의 생각을 알고 너희가
나를 해하려는 속셈도 아노라
28 너희의 말이 귀인의 집이 어디 있
으며 악인이 살던 장막이 어디 있
느냐 하는구나
29 너희가 길 가는 사람들에게 묻지
아니하였느냐 그들의 증거를 알지
못하느냐
30 악인은 재난의 날을 위하여 남겨둔
바 되었고 진노의 날을 향하여 끌
려가느니라
31 누가 능히 그의 면전에서 그의 길
을 알려 주며 누가 그의 소행을 보
응하랴
32 그를 무덤으로 메어 가고 사람이
그 무덤을 지키리라
33 그는 골짜기의 흙덩이를 달게 여기
리니 많은 사람들이 그보다 앞서
갔으며 모든 사람이 그의 뒤에 줄
지었느니라
34 그런데도 너희는 나를 헛되이 위로
하려느냐 너희 대답은 거짓일 뿐이
니라

엘리바스의 세 번째 말

22 데만 사람 엘리바스가 대답하
여 이르되
2 사람이 어찌 하나님께 유익하게 하
겠느냐 지혜로운 자도 자기에게 유
익할 따름이니라
3 네가 의로운들 전능자에게 무슨 기
쁨이 있겠으며 네 행위가 온전한들
그에게 무슨 이익이 되겠느냐
4 하나님이 너를 책망하시며 너를 심
문하심이 너의 경건함 때문이냐
5 네 악이 크지 아니하냐 네 죄악이
끝이 없느니라
6 까닭 없이 형제를 볼모로 잡으며
헐벗은 자의 의복을 벗기며
7 목마른 자에게 물을 마시게 하지
아니하며 주린 자에게 음식을 주지
아니하였구나
8 권세 있는 자는 토지를 얻고 존귀
한 자는 거기에서 사는구나
9 너는 과부를 빈손으로 돌려보내며
고아의 팔을 꺾는구나
10 그러므로 올무들이 너를 둘러 있고
두려움이 갑자기 너를 엄습하며
11 어둠이 너로 하여금 보지 못하게
하고 홍수가 너를 덮느니라
12 ●하나님은 높은 하늘에 계시지 아
니하냐 보라 우두머리 별이 얼마나
높은가
13 그러나 네 말은 하나님이 무엇을
아시며 흑암 중에서 어찌 심판하실
수 있으랴
14 빽빽한 구름이 그를 가린즉 그가
보지 못하시고 둥근 하늘을 거니실
뿐이라 하는구나
15 네가 악인이 밟던 옛적 길을 지키
려느냐
16 그들은 때가 이르기 전에 끊겨 버
렸고 그들의 터는 강물로 말미암아

1) 히, 몸

함몰되었느니라
17 그들이 하나님께 말하기를 우리를
떠나소서 하며 또 말하기를 전능자
가 우리를 위하여 무엇을 하실 수
있으랴 하였으나
18 하나님이 좋은 것으로 그들의 집에
채우셨느니라 악인의 계획은 나에
게서 머니라
19 의인은 보고 기뻐하고 죄 없는 자
는 그들을 비웃기를
20 우리의 원수가 망하였고 그들의 남
은 것을 불이 삼켰느니라 하리라
21 ●너는 하나님과 화목하고 평안하
라 그리하면 복이 네게 임하리라
22 청하건대 너는 하나님의 입에서 교
훈을 받고 하나님의 말씀을 네 마
음에 두라
23 네가 만일 전능자에게로 돌아가면
네가 지음을 받을 것이며 또 네 장
막에서 불의를 멀리하리라
24 네 보화를 티끌로 여기고 오빌의
금을 계곡의 돌로 여기라
25 그리하면 전능자가 네 보화가 되시
며 네게 고귀한 은이 되시리니
26 이에 네가 전능자를 기뻐하여 하나
님께로 얼굴을 들 것이라
27 너는 그에게 기도하겠고 그는 들으
실 것이며 너의 서원을 네가 갚으
리라
28 네가 무엇을 결정하면 이루어질 것
이요 네 길에 빛이 비치리라
29 사람들이 너를 낮추거든 너는 교만
했노라고 말하라 하나님은 겸손한
자를 구원하시리라
30 죄 없는 자가 아니라도 건지시리니
네 손이 깨끗함으로 말미암아 건지
심을 받으리라

욥의 대답

23 욥이 대답하여 이르되
2 오늘도 내게 반항하는 마음
과 근심이 있나니 내가 받는 재앙
이 탄식보다 무거움이라
3 내가 어찌하면 하나님을 발견하고
그의 처소에 나아가랴
4 어찌하면 그 앞에서 내가 호소하며
변론할 말을 내 입에 채우고
5 내게 대답하시는 말씀을 내가 알
며 내게 이르시는 것을 내가 깨달
으랴
6 그가 큰 권능을 가지시고 나와 더
불어 다투시겠느냐 아니로다 도리
어 내 말을 들으시리라
7 거기서는 정직한 자가 그와 변론할
수 있은즉 내가 심판자에게서 영원
히 벗어나리라
8 그런데 내가 앞으로 가도 그가 아
니 계시고 뒤로 가도 보이지 아니
하며
9 그가 왼쪽에서 일하시나 내가 만날
수 없고 그가 오른쪽으로 돌이키시
나 뵈올 수 없구나
10 ●그러나 내가 가는 길을 그가 아
시나니 그가 나를 단련하신 후에는
내가 순금같이 되어 나오리라
11 내 발이 그의 걸음을 바로 따랐으
며 내가 그의 길을 지켜 치우치지
아니하였고
12 내가 그의 입술의 명령을 어기지
아니하고 [1]정한 음식보다 그의 입
의 말씀을 귀히 여겼도다
13 그는 뜻이 일정하시니 누가 능히
돌이키랴 그의 마음에 하고자 하시
는 것이면 그것을 행하시나니
14 그런즉 내게 작정하신 것을 이루실
것이라 이런 일이 그에게 많이 있
느니라
15 그러므로 내가 그 앞에서 떨며 지
각을 얻어 그를 두려워하리라
16 하나님이 나의 마음을 약하게 하

1) 히, 작정

시며 전능자가 나를 두렵게 하셨
나니
17 이는 내가 두려워하는 것이 어둠
때문이나 흑암이 내 얼굴을 가렸기
때문이 아니로다

24 어찌하여 전능자는 때를 정해
놓지 아니하셨는고 그를 아는
자들이 그의 날을 보지 못하는고
2 어떤 사람은 땅의 경계표를 옮기며
양 떼를 빼앗아 기르며
3 고아의 나귀를 몰아가며 과부의 소
를 볼모 잡으며
4 가난한 자를 길에서 몰아내나니 세
상에서 학대받는 자가 다 스스로
숨는구나
5 그들은 거친 광야의 들나귀 같아서
나가서 일하며 먹을 것을 부지런히
구하니 빈 들이 그들의 자식을 위
하여 그에게 음식을 내는구나
6 밭에서 남의 꼴을 베며 악인이 남
겨 둔 포도를 따며
7 의복이 없어 벗은 몸으로 밤을 지
내며 추워도 덮을 것이 없으며
8 산중에서 만난 소나기에 젖으며 가
릴 것이 없어 바위를 안고 있느니
라
9 어떤 사람은 고아를 어머니의 품에
서 빼앗으며 가난한 자의 옷을 볼
모 잡으므로
10 그들이 옷이 없어 벌거벗고 다니며
곡식 이삭을 나르나 굶주리고
11 그 사람들의 담 사이에서 기름을
짜며 목말라 하면서 술 틀을 밟느
니라
12 성중에서 죽어가는 사람들이 신음
하며 상한 자가 부르짖으나 하나님
이 그들의 참상을 보지 아니하시느
니라
13 ●또 광명을 배반하는 사람들은 이
러하니 그들은 그 도리를 알지 못
하며 그 길에 머물지 아니하는 자
라
14 사람을 죽이는 자는 밝을 때에 일
어나서 학대받는 자나 가난한 자를
죽이고 밤에는 도둑같이 되며
15 간음하는 자의 눈은 저물기를 바라
며 아무 눈도 나를 보지 못하리라
하고 얼굴을 가리며
16 어둠을 틈타 집을 뚫는 자는 낮에
는 잠그고 있으므로 광명을 알지
못하나니
17 그들은 아침을 죽음의 그늘같이 여
기니 죽음의 그늘의 두려움을 앎이
니라
18 ●그들은 물 위에 빨리 흘러가고
그들의 소유는 세상에서 저주를 받
나니 그들이 다시는 포도원 길로
다니지 못할 것이라
19 가뭄과 더위가 눈 녹은 물을 곧 빼
앗나니 스올이 범죄자에게도 그와
같이 하느니라
20 모태가 그를 잊어버리고 구더기가
그를 달게 먹을 것이라 그는 다시
기억되지 않을 것이니 불의가 나무
처럼 꺾이리라
21 그는 임신하지 못하는 여자를 박대
하며 과부를 선대하지 아니하는도
다
22 그러나 하나님이 그의 능력으로 강
포한 자들을 끌어내시나니 일어나
는 자는 있어도 살아남을 확신은
없으리라
23 하나님은 그에게 평안을 주시며 지
탱해 주시나 그들의 길을 살피시도
다
24 그들은 잠깐 동안 높아졌다가 천대
를 받을 것이며 잘려 모아진 곡식
이삭처럼 되리라
25 가령 그렇지 않을지라도 능히 내
말을 거짓되다고 지적하거나 내 말

을 헛되게 만들 자 누구랴

빌닷의 세 번째 말

25 수아 사람 빌닷이 대답하여
이르되
2 하나님은 주권과 위엄을 가지셨
고 높은 곳에서 화평을 베푸시느
니라
3 그의 군대를 어찌 계수할 수 있으
랴 그가 비추는 광명을 받지 않은
자가 누구냐
4 그런즉 하나님 앞에서 사람이 어찌
의롭다 하며 여자에게서 난 자가
어찌 깨끗하다 하랴
5 보라 그의 눈에는 달이라도 빛을
발하지 못하고 별도 빛나지 못하거
든
6 하물며 구더기 같은 사람, 벌레 같
은 인생이랴

욥의 대답

26 욥이 대답하여 이르되
2 네가 힘없는 자를 참 잘도
도와주는구나 기력 없는 팔을 참
잘도 구원하여 주는구나
3 지혜 없는 자를 참 잘도 가르치는
구나 큰 지식을 참 잘도 자랑하는
구나
4 네가 누구를 향하여 말하느냐 누구
의 정신이 네게서 나왔느냐
5 ●죽은 자의 영들이 물 밑에서 떨
며 물에서 사는 것들도 그러하도다
6 하나님 앞에서는 스올도 벗은 몸으
로 드러나며 멸망도 가림이 없음이
라
7 그는 북쪽을 허공에 펴시며 땅을
아무것도 없는 곳에 매다시며
8 물을 빽빽한 구름에 싸시나 그 밑
의 구름이 찢어지지 아니하느니라
9 그는 보름달을 가리시고 자기의 구
름을 그 위에 펴시며
10 수면에 경계를 그으시니 빛과 어둠
이 함께 끝나는 곳이니라
11 그가 꾸짖으신즉 하늘 기둥이 흔들
리며 놀라느니라
12 그는 능력으로 바다를 잔잔하게
하시며 지혜로 [1]라합을 깨뜨리시
며
13 그의 입김으로 하늘을 맑게 하시
고 손으로 날렵한 뱀을 무찌르시
나니
14 보라 이런 것들은 그의 행사의 단
편일 뿐이요 우리가 그에게서 들은
것도 속삭이는 소리일 뿐이니 그의
큰 능력의 우렛소리를 누가 능히
헤아리랴

세 친구에 대한 욥의 말

27 욥이 또 풍자하여 이르되
2 나의 정당함을 물리치신 하
나님, 나의 영혼을 괴롭게 하신
전능자의 사심을 두고 맹세하노
니
3 (나의 호흡이 아직 내 속에 완전히
있고 하나님의 숨결이 아직도 내
코에 있느니라)
4 결코 내 입술이 불의를 말하지 아
니하며 내 혀가 거짓을 말하지 아
니하리라
5 나는 결코 너희를 옳다 하지 아니
하겠고 내가 죽기 전에는 나의 온
전함을 버리지 아니할 것이라
6 내가 내 공의를 굳게 잡고 놓지 아
니하리니 내 마음이 나의 생애를
비웃지 아니하리라
7 나의 원수는 악인같이 되고 일어나
나를 치는 자는 불의한 자같이 되
기를 원하노라
8 불경건한 자가 이익을 얻었으나 하
나님이 그의 영혼을 거두실 때에는
무슨 희망이 있으랴
9 환난이 그에게 닥칠 때에 하나님이

1) 히, 폭풍우

어찌 그의 부르짖음을 들으시랴
10 그가 어찌 전능자를 기뻐하겠느냐
항상 하나님께 부르짖겠느냐
11 하나님의 [1]솜씨를 내가 너희에게
가르칠 것이요 전능자에게 있는 것
을 내가 숨기지 아니하리라
12 너희가 다 이것을 보았거늘 어찌
하여 그토록 무익한 사람이 되었
는고
13 ●악인이 하나님께 얻을 분깃, 포
악자가 전능자에게서 받을 산업은
이것이라
14 그의 자손은 번성하여도 칼을 위함
이요 그의 후손은 음식물로 배부르
지 못할 것이며
15 그 남은 자들은 죽음의 병이 돌 때
에 묻히리니 그들의 과부들이 울지
못할 것이며
16 그가 비록 은을 티끌같이 쌓고 의
복을 진흙같이 준비할지라도
17 그가 준비한 것을 의인이 입을 것
이요 그의 은은 죄 없는 자가 차지
할 것이며
18 그가 지은 집은 좀의 집 같고 파수
꾼의 초막 같을 것이며
19 부자로 누우려니와 다시는 그렇지
못할 것이요 눈을 뜬즉 아무것도
없으리라
20 두려움이 물같이 그에게 닥칠 것이
요 폭풍이 밤에 그를 앗아갈 것이
며
21 동풍이 그를 들어올리리니 그는 사
라질 것이며 그의 처소에서 그를
몰아내리라
22 하나님은 그를 아끼지 아니하시고
던져 버릴 것이니 그의 손에서 도
망치려고 힘쓰리라
23 사람들은 그를 바라보며 손뼉 치
고 그의 처소에서 그를 비웃으리
라

지혜와 명철

28 은이 나는 곳이 있고 금을 제
련하는 곳이 있으며
2 철은 흙에서 캐내고 동은 돌에서
녹여 얻느니라
3 사람은 어둠을 뚫고 모든 것을 끝
까지 탐지하여 어둠과 죽음의 그늘
에 있는 광석도 탐지하되
4 그는 사람이 사는 곳에서 멀리 떠
나 갱도를 깊이 뚫고 발길이 닿지
않는 곳 사람이 없는 곳에 매달려
흔들리느니라
5 음식은 땅으로부터 나오나 그 밑은
불처럼 변하였도다
6 그 돌에는 청옥이 있고 사금도 있
으며
7 그 길은 솔개도 알지 못하고 매의
눈도 보지 못하며
8 용맹스러운 짐승도 밟지 못하였고
사나운 사자도 그리로 지나가지 못
하였느니라
9 사람이 굳은 바위에 손을 대고 산
을 뿌리까지 뒤엎으며
10 반석에 수로를 터서 각종 보물을
눈으로 발견하고
11 누수를 막아 스며 나가지 않게 하
고 감추어져 있던 것을 밝은 데로
끌어내느니라
12 ●그러나 지혜는 어디서 얻으며 명
철이 있는 곳은 어디인고
13 그 길을 사람이 알지 못하나니 사
람 사는 땅에서는 찾을 수 없구
나
14 깊은 물이 이르기를 내 속에 있지
아니하다 하며 바다가 이르기를
나와 함께 있지 아니하다 하느니
라
15 순금으로도 바꿀 수 없고 은을 달
아도 그 값을 당하지 못하리니

1) 히, 손을

16 오빌의 금이나 귀한 청옥수나 남
보석으로도 그 값을 당하지 못하
겠고
17 황금이나 수정이라도 비교할 수 없
고 정금 장식품으로도 바꿀 수 없
으며
18 진주와 벽옥으로도 비길 수 없나니
지혜의 값은 산호보다 귀하구나
19 구스의 황옥으로도 비교할 수 없고
순금으로도 그 값을 헤아리지 못하
리라
20 그런즉 지혜는 어디서 오며 명철이
머무는 곳은 어디인고
21 모든 생물의 눈에 숨겨졌고 공중의
새에게 가려졌으며
22 멸망과 사망도 이르기를 우리가 귀
로 그 소문은 들었다 하느니라
23 하나님이 그 길을 아시며 있는 곳
을 아시나니
24 이는 그가 땅끝까지 감찰하시며 온
천하를 살피시며
25 바람의 무게를 정하시며 물의 분량
을 정하시며
26 비 내리는 법칙을 정하시고 비구름
의 길과 우레의 법칙을 만드셨음이
라
27 그때에 그가 보시고 선포하시며 굳
게 세우시며 탐구하셨고
28 또 사람에게 말씀하셨도다 보라 주
를 경외함이 지혜요 악을 떠남이
명철이니라

욥의 마지막 말

29 욥이 풍자하여 이르되
2 나는 지난 세월과 하나님이
나를 보호하시던 때가 다시 오기를
원하노라
3 그때에는 그의 등불이 내 머리에
비치었고 내가 그의 빛을 힘입어
암흑에서도 걸어다녔느니라
4 내가 원기 왕성하던 날과 같이 지
내기를 원하노라 그때에는 하나님
이 내 장막에 기름을 발라 주셨도
다
5 그때에는 전능자가 아직도 나와 함
께 계셨으며 나의 젊은이들이 나를
둘러 있었으며
6 젖으로 내 발자취를 씻으며 바위가
나를 위하여 기름 시내를 쏟아냈으
며
7 그때에는 내가 나가서 성문에 이르
기도 하며 내 자리를 거리에 마련
하기도 하였느니라
8 나를 보고 젊은이들은 숨으며 노인
들은 일어나서 서며
9 유지들은 말을 삼가고 손으로 입을
가리며
10 지도자들은 말소리를 낮추었으니
그들의 혀가 입천장에 붙었느니
라
11 귀가 들은즉 나를 축복하고 눈이
본즉 나를 증언하였나니
12 이는 부르짖는 빈민과 도와줄 자
없는 고아를 내가 건졌음이라
13 망하게 된 자도 나를 위하여 복을
빌었으며 과부의 마음이 나로 말미
암아 기뻐 노래하였느니라
14 내가 의를 옷으로 삼아 입었으며
나의 정의는 겉옷과 모자 같았느니
라
15 나는 맹인의 눈도 되고 다리 저는
사람의 발도 되고
16 빈궁한 자의 아버지도 되며 내가
모르는 사람의 송사를 돌보아 주었
으며
17 불의한 자의 턱뼈를 부수고 노획
한 물건을 그 잇새에서 빼내었느
니라
18 내가 스스로 말하기를 나는 내 보
금자리에서 숨을 거두며 나의 날
은 모래알같이 많으리라 하였느니

라
19 내 뿌리는 물로 뻗어 나가고 이슬
이 내 가지에서 밤을 지내고 갈 것
이며
20 내 영광은 내게 새로워지고 내 손
에서 내 화살이 끊이지 않았노라
21 무리는 내 말을 듣고 희망을 걸었
으며 내가 가르칠 때에 잠잠하였노
라
22 내가 말한 후에는 그들이 말을 거
듭하지 못하였나니 나의 말이 그들
에게 스며들었음이라
23 그들은 비를 기다리듯 나를 기다렸
으며 봄비를 맞이하듯 입을 벌렸느
니라
24 그들이 의지 없을 때에 내가 미소
하면 그들이 나의 얼굴빛을 무색하
게 아니하였느니라
25 내가 그들의 길을 택하여 주고 으
뜸되는 자리에 앉았나니 왕이 군대
중에 있는 것과도 같았고 애곡하는
자를 위로하는 사람과도 같았느니
라

30 그러나 이제는 나보다 젊은
자들이 나를 비웃는구나 그들
의 아비들은 내가 보기에 내 양 떼
를 지키는 개 중에도 둘 만하지 못
한 자들이니라
2 그들의 기력이 쇠잔하였으니 그들
의 손의 힘이 내게 무슨 소용이 있
으랴
3 그들은 곧 궁핍과 기근으로 인하여
파리하며 캄캄하고 메마른 땅에서
마른 흙을 씹으며
4 떨기나무 가운데에서 짠 나물을 꺾
으며 대싸리 뿌리로 먹을거리를 삼
느니라
5 무리가 그들에게 소리를 지름으로
도둑같이 사람들 가운데에서 쫓겨
나서
6 침침한 골짜기와 흙구덩이와 바위
굴에서 살며
7 떨기나무 가운데에서 부르짖으며
가시나무 아래에 모여 있느니라
8 그들은 본래 미련한 자의 자식이요
이름 없는 자들의 자식으로서 고토
에서 쫓겨난 자들이니라
9 ●이제는 그들이 나를 노래로 조롱
하며 내가 그들의 놀림거리가 되었
으며
10 그들이 나를 미워하여 멀리하고 서
슴지 않고 내 얼굴에 침을 뱉는도
다
11 이는 하나님이 내 활시위를 늘어지
게 하시고 나를 곤고하게 하심으로
무리가 내 앞에서 굴레를 벗었음이
니라
12 그들이 내 오른쪽에서 일어나 내
발에 덫을 놓으며 나를 대적하여
길을 에워싸며
13 그들이 내 길을 헐고 내 재앙을 재
촉하는데도 도울 자가 없구나
14 그들은 성을 파괴하고 그 파괴한
가운데로 몰려드는 것같이 내게로
달려드니
15 순식간에 공포가 나를 에워싸고 그
들이 내 품위를 바람같이 날려 버
리니 나의 구원은 구름같이 지나가
버렸구나
16 ●이제는 내 생명이 내 속에서 녹
으니 환난날이 나를 사로잡음이라
17 밤이 되면 내 뼈가 쑤시니 나의 아
픔이 쉬지 아니하는구나
18 그가 큰 능력으로 나의 옷을 떨쳐
버리시며 나의 옷깃처럼 나를 휘어
잡으시는구나
19 하나님이 나를 진흙 가운데 던지셨
고 나를 티끌과 재 같게 하셨구나
20 내가 주께 부르짖으나 주께서 대답
하지 아니하시오며 내가 섰사오나

주께서 나를 돌아보지 아니하시나
이다
21 주께서 돌이켜 내게 잔혹하게 하시
고 힘있는 손으로 나를 대적하시나
이다
22 나를 바람 위에 들어 불려가게 하
시며 무서운 힘으로 나를 던져 버
리시나이다
23 내가 아나이다 주께서 나를 죽게
하사 모든 생물을 위하여 정한 집
으로 돌려보내시리이다
24 ●그러나 사람이 넘어질 때에 어찌
손을 펴지 아니하며 재앙을 당할
때에 어찌 도움을 부르짖지 아니하
리이까
25 고생의 날을 보내는 자를 위하여
내가 울지 아니하였는가 빈궁한 자
를 위하여 내 마음에 근심하지 아
니하였는가
26 내가 복을 바랐더니 화가 왔고 광
명을 기다렸더니 흑암이 왔구나
27 내 마음이 들끓어 고요함이 없구나
환난 날이 내게 임하였구나
28 나는 햇볕에 쬐지 않고도 검어진
피부를 가지고 걸으며 회중 가운데
서서 도움을 부르짖고 있느니라
29 나는 이리의 형제요 타조의 벗이로
구나
30 나를 덮고 있는 피부는 검어졌고
내 뼈는 열기로 말미암아 탔구나
31 내 수금은 통곡이 되었고 내 피리
는 애곡이 되었구나

31 내가 내 눈과 약속하였나니 어
찌 처녀에게 주목하랴
2 그리하면 위에 계신 하나님께서 내
리시는 분깃이 무엇이겠으며 높은
곳의 전능자께서 주시는 기업이 무
엇이겠느냐
3 불의한 자에게는 환난이 아니겠느
냐 행악자에게는 불행이 아니겠느
냐
4 그가 내 길을 살피지 아니하시느냐
내 걸음을 다 세지 아니하시느냐
5 ●만일 내가 허위와 함께 동행하고
내 발이 속임수에 빨랐다면
6 하나님께서 나를 공평한 저울에 달
아보시고 그가 나의 온전함을 아시
기를 바라노라
7 만일 내 걸음이 길에서 떠났거나
내 마음이 내 눈을 따랐거나 내 손
에 더러운 것이 묻었다면
8 내가 심은 것을 타인이 먹으며 나
의 소출이 뿌리째 뽑히기를 바라노
라
9 ●만일 내 마음이 여인에게 유혹되
어 이웃의 문을 엿보아 문에서 숨
어 기다렸다면
10 내 아내가 타인의 맷돌을 돌리며
타인과 더불어 동침하기를 바라노
라
11 그것은 참으로 음란한 일이니 재판
에 회부할 죄악이요
12 멸망하도록 사르는 불이니 나의 모
든 소출을 뿌리째 뽑기를 바라노
라
13 만일 남종이나 여종이 나와 더불어
쟁론할 때에 내가 그의 권리를 저
버렸다면
14 하나님이 일어나실 때에 내가 어떻
게 하겠느냐 하나님이 심판하실 때
에 내가 무엇이라 대답하겠느냐
15 나를 태 속에 만드신 이가 그도 만
들지 아니하셨느냐 우리를 뱃속에
지으신 이가 한 분이 아니시냐
16 ●내가 언제 가난한 자의 소원을
막았거나 과부의 눈으로 하여금 실
망하게 하였던가
17 나만 혼자 내 떡덩이를 먹고 고아
에게 그 조각을 먹이지 아니하였던
가

18 실상은 내가 젊었을 때부터 고아
기르기를 그의 아비처럼 하였으며
내가 어렸을 때부터 과부를 인도하
였노라
19 만일 내가 사람이 의복이 없이 죽
어가는 것이나 가난한 자가 덮을
것이 없는 것을 못 본 체했다면
20 만일 나의 양털로 그의 몸을 따뜻
하게 입혀서 그의 허리가 나를 위
하여 복을 빌게 하지 아니하였다
면
21 만일 나를 도와주는 자가 성문에
있음을 보고 내가 주먹을 들어 고
아를 향해 휘둘렀다면
22 내 팔이 어깨 뼈에서 떨어지고 내
팔 뼈가 그 자리에서 부스러지기를
바라노라
23 나는 하나님의 재앙을 심히 두려워
하고 그의 위엄으로 말미암아 그런
일을 할 수 없느니라
24 ●만일 내가 내 소망을 금에다 두
고 순금에게 너는 내 의뢰하는 바
라 하였다면
25 만일 재물의 풍부함과 손으로 얻은
것이 많음으로 기뻐하였다면
26 만일 해가 빛남과 달이 밝게 뜬 것
을 보고
27 내 마음이 슬며시 유혹되어 내 손
에 입맞추었다면
28 그것도 재판에 회부할 죄악이니 내
가 그리하였으면 위에 계신 하나님
을 속이는 것이리라
29 내가 언제 나를 미워하는 자의 멸
망을 기뻐하고 그가 재난을 당함으
로 즐거워하였던가
30 실상은 나는 그가 죽기를 구하는
말로 그의 생명을 저주하여 내 입
이 범죄하게 하지 아니하였노라
31 내 장막 사람들은 주인의 고기에
배부르지 않은 자가 어디 있느뇨
하지 아니하였는가
32 실상은 나그네가 거리에서 자지 아
니하도록 나는 행인에게 내 문을
열어주었노라
33 내가 언제 다른 사람처럼 내 악행
을 숨긴 일이 있거나 나의 죄악을
나의 품에 감추었으며
34 내가 언제 큰 무리와 여러 종족의
수모가 두려워서 대문 밖으로 나가
지 못하고 잠잠하였던가
35 누구든지 나의 변명을 들어다오 나
의 서명이 여기 있으니 전능자가
내게 대답하시기를 바라노라 나를
고발하는 자가 있다면 그에게 고소
장을 쓰게 하라
36 내가 그것을 어깨에 메기도 하고
왕관처럼 머리에 쓰기도 하리라
37 내 걸음의 수효를 그에게 알리고
왕족처럼 그를 가까이하였으리라
38 만일 내 밭이 나를 향하여 부르짖
고 밭이랑이 함께 울었다면
39 만일 내가 값을 내지 않고 그 소출
을 먹고 그 소유주가 생명을 잃게
하였다면
40 밀 대신에 가시나무가 나고 보리 대
신에 독보리가 나는 것이 마땅하니
라 하고 욥의 말이 그치니라

엘리후가 화를 내다
(32:1-37:24)

32 욥이 자신을 의인으로 여기므
로 그 세 사람이 말을 그치니
2 람 종족 부스 사람 바라겔의 아들
엘리후가 화를 내니 그가 욥에게
화를 냄은 욥이 하나님보다 자기가
의롭다 함이요
3 또 세 친구에게 화를 냄은 그들이
능히 대답하지 못하면서도 욥을 정
죄함이라
4 엘리후는 그들의 나이가 자기보다
여러 해 위이므로 욥에게 말하기를

참고 있다가
5 세 사람의 입에 대답이 없음을 보
고 화를 내니라

엘리후의 말

6 ●부스 사람 바라겔의 아들 엘리후
가 대답하여 이르되 나는 연소하
고 당신들은 연로하므로 뒷전에서
나의 의견을 감히 내놓지 못하였
노라
7 내가 말하기를 나이가 많은 자가
말할 것이요 연륜이 많은 자가 지
혜를 가르칠 것이라 하였노라
8 그러나 사람의 속에는 영이 있고
전능자의 숨결이 사람에게 깨달음
을 주시나니
9 어른이라고 지혜롭거나 노인이라
고 정의를 깨닫는 것이 아니니라
10 그러므로 내가 말하노니 내 말을
들으라 나도 내 의견을 말하리라
11 ●보라 나는 당신들의 말을 기다렸
노라 당신들의 슬기와 당신들의 말
에 귀 기울이고 있었노라
12 내가 자세히 들은즉 당신들 가운데
욥을 꺾어 그의 말에 대답하는 자
가 없도다
13 당신들이 말하기를 우리가 진상을
파악했으나 그를 추궁할 자는 하나
님이시요 사람이 아니라 하지 말지
니라
14 그가 내게 자기 이론을 제기하지 아
니하였으니 나도 당신들의 이론으
로 그에게 대답하지 아니하리라
15 ●그들이 놀라서 다시 대답하지 못
하니 할 말이 없음이었더라
16 당신들이 말없이 가만히 서서 다시
대답하지 아니한즉 내가 어찌 더
기다리랴
17 나는 내 본분대로 대답하고 나도
내 의견을 보이리라
18 내 속에는 말이 가득하니 내 영이
나를 압박함이니라
19 보라 내 배는 봉한 포도주통 같고
터지게 된 새 가죽 부대 같구나
20 내가 말을 하여야 시원할 것이라
내 입을 열어 대답하리라
21 나는 결코 사람의 낯을 보지 아니
하며 사람에게 영광을 돌리지 아니
하리니
22 이는 아첨할 줄을 알지 못함이라
만일 그리하면 나를 지으신 이가
속히 나를 데려가시리로다

엘리후가 욥에게 하는 말

33 그런즉 욥이여 내 말을 들으
며 내 모든 말에 귀를 기울이
기를 원하노라
2 내가 입을 여니 내 혀가 입에서 말
하는구나
3 내 마음의 정직함이 곧 내 말이며
내 입술이 아는 바가 진실을 말하
느니라
4 하나님의 영이 나를 지으셨고 전능
자의 기운이 나를 살리시느니라
5 그대가 할 수 있거든 일어서서 내
게 대답하고 내 앞에 진술하라
6 나와 그대가 하나님 앞에서 동일하
니 나도 흙으로 지으심을 입었은
즉
7 내 위엄으로는 그대를 두렵게 하지
못하고 내 손으로는 그대를 누르지
못하느니라
8 ●그대는 실로 내가 듣는 데서 말
하였고 나는 그대의 말소리를 들었
느니라
9 이르기를 나는 깨끗하여 악인이 아
니며 순전하고 불의도 없거늘
10 참으로 하나님이 나에게서 잘못을
찾으시며 나를 자기의 원수로 여기
사
11 내 발을 차꼬에 채우시고 나의 모
든 길을 감시하신다 하였느니라

12 내가 그대에게 대답하리라 이 말에
그대가 의롭지 못하니 하나님은 사
람보다 크심이니라
13 ●하나님께서 사람의 말에 대답하
지 않으신다 하여 어찌 하나님과
논쟁하겠느냐
14 하나님은 한 번 말씀하시고 다시
말씀하시되 사람은 관심이 없도다
15 사람이 침상에서 졸며 깊이 잠들
때에나 꿈에나 밤에 환상을 볼 때
에
16 그가 사람의 귀를 여시고 경고로써
두렵게 하시니
17 이는 사람에게 그의 행실을 버리게
하려 하심이며 사람의 교만을 막으
려 하심이라
18 그는 사람의 혼을 구덩이에 빠지지
않게 하시며 그 생명을 칼에 맞아
멸망하지 않게 하시느니라
19 ●혹은 사람이 병상의 고통과 뼈가
늘 쑤심의 징계를 받나니
20 그의 생명은 음식을 싫어하고 그의
마음은 별미를 싫어하며
21 그의 살은 파리하여 보이지 아니하
고 보이지 않던 뼈가 드러나서
22 그의 마음은 구덩이에, 그의 생명
은 멸하는 자에게 가까워지느니라
23 ●만일 일천 천사 가운데 하나가
그 사람의 중보자로 함께 있어서
그의 정당함을 보일진대
24 하나님이 그 사람을 불쌍히 여기사
그를 건져서 구덩이에 내려가지 않
게 하라 내가 대속물을 얻었다 하
시리라
25 그런즉 그의 살이 청년보다 부드러
워지며 젊음을 회복하리라
26 그는 하나님께 기도하므로 하나님
이 은혜를 베푸사 그로 말미암아
기뻐 외치며 하나님의 얼굴을 보게
하시고 사람에게 그의 공의를 회복
시키시느니라
27 그가 사람 앞에서 노래하여 이르기
를 내가 범죄하여 옳은 것을 그르
쳤으나 내게 무익하였구나
28 하나님이 내 영혼을 건지사 구덩이
에 내려가지 않게 하셨으니 내 생
명이 빛을 보겠구나 하리라
29 ●실로 하나님이 사람에게 이 모든
일을 재삼 행하심은
30 그들의 영혼을 구덩이에서 이끌어
생명의 빛을 그들에게 비추려 하심
이니라
31 욥이여 내 말을 귀담아 들으라 잠
잠하라 내가 말하리라
32 만일 할 말이 있거든 대답하라 내
가 기쁜 마음으로 그대를 의롭다
하리니 그대는 말하라
33 만일 없으면 내 말을 들으라 잠잠
하라 내가 지혜로 그대를 가르치리
라

34

엘리후가 말하여 이르되
2 지혜 있는 자들아 내 말을
들으며 지식 있는 자들아 내게 귀
를 기울이라
3 입이 음식물의 맛을 분별함같이 귀
가 말을 분별하나니
4 우리가 정의를 가려내고 무엇이 선
한가 우리끼리 알아보자
5 욥이 말하기를 내가 의로우나 하나
님이 내 의를 부인하셨고
6 내가 정당함에도 거짓말쟁이라 하
였고 나는 허물이 없으나 화살로
상처를 입었노라 하니
7 어떤 사람이 욥과 같으랴 욥이 비
방하기를 물 마시듯 하며
8 악한 일을 하는 자들과 한패가 되
어 악인과 함께 다니면서
9 이르기를 사람이 하나님을 기뻐하
나 무익하다 하는구나
10 ●그러므로 너희 총명한 자들아 내

말을 들으라 하나님은 악을 행하지
아니하시며 전능자는 결코 불의를
행하지 아니하시고
11 사람의 행위를 따라 갚으사 각각
그의 행위대로 받게 하시나니
12 진실로 하나님은 악을 행하지 아니
하시며 전능자는 공의를 굽히지 아
니하시느니라
13 누가 땅을 그에게 맡겼느냐 누가
온 세상을 그에게 맡겼느냐
14 그가 만일 뜻을 정하시고 그의 영
과 목숨을 거두실진대
15 모든 육체가 다 함께 죽으며 사람
은 흙으로 돌아가리라
16 ●만일 네가 총명이 있거든 이것을
들으며 내 말소리에 귀를 기울이
라
17 정의를 미워하시는 이시라면 어찌
그대를 다스리시겠느냐 의롭고 전
능하신 이를 그대가 정죄하겠느냐
18 그는 왕에게라도 무용지물이라 하
시며 지도자들에게라도 악하다 하
시며
19 고관을 외모로 대하지 아니하시며
가난한 자들 앞에서 부자의 낯을
세워주지 아니하시나니 이는 그들
이 다 그의 손으로 지으신 바가 됨
이라
20 그들은 한밤중에 순식간에 죽나니
백성은 떨며 사라지고 세력 있는
자도 사람의 손을 빌리지 않고 제
거함을 당하느니라
21 ●그는 사람의 길을 주목하시며 사
람의 모든 걸음을 감찰하시나니
22 행악자는 숨을 만한 흑암이나 사망
의 그늘이 없느니라
23 하나님은 사람을 심판하시기에 오
래 생각하실 것이 없으시니
24 세력 있는 자를 조사할 것 없이 꺾
으시고 다른 사람을 세워 그를 대
신하게 하시느니라
25 그러므로 그는 그들의 행위를 아시
고 그들을 밤 사이에 뒤집어엎어
흩으시는도다
26 그들을 악한 자로 여겨 사람의 눈
앞에서 치심은
27 그들이 그를 떠나고 그의 모든 길
을 깨달아 알지 못함이라
28 그들이 이와 같이 하여 가난한 자
의 부르짖음이 그에게 상달하게 하
며 빈궁한 사람의 부르짖음이 그에
게 들리게 하느니라
29 주께서 침묵하신다고 누가 그를 정
죄하며 그가 얼굴을 가리신다면 누
가 그를 뵈올 수 있으랴 그는 민족
에게나 인류에게나 동일하시니
30 이는 경건하지 못한 자가 권세를
잡아 백성을 옭아매지 못하게 하려
하심이니라
31 ●그대가 하나님께 아뢰기를 내가
죄를 지었사오니 다시는 범죄하지
아니하겠나이다
32 내가 깨닫지 못하는 것을 내게 가
르치소서 내가 악을 행하였으나 다
시는 아니하겠나이다 하였는가
33 하나님께서 그대가 거절한다고 하
여 그대의 뜻대로 속전을 치르시겠
느냐 그러면 그대가 스스로 택할
것이요 내가 할 것이 아니니 그대
는 아는 대로 말하라
34 슬기로운 자와 내 말을 듣는 지혜
있는 사람은 반드시 내게 말하기를
35 욥이 무식하게 말하니 그의 말이
지혜롭지 못하도다 하리라
36 나는 욥이 끝까지 시험받기를 원하
노니 이는 그 대답이 악인과 같음
이라
37 그가 그의 죄에 반역을 더하며 우
리와 어울려 손뼉을 치며 하나님을
거역하는 말을 많이 하는구나

35 엘리후가 말을 이어 이르되
2 그대는 이것을 합당하게 여
기느냐 그대는 그대의 의가 하나님
께로부터 왔다는 말이냐
3 그대는 그것이 내게 무슨 소용이
있으며 범죄하지 않는 것이 내게
무슨 유익이 있겠느냐고 묻지마는
4 내가 그대와 및 그대와 함께 있는
그대의 친구들에게 대답하리라
5 그대는 하늘을 우러러보라 그대보
다 높이 뜬 구름을 바라보라
6 그대가 범죄한들 하나님께 무슨 영
향이 있겠으며 그대의 악행이 가득
한들 하나님께 무슨 상관이 있겠으
며
7 그대가 의로운들 하나님께 무엇을
드리겠으며 그가 그대의 손에서 무
엇을 받으시겠느냐
8 그대의 악은 그대와 같은 사람에게
나 있는 것이요 그대의 공의는 어
떤 인생에게도 있느니라
9 ●사람은 학대가 많으므로 부르짖
으며 군주들의 힘에 눌려 소리치나
10 나를 지으신 하나님은 어디 계시냐
고 하며 밤에 노래를 주시는 자가
어디 계시냐고 말하는 자가 없구
나
11 땅의 짐승들보다도 우리를 더욱 가
르치시고 하늘의 새들보다도 우리
를 더욱 지혜롭게 하시는 이가 어
디 계시냐고 말하는 이도 없구나
12 그들이 악인의 교만으로 말미암아
거기에서 부르짖으나 대답하는 자
가 없음은
13 헛된 것은 하나님이 결코 듣지 아
니하시며 전능자가 돌아보지 아니
하심이라
14 하물며 말하기를 하나님은 뵈올 수
없고 일의 판단하심은 그 앞에 있
으니 나는 그를 기다릴 뿐이라 말
하는 그대일까보냐
15 그러나 지금은 그가 진노하심으로
벌을 주지 아니하셨고 악행을 끝까
지 살피지 아니하셨으므로
16 욥이 헛되이 입을 열어 지식 없는
말을 많이 하는구나

36 엘리후가 말을 이어 이르되
2 나를 잠깐 용납하라 내가 그
대에게 보이리니 이는 내가 하나님
을 위하여 아직도 할 말이 있음이
라
3 내가 먼 데서 지식을 얻고 나를 지
으신 이에게 의를 돌려보내리라
4 진실로 내 말은 거짓이 아니라 온
전한 지식을 가진 이가 그대와 함
께 있느니라
5 하나님은 능하시나 아무도 멸시하
지 아니하시며 그의 지혜가 무궁하
사
6 악인을 살려두지 아니하시며 고난
받는 자에게 공의를 베푸시며
7 그의 눈을 의인에게서 떼지 아니하
시고 그를 왕들과 함께 왕좌에 앉
히사 영원토록 존귀하게 하시며
8 혹시 그들이 족쇄에 매이거나 환난
의 줄에 얽혔으면
9 그들의 소행과 악행과 자신들의 교
만한 행위를 알게 하시고
10 그들의 귀를 열어 교훈을 듣게 하
시며 명하여 죄악에서 돌이키게 하
시나니
11 만일 그들이 순종하여 섬기면 형통
한 날을 보내며 즐거운 해를 지낼
것이요
12 만일 그들이 순종하지 아니하면 칼
에 망하며 지식 없이 죽을 것이니
라
13 마음이 경건하지 아니한 자들은 분
노를 쌓으며 하나님이 속박할지라
도 도움을 구하지 아니하나니

14 그들의 몸은 젊어서 죽으며 그들의
생명은 남창과 함께 있도다
15 하나님은 곤고한 자를 그 곤고에서
구원하시며 학대당할 즈음에 그의
귀를 여시나니
16 그러므로 하나님이 그대를 환난에
서 이끌어내사 좁지 않고 넉넉한
곳으로 옮기려 하셨은즉 무릇 그
대의 상에는 기름진 것이 놓이리
라
17 ●이제는 악인의 받을 벌이 그대에
게 가득하였고 심판과 정의가 그대
를 잡았나니
18 그대는 분노하지 않도록 조심하며
많은 뇌물이 그대를 그릇된 길로
가게 할까 조심하라
19 그대의 부르짖음이나 그대의 능력
이 어찌 능히 그대가 곤고한 가운
데에서 그대를 유익하게 하겠느냐
20 그대는 밤을 사모하지 말라 인생들
이 밤에 그들이 있는 곳에서 끌려
가리라
21 삼가 악으로 치우치지 말라 그대가
환난보다 이것을 택하였느니라
22 하나님은 그의 권능으로 높이 계시
나니 누가 그같이 교훈을 베풀겠느
냐
23 누가 그를 위하여 그의 길을 정하
였느냐 누가 말하기를 주께서 불의
를 행하셨나이다 할 수 있으랴
24 ●그대는 하나님께서 하신 일을 기
억하고 높이라 잊지 말지니라 인생
이 그의 일을 찬송하였느니라
25 그의 일을 모든 사람이 우러러보나
니 먼 데서도 보느니라
26 하나님은 높으시니 우리가 그를 알
수 없고 그의 햇수를 헤아릴 수 없
느니라
27 그가 물방울을 가늘게 하시며 빗방
울이 증발하여 안개가 되게 하시도
다
28 그것이 구름에서 내려 많은 사람에
게 쏟아지느니라
29 겹겹이 쌓인 구름과 그의 장막의
우렛소리를 누가 능히 깨달으랴
30 보라 그가 번갯불을 자기의 사면에
펼치시며 바다 밑까지 비치시고
31 이런 것들로 만민을 심판하시며 음
식을 풍성하게 주시느니라
32 그가 번갯불을 손바닥 안에 넣으시
고 그가 번갯불을 명령하사 과녁을
치시도다
33 그의 우레가 다가오는 풍우를 알려
주니 가축들도 그 다가옴을 아느니
라

37 이로 말미암아 내 마음이 떨며
그 자리에서 흔들렸도다
2 하나님의 음성 곧 그의 입에서 나
오는 소리를 똑똑히 들으라
3 그 소리를 천하에 펼치시며 번갯불
을 땅끝까지 이르게 하시고
4 그 후에 음성을 발하시며 그의 위
엄찬 소리로 천둥을 치시며 그 음
성이 들릴 때에 번개를 멈추게 아
니하시느니라
5 하나님은 놀라운 음성을 내시며 우
리가 헤아릴 수 없는 큰 일을 행하
시느니라
6 눈을 명하여 땅에 내리라 하시며
적은 비와 큰 비도 내리게 명하시
느니라
7 그가 모든 사람의 손에 표를 주시
어 모든 사람이 그가 지으신 것을
알게 하려 하심이라
8 그러나 짐승들은 땅 속에 들어가
그 처소에 머무느니라
9 폭풍우는 그 밀실에서 나오고 추위
는 북풍을 타고 오느니라
10 하나님의 입김이 얼음을 얼게 하고
물의 너비를 줄어들게 하느니라

11 또한 그는 구름에 습기를 실으시고
그의 번개로 구름을 흩어지게 하시
느니라
12 그는 감싸고 도시며 그들의 할 일
을 조종하시느니라 그는 땅과 육지
표면에 있는 모든 자들에게 명령하
시느니라
13 혹은 징계를 위하여 혹은 땅을 위
하여 혹은 긍휼을 위하여 그가 이
런 일을 생기게 하시느니라
14 ●욥이여 이것을 듣고 가만히 서서
하나님의 오묘한 일을 깨달으라
15 하나님이 이런 것들에게 명령하셔
서 그 구름의 번개로 번쩍거리게
하시는 것을 그대가 아느냐
16 그대는 겹겹이 쌓인 구름과 완전한
지식의 경이로움을 아느냐
17 땅이 고요할 때에 남풍으로 말미암
아 그대의 의복이 따뜻한 까닭을
그대가 아느냐
18 그대는 그를 도와 구름장들을 두들
겨 넓게 만들어 녹여 부어 만든 거
울같이 단단하게 할 수 있겠느냐
19 우리가 그에게 할 말을 그대는 우
리에게 가르치라 우리는 아둔하여
아뢰지 못하겠노라
20 내가 말하고 싶은 것을 어찌 그에
게 고할 수 있으랴 삼켜지기를 바
랄 자가 어디 있으랴
21 ●그런즉 바람이 불어 하늘이 말끔
하게 되었을 때 그 밝은 빛을 아무
도 볼 수 없느니라
22 북쪽에서는 황금 같은 빛이 나오고
하나님께는 두려운 위엄이 있느니
라
23 전능자를 우리가 찾을 수 없나니
그는 권능이 지극히 크사 정의나
무한한 공의를 굽히지 아니하심이
니라
24 그러므로 사람들은 그를 경외하고
그는 스스로 지혜롭다 하는 모든
자를 무시하시느니라

여호와께서 욥에게 말씀하시다

38 그때에 여호와께서 폭풍우 가
운데에서 욥에게 말씀하여 이
르시되
2 무지한 말로 생각을 어둡게 하는
자가 누구냐
3 너는 대장부처럼 허리를 묶고 내가
네게 묻는 것을 대답할지니라
4 내가 땅의 기초를 놓을 때에 네가
어디 있었느냐 네가 깨달아 알았거
든 말할지니라
5 누가 그것의 도량법을 정하였는지,
누가 그 줄을 그것의 위에 띄웠는
지 네가 아느냐
6 그것의 주추는 무엇 위에 세웠으며
그 모퉁잇돌을 누가 놓았느냐
7 그때에 새벽 별들이 기뻐 노래하며
하나님의 아들들이 다 기뻐 소리를
질렀느니라
8 ●바다가 그 모태에서 터져 나올
때에 문으로 그것을 가둔 자가 누
구냐
9 그때에 내가 구름으로 그 옷을 만
들고 흑암으로 그 강보를 만들고
10 한계를 정하여 문빗장을 지르고
11 이르기를 네가 여기까지 오고 더
넘어가지 못하리니 네 높은 파도가
여기서 그칠지니라 하였노라
12 ●네가 너의 날에 아침에게 명령하
였느냐 새벽에게 그 자리를 일러
주었느냐
13 그것으로 땅끝을 붙잡고 악한 자들
을 그 땅에서 떨쳐 버린 일이 있었
느냐
14 땅이 변하여 진흙에 인친 것같이
되었고 그들은 옷같이 나타나되
15 악인에게는 그 빛이 차단되고 그들
의 높이 든 팔이 꺾이느니라

16 ●네가 바다의 샘에 들어갔었느냐
깊은 물 밑으로 걸어 다녀 보았느
냐
17 사망의 문이 네게 나타났느냐 사망
의 그늘진 문을 네가 보았느냐
18 땅의 너비를 네가 측량할 수 있느
냐 네가 그 모든 것들을 다 알거든
말할지니라
19 ●어느 것이 광명이 있는 곳으로
가는 길이냐 어느 것이 흑암이 있
는 곳으로 가는 길이냐
20 너는 그의 지경으로 그를 데려갈
수 있느냐 그의 집으로 가는 길을
알고 있느냐
21 네가 아마도 알리라 네가 그때에
태어났으리니 너의 햇수가 많음이
니라
22 네가 눈 곳간에 들어갔었느냐 우박
창고를 보았느냐
23 내가 환난 때와 교전과 전쟁의 날
을 위하여 이것을 남겨 두었노라
24 광명이 어느 길로 뻗치며 동풍이
어느 길로 땅에 흩어지느냐
25 ●누가 홍수를 위하여 물길을 터
주었으며 우레와 번개 길을 내어
주었느냐
26 누가 사람 없는 땅에, 사람 없는 광
야에 비를 내리며
27 황무하고 황폐한 토지를 흡족하게
하여 연한 풀이 돋아나게 하였느냐
28 비에게 아비가 있느냐 이슬방울은
누가 낳았느냐
29 얼음은 누구의 태에서 났느냐 공중
의 서리는 누가 낳았느냐
30 물은 돌같이 굳어지고 깊은 바다의
수면은 얼어붙느니라
31 ●네가 묘성을 매어 묶을 수 있으
며 삼성의 띠를 풀 수 있겠느냐
32 너는 별자리들을 각각 제 때에 이
끌어낼 수 있으며 북두성을 다른
별들에게로 이끌어 갈 수 있겠느냐
33 네가 하늘의 궤도를 아느냐 하늘로
하여금 그 법칙을 땅에 베풀게 하
겠느냐
34 ●네가 목소리를 구름에까지 높여
넘치는 물이 네게 덮이게 하겠느냐
35 네가 번개를 보내어 가게 하되 번
개가 네게 우리가 여기 있나이다
하게 하겠느냐
36 가슴 속의 지혜는 누가 준 것이냐
수탉에게 슬기를 준 자가 누구냐
37 누가 지혜로 구름의 수를 세겠느냐
누가 하늘의 물주머니를 기울이겠
느냐
38 티끌이 덩어리를 이루며 흙덩이가
서로 붙게 하겠느냐
39 ●네가 사자를 위하여 먹이를 사냥
하겠느냐 젊은 사자의 식욕을 채우
겠느냐
40 그것들이 굴에 엎드리며 숲에 앉아
숨어 기다리느니라
41 까마귀 새끼가 하나님을 향하여 부
르짖으며 먹을 것이 없어서 허우적
거릴 때에 그것을 위하여 먹이를
마련하는 이가 누구냐

39 산 염소가 새끼 치는 때를 네
가 아느냐 암사슴이 새끼 낳
는 것을 네가 본 적이 있느냐
2 그것이 몇 달 만에 만삭되는지 아
느냐 그 낳을 때를 아느냐
3 그것들은 몸을 구푸리고 새끼를 낳
으니 그 괴로움이 지나가고
4 그 새끼는 강하여져서 빈 들에서
크다가 나간 후에는 다시 돌아오지
아니하느니라
5 ●누가 들나귀를 놓아 자유롭게 하
였느냐 누가 빠른 나귀의 매인 것
을 풀었느냐
6 내가 들을 그것의 집으로, 소금 땅
을 그것이 사는 처소로 삼았느니라

7 들나귀는 성읍에서 지껄이는 소리
를 비웃나니 나귀 치는 사람이 지
르는 소리는 그것에게 들리지 아니
하며
8 초장 언덕으로 두루 다니며 여러
가지 푸른 풀을 찾느니라
9 들소가 어찌 기꺼이 너를 위하여
일하겠으며 네 외양간에 머물겠느
냐
10 네가 능히 줄로 매어 들소가 이랑
을 갈게 하겠느냐 그것이 어찌 골
짜기에서 너를 따라 써레를 끌겠느
냐
11 그것이 힘이 세다고 네가 그것을
의지하겠느냐 네 수고를 그것에게
맡기겠느냐
12 그것이 네 곡식을 집으로 실어 오
며 네 타작마당에 곡식 모으기를
그것에게 의탁하겠느냐
13 ●타조는 즐거이 날개를 치나 학의
깃털과 날개 같겠느냐
14 그것이 알을 땅에 버려두어 흙에서
더워지게 하고
15 발에 깨어질 것이나 들짐승에게 밟
힐 것을 생각하지 아니하고
16 그 새끼에게 모질게 대함이 제 새
끼가 아닌 것처럼 하며 그 고생한
것이 헛되게 될지라도 두려워하지
아니하나니
17 이는 하나님이 지혜를 베풀지 아니
하셨고 총명을 주지 아니함이라
18 그러나 그것이 몸을 떨쳐 뛰어갈
때에는 말과 그 위에 탄 자를 우습
게 여기느니라
19 ●말의 힘을 네가 주었느냐 그 목
에 휘날리는 갈기를 네가 입혔느냐
20 네가 그것으로 메뚜기처럼 뛰게 하
였느냐 그 위엄스러운 콧소리가 두
려우니라
21 그것이 골짜기에서 발굽질하고 힘
있음을 기뻐하며 앞으로 나아가서
군사들을 맞되
22 두려움을 모르고 겁내지 아니하며
칼을 대할지라도 물러나지 아니하
니
23 그의 머리 위에서는 화살통과 빛나
는 창과 투창이 번쩍이며
24 땅을 삼킬듯이 맹렬히 성내며 나팔
소리에 머물러 서지 아니하고
25 나팔 소리가 날 때마다 힝힝 울며
멀리서 싸움 냄새를 맡고 지휘관들
의 호령과 외치는 소리를 듣느니라
26 ●매가 떠올라서 날개를 펼쳐 남쪽
으로 향하는 것이 어찌 네 지혜로
말미암음이냐
27 독수리가 공중에 떠서 높은 곳에
보금자리를 만드는 것이 어찌 네
명령을 따름이냐
28 그것이 낭떠러지에 집을 지으며 뾰
족한 바위 끝이나 험준한 데 살며
29 거기서 먹이를 살피나니 그 눈이
멀리 봄이며
30 그 새끼들도 피를 빠나니 시체가
있는 곳에는 독수리가 있느니라

40

여호와께서 또 욥에게 일러
말씀하시되
2 트집 잡는 자가 전능자와 다투겠느
냐 하나님을 탓하는 자는 대답할지
니라
3 욥이 여호와께 대답하여 이르되
4 보소서 나는 비천하오니 무엇이라
주께 대답하리이까 손으로 내 입을
가릴 뿐이로소이다
5 내가 한 번 말하였사온즉 다시는
더 대답하지 아니하겠나이다
6 그때에 여호와께서 폭풍우 가운데
에서 욥에게 일러 말씀하시되
7 너는 대장부처럼 허리를 묶고 내가
네게 묻겠으니 내게 대답할지니라
8 네가 내 공의를 부인하려느냐 네

의를 세우려고 나를 악하다 하겠느
냐
9 네가 하나님처럼 능력이 있느냐 하
나님처럼 천둥 소리를 내겠느냐
10 ●너는 위엄과 존귀로 단장하며 영
광과 영화를 입을지니라
11 너의 넘치는 노를 비우고 교만한
자를 발견하여 모두 낮추되
12 모든 교만한 자를 발견하여 낮아지
게 하며 악인을 그들의 처소에서
짓밟을지니라
13 그들을 함께 진토에 묻고 그들의
얼굴을 싸서 은밀한 곳에 둘지니라
14 그리하면 네 오른손이 너를 구원할
수 있다고 내가 인정하리라
15 ●이제 소같이 풀을 먹는 [1]베헤못
을 볼지어다 내가 너를 지은 것같
이 그것도 지었느니라
16 그것의 힘은 허리에 있고 그 뚝심
은 배의 힘줄에 있고
17 그것이 꼬리치는 것은 백향목이 흔
들리는 것 같고 그 넓적다리 힘줄
은 서로 얽혀 있으며
18 그 뼈는 놋관 같고 그 뼈대는 쇠 막
대기 같으니
19 그것은 하나님이 만드신 것 중에
으뜸이라 그것을 지으신 이가 자기
의 칼을 가져오기를 바라노라
20 모든 들짐승들이 뛰노는 산은 그것
을 위하여 먹이를 내느니라
21 그것이 연잎 아래에나 갈대 그늘에
서나 늪 속에 엎드리니
22 연잎 그늘이 덮으며 시내 버들이
그를 감싸는도다
23 강물이 소용돌이칠지라도 그것이
놀라지 않고 요단 강물이 쏟아져
그 입으로 들어가도 태연하니
24 그것이 눈을 뜨고 있을 때 누가 능
히 잡을 수 있겠으며 갈고리로 그
것의 코를 뀔 수 있겠느냐

41

네가 낚시로 [2]리워야단을 끌어
낼 수 있겠느냐 노끈으로 그
혀를 맬 수 있겠느냐
2 너는 밧줄로 그 코를 꿸 수 있겠느
냐 갈고리로 그 아가미를 꿸 수 있
겠느냐
3 그것이 어찌 네게 계속하여 간청하
겠느냐 부드럽게 네게 말하겠느냐
4 어찌 그것이 너와 계약을 맺고 너
는 그를 영원히 종으로 삼겠느냐
5 네가 어찌 그것을 새를 가지고 놀
듯하겠으며 네 여종들을 위하여 그
것을 매어두겠느냐
6 어찌 장사꾼들이 그것을 놓고 거래
하겠으며 상인들이 그것을 나누어
가지겠느냐
7 네가 능히 많은 창으로 그 가죽을
찌르거나 작살을 그 머리에 꽂을
수 있겠느냐
8 네 손을 그것에게 얹어 보라 다시
는 싸울 생각을 못하리라
9 참으로 잡으려는 그의 희망은 헛된
것이니라 그것의 모습을 보기만 해
도 그는 기가 꺾이리라
10 아무도 그것을 격동시킬 만큼 담대
하지 못하거든 누가 내게 감히 대
항할 수 있겠느냐
11 누가 먼저 내게 주고 나로 하여금
갚게 하겠느냐 온 천하에 있는 것
이 다 내 것이니라
12 ●내가 그것의 지체와 그것의 큰
용맹과 늠름한 체구에 대하여 잠잠
하지 아니하리라
13 누가 그것의 겉가죽을 벗기겠으며
그것에게 겹재갈을 물릴 수 있겠느
냐
14 누가 그것의 턱을 벌릴 수 있겠느
냐 그의 둥근 이틀은 심히 두렵구
나

1) 하마로 볼 수도 있음 2) 악어로 볼 수도 있음

15 그의 즐비한 비늘은 그의 자랑이로
다 튼튼하게 봉인하듯이 닫혀 있구
나
16 그것들이 서로 달라붙어 있어 바람
이 그 사이로 지나가지 못하는구나
17 서로 이어져 붙었으니 능히 나눌
수도 없구나
18 그것이 재채기를 한즉 빛을 발하고
그것의 눈은 새벽의 눈꺼풀 빛 같
으며
19 그것의 입에서는 횃불이 나오고 불
꽃이 튀어 나오며
20 그것의 콧구멍에서는 연기가 나오
니 마치 갈대를 태울 때에 솥이 끓
는 것과 같구나
21 그의 입김은 숯불을 지피며 그의
입은 불길을 뿜는구나
22 그것의 힘은 그의 목덜미에 있으니
그 앞에서는 절망만 감돌 뿐이구나
23 그것의 살껍질은 서로 밀착되어 탄
탄하며 움직이지 않는구나
24 그것의 가슴은 돌처럼 튼튼하며 맷
돌 아래짝같이 튼튼하구나
25 그것이 일어나면 용사라도 두려워
하며 달아나리라
26 칼이 그에게 꽂혀도 소용이 없고
창이나 투창이나 화살촉도 꽂히지
못하는구나
27 그것이 쇠를 지푸라기같이, 놋을
썩은 나무같이 여기니
28 화살이라도 그것을 물리치지 못하
겠고 물맷돌도 그것에게는 겨같이
되는구나
29 그것은 몽둥이도 지푸라기같이 여
기고 창이 날아오는 소리를 우습게
여기며
30 그것의 아래쪽에는 날카로운 토기
조각 같은 것이 달려 있고 그것이
지나갈 때는 진흙 바닥에 도리깨로
친 자국을 남기는구나
31 깊은 물을 솥의 물이 끓음 같게 하
며 바다를 기름병같이 다루는도다
32 그것의 뒤에서 빛나는 물줄기가 나
오니 그는 깊은 바다를 백발로 만
드는구나
33 세상에는 그것과 비할 것이 없으니
그것은 두려움이 없는 것으로 지음
받았구나
34 그것은 모든 높은 자를 내려다보며
모든 교만한 자들에게 군림하는 왕
이니라

욥의 회개

42 욥이 여호와께 대답하여 이르
되
2 주께서는 못 하실 일이 없사오며
무슨 계획이든지 못 이루실 것이
없는 줄 아오니
3 무지한 말로 이치를 가리는 자가
누구니이까 나는 깨닫지도 못한 일
을 말하였고 스스로 알 수도 없고
헤아리기도 어려운 일을 말하였나
이다
4 내가 말하겠사오니 주는 들으시고
내가 주께 묻겠사오니 주여 내게
알게 하옵소서
5 내가 주께 대하여 귀로 듣기만 하
였사오나 이제는 눈으로 주를 뵈옵
나이다
6 그러므로 내가 스스로 거두어들이
고 티끌과 재 가운데에서 회개하나
이다

결론

7 ●여호와께서 욥에게 이 말씀을 하
신 후에 여호와께서 데만 사람 엘
리바스에게 이르시되 내가 너와 네
두 친구에게 노하나니 이는 너희가
나를 가리켜 말한 것이 내 종 욥의
말같이 옳지 못함이니라
8 그런즉 너희는 수소 일곱과 숫양
일곱을 가지고 내 종 욥에게 가서

너희를 위하여 번제를 드리라 내
종 욥이 너희를 위하여 기도할 것
인즉 내가 그를 기쁘게 받으리니
너희가 우매한 만큼 너희에게 갚지
아니하리라 이는 너희가 나를 가리
켜 말한 것이 내 종 욥의 말같이 옳
지 못함이라
9 이에 데만 사람 엘리바스와 수아
사람 빌닷과 나아마 사람 소발이
가서 여호와께서 자기들에게 명령
하신 대로 행하니라 여호와께서 욥
을 기쁘게 받으셨더라

여호와께서 욥에게 복을 주시다

10 ●욥이 그의 친구들을 위하여 기
도할 때 여호와께서 욥의 곤경을
돌이키시고 여호와께서 욥에게 이
전 모든 소유보다 갑절이나 주신
지라
11 이에 그의 모든 형제와 자매와 이
전에 알던 이들이 다 와서 그의 집
에서 그와 함께 음식을 먹고 여호
와께서 그에게 내리신 모든 재앙에
관하여 그를 위하여 슬퍼하며 위로
하고 각각 [1]케쉬타 하나씩과 금 고
리 하나씩을 주었더라
12 여호와께서 욥의 말년에 욥에게 처
음보다 더 복을 주시니 그가 양 만
사천과 낙타 육천과 소 천 겨리와
암나귀 천을 두었고
13 또 아들 [2]일곱과 딸 셋을 두었으며
14 그가 첫째 딸은 여미마라 이름하였
고 둘째 딸은 긋시아라 이름하였고
셋째 딸은 게렌합북이라 이름하였
으니
15 모든 땅에서 욥의 딸들처럼 아리따
운 여자가 없었더라 그들의 아버지
가 그들에게 그들의 오라비들처럼
기업을 주었더라
16 그 후에 욥이 백사십 년을 살며 아
들과 손자 사 대를 보았고
17 욥이 늙어 나이가 차서 죽었더라

1) 히, 케쉬타는 고대 화폐 단위 2) 히, 칠의 배수의 뜻도 있음

시편

Psalms

제일권

1 복 있는 사람은 악인들의 꾀를 따
르지 아니하며 죄인들의 길에 서
지 아니하며 오만한 자들의 자리에
앉지 아니하고
2 오직 여호와의 율법을 즐거워하여
그의 율법을 주야로 [1]묵상하는도다
3 그는 시냇가에 심은 나무가 철을
따라 열매를 맺으며 그 잎사귀가
마르지 아니함 같으니 그가 하는
모든 일이 다 형통하리로다
4 악인들은 그렇지 아니함이여 오직
바람에 나는 겨와 같도다
5 그러므로 악인들은 심판을 견디지
못하며 죄인들이 의인들의 모임에
들지 못하리로다
6 무릇 의인들의 길은 여호와께서 인
정하시나 악인들의 길은 망하리로
다

2 어찌하여 이방 나라들이 [2]분노하
며 민족들이 헛된 일을 꾸미는가
2 세상의 군왕들이 나서며 관원들이
서로 꾀하여 여호와와 그의 기름부
음 받은 자를 대적하며
3 우리가 그들의 맨 것을 끊고 그의

1) 히, 작은 소리로 읊조리다 2) 소란

결박을 벗어 버리자 하는도다
4 하늘에 계신 이가 웃으심이여 주께
서 그들을 비웃으시리로다
5 그때에 분을 발하며 진노하사 그들
을 놀라게 하여 이르시기를
6 내가 나의 왕을 내 거룩한 산 시온
에 세웠다 하시리로다
7 ●내가 여호와의 명령을 전하노라
여호와께서 내게 이르시되 너는 내
아들이라 오늘 내가 너를 낳았도다
8 내게 구하라 내가 이방 나라를 네
유업으로 주리니 네 소유가 땅끝까
지 이르리로다
9 네가 철장으로 그들을 깨뜨림이여
질그릇같이 부수리라 하시도다
10 ●그런즉 군왕들아 너희는 지혜를
얻으며 세상의 재판관들아 너희는
교훈을 받을지어다
11 여호와를 경외함으로 섬기고 떨며
즐거워할지어다
12 그의 아들에게 입맞추라 그렇지 아
니하면 진노하심으로 너희가 길에
서 망하리니 그의 진노가 급하심이
라 여호와께 피하는 모든 사람은
다 복이 있도다

3

〔다윗이 그의 아들 압살롬을
피할 때에 지은 시〕

1 여호와여 나의 대적이 어찌 그리
많은지요 일어나 나를 치는 자가
많으니이다
2 많은 사람이 나를 대적하여 말하기
를 그는 하나님께 구원을 받지 못
한다 하나이다 (셀라)
3 여호와여 주는 나의 방패시요 나의
영광이시요 나의 머리를 드시는 자
이시니이다
4 내가 나의 목소리로 여호와께 부르
짖으니 그의 성산에서 응답하시는
도다 (셀라)
5 내가 누워 자고 깨었으니 여호와께
서 나를 붙드심이로다
6 천만인이 나를 에워싸 진친다 하
여도 나는 두려워하지 아니하리이
다
7 여호와여 일어나소서 나의 하나님
이여 나를 구원하소서 주께서 나의
모든 원수의 뺨을 치시며 악인의
이를 꺾으셨나이다
8 [1]구원은 여호와께 있사오니 주의
복을 주의 백성에게 내리소서 (셀
라)

4

〔다윗의 시,
인도자를 따라 현악에 맞춘 노래〕

1 내 의의 하나님이여 내가 부를 때
에 응답하소서 곤란 중에 나를 너
그럽게 하셨사오니 내게 은혜를 베
푸사 나의 기도를 들으소서
2 인생들아 어느 때까지 나의 영광을
바꾸어 욕되게 하며 헛된 일을 좋
아하고 거짓을 구하려는가 (셀라)
3 여호와께서 자기를 위하여 경건한
자를 택하신 줄 너희가 알지어다
내가 그를 부를 때에 여호와께서
들으시리로다
4 너희는 [2]떨며 범죄하지 말지어다
자리에 누워 심중에 말하고 잠잠할
지어다 (셀라)
5 의의 제사를 드리고 여호와를 의지
할지어다
6 여러 사람의 말이 우리에게 선을
보일 자 누구뇨 하오니 여호와여
주의 얼굴을 들어 우리에게 비추소
서
7 주께서 내 마음에 두신 기쁨은 그
들의 곡식과 새 포도주가 풍성할
때보다 더하니이다
8 내가 평안히 눕고 자기도 하리니
나를 안전히 살게 하시는 이는 오
직 여호와이시니이다

1) 승리는 2) 분내어

5

〔다윗의 시,
인도자를 따라 관악에 맞춘 노래〕

1 여호와여 나의 말에 귀를 기울이사
나의 심정을 헤아려 주소서
2 나의 왕, 나의 하나님이여 내가 부
르짖는 소리를 들으소서 내가 주께
기도하나이다
3 여호와여 아침에 주께서 나의 소리
를 들으시리니 아침에 내가 주께
기도하고 바라리이다
4 주는 죄악을 기뻐하는 신이 아니
시니 [1]악이 주와 함께 머물지 못하
며
5 오만한 자들이 주의 목전에 서지
못하리이다 주는 모든 행악자를 미
워하시며
6 거짓말하는 자들을 멸망시키시리
이다 여호와께서는 피 흘리기를 즐
기는 자와 속이는 자를 싫어하시나
이다
7 오직 나는 주의 풍성한 사랑을 힘
입어 주의 집에 들어가 주를 경외
함으로 성전을 향하여 예배하리이
다
8 여호와여 [2]나의 원수들로 말미암아
주의 의로 나를 인도하시고 주의
길을 내 목전에 곧게 하소서
9 그들의 입에 신실함이 없고 그들의
심중이 심히 악하며 그들의 목구멍
은 열린 무덤 같고 그들의 혀로는
아첨하나이다
10 하나님이여 그들을 정죄하사 자기
꾀에 빠지게 하시고 그 많은 허물
로 말미암아 그들을 쫓아내소서 그
들이 주를 배역함이니이다
11 그러나 주께 피하는 모든 사람은
다 기뻐하며 주의 보호로 말미암아
영원히 기뻐 외치고 주의 이름을
사랑하는 자들은 주를 즐거워하리
이다
12 여호와여 주는 의인에게 복을 주시
고 방패로 함 같이 은혜로 그를 호
위하시리이다

6

〔다윗의 시, 인도자를 따라
현악 여덟째 줄에 맞춘 노래〕

1 여호와여 주의 분노로 나를 책망하
지 마시오며 주의 진노로 나를 징
계하지 마옵소서
2 여호와여 내가 수척하였사오니 내
게 은혜를 베푸소서 여호와여 나의
뼈가 떨리오니 나를 고치소서
3 나의 영혼도 매우 떨리나이다 여호
와여 어느 때까지니이까
4 여호와여 돌아와 나의 영혼을 건지
시며 주의 사랑으로 나를 구원하소
서
5 사망 중에서는 주를 기억하는 일이
없사오니 스올에서 주께 감사할 자
누구리이까
6 내가 탄식함으로 피곤하여 밤마다
눈물로 내 침상을 띄우며 내 요를
적시나이다
7 내 눈이 근심으로 말미암아 쇠하며
내 모든 대적으로 말미암아 어두워
졌나이다
8 악을 행하는 너희는 다 나를 떠나
라 여호와께서 내 울음소리를 들으
셨도다
9 여호와께서 내 간구를 들으셨음이
여 여호와께서 내 기도를 받으시리
로다
10 내 모든 원수들이 부끄러움을 당하
고 심히 떪이여 갑자기 부끄러워
물러가리로다

7

〔다윗의 식가욘, 베냐민인 구시의
말에 따라 여호와께 드린 노래〕

1 여호와 내 하나님이여 내가 주께
피하오니 나를 쫓아오는 모든 자들
에게서 나를 구원하여 내소서

1) 악인이 2) 엎드려 나를 기다리는 자들을 인하여

2 건져낼 자가 없으면 그들이 사자같
이 나를 찢고 뜯을까 하나이다
3 여호와 내 하나님이여 내가 이런
일을 행하였거나 내 손에 죄악이
있거나
4 화친한 자를 악으로 갚았거나 내
대적에게서 까닭 없이 빼앗았거든
5 원수가 나의 영혼을 쫓아 잡아 내
생명을 땅에 짓밟게 하고 내 영광
을 먼지 속에 살게 하소서 (셀라)
6 여호와여 진노로 일어나사 내 대적
들의 노를 막으시며 나를 위하여
깨소서 주께서 심판을 명령하셨나
이다
7 민족들의 모임이 주를 두르게 하시
고 그 위 높은 자리에 돌아오소서
8 여호와께서 만민에게 심판을 행하
시오니 여호와여 나의 의와 나의 성
실함을 따라 나를 심판하소서
9 악인의 악을 끊고 의인을 세우소서
의로우신 하나님이 사람의 마음과
양심을 감찰하시나이다
10 나의 방패는 마음이 정직한 자를
구원하시는 하나님께 있도다
11 하나님은 의로우신 재판장이심이
여 매일 분노하시는 하나님이시로
다
12 사람이 회개하지 아니하면 그가 그
의 칼을 가심이여 그의 활을 이미
당기어 예비하셨도다
13 죽일 도구를 또한 예비하심이여 그
가 만든 화살은 불화살들이로다
14 악인이 죄악을 낳음이여 재앙을 배
어 거짓을 낳았도다
15 그가 웅덩이를 파 만듦이여 제가
만든 함정에 빠졌도다
16 그의 재앙은 자기 머리로 돌아가고
그의 포악은 자기 정수리에 내리리
로다
17 내가 여호와께 그의 의를 따라 감
사함이여 지존하신 여호와의 이름
을 찬양하리로다

8

〔다윗의 시,
인도자를 따라 깃딧에 맞춘 노래〕

1 여호와 우리 주여 주의 이름이 온
땅에 어찌 그리 아름다운지요 주의
영광이 하늘을 덮었나이다
2 주의 대적으로 말미암아 어린아이
들과 젖먹이들의 입으로 권능을 세
우심이여 이는 원수들과 보복자들
을 잠잠하게 하려 하심이니이다
3 주의 손가락으로 만드신 주의 하늘
과 주께서 베풀어 두신 달과 별들
을 내가 보오니
4 사람이 무엇이기에 주께서 그를 생
각하시며 인자가 무엇이기에 주께
서 그를 돌보시나이까
5 그를 [1]하나님보다 조금 못하게 하
시고 영화와 존귀로 관을 씌우셨나
이다
6 주의 손으로 만드신 것을 다스리게
하시고 만물을 그의 발 아래 두셨
으니
7 곧 모든 소와 양과 들짐승이며
8 공중의 새와 바다의 물고기와 [2]바
닷길에 다니는 것이니이다
9 여호와 우리 주여 주의 이름이 온
땅에 어찌 그리 아름다운지요

9

〔다윗의 시,
인도자를 따라 뭇랍벤에 맞춘 노래〕

1 내가 전심으로 여호와께 감사하오
며 주의 모든 기이한 일들을 전하
리이다
2 내가 주를 기뻐하고 즐거워하며 지
존하신 주의 이름을 찬송하리니
3 내 원수들이 물러갈 때에 주 앞에
서 넘어져 망함이니이다
4 주께서 나의 의와 송사를 변호하셨
으며 보좌에 앉으사 의롭게 심판하

1) 또는 천사 2) 또는 물

셨나이다
5 이방 나라들을 책망하시고 악인을
멸하시며 그들의 이름을 영원히 지
우셨나이다
6 원수가 끊어져 영원히 멸망하였사
오니 주께서 무너뜨린 성읍들을 기
억할 수 없나이다
7 여호와께서 영원히 앉으심이여 심
판을 위하여 보좌를 준비하셨도다
8 공의로 세계를 심판하심이여 정직
으로 만민에게 판결을 내리시리로
다
9 여호와는 압제를 당하는 자의 요새
이시요 환난 때의 요새이시로다
10 여호와여 주의 이름을 아는 자는
주를 의지하오리니 이는 주를 찾
는 자들을 버리지 아니하심이니이
다
11 너희는 시온에 계신 여호와를 찬송
하며 그의 행사를 백성 중에 선포
할지어다
12 피 흘림을 심문하시는 이가 그들을
기억하심이여 [1]가난한 자의 부르짖
음을 잊지 아니하시도다
13 여호와여 내게 은혜를 베푸소서 나
를 사망의 문에서 일으키시는 주여
나를 미워하는 자에게서 받는 나의
고통을 보소서
14 그리하시면 내가 주의 찬송을 다
전할 것이요 딸 시온의 문에서 주
의 구원을 기뻐하리이다
15 이방 나라들은 자기가 판 웅덩이에
빠짐이여 자기가 숨긴 그물에 자기
발이 걸렸도다
16 여호와께서 자기를 알게 하사 심판
을 행하셨음이여 악인은 자기가 손
으로 행한 일에 스스로 얽혔도다
(힉가욘, 셀라)
17 악인들이 스올로 돌아감이여 하나
님을 잊어버린 모든 이방 나라들이
그리하리로다
18 궁핍한 자가 항상 잊어버림을 당하
지 아니함이여 가난한 자들이 영원
히 실망하지 아니하리로다
19 여호와여 일어나사 인생으로 승리
를 얻지 못하게 하시며 이방 나라
들이 주 앞에서 심판을 받게 하소
서
20 여호와여 그들을 두렵게 하시며 이
방 나라들이 자기는 인생일 뿐인
줄 알게 하소서 (셀라)

10

여호와여 어찌하여 멀리 서시
며 어찌하여 환난 때에 숨으시
나이까
2 악한 자가 교만하여 가련한 자를
심히 압박하오니 그들이 자기가 베
푼 꾀에 빠지게 하소서
3 악인은 그의 마음의 욕심을 자랑하
며 탐욕을 부리는 자는 여호와를
배반하여 멸시하나이다
4 악인은 그의 교만한 [2]얼굴로 말하
기를 여호와께서 이를 감찰하지 아
니하신다 하며 그의 모든 사상에
하나님이 없다 하나이다
5 그의 길은 언제든지 견고하고 주의
심판은 높아서 그에게 미치지 못하
오니 그는 그의 모든 대적들을 멸
시하며
6 그의 마음에 이르기를 나는 흔들리
지 아니하며 대대로 환난을 당하지
아니하리라 하나이다
7 그의 입에는 저주와 거짓과 포악이
충만하며 그의 혀 밑에는 잔해와
죄악이 있나이다
8 그가 마을 구석진 곳에 앉으며 그
은밀한 곳에서 무죄한 자를 죽이며
그의 눈은 가련한 자를 엿보나이다
9 사자가 자기의 굴에 엎드림같이 그

1) 겸비한 자 2) 용모로 찾지 아니함이여 그 모든 사상에

가 은밀한 곳에 엎드려 가련한 자
를 잡으려고 기다리며 자기 그물을
끌어당겨 가련한 자를 잡나이다
10 그가 구푸려 엎드리니 그의 포악으
로 말미암아 가련한 자들이 넘어지
나이다
11 그가 그의 마음에 이르기를 하나님
이 잊으셨고 그의 얼굴을 가리셨으
니 영원히 보지 아니하시리라 하나
이다
12 여호와여 일어나옵소서 하나님이
여 손을 드옵소서 가난한 자들을
잊지 마옵소서
13 어찌하여 악인이 하나님을 멸시하
여 그의 마음에 이르기를 주는 감
찰하지 아니하리라 하나이까
14 주께서는 보셨나이다 주는 재앙과
원한을 감찰하시고 주의 손으로
[1]갚으려 하시오니 외로운 자가 주
를 의지하나이다 주는 벌써부터 고
아를 도우시는 이시니이다
15 악인의 팔을 꺾으소서 악한 자의
악을 더 이상 찾아낼 수 없을 때까
지 찾으소서
16 여호와께서는 영원무궁하도록 왕
이시니 이방 나라들이 주의 땅에서
멸망하였나이다
17 여호와여 주는 겸손한 자의 소원을
들으셨사오니 그들의 마음을 [2]준비하
시며 귀를 기울여 들으시고
18 고아와 압제당하는 자를 위하여 심
판하사 세상에 속한 자가 다시는
위협하지 못하게 하시리이다

11 〔다윗의 시, 인도자를 따라 부르는 노래〕

1 내가 여호와께 피하였거늘 너희가
내 영혼에게 새같이 네 산으로 도
망하라 함은 어찌함인가
2 악인이 활을 당기고 화살을 시위에
먹임이여 마음이 바른 자를 어두운
데서 쏘려 하는도다
3 [3]터가 무너지면 의인이 무엇을 하
랴
4 여호와께서는 그의 성전에 계시고
여호와의 보좌는 하늘에 있음이여
그의 눈이 인생을 통촉하시고 그의
안목이 그들을 감찰하시도다
5 여호와는 의인을 감찰하시고 악인
과 폭력을 좋아하는 자를 마음에
미워하시도다
6 악인에게 그물을 던지시리니 불과
유황과 태우는 바람이 그들의 잔의
소득이 되리로다
7 여호와는 의로우사 의로운 일을 좋
아하시나니 정직한 자는 그의 얼굴
을 뵈오리로다

12 〔다윗의 시, 인도자를 따라 여덟째 줄에 맞춘 노래〕

1 여호와여 도우소서 경건한 자가 끊
어지며 충실한 자들이 인생 중에
없어지나이다
2 그들이 이웃에게 각기 거짓을 말함
이여 아첨하는 입술과 두 마음으로
말하는도다
3 여호와께서 모든 아첨하는 입술과
자랑하는 혀를 끊으시리니
4 그들이 말하기를 우리의 혀가 이기
리라 우리 입술은 우리 것이니 우
리를 주관할 자 누구리요 함이로
다
5 여호와의 말씀에 가련한 자들의 눌
림과 궁핍한 자들의 탄식으로 말미
암아 내가 이제 일어나 그를 그가
원하는 안전한 지대에 두리라 하시
도다
6 여호와의 말씀은 순결함이여 흙
도가니에 일곱 번 단련한 은 같도
다

1) 잡으려 2) 견고하게 하시며 3) 터가 무너졌으니 의인의 행한 것이 무엇인고

7 여호와여 그들을 지키사 이 세대로
부터 영원까지 보존하시리이다
8 비열함이 인생 중에 높임을 받는
때에 악인들이 곳곳에서 날뛰는도
다

13

〔다윗의 시,
인도자를 따라 부르는 노래〕

1 여호와여 어느 때까지니이까 나를
영원히 잊으시나이까 주의 얼굴을
나에게서 어느 때까지 숨기시겠나
이까
2 나의 영혼이 번민하고 종일토록 마
음에 근심하기를 어느 때까지 하오
며 내 원수가 나를 치며 자랑하기
를 어느 때까지 하리이까
3 여호와 내 하나님이여 나를 생각하
사 응답하시고 나의 눈을 밝히소서
두렵건대 내가 사망의 잠을 잘까
하오며
4 두렵건대 나의 원수가 이르기를 내
가 그를 이겼다 할까 하오며 내가
흔들릴 때에 나의 대적들이 기뻐할
까 하나이다
5 나는 오직 주의 사랑을 의지하였사
오니 나의 마음은 주의 구원을 기
뻐하리이다
6 내가 여호와를 찬송하리니 이는 주
께서 내게 은덕을 베푸심이로다

14

〔다윗의 시,
인도자를 따라 부르는 노래〕

1 어리석은 자는 그의 마음에 이르기
를 하나님이 없다 하는도다 그들은
부패하고 그 행실이 가증하니 선을
행하는 자가 없도다
2 여호와께서 하늘에서 인생을 굽어
살피사 지각이 있어 하나님을 찾는
자가 있는가 보려 하신즉
3 다 치우쳐 함께 더러운 자가 되고
선을 행하는 자가 없으니 하나도
없도다
4 죄악을 행하는 자는 다 무지하냐
그들이 떡 먹듯이 내 백성을 먹으
면서 여호와를 부르지 아니하는도
다
5 그러나 거기서 그들은 두려워하고
두려워하였으니 하나님이 의인의
세대에 계심이로다
6 너희가 가난한 자의 계획을 부끄럽
게 하나 오직 여호와는 그의 피난
처가 되시도다
7 이스라엘의 구원이 시온에서 나오
기를 원하도다 여호와께서 그의 백
성을 포로된 곳에서 돌이키실 때에
야곱이 즐거워하고 이스라엘이 기
뻐하리로다

15

〔다윗의 시〕

여호와여 주의 장막에 머무를
자 누구오며 주의 성산에 사는 자
누구오니이까
2 정직하게 행하며 공의를 실천하며
그의 마음에 진실을 말하며
3 그의 혀로 남을 허물하지 아니하고
그의 이웃에게 악을 행하지 아니
하며 그의 이웃을 비방하지 아니
하며
4 그의 눈은 망령된 자를 멸시하며
여호와를 두려워하는 자들을 존대
하며 그의 마음에 서원한 것은 해
로울지라도 변하지 아니하며
5 이자를 받으려고 돈을 꾸어 주지
아니하며 뇌물을 받고 무죄한 자를
해하지 아니하는 자이니 이런 일을
행하는 자는 영원히 흔들리지 아니
하리이다

16

〔다윗의 믹담〕

하나님이여 나를 지켜 주소서
내가 주께 피하나이다
2 내가 여호와께 아뢰되 주는 나의
주님이시오니 주밖에는 나의 복이
없다 하였나이다

3 땅에 있는 성도들은 존귀한 자들이
니 나의 모든 즐거움이 그들에게
있도다
4 [1]다른 신에게 예물을 드리는 자는
괴로움이 더할 것이라 나는 그들이
드리는 피의 전제를 드리지 아니하
며 내 입술로 그 이름도 부르지 아
니하리로다
5 여호와는 나의 산업과 나의 잔의
소득이시니 나의 분깃을 지키시나
이다
6 내게 줄로 재어 준 구역은 아름다
운 곳에 있음이여 나의 기업이 실
로 아름답도다
7 나를 훈계하신 여호와를 송축할지
라 밤마다 내 양심이 나를 교훈하
도다
8 내가 여호와를 항상 내 앞에 모심
이여 그가 나의 오른쪽에 계시므로
내가 흔들리지 아니하리로다
9 이러므로 나의 마음이 기쁘고 나의
[2]영도 즐거워하며 내 육체도 안전
히 살리니
10 이는 주께서 내 영혼을 스올에 버
리지 아니하시며 주의 거룩한 자를
멸망시키지 않으실 것임이니이다
11 주께서 생명의 길을 내게 보이시리
니 주의 앞에는 충만한 기쁨이 있
고 주의 오른쪽에는 영원한 즐거움
이 있나이다

17

〔다윗의 기도〕

여호와여 의의 호소를 들으소
서 나의 울부짖음에 주의하소서 거
짓 되지 아니한 입술에서 나오는
나의 기도에 귀를 기울이소서
2 주께서 나를 판단하시며 주의 눈으
로 [3]공평함을 살피소서
3 주께서 내 마음을 시험하시고 밤에
내게 오시어서 나를 감찰하셨으나
흠을 찾지 못하셨사오니 내가 결심
하고 입으로 범죄하지 아니하리이
다
4 사람의 행사로 논하면 나는 주의
입술의 말씀을 따라 스스로 삼가서
포악한 자의 길을 가지 아니하였사
오며
5 나의 걸음이 주의 길을 굳게 지키
고 실족하지 아니하였나이다
6 하나님이여 내게 응답하시겠으므
로 내가 불렀사오니 내게 귀를 기
울여 내 말을 들으소서
7 주께 피하는 자들을 그 일어나 치
는 자들에게서 오른손으로 구원하
시는 주여 주의 기이한 사랑을 나
타내소서
8 나를 눈동자같이 지키시고 주의 날
개 그늘 아래에 감추사
9 내 앞에서 나를 압제하는 악인들과
나의 목숨을 노리는 원수들에게서
벗어나게 하소서
10 [4]그들의 마음은 기름에 잠겼으며
그들의 입은 교만하게 말하나이다
11 이제 우리가 걸어가는 것을 그들이
에워싸서 노려보고 땅에 넘어뜨리
려 하나이다
12 그는 그 움킨 것을 찢으려 하는 사
자 같으며 은밀한 곳에 엎드린 젊
은 사자 같으니이다
13 여호와여 일어나 그를 대항하여 넘
어뜨리시고 주의 칼로 악인에게서
나의 영혼을 구원하소서
14 여호와여 이 세상에 살아 있는 동
안 그들의 분깃을 받은 사람들에게
서 주의 손으로 나를 구하소서 그
들은 주의 재물로 배를 채우고 자
녀로 만족하고 그들의 남은 산업을
그들의 어린아이들에게 물려주는
자니이다

1) 다른 신을 좇아 사는 2) 히, 영광 3) 공평히 4) 히, 그들은 그들의 기름을 막았으며

15 나는 의로운 중에 주의 얼굴을 뵈
오리니 깰 때에 주의 형상으로 만
족하리이다

18

〔여호와의 종 다윗의 시, 인도자를 따라 부르는 노래, 여호와께서 다윗을 그 모든 원수들의 손에서와 사울의 손에서 건져 주신 날에 다윗이 이 노래의 말로 여호와께 아뢰어 이르되〕

1 나의 힘이신 여호와여 내가 주를
사랑하나이다
2 여호와는 나의 반석이시요 나의 요
새시요 나를 건지시는 이시요 나의
하나님이시요 내가 그 안에 피할
나의 바위시요 나의 방패시요 나의
구원의 뿔이시요 나의 산성이시로
다
3 내가 찬송 받으실 여호와께 아뢰리
니 내 원수들에게서 구원을 얻으리
로다
4 사망의 줄이 나를 얽고 불의의 [1]창
수가 나를 두렵게 하였으며
5 스올의 줄이 나를 두르고 사망의
올무가 내게 이르렀도다
6 내가 환난 중에서 여호와께 아뢰며
나의 하나님께 부르짖었더니 그가
그의 성전에서 내 소리를 들으심이
여 그의 앞에서 나의 부르짖음이
그의 귀에 들렸도다
7 이에 땅이 진동하고 산들의 터도
요동하였으니 그의 진노로 말미암
음이로다
8 그의 코에서 연기가 오르고 입에서
불이 나와 사름이여 그 불에 숯이
피었도다
9 그가 또 하늘을 드리우시고 강림하
시니 그의 발 아래는 어두캄캄하도
다
10 그룹을 타고 다니심이여 바람 날개
를 타고 높이 솟아오르셨도다
11 그가 흑암을 그의 숨는 곳으로 삼
으사 장막같이 자기를 두르게 하심
이여 곧 물의 흑암과 공중의 빽빽
한 구름으로 그리하시도다
12 그 앞에 광채로 말미암아 빽빽한
구름이 지나며 우박과 숯불이 내리
도다
13 여호와께서 하늘에서 우렛소리를
내시고 지존하신 이가 음성을 내시
며 우박과 숯불을 내리시도다
14 그의 화살을 날려 그들을 흩으심이
여 많은 번개로 그들을 깨뜨리셨도
다
15 이럴 때에 여호와의 꾸지람과 콧김
으로 말미암아 물 밑이 드러나고
세상의 터가 나타났도다
16 그가 높은 곳에서 손을 펴사 나를
붙잡아 주심이여 [2]많은 물에서 나
를 건져내셨도다
17 나를 강한 원수와 미워하는 자에게
서 건지셨음이여 그들은 나보다 힘
이 세기 때문이로다
18 그들이 나의 재앙의 날에 내게 이
르렀으나 여호와께서 나의 의지가
되셨도다
19 나를 넓은 곳으로 인도하시고 나를
기뻐하시므로 나를 구원하셨도다
20 여호와께서 내 의를 따라 상 주시
며 내 손의 깨끗함을 따라 내게 갚
으셨으니
21 이는 내가 여호와의 도를 지키고
악하게 내 하나님을 떠나지 아니하
였으며
22 그의 모든 규례가 내 앞에 있고 내
게서 그의 율례를 버리지 아니하였
음이로다
23 또한 나는 그의 앞에 완전하여 나
의 죄악에서 스스로 자신을 지켰나
니

1) 비루한 창일이 2) 큰

24 그러므로 여호와께서 내 의를 따라
갚으시되 그의 목전에서 내 손이
깨끗한 만큼 내게 갚으셨도다
25 자비로운 자에게는 주의 자비로우
심을 나타내시며 완전한 자에게는
주의 완전하심을 보이시며
26 깨끗한 자에게는 주의 깨끗하심을
보이시며 사악한 자에게는 주의 거
스르심을 보이시리니
27 주께서 곤고한 백성은 구원하시고
교만한 눈은 낮추시리이다
28 주께서 나의 등불을 켜심이여 여호
와 내 하나님이 내 흑암을 밝히시
리이다
29 내가 주를 의뢰하고 적군을 향해
달리며 내 하나님을 의지하고 담을
뛰어넘나이다
30 하나님의 도는 완전하고 여호와의
말씀은 순수하니 그는 자기에게 피
하는 모든 자의 방패시로다
31 여호와 외에 누가 하나님이며 우리
하나님 외에 누가 반석이냐
32 이 하나님이 힘으로 내게 띠 띠우
시며 내 길을 완전하게 하시며
33 나의 발을 암사슴 발 같게 하시며
나를 나의 높은 곳에 세우시며
34 내 손을 가르쳐 싸우게 하시니 내
팔이 놋 활을 당기도다
35 또 주께서 주의 구원하는 방패를
내게 주시며 주의 오른손이 나를
붙들고 주의 온유함이 나를 크게
하셨나이다
36 내 걸음을 넓게 하셨고 나를 실족
하지 않게 하셨나이다
37 내가 내 원수를 뒤쫓아가리니 그들
이 망하기 전에는 돌아서지 아니하
리이다
38 내가 그들을 쳐서 능히 일어나지
못하게 하리니 그들이 내 발 아래
에 엎드러지리이다

39 주께서 나를 전쟁하게 하려고 능력
으로 내게 띠 띠우사 일어나 나를
치는 자들이 내게 굴복하게 하셨나
이다
40 또 주께서 내 원수들에게 등을 내
게로 향하게 하시고 나를 미워하는
자들을 내가 끊어 버리게 하셨나이
다
41 그들이 부르짖으나 구원할 자가 없
었고 여호와께 부르짖어도 그들에
게 대답하지 아니하셨나이다
42 내가 그들을 바람 앞에 티끌같이
부서뜨리고 거리의 진흙같이 쏟아
버렸나이다
43 주께서 나를 백성의 다툼에서 건지
시고 여러 민족의 으뜸으로 삼으셨
으니 내가 알지 못하는 백성이 나
를 섬기리이다
44 그들이 내 소문을 들은 즉시로 내
게 청종함이여 이방인들이 내게 복
종하리로다
45 이방 자손들이 쇠잔하여 그 견고한
곳에서 떨며 나오리로다
46 여호와는 살아 계시니 나의 반석을
찬송하며 내 구원의 하나님을 높일
지로다
47 이 하나님이 나를 위하여 보복해
주시고 민족들이 내게 복종하게 해
주시도다
48 주께서 나를 내 원수들에게서 구조
하시니 주께서 나를 대적하는 자들
의 위에 나를 높이 드시고 나를 포
악한 자에게서 건지시나이다
49 여호와여 이러므로 내가 이방 나라
들 중에서 주께 감사하며 주의 이
름을 찬송하리이다
50 여호와께서 그 왕에게 큰 구원을
주시며 기름부음 받은 자에게 인자
를 베푸심이여 영원토록 다윗과 그
후손에게로다

19 〔다윗의 시, 인도자를 따라 부르는 노래〕

1 하늘이 하나님의 영광을 선포하고
궁창이 그의 손으로 하신 일을 나
타내는도다
2 날은 날에게 말하고 밤은 밤에게
지식을 전하니
3 언어도 없고 말씀도 없으며 들리는
소리도 없으나
4 그의 [1]소리가 온 땅에 통하고 그의
말씀이 세상 끝까지 이르도다 하나
님이 해를 위하여 하늘에 장막을
베푸셨도다
5 해는 그의 신방에서 나오는 신랑과
같고 그의 길을 달리기 기뻐하는
장사 같아서
6 하늘 이 끝에서 나와서 하늘 저 끝
까지 운행함이여 그의 열기에서 피
할 자가 없도다
7 ●여호와의 율법은 완전하여 영혼
을 소성시키며 여호와의 증거는 확
실하여 우둔한 자를 지혜롭게 하
며
8 여호와의 교훈은 정직하여 마음을
기쁘게 하고 여호와의 계명은 순결
하여 눈을 밝게 하시도다
9 여호와를 경외하는 도는 정결하여
영원까지 이르고 여호와의 법도 진
실하여 다 의로우니
10 금 곧 많은 순금보다 더 사모할 것
이며 꿀과 송이꿀보다 더 달도다
11 또 주의 종이 이것으로 경고를 받
고 이것을 지킴으로 상이 크니이다
12 자기 허물을 능히 깨달을 자 누구
리요 나를 숨은 허물에서 벗어나게
하소서
13 또 주의 종에게 고의로 죄를 짓지
말게 하사 그 죄가 나를 주장하지
못하게 하소서 그리하면 내가 정
직하여 큰 죄과에서 벗어나겠나이
다
14 나의 반석이시요 나의 구속자이신
여호와여 내 입의 말과 마음의 [2]묵
상이 주님 앞에 열납되기를 원하나
이다

20 〔다윗의 시, 인도자를 따라 부르는 노래〕

1 환난날에 여호와께서 네게 응답하
시고 야곱의 하나님의 이름이 너를
높이 드시며
2 성소에서 너를 도와주시고 시온에
서 너를 붙드시며
3 네 모든 소제를 기억하시며 네 번
제를 받아 주시기를 원하노라 (셀
라)
4 네 마음의 소원대로 허락하시고 네
모든 계획을 이루어 주시기를 원하
노라
5 우리가 너의 승리로 말미암아 개가
를 부르며 우리 하나님의 이름으로
우리의 깃발을 세우리니 여호와께
서 네 모든 기도를 이루어 주시기
를 원하노라
6 여호와께서 자기에게 기름부음 받
은 자를 구원하시는 줄 이제 내가
아노니 그의 오른손의 구원하는 힘
으로 그의 거룩한 하늘에서 그에게
응답하시리로다
7 어떤 사람은 병거, 어떤 사람은 말
을 의지하나 우리는 여호와 우리
하나님의 이름을 자랑하리로다
8 그들은 비틀거리며 엎드러지고 우
리는 일어나 바로 서도다
9 [3]여호와여 왕을 구원하소서 우리가
부를 때에 우리에게 응답하소서

21 〔다윗의 시, 인도자를 따라 부르는 노래〕

1 여호와여 왕이 주의 힘으로 말미암

1) 줄이 2) 히, '묵상'은 '작은 소리로 읊조리다'는 의미도 있다 3) 또는 왕이신 여호와여 구원하소서

아 기뻐하며 주의 구원으로 말미암
아 크게 즐거워하리이다
2 그의 마음의 소원을 들어주셨으며
그의 입술의 요구를 거절하지 아니
하셨나이다 (셀라)
3 주의 아름다운 복으로 그를 영접하
시고 순금 관을 그의 머리에 씌우
셨나이다
4 그가 생명을 구하매 주께서 그에게
주셨으니 곧 영원한 장수로소이다
5 주의 구원이 그의 영광을 크게 하
시고 존귀와 위엄을 그에게 입히시
나이다
6 그가 영원토록 지극한 [1]복을 받게
하시며 주 앞에서 기쁘고 즐겁게
하시나이다
7 왕이 여호와를 의지하오니 지존하
신 이의 인자함으로 흔들리지 아니
하리이다
8 왕의 손이 왕의 모든 원수들을 찾
아냄이여 왕의 오른손이 왕을 미워
하는 자들을 찾아내리로다
9 왕이 노하실 때에 그들을 풀무불
같게 할 것이라 여호와께서 진노하
사 그들을 삼키시리니 불이 그들을
소멸하리로다
10 왕이 그들의 [2]후손을 땅에서 멸함
이여 그들의 자손을 사람 중에서
끊으리로다
11 비록 그들이 왕을 해하려 하여 음
모를 꾸몄으나 이루지 못하도다
12 왕이 그들로 돌아서게 함이여 그들
의 얼굴을 향하여 활시위를 당기리
로다
13 여호와여 주의 능력으로 높임을 받
으소서 우리가 주의 권능을 노래하
고 찬송하게 하소서

22

〔다윗의 시, 인도자를 따라 [3]아얠렛샤할에 맞춘 노래〕

1 내 하나님이여 내 하나님이여 어찌
나를 버리셨나이까 어찌 나를 멀리
하여 돕지 아니하시오며 내 신음
소리를 듣지 아니하시나이까
2 내 하나님이여 내가 낮에도 부르짖
고 밤에도 잠잠하지 아니하오나 응
답하지 아니하시나이다
3 이스라엘의 찬송 중에 계시는 주여
주는 거룩하시니이다
4 우리 조상들이 주께 의뢰하고 의뢰
하였으므로 그들을 건지셨나이다
5 그들이 주께 부르짖어 구원을 얻고
주께 의뢰하여 수치를 당하지 아니
하였나이다
6 나는 벌레요 사람이 아니라 사람의
비방거리요 백성의 조롱거리니이
다
7 나를 보는 자는 다 나를 비웃으며
입술을 비쭉거리고 머리를 흔들며
말하되
8 그가 여호와께 의탁하니 구원하실
걸, 그를 기뻐하시니 건지실 걸 하
나이다
9 오직 주께서 나를 모태에서 나오게
하시고 내 어머니의 젖을 먹을 때
에 의지하게 하셨나이다
10 내가 날 때부터 주께 맡긴 바 되었
고 모태에서 나올 때부터 주는 나
의 하나님이 되셨나이다
11 나를 멀리하지 마옵소서 환난이 가
까우나 도울 자 없나이다
12 많은 황소가 나를 에워싸며 바산의
힘센 소들이 나를 둘러쌌으며
13 내게 그 입을 벌림이 찢으며 부르
짖는 사자 같으니이다
14 나는 물같이 쏟아졌으며 내 모든
뼈는 어그러졌으며 내 마음은 밀랍
같아서 내 속에서 녹았으며
15 내 힘이 말라 질그릇 조각 같고 내
혀가 입천장에 붙었나이다 주께서

1) 복이 되게 2) 열매를 3) 사슴이란 곡조에

또 나를 죽음의 진토 속에 두셨나
이다
16 개들이 나를 에워쌌으며 악한 무
리가 나를 둘러 내 수족을 찔렀나
이다
17 내가 내 모든 뼈를 셀 수 있나이다
그들이 나를 주목하여 보고
18 내 겉옷을 나누며 속옷을 제비 뽑
나이다
19 여호와여 멀리하지 마옵소서 나의
힘이시여 속히 나를 도우소서
20 내 생명을 칼에서 건지시며 [1]내 유
일한 것을 개의 세력에서 구하소
서
21 나를 사자의 입에서 구하소서 주께
서 내게 응답하시고 들소의 뿔에서
구원하셨나이다
22 ●내가 주의 이름을 형제에게 선포
하고 회중 가운데에서 주를 찬송하
리이다
23 여호와를 두려워하는 너희여 그를
찬송할지어다 야곱의 모든 자손이
여 그에게 영광을 돌릴지어다 너희
이스라엘 모든 자손이여 그를 경외
할지어다
24 그는 곤고한 자의 곤고를 멸시하
거나 싫어하지 아니하시며 그의
얼굴을 그에게서 숨기지 아니하시
고 그가 울부짖을 때에 들으셨도
다
25 큰 회중 가운데에서 나의 찬송은
주께로부터 온 것이니 주를 경외하
는 자 앞에서 나의 서원을 갚으리
이다
26 겸손한 자는 먹고 배부를 것이며
여호와를 찾는 자는 그를 찬송할
것이라 너희 마음은 영원히 살지어
다
27 땅의 모든 끝이 여호와를 기억하고
돌아오며 모든 나라의 모든 족속이
주의 앞에 예배하리니
28 나라는 여호와의 것이요 여호와는
모든 나라의 주재심이로다
29 세상의 모든 풍성한 자가 먹고 경
배할 것이요 진토 속으로 내려가는
자 곧 자기 영혼을 살리지 못할 자
도 다 그 앞에 절하리로다
30 후손이 그를 섬길 것이요 대대에
주를 전할 것이며
31 와서 그의 공의를 태어날 백성에게
전함이여 주께서 이를 행하셨다 할
것이로다

23

〔다윗의 시〕

여호와는 나의 목자시니 내게
부족함이 없으리로다
2 그가 나를 푸른 풀밭에 누이시며
쉴 만한 물가로 인도하시는도다
3 내 영혼을 소생시키시고 자기 이름
을 위하여 의의 길로 인도하시는도
다
4 내가 사망의 음침한 골짜기로 다닐
지라도 해를 두려워하지 않을 것은
주께서 나와 함께하심이라 주의 지
팡이와 막대기가 나를 안위하시나
이다
5 주께서 내 원수의 목전에서 내게
상을 차려 주시고 기름을 내 머리
에 부으셨으니 내 잔이 넘치나이
다
6 내 평생에 선하심과 인자하심이 반
드시 나를 따르리니 내가 여호와의
집에 영원히 살리로다

24

〔다윗의 시〕

땅과 거기에 충만한 것과 세
계와 그 가운데에 사는 자들은 다
여호와의 것이로다
2 여호와께서 그 터를 바다 위에 세
우심이여 강들 위에 건설하셨도
다

1) 내 생명

3 여호와의 산에 오를 자가 누구며
그의 거룩한 곳에 설 자가 누구인
가
4 곧 손이 깨끗하며 마음이 청결하며
뜻을 허탄한 데에 두지 아니하며 거
짓 맹세하지 아니하는 자로다
5 그는 여호와께 복을 받고 구원의
하나님께 의를 얻으리니
6 이는 여호와를 찾는 족속이요 야곱
의 하나님의 얼굴을 구하는 자로다
(셀라)
7 ●문들아 너희 머리를 들지어다 영
원한 문들아 들릴지어다 영광의 왕
이 들어가시리로다
8 영광의 왕이 누구시냐 강하고 능한
여호와시요 전쟁에 능한 여호와시
로다
9 문들아 너희 머리를 들지어다 영원
한 문들아 들릴지어다 영광의 왕이
들어가시리로다
10 영광의 왕이 누구시냐 만군의 여호
와께서 곧 영광의 왕이시로다 (셀
라)

25

〔다윗의 시〕
여호와여 나의 영혼이 주를
우러러보나이다
2 나의 하나님이여 내가 주께 의지하
였사오니 나를 부끄럽지 않게 하시
고 나의 원수들이 나를 이겨 개가
를 부르지 못하게 하소서
3 주를 바라는 자들은 수치를 당하지
아니하려니와 까닭 없이 속이는 자
들은 수치를 당하리이다
4 여호와여 주의 도를 내게 보이시고
주의 길을 내게 가르치소서
5 주의 진리로 나를 지도하시고 교
훈하소서 주는 내 구원의 하나님
이시니 내가 종일 주를 기다리나
이다
6 여호와여 주의 긍휼하심과 인자하
심이 영원부터 있었사오니 주여 이
것들을 기억하옵소서
7 여호와여 내 젊은 시절의 죄와 허
물을 기억하지 마시고 주의 인자하
심을 따라 주께서 나를 기억하시되
주의 선하심으로 하옵소서
8 여호와는 선하시고 정직하시니 그
러므로 그의 도로 죄인들을 교훈하
시리로다
9 온유한 자를 정의로 지도하심이여
온유한 자에게 그의 도를 가르치시
리로다
10 여호와의 모든 길은 그의 언약과
증거를 지키는 자에게 인자와 진리
로다
11 여호와여 나의 죄악이 크오니 주의
이름으로 말미암아 사하소서
12 여호와를 경외하는 자 누구냐 그가
택할 길을 그에게 가르치시리로다
13 그의 영혼은 평안히 살고 그의 자
손은 땅을 상속하리로다
14 [1]여호와의 친밀하심이 그를 경외하
는 자들에게 있음이여 그의 언약을
그들에게 보이시리로다
15 내 눈이 항상 여호와를 바라봄은
내 발을 그물에서 벗어나게 하실
것임이로다
16 주여 나는 외롭고 괴로우니 내게
돌이키사 나에게 은혜를 베푸소서
17 내 마음의 근심이 많사오니 나를
고난에서 끌어내소서
18 나의 곤고와 환난을 보시고 내 모
든 죄를 사하소서
19 내 원수를 보소서 그들의 수가 많
고 나를 심히 미워하나이다
20 내 영혼을 지켜 나를 구원하소서
내가 주께 피하오니 수치를 당하지
않게 하소서
21 내가 주를 바라오니 성실과 정직으

1) 여호와께서 경외하는 자를 친애하심이여

로 나를 보호하소서
22 하나님이여 이스라엘을 그 모든 환
난에서 속량하소서

26

〔다윗의 시〕
내가 나의 완전함에 행하였사
오며 흔들리지 아니하고 여호와를
의지하였사오니 여호와여 나를 판
단하소서
2 여호와여 나를 살피시고 시험하사
내 뜻과 내 양심을 단련하소서
3 주의 인자하심이 내 목전에 있나이
다 내가 주의 진리 중에 행하여
4 허망한 사람과 같이 앉지 아니하였
사오니 간사한 자와 동행하지도 아
니하리이다
5 내가 행악자의 집회를 미워하오니
악한 자와 같이 앉지 아니하리이
다
6 여호와여 내가 무죄하므로 손을 씻
고 주의 제단에 두루 다니며
7 감사의 소리를 들려 주고 주의 기
이한 모든 일을 말하리이다
8 여호와여 내가 주께서 계신 집과
주의 영광이 머무는 곳을 사랑하오
니
9 내 영혼을 죄인과 함께, 내 생명을
살인자와 함께 거두지 마소서
10 그들의 손에 사악함이 있고 그들의
오른손에 뇌물이 가득하오나
11 나는 나의 완전함에 행하오리니 나
를 속량하시고 내게 은혜를 베푸소
서
12 내 발이 평탄한 데에 섰사오니 무
리 가운데에서 여호와를 송축하리
이다

27

〔다윗의 시〕
여호와는 나의 빛이요 나의
구원이시니 내가 누구를 두려워하
리요 여호와는 내 생명의 능력이시
니 내가 누구를 무서워하리요
2 악인들이 내 살을 먹으려고 내게
로 왔으나 나의 대적들, 나의 원수
들인 그들은 실족하여 넘어졌도
다
3 군대가 나를 대적하여 진칠지라도
내 마음이 두렵지 아니하며 전쟁
이 일어나 나를 치려 할지라도 나
는 [1]여전히 태연하리로다
4 내가 여호와께 바라는 한 가지 일
그것을 구하리니 곧 내가 내 평생
에 여호와의 집에 살면서 여호와의
아름다움을 바라보며 그의 성전에
서 사모하는 그것이라
5 여호와께서 환난날에 나를 그의 초
막 속에 비밀히 지키시고 그의 장
막 은밀한 곳에 나를 숨기시며 높
은 바위 위에 두시리로다
6 이제 내 머리가 나를 둘러싼 내 원
수 위에 들리리니 내가 그의 장막
에서 즐거운 제사를 드리겠고 노래
하며 여호와를 찬송하리로다
7 ●여호와여 내가 소리 내어 부르짖
을 때에 들으시고 또한 나를 긍휼
히 여기사 응답하소서
8 너희는 내 얼굴을 찾으라 하실 때
에 내가 마음으로 주께 말하되 여
호와여 내가 주의 얼굴을 찾으리이
다 하였나이다
9 주의 얼굴을 내게서 숨기지 마시고
주의 종을 노하여 버리지 마소서
주는 나의 도움이 되셨나이다 나의
구원의 하나님이시여 나를 버리지
마시고 떠나지 마소서
10 내 부모는 나를 버렸으나 여호와는
나를 영접하시리이다
11 여호와여 주의 도를 내게 가르치시
고 [2]내 원수를 생각하셔서 평탄한
길로 나를 인도하소서

1) 그 중에서 안연하리로다 2) 엎드려 나를 기다리는 자들을 인하여

12 내 생명을 내 대적에게 맡기지 마
소서 위증자와 악을 토하는 자가
일어나 나를 치려 함이니이다
13 내가 산 자들의 땅에서 여호와의
선하심을 보게 될 줄 확실히 믿었
도다
14 너는 여호와를 기다릴지어다 강하
고 담대하며 여호와를 기다릴지어
다

28 〔다윗의 시〕
여호와여 내가 주께 부르짖으
오니 나의 반석이여 내게 귀를 막
지 마소서 주께서 내게 잠잠하시면
내가 무덤에 내려가는 자와 같을까
하나이다
2 내가 주의 [1]지성소를 향하여 나의
손을 들고 주께 부르짖을 때에 나
의 간구하는 소리를 들으소서
3 악인과 악을 행하는 자들과 함께
나를 끌어내지 마옵소서 그들은 그
이웃에게 화평을 말하나 그들의 마
음에는 악독이 있나이다
4 그들이 하는 일과 그들의 행위가
악한 대로 갚으시며 그들의 손이
지은 대로 그들에게 갚아 그 마땅
히 받을 것으로 그들에게 갚으소
서
5 그들은 여호와께서 행하신 일과 손
으로 지으신 것을 생각하지 아니하
므로 여호와께서 그들을 파괴하고
건설하지 아니하시리로다
6 ●여호와를 찬송함이여 내 간구하
는 소리를 들으심이로다
7 여호와는 나의 힘과 나의 방패이시
니 내 마음이 그를 의지하여 도움
을 얻었도다 그러므로 내 마음이
크게 기뻐하며 내 노래로 그를 찬
송하리로다
8 여호와는 그들의 힘이시요 그의 기
름부음 받은 자의 구원의 요새이시
로다
9 주의 백성을 구원하시며 주의 산업
에 복을 주시고 또 그들의 목자가
되시어 영원토록 그들을 인도하소
서

29 〔다윗의 시〕
너희 권능 있는 자들아 영광
과 능력을 여호와께 돌리고 돌릴지
어다
2 여호와께 그의 이름에 합당한 영광
을 돌리며 [2]거룩한 옷을 입고 여호
와께 예배할지어다
3 ●여호와의 소리가 물 위에 있도다
영광의 하나님이 우렛소리를 내시
니 여호와는 많은 물 위에 계시도
다
4 여호와의 소리가 힘 있음이여 여호
와의 소리가 위엄차도다
5 여호와의 소리가 백향목을 꺾으심
이여 여호와께서 레바논 백향목을
꺾어 부수시도다
6 그 나무를 송아지같이 뛰게 하심이
여 레바논과 시룐으로 들송아지같
이 뛰게 하시도다
7 여호와의 소리가 화염을 가르시도
다
8 여호와의 소리가 광야를 진동하심
이여 여호와께서 가데스 광야를 진
동시키시도다
9 여호와의 소리가 암사슴을 [3]낙태하
게 하시고 삼림을 말갛게 벗기시니
그의 성전에서 그의 모든 것들이
말하기를 영광이라 하도다
10 ●여호와께서 홍수 때에 좌정하셨
음이여 여호와께서 영원하도록 왕
으로 좌정하시도다
11 여호와께서 자기 백성에게 힘을 주
심이여 여호와께서 자기 백성에게

1) 성소 안을 2) 거룩함의 아름다움에서 3) 새끼를 낳게

평강의 복을 주시리로다

30 〔다윗의 시, 곧 성전 낙성가〕

여호와여 내가 주를 높일 것
은 주께서 나를 끌어내사 내 원수
로 하여금 나로 말미암아 기뻐하지
못하게 하심이니이다
2 여호와 내 하나님이여 내가 주께
부르짖으매 나를 고치셨나이다
3 여호와여 주께서 내 영혼을 스올에
서 끌어내어 나를 살리사 무덤으로
내려가지 아니하게 하셨나이다
4 주의 성도들아 여호와를 찬송하
며 그의 거룩함을 기억하며 감사
하라
5 그의 노염은 잠깐이요 그의 은총은
평생이로다 저녁에는 울음이 깃들
일지라도 아침에는 기쁨이 오리로
다
6 내가 형통할 때에 말하기를 영원
히 흔들리지 아니하리라 하였도
다
7 여호와여 주의 은혜로 나를 산같이
굳게 세우셨더니 주의 얼굴을 가리
시매 내가 근심하였나이다
8 여호와여 내가 주께 부르짖고 여호
와께 간구하기를
9 내가 무덤에 내려갈 때에 나의 피
가 무슨 유익이 있으리요 진토가
어떻게 주를 찬송하며 주의 진리를
선포하리이까
10 여호와여 들으시고 내게 은혜를 베
푸소서 여호와여 나를 돕는 자가
되소서 하였나이다
11 주께서 나의 슬픔이 변하여 내게
춤이 되게 하시며 나의 베옷을 벗
기고 기쁨으로 띠 띠우셨나이다
12 이는 잠잠하지 아니하고 내 영광으
로 주를 찬송하게 하심이니 여호와
나의 하나님이여 내가 주께 영원히
감사하리이다

31 〔다윗의 시, 인도자를 따라 부르는 노래〕

1 여호와여 내가 주께 피하오니 나를
영원히 부끄럽게 하지 마시고 주의
공의로 나를 건지소서
2 내게 귀를 기울여 속히 건지시고
내게 견고한 바위와 구원하는 산성
이 되소서
3 주는 나의 반석과 산성이시니 그러
므로 주의 이름을 생각하셔서 나를
인도하시고 지도하소서
4 그들이 나를 위하여 비밀히 친 그
물에서 빼내소서 주는 나의 산성이
시니이다
5 내가 나의 영을 주의 손에 부탁하
나이다 진리의 하나님 여호와여 나
를 속량하셨나이다
6 내가 허탄한 거짓을 숭상하는 자들
을 미워하고 여호와를 의지하나이
다
7 내가 주의 인자하심을 기뻐하며 즐
거워할 것은 주께서 나의 고난을
보시고 [1]환난 중에 있는 내 영혼을
아셨으며
8 나를 원수의 수중에 가두지 아니하
셨고 내 발을 넓은 곳에 세우셨음
이니이다
9 여호와여 내가 고통 중에 있사오니
내게 은혜를 베푸소서 내가 근심
때문에 눈과 영혼과 몸이 쇠하였나
이다
10 내 일생을 슬픔으로 보내며 나의
연수를 탄식으로 보냄이여 내 기력
이 나의 죄악 때문에 약하여지며
나의 뼈가 쇠하도소이다
11 내가 모든 대적들 때문에 욕을 당
하고 내 이웃에게서는 심히 당하니
내 친구가 놀라고 길에서 보는 자
가 나를 피하였나이다

1) 내 영혼의 환난을 아셨고

12 내가 잊어버린 바 됨이 죽은 자를
마음에 두지 아니함 같고 깨진 그
릇과 같으니이다
13 내가 무리의 비방을 들었으므로 사
방이 두려움으로 감싸였나이다 그
들이 나를 치려고 함께 의논할 때
에 내 생명을 빼앗기로 꾀하였나이
다
14 여호와여 그러하여도 나는 주께 의
지하고 말하기를 주는 내 하나님이
시라 하였나이다
15 나의 앞날이 주의 손에 있사오니
내 원수들과 나를 핍박하는 자들의
손에서 나를 건져 주소서
16 주의 얼굴을 주의 종에게 비추시고
주의 사랑하심으로 나를 구원하소
서
17 여호와여 내가 주를 불렀사오니 나
를 부끄럽게 하지 마시고 악인들을
부끄럽게 하사 스올에서 잠잠하게
하소서
18 교만하고 완악한 말로 무례히 의인
을 치는 거짓 입술이 말 못하는 자
되게 하소서
19 주를 두려워하는 자를 위하여 쌓아
두신 은혜 곧 주께 피하는 자를 위
하여 인생 앞에 베푸신 은혜가 어
찌 그리 큰지요
20 주께서 그들을 주의 은밀한 곳에
숨기사 사람의 꾀에서 벗어나게 하
시고 비밀히 장막에 감추사 말다툼
에서 면하게 하시리이다
21 여호와를 찬송할지어다 견고한 성
에서 그의 놀라운 사랑을 내게 보
이셨음이로다
22 내가 놀라서 말하기를 주의 목전에
서 끊어졌다 하였사오나 내가 주께
부르짖을 때에 주께서 나의 간구하
는 소리를 들으셨나이다
23 너희 모든 성도들아 여호와를 사랑
하라 여호와께서 진실한 자를 보호
하시고 교만하게 행하는 자에게 엄
중히 갚으시느니라
24 여호와를 바라는 너희들아 강하고
담대하라

32

〔다윗의 [1]마스길〕

허물의 사함을 받고 자신의
죄가 가려진 자는 복이 있도다
2 마음에 간사함이 없고 여호와께 정
죄를 당하지 아니하는 자는 복이
있도다
3 내가 입을 열지 아니할 때에 종
일 신음하므로 내 뼈가 쇠하였도
다
4 주의 손이 주야로 나를 누르시오니
내 진액이 빠져서 여름 가뭄에 마
름같이 되었나이다 (셀라)
5 내가 이르기를 내 허물을 여호와께
자복하리라 하고 주께 내 죄를 아
뢰고 내 죄악을 숨기지 아니하였더
니 곧 주께서 내 죄악을 사하셨나
이다 (셀라)
6 이로 말미암아 모든 경건한 자는
[2]주를 만날 기회를 얻어서 주께 기
도할지라 진실로 홍수가 범람할
지라도 그에게 미치지 못하리이
다
7 주는 나의 은신처이오니 환난에서
나를 보호하시고 구원의 노래로 나
를 두르시리이다 (셀라)
8 내가 네 갈 길을 가르쳐 보이고 너
를 주목하여 훈계하리로다
9 너희는 무지한 말이나 노새같이 되
지 말지어다 그것들은 재갈과 굴레
로 단속하지 아니하면 너희에게 가
까이 가지 아니하리로다
10 악인에게는 많은 슬픔이 있으나 여
호와를 신뢰하는 자에게는 인자하
심이 두르리로다

1) 교훈 2) 죄를 깨달을 때에

11 너희 의인들아 여호와를 기뻐하며
즐거워할지어다 마음이 정직한 너
희들아 다 즐거이 외칠지어다

33 너희 의인들아 여호와를 즐거
워하라 찬송은 정직한 자들이
마땅히 할 바로다
2 수금으로 여호와께 감사하고 열 줄
비파로 찬송할지어다
3 새 노래로 그를 노래하며 즐거운
소리로 아름답게 연주할지어다
4 여호와의 말씀은 정직하며 그가 행
하시는 일은 다 진실하시도다
5 그는 공의와 정의를 사랑하심이여
세상에는 여호와의 인자하심이 충
만하도다
6 여호와의 말씀으로 하늘이 지음이
되었으며 그 만상을 그의 입 기운
으로 이루었도다
7 그가 바닷물을 모아 무더기같이
쌓으시며 깊은 물을 곳간에 두시
도다
8 온 땅은 여호와를 두려워하며 세상
의 모든 거민들은 그를 경외할지어
다
9 그가 말씀하시매 이루어졌으며 명
령하시매 견고히 섰도다
10 여호와께서 나라들의 계획을 폐하
시며 민족들의 사상을 무효하게 하
시도다
11 여호와의 계획은 영원히 서고 그의
생각은 대대에 이르리로다
12 여호와를 자기 하나님으로 삼은 나
라 곧 하나님의 기업으로 선택된
백성은 복이 있도다
13 여호와께서 하늘에서 굽어보사 모
든 인생을 살피심이여
14 곧 그가 거하시는 곳에서 세상의
모든 거민들을 굽어살피시는도다
15 그는 그들 모두의 마음을 지으시며
그들이 하는 일을 굽어살피시는 이
로다
16 많은 군대로 구원 얻은 왕이 없으
며 용사가 힘이 세어도 스스로 구
원하지 못하는도다
17 구원하는 데에 군마는 헛되며 군대
가 많다 하여도 능히 구하지 못하
는도다
18 여호와는 그를 경외하는 자 곧 그
의 인자하심을 바라는 자를 살피사
19 그들의 영혼을 사망에서 건지시며
그들이 굶주릴 때에 그들을 살리시
는도다
20 우리 영혼이 여호와를 바람이여 그
는 우리의 도움과 방패시로다
21 우리 마음이 그를 즐거워함이여 우
리가 그의 성호를 의지하였기 때문
이로다
22 여호와여 우리가 주께 바라는 대로
주의 인자하심을 우리에게 베푸소
서

34 〔다윗이 아비멜렉 앞에서
미친 체하다가 쫓겨나서 지은 시〕
1 내가 여호와를 항상 송축함이여 내
입술로 항상 주를 찬양하리이다
2 내 영혼이 여호와를 자랑하리니 곤
고한 자들이 이를 듣고 기뻐하리로
다
3 나와 함께 여호와를 광대하시다 하
며 함께 그의 이름을 높이세
4 내가 여호와께 간구하매 내게 응답
하시고 내 모든 두려움에서 나를
건지셨도다
5 그들이 주를 앙망하고 광채를 내었
으니 그들의 얼굴은 부끄럽지 아니
하리로다
6 이 곤고한 자가 부르짖으매 여호와
께서 들으시고 그의 모든 환난에서
구원하셨도다
7 여호와의 천사가 주를 경외하는 자
를 둘러 진치고 그들을 건지시는도

다
8 너희는 여호와의 선하심을 맛보아
알지어다 그에게 피하는 자는 복이
있도다
9 너희 성도들아 여호와를 경외하라
그를 경외하는 자에게는 부족함이
없도다
10 젊은 사자는 궁핍하여 주릴지라도
여호와를 찾는 자는 모든 좋은 것
에 부족함이 없으리로다
11 너희 자녀들아 와서 내 말을 들으
라 내가 여호와를 경외하는 법을
너희에게 가르치리로다
12 생명을 사모하고 연수를 사랑하여
복 받기를 원하는 사람이 누구뇨
13 네 혀를 악에서 금하며 네 입술을
거짓말에서 금할지어다
14 악을 버리고 선을 행하며 화평을
찾아 따를지어다
15 여호와의 눈은 의인을 향하시고 그
의 귀는 그들의 부르짖음에 기울이
시는도다
16 여호와의 얼굴은 악을 행하는 자를
향하사 그들의 [1]자취를 땅에서 끊
으려 하시는도다
17 의인이 부르짖으매 여호와께서 들
으시고 그들의 모든 환난에서 건지
셨도다
18 여호와는 마음이 상한 자를 가까이
하시고 충심으로 통회하는 자를 구
원하시는도다
19 의인은 고난이 많으나 여호와께
서 그의 모든 고난에서 건지시는
도다
20 그의 모든 뼈를 보호하심이여 그
중에서 하나도 꺾이지 아니하도다
21 악이 악인을 죽일 것이라 의인을
미워하는 자는 벌을 받으리로다
22 여호와께서 그의 종들의 영혼을 속
량하시나니 그에게 피하는 자는 다
벌을 받지 아니하리로다

35

〔다윗의 시〕
여호와여 나와 다투는 자와
다투시고 나와 싸우는 자와 싸우소
서
2 방패와 손 방패를 잡으시고 일어나
나를 도우소서
3 창을 빼사 나를 쫓는 자의 길을 막
으시고 또 내 영혼에게 나는 네 구
원이라 이르소서
4 내 생명을 찾는 자들이 부끄러워
수치를 당하게 하시며 나를 상해하
려 하는 자들이 물러가 낭패를 당
하게 하소서
5 그들을 바람 앞에 겨와 같게 하시
고 여호와의 천사가 그들을 몰아내
게 하소서
6 그들의 길을 어둡고 미끄럽게 하시
며 여호와의 천사가 그들을 뒤쫓게
하소서
7 그들이 까닭 없이 나를 잡으려고
그들의 그물을 웅덩이에 숨기며 까
닭 없이 내 생명을 해하려고 함정
을 팠사오니
8 멸망이 순식간에 그에게 닥치게 하
시며 그가 숨긴 그물에 자기가 잡
히게 하시며 멸망 중에 떨어지게
하소서
9 내 영혼이 여호와를 즐거워함이여
그의 구원을 기뻐하리로다
10 내 모든 뼈가 이르기를 여호와와
같은 이가 누구냐 그는 가난한 자
를 그보다 강한 자에게서 건지시
고 가난하고 궁핍한 자를 노략하
는 자에게서 건지시는 이라 하리로
다
11 불의한 증인들이 일어나서 내가 알
지 못하는 일로 내게 질문하며
12 내게 선을 악으로 갚아 나의 영혼

1) 기념을

을 외롭게 하나
13 나는 그들이 병 들었을 때에 굵은
베옷을 입으며 금식하여 내 영혼을
괴롭게 하였더니 내 기도가 내 품
으로 돌아왔도다
14 내가 나의 친구와 형제에게 행함같
이 그들에게 행하였으며 내가 몸을
굽히고 슬퍼하기를 어머니를 곡함
같이 하였도다
15 그러나 내가 넘어지매 그들이 기뻐
하여 서로 모임이여 불량배가 내가
알지 못하는 중에 모여서 나를 치
며 찢기를 마지아니하도다
16 그들은 연회에서 망령되이 조롱하
는 자같이 나를 향하여 그들의 이
를 갈도다
17 주여 어느 때까지 관망하시려 하나
이까 내 영혼을 저 멸망자에게서
구원하시며 내 유일한 것을 사자들
에게서 건지소서
18 내가 대회 중에서 주께 감사하며
많은 백성 중에서 주를 찬송하리이
다
19 부당하게 나의 원수된 자가 나로
말미암아 기뻐하지 못하게 하시며
까닭 없이 나를 미워하는 자들이
서로 눈짓하지 못하게 하소서
20 무릇 그들은 화평을 말하지 아니하
고 오히려 평안히 땅에 사는 자들
을 거짓말로 모략하며
21 또 그들이 나를 향하여 입을 크게
벌리고 하하 우리가 목격하였다 하
나이다
22 여호와여 주께서 이를 보셨사오니
잠잠하지 마옵소서 주여 나를 멀리
하지 마옵소서
23 나의 하나님, 나의 주여 떨치고 깨
셔서 나를 공판하시며 나의 송사를
다스리소서
24 여호와 나의 하나님이여 주의 공
의대로 나를 판단하사 그들이 나
로 말미암아 기뻐하지 못하게 하
소서
25 그들이 마음속으로 이르기를 아하
소원을 성취하였다 하지 못하게 하
시며 우리가 그를 삼켰다 말하지
못하게 하소서
26 나의 재난을 기뻐하는 자들이 함께
부끄러워 낭패를 당하게 하시며 나
를 향하여 스스로 뽐내는 자들이
수치와 욕을 당하게 하소서
27 나의 의를 즐거워하는 자들이 기꺼
이 노래 부르고 즐거워하게 하시며
그의 종의 평안함을 기뻐하시는 여
호와는 위대하시다 하는 말을 그들
이 항상 말하게 하소서
28 나의 혀가 주의 의를 말하며 종일
토록 주를 찬송하리이다

36

〔여호와의 종 다윗의 시,
인도자를 따라 부르는 노래〕

1 악인의 죄가 그의 마음속으로 이르
기를 그의 눈에는 하나님을 두려워
하는 빛이 없다 하니
2 [1]그가 스스로 자랑하기를 자기의
죄악은 드러나지 아니하고 미워함
을 받지도 아니하리라 함이로다
3 그의 입에서 나오는 말은 죄악과
속임이라 그는 지혜와 선행을 그쳤
도다
4 그는 그의 침상에서 죄악을 꾀하며
스스로 악한 길에 서고 악을 거절
하지 아니하는도다
5 ●여호와여 주의 인자하심이 하늘
에 있고 주의 진실하심이 공중에
사무쳤으며
6 주의 의는 하나님의 산들과 같고
주의 심판은 큰 바다와 같으니이다
여호와여 주는 사람과 짐승을 구하

1) 그는 그 죄악이 드러나서 미움을 받기까지 자긍하는도다

여 주시나이다
7 하나님이여 주의 인자하심이 어찌
그리 보배로우신지요 사람들이 주
의 날개 그늘 아래에 피하나이다
8 그들이 주의 집에 있는 살진 것으로
풍족할 것이라 주께서 주의 복락의
강물을 마시게 하시리이다
9 진실로 생명의 원천이 주께 있사오
니 주의 빛 안에서 우리가 빛을 보
리이다
10 주를 아는 자들에게 주의 인자하심
을 계속 베푸시며 마음이 정직한
자에게 주의 공의를 베푸소서
11 교만한 자의 발이 내게 이르지 못
하게 하시며 악인들의 손이 나를
쫓아내지 못하게 하소서
12 악을 행하는 자들이 거기서 넘어졌
으니 엎드러지고 다시 일어날 수
없으리이다

37 〔다윗의 시〕
악을 행하는 자들 때문에 불
평하지 말며 불의를 행하는 자들을
시기하지 말지어다
2 그들은 풀과 같이 속히 베임을 당
할 것이며 푸른 채소같이 쇠잔할
것임이로다
3 여호와를 의뢰하고 선을 행하라
[1]땅에 머무는 동안 그의 성실을 먹
을 거리로 삼을지어다
4 또 여호와를 기뻐하라 그가 네 마
음의 소원을 네게 이루어 주시리로
다
5 네 길을 여호와께 맡기라 그를 의
지하면 그가 이루시고
6 네 의를 빛같이 나타내시며 네 공
의를 정오의 빛같이 하시리로다
7 [2]여호와 앞에 잠잠하고 참고 기다
리라 자기 길이 형통하며 악한 꾀
를 이루는 자 때문에 불평하지 말
지어다
8 분을 그치고 노를 버리며 불평하지
말라 오히려 악을 만들 뿐이라
9 진실로 악을 행하는 자들은 끊어질
것이나 여호와를 소망하는 자들은
땅을 차지하리로다
10 잠시 후에는 악인이 없어지리니 네
가 그곳을 자세히 살필지라도 없으
리로다
11 그러나 온유한 자들은 땅을 차지하
며 풍성한 화평으로 즐거워하리로
다
12 악인이 의인 치기를 꾀하고 그를 향
하여 그의 이를 가는도다
13 그러나 주께서 그를 비웃으시리니
그의 날이 다가옴을 보심이로다
14 악인이 칼을 빼고 활을 당겨 가난
하고 궁핍한 자를 엎드러뜨리며
행위가 정직한 자를 죽이고자 하
나
15 그들의 칼은 오히려 그들의 양심을
찌르고 그들의 활은 부러지리로
다
16 의인의 적은 소유가 악인의 풍부함
보다 낫도다
17 악인의 팔은 부러지나 의인은 여호
와께서 붙드시는도다
18 여호와께서 온전한 자의 날을 아시
나니 그들의 기업은 영원하리로다
19 그들은 환난 때에 부끄러움을 당하
지 아니하며 기근의 날에도 풍족할
것이나
20 악인들은 멸망하고 여호와의 원수
들은 어린 양의 기름같이 타서 연
기가 되어 없어지리로다
21 악인은 꾸고 갚지 아니하나 의인은
은혜를 베풀고 주는도다
22 주의 복을 받은 자들은 땅을 차지
하고 주의 저주를 받은 자들은 끊

1) 땅에 거하여 정녕히 먹으리로다 2) 여호와를 의지하고 잠잠히 참아

어지리로다
23 여호와께서 사람의 걸음을 정하시
고 그의 길을 기뻐하시나니
24 그는 넘어지나 아주 엎드러지지 아
니함은 여호와께서 그의 손으로 붙
드심이로다
25 내가 어려서부터 늙기까지 의인이
버림을 당하거나 그의 자손이 걸식
함을 보지 못하였도다
26 그는 종일토록 은혜를 베풀고 꾸어
주니 그의 자손이 복을 받는도다
27 악에서 떠나 선을 행하라 그리하면
영원히 살리니
28 여호와께서 정의를 사랑하시고 그
의 성도를 버리지 아니하심이로다
그들은 영원히 보호를 받으나 악인
의 자손은 끊어지리로다
29 의인이 땅을 차지함이여 거기서 영
원히 살리로다
30 의인의 입은 지혜로우며 그의 혀는
정의를 말하며
31 그의 마음에는 하나님의 법이 있으
니 그의 걸음은 실족함이 없으리로
다
32 악인이 의인을 엿보아 살해할 기회
를 찾으나
33 여호와는 그를 악인의 손에 버려
두지 아니하시고 재판 때에도 정죄
하지 아니하시리로다
34 여호와를 바라고 그의 도를 지키라
그리하면 네가 땅을 차지하게 하실
것이라 악인이 끊어질 때에 네가
똑똑히 보리로다
35 내가 악인의 큰 세력을 본즉 그 본
래의 땅에 서 있는 나무 잎이 무성
함과 같으나
36 [1]내가 지나갈 때에 그는 없어졌나
니 내가 찾아도 발견하지 못하였도
다
37 온전한 사람을 살피고 정직한 자를
볼지어다 모든 화평한 자의 미래는
평안이로다
38 범죄자들은 함께 멸망하리니 악인
의 미래는 끊어질 것이나
39 의인들의 구원은 여호와로부터 오
나니 그는 환난 때에 그들의 요새
이시로다
40 여호와께서 그들을 도와 건지시되
악인들에게서 건져 구원하심은 그
를 의지한 까닭이로다

38

〔다윗의 기념하는 시〕
여호와여 주의 노하심으로 나
를 책망하지 마시고 주의 분노하심
으로 나를 징계하지 마소서
2 주의 화살이 나를 찌르고 주의 손
이 나를 심히 누르시나이다
3 주의 진노로 말미암아 내 살에 성
한 곳이 없사오며 나의 죄로 말미
암아 내 뼈에 평안함이 없나이다
4 내 죄악이 내 머리에 넘쳐서 무거
운 짐 같으니 내가 감당할 수 없나
이다
5 내 상처가 썩어 악취가 나오니 내
가 우매한 까닭이로소이다
6 내가 아프고 심히 구부러졌으며 종
일토록 슬픔 중에 다니나이다
7 내 허리에 열기가 가득하고 내 살
에 성한 곳이 없나이다
8 내가 피곤하고 심히 상하였으매 마
음이 불안하여 신음하나이다
9 주여 나의 모든 소원이 주 앞에 있
사오며 나의 탄식이 주 앞에 감추
이지 아니하나이다
10 내 심장이 뛰고 내 기력이 쇠하여
내 눈의 빛도 나를 떠났나이다
11 내가 사랑하는 자와 내 친구들이
내 상처를 멀리하고 내 친척들도
멀리 섰나이다
12 내 생명을 찾는 자가 올무를 놓고

1) 히, 그가 지나갈 때에

나를 해하려는 자가 괴악한 일을
말하여 종일토록 음모를 꾸미오
나
13 나는 못 듣는 자같이 듣지 아니하
고 말 못하는 자같이 입을 열지 아
니하오니
14 나는 듣지 못하는 자 같아서 내 입
에는 반박할 말이 없나이다
15 여호와여 내가 주를 바랐사오니
내 주 하나님이 내게 응답하시리
이다
16 내가 말하기를 두렵건대 그들이 나
때문에 기뻐하며 내가 실족할 때에
나를 향하여 스스로 교만할까 하였
나이다
17 내가 넘어지게 되었고 나의 근심이
항상 내 앞에 있사오니
18 내 죄악을 아뢰고 내 죄를 슬퍼함
이니이다
19 내 원수가 활발하며 강하고 부당하
게 나를 미워하는 자가 많으며
20 또 악으로 선을 대신하는 자들이
내가 선을 따른다는 것 때문에 나
를 대적하나이다
21 여호와여 나를 버리지 마소서 나
의 하나님이여 나를 멀리하지 마
소서
22 속히 나를 도우소서 주 나의 구원
이시여

39

〔다윗의 시, 인도자를 따라 여두둔 형식으로 부르는 노래〕

1 내가 말하기를 나의 행위를 조심
하여 내 혀로 범죄하지 아니하리
니 악인이 내 앞에 있을 때에 내가
내 입에 재갈을 먹이리라 하였도
다
2 내가 잠잠하여 선한 말도 하지 아니
하니 나의 근심이 더 심하도다
3 내 마음이 내 속에서 뜨거워서 작
은 소리로 읊조릴 때에 불이 붙으
니 나의 혀로 말하기를
4 여호와여 나의 종말과 연한이 언제
까지인지 알게 하사 내가 나의 연
약함을 알게 하소서
5 주께서 나의 날을 한 뼘 길이만큼
되게 하시매 나의 일생이 주 앞에
는 없는 것 같사오니 사람은 그가
든든히 서 있는 때에도 진실로 모
두가 허사뿐이니이다 (셀라)
6 진실로 각 사람은 그림자같이 다니
고 헛된 일로 소란하며 재물을 쌓
으나 누가 거둘는지 알지 못하나이
다
7 주여 이제 내가 무엇을 바라리요
나의 소망은 주께 있나이다
8 나를 모든 죄에서 건지시며 우매한
자에게서 욕을 당하지 아니하게 하
소서
9 내가 잠잠하고 입을 열지 아니함
은 주께서 이를 행하신 까닭이니
이다
10 주의 징벌을 나에게서 옮기소서 주
의 손이 치심으로 내가 쇠망하였나
이다
11 주께서 죄악을 책망하사 사람을 징
계하실 때에 그 영화를 좀먹음같
이 소멸하게 하시니 참으로 인생
이란 모두 헛될 뿐이니이다 (셀라)
12 여호와여 나의 기도를 들으시며
나의 부르짖음에 귀를 기울이소서
내가 눈물 흘릴 때에 잠잠하지 마
옵소서 나는 주와 함께 있는 나그
네이며 나의 모든 조상들처럼 떠
도나이다
13 주는 나를 용서하사 내가 떠나 없
어지기 전에 나의 건강을 회복시키
소서

40

〔다윗의 시, 인도자를 따라 부르는 노래〕

1 내가 여호와를 기다리고 기다렸더

니 귀를 기울이사 나의 부르짖음을
들으셨도다
2 나를 기가 막힐 웅덩이와 수렁에
서 끌어올리시고 내 발을 반석 위
에 두사 내 걸음을 견고하게 하셨
도다
3 새 노래 곧 우리 하나님께 올릴 찬
송을 내 입에 두셨으니 많은 사람
이 보고 두려워하여 여호와를 의지
하리로다
4 여호와를 의지하고 교만한 자와 거
짓에 치우치는 자를 돌아보지 아니
하는 자는 복이 있도다
5 여호와 나의 하나님이여 주께서 행
하신 기적이 많고 우리를 향하신
주의 생각도 많아 누구도 주와 견
줄 수가 없나이다 내가 널리 알려
말하고자 하나 너무 많아 그 수를
셀 수도 없나이다
6 주께서 내 귀를 통하여 내게 들려
주시기를 제사와 예물을 기뻐하지
아니하시며 번제와 속죄제를 요구
하지 아니하신다 하신지라
7 그때에 내가 말하기를 내가 왔나이
다 나를 가리켜 기록한 것이 두루
마리 책에 있나이다
8 나의 하나님이여 내가 주의 뜻 행
하기를 즐기오니 주의 법이 나의
심중에 있나이다 하였나이다
9 내가 많은 회중 가운데에서 의의
기쁜 소식을 전하였나이다 여호와
여 내가 내 입술을 닫지 아니할 줄
을 주께서 아시나이다
10 내가 주의 공의를 내 심중에 숨기
지 아니하고 주의 성실과 구원을
선포하였으며 내가 주의 인자와 진
리를 많은 회중 가운데에서 감추지
아니하였나이다
11 여호와여 주의 긍휼을 내게서 거두
지 마시고 주의 인자와 진리로 나
를 항상 보호하소서
12 수많은 재앙이 나를 둘러싸고 나의
죄악이 나를 덮치므로 우러러볼 수
도 없으며 죄가 나의 머리털보다
많으므로 내가 낙심하였음이니이
다
13 여호와여 은총을 베푸사 나를 구원
하소서 여호와여 속히 나를 도우소
서
14 내 생명을 찾아 멸하려 하는 자는
다 수치와 낭패를 당하게 하시며
나의 해를 기뻐하는 자는 다 물러
가 욕을 당하게 하소서
15 나를 향하여 하하 하하 하며 조소
하는 자들이 자기 수치로 말미암아
놀라게 하소서
16 주를 찾는 자는 다 주 안에서 즐거
워하고 기뻐하게 하시며 주의 구
원을 사랑하는 자는 항상 말하기
를 여호와는 위대하시다 하게 하
소서
17 나는 가난하고 궁핍하오나 주께서
는 나를 생각하시오니 주는 나의
도움이시요 나를 건지시는 이시라
나의 하나님이여 지체하지 마소
서

41

〔다윗의 시,
인도자를 따라 부르는 노래〕

1 가난한 자를 보살피는 자에게 복이
있음이여 재앙의 날에 여호와께서
그를 건지시리로다
2 여호와께서 그를 지키사 살게 하시
리니 그가 이 세상에서 복을 받을
것이라 주여 그를 그 원수들의 뜻
에 맡기지 마소서
3 여호와께서 그를 병상에서 붙드시
고 그가 누워 있을 때마다 그의 병
을 고쳐 주시나이다
4 내가 말하기를 여호와여 내게 은혜
를 베푸소서 내가 주께 범죄하였사

오니 나를 고치소서 하였나이다
5 나의 원수가 내게 대하여 악담하기
를 그가 어느 때에나 죽고 그의 이
름이 언제나 없어질까 하며
6 나를 보러 와서는 거짓을 말하고
그의 중심에 악을 쌓았다가 나가서
는 이를 널리 선포하오며
7 나를 미워하는 자가 다 하나같이
내게 대하여 수군거리고 나를 해하
려고 꾀하며
8 이르기를 악한 병이 그에게 들었으
니 이제 그가 눕고 다시 일어나지
못하리라 하오며
9 내가 신뢰하여 내 떡을 나눠 먹던
나의 가까운 친구도 나를 대적하여
그의 발꿈치를 들었나이다
10 그러하오나 주 여호와여 내게 은혜
를 베푸시고 나를 일으키사 내가
그들에게 보응하게 하소서 이로써
11 내 원수가 나를 이기지 못하오니
주께서 나를 기뻐하시는 줄을 내가
알았나이다
12 주께서 나를 온전한 중에 붙드시고
영원히 주 앞에 세우시나이다
13 ●이스라엘의 하나님 여호와를 영
원부터 영원까지 송축할지로다 아
멘 아멘

제이권

42

〔고라 자손의 [1]마스길,
인도자를 따라 부르는 노래〕

1 하나님이여 사슴이 시냇물을 찾기
에 갈급함같이 내 영혼이 주를 찾
기에 갈급하니이다
2 내 영혼이 하나님 곧 살아 계시는
하나님을 갈망하나니 내가 어느 때
에 나아가서 하나님의 얼굴을 뵈올
까
3 사람들이 종일 내게 하는 말이 네
하나님이 어디 있느뇨 하오니 내
눈물이 주야로 내 음식이 되었도
다
4 내가 전에 성일을 지키는 무리와
동행하여 기쁨과 감사의 소리를 내
며 그들을 하나님의 집으로 인도하
였더니 이제 이 일을 기억하고 내
마음이 상하는도다
5 내 영혼아 네가 어찌하여 낙심하며
어찌하여 내 속에서 불안해 하는가
너는 하나님께 소망을 두라 그가
나타나 도우심으로 말미암아 내가
여전히 찬송하리로다
6 ●내 하나님이여 내 영혼이 내 속
에서 낙심이 되므로 내가 요단 땅
과 헤르몬과 미살 산에서 주를 기
억하나이다
7 주의 폭포 소리에 깊은 바다가 서
로 부르며 주의 모든 파도와 물결
이 나를 휩쓸었나이다
8 낮에는 여호와께서 그의 인자하심
을 베푸시고 밤에는 그의 찬송이
내게 있어 생명의 하나님께 기도하
리로다
9 내 반석이신 하나님께 말하기를 어
찌하여 나를 잊으셨나이까 내가 어
찌하여 원수의 압제로 말미암아 슬
프게 다니나이까 하리로다
10 내 뼈를 찌르는 칼같이 내 대적이
나를 비방하여 늘 내게 말하기를
네 하나님이 어디 있느냐 하도다
11 내 영혼아 네가 어찌하여 낙심하며
어찌하여 내 속에서 불안해 하는
가 너는 하나님께 소망을 두라 나
는 그가 나타나 도우심으로 말미
암아 내 하나님을 여전히 찬송하
리로다

43

하나님이여 나를 판단하시되
경건하지 아니한 나라에 대
하여 내 송사를 변호하시며 간사
하고 불의한 자에게서 나를 건지

1) 교훈

소서
2 주는 나의 힘이 되신 하나님이시거
늘 어찌하여 나를 버리셨나이까 내
가 어찌하여 원수의 억압으로 말미
암아 슬프게 다니나이까
3 주의 빛과 주의 진리를 보내시어
나를 인도하시고 주의 거룩한 산
과 주께서 계시는 곳에 이르게 하
소서
4 그런즉 내가 하나님의 제단에 나아
가 나의 큰 기쁨의 하나님께 이르
리이다 하나님이여 나의 하나님이
여 내가 수금으로 주를 찬양하리이
다
5 내 영혼아 네가 어찌하여 낙심하며
어찌하여 내 속에서 불안해 하는가
너는 하나님께 소망을 두라 그가
나타나 도우심으로 말미암아 내 하
나님을 여전히 찬송하리로다

44

〔고라 자손의 [1]마스길, 인도자를 따라 부르는 노래〕

1 하나님이여 주께서 우리 조상들의
날 곧 옛날에 행하신 일을 그들이
우리에게 일러 주매 우리가 우리
귀로 들었나이다
2 주께서 주의 손으로 뭇 백성을 내
쫓으시고 우리 조상들을 이 땅에
뿌리박게 하시며 주께서 다른 민족
들은 고달프게 하시고 우리 조상들
은 번성하게 하셨나이다
3 그들이 자기 칼로 땅을 얻어 차지
함이 아니요 그들의 팔이 그들을
구원함도 아니라 오직 주의 오른손
과 주의 팔과 주의 얼굴의 빛으로
하셨으니 주께서 그들을 기뻐하신
까닭이니이다
4 하나님이여 주는 나의 왕이시니
[2]야곱에게 구원을 베푸소서
5 우리가 주를 의지하여 우리 대적을
누르고 우리를 치러 일어나는 자를
주의 이름으로 밟으리이다
6 나는 내 활을 의지하지 아니할 것
이라 내 칼이 나를 구원하지 못하
리이다
7 오직 주께서 우리를 우리 원수들에
게서 구원하시고 우리를 미워하는
자로 수치를 당하게 하셨나이다
8 우리가 종일 하나님을 자랑하였나
이다 우리는 하나님의 이름에 영원
히 감사하리이다 (셀라)
9 ●그러나 이제는 주께서 우리를
버려 욕을 당하게 하시고 우리 군
대와 함께 나아가지 아니하시나이
다
10 주께서 우리를 대적들에게서 돌아
서게 하시니 우리를 미워하는 자
가 자기를 위하여 탈취하였나이다
11 주께서 우리를 잡아먹힐 양처럼 그
들에게 넘겨주시고 여러 민족 중에
우리를 흩으셨나이다
12 주께서 주의 백성을 헐값으로 파심
이여 그들을 판 값으로 이익을 얻
지 못하셨나이다
13 주께서 우리로 하여금 이웃에게
욕을 당하게 하시니 그들이 우리
를 둘러싸고 조소하고 조롱하나이
다
14 주께서 우리를 뭇 백성 중에 이야
기거리가 되게 하시며 민족 중에서
머리 흔듦을 당하게 하셨나이다
15 나의 능욕이 종일 내 앞에 있으며
수치가 내 얼굴을 덮었으니
16 나를 비방하고 욕하는 소리 때문이
요 나의 원수와 나의 복수자 때문
이니이다
17 이 모든 일이 우리에게 임하였으나
우리가 주를 잊지 아니하며 주의 언
약을 어기지 아니하였나이다
18 우리의 마음은 위축되지 아니하고

1) 교훈 2) 야곱의 구원을 명하소서

우리 걸음도 주의 길을 떠나지 아
니하였으나
19 주께서 우리를 승냥이의 처소에 밀
어 넣으시고 우리를 사망의 그늘로
덮으셨나이다
20 우리가 우리 하나님의 이름을 잊어
버렸거나 우리 손을 이방 신에게
향하여 폈더면
21 하나님이 이를 알아내지 아니하셨
으리이까 무릇 주는 마음의 비밀을
아시나이다
22 우리가 종일 주를 위하여 죽임을
당하게 되며 도살할 양같이 여김을
받았나이다
23 주여 깨소서 어찌하여 주무시나이
까 일어나시고 우리를 영원히 버리
지 마소서
24 어찌하여 주의 얼굴을 가리시고 우
리의 고난과 압제를 잊으시나이까
25 우리 영혼은 진토 속에 파묻히고
우리 몸은 땅에 붙었나이다
26 일어나 우리를 도우소서 주의 인자
하심으로 말미암아 우리를 구원하
소서

45

〔고라 자손의 [1]마스길, 사랑의 노래, 인도자를 따라 [2]소산님에 맞춘 것〕

1 내 마음이 좋은 말로 왕을 위하여
지은 것을 말하리니 내 혀는 글솜
씨가 뛰어난 서기관의 붓끝과 같도
다
2 왕은 사람들보다 아름다워 은혜를
입술에 머금으니 그러므로 하나
님이 왕에게 영원히 복을 주시도
다
3 용사여 칼을 허리에 차고 왕의 영
화와 위엄을 입으소서
4 왕은 진리와 온유와 공의를 위하여
왕의 위엄을 세우시고 병거에 오르
소서 왕의 오른손이 왕에게 놀라운
일을 가르치리이다
5 왕의 화살은 날카로워 왕의 원수의
염통을 뚫으니 만민이 왕의 앞에
엎드러지는도다
6 [3]하나님이여 주의 보좌는 영원하며
주의 나라의 규는 공평한 규이니이
다
7 왕은 정의를 사랑하고 악을 미워하
시니 그러므로 하나님 곧 왕의 하
나님이 즐거움의 기름을 왕에게 부
어 왕의 동료보다 뛰어나게 하셨나
이다
8 왕의 모든 옷은 몰약과 침향과 육
계의 향기가 있으며 상아궁에서
나오는 현악은 왕을 즐겁게 하도
다
9 왕이 가까이하는 여인들 중에는 왕
들의 딸이 있으며 왕후는 오빌의
금으로 꾸미고 왕의 오른쪽에 서도
다
10 딸이여 듣고 보고 귀를 기울일지어
다 네 백성과 네 아버지의 집을 잊
어버릴지어다
11 그리하면 왕이 네 아름다움을 사모
하실지라 그는 네 주인이시니 너는
그를 경배할지어다
12 두로의 딸은 예물을 드리고 백성
중 부한 자도 네 얼굴 보기를 원하
리로다
13 왕의 딸은 궁중에서 모든 영화를
누리니 그의 옷은 금으로 수놓았도
다
14 수놓은 옷을 입은 그는 왕께로 인
도함을 받으며 시종하는 친구 처녀
들도 왕께로 이끌려 갈 것이라
15 그들은 기쁨과 즐거움으로 인도함
을 받고 왕궁에 들어가리로다
16 왕의 아들들은 왕의 조상들을 계승
할 것이라 왕이 그들로 온 세계의

1) 교훈 2) 백합화 곡조 3) 주의 보좌는 하나님의 보좌라 영영하며

군왕을 삼으리로다
17 내가 왕의 이름을 만세에 기억하게
하리니 그러므로 만민이 왕을 영원
히 찬송하리로다

46 〔고라 자손의 시, 인도자를 따라 알라뭇에 맞춘 노래〕

1 하나님은 우리의 피난처시요 힘이
시니 환난 중에 만날 큰 도움이시
라
2 그러므로 땅이 변하든지 산이 흔들
려 바다 가운데에 빠지든지
3 바닷물이 솟아나고 뛰놀든지 그것
이 넘침으로 산이 흔들릴지라도 우
리는 두려워하지 아니하리로다 (셀
라)
4 ●한 시내가 있어 나뉘어 흘러 하
나님의 성 곧 지존하신 이의 성소
를 기쁘게 하도다
5 하나님이 그 성중에 계시매 성이
흔들리지 아니할 것이라 새벽에 하
나님이 도우시리로다
6 뭇 나라가 떠들며 왕국이 흔들렸더
니 그가 소리를 내시매 땅이 녹았
도다
7 만군의 여호와께서 우리와 함께하
시니 야곱의 하나님은 우리의 [1]피
난처시로다 (셀라)
8 와서 여호와의 행적을 볼지어다 그
가 땅을 황무지로 만드셨도다
9 그가 땅끝까지 전쟁을 쉬게 하심이
여 활을 꺾고 창을 끊으며 수레를
불사르시는도다
10 이르시기를 너희는 가만히 있어 내
가 하나님 됨을 알지어다 내가 뭇
나라 중에서 높임을 받으리라 내가
세계 중에서 높임을 받으리라 하시
도다
11 만군의 여호와께서 우리와 함께하
시니 야곱의 하나님은 우리의 [1]피
난처시로다 (셀라)

47 〔고라 자손의 시, 인도자를 따라 부르는 노래〕

1 너희 만민들아 손바닥을 치고 즐
거운 소리로 하나님께 외칠지어
다
2 지존하신 여호와는 두려우시고 온
땅에 큰 왕이 되심이로다
3 여호와께서 만민을 우리에게, 나라
들을 우리 발 아래에 복종하게 하
시며
4 우리를 위하여 기업을 택하시나니
곧 사랑하신 야곱의 영화로다 (셀
라)
5 하나님께서 즐거운 함성 중에 올라
가심이여 여호와께서 나팔 소리 중
에 올라가시도다
6 찬송하라 하나님을 찬송하라 찬송
하라 우리 왕을 찬송하라
7 하나님은 온 땅의 왕이심이라 지혜
의 시로 찬송할지어다
8 하나님이 뭇 백성을 다스리시며 하
나님이 그의 거룩한 보좌에 앉으셨
도다
9 뭇 나라의 고관들이 모임이여 아브
라함의 하나님의 백성이 되도다 세
상의 모든 방패는 하나님의 것임이
여 그는 높임을 받으시리로다

48 〔고라 자손의 시 곧 노래〕

여호와는 위대하시니 우리 하
나님의 성, 거룩한 산에서 극진히
찬양 받으시리로다
2 터가 높고 아름다워 온 세계가 즐
거워함이여 큰 왕의 성 곧 북방에
있는 시온 산이 그러하도다
3 하나님이 그 여러 궁중에서 자기를
요새로 알리셨도다
4 왕들이 모여서 함께 지나갔음이여
5 그들이 보고 놀라고 두려워 빨리
지나갔도다

1) 산성이시로다

6 거기서 떨림이 그들을 사로잡으니
고통이 해산하는 여인의 고통 같도
다
7 주께서 동풍으로 다시스의 배를 깨
뜨리시도다
8 우리가 들은 대로 만군의 여호와의
성, 우리 하나님의 성에서 보았나
니 하나님이 이를 영원히 견고하게
하시리로다 (셀라)
9 하나님이여 우리가 주의 전 가운데
에서 주의 인자하심을 생각하였나
이다
10 하나님이여 주의 이름과 같이 찬송
도 땅끝까지 미쳤으며 주의 오른손
에는 정의가 충만하였나이다
11 주의 심판으로 말미암아 시온 산은
기뻐하고 유다의 딸들은 즐거워할
지어다
12 너희는 시온을 돌면서 그곳을 둘러
보고 그 망대들을 세어 보라
13 그의 성벽을 자세히 보고 그의 궁
전을 살펴서 후대에 전하라
14 이 하나님은 영원히 우리 하나님이
시니 그가 우리를 죽을 때까지 인
도하시리로다

49

〔고라 자손의 시,
인도자를 따라 부르는 노래〕

1 뭇 백성들아 이를 들으라 세상의
거민들아 모두 귀를 기울이라
2 귀천빈부를 막론하고 다 들을지어
다
3 내 입은 지혜를 말하겠고 내 마음
은 명철을 작은 소리로 읊조리리로
다
4 내가 비유에 내 귀를 기울이고 수
금으로 나의 오묘한 말을 풀리로
다
5 죄악이 나를 따라다니며 나를 에워
싸는 환난의 날을 내가 어찌 두려
워하랴
6 자기의 재물을 의지하고 부유함을
자랑하는 자는
7 아무도 자기의 형제를 구원하지 못
하며 그를 위한 속전을 하나님께
바치지도 못할 것은
8 그들의 생명을 속량하는 값이 너무
엄청나서 영원히 마련하지 못할 것
임이니라
9 그가 영원히 살아서 죽음을 보지
않을 것인가
10 그러나 그는 지혜 있는 자도 죽고
어리석고 무지한 자도 함께 망하며
그들의 재물은 남에게 남겨 두고
떠나는 것을 보게 되리로다
11 그러나 그들의 속 생각에 그들의
집은 영원히 있고 그들의 거처는
대대에 이르리라 하여 그들의 토지
를 자기 이름으로 부르도다
12 사람은 존귀하나 장구하지 못함이
여 멸망하는 짐승 같도다
13 ●이것이 바로 어리석은 자들의 길
이며 그들의 말을 기뻐하는 자들의
종말이로다 (셀라)
14 그들은 양같이 스올에 두기로 작정
되었으니 사망이 그들의 목자일 것
이라 정직한 자들이 아침에 그들을
다스리리니 그들의 아름다움은 소
멸하고 스올이 그들의 거처가 되리
라
15 그러나 하나님은 나를 영접하시리
니 이러므로 내 영혼을 스올의 권
세에서 건져내시리로다 (셀라)
16 사람이 치부하여 그의 집의 영광이
더할 때에 너는 두려워하지 말지어
다
17 그가 죽으매 가져가는 것이 없고
그의 영광이 그를 따라 내려가지
못함이로다
18 그가 비록 생시에 자기를 축하하며
스스로 좋게 함으로 사람들에게 칭

찬을 받을지라도
19 그들은 그들의 역대 조상들에게로
돌아가리니 영원히 빛을 보지 못하
리로다
20 존귀하나 깨닫지 못하는 사람은 멸
망하는 짐승 같도다

50 〔아삽의 시〕
전능하신 이 여호와 하나님
께서 말씀하사 해 돋는 데서부터
지는 데까지 세상을 부르셨도다
2 온전히 아름다운 시온에서 하나님
이 빛을 비추셨도다
3 우리 하나님이 오사 잠잠하지 아니
하시니 그 앞에는 삼키는 불이 있
고 그 사방에는 광풍이 불리로다
4 하나님이 자기의 백성을 판결하시
려고 위 하늘과 아래 땅에 선포하
여
5 이르시되 나의 성도들을 내 앞에
모으라 그들은 제사로 나와 언약한
이들이니라 하시도다
6 하늘이 그의 공의를 선포하리니
하나님 그는 심판장이심이로다 (셀
라)
7 내 백성아 들을지어다 내가 말하리
라 이스라엘아 내가 [1]네게 증언하
리라 나는 하나님 곧 네 하나님이
로다
8 나는 네 제물 때문에 너를 책망하
지는 아니하리니 네 번제가 항상
내 앞에 있음이로다
9 내가 네 집에서 수소나 네 우리에
서 숫염소를 가져가지 아니하리니
10 이는 삼림의 짐승들과 [2]뭇 산의 가
축이 다 내 것이며
11 산의 모든 새들도 내가 아는 것이
며 들의 짐승도 내 것임이로다
12 내가 가령 주려도 네게 이르지 아
니할 것은 세계와 거기에 충만한
것이 내 것임이로다
13 내가 수소의 고기를 먹으며 염소의
피를 마시겠느냐
14 감사로 하나님께 제사를 드리며 지
존하신 이에게 네 서원을 갚으며
15 환난날에 나를 부르라 내가 너를
건지리니 네가 나를 영화롭게 하리
로다
16 ●악인에게는 하나님이 이르시되
네가 어찌하여 내 율례를 전하며
내 언약을 네 입에 두느냐
17 네가 교훈을 미워하고 내 말을 네
뒤로 던지며
18 도둑을 본즉 그와 연합하고 간음하
는 자들과 동료가 되며
19 네 입을 악에게 내어주고 네 혀로
거짓을 꾸미며
20 앉아서 네 형제를 공박하며 네 어
머니의 아들을 [3]비방하는도다
21 네가 이 일을 행하여도 내가 잠잠
하였더니 네가 나를 너와 같은 줄
로 생각하였도다 그러나 내가 너를
책망하여 네 죄를 네 눈 앞에 낱낱
이 드러내리라 하시는도다
22 ●하나님을 잊어버린 너희여 이제
이를 생각하라 그렇지 아니하면 내
가 너희를 찢으리니 건질 자 없으
리라
23 감사로 제사를 드리는 자가 나를
영화롭게 하나니 그의 행위를 옳게
하는 자에게 내가 하나님의 구원을
보이리라

51 〔다윗의 시, 인도자를 따라 부르는
노래, 다윗이 밧세바와 동침한 후
선지자 나단이 그에게 왔을 때〕
1 하나님이여 주의 인자를 따라 내게
은혜를 베푸시며 주의 많은 긍휼을
따라 내 죄악을 지워 주소서
2 나의 죄악을 말갛게 씻으시며 나의

1) 너를 대적하여 증언하리라 2) 히, 일천 3) 찌르는도
다

죄를 깨끗이 제하소서
3 무릇 나는 내 죄과를 아오니 내 죄
가 항상 내 앞에 있나이다
4 내가 주께만 범죄하여 주의 목전에
악을 행하였사오니 주께서 말씀하
실 때에 의로우시다 하고 주께서
심판하실 때에 순전하시다 하리이
다
5 내가 죄악 중에서 출생하였음이여
어머니가 죄 중에서 나를 잉태하였
나이다
6 보소서 주께서는 중심이 진실함을
원하시오니 [1]내게 지혜를 은밀히
가르치시리이다
7 우슬초로 나를 정결하게 하소서 내
가 정하리이다 나의 죄를 씻어 주
소서 내가 눈보다 희리이다
8 내게 즐겁고 기쁜 소리를 들려주시
사 주께서 꺾으신 뼈들도 즐거워하
게 하소서
9 주의 얼굴을 내 죄에서 돌이키시고
내 모든 죄악을 지워 주소서
10 하나님이여 내 속에 정한 마음을
창조하시고 내 안에 [2]정직한 영을
새롭게 하소서
11 나를 주 앞에서 쫓아내지 마시며
주의 성령을 내게서 거두지 마소
서
12 주의 구원의 즐거움을 내게 회복시
켜 주시고 자원하는 심령을 주사
나를 붙드소서
13 그리하면 내가 범죄자에게 주의 도
를 가르치리니 죄인들이 주께 돌아
오리이다
14 하나님이여 나의 구원의 하나님이
여 피 흘린 죄에서 나를 건지소서
내 혀가 주의 의를 높이 노래하리
이다
15 주여 내 입술을 열어주소서 내 입
이 주를 찬송하여 전파하리이다
16 주께서는 제사를 기뻐하지 아니하
시나니 그렇지 아니하면 내가 드렸
을 것이라 주는 번제를 기뻐하지
아니하시나이다
17 하나님께서 구하시는 제사는 상한
심령이라 하나님이여 상하고 통회
하는 마음을 주께서 멸시하지 아니
하시리이다
18 주의 은택으로 시온에 선을 행하시
고 예루살렘 성을 쌓으소서
19 그때에 주께서 의로운 제사와 번제
와 온전한 번제를 기뻐하시리니 그
때에 그들이 수소를 주의 제단에
드리리이다

52

〔다윗의 [3]마스길, 인도자를 따라
부르는 노래, 에돔인 도엑이 사울
에게 이르러 다윗이 아히멜렉의 집에 왔
다고 그에게 말하던 때에〕

1 포악한 자여 네가 어찌하여 악한
계획을 스스로 자랑하는가 하나님
의 인자하심은 항상 있도다
2 네 혀가 심한 악을 꾀하여 날카로
운 삭도같이 간사를 행하는도다
3 네가 선보다 악을 사랑하며 의를
말함보다 거짓을 사랑하는도다 (셀
라)
4 간사한 혀여 너는 남을 해치는 모
든 말을 좋아하는도다
5 그런즉 하나님이 영원히 너를 멸하
심이여 너를 붙잡아 네 장막에서
뽑아 내며 살아 있는 땅에서 네 뿌
리를 빼시리로다 (셀라)
6 의인이 보고 두려워하며 또 그를
비웃어 말하기를
7 이 사람은 하나님을 자기 [4]힘으로
삼지 아니하고 오직 자기 재물의
풍부함을 의지하며 자기의 악으로
스스로 든든하게 하던 자라 하리로
다

1) 내 은밀한 곳에 2) 견고한 3) 교훈 4) 성을

8 그러나 나는 하나님의 집에 있는
푸른 감람나무 같음이여 하나님
의 인자하심을 영원히 의지하리로
다
9 주께서 이를 행하셨으므로 내가 영
원히 주께 감사하고 주의 이름이
선하시므로 주의 성도 앞에서 내가
주의 이름을 사모하리이다

53

〔다윗의 [1]마스길, 인도자를 따라 마할랏에 맞춘 노래〕

1 어리석은 자는 그의 마음에 이르기
를 하나님이 없다 하도다 그들은
부패하며 가증한 악을 행함이여 선
을 행하는 자가 없도다
2 하나님이 하늘에서 인생을 굽어 살
피사 지각이 있는 자와 하나님을
찾는 자가 있는가 보려 하신즉
3 각기 물러가 함께 더러운 자가 되
고 선을 행하는 자 없으니 한 사람
도 없도다
4 죄악을 행하는 자들은 무지하냐
그들이 떡 먹듯이 내 백성을 먹으
면서 하나님을 부르지 아니하는도
다
5 그들이 두려움이 없는 곳에서 크게
두려워하였으니 너를 대항하여 진
친 그들의 뼈를 하나님이 흩으심이
라 하나님이 그들을 버리셨으므로
네가 그들에게 수치를 당하게 하였
도다
6 시온에서 이스라엘을 구원하여 줄
자 누구인가 하나님이 자기 백성의
포로된 것을 돌이키실 때에 야곱이
즐거워하며 이스라엘이 기뻐하리
로다

54

〔다윗의 [1]마스길, 인도자를 따라 현악에 맞춘 노래, 십 사람이 사울에게 이르러 말하기를 다윗이 우리가 있는 곳에 숨지 아니하였나이까 하던 때에〕

1 하나님이여 주의 이름으로 나를 구
원하시고 주의 힘으로 나를 변호하
소서
2 하나님이여 내 기도를 들으시며 내
입의 말에 귀를 기울이소서
3 낯선 자들이 일어나 나를 치고 포
악한 자들이 나의 생명을 수색하며
하나님을 자기 앞에 두지 아니하였
음이니이다 (셀라)
4 하나님은 나를 돕는 이시며 주께서
는 내 생명을 붙들어 주시는 이시
니이다
5 주께서는 내 원수에게 악으로 갚으
시리니 주의 성실하심으로 그들을
멸하소서
6 내가 낙헌제로 주께 제사하리이다
여호와여 주의 이름에 감사하오리
니 주의 이름이 선하심이니이다
7 참으로 주께서는 모든 환난에서 나
를 건지시고 내 원수가 보응 받는
것을 내 눈이 똑똑히 보게 하셨나
이다

55

〔다윗의 [1]마스길, 인도자를 따라 현악에 맞춘 노래〕

1 하나님이여 내 기도에 귀를 기울이
시고 내가 간구할 때에 숨지 마소
서
2 내게 굽히사 응답하소서 내가 근심
으로 편하지 못하여 탄식하오니
3 이는 원수의 소리와 악인의 압제
때문이라 그들이 죄악을 내게 더하
며 노하여 나를 핍박하나이다
4 내 마음이 내 속에서 심히 아파하
며 사망의 위험이 내게 이르렀도다
5 두려움과 떨림이 내게 이르고 공포
가 나를 덮었도다
6 나는 말하기를 만일 내게 비둘기같
이 날개가 있다면 날아가서 편히
쉬리로다
7 내가 멀리 날아가서 광야에 머무르

1) 교훈

리로다 (셀라)
8 내가 나의 피난처로 속히 가서 폭
풍과 광풍을 피하리라 하였도다
9 내가 성내에서 강포와 분쟁을 보았
사오니 주여 그들을 멸하소서 그들
의 혀를 잘라 버리소서
10 그들이 주야로 성벽 위에 두루 다
니니 성중에는 죄악과 재난이 있으
며
11 악독이 그 중에 있고 압박과 속임
수가 그 거리를 떠나지 아니하도
다
12 나를 책망하는 자는 원수가 아니라
원수일진대 내가 참았으리라 나를
대하여 자기를 높이는 자는 나를
미워하는 자가 아니라 미워하는 자
일진대 내가 그를 피하여 숨었으리
라
13 그는 곧 너로다 나의 동료, 나의 친
구요 나의 가까운 친우로다
14 우리가 같이 재미있게 의논하며 무
리와 함께하여 하나님의 집 안에서
다녔도다
15 사망이 갑자기 그들에게 임하여 산
채로 스올에 내려갈지어다 이는 악
독이 그들의 거처에 있고 그들 가
운데에 있음이로다
16 나는 하나님께 부르짖으리니 여호
와께서 나를 구원하시리로다
17 저녁과 아침과 정오에 내가 근심하
여 탄식하리니 여호와께서 내 소리
를 들으시리로다
18 나를 대적하는 자 많더니 나를 치
는 전쟁에서 그가 내 생명을 구원
하사 평안하게 하셨도다
19 옛부터 계시는 하나님이 들으시고
그들을 낮추시리이다 (셀라) 그들
은 변하지 아니하며 하나님을 경외
하지 아니함이니이다
20 그는 손을 들어 자기와 화목한 자
를 치고 그의 언약을 배반하였도
다
21 그의 입은 우유 기름보다 미끄러우
나 그의 마음은 전쟁이요 그의 말
은 기름보다 유하나 실상은 뽑힌
칼이로다
22 네 짐을 여호와께 맡기라 그가 너
를 붙드시고 의인의 요동함을 영원
히 허락하지 아니하시리로다
23 하나님이여 주께서 그들로 파멸의
웅덩이에 빠지게 하시리이다 피를
흘리게 하며 속이는 자들은 그들의
날의 반도 살지 못할 것이나 나는
주를 의지하리이다

56

〔다윗의 믹담 시, 인도자를 따라 요
낫 엘렘 르호김에 맞춘 노래, 다윗
이 가드에서 블레셋인에게 잡힌 때에〕

1 하나님이여 내게 은혜를 베푸소서
사람이 나를 삼키려고 종일 치며
압제하나이다
2 [1]내 원수가 종일 나를 삼키려 하며
나를 교만하게 치는 자들이 많사오
니
3 내가 두려워하는 날에는 내가 주를
의지하리이다
4 내가 하나님을 의지하고 그 말씀을
찬송하올지라 내가 하나님을 의지
하였은즉 두려워하지 아니하리니
혈육을 가진 사람이 내게 어찌하리
이까
5 그들이 종일 내 말을 곡해하며 나
를 치는 그들의 모든 생각은 사악
이라
6 그들이 내 생명을 엿보았던 것과
같이 또 모여 숨어 내 발자취를 지
켜보나이다
7 그들이 악을 행하고야 안전하오리
이까 하나님이여 분노하사 뭇 백성
을 낮추소서

1) 나를 엿보는 자가

8 나의 유리함을 주께서 계수하셨사
오니 나의 눈물을 주의 병에 담으
소서 이것이 주의 책에 기록되지
아니하였나이까
9 내가 아뢰는 날에 내 원수들이 물
러가리니 [1)]이것으로 하나님이 내
편이심을 내가 아나이다
10 내가 하나님을 의지하여 그의 말씀
을 찬송하며 여호와를 의지하여 그
의 말씀을 찬송하리이다
11 내가 하나님을 의지하였은즉 두려
워하지 아니하리니 사람이 내게 어
찌하리이까
12 하나님이여 내가 주께 서원함이 있
사온즉 내가 감사제를 주께 드리리
니
13 주께서 내 생명을 사망에서 건지셨
음이라 주께서 나로 하나님 앞, 생
명의 빛에 다니게 하시려고 실족하
지 아니하게 하지 아니하셨나이까

57

〔다윗의 믹담 시, 인도자를 따라 알다스헷에 맞춘 노래, 다윗이 사울을 피하여 굴에 있던 때에〕

1 하나님이여 내게 은혜를 베푸소서
내게 은혜를 베푸소서 내 영혼이
주께로 피하되 주의 날개 그늘 아
래에서 이 재앙들이 지나기까지 피
하리이다
2 내가 지존하신 하나님께 부르짖음
이여 곧 나를 위하여 모든 것을 이
루시는 하나님께로다
3 그가 하늘에서 보내사 나를 삼키려
는 자의 비방에서 나를 구원하실지
라 (셀라) 하나님이 그의 인자와 진
리를 보내시리로다
4 *내 영혼이 사자들 가운데에서 살며*
내가 불사르는 자들 중에 누웠으니
곧 사람의 아들들 중에라 그들의
이는 창과 화살이요 그들의 혀는
날카로운 칼 같도다
5 하나님이여 주는 하늘 위에 높이
들리시며 주의 영광이 온 세계 위
에 높아지기를 원하나이다
6 ●그들이 내 걸음을 막으려고 그물
을 준비하였으니 내 영혼이 억울하
도다 그들이 내 앞에 웅덩이를 팠
으나 자기들이 그 중에 빠졌도다
(셀라)
7 하나님이여 내 마음이 확정되었고
내 마음이 확정되었사오니 내가 노
래하고 내가 찬송하리이다
8 내 영광아 깰지어다 비파야, 수금
아, 깰지어다 내가 새벽을 깨우리
로다
9 주여 내가 만민 중에서 주께 감사
하오며 뭇 나라 중에서 주를 찬송
하리이다
10 무릇 주의 인자는 커서 하늘에 미
치고 주의 진리는 궁창에 이르나이
다
11 하나님이여 주는 하늘 위에 높이
들리시며 주의 영광이 온 세계 위
에 높아지기를 원하나이다

58

〔다윗의 믹담 시, 인도자를 따라 알다스헷에 맞춘 노래〕

1 통치자들아 너희가 정의를 말해야
하거늘 어찌 잠잠하냐 인자들아 너
희가 올바르게 판결해야 하거늘 어
찌 잠잠하냐
2 아직도 너희가 중심에 악을 행하며
땅에서 너희 손으로 폭력을 달아
주는도다
3 악인은 모태에서부터 멀어졌음이
여 나면서부터 곁길로 나아가 거짓
을 말하는도다
4 그들의 독은 뱀의 독 같으며 그들
은 귀를 막은 귀머거리 독사 같으
니
5 술사의 홀리는 소리도 듣지 않고

1) 이같이 아는 것은 하나님이 나를 위하심이니이다

능숙한 술객의 요술도 따르지 아니
하는 독사로다
6 하나님이여 그들의 입에서 이를 꺾
으소서 여호와여 젊은 사자의 어금
니를 꺾어 내시며
7 그들이 급히 흐르는 물같이 사라지
게 하시며 겨누는 화살이 꺾임 같
게 하시며
8 소멸하여 가는 달팽이 같게 하시며
만삭 되지 못하여 출생한 아이가 햇
빛을 보지 못함 같게 하소서
9 가시나무 불이 가마를 뜨겁게 하기
전에 [1]생나무든지 불붙는 나무든
지 강한 바람으로 휩쓸려가게 하소
서
10 의인이 악인의 보복당함을 보고 기
뻐함이여 그의 발을 악인의 피에
씻으리로다
11 그때에 사람의 말이 진실로 의인에
게 갚음이 있고 진실로 땅에서 심
판하시는 하나님이 계시다 하리로
다

59 〔다윗의 믹담 시, 인도자를 따라 알
다스헷에 맞춘 노래, 사울이 사람
을 보내어 다윗을 죽이려고 그 집을 지킨
때에〕

1 나의 하나님이여 나의 원수에게서
나를 건지시고 일어나 치려는 자에
게서 나를 높이 드소서
2 악을 행하는 자에게서 나를 건지시
고 피 흘리기를 즐기는 자에게서
나를 구원하소서
3 그들이 나의 생명을 해하려고 엎
드려 기다리고 강한 자들이 모여
나를 치려 하오니 여호와여 이는
나의 잘못으로 말미암음이 아니요
나의 죄로 말미암음도 아니로소이
다
4 내가 허물이 없으나 그들이 달려
와서 스스로 준비하오니 주여 나
를 도우시기 위하여 깨어 살펴 주소
서
5 주님은 만군의 하나님 여호와, 이
스라엘의 하나님이시오니 일어나
모든 나라들을 벌하소서 악을 행하
는 모든 자들에게 은혜를 베풀지
마소서 (셀라)
6 그들이 저물어 돌아와서 개처럼 울
며 성으로 두루 다니고
7 그들의 입으로는 악을 토하며 그들
의 입술에는 칼이 있어 이르기를
누가 들으리요 하나이다
8 여호와여 주께서 그들을 비웃으
시며 모든 나라들을 조롱하시리이
다
9 하나님은 나의 요새이시니 [2]그의
힘으로 말미암아 내가 주를 바라리
이다
10 나의 하나님이 그의 인자하심으로
나를 영접하시며 하나님이 나의 원
수가 보응 받는 것을 내가 보게 하
시리이다
11 그들을 죽이지 마옵소서 나의 백성
이 잊을까 하나이다 우리 방패 되
신 주여 주의 능력으로 그들을 흩
으시고 낮추소서
12 그들의 입술의 말은 곧 그들의 입
의 죄라 그들이 말하는 저주와 거
짓말로 말미암아 그들이 그 교만한
중에서 사로잡히게 하소서
13 진노하심으로 소멸하시되 없어지
기까지 소멸하사 하나님이 야곱 중
에서 다스리심을 땅끝까지 알게 하
소서 (셀라)
14 그들에게 저물어 돌아와서 개처럼
울며 성으로 두루 다니게 하소서
15 그들은 먹을 것을 찾아 유리하다가
배부름을 얻지 못하면 밤을 새우려

1) 진노가 생것을 회오리바람으로 제하여 버리듯 하리로다 2) 칠십인역과 불겟역에는 '내 힘이시여 내가'

니와
16 나는 주의 힘을 노래하며 아침에
주의 인자하심을 높이 부르오리니
주는 나의 요새이시며 나의 환난날
에 피난처심이니이다
17 나의 힘이시여 내가 주께 찬송하오
리니 하나님은 나의 요새이시며 나
를 긍휼히 여기시는 하나님이심이
니이다

60

〔다윗이 교훈하기 위하여 지은 믹담, 인도자를 따라 수산에둣에 맞춘 노래, 다윗이 아람 나하라임과 아람소바와 싸우는 중에 요압이 돌아와 에돔을 소금 골짜기에서 쳐서 만 이천 명을 죽인 때에〕

1 하나님이여 주께서 우리를 버려 흩
으셨고 분노하셨사오나 지금은 우
리를 회복시키소서
2 주께서 땅을 진동시키사 갈라지게
하셨사오니 그 틈을 기우소서 땅이
흔들림이니이다
3 주께서 주의 백성에게 어려움을 보
이시고 비틀거리게 하는 포도주를
우리에게 마시게 하셨나이다
4 주를 경외하는 자에게 깃발을 주시
고 진리를 위하여 달게 하셨나이다
(셀라)
5 ●주께서 사랑하시는 자를 건지시
기 위하여 주의 오른손으로 구원하
시고 응답하소서
6 하나님이 그의 거룩하심으로 말씀
하시되 내가 뛰놀리라 내가 세겜
을 나누며 숙곳 골짜기를 측량하
리라
7 길르앗이 내 것이요 므낫세도 내
것이며 에브라임은 내 머리의 투구
요 유다는 나의 규이며
8 모압은 나의 목욕통이라 에돔에는
나의 신발을 던지리라 블레셋아 나
로 말미암아 외치라 하셨도다
9 누가 나를 이끌어 견고한 성에 들
이며 누가 나를 에돔에 인도할까
10 하나님이여 주께서 우리를 버리지
아니하셨나이까 하나님이여 주께
서 우리 군대와 함께 나아가지 아
니하시나이다
11 우리를 도와 대적을 치게 하소서
사람의 구원은 헛됨이니이다
12 우리가 하나님을 의지하고 용감하
게 행하리니 그는 우리의 대적을
밟으실 이심이로다

61

〔다윗의 시, 인도자를 따라 현악에 맞춘 노래〕

1 하나님이여 나의 부르짖음을 들으
시며 내 기도에 유의하소서
2 내 마음이 약해질 때에 땅끝에서부
터 주께 부르짖으오리니 나보다 높
은 바위에 나를 인도하소서
3 주는 나의 피난처시요 원수를 피하
는 견고한 망대이심이니이다
4 내가 영원히 주의 장막에 머물며
내가 주의 날개 아래로 피하리이다
(셀라)
5 주 하나님이여 주께서 나의 서원
을 들으시고 [1]주의 이름을 경외하는
자가 얻을 기업을 내게 주셨나이
다
6 주께서 왕에게 장수하게 하사 그의
나이가 여러 대에 미치게 하시리이
다
7 그가 영원히 하나님 앞에서 거주하
리니 인자와 진리를 예비하사 그를
보호하소서
8 그리하시면 내가 주의 이름을 영원
히 찬양하며 매일 나의 서원을 이
행하리이다

62

〔다윗의 시, 인도자를 따라 여두둔의 법칙에 따라 부르는 노래〕

1 나의 [2]영혼이 잠잠히 하나님만 바

1) 주를 경외하는 자에게 기업을 주셨나이다 2) 영혼이 하나님 앞에 잠잠함이여

람이여 나의 구원이 그에게서 나오
는도다
2 오직 그만이 나의 반석이시요 나의
구원이시요 나의 요새이시니 내가
크게 흔들리지 아니하리로다
3 넘어지는 담과 흔들리는 울타리같
이 사람을 죽이려고 너희가 일제히
공격하기를 언제까지 하려느냐
4 그들이 그를 그의 높은 자리에서
떨어뜨리기만 꾀하고 거짓을 즐겨
하니 입으로는 축복이요 속으로는
저주로다 (셀라)
5 나의 영혼아 [1]잠잠히 하나님만 바
라라 무릇 나의 소망이 그로부터
나오는도다
6 오직 그만이 나의 반석이시요 나의
구원이시요 나의 요새이시니 내가
흔들리지 아니하리로다
7 나의 구원과 영광이 하나님께 있음
이여 내 힘의 반석과 피난처도 하
나님께 있도다
8 백성들아 시시로 그를 의지하고 그
의 앞에 마음을 토하라 하나님은
우리의 피난처시로다 (셀라)
9 아, 슬프도다 사람은 입김이며 인
생도 속임수이니 저울에 달면 그들
은 입김보다 가벼우리로다
10 포악을 의지하지 말며 탈취한 것
으로 허망하여지지 말며 재물이
늘어도 거기에 마음을 두지 말지어
다
11 하나님이 한두 번 하신 말씀을 내
가 들었나니 권능은 하나님께 속하
였다 하셨도다
12 주여 인자함은 주께 속하오니 주께
서 각 사람이 행한 대로 갚으심이
니이다

63 〔다윗의 시, 유다 광야에 있을 때에〕

1 하나님이여 주는 나의 하나님이시
라 내가 간절히 주를 찾되 물이 없
어 마르고 황폐한 땅에서 내 영혼
이 주를 갈망하며 내 육체가 주를
앙모하나이다
2 내가 주의 권능과 영광을 보기 위
하여 이와 같이 성소에서 주를 바
라보았나이다
3 주의 인자하심이 생명보다 나으므
로 내 입술이 주를 찬양할 것이라
4 이러므로 나의 평생에 주를 송축하
며 주의 이름으로 말미암아 나의
손을 들리이다
5 골수와 기름진 것을 먹음과 같이 나
의 영혼이 만족할 것이라 나의 입이
기쁜 입술로 주를 찬송하되
6 내가 나의 침상에서 주를 기억하며
새벽에 주의 말씀을 작은 소리로
읊조릴 때에 하오리니
7 주는 나의 도움이 되셨음이라 내가
주의 날개 그늘에서 즐겁게 부르리
이다
8 나의 영혼이 주를 가까이 따르니
주의 오른손이 나를 붙드시거니와
9 나의 영혼을 찾아 멸하려 하는 그
들은 땅 깊은 곳에 들어가며
10 칼의 세력에 넘겨져 [2]승냥이의 먹
이가 되리이다
11 왕은 하나님을 즐거워하리니 주께
맹세한 자마다 자랑할 것이나 거짓
말하는 자의 입은 막히리로다

64 〔다윗의 시, 인도자를 따라 부르는 노래〕

1 하나님이여 내가 근심하는 소리를
들으시고 원수의 두려움에서 나의
생명을 보존하소서
2 주는 악을 꾀하는 자들의 음모에
서 나를 숨겨 주시고 악을 행하는
자들의 소동에서 나를 감추어 주
소서

1) 하나님 앞에 잠잠하라 2) 여우의

3 그들이 칼같이 자기 혀를 연마하며
화살같이 독한 말로 겨누고
4 숨은 곳에서 온전한 자를 쏘며 갑
자기 쏘고 두려워하지 아니하는도
다
5 그들은 악한 목적으로 서로 격려하
며 남몰래 올무 놓기를 함께 의논
하고 하는 말이 누가 [1]우리를 보리
요 하며
6 그들은 죄악을 꾸미며 이르기를 우
리가 묘책을 찾았다 하나니 각 사
람의 속 뜻과 마음이 깊도다
7 그러나 하나님이 그들을 쏘시리니
그들이 갑자기 화살에 상하리로다
8 이러므로 그들이 엎드러지리니 그
들의 혀가 그들을 해함이라 그들
을 보는 자가 다 [2]머리를 흔들리로
다
9 모든 사람이 두려워하여 하나님의
일을 선포하며 그의 행하심을 깊이
생각하리로다
10 의인은 여호와로 말미암아 즐거워
하며 그에게 피하리니 마음이 정직
한 자는 다 자랑하리로다

65 〔다윗의 시, 인도자를 따라 부르는 노래〕

1 하나님이여 찬송이 시온에서 주를
기다리오며 사람이 서원을 주께 이
행하리이다
2 기도를 들으시는 주여 모든 육체가
주께 나아오리이다
3 죄악이 나를 이겼사오니 우리의 허
물을 주께서 [3]사하시리이다
4 주께서 택하시고 가까이 오게 하사
주의 뜰에 살게 하신 사람은 복이
있나이다 우리가 주의 집 곧 주의
성전의 아름다움으로 만족하리이
다
5 우리 구원의 하나님이시여 땅의 모
든 끝과 먼 바다에 있는 자가 의지
할 주께서 의를 따라 엄위하신 일
로 우리에게 응답하시리이다
6 주는 주의 힘으로 산을 세우시며
권능으로 띠를 띠시며
7 바다의 설렘과 물결의 흔들림과 만
민의 소요까지 진정하시나이다
8 땅끝에 사는 자가 주의 징조를 두
려워하나이다 주께서 아침 되는 것
과 저녁 되는 것을 즐거워하게 하
시며
9 땅을 돌보사 물을 대어 심히 윤택
하게 하시며 하나님의 강에 물이
가득하게 하시고 이같이 땅을 예비
하신 후에 그들에게 곡식을 주시나
이다
10 주께서 밭고랑에 물을 넉넉히 대사
그 이랑을 평평하게 하시며 또 단
비로 부드럽게 하시고 그 싹에 복
을 주시나이다
11 주의 은택으로 한 해를 관 씌우시
니 주의 길에는 기름 방울이 떨어
지며
12 들의 초장에도 떨어지니 작은 산들
이 기쁨으로 띠를 띠었나이다
13 초장은 양 떼로 옷 입었고 골짜기
는 곡식으로 덮였으매 그들이 다
즐거이 외치고 또 노래하나이다

66 〔시, 인도자를 따라 부르는 노래〕

온 땅이여 하나님께 즐거운
소리를 낼지어다
2 그의 이름의 영광을 찬양하고 영화
롭게 찬송할지어다
3 하나님께 아뢰기를 주의 일이 어찌
그리 엄위하신지요 주의 큰 권능으
로 말미암아 주의 원수가 주께 복
종할 것이며
4 온 땅이 주께 경배하고 주를 노래
하며 주의 이름을 노래하리이다 할

1) 시리아 역을 따름. 히, 그들을 2) 도망하리로다 3) 속하시리이다

지어다 (셀라)
5 와서 하나님께서 행하신 것을 보라
사람의 아들들에게 행하심이 엄위
하시도다
6 하나님이 바다를 변하여 육지가 되
게 하셨으므로 무리가 걸어서 강을
건너고 우리가 거기서 주로 말미암
아 기뻐하였도다
7 그가 그의 능력으로 영원히 다스리
시며 그의 눈으로 나라들을 살피시
나니 거역하는 자들은 교만하지 말
지어다 (셀라)
8 만민들아 우리 하나님을 송축하며
그의 찬양 소리를 들리게 할지어
다
9 그는 우리 영혼을 살려두시고 우리
의 실족함을 허락하지 아니하시는
주시로다
10 하나님이여 주께서 우리를 시험하
시되 우리를 단련하시기를 은을 단
련함같이 하셨으며
11 우리를 끌어 그물에 걸리게 하시며
어려운 짐을 우리 허리에 매어 두
셨으며
12 사람들이 우리 머리를 타고 가게
하셨나이다 우리가 불과 물을 통과
하였더니 주께서 우리를 끌어내사
풍부한 곳에 들이셨나이다
13 내가 번제물을 가지고 주의 집에
들어가서 나의 서원을 주께 갚으리
니
14 이는 내 입술이 낸 것이요 내 환난
때에 내 입이 말한 것이니이다
15 내가 숫양의 향기와 함께 살진 것
으로 주께 번제를 드리며 수소와
염소를 드리리이다 (셀라)
16 하나님을 두려워하는 너희들아 다
와서 들으라 하나님이 나의 영혼을
위하여 행하신 일을 내가 선포하리
로다
17 내가 나의 입으로 그에게 부르짖으
며 나의 혀로 높이 찬송하였도다
18 내가 나의 마음에 죄악을 품었더라
면 주께서 듣지 아니하시리라
19 그러나 하나님이 실로 들으셨음이
여 내 기도 소리에 귀를 기울이셨
도다
20 하나님을 찬송하리로다 그가 내 기
도를 물리치지 아니하시고 그의 인
자하심을 내게서 거두지도 아니하
셨도다

67
〔시 곧 노래, 인도자를 따라 현악에 맞춘 것〕

1 하나님은 우리에게 은혜를 베푸사
복을 주시고 그의 얼굴빛을 우리에
게 비추사 (셀라)
2 주의 도를 땅 위에, 주의 구원을 모
든 나라에게 알리소서
3 하나님이여 민족들이 [1]주를 찬송하
게 하시며 모든 민족들이 주를 찬
송하게 하소서
4 온 백성은 기쁘고 즐겁게 노래할지
니 주는 민족들을 공평히 심판하시
며 땅 위의 나라들을 다스리실 것
임이니이다 (셀라)
5 하나님이여 민족들이 주를 찬송하
게 하시며 모든 민족으로 주를 찬
송하게 하소서
6 땅이 그의 소산을 내어주었으니 하
나님 곧 우리 하나님이 우리에게
복을 주시리로다
7 하나님이 우리에게 복을 주시리니
땅의 모든 끝이 하나님을 경외하리
로다

68
〔다윗의 시, 인도자를 따라 부르는 노래〕

1 하나님이 일어나시니 원수들은 흩
어지며 주를 미워하는 자들은 주
앞에서 도망하리이다

1) 주께 감사하게 하소서

2 연기가 불려 가듯이 그들을 몰아
내소서 불 앞에서 밀이 녹음같이
악인이 하나님 앞에서 망하게 하
소서
3 의인은 기뻐하여 하나님 앞에서 뛰
놀며 기뻐하고 [1]즐거워할지어다
4 하나님께 노래하며 그의 이름을 찬
양하라 하늘을 타고 광야에 행하시
던 이를 위하여 대로를 수축하라
그의 이름은 여호와이시니 그의 앞
에서 뛰놀지어다
5 그의 거룩한 처소에 계신 하나님은
고아의 아버지시며 과부의 재판장
이시라
6 하나님이 고독한 자들은 [2]가족과
함께 살게 하시며 갇힌 자들은 이
끌어내사 형통하게 하시느니라 오
직 거역하는 자들의 거처는 메마른
땅이로다
7 ●하나님이여 주의 백성 앞에서 앞
서 나가사 광야에서 행진하셨을 때
에 (셀라)
8 땅이 진동하며 [3]하늘이 하나님 앞
에서 떨어지며 저 시내 산도 하나
님 곧 이스라엘의 하나님 앞에서
진동하였나이다
9 하나님이여 주께서 흡족한 비를 보
내사 주의 기업이 곤핍할 때에 주
께서 그것을 견고하게 하셨고
10 주의 회중을 그 가운데에 살게 하
셨나이다 하나님이여 주께서 가난
한 자를 위하여 주의 은택을 준비
하셨나이다
11 주께서 말씀을 주시니 소식을 공포
하는 여자들은 큰 무리라
12 여러 군대의 왕들이 도망하고 도망
하니 집에 있던 여자들도 탈취물을
나누도다
13 너희가 양 우리에 누울 때에는 그
날개를 은으로 입히고 그 깃을 황
금으로 입힌 비둘기 같도다
14 전능하신 이가 왕들을 그 중에서
흩으실 때에는 살몬에 눈이 날림
같도다
15 바산의 산은 하나님의 산임이여 바
산의 산은 [4]높은 산이로다
16 너희 [4]높은 산들아 어찌하여 하나
님이 계시려 하는 산을 시기하여
보느냐 진실로 여호와께서 이 산에
영원히 계시리로다
17 하나님의 병거는 천천이요 만만이
라 주께서 그 중에 계심이 시내 산
성소에 계심 같도다
18 주께서 높은 곳으로 오르시며 사
로잡은 자들을 취하시고 선물들을
사람들에게서 받으시며 반역자들
로부터도 받으시니 여호와 하나님
이 그들과 함께 계시기 때문이로
다
19 ●날마다 우리 짐을 지시는 주 곧
우리의 구원이신 하나님을 찬송할
지로다 (셀라)
20 하나님은 우리에게 구원의 하나님
이시라 사망에서 벗어남은 주 여호
와로 말미암거니와
21 그의 원수들의 머리 곧 죄를 짓고
다니는 자의 정수리는 하나님이 쳐
서 깨뜨리시리로다
22 주께서 말씀하시기를 내가 그들을
바산에서 돌아오게 하며 바다 깊은
곳에서 도로 나오게 하고
23 네가 그들을 심히 치고 그들의 피
에 네 발을 잠그게 하며 네 집의 개
의 혀로 네 원수들에게서 제 분깃
을 얻게 하리라 하시도다
24 하나님이여 그들이 주께서 행차
하심을 보았으니 곧 나의 하나님,
나의 왕이 성소로 행차하시는 것

1) 즐거워하게 하소서 2) 집에 거하게 하시며 3) 하늘이 하나님 앞에 비를 떨어뜨리며 4) 여러 봉이 있는 산

이라
25 소고 치는 처녀들 중에서 노래 부
르는 자들은 앞서고 악기를 연주하
는 자들은 뒤따르나이다
26 이스라엘의 근원에서 나온 너희여
대회 중에 하나님 곧 주를 송축할
지어다
27 거기에는 그들을 주관하는 작은 베
냐민과 유다의 고관과 그들의 무리
와 스불론의 고관과 납달리의 고관
이 있도다
28 ●네 하나님이 너의 힘을 명령하셨
도다 하나님이여 우리를 위하여 행
하신 것을 견고하게 하소서
29 예루살렘에 있는 주의 전을 위하여
왕들이 주께 예물을 드리리이다
30 갈밭의 들짐승과 수소의 무리와 만
민의 송아지를 꾸짖으시고 은 조각
을 발 아래에 밟으소서 그가 전쟁
을 즐기는 백성을 흩으셨도다
31 고관들은 애굽에서 나오고 구스인
은 하나님을 향하여 그 손을 신속
히 들리로다
32 땅의 왕국들아 하나님께 노래하고
주께 찬송할지어다 (셀라)
33 옛적 하늘들의 하늘을 타신 자에게
찬송하라 주께서 그 소리를 내시니
웅장한 소리로다
34 너희는 하나님께 능력을 돌릴지어
다 그의 위엄이 이스라엘 위에 있
고 그의 능력이 구름 속에 있도다
35 하나님이여 위엄을 성소에서 나타
내시나이다 이스라엘의 하나님은
그의 백성에게 힘과 능력을 주시나
니 하나님을 찬송할지어다

69

〔다윗의 시, 인도자를 따라 [1]소산님에 맞춘 노래〕

1 하나님이여 나를 구원하소서 물들
이 내 영혼에까지 흘러 들어왔나이
다
2 나는 설 곳이 없는 깊은 수렁에 빠
지며 깊은 물에 들어가니 큰 물이
내게 넘치나이다
3 내가 부르짖음으로 피곤하여 나의
목이 마르며 나의 하나님을 바라서
나의 눈이 쇠하였나이다
4 까닭 없이 나를 미워하는 자가 나
의 머리털보다 많고 부당하게 나의
원수가 되어 나를 끊으려 하는 자
가 강하였으니 내가 빼앗지 아니한
것도 물어 주게 되었나이다
5 하나님이여 주는 나의 우매함을 아
시오니 나의 죄가 주 앞에서 숨김
이 없나이다
6 주 만군의 여호와여 주를 바라는
자들이 나를 인하여 수치를 당하게
하지 마옵소서 이스라엘의 하나님
이여 주를 찾는 자가 나로 말미암
아 욕을 당하게 하지 마옵소서
7 내가 주를 위하여 비방을 받았사
오니 수치가 나의 얼굴에 덮였나
이다
8 내가 나의 형제에게는 객이 되고
나의 어머니의 자녀에게는 낯선 사
람이 되었나이다
9 주의 집을 위하는 열성이 나를 삼
키고 주를 비방하는 비방이 내게
미쳤나이다
10 내가 곡하고 금식하였더니 그것이
도리어 나의 욕이 되었으며
11 내가 굵은 베로 내 옷을 삼았더니
내가 그들의 말거리가 되었나이다
12 성문에 앉은 자가 나를 비난하며
독주에 취한 무리가 나를 두고 노
래하나이다
13 여호와여 나를 반기시는 때에 내가
주께 기도하오니 하나님이여 많은
인자와 구원의 진리로 내게 응답하
소서

1) 백합화 곡조

14 나를 수렁에서 건지사 빠지지 말게
하시고 나를 미워하는 자에게서와
깊은 물에서 건지소서
15 큰 물이 나를 휩쓸거나 깊음이 나
를 삼키지 못하게 하시며 웅덩이가
내 위에 덮쳐 그것의 입을 닫지 못
하게 하소서
16 여호와여 주의 인자하심이 선하시
오니 내게 응답하시며 주의 많은 긍
휼에 따라 내게로 돌이키소서
17 주의 얼굴을 주의 종에게서 숨기지
마소서 내가 환난 중에 있사오니
속히 내게 응답하소서
18 내 영혼에게 가까이하사 구원하시
며 내 원수로 말미암아 나를 속량
하소서
19 주께서 나의 비방과 수치와 능욕을
아시나이다 나의 대적자들이 다 주
님 앞에 있나이다
20 비방이 나의 마음을 상하게 하여
[1]근심이 충만하니 불쌍히 여길 자
를 바라나 없고 긍휼히 여길 자를
바라나 찾지 못하였나이다
21 그들이 쓸개를 나의 음식물로 주며
목마를 때에는 초를 마시게 하였사
오니
22 그들의 밥상이 올무가 되게 하시며
그들의 평안이 덫이 되게 하소서
23 그들의 눈이 어두워 보지 못하게
하시며 그들의 허리가 항상 떨리게
하소서
24 주의 분노를 그들의 위에 부으시며
주의 맹렬하신 노가 그들에게 미치
게 하소서
25 그들의 거처가 황폐하게 하시며 그
들의 장막에 사는 자가 없게 하소
서
26 무릇 그들이 주께서 치신 자를 핍
박하며 주께서 상하게 하신 자의
슬픔을 말하였사오니
27 그들의 죄악에 죄악을 더하사 주의
공의에 들어오지 못하게 하소서
28 그들을 생명책에서 지우사 의인들
과 함께 기록되지 말게 하소서
29 오직 나는 가난하고 슬프오니 하나님
이여 주의 구원으로 나를 높이소서
30 내가 노래로 하나님의 이름을 찬송
하며 감사함으로 하나님을 위대하
시다 하리니
31 이것이 소 곧 뿔과 굽이 있는 황소
를 드림보다 여호와를 더욱 기쁘시
게 함이 될 것이라
32 곤고한 자가 이를 보고 기뻐하나니
하나님을 찾는 너희들아 너희 마음
을 소생하게 할지어다
33 여호와는 궁핍한 자의 소리를 들으
시며 자기로 말미암아 갇힌 자를
멸시하지 아니하시나니
34 천지가 그를 찬송할 것이요 바다와
그 중의 모든 생물도 그리할지로다
35 하나님이 시온을 구원하시고 유다
성읍들을 건설하시리니 무리가 거
기에 살며 소유를 삼으리로다
36 그의 종들의 후손이 또한 이를 상
속하고 그의 이름을 사랑하는 자가
그 중에 살리로다

70

〔다윗의 시로 기념식에서
인도자를 따라 부르는 노래〕

1 하나님이여 나를 건지소서 여호와
여 속히 나를 도우소서
2 나의 영혼을 찾는 자들이 수치와
무안을 당하게 하시며 나의 상함을
기뻐하는 자들이 뒤로 물러가 수모
를 당하게 하소서
3 아하, 아하 하는 자들이 자기 수치
로 말미암아 뒤로 물러가게 하소서
4 주를 찾는 모든 자들이 주로 말미
암아 기뻐하고 즐거워하게 하시며
주의 구원을 사랑하는 자들이 항상

1) 심히 병이 되니

말하기를 하나님은 위대하시다 하
게 하소서
5 나는 가난하고 궁핍하오니 하나님
이여 속히 내게 임하소서 주는 나
의 도움이시요 나를 건지시는 이시
오니 여호와여 지체하지 마소서

71 여호와여 내가 주께 피하오니
내가 영원히 수치를 당하게 하
지 마소서
2 주의 의로 나를 건지시며 나를 풀
어 주시며 주의 귀를 내게 기울이
사 나를 구원하소서
3 주는 내가 항상 피하여 숨을 바위
가 되소서 주께서 나를 구원하라
명령하셨으니 이는 주께서 나의 반
석이시요 나의 요새이심이니이다
4 나의 하나님이여 나를 악인의 손
곧 불의한 자와 흉악한 자의 장중
에서 피하게 하소서
5 주 여호와여 주는 나의 소망이시요
내가 어릴 때부터 신뢰한 이시라
6 내가 모태에서부터 주를 의지하였
으며 나의 어머니의 배에서부터 주
께서 나를 택하셨사오니 나는 항상
주를 찬송하리이다
7 나는 무리에게 이상한 징조같이 되
었사오나 주는 나의 견고한 피난처
시오니
8 주를 찬송함과 주께 영광 돌림이 종
일토록 내 입에 가득하리이다
9 늙을 때에 나를 버리지 마시며 내
힘이 쇠약할 때에 나를 떠나지 마
소서
10 내 원수들이 내게 대하여 말하며
내 영혼을 엿보는 자들이 서로 꾀
하여
11 이르기를 하나님이 그를 버리셨은
즉 따라잡으라 건질 자가 없다 하
오니
12 하나님이여 나를 멀리하지 마소서
나의 하나님이여 속히 나를 도우소
서
13 내 영혼을 대적하는 자들이 수치와
멸망을 당하게 하시며 나를 모해하
려 하는 자들에게는 욕과 수욕이
덮이게 하소서
14 나는 항상 소망을 품고 주를 더욱
더욱 찬송하리이다
15 내가 측량할 수 없는 주의 공의와
구원을 내 입으로 종일 전하리이
다
16 내가 주 여호와의 능하신 행적을
가지고 오겠사오며 주의 공의만 전
하겠나이다
17 하나님이여 나를 어려서부터 교훈
하셨으므로 내가 지금까지 주의 기
이한 일들을 전하였나이다
18 하나님이여 내가 늙어 백발이 될
때에도 나를 버리지 마시며 내가
주의 힘을 후대에 전하고 주의 능
력을 장래의 모든 사람에게 전하기
까지 나를 버리지 마소서
19 하나님이여 주의 의가 또한 지극히
높으시니이다 하나님이여 주께서
큰 일을 행하셨사오니 누가 주와
같으리이까
20 우리에게 여러 가지 심한 고난을
보이신 주께서 우리를 다시 살리시
며 땅 깊은 곳에서 다시 이끌어 올
리시리이다
21 나를 더욱 창대하게 하시고 돌이키
사 나를 위로하소서
22 나의 하나님이여 내가 또 비파로
주를 찬양하며 주의 성실을 찬양
하리이다 이스라엘의 거룩하신 주
여 내가 수금으로 주를 찬양하리
이다
23 내가 주를 찬양할 때에 나의 입술
이 기뻐 외치며 주께서 속량하신
내 영혼이 즐거워하리이다

24 나의 혀도 종일토록 주의 의를 작
은 소리로 읊조리오리니 나를 모해
하려 하던 자들이 수치와 무안을
당함이니이다

72

〔솔로몬의 시〕
하나님이여 주의 판단력을 왕
에게 주시고 주의 공의를 왕의 아
들에게 주소서
2 그가 주의 백성을 공의로 재판하며
주의 가난한 자를 정의로 재판[1]하
리니
3 의로 말미암아 산들이 백성에게 평
강을 주며 작은 산들도 그리하리로
다
4 그가 가난한 백성의 억울함을 풀어
주며 궁핍한 자의 자손을 구원하며
압박하는 자를 꺾으리로다
5 그들이 해가 있을 동안에도 주를
두려워하며 달이 있을 동안에도 대
대로 그리하리로다
6 그는 벤 풀 위에 내리는 비같이, 땅
을 적시는 소낙비같이 내리리니
7 그의 날에 의인이 흥왕하여 평강의
풍성함이 달이 다할 때까지 이르리
로다
8 그가 바다에서부터 바다까지와 강
에서부터 땅끝까지 다스리리니
9 광야에 사는 자는 그 앞에 굽히며
그의 원수들은 티끌을 핥을 것이
며
10 다시스와 섬의 왕들이 조공을 바치
며 스바와 시바 왕들이 예물을 드
리리로다
11 모든 왕이 그의 앞에 부복하며 모
든 민족이 다 그를 섬기리로다
12 그는 궁핍한 자가 부르짖을 때에
건지며 도움이 없는 가난한 자도
건지며
13 그는 가난한 자와 궁핍한 자를 불
쌍히 여기며 궁핍한 자의 생명을
구원하며
14 그들의 생명을 압박과 강포에서 구
원하리니 그들의 피가 그의 눈앞에
서 존귀히 여김을 받으리로다
15 [2]그들이 생존하여 스바의 금을 그
에게 드리며 사람들이 그를 위하
여 항상 기도하고 종일 찬송하리로
다
16 산꼭대기의 땅에도 곡식이 풍성하
고 그것의 열매가 레바논같이 흔들
리며 성에 있는 자가 땅의 풀같이
왕성하리로다
17 그의 이름이 영구함이여 그의 이름
이 해와 같이 장구하리로다 사람들
이 그로 말미암아 복을 받으리니
모든 민족이 다 그를 복되다 하리
로다
18 홀로 기이한 일들을 행하시는 여호
와 하나님 곧 이스라엘의 하나님을
찬송하며
19 그 영화로운 이름을 영원히 찬송할
지어다 온 땅에 그의 영광이 충만
할지어다 아멘 아멘
20 ●이새의 아들 다윗의 기도가 끝나
니라

제 삼 권

73

〔아삽의 시〕
하나님이 참으로 이스라엘 중
마음이 정결한 자에게 선을 행하시
나
2 나는 거의 넘어질 뻔하였고 나의
걸음이 미끄러질 뻔하였으니
3 이는 내가 악인의 [3]형통함을 보고
오만한 자를 질투하였음이로다
4 그들은 죽을 때에도 고통이 없고
그 힘이 강건하며
5 사람들이 당하는 고난이 그들에게
는 없고 사람들이 당하는 재앙도

1) 하게 하소서(이하 매절 끝이 같음) 2) 저가 생존하니
3) 평안함을

그들에게는 없나니
6 그러므로 교만이 그들의 목걸이요
강포가 그들의 옷이며
7 살찜으로 그들의 눈이 솟아나며 그
들의 소득은 마음의 소원보다 많으
며
8 그들은 능욕하며 악하게 말하며 높
은 데서 거만하게 말하며
9 그들의 입은 [1]하늘에 두고 그들의
혀는 땅에 두루 다니도다
10 그러므로 그의 백성이 이리로 돌아
와서 잔에 가득한 물을 다 마시며
11 말하기를 하나님이 어찌 알랴 지존
자에게 지식이 있으랴 하는도다
12 볼지어다 이들은 악인들이라도 항
상 평안하고 재물은 더욱 불어나도
다
13 내가 내 마음을 깨끗하게 하며 내
손을 씻어 무죄하다 한 것이 실로
헛되도다
14 나는 종일 재난을 당하며 아침마다
징벌을 받았도다
15 내가 만일 스스로 이르기를 내가
그들처럼 말하리라 하였더라면 나
는 주의 아들들의 세대에 대하여
악행을 행하였으리이다
16 내가 어쩌면 이를 알까 하여 생각
한즉 그것이 내게 심한 고통이 되
었더니
17 하나님의 성소에 들어갈 때에야 그
들의 종말을 내가 깨달았나이다
18 주께서 참으로 그들을 미끄러운 곳
에 두시며 파멸에 던지시니
19 그들이 어찌하여 그리 갑자기 황폐
되었는가 놀랄 정도로 그들은 전멸
하였나이다
20 주여 사람이 깬 후에는 꿈을 무시
함같이 주께서 깨신 후에는 그들의
형상을 멸시하시리이다
21 내 마음이 산란하며 내 양심이 찔
렸나이다
22 내가 이같이 우매 무지함으로 주
앞에 짐승이오나
23 내가 항상 주와 함께하니 주께서
내 오른손을 붙드셨나이다
24 주의 교훈으로 나를 인도하시고
후에는 영광으로 나를 영접하시리
니
25 하늘에서는 주 외에 누가 내게 있
으리요 땅에서는 주밖에 내가 사모
할 이 없나이다
26 내 육체와 마음은 쇠약하나 하나님
은 내 마음의 반석이시요 영원한
분깃이시라
27 무릇 주를 멀리하는 자는 망하리니
음녀같이 주를 떠난 자를 주께서
다 멸하셨나이다
28 하나님께 가까이함이 내게 복이라
내가 주 여호와를 나의 피난처로
삼아 주의 모든 행적을 전파하리이
다

74 〔아삽의 [2]마스길〕

하나님이여 주께서 어찌하여
우리를 영원히 버리시나이까 어찌
하여 주께서 기르시는 양을 향하여
진노의 연기를 뿜으시나이까
2 옛적부터 얻으시고 속량하사 주의
기업의 지파로 삼으신 주의 회중을
기억하시며 주께서 계시던 시온 산
도 생각하소서
3 영구히 파멸된 곳을 향하여 주의
발을 옮겨 놓으소서 원수가 성소에
서 모든 악을 행하였나이다
4 주의 대적이 주의 회중 가운데에서
떠들며 자기들의 깃발을 세워 표적
으로 삼았으니
5 그들은 마치 도끼를 들어 삼림을
베는 사람 같으니이다
6 이제 그들이 도끼와 철퇴로 성소의

1) 하늘을 대적하고 2) 교훈

모든 조각품을 쳐서 부수고
7 주의 성소를 불사르며 주의 이름이
계신 곳을 더럽혀 땅에 엎었나이다
8 그들이 마음속으로 이르기를 우리
가 그들을 진멸하자 하고 이 땅에
있는 하나님의 모든 회당을 불살랐
나이다
9 우리의 표적은 보이지 아니하며 선
지자도 더 이상 없으며 이런 일이
얼마나 오랠는지 우리 중에 아는
자도 없나이다
10 하나님이여 대적이 언제까지 비방
하겠으며 원수가 주의 이름을 영원
히 능욕하리이까
11 주께서 어찌하여 주의 손 곧 주의
오른손을 거두시나이까 주의 품에
서 손을 빼내시어 그들을 멸하소서
12 ●하나님은 예로부터 나의 왕이시
라 사람에게 구원을 베푸셨나이다
13 주께서 주의 능력으로 바다를 나누
시고 물 가운데 용들의 머리를 깨
뜨리셨으며
14 [1]리워야단의 머리를 부수시고 그것
을 사막에 사는 자에게 음식물로
주셨으며
15 주께서 바위를 쪼개어 큰 물을 내
시며 주께서 늘 흐르는 강들을 마
르게 하셨나이다
16 낮도 주의 것이요 밤도 주의 것이
라 주께서 빛과 해를 마련하셨으며
17 주께서 땅의 경계를 정하시며 주께
서 여름과 겨울을 만드셨나이다
18 여호와여 이것을 기억하소서 원수
가 주를 비방하며 우매한 백성이
주의 이름을 능욕하였나이다
19 주의 멧비둘기의 생명을 들짐승에
게 주지 마시며 주의 가난한 자의
목숨을 영원히 잊지 마소서
20 그 언약을 눈여겨 보소서 무릇 땅
의 어두운 곳에 포악한 자의 처소
가 가득하나이다
21 학대받은 자가 부끄러이 돌아가게
하지 마시고 가난한 자와 궁핍한
자가 주의 이름을 찬송하게 하소서
22 하나님이여 일어나 주의 원통함을
푸시고 우매한 자가 종일 주를 비
방하는 것을 기억하소서
23 주의 대적들의 소리를 잊지 마소서
일어나 주께 항거하는 자의 떠드는
소리가 항상 주께 상달되나이다

75 〔아삽의 시, 인도자를 따라 알다스헷에 맞춘 노래〕

1 하나님이여 우리가 주께 감사하고
감사함은 주의 이름이 [2]가까움이라
사람들이 주의 기이한 일들을 전파
하나이다
2 주의 말씀이 내가 정한 기약이 이
르면 내가 바르게 심판하리니
3 땅의 기둥은 내가 세웠거니와 땅과
그 모든 주민이 소멸되리라 하시도
다 (셀라)
4 내가 오만한 자들에게 오만하게 행
하지 말라 하며 악인들에게 뿔을
들지 말라 하였노니
5 너희 뿔을 높이 들지 말며 교만한
목으로 말하지 말지어다
6 무릇 높이는 일이 동쪽에서나 서쪽
에서 말미암지 아니하며 남쪽에서
도 말미암지 아니하고
7 오직 재판장이신 하나님이 이를 낮
추시고 저를 높이시느니라
8 여호와의 손에 잔이 있어 술 거품
이 일어나는도다 속에 섞은 것이
가득한 그 잔을 하나님이 쏟아 내
시나니 실로 그 찌꺼기까지도 땅의
모든 악인이 기울여 마시리로다
9 나는 야곱의 하나님을 영원히 선포
하며 찬양하며

1) 악어로 볼 수도 있음 2) 가까운 것을 주의 기사가 선포함이니이다

10 또 악인들의 뿔을 다 베고 의인의
뿔은 높이 들리로다

76

〔아삽의 시,
인도자를 따라 현악에 맞춘 노래〕

1 하나님은 유다에 알려지셨으며 그의
이름이 이스라엘에 크시도다
2 그의 장막은 살렘에 있음이여 그의
처소는 시온에 있도다
3 거기에서 그가 화살과 방패와 칼과
전쟁을 없이하셨도다 (셀라)
4 주는 약탈한 산에서 영화로우시며
존귀하시도다
5 마음이 강한 자도 가진 것을 빼앗
기고 잠에 빠질 것이며 장사들도
모두 그들에게 도움을 줄 손을 만
날 수 없도다
6 야곱의 하나님이여 주께서 꾸짖으
시매 병거와 말이 다 깊이 잠들었
나이다
7 주께서는 경외 받을 이시니 주께서
한 번 노하실 때에 누가 주의 목전
에 서리이까
8 주께서 하늘에서 판결을 선포하시
매 땅이 두려워 잠잠하였나니
9 곧 하나님이 땅의 모든 온유한 자
를 구원하시려고 심판하러 일어나
신 때에로다 (셀라)
10 진실로 사람의 노여움은 주를 찬송
하게 될 것이요 그 남은 노여움은
주께서 금하시리이다
11 너희는 여호와 너희 하나님께 서원
하고 갚으라 사방에 있는 모든 사
람도 마땅히 경외할 이에게 예물을
드릴지로다
12 그가 고관들의 기를 꺾으시리니 그
는 세상의 왕들에게 두려움이시로
다

77

〔아삽의 시, 인도자를 따라 여두둔
의 법칙에 따라 부르는 노래〕

1 내가 내 음성으로 하나님께 부르
짖으리니 내 음성으로 하나님께 부
르짖으면 내게 귀를 기울이시리로
다
2 나의 환난날에 내가 주를 찾았으며
밤에는 내 손을 들고 거두지 아니
하였나니 내 영혼이 위로받기를 거
절하였도다
3 내가 하나님을 기억하고 불안하여
근심하니 내 심령이 상하도다 (셀
라)
4 주께서 내가 눈을 붙이지 못하게
하시니 내가 괴로워 말할 수 없나
이다
5 내가 옛날 곧 지나간 세월을 생각
하였사오며
6 밤에 부른 노래를 내가 기억하여
내 심령으로, 내가 내 마음으로 간
구하기를
7 주께서 영원히 버리실까, 다시는
은혜를 베풀지 아니하실까,
8 그의 인자하심은 영원히 끝났는가,
그의 약속하심도 영구히 폐하였는
가,
9 하나님이 그가 베푸실 은혜를 잊으
셨는가, 노하심으로 그가 베푸실
긍휼을 그치셨는가 하였나이다 (셀
라)
10 또 내가 말하기를 이는 나의 잘못
이라 지존자의 오른손의 해
11 곧 여호와의 일들을 기억하며 주께
서 옛적에 행하신 기이한 일을 기
억하리이다
12 또 주의 모든 일을 작은 소리로 읊
조리며 주의 행사를 낮은 소리로
되뇌이리이다
13 하나님이여 주의 도는 극히 거룩하
시오니 하나님과 같이 위대하신 신
이 누구오니이까
14 주는 기이한 일을 행하신 하나님이
시라 민족들 중에 주의 능력을 알

리시고
15 주의 팔로 주의 백성 곧 야곱과 요
셉의 자손을 속량하셨나이다 (셀
라)
16 하나님이여 물들이 주를 보았나이
다 물들이 주를 보고 [1]두려워하며
깊음도 진동하였고
17 구름이 물을 쏟고 궁창이 소리를 내
며 주의 화살도 날아갔나이다
18 회오리바람 중에 주의 우렛소리가
있으며 번개가 세계를 비추며 땅이
흔들리고 움직였나이다
19 주의 길이 바다에 있었고 주의 곧
은 길이 큰 물에 있었으나 주의 발
자취를 알 수 없었나이다
20 주의 백성을 양 떼같이 모세와 아
론의 손으로 인도하셨나이다

78 〔아삽의 [2]마스길〕
내 백성이여, 내 율법을 들으
며 내 입의 말에 귀를 기울일지어
다
2 내가 입을 열어 비유로 말하며 예
로부터 감추어졌던 것을 드러내려
하니
3 이는 우리가 들어서 아는 바요 우
리의 조상들이 우리에게 전한 바라
4 우리가 이를 그들의 자손에게 숨기
지 아니하고 여호와의 영예와 그의
능력과 그가 행하신 기이한 사적을
후대에 전하리로다
5 여호와께서 증거를 야곱에게 세우
시며 법도를 이스라엘에게 정하시
고 우리 조상들에게 명령하사 그들
의 자손에게 알리라 하셨으니
6 이는 그들로 후대 곧 태어날 자손
에게 이를 알게 하고 그들은 일어
나 그들의 자손에게 일러서
7 그들로 그들의 소망을 하나님께 두
며 하나님께서 행하신 일을 잊지
아니하고 오직 그의 계명을 지켜서
8 그들의 조상들 곧 완고하고 패역하
여 그들의 마음이 정직하지 못하며
그 심령이 하나님께 충성하지 아니
하는 세대와 같이 되지 아니하게
하려 하심이로다
9 에브라임 자손은 무기를 갖추며 활
을 가졌으나 전쟁의 날에 물러갔도
다
10 그들이 하나님의 언약을 지키지 아
니하고 그의 율법 준행을 거절하
며
11 여호와께서 행하신 것과 그들에게
보이신 그의 기이한 일을 잊었도
다
12 옛적에 하나님이 애굽 땅 소안 들
에서 기이한 일을 그들의 조상들의
목전에서 행하셨으되
13 그가 바다를 갈라 물을 무더기같이
서게 하시고 그들을 지나가게 하셨
으며
14 낮에는 구름으로, 밤에는 불빛으로
인도하셨으며
15 광야에서 반석을 쪼개시고 매우 깊
은 곳에서 나오는 물처럼 흡족하게
마시게 하셨으며
16 또 바위에서 시내를 내사 물이 강
같이 흐르게 하셨으나
17 그들은 계속해서 하나님께 범죄하
여 메마른 땅에서 지존자를 배반하
였도다
18 그들이 그들의 탐욕대로 음식을 구
하여 그들의 심중에 하나님을 시험
하였으며
19 그뿐 아니라 하나님을 대적하여 말
하기를 하나님이 광야에서 식탁을
베푸실 수 있으랴
20 보라 그가 반석을 쳐서 물을 내시
니 시내가 넘쳤으나 그가 능히 떡
도 주시며 자기 백성을 위하여 고

1) 괴로워하며 2) 교훈

기도 예비하시랴 하였도다
21 그러므로 여호와께서 듣고 노하셨
으며 야곱에게 불같이 노하셨고 또
한 이스라엘에게 진노가 불타 올랐
으니
22 이는 하나님을 믿지 아니하며 그의
구원을 의지하지 아니한 때문이로
다
23 그러나 그가 위의 궁창을 명령하시
며 하늘 문을 여시고
24 그들에게 만나를 비같이 내려 먹이
시며 하늘 양식을 그들에게 주셨나
니
25 사람이 힘센 자의 떡을 먹었으며
그가 음식을 그들에게 충족히 주셨
도다
26 그가 동풍을 하늘에서 일게 하시며
그의 권능으로 남풍을 인도하시고
27 먼지처럼 많은 고기를 비같이 내리
시고 나는 새를 바다의 모래같이
내리셨도다
28 그가 그것들을 그들의 진중에 떨어
지게 하사 그들의 거처에 두르셨으
므로
29 그들이 먹고 심히 배불렀나니 하나
님이 그들의 원대로 그들에게 주셨
도다
30 그러나 그들이 그들의 욕심을 버리
지 아니하여 그들의 먹을 것이 아
직 그들의 입에 있을 때에
31 하나님이 그들에게 노염을 나타내
사 그들 중 강한 자를 죽이시며 이
스라엘의 청년을 쳐 엎드러뜨리셨
도다
32 이러함에도 그들은 여전히 범죄하
여 그의 기이한 일들을 믿지 아니
하였으므로
33 하나님이 그들의 날들을 헛되이 보
내게 하시며 그들의 햇수를 두려움
으로 보내게 하셨도다
34 하나님이 그들을 죽이실 때에 그들
이 그에게 구하며 돌이켜 하나님을
간절히 찾았고
35 하나님이 그들의 반석이시며 지존
하신 하나님이 그들의 구속자이심
을 기억하였도다
36 그러나 그들이 입으로 그에게 아첨
하며 자기 혀로 그에게 거짓을 말
하였으니
37 이는 하나님께 향하는 그들의 마음
이 정함이 없으며 그의 언약에 성
실하지 아니하였음이로다
38 오직 하나님은 긍휼하시므로 죄악
을 덮어 주시어 멸망시키지 아니하
시고 그의 진노를 여러 번 돌이키
시며 그의 모든 분을 다 쏟아 내지
아니하셨으니
39 그들은 육체이며 가고 다시 돌아오
지 못하는 바람임을 기억하셨음이
라
40 그들이 광야에서 그에게 반항하며
사막에서 그를 슬프시게 함이 몇
번인가
41 그들이 돌이켜 하나님을 거듭거듭
시험하며 이스라엘의 거룩하신 이
를 노엽게 하였도다
42 그들이 그의 권능의 손을 기억하
지 아니하며 대적에게서 그들을 구
원하신 날도 기억하지 아니하였도
다
43 그때에 하나님이 애굽에서 그의 표
적들을, 소안 들에서 그의 징조들
을 나타내사
44 그들의 강과 시내를 피로 변하여
그들로 마실 수 없게 하시며
45 쇠파리 떼를 그들에게 보내어 그들
을 물게 하시고 개구리를 보내어
해하게 하셨으며
46 그들의 토산물을 황충에게 주셨고
그들이 수고한 것을 메뚜기에게 주

셨으며
47 그들의 포도나무를 우박으로, 그들
의 뽕나무를 [1]서리로 죽이셨으며
48 그들의 가축을 우박에, 그들의 양
떼를 번갯불에 넘기셨으며
49 그의 맹렬한 노여움과 진노와 분노
와 고난 곧 재앙의 천사들을 그들
에게 내려보내셨으며
50 그는 진노로 길을 닦으사 그들의
목숨이 죽음을 면하지 못하게 하시
고 그들의 생명을 전염병에 붙이셨
으며
51 애굽에서 모든 장자 곧 함의 장막
에 있는 그들의 기력의 처음 것을
치셨으나
52 그가 자기 백성은 양같이 인도하여
내시고 광야에서 양 떼같이 지도하
셨도다
53 그들을 안전히 인도하시니 그들은
두려움이 없었으나 그들의 원수는
바다에 빠졌도다
54 그들을 그의 성소의 영역 곧 그의
오른손으로 만드신 산으로 인도하
시고
55 또 나라를 그들의 앞에서 쫓아내시
며 줄을 쳐서 그들의 소유를 분배
하시고 이스라엘의 지파들이 그들
의 장막에 살게 하셨도다
56 그러나 그들은 지존하신 하나님을
시험하고 반항하여 그의 명령을 지
키지 아니하며
57 그들의 조상들같이 배반하고 거짓
을 행하여 속이는 활같이 빗나가서
58 자기 산당들로 그의 노여움을 일으
키며 그들의 조각한 우상들로 그를
진노하게 하였으매
59 하나님이 들으시고 분내어 이스라
엘을 크게 미워하사
60 사람 가운데 세우신 장막 곧 실로
의 성막을 떠나시고
61 그가 그의 능력을 포로에게 넘겨
주시며 그의 영광을 대적의 손에
붙이시고
62 그가 그의 소유 때문에 분내사 그
의 백성을 칼에 넘기셨으니
63 그들의 청년은 불에 살라지고 그들
의 처녀들은 혼인 노래를 들을 수
없었으며
64 그들의 제사장들은 칼에 엎드러지
고 그들의 과부들은 애곡도 하지
못하였도다
65 그때에 주께서 잠에서 깨어난 것처
럼, 포도주를 마시고 고함치는 용
사처럼 일어나사
66 그의 대적들을 쳐 물리쳐서 영원히
그들에게 욕되게 하셨도다
67 또 요셉의 장막을 버리시며 에브라
임 지파를 택하지 아니하시고
68 오직 유다 지파와 그가 사랑하시는
시온 산을 택하시며
69 그의 성소를 산의 높음같이, 영원
히 두신 땅같이 지으셨도다
70 또 그의 종 다윗을 택하시되 양의
우리에서 취하시며
71 젖 양을 지키는 중에서 그를 이끌
어내사 그의 백성인 야곱, 그의 소
유인 이스라엘을 기르게 하셨더니
72 이에 그가 그들을 자기 마음의 완
전함으로 기르고 그의 손의 능숙함
으로 그들을 지도하였도다

79

〔아삽의 시〕
하나님이여 이방 나라들이 주
의 기업의 땅에 들어와서 주의 성
전을 더럽히고 예루살렘이 돌무더
기가 되게 하였나이다
2 그들이 주의 종들의 시체를 공중의
새에게 밥으로, 주의 성도들의 육
체를 땅의 짐승에게 주며
3 그들의 피를 예루살렘 사방에 물같

1) 큰 우박으로

이 흘렸으나 그들을 매장하는 자가
없었나이다
4 우리는 우리 이웃에게 비방거리가
되며 우리를 에워싼 자에게 조소와
조롱거리가 되었나이다
5 여호와여 어느 때까지니이까 영원
히 노하시리이까 주의 질투가 불붙
듯 하시리이까
6 주를 알지 아니하는 민족들과 주의
이름을 부르지 아니하는 나라들에
게 주의 노를 쏟으소서
7 그들이 야곱을 삼키고 그의 거처를
황폐하게 함이니이다
8 우리 [1]조상들의 죄악을 기억하지
마시고 주의 긍휼로 우리를 속히
영접하소서 우리가 매우 가련하게
되었나이다
9 우리 구원의 하나님이여 주의 이름
의 영광스러운 행사를 위하여 우리
를 도우시며 주의 이름을 증거하기
위하여 우리를 건지시며 우리 죄를
사하소서
10 이방 나라들이 어찌하여 그들의 하
나님이 어디 있느냐 말하나이까 주
의 종들이 피 흘림에 대한 복수를
우리의 목전에서 이방 나라에게 보
여주소서
11 갇힌 자의 탄식을 주의 앞에 이르
게 하시며 죽이기로 정해진 자도
주의 크신 능력을 따라 보존하소서
12 주여 우리 이웃이 주를 비방한 그
비방을 그들의 품에 칠 배나 갚으
소서
13 우리는 주의 백성이요 주의 목장의
양이니 우리는 영원히 주께 감사
하며 주의 영예를 대대에 전하리이
다

80

〔아삽의 시, 인도자를 따라 소산님에둣에 맞춘 노래〕

1 요셉을 양 떼같이 인도하시는 이스
라엘의 목자여 귀를 기울이소서 그
룹 사이에 좌정하신 이여 빛을 비
추소서
2 에브라임과 베냐민과 므낫세 앞에
서 주의 능력을 나타내사 우리를
구원하러 오소서
3 하나님이여 우리를 돌이키시고 주
의 얼굴빛을 비추사 우리가 구원을
얻게 하소서
4 ●만군의 하나님 여호와여 주의 백
성의 기도에 대하여 어느 때까지
노하시리이까
5 주께서 그들에게 눈물의 양식을 먹
이시며 많은 눈물을 마시게 하셨나
이다
6 우리를 우리 이웃에게 다툼거리가
되게 하시니 우리 원수들이 서로
비웃나이다
7 만군의 하나님이여 우리를 회복하
여 주시고 주의 얼굴의 광채를 비
추사 우리가 구원을 얻게 하소서
8 ●주께서 한 포도나무를 애굽에서
가져다가 민족들을 쫓아내시고 그
것을 심으셨나이다
9 주께서 그 앞서 가꾸셨으므로 그
뿌리가 깊이 박혀서 땅에 가득하며
10 그 그늘이 산들을 가리고 그 가지
는 [2]하나님의 백향목 같으며
11 그 가지가 바다까지 뻗고 넝쿨이
[3]강까지 미쳤거늘
12 주께서 어찌하여 그 담을 허시사
길을 지나가는 모든 이들이 그것을
따게 하셨나이까
13 숲 속의 멧돼지들이 상해하며 들짐
승들이 먹나이다
14 만군의 하나님이여 구하옵나니 돌
아오소서 하늘에서 굽어보시고 이
포도나무를 돌보소서
15 주의 오른손으로 심으신 줄기요 주

1) 히, 시조들 2) 아름다운 백향목 3) 유브라데 강

를 위하여 힘있게 하신 가지니이다
16 그것이 불타고 베임을 당하며 주의
면책으로 말미암아 멸망하오니
17 주의 오른쪽에 있는 자 곧 주를 위
하여 힘있게 하신 인자에게 주의
손을 얹으소서
18 그리하시면 우리가 주에게서 물러
가지 아니하오리니 우리를 소생하
게 하소서 우리가 주의 이름을 부
르리이다
19 만군의 하나님 여호와여 우리를 돌
이켜 주시고 주의 얼굴의 광채를
우리에게 비추소서 우리가 구원을
얻으리이다

81

〔아삽의 시,
인도자를 따라 깃딧에 맞춘 노래〕

1 우리의 능력이 되시는 하나님을 향
하여 기쁘게 노래하며 야곱의 하
나님을 향하여 즐거이 소리칠지어
다
2 시를 읊으며 소고를 치고 아름다운
수금에 비파를 아우를지어다
3 초하루와 보름과 우리의 명절에 나
팔을 불지어다
4 이는 이스라엘의 율례요 야곱의 하
나님의 규례로다
5 하나님이 애굽 땅을 치러 나아가시
던 때에 요셉의 족속 중에 이를 증
거로 세우셨도다 거기서 내가 알지
못하던 말씀을 들었나니
6 이르시되 내가 그의 어깨에서 짐을
벗기고 그의 손에서 광주리를 놓게
하였도다
7 네가 고난 중에 부르짖으매 내가
너를 건졌고 우렛소리의 은밀한 곳
에서 네게 응답하며 므리바 물가에
서 너를 시험하였도다 (셀라)
8 내 백성이여 들으라 내가 네게 증
언하리라 이스라엘이여 내게 듣기
를 원하노라
9 너희 중에 다른 신을 두지 말며 이
방 신에게 절하지 말지어다
10 나는 너를 애굽 땅에서 인도하여
낸 여호와 네 하나님이니 네 입을
크게 열라 내가 채우리라 하였으
나
11 내 백성이 내 소리를 듣지 아니하
며 이스라엘이 나를 원하지 아니하
였도다
12 그러므로 내가 그의 마음을 완악한
대로 버려두어 그의 임의대로 행하
게 하였도다
13 내 백성아 내 말을 들으라 이스라
엘아 내 도를 따르라
14 그리하면 내가 속히 그들의 원수를
누르고 내 손을 돌려 그들의 대적
들을 치리니
15 여호와를 미워하는 자는 그에게 복
종하는 체할지라도 그들의 시대는
영원히 계속되리라
16 또 내가 기름진 밀을 그들에게 먹
이며 반석에서 나오는 꿀로 너를
만족하게 하리라 하셨도다

82

〔아삽의 시〕

하나님은 신들의 모임 가운데
에 서시며 하나님은 그들 가운데에
서 재판하시느니라
2 너희가 불공평한 판단을 하며 악인
의 낯 보기를 언제까지 하려느냐
(셀라)
3 가난한 자와 고아를 위하여 판단하
며 곤란한 자와 빈궁한 자에게 공
의를 베풀지며
4 가난한 자와 궁핍한 자를 구원하여
악인들의 손에서 건질지니라 하시
는도다
5 그들은 알지도 못하고 깨닫지도 못
하여 흑암 중에 왕래하니 땅의 모
든 터가 흔들리도다
6 내가 말하기를 너희는 신들이며 다

지존자의 아들들이라 하였으나
7 그러나 너희는 사람처럼 죽으며 고
관의 하나같이 넘어지리로다
8 하나님이여 일어나사 세상을 심판
하소서 모든 나라가 주의 소유이기
때문이니이다

83

〔아삽의 시 곧 노래〕
하나님이여 침묵하지 마소서
하나님이여 잠잠하지 마시고 조용
하지 마소서
2 무릇 주의 원수들이 떠들며 주를
미워하는 자들이 머리를 들었나이
다
3 그들이 주의 백성을 치려 하여 간
계를 꾀하며 주께서 숨기신 자를
치려고 서로 의논하여
4 말하기를 가서 그들을 멸하여 다시
나라가 되지 못하게 하여 이스라엘
의 이름으로 다시는 기억되지 못하
게 하자 하나이다
5 그들이 한마음으로 의논하고 주를
대적하여 서로 동맹하니
6 곧 에돔의 장막과 이스마엘인과 모
압과 하갈인이며
7 그발과 암몬과 아말렉이며 블레셋
과 두로 사람이요
8 앗수르도 그들과 연합하여 롯 자손
의 도움이 되었나이다 (셀라)
9 주는 미디안인에게 행하신 것같이,
기손 시내에서 시스라와 야빈에게
행하신 것같이 그들에게도 행하소
서
10 그들은 엔돌에서 패망하여 땅에 거
름이 되었나이다
11 그들의 귀인들이 오렙과 스엡 같게
하시며 그들의 모든 고관들은 세바
와 살문나와 같게 하소서
12 그들이 말하기를 우리가 하나님의
목장을 우리의 소유로 취하자 하였
나이다
13 나의 하나님이여 그들이 굴러가는
검불 같게 하시며 바람에 날리는
지푸라기 같게 하소서
14 삼림을 사르는 불과 산에 붙는 불
길같이
15 주의 광풍으로 그들을 쫓으시며 주
의 폭풍으로 그들을 두렵게 하소
서
16 여호와여 그들의 얼굴에 수치가 가
득하게 하사 그들이 주의 이름을
찾게 하소서
17 그들로 수치를 당하여 영원히 놀라
게 하시며 낭패와 멸망을 당하게
하사
18 여호와라 이름하신 주만 온 세계의
지존자로 알게 하소서

84

〔고라 자손의 시, 인도자를 따라
깃딧에 맞춘 노래〕
1 만군의 여호와여 주의 장막이 어찌
그리 사랑스러운지요
2 내 영혼이 여호와의 궁정을 사모하
여 쇠약함이여 내 마음과 육체가
살아 계시는 하나님께 부르짖나이
다
3 나의 왕, 나의 하나님, 만군의 여호
와여 주의 제단에서 참새도 제 집
을 얻고 제비도 새끼 둘 보금자리
를 얻었나이다
4 주의 집에 사는 자들은 복이 있나
니 그들이 항상 주를 찬송하리이다
(셀라)
5 주께 힘을 얻고 그 마음에 시온의
대로가 있는 자는 복이 있나이다
6 그들이 [1]눈물 골짜기로 지나갈 때
에 그곳에 많은 샘이 있을 것이며
이른 비가 복을 채워 주나이다
7 그들은 힘을 얻고 더 얻어 나아가
시온에서 하나님 앞에 각기 나타나
리이다

1) 바카 골짜기로

8 만군의 하나님 여호와여 내 기도를
들으소서 야곱의 하나님이여 귀를
기울이소서 (셀라)
9 우리 방패이신 하나님이여 주께서
기름 부으신 자의 얼굴을 살펴 보
옵소서
10 주의 궁정에서의 한 날이 다른 곳
에서의 천 날보다 나은즉 악인의
장막에 사는 것보다 내 하나님의
성전 문지기로 있는 것이 좋사오니
11 여호와 하나님은 해요 방패이시라
여호와께서 은혜와 영화를 주시며
정직하게 행하는 자에게 좋은 것을
아끼지 아니하실 것임이니이다
12 만군의 여호와여 주께 의지하는 자
는 복이 있나이다

85 〔고라 자손의 시, 인도자를 따라 부르는 노래〕

1 여호와여 주께서 주의 땅에 은혜를
베푸사 야곱의 포로된 자들이 돌아
오게 하셨으며
2 주의 백성의 죄악을 사하시고 그들
의 모든 죄를 덮으셨나이다 (셀라)
3 주의 모든 분노를 거두시며 주의
진노를 돌이키셨나이다
4 우리 구원의 하나님이여 우리를 돌
이키시고 우리에게 향하신 주의 분
노를 거두소서
5 주께서 우리에게 영원히 노하시며
대대에 진노하시겠나이까
6 주께서 우리를 다시 살리사 주의
백성이 주를 기뻐하도록 하지 아니
하시겠나이까
7 여호와여 주의 인자하심을 우리에
게 보이시며 주의 구원을 우리에게
주소서
8 내가 하나님 여호와께서 하실 말씀
을 들으리니 무릇 그의 백성, 그의
성도들에게 화평을 말씀하실 것이
라 그들은 다시 어리석은 데로 돌
아가지 말지로다
9 진실로 그의 구원이 그를 경외하는
자에게 가까우니 영광이 우리 땅에
머무르리이다
10 인애와 진리가 같이 만나고 의와
화평이 서로 입맞추었으며
11 진리는 땅에서 솟아나고 의는 하늘
에서 굽어보도다
12 여호와께서 좋은 것을 주시리니 우
리 땅이 그 산물을 내리로다
13 의가 주의 앞에 앞서 가며 주의 길
을 닦으리로다

86 〔다윗의 기도〕

여호와여 나는 가난하고 궁핍
하오니 주의 귀를 기울여 내게 응
답하소서
2 나는 [1]경건하오니 내 영혼을 보존
하소서 내 주 하나님이여 주를 의
지하는 종을 구원하소서
3 주여 내게 은혜를 베푸소서 내가
종일 주께 부르짖나이다
4 주여 내 영혼이 주를 우러러보오니
주여 내 영혼을 기쁘게 하소서
5 주는 선하사 사죄하기를 즐거워하
시며 주께 부르짖는 자에게 인자함
이 후하심이니이다
6 여호와여 나의 기도에 귀를 기울이
시고 내가 간구하는 소리를 들으소
서
7 나의 환난날에 내가 주께 부르짖
으리니 주께서 내게 응답하시리이
다
8 주여 신들 중에 주와 같은 자 없사
오며 주의 행하심과 같은 일도 없
나이다
9 주여 주께서 지으신 모든 민족이
와서 주의 앞에 경배하며 주의 이
름에 영광을 돌리리이다
10 무릇 주는 위대하사 기이한 일들을

1) 주께서 은혜를 주신 자니

행하시오니 주만이 하나님이시니
이다
11 여호와여 주의 도를 내게 가르치소
서 내가 주의 진리에 행하오리니
일심으로 주의 이름을 경외하게 하
소서
12 주 나의 하나님이여 내가 전심으로
주를 찬송하고 영원토록 주의 이름
에 영광을 돌리오리니
13 이는 내게 향하신 주의 인자하심이
크사 내 영혼을 깊은 스올에서 건
지셨음이니이다
14 하나님이여 교만한 자들이 일어나
나를 치고 포악한 자의 무리가 내
영혼을 찾았사오며 자기 앞에 주를
두지 아니하였나이다
15 그러나 주여 주는 긍휼히 여기시며
은혜를 베푸시며 노하기를 더디 하
시며 인자와 진실이 풍성하신 하나
님이시오니
16 내게로 돌이키사 내게 은혜를 베푸
소서 주의 종에게 힘을 주시고 주
의 여종의 아들을 구원하소서
17 은총의 표적을 내게 보이소서 그러
면 나를 미워하는 그들이 보고 부
끄러워하오리니 여호와여 주는 나
를 돕고 위로하시는 이시니이다

87

〔고라 자손의 시 곧 노래〕
그의 터전이 성산에 있음이여
2 여호와께서 야곱의 모든 거처보다
시온의 문들을 사랑하시는도다
3 하나님의 성이여 너를 가리켜 영광
스럽다 말하는도다 (셀라)
4 나는 [1]라합과 바벨론이 나를 아는
자 중에 있다 말하리라 보라 블레
셋과 두로와 구스여 이것들도 [2]거
기서 났다 하리로다
5 시온에 대하여 말하기를 이 사람,
저 사람이 거기서 났다고 말하리니
지존자가 친히 시온을 세우리라 하
는도다
6 여호와께서 민족들을 등록하실 때
에는 그 수를 세시며 이 사람이 거
기서 났다 하시리로다 (셀라)
7 노래하는 자와 뛰어 노는 자들이
말하기를 나의 모든 근원이 네게
있다 하리로다

88

〔고라 자손의 찬송 시 곧 에스라인
헤만의 [3]마스길, 인도자를 따라
[4]마할랏르안놋에 맞춘 노래〕
1 여호와 내 구원의 하나님이여 내
가 주야로 주 앞에서 부르짖었사
오니
2 나의 기도가 주 앞에 이르게 하시
며 나의 부르짖음에 주의 귀를 기
울여 주소서
3 무릇 나의 영혼에는 재난이 가득하
며 나의 생명은 스올에 가까웠사오
니
4 나는 무덤에 내려가는 자같이 인정
되고 힘없는 용사와 같으며
5 죽은 자 중에 던져진 바 되었으며
죽임을 당하여 무덤에 누운 자 같
으니이다 주께서 그들을 다시 기억
하지 아니하시니 그들은 주의 손에
서 끊어진 자니이다
6 주께서 나를 깊은 웅덩이와 어둡고
음침한 곳에 두셨사오며
7 주의 노가 나를 심히 누르시고 주
의 모든 파도가 나를 괴롭게 하셨
나이다 (셀라)
8 주께서 내가 아는 자를 내게서 멀
리 떠나게 하시고 나를 그들에게
가증한 것이 되게 하셨사오니 나
는 갇혀서 나갈 수 없게 되었나이
다
9 곤란으로 말미암아 내 눈이 쇠하였
나이다 여호와여 내가 매일 주를
부르며 주를 향하여 나의 두 손을

1) 애굽 2) 시온에서 3) 교훈 4) 병의 노래

들었나이다
10 주께서 죽은 자에게 기이한 일을
보이시겠나이까 유령들이 일어나
주를 찬송하리이까 (셀라)
11 주의 인자하심을 무덤에서, 주의
성실하심을 멸망 중에서 선포할 수
있으리이까
12 흑암 중에서 주의 기적과 잊음의
땅에서 주의 공의를 알 수 있으리
이까
13 여호와여 오직 내가 주께 부르짖었
사오니 아침에 나의 기도가 주의
앞에 이르리이다
14 여호와여 어찌하여 나의 영혼을 버
리시며 어찌하여 주의 얼굴을 내게
서 숨기시나이까
15 내가 어릴 적부터 고난을 당하여
죽게 되었사오며 주께서 두렵게 하
실 때에 당황하였나이다
16 주의 진노가 내게 넘치고 주의 두
려움이 나를 끊었나이다
17 이런 일이 물같이 종일 나를 에우
며 함께 나를 둘러쌌나이다
18 주는 내게서 사랑하는 자와 친구를
멀리 떠나게 하시며 내가 아는 자
를 흑암에 두셨나이다

89

〔에스라인 에단의 [1]마스길〕
내가 여호와의 인자하심을 영
원히 노래하며 주의 성실하심을 내
입으로 대대에 알게 하리이다
2 내가 말하기를 인자하심을 영원히
세우시며 주의 성실하심을 하늘에
서 견고히 하시리라 하였나이다
3 ●주께서 이르시되 나는 내가 택한
자와 언약을 맺으며 내 종 다윗에
게 맹세하기를
4 내가 네 자손을 영원히 견고히 하
며 네 왕위를 대대에 세우리라 하
셨나이다 (셀라)
5 여호와여 주의 기이한 일을 하늘이
찬양할 것이요 주의 성실도 거룩한
자들의 모임 가운데에서 찬양하리
이다
6 무릇 구름 위에서 능히 여호와와
비교할 자 누구며 신들 중에서 여
호와와 같은 자 누구리이까
7 하나님은 거룩한 자의 모임 가운데
에서 매우 무서워할 이시오며 둘러
있는 모든 자 위에 더욱 두려워할
이시니이다
8 여호와 만군의 하나님이여 주와 같
이 능력 있는 이가 누구리이까 여
호와여 주의 성실하심이 주를 둘렀
나이다
9 주께서 바다의 파도를 다스리시며
그 파도가 일어날 때에 잔잔하게
하시나이다
10 주께서 [2]라합을 죽임당한 자같이
깨뜨리시고 주의 원수를 주의 능력
의 팔로 흩으셨나이다
11 하늘이 주의 것이요 땅도 주의 것
이라 세계와 그 중에 충만한 것을
주께서 건설하셨나이다
12 남북을 주께서 창조하셨으니 다볼
과 헤르몬이 주의 이름으로 말미암
아 즐거워하나이다
13 주의 팔에 능력이 있사오며 주의
손은 강하고 주의 오른손은 높이
들리우셨나이다
14 의와 공의가 주의 보좌의 기초라
인자함과 진실함이 주 앞에 있나이
다
15 즐겁게 소리칠 줄 아는 백성은 복
이 있나니 여호와여 그들이 주의
얼굴빛 안에서 다니리로다
16 그들은 종일 주의 이름 때문에 기
뻐하며 주의 공의로 말미암아 높아
지오니
17 주는 그들의 힘의 영광이심이라 우

1) 교훈 2) 애굽

리의 뿔이 주의 은총으로 높아지오
리니
18 우리의 방패는 여호와께 속하였고
우리의 왕은 이스라엘의 거룩한 이
에게 속하였기 때문이니이다
19 ●그때에 주께서 환상 중에 주의
성도들에게 말씀하여 이르시기를
내가 능력 있는 용사에게는 돕는
힘을 더하며 백성 중에서 택함 받
은 자를 높였으되
20 내가 내 종 다윗을 찾아내어 나의
거룩한 기름을 그에게 부었도다
21 내 손이 그와 함께하여 견고하게
하고 내 팔이 그를 힘이 있게 하리
로다
22 원수가 그에게서 강탈하지 못하며
악한 자가 그를 곤고하게 못하리로
다
23 내가 그의 앞에서 그 대적들을 박
멸하며 그를 미워하는 자들을 치려
니와
24 나의 성실함과 인자함이 그와 함께
하리니 내 이름으로 말미암아 그의
뿔이 높아지리로다
25 내가 또 그의 손을 바다 위에 놓으
며 오른손을 강들 위에 놓으리니
26 그가 내게 부르기를 주는 나의 아
버지시요 나의 하나님이시요 나의
구원의 바위시라 하리로다
27 내가 또 그를 장자로 삼고 세상 왕
들에게 지존자가 되게 하며
28 그를 위하여 나의 인자함을 영원히
지키고 그와 맺은 나의 언약을 굳
게 세우며
29 또 그의 후손을 영구하게 하여 그
의 왕위를 하늘의 날과 같게 하리
로다
30 만일 그의 자손이 내 법을 버리며
내 규례대로 행하지 아니하며
31 내 율례를 깨뜨리며 내 계명을 지
키지 아니하면
32 내가 회초리로 그들의 죄를 다스리
며 채찍으로 그들의 죄악을 벌하리
로다
33 그러나 나의 인자함을 그에게서 다
거두지는 아니하며 나의 성실함도
폐하지 아니하며
34 내 언약을 깨뜨리지 아니하고 내
입술에서 낸 것은 변하지 아니하리
로다
35 내가 나의 거룩함으로 한 번 맹세
하였은즉 다윗에게 거짓말을 하지
아니할 것이라
36 그의 후손이 장구하고 그의 왕위는
해같이 내 앞에 항상 있으며
37 또 궁창의 확실한 증인인 달같이
영원히 견고하게 되리라 하셨도다
(셀라)
38 ●그러나 주께서 주의 기름부음 받
은 자에게 노하사 물리치셔서 버리
셨으며
39 주의 종의 언약을 미워하사 그의
관을 땅에 던져 욕되게 하셨으며
40 그의 모든 울타리를 파괴하시며 그
요새를 무너뜨리셨으므로
41 길로 지나가는 자들에게 다 탈취를
당하며 그의 이웃에게 욕을 당하나
이다
42 주께서 그의 대적들의 오른손을 높
이시고 그들의 모든 원수들은 기쁘
게 하셨으나
43 그의 칼날은 둔하게 하사 그가 전
장에서 더 이상 버티지 못하게 하
셨으며
44 그의 영광을 그치게 하시고 그의
왕위를 땅에 엎으셨으며
45 그의 젊은 날들을 짧게 하시고 그
를 수치로 덮으셨나이다 (셀라)
46 여호와여 언제까지니이까 스스로
영원히 숨기시리이까 주의 노가 언

제까지 불붙듯 하시겠나이까
47 나의 때가 얼마나 짧은지 기억하소
서 주께서 모든 사람을 어찌 그리
허무하게 창조하셨는지요
48 누가 살아서 죽음을 보지 아니하고
자기의 영혼을 스올의 권세에서 건
지리이까 (셀라)
49 주여 주의 성실하심으로 다윗에게
맹세하신 그 전의 인자하심이 어디
있나이까
50 주는 주의 종들이 받은 비방을 기
억하소서 많은 민족의 비방이 내
품에 있사오니
51 여호와여 이 비방은 주의 원수들이
주의 기름부음 받은 자의 행동을
비방한 것이로소이다
52 ●여호와를 영원히 찬송할지어다
아멘 아멘

제 사 권

90 〔하나님의 사람 모세의 기도〕
주여 주는 대대에 우리의 거
처가 되셨나이다
2 산이 생기기 전, 땅과 세계도 주께
서 조성하시기 전 곧 영원부터 영
원까지 주는 하나님이시니이다
3 주께서 사람을 [1]티끌로 돌아가게
하시고 말씀하시기를 너희 인생들
은 돌아가라 하셨사오니
4 주의 목전에는 천 년이 지나간 어
제 같으며 밤의 한순간 같을 뿐임
이니이다
5 주께서 그들을 홍수처럼 쓸어가시
나이다 그들은 잠깐 자는 것 같으
며 아침에 돋는 풀 같으니이다
6 풀은 아침에 꽃이 피어 자라다가
저녁에는 시들어 마르나이다
7 우리는 주의 노에 소멸되며 주의
분내심에 놀라나이다
8 주께서 우리의 죄악을 주의 앞에
놓으시며 우리의 은밀한 죄를 주의
얼굴빛 가운데에 두셨사오니
9 우리의 모든 날이 주의 분노 중에
지나가며 우리의 평생이 순식간에
다하였나이다
10 우리의 연수가 칠십이요 강건하면
팔십이라도 그 연수의 자랑은 수고
와 슬픔뿐이요 신속히 가니 우리가
날아가나이다
11 누가 주의 노여움의 능력을 알며
누가 주의 진노의 두려움을 알리이
까
12 우리에게 우리 날 계수함을 가르치
사 지혜로운 마음을 얻게 하소서
13 여호와여 돌아오소서 언제까지니
이까 주의 종들을 불쌍히 여기소
서
14 아침에 주의 인자하심이 우리를 만
족하게 하사 우리를 일생 동안 즐
겁고 기쁘게 하소서
15 우리를 괴롭게 하신 날수대로와 우
리가 화를 당한 연수대로 우리를
기쁘게 하소서
16 주께서 행하신 일을 주의 종들에게
나타내시며 주의 영광을 그들의 자
손에게 나타내소서
17 주 우리 하나님의 [2]은총을 우리에
게 내리게 하사 우리의 손이 행한
일을 우리에게 견고하게 하소서 우
리의 손이 행한 일을 견고하게 하
소서

91 지존자의 은밀한 곳에 거주하
며 전능자의 그늘 아래에 사는
자여,
2 나는 여호와를 향하여 말하기를 그
는 나의 피난처요 나의 요새요 내가
의뢰하는 하나님이라 하리니
3 이는 그가 너를 새 사냥꾼의 올무
에서와 심한 전염병에서 건지실 것
임이로다

1) 파멸로 2) 아름다움이

4 그가 너를 그의 깃으로 덮으시리니
네가 그의 날개 아래에 피하리로다
그의 진실함은 방패와 손 방패가
되시나니
5 너는 밤에 찾아오는 공포와 낮에
날아드는 화살과
6 어두울 때 퍼지는 전염병과 밝을
때 닥쳐오는 재앙을 두려워하지 아
니하리로다
7 천 명이 네 왼쪽에서, 만 명이 네
오른쪽에서 엎드러지나 이 재앙이
네게 가까이하지 못하리로다
8 오직 너는 똑똑히 보리니 악인들의
보응을 네가 보리로다
9 네가 말하기를 [1]여호와는 나의 피
난처시라 하고 지존자를 너의 거처
로 삼았으므로
10 화가 네게 미치지 못하며 재앙이
네 장막에 가까이 오지 못하리니
11 그가 너를 위하여 그의 천사들을
명령하사 네 모든 길에서 너를 지
키게 하심이라
12 그들이 그들의 손으로 너를 붙들어
발이 돌에 부딪히지 아니하게 하리
로다
13 네가 사자와 독사를 밟으며 젊은
사자와 뱀을 발로 누르리로다
14 하나님이 이르시되 그가 나를 사랑
한즉 내가 그를 건지리라 그가 내 이
름을 안즉 내가 그를 높이리라
15 그가 내게 간구하리니 내가 그에게
응답하리라 그들이 환난당할 때에
내가 그와 함께하여 그를 건지고
영화롭게 하리라
16 내가 그를 장수하게 함으로 그를
만족하게 하며 나의 구원을 그에게
보이리라 하시도다

92

〔안식일의 찬송 시〕

1–3 지존자여 십현금과 비파
와 수금으로 여호와께 감사하며
주의 이름을 찬양하고 아침마다
주의 인자하심을 알리며 밤마다
주의 성실하심을 베풂이 좋으니이
다
4 여호와여 주께서 행하신 일로 나를
기쁘게 하셨으니 주의 손이 행하신
일로 말미암아 내가 높이 외치리이
다
5 여호와여 주께서 행하신 일이 어찌
그리 크신지요 주의 생각이 매우
깊으시니이다
6 어리석은 자도 알지 못하며 무지한
자도 이를 깨닫지 못하나이다
7 악인들은 풀같이 자라고 악을 행하
는 자들은 다 흥왕할지라도 영원히
멸망하리이다
8 여호와여 주는 영원토록 지존하시
니이다
9 여호와여 주의 원수들은 패망하리
이다 정녕 주의 원수들은 패망하리
니 죄악을 행하는 자들은 다 흩어
지리이다
10 그러나 주께서 내 뿔을 들소의 뿔
같이 높이셨으며 내게 신선한 기름
을 부으셨나이다
11 내 원수들이 보응 받는 것을 내 눈
으로 보며 일어나 나를 치는 행악
자들이 보응 받는 것을 내 귀로 들
었도다
12 의인은 종려나무같이 번성하며 레
바논의 백향목같이 성장하리로다
13 이는 여호와의 집에 심겼음이여 우
리 하나님의 뜰 안에서 번성하리로
다
14 그는 늙어도 여전히 결실하며 진액
이 풍족하고 빛이 청청하니
15 여호와의 정직하심과 나의 바위 되
심과 그에게는 불의가 없음이 선포
되리로다

1) 여호와여 주는

93 여호와께서 다스리시니 스스
로 권위를 입으셨도다 여호와
께서 능력의 옷을 입으시며 띠를
띠셨으므로 세계도 견고히 서서 흔
들리지 아니하는도다
2 주의 보좌는 예로부터 견고히 섰으
며 주는 영원부터 계셨나이다
3 여호와여 큰 물이 소리를 높였고
큰 물이 그 소리를 높였으니 큰 물
이 그 물결을 높이나이다
4 높이 계신 여호와의 능력은 많은
물 소리와 바다의 큰 파도보다 크
니이다
5 여호와여 주의 증거들이 매우 확실
하고 거룩함이 주의 집에 합당하니
여호와는 영원무궁하시리이다

94 여호와여 복수하시는 하나님
이여 복수하시는 하나님이여
빛을 비추어 주소서
2 세계를 심판하시는 주여 일어나사
교만한 자들에게 마땅한 벌을 주소
서
3 여호와여 악인이 언제까지, 악인이
언제까지 개가를 부르리이까
4 그들이 마구 지껄이며 오만하게 떠
들며 죄악을 행하는 자들이 다 자
만하나이다
5 여호와여 그들이 주의 백성을 짓밟
으며 주의 소유를 곤고하게 하며
6 과부와 나그네를 죽이며 고아들을
살해하며
7 말하기를 여호와가 보지 못하며 야
곱의 하나님이 알아차리지 못하리
라 하나이다
8 백성 중의 어리석은 자들아 너희는
생각하라 무지한 자들아 너희가 언
제나 지혜로울까
9 귀를 [1]지으신 이가 듣지 아니하시
랴 눈을 만드신 이가 보지 아니하
시랴
10 뭇 백성을 징벌하시는 이 곧 지식
으로 사람을 교훈하시는 이가 징벌
하지 아니하시랴
11 여호와께서는 사람의 생각이 허무
함을 아시느니라
12 여호와여 주로부터 징벌을 받으며
주의 법으로 교훈하심을 받는 자가
복이 있나니
13 이런 사람에게는 환난의 날을 피하
게 하사 악인을 위하여 구덩이를
팔 때까지 평안을 주시리이다
14 여호와께서는 자기 백성을 버리지
아니하시며 자기의 소유를 외면하
지 아니하시리로다
15 심판이 의로 돌아가리니 마음이 정
직한 자가 다 따르리로다
16 누가 나를 위하여 일어나서 행악자
들을 치며 누가 나를 위하여 일어
나서 악행하는 자들을 칠까
17 여호와께서 내게 도움이 되지 아니
하셨더면 내 영혼이 벌써 침묵 속
에 잠겼으리로다
18 여호와여 나의 발이 미끄러진다고
말할 때에 주의 인자하심이 나를
붙드셨사오며
19 내 속에 근심이 많을 때에 주의 위
안이 내 영혼을 즐겁게 하시나이다
20 율례를 빙자하고 재난을 꾸미는
[2]악한 재판장이 어찌 주와 어울리
리이까
21 그들이 모여 의인의 영혼을 치려
하며 무죄한 자를 정죄하여 피를
흘리려 하나
22 여호와는 나의 요새이시요 나의 하
나님은 내가 피할 반석이시라
23 그들의 죄악을 그들에게로 되돌리
시며 그들의 악으로 말미암아 그들
을 끊으시리니 여호와 우리 하나님
이 그들을 끊으시리로다

1) 심으신 자가 2) 악의 자리가

95 오라 우리가 여호와께 노래하
며 우리의 구원의 반석을 향
하여 즐거이 외치자
2 우리가 감사함으로 그 앞에 나아
가며 시를 지어 즐거이 그를 노래하
자
3 여호와는 크신 하나님이시요 모든
신들보다 크신 왕이시기 때문이로
다
4 땅의 깊은 곳이 그의 손 안에 있으
며 산들의 높은 곳도 그의 것이로
다
5 바다도 그의 것이라 그가 만드셨고
육지도 그의 손이 지으셨도다
6 오라 우리가 굽혀 경배하며 우리를
지으신 여호와 앞에 무릎을 꿇자
7 그는 우리의 하나님이시요 우리는
그가 기르시는 백성이며 그의 손이
돌보시는 양이기 때문이라 너희가
오늘 그의 음성을 듣거든
8 너희는 [1]므리바에서와 같이 또 광
야의 맛사에서 지냈던 날과 같이
너희 마음을 완악하게 하지 말지어
다
9 그때에 너희 조상들이 내가 행한
일을 보고서도 나를 시험하고 조사
하였도다
10 내가 사십 년 동안 그 세대로 말미
암아 근심하여 이르기를 그들은 마
음이 미혹된 백성이라 내 길을 알
지 못한다 하였도다
11 그러므로 내가 노하여 맹세하기를
그들은 내 안식에 들어오지 못하리
라 하였도다

96 새 노래로 여호와께 노래하라
온 땅이여 여호와께 노래할지
어다
2 여호와께 노래하여 그의 이름을 송
축하며 그의 구원을 날마다 전파할
지어다
3 그의 영광을 백성들 가운데에, 그
의 기이한 행적을 만민 가운데에
선포할지어다
4 여호와는 위대하시니 지극히 찬양
할 것이요 모든 신들보다 경외할
것임이여
5 만국의 모든 신들은 우상들이지만
여호와께서는 하늘을 지으셨음이
로다
6 존귀와 위엄이 그의 앞에 있으며 능
력과 아름다움이 그의 성소에 있도다
7 만국의 족속들아 영광과 권능을 여
호와께 돌릴지어다 여호와께 돌릴
지어다
8 여호와의 이름에 합당한 영광을 그
에게 돌릴지어다 예물을 들고 그의
궁정에 들어갈지어다
9 아름답고 거룩한 것으로 여호와께
예배할지어다 온 땅이여 그 앞에서
떨지어다
10 모든 나라 가운데서 이르기를 여호
와께서 다스리시니 세계가 굳게
서고 흔들리지 않으리라 그가 만
민을 공평하게 심판하시리라 할지
로다
11 하늘은 기뻐하고 땅은 즐거워하
며 바다와 거기에 충만한 것이 외치
고
12 밭과 그 가운데에 있는 모든 것은
즐거워할지로다 그때 숲의 모든 나
무들이 여호와 앞에서 즐거이 노래
하리니
13 그가 임하시되 땅을 심판하러 임하
실 것임이라 그가 의로 세계를 심
판하시며 그의 진실하심으로 백성
을 심판하시리로다

97 여호와께서 다스리시나니 땅
은 즐거워하며 허다한 섬은
기뻐할지어다

1) 다툼

2 구름과 흑암이 그를 둘렀고 의와
공평이 그의 보좌의 기초로다
3 불이 그의 앞에서 나와 사방의 대
적들을 불사르시는도다
4 그의 번개가 세계를 비추니 땅이
보고 떨었도다
5 산들이 여호와의 앞 곧 온 땅의 주
앞에서 밀랍같이 녹았도다
6 하늘이 그의 의를 선포하니 모든
백성이 그의 영광을 보았도다
7 조각한 신상을 섬기며 [1)]허무한 것
으로 자랑하는 자는 다 수치를 당
할 것이라 너희 신들아 여호와께
경배할지어다
8 여호와여 시온이 주의 심판을 듣고
기뻐하며 유다의 딸들이 즐거워하
였나이다
9 여호와여 주는 온 땅 위에 지존하
시고 모든 신들보다 위에 계시니이
다
10 여호와를 사랑하는 너희여 악을 미
워하라 그가 그의 성도의 영혼을
보전하사 악인의 손에서 건지시느
니라
11 의인을 위하여 빛을 뿌리고 마음이
정직한 자를 위하여 기쁨을 뿌리시
는도다
12 의인이여 너희는 여호와로 말미암
아 기뻐하며 그의 거룩한 이름에
감사할지어다

98

〔시〕
새 노래로 여호와께 찬송하라
그는 기이한 일을 행하사 그의 오
른손과 거룩한 팔로 자기를 위하여
구원을 베푸셨음이로다
2 여호와께서 그의 구원을 알게 하시
며 그의 공의를 뭇 나라의 목전에
서 명백히 나타내셨도다
3 그가 이스라엘의 집에 베푸신 인자
와 성실을 기억하셨으므로 땅끝까
지 이르는 모든 것이 우리 하나님
의 구원을 보았도다
4 온 땅이여 여호와께 즐거이 소리칠
지어다 소리 내어 즐겁게 노래하며
찬송할지어다
5 수금으로 여호와를 노래하라 수금
과 음성으로 노래할지어다
6 나팔과 호각 소리로 왕이신 여호와
앞에 즐겁게 소리칠지어다
7 바다와 거기 충만한 것과 세계와
그 중에 거주하는 자는 다 외칠지
어다
8 여호와 앞에서 큰 물은 박수할지어
다 산악이 함께 즐겁게 노래할지어
다
9 그가 땅을 심판하러 임하실 것임이
로다 그가 의로 세계를 판단하시며
공평으로 그의 백성을 심판하시리
로다

99

여호와께서 다스리시니 만민
이 떨 것이요 여호와께서 그
룹 사이에 좌정하시니 땅이 흔들릴
것이로다
2 시온에 계시는 여호와는 위대하시
고 모든 민족보다 높으시도다
3 주의 크고 두려운 이름을 찬송할지
니 그는 거룩하심이로다
4 ●능력 있는 왕은 정의를 사랑하느
니라 주께서 공의를 견고하게 세우
시고 주께서 야곱에게 정의와 공의
를 행하시나이다
5 너희는 여호와 우리 하나님을 높여
그의 발등상 앞에서 경배할지어다
그는 거룩하시도다
6 ●그의 제사장들 중에는 모세와 아
론이 있고 그의 이름을 부르는 자
들 중에는 사무엘이 있도다 그들이
여호와께 간구하매 응답하셨도다
7 여호와께서 구름 기둥 가운데서 그

1) 우상으로

들에게 말씀하시니 그들은 그가 그
들에게 주신 증거와 율례를 지켰도
다
8 여호와 우리 하나님이여 주께서는
그들에게 응답하셨고 그들의 행한
대로 갚기는 하셨으나 그들을 용서
하신 하나님이시니이다
9 너희는 여호와 우리 하나님을 높이
고 그 성산에서 예배할지어다 여
호와 우리 하나님은 거룩하심이로
다

100

〔감사의 시〕
온 땅이여 여호와께 즐거
운 찬송을 부를지어다
2 기쁨으로 여호와를 섬기며 노래하
면서 그의 앞에 나아갈지어다
3 여호와가 우리 하나님이신 줄 너희
는 알지어다 그는 우리를 지으신
이요 우리는 그의 것이니 그의 백
성이요 그의 기르시는 양이로다
4 감사함으로 그의 문에 들어가며 찬
송함으로 그의 궁정에 들어가서 그
에게 감사하며 그의 이름을 송축할
지어다
5 여호와는 선하시니 그의 인자하심
이 영원하고 그의 성실하심이 대대
에 이르리로다

101

〔다윗의 시〕
내가 인자와 정의를 노래하
겠나이다 여호와여 내가 주께 찬양
하리이다
2 내가 완전한 길을 주목하오리니 주
께서 어느 때나 내게 임하시겠나이
까 내가 완전한 마음으로 내 집 안
에서 행하리이다
3 나는 비천한 것을 내 눈앞에 두지
아니할 것이요 배교자들의 행위를
내가 미워하오리니 나는 그 어느
것도 붙들지 아니하리이다
4 사악한 마음이 내게서 떠날 것이니
[1]악한 일을 내가 알지 아니하리로
다
5 자기의 이웃을 은근히 헐뜯는 자를
내가 멸할 것이요 눈이 높고 마음
이 교만한 자를 내가 용납하지 아
니하리로다
6 내 눈이 이 땅의 충성된 자를 살펴
나와 함께 살게 하리니 완전한 길에
행하는 자가 나를 따르리로다
7 거짓을 행하는 자는 내 집 안에 거
주하지 못하며 거짓말하는 자는 내
목전에 서지 못하리로다
8 아침마다 내가 이 땅의 모든 악인
을 멸하리니 악을 행하는 자는 여
호와의 성에서 다 끊어지리로다

102

〔고난당한 자가 마음이 상하여
그의 근심을 여호와 앞에 토로
하는 기도〕
1 여호와여 내 기도를 들으시고 나의
부르짖음을 주께 상달하게 하소
서
2 나의 괴로운 날에 주의 얼굴을 내
게서 숨기지 마소서 주의 귀를 내
게 기울이사 내가 부르짖는 날에
속히 내게 응답하소서
3 내 날이 연기같이 소멸하며 내 뼈
가 숯같이 탔음이니이다
4 내가 음식 먹기도 잊었으므로 내
마음이 풀같이 시들고 말라 버렸사
오며
5 나의 탄식 소리로 말미암아 나의
살이 뼈에 붙었나이다
6 나는 광야의 올빼미 같고 황폐한
곳의 부엉이같이 되었사오며
7 내가 밤을 새우니 지붕 위의 외로
운 참새 같으니이다
8 내 원수들이 종일 나를 비방하며
내게 대항하여 미칠 듯이 날뛰는
자들이 나를 가리켜 맹세하나이

1) 악한 자를

다
9 나는 재를 양식같이 먹으며 나는
눈물 섞인 물을 마셨나이다
10 주의 분노와 진노로 말미암음이
라 주께서 나를 들어서 던지셨나이
다
11 내 날이 기울어지는 그림자 같고
내가 풀의 시들어짐 같으니이다
12 ●여호와여 주는 영원히 계시고 주
에 대한 기억은 대대에 이르리이
다
13 주께서 일어나사 시온을 긍휼히 여
기시리니 지금은 그에게 은혜를 베
푸실 때라 정한 기한이 다가옴이니
이다
14 주의 종들이 시온의 돌들을 즐거워
하며 그의 티끌도 은혜를 받나이
다
15 이에 뭇 나라가 여호와의 이름을
경외하며 이 땅의 모든 왕들이 주
의 영광을 경외하리니
16 여호와께서 시온을 건설하시고 그
의 영광 중에 나타나셨음이라
17 여호와께서 빈궁한 자의 기도를 돌
아보시며 그들의 기도를 멸시하지
아니하셨도다
18 이 일이 장래 세대를 위하여 기록
되리니 창조함을 받을 백성이 여호
와를 찬양하리로다
19 여호와께서 그의 높은 성소에서 굽
어보시며 하늘에서 땅을 살펴 보셨
으니
20 이는 갇힌 자의 탄식을 들으시며
죽이기로 정한 자를 해방하사
21 여호와의 이름을 시온에서, 그 영
예를 예루살렘에서 선포하게 하려
하심이라
22 그때에 민족들과 나라들이 함께 모
여 여호와를 섬기리로다
23 ●그가 내 힘을 중도에 쇠약하게
하시며 내 날을 짧게 하셨도다
24 나의 말이 나의 하나님이여 나의 중
년에 나를 데려가지 마옵소서 주의
연대는 대대에 무궁하니이다
25 주께서 옛적에 땅의 기초를 놓으셨
사오며 하늘도 주의 손으로 지으신
바니이다
26 천지는 없어지려니와 주는 영존하
시겠고 그것들은 다 옷같이 낡으
리니 의복같이 바꾸시면 바뀌려니
와
27 주는 한결같으시고 주의 연대는 무
궁하리이다
28 주의 종들의 자손은 항상 안전히
거주하고 그의 후손은 주 앞에 굳
게 서리이다 하였도다

103

〔다윗의 시〕
내 영혼아 여호와를 송축
하라 내 속에 있는 것들아 다 그의
거룩한 이름을 송축하라
2 내 영혼아 여호와를 송축하며 그의
모든 은택을 잊지 말지어다
3 그가 네 모든 죄악을 사하시며 네
모든 병을 고치시며
4 네 생명을 파멸에서 속량하시고 인
자와 긍휼로 관을 씌우시며
5 좋은 것으로 네 소원을 만족하게
하사 네 청춘을 독수리같이 새롭게
하시는도다
6 여호와께서 공의로운 일을 행하시
며 억압당하는 모든 자를 위하여
심판하시는도다
7 그의 행위를 모세에게, 그의 행사
를 이스라엘 자손에게 알리셨도다
8 여호와는 긍휼이 많으시고 은혜로
우시며 노하기를 더디 하시고 인자
하심이 풍부하시도다
9 자주 경책하지 아니하시며 노를 영
원히 품지 아니하시리로다
10 우리의 죄를 따라 우리를 처벌하지

는 아니하시며 우리의 죄악을 따라
우리에게 그대로 갚지는 아니하셨
으니
11 이는 하늘이 땅에서 높음같이 그를
경외하는 자에게 그의 인자하심이
크심이로다
12 동이 서에서 먼 것같이 우리의 죄
과를 우리에게서 멀리 옮기셨으며
13 아버지가 자식을 긍휼히 여김같이
여호와께서는 자기를 경외하는 자
를 긍휼히 여기시나니
14 이는 그가 우리의 체질을 아시며
우리가 단지 먼지뿐임을 기억하심
이로다
15 인생은 그날이 풀과 같으며 그 영
화가 들의 꽃과 같도다
16 그것은 바람이 지나가면 없어지나
니 그 있던 자리도 다시 알지 못하
거니와
17 여호와의 인자하심은 자기를 경외
하는 자에게 영원부터 영원까지 이
르며 그의 의는 자손의 자손에게
이르리니
18 곧 그의 언약을 지키고 그의 법도
를 기억하여 행하는 자에게로다
19 여호와께서 그의 보좌를 하늘에 세
우시고 그의 왕권으로 만유를 다스
리시도다
20 능력이 있어 여호와의 말씀을 행하
며 그의 말씀의 소리를 듣는 여호
와의 천사들이여 여호와를 송축하
라
21 그에게 수종 들며 그의 뜻을 행하는
모든 천군이여 여호와를 송축하라
22 여호와의 지으심을 받고 그가 다스
리시는 모든 곳에 있는 너희여 여
호와를 송축하라 내 영혼아 여호와
를 송축하라

104

내 영혼아 여호와를 송축하
라 여호와 나의 하나님이여
주는 심히 위대하시며 존귀와 권위
로 옷 입으셨나이다
2 주께서 옷을 입음같이 빛을 입으시
며 하늘을 휘장같이 치시며
3 물에 자기 누각의 들보를 얹으시며
구름으로 자기 수레를 삼으시고 바
람 날개로 다니시며
4 바람을 자기 사신으로 삼으시고 불
꽃으로 자기 사역자를 삼으시며
5 땅에 기초를 놓으사 영원히 흔들리
지 아니하게 하셨나이다
6 옷으로 덮음같이 주께서 땅을 깊은
바다로 덮으시매 물이 산들 위로
솟아올랐으나
7 주께서 꾸짖으시니 물은 도망하며
주의 우렛소리로 말미암아 빨리 가
며
8 주께서 그들을 위하여 정하여 주신
곳으로 흘러갔고 [1]산은 오르고 골
짜기는 내려갔나이다
9 주께서 물의 경계를 정하여 넘치지
못하게 하시며 다시 돌아와 땅을
덮지 못하게 하셨나이다
10 여호와께서 샘을 골짜기에서 솟아
나게 하시고 산 사이에 흐르게 하
사
11 각종 들짐승에게 마시게 하시니 들
나귀들도 해갈하며
12 공중의 새들도 그 가에서 깃들이며
나뭇가지 사이에서 지저귀는도다
13 그가 그의 누각에서부터 산에 물을
부어 주시니 주께서 하시는 일의
결실이 땅을 만족시켜 주는도다
14 그가 가축을 위한 풀과 사람을 위
한 채소를 자라게 하시며 땅에서
먹을 것이 나게 하셔서
15 사람의 마음을 기쁘게 하는 포도주
와 사람의 얼굴을 윤택하게 하는

1) 물이 산으로 올라가고 골짜기로 내림이여 그를 위하
여 정하신 곳에 이르도다

기름과 사람의 마음을 힘있게 하는
양식을 주셨도다
16 여호와의 나무에는 물이 흡족함이
여 곧 그가 심으신 레바논 백향목
들이로다
17 새들이 그 속에 깃들임이여 학은
잣나무로 집을 삼는도다
18 높은 산들은 산양을 위함이여 바위
는 너구리의 피난처로다
19 여호와께서 달로 절기를 정하심이
여 해는 그 지는 때를 알도다
20 주께서 흑암을 지어 밤이 되게 하
시니 삼림의 모든 짐승이 기어나오
나이다
21 젊은 사자들은 그들의 먹이를 쫓아
부르짖으며 그들의 먹이를 하나님
께 구하다가
22 해가 돋으면 물러가서 그들의 굴
속에 눕고
23 사람은 나와서 일하며 저녁까지 수
고하는도다
24 여호와여 주께서 하신 일이 어찌
그리 많은지요 주께서 지혜로 그들
을 다 지으셨으니 주께서 지으신
것들이 땅에 가득하니이다
25 거기에는 크고 넓은 바다가 있고
그 속에는 [1]생물 곧 크고 작은 동물
들이 무수하니이다
26 그곳에는 배들이 다니며 주께서 지
으신 [2]리워야단이 그 속에서 노나
이다
27 이것들은 다 주께서 때를 따라 먹
을 것을 주시기를 바라나이다
28 주께서 주신즉 그들이 받으며 주께
서 손을 펴신즉 그들이 좋은 것으
로 만족하다가
29 주께서 낯을 숨기신즉 그들이 떨
고 주께서 그들의 호흡을 거두신
즉 그들은 죽어 먼지로 돌아가나
이다
30 주의 영을 보내어 그들을 창조하사
지면을 새롭게 하시나이다
31 여호와의 영광이 영원히 계속할지
며 여호와는 자신께서 행하시는
일들로 말미암아 즐거워하시리로
다
32 그가 땅을 보신즉 땅이 진동하며
산들을 만지신즉 연기가 나는도
다
33 내가 평생토록 여호와께 노래하며
내가 살아 있는 동안 내 하나님을
찬양하리로다
34 나의 기도를 기쁘게 여기시기를 바
라나니 나는 여호와로 말미암아 즐
거워하리로다
35 죄인들을 땅에서 소멸하시며 악인
들을 다시 있지 못하게 하시리로다
내 영혼아 여호와를 송축하라 [3]할
렐루야

105

여호와께 감사하고 그의 이
름을 불러 아뢰며 그가 하
는 일을 만민 중에 알게 할지어다
2 그에게 노래하며 그를 찬양하며
그의 모든 기이한 일들을 말할지어
다
3 그의 거룩한 이름을 자랑하라 여호
와를 구하는 자들은 마음이 즐거울
지로다
4 여호와와 그의 능력을 구할지어다
그의 얼굴을 항상 구할지어다
5-6 그의 종 아브라함의 후손 곧 택하
신 야곱의 자손 너희는 그가 행하
신 기적과 그의 이적과 그의 입의
판단을 기억할지어다
7 그는 여호와 우리 하나님이시라 그
의 판단이 온 땅에 있도다
8 그는 그의 언약 곧 천 대에 걸쳐 명
령하신 말씀을 영원히 기억하셨으

1) 기는 것 2) 악어로 볼 수도 있음 3) 여호와를 찬송하라

니
9 이것은 아브라함과 맺은 언약이고
이삭에게 하신 맹세이며
10 야곱에게 세우신 율례 곧 이스라엘
에게 하신 영원한 언약이라
11 이르시기를 내가 가나안 땅을 네게
주어 너희에게 할당된 소유가 되게
하리라 하셨도다
12 그때에 그들의 사람 수가 적어 그
땅의 나그네가 되었고
13 이 족속에게서 저 족속에게로, 이
나라에서 다른 민족에게로 떠돌아
다녔도다
14 그러나 그는 사람이 그들을 억압하
는 것을 용납하지 아니하시고 그들
로 말미암아 왕들을 꾸짖어
15 이르시기를 나의 기름부은 자를 손
대지 말며 나의 선지자들을 해하지
말라 하셨도다
16 그가 또 그 땅에 기근이 들게 하사
그들이 의지하고 있는 양식을 다
끊으셨도다
17 그가 한 사람을 앞서 보내셨음이여
요셉이 종으로 팔렸도다
18 그의 발은 차꼬를 차고 그의 [1]몸은
쇠사슬에 매였으니
19 곧 여호와의 말씀이 응할 때까지라
그의 말씀이 그를 단련하였도다
20 왕이 사람을 보내어 그를 석방함이
여 뭇 백성의 통치자가 그를 자유
롭게 하였도다
21 그를 그의 집의 주관자로 삼아 그
의 모든 소유를 관리하게 하고
22 그의 뜻대로 모든 신하를 다스리며
그의 지혜로 장로들을 교훈하게 하
였도다
23 이에 이스라엘이 애굽에 들어감이
여 야곱이 함의 땅에 나그네가 되
었도다
24 여호와께서 자기의 백성을 크게 번
성하게 하사 그의 대적들보다 강하
게 하셨으며
25 또 그 대적들의 마음이 변하게 하
여 그의 백성을 미워하게 하시며
그의 종들에게 교활하게 행하게 하
셨도다
26 그리하여 그는 그의 종 모세와 그
의 택하신 아론을 보내시니
27 그들이 그들의 백성 중에서 여호와
의 표적을 보이고 함의 땅에서 징
조들을 행하였도다
28 여호와께서 흑암을 보내사 그곳을
어둡게 하셨으나 그들은 그의 말씀
을 지키지 아니하였도다
29 그들의 물도 변하여 피가 되게 하
사 그들의 물고기를 죽이셨도다
30 그 땅에 개구리가 많아져서 왕의
궁실에도 있었도다
31 여호와께서 말씀하신즉 파리 떼가
오며 그들의 온 영토에 이가 생겼
도다
32 비 대신 우박을 내리시며 그들의
땅에 화염을 내리셨도다
33 그들의 포도나무와 무화과나무를
치시며 그들의 지경에 있는 나무를
찍으셨도다
34 여호와께서 말씀하신즉 황충과 수
많은 메뚜기가 몰려와
35 그들의 땅에 있는 모든 채소를 먹
으며 그들의 밭에 있는 열매를 먹
었도다
36 또 여호와께서 그들의 기력의 시작
인 그 땅의 모든 장자를 치셨도다
37 마침내 그들을 인도하여 은 금을
가지고 나오게 하시니 그의 지파
중에 비틀거리는 자가 하나도 없었
도다
38 그들이 떠날 때에 애굽이 기뻐하였
으니 그들이 그들을 두려워함이로

1) 히, 혼

다
39 여호와께서 낮에는 구름을 펴사 덮
개를 삼으시고 밤에는 불로 밝히셨
으며
40 그들이 구한즉 메추라기를 가져오
시고 또 하늘의 양식으로 그들을
만족하게 하셨도다
41 반석을 여신즉 물이 흘러나와 마른
땅에 강같이 흘렀으니
42 이는 그의 거룩한 말씀과 그의 종
아브라함을 기억하셨음이로다
43 그의 백성이 즐겁게 나오게 하시며
그의 택한 자는 노래하며 나오게
하시고
44 여러 나라의 땅을 그들에게 주시며
민족들이 수고한 것을 소유로 가지
게 하셨으니
45 이는 그들이 그의 율례를 지키고
그의 율법을 따르게 하려 하심이로
다 [1]할렐루야

106

[1]할렐루야 여호와께 감사
하라 그는 선하시며 그 인
자하심이 영원함이로다
2 누가 능히 여호와의 권능을 다 말
하며 주께서 받으실 찬양을 다 선
포하랴
3 정의를 지키는 자들과 항상 공의를
행하는 자는 복이 있도다
4 여호와여 주의 백성에게 베푸시는
은혜로 나를 기억하시며 주의 구원
으로 나를 돌보사
5 내가 주의 택하신 자가 형통함을
보고 주의 나라의 기쁨을 나누어
가지게 하사 주의 유산을 자랑하게
하소서
6 우리가 우리의 조상들처럼 범죄하
여 사악을 행하며 악을 지었나이다
7 우리의 조상들이 애굽에 있을 때
주의 기이한 일들을 깨닫지 못하며
주의 크신 인자를 기억하지 아니하
고 바다 곧 홍해에서 거역하였나이
다
8 그러나 여호와께서는 자기의 이름
을 위하여 그들을 구원하셨으니 그
의 큰 권능을 만인이 알게 하려 하
심이로다
9 이에 홍해를 꾸짖으시니 곧 마르니
그들을 인도하여 [2]바다 건너가기를
마치 광야를 지나감 같게 하사
10 그들을 그 미워하는 자의 손에서
구원하시며 그 원수의 손에서 구원
하셨고
11 그들의 대적들은 물로 덮으시매 그
들 중에서 하나도 살아 남지 못하
였도다
12 이에 그들이 그의 말씀을 믿고 그를
찬양하는 노래를 불렀도다
13 그러나 그들은 그가 행하신 일을
곧 잊어버리며 그의 가르침을 기다
리지 아니하고
14 광야에서 욕심을 크게 내며 사막에
서 하나님을 시험하였도다
15 그러므로 여호와께서는 그들이 요
구한 것을 그들에게 주셨을지라도
그들의 영혼은 쇠약하게 하셨도
다
16 그들이 진영에서 모세와 여호와의
거룩한 자 아론을 질투하매
17 땅이 갈라져 다단을 삼키며 아비람
의 당을 덮었고
18 불이 그들의 당에 붙음이여 화염이
악인들을 살랐도다
19 그들이 호렙에서 송아지를 만들고
부어 만든 우상을 경배하여
20 자기 영광을 풀 먹는 소의 형상으
로 바꾸었도다
21 애굽에서 큰 일을 행하신 그의 구
원자 하나님을 그들이 잊었나니
22 그는 함의 땅에서 기사와 홍해에서

1) 여호와를 찬송하라 2) 히, 깊음

놀랄 만한 일을 행하신 이시로다
23 그러므로 여호와께서 그들을 멸하
리라 하셨으나 그가 택하신 모세가
그 어려움 가운데에서 그의 앞에
서서 그의 노를 돌이켜 멸하시지
아니하게 하였도다
24 그들이 그 기쁨의 땅을 멸시하며
그 말씀을 믿지 아니하고
25 그들의 장막에서 원망하며 여호와
의 음성을 듣지 아니하였도다
26 이러므로 그가 그의 손을 들어 그
들에게 맹세하기를 그들이 광야에
엎드러지게 하고
27 또 그들의 후손을 뭇 백성 중에 엎
드러뜨리며 여러 나라로 흩어지게
하리라 하셨도다
28 그들이 또 브올의 바알과 연합하여
죽은 자에게 제사한 음식을 먹어
서
29 그 행위로 주를 격노하게 함으로써
재앙이 그들 중에 크게 유행하였도
다
30 그때에 비느하스가 일어서서 중재
하니 이에 재앙이 그쳤도다
31 이 일이 그의 의로 인정되었으니
대대로 영원까지로다
32 그들이 또 [1]므리바 물에서 여호와
를 노하시게 하였으므로 그들 때문
에 재난이 모세에게 이르렀나니
33 이는 그들이 그의 뜻을 거역함으로
말미암아 모세가 그의 입술로 망령
되이 말하였음이로다
34 그들은 여호와께서 멸하라고 말씀
하신 그 이방 민족들을 멸하지 아
니하고
35 그 이방 나라들과 섞여서 그들의
행위를 배우며
36 그들의 우상들을 섬기므로 그것들
이 그들에게 올무가 되었도다
37 그들이 그들의 자녀를 악귀들에게
희생제물로 바쳤도다
38 무죄한 피 곧 그들의 자녀의 피를
흘려 가나안의 우상들에게 제사하
므로 그 땅이 피로 더러워졌도다
39 그들은 그들의 행위로 더러워지니
그들의 행동이 음탕하도다
40 그러므로 여호와께서 자기 백성에
게 맹렬히 노하시며 자기의 유업을
미워하사
41 그들을 이방 나라의 손에 넘기시매
그들을 미워하는 자들이 그들을 다
스렸도다
42 그들이 원수들의 압박을 받고 그들
의 수하에 복종하게 되었도다
43 여호와께서 여러 번 그들을 건지시
나 그들은 교묘하게 거역하며 자기
죄악으로 말미암아 낮아짐을 당하
였도다
44 그러나 여호와께서 그들의 부르짖
음을 들으실 때에 그들의 고통을
돌보시며
45 그들을 위하여 그의 언약을 기억하
시고 그 크신 인자하심을 따라 뜻
을 돌이키사
46 그들을 사로잡은 모든 자에게서 긍
휼히 여김을 받게 하셨도다
47 여호와 우리 하나님이여 우리를
구원하사 여러 나라로부터 모으시
고 우리가 주의 거룩하신 이름을
감사하며 주의 영예를 찬양하게 하
소서
48 여호와 이스라엘의 하나님을 영원
부터 영원까지 찬양할지어다 모든
백성들아 아멘 할지어다 [2]할렐루
야

제오권

107

여호와께 감사하라 그는 선
하시며 그 인자하심이 영원
함이로다

1) 다툼 2) 여호와를 찬송하라

2 여호와의 속량을 받은 자들은 이같
이 말할지어다 여호와께서 대적의
손에서 그들을 속량하사
3 동서 1)남북 각 지방에서부터 모으
셨도다
4 ●그들이 광야 사막 길에서 방황하
며 거주할 성읍을 찾지 못하고
5 주리고 목이 말라 그들의 영혼이
그들 안에서 피곤하였도다
6 이에 그들이 근심 중에 여호와께
부르짖으매 그들의 고통에서 건지
시고
7 또 바른 길로 인도하사 거주할 성
읍에 이르게 하셨도다
8 여호와의 인자하심과 인생에게 행
하신 기적으로 말미암아 그를 찬송
할지로다
9 그가 사모하는 영혼에게 만족을 주
시며 주린 영혼에게 좋은 것으로
채워주심이로다
10 ●사람이 흑암과 사망의 그늘에 앉
으며 곤고와 쇠사슬에 매임은
11 하나님의 말씀을 거역하며 지존자
의 뜻을 멸시함이라
12 그러므로 그가 고통을 주어 그들의
마음을 겸손하게 하셨으니 그들이
엎드러져도 돕는 자가 없었도다
13 이에 그들이 그 환난 중에 여호와
께 부르짖으매 그들의 고통에서 구
원하시되
14 흑암과 사망의 그늘에서 인도하여
내시고 그들의 얽어 맨 줄을 끊으
셨도다
15 여호와의 인자하심과 인생에게 행
하신 기적으로 말미암아 그를 찬송
할지로다
16 그가 놋문을 깨뜨리시며 쇠빗장을
꺾으셨음이로다
17 미련한 자들은 그들의 죄악의 길을
따르고 그들의 악을 범하기 때문에
고난을 받아
18 그들은 그들의 모든 음식물을 싫어
하게 되어 사망의 문에 이르렀도다
19 이에 그들이 그들의 고통 때문에
여호와께 부르짖으매 그가 그들의
고통에서 그들을 구원하시되
20 그가 그의 말씀을 보내어 그들을
고치시고 위험한 지경에서 건지시
는도다
21 여호와의 인자하심과 인생에게 행
하신 기적으로 말미암아 그를 찬송
할지로다
22 감사제를 드리며 노래하여 그가 행
하신 일을 선포할지로다
23 ●배들을 바다에 띄우며 큰 물에서
일을 하는 자는
24 여호와께서 행하신 일들과 그의 기
이한 일들을 깊은 바다에서 보나니
25 여호와께서 명령하신즉 광풍이 일
어나 바다 물결을 일으키는도다
26 그들이 하늘로 솟구쳤다가 깊은 곳
으로 내려가나니 그 위험 때문에
그들의 영혼이 녹는도다
27 그들이 이리저리 구르며 취한 자같
이 비틀거리니 그들의 모든 지각이
혼돈 속에 빠지는도다
28 이에 그들이 그들의 고통 때문에
여호와께 부르짖으매 그가 그들의
고통에서 그들을 인도하여 내시고
29 광풍을 고요하게 하사 물결도 잔잔
하게 하시는도다
30 그들이 평온함으로 말미암아 기뻐
하는 중에 여호와께서 그들이 바라
는 항구로 인도하시는도다
31 여호와의 인자하심과 인생에게 행
하신 기적으로 말미암아 그를 찬송
할지로다
32 백성의 모임에서 그를 높이며 장
로들의 자리에서 그를 찬송할지로

1) 바다에서

다
33 ●여호와께서는 강이 변하여 광야
가 되게 하시며 샘이 변하여 마른
땅이 되게 하시며
34 그 주민의 악으로 말미암아 옥토가
변하여 염전이 되게 하시며
35 또 광야가 변하여 못이 되게 하시
며 마른 땅이 변하여 샘물이 되게
하시고
36 주린 자들로 거기에 살게 하사 그
들이 거주할 성읍을 준비하게 하시
고
37 밭에 파종하며 포도원을 재배하여
풍성한 소출을 거두게 하시며
38 또 복을 주사 그들이 크게 번성하
게 하시고 그의 가축이 감소하지
아니하게 하실지라도
39 다시 압박과 재난과 우환을 통하여
그들의 수를 줄이시며 낮추시는도
다
40 여호와께서 고관들에게는 능욕을
쏟아 부으시고 길 없는 황야에서
유리하게 하시나
41 궁핍한 자는 그의 고통으로부터 건
져 주시고 그의 가족을 양 떼같이
지켜 주시나니
42 정직한 자는 보고 기뻐하며 모든
사악한 자는 자기 입을 봉하리로다
43 지혜 있는 자들은 이러한 일들을
지켜 보고 여호와의 인자하심을 깨
달으리로다

108

〔다윗의 찬송 시〕
하나님이여 내 마음을 정
하였사오니 내가 노래하며 나의 마
음을 다하여 찬양하리로다
2 비파야, 수금아, 깰지어다 내가 새
벽을 깨우리로다
3 여호와여 내가 만민 중에서 주께
감사하고 뭇 나라 중에서 주를 찬
양하오리니
4 주의 인자하심이 하늘보다 높으시
며 주의 진실은 궁창에까지 이르나
이다
5 하나님이여 주는 하늘 위에 높이
들리시며 주의 영광이 온 땅에서
높임 받으시기를 원하나이다
6 주께서 사랑하시는 자들을 건지시
기 위하여 우리에게 응답하사 오른
손으로 구원하소서
7 하나님이 그의 성소에서 말씀하시
되 내가 기뻐하리라 내가 세겜을
나누며 숙곳 골짜기를 측량하리
라
8 길르앗이 내 것이요 므낫세도 내
것이며 에브라임은 내 머리의 투구
요 유다는 나의 규이며
9 모압은 내 목욕통이라 에돔에는 내
신발을 벗어 던질지며 블레셋 위에
서 내가 외치리라 하셨도다
10 누가 나를 이끌어 견고한 성읍으로
인도해 들이며 누가 나를 에돔으로
인도할꼬
11 하나님이여 주께서 우리를 버리지
아니하셨나이까 하나님이여 주께
서 우리의 군대들과 함께 나아가지
아니하시나이다
12 우리를 도와 대적을 치게 하소서
사람의 구원은 헛됨이니이다
13 우리가 하나님을 의지하고 용감히
행하리니 그는 우리의 대적들을 밟
으실 자이심이로다

109

〔다윗의 시,
인도자를 따라 부르는 노래〕
1 내가 찬양하는 하나님이여 잠잠하
지 마옵소서
2 그들이 악한 입과 거짓된 입을 열
어 나를 치며 속이는 혀로 내게 말
하며
3 또 미워하는 말로 나를 두르고 까
닭 없이 나를 공격하였음이니이다

4 나는 사랑하나 그들은 도리어 나를
대적하니 나는 기도할 뿐이라
5 그들이 악으로 나의 선을 갚으며
미워함으로 나의 사랑을 갚았사오
니
6 악인이 그를 다스리게 하시며 [1]사
탄이 그의 오른쪽에 서게 하소서
7 그가 심판을 받을 때에 죄인이 되
어 나오게 하시며 그의 기도가 죄
로 변하게 하시며
8 그의 연수를 짧게 하시며 그의 직
분을 타인이 빼앗게 하시며
9 그의 자녀는 고아가 되고 그의 아
내는 과부가 되며
10 그의 자녀들은 유리하며 구걸하고
그들의 황폐한 집을 떠나 빌어먹게
하소서
11 고리대금하는 자가 그의 소유를 다
빼앗게 하시며 그가 수고한 것을
낯선 사람이 탈취하게 하시며
12 그에게 인애를 베풀 자가 없게 하
시며 그의 고아에게 은혜를 베풀
자도 없게 하시며
13 그의 자손이 끊어지게 하시며 후대
에 그들의 이름이 지워지게 하소
서
14 여호와는 그의 조상들의 죄악을 기
억하시며 그의 어머니의 죄를 지워
버리지 마시고
15 그 죄악을 항상 여호와 앞에 있게
하사 그들의 기억을 땅에서 끊으소
서
16 그가 인자를 베풀 일을 생각하지
아니하고 가난하고 궁핍한 자와 마
음이 상한 자를 핍박하여 죽이려
하였기 때문이니이다
17 그가 저주하기를 좋아하더니 그것
이 자기에게 임하고 축복하기를 기
뻐하지 아니하더니 복이 그를 멀리
떠났으며
18 또 저주하기를 옷 입듯 하더니 저
주가 물같이 그의 몸 속으로 들어
가며 기름같이 그의 뼈 속으로 들
어갔나이다
19 저주가 그에게는 입는 옷 같고 항
상 띠는 띠와 같게 하소서
20 이는 나의 대적들이 곧 내 영혼을
대적하여 악담하는 자들이 여호와
께 받는 보응이니이다
21 그러나 주 여호와여 주의 이름으로
말미암아 나를 선대하소서 주의 인
자하심이 선하시오니 나를 건지소
서
22 나는 가난하고 궁핍하여 나의 중심
이 상함이니이다
23 나는 석양 그림자같이 지나가고 또
메뚜기같이 불려 가오며
24 금식하므로 내 무릎이 흔들리고 내
육체는 수척하오며
25 나는 또 그들의 비방거리라 그들이
나를 보면 머리를 흔드나이다
26 여호와 나의 하나님이여 나를 도우
시며 주의 인자하심을 따라 나를
구원하소서
27 이것이 주의 손이 하신 일인 줄을
그들이 알게 하소서 주 여호와께서
이를 행하셨나이다
28 그들은 내게 저주하여도 주는 내게
복을 주소서 그들은 일어날 때에
수치를 당할지라도 주의 종은 즐거
워하리이다
29 나의 대적들이 욕을 옷 입듯 하게
하시며 자기 수치를 겉옷같이 입게
하소서
30 내가 입으로 여호와께 크게 감사하
며 많은 사람 중에서 찬송하리니
31 그가 궁핍한 자의 오른쪽에 서사
그의 영혼을 심판하려 하는 자들에
게서 구원하실 것임이로다

1) 송사하는 자

110 〔다윗의 시〕
여호와께서 내 주에게 말씀
하시기를 내가 네 원수들로 네 발
판이 되게 하기까지 너는 내 오른
쪽에 앉아 있으라 하셨도다
2 여호와께서 시온에서부터 [1]주의 권
능의 규를 내보내시리니 주는 원수
들 중에서 다스리소서
3 주의 권능의 날에 주의 백성이 거
룩한 옷을 입고 즐거이 헌신하니
새벽 이슬 같은 주의 청년들이 주
께 나오는도다
4 여호와는 맹세하고 변하지 아니하
시리라 이르시기를 너는 멜기세덱
의 서열을 따라 영원한 제사장이라
하셨도다
5 주의 오른쪽에 계신 주께서 그의
노하시는 날에 왕들을 쳐서 깨뜨리
실 것이라
6 뭇 나라를 심판하여 시체로 가득하
게 하시고 여러 나라의 머리를 쳐
서 깨뜨리시며
7 길가의 시냇물을 마시므로 그의 머
리를 드시리로다

111 [2]할렐루야, 내가 정직한 자
들의 모임과 회중 가운데에
서 전심으로 여호와께 감사하리로
다
2 여호와께서 행하시는 일들이 크시
오니 이를 즐거워하는 자들이 다
기리는도다
3 그의 행하시는 일이 존귀하고 엄위
하며 그의 의가 영원히 서 있도다
4 그의 기적을 사람이 기억하게 하셨
으니 여호와는 은혜로우시고 자비
로우시도다
5 여호와께서 자기를 경외하는 자들
에게 양식을 주시며 그의 언약을
영원히 기억하시리로다
6 그가 그들에게 뭇 나라의 기업을
주사 그가 행하시는 일의 능력을
그들에게 알리셨도다
7 그의 손이 하는 일은 진실과 정의
이며 그의 법도는 다 확실하니
8 영원무궁토록 정하신 바요 진실과
정의로 행하신 바로다
9 여호와께서 그의 백성을 속량하시
며 그의 언약을 영원히 세우셨으니
그의 이름이 거룩하고 지존하시도
다
10 여호와를 경외함이 지혜의 근본이
라 그의 계명을 지키는 자는 다 훌
륭한 지각을 가진 자이니 여호와를
찬양함이 영원히 계속되리로다

112 [2]할렐루야, 여호와를 경외하
며 그의 계명을 크게 즐거워
하는 자는 복이 있도다
2 그의 후손이 땅에서 강성함이여 정
직한 자들의 후손에게 복이 있으리
로다
3 부와 재물이 그의 집에 있음이여
그의 공의가 영구히 서 있으리로
다
4 정직한 자들에게는 흑암 중에 빛이
일어나나니 그는 자비롭고 긍휼이
많으며 의로운 이로다
5 은혜를 베풀며 꾸어 주는 자는 잘
되나니 그 [3]일을 정의로 행하리로
다
6 그는 영원히 흔들리지 아니함이여
의인은 영원히 기억되리로다
7 그는 흉한 소문을 두려워하지 아니
함이여 여호와를 의뢰하고 그의 마
음을 굳게 정하였도다
8 그의 마음이 견고하여 두려워하지
아니할 것이라 그의 대적들이 받는
보응을 마침내 보리로다
9 그가 재물을 흩어 빈궁한 자들에게

1) 힘의 지팡이를 나타내시리니 2) 여호와를 찬송하라
3) 재판에 이기리라

주었으니 그의 의가 영구히 있고
그의 뿔이 영광 중에 들리리로다
10 악인은 이를 보고 한탄하여 이를
갈면서 소멸되리니 악인들의 욕망
은 사라지리로다

113 [1]할렐루야, 여호와의 종들아
찬양하라 여호와의 이름을
찬양하라
2 이제부터 영원까지 여호와의 이름
을 찬송할지로다
3 해 돋는 데에서부터 해 지는 데에
까지 여호와의 이름이 찬양을 받으
시리로다
4 여호와는 모든 나라보다 높으시며
그의 영광은 하늘보다 높으시도다
5 여호와 우리 하나님과 같은 이가
누구리요 높은 곳에 앉으셨으나
6 스스로 낮추사 천지를 살피시고
7 가난한 자를 먼지 더미에서 일으키
시며 궁핍한 자를 거름 더미에서
들어 세워
8 지도자들 곧 그의 백성의 지도자들
과 함께 세우시며
9 또 임신하지 못하던 여자를 집에
살게 하사 자녀들을 즐겁게 하는
어머니가 되게 하시는도다 [1]할렐루
야

114 이스라엘이 애굽에서 나오
며 야곱의 집안이 언어가 다
른 민족에게서 나올 때에
2 유다는 여호와의 성소가 되고 이스
라엘은 그의 영토가 되었도다
3 바다가 보고 도망하며 요단은 물러
갔으니
4 산들은 숫양들같이 뛰놀며 작은 산
들은 어린 양들같이 뛰었도다
5 바다야 네가 도망함은 어찌함이며
요단아 네가 물러감은 어찌함인가
6 너희 산들아 숫양들같이 뛰놀며 작
은 산들아 어린 양들같이 뛰놂은
어찌함인가
7 땅이여 너는 주 앞 곧 야곱의 하나
님 앞에서 떨지어다
8 그가 반석을 쳐서 못물이 되게 하
시며 차돌로 샘물이 되게 하셨도
다

115 여호와여 영광을 우리에게
돌리지 마옵소서 우리에게
돌리지 마옵소서 오직 주는 인자하
시고 진실하시므로 주의 이름에만
영광을 돌리소서
2 어찌하여 뭇 나라가 그들의 하나님
이 이제 어디 있느냐 말하게 하리
이까
3 오직 우리 하나님은 하늘에 계셔서
원하시는 모든 것을 행하셨나이
다
4 그들의 우상들은 은과 금이요 사람
이 손으로 만든 것이라
5 입이 있어도 말하지 못하며 눈이
있어도 보지 못하며
6 귀가 있어도 듣지 못하며 코가 있
어도 냄새 맡지 못하며
7 손이 있어도 만지지 못하며 발이
있어도 걷지 못하며 목구멍이 있
어도 작은 소리조차 내지 못하느
니라
8 우상들을 만드는 자들과 그것을 의
지하는 자들이 다 그와 같으리로다
9 이스라엘아 여호와를 의지하라 그
는 너희의 도움이시요 너희의 방패
시로다
10 아론의 집이여 여호와를 의지하라
그는 너희의 도움이시요 너희의 방
패시로다
11 여호와를 경외하는 자들아 너희는
여호와를 의지하여라 그는 너희의
도움이시요 너희의 방패시로다
12 여호와께서 우리를 생각하사 복을

1) 여호와를 찬송하라

주시되 이스라엘 집에도 복을 주시
고 아론의 집에도 복을 주시며
13 높은 사람이나 낮은 사람을 막론하
고 여호와를 경외하는 자들에게 복
을 주시리로다
14 여호와께서 너희를 곧 너희와 너희
의 자손을 더욱 번창하게 하시기를
원하노라
15 너희는 천지를 지으신 여호와께 복
을 받는 자로다
16 하늘은 여호와의 하늘이라도 땅은
사람에게 주셨도다
17 죽은 자들은 여호와를 찬양하지 못
하나니 적막한 데로 내려가는 자들
은 아무도 찬양하지 못하리로다
18 우리는 이제부터 영원까지 여호와
를 송축하리로다 [1]할렐루야

116 여호와께서 내 음성과 내 간
구를 들으시므로 내가 그를
사랑하는도다
2 그의 귀를 내게 기울이셨으므로 내
가 평생에 기도하리로다
3 사망의 줄이 나를 두르고 스올의
고통이 내게 이르므로 내가 환난과
슬픔을 만났을 때에
4 내가 여호와의 이름으로 기도하기
를 여호와여 주께 구하오니 내 영
혼을 건지소서 하였도다
5 여호와는 은혜로우시며 의로우시
며 우리 하나님은 긍휼이 많으시도
다
6 여호와께서는 순진한 자를 지키시
나니 내가 어려울 때에 나를 구원
하셨도다
7 내 영혼아 네 평안함으로 돌아갈지
어다 여호와께서 너를 후대하심이
로다
8 주께서 내 영혼을 사망에서, 내 눈
을 눈물에서, 내 발을 넘어짐에서
건지셨나이다
9 내가 생명이 있는 땅에서 여호와
앞에 행하리로다
10 내가 크게 고통을 당하였다고 말할
때에도 나는 믿었도다
11 내가 놀라서 이르기를 모든 사람이
거짓말쟁이라 하였도다
12 내게 주신 모든 은혜를 내가 여호
와께 무엇으로 보답할까
13 내가 구원의 잔을 들고 여호와의
이름을 부르며
14 여호와의 모든 백성 앞에서 나는
나의 서원을 여호와께 갚으리로다
15 그의 경건한 자들의 죽음은 여호와
께서 보시기에 귀중한 것이로다
16 여호와여 나는 진실로 주의 종이요
주의 여종의 아들 곧 주의 종이라 주
께서 나의 결박을 푸셨나이다
17 내가 주께 감사제를 드리고 여호와
의 이름을 부르리이다
18 내가 여호와께 서원한 것을 그의
모든 백성이 보는 앞에서 내가 지
키리로다
19 예루살렘아, 네 한가운데에서 곧
여호와의 성전 뜰에서 지키리로다
[1]할렐루야

117 너희 모든 나라들아 여호와
를 찬양하며 너희 모든 백성
들아 그를 찬송할지어다
2 우리에게 향하신 여호와의 인자하
심이 크시고 여호와의 진실하심이
영원함이로다 [1]할렐루야

118 여호와께 감사하라 그는 선
하시며 그의 인자하심이 영
원함이로다
2 이제 이스라엘은 말하기를 그의 인
자하심이 영원하다 할지로다
3 이제 아론의 집은 말하기를 그의
인자하심이 영원하다 할지로다
4 이제 여호와를 경외하는 자는 말하

1) 여호와를 찬송하라

기를 그의 인자하심이 영원하다 할
지로다
5 내가 고통 중에 여호와께 부르짖었
더니 여호와께서 응답하시고 나를
넓은 곳에 세우셨도다
6 여호와는 내 편이시라 내가 두려워
하지 아니하리니 사람이 내게 어찌
할까
7 여호와께서 내 편이 되사 나를 돕
는 자들 중에 계시니 그러므로 나
를 미워하는 자들에게 보응하시는
것을 내가 보리로다
8 여호와께 피하는 것이 사람을 신뢰
하는 것보다 나으며
9 여호와께 피하는 것이 고관들을 신
뢰하는 것보다 낫도다
10 뭇 나라가 나를 에워쌌으니 내가
여호와의 이름으로 그들을 끊으리
로다
11 그들이 나를 에워싸고 에워쌌으니
내가 여호와의 이름으로 그들을 끊
으리로다
12 그들이 벌들처럼 나를 에워쌌으나
가시덤불의 불같이 타 없어졌나니
내가 여호와의 이름으로 그들을 끊
으리로다
13 너는 나를 밀쳐 넘어뜨리려 하였으
나 여호와께서는 나를 도우셨도다
14 여호와는 나의 능력과 찬송이시요
또 나의 구원이 되셨도다
15 의인들의 장막에는 기쁜 소리, 구
원의 소리가 있음이여 여호와의 오
른손이 권능을 베푸시며
16 여호와의 오른손이 높이 들렸으며
여호와의 오른손이 권능을 베푸시
는도다
17 내가 죽지 않고 살아서 여호와께서
하시는 일을 선포하리로다
18 여호와께서 나를 심히 경책하셨어
도 죽음에는 넘기지 아니하셨도다
19 내게 의의 문들을 열지어다 내가
그리로 들어가서 여호와께 감사하
리로다
20 이는 여호와의 문이라 의인들이 그
리로 들어가리로다
21 주께서 내게 응답하시고 나의 구원
이 되셨으니 내가 주께 감사하리이
다
22 건축자가 버린 돌이 집 모퉁이의
머릿돌이 되었나니
23 이는 여호와께서 행하신 것이요 우
리 눈에 기이한 바로다
24 이날은 여호와께서 [1]정하신 것이라
이날에 우리가 즐거워하고 기뻐하
리로다
25 여호와여 구하옵나니 이제 구원하
소서 여호와여 우리가 구하옵나니
이제 형통하게 하소서
26 여호와의 이름으로 오는 자가 복이
있음이여 우리가 여호와의 집에서
너희를 축복하였도다
27 여호와는 하나님이시라 그가 우리
에게 빛을 비추셨으니 밧줄로 절기
제물을 제단 뿔에 맬지어다
28 주는 나의 하나님이시라 내가 주께
감사하리이다 주는 나의 하나님이
시라 내가 주를 높이리이다
29 여호와께 감사하라 그는 선하시며
그의 인자하심이 영원함이로다

119

행위가 온전하여 여호와의
율법을 따라 행하는 자들은
복이 있음이여
2 여호와의 증거들을 지키고 전심으
로 여호와를 구하는 자는 복이 있
도다
3 참으로 그들은 불의를 행하지 아니
하고 주의 도를 행하는도다
4 주께서 명령하사 주의 법도를 잘
지키게 하셨나이다

1) 지으신 날

5 내 길을 굳게 정하사 주의 율례를
지키게 하소서
6 내가 주의 모든 계명에 주의할 때
에는 부끄럽지 아니하리이다
7 내가 주의 의로운 판단을 배울 때
에는 정직한 마음으로 주께 감사하
리이다
8 내가 주의 율례들을 지키오리니 나
를 아주 버리지 마옵소서
9 ●청년이 무엇으로 그의 행실을 깨
끗하게 하리이까 주의 말씀만 지킬
따름이니이다
10 내가 전심으로 주를 찾았사오니 주
의 계명에서 떠나지 말게 하소서
11 내가 주께 범죄하지 아니하려 하
여 주의 말씀을 내 마음에 두었나
이다
12 찬송을 받으실 주 여호와여 주의
율례들을 내게 가르치소서
13 주의 입의 모든 규례들을 나의 입
술로 선포하였으며
14 내가 모든 재물을 즐거워함같이 주
의 증거들의 도를 즐거워하였나이
다
15 내가 주의 법도들을 작은 소리로 읊
조리며 주의 길들에 주의하며
16 주의 율례들을 즐거워하며 주의 말
씀을 잊지 아니하리이다
17 ●주의 종을 후대하여 살게 하소서
그리하시면 주의 말씀을 지키리이
다
18 내 눈을 열어서 주의 율법에서 놀
라운 것을 보게 하소서
19 나는 땅에서 나그네가 되었사오니
주의 계명들을 내게 숨기지 마소서
20 주의 규례들을 항상 사모함으로 내
마음이 상하나이다
21 교만하여 저주를 받으며 주의 계명
들에서 떠나는 자들을 주께서 꾸짖
으셨나이다
22 내가 주의 교훈들을 지켰사오니
비방과 멸시를 내게서 떠나게 하
소서
23 고관들도 앉아서 나를 비방하였사
오나 주의 종은 주의 율례들을 작
은 소리로 읊조렸나이다
24 주의 증거들은 나의 즐거움이요 나
의 충고자니이다
25 ●내 영혼이 진토에 붙었사오니 주
의 말씀대로 나를 살아나게 하소
서
26 내가 나의 행위를 아뢰매 주께서
내게 응답하셨사오니 주의 율례들
을 내게 가르치소서
27 나에게 주의 법도들의 길을 깨닫게
하여 주소서 그리하시면 내가 주의
기이한 일들을 작은 소리로 읊조리
리이다
28 나의 영혼이 눌림으로 말미암아 녹
사오니 주의 말씀대로 나를 세우소
서
29 거짓 행위를 내게서 떠나게 하시고
주의 법을 내게 은혜로이 베푸소서
30 내가 성실한 길을 택하고 주의 규
례들을 내 앞에 두었나이다
31 내가 주의 증거들에 매달렸사오니
여호와여 내가 수치를 당하지 말게
하소서
32 주께서 내 마음을 넓히시면 내가
주의 계명들의 길로 달려가리이
다
33 ●여호와여 주의 율례들의 도를 내
게 가르치소서 내가 끝까지 지키리
이다
34 나로 하여금 깨닫게 하여 주소서
내가 주의 법을 준행하며 전심으로
지키리이다
35 나로 하여금 주의 계명들의 길로
행하게 하소서 내가 이를 즐거워함
이니이다

36 내 마음을 주의 증거들에게 향하게
하시고 탐욕으로 향하지 말게 하소
서
37 내 눈을 돌이켜 허탄한 것을 보지
말게 하시고 주의 길에서 나를 살
아나게 하소서
38 주를 경외하게 하는 주의 말씀을
주의 종에게 세우소서
39 내가 두려워하는 비방을 내게서 떠
나게 하소서 주의 규례들은 선하심
이니이다
40 내가 주의 법도들을 사모하였사오
니 주의 의로 나를 살아나게 하소
서
41 ●여호와여 주의 말씀대로 주의 인
자하심과 주의 구원을 내게 임하게
하소서
42 그리하시면 내가 나를 비방하는
자들에게 대답할 말이 있사오리
니 내가 주의 말씀을 의지함이니이
다
43 진리의 말씀이 내 입에서 조금도
떠나지 말게 하소서 내가 주의 규
례를 바랐음이니이다
44 내가 주의 율법을 항상 지키리이다
영원히 지키리이다
45 내가 주의 법도들을 구하였사오니
자유롭게 걸어갈 것이오며
46 또 왕들 앞에서 주의 교훈들을 말
할 때에 수치를 당하지 아니하겠사
오며
47 내가 사랑하는 주의 계명들을 스스
로 즐거워하며
48 또 내가 사랑하는 주의 계명들을
향하여 내 손을 들고 주의 율례들
을 작은 소리로 읊조리리이다
49 ●주의 종에게 하신 말씀을 기억하
소서 주께서 내게 소망을 가지게
하셨나이다
50 이 말씀은 나의 고난 중의 위로라
주의 말씀이 나를 살리셨기 때문이
니이다
51 교만한 자들이 나를 심히 조롱하였
어도 나는 주의 법을 떠나지 아니
하였나이다
52 여호와여 주의 옛 규례들을 내가
기억하고 스스로 위로하였나이다
53 주의 율법을 버린 악인들로 말미암
아 내가 맹렬한 분노에 사로잡혔나
이다
54 내가 나그네된 집에서 주의 율례들
이 나의 노래가 되었나이다
55 여호와여 내가 밤에 주의 이름을
기억하고 주의 법을 지켰나이다
56 내 소유는 이것이니 곧 주의 법도
들을 지킨 것이니이다
57 ●여호와는 나의 분깃이시니 나는
주의 말씀을 지키리라 하였나이
다
58 내가 전심으로 주께 간구하였사오
니 주의 말씀대로 내게 은혜를 베
푸소서
59 내가 내 행위를 생각하고 주의 증
거들을 향하여 내 발길을 돌이켰사
오며
60 주의 계명들을 지키기에 신속히 하
고 지체하지 아니하였나이다
61 악인들의 줄이 내게 두루 얽혔을지
라도 나는 주의 법을 잊지 아니하
였나이다
62 내가 주의 의로운 규례들로 말미암
아 밤중에 일어나 주께 감사하리이
다
63 나는 주를 경외하는 모든 자들과
주의 법도들을 지키는 자들의 친구
라
64 여호와여 주의 인자하심이 땅에 충
만하였사오니 주의 율례들로 나를
가르치소서
65 ●여호와여 주의 말씀대로 주의 종

을 선대하셨나이다
66 내가 주의 계명들을 믿었사오니 좋
은 명철과 지식을 내게 가르치소서
67 고난당하기 전에는 내가 그릇 행하
였더니 이제는 주의 말씀을 지키나
이다
68 주는 선하사 선을 행하시오니 주의
율례들로 나를 가르치소서
69 교만한 자들이 거짓을 지어 나를
치려 하였사오나 나는 전심으로 주
의 법도들을 지키리이다
70 그들의 마음은 [1]살져서 기름덩이 같
으나 나는 주의 법을 즐거워하나이
다
71 고난당한 것이 내게 유익이라 이로
말미암아 내가 주의 율례들을 배우
게 되었나이다
72 주의 입의 법이 내게는 천천 금은
보다 좋으니이다
73 ●주의 손이 나를 만들고 세우셨사
오니 내가 깨달아 주의 계명들을
배우게 하소서
74 주를 경외하는 자들이 나를 보고
기뻐하는 것은 내가 주의 말씀을
바라는 까닭이니이다
75 여호와여 내가 알거니와 주의 심판
은 의로우시고 주께서 나를 괴롭게
하심은 성실하심 때문이니이다
76 구하오니 주의 종에게 하신 말씀대
로 주의 인자하심이 나의 위안이
되게 하시며
77 주의 긍휼히 여기심이 내게 임하사
내가 살게 하소서 주의 법은 나의
즐거움이니이다
78 교만한 자들이 거짓으로 나를 엎드
러뜨렸으니 그들이 수치를 당하게
하소서 나는 주의 법도들을 작은
소리로 읊조리리이다
79 주를 경외하는 자들이 내게 돌아오
게 하소서 그리하시면 그들이 주의
증거들을 알리이다
80 내 마음으로 주의 율례들에 완전하
게 하사 내가 수치를 당하지 아니
하게 하소서
81 ●나의 영혼이 주의 구원을 사모하
기에 피곤하오나 나는 주의 말씀을
바라나이다
82 나의 말이 주께서 언제나 나를 안
위하실까 하면서 내 눈이 주의 말
씀을 바라기에 피곤하니이다
83 내가 연기 속의 가죽 부대같이 되
었으나 주의 율례들을 잊지 아니하
나이다
84 주의 종의 날이 얼마나 되나이까
나를 핍박하는 자들을 주께서 언제
나 심판하시리이까
85 주의 법을 따르지 아니하는 교만한
자들이 나를 해하려고 웅덩이를 팠
나이다
86 주의 모든 계명들은 신실하니이다
그들이 이유 없이 나를 핍박하오니
나를 도우소서
87 그들이 나를 세상에서 거의 멸하였
으나 나는 주의 법도들을 버리지
아니하였사오니
88 주의 인자하심을 따라 나를 살아나
게 하소서 그리하시면 주의 입의
교훈들을 내가 지키리이다
89 ●여호와여 주의 말씀은 영원히 하
늘에 굳게 섰사오며
90 주의 성실하심은 대대에 이르나이
다 주께서 땅을 세우셨으므로 땅이
항상 있사오니
91 천지가 주의 규례들대로 오늘까지
있음은 만물이 주의 종이 된 까닭
이니이다
92 주의 법이 나의 즐거움이 되지 아
니하였더면 내가 내 고난 중에 멸
망하였으리이다

1) 마음이 둔하여 기름에 잠김 같으나

93 내가 주의 법도들을 영원히 잊지
아니하오니 주께서 이것들 때문에
나를 살게 하심이니이다
94 나는 주의 것이오니 나를 구원하소
서 내가 주의 법도들만을 찾았나이
다
95 악인들이 나를 멸하려고 엿보오나
나는 주의 증거들만을 생각하겠나
이다
96 내가 보니 모든 완전한 것이 다 끝
이 있어도 주의 계명들은 심히 넓
으니이다
97 ●내가 주의 법을 어찌 그리 사랑
하는지요 내가 그것을 종일 작은
소리로 읊조리나이다
98 주의 계명들이 항상 나와 함께하므
로 그것들이 나를 원수보다 지혜롭
게 하나이다
99 내가 주의 증거들을 늘 읊조리므로
나의 명철함이 나의 모든 스승보다
나으며
100 주의 법도들을 지키므로 나의 명철
함이 노인보다 나으니이다
101 내가 주의 말씀을 지키려고 발을
금하여 모든 악한 길로 가지 아니
하였사오며
102 주께서 나를 가르치셨으므로 내가
주의 규례들에서 떠나지 아니하였
나이다
103 주의 말씀의 맛이 내게 어찌 그리
단지요 내 입에 꿀보다 더 다니이
다
104 주의 법도들로 말미암아 내가 명철
하게 되었으므로 모든 거짓 행위를
미워하나이다
105 ●주의 말씀은 내 발에 등이요 내
길에 빛이니이다
106 주의 의로운 규례들을 지키기로 맹
세하고 굳게 정하였나이다
107 나의 고난이 매우 심하오니 여호와
여 주의 말씀대로 나를 살아나게
하소서
108 여호와여 구하오니 내 입이 드리는
자원제물을 받으시고 주의 공의를
내게 가르치소서
109 나의 생명이 항상 위기에 있사오나
나는 주의 법을 잊지 아니하나이다
110 악인들이 나를 해하려고 올무를 놓
았사오나 나는 주의 법도들에서 떠
나지 아니하였나이다
111 주의 증거들로 내가 영원히 나의
기업을 삼았사오니 이는 내 마음의
즐거움이 됨이니이다
112 내가 주의 율례들을 영원히 행하려
고 내 마음을 기울였나이다
113 ●내가 두 마음 품는 자들을 미워
하고 주의 법을 사랑하나이다
114 주는 나의 은신처요 방패시라 내가
주의 말씀을 바라나이다
115 너희 행악자들이여 나를 떠날지어
다 나는 내 하나님의 계명들을 지
키리로다
116 주의 말씀대로 나를 붙들어 살게
하시고 내 소망이 부끄럽지 않게
하소서
117 나를 붙드소서 그리하시면 내가 구
원을 얻고 주의 율례들에 항상 주
의하리이다
118 주의 율례들에서 떠나는 자는 주께
서 다 멸시하셨으니 그들의 속임수
는 허무함이니이다
119 주께서 세상의 모든 악인들을 찌꺼
기같이 버리시니 그러므로 내가 주
의 증거들을 사랑하나이다
120 내 육체가 주를 두려워함으로 떨며
내가 또 주의 심판을 두려워하나이
다
121 ●내가 정의와 공의를 행하였사오
니 나를 박해하는 자들에게 나를
넘기지 마옵소서

122 주의 종을 보증하사 복을 얻게 하
시고 교만한 자들이 나를 박해하지
못하게 하소서
123 내 눈이 주의 구원과 주의 의로운
말씀을 사모하기에 피곤하니이다
124 주의 인자하심대로 주의 종에게 행
하사 내게 주의 율례들을 가르치소
서
125 나는 주의 종이오니 나를 깨닫게
하사 주의 증거들을 알게 하소서
126 그들이 주의 법을 폐하였사오니 지
금은 여호와께서 일하실 때니이다
127 그러므로 내가 주의 계명들을 금
곧 순금보다 더 사랑하나이다
128 그러므로 내가 범사에 모든 주의
법도들을 바르게 여기고 모든 거짓
행위를 미워하나이다
129 ●주의 증거들은 놀라우므로 내 영
혼이 이를 지키나이다
130 주의 말씀을 열면 빛이 비치어 우
둔한 사람들을 깨닫게 하나이다
131 내가 주의 계명들을 사모하므로 내
가 입을 열고 헐떡였나이다
132 주의 이름을 사랑하는 자들에게 베
푸시던 대로 내게 돌이키사 내게
은혜를 베푸소서
133 나의 발걸음을 주의 말씀에 굳게
세우시고 어떤 죄악도 나를 주관하
지 못하게 하소서
134 사람의 박해에서 나를 구원하소서
그리하시면 내가 주의 법도들을 지
키리이다
135 주의 얼굴을 주의 종에게 비추시고
주의 율례로 나를 가르치소서
136 그들이 주의 법을 지키지 아니하므
로 내 눈물이 시냇물같이 흐르나이
다
137 ●여호와여 주는 의로우시고 주의
판단은 옳으니이다
138 주께서 명령하신 증거들은 의롭고
지극히 성실하니이다
139 내 대적들이 주의 말씀을 잊어버
렸으므로 내 열정이 나를 삼켰나
이다
140 주의 말씀이 심히 순수하므로 주의
종이 이를 사랑하나이다
141 내가 미천하여 멸시를 당하나 주의
법도를 잊지 아니하였나이다
142 주의 의는 영원한 의요 주의 율법
은 진리로소이다
143 환난과 우환이 내게 미쳤으나 주의
계명은 나의 즐거움이니이다
144 주의 증거들은 영원히 의로우시니
나로 하여금 깨닫게 하사 살게 하
소서
145 ●여호와여 내가 전심으로 부르짖
었사오니 내게 응답하소서 내가 주
의 교훈들을 지키리이다
146 내가 주께 부르짖었사오니 나를 구
원하소서 내가 주의 증거들을 지키
리이다
147 내가 날이 밝기 전에 부르짖으며
주의 말씀을 바랐사오며
148 주의 말씀을 조용히 읊조리려고 내
가 새벽녘에 눈을 떴나이다
149 주의 인자하심을 따라 내 소리를
들으소서 여호와여 주의 규례들을
따라 나를 살리소서
150 악을 따르는 자들이 가까이 왔사오
니 그들은 주의 법에서 머니이다
151 여호와여 주께서 가까이 계시오니
주의 모든 계명들은 진리니이다
152 내가 전부터 주의 증거들을 알고
있었으므로 주께서 영원히 세우신
것인 줄을 알았나이다
153 ●나의 고난을 보시고 나를 건지소
서 내가 주의 율법을 잊지 아니함
이니이다
154 주께서 나를 변호하시고 나를 구
하사 주의 말씀대로 나를 살리소

서
155 구원이 악인들에게서 멀어짐은 그
들이 주의 율례들을 구하지 아니함
이니이다
156 여호와여 주의 긍휼이 많으오니 주
의 규례들에 따라 나를 살리소서
157 나를 핍박하는 자들과 나의 대적들
이 많으나 나는 주의 증거들에서
떠나지 아니하였나이다
158 주의 말씀을 지키지 아니하는 거짓
된 자들을 내가 보고 슬퍼하였나이
다
159 내가 주의 법도들을 사랑함을 보옵
소서 여호와여 주의 인자하심을 따
라 나를 살리소서
160 주의 말씀의 강령은 진리이오니 주
의 의로운 모든 규례들은 영원하리
이다
161 ●고관들이 거짓으로 나를 핍박하
오나 나의 마음은 주의 말씀만 경
외하나이다
162 사람이 많은 탈취물을 얻은 것처럼
나는 주의 말씀을 즐거워하나이다
163 나는 거짓을 미워하며 싫어하고 주
의 율법을 사랑하나이다
164 주의 의로운 규례들로 말미암아 내
가 하루 일곱 번씩 주를 찬양하나
이다
165 주의 법을 사랑하는 자에게는 큰
평안이 있으니 그들에게 장애물이
없으리이다
166 여호와여 내가 주의 구원을 바라며
주의 계명들을 행하였나이다
167 내 영혼이 주의 증거들을 지켰사오
며 내가 이를 지극히 사랑하나이
다
168 내가 주의 법도들과 증거들을 지켰
사오니 나의 모든 행위가 주 앞에
있음이니이다
169 ●여호와여 나의 부르짖음이 주의
앞에 이르게 하시고 주의 말씀대로
나를 깨닫게 하소서
170 나의 간구가 주의 앞에 이르게 하
시고 주의 말씀대로 나를 건지소
서
171 주께서 율례를 내게 가르치시므로
내 입술이 주를 찬양하리이다
172 주의 모든 계명들이 의로우므로 내
혀가 주의 말씀을 노래하리이다
173 내가 주의 법도들을 택하였사오니
주의 손이 항상 나의 도움이 되게
하소서
174 여호와여 내가 주의 구원을 사모하
였사오며 주의 율법을 즐거워하나
이다
175 내 영혼을 살게 하소서 그리하시면
주를 찬송하리이다 주의 규례들이
나를 돕게 하소서
176 잃은 양같이 내가 방황하오니 주의
종을 찾으소서 내가 주의 계명들을
잊지 아니함이니이다

120

〔성전에 올라가는 노래〕
내가 환난 중에 여호와께
부르짖었더니 내게 응답하셨도다
2 여호와여 거짓된 입술과 속이는 혀
에서 내 생명을 건져 주소서
3 너 속이는 혀여 무엇을 네게 주며
무엇을 네게 더할꼬
4 장사의 날카로운 화살과 로뎀 나무
숯불이리로다
5 메섹에 머물며 게달의 장막 중에
머무는 것이 내게 화로다
6 내가 화평을 미워하는 자들과 함께
오래 거주하였도다
7 나는 화평을 원할지라도 내가 말할
때에 그들은 싸우려 하는도다

121

〔성전에 올라가는 노래〕
내가 산을 향하여 눈을 들리
라 나의 도움이 어디서 올까
2 나의 도움은 천지를 지으신 여호와

에게서로다
3 ●여호와께서 너를 실족하지 아니
하게 하시며 너를 지키시는 이가
졸지 아니하시리로다
4 이스라엘을 지키시는 이는 졸지도
아니하시고 주무시지도 아니하시
리로다
5 여호와는 너를 지키시는 이시라 여
호와께서 네 오른쪽에서 네 그늘이
되시나니
6 낮의 해가 너를 상하게 하지 아니
하며 밤의 달도 너를 해치지 아니
하리로다
7 여호와께서 너를 지켜 모든 환난을
면하게 하시며 또 네 영혼을 지키
시리로다
8 여호와께서 너의 출입을 지금부터
영원까지 지키시리로다

122

〔다윗의 시 곧 성전에 올라가는 노래〕

1 사람이 내게 말하기를 여호와의 집
에 올라가자 할 때에 내가 기뻐하
였도다
2 예루살렘아 우리 발이 네 성문 안
에 섰도다
3 예루살렘아 너는 잘 짜여진 성읍과
같이 건설되었도다
4 지파들 곧 여호와의 지파들이 여
호와의 이름에 감사하려고 이스라
엘의 전례대로 그리로 올라가는도
다
5 거기에 심판의 보좌를 두셨으니 곧
다윗의 집의 보좌로다
6 예루살렘을 위하여 평안을 구하라
예루살렘을 사랑하는 자는 형통하
리로다
7 네 성 안에는 평안이 있고 네 궁중
에는 형통함이 있을지어다
8 내가 내 형제와 친구를 위하여 이
제 말하리니 네 가운데에 평안이
있을지어다
9 여호와 우리 하나님의 집을 위하여
내가 너를 위하여 복을 구하리로다

123

〔성전에 올라가는 노래〕

하늘에 계시는 주여 내가
눈을 들어 주께 향하나이다
2 상전의 손을 바라보는 종들의 눈같
이, 여주인의 손을 바라보는 여종
의 눈같이 우리의 눈이 여호와 우
리 하나님을 바라보며 우리에게
은혜 베풀어 주시기를 기다리나이
다
3 여호와여 우리에게 은혜를 베푸시
고 또 은혜를 베푸소서 심한 멸시
가 우리에게 넘치나이다
4 안일한 자의 조소와 교만한 자의
멸시가 우리 영혼에 넘치나이다

124

〔다윗의 시 곧 성전에 올라가는 노래〕

1 이스라엘은 이제 말하기를 여호와
께서 우리 편에 계시지 아니하셨더
라면 우리가 어떻게 하였으랴
2 사람들이 우리를 치러 일어날 때에
여호와께서 우리 편에 계시지 아니
하셨더라면
3 그때에 그들의 노여움이 우리에게
맹렬하여 우리를 산 채로 삼켰을
것이며
4 그때에 물이 우리를 휩쓸며 시내가
우리 영혼을 삼켰을 것이며
5 그때에 넘치는 물이 우리 영혼을
삼켰을 것이라 할 것이로다
6 우리를 내주어 그들의 이에 씹히지
아니하게 하신 여호와를 찬송할지
로다
7 우리의 영혼이 사냥꾼의 올무에서
벗어난 새같이 되었나니 올무가 끊
어지므로 우리가 벗어났도다
8 우리의 도움은 천지를 지으신 여호
와의 이름에 있도다

125 〔성전에 올라가는 노래〕
여호와를 의지하는 자는 시
온 산이 흔들리지 아니하고 영원히
있음 같도다
2 산들이 예루살렘을 두름과 같이 여
호와께서 그의 백성을 지금부터 영
원까지 두르시리로다
3 악인의 규가 의인들의 땅에서는 그
권세를 누리지 못하리니 이는 의인
들로 하여금 죄악에 손을 대지 아
니하게 함이로다
4 여호와여 선한 자들과 마음이 정직
한 자들에게 선대하소서
5 자기의 굽은 길로 치우치는 자들은
여호와께서 죄를 범하는 자들과 함
께 다니게 하시리로다 이스라엘에
게는 평강이 있을지어다

126 〔성전에 올라가는 노래〕
여호와께서 시온의 포로를
돌려 보내실 때에 우리는 꿈꾸는
것 같았도다
2 그때에 우리 입에는 웃음이 가득하
고 우리 혀에는 찬양이 찼었도다
그때에 뭇 나라 가운데에서 말하기
를 여호와께서 그들을 위하여 큰
일을 행하셨다 하였도다
3 여호와께서 우리를 위하여 큰 일을
행하셨으니 우리는 기쁘도다
4 여호와여 우리의 포로를 남방 시내
들같이 돌려보내소서
5 눈물을 흘리며 씨를 뿌리는 자는
기쁨으로 거두리로다
6 울며 씨를 뿌리러 나가는 자는 반
드시 기쁨으로 그 곡식 단을 가지
고 돌아오리로다

127 〔솔로몬의 시
곧 성전에 올라가는 노래〕
1 여호와께서 집을 세우지 아니하시
면 세우는 자의 수고가 헛되며 여
호와께서 성을 지키지 아니하시면
파수꾼의 깨어 있음이 헛되도다
2 너희가 일찍이 일어나고 늦게 누우
며 수고의 떡을 먹음이 헛되도다
그러므로 여호와께서 그의 사랑하
시는 자에게는 잠을 주시는도다
3 보라 자식들은 여호와의 기업이요
태의 열매는 그의 상급이로다
4 젊은 자의 자식은 장사의 수중의
화살 같으니
5 이것이 그의 화살통에 가득한 자는
복되도다 그들이 성문에서 그들의
원수와 담판할 때에 수치를 당하지
아니하리로다

128 〔성전에 올라가는 노래〕
여호와를 경외하며 그의 길
을 걷는 자마다 복이 있도다
2 네가 네 손이 수고한 대로 먹을 것
이라 네가 복되고 형통하리로다
3 네 집 안방에 있는 네 아내는 결실
한 포도나무 같으며 네 식탁에 둘
러 앉은 자식들은 어린 감람나무
같으리로다
4 여호와를 경외하는 자는 이같이 복
을 얻으리로다
5 여호와께서 시온에서 네게 복을 주
실지어다 너는 평생에 예루살렘의
번영을 보며
6 네 자식의 자식을 볼지어다 이스라
엘에게 평강이 있을지로다

129 〔성전에 올라가는 노래〕
이스라엘은 이제 말하기를
그들이 내가 어릴 때부터 여러 번
나를 괴롭혔도다
2 그들이 내가 어릴 때부터 여러 번
나를 괴롭혔으나 나를 이기지 못하
였도다
3 밭 가는 자들이 내 등을 갈아 그 고
랑을 길게 지었도다
4 여호와께서는 의로우사 악인들의
줄을 끊으셨도다

5 무릇 시온을 미워하는 자들은 수치
를 당하여 물러갈지어다
6 그들은 지붕의 풀과 같을지어다 그
것은 자라기 전에 마르는 것이라
7 이런 것은 베는 자의 손과 묶는 자
의 품에 차지 아니하나니
8 지나가는 자들도 여호와의 복이 너
희에게 있을지어다 하거나 우리가
여호와의 이름으로 너희에게 축복
한다 하지 아니하느니라

130

〔성전에 올라가는 노래〕
여호와여 내가 깊은 곳에
서 주께 부르짖었나이다
2 주여 내 소리를 들으시며 나의 부
르짖는 소리에 귀를 기울이소서
3 여호와여 주께서 죄악을 지켜보실
진대 주여 누가 서리이까
4 그러나 사유하심이 주께 있음은 주
를 경외하게 하심이니이다
5 나 곧 내 영혼은 여호와를 기다리
며 나는 주의 말씀을 바라는도다
6 파수꾼이 아침을 기다림보다 내 영
혼이 주를 더 기다리나니 참으로
파수꾼이 아침을 기다림보다 더하
도다
7 이스라엘아 여호와를 바랄지어다
여호와께서는 인자하심과 풍성한
속량이 있음이라
8 그가 이스라엘을 그의 모든 죄악에
서 속량하시리로다

131

〔다윗의 시
곧 성전에 올라가는 노래〕
1 여호와여 내 마음이 교만하지 아니
하고 내 눈이 오만하지 아니하오며
내가 큰 일과 감당하지 못할 놀라
운 일을 하려고 힘쓰지 아니하나이
다
2 실로 내가 내 영혼으로 고요하고
평온하게 하기를 젖 뗀 아이가 그
의 어머니 품에 있음 같게 하였나
니 내 영혼이 젖 뗀 아이와 같도
다
3 이스라엘아 지금부터 영원까지 여
호와를 바랄지어다

132

〔성전에 올라가는 노래〕
여호와여 다윗을 위하여 그
의 모든 겸손을 기억하소서
2 그가 여호와께 맹세하며 야곱의 전
능자에게 서원하기를
3 내가 내 장막 집에 들어가지 아니
하며 내 침상에 오르지 아니하고
4 내 눈으로 잠들게 하지 아니하며
내 눈꺼풀로 졸게 하지 아니하기
를
5 여호와의 처소 곧 야곱의 전능자의
성막을 발견하기까지 하리라 하였
나이다
6 우리가 그것이 [1]에브라다에 있다
함을 들었더니 [2]나무 밭에서 찾았
도다
7 우리가 그의 계신 곳으로 들어가서
그의 발등상 앞에서 엎드려 예배하
리로다
8 여호와여 일어나사 주의 권능의 궤
와 함께 평안한 곳으로 들어가소
서
9 주의 제사장들은 의를 옷 입고 주
의 성도들은 즐거이 외칠지어다
10 주의 종 다윗을 위하여 주의 기름
부음 받은 자의 얼굴을 외면하지
마옵소서
11 여호와께서 다윗에게 성실히 맹세
하셨으니 변하지 아니하실지라 이
르시기를 네 몸의 소생을 네 왕위
에 둘지라
12 네 자손이 내 언약과 그들에게 교
훈하는 내 증거를 지킬진대 그들의
후손도 영원히 네 왕위에 앉으리라
하셨도다

1) 에브라임 2) 야일의 밭에서

13 여호와께서 시온을 택하시고 자
기 거처를 삼고자 하여 이르시기
를
14 이는 내가 영원히 쉴 곳이라 내가
여기 거주할 것은 이를 원하였음이
로다
15 내가 이 성의 식료품에 풍족히 복
을 주고 떡으로 그 빈민을 만족하
게 하리로다
16 내가 그 제사장들에게 구원을 옷
입히리니 그 성도들은 즐거이 외치
리로다
17 내가 거기서 다윗에게 뿔이 나게
할 것이라 내가 내 기름부음 받은
자를 위하여 등을 준비하였도다
18 내가 그의 원수에게는 수치를 옷
입히고 그에게는 왕관이 빛나게 하
리라 하셨도다

133

〔다윗의 시 곧 성전에 올라가는 노래〕

1 보라 형제가 연합하여 동거함이 어
찌 그리 선하고 아름다운고
2 머리에 있는 보배로운 기름이 수염
곧 아론의 수염에 흘러서 그의 옷
깃까지 내림 같고
3 헐몬의 이슬이 시온의 산들에 내림
같도다 거기서 여호와께서 복을 명
령하셨나니 곧 영생이로다

134

〔성전에 올라가는 노래〕

보라 밤에 여호와의 성전에
서 있는 여호와의 모든 종들아 여
호와를 송축하라
2 [1)]성소를 향하여 너희 손을 들고 여
호와를 송축하라
3 천지를 지으신 여호와께서 시온에
서 네게 복을 주실지어다

135

[2)]할렐루야 여호와의 이름
을 찬송하라 여호와의 종들
아 찬송하라
2 여호와의 집 우리 여호와의 성전
곧 우리 하나님의 성전 뜰에 서 있
는 너희여
3 여호와를 찬송하라 여호와는 선하
시며 그의 이름이 아름다우니 그의
이름을 찬양하라
4 여호와께서 자기를 위하여 야곱 곧
이스라엘을 자기의 특별한 소유로
택하셨음이로다
5 내가 알거니와 여호와께서는 위대
하시며 우리 주는 모든 신들보다
위대하시도다
6 여호와께서 그가 기뻐하시는 모든
일을 천지와 바다와 모든 깊은 데
서 다 행하셨도다
7 안개를 땅끝에서 일으키시며 비를
위하여 번개를 만드시며 바람을 그
곳간에서 내시는도다
8 그가 애굽의 처음 난 자를 사람부
터 짐승까지 치셨도다
9 애굽이여 여호와께서 네게 행한 표
적들과 징조들을 바로와 그의 모든
신하들에게 보내셨도다
10 그가 많은 나라를 치시고 강한 왕
들을 죽이셨나니
11 곧 아모리인의 왕 시혼과 바산 왕
옥과 가나안의 모든 국왕이로다
12 그들의 땅을 기업으로 주시되 자기
백성 이스라엘에게 기업으로 주셨
도다
13 여호와여 주의 이름이 영원하시니
이다 여호와여 주를 기념함이 대대
에 이르리이다
14 여호와께서 자기 백성을 판단하시
며 그의 종들로 말미암아 위로를
받으시리로다
15 ●열국의 우상은 은금이요 사람의
손으로 만든 것이라
16 입이 있어도 말하지 못하며 눈이
있어도 보지 못하며

1) 너희 손을 거룩하게 들고 2) 여호와를 찬송하라

17 귀가 있어도 듣지 못하며 그들의
입에는 아무 호흡도 없나니
18 그것을 만든 자와 그것을 의지하는
자가 다 그것과 같으리로다
19 이스라엘 족속아 여호와를 송축하라
아론의 족속아 여호와를 송축하라
20 레위 [1]족속아 여호와를 송축하라
여호와를 경외하는 너희들아 여호
와를 송축하라
21 예루살렘에 계시는 여호와는 시온
에서 찬송을 받으실지어다 [2]할렐루
야

136 여호와께 감사하라 그는 선
하시며 그 인자하심이 영원
함이로다
2 신들 중에 뛰어난 하나님께 감사하
라 그 인자하심이 영원함이로다
3 주들 중에 뛰어난 주께 감사하라
그 인자하심이 영원함이로다
4 홀로 큰 기이한 일들을 행하시는
이에게 감사하라 그 인자하심이 영
원함이로다
5 지혜로 하늘을 지으신 이에게 감사
하라 그 인자하심이 영원함이로다
6 땅을 물 위에 펴신 이에게 감사하
라 그 인자하심이 영원함이로다
7 큰 빛들을 지으신 이에게 감사하라
그 인자하심이 영원함이로다
8 해로 낮을 주관하게 하신 이에게
감사하라 그 인자하심이 영원함이
로다
9 달과 별들로 밤을 주관하게 하신
이에게 감사하라 그 인자하심이 영
원함이로다
10 애굽의 장자를 치신 이에게 감사하
라 그 인자하심이 영원함이로다
11 이스라엘을 그들 중에서 인도하여
내신 이에게 감사하라 그 인자하심
이 영원함이로다
12 강한 손과 펴신 팔로 인도하여 내
신 이에게 감사하라 그 인자하심이
영원함이로다
13 홍해를 가르신 이에게 감사하라 그
인자하심이 영원함이로다
14 이스라엘을 그 가운데로 통과하게
하신 이에게 감사하라 그 인자하심
이 영원함이로다
15 바로와 그의 군대를 홍해에 엎드러
뜨리신 이에게 감사하라 그 인자하
심이 영원함이로다
16 그의 백성을 인도하여 광야를 통과
하게 하신 이에게 감사하라 그 인
자하심이 영원함이로다
17 큰 왕들을 치신 이에게 감사하라
그 인자하심이 영원함이로다
18 유명한 왕들을 죽이신 이에게 감사
하라 그 인자하심이 영원함이로다
19 아모리인의 왕 시혼을 죽이신 이에
게 감사하라 그 인자하심이 영원함
이로다
20 바산 왕 옥을 죽이신 이에게 감사
하라 그 인자하심이 영원함이로다
21 그들의 땅을 기업으로 주신 이에게
감사하라 그 인자하심이 영원함이
로다
22 곧 그 종 이스라엘에게 기업으로
주신 이에게 감사하라 그 인자하심
이 영원함이로다
23 우리를 비천한 가운데에서도 기억
해 주신 이에게 감사하라 그 인자
하심이 영원함이로다
24 우리를 우리의 대적에게서 건지신
이에게 감사하라 그 인자하심이 영
원함이로다
25 모든 육체에게 먹을 것을 주신 이
에게 감사하라 그 인자하심이 영원
함이로다
26 하늘의 하나님께 감사하라 그 인자
하심이 영원함이로다

1) 집 2) 여호와를 찬송하라

137

우리가 바벨론의 여러 강변
거기에 앉아서 시온을 기억
하며 울었도다
2 그 중의 버드나무에 우리가 우리의
수금을 걸었나니
3 이는 우리를 사로잡은 자가 거기서
우리에게 노래를 청하며 우리를 황
폐하게 한 자가 기쁨을 청하고 자
기들을 위하여 시온의 노래 중 하
나를 노래하라 함이로다
4 우리가 이방 땅에서 어찌 여호와의
노래를 부를까
5 예루살렘아 내가 너를 잊을진대 내
오른손이 그의 재주를 잊을지로
다
6 내가 예루살렘을 기억하지 아니하
거나 내가 가장 즐거워하는 것보다
더 즐거워하지 아니할진대 내 혀가
내 입천장에 붙을지로다
7 여호와여 예루살렘이 멸망하던 날
을 기억하시고 에돔 자손을 치소서
그들의 말이 헐어 버리라 헐어 버
리라 그 기초까지 헐어 버리라 하
였나이다
8 멸망할 딸 바벨론아 네가 우리에게
행한 대로 네게 갚는 자가 복이 있
으리로다
9 네 어린 것들을 바위에 메어치는
자는 복이 있으리로다

138

〔다윗의 시〕
내가 전심으로 주께 감사
하며 신들 앞에서 주께 찬송하리이
다
2 내가 주의 성전을 향하여 예배하며
주의 인자하심과 성실하심으로 말
미암아 주의 이름에 감사하오리니
이는 주께서 1)주의 말씀을 주의 모
든 이름보다 높게 하셨음이라
3 내가 간구하는 날에 주께서 응답하
시고 내 영혼에 힘을 주어 나를 강
하게 하셨나이다
4 여호와여 세상의 모든 왕들이 주께
감사할 것은 그들이 주의 입의 말
씀을 들음이오며
5 그들이 여호와의 도를 노래할 것은
여호와의 영광이 크심이니이다
6 여호와께서는 높이 계셔도 낮은 자
를 굽어살피시며 멀리서도 교만한
자를 아심이니이다
7 내가 환난 중에 다닐지라도 주께서
나를 살아나게 하시고 주의 손을
펴사 내 원수들의 분노를 막으시며
주의 오른손이 나를 구원하시리이
다
8 여호와께서 나를 위하여 보상해 주
시리이다 여호와여 주의 인자하심
이 영원하오니 주의 손으로 지으신
것을 버리지 마옵소서

139

〔다윗의 시,
인도자를 따라 부르는 노래〕
1 여호와여 주께서 나를 살펴 보셨으
므로 나를 아시나이다
2 주께서 내가 앉고 일어섬을 아시고
멀리서도 나의 생각을 밝히 아시오
며
3 나의 모든 길과 내가 눕는 것을 살
펴 보셨으므로 나의 모든 행위를
익히 아시오니
4 여호와여 내 혀의 말을 알지 못하
시는 것이 하나도 없으시니이다
5 주께서 나의 앞뒤를 둘러싸시고 내
게 안수하셨나이다
6 이 지식이 내게 너무 기이하니 높
아서 내가 능히 미치지 못하나이
다
7 내가 주의 영을 떠나 어디로 가며
주의 앞에서 어디로 피하리이까
8 내가 하늘에 올라갈지라도 거기 계
시며 스올에 내 자리를 펼지라도

1) 주의 모든 이름대로 주의 말씀을 크게 하셨음이라

거기 계시니이다
9 내가 새벽 날개를 치며 바다 끝에
가서 거주할지라도
10 거기서도 주의 손이 나를 인도하시
며 주의 오른손이 나를 붙드시리이
다
11 내가 혹시 말하기를 흑암이 반드시
나를 덮고 나를 두른 빛은 밤이 되
리라 할지라도
12 주에게서는 흑암이 숨기지 못하며
밤이 낮과 같이 비추이나니 주에게
는 흑암과 빛이 같음이니이다
13 주께서 내 내장을 지으시며 나의
모태에서 나를 만드셨나이다
14 내가 주께 감사하옴은 나를 지으심
이 심히 기묘하심이라 주께서 하시
는 일이 기이함을 내 영혼이 잘 아
나이다
15 내가 은밀한 데서 지음을 받고 땅
의 깊은 곳에서 기이하게 지음을
받은 때에 나의 형체가 주의 앞에
숨겨지지 못하였나이다
16 내 형질이 이루어지기 전에 주의
눈이 보셨으며 나를 위하여 정한
날이 하루도 되기 전에 주의 책에
다 기록이 되었나이다
17 하나님이여 주의 생각이 내게 어찌
그리 보배로우신지요 그 수가 어찌
그리 많은지요
18 내가 세려고 할지라도 그 수가 모
래보다 많도소이다 내가 깰 때에도
여전히 주와 함께 있나이다
19 하나님이여 주께서 반드시 악인을
죽이시리이다 피 흘리기를 즐기는
자들아 나를 떠날지어다
20 그들이 주를 대하여 악하게 말하며
주의 원수들이 주의 이름으로 헛되
이 맹세하나이다
21 여호와여 내가 주를 미워하는 자들
을 미워하지 아니하오며 주를 치러
일어나는 자들을 미워하지 아니하
나이까
22 내가 그들을 심히 미워하니 그들은
나의 원수들이니이다
23 하나님이여 나를 살피사 내 마음을
아시며 나를 시험하사 내 뜻을 아
옵소서
24 내게 무슨 악한 행위가 있나 보시
고 나를 영원한 길로 인도하소서

140

〔다윗의 시,
인도자를 따라 부르는 노래〕

1 여호와여 악인에게서 나를 건지시
며 포악한 자에게서 나를 보전하소
서
2 그들이 마음속으로 악을 꾀하고 싸
우기 위하여 매일 모이오며
3 뱀같이 그 혀를 날카롭게 하니 그
입술 아래에는 독사의 독이 있나이
다 (셀라)
4 여호와여 나를 지키사 악인의 손에
빠지지 않게 하시며 나를 보전하사
포악한 자에게서 벗어나게 하소서
그들은 나의 걸음을 밀치려 하나이
다
5 교만한 자가 나를 해하려고 올무와
줄을 놓으며 길 곁에 그물을 치며
함정을 두었나이다 (셀라)
6 ●내가 여호와께 말하기를 주는 나
의 하나님이시니 여호와여 나의 간
구하는 소리에 귀를 기울이소서 하
였나이다
7 내 구원의 능력이신 주 여호와여
전쟁의 날에 주께서 내 머리를 가
려 주셨나이다
8 여호와여 악인의 소원을 허락하지
마시며 그의 악한 꾀를 이루지 못
하게 하소서 그들이 스스로 높일까
하나이다 (셀라)
9 나를 에워싸는 자들이 그들의 머리
를 들 때에 그들의 입술의 재난이

그들을 덮게 하소서
10 뜨거운 숯불이 그들 위에 떨어지게
하시며 불 가운데와 깊은 웅덩이에
그들로 하여금 빠져 다시 일어나지
못하게 하소서
11 악담하는 자는 세상에서 굳게 서지
못하며 포악한 자는 재앙이 따라서
패망하게 하리이다
12 내가 알거니와 여호와는 고난당하
는 자를 변호해 주시며 궁핍한 자
에게 정의를 베푸시리이다
13 진실로 의인들이 주의 이름에 감사
하며 정직한 자들이 주의 앞에서
살리이다

141

〔다윗의 시〕
여호와여 내가 주를 불렀사
오니 속히 내게 오시옵소서 내가
주께 부르짖을 때에 내 음성에 귀
를 기울이소서
2 나의 기도가 주의 앞에 분향함과
같이 되며 나의 손 드는 것이 저녁
제사같이 되게 하소서
3 여호와여 내 입에 파수꾼을 세우시
고 내 입술의 문을 지키소서
4 내 마음이 악한 일에 기울어 죄악
을 행하는 자들과 함께 악을 행하
지 말게 하시며 그들의 진수성찬을
먹지 말게 하소서
5 의인이 나를 칠지라도 은혜로 여기
며 책망할지라도 머리의 기름같이
여겨서 내 머리가 이를 거절하지
아니할지라 그들의 [1]재난 중에도
내가 항상 기도하리로다
6 그들의 재판관들이 바위 곁에 내려
던져졌도다 내 말이 달므로 무리가
들으리로다
7 사람이 밭 갈아 흙을 부스러뜨림같
이 우리의 해골이 스올 입구에 흩
어졌도다
8 주 여호와여 내 눈이 주께 향하며
내가 주께 피하오니 [2]내 영혼을 빈
궁한 대로 버려두지 마옵소서
9 나를 지키사 그들이 나를 잡으려고
놓은 올무와 악을 행하는 자들의
함정에서 벗어나게 하옵소서
10 악인은 자기 그물에 걸리게 하시고
나만은 온전히 면하게 하소서

142

〔다윗이 굴에 있을 때에 지은
[3]마스길 곧 기도〕
1 내가 소리 내어 여호와께 부르짖으
며 소리 내어 여호와께 간구하는도
다
2 내가 내 원통함을 그의 앞에 토로
하며 내 우환을 그의 앞에 진술하
는도다
3 내 영이 내 속에서 상할 때에도 주
께서 내 길을 아셨나이다 내가 가
는 길에 그들이 나를 잡으려고 올
무를 숨겼나이다
4 오른쪽을 살펴 보소서 나를 아는
이도 없고 나의 피난처도 없고 내
영혼을 돌보는 이도 없나이다
5 여호와여 내가 주께 부르짖어 말하
기를 주는 나의 피난처시요 살아
있는 사람들의 땅에서 나의 분깃이
시라 하였나이다
6 나의 부르짖음을 들으소서 나는 심
히 비천하니이다 나를 핍박하는 자
들에게서 나를 건지소서 그들은 나
보다 강하니이다
7 내 영혼을 옥에서 이끌어내사 주의
이름을 감사하게 하소서 주께서 나
에게 갚아주시리니 의인들이 나를
두르리이다

143

〔다윗의 시〕
여호와여 내 기도를 들으시
며 내 간구에 귀를 기울이시고 주
의 진실과 의로 내게 응답하소서

1) 악을 대하여 내가 2) 내 심령을 쏟아버리지 마옵소서
3) 교훈

2 주의 종에게 심판을 행하지 마소서
주의 눈앞에는 의로운 인생이 하나
도 없나이다
3 원수가 내 영혼을 핍박하며 내 생
명을 땅에 엎어서 나로 죽은 지 오
랜 자같이 나를 암흑 속에 두었나
이다
4 그러므로 내 심령이 속에서 상하
며 내 마음이 내 속에서 참담하니
이다
5 내가 옛날을 기억하고 주의 모든
행하신 것을 읊조리며 주의 손이
행하는 일을 생각하고
6 주를 향하여 손을 펴고 내 영혼이
마른 땅같이 주를 사모하나이다
(셀라)
7 여호와여 속히 내게 응답하소서 내
영이 피곤하니이다 주의 얼굴을 내
게서 숨기지 마소서 내가 무덤에
내려가는 자 같을까 두려워하나이
다
8 아침에 나로 하여금 주의 인자한
말씀을 듣게 하소서 내가 주를 의
뢰함이니이다 내가 다닐 길을 알게
하소서 내가 내 영혼을 주께 드림
이니이다
9 여호와여 나를 내 원수들에게서 건
지소서 내가 주께 피하여 숨었나이
다
10 주는 나의 하나님이시니 나를 가르
쳐 주의 뜻을 행하게 하소서 주의
영은 선하시니 나를 공평한 땅에
인도하소서
11 여호와여 주의 이름을 위하여 나를
살리시고 주의 의로 내 영혼을 환
난에서 끌어내소서
12 주의 인자하심으로 나의 원수들을
끊으시고 내 영혼을 괴롭게 하는
자를 다 멸하소서 나는 주의 종이
니이다

144 〔다윗의 시〕

나의 반석이신 여호와를 찬
송하리로다 그가 내 손을 가르쳐
싸우게 하시며 손가락을 가르쳐 전
쟁하게 하시는도다
2 여호와는 나의 사랑이시요 나의 요
새이시요 나의 산성이시요 나를 건
지시는 이시요 나의 방패이시니 내
가 그에게 피하였고 그가 내 백성
을 내게 복종하게 하셨나이다
3 여호와여 사람이 무엇이기에 주께
서 그를 알아 주시며 인생이 무엇
이기에 그를 생각하시나이까
4 사람은 [1]헛것 같고 그의 날은 지나
가는 그림자 같으니이다
5 여호와여 주의 하늘을 드리우고 강
림하시며 산들에 접촉하사 연기를
내게 하소서
6 번개를 번쩍이사 원수들을 흩으시
며 주의 화살을 쏘아 그들을 무찌
르소서
7 위에서부터 주의 손을 펴사 나를
큰 물과 이방인의 손에서 구하여
건지소서
8 그들의 입은 거짓을 말하며 그의
오른손은 거짓의 오른손이니이다
9 하나님이여 내가 주께 새 노래로
노래하며 열 줄 비파로 주를 찬양
하리이다
10 주는 왕들에게 구원을 베푸시는 자
시요 그의 종 다윗을 그 해하려는
칼에서 구하시는 자시니이다
11 이방인의 손에서 나를 구하여 건지
소서 그들의 입은 거짓을 말하며
그 오른손은 거짓의 오른손이니이
다
12 ●우리 아들들은 어리다가 장성한
나무들과 같으며 우리 딸들은 궁전
의 양식대로 아름답게 다듬은 모퉁

1) 숨과 같고

잇돌들과 같으며
13 우리의 곳간에는 백곡이 가득하며
우리의 양은 들에서 천천과 만만으
로 번성하며
14 우리 수소는 무겁게 실었으며 또
우리를 침노하는 일이나 우리가 나
아가 막는 일이 없으며 우리 거리
에는 슬피 부르짖음이 없을진대
15 이러한 백성은 복이 있나니 여호와
를 자기 하나님으로 삼는 백성은
복이 있도다

145 〔다윗의 찬송시〕
왕이신 나의 하나님이여 내
가 주를 높이고 영원히 주의 이름
을 송축하리이다
2 내가 날마다 주를 송축하며 영원히
주의 이름을 송축하리이다
3 여호와는 위대하시니 크게 찬양할
것이라 그의 위대하심을 측량하지
못하리로다
4 대대로 주께서 행하시는 일을 크게
찬양하며 주의 능한 일을 선포하리
로다
5 주의 존귀하고 영광스러운 위엄과
주의 기이한 일들을 나는 작은 소
리로 읊조리리이다
6 사람들은 주의 두려운 일의 권능을
말할 것이요 나도 주의 위대하심을
선포하리이다
7 그들이 주의 크신 은혜를 기념하여
말하며 주의 의를 노래하리이다
8 여호와는 은혜로우시며 긍휼이 많
으시며 노하기를 더디 하시며 인자
하심이 크시도다
9 여호와께서는 모든 것을 선대하시
며 그 지으신 모든 것에 긍휼을 베
푸시는도다
10 여호와여 주께서 지으신 모든 것들
이 주께 감사하며 주의 성도들이
주를 송축하리이다
11 그들이 주의 나라의 영광을 말하며
주의 업적을 일러서
12 주의 업적과 주의 나라의 위엄 있
는 영광을 인생들에게 알게 하리이
다
13 주의 나라는 영원한 나라이니 주의
통치는 대대에 이르리이다
14 여호와께서는 모든 넘어지는 자들
을 붙드시며 비굴한 자들을 일으키
시는도다
15 모든 사람의 눈이 주를 앙망하오니
주는 때를 따라 그들에게 먹을 것
을 주시며
16 손을 펴사 [1]모든 생물의 소원을 만
족하게 하시나이다
17 여호와께서는 그 모든 행위에 의로
우시며 그 모든 일에 은혜로우시도
다
18 여호와께서는 자기에게 간구하는
모든 자 곧 진실하게 간구하는 모
든 자에게 가까이하시는도다
19 그는 자기를 경외하는 자들의 소원
을 이루시며 또 그들의 부르짖음을
들으사 구원하시리로다
20 여호와께서 자기를 사랑하는 자들
은 다 보호하시고 악인들은 다 멸
하시리로다
21 내 입이 여호와의 영예를 말하며
모든 육체가 그의 거룩하신 이름을
영원히 송축할지로다

146 [2]할렐루야 내 영혼아 여호
와를 찬양하라
2 나의 생전에 여호와를 찬양하며 나
의 평생에 내 하나님을 찬송하리로
다
3 귀인들을 의지하지 말며 도울 힘이
없는 인생도 의지하지 말지니
4 그의 호흡이 끊어지면 흙으로 돌아

1) 은혜로 모든 생물을 만족하게 하시나이다 2) 여호와를 찬양하라

가서 그날에 그의 생각이 소멸하리
로다
5 야곱의 하나님을 자기의 도움으로
삼으며 여호와 자기 하나님에게 자
기의 소망을 두는 자는 복이 있도
다
6 여호와는 천지와 바다와 그 중의
만물을 지으시며 영원히 진실함을
지키시며
7 억눌린 사람들을 위해 정의로 심판
하시며 주린 자들에게 먹을 것을
주시는 이시로다 여호와께서는 갇
힌 자들에게 자유를 주시는도다
8 여호와께서 맹인들의 눈을 여시며
여호와께서 비굴한 자들을 일으키
시며 여호와께서 의인들을 사랑하
시며
9 여호와께서 나그네들을 보호하시
며 고아와 과부를 붙드시고 악인들
의 길은 굽게 하시는도다
10 시온아 여호와는 영원히 다스리시
고 네 하나님은 대대로 통치하시리
로다 [1]할렐루야

147

[1]할렐루야 우리 하나님을
찬양하는 일이 선함이여 찬
송하는 일이 아름답고 마땅하도다
2 여호와께서 예루살렘을 세우시며
이스라엘의 흩어진 자들을 모으시
며
3 상심한 자들을 고치시며 그들의 상
처를 싸매시는도다
4 그가 별들의 수효를 세시고 그것들
을 다 이름대로 부르시는도다
5 우리 주는 위대하시며 능력이 많으
시며 그의 지혜가 무궁하시도다
6 여호와께서 겸손한 자들은 붙드시
고 악인들은 땅에 엎드러뜨리시는
도다
7 감사함으로 여호와께 노래하며 수
금으로 하나님께 찬양할지어다
8 그가 구름으로 하늘을 덮으시며 땅
을 위하여 비를 준비하시며 산에
풀이 자라게 하시며
9 들짐승과 우는 까마귀 새끼에게 먹
을 것을 주시는도다
10 여호와는 말의 힘이 세다 하여 기뻐
하지 아니하시며 사람의 다리가 억
세다 하여 기뻐하지 아니하시고
11 여호와는 자기를 경외하는 자들과
그의 인자하심을 바라는 자들을 기
뻐하시는도다
12 예루살렘아 여호와를 찬송할지어
다 시온아 네 하나님을 찬양할지어
다
13 그가 네 문빗장을 견고히 하시고
네 가운데에 있는 너의 자녀들에게
복을 주셨으며
14 네 경내를 평안하게 하시고 아름다
운 밀로 너를 배불리시며
15 그의 명령을 땅에 보내시니 그의
말씀이 속히 달리는도다
16 눈을 양털같이 내리시며 서리를 재
같이 흩으시며
17 우박을 떡 부스러기같이 뿌리시나
니 누가 능히 그의 추위를 감당하
리요
18 그의 말씀을 보내사 그것들을 녹이
시고 바람을 불게 하신즉 물이 흐
르는도다
19 그가 그의 말씀을 야곱에게 보이시
며 그의 율례와 규례를 이스라엘에
게 보이시는도다
20 그는 어느 민족에게도 이와 같이
행하지 아니하셨나니 그들은 그의
법도를 알지 못하였도다 [1]할렐루
야

148

[1]할렐루야 하늘에서 여호
와를 찬양하며 높은 데서
그를 찬양할지어다

1) 여호와를 찬양하라

2 그의 모든 천사여 찬양하며 모든
군대여 그를 찬양할지어다
3 해와 달아 그를 찬양하며 밝은 별
들아 다 그를 찬양할지어다
4 하늘의 하늘도 그를 찬양하며 하늘
위에 있는 물들도 그를 찬양할지어
다
5 그것들이 여호와의 이름을 찬양함
은 그가 명령하시므로 지음을 받았
음이로다
6 그가 또 그것들을 영원히 세우시고
폐하지 못할 명령을 정하셨도다
7 너희 용들과 바다여 땅에서 여호와
를 찬양하라
8 불과 우박과 눈과 안개와 그의 말
씀을 따르는 광풍이며
9 산들과 모든 작은 산과 과수와 모
든 백향목이며
10 짐승과 모든 가축과 기는 것과 나
는 새며
11 세상의 왕들과 모든 백성들과 고관
들과 땅의 모든 재판관들이며
12 총각과 처녀와 노인과 아이들아
13 여호와의 이름을 찬양할지어다 그
의 이름이 홀로 높으시며 그의 영
광이 땅과 하늘 위에 뛰어나심이로
다
14 그가 그의 백성의 뿔을 높이셨으니
그는 모든 성도 곧 그를 가까이하
는 백성 이스라엘 자손의 찬양받을
이시로다 [1]할렐루야

149

[1]할렐루야 새 노래로 여호
와께 노래하며 성도의 모임
가운데에서 찬양할지어다
2 이스라엘은 자기를 지으신 이로 말
미암아 즐거워하며 시온의 주민은
그들의 왕으로 말미암아 즐거워할
지어다
3 춤추며 그의 이름을 찬양하며 소고
와 수금으로 그를 찬양할지어다
4 여호와께서는 자기 백성을 기뻐하
시며 겸손한 자를 구원으로 아름답
게 하심이로다
5 성도들은 영광 중에 즐거워하며 그
들의 침상에서 기쁨으로 노래할지
어다
6 그들의 [2]입에는 하나님에 대한 찬
양이 있고 그들의 손에는 두 날 가
진 칼이 있도다
7 이것으로 뭇 나라에 보수하며 민족
들을 벌하며
8 그들의 왕들은 사슬로, 그들의 귀
인은 철고랑으로 결박하고
9 기록한 판결대로 그들에게 시행할
지로다 [3]이런 영광은 그의 모든 성
도에게 있도다 [1]할렐루야

150

[1]할렐루야 그의 성소에서
하나님을 찬양하며 그의
권능의 궁창에서 그를 찬양할지어
다
2 그의 능하신 행동을 찬양하며 그의
지극히 위대하심을 따라 찬양할지
어다
3 나팔 소리로 찬양하며 비파와 수금
으로 찬양할지어다
4 소고 치며 춤추어 찬양하며 현악과
퉁소로 찬양할지어다
5 큰 소리 나는 제금으로 찬양하며
높은 소리 나는 제금으로 찬양할지
어다
6 호흡이 있는 자마다 여호와를 찬양
할지어다 [1]할렐루야

1) 여호와를 찬양하라 2) 히, 목구멍 3) 여호와는 그 성도들의 영광이로다

잠언

Proverbs

솔로몬의 잠언

1 다윗의 아들 이스라엘 왕 솔로몬
의 잠언이라
2 이는 지혜와 훈계를 알게 하며 명
철의 말씀을 깨닫게 하며
3 지혜롭게, 공의롭게, 정의롭게, 정
직하게 행할 일에 대하여 훈계를
받게 하며
4 어리석은 자를 슬기롭게 하며 젊은
자에게 지식과 근신함을 주기 위한
것이니
5 지혜 있는 자는 듣고 학식이 더할
것이요 명철한 자는 지략을 얻을
것이라
6 잠언과 비유와 지혜 있는 자의 말
과 그 오묘한 말을 깨달으리라

젊은이에게 주는 교훈

7 ●여호와를 경외하는 것이 지식의
근본이거늘 미련한 자는 지혜와 훈
계를 멸시하느니라
8 내 아들아 네 아비의 훈계를 들으
며 네 어미의 법을 떠나지 말라
9 이는 네 머리의 아름다운 관이요
네 목의 금 사슬이니라
10 ●내 아들아 악한 자가 너를 꾈지
라도 따르지 말라
11 그들이 네게 말하기를 우리와 함께
가자 우리가 가만히 엎드렸다가 사
람의 피를 흘리자 죄 없는 자를 까
닭 없이 숨어 기다리다가
12 스올같이 그들을 산 채로 삼키며
무덤에 내려가는 자들같이 통으로
삼키자
13 우리가 온갖 보화를 얻으며 빼앗은
것으로 우리 집을 채우리니
14 너는 우리와 함께 제비를 뽑고 우
리가 함께 전대 하나만 두자 할지
라도
15 내 아들아 그들과 함께 길에 다니
지 말라 네 발을 금하여 그 길을 밟
지 말라
16 대저 그 발은 악으로 달려가며 피
를 흘리는 데 빠름이니라
17 새가 보는 데서 그물을 치면 헛일
이겠거늘
18 그들이 가만히 엎드림은 자기의 피
를 흘릴 뿐이요 숨어 기다림은 자
기의 생명을 해할 뿐이니
19 이익을 탐하는 모든 자의 길은 다
이러하여 자기의 생명을 잃게 하느
니라

지혜가 부른다

20 ●지혜가 길거리에서 부르며 광장
에서 소리를 높이며
21 시끄러운 길목에서 소리를 지르며
성문 어귀와 성중에서 그 소리를
발하여 이르되
22 너희 어리석은 자들은 어리석음을
좋아하며 거만한 자들은 거만을 기
뻐하며 미련한 자들은 지식을 미워
하니 어느 때까지 하겠느냐
23 나의 책망을 듣고 돌이키라 보라
내가 나의 영을 너희에게 부어 주
며 내 말을 너희에게 보이리라
24 내가 불렀으나 너희가 듣기 싫어하
였고 내가 손을 폈으나 돌아보는
자가 없었고
25 도리어 나의 모든 교훈을 멸시하
며 나의 책망을 받지 아니하였은
즉
26 너희가 재앙을 만날 때에 내가 웃
을 것이며 너희에게 두려움이 임할
때에 내가 비웃으리라
27 너희의 두려움이 광풍같이 임하겠
고 너희의 재앙이 폭풍같이 이르겠
고 너희에게 근심과 슬픔이 임하리

니
28 그때에 [1]너희가 나를 부르리라 그래
도 내가 대답하지 아니하겠고 [2]부
지런히 나를 찾으리라 그래도 나를
만나지 못하리니
29 대저 너희가 지식을 미워하며 여호
와 경외하기를 즐거워하지 아니하
며
30 나의 교훈을 받지 아니하고 나의
모든 책망을 업신여겼음이니라
31 그러므로 자기 행위의 열매를 먹으
며 자기 꾀에 배부르리라
32 어리석은 자의 퇴보는 자기를 죽이
며 미련한 자의 안일은 자기를 멸
망시키려니와
33 오직 내 말을 듣는 자는 평안히 살
며 재앙의 두려움이 없이 안전하리
라

지혜가 주는 유익

2 내 아들아 네가 만일 나의 말을
받으며 나의 계명을 네게 간직하
며
2 네 귀를 지혜에 기울이며 네 마음
을 명철에 두며
3 지식을 불러 구하며 명철을 얻으려
고 소리를 높이며
4 은을 구하는 것같이 그것을 구하며
감추어진 보배를 찾는 것같이 그것
을 찾으면
5 여호와 경외하기를 깨달으며 하나
님을 알게 되리니
6 대저 여호와는 지혜를 주시며 지식
과 명철을 그 입에서 내심이며
7 그는 정직한 자를 위하여 완전한
지혜를 예비하시며 행실이 온전한
자에게 방패가 되시나니
8 대저 그는 정의의 길을 보호하시며
그의 성도들의 길을 보전하려 하심
이니라
9 그런즉 네가 공의와 정의와 정직
곧 모든 선한 길을 깨달을 것이라
10 곧 지혜가 네 마음에 들어가며 지
식이 네 영혼을 즐겁게 할 것이요
11 근신이 너를 지키며 명철이 너를
보호하여
12 악한 자의 길과 패역을 말하는 자
에게서 건져 내리라
13 이 무리는 정직한 길을 떠나 어두
운 길로 행하며
14 행악하기를 기뻐하며 악인의 패역
을 즐거워하나니
15 그 길은 구부러지고 그 행위는 패
역하니라
16 지혜가 또 너를 음녀에게서, 말로
호리는 이방 계집에게서 구원하리
니
17 그는 젊은 시절의 짝을 버리며 그
의 하나님의 언약을 잊어버린 자라
18 그의 집은 사망으로, 그의 길은 스
올로 기울어졌나니
19 누구든지 그에게로 가는 자는 돌아
오지 못하며 또 생명 길을 얻지 못
하느니라
20 지혜가 너를 선한 자의 길로 행하
게 하며 또 의인의 길을 지키게 하
리니
21 대저 정직한 자는 땅에 거하며 완
전한 자는 땅에 남아 있으리라
22 그러나 악인은 땅에서 끊어지겠고
간사한 자는 땅에서 뽑히리라

젊은이에게 주는 교훈

3 내 아들아 나의 법을 잊어버리지
말고 네 마음으로 나의 명령을
지키라
2 그리하면 그것이 네가 장수하여 많
은 해를 누리게 하며 평강을 더하
게 하리라
3 인자와 진리가 네게서 떠나지 말게
하고 그것을 네 목에 매며 네 마음

1) 히, 그들 2) 이른 아침에

판에 새기라
4 그리하면 네가 하나님과 사람 앞에
서 은총과 귀중히 여김을 받으리
라
5 너는 마음을 다하여 여호와를 신뢰
하고 네 명철을 의지하지 말라
6 너는 범사에 그를 인정하라 그리하
면 네 길을 지도하시리라
7 스스로 지혜롭게 여기지 말지어다
여호와를 경외하며 악을 떠날지어
다
8 이것이 네 몸에 양약이 되어 네 골
수를 윤택하게 하리라
9 네 재물과 네 소산물의 처음 익은
열매로 여호와를 공경하라
10 그리하면 네 창고가 가득히 차고
네 포도즙 틀에 새 포도즙이 넘치
리라
11 ●내 아들아 여호와의 징계를 경히
여기지 말라 그 꾸지람을 싫어하지
말라
12 대저 여호와께서 그 사랑하시는 자
를 징계하시기를 마치 아비가 그
기뻐하는 아들을 징계함같이 하시
느니라
13 지혜를 얻은 자와 명철을 얻은 자
는 복이 있나니
14 이는 지혜를 얻는 것이 은을 얻는
것보다 낫고 그 이익이 정금보다
나음이니라
15 지혜는 진주보다 귀하니 네가 사모
하는 모든 것으로도 이에 비교할
수 없도다
16 그의 오른손에는 장수가 있고 그의
왼손에는 부귀가 있나니
17 그 길은 즐거운 길이요 그의 지름
길은 다 평강이니라
18 지혜는 그 얻은 자에게 생명 나무
라 지혜를 가진 자는 복되도다
19 여호와께서는 지혜로 땅에 터를 놓
으셨으며 명철로 하늘을 견고히 세
우셨고
20 그의 지식으로 깊은 바다를 갈라지
게 하셨으며 공중에서 이슬이 내리
게 하셨느니라
21 내 아들아 완전한 지혜와 근신을
지키고 이것들이 네 눈 앞에서 떠
나지 말게 하라
22 그리하면 그것이 네 영혼의 생명이
되며 네 목에 장식이 되리니
23 네가 네 길을 평안히 행하겠고 네
발이 거치지 아니하겠으며
24 네가 누울 때에 두려워하지 아니하
겠고 네가 누운즉 네 잠이 달리로
다
25 너는 갑작스러운 두려움도 악인에
게 닥치는 멸망도 두려워하지 말라
26 대저 여호와는 네가 의지할 이시니
라 네 발을 지켜 걸리지 않게 하시
리라
27 ●네 손이 선을 베풀 힘이 있거든
마땅히 받을 자에게 베풀기를 아끼
지 말며
28 네게 있거든 이웃에게 이르기를 갔
다가 다시 오라 내일 주겠노라 하
지 말며
29 네 이웃이 네 곁에서 평안히 살거
든 그를 해하려고 꾀하지 말며
30 사람이 네게 악을 행하지 아니하였
거든 까닭 없이 더불어 다투지 말
며
31 포학한 자를 부러워하지 말며 그의
어떤 행위도 따르지 말라
32 대저 패역한 자는 여호와께서 미워
하시나 정직한 자에게는 그의 교통
하심이 있으며
33 악인의 집에는 여호와의 저주가 있
거니와 의인의 집에는 복이 있느니
라
34 진실로 그는 거만한 자를 비웃으시

며 겸손한 자에게 은혜를 베푸시나
니
35 지혜로운 자는 영광을 기업으로 받
거니와 미련한 자의 영달함은 수치
가 되느니라

지혜와 명철을 얻으라

4 아들들아 아비의 훈계를 들으며
명철을 얻기에 주의하라
2 내가 선한 도리를 너희에게 전하노
니 내 법을 떠나지 말라
3 나도 내 아버지에게 아들이었으며
내 어머니 보기에 유약한 외아들이
었노라
4 아버지가 내게 가르쳐 이르기를 내
말을 네 마음에 두라 내 명령을 지
키라 그리하면 살리라
5 지혜를 얻으며 명철을 얻으라 내
입의 말을 잊지 말며 어기지 말라
6 지혜를 버리지 말라 그가 너를 보
호하리라 그를 사랑하라 그가 너를
지키리라
7 지혜가 제일이니 지혜를 얻으라 네
가 얻은 모든 것을 가지고 명철을
얻을지니라
8 그를 높이라 그리하면 그가 너를
높이 들리라 만일 그를 품으면 그
가 너를 영화롭게 하리라
9 그가 아름다운 관을 네 머리에 두
겠고 영화로운 면류관을 네게 주리
라 하셨느니라
10 ●내 아들아 들으라 내 말을 받으
라 그리하면 네 생명의 해가 길리
라
11 내가 지혜로운 길을 네게 가르쳤으
며 정직한 길로 너를 인도하였은즉
12 다닐 때에 네 걸음이 곤고하지 아
니하겠고 달려갈 때에 실족하지 아
니하리라
13 훈계를 굳게 잡아 놓치지 말고 지
키라 이것이 네 생명이니라
14 사악한 자의 길에 들어가지 말며
악인의 길로 다니지 말지어다
15 그의 길을 피하고 지나가지 말며
돌이켜 떠나갈지어다
16 그들은 악을 행하지 못하면 자지
못하며 사람을 넘어뜨리지 못하면
잠이 오지 아니하며
17 불의의 떡을 먹으며 강포의 술을
마심이니라
18 의인의 길은 돋는 햇살 같아서 크
게 빛나 한낮의 광명에 이르거니와
19 악인의 길은 어둠 같아서 그가 걸
려 넘어져도 그것이 무엇인지 깨닫
지 못하느니라
20 ●내 아들아 내 말에 주의하며 내
가 말하는 것에 네 귀를 기울이라
21 그것을 네 눈에서 떠나게 하지 말
며 네 마음속에 지키라
22 그것은 얻는 자에게 생명이 되며
그의 온 육체의 건강이 됨이니라
23 모든 지킬 만한 것 중에 더욱 네 마
음을 지키라 생명의 근원이 이에서
남이니라
24 구부러진 말을 네 입에서 버리며
비뚤어진 말을 네 입술에서 멀리
하라
25 네 눈은 바로 보며 네 눈꺼풀은 네
앞을 곧게 살펴
26 네 발이 행할 길을 [1)]평탄하게 하며
네 모든 길을 든든히 하라
27 좌로나 우로나 치우치지 말고 네
발을 악에서 떠나게 하라

사지와 스올로 가지 말라

5 내 아들아 내 지혜에 주의하며
내 명철에 네 귀를 기울여서
2 근신을 지키며 네 입술로 지식을
지키도록 하라
3 대저 음녀의 입술은 꿀을 떨어뜨
리며 그의 입은 기름보다 미끄러우

1) 헤아리며

나
4 나중은 쑥같이 쓰고 두 날 가진 칼
같이 날카로우며
5 그의 발은 사지로 내려가며 그의
걸음은 스올로 나아가나니
6 그는 생명의 평탄한 길을 찾지 못
하며 자기 길이 든든하지 못하여도
그것을 깨닫지 못하느니라
7 ●그런즉 아들들아 나에게 들으며
내 입의 말을 버리지 말고
8 네 길을 그에게서 멀리하라 그의
집 문에도 가까이 가지 말라
9 두렵건대 네 존영이 남에게 잃어버
리게 되며 네 수한이 잔인한 자에
게 빼앗기게 될까 하노라
10 두렵건대 타인이 네 재물로 충족하
게 되며 네 수고한 것이 외인의 집
에 있게 될까 하노라
11 두렵건대 마지막에 이르러 네 몸,
네 육체가 쇠약할 때에 네가 한탄
하여
12 말하기를 내가 어찌하여 훈계를 싫
어하며 내 마음이 꾸지람을 가벼이
여기고
13 내 선생의 목소리를 청종하지 아니
하며 나를 가르치는 이에게 귀를
기울이지 아니하였던고
14 많은 무리들이 모인 중에서 큰 악
에 빠지게 되었노라 하게 될까 염
려하노라
15 ●너는 네 우물에서 물을 마시며
네 샘에서 흐르는 물을 마시라
16 어찌하여 네 샘물을 집 밖으로 넘
치게 하며 네 도랑물을 거리로 흘
러가게 하겠느냐
17 그 물이 네게만 있게 하고 타인과
더불어 그것을 나누지 말라
18 네 샘으로 복되게 하라 네가 젊어
서 취한 아내를 즐거워하라
19 그는 사랑스러운 암사슴 같고 아름
다운 암노루 같으니 너는 그의 품
을 항상 족하게 여기며 그의 사랑
을 항상 연모하라
20 내 아들아 어찌하여 음녀를 연모하
겠으며 어찌하여 이방 계집의 가슴
을 안겠느냐
21 대저 사람의 길은 여호와의 눈 앞
에 있나니 그가 그 사람의 모든 길
을 [1]평탄하게 하시느니라
22 악인은 자기의 악에 걸리며 그 죄
의 줄에 매이나니
23 그는 훈계를 받지 아니함으로 말미
암아 죽겠고 심히 미련함으로 말미
암아 혼미하게 되느니라

실제적 교훈

6 내 아들아 네가 만일 이웃을 위하
여 담보하며 타인을 위하여 [2]보
증하였으면
2 네 입의 말로 네가 얽혔으며 네 입
의 말로 인하여 잡히게 되었느니라
3 내 아들아 네가 네 이웃의 손에 빠
졌은즉 이같이 하라 너는 곧 가서
겸손히 네 이웃에게 간구하여 스스
로 구원하되
4 네 눈을 잠들게 하지 말며 눈꺼풀
을 감기게 하지 말고
5 노루가 사냥꾼의 손에서 벗어나는
것같이, 새가 그물 치는 자의 손에
서 벗어나는 것같이 스스로 구원하
라
6 ●게으른 자여 개미에게 가서 그가
하는 것을 보고 지혜를 얻으라
7 개미는 두령도 없고 감독자도 없고
통치자도 없으되
8 먹을 것을 여름 동안에 예비하며
추수 때에 양식을 모으느니라
9 게으른 자여 네가 어느 때까지 누
워 있겠느냐 네가 어느 때에 잠이
깨어 일어나겠느냐

1) 헤아리시느니라 2) 히, 네 손을 치면

10 좀더 자자, 좀더 졸자, 손을 모으고
좀더 누워 있자 하면
11 네 빈궁이 강도같이 오며 네 곤핍
이 군사같이 이르리라
12 ●불량하고 악한 자는 구부러진 말
을 하고 다니며
13 눈짓을 하며 발로 뜻을 보이며 손
가락질을 하며
14 그의 마음에 패역을 품으며 항상
악을 꾀하여 다툼을 일으키는 자라
15 그러므로 그의 재앙이 갑자기 내려
당장에 멸망하여 살릴 길이 없으리
라
16 여호와께서 미워하시는 것 곧 그의
마음에 싫어하시는 것이 예닐곱 가
지이니
17 곧 교만한 눈과 거짓된 혀와 무죄
한 자의 피를 흘리는 손과
18 악한 계교를 꾀하는 마음과 빨리
악으로 달려가는 발과
19 거짓을 말하는 망령된 증인과 및
형제 사이를 이간하는 자이니라

훈계와 명령

20 ●내 아들아 네 아비의 명령을 지
키며 네 어미의 법을 떠나지 말고
21 그것을 항상 네 마음에 새기며 네
목에 매라
22 그것이 네가 다닐 때에 너를 인도
하며 네가 잘 때에 너를 보호하며
네가 깰 때에 너와 더불어 말하리
니
23 대저 명령은 등불이요 법은 빛이
요 훈계의 책망은 곧 생명의 길이
라
24 이것이 너를 지켜 악한 여인에게,
이방 여인의 혀로 호리는 말에 빠
지지 않게 하리라
25 네 마음에 그의 아름다움을 탐하지
말며 그 눈꺼풀에 홀리지 말라
26 음녀로 말미암아 사람이 한 조각
떡만 남게 됨이며 음란한 여인은
귀한 생명을 사냥함이니라
27 사람이 불을 품에 품고서야 어찌
그의 옷이 타지 아니하겠으며
28 사람이 숯불을 밟고서야 어찌 그의
발이 데지 아니하겠느냐
29 남의 아내와 통간하는 자도 이와
같을 것이라 그를 만지는 자마다
벌을 면하지 못하리라
30 도둑이 만일 주릴 때에 배를 채우
려고 도둑질하면 사람이 그를 멸시
하지는 아니하려니와
31 들키면 칠 배를 갚아야 하리니 심
지어 자기 집에 있는 것을 다 내주
게 되리라
32 여인과 간음하는 자는 무지한 자라
이것을 행하는 자는 자기의 영혼을
망하게 하며
33 상함과 능욕을 받고 부끄러움을 씻
을 수 없게 되나니
34 남편이 투기로 분노하여 원수 갚는
날에 용서하지 아니하고
35 어떤 보상도 받지 아니하며 많은
선물을 줄지라도 듣지 아니하리라

음녀의 길로 치우치지 말라

7 내 아들아 내 말을 지키며 내 계
명을 간직하라
2 내 계명을 지켜 살며 내 법을 네 눈
동자처럼 지키라
3 이것을 네 손가락에 매며 이것을
네 마음판에 새기라
4 지혜에게 너는 내 누이라 하며 명
철에게 너는 내 친족이라 하라
5 그리하면 이것이 너를 지켜서 음녀
에게, 말로 호리는 이방 여인에게
빠지지 않게 하리라
6 내가 내 집 들창으로, 살창으로 내
다 보다가
7 어리석은 자 중에, 젊은이 가운데
에 한 지혜 없는 자를 보았노라

8 그가 거리를 지나 음녀의 골목 모
퉁이로 가까이하여 그의 집쪽으로
가는데
9 저물 때, 황혼 때, 깊은 밤 흑암 중
에라
10 그때에 기생의 옷을 입은 간교한
여인이 그를 맞으니
11 이 여인은 떠들며 완악하며 그의
발이 집에 머물지 아니하여
12 어떤 때에는 거리, 어떤 때에는 광
장 또 모퉁이마다 서서 사람을 기
다리는 자라
13 그 여인이 그를 붙잡고 그에게 입
맞추며 부끄러움을 모르는 얼굴로
그에게 말하되
14 내가 화목제를 드려 서원한 것을
오늘 갚았노라
15 이러므로 내가 너를 맞으려고 나와
네 얼굴을 찾다가 너를 만났도다
16 내 침상에는 요와 애굽의 무늬 있
는 이불을 폈고
17 몰약과 침향과 계피를 뿌렸노라
18 오라 우리가 아침까지 흡족하게 서
로 사랑하며 사랑함으로 희락하자
19 남편은 집을 떠나 먼 길을 갔는데
20 은 주머니를 가졌은즉 보름 날에나
집에 돌아오리라 하여
21 여러 가지 고운 말로 유혹하며 입
술의 호리는 말로 꾀므로
22 젊은이가 곧 그를 따랐으니 소가
도수장으로 가는 것 같고 미련한
자가 벌을 받으려고 쇠사슬에 매이
러 가는 것과 같도다
23 필경은 화살이 그 간을 뚫게 되리
라 새가 빨리 그물로 들어가되 그
의 생명을 잃어버릴 줄을 알지 못
함과 같으니라
24 ●이제 아들들아 내 말을 듣고 내
입의 말에 주의하라
25 네 마음이 음녀의 길로 치우치지
말며 그 길에 미혹되지 말지어다
26 대저 그가 많은 사람을 상하여 엎
드러지게 하였나니 그에게 죽은 자
가 허다하니라
27 그의 집은 스올의 길이라 사망의
방으로 내려가느니라

지혜와 명철 찬양

8 지혜가 부르지 아니하느냐 명철
이 소리를 높이지 아니하느냐
2 그가 길가의 높은 곳과 네거리에
서며
3 성문 곁과 문 어귀와 여러 출입하
는 문에서 불러 이르되
4 사람들아 내가 너희를 부르며 내가
인자들에게 소리를 높이노라
5 어리석은 자들아 너희는 명철할지
니라 미련한 자들아 너희는 마음이
밝을지니라
6 너희는 들을지어다 내가 가장 선한
것을 말하리라 내 입술을 열어 정
직을 내리라
7 내 입은 진리를 말하며 내 입술은
악을 미워하느니라
8 내 입의 말은 다 의로운즉 그 가운
데에 굽은 것과 패역한 것이 없나
니
9 이는 다 총명 있는 자가 밝히 아는
바요 지식 얻은 자가 정직하게 여
기는 바니라
10 너희가 은을 받지 말고 나의 훈계
를 받으며 정금보다 지식을 얻으
라
11 대저 지혜는 진주보다 나으므로 원
하는 모든 것을 이에 비교할 수 없
음이니라
12 나 지혜는 명철로 주소를 삼으며
지식과 근신을 찾아 얻나니
13 여호와를 경외하는 것은 악을 미워
하는 것이라 나는 교만과 거만과
악한 행실과 패역한 입을 미워하느

니라
14 내게는 계략과 참 지식이 있으며
나는 명철이라 내게 능력이 있으므
로
15 나로 말미암아 왕들이 치리하며 방
백들이 공의를 세우며
16 나로 말미암아 재상과 존귀한 자
곧 모든 의로운 재판관들이 다스리
느니라
17 나를 사랑하는 자들이 나의 사랑을
입으며 나를 [1]간절히 찾는 자가 나
를 만날 것이니라
18 부귀가 내게 있고 장구한 재물과
공의도 그러하니라
19 내 열매는 금이나 정금보다 나으며
내 소득은 순은보다 나으니라
20 나는 정의로운 길로 행하며 공의로
운 길 가운데로 다니나니
21 이는 나를 사랑하는 자가 재물을
얻어서 그 곳간에 채우게 하려 함
이니라
22 ●여호와께서 그 조화의 시작 곧
태초에 일하시기 전에 나를 가지셨
으며
23 만세 전부터, 태초부터, 땅이 생기기
전부터 내가 세움을 받았나니
24 아직 바다가 생기지 아니하였고 큰
샘들이 있기 전에 내가 이미 났으
며
25 산이 세워지기 전에, 언덕이 생기
기 전에 내가 이미 났으니
26 하나님이 아직 땅도, 들도, 세상 진
토의 근원도 짓지 아니하셨을 때에
라
27 그가 하늘을 지으시며 궁창을 해면
에 두르실 때에 내가 거기 있었고
28 그가 위로 구름 하늘을 견고하게
하시며 바다의 샘들을 힘있게 하시
며
29 바다의 한계를 정하여 물이 명령을
거스르지 못하게 하시며 또 땅의
기초를 정하실 때에
30 내가 그 곁에 있어서 [2]창조자가 되
어 날마다 그의 기뻐하신 바가 되
었으며 항상 그 앞에서 즐거워하였
으며
31 사람이 거처할 땅에서 즐거워하며
인자들을 기뻐하였느니라
32 ●아들들아 이제 내게 들으라 내
도를 지키는 자가 복이 있느니라
33 훈계를 들어서 지혜를 얻으라 그것
을 버리지 말라
34 누구든지 내게 들으며 날마다 내
문 곁에서 기다리며 문설주 옆에서
기다리는 자는 복이 있나니
35 대저 나를 얻는 자는 생명을 얻고
여호와께 은총을 얻을 것임이니
라
36 그러나 [3]나를 잃는 자는 자기의 영
혼을 해하는 자라 나를 미워하는
자는 사망을 사랑하느니라

지혜와 어리석음

9 지혜가 그의 집을 짓고 일곱 기
둥을 다듬고
2 짐승을 잡으며 포도주를 혼합하여
상을 갖추고
3 자기의 여종을 보내어 성중 높은
곳에서 불러 이르기를
4 어리석은 자는 이리로 돌이키라 또
지혜 없는 자에게 이르기를
5 너는 와서 내 식물을 먹으며 내 혼
합한 포도주를 마시고
6 어리석음을 버리고 생명을 얻으라
명철의 길을 행하라 하느니라
7 ●거만한 자를 징계하는 자는 도리
어 능욕을 받고 악인을 책망하는
자는 도리어 흠이 잡히느니라
8 거만한 자를 책망하지 말라 그가
너를 미워할까 두려우니라 지혜 있

1) 히, 새벽에 2) 장인 3) 내게 범죄하는 자는

는 자를 책망하라 그가 너를 사랑
하리라
9 지혜 있는 자에게 교훈을 더하라
그가 더욱 지혜로워질 것이요 의로
운 사람을 가르치라 그의 학식이
더하리라
10 여호와를 경외하는 것이 지혜의 근
본이요 거룩하신 자를 아는 것이
명철이니라
11 나 지혜로 말미암아 네 날이 많아
질 것이요 네 생명의 해가 네게 더
하리라
12 네가 만일 지혜로우면 그 지혜가
네게 유익할 것이나 네가 만일 거
만하면 너 홀로 해를 당하리라
13 ●미련한 여인이 떠들며 어리석어
서 아무것도 알지 못하고
14 자기 집 문에 앉으며 성읍 높은 곳
에 있는 자리에 앉아서
15 자기 길을 바로 가는 행인들을 불
러 이르되
16 어리석은 자는 이리로 돌이키라 또
지혜 없는 자에게 이르기를
17 도둑질한 물이 달고 몰래 먹는 떡
이 맛이 있다 하는도다
18 오직 그 어리석은 자는 죽은 자들
이 거기 있는 것과 그의 객들이 스
올 깊은 곳에 있는 것을 알지 못하
느니라

솔로몬의 잠언

10 솔로몬의 잠언이라 ●지혜로
운 아들은 아비를 기쁘게 하거
니와 미련한 아들은 어미의 근심이
니라
2 불의의 재물은 무익하여도 공의는
죽음에서 건지느니라
3 여호와께서 의인의 영혼은 주리지
않게 하시나 악인의 소욕은 물리치
시느니라
4 손을 게으르게 놀리는 자는 가난하
게 되고 손이 부지런한 자는 부하
게 되느니라
5 여름에 거두는 자는 지혜로운 아들
이나 추수 때에 자는 자는 부끄러
움을 끼치는 아들이니라
6 의인의 머리에는 복이 임하나 악인
의 입은 [1]독을 머금었느니라
7 의인을 기념할 때에는 칭찬하거니
와 악인의 이름은 썩게 되느니라
8 마음이 지혜로운 자는 계명을 받
거니와 입이 미련한 자는 멸망하
리라
9 바른 길로 행하는 자는 걸음이 평
안하려니와 굽은 길로 행하는 자는
드러나리라
10 눈짓하는 자는 근심을 끼치고 입이
미련한 자는 멸망하느니라
11 의인의 입은 생명의 샘이라도 악인
의 입은 [1]독을 머금었느니라
12 미움은 다툼을 일으켜도 사랑은 모
든 허물을 가리느니라
13 명철한 자의 입술에는 지혜가 있어
도 지혜 없는 자의 등을 위하여는
채찍이 있느니라
14 지혜로운 자는 지식을 간직하거니
와 미련한 자의 입은 멸망에 가까
우니라
15 부자의 재물은 그의 견고한 성이요
가난한 자의 궁핍은 그의 멸망이니
라
16 의인의 수고는 생명에 이르고 악인
의 소득은 죄에 이르느니라
17 훈계를 지키는 자는 생명 길로 행
하여도 징계를 버리는 자는 그릇
가느니라
18 미움을 감추는 자는 거짓된 입술을
가진 자요 중상하는 자는 미련한
자이니라
19 말이 많으면 허물을 면하기 어려우

1) 독이 가리워 있느니라

나 그 입술을 제어하는 자는 지혜
가 있느니라
20 의인의 혀는 순은과 같거니와 악인
의 마음은 가치가 적으니라
21 의인의 입술은 여러 사람을 교육하
나 미련한 자는 지식이 없어 죽느
니라
22 여호와께서 주시는 복은 사람을 부
하게 [1]하고 근심을 겸하여 주지 아
니하시느니라
23 미련한 자는 행악으로 낙을 삼는
것같이 명철한 자는 지혜로 낙을
삼느니라
24 악인에게는 그의 두려워하는 것이
임하거니와 의인은 그 원하는 것이
이루어지느니라
25 회오리바람이 지나가면 악인은 없
어져도 의인은 영원한 기초 같으니
라
26 게으른 자는 그 부리는 사람에게
마치 이에 식초 같고 눈에 연기 같
으니라
27 여호와를 경외하면 장수하느니라
그러나 악인의 수명은 짧아지느니
라
28 의인의 소망은 즐거움을 이루어도
악인의 소망은 끊어지느니라
29 여호와의 도가 정직한 자에게는 산
성이요 행악하는 자에게는 멸망이
니라
30 의인은 영영히 이동되지 아니하여
도 악인은 땅에 거하지 못하게 되
느니라
31 의인의 입은 지혜를 내어도 패역한
혀는 베임을 당할 것이니라
32 의인의 입술은 기쁘게 할 것을 알
거늘 악인의 입은 패역을 말하느니
라

11 속이는 저울은 여호와께서 미
워하시나 공평한 추는 그가 기
뻐하시느니라
2 교만이 오면 욕도 오거니와 겸손한
자에게는 지혜가 있느니라
3 정직한 자의 성실은 자기를 인도하
거니와 사악한 자의 패역은 자기를
망하게 하느니라
4 재물은 진노하시는 날에 무익하나
공의는 죽음에서 건지느니라
5 완전한 자의 공의는 자기의 길을
곧게 하려니와 악한 자는 자기의
악으로 말미암아 넘어지리라
6 정직한 자의 공의는 자기를 건지려
니와 사악한 자는 자기의 악에 잡
히리라
7 악인은 죽을 때에 그 소망이 끊어
지나니 불의의 소망이 없어지느니
라
8 의인은 환난에서 구원을 얻으나 악
인은 자기의 길로 가느니라
9 악인은 입으로 그의 이웃을 망하게
하여도 의인은 그의 지식으로 말미
암아 구원을 얻느니라
10 의인이 형통하면 성읍이 즐거워하
고 악인이 패망하면 기뻐 외치느니
라
11 성읍은 정직한 자의 축복으로 인하
여 진흥하고 악한 자의 입으로 말
미암아 무너지느니라
12 지혜 없는 자는 그의 이웃을 멸시
하나 명철한 자는 잠잠하느니라
13 두루 다니며 한담하는 자는 남의
비밀을 누설하나 마음이 신실한 자
는 그런 것을 숨기느니라
14 지략이 없으면 백성이 망하여도 지
략이 많으면 평안을 누리느니라
15 타인을 위하여 보증이 되는 자는
손해를 당하여도 보증이 되기를 싫
어하는 자는 평안하느니라
16 유덕한 여자는 존영을 얻고 근면한

1) 되나니 수고함으로 더하지 못하느니라

남자는 재물을 얻느니라
17 인자한 자는 자기의 영혼을 이롭게
하고 잔인한 자는 자기의 몸을 해
롭게 하느니라
18 악인의 삯은 허무하되 공의를 뿌린
자의 상은 확실하니라
19 공의를 굳게 지키는 자는 생명에
이르고 악을 따르는 자는 사망에
이르느니라
20 마음이 굽은 자는 여호와께 미움을
받아도 행위가 온전한 자는 그의
기뻐하심을 받느니라
21 악인은 [1]피차 손을 잡을지라도 벌
을 면하지 못할 것이나 의인의 자
손은 구원을 얻으리라
22 아름다운 여인이 삼가지 아니하는
것은 마치 돼지 코에 금 고리 같으
니라
23 의인의 소원은 오직 선하나 악인의
소망은 진노를 이루느니라
24 흩어 구제하여도 더욱 부하게 되는
일이 있나니 과도히 아껴도 가난하
게 될 뿐이니라
25 구제를 좋아하는 자는 풍족하여질
것이요 남을 윤택하게 하는 자는
자기도 윤택하여지리라
26 곡식을 내놓지 아니하는 자는 백성
에게 저주를 받을 것이나 파는 자
는 그의 머리에 복이 임하리라
27 선을 간절히 구하는 자는 은총을
얻으려니와 악을 더듬어 찾는 자에
게는 악이 임하리라
28 자기의 재물을 의지하는 자는 패망
하려니와 의인은 푸른 잎사귀 같아
서 번성하리라
29 자기 집을 해롭게 하는 자의 소득
은 바람이라 미련한 자는 마음이
지혜로운 자의 종이 되리라
30 의인의 열매는 생명 나무라 지혜로
운 자는 사람을 얻느니라
31 보라 의인이라도 이 세상에서 보응
을 받겠거든 하물며 악인과 죄인이
리요

12 훈계를 좋아하는 자는 지식을
좋아하거니와 징계를 싫어하
는 자는 짐승과 같으니라
2 선인은 여호와께 은총을 받으려니
와 악을 꾀하는 자는 정죄하심을
받으리라
3 사람이 악으로서 굳게 서지 못하거
니와 의인의 뿌리는 움직이지 아니
하느니라
4 어진 여인은 그 지아비의 면류관이
나 욕을 끼치는 여인은 그 지아비
의 뼈가 썩음 같게 하느니라
5 의인의 생각은 정직하여도 악인의
도모는 속임이니라
6 악인의 말은 사람을 엿보아 피를
흘리자 하는 것이거니와 정직한 자
의 입은 사람을 구원하느니라
7 악인은 엎드러져서 소멸되려니와
의인의 집은 서 있으리라
8 사람은 그 지혜대로 칭찬을 받으려
니와 마음이 굽은 자는 멸시를 받
으리라
9 비천히 여김을 받을지라도 종을 부
리는 자는 스스로 높은 체하고도
음식이 핍절한 자보다 나으니라
10 의인은 자기의 가축의 생명을 돌보
나 악인의 긍휼은 잔인이니라
11 자기의 토지를 경작하는 자는 먹을
것이 많거니와 방탕한 것을 따르는
자는 지혜가 없느니라
12 악인은 [2]불의의 이익을 탐하나 의
인은 그 뿌리로 말미암아 결실하느
니라
13 악인은 입술의 허물로 말미암아 그
물에 걸려도 의인은 환난에서 벗어
나느니라

1) 정녕히 2) 악인의 그물질한 것을

14 사람은 입의 열매로 말미암아 복록
에 족하며 그 손이 행하는 대로 자
기가 받느니라
15 미련한 자는 자기 행위를 바른 줄
로 여기나 지혜로운 자는 권고를
듣느니라
16 미련한 자는 당장 분노를 나타내거
니와 슬기로운 자는 수욕을 참느니
라
17 진리를 말하는 자는 의를 나타내어
도 거짓 증인은 속이는 말을 하느
니라
18 칼로 찌름같이 함부로 말하는 자가
있거니와 지혜로운 자의 혀는 양약
과 같으니라
19 진실한 입술은 영원히 보존되거니
와 거짓 혀는 잠시 동안만 있을 뿐
이니라
20 악을 꾀하는 자의 마음에는 속임이
있고 화평을 의논하는 자에게는 희
락이 있느니라
21 의인에게는 어떤 재앙도 임하지 아
니하려니와 악인에게는 앙화가 가
득하리라
22 거짓 입술은 여호와께 미움을 받아
도 진실하게 행하는 자는 그의 기
뻐하심을 받느니라
23 슬기로운 자는 지식을 감추어도 미
련한 자의 마음은 미련한 것을 전
파하느니라
24 부지런한 자의 손은 사람을 다스리
게 되어도 게으른 자는 부림을 받
느니라
25 근심이 사람의 마음에 있으면 그것
으로 번뇌하게 되나 선한 말은 그
것을 즐겁게 하느니라
26 의인은 그 이웃의 인도자가 되나
악인의 소행은 자신을 미혹하느니
라
27 게으른 자는 그 [1]잡을 것도 사냥하
지 아니하나니 [2]사람의 부귀는 부
지런한 것이니라
28 공의로운 길에 생명이 있나니 그
길에는 사망이 없느니라

13 지혜로운 아들은 아비의 훈계
를 들으나 거만한 자는 꾸지람
을 즐겨 듣지 아니하느니라
2 사람은 입의 열매로 인하여 복록을
누리거니와 마음이 궤사한 자는 강
포를 당하느니라
3 입을 지키는 자는 자기의 생명을
보전하나 입술을 크게 벌리는 자에
게는 멸망이 오느니라
4 게으른 자는 마음으로 원하여도 얻
지 못하나 부지런한 자의 마음은
풍족함을 얻느니라
5 의인은 거짓말을 미워하나 악인은
행위가 흉악하여 부끄러운 데에 이
르느니라
6 공의는 행실이 정직한 자를 보호하
고 악은 죄인을 패망하게 하느니
라
7 스스로 부[3]한 체하여도 아무것도
없는 자가 있고 스스로 가난[3]한
체하여도 재물이 많은 자가 있느니
라
8 사람의 재물이 자기 생명의 속전일
수 있으나 가난한 자는 협박을 받
을 일이 없느니라
9 의인의 빛은 환하게 빛나고 악인의
등불은 꺼지느니라
10 교만에서는 다툼만 일어날 뿐이라
권면을 듣는 자는 지혜가 있느니라
11 망령되이 얻은 재물은 줄어가고 손
으로 모은 것은 늘어가느니라
12 소망이 더디 이루어지면 그것이 마
음을 상하게 하거니와 소원이 이루
어지는 것은 곧 생명 나무니라

1) 사냥한 것도 굽지 아니하나니 2) 부지런한 자에게는 귀한 재물이 있느니라 3) 하게

13 말씀을 멸시하는 자는 자기에게 패
망을 이루고 계명을 두려워하는 자
는 상을 받느니라
14 지혜 있는 자의 교훈은 생명의 샘
이니 사망의 그물에서 벗어나게 하
느니라
15 선한 지혜는 은혜를 베푸나 사악한
자의 길은 험하니라
16 무릇 슬기로운 자는 지식으로 행하
거니와 미련한 자는 자기의 미련한
것을 나타내느니라
17 악한 사자는 재앙에 빠져도 충성된
사신은 양약이 되느니라
18 훈계를 저버리는 자에게는 궁핍과
수욕이 이르거니와 경계를 받는 자
는 존영을 받느니라
19 소원을 성취하면 마음에 달아도 미
련한 자는 악에서 떠나기를 싫어하
느니라
20 지혜로운 자와 동행하면 지혜를 얻
고 미련한 자와 사귀면 해를 받느
니라
21 재앙은 죄인을 따르고 선한 보응은
의인에게 이르느니라
22 선인은 그 산업을 자자손손에게 끼
쳐도 죄인의 재물은 의인을 위하여
쌓이느니라
23 가난한 자는 밭을 경작함으로 양식
이 많아지거니와 불의로 말미암아
가산을 탕진하는 자가 있느니라
24 매를 아끼는 자는 그의 자식을 미
워함이라 자식을 사랑하는 자는 근
실히 징계하느니라
25 의인은 포식하여도 악인의 배는 주
리느니라

14

지혜로운 여인은 자기 집을 세
우되 미련한 여인은 자기 손으
로 그것을 허느니라
2 정직하게 행하는 자는 여호와를 경
외하여도 패역하게 행하는 자는 여
호와를 경멸하느니라
3 미련한 자는 교만하여 입으로 매를
자청하고 지혜로운 자의 입술은 자
기를 보전하느니라
4 소가 없으면 구유는 깨끗하려니와
소의 힘으로 얻는 것이 많으니라
5 신실한 증인은 거짓말을 아니하
여도 거짓 증인은 거짓말을 뱉느니
라
6 거만한 자는 지혜를 구하여도 얻지
못하거니와 명철한 자는 지식 얻기
가 쉬우니라
7 너는 미련한 자의 [1]앞을 떠나라 그
입술에 지식 있음을 보지 못함이니
라
8 슬기로운 자의 지혜는 자기의 길을
아는 것이라도 미련한 자의 어리석
음은 속이는 것이니라
9 미련한 자는 죄를 심상히 여겨도
정직한 자 중에는 은혜가 있느니라
10 마음의 고통은 자기가 알고 마음의
즐거움은 타인이 참여하지 못하느
니라
11 악한 자의 집은 망하겠고 정직한
자의 장막은 흥하리라
12 어떤 길은 사람이 보기에 바르나
필경은 사망의 길이니라
13 웃을 때에도 마음에 슬픔이 있고
즐거움의 끝에도 근심이 있느니
라
14 마음이 굽은 자는 자기 행위로 보
응이 가득하겠고 선한 사람도 자기
의 행위로 그러하리라
15 어리석은 자는 온갖 말을 믿으나
슬기로운 자는 자기의 행동을 삼가
느니라
16 지혜로운 자는 두려워하여 악을 떠
나나 어리석은 자는 방자하여 스스
로 믿느니라

1) 앞으로 가라 그 입술에 지식 있음을 보지 못하리라

17 노하기를 속히 하는 자는 어리석은
일을 행하고 악한 계교를 꾀하는
자는 미움을 받느니라
18 어리석은 자는 어리석음으로 기업
을 삼아도 슬기로운 자는 지식으로
면류관을 삼느니라
19 악인은 선인 앞에 엎드리고 불의한
자는 의인의 문에 엎드리느니라
20 가난한 자는 이웃에게도 미움을 받
게 되나 부요한 자는 친구가 많으
니라
21 이웃을 업신여기는 자는 죄를 범하
는 자요 빈곤한 자를 불쌍히 여기
는 자는 복이 있는 자니라
22 악을 도모하는 자는 잘못 가는 것
이 아니냐 선을 도모하는 자에게는
인자와 진리가 있으리라
23 모든 수고에는 이익이 있어도 입술
의 말은 궁핍을 이룰 뿐이니라
24 지혜로운 자의 재물은 그의 면류관
이요 미련한 자의 소유는 다만 미
련한 것이니라
25 진실한 증인은 사람의 생명을 구원
하여도 거짓말을 뱉는 사람은 속이
느니라
26 여호와를 경외하는 자에게는 견고
한 의뢰가 있나니 그 자녀들에게
피난처가 있으리라
27 여호와를 경외하는 것은 생명의 샘
이니 사망의 그물에서 벗어나게 하
느니라
28 백성이 많은 것은 왕의 영광이요
백성이 적은 것은 주권자의 패망이
니라
29 노하기를 더디 하는 자는 크게 명
철하여도 마음이 조급한 자는 어리
석음을 나타내느니라
30 평온한 마음은 육신의 생명이나 시
기는 뼈를 썩게 하느니라
31 가난한 사람을 학대하는 자는 그를
지으신 이를 멸시하는 자요 궁핍한
사람을 불쌍히 여기는 자는 주를
공경하는 자니라
32 악인은 그의 환난에 엎드러져도 의
인은 그의 죽음에도 소망이 있느니
라
33 지혜는 명철한 자의 마음에 머물거
니와 미련한 자의 속에 있는 것은
나타나느니라
34 공의는 나라를 영화롭게 하고 죄는
백성을 욕되게 하느니라
35 슬기롭게 행하는 신하는 왕에게 은
총을 입고 욕을 끼치는 신하는 그
의 진노를 당하느니라

15 유순한 대답은 분노를 쉬게 하
여도 과격한 말은 노를 격동하
느니라
2 지혜 있는 자의 혀는 지식을 선히
베풀고 미련한 자의 입은 미련한
것을 쏟느니라
3 여호와의 눈은 어디서든지 악인과
선인을 감찰하시느니라
4 온순한 혀는 곧 생명 나무이지만
패역한 혀는 마음을 상하게 하느니
라
5 아비의 훈계를 업신여기는 자는 미
련한 자요 경계를 받는 자는 슬기
를 얻을 자니라
6 의인의 집에는 많은 보물이 있어도
악인의 소득은 고통이 되느니라
7 지혜로운 자의 입술은 지식을 전파
하여도 미련한 자의 마음은 정함이
없느니라
8 악인의 제사는 여호와께서 미워하
셔도 정직한 자의 기도는 그가 기
뻐하시느니라
9 악인의 길은 여호와께서 미워하셔
도 공의를 따라가는 자는 그가 사
랑하시느니라
10 도를 배반하는 자는 엄한 징계를

받을 것이요 견책을 싫어하는 자는
죽을 것이니라
11 스올과 [1]아바돈도 여호와의 앞에
드러나거든 하물며 사람의 마음이
리요
12 거만한 자는 견책받기를 좋아하지
아니하며 지혜 있는 자에게로 가지
도 아니하느니라
13 마음의 즐거움은 얼굴을 빛나게 하
여도 마음의 근심은 심령을 상하게
하느니라
14 명철한 자의 마음은 지식을 요구하
고 미련한 자의 입은 미련한 것을
즐기느니라
15 고난받는 자는 그날이 다 험악하나
마음이 즐거운 자는 항상 잔치하느
니라
16 가산이 적어도 여호와를 경외하는
것이 크게 부하고 번뇌하는 것보다
나으니라
17 채소를 먹으며 서로 사랑하는 것이
살진 소를 먹으며 서로 미워하는
것보다 나으니라
18 분을 쉽게 내는 자는 다툼을 일으
켜도 노하기를 더디 하는 자는 시
비를 그치게 하느니라
19 게으른 자의 길은 가시 울타리 같
으나 정직한 자의 길은 대로니라
20 지혜로운 아들은 아비를 즐겁게 하
여도 미련한 자는 어미를 업신여기
느니라
21 무지한 자는 미련한 것을 즐겨 하
여도 명철한 자는 그 길을 바르게
하느니라
22 의논이 없으면 경영이 무너지고
지략이 많으면 경영이 성립하느니
라
23 사람은 그 입의 대답으로 말미암아
기쁨을 얻나니 때에 맞는 말이 얼
마나 아름다운고
24 지혜로운 자는 위로 향한 생명 길
로 말미암음으로 그 아래에 있는
스올을 떠나게 되느니라
25 여호와는 교만한 자의 집을 허시며
과부의 지계를 정하시느니라
26 악한 꾀는 여호와께서 미워하시나
선한 말은 정결하니라
27 이익을 탐하는 자는 자기 집을 해
롭게 하나 뇌물을 싫어하는 자는
살게 되느니라
28 의인의 마음은 대답할 말을 깊이
생각하여도 악인의 입은 악을 쏟느
니라
29 여호와는 악인을 멀리하시고 의인
의 기도를 들으시느니라
30 눈이 밝은 것은 마음을 기쁘게 하
고 좋은 기별은 뼈를 윤택하게 하
느니라
31 생명의 경계를 듣는 귀는 지혜로운
자 가운데에 있느니라
32 훈계 받기를 싫어하는 자는 자기의
영혼을 경히 여김이라 견책을 달게
받는 자는 지식을 얻느니라
33 여호와를 경외하는 것은 지혜의 훈
계라 겸손은 존귀의 길잡이니라

16

마음의 경영은 사람에게 있어
도 말의 응답은 여호와께로부
터 나오느니라
2 사람의 행위가 자기 보기에는 모두
깨끗하여도 여호와는 심령을 감찰
하시느니라
3 너의 행사를 여호와께 맡기라 그리
하면 네가 경영하는 것이 이루어지
리라
4 여호와께서 온갖 것을 [2]그 쓰임에
적당하게 지으셨나니 악인도 악한
날에 적당하게 하셨느니라
5 무릇 마음이 교만한 자를 여호와께
서 미워하시나니 [3]피차 손을 잡을

1) '죽음의 자리' 라는 뜻 2) 주의 3) 정녕히

지라도 벌을 면하지 못하리라
6 인자와 진리로 인하여 죄악이 속하
게 되고 여호와를 경외함으로 말미
암아 악에서 떠나게 되느니라
7 사람의 행위가 여호와를 기쁘시게
하면 그 사람의 원수라도 그와 더
불어 화목하게 하시느니라
8 적은 소득이 공의를 겸하면 많은
소득이 불의를 겸한 것보다 나으니
라
9 사람이 마음으로 자기의 길을 계획
할지라도 그의 걸음을 인도하시는
이는 여호와시니라
10 하나님의 말씀이 왕의 입술에 있은
즉 재판할 때에 그의 입이 그르치
지 아니하리라
11 공평한 저울과 접시 저울은 여호와
의 것이요 주머니 속의 저울추도
다 그가 지으신 것이니라
12 악을 행하는 것은 왕들이 미워할
바니 이는 그 보좌가 공의로 말미
암아 굳게 섬이니라
13 의로운 입술은 왕들이 기뻐하는 것
이요 정직하게 말하는 자는 그들의
사랑을 입느니라
14 왕의 진노는 죽음의 사자들과 같아
도 지혜로운 사람은 그것을 쉬게
하리라
15 왕의 희색은 생명을 뜻하나니 그의
은택이 [1]늦은 비를 내리는 구름과
같으니라
16 지혜를 얻는 것이 금을 얻는 것보
다 얼마나 나은고 명철을 얻는 것
이 은을 얻는 것보다 더욱 나으니
라
17 악을 떠나는 것은 정직한 사람의
대로이니 자기의 길을 지키는 자는
자기의 영혼을 보전하느니라
18 교만은 패망의 선봉이요 거만한 마
음은 넘어짐의 앞잡이니라
19 겸손한 자와 함께하여 마음을 낮추
는 것이 교만한 자와 함께하여 탈
취물을 나누는 것보다 나으니라
20 삼가 [2]말씀에 주의하는 자는 좋은
것을 얻나니 여호와를 의지하는 자
는 복이 있느니라
21 마음이 지혜로운 자는 명철하다 일
컬음을 받고 입이 선한 자는 남의
학식을 더하게 하느니라
22 명철한 자에게는 그 명철이 생명의
샘이 되거니와 미련한 자에게는 그
미련한 것이 징계가 되느니라
23 지혜로운 자의 마음은 그의 입을
슬기롭게 하고 또 그의 [3]입술에 지
식을 더하느니라
24 선한 말은 꿀송이 같아서 마음에
달고 뼈에 양약이 되느니라
25 어떤 길은 사람이 보기에 바르나
필경은 사망의 길이니라
26 고되게 일하는 자는 식욕으로 말미
암아 애쓰나니 이는 그의 입이 자
기를 독촉함이니라
27 불량한 자는 악을 꾀하나니 그 입
술에는 맹렬한 불 같은 것이 있느
니라
28 패역한 자는 다툼을 일으키고 말쟁
이는 친한 벗을 이간하느니라
29 강포한 사람은 그 이웃을 꾀어 좋
지 아니한 길로 인도하느니라
30 눈짓을 하는 자는 패역한 일을 도
모하며 입술을 닫는 자는 악한 일
을 이루느니라
31 백발은 영화의 면류관이라 공의로
운 길에서 얻으리라
32 노하기를 더디 하는 자는 용사보다
낫고 자기의 마음을 다스리는 자는
성을 빼앗는 자보다 나으니라
33 제비는 사람이 뽑으나 모든 일을
작정하기는 여호와께 있느니라

1) 봄비 2) 일을 처리하는 자는 3) 입술로

17 마른 떡 한 조각만 있고도 화목
하는 것이 제육이 집에 가득하
고도 다투는 것보다 나으니라
2 슬기로운 종은 부끄러운 짓을 하는
주인의 아들을 다스리겠고 또 형
제들 중에서 유업을 나누어 얻으
리라
3 도가니는 은을, 풀무는 금을 연단
하거니와 여호와는 마음을 연단하
시느니라
4 악을 행하는 자는 사악한 입술이
하는 말을 잘 듣고 거짓말을 하는
자는 악한 혀가 하는 말에 귀를 기
울이느니라
5 가난한 자를 조롱하는 자는 그를
지으신 주를 멸시하는 자요 사람의
재앙을 기뻐하는 자는 형벌을 면하
지 못할 자니라
6 손자는 노인의 면류관이요 아비는
자식의 영화니라
7 지나친 말을 하는 것도 미련한 자
에게 합당하지 아니하거든 하물며
거짓말을 하는 것이 존귀한 자에게
합당하겠느냐
8 뇌물은 그 임자가 보기에 보석 같
은즉 그가 어디로 향하든지 형통하
게 하느니라
9 허물을 덮어 주는 자는 사랑을 구
하는 자요 그것을 거듭 말하는 자
는 친한 벗을 이간하는 자니라
10 한 마디 말로 총명한 자에게 충고
하는 것이 매 백 대로 미련한 자를
때리는 것보다 더욱 깊이 박히느니
라
11 악한 자는 반역만 힘쓰나니 그러므
로 그에게 잔인한 사자가 보냄을
받으리라
12 차라리 새끼 빼앗긴 암곰을 만날지
언정 미련한 일을 행하는 미련한
자를 만나지 말 것이니라
13 누구든지 악으로 선을 갚으면 악이
그 집을 떠나지 아니하리라
14 다투는 시작은 둑에서 물이 새는
것 같은즉 싸움이 일어나기 전에
시비를 그칠 것이니라
15 악인을 의롭다 하고 의인을 악하다
하는 이 두 사람은 다 여호와께 미
움을 받느니라
16 미련한 자는 무지하거늘 손에 값을
가지고 지혜를 사려 함은 어찜인고
17 친구는 사랑이 끊어지지 아니하고
형제는 위급한 때를 위하여 났느니
라
18 지혜 없는 자는 남의 손을 잡고 그
의 이웃 앞에서 보증이 되느니라
19 다툼을 좋아하는 자는 죄과를 좋아
하는 자요 자기 문을 높이는 자는
파괴를 구하는 자니라
20 마음이 굽은 자는 복을 얻지 못하
고 혀가 패역한 자는 재앙에 빠지
느니라
21 미련한 자를 낳는 자는 근심을 당
하나니 미련한 자의 아비는 낙이
없느니라
22 마음의 즐거움은 양약이라도 심
령의 근심은 뼈를 마르게 하느니
라
23 악인은 사람의 품에서 뇌물을 받고
재판을 굽게 하느니라
24 지혜는 명철한 자 앞에 있거늘 미
련한 자는 눈을 땅끝에 두느니라
25 미련한 아들은 그 아비의 근심이
되고 그 어미의 고통이 되느니라
26 의인을 벌하는 것과 귀인을 정직
하다고 때리는 것은 선하지 못하
니라
27 말을 아끼는 자는 지식이 있고 성
품이 냉철한 자는 명철하니라
28 미련한 자라도 잠잠하면 지혜로운
자로 여겨지고 그의 입술을 닫으면

슬기로운 자로 여겨지느니라

18 무리에게서 스스로 갈라지는
자는 자기 소욕을 따르는 자라
온갖 참 지혜를 배척하느니라
2 미련한 자는 명철을 기뻐하지 아니
하고 자기의 의사를 드러내기만 기
뻐하느니라
3 악한 자가 이를 때에는 멸시도 따
라오고 부끄러운 것이 이를 때에는
능욕도 함께 오느니라
4 명철한 사람의 입의 말은 깊은 물
과 같고 지혜의 샘은 솟구쳐 흐르
는 내와 같으니라
5 악인을 두둔하는 것과 재판할 때에
의인을 억울하게 하는 것이 선하지
아니하니라
6 미련한 자의 입술은 다툼을 일으키
고 그의 입은 매를 자청하느니라
7 미련한 자의 입은 그의 멸망이 되
고 그의 입술은 그의 영혼의 그물
이 되느니라
8 남의 말하기를 좋아하는 자의 말은
별식과 같아서 뱃속 깊은 데로 내
려가느니라
9 자기의 일을 게을리하는 자는 패가
하는 자의 형제니라
10 여호와의 이름은 견고한 망대라 의
인은 그리로 달려가서 안전함을 얻
느니라
11 부자의 재물은 그의 견고한 성이라
그가 높은 성벽같이 여기느니라
12 사람의 마음의 교만은 멸망의 선봉
이요 겸손은 존귀의 길잡이니라
13 사연을 듣기 전에 대답하는 자는
미련하여 욕을 당하느니라
14 사람의 심령은 그의 병을 능히 이
기려니와 심령이 상하면 그것을 누
가 [1]일으키겠느냐
15 명철한 자의 마음은 지식을 얻고
지혜로운 자의 귀는 지식을 구하느
니라
16 사람의 선물은 그의 길을 넓게 하
며 또 존귀한 자 앞으로 그를 인도
하느니라
17 송사에서는 먼저 온 사람의 말이
바른 것 같으나 그의 상대자가 와
서 밝히느니라
18 제비 뽑는 것은 다툼을 그치게 하
여 강한 자 사이에 해결하게 하느
니라
19 노엽게 한 형제와 화목하기가 견고
한 성을 취하기보다 어려운즉 이러
한 다툼은 산성 문빗장 같으니라
20 사람은 입에서 나오는 열매로 말미
암아 배부르게 되나니 곧 그의 입
술에서 나는 것으로 말미암아 만족
하게 되느니라
21 죽고 사는 것이 혀의 힘에 달렸나
니 혀를 쓰기 좋아하는 자는 혀의
열매를 먹으리라
22 아내를 얻는 자는 복을 얻고 여호
와께 은총을 받는 자니라
23 가난한 자는 간절한 말로 구하여도
부자는 엄한 말로 대답하느니라
24 [2]많은 친구를 얻는 자는 해를 당하
게 되거니와 어떤 친구는 형제보다
친밀하니라

19 가난하여도 성실하게 행하는
자는 입술이 패역하고 미련한
자보다 나으니라
2 지식 없는 소원은 선하지 못하고
발이 급한 사람은 잘못 가느니라
3 사람이 미련하므로 자기 길을 굽게
하고 마음으로 여호와를 원망하느
니라
4 재물은 많은 친구를 더하게 하나
가난한즉 친구가 끊어지느니라
5 거짓 증인은 벌을 면하지 못할 것
이요 거짓말을 하는 자도 피하지

1) 견디겠느냐 2) 해를 끼치는 친구들이 있으나

못하리라
6 너그러운 사람에게는 은혜를 구하
는 자가 많고 선물 주기를 좋아하
는 자에게는 사람마다 친구가 되느
니라
7 가난한 자는 그의 형제들에게도 미
움을 받거든 하물며 친구야 그를
멀리하지 아니하겠느냐 따라가며
말하려 할지라도 그들이 없어졌으
리라
8 지혜를 얻는 자는 자기 영혼을 사
랑하고 명철을 지키는 자는 복을
얻느니라
9 거짓 증인은 벌을 면하지 못할 것
이요 거짓말을 뱉는 자는 망할 것
이니라
10 미련한 자가 사치하는 것이 적당하
지 못하거든 하물며 종이 방백을
다스림이랴
11 노하기를 더디 하는 것이 사람의
슬기요 허물을 용서하는 것이 자기
의 영광이니라
12 왕의 노함은 사자의 부르짖음 같고
그의 은택은 풀 위의 이슬 같으니
라
13 미련한 아들은 그의 아비의 재앙이
요 다투는 아내는 이어 떨어지는
물방울이니라
14 집과 재물은 조상에게서 상속하거
니와 슬기로운 아내는 여호와께로
서 말미암느니라
15 게으름이 사람으로 깊이 잠들게 하
나니 태만한 사람은 주릴 것이니
라
16 계명을 지키는 자는 자기의 영혼을
지키거니와 자기의 행실을 삼가지
아니하는 자는 죽으리라
17 가난한 자를 불쌍히 여기는 것은 여
호와께 꾸어 드리는 것이니 그의
선행을 그에게 갚아 주시리라
18 네가 네 아들에게 희망이 있은즉
그를 징계하되 죽일 마음은 두지
말지니라
19 노하기를 맹렬히 하는 자는 벌을
받을 것이라 네가 그를 건져주면
다시 그런 일이 생기리라
20 너는 권고를 들으며 훈계를 받으라
그리하면 네가 필경은 지혜롭게 되
리라
21 사람의 마음에는 많은 계획이 있어
도 오직 여호와의 뜻만이 완전히
서리라
22 [1]사람은 자기의 인자함으로 남에게
사모함을 받느니라 가난한 자는 거
짓말하는 자보다 나으니라
23 여호와를 경외하는 것은 사람으로
생명에 이르게 하는 것이라 경외하
는 자는 족하게 지내고 재앙을 당
하지 아니하느니라
24 게으른 자는 자기의 손을 그릇에
넣고서도 입으로 올리기를 괴로워
하느니라
25 거만한 자를 때리라 그리하면 어리
석은 자도 지혜를 얻으리라 명철한
자를 견책하라 그리하면 그가 지식
을 얻으리라
26 아비를 구박하고 어미를 쫓아내는
자는 부끄러움을 끼치며 능욕을 부
르는 자식이니라
27 내 아들아 지식의 말씀에서 떠나게
하는 교훈을 듣지 말지니라
28 망령된 증인은 정의를 업신여기고
악인의 입은 죄악을 삼키느니라
29 심판은 거만한 자를 위하여 예비된
것이요 채찍은 어리석은 자의 등을
위하여 예비된 것이니라

20 포도주는 거만하게 하는 것이
요 독주는 떠들게 하는 것이
라 이에 미혹되는 자마다 지혜가

1) 인자를 베푸는 것이 사람의 즐거움이니라

없느니라
2 왕의 진노는 사자의 부르짖음 같으
니 그를 노하게 하는 것은 자기의
생명을 해하는 것이니라
3 다툼을 멀리하는 것이 사람에게 영
광이거늘 미련한 자마다 다툼을 일
으키느니라
4 게으른 자는 가을에 밭 갈지 아니
하나니 그러므로 거둘 때에는 구걸
할지라도 얻지 못하리라
5 사람의 마음에 있는 모략은 깊은
물 같으니라 그럴지라도 명철한 사
람은 그것을 길어 내느니라
6 많은 사람이 각기 자기의 인자함을
자랑하나니 충성된 자를 누가 만날
수 있으랴
7 온전하게 행하는 자가 의인이라 그
의 후손에게 복이 있느니라
8 심판 자리에 앉은 왕은 그의 눈으
로 모든 악을 흩어지게 하느니라
9 내가 내 마음을 정하게 하였다 내
죄를 깨끗하게 하였다 할 자가 누
구냐
10 한결같지 않은 저울추와 한결같지
않은 되는 다 여호와께서 미워하시
느니라
11 비록 아이라도 자기의 동작으로 자
기 품행이 청결한 여부와 정직한
여부를 나타내느니라
12 듣는 귀와 보는 눈은 다 여호와께
서 지으신 것이니라
13 너는 잠자기를 좋아하지 말라 네
가 빈궁하게 될까 두려우니라 네
눈을 뜨라 그리하면 양식이 족하
리라
14 물건을 사는 자가 좋지 못하다 좋
지 못하다 하다가 돌아간 후에는
자랑하느니라
15 세상에 금도 있고 진주도 많거니와
지혜로운 입술이 더욱 귀한 보배니
라
16 타인을 위하여 보증 선 자의 옷을
취하라 외인들을 위하여 보증 선
자는 그의 몸을 볼모 잡을지니라
17 속이고 취한 음식물은 사람에게 맛
이 좋은 듯하나 후에는 그의 입에
모래가 가득하게 되리라
18 경영은 의논함으로 성취하나니 지
략을 베풀고 전쟁할지니라
19 두루 다니며 한담하는 자는 남의
비밀을 누설하나니 입술을 벌린 자
를 사귀지 말지니라
20 자기의 아비나 어미를 저주하는 자
는 그의 등불이 흑암 중에 꺼짐을
당하리라
21 처음에 속히 잡은 산업은 마침내
복이 되지 아니하느니라
22 너는 악을 갚겠다 말하지 말고 여
호와를 기다리라 그가 너를 구원하
시리라
23 한결같지 않은 저울추는 여호와께
서 미워하시는 것이요 속이는 저울
은 좋지 못한 것이니라
24 사람의 걸음은 여호와로 말미암나
니 사람이 어찌 자기의 길을 알 수
있으랴
25 함부로 이 물건은 거룩하다 하여
서원하고 그 후에 살피면 그것이
그 사람에게 덫이 되느니라
26 지혜로운 왕은 악인들을 키질하며
타작하는 바퀴를 그들 위에 굴리느
니라
27 사람의 영혼은 여호와의 등불이라
사람의 깊은 속을 살피느니라
28 왕은 인자와 진리로 스스로 보호하
고 그의 왕위도 인자함으로 말미암
아 견고하니라
29 젊은 자의 영화는 그의 힘이요 늙
은 자의 아름다움은 백발이니라
30 상하게 때리는 것이 악을 없이하나

니 매는 사람 속에 깊이 들어가느
니라

21 왕의 마음이 여호와의 손에 있
음이 마치 봇물과 같아서 그가
임의로 인도하시느니라
2 사람의 행위가 자기 보기에는 모두
정직하여도 여호와는 마음을 감찰
하시느니라
3 공의와 정의를 행하는 것은 제사
드리는 것보다 여호와께서 기뻐게
여기시느니라
4 눈이 높은 것과 마음이 교만한 것
과 악인이 [1]형통한 것은 다 죄니라
5 부지런한 자의 경영은 풍부함에 이
를 것이나 조급한 자는 궁핍함에
이를 따름이니라
6 속이는 말로 재물을 모으는 것은
죽음을 구하는 것이라 곧 불려다니
는 안개니라
7 악인의 강포는 자기를 소멸하나니
이는 정의를 행하기 싫어함이니라
8 죄를 크게 범한 자의 길은 심히 구
부러지고 깨끗한 자의 길은 곧으니
라
9 다투는 여인과 함께 큰 집에서 사
는 것보다 [2]움막에서 사는 것이 나
으니라
10 악인의 마음은 남의 재앙을 원하나
니 그 이웃도 그 앞에서 은혜를 입
지 못하느니라
11 거만한 자가 벌을 받으면 어리석은
자도 지혜를 얻겠고 지혜로운 자가
교훈을 받으면 지식이 더하리라
12 [3]의로우신 자는 악인의 집을 감찰
하시고 악인을 환난에 던지시느니
라
13 귀를 막고 가난한 자가 부르짖는
소리를 듣지 아니하면 자기가 부
르짖을 때에도 들을 자가 없으리
라
14 은밀한 선물은 노를 쉬게 하고 품
안의 뇌물은 맹렬한 분을 그치게
하느니라
15 정의를 행하는 것이 의인에게는 즐
거움이요 죄인에게는 패망이니라
16 명철의 길을 떠난 사람은 사망의
회중에 거하리라
17 연락을 좋아하는 자는 가난하게 되
고 술과 기름을 좋아하는 자는 부
하게 되지 못하느니라
18 악인은 의인의 속전이 되고 사악한
자는 정직한 자의 대신이 되느니
라
19 다투며 성내는 여인과 함께 사는
것보다 광야에서 사는 것이 나으니
라
20 지혜 있는 자의 집에는 귀한 보배
와 기름이 있으나 미련한 자는 이
것을 다 삼켜 버리느니라
21 공의와 인자를 따라 구하는 자는
생명과 공의와 영광을 얻느니라
22 지혜로운 자는 용사의 성에 올라가
서 그 성이 의지하는 방벽을 허느
니라
23 입과 혀를 지키는 자는 자기의 영
혼을 환난에서 보전하느니라
24 무례하고 교만한 자를 이름하여 망
령된 자라 하나니 이는 넘치는 교
만으로 행함이니라
25 게으른 자의 욕망이 자기를 죽이나
니 이는 자기의 손으로 일하기를
싫어함이니라
26 어떤 자는 종일토록 탐하기만 하나
의인은 아끼지 아니하고 베푸느니
라
27 악인의 제물은 본래 가증하거든 하
물며 악한 뜻으로 드리는 것이랴
28 거짓 증인은 패망하려니와 확실히

1) 히, 등불 2) 지붕 한 모퉁이에서 3) 의로운 자는 악
인의 집을 헤아려서 악인의 망할 것을 아느니라

들은 사람의 말은 힘이 있느니라
29 악인은 자기의 얼굴을 굳게 하나
정직한 자는 자기의 행위를 삼가느
니라
30 지혜로도 못하고, 명철로도 못하고
모략으로도 여호와를 당하지 못하
느니라
31 싸울 날을 위하여 마병을 예비하거
니와 이김은 여호와께 있느니라

22 많은 재물보다 명예를 택할
것이요 은이나 금보다 은총을
더욱 택할 것이니라
2 가난한 자와 부한 자가 [1]함께 살거
니와 그 모두를 지으신 이는 여호
와시니라
3 슬기로운 자는 재앙을 보면 숨어
피하여도 어리석은 자는 나가다가
해를 받느니라
4 겸손과 여호와를 경외함의 보상은
재물과 영광과 생명이니라
5 패역한 자의 길에는 가시와 올무가
있거니와 영혼을 지키는 자는 이를
멀리하느니라
6 마땅히 행할 길을 아이에게 가르치
라 그리하면 늙어도 그것을 떠나지
아니하리라
7 부자는 가난한 자를 주관하고 빚진
자는 채주의 종이 되느니라
8 악을 뿌리는 자는 재앙을 거두리니
그 분노의 [2]기세가 쇠하리라
9 선한 눈을 가진 자는 복을 받으리
니 이는 양식을 가난한 자에게 줌
이니라
10 거만한 자를 쫓아내면 다툼이 쉬고
싸움과 수욕이 그치느니라
11 마음의 정결을 사모하는 자의 입술
에는 덕이 있으므로 임금이 그의
친구가 되느니라
12 여호와의 눈은 지식 있는 사람을
지키시나 사악한 사람의 말은 패하
게 하시느니라
13 게으른 자는 말하기를 사자가 밖에
있은즉 내가 나가면 거리에서 찢기
겠다 하느니라
14 음녀의 입은 깊은 함정이라 여호
와의 노를 당한 자는 거기 빠지리
라
15 아이의 마음에는 미련한 것이 얽혔
으나 징계하는 채찍이 이를 멀리
쫓아내리라
16 이익을 얻으려고 가난한 자를 학대
하는 자와 부자에게 주는 자는 가
난하여질 뿐이니라
17 ●너는 귀를 기울여 지혜 있는 자
의 말씀을 들으며 내 지식에 마음
을 둘지어다
18 이것을 네 속에 보존하며 네 입술
위에 함께 있게 함이 아름다우니라
19 내가 네게 여호와를 의뢰하게 하려
하여 이것을 오늘 특별히 네게 알
게 하였노니
20 내가 모략과 지식의 아름다운 것을
너를 위해 기록하여
21 네가 진리의 확실한 말씀을 깨닫게
하며 또 너를 보내는 자에게 진리
의 말씀으로 회답하게 하려 함이
아니냐
22 ●약한 자를 그가 약하다고 탈취하
지 말며 곤고한 자를 성문에서 압
제하지 말라
23 대저 여호와께서 신원하여 주시고
또 그를 노략하는 자의 생명을 빼
앗으시리라
24 노를 품는 자와 사귀지 말며 울분
한 자와 동행하지 말지니
25 그의 행위를 본받아 네 영혼을 올
무에 빠뜨릴까 두려움이니라
26 너는 사람과 더불어 손을 잡지 말
며 남의 빚에 보증을 서지 말라

1) 히, 서로 만나거니와 2) 지팡이

27 만일 갚을 것이 네게 없으면 네 누
운 침상도 빼앗길 것이라 네가 어
찌 그리하겠느냐
28 네 선조가 세운 옛 지계석을 옮기
지 말지니라
29 네가 자기의 일에 능숙한 사람을
보았느냐 이러한 사람은 왕 앞에
설 것이요 천한 자 앞에 서지 아니
하리라

23 네가 관원과 함께 앉아 음식
을 먹게 되거든 삼가 네 앞에
있는 자가 누구인지를 생각하며
2 네가 만일 음식을 탐하는 자이거든
네 목에 칼을 둘 것이니라
3 그의 맛있는 음식을 탐하지 말라
그것은 속이는 음식이니라
4 부자 되기에 애쓰지 말고 네 사사
로운 지혜를 버릴지어다
5 네가 어찌 허무한 것에 주목하겠느
냐 정녕히 재물은 스스로 날개를
내어 하늘을 나는 독수리처럼 날아
가리라
6 악한 눈이 있는 자의 음식을 먹지
말며 그의 맛있는 음식을 탐하지
말지어다
7 대저 그 마음의 생각이 어떠하면
그 위인도 그러한즉 그가 네게 먹
고 마시라 할지라도 그의 마음은
너와 함께하지 아니함이라
8 네가 조금 먹은 것도 토하겠고 네
아름다운 말도 헛된 데로 돌아가리
라
9 미련한 자의 귀에 말하지 말지니
이는 그가 네 지혜로운 말을 업신
여길 것임이니라
10 옛 지계석을 옮기지 말며 고아들의
밭을 침범하지 말지어다
11 대저 그들의 구속자는 강하시니 그
가 너를 대적하여 그들의 원한을
풀어 주시리라
12 훈계에 착심하며 지식의 말씀에 귀
를 기울이라
13 아이를 훈계하지 아니하려고 하지
말라 채찍으로 그를 때릴지라도 그
가 죽지 아니하리라
14 네가 그를 채찍으로 때리면 그의
영혼을 스올에서 구원하리라
15 내 아들아 만일 네 마음이 지혜로
우면 나 곧 내 마음이 즐겁겠고
16 만일 네 입술이 정직을 말하면 내
속이 유쾌하리라
17 네 마음으로 죄인의 형통을 부러워
하지 말고 항상 여호와를 경외하라
18 정녕히 네 장래가 있겠고 네 소망
이 끊어지지 아니하리라
19 내 아들아 너는 듣고 지혜를 얻어
네 마음을 바른 길로 인도할지니라
20 술을 즐겨 하는 자들과 고기를 탐
하는 자들과도 더불어 사귀지 말
라
21 술 취하고 음식을 탐하는 자는 가
난하여질 것이요 잠자기를 즐겨 하
는 자는 해어진 옷을 입을 것임이
니라
22 너를 낳은 아비에게 청종하고 네
늙은 어미를 경히 여기지 말지니라
23 진리를 사되 팔지는 말며 지혜와
훈계와 명철도 그리할지니라
24 의인의 아비는 크게 즐거울 것이요
지혜로운 자식을 낳은 자는 그로
말미암아 즐거울 것이니라
25 네 부모를 즐겁게 하며 너를 낳은
어미를 기쁘게 하라
26 내 아들아 네 마음을 내게 주며 네
눈으로 내 길을 즐거워할지어다
27 대저 음녀는 깊은 구덩이요 이방
여인은 좁은 함정이라
28 참으로 그는 강도같이 매복하며 사
람들 중에 사악한 자가 많아지게
하느니라

29 재앙이 뉘게 있느뇨 근심이 뉘게
있느뇨 분쟁이 뉘게 있느뇨 원망이
뉘게 있느뇨 까닭 없는 상처가 뉘
게 있느뇨 붉은 눈이 뉘게 있느뇨
30 술에 잠긴 자에게 있고 혼합한 술
을 구하러 다니는 자에게 있느니
라
31 포도주는 붉고 잔에서 번쩍이며 순
하게 내려가나니 너는 그것을 보지
도 말지어다
32 그것이 마침내 뱀같이 물 것이요
독사같이 쏠 것이며
33 또 네 눈에는 괴이한 것이 보일 것
이요 네 마음은 구부러진 말을 할
것이며
34 너는 바다 가운데에 누운 자 같을
것이요 돛대 위에 누운 자 같을 것
이며
35 네가 스스로 말하기를 사람이 나를
때려도 나는 아프지 아니하고 나를
상하게 하여도 내게 감각이 없도다
내가 언제나 깰까 다시 술을 찾겠
다 하리라

24 너는 악인의 형통함을 부러워
하지 말며 그와 함께 있으려
고 하지도 말지어다
2 그들의 마음은 강포를 품고 그들의
입술은 재앙을 말함이니라
3 집은 지혜로 말미암아 건축되고 명
철로 말미암아 견고하게 되며
4 또 방들은 지식으로 말미암아 각종
귀하고 아름다운 보배로 채우게 되
느니라
5 지혜 있는 자는 강하고 지식 있는
자는 힘을 더하나니
6 너는 전략으로 싸우라 승리는 지략
이 많음에 있느니라
7 지혜는 너무 높아서 미련한 자가
미치지 못할 것이므로 그는 성문에
서 입을 열지 못하느니라
8 악행하기를 꾀하는 자를 일컬어 사
악한 자라 하느니라
9 미련한 자의 생각은 죄요 거만한
자는 사람에게 미움을 받느니라
10 네가 만일 환난날에 낙담하면 네
힘이 미약함을 보임이니라
11 너는 사망으로 끌려가는 자를 건져
주며 살륙을 당하게 된 자를 구원
하지 아니하려고 하지 말라
12 네가 말하기를 나는 그것을 알지
못하였노라 할지라도 마음을 저울
질 하시는 이가 어찌 통찰하지 못
하시겠으며 네 영혼을 지키시는 이
가 어찌 알지 못하시겠느냐 그가
각 사람의 행위대로 보응하시리라
13 내 아들아 꿀을 먹으라 이것이 좋
으니라 송이꿀을 먹으라 이것이 네
입에 다니라
14 지혜가 네 영혼에게 이와 같은 줄
을 알라 이것을 얻으면 정녕히 네
장래가 있겠고 네 소망이 끊어지지
아니하리라
15 악한 자여 의인의 집을 엿보지 말
며 그가 쉬는 처소를 헐지 말지니
라
16 대저 의인은 일곱 번 넘어질지라도
다시 일어나려니와 악인은 재앙으
로 말미암아 엎드러지느니라
17 네 원수가 넘어질 때에 즐거워하지
말며 그가 엎드러질 때에 마음에
기뻐하지 말라
18 여호와께서 이것을 보시고 기뻐하
지 아니하사 그의 진노를 그에게서
옮기실까 두려우니라
19 너는 행악자들로 말미암아 분을 품
지 말며 악인의 형통함을 부러워하
지 말라
20 대저 행악자는 장래가 없겠고 악인
의 등불은 꺼지리라
21 내 아들아 여호와와 왕을 경외하고

반역자와 더불어 사귀지 말라
22 대저 그들의 재앙은 속히 임하리니
그 둘의 멸망을 누가 알랴
23 ●이것도 지혜로운 자들의 말씀이
라 ●재판할 때에 낯을 보아 주는
것이 옳지 못하니라
24 악인에게 네가 옳다 하는 자는 백
성에게 저주를 받을 것이요 국민에
게 미움을 받으려니와
25 오직 그를 견책하는 자는 기쁨을
얻을 것이요 또 좋은 복을 받으리
라
26 적당한 말로 대답함은 입맞춤과 같
으니라
27 네 일을 밖에서 다스리며 너를 위
하여 밭에서 준비하고 그 후에 네
집을 세울지니라
28 너는 까닭 없이 네 이웃을 쳐서 증
인이 되지 말며 네 입술로 속이지
말지니라
29 너는 그가 내게 행함같이 나도 그
에게 행하여 그가 행한 대로 그 사
람에게 갚겠다 말하지 말지니라
30 내가 게으른 자의 밭과 지혜 없는
자의 포도원을 지나며 본즉
31 가시덤불이 그 전부에 퍼졌으며 그
지면이 거친 풀로 덮였고 돌담이
무너져 있기로
32 내가 보고 생각이 깊었고 내가 보
고 훈계를 받았노라
33 네가 좀더 자자, 좀더 졸자, 손을
모으고 좀더 누워 있자 하니
34 네 빈궁이 강도같이 오며 네 곤핍
이 군사같이 이르리라

솔로몬의 잠언

25 이것도 솔로몬의 잠언이요 유
다 왕 히스기야의 신하들이
편집한 것이니라
2 ●일을 숨기는 것은 하나님의 영화
요 일을 살피는 것은 왕의 영화니
라
3 하늘의 높음과 땅의 깊음같이 왕의
마음은 헤아릴 수 없느니라
4 은에서 찌꺼기를 제하라 그리하면
장색의 쓸 만한 그릇이 나올 것이
요
5 왕 앞에서 악한 자를 제하라 그리
하면 그의 왕위가 의로 말미암아
견고히 서리라
6 왕 앞에서 스스로 높은 체하지 말
며 대인들의 자리에 서지 말라
7 이는 사람이 네게 이리로 올라오라
고 말하는 것이 네 눈에 보이는 귀
인 앞에서 저리로 내려가라고 말하
는 것보다 나음이니라
8 너는 서둘러 나가서 다투지 말라
마침내 네가 이웃에게서 욕을 보게
될 때에 네가 어찌할 줄을 알지 못
할까 두려우니라
9 너는 이웃과 다투거든 변론만 하
고 남의 은밀한 일은 누설하지 말
라
10 듣는 자가 너를 꾸짖을 터이요 또
네게 대한 악평이 네게서 떠나지
아니할까 두려우니라
11 경우에 합당한 말은 아로새긴 은
쟁반에 금 사과니라
12 슬기로운 자의 책망은 청종하는 귀
에 금 고리와 정금 장식이니라
13 충성된 사자는 그를 보낸 이에게
마치 추수하는 날에 얼음 냉수 같
아서 능히 그 주인의 마음을 시원
하게 하느니라
14 선물한다고 거짓 자랑하는 자는 비
없는 구름과 바람 같으니라
15 오래 참으면 관원도 설득할 수 있
나니 부드러운 혀는 뼈를 꺾느니라
16 너는 꿀을 보거든 족하리만큼 먹
으라 과식함으로 토할까 두려우니
라

17 너는 이웃집에 자주 다니지 말라
그가 너를 싫어하며 미워할까 두려
우니라
18 자기의 이웃을 쳐서 거짓 증거하는
사람은 방망이요 칼이요 뾰족한 화
살이니라
19 환난날에 진실하지 못한 자를 의뢰
하는 것은 부러진 이와 위골된 발
같으니라
20 마음이 상한 자에게 노래하는 것은
추운 날에 옷을 벗음 같고 소다 위
에 식초를 부음 같으니라
21 네 원수가 배고파하거든 음식을 먹
이고 목말라하거든 물을 마시게 하
라
22 그리하는 것은 핀 숯을 그의 머리
에 놓는 것과 일반이요 여호와께서
네게 갚아 주시리라
23 북풍이 비를 일으킴같이 참소하는
혀는 사람의 얼굴에 분을 일으키느
니라
24 다투는 여인과 함께 큰 집에서 사
는 것보다 [1]움막에서 혼자 사는 것
이 나으니라
25 먼 땅에서 오는 좋은 기별은 목마
른 사람에게 냉수와 같으니라
26 의인이 악인 앞에 굴복하는 것은
우물이 흐려짐과 샘이 더러워짐과
같으니라
27 꿀을 많이 먹는 것이 좋지 못하고
자기의 영예를 구하는 것이 헛되니
라
28 자기의 마음을 제어하지 아니하는
자는 성읍이 무너지고 성벽이 없는
것과 같으니라

26
미련한 자에게는 영예가 적당
하지 아니하니 마치 여름에
눈 오는 것과 추수 때에 비 오는 것
같으니라
2 까닭 없는 저주는 참새가 떠도는
것과 제비가 날아가는 것같이 이루
어지지 아니하느니라
3 말에게는 채찍이요 나귀에게는 재
갈이요 미련한 자의 등에는 막대기
니라
4 미련한 자의 어리석은 것을 따라
대답하지 말라 두렵건대 너도 그와
같을까 하노라
5 미련한 자에게는 그의 어리석음을
따라 대답하라 두렵건대 그가 스스
로 지혜롭게 여길까 하노라
6 미련한 자 편에 기별하는 것은 자
기의 발을 베어 버림과 해를 받음
과 같으니라
7 저는 자의 다리는 힘없이 달렸나니
미련한 자의 입의 잠언도 그러하니
라
8 미련한 자에게 영예를 주는 것은
돌을 물매에 매는 것과 같으니라
9 미련한 자의 입의 잠언은 술 취한
자가 손에 든 가시나무 같으니라
10 장인이 온갖 것을 만들지라도 미련
한 자를 고용하는 것은 지나가는
행인을 고용함과 같으니라
11 개가 그 토한 것을 도로 먹는 것같
이 미련한 자는 그 미련한 것을 거
듭 행하느니라
12 네가 스스로 지혜롭게 여기는 자를
보느냐 그보다 미련한 자에게 오히
려 희망이 있느니라
13 게으른 자는 길에 사자가 있다 거
리에 사자가 있다 하느니라
14 문짝이 돌쩌귀를 따라서 도는 것
같이 게으른 자는 침상에서 도느니
라
15 게으른 자는 그 손을 그릇에 넣고
도 입으로 올리기를 괴로워하느니
라
16 게으른 자는 사리에 맞게 대답하는

1) 지붕 한 모퉁이에서

사람 일곱보다 자기를 지혜롭게 여
기느니라
17 길로 지나가다가 자기와 상관 없는
다툼을 간섭하는 자는 개의 귀를
잡는 자와 같으니라
18 횃불을 던지며 화살을 쏘아서 사람
을 죽이는 미친 사람이 있나니
19 자기의 이웃을 속이고 말하기를 내
가 희롱하였노라 하는 자도 그러하
니라
20 나무가 다하면 불이 꺼지고 말쟁이
가 없어지면 다툼이 쉬느니라
21 숯불 위에 숯을 더하는 것과 타는
불에 나무를 더하는 것같이 다툼을
좋아하는 자는 시비를 일으키느니
라
22 남의 말 하기를 좋아하는 자의 말
은 별식과 같아서 뱃속 깊은 데로
내려가느니라
23 온유한 입술에 악한 마음은 낮은
은을 입힌 토기니라
24 원수는 입술로는 꾸미고 속으로는
속임을 품나니
25 그 말이 좋을지라도 믿지 말 것은
그 마음에 일곱 가지 가증한 것이
있음이니라
26 속임으로 그 미움을 감출지라도 그
의 악이 회중 앞에 드러나리라
27 함정을 파는 자는 그것에 빠질 것
이요 돌을 굴리는 자는 도리어 그
것에 치이리라
28 거짓말하는 자는 자기가 해한 자를
미워하고 아첨하는 입은 패망을 일
으키느니라

27 너는 내일 일을 자랑하지 말라
하루 동안에 무슨 일이 일어날
는지 네가 알 수 없음이니라
2 타인이 너를 칭찬하게 하고 네 입
으로는 하지 말며 외인이 너를 칭
찬하게 하고 네 입술로는 하지 말
지니라
3 돌은 무겁고 모래도 가볍지 아니하
거니와 미련한 자의 분노는 이 둘
보다 무거우니라
4 분은 잔인하고 노는 창수 같거니와
투기 앞에야 누가 서리요
5 면책은 숨은 사랑보다 나으니라
6 친구의 아픈 책망은 충직으로 말미
암는 것이나 원수의 잦은 입맞춤은
거짓에서 난 것이니라
7 배부른 자는 꿀이라도 [1]싫어하고
주린 자에게는 쓴 것이라도 다니
라
8 고향을 떠나 유리하는 사람은 보금
자리를 떠나 떠도는 새와 같으니라
9 기름과 향이 사람의 마음을 즐겁게
하나니 친구의 충성된 권고가 이와
같이 아름다우니라
10 네 친구와 네 아비의 친구를 버리
지 말며 네 환난날에 형제의 집에
들어가지 말지어다 가까운 이웃이
먼 형제보다 나으니라
11 내 아들아 지혜를 얻고 내 마음을
기쁘게 하라 그리하면 나를 비방
하는 자에게 내가 대답할 수 있으
리라
12 슬기로운 자는 재앙을 보면 숨어
피하여도 어리석은 자들은 나가다
가 해를 받느니라
13 타인을 위하여 보증 선 자의 옷을
취하라 외인들을 위하여 보증 선
자는 그의 몸을 볼모 잡을지니라
14 [2]이른 아침에 큰 소리로 자기 이웃
을 축복하면 도리어 저주같이 여기
게 되리라
15 다투는 여자는 비 오는 날에 이어
떨어지는 물방울이라
16 그를 제어하기가 바람을 제어하는
것 같고 오른손으로 기름을 움키는

1) 밟고 2) 부지런히

것 같으니라
17 철이 철을 날카롭게 하는 것같이
사람이 그의 친구의 얼굴을 [1]빛나
게 하느니라
18 무화과나무를 지키는 자는 그 과실
을 먹고 자기 주인에게 시중드는
자는 영화를 얻느니라
19 물에 비치면 얼굴이 서로 같은 것
같이 사람의 마음도 서로 비치느니
라
20 스올과 [2]아바돈은 만족함이 없고
사람의 눈도 만족함이 없느니라
21 도가니로 은을, 풀무로 금을, 칭찬
으로 사람을 단련하느니라
22 미련한 자를 곡물과 함께 절구에
넣고 공이로 찧을지라도 그의 미련
은 벗겨지지 아니하느니라
23 ●네 양 떼의 형편을 부지런히 살
피며 네 소 떼에게 마음을 두라
24 대저 재물은 영원히 있지 못하나니
면류관이 어찌 대대에 있으랴
25 풀을 벤 후에는 새로 움이 돋나니
산에서 꼴을 거둘 것이니라
26 어린 양의 털은 네 옷이 되며 염소
는 밭을 사는 값이 되며
27 염소의 젖은 넉넉하여 너와 네 집
의 음식이 되며 네 여종의 먹을 것
이 되느니라

28 악인은 쫓아오는 자가 없어도
도망하나 의인은 사자같이 담
대하니라
2 나라는 죄가 있으면 주관자가 많아
져도 명철과 지식 있는 사람으로
말미암아 장구하게 되느니라
3 가난한 자를 학대하는 가난한 자는
곡식을 남기지 아니하는 폭우 같으
니라
4 율법을 버린 자는 악인을 칭찬하나
율법을 지키는 자는 악인을 대적하
느니라
5 악인은 정의를 깨닫지 못하나 여호
와를 찾는 자는 모든 것을 깨닫느
니라
6 가난하여도 성실하게 행하는 자는
부유하면서 굽게 행하는 자보다 나
으니라
7 율법을 지키는 자는 지혜로운 아들
이요 음식을 탐하는 자와 사귀는
자는 아비를 욕되게 하는 자니라
8 중한 변리로 자기 재산을 늘리는
것은 가난한 사람을 불쌍히 여기는
자를 위해 그 재산을 저축하는 것
이니라
9 사람이 귀를 돌려 율법을 듣지 아
니하면 그의 기도도 가증하니라
10 정직한 자를 악한 길로 유인하는
자는 스스로 자기 함정에 빠져도
성실한 자는 복을 받느니라
11 부자는 자기를 지혜롭게 여기나 가
난해도 명철한 자는 자기를 살펴
아느니라
12 의인이 득의하면 큰 영화가 있고
악인이 일어나면 사람이 숨느니
라
13 자기의 죄를 숨기는 자는 형통하지
못하나 죄를 자복하고 버리는 자는
불쌍히 여김을 받으리라
14 항상 경외하는 자는 복되거니와 마
음을 완악하게 하는 자는 재앙에
빠지리라
15 가난한 백성을 압제하는 악한 관원
은 부르짖는 사자와 주린 곰 같으
니라
16 무지한 치리자는 포학을 크게 행하
거니와 탐욕을 미워하는 자는 장수
하리라
17 사람의 피를 흘린 자는 함정으로
달려갈 것이니 그를 막지 말지니
라

1) 히, 날카롭게 2) '죽음의 자리' 라는 뜻

18 성실하게 행하는 자는 구원을 받을
것이나 굽은 길로 행하는 자는 곧
넘어지리라
19 자기의 토지를 경작하는 자는 먹을
것이 많으려니와 방탕을 따르는 자
는 궁핍함이 많으리라
20 충성된 자는 복이 많아도 속히 부
하고자 하는 자는 형벌을 면하지
못하리라
21 사람의 낯을 보아 주는 것이 좋지
못하고 한 조각 떡으로 말미암아
사람이 범법하는 것도 그러하니라
22 악한 눈이 있는 자는 재물을 얻기
에만 급하고 빈궁이 자기에게로 임
할 줄은 알지 못하느니라
23 사람을 경책하는 자는 혀로 아첨하
는 자보다 나중에 더욱 사랑을 받
느니라
24 부모의 물건을 도둑질하고서도 죄
가 아니라 하는 자는 멸망 받게 하
는 자의 동류니라
25 욕심이 많은 자는 다툼을 일으키나
여호와를 의지하는 자는 풍족하게
되느니라
26 자기의 마음을 믿는 자는 미련한
자요 지혜롭게 행하는 자는 구원을
얻을 자니라
27 가난한 자를 구제하는 자는 궁핍하
지 아니하려니와 못 본 체하는 자
에게는 저주가 크리라
28 악인이 일어나면 사람이 숨고 그가
멸망하면 의인이 많아지느니라

29 자주 책망을 받으면서도 목이
곧은 사람은 갑자기 패망을
당하고 피하지 못하리라
2 의인이 많아지면 백성이 즐거워하
고 악인이 권세를 잡으면 백성이
탄식하느니라
3 지혜를 사모하는 자는 아비를 즐겁
게 하여도 창기와 사귀는 자는 재
물을 잃느니라
4 왕은 정의로 나라를 견고하게 하나
뇌물을 억지로 내게 하는 자는 나
라를 멸망시키느니라
5 이웃에게 아첨하는 것은 그의 발
앞에 그물을 치는 것이니라
6 악인이 범죄하는 것은 스스로 올무
가 되게 하는 것이나 의인은 노래
하고 기뻐하느니라
7 의인은 가난한 자의 사정을 알아
주나 악인은 알아 줄 지식이 없느
니라
8 거만한 자는 성읍을 요란하게 하여
도 슬기로운 자는 노를 그치게 하
느니라
9 지혜로운 자와 미련한 자가 다투면
지혜로운 자가 노하든지 웃든지 그
다툼은 그침이 없느니라
10 피 흘리기를 좋아하는 자는 온전한
자를 미워하고 정직한 자의 생명을
찾느니라
11 어리석은 자는 자기의 노를 다 드
러내어도 지혜로운 자는 그것을 억
제하느니라
12 관원이 거짓말을 들으면 그의 하인
들은 다 악하게 되느니라
13 가난한 자와 포학한 자가 [1]섞여 살
거니와 여호와께서는 그 모두의 눈
에 빛을 주시느니라
14 왕이 가난한 자를 성실히 신원하면
그의 왕위가 영원히 견고하리라
15 채찍과 꾸지람이 지혜를 주거늘 임
의로 행하게 버려 둔 자식은 어미
를 욕되게 하느니라
16 악인이 많아지면 죄도 많아지나니
의인은 그들의 망함을 보리라
17 네 자식을 징계하라 그리하면 그가
너를 평안하게 하겠고 또 네 마음
에 기쁨을 주리라

1) 히, 서로 만나거니와

18 묵시가 없으면 백성이 방자히 행하
거니와 율법을 지키는 자는 복이
있느니라
19 종은 말로만 하면 고치지 아니하나
니 이는 그가 알고도 따르지 아니
함이니라
20 네가 말이 조급한 사람을 보느냐
그보다 미련한 자에게 오히려 희망
이 있느니라
21 종을 어렸을 때부터 곱게 양육하면
그가 나중에는 자식인 체하리라
22 노하는 자는 다툼을 일으키고 성내
는 자는 범죄함이 많으니라
23 사람이 교만하면 낮아지게 되겠고
마음이 겸손하면 영예를 얻으리라
24 도둑과 짝하는 자는 자기의 영혼을
미워하는 자라 그는 저주를 들어도
진술하지 아니하느니라
25 사람을 두려워하면 올무에 걸리게
되거니와 여호와를 의지하는 자는
안전하리라
26 주권자에게 은혜를 구하는 자가 많
으나 사람의 일의 작정은 여호와께
로 말미암느니라
27 불의한 자는 의인에게 미움을 받고
바르게 행하는 자는 악인에게 미움
을 받느니라

아굴의 잠언

30 이 말씀은 야게의 아들 아굴
의 [1]잠언이니 그가 이디엘 곧
이디엘과 우갈에게 이른 것이니라
2 ●나는 다른 사람에게 비하면 짐승
이라 내게는 사람의 총명이 있지
아니하니라
3 나는 지혜를 배우지 못하였고 또
거룩하신 자를 아는 지식이 없거니
와
4 하늘에 올라갔다가 내려온 자가 누
구인지, 바람을 그 장중에 모은 자
가 누구인지, 물을 옷에 싼 자가 누
구인지, 땅의 모든 끝을 정한 자가
누구인지, 그의 이름이 무엇인지,
그의 아들의 이름이 무엇인지 너는
아느냐
5 ●하나님의 말씀은 다 순전하며 하
나님은 그를 의지하는 자의 방패시
니라
6 너는 그의 말씀에 더하지 말라 그
가 너를 책망하시겠고 너는 거짓말
하는 자가 될까 두려우니라
7 ●내가 두 가지 일을 주께 구하였
사오니 내가 죽기 전에 내게 거절
하지 마시옵소서
8 곧 헛된 것과 거짓말을 내게서 멀
리하옵시며 나를 가난하게도 마옵
시고 부하게도 마옵시고 오직 필요
한 양식으로 나를 먹이시옵소서
9 혹 내가 배불러서 하나님을 모른다
여호와가 누구냐 할까 하오며 혹
내가 가난하여 도둑질하고 내 하나
님의 이름을 욕되게 할까 두려워함
이니이다
10 ●너는 종을 그의 상전에게 비방하
지 말라 그가 너를 저주하겠고 너
는 죄책을 당할까 두려우니라
11 ●아비를 저주하며 어미를 축복하
지 아니하는 무리가 있느니라
12 스스로 깨끗한 자로 여기면서도 자
기의 더러운 것을 씻지 아니하는
무리가 있느니라
13 눈이 심히 높으며 눈꺼풀이 높이
들린 무리가 있느니라
14 앞니는 장검 같고 어금니는 군도
같아서 가난한 자를 땅에서 삼키며
궁핍한 자를 사람 중에서 삼키는
무리가 있느니라
15 ●거머리에게는 두 딸이 있어 다오
다오 하느니라 족한 줄을 알지 못
하여 족하다 하지 아니하는 것 서

1) 경고

넷이 있나니
16 곧 스올과 아이 배지 못하는 태와
물로 채울 수 없는 땅과 족하다 하
지 아니하는 불이니라
17 ●아비를 조롱하며 어미 순종하기
를 싫어하는 자의 눈은 골짜기의
까마귀에게 쪼이고 독수리 새끼에
게 먹히리라
18 ●내가 심히 기이히 여기고도 깨닫
지 못하는 것 서넛이 있나니
19 곧 공중에 날아다니는 독수리의 자
취와 반석 위로 기어 다니는 뱀의
자취와 바다로 지나다니는 배의
자취와 남자가 여자와 함께한 자
취며
20 음녀의 자취도 그러하니라 그가 먹
고 그의 입을 씻음같이 말하기를
내가 악을 행하지 아니하였다 하느
니라
21 ●세상을 진동시키며 세상이 견딜
수 없게 하는 것 서넛이 있나니
22 곧 종이 임금된 것과 미련한 자가
음식으로 배부른 것과
23 미움받는 여자가 시집간 것과 여종
이 주모를 이은 것이니라
24 ●땅에 작고도 가장 지혜로운 것
넷이 있나니
25 곧 힘이 없는 종류로되 먹을 것을
여름에 준비하는 개미와
26 약한 종류로되 집을 바위 사이에
짓는 사반과
27 임금이 없으되 다 떼를 지어 나아
가는 메뚜기와
28 손에 잡힐 만하여도 왕궁에 있는
도마뱀이니라
29 ●잘 걸으며 위풍 있게 다니는 것
서넛이 있나니
30 곧 짐승 중에 가장 강하여 아무 짐
승 앞에서도 물러가지 아니하는 사
자와
31 사냥개와 숫염소와 및 당할 수 없
는 왕이니라
32 ●만일 네가 미련하여 스스로 높은
체하였거나 혹 악한 일을 도모하였
거든 네 손으로 입을 막으라
33 대저 젖을 저으면 엉긴 젖이 되고
코를 비틀면 피가 나는 것같이 노
를 격동하면 다툼이 남이니라

르무엘 왕을 훈계한 잠언

31 르무엘 왕이 말씀한 바 곧 그
의 어머니가 그를 훈계한 1)잠
언이라
2 ●내 아들아 내가 무엇을 말하랴
내 태에서 난 아들아 내가 무엇을
말하랴 서원대로 얻은 아들아 내가
무엇을 말하랴
3 네 힘을 여자들에게 쓰지 말며 왕
들을 멸망시키는 일을 행하지 말지
어다
4 르무엘아 포도주를 마시는 것이 왕
들에게 마땅하지 아니하고 왕들에
게 마땅하지 아니하며 독주를 찾는
것이 주권자들에게 마땅하지 않도
다
5 술을 마시다가 법을 잊어버리고 모
든 곤고한 자들의 송사를 굽게 할
까 두려우니라
6 독주는 죽게 된 자에게, 포도주는
마음에 근심하는 자에게 줄지어다
7 그는 마시고 자기의 빈궁한 것을
잊어버리겠고 다시 자기의 고통을
기억하지 아니하리라
8 너는 말 못하는 자와 모든 고독한
자의 송사를 위하여 입을 열지니라
9 너는 입을 열어 공의로 재판하여
곤고한 자와 궁핍한 자를 신원할지
니라

현숙한 아내

10 ●누가 현숙한 여인을 찾아 얻겠느

1) 경고

냐 그의 값은 진주보다 더 하니라
11 그런 자의 남편의 마음은 그를 믿
나니 산업이 핍절하지 아니하겠으
며
12 그런 자는 살아 있는 동안에 그의
남편에게 선을 행하고 악을 행하지
아니하느니라
13 그는 양털과 삼을 구하여 부지런히
손으로 일하며
14 상인의 배와 같아서 먼 데서 양식
을 가져오며
15 밤이 새기 전에 일어나서 자기 집
안 사람들에게 음식을 나누어 주며
여종들에게 일을 정하여 맡기며
16 밭을 살펴 보고 사며 자기의 손으
로 번 것을 가지고 포도원을 일구
며
17 힘있게 허리를 묶으며 자기의 팔을
강하게 하며
18 자기의 장사가 잘되는 줄을 깨닫고
밤에 등불을 끄지 아니하며
19 손으로 솜뭉치를 들고 손가락으로
가락을 잡으며
20 그는 곤고한 자에게 손을 펴며 궁
핍한 자를 위하여 손을 내밀며
21 자기 집 사람들은 다 홍색 옷을 입
었으므로 눈이 와도 그는 자기 집
사람들을 위하여 염려하지 아니하
며
22 그는 자기를 위하여 아름다운 이불
을 지으며 세마포와 자색 옷을 입
으며
23 그의 남편은 그 땅의 장로들과 함
께 성문에 앉으며 사람들의 인정을
받으며
24 그는 베로 옷을 지어 팔며 띠를 만
들어 상인들에게 맡기며
25 능력과 존귀로 옷을 삼고 후일을
웃으며
26 입을 열어 지혜를 베풀며 그의 혀
로 인애의 법을 말하며
27 자기의 집안일을 보살피고 게을리
얻은 양식을 먹지 아니하나니
28 그의 자식들은 일어나 감사하며 그
의 남편은 칭찬하기를
29 덕행 있는 여자가 많으나 그대는
모든 여자보다 뛰어나다 하느니
라
30 고운 것도 거짓되고 아름다운 것도
헛되나 오직 여호와를 경외하는 여
자는 칭찬을 받을 것이라
31 그 손의 열매가 그에게로 돌아갈
것이요 그 행한 일로 말미암아 성
문에서 칭찬을 받으리라

전도서

Ecclesiastes

모든 것이 헛되다

1 다윗의 아들 예루살렘 왕 전도자
의 말씀이라
2 ●전도자가 이르되 헛되고 헛되며
헛되고 헛되니 모든 것이 헛되도다
3 해 아래에서 수고하는 모든 수고가
사람에게 무엇이 유익한가
4 한 세대는 가고 한 세대는 오되 땅
은 영원히 있도다
5 해는 뜨고 해는 지되 그 떴던 곳으
로 빨리 돌아가고
6 바람은 남으로 불다가 북으로 돌아
가며 이리 돌며 저리 돌아 바람은
그 불던 곳으로 돌아가고
7 모든 강물은 다 바다로 흐르되 바
다를 채우지 못하며 강물은 어느

곳으로 흐르든지 그리로 연하여 흐
르느니라
8 모든 만물이 피곤하다는 것을 사람
이 말로 다 말할 수는 없나니 눈은
보아도 족함이 없고 귀는 들어도
가득 차지 아니하도다
9 이미 있던 것이 후에 다시 있겠고
이미 한 일을 후에 다시 할지라 해
아래에는 새 것이 없나니
10 무엇을 가리켜 이르기를 보라 이것
이 새 것이라 할 것이 있으랴 우리
가 있기 오래 전 세대들에도 이미
있었느니라
11 이전 세대들이 기억됨이 없으니 장
래 세대도 그 후 세대들과 함께 기
억됨이 없으리라

지혜가 많으면 번뇌도 많다

12 ●나 전도자는 예루살렘에서 이스
라엘 왕이 되어
13 마음을 다하며 지혜를 써서 하늘
아래에서 행하는 모든 일을 연구하
며 살핀즉 이는 괴로운 것이니 하
나님이 인생들에게 주사 수고하게
하신 것이라
14 내가 해 아래에서 행하는 모든 일
을 보았노라 보라 모두 다 헛되어
바람을 잡으려는 것이로다
15 구부러진 것도 곧게 할 수 없고 모
자란 것도 셀 수 없도다
16 내가 내 마음속으로 말하여 이르기
를 보라 내가 크게 되고 지혜를 더
많이 얻었으므로 나보다 먼저 예루
살렘에 있던 모든 사람들보다 낫다
하였나니 내 마음이 지혜와 지식을
많이 만나 보았음이로다
17 내가 다시 지혜를 알고자 하며 미
친 것들과 미련한 것들을 알고자
하여 마음을 썼으나 이것도 바람을
잡으려는 것인 줄을 깨달았도다
18 지혜가 많으면 번뇌도 많으니 지
식을 더하는 자는 근심을 더하느니
라

즐거움도 헛되다

2 나는 내 마음에 이르기를 자, 내
가 시험삼아 너를 즐겁게 하리니
너는 낙을 누리라 하였으나 보라
이것도 헛되도다
2 내가 웃음에 관하여 말하여 이르기
를 그것은 미친 것이라 하였고 희
락에 대하여 이르기를 이것이 무슨
소용이 있는가 하였노라
3 내가 내 마음으로 깊이 생각하기를
내가 어떻게 하여야 내 마음을 지
혜로 다스리면서 술로 내 육신을
즐겁게 할까 또 내가 어떻게 하여
야 천하의 인생들이 그들의 인생을
살아가는 동안 어떤 것이 선한 일
인지를 알아볼 때까지 내 어리석음
을 꼭 붙잡아 둘까 하여
4 나의 사업을 크게 하였노라 내가
나를 위하여 집들을 짓고 포도원을
일구며
5 여러 동산과 과원을 만들고 그 가
운데에 각종 과목을 심었으며
6 나를 위하여 수목을 기르는 삼림에
물을 주기 위하여 못들을 팠으며
7 남녀 노비들을 사기도 하였고 나를
위하여 집에서 종들을 낳기도 하였
으며 나보다 먼저 예루살렘에 있던
모든 자들보다도 내가 소와 양 떼
의 소유를 더 많이 가졌으며
8 은금과 왕들이 소유한 보배와 여러
지방의 보배를 나를 위하여 쌓고
또 노래하는 남녀들과 인생들이 기
뻐하는 처첩들을 많이 두었노라
9 내가 이같이 창성하여 나보다 먼저
예루살렘에 있던 모든 자들보다 더
창성하니 내 지혜도 내게 여전하도
다
10 무엇이든지 내 눈이 원하는 것을

내가 금하지 아니하며 무엇이든지
내 마음이 즐거워하는 것을 내가
막지 아니하였으니 이는 나의 모든
수고를 내 마음이 기뻐하였음이라
이것이 나의 모든 수고로 말미암아
얻은 몫이로다
11 그 후에 내가 생각해 본즉 내 손으
로 한 모든 일과 내가 수고한 모든
것이 다 헛되어 바람을 잡는 것이
며 해 아래에서 무익한 것이로다

지혜자나 우매자나

12 ●내가 돌이켜 지혜와 망령됨과 어
리석음을 보았나니 왕 뒤에 오는
자는 무슨 일을 행할까 이미 행한
지 오래 전의 일일 뿐이리라
13 내가 보니 지혜가 우매보다 뛰어남
이 빛이 어둠보다 뛰어남 같도다
14 지혜자는 그의 눈이 그의 머리 속
에 있고 우매자는 어둠 속에 다니
지만 그들 모두가 당하는 일이 모
두 같으리라는 것을 나도 깨달아
알았도다
15 내가 내 마음속으로 이르기를 우매
자가 당한 것을 나도 당하리니 내
게 지혜가 있었다 한들 내게 무슨
유익이 있으리요 하였도다 이에 내
가 내 마음속으로 이르기를 이것도
헛되도다 하였도다
16 지혜자도 우매자와 함께 영원하도
록 기억함을 얻지 못하나니 후일에
는 모두 다 잊어버린 지 오랠 것임
이라 오호라 지혜자의 죽음이 우매
자의 죽음과 일반이로다
17 이러므로 내가 사는 것을 미워하였
노니 이는 해 아래에서 하는 일이
내게 괴로움이요 모두 다 헛되어
바람을 잡으려는 것이기 때문이로
다

수고도 헛되다

18 ●내가 해 아래에서 내가 한 모든
수고를 미워하였노니 이는 내 뒤를
이을 이에게 남겨 주게 됨이라
19 그 사람이 지혜자일지, 우매자일지
야 누가 알랴마는 내가 해 아래에
서 내 지혜를 다하여 수고한 모든
결과를 그가 다 관리하리니 이것도
헛되도다
20 이러므로 내가 해 아래에서 한 모
든 수고에 대하여 내가 내 마음에
실망하였도다
21 어떤 사람은 그 지혜와 지식과 재
주를 다하여 수고하였어도 그가 얻
은 것을 수고하지 아니한 자에게
그의 몫으로 넘겨 주리니 이것도
헛된 것이며 큰 악이로다
22 사람이 해 아래에서 행하는 모든
수고와 마음에 애쓰는 것이 무슨
소득이 있으랴
23 일평생에 근심하며 수고하는 것이
슬픔뿐이라 그의 마음이 밤에도 쉬
지 못하나니 이것도 헛되도다
24 ●사람이 먹고 마시며 수고하는 것
보다 그의 마음을 더 기쁘게 하는
것은 없나니 내가 이것도 본즉 하
나님의 손에서 나오는 것이로다
25 아, 먹고 즐기는 일을 누가 나보다
더 해 보았으랴
26 하나님은 그가 기뻐하시는 자에게
는 지혜와 지식과 희락을 주시나
죄인에게는 노고를 주시고 그가 모
아 쌓게 하사 하나님을 기뻐하는
자에게 그가 주게 하시지만 이것도
헛되어 바람을 잡는 것이로다

모든 일에 때가 있다

3 범사에 기한이 있고 천하 만사가
다 때가 있나니
2 날 때가 있고 죽을 때가 있으며 심
을 때가 있고 심은 것을 뽑을 때가
있으며
3 죽일 때가 있고 치료할 때가 있으

며 헐 때가 있고 세울 때가 있으며
4 울 때가 있고 웃을 때가 있으며
슬퍼할 때가 있고 춤출 때가 있으
며
5 돌을 던져 버릴 때가 있고 돌을 거
둘 때가 있으며 안을 때가 있고 안
는 일을 멀리할 때가 있으며
6 찾을 때가 있고 잃을 때가 있으며
지킬 때가 있고 버릴 때가 있으며
7 찢을 때가 있고 꿰맬 때가 있으며
잠잠할 때가 있고 말할 때가 있으
며
8 사랑할 때가 있고 미워할 때가 있
으며 전쟁할 때가 있고 평화할 때
가 있느니라
9 일하는 자가 그의 수고로 말미암아
무슨 이익이 있으랴
10 하나님이 인생들에게 노고를 주사
애쓰게 하신 것을 내가 보았노라
11 하나님이 모든 것을 지으시되 때를
따라 아름답게 하셨고 또 사람들에
게는 영원을 사모하는 마음을 주셨
느니라 그러나 하나님이 하시는 일
의 시종을 사람으로 측량할 수 없
게 하셨도다
12 사람들이 사는 동안에 기뻐하며 선
을 행하는 것보다 더 나은 것이 없
는 줄을 내가 알았고
13 사람마다 먹고 마시는 것과 수고함
으로 낙을 누리는 그것이 하나님의
선물인 줄도 또한 알았도다
14 하나님께서 행하시는 모든 것은 영
원히 있을 것이라 그 위에 더할 수
도 없고 그것에서 덜할 수도 없나
니 하나님이 이같이 행하심은 사람
들이 그의 앞에서 경외하게 하려
하심인 줄을 내가 알았도다
15 이제 있는 것이 옛적에 있었고 장
래에 있을 것도 옛적에 있었나니
하나님은 이미 지난 것을 다시 찾
으시느니라
16 ●또 내가 해 아래에서 보건대 재
판하는 곳 거기에도 악이 있고 정
의를 행하는 곳 거기에도 악이 있
도다
17 내가 내 마음속으로 이르기를 의인
과 악인을 하나님이 심판하시리니
이는 모든 소망하는 일과 모든 행
사에 때가 있음이라 하였으며
18 내가 내 마음속으로 이르기를 인생
들의 일에 대하여 하나님이 그들을
시험하시리니 그들이 자기가 짐승
과 다름이 없는 줄을 깨닫게 하려
하심이라 하였노라
19 인생이 당하는 일을 짐승도 당하나
니 그들이 당하는 일이 일반이라
다 동일한 호흡이 있어서 짐승이
죽음같이 사람도 죽으니 사람이 짐
승보다 뛰어남이 없음은 모든 것이
헛됨이로다
20 다 흙으로 말미암았으므로 다 흙으
로 돌아가나니 다 한 곳으로 가거
니와
21 인생들의 [1]혼은 위로 올라가고 짐
승의 [1]혼은 아래 곧 땅으로 내려가
는 줄을 누가 알랴
22 그러므로 나는 사람이 자기 일에
즐거워하는 것보다 더 나은 것이
없음을 보았나니 이는 그것이 그
의 몫이기 때문이라 아, 그의 뒤에
일어날 일이 무엇인지를 보게 하
려고 그를 도로 데리고 올 자가 누
구이랴

학대, 수고, 동무

4 내가 다시 해 아래에서 행하는
모든 학대를 살펴 보았도다 보라
학대 받는 자들의 눈물이로다 그들
에게 위로자가 없도다 그들을 학대
하는 자들의 손에는 권세가 있으나

1) 히, 영

그들에게는 위로자가 없도다
2 그러므로 나는 아직 살아 있는 산
자들보다 죽은 지 오랜 죽은 자들
을 더 복되다 하였으며
3 이 둘보다도 아직 출생하지 아니하
여 해 아래에서 행하는 악한 일을
보지 못한 자가 더 복되다 하였노
라
4 ●내가 또 본즉 사람이 모든 수고
와 모든 재주로 말미암아 이웃에게
시기를 받으니 이것도 헛되어 바람
을 잡는 것이로다
5 우매자는 팔짱을 끼고 있으면서 자
기의 몸만 축내는도다
6 두 손에 가득하고 수고하며 바람을
잡는 것보다 한 손에만 가득하고
평온함이 더 나으니라
7 ●내가 또 다시 해 아래에서 헛된
것을 보았도다
8 어떤 사람은 아들도 없고 형제도
없이 홀로 있으나 그의 모든 수고
에는 끝이 없도다 또 비록 그의 눈
은 부요를 족하게 여기지 아니하
면서 이르기를 내가 누구를 위하여
는 이같이 수고하고 나를 위하여
는 행복을 누리지 못하게 하는가
하여도 이것도 헛되어 불행한 노
고로다
9 두 사람이 한 사람보다 나음은 그
들이 수고함으로 좋은 상을 얻을
것임이라
10 혹시 그들이 넘어지면 하나가 그
동무를 붙들어 일으키려니와 홀로
있어 넘어지고 붙들어 일으킬 자가
없는 자에게는 화가 있으리라
11 또 두 사람이 함께 누우면 따뜻하
거니와 한 사람이면 어찌 따뜻하랴
12 한 사람이면 패하겠거니와 두 사람
이면 맞설 수 있나니 세 겹 줄은 쉽
게 끊어지지 아니하느니라

가난하게 태어나서 왕이 되어도

13 ●가난하여도 지혜로운 젊은이가
늙고 둔하여 경고를 더 받을 줄 모
르는 왕보다 나으니
14 그는 자기의 나라에서 가난하게 태
어났을지라도 감옥에서 나와 왕이
되었음이니라
15 내가 본즉 해 아래에서 다니는 인
생들이 왕의 다음 자리에 있다가
왕을 대신하여 일어난 젊은이와 함
께 있고
16 그의 치리를 받는 모든 백성들이
무수하였을지라도 후에 오는 자들
은 그를 기뻐하지 아니하리니 이것
도 헛되어 바람을 잡는 것이로다

하나님을 경외하라

5 너는 하나님의 집에 들어갈 때에
네 발을 삼갈지어다 가까이하여
말씀을 듣는 것이 우매한 자들이
제물 드리는 것보다 나으니 그들은
악을 행하면서도 깨닫지 못함이니
라
2 너는 하나님 앞에서 함부로 입을
열지 말며 급한 마음으로 말을 내
지 말라 하나님은 하늘에 계시고
너는 땅에 있음이니라 그런즉 마땅
히 말을 적게 할 것이라
3 걱정이 많으면 꿈이 생기고 말이
많으면 우매한 자의 소리가 나타나
느니라
4 네가 하나님께 서원하였거든 갚기
를 더디게 하지 말라 하나님은 우
매한 자들을 기뻐하지 아니하시나
니 서원한 것을 갚으라
5 서원하고 갚지 아니하는 것보다 서
원하지 아니하는 것이 더 나으니
6 네 입으로 네 육체가 범죄하게 하
지 말라 [1)]사자 앞에서 내가 서원한
것이 실수라고 말하지 말라 어찌

1) 말 2:7을 보라

하나님께서 네 목소리로 말미암아
진노하사 네 손으로 한 것을 멸하
시게 하랴
7 꿈이 많으면 헛된 일들이 많아지고
말이 많아도 그러하니 오직 너는
하나님을 경외할지니라
8 ●너는 어느 지방에서든지 빈민을
학대하는 것과 정의와 공의를 짓밟
는 것을 볼지라도 그것을 이상히
여기지 말라 높은 자는 더 높은 자
가 감찰하고 또 그들보다 더 높은
자들도 있음이니라
9 땅의 소산물은 모든 사람을 위하여
있나니 왕도 밭의 소산을 받느니라

재물과 부요와 존귀도 헛되다

10 ●은을 사랑하는 자는 은으로 만족
하지 못하고 풍요를 사랑하는 자는
소득으로 만족하지 아니하나니 이
것도 헛되도다
11 재산이 많아지면 먹는 자들도 많아
지나니 그 소유주들은 눈으로 보는
것 외에 무엇이 유익하랴
12 노동자는 먹는 것이 많든지 적든지
잠을 달게 자거니와 부자는 그 부
요함 때문에 자지 못하느니라
13 ●내가 해 아래에서 큰 폐단 되는
일이 있는 것을 보았나니 곧 소유
주가 재물을 자기에게 해가 되도록
소유하는 것이라
14 그 재물이 재난을 당할 때 없어지
나니 비록 아들은 낳았으나 그 손
에 아무것도 없느니라
15 그가 모태에서 벌거벗고 나왔은즉
그가 나온 대로 돌아가고 수고하여
얻은 것을 아무것도 자기 손에 가
지고 가지 못하리니
16 이것도 큰 불행이라 어떻게 왔든지
그대로 가리니 바람을 잡는 수고가
그에게 무엇이 유익하랴
17 일평생을 어두운 데에서 먹으며 많
은 근심과 질병과 분노가 그에게
있느니라
18 ●사람이 하나님께서 그에게 주신
바 그 일평생에 먹고 마시며 해 아
래에서 하는 모든 수고 중에서 낙
을 보는 것이 선하고 아름다움을
내가 보았나니 그것이 그의 몫이로
다
19 또한 어떤 사람에게든지 하나님이
재물과 부요를 그에게 주사 능히
누리게 하시며 제 몫을 받아 수고
함으로 즐거워하게 하신 것은 하나
님의 선물이라
20 그는 자기의 생명의 날을 깊이 생
각하지 아니하리니 이는 하나님이
그의 마음에 기뻐하는 것으로 응답
하심이니라

6 내가 해 아래에서 한 가지 불행
한 일이 있는 것을 보았나니 이
는 사람의 마음을 무겁게 하는 것
이라
2 어떤 사람은 그의 영혼이 바라는
모든 소원에 부족함이 없어 재물과
부요와 존귀를 하나님께 받았으나
하나님께서 그가 그것을 누리도록
허락하지 아니하셨으므로 다른 사
람이 누리나니 이것도 헛되어 악한
병이로다
3 사람이 비록 백 명의 자녀를 낳고
또 장수하여 사는 날이 많을지라도
그의 영혼은 그러한 행복으로 만족
하지 못하고 또 그가 안장되지 못
하면 나는 이르기를 낙태된 자가
그보다는 낫다 하나니
4 낙태된 자는 헛되이 왔다가 어두운
중에 가매 그의 이름이 어둠에 덮
이니
5 햇빛도 보지 못하고 또 그것을 알
지도 못하나 이가 그보다 더 평안
함이라

6 그가 비록 천 년의 갑절을 산다 할
지라도 행복을 보지 못하면 마침내
다 한 곳으로 돌아가는 것뿐이 아
니냐
7 ●사람의 수고는 다 자기의 입을
위함이나 그 식욕은 채울 수 없느
니라
8 지혜자가 우매자보다 나은 것이 무
엇이냐 살아 있는 자들 앞에서 행
할 줄을 아는 가난한 자에게는 무
슨 유익이 있는가
9 눈으로 보는 것이 마음으로 공상하
는 것보다 나으나 이것도 헛되어
바람을 잡는 것이로다
10 ●이미 있는 것은 무엇이든지 오래
전부터 그의 이름이 이미 불린 바
되었으며 사람이 무엇인지도 이미
안 바 되었나니 자기보다 강한 자
와는 능히 다툴 수 없느니라
11 헛된 것을 더하게 하는 많은 [1]일들
이 있나니 그것들이 사람에게 무슨
유익이 있으랴
12 헛된 생명의 모든 날을 그림자같이
보내는 일평생에 사람에게 무엇이
낙인지를 누가 알며 그 후에 해 아
래에서 무슨 일이 있을 것을 누가
능히 그에게 고하리요

지혜자와 우매한 자

7 좋은 이름이 좋은 기름보다 낫고
죽는 날이 출생하는 날보다 나으
며
2 초상집에 가는 것이 잔칫집에 가는
것보다 나으니 모든 사람의 끝이
이와 같이 됨이라 산 자는 이것을
그의 마음에 둘지어다
3 슬픔이 웃음보다 나음은 얼굴에 근
심하는 것이 마음에 유익하기 때문
이니라
4 지혜자의 마음은 초상집에 있으되
우매한 자의 마음은 혼인집에 있느
니라
5 ●지혜로운 사람의 책망을 듣는 것
이 우매한 자들의 노래를 듣는 것
보다 나으니라
6 우매한 자들의 웃음 소리는 솥 밑
에서 가시나무가 타는 소리 같으니
이것도 헛되니라
7 탐욕이 지혜자를 우매하게 하고 뇌
물이 사람의 [2]명철을 망하게 하느
니라
8 ●일의 끝이 시작보다 낫고 참는
마음이 교만한 마음보다 나으니
9 급한 마음으로 노를 발하지 말라
노는 우매한 자들의 품에 머무름이
니라
10 옛날이 오늘보다 나은 것이 어찜이
냐 하지 말라 이렇게 묻는 것은 지
혜가 아니니라
11 ●지혜는 유산같이 아름답고 햇빛
을 보는 자에게 유익이 되도다
12 지혜의 그늘 아래에 있음은 돈의
그늘 아래에 있음과 같으나, 지혜
에 관한 지식이 더 유익함은 지혜
가 그 지혜 있는 자를 살리기 때문
이니라
13 하나님께서 행하시는 일을 보라 하
나님께서 굽게 하신 것을 누가 능
히 곧게 하겠느냐
14 형통한 날에는 기뻐하고 곤고한 날
에는 되돌아 보아라 이 두 가지를
하나님이 병행하게 하사 사람이 그
의 장래 일을 능히 헤아려 알지 못
하게 하셨느니라
15 ●내 허무한 날을 사는 동안 내가
그 모든 일을 살펴 보았더니 자기
의 의로움에도 불구하고 멸망하는
의인이 있고 자기의 악행에도 불구
하고 장수하는 악인이 있으니
16 지나치게 의인이 되지도 말며 지나

1) 언론 2) 마음을

치게 지혜자도 되지 말라 어찌하여
스스로 패망하게 하겠느냐
17 지나치게 악인이 되지도 말며 지
나치게 우매한 자도 되지 말라 어
찌하여 기한 전에 죽으려고 하느
냐
18 너는 이것도 잡으며 저것에서도 네
손을 놓지 아니하는 것이 좋으니
하나님을 경외하는 자는 이 모든
일에서 벗어날 것임이니라
19 ●지혜가 지혜자를 성읍 가운데에
있는 열 명의 권력자들보다 더 능
력이 있게 하느니라
20 선을 행하고 전혀 죄를 범하지 아
니하는 의인은 세상에 없기 때문이
로다
21 또한 사람들이 하는 모든 말에 네
마음을 두지 말라 그리하면 네 종
이 너를 저주하는 것을 듣지 아니
하리라
22 너도 가끔 사람을 저주하였다는 것
을 네 마음도 알고 있느니라
23 ●내가 이 모든 것을 지혜로 시험
하며 스스로 이르기를 내가 지혜자
가 되리라 하였으나 지혜가 나를
멀리하였도다
24 이미 있는 것은 멀고 또 깊고 깊도
다 누가 능히 통달하랴
25 내가 돌이켜 전심으로 지혜와 명철
을 살피고 연구하여 악한 것이 얼
마나 어리석은 것이요 어리석은 것
이 얼마나 미친 것인 줄을 알고자
하였더니
26 마음은 올무와 그물 같고 손은 포
승 같은 여인은 사망보다 더 쓰다
는 사실을 내가 알아내었도다 그러
므로 하나님을 기쁘게 하는 자는
그 여인을 피하려니와 죄인은 그
여인에게 붙잡히리로다
27 전도자가 이르되 보라 내가 낱낱이
살펴 그 이치를 연구하여 이것을
깨달았노라
28 내 마음이 계속 찾아 보았으나 아
직도 찾지 못한 것이 이것이라 천
사람 가운데서 한 사람을 내가 찾
았으나 이 모든 사람들 중에서 여
자는 한 사람도 찾지 못하였느니
라
29 내가 깨달은 것은 오직 이것이라
곧 하나님은 사람을 정직하게 지으
셨으나 사람이 많은 꾀들을 낸 것
이니라

8 누가 지혜자와 같으며 누가 사물
의 이치를 아는 자이냐 사람의
지혜는 그의 얼굴에 광채가 나게
하나니 그의 얼굴의 사나운 것이
변하느니라
2 내가 권하노라 왕의 명령을 지키라
이미 하나님을 가리켜 맹세하였음
이니라
3 왕 앞에서 물러가기를 급하게 하지
말며 악한 것을 일삼지 말라 왕은
자기가 하고자 하는 것을 다 행함
이니라
4 왕의 말은 권능이 있나니 누가 그
에게 이르기를 왕께서 무엇을 하시
나이까 할 수 있으랴
5 명령을 지키는 자는 불행을 알지
못하리라 지혜자의 마음은 때와 판
단을 분변하나니
6 무슨 일에든지 때와 판단이 있으므
로 사람에게 임하는 화가 심함이니
라
7 사람이 장래 일을 알지 못하나니
장래 일을 가르칠 자가 누구이랴
8 바람을 주장하여 바람을 움직이게
할 사람도 없고 죽는 날을 주장할
사람도 없으며 전쟁할 때를 모면할
사람도 없으니 악이 그의 주민들을
건져낼 수는 없느니라

악인들과 의인들

9 ●내가 이 모든 것들을 보고 해 아
래에서 행하는 모든 일을 마음에
두고 살핀즉 사람이 사람을 주장하
여 해롭게 하는 때가 있도다
10 그런 후에 내가 본즉 악인들은 장
사지낸 바 되어 거룩한 곳을 떠나
그들이 그렇게 행한 성읍 안에서
잊어버린 바 되었으니 이것도 헛되
도다
11 악한 일에 관한 징벌이 속히 실행
되지 아니하므로 인생들이 악을 행
하는 데에 마음이 담대하도다
12 죄인은 백 번이나 악을 행하고도
장수하거니와 또한 내가 아노니 하
나님을 경외하여 그를 경외하는 자
들은 잘 될 것이요
13 악인은 잘 되지 못하며 장수하지
못하고 그날이 그림자와 같으리니
이는 하나님을 경외하지 아니함이
니라
14 ●세상에서 행해지는 헛된 일이 있
나니 곧 악인들의 행위에 따라 벌
을 받는 의인들도 있고 의인들의
행위에 따라 상을 받는 악인들도
있다는 것이라 내가 이르노니 이것
도 헛되도다
15 이에 내가 희락을 찬양하노니 이는
사람이 먹고 마시고 즐거워하는 것
보다 더 나은 것이 해 아래에는 없
음이라 하나님이 사람을 해 아래에
서 살게 하신 날 동안 수고하는 일
중에 그러한 일이 그와 함께 있을
것이니라
16 ●내가 마음을 다하여 지혜를 알고
자 하며 세상에서 행해지는 일을
보았는데 밤낮으로 자지 못하는 자
도 있도다
17 또 내가 하나님의 모든 행사를 살
펴 보니 해 아래에서 행해지는 일
을 사람이 능히 알아낼 수 없도다
사람이 아무리 애써 알아보려고 할
지라도 능히 알지 못하나니 비록
지혜자가 아노라 할지라도 능히 알
아내지 못하리로다

모두 다 하나님의 손 안에 있다

9 이 모든 것을 내가 마음에 두고
이 모든 것을 살펴 본즉 의인들
이나 지혜자들이나 그들의 행위나
모두 다 하나님의 손 안에 있으니
사랑을 받을는지 미움을 받을는지
사람이 알지 못하는 것은 모두 그
들의 미래의 일들임이니라
2 ●모든 사람에게 임하는 그 모든
것이 일반이라 의인과 악인, 선한
자와 깨끗한 자와 깨끗하지 아니한
자, 제사를 드리는 자와 제사를 드
리지 아니하는 자에게 일어나는 일
들이 모두 일반이니 선인과 죄인,
맹세하는 자와 맹세하기를 무서워
하는 자가 일반이로다
3 모든 사람의 결국은 일반이라 이
것은 해 아래에서 행해지는 모든
일 중의 악한 것이니 곧 인생의 마
음에는 악이 가득하여 그들의 평
생에 미친 마음을 품고 있다가 후
에는 죽은 자들에게로 돌아가는 것
이라
4 모든 산 자들 중에 들어 있는 자에
게는 누구나 소망이 있음은 산 개
가 죽은 사자보다 낫기 때문이니
라
5 산 자들은 죽을 줄을 알되 죽은 자
들은 아무것도 모르며 그들이 다시
는 상을 받지 못하는 것은 그들의
[1]이름이 잊어버린 바 됨이니라
6 그들의 사랑과 미움과 시기도 없어
진 지 오래이니 해 아래에서 행하
는 모든 일 중에서 그들에게 돌아

1) 기념이

갈 몫은 영원히 없느니라
7 ●너는 가서 기쁨으로 네 음식물을
먹고 즐거운 마음으로 네 포도주를
마실지어다 이는 하나님이 네가 하
는 일들을 벌써 기쁘게 받으셨음이
니라
8 네 의복을 항상 희게 하며 네 머리
에 향 기름을 그치지 아니하도록
할지니라
9 네 헛된 평생의 모든 날 곧 하나님
이 해 아래에서 네게 주신 모든 헛
된 날에 네가 사랑하는 아내와 함
께 즐겁게 살지어다 그것이 네가
평생에 해 아래에서 수고하고 얻은
네 몫이니라
10 네 손이 일을 얻는 대로 힘을 다하
여 할지어다 네가 장차 들어갈 스
올에는 일도 없고 계획도 없고 지
식도 없고 지혜도 없음이니라
11 ●내가 다시 해 아래에서 보니 빠
른 경주자들이라고 선착하는 것이
아니며 용사들이라고 전쟁에 승리
하는 것이 아니며 지혜자들이라고
음식물을 얻는 것도 아니며 명철자
들이라고 재물을 얻는 것도 아니며
지식인들이라고 은총을 입는 것이
아니니 이는 시기와 기회는 그들
모두에게 임함이니라
12 분명히 사람은 자기의 시기도 알지
못하나니 물고기들이 재난의 그물
에 걸리고 새들이 올무에 걸림같
이 인생들도 재앙의 날이 그들에
게 홀연히 임하면 거기에 걸리느
니라

지혜를 보고 크게 여긴 것

13 ●내가 또 해 아래에서 지혜를 보
고 내가 크게 여긴 것이 이러하
니
14 곧 작고 인구가 많지 아니한 어떤
성읍에 큰 왕이 와서 그것을 에워
싸고 큰 흉벽을 쌓고 치고자 할 때
에
15 그 성읍 가운데에 가난한 지혜자가
있어서 그의 지혜로 그 성읍을 건
진 그것이라 그러나 그 가난한 자
를 기억하는 사람이 없었도다
16 그러므로 내가 이르기를 지혜가 힘
보다 나으나 가난한 자의 지혜가
멸시를 받고 그의 말들을 사람들이
듣지 아니한다 하였노라
17 ●조용히 들리는 지혜자들의 말들
이 우매한 자들을 다스리는 자의
호령보다 나으니라
18 지혜가 무기보다 나으니라 그러나
죄인 한 사람이 많은 선을 무너지
게 하느니라

10 죽은 파리들이 향기름을 악취
가 나게 만드는 것같이 적은
우매가 지혜와 존귀를 난처하게 만
드느니라
2 지혜자의 마음은 오른쪽에 있고 우
매자의 마음은 왼쪽에 있느니라
3 우매한 자는 길을 갈 때에도 [1]지혜
가 부족하여 각 사람에게 자기가
우매함을 말하느니라
4 주권자가 네게 분을 일으키거든 너
는 네 자리를 떠나지 말라 공손함이
큰 허물을 용서 받게 하느니라
5 ●내가 해 아래에서 한 가지 재난
을 보았노니 곧 주권자에게서 나오
는 허물이라
6 우매한 자가 크게 높은 지위들을
얻고 부자들이 낮은 지위에 앉는도
다
7 또 내가 보았노니 종들은 말을 타
고 고관들은 종들처럼 땅에 걸어
다니는도다
8 ●함정을 파는 자는 거기에 빠질
것이요 담을 허는 자는 뱀에게 물

1) 마음이 부족하여

리리라
9 돌들을 떠내는 자는 그로 말미암아
상할 것이요 나무들을 쪼개는 자는
그로 말미암아 위험을 당하리라
10 철 연장이 무디어졌는데도 날을
갈지 아니하면 힘이 더 드느니라
오직 지혜는 성공하기에 유익하니
라
11 주술을 베풀기 전에 뱀에게 물렸으
면 술객은 소용이 없느니라
12 ●지혜자의 입의 말들은 은혜로우
나 우매자의 입술들은 자기를 삼키
나니
13 그의 입의 말들의 시작은 우매요
그의 입의 결말들은 심히 미친 것
이니라
14 우매한 자는 말을 많이 하거니와
사람은 장래 일을 알지 못하나니
나중에 일어날 일을 누가 그에게
알리리요
15 우매한 자들의 수고는 자신을 피곤
하게 할 뿐이라 그들은 성읍에 들
어갈 줄도 알지 못함이니라
16 ●왕은 어리고 대신들은 아침부터
잔치하는 나라여 네게 화가 있도다
17 왕은 귀족들의 아들이요 대신들은
취하지 아니하고 기력을 보하려고
정한 때에 먹는 나라여 네게 복이
있도다
18 게으른즉 서까래가 내려앉고 손을
놓은즉 집이 새느니라
19 잔치는 희락을 위하여 베푸는 것
이요 포도주는 생명을 기쁘게 하
는 것이나 돈은 범사에 이용되느니
라
20 심중에라도 왕을 저주하지 말며
침실에서라도 부자를 저주하지 말
라 공중의 새가 그 소리를 전하고
날짐승이 그 일을 전파할 것임이
니라

지혜로운 삶

11 너는 네 떡을 물 위에 던져라
여러 날 후에 도로 찾으리라
2 일곱에게나 여덟에게 나눠 줄지어
다 무슨 재앙이 땅에 임할는지 네
가 알지 못함이니라
3 구름에 비가 가득하면 땅에 쏟아지
며 나무가 남으로나 북으로나 쓰러
지면 그 쓰러진 곳에 그냥 있으리라
4 풍세를 살펴보는 자는 파종하지 못
할 것이요 구름만 바라보는 자는
거두지 못하리라
5 바람의 길이 어떠함과 아이 밴 자
의 태에서 뼈가 어떻게 자라는지를
네가 알지 못함같이 만사를 성취하
시는 하나님의 일을 네가 알지 못
하느니라
6 너는 아침에 씨를 뿌리고 저녁에도
손을 놓지 말라 이것이 잘 될는지,
저것이 잘 될는지, 혹 둘이 다 잘
될는지 알지 못함이니라
7 빛은 실로 아름다운 것이라 눈으로
해를 보는 것이 즐거운 일이로다
8 사람이 여러 해를 살면 항상 즐거
워할지로다 그러나 캄캄한 날들이
많으리니 그날들을 생각할지로다
다가올 일은 다 헛되도다

젊은이에게 주는 교훈

9 ●청년이여 네 어린 때를 즐거워하
며 네 청년의 날들을 마음에 기뻐
하여 마음에 원하는 길들과 네 눈
이 보는 대로 행하라 그러나 하나
님이 이 모든 일로 말미암아 너를
심판하실 줄 알라
10 그런즉 근심이 네 마음에서 떠나게
하며 악이 네 몸에서 물러가게 하
라 어릴 때와 검은 머리의 시절이
다 헛되니라
12 너는 청년의 때에 너의 창조주
를 기억하라 곧 곤고한 날이

이르기 전에, 나는 아무 낙이 없다
고 할 해들이 가깝기 전에
2 해와 빛과 달과 별들이 어둡기 전
에, 비 뒤에 구름이 다시 일어나기
전에 그리하라
3 그런 날에는 집을 지키는 자들이
떨 것이며 힘 있는 자들이 구부러
질 것이며 맷돌질하는 자들이 적으
므로 그칠 것이며 창들로 내다 보
는 자가 어두워질 것이며
4 길거리 문들이 닫혀질 것이며 맷돌
소리가 적어질 것이며 새의 소리
로 말미암아 일어날 것이며 음악
하는 여자들은 다 쇠하여질 것이
며
5 또한 그런 자들은 높은 곳을 두려
워할 것이며 길에서는 놀랄 것이며
살구나무가 꽃이 필 것이며 메뚜기
도 짐이 될 것이며 정욕이 그치리
니 이는 사람이 자기의 영원한 집
으로 돌아가고 조문객들이 거리로
왕래하게 됨이니라
6 은 줄이 풀리고 금 그릇이 깨지고
항아리가 샘 곁에서 깨지고 바퀴가
우물 위에서 깨지고
7 흙은 여전히 땅으로 돌아가고 영은
그것을 주신 하나님께로 돌아가기
전에 기억하라
8 전도자가 이르되 헛되고 헛되도다
모든 것이 헛되도다

사람의 본분

9 ●전도자는 지혜자이어서 여전히
백성에게 지식을 가르쳤고 또 깊이
생각하고 연구하여 잠언을 많이 지
었으며
10 전도자는 힘써 아름다운 말들을 구
하였나니 진리의 말씀들을 정직하
게 기록하였느니라
11 ●지혜자들의 말씀들은 찌르는 채
찍들 같고 [1]회중의 스승들의 말씀
들은 잘 박힌 못 같으니 다 한 목자
가 주신 바이니라
12 내 아들아 또 이것들로부터 경계를
받으라 많은 책들을 짓는 것은 끝
이 없고 많이 공부하는 것은 몸을
피곤하게 하느니라
13 ●일의 결국을 다 들었으니 하나님
을 경외하고 그의 명령들을 지킬지
어다 이것이 모든 사람의 본분이니
라
14 하나님은 모든 행위와 모든 은밀한
일을 선악 간에 심판하시리라

1) 수집한 명담은

아가

Song of Songs

1 솔로몬의 아가라
2 ●내게 입맞추기를 원하니 네 사
랑이 포도주보다 나음이로구나
3 네 기름이 향기로워 아름답고 네
이름이 쏟은 향기름 같으므로 처녀
들이 너를 사랑하는구나
4 왕이 나를 그의 방으로 이끌어 들
이시니 너는 나를 인도하라 우리
가 너를 따라 달려가리라 우리가
너로 말미암아 기뻐하며 즐거워하
니 네 사랑이 포도주보다 더 진함
이라 처녀들이 너를 사랑함이 마
땅하니라
5 ●예루살렘 딸들아 내가 비록 검으
나 아름다우니 게달의 장막 같을지
라도 솔로몬의 휘장과도 같구나

6 내가 햇볕에 쬐어서 거무스름할지
라도 흘겨보지 말 것은 내 어머니
의 아들들이 나에게 노하여 포도원
지기로 삼았음이라 나의 포도원을
내가 지키지 못하였구나
7 내 마음으로 사랑하는 자야 네가
양 치는 곳과 정오에 쉬게 하는 곳
을 내게 말하라 내가 네 친구의 양
떼 곁에서 어찌 얼굴을 가린 자같
이 되랴
8 ●여인 중에 어여쁜 자야 네가 알
지 못하겠거든 양 떼의 발자취를
따라 목자들의 장막 곁에서 너의
염소 새끼를 먹일지니라
9 ●내 사랑아 내가 너를 바로의 병
거의 준마에 비하였구나
10 네 두 뺨은 땋은 머리털로, 네 목은
구슬 꿰미로 아름답구나
11 우리가 너를 위하여 금 사슬에 은
을 박아 만들리라
12 ●왕이 침상에 앉았을 때에 나의
나도 기름이 향기를 뿜어냈구나
13 나의 사랑하는 자는 내 품 가운데
몰약 향주머니요
14 나의 사랑하는 자는 내게 엔게디
포도원의 고벨화 송이로구나
15 ●내 사랑아 너는 어여쁘고 어여쁘
다 네 눈이 비둘기 같구나
16 ●나의 사랑하는 자야 너는 어여쁘
고 화창하다 우리의 침상은 푸르고
17 우리 집은 백향목 들보, 잣나무 서
까래로구나

2 나는 사론의 수선화요 골짜기의
백합화로다
2 ●여자들 중에 내 사랑은 가시나무
가운데 *백합화* 같도다
3 ●남자들 중에 나의 사랑하는 자는
수풀 가운데 사과나무 같구나 내가
그 그늘에 앉아서 심히 기뻐하였고
그 열매는 내 입에 달았도다
4 그가 나를 인도하여 잔칫집에 들어
갔으니 그 사랑은 내 위에 깃발이
로구나
5 너희는 건포도로 내 힘을 돕고 사
과로 나를 시원하게 하라 내가 사
랑하므로 병이 생겼음이라
6 그가 왼팔로 내 머리를 고이고 오
른팔로 나를 안는구나
7 예루살렘 딸들아 내가 노루와 들사
슴을 두고 너희에게 부탁한다 내
사랑이 원하기 전에는 흔들지 말고
깨우지 말지니라
8 ●내 사랑하는 자의 목소리로구나
보라 그가 산에서 달리고 작은 산
을 빨리 넘어오는구나
9 내 사랑하는 자는 노루와도 같고
어린 사슴과도 같아서 우리 벽 뒤
에 서서 창으로 들여다보며 창살
틈으로 엿보는구나
10 ●나의 사랑하는 자가 내게 말하여
이르기를 나의 사랑, 내 어여쁜 자
야 일어나서 함께 가자
11 겨울도 지나고 비도 그쳤고
12 지면에는 꽃이 피고 새가 노래할
때가 이르렀는데 비둘기의 소리가
우리 땅에 들리는구나
13 무화과나무에는 푸른 열매가 익었
고 포도나무는 꽃을 피워 향기를
토하는구나 나의 사랑, 나의 어여
쁜 자야 일어나서 함께 가자
14 바위틈 낭떠러지 은밀한 곳에 있는
나의 비둘기야 내가 네 얼굴을 보
게 하라 네 소리를 듣게 하라 네 소
리는 부드럽고 네 얼굴은 아름답구
나
15 ●우리를 위하여 여우 곧 포도원을
허는 작은 여우를 잡으라 우리의
포도원에 꽃이 피었음이라
16 내 사랑하는 자는 내게 속하였고
나는 그에게 속하였도다 그가 백

합화 가운데에서 양 떼를 먹이는
구나
17 내 사랑하는 자야 날이 저물고 그
림자가 사라지기 전에 돌아와서 베
데르 산의 노루와 어린 사슴 같을
지라

3 내가 밤에 침상에서 마음으로 사
랑하는 자를 찾았노라 찾아도 찾
아내지 못하였노라
2 이에 내가 일어나서 성 안을 돌아
다니며 마음에 사랑하는 자를 거리
에서나 큰길에서나 찾으리라 하고
찾으나 만나지 못하였노라
3 성 안을 순찰하는 자들을 만나서
묻기를 내 마음으로 사랑하는 자를
너희가 보았느냐 하고
4 그들을 지나치자마자 마음에 사랑
하는 자를 만나서 그를 붙잡고 내
어머니 집으로, 나를 잉태한 이의
방으로 가기까지 놓지 아니하였노
라
5 ●예루살렘 딸들아 내가 노루와 들
사슴을 두고 너희에게 부탁한다 사
랑하는 자가 원하기 전에는 흔들지
말고 깨우지 말지니라
6 ●몰약과 유향과 상인의 여러 가지
향품으로 향내 풍기며 연기 기둥처
럼 거친 들에서 오는 자가 누구인
가
7 볼지어다 솔로몬의 가마라 이스
라엘 용사 중 육십 명이 둘러쌌는
데
8 다 칼을 잡고 싸움에 익숙한 사람
들이라 밤의 두려움으로 말미암아
각기 허리에 칼을 찼느니라
9 솔로몬 왕이 레바논 나무로 자기의
가마를 만들었는데
10 그 기둥은 은이요 바닥은 금이요
자리는 자색 깔개라 그 안에는 예
루살렘 딸들의 사랑이 엮어져 있구
나
11 시온의 딸들아 나와서 솔로몬 왕을
보라 혼인날 마음이 기쁠 때에 그
의 어머니가 씌운 왕관이 그 머리
에 있구나

4 내 사랑 너는 어여쁘고도 어여쁘
다 너울 속에 있는 네 눈이 비둘
기 같고 네 머리털은 길르앗 산 기
슭에 누운 염소 떼 같구나
2 네 이는 목욕장에서 나오는 털 깎
인 암양 곧 새끼 없는 것은 하나도
없이 각각 쌍태를 낳은 양 같구
나
3 네 입술은 홍색 실 같고 네 입은 어
여쁘고 너울 속의 네 [1]뺨은 석류 한
쪽 같구나
4 네 목은 무기를 두려고 건축한 다
윗의 망대 곧 방패 천 개, 용사의
모든 방패가 달린 망대 같고
5 네 두 유방은 백합화 가운데서 꼴
을 먹는 쌍태 어린 사슴 같구나
6 ●날이 저물고 그림자가 사라지기
전에 내가 몰약 산과 유향의 작은
산으로 가리라
7 ●나의 사랑 너는 어여쁘고 아무
흠이 없구나
8 내 신부야 너는 레바논에서부터 나
와 함께하고 레바논에서부터 나와
함께 가자 아마나와 스닐과 헤르몬
꼭대기에서 사자 굴과 표범 산에서
내려오너라
9 내 누이, 내 신부야 네가 내 마음을
빼앗았구나 네 눈으로 한 번 보는
것과 네 목의 구슬 한 꿰미로 내 마
음을 빼앗았구나
10 내 누이, 내 신부야 네 사랑이 어찌
그리 아름다운지 네 사랑은 포도주
보다 진하고 네 기름의 향기는 각
양 향품보다 향기롭구나

1) 히, 관골

11 내 신부야 네 입술에서는 꿀 방울
이 떨어지고 네 혀 밑에는 꿀과 젖
이 있고 네 의복의 향기는 레바논
의 향기 같구나
12 내 누이, 내 신부는 잠근 동산이요
덮은 우물이요 봉한 샘이로구나
13 네게서 나는 것은 석류나무와 각종
아름다운 과수와 고벨화와 나도풀
과
14 나도와 번홍화와 창포와 계수와 각
종 유향목과 몰약과 침향과 모든
귀한 향품이요
15 너는 동산의 샘이요 생수의 우물이
요 레바논에서부터 흐르는 시내로
구나
16 ●북풍아 일어나라 남풍아 오라 나
의 동산에 불어서 향기를 날리라
나의 사랑하는 자가 그 동산에 들
어가서 그 아름다운 열매 먹기를
원하노라

5 내 누이, 내 신부야 내가 내 동
산에 들어와서 나의 몰약과 향
재료를 거두고 나의 꿀송이와 꿀
을 먹고 내 포도주와 내 우유를
마셨으니 나의 친구들아 먹으라 나
의 사랑하는 사람들아 많이 마시
라
2 ●내가 잘지라도 마음은 깨었는데
나의 사랑하는 자의 소리가 들리
는구나 문을 두드려 이르기를 나
의 누이, 나의 사랑, 나의 비둘기,
나의 완전한 자야 문을 열어다오
내 머리에는 이슬이, 내 머리털에
는 밤이슬이 가득하였다 하는그
나
3 *내가 옷을 벗었으니 어찌 다시 입*
겠으며 내가 발을 씻었으니 어찌
다시 더럽히랴마는
4 내 사랑하는 자가 문틈으로 손을
들이밀매 내 마음이 움직여서
5 일어나 내 사랑하는 자를 위하여
문을 열 때 몰약이 내 손에서, 몰약
의 즙이 내 손가락에서 문빗장에
떨어지는구나
6 내가 내 사랑하는 자를 위하여 문
을 열었으나 그는 벌써 물러갔네
그가 말할 때에 내 혼이 나갔구나
내가 그를 찾아도 못 만났고 불러
도 응답이 없었노라
7 성 안을 순찰하는 자들이 나를 만
나매 나를 쳐서 상하게 하였고 성
벽을 파수하는 자들이 나의 겉옷을
벗겨 가졌도다
8 예루살렘 딸들아 너희에게 내가 부
탁한다 너희가 내 사랑하는 자를
만나거든 내가 사랑하므로 병이 났
다고 하려무나
9 ●여자들 가운데에 어여쁜 자야 너
의 사랑하는 자가 남의 사랑하는
자보다 나은 것이 무엇인가 너의
사랑하는 자가 남의 사랑하는 자보
다 나은 것이 무엇이기에 이같이
우리에게 부탁하는가
10 ●내 사랑하는 자는 희고도 붉어
많은 사람 가운데에 뛰어나구나
11 머리는 순금 같고 머리털은 고불고
불하고 까마귀같이 검구나
12 눈은 시냇가의 비둘기 같은데 우유
로 씻은 듯하고 아름답게도 박혔구
나
13 뺨은 향기로운 꽃밭 같고 향기로
운 풀언덕과도 같고 입술은 백합
화 같고 몰약의 즙이 뚝뚝 떨어지
는구나
14 손은 황옥을 물린 황금 노리개 같
고 몸은 아로새긴 상아에 청옥을
입힌 듯하구나
15 다리는 순금 받침에 세운 화반석
기둥 같고 생김새는 레바논 같으며
백향목처럼 보기 좋고

16 입은 심히 달콤하니 그 전체가 사
랑스럽구나 예루살렘 딸들아 이
는 내 사랑하는 자요 나의 친구로
다

6 여자들 가운데에서 어여쁜 자야
네 사랑하는 자가 어디로 갔는가
네 사랑하는 자가 어디로 돌아갔는
가 우리가 너와 함께 찾으리라
2 ●내 사랑하는 자가 자기 동산으로
내려가 향기로운 꽃밭에 이르러서
동산 가운데에서 양 떼를 먹이며
백합화를 꺾는구나
3 나는 내 사랑하는 자에게 속하였고
내 사랑하는 자는 내게 속하였으며
그가 백합화 가운데에서 그 양 떼
를 먹이는도다
4 ●내 사랑아 너는 디르사같이 어여
쁘고, 예루살렘같이 곱고, 깃발을
세운 군대같이 당당하구나
5 네 눈이 나를 놀라게 하니 돌이켜
나를 보지 말라 네 머리털은 길르
앗 산 기슭에 누운 염소 떼 같고
6 네 이는 목욕하고 나오는 암양 떼
같으니 쌍태를 가졌으며 새끼 없는
것은 하나도 없구나
7 너울 속의 네 [1]뺨은 석류 한 쪽 같
구나
8 왕비가 육십 명이요 후궁이 팔십
명이요 시녀가 무수하되
9 내 비둘기, 내 완전한 자는 하나뿐
이로구나 그는 그의 어머니의 외딸
이요 그 낳은 자가 귀중하게 여기
는 자로구나 여자들이 그를 보고
복된 자라 하고 왕비와 후궁들도
그를 칭찬하는구나
10 ●아침 빛같이 뚜렷하고 달같이
아름답고 해같이 맑고 깃발을 세
운 군대같이 당당한 여자가 누구
인가
11 ●골짜기의 푸른 초목을 보려고 포
도나무가 순이 났는가 석류나무가
꽃이 피었는가 알려고 내가 호도
동산으로 내려갔을 때에
12 부지중에 내 마음이 나를 내 귀한
백성의 수레 가운데에 이르게 하였
구나
13 ●돌아오고 돌아오라 술람미 여자
야 돌아오고 돌아오라 우리가 너를
보게 하라 ●너희가 어찌하여 마하
나임에서 춤추는 것을 보는 것처럼
술람미 여자를 보려느냐

7 귀한 자의 딸아 신을 신은 네 발
이 어찌 그리 아름다운가 네 넓적
다리는 둥글어서 숙련공의 손이 만
든 구슬 꿰미 같구나
2 배꼽은 섞은 포도주를 가득히 부은
둥근 잔 같고 허리는 백합화로 두
른 밀단 같구나
3 두 유방은 암사슴의 쌍태 새끼 같
고
4 목은 상아 망대 같구나 눈은 헤스
본 바드랍빔 문 곁에 있는 연못 같
고 코는 다메섹을 향한 레바논 망
대 같구나
5 머리는 갈멜 산 같고 드리운 머리
털은 자주 빛이 있으니 왕이 그 머
리카락에 매이었구나
6 사랑아 네가 어찌 그리 아름다운
지, 어찌 그리 화창한지 즐겁게 하
는구나
7 네 키는 종려나무 같고 네 유방은
그 열매송이 같구나
8 내가 말하기를 종려나무에 올라가
서 그 가지를 잡으리라 하였나니
네 유방은 포도송이 같고 네 콧김
은 사과 냄새 같고
9 네 입은 좋은 포도주 같을 것이니
라 ●이 포도주는 내 사랑하는 자
를 위하여 미끄럽게 흘러내려서

1) 히, 관골

자는 자의 입을 움직이게 하느니
라
10 ●나는 내 사랑하는 자에게 속하였
도다 그가 나를 사모하는구나
11 내 사랑하는 자야 우리가 함께 들
로 가서 동네에서 유숙하자
12 우리가 일찍이 일어나서 포도원으
로 가서 포도 움이 돋았는지, 꽃술
이 퍼졌는지, 석류 꽃이 피었는지
보자 거기에서 내가 내 사랑을 네
게 주리라
13 합환채가 향기를 뿜어내고 우리의
문 앞에는 여러 가지 귀한 열매가
새 것, 묵은 것으로 마련되었구나
내가 내 사랑하는 자 너를 위하여
쌓아 둔 것이로다

8 네가 내 어머니의 젖을 먹은 오
라비 같았더라면 내가 밖에서 너
를 만날 때에 입을 맞추어도 나를
업신여길 자가 없었을 것이라
2 내가 너를 이끌어 내 어머니 집에
들이고 네게서 교훈을 받았으리라
나는 향기로운 술 곧 석류즙으로
네게 마시게 하겠고
3 너는 왼팔로는 내 머리를 고이고
오른손으로는 나를 안았으리라
4 예루살렘 딸들아 내가 너희에게 부
탁한다 내 사랑하는 자가 원하기
전에는 흔들지 말며 깨우지 말지니
라
5 ●그의 사랑하는 자를 의지하고 거
친 들에서 올라오는 여자가 누구인
가 ●너로 말미암아 네 어머니가
고생한 곳 너를 낳은 자가 애쓴 그
곳 사과나무 아래에서 내가 너를
깨웠노라
6 ●너는 나를 도장같이 마음에 품고
도장같이 팔에 두라 사랑은 죽음같
이 강하고 질투는 스올같이 잔인하
며 불길같이 일어나니 그 기세가
여호와의 불과 같으니라
7 많은 물도 이 사랑을 끄지 못하겠
고 홍수라도 삼키지 못하나니 사람
이 그의 온 가산을 다 주고 사랑과
바꾸려 할지라도 오히려 멸시를 받
으리라
8 ●우리에게 있는 작은 누이는 아직
도 유방이 없구나 그가 청혼을 받
는 날에는 우리가 그를 위하여 무
엇을 할까
9 그가 성벽이라면 우리는 은 망대
를 그 위에 세울 것이요 그가 문이
라면 우리는 백향목 판자로 두르
리라
10 ●나는 성벽이요 내 유방은 망대
같으니 그러므로 나는 그가 보기에
화평을 얻은 자 같구나
11 솔로몬이 바알하몬에 포도원이 있
어 지키는 자들에게 맡겨 두고 그
들로 각기 그 열매로 말미암아 은
천을 바치게 하였구나
12 솔로몬 너는 천을 얻겠고 열매를
지키는 자도 이백을 얻으려니와 내
게 속한 내 포도원은 내 앞에 있구
나
13 ●너 동산에 거주하는 자야 친구들
이 네 소리에 귀를 기울이니 내가
듣게 하려무나
14 ●내 사랑하는 자야 너는 빨리 달
리라 향기로운 산 위에 있는 노루와
도 같고 어린 사슴과도 같아라

1 유다 왕 웃시야와 요담과 아하스
와 히스기야 시대에 [1]아모스의 아
들 이사야가 유다와 예루살렘에 관
하여 본 계시라

여호와의 말씀

2 ●하늘이여 들으라 땅이여 귀를 기
울이라 여호와께서 말씀하시기를
내가 자식을 [2]양육하였거늘 그들이
나를 거역하였도다
3 소는 그 임자를 알고 나귀는 그 주
인의 구유를 알건마는 이스라엘은
알지 못하고 나의 백성은 깨닫지
못하는도다 하셨도다
4 슬프다 범죄한 나라요 허물진 백성
이요 행악의 종자요 행위가 부패한
자식이로다 그들이 여호와를 버리
며 이스라엘의 거룩하신 이를 만홀
히 여겨 멀리하고 물러갔도다
5 너희가 어찌하여 매를 더 맞으려고
패역을 거듭하느냐 온 머리는 병들
었고 온 마음은 피곤하였으며
6 발바닥에서 머리까지 성한 곳이 없
이 상한 것과 터진 것과 새로 맞은
흔적뿐이거늘 그것을 짜며 싸매며
기름으로 부드럽게 함을 받지 못하
였도다
7 너희의 땅은 황폐하였고 너희의 성
읍들은 불에 탔고 너희의 토지는
너희 목전에서 이방인에게 삼켜졌
으며 이방인에게 파괴됨같이 황폐
하였고
8 딸 시온은 포도원의 망대같이, 참
외밭의 원두막같이, 에워싸인 성읍
같이 겨우 남았도다
9 만군의 여호와께서 우리를 위하여
생존자를 조금 남겨 두지 아니하셨
더면 우리가 소돔 같고 고모라 같
았으리로다
10 ●너희 소돔의 관원들아 여호와의
말씀을 들을지어다 너희 고모라의
백성아 우리 하나님의 [3]법에 귀를
기울일지어다
11 여호와께서 말씀하시되 너희의 무
수한 제물이 내게 무엇이 유익하뇨
나는 숫양의 번제와 살진 짐승의
기름에 배불렀고 나는 수송아지나
어린 양이나 숫염소의 피를 기뻐하
지 아니하노라
12 너희가 내 앞에 보이러 오니 이것
을 누가 너희에게 요구하였느냐 내
마당만 밟을 뿐이니라
13 헛된 제물을 다시 가져오지 말라
분향은 내가 가증히 여기는 바요
월삭과 안식일과 대회로 모이는 것
도 그러하니 성회와 아울러 악을
행하는 것을 내가 견디지 못하겠노
라
14 내 마음이 너희의 월삭과 정한 절
기를 싫어하나니 그것이 내게 무거
운 짐이라 내가 지기에 곤비하였느
니라
15 너희가 손을 펼 때에 내가 내 눈을
너희에게서 가리고 너희가 많이
기도할지라도 내가 듣지 아니하리
니 이는 너희의 손에 피가 가득함
이라
16 너희는 스스로 씻으며 스스로 깨끗
하게 하여 내 목전에서 너희 악한
행실을 버리며 행악을 그치고
17 선행을 배우며 정의를 구하며 학대
받는 자를 도와주며 고아를 위하여
신원하며 과부를 위하여 변호하라
하셨느니라
18 ●여호와께서 말씀하시되 오라 우
리가 서로 변론하자 너희의 죄가

1) 히, 아모츠 2) 자라게 하였거늘(겔 31:4) 3) 교훈

주홍 같을지라도 눈과 같이 희어질
것이요 진홍같이 붉을지라도 양털
같이 희게 되리라
19 너희가 즐겨 순종하면 땅의 아름다
운 소산을 먹을 것이요
20 너희가 거절하여 배반하면 칼에 삼
켜지리라 여호와의 입의 말씀이니
라

죄로 가득 찬 성읍

21 ●신실하던 성읍이 어찌하여 창기
가 되었는고 정의가 거기에 충만하
였고 공의가 그 가운데에 거하였더
니 이제는 살인자들뿐이로다
22 네 은은 찌꺼기가 되었고 네 포도
주에는 물이 섞였도다
23 네 고관들은 패역하여 도둑과 짝하
며 다 뇌물을 사랑하며 예물을 구
하며 고아를 위하여 신원하지 아니
하며 과부의 송사를 수리하지 아니
하는도다
24 ●그러므로 주 만군의 여호와 이스
라엘의 전능자가 말씀하시되 슬프
다 내가 장차 내 대적에게 보응하
여 내 마음을 편하게 하겠고 내 원
수에게 보복하리라
25 내가 또 내 손을 네게 [1]돌려 네 찌
꺼기를 잿물로 씻듯이 녹여 청결하
게 하며 네 혼잡물을 다 제하여 버
리고
26 내가 네 재판관들을 처음과 같이,
네 모사들을 본래와 같이 회복할
것이라 그리한 후에야 네가 의의
성읍이라, 신실한 고을이라 불리리
라 하셨나니
27 시온은 정의로 구속함을 받고 그
돌아온 자들은 공의로 구속함을 받
으리라
28 그러나 패역한 자와 죄인은 함께
패망하고 여호와를 버린 자도 멸망
할 것이라
29 [2]너희가 기뻐하던 상수리나무로 말
미암아 너희가 부끄러움을 당할 것
이요 너희가 택한 동산으로 말미암
아 수치를 당할 것이며
30 너희는 잎사귀 마른 상수리나무 같
을 것이요 물 없는 동산 같으리니
31 강한 자는 삼오라기 같고 그의 행
위는 불티 같아서 함께 탈 것이나
끌 사람이 없으리라

칼을 쳐서 보습을 만들고

2 아모스의 아들 이사야가 받은 바
유다와 예루살렘에 관한 말씀이
라
2 ●말일에 여호와의 전의 산이 모든
산꼭대기에 굳게 설 것이요 모든
작은 산 위에 뛰어나리니 만방이
그리로 모여들 것이라
3 많은 백성이 가며 이르기를 오라
우리가 여호와의 산에 오르며 야곱
의 하나님의 전에 이르자 그가 그
의 길을 우리에게 가르치실 것이라
우리가 그 길로 행하리라 하리니
이는 [3]율법이 시온에서부터 나올
것이요 여호와의 말씀이 예루살렘
에서부터 나올 것임이니라
4 그가 열방 사이에 판단하시며 많은
백성을 판결하시리니 무리가 그들
의 칼을 쳐서 보습을 만들고 그들
의 창을 쳐서 낫을 만들 것이며 이
나라와 저 나라가 다시는 칼을 들
고 서로 치지 아니하며 다시는 전
쟁을 연습하지 아니하리라

여호와의 날

5 ●야곱 족속아 오라 우리가 여호와
의 빛에 행하자
6 주께서 주의 백성 야곱 족속을 버
리셨음은 그들에게 동방 풍속이 가
득하며 그들이 블레셋 사람들같이
점을 치며 이방인과 더불어 손을

1) 대어 2) 히, 그들이 3) 교훈

잡아 언약하였음이라
7 그 땅에는 은금이 가득하고 보화가
무한하며 그 땅에는 마필이 가득하
고 병거가 무수하며
8 그 땅에는 우상도 가득하므로 그들
이 자기 손으로 짓고 자기 손가락
으로 만든 것을 경배하여
9 천한 자도 절하며 귀한 자도 [1]굴
복하오니 그들을 용서하지 마옵소
서
10 너희는 바위틈에 들어가며 진토에
숨어 여호와의 위엄과 그 광대하심
의 영광을 피하라
11 그날에 눈이 높은 자가 낮아지며
교만한 자가 굴복되고 여호와께서
홀로 높임을 받으시리라
12 ●대저 만군의 여호와의 날이 모든
교만한 자와 거만한 자와 자고한
자에게 임하리니 그들이 낮아지리
라
13 또 레바논의 높고 높은 모든 백향
목과 바산의 모든 상수리나무와
14 모든 높은 산과 모든 솟아오른 작
은 언덕과
15 모든 높은 망대와 모든 견고한 성
벽과
16 다시스의 모든 배와 모든 아름다운
[2]조각물에 임하리니
17 그날에 자고한 자는 굴복되며 교만
한 자는 낮아지고 여호와께서 홀로
높임을 받으실 것이요
18 우상들은 온전히 없어질 것이며
19 사람들이 암혈과 토굴로 들어가서
여호와께서 땅을 진동시키려고 일
어나실 때에 그의 위엄과 그 광대
하심의 영광을 피할 것이라
20 사람이 자기를 위하여 경배하려고
만들었던 은 우상과 금 우상을 그
날에 두더지와 박쥐에게 던지고
21 암혈과 험악한 바위틈에 들어가서
여호와께서 땅을 진동시키려고 일
어나실 때에 그의 위엄과 그 광대
하심의 영광을 피하리라
22 너희는 인생을 의지하지 말라 그의
호흡은 코에 있나니 셈할 가치가
어디 있느냐

예루살렘의 멸망

3 보라 주 만군의 여호와께서 예루
살렘과 유다가 의뢰하며 의지하
는 것을 제하여 버리시되 곧 그가
의지하는 모든 양식과 그가 의지하
는 모든 물과
2 용사와 전사와 재판관과 선지자와
복술자와 장로와
3 오십부장과 귀인과 모사와 정교한
장인과 능란한 요술자를 그리하실
것이며
4 [3]그가 또 소년들을 그들의 고관으
로 삼으시며 아이들이 그들을 다스
리게 하시리니
5 백성이 서로 학대하며 각기 이웃을
잔해하며 아이가 노인에게, 비천한
자가 존귀한 자에게 교만할 것이
며
6 혹시 사람이 자기 아버지 집에서
자기의 형제를 붙잡고 말하기를 네
게는 겉옷이 있으니 너는 우리의
통치자가 되어 이 폐허를 네 손아
래에 두라 할 것이면
7 그날에 그가 소리를 높여 이르기를
나는 고치는 자가 되지 아니하겠노
라 내 집에는 양식도 없고 의복도
없으니 너희는 나를 백성의 통치자
로 삼지 말라 하리라
8 예루살렘이 멸망하였고 유다가 엎
드러졌음은 그들의 언어와 행위가
여호와를 거역하여 그의 영광의 눈
을 범하였음이라
9 그들의 안색이 불리하게 증거하며

1) 겸비하오니 2) 망대에 3) 히, 내가

그들의 죄를 말해 주고 숨기지 못
함이 소돔과 같으니 그들의 영혼에
화가 있을진저 그들이 재앙을 자취
하였도다
10 너희는 의인에게 복이 있으리라 말
하라 그들은 그들의 행위의 열매를
먹을 것임이요
11 악인에게는 화가 있으리니 이는 그
의 손으로 행한 대로 그가 보응을
받을 것임이니라
12 내 백성을 학대하는 자는 아이요
다스리는 자는 여자들이라 내 백
성이여 네 인도자들이 너를 유혹
하여 네가 다닐 길을 어지럽히느
니라

여호와께서 백성을 심판하시다

13 ●여호와께서 변론하러 일어나시며
백성들을 심판하려고 서시도다
14 여호와께서 자기 백성의 장로들과
고관들을 심문하러 오시리니 포도
원을 삼킨 자는 너희이며 가난한
자에게서 탈취한 물건이 너희의 집
에 있도다
15 어찌하여 너희가 내 백성을 짓밟으
며 가난한 자의 얼굴에 맷돌질하느
냐 주 만군의 여호와 내가 말하였
느니라 하시도다

시온의 딸들에게 말씀하시다

16 ●여호와께서 또 말씀하시되 시온
의 딸들이 교만하여 늘인 목, 정을
통하는 눈으로 다니며 아기작거려
걸으며 발로는 쟁쟁한 소리를 낸다
하시도다
17 그러므로 주께서 시온의 딸들의 정
수리에 딱지가 생기게 하시며 여호
와께서 그들의 하체가 드러나게 하
시리라
18 주께서 그날에 그들이 장식한 발목
고리와 머리의 망사와 반달 장식과
19 귀고리와 팔목 고리와 얼굴 가리개
와
20 화관과 발목 사슬과 띠와 향합과
호신부와
21 반지와 코 고리와
22 예복과 겉옷과 목도리와 손 주머니
와
23 손거울과 세마포 옷과 머리 수건과
너울을 제하시리니
24 그때에 썩은 냄새가 향기를 대신하
고 노끈이 띠를 대신하고 대머리가
숱한 머리털을 대신하고 굵은 베
옷이 화려한 옷을 대신하고 수치스
러운 흔적이 아름다움을 대신할 것
이며
25 너희의 장정은 칼에, 너희의 용사
는 전란에 망할 것이며
26 그 성문은 슬퍼하며 곡할 것이요
시온은 황폐하여 땅에 앉으리라

4

그날에 일곱 여자가 한 남자를
붙잡고 말하기를 우리가 우리 떡
을 먹으며 우리 옷을 입으리니 다
만 당신의 이름으로 우리를 부르게
하여 우리가 수치를 면하게 하라
하리라

예루살렘을 청결하게 하실 때

2 ●그날에 여호와의 싹이 아름답고
영화로울 것이요 그 땅의 소산은
이스라엘의 피난한 자를 위하여 영
화롭고 아름다울 것이며
3 시온에 남아 있는 자, 예루살렘에
머물러 있는 자 곧 예루살렘 안에
생존한 자 중 기록된 모든 사람은
거룩하다 칭함을 얻으리니
4 이는 주께서 심판하는 영과 소멸하
는 영으로 시온의 딸들의 더러움을
씻기시며 예루살렘의 피를 그 중에
서 청결하게 하실 때가 됨이라
5 여호와께서 거하시는 온 시온 산
과 모든 집회 위에 낮이면 구름과
연기, 밤이면 화염의 빛을 만드시

고 그 모든 영광 위에 덮개를 두시
며
6 또 초막이 있어서 낮에는 더위를
피하는 그늘을 지으며 또 풍우를
피하여 숨는 곳이 되리라

포도원 노래

5 나는 내가 사랑하는 자를 위하여
노래하되 내가 사랑하는 자의 포
도원을 노래하리라 내가 사랑하는
자에게 포도원이 있음이여 심히 기
름진 산에로다
2 땅을 파서 돌을 제하고 극상품 포
도나무를 심었도다 그 중에 망대를
세웠고 또 그 안에 술틀을 팠도다
좋은 포도 맺기를 바랐더니 들포도
를 맺었도다
3 ●예루살렘 주민과 유다 사람들아
구하노니 이제 나와 내 포도원 사
이에서 사리를 판단하라
4 내가 내 포도원을 위하여 행한 것
외에 무엇을 더할 것이 있으랴 내
가 좋은 포도 맺기를 기다렸거늘
들포도를 맺음은 어찌 됨인고
5 이제 내가 내 포도원에 어떻게 행
할지를 너희에게 이르리라 내가
그 울타리를 걷어 [1]먹힘을 당하게
하며 그 담을 헐어 짓밟히게 할 것
이요
6 내가 그것을 황폐하게 하리니 다시
는 가지를 자름이나 북을 돋우지
못하여 찔레와 가시가 날 것이며
내가 또 구름에게 명하여 그 위에
비를 내리지 못하게 하리라 하셨으
니
7 무릇 만군의 여호와의 포도원은 이
스라엘 족속이요 그가 기뻐하시는
나무는 유다 사람이라 그들에게 정
의를 바라셨더니 도리어 포학이요
그들에게 공의를 바라셨더니 도리
어 부르짖음이었도다

사람의 저지르는 악한 일

8 ●가옥에 가옥을 이으며 전토에 전
토를 더하여 빈 틈이 없도록 하고
이 땅 가운데에서 홀로 거주하려
하는 자들은 화 있을진저
9 만군의 여호와께서 내 귀에 말씀하
시되 정녕히 허다한 가옥이 황폐하
리니 크고 아름다울지라도 거주할
자가 없을 것이며
10 열흘 갈이 포도원에 겨우 포도주
한 바트가 나겠고 한 호멜의 종자
를 뿌려도 간신히 한 [2]에바가 나리
라 하시도다
11 아침에 일찍이 일어나 독주를 마시
며 밤이 깊도록 포도주에 취하는
자들은 화 있을진저
12 그들이 연회에는 수금과 비파와 소
고와 피리와 포도주를 갖추었어도
여호와께서 행하시는 일에 관심을
두지 아니하며 그의 손으로 하신
일을 보지 아니하는도다
13 ●그러므로 내 백성이 무지함으로
말미암아 사로잡힐 것이요 그들의
귀한 자는 굶주릴 것이요 무리는
목마를 것이라
14 그러므로 스올이 욕심을 크게 내
어 한량없이 그 입을 벌린즉 그들
의 호화로움과 그들의 많은 무리
와 그들의 떠드는 것과 그 중에서
즐거워하는 자가 거기에 빠질 것이
라
15 여느 사람은 구푸리고 존귀한 자는
낮아지고 오만한 자의 눈도 낮아질
것이로되
16 오직 만군의 여호와는 정의로우시
므로 높임을 받으시며 거룩하신 하
나님은 공의로우시므로 거룩하다
일컬음을 받으시리니
17 그때에는 어린 양들이 자기 초장에

1) 불사름을 2) 10 에바는 1 호멜임

있는 것같이 풀을 먹을 것이요 유
리하는 자들이 부자의 버려진 밭에
서 먹으리라
18 ●거짓으로 끈을 삼아 죄악을 끌며
수레 줄로 함같이 죄악을 끄는 자
는 화 있을진저
19 그들이 이르기를 그는 자기의 일을
속속히 이루어 우리에게 보게 할
것이며 이스라엘의 거룩한 이는 자
기의 계획을 속히 이루어 우리가
알게 할 것이라 하는도다
20 악을 선하다 하며 선을 악하다 하
며 흑암으로 광명을 삼으며 광명으
로 흑암을 삼으며 쓴 것으로 단 것
을 삼으며 단 것으로 쓴 것을 삼는
자들은 화 있을진저
21 스스로 지혜롭다 하며 스스로 명철
하다 하는 자들은 화 있을진저
22 포도주를 마시기에 용감하며 독주
를 잘 빚는 자들은 화 있을진저
23 그들은 뇌물로 말미암아 악인을 의
롭다 하고 의인에게서 그 공의를
빼앗는도다
24 ●이로 말미암아 불꽃이 그루터기
를 삼킴같이, 마른 풀이 불 속에 떨
어짐같이 그들의 뿌리가 썩겠고 꽃
이 티끌처럼 날리리니 그들이 만군
의 여호와의 율법을 버리며 이스라
엘의 거룩하신 이의 말씀을 멸시하
였음이라
25 그러므로 여호와께서 자기 백성에
게 노를 발하시고 그들 위에 손을
들어 그들을 치신지라 산들은 진
동하며 그들의 시체는 거리 가운
데에 분토같이 되었도다 그럴지라
도 그의 노가 돌아서지 아니하였고
그의 손이 여전히 펼쳐져 있느니
라
26 ●또 그가 기치를 세우시고 먼 나
라들을 불러 땅끝에서부터 자기에
게로 오게 하실 것이라 보라 그들
이 빨리 달려올 것이로되
27 그 중에 곤핍하여 넘어지는 자도
없을 것이며 조는 자나 자는 자도
없을 것이며 그들의 허리띠는 풀리
지 아니하며 그들의 들메끈은 끊어
지지 아니하며
28 그들의 화살은 날카롭고 모든 활은
당겨졌으며 그들의 말굽은 부싯돌
같고 병거 바퀴는 회오리바람 같을
것이며
29 그들의 부르짖음은 암사자 같을 것
이요 그들의 소리지름은 어린 사자
들과 같을 것이라 그들이 부르짖으
며 먹이를 움켜 가져가 버려도 건
질 자가 없으리로다
30 그날에 그들이 바다 물결 소리같이
백성을 향하여 부르짖으리니 사람
이 그 땅을 바라보면 흑암과 고난
이 있고 빛은 구름에 가려서 어두
우리라

이사야를 선지자로 부르시다

6 웃시야 왕이 죽던 해에 내가 본
즉 주께서 높이 들린 보좌에 앉
으셨는데 그의 옷자락은 성전에 가
득하였고
2 스랍들이 모시고 섰는데 각기 여섯
날개가 있어 그 둘로는 자기의 얼
굴을 가리었고 그 둘로는 자기의
발을 가리었고 그 둘로는 날며
3 서로 불러 이르되 거룩하다 거룩
하다 거룩하다 만군의 여호와여 그
의 영광이 온 땅에 충만하도다 하
더라
4 이같이 화답하는 자의 소리로 말미
암아 문지방의 터가 요동하며 성전
에 연기가 충만한지라
5 그때에 내가 말하되 화로다 나여
망하게 되었도다 나는 입술이 부정
한 사람이요 나는 입술이 부정한

백성 중에 거주하면서 만군의 여호
와이신 왕을 뵈었음이로다 하였더
라
6 ●그때에 그 스랍 중의 하나가 부
젓가락으로 제단에서 집은 바 핀
숯을 손에 가지고 내게로 날아와
서
7 그것을 내 입술에 대며 이르되 보
라 이것이 네 입에 닿았으니 네 악
이 제하여졌고 네 죄가 사하여졌느
니라 하더라
8 내가 또 주의 목소리를 들으니 주
께서 이르시되 내가 누구를 보내며
누가 우리를 위하여 갈꼬 하시니
그때에 내가 이르되 내가 여기 있
나이다 나를 보내소서 하였더니
9 여호와께서 이르시되 가서 이 백성
에게 이르기를 너희가 듣기는 들어
도 깨닫지 못할 것이요 보기는 보
아도 알지 못하리라 하여
10 이 백성의 마음을 둔하게 하며 그
들의 귀가 막히고 그들의 눈이 감
기게 하라 염려하건대 그들이 눈으
로 보고 귀로 듣고 마음으로 깨닫
고 다시 돌아와 고침을 받을까 하
노라 하시기로
11 내가 이르되 주여 어느 때까지니이
까 하였더니 주께서 대답하시되 성
읍들은 황폐하여 주민이 없으며 가
옥들에는 사람이 없고 이 토지는
황폐하게 되며
12 여호와께서 사람들을 멀리 옮기셔
서 이 땅 가운데에 황폐한 곳이 많
을 때까지니라
13 그 중에 십분의 일이 아직 남아 있
을지라도 이것도 황폐하게 될 것이
나 밤나무와 상수리나무가 베임을
당하여도 그 그루터기는 남아 있는
것같이 거룩한 씨가 이 땅의 그루
터기니라 하시더라

아하스 왕에게 삼가며 조용하라 하시다

7 웃시야의 손자요 요담의 아들인
유다의 아하스 왕 때에 아람의 르
신 왕과 르말리야의 아들 이스라엘
의 베가 왕이 올라와서 예루살렘을
쳤으나 능히 이기지 못하니라
2 어떤 사람이 다윗의 집에 알려 이
르되 아람이 에브라임과 동맹하였
다 하였으므로 왕의 마음과 그의
백성의 마음이 숲이 바람에 흔들림
같이 흔들렸더라
3 ●그때에 여호와께서 이사야에게
이르시되 너와 네 아들 [1]스알야숩
은 윗못 수도 끝 세탁자의 밭 큰길
에 나가서 아하스를 만나
4 그에게 이르기를 너는 삼가며 조용
하라 르신과 아람과 르말리야의 아
들이 심히 노할지라도 이들은 연기
나는 두 부지깽이 그루터기에 불과
하니 두려워하지 말며 낙심하지 말
라
5 아람과 에브라임과 르말리야의 아
들이 악한 꾀로 너를 대적하여 이
르기를
6 우리가 올라가 유다를 쳐서 그것을
쓰러뜨리고 우리를 위하여 그것을
무너뜨리고 다브엘의 아들을 그 중
에 세워 왕으로 삼자 하였으나
7 주 여호와의 말씀이 그 일은 서지
못하며 이루어지지 못하리라
8 대저 아람의 머리는 다메섹이요 다
메섹의 머리는 르신이며 육십오 년
내에 에브라임이 패망하여 다시는
나라를 이루지 못할 것이며
9 에브라임의 머리는 사마리아요 사
마리아의 머리는 르말리야의 아들
이니라 만일 너희가 굳게 믿지 아
니하면 너희는 굳게 서지 못하리라
하시니라

1) 남는 자가 돌아오리라는 뜻

임마누엘의 징조

10 ●여호와께서 또 아하스에게 말씀
하여 이르시되
11 너는 네 하나님 여호와께 한 징조
를 구하되 깊은 데에서든지 높은
데에서든지 구하라 하시니
12 아하스가 이르되 나는 구하지 아니
하겠나이다 나는 여호와를 시험하
지 아니하겠나이다 한지라
13 이사야가 이르되 다윗의 집이여 원
하건대 들을지어다 너희가 사람을
괴롭히고서 그것을 작은 일로 여겨
또 나의 하나님을 괴롭히려 하느냐
14 그러므로 주께서 친히 징조를 너희
에게 주실 것이라 보라 처녀가 잉
태하여 아들을 낳을 것이요 그의
이름을 [1]임마누엘이라 하리라
15 그가 악을 버리며 선을 택할 줄 알
때[2]가 되면 엉긴 젖과 꿀을 먹을
것이라
16 대저 이 아이가 악을 버리며 선을
택할 줄 알기 전에 네가 [3]미워하는
두 왕의 땅이 황폐하게 되리라
17 여호와께서 에브라임이 유다를 떠
날 때부터 당하여 보지 못한 날을
너와 네 백성과 네 아버지 집에 임
하게 하시리니 곧 앗수르 왕이 오
는 날이니라
18 ●그날에는 여호와께서 애굽 하수
에서 먼 곳의 파리와 앗수르 땅의
벌을 부르시리니
19 다 와서 거친 골짜기와 바위틈과
가시나무 울타리와 모든 초장에 앉
으리라
20 ●그날에는 주께서 하수 저쪽에서
세내어 온 삭도 곧 앗수르 왕으로
네 백성의 머리털과 발 털을 미실
것이요 수염도 깎으시리라
21 ●그날에는 사람이 한 어린 암소와
두 양을 기르리니
22 그것들이 내는 젖이 많으므로 엉긴
젖을 먹을 것이라 그 땅 가운데에
남아 있는 자는 엉긴 젖과 꿀을 먹
으리라
23 ●그날에는 천 그루에 은 천 개의
가치가 있는 포도나무가 있던 곳마
다 찔레와 가시가 날 것이라
24 온 땅에 찔레와 가시가 있으므로
화살과 활을 가지고 그리로 갈 것
이요
25 보습으로 갈던 모든 산에도 찔레와
가시 때문에 두려워서 그리로 가지
못할 것이요 그 땅은 소를 풀어 놓
으며 양이 밟는 곳이 되리라

이사야의 아들

8 여호와께서 내게 이르시되 너는
큰 서판을 가지고 그 위에 통용
문자로 [4]마헬살랄하스바스라 쓰
라
2 내가 진실한 증인 제사장 우리야와
여베레기야의 아들 스가랴를 불러
증언하게 하리라 하시더니
3 내가 [5]내 아내를 가까이하매 그가
임신하여 아들을 낳은지라 여호와
께서 내게 이르시되 그의 이름을
[4]마헬살랄하스바스라 하라
4 이는 이 아이가 내 아빠, 내 엄마라
부를 줄 알기 전에 다메섹의 재물
과 사마리아의 노략물이 앗수르 왕
앞에 옮겨질 것임이라 하시니라

앗수르 왕의 침략

5 ●여호와께서 다시 내게 말씀하여
이르시되
6 이 백성이 천천히 흐르는 실로아
물을 버리고 르신과 르말리야의 아
들을 기뻐하느니라
7 그러므로 주 내가 흉용하고 창일한
큰 하수 곧 앗수르 왕과 그의 모든

1) 하나님이 우리와 같이 계심이라 2) 까지 3) 두려워하는 4) 노략이 속함 5) 히, 선지자의 아내

위력으로 그들을 뒤덮을 것이라 그
모든 골짜기에 차고 모든 언덕에
넘쳐
8 흘러 유다에 들어와서 가득하여 목
에까지 미치리라 임마누엘이여 그
가 펴는 날개가 네 땅에 가득하리
라 하셨느니라

여호와께서 깨우치시다

9 ●너희 민족들아 함성을 질러 보아
라 그러나 끝내 패망하리라 너희
먼 나라 백성들아 들을지니라 너희
허리를 동이라 그러나 끝내 패망하
리라 너희 허리에 띠를 띠라 그러
나 끝내 패망하리라
10 너희는 함께 계획하라 그러나 끝내
이루지 못하리라 말을 해 보아라
끝내 시행되지 못하리라 이는 [1)]하
나님이 우리와 함께 계심이니라
11 여호와께서 강한 손으로 내게 알려
주시며 이 백성의 길로 가지 말 것
을 내게 깨우쳐 이르시되
12 이 백성이 반역자가 있다고 말하여
도 너희는 그 모든 말을 따라 반역
자가 있다고 하지 말며 그들이 두
려워하는 것을 너희는 두려워하지
말며 놀라지 말고
13 만군의 여호와 그를 너희가 거룩하
다 하고 그를 너희가 두려워하며
무서워할 자로 삼으라
14 그가 성소가 되시리라 그러나 이스
라엘의 두 집에는 걸림돌과 걸려
넘어지는 반석이 되실 것이며 예루
살렘 주민에게는 함정과 올무가 되
시리니
15 많은 사람들이 그로 말미암아 걸려
넘어질 것이며 부러질 것이며 덫에
걸려 잡힐 것이니라

율법과 증거의 말씀을 따르라

16 ●너는 증거의 말씀을 싸매며 율법
을 내 제자들 가운데에서 봉함하라
17 이제 야곱의 집에 대하여 얼굴을
가리시는 여호와를 나는 기다리며
그를 바라보리라
18 보라 나와 및 여호와께서 내게 주
신 자녀들이 이스라엘 중에 징조와
예표가 되었나니 이는 시온 산에
계신 만군의 여호와께로 말미암은
것이니라
19 ●어떤 사람이 너희에게 말하기를
주절거리며 속살거리는 신접한 자
와 마술사에게 물으라 하거든 백성
이 자기 하나님께 구할 것이 아니
냐 산 자를 위하여 죽은 자에게 구
하겠느냐 하라
20 마땅히 율법과 증거의 말씀을 따를
지니 그들이 말하는 바가 이 말씀
에 맞지 아니하면 그들이 정녕 아
침 빛을 보지 못하고
21 이 땅으로 헤매며 곤고하며 굶주릴
것이라 그가 굶주릴 때에 격분하여
자기의 왕과 자기의 하나님을 저주
할 것이며 위를 쳐다보거나
22 땅을 굽어보아도 환난과 흑암과 고
통의 흑암뿐이리니 그들이 심한 흑
암 가운데로 쫓겨 들어가리라

평강의 왕

9 전에 고통받던 자들에게는 흑암
이 없으리로다 옛적에는 여호와
께서 스불론 땅과 납달리 땅이 멸
시를 당하게 하셨더니 후에는 해변
길과 요단 저쪽 이방의 [2)]갈릴리를
영화롭게 하셨느니라
2 흑암에 행하던 백성이 큰 빛을 보
고 사망의 그늘진 땅에 거주하던
자에게 빛이 비치도다
3 주께서 이 나라를 창성하게 하시며
그 즐거움을 더하게 하셨으므로 추
수하는 즐거움과 탈취물을 나눌 때
의 즐거움같이 그들이 주 앞에서

1) 히, 임마누엘 2) 지경을

즐거워하오니
4 이는 그들이 무겁게 멘 멍에와 그
들의 어깨의 채찍과 그 압제자의
막대기를 주께서 꺾으시되 미디안
의 날과 같이 하셨음이니이다
5 어지러이 싸우는 군인들의 신과 피
묻은 겉옷이 불에 섶같이 살라지리
니
6 이는 한 아기가 우리에게 났고 한
아들을 우리에게 주신 바 되었는데
그의 어깨에는 정사를 메었고 그의
이름은 기묘자라, 모사라, 전능하
신 하나님이라, 영존하시는 아버지
라, 평강의 왕이라 할 것임이라
7 그 정사와 평강의 더함이 무궁하며
또 다윗의 왕좌와 그의 나라에 군
림하여 그 나라를 굳게 세우고 지
금 이후로 영원히 정의와 공의로
그것을 보존하실 것이라 만군의 여
호와의 열심이 이를 이루시리라

주께서 이스라엘을 벌하시리라

8 ●주께서 야곱에게 말씀을 보내시
며 그것을 이스라엘에게 임하게 하
셨은즉
9 모든 백성 곧 에브라임과 사마리아
주민이 알 것이어늘 그들이 교만하
고 완악한 마음으로 말하기를
10 벽돌이 무너졌으나 우리는 다듬은
돌로 쌓고 뽕나무들이 찍혔으나 우
리는 백향목으로 그것을 대신하리
라 하는도다
11 그러므로 여호와께서 르신의 대적
들을 일으켜 그를 치게 하시며 그
의 원수들을 격동시키시리니
12 앞에는 아람 사람이요 뒤에는 블레
셋 사람이라 그들이 모두 입을 벌
려 이스라엘을 삼키리라 그럴지라
도 여호와의 진노가 돌아서지 아니
하며 그의 손이 여전히 펴져 있으
리라
13 ●그리하여도 그 백성이 자기들을
치시는 이에게로 돌아오지 아니하
며 만군의 여호와를 찾지 아니하도
다
14 그러므로 여호와께서 하루 사이에
이스라엘 중에서 머리와 꼬리와
종려나무 가지와 갈대를 끊으시리
니
15 그 머리는 곧 장로와 존귀한 자요
그 꼬리는 곧 거짓말을 가르치는
선지자라
16 백성을 인도하는 자가 그들을 미혹
하니 인도를 받는 자들이 멸망을
당하는도다
17 이 백성이 모두 경건하지 아니하며
악을 행하며 모든 입으로 망령되이
말하니 그러므로 주께서 그들의 장
정들을 기뻐하지 아니하시며 그들
의 고아와 과부를 긍휼히 여기지
아니하시리라 그럴지라도 여호와
의 진노가 돌아서지 아니하며 그의
손이 여전히 펴져 있으리라
18 ●대저 악행은 불타오르는 것 같으
니 곧 찔레와 가시를 삼키며 빽빽
한 수풀을 살라 연기가 위로 올라
가게 함과 같은 것이라
19 만군의 여호와의 진노로 말미암아
이 땅이 불타리니 백성은 불에 섶
과 같을 것이라 사람이 자기의 형
제를 아끼지 아니하며
20 오른쪽으로 움킬지라도 주리고 왼
쪽으로 먹을지라도 배부르지 못하
여 각각 자기 팔의 고기를 먹을 것
이며
21 므낫세는 에브라임을, 에브라임은
므낫세를 먹을 것이요 또 그들이
합하여 유다를 치리라 그럴지라도
여호와의 진노가 돌아서지 아니하
며 그의 손이 여전히 펴져 있으리
라

10 불의한 법령을 만들며 불의한
말을 기록하며
2 가난한 자를 불공평하게 판결하여
가난한 내 백성의 권리를 박탈하며
과부에게 토색하고 고아의 것을 약
탈하는 자는 화 있을진저
3 벌하시는 날과 멀리서 오는 환난
때에 너희가 어떻게 하려느냐 누구
에게로 도망하여 도움을 구하겠으
며 너희의 영화를 어느 곳에 두려
느냐
4 포로된 자 아래에 구푸리며 죽임을
당한 자 아래에 엎드러질 따름이니
라 그럴지라도 여호와의 진노가 돌
아서지 아니하며 그의 손이 여전히
펴져 있으리라

하나님의 도구인 앗수르

5 ●앗수르 사람은 화 있을진저 그는
내 진노의 막대기요 그 손의 몽둥
이는 내 분노라
6 내가 그를 보내어 경건하지 아니한
나라를 치게 하며 내가 그에게 명
령하여 나를 노하게 한 백성을 쳐
서 탈취하며 노략하게 하며 또 그
들을 길거리의 진흙같이 짓밟게 하
려 하거니와
7 그의 뜻은 이같지 아니하며 그의
마음의 생각도 이같지 아니하고 다
만 그의 마음은 허다한 나라를 파
괴하며 멸절하려 하는도다
8 그가 이르기를 내 고관들은 다 왕
들이 아니냐
9 갈로는 갈그미스와 같지 아니하며
하맛은 아르밧과 같지 아니하며
사마리아는 다메섹과 같지 아니하
냐
10 내 손이 이미 우상을 섬기는 나라
들에 미쳤나니 그들이 조각한 신상
들이 예루살렘과 사마리아의 신상
들보다 뛰어났느니라
11 내가 사마리아와 그의 우상들에
게 행함같이 예루살렘과 그의 우
상들에게 행하지 못하겠느냐 하
는도다
12 ●그러므로 주께서 주의 일을 시온
산과 예루살렘에 다 행하신 후에
앗수르 왕의 완악한 마음의 열매와
높은 눈의 자랑을 벌하시리라
13 그의 말에 나는 내 손의 힘과 내 지
혜로 이 일을 행하였나니 나는 총
명한 자라 열국의 경계선을 걷어치
웠고 그들의 재물을 약탈하였으며
또 용감한 자처럼 위에 거주한 자
들을 낮추었으며
14 내 손으로 열국의 재물을 얻은 것
은 새의 보금자리를 얻음 같고 온
세계를 얻은 것은 내버린 알을 주
움 같았으나 날개를 치거나 입을
벌리거나 지저귀는 것이 하나도 없
었다 하는도다
15 ●도끼가 어찌 찍는 자에게 스스로
자랑하겠으며 톱이 어찌 켜는 자에
게 스스로 큰 체하겠느냐 이는 막
대기가 자기를 드는 자를 움직이려
하며 몽둥이가 나무 아닌 사람을
들려 함과 같음이로다
16 그러므로 주 만군의 여호와께서 살
진 자를 파리하게 하시며 그의 영
화 아래에 불이 붙는 것같이 맹렬
히 타게 하실 것이라
17 이스라엘의 빛은 불이 되고 그의
거룩하신 이는 불꽃이 되실 것이니
라 하루 사이에 그의 가시와 찔레
가 소멸되며
18 그의 숲과 기름진 밭의 영광이 [1]전
부 소멸되리니 병자가 점점 쇠약하
여 감 같을 것이라
19 그의 숲에 남은 나무의 수가 희소
하여 아이라도 능히 계수할 수 있

1) 히, 영혼과 육체가 아울러

으리라

남은 자만 돌아오리라

20 ●그날에 이스라엘의 남은 자와 야
곱 족속의 피난한 자들이 다시는
자기를 친 자를 의지하지 아니하고
이스라엘의 거룩하신 이 여호와를
진실하게 의지하리니
21 남은 자 곧 야곱의 남은 자가 능하
신 하나님께로 돌아올 것이라
22 이스라엘이여 네 백성이 바다의 모
래 같을지라도 남은 자만 돌아오리
니 넘치는 공의로 파멸이 작정되었
음이라
23 이미 작정된 파멸을 주 만군의 여
호와께서 온 세계 중에 끝까지 행
하시리라

주께서 앗수르를 멸하시리라

24 ●그러므로 주 만군의 여호와께서
이르시되 시온에 거주하는 내 백성
들아 앗수르가 애굽이 한 것처럼
막대기로 너를 때리며 몽둥이를 들
어 너를 칠지라도 그를 두려워하지
말라
25 내가 오래지 아니하여 네게는 분을
그치고 그들은 내 진노로 멸하리라
하시도다
26 만군의 여호와께서 채찍을 들어 그
를 치시되 오렙 바위에서 미디안을
쳐죽이신 것같이 하실 것이며 막대
기를 드시되 바다를 향하여 애굽에
서 하신 것같이 하실 것이라
27 그날에 그의 무거운 짐이 네 어깨
에서 떠나고 그의 멍에가 네 목에
서 벗어지되 기름진 까닭에 멍에가
부러지리라

침략자들의 공격

28 ●[1]그가 아얏에 이르러 미그론을
지나 믹마스에 그의 장비를 두고
29 산을 넘어 게바에서 유숙하매 라마
는 떨고 사울의 기브아는 도망하도
다
30 딸 갈림아 큰 소리로 외칠지어다
라이사야 자세히 들을지어다 가련
하다 너 아나돗이여
31 맛메나는 피난하며 게빔 주민은 도
망하도다
32 아직 이날에 그가 놉에서 쉬고 딸
시온 산 곧 예루살렘 산을 향하여
그 손을 흔들리로다
33 ●보라 주 만군의 여호와께서 혁혁
한 위력으로 그 가지를 꺾으시리니
그 장대한 자가 찍힐 것이요 그 높
은 자가 낮아질 것이며
34 쇠로 그 빽빽한 숲을 베시리니 레
바논이 권능 있는 자에게 베임을
당하리라

평화의 나라

11 이새의 줄기에서 한 싹이 나며
그 뿌리에서 한 가지가 나서 결
실할 것이요
2 그의 위에 여호와의 영 곧 지혜와
총명의 영이요 모략과 재능의 영이
요 지식과 여호와를 경외하는 영이
강림하시리니
3 그가 여호와를 경외함으로 즐거움
을 삼을 것이며 그의 눈에 보이는
대로 심판하지 아니하며 그의 귀에
들리는 대로 판단하지 아니하며
4 공의로 가난한 자를 심판하며 정직
으로 세상의 겸손한 자를 판단할
것이며 그의 입의 막대기로 세상을
치며 그의 입술의 기운으로 악인을
죽일 것이며
5 공의로 그의 허리띠를 삼으며 성실
로 그의 몸의 띠를 삼으리라
6 ●그때에 이리가 어린 양과 함께
살며 표범이 어린 염소와 함께 누
우며 송아지와 어린 사자와 살진
짐승이 함께 있어 어린아이에게 끌

1) 앗수르 왕이

리며
7 암소와 곰이 함께 먹으며 그것들의
새끼가 함께 엎드리며 사자가 소처
럼 풀을 먹을 것이며
8 젖 먹는 아이가 독사의 구멍에서
장난하며 젖 뗀 어린아이가 독사의
굴에 손을 넣을 것이라
9 내 거룩한 산 모든 곳에서 해 됨도
없고 상함도 없을 것이니 이는 물
이 바다를 덮음같이 여호와를 아는
지식이 세상에 충만할 것임이니라

남은 백성이 돌아오리라

10 ●그날에 이새의 뿌리에서 한 싹이
나서 만민의 기치로 설 것이요 열
방이 그에게로 돌아오리니 그가 거
한 곳이 영화로우리라
11 ●그날에 주께서 다시 그의 손을
펴사 그의 남은 백성을 앗수르와
애굽과 바드로스와 구스와 엘람과
시날과 하맛과 바다 섬들에서 돌아
오게 하실 것이라
12 여호와께서 열방을 향하여 기치를
세우시고 이스라엘의 쫓긴 자들을
모으시며 땅 사방에서 유다의 흩어
진 자들을 모으시리니
13 에브라임의 질투는 없어지고 유다
를 괴롭게 하던 자들은 끊어지며
에브라임은 유다를 질투하지 아니
하며 유다는 에브라임을 괴롭게 하
지 아니할 것이요
14 그들이 서쪽으로 블레셋 사람들의
어깨에 날아 앉고 함께 동방 백성
을 노략하며 에돔과 모압에 손을
대며 암몬 자손을 자기에게 복종시
키리라
15 여호와께서 애굽 해만을 말리시고
그의 손을 유브라데 하수 위에 흔
들어 뜨거운 바람을 일으켜 그 하
수를 쳐 일곱 갈래로 나누어 신을
신고 건너가게 하실 것이라
16 그의 남아 있는 백성 곧 앗수르에
서 남은 자들을 위하여 큰 길이 있
게 하시되 이스라엘이 애굽 땅에서
나오던 날과 같게 하시리라

감사 찬송

12 그날에 네가 말하기를 여호와
여 주께서 전에는 내게 노하셨
사오나 이제는 주의 진노가 돌아섰
고 또 주께서 나를 안위하시오니
내가 주께 감사하겠나이다 할 것이
니라
2 보라 하나님은 나의 구원이시라 내
가 신뢰하고 두려움이 없으리니 주
여호와는 나의 힘이시며 나의 노래
시며 나의 구원이심이라
3 그러므로 너희가 기쁨으로 구원의
우물들에서 물을 길으리로다
4 그날에 너희가 또 말하기를 여호와
께 감사하라 그의 이름을 부르며
그의 행하심을 만국 중에 선포하며
그의 이름이 높다 하라
5 여호와를 찬송할 것은 극히 아름다
운 일을 하셨음이니 이를 온 땅에
알게 할지어다
6 시온의 주민아 소리 높여 부르라
이스라엘의 거룩하신 이가 너희 중
에서 크심이니라 할 것이니라

바벨론에 대한 경고

13 [1)]아모스의 아들 이사야가 바벨
론에 대하여 받은 경고라
2 ●너희는 민둥산 위에 기치를 세우
고 소리를 높여 그들을 부르며 손
을 흔들어 그들을 존귀한 자의 문
에 들어가게 하라
3 내가 거룩하게 구별한 자들에게 명
령하고 나의 위엄을 기뻐하는 용사
들을 불러 나의 노여움을 전하게
하였느니라
4 산에서 무리의 소리가 남이여 많은

1) 히, 아모츠

백성의 소리 같으니 곧 열국 민족
이 함께 모여 떠드는 소리라 만군
의 여호와께서 싸움을 위하여 군대
를 검열하심이로다
5 무리가 먼 나라에서, 하늘 끝에서
왔음이여 곧 여호와와 그의 진노의
병기라 온 땅을 멸하려 함이로다
6 ● 너희는 애곡할지어다 여호와의
날이 가까웠으니 전능자에게서 멸
망이 임할 것임이로다
7 그러므로 모든 손의 힘이 풀리고
각 사람의 마음이 녹을 것이라
8 그들이 놀라며 괴로움과 슬픔에 사
로잡혀 해산이 임박한 여자같이 고
통하며 서로 보고 놀라며 얼굴이
불꽃 같으리로다
9 보라 여호와의 날 곧 잔혹히 분냄
과 맹렬히 노하는 날이 이르러 땅
을 황폐하게 하며 그 중에서 죄인
들을 멸하리니
10 하늘의 별들과 별 무리가 그 빛을
내지 아니하며 해가 돋아도 어두우
며 달이 그 빛을 비추지 아니할 것
이로다
11 내가 세상의 악과 악인의 죄를 벌
하며 교만한 자의 오만을 끊으며
강포한 자의 거만을 낮출 것이며
12 내가 사람을 순금보다 희소하게 하
며 인생을 오빌의 금보다 희귀하게
하리로다
13 그러므로 나 만군의 여호와가 분하
여 맹렬히 노하는 날에 하늘을 진
동시키며 땅을 흔들어 그 자리에서
떠나게 하리니
14 그들이 쫓긴 노루나 모으는 자 없
는 양같이 각기 자기 동족에게로
돌아가며 각기 본향으로 도망할 것
이나
15 만나는 자마다 창에 찔리겠고 잡히
는 자마다 칼에 엎드러지겠고
16 그들의 어린아이들은 그들의 목전
에서 메어침을 당하겠고 그들의 집
은 노략을 당하겠고 그들의 아내는
욕을 당하리라
17 ● 보라 은을 돌아보지 아니하며 금
을 기뻐하지 아니하는 메대 사람
을 내가 충동하여 그들을 치게 하리
니
18 메대 사람이 활로 청년을 쏘아 죽
이며 태의 열매를 긍휼히 여기지
아니하며 아이를 애석하게 보지 아
니하리라
19 열국의 영광이요 갈대아 사람의 자
랑하는 노리개가 된 바벨론이 하나
님께 멸망당한 소돔과 고모라같이
되리니
20 그곳에 거주할 자가 없겠고 거처할
사람이 대대에 없을 것이며 아라비
아 사람도 거기에 장막을 치지 아
니하며 목자들도 그곳에 그들의 양
떼를 쉬게 하지 아니할 것이요
21 오직 들짐승들이 거기에 엎드리고
부르짖는 짐승이 그들의 가옥에 가
득하며 타조가 거기에 깃들이며 들
양이 거기에서 뛸 것이요
22 그의 궁성에는 승냥이가 부르짖을
것이요 화려하던 궁전에는 들개가
울 것이라 그의 때가 가까우며 그
의 날이 오래지 아니하리라

포로에서 돌아오다

14 여호와께서 야곱을 긍휼히 여
기시며 이스라엘을 다시 택하
여 그들의 땅에 두시리니 나그네
된 자가 야곱 족속과 연합하여 그
들에게 예속될 것이며
2 민족들이 그들을 데리고 그들의 본
토에 돌아오리니 이스라엘 족속이
여호와의 땅에서 그들을 얻어 노비
로 삼겠고 전에 자기를 사로잡던
자들을 사로잡고 자기를 압제하던

자들을 주관하리라

스올로 내려간 바벨론 왕

3 ●여호와께서 너를 슬픔과 곤고와
및 네가 수고하는 고역에서 놓으시
고 안식을 주시는 날에
4 너는 바벨론 왕에 대하여 이 노래
를 지어 이르기를 압제하던 자가
어찌 그리 그쳤으며 강포한 성이
어찌 그리 폐하였는고
5 여호와께서 악인의 몽둥이와 통치
자의 규를 꺾으셨도다
6 그들이 분내어 여러 민족을 치되
치기를 마지아니하였고 노하여 열
방을 억압하여도 그 억압을 막을
자 없었더니
7 이제는 온 땅이 조용하고 평온하니
무리가 소리 높여 노래하는도다
8 향나무와 레바논의 백향목도 너로
말미암아 기뻐하여 이르기를 네가
넘어져 있은즉 올라와서 우리를 베
어 버릴 자 없다 하는도다
9 아래의 스올이 너로 말미암아 소동
하여 네가 오는 것을 영접하되 그
것이 세상의 모든 영웅을 너로 말
미암아 움직이게 하며 열방의 모든
왕을 그들의 왕좌에서 일어서게 하
므로
10 그들은 다 네게 말하여 이르기를
너도 우리같이 연약하게 되었느냐
너도 우리같이 되었느냐 하리로다
11 네 영화가 스올에 떨어졌음이여 네
비파 소리까지로다 구더기가 네 아
래에 깔림이여 지렁이가 너를 덮었
도다
12 ●너 아침의 아들 [1]계명성이여 어
찌 그리 하늘에서 떨어졌으며 너
열국을 엎은 자여 어찌 그리 땅에
찍혔는고
13 네가 네 마음에 이르기를 내가 하
늘에 올라 하나님의 뭇 별 위에 내
자리를 높이리라 내가 북극 집회의
산 위에 앉으리라
14 가장 높은 구름에 올라가 지극히
높은 이와 같아지리라 하는도다
15 그러나 이제 네가 스올 곧 구덩이
맨 밑에 떨어짐을 당하리로다
16 너를 보는 이가 주목하여 너를 자
세히 살펴 보며 말하기를 이 사람
이 땅을 진동시키며 열국을 놀라게
하며
17 세계를 황무하게 하며 성읍을 파괴
하며 그에게 사로잡힌 자들을 집으
로 놓아 보내지 아니하던 자가 아
니냐 하리로다
18 열방의 모든 왕들은 모두 각각 자
기 집에서 영광 중에 자건마는
19 오직 너는 자기 무덤에서 내쫓겼으
니 가증한 나무 가지 같고 칼에 찔
려 돌구덩이에 떨어진 주검들에 둘
러싸였으니 밟힌 시체와 같도다
20 네가 네 땅을 망하게 하였고 네 백
성을 죽였으므로 그들과 함께 안장
되지 못하나니 악을 행하는 자들의
후손은 영원히 이름이 불려지지 아
니하리로다 할지니라

여호와께서 바벨론을 멸하시리라

21 ●너희는 그들의 조상들의 죄악으
로 말미암아 그의 자손 도륙하기를
준비하여 그들이 일어나 땅을 차지
하여 성읍들로 세상을 가득하게 하
지 못하게 하라
22 만군의 여호와께서 말씀하시되 내
가 일어나 그들을 쳐서 이름과 남
은 자와 아들과 후손을 바벨론에서
끊으리라 나 여호와의 말이니라
23 내가 또 그것이 고슴도치의 굴혈과
물 웅덩이가 되게 하고 또 멸망의
빗자루로 청소하리라 나 만군의 여
호와의 말이니라 하시니라

1) 새벽 별

여호와께서 앗수르를 파하시리라

24 ●만군의 여호와께서 맹세하여 이
르시되 내가 생각한 것이 반드시
되며 내가 경영한 것을 반드시 이
루리라
25 내가 앗수르를 나의 땅에서 파하며
나의 산에서 그것을 짓밟으리니 그
때에 그의 멍에가 [1]이스라엘에게서
떠나고 그의 짐이 그들의 어깨에서
벗어질 것이라
26 이것이 온 세계를 향하여 정한 경
영이며 이것이 열방을 향하여 편
손이라 하셨나니
27 만군의 여호와께서 경영하셨은즉
누가 능히 그것을 폐하며 그의 손
을 펴셨은즉 누가 능히 그것을 돌
이키랴

여호와께서 블레셋을 소멸시키시리라

28 ●아하스 왕이 죽던 해에 이 경고
가 임하니라
29 블레셋 온 땅이여 너를 치던 막대
기가 부러졌다고 기뻐하지 말라 뱀
의 뿌리에서는 독사가 나겠고 그의
열매는 날아다니는 불뱀이 되리라
30 가난한 자의 장자는 먹겠고 궁핍한
자는 평안히 누우려니와 내가 네
뿌리를 기근으로 죽일 것이요 네게
남은 자는 살륙을 당하리라
31 성문이여 슬피 울지어다 성읍이여
부르짖을지어다 너 블레셋이여 다
소멸되리로다 대저 연기가 북방에
서 오는데 그 대열에서 벗어난 자
가 없느니라
32 ●그 나라 사신들에게 어떻게 대답
하겠느냐 여호와께서 시온을 세우
셨으니 그의 백성의 곤고한 자들이
그 안에서 피난하리라 할 것이니라

여호와께서 모압을 황폐하게 하시리라

15 모압에 관한 경고라 ●하룻밤
에 모압 알이 망하여 황폐할
것이며 하룻밤에 모압 기르가 망하
여 황폐할 것이라
2 그들은 바잇과 디본 산당에 올라가
서 울며 모압은 느보와 메드바[2]를
위하여 통곡하는도다 그들이 각각
머리카락을 밀고 각각 수염을 깎았
으며
3 거리에서는 굵은 베로 몸을 동였으
며 지붕과 넓은 곳에서는 각기 애
통하여 심히 울며
4 헤스본과 엘르알레는 부르짖으며
그들의 소리는 야하스까지 들리니
그러므로 모압의 군사들이 크게 부
르짖으며 그들의 혼이 속에서 떠는
도다
5 내 마음이 모압을 위하여 부르짖는
도다 그 피난민들은 소알과 에글랏
슬리시야까지 이르고 울며 루힛 비
탈길로 올라가며 호로나임 길에서
패망을 울부짖으니
6 니므림 물이 마르고 풀이 시들었으
며 연한 풀이 말라 청청한 것이 없
음이로다
7 그러므로 그들이 얻은 재물과 쌓았
던 것을 가지고 버드나무 시내를
건너리니
8 이는 곡성이 모압 사방에 둘렸고
슬피 부르짖음이 에글라임에 이르
며 부르짖음이 브엘엘림에 미치며
9 디몬 물에는 피가 가득함이로다 그
럴지라도 내가 디몬에 재앙을 더
내리되 모압에 도피한 자와 그 땅
에 남은 자에게 사자를 보내리라

모압이 통곡하고 근심하리라

16 너희는 이 땅 통치자에게 어
린 양들을 드리되 셀라에서부
터 광야를 지나 딸 시온 산으로 보
낼지니라
2 모압의 [3]딸들은 아르논 나루에서

1) 히, 그들에게서 2) 위에서 통곡 3) 여러 성 거민들은

떠다니는 새 같고 보금자리에서 흩
어진 새 새끼 같을 것이라
3 너는 방도를 베풀며 공의로 판결하
며 대낮에 밤같이 그늘을 지으며
쫓겨난 자들을 숨기며 도망한 자들
을 발각되게 하지 말며
4 나의 쫓겨난 자들이 너와 함께 있
게 하되 너 모압은 멸절하는 자 앞
에서 그들에게 피할 곳이 되라 대
저 토색하는 자가 망하였고 멸절하
는 자가 그쳤고 압제하는 자가 이
땅에서 멸절하였으며
5 다윗의 장막에 인자함으로 왕위가
굳게 설 것이요 그 위에 앉을 자는
충실함으로 판결하며 정의를 구하
며 공의를 신속히 행하리라
6 ●우리가 모압의 교만을 들었나니
심히 교만하도다 그가 거만하며 교
만하며 분노함도 들었거니와 그의
자랑이 헛되도다
7 그러므로 모압이 모압을 위하여 통
곡하되 다 통곡하며 길하레셋 건포
도 떡을 위하여 [1]그들이 슬퍼하며
심히 근심하리니
8 이는 헤스본의 밭과 십마의 포도나
무가 말랐음이라 전에는 그 가지가
야셀에 미쳐 광야에 이르고 그 싹
이 자라서 바다를 건넜더니 이제
열국의 주권자들이 그 좋은 가지를
꺾었도다
9 그러므로 내가 야셀의 울음처럼 십
마의 포도나무를 위하여 울리라 헤
스본이여, 엘르알레여, 내 눈물로
너를 적시리니 너의 여름 실과, 네
농작물에 즐거운 소리가 그쳤음이
라
10 즐거움과 기쁨이 기름진 밭에서 떠
났고 포도원에는 노래와 즐거운
소리가 없어지겠고 틀에는 포도
를 밟을 사람이 없으리니 이는 내
가 즐거운 소리를 그치게 하였음이
라
11 이러므로 내 마음이 모압을 위하여
수금같이 소리를 발하며 내 창자가
길하레셋을 위하여 그러하도다
12 모압이 그 산당에서 피곤하도록 봉
사하며 자기 성소에 나아가서 기도
할지라도 소용없으리로다
13 ●이는 여호와께서 오래 전부터 모
압을 들어 하신 말씀이거니와
14 이제 여호와께서 말씀하여 이르시
되 품꾼의 정한 해와 같이 삼 년
내에 모압의 영화와 그 큰 무리가
능욕을 당할지라 그 남은 수가 심
히 적어 보잘것없이 되리라 하시도
다

여호와께서 에브라임과
다메섹을 멸하시리라

17 다메섹에 관한 경고라 ●보라
다메섹이 장차 성읍을 이루지
못하고 무너진 무더기가 될 것이라
2 아로엘의 성읍들이 버림을 당하
리니 양 무리를 치는 곳이 되어 양
이 눕되 놀라게 할 자가 없을 것
이며
3 에브라임의 요새와 다메섹 나라와
아람의 남은 자가 멸절하여 이스라
엘 자손의 영광같이 되리라 만군의
여호와의 말씀이니라
4 ●그날에 야곱의 영광이 쇠하고 그
의 살진 몸이 파리하리니
5 마치 추수하는 자가 곡식을 거두어
가지고 그의 손으로 이삭을 벤 것
같고 르바임 골짜기에서 이삭을 주
운 것 같으리라
6 그러나 그 안에 주울 것이 남으리
니 감람나무를 흔들 때에 가장 높
은 가지 꼭대기에 과일 두세 개가
남음 같겠고 무성한 나무의 가장

1) 히, 너희

먼 가지에 네다섯 개가 남음 같으
리라 이스라엘의 하나님 여호와의
말씀이니라
7 그날에 사람이 자기를 지으신 이를
바라보겠으며 그의 눈이 이스라엘
의 거룩하신 이를 뵙겠고
8 자기 손으로 만든 제단을 바라보지
아니하며 자기 손가락으로 지은 아
세라나 태양상을 보지 아니할 것이
며
9 그날에 그 견고한 성읍들이 옛적에
이스라엘 자손 앞에서 버린 바 된
수풀 속의 처소와 작은 산꼭대기의
처소 같아서 황폐하리니
10 이는 네가 네 구원의 하나님을 잊
어버리며 네 능력의 반석을 마음에
두지 아니한 까닭이라 그러므로 네
가 기뻐하는 나무를 심으며 이방의
나무 가지도 이종하는도다
11 네가 심는 날에 울타리를 두르고
아침에 네 씨가 잘 발육하도록 하
였으나 근심과 심한 슬픔의 날에
농작물이 없어지리라

주께서 열방을 꾸짖어 흩으시리라

12 ●슬프다 많은 민족이 소동하였으
되 바다 파도가 치는 소리같이 그
들이 소동하였고 열방이 충돌하였
으되 큰물이 몰려옴같이 그들도 충
돌하였도다
13 열방이 충돌하기를 많은 물이 몰려
옴과 같이 하나 주께서 그들을 꾸
짖으시리니 그들이 멀리 도망함이
산에서 겨가 바람 앞에 흩어짐 같
겠고 폭풍 앞에 떠도는 티끌 같을
것이라
14 *보라 저녁에 두려움을 당하고 아*
침이 오기 전에 그들이 없어졌나니
이는 우리를 노략한 자들의 몫이
요 우리를 강탈한 자들의 보응이니
라

여호와께서 구스를 두고 하신 말씀

18 슬프다 구스의 강 건너편 날개
치는 소리 나는 땅이여
2 갈대 배를 물에 띄우고 그 사자를
수로로 보내며 이르기를 민첩한 사
절들아 너희는 강들이 흘러 나누인
나라로 가되 장대하고 준수한 백성
곧 시초부터 두려움이 되며 강성하
여 대적을 밟는 백성에게로 가라
하는도다
3 세상의 모든 거민, 지상에 사는 너
희여 산들 위에 기치를 세우거든
너희는 보고 나팔을 불거든 너희는
들을지니라
4 ●여호와께서 내게 이르시되 [1]내가
나의 처소에서 조용히 감찰함이 쬐
이는 일광 같고 가을 더위에 운무
같도다
5 추수하기 전에 꽃이 떨어지고 포도
가 맺혀 익어갈 때에 [2]내가 낫으로
그 연한 가지를 베며 퍼진 가지를
찍어 버려서
6 산의 독수리들과 땅의 들짐승들에
게 던져 주리니 산의 독수리들이
그것으로 여름을 지내며 땅의 들짐
승들이 다 그것으로 겨울을 지내리
라 하셨음이라
7 그때에 강들이 흘러 나누인 나라의
장대하고 준수한 백성 곧 시초부터
두려움이 되며 강성하여 대적을 밟
는 백성이 만군의 여호와께 드릴
예물을 가지고 만군의 여호와의 이
름을 두신 곳 시온 산에 이르리라

여호와께서 애굽에 임하시리라

19 애굽에 관한 경고라 ●보라 여
호와께서 빠른 구름을 타고 애
굽에 임하시리니 애굽의 우상들이
그 앞에서 떨겠고 애굽인의 마음이

1) 일광이 불같이 쬐고 가을 더위에 이슬이 무르녹을 때
에 내가 나의 처소에서 조용히 보리라 2) 히, 그가

그 속에서 녹으리로다
2 내가 애굽인을 격동하여 애굽인을
치리니 그들이 각기 형제를 치며
각기 이웃을 칠 것이요 성읍이 성
읍을 치며 나라가 나라를 칠 것이
며
3 애굽인의 정신이 그 속에서 쇠약할
것이요 그의 계획을 내가 깨뜨리리
니 그들이 우상과 마술사와 신접한
자와 요술객에게 물으리로다
4 내가 애굽인을 잔인한 주인의 손에
붙이리니 포학한 왕이 그들을 다스
리리라 주 만군의 여호와의 말씀이
니라
5 ●바닷물이 없어지겠고 강이 잦아
서 마르겠고
6 강들에서는 악취가 나겠고 애굽의
강물은 줄어들고 마르므로 갈대와
부들이 시들겠으며
7 나일 가까운 곳 나일 언덕의 초장
과 나일 강 가까운 곡식 밭이 다 말
라서 날려가 없어질 것이며
8 어부들은 탄식하며 나일 강에 낚시
를 던지는 자마다 슬퍼하며 물 위
에 그물을 치는 자는 피곤할 것이
며
9 세마포를 만드는 자와 베 짜는 자
들이 수치를 당할 것이며
10 그의 기둥이 부서지고 품꾼들이 다
마음에 근심하리라
11 ●소안의 방백은 어리석었고 바로
의 가장 지혜로운 모사의 책략은
우둔하여졌으니 너희가 어떻게 바
로에게 이르기를 나는 지혜로운 자
들의 자손이라 나는 옛 왕들의 후
예라 할 수 있으랴
12 너의 지혜로운 자가 어디 있느냐
그들이 만군의 여호와께서 애굽에
대하여 정하신 뜻을 알 것이요 곧
네게 말할 것이니라
13 소안의 방백들은 어리석었고 놉의
방백들은 미혹되었도다 그들은 애
굽 종족들의 모퉁잇돌이거늘 애굽
을 그릇 가게 하였도다
14 여호와께서 그 가운데 어지러운
마음을 섞으셨으므로 그들이 애굽
을 매사에 잘못 가게 함이 취한 자
가 토하면서 비틀거림 같게 하였
으니
15 애굽에서 머리나 꼬리며 종려나무
가지나 갈대가 아무 할 일이 없으
리라

애굽 사람이 여호와께 경배하리라

16 ●그날에 애굽이 부녀와 같을 것이
라 그들이 만군의 여호와께서 흔드
시는 손이 그들 위에 흔들림으로
말미암아 떨며 두려워할 것이며
17 유다의 땅은 애굽의 두려움이 되리
니 이는 만군의 여호와께서 애굽
에 대하여 정하신 계획으로 말미암
음이라 그 소문을 듣는 자마다 떨
리라
18 ●그날에 애굽 땅에 가나안 방언을
말하며 만군의 여호와를 가리켜 맹
세하는 다섯 성읍이 있을 것이며
그 중 하나를 [1]멸망의 성읍이라 칭
하리라
19 ●그날에 애굽 땅 중앙에는 여호와
를 위하여 제단이 있겠고 그 변경
에는 여호와를 위하여 기둥이 있을
것이요
20 이것이 애굽 땅에서 만군의 여호와
를 위하여 징조와 증거가 되리니
이는 그들이 그 압박하는 자들로
말미암아 여호와께 부르짖겠고 여
호와께서는 그들에게 한 구원자이
자 보호자를 보내사 그들을 건지실
것임이라
21 여호와께서 자기를 애굽에 알게 하

1) '일하헤레스' 또는 '태양성'

시리니 그날에 애굽이 여호와를 알
고 제물과 예물을 그에게 드리고
경배할 것이요 여호와께 서원하고
그대로 행하리라
22 여호와께서 애굽을 치실지라도 치
시고는 고치실 것이므로 그들이 여
호와께로 돌아올 것이라 여호와께
서 그들의 간구함을 들으시고 그들
을 고쳐 주시리라
23 ●그날에 애굽에서 앗수르로 통하
는 대로가 있어 앗수르 사람은 애
굽으로 가겠고 애굽 사람은 앗수르
로 갈 것이며 애굽 사람이 앗수르
사람과 함께 경배하리라
24 ●그날에 이스라엘이 애굽 및 앗수
르와 더불어 셋이 세계 중에 복이
되리니
25 이는 만군의 여호와께서 복 주시며
이르시되 내 백성 애굽이여, 내 손
으로 지은 앗수르여, 나의 기업 이
스라엘이여, 복이 있을지어다 하실
것임이라

벗은 선지자의 예표

20 앗수르의 사르곤 왕이 다르단
을 아스돗으로 보내매 그가
와서 아스돗을 쳐서 취하던 해니
라
2 그때에 여호와께서 [1]아모스의 아들
이사야에게 말씀하여 이르시되 갈
지어다 네 허리에서 베를 끄르고
네 발에서 신을 벗을지니라 하시매
그가 그대로 하여 벗은 몸과 벗은
발로 다니니라
3 여호와께서 이르시되 나의 종 이사
야가 삼 년 동안 벗은 몸과 벗은 발
로 *다니며 애굽과 구스에 대하여*
징조와 예표가 되었느니라
4 이와 같이 애굽의 포로와 구스의
사로잡힌 자가 앗수르 왕에게 끌려
갈 때에 젊은 자나 늙은 자가 다 벗
은 몸과 벗은 발로 볼기까지 드러
내어 애굽의 수치를 보이리니
5 [2]그들이 바라던 구스와 자랑하던
애굽으로 말미암아 그들이 놀라고
부끄러워할 것이라
6 그날에 이 해변 주민이 말하기를
우리가 믿던 나라 곧 우리가 앗수
르 왕에게서 벗어나기를 바라고 달
려가서 도움을 구하던 나라가 이같
이 되었은즉 우리가 어찌 능히 피
하리요 하리라

바벨론 멸망에 관한 묵시

21 해변 광야에 관한 경고라 ●적
병이 광야에서, 두려운 땅에서
네겝 회오리바람같이 몰려왔도다
2 혹독한 묵시가 내게 보였도다 속이
는 자는 속이고 약탈하는 자는 약
탈하도다 엘람이여 올라가고 메대
여 에워싸라 그의 모든 탄식을 내
가 그치게 하였노라 하시도다
3 이러므로 나의 요통이 심하여 해산
이 임박한 여인의 고통 같은 고통
이 나를 엄습하였으므로 내가 괴로
워서 듣지 못하며 놀라서 보지 못
하도다
4 내 마음이 어지럽고 두려움이 나를
놀라게 하며 희망의 [3]서광이 변하
여 내게 떨림이 되도다
5 그들이 식탁을 베풀고 파수꾼을 세
우고 먹고 마시도다 너희 고관들
아 일어나 방패에 기름을 바를지
어다
6 주께서 내게 이르시되 가서 파수꾼
을 세우고 그가 보는 것을 보고하
게 하되
7 마병대가 쌍쌍이 오는 것과 나귀
떼와 낙타 떼를 보거든 귀 기울여
자세히 들으라 하셨더니
8 파수꾼이 사자같이 부르짖기를 주

1) 히, 아모츠 2) 이스라엘이 3) 밤이

여 내가 낮에 늘 망대에 서 있었고
밤이 새도록 파수하는 곳에 있었더
니
9 보소서 마병대가 쌍쌍이 오나이다
하니 그가 대답하여 이르시되 함락
되었도다 함락되었도다 바벨론이여
그들이 조각한 신상들이 다 부서져
땅에 떨어졌도다 하시도다
10 ●내가 짓밟은 너여, 내가 타작한 너
여, 내가 이스라엘의 하나님 만군
의 여호와께 들은 대로 너희에게
전하였노라

두마에 관한 경고

11 ●두마에 관한 경고라 ●사람이 세
일에서 나를 부르되 파수꾼이여 밤
이 어떻게 되었느냐 파수꾼이여 밤
이 어떻게 되었느냐
12 파수꾼이 이르되 아침이 오나니 밤
도 오리라 네가 물으려거든 물으라
너희는 돌아올지니라 하더라

아라비아에 관한 경고

13 ●아라비아에 관한 경고라 ●드단
대상들이여 너희가 아라비아 수풀
에서 유숙하리라
14 데마 땅의 주민들아 물을 가져다가
목마른 자에게 주고 떡을 가지고
도피하는 자를 영접 1)하라
15 그들이 칼날을 피하며 뺀 칼과 당
긴 활과 전쟁의 어려움에서 도망하
였음이니라
16 주께서 이같이 내게 이르시되 품꾼
의 정한 기한같이 일 년 내에 게달
의 영광이 다 쇠멸하리니
17 게달 자손 중 활 가진 용사의 남은
수가 적으리라 하시니라 이스라엘
의 하나님 여호와의 말씀이니라

환상의 골짜기에 관한 경고

22 환상의 골짜기에 관한 경고라
●네가 지붕에 올라감은 어찌
함인고
2 소란하며 떠들던 성, 즐거워하던
고을이여 너의 죽임을 당한 자들은
칼에 죽은 것도 아니요 전쟁에 사
망한 것도 아니라
3 너의 관원들도 다 함께 도망하였다
가 활을 버리고 결박을 당하였고
너의 멀리 도망한 자들도 발견되어
다 함께 결박을 당하였도다
4 그러므로 내가 말하노니 돌이켜 나
를 보지 말지어다 나는 슬피 통곡
하겠노라 내 딸 백성이 패망하였음
으로 말미암아 나를 위로하려고 힘
쓰지 말지니라
5 ●환상의 골짜기에 주 만군의 여호
와께로부터 이르는 소란과 밟힘과
혼란의 날이여 성벽의 무너뜨림
과 산악에 사무쳐 부르짖는 소리로
다
6 엘람 사람은 화살통을 메었고 병거
탄 자와 마병이 함께하였고 기르
사람은 방패를 드러냈으니
7 병거는 네 아름다운 골짜기에 가득
하였고 마병은 성문에 정렬되었도
다
8 그가 유다에게 덮였던 것을 벗기매
그날에야 네가 수풀 곳간의 병기를
바라보았고
9 너희가 다윗 성의 무너진 곳이 많
은 것도 보며 너희가 아랫못의 물
도 모으며
10 또 예루살렘의 가옥을 계수하며 그
가옥을 헐어 성벽을 견고하게도 하
며
11 너희가 또 옛 못의 물을 위하여 두
성벽 사이에 저수지를 만들었느니
라 그러나 너희가 이를 행하신 이
를 앙망하지 아니하였고 이 일을
옛적부터 경영하신 이를 공경하지
아니하였느니라

1) 하였도다

12 ●그날에 주 만군의 여호와께서 명
령하사 통곡하며 애곡하며 머리
털을 뜯으며 굵은 베를 띠라 하셨
거늘
13 너희가 기뻐하며 즐거워하여 소를
죽이고 양을 잡아 고기를 먹고 포
도주를 마시면서 내일 죽으리니 먹
고 마시자 하는도다
14 만군의 여호와께서 친히 내 귀에
들려 이르시되 진실로 이 죄악은
너희가 죽기까지 용서하지 못하리
라 하셨느니라 주 만군의 여호와의
말씀이니라

셉나에게 경고하시다

15 ●주 만군의 여호와께서 이르시되
너는 가서 그 국고를 맡고 왕궁 맡
은 자 셉나를 보고 이르기를
16 네가 여기와 무슨 관계가 있느냐
여기에 누가 있기에 여기서 너를
위하여 묘실을 팠느냐 높은 곳에
자기를 위하여 묘실을 팠고 반석에
자기를 위하여 처소를 쪼아내었도
다
17 나 여호와가 너를 단단히 결박하고
장사같이 세게 던지되
18 반드시 너를 모질게 감싸서 공같이
광막한 곳에 던질 것이라 주인의
집에 수치를 끼치는 너여 네가 그
곳에서 죽겠고 네 영광의 수레도
거기에 있으리라
19 내가 너를 네 관직에서 쫓아내며
네 지위에서 낮추리니
20 그날에 내가 힐기야의 아들 내 종
엘리아김을 불러
21 네 옷을 그에게 입히며 네 띠를 그
에게 띠워 힘있게 하고 *네* 정권을
그의 손에 맡기리니 그가 예루살렘
주민과 유다의 집의 아버지가 될
것이며
22 내가 또 다윗의 집의 열쇠를 그의
어깨에 두리니 그가 열면 닫을 자
가 없겠고 닫으면 열 자가 없으리
라
23 못이 단단한 곳에 박힘같이 그를
견고하게 하리니 그가 그의 아버지
집에 영광의 보좌가 될 것이요
24 그의 아버지 집의 모든 영광이 그
위에 걸리리니 그 후손과 족속 되
는 각 작은 그릇 곧 종지로부터 모
든 항아리까지니라
25 만군의 여호와께서 이르시되 그날
에는 단단한 곳에 박혔던 못이 삭
으리니 그 못이 부러져 떨어지므로
그 위에 걸린 물건이 부서지리라
하셨다 하라 나 여호와의 말이니라

두로와 시돈에 대한 경고

23 두로에 관한 경고라 ●다시스
의 배들아 너희는 슬피 부르
짖을지어다 두로가 황무하여 집이
없고 들어갈 곳도 없음이요 이 소
식이 깃딤 땅에서부터 그들에게 전
파되었음이라
2 바다에 왕래하는 시돈 상인들로 말
미암아 부요하게 된 너희 해변 주
민들아 잠잠하라
3 시홀의 곡식 곧 나일의 추수를 큰
물로 수송하여 들였으니 열국의 시
장이 되었도다
4 시돈이여 너는 부끄러워할지어다
대저 바다 곧 바다의 요새가 말하
기를 나는 산고를 겪지 못하였으며
출산하지 못하였으며 청년들을 양
육하지도 못하였으며 처녀들을 생
육하지도 못하였다 하였음이라
5 그 소식이 애굽에 이르면 그들이
두로의 소식으로 말미암아 고통받
으리로다
6 너희는 다시스로 건너갈지어다 해
변 주민아 너희는 슬피 부르짖을지
어다

7 이것이 옛날에 건설된 너희 희락의
성 곧 그 백성이 자기 발로 먼 지방
까지 가서 머물던 성읍이냐
8 ●면류관을 씌우던 자요 그 상인들
은 고관들이요 그 무역상들은 세상
에 존귀한 자들이었던 두로에 대하
여 누가 이 일을 정하였느냐
9 만군의 여호와께서 그것을 정하신
것이라 모든 누리던 영화를 욕되게
하시며 세상의 모든 교만하던 자가
멸시를 받게 하려 하심이라
10 딸 다시스여 나일같이 너희 땅에
넘칠지어다 너를 속박함이 다시는
없으리라
11 여호와께서 바다 위에 그의 손을
펴사 열방을 흔드시며 여호와께서
가나안에 대하여 명령을 내려 그
견고한 성들을 무너뜨리게 하시고
12 이르시되 너 학대받은 처녀 딸 시
돈아 네게 다시는 희락이 없으리니
일어나 깃딤으로 건너가라 거기에
서도 네가 평안을 얻지 못하리라
하셨느니라
13 ●갈대아 사람의 땅을 보라 그 백
성이 없어졌나니 곧 앗수르 사람이
그곳을 들짐승이 사는 곳이 되게
하였으되 그들이 망대를 세우고 궁
전을 헐어 황무하게 하였느니라
14 다시스의 배들아 너희는 슬피 부르
짖으라 너희의 견고한 성이 파괴되
었느니라
15 그날부터 두로가 한 왕의 연한같이
칠십 년 동안 잊어버린 바 되었다
가 칠십 년이 찬 후에 두로는 기생
의 노래같이 될 것이라
16 잊어버린 바 되었던 너 음녀여 수
금을 가지고 성읍에 두루 다니며
기묘한 곡조로 많은 노래를 불러서
너를 다시 기억하게 하라 하였느니
라
17 칠십 년이 찬 후에 여호와께서 두
로를 돌보시리니 그가 다시 값을
받고 지면에 있는 열방과 음란을
행할 것이며
18 그 무역한 것과 이익을 거룩히 여
호와께 돌리고 간직하거나 쌓아 두
지 아니하리니 그 무역한 것이 여
호와 앞에 사는 자가 배불리 먹을
양식, 잘 입을 옷감이 되리라

여호와께서 땅을 벌하시리라

24 보라 여호와께서 땅을 공허하
게 하시며 황폐하게 하시며
지면을 뒤집어엎으시고 그 주민을
흩으시리니
2 백성과 제사장이 같을 것이며 종과
상전이 같을 것이며 여종과 여주인
이 같을 것이며 사는 자와 파는 자
가 같을 것이며 빌려 주는 자와 빌
리는 자가 같을 것이며 이자를 받
는 자와 이자를 내는 자가 같을 것
이라
3 땅이 온전히 공허하게 되고 온전히
황무하게 되리라 여호와께서 이 말
씀을 하셨느니라
4 땅이 슬퍼하고 쇠잔하며 세계가 쇠
약하고 쇠잔하며 세상 백성 중에
높은 자가 쇠약하며
5 땅이 또한 그 주민 아래서 더럽게
되었으니 이는 그들이 율법을 범하
며 율례를 어기며 영원한 언약을
깨뜨렸음이라
6 그러므로 저주가 땅을 삼켰고 그
중에 사는 자들이 정죄함을 당하였
고 땅의 주민이 불타서 남은 자가
적도다
7 새 포도즙이 슬퍼하고 포도나무가
쇠잔하며 마음이 즐겁던 자가 다
탄식하며
8 소고 치는 기쁨이 그치고 즐거워하
는 자의 소리가 끊어지고 수금 타

는 기쁨이 그쳤으며
9 노래하면서 포도주를 마시지 못하
고 독주는 그 마시는 자에게 쓰게
될 것이라
10 약탈을 당한 성읍이 허물어지고
집마다 닫혀서 들어가는 자가 없으
며
11 포도주가 없으므로 거리에서 부르
짖으며 모든 즐거움이 사라졌으며
땅의 기쁨이 소멸되었도다
12 성읍이 황무하고 성문이 파괴되었
느니라
13 세계 민족 중에 이러한 일이 있으
리니 곧 감람나무를 흔듦 같고 포
도를 거둔 후에 그 남은 것을 주움
같을 것이니라
14 ●무리가 소리를 높여 부를 것이며
여호와의 위엄으로 말미암아 바다
에서부터 크게 외치리니
15 그러므로 너희가 동방에서 여호와
를 영화롭게 하며 바다 모든 섬에
서 이스라엘의 하나님 여호와의 이
름을 영화롭게 할 것이라
16 땅끝에서부터 노래하는 소리가 우
리에게 들리기를 의로우신 이에게
영광을 돌리세 하도다 그러나 나는
이르기를 나는 쇠잔하였고 나는 쇠
잔하였으니 내게 화가 있도다 배신
자들은 배신하고 배신자들이 크게
배신하였도다
17 땅의 주민아 두려움과 함정과 올무
가 네게 이르렀나니
18 두려운 소리로 말미암아 도망하는
자는 함정에 빠지겠고 함정 속에서
올라오는 자는 올무에 걸리리니 이
는 위에 있는 문이 열리고 땅의 기
초가 진동함이라
19 땅이 깨지고 깨지며 땅이 갈라지고
갈라지며 땅이 흔들리고 흔들리며
20 땅이 취한 자같이 비틀비틀하며 원
두막같이 흔들리며 그 위의 죄악이
중하므로 떨어져서 다시는 일어나
지 못하리라
21 ●그날에 여호와께서 높은 데에서
높은 군대를 벌하시며 땅에서 땅의
왕들을 벌하시리니
22 그들이 죄수가 깊은 옥에 모임같이
모이게 되고 옥에 갇혔다가 여러
날 후에 형벌을 받을 것이라
23 그때에 달이 수치를 당하고 해가
부끄러워하리니 이는 만군의 여호
와께서 시온 산과 예루살렘에서 왕
이 되시고 그 장로들 앞에서 영광
을 나타내실 것임이라

찬송

25 여호와여 주는 나의 하나님이
시라 내가 주를 높이고 주의
이름을 찬송하오리니 주는 기사를
옛적에 정하신 뜻대로 성실함과 진
실함으로 행하셨음이라
2 주께서 성읍을 돌무더기로 만드시
며 견고한 성읍을 황폐하게 하시며
외인의 궁성을 성읍이 되지 못하게
하사 영원히 건설되지 못하게 하셨
으므로
3 강한 민족이 주를 영화롭게 하며
포학한 나라들의 성읍이 주를 경외
하리이다
4 주는 포학자의 기세가 성벽을 치는
폭풍과 같을 때에 빈궁한 자의 요
새이시며 환난 당한 가난한 자의
요새이시며 폭풍 중의 피난처시며
폭양을 피하는 그늘이 되셨사오니
5 마른 땅에 폭양을 제함같이 주께서
이방인의 소란을 그치게 하시며 폭
양을 구름으로 가림같이 포학한 자
의 노래를 낮추시리이다

여호와께서 연회를 베푸시리라

6 ●만군의 여호와께서 이 산에서 만
민을 위하여 기름진 것과 오래 저

장하였던 포도주로 연회를 베푸시
리니 곧 골수가 가득한 기름진 것
과 오래 저장하였던 맑은 포도주로
하실 것이며
7 또 이 산에서 모든 민족의 얼굴을
가린 가리개와 열방 위에 덮인 덮
개를 제하시며
8 사망을 영원히 멸하실 것이라 주
여호와께서 모든 얼굴에서 눈물을
씻기시며 자기 백성의 수치를 온
천하에서 제하시리라 여호와께서
이같이 말씀하셨느니라

여호와께서 모압을 벌하시리라

9 ●그날에 말하기를 이는 우리의 하
나님이시라 우리가 그를 기다렸으
니 그가 우리를 구원하시리로다 이
는 여호와시라 우리가 그를 기다렸
으니 우리는 그의 구원을 기뻐하며
즐거워하리라 할 것이며
10 여호와의 손이 이 산에 나타나시리
니 모압이 거름물 속에서 초개가
밟힘같이 자기 처소에서 밟힐 것인
즉
11 그가 헤엄치는 자가 헤엄치려고 손
을 폄같이 그 속에서 그의 손을 펼
것이나 여호와께서 그의 교만으로
인하여 그 손이 능숙함에도 불구하
고 그를 누르실 것이라
12 네 성벽의 높은 요새를 헐어 땅에
내리시되 진토에 미치게 하시리라

여호와께서 백성에게 승리를 주시리라

26 그날에 유다 땅에서 이 노래
를 부르리라 우리에게 견고
한 성읍이 있음이여 여호와께서
구원을 성벽과 외벽으로 삼으시리
로다
2 너희는 문들을 열고 신의를 지키는
의로운 나라가 들어오게 할지어
다
3 주께서 심지가 견고한 자를 평강하
고 평강하도록 지키시리니 이는 그
가 주를 신뢰함이니이다
4 너희는 여호와를 영원히 신뢰하라
주 여호와는 영원한 반석이심이로
다
5 높은 데에 거주하는 자를 낮추시며
솟은 성을 헐어 땅에 엎으시되 진
토에 미치게 하셨도다
6 발이 그것을 밟으리니 곧 빈궁한
자의 발과 곤핍한 자의 걸음이리로
다
7 의인의 길은 정직함이여 정직하신
주께서 의인의 첩경을 평탄하게 하
시도다
8 ●여호와여 주께서 심판하시는 길
에서 우리가 주를 기다렸사오며 주
의 이름을 위하여 또 주를 기억하
려고 우리 영혼이 사모하나이다
9 밤에 내 영혼이 주를 사모하였사온
즉 내 중심이 주를 간절히 구하오
리니 이는 주께서 땅에서 심판하시
는 때에 세계의 거민이 의를 배움
이니이다
10 악인은 은총을 입을지라도 의를 배
우지 아니하며 정직한 자의 땅에서
불의를 행하고 여호와의 위엄을 돌
아보지 아니하는도다
11 ●여호와여 주의 손이 높이 들릴지
라도 그들이 보지 아니하오나 백성
을 위하시는 주의 열성을 보면 부
끄러워할 것이라 불이 주의 대적들
을 사르리이다
12 여호와여 주께서 우리를 위하여 평
강을 베푸시오리니 주께서 우리의
모든 일도 우리를 위하여 이루심이
니이다
13 여호와 우리 하나님이시여 주 외에
다른 주들이 우리를 관할하였사오
나 우리는 주만 의지하고 주의 이
름을 부르리이다

14 그들은 죽었은즉 다시 살지 못하겠
고 [1]사망하였은즉 일어나지 못할
것이니 이는 주께서 벌하여 그들을
멸하사 그들의 모든 기억을 없이하
셨음이니이다
15 여호와여 주께서 이 나라를 더 크
게 하셨고 이 나라를 더 크게 하셨
나이다 스스로 영광을 얻으시고 이
땅의 모든 경계를 확장하셨나이다
16 ●여호와여 그들이 환난 중에 주를
앙모하였사오며 주의 징벌이 그들
에게 임할 때에 그들이 간절히 주
께 기도하였나이다
17 여호와여 잉태한 여인이 산기가 임
박하여 산고를 겪으며 부르짖음같
이 우리가 주 앞에서 그와 같으니
이다
18 우리가 잉태하고 산고를 당하였을
지라도 바람을 낳은 것 같아서 땅
에 구원을 베풀지 못하였고 세계의
거민을 출산하지 못하였나이다
19 주의 죽은 자들은 살아나고 [2]그들
의 시체들은 일어나리이다 티끌에
누운 자들아 너희는 깨어 노래하
라 주의 이슬은 빛난 이슬이니 땅
이 [3]죽은 자들을 내놓으리로다

심판과 회복

20 ●내 백성아 갈지어다 네 밀실에
들어가서 네 문을 닫고 분노가 지
나기까지 잠깐 숨을지어다
21 보라 여호와께서 그의 처소에서 나
오사 땅의 거민의 죄악을 벌하실
것이라 땅이 그 위에 잦았던 피를
드러내고 그 살해당한 자를 다시는
덮지 아니하리라

27 그날에 여호와께서 그의 견고
하고 크고 강한 칼로 날랜 뱀
리워야단 곧 꼬불꼬불한 뱀 리워야
단을 벌하시며 바다에 있는 [4]용을
죽이시리라

2 ●그날에 너희는 아름다운 포도원
을 두고 노래를 부를지어다
3 나 여호와는 포도원지기가 됨이여
때때로 물을 주며 밤낮으로 간수하
여 아무든지 이를 해치지 못하게
하리로다
4 나는 포도원에 대하여 노함이 없나
니 찔레와 가시가 나를 대적하여
싸운다 하자 내가 그것을 밟고 모
아 불사르리라
5 그리하지 아니하면 내 힘을 의지하
고 나와 화친하며 나와 화친할 것
이니라
6 후일에는 야곱의 뿌리가 박히며 이
스라엘의 움이 돋고 꽃이 필 것이
라 그들이 그 결실로 지면을 채우
리로다
7 ●주께서 그 백성을 치셨던들 그
백성을 친 자들을 치심과 같았겠으
며 백성이 죽임을 당하였던들 백성
을 죽인 자가 죽임을 당함과 같았
겠느냐
8 주께서 백성을 적당하게 견책하사
쫓아내실 때에 동풍 부는 날에 폭
풍으로 그들을 옮기셨느니라
9 야곱의 불의가 속함을 얻으며 그의
죄 없이함을 받을 결과는 이로 말
미암나니 곧 그가 제단의 모든 돌
을 부서진 횟돌 같게 하며 아세라
와 태양상이 다시 서지 못하게 함
에 있는 것이라
10 대저 견고한 성읍은 적막하고 거처
가 황무하며 버림받아 광야와 같은
즉 송아지가 거기에서 먹고 거기에
누우며 그 나무 가지를 먹어 없이
하리라
11 가지가 마르면 꺾이나니 여인들이
와서 그것을 불사를 것이라 백성이

1) 음령이 되었은즉 2) 히, 나의. 수리아역과 탈굼, 그들의 3) 음령을 4) 악어를

지각이 없으므로 그들을 지으신 이
가 불쌍히 여기지 아니하시며 그들
을 조성하신 이가 은혜를 베풀지
아니하시리라
12 ●너희 이스라엘 자손들아 그날에
여호와께서 창일하는 [1]하수에서부
터 애굽 시내에까지 과실을 떠는
것같이 너희를 하나하나 모으시리
라
13 ●그날에 큰 나팔을 불리니 앗수르
땅에서 멸망하는 자들과 애굽 땅
으로 쫓겨난 자들이 돌아와서 예
루살렘 성산에서 여호와께 예배하
리라

에브라임의 면류관이 밟히리라

28 에브라임의 술 취한 자들의
교만한 면류관은 화 있을진저
술에 빠진 자의 성 곧 영화로운 관
같이 기름진 골짜기 꼭대기에 세운
성이여 쇠잔해 가는 꽃 같으니 화
있을진저
2 보라 주께 있는 강하고 힘있는 자
가 쏟아지는 우박같이, 파괴하는
광풍같이, 큰물이 넘침같이 손으로
그 면류관을 땅에 던지리니
3 에브라임의 술 취한 자들의 교만한
면류관이 발에 밟힐 것이라
4 그 기름진 골짜기 꼭대기에 있는
그의 영화가 쇠잔해 가는 꽃이 여
름 전에 처음 익은 무화과와 같으
리니 보는 자가 그것을 보고 얼른
따서 먹으리로다
5 그날에 만군의 여호와께서 자기 백
성의 남은 자에게 영화로운 면류관
이 되시며 아름다운 화관이 되실
것이라
6 재판석에 앉은 자에게는 판결하는
영이 되시며 성문에서 싸움을 물리
치는 자에게는 힘이 되시리로다
7 그리하여도 이들은 포도주로 말미
암아 옆 걸음 치며 독주로 말미암
아 비틀거리며 제사장과 선지자도
독주로 말미암아 옆 걸음 치며 포
도주에 빠지며 독주로 말미암아 비
틀거리며 환상을 잘못 풀며 재판할
때에 실수하나니
8 모든 상에는 토한 것, 더러운 것이
가득하고 깨끗한 곳이 없도다

여호와께서 그들이 붙잡히게 하시리라

9 ●그들이 이르기를 그가 누구에게
지식을 가르치며 누구에게 도를 전
하여 깨닫게 하려는가 젖 떨어져
품을 떠난 자들에게 하려는가
10 대저 경계에 경계를 더하며 경계에
경계를 더하며 교훈에 교훈을 더하
며 교훈에 교훈을 더하되 여기서도
조금, 저기서도 조금 하는구나 하
는도다
11 ●그러므로 더듬는 입술과 다른 방
언으로 그가 이 백성에게 말씀하시
리라
12 전에 그들에게 이르시기를 이것이
너희 안식이요 이것이 너희 상쾌함
이니 너희는 곤비한 자에게 안식을
주라 하셨으나 그들이 듣지 아니하
였으므로
13 여호와께서 그들에게 말씀하시되
경계에 경계를 더하며 경계에 경계
를 더하며 교훈에 교훈을 더하며
교훈에 교훈을 더하고 여기서도 조
금, 저기서도 조금 하사 그들이 가
다가 뒤로 넘어져 부러지며 걸리며
붙잡히게 하시리라

시온의 기초 돌

14 ●이러므로 예루살렘에서 이 백성
을 다스리는 너희 오만한 자여 여
호와의 말씀을 들을지어다
15 너희가 말하기를 우리는 사망과 언
약하였고 스올과 맹약하였은즉 넘

1) 유브라데 하수

치는 재앙이 밀려올지라도 우리에
게 미치지 못하리니 우리는 거짓을
우리의 피난처로 삼았고 허위 아래
에 우리를 숨겼음이라 하는도다
16 그러므로 주 여호와께서 이같이 이
르시되 보라 내가 한 돌을 시온에
두어 기초를 삼았노니 곧 시험한
돌이요 귀하고 견고한 기촛돌이라
그것을 믿는 이는 다급하게 되지
아니하리로다
17 나는 정의를 측량줄로 삼고 공의를
저울추로 삼으니 우박이 거짓의 피
난처를 소탕하며 물이 그 숨는 곳
에 넘칠 것인즉
18 너희가 사망과 더불어 세운 언약이
폐하며 스올과 더불어 맺은 맹약이
서지 못하여 넘치는 재앙이 밀려올
때에 너희가 그것에게 밟힘을 당할
것이라
19 그것이 지나갈 때마다 너희를 잡을
것이니 아침마다 지나가며 주야로
지나가리니 소식을 깨닫는 것이 오
직 두려움이라
20 침상이 짧아서 능히 몸을 펴지 못
하며 이불이 좁아서 능히 몸을 싸
지 못함 같으리라 하셨느니라
21 대저 여호와께서 브라심 산에서와
같이 일어나시며 기브온 골짜기에
서와 같이 진노하사 자기의 일을
행하시리니 그의 일이 비상할 것이
며 자기의 사역을 이루시리니 그의
사역이 기이할 것임이라
22 그러므로 너희는 오만한 자가 되지
말라 너희 결박이 단단해질까 하노
라 대저 온 땅을 멸망시키기로 작
정하신 것을 내가 만군의 주 여호
와께로부터 들었느니라

여호와의 모략과 지혜

23 ●너희는 귀를 기울여 내 목소리를
들으라 자세히 내 말을 들으라
24 파종하려고 가는 자가 어찌 쉬지
않고 갈기만 하겠느냐 자기 땅을
개간하며 고르게만 하겠느냐
25 지면을 이미 평평히 하였으면 소회
향을 뿌리며 대회향을 뿌리며 소맥
을 줄줄이 심으며 대맥을 정한 곳
에 심으며 귀리를 그 가에 심지 아
니하겠느냐
26 이는 그의 하나님이 그에게 적당한
방법을 보이사 가르치셨음이며
27 소회향은 도리깨로 떨지 아니하며
대회향에는 수레바퀴를 굴리지 아
니하고 소회향은 작대기로 떨고 대
회향은 막대기로 떨며
28 곡식은 부수는가, 아니라 늘 떨기
만 하지 아니하고 그것에 수레바퀴
를 굴리고 그것을 말굽으로 밟게
할지라도 부수지는 아니하나니
29 이도 만군의 여호와께로부터 난 것
이라 그의 경영은 기묘하며 지혜는
광대하니라

아리엘을 괴롭게 하리라

29 슬프다 [1]아리엘이여 아리엘이
여 다윗이 진친 성읍이여 해
마다 절기가 돌아오려니와
2 내가 아리엘을 괴롭게 하리니 그가
슬퍼하고 애곡하며 내게 [2]아리엘과
같이 되리라
3 내가 너를 사면으로 둘러 진을 치
며 너를 에워 대를 쌓아 너를 치리
니
4 네가 낮아져서 땅에서 말하며 네
말소리가 나직이 티끌에서 날 것이
라 네 목소리가 신접한 자의 목소
리같이 땅에서 나며 네 말소리가
티끌에서 지껄이리라
5 ●그럴지라도 네 대적의 무리는 세
미한 티끌 같겠고 강포한 자의 무
리는 날려 가는 겨 같으리니 그 일

1) 예루살렘을 가리킴 2) 하나님의 제단의 면

이 순식간에 갑자기 일어날 것이
라
6 만군의 여호와께서 우레와 지진과
큰 소리와 회오리바람과 폭풍과 맹
렬한 불꽃으로 그들을 징벌하실 것
인즉
7 아리엘을 치는 열방의 무리 곧 아
리엘과 그 요새를 쳐서 그를 곤고
하게 하는 모든 자는 꿈같이, 밤의
환상같이 되리니
8 주린 자가 꿈에 먹었을지라도 깨면
그 속은 여전히 비고 목마른 자가
꿈에 마셨을지라도 깨면 곤비하며
그 속에 갈증이 있는 것같이 시온
산을 치는 열방의 무리가 그와 같
으리라

입술로는 공경하나 마음은 떠났다

9 ●너희는 놀라고 놀라라 너희는 맹
인이 되고 맹인이 되라 그들의 취
함이 포도주로 말미암음이 아니며
그들의 비틀거림이 독주로 말미암
음이 아니니라
10 대저 여호와께서 깊이 잠들게 하는
영을 너희에게 부어 주사 너희의
눈을 감기셨음이니 그가 선지자들
과 너희의 지도자인 선견자들을 덮
으셨음이라
11 그러므로 모든 계시가 너희에게는
봉한 책의 말처럼 되었으니 그것을
글 아는 자에게 주며 이르기를 그
대에게 청하노니 이를 읽으라 하면
그가 대답하기를 그것이 봉해졌으
니 나는 못 읽겠노라 할 것이요
12 또 그 책을 글 모르는 자에게 주며
이르기를 그대에게 청하노니 이를
읽으라 하면 그가 대답하기를 나는
글을 모른다 할 것이니라
13 ●주께서 이르시되 이 백성이 입으
로는 나를 가까이하며 입술로는 나
를 공경하나 그들의 마음은 내게서
멀리 떠났나니 그들이 나를 경외함
은 사람의 계명으로 가르침을 받았
을 뿐이라
14 그러므로 내가 이 백성 중에 기이
한 일 곧 기이하고 가장 기이한 일
을 다시 행하리니 그들 중에서 지
혜자의 지혜가 없어지고 명철자의
총명이 가려지리라

이제부터는 교훈을 받으리라

15 ●자기의 계획을 여호와께 깊이 숨
기려 하는 자들은 화 있을진저 그
들의 일을 어두운 데에서 행하며
이르기를 누가 우리를 보랴 누가
우리를 알랴 하니
16 너희의 패역함이 심하도다 토기장
이를 어찌 진흙같이 여기겠느냐 지
음을 받은 물건이 어찌 자기를 지
은 이에게 대하여 이르기를 그가
나를 짓지 아니하였다 하겠으며 빚
음을 받은 물건이 자기를 빚은 이
에게 대하여 이르기를 그가 총명이
없다 하겠느냐
17 ●오래지 아니하여 레바논이 기름
진 밭으로 변하지 아니하겠으며 기
름진 밭이 숲으로 여겨지지 아니하
겠느냐
18 그날에 못 듣는 사람이 책의 말을
들을 것이며 어둡고 캄캄한 데에서
맹인의 눈이 볼 것이며
19 겸손한 자에게 여호와로 말미암아
기쁨이 더하겠고 사람 중 가난한
자가 이스라엘의 거룩하신 이로 말
미암아 즐거워하리니
20 이는 강포한 자가 소멸되었으며 오
만한 자가 그쳤으며 죄악의 기회를
엿보던 자가 다 끊어졌음이라
21 그들은 송사로 사람에게 죄를 씌우
며 성문에서 판단하는 자를 올무로
잡듯 하며 헛된 일로 의인을 억울
하게 하느니라

22 ●그러므로 아브라함을 구속하신
여호와께서 야곱 족속에 대하여 이
같이 말씀하시되 야곱이 이제는 부
끄러워하지 아니하겠고 그의 얼굴
이 이제는 창백해지지 아니할 것이
며
23 그의 자손은 내 손이 그 가운데에
서 행한 것을 볼 때에 내 이름을 거
룩하다 하며 야곱의 거룩한 이를
거룩하다 하며 이스라엘의 하나님
을 경외할 것이며
24 마음이 혼미하던 자들도 총명하게
되며 원망하던 자들도 교훈을 받으
리라 하셨느니라

애굽과 맺은 맹약이 헛되다

30 여호와께서 이르시되 패역한
자식들은 화 있을진저 그들이
계교를 베푸나 나로 말미암지 아니
하며 맹약을 맺으나 나의 영으로
말미암지 아니하고 죄에 죄를 더하
도다
2 그들이 바로의 세력 안에서 스스로
강하려 하며 애굽의 그늘에 피하려
하여 애굽으로 내려갔으되 나의 입
에 묻지 아니하였도다
3 그러므로 바로의 세력이 너희의 수
치가 되며 애굽의 그늘에 피함이
너희의 수욕이 될 것이라
4 그 고관들이 소안에 있고 그 사신
들이 하네스에 이르렀으나
5 그들이 다 자기를 유익하게 하지
못하는 민족으로 말미암아 수치를
당하리니 그 민족이 돕지도 못하며
유익하게도 못하고 수치가 되게 하
며 수욕이 되게 할 뿐임이니라
6 ●네겝 짐승들에 관한 경고라 ●사
신들이 그들의 재물을 어린 나귀
등에 싣고 그들의 보물을 낙타 안
장에 얹고 암사자와 수사자와 독사
와 및 날아다니는 불뱀이 나오는
위험하고 곤고한 땅을 지나 자기에
게 무익한 민족에게로 갔으나
7 애굽의 도움은 헛되고 무익하니라
그러므로 내가 애굽을 가만히 앉은
라합이라 일컬었느니라

패역한 백성

8 ●이제 가서 백성 앞에서 서판에
기록하며 책에 써서 [1)]후세에 영원
히 있게 하라
9 대저 이는 패역한 백성이요 거짓말
하는 자식들이요 여호와의 법을 듣
기 싫어하는 자식들이라
10 그들이 선견자들에게 이르기를 선
견하지 말라 선지자들에게 이르기
를 우리에게 바른 것을 보이지 말
라 우리에게 부드러운 말을 하라
거짓된 것을 보이라
11 너희는 바른 길을 버리며 첩경에서
돌이키라 이스라엘의 거룩하신 이
를 우리 앞에서 떠나시게 하라 하
는도다
12 이러므로 이스라엘의 거룩하신 이
가 이같이 말씀하시되 너희가 이
말을 업신여기고 압박과 허망을 믿
어 그것을 의지하니
13 이 죄악이 너희에게 마치 무너지려
고 터진 담이 불쑥 나와 순식간에
무너짐 같게 되리라 하셨은즉
14 그가 이 나라를 무너뜨리시되 토기
장이가 그릇을 깨뜨림같이 아낌이
없이 부수시리니 그 조각 중에서,
아궁이에서 불을 붙이거나 물 웅덩
이에서 물을 뜰 것도 얻지 못하리
라
15 ●주 여호와 이스라엘의 거룩하신
이가 이같이 말씀하시되 너희가 돌
이켜 조용히 있어야 구원을 얻을
것이요 잠잠하고 신뢰하여야 힘을
얻을 것이거늘 너희가 원하지 아니

1) 전하여 영영한 증거를 삼으라

하고
16 이르기를 아니라 우리가 말 타고
도망하리라 하였으므로 너희가 도
망할 것이요 또 이르기를 우리가
빠른 짐승을 타리라 하였으므로 너
희를 쫓는 자들이 빠르리니
17 한 사람이 꾸짖은즉 천 사람이 도
망하겠고 다섯이 꾸짖은즉 너희가
다 도망하고 너희 남은 자는 겨우
산꼭대기의 깃대 같겠고 산마루 위
의 기치 같으리라 하셨느니라

하나님을 기다리는 자는 복이 있도다

18 ●그러나 여호와께서 기다리시나
니 이는 너희에게 은혜를 베풀려
하심이요 일어나시리니 이는 너
희를 긍휼히 여기려 하심이라 대
저 여호와는 정의의 하나님이심
이라 그를 기다리는 자마다 복이
있도다
19 시온에 거주하며 예루살렘에 거주
하는 백성아 너는 다시 통곡하지
아니할 것이라 그가 네 부르짖는
소리로 말미암아 네게 은혜를 베푸
시되 그가 들으실 때에 네게 응답
하시리라
20 주께서 너희에게 환난의 떡과 고생
의 물을 주시나 네 스승은 다시 숨
기지 아니하시리니 네 눈이 네 스
승을 볼 것이며
21 너희가 오른쪽으로 치우치든지 왼
쪽으로 치우치든지 네 뒤에서 말소
리가 네 귀에 들려 이르기를 이것
이 바른 길이니 너희는 이리로 가
라 할 것이며
22 또 너희가 너희 조각한 우상에 입
힌 은과 부어 만든 우상에 올린 금
을 더럽게 하여 [1]불결한 물건을 던
짐같이 던지며 이르기를 나가라 하
리라
23 ●네가 땅에 뿌린 종자에 주께서
비를 주사 땅이 먹을 것을 내며 곡
식이 풍성하고 기름지게 하실 것이
며 그날에 네 가축이 광활한 목장
에서 먹을 것이요
24 밭 가는 소와 어린 나귀도 키와 쇠
스랑으로 까부르고 [2]맛있게 한 먹
이를 먹을 것이며
25 크게 살륙하는 날 망대가 무너질
때에 고산마다 준령마다 그 위에
개울과 시냇물이 흐를 것이며
26 여호와께서 자기 백성의 상처를 싸
매시며 그들의 맞은 자리를 고치시
는 날에는 달빛은 햇빛 같겠고 햇
빛은 일곱 배가 되어 일곱 날의 빛
과 같으리라

여호와께서 앗수르를 치시리라

27 ●보라 여호와의 이름이 원방에서
부터 오되 그의 진노가 불 붙듯 하
며 빽빽한 연기가 일어나듯 하며
그의 입술에는 분노가 찼으며 그의
혀는 맹렬한 불 같으며
28 그의 호흡은 마치 창일하여 목에까
지 미치는 하수 같은즉 그가 멸하
는 키로 열방을 까부르며 여러 민
족의 입에 미혹하는 재갈을 물리시
리니
29 너희가 거룩한 절기를 지키는 밤에
하듯이 노래할 것이며 피리를 불며
여호와의 산으로 가서 이스라엘의
반석에게로 나아가는 자같이 마음
에 즐거워할 것이라
30 여호와께서 그의 장엄한 목소리를
듣게 하시며 혁혁한 진노로 그의
팔의 치심을 보이시되 맹렬한 화염
과 폭풍과 폭우와 우박으로 하시리
니
31 여호와의 목소리에 앗수르가 낙담
할 것이며 주께서는 막대기로 치실
것이라

1) 월경대를 2) 히, 소금 친

32 여호와께서 예정하신 몽둥이를 앗
수르 위에 더하실 때마다 소고를
치며 수금을 탈 것이며 그는 전쟁
때에 팔을 들어 그들을 치시리라
33 대저 도벳은 이미 세워졌고 또 왕
을 위하여 예비된 것이라 깊고 넓
게 하였고 거기에 불과 많은 나무
가 있은즉 여호와의 호흡이 유황
개천 같아서 이를 사르시리라

31 도움을 구하러 애굽으로 내려
가는 자들은 화 있을진저 그들
은 말을 의지하며 병거의 많음과
마병의 심히 강함을 의지하고 이스
라엘의 거룩하신 이를 앙모하지 아
니하며 여호와를 구하지 아니하나
니
2 여호와께서도 지혜로우신즉 재앙
을 내리실 것이라 그의 말씀들을
변하게 하지 아니하시고 일어나사
악행하는 자들의 집을 치시며 행악
을 돕는 자들을 치시리니
3 애굽은 사람이요 신이 아니며 그들
의 말들은 육체요 영이 아니라 여
호와께서 그의 손을 펴시면 돕는
자도 넘어지며 도움을 받는 자도
엎드러져서 다 함께 멸망하리라
4 ●여호와께서 이같이 내게 이르시
되 큰 사자나 젊은 사자가 자기의
먹이를 움키고 으르렁거릴 때에 그
것을 치려고 여러 목자를 불러 왔
다 할지라도 그것이 그들의 소리로
말미암아 놀라지 아니할 것이요 그
들의 떠듦으로 말미암아 굴복하지
아니할 것이라 이와 같이 나 만군
의 여호와가 강림하여 시온 산과
그 언덕에서 싸울 것이라
5 새가 날개 치며 그 새끼를 보호함
같이 나 만군의 여호와가 예루살렘
을 보호할 것이라 그것을 호위하며
건지며 뛰어넘어 구원하리라 하셨
느니라
6 [1]이스라엘 자손들아 너희는 심히
거역하던 자에게로 돌아오라
7 너희가 자기 손으로 만들어 범죄한
은 우상, 금 우상을 그날에는 각 사
람이 던져 버릴 것이며
8 앗수르는 칼에 엎드러질 것이나 사
람의 칼로 말미암음이 아니겠고 칼
에 삼켜질 것이나 사람의 칼로 말
미암음이 아닐 것이며 그는 칼 앞
에서 도망할 것이요 그의 장정들은
복역하는 자가 될 것이라
9 그의 반석은 두려움으로 말미암아
물러가겠고 그의 고관들은 기치로
말미암아 놀라리라 이는 여호와의
말씀이라 여호와의 [2]불은 시온에
있고 여호와의 풀무는 예루살렘에
있느니라

의로 통치할 왕

32 보라 장차 한 왕이 공의로 통
치할 것이요 방백들이 정의로
다스릴 것이며
2 또 [3]그 사람은 광풍을 피하는 곳,
폭우를 가리는 곳 같을 것이며 마
른 땅에 냇물 같을 것이며 곤비한
땅에 큰 바위 그늘 같으리니
3 보는 자의 눈이 감기지 아니할 것
이요 듣는 자가 귀를 기울일 것이
며
4 조급한 자의 마음이 지식을 깨닫고
어눌한 자의 혀가 민첩하여 말을
분명히 할 것이라
5 어리석은 자를 다시 존귀하다 부르
지 아니하겠고 우둔한 자를 다시 존
귀한 자라 말하지 아니하리니
6 이는 어리석은 자는 어리석은 것을
말하며 그 마음에 불의를 품어 간
사를 행하며 패역한 말로 여호와를

1) 이스라엘 자손이 심히 거역하던 여호와께 너희는 돌아오라 2) 히, 빛은 3) 한 사람이 있어서

거스르며 주린 자의 속을 비게 하
며 목마른 자에게서 마실 것을 없
어지게 함이며
7 악한 자는 그 그릇이 악하여 악한
계획을 세워 거짓말로 가련한 자를
멸하며 가난한 자가 말을 바르게
할지라도 그리함이거니와
8 존귀한 자는 존귀한 일을 계획하
나니 그는 항상 존귀한 일에 서리
라

심판과 회복

9 ●너희 안일한 여인들아 일어나 내
목소리를 들을지어다 너희 염려 없
는 딸들아 내 말에 귀를 기울일지
어다
10 너희 염려 없는 여자들아 일 년 남
짓 지나면 너희가 당황하리니 포도
수확이 없으며 열매 거두는 일이
이르지 않을 것임이라
11 너희 안일한 여자들아 떨지어다 너
희 염려 없는 자들아 당황할지어다
옷을 벗어 몸을 드러내고 베로 허
리를 동일지어다
12 그들은 좋은 밭으로 인하여 열매
많은 포도나무로 인하여 가슴을 치
게 될 것이니라
13 내 백성의 땅에 가시와 찔레가 나
며 희락의 성읍, 기뻐하는 모든 집
에 나리니
14 대저 궁전이 폐한 바 되며 인구 많
던 성읍이 적막하며 오벨과 망대가
영원히 굴혈이 되며 들나귀가 즐기
는 곳과 양 떼의 초장이 되려니와
15 마침내 위에서부터 영을 우리에게
부어 주시리니 광야가 아름다운 밭
이 되며 아름다운 밭을 숲으로 여
기게 되리라
16 ●그때에 정의가 광야에 거하며 공
의가 아름다운 밭에 거하리니
17 공의의 열매는 화평이요 공의의 결
과는 영원한 평안과 안전이라
18 내 백성이 화평한 집과 안전한 거
처와 조용히 쉬는 곳에 있으려니와
19 그 숲은 우박에 상하고 성읍은 파
괴되리라
20 모든 물가에 씨를 뿌리고 소와 나
귀를 그리로 모는 너희는 복이 있
느니라

은혜를 구하는 기도

33 너 학대를 당하지 아니하고도
학대하며 속이고도 속임을 당
하지 아니하는 자여 화 있을진저
네가 학대하기를 그치면 네가 학대
를 당할 것이며 네가 속이기를 그
치면 사람이 너를 속이리라
2 여호와여 우리에게 은혜를 베푸소
서 우리가 주를 앙망하오니 주는
아침마다 [1]우리의 팔이 되시며 환
난 때에 우리의 구원이 되소서
3 요란한 소리로 말미암아 민족들이
도망하며 주께서 일어나심으로 말
미암아 나라들이 흩어졌나이다
4 황충의 떼같이 사람이 너희의 노략
물을 모을 것이며 메뚜기가 뛰어오
름같이 그들이 그 위로 뛰어오르리
라
5 여호와께서는 지극히 존귀하시니
그는 높은 곳에 거하심이요 정의와
공의를 시온에 충만하게 하심이라
6 네 시대에 평안함이 있으며 구원과
지혜와 지식이 풍성할 것이니 여호
와를 경외함이 네 보배니라

높은 곳에 거할 자

7 ●보라 그들의 용사가 밖에서 부르
짖으며 평화의 사신들이 슬피 곡하
며
8 대로가 황폐하여 행인이 끊어지며
대적이 조약을 파하고 성읍들을
멸시하며 사람을 생각하지 아니하

1) 히, 그들

며
9 땅이 슬퍼하고 쇠잔하며 레바논은
부끄러워하고 마르며 사론은 [1]사막
과 같고 바산과 갈멜은 나뭇잎을
떨어뜨리는도다
10 여호와께서 이르시되 내가 이제 일
어나며 내가 이제 나를 높이며 내
가 이제 지극히 높아지리니
11 너희가 겨를 잉태하고 짚을 해산할
것이며 너희의 호흡은 불이 되어
너희를 삼킬 것이며
12 민족들은 불에 굽는 횟돌 같겠고
잘라서 불에 사르는 가시나무 같으
리로다
13 너희 먼 데에 있는 자들아 내가 행
한 것을 들으라 너희 가까이에 있
는 자들아 나의 권능을 알라
14 시온의 죄인들이 두려워하며 경건
하지 아니한 자들이 떨며 이르기
를 우리 중에 누가 삼키는 불과 함
께 거하겠으며 우리 중에 누가 영
영히 타는 것과 함께 거하리요 하
도다
15 오직 공의롭게 행하는 자, 정직히
말하는 자, 토색한 재물을 가증히
여기는 자, 손을 흔들어 뇌물을 받
지 아니하는 자, 귀를 막아 피 흘리
려는 꾀를 듣지 아니하는 자, 눈을
감아 악을 보지 아니하는 자,
16 그는 높은 곳에 거하리니 견고한
바위가 그의 요새가 되며 그의 양
식은 공급되고 그의 물은 끊어지지
아니하리라

시온 성을 보라

17 ●네 눈은 왕을 그의 아름다운 가
운데에서 보며 [2]광활한 땅을 눈으
로 보겠고
18 네 마음은 두려워하던 것을 생각해
내리라 [3]계산하던 자가 어디 있느
냐 공세를 계량하던 자가 어디 있
느냐 망대를 계수하던 자가 어디
있느냐
19 네가 강포한 백성을 보지 아니하리
라 그 백성은 방언이 어려워 네가
알아듣지 못하며 말이 이상하여 네
가 깨닫지 못하는 자니라
20 우리 절기의 시온 성을 보라 네 눈
이 안정된 처소인 예루살렘을 보리
니 그것은 옮겨지지 아니할 장막이
라 그 말뚝이 영영히 뽑히지 아니
할 것이요 그 줄이 하나도 끊어지
지 아니할 것이며
21 여호와는 거기에 위엄 중에 우리와
함께 계시리니 그곳에는 여러 강과
큰 호수가 있으나 노 젓는 배나 큰
배가 통행하지 못하리라
22 대저 여호와는 우리 재판장이시요
여호와는 우리에게 율법을 세우신
이요 여호와는 우리의 왕이시니 그
가 우리를 구원하실 것임이라
23 네 돛대 줄이 풀렸으니 돛대의 밑
을 튼튼히 하지 못하였고 돛을 달
지 못하였느니라 때가 되면 많은
재물을 탈취하여 나누리니 저는 자
도 그 재물을 취할 것이며
24 그 거주민은 내가 병들었노라 하지
아니할 것이라 거기에 사는 백성이
사죄함을 받으리라

여호와께서 원수들을 벌하시리라

34 열국이여 너희는 나아와 들을
지어다 민족들이여 귀를 기울
일지어다 땅과 땅에 충만한 것, 세
계와 세계에서 나는 모든 것이여
들을지어다
2 대저 여호와께서 열방을 향하여 진
노하시며 그들의 만군을 향하여 분
내사 그들을 진멸하시며 살륙 당하
게 하셨은즉
3 그 살륙 당한 자는 내던진 바 되며

1) 아라바와 2) 매우 먼 3) 기록

그 사체의 악취가 솟아오르고 그
피에 산들이 녹을 것이며
4 하늘의 [1]만상이 사라지고 하늘들이
두루마리같이 말리되 그 만상의 쇠
잔함이 포도나무 잎이 마름 같고
무화과나무 잎이 마름 같으리라
5 [2]여호와의 칼이 하늘에서 족하게
마셨은즉 보라 이것이 에돔 위에
내리며 진멸하시기로 한 백성 위에
내려 그를 심판할 것이라
6 여호와의 칼이 피 곧 어린 양과 염
소의 피에 만족하고 기름 곧 숫양
의 콩팥 기름으로 윤택하니 이는
여호와를 위한 희생이 보스라에
있고 큰 살륙이 에돔 땅에 있음이
라
7 들소와 송아지와 수소가 함께 도살
장에 내려가니 그들의 땅이 피에
취하며 흙이 기름으로 윤택하리라
8 ●이것은 여호와께서 보복하시는
날이요 시온의 송사를 위하여 신원
하시는 해라
9 에돔의 시내들은 변하여 역청이 되
고 그 티끌은 유황이 되고 그 땅은
불 붙는 역청이 되며
10 낮에나 밤에나 꺼지지 아니하고 그
연기가 끊임없이 떠오를 것이며 세
세에 황무하여 그리로 지날 자가
영영히 없겠고
11 당아새와 고슴도치가 그 땅을 차지
하며 부엉이와 까마귀가 거기에 살
것이라 여호와께서 그 위에 혼란의
줄과 공허의 추를 드리우실 것인즉
12 [3]그들이 국가를 이으려 하여 귀인
들을 부르되 아무도 없겠고 그 모
든 방백도 없게 될 것이요
13 그 궁궐에는 가시나무가 나며 그
견고한 성에는 엉겅퀴와 새품이 자
라서 승냥이의 굴과 타조의 처소가
될 것이니
14 들짐승이 이리와 만나며 숫염소가
그 동류를 부르며 올빼미가 거기에
살면서 쉬는 처소로 삼으며
15 [4]부엉이가 거기에 깃들이고 알을
낳아 까서 그 그늘에 모으며 솔개
들도 각각 제 짝과 함께 거기에 모
이리라
16 ●너희는 여호와의 책에서 찾아 읽
어보라 이것들 가운데서 빠진 것이
하나도 없고 제 짝이 없는 것이 없
으리니 이는 여호와의 입이 이를
명령하셨고 그의 영이 이것들을 모
으셨음이라
17 여호와께서 그것들을 위하여 제비
를 뽑으시며 그의 손으로 줄을 띠
어 그 땅을 그것들에게 나누어 주
셨으니 그들이 영원히 차지하며 대
대로 거기에 살리라

거룩한 길

35 광야와 메마른 땅이 기뻐하며
사막이 [5]백합화같이 피어 즐
거워하며
2 무성하게 피어 기쁜 노래로 즐거워
하며 레바논의 영광과 갈멜과 사론
의 아름다움을 얻을 것이라 그것들
이 여호와의 영광 곧 우리 하나님
의 아름다움을 보리로다
3 ●너희는 약한 손을 강하게 하며
떨리는 무릎을 굳게 하며
4 [6]겁내는 자들에게 이르기를 굳세
어라, 두려워하지 말라, 보라 너희
하나님이 오사 보복하시며 갚아 주
실 것이라 하나님이 오사 너희를
구하시리라 하라
5 ●그때에 맹인의 눈이 밝을 것이며
못 듣는 사람의 귀가 열릴 것이며
6 그때에 저는 자는 사슴같이 뛸 것
이며 말 못하는 자의 혀는 노래하

1) 일월성신 2) 히, 나 3) 국가를 선언할 귀인들이 없고
4) 독사 5) 장미 6) 성급한

리니 이는 광야에서 물이 솟겠고
사막에서 시내가 흐를 것임이라
7 뜨거운 사막이 변하여 못이 될 것
이며 메마른 땅이 변하여 원천이
될 것이며 승냥이의 눕던 곳에 풀
과 갈대와 부들이 날 것이며
8 거기에 대로가 있어 그 길을 거룩
한 길이라 일컫는 바 되리니 깨끗
하지 못한 자는 지나가지 못하겠고
오직 구속함을 입은 자들을 위하여
있게 될 것이라 우매한 행인은 그
길로 다니지 못할 것이며
9 거기에는 사자가 없고 사나운 짐승
이 그리로 올라가지 아니하므로 그
것을 만나지 못하겠고 오직 구속함
을 받은 자만 그리로 행할 것이며
10 여호와의 속량함을 받은 자들이 돌
아오되 노래하며 시온에 이르러 그
들의 머리 위에 영영한 희락을 띠
고 기쁨과 즐거움을 얻으리니 슬픔
과 탄식이 사라지리로다

앗수르가 예루살렘을 협박하다
(왕하 18:13-37; 대하 32:1-19)

36 히스기야 왕 십사 년에 앗수
르 왕 산헤립이 올라와서 유
다의 모든 견고한 성을 쳐서 취하
니라
2 앗수르 왕이 라기스에서부터 랍사
게를 예루살렘으로 보내되 대군을
거느리고 히스기야 왕에게로 가게
하매 그가 윗못 수도 곁 세탁자의
밭 큰길에 서매
3 힐기야의 아들 왕궁 맡은 자 엘리
아김과 서기관 셉나와 아삽의 아들
사관 요아가 그에게 나아가니라
4 ●랍사게가 그들에게 이르되 이제
히스기야에게 말하라 대왕 앗수르
왕이 이같이 말씀하시기를 네가 믿
는 바 그 믿는 것이 무엇이냐
5 내가 말하노니 네가 족히 싸울 계
략과 용맹이 있노라 함은 입술에
붙은 말뿐이니라 네가 이제 누구를
믿고 나를 반역하느냐
6 보라 네가 애굽을 믿는도다 그것은
상한 갈대 지팡이와 같은 것이라
사람이 그것을 의지하면 손이 찔리
리니 애굽 왕 바로는 그를 믿는 모
든 자에게 이와 같으니라
7 혹시 네가 내게 이르기를 우리는
우리 하나님 여호와를 신뢰하노라
하리라마는 그는 그의 산당과 제단
을 히스기야가 제하여 버리고 유다
와 예루살렘에 명령하기를 너희는
이 제단 앞에서만 예배하라 하던
그 신이 아니냐 하셨느니라
8 그러므로 이제 청하노니 내 주 앗
수르 왕과 내기하라 내가 네게 말
이천 필을 주어도 너는 그 탈 자를
능히 내지 못하리라
9 그런즉 네가 어찌 내 주의 종 가운
데 극히 작은 총독 한 사람인들 물
리칠 수 있으랴 어찌 애굽을 믿고
병거와 기병을 얻으려 하느냐
10 내가 이제 올라와서 이 땅을 멸하
는 것이 여호와의 뜻이 없음이겠느
냐 여호와께서 내게 이르시기를 올
라가 그 땅을 쳐서 멸하라 하셨느
니라 하니라
11 ●이에 엘리아김과 셉나와 요아가
랍사게에게 이르되 우리가 아람 방
언을 아오니 청하건대 그 방언으로
당신의 종들에게 말하고 성 위에
있는 백성이 듣는 데에서 우리에
게 유다 방언으로 말하지 마소서
하니
12 랍사게가 이르되 내 주께서 이 일
을 네 주와 네게만 말하라고 나를
보내신 것이냐 너희와 함께 자기의
대변을 먹으며 자기의 소변을 마실
성 위에 앉은 사람들에게도 하라고

보내신 것이 아니냐 하더라
13 ●이에 랍사게가 일어서서 유다
방언으로 크게 외쳐 이르되 너희
는 대왕 앗수르 왕의 말씀을 들으
라
14 왕의 말씀에 너희는 히스기야에게
미혹되지 말라 그가 능히 너희를
건지지 못할 것이니라
15 히스기야가 너희에게 여호와를 신
뢰하게 하려는 것을 따르지 말라
그가 말하기를 여호와께서 반드시
우리를 건지시리니 이 성이 앗수르
왕의 손에 넘어가지 아니하리라 할
지라도
16 히스기야의 말을 듣지 말라 앗수르
왕이 또 이같이 말씀하시기를 너희
는 내게 항복하고 내게로 나아오라
그리하면 너희가 각각 자기의 포도
와 자기의 무화과를 먹을 것이며
각각 자기의 우물 물을 마실 것이
요
17 내가 와서 너희를 너희 본토와 같
이 곡식과 포도주와 떡과 포도원이
있는 땅에 옮기기까지 하리라
18 혹시 히스기야가 너희에게 이르기
를 여호와께서 우리를 건지시리라
할지라도 속지 말라 열국의 신들
중에 자기의 땅을 앗수르 왕의 손
에서 건진 자가 있느냐
19 하맛과 아르밧의 신들이 어디 있느
냐 스발와임의 신들이 어디 있느냐
그들이 사마리아를 내 손에서 건졌
느냐
20 이 열방의 신들 중에 어떤 신이 자
기의 나라를 내 손에서 건져냈기
에 여호와가 능히 예루살렘을 내
손에서 건지겠느냐 하셨느니라 하니
라
21 ●그러나 그들이 잠잠하여 한 말도
대답하지 아니하였으니 이는 왕이
그들에게 명령하여 대답하지 말라
하였음이었더라
22 그때에 힐기야의 아들 왕궁 맡은
자 엘리아김과 서기관 셉나와 아삽
의 아들 사관 요아가 자기의 옷을
찢고 히스기야에게 나아가서 랍사
게의 말을 그에게 전하니라

왕이 이사야의 말을 듣고자 하다
(왕하 19:1-7)

37 히스기야 왕이 듣고 자기의 옷
을 찢고 굵은 베 옷을 입고 여
호와의 전으로 갔고
2 왕궁 맡은 자 엘리아김과 서기관
셉나와 제사장 중 어른들도 굵은
베 옷을 입으니라 왕이 그들을 [1]아
모스의 아들 선지자 이사야에게로
보내매
3 그들이 이사야에게 이르되 히스기
야의 말씀에 오늘은 환난과 책벌과
능욕의 날이라 아이를 낳으려 하나
해산할 힘이 없음 같도다
4 당신의 하나님 여호와께서 랍사게
의 말을 들으셨을 것이라 그가 그
의 상전 앗수르 왕의 보냄을 받고
살아 계시는 하나님을 훼방하였은
즉 당신의 하나님 여호와께서 혹시
그 말로 말미암아 견책하실까 하노
라 그런즉 바라건대 당신은 이 남
아 있는 자를 위하여 기도하라 하
시더이다 하니라
5 ●그리하여 히스기야 왕의 신하들
이 이사야에게 나아가매
6 이사야가 그들에게 이르되 너희는
너희 주에게 이렇게 말하라 여호와
께서 이같이 말씀하시되 너희가 들
은 바 앗수르 왕의 종들이 나를 능
욕한 말로 말미암아 두려워하지 말
라
7 보라 내가 영을 그의 속에 두리니

1) 히, 아모츠

그가 소문을 듣고 그의 고국으로
돌아갈 것이며 또 내가 그를 그의
고국에서 칼에 죽게 하리라 하셨느
니라 하니라

앗수르가 또 다른 협박을 하다
(왕하 19:8-19)

8 ●앗수르 왕이 라기스를 떠났다 함
을 듣고 랍사게가 돌아가다가 그
왕을 만나니 립나를 치고 있더라
9 그때에 앗수르 왕이 구스 왕 디르
하가의 일에 관하여 들은즉 사람들
이 이르기를 그가 나와서 왕과 싸
우려 한다 하는지라 이 말을 듣고
사자들을 히스기야에게 보내며 이
르되
10 너희는 유다의 히스기야 왕에게 이
같이 말하여 이르기를 너는 네가
신뢰하는 하나님이 예루살렘이 앗
수르 왕의 손에 넘어가지 아니하리
라 하는 말에 속지 말라
11 앗수르 왕들이 모든 나라에 어떤
일을 행하였으며 그것을 어떻게 멸
절시켰는지 네가 들었으리니 네가
구원을 받겠느냐
12 나의 조상들이 멸하신 열방 고산과
하란과 레셉과 및 들라살에 있는
에덴 자손을 그 나라들의 신들이
건졌더냐
13 하맛 왕과 아르밧 왕과 스발와임
성의 왕과 헤나 왕과 이와 왕이 어
디 있느냐 하라 하였더라
14 ●히스기야가 그 사자들의 손에서
글을 받아 보고 여호와의 전에 올
라가서 그 글을 여호와 앞에 펴 놓
고
15 여호와께 기도하여 이르되
16 그룹 사이에 계신 이스라엘 하나님
만군의 여호와여 주는 천하 만국에
유일하신 하나님이시라 주께서 천
지를 만드셨나이다
17 여호와여 귀를 기울여 들으시옵소
서 여호와여 눈을 뜨고 보시옵소서
산헤립이 사람을 보내어 살아 계시
는 하나님을 훼방한 모든 말을 들
으시옵소서
18 여호와여 앗수르 왕들이 과연 열국
과 그들의 땅을 황폐하게 하였고
19 그들의 신들을 불에 던졌사오나 그
들은 신이 아니라 사람의 손으로
만든 것일 뿐이요 나무와 돌이라
그러므로 멸망을 당하였나이다
20 우리 하나님 여호와여 이제 우리를
그의 손에서 구원하사 천하 만국이
주만이 여호와이신 줄을 알게 하옵
소서 하니라

이사야가 왕에게 전한 말 (왕하 19:20-37)

21 ●[1]아모스의 아들 이사야가 사람을
보내어 히스기야에게 이르되 이스
라엘의 하나님 여호와께서 말씀하
시되 네가 앗수르의 산헤립 왕의
일로 내게 기도하였도다 하시고
22 여호와께서 그에 대하여 이같이
이르시되 처녀 딸 시온이 너를 멸
시하며 조소하였고 딸 예루살렘이
[2]너를 향하여 머리를 흔들었느니
라
23 네가 훼방하며 능욕한 것은 누구
에게냐 네가 소리를 높이며 눈을
높이 들어 향한 것은 누구에게냐
곧 이스라엘의 거룩하신 이에게니
라
24 네가 네 종을 통해서 주를 훼방하
여 이르기를 내가 나의 허다한 병
거를 거느리고 산들의 꼭대기에 올
라가며 레바논의 깊은 곳에 이르렀
으니 높은 백향목과 아름다운 향나
무를 베고 또 그 제일 높은 곳에 들
어가 살진 땅의 수풀에 이를 것이
며

1) 히, 아모츠 2) 히, 네 뒤에서

25 내가 우물을 파서 물을 마셨으니
내 발바닥으로 애굽의 모든 하수를
말리리라 하였도다
26 네가 어찌하여 듣지 못하였느냐 이
일들은 내가 태초부터 행한 바요
상고부터 정한 바로서 이제 내가
이루어 네가 견고한 성읍들을 헐어
돌무더기가 되게 하였노라
27 그러므로 그 주민들이 힘이 약하
여 놀라며 수치를 당하여 들의 풀
같이, 푸른 나물같이, 지붕의 풀같
이, 자라지 못한 곡초같이 되었느
니라
28 네 거처와 네 출입과 네가 나를 거
슬러 분노함을 내가 아노라
29 네가 나를 거슬러 분노함과 네 오
만함이 내 귀에 들렸으므로 내가
갈고리로 네 코를 꿰며 재갈을 네
입에 물려 너를 오던 길로 돌아가
게 하리라 하셨나이다
30 ●왕이여 이것이 왕에게 징조가 되
리니 올해는 스스로 난 것을 먹을
것이요 둘째 해에는 또 거기에서
난 것을 먹을 것이요 셋째 해에는
심고 거두며 포도나무를 심고 그
열매를 먹을 것이니이다
31 유다 족속 중에 피하여 남은 자는
다시 아래로 뿌리를 박고 위로 열
매를 맺으리니
32 이는 남은 자가 예루살렘에서 나오
며 피하는 자가 시온 산에서 나올
것임이라 만군의 여호와의 열심이
이를 이루시리이다
33 ●그러므로 여호와께서 앗수르 왕
에 대하여 이같이 이르시되 그가
이 성에 이르지 못하며 화살 하나
도 이리로 쏘지 못하며 방패를 가
지고 성에 가까이 오지도 못하며
흉벽을 쌓고 치지도 못할 것이요
34 그가 오던 길 곧 그 길로 돌아가고
이 성에 이르지 못하리라 나 여호
와의 말이니라
35 대저 내가 나를 위하며 내 종 다윗
을 위하여 이 성을 보호하며 구원
하리라 하셨나이다 하니라
36 ●여호와의 사자가 나가서 앗수르
진중에서 십팔만 오천 인을 쳤으므
로 아침에 일찍이 일어나 본즉 시
체뿐이라
37 이에 앗수르의 산헤립 왕이 떠나
돌아가서 니느웨에 거주하더니
38 자기 신 니스록의 신전에서 경배할
때에 그의 아들 아드람멜렉과 사레
셀이 그를 칼로 죽이고 아라랏 땅
으로 도망하였으므로 그의 아들 에
살핫돈이 이어 왕이 되니라

히스기야 왕의 발병과 회복
(왕하 20:1-11; 대하 32:24-26)

38 그때에 히스기야가 병들어 죽
게 되니 [1]아모스의 아들 선지
자 이사야가 나아가 그에게 이르되
여호와께서 이같이 말씀하시기를
너는 네 집에 유언하라 네가 죽고
살지 못하리라 하셨나이다 하니
2 히스기야가 얼굴을 벽으로 향하고
여호와께 기도하여
3 이르되 여호와여 구하오니 내가 주
앞에서 진실과 전심으로 행하며 주
의 목전에서 선하게 행한 것을 기
억하옵소서 하고 히스기야가 심히
통곡하니
4 이에 여호와의 말씀이 이사야에게
임하여 이르시되
5 너는 가서 히스기야에게 이르기를
네 조상 다윗의 하나님 여호와께서
이같이 말씀하시기를 내가 네 기도
를 들었고 네 눈물을 보았노라 내
가 네 수한에 십오 년을 더하고
6 너와 이 성을 앗수르 왕의 손에서

1) 히, 아모츠

건져내겠고 내가 또 이 성을 보호
하리라
7 이는 여호와께로 말미암는 너를 위
한 징조이니 곧 여호와께서 하신
말씀을 그가 이루신다는 증거이니
라
8 보라 아하스의 해시계에 나아갔던
해 그림자를 뒤로 십 도를 물러가
게 하리라 하셨다 하라 하시더니
이에 해시계에 나아갔던 해의 그림
자가 십 도를 물러가니라
9 ●유다 왕 히스기야가 병들었다가
그의 병이 나은 때에 기록한 글이
이러하니라
10 내가 말하기를 나의 중년에 스올
의 문에 들어가고 나의 여생을 빼
앗기게 되리라 하였도다
11 내가 또 말하기를 내가 다시는 여
호와를 뵈옵지 못하리니 산 자의
땅에서 다시는 여호와를 뵈옵지
못하겠고 내가 세상의 거민 중에
서 한 사람도 다시는 보지 못하리
라 하였도다
12 나의 거처는 목자의 장막을 걷음
같이 나를 떠나 옮겨졌고 직공이
베를 걷어 말음같이 내가 내 생명
을 말았도다 주께서 나를 틀에서
끊으시리니 조석간에 나를 끝내
시리라
13 내가 아침까지 견디었사오나 주
께서 사자같이 나의 모든 뼈를 꺾
으시오니 조석간에 나를 끝내시
리라
14 나는 제비같이, 학같이 지저귀며
비둘기같이 슬피 울며 내 눈이 쇠
하도록 앙망하나이다 여호와여
내가 압제를 받사오니 나의 중보
가 되옵소서
15 주께서 내게 말씀하시고 또 친히
이루셨사오니 내가 무슨 말씀을
하오리이까 내 영혼의 고통으로
말미암아 내가 종신토록 방황하
리이다
16 주여 사람이 사는 것이 이에 있고
내 심령의 생명도 온전히 거기에
있사오니 원하건대 나를 치료하
시며 나를 살려 주옵소서
17 보옵소서 내게 큰 고통을 더하신
것은 내게 평안을 주려 하심이라
주께서 내 영혼을 사랑하사 멸망
의 구덩이에서 건지셨고 내 모든
죄를 주의 등 뒤에 던지셨나이
다
18 스올이 주께 감사하지 못하며 사
망이 주를 찬양하지 못하며 구덩
이에 들어간 자가 주의 신실을 바
라지 못하되
19 오직 산 자 곧 산 자는 오늘 내가
하는 것과 같이 주께 감사하며 주
의 신실을 아버지가 그의 자녀에
게 알게 하리이다
20 여호와께서 나를 구원하시리니
우리가 종신토록 여호와의 전에
서 수금으로 나의 노래를 노래하
리로다
21 ●이사야가 이르기를 한 뭉치 무화
과를 가져다가 종처에 붙이면 왕이
나으리라 하였고
22 히스기야도 말하기를 내가 여호와
의 전에 올라갈 징조가 무엇이냐
하였더라

바벨론에서 온 사자들
(왕하 20:12-19)

39 그때에 발라단의 아들 바벨론
왕 므로닥발라단이 히스기야
가 병들었다가 나았다 함을 듣고
히스기야에게 글과 예물을 보낸지
라
2 히스기야가 사자들로 말미암아 기
뻐하여 그들에게 보물 창고 곧 은

금과 향료와 보배로운 기름과 모든
[1]무기고에 있는 것을 다 보여주었
으니 히스기야가 궁중의 소유와 전
국내의 소유를 보이지 아니한 것이
없는지라
3 이에 선지자 이사야가 히스기야 왕
에게 나아와 묻되 그 사람들이 무
슨 말을 하였으며 어디서 왕에게
왔나이까 하니 히스기야가 이르되
그들이 원방 곧 바벨론에서 내게
왔나이다 하니라
4 이사야가 이르되 그들이 왕의 궁전
에서 무엇을 보았나이까 하니 히스
기야가 대답하되 그들이 내 궁전에
있는 것을 다 보았나이다 내 창고
에 있는 것으로 보이지 아니한 보
물이 하나도 없나이다 하니라
5 이사야가 히스기야에게 이르되 왕
은 만군의 여호와의 말씀을 들으소
서
6 보라 날이 이르리니 네 집에 있는
모든 소유와 네 조상들이 오늘까지
쌓아둔 것이 모두 바벨론으로 옮긴
바 되고 남을 것이 없으리라 여호
와의 말이니라
7 또 네게서 태어날 자손 중에서 몇
이 사로잡혀 바벨론 왕궁의 환관이
되리라 하셨나이다 하니
8 히스기야가 이사야에게 이르되 당
신이 이른 바 여호와의 말씀이 좋
소이다 하고 또 이르되 내 생전에
는 평안과 견고함이 있으리로다 하
니라

희망의 말씀

40 너희의 하나님이 이르시되 너
희는 위로하라 내 백성을 위
로하라
2 너희는 예루살렘의 마음에 닿도록
말하며 그것에게 외치라 그 노역의
때가 끝났고 그 죄악이 사함을 받
았느니라 그의 모든 죄로 말미암아
여호와의 손에서 벌을 배나 받았느
니라 할지니라 하시니라
3 ●외치는 자의 소리여 이르되 너희
는 광야에서 여호와의 길을 예비하
라 사막에서 우리 하나님의 대로를
평탄하게 하라
4 골짜기마다 돋우어지며 산마다, 언
덕마다 낮아지며 고르지 아니한 곳
이 평탄하게 되며 험한 곳이 평지
가 될 것이요
5 여호와의 영광이 나타나고 모든 육
체가 그것을 함께 보리라 이는 여
호와의 입이 말씀하셨느니라
6 ●말하는 자의 소리여 이르되 외치
라 대답하되 내가 무엇이라 외치리
이까 하니 이르되 모든 육체는 풀
이요 그의 모든 아름다움은 들의
꽃과 같으니
7 풀은 마르고 꽃이 시듦은 여호와의
기운이 그 위에 붊이라 이 백성은
실로 풀이로다
8 풀은 마르고 꽃은 시드나 우리 하
나님의 말씀은 영원히 서리라 하라
9 ●아름다운 소식을 시온에 전하는
자여 너는 높은 산에 오르라 아름
다운 소식을 예루살렘에 전하는 자
여 너는 힘써 소리를 높이라 두려
워하지 말고 소리를 높여 유다의
성읍들에게 이르기를 너희의 하나
님을 보라 하라
10 보라 주 여호와께서 장차 강한 자
로 임하실 것이요 친히 그의 팔로
다스리실 것이라 보라 상급이 그에
게 있고 보응이 그의 앞에 있으며
11 그는 목자같이 양 떼를 먹이시며
어린 양을 그 팔로 모아 품에 안으
시며 젖먹이는 암컷들을 온순히 인
도하시리로다

1) 보옥고

비교할 수 없는 하나님

12 ●누가 손바닥으로 바닷물을 헤아
렸으며 뼘으로 하늘을 쟀으며 땅의
티끌을 되에 담아 보았으며 접시
저울로 산들을, 막대 저울로 언덕
들을 달아 보았으랴
13 누가 여호와의 영을 지도하였으며
그의 모사가 되어 그를 가르쳤으랴
14 그가 누구와 더불어 의논하셨으며
누가 그를 교훈하였으며 그에게 정
의의 길로 가르쳤으며 지식을 가
르쳤으며 통달의 도를 보여주었느
냐
15 보라 그에게는 열방이 통의 한 방
울 물과 같고 저울의 작은 티끌 같
으며 1)섬들은 떠오르는 먼지 같으
리니
16 레바논은 땔감에도 부족하겠고 그
짐승들은 번제에도 부족할 것이라
17 그의 앞에는 모든 열방이 아무것도
아니라 그는 그들을 없는 것같이,
빈 것같이 여기시느니라
18 ●그런즉 너희가 하나님을 누구와
같다 하겠으며 무슨 형상을 그에게
비기겠느냐
19 우상은 장인이 부어 만들었고 장색
이 금으로 입혔고 또 은 사슬을 만
든 것이니라
20 궁핍한 자는 거제를 드릴 때에 썩
지 아니하는 나무를 택하고 지혜로
운 장인을 구하여 우상을 만들어
흔들리지 아니하도록 세우느니라
21 너희가 알지 못하였느냐 너희가 듣
지 못하였느냐 태초부터 너희에게
전하지 아니하였느냐 땅의 기초가
창조될 때부터 너희가 깨닫지 못하
였느냐
22 그는 땅 위 궁창에 앉으시나니 땅
에 사는 사람들은 메뚜기 같으니라
그가 하늘을 차일같이 펴셨으며 거
주할 천막같이 치셨고
23 귀인들을 폐하시며 세상의 사사들
을 헛되게 하시나니
24 그들은 겨우 심기고 겨우 뿌려졌으
며 그 줄기가 겨우 땅에 뿌리를 박
자 곧 하나님이 입김을 부시니 그
들은 말라 회오리바람에 불려 가는
초개 같도다
25 거룩하신 이가 이르시되 그런즉 너
희가 나를 누구에게 비교하여 나
를 그와 동등하게 하겠느냐 하시
니라
26 너희는 눈을 높이 들어 누가 이 모
든 것을 창조하였나 보라 주께서는
수효대로 만상을 이끌어내시고 그
들의 모든 이름을 부르시나니 그의
권세가 크고 그의 능력이 강하므로
하나도 빠짐이 없느니라
27 ●야곱아 어찌하여 네가 말하며 이
스라엘아 네가 이르기를 내 길은
여호와께 숨겨졌으며 내 송사는 내
하나님에게서 벗어난다 하느냐
28 너는 알지 못하였느냐 듣지 못하였
느냐 영원하신 하나님 여호와, 땅
끝까지 창조하신 이는 피곤하지 않
으시며 곤비하지 않으시며 명철이
한이 없으시며
29 피곤한 자에게는 능력을 주시며 무
능한 자에게는 힘을 더하시나니
30 소년이라도 피곤하며 곤비하며 장
정이라도 넘어지며 쓰러지되
31 오직 여호와를 앙망하는 자는 새
힘을 얻으리니 독수리가 날개치며
올라감 같을 것이요 달음박질하여
도 곤비하지 아니하겠고 걸어가도
피곤하지 아니하리로다

나 여호와가 응답하리라

41 섬들아 내 앞에 잠잠하라 민족
들아 힘을 새롭게 하라 가까

1) 섬들을 티끌같이 드시나니

이 나아오라 그리고 말하라 우리가
서로 재판 자리에 가까이 나아가
자
2 누가 동방에서 사람을 일깨워서
공의로 그를 불러 자기 발 앞에
이르게 하였느냐 열국을 그의 앞
에 넘겨주며 그가 왕들을 다스리
게 하되 그들이 그의 칼에 티끌 같
게, 그의 활에 불리는 초개 같게 하
매
3 그가 그들을 쫓아가서 그의 발로
가 보지 못한 길을 안전히 지났나
니
4 이 일을 누가 행하였느냐 누가 이
루었느냐 누가 처음부터 만대를 불
러내었느냐 나 여호와라 처음에도
나요 나중 있을 자에게도 내가 곧
그니라
5 섬들이 보고 두려워하며 땅끝이 무
서워 떨며 함께 모여 와서
6 각기 이웃을 도우며 그 형제에게
이르기를 너는 힘을 내라 하고
7 목공은 금장색을 격려하며 망치로
고르게 하는 자는 메질꾼을 격려하
며 이르되 땜질이 잘 된다 하니 그
가 못을 단단히 박아 우상을 흔들
리지 아니하게 하는도다
8 ●그러나 나의 종 너 이스라엘아
내가 택한 야곱아 나의 벗 아브라
함의 자손아
9 내가 땅끝에서부터 너를 붙들며 땅
모퉁이에서부터 너를 부르고 네게
이르기를 너는 나의 종이라 내가
너를 택하고 싫어하여 버리지 아니
하였다 하였노라
10 두려워하지 말라 내가 너와 함께
함이라 놀라지 말라 나는 네 하나
님이 됨이라 내가 너를 굳세게 하
리라 참으로 너를 도와주리라 참으
로 나의 의로운 오른손으로 너를
붙들리라
11 보라 네게 노하던 자들이 수치와
욕을 당할 것이요 너와 다투는 자
들이 아무것도 아닌 것같이 될 것
이며 멸망할 것이라
12 네가 찾아도 너와 싸우던 자들을
만나지 못할 것이요 너를 치는 자
들은 아무것도 아닌 것 같고 허무
한 것같이 되리니
13 이는 나 여호와 너의 하나님이 네
오른손을 붙들고 네게 이르기를 두
려워하지 말라 내가 너를 도우리라
할 것임이니라
14 버러지 같은 너 야곱아, 너희 이스
라엘 사람들아 두려워하지 말라 나
여호와가 말하노니 내가 너를 도울
것이라 네 구속자는 이스라엘의 거
룩한 이이니라
15 보라 내가 너를 이가 날카로운 새
타작기로 삼으리니 네가 산들을 쳐
서 부스러기를 만들 것이며 작은
산들을 겨같이 만들 것이라
16 네가 그들을 까부른즉 바람이 그들
을 날리겠고 회오리바람이 그들을
흩어 버릴 것이로되 너는 여호와로
말미암아 즐거워하겠고 이스라엘
의 거룩한 이로 말미암아 자랑하리
라
17 ●가련하고 가난한 자가 물을 구하
되 물이 없어서 갈증으로 그들의
혀가 마를 때에 나 여호와가 그들
에게 응답하겠고 나 이스라엘의 하
나님이 그들을 버리지 아니할 것이
라
18 내가 헐벗은 산에 강을 내며 골짜
기 가운데에 샘이 나게 하며 광야
가 못이 되게 하며 마른 땅이 샘 근
원이 되게 할 것이며
19 내가 광야에는 백향목과 싯딤 나무
와 화석류와 들감람나무를 심고 사

막에는 잣나무와 소나무와 황양목
을 함께 두리니
20 무리가 보고 여호와의 손이 지으신
바요 이스라엘의 거룩한 이가 이것
을 창조하신 바인 줄 알며 함께 헤
아리며 깨달으리라

여호와께서 거짓 신들에게 말씀하시다

21 ●나 여호와가 말하노니 너희 우상
들은 소송하라 야곱의 왕이 말하노
니 너희는 확실한 증거를 보이라
22 장차 당할 일을 우리에게 진술하라
또 이전 일이 어떠한 것도 알게 하
라 우리가 마음에 두고 그 결말을
알아보리라 혹 앞으로 올 일을 듣
게 하며
23 뒤에 올 일을 알게 하라 그리하면
너희가 신들인 줄 우리가 알리라
또 복을 내리든지 재난을 내리든
지 하라 우리가 함께 보고 놀라리
라
24 보라 너희는 아무것도 아니며 너희
일은 허망하며 너희를 택한 자는
가증하니라
25 ●내가 한 사람을 일으켜 북방에서
오게 하며 내 이름을 부르는 자를
해 돋는 곳에서 오게 하였나니 그
가 이르러 고관들을 석회같이, 토
기장이가 진흙을 밟음같이 하리니
26 누가 처음부터 이 일을 알게 하여
우리가 알았느냐 누가 이전부터 알
게 하여 우리가 옳다고 말하게 하
였느냐 알게 하는 자도 없고 들려
주는 자도 없고 너희 말을 듣는 자
도 없도다
27 내가 비로소 시온에게 너희는 이제
그들을 보라 하였노라 내가 기쁜
소식을 전할 자를 예루살렘에 주리
라
28 내가 본즉 한 사람도 없으며 내가
물어도 그들 가운데에 한 말도 대
답할 조언자가 없도다
29 보라 그들은 다 헛되며 그들의 행
사는 허무하며 그들이 부어 만든
우상들은 바람이요 공허한 것뿐이
니라

주의 종

42 내가 붙드는 나의 종, 내 마음
에 기뻐하는 자 곧 내가 택한
사람을 보라 내가 나의 영을 그에
게 주었은즉 그가 이방에 정의를
베풀리라
2 그는 외치지 아니하며 목소리를 높
이지 아니하며 그 소리를 거리에
들리게 하지 아니하며
3 상한 갈대를 꺾지 아니하며 꺼져가
는 등불을 끄지 아니하고 진실로
정의를 시행할 것이며
4 그는 쇠하지 아니하며 낙담하지 아
니하고 세상에 정의를 세우기에 이
르리니 섬들이 그 교훈을 앙망하리
라
5 ●하늘을 창조하여 펴시고 땅과 그
소산을 내시며 땅 위의 백성에게
호흡을 주시며 땅에 행하는 자에게
영을 주시는 하나님 여호와께서 이
같이 말씀하시되
6 나 여호와가 의로 너를 불렀은즉
내가 네 손을 잡아 너를 보호하며
너를 세워 백성의 언약과 이방의
빛이 되게 하리니
7 네가 눈먼 자들의 눈을 밝히며 갇
힌 자를 감옥에서 이끌어내며 흑암
에 앉은 자를 감방에서 나오게 하
리라
8 나는 여호와이니 이는 내 이름이라
나는 내 영광을 다른 자에게, 내 찬
송을 우상에게 주지 아니하리라
9 보라 전에 예언한 일이 이미 이루
어졌느니라 이제 내가 새 일을 알
리노라 그 일이 시작되기 전에라도

너희에게 이르노라

새 노래로 찬송하라

10 ●항해하는 자들과 바다 가운데의
만물과 섬들과 거기에 사는 사람들
아 여호와께 새 노래로 노래하며
땅끝에서부터 찬송하라
11 광야와 거기에 있는 성읍들과 게달
사람이 사는 마을들은 소리를 높이
라 셀라의 주민들은 노래하며 산
꼭대기에서 즐거이 부르라
12 여호와께 영광을 돌리며 섬들 중에
서 그의 찬송을 전할지어다
13 여호와께서 용사같이 나가시며 전
사같이 분발하여 외쳐 크게 부르시
며 그 대적을 크게 치시리로다

구원의 약속

14 ●내가 오랫동안 조용하며 잠잠하
고 참았으나 내가 해산하는 여인같
이 부르짖으리니 숨이 차서 심히
헐떡일 것이라
15 내가 산들과 언덕들을 황폐하게 하
며 그 모든 초목들을 마르게 하며
강들이 섬이 되게 하며 못들을 마
르게 할 것이며
16 내가 맹인들을 그들이 알지 못하는
길로 이끌며 그들이 알지 못하는
지름길로 인도하며 암흑이 그 앞에
서 광명이 되게 하며 굽은 데를 곧
게 할 것이라 내가 이 일을 행하여
그들을 버리지 아니하리니
17 조각한 우상을 의지하며 부어 만든
우상을 향하여 너희는 우리의 신이
라 하는 자는 물리침을 받아 크게
수치를 당하리라

백성들이 깨닫지 못하다

18 ●너희 못 듣는 자들아 들으라 너
희 맹인들아 밝히 보라
19 맹인이 누구냐 내 종이 아니냐 누
가 내가 보내는 내 사자같이 못 듣
는 자겠느냐 누가 [1]내게 충성된 자
같이 맹인이겠느냐 누가 여호와의
종같이 맹인이겠느냐
20 네가 많은 것을 볼지라도 유의하지
아니하며 귀가 열려 있을지라도 듣
지 아니하는도다
21 여호와께서 그의 의로 말미암아 기
쁨으로 [2]교훈을 크게 하며 존귀하
게 하려 하셨으나
22 이 백성이 도둑 맞으며 탈취를 당
하며 다 굴 속에 잡히며 옥에 갇히
도다 노략을 당하되 구할 자가 없
고 탈취를 당하되 되돌려 주라 말
할 자가 없도다
23 ●너희 중에 누가 이 일에 귀를 기
울이겠느냐 누가 뒤에 올 일을 삼
가 듣겠느냐
24 야곱이 탈취를 당하게 하신 자가
누구냐 이스라엘을 약탈자들에게
넘기신 자가 누구냐 여호와가 아니
시냐 우리가 그에게 범죄하였도다
그들이 그의 길로 다니기를 원하지
아니하며 그의 [2]교훈을 순종하지
아니하였도다
25 그러므로 여호와께서 맹렬한 진노
와 전쟁의 위력을 이스라엘에게 쏟
아 부으시매 그 사방에서 불타오르
나 깨닫지 못하며 몸이 타나 마음
에 두지 아니하는도다

구원의 약속

43 야곱아 너를 창조하신 여호와
께서 지금 말씀하시느니라 이
스라엘아 너를 지으신 이가 말씀하
시느니라 너는 두려워하지 말라 내
가 너를 구속하였고 내가 너를 지
명하여 불렀나니 너는 내 것이라
2 네가 물 가운데로 지날 때에 내가
너와 함께할 것이라 강을 건널 때
에 물이 너를 침몰하지 못할 것이
며 네가 불 가운데로 지날 때에 타

1) 나와 친한 자 2) 히, 율법

지도 아니할 것이요 불꽃이 너를
사르지도 못하리니
3 대저 나는 여호와 네 하나님이요
이스라엘의 거룩한 이요 네 구원자
임이라 내가 애굽을 너의 속량물
로, 구스와 스바를 너를 대신하여
주었노라
4 네가 내 눈에 보배롭고 존귀하며
내가 너를 사랑하였은즉 내가 네
대신 사람들을 내어주며 백성들이
네 생명을 대신하리니
5 두려워하지 말라 내가 너와 함께
하여 네 자손을 동쪽에서부터 오게
하며 서쪽에서부터 너를 모을 것이
며
6 내가 북쪽에게 이르기를 내놓으라
남쪽에게 이르기를 가두어 두지 말
라 내 아들들을 먼 곳에서 이끌며
내 딸들을 땅끝에서 오게 하며
7 내 이름으로 불려지는 모든 자 곧
내가 내 영광을 위하여 창조한 자
를 오게 하라 그를 내가 지었고 그
를 내가 만들었느니라

이스라엘은 여호와의 증인

8 ●눈이 있어도 보지 못하고 귀가
있어도 듣지 못하는 백성을 이끌어
내라
9 열방은 모였으며 민족들이 회집하
였는데 그들 중에 누가 이 일을 알
려 주며 이전 일들을 우리에게 들
려 주겠느냐 그들이 그들의 증인을
세워서 자기들의 옳음을 나타내고
듣는 자들이 옳다고 말하게 하여
보라
10 나 여호와가 말하노라 너희는 나의
증인, 나의 종으로 택함을 입었나
니 이는 너희가 나를 알고 믿으며
내가 그인 줄 깨닫게 하려 함이라
나의 전에 지음을 받은 신이 없었
느니라 나의 후에도 없으리라
11 나 곧 나는 여호와라 나 외에 구원
자가 없느니라
12 내가 알려 주었으며 구원하였으며
보였고 너희 중에 [1]다른 신이 없었
나니 그러므로 너희는 나의 증인이
요 나는 하나님이니라 여호와의 말
씀이니라
13 [2]과연 태초로부터 나는 그이니 내
손에서 건질 자가 없도다 내가 행
하리니 누가 막으리요

바벨론으로부터 빠져 나오다

14 ●너희의 구속자요 이스라엘의 거
룩한 이 여호와가 말하노라 너희를
위하여 내가 바벨론에 사람을 보내
어 모든 [3]갈대아 사람에게 자기들
이 연락하던 배를 타고 도망하여
내려가게 하리라
15 나는 여호와 너희의 거룩한 이요
이스라엘의 창조자요 너희의 왕이
니라
16 나 여호와가 이같이 말하노라 바다
가운데에 길을, 큰물 가운데에 지
름길을 내고
17 병거와 말과 군대의 용사를 이끌어
내어 그들이 일시에 엎드러져 일어
나지 못하고 소멸하기를 꺼져가는
등불 같게 하였느니라
18 너희는 이전 일을 기억하지 말며
옛날 일을 생각하지 말라
19 보라 내가 새 일을 행하리니 이제
나타낼 것이라 너희가 그것을 알지
못하겠느냐 반드시 내가 광야에 길
을 사막에 강을 내리니
20 장차 들짐승 곧 승냥이와 타조도
나를 존경할 것은 내가 광야에 물
을, 사막에 강들을 내어 내 백성,
내가 택한 자에게 마시게 할 것임
이라

1) 이방 신 2) 이제부터 3) 존귀한 자 곧 갈대아 사람으로

21 이 백성은 내가 나를 위하여 지었
나니 나를 찬송하게 하려 함이니라

이스라엘의 죄

22 ●그러나 야곱아 너는 나를 부르지
아니하였고 이스라엘아 너는 나를
괴롭게 여겼으며
23 네 번제의 양을 내게로 가져오지
아니하였고 네 제물로 나를 공경하
지 아니하였느니라 나는 [1]제물로
말미암아 너를 수고롭게 하지 아니
하였고 유향으로 말미암아 너를 괴
롭게 하지 아니하였거늘
24 너는 나를 위하여 돈으로 [2]향품을
사지 아니하며 희생의 기름으로 나
를 흡족하게 하지 아니하고 네 죄
짐으로 나를 수고롭게 하며 네 죄
악으로 나를 괴롭게 하였느니라
25 ●나 곧 나는 나를 위하여 네 허물
을 도말하는 자니 네 죄를 기억하
지 아니하리라
26 너는 나에게 기억이 나게 하라 우
리가 함께 변론하자 너는 말하여
네가 의로움을 나타내라
27 네 시조가 범죄하였고 너의 교사들
이 나를 배반하였나니
28 그러므로 내가 [3]성소의 어른들을
욕되게 하며 야곱이 진멸 당하도록
내어주며 이스라엘이 비방거리가
되게 [4]하리라

나 외에 다른 신이 없다

44 나의 종 야곱, 내가 택한 이스
라엘아 이제 들으라
2 너를 만들고 너를 모태에서부터 지
어 낸 너를 도와줄 여호와가 이같
이 말하노라 나의 종 야곱, 내가 택
한 여수룬아 두려워하지 말라
3 나는 [5]목마른 자에게 물을 주며 마
른 땅에 시내가 흐르게 하며 나의
영을 네 자손에게, 나의 복을 네 후
손에게 부어 주리니
4 그들이 풀 가운데에서 솟아나기를
시냇가의 버들같이 할 것이라
5 한 사람은 이르기를 나는 여호와께
속하였다 할 것이며 또 한 사람은
야곱의 이름으로 자기를 부를 것이
며 또 다른 사람은 자기가 여호와
께 속하였음을 [6]그의 손으로 기록
하고 이스라엘의 이름으로 존귀히
여김을 받으리라
6 ●이스라엘의 왕인 여호와, 이스라
엘의 구원자인 만군의 여호와가 이
같이 말하노라 나는 처음이요 나는
마지막이라 나 외에 다른 신이 없
느니라
7 내가 영원한 백성을 세운 이후로
나처럼 외치며 알리며 나에게 설명
할 자가 누구냐 있거든 될 일과 장
차 올 일을 그들에게 알릴지어다
8 너희는 두려워하지 말며 겁내지 말
라 내가 예로부터 너희에게 듣게
하지 아니하였느냐 알리지 아니하
였느냐 너희는 나의 증인이라 나
외에 신이 있겠느냐 과연 반석은
없나니 다른 신이 있음을 내가 알
지 못하노라

우상은 무익한 것

9 ●우상을 만드는 자는 다 허망하도
다 그들이 원하는 것들은 무익한
것이거늘 그것들의 증인들은 보지
도 못하며 알지도 못하니 그러므로
수치를 당하리라
10 신상을 만들며 무익한 우상을 부어
만든 자가 누구냐
11 보라 그와 같은 무리들이 다 수치
를 당할 것이라 그 대장장이들은
사람일 뿐이라 그들이 다 모여 서
서 두려워하며 함께 수치를 당할
것이니라

1) 소제로 2) 창포로 3) 거룩한 방백 4) 하였노라 5) 건조한 땅에 6) 그의 손에

12 ●철공은 [1)]철로 연장을 만들고 숯
불로 일하며 망치를 가지고 그것을
만들며 그의 힘센 팔로 그 일을 하
나 배가 고프면 기운이 없고 물을
마시지 아니하면 피로하니라
13 목공은 줄을 늘여 재고 붓으로 긋
고 대패로 밀고 곡선자로 그어 사
람의 아름다움을 따라 사람의 모양
을 만들어 집에 두게 하며
14 그는 자기를 위하여 백향목을 베며
디르사 나무와 상수리나무를 취하
며 숲의 나무들 가운데에서 자기를
위하여 한 나무를 정하며 나무를
심고 비를 맞고 자라게도 하느니라
15 이 나무는 사람이 땔감을 삼는 것
이거늘 그가 그것을 가지고 자기
몸을 덥게도 하고 불을 피워 떡을
굽기도 하고 신상을 만들어 경배하
며 우상을 만들고 그 앞에 엎드리
기도 하는구나
16 그 중의 절반은 불에 사르고 그 절
반으로는 고기를 구워 먹고 배불리
며 또 몸을 덥게 하여 이르기를 아
하 따뜻하다 내가 불을 보았구나
하면서
17 그 나머지로 신상 곧 자기의 우상
을 만들고 그 앞에 엎드려 경배하
며 그것에게 기도하여 이르기를 너
는 나의 신이니 나를 구원하라 하
는도다
18 ●그들이 알지도 못하고 깨닫지도
못함은 그들의 눈이 가려서 보지
못하며 그들의 마음이 어두워져서
깨닫지 못함이니라
19 마음에 생각도 없고 지식도 없고
총명도 없으므로 내가 그것의 절반
을 불사르고 또한 그 숯불 위에서
떡도 굽고 고기도 구워 먹었거늘
내가 어찌 그 나머지로 가증한 물
건을 만들겠으며 내가 어찌 그 나
무 토막 앞에 굴복하리요 말하지
아니하니
20 그는 재를 먹고 허탄한 마음에 미
혹되어 자기의 영혼을 구원하지 못
하며 나의 오른손에 거짓 것이 있
지 아니하냐 하지도 못하느니라

창조자요 구속자이신 여호와

21 ●야곱아 이스라엘아 이 일을 기억
하라 너는 내 종이니라 내가 너를
지었으니 너는 내 종이니라 이스라
엘아 너는 나에게 잊혀지지 아니하
리라
22 내가 네 허물을 빽빽한 구름같이,
네 죄를 안개같이 없이하였으니 너
는 내게로 돌아오라 내가 너를 구
속하였음이니라
23 여호와께서 이 일을 행하셨으니
하늘아 노래할지어다 땅의 깊은 곳
들아 높이 부를지어다 산들아 숲
과 그 가운데의 모든 나무들아 소
리내어 노래할지어다 여호와께서
야곱을 구속하셨으니 이스라엘 중
에 자기의 영광을 나타내실 것임
이로다
24 ●네 구속자요 모태에서 너를 지은
나 여호와가 이같이 말하노라 나는
만물을 지은 여호와라 홀로 하늘을
폈으며 나와 함께한 자 없이 땅을
펼쳤고
25 헛된 말을 하는 자들의 징표를 폐
하며 점치는 자들을 미치게 하며
지혜로운 자들을 물리쳐 그들의 지
식을 어리석게 하며
26 그의 종의 말을 세워 주며 그의 사
자들의 계획을 성취하게 하며 예
루살렘에 대하여는 이르기를 거기
에 사람이 살리라 하며 유다 성읍
들에 대하여는 중건될 것이라 내
가 그 황폐한 곳들을 복구시키리

1) 연장을 벼리되 숯불에

라 하며
27 깊음에 대하여는 이르기를 마르라
내가 네 강물들을 마르게 하리라
하며
28 고레스에 대하여는 이르기를 내 목
자라 그가 나의 모든 기쁨을 성취
하리라 하며 예루살렘에 대하여는
이르기를 중건되리라 하며 성전에
대하여는 네 기초가 놓여지리라 하
는 자니라

여호와께서 고레스를 세우시다

45 여호와께서 [1]그의 기름부음을
받은 고레스에게 이같이 말씀
하시되 내가 그의 오른손을 붙들고
그 앞에 열국을 항복하게 하며 내
가 왕들의 허리를 풀어 그 앞에 문
들을 열고 성문들이 닫히지 못하게
하리라
2 내가 너보다 앞서 가서 험한 곳을
평탄하게 하며 놋문을 쳐서 부수며
쇠빗장을 꺾고
3 네게 흑암 중의 보화와 은밀한 곳
에 숨은 재물을 주어 네 이름을 부
르는 자가 나 여호와 이스라엘의
하나님인 줄을 네가 알게 하리라
4 내가 나의 종 야곱, 내가 택한 자
이스라엘을 위하여 네 이름을 불러
너는 나를 알지 못하였을지라도 네
게 칭호를 주었노라
5 나는 여호와라 나 외에 다른 이가
없나니 나밖에 신이 없느니라 너는
나를 알지 못하였을지라도 나는 네
띠를 동일 것이요
6 해 뜨는 곳에서든지 지는 곳에서든
지 나밖에 다른 이가 없는 줄을 알
게 하리라 나는 여호와라 다른 이
가 없느니라
7 나는 빛도 짓고 어둠도 창조하며
나는 평안도 짓고 환난도 창조하나
니 나는 여호와라 이 모든 일들을
행하는 자니라 하였노라
8 ●하늘이여 위로부터 공의를 뿌리
며 구름이여 의를 부을지어다 땅이
여 열려서 [2]구원을 싹트게 하고 공
의도 함께 움돋게 할지어다 나 여호
와가 이 일을 창조하였느니라

창조의 주, 역사의 주

9 ●질그릇 조각 중 한 조각 같은 자
가 자기를 지으신 이와 더불어 다
툴진대 화 있을진저 진흙이 토기장
이에게 너는 무엇을 만드느냐 또는
네가 만든 것이 그는 손이 없다 말
할 수 있겠느냐
10 아버지에게는 무엇을 낳았소 하고
묻고 어머니에게는 무엇을 낳으려
고 해산의 수고를 하였소 하고 묻
는 자는 화 있을진저
11 ●이스라엘의 거룩하신 이 곧 이스
라엘을 지으신 여호와께서 이같이
이르시되 너희가 장래 일을 내게
물으며 또 내 아들들과 내 손으로
한 일에 관하여 내게 명령하려느냐
12 내가 땅을 만들고 그 위에 사람을
창조하였으며 내가 내 손으로 하늘
을 펴고 하늘의 모든 군대에게 명
령하였노라
13 내가 공의로 그를 일으킨지라 그의
모든 길을 곧게 하리니 그가 나의
성읍을 건축할 것이며 사로잡힌 내
백성을 값이나 갚음이 없이 놓으리
라 만군의 여호와의 말이니라 하셨
느니라
14 ●여호와께서 이같이 말씀하시되
애굽의 소득과 구스가 무역한 것과
스바의 장대한 남자들이 네게로 건
너와서 네게 속할 것이요 그들이
너를 따를 것이라 사슬에 매여 건
너와서 네게 굴복하고 간구하기를
하나님이 과연 네게 계시고 그 외

1) 칠십인역, 나의 2) 구원이 열매 맺게 하고

에는 다른 하나님이 없다 하리라
하시니라
15 구원자 이스라엘의 하나님이여 진
실로 주는 스스로 숨어 계시는 하
나님이시니이다
16 우상을 만드는 자는 부끄러움을 당
하며 욕을 받아 다 함께 수욕 중에
들어갈 것이로되
17 이스라엘은 여호와께 구원을 받아
영원한 구원을 얻으리니 너희가 영
원히 부끄러움을 당하거나 욕을 받
지 아니하리로다
18 ●대저 여호와께서 이같이 말씀하
시되 하늘을 창조하신 이 그는 하
나님이시니 그가 땅을 지으시고 그
것을 만드셨으며 그것을 견고하게
하시되 혼돈하게 창조하지 아니하
시고 사람이 거주하게 그것을 지으
셨으니 나는 여호와라 나 외에 다
른 이가 없느니라
19 나는 감추어진 곳과 캄캄한 땅에서
말하지 아니하였으며 야곱 자손에
게 너희가 나를 혼돈 중에서 찾으
라고 이르지 아니하였노라 나 여호
와는 의를 말하고 정직한 것을 알
리느니라

구원을 베푸시는 분은 하나님

20 ●열방 중에서 피난한 자들아 너희
는 모여 오라 함께 가까이 나아오
라 나무 우상을 가지고 다니며 구
원하지 못하는 신에게 기도하는 자
들은 무지한 자들이니라
21 너희는 알리며 진술하고 또 함께
의논하여 보라 이 일을 옛부터 듣
게 한 자가 누구냐 이전부터 그것
을 알게 한 자가 누구냐 나 여호와
가 아니냐 나 외에 다른 신이 없나
니 나는 공의를 행하며 구원을 베
푸는 하나님이라 나 외에 다른 이
가 없느니라
22 땅의 모든 끝이여 내게로 돌이켜
구원을 받으라 나는 하나님이라 다
른 이가 없느니라
23 내가 나를 두고 맹세하기를 내 입
에서 공의로운 말이 나갔은즉 돌아
오지 아니하나니 내게 모든 무릎이
꿇겠고 모든 혀가 맹세하리라 하였
노라
24 내게 대한 어떤 자의 말에 공의와
힘은 여호와께만 있나니 사람들이
그에게로 나아갈 것이라 무릇 그에
게 노하는 자는 부끄러움을 당하리
라 그러나
25 이스라엘 자손은 다 여호와로 말미
암아 의롭다 함을 얻고 자랑하리라
하느니라

46 벨은 엎드러졌고 느보는 구부
러졌도다 그들의 우상들은 짐
승과 가축에게 실렸으니 너희가 떠
메고 다니던 그것들이 피곤한 짐승
의 무거운 짐이 되었도다
2 그들은 구부러졌고 그들은 일제히
엎드러졌으므로 그 짐을 구하여
내지 못하고 자기들도 잡혀 갔느
니라
3 ●야곱의 집이여 이스라엘 집에 남
은 모든 자여 내게 들을지어다 배
에서 태어남으로부터 내게 안겼고
태에서 남으로부터 내게 업힌 너희
여
4 너희가 노년에 이르기까지 내가 그
리하겠고 백발이 되기까지 내가 너
희를 품을 것이라 내가 지었은즉
내가 업을 것이요 내가 품고 구하
여 내리라
5 너희가 나를 누구에게 비기며 누구
와 짝하며 누구와 비교하여 서로
같다 하겠느냐
6 사람들이 주머니에서 금을 쏟아 내
며 은을 저울에 달아 도금장이에게

주고 그것으로 신을 만들게 하고
그것에게 엎드려 경배하며
7 그것을 들어 어깨에 메어다가 그의
처소에 두면 그것이 서 있고 거기에
서 능히 움직이지 못하며 그에게 부
르짖어도 능히 응답하지 못하며 고
난에서 구하여 내지도 못하느니라
8 ●너희 패역한 자들아 이 일을 기
억하고 장부가 되라 이 일을 마음
에 두라
9 너희는 옛적 일을 기억하라 나는
하나님이라 나 외에 다른 이가 없
느니라 나는 하나님이라 나 같은
이가 없느니라
10 내가 시초부터 종말을 알리며 아직
이루지 아니한 일을 옛적부터 보이
고 이르기를 나의 뜻이 설 것이니
내가 나의 모든 기뻐하는 것을 이
루리라 하였노라
11 내가 동쪽에서 사나운 날짐승을 부
르며 먼 나라에서 나의 뜻을 이룰
사람을 부를 것이라 내가 말하였은
즉 반드시 이룰 것이요 계획하였은
즉 반드시 시행하리라
12 ●마음이 완악하여 공의에서 멀리
떠난 너희여 내게 들으라
13 내가 나의 공의를 가깝게 할 것인
즉 그것이 멀지 아니하나니 나의
구원이 지체하지 아니할 것이라 내
가 나의 영광인 이스라엘을 위하여
구원을 시온에 베풀리라

바벨론 심판

47 처녀 딸 바벨론이여 내려와서
티끌에 앉으라 딸 갈대아여 보
좌가 없어졌으니 땅에 앉으라 네가
다시는 곱고 아리땁다 일컬음을 받
지 못할 것임이라
2 맷돌을 가지고 가루를 갈고 너울을
벗으며 치마를 걷어 다리를 드러내
고 강을 건너라
3 네 속살이 드러나고 네 부끄러운
것이 보일 것이라 내가 보복하되
사람을 아끼지 아니하리라
4 우리의 구원자는 그의 이름이 만군
의 여호와 이스라엘의 거룩한 이시
니라
5 딸 갈대아여 잠잠히 앉으라 흑암으
로 들어가라 네가 다시는 여러 왕
국의 여주인이라 일컬음을 받지 못
하리라
6 전에 내가 내 백성에게 노하여 내
기업을 욕되게 하여 그들을 네 손
에 넘겨주었거늘 네가 그들을 긍휼
히 여기지 아니하고 늙은이에게 네
멍에를 심히 무겁게 메우며
7 말하기를 내가 영영히 여주인이 되
리라 하고 이 일을 네 마음에 두지
도 아니하며 그들의 종말도 생각하
지 아니하였도다
8 ●그러므로 사치하고 평안히 지내
며 마음에 이르기를 나뿐이라 나
외에 다른 이가 없도다 나는 과부
로 지내지도 아니하며 자녀를 잃어
버리는 일도 모르리라 하는 자여
너는 이제 들을지어다
9 한 날에 갑자기 자녀를 잃으며 과
부가 되는 이 두 가지 일이 네게 임
할 것이라 네가 무수한 주술과 많
은 주문을 빌릴지라도 이 일이 온
전히 네게 임하리라
10 네가 네 악을 의지하고 스스로 이
르기를 나를 보는 자가 없다 하나
니 네 지혜와 네 지식이 너를 유혹
하였음이라 네 마음에 이르기를 나
뿐이라 나 외에 다른 이가 없다 하
였으므로
11 재앙이 네게 임하리라 그러나 네가
[1]그 근원을 알지 못할 것이며 손해
가 네게 이르리라 그러나 이를 물

1) 술법으로 그것을 물리칠 줄을 알지 못할 것이며

리칠 능력이 없을 것이며 파멸이
홀연히 네게 임하리라 그러나 네가
알지 못할 것이니라
12 ●이제 너는 젊어서부터 힘쓰던 주
문과 많은 주술을 가지고 맞서 보
라 혹시 유익을 얻을 수 있을는지,
혹시 놀라게 할 수 있을는지,
13 네가 많은 계략으로 말미암아 피
곤하게 되었도다 하늘을 살피는
자와 별을 보는 자와 초하룻날에
예고하는 자들에게 일어나 네게 임
할 그 일에서 너를 구원하게 하여
보라
14 보라 그들은 초개 같아서 불에 타
리니 그 불꽃의 세력에서 스스로
구원하지 못할 것이라 이 불은 덥
게 할 숯불이 아니요 그 앞에 앉을
만한 불도 아니니라
15 네가 같이 힘쓰던 자들이 네게 이
같이 되리니 어려서부터 너와 함께
장사하던 자들이 각기 제 길로 흩
어지고 너를 구원할 자가 없으리라

하나님께서 새 일을 약속하시다

48 야곱의 집이여 이를 들을지어
다 너희는 이스라엘의 이름으
로 일컬음을 받으며 유다의 허리에
서 나왔으며 여호와의 이름으로 맹
세하며 이스라엘의 하나님을 기념
하면서도 진실이 없고 공의가 없도
다
2 그들은 거룩한 성 출신이라고 스스
로 부르며 이스라엘의 하나님을 의
지한다 하며 그의 이름이 만군의
여호와라고 하나
3 내가 예로부터 처음 일들을 알게
하였고 내 입에서 그것들이 나갔으
며 또 내가 그것들을 듣게 하였고
내가 홀연히 행하여 그 일들이 이
루어졌느니라
4 내가 알거니와 너는 완고하며 네
목은 쇠의 힘줄이요 네 이마는 놋
이라
5 그러므로 내가 이 일을 예로부터
네게 알게 하였고 일이 이루어지기
전에 그것을 네게 듣게 하였느니라
그것을 네가 듣게 하여 네가 이것
을 내 신이 행한 바요 내가 새긴 신
상과 부어 만든 신상이 명령한 바
라 말하지 못하게 하였느니라
6 네가 들었으니 이 모든 것을 보라
너희가 선전하지 아니하겠느냐 이
제부터 내가 새 일 곧 네가 알지 못
하던 은비한 일을 네게 듣게 하노
니
7 이 일들은 지금 창조된 것이요 옛
것이 아니라 오늘 이전에는 네가
듣지 못하였으니 이는 네가 말하기
를 내가 이미 알았노라 하지 못하
게 하려 함이라
8 네가 과연 듣지도 못하였고 알지도
못하였으며 네 귀가 옛적부터 열리
지 못하였나니 이는 네가 정녕 배
신하여 모태에서부터 네가 배역한
자라 불린 줄을 내가 알았음이라
9 내 이름을 위하여 내가 노하기를
더디 할 것이며 내 영광을 위하여
내가 참고 너를 멸절하지 아니하리
라
10 보라 내가 너를 연단하였으나 은처
럼 하지 아니하고 너를 고난의 [1]풀
무 불에서 택하였노라
11 나는 나를 위하며 나를 위하여 이
를 이룰 것이라 어찌 내 이름을 욕
되게 하리요 내 영광을 다른 자에
게 주지 아니하리라

처음이요 마지막이신 분

12 ●야곱아 내가 부른 이스라엘아 내
게 들으라 나는 그니 나는 처음이
요 또 나는 마지막이라

1) 풀무 불로 시련하였노라

13 과연 내 손이 땅의 기초를 정하였
고 내 오른손이 하늘을 폈나니 내
가 그들을 부르면 그것들이 일제히
서느니라
14 너희는 다 모여 들으라 나 여호와
가 사랑하는 자는 나의 기뻐하는
뜻을 바벨론에 행하리니 그의 팔이
갈대아인에게 임할 것이라 그들 중
에 누가 이 일들을 알게 하였느냐
15 나 곧 내가 말하였고 또 내가 그를
부르며 그를 인도하였나니 그 길이
형통하리라
16 너희는 내게 가까이 나아와 이것을
들으라 내가 처음부터 비밀히 말하
지 아니하였나니 그것이 있을 때부
터 내가 거기에 있었노라 하셨느니
라 이제는 주 여호와께서 나와 그
의 영을 보내셨느니라

백성을 인도하시는 하나님

17 ●너희의 구속자시요 이스라엘의
거룩하신 이이신 여호와께서 이르
시되 나는 네게 유익하도록 가르치
고 너를 마땅히 행할 길로 인도하
는 네 하나님 여호와라
18 네가 나의 명령에 주의하였더라면
네 평강이 강과 같았겠고 네 공의
가 바다 물결 같았을 것이며
19 네 자손이 모래 같았겠고 네 몸의
소생이 모래 알 같아서 그의 이름
이 내 앞에서 끊어지지 아니하였겠
고 없어지지 아니하였으리라 하셨
느니라
20 ●너희는 바벨론에서 나와서 갈대
아인을 피하고 즐거운 소리로 이를
알게 하여 들려 주며 땅끝까지 반
포하여 이르기를 여호와께서 그의
종 야곱을 구속하셨다 하라
21 여호와께서 그들을 사막으로 통과
하게 하시던 때에 그들이 목마르지
아니하게 하시되 그들을 위하여 바
위에서 물이 흘러나게 하시며 바위
를 쪼개사 물이 솟아나게 하셨느니
라
22 여호와께서 말씀하시되 악인에게
는 평강이 없다 하셨느니라

이방의 빛 이스라엘

49 섬들아 내게 들으라 먼 곳 백
성들아 귀를 기울이라 여호와
께서 태에서부터 나를 부르셨고 내
어머니의 복중에서부터 내 이름을
기억하셨으며
2 내 입을 날카로운 칼같이 만드시고
나를 그의 손 그늘에 숨기시며 나
를 갈고 닦은 화살로 만드사 그의
화살통에 감추시고
3 내게 이르시되 너는 나의 종이요
내 영광을 네 속에 나타낼 이스라
엘이라 하셨느니라
4 그러나 나는 말하기를 내가 헛되
이 수고하였으며 무익하게 공연히
내 힘을 다하였다 하였도다 참으
로 나에 대한 판단이 여호와께 있
고 나의 보응이 나의 하나님께 있
느니라
5 ●이제 여호와께서 말씀하시나니
그는 태에서부터 나를 그의 종으로
지으신 이시요 야곱을 그에게로 돌
아오게 하시는 이시니 이스라엘이
그에게로 모이는도다 그러므로 내
가 여호와 보시기에 영화롭게 되었
으며 나의 하나님은 나의 힘이 되
셨도다
6 그가 이르시되 네가 나의 종이 되
어 야곱의 지파들을 일으키며 이스
라엘 중에 보전된 자를 돌아오게
할 것은 매우 쉬운 일이라 내가 또
너를 이방의 빛으로 삼아 나의 구
원을 베풀어서 땅끝까지 이르게 하
리라
7 이스라엘의 구속자 이스라엘의 거

룩한 이이신 여호와께서 사람에게
멸시를 당하는 자, 백성에게 미움
을 받는 자, 관원들에게 종이 된 자
에게 이같이 이르시되 왕들이 보고
일어서며 고관들이 경배하리니 이
는 이스라엘의 거룩하신 이 신실하
신 여호와 그가 너를 택하였음이니
라

예루살렘의 회복

8 ●여호와께서 이같이 이르시되 은
혜의 때에 내가 네게 응답하였고
구원의 날에 내가 너를 도왔도다
내가 장차 너를 보호하여 너를 백
성의 언약으로 삼으며 [1]나라를 일
으켜 그들에게 그 황무하였던 땅을
기업으로 상속하게 하리라
9 내가 잡혀 있는 자에게 이르기를
나오라 하며 흑암에 있는 자에게
나타나라 하리라 그들이 길에서 먹
겠고 모든 헐벗은 산에도 그들의
풀밭이 있을 것인즉
10 그들이 주리거나 목마르지 아니할
것이며 더위와 볕이 그들을 상하지
아니하리니 이는 그들을 긍휼히 여
기는 이가 그들을 이끌되 샘물 근
원으로 인도할 것임이라
11 내가 나의 모든 산을 길로 삼고 나
의 대로를 돋우리니
12 어떤 사람은 먼 곳에서, 어떤 사람
은 북쪽과 서쪽에서, 어떤 사람은
시님 땅에서 오리라
13 하늘이여 노래하라 땅이여 기뻐하
라 산들이여 즐거이 노래하라 여호
와께서 그의 백성을 위로하셨은즉
그의 고난 당한 자를 긍휼히 여기
실 것임이라
14 ●오직 시온이 이르기를 여호와께
서 나를 버리시며 주께서 나를 잊
으셨다 하였거니와
15 여인이 어찌 그 젖 먹는 자식을 잊
겠으며 자기 태에서 난 아들을 긍
휼히 여기지 않겠느냐 그들은 혹시
잊을지라도 나는 너를 잊지 아니할
것이라
16 내가 너를 내 손바닥에 새겼고 너
의 성벽이 항상 내 앞에 있나니
17 네 자녀들은 빨리 걸으며 너를 헐
며 너를 황폐하게 하던 자들은 너
를 떠나가리라
18 네 눈을 들어 사방을 보라 그들이
다 모여 네게로 오느니라 나 여호
와가 이르노라 내가 나의 삶으로
맹세하노니 네가 반드시 그 모든
무리를 장식처럼 몸에 차며 그것을
띠기를 신부처럼 할 것이라
19 이는 네 황폐하고 적막한 곳들과
네 파멸을 당하였던 땅이 이제는
주민이 많아 좁게 될 것이며 너를
삼켰던 자들이 멀리 떠날 것이니라
20 자식을 잃었을 때에 낳은 자녀가
후일에 네 귀에 말하기를 이곳이
내게 좁으니 넓혀서 내가 거주하게
하라 하리니
21 그때에 네가 네 마음에 이르기를
누가 나를 위하여 이들을 낳았는
고 나는 자녀를 잃고 외로워졌으
며 사로잡혀 유리하였거늘 이들을
누가 양육하였는고 나는 홀로 남
았거늘 이들은 어디서 생겼는고
하리라
22 ●주 여호와가 이같이 이르노라 내
가 뭇 나라를 향하여 나의 손을 들
고 민족들을 향하여 나의 기치를
세울 것이라 그들이 네 아들들을
품에 안고 네 딸들을 어깨에 메고
올 것이며
23 왕들은 네 양부가 되며 왕비들은
네 유모가 될 것이며 그들이 얼굴
을 땅에 대고 네게 절하고 네 발의

1) 땅

티끌을 핥을 것이니 네가 나를 여
호와인 줄을 알리라 나를 바라는
자는 수치를 당하지 아니하리라
24 ●용사가 빼앗은 것을 어떻게 도로
빼앗으며 1)승리자에게 사로잡힌 자
를 어떻게 건져낼 수 있으랴
25 여호와가 이같이 말하노라 용사의
포로도 빼앗을 것이요 두려운 자
의 빼앗은 것도 건져낼 것이니 이
는 내가 너를 대적하는 자를 대적
하고 네 자녀를 내가 구원할 것임
이라
26 내가 너를 억압하는 자들에게 자기
의 살을 먹게 하며 새 술에 취함같
이 자기의 피에 취하게 하리니 모
든 육체가 나 여호와는 네 구원자
요 네 구속자요 야곱의 전능자인
줄 알리라

50 나 여호와가 이같이 말하노라
내가 너희의 어미를 내보낸
이혼 증서가 어디 있느냐 내가 어
느 채주에게 너희를 팔았느냐 보라
너희는 너희의 죄악으로 말미암아
팔렸고 너희의 어미는 너희의 배역
함으로 말미암아 내보냄을 받았느
니라
2 내가 왔어도 사람이 없었으며 내가
불러도 대답하는 자가 없었음은 어
찌 됨이냐 내 손이 어찌 짧아 구속
하지 못하겠느냐 내게 어찌 건질
능력이 없겠느냐 보라 내가 꾸짖어
바다를 마르게 하며 강들을 사막이
되게 하며 물이 없어졌으므로 그
물고기들이 악취를 내며 갈하여 죽
으리라
3 내가 흑암으로 하늘을 입히며 굵은
베로 덮느니라

주를 거역하지 아니하다

4 ●주 여호와께서 2)학자들의 혀를
내게 주사 나로 곤고한 자를 말로
어떻게 도와줄 줄을 알게 하시고
아침마다 깨우치시되 나의 귀를 깨
우치사 학자들같이 알아듣게 하시
도다
5 주 여호와께서 나의 귀를 여셨으므
로 내가 거역하지도 아니하며 뒤로
물러가지도 아니하며
6 나를 때리는 자들에게 내 등을 맡
기며 나의 수염을 뽑는 자들에게
나의 뺨을 맡기며 모욕과 침 뱉음
을 당하여도 내 얼굴을 가리지 아
니하였느니라
7 주 여호와께서 나를 도우시므로 내
가 부끄러워하지 아니하고 내 얼
굴을 부싯돌같이 굳게 하였으므로
내가 수치를 당하지 아니할 줄 아
노라
8 나를 의롭다 하시는 이가 가까이
계시니 나와 다툴 자가 누구냐 나
와 함께 설지어다 나의 대적이 누
구냐 내게 가까이 나아올지어다
9 보라 주 여호와께서 나를 도우시리
니 나를 정죄할 자 누구냐 보라 그
들은 다 옷과 같이 해어지며 좀이
그들을 먹으리라
10 ●너희 중에 여호와를 경외하며 그
의 종의 목소리를 청종하는 자가
누구냐 흑암 중에 행하여 빛이 없
는 자라도 여호와의 이름을 의뢰하
며 자기 하나님께 의지할지어다
11 보라 불을 피우고 횃불을 둘러 띤
자여 너희가 다 너희의 불꽃 가운
데로 걸어가며 너희가 피운 횃불
가운데로 걸어갈지어다 너희가 내
손에서 얻을 것이 이것이라 너희가
고통이 있는 곳에 누우리라

위로의 말씀

51 의를 따르며 여호와를 찾아 구
하는 너희는 내게 들을지어다

1) 히, 의인 2) 제자들, 가르침을 받은 자들

너희를 떠낸 반석과 너희를 파낸
우묵한 구덩이를 생각하여 보라
2 너희의 조상 아브라함과 너희를 낳
은 사라를 생각하여 보라 아브라함
이 혼자 있을 때에 내가 그를 부르
고 그에게 복을 주어 창성하게 하
였느니라
3 나 여호와가 시온의 모든 황폐한
곳들을 위로하여 그 사막을 에덴
같게, 그 광야를 여호와의 동산 같
게 하였나니 그 가운데에 기뻐함과
즐거워함과 감사함과 창화하는 소
리가 있으리라
4 ●내 백성이여 내게 주의하라 내
나라여 내게 귀를 기울이라 이는
율법이 내게서부터 나갈 것임이라
내가 내 공의를 만민의 빛으로 세
우리라
5 내 공의가 가깝고 내 구원이 나갔
은즉 내 팔이 만민을 심판하리니
섬들이 나를 앙망하여 내 팔에 의
지하리라
6 너희는 하늘로 눈을 들며 그 아래
의 땅을 살피라 하늘이 연기같이
사라지고 땅이 옷같이 해어지며 거
기에 사는 자들이 [1]하루살이같이
죽으려니와 나의 구원은 영원히 있
고 나의 공의는 폐하여지지 아니하
리라
7 ●의를 아는 자들아, 마음에 내 율
법이 있는 백성들아, 너희는 내게
듣고 그들의 비방을 두려워하지 말
라 그들의 비방에 놀라지 말라
8 옷같이 좀이 그들을 먹을 것이며
양털같이 좀벌레가 그들을 먹을 것
이나 나의 공의는 영원히 있겠고
나의 구원은 세세에 미치리라
9 ●여호와의 팔이여 깨소서 깨소서
능력을 베푸소서 옛날 옛 시대에
깨신 것같이 하소서 라합을 저미시
고 [2]용을 찌르신 이가 어찌 주가
아니시며
10 바다를, 넓고 깊은 물을 말리시고
바다 깊은 곳에 길을 내어 구속 받
은 자들을 건너게 하신 이가 어찌
주가 아니시니이까
11 여호와께 구속 받은 자들이 돌아와
노래하며 시온으로 돌아오니 영원
한 기쁨이 그들의 머리 위에 있고
즐거움과 기쁨을 얻으리니 슬픔과
탄식이 달아나리이다
12 ●이르시되 너희를 위로하는 자는
나 곧 나이니라 너는 어떠한 자이
기에 죽을 사람을 두려워하며 풀같
이 될 사람의 아들을 두려워하느냐
13 하늘을 펴고 땅의 기초를 정하고
너를 지은 자 여호와를 어찌하여
잊어버렸느냐 너를 멸하려고 준비
하는 저 학대자의 분노를 어찌하여
항상 종일 두려워하느냐 학대자의
분노가 어디 있느냐
14 결박된 포로가 속히 놓일 것이니
죽지도 아니할 것이요 구덩이로 내
려가지도 아니할 것이며 그의 양식
이 부족하지도 아니하리라
15 나는 네 하나님 여호와라 바다를
휘저어서 그 물결을 뒤흔들게 하는
자이니 그의 이름은 만군의 여호와
니라
16 내가 내 말을 네 입에 두고 내 손
그늘로 너를 덮었나니 이는 내가
하늘을 펴며 땅의 기초를 정하며
시온에게 이르기를 너는 내 백성이
라 말하기 위함이니라

비틀걸음 치게 하는 잔을 거두리라

17 ●여호와의 손에서 그의 분노의 잔
을 마신 예루살렘이여 깰지어다 깰
지어다 일어설지어다 네가 이미 비
틀걸음 치게 하는 큰 잔을 마셔 다

1) 그와 같이 2) 히, 바다의 큰 짐승

비웠도다
18 [1]네가 낳은 모든 아들 중에 너를 인
도할 자가 없고 네가 양육한 모든
아들 중에 그 손으로 너를 이끌 자
도 없도다
19 이 두 가지 일이 네게 닥쳤으니 누
가 너를 위하여 슬퍼하랴 곧 황폐
와 멸망이요 기근과 칼이라 [2]누가
너를 위로하랴
20 네 아들들이 곤비하여 그물에 걸린
영양같이 온 거리 모퉁이에 누웠으
니 그들에게 여호와의 분노와 네
하나님의 견책이 가득하도다
21 ●그러므로 너 곤고하며 포도주가
아니라도 취한 자여 이 말을 들으
라
22 네 주 여호와, 그의 백성의 억울함
을 풀어 주시는 네 하나님이 이같
이 말씀하시되 보라 내가 비틀걸음
치게 하는 잔 곧 나의 분노의 큰 잔
을 네 손에서 거두어서 네가 다시
는 마시지 못하게 하고
23 그 잔을 너를 괴롭게 하던 자들의
손에 두리라 그들은 일찍이 네게
이르기를 엎드리라 우리가 넘어가
리라 하던 자들이라 너를 넘어가려
는 그들에게 네가 네 허리를 땅과
같게, 길거리와 같게 하였느니라
하시니라

여호와께서 예루살렘을 구속하시다

52 시온이여 깰지어다 깰지어다
네 힘을 낼지어다 거룩한 성
예루살렘이여 네 아름다운 옷을 입
을지어다 이제부터 할례받지 아니
한 자와 부정한 자가 다시는 네게
로 들어옴이 없을 것임이라
2 너는 티끌을 털어 버릴지어다 예루
살렘이여 일어나 앉을지어다 사로
잡힌 딸 시온이여 네 목의 [3]줄을
스스로 풀지어다
3 ●여호와께서 이와 같이 말씀하시
되 너희가 값없이 팔렸으니 돈 없
이 속량되리라
4 주 여호와께서 이와 같이 말씀하시
되 내 백성이 전에 애굽에 내려가
서 거기에 거류하였고 앗수르인은
공연히 그들을 압박하였도다
5 그러므로 이제 여호와께서 말씀하
시되 내 백성이 까닭 없이 잡혀갔
으니 내가 여기서 어떻게 하랴 여
호와께서 말씀하시되 그들을 관할
하는 자들이 떠들며 내 이름을 항
상 종일토록 더럽히도다
6 그러므로 내 백성은 내 이름을 알
리라 그러므로 그날에는 그들이 이
말을 하는 자가 나인 줄을 알리라
내가 여기 있느니라
7 ●좋은 소식을 전하며 평화를 공포
하며 복된 좋은 소식을 가져오며
구원을 공포하며 시온을 향하여 이
르기를 네 하나님이 통치하신다 하
는 자의 산을 넘는 발이 어찌 그리
아름다운가
8 네 파수꾼들의 소리로다 그들이 소
리를 높여 일제히 노래하니 이는
여호와께서 시온으로 돌아오실 때
에 그들의 눈이 마주 보리로다
9 너 예루살렘의 황폐한 곳들아 기쁜
소리를 내어 함께 노래할지어다
이는 여호와께서 그의 백성을 위
로하셨고 예루살렘을 구속하셨음
이라
10 여호와께서 열방의 목전에서 그의
거룩한 팔을 나타내셨으므로 땅끝
까지도 모두 우리 하나님의 구원을
보았도다
11 ●너희는 떠날지어다 떠날지어다
거기서 나오고 부정한 것을 만지지

1) 히, 그 2) 히, 내가 어떻게 너를 위로하랴 3) 줄이 풀렸도다

말지어다 그 가운데에서 나올지어
다 여호와의 기구를 메는 자들이여
스스로 정결하게 할지어다
12 여호와께서 너희 앞에서 행하시며
이스라엘의 하나님이 너희 뒤에서
호위하시리니 너희가 황급히 나오
지 아니하며 도망하듯 다니지 아니
하리라

고난받는 종

13 ●보라 내 종이 [1]형통하리니 받들
어 높이 들려서 지극히 존귀하게
되리라
14 전에는 그의 모양이 타인보다 상하
였고 그의 모습이 사람들보다 상하
였으므로 많은 사람이 [2]그에 대하
여 놀랐거니와
15 그가 [3]나라들을 놀라게 할 것이며
왕들은 그로 말미암아 그들의 입을
봉하리니 이는 그들이 아직 그들에
게 전파되지 아니한 것을 볼 것이
요 아직 듣지 못한 것을 깨달을 것
임이라

53

우리가 [4]전한 것을 누가 믿었
느냐 여호와의 팔이 누구에게
나타났느냐
2 그는 주 앞에서 자라나기를 연한
순 같고 마른 땅에서 나온 [5]뿌리
같아서 고운 모양도 없고 풍채도
없은즉 우리가 보기에 흠모할 만한
아름다운 것이 없도다
3 그는 멸시를 받아 사람들에게 버림
받았으며 간고를 많이 겪었으며 질
고를 아는 자라 마치 사람들이 그
에게서 얼굴을 가리는 것같이 멸시
를 당하였고 우리도 그를 귀히 여
기지 아니하였도다
4 ●그는 실로 우리의 질고를 지고
우리의 슬픔을 당하였거늘 우리는
생각하기를 그는 징벌을 받아 하나
님께 맞으며 고난을 당한다 하였노
라
5 그가 찔림은 우리의 허물 때문이요
그가 상함은 우리의 죄악 때문이라
그가 징계를 받으므로 우리는 평화
를 누리고 그가 채찍에 맞으므로
우리는 나음을 받았도다
6 우리는 다 양 같아서 그릇 행하여
각기 제 길로 갔거늘 여호와께서는
우리 모두의 죄악을 그에게 담당시
키셨도다
7 ●그가 곤욕을 당하여 괴로울 때에
도 그의 입을 열지 아니하였음이
여 마치 도수장으로 끌려가는 어
린 양과 털 깎는 자 앞에서 잠잠한
양같이 그의 입을 열지 아니하였
도다
8 그는 곤욕과 심문을 당하고 끌려
갔으나 그 세대 중에 누가 생각하
기를 그가 살아 있는 자들의 땅에
서 끊어짐은 마땅히 형벌 받을 내
백성의 허물 때문이라 하였으리
요
9 그는 강포를 행하지 아니하였고 그
의 입에 거짓이 없었으나 그의 무
덤이 악인들과 함께 있었으며 그가
죽은 후에 부자와 함께 있었도다
10 ●여호와께서 그에게 상함을 받게
하시기를 원하사 질고를 당하게 하
셨은즉 그의 영혼을 속건제물로 드
리기에 이르면 그가 [6]씨를 보게 되
며 그의 날은 길 것이요 또 그의 손
으로 여호와께서 기뻐하시는 뜻을
성취하리로다
11 그가 자기 영혼의 수고한 것을 보
고 만족하게 여길 것이라 나의 의
로운 종이 자기 지식으로 많은 사
람을 의롭게 하며 또 그들의 죄악
을 친히 담당하리로다

1) 지혜롭게 행하리니 2) 히, 네게 대하여 3) 열방에 뿌릴 것 4) 들은 5) 줄기 6) 후손

12 그러므로 내가 그에게 존귀한 자와
함께 몫을 받게 하며 강한 자와 함
께 탈취한 것을 나누게 하리니 이
는 그가 자기 영혼을 버려 사망에
이르게 하며 범죄자 중 하나로 헤
아림을 받았음이니라 그러나 그가
많은 사람의 죄를 담당하며 범죄자
를 위하여 기도하였느니라

하나님의 영원한 자비

54 잉태하지 못하며 출산하지 못
한 너는 노래할지어다 산고를
겪지 못한 너는 외쳐 노래할지어다
이는 홀로 된 여인의 자식이 남편
있는 자의 자식보다 많음이라 여호
와께서 말씀하셨느니라
2 네 장막터를 넓히며 네 처소의 휘
장을 아끼지 말고 널리 펴되 너의
줄을 길게 하며 너의 말뚝을 견고
히 할지어다
3 이는 네가 좌우로 퍼지며 네 자손은
열방을 얻으며 황폐한 성읍들을 사
람 살 곳이 되게 할 것임이라
4 ●두려워하지 말라 네가 수치를 당
하지 아니하리라 놀라지 말라 네가
부끄러움을 보지 아니하리라 네가
네 젊었을 때의 수치를 잊겠고 과
부 때의 치욕을 다시 기억함이 없
으리니
5 이는 너를 지으신 이가 네 남편이
시라 그의 이름은 만군의 여호와이
시며 네 구속자는 이스라엘의 거룩
한 이시라 그는 온 땅의 하나님이
라 일컬음을 받으실 것이라
6 여호와께서 너를 부르시되 마치 버
림을 받아 마음에 근심하는 아내
곧 어릴 때에 아내가 되었다가 버
림을 받은 자에게 함과 같이 하실
것임이라 네 하나님께서 말씀하셨
느니라
7 내가 잠시 너를 버렸으나 큰 긍휼
로 너를 모을 것이요
8 내가 넘치는 진노로 내 얼굴을 네
게서 잠시 가렸으나 영원한 자비로
너를 긍휼히 여기리라 네 구속자
여호와께서 말씀하셨느니라
9 ●이는 내게 노아의 홍수와 같도다
내가 다시는 노아의 홍수로 땅 위
에 범람하지 못하게 하리라 맹세한
것같이 내가 네게 노하지 아니하며
너를 책망하지 아니하기로 맹세하
였노니
10 산들이 떠나며 언덕들은 옮겨질지
라도 나의 자비는 네게서 떠나지
아니하며 나의 화평의 언약은 흔
들리지 아니하리라 너를 긍휼히
여기시는 여호와께서 말씀하셨느
니라

미래의 예루살렘

11 ●너 곤고하며 광풍에 요동하여 안
위를 받지 못한 자여 보라 내가 화
려한 채색으로 네 돌 사이에 더하
며 청옥으로 네 기초를 쌓으며
12 홍보석으로 네 성벽을 지으며 석류
석으로 네 성문을 만들고 네 지경
을 다 보석으로 꾸밀 것이며
13 네 모든 자녀는 여호와의 [1]교훈을
받을 것이니 네 자녀에게는 큰 평
안이 있을 것이며
14 너는 공의로 설 것이며 학대가 네
게서 멀어질 것인즉 네가 두려워하
지 아니할 것이며 공포도 네게 가
까이하지 못할 것이라
15 보라 그들이 분쟁을 일으킬지라도
나로 말미암지 아니한 것이니 누구
든지 너와 분쟁을 일으키는 자는
너로 말미암아 패망하리라
16 보라 숯불을 불어서 자기가 쓸 만
한 연장을 제조하는 장인도 내가
창조하였고 파괴하며 진멸하는 자

1) 제자가 될 것이니

도 내가 창조하였은즉
17 너를 치려고 제조된 모든 연장이
쓸모가 없을 것이라 일어나 너를
대적하여 송사하는 모든 혀는 네게
정죄를 당하리니 이는 여호와의 종
들의 기업이요 이는 그들이 내게서
얻은 공의니라 여호와의 말씀이니
라

하나님의 긍휼

55 오호라 너희 모든 목마른 자
들아 물로 나아오라 돈 없는
자도 오라 너희는 와서 사 먹되 돈
없이, 값없이 와서 포도주와 젖을
사라
2 너희가 어찌하여 양식이 아닌 것을
위하여 은을 달아 주며 배부르게
하지 못할 것을 위하여 수고하느냐
내게 듣고 들을지어다 그리하면 너
희가 좋은 것을 먹을 것이며 너희
자신들이 기름진 것으로 즐거움을
얻으리라
3 너희는 귀를 기울이고 내게로 나아
와 들으라 그리하면 너희의 영혼이
살리라 내가 너희를 위하여 영원한
언약을 맺으리니 곧 다윗에게 허락
한 확실한 은혜이니라
4 보라 내가 그를 만민에게 증인으로
세웠고 만민의 인도자와 명령자로
삼았나니
5 보라 네가 알지 못하는 나라를 네
가 부를 것이며 너를 알지 못하는
나라가 네게로 달려올 것은 여호와
네 하나님 곧 이스라엘의 거룩하신
이로 말미암음이니라 이는 그가 너
를 영화롭게 하였느니라
6 ●너희는 여호와를 만날 만한 때에
찾으라 가까이 계실 때에 그를 부
르라
7 악인은 그의 길을, 불의한 자는 그
의 생각을 버리고 여호와께로 돌아
오라 그리하면 그가 긍휼히 여기시
리라 우리 하나님께로 돌아오라 그
가 너그럽게 용서하시리라
8 이는 내 생각이 너희의 생각과 다
르며 내 길은 너희의 길과 다름이
니라 여호와의 말씀이니라
9 이는 하늘이 땅보다 높음같이 내
길은 너희의 길보다 높으며 내 생
각은 너희의 생각보다 높음이니라
10 이는 비와 눈이 하늘로부터 내려서
그리로 되돌아가지 아니하고 땅을
적셔서 소출이 나게 하며 싹이 나
게 하여 파종하는 자에게는 종자를
주며 먹는 자에게는 양식을 줌과
같이
11 내 입에서 나가는 말도 이와 같이
헛되이 내게로 되돌아오지 아니하
고 나의 기뻐하는 뜻을 이루며 내
가 보낸 일에 형통함이니라
12 너희는 기쁨으로 나아가며 평안히
인도함을 받을 것이요 산들과 언덕
들이 너희 앞에서 노래를 발하고
들의 모든 나무가 손뼉을 칠 것이
며
13 잣나무는 가시나무를 대신하여 나
며 화석류는 찔레를 대신하여 날
것이라 이것이 여호와의 [1]기념이
되며 영영한 표징이 되어 끊어지지
아니하리라

여호와께 연합한 사람

56 여호와께서 이와 같이 말씀하
시기를 너희는 정의를 지키며
의를 행하라 이는 나의 구원이 가
까이 왔고 나의 공의가 나타날 것
임이라 하셨도다
2 안식일을 지켜 더럽히지 아니하며
그의 손을 금하여 모든 악을 행하
지 아니하여야 하나니 이와 같이
하는 사람, 이와 같이 굳게 잡는 사

1) 히, 이름이

람은 복이 있느니라
3 여호와께 연합한 이방인은 말하기
를 여호와께서 나를 그의 백성 중
에서 반드시 갈라내시리라 하지 말
며 고자도 말하기를 나는 마른 나
무라 하지 말라
4 여호와께서 이와 같이 말씀하시기
를 나의 안식일을 지키며 내가 기
뻐하는 일을 선택하며 나의 언약을
굳게 잡는 고자들에게는
5 내가 내 집에서, 내 성 안에서 아들
이나 딸보다 나은 기념물과 이름을
그들에게 주며 영원한 이름을 주어
끊어지지 아니하게 할 것이며
6 또 여호와와 연합하여 그를 섬기며
여호와의 이름을 사랑하며 그의 종
이 되며 안식일을 지켜 더럽히지
아니하며 나의 언약을 굳게 지키는
이방인마다
7 내가 곧 그들을 나의 성산으로 인
도하여 기도하는 내 집에서 그들을
기쁘게 할 것이며 그들의 번제와
희생을 나의 제단에서 기꺼이 받게
되리니 이는 내 집은 [1]만민이 기도
하는 집이라 일컬음이 될 것임이라
8 이스라엘의 쫓겨난 자를 모으시는
주 여호와가 말하노니 내가 이미
모은 백성 외에 또 모아 그에게 속
하게 하리라 하셨느니라

몰지각한 목자들

9 ●들의 모든 짐승들아 숲 가운데의
모든 짐승들아 와서 먹으라
10 [2]이스라엘의 파수꾼들은 맹인이요
다 무지하며 벙어리 개들이라 짖지
못하며 다 꿈꾸는 자들이요 누워
있는 자들이요 잠자기를 좋아하는
자들이니
11 이 개들은 탐욕이 심하여 족한 줄
을 알지 못하는 자들이요 그들은
몰지각한 목자들이라 다 제 길로
돌아가며 사람마다 자기 이익만 추
구하며
12 오라 내가 포도주를 가져오리라 우
리가 독주를 잔뜩 마시자 내일도
오늘같이 크게 넘치리라 하느니라

우상 숭배를 규탄하시다

57 의인이 죽을지라도 마음에 두
는 자가 없고 진실한 이들이
거두어 감을 당할지라도 깨닫는 자
가 없도다 의인들은 악한 자들 앞
에서 불리어가도다
2 그들은 평안에 들어갔나니 바른 길
로 가는 자들은 그들의 침상에서
편히 쉬리라
3 ●무당의 자식, 간음자와 음녀의
자식들아 너희는 가까이 오라
4 너희가 누구를 희롱하느냐 누구를
향하여 입을 크게 벌리며 혀를 내
미느냐 너희는 패역의 자식, 거짓
의 후손이 아니냐
5 너희가 상수리나무 사이, 모든 푸
른 나무 아래에서 음욕을 피우며
골짜기 가운데 바위틈에서 자녀를
도살하는도다
6 골짜기 가운데 매끄러운 돌들 중에
네 몫이 있으니 그것들이 곧 네가
제비 뽑아 얻은 것이라 또한 네가
전제와 [3]예물을 그것들에게 드리니
내가 어찌 위로를 받겠느냐
7 네가 높고 높은 산 위에 네 침상을
베풀었고 네가 또 거기에 올라가서
제사를 드렸으며
8 네가 또 네 기념표를 문과 문설주
뒤에 두었으며 네가 나를 떠나 벗
고 올라가서 네 침상을 넓히고 그
들과 언약하며 또 네가 그들의 침
상을 사랑하여 그 벌거벗은 것을
보았으며
9 네가 기름을 가지고 몰렉에게 나아

1) 만민을 위하여 기도하는 집 2) 히, 그의 3) 소제를

가되 향품을 더하였으며 네가 또
사신을 먼 곳에 보내고 스올에까지
내려가게 하였으며
10 네가 길이 멀어서 피곤할지라도 헛
되다 말하지 아니함은 네 힘이 살
아났으므로 쇠약하여지지 아니함
이라
11 ●네가 누구를 두려워하며 누구로
말미암아 놀랐기에 거짓을 말하며
나를 생각하지 아니하며 이를 마음
에 두지 아니하였느냐 네가 나를
경외하지 아니함은 내가 오랫동안
잠잠했기 때문이 아니냐
12 네 공의를 내가 보이리라 네가 행
한 일이 네게 무익하니라
13 네가 부르짖을 때에 네가 모은 우
상들에게 너를 구원하게 하라 그것
들은 다 바람에 날려 가겠고 기운
에 불려갈 것이로되 나를 의뢰하는
자는 땅을 차지하겠고 나의 거룩한
산을 기업으로 얻으리라

인도하고 고치겠다고 하신 약속

14 ●그가 말하기를 돋우고 돋우어 길
을 수축하여 내 백성의 길에서 거
치는 것을 제하여 버리라 하리라
15 지극히 존귀하며 영원히 거하시며
거룩하다 이름하는 이가 이와 같이
말씀하시되 내가 높고 거룩한 곳에
있으며 또한 통회하고 마음이 겸손
한 자와 함께 있나니 이는 겸손한
자의 영을 소생시키며 통회하는 자
의 마음을 소생시키려 함이라
16 내가 영원히 다투지 아니하며 내가
끊임없이 노하지 아니할 것은 내가
지은 그의 영과 혼이 내 앞에서 피
곤할까 함이라
17 그의 탐심의 죄악으로 말미암아 내
가 노하여 그를 쳤으며 또 내 얼굴
을 가리고 노하였으나 그가 아직도
패역하여 자기 마음의 길로 걸어가
도다
18 내가 그의 길을 보았은즉 그를 고
쳐 줄 것이라 그를 인도하며 그와
그를 슬퍼하는 자들에게 위로를 다
시 얻게 하리라
19 입술의 열매를 창조하는 자 여호와
가 말하노라 먼 데 있는 자에게든
지 가까운 데 있는 자에게든지 평
강이 있을지어다 평강이 있을지어
다 내가 그를 고치리라 하셨느니
라
20 그러나 악인은 평온함을 얻지 못하
고 그 물이 진흙과 더러운 것을 늘
솟구쳐 내는 요동하는 바다와 같으
니라
21 내 하나님의 말씀에 악인에게는 평
강이 없다 하셨느니라

여호와께서 기뻐하시는 금식

58 크게 외치라 목소리를 아끼지
말라 네 목소리를 나팔같이
높여 내 백성에게 그들의 허물을,
야곱의 집에 그들의 죄를 알리라
2 그들이 날마다 나를 찾아 나의 길
알기를 즐거워함이 마치 공의를 행
하여 그의 하나님의 규례를 저버리
지 아니하는 나라 같아서 의로운
판단을 내게 구하며 하나님과 가까
이하기를 즐거워하는도다
3 우리가 금식하되 어찌하여 주께서
보지 아니하시오며 우리가 마음을
괴롭게 하되 어찌하여 주께서 알아
주지 아니하시나이까 보라 너희가
금식하는 날에 오락을 구하며 1)온
갖 일을 시키는도다
4 보라 너희가 금식하면서 논쟁하며
다투며 악한 주먹으로 치는도다 너
희가 오늘 금식하는 것은 너희의
목소리를 상달하게 하려는 것이 아
니니라

1) 너희 역군을 압제하는도다

5 이것이 어찌 내가 기뻐하는 금식이
되겠으며 이것이 어찌 사람이 자기
의 마음을 괴롭게 하는 날이 되겠
느냐 그의 머리를 갈대같이 숙이고
굵은 베와 재를 펴는 것을 어찌 금
식이라 하겠으며 여호와께 열납될
날이라 하겠느냐
6 내가 기뻐하는 금식은 흉악의 결박
을 풀어 주며 멍에의 줄을 끌러 주
며 압제당하는 자를 자유하게 하
며 모든 멍에를 꺾는 것이 아니겠
느냐
7 또 주린 자에게 네 양식을 나누어
주며 유리하는 빈민을 집에 들이며
헐벗은 자를 보면 입히며 또 네 골
육을 피하여 스스로 숨지 아니하는
것이 아니겠느냐
8 그리하면 네 빛이 새벽같이 비칠
것이며 네 치유가 급속할 것이며
네 공의가 네 앞에 행하고 여호와
의 영광이 네 뒤에 호위하리니
9 네가 부를 때에는 나 여호와가 응
답하겠고 네가 부르짖을 때에는 내
가 여기 있다 하리라 ●만일 네가
너희 중에서 멍에와 손가락질과 허
망한 말을 제하여 버리고
10 주린 자에게 네 심정이 동하며 괴
로워하는 자의 심정을 만족하게 하
면 네 빛이 흑암 중에서 떠올라 네
어둠이 낮과 같이 될 것이며
11 여호와가 너를 항상 인도하여 [1]메
마른 곳에서도 네 영혼을 만족하게
하며 네 뼈를 견고하게 하리니 너
는 물 댄 동산 같겠고 물이 끊어지
지 아니하는 샘 같을 것이라
12 네게서 날 자들이 오래 황폐된 곳
들을 다시 세울 것이며 너는 역대
의 파괴된 기초를 쌓으리니 너를
일컬어 무너진 데를 보수하는 자라
할 것이며 길을 수축하여 거할 곳
이 되게 하는 자라 하리라

안식일을 지키면

13 ●만일 안식일에 네 발을 금하여
내 성일에 오락을 행하지 아니하고
안식일을 일컬어 즐거운 날이라,
여호와의 성일을 존귀한 날이라 하
여 [2]이를 존귀하게 여기고 네 길로
행하지 아니하며 네 오락을 구하지
아니하며 사사로운 말을 하지 아니
하면
14 네가 여호와 안에서 즐거움을 얻을
것이라 내가 너를 땅의 높은 곳에
올리고 네 조상 야곱의 기업으로
기르리라 여호와의 입의 말씀이니
라

선지자가 백성의 죄악을 규탄하다

59 여호와의 손이 짧아 구원하지
못하심도 아니요 귀가 둔하여
듣지 못하심도 아니라
2 오직 너희 죄악이 너희와 너희 하
나님 사이를 갈라 놓았고 너희 죄
가 그의 얼굴을 가리어서 너희에게
서 듣지 않으시게 함이니라
3 이는 너희 손이 피에, 너희 손가락
이 죄악에 더러워졌으며 너희 입술
은 거짓을 말하며 너희 혀는 악독
을 냄이라
4 공의대로 소송하는 자도 없고 진실
하게 판결하는 자도 없으며 허망한
것을 의뢰하며 거짓을 말하며 악행
을 잉태하여 죄악을 낳으며
5 독사의 알을 품으며 거미줄을 짜나
니 그 알을 먹는 자는 죽을 것이요
그 알이 밟힌즉 터져서 독사가 나
올 것이니라
6 그 짠 것으로는 옷을 이룰 수 없을
것이요 그 행위로는 자기를 가릴
수 없을 것이며 그 행위는 죄악의
행위라 그 손에는 포악한 행동이

1) 가물 때에도 2) 그

있으며
7 그 발은 행악하기에 빠르고 무죄한
피를 흘리기에 신속하며 그 생각은
악한 생각이라 황폐와 파멸이 그
길에 있으며
8 그들은 평강의 길을 알지 못하며
그들이 행하는 곳에는 정의가 없으
며 굽은 길을 스스로 만드나니 무
릇 이 길을 밟는 자는 평강을 알지
못하느니라

백성이 죄악을 자백하다

9 ●그러므로 정의가 우리에게서 멀
고 공의가 우리에게 미치지 못한즉
우리가 빛을 바라나 어둠뿐이요 밝
은 것을 바라나 캄캄한 가운데에
행하므로
10 우리가 맹인같이 담을 더듬으며 눈
없는 자같이 두루 더듬으며 낮에도
황혼 때같이 넘어지니 우리는 [1]강
장한 자 중에서도 죽은 자 같은지
라
11 우리가 곰같이 부르짖으며 비둘기
같이 슬피 울며 정의를 바라나 없
고 구원을 바라나 우리에게서 멀도
다
12 이는 우리의 허물이 주의 앞에 심
히 많으며 우리의 죄가 우리를 쳐
서 증언하오니 이는 우리의 허물이
우리와 함께 있음이니라 우리의 죄
악을 우리가 아나이다
13 우리가 여호와를 배반하고 속였으
며 우리 하나님을 따르는 데에서
돌이켜 포학과 패역을 말하며 거짓
말을 마음에 잉태하여 낳으니
14 정의가 뒤로 물리침이 되고 공의
가 멀리 섰으며 성실이 거리에 엎
드러지고 정직이 나타나지 못하는
도다
15 성실이 없어지므로 악을 떠나는 자
가 탈취를 당하는도다

여호와께서 백성을 구원하려고 하시다

●여호와께서 이를 살피시고 그 정
의가 없는 것을 기뻐하지 아니하시
고
16 사람이 없음을 보시며 [2]중재자가
없음을 이상히 여기셨으므로 자기
팔로 스스로 구원을 베푸시며 자기
의 공의를 스스로 의지하사
17 공의를 갑옷으로 삼으시며 구원을
자기의 머리에 써서 투구로 삼으시
며 보복을 속옷으로 삼으시며 열심
을 입어 겉옷으로 삼으시고
18 그들의 행위대로 갚으시되 그 원
수에게 분노하시며 그 원수에게
보응하시며 섬들에게 보복하실 것
이라
19 서쪽에서 여호와의 이름을 두려워
하겠고 해 돋는 쪽에서 그의 영광
을 두려워할 것은 여호와께서 그
기운에 몰려 급히 흐르는 강물같이
오실 것임이로다
20 여호와의 말씀이니라 구속자가 시
온에 임하며 야곱의 자손 가운데
에서 죄과를 떠나는 자에게 임하
리라
21 여호와께서 이르시되 내가 그들과
세운 나의 언약이 이러하니 곧 네
위에 있는 나의 영과 네 입에 둔 나
의 말이 이제부터 영원하도록 네
입에서와 네 후손의 입에서와 네
후손의 후손의 입에서 떠나지 아니
하리라 하시니라 여호와의 말씀이
니라

예루살렘이 받을 영광

60 일어나라 빛을 발하라 이는
네 빛이 이르렀고 여호와의
영광이 네 위에 임하였음이니라
2 보라 어둠이 땅을 덮을 것이며 캄
캄함이 만민을 가리려니와 오직 여

1) 우리는 어두운 데 처하여 죽은 자 2) 중재

호와께서 네 위에 임하실 것이며
그의 영광이 네 위에 나타나리니
3 나라들은 네 빛으로, 왕들은 비치
는 네 광명으로 나아오리라
4 ●네 눈을 들어 사방을 보라 무리
가 다 모여 네게로 오느니라 네 아
들들은 먼 곳에서 오겠고 네 딸들
은 안기어 올 것이라
5 그때에 네가 보고 기쁜 빛을 내며
네 마음이 놀라고 또 화창하리니
이는 바다의 부가 네게로 돌아오며
이방 나라들의 재물이 네게로 옴이
라
6 허다한 낙타, 미디안과 에바의 어
린 낙타가 네 가운데에 가득할 것
이며 스바 사람들은 다 금과 유향
을 가지고 와서 여호와의 찬송을
전파할 것이며
7 게달의 양 무리는 다 네게로 모일
것이요 느바욧의 숫양은 네게 공급
되고 내 제단에 올라 기꺼이 받음
이 되리니 내가 내 [1]영광의 집을 영
화롭게 하리라
8 저 구름같이, 비둘기들이 그 보금
자리로 날아가는 것같이 날아오는
자들이 누구냐
9 곧 섬들이 나를 앙망하고 다시스의
배들이 먼저 이르되 먼 곳에서 네
자손과 그들의 은금을 아울러 싣
고 와서 네 하나님 여호와의 이름
에 드리려 하며 이스라엘의 거룩
한 이에게 드리려 하는 자들이라
이는 [2]내가 너를 [3]영화롭게 하였
음이라
10 ●내가 노하여 너를 쳤으나 이제는
나의 은혜로 너를 불쌍히 여겼은
즉 이방인들이 네 성벽을 쌓을 것
이요 그들의 왕들이 너를 섬길 것
이며
11 네 성문이 항상 열려 주야로 닫히
지 아니하리니 이는 사람들이 네게
로 이방 나라들의 재물을 가져오며
그들의 왕들을 포로로 이끌어 옴이
라
12 너를 섬기지 아니하는 백성과 나라
는 파멸하리니 그 백성들은 반드시
진멸되리라
13 레바논의 영광 곧 잣나무와 소나무
와 황양목이 함께 네게 이르러 내
거룩한 곳을 아름답게 할 것이며
내가 나의 발 둘 곳을 영화롭게 할
것이라
14 너를 괴롭히던 자의 자손이 몸을
굽혀 네게 나아오며 너를 멸시하던
모든 자가 네 발 아래에 엎드려 너
를 일컬어 여호와의 성읍이라, 이
스라엘의 거룩한 이의 시온이라 하
리라
15 ●전에는 네가 버림을 당하며 미움
을 당하였으므로 네게로 가는 자가
없었으나 이제는 내가 너를 영원한
아름다움과 대대의 기쁨이 되게 하
리니
16 네가 이방 나라들의 젖을 빨며 뭇
왕의 젖을 빨고 나 여호와는 네 구
원자, 네 구속자, 야곱의 전능자인
줄 알리라
17 내가 금을 가지고 놋을 대신하며
은을 가지고 철을 대신하며 놋으로
나무를 대신하며 철로 돌을 대신하
며 화평을 세워 관원으로 삼으며
공의를 세워 감독으로 삼으리니
18 다시는 강포한 일이 네 땅에 들리
지 않을 것이요 황폐와 파멸이 네
국경 안에 다시 없을 것이며 네가
네 성벽을 구원이라, 네 성문을 찬
송이라 부를 것이라
19 다시는 낮에 해가 네 빛이 되지 아

1) 아름다운 집을 아름답게 하리라 2) 히, 그 3) 아름답게

니하며 달도 네게 빛을 비추지 않
을 것이요 오직 여호와가 네게 영
원한 빛이 되며 네 하나님이 네 영
광이 되리니
20 다시는 네 해가 지지 아니하며 네
달이 물러가지 아니할 것은 여호와
가 네 영원한 빛이 되고 네 슬픔의
날이 끝날 것임이라
21 네 백성이 다 의롭게 되어 영원히
땅을 차지하리니 그들은 내가 심은
가지요 내가 손으로 만든 것으로서
나의 영광을 나타낼 것인즉
22 그 작은 자가 천 명을 이루겠고 그
약한 자가 강국을 이룰 것이라 때
가 되면 나 여호와가 속히 이루리
라

구원의 아름다운 소식

61 주 여호와의 영이 내게 내리셨
으니 이는 여호와께서 내게 기
름을 부으사 [1]가난한 자에게 아름
다운 소식을 전하게 하려 하심이라
나를 보내사 마음이 상한 자를 고
치며 포로된 자에게 자유를, 갇힌
자에게 놓임을 선포하며
2 여호와의 은혜의 해와 우리 하나님
의 보복의 날을 선포하여 모든 슬
픈 자를 위로하되
3 무릇 시온에서 슬퍼하는 자에게 화
관을 주어 그 재를 대신하며 기쁨
의 기름으로 그 슬픔을 대신하며
찬송의 옷으로 그 근심을 대신하시
고 그들이 의의 나무 곧 여호와께
서 심으신 그 영광을 나타낼 자라
일컬음을 받게 하려 하심이라
4 ●그들은 오래 황폐하였던 곳을 다
시 쌓을 것이며 옛부터 무너진 곳
을 다시 일으킬 것이며 황폐한 성
읍 곧 대대로 무너져 있던 것들을
중수할 것이며
5 외인은 서서 너희 양 떼를 칠 것이
요 이방 사람은 너희 농부와 포도
원지기가 될 것이나
6 오직 너희는 여호와의 제사장이라
일컬음을 받을 것이라 사람들이 너
희를 우리 하나님의 봉사자라 할
것이며 너희가 이방 나라들의 재물
을 먹으며 그들의 영광을 얻어 자
랑할 것이니라
7 너희가 수치 대신에 보상을 배나
얻으며 능욕 대신에 몫으로 말미암
아 즐거워할 것이라 그리하여 그들
의 땅에서 갑절이나 얻고 영원한
기쁨이 있으리라
8 무릇 나 여호와는 정의를 사랑하며
불의의 강탈을 미워하여 성실히 그
들에게 갚아주고 그들과 영원한 언
약을 맺을 것이라
9 그들의 자손을 뭇 나라 가운데에,
그들의 후손을 만민 가운데에 알리
리니 무릇 이를 보는 자가 그들은
여호와께 복 받은 자손이라 인정하
리라
10 ●내가 여호와로 말미암아 크게 기
뻐하며 내 영혼이 나의 하나님으로
말미암아 즐거워하리니 이는 그가
구원의 옷을 내게 입히시며 공의의
겉옷을 내게 더하심이 신랑이 [2]사
모를 쓰며 신부가 자기 보석으로
단장함 같게 하셨음이라
11 땅이 싹을 내며 동산이 거기 뿌린
것을 움돋게 함같이 주 여호와께서
공의와 찬송을 모든 나라 앞에 솟
아나게 하시리라

62 나는 시온의 의가 빛같이, 예
루살렘의 구원이 횃불같이 나
타나도록 시온을 위하여 잠잠하지
아니하며 예루살렘을 위하여 쉬지
아니할 것인즉
2 이방 나라들이 네 공의를, 뭇 왕이

1) 겸비한 자 2) 히, 제사장의 관

다 네 영광을 볼 것이요 너는 여호
와의 입으로 정하실 새 이름으로
일컬음이 될 것이며
3 너는 또 여호와의 손의 아름다운
관, 네 하나님의 손의 왕관이 될 것
이라
4 다시는 너를 버림받은 자라 부르지
아니하며 다시는 네 땅을 황무지라
부르지 아니하고 오직 너를 [1]헵시
바라 하며 네 땅을 [2]쁄라라 하리니
이는 여호와께서 너를 기뻐하실 것
이며 네 땅이 결혼한 것처럼 될 것
임이라
5 마치 청년이 처녀와 결혼함같이 네
아들들이 너를 취하겠고 신랑이 신
부를 기뻐함같이 네 하나님이 너를
기뻐하시리라
6 ●예루살렘이여 내가 너의 성벽 위
에 파수꾼을 세우고 그들로 하여금
주야로 계속 잠잠하지 않게 하였느
니라 너희 여호와로 기억하시게 하
는 자들아 너희는 쉬지 말며
7 또 여호와께서 예루살렘을 세워 세
상에서 찬송을 받게 하시기까지 그
로 쉬지 못하시게 하라
8 여호와께서 그 오른손, 그 능력의
팔로 맹세하시되 내가 다시는 네
곡식을 네 원수들에게 양식으로 주
지 아니하겠고 네가 수고하여 얻은
포도주를 이방인이 마시지 못하게
할 것인즉
9 오직 추수한 자가 그것을 먹고 나
여호와를 찬송할 것이요 거둔 자가
그것을 나의 성소 뜰에서 마시리라
하셨느니라
10 ●성문으로 나아가라 나아가라 백
성이 올 길을 닦으라 큰길을 수축
하고 수축하라 돌을 제하라 만민을
위하여 기치를 들라
11 여호와께서 땅끝까지 선포하시되
너희는 딸 시온에게 이르라 보라
네 구원이 이르렀느니라 보라 상급
이 그에게 있고 보응이 그 앞에 있
느니라 하셨느니라
12 사람들이 너를 일컬어 거룩한 백성
이라 여호와께서 구속하신 자라 하
겠고 또 [3]너를 일컬어 찾은 바 된
자요 버림받지 아니한 성읍이라 하
리라

여호와의 승리

63 에돔에서 오는 이 누구며 붉
은 옷을 입고 보스라에서 오
는 이 누구냐 그의 화려한 의복 큰
능력으로 걷는 이가 누구냐 그는
나이니 공의를 말하는 이요 구원하
는 능력을 가진 이니라
2 어찌하여 네 의복이 붉으며 네 옷이
포도즙틀을 밟는 자 같으냐
3 만민 가운데 나와 함께한 자가 없
이 내가 홀로 포도즙틀을 밟았는데
내가 노함으로 말미암아 무리를 밟
았고 분함으로 말미암아 짓밟았으
므로 그들의 [4]선혈이 내 옷에 튀어
내 의복을 다 더럽혔음이니
4 이는 내 원수 갚는 날이 내 마음에
있고 내가 구속할 해가 왔으나
5 내가 본즉 도와주는 자도 없고 붙
들어 주는 자도 없으므로 이상하게
여겨 내 팔이 나를 구원하며 내 분
이 나를 붙들었음이라
6 내가 노함으로 말미암아 만민을 밟
았으며 내가 분함으로 말미암아 그
들을 [5]취하게 하고 그들의 선혈이
땅에 쏟아지게 하였느니라

이스라엘에게 베푸신 은총

7 ●내가 여호와께서 우리에게 베푸
신 모든 자비와 그의 찬송을 말하
며 그의 사랑을 따라, 그의 많은 자

1) 나의 기쁨이 그에게 있다 2) 결혼한 여자 3) 히, 그들 4) 정력 5) 부수고

비를 따라 이스라엘 집에 베푸신
큰 은총을 말하리라
8 그가 말씀하시되 그들은 실로 나의
백성이요 거짓을 행하지 아니하는
자녀라 하시고 그들의 구원자가 되
사
9 그들의 모든 환난에 동참하사 자기
앞의 사자로 하여금 그들을 구원하
시며 그의 사랑과 그의 자비로 그
들을 구원하시고 옛적 모든 날에
그들을 드시며 안으셨으나
10 그들이 반역하여 주의 성령을 근심
하게 하였으므로 그가 돌이켜 그들
의 대적이 되사 친히 그들을 치셨
더니
11 백성이 옛적 모세의 때를 기억하여
이르되 백성과 양 떼의 [1)]목자를 바
다에서 올라오게 하신 이가 이제
어디 계시냐 그들 가운데에 성령을
두신 이가 이제 어디 계시냐
12 그의 영광의 팔이 모세의 오른손을
이끄시며 그의 이름을 영원하게 하
려 하사 그들 앞에서 물을 갈라지
게 하시고
13 그들을 깊음으로 인도하시되 광야
에 있는 말같이 넘어지지 않게 하
신 이가 이제 어디 계시냐
14 여호와의 영이 그들을 골짜기로 내
려가는 가축같이 편히 쉬게 하셨도
다 주께서 이와 같이 주의 백성을
인도하사 이름을 영화롭게 하셨나
이다 하였느니라

자비와 사랑을 구하는 기도

15 ●주여 하늘에서 굽어 살피시며 주
의 거룩하고 영화로운 처소에서 보
옵소서 주의 열성과 주의 능하신
행동이 이제 어디 있나이까 주께서
베푸시던 간곡한 자비와 사랑이 내
게 그쳤나이다
16 주는 우리 아버지시라 아브라함은
우리를 모르고 이스라엘은 우리를
인정하지 아니할지라도 여호와여,
주는 우리의 아버지시라 옛날부터
주의 이름을 우리의 구속자라 하셨
거늘
17 여호와여 어찌하여 우리로 주의 길
에서 떠나게 하시며 우리의 마음을
완고하게 하사 주를 경외하지 않게
하시나이까 원하건대 주의 종들 곧
주의 기업인 지파들을 위하사 돌아
오시옵소서
18 주의 거룩한 백성이 땅을 차지한 지
오래지 아니하여서 우리의 원수가
주의 성소를 유린하였사오니
19 우리는 주의 다스림을 받지 못하
는 자 같으며 주의 이름으로 일컬
음을 받지 못하는 자같이 되었나이
다

64 원하건대 주는 하늘을 가르고
강림하시고 주 앞에서 산들이
진동하기를
2 불이 섶을 사르며 불이 물을 끓임
같게 하사 주의 원수들이 주의 이
름을 알게 하시며 이방 나라들로
주 앞에서 떨게 하옵소서
3 주께서 강림하사 우리가 생각하지
못한 두려운 일을 행하시던 그때
에 산들이 주 앞에서 진동하였사
오니
4 주 외에는 자기를 앙망하는 자를
위하여 이런 일을 행한 신을 옛부
터 들은 자도 없고 귀로 들은 자도
없고 눈으로 본 자도 없었나이다
5 주께서 기쁘게 공의를 행하는 자와
주의 길에서 주를 기억하는 자를
선대하시거늘 우리가 범죄하므로
주께서 진노하셨사오며 이 현상이
이미 오래 되었사오니 우리가 어찌
구원을 얻을 수 있으리이까

1) 목자들

6 무릇 우리는 다 부정한 자 같아서
우리의 의는 다 더러운 옷 같으며
우리는 다 잎사귀같이 시들므로 우
리의 죄악이 바람같이 우리를 몰아
가나이다
7 주의 이름을 부르는 자가 없으며
스스로 분발하여 주를 붙잡는 자가
없사오니 이는 주께서 우리에게 얼
굴을 숨기시며 우리의 죄악으로 말
미암아 우리가 소멸되게 하셨음이
니이다
8 ●그러나 여호와여, 이제 주는 우
리 아버지시니이다 우리는 진흙이
요 주는 토기장이시니 우리는 다
주의 손으로 지으신 것이니이다
9 여호와여, 너무 분노하지 마시오며
죄악을 영원히 기억하지 마시옵소
서 구하오니 보시옵소서 보시옵소
서 우리는 다 주의 백성이니이다
10 주의 거룩한 성읍들이 광야가 되었
으며 시온이 광야가 되었으며 예루
살렘이 황폐하였나이다
11 우리 조상들이 주를 찬송하던 우리
의 거룩하고 아름다운 성전이 불에
탔으며 우리가 즐거워하던 곳이 다
황폐하였나이다
12 여호와여 일이 이러하거늘 주께서
아직도 가만히 계시려 하시나이까
주께서 아직도 잠잠하시고 우리에
게 심한 괴로움을 받게 하시려나이
까

하나님께서 패역한 백성을 벌하시다

65 나는 나를 구하지 아니하던
자에게 물음을 받았으며 나를
찾지 아니하던 자에게 찾아냄이 되
었으며 내 이름을 부르지 아니하던
나라에 내가 여기 있노라 내가 여
기 있노라 하였노라
2 내가 종일 손을 펴서 자기 생각을
따라 옳지 않은 길을 걸어가는 패
역한 백성들을 불렀나니
3 곧 동산에서 제사하며 벽돌 위에서
분향하여 내 앞에서 항상 내 노를
일으키는 백성이라
4 그들이 무덤 사이에 [1]앉으며 은밀
한 처소에서 밤을 지내며 돼지고기
를 먹으며 가증한 것들의 국을 그
릇에 담으면서
5 사람에게 이르기를 너는 네 자리에
서 있고 내게 가까이하지 말라 나
는 너보다 거룩함이라 하나니 이런
자들은 내 코의 연기요 종일 타는
불이로다
6 보라 이것이 내 앞에 기록되었으
니 내가 잠잠하지 아니하고 반드
시 보응하되 그들의 품에 보응하리
라
7 너희의 죄악과 너희 조상들의 죄
악은 한 가지니 그들이 산 위에서
분향하며 작은 산 위에서 나를 능
욕하였음이라 그러므로 내가 먼저
그들의 행위를 헤아리고 그들의
품에 보응하리라 여호와가 말하였
느니라
8 ●여호와께서 이와 같이 말씀하시
되 포도송이에는 즙이 있으므로 사
람들이 말하기를 그것을 상하지 말
라 거기 복이 있느니라 하나니 나
도 내 종들을 위하여 그와 같이 행
하여 다 멸하지 아니하고
9 내가 야곱에게서 씨를 내며 유다에
게서 나의 산들을 기업으로 얻을
자를 내리니 내가 택한 자가 이를
기업으로 얻을 것이요 나의 종들이
거기에 살 것이라
10 사론은 양 떼의 [2]우리가 되겠고 아
골 골짜기는 소 떼가 눕는 곳이 되
어 나를 찾은 내 백성의 소유가 되
려니와

1) 처하며 2) 초장이

11 오직 나 여호와를 버리며 나의 성
산을 잊고 [1]갓에게 상을 베풀며
[2]므니에게 섞은 술을 가득히 붓는
너희여
12 내가 너희를 칼에 붙일 것인즉 다
구푸리고 죽임을 당하리니 이는 내
가 불러도 너희가 대답하지 아니하
며 내가 말하여도 듣지 아니하고
나의 눈에 악을 행하였으며 내가
즐겨하지 아니하는 일을 택하였음
이니라
13 ●이러므로 주 여호와께서 이와 같
이 말씀하시니라 보라 나의 종들은
먹을 것이로되 너희는 주릴 것이니
라 보라 나의 종들은 마실 것이로
되 너희는 갈할 것이니라 보라 나
의 종들은 기뻐할 것이로되 너희는
수치를 당할 것이니라
14 보라 나의 종들은 마음이 즐거우므
로 노래할 것이로되 너희는 마음이
슬프므로 울며 심령이 상하므로 통
곡할 것이며
15 또 너희가 남겨 놓은 이름은 내가
택한 자의 저줏거리가 될 것이니라
주 여호와 내가 너를 죽이고 내 종
들은 다른 이름으로 부르리라
16 이러므로 땅에서 자기를 위하여 복
을 구하는 자는 [3]진리의 하나님을
향하여 복을 구할 것이요 땅에서
맹세하는 자는 진리의 하나님으로
맹세하리니 이는 이전 환난이 잊어
졌고 내 눈 앞에 숨겨졌음이라

새 하늘과 새 땅 창조

17 ●보라 내가 새 하늘과 새 땅을 창조
하나니 이전 것은 기억되거나 마음
에 생각나지 아니할 것이라
18 너희는 내가 창조하는 것으로 말미
암아 영원히 기뻐하며 즐거워할지
니라 보라 내가 예루살렘을 즐거운
성으로 창조하며 그 백성을 기쁨으
로 삼고
19 내가 예루살렘을 즐거워하며 나의
백성을 기뻐하리니 우는 소리와 부
르짖는 소리가 그 가운데에서 다시
는 들리지 아니할 것이며
20 거기는 날 수가 많지 못하여 죽는
어린이와 수한이 차지 못한 노인이
다시는 없을 것이라 곧 백 세에 죽
는 자를 젊은이라 하겠고 [4]백 세가
못되어 죽는 자는 저주받은 자이리
라
21 그들이 가옥을 건축하고 그 안에
살겠고 포도나무를 심고 열매를 먹
을 것이며
22 그들이 건축한 데에 타인이 살지
아니할 것이며 그들이 심은 것을
타인이 먹지 아니하리니 이는 내
백성의 수한이 나무의 수한과 같겠
고 내가 택한 자가 그 손으로 일한
것을 길이 누릴 것이며
23 그들의 수고가 헛되지 않겠고 그들
이 생산한 것이 재난을 당하지 아
니하리니 그들은 여호와의 복된 자
의 자손이요 그들의 후손도 그들과
같을 것임이라
24 그들이 부르기 전에 내가 응답하겠
고 그들이 말을 마치기 전에 내가
들을 것이며
25 이리와 어린 양이 함께 먹을 것이
며 사자가 소처럼 짚을 먹을 것이
며 뱀은 흙을 양식으로 삼을 것이
니 나의 성산에서는 해함도 없겠고
상함도 없으리라 여호와께서 말씀
하시니라

여호와께서 민족들을 심판하시다

66 여호와께서 이와 같이 말씀하
시되 하늘은 나의 보좌요 땅
은 나의 발판이니 너희가 나를 위

1) 운수신 2) 운명신 3) 아멘 '고후 1:20; 계 3:14' 4) 히, 백 세 된 죄인은 저주를 당한 것이라

하여 무슨 집을 지으랴 내가 안식
할 처소가 어디랴
2 나 여호와가 말하노라 내 손이 이
모든 것을 지었으므로 그들이 생겼
느니라 무릇 마음이 가난하고 심령
에 통회하며 내 말을 듣고 떠는 자
그 사람은 내가 돌보려니와
3 소를 잡아 드리는 것은 살인함과
다름이 없이 하고 어린 양으로 제
사드리는 것은 개의 목을 꺾음과
다름이 없이 하며 드리는 [1]예물은
돼지의 피와 다름이 없이 하고 분
향하는 것은 우상을 찬송함과 다름
이 없이 행하는 그들은 자기의 길
을 택하며 그들의 마음은 가증한
것을 기뻐한즉
4 나 또한 유혹을 그들에게 택하여
주며 그들이 무서워하는 것을 그들
에게 임하게 하리니 이는 내가 불
러도 대답하는 자가 없으며 내가
말하여도 그들이 듣지 않고 오직
나의 목전에서 악을 행하며 내가
기뻐하지 아니하는 것을 택하였음
이라 하시니라
5 ●여호와의 말씀으로 말미암아 떠
는 자들아 그의 말씀을 들을지어다
이르시되 너희 형제가 너희를 미워
하며 내 이름으로 말미암아 너희를
쫓아내며 이르기를 여호와께서는
영광을 나타내사 너희 기쁨을 우리
에게 보이시기를 원하노라 하였으
나 그들은 수치를 당하리라 하셨느
니라
6 떠드는 소리가 성읍에서부터 들려
오며 목소리가 성전에서부터 들리
니 이는 여호와께서 그의 원수에게
보응하시는 목소리로다
7 ●시온은 진통을 하기 전에 해산하
며 고통을 당하기 전에 남아를 낳
았으니

8 이러한 일을 들은 자가 누구이며
이러한 일을 본 자가 누구이냐 나
라가 어찌 하루에 생기겠으며 민족
이 어찌 한 순간에 태어나겠느냐
그러나 시온은 진통하는 즉시 그
아들을 순산하였도다
9 여호와께서 이르시되 내가 아이를
갖도록 하였은즉 해산하게 하지 아
니하겠느냐 네 하나님이 이르시되
나는 해산하게 하는 이인즉 어찌
태를 닫겠느냐 하시니라
10 ●예루살렘을 사랑하는 자들이여
다 그 성읍과 함께 기뻐하라 다 그
성읍과 함께 즐거워하라 그 성을
위하여 슬퍼하는 자들이여 다 그
성의 기쁨으로 말미암아 그 성과
함께 기뻐하라
11 너희가 젖을 빠는 것같이 그 위로
하는 품에서 만족하겠고 젖을 넉넉
히 빤 것같이 그 영광의 풍성함으
로 말미암아 즐거워하리라
12 여호와께서 이와 같이 말씀하시되
보라 내가 그에게 평강을 강같이,
그에게 뭇 나라의 영광을 넘치는
시내같이 주리니 너희가 그 성읍의
젖을 빨 것이며 너희가 옆에 안기
며 그 무릎에서 놀 것이라
13 어머니가 자식을 위로함같이 내가
너희를 위로할 것인즉 너희가 예루
살렘에서 위로를 받으리니
14 너희가 이를 보고 마음이 기뻐서
너희 뼈가 연한 풀의 무성함 같으
리라 여호와의 손은 그의 종들에게
나타나겠고 그의 진노는 그의 원수
에게 더하리라
15 ●보라 여호와께서 불에 둘러싸여
강림하시리니 그의 수레들은 회오
리바람 같으리로다 그가 혁혁한 위
세로 노여움을 나타내시며 맹렬한

1) 소제

렘

화염으로 책망하실 것이라
16 여호와께서 불과 칼로 모든 혈육에
게 심판을 베푸신즉 여호와께 죽임
당할 자가 많으리니
17 스스로 거룩하게 구별하며 스스로
정결하게 하고 동산에 들어가서 그
가운데에 있는 [1]자를 따라 돼지고
기와 가증한 물건과 쥐를 먹는 자
가 다 함께 망하리라 여호와의 말
씀이니라
18 ●내가 그들의 행위와 사상을 아노
라 때가 이르면 뭇 나라와 언어가
다른 민족들을 모으리니 그들이 와
서 나의 영광을 볼 것이며
19 내가 그들 가운데에서 징조를 세워
서 그들 가운데에서 도피한 자를
여러 나라 곧 다시스와 뿔과 활을
당기는 룻과 및 두발과 야완과 또
나의 명성을 듣지도 못하고 나의
영광을 보지도 못한 먼 섬들로 보
내리니 그들이 나의 영광을 뭇 나
라에 전파하리라
20 나 여호와가 말하노라 이스라엘 자
손이 예물을 깨끗한 그릇에 담아
여호와의 집에 드림같이 그들이
너희 모든 형제를 뭇 나라에서
나의 성산 예루살렘으로 말과 수
레와 교자와 노새와 낙타에 태워
다가 여호와께 예물로 드릴 것이
요
21 나는 그 가운데에서 택하여 제사장
과 레위인을 삼으리라 여호와의 말
이니라
22 ●내가 지을 새 하늘과 새 땅이 내
앞에 항상 있는 것같이 너희 자손
과 너희 이름이 항상 있으리라 여
호와의 말이니라
23 여호와가 말하노라 매월 초하루와
매 안식일에 모든 혈육이 내 앞에
나아와 예배하리라
24 그들이 나가서 내게 패역한 자들의
시체들을 볼 것이라 그 벌레가 죽
지 아니하며 그 불이 꺼지지 아니
하여 모든 혈육에게 가증함이 되리
라

1) 목상의 뒤에서

예레미야

Jeremiah

1 베냐민 땅 아나돗의 제사장들 중
힐기야의 아들 예레미야의 말이라
2 아몬의 아들 유다 왕 요시야가 다
스린 지 십삼 년에 여호와의 말씀
이 예레미야에게 임하였고
3 요시야의 아들 유다의 왕 여호야김
시대부터 요시야의 아들 유다의 왕
시드기야의 십일 년 말까지 곧 오
월에 예루살렘이 사로잡혀 가기까
지 임하니라

여호와의 말씀이 예레미야에게 임하다

4 ●여호와의 말씀이 내게 임하니라
이르시되
5 내가 너를 모태에 짓기 전에 너를
알았고 네가 배에서 나오기 전에
너를 성별하였고 너를 여러 나라의
선지자로 세웠노라 하시기로
6 내가 이르되 슬프도소이다 주 여호
와여 보소서 나는 아이라 말할 줄
을 알지 못하나이다 하니
7 여호와께서 내게 이르시되 너는 아
이라 말하지 말고 내가 너를 누구
에게 보내든지 너는 가며 내가 네
게 무엇을 명령하든지 너는 말할지

니라
8 너는 그들 때문에 두려워하지 말
라 내가 너와 함께하여 너를 구원
하리라 나 여호와의 말이니라 하
시고
9 여호와께서 그의 손을 내밀어 내
입에 대시며 여호와께서 내게 이르
시되 보라 내가 내 말을 네 입에 두
었노라
10 보라 내가 오늘 너를 여러 나라와
여러 왕국 위에 세워 네가 그것들
을 뽑고 파괴하며 파멸하고 넘어뜨
리며 건설하고 심게 하였느니라 하
시니라

살구나무 가지와 끓는 가마 환상

11 ●여호와의 말씀이 또 내게 임하니
라 이르시되 예레미야야 네가 무엇
을 보느냐 하시매 내가 대답하되
내가 살구나무 가지를 보나이다
12 여호와께서 내게 이르시되 네가 잘
보았도다 이는 내가 내 말을 [1]지켜
그대로 이루려 함이라 하시니라
13 ●여호와의 말씀이 다시 내게 임하
니라 이르시되 네가 무엇을 보느냐
대답하되 끓는 가마를 보나이다 그
윗면이 북에서부터 기울어졌나이
다 하니
14 여호와께서 내게 이르시되 재앙이
북방에서 일어나 이 땅의 모든 주
민들에게 부어지리라
15 내가 북방 왕국들의 모든 족속들을
부를 것인즉 그들이 와서 예루살렘
성문 어귀에 각기 자리를 정하고
그 사방 모든 성벽과 유다 모든 성
읍들을 치리라 여호와의 말이니라
16 무리가 나를 버리고 다른 신들에게
분향하며 자기 손으로 만든 것들에
절하였은즉 내가 나의 심판을 그들
에게 선고하여 그들의 모든 죄악을
징계하리라
17 그러므로 너는 네 허리를 동이고
일어나 내가 네게 명령한 바를 다
그들에게 말하라 그들 때문에 두려
워하지 말라 네가 그들 앞에서 두
려움을 당하지 않게 하리라
18 보라 내가 오늘 너를 그 온 땅과 유
다 왕들과 그 지도자들과 그 제사
장들과 그 땅 백성 앞에 견고한 성
읍, 쇠기둥, 놋성벽이 되게 하였은
즉
19 그들이 너를 치나 너를 이기지 못
하리니 이는 내가 너와 함께하여
너를 구원할 것임이니라 여호와의
말이니라

여호와께서 기억하시다

2 여호와의 말씀이 내게 임하니라
이르시되
2 가서 예루살렘의 귀에 외칠지니라
여호와께서 이와 같이 말씀하시기
를 내가 너를 위하여 네 청년 때의
인애와 네 신혼 때의 사랑을 기억
하노니 곧 씨 뿌리지 못하는 땅, 그
광야에서 나를 따랐음이니라
3 이스라엘은 여호와를 위한 성물 곧
그의 소산 중 첫 열매이니 그를 삼
키는 자면 모두 벌을 받아 재앙이
그들에게 닥치리라 여호와의 말씀
이니라

조상들이 여호와를 멀리하였다

4 ●야곱의 집과 이스라엘의 집 모든
족속들아 여호와의 말씀을 들으라
5 나 여호와가 이와 같이 말하노라
너희 조상들이 내게서 무슨 불의함
을 보았기에 나를 멀리하고 가서
헛된 것을 따라 헛되이 행하였느냐
6 그들이 우리를 애굽 땅에서 인도하
여 내시고 광야 곧 사막과 구덩이
땅, 건조하고 [2]사망의 그늘진 땅,

1) 히, 살구나무라는 말과 지킨다는 말의 음이 비슷함
2) 깊은 흑암의 땅

렘

사람이 그곳으로 다니지 아니하고
그곳에 사람이 거주하지 아니하는
땅을 우리가 통과하게 하시던 여호
와께서 어디 계시냐 하고 말하지
아니하였도다
7 내가 너희를 기름진 땅에 인도하
여 그것의 열매와 그것의 아름다
운 것을 먹게 하였거늘 너희가 이
리로 들어와서는 내 땅을 더럽히
고 내 기업을 역겨운 것으로 만들
었으며
8 제사장들은 여호와께서 어디 계시
냐 말하지 아니하였으며 율법을 다
루는 자들은 나를 알지 못하며 [1]관
리들도 나에게 반역하며 선지자들
은 바알의 이름으로 예언하고 무익
한 것들을 따랐느니라

백성이 행한 악

9 ●그러므로 내가 다시 싸우고 너희
자손들과도 싸우리라 여호와의 말
씀이니라
10 너희는 깃딤 섬들에 건너가 보며
게달에도 사람을 보내 이 같은 일
이 있었는지를 자세히 살펴보라
11 어느 나라가 그들의 신들을 신 아
닌 것과 바꾼 일이 있느냐 그러나
나의 백성은 그의 영광을 무익한
것과 바꾸었도다
12 너 하늘아 이 일로 말미암아 놀랄
지어다 심히 떨지어다 두려워할지
어다 여호와의 말씀이니라
13 내 백성이 두 가지 악을 행하였나
니 곧 그들이 생수의 근원되는 나
를 버린 것과 스스로 웅덩이를 판
것인데 그것은 그 물을 가두지 못
할 터진 웅덩이들이니라

이스라엘의 악과 반역

14 ●이스라엘이 종이냐 씨종이냐 어
찌하여 포로가 되었느냐
15 어린 사자들이 그를 향하여 부르짖
으며 소리를 질러 그의 땅을 황폐
하게 하였으며 그의 성읍들은 불타
서 주민이 없게 되었으며
16 놉과 다바네스의 자손도 네 정수리
를 상하였으니
17 네 하나님 여호와가 너를 길로 인
도할 때에 네가 그를 떠남으로 이
를 자취함이 아니냐
18 네가 [2]시홀의 물을 마시려고 애굽
으로 가는 길에 있음은 어찌 됨이
며 또 네가 [3]그 강물을 마시려고
앗수르로 가는 길에 있음은 어찌
됨이냐
19 네 악이 너를 징계하겠고 네 반역
이 너를 책망할 것이라 그런즉 네
하나님 여호와를 버림과 네 속에
나를 경외함이 없는 것이 악이요
고통인 줄 알라 주 만군의 여호와
의 말씀이니라

이방 신을 따라가는 이스라엘

20 ●네가 옛적부터 네 멍에를 꺾고
네 결박을 끊으며 말하기를 나는
순종하지 아니하리라 하고 모든 높
은 산 위에서와 모든 푸른 나무 아
래에서 너는 몸을 굽혀 행음하도다
21 내가 너를 순전한 참 종자 곧 귀한
포도나무로 심었거늘 내게 대하여
이방 포도나무의 악한 가지가 됨은
어찌 됨이냐
22 주 여호와의 말씀이니라 네가 잿물
로 스스로 씻으며 네가 많은 비누
를 쓸지라도 네 죄악이 내 앞에 그
대로 있으리니
23 네가 어찌 말하기를 나는 더럽혀지
지 아니하였다 바알들의 뒤를 따르
지 아니하였다 하겠느냐 골짜기 속
에 있는 네 길을 보라 네 행한 바를
알 것이니라 발이 빠른 암낙타가
그의 길을 어지러이 달리는 것과

1) 히, 목자 2) 나일 3) 유브라데

같았으며
24 너는 광야에 익숙한 들암나귀들이
그들의 성욕이 일어나므로 헐떡거
림 같았도다 그 발정기에 누가 그
것을 막으리요 그것을 찾는 것들이
수고하지 아니하고 그 발정기에 만
나리라
25 내가 또 말하기를 네 발을 제어하
여 벗은 발이 되게 하지 말며 목을
갈하게 하지 말라 하였으나 오직
너는 말하기를 아니라 이는 헛된
말이라 내가 이방 신들을 사랑하였
은즉 그를 따라가겠노라 하도다

유다를 심판하리라

26 ●도둑이 붙들리면 수치를 당함같
이 이스라엘 집 곧 그들의 왕들과
지도자들과 제사장들과 선지자들
이 수치를 당하였느니라
27 그들이 나무를 향하여 너는 나의
아버지라 하며 돌을 향하여 너는
나를 낳았다 하고 그들의 등을 내
게로 돌리고 그들의 얼굴은 내게로
향하지 아니하다가 그들이 환난을
당할 때에는 이르기를 일어나 우리
를 구원하소서 하리라
28 너를 위하여 네가 만든 네 신들이
어디 있느냐 그들이 네가 환난을
당할 때에 구원할 수 있으면 일어
날 것이니라 유다여 너의 신들이
너의 성읍 수와 같도다
29 ●너희가 나에게 대항함은 어찌 됨
이냐 너희가 다 내게 잘못하였느니
라 여호와의 말씀이니라
30 내가 너희 자녀들을 때린 것이 무
익함은 그들이 징계를 받아들이지
아니함이라 너희 칼이 사나운 사자
같이 너희 선지자들을 삼켰느니라
31 너희 이 세대여 여호와의 말을 들
어 보라 내가 이스라엘에게 광야가
되었었느냐 캄캄한 땅이 되었었느
냐 무슨 이유로 내 백성이 말하기
를 우리는 놓였으니 다시 주께로
가지 아니하겠다 하느냐
32 처녀가 어찌 그의 패물을 잊겠느냐
신부가 어찌 그의 예복을 잊겠느냐
오직 내 백성은 나를 잊었나니 그
날 수는 셀 수 없거늘
33 네가 어찌 사랑을 얻으려고 네 행
위를 아름답게 꾸미느냐 그러므로
네 행위를 악한 여자들에게까지 가
르쳤으며
34 또 네 옷단에는 죄 없는 가난한 자
를 죽인 피가 묻었나니 그들이 담
구멍을 뚫었기 때문이 아니라 오직
이 모든 일 때문이니라
35 그러나 너는 말하기를 나는 무죄하
니 그의 진노가 참으로 내게서 떠
났다 하거니와 보라 네 말이 나는
죄를 범하지 아니하였다 하였으므
로 내가 너를 심판하리라
36 네가 어찌하여 네 길을 바꾸어 부
지런히 돌아다니느냐 네가 앗수르
로 말미암아 수치를 당함같이 또한
애굽으로 말미암아 수치를 당할 것
이라
37 네가 두 손으로 네 머리를 싸고 거
기서도 나가리니 이는 네가 의지하
는 자들을 나 여호와가 버렸으므로
네가 그들로 말미암아 형통하지 못
할 것임이라

유다의 음란과 행악

3 그들이 말하기를 가령 사람이 그
의 아내를 버리므로 그가 그에게
서 떠나 타인의 아내가 된다 하자
남편이 그를 다시 받겠느냐 그리하
면 그 땅이 크게 더러워지지 아니
하겠느냐 하느니라 네가 많은 무리
와 [1]행음하고서도 내게로 돌아오려
느냐 여호와의 말씀이니라

1) 행음하였으나 내게로 돌아오라

렘

2 네 눈을 들어 헐벗은 산을 보라 네
가 행음하지 아니한 곳이 어디 있
느냐 네가 길가에 앉아 사람들을
기다린 것이 광야에 있는 아라바
사람 같아서 음란과 행악으로 이
땅을 더럽혔도다
3 그러므로 단비가 그쳤고 늦은 비가
없어졌느니라 그럴지라도 네가 창
녀의 낯을 가졌으므로 수치를 알지
못하느니라
4 네가 이제부터는 내게 부르짖기를
나의 아버지여 아버지는 나의 청년
시절의 [1]보호자이시오니
5 노여움을 한없이 계속하시겠으며
끝까지 품으시겠나이까 하지 아니
하겠느냐 보라 네가 이같이 말하여
도 악을 행하여 네 욕심을 이루었
느니라 하시니라

배역한 이스라엘과 반역한 유다

6 ●요시야 왕 때에 여호와께서 또
내게 이르시되 너는 배역한 이스라
엘이 행한 바를 보았느냐 그가 모
든 높은 산에 오르며 모든 푸른 나
무 아래로 가서 거기서 행음하였도
다
7 그가 이 모든 일들을 행한 후에 내
가 말하기를 그가 내게로 돌아오리
라 하였으나 아직도 내게로 돌아오
지 아니하였고 그의 반역한 자매
유다는 그것을 보았느니라
8 내게 배역한 이스라엘이 간음을 행
하였으므로 내가 그를 내쫓고 그에
게 이혼서까지 주었으되 그의 반역
한 자매 유다가 두려워하지 아니하
고 자기도 가서 행음함을 내가 보
았노라
9 그가 돌과 나무와 더불어 행음함을
가볍게 여기고 행음하여 이 땅을
더럽혔거늘
10 이 모든 일이 있어도 그의 반역한
자매 유다가 진심으로 내게 돌아오
지 아니하고 거짓으로 할 뿐이니라
여호와의 말씀이니라
11 ●여호와께서 내게 이르시되 배역
한 이스라엘은 반역한 유다보다 자
신이 더 의로움이 나타났나니
12 너는 가서 북을 향하여 이 말을 선
포하여 이르라 여호와께서 이르시
되 배역한 이스라엘아 돌아오라 나
의 노한 얼굴을 너희에게로 향하지
아니하리라 나는 긍휼이 있는 자라
노를 한없이 품지 아니하느니라 여
호와의 말씀이니라
13 너는 오직 네 죄를 자복하라 이는
네 하나님 여호와를 배반하고 네
길로 달려 이방인들에게로 나아가
모든 푸른 나무 아래로 가서 내 목
소리를 듣지 아니하였음이라 여호
와의 말씀이니라
14 여호와의 말씀이니라 배역한 자식
들아 돌아오라 나는 너희 남편임이
라 내가 너희를 성읍에서 하나와
족속 중에서 둘을 택하여 너희를
시온으로 데려오겠고
15 내가 또 내 마음에 합한 목자들을
너희에게 주리니 그들이 지식과 명
철로 너희를 양육하리라
16 여호와의 말씀이니라 너희가 이 땅
에서 번성하여 많아질 때에는 사람
들이 여호와의 언약궤를 다시는 말
하지 아니할 것이요 생각하지 아니
할 것이요 기억하지 아니할 것이요
찾지 아니할 것이요 다시는 만들지
아니할 것이며
17 그때에 예루살렘이 그들에게 여호
와의 보좌라 일컬음이 되며 모든
백성이 그리로 모이리니 곧 여호와
의 이름으로 말미암아 예루살렘에
모이고 다시는 그들의 악한 마음의

1) 동무

렘

완악한 대로 그들이 행하지 아니할
것이며
18 그때에 유다 족속이 이스라엘 족속
과 동행하여 북에서부터 나와서 내
가 너희 조상들에게 기업으로 준
땅에 그들이 함께 이르리라

이스라엘의 배역

19 ●내가 말하기를 내가 어떻게 하든
지 너를 자녀들 중에 두며 허다한
나라들 중에 아름다운 기업인 이
귀한 땅을 네게 주리라 하였고 내
가 다시 말하기를 [1]너희가 나를 나
의 아버지라 하고 나를 떠나지 말
것이니라 하였노라
20 그런데 이스라엘 족속아 마치 아내
가 그의 남편을 속이고 떠나감같이
너희가 확실히 나를 속였느니라 여
호와의 말씀이니라
21 소리가 헐벗은 산 위에서 들리니
곧 이스라엘 자손이 애곡하며 간구
하는 것이라 그들이 그들의 길을
굽게 하며 자기 하나님 여호와를
잊어버렸음이로다
22 배역한 자식들아 돌아오라 내가 너
희의 배역함을 고치리라 하시니라

진실한 회개

●보소서 우리가 주께 왔사오니 주
는 우리 하나님 여호와이심이니이
다
23 작은 산들과 큰 산 위에서 떠드는
것은 참으로 헛된 일이라 이스라엘
의 구원은 진실로 우리 하나님 여
호와께 있나이다
24 부끄러운 그것이 우리가 청년의 때
로부터 우리 조상들의 산업인 양
떼와 소 떼와 아들들과 딸들을 삼
켰사온즉
25 우리는 수치 중에 눕겠고 우리의
치욕이 우리를 덮을 것이니 이는
우리와 우리 조상들이 청년의 때로
부터 오늘까지 우리 하나님 여호와
께 범죄하여 우리 하나님 여호와의
목소리에 순종하지 아니하였음이
니이다

돌아오라고 하시다

4 여호와께서 이르시되 이스라엘
아 네가 돌아오려거든 내게로 돌
아오라 네가 만일 나의 목전에서
가증한 것을 버리고 네가 흔들리지
아니하며
2 진실과 정의와 공의로 여호와의 삶
을 두고 맹세하면 나라들이 [2]나로
말미암아 스스로 복을 빌며 나로
말미암아 자랑하리라
3 ●여호와께서 유다와 예루살렘 사
람에게 이와 같이 이르노라 너희
묵은 땅을 갈고 가시덤불에 파종하
지 말라
4 유다인과 예루살렘 주민들아 너희
는 스스로 할례를 행하여 너희 마
음 가죽을 베고 나 여호와께 속하
라 그리하지 아니하면 너희 악행으
로 말미암아 나의 분노가 불같이
일어나 사르리니 그것을 끌 자가
없으리라

나라들을 멸하는 자가 나아오다

5 ●너희는 유다에 선포하며 예루살
렘에 공포하여 이르기를 이 땅에서
나팔을 불라 하며 또 크게 외쳐 이
르기를 너희는 모이라 우리가 견고
한 성으로 들어가자 하고
6 시온을 향하여 깃발을 세우라, 도
피하라, 지체하지 말라, 내가 북방
에서 재난과 큰 멸망을 가져오리
라
7 사자가 그 수풀에서 올라왔으며 나
라들을 멸하는 자가 나아왔으되 네
땅을 황폐하게 하려고 이미 그의 처
소를 떠났은즉 네 성읍들이 황폐하

1) 네가 2) 히, 그

여 주민이 없게 되리니
8 이로 말미암아 너희는 굵은 베를
두르고 애곡하라 이는 여호와의 맹
렬한 노가 아직 [1]너희에게서 돌이
키지 아니하였음이라
9 여호와의 말씀이니라 그날에 왕과
지도자들은 낙심할 것이며 제사장
들은 놀랄 것이며 선지자들은 깜짝
놀라리라
10 ●[2]내가 이르되 슬프도소이다 주
여호와여 주께서 진실로 이 백성과
예루살렘을 크게 속이셨나이다 이
르시기를 너희에게 평강이 있으리
라 하시더니 칼이 생명에 [3]이르렀
나이다

백성에게 심판을 행하리라

11 ●그때에 이 백성과 예루살렘에 전
할 자가 있어서 뜨거운 바람이 광
야에 있는 헐벗은 산에서 내 딸 백
성에게 불어온다 하리라 이는 키질
하기 위함도 아니요 정결하게 하려
함도 아니며
12 [4]이보다 더 강한 바람이 나를 위하
여 오리니 이제 내가 그들에게 심
판을 행할 것이라
13 보라 그가 구름같이 올라오나니 그
의 병거는 회오리바람 같고 그의
말들은 독수리보다 빠르도다 우리
에게 화 있도다 우리는 멸망하도다
하리라
14 예루살렘아 네 마음의 악을 씻어
버리라 그리하면 구원을 얻으리라
네 악한 생각이 네 속에 얼마나 오
래 머물겠느냐
15 단에서 소리를 선포하며 에브라임
산에서 재앙을 공포하는도다
16 너희는 여러 나라에 전하며 또 예
루살렘에 알리기를 에워싸고 치는
자들이 먼 땅에서부터 와서 유다
성읍들을 향하여 소리를 지른다 하
라
17 그들이 밭을 지키는 자같이 예루살
렘을 에워싸나니 이는 그가 나를
거역했기 때문이니라 여호와의 말
씀이니라
18 네 길과 행위가 이 일들을 부르게
하였나니 이는 네가 악함이라 그
고통이 네 마음에까지 미치느니
라

선지자의 탄식

19 ●[5]슬프고 아프다 내 마음속이 아
프고 내 마음이 답답하여 잠잠할
수 없으니 이는 나의 심령이 나팔
소리와 전쟁의 경보를 들음이로다
20 패망에 패망이 연속하여 온 땅이
탈취를 당하니 나의 장막과 휘장은
갑자기 파멸되도다
21 내가 저 깃발을 보며 나팔 소리 듣
기를 어느 때까지 할꼬
22 내 백성은 나를 알지 못하는 어리
석은 자요 지각이 없는 미련한 자
식이라 악을 행하기에는 지각이
있으나 선을 행하기에는 무지하도
다

혼돈의 환상

23 ●보라 내가 땅을 본즉 혼돈하고
공허하며 하늘에는 빛이 없으며
24 내가 산들을 본즉 다 진동하며 작
은 산들도 요동하며
25 내가 본즉 사람이 없으며 공중의
새가 다 날아갔으며
26 보라 내가 본즉 [6]좋은 땅이 황무지
가 되었으며 그 모든 성읍이 여호
와의 앞 그의 맹렬한 진노 앞에 무
너졌으니
27 여호와께서 이와 같이 말씀하시길
이 온 땅이 황폐할 것이나 내가 진

1) 히, 우리 2) 그들이 이르기를 3) 미쳤나이다 하리이다 4) 저기서 강한 5) 내 창자여 내 창자여 6) 히, 갈멜

멸하지는 아니할 것이며
28 이로 말미암아 땅이 슬퍼할 것이
며 위의 하늘이 어두울 것이라 내
가 이미 말하였으며 작정하였고
후회하지 아니하였은즉 또한 거기
서 돌이키지 아니하리라 하셨음이
로다
29 기병과 활 쏘는 자의 함성으로 말
미암아 모든 성읍 사람들이 도망하
여 수풀에 들어가고 바위에 기어오
르며 각 성읍이 버림을 당하여 거
기 사는 사람이 없나니
30 멸망을 당한 자여 네가 어떻게 하
려느냐 네가 붉은 옷을 입고 금장
식으로 단장하고 눈을 그려 [1]꾸밀
지라도 네가 화장한 것이 헛된 일
이라 연인들이 너를 멸시하여 네
생명을 찾느니라
31 내가 소리를 들은즉 여인의 해산하
는 소리 같고 초산하는 자의 고통
하는 소리 같으니 이는 시온의 딸
의 소리라 그가 헐떡이며 그의 손
을 펴고 이르기를 내게 화가 있도
다 죽이는 자로 말미암아 나의 심
령이 피곤하도다 하는도다

예루살렘의 허물과 반역

5 너희는 예루살렘 거리로 빨리 다
니며 그 넓은 거리에서 찾아보고
알라 너희가 만일 정의를 행하며
진리를 구하는 자를 한 사람이라
도 찾으면 내가 이 성읍을 용서하
리라
2 그들이 여호와께서 살아 계심을 두
고 맹세할지라도 실상은 거짓 맹세
니라
3 여호와여 주의 눈이 진리를 찾지
아니하시나이까 주께서 그들을 치
셨을지라도 그들이 아픈 줄을 알지
못하며 그들을 멸하셨을지라도 그
들이 징계를 받지 아니하고 그들의
얼굴을 바위보다 굳게 하여 돌아오
기를 싫어하므로
4 내가 말하기를 이 무리는 비천하고
어리석은 것뿐이라 여호와의 길,
자기 하나님의 법을 알지 못하니
5 내가 지도자들에게 가서 그들에게
말하리라 그들은 여호와의 길, 자
기 하나님의 법을 안다 하였더니
그들도 일제히 멍에를 꺾고 결박을
끊은지라
6 그러므로 수풀에서 나오는 사자가
그들을 죽이며 사막의 이리가 그들
을 멸하며 표범이 성읍들을 엿본즉
그리로 나오는 자마다 찢기리니 이
는 그들의 허물이 많고 반역이 심
함이니이다
7 ●내가 어찌 너를 용서하겠느냐 네
자녀가 나를 버리고 신이 아닌 것
들로 맹세하였으며 내가 그들을 배
불리 먹인즉 그들이 간음하며 창기
의 집에 허다히 모이며
8 그들은 두루 다니는 살진 수말같이
각기 이웃의 아내를 따르며 소리
지르는도다
9 여호와의 말씀이니라 내가 어찌 이
일들에 대하여 벌하지 아니하겠으
며 내 마음이 이런 나라에 보복하
지 않겠느냐

여호와께서 백성을 버리시다

10 ●너희는 그 [2]성벽에 올라가 무너
뜨리되 다 무너뜨리지 말고 그 가
지만 꺾어 버리라 여호와의 것이
아님이니라
11 여호와의 말씀이니라 이스라엘의
집과 유다의 집이 내게 심히 반역
하였느니라
12 그들이 여호와를 인정하지 아니하
며 말하기를 여호와께서는 계시지
아니하니 재앙이 우리에게 임하지

1) 크게 할지라도 2) 히, 포도나무

아니할 것이요 우리가 칼과 기근을
보지 아니할 것이며
13 선지자들은 바람이라 말씀이 그들
의 속에 있지 아니한즉 그같이 그
들이 당하리라 하느니라
14 ●그러므로 만군의 하나님 여호와
께서 이와 같이 말씀하시니라 너희
가 이 말을 하였은즉 볼지어다 내
가 네 입에 있는 나의 말을 불이 되
게 하고 이 백성을 나무가 되게 하
여 불사르리라
15 여호와의 말씀이니라 이스라엘 집
이여 보라 내가 한 나라를 먼 곳에
서 너희에게로 오게 하리니 곧 강
하고 오랜 민족이라 그 나라 말을
네가 알지 못하며 그 말을 [1]네가 깨
닫지 못하느니라
16 그 화살통은 열린 무덤이요 그 사
람들은 다 용사라
17 그들이 네 자녀들이 먹을 추수 곡물
과 양식을 먹으며 네 양 떼와 소 떼
를 먹으며 네 포도나무와 무화과나
무 열매를 먹으며 네가 믿는 견고한
성들을 칼로 파멸하리라
18 여호와의 말씀이니라 그때에도 내
가 너희를 진멸하지는 아니하리
라
19 ●[1]그들이 만일 이르기를 우리 하
나님 여호와께서 어찌하여 이 모든
일을 우리에게 행하셨느냐 하거든
너는 그들에게 이르기를 너희가
[2]여호와를 버리고 너희 땅에서 이
방 신들을 섬겼은즉 이와 같이 너
희 것이 아닌 땅에서 이방인들을
섬기리라 하라

여호와께서 백성에게 이르시다

20 ●[1]너는 이를 야곱 집에 선포하며
유다에 공포하여 이르기를
21 어리석고 지각이 없으며 눈이 있
어도 보지 못하며 귀가 있어도 듣
지 못하는 백성이여 이를 들을지
어다
22 여호와의 말씀이니라 너희가 나를
두려워하지 아니하느냐 내 앞에서
떨지 아니하겠느냐 내가 모래를 두
어 바다의 한계를 삼되 그것으로
영원한 한계를 삼고 지나치지 못하
게 하였으므로 파도가 거세게 이나
그것을 이기지 못하며 뛰노나 그것
을 넘지 못하느니라
23 그러나 너희 백성은 배반하며 반역
하는 마음이 있어서 이미 배반하고
갔으며
24 또 [3]너희 마음으로 우리에게 이른
비와 늦은 비를 때를 따라 주시며
우리를 위하여 추수 기한을 정하시
는 우리 하나님 여호와를 경외하자
말하지도 아니하니
25 너희 허물이 이러한 일들을 물리쳤
고 너희 죄가 너희로부터 좋은 것
을 막았느니라
26 내 백성 가운데 악인이 있어서 새
사냥꾼이 매복함같이 지키며 덫을
놓아 사람을 잡으며
27 새장에 새들이 가득함같이 [3]너희
집들에 속임이 가득하도다 그러
므로 [3]너희가 번창하고 거부가 되
어
28 살지고 윤택하며 또 행위가 심히
악하여 자기 이익을 얻으려고 송사
곧 고아의 송사를 공정하게 하지
아니하며 빈민의 재판을 공정하게
판결하지 아니하니
29 내가 이 일들에 대하여 벌하지 아
니하겠으며 내 마음이 이 같은 나
라에 보복하지 아니하겠느냐 여호
와의 말씀이니라
30 ●이 땅에 무섭고 놀라운 일이 있
도다

1) 히, 너희 2) 히, 나 3) 히, 그들

31 선지자들은 거짓을 예언하며 제사
장들은 자기 권력으로 다스리며 내
백성은 그것을 좋게 여기니 마지막
에는 너희가 어찌하려느냐

벌받을 성 예루살렘

6 베냐민 자손들아 예루살렘 가운
데로부터 피난하라 드고아에서
나팔을 불고 벧학게렘에서 깃발을
들라 재앙과 큰 파멸이 북방에서
엿보아 옴이니라
2 아름답고 우아한 시온의 딸을 내가
멸절하리니
3 목자들이 그 양 떼를 몰고 와서 주
위에 자기 장막을 치고 각기 그 처
소에서 먹이리로다
4 너희는 그를 칠 준비를 하라 일어
나라 우리가 정오에 올라가자 아하
아깝다 날이 기울어 저녁 그늘이
길었구나
5 일어나라 우리가 밤에 올라가서 그
요새들을 헐자 하도다
6 만군의 여호와께서 이와 같이 말하
노라 너희는 나무를 베어서 예루살
렘을 향하여 목책을 만들라 이는
벌받을 성이라 그 중에는 오직 포
학한 것뿐이니라
7 샘이 그 물을 솟구쳐냄같이 그가
그 악을 드러내니 폭력과 탈취가
거기에서 들리며 질병과 살상이 내
앞에 계속하느니라
8 예루살렘아 너는 훈계를 받으라 그
리하지 아니하면 내 마음이 너를
싫어하고 너를 황폐하게 하여 주민
이 없는 땅으로 만들리라

벌받을 백성

9 ●만군의 여호와께서 이와 같이 말
씀하시되 포도를 따듯이 그들이 이
스라엘의 남은 자를 말갛게 주우리
라 너는 포도 따는 자처럼 네 손을
광주리에 자주자주 놀리라 하시나
니
10 내가 누구에게 말하며 누구에게 경
책하여 듣게 할꼬 보라 그 귀가 할
례를 받지 못하였으므로 듣지 못하
는도다 보라 여호와의 말씀을 그들
이 자신들에게 욕으로 여기고 이를
즐겨 하지 아니하니
11 그러므로 여호와의 분노가 내게 가
득하여 참기 어렵도다 그것을 거
리에 있는 아이들과 모인 청년들
에게 부으리니 남편과 아내와 나
이 든 사람과 늙은이가 다 잡히리
로다
12 내가 그 땅 주민에게 내 손을 펼 것
인즉 그들의 집과 밭과 아내가 타
인의 소유로 이전되리라 여호와의
말씀이니라
13 이는 그들이 가장 작은 자로부터
큰 자까지 다 탐욕을 부리며 선지
자로부터 제사장까지 다 거짓을 행
함이라
14 그들이 내 백성의 상처를 가볍게
여기면서 말하기를 평강하다 평강
하다 하나 평강이 없도다
15 그들이 가증한 일을 행할 때에 부
끄러워하였느냐 아니라 조금도 부
끄러워하지 않을 뿐 아니라 얼굴도
붉어지지 않았느니라 그러므로 그
들이 엎드러지는 자와 함께 엎드러
질 것이라 내가 그들을 벌하리니
그때에 그들이 거꾸러지리라 여호
와의 말씀이니라

선한 길로 가지 아니하다

16 ●여호와께서 이와 같이 말씀하시
되 너희는 길에 서서 보며 옛적 길
곧 선한 길이 어디인지 알아보고
그리로 가라 너희 심령이 평강을
얻으리라 하나 그들의 대답이 우리
는 그리로 가지 않겠노라 하였으며
17 내가 또 너희 위에 파수꾼을 세웠

으니 나팔 소리를 들으라 하나 그
들의 대답이 우리는 듣지 않겠노라
하였도다
18 그러므로 너희 나라들아 들으라 무
리들아 그들이 당할 일을 알라
19 땅이여 들으라 내가 이 백성에게
재앙을 내리리니 이것이 그들의 생
각의 결과라 그들이 내 말을 듣지
아니하며 내 율법을 거절하였음이
니라
20 시바에서 유향과 먼 곳에서 [1]향품
을 내게로 가져옴은 어찌함이냐 나
는 [2]그들의 번제를 받지 아니하며
그들의 희생제물을 달게 여기지 않
노라
21 그러므로 여호와께서 이와 같이 말
씀하시니라 보라 내가 이 백성 앞
에 장애물을 두리니 아버지와 아들
들이 함께 거기에 걸려 넘어지며
이웃과 그의 친구가 함께 멸망하리
라

북방에서 쳐들어오는 민족

22 ●여호와께서 이와 같이 말씀하시
되 보라 한 민족이 북방에서 오며
큰 나라가 땅끝에서부터 떨쳐 일어
나나니
23 그들은 활과 창을 잡았고 잔인하여
사랑이 없으며 그 목소리는 바다처
럼 포효하는 소리라 그들이 말을
타고 전사같이 다 대열을 벌이고
시온의 딸인 너를 치려 하느니라
하시도다
24 우리가 그 소문을 들었으므로 손이
약하여졌고 고통이 우리를 잡았으
므로 그 아픔이 해산하는 여인 같
도다
25 너희는 밭에도 나가지 말라 길로도
다니지 말라 원수의 칼이 있고 사
방에 두려움이 있음이라
26 딸 내 백성이 굵은 베를 두르고 재
에서 구르며 독자를 잃음같이 슬퍼
하며 통곡할지어다 멸망시킬 자가
갑자기 우리에게 올 것임이라
27 ●내가 이미 너를 내 백성 중에 망
대와 요새로 삼아 그들의 길을 알
고 살피게 하였노라
28 그들은 다 심히 반역한 자며 비방
하며 돌아다니는 자며 그들은 놋과
철이며 다 사악한 자라
29 풀무불을 맹렬히 불면 그 불에 납
이 살라져서 단련하는 자의 일이
헛되게 되느니라 이와 같이 악한
자가 제거되지 아니하나니
30 사람들이 그들을 내버린 은이라 부
르게 될 것은 여호와께서 그들을
버렸음이라

여호와의 말씀을 들으라

7 여호와께로부터 예레미야에게 말
씀이 임하니라 이르시되
2 너는 여호와의 집 문에 서서 이 말
을 선포하여 이르기를 여호와께
예배하러 이 문으로 들어가는 유
다 사람들아 여호와의 말씀을 들
으라
3 만군의 여호와 이스라엘의 하나님
께서 이와 같이 말씀하시되 너희
길과 행위를 바르게 하라 그리하
면 내가 너희로 이곳에 살게 하리
라
4 너희는 이것이 여호와의 성전이라,
여호와의 성전이라, 여호와의 성전
이라 하는 거짓말을 믿지 말라
5 너희가 만일 길과 행위를 참으로
바르게 하여 이웃들 사이에 정의를
행하며
6 이방인과 고아와 과부를 압제하지
아니하며 무죄한 자의 피를 이곳에
서 흘리지 아니하며 다른 신들 뒤
를 따라 화를 자초하지 아니하면

1) 창포 2) 히, 너희

7 내가 너희를 이곳에 살게 하리니
곧 너희 조상에게 영원무궁토록 준
땅에니라
8 ●보라 너희가 무익한 거짓말을 의
존하는도다
9 너희가 도둑질하며 살인하며 간음
하며 거짓 맹세하며 바알에게 분향
하며 너희가 알지 못하는 다른 신
들을 따르면서
10 내 이름으로 일컬음을 받는 이 집
에 들어와서 내 앞에 서서 말하기
를 우리가 구원을 얻었나이다 하느
냐 이는 이 모든 가증한 일을 행하
려 함이로다
11 내 이름으로 일컬음을 받는 이 집
이 너희 눈에는 도둑의 소굴로 보
이느냐 보라 나 곧 내가 그것을 보
았노라 여호와의 말씀이니라
12 ●너희는 내가 처음으로 내 이름을
둔 처소 실로에 가서 내 백성 이스
라엘의 악에 대하여 내가 어떻게
행하였는지를 보라
13 여호와의 말씀이니라 이제 너희
가 그 모든 일을 행하였으며 내가
너희에게 말하되 새벽부터 부지
런히 말하여도 듣지 아니하였고 너
희를 불러도 대답하지 아니하였
느니라
14 그러므로 내가 실로에 행함같이 너
희가 신뢰하는 바 내 이름으로 일
컬음을 받는 이 집 곧 너희와 너희
조상들에게 준 이곳에 행하겠고
15 내가 너희 모든 형제 곧 에브라임
온 자손을 쫓아낸 것같이 내 앞에
서 너희를 쫓아내리라 하셨다 할지
니라

여호와를 순종하지 아니하는 백성

16 ●그런즉 너는 이 백성을 위하여
기도하지 말라 그들을 위하여 부르
짖어 구하지 말라 내게 간구하지
말라 내가 네게서 듣지 아니하리라
17 너는 그들이 유다 성읍들과 예루살
렘 거리에서 행하는 일을 보지 못
하느냐
18 자식들은 나무를 줍고 아버지들은
불을 피우며 부녀들은 가루를 반죽
하여 하늘의 여왕을 위하여 과자를
만들며 그들이 또 다른 신들에게
전제를 부음으로 나의 노를 일으키
느니라
19 여호와의 말씀이니라 그들이 나를
격노하게 함이냐 자기 얼굴에 부끄
러움을 자취함이 아니냐
20 그러므로 주 여호와께서 이와 같이
말씀하시니라 보라 나의 진노와 분
노를 이곳과 사람과 짐승과 들나무
와 땅의 소산에 부으리니 불같이
살라지고 꺼지지 아니하리라 하시
니라
21 ●만군의 여호와 이스라엘의 하나
님께서 이와 같이 말씀하시되 너희
희생제물과 번제물의 고기를 아울
러 먹으라
22 사실은 내가 너희 조상들을 애굽
땅에서 인도하여 낸 날에 번제나
희생에 대하여 말하지 아니하며 명
령하지 아니하고
23 오직 내가 이것을 그들에게 명령하
여 이르기를 너희는 내 목소리를
들으라 그리하면 나는 너희 하나님
이 되겠고 너희는 내 백성이 되리
라 너희는 내가 명령한 모든 길로
걸어가라 그리하면 복을 받으리라
하였으나
24 그들이 순종하지 아니하며 귀를 기
울이지도 아니하고 자신들의 악한
마음의 꾀와 완악한 대로 행하여
그 등을 내게로 돌리고 그 얼굴을
향하지 아니하였으며
25 너희 조상들이 애굽 땅에서 나온

날부터 오늘까지 내가 내 종 선지
자들을 너희에게 보내되 끊임없이
보내었으나
26 [1]너희가 나에게 순종하지 아니하며
귀를 기울이지 아니하고 목을 굳게
하여 [1]너희 조상들보다 악을 더 행
하였느니라
27 ●네가 그들에게 이 모든 말을 할
지라도 그들이 너에게 순종하지 아
니할 것이요 네가 그들을 불러도
그들이 네게 대답하지 아니하리니
28 너는 그들에게 말하기를 [2]너희는
[1]너희 하나님 여호와의 목소리를
순종하지 아니하며 교훈을 받지
아니하는 민족이라 진실이 없어져
[1]너희 입에서 끊어졌다 할지니라

도벳 사당을 건축

29 ●너의 머리털을 베어 버리고 벗은
산 위에서 통곡할지어다 여호와께
서 그 노하신 바 이 세대를 끊어 버
리셨음이라
30 여호와께서 말씀하시되 유다 자손
이 나의 눈앞에 악을 행하여 내 이
름으로 일컬음을 받는 집에 그들의
가증한 것을 두어 집을 더럽혔으며
31 힌놈의 아들 골짜기에 도벳 사당을
건축하고 그들의 자녀들을 불에 살
랐나니 내가 명령하지 아니하였고
내 마음에 생각하지도 아니한 일이
니라
32 그러므로 여호와께서 말씀하시니
라 날이 이르면 이곳을 도벳이라
하거나 힌놈의 아들의 골짜기라 말
하지 아니하고 죽임의 골짜기라 말
하리니 이는 도벳에 자리가 없을
만큼 매장했기 때문이니라
33 이 백성의 시체가 공중의 새와 땅
의 짐승의 밥이 될 것이나 그것을
쫓을 자가 없을 것이라
34 그때에 내가 유다 성읍들과 예루살
렘 거리에 기뻐하는 소리, 즐거워
하는 소리, 신랑의 소리, 신부의 소
리가 끊어지게 하리니 땅이 황폐하
리라

8 여호와의 말씀이니라 그때에 사
람들이 유다 왕들의 뼈와 그의
지도자들의 뼈와 제사장들의 뼈와
선지자들의 뼈와 예루살렘 주민의
뼈를 그 무덤에서 끌어내어
2 그들이 사랑하며 섬기며 뒤따르며
구하며 경배하던 해와 달과 하늘의
뭇 별 아래에서 펼쳐지게 하리니
그 뼈가 거두이거나 묻히지 못하여
지면에서 분토 같을 것이며
3 이 악한 민족의 남아 있는 자, 무릇
내게 쫓겨나서 각처에 남아 있는
자들이 사는 것보다 죽는 것을 원
하리라 만군의 여호와의 말씀이니
라

죄와 벌

4 ●너는 또 그들에게 말하기를 여호
와의 말씀에 사람이 엎드러지면 어
찌 일어나지 아니하겠으며 사람이
떠나갔으면 어찌 돌아오지 아니하
겠느냐
5 이 예루살렘 백성이 항상 나를 떠
나 물러감은 어찌함이냐 그들이 거
짓을 고집하고 돌아오기를 거절하
도다
6 내가 귀를 기울여 들은즉 그들이
정직을 말하지 아니하며 그들의 악
을 뉘우쳐서 내가 행한 것이 무엇
인고 말하는 자가 없고 전쟁터로
향하여 달리는 말같이 각각 그 길
로 행하도다
7 공중의 학은 그 정한 시기를 알고
산비둘기와 제비와 두루미는 그들
이 올 때를 지키거늘 내 백성은 여
호와의 규례를 알지 못하도다

1) 히, 그들 2) 히, 이는

8 ●너희가 어찌 우리는 지혜가 있고
우리에게는 여호와의 율법이 있다
말하겠느냐 참으로 서기관의 거짓
의 붓이 [1]거짓되게 하였나니
9 지혜롭다 하는 자들은 부끄러움을
당하며 두려워 떨다가 잡히리라 보
라 그들이 여호와의 말을 버렸으니
그들에게 무슨 지혜가 있으랴
10 그러므로 내가 그들의 아내를 타인
에게 주겠고 그들의 밭을 그 차지
할 자들에게 주리니 그들은 가장
작은 자로부터 큰 자까지 다 욕심
내며 선지자로부터 제사장까지 다
거짓을 행함이라
11 그들이 딸 내 백성의 상처를 가볍
게 여기면서 말하기를 평강하다,
평강하다 하나 평강이 없도다
12 그들이 가증한 일을 행할 때에 부
끄러워하였느냐 아니라 조금도 부
끄러워하지 않을 뿐 아니라 얼굴도
붉어지지 아니하였느니라 그러므
로 그들이 엎드러질 자와 함께 엎
드러질 것이라 내가 그들을 벌할
때에 그들이 거꾸러지리라 여호와
의 말씀이니라
13 ●여호와의 말씀이니라 내가 그들
을 진멸하리니 포도나무에 포도가
없을 것이며 무화과나무에 무화과
가 없을 것이며 그 잎사귀가 마를
것이라 [2]내가 그들에게 준 것이 없
어지리라 하셨나니
14 우리가 어찌 가만히 앉았으랴 모일
지어다 우리가 견고한 성읍들로 들
어가서 거기에서 멸망하자 우리가
여호와께 범죄하였으므로 우리 하
나님 여호와께서 우리를 멸하시며
우리에게 독한 물을 마시게 하심이
니라
15 우리가 평강을 바라나 좋은 것이
없으며 고침을 입을 때를 바라나
놀라움뿐이로다
16 그 말의 부르짖음이 단에서부터 들
리고 그 준마들이 우는 소리에 온
땅이 진동하며 그들이 이르러 이
땅과 그 소유와 성읍과 그 중의 주
민을 삼켰도다
17 여호와의 말씀이니라 내가 술법으
로도 제어할 수 없는 뱀과 독사를
너희 가운데 보내리니 그것들이 너
희를 물리라 하시도다

선지자의 번뇌

18 ●슬프다 나의 근심이여 어떻게 위
로를 받을 수 있을까 내 마음이 병
들었도다
19 딸 내 백성의 심히 먼 땅에서 부르
짖는 소리로다 여호와께서 시온에
계시지 아니한가, 그의 왕이 그 가
운데 계시지 아니한가 그들이 어찌
하여 그 조각한 신상과 이방의 헛
된 것들로 나를 격노하게 하였는고
하시니
20 추수할 때가 지나고 여름이 다하였
으나 우리는 구원을 얻지 못한다
하는도다
21 딸 내 백성이 상하였으므로 나도
상하여 슬퍼하며 놀라움에 잡혔도
다
22 길르앗에는 유향이 있지 아니한가
그곳에는 의사가 있지 아니한가 딸
내 백성이 치료를 받지 못함은 어
찌 됨인고

9 어찌하면 내 머리는 물이 되고
내 눈은 눈물 근원이 될꼬 죽임
을 당한 딸 내 백성을 위하여 주야
로 울리로다
2 내가 광야에서 나그네가 머무를 곳
을 얻는다면 내 백성을 떠나가리
니 그들은 다 간음하는 자요 반역

1) 법을 거짓되게 2) 그들을 진멸할 자를 내가 이미 정하였느니라

한 자의 무리가 됨이로다
3 여호와의 말씀이니라 그들이 활을
당김같이 그들의 혀를 놀려 거짓
을 말하며 그들이 이 땅에서 강성
하나 진실하지 아니하고 악에서
악으로 진행하며 또 나를 알지 못
하느니라
4 너희는 각기 이웃을 조심하며 어떤
형제든지 믿지 말라 형제마다 완전
히 속이며 이웃마다 다니며 비방함
이라
5 그들은 각기 이웃을 속이며 진실을
말하지 아니하며 그들의 혀로 거짓
말하기를 가르치며 악을 행하기에
지치거늘
6 네가 사는 곳이 속이는 일 가운데
있도다 그들은 속이는 일로 말미암
아 나를 알기를 싫어하느니라 여호
와의 말씀이니라
7 ●그러므로 만군의 여호와께서 이
와 같이 말씀하시되 보라 내가 내
딸 백성을 어떻게 처치할꼬 그들을
녹이고 연단하리라
8 그들의 혀는 죽이는 화살이라 거짓
을 말하며 입으로는 그 이웃에게
평화를 말하나 마음으로는 해를 꾸
미는도다
9 내가 이 일들로 말미암아 그들에게
벌하지 아니하겠으며 내 마음이 이
런 나라에 보복하지 않겠느냐 여호
와의 말씀이니라
10 ●내가 산들을 위하여 울며 부르짖
으며 광야 목장을 위하여 슬퍼하나
니 이는 그것들이 불에 탔으므로
지나는 자가 없으며 거기서 가축의
소리가 들리지 아니하며 공중의 새
도 짐승도 다 도망하여 없어졌음이
라
11 내가 예루살렘을 무더기로 만들며
승냥이 굴이 되게 하겠고 유다의
성읍들을 황폐하게 하여 주민이 없
게 하리라
12 ●지혜가 있어서 이 일을 깨달을
만한 자가 누구며 여호와의 입의
말씀을 받아서 선포할 자가 누구인
고 이 땅이 어찌하여 멸망하여 광
야같이 불타서 지나가는 자가 없게
되었느냐
13 여호와께서 말씀하시되 이는 그들
이 내가 그들의 앞에 세운 나의 율
법을 버리고 내 목소리를 순종하
지 아니하며 그대로 행하지 아니
하고
14 그 마음의 완악함을 따라 그 조상
들이 자기에게 가르친 바알들을 따
랐음이라
15 그러므로 만군의 여호와 이스라엘
의 하나님께서 이와 같이 말씀하시
니라 보라 내가 그들 곧 이 백성에
게 쑥을 먹이며 독한 물을 마시게
하고
16 그들과 그들의 조상이 알지 못하던
여러 나라 가운데에 그들을 흩어
버리고 진멸되기까지 그 뒤로 칼을
보내리라 하셨느니라

사랑과 정의와 공의를 행하시는 여호와

17 ●만군의 여호와께서 이와 같이 말
씀하시되 너희는 잘 생각해 보고
곡하는 부녀를 불러오며 또 사람을
보내 지혜로운 부녀를 불러오되
18 그들로 빨리 와서 우리를 위하여
애곡하여 우리의 눈에서 눈물이 떨
어지게 하며 우리 눈꺼풀에서 물이
쏟아지게 하라
19 이는 시온에서 통곡하는 소리가 들
리기를 우리가 아주 망하였구나 우
리가 크게 부끄러움을 당하였구나
우리가 그 땅을 떠난 것은 그들이
우리 거처를 헐었음이로다 함이로
다

20 부녀들이여 여호와의 말씀을 들으
라 너희 귀에 그 입의 말씀을 받으
라 너희 딸들에게 애곡하게 하고
각기 이웃에게 슬픈 노래를 가르치
라
21 무릇 사망이 우리 창문을 통하여
넘어 들어오며 우리 궁실에 들어오
며 밖에서는 자녀들을 거리에서는
청년들을 멸절하려 하느니라
22 너는 이같이 말하라 여호와의 말씀
에 사람의 시체가 분토같이 들에
떨어질 것이며 추수하는 자의 뒤에
버려져 거두지 못한 곡식단같이 되
리라 하셨느니라
23 ●여호와께서 이와 같이 말씀하시
되 지혜로운 자는 그의 지혜를 자
랑하지 말라 용사는 그의 용맹을
자랑하지 말라 부자는 그의 부함을
자랑하지 말라
24 자랑하는 자는 이것으로 자랑할지
니 곧 명철하여 나를 아는 것과 나
여호와는 사랑과 정의와 공의를 땅
에 행하는 자인 줄 깨닫는 것이라
나는 이 일을 기뻐하노라 여호와의
말씀이니라
25 ●여호와의 말씀이니라 보라 날이
이르면 [1]할례받은 자와 할례받지
못한 자를 내가 다 벌하리니
26 곧 애굽과 유다와 에돔과 암몬 자
손과 모압과 및 광야에 살면서 살
쩍을 깎은 자들에게라 무릇 모든
민족은 할례를 받지 못하였고 이스
라엘은 마음에 할례를 받지 못하였
느니라 하셨느니라

우상의 가르침과 참 하나님 여호와

10 이스라엘 집이여 여호와께서
너희에게 이르시는 말씀을 들
을지어다
2 여호와께서 이와 같이 말씀하시되
여러 나라의 길을 배우지 말라 이
방 사람들은 하늘의 징조를 두려워
하거니와 너희는 그것을 두려워하
지 말라
3 여러 나라의 [2]풍습은 헛된 것이니
삼림에서 벤 나무요 기술공의 두
손이 도끼로 만든 것이라
4 그들이 은과 금으로 그것에 꾸미고
못과 장도리로 그것을 든든히 하여
흔들리지 않게 하나니
5 그것이 둥근 기둥 같아서 말도 못
하며 걸어다니지도 못하므로 사람
이 메어야 하느니라 그것이 그들에
게 화를 주거나 복을 주지 못하나
니 너희는 두려워하지 말라 하셨느
니라
6 ●여호와여 주와 같은 이 없나이다
주는 크시니 주의 이름이 그 권능
으로 말미암아 크시니이다
7 이방 사람들의 왕이시여 주를 경
외하지 아니할 자가 누구리이까
이는 주께 당연한 일이라 여러 나
라와 여러 왕국들의 지혜로운 자
들 가운데 주와 같은 이가 없음이
니이다
8 그들은 다 무지하고 어리석은 것이
니 우상의 가르침은 나무뿐이라
9 다시스에서 가져온 은박과 우바스
에서 가져온 금으로 꾸미되 기술공
과 은장색의 손으로 만들었고 청색
자색 옷을 입었나니 이는 정교한
솜씨로 만든 것이거니와
10 오직 여호와는 참 하나님이시요 살
아 계신 하나님이시요 영원한 왕이
시라 그 진노하심에 땅이 진동하며
그 분노하심을 이방이 능히 당하지
못하느니라
11 ●너희는 이같이 그들에게 이르기
를 천지를 짓지 아니한 신들은 땅
위에서, 이 하늘 아래에서 망하리

1) 할례를 받았어도 마음으로 받지 아니한 자 2) 풍속은

라 하라

만물의 조성자 만군의 여호와

12 ●여호와께서 그의 권능으로 땅을
지으셨고 그의 지혜로 세계를 세
우셨고 그의 명철로 하늘을 펴셨
으며
13 그가 목소리를 내신즉 하늘에 많은
물이 생기나니 그는 땅끝에서 구름
이 오르게 하시며 비를 위하여 번
개 치게 하시며 그 곳간에서 바람
을 내시거늘
14 사람마다 어리석고 무식하도다 은
장이마다 자기의 조각한 신상으로
말미암아 수치를 당하나니 이는 그
가 부어 만든 우상은 거짓 것이요
그 속에 생기가 없음이라
15 그것들은 헛것이요 [1]망령되이 만든
것인즉 징벌하실 때에 멸망할 것이
나
16 야곱의 분깃은 이같지 아니하시니
그는 만물의 조성자요 이스라엘은
그의 기업의 지파라 그 이름은 만
군의 여호와시니라

백성의 탄식

17 ●에워싸인 가운데에 앉은 자여 네
짐 꾸러미를 이 땅에서 꾸리라
18 여호와께서 이와 같이 말씀하시되
보라 내가 이 땅에 사는 자를 이번
에는 내던질 것이라 그들을 괴롭게
하여 깨닫게 하리라 하셨느니라
19 ●슬프다 내 상처여 내가 중상을
당하였도다 그러나 내가 말하노라
이는 참으로 고난이라 내가 참아야
하리로다
20 내 장막이 무너지고 나의 모든 줄
이 끊어졌으며 내 자녀가 나를 떠
나가고 있지 아니하니 내 장막을
세울 자와 내 휘장을 칠 자가 다시
없도다
21 목자들은 어리석어 여호와를 찾지
아니하므로 [2]형통하지 못하며 그
모든 양 떼는 흩어졌도다
22 들을지어다 북방에서부터 크게 떠
드는 소리가 들리니 유다 성읍들을
황폐하게 하여 승냥이의 거처가 되
게 하리로다
23 ●여호와여 내가 알거니와 사람의
길이 자신에게 있지 아니하니 걸음
을 지도함이 걷는 자에게 있지 아
니하니이다
24 여호와여 나를 징계하옵시되 너그
러이 하시고 진노로 하지 마옵소서
주께서 내가 없어지게 하실까 두려
워하나이다
25 주를 알지 못하는 이방 사람들과
주의 이름으로 기도하지 아니하는
족속들에게 주의 분노를 부으소서
그들은 야곱을 씹어 삼켜 멸하고
그의 [3]거처를 황폐하게 하였나이다
하니라

여호와께서 이르신 언약의 말

11 여호와께로부터 예레미야에게
임한 말씀이라 이르시되
2 너희는 이 언약의 말을 듣고 유다
인과 예루살렘 주민에게 말하라
3 그들에게 이르기를 이스라엘의 하
나님 여호와께서 이와 같이 말씀하
시되 이 언약의 말을 따르지 않는
자는 저주를 받을 것이니라
4 이 언약은 내가 너희 조상들을 쇠
풀무 애굽 땅에서 이끌어내던 날
에 그들에게 명령한 것이라 곧 내
가 이르기를 너희는 내 목소리를
순종하고 나의 모든 명령을 따라
행하라 그리하면 너희는 내 백성
이 되겠고 나는 너희의 하나님이
되리라
5 내가 또 너희 조상들에게 한 맹세

1) 조롱함을 받을 것인즉 2) 지혜롭게 행하지 못하며
3) 목장

는 그들에게 젖과 꿀이 흐르는 땅
을 주리라 한 언약을 이루리라 한
것인데 오늘이 그것을 증언하느
니라 하라 하시기로 내가 대답하
여 이르되 아멘 여호와여 하였노
라
6 ●여호와께서 내게 이르시되 너는
이 모든 말로 유다 성읍들과 예루
살렘 거리에서 선포하여 이르기를
너희는 이 언약의 말을 듣고 지키
라
7 내가 너희 조상들을 애굽 땅에서
인도하여 낸 날부터 오늘까지 간절
히 경계하며 끊임없이 경계하기를
너희는 내 목소리를 순종하라 하였
으나
8 그들이 순종하지 아니하며 귀를 기
울이지도 아니하고 각각 그 악한
마음의 완악한 대로 행하였으므로
내가 그들에게 행하라 명령하였어
도 그들이 행하지 아니한 이 언약
의 모든 규정대로 그들에게 이루게
하였느니라 하라
9 ●여호와께서 또 내게 이르시되 유
다인과 예루살렘 주민 중에 반역이
있도다
10 그들이 내 말 듣기를 거절한 자기
들의 선조의 죄악으로 돌아가서 다
른 신들을 따라 섬겼은즉 이스라엘
집과 유다 집이 내가 그들의 조상
들과 맺은 언약을 깨뜨렸도다
11 그러므로 나 여호와가 이와 같이
말하노라 보라 내가 재앙을 그들에
게 내리리니 그들이 피할 수 없을
것이라 그들이 내게 부르짖을지라
도 내가 듣지 아니할 것인즉
12 유다 성읍들과 예루살렘 주민이 그
분향하는 신들에게 가서 부르짖을
지라도 그 신들이 그 고난 가운데
에서 절대로 그들을 구원하지 못하
리라
13 유다야 네 신들이 네 성읍의 수와
같도다 너희가 예루살렘 거리의 수
대로 그 수치스러운 물건의 제단
곧 바알에게 분향하는 제단을 쌓았
도다
14 ●그러므로 너는 이 백성을 위하여
기도하지 말라 그들을 위하여 부르
짖거나 구하지 말라 그들이 그 고
난으로 말미암아 내게 부르짖을 때
에 내가 그들에게서 듣지 아니하리
라
15 [1]나의 사랑하는 자가 많은 악한 음
모를 꾸미더니 나의 집에서 무엇을
하려느냐 거룩한 제물 고기로 네
재난을 피할 수 있겠느냐 그때에
네가 기뻐하겠느냐
16 여호와께서는 그의 이름을 일컬어
좋은 열매 맺는 아름다운 푸른 감
람나무라 하였었으나 큰 소동 중에
그 위에 불을 피웠고 그 가지는 꺾
였도다
17 바알에게 분향함으로 나의 노여움
을 일으킨 이스라엘 집과 유다 집
의 악으로 말미암아 그를 심은 만
군의 여호와께서 그에게 재앙을 선
언하셨느니라

아나돗 사람들이 예레미야를 죽이려고 꾀하다

18 ●여호와께서 내게 알게 하셨으므
로 내가 그것을 알았나이다 그때에
주께서 그들의 행위를 내게 보이셨
나이다
19 나는 끌려서 도살당하러 가는 순
한 어린 양과 같으므로 그들이 나
를 해하려고 꾀하기를 우리가 그

1) 본문의 뜻은 분명하지 아니하고 칠십인역에는 내 사랑하는 자가 가증한 일을 행하였거늘 내 집에 있음은 어찜이뇨 서원이나 거룩한 고기가 죄악을 없게 하겠으며 혹 이것으로 피하겠느냐

나무와 열매를 함께 박멸하자 그를
살아 있는 자의 땅에서 끊어서 그
의 이름이 다시 기억되지 못하게
하자 함을 내가 알지 못하였나이다
20 공의로 판단하시며 사람의 마음을
감찰하시는 만군의 여호와여 나의
원통함을 주께 아뢰었사오니 그들
에게 대한 주의 보복을 내가 보리
이다 하였더니
21 여호와께서 아나돗 사람들에 대하
여 이와 같이 말씀하시되 그들이
네 생명을 빼앗으려고 찾아 이르기
를 너는 여호와의 이름으로 예언하
지 말라 두렵건대 우리 손에 죽을
까 하노라 하도다
22 그러므로 만군의 여호와께서 이와
같이 말씀하시니라 보라 내가 그들
을 벌하리니 청년들은 칼에 죽으며
자녀들은 기근에 죽고
23 남는 자가 없으리라 내가 아나돗
사람에게 재앙을 내리리니 곧 그들
을 벌할 해에니라

예레미야의 질문

12 여호와여 내가 주와 변론할 때
에는 주께서 의로우시니이다
그러나 내가 주께 질문하옵나니 악
한 자의 길이 형통하며 반역한 자
가 다 평안함은 무슨 까닭이니이까
2 주께서 그들을 심으시므로 그들이
뿌리가 박히고 장성하여 열매를 맺
었거늘 그들의 입은 주께 가까우나
그들의 [1]마음은 머니이다
3 여호와여 주께서 나를 아시고 나를
보시며 내 마음이 주를 향하여 어
떠함을 감찰하시오니 양을 잡으려
고 끌어냄과 같이 그들을 끌어내시
되 죽일 날을 위하여 그들을 구별
하옵소서
4 언제까지 이 땅이 슬퍼하며 온 지
방의 채소가 마르리이까 짐승과 새
들도 멸절하게 되었사오니 이는 이
땅 주민이 악하여 스스로 말하기를
그가 우리의 나중 일을 보지 못하
리라 함이니이다
5 ●만일 네가 보행자와 함께 달려도
피곤하면 어찌 능히 말과 경주하겠
느냐 네가 평안한 땅에서는 무사하
려니와 요단 강 물이 넘칠 때에는
어찌하겠느냐
6 네 형제와 아버지의 집이라도 너를
속이며 네 뒤에서 크게 외치나니
그들이 네게 좋은 말을 할지라도
너는 믿지 말지니라

황무지의 슬픔과 여호와의 분노

7 ●내가 내 집을 버리며 내 소유를
내던져 내 마음으로 사랑하는 것을
그 원수의 손에 넘겼나니
8 내 소유가 숲속의 사자같이 되어서
나를 향하여 그 소리를 내므로 내
가 그를 미워하였음이로라
9 내 소유가 내게 대하여는 무늬 있
는 매가 아니냐 매들이 그것을 에
워싸지 아니하느냐 너희는 가서 들
짐승들을 모아다가 그것을 삼키게
하라
10 많은 목자가 내 포도원을 헐며 내
몫을 짓밟아서 내가 기뻐하는 땅을
황무지로 만들었도다
11 그들이 이를 황폐하게 하였으므로
그 황무지가 나를 향하여 슬퍼하는
도다 온 땅이 황폐함은 이를 마음
에 두는 자가 없음이로다
12 파괴하는 자들이 광야의 모든 벗은
산 위에 이르렀고 여호와의 칼이
땅 이 끝에서 저 끝까지 삼키니 모
든 육체가 평안하지 못하도다
13 무리가 밀을 심어도 가시를 거두며
수고하여도 소득이 없은즉 그 소산
으로 말미암아 스스로 수치를 당하

1) 히, 콩팥

리니 이는 여호와의 분노로 말미암
음이니라

여호와의 악한 이웃에 대하여

14 ●내가 내 백성 이스라엘에게 기업
으로 준 소유에 손을 대는 나의 모
든 악한 이웃에 대하여 여호와께서
이와 같이 말씀하시니라 보라 내가
그들을 그 땅에서 뽑아 버리겠고
유다 집을 그들 가운데서 뽑아내리
라
15 내가 그들을 뽑아낸 후에 내가 돌
이켜 그들을 불쌍히 여겨서 각 사
람을 그들의 기업으로, 각 사람을
그 땅으로 다시 인도하리니
16 그들이 내 백성의 도를 부지런히
배우며 살아 있는 여호와라는 내
이름으로 맹세하기를 자기들이 내
백성을 가르쳐 바알로 맹세하게 한
것같이 하면 그들이 내 백성 가운
데에 세움을 입으려니와
17 그들이 1)순종하지 아니하면 내가
반드시 그 나라를 뽑으리라 뽑아
멸하리라 여호와의 말씀이니라

허리띠

13 여호와께서 이와 같이 내게 이
르시되 너는 가서 베 띠를 사
서 네 허리에 띠고 물에 적시지 말
라 하시기로
2 내가 여호와의 말씀대로 띠를 사서
내 허리에 띠니라
3 여호와의 말씀이 다시 내게 임하여
이르시되
4 너는 사서 네 허리에 띤 띠를 가지
고 일어나 유브라데로 가서 거기
서 그것을 바위틈에 감추라 하시
기로
5 내가 여호와께서 내게 명령하신 대
로 가서 그것을 유브라데 물가에
감추니라
6 여러 날 후에 여호와께서 내게 이
르시되 일어나 유브라데로 가서 내
가 네게 명령하여 거기 감추게 한
띠를 가져오라 하시기로
7 내가 유브라데로 가서 그 감추었던
곳을 파고 띠를 가져오니 띠가 썩
어서 쓸 수 없게 되었더라
8 ●여호와의 말씀이 내게 임하니라
이르시되
9 여호와께서 이와 같이 말씀하시니
라 내가 유다의 교만과 예루살렘의
큰 교만을 이같이 썩게 하리라
10 이 악한 백성이 내 말 듣기를 거절
하고 그 마음의 완악한 대로 행하
며 다른 신들을 따라 그를 섬기며
그에게 절하니 그들이 이 띠가 쓸
수 없음같이 되리라
11 여호와의 말씀이니라 띠가 사람의
허리에 속함같이 내가 이스라엘 온
집과 유다 온 집으로 내게 속하게
하여 그들로 내 백성이 되게 하며
내 이름과 명예와 영광이 되게 하
려 하였으나 그들이 듣지 아니하였
느니라

포도주 가죽부대

12 ●그러므로 너는 이 말로 그들에게
이르기를 이스라엘의 하나님 여호
와의 말씀에 모든 가죽부대가 포도
주로 차리라 하셨다 하라 그리하면
그들이 네게 이르기를 모든 가죽부
대가 포도주로 찰 줄을 우리가 어
찌 알지 못하리요 하리니
13 너는 다시 그들에게 이르기를 여호
와의 말씀에 보라 내가 이 땅의 모
든 주민과 다윗의 왕위에 앉은 왕
들과 제사장들과 선지자들과 예루
살렘 모든 주민으로 잔뜩 취하게
하고
14 또 그들로 피차 충돌하여 상하게
하되 부자 사이에도 그러하게 할

1) 히, 듣지 아니하면

것이라 내가 그들을 불쌍히 여기지
아니하며 사랑하지 아니하며 아끼
지 아니하고 멸하리라 하셨다 하라
여호와의 말씀이니라

교만에 대한 경고

15 ●너희는 들을지어다, 귀를 기울일
지어다, 교만하지 말지어다, 여호
와께서 말씀하셨음이라
16 그가 어둠을 일으키시기 전, 너희
발이 1)어두운 산에 거치기 전, 너희
바라는 빛이 사망의 그늘로 변하여
침침한 어둠이 되게 하시기 전에
너희 하나님 여호와께 영광을 돌리
라
17 너희가 이를 듣지 아니하면 나의
심령이 너희 교만으로 말미암아 은
밀한 곳에서 울 것이며 여호와의
양 떼가 사로잡힘으로 말미암아 눈
물을 흘려 통곡하리라
18 ●너는 왕과 왕후에게 전하기를 스
스로 낮추어 앉으라 관 곧 영광의
면류관이 내려졌다 하라
19 네겝의 성읍들이 봉쇄되어 열 자가
없고 유다가 다 잡혀가되 온전히
잡혀가도다
20 ●너는 눈을 들어 북방에서 오는
자들을 보라 네게 맡겼던 양 떼, 네
아름다운 양 떼는 어디 있느냐
21 너의 친구 삼았던 자를 그가 네 위
에 우두머리로 세우실 때에 네가
무슨 말을 하겠느냐 네가 고통에
사로잡힘이 산고를 겪는 여인 같지
않겠느냐
22 네가 마음으로 이르기를 어찌하여
이런 일이 내게 닥쳤는고 하겠으나
네 죄악이 크므로 네 치마가 들리
고 네 발뒤꿈치가 상함이니라
23 구스인이 그의 피부를, 표범이 그
의 반점을 변하게 할 수 있느냐 할
수 있을진대 악에 익숙한 너희도
선을 행할 수 있으리라
24 그러므로 내가 그들을 사막 바람에
불려가는 검불같이 흩으리로다
25 여호와의 말씀이니라 이는 네 몫이
요 내가 헤아려 정하여 네게 준 분
깃이니 네가 나를 잊어버리고 거짓
을 신뢰하는 까닭이라
26 그러므로 내가 네 치마를 네 얼굴
에까지 들춰서 네 수치를 드러내리
라
27 내가 너의 간음과 사악한 소리와
들의 작은 산 위에서 네가 행한 음
란과 음행과 가증한 것을 보았노라
화 있을진저 예루살렘이여 네가 얼
마나 오랜 후에야 정결하게 되겠느
냐 하시니라

칼과 기근

14 가뭄에 대하여 예레미야에게
임한 여호와의 말씀이라
2 ●유다가 슬퍼하며 성문의 무리가
피곤하여 땅 위에서 애통하니 예
루살렘의 부르짖음이 위로 오르도
다
3 귀인들은 자기 사환들을 보내어 물
을 얻으려 하였으나 그들이 우물에
갔어도 물을 얻지 못하여 빈 그릇
으로 돌아오니 부끄럽고 근심하여
그들의 머리를 가리며
4 땅에 비가 없어 지면이 갈라지니
밭 가는 자가 부끄러워서 그의 머
리를 가리는도다
5 들의 암사슴은 새끼를 낳아도 풀이
없으므로 내버리며
6 들 나귀들은 벗은 산 위에 서서 승
냥이같이 헐떡이며 풀이 없으므로
눈이 흐려지는도다
7 ●여호와여 우리의 죄악이 우리에
게 대하여 증언할지라도 주는 주의
이름을 위하여 일하소서 우리의 타

1) 황혼의 산

락함이 많으니이다 우리가 주께 범
죄하였나이다
8 이스라엘의 소망이시요 고난당한
때의 구원자시여 어찌하여 이 땅에
서 거류하는 자같이, 하룻밤을 유
숙하는 나그네같이 하시나이까
9 어찌하여 놀란 자 같으시며 구원하
지 못하는 용사 같으시나이까 여호
와여 주는 그래도 우리 가운데 계
시고 우리는 주의 이름으로 일컬음
을 받는 자이오니 우리를 버리지
마옵소서
10 ●여호와께서 이 백성에 대하여 이
와 같이 말씀하시되 그들이 어그러
진 길을 사랑하여 그들의 발을 멈
추지 아니하므로 여호와께서 그들
을 받지 아니하고 이제 그들의 죄
를 기억하시고 그 죄를 벌하시리라
하시고
11 여호와께서 또 내게 이르시되 너는
이 백성을 위하여 복을 구하지 말
라
12 그들이 금식할지라도 내가 그 부르
짖음을 듣지 아니하겠고 번제와
소제를 드릴지라도 내가 그것을
받지 아니할 뿐 아니라 칼과 기근
과 전염병으로 내가 그들을 멸하
리라
13 ●이에 내가 말하되 슬프도소이다
주 여호와여 보시옵소서 선지자들
이 그들에게 이르기를 너희가 칼을
보지 아니하겠고 기근은 너희에게
이르지 아니할 것이라 내가 이곳에
서 너희에게 확실한 평강을 주리라
하나이다
14 여호와께서 내게 이르시되 선지자
들이 내 이름으로 거짓 예언을 하
도다 나는 그들을 보내지 아니하였
고 그들에게 명령하거나 이르지 아
니하였거늘 그들이 거짓 계시와 점
술과 헛된 것과 자기 마음의 거짓
으로 너희에게 예언하는도다
15 그러므로 내가 보내지 아니하였어
도 내 이름으로 예언하여 이르기를
칼과 기근이 이 땅에 이르지 아니
하리라 하는 선지자들에 대하여 여
호와께서 이와 같이 말씀하셨노라
그 선지자들은 칼과 기근에 멸망할
것이요
16 그들의 예언을 받은 백성은 기근과
칼로 말미암아 예루살렘 거리에 던
짐을 당할 것인즉 그들을 장사할
자가 없을 것이요 그들의 아내와
아들과 딸이 그렇게 되리니 이는
내가 그들의 악을 그 위에 부음이
니라
17 너는 이 말로 그들에게 이르라 내
눈이 밤낮으로 그치지 아니하고 눈
물을 흘리리니 이는 처녀 딸 내 백
성이 큰 파멸, 중한 상처로 말미암
아 망함이라
18 내가 들에 나간즉 칼에 죽은 자요
내가 성읍에 들어간즉 기근으로 병
든 자며 선지자나 제사장이나 알지
못하는 땅으로 두루 다니도다

백성이 주께 간구하다

19 ●주께서 유다를 온전히 버리시나
이까 주의 심령이 시온을 싫어하시
나이까 어찌하여 우리를 치시고 치
료하지 아니하시나이까 우리가 평
강을 바라도 좋은 것이 없고 치료
받기를 기다리나 두려움만 보나이
다
20 여호와여 우리의 악과 우리 조상의
죄악을 인정하나이다 우리가 주께
범죄하였나이다
21 주의 이름을 위하여 우리를 미워하
지 마옵소서 주의 영광의 보좌를
욕되게 마옵소서 주께서 우리와 세
우신 언약을 기억하시고 폐하지 마

옵소서
22 이방인의 우상 가운데 능히 비를
내리게 할 자가 있나이까 하늘이
능히 소나기를 내릴 수 있으리이까
우리 하나님 여호와여 그리하는 자
는 주가 아니시니이까 그러므로 우
리가 주를 앙망하옵는 것은 주께서
이 모든 것을 만드셨음이니이다 하
니라

네 가지로 백성을 벌하리라

15 여호와께서 내게 이르시되 모
세와 사무엘이 내 앞에 섰다
할지라도 내 마음은 이 백성을 향
할 수 없나니 그들을 내 앞에서 쫓
아 내보내라
2 그들이 만일 네게 말하기를 우리
가 어디로 나아가리요 하거든 너는
그들에게 이르기를 여호와께서 이
와 같이 말씀하시니라 죽을 자는
죽음으로 나아가고 칼을 받을 자
는 칼로 나아가고 기근을 당할 자
는 기근으로 나아가고 포로될 자
는 포로됨으로 나아갈지니라 하셨
다 하라
3 여호와의 말씀이니라 내가 그들을
네 가지로 벌하리니 곧 죽이는 칼
과 찢는 개와 삼켜 멸하는 공중의
새와 땅의 짐승으로 할 것이며
4 유다 왕 히스기야의 아들 므낫세가
예루살렘에 행한 것으로 말미암아
내가 1)그들을 세계 여러 민족 가운
데에 흩으리라
5 ●예루살렘아 너를 불쌍히 여길 자
누구며 너를 위해 울 자 누구며 돌
이켜 네 평안을 물을 자 누구냐
6 여호와께서 이르시되 네가 나를 버
렸고 내게서 물러갔으므로 네게로
내 손을 펴서 너를 멸하였노니 이
는 내가 뜻을 돌이키기에 지쳤음이
로다
7 내가 그들을 그 땅의 여러 성문에
서 키로 까불러 그 자식을 끊어서
내 백성을 멸하였나니 이는 그들이
자기들의 길에서 돌이키지 아니하
였음이라
8 그들의 과부가 내 앞에 바다 모래
보다 더 많아졌느니라 내가 대낮에
파멸시킬 자를 그들에게로 데려다
가 그들과 청년들의 어미를 쳐서
놀람과 두려움을 그들에게 갑자기
닥치게 하였으며
9 일곱을 낳은 여인에게는 쇠약하여
기절하게 하며 아직도 대낮에 그의
해가 떨어져서 그에게 수치와 근심
을 당하게 하였느니라 그 남은 자
는 그들의 대적의 칼에 붙이리라
여호와의 말씀이니라

예레미야의 기도와 여호와의 말씀

10 ●내게 재앙이로다 나의 어머니여
어머니께서 나를 온 세계에 다투는
자와 싸우는 자를 만날 자로 낳으
셨도다 내가 꾸어 주지도 아니하였
고 사람이 내게 꾸이지도 아니하였
건마는 다 나를 저주하는도다
11 여호와께서 이르시되 내가 진실로
너를 강하게 할 것이요 너에게 복
을 받게 할 것이며 내가 진실로 네
원수로 재앙과 환난의 때에 네게
간구하게 하리라
12 2)누가 능히 철 곧 북방의 철과 놋
을 꺾으리요
13 그러나 네 모든 죄로 말미암아 네
국경 안의 모든 재산과 보물로 값
없이 탈취를 당하게 할 것이며
14 네 원수와 함께 네가 알지 못하는
땅에 이르게 하리니 이는 나의 진
노의 맹렬한 불이 너희를 사르려
함이라

1) 그들로 세계 열방에게 두려움이 되게 하리라 2) 철이 어찌 능히 북방의 철과

15 ●여호와여 주께서 아시오니 원하
건대 주는 나를 기억하시며 돌보시
사 나를 박해하는 자에게 보복하시
고 주의 오래 참으심으로 말미암아
나로 멸망하지 아니하게 하옵시며
주를 위하여 내가 부끄러움 당하는
줄을 아시옵소서
16 만군의 하나님 여호와시여 나는 주
의 이름으로 일컬음을 받는 자라
내가 주의 말씀을 얻어 먹었사오니
주의 말씀은 내게 기쁨과 내 마음
의 즐거움이오나
17 내가 기뻐하는 자의 모임 가운데
앉지 아니하며 즐거워하지도 아니
하고 주의 손에 붙들려 홀로 앉았
사오니 이는 주께서 분노로 내게
채우셨음이니이다
18 나의 고통이 계속하며 상처가 중하
여 낫지 아니함은 어찌 됨이니이까
주께서는 내게 대하여 물이 말라서
속이는 시내 같으시리이까
19 ●여호와께서 이와 같이 말씀하시
되 네가 만일 돌아오면 내가 너를
다시 이끌어 내 앞에 세울 것이며
네가 만일 헛된 것을 버리고 귀한
것을 말한다면 너는 나의 입이 될
것이라 그들은 네게로 돌아오려니
와 너는 그들에게로 돌아가지 말지
니라
20 내가 너로 이 백성 앞에 견고한 놋
성벽이 되게 하리니 그들이 너를
칠지라도 이기지 못할 것은 내가
너와 함께하여 너를 구하여 건짐이
라 여호와의 말씀이니라
21 내가 너를 악한 자의 손에서 건지
며 무서운 자의 손에서 구원하리
라

백성에게 할 말

16 여호와의 말씀이 또 내게 임하
여 이르시되
2 너는 이 땅에서 아내를 맞이하지
말며 자녀를 두지 말지니라
3 이곳에서 낳은 자녀와 이 땅에서
그들을 해산한 어머니와 그들을 낳
은 아버지에 대하여 여호와께서 이
와 같이 말씀하시오니
4 그들은 독한 병으로 죽어도 아무도
슬퍼하지 않을 것이며 묻어 주지
않아 지면의 분토와 같을 것이며
칼과 기근에 망하고 그 시체는 공
중의 새와 땅의 짐승의 밥이 되리
라
5 ●여호와께서 이와 같이 말씀하시
되 초상집에 들어가지 말라 가서
통곡하지 말며 그들을 위하여 애
곡하지 말라 내가 이 백성에게서
나의 평강을 빼앗으며 인자와 사
랑을 제함이라 여호와의 말씀이니
라
6 큰 자든지 작은 자든지 이 땅에서
죽으리니 그들이 매장되지 못할 것
이며 그들을 위하여 애곡하는 자도
없겠고 자기 몸을 베거나 머리털을
미는 자도 없을 것이며
7 그 죽은 자로 말미암아 슬퍼하는
자와 떡을 떼며 위로하는 자가 없
을 것이며 그들의 아버지나 어머니
의 상사를 위하여 위로의 잔을 그
들에게 마시게 할 자가 없으리라
8 너는 잔칫집에 들어가서 그들과 함
께 앉아 먹거나 마시지 말라
9 만군의 여호와 이스라엘의 하나님
께서 이와 같이 말씀하시니라 보라
기뻐하는 소리와 즐거워하는 소리
와 신랑의 소리와 신부의 소리를
내가 네 목전, 네 시대에 이곳에서
끊어지게 하리라
10 ●네가 이 모든 말로 백성에게 말
할 때에 그들이 네게 묻기를 여호
와께서 우리에게 이 모든 큰 재앙

을 선포하심은 어찌 됨이며 우리의
죄악은 무엇이며 우리가 우리 하나
님 여호와께 범한 죄는 무엇이냐
하거든
11 너는 그들에게 대답하기를 여호와
께서 말씀하시되 너희 조상들이 나
를 버리고 다른 신들을 따라서 그
들을 섬기며 그들에게 절하고 나를
버려 내 율법을 지키지 아니하였음
이라
12 너희가 너희 조상들보다 더욱 악을
행하였도다 보라 너희가 각기 악한
마음의 완악함을 따라 행하고 나에
게 순종하지 아니하였으므로
13 내가 너희를 이 땅에서 쫓아내어
너희와 너희 조상들이 알지 못하던
땅에 이르게 할 것이라 너희가 거
기서 주야로 다른 신들을 섬기리니
이는 내가 너희에게 은혜를 베풀지
아니함이라 하셨다 하라

포로의 귀환

14 ●여호와의 말씀이니라 그러나 보
라 날이 이르리니 다시는 이스라엘
자손을 애굽 땅에서 인도하여 내신
여호와께서 살아 계심을 두고 맹세
하지 아니하고
15 이스라엘 자손을 북방 땅과 그 쫓
겨났던 모든 나라에서 인도하여 내
신 여호와께서 살아 계심을 두고
맹세하리라 내가 그들을 그들의 조
상들에게 준 그들의 땅으로 인도하
여 들이리라

악과 죄를 배나 갚을 것이라

16 ●여호와의 말씀이니라 보라 내가
많은 어부를 불러다가 그들을 낚게
하며 그 후에 많은 포수를 불러다
가 그들을 모든 산과 모든 언덕과
바위틈에서 사냥하게 하리니
17 이는 내 눈이 그들의 행위를 살펴
보므로 그들이 내 얼굴 앞에서 숨
기지 못하며 그들의 죄악이 내 목
전에서 숨겨지지 못함이라
18 내가 우선 그들의 악과 죄를 배나
갚을 것은 그들이 그 미운 물건의
시체로 내 땅을 더럽히며 그들의
가증한 것으로 내 기업에 가득하게
하였음이라

예레미야의 기도

19 ●여호와 나의 힘, 나의 요새, 환난
날의 피난처시여 민족들이 땅끝에
서 주께 이르러 말하기를 우리 조
상들의 계승한 바는 허망하고 거짓
되고 무익한 것뿐이라
20 사람이 어찌 신 아닌 것을 자기의
신으로 삼겠나이까 하리이다
21 여호와께서 이르시되 보라 이번에
그들에게 내 손과 내 능력을 알려
서 그들로 내 이름이 여호와인 줄
알게 하리라

유다의 죄와 벌

17 유다의 죄는 금강석 끝 철필로
기록되되 그들의 마음 판과 그
들의 제단 뿔에 새겨졌거늘
2 그들의 자녀가 높은 언덕 위 푸른
나무 곁에 있는 그 제단들과 아세
라들을 생각하도다
3 들에 있는 나의 산아 네 온 영토의
죄로 말미암아 내가 네 재산과 네
모든 보물과 산당들로 노략을 당하
게 하리니
4 내가 네게 준 네 기업에서 네 손을
뗄 것이며 또 내가 너로 하여금 너
의 알지 못하는 땅에서 네 원수를
섬기게 하리니 이는 너희가 내 노
를 맹렬하게 하여 영원히 타는 불
을 일으켰음이라
5 ●여호와께서 이와 같이 말씀하시
니라 무릇 사람을 믿으며 육신으로
그의 힘을 삼고 마음이 여호와에게
서 떠난 그 사람은 저주를 받을 것

이라
6 그는 사막의 떨기나무 같아서 좋은
일이 오는 것을 보지 못하고 광야
간조한 곳, 건건한 땅, 사람이 살지
않는 땅에 살리라
7 그러나 무릇 여호와를 의지하며 여
호와를 의뢰하는 그 사람은 복을
받을 것이라
8 그는 물가에 심어진 나무가 그 뿌
리를 강변에 뻗치고 더위가 올지
라도 두려워하지 아니하며 그 잎
이 청청하며 가무는 해에도 걱정
이 없고 결실이 그치지 아니함 같
으리라
9 ●만물보다 거짓되고 심히 부패한
것은 마음이라 누가 능히 이를 알
리요마는
10 나 여호와는 심장을 살피며 폐부를
시험하고 각각 그의 행위와 그의
행실대로 보응하나니
11 불의로 치부하는 자는 자고새가 낳
지 아니한 알을 품음 같아서 그의
중년에 그것이 떠나겠고 마침내 어
리석은 자가 되리라

예레미야의 간구

12 ●영화로우신 보좌여 시작부터 높
이 계시며 우리의 성소이시며
13 이스라엘의 소망이신 여호와여 무
릇 주를 버리는 자는 다 수치를 당
할 것이라 무릇 [1]여호와를 떠나는
자는 흙에 기록이 되오리니 이는
생수의 근원이신 여호와를 버림이
니이다
14 여호와여 주는 나의 찬송이시오니
나를 고치소서 그리하시면 내가 낫
겠나이다 나를 구원하소서 그리하
시면 내가 구원을 얻으리이다
15 보라 그들이 내게 이르기를 여호와
의 말씀이 어디 있느냐 이제 임하
게 할지어다 하나이다
16 나는 목자의 직분에서 물러가지 아
니하고 주를 따랐사오며 재앙의 날
도 내가 원하지 아니하였음을 주께
서 아시는 바라 내 입술에서 나온
것이 주의 목전에 있나이다
17 주는 내게 두려움이 되지 마옵소서
재앙의 날에 주는 나의 피난처시니
이다
18 나를 박해하는 자로 치욕을 당하게
하시고 나로 치욕을 당하게 마옵소
서 그들은 놀라게 하시고 나는 놀
라게 하지 마시옵소서 재앙의 날을
그들에게 임하게 하시며 배나 되는
멸망으로 그들을 멸하소서

안식일을 거룩하게 하라

19 ●여호와께서 내게 이와 같이 말씀
하시되 너는 가서 유다 왕들이 출
입하는 평민의 문과 예루살렘 모든
문에 서서
20 무리에게 이르기를 이 문으로 들어
오는 유다 왕들과 유다 모든 백성
과 예루살렘 모든 주민인 너희는
여호와의 말씀을 들을지어다
21 여호와께서 이와 같이 말씀하시되
너희는 스스로 삼가서 안식일에 짐
을 지고 예루살렘 문으로 들어오지
말며
22 안식일에 너희 집에서 짐을 내지
말며 어떤 일이라도 하지 말고 내
가 너희 조상들에게 명령함같이 안
식일을 거룩히 할지어다
23 그들은 순종하지 아니하며 귀를 기
울이지 아니하며 그 목을 곧게 하
여 듣지 아니하며 교훈을 받지 아
니하였느니라
24 ●여호와의 말씀이니라 너희가 만
일 삼가 나를 순종하여 안식일에
짐을 지고 이 성문으로 들어오지
아니하며 안식일을 거룩히 하여 어

1) 히, 나

편 일이라도 하지 아니하면
25 다윗의 왕위에 앉아 있는 왕들과
고관들이 병거와 말을 타고 이 성
문으로 들어오되 그들과 유다 모든
백성과 예루살렘 주민들이 함께 그
리할 것이요 이 성은 영원히 있을
것이며
26 사람들이 유다 성읍들과 예루살렘
에 둘린 곳들과 베냐민 땅과 [1]평지
와 산지와 네겝으로부터 와서 번
제와 희생과 소제와 유향과 감사
제물을 여호와의 성전에 가져오려
니와
27 그러나 만일 너희가 나를 순종하지
아니하고 안식일을 거룩되게 아니
하여 안식일에 짐을 지고 예루살렘
문으로 들어오면 내가 성문에 불을
놓아 예루살렘 궁전을 삼키게 하리
니 그 불이 꺼지지 아니하리라 하
셨다 할지니라 하시니라

토기장이의 비유

18 여호와께로부터 예레미야에게
임한 말씀에 이르시되
2 너는 일어나 토기장이의 집으로 내
려가라 내가 거기에서 내 말을 네
게 들려주리라 하시기로
3 내가 토기장이의 집으로 내려가서
본즉 그가 녹로로 일을 하는데
4 진흙으로 만든 그릇이 토기장이의
손에서 터지매 그가 그것으로 자기
의견에 좋은 대로 다른 그릇을 만
들더라
5 ●그때에 여호와의 말씀이 내게 임
하니라 이르시되
6 여호와의 말씀이니라 이스라엘 족
속아 이 토기장이가 하는 것같이
내가 능히 너희에게 행하지 못하겠
느냐 이스라엘 족속아 진흙이 토기
장이의 손에 있음같이 너희가 내
손에 있느니라
7 내가 어느 민족이나 국가를 뽑거나
부수거나 멸하려 할 때에
8 만일 내가 말한 그 민족이 그의 악
에서 돌이키면 내가 그에게 내리기
로 생각하였던 재앙에 대하여 뜻을
돌이키겠고
9 내가 어느 민족이나 국가를 건설하
거나 심으려 할 때에
10 만일 그들이 나 보기에 악한 것을
행하여 내 목소리를 청종하지 아니
하면 내가 그에게 유익하게 하리라
고 한 복에 대하여 뜻을 돌이키리
라
11 그러므로 이제 너는 유다 사람들과
예루살렘 주민들에게 말하여 이르
기를 여호와의 말씀에 보라 내가
너희에게 재앙을 내리며 계책을 세
워 너희를 치려 하노니 너희는 각
기 악한 길에서 돌이키며 너희의
길과 행위를 아름답게 하라 하셨다
하라
12 그러나 그들이 말하기를 이는 헛되
니 우리는 우리의 계획대로 행하며
우리는 각기 악한 마음이 완악한
대로 행하리라 하느니라

이스라엘이 가증한 일을 행하다

13 ●그러므로 여호와께서 이와 같이
말씀하시니라 너희는 누가 이러한
일을 들었는지 여러 나라 가운데
물어보라 처녀 이스라엘이 심히 가
증한 일을 행하였도다
14 레바논의 눈이 어찌 들의 바위를
떠나겠으며 먼 곳에서 흘러내리는
찬물이 어찌 마르겠느냐
15 무릇 내 백성은 나를 잊고 허무한
것에게 분향하거니와 이러한 것들
은 그들로 그들의 길 곧 그 옛길에
서 넘어지게 하며 곁길 곧 닦지 아
니한 길로 행하게 하여

1) 스펠라

16 그들의 땅으로 두려움과 영원한 웃
음거리가 되게 하리니 그리로 지나
는 자마다 놀라서 그의 머리를 흔
들리라
17 내가 그들을 그들의 원수 앞에서
흩어 버리기를 동풍으로 함같이 할
것이며 그들의 재난의 날에는 내가
그들에게 등을 보이고 얼굴을 보이
지 아니하리라

예레미야를 죽이려 하다

18 ●그들이 말하기를 오라 우리가 꾀
를 내어 예레미야를 치자 제사장에
게서 율법이, 지혜로운 자에게서
책략이, 선지자에게서 말씀이 끊어
지지 아니할 것이니 오라 우리가
혀로 그를 치고 그의 어떤 말에도
주의하지 말자 하나이다
19 ●여호와여 나를 돌아보사 나와 더
불어 다투는 그들의 목소리를 들어
보옵소서
20 어찌 악으로 선을 갚으리이까마는
그들이 나의 생명을 해하려고 구덩
이를 팠나이다 내가 주의 분노를
그들에게서 돌이키려 하고 주의 앞
에 서서 그들을 위하여 유익한 말
을 한 것을 기억하옵소서
21 그러하온즉 그들의 자녀를 기근에
내어주시며 그들을 칼의 세력에 넘
기시며 그들의 아내들은 자녀를 잃
고 과부가 되며 그 장정은 죽음을
당하며 그 청년은 전장에서 칼을
맞게 하시며
22 주께서 군대로 갑자기 그들에게 이
르게 하사 그들의 집에서 부르짖음
이 들리게 하옵소서 이는 그들이
나를 잡으려고 구덩이를 팠고 내
발을 빠뜨리려고 올무를 놓았음이
니이다
23 여호와여 그들이 나를 죽이려 하는
계략을 주께서 다 아시오니 그 악
을 사하지 마옵시며 그들의 죄를
주의 목전에서 지우지 마시고 그들
을 주 앞에 넘어지게 하시되 주께
서 노하시는 때에 이같이 그들에게
행하옵소서 하니라

깨진 옹기

19 여호와께서 이와 같이 말씀하
시되 가서 토기장이의 옹기를
사고 백성의 어른들과 제사장의 어
른 몇 사람과
2 [1]하시드 문 어귀 곁에 있는 힌놈의
아들의 골짜기로 가서 거기에서 내
가 네게 이른 말을 선포하여
3 말하기를 너희 유다 왕들과 예루살
렘 주민아 여호와의 말씀을 들으라
만군의 여호와 이스라엘의 하나님
이 이같이 말씀하시되 보라 내가
이곳에 재앙을 내릴 것이라 그것을
듣는 모든 자의 귀가 떨리니
4 이는 그들이 나를 버리고 이곳을
불결하게 하며 이곳에서 자기와
자기 조상들과 유다 왕들이 알지
못하던 다른 신들에게 분향하며
무죄한 자의 피로 이곳에 채웠음
이며
5 또 그들이 바알을 위하여 산당을
건축하고 자기 아들들을 바알에게
번제로 불살라 드렸나니 이는 내가
명령하거나 말하거나 뜻한 바가 아
니니라
6 그러므로 보라 다시는 이곳을 도벳
이나 힌놈의 아들의 골짜기라 부르
지 아니하고 오직 죽임의 골짜기라
부르는 날이 이를 것이라 여호와의
말이니라
7 내가 이곳에서 유다와 예루살렘의
계획을 무너뜨려 그들로 그 대적
앞과 생명을 찾는 자의 손의 칼에
엎드러지게 하고 그 시체를 공중의

1) 질그릇 조각의 문

새와 땅의 짐승의 밥이 되게 하며
8 이 성읍으로 놀람과 조롱거리가 되
게 하리니 그 모든 재앙으로 말미
암아 지나는 자마다 놀라며 조롱할
것이며
9 그들이 그들의 원수와 그들의 생명
을 찾는 자에게 둘러싸여 곤경에
빠질 때에 내가 그들이 그들의 아
들의 살, 딸의 살을 먹게 하고 또
각기 친구의 살을 먹게 하리라 하
셨다 하고
10 너는 함께 가는 자의 목전에서 그
옹기를 깨뜨리고
11 그들에게 이르기를 만군의 여호와
께서 이와 같이 말씀하시되 사람이
토기장이의 그릇을 한 번 깨뜨리면
다시 완전하게 할 수 없나니 이와
같이 내가 이 백성과 이 성읍을 무
너뜨리리니 도벳에 매장할 자리가
없을 만큼 매장하리라
12 여호와의 말씀이니라 내가 이곳과
그 가운데 주민에게 이같이 행하
여 이 성읍으로 도벳 같게 할 것이
라
13 예루살렘 집들과 유다 왕들의 집들
이 그 집 위에서 하늘의 만상에 분
향하고 다른 신들에게 전제를 부음
으로 더러워졌은즉 도벳 땅처럼 되
리라 하셨다 하라 하시니
14 ●예레미야가 여호와께서 자기를
보내사 예언하게 하신 도벳에서 돌
아와 여호와의 집 뜰에 서서 모든
백성에게 말하되
15 만군의 여호와 이스라엘의 하나님
께서 이와 같이 말씀하시되 보라
내가 이 성읍에 대하여 선언한 모
든 재앙을 이 성읍과 그 모든 촌락
에 내리리니 이는 그들의 목을 곧
게 하여 내 말을 듣지 아니함이라
하시니라

예레미야와 바스훌

20 임멜의 아들 제사장 바스훌은
여호와의 성전의 총감독이라
그가 예레미야의 이 일 예언함을
들은지라
2 이에 바스훌이 선지자 예레미야를
때리고 여호와의 성전에 있는 베냐
민 문 위층에 목에 씌우는 나무 고
랑으로 채워 두었더니
3 다음날 바스훌이 예레미야를 목에
씌우는 나무 고랑에서 풀어 주매
예레미야가 그에게 이르되 여호와
께서 네 이름을 바스훌이라 아니하
시고 [1]마골밋사빕이라 하시느니라
4 여호와께서 이와 같이 말씀하시되
보라 내가 너로 너와 네 모든 친구
에게 두려움이 되게 하리니 그들이
그들의 원수들의 칼에 엎드러질 것
이요 네 눈은 그것을 볼 것이며 내
가 온 유다를 바벨론 왕의 손에 넘
기리니 그가 그들을 사로잡아 바벨
론으로 옮겨 칼로 죽이리라
5 내가 또 이 성읍의 모든 부와 그 모
든 소득과 그 모든 귀중품과 유다
왕들의 모든 보물을 그 원수의 손
에 넘기리니 그들이 그것을 탈취하
여 바벨론으로 가져가리라
6 바스훌아 너와 네 집에 사는 모든
사람이 포로 되어 옮겨지리니 네가
바벨론에 이르러 거기서 죽어 거기
묻힐 것이라 너와 너의 거짓 예언
을 들은 네 모든 친구도 그와 같으
리라 하셨느니라

예레미야가 여호와께 사정을 아뢰다

7 ●여호와여 주께서 나를 권유하시
므로 내가 그 권유를 받았사오며 주
께서 나보다 강하사 이기셨으므로
내가 조롱거리가 되니 사람마다 종
일토록 나를 조롱하나이다

1) 사방으로 두려움

8 내가 말할 때마다 외치며 파멸과
멸망을 선포하므로 여호와의 말씀
으로 말미암아 내가 종일토록 치욕
과 모욕거리가 됨이니이다
9 내가 다시는 여호와를 선포하지 아
니하며 그의 이름으로 말하지 아니
하리라 하면 나의 마음이 불붙는
것 같아서 골수에 사무치니 답답하
여 견딜 수 없나이다
10 나는 무리의 비방과 사방이 두려워
함을 들었나이다 그들이 이르기를
고소하라 우리도 고소하리라 하오
며 내 친한 벗도 다 내가 실족하기
를 기다리며 그가 혹시 유혹을 받
게 되면 우리가 그를 이기어 우리
원수를 갚자 하나이다
11 그러하오나 여호와는 두려운 용사
같으시며 나와 함께하시므로 나를
박해하는 자들이 넘어지고 이기지
못할 것이오며 그들은 지혜롭게 행
하지 못하므로 큰 치욕을 당하오리
니 그 치욕은 길이 잊지 못할 것이
니이다
12 의인을 시험하사 그 폐부와 심장을
보시는 만군의 여호와여 나의 사정
을 주께 아뢰었사온즉 주께서 그들
에게 보복하심을 나에게 보게 하옵
소서
13 여호와께 노래하라 너희는 여호와
를 찬양하라 가난한 자의 생명을
행악자의 손에서 구원하셨음이니
라
14 ●내 생일이 저주를 받았더면, 나
의 어머니가 나를 낳던 날이 복이
없었더면,
15 나의 아버지에게 소식을 전하여 이
르기를 당신이 득남하였다 하여 아
버지를 즐겁게 하던 자가 저주를
받았더면,
16 그 사람은 여호와께서 무너뜨리시
고 후회하지 아니하신 성읍같이 되
었더면, 그가 아침에는 부르짖는
소리, 낮에는 떠드는 소리를 듣게
하였더면, 좋을 뻔하였나니
17 이는 그가 나를 태에서 죽이지 아
니하셨으며 나의 어머니를 내 무덤
이 되지 않게 하셨으며 그의 배가
부른 채로 항상 있지 않게 하신 까
닭이로다
18 어찌하여 내가 태에서 나와서 고생
과 슬픔을 보며 나의 날을 부끄러
움으로 보내는고 하니라

여호와께서 두신 생명의 길과 사망의 길

21 여호와께로부터 예레미야에게
말씀이 임하니라 시드기야 왕
이 말기야의 아들 바스훌과 제사장
마아세야의 아들 스바냐를 예레미
야에게 보내니라
2 바벨론의 느부갓네살 왕이 우리를
치니 청컨대 너는 우리를 위하여
여호와께 간구하라 여호와께서 혹
시 그의 모든 기적으로 우리를 도
와 행하시면 그가 우리를 떠나리라
하니
3 ●예레미야가 그들에게 대답하되
너희는 시드기야에게 이같이 말하
라
4 이스라엘의 하나님 여호와께서 이
와 같이 말씀하시되 보라 너희가
성 밖에서 바벨론의 왕과 또 너희
를 에워싼 갈대아인과 싸우는 데
쓰는 너희 손의 무기를 내가 뒤로
돌릴 것이요 그것들을 이 성 가운
데 모아들이리라
5 내가 든 손과 강한 팔 곧 진노와 분
노와 대노로 친히 너희를 칠 것이
며
6 내가 또 사람이나 짐승이나 이 성
에 있는 것을 다 치리니 그들이 큰
전염병에 죽으리라 하셨다 하라

7 여호와의 말씀이니라 그 후에 내
가 유다의 왕 시드기야와 그의 신
하들과 백성과 및 이 성읍에서 전
염병과 칼과 기근에서 남은 자를
바벨론의 느부갓네살 왕의 손과
그들의 원수의 손과 그들의 생명
을 찾는 자들의 손에 넘기리니 그
가 칼날로 그들을 치되 측은히 여
기지 아니하며 긍휼히 여기지 아
니하며 불쌍히 여기지 아니하리라
하셨느니라
8 ●여호와께서 말씀하시기를 보라
내가 너희 앞에 생명의 길과 사망
의 길을 두었노라 너는 이 백성에
게 전하라 하셨느니라
9 이 성읍에 사는 자는 칼과 기근과
전염병에 죽으려니와 너희를 에워
싼 갈대아인에게 나가서 항복하는
자는 살 것이나 그의 목숨은 전리
품같이 되리라
10 여호와의 말씀이니라 내가 나의 얼
굴을 이 성읍으로 향함은 복을 내
리기 위함이 아니요 화를 내리기
위함이라 이 성읍이 바벨론 왕의
손에 넘김이 될 것이요 그는 그것
을 불사르리라

유다 왕의 집에 내린 벌

11 ●유다 왕의 집에 대한 여호와의
말을 들으라
12 여호와께서 이와 같이 말씀하시니
라 다윗의 집이여 너는 아침마다
정의롭게 판결하여 탈취당한 자를
압박자의 손에서 건지라 그리하지
아니하면 너희의 악행 때문에 내
분노가 불같이 일어나서 사르리니
능히 끌 자가 없으리라
13 여호와의 말씀이니라 골짜기와 평
원 바위의 주민아 보라 너희가 말
하기를 누가 내려와서 우리를 치리
요 누가 우리의 거처에 들어오리요
하거니와 나는 네 대적이라
14 내가 너희 행위대로 너희를 벌할
것이요 내가 또 수풀에 불을 놓아
그 모든 주위를 사르리라 여호와의
말씀이니라

유다 왕의 집에 선언하다

22 여호와께서 이와 같이 말씀하
시되 너는 유다 왕의 집에 내
려가서 거기에서 이 말을 선언하여
2 이르기를 다윗의 왕위에 앉은 유다
왕이여 너와 네 신하와 이 문들로
들어오는 네 백성은 여호와의 말씀
을 들을지니라
3 여호와께서 이와 같이 말씀하시되
너희가 정의와 공의를 행하여 탈취
당한 자를 압박하는 자의 손에서
건지고 이방인과 고아와 과부를 압
제하거나 학대하지 말며 이곳에서
무죄한 피를 흘리지 말라
4 너희가 참으로 이 말을 준행하면
다윗의 왕위에 앉을 왕들과 신하들
과 백성이 병거와 말을 타고 이 집
문으로 들어오게 되리라
5 그러나 너희가 이 말을 듣지 아니
하면 내가 나를 두고 맹세하노니
이 집이 황폐하리라 여호와의 말씀
이니라
6 여호와께서 유다 왕의 집에 대하여
이와 같이 말씀하시니라 네가 내게
길르앗 같고 레바논의 머리이나 내
가 반드시 너로 광야와 주민이 없
는 성읍을 만들 것이라
7 내가 너를 파멸할 자를 준비하리니
그들이 각기 손에 무기를 가지고
네 아름다운 백향목을 찍어 불에
던지리라
8 여러 민족들이 이 성읍으로 지나가
며 서로 말하기를 여호와가 이 큰
성읍에 이같이 행함은 어찌 됨인고
하겠고

9 그들이 대답하기는 이는 그들이 자
기 하나님 여호와의 언약을 버리고
다른 신들에게 절하고 그를 섬긴
까닭이라 하셨다 할지니라

살룸 왕에 대하여 말하다

10 ●너희는 죽은 자를 위하여 울지
말며 그를 위하여 애통하지 말고
잡혀간 자를 위하여 슬피 울라 그
는 다시 돌아와 그 고국을 보지 못
할 것임이라
11 여호와께서 유다 왕 요시야의 아들
곧 그의 아버지 요시야를 이어 왕
이 되었다가 이곳에서 나간 [1]살룸
에 대하여 이와 같이 말씀하시니라
그가 이곳으로 다시 돌아오지 못하
고
12 잡혀간 곳에서 그가 거기서 죽으리
니 이 땅을 다시 보지 못하리라

여호야김 왕에 대하여 말하다

13 ●불의로 그 집을 세우며 부정하게
그 다락방을 지으며 자기의 이웃을
고용하고 그의 품삯을 주지 아니하
는 자에게 화 있을진저
14 그가 이르기를 내가 나를 위하여
큰 집과 넓은 다락방을 지으리라
하고 자기를 위하여 창문을 만들고
그것에 백향목으로 입히고 붉은 빛
으로 칠하도다
15 네가 백향목을 많이 사용하여 왕이
될 수 있겠느냐 네 아버지가 먹거
나 마시지 아니하였으며 정의와 공
의를 행하지 아니하였느냐 그때에
그가 형통하였었느니라
16 그는 가난한 자와 궁핍한 자를 변
호하고 형통하였나니 이것이 나를
앎이 아니냐 여호와의 말씀이니라
17 그러나 네 두 눈과 마음은 탐욕과
무죄한 피를 흘림과 압박과 포악을
행하려 할 뿐이니라
18 그러므로 여호와께서 유다의 왕 요
시야의 아들 여호야김에게 대하여
이와 같이 말씀하시니라 무리가 그
를 위하여 슬프다 내 형제여, 슬프
다 내 자매여 하며 통곡하지 아니
할 것이며 그를 위하여 슬프다 주
여 슬프다 그 영광이여 하며 통곡
하지도 아니할 것이라
19 그가 끌려 예루살렘 문 밖에 던져
지고 나귀같이 매장함을 당하리라

예루살렘에 대한 탄식

20 ●너는 레바논에 올라 외치며 바산
에서 네 소리를 높이며 아바림에서
외치라 이는 너를 사랑하는 자가
다 멸망하였음이라
21 네가 평안할 때에 내가 네게 말하
였으나 네 말이 나는 듣지 아니하
리라 하였나니 네가 어려서부터 내
목소리를 청종하지 아니함이 네 습
관이라
22 네 목자들은 다 바람에 삼켜질 것
이요 너를 사랑하는 자들은 사로잡
혀 가리니 그때에 네가 반드시 네
모든 악 때문에 수치와 욕을 당하
리라
23 레바논에 살면서 백향목에 깃들이
는 자여 여인이 해산하는 고통 같
은 고통이 네게 임할 때에 너의 가
련함이 얼마나 심하랴

여호와께서 고니야 왕을 심판하시다

24 ●여호와의 말씀이니라 나의 삶으
로 맹세하노니 유다 왕 여호야김의
아들 [2]고니야가 나의 오른손의 인
장반지라 할지라도 내가 빼어
25 네 생명을 찾는 자의 손과 네가 두
려워하는 자의 손 곧 바벨론의 왕
느부갓네살의 손과 갈대아인의 손
에 줄 것이라
26 내가 너와 너를 낳은 어머니를 너

1) 왕하 23:30 '여호아하스', 대상 3:15 대조 2) 24:1; 대상 3:16 '여고냐', 왕하 24:6,8 '여호야긴'

희가 나지 아니한 다른 지방으로
쫓아내리니 너희가 거기에서 죽으
리라
27 그들이 그들의 마음에 돌아오기를
사모하는 땅에 돌아오지 못하리라
28 이 사람 고니야는 천하고 깨진 그
릇이냐 좋아하지 아니하는 그릇이
냐 어찌하여 그와 그의 자손이 쫓
겨나서 알지 못하는 땅에 들어갔는
고
29 땅이여, 땅이여, 땅이여, 여호와의
말을 들을지니라
30 여호와께서 이와 같이 말씀하시니
라 너희는 이 사람이 자식이 없겠
고 그의 평생 동안 형통하지 못할
자라 기록하라 이는 그의 자손 중
형통하여 다윗의 왕위에 앉아 유다
를 다스릴 사람이 다시는 없을 것
임이라 하시니라

미래의 왕 메시아

23 여호와의 말씀이니라 내 목장
의 양 떼를 멸하며 흩어지게
하는 목자에게 화 있으리라
2 그러므로 이스라엘의 하나님 여호
와께서 내 백성을 기르는 목자에게
이와 같이 말씀하시니라 너희가 내
양 떼를 흩으며 그것을 몰아내고
돌보지 아니하였도다 보라 내가 너
희의 악행 때문에 너희에게 보응하
리라 여호와의 말씀이니라
3 내가 내 양 떼의 남은 것을 그 몰려
갔던 모든 지방에서 모아 다시 그
우리로 돌아오게 하리니 그들의 생
육이 번성할 것이며
4 내가 그들을 기르는 목자들을 그들
위에 세우리니 그들이 다시는 두려
워하거나 놀라거나 잃어 버리지 아
니하리라 여호와의 말씀이니라
5 ●여호와의 말씀이니라 보라 때가
이르리니 내가 다윗에게 한 의로운
가지를 일으킬 것이라 그가 왕이
되어 [1)]지혜롭게 다스리며 세상에서
정의와 공의를 행할 것이며
6 그의 날에 유다는 구원을 받겠고
이스라엘은 평안히 살 것이며 그의
이름은 여호와 우리의 공의라 일컬
음을 받으리라
7 그러므로 여호와의 말씀이니라 보
라 날이 이르리니 그들이 다시는
이스라엘 자손을 애굽 땅에서 인도
하여 내신 여호와의 사심으로 맹세
하지 아니하고
8 이스라엘 집 자손을 북쪽 땅, 그 모
든 쫓겨났던 나라에서 인도하여 내
신 여호와의 사심으로 맹세할 것이
며 그들이 자기 땅에 살리라 하시
니라

선지자들에 대한 말씀

9 ●선지자들에 대한 말씀이라 ●내
마음이 상하며 내 모든 뼈가 떨리
며 내가 취한 사람 같으며 포도주
에 잡힌 사람 같으니 이는 여호와
와 그 거룩한 말씀 때문이라
10 이 땅에 간음하는 자가 가득하도다
저주로 말미암아 땅이 슬퍼하며 광
야의 초장들이 마르나니 그들의 행
위가 악하고 힘쓰는 것이 정직하지
못함이로다
11 여호와의 말씀이니라 선지자와 제
사장이 다 사악한지라 내가 내 집
에서도 그들의 악을 발견하였노라
12 그러므로 그들의 길이 그들에게 어
두운 가운데 미끄러운 곳과 같이
되고 그들이 밀어냄을 당하여 그
길에 엎드러질 것이라 그들을 벌하
는 해에 내가 그들에게 재앙을 내
리리라 여호와의 말씀이니라
13 ●내가 사마리아 선지자들 가운데
우매함을 보았나니 그들은 바알을

1) 형통하며

의지하고 예언하여 내 백성 이스라
엘을 그릇되게 하였고
14 내가 예루살렘 선지자들 가운데도
가증한 일을 보았나니 그들은 간음
을 행하며 거짓을 말하며 악을 행
하는 자의 손을 강하게 하여 사람
으로 그 악에서 돌이킴이 없게 하
였은즉 그들은 다 내 앞에서 소돔
과 다름이 없고 그 주민은 고모라
와 다름이 없느니라
15 그러므로 만군의 여호와께서 선지
자에 대하여 이와 같이 말씀하시
니라 보라 내가 그들에게 쑥을 먹
이며 독한 물을 마시게 하리니 이
는 사악이 예루살렘 선지자들로부
터 나와서 온 땅에 퍼짐이라 하시
니라
16 ●만군의 여호와께서 이와 같이 말
씀하시되 너희에게 예언하는 선지
자들의 말을 듣지 말라 그들은 너
희에게 헛된 것을 가르치나니 그들
이 말한 묵시는 자기 마음으로 말
미암은 것이요 여호와의 입에서 나
온 것이 아니니라
17 항상 그들이 나를 멸시하는 자에게
이르기를 너희가 평안하리라 여호
와의 말씀이니라 하며 또 자기 마
음이 완악한 대로 행하는 모든 사
람에게 이르기를 재앙이 너희에게
임하지 아니하리라 하였느니라
18 누가 여호와의 회의에 참여하여 그
말을 알아들었으며 누가 귀를 기울
여 [1]그 말을 들었느냐
19 보라 여호와의 노여움이 일어나 폭
풍과 회오리바람처럼 악인의 머리
를 칠 것이라
20 여호와의 진노가 [2]내 마음의 뜻하
는 바를 행하여 이루기까지는 그치
지 아니하나니 너희가 끝날에 그것
을 완전히 깨달으리라
21 이 선지자들은 내가 보내지 아니
하였어도 달음질하며 내가 그들에
게 이르지 아니하였어도 예언하였
은즉
22 그들이 만일 나의 회의에 참여하였
더라면 내 백성에게 내 말을 들려
서 그들을 악한 길과 악한 행위에
서 돌이키게 하였으리라
23 ●여호와의 말씀이니라 나는 가까
운 데에 있는 하나님이요 먼 데에
있는 하나님은 아니냐
24 여호와의 말씀이니라 사람이 내게
보이지 아니하려고 누가 자신을 은
밀한 곳에 숨길 수 있겠느냐 여호
와가 말하노라 나는 천지에 충만하
지 아니하냐
25 내 이름으로 거짓을 예언하는 선지
자들의 말에 내가 꿈을 꾸었다 꿈
을 꾸었다고 말하는 것을 내가 들
었노라
26 거짓을 예언하는 선지자들이 언제
까지 이 마음을 품겠느냐 그들은
그 마음의 간교한 것을 예언하느니
라
27 그들이 서로 꿈꾼 것을 말하니 그
생각인즉 그들의 조상들이 바알로
말미암아 내 이름을 잊어버린 것같
이 내 백성으로 내 이름을 잊게 하
려 함이로다
28 여호와의 말씀이니라 꿈을 꾼 선지
자는 꿈을 말할 것이요 내 말을 받
은 자는 성실함으로 내 말을 말할
것이라 겨가 어찌 알곡과 같겠느냐
29 여호와의 말씀이니라 내 말이 불
같지 아니하냐 바위를 쳐서 부스러
뜨리는 방망이 같지 아니하냐
30 여호와의 말씀이라 그러므로 보라
서로 내 말을 도둑질하는 선지자들
을 내가 치리라

1) 히, 내 2) 히, 그

31 여호와의 말씀이니라 보라 그들이
혀를 놀려 여호와가 말씀하셨다 하
는 선지자들을 내가 치리라
32 여호와의 말씀이니라 보라 거짓 꿈
을 예언하여 이르며 거짓과 헛된
자만으로 내 백성을 미혹하게 하는
자를 내가 치리라 내가 그들을 보
내지 아니하였으며 명령하지 아니
하였나니 그들은 이 백성에게 아무
유익이 없느니라 여호와의 말씀이
니라

여호와의 엄중한 말씀

33 ●이 백성이나 선지자나 제사장이
네게 물어 이르기를 여호와의 엄
중한 말씀이 무엇인가 묻거든 [1]너
는 그들에게 대답하기를 엄중한
말씀이 무엇이냐 묻느냐 여호와의
말씀에 내가 너희를 버리리라 하
셨고
34 또 여호와의 엄중한 말씀이라 하는
선지자에게나 제사장에게나 백성
에게는 내가 그 사람과 그 집안을
벌하리라 하셨다 하고
35 너희는 서로 이웃과 형제에게 묻기
를 여호와께서 무엇이라 응답하셨
으며 여호와께서 무엇이라 말씀하
셨느냐 하고
36 다시는 여호와의 엄중한 말씀이라
말하지 말라 각 사람의 말이 자기
에게 중벌이 되리니 이는 너희가
살아 계신 하나님, 만군의 여호와
우리 하나님의 말씀을 망령되이 사
용함이니라 하고
37 너는 또 선지자에게 말하기를 여호
와께서 네게 무엇이라 대답하셨으
며 여호와께서 무엇이라 말씀하셨
느냐
38 너희는 여호와의 엄중한 말씀이라
말하도다 그러므로 여호와께서 이
와 같이 말씀하시되 내가 너희에게
사람을 보내어 너희는 여호와의 엄
중한 말씀이라 하지 말라 하였으나
너희가 여호와의 엄중한 말씀이라
는 이 말을 하였은즉
39 내가 너희를 온전히 잊어버리며 내
가 너희와 너희 조상들에게 준 이
성읍을 내 앞에서 내버려
40 너희는 영원한 치욕과 잊지 못할
영구한 수치를 당하게 하리라 하셨
느니라

좋은 무화과 나쁜 무화과

24 바벨론의 느부갓네살 왕이 유
다 왕 여호야김의 아들 여고
냐와 유다 고관들과 목공들과 철공
들을 예루살렘에서 바벨론으로 옮
긴 후에 여호와께서 여호와의 성전
앞에 놓인 무화과 두 광주리를 내
게 보이셨는데
2 한 광주리에는 처음 익은 듯한 극
히 좋은 무화과가 있고 한 광주리
에는 나빠서 먹을 수 없는 극히 나
쁜 무화과가 있더라
3 여호와께서 내게 이르시되 예레미
야야 네가 무엇을 보느냐 하시매
내가 대답하되 무화과이온데 그 좋
은 무화과는 극히 좋고 그 나쁜 것
은 아주 나빠서 먹을 수 없게 나쁜
니이다 하니
4 ●여호와의 말씀이 또 내게 임하니
라 이르시되
5 이스라엘의 하나님 여호와께서 이
와 같이 말씀하시니라 내가 이곳에
서 옮겨 갈대아인의 땅에 이르게
한 유다 포로를 이 좋은 무화과같
이 잘 돌볼 것이라
6 내가 그들을 돌아보아 좋게 하여
다시 이 땅으로 인도하여 세우고
헐지 아니하며 심고 뽑지 아니하겠

1) 너는 여호와의 엄중한 말씀에 대하여 말하기를 여호와의 말씀에

고
7 내가 여호와인 줄 아는 마음을 그
들에게 주어서 그들이 전심으로 내
게 돌아오게 하리니 그들은 내 백
성이 되겠고 나는 그들의 하나님이
되리라
8 ●여호와께서 이와 같이 말씀하시
니라 내가 유다의 왕 시드기야와
그 고관들과 예루살렘의 남은 자로
서 이 땅에 남아 있는 자와 애굽 땅
에 사는 자들을 나빠서 먹을 수 없
는 이 나쁜 무화과같이 버리되
9 세상 모든 나라 가운데 [1]흩어서 그
들에게 환난을 당하게 할 것이며
또 그들에게 내가 쫓아 보낼 모든
곳에서 부끄러움을 당하게 하며 말
거리가 되게 하며 조롱과 저주를
받게 할 것이며
10 내가 칼과 기근과 전염병을 그들
가운데 보내 그들이 내가 그들과
그들의 조상들에게 준 땅에서 멸절
하기까지 이르게 하리라 하시니라

칠십 년 동안 바벨론 왕을 섬기리라

25 유다의 왕 요시야의 아들 여
호야김 넷째 해 곧 바벨론의
왕 느부갓네살 원년에 유다의 모든
백성에 관한 말씀이 예레미야에게
임하니라
2 선지자 예레미야가 유다의 모든 백
성과 예루살렘의 모든 주민에게 말
하여 이르되
3 유다의 왕 아몬의 아들 요시야 왕
열셋째 해부터 오늘까지 이십삼
년 동안 여호와의 말씀이 내게 임
하기로 내가 너희에게 꾸준히 일
렀으나 너희가 순종하지 아니하였
느니라
4 그러므로 여호와께서 그의 모든 종
선지자를 너희에게 끊임없이 보내
셨으나 너희가 순종하지 아니하였
으며 귀를 기울여 듣지도 아니하였
도다
5 그가 이르시기를 너희는 각자의 악
한 길과 악행을 버리고 돌아오라
그리하면 나 여호와가 너희와 너희
조상들에게 영원부터 영원까지 준
그 땅에 살리라
6 너희는 다른 신을 따라다니며 섬기
거나 경배하지 말며 너희 손으로
만든 것으로써 나의 노여움을 일으
키지 말라 그리하면 내가 너희를
해하지 아니하리라 하였으나
7 너희가 내 말을 순종하지 아니하고
너희 손으로 만든 것으로써 나의
노여움을 일으켜 스스로 해하였느
니라 여호와의 말씀이니라
8 그러므로 만군의 여호와께서 이와
같이 말씀하시니라 너희가 내 말을
듣지 아니하였느니라
9 보라 내가 북쪽 모든 종족과 내 종
바벨론의 왕 느부갓네살을 불러다
가 이 땅과 그 주민과 사방 모든 나
라를 쳐서 진멸하여 그들을 놀램과
비웃음거리가 되게 하며 땅으로 영
원한 폐허가 되게 할 것이라 여호
와의 말씀이니라
10 내가 그들 중에서 기뻐하는 소리와
즐거워하는 소리와 신랑의 소리와
신부의 소리와 맷돌 소리와 등불
빛이 끊어지게 하리니
11 이 모든 땅이 폐허가 되어 놀랄 일
이 될 것이며 이 민족들은 칠십 년
동안 바벨론의 왕을 섬기리라
12 ●여호와의 말씀이니라 칠십 년이
끝나면 내가 바벨론의 왕과 그의
나라와 갈대아인의 땅을 그 죄악으
로 말미암아 벌하여 영원히 폐허가
되게 하되
13 내가 그 땅을 향하여 선언한 바 곧

1) 두려움이 되게 하고

예레미야가 모든 민족을 향하여 예
언하고 이 책에 기록한 나의 모든
말을 그 땅에 임하게 하리라
14 그리하여 여러 민족과 큰 왕들이
그들로 자기들을 섬기게 할 것이나
나는 그들의 행위와 그들의 손이
행한 대로 갚으리라

모든 나라에 내리는 진노의 술잔

15 ●이스라엘의 하나님 여호와께서
이같이 내게 이르시되 너는 내 손
에서 이 진노의 술잔을 받아 가지
고 내가 너를 보내는 바 그 모든 나
라로 하여금 마시게 하라
16 그들이 마시고 비틀거리며 미친 듯
이 행동하리니 이는 내가 그들 중
에 칼을 보냈기 때문이니라 하시기
로
17 내가 여호와의 손에서 그 잔을 받
아서 여호와께서 나를 보내신 바
그 모든 나라로 마시게 하되
18 예루살렘과 유다 성읍들과 그 왕들
과 그 고관들로 마시게 하였더니
그들이 멸망과 놀램과 비웃음과 저
주를 당함이 오늘과 같으니라
19 또 애굽의 왕 바로와 그의 신하들
과 그의 고관들과 그의 모든 백성
과
20 모든 섞여 사는 민족들과 우스 땅
의 모든 왕과 블레셋 사람의 땅 모
든 왕과 아스글론과 가사와 에그론
과 아스돗의 나머지 사람들과
21 에돔과 모압과 암몬 자손과
22 두로의 모든 왕과 시돈의 모든 왕
과 바다 건너쪽 섬의 왕들과
23 드단과 데마와 부스와 살쩍을 깎은
모든 자와
24 아라비아의 모든 왕과 광야에서 섞
여 사는 민족들의 모든 왕과
25 시므리의 모든 왕과 엘람의 모든
왕과 메대의 모든 왕과
26 북쪽 원근의 모든 왕과 지면에 있
는 세상의 모든 나라로 마시게 하
니라 세삭 왕은 그 후에 마시리라
27 ●너는 그들에게 이르기를 만군의
여호와 이스라엘의 하나님의 말씀
에 너희는 내가 너희 가운데 보내
는 칼 앞에서 마시며 취하여 토하
고 엎드러져 다시는 일어나지 말아
라 하셨느니라
28 그들이 만일 네 손에서 잔을 받아
마시기를 거절하거든 너는 그들에
게 이르기를 만군의 여호와께서 말
씀하시기를 너희가 반드시 마셔야
하리라
29 보라 내가 내 이름으로 일컬음을
받는 성에서부터 재앙 내리기를
시작하였은즉 너희가 어찌 능히
형벌을 면할 수 있느냐 면하지 못
하리니 이는 내가 칼을 불러 세상
의 모든 주민을 칠 것임이라 하셨
다 하라 만군의 여호와의 말씀이
니라
30 ●그러므로 너는 그들에게 이 모든
말로 예언하여 이르기를 여호와께
서 높은 데서 포효하시고 그의 거
룩한 처소에서 소리를 내시며 그의
초장을 향하여 크게 부르시고 세상
모든 주민에 대하여 포도 밟는 자
같이 흥겹게 노래하시리라
31 요란한 소리가 땅끝까지 이름은 여
호와께서 뭇 민족과 다투시며 모든
육체를 심판하시며 악인을 칼에 내
어주셨음이라 여호와의 말씀이니
라
32 ●만군의 여호와께서 이와 같이 말
씀하시니라 보라 재앙이 나서 나라
에서 나라에 미칠 것이며 큰 바람
이 땅끝에서 일어날 것이라
33 그날에 여호와에게 죽임을 당한
자가 땅 이 끝에서 땅 저 끝에 미

칠 것이나 그들을 위하여 애곡하는
자도 없고 시신을 거두어 주는 자
도 없고 매장하여 주는 자도 없으
리니 그들은 지면에서 분토가 되
리로다
34 너희 목자들아 외쳐 애곡하라 너희
양 떼의 인도자들아 잿더미에서 뒹
굴라 이는 너희가 도살당할 날과
흩음을 당할 기한이 찼음인즉 너희
가 귀한 그릇이 떨어짐같이 될 것
이라
35 목자들은 도망할 수 없겠고 양 떼
의 인도자들은 도주할 수 없으리로
다
36 목자들이 부르짖는 소리와 양 떼의
인도자들이 애곡하는 소리여 여호
와가 그들의 초장을 황폐하게 함이
로다
37 평화로운 목장들이 여호와의 진노
하시는 열기 앞에서 적막하게 되리
라
38 그가 젊은 사자같이 그 굴에서 나
오셨으니 그 호통치시는 분의 분노
와 그의 극렬한 진노로 말미암아
그들의 땅이 폐허가 되리로다 하시
니라

여호와의 성전 뜰에서 말씀을 전하다

26 유다의 왕 요시야의 아들 여
호야김이 다스리기 시작한 때
에 여호와께로부터 이 말씀이 임하
여 이르시되
2 여호와께서 이와 같이 말씀하시니
라 너는 여호와의 성전 뜰에 서서
유다 모든 성읍에서 여호와의 성전
에 와서 예배하는 자에게 내가 네
게 명령하여 이르게 한 모든 말을
전하되 한마디도 감하지 말라
3 그들이 듣고 혹시 각각 그 악한 길
에서 돌아오리라 그리하면 내가 그
들의 악행으로 말미암아 그들에게
재앙을 내리려 하던 뜻을 돌이키리
라
4 너는 그들에게 이와 같이 이르라
여호와의 말씀에 너희가 나를 순종
하지 아니하며 내가 너희 앞에 둔
내 율법을 행하지 아니하며
5 내가 너희에게 나의 종 선지자들을
꾸준히 보내 그들의 말을 순종하라
고 하였으나 너희는 순종하지 아니
하였느니라
6 내가 이 성전을 실로같이 되게 하
고 이 성을 세계 모든 민족의 저줏
거리가 되게 하리라 하셨느니라
7 예레미야가 여호와의 성전에서 이
말을 하매 제사장들과 선지자들과
모든 백성이 듣더라
8 ●예레미야가 여호와께서 명령하
신 말씀을 모든 백성에게 전하기를
마치매 제사장들과 선지자들과 모
든 백성이 그를 붙잡고 이르되 네
가 반드시 죽어야 하리라
9 어찌하여 네가 여호와의 이름을 의
지하고 예언하여 이르기를 이 성전
이 실로같이 되겠고 이 성이 황폐
하여 주민이 없으리라 하느냐 하며
그 모든 백성이 여호와의 성전에서
예레미야를 향하여 모여드니라
10 ●유다의 고관들이 이 말을 듣고
왕궁에서 여호와의 성전으로 올라
가 여호와의 성전 새 대문의 입구
에 앉으매
11 제사장들과 선지자들이 고관들과
모든 백성에게 말하여 이르되 이
사람은 죽는 것이 합당하니 너희
귀로 들음같이 이 성에 관하여 예
언하였음이라
12 예레미야가 모든 고관과 백성에게
말하여 이르되 여호와께서 나를 보
내사 너희가 들은 바 모든 말로 이
성전과 이 성을 향하여 예언하게

하셨느니라
13 그런즉 너희는 너희 길과 행위를
고치고 너희 하나님 여호와의 목소
리를 청종하라 그리하면 여호와께
서 너희에게 선언하신 재앙에 대하
여 뜻을 돌이키시리라
14 보라 나는 너희 손에 있으니 너희
의견에 좋은 대로, 옳은 대로 하려
니와
15 너희는 분명히 알아라 너희가 나를
죽이면 반드시 무죄한 피를 너희
몸과 이 성과 이 성 주민에게 돌리
는 것이니라 이는 여호와께서 진실
로 나를 보내사 이 모든 말을 너희
귀에 말하게 하셨음이라
16 ●고관들과 모든 백성이 제사장들
과 선지자들에게 이르되 이 사람이
우리 하나님 여호와의 이름으로 우
리에게 말하였으니 죽일 만한 이유
가 없느니라
17 그러자 그 지방의 장로 중 몇 사람
이 일어나 백성의 온 회중에게 말
하여 이르기를
18 유다의 왕 히스기야 시대에 모레셋
사람 미가가 유다의 모든 백성에게
예언하여 이르되 만군의 여호와께
서 이와 같이 말씀하셨느니라 시온
은 밭같이 경작지가 될 것이며 예
루살렘은 돌무더기가 되며 이 성전
의 산은 산당의 숲과 같이 되리라
하였으나
19 유다의 왕 히스기야와 모든 유다가
그를 죽였느냐 히스기야가 여호와
를 두려워하여 여호와께 간구하매
여호와께서 그들에게 선언한 재앙
에 대하여 뜻을 돌이키지 아니하셨
느냐 우리가 이같이 하면 우리의
생명을 스스로 심히 해롭게 하는
것이니라
20 ●또 여호와의 이름으로 예언한 사
람이 있었는데 곧 기럇여아림 스마
야의 아들 우리야라 그가 예레미야
의 모든 말과 같이 이 성과 이 땅에
경고하여 예언하매
21 여호야김 왕과 그의 모든 용사와
모든 고관이 그의 말을 듣고서 왕
이 그를 죽이려 하매 우리야가 그
말을 듣고 두려워 애굽으로 도망하
여 간지라
22 여호야김 왕이 사람을 애굽으로 보
내되 곧 악볼의 아들 엘라단과 몇
사람을 함께 애굽으로 보냈더니
23 그들이 우리야를 애굽에서 연행하
여 여호야김 왕에게로 그를 데려오
매 왕이 칼로 그를 죽이고 그의 시
체를 평민의 묘지에 던지게 하니라
24 사반의 아들 아히감의 손이 예레미
야를 도와주어 그를 백성의 손에
내어주지 아니하여 죽이지 못하게
하니라

거짓 선지자들과 싸우는 예레미야

27 유다의 왕 요시야의 아들 [1]여
호야김이 다스리기 시작할 때
에 여호와께서 말씀으로 예레미야
에게 임하시니라
2 여호와께서 이와 같이 내게 말씀하
시되 너는 줄과 멍에를 만들어 네
목에 걸고
3 유다의 왕 시드기야를 보러 예루살
렘에 온 사신들의 손에도 그것을
주어 에돔의 왕과 모압의 왕과 암
몬 자손의 왕과 두로의 왕과 시돈
의 왕에게 보내며
4 그들에게 명령하여 그들의 주에게
말하게 하기를 만군의 여호와 이스
라엘의 하나님께서 이와 같이 말씀
하시되 너희는 너희의 주에게 이같
이 전하라
5 나는 내 큰 능력과 나의 쳐든 팔로

1) '시드기야' 본 장 3, 12, 20; 28:1 비교

땅과 지상에 있는 사람과 짐승들을
만들고 내가 보기에 옳은 사람에게
그것을 주었노라
6 이제 내가 이 모든 땅을 내 종 바벨
론의 왕 느부갓네살의 손에 주고
또 들짐승들을 그에게 주어서 섬기
게 하였나니
7 모든 나라가 그와 그의 아들과 손
자를 그 땅의 기한이 이르기까지
섬기리라 또한 많은 나라들과 큰
왕들이 그 자신을 섬기리라
8 여호와의 말씀이니라 바벨론의 왕
느부갓네살을 섬기지 아니하며 그
목으로 바벨론의 왕의 멍에를 메지
아니하는 백성과 나라는 내가 그들
이 멸망하기까지 칼과 기근과 전염
병으로 그 민족을 벌하리라
9 너희는 너희 선지자나 복술가나 꿈
꾸는 자나 술사나 요술자가 이르기
를 너희가 바벨론의 왕을 섬기게
되지 아니하리라 하여도 너희는 듣
지 말라
10 그들은 너희에게 거짓을 예언하여
너희가 너희 땅에서 멀리 떠나게
하며 또 내가 너희를 몰아내게 하
며 너희를 멸망하게 하느니라
11 그러나 그 목으로 바벨론의 왕의
멍에를 메고 그를 섬기는 나라는
내가 그들을 그 땅에 머물러 밭을
갈며 거기서 살게 하리라 하셨다
하라 여호와의 말씀이니라 하시니
라
12 ●내가 이 모든 말씀대로 유다의
왕 시드기야에게 전하여 이르되 왕
과 백성은 바벨론 왕의 멍에를 목
에 메고 그와 그의 백성을 섬기소
서 그리하면 사시리라
13 어찌하여 당신과 당신의 백성이 여
호와께서 바벨론의 왕을 섬기지 아
니하는 나라에 대하여 하신 말씀과
같이 칼과 기근과 전염병에 죽으려
하나이까
14 그러므로 당신들은 바벨론의 왕을
섬기게 되지 아니하리라 하는 선지
자의 말을 듣지 마소서 그들은 거
짓을 예언함이니이다
15 이는 여호와의 말씀이니라 내가 그
들을 보내지 아니하였거늘 그들이
내 이름으로 거짓을 예언하니 내가
너희를 몰아내리니 너희와 너희에
게 예언하는 선지자들이 멸망하리
라
16 ●내가 또 제사장들과 그 모든 백
성에게 전하여 이르되 여호와께서
이와 같이 말씀하시기를 보라 여호
와의 성전의 기구를 이제 바벨론에
서 속히 돌려오리라고 너희에게 예
언하는 선지자들의 말을 듣지 말라
이는 그들이 거짓을 예언함이니라
하셨나니
17 너희는 그들의 말을 듣지 말고 바
벨론의 왕을 섬기라 그리하면 살리
라 어찌하여 이 성을 황무지가 되
게 하려느냐
18 만일 그들이 선지자이고 여호와의
말씀을 가지고 있다면 그들이 여호
와의 성전에와 유다의 왕의 궁전에
와 예루살렘에 남아 있는 기구를
바벨론으로 옮겨가지 못하도록 만
군의 여호와께 구하여야 할 것이니
라
19 만군의 여호와께서 기둥들과 큰 대
야와 받침들과 이 성에 남아 있는
기구에 대하여 이같이 말씀하시나
니
20 이것은 바벨론의 왕 느부갓네살이
유다의 왕 여호야김의 아들 여고니
야와 유다와 예루살렘 모든 귀인을
예루살렘에서 바벨론으로 사로잡
아 옮길 때에 가져가지 아니하였던

것이라
21 만군의 여호와 이스라엘의 하나님
께서 여호와의 성전과 유다의 왕의
궁전과 예루살렘에 남아 있는 그
기구에 대하여 이와 같이 말씀하셨
느니라
22 그것들이 바벨론으로 옮겨지고
내가 이것을 돌보는 날까지 거기
에 있을 것이니라 그 후에 내가
그것을 올려 와 이곳에 그것들을
되돌려 두리라 여호와의 말씀이
니라

예레미야와 하나냐

28 그 해 곧 유다 왕 시드기야가
다스리기 시작한 지 사 년 다
섯째 달 기브온앗술의 아들 선지자
하나냐가 여호와의 성전에서 제사
장들과 모든 백성이 보는 앞에서
내게 말하여 이르되
2 만군의 여호와 이스라엘의 하나님
이 이같이 일러 말씀하시기를 내가
바벨론의 왕의 멍에를 꺾었느니라
3 내가 바벨론의 왕 느부갓네살이
이곳에서 빼앗아 바벨론으로 옮겨
간 여호와의 성전 모든 기구를 이
년 안에 다시 이곳으로 되돌려 오
리라
4 내가 또 유다의 왕 여호야김의 아
들 여고니야와 바벨론으로 간 유다
모든 포로를 다시 이곳으로 돌아오
게 하리니 이는 내가 바벨론의 왕
의 멍에를 꺾을 것임이라 여호와의
말씀이니라 하니라
5 선지자 예레미야가 여호와의 성전
에 서 있는 제사장들과 모든 백성
들이 보는 앞에서 선지자 하나냐에
게 말하니라
6 선지자 예레미야가 말하니라 아멘,
여호와는 이같이 하옵소서 여호와
께서 네가 예언한 말대로 이루사
여호와의 성전 기구와 모든 포로를
바벨론에서 이곳으로 되돌려 오시
기를 원하노라
7 그러나 너는 내가 네 귀와 모든 백
성의 귀에 이르는 이 말을 잘 들으
라
8 나와 너 이전의 선지자들이 예로부
터 많은 땅들과 큰 나라들에 대하
여 전쟁과 재앙과 전염병을 예언하
였느니라
9 평화를 예언하는 선지자는 그 예언
자의 말이 응한 후에야 그가 진실
로 여호와께서 보내신 선지자로 인
정받게 되리라
10 선지자 하나냐가 선지자 예레미야
의 목에서 멍에를 빼앗아 꺾고
11 모든 백성 앞에서 하나냐가 말하여
이르되 여호와께서 이와 같이 말씀
하시니라 내가 이 년 안에 모든 민
족의 목에서 바벨론의 왕 느부갓네
살의 멍에를 이와 같이 꺾어 버리
리라 하셨느니라 하매 선지자 예레
미야가 자기의 길을 가니라
12 ●선지자 하나냐가 선지자 예레미
야의 목에서 멍에를 꺾어 버린 후
에 여호와의 말씀이 예레미야에게
임하니라 이르시기를
13 너는 가서 하나냐에게 말하여 이르
기를 여호와의 말씀에 네가 나무
멍에들을 꺾었으나 그 대신 쇠 멍
에들을 만들었느니라
14 만군의 여호와 이스라엘의 하나님
께서 이와 같이 말씀하시니라 내가
쇠 멍에로 이 모든 나라의 목에 메
워 바벨론의 왕 느부갓네살을 섬기
게 하였으니 그들이 그를 섬기리라
내가 들짐승도 그에게 주었느니라
하라
15 선지자 예레미야가 선지자 하나냐
에게 이르되 하나냐여 들으라 여호

와께서 너를 보내지 아니하셨거늘
네가 이 백성에게 거짓을 믿게 하
는도다
16 그러므로 여호와께서 이와 같이 말
씀하시되 내가 너를 지면에서 제하
리니 네가 여호와께 패역한 말을
하였음이라 네가 금년에 죽으리라
하셨느니라 하더니
17 선지자 하나냐가 그 해 일곱째 달
에 죽었더라

포로에게 보낸 예레미야의 편지

29 선지자 예레미야가 예루살렘
에서 이 같은 편지를 느부갓
네살이 예루살렘에서 바벨론으로
끌고 간 포로 중 남아 있는 장로들
과 제사장들과 선지자들과 모든 백
성에게 보냈는데
2 그때는 여고니야 왕과 왕후와 궁중
내시들과 유다와 예루살렘의 고관
들과 기능공과 토공들이 예루살렘
에서 떠난 후라
3 유다의 왕 시드기야가 바벨론으로
보내어 바벨론의 왕 느부갓네살에
게로 가게 한 사반의 아들 엘라사
와 힐기야의 아들 그마랴 편으로
말하되
4 만군의 여호와 이스라엘의 하나님
께서 예루살렘에서 바벨론으로 사
로잡혀 가게 한 모든 포로에게 이
와 같이 말씀하시니라
5 너희는 집을 짓고 거기에 살며 텃
밭을 만들고 그 열매를 먹으라
6 아내를 맞이하여 자녀를 낳으며 너
희 아들이 아내를 맞이하며 너희
딸이 남편을 맞아 그들로 자녀를
낳게 하여 너희가 거기에서 번성하
고 줄어들지 아니하게 하라
7 너희는 내가 사로잡혀 가게 한 그
성읍의 평안을 구하고 그를 위하여
여호와께 기도하라 이는 그 성읍이
평안함으로 너희도 평안할 것임이
라
8 만군의 여호와 이스라엘의 하나님
께서 이와 같이 말씀하시니라 너희
중에 있는 선지자들에게와 점쟁이
에게 미혹되지 말며 너희가 꾼 꿈
도 곧이 듣고 믿지 말라
9 내가 그들을 보내지 아니하였어도
그들이 내 이름으로 거짓을 예언함
이라 여호와의 말씀이니라
10 여호와께서 이와 같이 말씀하시니
라 바벨론에서 칠십 년이 차면 내
가 너희를 돌보고 나의 선한 말을
너희에게 성취하여 너희를 이곳으
로 돌아오게 하리라
11 여호와의 말씀이니라 너희를 향한
나의 생각을 내가 아나니 평안이요
재앙이 아니니라 너희에게 미래와
희망을 주는 것이니라
12 너희가 내게 부르짖으며 내게 와서
기도하면 내가 너희들의 기도를 들
을 것이요
13 너희가 온 마음으로 나를 구하면
나를 찾을 것이요 나를 만나리라
14 이것은 여호와의 말씀이니라 나는
너희들을 만날 것이며 너희를 포로
된 중에서 다시 돌아오게 하되 내
가 쫓아 보내었던 나라들과 모든
곳에서 모아 사로잡혀 떠났던 그곳
으로 돌아오게 하리라 이것은 여호
와의 말씀이니라
15 ●너희가 말하기를 여호와께서 우
리를 위하여 바벨론에서 선지자를
일으키셨느니라
16 다윗의 왕좌에 앉은 왕과 이 성에
사는 모든 백성 곧 너희와 함께 포
로 되어 가지 아니한 너희 형제에
게 여호와께서 이와 같이 말씀하셨
느니라
17 만군의 여호와께서 이와 같이 말씀

하시되 보라 내가 칼과 기근과 전
염병을 그들에게 보내어 그들에게
상하여 먹을 수 없는 몹쓸 무화과
같게 하겠고
18 내가 칼과 기근과 전염병으로 그들
을 뒤따르게 하며 그들을 세계 여
러 나라 가운데에 흩어 학대를 당
하게 할 것이며 내가 그들을 쫓아
낸 나라들 가운데에서 저주와 경악
과 조소와 수모의 대상이 되게 하
리라
19 여호와의 말씀이니라 너희들이 내
말을 듣지 않았기 때문이니라 내가
내 종 선지자들을 너희들에게 꾸준
히 보냈으나 너희는 그들의 말을
듣지 않았느니라 여호와의 말씀이
니라
20 그런즉 내가 예루살렘에서 바벨론
으로 보낸 너희 모든 포로여 여호
와의 말씀을 들을지니라
21 만군의 여호와 이스라엘의 하나님
께서 골라야의 아들 아합과 마아세
야의 아들 시드기야에 대하여 이
와 같이 말씀하시니라 그들은 내
이름으로 너희에게 거짓을 예언한
자라 보라 내가 그들을 바벨론의
왕 느부갓네살의 손에 넘기리니
그가 너희 눈 앞에서 그들을 죽일
것이라
22 바벨론에 있는 유다의 모든 포로가
그들을 저줏거리로 삼아서 이르기
를 여호와께서 너를 바벨론 왕이
불살라 죽인 시드기야와 아합 같게
하시기를 원하노라 하리니
23 이는 그들이 이스라엘 중에서 어
리석게 행하여 그 이웃의 아내와
간음하며 내가 그들에게 명령하지
아니한 거짓을 내 이름으로 말함
이라 나는 알고 있는 자로서 증인
이니라 여호와의 말씀이니라 하시
니라

스마야에게 보낸 편지와 여호와의 말씀

24 ●너는 느헬람 사람 스마야에게 이
같이 말하여 이르라
25 만군의 여호와 이스라엘의 하나님
께서 이와 같이 말씀하여 이르시되
네가 네 이름으로 예루살렘에 있는
모든 백성과 제사장 마아세야의 아
들 스바냐와 모든 제사장에게 글을
보내 이르기를
26 여호와께서 너를 제사장 여호야다
를 대신하여 제사장을 삼아 여호와
의 성전 [1]감독자로 세우심은 모든
미친 자와 선지자 노릇을 하는 자
들을 목에 씌우는 나무 고랑과 목
에 씌우는 쇠고랑을 채우게 하심이
어늘
27 이제 네가 어찌하여 너희 중에 선
지자 노릇을 하는 아나돗 사람 예
레미야를 책망하지 아니하느냐
28 그가 바벨론에 있는 우리에게 편지
하기를 오래 지내야 하리니 너희는
집을 짓고 살며 밭을 일구고 그 열
매를 먹으라 하셨다 하니라
29 제사장 스바냐가 스마야의 글을 선
지자 예레미야에게 읽어서 들려줄
때에
30 여호와의 말씀이 예레미야에게 임
하여 이르시되
31 너는 모든 포로에게 전언하여 이르
기를 여호와께서 느헬람 사람 스마
야를 두고 이같이 말씀하셨느니라
내가 그를 보내지 아니하였거늘 스
마야가 너희에게 예언하고 너희에
게 거짓을 믿게 하였도다
32 그러므로 여호와께서 이와 같이 말
씀하시니라 보라 내가 느헬람 사람
스마야와 그의 자손을 벌하리니 그

1) 히, 유사들

가 나 여호와께 패역한 말을 하였
기 때문에 이 백성 중에 살아 남을
그의 자손이 하나도 없을 것이라
내가 내 백성에게 행하려 하는 복
된 일을 그가 보지 못하리라 하셨
느니라 이것은 여호와의 말씀이니
라

포로를 돌아오게 할 것이라

30 여호와께로부터 말씀이 예레
미야에게 임하여 이르시니라
2 이스라엘의 하나님 여호와께서 이
와 같이 말씀하여 이르시기를 내가
네게 일러 준 모든 말을 책에 기록
하라
3 여호와의 말씀이니라 보라 내가 내
백성 이스라엘과 유다의 포로를 돌
아가게 할 날이 오리니 내가 그들
을 그 조상들에게 준 땅으로 돌아
오게 할 것이니 그들이 그 땅을 차
지하리라 여호와께서 말씀하시니
라
4 ●여호와께서 이스라엘과 유다에
대하여 하신 말씀이 이러하니라
5 여호와께서 이와 같이 말씀하시되
우리가 무서워 떠는 자의 소리를
들으니 두려움이요 평안함이 아니
로다
6 너희는 자식을 해산하는 남자가 있
는가 물어보라 어찌하여 모든 남자
가 해산하는 여자같이 손을 자기
허리에 대고 모든 얼굴이 겁에 질
려 새파래졌는가
7 슬프다 그날이여 그와 같이 엄청난
날이 없으리라 그날은 야곱의 환난
의 때가 됨이로다 그러나 그가 환
난에서 구하여 냄을 얻으리로다
8 만군의 여호와의 말씀이라 그날에
내가 [1)]네 목에서 그 멍에를 꺾어 버
리며 네 포박을 끊으리니 다시는
이방인을 섬기지 않으리라
9 그들은 그들의 하나님 여호와를 섬
기며 내가 그들을 위하여 세울 그
들의 왕 다윗을 섬기리라
10 여호와의 말씀이니라 그러므로 나
의 종 야곱아 너는 두려워하지 말
라 이스라엘아 놀라지 말라 내가
너를 먼 곳으로부터 구원하고 네
자손을 잡혀가 있는 땅에서 구원하
리니 야곱이 돌아와서 태평과 안락
을 누릴 것이며 두렵게 할 자가 없
으리라
11 이는 여호와의 말씀이라 내가 너와
함께 있어 너를 구원할 것이라 너
를 흩었던 그 모든 이방을 내가 멸
망시키리라 그럴지라도 너만은 멸
망시키지 아니하리라 그러나 내가
법에 따라 너를 징계할 것이요 결
코 무죄한 자로만 여기지는 아니하
리라
12 ●여호와께서 이와 같이 말씀하시
니라 네 상처는 고칠 수 없고 네 부
상은 중하도다
13 네 송사를 처리할 재판관이 없고
네 상처에는 약도 없고 처방도 없
도다
14 너를 사랑하던 자가 다 너를 잊고
찾지 아니하니 이는 네 악행이 많
고 네 죄가 많기 때문에 나는 네 원
수가 당할 고난을 네가 받게 하며
잔인한 징계를 내렸도다
15 너는 어찌하여 네 상처 때문에 부
르짖느냐 네 고통이 심하도다 네
악행이 많고 네 죄가 허다하므로
내가 이 일을 너에게 행하였느니
라
16 그러므로 너를 먹는 모든 자는 잡
아먹힐 것이며 네 모든 대적은 사
로잡혀 갈 것이고 너에게서 탈취해
간 자는 탈취를 당할 것이며 너에

1) 히, 그

게서 노략질한 모든 자는 노략물이
되리라
17 여호와의 말씀이니라 그들이 쫓겨
난 자라 하매 시온을 찾는 자가 없
은즉 내가 너의 상처로부터 새 살
이 돋아나게 하여 너를 고쳐 주리
라
18 ●여호와께서 말씀하시니라 보라
내가 야곱 장막의 포로들을 돌아오
게 할 것이고 그 거처들에 사랑을
베풀 것이라 성읍은 그 폐허가 된
언덕 위에 건축될 것이요 그 보루
는 규정에 따라 사람이 살게 되리
라
19 그들에게서 감사하는 소리가 나오
고 즐거워하는 자들의 소리가 나오
리라 내가 그들을 번성하게 하리
니 그들의 수가 줄어들지 아니하
겠고 내가 그들을 존귀하게 하리
니 그들은 비천하여지지 아니하리
라
20 그의 자손은 예전과 같겠고 그 회
중은 내 앞에 굳게 설 것이며 그를
압박하는 모든 사람은 내가 다 벌
하리라
21 그 영도자는 그들 중에서 나올 것
이요 그 통치자도 그들 중에서 나
오리라 내가 그를 가까이 오게 하
리니 그가 내게 가까이 오리라 참
으로 담대한 마음으로 내게 가까이
올 자가 누구냐 여호와의 말씀이니
라
22 너희는 내 백성이 되겠고 나는 너
희들의 하나님이 되리라
23 ●보라 여호와의 노여움이 일어나
폭풍과 회오리바람처럼 악인의 머
리 위에서 회오리칠 것이라
24 여호와의 진노는 그의 마음의 뜻한
바를 행하여 이루기까지는 돌이키
지 아니하나니 너희가 끝날에 그것
을 깨달으리라

이스라엘을 다시 세우고 지키시리라

31 여호와의 말씀이니라 그때에
내가 이스라엘 모든 종족의 하
나님이 되고 그들은 내 백성이 되
리라
2 여호와께서 이같이 말씀하시니라
칼에서 벗어난 백성이 광야에서 은
혜를 입었나니 곧 내가 이스라엘로
안식을 얻게 하러 갈 때에라
3 옛적에 여호와께서 나에게 나타나
사 내가 영원한 사랑으로 너를 사
랑하기에 인자함으로 너를 이끌었
다 하였노라
4 처녀 이스라엘아 내가 다시 너를
세우리니 네가 세움을 입을 것이요
네가 다시 소고를 들고 즐거워하는
자들과 함께 춤추며 나오리라
5 네가 다시 사마리아 산들에 포도나
무들을 심되 심는 자가 그 열매를
따기 시작하리라
6 에브라임 산 위에서 파수꾼이 외치
는 날이 있을 것이라 이르기를 너
희는 일어나라 우리가 시온에 올라
가서 우리 하나님 여호와께로 나아
가자 하리라
7 ●여호와께서 이와 같이 말씀하시
니라 너희는 여러 민족의 앞에 서
서 야곱을 위하여 기뻐 외치라 너
희는 전파하며 찬양하며 말하라 여
호와여 주의 백성 이스라엘의 남은
자를 구원하소서 하라
8 보라 나는 그들을 북쪽 땅에서 인
도하며 땅끝에서부터 모으리라 그
들 중에는 맹인과 다리 저는 사람
과 잉태한 여인과 해산하는 여인이
함께 있으며 큰 무리를 이루어 이
곳으로 돌아오리라
9 그들이 울며 돌아오리니 나의 인도
함을 받고 간구할 때에 내가 그들

을 넘어지지 아니하고 물 있는 계
곡의 곧은 길로 가게 하리라 나는
이스라엘의 아버지요 에브라임은
나의 장자니라
10 ●이방들이여 너희는 여호와의 말
씀을 듣고 먼 섬에 전파하여 이르
기를 이스라엘을 흩으신 자가 그를
모으시고 목자가 그 양 떼에게 행
함같이 그를 지키시리로다
11 여호와께서 야곱을 구원하시되 그
들보다 강한 자의 손에서 속량하셨
으니
12 그들이 와서 시온의 높은 곳에서
찬송하며 여호와의 복 곧 곡식과
새 포도주와 기름과 어린 양의 떼
와 소의 떼를 얻고 크게 기뻐하리
라 그 심령은 물 댄 동산 같겠고
다시는 근심이 없으리로다 할지어
다
13 그때에 처녀는 춤추며 즐거워하겠
고 청년과 노인은 함께 즐거워하리
니 내가 그들의 슬픔을 돌려서 즐
겁게 하며 그들을 위로하여 그들의
근심으로부터 기쁨을 얻게 할 것임
이라
14 내가 기름으로 제사장들의 마음을
흡족하게 하며 내 복으로 내 백성
을 만족하게 하리라 여호와의 말씀
이니라

라헬의 애곡과 여호와의 위로

15 ●여호와께서 이와 같이 말씀하시
니라 라마에서 슬퍼하며 통곡하는
소리가 들리니 라헬이 그 자식 때
문에 애곡하는 것이라 그가 자식이
없어져서 위로받기를 거절하는도
다
16 여호와께서 이와 같이 말씀하시니
라 네 울음 소리와 네 눈물을 멈추
어라 네 일에 삯을 받을 것인즉 그
들이 그의 대적의 땅에서 돌아오리
라 여호와의 말씀이니라
17 너의 장래에 소망이 있을 것이라
너의 자녀가 자기들의 지경으로 돌
아오리라 여호와의 말씀이니라
18 에브라임이 스스로 탄식함을 내가
분명히 들었노니 주께서 나를 징벌
하시매 멍에에 익숙하지 못한 송아
지 같은 내가 징벌을 받았나이다
주는 나의 하나님 여호와이시니 나
를 이끌어 돌이키소서 그리하시면
내가 돌아오겠나이다
19 내가 돌이킨 후에 뉘우쳤고 내가
교훈을 받은 후에 내 볼기를 쳤사
오니 이는 어렸을 때의 치욕을 지
므로 부끄럽고 욕됨이니이다 하도
다
20 에브라임은 나의 사랑하는 아들 기
뻐하는 자식이 아니냐 내가 그를
책망하여 말할 때마다 깊이 생각하
노라 그러므로 그를 위하여 내 창
자가 들끓으니 내가 반드시 그를
불쌍히 여기리라 여호와의 말씀이
니라
21 ●처녀 이스라엘아 너의 이정표를
세우며 너의 푯말을 만들고 큰길
곧 네가 전에 가던 길을 마음에 두
라 돌아오라 네 성읍들로 돌아오라
22 반역한 딸아 네가 어느 때까지 방
황하겠느냐 여호와가 새 일을 세상
에 창조하였나니 곧 여자가 남자를
둘러싸리라

사로잡힌 자를 돌아오게 할 때

23 ●만군의 여호와 이스라엘의 하나
님께서 이와 같이 말씀하시니라 내
가 그 사로잡힌 자를 돌아오게 할
때에 그들이 유다 땅과 그 성읍들
에서 다시 이 말을 쓰리니 곧 의로
운 처소여, 거룩한 산이여, 여호와
께서 네게 복 주시기를 원하노라
할 것이며

24 유다와 그 모든 성읍의 농부와 양
떼를 인도하는 자가 거기에 함께
살리니
25 이는 내가 그 피곤한 심령을 상쾌
하게 하며 모든 연약한 심령을 만
족하게 하였음이라 하시기로
26 내가 깨어 보니 내 잠이 달았더라
27 ●여호와의 말씀이니라 보라 내가
사람의 씨와 짐승의 씨를 이스라엘
집과 유다 집에 뿌릴 날이 이르리
니
28 깨어서 그들을 뿌리뽑으며 무너뜨
리며 전복하며 멸망시키며 괴롭게
하던 것과 같이 내가 깨어서 그들
을 세우며 심으리라 여호와의 말씀
이니라
29 그때에 그들이 말하기를 다시는 아
버지가 신 포도를 먹었으므로 아
들들의 이가 시다 하지 아니하겠
고
30 신 포도를 먹는 자마다 그의 이가
신 것같이 누구나 자기의 죄악으로
말미암아 죽으리라

새 언약

31 ●여호와의 말씀이니라 보라 날이
이르리니 내가 이스라엘 집과 유다
집에 새 언약을 맺으리라
32 이 언약은 내가 그들의 조상들의
손을 잡고 애굽 땅에서 인도하여
내던 날에 맺은 것과 같지 아니할
것은 내가 그들의 남편이 되었어도
그들이 내 언약을 깨뜨렸음이라 여
호와의 말씀이니라
33 그러나 그날 후에 내가 이스라엘
집과 맺을 언약은 이러하니 곧 내
가 나의 법을 그들의 속에 두며 그
들의 마음에 기록하여 나는 그들의
하나님이 되고 그들은 내 백성이
될 것이라 여호와의 말씀이니라
34 그들이 다시는 각기 이웃과 형제를
가르쳐 이르기를 너는 여호와를 알
라 하지 아니하리니 이는 작은 자
로부터 큰 자까지 다 나를 알기 때
문이라 내가 그들의 악행을 사하고
다시는 그 죄를 기억하지 아니하리
라 여호와의 말씀이니라
35 ●여호와께서 이와 같이 말씀하셨
느니라 그는 해를 낮의 빛으로 주
셨고 달과 별들을 밤의 빛으로 정
하였고 바다를 뒤흔들어 그 파도로
소리치게 하나니 그의 이름은 만군
의 여호와니라
36 이 법도가 내 앞에서 폐할진대 이
스라엘 자손도 내 앞에서 끊어져
영원히 나라가 되지 못하리라 여호
와의 말씀이니라
37 여호와께서 이와 같이 말씀하시니
라 위에 있는 하늘을 측량할 수 있
으며 밑에 있는 땅의 기초를 탐지
할 수 있다면 내가 이스라엘 자손
이 행한 모든 일로 말미암아 그들
을 다 버리리라 여호와의 말씀이니
라
38 ●보라, 날이 이르리니 이 성은 하
나넬 망대로부터 모퉁이 문에 이르
기까지 여호와를 위하여 건축될 것
이라 여호와의 말씀이니라
39 측량줄이 곧게 가렙 언덕 밑에 이
르고 고아로 돌아
40 시체와 재의 모든 골짜기와 기드론
시내에 이르는 모든 고지 곧 동쪽
마문의 모퉁이에 이르기까지 여호
와의 거룩한 곳이니라 영원히 다
시는 뽑거나 전복하지 못할 것이
니라

여호와의 말씀대로 아나돗의 밭을 사다

32 유다의 시드기야 왕 열째 해
곧 느부갓네살 열여덟째 해에
여호와의 말씀이 예레미야에게 임
하니라

2 그때에 바벨론 군대는 예루살렘을
에워싸고 선지자 예레미야는 유다
의 왕의 궁중에 있는 시위대 뜰에
갇혔으니
3-5 이는 그가 예언하기를 여호와의 말
씀에 보라 내가 이 성을 바벨론 왕
의 손에 넘기리니 그가 차지할 것
이며 유다 왕 시드기야는 갈대아인
의 손에서 벗어나지 못하고 반드시
바벨론 왕의 손에 넘겨진 바 되리
니 입이 입을 대하여 말하고 눈이
서로 볼 것이며 그가 시드기야를
바벨론으로 끌어 가리니 시드기야
는 내가 돌볼 때까지 거기에 있으
리라 여호와께서 이와 같이 말씀하
시니라 너희가 갈대아인과 싸울지
라도 승리하지 못하리라 하셨다 하
였더니 유다 왕 시드기야가 이르되
네가 어찌하여 이같이 예언하였느
냐 하고 그를 가두었음이었더라
6 ●예레미야가 이르되 여호와의 말
씀이 내게 임하였느니라 이르시기
를
7 보라 네 숙부 살룸의 아들 하나멜
이 네게 와서 말하기를 너는 아나
돗에 있는 내 밭을 사라 이 기업을
무를 권리가 네게 있느니라 하리라
하시더니
8 여호와의 말씀과 같이 나의 숙부의
아들 하나멜이 시위대 뜰 안 나에
게 와서 이르되 청하노니 너는 베
냐민 땅 아나돗에 있는 나의 밭을
사라 기업의 상속권이 네게 있고
무를 권리가 네게 있으니 너를 위
하여 사라 하는지라 내가 이것이
여호와의 말씀인 줄 알았으므로
9 내 숙부의 아들 하나멜의 아나돗에
있는 밭을 사는데 은 십칠 세겔을
달아 주되
10 증서를 써서 봉인하고 증인을 세우
고 은을 저울에 달아 주고
11 법과 규례대로 봉인하고 봉인하지
아니한 매매 증서를 내가 가지고
12 나의 숙부의 아들 하나멜과 매매 증
서에 인 친 증인 앞과 시위대 뜰에
앉아 있는 유다 모든 사람 앞에서
그 매매 증서를 마세야의 손자 네리
야의 아들 바룩에게 부치며
13 그들의 앞에서 바룩에게 명령하여
이르되
14 만군의 여호와 이스라엘의 하나님
께서 이와 같이 말씀하시기를 너는
이 증서 곧 봉인하고 봉인하지 않
은 매매 증서를 가지고 토기에 담
아 오랫동안 보존하게 하라
15 만군의 여호와 이스라엘의 하나님
께서 이와 같이 말씀하시니라 사람
이 이 땅에서 집과 밭과 포도원을
다시 사게 되리라 하셨다 하니라

예레미야의 기도

16 ●내가 매매 증서를 네리야의 아들
바룩에게 넘겨 준 뒤에 여호와께
기도하여 이르되
17 슬프도소이다 주 여호와여 주께서
큰 능력과 펴신 팔로 천지를 지으
셨사오니 주에게는 할 수 없는 일
이 없으시니이다
18 주는 은혜를 천만 인에게 베푸시며
아버지의 죄악을 그 후손의 품에
갚으시오니 크고 능력 있으신 하나
님이시요 이름은 만군의 여호와시
니이다
19 주는 책략에 크시며 하시는 일에
능하시며 인류의 모든 길을 주목하
시며 그의 길과 그의 행위의 열매
대로 보응하시나이다
20 주께서 애굽 땅에서 표적과 기사를
행하셨고 오늘까지도 이스라엘과
인류 가운데 그와 같이 행하사 주
의 이름을 오늘과 같이 되게 하셨

나이다
21 주께서 표적과 기사와 강한 손과
펴신 팔과 큰 두려움으로 주의 백
성 이스라엘을 애굽 땅에서 인도하
여 내시고
22 그들에게 주시기로 그 조상들에게
맹세하신 바 젖과 꿀이 흐르는 땅
을 그들에게 주셨으므로
23 그들이 들어가서 이를 차지하였거
늘 주의 목소리를 순종하지 아니하
며 주의 율법에서 행하지 아니하며
무릇 주께서 행하라 명령하신 일을
행하지 아니하였으므로 주께서 이
모든 재앙을 그들에게 내리셨나이
다
24 보옵소서 이 성을 빼앗으려고 만든
참호가 이 성에 이르렀고 칼과 기
근과 전염병으로 말미암아 이 성이
이를 치는 갈대아인의 손에 넘긴
바 되었으니 주의 말씀대로 되었음
을 주께서 보시나이다
25 주 여호와여 주께서 내게 은으로
밭을 사며 증인을 세우라 하셨으나
이 성은 갈대아인의 손에 넘기신
바 되었나이다
26 ●그때에 여호와의 말씀이 예레미
야에게 임하여 이르시되
27 나는 여호와요 모든 육체의 하나님
이라 내게 할 수 없는 일이 있겠느
냐
28 그러므로 여호와께서 이와 같이 말
씀하시니라 보라 내가 이 성을 갈
대아인의 손과 바벨론의 느부갓네
살 왕의 손에 넘길 것인즉 그가 차
지할 것이라
29 이 성을 치는 갈대아인이 와서 이
성읍에 불을 놓아 성과 집 곧 그 지
붕에서 바알에게 분향하며 다른 신
들에게 전제를 드려 나를 격노하게
한 집들을 사르리니
30 이는 이스라엘 자손과 유다 자손이
예로부터 내 눈 앞에 악을 행하였
을 뿐이라 이스라엘 자손은 그의
손으로 만든 것을 가지고 나를 격
노하게 한 것뿐이니라 여호와의 말
씀이니라
31 이 성이 건설된 날부터 오늘까지
나의 노여움과 분을 일으키므로 내
가 내 앞에서 그것을 옮기려 하노
니
32 이는 이스라엘 자손과 유다 자손이
모든 악을 행하여 내 노여움을 일
으켰음이라 그들과 그들의 왕들과
그의 고관들과 그의 제사장들과
그의 선지자들과 유다 사람들과
예루살렘 주민들이 다 그러하였느
니라
33 그들이 등을 내게로 돌리고 얼굴을
내게로 향하지 아니하며 내가 그들
을 가르치되 끊임없이 가르쳤는데
도 그들이 교훈을 듣지 아니하며
받지 아니하고
34 내 이름으로 일컫는 집에 자기들의
가증한 물건들을 세워서 그 집을
더럽게 하며
35 힌놈의 아들의 골짜기에 바알의 산
당을 건축하였으며 자기들의 아들
들과 딸들을 몰렉 앞으로 지나가게
하였느니라 그들이 이런 가증한 일
을 행하여 유다로 범죄하게 한 것
은 내가 명령한 것도 아니요 내 마
음에 둔 것도 아니니라

영원한 언약

36 ●그러나 이스라엘의 하나님 여호
와께서 너희가 말하는 바 칼과 기
근과 전염병으로 말미암아 바벨론
왕의 손에 넘긴 바 되었다 하는 이
성에 대하여 이와 같이 말씀하시니
라
37 보라 내가 노여움과 분함과 큰 분

노로 그들을 쫓아 보내었던 모든
지방에서 그들을 모아들여 이곳으
로 돌아오게 하여 안전히 살게 할
것이라
38 그들은 내 백성이 되겠고 나는 그
들의 하나님이 될 것이며
39 내가 그들에게 한 마음과 한 길을
주어 자기들과 자기 후손의 복을
위하여 항상 나를 경외하게 하고
40 내가 그들에게 복을 주기 위하여
그들을 떠나지 아니하리라 하는 영
원한 언약을 그들에게 세우고 나를
경외함을 그들의 마음에 두어 나를
떠나지 않게 하고
41 내가 기쁨으로 그들에게 복을 주되
분명히 나의 마음과 정성을 다하여
그들을 이 땅에 심으리라
42 여호와께서 이와 같이 말씀하시니
라 내가 이 백성에게 이 큰 재앙을
내린 것같이 허락한 모든 복을 그
들에게 내리리라
43 너희가 말하기를 황폐하여 사람이
나 짐승이 없으며 갈대아인의 손에
넘긴 바 되었다 하는 이 땅에서 사
람들이 밭을 사되
44 베냐민 땅과 예루살렘 사방과 유다
성읍들과 산지의 성읍들과 저지대
의 성읍들과 네겝의 성읍들에 있는
밭을 은으로 사고 증서를 기록하여
봉인하고 증인을 세우리니 이는 내
가 그들의 포로를 돌아오게 함이니
라 여호와의 말씀이니라

이스라엘과 유다의 회복에 대한 언약

33 예레미야가 아직 시위대 뜰에
갇혀 있을 때에 여호와의 말
씀이 그에게 두 번째로 임하니라
이르시되
2 일을 행하시는 여호와, 그것을 만
들며 성취하시는 여호와, 그의 이
름을 여호와라 하는 이가 이와 같
이 이르시도다
3 너는 내게 부르짖으라 내가 네게
응답하겠고 네가 알지 못하는 크고
은밀한 일을 네게 보이리라
4 이스라엘의 하나님 여호와께서 말
씀하시니라 무리가 이 성읍의 가옥
과 유다 왕궁을 헐어서 갈대아인의
참호와 칼을 대항하여
5 싸우려 하였으나 내가 나의 노여움
과 분함으로 그들을 죽이고 그들의
시체로 이 성을 채우게 하였나니
이는 그들의 모든 악행으로 말미암
아 나의 얼굴을 가리어 이 성을 돌
아보지 아니하였음이라
6 그러나 보라 내가 이 성읍을 치료
하며 고쳐 낫게 하고 평안과 진실
이 풍성함을 그들에게 나타낼 것이
며
7 내가 유다의 포로와 이스라엘의 포
로를 돌아오게 하여 그들을 처음과
같이 세울 것이며
8 내가 그들을 내게 범한 그 모든 죄
악에서 정하게 하며 그들이 내게
범하며 행한 모든 죄악을 사할 것
이라
9 이 성읍이 세계 열방 앞에서 나의
기쁜 이름이 될 것이며 찬송과 영
광이 될 것이요 그들은 내가 이 백
성에게 베푼 모든 복을 들을 것이
요 내가 이 성읍에 베푼 모든 복과
모든 평안으로 말미암아 두려워하
며 떨리라
10-11 ●여호와께서 이와 같이 말씀하
시니라 너희가 가리켜 말하기를 황
폐하여 사람도 없고 짐승도 없다
하던 여기 곧 황폐하여 사람도 없
고 주민도 없고 짐승도 없던 유다
성읍들과 예루살렘 거리에서 즐거
워하는 소리, 기뻐하는 소리, 신랑
의 소리, 신부의 소리와 및 만군의

여호와께 감사하라, 여호와는 선하
시니 그 인자하심이 영원하다 하는
소리와 여호와의 성전에 감사제를
드리는 자들의 소리가 다시 들리리
니 이는 내가 이 땅의 포로를 돌려
보내어 지난날처럼 되게 할 것임이
라 여호와의 말씀이니라
12 ●만군의 여호와께서 이와 같이 말
씀하시니라 황폐하여 사람도 없고
짐승도 없던 이곳과 그 모든 성읍
에 다시 목자가 살 곳이 있으리니
그의 양 떼를 눕게 할 것이라
13 산지 성읍들과 [1)]평지 성읍들과 네
겝의 성읍들과 베냐민 땅과 예루
살렘 사면과 유다 성읍들에서 양
떼가 다시 계수하는 자의 손 아래
로 지나리라 여호와께서 말씀하시
니라
14 ●여호와의 말씀이니라 보라 내가
이스라엘 집과 유다 집에 대하여
일러 준 선한 말을 성취할 날이 이
르리라
15 그날 그때에 내가 다윗에게서 한
공의로운 가지가 나게 하리니 그가
이 땅에 정의와 공의를 실행할 것
이라
16 그날에 유다가 구원을 받겠고 예루
살렘이 안전히 살 것이며 이 성은
여호와는 우리의 의라는 이름을 얻
으리라
17 여호와께서 이와 같이 말씀하시니
라 이스라엘 집의 왕위에 앉을 사
람이 다윗에게 영원히 끊어지지 아
니할 것이며
18 내 앞에서 번제를 드리며 소제를
사르며 다른 제사를 항상 드릴 레
위 사람 제사장들도 끊어지지 아니
하리라 하시니라
19 ●여호와의 말씀이 예레미야에게
임하니라 이르시되
20 여호와께서 이와 같이 말씀하시니
라 너희가 능히 낮에 대한 나의 언
약과 밤에 대한 나의 언약을 깨뜨
려 주야로 그때를 잃게 할 수 있을
진대
21 내 종 다윗에게 세운 나의 언약도
깨뜨려 그에게 그의 자리에 앉아
다스릴 아들이 없게 할 수 있겠으
며 내가 나를 섬기는 레위인 제사
장에게 세운 언약도 파할 수 있으
리라
22 하늘의 만상은 셀 수 없으며 바다
의 모래는 측량할 수 없나니 내가
그와 같이 내 종 다윗의 자손과 나
를 섬기는 레위인을 번성하게 하리
라 하시니라
23 ●여호와의 말씀이 예레미야에게
임하니라 이르시되
24 이 백성이 말하기를 여호와께서 자
기가 택하신 그들 중에 두 가계를
버리셨다 한 것을 네가 생각하지
아니하느냐 그들이 내 백성을 멸시
하여 자기들 앞에서 나라로 인정하
지 아니하도다
25 여호와께서 이와 같이 말씀하시니
라 내가 주야와 맺은 언약이 없다
든지 천지의 법칙을 내가 정하지
아니하였다면
26 야곱과 내 종 다윗의 자손을 버리
고 다시는 다윗의 자손 중에서 아
브라함과 이삭과 야곱의 자손을 다
스릴 자를 택하지 아니하리라 내가
그 포로된 자를 돌아오게 하고 그
를 불쌍히 여기리라

시드기야 왕에 대한 말씀

34 바벨론의 느부갓네살 왕과 그
의 모든 군대와 그의 통치하
에 있는 땅의 모든 나라와 모든 백
성이 예루살렘과 그 모든 성읍을

1) 스펠라

칠 때에 말씀이 여호와께로부터 예
레미야에게 임하여 이르시되
2 이스라엘의 하나님 여호와께서 이
와 같이 말씀하시니라 너는 가서
유다의 시드기야 왕에게 아뢰어 이
르기를 여호와의 말씀에 보라 내가
이 성을 바벨론 왕의 손에 넘기리
니 그가 이 성을 불사를 것이라
3 네가 그의 손에서 벗어나지 못하고
반드시 사로잡혀 그의 손에 넘겨져
서 네 눈은 바벨론 왕의 눈을 볼 것
이며 그의 입은 네 입을 마주 대하
여 말할 것이요 너는 바벨론으로
가리라
4 그러나 유다의 시드기야 왕이여 여
호와의 말씀을 들으라 여호와께서
네게 대하여 이와 같이 말씀하시니
라 네가 칼에 죽지 아니하고
5 평안히 죽을 것이며 사람이 너보다
먼저 있은 네 조상들 곧 선왕들에
게 분향하던 것같이 네게 분향하며
너를 위하여 애통하기를 슬프다 주
여 하리니 이는 내가 말하였음이라
여호와의 말씀이니라 하시니라
6 ●선지자 예레미야가 이 모든 말씀
을 예루살렘에서 유다의 시드기야
왕에게 아뢰니라
7 그때에 바벨론의 왕의 군대가 예루
살렘과 유다의 남은 모든 성읍들을
쳤으니 곧 라기스와 아세가라 유다
의 견고한 성읍 중에 이것들만 남
았음이더라

여호와 앞에서 맺은 계약을 어기다

8 ●시드기야 왕이 예루살렘에 있는
모든 백성과 한 가지로 하나님 앞
에서 계약을 맺고 자유를 선포한
후에 여호와께로부터 말씀이 예레
미야에게 임하니라
9 그 계약은 사람마다 각기 히브리
남녀 노비를 놓아 자유롭게 하고
그의 동족 유다인을 종으로 삼지
못하게 한 것이라
10 이 계약에 가담한 고관들과 모든
백성이 각기 노비를 자유롭게 하고
다시는 종을 삼지 말라 함을 듣고
순복하여 놓았더니
11 후에 그들의 뜻이 변하여 자유를
주었던 노비를 끌어다가 복종시켜
다시 노비로 삼았더라
12 ●그러므로 여호와의 말씀이 여호
와께로부터 예레미야에게 임하니
라 이르시되
13 이스라엘 하나님 여호와께서 이와
같이 말씀하시니라 내가 너희 선조
를 애굽 땅 종의 집에서 인도하여
낼 때에 그들과 언약을 맺으며 이
르기를
14 너희 형제 히브리 사람이 [1]네게 팔
려 왔거든 너희는 칠 년 되는 해에
그를 놓아줄 것이니라 그가 육 년
동안 너를 섬겼은즉 그를 놓아 자
유롭게 할지니라 하였으나 너희 선
조가 내게 순종하지 아니하며 귀를
기울이지도 아니하였느니라
15 그러나 너희는 이제 돌이켜 내 눈
앞에 바른 일을 행하여 각기 이웃
에게 자유를 선포하되 내 이름으로
일컬음을 받는 집에서 내 앞에서
계약을 맺었거늘
16 너희가 돌이켜 내 이름을 더럽히고
각기 놓아 그들의 마음대로 자유롭
게 하였던 노비를 끌어다가 다시
너희에게 복종시켜 너희의 노비로
삼았도다
17 ●그러므로 여호와께서 이와 같이
말씀하시니라 너희가 나에게 순종
하지 아니하고 각기 형제와 이웃에
게 자유를 선포한 것을 실행하지
아니하였은즉 내가 너희를 대적하

1) 스스로 네게

여 칼과 전염병과 기근에게 자유
를 주리라 여호와의 말씀이니라 내
가 너희를 세계 여러 나라 가운데
에 [1]흩어지게 할 것이며
18 송아지를 둘로 쪼개고 그 두 조각
사이로 지나매 내 앞에 언약을 맺
었으나 그 말을 실행하지 아니하여
내 계약을 어긴 그들을
19 곧 송아지 두 조각 사이로 지난 유
다 고관들과 예루살렘 고관들과 내
시들과 제사장들과 이 땅 모든 백
성을
20 내가 그들의 원수의 손과 그들의
생명을 찾는 자의 손에 넘기리니
그들의 시체가 공중의 새와 땅의
짐승의 먹이가 될 것이며
21 또 내가 유다의 시드기야 왕과 그
의 고관들을 그의 원수의 손과 그
의 생명을 찾는 자의 손과 너희에
게서 떠나간 바벨론 왕의 군대의
손에 넘기리라
22 여호와의 말씀이니라 보라 내가 그
들에게 명령하여 이 성읍에 다시
오게 하리니 그들이 이 성을 쳐서
빼앗아 불사를 것이라 내가 유다의
성읍들을 주민이 없어 처참한 황무
지가 되게 하리라

예레미야와 레갑 사람들

35 유다의 요시야 왕의 아들 여
호야김 때에 여호와께로부터
말씀이 예레미야에게 임하여 이르
시되
2 너는 레갑 사람들의 집에 가서 그
들에게 말하고 그들을 여호와의 집
한 방으로 데려다가 포도주를 마시
게 하라 하시니라
3 이에 내가 하바시냐의 손자요 예레
미야의 아들인 야아사냐와 그의 형
제와 그의 모든 아들과 모든 레갑
사람들을 데리고
4 여호와의 집에 이르러 익다랴의 아
들 하나님의 사람 하난의 아들들의
방에 들였는데 그 방은 고관들의
방 곁이요 문을 지키는 살룸의 아
들 마아세야의 방 위더라
5 내가 레갑 사람들의 후손들 앞에
포도주가 가득한 종지와 술잔을 놓
고 마시라 권하매
6 그들이 이르되 우리는 포도주를 마
시지 아니하겠노라 레갑의 아들 우
리 선조 요나답이 우리에게 명령하
여 이르기를 너희와 너희 자손은
영원히 포도주를 마시지 말며
7 너희가 집도 짓지 말며 파종도 하
지 말며 포도원을 소유하지도 말
고 너희는 평생 동안 장막에 살아
라 그리하면 너희가 머물러 사는
땅에서 너희 생명이 길리라 하였
으므로
8 우리가 레갑의 아들 우리 선조 요
나답이 우리에게 명령한 모든 말을
순종하여 우리와 우리 아내와 자녀
가 평생 동안 포도주를 마시지 아
니하며
9 살 집도 짓지 아니하며 포도원이나
밭이나 종자도 가지지 아니하고
10 장막에 살면서 우리 선조 요나답이
우리에게 명령한 대로 다 지켜 행
하였노라
11 그러나 바벨론의 느부갓네살 왕이
이 땅에 올라왔을 때에 우리가 말
하기를 갈대아인의 군대와 수리아
인의 군대를 피하여 예루살렘으로
가자 하고 우리가 예루살렘에 살았
노라
12 ●그때에 여호와의 말씀이 예레미
야에게 임하여 이르시되
13 만군의 여호와 이스라엘의 하나님
께서 이와 같이 말씀하시니라 너는

1) 두려움이 되게 할 것이며

가서 유다 사람들과 예루살렘 주민
에게 이르기를 너희가 내 말을 들
으며 교훈을 받지 아니하겠느냐 여
호와의 말씀이니라
14 레갑의 아들 요나답이 그의 자손에
게 포도주를 마시지 말라 한 그 명
령은 실행되도다 그들은 그 선조의
명령을 순종하여 오늘까지 마시지
아니하거늘 내가 너희에게 말하고
끊임없이 말하여도 너희는 내게 순
종하지 아니하도다
15 내가 내 종 모든 선지자를 너희에
게 보내고 끊임없이 보내며 이르기
를 너희는 이제 각기 악한 길에서
돌이켜 행위를 고치고 다른 신을
따라 그를 섬기지 말라 그리하면
너희는 내가 너희와 너희 선조에게
준 이 땅에 살리라 하여도 너희가
귀를 기울이지 아니하며 내게 순종
하지 아니하였느니라
16 레갑의 아들 요나답의 자손은 그의
선조가 그들에게 명령한 그 명령을
지켜 행하나 이 백성은 내게 순종
하지 아니하도다
17 그러므로 만군의 여호와 이스라엘
의 하나님께서 이와 같이 말씀하시
니라 보라 내가 유다와 예루살렘의
모든 주민에게 내가 그들에게 대하
여 선포한 모든 재앙을 내리리니
이는 내가 그들에게 말하여도 듣지
아니하며 불러도 대답하지 아니함
이니라 하셨다 하라
18 ●예레미야가 레갑 사람의 가문에
게 이르되 만군의 여호와 이스라엘
의 하나님께서 이와 같이 말씀하시
기를 너희가 너희 선조 요나답의
명령을 순종하여 그의 모든 규율을
지키며 그가 너희에게 명령한 것을
행하였도다
19 그러므로 만군의 여호와 이스라엘
의 하나님께서 이와 같이 말씀하시
니라 레갑의 아들 요나답에게서 내
앞에 설 사람이 영원히 끊어지지
아니하리라 하시니라

바룩이 여호와의 성전에서 두루마리를 낭독하다

36 유다의 요시야 왕의 아들 여
호야김 제사 년에 여호와께로
부터 예레미야에게 말씀이 임하니
라 이르시되
2 너는 두루마리 책을 가져다가 내가
네게 말하던 날 곧 요시야의 날부
터 오늘까지 이스라엘과 유다와 모
든 나라에 대하여 내가 네게 일러
준 모든 말을 거기에 기록하라
3 유다 가문이 내가 그들에게 내리려
한 모든 재난을 듣고 각기 악한 길
에서 돌이키리니 그리하면 내가 그
악과 죄를 용서하리라 하시니라
4 ●이에 예레미야가 네리야의 아들
바룩을 부르매 바룩이 예레미야가
불러 주는 대로 여호와께서 그에게
이르신 모든 말씀을 두루마리 책에
기록하니라
5 예레미야가 바룩에게 명령하여 이
르되 나는 붙잡혔으므로 여호와의
집에 들어갈 수 없으니
6 너는 들어가서 내가 말한 대로 두
루마리에 기록한 여호와의 말씀을
금식일에 여호와의 성전에 있는
백성의 귀에 낭독하고 유다 모든
성읍에서 온 자들의 귀에도 낭독
하라
7 그들이 여호와 앞에 기도를 드리며
각기 악한 길을 떠나리라 여호와께
서 이 백성에 대하여 선포하신 노
여움과 분이 크니라
8 네리야의 아들 바룩이 선지자 예레
미야가 자기에게 명령한 대로 하여
여호와의 성전에서 책에 있는 여호

와의 모든 말씀을 낭독하니라
9 ●유다의 요시야 왕의 아들 여호야
김의 제오 년 구월에 예루살렘 모
든 백성과 유다 성읍들에서 예루살
렘에 이른 모든 백성이 여호와 앞
에서 금식을 선포한지라
10 바룩이 여호와의 성전 위뜰 곧 여
호와의 성전에 있는 새 문 어귀 곁
에 있는 사반의 아들 서기관 그마
랴의 방에서 그 책에 기록된 예레
미야의 말을 모든 백성에게 낭독하
니라

바룩이 고관 앞에서
두루마리를 낭독하다

11 ●사반의 손자요 그마랴의 아들인
미가야가 그 책에 기록된 여호와의
말씀을 다 듣고
12 왕궁에 내려가서 서기관의 방에 들
어가니 모든 고관 곧 서기관 엘리
사마와 스마야의 아들 들라야와 악
볼의 아들 엘라단과 사반의 아들
그마랴와 하나냐의 아들 시드기야
와 모든 고관이 거기에 앉아 있는
지라
13 미가야가 바룩이 백성의 귀에 책을
낭독할 때에 들은 모든 말을 그들
에게 전하매
14 이에 모든 고관이 구시의 증손 셀
레먀의 손자 느다냐의 아들 여후디
를 바룩에게 보내 이르되 너는 백
성의 귀에 낭독한 두루마리를 손에
가지고 오라 네리야의 아들 바룩이
두루마리를 손에 가지고 그들에게
로 오니
15 그들이 바룩에게 이르되 앉아서 이
를 우리 귀에 낭독하라 바룩이 그
들의 귀에 낭독하매
16 그들이 그 모든 말씀을 듣고 놀라
서로 보며 바룩에게 이르되 우리가
이 모든 말을 왕에게 아뢰리라
17 그들이 또 바룩에게 물어 이르되
너는 그가 불러 주는 이 모든 말을
어떻게 기록하였느냐 청하노니 우
리에게 알리라
18 바룩이 대답하되 그가 그의 입으로
이 모든 말을 내게 불러 주기로 내
가 먹으로 책에 기록하였노라
19 이에 고관들이 바룩에게 이르되 너
는 가서 예레미야와 함께 숨고 너
희가 있는 곳을 사람에게 알리지
말라 하니라

왕이 두루마리를 태우다

20 ●그들이 두루마리를 서기관 엘리
사마의 방에 두고 뜰에 들어가 왕
께 나아가서 이 모든 말을 왕의 귀
에 아뢰니
21 왕이 여후디를 보내어 두루마리를
가져오게 하매 여후디가 서기관 엘
리사마의 방에서 가져다가 왕과 왕
의 곁에 선 모든 고관의 귀에 낭독
하니
22 그때는 아홉째 달이라 왕이 겨울
궁전에 앉았고 그 앞에는 불 피운
화로가 있더라
23 여후디가 서너 쪽을 낭독하면 왕이
칼로 그것을 연하여 베어 화로 불
에 던져서 두루마리를 모두 태웠더
라
24 왕과 그의 신하들이 이 모든 말을
듣고도 두려워하거나 자기들의 옷
을 찢지 아니하였고
25 엘라단과 들라야와 그마랴가 왕께
두루마리를 불사르지 말도록 아뢰
어도 왕이 듣지 아니하였으며
26 왕이 왕의 아들 여라므엘과 아스리
엘의 아들 스라야와 압디엘의 아들
셀레먀에게 명령하여 서기관 바룩
과 선지자 예레미야를 잡으라 하였
으나 여호와께서 그들을 숨기셨더
라

예레미야가 말씀을 다시 쓰다

27 ●왕이 두루마리와 바룩이 예레미
야의 입을 통해 기록한 말씀을 불
사른 후에 여호와의 말씀이 예레미
야에게 임하니라 이르시되
28 너는 다시 다른 두루마리를 가지고
유다의 여호야김 왕이 불사른 첫
두루마리의 모든 말을 기록하고
29 또 유다의 여호야김 왕에 대하여
이와 같이 말하기를 여호와의 말씀
에 네가 이 두루마리를 불사르며
말하기를 네가 어찌하여 바벨론의
왕이 반드시 와서 이 땅을 멸하고
사람과 짐승을 이 땅에서 없어지게
하리라 하는 말을 이 두루마리에
기록하였느냐 하도다
30 그러므로 여호와께서 유다의 왕 여
호야김에 대하여 이와 같이 말씀하
시니라 그에게 다윗의 왕위에 앉을
자가 없게 될 것이요 그의 시체는
버림을 당하여 낮에는 더위, 밤에
는 추위를 당하리라
31 또 내가 그와 그의 자손과 신하들
을 그들의 죄악으로 말미암아 벌할
것이라 내가 일찍이 그들과 예루살
렘 주민과 유다 사람에게 그 모든
재난을 내리리라 선포하였으나 그
들이 듣지 아니하였느니라
32 이에 예레미야가 다른 두루마리를
가져다가 네리야의 아들 서기관 바
룩에게 주매 그가 유다의 여호야김
왕이 불사른 책의 모든 말을 예레
미야가 전하는 대로 기록하고 그
외에도 그 같은 말을 많이 더하였
더라

느부갓네살이 시드기야를
유다 왕으로 삼다

37 요시야의 아들 시드기야가 여
호야김의 아들 고니야의 뒤를
이어 왕이 되었으니 이는 바벨론의
느부갓네살 왕이 그를 유다 땅의
왕으로 삼음이었더라
2 그와 그의 신하와 그의 땅 백성이
여호와께서 선지자 예레미야에게
하신 말씀을 듣지 아니하니라
3 ●시드기야 왕이 셀레먀의 아들 여
후갈과 마아세야의 아들 제사장 스
바냐를 선지자 예레미야에게 보내
청하되 너는 우리를 위하여 우리
하나님 여호와께 기도하라 하였으
니
4 그때에 예레미야가 갇히지 아니하
였으므로 백성 가운데 출입하는 중
이었더라
5 바로의 군대가 애굽에서 나오매 예
루살렘을 에워쌌던 갈대아인이 그
소문을 듣고 예루살렘에서 떠났더
라
6 ●여호와의 말씀이 선지자 예레미
야에게 임하여 이르시되
7 이스라엘의 하나님 여호와께서 이
와 같이 말씀하시니라 너희를 보내
어 내게 구하게 한 유다의 왕에게
아뢰라 너희를 도우려고 나왔던 바
로의 군대는 자기 땅 애굽으로 돌
아가겠고
8 갈대아인이 다시 와서 이 성을 쳐
서 빼앗아 불사르리라
9 여호와께서 이와 같이 말씀하시니
라 너희는 스스로 속여 말하기를
갈대아인이 반드시 우리를 떠나리
라 하지 말라 그들이 떠나지 아니
하리라
10 가령 너희가 너희를 치는 갈대아인
의 온 군대를 쳐서 그 중에 부상자
만 남긴다 할지라도 그들이 각기
장막에서 일어나 이 성을 불사르리
라

예레미야를 붙잡아 가두다

11 ●갈대아인의 군대가 바로의 군대

를 두려워하여 예루살렘에서 떠나
매
12 예레미야가 베냐민 땅에서 백성 가
운데 분깃을 받으려고 예루살렘을
떠나 그리로 가려 하여
13 베냐민 문에 이른즉 하나냐의 손자
요 셀레먀의 아들인 이리야라 이름
하는 문지기의 우두머리가 선지자
예레미야를 붙잡아 이르되 네가 갈
대아인에게 항복하려 하는도다
14 예레미야가 이르되 거짓이다 나는
갈대아인에게 항복하려 하지 아니
하노라 이리야가 듣지 아니하고 예
레미야를 잡아 고관들에게로 끌어
가매
15 고관들이 노여워하여 예레미야를
때려서 서기관 요나단의 집에 가두
었으니 이는 그들이 이 집을 옥으
로 삼았음이더라
16 ●예레미야가 뚜껑 씌운 웅덩이에
들어간 지 여러 날 만에
17 시드기야 왕이 사람을 보내어 그를
이끌어내고 왕궁에서 그에게 비밀
히 물어 이르되 여호와께로부터 받
은 말씀이 있느냐 예레미야가 대답
하되 있나이다 또 이르되 왕이 바
벨론의 왕의 손에 넘겨지리이다
18 예레미야가 다시 시드기야 왕에게
이르되 내가 왕에게나 왕의 신하에
게나 이 백성에게 무슨 죄를 범하
였기에 나를 옥에 가두었나이까
19 바벨론의 왕이 와서 왕과 이 땅을
치지 아니하리라고 예언한 왕의 선
지자들이 이제 어디 있나이까
20 내 주 왕이여 이제 청하건대 내게
들으시며 나의 탄원을 받으사 나를
서기관 요나단의 집으로 돌려보내
지 마옵소서 내가 거기에서 죽을까
두려워하나이다
21 이에 시드기야 왕이 명령하여 예레
미야를 감옥 뜰에 두고 떡 만드는
자의 거리에서 매일 떡 한 개씩 그
에게 주게 하매 성중에 떡이 떨어
질 때까지 이르니라 예레미야가 감
옥 뜰에 머무니라

예레미야가 구덩이에 갇히다

38 맛단의 아들 스바댜와 바스훌
의 아들 그다랴와 셀레먀의
아들 유갈과 말기야의 아들 바스훌
이 예레미야가 모든 백성에게 이르
는 말을 들은즉 이르기를
2 여호와께서 이와 같이 말씀하시되
이 성에 머무는 자는 칼과 기근과
전염병에 죽으리라 그러나 갈대아
인에게 항복하는 자는 살리니 그는
노략물을 얻음같이 자기의 목숨을
건지리라
3 여호와께서 이와 같이 말씀하시니
라 이 성이 반드시 바벨론의 왕의
군대의 손에 넘어가리니 그가 차지
하리라 하셨다 하는지라
4 이에 그 고관들이 왕께 아뢰되 이
사람이 백성의 평안을 구하지 아니
하고 재난을 구하오니 청하건대 이
사람을 죽이소서 그가 이같이 말하
여 이 성에 남은 군사의 손과 모든
백성의 손을 약하게 하나이다
5 시드기야 왕이 이르되 보라 그가
너희 손 안에 있느니라 왕은 조금
도 너희를 거스를 수 없느니라 하
는지라
6 그들이 예레미야를 끌어다가 감옥
뜰에 있는 [1]왕의 아들 말기야의 [2]구
덩이에 던져 넣을 때에 예레미야를
줄로 달아 내렸는데 그 구덩이에는
물이 없고 진창뿐이므로 예레미야
가 진창 속에 빠졌더라
7 ●왕궁 내시 구스인 에벳멜렉이 그
들이 예레미야를 구덩이에 던져 넣

1) 함멜렉 2) 옥

었음을 들으니라 그때에 왕이 베냐
민 문에 앉았더니
8 에벳멜렉이 왕궁에서 나와 왕께 아
뢰어 이르되
9 내 주 왕이여 저 사람들이 선지자
예레미야에게 행한 모든 일은 악하
니이다 성중에 떡이 떨어졌거늘 그
들이 그를 구덩이에 던져 넣었으니
그가 거기에서 굶어 죽으리이다 하
니
10 왕이 구스 사람 에벳멜렉에게 명령
하여 이르되 너는 여기서 삼십 명
을 데리고 가서 선지자 예레미야가
죽기 전에 그를 구덩이에서 끌어내
라
11 에벳멜렉이 사람들을 데리고 왕궁
곳간 밑 방에 들어가서 거기에서
헝겊과 낡은 옷을 가져다가 그것을
구덩이에 있는 예레미야에게 밧줄
로 내리며
12 구스인 에벳멜렉이 예레미야에게
이르되 당신은 이 헝겊과 낡은 옷
을 당신의 겨드랑이에 대고 줄을
그 아래에 대시오 예레미야가 그대
로 하매
13 그들이 줄로 예레미야를 구덩이에
서 끌어낸지라 예레미야가 시위대
뜰에 머무니라

시드기야가 예레미야에게 묻다

14 ●시드기야 왕이 사람을 보내어 선
지자 예레미야를 여호와의 성전 셋
째 문으로 데려오게 하고 왕이 예
레미야에게 이르되 내가 네게 한
가지 일을 물으리니 한마디도 내게
숨기지 말라
15 예레미야가 시드기야에게 이르되
내가 이 일을 왕에게 아시게 하여
도 왕이 결코 나를 죽이지 아니하
시리이까 가령 내가 왕을 권한다
할지라도 왕이 듣지 아니하시리이
다
16 시드기야 왕이 비밀히 예레미야에
게 맹세하여 이르되 우리에게 이
영혼을 지으신 여호와께서 살아 계
심을 두고 맹세하노니 내가 너를
죽이지도 아니하겠으며 네 생명을
찾는 그 사람들의 손에 넘기지도
아니하리라 하는지라
17 ●예레미야가 시드기야에게 이르
되 만군의 하나님이신 이스라엘의
하나님 여호와께서 이와 같이 말
씀하시되 네가 만일 바벨론의 왕
의 고관들에게 항복하면 네 생명이
살겠고 이 성이 불사름을 당하지
아니하겠고 너와 네 가족이 살려
니와
18 네가 만일 나가서 바벨론의 왕의
고관들에게 항복하지 아니하면 이
성이 갈대아인의 손에 넘어가리니
그들이 이 성을 불사를 것이며 너
는 그들의 손을 벗어나지 못하리라
하셨나이다
19 시드기야 왕이 예레미야에게 이르
되 나는 갈대아인에게 항복한 유다
인을 두려워하노라 염려하건대 갈
대아인이 나를 그들의 손에 넘기면
그들이 나를 조롱할까 하노라 하는
지라
20 예레미야가 이르되 그 무리가 왕을
그들에게 넘기지 아니하리이다 원
하옵나니 내가 왕에게 아뢴 바 여
호와의 목소리에 순종하소서 그리
하면 왕이 복을 받아 생명을 보전
하시리이다
21 그러나 만일 항복하기를 거절하시
면 여호와께서 내게 보이신 말씀대
로 되리이다
22 보라 곧 유다 왕궁에 남아 있는 모
든 여자가 바벨론 왕의 고관들에게
로 끌려갈 것이요 그 여자들은 네

게 말하기를 네 친구들이 너를 꾀
어 이기고 네 발이 진흙에 빠짐을
보고 물러갔도다 하리라
23 네 아내들과 자녀는 갈대아인에게
로 끌려가겠고 너는 그들의 손에
서 벗어나지 못하고 바벨론 왕의 손
에 잡히리라 또 네가 이 성읍으로
불사름을 당하게 하리라 하셨나이
다
24 ●시드기야가 예레미야에게 이르
되 너는 이 말을 어느 사람에게도
알리지 말라 그리하면 네가 죽지
아니하리라
25 만일 고관들이 내가 너와 말하였다
함을 듣고 와서 네게 말하기를 네
가 왕에게 말씀한 것을 우리에게
전하라 우리에게 숨기지 말라 그리
하면 우리가 너를 죽이지 아니하리
라 또 왕이 네게 말씀한 것을 전하
라 하거든
26 그들에게 대답하되 내가 왕 앞에
간구하기를 나를 요나단의 집으로
되돌려 보내지 마소서 그리하여 거
기서 죽지 않게 하옵소서 하였다
하라 하니라
27 모든 고관이 예레미야에게 와서 물
으매 그가 왕이 명령한 모든 말대
로 대답하였으므로 일이 탄로되지
아니하였고 그들은 그와 더불어 말
하기를 그쳤더라
28 예레미야가 예루살렘이 함락되는
날까지 감옥 뜰에 머물렀더라

예루살렘이 함락되다

(왕하 25:1-12; 렘 52:4-16)

39 유다의 시드기야 왕의 제구
년 열째 달에 바벨론의 느부
갓네살 왕과 그의 모든 군대가 와
서 예루살렘을 에워싸고 치더니
2 시드기야의 제십일 년 넷째 달 아
홉째 날에 성이 함락되니라 예루살
렘이 함락되매
3 바벨론의 왕의 모든 고관이 나타나
중문에 앉으니 곧 네르갈사레셀과
삼갈네부와 내시장 살스김이니 네
르갈사레셀은 궁중 장관이며 바벨
론의 왕의 나머지 고관들도 있더
라
4 ●유다의 시드기야 왕과 모든 군사
가 그들을 보고 도망하되 밤에 왕
의 동산 길을 따라 두 담 샛문을 통
하여 성읍을 벗어나서 아라바로 갔
더니
5 갈대아인의 군대가 그들을 따라 여
리고 평원에서 시드기야에게 미쳐
그를 잡아서 데리고 하맛 땅 리블
라에 있는 바벨론의 느부갓네살 왕
에게로 올라가매 왕이 그를 심문하
였더라
6 바벨론의 왕이 리블라에서 시드기
야의 눈 앞에서 그의 아들들을 죽
였고 왕이 또 유다의 모든 귀족을
죽였으며
7 왕이 또 시드기야의 눈을 빼게 하
고 바벨론으로 옮기려고 사슬로 결
박하였더라
8 갈대아인들이 왕궁과 백성의 집을
불사르며 예루살렘 성벽을 헐었고
9 사령관 느부사라단이 성중에 남아
있는 백성과 자기에게 항복한 자와
그 외의 남은 백성을 잡아 바벨론
으로 옮겼으며
10 사령관 느부사라단이 아무 소유가
없는 빈민을 유다 땅에 남겨 두고
그날에 포도원과 밭을 그들에게 주
었더라

예레미야가 석방되다

11 ●바벨론의 느부갓네살 왕이 예레
미야에 대하여 사령관 느부사라단
에게 명령하여 이르되
12 그를 데려다가 선대하고 해하지 말

며 그가 네게 말하는 대로 행하라
13 이에 사령관 느부사라단과 내시장
느부사스반과 궁중 장관 네르갈사
레셀과 바벨론 왕의 모든 장관이
14 사람을 보내어 예레미야를 감옥 뜰
에서 데리고 사반의 손자 아히감의
아들 그다랴에게 넘겨서 그를 집으
로 데려가게 하매 그가 백성 가운
데에 사니라

여호와께서 에벳멜렉에게 구원을 약속하시다

15 ●예레미야가 감옥 뜰에 갇혔을 때
에 여호와의 말씀이 그에게 임하니
라 이르시되
16 너는 가서 구스인 에벳멜렉에게 말
하기를 만군의 여호와 이스라엘의
하나님의 말씀에 내가 이 성에 재
난을 내리고 복을 내리지 아니하리
라 한 나의 말이 그날에 네 눈 앞에
이루리라
17 여호와의 말씀이니라 내가 그날에
너를 구원하리니 네가 그 두려워하
는 사람들의 손에 넘겨지지 아니하
리라
18 내가 반드시 너를 구원할 것인즉
네가 칼에 죽지 아니하고 네가 노
략물같이 네 목숨을 얻을 것이니
이는 네가 나를 믿었음이라 여호와
의 말씀이니라 하시더라

40

사령관 느부사라단이 예루살
렘과 유다의 포로를 바벨론으
로 옮기는 중에 예레미야도 잡혀
사슬로 결박되어 가다가 라마에서
풀려난 후에 말씀이 여호와께로부
터 예레미야에게 임하니라
2 사령관이 예레미야를 불러다가 이
르되 네 하나님 여호와께서 이곳에
이 재난을 선포하시더니
3 여호와께서 그가 말씀하신 대로
행하셨으니 이는 너희가 여호와께
범죄하고 그의 목소리에 순종하지
아니하였으므로 이제 이루어졌도
다 이 일이 너희에게 임한 것이니
라
4 보라 내가 오늘 네 손의 사슬을 풀
어 너를 풀어 주노니 만일 네가 나
와 함께 바벨론으로 가는 것을 좋
게 여기거든 가자 내가 너를 선대
하리라 만일 나와 함께 바벨론으로
가는 것을 좋지 않게 여기거든 그
만 두라 보라 온 땅이 네 앞에 있나
니 네가 좋게 여기는 대로 옳게 여
기는 곳으로 갈지니라 하니라
5 예레미야가 아직 돌이키기 전에 그
가 다시 이르되 너는 바벨론의 왕
이 유다 성읍들을 맡도록 세운 사
반의 손자 아히감의 아들 그다랴에
게로 돌아가서 그와 함께 백성 가
운데 살거나 네가 옳게 여기는 곳
으로 가거나 할지니라 하고 그 사
령관이 그에게 양식과 선물을 주어
보내매
6 예레미야가 미스바로 가서 아히감
의 아들 그다랴에게로 나아가서 그
땅에 남아 있는 백성 가운데서 그
와 함께 사니라

유다 총독 그다랴 (왕하 25:22-24)

7 ●들에 있는 모든 지휘관과 그 부
하들이 바벨론의 왕이 아히감의 아
들 그다랴에게 그 땅을 맡기고 남
녀와 유아[1]와 바벨론으로 잡혀가
지 아니한 빈민을 그에게 위임하였
다 함을 듣고
8 그들 곧 느다냐의 아들 이스마엘과
가레아의 두 아들 요하난과 요나
단과 단후멧의 아들 스라야와 느
도바 사람 에배의 아들들과 마아
가 사람의 아들 여사냐와 그들의
사람들이 미스바로 가서 그다랴에

1) 곧

게 이르니
9 사반의 손자 아히감의 아들 그다랴
가 그들과 그들의 사람들에게 맹세
하며 이르되 너희는 갈대아 사람을
섬기기를 두려워하지 말고 이 땅에
살면서 바벨론의 왕을 섬기라 그리
하면 너희에게 유익하리라
10 보라 나는 미스바에 살면서 우리에
게로 오는 갈대아 사람을 섬기리니
너희는 포도주와 여름 과일과 기름
을 모아 그릇에 저장하고 너희가
얻은 성읍들에 살라 하니라
11 모압과 암몬 자손 중과 에돔과 모
든 지방에 있는 유다 사람도 바벨
론의 왕이 유다에 사람을 남겨 둔
것과 사반의 손자 아히감의 아들
그다랴를 그들을 위하여 세웠다 함
을 듣고
12 그 모든 유다 사람이 쫓겨났던 각
처에서 돌아와 유다 땅 미스바에
사는 그다랴에게 이르러 포도주와
여름 과일을 심히 많이 모으니라

그다랴 총독을 죽이다 (왕하 25:25-26)

13 ●가레아의 아들 요하난과 들에 있
던 모든 군 지휘관들이 미스바에
사는 그다랴에게 이르러
14 그에게 이르되 암몬 자손의 왕 바
알리스가 네 생명을 빼앗으려 하여
느다냐의 아들 이스마엘을 보낸 줄
네가 아느냐 하되 아히감의 아들
그다랴가 믿지 아니한지라
15 가레아의 아들 요하난이 미스바에
서 그다랴에게 비밀히 말하여 이르
되 청하노니 내가 가서 사람이 모
르게 느다냐의 아들 이스마엘을 죽
이게 하라 어찌하여 그가 네 생명
을 빼앗게 하여 네게 모인 모든 유
다 사람을 흩어지게 하며 유다의
남은 자로 멸망을 당하게 하랴 하
니라
16 그러나 아히감의 아들 그다랴가 가
레아의 아들 요하난에게 이르되 네
가 이 일을 행하지 말 것이니라 네
가 이스마엘에 대하여 한 말은 진
정이 아니니라 하니라

41 일곱째 달에 왕의 종친 엘리사
마의 손자요 느다냐의 아들로
서 왕의 장관인 이스마엘이 열 사
람과 함께 미스바로 가서 아히감의
아들 그다랴에게 이르러 미스바에
서 함께 떡을 먹다가
2 느다냐의 아들 이스마엘과 그와 함
께 있던 열 사람이 일어나서 바벨
론의 왕의 그 땅을 위임했던 사반
의 손자 아히감의 아들 그다랴를
칼로 쳐죽였고
3 이스마엘이 또 미스바에서 그다랴
와 함께 있던 모든 유다 사람과 거
기에 있는 갈대아 군사를 죽였더라
4 ●그가 그다랴를 죽인 지 이틀이
되었어도 이를 아는 사람이 없었더
라
5 그때에 사람 팔십 명이 자기들의
수염을 깎고 옷을 찢고 몸에 상처
를 내고 손에 소제물과 유향을 가
지고 세겜과 실로와 사마리아로부
터 와서 여호와의 성전으로 나아가
려 한지라
6 느다냐의 아들 이스마엘이 그들을
영접하러 미스바에서 나와 울면서
가다가 그들을 만나 아히감의 아들
그다랴에게로 가자 하더라
7 그들이 성읍 중앙에 이를 때에 느
다냐의 아들 이스마엘이 자기와 함
께 있던 사람들과 더불어 그들을
죽여 구덩이 가운데에 던지니라
8 그 중의 열 사람은 이스마엘에게
이르기를 우리가 밀과 보리와 기름
과 꿀을 밭에 감추었으니 우리를
죽이지 말라 하니 그가 그치고 그

들을 그의 형제와 마찬가지로 죽이
지 아니하였더라
9 이스마엘이 그다랴에게 속한 사람
들을 죽이고 그 시체를 던진 구덩
이는 아사 왕이 이스라엘의 바아사
왕을 두려워하여 팠던 것이라 느다
냐의 아들 이스마엘이 그가 쳐죽인
사람들의 시체를 거기에 채우고
10 미스바에 남아 있는 왕의 딸들과
모든 백성 곧 사령관 느부사라단이
아히감의 아들 그다랴에게 위임하
였던 바 미스바에 남아 있는 모든
백성을 이스마엘이 사로잡되 곧 느
다냐의 아들 이스마엘이 그들을 사
로잡고 암몬 자손에게로 가려고 떠
나니라
11 ●가레아의 아들 요하난과 그와 함
께 있는 모든 군 지휘관이 느다냐
의 아들 이스마엘이 행한 모든 악
을 듣고
12 모든 사람을 데리고 느다냐의 아들
이스마엘과 싸우러 가다가 기브온
큰 물가에서 그를 만나매
13 이스마엘과 함께 있던 모든 백성이
가레아의 아들 요하난과 그와 함께
있던 모든 군 지휘관을 보고 기뻐
한지라
14 이에 미스바에서 이스마엘이 사로
잡은 그 모든 백성이 돌이켜 가레
아의 아들 요하난에게로 돌아가니
15 느다냐의 아들 이스마엘이 여덟 사
람과 함께 요하난을 피하여 암몬
자손에게로 가니라
16 가레아의 아들 요하난과 그와 함께
있던 모든 군 지휘관이 느다냐의
아들 이스마엘이 아히감의 아들 그
다랴를 죽이고 미스바에서 잡아간
모든 남은 백성 곧 군사와 여자와
유아와 내시를 기브온에서 빼앗아
가지고 돌아와서
17 애굽으로 가려고 떠나 베들레헴
근처에 있는 [1]게롯김함에 머물렀
으니
18 이는 느다냐의 아들 이스마엘이 바
벨론의 왕이 그 땅을 위임한 아히
감의 아들 그다랴를 죽였으므로 그
들이 갈대아 사람을 두려워함이었
더라

백성이 예레미야에게 기도를 간구하다

42 이에 모든 군대의 지휘관과
가레아의 아들 요하난과 호사
야의 아들 [2]여사냐와 백성의 낮은
자로부터 높은 자까지 다 나아와
2 선지자 예레미야에게 이르되 당신
은 우리의 탄원을 듣고 이 남아 있
는 모든 자를 위하여 당신의 하나
님 여호와께 기도해 주소서 당신이
보는 바와 같이 우리는 많은 사람
중에서 남은 적은 무리이니
3 당신의 하나님 여호와께서 우리가
마땅히 갈 길과 할 일을 보이시기
를 원하나이다
4 선지자 예레미야가 그들에게 이르
되 내가 너희 말을 들었은즉 너희
말대로 너희 하나님 여호와께 기도
하고 무릇 여호와께서 너희에게 응
답하시는 것을 숨김이 없이 너희에
게 말하리라
5 그들이 예레미야에게 이르되 우리
가 당신의 하나님 여호와께서 당신
을 보내사 우리에게 이르시는 모든
말씀대로 행하리이다 여호와께서
는 우리 가운데에 진실하고 성실한
증인이 되시옵소서
6 우리가 당신을 우리 하나님 여호와
께 보냄은 그의 목소리가 우리에게
좋든지 좋지 않든지를 막론하고 순
종하려 함이라 우리가 우리 하나님

1) 김함의 여관 2) 43:2 '아사랴', 왕하 25:23을 보라(야아사니야)

여호와의 목소리를 순종하면 우리
에게 복이 있으리이다 하니라

여호와의 말씀

7 ●십 일 후에 여호와의 말씀이 예
레미야에게 임하니
8 그가 가레아의 아들 요하난과 그와
함께 있는 모든 군 지휘관과 백성
의 낮은 자로부터 높은 자까지 다
부르고
9 그들에게 이르되 너희가 나를 보내
어 너희의 간구를 이스라엘의 하나
님 여호와께 드리게 하지 아니하였
느냐 그가 이렇게 이르니라
10 너희가 이 땅에 눌러 앉아 산다면
내가 너희를 세우고 헐지 아니하며
너희를 심고 뽑지 아니하리니 이는
내가 너희에게 내린 재난에 대하여
뜻을 돌이킴이라
11 여호와의 말씀이니라 너희는 너희
가 두려워하는 바벨론의 왕을 겁내
지 말라 내가 너희와 함께 있어 너
희를 구원하며 그의 손에서 너희를
건지리니 두려워하지 말라
12 내가 너희를 불쌍히 여기리니 그도
너희를 불쌍히 여겨 너희를 너희
본향으로 돌려보내리라 하셨느니
라
13 그러나 만일 너희가 너희 하나님
여호와의 말씀을 복종하지 아니하
고 말하기를 우리는 이 땅에 살지
아니하리라 하며
14 또 너희가 말하기를 아니라 우리는
전쟁도 보이지 아니하며 나팔 소리
도 들리지 아니하며 양식의 궁핍도
당하지 아니하는 애굽 땅으로 들어
가 살리라 하면 잘못되리라
15 너희 유다의 남은 자여 이제 여호
와의 말씀을 들으라 만군의 여호
와 이스라엘의 하나님께서 이와
같이 말씀하시되 너희가 만일 애
굽에 들어가서 거기에 살기로 고
집하면
16 너희가 두려워하는 칼이 애굽 땅
으로 따라가서 너희에게 미칠 것
이요 너희가 두려워하는 기근이 애
굽으로 급히 따라가서 너희에게
임하리니 너희가 거기에서 죽을
것이라
17 무릇 애굽으로 들어가서 거기에 머
물러 살기로 고집하는 모든 사람은
이와 같이 되리니 곧 칼과 기근과
전염병에 죽을 것인즉 내가 그들에
게 내리는 재난을 벗어나서 남을
자 없으리라
18 ●만군의 여호와 이스라엘의 하나
님께서 이와 같이 말씀하시되 나의
노여움과 분을 예루살렘 주민에게
부은 것같이 너희가 애굽에 이를
때에 나의 분을 너희에게 부으리
니 너희가 가증함과 놀램과 저주
와 치욕거리가 될 것이라 너희가
다시는 이 땅을 보지 못하리라 하
시도다
19 유다의 남은 자들아 여호와께서 너
희를 두고 하신 말씀에 너희는 애
굽으로 가지 말라 하셨고 나도 오
늘 너희에게 경고한 것을 너희는
분명히 알라
20 너희가 나를 너희 하나님 여호와께
보내며 이르기를 우리를 위하여 우
리 하나님 여호와께 기도하고 우리
하나님 여호와께서 말씀하신 대로
우리에게 전하라 우리가 그대로 행
하리라 하여 너희 마음을 속였느니
라
21 너희 하나님 여호와께서 나를 보내
사 너희에게 명하신 말씀을 내가
오늘 너희에게 전하였어도 너희가
너희 하나님 여호와의 목소리를 도
무지 순종하지 아니하였은즉

22 너희가 가서 머물려고 하는 곳에서
칼과 기근과 전염병에 죽을 줄 분
명히 알지니라

예레미야가 애굽으로 가다

43 예레미야가 모든 백성에게 그
들의 하나님 여호와의 말씀
곧 그들의 하나님 여호와께서 자기
를 보내사 그들에게 이르신 이 모
든 말씀을 말하기를 마치니
2 호사야의 아들 아사랴와 가레아의
아들 요하난과 모든 오만한 자가
예레미야에게 말하기를 네가 거짓
을 말하는도다 우리 하나님 여호와
께서 너희는 애굽에서 살려고 그리
로 가지 말라고 너를 보내어 말하
게 하지 아니하셨느니라
3 이는 네리야의 아들 바룩이 너를
부추겨서 우리를 대적하여 갈대아
사람의 손에 넘겨 죽이며 바벨론으
로 붙잡아가게 하려 함이라
4 이에 가레아의 아들 요하난과 모든
군 지휘관과 모든 백성이 유다 땅
에 살라 하시는 여호와의 목소리를
순종하지 아니하고
5 가레아의 아들 요하난과 모든 군
지휘관이 유다의 남은 자 곧 쫓겨
났던 여러 나라 가운데에서 유다
땅에 살려 하여 돌아온 자
6 곧 남자와 여자와 유아와 왕의 딸
들과 사령관 느부사라단이 사반의
손자 아히감의 아들 그다랴에게 맡
겨 둔 모든 사람과 선지자 예레미
야와 네리야의 아들 바룩을 거느리
고
7 애굽 땅에 들어가 다바네스에 이르
렀으니 그들이 여호와의 목소리를
순종하지 아니함이러라
8 ●다바네스에서 여호와의 말씀이
예레미야에게 임하여 이르시되
9 너는 유다 사람의 눈 앞에서 네 손
으로 큰 돌 여러 개를 가져다가 다
바네스에 있는 바로의 궁전 대문의
벽돌로 쌓은 축대에 진흙으로 [1]감
추라
10 그리고 너는 그들에게 말하기를 만
군의 여호와 이스라엘의 하나님께
서 이와 같이 말씀하시되 보라 내
가 내 종 바벨론의 느부갓네살 왕
을 불러오리니 그가 그의 왕좌를
내가 감추게 한 이 돌들 위에 놓고
또 그 화려한 큰 장막을 그 위에 치
리라
11 그가 와서 애굽 땅을 치고 죽일 자
는 죽이고 사로잡을 자는 사로잡고
칼로 칠 자는 칼로 칠 것이라
12 내가 애굽 신들의 신당들을 불지르
리라 느부갓네살이 그들을 불사르
며 그들을 사로잡을 것이요 목자가
그의 몸에 옷을 두름같이 애굽 땅
을 자기 몸에 두르고 평안히 그곳
을 떠날 것이며
13 그가 또 애굽 땅 벧세메스의 석상
들을 깨뜨리고 애굽 신들의 신당들
을 불사르리라 하셨다 할지니라 하
시니라

애굽의 유다 사람에게 하신 말씀

44 애굽 땅에 사는 모든 유다 사
람 곧 믹돌과 다바네스와 놉
과 바드로스 지방에 사는 자에 대
하여 말씀이 예레미야에게 임하니
라 이르시되
2 만군의 여호와 이스라엘의 하나님
께서 이와 같이 말씀하시니라 너희
가 예루살렘과 유다 모든 성읍에
내린 나의 모든 재난을 보았느니라
보라 오늘 그것들이 황무지가 되었
고 사는 사람이 없나니
3 이는 그들이 자기나 너희나 너희
조상들이 알지 못하는 다른 신들에

1) 깔라

게 나아가 분향하여 섬겨서 나의
노여움을 일으킨 악행으로 말미암
음이라
4 내가 나의 모든 종 선지자들을 너
희에게 보내되 끊임없이 보내어
이르기를 너희는 내가 미워하는
이 가증한 일을 행하지 말라 하였
으나
5 그들이 듣지 아니하며 귀를 기울이
지 아니하고 다른 신들에게 여전히
분향하여 그들의 악에서 돌이키지
아니하였으므로
6 나의 분과 나의 노여움을 쏟아서
유다 성읍들과 예루살렘 거리를 불
살랐더니 그것들이 오늘과 같이 폐
허와 황무지가 되었느니라
7 만군의 하나님 이스라엘의 하나님
여호와께서 이와 같이 말씀하셨느
니라 너희가 어찌하여 큰 악을 행
하여 자기 영혼을 해하며 유다 가
운데에서 너희의 남자와 여자와 아
이와 젖 먹는 자를 멸절하여 남은
자가 없게 하려느냐
8 어찌하여 너희가 너희 손이 만든
것으로 나의 노여움을 일으켜 너희
가 가서 머물러 사는 애굽 땅에서
다른 신들에게 분향함으로 끊어 버
림을 당하여 세계 여러 나라 가운
데에서 저주와 수치거리가 되고자
하느냐
9 너희가 유다 땅과 예루살렘 거리에
서 행한 너희 조상들의 악행과 유
다 왕들의 악행과 왕비들의 악행과
너희의 악행과 너희 아내들의 악행
을 잊었느냐
10 그들이 오늘까지 겸손하지 아니하
며 두려워하지도 아니하고 내가 너
희와 너희 조상들 앞에 세운 나의
율법과 나의 법규를 지켜 행하지
아니하느니라
11 ●그러므로 만군의 여호와 이스라
엘의 하나님께서 이와 같이 말씀하
시니라 보라 내가 얼굴을 너희에게
로 향하여 환난을 내리고 온 유다
를 끊어 버릴 것이며
12 내가 또 애굽 땅에 머물러 살기로
고집하고 그리로 들어간 유다의 남
은 자들을 처단하리니 그들이 다
멸망하여 애굽 땅에서 엎드러질 것
이라 그들이 칼과 기근에 망하되
낮은 자로부터 높은 자까지 칼과
기근에 죽어서 저주와 놀램과 조롱
과 수치의 대상이 되리라
13 내가 예루살렘을 벌한 것같이 애굽
땅에 사는 자들을 칼과 기근과 전
염병으로 벌하리니
14 애굽 땅에 들어가서 거기에 머물러
살려는 유다의 남은 자 중에 피하
거나 살아남아 소원대로 돌아와서
살고자 하여 유다 땅에 돌아올 자
가 없을 것이라 도망치는 자들 외
에는 돌아올 자가 없으리라 하셨느
니라
15 ●그리하여 자기 아내들이 다른 신
들에게 분향하는 줄을 아는 모든
남자와 곁에 섰던 모든 여인 곧 애
굽 땅 바드로스에 사는 모든 백성
의 큰 무리가 예레미야에게 대답하
여 이르되
16 네가 여호와의 이름으로 우리에게
하는 말을 우리가 듣지 아니하고
17 우리 입에서 낸 모든 말을 반드시
실행하여 우리가 본래 하던 것 곧
우리와 우리 선조와 우리 왕들과
우리 고관들이 유다 성읍들과 예루
살렘 거리에서 하던 대로 하늘의
여왕에게 분향하고 그 앞에 전제를
드리리라 그때에는 우리가 먹을 것
이 풍부하며 복을 받고 재난을 당
하지 아니하였더니

18 우리가 하늘의 여왕에게 분향하고
그 앞에 전제 드리던 것을 폐한 후
부터는 모든 것이 궁핍하고 칼과
기근에 멸망을 당하였느니라 하며
19 여인들은 이르되 우리가 하늘의 여
왕에게 분향하고 그 앞에 전제를
드릴 때에 어찌 우리 남편의 허락
이 없이 그의 형상과 같은 과자를
만들어 놓고 전제를 드렸느냐 하는
지라
20 ●예레미야가 남녀 모든 무리 곧
이 말로 대답하는 모든 백성에게
일러 이르되
21 너희가 너희 선조와 너희 왕들과
고관들과 유다 땅 백성이 유다 성
읍들과 예루살렘 거리에서 분향한
일을 여호와께서 기억하셨고 그의
마음에 떠오른 것이 아닌가
22 여호와께서 너희 악행과 가증한 행
위를 더 참을 수 없으셨으므로 너
희 땅이 오늘과 같이 황폐하며 놀
램과 저줏거리가 되어 주민이 없게
되었나니
23 너희가 분향하여 여호와께 범죄하
였으며 여호와의 목소리를 순종하
지 아니하고 여호와의 율법과 법규
와 여러 증거대로 행하지 아니하였
으므로 이 재난이 오늘과 같이 너
희에게 일어났느니라
24 ●예레미야가 다시 모든 백성과 모
든 여인에게 말하되 애굽 땅에서
사는 모든 유다 사람이여 여호와의
말씀을 들으라
25 만군의 여호와 이스라엘의 하나님
께서 이와 같이 말씀하시되 너희와
너희 아내들이 입으로 말하고 손으
로 이루려 하여 이르기를 우리가
서원한 대로 반드시 이행하여 하늘
의 여왕에게 분향하고 전제를 드리
리라 하였은즉 너희 서원을 성취하
며 너희 서원을 이행하라 하시느니
라
26 그러므로 애굽 땅에서 사는 모든
유다 사람이여 여호와의 말씀을
들으라 여호와께서 말씀하시되 보
라 내가 나의 큰 이름으로 맹세하였
은즉 애굽 온 땅에 사는 유다 사람
들의 입에서 다시는 내 이름을 부
르며 주 여호와의 살아 계심을 두
고 맹세하노라 하는 자가 없으리
라
27 보라 내가 깨어 있어 그들에게 재
난을 내리고 복을 내리지 아니하
리니 애굽 땅에 있는 유다 모든 사
람이 칼과 기근에 망하여 멸절되
리라
28 그런즉 칼을 피한 소수의 사람이
애굽 땅에서 나와 유다 땅으로 돌
아오리니 애굽 땅에 들어가서 거기
에 머물러 사는 유다의 모든 남은
자가 내 말과 그들의 말 가운데서
누구의 말이 진리인지 알리라
29 여호와의 말씀이니라 내가 이곳에
서 너희를 벌할 표징이 이것이라
내가 너희에게 재난을 내리리라 한
말이 반드시 이루어질 것을 그것으
로 알게 하리라
30 보라 내가 유다의 시드기야 왕을
그의 원수 곧 그의 생명을 찾는 바
벨론의 느부갓네살 왕의 손에 넘긴
것같이 애굽의 바로 호브라 왕을
그의 원수들 곧 그의 생명을 찾는
자들의 손에 넘겨 주리라 여호와께
서 이와 같이 말씀하셨느니라

여호와께서 바룩에게 구원을 약속하시다

45 유다의 요시야 왕의 아들 여
호야김 넷째 해에 네리야의
아들 바룩이 예레미야가 불러 주는
대로 이 모든 말을 책에 기록하니
라 그때에 선지자 예레미야가 그에

게 말하여 이르되
2 바룩아 이스라엘의 하나님 여호와
께서 네게 이같이 말씀하셨느니라
3 네가 일찍이 말하기를 화로다 여호
와께서 나의 고통에 슬픔을 더하셨
으니 나는 나의 탄식으로 피곤하여
평안을 찾지 못하도다
4 너는 그에게 이르라 여호와께서 이
와 같이 말씀하시기를 보라 나는
내가 세운 것을 헐기도 하며 내가
심은 것을 뽑기도 하나니 온 땅에
그리하겠거늘
5 네가 너를 위하여 큰일을 찾느냐
그것을 찾지 말라 보라 내가 모든
육체에 재난을 내리리라 그러나 네
가 가는 모든 곳에서는 내가 너에
게 네 생명을 노략물 주듯 하리라
여호와의 말씀이니라

애굽에 관한 여호와의 말씀

46 이방 나라들에 대하여 선지자
예레미야에게 임한 여호와의
말씀이라
2 ●애굽에 관한 것이라 곧 유다의
요시야 왕의 아들 여호야김 넷째
해에 유브라데 강가 갈그미스에서
바벨론의 느부갓네살 왕에게 패한
애굽의 왕 바로느고의 군대에 대한
말씀이라
3 ●너희는 작은 방패와 큰 방패를
예비하고 나가서 싸우라
4 너희 기병이여 말에 안장을 지워
타며 투구를 쓰고 나서며 창을 갈
며 갑옷을 입으라
5 여호와의 말씀이니라 내가 본즉 그
들이 놀라 물러가며 그들의 용사는
패하여 황급히 도망하며 뒤를 돌아
보지 아니함은 어찜이냐 두려움이
그들의 사방에 있음이로다
6 발이 빠른 자도 도망하지 못하며
용사도 피하지 못하고 그들이 다
북쪽에서 유브라데 강가에 넘어지
며 엎드러지는도다
7 강의 물이 출렁임 같고 나일 강이
불어남 같은 자가 누구냐
8 애굽은 나일 강이 불어남 같고 강
물이 출렁임 같도다 그가 이르되
내가 일어나 땅을 덮어 성읍들과
그 주민을 멸할 것이라
9 말들아 달려라 병거들아 정신 없이
달려라 용사여 나오라 방패 잡은
구스 사람과 붓 사람과 활을 당기
는 루딤 사람이여 나올지니라 하거
니와
10 그날은 주 만군의 여호와께서 그의
대적에게 원수 갚는 보복일이라 칼
이 배부르게 삼키며 그들의 피를
넘치도록 마시리니 주 만군의 여호
와께서 북쪽 유브라데 강가에서 희
생제물을 받으실 것임이로다
11 처녀 딸 애굽이여 길르앗으로 올라
가서 유향을 취하라 네가 치료를
많이 받아도 효력이 없어 낫지 못
하리라
12 네 수치가 나라들에 들렸고 네 부
르짖음은 땅에 가득하였나니 용사
가 용사에게 걸려 넘어져 둘이 함
께 엎드러졌음이라

느부갓네살이 애굽을 치리라

13 ●바벨론의 느부갓네살 왕이 와서
애굽 땅을 칠 일에 대하여 선지자
예레미야에게 이르신 여호와의 말
씀이라
14 ●너희는 애굽에 선포하며 믹돌과
놉과 다바네스에 선포하여 말하기
를 너희는 굳건히 서서 준비하라
네 사방이 칼에 삼키웠느니라
15 너희 장사들이 쓰러짐은 어찌함이
냐 그들이 서지 못함은 여호와께서
그들을 몰아내신 까닭이니라
16 그가 많은 사람을 넘어지게 하시매

사람이 사람 위에 엎드러지며 이르
되 일어나라 우리가 포악한 칼을
피하여 우리 민족에게로, 우리 고
향으로 돌아가자 하도다
17 그들이 그곳에서 부르짖기를 [1)]애굽
의 바로 왕이 망하였도다 그가 기
회를 놓쳤도다
18 만군의 여호와라 일컫는 왕이 이르
시되 나의 삶으로 맹세하노니 그가
과연 산들 중의 다볼같이, 해변의
갈멜같이 오리라
19 애굽에 사는 딸이여 너는 너를 위
하여 포로의 짐을 꾸리라 놉이 황
무하며 불에 타서 주민이 없을 것
임이라
20 애굽은 심히 아름다운 암송아지일
지라도 북으로부터 쇠파리 떼가 줄
곧 오리라
21 또 그 중의 고용꾼은 살진 수송아
지 같아서 돌이켜 함께 도망하고
서지 못하였나니 재난의 날이 이르
렀고 벌받는 때가 왔음이라
22 애굽의 소리가 뱀의 소리 같으리니
이는 그들의 군대가 벌목하는 자같
이 도끼를 가지고 올 것임이라
23 여호와의 말씀이니라 그들이 황충
보다 많아서 셀 수 없으므로 조사
할 수 없는 그의 수풀을 찍을 것이
라
24 딸 애굽이 수치를 당하여 북쪽 백
성의 손에 붙임을 당하리로다
25 만군의 여호와 이스라엘의 하나님
께서 말씀하시니라 보라 내가 노의
아몬과 바로와 애굽과 애굽 신들과
왕들 곧 바로와 및 그를 의지하는
자들을 벌할 것이라
26 내가 그들의 생명을 노리는 자의
손 곧 바벨론의 느부갓네살 왕의
손과 그 종들의 손에 넘기리라 그
럴지라도 그 후에는 그 땅이 이전
같이 사람 살 곳이 되리라 여호와
의 말씀이니라

이스라엘을 구원하리라

27 ●내 종 야곱아 두려워하지 말라
이스라엘아 놀라지 말라 보라 내가
너를 먼 곳에서 구원하며 네 자손
을 포로된 땅에서 구원하리니 야곱
이 돌아와서 평안하며 걱정 없이
살게 될 것이라 그를 두렵게 할 자
없으리라
28 여호와의 말씀이니라 내 종 야곱아
내가 너와 함께 있나니 두려워하지
말라 내가 너를 흩었던 그 나라들
은 다 멸할지라도 너는 사라지지
아니하리라 내가 너를 법도대로 징
계할 것이요 결코 무죄한 자로 여
기지 아니하리라 하시니라

블레셋 사람을 유린하시는 날

47 바로가 가사를 치기 전에 블레
셋 사람에 대하여 선지자 예
레미야에게 임한 여호와의 말씀이
라
2 ●여호와께서 이와 같이 말씀하시
되 보라 물이 북쪽에서 일어나 물
결치는 시내를 이루어 그 땅과 그
중에 있는 모든 것과 그 성읍과 거
기에 사는 자들을 휩쓸리니 사람들
이 부르짖으며 그 땅 모든 주민이
울부짖으리라
3 군마의 발굽 소리와 달리는 병거
바퀴가 진동하는 소리 때문에 아버
지의 손맥이 풀려서 자기의 자녀를
돌보지 못하리니
4 이는 블레셋 사람을 유린하시며
두로와 시돈에 남아 있는 바 도와
줄 자를 다 끊어 버리시는 날이 올
것임이라 여호와께서 갑돌 섬에 남
아 있는 블레셋 사람을 유린하시
리라

1) 애굽 왕 바로는 소리뿐이라

5 가사는 대머리가 되었고 아스글론
과 그들에게 남아 있는 평지가 잠
잠하게 되었나니 네가 네 몸 베기
를 어느 때까지 하겠느냐
6 오호라 여호와의 칼이여 네가 언제
까지 쉬지 않겠느냐 네 칼집에 들
어가서 가만히 쉴지어다
7 여호와께서 이를 명령하셨은즉 어
떻게 잠잠하며 쉬겠느냐 아스글론
과 해변을 치려 하여 그가 정하셨
느니라 하니라

모압의 멸망

48 모압에 관한 것이라 만군의
여호와 이스라엘의 하나님께
서 이와 같이 말씀하시되 오호라
느보여 그가 유린 당하였도다 기랴
다임이 수치를 당하여 점령되었고
미스갑이 수치를 당하여 파괴되었
으니
2 모압의 찬송 소리가 없어졌도다 헤
스본에서 무리가 그를 해하려고 악
을 도모하고 이르기를 와서 그를
끊어서 나라를 이루지 못하게 하자
하는도다 맛멘이여 너도 조용하게
되리니 칼이 너를 뒤쫓아 가리라
3 호로나임에서 부르짖는 소리여 황
폐와 큰 파멸이로다
4 모압이 멸망을 당하여 그 어린이들
의 부르짖음이 들리는도다
5 그들이 루힛 언덕으로 올라가면서
울고 호로나임 내리막 길에서 파
멸의 고통스런 울부짖음을 듣는도
다
6 도망하여 네 생명을 구원하여 광야
의 노간주나무같이 될지어다
7 네가 네 업적과 보물을 의뢰하므로
너도 정복을 당할 것이요 그모스는
그의 제사장들과 고관들과 함께 포
로 되어 갈 것이라
8 파멸하는 자가 각 성읍에 이를 것
인즉 한 성읍도 면하지 못할 것이
며 골짜기가 멸망하였으며 평지는
파멸되어 여호와의 말씀과 같으리
로다
9 모압에 날개를 주어 날아 피하게
하라 그 성읍들이 황폐하여 거기에
사는 자가 없으리로다
10 여호와의 일을 게을리 하는 자는
저주를 받을 것이요 자기 칼을 금
하여 피를 흘리지 아니하는 자도
저주를 받을 것이로다

모압이 황폐하였다

11 ●모압은 젊은 시절부터 평안하고
포로도 되지 아니하였으므로 마치
술이 그 찌끼 위에 있고 이 그릇에
서 저 그릇으로 옮기지 않음 같아
서 그 맛이 남아 있고 냄새가 변하
지 아니하였도다
12 그러므로 여호와께서 말씀하시니
라 날이 이르리니 내가 술을 옮겨
담는 사람을 보낼 것이라 그들이
기울여서 그 그릇을 비게 하고 그
병들을 부수리니
13 이스라엘 집이 벧엘을 의뢰하므로
수치를 당한 것같이 모압이 그모스
로 말미암아 수치를 당하리로다
14 너희가 어찌하여 말하기를 우리는
용사요 능란한 전사라 하느냐
15 만군의 여호와라 일컫는 왕께서 이
와 같이 말하노라 모압이 황폐하였
도다 그 성읍들은 사라졌고 그 선
택받은 장정들은 내려가서 죽임을
당하니
16 모압의 재난이 가까웠고 그 고난이
속히 닥치리로다
17 그의 사면에 있는 모든 자여, 그의
이름을 아는 모든 자여, 그를 위로
하며 말하기를 어찌하여 강한 막대
기, 아름다운 지팡이가 부러졌는고
할지니라

18 디본에 사는 딸아 네 영화에서 내
려와 메마른 데 앉으라 모압을 파
멸하는 자가 올라와서 너를 쳐서
네 요새를 깨뜨렸음이로다
19 아로엘에 사는 여인이여 길 곁에
서서 지키며 도망하는 자와 피하는
자에게 무슨 일이 생겼는지 물을지
어다
20 모압이 패하여 수치를 받나니 너희
는 울면서 부르짖으며 아르논 가에
서 이르기를 모압이 황폐하였다 할
지어다
21 심판이 평지에 이르렀나니 곧 홀론
과 야사와 메바앗과
22 디본과 느보와 벧디블라다임과
23 기랴다임과 벧가물과 벧므온과
24 그리욧과 보스라와 모압 땅 원근
모든 성읍에로다
25 모압의 뿔이 잘렸고 그 팔이 부러
졌도다 여호와의 말씀이니라

모압이 조롱거리가 되리라

26 ●모압으로 취하게 할지어다 이는
그가 여호와에 대하여 교만함이라
그가 그 토한 것에서 뒹굴므로 조
롱거리가 되리로다
27 네가 이스라엘을 조롱하지 아니하
였느냐 그가 도둑 가운데에서 발견
되었느냐 네가 그를 말할 때마다
네 머리를 흔드는도다
28 모압 주민들아 너희는 성읍을 떠나
바위 사이에 살지어다 깊은 골짜기
어귀에 깃들이는 비둘기같이 할지
어다
29 우리가 모압의 교만을 들었나니 심
한 교만 곧 그의 자고와 오만과 자
랑과 그 마음의 거만이로다
30 여호와의 말씀이니라 내가 그의 노
여워함의 허탄함을 아노니 그가 자
랑하여도 아무것도 성취하지 못하
였도다
31 그러므로 내가 모압을 위하여 울며
온 모압을 위하여 부르짖으리니 무
리가 길헤레스 사람을 위하여 신음
하리로다
32 십마의 포도나무여 너의 가지가 바
다를 넘어 야셀 바다까지 뻗었더니
너의 여름 과일과 포도 수확을 탈
취하는 자가 나타났으니 내가 너를
위하여 울기를 야셀이 우는 것보다
더하리로다
33 기쁨과 환희가 옥토와 모압 땅에서
빼앗겼도다 내가 포도주 틀에 포도
주가 끊어지게 하리니 외치며 밟는
자가 없을 것이라 그 외침은 즐거
운 외침이 되지 못하리로다
34 헤스본에서 엘르알레를 지나 야하
스까지와 소알에서 호로나임을 지
나 에글랏 셀리시야에 이르는 지역
에 사는 사람들이 소리를 내어 부
르짖음은 니므림의 물도 황폐하였
음이로다
35 여호와의 말씀이라 모압 산당에서
제사하며 그 신들에게 분향하는 자
를 내가 끊어 버리리라

모압이 벌받을 해

36 ●그러므로 나의 마음이 모압을 위
하여 피리같이 소리 내며 나의 마
음이 길헤레스 사람들을 위하여 피
리같이 소리 내나니 이는 그가 모
은 재물이 없어졌음이라
37 모든 사람이 대머리가 되었고 모든
사람이 수염을 밀었으며 손에 칼자
국이 있고 허리에 굵은 베가 둘렸
고
38 모압의 모든 지붕과 거리 각처에서
슬피 우는 소리가 들리니 내가 모
압을 마음에 들지 않는 그릇같이
깨뜨렸음이라 여호와의 말씀이니
라
39 어찌하여 모압이 파괴되었으며 어

찌하여 그들이 애곡하는가 모압이
부끄러워서 등을 돌렸도다 그런즉
모압이 그 사방 모든 사람의 조롱
거리와 공포의 대상이 되리로다
40 이는 여호와의 말씀이니라 보라 그
가 독수리같이 날아와서 모압 위에
그의 날개를 펴리라
41 성읍들이 점령을 당하며 요새가 함
락되는 날에 모압 용사의 마음이
산고를 당하는 여인 같을 것이라
42 모압이 여호와를 거슬러 자만하였
으므로 멸망하고 다시 나라를 이루
지 못하리로다
43 여호와의 말씀이니라 모압 주민아
두려움과 함정과 올무가 네게 닥치
나니
44 두려움에서 도망하는 자는 함정에
떨어지겠고 함정에서 나오는 자는
올무에 걸리리니 이는 내가 모압이
벌받을 해가 임하게 할 것임이라
여호와의 말씀이니라
45 ●도망하는 자들이 기진하여 헤스
본 그늘 아래에 서니 이는 불이 헤
스본에서 나며 불길이 시혼 가운데
나서 모압의 살쩍과 떠드는 자들의
정수리를 사름이로다
46 모압이여 네게 화가 있도다 그모스
의 백성이 망하였도다 네 아들들은
사로잡혀 갔고 네 딸들은 포로가
되었도다
47 그러나 내가 마지막 날에 모압의
포로를 돌려보내리라 여호와의 말
씀이니라 모압의 심판이 여기까지
니라

암몬이 받을 심판

49 암몬 자손에 대한 말씀이라
여호와께서 이와 같이 말씀하
시되 이스라엘이 자식이 없느냐 상
속자가 없느냐 [1]말감이 갓을 점령
하며 그 백성이 그 성읍들에 사는
것은 어찌 됨이냐
2 여호와의 말씀이니라 그러므로 보
라 날이 이르리니 내가 전쟁 소리
로 암몬 자손의 랍바에 들리게 할
것이라 랍바는 폐허더미 언덕이 되
겠고 그 [2]마을들은 불에 탈 것이며
그때에 이스라엘은 자기를 점령하
였던 자를 점령하리라 여호와의 말
씀이니라
3 헤스본아 슬피 울지어다 아이가
황폐하였도다 너희 랍바의 딸들아
부르짖을지어다 굵은 베를 감고
애통하며 울타리 가운데에서 허둥
지둥할지어다 말감과 그 제사장들
과 그 고관들이 다 사로잡혀 가리
로다
4 패역한 딸아 어찌하여 [3]골짜기 곧
네 흐르는 골짜기를 자랑하느냐 네
가 어찌하여 재물을 의뢰하여 말하
기를 누가 내게 대적하여 오리요
하느냐
5 주 만군의 여호와의 말씀이니라 보
라 내가 두려움을 네 사방에서 네
게 오게 하리니 너희 각 사람이 앞
으로 쫓겨 나갈 것이요 도망하는
자들을 모을 자가 없으리라
6 그러나 그 후에 내가 암몬 자손의
포로를 돌아가게 하리라 여호와의
말씀이니라

에돔이 받을 심판

7 ●에돔에 대한 말씀이라 만군의 여
호와께서 이와 같이 말씀하시되 데
만에 다시는 지혜가 없게 되었느냐
명철한 자에게 책략이 끊어졌느냐
그들의 지혜가 없어졌느냐
8 드단 주민아 돌이켜 도망할지어다
깊은 곳에 숨을지어다 내가 에서의
재난을 그에게 닥치게 하여 그를

1) 그들의 왕이 2) 딸들은 3) 골짜기를 자랑하느냐 골짜기는 흘러가나니 네가 어찌하여 재물을

벌할 때가 이르게 하리로다
9 포도를 거두는 자들이 [1]네게 이르
면 약간의 열매도 남기지 아니하겠
고 밤에 도둑이 오면 그 욕심이 차
기까지 멸하느니라
10 그러나 내가 에서의 옷을 벗겨 그
숨은 곳이 드러나게 하였나니 그가
그 몸을 숨길 수 없을 것이라 그 자
손과 형제와 이웃이 멸망하였은즉
그가 없어졌느니라
11 네 고아들을 버려도 내가 그들을
살리리라 네 과부들은 나를 의지할
것이니라
12 여호와께서 이와 같이 말씀하시니
라 보라 술잔을 마시는 습관이 없
는 자도 반드시 마시겠거든 네가
형벌을 온전히 면하겠느냐 면하지
못하리니 너는 반드시 마시리라
13 여호와의 말씀이니라 내가 나를 두
고 맹세하노니 보스라가 놀램과 치
욕거리와 황폐함과 저줏거리가 될
것이요 그 모든 성읍이 영원히 황
폐하리라 하시니라
14 ●내가 여호와에게서부터 오는 소
식을 들었노라 사절을 여러 나라 가
운데 보내어 이르시되 너희는 모
여와서 그를 치며 일어나서 싸우
라
15 보라 내가 너를 여러 나라 가운
데에서 작아지게 하였고 사람들
가운데에서 멸시를 받게 하였느
니라
16 바위틈에 살며 산꼭대기를 점령한
자여 스스로 두려운 자인 줄로 여
김과 네 마음의 교만이 너를 속였
도다 네가 독수리같이 보금자리를
높은 데에 지었을지라도 내가 그리
로부터 너를 끌어내리리라 이는 여
호와의 말씀이니라
17 에돔이 공포의 대상이 되리니 그리
로 지나는 자마다 놀라며 그 모든
재앙으로 말미암아 탄식하리로다
18 여호와께서 말씀하시니라 소돔과
고모라와 그 이웃 성읍들이 멸망한
것같이 거기에 사는 사람이 없으며
그 가운데에 머물러 살 사람이 아
무도 없으리라
19 보라 사자가 요단 강의 깊은 숲에
서 나타나듯이 그가 와서 [2]견고한
처소를 칠 것이라 내가 즉시 그들
을 거기에서 쫓아내고 택한 자를
내가 그 위에 세우리니 나와 같은
자 누구며 [3]나와 더불어 다툴 자
누구며 내 앞에 설 목자가 누구냐
20 ●그런즉 에돔에 대한 여호와의 의
도와 데만 주민에 대하여 결심하신
여호와의 계획을 들으라 양 떼의
어린 것들을 그들이 반드시 끌고
다니며 괴롭히고 그 [4]처소로 황폐
하게 하지 않으랴
21 그들이 넘어지는 소리에 땅이 진동
하며 그가 부르짖는 소리는 홍해에
들리리라
22 보라 원수가 독수리같이 날아와서
그의 날개를 보스라 위에 펴는 그
날에 에돔 용사의 마음이 진통하는
여인같이 되리라 하시니라

다메섹이 받을 심판

23 ●다메섹에 대한 말씀이라 하맛과
아르밧이 수치를 당하리니 이는 흉
한 소문을 듣고 낙담함이니라 바
닷가에서 비틀거리며 평안이 없도
다
24 다메섹이 피곤하여 몸을 돌이켜 달
아나려 하니 떨림이 그를 움켜잡고
해산하는 여인같이 고통과 슬픔이

1) 네게 이를지라도 약간의 열매를 남기지 아니하겠느냐 밤에 도적도 그 욕심이 차면 그치지 아니하겠느냐 2) 항상 무성한 초장에 이를 것이나 3) 나의 시기를 정할 자 4) 초장

그를 사로잡았도다
25 어찌하여 찬송의 성읍, 나의 즐거
운 성읍이 버린 것이 되었느냐
26 이는 만군의 여호와의 말씀이니라
그런즉 그날에 그의 장정들은 그
거리에 엎드러지겠고 모든 군사는
멸절될 것이며
27 내가 다메섹의 성벽에 불을 지르리
니 벤하닷의 궁전이 불타리라

게달과 하솔이 받을 심판

28 ●바벨론의 느부갓네살 왕에게 공
격을 받은 게달과 하솔 나라들에
대한 말씀이라 여호와께서 이와 같
이 말씀하시되 너희는 일어나 게달
로 올라가서 동방 자손들을 황폐하
게 하라
29 [1]너희는 그들의 장막과 양 떼를 빼
앗으며 휘장과 모든 기구와 낙타를
빼앗아다가 소유로 삼고 그들을 향
하여 외치기를 두려움이 사방에 있
다 할지니라
30 여호와의 말씀이니라 하솔 주민아
도망하라 멀리 가서 깊은 곳에 살
라 이는 바벨론의 느부갓네살 왕이
너를 칠 모략과 너를 칠 계책을 세
웠음이라
31 여호와의 말씀이니라 너는 일어나
고요하고도 평안히 사는 백성 곧
성문이나 문빗장이 없이 홀로 사는
국민을 치라
32 그들의 낙타들은 노략물이 되겠고
그들의 많은 가축은 탈취를 당할
것이라 내가 그 살쩍을 깎는 자들
을 사면에 흩고 그 재난을 여러 곳
에서 오게 하리라 여호와의 말씀이
니라
33 하솔은 큰 뱀의 거처가 되어 영원
히 황폐하리니 거기 사는 사람이나
그 가운데에 머물러 사는 사람이
아무도 없게 되리라 하시니라

엘람이 받을 심판

34 ●유다 왕 시드기야가 즉위한 지
오래지 아니하여서 엘람에 대한 여
호와의 말씀이 선지자 예레미야에
게 임하여 이르시되
35 만군의 여호와가 이같이 말하노라
보라 내가 엘람의 힘의 으뜸가는
활을 꺾을 것이요
36 하늘의 사방에서부터 사방 바람을
엘람에 오게 하여 그들을 사방으로
흩으리니 엘람에서 쫓겨난 자가 가
지 않는 나라가 없으리라
37 여호와의 말씀이니라 내가 엘람으
로 그의 원수의 앞, 그의 생명을 노
리는 자의 앞에서 놀라게 할 것이
며 내가 재앙 곧 나의 진노를 그들
위에 내릴 것이며 내가 또 그 뒤로
칼을 보내어 그들을 멸망시키리
라
38 내가 나의 보좌를 엘람에 주고 왕
과 고관들을 그곳에서 멸하리라 여
호와의 말씀이니라
39 그러나 말일에 이르러 내가 엘람의
포로를 돌아가게 하리라 여호와의
말씀이니라

바벨론이 받을 심판

50 여호와께서 선지자 예레미야
에게 바벨론과 갈대아 사람의
땅에 대하여 하신 말씀이라
2 너희는 나라들 가운데에 전파하라
공포하라 깃발을 세우라 숨김이
없이 공포하여 이르라 바벨론이
함락되고 벨이 수치를 당하며 므
로닥이 부스러지며 그 신상들은
수치를 당하며 우상들은 부스러진
다 하라
3 이는 한 나라가 북쪽에서 나와서
그를 쳐서 그 땅으로 황폐하게 하
여 그 가운데에 사는 자가 없게 할

1) 히, 그들

것임이라 사람이나 짐승이 다 도망
할 것임이니라
4 여호와의 말씀이니라 그날 그때에
이스라엘 자손이 돌아오며 유다 자
손도 함께 돌아오되 그들이 울면서
그 길을 가며 그의 하나님 여호와
께 구할 것이며
5 그들이 그 얼굴을 시온으로 향하여
그 길을 물으며 말하기를 너희는
오라 잊을 수 없는 영원한 언약으
로 여호와와 연합하라 하리라

바벨론에서 도망하라
갈대아 땅에서 나오라

6 ●내 백성은 잃어버린 양 떼로다
그 목자들이 그들을 곁길로 가게
하여 산으로 돌이키게 하였으므로
그들이 산에서 언덕으로 돌아다니
며 쉴 곳을 잊었도다
7 그들을 만나는 자들은 그들을 삼키
며 그의 대적은 말하기를 그들이
여호와 곧 의로운 처소시며 그의
조상들의 소망이신 여호와께 범죄
하였음인즉 우리는 무죄하다 하였
느니라
8 너희는 바벨론 가운데에서 도망하
라 갈대아 사람의 땅에서 나오라
양 떼에 앞서가는 숫염소같이 하라
9 보라 내가 큰 민족의 무리를 북쪽
에서 올라오게 하여 바벨론을 대항
하게 하리니 그들이 대열을 벌이고
쳐서 정복할 것이라 그들의 화살은
노련한 용사의 화살 같아서 허공을
치지 아니하리라
10 갈대아가 약탈을 당할 것이라 그를
약탈하는 자마다 만족하리라 여호
와의 말씀이니라

바벨론의 멸망

11 ●나의 소유를 노략하는 자여 너희
가 즐거워하며 기뻐하고 타작하는
송아지같이 발굽을 구르며 군마같
이 우는도다
12 그러므로 너희의 어머니가 큰 수치
를 당하리라 너희를 낳은 자가 치
욕을 당하리라 보라 그가 나라들
가운데의 마지막과 광야와 마른 땅
과 거친 계곡이 될 것이며
13 여호와의 진노로 말미암아 주민이
없어 완전히 황무지가 될 것이라
바벨론을 지나가는 자마다 그 모든
재난에 놀라며 탄식하리로다
14 바벨론을 둘러 대열을 벌이고 활을
당기는 모든 자여 화살을 아끼지
말고 쏘라 그가 여호와께 범죄하였
음이라
15 그 주위에서 고함을 지르리로다 그
가 [1]항복하였고 그 요새는 무너졌
고 그 성벽은 허물어졌으니 이는
여호와께서 그가 행한 대로 그에게
내리시는 보복이라 그가 행한 대로
그에게 갚으시는도다
16 파종하는 자와 추수 때에 낫을 잡
은 자를 바벨론에서 끊어 버리라
사람들이 그 압박하는 칼을 두려워
하여 각기 동족에게로 돌아가며 고
향으로 도망하리라

이스라엘을 돌아오게 하리라

17 ●이스라엘은 흩어진 양이라 사자
들이 그를 따르도다 처음에는 앗수
르 왕이 먹었고 다음에는 바벨론
의 느부갓네살 왕이 그의 뼈를 꺾
도다
18 그러므로 만군의 여호와 이스라엘
의 하나님이 이와 같이 말하노라
보라 내가 앗수르의 왕을 벌한 것
같이 바벨론의 왕과 그 땅을 벌하
고
19 이스라엘을 다시 그의 목장으로 돌
아가게 하리니 그가 갈멜과 바산에
서 양을 기를 것이며 그의 마음이

1) 히, 손을 주었고

에브라임과 길르앗 산에서 만족하
리라
20 여호와의 말씀이니라 그날 그때에
는 이스라엘의 죄악을 찾을지라도
없겠고 유다의 죄를 찾을지라도 찾
아내지 못하리니 이는 내가 남긴
자를 용서할 것임이라

여호와께서 바벨론을 심판하시다

21 ●이는 여호와의 말씀이니라 너희
는 올라가서 므라다임의 땅을 치며
브곳의 주민을 쳐서 진멸하되 내가
너희에게 명령한 대로 다하라
22 그 땅에 싸움의 소리와 큰 파멸이
있으리라
23 온 세계의 망치가 어찌 그리 꺾여
부서졌는고 바벨론이 어찌 그리 나
라들 가운데에 황무지가 되었는고
24 바벨론아 내가 너를 잡으려고 올무
를 놓았더니 네가 깨닫지 못하여
걸렸고 네가 여호와와 싸웠으므로
발각되어 잡혔도다
25 여호와께서 그의 병기창을 열고 분
노의 무기를 꺼냄은 주 만군의 여
호와께서 갈대아 사람의 땅에 행할
일이 있음이라
26 먼 곳에 있는 너희는 와서 그를 치
고 그의 곳간을 열고 그것을 곡식
더미처럼 쌓아 올려라 그를 진멸하
고 남기지 말라
27 그의 황소를 다 죽이라 그를 도살
하려 내려 보내라 그들에게 화 있
도다 그들의 날, 그 벌받는 때가 이
르렀음이로다
28 바벨론 땅에서 도피한 자의 소리여
시온에서 우리 하나님 여호와의 보
복하시는 것, 그의 성전의 보복하
시는 것을 선포하는 소리로다
29 ●활 쏘는 자를 바벨론에 소집하라
활을 당기는 자여 그 사면으로 진
을 쳐서 피하는 자가 없게 하라 그
가 일한 대로 갚고 그가 행한 대로
그에게 갚으라 그가 이스라엘의 거
룩한 자 여호와를 향하여 교만하였
음이라
30 그러므로 그날에 장정들이 그 거리
에 엎드러지겠고 군사들이 멸절되
리라 여호와의 말씀이니라
31 주 만군의 여호와의 말씀이니라 교
만한 자여 보라 내가 너를 대적하
나니 너의 날 곧 내가 너를 벌할 때
가 이르렀음이라
32 교만한 자가 걸려 넘어지겠고 그를
일으킬 자가 없을 것이며 내가 그
의 성읍들에 불을 지르리니 그의
주위에 있는 것을 다 삼키리라
33 ●만군의 여호와께서 이와 같이 말
씀하시니라 이스라엘 자손과 유다
자손이 함께 학대를 받는도다 그들
을 사로잡은 자는 다 그들을 붙들
고 놓아주지 아니하리라
34 그들의 구원자는 강하니 그의 이름
은 만군의 여호와라 반드시 그들
때문에 싸우시리니 그 땅에 평안함
을 주고 바벨론 주민은 불안하게
하리라
35 여호와의 말씀이니라 칼이 갈대아
인의 위에와 바벨론 주민의 위에와
그 고관들과 지혜로운 자의 위에
떨어지리라
36 칼이 자랑하는 자의 위에 떨어지리
니 그들이 어리석게 될 것이며 칼
이 용사의 위에 떨어지리니 그들이
놀랄 것이며
37 칼이 그들의 말들과 병거들과 그들
중에 있는 여러 민족의 위에 떨어
지리니 그들이 여인들같이 될 것이
며 칼이 보물 위에 떨어지리니 그
것이 약탈되리라
38 가뭄이 물 위에 내리어 그것을 말
리리니 이는 그 땅이 조각한 신상

의 땅이요 그들은 무서운 것을 보
고 실성하였음이니라
39 그러므로 사막의 들짐승이 승냥이
와 함께 거기에 살겠고 타조도 그
가운데에 살 것이요 영원히 주민
이 없으며 대대에 살 자가 없으리
라
40 여호와의 말씀이니라 하나님께서
소돔과 고모라와 그 이웃 성읍들을
뒤엎었듯이 거기에 사는 사람이 없
게 하며 그 가운데에 머물러 사는
사람이 아무도 없게 하시리라
41 ●보라 한 민족이 북쪽에서 오고
큰 나라와 여러 왕이 충동을 받아
땅끝에서 일어나리니
42 그들은 활과 투창을 가진 자라 잔
인하여 불쌍히 여기지 아니하며 그
들의 목소리는 바다가 설레임 같도
다 딸 바벨론아 그들이 말을 타고
무사같이 각기 네 앞에서 대열을
갖추었도다
43 바벨론의 왕이 그 소문을 듣고 손
이 약하여지며 고통에 사로잡혀 해
산하는 여인처럼 진통하는도다
44 보라 사자가 요단의 깊은 숲에서
나타나듯이 그가 와서 견고한 처소
를 칠 것이라 내가 즉시 그들을 거
기에서 쫓아내고 택한 자를 내가
그 자리에 세우리니 나와 같은 자
누구며 출두하라고 나에게 명령할
자가 누구며 내 앞에 설 목자가 누
구냐
45 그런즉 바벨론에 대한 여호와의 계
획과 갈대아 사람의 땅에 대하여
품은 여호와의 생각을 들으라 양
떼의 어린 것들을 그들이 반드시
끌어가고 그들의 초장을 황폐하게
하리니
46 바벨론이 약탈당하는 소리에 땅이
진동하며 그 부르짖음이 나라들 가
운데에 들리리라 하시도다

바벨론을 멸하시는 여호와

51 여호와께서 이와 같이 말씀하
시되 보라 내가 멸망시키는 자
의 심령을 부추겨 바벨론을 치고
또 나를 대적하는 자 중에 있는 자
를 치되
2 내가 [1]타국인을 바벨론에 보내어
키질하여 그의 땅을 비게 하리니
재난의 날에 그를 에워싸고 치리로
다
3 활을 당기는 자를 향하며 갑옷을
입고 일어선 자를 향하여 쏘는 자
는 그의 활을 당길 것이라 그의 장
정들을 불쌍히 여기지 말며 그의
군대를 전멸시켜라
4 무리가 갈대아 사람의 땅에서 죽임
을 당하여 엎드러질 것이요 관통상
을 당한 자가 거리에 있으리라
5 ●이스라엘과 유다가 이스라엘의
거룩하신 이를 거역하므로 죄과가
땅에 가득하나 그의 하나님 만군의
여호와에게 버림받은 홀아비는 아
니니라
6 바벨론 가운데서 도망하여 나와서
각기 생명을 구원하고 그의 죄악으
로 말미암아 끊어짐을 보지 말지어
다 이는 여호와의 보복의 때니 그
에게 보복하시리라
7 바벨론은 여호와의 손에 잡혀 있어
온 세계가 취하게 하는 금잔이라
뭇 민족이 그 포도주를 마심으로
미쳤도다
8 바벨론이 갑자기 넘어져 파멸되니
이로 말미암아 울라 그 상처를 위
하여 유향을 구하라 혹 나으리로다
9 우리가 바벨론을 치료하려 하여도
낫지 아니한즉 버리고 각기 고향으
로 돌아가자 그 화가 하늘에 미쳤

1) 키질하는 자를

고 궁창에 달하였음이로다
10 여호와께서 우리 공의를 드러내셨
으니 오라 시온에서 우리 하나님
여호와의 일을 선포하자
11 ●화살을 갈며 둥근 방패를 준비하
라 여호와께서 메대 왕들의 마음을
부추기사 바벨론을 멸하기로 뜻하
시나니 이는 여호와께서 보복하시
는 것 곧 그의 성전을 위하여 보복
하시는 것이라
12 바벨론 성벽을 향하여 깃발을 세우
고 튼튼히 지키며 파수꾼을 세우며
복병을 매복시켜 방비하라 이는 여
호와께서 바벨론 주민에 대하여 말
씀하신 대로 계획하시고 행하심이
로다
13 많은 물가에 살면서 재물이 많은
자여 네 재물의 한계 곧 네 끝이 왔
도다
14 만군의 여호와께서 자기의 목숨을
두고 맹세하시되 내가 진실로 사람
을 메뚜기같이 네게 가득하게 하리
니 그들이 너를 향하여 환성을 높
이리라 하시도다

여호와를 찬양하다

15 ●여호와께서 그의 능력으로 땅을
지으셨고 그의 지혜로 세계를 세우
셨고 그의 명철로 하늘들을 펴셨으
며
16 그가 목소리를 내신즉 하늘에 많은
물이 생기나니 그는 땅끝에서 구름
이 오르게 하시며 비를 위하여 번
개를 치게 하시며 그의 곳간에서
바람을 내시거늘
17 사람마다 어리석고 무식하도다 금
장색마다 자기가 만든 신상으로 말
미암아 수치를 당하나니 이는 그
부어 만든 우상은 거짓이요 그 속
에 생기가 없음이라
18 그것들은 헛된 것이요 조롱거리이
니 징벌하시는 때에 멸망할 것이나
19 야곱의 분깃은 그와 같지 아니하시
니 그는 만물을 지으신 분이요 이
스라엘은 그의 소유인 지파라 그의
이름은 만군의 여호와시니라

바벨론은 여호와의 철퇴

20 ●여호와께서 이르시되 너는 나의
철퇴 곧 무기라 나는 네가 나라들
을 분쇄하며 네가 국가들을 멸하
며
21 네가 말과 기마병을 분쇄하며 네가
병거와 병거대를 부수며
22 네가 남자와 여자를 분쇄하며 네가
노년과 유년을 분쇄하며 네가 청년
과 처녀를 분쇄하며
23 네가 목자와 그 양 떼를 분쇄하며
네가 농부와 그 멍엣소를 분쇄하며
네가 도백과 태수들을 분쇄하도록
하리로다
24 너희 눈 앞에서 그들이 시온에서
모든 악을 행한 대로 내가 바벨론
과 갈대아 모든 주민에게 갚으리라
여호와의 말씀이니라

바벨론이 황무지가 되리라

25 ●여호와의 말씀이니라 온 세계를
멸하는 멸망의 산아 보라 나는 네
원수라 나의 손을 네 위에 펴서 너
를 바위에서 굴리고 너로 불탄 산
이 되게 할 것이니
26 사람이 네게서 집 모퉁잇돌이나 기
촛돌을 취하지 아니할 것이요 너는
영원히 황무지가 될 것이니라 여호
와의 말씀이니라
27 ●땅에 깃발을 세우며 나라들 가운
데에 나팔을 불어서 나라들을 동원
시켜 그를 치며 아라랏과 민니와
아스그나스 나라를 불러 모아 그를
치며 사무관을 세우고 그를 치되
극성스런 메뚜기같이 그 말들을 몰
아오게 하라

28 뭇 백성 곧 메대 사람의 왕들과 그
도백들과 그 모든 태수와 그 관할
하는 모든 땅을 준비시켜 그를 치
게 하라
29 땅이 진동하며 소용돌이치나니 이
는 여호와께서 바벨론을 쳐서 그
땅으로 황폐하여 주민이 없게 할
계획이 섰음이라
30 바벨론의 용사는 싸움을 그치고 그
들의 요새에 머무르나 기력이 쇠하
여 여인같이 되며 그들의 거처는
불타고 그 문빗장은 부러졌으며
31 보발꾼은 보발꾼을 맞으려고 달리
며 전령은 전령을 맞으려고 달려가
바벨론의 왕에게 전하기를 그 성읍
사방이 함락되었으며
32 모든 나루는 빼앗겼으며 갈대밭이
불탔으며 군사들이 겁에 질렸더이
다 하리라

여호와께서 이스라엘을
위하여 보복하시다

33 ●만군의 여호와 이스라엘의 하나
님께서 이와 같이 말씀하시되 딸
바벨론은 때가 이른 타작마당과 같
은지라 멀지 않아 추수 때가 이르
리라 하시도다
34 바벨론의 느부갓네살 왕이 [1)]나를
먹으며 나를 멸하며 나를 빈 그릇
이 되게 하며 큰 뱀같이 나를 삼키
며 나의 좋은 음식으로 그 배를 채
우고 나를 쫓아내었으니
35 내가 받은 폭행과 내 육체에 대한
학대가 바벨론에 돌아가기를 원한
다고 시온 주민이 말할 것이요 내
피 흘린 죄가 갈대아 주민에게로
돌아가기를 원한다고 예루살렘이
말하리라
36 그러므로 여호와께서 이와 같이 말
씀하시되 보라 내가 네 송사를 듣
고 너를 위하여 보복하여 그의 바
다를 말리며 그의 샘을 말리리니
37 바벨론이 돌무더기가 되어서 승냥
이의 거처와 혐오의 대상과 탄식
거리가 되고 주민이 없으리라
38 그들이 다 젊은 사자같이 소리지르
며 새끼 사자같이 으르렁거리며
39 열정이 일어날 때에 내가 연회를
베풀고 그들이 취하여 기뻐하다가
영원히 잠들어 깨지 못하게 하리라
여호와의 말씀이니라
40 내가 그들을 끌어내려서 어린 양과
숫양과 숫염소가 도살장으로 가는
것 같게 하리라

바벨론의 파멸을 노래하다

41 ●슬프다 세삭이 함락되었도다 온
세상의 칭찬받는 성읍이 빼앗겼도
다 슬프다 바벨론이 나라들 가운데
에 황폐하였도다
42 바다가 바벨론에 넘침이여 그 노도
소리가 그 땅을 뒤덮었도다
43 그 성읍들은 황폐하여 마른 땅과
사막과 사람이 살지 않는 땅이 되
었으니 그리로 지나가는 사람이 없
도다
44 내가 벨을 바벨론에서 벌하고 그가
삼킨 것을 그의 입에서 끌어내리니
민족들이 다시는 그에게로 몰려가
지 아니하겠고 바벨론 성벽은 무너
졌도다
45 ●나의 백성아 너희는 그 중에서
나와 각기 여호와의 진노를 피하라
46 너희 마음을 나약하게 말며 이 땅
에서 들리는 소문으로 말미암아 두
려워하지 말라 소문은 이 해에도
있겠고 저 해에도 있으리라 그 땅
에는 강포함이 있어 다스리는 자가
다스리는 자를 서로 치리라
47 그러므로 보라 날이 이르리니 내가
바벨론의 우상들을 벌할 것이라 그

1) 우리

온 땅이 치욕을 당하겠고 그 죽임
당할 자가 모두 그 가운데에 엎드
러질 것이며
48 하늘과 땅과 그 안에 있는 모든 것
이 바벨론으로 말미암아 기뻐 노래
하리니 이는 파멸시키는 자가 북쪽
에서 그에게 옴이라 여호와의 말씀
이니라
49 바벨론이 이스라엘을 죽여 엎드러
뜨림같이 온 세상이 바벨론에서 죽
임을 당하여 엎드러지리라

여호와께서 바벨론에 보복하시다

50 ●칼을 피한 자들이여 멈추지 말고
걸어가라 먼 곳에서 여호와를 생
각하며 예루살렘을 너희 마음에
두라
51 외국인이 여호와의 거룩한 성전에
들어가므로 우리가 책망을 들으며
수치를 당하여 모욕이 우리 얼굴을
덮었느니라
52 보라 날이 이르리니 내가 그 우상
들을 벌할 것이라 부상자들이 그
땅에서 한숨을 지으리라 여호와의
말씀이니라
53 가령 바벨론이 하늘까지 솟아오른
다 하자 높은 곳에 있는 피난처를
요새로 삼더라도 멸망시킬 자가 내
게로부터 그들에게 임하리라 여호
와의 말씀이니라

바벨론이 황폐하리라

54 ●바벨론으로부터 부르짖는 소리
가 들리도다 갈대아 사람의 땅에
큰 파멸의 소리가 들리도다
55 이는 여호와께서 바벨론을 황폐하
게 하사 그 큰 소리를 끊으심이로
다 원수는 많은 물같이 그 파도가
사나우며 그 물결은 요란한 소리를
내는도다
56 곧 멸망시키는 자가 바벨론에 이르
렀음이라 그 용사들이 사로잡히고
그들의 활이 꺾이도다 여호와는 보
복의 하나님이시니 반드시 보응하
시리로다
57 만군의 여호와라 일컫는 왕이 이와
같이 말씀하시되 내가 그 고관들
과 지혜 있는 자들과 도백들과 태
수들과 용사들을 취하게 하리니
그들이 영원히 잠들어 깨어나지 못
하리라
58 만군의 여호와께서 이와 같이 말씀
하시니라 바벨론의 성벽은 훼파되
겠고 그 높은 문들은 불에 탈 것이
며 백성들의 수고는 헛될 것이요
민족들의 수고는 불탈 것인즉 그들
이 쇠잔하리라

예레미야가 바벨론에 예언을 전하다

59 ●유다의 시드기야 왕 제사 년에
마세야의 손자 네리야의 아들 스라
야가 그 왕과 함께 바벨론으로 갈
때에 선지자 예레미야가 그에게 말
씀을 명령하니 스라야는 병참감이
더라
60 예레미야가 바벨론에 닥칠 모든 재
난 곧 바벨론에 대하여 기록한 이
모든 말씀을 한 책에 기록하고
61 스라야에게 말하기를 너는 바벨론
에 이르거든 삼가 이 모든 말씀을
읽고
62 말하기를 여호와여 주께서 이곳에
대하여 말씀하시기를 이 땅을 멸하
여 사람이나 짐승이 거기에 살지
못하게 하고 영원한 폐허가 되리라
하셨나이다 하라 하니라
63 너는 이 책 읽기를 다한 후에 책에
돌을 매어 유브라데 강 속에 던지
며
64 말하기를 바벨론이 나의 재난 때문
에 이같이 몰락하여 다시 일어서지
못하리니 그들이 피폐하리라 하라
하니라 예레미야의 말이 이에 끝나

니라

시드기야의 배반과 죽음
(왕하 24:18-25:7)

52 시드기야가 왕위에 오를 때에
나이가 이십일 세라 예루살렘
에서 십일 년 동안 다스리니라 그
의 어머니의 이름은 하무달이라 립
나인 예레미야의 딸이더라
2 그가 여호야김의 모든 행위를 본
받아 여호와 보시기에 악을 행한지
라
3 여호와께서 예루살렘과 유다에게
진노하심이 그들을 자기 앞에서 쫓
아내시기까지 이르렀더라 ●시드
기야가 바벨론 왕을 배반하니라
4 시드기야 제구 년 열째 달 열째 날
에 바벨론 왕 느부갓네살이 그의
모든 군대를 거느리고 예루살렘을
치러 올라와서 그 성에 대하여 진
을 치고 주위에 토성을 쌓으매
5 그 성이 시드기야 왕 제십일 년까
지 포위되었더라
6 그 해 넷째 달 구 일에 성중에 기근
이 심하여 그 땅 백성의 양식이 떨
어졌더라
7 그 성벽이 파괴되매 모든 군사가 밤
중에 그 성에서 나가 두 성벽 사이
왕의 동산 곁문 길로 도망하여 갈대
아인들이 그 성읍을 에워쌌으므로
그들이 아라바 길로 가더니
8 갈대아 군대가 그 왕을 뒤쫓아 가
서 여리고 평지에서 시드기야를 따
라잡으매 왕의 모든 군대가 그를
떠나 흩어진지라
9 그들이 왕을 사로잡아 그를 하맛
땅 리블라에 있는 바벨론 왕에게로
끌고 가매 그가 시드기야를 심문하
니라
10 바벨론 왕이 시드기야의 아들들을
그의 눈 앞에서 죽이고 또 리블라
에서 유다의 모든 고관을 죽이며
11 시드기야의 두 눈을 빼고 놋사슬로
그를 결박하여 바벨론 왕이 그를
바벨론으로 끌고 가서 그가 죽는
날까지 옥에 가두었더라

여호와의 성전이 헐리다 (왕하 25:8-17)

12 ●바벨론의 느부갓네살 왕의 열아
홉째 해 다섯째 달 열째 날에 바벨
론 왕의 어전 사령관 느부사라단이
예루살렘에 이르러
13 여호와의 성전과 왕궁을 불사르고
예루살렘의 모든 집과 고관들의 집
까지 불살랐으며
14 사령관을 따르는 갈대아 사람의 모
든 군대가 예루살렘 사면 성벽을
헐었더라
15 사령관 느부사라단이 백성 중 가난
한 자와 성중에 남아 있는 백성과
바벨론 왕에게 항복한 자와 무리의
남은 자를 사로잡아 갔고
16 가난한 백성은 남겨 두어 포도원을
관리하는 자와 농부가 되게 하였더
라
17 ●갈대아 사람은 또 여호와의 성전
의 두 놋기둥과 받침들과 여호와의
성전의 놋대야를 깨뜨려 그 놋을
바벨론으로 가져갔고
18 가마들과 부삽들과 부집게들과 주
발들과 숟가락들과 섬길 때에 쓰는
모든 놋그릇을 다 가져갔고
19 사령관은 잔들과 화로들과 주발들
과 솥들과 촛대들과 숟가락들과 바
리들 곧 금으로 만든 물건의 금과
은으로 만든 물건의 은을 가져갔더
라
20 솔로몬 왕이 여호와의 성전을 위하
여 만든 두 기둥과 한 바다와 그 받
침 아래에 있는 열두 놋 소 곧 이
모든 기구의 놋 무게는 헤아릴 수
없었더라

21 그 기둥은 한 기둥의 높이가 십팔
[1]규빗이요 그 둘레는 십이 규빗이
며 그 속이 비었고 그 두께는 네 손
가락 두께이며
22 기둥 위에 놋머리가 있어 그 높이
가 다섯 규빗이요 머리 사면으로
돌아가며 꾸민 망사와 석류가 다
놋이며 또 다른 기둥에도 이런 모
든 것과 석류가 있었더라
23 그 사면에 있는 석류는 아흔여섯
개요 그 기둥에 둘린 그물 위에 있
는 석류는 도합이 백 개이었더라

유다 백성이 바벨론으로 사로잡혀 가다
(왕하 25:18-21, 27-30)

24 ●사령관이 대제사장 스라야와 부
제사장 스바냐와 성전 문지기 세
사람을 사로잡고
25 또 성 안에서 사람을 사로잡았으니
곧 군사를 거느린 [2]지휘관 한 사람
과 또 성중에서 만난 왕의 내시 칠
명과 군인을 감독하는 군 지휘관의
서기관 하나와 성 안에서 만난 평
민 육십 명이라
26 사령관 느부사라단은 그들을 사로
잡아 리블라에 있는 바벨론의 왕에
게 나아가매
27 바벨론의 왕이 하맛 땅 리블라에서
다 쳐 죽였더라 이와 같이 유다가
사로잡혀 본국에서 떠났더라
28 ●느부갓네살이 사로잡아 간 백성
은 이러하니라 제칠 년에 유다인이
삼천이십삼 명이요
29 느부갓네살의 열여덟째 해에 예루
살렘에서 사로잡아 간 자가 팔백삼
십이 명이요
30 느부갓네살의 제이십삼 년에 사령
관 느부사라단이 사로잡아 간 유다
사람이 칠백사십오 명이니 그 총수
가 사천육백 명이더라
31 ●유다 왕 여호야긴이 사로잡혀 간
지 삼십칠 년 곧 바벨론의 에윌므
로닥 왕의 즉위 원년 열두째 달 스
물다섯째 날 그가 유다의 여호야긴
왕의 머리를 들어 주었고 감옥에서
풀어 주었더라
32 그에게 친절하게 말하고 그의 자리
를 그와 함께 바벨론에 있는 왕들
의 자리보다 높이고
33 그 죄수의 의복을 갈아 입혔고 그
의 평생 동안 항상 왕의 앞에서 먹
게 하였으며
34 그가 날마다 쓸 것을 바벨론의 왕
에게서 받는 정량이 있었고 죽는
날까지 곧 종신토록 받았더라

1) 히, 암마 2) 환관

예레미야애가

Lamentations

예루살렘의 슬픔

1 슬프다 이 성이여 전에는 사람들
이 많더니 이제는 어찌 그리 적막
하게 앉았는고 전에는 열국 중에 크
던 자가 이제는 과부같이 되었고 전
에는 열방 중에 공주였던 자가 이제
는 강제 노동을 하는 자가 되었도다
2 밤에는 슬피 우니 눈물이 뺨에 흐
름이여 사랑하던 자들 중에 그에게
위로하는 자가 없고 친구들도 다
배반하여 원수들이 되었도다
3 유다는 환난과 많은 고난 가운데에
사로잡혀 갔도다 그가 열국 가운데
에 거주하면서 쉴 곳을 얻지 못함

이여 그를 핍박하는 모든 자들이
궁지에서 그를 뒤따라 잡았도다
4 시온의 도로들이 슬퍼함이여 절기
를 지키려 나아가는 사람이 없음이
로다 모든 성문들이 적막하며 제사
장들이 탄식하며 처녀들이 근심하
며 시온도 곤고를 받았도다
5 그의 대적들이 머리가 되고 그의
원수들이 형통함은 그의 죄가 많으
므로 여호와께서 그를 곤고하게 하
셨음이라 어린 자녀들이 대적에게
사로잡혔도다
6 딸 시온의 모든 영광이 떠나감이여
그의 지도자들은 꼴을 찾지 못한
사슴들처럼 뒤쫓는 자 앞에서 힘없
이 달아났도다
7 예루살렘이 환난과 유리하는 고통
을 당하는 날에 옛날의 모든 즐거
움을 기억하였음이여 그의 백성이
대적의 손에 넘어졌으나 그를 돕는
자가 없었고 대적들은 그의 멸망을
비웃는도다
8 예루살렘이 크게 범죄함으로 조소
거리가 되었으니 전에 그에게 영광
을 돌리던 모든 사람이 그의 벗었
음을 보고 업신여김이여 그는 탄식
하며 물러가는도다
9 그의 더러운 것이 그의 옷깃에 묻
어 있으나 그의 나중을 생각하지
아니함이여 그러므로 놀랍도록 낮
아져도 그를 위로할 자가 없도다
여호와여 원수가 스스로 큰 체하오
니 나의 환난을 감찰하소서
10 대적이 손을 펴서 그의 모든 보물
들을 빼앗았나이다 주께서 이미 이
방인들을 막아 주의 성회에 들어오
지 못하도록 명령하신 그 성소에
그들이 들어간 것을 예루살렘이 보
았나이다
11 그 모든 백성이 생명을 이으려고
보물로 먹을 것들을 바꾸었더니 지
금도 탄식하며 양식을 구하나이다
나는 비천하오니 여호와여 나를 돌
보시옵소서
12 지나가는 모든 사람들이여 너희에
게는 관계가 없는가 나의 고통과
같은 고통이 있는가 볼지어다 여호
와께서 그의 진노하신 날에 나를
괴롭게 하신 것이로다
13 높은 곳에서 나의 골수에 불을 보
내어 이기게 하시고 내 발 앞에 그
물을 치사 나로 물러가게 하셨음이
여 종일토록 나를 피곤하게 하여
황폐하게 하셨도다
14 내 죄악의 멍에를 그의 손으로 묶
고 얽어 내 목에 올리사 내 힘을 피
곤하게 하셨음이여 내가 감당할 수
없는 자의 손에 주께서 나를 넘기
셨도다
15 주께서 내 영토 안 나의 모든 용사
들을 없는 것같이 여기시고 성회를
모아 내 청년들을 부수심이여 처녀
딸 유다를 내 주께서 술틀에 밟으
셨도다
16 이로 말미암아 내가 우니 내 눈에
눈물이 물같이 흘러내림이여 나를
위로하여 내 생명을 회복시켜 줄
자가 멀리 떠났음이로다 원수들이
이기매 내 자녀들이 외롭도다
17 시온이 두 손을 폈으나 그를 위로
할 자가 없도다 여호와께서 야곱의
사방에 있는 자들에게 명령하여 야
곱의 대적들이 되게 하셨으니 예루
살렘은 그들 가운데에 있는 불결한
자가 되었도다
18 여호와는 의로우시도다 그러나 내
가 그의 명령을 거역하였도다 너희
모든 백성들아 내 말을 듣고 내 고
통을 볼지어다 나의 처녀들과 나의
청년들이 사로잡혀 갔도다

애

19 내가 내 사랑하는 자들을 불렀으나
그들은 나를 속였으며 나의 제사장
들과 장로들은 그들의 목숨을 회복
시킬 그들의 양식을 구하다가 성
가운데에서 기절하였도다
20 여호와여 보시옵소서 내가 환난을
당하여 나의 애를 다 태우고 나의
마음이 상하오니 나의 반역이 심히
큼이니이다 밖에서는 칼이 내 아들
을 빼앗아 가고 집 안에서는 죽음
같은 것이 있나이다
21 그들이 내가 탄식하는 것을 들었으
나 나를 위로하는 자가 없으며 나
의 모든 원수들은 내가 재난 당하
는 것을 듣고 주께서 이렇게 행하
신 것을 기뻐하나이다 그러나 주께
서 그 선포하신 날을 이르게 하셔
서 그들이 나와 같이 되게 하소서
22 그들의 모든 악을 주 앞에 가지고
오게 하시고 나의 모든 죄악들로
말미암아 내게 행하신 것같이 그들
에게 행하옵소서 나의 탄식이 많고
나의 마음이 병들었나이다

예루살렘에 대한 여호와의 진노

2 슬프다 주께서 어찌 그리 진노하
사 딸 시온을 구름으로 덮으셨는
가 이스라엘의 아름다움을 하늘에
서 땅에 던지셨음이여 그의 진노의
날에 그의 발판을 기억하지 아니하
셨도다
2 주께서 야곱의 모든 거처들을 삼키
시고 긍휼히 여기지 아니하셨음이
여 노하사 딸 유다의 견고한 성채들
을 허물어 땅에 엎으시고 나라와 그
지도자들을 욕되게 하셨도다
3 맹렬한 진노로 이스라엘의 모든 뿔
을 자르셨음이여 원수 앞에서 그의
오른손을 뒤로 거두어 들이시고 맹
렬한 불이 사방으로 불사름같이 야
곱을 불사르셨도다
4 원수같이 그의 활을 당기고 대적처
럼 그의 오른손을 들고 서서 눈에
드는 아름다운 모든 사람을 죽이셨
음이여 딸 시온의 장막에 그의 노
를 불처럼 쏟으셨도다
5 주께서 원수같이 되어 이스라엘을
삼키셨음이여 그 모든 궁궐들을 삼
키셨고 견고한 성들을 무너뜨리사
딸 유다에 근심과 애통을 더하셨도
다
6 주께서 그의 초막을 동산처럼 헐
어 버리시며 그의 절기를 폐하셨
도다 여호와께서 시온에서 절기와
안식일을 잊어버리게 하시며 그가
진노하사 왕과 제사장을 멸시하셨
도다
7 여호와께서 또 자기 제단을 버리시
며 자기 성소를 미워하시며 궁전의
성벽들을 원수의 손에 넘기셨으매
그들이 여호와의 전에서 떠들기를
절기의 날과 같이 하였도다
8 여호와께서 딸 시온의 성벽을 헐기
로 결심하시고 줄을 띠고 무너뜨리
는 일에서 손을 거두지 아니하사
성벽과 성곽으로 통곡하게 하셨으
매 그들이 함께 쇠하였도다
9 성문이 땅에 묻히며 빗장이 부서져
파괴되고 왕과 지도자들이 율법 없
는 이방인들 가운데에 있으며 그
성의 선지자들은 여호와의 묵시를
받지 못하는도다
10 딸 시온의 장로들이 땅에 앉아 잠
잠하고 티끌을 머리에 덮어쓰고 굵
은 베를 허리에 둘렀음이여 예루살
렘 처녀들은 머리를 땅에 숙였도다
11 ●내 눈이 눈물에 상하며 내 창자
가 끊어지며 내 간이 땅에 쏟아졌
으니 이는 딸 내 백성이 패망하여
어린 자녀와 젖 먹는 아이들이 성
읍 길거리에 기절함이로다

12 그들이 성읍 길거리에서 상한 자처
럼 기절하여 그의 어머니들의 품에
서 혼이 떠날 때에 어머니들에게
이르기를 곡식과 포도주가 어디 있
느냐 하도다
13 딸 예루살렘이여 내가 무엇으로 네
게 증거하며 무엇으로 네게 비유할
까 처녀 딸 시온이여 내가 무엇으
로 네게 비교하여 너를 위로할까
너의 파괴됨이 바다같이 크니 누가
너를 고쳐 줄소냐
14 네 선지자들이 네게 대하여 헛되고
어리석은 묵시를 보았으므로 네 죄
악을 드러내어서 네가 사로잡힌 것
을 돌이키지 못하였도다 그들이 거
짓 경고와 미혹하게 할 것만 보았
도다
15 모든 지나가는 자들이 다 너를 향
하여 박수치며 딸 예루살렘을 향하
여 비웃고 머리를 흔들며 말하기를
온전한 영광이라, 모든 세상 사람
들의 기쁨이라 일컫던 성이 이 성
이냐 하며
16 네 모든 원수들은 너를 향하여 그
들의 입을 벌리며 비웃고 이를 갈
며 말하기를 우리가 그를 삼켰도다
우리가 바라던 날이 과연 이날이라
우리가 얻기도 하고 보기도 하였다
하도다
17 여호와께서 이미 정하신 일을 행하
시고 옛날에 명령하신 말씀을 다
이루셨음이여 긍휼히 여기지 아니
하시고 무너뜨리사 원수가 너로 말
미암아 즐거워하게 하며 네 대적자
들의 뿔로 높이 들리게 하셨도다
18 그들의 마음이 주를 향하여 부르짖
기를 딸 시온의 성벽아 너는 밤낮
으로 눈물을 강처럼 흘릴지어다 스
스로 쉬지 말고 네 눈동자를 쉬게
하지 말지어다
19 초저녁에 일어나 부르짖을지어다
네 마음을 주의 얼굴 앞에 물 쏟듯
할지어다 각 길 어귀에서 주려 기
진한 네 어린 자녀들의 생명을 위
하여 주를 향하여 손을 들지어다
하였도다
20 ●여호와여 보시옵소서 주께서 누
구에게 이같이 행하셨는지요 여인
들이 어찌 자기 열매 곧 그들이 낳
은 아이들을 먹으오며 제사장들과
선지자들이 어찌 주의 성소에서 죽
임을 당하오리이까
21 늙은이와 젊은이가 다 길바닥에 엎
드러졌사오며 내 처녀들과 내 청년
들이 칼에 쓰러졌나이다 주께서 주
의 진노의 날에 죽이시되 긍휼히
여기지 아니하시고 도륙하셨나이
다
22 주께서 내 두려운 일들을 사방에서
부르시기를 절기 때 무리를 부름같
이 하셨나이다 여호와께서 진노하
시는 날에는 피하거나 남은 자가
없나이다 내가 낳아 기르는 아이들
을 내 원수가 다 멸하였나이다

진노, 회개, 소망

3 여호와의 분노의 매로 말미암아
고난 당한 자는 나로다
2 나를 이끌어 어둠 안에서 걸어가게
하시고 빛 안에서 걸어가지 못하게
하셨으며
3 종일토록 손을 들어 자주자주 나를
치시는도다
4 나의 살과 가죽을 쇠하게 하시며
나의 뼈들을 꺾으셨고
5 고통과 수고를 쌓아 나를 에우셨으
며
6 나를 어둠 속에 살게 하시기를 죽
은 지 오랜 자 같게 하셨도다
7 나를 둘러싸서 나가지 못하게 하시
고 내 사슬을 무겁게 하셨으며

8 내가 부르짖어 도움을 구하나 내
기도를 물리치시며
9 다듬은 돌을 쌓아 내 길들을 막으
사 내 길들을 굽게 하셨도다
10 그는 내게 대하여 엎드려 기다리는
곰과 은밀한 곳에 있는 사자 같으
사
11 나의 길들로 치우치게 하시며 내
몸을 찢으시며 나를 적막하게 하셨
도다
12 활을 당겨 나를 화살의 과녁으로
삼으심이여
13 화살통의 화살들로 내 허리를 맞추
셨도다
14 나는 내 모든 백성에게 조롱거리
곧 종일토록 그들의 노랫거리가 되
었도다
15 나를 쓴 것들로 배불리시고 쑥으로
취하게 하셨으며
16 조약돌로 내 이들을 꺾으시고 재로
나를 덮으셨도다
17 주께서 내 심령이 평강에서 멀리
떠나게 하시니 내가 복을 내어버렸
음이여
18 스스로 이르기를 나의 힘과 여호와
께 대한 내 소망이 끊어졌다 하였
도다
19 ●내 고초와 재난 곧 쑥과 담즙을
기억하소서
20 내 마음이 그것을 기억하고 내가
낙심이 되오나
21 이것을 내가 내 마음에 담아 두었
더니 그것이 오히려 나의 소망이
되었사옴은
22 여호와의 인자와 긍휼이 무궁하시
므로 우리가 진멸되지 아니함이니
이다
23 이것들이 아침마다 새로우니 주의
성실하심이 크시도소이다
24 내 심령에 이르기를 여호와는 나의
기업이시니 그러므로 내가 그를 바
라리라 하도다
25 기다리는 자들에게나 구하는 영혼
들에게 여호와는 선하시도다
26 사람이 여호와의 구원을 바라고 잠
잠히 기다림이 좋도다
27 사람은 젊었을 때에 멍에를 메는
것이 좋으니
28 혼자 앉아서 잠잠할 것은 주께서
그것을 그에게 메우셨음이라
29 그대의 입을 땅의 티끌에 댈지어다
혹시 소망이 있을지로다
30 자기를 치는 자에게 뺨을 돌려대어
치욕으로 배불릴지어다
31 이는 주께서 영원하도록 버리지 아
니하실 것임이며
32 그가 비록 근심하게 하시나 그의
풍부한 인자하심에 따라 긍휼히 여
기실 것임이라
33 주께서 인생으로 고생하게 하시며
근심하게 하심은 본심이 아니시로
다
34 세상에 있는 모든 갇힌 자들을 발
로 밟는 것과
35 지존자의 얼굴 앞에서 사람의 재판
을 굽게 하는 것과
36 사람의 송사를 억울하게 하는 것은
다 주께서 기쁘게 보시는 것이 아
니로다
37 주의 명령이 아니면 누가 이것을
능히 말하여 이루게 할 수 있으랴
38 화와 복이 지존자의 입으로부터 나
오지 아니하느냐
39 살아 있는 사람은 자기 죄들 때문
에 벌을 받나니 어찌 원망하랴
40 ●우리가 스스로 우리의 행위들을
조사하고 여호와께로 돌아가자
41 우리의 마음과 손을 아울러 하늘에
계신 하나님께 들자
42 우리의 범죄함과 우리의 반역함을

주께서 사하지 아니하시고
43 진노로 자신을 가리시고 우리를 추
격하시며 죽이시고 긍휼을 베풀지
아니하셨나이다
44 주께서 구름으로 자신을 가리사 기
도가 상달되지 못하게 하시고
45 우리를 뭇 나라 가운데에서 쓰레기
와 폐물로 삼으셨으므로
46 우리의 모든 원수들이 우리를 향하
여 그들의 입을 크게 벌렸나이다
47 두려움과 함정과 파멸과 멸망이 우
리에게 임하였도다
48 딸 내 백성의 파멸로 말미암아 내
눈에는 눈물이 시내처럼 흐르도다
49 내 눈에 흐르는 눈물이 그치지 아
니하고 쉬지 아니함이여
50 여호와께서 하늘에서 살피시고 돌
아보실 때까지니라
51 나의 성읍의 모든 여자들을 내 눈
으로 보니 내 심령이 상하는도다
52 나의 원수들이 이유없이 나를 새처
럼 사냥하는도다
53 그들이 내 생명을 끊으려고 나를
구덩이에 넣고 그 위에 돌을 던짐
이여
54 물이 내 머리 위로 넘치니 내가 스
스로 이르기를 이제는 멸절되었다
하도다
55 ●여호와여 내가 심히 깊은 구덩이
에서 주의 이름을 불렀나이다
56 주께서 이미 나의 음성을 들으셨사
오니 이제 나의 탄식과 부르짖음에
주의 귀를 가리지 마옵소서
57 내가 주께 아뢴 날에 주께서 내게
가까이 하여 이르시되 두려워하지
말라 하셨나이다
58 주여 주께서 내 심령의 원통함을
풀어 주셨고 내 생명을 속량하셨나
이다
59 여호와여 나의 억울함을 보셨사오
니 나를 위하여 원통함을 풀어주옵
소서
60 그들이 내게 보복하며 나를 모해함
을 주께서 다 보셨나이다
61 여호와여 그들이 나를 비방하며 나
를 모해하는 모든 것
62 곧 일어나 나를 치는 자들의 입술
에서 나오는 것들과 종일 나를 모
해하는 것들을 들으셨나이다
63 그들이 앉으나 서나 나를 조롱하여
노래하는 것을 주목하여 보옵소서
64 여호와여 주께서 그들의 손이 행한
대로 그들에게 보응하사
65 그들에게 거만한 마음을 주시고 그
들에게 저주를 내리소서
66 주께서 진노로 그들을 뒤쫓으사 여
호와의 하늘 아래에서 멸하소서

멸망 후의 예루살렘

4 슬프다 어찌 그리 금이 빛을 잃
고 순금이 변질하였으며 성소의
돌들이 거리 어귀마다 쏟아졌는고
2 순금에 비할 만큼 보배로운 시온의
아들들이 어찌 그리 토기장이가
만든 질항아리같이 여김이 되었는
고
3 들개들도 젖을 주어 그들의 새끼를
먹이나 딸 내 백성은 잔인하여 마
치 광야의 타조 같도다
4 젖먹이가 목말라서 혀가 입천장에
붙음이여 어린아이들이 떡을 구하
나 떼어 줄 사람이 없도다
5 맛있는 음식을 먹던 자들이 외롭게
거리 거리에 있으며 이전에는 붉은
옷을 입고 자라난 자들이 이제는
거름더미를 안았도다
6 전에 소돔이 사람의 손을 대지 아
니하였는데도 순식간에 무너지더
니 이제는 딸 내 백성의 죄가 소돔
의 죄악보다 무겁도다
7 전에는 존귀한 자들의 몸이 눈보다

깨끗하고 젖보다 희며 산호들보다
붉어 그들의 윤택함이 갈아서 빛낸
청옥 같더니
8 이제는 그들의 얼굴이 숯보다 검고
그들의 가죽이 뼈들에 붙어 막대기
같이 말랐으니 어느 거리에서든지
알아볼 사람이 없도다
9 칼에 죽은 자들이 주려 죽은 자들
보다 나음은 토지 소산이 끊어지므
로 그들은 찔림 받은 자들처럼 점
점 쇠약하여 감이로다
10 딸 내 백성이 멸망할 때에 자비로
운 부녀들이 자기들의 손으로 자기
들의 자녀들을 삶아 먹었도다
11 ●여호와께서 그의 분을 내시며 그
의 맹렬한 진노를 쏟으심이여 시온
에 불을 지르사 그 터를 사르셨도
다
12 대적과 원수가 예루살렘 성문으로
들어갈 줄은 세상의 모든 왕들과
천하 모든 백성이 믿지 못하였었도
다
13 그의 선지자들의 죄들과 제사장들
의 죄악들 때문이니 그들이 성읍
안에서 의인들의 피를 흘렸도다
14 그들이 거리 거리에서 맹인같이 방
황함이여 그들의 옷들이 피에 더
러워졌으므로 아무도 만질 수 없
도다
15 사람들이 그들에게 외쳐 이르기를
저리 가라 부정하다, 저리 가라, 저
리 가라, 만지지 말라 하였음이여
그들이 도망하여 방황할 때에 이방
인들이 말하기를 그들이 다시는 여
기서 살지 못하리라 하였도다
16 여호와께서 노하여 그들을 흩으시
고 다시는 돌보지 아니하시리니 그
들이 제사장들을 높이지 아니하였
으며 장로들을 대접하지 아니하였
음이로다
17 ●우리가 헛되이 도움을 바라므로
우리의 눈이 상함이여 우리를 구원
하지 못할 나라를 바라보고 바라보
았도다
18 그들이 우리의 걸음을 엿보니 우리
가 거리마다 다 다닐 수 없음이여
우리의 끝이 가깝고 우리의 날들이
다하였으며 우리의 종말이 이르렀
도다
19 우리를 뒤쫓는 자들이 하늘의 독수
리들보다 빠름이여 산꼭대기까지
도 뒤쫓으며 광야에서도 우리를 잡
으려고 매복하였도다
20 우리의 콧김 곧 여호와께서 기름
부으신 자가 그들의 함정에 빠졌음
이여 우리가 그를 가리키며 전에
이르기를 우리가 그의 그늘 아래에
서 이방인들 중에 살겠다 하던 자
로다
21 우스 땅에 사는 딸 에돔아 즐거워
하며 기뻐하라 잔이 네게도 이를지
니 네가 취하여 벌거벗으리라
22 딸 시온아 네 죄악의 형벌이 다하
였으니 주께서 다시는 너로 사로잡
혀 가지 아니하게 하시리로다 딸
에돔아 주께서 네 죄악을 벌하시며
네 허물을 드러내시리로다

긍휼을 위한 기도

5 여호와여 우리가 당한 것을 기억
하시고 우리가 받은 치욕을 살펴
보옵소서
2 우리의 기업이 외인들에게, 우리의
집들도 이방인들에게 돌아갔나이
다
3 우리는 아버지 없는 고아들이오며
우리의 어머니는 과부들 같으니
4 우리가 은을 주고 물을 마시며 값
을 주고 나무들을 가져오며
5 우리를 뒤쫓는 자들이 우리의 목을
눌렀사오니 우리가 기진하여 쉴 수

없나이다
6 우리가 애굽 사람과 앗수르 사람과
악수하고 양식을 얻어 배불리고자
하였나이다
7 우리의 조상들은 범죄하고 없어졌
으며 우리는 그들의 죄악을 담당하
였나이다
8 종들이 우리를 지배함이여 그들의
손에서 건져낼 자가 없나이다
9 광야에는 칼이 있으므로 죽기를 무
릅써야 양식을 얻사오니
10 굶주림의 열기로 말미암아 우리의
피부가 아궁이처럼 검으니이다
11 대적들이 시온에서 부녀들을, 유다
각 성읍에서 처녀들을 욕보였나이
다
12 지도자들은 그들의 손에 매달리고
장로들의 얼굴도 존경을 받지 못하
나이다
13 청년들이 맷돌을 지며 아이들이 나
무를 지다가 엎드러지오며
14 노인들은 다시 성문에 앉지 못하며
청년들은 다시 노래하지 못하나이
다
15 우리의 마음에는 기쁨이 그쳤고 우
리의 춤은 변하여 슬픔이 되었사오
며
16 우리의 머리에서는 면류관이 떨어
졌사오니 오호라 우리의 범죄 때문
이니이다
17 이러므로 우리의 마음이 피곤하고
이러므로 우리 눈들이 어두우며
18 시온 산이 황폐하여 여우가 그 안
에서 노나이다
19 ●여호와여 주는 영원히 계시오며
주의 보좌는 대대에 이르나이다
20 주께서 어찌하여 우리를 영원히 잊
으시오며 우리를 이같이 오래 버리
시나이까
21 여호와여 우리를 주께로 돌이키소
서 그리하시면 우리가 주께로 돌아
가겠사오니 우리의 날들을 다시 새
롭게 하사 옛적 같게 하옵소서
22 [1]주께서 우리를 아주 버리셨사오며
우리에게 진노하심이 참으로 크시
니이다

1) 주께서 우리를 아주 버리셨나이까 우리에게 심히 진노하셨나이까

에스겔

Ezekiel

여호와의 보좌

1 서른째 해 넷째 달 초닷새에 내가
그발 강가 사로잡힌 자 중에 있을
때에 하늘이 열리며 하나님의 모습
이 내게 보이니
2 여호야긴 왕이 사로잡힌 지 오 년
그달 초닷새라
3 갈대아 땅 그발 강가에서 여호와의
말씀이 부시의 아들 제사장 나 에
스겔에게 특별히 임하고 여호와의
권능이 내 위에 있으니라
4 ●내가 보니 북쪽에서부터 폭풍과
큰 구름이 오는데 그 속에서 불이
번쩍번쩍하여 빛이 그 사방에 비치
며 그 불 가운데 단 쇠 같은 것이
나타나 보이고
5 그 속에서 네 생물의 형상이 나타
나는데 그들의 모양이 이러하니 그
들에게 사람의 형상이 있더라
6 그들에게 각각 네 얼굴과 네 날개
가 있고
7 그들의 다리는 곧은 다리요 그들의

겔

발바닥은 송아지 발바닥 같고 광낸
구리같이 빛나며
8 그 사방 날개 밑에는 각각 사람의
손이 있더라 그 네 생물의 얼굴과
날개가 이러하니
9 날개는 다 서로 연하였으며 갈 때
에는 돌이키지 아니하고 일제히 앞
으로 곧게 행하며
10 그 얼굴들의 모양은 넷의 앞은 사
람의 얼굴이요 넷의 오른쪽은 사자
의 얼굴이요 넷의 왼쪽은 소의 얼
굴이요 넷의 뒤는 독수리의 얼굴이
니
11 그 얼굴은 그러하며 그 날개는 들
어 펴서 각기 둘씩 서로 연하였고
또 둘은 몸을 가렸으며
12 영이 어떤 쪽으로 가면 그 생물들
도 그대로 가되 돌이키지 아니하고
일제히 앞으로 곧게 행하며
13 또 생물들의 모양은 타는 숯불과
횃불 모양 같은데 그 불이 그 생물
사이에서 오르락내리락 하며 그 불
은 광채가 있고 그 가운데에서는
번개가 나며
14 그 생물들은 번개 모양같이 왕래하
더라
15 ●내가 그 생물들을 보니 그 생물
들 곁에 있는 땅 위에는 바퀴가 있
는데 그 네 얼굴을 따라 하나씩 있
고
16 그 바퀴의 모양과 그 구조는 황옥
같이 보이는데 그 넷은 똑같은 모
양을 가지고 있으며 그들의 모양과
구조는 바퀴 안에 바퀴가 있는 것
같으며
17 그들이 갈 때에는 사방으로 향한
대로 돌이키지 아니하고 가며
18 그 둘레는 높고 무서우며 그 네 둘레
로 돌아가면서 눈이 가득하며
19 그 생물들이 갈 때에 바퀴들도 그
곁에서 가고 그 생물들이 땅에서
들릴 때에 바퀴들도 들려서
20 영이 어떤 쪽으로 가면 생물들도
영이 가려 하는 곳으로 가고 바퀴
들도 그 곁에서 들리니 이는 생물
의 영이 그 바퀴들 가운데에 있음
이니라
21 그들이 가면 이들도 가고 그들이
서면 이들도 서고 그들이 땅에서
들릴 때에는 이들도 그 곁에서 들
리니 이는 생물의 영이 그 바퀴들
가운데에 있음이더라
22 ●그 생물의 머리 위에는 수정 같
은 궁창의 형상이 있어 보기에 두
려운데 그들의 머리 위에 펼쳐져
있고
23 그 궁창 밑에 생물들의 날개가 서
로 향하여 펴 있는데 이 생물은 두
날개로 몸을 가렸고 저 생물도 두
날개로 몸을 가렸더라
24 생물들이 갈 때에 내가 그 날개 소
리를 들으니 많은 물 소리와도 같
으며 전능자의 음성과도 같으며 떠
드는 소리 곧 군대의 소리와도 같
더니 그 생물이 설 때에 그 날개를
내렸더라
25 그 머리 위에 있는 궁창 위에서부
터 음성이 나더라 그 생물이 설 때
에 그 날개를 내렸더라
26 ●그 머리 위에 있는 궁창 위에 보
좌의 형상이 있는데 그 모양이 남
보석 같고 그 보좌의 형상 위에 한
형상이 있어 사람의 모양 같더라
27 내가 보니 그 허리 위의 모양은 단
쇠 같아서 그 속과 주위가 불 같고
내가 보니 그 허리 아래의 모양도
불 같아서 사방으로 광채가 나며
28 그 사방 광채의 모양은 비 오는 날
구름에 있는 무지개 같으니 이는
여호와의 영광의 형상의 모양이라

내가 보고 엎드려 말씀하시는 이의
음성을 들으니라

에스겔을 선지자로 부르시다

2 그가 내게 이르시되 인자야 네
발로 일어서라 내가 네게 말하리
라 하시며
2 그가 내게 말씀하실 때에 그 영이
내게 임하사 나를 일으켜 내 발로
세우시기로 내가 그 말씀하시는 자
의 소리를 들으니
3 내게 이르시되 인자야 내가 너를
이스라엘 자손 곧 패역한 백성, 나
를 배반하는 자에게 보내노라 그들
과 그 조상들이 내게 범죄하여 오
늘까지 이르렀나니
4 이 자손은 얼굴이 뻔뻔하고 마음이
굳은 자니라 내가 너를 그들에게
보내노니 너는 그들에게 이르기를
주 여호와의 말씀이 이러하시다 하
라
5 그들은 패역한 족속이라 그들이 듣
든지 아니 듣든지 그들 가운데에
선지자가 있음을 알지니라
6 인자야 너는 비록 가시와 찔레와
함께 있으며 전갈 가운데에 거주할
지라도 그들을 두려워하지 말고 그
들의 말을 두려워하지 말지어다 그
들은 패역한 족속이라도 그 말을
두려워하지 말며 그 얼굴을 무서워
하지 말지어다
7 그들은 심히 패역한 자라 그들이
듣든지 아니 듣든지 너는 내 말로
고할지어다
8 ●너 인자야 내가 네게 이르는 말
을 듣고 그 패역한 족속같이 패역
하지 말고 네 입을 벌리고 내가 네
게 주는 것을 먹으라 하시기로
9 내가 보니 보라 한 손이 나를 향하
여 펴지고 보라 그 안에 두루마리
책이 있더라
10 그가 그것을 내 앞에 펴시니 그 안
팎에 글이 있는데 그 위에 애가와
애곡과 재앙의 말이 기록되었더
라

3 또 그가 내게 이르시되 인자야
너는 발견한 것을 먹으라 너는
이 두루마리를 먹고 가서 이스라엘
족속에게 말하라 하시기로
2 내가 입을 벌리니 그가 그 두루마
리를 내게 먹이시며
3 내게 이르시되 인자야 내가 네게
주는 이 두루마리를 네 배에 넣으
며 네 창자에 채우라 하시기에 내
가 먹으니 그것이 내 입에서 달기
가 꿀 같더라
4 ●그가 또 내게 이르시되 인자야
이스라엘 족속에게 가서 내 말로
그들에게 고하라
5 너를 언어가 다르거나 말이 어려운
백성에게 보내는 것이 아니요 이스
라엘 족속에게 보내는 것이라
6 너를 언어가 다르거나 말이 어려워
네가 그들의 말을 알아듣지 못할
나라들에게 보내는 것이 아니니라
내가 너를 그들에게 보냈다면 그들
은 정녕 네 말을 들었으리라
7 그러나 이스라엘 족속은 이마가 굳
고 마음이 굳어 네 말을 듣고자 아
니하리니 이는 내 말을 듣고자 아
니함이니라
8 보라 내가 그들의 얼굴을 마주보도
록 네 얼굴을 굳게 하였고 그들의
이마를 마주보도록 네 이마를 굳게
하였으되
9 네 이마를 화석보다 굳은 금강석같
이 하였으니 그들이 비록 반역하는
족속이라도 두려워하지 말며 그들
의 얼굴을 무서워하지 말라 하시니
라
10 또 내게 이르시되 인자야 내가 네

겔

게 이를 모든 말을 너는 마음으로
받으며 귀로 듣고
11 사로잡힌 네 민족에게로 가서 그들
이 듣든지 아니 듣든지 그들에게
고하여 이르기를 주 여호와의 말씀
이 이러하시다 하라
12 ●때에 주의 영이 나를 들어올리시
는데 내가 내 뒤에서 크게 울리는
소리를 들으니 찬송할지어다 여호
와의 영광이 그의 처소로부터 나오
는도다 하니
13 이는 생물들의 날개가 서로 부딪치
는 소리와 생물 곁의 바퀴 소리라
크게 울리는 소리더라
14 주의 영이 나를 들어올려 데리고
가시는데 내가 근심하고 분한 마음
으로 가니 여호와의 권능이 힘 있
게 나를 감동시키시더라
15 이에 내가 델아빕에 이르러 그 사
로잡힌 백성 곧 그발 강가에 거주
하는 자들에게 나아가 그 중에서
두려워 떨며 칠 일을 지내니라

파수꾼 에스겔
(겔 33:1-9)

16 ●칠 일 후에 여호와의 말씀이 내
게 임하여 이르시되
17 인자야 내가 너를 이스라엘 족속의
파수꾼으로 세웠으니 너는 내 입의
말을 듣고 나를 대신하여 그들을
깨우치라
18 가령 내가 악인에게 말하기를 너는
꼭 죽으리라 할 때에 네가 깨우치
지 아니하거나 말로 악인에게 일
러서 그의 악한 길을 떠나 생명을
구원하게 하지 아니하면 그 악인
은 그의 죄악 중에서 죽으려니와
내가 그의 피 값을 네 손에서 찾을
것이고
19 네가 악인을 깨우치되 그가 그의
악한 마음과 악한 행위에서 돌이키
지 아니하면 그는 그의 죄악 중에
서 죽으려니와 너는 네 생명을 보
존하리라
20 또 의인이 그의 공의에서 돌이켜
악을 행할 때에는 이미 행한 그의
공의는 기억할 바 아니라 내가 그
앞에 거치는 것을 두면 그가 죽을
지니 이는 네가 그를 깨우치지 않
음이니라 그는 그의 죄 중에서 죽
으려니와 그의 피 값은 내가 네 손
에서 찾으리라
21 그러나 네가 그 의인을 깨우쳐 범
죄하지 아니하게 함으로 그가 범죄
하지 아니하면 정녕 살리니 이는
깨우침을 받음이며 너도 네 영혼을
보존하리라

에스겔이 말 못하는 자가 되다

22 ●여호와께서 권능으로 거기서 내
게 임하시고 또 내게 이르시되 일
어나 들로 나아가라 내가 거기서
너와 말하리라 하시기로
23 내가 일어나 들로 나아가니 여호와
의 영광이 거기에 머물렀는데 내가
전에 그발 강가에서 보던 영광과
같은지라 내가 곧 엎드리니
24 주의 영이 내게 임하사 나를 일으
켜 내 발로 세우시고 내게 말씀하
여 이르시되 너는 가서 네 집에 들
어가 문을 닫으라
25 너 인자야 보라 무리가 네 위에
줄을 놓아 너를 동여매리니 네가
그들 가운데에서 나오지 못할 것
이라
26 내가 네 혀를 네 입천장에 붙게 하
여 네가 말 못하는 자가 되어 그들
을 꾸짖는 자가 되지 못하게 하리
니 그들은 패역한 족속임이니라
27 그러나 내가 너와 말할 때에 네 입
을 열리니 너는 그들에게 이르기를

주 여호와의 말씀이 이러하시다 하
라 들을 자는 들을 것이요 듣기 싫
은 자는 듣지 아니하리니 그들은
반역하는 족속임이니라

예루살렘을 그리고 에워싸라

4 너 인자야 토판을 가져다가 그것
을 네 앞에 놓고 한 성읍 곧 예루
살렘을 그 위에 그리고
2 그 성읍을 에워싸되 그것을 향하여
사다리를 세우고 그것을 향하여 흙
으로 언덕을 쌓고 그것을 향하여
진을 치고 그것을 향하여 공성퇴를
둘러 세우고
3 또 철판을 가져다가 너와 성읍 사
이에 두어 철벽을 삼고 성을 포위
하는 것처럼 에워싸라 이것이 이스
라엘 족속에게 징조가 되리라
4 ●너는 또 왼쪽으로 누워 이스라엘
족속의 죄악을 짊어지되 네가 눕
는 날수대로 그 죄악을 담당할지
니라
5 내가 그들의 범죄한 햇수대로 네게
날수를 정하였나니 곧 삼백구십 일
이니라 너는 이렇게 이스라엘 족속
의 죄악을 담당하고
6 그 수가 차거든 너는 오른쪽으로
누워 유다 족속의 죄악을 담당하라
내가 네게 사십 일로 정하였나니
하루가 일 년이니라
7 너는 또 네 얼굴을 에워싸인 예루
살렘 쪽으로 향하고 팔을 걷어 올
리고 예언하라
8 내가 줄로 너를 동이리니 네가 에
워싸는 날이 끝나기까지 몸을 이리
저리 돌리지 못하리라
9 ●너는 밀과 보리와 콩과 팥과 조
와 귀리를 가져다가 한 그릇에 담
고 너를 위하여 떡을 만들어 네가
옆으로 눕는 날수 곧 삼백구십 일
동안 먹되
10 너는 음식물을 달아서 하루 이십
세겔씩 때를 따라 먹고
11 물도 육분의 일 힌씩 되어서 때를
따라 마시라
12 너는 그것을 보리떡처럼 만들어 먹
되 그들의 목전에서 인분 불을 피
워 구울지니라
13 또 여호와께서 이르시되 내가 여러
나라들로 쫓아내어 흩어 버릴 이스
라엘 자손이 거기서 이같이 부정한
떡을 먹으리라 하시기로
14 내가 말하되 아하 주 여호와여 나
는 영혼을 더럽힌 일이 없었나이다
어려서부터 지금까지 스스로 죽은
것이나 짐승에게 찢긴 것을 먹지
아니하였고 가증한 고기를 입에 넣
지 아니하였나이다
15 여호와께서 내게 이르시되 보라 쇠
똥으로 인분을 대신하기를 허락하
노니 너는 그것으로 떡을 구울지니
라
16 또 내게 이르시되 인자야 내가 예
루살렘에서 의뢰하는 양식을 끊으
리니 백성이 근심 중에 떡을 달아
먹고 두려워 떨며 물을 되어 마시
다가
17 떡과 물이 부족하여 피차에 두려워
하여 떨며 그 죄악 중에서 쇠패하
리라

머리털과 수염을 깎는 상징

5 너 인자야 너는 날카로운 칼을
가져다가 삭도로 삼아 네 머리털
과 수염을 깎아서 저울로 달아 나
누어 두라
2 그 성읍을 에워싸는 날이 차거든
너는 터럭 삼분의 일은 성읍 안에
서 불사르고 삼분의 일은 성읍 사
방에서 칼로 치고 또 삼분의 일은
바람에 흩으라 내가 그 뒤를 따라
칼을 빼리라

겔

3 너는 터럭 중에서 조금을 네 옷자
락에 싸고
4 또 그 가운데에서 얼마를 불에 던
져 사르라 그 속에서 불이 이스라
엘 온 족속에게로 나오리라
5 ●주 여호와께서 이와 같이 이르시
되 이것이 곧 예루살렘이라 내가
그를 이방인 가운데에 두어 나라들
이 둘러 있게 하였거늘
6 그가 내 규례를 거슬러서 이방인보
다 악을 더 행하며 내 율례도 그리
함이 그를 둘러 있는 나라들보다
더하니 이는 그들이 내 규례를 버
리고 내 율례를 행하지 아니하였음
이니라
7 그러므로 나 주 여호와가 말하노라
너희 요란함이 너희를 둘러싸고 있
는 이방인들보다 더하여 내 율례를
행하지 아니하며 내 규례를 지키지
아니하고 너희를 둘러 있는 이방인
들의 규례대로도 행하지 아니하였
느니라
8 그러므로 나 주 여호와가 말하노라
나 곧 내가 너를 치며 이방인의 목
전에서 너에게 벌을 내리되
9 네 모든 가증한 일로 말미암아 내
가 전무후무하게 네게 내릴지라
10 그리한즉 네 가운데에서 아버지가
아들을 잡아먹고 아들이 그 아버지
를 잡아먹으리라 내가 벌을 네게
내리고 너희 중에 남은 자를 다 사
방에 흩으리라
11 그러므로 나 주 여호와가 말하노
라 내가 나의 삶을 두고 맹세하노
니 네가 모든 미운 물건과 모든 가
증한 일로 내 성소를 더럽혔은즉
나도 너를 아끼지 아니하며 긍휼
을 베풀지 아니하고 미약하게 하
리니
12 너희 가운데에서 삼분의 일은 전염
병으로 죽으며 기근으로 멸망할 것
이요 삼분의 일은 너의 사방에서
칼에 엎드러질 것이며 삼분의 일은
내가 사방에 흩어 버리고 또 그 뒤
를 따라가며 칼을 빼리라
13 ●이와 같이 내 노가 다한즉 그들
을 향한 분이 풀려서 내 마음이 가
라앉으리라 내 분이 그들에게 다한
즉 나 여호와가 열심으로 말한 줄
을 그들이 알리라
14 내가 이르되 또 너를 황무하게 하
고 너를 둘러싸고 있는 이방인들
중에서 모든 지나가는 자의 목전에
모욕거리가 되게 하리니
15 내 노와 분과 중한 책망으로 네게
벌을 내린즉 너를 둘러싸고 있는
이방인들에게 네가 수치와 조롱거
리가 되고 두려움과 경고가 되리라
나 여호와의 말이니라
16 내가 멸망하게 하는 기근의 독한
화살을 너희에게 보내되 기근을 더
하여 너희가 의뢰하는 양식을 끊을
것이라
17 내가 기근과 사나운 짐승을 너희에
게 보내 외롭게 하고 너희 가운데
에 전염병과 살륙이 일어나게 하고
또 칼이 너희에게 임하게 하리라
나 여호와의 말이니라

여호와께서 우상 숭배를 심판하시다

6 여호와의 말씀이 내게 임하여 이
르시되
2 인자야 너는 이스라엘 산을 향하여
그들에게 예언하여
3 이르기를 이스라엘 산들아 주 여호
와의 말씀을 들으라 주 여호와께서
산과 언덕과 시내와 골짜기를 향하
여 이같이 말씀하시기를 나 곧 내
가 칼이 너희에게 임하게 하여 너
희 산당을 멸하리니
4 너희 제단들이 황폐하고 분향제단

들이 깨뜨려질 것이며 너희가 죽임
을 당하여 너희 우상 앞에 엎드러
지게 할 것이라
5 이스라엘 자손의 시체를 그 우상
앞에 두며 너희 해골을 너희 제단
사방에 흩으리라
6 내가 너희가 거주하는 모든 성읍이
사막이 되게 하며 산당을 황폐하게
하리니 이는 너희 제단이 깨어지고
황폐하며 너희 우상들이 깨어져 없
어지며 너희 분향제단들이 찍히며
너희가 만든 것이 폐하여지며
7 또 너희가 죽임을 당하여 엎드러지
게 하여 내가 여호와인 줄을 너희
가 알게 하려 함이라
8 ●그러나 너희가 여러 나라에 흩어
질 때에 내가 너희 중에서 칼을 피
하여 이방인들 중에 살아남은 자가
있게 할지라
9 너희 중에서 살아남은 자가 사로잡
혀 이방인들 중에 있어서 나를 기
억하되 그들이 음란한 마음으로 나
를 떠나고 음란한 눈으로 우상을
섬겨 나를 근심하게 한 것을 기억
하고 스스로 한탄하리니 이는 그
모든 가증한 일로 악을 행하였음이
라
10 그때에야 그들이 나를 여호와인 줄
알리라 내가 이런 재앙을 그들에게
내리겠다 한 말이 헛되지 아니하니
라
11 ●주 여호와께서 이같이 이르시되
너는 손뼉을 치고 발을 구르며 말
할지어다 오호라 이스라엘 족속이
모든 가증한 악을 행하므로 마침내
칼과 기근과 전염병에 망하되
12 먼 데 있는 자는 전염병에 죽고 가
까운 데 있는 자는 칼에 엎드러지
고 남아 있어 에워싸인 자는 기근
에 죽으리라 이같이 내 진노를 그
들에게 이룬즉
13 그 죽임 당한 시체들이 그 우상들
사이에, 제단 사방에, 각 높은 고개
위에, 모든 산꼭대기에, 모든 푸른
나무 아래에, 무성한 상수리나무
아래 곧 그 우상에게 분향하던 곳
에 있으리니 내가 여호와인 줄을
너희가 알리라
14 내가 내 손을 그들의 위에 펴서 그
가 사는 온 땅 곧 광야에서부터 디
블라까지 황량하고 황폐하게 하리
니 내가 여호와인 줄을 그들이 알
리라

이스라엘의 끝이 다가오다

7 또 여호와의 말씀이 내게 임하여
이르시되
2 너 인자야 주 여호와께서 이스라엘
땅에 관하여 이같이 말씀하셨느니
라 끝났도다 이 땅 사방의 일이 끝
났도다
3 이제는 네게 끝이 이르렀나니 내가
내 진노를 네게 나타내어 네 행위
를 심판하고 네 모든 가증한 일을
보응하리라
4 내가 너를 불쌍히 여기지 아니하며
긍휼히 여기지도 아니하고 네 행위
대로 너를 벌하여 네 가증한 일이
너희 중에 나타나게 하리니 내가
여호와인 줄을 너희가 알리라
5 ●주 여호와께서 이같이 이르시되
재앙이로다, 비상한 재앙이로다 볼
지어다 그것이 왔도다
6 끝이 왔도다, 끝이 왔도다 끝이 너
에게 왔도다 볼지어다 그것이 왔도
다
7 이 땅 주민아 정한 재앙이 네게 임
하도다 때가 이르렀고 날이 가까웠
으니 요란한 날이요 산에서 즐거이
부르는 날이 아니로다
8 이제 내가 속히 분을 네게 쏟고 내

진노를 네게 이루어서 네 행위대로
너를 심판하여 네 모든 가증한 일
을 네게 보응하되
9 내가 너를 불쌍히 여기지 아니하며
긍휼히 여기지도 아니하고 네 행위
대로 너를 벌하여 너의 가증한 일
이 너희 중에 나타나게 하리니 나
여호와가 때리는 이임을 네가 알리
라
10 ●볼지어다 그날이로다 볼지어다
임박하도다 정한 재앙이 이르렀으
니 몽둥이가 꽃이 피며 교만이 싹
이 났도다
11 포학이 일어나서 죄악의 몽둥이가
되었은즉 그들도, 그 무리도, 그 재
물도 하나도 남지 아니하며 그 중
의 아름다운 것도 없어지리로다
12 때가 이르렀고 날이 가까웠으니 사
는 자도 기뻐하지 말고 파는 자도
근심하지 말 것은 진노가 그 모든
무리에게 임함이로다
13 파는 자가 살아 있다 할지라도 다
시 돌아가서 그 판 것을 얻지 못하
리니 이는 묵시가 그 모든 무리에
게 돌아오지 아니하고, 사람이 그
죄악으로 말미암아 자기의 목숨을
유지할 수 없으리라 하였음이로다

이스라엘이 받는 벌

14 ●그들이 나팔을 불어 온갖 것을
준비하였을지라도 전쟁에 나갈 사
람이 없나니 이는 내 진노가 그 모
든 무리에게 이르렀음이라
15 밖에는 칼이 있고 안에는 전염병과
기근이 있어서 밭에 있는 자는 칼
에 죽을 것이요 성읍에 있는 자는
기근과 전염병에 망할 것이며
16 도망하는 자는 산 위로 피하여 다
각기 자기 죄악 때문에 골짜기의
비둘기들처럼 슬피 울 것이며
17 모든 손은 피곤하고 모든 무릎은
물과 같이 약할 것이라
18 그들이 굵은 베로 허리를 묶을 것
이요 두려움이 그들을 덮을 것이요
모든 얼굴에는 수치가 있고 모든
머리는 대머리가 될 것이며
19 그들이 그 은을 거리에 던지며 그
금을 오물같이 여기리니 이는 여호
와 내가 진노를 내리는 날에 그들
의 은과 금이 능히 그들을 건지지
못하며 능히 그 심령을 족하게 하
거나 그 창자를 채우지 못하고 오
직 죄악의 걸림돌이 됨이로다
20 그들이 그 화려한 장식으로 말미암
아 교만을 품었고 또 그것으로 가
증한 우상과 미운 물건을 만들었은
즉 내가 그것을 그들에게 오물이
되게 하여
21 타국인의 손에 넘겨 노략하게 하며
세상 악인에게 넘겨 그들이 약탈하
여 더럽히게 하고
22 내가 또 내 얼굴을 그들에게서 돌
이키리니 그들이 내 은밀한 처소를
더럽히고 포악한 자도 거기 들어와
서 더럽히리라
23 ●너는 쇠사슬을 만들라 이는 피
흘리는 죄가 그 땅에 가득하고 포
악이 그 성읍에 찼음이라
24 내가 극히 악한 이방인들을 데려와
서 그들이 그 집들을 점령하게 하
고 강한 자의 교만을 그치게 하리
니 그들의 성소가 더럽힘을 당하리
라
25 패망이 이르리니 그들이 평강을 구
하여도 없을 것이라
26 환난에 환난이 더하고 소문에 소문
이 더할 때에 그들이 선지자에게서
묵시를 구하나 헛될 것이며 제사장
에게는 율법이 없어질 것이요 장로
에게는 책략이 없어질 것이며
27 왕은 애통하고 고관은 놀람을 옷

입듯 하며 주민의 손은 떨리리라
내가 그 행위대로 그들에게 갚고
그 죄악대로 그들을 심판하리니 내
가 여호와인 줄을 그들이 알리라

예루살렘의 우상 숭배

8 여섯째 해 여섯째 달 초닷새에
나는 집에 앉았고 유다의 장로들
은 내 앞에 앉아 있는데 주 여호와
의 권능이 거기에서 내게 내리기
로
2 내가 보니 불 같은 형상이 있더라
그 허리 아래의 모양은 불 같고 허
리 위에는 광채가 나서 단 쇠 같은
데
3 그가 손 같은 것을 펴서 내 머리털
한 모숨을 잡으며 주의 영이 나를
들어 천지 사이로 올리시고 하나님
의 환상 가운데에 나를 이끌어 예
루살렘으로 가서 안뜰로 들어가는
북향한 문에 이르시니 거기에는 질
투의 우상 곧 질투를 일어나게 하
는 우상의 자리가 있는 곳이라
4 이스라엘 하나님의 영광이 거기에
있는데 내가 들에서 본 모습과 같
더라
5 ●그가 내게 이르시되 인자야 이제
너는 눈을 들어 북쪽을 바라보라
하시기로 내가 눈을 들어 북쪽을
바라보니 제단문 어귀 북쪽에 그
질투의 우상이 있더라
6 그가 또 내게 이르시되 인자야 이
스라엘 족속이 행하는 일을 보느냐
그들이 여기에서 크게 가증한 일을
행하여 나로 내 성소를 멀리 떠나
게 하느니라 너는 다시 다른 큰 가
증한 일을 보리라 하시더라
7 그가 나를 이끌고 뜰 문에 이르시
기로 내가 본즉 담에 구멍이 있더
라
8 그가 내게 이르시되 인자야 너는
이 담을 헐라 하시기로 내가 그 담
을 허니 한 문이 있더라
9 또 내게 이르시되 들어가서 그들이
거기에서 행하는 가증하고 악한 일
을 보라 하시기로
10 내가 들어가 보니 각양 곤충과 가
증한 짐승과 이스라엘 족속의 모든
우상을 그 사방 벽에 그렸고
11 이스라엘 족속의 장로 중 칠십 명
이 그 앞에 섰으며 사반의 아들 야
아사냐도 그 가운데에 섰고 각기
손에 향로를 들었는데 향연이 구름
같이 오르더라
12 또 내게 이르시되 인자야 이스라엘
족속의 장로들이 각각 그 우상의
방 안 어두운 가운데에서 행하는
것을 네가 보았느냐 그들이 이르기
를 여호와께서 우리를 보지 아니하
시며 여호와께서 이 땅을 버리셨다
하느니라
13 또 내게 이르시되 너는 다시 그들
이 행하는 바 다른 큰 가증한 일을
보리라 하시더라
14 ●그가 또 나를 데리고 여호와의
전으로 들어가는 북문에 이르시기
로 보니 거기에 여인들이 앉아 담
무스를 위하여 애곡하더라
15 그가 또 내게 이르시되 인자야 네
가 그것을 보았느냐 너는 또 이보
다 더 큰 가증한 일을 보리라 하시
더라
16 ●그가 또 나를 데리고 여호와의 성
전 안뜰에 들어가시니라 보라 여호
와의 성전 문 곧 현관과 제단 사이
에서 약 스물다섯 명이 여호와의 성
전을 등지고 낯을 동쪽으로 향하여
동쪽 태양에게 예배하더라
17 또 내게 이르시되 인자야 네가 보
았느냐 유다 족속이 여기에서 행한
가증한 일을 적다 하겠느냐 그들이

그 땅을 폭행으로 채우고 또 다시
내 노여움을 일으키며 심지어 나뭇
가지를 그 코에 두었느니라
18 그러므로 나도 분노로 갚아 불쌍히
여기지 아니하며 긍휼을 베풀지도
아니하리니 그들이 큰 소리로 내
귀에 부르짖을지라도 내가 듣지 아
니하리라

예루살렘을 향하여 분노를 쏟으시다

9 또 그가 큰 소리로 내 귀에 외쳐
이르시되 이 성읍을 관할하는 자
들이 각기 죽이는 무기를 손에 들
고 나아오게 하라 하시더라
2 내가 보니 여섯 사람이 북향한 윗
문 길로부터 오는데 각 사람의 손
에 죽이는 무기를 잡았고 그 중의
한 사람은 가는 베 옷을 입고 허
리에 서기관의 먹 그릇을 찼더라
그들이 들어와서 놋 제단 곁에 서
더라
3 ●그룹에 머물러 있던 이스라엘 하
나님의 영광이 성전 문지방에 이르
더니 여호와께서 그 가는 베 옷을
입고 서기관의 먹 그릇을 찬 사람
을 불러
4 여호와께서 이르시되 너는 예루살
렘 성읍 중에 순행하여 그 가운데
에서 행하는 모든 가증한 일로 말
미암아 탄식하며 우는 자의 이마에
[1]표를 그리라 하시고
5 그들에 대하여 내 귀에 이르시되
너희는 그를 따라 성읍 중에 다니
며 불쌍히 여기지 말며 긍휼을 베
풀지 말고 쳐서
6 늙은 자와 젊은 자와 처녀와 어린
이와 여자를 다 죽이되 이마에 표
있는 자에게는 가까이하지 말라
내 성소에서 시작할지니라 하시매
그들이 성전 앞에 있는 [2]늙은 자들
로부터 시작하더라
7 그가 또 그들에게 이르시되 너희는
성전을 더럽혀 시체로 모든 뜰에
채우라 너희는 나가라 하시매 그들
이 나가서 성읍 중에서 치더라
8 그들이 칠 때에 내가 홀로 있었는지
라 엎드려 부르짖어 이르되 아하 주
여호와여 예루살렘을 향하여 분노
를 쏟으시오니 이스라엘의 남은 자
를 모두 멸하려 하시나이까
9 ●그가 내게 이르시되 이스라엘과
유다 족속의 죄악이 심히 중하여
그 땅에 피가 가득하며 그 성읍에
불법이 찼나니 이는 그들이 이르기
를 여호와께서 이 땅을 버리셨으며
여호와께서 보지 아니하신다 함이
라
10 그러므로 내가 그들을 불쌍히 여기
지 아니하며 긍휼을 베풀지 아니하
고 그들의 행위대로 그들의 머리에
갚으리라 하시더라
11 보라 가는 베 옷을 입고 허리에 먹
그릇을 찬 사람이 복명하여 이르되
주께서 내게 명령하신 대로 내가
준행하였나이다 하더라

여호와의 영광이 성전을 떠나시다

10 이에 내가 보니 그룹들 머리
위 궁창에 남보석 같은 것이
나타나는데 그들 위에 보좌의 형상
이 있는 것 같더라
2 하나님이 가는 베 옷을 입은 사람
에게 말씀하여 이르시되 너는 그룹
밑에 있는 바퀴 사이로 들어가 그
속에서 숯불을 두 손에 가득히 움
켜 가지고 성읍 위에 흩으라 하시
매 그가 내 목전에서 들어가더라
3 그 사람이 들어갈 때에 그룹들은
성전 오른쪽에 서 있고 구름은 안

1) 히브리어 문자 타우를 가리킴 2) 또는 장로

뜰에 가득하며
4 여호와의 영광이 그룹에서 올라와
성전 문지방에 이르니 구름이 성전
에 가득하며 여호와의 영화로운 광
채가 뜰에 가득하였고
5 그룹들의 날개 소리는 바깥뜰까지
들리는데 전능하신 하나님이 말씀
하시는 음성 같더라
6 하나님이 가는 베 옷을 입은 자에게
명령하시기를 바퀴 사이 곧 그룹들
사이에서 불을 가져가라 하셨으므
로 그가 들어가 바퀴 옆에 서매
7 그 그룹이 그룹들 사이에서 손을
내밀어 그 그룹들 사이에 있는 불
을 집어 가는 베 옷을 입은 자의 손
에 주매 그가 받아 가지고 나가는
데
8 그룹들의 날개 밑에 사람의 손 같
은 것이 나타나더라
9 ●내가 보니 그룹들 곁에 네 바퀴
가 있는데 이 그룹 곁에도 한 바퀴
가 있고 저 그룹 곁에도 한 바퀴가
있으며 그 바퀴 모양은 황옥 같으
며
10 그 모양은 넷이 꼭 같은데 마치 바
퀴 안에 바퀴가 있는 것 같으며
11 그룹들이 나아갈 때에는 사방으로
몸을 돌리지 아니하고 나아가되 몸
을 돌리지 아니하고 그 머리 향한
곳으로 나아가며
12 그 온 몸과 등과 손과 날개와 바퀴
곧 네 그룹의 바퀴의 둘레에 다 눈
이 가득하더라
13 내가 들으니 [1]그 바퀴들을 도는 것
이라 부르며
14 그룹들에게는 각기 네 면이 있는데
첫째 면은 그룹의 얼굴이요 둘째
면은 사람의 얼굴이요 셋째는 사자
의 얼굴이요 넷째는 독수리의 얼굴
이더라
15 ●그룹들이 올라가니 그들은 내가
그발 강가에서 보던 생물이라
16 그룹들이 나아갈 때에는 바퀴도 그
곁에서 나아가고 그룹들이 날개를
들고 땅에서 올라가려 할 때에도
바퀴가 그 곁을 떠나지 아니하며
17 그들이 서면 이들도 서고 그들이
올라가면 이들도 함께 올라가니 이
는 생물의 영이 바퀴 가운데에 있
음이더라
18 ●여호와의 영광이 성전 문지방을
떠나서 그룹들 위에 머무르니
19 그룹들이 날개를 들고 내 눈 앞의
땅에서 올라가는데 그들이 나갈 때
에 바퀴도 그 곁에서 함께하더라
그들이 여호와의 전으로 들어가는
동문에 머물고 이스라엘 하나님의
영광이 그 위에 덮였더라
20 ●그것은 내가 그발 강가에서 보던
이스라엘의 하나님 아래에 있던 생
물이라 그들이 그룹인 줄을 내가
아니라
21 각기 네 얼굴과 네 날개가 있으며
날개 밑에는 사람의 손 형상이 있
으니
22 그 얼굴의 형상은 내가 그발 강가
에서 보던 얼굴이며 그 모양과 그
몸도 그러하며 각기 곧게 앞으로
가더라

예루살렘이 심판을 받다

11 그때에 주의 영이 나를 들어올
려서 여호와의 전 동문 곧 동향
한 문에 이르시기로 보니 그 문에
사람이 스물다섯 명이 있는데 내가
그 중에서 앗술의 아들 야아사냐와
브나야의 아들 블라댜를 보았으니
그들은 백성의 고관이라
2 그가 내게 이르시되 인자야 이 사
람들은 불의를 품고 이 성 중에서

1) 그 바퀴들에게 돌라 하며

악한 꾀를 꾸미는 자니라
3 그들의 말이 집 건축할 때가 가깝
지 아니한즉 이 성읍은 가마가 되
고 우리는 고기가 된다 하나니
4 그러므로 인자야 너는 그들을 쳐서
예언하고 예언할지니라
5 ●여호와의 영이 내게 임하여 이르
시되 너는 말하기를 여호와의 말씀
에 이스라엘 족속아 너희가 이렇게
말하였도다 너희 마음에서 일어나
는 것을 내가 다 아노라
6 너희가 이 성읍에서 많이 죽여 그
거리를 시체로 채웠도다
7 그러므로 주 여호와께서 이같이 말
씀하셨느니라 이 성읍 중에서 너희
가 죽인 시체는 그 고기요 이 성읍
은 그 가마인데 너희는 그 가운데
에서 끌려 나오리라
8 나 주 여호와가 말하노라 너희가
칼을 두려워하니 내가 칼로 너희에
게 이르게 하고
9 너희를 그 성읍 가운데에서 끌어내
어 타국인의 손에 넘겨 너희에게
벌을 내리리니
10 너희가 칼에 엎드러질 것이라 내가
이스라엘 변경에서 너희를 심판하
리니 너희는 내가 여호와인 줄을
알리라
11 이 성읍은 너희 가마가 되지 아니
하고 너희는 그 가운데에 고기가
되지 아니할지라 내가 너희를 이스
라엘 변경에서 심판하리니
12 너희는 내가 여호와인 줄을 알리라
너희가 내 율례를 행하지 아니하며
규례를 지키지 아니하고 너희 사방
에 있는 이방인의 규례대로 행하였
느니라 하셨다 하라
13 이에 내가 예언할 때에 브나야의
아들 블라댜가 죽기로 내가 엎드
려 큰 소리로 부르짖어 이르되 오
호라 주 여호와여 이스라엘의 남
은 자를 다 멸절하고자 하시나이
까 하니라

이스라엘의 회복을 이르시다

14 ●여호와의 말씀이 내게 임하여 이
르시되
15 인자야 예루살렘 주민이 네 형제
곧 네 형제와 친척과 온 이스라엘
족속을 향하여 이르기를 너희는 여
호와에게서 멀리 떠나라 이 땅은
우리에게 주어 기업이 되게 하신
것이라 하였나니
16 그런즉 너는 말하기를 주 여호와의
말씀에 내가 비록 그들을 멀리 이
방인 가운데로 쫓아내어 여러 나라
에 흩었으나 그들이 도달한 나라들
에서 내가 잠깐 그들에게 성소가
되리라 하셨다 하고
17 너는 또 말하기를 주 여호와의 말
씀에 내가 너희를 만민 가운데에서
모으며 너희를 흩은 여러 나라 가
운데에서 모아 내고 이스라엘 땅을
너희에게 주리라 하셨다 하라
18 그들이 그리로 가서 그 가운데의
모든 미운 물건과 모든 가증한 것
을 제거하여 버릴지라
19 내가 그들에게 한 마음을 주고 그
속에 새 영을 주며 그 몸에서 돌 같
은 마음을 제거하고 살처럼 부드러
운 마음을 주어
20 내 율례를 따르며 내 규례를 지켜
행하게 하리니 그들은 내 백성이
되고 나는 그들의 하나님이 되리
라
21 그러나 미운 것과 가증한 것을 마
음으로 따르는 자는 내가 그 행위
대로 그 머리에 갚으리라 나 주 여
호와의 말이니라

여호와의 영광이 떠나시다

22 ●그때에 그룹들이 날개를 드는데

바뀌도 그 곁에 있고 이스라엘 하
나님의 영광도 그 위에 덮였더니
23 여호와의 영광이 성읍 가운데에서
부터 올라가 성읍 동쪽 산에 머무
르고
24 주의 영이 나를 들어 하나님의 영
의 환상 중에 데리고 갈대아에 있
는 사로잡힌 자 중에 이르시더니
내가 본 환상이 나를 떠나 올라간
지라
25 내가 사로잡힌 자에게 여호와께서
내게 보이신 모든 일을 말하니라

포로가 될 것을 나타내는 상징행위

12 또 여호와의 말씀이 내게 임하
여 이르시되
2 인자야 네가 반역하는 족속 중에
거주하는도다 그들은 볼 눈이 있어
도 보지 아니하고 들을 귀가 있어
도 듣지 아니하나니 그들은 반역하
는 족속임이라
3 인자야 너는 [1]포로의 행장을 꾸리
고 낮에 그들의 목전에서 끌려가
라 네가 네 처소를 다른 곳으로 옮
기는 것을 그들이 보면 비록 반역
하는 족속이라도 혹 생각이 있으
리라
4 너는 낮에 그들의 목전에서 네 포
로의 행장을 밖에 내놓기를 끌려가
는 포로의 행장같이 하고 저물 때
에 너는 그들의 목전에서 밖으로
나가기를 포로되어 가는 자같이 하
라
5 너는 그들의 목전에서 성벽을 뚫고
그리로 따라 옮기되
6 캄캄할 때에 그들의 목전에서 어깨
에 메고 나가며 얼굴을 가리고 땅
을 보지 말지어다 이는 내가 너를
세워 이스라엘 족속에게 징조가 되
게 함이라 하시기로
7 내가 그 명령대로 행하여 낮에 나
의 행장을 끌려가는 포로의 행장같
이 내놓고 저물 때에 내 손으로 성
벽을 뚫고 캄캄할 때에 행장을 내
다가 그들의 목전에서 어깨에 메고
나가니라
8 ●이튿날 아침에 여호와의 말씀이
또 내게 임하여 이르시되
9 인자야 이스라엘 족속 곧 그 반역
하는 족속이 네게 묻기를 무엇을
하느냐 하지 아니하더냐
10 너는 그들에게 말하기를 주 여호와
의 말씀에 이것은 예루살렘 왕과
그 가운데에 있는 이스라엘 온 족
속에 대한 묵시라 하셨다 하고
11 또 말하기를 나는 너희 징조라 내
가 행한 대로 그들도 포로로 사로
잡혀 가리라
12 무리가 성벽을 뚫고 행장을 그리로
가지고 나가고 그 중에 왕은 어두
울 때에 어깨에 행장을 메고 나가
며 눈으로 땅을 보지 아니하려고
자기 얼굴을 가리리라 하라
13 내가 또 내 그물을 그의 위에 치고
내 올무에 걸리게 하여 그를 끌고
갈대아 땅 바벨론에 이르리니 그가
거기에서 죽으려니와 그 땅을 보지
못하리라
14 내가 그 호위하는 자와 부대들을
다 사방으로 흩고 또 그 뒤를 따라
칼을 빼리라
15 내가 그들을 이방인 가운데로 흩으
며 여러 나라 가운데에 헤친 후에
야 내가 여호와인 줄을 그들이 알
리라
16 그러나 내가 그 중 몇 사람을 남겨
칼과 기근과 전염병에서 벗어나게
하여 그들이 이르는 이방인 가운데
에서 자기의 모든 가증한 일을 자
백하게 하리니 내가 여호와인 줄을

1) 포로의 기구

그들이 알리라
떨면서 먹고 마시며 보이는 징조
17 ●여호와의 말씀이 또 내게 임하여
이르시되
18 인자야 너는 떨면서 네 음식을 먹
고 놀라고 근심하면서 네 물을 마
시며
19 이 땅 백성에게 말하되 주 여호와
께서 예루살렘 주민과 이스라엘 땅
에 대하여 이르시기를 그들이 근심
하면서 그 음식을 먹으며 놀라면서
그 물을 마실 것은 이 땅 모든 주민
의 포악으로 말미암아 땅에 가득한
것이 황폐하게 됨이라
20 사람이 거주하는 성읍들이 황폐하
며 땅이 적막하리니 내가 여호와인
줄을 너희가 알리라 하셨다 하라
속담과 묵시
21 ●여호와의 말씀이 또 내게 임하여
이르시되
22 인자야 이스라엘 땅에서 이르기를
날이 더디고 모든 묵시가 사라지리
라 하는 너희의 이 속담이 어찌 됨
이냐
23 그러므로 너는 그들에게 이르기를
주 여호와께서 이같이 말씀하시기
를 내가 이 속담을 그치게 하리니
사람이 다시는 이스라엘 가운데에
서 이 속담을 사용하지 못하리라
하셨다 하고 또 그들에게 이르기
를 날과 모든 묵시의 응함이 가까
우니
24 이스라엘 족속 중에 허탄한 묵시나
아첨하는 복술이 다시 있지 못하리
라 하라
25 나는 여호와라 내가 말하리니 내가
하는 말이 다시는 더디지 아니하
고 응하리라 반역하는 족속이여
내가 너희 생전에 말하고 이루리
라 나 주 여호와의 말이니라 하셨
다 하라
26 ●여호와의 말씀이 또 내게 임하여
이르시되
27 인자야 이스라엘 족속의 말이 그가
보는 묵시는 여러 날 후의 일이라
그가 멀리 있는 때에 대하여 예언
하였다 하느니라
28 그러므로 너는 그들에게 이르기를
주 여호와의 말씀에 나의 말이 하
나도 다시 더디지 아니할지니 내가
한 말이 이루어지리라 나 주 여호
와의 말이니라 하셨다 하라
거짓 선지자의 종말
13 여호와의 말씀이 내게 임하여
이르시되
2 인자야 너는 이스라엘의 예언하는
선지자들에게 경고하여 예언하되
자기 마음대로 예언하는 자에게 말
하기를 너희는 여호와의 말씀을 들
으라
3 주 여호와의 말씀에 본 것이 없이
자기 심령을 따라 예언하는 어리석
은 선지자에게 화가 있을진저
4 이스라엘아 너의 선지자들은 황무
지에 있는 여우 같으니라
5 너희 선지자들이 성 무너진 곳에
올라가지도 아니하였으며 이스라
엘 족속을 위하여 여호와의 날에
전쟁에서 견디게 하려고 성벽을 수
축하지도 아니하였느니라
6 여호와께서 말씀하셨다고 하는 자
들이 허탄한 것과 거짓된 점괘를
보며 사람들에게 그 말이 확실히
이루어지기를 바라게 하거니와 그
들은 여호와가 보낸 자가 아니라
7 너희가 말하기는 여호와의 말씀이
라 하여도 내가 말한 것이 아닌즉
어찌 허탄한 묵시를 보며 거짓된
점괘를 말한 것이 아니냐
8 ●그러므로 주 여호와께서 이같이

말씀하셨느니라 너희가 허탄한 것
을 말하며 거짓된 것을 보았은즉
내가 너희를 치리라 주 여호와의
말씀이니라
9 그 선지자들이 허탄한 묵시를 보며
거짓 것을 점쳤으니 내 손이 그들
을 쳐서 내 백성의 공회에 들어오
지 못하게 하며 이스라엘 족속의
호적에도 기록되지 못하게 하며 이
스라엘 땅에도 들어가지 못하게 하
리니 너희가 나를 여호와인 줄 알
리라
10 이렇게 칠 것은 그들이 내 백성을
유혹하여 평강이 없으나 평강이 있
다 함이라 어떤 사람이 담을 쌓을
때에 그들이 회칠을 하는도다
11 그러므로 너는 회칠하는 자에게 이
르기를 그것이 무너지리라 폭우가
내리며 큰 우박덩이가 떨어지며 폭
풍이 몰아치리니
12 그 담이 무너진즉 어떤 사람이 너
희에게 말하기를 그것에 칠한 회가
어디 있느냐 하지 아니하겠느냐
13 그러므로 나 주 여호와가 말하노라
내가 분노하여 폭풍을 퍼붓고 내가
진노하여 폭우를 내리고 분노하여
큰 우박덩어리로 무너뜨리리라
14 회칠한 담을 내가 이렇게 허물어서
땅에 넘어뜨리고 그 기초를 드러낼
것이라 담이 무너진즉 너희가 그
가운데에서 망하리니 나를 여호와
인 줄 알리라
15 이와 같이 내가 내 노를 담과 회칠
한 자에게 모두 이루고 또 너희에
게 말하기를 담도 없어지고 칠한
자들도 없어졌다 하리니
16 이들은 예루살렘에 대하여 예언하
기를 평강이 없으나 평강의 묵시
를 보았다고 하는 이스라엘의 선
지자들이니라 주 여호와의 말씀이
니라

거짓말로 예언하는 여자들

17 ●너 인자야 너의 백성 중 자기 마
음대로 예언하는 여자들에게 경고
하며 예언하여
18 이르기를 주 여호와의 말씀에 사람
의 영혼을 사냥하려고 손목마다 부
적을 꿰어 매고 키가 큰 자나 작은
자의 머리를 위하여 수건을 만드는
여자들에게 화 있을진저 너희가 어
찌하여 내 백성의 영혼은 사냥하면
서 자기를 위하여는 영혼을 살리려
하느냐
19 너희가 두어 움큼 보리와 두어 조
각 떡을 위하여 나를 내 백성 가운
데에서 욕되게 하여 거짓말을 곧
이 듣는 내 백성에게 너희가 거짓
말을 지어내어 죽지 아니할 영혼
을 죽이고 살지 못할 영혼을 살리
는도다
20 그러므로 나 주 여호와가 이같이
말하노라 너희가 새를 사냥하듯 영
혼들을 사냥하는 그 부적을 내가
너희 팔에서 떼어 버리고 너희가
새처럼 사냥한 그 영혼들을 놓아
주며
21 또 너희 수건을 찢고 내 백성을 너
희 손에서 건지고 다시는 너희 손
에 사냥물이 되지 아니하게 하리니
내가 여호와인 줄을 너희가 알리라
22 내가 슬프게 하지 아니한 의인의
마음을 너희가 거짓말로 근심하게
하며 너희가 또 악인의 손을 굳게
하여 그 악한 길에서 돌이켜 떠나
삶을 얻지 못하게 하였은즉
23 너희가 다시는 허탄한 묵시를 보지
못하고 점복도 못할지라 내가 내
백성을 너희 손에서 건져내리니 내
가 여호와인 줄을 너희가 알리라
하라

여호와께서 우상 숭배를 심판하시다

14 이스라엘 장로 두어 사람이 나
아와 내 앞에 앉으니
2 여호와의 말씀이 내게 임하여 이르
시되
3 인자야 이 사람들이 자기 우상을
마음에 들이며 죄악의 걸림돌을 자
기 앞에 두었으니 그들이 내게 묻
기를 내가 조금인들 용납하랴
4 그런즉 너는 그들에게 말하여 이르
라 나 주 여호와가 말하노라 이스
라엘 족속 중에 그 우상을 마음에
들이며 죄악의 걸림돌을 자기 앞에
두고 선지자에게로 가는 모든 자에
게 나 여호와가 그 우상의 수효대
로 보응하리니
5 이는 이스라엘 족속이 다 그 우상
으로 말미암아 나를 배반하였으므
로 내가 그들이 마음먹은 대로 그
들을 잡으려 함이라
6 ●그런즉 너는 이스라엘 족속에게
이르기를 주 여호와의 말씀에 너희
는 마음을 돌이켜 우상을 떠나고
얼굴을 돌려 모든 가증한 것을 떠
나라
7 이스라엘 족속과 이스라엘 가운데
에 거류하는 외국인 중에 누구든지
나를 떠나고 자기 우상을 마음에
들이며 죄악의 걸림돌을 자기 앞에
두고 자기를 위하여 내게 묻고자
하여 선지자에게 가는 모든 자에게
는 나 여호와가 친히 응답하여
8 그 사람을 대적하여 그들을 놀라움
과 표징과 속담거리가 되게 하여
내 백성 가운데에서 끊으리니 내가
여호와인 줄을 너희가 알리라
9 만일 선지자가 유혹을 받고 말을
하면 나 여호와가 그 선지자를 유
혹을 받게 하였음이거니와 내가 손
을 펴서 내 백성 이스라엘 가운데
에서 그를 멸할 것이라
10 선지자의 죄악과 그에게 묻는 자의
죄악이 같은즉 각각 자기의 죄악을
담당하리니
11 이는 이스라엘 족속이 다시는 미혹
되어 나를 떠나지 아니하게 하며
다시는 모든 죄로 스스로 더럽히
지 아니하게 하여 그들을 내 백성
으로 삼고 나는 그들의 하나님이
되려 함이라 주 여호와의 말씀이
니라

의인도 자기의 생명만 건지리라

12 ●여호와의 말씀이 또 내게 임하여
이르시되
13 인자야 가령 어떤 나라가 불법을
행하여 내게 범죄하므로 내가 손을
그 위에 펴서 그 의지하는 양식을
끊어 기근을 내려 사람과 짐승을
그 나라에서 끊는다 하자
14 비록 노아, 다니엘, 욥, 이 세 사람
이 거기에 있을지라도 그들은 자기
의 공의로 자기의 생명만 건지리라
나 주 여호와의 말이니라
15 가령 내가 사나운 짐승을 그 땅에
다니게 하여 그 땅을 황폐하게 하
여 사람이 그 짐승 때문에 능히 다
니지 못하게 한다 하자
16 비록 이 세 사람이 거기에 있을지
라도 나의 삶을 두고 맹세하노니
그들도 자녀는 건지지 못하고 자기
만 건지겠고 그 땅은 황폐하리라
주 여호와의 말씀이니라
17 가령 내가 칼이 그 땅에 임하게 하
고 명령하기를 칼아 그 땅에 돌아
다니라 하고 내가 사람과 짐승을
거기에서 끊는다 하자
18 비록 이 세 사람이 거기에 있을지
라도 나의 삶을 두고 맹세하노니
그들도 자녀는 건지지 못하고 자기
만 건지리라 나 주 여호와의 말이

니라
19 가령 내가 그 땅에 전염병을 내려
죽임으로 내 분노를 그 위에 쏟아
사람과 짐승을 거기에서 끊는다 하
자
20 비록 노아, 다니엘, 욥이 거기에 있
을지라도 나의 삶을 두고 맹세하노
니 그들도 자녀는 건지지 못하고
자기의 공의로 자기의 생명만 건지
리라 주 여호와의 말씀이니라
21 ●주 여호와께서 이같이 이르시되
내가 나의 네 가지 중한 벌 곧 칼과
기근과 사나운 짐승과 전염병을 예
루살렘에 함께 내려 사람과 짐승을
그 중에서 끊으리니 그 해가 더욱
심하지 아니하겠느냐
22 그러나 그 가운데에 피하는 자가
남아 있어 끌려 나오리니 곧 자녀
들이라 그들이 너희에게로 나아오
리니 너희가 그 행동과 소행을 보
면 내가 예루살렘에 내린 재앙 곧
그 내린 모든 일에 대하여 너희가
위로를 받을 것이라
23 너희가 그 행동과 소행을 볼 때에
그들에 의해 위로를 받고 내가 예
루살렘에서 행한 모든 일이 이유
없이 한 것이 아닌 줄을 알리라 주
여호와의 말씀이니라

불에 던질 땔감 같은 예루살렘 주민

15 여호와의 말씀이 내게 임하여
이르시되
2 인자야 포도나무가 모든 나무보다
나은 것이 무엇이랴 숲 속의 여러
나무 가운데에 있는 그 포도나무
가지가 나은 것이 무엇이랴
3 그 나무를 가지고 무엇을 제조할
수 있겠느냐 그것으로 무슨 그릇을
걸 못을 만들 수 있겠느냐
4 불에 던질 땔감이 될 뿐이라 불이
그 두 끝을 사르고 그 가운데도 태
웠으면 제조에 무슨 소용이 있겠느
냐
5 그것이 온전할 때에도 아무 제조에
합당하지 아니하였거든 하물며 불
에 살라지고 탄 후에 어찌 제조에
합당하겠느냐
6 그러므로 주 여호와께서 이같이 말
씀하셨느니라 내가 수풀 가운데에
있는 포도나무를 불에 던질 땔감이
되게 한 것같이 내가 예루살렘 주
민도 그같이 할지라
7 내가 그들을 대적한즉 그들이 그
불에서 나와도 불이 그들을 사르리
니 내가 그들을 대적할 때에 내가
여호와인 줄 너희가 알리라
8 내가 그 땅을 황폐하게 하리니 이
는 그들이 범법함이니라 나 주 여
호와의 말이니라 하시니라

가증한 예루살렘

16 또 여호와의 말씀이 내게 임하
여 이르시되
2 인자야 예루살렘으로 그 가증한 일
을 알게 하여
3 이르기를 주 여호와께서 예루살렘
에 관하여 이같이 말씀하시되 네
근본과 난 땅은 가나안이요 네 아
버지는 아모리 사람이요 네 어머니
는 헷 사람이라
4 네가 난 것을 말하건대 네가 날 때
에 네 배꼽줄을 자르지 아니하였고
너를 물로 씻어 정결하게 하지 아
니하였고 네게 소금을 뿌리지 아니
하였고 너를 강보로 싸지도 아니하
였나니
5 아무도 너를 돌보아 이 중에 한 가
지라도 네게 행하여 너를 불쌍히
여긴 자가 없었으므로 네가 나던
날에 네 몸이 천하게 여겨져 네가
들에 버려졌느니라
6 ●내가 네 곁으로 지나갈 때에 네

가 피투성이가 되어 발짓하는 것을
보고 네게 이르기를 너는 피투성이
라도 살아 있으라 다시 이르기를
너는 피투성이라도 살아 있으라 하
고
7 내가 너를 들의 풀같이 많게 하였
더니 네가 크게 자라고 심히 아름
다우며 유방이 뚜렷하고 네 머리털
이 자랐으나 네가 여전히 벌거벗은
알몸이더라
8 내가 네 곁으로 지나며 보니 네 때
가 사랑을 할 만한 때라 내 옷으로
너를 덮어 벌거벗은 것을 가리고
네게 맹세하고 언약하여 너를 내게
속하게 하였느니라 나 주 여호와의
말이니라
9 내가 물로 네 피를 씻어 없애고 네
게 기름을 바르고
10 수놓은 옷을 입히고 물돼지 가죽신
을 신기고 가는 베로 두르고 모시
로 덧입히고
11 패물을 채우고 팔고리를 손목에 끼
우고 목걸이를 목에 걸고
12 코고리를 코에 달고 귀고리를 귀에
달고 화려한 왕관을 머리에 씌웠나
니
13 이와 같이 네가 금, 은으로 장식하
고 가는 베와 모시와 수놓은 것을
입으며 또 고운 밀가루와 꿀과 기
름을 먹음으로 극히 곱고 형통하여
왕후의 지위에 올랐느니라
14 네 화려함으로 말미암아 네 명성이
이방인 중에 퍼졌음은 내가 네게
입힌 영화로 네 화려함이 온전함이
라 나 주 여호와의 말이니라
15 ●그러나 네가 네 화려함을 믿고
네 명성을 가지고 행음하되 지나가
는 모든 자와 더불어 음란을 많이
행하므로 네 몸이 그들의 것이 되
도다
16 네가 네 의복을 가지고 너를 위하
여 각색으로 산당을 꾸미고 거기에
서 행음하였나니 이런 일은 전무후
무하니라
17 네가 또 내가 준 금, 은 장식품으로
너를 위하여 남자 우상을 만들어
행음하며
18 또 네 수놓은 옷을 그 우상에게 입
히고 나의 기름과 향을 그 앞에 베
풀며
19 또 내가 네게 주어 먹게 한 내 음식
물 곧 고운 밀가루와 기름과 꿀을
네가 그 앞에 베풀어 향기를 삼았
나니 과연 그렇게 하였느니라 주
여호와의 말씀이니라
20 또 네가 나를 위하여 낳은 네 자녀
를 그들에게 데리고 가서 드려 제
물로 삼아 불살랐느니라 네가 네
음행을 작은 일로 여겨서
21 나의 자녀들을 죽여 우상에게 넘
겨 [1]불 가운데로 지나가게 하였느
냐
22 네가 어렸을 때에 벌거벗은 몸이었
으며 피투성이가 되어서 발짓하던
것을 기억하지 아니하고 네가 모든
가증한 일과 음란을 행하였느니라

방자한 음녀 예루살렘

23 ●주 여호와의 말씀이니라 너는 화
있을진저 화 있을진저 네가 모든
악을 행한 후에
24 너를 위하여 누각을 건축하며 모든
거리에 높은 대를 쌓았도다
25 네가 높은 대를 모든 길 어귀에 쌓
고 네 아름다움을 가증하게 하여
모든 지나가는 자에게 다리를 벌려
심히 음행하고
26 하체가 큰 네 이웃 나라 애굽 사람
과도 음행하되 심히 음란히 하여
내 진노를 샀도다

1) 화제를 삼았느냐

27 그러므로 내가 내 손을 네 위에 펴
서 네 일용할 양식을 감하고 너를
미워하는 블레셋 여자 곧 네 더러
운 행실을 부끄러워하는 자에게 너
를 넘겨 임의로 하게 하였거늘
28 네가 음욕이 차지 아니하여 또 앗
수르 사람과 행음하고 그들과 행음
하고도 아직도 부족하게 여겨
29 [1]장사하는 땅 갈대아에까지 심히
행음하되 아직도 족한 줄을 알지
못하였느니라
30 ●주 여호와의 말씀이니라 네가 이
모든 일을 행하니 이는 방자한 음
녀의 행위라 네 마음이 어찌 그리
약한지
31 네가 누각을 모든 길 어귀에 건축
하며 높은 대를 모든 거리에 쌓고
도 값을 싫어하니 창기 같지도 아
니하도다
32 그 남편 대신에 다른 남자들과 내
통하여 간음하는 아내로다
33 사람들은 모든 창기에게 선물을 주
거늘 오직 너는 네 모든 정든 자에
게 선물을 주며 값을 주어서 사방
에서 와서 너와 행음하게 하니
34 네 음란함이 다른 여인과 같지 아
니함은 행음하려고 너를 따르는 자
가 없음이며 또 네가 값을 받지 아
니하고 도리어 값을 줌이라 그런즉
다른 여인과 같지 아니하니라

예루살렘을 벌하시다

35 ●그러므로 너 음녀야 여호와의 말
씀을 들을지어다
36 주 여호와께서 이같이 말씀하셨느
니라 네가 네 누추한 것을 쏟으며
네 정든 자와 행음함으로 벗은 몸
을 드러내며 또 가증한 우상을 위
하며 네 자녀의 피를 그 우상에게
드렸은즉
37 내가 너의 즐거워하는 정든 자와
사랑하던 모든 자와 미워하던 모든
자를 모으되 사방에서 모아 너를
대적하게 할 것이요 또 네 벗은 몸
을 그 앞에 드러내 그들이 그것을
다 보게 할 것이며
38 내가 또 간음하고 사람의 피를 흘
리는 여인을 심판함같이 너를 심판
하여 진노의 피와 질투의 피를 네
게 돌리고
39 내가 또 너를 그들의 손에 넘기리
니 그들이 네 누각을 헐며 네 높은
대를 부수며 네 의복을 벗기고 네
장식품을 빼앗고 네 몸을 벌거벗겨
버려 두며
40 무리를 데리고 와서 너를 돌로 치
며 칼로 찌르며
41 불로 네 집들을 사르고 여러 여인
의 목전에서 너를 벌할지라 내가
너에게 곧 음행을 그치게 하리니
네가 다시는 값을 주지 아니하리라
42 그리한즉 나는 네게 대한 내 분노
가 그치며 내 질투가 네게서 떠나
고 마음이 평안하여 다시는 노하지
아니하리라
43 네가 어렸을 때를 기억하지 아니하
고 이 모든 일로 나를 분노하게 하
였은즉 내가 네 행위대로 네 머리
에 보응하리니 네가 이 음란과 네
모든 가증한 일을 다시는 행하지
아니하리라 주 여호와의 말씀이니
라

그 어머니에 그 딸

44 ●속담을 말하는 자마다 네게 대하
여 속담을 말하기를 어머니가 그러
하면 딸도 그러하다 하리라
45 너는 그 남편과 자녀를 싫어한 어
머니의 딸이요 너는 그 남편과 자
녀를 싫어한 형의 동생이로다 네
어머니는 헷 사람이요 네 아버지는

1) 가나안 땅

아모리 사람이며
46 네 형은 그 딸들과 함께 네 왼쪽에
거주하는 사마리아요 네 아우는 그
딸들과 함께 네 오른쪽에 거주하는
소돔이라
47 네가 그들의 행위대로만 행하지 아
니하며 그 가증한 대로만 행하지
아니하고 그것을 적게 여겨서 네
모든 행위가 그보다 더욱 부패하였
도다
48 주 여호와의 말씀이니라 내가 나의
삶을 두고 맹세하노니 네 아우 소
돔 곧 그와 그의 딸들은 너와 네 딸
들의 행위같이 행하지 아니하였느
니라
49 네 아우 소돔의 죄악은 이러하니
그와 그의 딸들에게 교만함과 음식
물의 풍족함과 태평함이 있음이며
또 그가 가난하고 궁핍한 자를 도
와 주지 아니하며
50 거만하여 가증한 일을 내 앞에서
행하였음이라 그러므로 내가 보고
곧 그들을 없이 하였느니라
51 사마리아는 네 죄의 절반도 범하지
아니하였느니라 네가 그들보다 가
증한 일을 심히 행하였으므로 네
모든 가증한 행위로 네 형과 아우
를 의롭게 하였느니라
52 네가 네 형과 아우를 유리하게 판
단하였은즉 너도 네 수치를 담당할
지니라 네가 그들보다 더욱 가증한
죄를 범하므로 그들이 너보다 의롭
게 되었나니 네가 네 형과 아우를
의롭게 하였은즉 너는 놀라며 네
수치를 담당할지니라

소돔과 사마리아도 회복되리라

53 ●내가 그들의 사로잡힘 곧 소돔과
그의 딸들의 사로잡힘과 사마리아
와 그의 딸들의 사로잡힘과 그들
중에 너의 사로잡힌 자의 사로잡힘
을 풀어 주어
54 네가 네 수욕을 담당하고 네가 행
한 모든 일로 말미암아 부끄럽게
하리니 이는 네가 그들에게 위로가
됨이라
55 네 아우 소돔과 그의 딸들이 옛 지
위를 회복할 것이요 사마리아와 그
의 딸들도 그의 옛 지위를 회복할
것이며 너와 네 딸들도 너희 옛 지
위를 회복할 것이니라
56 네가 교만하던 때에 네 아우 소돔
을 네 입으로 말하지도 아니하였나
니
57 곧 네 악이 드러나기 전이며 아람
의 딸들이 너를 능욕하기 전이며
너의 사방에 둘러 있는 블레셋의
딸들이 너를 멸시하기 전이니라
58 네 음란과 네 가증한 일을 네가 담
당하였느니라 나 여호와의 말이니
라
59 나 주 여호와가 이같이 말하노라
네가 맹세를 멸시하여 언약을 배반
하였은즉 내가 네 행한 대로 네게
행하리라

영원한 언약

60 ●그러나 내가 너의 어렸을 때에
너와 세운 언약을 기억하고 너와
영원한 언약을 세우리라
61 네가 네 형과 아우를 접대할 때에
네 행위를 기억하고 부끄러워할 것
이라 내가 그들을 네게 딸로 주려
니와 네 언약으로 말미암음이 아니
니라
62 내가 네게 내 언약을 세워 내가 여
호와인 줄 네가 알게 하리니
63 이는 내가 네 모든 행한 일을 용서
한 후에 네가 기억하고 놀라고 부
끄러워서 다시는 입을 열지 못하게
하려 함이니라 주 여호와의 말씀이

니라

독수리와 포도나무의 비유

17 여호와의 말씀이 내게 임하여
이르시되
2 인자야 너는 이스라엘 족속에게 수
수께끼와 비유를 말하라
3 여호와께서 이같이 말씀하여 이르
시되 색깔이 화려하고 날개가 크고
깃이 길고 털이 숱한 큰 독수리가
레바논에 이르러 백향목 높은 가지
를 꺾되
4 그 연한 가지 끝을 꺾어 가지고 [1]장
사하는 땅에 이르러 상인의 성읍에
두고
5 또 그 땅의 종자를 꺾어 옥토에 심
되 수양버들 가지처럼 큰 물가에
심더니
6 그것이 자라며 퍼져서 높지 아니한
포도나무 곧 굵은 가지와 가는 가
지가 난 포도나무가 되어 그 가지
는 독수리를 향하였고 그 뿌리는
독수리 아래에 있었더라
7 ●또 날개가 크고 털이 많은 큰 독
수리 하나가 있었는데 그 포도나무
가 이 독수리에게 물을 받으려고
그 심어진 두둑에서 그를 향하여
뿌리가 뻗고 가지가 퍼졌도다
8 그 포도나무를 큰 물가 옥토에 심
은 것은 가지를 내고 열매를 맺어
서 아름다운 포도나무를 이루게 하
려 하였음이라
9 너는 이르기를 주 여호와의 말씀에
그 나무가 능히 번성하겠느냐 이
독수리가 어찌 그 뿌리를 빼고 열
매를 따며 그 나무가 시들게 하지
아니하겠으며 그 연한 잎사귀가 마
르게 하지 아니하겠느냐 많은 백성
이나 강한 팔이 아니라도 그 뿌리
를 뽑으리라
10 볼지어다 그것이 심어졌으나 번성
하겠느냐 동풍에 부딪힐 때에 아주
마르지 아니하겠느냐 그 자라던 두
둑에서 마르리라 하셨다 하라

비유의 해석

11 ●여호와의 말씀이 또 내게 임하여
이르시되
12 너는 반역하는 족속에게 묻기를 너
희가 이 비유를 깨닫지 못하겠느냐
하고 그들에게 말하기를 바벨론 왕
이 예루살렘에 이르러 왕과 고관을
사로잡아 바벨론 자기에게로 끌어
가고
13 그 왕족 중에서 하나를 택하여 언
약을 세우고 그에게 맹세하게 하고
또 그 땅의 능한 자들을 옮겨 갔나
니
14 이는 나라를 낮추어 스스로 서지
못하고 그 언약을 지켜야 능히 서
게 하려 하였음이거늘
15 그가 사절을 애굽에 보내 말과 군
대를 구함으로 바벨론 왕을 배반하
였으니 형통하겠느냐 이런 일을 행
한 자가 피하겠느냐 언약을 배반하
고야 피하겠느냐
16 주 여호와의 말씀이니라 내가 나의
삶을 두고 맹세하노니 바벨론 왕이
그를 왕으로 세웠거늘 그가 맹세를
저버리고 언약을 배반하였은즉 그
왕이 거주하는 곳 바벨론에서 왕과
함께 있다가 죽을 것이라
17 대적이 토성을 쌓고 사다리를 세우
고 많은 사람을 멸절하려 할 때에
바로가 그 큰 군대와 많은 무리로
도 그 전쟁에 그를 도와 주지 못하
리라
18 그가 이미 손을 내밀어 언약하였거
늘 맹세를 업신여겨 언약을 배반하
고 이 모든 일을 행하였으니 피하
지 못하리라

1) 가나안 땅에

19 그러므로 주 여호와의 말씀이니라
내가 나의 삶을 두고 맹세하노니
그가 내 맹세를 업신여기고 내 언
약을 배반하였은즉 내가 그 죄를
그 머리에 돌리되
20 그 위에 내 그물을 치며 내 올무에
걸리게 하여 끌고 바벨론으로 가서
나를 반역한 그 반역을 거기에서
심판할지며
21 그 모든 군대에서 도망한 자들은
다 칼에 엎드러질 것이요 그 남은
자는 사방으로 흩어지리니 나 여호
와가 이것을 말한 줄을 너희가 알
리라

높은 나무를 낮추고

22 ●주 여호와께서 이같이 말씀하시
되 내가 백향목 꼭대기에서 높은
가지를 꺾어다가 심으리라 내가 그
높은 새 가지 끝에서 연한 가지를
꺾어 높고 우뚝 솟은 산에 심되
23 이스라엘 높은 산에 심으리니 그
가지가 무성하고 열매를 맺어서 아
름다운 백향목이 될 것이요 각종
새가 그 아래에 깃들이며 그 가지
그늘에 살리라
24 들의 모든 나무가 나 여호와는 높
은 나무를 낮추고 낮은 나무를 높
이며 푸른 나무를 말리고 마른 나
무를 무성하게 하는 줄 알리라 나
여호와는 말하고 이루느니라 하라

아버지의 죄악과 아들의 의

18 또 여호와의 말씀이 내게 임하
여 이르시되
2 너희가 이스라엘 땅에 관한 속담에
이르기를 아버지가 신 포도를 먹었
으므로 그의 아들의 이가 시다고
함은 어찌 됨이냐
3 주 여호와의 말씀이니라 내가 나의
삶을 두고 맹세하노니 너희가 이스
라엘 가운데에서 다시는 이 속담을
쓰지 못하게 되리라
4 모든 영혼이 다 내게 속한지라 아
버지의 영혼이 내게 속함같이 그의
아들의 영혼도 내게 속하였나니 범
죄하는 그 영혼은 죽으리라
5 ●사람이 만일 의로워서 정의와 공
의를 따라 행하며
6 산 위에서 제물을 먹지 아니하며
이스라엘 족속의 우상에게 눈을 들
지 아니하며 이웃의 아내를 더럽히
지 아니하며 월경 중에 있는 여인
을 가까이하지 아니하며
7 사람을 학대하지 아니하며 빚진 자
의 저당물을 돌려주며 강탈하지 아
니하며 주린 자에게 음식물을 주며
벗은 자에게 옷을 입히며
8 변리를 위하여 꾸어 주지 아니하며
이자를 받지 아니하며 스스로 손을
금하여 죄를 짓지 아니하며 사람과
사람 사이에 진실하게 판단하며
9 내 율례를 따르며 내 규례를 지켜
진실하게 행할진대 그는 의인이니
반드시 살리라 주 여호와의 말씀이
니라
10 ●가령 그가 아들을 낳았다 하자
그 아들이 이 모든 선은 하나도 행
하지 아니하고 이 죄악 중 하나를
범하여 강포하거나 살인하거나
11 산 위에서 제물을 먹거나 이웃의
아내를 더럽히거나
12 가난하고 궁핍한 자를 학대하거나
강탈하거나 빚진 자의 저당물을 돌
려주지 아니하거나 우상에게 눈을
들거나 가증한 일을 행하거나
13 변리를 위하여 꾸어 주거나 이자를
받거나 할진대 그가 살겠느냐 결
코 살지 못하리니 이 모든 가증한
일을 행하였은즉 반드시 죽을지라
자기의 피가 자기에게로 돌아가리
라

14 ●또 가령 그가 아들을 낳았다 하
자 그 아들이 그 아버지가 행한 모
든 죄를 보고 두려워하여 그대로
행하지 아니하고
15 산 위에서 제물을 먹지도 아니하며
이스라엘 족속의 우상에게 눈을 들
지도 아니하며 이웃의 아내를 더럽
히지도 아니하며
16 사람을 학대하지도 아니하며 저당
을 잡지도 아니하며 강탈하지도 아
니하고 주린 자에게 음식물을 주며
벗은 자에게 옷을 입히며
17 손을 금하여 가난한 자를 압제하지
아니하며 변리나 이자를 받지 아니
하여 내 규례를 지키며 내 율례를
행할진대 이 사람은 그의 아버지의
죄악으로 죽지 아니하고 반드시 살
겠고
18 그의 아버지는 심히 포학하여 그
동족을 강탈하고 백성들 중에서 선
을 행하지 아니하였으므로 그는 그
의 죄악으로 죽으리라
19 ●그런데 너희는 이르기를 아들이
어찌 아버지의 죄를 담당하지 아니
하겠느냐 하는도다 아들이 정의와
공의를 행하며 내 모든 율례를 지
켜 행하였으면 그는 반드시 살려니
와
20 범죄하는 그 영혼은 죽을지라 아들
은 아버지의 죄악을 담당하지 아니
할 것이요 아버지는 아들의 죄악을
담당하지 아니하리니 의인의 공의
도 자기에게로 돌아가고 악인의 악
도 자기에게로 돌아가리라
21 ●그러나 악인이 만일 그가 행한
모든 죄에서 돌이켜 떠나 내 모든
율례를 지키고 정의와 공의를 행하
면 반드시 살고 죽지 아니할 것이
라
22 그 범죄한 것이 하나도 기억함이
되지 아니하리니 그가 행한 공의로
살리라
23 주 여호와의 말씀이니라 내가 어찌
악인이 죽는 것을 조금인들 기뻐하
랴 그가 돌이켜 그 길에서 떠나 사
는 것을 어찌 기뻐하지 아니하겠느
냐
24 만일 의인이 돌이켜 그 공의에서 떠
나 범죄하고 악인이 행하는 모든
가증한 일대로 행하면 살겠느냐
그가 행한 공의로운 일은 하나도
기억함이 되지 아니하리니 그가
그 범한 허물과 그 지은 죄로 죽으
리라
25 ●그런데 너희는 이르기를 주의 길
이 공평하지 아니하다 하는도다 이
스라엘 족속아 들을지어다 내 길이
어찌 공평하지 아니하냐 너희 길이
공평하지 아니한 것이 아니냐
26 만일 의인이 그 공의를 떠나 죄악
을 행하고 그로 말미암아 죽으면
그 행한 죄악으로 말미암아 죽는
것이요
27 만일 악인이 그 행한 악을 떠나 정
의와 공의를 행하면 그 영혼을 보
전하리라
28 그가 스스로 헤아리고 그 행한 모
든 죄악에서 돌이켜 떠났으니 반드
시 살고 죽지 아니하리라
29 그런데 이스라엘 족속은 이르기를
주의 길이 공평하지 아니하다 하는
도다 이스라엘 족속아 나의 길이
어찌 공평하지 아니하냐 너희 길이
공평하지 아니한 것 아니냐
30 주 여호와의 말씀이니라 이스라엘
족속아 내가 너희 각 사람이 행한
대로 심판할지라 너희는 돌이켜 회
개하고 모든 죄에서 떠날지어다 그
리한즉 그것이 너희에게 죄악의 걸
림돌이 되지 아니하리라

31 너희는 너희가 범한 모든 죄악을
버리고 마음과 영을 새롭게 할지어
다 이스라엘 족속아 너희가 어찌하
여 죽고자 하느냐
32 주 여호와의 말씀이니라 죽을 자가
죽는 것도 내가 기뻐하지 아니하노
니 너희는 스스로 돌이키고 살지니
라

애가

19 너는 이스라엘 고관들을 위하
여 애가를 지어
2 부르라 네 어머니는 무엇이냐 암사
자라 그가 사자들 가운데에 엎드려
젊은 사자 중에서 그 새끼를 기르
는데
3 그 새끼 하나를 키우매 젊은 사자
가 되어 먹이 물어뜯기를 배워 사
람을 삼키매
4 이방이 듣고 함정으로 그를 잡아
갈고리로 꿰어 끌고 애굽 땅으로
간지라
5 암사자가 기다리다가 소망이 끊어
진 줄을 알고 그 새끼 하나를 또 골
라 젊은 사자로 키웠더니
6 젊은 사자가 되매 여러 사자 가운
데에 왕래하며 먹이 물어뜯기를 배
워 사람을 삼키며
7 [1]그의 궁궐들을 헐고 성읍들을 부
수니 그 우는 소리로 말미암아 땅
과 그 안에 가득한 것이 황폐한지
라
8 이방이 포위하고 있는 지방에서 그
를 치러 와서 그의 위에 그물을 치
고 함정에 잡아
9 우리에 넣고 갈고리를 꿰어 끌고
바벨론 왕에게 이르렀나니 그를 옥
에 가두어 그 소리가 다시 이스라
엘 산에 들리지 아니하게 하려 함
이라
10 ●네 피의 어머니는 물가에 심겨진
포도나무 같아서 물이 많으므로 열
매가 많고 가지가 무성하며
11 그 가지들은 강하여 권세 잡은 자
의 규가 될 만한데 그 하나의 키가
굵은 가지 가운데에서 높았으며 많
은 가지 가운데에서 뛰어나 보이다
가
12 분노 중에 뽑혀서 땅에 던짐을 당
하매 그 열매는 동풍에 마르고 그
강한 가지들은 꺾이고 말라 불에
탔더니
13 이제는 광야, 메마르고 가물이 든
땅에 심어진 바 되고
14 불이 그 가지 중 하나에서부터 나
와 그 열매를 태우니 권세 잡은 자
의 규가 될 만한 강한 가지가 없도
다 하라 이것이 애가라 후에도 애
가가 되리라

하나님의 뜻,
이스라엘의 반역

20 일곱째 해 다섯째 달 열째 날
에 이스라엘 장로 여러 사람
이 여호와께 물으려고 와서 내 앞
에 앉으니
2 여호와의 말씀이 내게 임하여 이르
시되
3 인자야 이스라엘 장로들에게 말하
여 이르라 주 여호와께서 이렇게
말씀하셨느니라 너희가 내게 물으
려고 왔느냐 내가 나의 목숨을 걸
고 맹세하거니와 너희가 내게 묻기
를 내가 용납하지 아니하리라 주
여호와의 말씀이니라
4 인자야 네가 그들을 심판하려느냐
네가 그들을 심판하려느냐 너는 그
들에게 그들의 조상들의 가증한 일
을 알게 하여
5 이르라 주 여호와께서 이같이 말씀
하셨느니라 옛날에 내가 이스라엘

1) 과부를 알고

을 택하고 야곱 집의 후예를 향하
여 내 손을 들어 맹세하고 애굽 땅
에서 그들에게 나타나 맹세하여 이
르기를 나는 여호와 너희 하나님이
라 하였노라
6 그날에 내가 내 손을 들어 그들에
게 맹세하기를 애굽 땅에서 인도하
여 내어 그들을 위하여 찾아 두었
던 땅 곧 젖과 꿀이 흐르는 땅이요
모든 땅 중의 아름다운 곳에 이르
게 하리라 하고
7 또 그들에게 이르기를 너희는 눈을
끄는 바 가증한 것을 각기 버리고
애굽의 우상들로 말미암아 스스로
더럽히지 말라 나는 여호와 너희
하나님이니라 하였으나
8 그들이 내게 반역하여 내 말을 즐
겨 듣지 아니하고 그들의 눈을 끄
는 바 가증한 것을 각기 버리지 아
니하며 애굽의 우상들을 떠나지 아
니하므로 내가 말하기를 내가 애굽
땅에서 그들에게 나의 분노를 쏟으
며 그들에게 진노를 이루리라 하였
노라
9 그러나 내가 그들이 거주하는 이방
인의 눈 앞에서 그들에게 나타나
그들을 애굽 땅에서 인도하여 내었
나니 이는 내 이름을 위함이라 내
이름을 그 이방인의 눈 앞에서 더
럽히지 아니하려고 행하였음이라
10 ●그러므로 내가 그들을 애굽 땅에
서 나와서 광야에 이르게 하고
11 사람이 준행하면 그로 말미암아 삶
을 얻을 내 율례를 주며 내 규례를
알게 하였고
12 또 내가 그들을 거룩하게 하는 여
호와인 줄 알게 하려고 내 안식일
을 주어 그들과 나 사이에 표징을
삼았노라
13 그러나 이스라엘 족속이 광야에서
내게 반역하여 사람이 준행하면 그
로 말미암아 삶을 얻을 나의 율례
를 준행하지 아니하며 나의 규례를
멸시하였고 나의 안식일을 크게 더
럽혔으므로 내가 이르기를 내가 내
분노를 광야에서 그들에게 쏟아 멸
하리라 하였으나
14 내가 내 이름을 위하여 달리 행하
였었나니 내가 그들을 인도하여 내
는 것을 본 나라들 앞에서 내 이름
을 더럽히지 아니하려 하였음이로
라
15 또 내가 내 손을 들어 광야에서 그
들에게 맹세하기를 내가 그들에게
허락한 땅 곧 젖과 꿀이 흐르는 땅
이요 모든 땅 중의 아름다운 곳으
로 그들을 인도하여 들이지 아니하
리라 한 것은
16 그들이 마음으로 우상을 따라 나의
규례를 업신여기며 나의 율례를 행
하지 아니하며 나의 안식일을 더럽
혔음이라
17 그러나 내가 그들을 아껴서 광야에
서 멸하여 아주 없이하지 아니하였
었노라
18 ●내가 광야에서 그들의 자손에게
이르기를 너희 조상들의 율례를 따
르지 말며 그 규례를 지키지 말며
그 우상들로 말미암아 스스로 더럽
히지 말라
19 나는 여호와 너희 하나님이라 너희
는 나의 율례를 따르며 나의 규례
를 지켜 행하고
20 또 나의 안식일을 거룩하게 할지어
다 이것이 나와 너희 사이에 표징
이 되어 내가 여호와 너희 하나님
인 줄을 너희가 알게 하리라 하였
노라
21 그러나 그들의 자손이 내게 반역하
여 사람이 지켜 행하면 그로 말미

암아 삶을 얻을 나의 율례를 따르
지 아니하며 나의 규례를 지켜 행
하지 아니하였고 나의 안식일을 더
럽힌지라 이에 내가 이르기를 내가
광야에서 그들에게 내 분노를 쏟으
며 그들에게 내 진노를 이루리라
하였으나
22 내가 내 이름을 위하여 내 손을 막
아 달리 행하였나니 내가 그들을
인도하여 내는 것을 본 여러 나라
앞에서 내 이름을 더럽히지 아니하
려 하였음이로라
23 또 내가 내 손을 들어 광야에서 그
들에게 맹세하기를 내가 그들을 이
방인 중에 흩으며 여러 민족 가운
데에 헤치리라 하였나니
24 이는 그들이 나의 규례를 행하지
아니하며 나의 율례를 멸시하며 내
안식일을 더럽히고 눈으로 그들의
조상들의 우상들을 사모함이며
25 또 내가 그들에게 선하지 못한 율
례와 능히 지키지 못할 규례를 주
었고
26 그들이 장자를 다 화제로 드리는
그 예물로 내가 그들을 더럽혔음은
그들을 멸망하게 하여 나를 여호와
인 줄 알게 하려 하였음이라
27 ●그런즉 인자야 이스라엘 족속에
게 말하여 이르라 주 여호와께서
이같이 말씀하셨느니라 너희 조상
들이 또 내게 범죄하여 나를 욕되
게 하였느니라
28 내가 내 손을 들어 그들에게 주기
로 맹세한 땅으로 그들을 인도하여
들였더니 그들이 모든 높은 산과
모든 무성한 나무를 보고 거기에서
제사를 드리고 분노하게 하는 제물
을 올리며 거기서 또 분향하고 전
제물을 부어 드린지라
29 이에 내가 그들에게 이르기를 너희
가 다니는 산당이 무엇이냐 하였노
라 (그것을 오늘날까지 [1)]바마라 일
컫느니라)
30 그러므로 너는 이스라엘 족속에게
이르라 주 여호와께서 이같이 말
씀하셨느니라 너희가 조상들의 풍
속을 따라 너희 자신을 더럽히며
그 모든 가증한 것을 따라 행음하
느냐
31 너희가 또 너희 아들을 화제로 삼
아 불 가운데로 지나게 하며 오늘
까지 너희 자신을 우상들로 말미암
아 더럽히느냐 이스라엘 족속아 너
희가 내게 묻기를 내가 용납하겠느
냐 주 여호와의 말씀이니라 내가
나의 삶을 두고 맹세하노니 너희가
내게 묻기를 내가 용납하지 아니하
리라
32 너희가 스스로 이르기를 우리가 이
방인 곧 여러 나라 족속같이 되어
서 목석을 경배하리라 하거니와 너
희 마음에 품은 것을 결코 이루지
못하리라

맹세한 땅으로 이스라엘을 인도하리라

33 ●주 여호와의 말씀이니라 내가 나
의 삶을 두고 맹세하노니 내가 능
한 손과 편 팔로 분노를 쏟아 너희
를 반드시 다스릴지라
34 능한 손과 편 팔로 분노를 쏟아 너
희를 여러 나라에서 나오게 하며
너희의 흩어진 여러 지방에서 모아
내고
35 너희를 인도하여 여러 나라 광야에
이르러 거기에서 너희를 대면하여
심판하되
36 내가 애굽 땅 광야에서 너희 조상
들을 심판한 것같이 너희를 심판하
리라 주 여호와의 말씀이니라

1) 히, 바마는 산당이라는 뜻인데 '바'는 다닌다는 뜻이요 '마'는 무엇이냐라는 뜻

37 내가 너희를 막대기 아래로 지나가
게 하며 언약의 줄로 매려니와
38 너희 가운데에서 반역하는 자와 내
게 범죄하는 자를 모두 제하여 버
릴지라 그들을 그 머물러 살던 땅
에서는 나오게 하여도 이스라엘 땅
에는 들어가지 못하게 하리니 너희
가 나는 여호와인 줄을 알리라
39 주 여호와께서 이같이 말씀하셨느
니라 이스라엘 족속아 너희가 내
말을 듣지 아니하려거든 가서 각각
그 우상을 섬기라 그렇게 하려거든
이 후에 다시는 너희 예물과 너희
우상들로 내 거룩한 이름을 더럽히
지 말지니라
40 ●주 여호와의 말씀이니라 이스라
엘 온 족속이 그 땅에 있어서 내 거
룩한 산 곧 이스라엘의 높은 산에
서 다 나를 섬기리니 거기에서 내
가 그들을 기쁘게 받을지라 거기에
서 너희 예물과 너희가 드리는 첫
열매와 너희 모든 성물을 요구하리
라
41 내가 너희를 인도하여 여러 나라
가운데에서 나오게 하고 너희가 흩
어진 여러 민족 가운데에서 모아
낼 때에 내가 너희를 향기로 받고
내가 또 너희로 말미암아 내 거룩
함을 여러 나라의 목전에서 나타낼
것이며
42 내가 내 손을 들어 너희 조상들에
게 주기로 맹세한 땅 곧 이스라엘
땅으로 너희를 인도하여 들일 때에
너희는 내가 여호와인 줄 알고
43 거기에서 너희의 길과 스스로 더럽
힌 모든 행위를 기억하고 이미 행
한 모든 악으로 말미암아 스스로
미워하리라
44 이스라엘 족속아 내가 너희의 악한
길과 더러운 행위대로 하지 아니하
고 내 이름을 위하여 행한 후에야
내가 여호와인 줄 너희가 알리라
주 여호와의 말씀이니라

불타는 숲의 비유

45 ●여호와의 말씀이 또 내게 임하여
이르시되
46 인자야 너는 얼굴을 남으로 향하라
남으로 향하여 소리내어 남쪽의 숲
을 쳐서 예언하라
47 남쪽의 숲에게 이르기를 여호와의
말씀을 들을지어다 주 여호와께서
이같이 말씀하셨느니라 내가 너의
가운데에 불을 일으켜 모든 푸른
나무와 모든 마른 나무를 없애리니
맹렬한 불꽃이 꺼지지 아니하고 남
에서 북까지 모든 얼굴이 그슬릴지
라
48 혈기 있는 모든 자는 나 여호와가
그 불을 일으킨 줄을 [1]알리니 그것
이 꺼지지 아니하리라 하셨다 하라
하시기로
49 내가 이르되 아하 주 여호와여 그
들이 나를 가리켜 말하기를 그는
비유로 말하는 자가 아니냐 하나이
다 하니라

여호와의 칼

21 또 여호와의 말씀이 내게 임하
여 이르시되
2 인자야 너는 얼굴을 예루살렘으로
향하며 성소를 향하여 소리내어 이
스라엘 땅에게 예언하라
3 이스라엘 땅에게 이르기를 여호와
의 말씀에 내가 너를 대적하여 내
칼을 칼집에서 빼어 의인과 악인을
네게서 끊을지라
4 내가 의인과 악인을 네게서 끊을
터이므로 내 칼을 칼집에서 빼어
모든 육체를 남에서 북까지 치리니
5 모든 육체는 나 여호와가 내 칼을

1) 히, 보리니

칼집에서 빼낸 줄을 알지라 칼이
다시 꽂히지 아니하리라 하셨다 하
라
6 인자야 탄식하되 너는 허리가 끊어
지듯 탄식하라 그들의 목전에서 슬
피 탄식하라
7 그들이 네게 묻기를 네가 어찌하여
탄식하느냐 하거든 대답하기를 재
앙이 다가온다는 소문 때문이니 각
마음이 녹으며 모든 손이 약하여지
며 각 영이 쇠하며 모든 무릎이 물
과 같이 약해지리라 보라 재앙이
오나니 반드시 이루어지리라 주 여
호와의 말씀이니라 하라
8 ●여호와의 말씀이 또 내게 임하여
이르시되
9 인자야 너는 예언하여 여호와의 말
씀을 이같이 말하라 칼이여 칼이여
날카롭고도 빛나도다
10 그 칼이 날카로움은 죽임을 위함이
요 빛남은 번개같이 되기 위함이
니 우리가 즐거워하겠느냐 내 아
들의 규가 모든 나무를 업신여기
는도다
11 그 칼을 손에 잡아 쓸 만하도록 빛
나게 하되 죽이는 자의 손에 넘기
기 위하여 날카롭고도 빛나게 하였
도다 하셨다 하라
12 인자야 너는 부르짖어 슬피 울지어
다 이것이 내 백성에게 임하며 이
스라엘 모든 고관에게 임함이로다
그들과 내 백성이 함께 칼에 넘긴
바 되었으니 너는 네 넓적다리를
칠지어다
13 이것이 시험이라 만일 업신여기는
규가 없어지면 어찌할까 주 여호와
의 말씀이니라
14 그러므로 인자야 너는 예언하며 손
뼉을 쳐서 칼로 두세 번 거듭 쓰이
게 하라 이 칼은 죽이는 칼이라 사
람들을 둘러싸고 죽이는 큰 칼이로
다
15 내가 그들이 낙담하여 많이 엎드러
지게 하려고 그 모든 성문을 향하
여 번쩍번쩍하는 칼을 세워 놓았도
다 오호라 그 칼이 번개 같고 죽이
기 위하여 날카로웠도다
16 칼아 모이라 오른쪽을 치라 대열을
맞추라 왼쪽을 치라 향한 대로 가
라
17 나도 내 손뼉을 치며 내 분노를 다
풀리로다 나 여호와가 말하였노
라
18 여호와의 말씀이 내게 임하여 이르
시되
19 인자야 너는 바벨론 왕의 칼이 올
두 길을 한 땅에서 나오도록 그리
되 곧 성으로 들어가는 길 어귀에
다가 길이 나뉘는 지시표를 하여
20 칼이 암몬 족속의 랍바에 이르는
길과 유다의 견고한 성 예루살렘에
이르는 길을 그리라
21 바벨론 왕이 갈랫길 곧 두 길 어귀
에 서서 점을 치되 화살들을 흔들
어 우상에게 묻고 희생제물의 간을
살펴서
22 오른손에 예루살렘으로 갈 점괘를
얻었으므로 공성퇴를 설치하며 입
을 벌리고 죽이며 소리를 높여 외
치며 성문을 향하여 공성퇴를 설치
하고 토성을 쌓고 사다리를 세우게
되었나니
23 전에 그들에게 맹약한 자들은 그것
을 거짓 점괘로 여길 것이나 바벨
론 왕은 그 죄악을 기억하고 그 무
리를 잡으리라
24 ●그러므로 주 여호와께서 이같이
말씀하셨느니라 너희의 악이 기억
을 되살리며 너희의 허물이 드러나
며 너희 모든 행위의 죄가 나타났

도다 너희가 기억한 바 되었은즉
그 손에 잡히리라
25 너 극악하여 중상을 당할 이스라엘
왕아 네 날이 이르렀나니 곧 죄악
의 마지막 때이니라
26 주 여호와께서 이같이 말씀하셨느
니라 관을 제거하며 왕관을 벗길지
라 그대로 두지 못하리니 낮은 자
를 높이고 높은 자를 낮출 것이니
라
27 내가 엎드러뜨리고 엎드러뜨리고
엎드러뜨리려니와 이것도 다시 있
지 못하리라 마땅히 얻을 자가 이
르면 그에게 주리라
28 ●인자야 너는 주 여호와께서 암몬
족속과 그의 능욕에 대하여 이같이
말씀하셨다고 예언하라 너는 이르
기를 칼이 뽑히도다 칼이 뽑히도다
죽이며 멸절하며 번개같이 되기 위
하여 빛났도다
29 네게 대하여 허무한 것을 보며 네
게 대하여 거짓 복술을 하는 자가
너를 중상 당한 악인의 목 위에 두
리니 이는 그의 날 곧 죄악의 마지
막 때가 이름이로다
30 그러나 칼을 그 칼집에 꽂을지어다
네가 지음을 받은 곳에서, 네가 출
생한 땅에서 내가 너를 심판하리로
다
31 내가 내 분노를 네게 쏟으며 내 진
노의 불을 네게 내뿜고 너를 짐승
같은 자 곧 멸하기에 익숙한 자의
손에 넘기리로다
32 네가 불에 섶과 같이 될 것이며 네
피가 나라 가운데에 있을 것이며
네가 다시 기억되지 못할 것이니
나 여호와가 말하였음이라 하라

벌 받을 예루살렘

22 또 여호와의 말씀이 내게 임
하여 이르시되
2 인자야 네가 심판하려느냐 이 피
흘린 성읍을 심판하려느냐 그리하
려거든 자기의 모든 가증한 일을
그들이 알게 하라
3 너는 말하라 주 여호와께서 이같이
말씀하셨느니라 자기 가운데에 피
를 흘려 벌 받을 때가 이르게 하며
우상을 만들어 스스로 더럽히는 성
아
4 네가 흘린 피로 말미암아 죄가 있
고 네가 만든 우상으로 말미암아
스스로 더럽혔으니 네 날이 가까웠
고 네 연한이 찼도다 그러므로 내
가 너로 이방의 능욕을 받으며 만
국의 조롱거리가 되게 하였노라
5 너 이름이 더럽고 어지러움이 많은
자여 가까운 자나 먼 자나 다 너를
조롱하리라
6 ●이스라엘 모든 고관은 각기 권세
대로 피를 흘리려고 [1)]네 가운데에
있었도다
7 그들이 네 가운데에서 부모를 업신
여겼으며 네 가운데에서 나그네를
학대하였으며 네 가운데에서 고아
와 과부를 해하였도다
8 너는 나의 성물들을 업신여겼으며
나의 안식일을 더럽혔으며
9 네 가운데에 피를 흘리려고 이간을
붙이는 자도 있었으며 네 가운데에
산 위에서 제물을 먹는 자도 있었
으며 네 가운데에 음행하는 자도
있었으며
10 네 가운데에 자기 아버지의 하체를
드러내는 자도 있었으며 네 가운데
에 월경하는 부정한 여인과 관계하
는 자도 있었으며
11 어떤 사람은 그 이웃의 아내와 가증
한 일을 행하였으며 어떤 사람은

1) 6절부터 15절까지 나오는 '너'는 예루살렘 성을 가리킴

그의 며느리를 더럽혀 음행하였으
며 네 가운데에 어떤 사람은 그 자
매 곧 아버지의 딸과 관계하였으
며
12 네 가운데에 피를 흘리려고 뇌물을
받는 자도 있었으며 네가 변돈과
이자를 받았으며 이익을 탐하여 이
웃을 속여 빼앗았으며 나를 잊어버
렸도다 주 여호와의 말씀이니라
13 ●네가 불의를 행하여 이익을 얻은
일과 네 가운데에 피 흘린 일로 말
미암아 내가 손뼉을 쳤나니
14 내가 네게 보응하는 날에 네 마음
이 견디겠느냐 네 손이 힘이 있겠
느냐 나 여호와가 말하였으니 내가
이루리라
15 내가 너를 뭇 나라 가운데에 흩으
며 각 나라에 헤치고 너의 더러운
것을 네 가운데에서 멸하리라
16 네가 자신 때문에 나라들의 목전에
서 수치를 당하리니 내가 여호와인
줄 알리라 하셨다 하라

풀무불에 들어간 이스라엘

17 ●여호와의 말씀이 내게 임하여 이
르시되
18 인자야 이스라엘 족속이 내게 찌꺼
기가 되었나니 곧 풀무불 가운데에
있는 놋이나 주석이나 쇠나 납이며
은의 찌꺼기로다
19 그러므로 주 여호와께서 이와 같이
말씀하셨느니라 너희가 다 찌꺼기
가 되었은즉 내가 너희를 예루살렘
가운데로 모으고
20 사람이 은이나 놋이나 쇠나 납이나
주석이나 모아서 풀무불 속에 넣고
불을 불어 녹이는 것같이 내가 노
여움과 분으로 너희를 모아 거기에
두고 녹이리라
21 내가 너희를 모으고 내 분노의 불
을 너희에게 불면 너희가 그 가운
데에서 녹되
22 은이 풀무불 가운데에서 녹는 것같
이 너희가 그 가운데에서 녹으리니
나 여호와가 분노를 너희 위에 쏟
은 줄을 너희가 알리라

선지자 제사장 고관들의 죄

23 ●여호와의 말씀이 내게 임하여 이
르시되
24 인자야 너는 그에게 이르기를 너
는 정결함을 얻지 못한 땅이요 진
노의 날에 비를 얻지 못한 땅이로
다 하라
25 그 가운데에서 선지자들의 반역함
이 우는 사자가 음식물을 움킴 같았
도다 그들이 사람의 영혼을 삼켰으
며 재산과 보물을 탈취하며 과부를
그 가운데에 많게 하였으며
26 그 제사장들은 내 율법을 범하였으
며 나의 성물을 더럽혔으며 거룩함
과 속된 것을 구별하지 아니하였으
며 부정함과 정한 것을 사람이 구
별하게 하지 아니하였으며 그의 눈
을 가리어 나의 안식일을 보지 아
니하였으므로 내가 그들 가운데에
서 더럽힘을 받았느니라
27 그 가운데에 그 고관들은 음식물을
삼키는 이리 같아서 불의한 이익을
얻으려고 피를 흘려 영혼을 멸하거
늘
28 그 선지자들이 그들을 위하여 회를
칠하고 스스로 허탄한 이상을 보며
거짓 복술을 행하며 여호와가 말하
지 아니하였어도 주 여호와께서 이
같이 말씀하셨느니라 하였으며
29 이 땅 백성은 포악하고 강탈을 일
삼고 가난하고 궁핍한 자를 압제하
고 나그네를 부당하게 학대하였으
므로
30 이 땅을 위하여 성을 쌓으며 성 무

너진 데를 막아 서서 나로 하여금
멸하지 못하게 할 사람을 내가 그
가운데에서 찾다가 찾지 못하였으
므로
31 내가 내 분노를 그들 위에 쏟으며
내 진노의 불로 멸하여 그들 행위
대로 그들 머리에 보응하였느니라
주 여호와의 말씀이니라

오홀라와 오홀리바의 행음

23 또 여호와의 말씀이 내게 임
하여 이르시되
2 인자야 두 여인이 있었으니 한 어
머니의 딸이라
3 그들이 애굽에서 행음하되 어렸을
때에 행음하여 그들의 유방이 눌리
며 그 처녀의 가슴이 어루만져졌나
니
4 그 이름이 형은 오홀라요 아우는
오홀리바라 그들이 내게 속하여 자
녀를 낳았나니 그 이름으로 말하면
오홀라는 사마리아요 오홀리바는
예루살렘이니라
5 ●오홀라가 내게 속하였을 때에 행
음하여 그가 연애하는 자 곧 그의
이웃 앗수르 사람을 사모하였나
니
6 그들은 다 자색 옷을 입은 고관과
감독이요 준수한 청년이요 말 타는
자들이라
7 그가 앗수르 사람들 가운데에 잘
생긴 그 모든 자들과 행음하고 누
구를 연애하든지 그들의 모든 우상
으로 자신을 더럽혔으며
8 그가 젊었을 때에 애굽 사람과 동
침하매 그 처녀의 가슴이 어루만져
졌으며 그의 몸에 음란을 쏟음을 당
한 바 되었더니 그가 그때부터 행음
함을 마지아니하였느니라
9 그러므로 내가 그를 그의 정든 자
곧 그가 연애하는 앗수르 사람의
손에 넘겼더니
10 그들이 그의 하체를 드러내고 그의
자녀를 빼앗으며 칼로 그를 죽여
여인들에게 이야깃거리가 되게 하
였나니 이는 그들이 그에게 심판을
행함이니라
11 ●그 아우 오홀리바가 이것을 보고
도 그의 형보다 음욕을 더하며 그
의 형의 간음함보다 그 간음이 더
심하므로 그의 형보다 더 부패하여
졌느니라
12 그가 그의 이웃 앗수르 사람을 연
애하였나니 그들은 화려한 의복을
입은 고관과 감독이요 말 타는 자
들과 준수한 청년이었느니라
13 그 두 여인이 한 길로 행하므로 그
도 더러워졌음을 내가 보았노라
14 그가 음행을 더하였음은 붉은 색으
로 벽에 그린 사람의 형상 곧 갈대
아 사람의 형상을 보았음이니
15 그 형상은 허리를 띠로 동이고 머
리를 긴 수건으로 쌌으며 그의 용
모는 다 준수한 자 곧 그의 고향 갈
대아 바벨론 사람 같은 것이라
16 그가 보고 곧 사랑하게 되어 사절
을 갈대아 그들에게로 보내매
17 바벨론 사람이 나아와 연애하는 침
상에 올라 음행으로 그를 더럽히매
그가 더럽힘을 입은 후에 그들을
싫어하는 마음이 생겼느니라
18 그가 이같이 그의 음행을 나타내며
그가 하체를 드러내므로 내 마음이
그의 형을 싫어한 것같이 그를 싫
어하였으나
19 그가 그의 음행을 더하여 젊었을
때 곧 애굽 땅에서 행음하던 때를
생각하고
20 그의 하체는 나귀 같고 그의 정수
는 말 같은 음란한 간부를 사랑하
였도다

21 네가 젊었을 때에 행음하여 애굽 사
람에게 네 가슴과 유방이 어루만져
졌던 것을 아직도 생각하도다

오홀리바가 받은 재판

22 ●그러므로 오홀리바야 주 여호와
께서 이같이 말씀하셨느니라 나는
네가 사랑하다가 싫어하던 자들을
충동하여 그들이 사방에서 와서 너
를 치게 하리니
23 그들은 바벨론 사람과 갈대아 모든
무리 브곳과 소아와 고아 사람과
또 그와 함께 한 모든 앗수르 사람
곧 준수한 청년이며 다 고관과 감
독이며 귀인과 유명한 자요 다 말
타는 자들이라
24 그들이 무기와 병거와 수레와 크고
작은 방패를 이끌고 투구 쓴 군대
를 거느리고 치러 와서 너를 에워
싸리라 내가 재판을 그들에게 맡긴
즉 그들이 그들의 법대로 너를 재
판하리라
25 내가 너를 향하여 질투하리니 그들
이 분내어 네 코와 귀를 깎아 버리
고 남은 자를 칼로 엎드러뜨리며
네 자녀를 빼앗고 그 남은 자를 불
에 사르며
26 또 네 옷을 벗기며 네 장식품을 빼
앗을지라
27 이와 같이 내가 네 음란과 애굽 땅
에서부터 행음하던 것을 그치게 하
여 너로 그들을 향하여 눈을 들지
도 못하게 하며 다시는 애굽을 기
억하지도 못하게 하리라
28 주 여호와께서 이같이 말씀하셨느
니라 나는 네가 미워하는 자와 네
마음에 싫어하는 자의 손에 너를
붙이리니
29 그들이 미워하는 마음으로 네게 행
하여 네 모든 수고한 것을 빼앗고
너를 벌거벗은 몸으로 두어서 네
음행의 벗은 몸 곧 네 음란하며 행
음하던 것을 드러낼 것이라
30 네가 이같이 당할 것은 네가 음란
하게 이방을 따르고 그 우상들로
더럽혔기 때문이로다
31 네가 네 형의 길로 행하였은즉 내
가 그의 잔을 네 손에 주리라
32 주 여호와께서 이같이 말씀하셨느
니라 깊고 크고 가득히 담긴 네 형
의 잔을 네가 마시고 코웃음과 조
롱을 당하리라
33 네가 네 형 사마리아의 잔 곧 놀람
과 패망의 잔에 넘치게 취하고 근
심할지라
34 네가 그 잔을 다 기울여 마시고 그
깨어진 조각을 씹으며 네 유방을
꼬집을 것은 내가 이렇게 말하였음
이라 주 여호와의 말씀이니라
35 그러므로 주 여호와께서 이같이 말
씀하셨느니라 네가 나를 잊었고 또
나를 네 등 뒤에 버렸은즉 너는 네
음란과 네 음행의 죄를 담당할지니
라 하시니라

오홀라와 오홀리바가 받은 재판

36 ●여호와께서 또 내게 이르시되 인
자야 네가 오홀라와 오홀리바를 심
판하려느냐 그러면 그 가증한 일을
그들에게 말하라
37 그들이 행음하였으며 피를 손에 묻
혔으며 또 그 우상과 행음하며 내
게 낳아 준 자식들을 우상을 위하
여 화제로 살랐으며
38 이외에도 그들이 내게 행한 것이
있나니 당일에 내 성소를 더럽히며
내 안식일을 범하였도다
39 그들이 자녀를 죽여 그 우상에게
드린 그날에 내 성소에 들어와서
더럽혔으되 그들이 내 성전 가운데
에서 그렇게 행하였으며

40 또 사절을 먼 곳에 보내 사람을 불
러오게 하고 그들이 오매 그들을
위하여 목욕하며 눈썹을 그리며 스
스로 단장하고
41 화려한 자리에 앉아 앞에 상을 차리
고 내 향과 기름을 그 위에 놓고
42 그 무리와 편히 지껄이고 즐겼으며
또 광야에서 잡류와 술 취한 사람
을 청하여 오매 그들이 팔찌를 그
손목에 끼우고 아름다운 관을 그
머리에 씌웠도다
43 ●내가 음행으로 쇠한 여인을 가리
켜 말하노라 그가 그래도 그들과
피차 행음하는도다
44 그들이 그에게 나오기를 기생에게
나옴같이 음란한 여인 오홀라와 오
홀리바에게 나왔은즉
45 의인이 간통한 여자들을 재판함같
이 재판하며 피를 흘린 여인을 재
판함같이 재판하리니 그들은 간통
한 여자들이요 또 피가 그 손에 묻
었음이라
46 주 여호와께서 이같이 말씀하셨느
니라 그들에게 무리를 올려 보내
그들이 공포와 약탈을 당하게 하라
47 무리가 그들을 돌로 치며 칼로 죽이
고 그 자녀도 죽이며 그 집들을 불
사르리라
48 이같이 내가 이 땅에서 음란을 그
치게 한즉 모든 여인이 정신이 깨
어 너희 음행을 본받지 아니하리라
49 그들이 너희 음란으로 너희에게 보
응한즉 너희가 모든 우상을 위하던
죄를 담당할지라 내가 주 여호와인
줄을 너희가 알리라 하시니라

녹슨 가마 예루살렘

24 아홉째 해 열째 달 열째 날에
여호와의 말씀이 내게 임하여
이르시되
2 인자야 너는 날짜 곧 오늘의 이름
을 기록하라 바벨론 왕이 오늘 예
루살렘에 가까이 왔느니라
3 너는 이 반역하는 족속에게 비유를
베풀어 이르기를 주 여호와께서 이
같이 말씀하시기를 가마 하나를 걸
라
4-5 건 후에 물을 붓고 양 떼에서 한
마리를 골라 각을 뜨고 그 넓적다
리와 어깨 고기의 모든 좋은 덩이
를 그 가운데에 모아 넣으며 고른
뼈를 가득히 담고 그 뼈를 위하여
가마 밑에 나무를 쌓아 넣고 잘 삶
되 가마 속의 뼈가 무르도록 삶을
지어다
6 ●그러므로 주 여호와께서 이같이
말씀하셨느니라 피를 흘린 성읍,
녹슨 가마 곧 그 속의 녹을 없이하
지 아니한 가마여 화 있을진저 제
비 뽑을 것도 없이 그 덩이를 하나
하나 꺼낼지어다
7 그 피가 그 가운데에 있음이여 피
를 땅에 쏟아 티끌이 덮이게 하지
않고 맨 바위 위에 두었도다
8 내가 그 피를 맨 바위 위에 두고 덮
이지 아니하게 함은 분노를 나타내
어 보응하려 함이로라
9 그러므로 주 여호와께서 이같이 말
씀하셨느니라 화 있을진저 피를 흘
린 성읍이여 내가 또 나무 무더기
를 크게 하리라
10 나무를 많이 쌓고 불을 피워 그 고
기를 삶아 녹이고 국물을 졸이고
그 뼈를 태우고
11 가마가 빈 후에는 숯불 위에 놓아
뜨겁게 하며 그 가마의 놋을 달궈
서 그 속에 더러운 것을 녹게 하며
녹이 소멸되게 하라
12 이 성읍이 수고하므로 스스로 피곤
하나 많은 녹이 그 속에서 벗겨지
지 아니하며 불에서도 없어지지 아

니하는도다
13 너의 더러운 것들 중에 음란이 그
하나이니라 내가 너를 깨끗하게 하
나 네가 깨끗하여지지 아니하니 내
가 네게 향한 분노를 풀기 전에는
네 더러움이 다시 깨끗하여지지 아
니하리라
14 나 여호와가 말하였은즉 그 일이
이루어질지라 내가 돌이키지도 아
니하고 아끼지도 아니하며 뉘우치
지도 아니하고 행하리니 그들이 네
모든 행위대로 너를 재판하리라 주
여호와의 말씀이니라

에스겔의 아내가 죽다

15 ●여호와의 말씀이 또 내게 임하여
이르시되
16 인자야 내가 네 눈에 기뻐하는 것
을 한 번 쳐서 빼앗으리니 너는 슬
퍼하거나 울거나 눈물을 흘리거나
하지 말며
17 죽은 자들을 위하여 슬퍼하지 말고
조용히 탄식하며 수건으로 머리를
동이고 발에 신을 신고 입술을 가리
지 말고 사람이 초상집에서 먹는 음
식물을 먹지 말라 하신지라
18 내가 아침에 백성에게 말하였더니
저녁에 내 아내가 죽었으므로 아침
에 내가 받은 명령대로 행하매
19 백성이 내게 이르되 네가 행하는
이 일이 우리와 무슨 상관이 있는
지 너는 우리에게 말하지 아니하겠
느냐 하므로
20 내가 그들에게 대답하기를 여호와
의 말씀이 내게 임하여 이르시되
21 너는 이스라엘 족속에게 이르기를
주 여호와의 말씀에 내 성소는 너
희 세력의 영광이요 너희 눈의 기
쁨이요 너희 마음에 아낌이 되거니
와 내가 더럽힐 것이며 너희의 버
려 둔 자녀를 칼에 엎드러지게 할
지라
22 너희가 에스겔이 행한 바와 같이
행하여 입술을 가리지 아니하며 사
람의 음식물을 먹지 아니하며
23 수건으로 머리를 동인 채, 발에 신
을 신은 채로 두고 슬퍼하지도 아
니하며 울지도 아니하되 죄악 중에
패망하여 피차 바라보고 탄식하리
라
24 이같이 에스겔이 너희에게 표징이
되리니 그가 행한 대로 너희가 다
행할지라 이 일이 이루어지면 내가
주 여호와인 줄을 너희가 알리라
하라 하셨느니라
25 ●인자야 내가 그 힘과 그 즐거워
하는 영광과 그 눈이 기뻐하는 것
과 그 마음이 간절하게 생각하는
자녀를 데려가는 날
26 곧 그날에 도피한 자가 네게 나와
서 네 귀에 그 일을 들려 주지 아니
하겠느냐
27 그날에 네 입이 열려서 도피한 자
에게 말하고 다시는 잠잠하지 아니
하리라 이같이 너는 그들에게 표징
이 되고 그들은 내가 여호와인 줄
알리라

암몬이 받을 심판

25 여호와의 말씀이 또 내게 임
하여 이르시되
2 인자야 네 얼굴을 암몬 족속에게
돌리고 그들에게 예언하라
3 너는 암몬 족속에게 이르기를 너희
는 주 여호와의 말씀을 들을지어다
주 여호와께서 이같이 말씀하셨느
니라 내 성소가 더럽힘을 받을 때
에 네가 그것에 관하여, 이스라엘
땅이 황폐할 때에 네가 그것에 관
하여, 유다 족속이 사로잡힐 때에
네가 그들에 대하여 이르기를 아하
좋다 하였도다

4 그러므로 내가 너를 동방 사람에게
기업으로 넘겨 주리니 그들이 네
가운데에 진을 치며 네 가운데에
그 거처를 베풀며 네 열매를 먹으
며 네 젖을 마실지라
5 내가 랍바를 낙타의 우리로 만들며
암몬 족속의 땅을 양 떼가 눕는 곳
으로 삼은즉 내가 주 여호와인 줄
을 너희가 알리라
6 주 여호와께서 이같이 말씀하셨느
니라 네가 이스라엘 땅에 대하여
손뼉을 치며 발을 구르며 마음을
다하여 멸시하며 즐거워하였나니
7 그런즉 내가 손을 네 위에 펴서 너
를 다른 민족에게 넘겨 주어 노략
을 당하게 하며 너를 만민 중에서
끊어 버리며 너를 여러 나라 가운
데에서 패망하게 하여 멸하리니 내
가 주 여호와인 줄을 너희가 알리
라 하셨다 하라

모압과 세일이 받을 심판

8 ●주 여호와께서 이같이 말씀하셨
느니라 모압과 세일이 이르기를 유
다 족속은 모든 이방과 다름이 없
다 하도다
9 그러므로 내가 모압의 한편 곧 그
나라 국경에 있는 영화로운 성읍들
벧여시못과 바알므온과 기랴다임
을 열고
10 암몬 족속과 더불어 동방 사람에게
넘겨 주어 기업을 삼게 할 것이라
암몬 족속이 다시는 이방 가운데에
서 기억되지 아니하게 하려니와
11 내가 모압에 벌을 내리리니 내가
주 여호와인 줄을 너희가 알리라

에돔과 블레셋이 받을 심판

12 ●주 여호와께서 이같이 말씀하셨
느니라 에돔이 유다 족속을 쳐서
원수를 갚았고 원수를 갚음으로 심
히 범죄하였도다
13 그러므로 주 여호와께서 이같이 말
씀하셨느니라 내가 내 손을 에돔
위에 펴서 사람과 짐승을 그 가운
데에서 끊어 데만에서부터 황폐하
게 하리니 드단까지 칼에 엎드러지
리라
14 내가 내 백성 이스라엘의 손으로
내 원수를 에돔에게 갚으리니 그들
이 내 진노와 분노를 따라 에돔에
행한즉 내가 원수를 갚음인 줄을
에돔이 알리라 주 여호와의 말씀이
니라
15 주 여호와께서 이같이 말씀하셨느
니라 블레셋 사람이 옛날부터 미워
하여 멸시하는 마음으로 원수를 갚
아 진멸하고자 하였도다
16 그러므로 주 여호와께서 이같이 말
씀하셨느니라 내가 블레셋 사람 위
에 손을 펴서 그렛 사람을 끊으며
해변에 남은 자를 진멸하되
17 분노의 책벌로 내 원수를 그들에게
크게 갚으리라 내가 그들에게 원수
를 갚은즉 내가 여호와인 줄을 그
들이 알리라 하시니라

두로가 받을 심판

26 열한째 해 어느 달 초하루에
여호와의 말씀이 내게 임하여
이르시되
2 인자야 두로가 예루살렘에 관하여
이르기를 아하 만민의 문이 깨져서
내게로 돌아왔도다 그가 황폐하였
으니 내가 충만함을 얻으리라 하였
도다
3 그러므로 주 여호와께서 이같이 말
씀하셨느니라 두로야 내가 너를 대
적하여 바다가 그 파도를 굽이치게
함같이 여러 민족들이 와서 너를
치게 하리니
4 그들이 두로의 성벽을 무너뜨리며
그 망대를 헐 것이요 나도 티끌을

그 위에서 쓸어 버려 맨 바위가 되
게 하며
5 바다 가운데에 그물 치는 곳이 되
게 하리니 내가 말하였음이라 주
여호와의 말씀이니라 그가 이방의
노략거리가 될 것이요
6 들에 있는 그의 딸들은 칼에 죽으
리니 그들이 나를 여호와인 줄을
알리라
7 ●주 여호와께서 이같이 말씀하셨
느니라 내가 왕들 중의 왕 곧 바벨
론의 느부갓네살 왕으로 하여금 북
쪽에서 말과 병거와 기병과 군대와
백성의 큰 무리를 거느리고 와서
두로를 치게 할 때에
8 그가 들에 있는 너의 딸들을 칼로
죽이고 너를 치려고 사다리를 세우
며 토성을 쌓으며 방패를 갖출 것
이며
9 공성퇴를 가지고 네 성을 치며 도
끼로 망대를 찍을 것이며
10 말이 많으므로 그 티끌이 너를 가
릴 것이며 사람이 무너진 성 구멍
으로 들어가는 것같이 그가 네 성
문으로 들어갈 때에 그 기병과 수
레와 병거의 소리로 말미암아 네
성곽이 진동할 것이며
11 그가 그 말굽으로 네 모든 거리를
밟을 것이며 칼로 네 백성을 죽일
것이며 네 견고한 석상을 땅에 엎
드러뜨릴 것이며
12 네 재물을 빼앗을 것이며 네가 무
역한 것을 노략할 것이며 네 성을
헐 것이며 네가 기뻐하는 집을 무
너뜨릴 것이며 또 네 돌들과 네 재
목과 네 흙을 다 물 가운데에 던질
것이라
13 내가 네 노래 소리를 그치게 하며
네 수금 소리를 다시 들리지 않게
하고
14 너를 맨 바위가 되게 한즉 네가 그
물 말리는 곳이 되고 다시는 건축
되지 못하리니 나 여호와가 말하였
음이니라 주 여호와의 말씀이니라
15 ●주 여호와께서 이같이 두로에 대
하여 말씀하시되 네가 엎드러지는
소리에 모든 섬이 진동하지 아니
하겠느냐 곧 너희 가운데에 상한
자가 부르짖으며 죽임을 당할 때
에라
16 그때에 바다의 모든 왕이 그 보좌
에서 내려 조복을 벗으며 수놓은
옷을 버리고 떨림을 입듯 하고 땅
에 앉아서 너로 말미암아 무시로
떨며 놀랄 것이며
17 그들이 너를 위하여 슬픈 노래를
불러 이르기를 항해자가 살았던 유
명한 성읍이여 너와 너의 주민이
바다 가운데에 있어 견고하였도다
해변의 모든 주민을 두렵게 하였더
니 어찌 그리 멸망하였는고
18 네가 무너지는 그날에 섬들이 진동
할 것임이여 바다 가운데의 섬들
이 네 결국을 보고 놀라리로다 하
리라
19 ●주 여호와께서 이같이 말씀하셨
느니라 내가 너를 주민이 없는 성
읍과 같이 황폐한 성읍이 되게 하
고 깊은 바다가 네 위에 오르게 하
며 큰 물이 너를 덮게 할 때에
20 내가 너를 구덩이에 내려가는 자와
함께 내려가서 옛적 사람에게로 나
아가게 하고 너를 그 구덩이에 내
려간 자와 함께 땅 깊은 곳 예로부
터 황폐한 곳에 살게 하리라 네가
다시는 사람이 거주하는 곳이 되지
못하리니 살아 있는 자의 땅에서
영광을 얻지 못하리라
21 내가 너를 패망하게 하여 다시 있
지 못하게 하리니 사람이 비록 너

를 찾으나 다시는 영원히 만나지
못하리라 주 여호와의 말씀이니라

두로에 대한 애가

27 여호와의 말씀이 내게 임하여
이르시되
2 인자야 너는 두로를 위하여 슬픈
노래를 지으라
3 너는 두로를 향하여 이르기를 바다
어귀에 거주하면서 여러 섬 백성과
거래하는 자여 주 여호와께서 이같
이 말씀하시되 두로야 네가 말하기
를 나는 온전히 아름답다 하였도다
4 네 땅이 바다 가운데에 있음이여
너를 지은 자가 네 아름다움을 온
전하게 하였도다
5 스닐의 잣나무로 네 판자를 만들었
음이여 너를 위하여 레바논의 백향
목을 가져다 돛대를 만들었도다
6 바산의 상수리나무로 네 노를 만들
었음이여 깃딤 섬 황양목에 상아로
꾸며 갑판을 만들었도다
7 애굽의 수놓은 가는 베로 돛을 만
들어 깃발을 삼았음이여 엘리사 섬
의 청색 자색 베로 차일을 만들었
도다
8 시돈과 아르왓 주민들이 네 사공이
되었음이여 두로야 네 가운데에
있는 지혜자들이 네 선장이 되었
도다
9 그발의 노인들과 지혜자들이 네 가
운데에서 배의 틈을 막는 자가 되
었음이여 바다의 모든 배와 그 사
공들은 네 가운데에서 무역하였도
다
10 바사와 룻과 붓이 네 군대 가운데
에서 병정이 되었음이여 네 가운데
에서 방패와 투구를 달아 네 영광
을 나타냈도다
11 아르왓 사람과 네 군대는 네 사방
성 위에 있었고 용사들은 네 여러
망대에 있었음이여 네 사방 성 위
에 방패를 달아 네 아름다움을 온
전하게 하였도다
12 ●다시스는 각종 보화가 풍부하므
로 너와 거래하였음이여 은과 철과
주석과 납을 네 물품과 바꾸어 갔
도다
13 야완과 두발과 메섹은 네 상인이
되었음이여 사람과 놋그릇을 가지
고 네 상품을 바꾸어 갔도다
14 도갈마 족속은 말과 군마와 노새를
네 물품과 바꾸었으며
15 드단 사람은 네 상인이 되었음이여
여러 섬이 너와 거래하여 상아와
박달나무를 네 물품과 바꾸어 갔도
다
16 너의 제품이 풍부하므로 아람은 너
와 거래하였음이여 남보석과 자색
베와 수놓은 것과 가는 베와 산호
와 홍보석을 네 물품과 바꾸어 갔
도다
17 유다와 이스라엘 땅 사람이 네 상
인이 되었음이여 민닛 밀과 과자와
꿀과 기름과 유향을 네 물품과 바
꾸어 갔도다
18 너의 제품이 많고 각종 보화가 풍
부하므로 다메섹이 너와 거래하였
음이여 헬본 포도주와 흰 양털을
너와 거래하였도다
19 워단과 야완은 길쌈하는 실로 네
물품을 거래하였음이여 가공한 쇠
와 계피와 대나무 제품이 네 상품
중에 있었도다
20 드단은 네 상인이 되었음이여 말을
탈 때 까는 천을 너와 거래하였도
다
21 아라비아와 게달의 모든 고관은 네
손아래 상인이 되어 어린 양과 숫
양과 염소들, 그것으로 너와 거래
하였도다

22 스바와 라아마의 상인들도 너의 상
인들이 됨이여 각종 극상품 향 재
료와 각종 보석과 황금으로 네 물
품을 바꾸어 갔도다
23 하란과 간네와 에덴과 스바와 앗수
르와 길맛의 장사꾼들도 너의 상인
들이라
24 이들이 아름다운 물품 곧 청색 옷
과 수놓은 물품과 빛난 옷을 백향
목 상자에 담고 노끈으로 묶어 가
지고 너와 거래하여 네 물품을 바
꾸어 갔도다
25 다시스의 배는 떼를 지어 네 화물
을 나르니 네가 바다 중심에서 풍
부하여 영화가 매우 크도다
26 ●네 사공이 너를 인도하여 큰 물
에 이르게 함이여 동풍이 바다 한
가운데에서 너를 무찔렀도다
27 네 재물과 상품과 바꾼 물건과 네
사공과 선장과 네 배의 틈을 막는
자와 네 상인과 네 가운데에 있는
모든 용사와 네 가운데에 있는 모
든 무리가 네가 패망하는 날에 다
바다 한가운데에 빠질 것임이여
28 네 선장이 부르짖는 소리에 [1]물결
이 흔들리리로다
29 노를 잡은 모든 자와 사공과 바다
의 선장들이 다 배에서 내려 언덕
에 서서
30 너를 위하여 크게 소리 질러 통곡
하고 티끌을 머리에 덮어쓰며 재
가운데에 뒹굴며
31 그들이 다 너를 위하여 머리털을
밀고 굵은 베로 띠를 띠고 마음이
아프게 슬피 통곡하리로다
32 그들이 통곡할 때에 너를 위하여
슬픈 노래를 불러 애도하여 말하기
를 두로와 같이 바다 가운데에서
적막한 자 누구인고
33 네 물품을 바다로 실어 낼 때에 네
가 여러 백성을 풍족하게 하였음이
여 네 재물과 무역품이 많으므로
세상 왕들을 풍부하게 하였었도다
34 네가 바다 깊은 데에서 파선한 때
에 네 무역품과 네 승객이 다 빠졌
음이여
35 섬의 주민들이 너로 말미암아 놀라
고 왕들이 심히 두려워하여 얼굴에
근심이 가득하도다
36 많은 민족의 상인들이 다 너를 비
웃음이여 네가 공포의 대상이 되고
네가 영원히 다시 있지 못하리라
하셨느니라

두로 왕이 받을 심판

28 또 여호와의 말씀이 내게 임
하여 이르시되
2 인자야 너는 두로 왕에게 이르기를
주 여호와께서 이같이 말씀하시되
네 마음이 교만하여 말하기를 나
는 신이라 내가 하나님의 자리 곧
바다 가운데에 앉아 있다 하도다
네 마음이 하나님의 마음 같은 체
할지라도 너는 사람이요 신이 아
니거늘
3 네가 다니엘보다 지혜로워서 은밀
한 것을 깨닫지 못할 것이 없다 하
고
4 네 지혜와 총명으로 재물을 얻었
으며 금과 은을 곳간에 저축하였
으며
5 네 큰 지혜와 네 무역으로 재물을
더하고 그 재물로 말미암아 네 마
음이 교만하였도다
6 그러므로 주 여호와께서 이같이 말
씀하셨느니라 네 마음이 하나님의
마음 같은 체하였으니
7 그런즉 내가 이방인 곧 여러 나라
의 강포한 자를 거느리고 와서 너
를 치리니 그들이 칼을 빼어 네 지

1) 또는 들

혜의 아름다운 것을 치며 네 영화
를 더럽히며
8 또 너를 구덩이에 빠뜨려서 너를
바다 가운데에서 죽임을 당한 자의
죽음같이 바다 가운데에서 죽게 할
지라
9 네가 너를 죽이는 자 앞에서도 내
가 하나님이라고 말하겠느냐 너를
치는 자들 앞에서 사람일 뿐이요
신이 아니라
10 네가 이방인의 손에서 죽기를 할례
받지 않은 자의 죽음같이 하리니
내가 말하였음이니라 주 여호와의
말씀이니라 하셨다 하라
11 여호와의 말씀이 또 내게 임하여
이르시되
12 인자야 두로 왕을 위하여 슬픈 노
래를 지어 그에게 이르기를 주 여
호와의 말씀에 너는 완전한 도장이
었고 지혜가 충족하며 온전히 아름
다웠도다
13 네가 옛적에 하나님의 동산 에덴에
있어서 각종 보석 곧 홍보석과 황
보석과 금강석과 황옥과 홍마노와
창옥과 청보석과 남보석과 홍옥과
황금으로 단장하였음이여 네가 지
음을 받던 날에 너를 위하여 소고
와 비파가 준비되었도다
14 너는 기름부음을 받고 지키는 그룹
임이여 내가 너를 세우매 네가 하
나님의 성산에 있어서 불타는 돌들
사이에 왕래하였도다
15 네가 지음을 받던 날로부터 네 모
든 길에 완전하더니 마침내 네게서
불의가 드러났도다
16 네 무역이 많으므로 네 가운데에
강포가 가득하여 네가 범죄하였도
다 너 지키는 그룹아 그러므로 내
가 너를 더럽게 여겨 하나님의 산
에서 쫓아냈고 불타는 돌들 사이에
서 멸하였도다
17 네가 아름다우므로 마음이 교만하
였으며 네가 영화로우므로 네 지혜
를 더럽혔음이여 내가 너를 땅에
던져 왕들 앞에 두어 그들의 구경
거리가 되게 하였도다
18 네가 죄악이 많고 무역이 불의하므
로 네 모든 성소를 더럽혔음이여
내가 네 가운데에서 불을 내어 너
를 사르게 하고 너를 보고 있는 모
든 자 앞에서 너를 땅 위에 재가 되
게 하였도다
19 만민 중에 너를 아는 자가 너로 말
미암아 다 놀랄 것임이여 네가 공
포의 대상이 되고 네가 영원히 다
시 있지 못하리로다 하셨다 하라

시돈이 받을 심판

20 ●여호와의 말씀이 또 내게 임하여
이르시되
21 인자야 너는 얼굴을 시돈으로 향하
고 그에게 예언하라
22 너는 이르기를 주 여호와께서 이같
이 말씀하시되 시돈아 내가 너를
대적하나니 네 가운데에서 내 영광
이 나타나리라 하셨다 하라 내가
그 가운데에서 심판을 행하여 내
거룩함을 나타낼 때에 무리가 나를
여호와인 줄을 알지라
23 내가 그에게 전염병을 보내며 그의
거리에 피가 흐르게 하리니 사방에
서 오는 칼에 상한 자가 그 가운데
에 엎드러질 것인즉 무리가 나를
여호와인 줄을 알겠고
24 이스라엘 족속에게는 그 사방에서
그들을 멸시하는 자 중에 찌르는
가시와 아프게 하는 가시가 다시는
없으리니 내가 주 여호와인 줄을
그들이 알리라

이스라엘이 복을 받으리라

25 ●주 여호와께서 이같이 말씀하셨

느니라 내가 여러 민족 가운데에
흩어져 있는 이스라엘 족속을 모으
고 그들로 말미암아 여러 나라의
눈 앞에서 내 거룩함을 나타낼 때
에 그들이 고국 땅 곧 내 종 야곱에
게 준 땅에 거주할지라
26 그들이 그 가운데에 평안히 살면서
집을 건축하며 포도원을 만들고 그
들의 사방에서 멸시하던 모든 자를
내가 심판할 때에 그들이 평안히
살며 내가 그 하나님 여호와인 줄
을 그들이 알리라

애굽이 받을 심판

29 열째 해 열째 달 열두째 날에
여호와의 말씀이 내게 임하여
이르시되
2 인자야 너는 애굽의 바로 왕과 온 애
굽으로 얼굴을 향하고 예언하라
3 너는 말하여 이르기를 주 여호와께
서 이같이 말씀하시되 애굽의 바로
왕이여 내가 너를 대적하노라 너는
자기의 강들 가운데에 누운 큰 악
어라 스스로 이르기를 나의 이 강
은 내 것이라 내가 나를 위하여 만
들었다 하는도다
4 내가 갈고리로 네 아가미를 꿰고
너의 강의 고기가 네 비늘에 붙게
하고 네 비늘에 붙은 강의 모든 고
기와 함께 너를 너의 강들 가운데
에서 끌어내고
5 너와 너의 강의 모든 고기를 들에
던지리니 네가 지면에 떨어지고 다
시는 거두거나 모으지 못할 것은
내가 너를 들짐승과 공중의 새의
먹이로 주었음이라
6 애굽의 모든 주민이 내가 여호와인
줄을 알리라 애굽은 본래 이스라엘
족속에게 갈대 지팡이라
7 그들이 너를 손으로 잡은즉 네가
부러져서 그들의 모든 어깨를 찢었
고 그들이 너를 의지한즉 네가 부
러져서 그들의 모든 허리가 흔들리
게 하였느니라
8 ●그러므로 주 여호와께서 이같이
말씀하셨느니라 내가 칼이 네게 임
하게 하여 네게서 사람과 짐승을
끊은즉
9 애굽 땅이 사막과 황무지가 되리니
내가 여호와인 줄을 그들이 알리라
네가 스스로 이르기를 이 강은 내
것이라 내가 만들었다 하도다
10 그러므로 내가 너와 네 강들을 쳐
서 애굽 땅 믹돌에서부터 수에네
곧 구스 지경까지 황폐한 황무지
곧 사막이 되게 하리니
11 그 가운데로 사람의 발도 지나가지
아니하며 짐승의 발도 지나가지 아
니하고 거주하는 사람이 없이 사십
년이 지날지라
12 내가 애굽 땅을 황폐한 나라들같이
황폐하게 하며 애굽 성읍도 사막이
된 나라들의 성읍같이 사십 년 동
안 황폐하게 하고 애굽 사람들은
각국 가운데로 흩으며 여러 민족
가운데로 헤치리라
13 주 여호와께서 이같이 말씀하셨느
니라 사십 년 끝에 내가 만민 중에
흩은 애굽 사람을 다시 모아 내되
14 애굽의 사로잡힌 자들을 돌이켜 바
드로스 땅 곧 그 고국 땅으로 돌아
가게 할 것이라 그들이 거기에서
미약한 나라가 되되
15 나라 가운데에 지극히 미약한 나라
가 되어 다시는 나라들 위에 스스
로 높이지 못하리니 내가 그들을
감하여 다시는 나라들을 다스리지
못하게 할 것임이라
16 그들이 다시는 이스라엘 족속의 의
지가 되지 못할 것이요 이스라엘
족속은 돌이켜 그들을 바라보지 아

니하므로 그 죄악이 기억되지 아니
하리니 내가 여호와인 줄을 그들이
알리라 하셨다 하라

느부갓네살이 애굽을 정복하리라

17 ●스물일곱째 해 첫째 달 초하루에
여호와의 말씀이 내게 임하여 이르
시되
18 인자야 바벨론의 느부갓네살 왕이
그의 군대로 두로를 치게 할 때에
크게 수고하여 모든 머리털이 무지
러졌고 모든 어깨가 벗어졌으나 그
와 군대가 그 수고한 대가를 두로
에서 얻지 못하였느니라
19 그러므로 주 여호와께서 이같이 말
씀하셨느니라 내가 애굽 땅을 바벨
론의 느부갓네살 왕에게 넘기리니
그가 그 무리를 잡아가며 물건을
노략하며 빼앗아 갈 것이라 이것이
그 군대의 보상이 되리라
20 그들의 수고는 나를 위하여 함인즉
그 대가로 내가 애굽 땅을 그에게
주었느니라 주 여호와의 말씀이니
라
21 ●그날에 나는 이스라엘 족속에게
한 뿔이 돋아나게 하고 나는 또 네
가 그들 가운데에서 입을 열게 하
리니 내가 여호와인 줄을 그들이
알리라

여호와께서 애굽을 심판하시다

30 또 여호와의 말씀이 내게 임
하여 이르시되
2 인자야 너는 예언하여 이르라 주
여호와께서 이와 같이 말씀하시되
너희는 통곡하며 이르기를 슬프다
이날이여 하라
3 그날이 가깝도다 여호와의 날이 가
깝도다 구름의 날일 것이요 여러
나라들의 때이리로다
4 애굽에 칼이 임할 것이라 애굽에서
죽임 당한 자들이 엎드러질 때에
구스에 심한 근심이 있을 것이며
애굽의 무리가 잡혀 가며 그 터가
헐릴 것이요
5 구스와 붓과 룻과 모든 섞인 백성
과 굽과 및 동맹한 땅의 백성들이
그들과 함께 칼에 엎드러지리라
6 ●여호와께서 이같이 말씀하셨느
니라 애굽을 붙들어 주는 자도 엎
드러질 것이요 애굽의 교만한 권세
도 낮아질 것이라 믹돌에서부터 수
에네까지 무리가 그 가운데에서 칼
에 엎드러지리라 주 여호와의 말씀
이니라
7 황폐한 나라들같이 그들도 황폐할
것이며 사막이 된 성읍들같이 그
성읍들도 사막이 될 것이라
8 내가 애굽에 불을 일으키며 그 모
든 돕는 자를 멸할 때에 그들이 나
를 여호와인 줄 알리라
9 그날에 사절들이 내 앞에서 배로
나아가서 염려 없는 구스 사람을
두렵게 하리니 애굽의 재앙의 날과
같이 그들에게도 심한 근심이 있으
리라 이것이 오리로다
10 ●주 여호와께서 이같이 말씀하셨
느니라 내가 또 바벨론의 느부갓네
살 왕의 손으로 애굽의 무리들을
끊으리니
11 그가 여러 나라 가운데에 강포한
자기 군대를 거느리고 와서 그 땅
을 멸망시킬 때에 칼을 빼어 애굽
을 쳐서 죽임 당한 자로 땅에 가득
하게 하리라
12 내가 그 모든 강을 마르게 하고 그
땅을 악인의 손에 팔겠으며 타국
사람의 손으로 그 땅과 그 가운데
에 있는 모든 것을 황폐하게 하리
라 나 여호와의 말이니라
13 주 여호와께서 이같이 말씀하셨느
니라 내가 그 우상들을 없애며 신

상들을 놉 가운데에서 부수며 애굽
땅에서 왕이 다시 나지 못하게 하
고 그 땅에 두려움이 있게 하리라
14 내가 바드로스를 황폐하게 하며 소
안에 불을 지르며 노 나라를 심판
하며
15 내 분노를 애굽의 견고한 성읍 신
에 쏟고 또 노 나라의 무리를 끊을
것이라
16 내가 애굽에 불을 일으키리니 신
나라가 심히 근심할 것이며 노 나
라는 찢겨 나누일 것이며 놉 나라
가 날로 대적이 있을 것이며
17 아웬과 비베셋의 장정들은 칼에 엎
드러질 것이며 그 성읍 주민들은
포로가 될 것이라
18 내가 애굽의 멍에를 꺾으며 그 교
만한 권세를 그 가운데에서 그치게
할 때에 드합느헤스에서는 날이 어
둡겠고 그 성읍에는 구름이 덮일
것이며 그 딸들은 포로가 될 것이
라
19 이같이 내가 애굽을 심판하리니 내
가 여호와인 줄을 그들이 알리라
하셨다 하라

애굽 왕의 꺾인 팔

20 ●열한째 해 첫째 달 일곱째 날에
여호와의 말씀이 내게 임하여 이르
시되
21 인자야 내가 애굽의 바로 왕의 팔
을 꺾었더니 칼을 잡을 힘이 있도
록 그것을 아주 싸매지도 못하였
고 약을 붙여 싸매지도 못하였느
니라
22 그러므로 주 여호와께서 이같이 말
씀하셨느니라 내가 애굽의 바로 왕
을 대적하여 그 두 팔 곧 성한 팔과
이미 꺾인 팔을 꺾어서 칼이 그 손
에서 떨어지게 하고
23 애굽 사람을 뭇 나라 가운데로 흩
으며 뭇 백성 가운데로 헤칠지라
24 내가 바벨론 왕의 팔을 견고하게
하고 내 칼을 그 손에 넘겨 주려니
와 내가 바로의 팔을 꺾으리니 그
가 바벨론 왕 앞에서 고통하기를
죽게 상한 자의 고통하듯 하리라
25 내가 바벨론 왕의 팔은 들어 주고
바로의 팔은 내려뜨릴 것이라 내
가 내 칼을 바벨론 왕의 손에 넘기
고 그를 들어 애굽 땅을 치게 하리
니 내가 여호와인 줄을 그들이 알
리라
26 내가 애굽 사람을 나라들 가운데로
흩으며 백성들 가운데로 헤치리니
내가 여호와인 줄을 그들이 알리
라

한때 백향목 같았던 애굽

31 열한째 해 셋째 달 초하루에
여호와의 말씀이 내게 임하여
이르시되
2 인자야 너는 애굽의 바로 왕과 그
무리에게 이르기를 네 큰 위엄을
누구에게 비하랴
3 볼지어다 앗수르 사람은 가지가 아
름답고 그늘은 숲의 그늘 같으며
키가 크고 꼭대기가 구름에 닿은
레바논 백향목이었느니라
4 물들이 그것을 기르며 깊은 물이
그것을 자라게 하며 강들이 그 심
어진 곳을 둘러 흐르며 둑의 물이
들의 모든 나무에까지 미치매
5 그 나무가 물이 많으므로 키가 들
의 모든 나무보다 크며 굵은 가지
가 번성하며 가는 가지가 길게 뻗
어 나갔고
6 공중의 모든 새가 그 큰 가지에 깃
들이며 들의 모든 짐승이 그 가는
가지 밑에 새끼를 낳으며 모든 큰
나라가 그 그늘 아래에 거주하였느
니라

7 그 뿌리가 큰 물가에 있으므로 그
나무가 크고 가지가 길어 모양이
아름다우매
8 하나님의 동산의 백향목이 능히 그
를 가리지 못하며 잣나무가 그 굵
은 가지만 못하며 단풍나무가 그
가는 가지만 못하며 하나님의 동산
의 어떤 나무도 그 아름다운 모양
과 같지 못하였도다
9 내가 그 가지를 많게 하여 모양이
아름답게 하였더니 하나님의 동산
에덴에 있는 모든 나무가 다 시기
하였느니라
10 ●그러므로 주 여호와께서 이같이
말씀하셨느니라 그의 키가 크고 꼭
대기가 구름에 닿아서 높이 솟아났
으므로 마음이 교만하였은즉
11 내가 여러 나라의 능한 자의 손에
넘겨 줄지라 그가 임의로 대우할
것은 내가 그의 악으로 말미암아
쫓아내었음이라
12 여러 나라의 포악한 다른 민족이
그를 찍어 버렸으므로 그 가는 가
지가 산과 모든 골짜기에 떨어졌고
그 굵은 가지가 그 땅 모든 물가에
꺾어졌으며 세상 모든 백성이 그를
버리고 그 그늘 아래에서 떠나매
13 공중의 모든 새가 그 넘어진 나무
에 거주하며 들의 모든 짐승이 그
가지에 있으리니
14 이는 물가에 있는 모든 나무는 키
가 크다고 교만하지 못하게 하며
그 꼭대기가 구름에 닿지 못하게
하며 또 물을 마시는 모든 나무가
스스로 높아 서지 못하게 함이니
그들을 다 죽음에 넘겨 주어 사람
들 가운데에서 구덩이로 내려가는
자와 함께 지하로 내려가게 하였음
이라
15 ●주 여호와께서 이같이 말씀하셨
느니라 그가 스올에 내려가던 날에
내가 그를 위하여 슬프게 울게 하
며 깊은 바다를 덮으며 모든 강을
쉬게 하며 큰 물을 그치게 하고 레
바논이 그를 위하여 슬프게 울게
하며 들의 모든 나무를 그로 말미
암아 쇠잔하게 하였느니라
16 내가 그를 구덩이에 내려가는 자와
함께 스올에 떨어뜨리던 때에 백성
들이 그 떨어지는 소리로 말미암아
진동하게 하였고 물을 마시는 에덴
의 모든 나무 곧 레바논의 뛰어나
고 아름다운 나무들이 지하에서 위
로를 받게 하였느니라
17 그러나 그들도 그와 함께 스올에
내려 칼에 죽임을 당한 자에게 이
르렀나니 그들은 옛적에 그의 팔이
된 자요 나라들 가운데에서 그 그
늘 아래에 거주하던 자니라
18 ●너의 영광과 위대함이 에덴의 나
무들 중에서 어떤 것과 같은고 그
러나 네가 에덴의 나무들과 함께
지하에 내려갈 것이요 거기에서 할
례를 받지 못하고 칼에 죽임을 당
한 자 가운데에 누우리라 이들은
바로와 그의 모든 군대니라 주 여
호와의 말씀이니라 하라

큰 악어 애굽 왕

32 열두째 해 열두째 달 초하루
에 여호와의 말씀이 내게 임
하여 이르시되
2 인자야 너는 애굽의 바로 왕에 대
하여 슬픈 노래를 불러 그에게 이
르라 너를 여러 나라에서 사자로
생각하였더니 실상은 바다 가운데
의 큰 악어라 강에서 튀어 일어나
발로 물을 휘저어 그 강을 더럽혔
도다
3 주 여호와께서 이같이 말씀하셨느
니라 내가 많은 백성의 무리를 거

느리고 내 그물을 네 위에 치고 그
그물로 너를 끌어오리로다
4 내가 너를 뭍에 버리며 들에 던져
공중의 새들이 네 위에 앉게 할 것
임이여 온 땅의 짐승이 너를 먹어
배부르게 하리로다
5 내가 네 살점을 여러 산에 두며 네
시체를 여러 골짜기에 채울 것임이
여
6 네 피로 네 헤엄치는 땅에 물 대듯
하여 산에 미치게 하며 그 모든 개
천을 채우리로다
7 내가 너를 불 끄듯 할 때에 하늘을
가리어 별을 어둡게 하며 해를 구
름으로 가리며 달이 빛을 내지 못
하게 할 것임이여
8 하늘의 모든 밝은 빛을 내가 네 위
에서 어둡게 하여 어둠을 네 땅에
베풀리로다 주 여호와의 말씀이니
라
9 내가 네 패망의 소문이 여러 나라
곧 네가 알지 못하는 나라들에 이
르게 할 때에 많은 백성의 마음을
번뇌하게 할 것임이여
10 내가 그 많은 백성을 너로 말미암
아 놀라게 할 것이며 내가 내 칼이
그들의 왕 앞에서 춤추게 할 때에
그 왕이 너로 말미암아 심히 두려
워할 것이며 네가 엎드러지는 날에
그들이 각각 자기 생명을 위하여
무시로 떨리로다
11 ●주 여호와께서 이같이 말씀하셨
느니라 바벨론 왕의 칼이 네게 오
리로다
12 나는 네 무리가 용사 곧 모든 나라의
무서운 자들의 칼에 엎드러지게
할 것임이여 그들이 애굽의 교만
을 폐하며 그 모든 무리를 멸하리
로다
13 내가 또 그 모든 짐승을 큰 물가에
서 멸하리니 사람의 발이나 짐승의
굽이 다시는 그 물을 흐리지 못할
것임이여
14 그때에 내가 그 물을 맑게 하여 그
강이 기름같이 흐르게 하리로다 주
여호와의 말씀이니라
15 내가 애굽 땅이 황폐하여 사막이
되게 하여 거기에 풍성한 것이 없
게 할 것임이여 그 가운데의 모든
주민을 치리니 내가 여호와인 줄을
그들이 알리라
16 이는 슬피 부를 노래이니 여러 나
라 여자들이 이것을 슬피 부름이여
애굽과 그 모든 무리를 위하여 이
것을 슬피 부르리로다 주 여호와의
말씀이니라

죽은 자들의 세계

17 ●열두째 해 어느 달 열다섯째 날
에 여호와의 말씀이 내게 임하여
이르시되
18 인자야 애굽의 무리를 위하여 슬피
울고 그와 유명한 나라의 여자들을
구덩이에 내려가는 자와 함께 지하
에 던지며
19 이르라 너의 아름다움이 어떤 사람
들보다도 뛰어나도다 너는 내려가
서 할례를 받지 아니한 자와 함께
누울지어다
20 그들이 죽임을 당한 자 가운데에
엎드러질 것임이여 그는 칼에 넘겨
진 바 되었은즉 그와 그 모든 무리
를 끌지어다
21 용사 가운데에 강한 자가 그를 돕
는 자와 함께 스올 가운데에서 그
에게 말함이여 할례를 받지 아니한
자 곧 칼에 죽임을 당한 자들이 내
려와서 가만히 누웠다 하리로다
22 ●거기에 앗수르와 그 온 무리가
있음이여 다 죽임을 당하여 칼에
엎드러진 자라 그 무덤이 그 사방

에 있도다
23 그 무덤이 구덩이 깊은 곳에 만들
어졌고 그 무리가 그 무덤 사방에
있음이여 그들은 다 죽임을 당하여
칼에 엎드러진 자 곧 생존하는 사
람들의 세상에서 사람을 두렵게 하
던 자로다
24 ●거기에 엘람이 있고 그 모든 무
리가 그 무덤 사방에 있음이여 그
들은 다 할례를 받지 못하고 죽임
을 당하여 칼에 엎드러져 지하에
내려간 자로다 그들이 생존하는 사
람들의 세상에서 두렵게 하였으나
이제는 구덩이에 내려가는 자와 함
께 수치를 당하였도다
25 그와 그 모든 무리를 위하여 죽임
을 당한 자 가운데에 침상을 놓았
고 그 여러 무덤은 사방에 있음이
여 그들은 다 할례를 받지 못하고
칼에 죽임을 당한 자로다 그들이
생존하는 사람들의 세상에서 두렵
게 하였으나 이제는 구덩이에 내
려가는 자와 함께 수치를 당하고
죽임을 당한 자 가운데에 뉘었도
다
26 ●거기에 메섹과 두발과 그 모든
무리가 있고 그 여러 무덤은 사방
에 있음이여 그들은 다 할례를 받
지 못하고 칼에 죽임을 당한 자로
다 그들이 생존하는 사람들의 세상
에서 두렵게 하였으나
27 그들이 할례를 받지 못한 자 가운
데에 이미 엎드러진 용사와 함께
누운 것이 마땅하지 아니하냐 이 용
사들은 다 무기를 가지고 스올에 내
려가서 자기의 칼을 베개로 삼았으
니 그 백골이 자기 죄악을 졌음이여
생존하는 사람들의 세상에서 용사
의 두려움이 있던 자로다
28 오직 너는 할례를 받지 못한 자와
함께 패망할 것임이여 칼에 죽임을
당한 자와 함께 누우리로다
29 ●거기에 에돔 곧 그 왕들과 그 모
든 고관이 있음이여 그들이 강성하
였었으나 칼에 죽임을 당한 자와
함께 있겠고 할례를 받지 못하고
구덩이에 내려간 자와 함께 누우리
로다
30 거기에 죽임을 당한 자와 함께 내
려간 북쪽 모든 방백과 모든 시돈
사람이 있음이여 그들이 본래는 강
성하였으므로 두렵게 하였으나 이
제는 부끄러움을 품고 할례를 받지
못하고 칼에 죽임을 당한 자와 함
께 누웠고 구덩이에 내려가는 자와
함께 수치를 당하였도다
31 ●바로가 그들을 보고 그 모든 무
리로 말미암아 위로를 받을 것임이
여 칼에 죽임을 당한 바로와 그 온
군대가 그러하리로다 주 여호와의
말씀이니라
32 내가 바로로 하여금 생존하는 사람
들의 세상에서 사람을 두렵게 하
게 하였으나 이제는 그가 그 모든
무리와 더불어 할례를 받지 못한
자 곧 칼에 죽임을 당한 자와 함께
누이리로다 주 여호와의 말씀이니
라

여호와께서 에스겔을 파수꾼으로 삼으시다 (겔 3:16-21)

33 여호와의 말씀이 내게 임하여
이르시되
2 인자야 너는 네 민족에게 말하여
이르라 가령 내가 칼을 한 땅에 임
하게 한다 하자 그 땅 백성이 자기
들 가운데의 하나를 택하여 파수꾼
을 삼은
3 그 사람이 그 땅에 칼이 임함을 보
고 나팔을 불어 백성에게 경고하되
4 그들이 나팔 소리를 듣고도 정신차

리지 아니하므로 그 임하는 칼에
제거함을 당하면 그 피가 자기의
머리로 돌아갈 것이라
5 그가 경고를 받았던들 자기 생명을
보전하였을 것이나 나팔 소리를 듣
고도 경고를 받지 아니하였으니 그
피가 자기에게로 돌아가리라
6 그러나 칼이 임함을 파수꾼이 보고
도 나팔을 불지 아니하여 백성에게
경고하지 아니하므로 그 중의 한
사람이 그 임하는 칼에 제거 당하
면 그는 자기 죄악으로 말미암아
제거되려니와 그 죄는 내가 파수꾼
의 손에서 찾으리라
7 ●인자야 내가 너를 이스라엘 족속
의 파수꾼으로 삼음이 이와 같으니
라 그런즉 너는 내 입의 말을 듣고
나를 대신하여 그들에게 경고할지
어다
8 가령 내가 악인에게 이르기를 악인
아 너는 반드시 죽으리라 하였다
하자 네가 그 악인에게 말로 경고
하여 그의 길에서 떠나게 하지 아
니하면 그 악인은 자기 죄악으로
말미암아 죽으려니와 내가 그의 피
를 네 손에서 찾으리라
9 그러나 너는 악인에게 경고하여 돌
이켜 그의 길에서 떠나라고 하되
그가 돌이켜 그의 길에서 떠나지
아니하면 그는 자기 죄악으로 말미
암아 죽으려니와 너는 네 생명을
보전하리라

의인의 범죄와 악인의 회개

10 ●그런즉 인자야 너는 이스라엘 족
속에게 이르기를 너희가 말하여 이
르되 우리의 허물과 죄가 이미 우
리에게 있어 우리로 그 가운데에서
쇠퇴하게 하니 어찌 능히 살리요
하거니와
11 너는 그들에게 말하라 주 여호와의
말씀이니라 나의 삶을 두고 맹세하
노니 나는 악인이 죽는 것을 기뻐
하지 아니하고 악인이 그의 길에서
돌이켜 떠나 사는 것을 기뻐하노라
이스라엘 족속아 돌이키고 돌이키
라 너희 악한 길에서 떠나라 어찌
죽고자 하느냐 하셨다 하라
12 인자야 너는 네 민족에게 이르기를
의인이 범죄하는 날에는 그 공의가
구원하지 못할 것이요 악인이 돌이
켜 그 악에서 떠나는 날에는 그 악
이 그를 엎드러뜨리지 못할 것인즉
의인이 범죄하는 날에는 그 의로
말미암아 살지 못하리라
13 가령 내가 의인에게 말하기를 너는
살리라 하였다 하자 그가 그 공의
를 스스로 믿고 죄악을 행하면 그
모든 의로운 행위가 하나도 기억되
지 아니하리니 그가 그 지은 죄악
으로 말미암아 곧 그 안에서 죽으
리라
14 가령 내가 악인에게 말하기를 너는
죽으리라 하였다 하자 그가 돌이켜
자기의 죄에서 떠나서 정의와 공의
로 행하여
15 저당물을 도로 주며 강탈한 물건을
돌려 보내고 생명의 율례를 지켜
행하여 죄악을 범하지 아니하면 그
가 반드시 살고 죽지 아니할지라
16 그가 본래 범한 모든 죄가 기억되
지 아니하리니 그가 반드시 살리라
이는 정의와 공의를 행하였음이라
하라
17 ●그래도 네 민족은 말하기를 주의
길이 바르지 아니하다 하는도다 그
러나 실상은 그들의 길이 바르지
아니하니라
18 만일 의인이 돌이켜 그 공의에서
떠나 죄악을 범하면 그가 그 가운
데에서 죽을 것이고

19 만일 악인이 돌이켜 그 악에서 떠
나 정의와 공의대로 행하면 그가
그로 말미암아 살리라
20 그러나 너희가 이르기를 주의 길이
바르지 아니하다 하는도다 이스라
엘 족속아 나는 너희가 각기 행한
대로 심판하리라 하시니라

예루살렘의 함락 소식

21 ●우리가 사로잡힌 지 열두째 해
열째 달 다섯째 날에 예루살렘에서
부터 도망하여 온 자가 내게 나아
와 말하기를 그 성이 함락되었다
하였는데
22 그 도망한 자가 내게 나아오기 전
날 저녁에 여호와의 손이 내게 임
하여 내 입을 여시더니 다음 아침
그 사람이 내게 나아올 그때에 내
입이 열리기로 내가 다시는 잠잠하
지 아니하였노라

백성의 죄와 여호와의 맹세

23 ●여호와의 말씀이 내게 임하여 이
르시되
24 인자야 이 이스라엘의 이 황폐한
땅에 거주하는 자들이 말하여 이르
기를 아브라함은 오직 한 사람이라
도 이 땅을 기업으로 얻었나니 우
리가 많은즉 더욱 이 땅을 우리에
게 기업으로 주신 것이 되느니라
하는도다
25 그러므로 너는 그들에게 이르기를
주 여호와께서 이같이 말씀하시되
너희가 고기를 피째 먹으며 너희
우상들에게 눈을 들며 피를 흘리니
그 땅이 너희의 기업이 될까 보냐
26 너희가 칼을 믿어 가증한 일을 행
하며 각기 이웃의 아내를 더럽히니
그 땅이 너희의 기업이 될까 보냐
하고
27 너는 그들에게 이르기를 주 여호와
께서 이같이 말씀하시되 내가 나의
삶을 두고 맹세하노니 황무지에 있
는 자는 칼에 엎드러뜨리고 들에
있는 자는 들짐승에게 넘겨 먹히게
하고 산성과 굴에 있는 자는 전염
병에 죽게 하리라
28 내가 그 땅이 황무지와 공포의 대
상이 되게 하고 그 권능의 교만을
그치게 하리니 이스라엘의 산들이
황폐하여 지나갈 사람이 없으리라
29 내가 그들이 행한 모든 가증한 일
로 말미암아 그 땅을 황무지와 공
포의 대상이 되게 하면 그때에 내
가 여호와인 줄을 그들이 알리라
하라

선지자의 말과 백성

30 ●인자야 네 민족이 담 곁에서와
집 문에서 너에 대하여 말하며 각
각 그 형제와 더불어 말하여 이르
기를 자, 가서 여호와께로부터 무
슨 말씀이 나오는가 들어 보자 하
고
31 백성이 모이는 것같이 네게 나아오
며 내 백성처럼 네 앞에 앉아서 네
말을 들으나 그대로 행하지 아니하
니 이는 그 입으로는 사랑을 나타
내어도 마음으로는 이익을 따름이
라
32 그들은 네가 고운 음성으로 사랑의
노래를 하며 음악을 잘하는 자같이
여겼나니 네 말을 듣고도 행하지
아니하거니와
33 그 말이 응하리니 응할 때에는 그
들이 한 선지자가 자기 가운데에
있었음을 알리라

자기만 먹는 이스라엘 목자들

34 여호와의 말씀이 내게 임하여
이르시되
2 인자야 너는 이스라엘 목자들에게
예언하라 그들 곧 목자들에게 예언
하여 이르기를 주 여호와께서 이같

이 말씀하시되 자기만 먹는 이스라
엘 목자들은 화 있을진저 목자들이
양 떼를 먹이는 것이 마땅하지 아
니하냐
3 너희가 살진 양을 잡아 그 기름을
먹으며 그 털을 입되 양 떼는 먹이
지 아니하는도다
4 너희가 그 연약한 자를 강하게 아
니하며 병든 자를 고치지 아니하며
상한 자를 싸매 주지 아니하며 쫓
기는 자를 돌아오게 하지 아니하며
잃어버린 자를 찾지 아니하고 다만
포악으로 그것들을 다스렸도다
5 목자가 없으므로 그것들이 흩어지
고 흩어져서 모든 들짐승의 밥이
되었도다
6 내 양 떼가 모든 산과 높은 멧부리
에마다 유리되었고 내 양 떼가 온
지면에 흩어졌으되 찾고 찾는 자가
없었도다

여호와께서 양 떼를 구원하시리라

7 ●그러므로 목자들아 여호와의 말
씀을 들을지어다
8 주 여호와의 말씀에 내가 나의 삶
을 두고 맹세하노라 내 양 떼가 노
략거리가 되고 모든 들짐승의 밥이
된 것은 목자가 없기 때문이라 내
목자들이 내 양을 찾지 아니하고
자기만 먹이고 내 양 떼를 먹이지
아니하였도다
9 그러므로 너희 목자들아 여호와의
말씀을 들을지어다
10 주 여호와께서 이같이 말씀하시되
내가 목자들을 대적하여 내 양 떼
를 그들의 손에서 찾으리니 목자들
이 양을 먹이지 못할 뿐 아니라 그
들이 다시는 자기도 먹이지 못할지
라 내가 내 양을 그들의 입에서 건
져내어서 다시는 그 먹이가 되지
아니하게 하리라
11 주 여호와께서 이같이 말씀하셨느
니라 나 곧 내가 내 양을 찾고 찾
되
12 목자가 양 가운데에 있는 날에 양
이 흩어졌으면 그 떼를 찾는 것같
이 내가 내 양을 찾아서 흐리고 캄
캄한 날에 그 흩어진 모든 곳에서
그것들을 건져낼지라
13 내가 그것들을 만민 가운데에서 끌
어내며 여러 백성 가운데에서 모아
그 본토로 데리고 가서 이스라엘
산 위에와 시냇가에와 그 땅 모든
거주지에서 먹이되
14 좋은 꼴을 먹이고 그 우리를 이스
라엘 높은 산에 두리니 그것들이
그곳에 있는 좋은 우리에 누워 있
으며 이스라엘 산에서 살진 꼴을
먹으리라
15 내가 친히 내 양의 목자가 되어 그
것들을 누워 있게 할지라 주 여호
와의 말씀이니라
16 그 잃어버린 자를 내가 찾으며 쫓
기는 자를 내가 돌아오게 하며 상
한 자를 내가 싸매 주며 병든 자를
내가 강하게 하려니와 살진 자와
강한 자는 내가 없애고 정의대로
그것들을 먹이리라
17 ●주 여호와께서 이같이 말씀하셨
느니라 나의 양 떼 너희여 내가 양
과 양 사이와 숫양과 숫염소 사이
에서 심판하노라
18 너희가 좋은 꼴을 먹는 것을 작은
일로 여기느냐 어찌하여 남은 꼴을
발로 밟았느냐 너희가 맑은 물을
마시는 것을 작은 일로 여기느냐
어찌하여 남은 물을 발로 더럽혔느
냐
19 나의 양은 너희 발로 밟은 것을 먹
으며 너희 발로 더럽힌 것을 마시
는도다 하셨느니라

20 ●그러므로 주 여호와께서 그들에
게 이같이 말씀하시되 나 곧 내가
살진 양과 파리한 양 사이에서 심
판하리라
21 너희가 옆구리와 어깨로 밀어뜨리
고 모든 병든 자를 뿔로 받아 무리
를 밖으로 흩어지게 하는도다
22 그러므로 내가 내 양 떼를 구원하
여 그들로 다시는 노략거리가 되지
아니하게 하고 양과 양 사이에 심
판하리라
23 내가 한 목자를 그들 위에 세워 먹
이게 하리니 그는 내 종 다윗이라
그가 그들을 먹이고 그들의 목자가
될지라
24 나 여호와는 그들의 하나님이 되고
내 종 다윗은 그들 중에 왕이 되리
라 나 여호와의 말이니라
25 ●내가 또 그들과 화평의 언약을
맺고 악한 짐승을 그 땅에서 그치
게 하리니 그들이 빈 들에 평안히
거하며 수풀 가운데에서 잘지라
26 내가 그들에게 복을 내리고 내 산
사방에 복을 내리며 때를 따라 소
낙비를 내리되 복된 소낙비를 내리
리라
27 그리한즉 밭에 나무가 열매를 맺으
며 땅이 그 소산을 내리니 그들이
그 땅에서 평안할지라 내가 그들의
멍에의 나무를 꺾고 그들을 종으로
삼은 자의 손에서 그들을 건져낸
후에 내가 여호와인 줄을 그들이
알겠고
28 그들이 다시는 이방의 노략거리가
되지 아니하며 땅의 짐승들에게 잡
아먹히지도 아니하고 평안히 거주
하리니 놀랠 사람이 없으리라
29 내가 그들을 위하여 파종할 좋은
땅을 일으키리니 그들이 다시는 그
땅에서 기근으로 멸망하지 아니할
지며 다시는 여러 나라의 수치를
받지 아니할지라
30 그들이 내가 여호와 그들의 하나님
이며 그들과 함께 있는 줄을 알고
그들 곧 이스라엘 족속이 내 백성
인 줄 알리라 주 여호와의 말씀이
라
31 내 양 곧 내 초장의 양 너희는 사람
이요 나는 너희 하나님이라 주 여
호와의 말씀이니라

세일 산과 에돔이 황무하리라

35 또 여호와의 말씀이 내게 임
하여 이르시되
2 인자야 네 얼굴을 세일 산으로 향
하고 그에게 예언하여
3 이르기를 주 여호와께서 이같이 말
씀하시되 세일 산아 내가 너를 대
적하여 내 손을 네 위에 펴서 네가
황무지와 공포의 대상이 되게 할지
라
4 내가 네 성읍들을 무너뜨리며 네가
황폐하게 되리니 네가 나를 여호와
인 줄을 알리라
5 네가 옛날부터 한을 품고 이스라
엘 족속의 환난 때 곧 죄악의 마지
막 때에 칼의 위력에 그들을 넘겼
도다
6 그러므로 주 여호와의 말씀이니라
내가 나의 삶을 두고 맹세하노니
내가 너에게 피를 만나게 한즉 피
가 너를 따르리라 네가 피를 미워
하지 아니하였은즉 피가 너를 따르
리라
7 내가 세일 산이 황무지와 폐허가
되게 하여 그 위에 왕래하는 자를
다 끊을지라
8 내가 그 죽임 당한 자를 그 여러 산
에 채우되 칼에 죽임 당한 자를 네
여러 멧부리와, 골짜기와, 모든 시

내에 엎드러지게 하고
9 너를 영원히 황폐하게 하여 네 성
읍들에 다시는 거주하는 자가 없게
하리니 내가 여호와인 줄을 너희가
알리라
10 ●네가 말하기를 이 두 민족과 두
땅은 다 내 것이며 내 기업이 되리
라 하였도다 그러나 여호와께서 거
기에 계셨느니라
11 그러므로 주 여호와의 말씀이니라
내가 나의 삶을 두고 맹세하노니
네가 그들을 미워하여 노하며 질
투한 대로 내가 네게 행하여 너를
심판할 때에 그들이 나를 알게 하
리라
12 네가 이스라엘 산들을 가리켜 말하
기를 저 산들이 황폐하였으므로 우
리에게 넘겨 주어서 삼키게 되었다
하여 욕하는 모든 말을 나 여호와
가 들은 줄을 네가 알리로다
13 너희가 나를 대적하여 입으로 자랑
하며 나를 대적하여 여러 가지로
말한 것을 내가 들었노라
14 주 여호와께서 이같이 말씀하셨느
니라 온 땅이 즐거워할 때에 내가
너를 황폐하게 하되
15 이스라엘 족속의 기업이 황폐하므
로 네가 즐거워한 것같이 내가 너
를 황폐하게 하리라 세일 산아 너
와 에돔 온 땅이 황폐하리니 내가
여호와인 줄을 무리가 알리라 하셨
다 하라

이스라엘이 받을 복

36 인자야 너는 이스라엘 산들에
게 예언하여 이르기를 이스라
엘 산들아 여호와의 말씀을 들으
라
2 주 여호와께서 이같이 말씀하시기
를 원수들이 네게 대하여 말하기를
아하 옛적 높은 곳이 우리의 기업
이 되었도다 하였느니라
3 그러므로 너는 예언하여 이르기를
주 여호와께서 이같이 말씀하시기
를 그들이 너희를 황폐하게 하고
너희 사방을 삼켜 너희가 남은 이
방인의 기업이 되게 하여 사람의
말거리와 백성의 비방거리가 되게
하였도다
4 그러므로 이스라엘 산들아 주 여호
와의 말씀을 들을지어다 산들과 멧
부리들과 시내들과 골짜기들과 황
폐한 사막들과 사방에 남아 있는
이방인의 노략거리와 조롱거리가
된 버린 성읍들에게 주 여호와께서
이같이 말씀하셨느니라
5 주 여호와께서 이같이 말씀하시기
를 내가 진실로 내 맹렬한 질투로
남아 있는 이방인과 에돔 온 땅을
쳐서 말하였노니 이는 그들이 심히
즐거워하는 마음과 멸시하는 심령
으로 내 땅을 빼앗아 노략하여 자
기 소유를 삼았음이라
6 그러므로 너는 이스라엘 땅에 대하
여 예언하되 그 산들과 멧부리들과
시내들과 골짜기들에 관하여 이르
기를 주 여호와께서 이같이 말씀하
시기를 내가 내 질투와 내 분노로
말하였나니 이는 너희가 이방의 수
치를 당하였음이라
7 그러므로 주 여호와께서 이같이 말
씀하시기를 내가 맹세하였은즉 너
희 사방에 있는 이방인이 자신들의
수치를 반드시 당하리라
8 그러나 너희 이스라엘 산들아 너희
는 가지를 내고 내 백성 이스라엘
을 위하여 열매를 맺으리니 그들이
올 때가 가까이 이르렀음이라
9 내가 돌이켜 너희와 함께하리니 사
람이 너희를 갈고 심을 것이며
10 내가 또 사람을 너희 위에 많게 하

리니 이들은 이스라엘 온 족속이라
그들을 성읍들에 거주하게 하며 빈
땅에 건축하게 하리라
11 내가 너희 위에 사람과 짐승을 많
게 하되 그들의 수가 많고 번성하
게 할 것이라 너희 전 지위대로 사
람이 거주하게 하여 너희를 처음보
다 낫게 대우하리니 내가 여호와인
줄을 너희가 알리라
12 내가 사람을 너희 위에 다니게 하
리니 그들은 내 백성 이스라엘이라
그들은 너를 얻고 너는 그 기업이
되어 다시는 그들이 자식들을 잃어
버리지 않게 하리라
13 주 여호와께서 이같이 말씀하셨느
니라 그들이 너희에게 이르기를 너
는 사람을 삼키는 자요 네 나라 백
성을 제거한 자라 하거니와
14 네가 다시는 사람을 삼키지 아니하
며 다시는 네 나라 백성을 제거하
지 아니하리라 주 여호와의 말씀이
니라
15 내가 또 너를 여러 나라의 수치를
듣지 아니하게 하며 만민의 비방을
다시 받지 아니하게 하며 네 나라
백성을 다시 넘어뜨리지 아니하게
하리라 주 여호와의 말씀이니라 하
셨다 하라

이스라엘을 정결하게 하시다

16 ●여호와의 말씀이 또 내게 임하여
이르시되
17 인자야 이스라엘 족속이 그들의 고
국 땅에 거주할 때에 그들의 행위
로 그 땅을 더럽혔나니 나 보기에
그 행위가 월경 중에 있는 여인의
부정함과 같았느니라
18 그들이 땅 위에 피를 쏟았으며 그
우상들로 말미암아 자신들을 더럽
혔으므로 내가 분노를 그들 위에
쏟아
19 그들을 그 행위대로 심판하여 각국
에 흩으며 여러 나라에 헤쳤더니
20 그들이 이른바 그 여러 나라에서
내 거룩한 이름이 그들로 말미암아
더러워졌나니 곧 사람들이 그들을
가리켜 이르기를 이들은 여호와의
백성이라도 여호와의 땅에서 떠난
자라 하였음이라
21 그러나 이스라엘 족속이 들어간 그
여러 나라에서 더럽힌 내 거룩한
이름을 내가 아꼈노라
22 ●그러므로 너는 이스라엘 족속에
게 이르기를 주 여호와께서 이같이
말씀하시기를 이스라엘 족속아 내
가 이렇게 행함은 너희를 위함이
아니요 너희가 들어간 그 여러 나
라에서 더럽힌 나의 거룩한 이름을
위함이라
23 여러 나라 가운데에서 더럽혀진 이
름 곧 너희가 그들 가운데에서 더
럽힌 나의 큰 이름을 내가 거룩하
게 할지라 내가 그들의 눈 앞에서
너희로 말미암아 나의 거룩함을 나
타내리니 내가 여호와인 줄을 여러
나라 사람이 알리라 주 여호와의
말씀이니라
24 내가 너희를 여러 나라 가운데에서
인도하여 내고 여러 민족 가운데
에서 모아 데리고 고국 땅에 들어
가서
25 맑은 물을 너희에게 뿌려서 너희로
정결하게 하되 곧 너희 모든 더러
운 것에서와 모든 우상 숭배에서
너희를 정결하게 할 것이며
26 또 새 영을 너희 속에 두고 새 마음
을 너희에게 주되 너희 육신에서
[1]굳은 마음을 제거하고 [2]부드러운
마음을 줄 것이며
27 또 내 영을 너희 속에 두어 너희로

1) 돌 2) 고기

내 율례를 행하게 하리니 너희가
내 규례를 지켜 행할지라
28 내가 너희 조상들에게 준 땅에서
너희가 거주하면서 내 백성이 되고
나는 너희 하나님이 되리라
29 내가 너희를 모든 더러운 데에서
구원하고 곡식이 풍성하게 하여 기
근이 너희에게 닥치지 아니하게 할
것이며
30 또 나무의 열매와 밭의 소산을 풍
성하게 하여 너희가 다시는 기근의
욕을 여러 나라에게 당하지 아니하
게 하리니
31 그때에 너희가 너희 악한 길과 너
희 좋지 못한 행위를 기억하고 너
희 모든 죄악과 가증한 일로 말미
암아 스스로 밉게 보리라
32 ●주 여호와의 말씀이니라 내가 이
렇게 행함은 너희를 위함이 아닌
줄을 너희가 알리라 이스라엘 족속
아 너희 행위로 말미암아 부끄러워
하고 한탄할지어다
33 주 여호와께서 이같이 말씀하셨느
니라 내가 너희를 모든 죄악에서
정결하게 하는 날에 성읍들에 사람
이 거주하게 하며 황폐한 것이 건
축되게 할 것인즉
34 전에는 지나가는 자의 눈에 황폐하
게 보이던 그 황폐한 땅이 장차 경
작이 될지라
35 사람이 이르기를 이 땅이 황폐하더
니 이제는 에덴 동산같이 되었고
황량하고 적막하고 무너진 성읍들
에 성벽과 주민이 있다 하리니
36 너희 사방에 남은 이방 사람이 나
여호와가 무너진 곳을 건축하며 황
폐한 자리에 심은 줄을 알리라 나
여호와가 말하였으니 이루리라
37 ●주 여호와께서 이같이 말씀하셨
느니라 그래도 이스라엘 족속이
이같이 자기들에게 이루어 주기를
내게 구하여야 할지라 내가 그들
의 수효를 양 떼같이 많아지게 하
되
38 제사드릴 양 떼 곧 예루살렘이 정
한 절기의 양 무리같이 황폐한 성
읍을 사람의 떼로 채우리라 그리한
즉 그들이 나를 여호와인 줄 알리
라 하셨느니라

마른 뼈들이 살아나다

37 여호와께서 권능으로 내게 임
재하시고 그의 영으로 나를 데
리고 가서 골짜기 가운데 두셨는데
거기 뼈가 가득하더라
2 나를 그 뼈 사방으로 지나가게 하
시기로 본즉 그 골짜기 지면에 뼈
가 심히 많고 아주 말랐더라
3 그가 내게 이르시되 인자야 이 뼈
들이 능히 살 수 있겠느냐 하시기
로 내가 대답하되 주 여호와여 주
께서 아시나이다
4 또 내게 이르시되 너는 이 모든 뼈
에게 대언하여 이르기를 너희 마른
뼈들아 여호와의 말씀을 들을지어
다
5 주 여호와께서 이 뼈들에게 이같이
말씀하시기를 내가 생기를 너희에
게 들어가게 하리니 너희가 살아나
리라
6 너희 위에 힘줄을 두고 살을 입히
고 가죽으로 덮고 너희 속에 생기
를 넣으리니 너희가 살아나리라 또
내가 여호와인 줄 너희가 알리라
하셨다 하라
7 ●이에 내가 명령을 따라 대언하니
대언할 때에 소리가 나고 움직이며
이 뼈, 저 뼈가 들어 맞아 뼈들이
서로 연결되더라
8 내가 또 보니 그 뼈에 힘줄이 생기
고 살이 오르며 그 위에 가죽이 덮

이나 그 속에 생기는 없더라
9 또 내게 이르시되 인자야 너는 생
기를 향하여 대언하라 생기에게 대
언하여 이르기를 주 여호와께서 이
같이 말씀하시기를 생기야 사방에
서부터 와서 이 죽음을 당한 자에
게 불어서 살아나게 하라 하셨다
하라
10 이에 내가 그 명령대로 대언하였더
니 생기가 그들에게 들어가매 그들
이 곧 살아나서 일어나 서는데 극
히 큰 군대더라
11 ●또 내게 이르시되 인자야 이 뼈
들은 이스라엘 온 족속이라 그들이
이르기를 우리의 뼈들이 말랐고 우
리의 소망이 없어졌으니 우리는 다
멸절되었다 하느니라
12 그러므로 너는 대언하여 그들에게
이르기를 주 여호와께서 이같이 말
씀하시기를 내 백성들아 내가 너희
무덤을 열고 너희로 거기에서 나오
게 하고 이스라엘 땅으로 들어가게
하리라
13 내 백성들아 내가 너희 무덤을 열
고 너희로 거기에서 나오게 한즉
너희는 내가 여호와인 줄을 알리
라
14 내가 또 내 영을 너희 속에 두어 너
희가 살아나게 하고 내가 또 너희
를 너희 고국 땅에 두리니 나 여호
와가 이 일을 말하고 이룬 줄을 너
희가 알리라 여호와의 말씀이니라

유다와 이스라엘의 통일

15 ●여호와의 말씀이 또 내게 임하여
이르시되
16 인자야 너는 막대기 하나를 가져다
가 그 위에 유다와 그 짝 이스라엘
자손이라 쓰고 또 다른 막대기 하
나를 가지고 그 위에 에브라임의
막대기 곧 요셉과 그 짝 이스라엘
온 족속이라 쓰고
17 그 막대기들을 서로 합하여 하나가
되게 하라 네 손에서 둘이 하나가
되리라
18 네 민족이 네게 말하여 이르기를
이것이 무슨 뜻인지 우리에게 말하
지 아니하겠느냐 하거든
19 너는 곧 이르기를 주 여호와께서
이같이 말씀하시기를 내가 에브라
임의 손에 있는 바 요셉과 그 짝 이
스라엘 지파들의 막대기를 가져다
가 유다의 막대기에 붙여서 한 막
대기가 되게 한즉 내 손에서 하나
가 되리라 하셨다 하고
20 너는 그 글 쓴 막대기들을 무리의
눈 앞에서 손에 잡고
21 그들에게 이르기를 주 여호와께서
이같이 말씀하시기를 내가 이스라
엘 자손을 잡혀 간 여러 나라에서
인도하며 그 사방에서 모아서 그
고국 땅으로 돌아가게 하고
22 그 땅 이스라엘 모든 산에서 그들
이 한 나라를 이루어서 한 임금이
모두 다스리게 하리니 그들이 다시
는 두 민족이 되지 아니하며 두 나
라로 나누이지 아니할지라
23 그들이 그 우상들과 가증한 물건과
그 모든 죄악으로 더 이상 자신들
을 더럽히지 아니하리라 내가 그들
을 그 범죄한 모든 처소에서 구원
하여 정결하게 한즉 그들은 내 백
성이 되고 나는 그들의 하나님이
되리라
24 ●내 종 다윗이 그들의 왕이 되리
니 그들 모두에게 한 목자가 있을
것이라 그들이 내 규례를 준수하고
내 율례를 지켜 행하며
25 내가 내 종 야곱에게 준 땅 곧 그의
조상들이 거주하던 땅에 그들이 거
주하되 그들과 그들의 자자 손손이

영원히 거기에 거주할 것이요 내
종 다윗이 영원히 그들의 왕이 되
리라
26 내가 그들과 화평의 언약을 세워서
영원한 언약이 되게 하고 또 그들
을 견고하고 번성하게 하며 내 성
소를 그 가운데에 세워서 영원히
이르게 하리니
27 내 처소가 그들 가운데에 있을 것
이며 나는 그들의 하나님이 되고
그들은 내 백성이 되리라
28 내 성소가 영원토록 그들 가운데에
있으리니 내가 이스라엘을 거룩하
게 하는 여호와인 줄을 열국이 알
리라 하셨다 하라

하나님의 도구 곡

38 여호와의 말씀이 내게 임하여
이르시되
2 인자야 너는 마곡 땅에 있는 로스와
메섹과 두발 왕 곧 곡에게로 얼굴
을 향하고 그에게 예언하여
3 이르기를 주 여호와께서 이같이 말
씀하시기를 로스와 메섹과 두발 왕
곡아 내가 너를 대적하여
4 너를 돌이켜 갈고리로 네 아가리를
꿰고 너와 말과 기마병 곧 네 온 군
대를 끌어내되 완전한 갑옷을 입고
큰 방패와 작은 방패를 가지며 칼
을 잡은 큰 무리와
5 그들과 함께한 방패와 투구를 갖춘
바사와 구스와 붓과
6 고멜과 그 모든 떼와 북쪽 끝의 도
갈마 족속과 그 모든 떼 곧 많은 백
성의 무리를 너와 함께 끌어내리라
7 ●너는 스스로 예비하되 너와 네게
모인 무리들이 다 스스로 예비하
고 너는 그들의 우두머리가 될지
어다
8 여러 날 후 곧 말년에 네가 명령을
받고 그 땅 곧 오래 황폐하였던 이
스라엘 산에 이르리니 그 땅 백성
은 칼을 벗어나서 여러 나라에서
모여 들어오며 이방에서 나와 다
평안히 거주하는 중이라
9 네가 올라오되 너와 네 모든 떼와
너와 함께한 많은 백성이 광풍같
이 이르고 구름같이 땅을 덮으리
라
10 ●주 여호와께서 이같이 말씀하셨
느니라 그날에 네 마음에서 여러
가지 생각이 나서 악한 꾀를 내어
11 말하기를 내가 평원의 고을들로 올
라 가리라 성벽도 없고 문이나 빗
장이 없어도 염려 없이 다 평안히
거주하는 백성에게 나아가서
12 물건을 겁탈하며 노략하리라 하고
네 손을 들어서 황폐하였다가 지금
사람이 거주하는 땅과 여러 나라에
서 모여서 짐승과 재물을 얻고 세
상 중앙에 거주하는 백성을 치고자
할 때에
13 스바와 드단과 다시스의 상인과 그
[1]부자들이 네게 이르기를 네가 탈
취하러 왔느냐 네가 네 무리를 모
아 노략하고자 하느냐 은과 금을
빼앗으며 짐승과 재물을 빼앗으며
물건을 크게 약탈하여 가고자 하느
냐 하리라
14 인자야 너는 또 예언하여 곡에게
이르기를 주 여호와께서 이같이 말
씀하시기를 내 백성 이스라엘이 평
안히 거주하는 날에 네가 어찌 그
것을 알지 못하겠느냐
15 네가 네 고국 땅 북쪽 끝에서 많은
백성 곧 다 말을 탄 큰 무리와 능한
군대와 함께 오되
16 구름이 땅을 덮음같이 내 백성 이
스라엘을 치러 오리라 곡아 끝 날
에 내가 너를 이끌어다가 내 땅을

1) 히, 젊은 사자

치게 하리니 이는 내가 너로 말미
암아 이방 사람의 눈 앞에서 내 거
룩함을 나타내어 그들이 다 나를
알게 하려 함이라

곡의 심판

17 ●주 여호와께서 이같이 말씀하셨
느니라 내가 옛적에 내 종 이스라
엘 선지자들을 통하여 말한 사람이
네가 아니냐 그들이 그때에 여러
해 동안 예언하기를 내가 너를 이
끌어다가 그들을 치게 하리라
18 그날에 곡이 이스라엘 땅을 치러
오면 내 노여움이 내 얼굴에 나타
나리라 주 여호와의 말씀이니라
19 내가 질투와 맹렬한 노여움으로 말
하였거니와 그날에 큰 지진이 이스
라엘 땅에 일어나서
20 바다의 고기들과 공중의 새들과 들
의 짐승들과 땅에 기는 모든 벌레
와 지면에 있는 모든 사람이 내 앞
에서 떨 것이며 모든 산이 무너지
며 절벽이 떨어지며 모든 성벽이
땅에 무너지리라
21 주 여호와의 말씀이니라 내가 내
모든 산 중에서 그를 칠 칼을 부르
리니 각 사람이 칼로 그 형제를 칠
것이며
22 내가 또 전염병과 피로 그를 심판
하며 쏟아지는 폭우와 큰 우박덩이
와 불과 유황으로 그와 그 모든 무
리와 그와 함께 있는 많은 백성에
게 비를 내리듯 하리라
23 이같이 내가 여러 나라의 눈에 내
위대함과 내 거룩함을 나타내어 나
를 알게 하리니 내가 여호와인 줄
을 그들이 알리라

침략자 곡의 멸망

39 그러므로 인자야 너는 곡에게
예언하여 이르기를 주 여호와
께서 이같이 말씀하시되 로스와 메
섹과 두발 왕 곡아 내가 너를 대적
하여
2 너를 돌이켜서 이끌고 북쪽 끝에서
부터 나와서 이스라엘 산 위에 이
르러
3 네 활을 쳐서 네 왼손에서 떨어뜨
리고 네 화살을 네 오른손에서 떨
어뜨리리니
4 너와 네 모든 무리와 너와 함께 있
는 백성이 다 이스라엘 산 위에 엎
드러지리라 내가 너를 각종 사나운
새와 들짐승에게 넘겨 먹게 하리니
5 네가 빈 들에 엎드러지리라 이는
내가 말하였음이니라 주 여호와의
말씀이니라
6 내가 또 불을 마곡과 및 섬에 평안
히 거주하는 자에게 내리리니 내가
여호와인 줄을 그들이 알리라
7 내가 내 거룩한 이름을 내 백성 이
스라엘 가운데에 알게 하여 다시는
내 거룩한 이름을 더럽히지 아니하
게 하리니 내가 여호와 곧 이스라
엘의 거룩한 자인 줄을 민족들이
알리라 하라
8 주 여호와의 말씀이니라 볼지어다
그날이 와서 이루어지리니 내가 말
한 그날이 이날이라
9 이스라엘 성읍들에 거주하는 자가
나가서 그들의 무기를 불태워 사르
되 큰 방패와 작은 방패와 활과 화
살과 몽둥이와 창을 가지고 일곱
해 동안 불태우리라
10 이같이 그 무기로 불을 피울 것이
므로 그들이 들에서 나무를 주워
오지 아니하며 숲에서 벌목하지
아니하겠고 전에 자기에게서 약
탈하던 자의 것을 약탈하며 전에
자기에게서 늑탈하던 자의 것을
늑탈하리라 주 여호와의 말씀이
니라

11 그날에 내가 곡을 위하여 이스라엘
땅 곧 바다 동쪽 사람이 통행하는
골짜기를 매장지로 주리니 통행하
던 길이 막힐 것이라 사람이 거기
에서 곡과 그 모든 무리를 매장하
고 그 이름을 [1]하몬곡의 골짜기라
일컬으리라
12 이스라엘 족속이 일곱 달 동안에
그들을 매장하여 그 땅을 정결하게
할 것이라
13 그 땅 모든 백성이 그들을 매장하
고 그로 말미암아 이름을 얻으리니
이는 나의 영광이 나타나는 날이니
라 주 여호와의 말씀이니라
14 그들이 사람을 택하여 그 땅에 늘
순행하며 매장할 사람과 더불어 지
면에 남아 있는 시체를 매장하여
그 땅을 정결하게 할 것이라 일곱
달 후에 그들이 살펴 보되
15 지나가는 사람들이 그 땅으로 지나
가다가 사람의 뼈를 보면 그 곁에
푯말을 세워 매장하는 사람에게 가
서 하몬곡 골짜기에 매장하게 할
것이요
16 성읍의 이름도 하모나라 하리라 그
들이 이같이 그 땅을 정결하게 하
리라
17 ●주 여호와께서 이같이 말씀하셨
느니라 너 인자야 너는 각종 새와
들의 각종 짐승에게 이르기를 너희
는 모여 오라 내가 너희를 위한 잔
치 곧 이스라엘 산 위에 예비한 큰
잔치로 너희는 사방에서 모여 살을
먹으며 피를 마실지어다
18 너희가 용사의 살을 먹으며 세상
왕들의 피를 마시기를 바산의 살진
짐승 곧 숫양이나 어린 양이나 염
소나 수송아지를 먹듯 할지라
19 내가 너희를 위하여 예비한 잔치의
기름을 너희가 배불리 먹으며 그
피를 취하도록 마시되
20 내 상에서 말과 기병과 용사와 모
든 군사를 배부르게 먹을지니라 하
라 주 여호와의 말씀이니라

이스라엘의 회복

21 ●내가 내 영광을 여러 민족 가운
데에 나타내어 모든 민족이 내가
행한 심판과 내가 그 위에 나타낸
권능을 보게 하리니
22 그날 이후에 이스라엘 족속은 내가
여호와 자기들의 하나님인 줄을 알
겠고
23 여러 민족은 이스라엘 족속이 그
죄악으로 말미암아 사로잡혀 갔던
줄을 알지라 그들이 내게 범죄하였
으므로 내 얼굴을 그들에게 가리고
그들을 그 원수의 손에 넘겨 다 칼
에 엎드러지게 하였으되
24 내가 그들의 더러움과 그들의 범죄
한 대로 행하여 그들에게 내 얼굴
을 가리었었느니라
25 ●그러므로 주 여호와께서 이같이
말씀하셨느니라 내가 이제 내 거룩
한 이름을 위하여 열심을 내어 야
곱의 사로잡힌 자를 돌아오게 하며
이스라엘 온 족속에게 사랑을 베풀
지라
26 그들이 그 땅에 평안히 거주하고
두렵게 할 자가 없게 될 때에 부끄
러움을 품고 내게 범한 죄를 뉘우
치리니
27 내가 그들을 만민 중에서 돌아오게
하고 적국 중에서 모아 내어 많은
민족이 보는 데에서 그들로 말미암
아 나의 거룩함을 나타낼 때라
28 전에는 내가 그들이 사로잡혀 여러
나라에 이르게 하였거니와 후에는
내가 그들을 모아 고국 땅으로 돌
아오게 하고 그 한 사람도 이방에

1) 곡의 무리라는 뜻

남기지 아니하리니 그들이 내가 여
호와 자기들의 하나님인 줄을 알리
라
29 내가 다시는 내 얼굴을 그들에게
가리지 아니하리니 이는 내가 내
영을 이스라엘 족속에게 쏟았음이
라 주 여호와의 말씀이니라

이상 중에 본 성읍

40 우리가 사로잡힌 지 스물다섯
째 해, 성이 함락된 후 열넷째
해 첫째 달 열째 날에 곧 그날에 여
호와의 권능이 내게 임하여 나를
데리고 이스라엘 땅으로 가시되
2 하나님의 이상 중에 나를 데리고
이스라엘 땅에 이르러 나를 매우
높은 산 위에 내려놓으시는데 거기
에서 남으로 향하여 성읍 형상 같
은 것이 있더라
3 나를 데리시고 거기에 이르시니 모
양이 놋같이 빛난 사람 하나가 손
에 삼줄과 측량하는 장대를 가지고
문에 서 있더니
4 그 사람이 내게 이르되 인자야 내
가 네게 보이는 그것을 눈으로 보
고 귀로 들으며 네 마음으로 생각
할지어다 내가 이것을 네게 보이려
고 이리로 데리고 왔나니 너는 본
것을 다 이스라엘 족속에게 전할지
어다 하더라

동쪽을 향한 문

5 ●내가 본즉 집 바깥 사방으로 담
이 있더라 그 사람의 손에 측량하
는 장대를 잡았는데 그 길이가 팔
꿈치에서 손가락에 이르고 한 손바
닥 너비가 더한 자로 여섯 척이라
그 담을 측량하니 두께가 한 장대
요 높이도 한 장대며
6 그가 동쪽을 향한 문에 이르러 층
계에 올라 그 문의 통로를 측량하
니 길이가 한 장대요 그 문 안쪽 통
로의 길이도 한 장대며
7 그 문간에 문지기 방들이 있는데
각기 길이가 한 장대요 너비가 한
장대요 각방 사이 벽이 다섯 척이
며 안쪽 문 통로의 길이가 한 장대
요 그 앞에 현관이 있고 그 앞에 안
문이 있으며
8 [1]그가 또 안 문의 현관을 측량하니
한 장대며
9 안 문의 현관을 또 측량하니 여덟
척이요 그 문 벽은 두 척이라 그 문
의 현관이 안으로 향하였으며
10 그 동문간의 문지기 방은 왼쪽에
셋이 있고 오른쪽에 셋이 있으니
그 셋이 각각 같은 크기요 그 좌우
편 벽도 다 같은 크기며
11 또 그 문 통로를 측량하니 너비가
열 척이요 길이가 열세 척이며
12 방 앞에 칸막이 벽이 있는데 이쪽
칸막이 벽도 한 척이요 저쪽 칸막
이 벽도 한 척이며 그 방은 이쪽도
여섯 척이요 저쪽도 여섯 척이며
13 그가 그 문간을 측량하니 이 방 지
붕 가에서 저 방 지붕 가까지 너비
가 스물다섯 척인데 방문은 서로
반대되었으며
14 그가 [2]또 현관을 측량하니 너비가
스무 척이요 현관 사방에 뜰이 있
으며
15 바깥 문 통로에서부터 안 문 현관
앞까지 쉰 척이며
16 문지기 방에는 각각 닫힌 창이 있
고 문 안 좌우편에 있는 벽 사이에
도 창이 있고 그 현관도 그러하고
그 창은 안 좌우편으로 벌여 있으
며 각 문 벽 위에는 종려나무를 새
겼더라

1) 고대 사본에는, 8절이 없음 2) 히, 기둥들을 만들었으니 육십 암마씩이요 문 사면에 뜰이 있어 기둥까지 미쳤으며

바깥뜰

17 ●그가 나를 데리고 바깥뜰에 들어
가니 뜰 삼면에 박석 깔린 땅이 있
고 그 박석 깔린 땅 위에 여러 방이
있는데 모두 서른이며
18 그 박석 깔린 땅의 위치는 각 문간
의 좌우편인데 그 너비가 문간 길
이와 같으니 이는 아래 박석 땅이
며
19 그가 아래 문간 앞에서부터 안뜰
바깥 문간 앞까지 측량하니 그 너
비가 백 척이며 동쪽과 북쪽이 같
더라

북쪽을 향한 문

20 ●그가 바깥뜰 북쪽을 향한 문간의
길이와 너비를 측량하니
21 길이는 쉰 척이요 너비는 스물다섯
척이며 문지기 방이 이쪽에도 셋이
요 저쪽에도 셋이요 그 벽과 그 현
관도 먼저 측량한 문간과 같으며
22 그 창과 현관의 길이와 너비와 종
려나무가 다 동쪽을 향한 문간과
같으며 그 문간으로 올라가는 일곱
층계가 있고 그 안에 현관이 있으
며
23 안뜰에도 북쪽 문간과 동쪽 문간과
마주 대한 문간들이 있는데 그가
이 문간에서 맞은쪽 문간까지 측량
하니 백 척이더라

남쪽을 향한 문

24 ●그가 또 나를 이끌고 남으로 간
즉 남쪽을 향한 문간이 있는데 그
벽과 현관을 측량하니 먼저 측량한
것과 같고
25 그 문간과 현관 좌우에 있는 창도
먼저 말한 창과 같더라 그 문간의
길이는 쉰 척이요 너비는 스물다섯
척이며
26 또 그리로 올라가는 일곱 층계가
있고 그 안에 현관이 있으며 또 이
쪽저쪽 문 벽 위에 종려나무를 새
겼으며
27 안뜰에도 남쪽을 향한 문간이 있는
데 그가 남쪽을 향한 그 문간에서
맞은쪽 문간까지 측량하니 백 척이
더라

안뜰 남쪽 문

28 ●그가 나를 데리고 그 남문을 통
하여 안뜰에 들어가서 그 남문의
너비를 측량하니 크기는
29 길이가 쉰 척이요 너비가 스물다
섯 척이며 그 문지기 방과 벽과 현
관도 먼저 측량한 것과 같고 그 문
간과 그 현관 좌우에도 창이 있으
며
30 [1]그 사방 현관의 길이는 스물다섯
척이요 너비는 다섯 척이며
31 현관이 바깥뜰로 향하였고 그 문
벽 위에도 종려나무를 새겼으며 그
문간으로 올라가는 여덟 층계가 있
더라

안뜰 동쪽 문

32 ●그가 나를 데리고 안뜰 동쪽으로
가서 그 문간을 측량하니 크기는
33 길이가 쉰 척이요 너비가 스물다섯
척이며 그 문지기 방과 벽과 현관
이 먼저 측량한 것과 같고 그 문간
과 그 현관 좌우에도 창이 있으며
34 그 현관이 바깥뜰로 향하였고 그
이쪽, 저쪽 문 벽 위에도 종려나무
를 새겼으며 그 문간으로 올라가는
여덟 층계가 있더라

안뜰 북쪽 문

35 ●그가 또 나를 데리고 북문에 이
르러 측량하니 크기는
36 길이가 쉰 척이요 너비가 스물다섯
척이며 그 문지기 방과 벽과 현관
이 다 그러하여 그 좌우에도 창이
있으며

1) 어떤 사본에는, 30절이 없음

37 그 1)현관이 바깥뜰로 향하였고 그
이쪽, 저쪽 문 벽 위에도 종려나무
를 새겼으며 그 문간으로 올라가는
여덟 층계가 있더라

안뜰 북쪽 문의 부속 건물들

38 ●그 문 벽 곁에 문이 있는 방이 있
는데 그것은 번제물을 씻는 방이
며
39 그 문의 현관 이쪽에 상 둘이 있고
저쪽에 상 둘이 있으니 그 위에서
번제와 속죄제와 속건제의 희생제
물을 잡게 한 것이며
40 그 북문 바깥 곧 입구로 올라가는
곳 이쪽에 상 둘이 있고 문의 현관
저쪽에 상 둘이 있으니
41 문 곁 이쪽에 상이 넷이 있고 저쪽
에 상이 넷이 있어 상이 모두 여덟
개라 그 위에서 희생제물을 잡았더
라
42 또 다듬은 돌로 만들어 번제에 쓰
는 상 넷이 있는데 그 길이는 한 척
반이요 너비는 한 척 반이요 높이
는 한 척이라 번제의 희생제물을
잡을 때에 쓰는 기구가 그 위에 놓
였으며
43 현관 안에는 길이가 손바닥 넓이만
한 갈고리가 사방에 박혔으며 상들
에는 희생제물의 고기가 있더라
44 ●안문 밖에 있는 안뜰에는 노래
하는 자의 2)방 둘이 있는데 북문
곁에 있는 방은 남쪽으로 향하였고
3)남문 곁에 있는 방은 북쪽으로 향
하였더라
45 그가 내게 이르되 남쪽을 향한 이
방은 성전을 지키는 제사장들이 쓸
것이요
46 북쪽을 향한 방은 제단을 지키는
제사장들이 쓸 것이라 이들은 레위
의 후손 중 사독의 자손으로서 여
호와께 가까이 나아가 수종 드는 자
니라 하고
47 그가 또 그 뜰을 측량하니 길이는
백 척이요 너비는 백 척이라 네모
반듯하며 제단은 성전 앞에 있더
라

성전 문 현관

48 ●그가 나를 데리고 성전 문 현관
에 이르러 그 문의 좌우 벽을 측량
하니 너비는 이쪽도 다섯 척이요
저쪽도 다섯 척이며 두께는 문 이
쪽도 세 척이요 문 저쪽도 세 척이
며
49 그 현관의 너비는 스무 척이요 길
이는 4)열한 척이며 문간으로 올라
가는 층계가 있고 문 벽 곁에는 기
둥이 있는데 하나는 이쪽에 있고
다른 하나는 저쪽에 있더라

성소와 지성소와 골방들

41 그가 나를 데리고 성전에 이르
러 그 문 벽을 측량하니 이쪽
두께도 여섯 척이요 저쪽 두께도
여섯 척이라 두께가 5)그와 같으며
2 그 문 통로의 너비는 열 척이요 문
통로 이쪽 벽의 너비는 다섯 척이
요 저쪽 벽의 너비는 다섯 척이며
그가 성소를 측량하니 그 길이는
마흔 척이요 그 너비는 스무 척이
며
3 그가 안으로 들어가서 내전 문 통
로의 벽을 측량하니 두께는 두 척
이요 문 통로가 여섯 척이요 문 통
로의 벽의 너비는 각기 일곱 척이
며
4 그가 내전을 측량하니 길이는 스무
척이요 너비는 스무 척이라 그가
내게 이르되 이는 지성소니라 하
고
5 성전의 벽을 측량하니 두께가 여섯

1) 히, 문설주 2) 히, 방들이 있는데 3) 히, 동문 4) 칠십인 역본에는, 십이 척 5) 히, 성막과 같으며

척이며 성전 삼면에 골방이 있는데
너비는 각기 네 척이며
6 골방은 삼 층인데 골방 위에 골방
이 있어 모두 서른이라 그 삼면 골
방이 성전 벽 밖으로 그 벽에 붙어
있는데 성전 벽 속을 뚫지는 아니
하였으며
7 [1]이 두루 있는 골방은 그 층이 높
아질수록 넓으므로 성전에 둘린
이 골방이 높아질수록 성전에 가
까워졌으나 성전의 넓이는 아래
위가 같으며 골방은 아래층에서
중층으로 위층에 올라가게 되었더
라
8 내가 보니 성전 삼면의 지대 곧 모
든 골방 밑 지대의 높이는 한 장대
곧 큰 자로 여섯 척인데
9 성전에 붙어 있는 그 골방 바깥 벽
두께는 다섯 척이요 그 외에 빈 터
가 남았으며
10 성전 골방 삼면에 너비가 스무 척
되는 뜰이 둘려 있으며
11 그 골방 문은 다 빈 터로 향하였는
데 한 문은 북쪽으로 향하였고 한
문은 남쪽으로 향하였으며 그 둘려
있는 빈 터의 너비는 다섯 척이더
라

서쪽 건물과 성전의 넓이

12 ●서쪽 뜰 뒤에 건물이 있는데 너
비는 일흔 척이요 길이는 아흔 척
이며 그 사방 벽의 두께는 다섯 척
이더라
13 그가 성전을 측량하니 길이는 백 척
이요 또 서쪽 뜰과 그 건물과 그 벽
을 합하여 길이는 백 척이요
14 성전 앞면의 너비는 백 척이요 그
앞 동쪽을 향한 뜰의 너비도 그러
하며
15 그가 뒤뜰 너머 있는 건물을 측량
하니 그 좌우편 회랑까지 백 척이
더라 내전과 외전과 그 뜰의 현관
과
16 문 통로 벽과 닫힌 창과 삼면에 둘
려 있는 회랑은 문 통로 안쪽에서
부터 땅에서 창까지 널판자로 가렸
고 (창은 이미 닫혔더라)
17 문 통로 위와 내전과 외전의 사방
벽도 다 그러하니 곧 측량한 크기
대로며
18 널판자에는 그룹들과 종려나무를
새겼는데 두 그룹 사이에 종려나무
한 그루가 있으며 각 그룹에 두 얼
굴이 있으니
19 하나는 사람의 얼굴이라 이쪽 종려
나무를 향하였고 하나는 어린 사자
의 얼굴이라 저쪽 종려나무를 향하
였으며 온 성전 사방이 다 그러하
여
20 땅에서부터 문 통로 위에까지 그룹
들과 종려나무들을 새겼으니 성전
벽이 다 그러하더라

나무 제단과 성전의 문들

21 ●외전 문설주는 네모졌고 내전 전
면에 있는 양식은 이러하니
22 곧 나무 제단의 높이는 세 척이요
길이는 두 척이며 그 모퉁이와 옆
과 면을 다 나무로 만들었더라 그
가 내게 이르되 이는 여호와의 앞
의 상이라 하더라
23 내전과 외전에 각기 문이 있는데
24 문마다 각기 두 문짝 곧 접는 두 문
짝이 있어 이 문에 두 짝이요 저 문
에 두 짝이며
25 이 성전 문에 그룹과 종려나무를
새겼는데 벽에 있는 것과 같고 현
관 앞에는 나무 디딤판이 있으며
26 현관 좌우편에는 닫힌 창도 있고
종려나무도 새겨져 있고 성전의 골
방과 디딤판도 그러하더라

1) 본 절은 히브리 글이 분명하지 않으므로 의역하였음

제사장 방

42 그가 나를 데리고 밖으로 나
가 북쪽 뜰로 가서 두 방에 이
르니 그 두 방의 하나는 골방 앞 뜰
을 향하였고 다른 하나는 북쪽 건
물을 향하였는데
2 그 방들의 자리의 길이는 백 척이
요 너비는 쉰 척이며 그 문은 북쪽
을 향하였고
3 그 방 삼층에 회랑들이 있는데 한
방의 회랑은 스무 척 되는 안뜰과
마주 대하였고 다른 한 방의 회랑
은 바깥뜰 박석 깔린 곳과 마주 대
하였으며
4 그 두 방 사이에 통한 길이 있어 너
비는 열 척이요 길이는 백 척이며
그 문들은 북쪽을 향하였으며
5 그 위층의 방은 가장 좁으니 이는
회랑들로 말미암아 아래층과 가운
데 층보다 위층이 더 줄어짐이라
6 그 방은 삼층인데도 뜰의 기둥 같
은 기둥이 없으므로 그 위층이 아
래층과 가운데 층보다 더욱 좁아짐
이더라
7 그 한 방의 바깥 담 곧 뜰의 담과
마주 대한 담의 길이는 쉰 척이니
8 바깥뜰로 향한 방의 길이는 쉰 척
이며 성전 앞을 향한 방은 백 척이
며
9 이 방들 아래에 동쪽에서 들어가는
통행구가 있으니 곧 바깥뜰에서 들
어가는 통행구더라
10 ●[1)]남쪽 골방 뜰 맞은쪽과 남쪽 건
물 맞은쪽에도 방 둘이 있는데
11 그 두 방 사이에 길이 있고 그 방들
의 모양은 북쪽 방 같고 그 길이와
너비도 같으며 그 출입구와 문도
그와 같으며
12 이 남쪽 방에 출입하는 문이 있는
데 담 동쪽 길 어귀에 있더라
13 ●그가 내게 이르되 좌우 골방 뜰
앞 곧 북쪽과 남쪽에 있는 방들은
거룩한 방이라 여호와를 가까이하
는 제사장들이 지성물을 거기에서
먹을 것이며 지성물 곧 소제와 속
죄제와 속건제의 제물을 거기 둘
것이니 이는 거룩한 곳이라
14 제사장의 의복은 거룩하므로 제사
장이 성소에 들어갔다가 나올 때에
바로 바깥뜰로 가지 못하고 수종
드는 그 의복을 그 방에 두고 다른
옷을 입고 백성의 뜰로 나갈 것이
니라 하더라

성전의 사면 담을 측량하다

15 ●그가 안에 있는 성전 측량하기를
마친 후에 나를 데리고 동쪽을 향
한 문의 길로 나가서 사방 담을 측
량하는데
16 그가 측량하는 장대 곧 그 장대로
동쪽을 측량하니 오백 척이요
17 그 장대로 북쪽을 측량하니 오백
척이요
18 그 장대로 남쪽을 측량하니 오백
척이요
19 서쪽으로 돌이켜 그 장대로 측량하
니 오백 척이라
20 그가 이같이 그 사방을 측량하니
그 사방 담 안 마당의 길이가 오백
척이며 너비가 오백 척이라 그 담
은 거룩한 것과 속된 것을 구별하
는 것이더라

여호와께서
성전에 들어가시다

43 그 후에 그가 나를 데리고 문
에 이르니 곧 동쪽을 향한 문
이라
2 이스라엘 하나님의 영광이 동쪽에
서부터 오는데 하나님의 음성이 많

1) 10절로 12절은 히브리 글이 분명하지 않으므로 의역하였음

은 물소리 같고 땅은 그 영광으로
말미암아 빛나니
3 그 모양이 내가 본 환상 곧 전에 성
읍을 멸하러 올 때에 보던 환상 같
고 그발 강가에서 보던 환상과도
같기로 내가 곧 얼굴을 땅에 대고
엎드렸더니
4 여호와의 영광이 동문을 통하여 성
전으로 들어가고
5 영이 나를 들어 데리고 안뜰에 들
어가시기로 내가 보니 여호와의 영
광이 성전에 가득하더라
6 ●성전에서 내게 하는 말을 내가
듣고 있을 때에 어떤 사람이 내 곁
에 서 있더라
7 그가 내게 이르시되 인자야 이는
내 보좌의 처소, 내 발을 두는 처
소, 내가 이스라엘 족속 가운데에
영원히 있을 곳이라 이스라엘 족속
곧 그들과 그들의 왕들이 음행하며
그 죽은 왕들의 시체로 다시는 내
거룩한 이름을 더럽히지 아니하리
라
8 그들이 그 문지방을 내 문지방 곁
에 두며 그 문설주를 내 문설주 곁
에 두어서 그들과 나 사이에 겨우
한 담이 막히게 하였고 또 그 행하
는 가증한 일로 내 거룩한 이름을
더럽혔으므로 내가 노하여 멸망시
켰거니와
9 이제는 그들이 그 음란과 그 왕들
의 시체를 내게서 멀리 제거하여
버려야 할 것이라 그리하면 내가
그들 가운데에 영원히 살리라
10 ●인자야 너는 이 성전을 이스라엘
족속에게 보여서 그들이 자기의 죄
악을 부끄러워하고 그 형상을 측량
하게 하라
11 만일 그들이 자기들이 행한 모든
일을 부끄러워하거든 너는 이 성전
의 제도와 구조와 그 출입하는 곳
과 그 모든 형상을 보이며 또 그 모
든 규례와 그 모든 법도와 그 모든
율례를 알게 하고 그 목전에 그것
을 써서 그들로 그 모든 법도와 그
모든 규례를 지켜 행하게 하라
12 성전의 법은 이러하니라 산꼭대기
지점의 주위는 지극히 거룩하리라
성전의 법은 이러하니라

번제단의 모양과 크기

13 ●제단의 크기는 이러하니라 한 자
는 팔꿈치에서부터 손가락에 이르
고 한 손바닥 넓이가 더한 것이라
제단 밑받침의 높이는 한 척이요
그 사방 가장자리의 너비는 한 척
이며 그 가로 둘린 턱의 너비는 한
뼘이니 이는 제단 밑받침이요
14 이 땅에 닿은 밑받침 면에서 아래층
의 높이는 두 척이요 그 가장자리의
너비는 한 척이며 이 아래층 면에서
이 층의 높이는 네 척이요 그 가장
자리의 너비는 한 척이며
15 그 번제단 위층의 높이는 네 척이
며 그 번제하는 바닥에서 솟은 뿔
이 넷이며
16 그 번제하는 바닥의 길이는 열두
척이요 너비도 열두 척이니 네모
반듯하고
17 그 아래층의 길이는 열네 척이요
너비는 열네 척이니 네모반듯하고
그 밑받침에 둘린 턱의 너비는 반
척이며 그 가장자리의 너비는 한
척이니라 그 층계는 동쪽을 향하게
할지니라

번제단의 봉헌

18 ●그가 내게 이르시되 인자야 주
여호와께서 이같이 말씀하셨느니
라 이 제단을 만드는 날에 그 위에
번제를 드리며 피를 뿌리는 규례는
이러하니라

19 주 여호와의 말씀이니라 나를 가까
이하여 내게 수종 드는 사독의 자
손 레위 사람 제사장에게 너는 어
린 수송아지 한 마리를 주어 속죄
제물을 삼되
20 네가 그 피를 가져다가 제단의 네
뿔과 아래층 네 모퉁이와 사방 가
장자리에 발라 속죄하여 제단을 정
결하게 하고
21 그 속죄제물의 수송아지를 가져다
가 성전의 정한 처소 곧 성소 밖에
서 불사를지며
22 다음 날에는 흠 없는 숫염소 한 마
리를 속죄제물로 삼아 드려서 그
제단을 정결하게 하기를 수송아지
로 정결하게 함과 같이 하고
23 정결하게 하기를 마친 후에는 흠
없는 수송아지 한 마리와 떼 가운
데에서 흠 없는 숫양 한 마리를 드
리되
24 나 여호와 앞에 받들어다가 제사장
은 그 위에 소금을 쳐서 나 여호와
께 번제로 드릴 것이며
25 칠 일 동안은 매일 염소 한 마리를
갖추어 속죄제물을 삼고 또 어린
수송아지 한 마리와 떼 가운데에서
숫양 한 마리를 흠 없는 것으로 갖
출 것이며
26 이같이 칠 일 동안 제단을 위하여
속죄제를 드려 정결하게 하며 드릴
것이요
27 이 모든 날이 찬 후 제팔 일과 그
다음에는 제사장이 제단 위에서 너
희 번제와 감사제를 드릴 것이라
그리하면 내가 너희를 즐겁게 받으
리라 주 여호와의 말씀이니라

성전 동쪽 문은 닫아 두라

44 그가 나를 데리고 성소의 동
쪽을 향한 바깥 문에 돌아오
시니 그 문이 닫혔더라
2 여호와께서 내게 이르시되 이 문은
닫고 다시 열지 못할지니 아무도
그리로 들어오지 못할 것은 이스라
엘 하나님 나 여호와가 그리로 들
어왔음이라 그러므로 닫아 둘지니
라
3 왕은 왕인 까닭에 안 길로 이 문 현
관으로 들어와서 거기에 앉아서 나
여호와 앞에서 음식을 먹고 그 길
로 나갈 것이니라

여호와의 영광이 성전에 가득하다

4 ●그가 또 나를 데리고 북문을 통
하여 성전 앞에 이르시기로 내가
보니 여호와의 영광이 여호와의 성
전에 가득한지라 내가 얼굴을 땅에
대고 엎드리니
5 여호와께서 내게 이르시되 인자야
너는 전심으로 주목하여 내가 네게
말하는 바 여호와의 성전의 모든
규례와 모든 율례를 귀로 듣고 또
성전의 입구와 성소의 출구를 전심
으로 주목하고
6 너는 반역하는 자 곧 이스라엘 족
속에게 이르기를 주 여호와께서 이
같이 말씀하시기를 이스라엘 족속
아 너희의 모든 가증한 일이 족하
니라
7 너희가 마음과 몸에 할례받지 아니
한 이방인을 데려오고 내 떡과 기
름과 피를 드릴 때에 그들로 내 성
소 안에 있게 하여 내 성전을 더럽
히므로 너희의 모든 가증한 일 외
에 그들이 내 언약을 위반하게 하
는 것이 되었으며
8 너희가 내 성물의 직분을 지키지
아니하고 내 성소에 사람을 두어
너희 직분을 대신 지키게 하였느니
라

레위 사람들의 제사장 직분을 박탈하다

9 ●주 여호와께서 이같이 말씀하셨

느니라 이스라엘 족속 중에 있는
이방인 중에 마음과 몸에 할례를
받지 아니한 이방인은 내 성소에
들어오지 못하리라
10 이스라엘 족속이 그릇 행하여 나를
떠날 때에 레위 사람도 그릇 행하
여 그 우상을 따라 나를 멀리 떠났
으니 그 죄악을 담당하리라
11 그러나 그들이 내 성소에서 수종
들어 성전 문을 맡을 것이며 성전
에서 수종 들어 백성의 번제의 희
생물과 다른 희생물을 잡아 백성
앞에 서서 수종 들게 되리라
12 그들이 전에 백성을 위하여 그 우
상 앞에서 수종 들어 이스라엘 족
속이 죄악에 걸려 넘어지게 하였으
므로 내가 내 손을 들어 쳐서 그들
이 그 죄악을 담당하였느니라 주
여호와의 말씀이니라
13 그들이 내게 가까이 나아와 제사장
의 직분을 행하지 못하며 또 내 성
물 곧 지성물에 가까이 오지 못하리
니 그들이 자기의 수치와 그 행한
바 가증한 일을 담당하리라
14 그러나 내가 그들을 세워 성전을
지키게 하고 성전에 모든 수종 드
는 일과 그 가운데에서 행하는 모
든 일을 맡기리라

제사장들

15 ●이스라엘 족속이 그릇 행하여 나
를 떠날 때에 사독의 자손 레위 사
람 제사장들은 내 성소의 직분을
지켰은즉 그들은 내게 가까이 나아
와 수종을 들되 내 앞에 서서 기름
과 피를 내게 드릴지니라 주 여호
와의 말씀이니라
16 그들이 내 성소에 들어오며 또 내
상에 가까이 나아와 내게 수종 들
어 내가 맡긴 직분을 지키되
17 그들이 안뜰 문에 들어올 때에나
안뜰 문과 성전 안에서 수종 들 때
에는 양털 옷을 입지 말고 가는 베
옷을 입을 것이니
18 가는 베 관을 머리에 쓰며 가는 베
바지를 입고 땀이 나게 하는 것으
로 허리를 동이지 말 것이며
19 그들이 바깥뜰 백성에게로 나갈 때
에는 수종 드는 옷을 벗어 거룩한
방에 두고 다른 옷을 입을지니 이
는 그 옷으로 백성을 거룩하게 할
까 함이라
20 그들은 또 머리털을 밀지도 말며
머리털을 길게 자라게도 말고 그
머리털을 깎기만 할 것이며
21 아무 제사장이든지 안뜰에 들어
갈 때에는 포도주를 마시지 말 것
이며
22 과부나 이혼한 여인에게 장가들지
말고 오직 이스라엘 족속의 처녀나
혹시 제사장의 과부에게 장가들 것
이며
23 내 백성에게 거룩한 것과 속된 것
의 구별을 가르치며 부정한 것과
정한 것을 분별하게 할 것이며
24 송사하는 일을 재판하되 내 규례대
로 재판할 것이며 내 모든 정한 절
기에는 내 법도와 율례를 지킬 것
이며 또 내 안식일을 거룩하게 하
며
25 시체를 가까이하여 스스로 더럽히
지 못할 것이로되 부모나 자녀나
형제나 시집가지 아니한 자매를 위
하여는 더럽힐 수 있으며
26 이런 자는 스스로 정결하게 한 후
에 칠 일을 더 지낼 것이요
27 성소에서 수종 들기 위해 안뜰과
성소에 들어갈 때에는 속죄제를 드
릴지니라 주 여호와의 말씀이니라
28 ●그들에게는 기업이 있으리니 내
가 곧 그 기업이라 너희는 이스라

엘 가운데에서 그들에게 산업을 주
지 말라 내가 그 산업이 됨이라
29 그들은 소제와 속죄제와 속건제의
제물을 먹을지니 이스라엘 중에서
구별하여 드리는 물건을 다 그들에
게 돌리며
30 또 각종 처음 익은 열매와 너희 모
든 예물 중에 각종 거제 제물을 다
제사장에게 돌리고 너희가 또 첫
밀가루를 제사장에게 주어 그들에
게 네 집에 복이 내리도록 하게 하
라
31 새나 가축이 저절로 죽은 것이나
찢겨서 죽은 것은 다 제사장이 먹
지 말 것이니라

거룩한 구역

45 너희는 제비 뽑아 땅을 나누
어 기업으로 삼을 때에 한 구
역을 거룩한 땅으로 삼아 여호와께
예물로 드릴지니 그 길이는 이만
오천 척이요 너비는 [1]만 척이라 그
구역 안 전부가 거룩하리라
2 그 중에서 성소에 속할 땅은 길이
가 오백 척이요 너비가 오백 척이
니 네모가 반듯하며 그 외에 사방
쉰 척으로 전원이 되게 하되
3 이 측량한 가운데에서 길이는 이만
오천 척을 너비는 만 척을 측량하
고 그 안에 성소를 둘지니 지극히
거룩한 곳이요
4 그곳은 성소에서 수종 드는 제사장
들 곧 하나님께 가까이 나아가서
수종 드는 자들에게 주는 거룩한
땅이니 그들이 집을 지을 땅이며
성소를 위한 거룩한 곳이라
5 또 길이는 이만 오천 척을 너비는
만 척을 측량하여 성전에서 수종드
는 레위 사람에게 돌려 그들의 거
주지를 삼아 [2]마을 스물을 세우게
하고
6 구별한 거룩한 구역 옆에 너비는
오천 척을 길이는 이만 오천 척을
측량하여 성읍의 기지로 삼아 이스
라엘 온 족속에게 돌리고
7 드린 거룩한 구역과 성읍의 기지
된 땅의 좌우편 곧 드린 거룩한 구
역의 옆과 성읍의 기지 옆의 땅을
왕에게 돌리되 서쪽으로 향하여 서
쪽 국경까지와 동쪽으로 향하여 동
쪽 국경까지니 그 길이가 구역 하
나와 서로 같을지니라
8 이 땅을 왕에게 돌려 이스라엘 가운
데에 기업으로 삼게 하면 나의 왕
들이 다시는 내 백성을 압제하지
아니하리라 그 나머지 땅은 이스
라엘 족속에게 그 지파대로 줄지
니라

통치자들의 통치 법칙

9 ●주 여호와께서 이같이 말씀하셨
느니라 이스라엘의 통치자들아 너
희에게 만족하니라 너희는 포악과
겁탈을 제거하여 버리고 정의와 공
의를 행하여 내 백성에게 속여 빼
앗는 것을 그칠지니라 주 여호와의
말씀이니라
10 너희는 공정한 저울과 공정한 에바
와 공정한 밧을 쓸지니
11 에바와 밧은 그 용량을 동일하게
하되 호멜의 용량을 따라 밧은 십
분의 일 호멜을 담게 하고 에바도
십분의 일 호멜을 담게 할 것이며
12 세겔은 이십 게라니 이십 세겔과
이십오 세겔과 십오 세겔로 너희
마네가 되게 하라
13 ●너희가 마땅히 드릴 예물은 이러
하니 밀 한 호멜에서는 육분의 일
에바를 드리고 보리 한 호멜에서도
육분의 일 에바를 드리며
14 기름은 정한 규례대로 한 고르에

1) 칠십인 역본에는, 이만 2) 히, 방

서 십분의 일 밧을 드릴지니 기름
의 밧으로 말하면 한 고르는 십 밧
곧 한 호멜이며 (십 밧은 한 호멜
이라)
15 또 이스라엘의 윤택한 초장의 가축
떼 이백 마리에서는 어린 양 한 마
리를 드릴 것이라 백성을 속죄하기
위하여 이것들을 소제와 번제와 감
사제물로 삼을지니라 주 여호와의
말씀이니라
16 이 땅 모든 백성은 이 예물을 이스
라엘의 군주에게 드리고
17 군주의 본분은 번제와 소제와 전제
를 명절과 초하루와 안식일과 이스
라엘 족속의 모든 정한 명절에 갖
추는 것이니 이스라엘 족속을 속죄
하기 위하여 이 속죄제와 소제와
번제와 감사제물을 갖출지니라

유월절과 일곱째 달 열다섯째 날
(출 12:1-20; 레 23:33-43)

18 ●여호와께서 이같이 말씀하셨느
니라 첫째 달 초하룻날에 흠 없는
수송아지 한 마리를 가져다가 성소
를 정결하게 하되
19 제사장이 그 속죄제 희생제물의 피
를 가져다가 성전 문설주와 제단
아래층 네 모퉁이와 안뜰 문설주에
바를 것이요
20 [1]그달 칠 일에도 모든 과실범과 모
르고 범죄한 자를 위하여 역시 그렇
게 하여 성전을 속죄할지니라
21 ●첫째 달 열나흗 날에는 유월절을
칠 일 동안 명절로 지키며 누룩 없
는 떡을 먹을 것이라
22 그날에 왕은 자기와 이 땅 모든 백
성을 위하여 송아지 한 마리를 갖
추어 속죄제를 드릴 것이요
23 또 명절 칠 일 동안에는 그가 나 여
호와를 위하여 번제를 준비하되 곧
이레 동안에 매일 흠 없는 수송아
지 일곱 마리와 숫양 일곱 마리이
며 또 매일 숫염소 한 마리를 갖추
어 속죄제를 드릴 것이며
24 또 소제를 갖추되 수송아지 한 마
리에는 밀가루 한 에바요 숫양 한
마리에도 한 에바며 밀가루 한 에
바에는 기름 한 힌 씩이며
25 일곱째 달 열다섯째 날에 칠 일 동
안 명절을 지켜 속죄제와 번제며 그
밀가루와 기름을 드릴지니라

안식일과 초하루

46 주 여호와께서 이같이 말씀하
셨느니라 안뜰 동쪽을 향한
문은 일하는 엿새 동안에는 닫되
안식일에는 열며 초하루에도 열고
2 군주는 바깥 문 현관을 통하여 들
어와서 문 벽 곁에 서고 제사장은
그를 위하여 번제와 감사제를 드릴
것이요 군주는 문 통로에서 예배한
후에 밖으로 나가고 그 문은 저녁
까지 닫지 말 것이며
3 이 땅 백성도 안식일과 초하루에
이 문 입구에서 나 여호와 앞에 예
배할 것이며
4 안식일에 군주가 여호와께 드릴 번
제는 흠 없는 어린 양 여섯 마리와
흠 없는 숫양 한 마리라
5 그 소제는 숫양 하나에는 밀가루
한 에바요 모든 어린 양에는 그 힘
대로 할 것이며 밀가루 한 에바에
는 기름 한 힌 씩이니라
6 ●초하루에는 흠 없는 수송아지 한
마리와 어린 양 여섯 마리와 숫양
한 마리를 드리되 모두 흠 없는 것
으로 할 것이며
7 또 소제를 준비하되 수송아지에는
밀가루 한 에바요 숫양에도 밀가루
한 에바며 모든 어린 양에는 그 힘
대로 할 것이요 밀가루 한 에바에

1) 칠십인 역본에는, 칠 월 초하루

는 기름 한 힌씩이며
8 군주가 올 때에는 이 문 현관을 통
하여 들어오고 나갈 때에도 그리할
지니라
9 ●그러나 모든 정한 절기에 이 땅
백성이 나 여호와 앞에 나아올 때
에는 북문으로 들어와서 경배하는
자는 남문으로 나가고 남문으로
들어오는 자는 북문으로 나갈지라
들어온 문으로 도로 나가지 말고
그 몸이 앞으로 향한 대로 나갈지
며
10 군주가 무리 가운데에 있어서 그들
이 들어올 때에 들어오고 그들이
나갈 때에 나갈지니라
11 명절과 성회 때에 그 소제는 수송
아지 한 마리에 밀가루 한 에바요
숫양 한 마리에도 한 에바요 모든
어린 양에는 그 힘대로 할 것이며
밀가루 한 에바에는 기름 한 힌씩
이며
12 만일 군주가 자원하여 번제를 준비
하거나 혹은 자원하여 감사제를 준
비하여 나 여호와께 드릴 때에는
그를 위하여 동쪽을 향한 문을 열
고 그가 번제와 감사제를 안식일에
드림같이 드리고 밖으로 나갈지며
나간 후에 문을 닫을지니라

매일 드리는 제사

13 ●아침마다 일 년 되고 흠 없는 어
린 양 한 마리를 번제를 갖추어 나
여호와께 드리고
14 또 아침마다 그것과 함께 드릴 소
제를 갖추되 곧 밀가루 육분의 일
에바와 기름 삼분의 일 힌을 섞을
것이니 이는 영원한 규례로 삼아
항상 나 여호와께 드릴 소제라
15 이같이 아침마다 그 어린 양과 밀
가루와 기름을 준비하여 항상 드리
는 번제물로 삼을지니라

군주와 그의 기업

16 ●주 여호와께서 이같이 말씀하셨
느니라 군주가 만일 한 아들에게
선물을 준즉 그의 기업이 되어 그
자손에게 속하나니 이는 그 기업을
이어 받음이어니와
17 군주가 만일 그 기업을 한 종에게
선물로 준즉 그 종에게 속하여 희
년까지 이르고 그 후에는 군주에게
로 돌아갈 것이니 군주의 기업은
그 아들이 이어받을 것임이라
18 군주는 백성의 기업을 빼앗아 그
산업에서 쫓아내지 못할지니 군주
가 자기 아들에게 기업으로 줄 것
은 자기 산업으로만 할 것임이라
백성이 각각 그 산업을 떠나 흩어
지지 않게 할 것이니라

성전 부엌

19 ●그 후에 그가 나를 데리고 문 곁
통행구를 통하여 북쪽을 향한 제사
장의 거룩한 방에 들어가시니 그
방 뒤 서쪽에 한 처소가 있더라
20 그가 내게 이르시되 이는 제사장이
속건제와 속죄제 희생제물을 삶으
며 소제제물을 구울 처소니 그들이
이 성물을 가지고 바깥뜰에 나가면
백성을 거룩하게 할까 함이니라 하
시고
21 나를 데리고 바깥뜰로 나가서 나를
뜰 네 구석을 지나가게 하시는데
본즉 그 뜰 매 구석에 또 뜰이 있는
데
22 뜰의 네 구석 안에는 집이 있으니
길이는 마흔 척이요 너비는 서른
척이라 구석의 네 뜰이 같은 크기
며
23 그 작은 네 뜰 사방으로 돌아가며
부엌이 있고 그 사방 부엌에 삶는
기구가 설비되었는데
24 그가 내게 이르시되 이는 삶는 부

억이니 성전에서 수종 드는 자가
백성의 제물을 여기서 삶을 것이니
라 하시더라

성전에서 나오는 물

47 그가 나를 데리고 성전 문에
이르시니 성전의 앞면이 동쪽
을 향하였는데 그 문지방 밑에서
물이 나와 동쪽으로 흐르다가 성전
오른쪽 제단 남쪽으로 흘러내리더
라
2 그가 또 나를 데리고 북문으로 나
가서 바깥 길로 꺾여 동쪽을 향한
바깥 문에 이르시기로 본즉 물이
그 오른쪽에서 스며 나오더라
3 ●그 사람이 손에 줄을 잡고 동쪽
으로 나아가며 천 척을 측량한 후
에 내게 그 물을 건너게 하시니 물
이 발목에 오르더니
4 다시 천 척을 측량하고 내게 물을
건너게 하시니 물이 무릎에 오르
고 다시 천 척을 측량하고 내게 물
을 건너게 하시니 물이 허리에 오
르고
5 다시 천 척을 측량하시니 물이 내
가 건너지 못할 강이 된지라 그 물
이 가득하여 헤엄칠 만한 물이요
사람이 능히 건너지 못할 강이더
라
6 ●그가 내게 이르시되 인자야 네가
이것을 보았느냐 하시고 나를 인도
하여 강가로 돌아가게 하시기로
7 내가 돌아가니 강 좌우편에 나무가
심히 많더라
8 그가 내게 이르시되 이 물이 동쪽
으로 향하여 흘러 아라바로 내려가
서 바다에 이르리니 이 흘러내리
는 물로 그 바다의 물이 되살아나
리라
9 이 강물이 이르는 곳마다 번성하는
모든 생물이 살고 또 고기가 심히
많으리니 이 물이 흘러 들어가므로
바닷물이 되살아나겠고 이 강이
이르는 각처에 모든 것이 살 것이
며
10 또 이 강가에 어부가 설 것이니 엔
게디에서부터 에네글라임까지 그
물 치는 곳이 될 것이라 그 고기가
각기 종류를 따라 큰 바다의 고기
같이 심히 많으려니와
11 그 진펄과 개펄은 되살아나지 못하
고 소금 땅이 될 것이며
12 강 좌우 가에는 각종 먹을 과실나
무가 자라서 그 잎이 시들지 아니
하며 열매가 끊이지 아니하고 달마
다 새 열매를 맺으리니 그 물이 성
소를 통하여 나옴이라 그 열매는
먹을 만하고 그 잎사귀는 약 재료
가 되리라

땅의 경계선과 분배

13 ●주 여호와께서 이같이 말씀하셨
느니라 너희는 이 경계선대로 이스
라엘 열두 지파에게 이 땅을 나누
어 기업이 되게 하되 요셉에게는
두 몫이니라
14 내가 옛적에 내 손을 들어 맹세하
여 이 땅을 너희 조상들에게 주겠
다고 하였나니 너희는 공평하게 나
누어 기업을 삼으라 이 땅이 너희
의 기업이 되리라
15 이 땅 경계선은 이러하니라 북쪽은
대해에서 헤들론 길을 거쳐 스닷
어귀까지니
16 곧 하맛과 브로다며 다메섹 경계선
과 하맛 경계선 사이에 있는 시브
라임과 하우란 경계선 곁에 있는
하셀핫디곤이라
17 그 경계선이 바닷가에서부터 다메
섹 경계선에 있는 하살에논까지요
그 경계선이 또 북쪽 끝에 있는 하
맛 경계선에 이르렀나니 이는 그

북쪽이요
18 동쪽은 하우란과 다메섹과 및 길르
앗과 이스라엘 땅 사이에 있는 요
단 강이니 북쪽 경계선에서부터 동
쪽 바다까지 측량하라 이는 그 동
쪽이요
19 남쪽은 다말에서부터 므리봇 가
데스 물에 이르고 애굽 시내를 따
라 대해에 이르나니 이는 그 남쪽
이요
20 서쪽은 대해라 남쪽 경계선에서부
터 맞은쪽 하맛 어귀까지 이르나니
이는 그 서쪽이니라
21 ●그런즉 너희가 이스라엘 모든 지
파대로 이 땅을 나누어 차지하라
22 너희는 이 땅을 나누되 제비 뽑아
너희와 너희 가운데에 머물러 사는
타국인 곧 너희 가운데에서 자녀를
낳은 자의 기업이 되게 할지니 너
희는 그 타국인을 본토에서 난 이
스라엘 족속같이 여기고 그들도 이
스라엘 지파 중에서 너희와 함께
기업을 얻게 하되
23 타국인이 머물러 사는 그 지파에서
그 기업을 줄지니라 주 여호와의
말씀이니라

각 지파의 몫과 거룩한 땅

48 모든 지파의 이름은 이와 같
으니라 북쪽 끝에서부터 헤들
론 길을 거쳐 하맛 어귀를 지나서
다메섹 경계선에 있는 하살에논까
지 곧 북쪽으로 하맛 경계선에 미
치는 땅 동쪽에서 서쪽까지는 단의
몫이요
2 단 경계선 다음으로 동쪽에서 서쪽
까지는 아셀의 몫이요
3 아셀 경계선 다음으로 동쪽에서 서
쪽까지는 납달리의 몫이요
4 납달리 경계선 다음으로 동쪽에서
서쪽까지는 므낫세의 몫이요
5 므낫세 경계선 다음으로 동쪽에서
서쪽까지는 에브라임의 몫이요
6 에브라임 경계선 다음으로 동쪽에
서 서쪽까지는 르우벤의 몫이요
7 르우벤 경계선 다음으로 동쪽에서
서쪽까지는 유다의 몫이요
8 유다 경계선 다음으로 동쪽에서 서
쪽까지는 너희가 예물로 드릴 땅
이라 너비는 이만 오천 척이요 길
이는 다른 몫의 동쪽에서 서쪽까
지와 같고 성소는 그 중앙에 있을
지니
9 곧 너희가 여호와께 드려 예물로
삼을 땅의 길이는 이만 오천 척이
요 너비는 [1]만 척이라
10 이 드리는 거룩한 땅은 제사장에게
돌릴지니 북쪽으로 길이가 이만 오
천 척이요 서쪽으로 너비는 만 척
이요 동쪽으로 너비가 만 척이요
남쪽으로 길이가 이만 오천 척이라
그 중앙에 여호와의 성소가 있게
하고
11 이 땅을 사독의 자손 중에서 거룩
하게 구별한 제사장에게 돌릴지어
다 그들은 직분을 지키고 이스라엘
족속이 그릇될 때에 레위 사람이
그릇된 것처럼 그릇되지 아니하였
느니라
12 땅의 예물 중에서 그들이 예물을
받을지니 레위인의 접경지에 관한
가장 거룩한 예물이니라
13 ●제사장의 경계선을 따라 레위 사
람의 몫을 주되 길이는 이만 오천
척이요 너비는 만 척으로 할지니
이 구역의 길이가 이만 오천 척이
요 너비가 각기 만 척이라
14 그들이 그 땅을 팔지도 못하며 바
꾸지도 못하며 그 땅의 처음 익은
열매를 남에게 주지도 못하리니 이

1) 칠십인 역본에는, 이만

는 여호와께 거룩히 구별한 것임이
라
15 ●이 이만 오천 척 다음으로 너비
오천 척은 속된 땅으로 구분하여
성읍을 세우며 거주하는 곳과 전원
을 삼되 성읍이 그 중앙에 있게 할
지니
16 그 크기는 북쪽도 사천오백 척이요
남쪽도 사천오백 척이요 동쪽도 사
천오백 척이요 서쪽도 사천오백 척
이며
17 그 성읍의 들은 북쪽으로 이백오십
척이요 남쪽으로 이백오십 척이요
동쪽으로 이백오십 척이요 서쪽으
로 이백오십 척이며
18 예물을 삼아 거룩히 구별할 땅과
연접하여 남아 있는 땅의 길이는
동쪽으로 만 척이요 서쪽으로 만
척이라 곧 예물을 삼아 거룩하게
구별할 땅과 연접하였으며 그 땅의
소산을 성읍에서 일하는 자의 양식
을 삼을지라
19 이스라엘 모든 지파 가운데에 그
성읍에서 일하는 자는 그 땅을 경
작할지니라
20 그런즉 예물로 드리는 땅의 합계는
길이도 이만 오천 척이요 너비도
이만 오천 척이라 너희가 거룩히
구별하여 드릴 땅은 성읍의 기지와
합하여 네모 반듯할 것이니라
21 ●거룩하게 구별할 땅과 성읍의 기
지 좌우편에 남은 땅은 군주에게
돌릴지니 곧 거룩하게 구별할 땅
의 동쪽을 향한 그 경계선 앞 이만
오천 척과 서쪽을 향한 그 경계선
앞 이만 오천 척이라 다른 몫들과
연접한 땅이니 이것을 군주에게
돌릴 것이며 거룩하게 구별할 땅
과 성전의 성소가 그 중앙에 있으
리라
22 그런즉 군주에게 돌려 그에게 속할
땅은 레위 사람의 기업 좌우편과
성읍의 기지 좌우편이며 유다 지
경과 베냐민 지경 사이에 있을지
니라

나머지 지파들의 몫

23 ●그 나머지 모든 지파는 동쪽에서
서쪽까지는 베냐민의 몫이요
24 베냐민 경계선 다음으로 동쪽에서
서쪽까지는 시므온의 몫이요
25 시므온 경계선 다음으로 동쪽에서
서쪽까지는 잇사갈의 몫이요
26 잇사갈 경계선 다음으로 동쪽에서
서쪽까지는 스불론의 몫이요
27 스불론 경계선 다음으로 동쪽에서
서쪽까지는 갓의 몫이며
28 갓 경계선 다음으로 남쪽 경계선은
다말에서부터 므리바가데스 샘에
이르고 애굽 시내를 따라 대해에
이르나니
29 이것은 너희가 제비 뽑아 이스라엘
지파에게 나누어 주어 기업이 되게
할 땅이요 또 이것들은 그들의 몫
이니라 주 여호와의 말씀이니라

예루살렘 성읍의 문들

30 ●그 성읍의 출입구는 이러하니라
북쪽의 너비가 사천오백 척이라
31 그 성읍의 문들은 이스라엘 지파들
의 이름을 따를 것인데 북쪽으로
문이 셋이라 하나는 르우벤 문이요
하나는 유다 문이요 하나는 레위
문이며
32 동쪽의 너비는 사천오백 척이니 또
한 문이 셋이라 하나는 요셉 문이
요 하나는 베냐민 문이요 하나는
단 문이며
33 남쪽의 너비는 사천오백 척이니 또
한 문이 셋이라 하나는 시므온 문
이요 하나는 잇사갈 문이요 하나는
스불론 문이며

34 서쪽도 사천오백 척이니 또한 문이
셋이라 하나는 갓 문이요 하나는
아셀 문이요 하나는 납달리 문이며
35 그 사방의 합계는 만 팔천 척이라
그날 후로는 그 성읍의 이름을 1)여
호와삼마라 하리라

1) 여호와께서 거기에 계시다

다니엘

Daniel

느부갓네살 왕궁의 소년들

1 유다 왕 여호야김이 다스린 지 삼
년이 되는 해에 바벨론 왕 느부갓
네살이 예루살렘에 이르러 성을 에
워쌌더니
2 주께서 유다 왕 여호야김과 하나님
의 전 그릇 얼마를 그의 손에 넘기시
매 그가 그것을 가지고 시날 땅 자기
신들의 신전에 가져다가 그 신들의
보물 창고에 두었더라
3 왕이 환관장 아스부나스에게 말하
여 이스라엘 자손 중에서 왕족과 귀
족 몇 사람
4 곧 흠이 없고 용모가 아름다우며 모
든 지혜를 통찰하며 지식에 통달하
며 학문에 익숙하여 왕궁에 설 만한
소년을 데려오게 하였고 그들에게
갈대아 사람의 학문과 언어를 가르
치게 하였고
5 또 왕이 지정하여 그들에게 왕의 음
식과 그가 마시는 포도주에서 날마
다 쓸 것을 주어 삼 년을 기르게 하
였으니 그 후에 그들은 왕 앞에 서게
될 것이더라
6 그들 가운데는 유다 자손 곧 다니엘
과 하나냐와 미사엘과 아사랴가 있
었더니
7 환관장이 그들의 이름을 고쳐 다니
엘은 벨드사살이라 하고 하나냐는
사드락이라 하고 미사엘은 메삭이
라 하고 아사랴는 아벳느고라 하였
더라
8 ●다니엘은 뜻을 정하여 왕의 음식
과 그가 마시는 포도주로 자기를 더
럽히지 아니하리라 하고 자기를 더
럽히지 아니하도록 환관장에게 구
하니
9 하나님이 다니엘로 하여금 환관장
에게 은혜와 긍휼을 얻게 하신지라
10 환관장이 다니엘에게 이르되 내가
내 주 왕을 두려워하노라 그가 너희
먹을 것과 너희 마실 것을 지정하셨
거늘 너희의 얼굴이 초췌하여 같은
또래의 소년들만 못한 것을 그가 보
게 할 것이 무엇이냐 그렇게 되면 너
희 때문에 내 머리가 왕 앞에서 위태
롭게 되리라 하니라
11 환관장이 다니엘과 하나냐와 미사
엘과 아사랴를 감독하게 한 자에게
다니엘이 말하되
12 청하오니 당신의 종들을 열흘 동안
시험하여 채식을 주어 먹게 하고 물
을 주어 마시게 한 후에
13 당신 앞에서 우리의 얼굴과 왕의 음
식을 먹는 소년들의 얼굴을 비교하
여 보아서 당신이 보는 대로 종들에
게 행하소서 하매
14 그가 그들의 말을 따라 열흘 동안 시
험하더니
15 열흘 후에 그들의 얼굴이 더욱 아름
답고 살이 더욱 윤택하여 왕의 음식
을 먹는 다른 소년들보다 더 좋아 보

인지라
16 그리하여 감독하는 자가 그들에게
지정된 음식과 마실 포도주를 제하
고 채식을 주니라
17 ●하나님이 이 네 소년에게 학문을
주시고 모든 서적을 깨닫게 하시고
지혜를 주셨으니 다니엘은 또 모든
환상과 꿈을 깨달아 알더라
18 왕이 말한 대로 그들을 불러들일 기
한이 찼으므로 환관장이 그들을 느
부갓네살 앞으로 데리고 가니
19 왕이 그들과 말하여 보매 무리 중에
다니엘과 하나냐와 미사엘과 아사
랴와 같은 자가 없으므로 그들을 왕
앞에 서게 하고
20 왕이 그들에게 모든 일을 묻는 중에
그 지혜와 총명이 온 나라 박수와 술
객보다 십 배나 나은 줄을 아니라
21 다니엘은 고레스 왕 원년까지 있으
니라

느부갓네살의 꿈

2 느부갓네살이 다스린 지 이 년이
되는 해에 느부갓네살이 꿈을 꾸
고 그로 말미암아 마음이 번민하여
잠을 이루지 못한지라
2 왕이 그의 꿈을 자기에게 알려 주도
록 박수와 술객과 점쟁이와 갈대아
술사를 부르라 말하매 그들이 들어
가서 왕의 앞에 선지라
3 왕이 그들에게 이르되 내가 꿈을 꾸
고 그 꿈을 알고자 하여 마음이 번민
하도다 하니
4 갈대아 술사들이 아람 말로 왕에게
말하되 [1]왕이여 만수무강 하옵소서
왕께서 그 꿈을 종들에게 이르시면
우리가 해석하여 드리겠나이다 하
는지라
5 왕이 갈대아인들에게 대답하여 이
르되 [2]내가 명령을 내렸나니 너희
가 만일 꿈과 그 해석을 내게 알게
하지 아니하면 너희 몸을 쪼갤 것이
며 너희의 집을 거름더미로 만들 것
이요
6 너희가 만일 꿈과 그 해석을 보이면
너희가 선물과 상과 큰 영광을 내게
서 얻으리라 그런즉 꿈과 그 해석을
내게 보이라 하니
7 그들이 다시 대답하여 이르되 원하
건대 왕은 꿈을 종들에게 이르소서
그리하시면 우리가 해석하여 드리
겠나이다 하니
8 왕이 대답하여 이르되 내가 분명히
아노라 너희가 나의 [3]명령이 내렸음
을 보았으므로 시간을 지연하려 함
이로다
9 너희가 만일 이 꿈을 내게 알게 하지
아니하면 너희를 처치할 법이 오직
하나이니 이는 너희가 거짓말과 망
령된 말을 내 앞에서 꾸며 말하여 때
가 변하기를 기다리려 함이라 이제
그 꿈을 내게 알게 하라 그리하면 너
희가 그 해석도 보일 줄을 내가 알리
라 하더라
10 갈대아인들이 왕 앞에 대답하여 이
르되 세상에는 왕의 그 일을 보일 자
가 한 사람도 없으므로 어떤 크고 권
력 있는 왕이라도 이런 것으로 박수
에게나 술객에게나 갈대아인들에게
물은 자가 없었나이다
11 왕께서 물으신 것은 어려운 일이라
육체와 함께 살지 아니하는 신들 외
에는 왕 앞에 그것을 보일 자가 없나
이다 한지라
12 왕이 이로 말미암아 진노하고 통분
하여 바벨론의 모든 지혜자들을 다
죽이라 명령하니라
13 왕의 명령이 내리매 지혜자들은 죽
게 되었고 다니엘과 그의 친구들도

1) 2:4 하반부터 7:28까지는 아람 말로 기록되었음 2) 내 명령이 확실하니 3) 명령이 확실함

죽이려고 찾았더라

다니엘에게 은밀한 것을 보이시다

14 ●그때에 왕의 근위대장 아리옥이
바벨론 지혜자들을 죽이러 나가매
다니엘이 명철하고 슬기로운 말로
15 왕의 근위대장 아리옥에게 물어 이
르되 왕의 명령이 어찌 그리 급하냐
하니 아리옥이 그 일을 다니엘에게
알리매
16 다니엘이 들어가서 왕께 구하기를
시간을 주시면 왕에게 그 해석을 알
려 드리리이다 하니라
17 ●이에 다니엘이 자기 집으로 돌아
가서 그 친구 하나냐와 미사엘과 아
사랴에게 그 일을 알리고
18 하늘에 계신 하나님이 이 은밀한
일에 대하여 불쌍히 여기사 다니엘
과 친구들이 바벨론의 다른 지혜자
들과 함께 죽임을 당하지 않게 하
시기를 그들로 하여금 구하게 하니
라
19 이에 이 은밀한 것이 밤에 환상으로
다니엘에게 나타나 보이매 다니엘
이 하늘에 계신 하나님을 찬송하니
라
20 다니엘이 말하여 이르되 영원부터
영원까지 하나님의 이름을 찬송할
것은 지혜와 능력이 그에게 있음이
로다
21 그는 때와 계절을 바꾸시며 왕들을
폐하시고 왕들을 세우시며 지혜자
에게 지혜를 주시고 총명한 자에게
지식을 주시는도다
22 그는 깊고 은밀한 일을 나타내시고
어두운 데에 있는 것을 아시며 또 빛
이 그와 함께 있도다
23 나의 조상들의 하나님이여 주께서
이제 내게 지혜와 능력을 주시고 우
리가 주께 구한 것을 내게 알게 하셨
사오니 내가 주께 감사하고 주를 찬
양하나이다 곧 주께서 왕의 그 일을
내게 보이셨나이다 하니라
24 이에 다니엘은 왕이 바벨론 지혜
자들을 죽이라 명령한 아리옥에게
로 가서 그에게 이같이 이르되 바벨
론 지혜자들을 죽이지 말고 나를
왕의 앞으로 인도하라 그리하면 내
가 그 해석을 왕께 알려 드리리라
하니

다니엘이 꿈을 해석하다

25 ●이에 아리옥이 다니엘을 데리고
급히 왕 앞에 들어가서 아뢰되 내가
사로잡혀 온 유다 자손 중에서 한 사
람을 찾아내었나이다 그가 그 해석
을 왕께 알려 드리리이다 하니라
26 왕이 대답하여 벨드사살이라 이름
한 다니엘에게 이르되 내가 꾼 꿈과
그 해석을 네가 능히 내게 알게 하겠
느냐 하니
27 다니엘이 왕 앞에 대답하여 이르되
왕이 물으신 바 은밀한 것은 지혜자
나 술객이나 박수나 점쟁이가 능히
왕께 보일 수 없으되
28 오직 은밀한 것을 나타내실 이는 하
늘에 계신 하나님이시라 그가 느부
갓네살 왕에게 후일에 될 일을 알게
하셨나이다 왕의 꿈 곧 왕이 침상에
서 머리 속으로 받은 환상은 이러하
니이다
29 왕이여 왕이 침상에서 장래 일을 생
각하실 때에 은밀한 것을 나타내시
는 이가 장래 일을 왕에게 알게 하셨
사오며
30 내게 이 은밀한 것을 나타내심은
내 지혜가 모든 사람보다 낫기 때
문이 아니라 오직 그 해석을 왕에
게 알려서 왕이 마음으로 생각하던
것을 왕에게 알려 주려 하심이니이
다
31 ●왕이여 왕이 한 큰 신상을 보셨나

이다 그 신상이 왕의 앞에 섰는데 크
고 광채가 매우 찬란하며 그 모양이
심히 두려우니
32 그 우상의 머리는 순금이요 가슴과
두 팔은 은이요 배와 넓적다리는 놋
이요
33 그 종아리는 쇠요 그 발은 얼마는 쇠
요 얼마는 진흙이었나이다
34 또 왕이 보신즉 손대지 아니한 돌이
나와서 신상의 쇠와 진흙의 발을 쳐
서 부서뜨리매
35 그때에 쇠와 진흙과 놋과 은과 금이
다 부서져 여름 타작마당의 겨같이
되어 바람에 불려 간 곳이 없었고 우
상을 친 돌은 태산을 이루어 온 세계
에 가득하였나이다
36 ●그 꿈이 이러한즉 [1)]내가 이제 그
해석을 왕 앞에 아뢰리이다
37 왕이여 왕은 여러 왕들 중의 왕이시
라 하늘의 하나님이 나라와 권세와
능력과 영광을 왕에게 주셨고
38 사람들과 들짐승과 공중의 새들,
어느 곳에 있는 것을 막론하고 그
것들을 왕의 손에 넘기사 다 다스리
게 하셨으니 왕은 곧 그 금 머리니
이다
39 왕을 뒤이어 왕보다 못한 다른 나라
가 일어날 것이요 셋째로 또 놋 같은
나라가 일어나서 온 세계를 다스릴
것이며
40 넷째 나라는 강하기가 쇠 같으리니
쇠는 모든 물건을 부서뜨리고 이기
는 것이라 쇠가 모든 것을 부수는 것
같이 그 나라가 뭇 나라를 부서뜨리
고 찧을 것이며
41 왕께서 그 발과 발가락이 얼마는 토
기장이의 진흙이요 얼마는 쇠인 것
을 보셨은즉 그 나라가 나누일 것이
며 왕께서 쇠와 진흙이 섞인 것을 보
셨은즉 그 나라가 쇠 같은 든든함이
있을 것이나
42 그 발가락이 얼마는 쇠요 얼마는 진
흙인즉 그 나라가 얼마는 든든하고
얼마는 부서질 만할 것이며
43 왕께서 쇠와 진흙이 섞인 것을 보셨
은즉 그들이 다른 민족과 서로 섞일
것이나 그들이 피차에 합하지 아니
함이 쇠와 진흙이 합하지 않음과 같
으리이다
44 이 여러 왕들의 시대에 하늘의 하나
님이 한 나라를 세우시리니 이것은
영원히 망하지도 아니할 것이요 그
국권이 다른 백성에게로 돌아가지
도 아니할 것이요 도리어 이 모든 나
라를 쳐서 멸망시키고 영원히 설 것
이라
45 손대지 아니한 돌이 산에서 나와서
쇠와 놋과 진흙과 은과 금을 부서뜨
린 것을 왕께서 보신 것은 크신 하나
님이 장래 일을 왕께 알게 하신 것이
라 이 꿈은 참되고 이 해석은 확실하
니이다 하니

왕이 다니엘을 높이다

46 ●이에 느부갓네살 왕이 엎드려 다
니엘에게 절하고 명하여 예물과 향
품을 그에게 주게 하니라
47 왕이 대답하여 다니엘에게 이르되
너희 하나님은 참으로 모든 신들의
신이시요 모든 왕의 주재시로다 네
가 능히 이 은밀한 것을 나타내었으
니 네 하나님은 또 은밀한 것을 나타
내시는 이시로다
48 왕이 이에 다니엘을 높여 귀한 선물
을 많이 주며 그를 세워 바벨론 온
지방을 다스리게 하며 또 바벨론 모
든 지혜자의 어른을 삼았으며
49 왕이 또 다니엘의 요구대로 사드락
과 메삭과 아벳느고를 세워 바벨론
지방의 일을 다스리게 하였고 다니

1) 히, 우리가

엘은 왕궁에 있었더라

금 신상 숭배

3 느부갓네살 왕이 금으로 신상을
만들었으니 높이는 육십 [1]규빗이
요 너비는 여섯 규빗이라 그것을
바벨론 지방의 두라 평지에 세웠더
라
2 느부갓네살 왕이 사람을 보내어 총
독과 수령과 행정관과 모사와 재
무관과 재판관과 법률사와 각 지
방 모든 관원을 느부갓네살 왕이
세운 신상의 낙성식에 참석하게 하
매
3 이에 총독과 수령과 행정관과 모사
와 재무관과 재판관과 법률사와 각
지방 모든 관원이 느부갓네살 왕이
세운 신상의 낙성식에 참석하여 느
부갓네살 왕이 세운 신상 앞에 서니
라
4 선포하는 자가 크게 외쳐 이르되 백
성들과 나라들과 각 언어로 말하는
자들아 왕이 너희 무리에게 명하시
나니
5 너희는 나팔과 피리와 수금과 삼
현금과 양금과 생황과 및 모든 악
기 소리를 들을 때에 엎드리어 느
부갓네살 왕이 세운 금 신상에게 절
하라
6 누구든지 엎드려 절하지 아니하는
자는 즉시 맹렬히 타는 풀무불에 던
져 넣으리라 하였더라
7 모든 백성과 나라들과 각 언어를 말
하는 자들이 나팔과 피리와 수금과
삼현금과 양금과 및 모든 악기 소리
를 듣자 곧 느부갓네살 왕이 세운 금
신상에게 엎드려 절하니라

다니엘의 세 친구

8 ●그때에 어떤 갈대아 사람들이 나아
와 유다 사람들을 참소하니라
9 그들이 느부갓네살 왕에게 이르되
왕이여 만수무강 하옵소서
10 왕이여 왕이 명령을 내리사 모든 사
람이 나팔과 피리와 수금과 삼현금
과 양금과 생황과 및 모든 악기 소리
를 듣거든 엎드려 금 신상에게 절할
것이라
11 누구든지 엎드려 절하지 아니하는
자는 맹렬히 타는 풀무불 가운데에
던져 넣음을 당하리라 하지 아니하
셨나이까
12 이제 몇 유다 사람 사드락과 메삭과
아벳느고는 왕이 세워 바벨론 지방
을 다스리게 하신 자이거늘 왕이여
이 사람들이 왕을 높이지 아니하며
왕의 신들을 섬기지 아니하며 왕이
세우신 금 신상에게 절하지 아니하
나이다
13 ●느부갓네살 왕이 노하고 분하여
사드락과 메삭과 아벳느고를 끌어
오라 말하매 드디어 그 사람들을 왕
의 앞으로 끌어온지라
14 느부갓네살이 그들에게 물어 이르
되 사드락, 메삭, 아벳느고야 너희가
내 신을 섬기지 아니하며 내가 세운
금 신상에게 절하지 아니한다 하니
사실이냐
15 이제라도 너희가 준비하였다가 나
팔과 피리와 수금과 삼현금과 양금
과 생황과 및 모든 악기 소리를 들을
때 내가 만든 신상 앞에 엎드려 절하
면 좋거니와 너희가 만일 절하지 아
니하면 즉시 너희를 맹렬히 타는 풀
무불 가운데에 던져 넣을 것이니 능
히 너희를 내 손에서 건져낼 신이 누
구이겠느냐 하니
16 사드락과 메삭과 아벳느고가 왕에
게 대답하여 이르되 느부갓네살이
여 우리가 이 일에 대하여 왕에게 대
답할 필요가 없나이다

1) 히, 암마

17 왕이여 우리가 섬기는 하나님이 계
시다면 우리를 맹렬히 타는 풀무불
가운데에서 능히 건져내시겠고 왕
의 손에서도 건져내시리이다
18 그렇게 하지 아니하실지라도 왕이
여 우리가 왕의 신들을 섬기지도 아
니하고 왕이 세우신 금 신상에게 절
하지도 아니할 줄을 아옵소서

세 친구를 풀무불에 던지다

19 ●느부갓네살이 분이 가득하여 사
드락과 메삭과 아벳느고를 향하여
얼굴빛을 바꾸고 명령하여 이르되
그 풀무불을 뜨겁게 하기를 평소보
다 칠 배나 뜨겁게 하라 하고
20 군대 중 용사 몇 사람에게 명령하여
사드락과 메삭과 아벳느고를 결박
하여 극렬히 타는 풀무불 가운데에
던지라 하니라
21 그러자 그 사람들을 겉옷과 속옷과
모자와 다른 옷을 입은 채 결박하여
맹렬히 타는 풀무불 가운데에 던졌
더라
22 왕의 명령이 엄하고 풀무불이 심히
뜨거우므로 불꽃이 사드락과 메삭
과 아벳느고를 붙든 사람을 태워 죽
였고
23 이 세 사람 사드락과 메삭과 아벳느
고는 결박된 채 맹렬히 타는 풀무불
가운데에 떨어졌더라

왕이 세 친구를 높이다

24 ●그때에 느부갓네살 왕이 놀라 급
히 일어나서 모사들에게 물어 이르
되 우리가 결박하여 불 가운데에 던
진 자는 세 사람이 아니었느냐 하니
그들이 왕에게 대답하여 이르되 왕
이여 옳소이다 하더라
25 왕이 또 말하여 이르되 내가 보니 결
박되지 아니한 네 사람이 불 가운데
로 다니는데 상하지도 아니하였고
그 넷째의 모양은 신들의 아들과 같
도다 하고
26 느부갓네살이 맹렬히 타는 풀무불
아귀 가까이 가서 불러 이르되 지극
히 높으신 하나님의 종 사드락, 메
삭, 아벳느고야 나와서 이리로 오라
하매 사드락과 메삭과 아벳느고가
불 가운데에서 나온지라
27 총독과 지사와 행정관과 왕의 모사
들이 모여 이 사람들을 본즉 불이 능
히 그들의 몸을 해하지 못하였고 머
리털도 그을리지 아니하였고 겉옷
빛도 변하지 아니하였고 불 탄 냄새
도 없었더라
28 ●느부갓네살이 말하여 이르되 사
드락과 메삭과 아벳느고의 하나님
을 찬송할지로다 그가 그의 천사를
보내사 자기를 의뢰하고 그들의 몸
을 바쳐 왕의 명령을 거역하고 그 하
나님밖에는 다른 신을 섬기지 아니
하며 그에게 절하지 아니한 종들을
구원하셨도다
29 그러므로 내가 이제 조서를 내리노
니 각 백성과 각 나라와 각 언어를
말하는 자가 모두 사드락과 메삭과
아벳느고의 하나님께 경솔히 말하
거든 그 몸을 쪼개고 그 집을 거름
터로 삼을지니 이는 이같이 사람을
구원할 다른 신이 없음이니라 하더
라
30 왕이 드디어 사드락과 메삭과 아벳
느고를 바벨론 지방에서 더욱 높이
니라

느부갓네살 왕의 두 번째 꿈

4 느부갓네살 왕은 천하에 거주하
는 모든 백성들과 나라들과 각 언
어를 말하는 자들에게 조서를 내리
노라 원하노니 너희에게 큰 평강이
있을지어다
2 지극히 높으신 하나님이 내게 행하
신 이적과 놀라운 일을 내가 알게 하

기를 즐겨 하노라
3 참으로 크도다 그의 이적이여, 참으
로 능하도다 그의 놀라운 일이여, 그
의 나라는 영원한 나라요 그의 통치
는 대대에 이르리로다
4 ●나 느부갓네살이 내 집에 편히 있
으며 내 궁에서 평강할 때에
5 한 꿈을 꾸고 그로 말미암아 두려워
하였으니 곧 내 침상에서 생각하는
것과 머리 속으로 받은 환상으로 말
미암아 번민하였었노라
6 이러므로 내가 명령을 내려 바벨론
의 모든 지혜자들을 내 앞으로 불러
다가 그 꿈의 해석을 내게 알게 하라
하였더라
7 그때에 박수와 술객과 갈대아 술사
와 점쟁이가 들어왔으므로 내가 그
꿈을 그들에게 말하였으나 그들이
그 해석을 내게 알려 주지 못하였느
니라
8 그 후에 다니엘이 내 앞에 들어왔으
니 그는 내 신의 이름을 따라 벨드사
살이라 이름한 자요 그의 안에는 거
룩한 신들의 영이 있는 자라 내가 그
에게 꿈을 말하여 이르되
9 박수장 벨드사살아 네 안에는 거룩
한 신들의 영이 있은즉 어떤 은밀한
것이라도 네게는 어려울 것이 없는
줄을 내가 아노니 내 꿈에 본 환상의
해석을 내게 말하라
10 내가 침상에서 나의 머리 속으로 받
은 환상이 이러하니라 내가 본즉 땅
의 중앙에 한 나무가 있는 것을 보았
는데 높이가 높더니
11 그 나무가 자라서 견고하여지고 그
높이는 하늘에 닿았으니 그 모양이
땅끝에서도 보이겠고
12 그 잎사귀는 아름답고 그 열매는 많
아서 만민의 먹을 것이 될 만하고 들
짐승이 그 그늘에 있으며 공중에 나
는 새는 그 가지에 깃들이고 육체를
가진 모든 것이 거기에서 먹을 것을
얻더라
13 내가 침상에서 머리 속으로 받은
환상 가운데에 또 본즉 한 순찰자,
한 거룩한 자가 하늘에서 내려왔는
데
14 그가 소리 질러 이처럼 이르기를 그
나무를 베고 그 가지를 자르고 그 잎
사귀를 떨고 그 열매를 헤치고 짐승
들을 그 아래에서 떠나게 하고 새들
을 그 가지에서 쫓아내라
15 그러나 그 뿌리의 그루터기를 땅에
남겨 두고 쇠와 놋줄로 동이고 그것
을 들 풀 가운데에 두어라 그것이
하늘 이슬에 젖고 땅의 풀 가운데
에서 짐승과 더불어 제 몫을 얻으리
라
16 또 그 마음은 변하여 사람의 마음 같
지 아니하고 짐승의 마음을 받아 일
곱 때를 지내리라
17 이는 순찰자들의 명령대로요 거룩
한 자들의 말대로이니 지극히 높으
신 이가 사람의 나라를 다스리시며
자기의 뜻대로 그것을 누구에게든
지 주시며 또 지극히 천한 자를 그
위에 세우시는 줄을 사람들이 알게
하려 함이라 하였느니라
18 나 느부갓네살 왕이 이 꿈을 꾸었나
니 너 벨드사살아 그 해석을 밝히
말하라 내 나라 모든 지혜자가 능
히 내게 그 해석을 알게 하지 못하였
으나 오직 너는 능히 하리니 이는
거룩한 신들의 영이 네 안에 있음
이라

다니엘의 꿈 해석

19 ●벨드사살이라 이름한 다니엘이
한동안 놀라며 마음으로 번민하는
지라 왕이 그에게 말하여 이르기를
벨드사살아 너는 이 꿈과 그 해석으

로 말미암아 번민할 것이 아니니라
벨드사살이 대답하여 이르되 내 주
여 그 꿈은 왕을 미워하는 자에게 응
하며 그 해석은 왕의 대적에게 응하
기를 원하나이다
20 왕께서 보신 그 나무가 자라서 견고
하여지고 그 높이는 하늘에 닿았으
니 땅끝에서도 보이겠고
21 그 잎사귀는 아름답고 그 열매는 많
아서 만민의 먹을 것이 될 만하고 들
짐승은 그 아래에 살며 공중에 나는
새는 그 가지에 깃들었나이다
22 왕이여 이 나무는 곧 왕이시라 이는
왕이 자라서 견고하여지고 창대하
사 하늘에 닿으시며 권세는 땅끝까
지 미치심이니이다
23 왕이 보신즉 한 순찰자, 한 거룩한
자가 하늘에서 내려와서 이르기를
그 나무를 베어 없애라 그러나 그
뿌리의 그루터기는 땅에 남겨 두고
쇠와 놋줄로 동이고 그것을 들 풀
가운데에 두라 그것이 하늘 이슬에
젖고 또 들짐승들과 더불어 제 몫을
얻으며 일곱 때를 지내리라 하였나
이다
24 왕이여 그 해석은 이러하니이다 곧
지극히 높으신 이가 명령하신 것이
내 주 왕에게 미칠 것이라
25 왕이 사람에게서 쫓겨나서 들짐승
과 함께 살며 소처럼 풀을 먹으며
하늘 이슬에 젖을 것이요 이와 같
이 일곱 때를 지낼 것이라 그때에
지극히 높으신 이가 사람의 나라를
다스리시며 자기의 뜻대로 그것을
누구에게든지 주시는 줄을 아시리
이다
26 또 그들이 그 나무뿌리의 그루터기
를 남겨 두라 하였은즉 [1]하나님이
다스리시는 줄을 왕이 깨달은 후에
야 왕의 나라가 견고하리이다
27 그런즉 왕이여 내가 아뢰는 것을
받으시고 공의를 행함으로 죄를 사
하고 가난한 자를 긍휼히 여김으로
죄악을 사하소서 그리하시면 왕의
평안함이 혹시 장구하리이다 하니
라
28 ●이 모든 일이 다 나 느부갓네살 왕
에게 임하였느니라
29 열두 달이 지난 후에 [2]내가 바벨론
왕궁 지붕에서 거닐새
30 나 왕이 말하여 이르되 이 큰 바벨론
은 내가 능력과 권세로 건설하여 나
의 도성으로 삼고 이것으로 내 위엄
의 영광을 나타낸 것이 아니냐 하였
더니
31 이 말이 아직도 나 왕의 입에 있을
때에 하늘에서 소리가 내려 이르되
느부갓네살 왕아 네게 말하노니 나
라의 왕위가 네게서 떠났느니라
32 네가 사람에게서 쫓겨나서 들짐승
과 함께 살면서 소처럼 풀을 먹을 것
이요 이와 같이 일곱 때를 지내서 지
극히 높으신 이가 사람의 나라를 다
스리시며 자기의 뜻대로 그것을 누
구에게든지 주시는 줄을 알기까지
이르리라 하더라
33 바로 그때에 이 일이 나 느부갓네살
에게 응하므로 내가 사람에게 쫓겨
나서 소처럼 풀을 먹으며 몸이 하늘
이슬에 젖고 머리털이 독수리 털과
같이 자랐고 손톱은 새 발톱과 같이
되었더라

느부갓네살 왕의 하나님 찬양

34 ●그 기한이 차매 나 느부갓네살이
하늘을 우러러 보았더니 내 총명이
다시 내게로 돌아온지라 이에 내가
지극히 높으신 이에게 감사하며 영
생하시는 이를 찬양하고 경배하였
나니 그 권세는 영원한 권세요 그 나

1) 하늘이 2) 히, 그가

라는 대대에 이르리로다
35 땅의 모든 사람들을 없는 것같이 여
기시며 하늘의 군대에게든지 땅의
사람에게든지 그는 자기 뜻대로 행
하시나니 그의 손을 금하든지 혹시
이르기를 네가 무엇을 하느냐고 할
자가 아무도 없도다
36 그때에 내 총명이 내게로 돌아왔고
또 내 나라의 영광에 대하여도 내 위
엄과 광명이 내게로 돌아왔고 또 나
의 모사들과 관원들이 내게 찾아오
니 내가 내 나라에서 다시 세움을 받
고 또 지극한 위세가 내게 더하였느
니라
37 그러므로 지금 나 느부갓네살은 하
늘의 왕을 찬양하며 칭송하며 경배
하노니 그의 일이 다 진실하고 그
의 행하심이 의로우시므로 교만하
게 행하는 자를 그가 능히 낮추심
이라

벨사살 왕이 잔치를 베풀다

5 벨사살 왕이 그의 귀족 천 명을 위
하여 큰 잔치를 베풀고 그 천 명
앞에서 술을 마시니라
2 벨사살이 술을 마실 때에 명하여 그
의 부친 느부갓네살이 예루살렘 성
전에서 탈취하여 온 금, 은 그릇을
가져오라고 명하였으니 이는 왕과
귀족들과 왕후들과 후궁들이 다 그
것으로 마시려 함이었더라
3 이에 예루살렘 하나님의 전 성소 중
에서 탈취하여 온 금 그릇을 가져오
매 왕이 그 귀족들과 왕후들과 후궁
들과 더불어 그것으로 마시더라
4 그들이 술을 마시고는 그 금, 은, 구
리, 쇠, 나무, 돌로 만든 신들을 찬양
하니라
5 ●그때에 사람의 손가락들이 나타
나서 왕궁 촛대 맞은편 석회벽에 글
자를 쓰는데 왕이 그 글자 쓰는 손가
락을 본지라
6 이에 왕의 즐기던 얼굴빛이 변하고
그 생각이 번민하여 넓적다리 마디
가 녹는 듯하고 그의 무릎이 서로 부
딪친지라
7 왕이 크게 소리 질러 술객과 갈대아
술사와 점쟁이를 불러오게 하고 바
벨론의 지혜자들에게 말하되 누구
를 막론하고 이 글자를 읽고 그 해석
을 내게 보이면 자주색 옷을 입히고
금사슬을 그의 목에 걸어 주리니 그
를 나라의 셋째 통치자로 삼으리라
하니라
8 그때에 왕의 지혜자가 다 들어왔
으나 능히 그 글자를 읽지 못하며
그 해석을 왕께 알려 주지 못하는
지라
9 그러므로 벨사살 왕이 크게 번민하
여 그의 얼굴빛이 변하였고 귀족들
도 다 놀라니라
10 ●왕비가 왕과 그 귀족들의 말로 말
미암아 잔치하는 궁에 들어왔더니
이에 말하여 이르되 왕이여 만수무
강 하옵소서 왕의 생각을 번민하게
하지 말며 얼굴빛을 변할 것도 아니
니이다
11 왕의 나라에 거룩한 신들의 영이 있
는 사람이 있으니 곧 왕의 부친 때에
있던 자로서 명철과 총명과 지혜가
신들의 지혜와 같은 자니이다 왕의
부친 느부갓네살 왕이 그를 세워 박
수와 술객과 갈대아 술사와 점쟁이
의 어른을 삼으셨으니
12 왕이 벨드사살이라 이름하는 이 다
니엘은 마음이 민첩하고 지식과 총
명이 있어 능히 꿈을 해석하며 은밀
한 말을 밝히며 의문을 풀 수 있었나
이다 이제 다니엘을 부르소서 그리
하시면 그가 그 해석을 알려 드리리
이다 하니라

다니엘이 글을 해석하다

13 ●이에 다니엘이 부름을 받아 왕의
앞에 나오매 왕이 다니엘에게 말하
되 네가 나의 부왕이 유다에서 사로
잡아 온 유다 자손 중의 그 다니엘이
냐
14 내가 네게 대하여 들은즉 네 안에
는 신들의 영이 있으므로 네가 명철
과 총명과 비상한 지혜가 있다 하
도다
15 지금 여러 지혜자와 술객을 내 앞에
불러다가 그들에게 이 글을 읽고 그
해석을 내게 알게 하라 하였으나 그
들이 다 그 해석을 내게 보이지 못하
였느니라
16 내가 네게 대하여 들은즉 너는 해석
을 잘하고 의문을 푼다 하도다 그런
즉 이제 네가 이 글을 읽고 그 해석
을 내게 알려 주면 네게 자주색 옷을
입히고 금 사슬을 네 목에 걸어 주어
너를 나라의 셋째 통치자로 삼으리
라 하니
17 ●다니엘이 왕에게 대답하여 이르
되 왕의 예물은 왕이 친히 가지시
며 왕의 상급은 다른 사람에게 주
옵소서 그럴지라도 내가 왕을 위하
여 이 글을 읽으며 그 해석을 아뢰리
이다
18 왕이여 지극히 높으신 하나님이 왕
의 부친 느부갓네살에게 나라와 큰
권세와 영광과 위엄을 주셨고
19 그에게 큰 권세를 주셨으므로 백성
들과 나라들과 언어가 다른 모든 사
람들이 그의 앞에서 떨며 두려워하
였으며 그는 임의로 죽이며 임의로
살리며 임의로 높이며 임의로 낮추
었더니
20 그가 마음이 높아지며 뜻이 완악하
여 교만을 행하므로 그의 왕위가
폐한 바 되며 그의 영광을 빼앗기
고
21 사람 중에서 쫓겨나서 그의 마음이
들짐승의 마음과 같았고 또 들나귀
와 함께 살며 또 소처럼 풀을 먹으며
그의 몸이 하늘 이슬에 젖었으며 지
극히 높으신 하나님이 사람 나라를
다스리시며 자기의 뜻대로 누구든
지 그 자리에 세우시는 줄을 알기에
이르렀나이다
22 벨사살이여 왕은 그의 아들이 되어
서 이것을 다 알고도 아직도 마음을
낮추지 아니하고
23 도리어 자신을 하늘의 주재보다 높
이며 그의 성전 그릇을 왕 앞으로 가
져다가 왕과 귀족들과 왕후들과 후
궁들이 다 그것으로 술을 마시고 왕
이 또 보지도 듣지도 알지도 못하는
금, 은, 구리, 쇠와 나무, 돌로 만든
신상들을 찬양하고 도리어 왕의 호
흡을 주장하시고 왕의 모든 길을 작
정하시는 하나님께는 영광을 돌리
지 아니한지라
24 이러므로 그의 앞에서 이 손가락이
나와서 이 글을 기록하였나이다
25 기록된 글자는 이것이니 곧 메네 메
네 데겔 우바르신이라
26 그 글을 해석하건대 메네는 하나님
이 이미 왕의 나라의 시대를 세어서
그것을 끝나게 하셨다 함이요
27 데겔은 왕을 저울에 달아 보니 부족
함이 보였다 함이요
28 베레스는 왕의 나라가 나뉘어서 메
대와 바사 사람에게 준 바 되었다 함
이니이다 하니
29 ●이에 벨사살이 명하여 그들이 다
니엘에게 자주색 옷을 입히게 하며
금 사슬을 그의 목에 걸어 주고 그를
위하여 조서를 내려 나라의 셋째 통
치자로 삼으니라
30 ●그날 밤에 갈대아 왕 벨사살이 죽

임을 당하였고
31 메대 사람 다리오가 나라를 얻었는
데 그때에 다리오는 육십이 세였더
라

사자 굴 속의 다니엘

6 다리오가 자기의 뜻대로 고관 백
이십 명을 세워 전국을 통치하게
하고
2 또 그들 위에 총리 셋을 두었으니 다
니엘이 그 중의 하나이라 이는 고관
들로 총리에게 자기의 직무를 보고
하게 하여 왕에게 손해가 없게 하려
함이었더라
3 다니엘은 마음이 민첩하여 총리들
과 고관들 위에 뛰어나므로 왕이 그
를 세워 전국을 다스리게 하고자 한
지라
4 이에 총리들과 고관들이 국사에 대
하여 다니엘을 고발할 근거를 찾고
자 하였으나 아무 근거, 아무 허물도
찾지 못하였으니 이는 그가 충성되
어 아무 그릇됨도 없고 아무 허물도
없음이었더라
5 그들이 이르되 이 다니엘은 그 하나
님의 율법에서 근거를 찾지 못하면
그를 고발할 수 없으리라 하고
6 이에 총리들과 고관들이 모여 왕에
게 나아가서 그에게 말하되 다리오
왕이여 만수무강 하옵소서
7 나라의 모든 총리와 지사와 총독과
법관과 관원이 의논하고 왕에게 한
법률을 세우며 한 금령을 정하실 것
을 구하나이다 왕이여 그것은 곧 이
제부터 삼십일 동안에 누구든지 왕
외의 어떤 신에게나 사람에게 무엇
을 구하면 사자 굴에 던져 넣기로 한
것이니이다
8 그런즉 왕이여 원하건대 금령을 세
우시고 그 조서에 왕의 도장을 찍어
메대와 바사의 고치지 아니하는 규
례를 따라 그것을 다시 고치지 못하
게 하옵소서 하매
9 이에 다리오 왕이 조서에 왕의 도장
을 찍어 금령을 내니라
10 ●다니엘이 이 조서에 왕의 도장
이 찍힌 것을 알고도 자기 집에 돌
아가서는 윗방에 올라가 예루살렘
으로 향한 창문을 열고 전에 하던
대로 하루 세 번씩 무릎을 꿇고 기
도하며 그의 하나님께 감사하였더
라
11 그 무리들이 모여서 다니엘이 자기
하나님 앞에 기도하며 간구하는 것
을 발견하고
12 이에 그들이 나아가서 왕의 금령에
관하여 왕께 아뢰되 왕이여 왕이 이
미 금령에 왕의 도장을 찍어서 이제
부터 삼십 일 동안에는 누구든지 왕
외의 어떤 신에게나 사람에게 구하
면 사자 굴에 던져 넣기로 하지 아니
하였나이까 하니 왕이 대답하여 이
르되 이 일이 확실하니 메대와 바사
의 고치지 못하는 규례니라 하는지
라
13 그들이 왕 앞에서 말하여 이르되 왕
이여 사로잡혀 온 유다 자손 중에 다
니엘이 왕과 왕의 도장이 찍힌 금령
을 존중하지 아니하고 하루 세 번씩
기도하나이다 하니
14 왕이 이 말을 듣고 그로 말미암아
심히 근심하여 다니엘을 구원하려
고 마음을 쓰며 그를 건져내려고 힘
을 다하다가 해가 질 때에 이르렀더
라
15 그 무리들이 또 모여 왕에게로 나아
와서 왕께 말하되 왕이여 메대와 바
사의 규례를 아시거니와 왕께서 세
우신 금령과 법도는 고치지 못할 것
이니이다 하니
16 ●이에 왕이 명령하매 다니엘을 끌

어다가 사자 굴에 던져 넣는지라 왕
이 다니엘에게 이르되 네가 항상 섬
기는 너의 하나님이 너를 구원하시
리라 하니라
17 이에 돌을 굴려다가 굴 어귀를 막으
매 왕이 그의 도장과 귀족들의 도장
으로 봉하였으니 이는 다니엘에 대
한 조치를 고치지 못하게 하려 함이
었더라
18 왕이 궁에 돌아가서는 밤이 새도록
금식하고 그 앞에 오락을 그치고 잠
자기를 마다하니라
19 ●이튿날에 왕이 새벽에 일어나 급
히 사자 굴로 가서
20 다니엘이 든 굴에 가까이 이르러서
슬피 소리 질러 다니엘에게 묻되 살
아 계시는 하나님의 종 다니엘아 네
가 항상 섬기는 네 하나님이 사자들
에게서 능히 너를 구원하셨느냐 하
니라
21 다니엘이 왕에게 아뢰되 왕이여 원
하건대 왕은 만수무강 하옵소서
22 나의 하나님이 이미 그의 천사를 보
내어 사자들의 입을 봉하셨으므로
사자들이 나를 상해하지 못하였사
오니 이는 나의 무죄함이 그 앞에 명
백함이오며 또 왕이여 나는 왕에게
도 해를 끼치지 아니하였나이다 하
니라
23 왕이 심히 기뻐서 명하여 다니엘을
굴에서 올리라 하매 그들이 다니엘
을 굴에서 올린즉 그의 몸이 조금도
상하지 아니하였으니 이는 그가 자
기의 하나님을 믿음이었더라
24 ●왕이 말하여 다니엘을 참소한 사
람들을 끌어오게 하고 그들을 그들
의 처자들과 함께 사자 굴에 던져 넣
게 하였더니 그들이 굴 바닥에 닿기
도 전에 사자들이 곧 그들을 움켜서
그 뼈까지도 부서뜨렸더라
25 ●이에 다리오 왕이 온 땅에 있는 모
든 백성과 나라들과 언어가 다른 모
든 사람들에게 조서를 내려 이르되
원하건대 너희에게 큰 평강이 있을
지어다
26 내가 이제 조서를 내리노라 내 나라
관할 아래에 있는 사람들은 다 다니
엘의 하나님 앞에서 떨며 두려워할
지니 그는 살아 계시는 하나님이시
요 영원히 변하지 않으실 이시며 그
의 나라는 멸망하지 아니할 것이요
그의 권세는 무궁할 것이며
27 그는 구원도 하시며 건져내기도 하
시며 하늘에서든지 땅에서든지 이
적과 기사를 행하시는 이로서 다니
엘을 구원하여 사자의 입에서 벗어
나게 하셨음이라 하였더라
28 ●이 다니엘이 다리오 왕의 시대와
바사 사람 고레스 왕의 시대에 형통
하였더라

네 짐승 환상

7 바벨론 벨사살 왕 원년에 다니엘
이 그의 침상에서 꿈을 꾸며 머리
속으로 환상을 받고 그 꿈을 기록하
며 그 일의 대략을 진술하니라
2 다니엘이 진술하여 이르되 내가 밤
에 환상을 보았는데 하늘의 네 바람
이 큰 바다로 몰려 불더니
3 큰 짐승 넷이 바다에서 나왔는데 그
모양이 각각 다르더라
4 첫째는 사자와 같은데 독수리의 날
개가 있더니 내가 보는 중에 그 날개
가 뽑혔고 또 땅에서 들려서 사람처
럼 두 발로 서게 함을 받았으며 또
사람의 마음을 받았더라
5 또 보니 다른 짐승 곧 둘째는 곰과
같은데 그것이 몸 한쪽을 들었고 그
입의 잇사이에는 세 갈빗대가 물렸
는데 그것에게 말하는 자들이 있어
이르기를 일어나서 많은 고기를 먹

으라 하였더라
6 그 후에 내가 또 본즉 다른 짐승 곧
표범과 같은 것이 있는데 그 등에는
새의 날개 넷이 있고 그 짐승에게
또 머리 넷이 있으며 권세를 받았더
라
7 내가 밤 환상 가운데에 그 다음에
본 넷째 짐승은 무섭고 놀라우며
또 매우 강하며 또 쇠로 된 큰 이가
있어서 먹고 부서뜨리고 그 나머지
를 발로 밟았으며 이 짐승은 전의
모든 짐승과 다르고 또 열 뿔이 있
더라
8 내가 그 뿔을 유심히 보는 중에 다른
작은 뿔이 그 사이에서 나더니 첫 번
째 뿔 중의 셋이 그 앞에서 뿌리까지
뽑혔으며 이 작은 뿔에는 사람의 눈
같은 눈들이 있고 또 입이 있어 큰
말을 하였더라

옛적부터 항상 계신 자

9 ●내가 보니 왕좌가 놓이고 옛적부
터 항상 계신 이가 좌정하셨는데 그
의 옷은 희기가 눈 같고 그의 머리털
은 깨끗한 양의 털 같고 그의 보좌는
불꽃이요 그의 바퀴는 타오르는 불
이며
10 불이 강처럼 흘러 그의 앞에서 나오
며 그를 섬기는 자는 천천이요 그 앞
에서 모셔 선 자는 만만이며 심판을
베푸는데 책들이 펴 놓였더라
11 그때에 내가 작은 뿔이 말하는 큰 목
소리로 말미암아 주목하여 보는 사
이에 짐승이 죽임을 당하고 그의 시
체가 상한 바 되어 타오르는 불에 던
져졌으며
12 그 남은 짐승들은 그의 권세를 빼
앗겼으나 그 생명은 보존되어 정한
시기가 이르기를 기다리게 되었더
라
13 ●내가 또 밤 환상 중에 보니 인자 같
은 이가 하늘 구름을 타고 와서 옛적
부터 항상 계신 이에게 나아가 그 앞
으로 인도되매
14 그에게 권세와 영광과 나라를 주고
모든 백성과 나라들과 다른 언어를
말하는 모든 자들이 그를 섬기게 하
였으니 그의 권세는 소멸되지 아니
하는 영원한 권세요 그의 나라는 멸
망하지 아니할 것이니라

환상 해석

15 ●나 다니엘이 중심에 근심하며 내
머리 속의 환상이 나를 번민하게 한
지라
16 내가 그 곁에 모셔 선 자들 중 하나
에게 나아가서 이 모든 일의 진상을
물으매 그가 내게 말하여 그 일의 해
석을 알려 주며 이르되
17 그 네 큰 짐승은 세상에 일어날 네
왕이라
18 지극히 높으신 이의 성도들이 나라
를 얻으리니 그 누림이 영원하고 영
원하고 영원하리라
19 이에 내가 넷째 짐승에 관하여 확실
히 알고자 하였으니 곧 그것은 모든
짐승과 달라서 심히 무섭더라 그 이
는 쇠요 그 발톱은 놋이니 먹고 부서
뜨리고 나머지는 발로 밟았으며
20 또 그것의 머리에는 열 뿔이 있고
그 외에 또 다른 뿔이 나오매 세 뿔
이 그 앞에서 빠졌으며 그 뿔에는
눈도 있고 큰 말을 하는 입도 있고
그 모양이 그의 동류보다 커 보이더
라
21 내가 본즉 이 뿔이 성도들과 더불어
싸워 그들에게 이겼더니
22 옛적부터 항상 계신 이가 와서 지극
히 높으신 이의 성도들을 위하여 원
한을 풀어 주셨고 때가 이르매 성도
들이 나라를 얻었더라
23 ●모신 자가 이처럼 이르되 넷째 짐

승은 곧 땅의 넷째 나라인데 이는 다
른 나라들과는 달라서 온 천하를 삼
키고 밟아 부서뜨릴 것이며
24 그 열 뿔은 그 나라에서 일어날 열
왕이요 그 후에 또 하나가 일어나리
니 그는 먼저 있던 자들과 다르고 또
세 왕을 복종시킬 것이며
25 그가 장차 지극히 높으신 이를 말로
대적하며 또 지극히 높으신 이의 성
도를 괴롭게 할 것이며 그가 또 때와
법을 고치고자 할 것이며 성도들은
그의 손에 붙인 바 되어 한 때와 두
때와 반 때를 지내리라
26 그러나 심판이 시작되면 그는 권세
를 빼앗기고 완전히 멸망할 것이
요
27 나라와 권세와 온 천하 나라들의 위
세가 지극히 높으신 이의 거룩한 백
성에게 붙인 바 되리니 그의 나라
는 영원한 나라이라 모든 권세 있
는 자들이 다 그를 섬기며 복종하
리라
28 그 말이 이에 그친지라 나 다니엘은
중심에 번민하였으며 내 얼굴빛이
변하였으나 내가 이 일을 마음에 간
직하였느니라

숫양과 숫염소의 환상

8 나 다니엘에게 처음에 나타난 환
상 후 벨사살 왕 제삼 년에 다시
한 환상이 나타나니라
2 내가 환상을 보았는데 내가 그것을
볼 때에 내 몸은 엘람 지방 수산 성
에 있었고 내가 환상을 보기는 을래
강변에서이니라
3 내가 눈을 들어 본즉 강가에 두 뿔
가진 숫양이 섰는데 그 두 뿔이 다
길었으며 그 중 한 뿔은 다른 뿔보다
길었고 그 긴 것은 나중에 난 것이더
라
4 내가 본즉 그 숫양이 서쪽과 북쪽과
남쪽을 향하여 받으나 그것을 당할
짐승이 하나도 없고 그 손에서 구할
자가 없으므로 그것이 원하는 대로
행하고 강하여졌더라
5 ●내가 생각할 때에 한 숫염소가 서
쪽에서부터 와서 온 지면에 두루 다
니되 땅에 닿지 아니하며 그 염소의
두 눈 사이에는 현저한 뿔이 있더라
6 그것이 두 뿔 가진 숫양 곧 내가 본
바 강가에 섰던 양에게로 나아가되
분노한 힘으로 그것에게로 달려가
더니
7 내가 본즉 그것이 숫양에게로 가까
이 나아가서는 더욱 성내어 그 숫양
을 쳐서 그 두 뿔을 꺾으나 숫양에게
는 그것을 대적할 힘이 없으므로 그
것이 숫양을 땅에 엎드러뜨리고 짓
밟았으나 숫양을 그 손에서 벗어나
게 할 자가 없었더라
8 숫염소가 스스로 심히 강대하여 가
더니 강성할 때에 그 큰 뿔이 꺾이고
그 대신에 현저한 뿔 넷이 하늘 [1]사
방을 향하여 났더라
9 ●그 중 한 뿔에서 또 작은 뿔 하나가
나서 남쪽과 동쪽과 또 영화로운 땅
을 향하여 심히 커지더니
10 그것이 하늘 군대에 미칠 만큼 커져
서 그 군대와 별들 중의 몇을 땅에
떨어뜨리고 그것들을 짓밟고
11 또 스스로 높아져서 군대의 주재를
대적하며 그에게 매일 드리는 제사
를 없애 버렸고 그의 성소를 헐었으
며
12 그의 악으로 말미암아 [2]백성이 매일
드리는 제사가 넘긴 바 되었고 그것
이 또 진리를 땅에 던지며 자의로 행
하여 형통하였더라
13 내가 들은즉 한 거룩한 이가 말하더
니 다른 거룩한 이가 그 말하는 이에

1) 네 바람 2) 군대와

게 묻되 환상에 나타난 바 매일 드리
는 제사와 망하게 하는 죄악에 대한
일과 성소와 [1]백성이 내준 바 되며
짓밟힐 일이 어느 때까지 이를꼬 하
매
14 그가 내게 이르되 이천삼백 주야까
지니 그때에 성소가 정결하게 되리
라 하였느니라

가브리엘 천사가 환상을 깨닫게 하다

15 ●나 다니엘이 이 환상을 보고 그 뜻
을 알고자 할 때에 사람 모양 같은
것이 내 앞에 섰고
16 내가 들은즉 을래 강 두 언덕 사이에
서 사람의 목소리가 있어 외쳐 이르
되 가브리엘아 이 환상을 이 사람에
게 깨닫게 하라 하더니
17 그가 내가 선 곳으로 나왔는데 그가
나올 때에 내가 두려워서 얼굴을 땅
에 대고 엎드리매 그가 내게 이르되
인자야 깨달아 알라 이 환상은 정한
때 끝에 관한 것이니라
18 그가 내게 말할 때에 내가 얼굴을 땅
에 대고 엎드리어 깊이 잠들매 그가
나를 어루만져서 일으켜 세우며
19 이르되 진노하시는 때가 마친 후에
될 일을 내가 네게 알게 하리니 이
환상은 정한 때 끝에 관한 것임이라
20 네가 본 바 두 뿔 가진 숫양은 곧 메
대와 바사 왕들이요
21 털이 많은 숫염소는 곧 헬라 왕이요
그의 두 눈 사이에 있는 큰 뿔은 곧
그 첫째 왕이요
22 이 뿔이 꺾이고 그 대신에 네 뿔이
났은즉 그 나라 가운데에서 네 나
라가 일어나되 그의 권세만 못하리
라
23 이 네 나라 마지막 때에 반역자들이
가득할 즈음에 한 왕이 일어나리니
그 얼굴은 뻔뻔하며 속임수에 능하
며
24 그 권세가 강할 것이나 자기의 힘으
로 말미암은 것이 아니며 그가 장차
놀랍게 파괴 행위를 하고 자의로 행
하여 형통하며 강한 자들과 거룩한
백성을 멸하리라
25 그가 꾀를 베풀어 제 손으로 속임수
를 행하고 마음에 스스로 큰 체하며
또 평화로운 때에 많은 무리를 멸하
며 또 스스로 서서 만왕의 왕을 대적
할 것이나 그가 사람의 손으로 말미
암지 아니하고 깨지리라
26 이미 말한 바 주야에 대한 환상은 확
실하니 너는 그 환상을 간직하라 이
는 여러 날 후의 일임이라 하더라
27 이에 나 다니엘이 지쳐서 여러 날 앓
다가 일어나서 왕의 일을 보았느니라
내가 그 환상으로 말미암아 놀랐고
그 뜻을 깨닫는 사람도 없었느니라

다니엘의 기도

9 메대 족속 아하수에로의 아들 다
리오가 갈대아 나라 왕으로 세움
을 받던 첫 해
2 곧 그 통치 원년에 나 다니엘이 책을
통해 여호와께서 말씀으로 선지자
예레미야에게 알려 주신 그 연수를
깨달았나니 곧 예루살렘의 황폐함
이 칠십 년만에 그치리라 하신 것이
니라
3 ●내가 금식하며 베옷을 입고 재를
덮어쓰고 주 하나님께 기도하며 간
구하기를 결심하고
4 내 하나님 여호와께 기도하며 자복
하여 이르기를 크시고 두려워할 주
하나님, 주를 사랑하고 주의 계명을
지키는 자를 위하여 언약을 지키시
고 그에게 인자를 베푸시는 이시여
5 우리는 이미 범죄하여 패역하며 행
악하며 반역하여 주의 법도와 규례
를 떠났사오며

1) 군대가

6 우리가 또 주의 종 선지자들이 주의
이름으로 우리의 왕들과 우리의 고
관과 조상들과 온 국민에게 말씀한
것을 듣지 아니하였나이다
7 주여 공의는 주께로 돌아가고 수치
는 우리 얼굴로 돌아옴이 오늘과 같
아서 유다 사람들과 예루살렘 거민
들과 이스라엘이 가까운 곳에 있는
자들이나 먼 곳에 있는 자들이 다 주
께서 쫓아내신 각국에서 수치를 당
하였사오니 이는 그들이 주께 죄를
범하였음이니이다
8 주여 수치가 우리에게 돌아오고 우
리의 왕들과 우리의 고관과 조상들
에게 돌아온 것은 우리가 주께 범죄
하였음이니이다 마는
9 주 우리 하나님께는 긍휼과 용서하
심이 있사오니 이는 우리가 주께 패
역하였음이오며
10 우리 하나님 여호와의 목소리를 듣
지 아니하며 여호와께서 그의 종 선
지자들에게 부탁하여 우리 앞에 세
우신 율법을 행하지 아니하였음이
니이다
11 온 이스라엘이 주의 율법을 범하고
치우쳐 가서 주의 목소리를 듣지 아
니하였으므로 이 저주가 우리에게
내렸으되 곧 하나님의 종 모세의 율
법에 기록된 맹세대로 되었사오니
이는 우리가 주께 범죄하였음이니
이다
12 주께서 큰 재앙을 우리에게 내리사
우리와 및 우리를 재판하던 재판관
을 쳐서 하신 말씀을 이루셨사오니
온 천하에 예루살렘에서 일어난 일
같은 것이 없나이다
13 모세의 율법에 기록된 대로 이 모든
재앙이 이미 우리에게 내렸사오나
우리는 우리의 죄악을 떠나고 주의
진리를 깨달아 우리 하나님 여호와
의 얼굴을 기쁘게 하지 아니하였나
이다
14 그러므로 여호와께서 이 재앙을 간
직하여 두셨다가 우리에게 내리게
하셨사오니 우리의 하나님 여호와
께서 행하시는 모든 일이 공의로우
시나 우리가 그 목소리를 듣지 아니
하였음이니이다
15 강한 손으로 주의 백성을 애굽 땅에
서 인도하여 내시고 오늘과 같이 명
성을 얻으신 우리 주 하나님이여 우
리는 범죄하였고 악을 행하였나이
다
16 주여 구하옵나니 주는 주의 공의를
따라 주의 분노를 주의 성 예루살렘,
주의 거룩한 산에서 떠나게 하옵소
서 이는 우리의 죄와 우리 조상들의
죄악으로 말미암아 예루살렘과 주
의 백성이 사면에 있는 자들에게 수
치를 당함이니이다
17 그러하온즉 우리 하나님이여 지금
주의 종의 기도와 간구를 들으시고
주를 위하여 주의 얼굴빛을 주의 황
폐한 성소에 비추시옵소서
18 나의 하나님이여 귀를 기울여 들으
시며 눈을 떠서 우리의 황폐한 상황
과 주의 이름으로 일컫는 성을 보옵
소서 우리가 주 앞에 간구하옵는 것
은 우리의 공의를 의지하여 하는 것
이 아니요 주의 큰 긍휼을 의지하여
함이니이다
19 주여 들으소서 주여 용서하소서 주
여 귀를 기울이시고 행하소서 지체
하지 마옵소서 나의 하나님이여 주
자신을 위하여 하시옵소서 이는 주
의 성과 주의 백성이 주의 이름으로
일컫는 바 됨이니이다

가브리엘이 환상을 설명하다

20 ● 내가 이같이 말하여 기도하며 내 죄
와 내 백성 이스라엘의 죄를 자복

하고 내 하나님의 거룩한 산을 위
하여 내 하나님 여호와 앞에 간구
할 때
21 곧 내가 기도할 때에 이전에 환상 중
에 본 그 사람 가브리엘이 빨리 날아
서 저녁 제사를 드릴 때 즈음에 내게
이르더니
22 내게 가르치며 내게 말하여 이르되
다니엘아 내가 이제 네게 지혜와 총
명을 주려고 왔느니라
23 곧 네가 기도를 시작할 즈음에 명령
이 내렸으므로 이제 네게 알리러 왔
느니라 너는 크게 은총을 입은 자라
그런즉 너는 이 일을 생각하고 그 환
상을 깨달을지니라
24 네 백성과 네 거룩한 성을 위하여 일
흔 이레를 기한으로 정하였나니 허
물이 그치며 죄가 끝나며 죄악이 용
서되며 영원한 의가 드러나며 환상
과 예언이 응하며 또 지극히 거룩한
이가 기름부음을 받으리라
25 그러므로 너는 깨달아 알지니라 예
루살렘을 중건하라는 영이 날 때부
터 [1]기름부음을 받은 자 곧 왕이 일
어나기까지 일곱 이레와 예순두 이
레가 지날 것이요 그 곤란한 동안에
성이 중건되어 광장과 거리가 세워
질 것이며
26 예순두 이레 후에 [1]기름부음을 받은
자가 끊어져 없어질 것이며 장차 한
왕의 백성이 와서 그 성읍과 성소를
무너뜨리려니와 그의 마지막은 홍
수에 휩쓸림 같을 것이며 또 끝까지
전쟁이 있으리니 황폐할 것이 작정
되었느니라
27 그가 장차 많은 사람들과 더불어 한
이레 동안의 언약을 굳게 맺고 그가
그 이레의 절반에 제사와 예물을 금
지할 것이며 또 포악하여 가증한 것
이 날개를 의지하여 설 것이며 또 이
미 정한 종말까지 진노가 황폐하게
하는 자에게 쏟아지리라 하였느니
라 하니라

힛데겔 강가에서 본 환상

10 바사 왕 고레스 제삼 년에 한 일
이 벨드사살이라 이름한 다니
엘에게 나타났는데 그 일이 참되니
곧 큰 전쟁에 관한 것이라 다니엘이
그 일을 분명히 알았고 그 환상을 깨
달으니라
2 그때에 나 다니엘이 세 이레 동안을
슬퍼하며
3 세 이레가 차기까지 좋은 떡을 먹지
아니하며 고기와 포도주를 입에 대
지 아니하며 또 기름을 바르지 아니
하니라
4 첫째 달 이십사 일에 내가 힛데겔이
라 하는 큰 강가에 있었는데
5 그때에 내가 눈을 들어 바라본즉 한
사람이 세마포 옷을 입었고 허리에
는 우바스 순금 띠를 띠었더라
6 또 그의 몸은 황옥 같고 그의 얼굴은
번갯빛 같고 그의 눈은 횃불 같고 그
의 팔과 발은 빛난 놋과 같고 그의
말소리는 무리의 소리와 같더라
7 이 환상을 나 다니엘이 홀로 보았고
나와 함께 한 사람들은 이 환상은 보
지 못하였어도 그들이 크게 떨며 도
망하여 숨었느니라
8 그러므로 나만 홀로 있어서 이 큰 환
상을 볼 때에 내 몸에 힘이 빠졌고
나의 아름다운 빛이 변하여 썩은 듯
하였고 나의 힘이 다 없어졌으나
9 내가 그의 음성을 들었는데 그의 음
성을 들을 때에 내가 얼굴을 땅에 대
고 깊이 잠들었느니라
10 ●한 손이 있어 나를 어루만지기로
내가 떨었더니 그가 내 무릎과 손바
닥이 땅에 닿게 일으키고

1) 메시야가

11 내게 이르되 큰 은총을 받은 사람 다
니엘아 내가 네게 이르는 말을 깨닫
고 일어서라 내가 네게 보내심을 받
았느니라 하더라 그가 내게 이 말을
한 후에 내가 떨며 일어서니
12 그가 내게 이르되 다니엘아 두려워
하지 말라 네가 깨달으려 하여 네 하
나님 앞에 스스로 겸비하게 하기로
결심하던 첫날부터 네 말이 응답 받
았으므로 내가 네 말로 말미암아 왔
느니라
13 그런데 바사 왕국의 군주가 이십일
일 동안 나를 막았으므로 내가 거기
바사 왕국의 왕들과 함께 머물러 있
더니 가장 높은 군주 중 하나인 미가
엘이 와서 나를 도와 주므로
14 이제 내가 마지막 날에 네 백성이 당
할 일을 네게 깨닫게 하러 왔노라 이
는 이 환상이 오랜 후의 일임이라 하
더라
15 그가 이런 말로 내게 이를 때에 내가
곧 얼굴을 땅에 향하고 말문이 막혔
더니
16 인자와 같은 이가 있어 내 입술을 만
진지라 내가 곧 입을 열어 내 앞에
서 있는 자에게 말하여 이르되 내 주
여 이 환상으로 말미암아 근심이 내
게 더하므로 내가 힘이 없어졌나이
다
17 내 몸에 힘이 없어졌고 호흡이 남지
아니하였사오니 내 주의 이 종이 어
찌 능히 내 주와 더불어 말씀할 수
있으리이까 하니
18 ●또 사람의 모양 같은 것 하나가 나
를 만지며 나를 강건하게 하여
19 이르되 큰 은총을 받은 사람이여 두
려워하지 말라 평안하라 강건하라
강건하라 그가 이같이 내게 말하매
내가 곧 힘이 나서 이르되 내 주께서
나를 강건하게 하셨사오니 말씀하
옵소서
20 그가 이르되 내가 어찌하여 네게 왔
는지 네가 아느냐 이제 내가 돌아가
서 바사 군주와 싸우려니와 내가 나
간 후에는 헬라의 군주가 이를 것이
라
21 오직 내가 먼저 진리의 글에 기록된
것으로 네게 보이리라 나를 도와서
그들을 대항할 자는 너희의 군주 미
가엘뿐이니라

11 내가 또 메대 사람 다리오 원년
에 일어나 그를 도와서 그를 강
하게 한 일이 있었느니라

남방 왕과 북방 왕이 싸우리라

2 ●이제 내가 참된 것을 네게 보이리
라 보라 바사에서 또 세 왕들이 일
어날 것이요 그 후의 넷째는 그들보
다 심히 부요할 것이며 그가 그 부
요함으로 강하여진 후에는 모든 사
람을 충동하여 헬라 왕국을 칠 것이
며
3 장차 한 능력 있는 왕이 일어나서 큰
권세로 다스리며 자기 마음대로 행
하리라
4 그러나 그가 강성할 때에 그의 나라
가 갈라져 천하 사방에 나누일 것이
나 그의 자손에게로 돌아가지도 아
니할 것이요 또 자기가 주장하던 권
세대로도 되지 아니하리니 이는 그
나라가 뽑혀서 그 외의 다른 사람들
에게로 돌아갈 것임이라
5 ●남방의 왕은 강할 것이나 그 군주
들 중 하나는 그보다 강하여 권세를
떨치리니 그의 권세가 심히 클 것이
요
6 몇 해 후에 그들이 서로 단합하리니
곧 남방 왕의 딸이 북방 왕에게 가서
화친하리라 그러나 그 공주의 힘이
쇠하고 그 왕은 서지도 못하며 권세
가 없어질 뿐 아니라 그 공주와 그를

데리고 온 자와 그를 낳은 자와 그때
에 도와 주던 자가 다 버림을 당하리
라
7 ●그러나 그 공주의 본 족속에게서
난 자 중의 한 사람이 왕위를 이어
권세를 받아 북방 왕의 군대를 치러
와서 그의 성에 들어가서 그들을 쳐
서 이기고
8 그 신들과 부어 만든 우상들과 은과
금의 아름다운 그릇들은 다 노략하
여 애굽으로 가져갈 것이요 몇 해 동
안은 그가 북방 왕을 치지 아니하리
라
9 북방 왕이 남방 왕의 왕국으로 쳐들
어갈 것이나 자기 본국으로 물러가
리라
10 ●그러나 그의 아들들이 전쟁을 준
비하고 심히 많은 군대를 모아서 물
이 넘침같이 나아올 것이며 그가 또
와서 남방 왕의 견고한 성까지 칠 것
이요
11 남방 왕은 크게 노하여 나와서 북방
왕과 싸울 것이라 북방 왕이 큰 무리
를 일으킬 것이나 그 무리는 그의 손
에 넘겨 준 바 되리라
12 그가 큰 무리를 사로잡은 후에 그의
마음이 스스로 높아져서 수만 명을
엎드러뜨릴 것이나 그 세력은 더하
지 못할 것이요
13 북방 왕은 돌아가서 다시 군대를 전
보다 더 많이 준비하였다가 몇 때 곧
몇 해 후에 대군과 많은 물건을 거느
리고 오리라
14 그때에 여러 사람이 일어나서 남방
왕을 칠 것이요 네 백성 중에서도 포
악한 자가 스스로 높아져서 환상을
이루려 할 것이나 그들이 도리어 걸
려 넘어지리라
15 이에 북방 왕은 와서 토성을 쌓고 견
고한 성읍을 점령할 것이요 남방 군
대는 그를 당할 수 없으며 또 그가
택한 군대라도 그를 당할 힘이 없을
것이므로
16 오직 와서 치는 자가 자기 마음대로
행하리니 그를 당할 사람이 없겠고
그는 영화로운 땅에 설 것이요 그의
손에는 멸망이 있으리라
17 그가 결심하고 전국의 힘을 다하여
이르렀다가 그와 화친할 것이요 또
여자의 딸을 그에게 주어 그의 나라
를 망하게 하려 할 것이나 이루지 못
하리니 그에게 무익하리라
18 그 후에 그가 그의 얼굴을 바닷가로
돌려 많이 점령할 것이나 한 장군이
나타나 그의 정복을 그치게 하고 그
수치를 그에게로 돌릴 것이므로
19 그가 드디어 그 얼굴을 돌려 자기 땅
산성들로 향할 것이나 거쳐 넘어지
고 다시는 보이지 아니하리라

비천한 북방 왕

20 ●그 왕위를 이을 자가 압제자를 그
나라의 아름다운 곳으로 두루 다니
게 할 것이나 그는 분노함이나 싸움
이 없이 몇 날이 못 되어 망할 것이
요
21 또 그의 왕위를 이을 자는 한 비천한
사람이라 나라의 영광을 그에게 주
지 아니할 것이나 그가 평안한 때를
타서 속임수로 그 나라를 얻을 것이
며
22 넘치는 물 같은 군대가 그에게 넘침
으로 말미암아 패할 것이요 동맹한
왕도 그렇게 될 것이며
23 그와 약조한 후에 그는 거짓을 행하
여 올라올 것이요 소수의 백성을 가
지고 세력을 얻을 것이며
24 그가 평안한 때에 그 지방의 가장
기름진 곳에 들어와서 그의 조상들
과 조상들의 조상이 행하지 못하던
것을 행할 것이요 그는 노략하고 탈

취한 재물을 무리에게 흩어 주며 계
략을 세워 얼마 동안 산성들을 칠
것인데 때가 이르기까지 그리하리
라
25 그가 그의 힘을 떨치며 용기를 다하
여 큰 군대를 거느리고 남방 왕을 칠
것이요 남방 왕도 심히 크고 강한 군
대를 거느리고 맞아 싸울 것이나 능
히 당하지 못하리니 이는 그들이 계
략을 세워 그를 침이니라
26 그의 음식을 먹는 자들이 그를 멸하
리니 그의 군대가 흩어질 것이요 많
은 사람이 엎드러져 죽으리라
27 이 두 왕이 마음에 서로 해하고자 하
여 한 밥상에 앉았을 때에 거짓말을
할 것이라 일이 형통하지 못하리니
이는 아직 때가 이르지 아니하였으
므로 그 일이 이루어지지 아니할 것
임이니라
28 ●북방 왕은 많은 재물을 가지고 본
국으로 돌아가리니 그는 마음으로
거룩한 언약을 거스르며 자기 마음
대로 행하고 본토로 돌아갈 것이며
29 작정된 기한에 그가 다시 나와서 남
방에 이를 것이나 이번이 그 전번만
못하리니
30 이는 깃딤의 배들이 이르러 그를 칠
것임이라 그가 낙심하고 돌아가면
서 맺은 거룩한 언약에 분노하였고
자기 땅에 돌아가서는 맺은 거룩한
언약을 배반하는 자들을 살필 것이
며
31 군대는 그의 편에 서서 성소 곧 견고
한 곳을 더럽히며 매일 드리는 제사
를 폐하며 멸망하게 하는 가증한 것
을 세울 것이며
32 그가 또 언약을 배반하고 악행하는
자를 속임수로 타락시킬 것이나 오
직 자기의 하나님을 아는 백성은 강
하여 용맹을 떨치리라
33 백성 중에 지혜로운 자들이 많은 사
람을 가르칠 것이나 그들이 칼날과
불꽃과 사로잡힘과 약탈을 당하여
여러 날 동안 몰락하리라
34 그들이 몰락할 때에 도움을 조금 얻
을 것이나 많은 사람들이 속임수로
그들과 결합할 것이며
35 또 그들 중 지혜로운 자 몇 사람이
몰락하여 무리 중에서 연단을 받아
정결하게 되며 희게 되어 마지막 때
까지 이르게 하리니 이는 아직 정한
기한이 남았음이라
36 ●그 왕은 자기 마음대로 행하며 스
스로 높여 모든 신보다 크다 하며 비
상한 말로 신들의 신을 대적하며 형
통하기를 분노하심이 그칠 때까지
하리니 이는 그 작정된 일을 반드시
이루실 것임이라
37 그가 모든 것보다 스스로 크다 하고
그의 조상들의 신들과 여자들이 흠
모하는 것을 돌아보지 아니하며 어
떤 신도 돌아보지 아니하고
38 그 대신에 강한 신을 공경할 것이요
또 그의 조상들이 알지 못하던 신에
게 금 은 보석과 보물을 드려 공경할
것이며
39 그는 이방신을 힘입어 크게 견고한
산성들을 점령할 것이요 무릇 그를
안다 하는 자에게는 영광을 더하여
여러 백성을 다스리게도 하며 그에
게서 뇌물을 받고 땅을 나눠 주기도
하리라
40 ●마지막 때에 남방 왕이 그와 힘을
겨룰 것이나 북방 왕이 병거와 마병
과 많은 배로 회오리바람처럼 그에
게로 마주 와서 그 여러 나라에 침
공하여 물이 넘침같이 지나갈 것이
요
41 그가 또 영화로운 땅에 들어갈 것
이요 많은 나라를 패망하게 할 것

며 담을 쌓아 그로 그 길을 찾지 못
하게 하리니
7 그가 그 사랑하는 자를 따라갈지라
도 미치지 못하며 그들을 찾을지라
도 만나지 못할 것이라 그제야 그가
이르기를 내가 본 남편에게로 돌아
가리니 그때의 내 형편이 지금보다
나았음이라 하리라
8 ●곡식과 새 포도주와 기름은 내가
그에게 준 것이요 그들이 [1]바알을
위하여 쓴 은과 금도 내가 그에게 더
하여 준 것이거늘 그가 알지 못하도
다
9 그러므로 내가 내 곡식을 그것이 익
을 계절에 도로 찾으며 내가 내 새
포도주를 그것이 맛 들 시기에 도로
찾으며 또 그들의 벌거벗은 몸을
가릴 내 양털과 내 삼을 빼앗으리
라
10 이제 내가 그 수치를 그 사랑하는 자
의 눈 앞에 드러내리니 그를 내 손에
서 건져낼 사람이 없으리라
11 내가 그의 모든 희락과 절기와 월
삭과 안식일과 모든 명절을 폐하겠
고
12 그가 전에 이르기를 이것은 나를 사
랑하는 자들이 내게 준 값이라 하던
그 포도나무와 무화과나무를 거칠
게 하여 수풀이 되게 하며 들짐승들
에게 먹게 하리라
13 그가 귀고리와 패물로 장식하고 그
가 사랑하는 자를 따라가서 나를 잊
어버리고 향을 살라 바알들을 섬긴
시일대로 내가 그에게 벌을 주리라
여호와의 말씀이니라

백성을 향한 여호와의 사랑

14 ●그러므로 보라 내가 그를 타일러
거친 들로 데리고 가서 말로 위로하
고
15 거기서 비로소 그의 포도원을 그에
게 주고 [2]아골 골짜기로 소망의 문
을 삼아 주리니 그가 거기서 응대하
기를 어렸을 때와 애굽 땅에서 올라
오던 날과 같이 하리라
16 여호와께서 이르시되 그날에 네가
나를 내 남편이라 일컫고 다시는 내
[3]바알이라 일컫지 아니하리라
17 내가 바알들의 이름을 그의 입에서
제거하여 다시는 그의 이름을 기억
하여 부르는 일이 없게 하리라
18 그날에는 내가 그들을 위하여 들짐
승과 공중의 새와 땅의 곤충과 더불
어 언약을 맺으며 또 이 땅에서 활과
칼을 꺾어 전쟁을 없이하고 그들로
평안히 눕게 하리라
19 내가 네게 장가들어 영원히 살되 공
의와 정의와 은총과 긍휼히 여김으
로 네게 장가들며
20 진실함으로 네게 장가들리니 네가
여호와를 알리라
21 ●여호와께서 이르시되 그날에 내
가 응답하리라 나는 하늘에 응답하
고 하늘은 땅에 응답하고
22 땅은 곡식과 포도주와 기름에 응답
하고 또 이것들은 [4]이스르엘에 응답
하리라
23 내가 나를 위하여 그를 이 땅에 심
고 긍휼히 여김을 받지 못하였던 자
를 긍휼히 여기며 내 백성 아니었던
자에게 향하여 이르기를 너는 내 백
성이라 하리니 그들은 이르기를 주
는 내 하나님이시라 하리라 하시니
라

호세아와 음녀가 된 여인

3 여호와께서 내게 이르시되 이스
라엘 자손이 다른 신을 섬기고 건
포도 과자를 즐길지라도 여호와가
그들을 사랑하나니 너는 또 가서 타

1) 바알 우상을 만든 은과 금도 2) 환난 3) 주인 4) 심
으심

인의 사랑을 받아 음녀가 된 그 여자
를 사랑하라 하시기로
2 내가 은 열다섯 개와 보리 한 호멜
반으로 나를 위하여 그를 사고
3 그에게 이르기를 너는 많은 날 동안
나와 함께 지내고 음행하지 말며 다
른 남자를 따르지 말라 나도 네게 그
리하리라 하였노라
4 이스라엘 자손들이 많은 날 동안 왕
도 없고 지도자도 없고 제사도 없고
주상도 없고 에봇도 없고 드라빔도
없이 지내다가
5 그 후에 이스라엘 자손이 돌아와서
그들의 하나님 여호와와 그들의 왕
다윗을 찾고 마지막 날에는 여호와
를 경외하므로 여호와와 그의 은총
으로 나아가리라

어머니를 멸하리라

4 이스라엘 자손들아 여호와의 말
씀을 들으라 여호와께서 이 땅 주
민과 논쟁하시나니 이 땅에는 진실
도 없고 인애도 없고 하나님을 아는
지식도 없고
2 오직 저주와 속임과 살인과 도둑질
과 간음뿐이요 포악하여 피가 피를
뒤이음이라
3 그러므로 이 땅이 슬퍼하며 거기 사
는 자와 들짐승과 공중에 나는 새가
다 쇠잔할 것이요 바다의 고기도 없
어지리라
4 그러나 어떤 사람이든지 다투지도
말며 책망하지도 말라 네 백성들이
제사장과 다투는 자처럼 되었음이
니라
5 너는 낮에 넘어지겠고 너와 함께 있
는 선지자는 밤에 넘어지리라 내가
네 어머니를 멸하리라

여호와께서 백성과 제사장을 심판하시다

6 ●내 백성이 지식이 없으므로 망하
는도다 네가 지식을 버렸으니 나도
너를 버려 내 제사장이 되지 못하게
할 것이요 네가 네 하나님의 율법을
잊었으니 나도 네 자녀들을 잊어버
리리라
7 그들은 번성할수록 내게 범죄하니
내가 그들의 영화를 변하여 욕이 되
게 하리라
8 그들이 내 백성의 속죄제물을 먹고
그 마음을 그들의 죄악에 두는도다
9 장차는 백성이나 제사장이나 동일
함이라 내가 그들의 행실대로 벌하
며 그들의 행위대로 갚으리라
10 그들이 먹어도 배부르지 아니하며
음행하여도 수효가 늘지 못하니 이
는 여호와를 버리고 따르지 아니하
였음이니라

이교 예배를 책망하시다

11 ●음행과 묵은 포도주와 새 포도주
가 마음을 빼앗느니라
12 내 백성이 나무에게 묻고 그 막대기
는 그들에게 고하나니 이는 그들이
음란한 마음에 미혹되어 하나님을
버리고 음행하였음이니라
13 그들이 산 꼭대기에서 제사를 드리
며 작은 산 위에서 분향하되 참나무
와 버드나무와 상수리나무 아래에
서 하니 이는 그 나무 그늘이 좋음이
라 이러므로 너희 딸들은 음행하며
너희 며느리들은 간음을 행하는도
다
14 너희 딸들이 음행하며 너희 며느리
들이 간음하여도 내가 벌하지 아니
하리니 이는 남자들도 창기와 함께
나가며 음부와 함께 희생을 드림이
니라 깨닫지 못하는 백성은 망하리
라
15 ●이스라엘아 너는 음행하여도 유
다는 죄를 범하지 못하게 할 것이라
너희는 길갈로 가지 말며 벧아웬으

로 올라가지 말며 여호와의 사심을
두고 맹세하지 말지어다
16 이스라엘은 완강한 암소처럼 완강
하니 이제 여호와께서 어린 양을 넓
은 들에서 먹임같이 그들을 먹이시
겠느냐
17 에브라임이 우상과 연합하였으니
버려 두라
18 그들이 마시기를 다 하고는 이어서
음행하였으며 그들은 부끄러운 일
을 좋아하느니라
19 바람이 그 날개로 그를 쌌나니 그들
이 그 제물로 말미암아 부끄러운 일
을 당하리라

우상 숭배를 경고하다

5 제사장들아 이를 들으라 이스라
엘 족속들아 깨달으라 왕족들아
귀를 기울이라 너희에게 심판이 있
나니 너희가 미스바에 대하여 올무
가 되며 다볼 위에 친 그물이 됨이
라
2 패역자가 살육죄에 깊이 빠졌으매
내가 그들을 다 벌하노라
3 에브라임은 내가 알고 이스라엘은
내게 숨기지 못하나니 에브라임아
이제 네가 음행하였고 이스라엘이
더러워졌느니라
4 그들의 행위가 그들로 자기 하나님
에게 돌아가지 못하게 하나니 이는
음란한 마음이 그 속에 있어 여호와
를 알지 못하는 까닭이라
5 이스라엘의 교만이 그 얼굴에 드러
났나니 그 죄악으로 말미암아 이스
라엘과 에브라임이 넘어지고 유다
도 그들과 함께 넘어지리라
6 그들이 양 떼와 소 떼를 끌고 여호
와를 찾으러 갈지라도 만나지 못할
것은 이미 그들에게서 떠나셨음이
라
7 그들이 여호와께 정조를 지키지 아
니하고 사생아를 낳았으니 그러므
로 새 달이 그들과 그 기업을 함께
삼키리로다

유다와 이스라엘 사이의 전쟁

8 ●너희가 기브아에서 뿔나팔을 불
며 라마에서 나팔을 불며 벧아웬에
서 외치기를 베냐민아 네 뒤를 좇는
다 할지어다
9 벌하는 날에 에브라임이 황폐할 것
이라 내가 이스라엘 지파 중에서 반
드시 있을 일을 보였노라
10 유다 지도자들은 경계표를 옮기는
자 같으니 내가 나의 진노를 그들에
게 물같이 부으리라
11 에브라임은 사람의 명령 뒤따르기
를 좋아하므로 학대를 받고 재판의
압제를 받는도다
12 그러므로 내가 에브라임에게는 좀
같으며 유다 족속에게는 썩이는 것
같도다
13 에브라임이 자기의 병을 깨달으며
유다가 자기의 상처를 깨달았고 에
브라임은 앗수르로 가서 [1]야렙 왕에
게 사람을 보내었으나 그가 능히 너
희를 고치지 못하겠고 너희 상처를
낫게 하지 못하리라
14 내가 에브라임에게는 사자 같고 유
다 족속에게는 젊은 사자 같으니 바
로 내가 움켜갈지라 내가 탈취하여
갈지라도 건져낼 자가 없으리라
15 그들이 그 죄를 뉘우치고 내 얼굴을
구하기까지 내가 내 곳으로 돌아가
리라 그들이 고난받을 때에 나를 간
절히 구하리라

백성들의 불성실한 회개

6 오라 우리가 여호와께로 돌아가
자 여호와께서 우리를 찢으셨으
나 도로 낫게 하실 것이요 우리를 치
셨으나 싸매어 주실 것임이라

1) 싸움의 왕

2 여호와께서 이틀 후에 우리를 살리
시며 셋째 날에 우리를 일으키시리
니 우리가 그의 앞에서 살리라
3 그러므로 우리가 여호와를 알자 힘
써 여호와를 알자 그의 나타나심은
새벽빛같이 어김없나니 비와 같이,
땅을 적시는 늦은 비와 같이 우리에
게 임하시리라 하니라
4 ●에브라임아 내가 네게 어떻게 하
랴 유다야 내가 네게 어떻게 하랴
너희의 인애가 아침 구름이나 쉬 없
어지는 이슬 같도다
5 그러므로 내가 선지자들로 그들을
치고 내 입의 말로 그들을 죽였노니
내 심판은 빛처럼 나오느니라
6 나는 인애를 원하고 제사를 원하지
아니하며 번제보다 하나님을 아는
것을 원하노라
7 그들은 아담처럼 언약을 어기고 거
기에서 나를 반역하였느니라
8 길르앗은 악을 행하는 자의 고을이
라 피 발자국으로 가득 찼도다
9 강도 떼가 사람을 기다림같이 제사
장의 무리가 세겜 길에서 살인하니
그들이 사악을 행하였느니라
10 내가 이스라엘 집에서 가증한 일을
보았나니 거기서 에브라임은 음행
하였고 이스라엘은 더럽혀졌느니라
11 또한 유다여 내가 내 백성의 사로잡
힘을 돌이킬 때에 네게도 추수할 일
을 정하였느니라

왕궁 안의 반란

7 내가 이스라엘을 치료하려 할 때
에 에브라임의 죄와 사마리아의
악이 드러나도다 그들은 거짓을 행
하며 안으로 들어가 도둑질하고 밖
으로 떼 지어 노략질하며
2 내가 모든 악을 기억하였음을 그들
이 마음에 생각하지 아니하거니와
이제 그들의 행위가 그들을 에워싸
고 내 얼굴 앞에 있도다
3 그들이 그 악으로 왕을, 그 거짓말로
지도자들을 기쁘게 하도다
4 그들은 다 간음하는 자라 과자 만
드는 자에 의해 달궈진 화덕과 같
도다 그가 반죽을 뭉침으로 발효되
기까지만 불 일으키기를 그칠 뿐이
니라
5 우리 왕의 날에 지도자들은 술의 뜨
거움으로 병이 나며 왕은 오만한 자
들과 더불어 악수하는도다
6 그들이 가까이 올 때에 그들의 마음
은 간교하여 화덕 같으니 그들의 분
노는 밤새도록 자고 아침에 피우는
불꽃 같도다
7 그들이 다 화덕같이 뜨거워져서 그
재판장들을 삼키며 그들의 왕들을
다 엎드러지게 하며 그들 중에는 내
게 부르짖는 자가 하나도 없도다

이스라엘과 여러 민족

8 ●에브라임이 여러 민족 가운데에
혼합되니 그는 곧 뒤집지 않은 전병
이로다
9 이방인들이 그의 힘을 삼켰으나 알
지 못하고 백발이 무성할지라도 알
지 못하는도다
10 이스라엘의 교만은 그 얼굴에 드러
났나니 그들이 이 모든 일을 당하
여도 그들의 하나님 여호와께로 돌
아오지 아니하며 구하지 아니하도
다
11 에브라임은 어리석은 비둘기같이
지혜가 없어서 애굽을 향하여 부르
짖으며 앗수르로 가는도다
12 그들이 갈 때에 내가 나의 그물을 그
위에 쳐서 공중의 새처럼 떨어뜨리
고 전에 그 회중에 들려준 대로 그들
을 징계하리라
13 화 있을진저 그들이 나를 떠나 그릇
갔음이니라 패망할진저 그들이 내

게 범죄하였음이니라 내가 그들을
건져 주려 하나 그들이 나를 거슬러
거짓을 말하고
14 성심으로 나를 부르지 아니하였으
며 오직 침상에서 슬피 부르짖으며
곡식과 새 포도주로 말미암아 모이
며 나를 거역하는도다
15 내가 그들 팔을 연습시켜 힘있게 하
였으나 그들은 내게 대하여 악을 꾀
하는도다
16 그들은 돌아오나 높으신 자에게로
돌아오지 아니하니 속이는 활과 같
으며 그들의 지도자들은 그 혀의 거
친 말로 말미암아 칼에 엎드러지리
니 이것이 애굽 땅에서 조롱거리가
되리라

우상 숭배를 책망하시다

8 나팔을 네 입에 댈지어다 원수가
독수리처럼 여호와의 집에 덮치
리니 이는 그들이 내 언약을 어기며
내 율법을 범함이로다
2 그들이 장차 내게 부르짖기를 나의
하나님이여 우리 이스라엘이 주를
아나이다 하리라
3 이스라엘이 이미 선을 버렸으니 원
수가 그를 따를 것이라
4 그들이 왕들을 세웠으나 내게서 난
것이 아니며 그들이 지도자들을 세
웠으나 내가 모르는 바이며 그들이
또 그 은, 금으로 자기를 위하여 우
상을 만들었나니 결국은 파괴되고
말리라
5 사마리아여 네 송아지는 버려졌느
니라 내 진노가 무리를 향하여 타오
르나니 그들이 어느 때에야 무죄하
겠느냐
6 이것은 이스라엘에서 나고 장인이
만든 것이라 참 신이 아니니 사마리
아의 송아지가 산산조각이 나리라
7 그들이 바람을 심고 광풍을 거둘 것
이라 심은 것이 줄기가 없으며 이삭
은 열매를 맺지 못할 것이요 혹시 맺
을지라도 이방 사람이 삼키리라
8 ●이스라엘은 이미 삼켜졌은즉 이
제 여러 나라 가운데에 있는 것이 즐
겨 쓰지 아니하는 그릇 같도다
9 그들이 홀로 떨어진 들나귀처럼 앗
수르로 갔고 에브라임이 값 주고 사
랑하는 자들을 얻었도다
10 그들이 여러 나라에게 값을 주었을
지라도 이제 내가 그들을 모으리니
그들은 지도자의 임금이 지워 준
짐으로 말미암아 쇠하기 시작하리
라
11 ●에브라임은 죄를 위하여 제단을
많이 만들더니 그 제단이 그에게 범
죄하게 하는 것이 되었도다
12 내가 그를 위하여 내 율법을 만 가지
로 기록하였으나 그들은 이상한 것
으로 여기도다
13 그들이 내게 고기를 제물로 드리고
먹을지라도 여호와는 그것을 기뻐
하지 아니하고 이제 그들의 죄악을
기억하여 그 죄를 벌하리니 그들은
애굽으로 다시 가리라
14 이스라엘은 자기를 지으신 이를 잊
어버리고 왕궁들을 세웠으며 유다
는 견고한 성읍을 많이 쌓았으나 내
가 그 성읍들에 불을 보내어 그 성들
을 삼키게 하리라

형벌의 날 보응의 날

9 이스라엘아 너는 이방 사람처럼
기뻐 뛰놀지 말라 네가 음행하여
네 하나님을 떠나고 각 타작마당에
서 음행의 값을 좋아하였느니라
2 타작마당이나 술틀이 그들을 기르
지 못할 것이며 새 포도주도 떨어질
것이요
3 그들은 여호와의 땅에 거주하지 못
하며 에브라임은 애굽으로 다시 가

고 앗수르에서 더러운 것을 먹을 것
이니라
4 그들은 여호와께 포도주를 부어 드
리지 못하며 여호와께서 기뻐하시
는 바도 되지 못할 것이라 그들의 제
물은 애곡하는 자의 떡과 같아서 그
것을 먹는 자는 더러워지나니 그들
의 떡은 자기의 먹기에만 소용될 뿐
이라 여호와의 집에 드릴 것이 아님
이니라
5 너희는 명절날과 여호와의 절기의
날에 무엇을 하겠느냐
6 보라 그들이 멸망을 피하여 갈지라
도 애굽은 그들을 모으고 놉은 그
들을 장사하리니 그들의 은은 귀한
것이나 찔레가 덮을 것이요 그들
의 장막 안에는 가시덩굴이 퍼지
리라
7 형벌의 날이 이르렀고 보응의 날이
온 것을 이스라엘이 알지라 선지자
가 어리석었고 신에 감동하는 자가
미쳤나니 이는 네 죄악이 많고 네 원
한이 큼이니라
8 에브라임은 나의 하나님과 함께한
파수꾼이며 선지자는 모든 길에 친
새 잡는 자의 그물과 같고 그의 하나
님의 전에는 원한이 있도다
9 그들은 기브아의 시대와 같이 심히
부패한지라 여호와께서 그 악을 기
억하시고 그 죄를 벌하시리라

이스라엘의 죄와 하나님의 심판

10 ●옛적에 내가 이스라엘을 만나기
를 광야에서 포도를 만남같이 하였
으며 너희 조상들을 보기를 무화과
나무에서 처음 맺힌 첫 열매를 봄같
이 하였거늘 그들이 바알브올에 가
서 부끄러운 우상에게 몸을 드림으
로 저희가 사랑하는 우상같이 가증
하여졌도다
11 에브라임의 영광이 새같이 날아가
리니 해산하는 것이나 아이 배는 것
이나 임신하는 것이 없으리라
12 혹 그들이 자식을 기를지라도 내가
그 자식을 없이하여 한 사람도 남기
지 아니할 것이라 내가 그들을 떠나
는 때에는 그들에게 화가 미치리로
다
13 내가 보건대 에브라임은 아름다운
곳에 심긴 두로와 같으나 그 자식들
을 살인하는 자에게로 끌어내리로
다
14 여호와여 그들에게 주소서 무엇을
주시려 하나이까 아이 배지 못하는
태와 젖 없는 유방을 주시옵소서
15 그들의 모든 악이 길갈에 있으므로
내가 거기에서 그들을 미워하였노
라 그들의 행위가 악하므로 내 집에
서 그들을 쫓아내고 다시는 사랑하
지 아니하리라 그들의 지도자들은
다 반역한 자니라
16 에브라임은 매를 맞아 그 뿌리가 말
라 열매를 맺지 못하나니 비록 아이
를 낳을지라도 내가 그 사랑하는 태
의 열매를 죽이리라
17 그들이 듣지 아니하므로 내 하나님
이 그들을 버리시리니 그들이 여
러 나라 가운데에 떠도는 자가 되
리라

하나님의 심판에 대한 선지자의 경고

10 이스라엘은 열매 맺는 무성한
포도나무라 그 열매가 많을수
록 제단을 많게 하며 그 땅이 번영할
수록 주상을 아름답게 하도다
2 그들이 두 마음을 품었으니 이제 벌
을 받을 것이라 하나님이 그 제단을
쳐서 깨뜨리시며 그 주상을 허시리
라
3 그들이 이제 이르기를 우리가 여호
와를 두려워하지 아니하므로 우리
에게 왕이 없거니와 왕이 우리를 위

하여 무엇을 하리요 하리로다
4 ●그들이 헛된 말을 내며 거짓 맹세
로 언약을 세우니 그 재판이 밭이랑
에 돋는 독초 같으리로다
5 사마리아 주민이 벧아웬의 송아지
로 말미암아 두려워할 것이라 그 백
성이 슬퍼하며 그것을 기뻐하던 [1]제
사장들도 슬퍼하리니 이는 그의 영
광이 떠나감이며
6 그 송아지는 앗수르로 옮겨다가 예
물로 [2]야렙 왕에게 드리리니 에브라
임은 수치를 받을 것이요 이스라엘
은 자기들의 계책을 부끄러워할 것
이며
7 사마리아 왕은 물 위에 있는 거품같
이 멸망할 것이며
8 이스라엘의 죄 곧 아웬의 산당은 파
괴되어 가시와 찔레가 그 제단 위에
날 것이니 그때에 그들이 산더러 우
리를 가리라 할 것이요 작은 산더러
우리 위에 무너지라 하리라

이스라엘에게 징계를 선언하시다

9 ●이스라엘아 네가 기브아 시대로
부터 범죄하더니 지금까지 죄를 짓
는구나 그러니 범죄한 자손들에 대
한 전쟁이 어찌 기브아에서 일어나
지 않겠느냐
10 내가 원하는 때에 그들을 징계하리
니 그들이 두 가지 죄에 걸릴 때에
만민이 모여서 그들을 치리라
11 에브라임은 마치 길들인 암소 같아
서 곡식 밟기를 좋아하나 내가 그의
아름다운 목에 멍에를 메우고 에브
라임 위에 사람을 태우리니 유다가
밭을 갈고 야곱이 흙덩이를 깨뜨리
리라
12 ●너희가 자기를 위하여 공의를 심
고 인애를 거두라 너희 묵은 땅을 기
경하라 지금이 곧 여호와를 찾을 때
니 마침내 여호와께서 오사 공의를
비처럼 너희에게 내리시리라
13 너희는 악을 밭 갈아 죄를 거두고 거
짓 열매를 먹었나니 이는 네가 네 길
과 네 용사의 많음을 의뢰하였음이
라
14 그러므로 너희 백성 중에 요란함이
일어나며 네 산성들이 다 무너지되
살만이 전쟁의 날에 벧아벨을 무너
뜨린 것같이 될 것이라 그때에 어머
니와 자식이 함께 부서졌도다
15 너희의 큰 악으로 말미암아 벧엘이
이같이 너희에게 행하리니 이스라
엘 왕이 새벽에 정녕 망하리로다

백성을 버리지 않으시는 하나님

11 이스라엘이 어렸을 때에 내가 사
랑하여 내 아들을 애굽에서 불러
냈거늘
2 선지자들이 그들을 부를수록 그들
은 점점 멀리하고 바알들에게 제사
하며 아로새긴 우상 앞에서 분향하
였느니라
3 그러나 내가 에브라임에게 걸음을
가르치고 내 팔로 안았음에도 내가
그들을 고치는 줄을 그들은 알지 못
하였도다
4 내가 사람의 줄 곧 사랑의 줄로 그들
을 이끌었고 그들에게 대하여 그 목
에서 멍에를 벗기는 자같이 되었으
며 그들 앞에 먹을 것을 두었노라
5 ●그들은 애굽 땅으로 되돌아가지
못하겠거늘 내게 돌아오기를 싫어
하니 앗수르 사람이 그 임금이 될 것
이라
6 칼이 그들의 성읍들을 치며 빗장을
깨뜨려 없이하리니 이는 그들의 계
책으로 말미암음이니라
7 내 백성이 끝끝내 내게서 물러가나
니 비록 그들을 불러 위에 계신 이에
게로 돌아오라 할지라도 일어나는

1) 히, 그마림 2) 싸움의 왕

자가 하나도 없도다
8 ●에브라임이여 내가 어찌 너를 놓
겠느냐 이스라엘이여 내가 어찌 너
를 버리겠느냐 내가 어찌 너를 아드
마같이 놓겠느냐 어찌 너를 스보임
같이 두겠느냐 내 마음이 내 속에서
돌이키어 나의 긍휼이 온전히 불붙
듯 하도다
9 내가 나의 맹렬한 진노를 나타내지
아니하며 내가 다시는 에브라임을
멸하지 아니하리니 이는 내가 하나
님이요 사람이 아님이라 네 가운데
있는 거룩한 이니 진노함으로 네게
임하지 아니하리라
10 그들은 사자처럼 소리를 내시는 여
호와를 따를 것이라 여호와께서 소
리를 내시면 자손들이 서쪽에서부
터 떨며 오되
11 그들은 애굽에서부터 새같이, 앗수
르에서부터 비둘기같이 떨며 오리
니 내가 그들을 그들의 집에 머물게
하리라 나 여호와의 말이니라

하나님께로 돌아오라

12 ●에브라임은 거짓으로, 이스라엘
족속은 속임수로 나를 에워쌌고 유
다는 하나님 곧 신실하시고 거룩
하신 자에게 대하여 정함이 없도
다

12 에브라임은 바람을 먹으며 동
풍을 따라가서 종일토록 거짓
과 포학을 더하여 앗수르와 계약을
맺고 기름을 애굽에 보내도다
2 여호와께서 유다와 논쟁하시고 야
곱을 그 행실대로 벌하시며 그의 행
위대로 그에게 보응하시리라
3 야곱은 모태에서 그의 형의 발뒤꿈
치를 잡았고 또 힘으로는 하나님과
겨루되
4 천사와 겨루어 이기고 울며 그에게
간구하였으며 하나님은 벧엘에서
그를 만나셨고 거기에서 우리에게
말씀하셨나니
5 여호와는 만군의 하나님이시라 여
호와는 그를 기억하게 하는 이름이
니라
6 그런즉 너의 하나님께로 돌아와서
인애와 정의를 지키며 항상 너의 하
나님을 바랄지니라

거짓 저울을 쓰는 에브라임

7 ●그는 상인이라 손에 거짓 저울을
가지고 속이기를 좋아하는도다
8 에브라임이 말하기를 나는 실로 부
자라 내가 재물을 얻었는데 내가 수
고한 모든 것 중에서 죄라 할 만한
불의를 내게서 찾아낼 자 없으리라
하거니와
9 네가 애굽 땅에 있을 때부터 나는 네
하나님 여호와니라 내가 너로 다시
장막에 거주하게 하기를 명절날에
하던 것 같게 하리라
10 내가 여러 선지자에게 말하였고 이
상을 많이 보였으며 선지자들을 통
하여 비유를 베풀었노라
11 길르앗은 불의한 것이냐 과연 그러
하다 그들은 거짓되도다 길갈에서
는 무리가 수송아지로 제사를 드리
며 그 제단은 밭이랑에 쌓인 돌무더
기 같도다
12 야곱이 아람의 들로 도망하였으며
이스라엘이 아내를 얻기 위하여 사
람을 섬기며 아내를 얻기 위하여 양
을 쳤고
13 여호와께서는 한 선지자로 이스라
엘을 애굽에서 인도하여 내셨고 이
스라엘이 한 선지자로 보호받았거
늘
14 에브라임이 격노하게 함이 극심하
였으니 그의 주께서 그의 피로 그의
위에 머물러 있게 하시며 그의 수치
를 그에게 돌리시리라

바알로 말미암아 범죄한 에브라임

13 에브라임이 [1)]말을 하면 사람들
이 떨었도다 그가 이스라엘 중
에서 자기를 높이더니 바알로 말미
암아 범죄하므로 망하였거늘
2 이제도 그들은 더욱 범죄하여 그 은
으로 자기를 위하여 우상을 부어 만
들되 자기의 정교함을 따라 우상을
만들었으며 그것은 다 은장색이 만
든 것이거늘 그들은 그것에 대하여
말하기를 제사를 드리는 자는 송아
지와 입을 맞출 것이라 하도다
3 이러므로 그들은 아침 구름 같으며
쉬 사라지는 이슬 같으며 타작마당
에서 광풍에 날리는 쭉정이 같으며
굴뚝에서 나가는 연기 같으리라
4 ●그러나 애굽 땅에 있을 때부터 나
는 네 하나님 여호와라 나밖에 네가
다른 신을 알지 말 것이라 나 외에는
구원자가 없느니라
5 내가 광야 마른 땅에서 너를 알았거
늘
6 그들이 먹여 준 대로 배가 불렀고 배
가 부르니 그들의 마음이 교만하여
이로 말미암아 나를 잊었느니라
7 그러므로 내가 그들에게 사자 같고
길가에서 기다리는 표범 같으니라
8 내가 새끼 잃은 곰같이 그들을 만나
그의 염통 꺼풀을 찢고 거기서 암사
자같이 그들을 삼키리라 들짐승이
그들을 찢으리라
9 ●이스라엘아 네가 패망하였나니
이는 너를 도와주는 나를 대적함이
니라
10 전에 네가 이르기를 내게 왕과 지도
자들을 주소서 하였느니라 네 모든
성읍에서 너를 구원할 자 곧 네 왕이
이제 어디 있으며 네 재판장들이 어
디 있느냐
11 내가 분노하므로 네게 왕을 주고 진
노하므로 폐하였노라
12 에브라임의 불의가 봉함되었고 그
죄가 저장되었나니
13 해산하는 여인의 어려움이 그에게
임하리라 그는 지혜 없는 자식이로
다 해산할 때가 되어도 그가 나오지
못하느니라
14 내가 그들을 스올의 권세에서 속량
하며 사망에서 구속하리니 사망아
네 재앙이 어디 있느냐 스올아 네 멸
망이 어디 있느냐 뉘우침이 내 눈 앞
에서 숨으리라
15 ●그가 비록 형제 중에서 결실하나
동풍이 오리니 곧 광야에서 일어나
는 여호와의 바람이라 그의 근원이
마르며 그의 샘이 마르고 그 쌓아 둔
바 모든 보배의 그릇이 약탈되리로
다
16 사마리아가 그들의 하나님을 배반
하였으므로 형벌을 당하여 칼에 엎
드러질 것이요 그 어린아이는 부서
뜨려지며 아이 밴 여인은 배가 갈라
지리라

이스라엘을 향한 호세아의 호소

14 이스라엘아 네 하나님 여호와
께로 돌아오라 네가 불의함으
로 말미암아 엎드러졌느니라
2 너는 말씀을 가지고 여호와께로 돌
아와서 아뢰기를 모든 불의를 제거
하시고 선한 바를 받으소서 우리가
수송아지를 대신하여 입술의 열매
를 주께 드리리이다
3 우리가 앗수르의 구원을 의지하지
아니하며 말을 타지 아니하며 다시
는 우리의 손으로 만든 것을 향하
여 너희는 우리의 신이라 하지 아
니하오리니 이는 고아가 주로 말미
암아 긍휼을 얻음이니이다 할지니
라

1) 떪으로 말할 때에

여호와의 진노가 떠나다

4 ●내가 그들의 반역을 고치고 기쁘
게 그들을 사랑하리니 나의 진노가
그에게서 떠났음이니라
5 내가 이스라엘에게 이슬과 같으리
니 그가 백합화같이 피겠고 레바논
백향목같이 뿌리가 박힐 것이라
6 그의 가지는 퍼지며 그의 아름다움
은 감람나무와 같고 그의 향기는 레
바논 백향목 같으리니
7 그 그늘 아래에 거주하는 자가 돌아
올지라 그들은 곡식같이 풍성할 것
이며 포도나무같이 꽃이 필 것이며
그 향기는 레바논의 포도주같이 되
리라
8 에브라임의 말이 내가 다시 우상과
무슨 상관이 있으리요 할지라 내가
그를 돌아보아 대답하기를 나는 푸
른 잣나무 같으니 네가 나로 말미암
아 열매를 얻으리라 하리라

여호와의 도

9 ●누가 지혜가 있어 이런 일을 깨달
으며 누가 총명이 있어 이런 일을 알
겠느냐 여호와의 도는 정직하니 의
인은 그 길로 다니거니와 그러나 죄
인은 그 길에 걸려 넘어지리라

요엘

Joel

1 브두엘의 아들 요엘에게 임한 여호
와의 말씀이라

농사를 망친 농부들의 애곡

2 ●늙은 자들아 너희는 이것을 들을
지어다 땅의 모든 주민들아 너희는
귀를 기울일지어다 너희의 날에나
너희 조상들의 날에 이런 일이 있었
느냐
3 너희는 이 일을 너희 자녀에게 말하
고 너희 자녀는 자기 자녀에게 말
하고 그 자녀는 후세에 말할 것이
니라
4 팥중이가 남긴 것을 메뚜기가 먹고
메뚜기가 남긴 것을 느치가 먹고 느
치가 남긴 것을 황충이 먹었도다
5 ●취하는 자들아 너희는 깨어 울지
어다 포도주를 마시는 자들아 너희
는 울지어다 이는 단 포도주가 너희
입에서 끊어졌음이니
6 다른 한 민족이 내 땅에 올라왔음이
로다 그들은 강하고 수가 많으며 그
이빨은 사자의 이빨 같고 그 어금니
는 암사자의 어금니 같도다
7 그들이 내 포도나무를 멸하며 내 무
화과나무를 긁어 말갛게 벗겨서 버
리니 그 모든 가지가 하얗게 되었도
다
8 ●너희는 처녀가 어렸을 때에 약혼
한 남자로 말미암아 굵은 베로 동이
고 애곡함같이 할지어다
9 소제와 전제가 여호와의 성전에서
끊어졌고 여호와께 수종 드는 제사
장은 슬퍼하도다
10 밭이 황무하고 토지가 마르니 곡식
이 떨어지며 새 포도주가 말랐고 기
름이 다하였도다
11 농부들아 너희는 부끄러워할지어다
포도원을 가꾸는 자들아 곡할지어
다 이는 밀과 보리 때문이라 밭의 소
산이 다 없어졌음이로다
12 포도나무가 시들었고 무화과나무가
말랐으며 석류나무와 대추나무와
사과나무와 밭의 모든 나무가 다 시
들었으니 이러므로 사람의 즐거움

이 말랐도다
13 ●제사장들아 너희는 굵은 베로 동
이고 슬피 울지어다 제단에 수종 드
는 자들아 너희는 울지어다 내 하나
님께 수종 드는 자들아 너희는 와서
굵은 베 옷을 입고 밤이 새도록 누
울지어다 이는 소제와 전제를 너희
하나님의 성전에 드리지 못함이로
다
14 너희는 금식일을 정하고 성회를 소
집하여 장로들과 이 땅의 모든 주민
들을 너희 하나님 여호와의 성전으
로 모으고 여호와께 부르짖을지어
다
15 슬프다 그날이여 여호와의 날이 가
까웠나니 곧 멸망같이 전능자에게
로부터 이르리로다
16 먹을 것이 우리 눈 앞에 끊어지지 아
니하였느냐 기쁨과 즐거움이 우리
하나님의 성전에서 끊어지지 아니
하였느냐
17 씨가 흙덩이 아래에서 썩어졌고 창
고가 비었고 곳간이 무너졌으니 이
는 곡식이 시들었음이로다
18 가축이 울부짖고 소 떼가 소란하니
이는 꼴이 없음이라 양 떼도 피곤하
도다
19 여호와여 내가 주께 부르짖으오니
불이 목장의 풀을 살랐고 불꽃이 들
의 모든 나무를 살랐음이니이다
20 들짐승도 주를 향하여 헐떡거리오
니 시내가 다 말랐고 들의 풀이 불에
탔음이니이다

여호와의 날을 경고하는 메뚜기 떼

2 시온에서 나팔을 불며 나의 거룩
한 산에서 경고의 소리를 질러 이
땅 주민들로 다 떨게 할지니 이는 여
호와의 날이 이르게 됨이니라 이제
임박하였으니
2 곧 어둡고 캄캄한 날이요 짙은 구름
이 덮인 날이라 새벽빛이 산꼭대기
에 덮인 것과 같으니 이는 많고 강한
백성이 이르렀음이라 이와 같은 것
이 옛날에도 없었고 이후에도 대대
에 없으리로다
3 불이 그들의 앞을 사르며 불꽃이 그
들의 뒤를 태우니 그들의 예전의 땅
은 에덴 동산 같았으나 그들의 나중
의 땅은 황폐한 들 같으니 그것을 피
한 자가 없도다
4 ●그의 모양은 말 같고 그 달리는 것
은 [1]기병 같으며
5 그들이 산꼭대기에서 뛰는 소리는
병거 소리와도 같고 불꽃이 검불을
사르는 소리와도 같으며 강한 군사
가 줄을 벌이고 싸우는 것 같으니
6 그 앞에서 백성들이 질리고, 무리의
낯빛이 하얘졌도다
7 그들이 용사같이 달리며 무사같이
성을 기어오르며 각기 자기의 길로
나아가되 그 줄을 이탈하지 아니하
며
8 피차에 부딪치지 아니하고 각기 자
기의 길로 나아가며 무기를 돌파하
고 나아가나 [2]상하지 아니하며
9 성중에 뛰어 들어가며 성 위에 달리
며 집에 기어오르며 도둑같이 창으
로 들어가니
10 그 앞에서 땅이 진동하며 하늘이 떨
며 해와 달이 캄캄하며 별들이 빛을
거두도다
11 여호와께서 그의 군대 앞에서 소리
를 지르시고 그의 진영은 심히 크고
그의 명령을 행하는 자는 강하니 여
호와의 날이 크고 심히 두렵도다 당
할 자가 누구이랴

여호와께로 돌아올지어다

12 ●여호와의 말씀에 너희는 이제라
도 금식하고 울며 애통하고 마음

1) 전마 2) 끊치지 아니하며

을 다하여 내게로 돌아오라 하셨
나니
13 너희는 옷을 찢지 말고 마음을 찢고
너희 하나님 여호와께로 돌아올지
어다 그는 은혜로우시며 자비로우
시며 노하기를 더디 하시며 인애가
크시사 뜻을 돌이켜 재앙을 내리지
아니하시나니
14 주께서 혹시 마음과 뜻을 돌이키시
고 그 뒤에 복을 내리사 너희 하나님
여호와께 소제와 전제를 드리게 하
지 아니하실는지 누가 알겠느냐
15 ●너희는 시온에서 나팔을 불어 거
룩한 금식일을 정하고 성회를 소집
하라
16 백성을 모아 그 모임을 거룩하게 하
고 장로들을 모으며 어린이와 젖 먹
는 자를 모으며 신랑을 그 방에서 나
오게 하며 신부도 그 신방에서 나오
게 하고
17 여호와를 섬기는 제사장들은 낭실
과 제단 사이에서 울며 이르기를 여
호와여 주의 백성을 불쌍히 여기소
서 주의 기업을 욕되게 하여 [1]나라
들로 그들을 관할하지 못하게 하옵
소서 어찌하여 이방인으로 그들의
하나님이 어디 있느냐 말하게 하겠
나이까 할지어다

이른 비와 늦은 비를 적당하게 주시다

18 ●그때에 여호와께서 자기의 땅을
극진히 사랑하시어 그의 백성을 불
쌍히 여기[2]실 것이라
19 여호와께서 그들에게 응답하여 이
르시기를 내가 너희에게 곡식과 새
포도주와 기름을 주리니 너희가 이
로 말미암아 흡족하리라 내가 다시
는 너희가 나라들 가운데에서 욕을
당하지 않게 할 것이며
20 내가 북쪽 군대를 너희에게서 멀리
떠나게 하여 메마르고 적막한 땅으
로 쫓아내리니 그 앞의 부대는 동해
로, 그 뒤의 부대는 서해로 들어갈
것이라 상한 냄새가 일어나고 악취
가 오르리니 이는 큰 일을 행하였음
이니라 하[2]시리라
21 ●땅이여 두려워하지 말고 기뻐하
며 즐거워할지어다 여호와께서 큰
일을 행하셨음이로다
22 들짐승들아 두려워하지 말지어다
들의 풀이 싹이 나며 나무가 열매를
맺으며 무화과나무와 포도나무가
다 힘을 내는도다
23 시온의 자녀들아 너희는 너희 하나
님 여호와로 말미암아 기뻐하며 즐
거워할지어다 그가 너희를 위하여
비를 내리시되 이른 비를 너희에게
적당하게 주시리니 이른 비와 늦은
비가 예전과 같을 것이라
24 마당에는 밀이 가득하고 독에는 새
포도주와 기름이 넘치리로다
25 내가 전에 너희에게 보낸 큰 군대 곧
메뚜기와 느치와 황충과 팥중이가
먹은 햇수대로 너희에게 갚아 주리
니
26 너희는 먹되 풍족히 먹고 너희에게
놀라운 일을 행하신 너희 하나님 여
호와의 이름을 찬송할 것이라 내 백
성이 영원히 수치를 당하지 아니하
리로다
27 그런즉 내가 이스라엘 가운데에 있
어 너희 하나님 여호와가 되고 다른
이가 없는 줄을 너희가 알 것이라 내
백성이 영원히 수치를 당하지 아니
하리로다

내 영을 만민에게 부어 주리니

28 ●그 후에 내가 내 영을 [3]만민에게
부어 주리니 너희 자녀들이 장래 일
을 말할 것이며 너희 늙은이는 꿈을

1) 이방의 조롱거리가 되지 말게 하옵소서 2) 히, 과거사를 썼음 3) 모든 육체

꾸며 너희 젊은이는 이상을 볼 것이
며
29 그때에 내가 또 내 영을 남종과 여종
에게 부어 줄 것이며
30 내가 이적을 하늘과 땅에 베풀리니
곧 피와 불과 연기 기둥이라
31 여호와의 크고 두려운 날이 이르기
전에 해가 어두워지고 달이 핏빛같
이 변하려니와
32 누구든지 여호와의 이름을 부르는
자는 구원을 얻으리니 이는 나 여호
와의 말대로 시온 산과 예루살렘에
서 피할 자가 있을 것임이요 남은 자
중에 나 여호와의 부름을 받을 자가
있을 것임이니라

여호와께서 민족들을 심판하시다

3 보라 그날 곧 내가 유다와 예루살
렘 가운데에서 사로잡힌 자를 돌
아오게 할 그때에
2 내가 만국을 모아 데리고 여호사밧
골짜기에 내려가서 내 백성 곧 내 기
업인 이스라엘을 위하여 거기에서
그들을 심문하리니 이는 그들이 이
스라엘을 나라들 가운데에 흩어 버
리고 나의 땅을 나누었음이며
3 또 제비 뽑아 내 백성을 끌어가서 소
년을 기생과 바꾸며 소녀를 술과 바
꾸어 마셨음이니라
4 두로와 시돈과 블레셋 사방아 너희
가 나와 무슨 상관이 있느냐 너희가
내게 보복하겠느냐 만일 내게 보복
하면 너희가 보복하는 것을 내가 신
속히 너희 머리에 돌리리니
5 곧 너희가 내 은과 금을 빼앗고 나의
진기한 보물을 너희 신전으로 가져
갔으며
6 또 유다 자손과 예루살렘 자손들을
헬라 족속에게 팔아서 그들의 영토
에서 멀리 떠나게 하였음이니라
7 보라 내가 그들을 너희가 팔아 이르
게 한 곳에서 일으켜 나오게 하고
너희가 행한 것을 너희 머리에 돌려
서
8 너희 자녀를 유다 자손의 손에 팔리
니 그들은 다시 먼 나라 스바 사람에
게 팔리라 여호와께서 말씀하셨느
니라
9 ●너희는 모든 민족에게 이렇게 널
리 선포할지어다 너희는 전쟁을 준
비하고 용사를 격려하고 병사로 다
가까이 나아와서 올라오게 할지어
다
10 너희는 보습을 쳐서 칼을 만들지어
다 낫을 쳐서 창을 만들지어다 약한
자도 이르기를 나는 강하다 할지어
다
11 사면의 민족들아 너희는 속히 와서
모일지어다 여호와여 주의 용사들
로 그리로 내려오게 하옵소서
12 민족들은 일어나서 여호사밧 골짜
기로 올라올지어다 내가 거기에 앉
아서 사면의 민족들을 다 심판하리
로다
13 너희는 낫을 쓰라 곡식이 익었도다
와서 밟을지어다 포도주 틀이 가득
히 차고 포도주 독이 넘치니 그들의
악이 큼이로다

여호와께서 백성들에게 복을 주시다

14 ●사람이 많음이여, 심판의 골짜기
에 사람이 많음이여, 심판의 골짜기
에 여호와의 날이 가까움이로다
15 해와 달이 캄캄하며 별들이 그 빛을
거두도다
16 여호와께서 시온에서 부르짖고 예
루살렘에서 목소리를 내시리니 하
늘과 땅이 진동하리로다 그러나
여호와께서 그의 백성의 피난처,
이스라엘 자손의 산성이 되시리로
다
17 그런즉 너희가 나는 내 성산 시온에

사는 너희 하나님 여호와인 줄 알 것
이라 예루살렘이 거룩하리니 다시
는 이방 사람이 그 가운데로 통행하
지 못하리로다
18 ●그날에 산들이 단 포도주를 떨어
뜨릴 것이며 작은 산들이 젖을 흘릴
것이며 유다 모든 시내가 물을 흘릴
것이며 여호와의 성전에서 샘이 흘
러 나와서 싯딤 골짜기에 대리라
19 그러나 애굽은 황무지가 되겠고 에
돔은 황무한 들이 되리니 이는 그들
이 유다 자손에게 포악을 행하여 무
죄한 피를 그 땅에서 흘렸음이니라
20 유다는 영원히 있겠고 예루살렘은
대대로 있으리라
21 내가 전에는 그들의 피흘림 당한 것
을 [1]갚아 주지 아니하였거니와 이제
는 [1]갚아 주리니 이는 여호와께서
시온에 거하심이니라

1) 정결하게

아모스

Amos

1 유다 왕 웃시야의 시대 곧 이스라
엘 왕 요아스의 아들 여로보암의
시대 지진 전 이 년에 드고아 목자
중 아모스가 이스라엘에 대하여 이
상으로 받은 말씀이라
2 ●그가 이르되 여호와께서 시온에
서부터 부르짖으시며 예루살렘에서
부터 소리를 내시리니 목자의 초장
이 마르고 갈멜 산꼭대기가 마르리
로다

이스라엘 이웃 나라들에 내리신 벌

3 ●여호와께서 이와 같이 말씀하시
되 다메섹의 서너 가지 죄로 말미암
아 내가 그 벌을 돌이키지 아니하리
니 이는 그들이 철 타작기로 타작하
듯 길르앗을 압박하였음이라
4 내가 하사엘의 집에 불을 보내리니
벤하닷의 궁궐들을 사르리라
5 내가 다메섹의 빗장을 꺾으며 [1]아
웬 골짜기에서 그 주민들을 끊으며
[2]벧에덴에서 규 잡은 자를 끊으리
니 아람 백성이 사로잡혀 기르에 이
르리라 여호와께서 말씀하셨느니
라
6 ●여호와께서 이와 같이 말씀하시
되 가사의 서너 가지 죄로 말미암아
내가 그 벌을 돌이키지 아니하리니
이는 그들이 모든 사로잡은 자를 끌
어 에돔에 넘겼음이라
7 내가 가사 성에 불을 보내리니 그 궁
궐들을 사르리라
8 내가 또 아스돗에서 그 주민들과 아
스글론에서 규를 잡은 자를 끊고 또
손을 돌이켜 에그론을 치리니 블레
셋의 남아 있는 자가 멸망하리라 주
여호와께서 말씀하셨느니라
9 ●여호와께서 이와 같이 말씀하시
되 두로의 서너 가지 죄로 말미암아
내가 그 벌을 돌이키지 아니하리니
이는 그들이 그 형제의 계약을 기억
하지 아니하고 모든 사로잡은 자를
에돔에 넘겼음이라
10 내가 두로 성에 불을 보내리니 그 궁
궐들을 사르리라
11 ●여호와께서 이와 같이 말씀하시
되 에돔의 서너 가지 죄로 말미암아
내가 그 벌을 돌이키지 아니하리니
이는 그가 칼로 그의 형제를 쫓아가
며 긍휼을 버리며 항상 맹렬히 화를

1) 우상 숭배하는 2) 에덴 집

내며 분을 끝없이 품었음이라
12 내가 데만에 불을 보내리니 보스라
의 궁궐들을 사르리라
13 ●여호와께서 이와 같이 말씀하시
되 암몬 자손의 서너 가지 죄로 말미
암아 내가 그 벌을 돌이키지 아니하
리니 이는 그들이 자기 지경을 넓히
고자 하여 길르앗의 아이 밴 여인의
배를 갈랐음이니라
14 내가 랍바 성에 불을 놓아 그 궁궐
들을 사르되 전쟁의 날에 외침과 회
오리바람의 날에 폭풍으로 할 것이
며
15 그들의 왕은 그 지도자들과 함께 사
로잡혀 가리라 여호와께서 말씀하
셨느니라

2 여호와께서 이와 같이 말씀하시되
모압의 서너 가지 죄로 말미암아
내가 그 벌을 돌이키지 아니하리니
이는 그가 에돔 왕의 뼈를 불살라 재
를 만들었음이라
2 내가 모압에 불을 보내리니 그리욧
궁궐들을 사르리라 모압이 요란함
과 외침과 나팔 소리 중에서 죽을 것
이라
3 내가 그 중에서 재판장을 멸하며 지
도자들을 그와 함께 죽이리라 여호
와께서 말씀하시니라

유다에 내리신 벌

4 ●여호와께서 이와 같이 말씀하시
되 유다의 서너 가지 죄로 말미암아
내가 그 벌을 돌이키지 아니하리니
이는 그들이 여호와의 율법을 멸시
하며 그 율례를 지키지 아니하고 그
의 조상들이 따라가던 1)거짓 것에
미혹되었음이라
5 내가 유다에 불을 보내리니 예루살
렘의 궁궐들을 사르리라

이스라엘에 내리신 벌

6 ●여호와께서 이와 같이 말씀하시
되 이스라엘의 서너 가지 죄로 말미
암아 내가 그 벌을 돌이키지 아니하
리니 이는 그들이 은을 받고 의인을
팔며 신 한 켤레를 받고 가난한 자를
팔며
7 힘없는 자의 머리를 티끌 먼지 속에
발로 밟고 연약한 자의 길을 굽게 하
며 아버지와 아들이 한 젊은 여인에
게 다녀서 내 거룩한 이름을 더럽히
며
8 모든 제단 옆에서 전당 잡은 옷 위에
누우며 그들의 신전에서 벌금으로
얻은 포도주를 마심이니라
9 ●내가 아모리 사람을 그들 앞에서
멸하였나니 그 키는 백향목 높이와
같고 강하기는 상수리나무 같으나
내가 그 위의 열매와 그 아래의 뿌리
를 진멸하였느니라
10 내가 너희를 애굽 땅에서 이끌어 내
어 사십 년 동안 광야에서 인도하고
아모리 사람의 땅을 너희가 차지하
게 하였고
11 또 너희 아들 중에서 선지자를, 너
희 청년 중에서 나실인을 일으켰나
니 이스라엘 자손들아 과연 그렇지
아니하냐 이는 여호와의 말씀이니
라
12 그러나 너희가 나실 사람으로 포도
주를 마시게 하며 또 선지자에게
명령하여 예언하지 말라 하였느니
라
13 ●보라 곡식 단을 가득히 실은 수레
가 흙을 누름같이 내가 너희를 누르
리니
14 빨리 달음박질하는 자도 도망할 수
없으며 강한 자도 자기 힘을 낼 수
없으며 용사도 자기 목숨을 구할 수
없으며
15 활을 가진 자도 설 수 없으며 발이

1) 우상

빠른 자도 피할 수 없으며 말 타는
자도 자기 목숨을 구할 수 없고
16 용사 가운데 그 마음이 굳센 자도 그
날에는 벌거벗고 도망하리라 여호
와의 말씀이니라

여호와의 말씀을 받은 선지자

3 이스라엘 자손들아 여호와께서
너희에 대하여 이르시는 이 말씀
을 들으라 애굽 땅에서 인도하여 올
리신 모든 족속에 대하여 이르시기
를
2 내가 땅의 모든 족속 가운데 너희만
을 알았나니 그러므로 내가 너희 모
든 죄악을 너희에게 보응하리라 하
셨나니
3 두 사람이 뜻이 같지 않은데 어찌 동
행하겠으며
4 사자가 움킨 것이 없는데 어찌 수풀
에서 부르짖겠으며 젊은 사자가 잡
은 것이 없는데 어찌 굴에서 소리를
내겠느냐
5 덫을 땅에 놓지 않았는데 새가 어찌
거기 치이겠으며 잡힌 것이 없는데
덫이 어찌 땅에서 튀겠느냐
6 성읍에서 나팔이 울리는데 백성이
어찌 두려워하지 아니하겠으며 여
호와의 행하심이 없는데 재앙이 어
찌 성읍에 임하겠느냐
7 주 여호와께서는 자기의 비밀을 그
종 선지자들에게 보이지 아니하시고
는 결코 행하심이 없으시리라
8 사자가 부르짖은즉 누가 두려워하
지 아니하겠느냐 주 여호와께서 말
씀하신즉 누가 예언하지 아니하겠
느냐

사마리아에 내리신 벌

9 ●아스돗의 궁궐들과 애굽 땅의 궁
궐들에 선포하여 이르기를 너희는
사마리아 산들에 모여 그 성중에서
얼마나 큰 요란함과 학대함이 있나
보라 하라
10 자기 궁궐에서 포학과 겁탈을 쌓는
자들이 바른 일 행할 줄을 모르느니
라 여호와의 말씀이니라
11 그러므로 주 여호와께서 이와 같이
말씀하시되 이 땅 사면에 대적이 있
어 네 힘을 쇠하게 하며 네 궁궐을
약탈하리라
12 여호와께서 이와 같이 말씀하시되
목자가 사자 입에서 양의 두 다리나
귀 조각을 건져냄과 같이 사마리아
에서 침상 모서리에나 걸상의 방석
에 앉은 이스라엘 자손도 건져냄을
입으리라
13 ●주 여호와 만군의 하나님의 말씀
이니라 너희는 듣고 야곱의 족속에
게 증언하라
14 내가 이스라엘의 모든 죄를 보응하
는 날에 벧엘의 제단들을 벌하여 그
제단의 뿔들을 꺾어 땅에 떨어뜨리
고
15 겨울 궁과 여름 궁을 치리니 상아 궁
들이 파괴되며 큰 궁들이 무너지리
라 여호와의 말씀이니라

4 사마리아의 산에 있는 바산의 암
소들아 이 말을 들으라 너희는 힘
없는 자를 학대하며 가난한 자를 압
제하며 가장에게 이르기를 술을 가
져다가 우리로 마시게 하라 하는도
다
2 주 여호와께서 자기의 거룩함을 두
고 맹세하시되 때가 너희에게 이를
지라 사람이 갈고리로 너희를 끌어
가며 낚시로 너희의 남은 자들도 그
리하리라
3 너희가 성 무너진 데를 통하여 각기
앞으로 바로 나가서 하르몬에 던져
지리라 여호와의 말씀이니라

돌아오지 아니하는 백성 이스라엘

4 ●너희는 벧엘에 가서 범죄하며 길

갈에 가서 죄를 더하며 아침마다 너
희 희생을, 삼일마다 너희 십일조를
드리며
5 누룩 넣은 것을 불살라 수은제로 드
리며 낙헌제를 소리 내어 선포하려
무나 이스라엘 자손들아 이것이 너
희가 기뻐하는 바니라 주 여호와의
말씀이니라
6 ●또 내가 너희 모든 성읍에서 너희
이를 깨끗하게 하며 너희의 각 처소
에서 양식이 떨어지게 하였으나 너
희가 내게로 돌아오지 아니하였느
니라 여호와의 말씀이니라
7 또 추수하기 석 달 전에 내가 너희
에게 비를 멈추게 하여 어떤 성읍에
는 내리고 어떤 성읍에는 내리지 않
게 하였더니 땅 한 부분은 비를 얻
고 한 부분은 비를 얻지 못하여 말
랐으매
8 두 세 성읍 사람이 어떤 성읍으로 비
틀거리며 물을 마시러 가서 만족하
게 마시지 못하였으나 너희가 내게
로 돌아오지 아니하였느니라 여호
와의 말씀이니라
9 내가 곡식을 마르게 하는 재앙과 깜
부기 재앙으로 너희를 쳤으며 팥중
이로 너희의 많은 동산과 포도원과
무화과나무와 감람나무를 다 먹게
하였으나 너희가 내게로 돌아오지
아니하였느니라 여호와의 말씀이니
라
10 내가 너희 중에 전염병 보내기를 애
굽에서 한 것처럼 하였으며 칼로 너
희 청년들을 죽였으며 너희 말들을
노략하게 하며 너희 진영의 악취로
코를 찌르게 하였으나 너희가 내게
로 돌아오지 아니하였느니라 여호
와의 말씀이니라
11 내가 너희 중의 성읍 무너뜨리기를
하나님인 내가 소돔과 고모라를 무
너뜨림같이 하였으므로 너희가 불
붙는 가운데서 빼낸 나무 조각같이
되었으나 너희가 내게로 돌아오지
아니하였느니라 여호와의 말씀이니
라
12 ●그러므로 이스라엘아 내가 이와
같이 네게 행하리라 내가 이것을 네
게 행하리니 이스라엘아 네 하나님
만나기를 준비하라
13 보라 산들을 지으며 바람을 창조하
며 자기 뜻을 사람에게 보이며 아침
을 어둡게 하며 땅의 높은 데를 밟는
이는 그의 이름이 만군의 하나님 여
호와시니라

애가

5 이스라엘 족속아 내가 너희에게
대하여 애가로 지은 이 말을 들으
라
2 처녀 이스라엘이 엎드러졌음이여
다시 일어나지 못하리로다 자기 땅
에 던지움이여 일으킬 자 없으리로
다
3 주 여호와께서 이와 같이 말씀하시
되 이스라엘 중에서 천 명이 행군해
나가던 성읍에는 백 명만 남고 백 명
이 행군해 나가던 성읍에는 열 명만
남으리라 하셨느니라

여호와를 찾으라

4 ●여호와께서 이스라엘 족속에게
이와 같이 말씀하시기를 너희는 나
를 찾으라 그리하면 살리라
5 벧엘을 찾지 말며 길갈로 들어가
지 말며 브엘세바로도 나아가지 말
라 길갈은 반드시 사로잡히겠고
벧엘은 비참하게 될 것임이라 하셨
나니
6 너희는 여호와를 찾으라 그리하면
살리라 그렇지 않으면 그가 불같이
요셉의 집에 임하여 멸하시리니 벧
엘에서 그 불들을 끌 자가 없으리라

7 정의를 쓴 쑥으로 바꾸며 공의를 땅
에 던지는 자들아
8 묘성과 삼성을 만드시며 사망의 그
늘을 아침으로 바꾸시고 낮을 어두
운 밤으로 바꾸시며 바닷물을 불러
지면에 쏟으시는 이를 찾으라 그의
이름은 여호와시니라
9 그가 강한 자에게 갑자기 패망이 이
르게 하신즉 그 패망이 산성에 미치
느니라
10 무리가 성문에서 책망하는 자를 미
워하며 정직히 말하는 자를 싫어하
는도다
11 너희가 힘없는 자를 밟고 그에게서
밀의 부당한 세를 거두었은즉 너희
가 비록 다듬은 돌로 집을 건축하였
으나 거기 거주하지 못할 것이요 아
름다운 포도원을 가꾸었으나 그 포
도주를 마시지 못하리라
12 너희의 허물이 많고 죄악이 무거움
을 내가 아노라 너희는 의인을 학대
하며 뇌물을 받고 성문에서 가난한
자를 억울하게 하는 자로다
13 그러므로 이런 때에 지혜자가 잠잠
하나니 이는 악한 때임이니라
14 ●너희는 살려면 선을 구하고 악을
구하지 말지어다 만군의 하나님 여
호와께서 너희의 말과 같이 너희와
함께 하시리라
15 너희는 악을 미워하고 선을 사랑하
며 성문에서 정의를 세울지어다
만군의 하나님 여호와께서 혹시 요
셉의 남은 자를 불쌍히 여기시리
라
16 ●그러므로 주 만군의 하나님 여호
와께서 이와 같이 말씀하시기를 사
람이 모든 광장에서 울겠고 모든
거리에서 슬프도다 슬프도다 하겠
으며 농부를 불러다가 애곡하게 하
며 울음꾼을 불러다가 울게 할 것
이며
17 모든 포도원에서도 울리니 이는 내
가 너희 가운데로 지나갈 것임이라
여호와의 말씀이니라
18 ●화 있을진저 여호와의 날을 사모
하는 자여 너희가 어찌하여 여호와
의 날을 사모하느냐 그날은 어둠이
요 빛이 아니라
19 마치 사람이 사자를 피하다가 곰을
만나거나 혹은 집에 들어가서 손
을 벽에 대었다가 뱀에게 물림 같
도다
20 여호와의 날은 빛 없는 어둠이 아니
며 빛남 없는 캄캄함이 아니냐
21 ●내가 너희 절기들을 미워하여 멸
시하며 너희 성회들을 기뻐하지 아
니하나니
22 너희가 내게 번제나 소제를 드릴지
라도 내가 받지 아니할 것이요 너희
의 살진 희생의 화목제도 내가 돌아
보지 아니하리라
23 네 노랫소리를 내 앞에서 그칠지어
다 네 비파 소리도 내가 듣지 아니하
리라
24 오직 정의를 물같이, 공의를 마르지
않는 강같이 흐르게 할지어다
25 이스라엘 족속아 너희가 사십 년 동
안 광야에서 희생과 소제물을 내게
드렸느냐
26 너희가 너희 왕 식굿과 기윤과 너
희 우상들과 너희가 너희를 위하여
만든 신들의 별 형상을 지고 가리
라
27 내가 너희를 다메섹 밖으로 사로잡
혀 가게 하리라 그의 이름이 만군의
하나님이라 불리우는 여호와께서
말씀하셨느니라

이스라엘의 멸망

6 화 있을진저 시온에서 교만한 자
와 사마리아 산에서 마음이 든든

한 자 곧 백성들의 머리인 지도자들
이여 이스라엘 집이 그들을 따르는
도다
2 너희는 갈레로 건너가 보고 거기에
서 큰 하맛으로 가고 또 블레셋 사람
의 가드로 내려가라 너희가 이 나라
들보다 나으냐 그 영토가 너희 영토
보다 넓으냐
3 너희는 흉한 날이 멀다 하여 포악한
자리로 가까워지게 하고
4 상아 상에 누우며 침상에서 기지개
켜며 양 떼에서 어린 양과 우리에서
송아지를 잡아서 먹고
5 비파 소리에 맞추어 노래를 지절거
리며 다윗처럼 자기를 위하여 악기
를 제조하며
6 대접으로 포도주를 마시며 귀한 기
름을 몸에 바르면서 요셉의 환난에
대하여는 근심하지 아니하는 자로
다
7 그러므로 그들이 이제는 사로잡히
는 자 중에 앞서 사로잡히리니 기지
개 켜는 자의 떠드는 소리가 그치리
라
8 만군의 하나님 여호와의 말씀이니
라 주 여호와가 당신을 두고 맹세하
셨노라 내가 야곱의 영광을 싫어하
며 그 궁궐들을 미워하므로 이 성읍
과 거기에 가득한 것을 원수에게 넘
기리라 하셨느니라
9 한 집에 열 사람이 남는다 하여도 다
죽을 것이라
10 죽은 사람의 친척 곧 그 시체를 불
사를 자가 그 뼈를 집 밖으로 가져
갈 때에 그 집 깊숙한 곳에 있는 자
에게 묻기를 아직 더 있느냐 하면
대답하기를 없다 하리니 그가 또
말하기를 잠잠하라 우리가 여호와
의 이름을 부르지 못할 것이라 하
리라
11 보라 여호와께서 명령하시므로 타
격을 받아 큰 집은 갈라지고 작은 집
은 터지리라
12 ●말들이 어찌 바위 위에서 달리겠
으며 소가 어찌 거기서 밭 갈겠느냐
그런데 너희는 정의를 쓸개로 바
꾸며 공의의 열매를 쓴 쑥으로 바
꾸며
13 허무한 것을 기뻐하며 이르기를 우
리는 우리의 힘으로 뿔들을 취하지
아니하였느냐 하는도다
14 만군의 하나님 여호와의 말씀이니
라 이스라엘 족속아 내가 한 나라
를 일으켜 너희를 치리니 그들이
하맛 어귀에서부터 아라바 시내까
지 너희를 학대하리라 하셨느니
라

첫째, 메뚜기 재앙

7 주 여호와께서 내게 보이신 것이
이러하니라 왕이 풀을 벤 후 풀이
다시 움돋기 시작할 때에 주께서 메
뚜기를 지으시매
2 메뚜기가 땅의 풀을 다 먹은지라 내
가 이르되 주 여호와여 청하건대 사
하소서 야곱이 미약하오니 어떻게
서리이까 하매
3 여호와께서 이에 대하여 뜻을 돌이
키셨으므로 이것이 이루어지지 아
니하리라 여호와께서 말씀하셨느니
라

둘째, 불

4 ●주 여호와께서 또 내게 보이신 것
이 이러하니라 주 여호와께서 명령
하여 불로 징벌하게 하시니 불이 큰
바다를 삼키고 육지까지 먹으려 하
는지라
5 이에 내가 이르되 주 여호와여 청하
건대 그치소서 야곱이 미약하오니
어떻게 서리이까 하매
6 주 여호와께서 이에 대하여 뜻을 돌

암

이켜 주 여호와께서 이르시되 이것
도 이루지 아니하리라 하시니라

셋째, 다림줄

7 ●또 내게 보이신 것이 이러하니라
다림줄을 가지고 쌓은 담 곁에 주께
서 손에 다림줄을 잡고 서셨더니
8 여호와께서 내게 이르시되 아모스
야 네가 무엇을 보느냐 내가 대답하
되 다림줄이니이다 주께서 이르시
되 내가 다림줄을 내 백성 이스라엘
가운데 두고 다시는 용서하지 아니
하리니
9 이삭의 산당들이 황폐되며 이스라
엘의 성소들이 파괴될 것이라 내가
일어나 칼로 여로보암의 집을 치리
라 하시니라

아모스와 아마샤의 대결

10 ●때에 벧엘의 제사장 아마샤가 이
스라엘의 왕 여로보암에게 보내어
이르되 이스라엘 족속 중에 아모스
가 왕을 모반하나니 그 모든 말을 이
땅이 견딜 수 없나이다
11 아모스가 말하기를 여로보암은 칼
에 죽겠고 이스라엘은 반드시 사
로잡혀 그 땅에서 떠나겠다 하나
이다
12 아마샤가 또 아모스에게 이르되 선
견자야 너는 유다 땅으로 도망하여
가서 거기에서나 떡을 먹으며 거기
에서나 예언하고
13 다시는 벧엘에서 예언하지 말라 이
는 왕의 성소요 나라의 궁궐임이니
라
14 아모스가 아마샤에게 대답하여 이
르되 나는 선지자가 아니며 선지자
의 아들도 아니라 나는 목자요 뽕나
무를 재배하는 자로서
15 양 떼를 따를 때에 여호와께서 나를
데려다가 여호와께서 내게 이르시
기를 가서 내 백성 이스라엘에게 예
언하라 하셨나니
16 이제 너는 여호와의 말씀을 들을지
니라 네가 이르기를 이스라엘에 대
하여 예언하지 말며 이삭의 집을 향
하여 경고하지 말라 하므로
17 여호와께서 이와 같이 말씀하시기
를 네 아내는 성읍 가운데서 창녀
가 될 것이요 네 자녀들은 칼에 엎
드러지며 네 땅은 측량하여 나누어
질 것이며 너는 더러운 땅에서 죽
을 것이요 이스라엘은 반드시 사로
잡혀 그의 땅에서 떠나리라 하셨느
니라

넷째, 여름 과일 한 광주리

8 주 여호와께서 내게 이와 같이 보
이셨느니라 보라 [1]여름 과일 한
광주리이니라
2 그가 말씀하시되 아모스야 네가 무
엇을 보느냐 내가 이르되 여름 과일
한 광주리니이다 하매 여호와께서
내게 이르시되 내 백성 이스라엘의
끝이 이르렀은즉 내가 다시는 그를
용서하지 아니하리니
3 그날에 궁전의 노래가 애곡으로 변
할 것이며 곳곳에 시체가 많아서 사
람이 잠잠히 그 시체들을 내어버리
리라 주 여호와의 말씀이니라
4 ●가난한 자를 삼키며 땅의 힘없는
자를 망하게 하려는 자들아 이 말을
들으라
5 너희가 이르기를 월삭이 언제 지나
서 우리가 곡식을 팔며 안식일이 언
제 지나서 우리가 밀을 내게 할꼬 에
바를 작게 하고 세겔을 크게 하여 거
짓 저울로 속이며
6 은으로 힘없는 자를 사며 신 한 켤레
로 가난한 자를 사며 찌꺼기 밀을 팔
자 하는도다
7 여호와께서 야곱의 영광을 두고 맹

1) 히, 여름 과일이란 말과 끝이란 말의 음이 같음

세하시되 내가 그들의 모든 행위
를 절대로 잊지 아니하리라 하셨나
니
8 이로 말미암아 땅이 떨지 않겠으며
그 가운데 모든 주민이 애통하지 않
겠느냐 온 땅이 강의 넘침같이 솟아
오르며 애굽 강같이 뛰놀다가 낮아
지리라
9 주 여호와의 말씀이니라 그날에 내
가 해를 대낮에 지게 하여 백주에 땅
을 캄캄하게 하며
10 너희 절기를 애통으로, 너희 모든 노
래를 애곡으로 변하게 하며 모든 사
람에게 굵은 베로 허리를 동이게 하
며 모든 머리를 대머리가 되게 하며
독자의 죽음으로 말미암아 애통하
듯 하게 하며 결국은 곤고한 날과 같
게 하리라
11 ●주 여호와의 말씀이니라 보라 날
이 이를지라 내가 기근을 땅에 보내
리니 양식이 없어 주림이 아니며 물
이 없어 갈함이 아니요 여호와의 말
씀을 듣지 못한 기갈이라
12 사람이 이 바다에서 저 바다까지, 북
쪽에서 동쪽까지 비틀거리며 여호
와의 말씀을 구하려고 돌아다녀도
얻지 못하리니
13 그날에 아름다운 처녀와 젊은 남자
가 다 갈하여 쓰러지리라
14 사마리아의 죄된 우상을 두고 맹세
하여 이르기를 단아 네 신들이 살
아 있음을 두고 맹세하노라 하거나
브엘세바가 위하는 것이 살아 있음
을 두고 맹세하노라 하는 사람은
엎드러지고 다시 일어나지 못하리
라

다섯째, 범죄한 나라를 멸하리라

9 내가 보니 주께서 제단 곁에 서서
이르시되 기둥 머리를 쳐서 문지
방이 움직이게 하며 그것으로 부서
져서 무리의 머리에 떨어지게 하라
내가 그 남은 자를 칼로 죽이리니 그
중에서 한 사람도 도망하지 못하며
그 중에서 한 사람도 피하지 못하리
라
2 그들이 파고 스올로 들어갈지라도
내 손이 거기에서 붙잡아 낼 것이요
하늘로 올라갈지라도 내가 거기에
서 붙잡아 내릴 것이며
3 갈멜 산 꼭대기에 숨을지라도 내가
거기에서 찾아낼 것이요 내 눈을 피
하여 바다 밑에 숨을지라도 내가 거
기에서 뱀을 명령하여 물게 할 것이
요
4 그 원수 앞에 사로잡혀 갈지라도 내
가 거기에서 칼을 명령하여 죽이게
할 것이라 내가 그들에게 주목하여
화를 내리고 복을 내리지 아니하리
라 하시니라
5 ●주 만군의 여호와는 땅을 만져 녹
게 하사 거기 거주하는 자가 애통하
게 하시며 그 온 땅이 강의 넘침같이
솟아 오르며 애굽 강같이 낮아지게
하시는 이요
6 그의 궁전을 하늘에 세우시며 그 궁
창의 기초를 땅에 두시며 바닷물을
불러 지면에 쏟으시는 이니 그 이름
은 여호와시니라
7 ●여호와의 말씀이니라 이스라엘
자손들아 너희는 내게 구스 족속 같
지 아니하냐 내가 이스라엘을 애굽
땅에서, 블레셋 사람을 갑돌에서, 아
람 사람을 기르에서 올라오게 하지
아니하였느냐
8 보라 주 여호와의 눈이 범죄한 나라
를 주목하노니 내가 그것을 지면에
서 멸하리라 그러나 야곱의 집은 온
전히 멸하지는 아니하리라 여호와
의 말씀이니라
9 보라 내가 명령하여 이스라엘 족속

을 만국 중에서 체질하기를 체로 체
질함같이 하려니와 그 한 알갱이도
땅에 떨어지지 아니하리라
10 내 백성 중에서 말하기를 화가 우리
에게 미치지 아니하며 이르지 아니
하리라 하는 모든 죄인은 칼에 죽으
리라

이스라엘의 회복

11 ●그날에 내가 다윗의 무너진 장막
을 일으키고 그것들의 틈을 막으며
그 허물어진 것을 일으켜서 옛적과
같이 세우고
12 그들이 에돔의 남은 자와 내 이름으
로 일컫는 만국을 기업으로 얻게 하
리라 이 일을 행하시는 여호와의 말
씀이니라
13 여호와의 말씀이니라 보라 날이 이
를지라 그때에 파종하는 자가 곡식
추수하는 자의 뒤를 이으며 포도를
밟는 자가 씨 뿌리는 자의 뒤를 이으
며 산들은 단 포도주를 흘리며 작은
산들은 녹으리라
14 내가 내 백성 이스라엘이 사로잡힌
것을 돌이키리니 그들이 황폐한
성읍을 건축하여 거주하며 포도원
들을 가꾸고 그 포도주를 마시며
과원들을 만들고 그 열매를 먹으
리라
15 내가 그들을 그들의 땅에 심으리니
그들이 내가 준 땅에서 다시 뽑히지
아니하리라 네 하나님 여호와의 말
씀이니라

오바댜

Obadiah

1 오바댜의 묵시라

여호와께서 에돔을 심판하시다

●주 여호와께서 에돔에 대하여 이
와 같이 말씀하시니라 우리가 여호
와께로 말미암아 소식을 들었나니
곧 사자가 나라들 가운데에 보내심
을 받고 이르기를 너희는 일어날지
어다 우리가 일어나서 그와 싸우자
하는 것이니라
2 보라 내가 너를 나라들 가운데에 매
우 작게 하였으므로 네가 크게 멸시
를 받느니라
3 너의 마음의 교만이 너를 속였도다
바위 틈에 거주하며 높은 곳에 사
는 자여 네가 마음에 이르기를 누
가 능히 나를 땅에 끌어내리겠느냐
하니
4 네가 독수리처럼 높이 오르며 별 사
이에 깃들일지라도 내가 거기에서
너를 끌어내리리라 여호와의 말씀
이니라
5 혹시 도둑이 네게 이르렀으며 강도
가 밤중에 네게 이르렀을지라도 만
족할 만큼 훔치면 그치지 아니하였
겠느냐 혹시 포도를 따는 자가 네게
이르렀을지라도 그것을 얼마쯤 남
기지 아니하였겠느냐 네가 어찌 그
리 망하였는고
6 에서가 어찌 그리 수탈되었으며
그 감춘 보물이 어찌 그리 빼앗겼
는고
7 너와 약조한 모든 자들이 다 너를
쫓아 변경에 이르게 하며 너와 화목
하던 자들이 너를 속여 이기며 네
먹을 것을 먹는 자들이 네 아래에
함정을 파니 네 마음에 지각이 없음
이로다
8 여호와의 말씀이니라 그날에 내가

에돔에서 지혜 있는 자를 멸하며 에
서의 산에서 지각 있는 자를 멸하지
아니하겠느냐
9 드만아 네 용사들이 놀랄 것이라 이
로 말미암아 에서의 산에 있는 사람
은 다 죽임을 당하여 멸절되리라

에돔의 죄

10 ●네가 네 형제 야곱에게 행한 포학
으로 말미암아 부끄러움을 당하고
영원히 멸절되리라
11 네가 멀리 섰던 날 곧 이방인이 그의
재물을 빼앗아 가며 외국인이 그의
성문에 들어가서 예루살렘을 얻기
위하여 제비 뽑던 날에 너도 그들 중
한 사람 같았느니라
12 네가 형제의 날 곧 그 재앙의 날에
방관할 것이 아니며 유다 자손이 패
망하는 날에 기뻐할 것이 아니며 그
고난의 날에 네가 입을 크게 벌릴 것
이 아니며
13 내 백성이 환난을 당하는 날에 네가
그 성문에 들어가지 않을 것이며 환
난을 당하는 날에 네가 그 고난을 방
관하지 않을 것이며 환난을 당하는
날에 네가 그 재물에 손을 대지 않을
것이며
14 네거리에 서서 그 도망하는 자를 막
지 않을 것이며 고난의 날에 그 남은
자를 원수에게 넘기지 않을 것이니
라

여호와께서 만국을 벌하실 날

15 ●여호와께서 만국을 벌할 날이 가
까웠나니 네가 행한 대로 너도 받을
것인즉 네가 행한 것이 네 머리로 돌
아갈 것이라
16 너희가 내 성산에서 마신 것같이 만
국인이 항상 마시리니 곧 마시고 삼
켜서 본래 없던 것같이 되리라

여호와께 속할 나라

17 ●오직 시온 산에서 피할 자가 있으
리니 그 산이 거룩할 것이요 야곱 족
속은 자기 기업을 누릴 것이며
18 야곱 족속은 불이 될 것이며 요셉
족속은 불꽃이 될 것이요 에서 족
속은 지푸라기가 될 것이라 그들이
그들 위에 붙어서 그들을 불사를
것인즉 에서 족속에 남은 자가 없
으리니 여호와께서 말씀하셨음이
라
19 그들이 네겝과 에서의 산과 평지와
블레셋을 얻을 것이요 또 그들이 에
브라임의 들과 사마리아의 들을 얻
을 것이며 베냐민은 길르앗을 얻을
것이며
20 사로잡혔던 이스라엘의 많은 자손
은 가나안 사람에게 속한 이 땅을 사
르밧까지 얻을 것이며 예루살렘에
서 사로잡혔던 자들 곧 스바랏에 있
는 자들은 네겝의 성읍들을 얻을 것
이니라
21 구원받은 자들이 시온 산에 올라와
서 에서의 산을 심판하리니 나라가
여호와께 속하리라

요나

Jonah

요나가 여호와를 피하여 달아나다

1 여호와의 말씀이 아밋대의 아들 요
나에게 임하니라 이르시되
2 너는 일어나 저 큰 성읍 니느웨로 가
서 그것을 향하여 외치라 그 악독이
내 앞에 상달되었음이니라 하시니
라
3 그러나 요나가 여호와의 얼굴을 피
하려고 일어나 다시스로 도망하려
하여 욥바로 내려갔더니 마침 다시
스로 가는 배를 만난지라 여호와의
얼굴을 피하여 그들과 함께 다시스
로 가려고 배삯을 주고 배에 올랐더
라
4 ●여호와께서 큰 바람을 바다 위에
내리시매 바다 가운데에 큰 폭풍
이 일어나 배가 거의 깨지게 된지
라
5 사공들이 두려워하여 각각 자기의
신을 부르고 또 배를 가볍게 하려고
그 가운데 물건들을 바다에 던지니
라 그러나 요나는 배 밑층에 내려가
서 누워 깊이 잠이 든지라
6 선장이 그에게 가서 이르되 자는 자
여 어찌함이냐 일어나서 네 하나님
께 구하라 혹시 하나님이 우리를 생
각하사 망하지 아니하게 하시리라
하니라
7 그들이 서로 이르되, 자 우리가 제비
를 뽑아 이 재앙이 누구로 말미암아
우리에게 임하였나 알아보자 하고
곧 제비를 뽑으니 제비가 요나에게
뽑힌지라
8 무리가 그에게 이르되 청하건대 이
재앙이 누구 때문에 우리에게 임하
였는가 말하라 네 생업이 무엇이며
네가 어디서 왔으며 네 나라가 어디
며 어느 민족에 속하였느냐 하니
9 그가 대답하되 나는 히브리 사람이
요 바다와 육지를 지으신 하늘의 하
나님 여호와를 경외하는 자로라 하
고
10 자기가 여호와의 얼굴을 피함인 줄
을 그들에게 말하였으므로 무리가
알고 심히 두려워하여 이르되 네가
어찌하여 그렇게 행하였느냐 하니
라
11 ●바다가 점점 흉용한지라 무리가
그에게 이르되 우리가 너를 어떻게
하여야 바다가 우리를 위하여 잔잔
하겠느냐 하니
12 그가 대답하되 나를 들어 바다에 던
지라 그리하면 바다가 너희를 위하
여 잔잔하리라 너희가 이 큰 폭풍을
만난 것이 나 때문인 줄을 내가 아노
라 하니라
13 그러나 그 사람들이 힘써 노를 저어
배를 육지로 돌리고자 하다가 바다
가 그들을 향하여 점점 더 흉용하므
로 능히 못한지라
14 무리가 여호와께 부르짖어 이르되
여호와여 구하고 구하오니 이 사람
의 생명 때문에 우리를 멸망시키지
마옵소서 무죄한 피를 우리에게 돌
리지 마옵소서 주 여호와께서는 주
의 뜻대로 행하심이니이다 하고
15 요나를 들어 바다에 던지매 바다가
뛰노는 것이 곧 그친지라
16 그 사람들이 여호와를 크게 두려워
하여 여호와께 제물을 드리고 서원
을 하였더라

요나의 기도

17 ●여호와께서 이미 큰 물고기를 예
비하사 요나를 삼키게 하셨으므로
요나가 밤낮 삼 일을 물고기 뱃속에
있으니라

2 요나가 물고기 뱃속에서 그의 하
나님 여호와께 기도하여
2 이르되
내가 받는 고난으로 말미암아 여호
와께 불러 아뢰었더니 주께서 내게
대답하셨고 내가 [1]스올의 뱃속에
서 부르짖었더니 주께서 내 음성을
들으셨나이다
3 주께서 나를 깊음 속 바다 가운데
에 던지셨으므로 큰 물이 나를 둘
렀고 주의 파도와 큰 물결이 다 내
위에 넘쳤나이다
4 내가 말하기를 내가 주의 목전에서
쫓겨났을지라도 다시 주의 성전을
바라보겠다 하였나이다
5 물이 나를 영혼까지 둘렀사오며 깊
음이 나를 에워싸고 바다 풀이 내
머리를 감쌌나이다
6 내가 산의 뿌리까지 내려갔사오며
땅이 그 빗장으로 나를 오래도록
막았사오나 나의 하나님 여호와여
주께서 내 생명을 구덩이에서 건지
셨나이다
7 내 영혼이 내 속에서 피곤할 때에
내가 여호와를 생각하였더니 내 기
도가 주께 이르렀사오며 주의 성전
에 미쳤나이다
8 거짓되고 헛된 것을 숭상하는 모든
자는 자기에게 베푸신 은혜를 버렸
사오나
9 나는 감사하는 목소리로 주께 제사
를 드리며 나의 서원을 주께 갚겠
나이다 구원은 여호와께 속하였나
이다
하니라
10 ●여호와께서 그 물고기에게 말씀
하시매 요나를 육지에 토하니라

니느웨 백성의 회개

3 여호와의 말씀이 두 번째로 요나
에게 임하니라 이르시되
2 일어나 저 큰 성읍 니느웨로 가서 내
가 네게 명한 바를 그들에게 선포하
라 하신지라
3 요나가 여호와의 말씀대로 일어나
서 니느웨로 가니라 니느웨는 사흘
동안 걸을 만큼 하나님 앞에 큰 성읍
이더라
4 요나가 그 성읍에 들어가서 하루 동
안 다니며 외쳐 이르되 사십 일이 지
나면 니느웨가 무너지리라 하였더
니
5 니느웨 사람들이 하나님을 믿고 금
식을 선포하고 높고 낮은 자를 막론
하고 굵은 베 옷을 입은지라
6 그 일이 니느웨 왕에게 들리매 왕이
보좌에서 일어나 왕복을 벗고 굵은
베 옷을 입고 재 위에 앉으니라
7 왕과 그의 대신들이 조서를 내려 니
느웨에 선포하여 이르되 사람이나
짐승이나 소 떼나 양 떼나 아무것도
입에 대지 말지니 곧 먹지도 말 것이
요 물도 마시지 말 것이며
8 사람이든지 짐승이든지 다 굵은 베
옷을 입을 것이요 힘써 하나님께 부
르짖을 것이며 각기 악한 길과 손으
로 행한 강포에서 떠날 것이라
9 하나님이 뜻을 돌이키시고 그 진노
를 그치사 우리가 멸망하지 않게 하
시리라 그렇지 않을 줄을 누가 알겠
느냐 한지라
10 하나님이 그들이 행한 것 곧 그 악한
길에서 돌이켜 떠난 것을 보시고 하
나님이 뜻을 돌이키사 그들에게 내
리리라고 말씀하신 재앙을 내리지
아니하시니라

요나의 분노와 하나님의 자비

4 요나가 매우 싫어하고 성내며
2 여호와께 기도하여 이르되 여호
와여 내가 고국에 있을 때에 이러하

1) 음부

겠다고 말씀하지 아니하였나이까
그러므로 내가 빨리 다시스로 도
망하였사오니 주께서는 은혜로우
시며 자비로우시며 노하기를 더디
하시며 인애가 크시사 뜻을 돌이
켜 재앙을 내리지 아니하시는 하
나님이신 줄을 내가 알았음이니이
다
3 여호와여 원하건대 이제 내 생명을
거두어 가소서 사는 것보다 죽는 것
이 내게 나음이니이다 하니
4 여호와께서 이르시되 네가 성내는
것이 옳으냐 하시니라
5 요나가 성읍에서 나가서 그 성읍 동
쪽에 앉아 거기서 자기를 위하여 초
막을 짓고 그 성읍에 무슨 일이 일어
나는가를 보려고 그 그늘 아래에 앉
았더라
6 하나님 여호와께서 박넝쿨을 예비
하사 요나를 가리게 하셨으니 이는
그의 머리를 위하여 그늘이 지게 하
며 그의 괴로움을 면하게 하려 하심
이었더라 요나가 박넝쿨로 말미암
아 크게 기뻐하였더니
7 하나님이 벌레를 예비하사 이튿날
새벽에 그 박넝쿨을 갉아먹게 하시
매 시드니라
8 해가 뜰 때에 하나님이 뜨거운 동풍
을 예비하셨고 해는 요나의 머리
에 쪼이매 요나가 혼미하여 스스
로 죽기를 구하여 이르되 사는 것
보다 죽는 것이 내게 나으니이다 하
니라
9 하나님이 요나에게 이르시되 네가
이 박넝쿨로 말미암아 성내는 것이
어찌 옳으냐 하시니 그가 대답하되
내가 성내어 죽기까지 할지라도 옳
으니이다 하니라
10 여호와께서 이르시되 네가 수고도
아니하였고 재배도 아니하였고 하
룻밤에 났다가 하룻밤에 말라 버린
이 박넝쿨을 아꼈거든
11 하물며 이 큰 성읍 니느웨에는 좌우
를 분변하지 못하는 자가 십이만여
명이요 가축도 많이 있나니 내가
어찌 아끼지 아니하겠느냐 하시니
라

미가

Micah

1 유다의 왕들 요담과 아하스와 히스
기야 시대에 모레셋 사람 미가에게
임한 여호와의 말씀 곧 사마리아와
예루살렘에 관한 묵시라

야곱의 허물
이스라엘의 죄

2 ●백성들아 너희는 다 들을지어다
땅과 거기에 있는 모든 것들아 자세
히 들을지어다 주 여호와께서 너희
에게 대하여 증언하시되 곧 주께서
성전에서 그리하실 것이니라
3 여호와께서 그의 처소에서 나오시
고 강림하사 땅의 높은 곳을 밟으실
것이라
4 그 아래에서 산들이 녹고 골짜기들
이 갈라지기를 불 앞의 밀초 같고 비
탈로 쏟아지는 물 같을 것이니
5 이는 다 야곱의 허물로 말미암음이
요 이스라엘 족속의 죄로 말미암음
이라 야곱의 허물이 무엇이냐 사마
리아가 아니냐 유다의 [1]산당이 무엇

1) 다른 역본에는, 죄

이냐 예루살렘이 아니냐
6 이러므로 내가 사마리아를 들의 무
더기 같게 하고 포도 심을 동산 같게
하며 또 그 돌들을 골짜기에 쏟아내
리고 그 기초를 드러내며
7 그 새긴 우상들은 다 부서지고 그 음
행의 값은 다 불살라지며 내가 그 목
상들을 다 깨뜨리리니 그가 기생의
값으로 모았은즉 그것이 기생의 값
으로 돌아가리라

상처가 유다와 예루살렘에도 미치다

8 ●이러므로 내가 애통하며 애곡하
고 벌거벗은 몸으로 행하며 들개
같이 애곡하고 타조같이 애통하리
니
9 이는 그 상처는 고칠 수 없고 그것
이 유다까지도 이르고 내 백성의
성문 곧 예루살렘에도 미쳤음이니
라
10 가드에 알리지 말며 도무지 울지 말
지어다 내가 베들레아브라에서 티
끌에 굴렀도다
11 사빌 주민아 너는 벗은 몸에 수치를
무릅쓰고 나갈지어다 사아난 주민
은 나오지 못하고 벧에셀이 애곡하
여 너희에게 의지할 곳이 없게 하리
라
12 마롯 주민이 근심 중에 복을 바라니
이는 재앙이 여호와께로 말미암아
예루살렘 성문에 임함이니라
13 라기스 주민아 너는 준마에 병거를
메울지어다 라기스는 딸 시온의 죄
의 근본이니 이는 이스라엘의 허물
이 네게서 보였음이니라
14 이러므로 너는 가드모레셋에 작별
하는 예물을 줄지어다 악십의 집들
이 이스라엘 왕들을 속이리라
15 마레사 주민아 내가 장차 너를 소유
할 자로 네게 이르게 하리니 이스라
엘의 영광이 아둘람까지 이를 것이
라
16 너는 네 기뻐하는 자식으로 인하여
네 머리털을 깎아 대머리 같게 할지
어다 네 머리가 크게 벗어지게 하기
를 독수리 같게 할지어다 이는 그들
이 사로잡혀 너를 떠났음이라

멸망할 자들

2 그들이 침상에서 죄를 꾀하며 악
을 꾸미고 날이 밝으면 그 손에 힘
이 있으므로 그것을 행하는 자는 화
있을진저
2 밭들을 탐하여 빼앗고 집들을 탐하
여 차지하니 그들이 남자와 그의
집과 사람과 그의 산업을 강탈하도
다
3 그러므로 여호와의 말씀에 내가 이
족속에게 재앙을 계획하나니 너희
의 목이 이에서 벗어나지 못할 것이
요 또한 교만하게 다니지 못할 것이
라 이는 재앙의 때임이라 하셨느니
라
4 그때에 너희를 조롱하는 시를 지으
며 슬픈 노래를 불러 이르기를 우리
가 온전히 망하게 되었도다 그가 내
백성의 [1]산업을 옮겨 내게서 떠나게
하시며 우리 밭을 나누어 패역자에
게 주시는도다 하리니
5 그러므로 여호와의 회중에서 분깃
에 줄을 댈 자가 너희 중에 하나도
없으리라
6 ●그들이 말하기를 너희는 예언하
지 말라 이것은 예언할 것이 아니거
늘 욕하는 말을 그치지 아니한다 하
는도다
7 너희 야곱의 족속아 어찌 이르기를
여호와의 영이 성급하시다 하겠느
냐 그의 행위가 이러하시다 하겠느
냐 나의 말이 정직하게 행하는 자에
게 유익하지 아니하냐

1) 히, 분깃

8 근래에 내 백성이 원수같이 일어나
서 전쟁을 피하여 평안히 지나가는
자들의 의복에서 겉옷을 벗기며
9 내 백성의 부녀들을 그들의 즐거운
집에서 쫓아내고 그들의 어린 자녀
에게서 나의 영광을 영원히 빼앗는
도다
10 이것은 너희가 쉴 곳이 아니니 일어
나 떠날지어다 이는 그것이 이미 더
러워졌음이니라 그런즉 반드시 멸
하리니 그 멸망이 크리라
11 사람이 만일 허망하게 행하며 거짓
말로 이르기를 내가 포도주와 독주
에 대하여 네게 예언하리라 할 것 같
으면 그 사람이 이 백성의 선지자가
되리로다
12 ●야곱아 내가 반드시 너희 무리를
다 모으며 내가 반드시 이스라엘의
남은 자를 모으고 그들을 한 처소에
두기를 보스라의 양 떼같이 하며 초
장의 양 떼같이 하리니 사람들이 크
게 떠들 것이며
13 길을 여는 자가 그들 앞에 올라가고
그들은 길을 열어 성문에 이르러서
는 그리로 나갈 것이며 그들의 왕이
앞서 가며 여호와께서는 선두로 가
시리라

미가가 이스라엘 통치자들을 고발하다

3 내가 또 이르노니 야곱의 우두머
리들과 이스라엘 족속의 통치자
들아 들으라 정의를 아는 것이 너희
의 본분이 아니냐
2 너희가 선을 미워하고 악을 기뻐하
여 내 백성의 가죽을 벗기고 그 뼈에
서 살을 뜯어
3 그들의 살을 먹으며 그 가죽을 벗기
며 그 뼈를 꺾어 다지기를 냄비와
솥 가운데에 담을 고기처럼 하는도
다
4 그때에 그들이 여호와께 부르짖을
지라도 응답하지 아니하시고 그들
의 행위가 악했던 만큼 그들 앞에 얼
굴을 가리시리라
5 ●내 백성을 유혹하는 선지자들은
이에 물 것이 있으면 평강을 외치나
그 입에 무엇을 채워 주지 아니하는
자에게는 전쟁을 준비하는도다 이
런 선지자에 대하여 여호와께서 이
르시되
6 그러므로 너희가 밤을 만나리니 이
상을 보지 못할 것이요 어둠을 만나
리니 점 치지 못하리라 하셨나니 이
선지자 위에는 해가 져서 낮이 캄캄
할 것이라
7 선견자가 부끄러워하며 술객이 수
치를 당하여 다 입술을 가릴 것은
하나님이 응답하지 아니하심이거니
와
8 오직 나는 여호와의 영으로 말미암
아 능력과 정의와 용기로 충만해져
서 야곱의 허물과 이스라엘의 죄를
그들에게 보이리라
9 ●야곱 족속의 우두머리들과 이스
라엘 족속의 통치자들 곧 정의를 미
워하고 정직한 것을 굽게 하는 자들
아 원하노니 이 말을 들을지어다
10 시온을 피로, 예루살렘을 죄악으로
건축하는도다
11 그들의 우두머리들은 뇌물을 위하
여 재판하며 그들의 제사장은 삯을
위하여 교훈하며 그들의 선지자는
돈을 위하여 점을 치면서도 여호와
를 의뢰하여 이르기를 여호와께서
우리 중에 계시지 아니하냐 재앙이
우리에게 임하지 아니하리라 하는
도다
12 이러므로 너희로 말미암아 시온은
갈아엎은 밭이 되고 예루살렘은 무
더기가 되고 성전의 산은 수풀의 높

미

은 곳이 되리라

여호와께서 이루실 평화

4 끝날에 이르러는 여호와의 전의
산이 산들의 꼭대기에 굳게 서며
작은 산들 위에 뛰어나고 민족들이
그리로 몰려갈 것이라
2 곧 많은 이방 사람들이 가며 이르기
를 오라 우리가 여호와의 산에 올라
가서 야곱의 하나님의 전에 이르자
그가 그의 도를 가지고 우리에게 가
르치실 것이니라 우리가 그의 길로
행하리라 하리니 이는 율법이 시온
에서부터 나올 것이요 여호와의 말
씀이 예루살렘에서부터 나올 것임
이라
3 그가 많은 민족들 사이의 일을 심판
하시며 먼 곳 강한 이방 사람을 판결
하시리니 무리가 그 칼을 쳐서 보습
을 만들고 창을 쳐서 낫을 만들 것이
며 이 나라와 저 나라가 다시는 칼을
들고 서로 치지 아니하며 다시는 전
쟁을 연습하지 아니하고
4 각 사람이 자기 포도나무 아래와 자
기 무화과나무 아래에 앉을 것이라
그들을 두렵게 할 자가 없으리니 이
는 만군의 여호와의 입이 이같이 말
씀하셨음이라
5 만민이 각각 자기의 신의 이름을 의
지하여 행하되 오직 우리는 우리 하
나님 여호와의 이름을 의지하여 영
원히 행하리로다

이스라엘이 포로에서
돌아오리라

6 ●여호와께서 말씀하시되 그날에는
내가 저는 자를 모으며 쫓겨난 자와
내가 환난 받게 한 자를 모아
7 발을 저는 자는 남은 백성이 되게 하
며 멀리 쫓겨났던 자들이 강한 나라
가 되게 하고 나 여호와가 시온 산에
서 이제부터 영원까지 그들을 다스
리리라 하셨나니
8 너 양 떼의 망대요 딸 시온의 산이여
이전 권능 곧 딸 예루살렘의 나라가
네게로 돌아오리라
9 ●이제 네가 어찌하여 부르짖느냐
너희 중에 왕이 없어졌고 네 모사가
죽었으므로 네가 해산하는 여인처
럼 고통함이냐
10 딸 시온이여 해산하는 여인처럼 힘
들여 낳을지어다 이제 네가 성읍에
서 나가서 들에 거주하며 또 바벨론
까지 이르러 거기서 구원을 얻으리
니 여호와께서 거기서 너를 네 원수
들의 손에서 속량하여 내시리라
11 이제 많은 이방 사람들이 모여서 너
를 치며 이르기를 시온이 더럽게 되
며 그것을 우리 눈으로 바라보기를
원하노라 하거니와
12 그들이 여호와의 뜻을 알지 못하며
그의 계획을 깨닫지 못한 것이라 여
호와께서 곡식 단을 타작마당에 모
음같이 그들을 모으셨나니
13 딸 시온이여 일어나서 칠지어다 내
가 네 뿔을 무쇠 같게 하며 네 굽을
놋 같게 하리니 네가 여러 백성을
쳐서 깨뜨릴 것이라 네가 그들의 탈
취물을 구별하여 여호와께 드리며
그들의 재물을 온 땅의 주께 돌리리
라

5 딸 군대여 너는 떼를 모을지어다
그들이 우리를 에워쌌으니 막대
기로 이스라엘 재판자의 뺨을 치리
로다

베들레헴에서 다스릴 자가 나오리라

2 ●베들레헴 에브라다야 너는 유다
[1]족속 중에 작을지라도 이스라엘을
다스릴 자가 네게서 내게로 나올 것
이라 그의 근본은 상고에, 영원에 있
느니라

1) 히, 천천

3 그러므로 여인이 해산하기까지 그
들을 붙여 두시겠고 그 후에는 그의
형제 가운데에 남은 자가 이스라엘
자손에게로 돌아오리니
4 그가 여호와의 능력과 그의 하나님
여호와의 이름의 위엄을 의지하고
서서 목축하니 그들이 거주할 것이
라 이제 그가 창대하여 땅끝까지 미
치리라
5 이 사람은 평강이 될 것이라 앗수르
사람이 우리 땅에 들어와서 우리 궁
들을 밟을 때에는 우리가 일곱 목
자와 여덟 군왕을 일으켜 그를 치
리니
6 그들이 칼로 앗수르 땅을 황폐하게
하며 니므롯 땅 어귀를 황폐하게 하
리라 앗수르 사람이 우리 땅에 들어
와서 우리 지경을 밟을 때에는 그가
우리를 그에게서 건져내리라
7 야곱의 남은 자는 많은 백성 가운데
있으리니 그들은 여호와께로부터
내리는 이슬 같고 풀 위에 내리는
단비 같아서 사람을 기다리지 아니
하며 인생을 기다리지 아니할 것이
며
8 야곱의 남은 자는 여러 나라 가운데
와 많은 백성 가운데에 있으리니 그
들은 수풀의 짐승들 중의 사자 같고
양 떼 중의 젊은 사자 같아서 만일
그가 지나간즉 밟고 찢으리니 능히
구원할 자가 없을 것이라
9 네 손이 네 대적들 위에 들려서 네
모든 원수를 진멸하기를 바라노
라

심판

10 ●여호와께서 이르시되 그날에 이
르러는 내가 네 군마를 네 가운데에
서 멸절하며 네 병거를 부수며
11 네 땅의 성읍들을 멸하며 네 모든 견
고한 성을 무너뜨릴 것이며
12 내가 또 복술을 네 손에서 끊으리니
네게 다시는 점쟁이가 없게 될 것이
며
13 내가 네가 새긴 우상과 주상을 너희
가운데에서 멸절하리니 네가 네 손
으로 만든 것을 다시는 섬기지 아니
하리라
14 내가 또 네 아세라 목상을 너희 가운
데에서 빼버리고 네 성읍들을 멸할
것이며
15 내가 또 진노와 분노로 순종하지 아
니한 나라에 갚으리라 하셨느니라

여호와께서 이스라엘과 변론하시다

6 너희는 여호와의 말씀을 들을지
어다 너는 일어나서 산을 향하여
변론하여 작은 산들이 네 목소리를
듣게 하라 하셨나니
2 너희 산들과 땅의 견고한 지대들아
너희는 여호와의 변론을 들으라 여
호와께서 자기 백성과 변론하시며
이스라엘과 변론하실 것이라
3 이르시기를 내 백성아 내가 무엇을
네게 행하였으며 무슨 일로 너를
괴롭게 하였느냐 너는 내게 증언하
라
4 내가 너를 애굽 땅에서 인도해 내어
종노릇 하는 집에서 속량하였고 모
세와 아론과 미리암을 네 앞에 보냈
느니라
5 내 백성아 너는 모압 왕 발락이 꾀한
것과 브올의 아들 발람이 그에게 대
답한 것을 기억하며 싯딤에서부터
길갈까지의 일을 기억하라 그리하
면 나 여호와가 공의롭게 행한 일을
알리라 하실 것이니라

여호와께서 구하시는 것

6 ●내가 무엇을 가지고 여호와 앞에
나아가며 높으신 하나님께 경배할
까 내가 번제물로 일 년 된 송아지를
가지고 그 앞에 나아갈까

7 여호와께서 천천의 숫양이나 만만
의 강물 같은 기름을 기뻐하실까 내
허물을 위하여 내 맏아들을, 내 영혼
의 죄로 말미암아 내 몸의 열매를 드
릴까
8 사람아 주께서 선한 것이 무엇임을
네게 보이셨나니 여호와께서 네게
구하시는 것은 오직 정의를 행하며
인자를 사랑하며 겸손하게 네 하나
님과 함께 행하는 것이 아니냐
9 ●여호와께서 성읍을 향하여 외쳐
부르시나니 지혜는 주의 이름을 경
외함이니라 너희는 매가 예비되었
나니 그것을 정하신 이가 누구인지
들을지니라
10 악인의 집에 아직도 불의한 재물이
있느냐 축소시킨 가증한 에바가 있
느냐
11 내가 만일 부정한 저울을 썼거나 주
머니에 거짓 저울추를 두었으면 깨
끗하겠느냐
12 그 부자들은 강포가 가득하였고 그
주민들은 거짓을 말하니 그 혀가 입
에서 거짓되도다
13 그러므로 나도 너를 쳐서 병들게 하
였으며 네 죄로 말미암아 너를 황폐
하게 하였나니
14 네가 먹어도 배부르지 못하고 항상
속이 빌 것이며 네가 감추어도 보존
되지 못하겠고 보존된 것은 내가 칼
에 붙일 것이며
15 네가 씨를 뿌려도 추수하지 못할 것
이며 감람 열매를 밟아도 기름을 네
몸에 바르지 못할 것이며 포도를 밟
아도 술을 마시지 못하리라
16 너희가 오므리의 율례와 아합 집의
모든 예법을 지키고 그들의 전통을
따르니 내가 너희를 황폐하게 하며
그의 주민을 사람의 조소거리로 만
들리라 너희가 내 백성의 수욕을 담
당하리라

이스라엘의 부패

7 재앙이로다 나여 나는 여름 과일
을 딴 후와 포도를 거둔 후 같아서
먹을 포도송이가 없으며 내 마음에
사모하는 처음 익은 무화과가 없도
다
2 경건한 자가 세상에서 끊어졌고 정
직한 자가 사람들 가운데 없도다 무
리가 다 피를 흘리려고 매복하며 각
기 그물로 형제를 잡으려 하고
3 두 손으로 악을 부지런히 행하는도
다 그 지도자와 재판관은 뇌물을 구
하며 권세자는 자기 마음의 욕심을
말하며 그들이 서로 결합하니
4 그들의 가장 선한 자라도 가시 같고
가장 정직한 자라도 찔레 울타리보
다 더하도다 [1]그들의 파수꾼들의 날
곧 [1]그들 가운데에 형벌의 날이 임
하였으니 이제는 그들이 요란하리
로다
5 너희는 이웃을 믿지 말며 친구를 의
지하지 말며 네 품에 누운 여인에게
라도 네 입의 문을 지킬지어다
6 아들이 아버지를 멸시하며 딸이 어
머니를 대적하며 며느리가 시어머
니를 대적하리니 사람의 원수가 곧
자기의 집안 사람이리로다

구원하시는 하나님

7 ●오직 나는 여호와를 우러러보며
나를 구원하시는 하나님을 바라보
나니 나의 하나님이 나에게 귀를 기
울이시리로다
8 나의 대적이여 나로 말미암아 기뻐
하지 말지어다 나는 엎드러질지라
도 일어날 것이요 어두운 데에 앉을
지라도 여호와께서 나의 빛이 되실
것임이로다
9 내가 여호와께 범죄하였으니 그의

1) 히, 너

진노를 당하려니와 마침내 주께서
나를 위하여 논쟁하시고 심판하시
며 주께서 나를 인도하사 광명에 이
르게 하시리니 내가 그의 공의를 보
리로다
10 나의 대적이 이것을 보고 부끄러워
하리니 그는 전에 내게 말하기를 네
하나님 여호와가 어디 있느냐 하던
[1)]자라 그가 거리의 진흙같이 밟히리
니 그것을 내가 보리로다
11 네 성벽을 건축하는 날 곧 그날에는
지경이 넓혀질 것이라
12 그날에는 앗수르에서 애굽 성읍들
에까지, 애굽에서 강까지, 이 바다에
서 저 바다까지, 이 산에서 저 산까
지의 사람들이 네게로 돌아올 것이
나
13 그 땅은 그 주민의 행위의 열매로 말
미암아 황폐하리로다

기도와 찬양

14 ●원하건대 주는 주의 지팡이로 주
의 백성 곧 갈멜 속 삼림에 홀로 거
주하는 주의 기업의 양 떼를 먹이시
되 그들을 옛날같이 바산과 길르앗
에서 먹이시옵소서
15 이르시되 네가 애굽 땅에서 나오던
날과 같이 내가 그들에게 이적을 보
이리라 하셨느니라
16 이르되 여러 나라가 보고 자기의 세
력을 부끄러워하여 손으로 그 입을
막을 것이요 귀는 막힐 것이며
17 그들이 뱀처럼 티끌을 핥으며 땅에
기는 벌레처럼 떨며 그 좁은 구멍에
서 나와서 두려워하며 우리 하나님
여호와께로 돌아와서 주로 말미암
아 두려워하리이다
18 ●주와 같은 신이 어디 있으리이까
주께서는 죄악과 그 기업에 남은 자
의 허물을 사유하시며 인애를 기뻐
하시므로 진노를 오래 품지 아니하
시나이다
19 다시 우리를 불쌍히 여기셔서 우리
의 죄악을 발로 밟으시고 우리의
모든 죄를 깊은 바다에 던지시리이
다
20 주께서 옛적에 우리 조상들에게 맹
세하신 대로 야곱에게 성실을 베푸
시며 아브라함에게 인애를 더하시
리이다

1) 히, 여자

나훔
Nahum

1 니느웨에 대한 경고 곧 엘고스 사
람 나훔의 묵시의 글이라

니느웨에 대한 여호와의 진노

2 ●여호와는 질투하시며 보복하시는
하나님이시니라 여호와는 보복하
시며 진노하시되 자기를 거스르는
자에게 여호와는 보복하시며 자기
를 대적하는 자에게 진노를 품으시
며
3 여호와는 노하기를 더디 하시며 권
능이 크시며 벌 받을 자를 결코 내버
려두지 아니하시느니라 여호와의
길은 회오리바람과 광풍에 있고 구
름은 그의 발의 티끌이로다
4 그는 바다를 꾸짖어 그것을 말리시
며 모든 강을 말리시나니 바산과 갈
멜이 쇠하며 레바논의 꽃이 시드는
도다
5 그로 말미암아 산들이 진동하며 작
은 산들이 녹고 그 앞에서는 땅 곧

세계와 그 가운데에 있는 모든 것들
이 솟아오르는도다
6 누가 능히 그의 분노 앞에 서며 누가
능히 그의 진노를 감당하랴 그의 진
노가 불처럼 쏟아지니 그로 말미암
아 바위들이 깨지는도다
7 여호와는 선하시며 환난날에 산성
이시라 그는 자기에게 피하는 자들
을 아시느니라
8 그가 범람하는 물로 그곳을 진멸하
시고 자기 대적들을 흑암으로 쫓아
내시리라
9 ●너희는 여호와께 대하여 무엇을
꾀하느냐 그가 온전히 멸하시리
니 재난이 다시 일어나지 아니하리
라
10 가시덤불같이 엉크러졌고 술을 마
신 것같이 취한 그들은 마른 지푸라
기같이 모두 탈 것이거늘
11 여호와께 악을 꾀하는 한 사람이 너
희 중에서 나와서 사악한 것을 권하
는도다
12 여호와께서 이같이 말씀하시기를
그들이 비록 강하고 많을지라도 반
드시 멸절을 당하리니 그가 없어지
리라 내가 전에는 너를 괴롭혔으나
다시는 너를 괴롭히지 아니할 것이
라
13 이제 네게 지운 그의 멍에를 내가 깨
뜨리고 네 결박을 끊으리라
14 ●나 여호와가 네게 대하여 명령하
였나니 네 이름이 다시는 전파되지
않을 것이라 내가 네 신들의 집에서
새긴 우상과 부은 우상을 멸절하며
네 무덤을 준비하리니 이는 네가 쓸
모없게 되었음이라
15 ●볼지어다 아름다운 소식을 알리
고 화평을 전하는 자의 발이 산 위
에 있도다 유다야 네 절기를 지키
고 네 서원을 갚을지어다 악인이
진멸되었으니 그가 다시는 네 가운
데로 통행하지 아니하리로다 하시
니라

니느웨의 멸망

2 파괴하는 자가 너를 치러 올라왔
나니 너는 산성을 지키며 길을 파
수하며 네 허리를 견고히 묶고 네 힘
을 크게 굳게 할지어다
2 여호와께서 야곱의 영광을 회복하
시되 이스라엘의 영광 같게 하시나
니 이는 약탈자들이 약탈하였고 또
그들의 포도나무 가지를 없이하였
음이라
3 그의 용사들의 방패는 붉고 그의 무
사들의 옷도 붉으며 그 항오를 벌이
는 날에 병거의 쇠가 번쩍이고 노송
나무 창이 요동하는도다
4 그 병거는 미친 듯이 거리를 달리며
대로에서 이리저리 빨리 달리니 그
모양이 횃불 같고 빠르기가 번개 같
도다
5 그가 그의 존귀한 자들을 생각해 내
니 그들이 엎드러질 듯이 달려서 급
히 성에 이르러 막을 것을 준비하도
다
6 강들의 수문이 열리고 왕궁이 소멸
되며
7 정한 대로 왕후가 벌거벗은 몸으로
끌려가니 그 모든 시녀들이 가슴을
치며 비둘기같이 슬피 우는도다
8 ●니느웨는 예로부터 물이 모인 못
같더니 이제 모두 도망하니 서라 서
라 하나 돌아보는 자가 없도다
9 은을 노략하라 금을 노략하라 그 저
축한 것이 무한하고 아름다운 기구
가 풍부함이니라
10 니느웨가 공허하였고 황폐하였도다
주민이 낙담하여 그 무릎이 서로 부
딪히며 모든 허리가 아프게 되며 모
든 낯이 빛을 잃도다

11 이제 사자의 굴이 어디냐 젊은 사자
가 먹을 곳이 어디냐 전에는 수사자
암사자가 그 새끼 사자와 함께 거기
서 다니되 그것들을 두렵게 할 자가
없었으며
12 수사자가 그 새끼를 위하여 먹이를
충분히 찢고 그의 암사자들을 위하
여 움켜 사냥한 것으로 그 굴을 채웠
고 찢은 것으로 그 구멍을 채웠었도
다
13 만군의 여호와의 말씀에 내가 네 대
적이 되어 네 병거들을 불살라 연기
가 되게 하고 네 젊은 사자들을 칼로
멸할 것이며 내가 또 네 노략한 것을
땅에서 끊으리니 네 파견자의 목소
리가 다시는 들리지 아니하리라 하
셨느니라

3 화 있을진저 피의 성이여 그 안
에는 거짓이 가득하고 포악이 가
득하며 탈취가 떠나지 아니하는도
다
2 휙휙 하는 채찍 소리, 윙윙 하는 병
거 바퀴 소리, 뛰는 말, 달리는 병
거,
3 충돌하는 기병, 번쩍이는 칼, 번개
같은 창, 죽임당한 자의 떼, 주검의
큰 무더기, 무수한 시체여 사람이 그
시체에 걸려 넘어지니
4 이는 마술에 능숙한 미모의 음녀가
많은 음행을 함이라 그가 그의 음행
으로 여러 나라를 미혹하고 그의 마
술로 여러 족속을 미혹하느니라
5 보라 내가 네게 말하노니 만군의 여
호와의 말씀에 네 치마를 걷어 올
려 네 얼굴에 이르게 하고 네 벌거
벗은 것을 나라들에게 보이며 네
부끄러운 곳을 뭇 민족에게 보일
것이요
6 내가 또 가증하고 더러운 것들을 네
위에 던져 능욕하여 너를 구경거리
가 되게 하리니
7 그때에 너를 보는 자가 다 네게서 도
망하며 이르기를 니느웨가 황폐하
였도다 누가 그것을 위하여 애곡하
며 내가 어디서 너를 위로할 자를 구
하리요 하리라
8 ●네가 어찌 노아몬보다 낫겠느냐
그는 강들 사이에 있으므로 물이 둘
렸으니 바다가 성루가 되었고 바다
가 방어벽이 되었으며
9 구스와 애굽은 그의 힘이 강하여 끝
이 없었고 붓과 루빔이 그를 돕는 자
가 되었으나
10 그가 포로가 되어 사로잡혀 갔고 그
의 어린아이들은 길 모퉁이 모퉁이
에 메어침을 당하여 부서졌으며 그
의 존귀한 자들은 제비 뽑혀 나뉘었
고 그의 모든 권세자들은 사슬에 결
박되었나니
11 너도 술에 취하여 숨으리라 너도 원
수들 때문에 피난처를 찾으리라
12 네 모든 산성은 무화과나무의 처음
익은 열매가 흔들기만 하면 먹는 자
의 입에 떨어짐과 같으리라
13 네 가운데 [1]장정들은 여인 같고 네
땅의 성문들은 네 원수 앞에 넓게 열
리고 빗장들은 불에 타도다
14 너는 물을 길어 에워싸일 것을 대비
하며 너의 산성들을 견고하게 하며
진흙에 들어가서 흙을 밟아 벽돌 가
마를 수리하라
15 거기서 불이 너를 삼키며 칼이 너를
베기를 느치가 먹는 것같이 하리라
네가 느치같이 스스로 많게 할지어
다 네가 메뚜기같이 스스로 많게 할
지어다
16 네가 네 상인을 하늘의 별보다 많게
하였으나 느치가 날개를 펴서 날아
감과 같고

1) 히, 백성

17 네 방백은 메뚜기 같고 너의 장수들
은 큰 메뚜기 떼가 추운 날에는 울타
리에 깃들였다가 해가 뜨면 날아감
과 같으니 그 있는 곳을 알 수 없도
다
18 앗수르 왕이여 네 목자가 자고 네
귀족은 누워 쉬며 네 백성은 산들에
흩어지나 그들을 모을 사람이 없도
다
19 네 상처는 고칠 수 없고 네 부상은
중하도다 네 소식을 듣는 자가 다 너
를 보고 손뼉을 치나니 이는 그들이
항상 네게 행패를 당하였음이 아니
더냐 하시니라

하박국

Habakkuk

1 선지자 하박국이 묵시로 받은 경고
라

하박국의 호소

2 ●여호와여 내가 부르짖어도 주께
서 듣지 아니하시니 어느 때까지리
이까 내가 강포로 말미암아 외쳐도
주께서 구원하지 아니하시나이다
3 어찌하여 내게 죄악을 보게 하시며
패역을 눈으로 보게 하시나이까 겁
탈과 강포가 내 앞에 있고 변론과 분
쟁이 일어났나이다
4 이러므로 율법이 해이하고 정의가
전혀 시행되지 못하오니 이는 악인
이 의인을 에워쌌으므로 정의가 굽
게 행하여짐이니이다

여호와의 응답

5 ●여호와께서 이르시되 너희는 여
러 나라를 보고 또 보고 놀라고 또
놀랄지어다 너희의 생전에 내가 한
가지 일을 행할 것이라 누가 너희에
게 말할지라도 너희가 믿지 아니하
리라
6 보라 내가 사납고 성급한 백성 곧 땅
이 넓은 곳으로 다니며 자기의 소유
가 아닌 거처들을 점령하는 갈대아
사람을 일으켰나니
7 그들은 두렵고 무서우며 당당함과
위엄이 자기들에게서 나오며
8 그들의 군마는 표범보다 빠르고 저
녁 이리보다 사나우며 그들의 마병
은 먼 곳에서부터 빨리 달려오는 마
병이라 마치 먹이를 움키려 하는 독
수리의 날음과 같으니라
9 그들은 다 강포를 행하러 오는데 앞
을 향하여 나아가며 사람을 사로잡
아 모으기를 모래같이 많이 할 것이
요
10 왕들을 멸시하며 방백을 조소하며
모든 견고한 성들을 비웃고 흉벽을
쌓아 그것을 점령할 것이라
11 그들은 자기들의 힘을 자기들의 신
으로 삼는 자들이라 이에 바람같이
급히 몰아 지나치게 행하여 범죄하
리라

하박국이 다시 호소하다

12 ●선지자가 이르되 여호와 나의 하
나님, 나의 거룩한 이시여 주께서는
만세 전부터 계시지 아니하시니이
까 우리가 사망에 이르지 아니하리
이다 여호와여 주께서 심판하기 위
하여 그들을 두셨나이다 반석이시
여 주께서 경계하기 위하여 그들을
세우셨나이다
13 주께서는 눈이 정결하시므로 악을
차마 보지 못하시며 패역을 차마 보
지 못하시거늘 어찌하여 거짓된 자

들을 방관하시며 악인이 자기보다
의로운 사람을 삼키는데도 잠잠하
시나이까
14 주께서 어찌하여 사람을 바다의 고
기 같게 하시며 다스리는 자 없는 벌
레 같게 하시나이까
15 그가 낚시로 모두 낚으며 그물로 잡
으며 투망으로 모으고 그리고는 기
뻐하고 즐거워하여
16 그물에 제사하며 투망 앞에 분향하
오니 이는 그것을 힘입어 소득이 풍
부하고 먹을 것이 풍성하게 됨이니
이다
17 그가 그물을 떨고는 계속하여 여러
나라를 무자비하게 멸망시키는 것
이 옳으니이까

여호와의 응답

2 내가 내 파수하는 곳에 서며 성루
에 서리라 그가 내게 무엇이라 말
씀하실는지 기다리고 바라보며 나
의 질문에 대하여 1)어떻게 대답하실
는지 보리라 하였더니
2 여호와께서 내게 대답하여 이르시
되 너는 이 묵시를 기록하여 판에 명
백히 새기되 달려가면서도 읽을 수
있게 하라
3 이 묵시는 정한 때가 있나니 그 종
말이 속히 이르겠고 결코 거짓되지
아니하리라 비록 더딜지라도 기다
리라 지체되지 않고 반드시 응하리
라
4 ●보라 그의 마음은 교만하며 그 속
에서 정직하지 못하나 의인은 그의
믿음으로 말미암아 살리라
5 그는 술을 즐기며 거짓되고 교만하
여 가만히 있지 아니하고 스올처럼
자기의 욕심을 넓히며 또 그는 사망
같아서 족한 줄을 모르고 자기에게
로 여러 나라를 모으며 여러 백성을
모으나니
6 그 무리가 다 속담으로 그를 평론하
며 조롱하는 시로 그를 풍자하지 않
겠느냐 곧 이르기를 화 있을진저 자
기 소유 아닌 것을 모으는 자여 언제
까지 이르겠느냐 볼모 잡은 것으로
무겁게 짐진 자여
7 너를 억누를 자들이 갑자기 일어나
지 않겠느냐 너를 괴롭힐 자들이 깨
어나지 않겠느냐 네가 그들에게 노
략을 당하지 않겠느냐
8 네가 여러 나라를 노략하였으므로
그 모든 민족의 남은 자가 너를 노
략하리니 이는 네가 사람의 피를 흘
렸음이요 또 땅과 성읍과 그 안의
모든 주민에게 강포를 행하였음이
니라
9 ●재앙을 피하기 위하여 높은 데 깃
들이려 하며 자기 집을 위하여 부당
한 이익을 취하는 자에게 화 있을진
저
10 네가 많은 민족을 멸한 것이 네 집에
욕을 부르며 네 영혼에게 죄를 범하
게 하는 것이 되었도다
11 담에서 돌이 부르짖고 집에서 들보
가 응답하리라
12 ●피로 성읍을 건설하며 불의로 성
읍을 건축하는 자에게 화 있을진저
13 민족들이 불탈 것으로 수고하는 것
과 나라들이 헛된 일로 피곤하게 되
는 것이 만군의 여호와께로 말미암
음이 아니냐
14 이는 물이 바다를 덮음같이 여호와
의 영광을 인정하는 것이 세상에 가
득함이니라
15 ●이웃에게 술을 마시게 하되 자기
의 분노를 더하여 그에게 취하게 하
고 그 하체를 드러내려 하는 자에게
화 있을진저
16 네게 영광이 아니요 수치가 가득한

1) 나로 어떻게 대답하게 하실는지

즉 너도 마시고 너의 할례받지 아니
한 것을 드러내라 여호와의 오른손
의 잔이 네게로 돌아올 것이라 더러
운 욕이 네 영광을 가리리라
17 이는 네가 레바논에 강포를 행한 것
과 짐승을 죽인 것 곧 사람의 피를
흘리며 땅과 성읍과 그 안의 모든 주
민에게 강포를 행한 것이 네게로 돌
아오리라
18 ●새긴 우상은 그 새겨 만든 자에게
무엇이 유익하겠느냐 부어 만든 우
상은 거짓 스승이라 만든 자가 이 말
하지 못하는 우상을 의지하니 무엇
이 유익하겠느냐
19 나무에게 깨라 하며 말하지 못하는
돌에게 일어나라 하는 자에게 화 있
을진저 그것이 교훈을 베풀겠느냐
보라 이는 금과 은으로 입힌 것인
즉 그 속에는 생기가 도무지 없느
니라
20 오직 여호와는 그 성전에 계시니 온
땅은 그 앞에서 잠잠할지니라 하시
니라

하박국의 기도

3 시기오놋에 맞춘 선지자 하박국
의 기도라
2 여호와여 내가 주께 대한 소문을
듣고 놀랐나이다 여호와여 주는 주
의 일을 이 수년 내에 부흥하게 하
옵소서 이 수년 내에 나타내시옵소
서 진노 중에라도 긍휼을 잊지 마
옵소서
3 하나님이 데만에서부터 오시며 거
룩한 자가 바란 산에서부터 오시는
도다 (셀라) 그의 영광이 하늘을 덮
었고 그의 찬송이 세계에 가득하도
다
4 그의 광명이 햇빛 같고 광선이 그
의 손에서 나오니 그의 권능이 그
속에 감추어졌도다
5 역병이 그 앞에서 행하며 불덩이가
그의 발 밑에서 나오는도다
6 그가 서신즉 땅이 진동하며 그가
보신즉 여러 나라가 [1]전율하며 영
원한 산이 무너지며 무궁한 작은
산이 엎드러지나니 그의 행하심이
예로부터 그러하시도다
7 내가 본즉 구산의 장막이 환난을
당하고 미디안 땅의 휘장이 흔들리
는도다
8 여호와여 주께서 말을 타시며 구원
의 병거를 모시오니 강들을 분히
여기심이니이까 강들을 노여워하
심이니이까 바다를 향하여 성내심
이니이까
9 주께서 활을 꺼내시고 [2]화살을 바
로 쏘셨나이다 (셀라) 주께서 강들
로 땅을 쪼개셨나이다
10 산들이 주를 보고 흔들리며 창수가
넘치고 바다가 소리를 지르며 손을
높이 들었나이다
11 날아가는 주의 화살의 빛과 번쩍이
는 주의 창의 광채로 말미암아 해
와 달이 그 처소에 멈추었나이다
12 주께서 노를 발하사 땅을 두르셨으
며 분을 내사 여러 나라를 밟으셨
나이다
13 주께서 주의 백성을 구원하시려
고, 기름부음 받은 자를 구원하시
려고 나오사 악인의 집의 머리를
치시며 그 기초를 바닥까지 드러내
셨나이다 (셀라)
14 그들이 회오리바람처럼 이르러 나
를 흩으려 하며 가만히 가난한 자
삼키기를 즐거워하나 오직 주께서
그들의 전사의 머리를 그들의 창으
로 찌르셨나이다
15 주께서 말을 타시고 바다 곧 큰 물
의 파도를 밟으셨나이다

1) 흩어지며 2) 지파에게 맹세하셨나이다

16 ●내가 들었으므로 내 창자가 흔들
렸고 그 목소리로 말미암아 내 입
술이 떨렸도다 무리가 우리를 치러
올라오는 환난날을 내가 기다리므
로 썩이는 것이 내 뼈에 들어왔으
며 내 몸은 내 처소에서 떨리는도
다
17 비록 무화과나무가 무성하지 못하
며 포도나무에 열매가 없으며 감람
나무에 소출이 없으며 밭에 먹을
것이 없으며 우리에 양이 없으며
외양간에 소가 없을지라도
18 나는 여호와로 말미암아 즐거워하
며 나의 구원의 하나님으로 말미암
아 기뻐하리로다
19 주 여호와는 나의 힘이시라 나의
발을 사슴과 같게 하사 나를 나의
높은 곳으로 다니게 하시리로다
이 노래는 지휘하는 사람을 위하여
내 수금에 맞춘 것이니라

스바냐

Zephaniah

1 아몬의 아들 유다 왕 요시야의 시
대에 스바냐에게 임한 여호와의 말
씀이라 스바냐는 히스기야의 현손
이요 아마랴의 증손이요 그다랴의
손자요 구시의 아들이었더라

여호와의 날

2 ●여호와께서 이르시되 내가 땅 위
에서 모든 것을 진멸하리라
3 내가 사람과 짐승을 진멸하고 공중
의 새와 바다의 고기와 거치게 하는
것과 악인들을 아울러 진멸할 것이
라 내가 사람을 땅 위에서 멸절하리
라 나 여호와의 말이니라
4 내가 유다와 예루살렘의 모든 주민
들 위에 손을 펴서 남아 있는 바알을
그곳에서 멸절하며 그마림이란 이
름과 및 그 제사장들을 아울러 멸절
하며
5 또 지붕에서 하늘의 뭇 별에게 경배
하는 자들과 경배하며 여호와께 맹
세하면서 말감을 가리켜 맹세하는
자들과
6 여호와를 배반하고 따르지 아니한
자들과 여호와를 찾지도 아니하며
구하지도 아니한 자들을 멸절하리
라
7 ●주 여호와 앞에서 잠잠할지어다
이는 여호와의 날이 가까웠으므로
여호와께서 희생을 준비하고 그가
청할 자들을 구별하셨음이니라
8 여호와의 희생의 날에 내가 방백들
과 왕자들과 이방인의 옷을 입은 자
들을 벌할 것이며
9 그날에 문턱을 뛰어넘어서 포악과
거짓을 자기 주인의 집에 채운 자들
을 내가 벌하리라
10 나 여호와가 말하노라 그날에 어문
에서는 부르짖는 소리가, 제 이 구역
에서는 울음 소리가, 작은 산들에서
는 무너지는 소리가 일어나리라
11 막데스 주민들아 너희는 슬피 울라
[1]가나안 백성이 다 패망하고 은을
거래하는 자들이 끊어졌음이라
12 그때에 내가 예루살렘에서 찌꺼기
같이 가라앉아서 마음속에 스스로
이르기를 여호와께서는 복도 내리
지 아니하시며 화도 내리지 아니하
시리라 하는 자를 등불로 두루 찾아
벌하리니

1) 장사하는

13 그들의 재물이 노략되며 그들의 집
이 황폐할 것이라 그들이 집을 건축
하나 거기에 살지 못하며 포도원을
가꾸나 그 포도주를 마시지 못하리
라
14 ●여호와의 큰 날이 가깝도다 가깝
고도 빠르도다 여호와의 날의 소리
로다 용사가 거기서 심히 슬피 우는
도다
15 그날은 분노의 날이요 환난과 고통
의 날이요 황폐와 패망의 날이요 캄
캄하고 어두운 날이요 구름과 흑암
의 날이요
16 나팔을 불어 경고하며 견고한 성읍
들을 치며 높은 망대를 치는 날이로
다
17 내가 사람들에게 고난을 내려 맹인
같이 행하게 하리니 이는 그들이 나
여호와께 범죄하였음이라 또 그들
의 피는 쏟아져서 티끌같이 되며 그
들의 살은 분토같이 될지라
18 그들의 은과 금이 여호와의 분노의
날에 능히 그들을 건지지 못할 것이
며 이 온 땅이 여호와의 질투의 불에
삼켜지리니 이는 여호와가 이 땅 모
든 주민을 멸절하되 놀랍게 멸절할
것임이라

공의와 겸손을 구하라

2 수치를 모르는 백성아 모일지어다
모일지어다
2 명령이 시행되어 날이 겨같이 지나
가기 전, 여호와의 진노가 너희에게
내리기 전, 여호와의 분노의 날이
너희에게 이르기 전에 그리할지어
다
3 여호와의 규례를 지키는 세상의 모
든 겸손한 자들아 너희는 여호와를
찾으며 공의와 겸손을 구하라 너희
가 혹시 여호와의 분노의 날에 숨김
을 얻으리라

이스라엘 이웃 나라들이 받을 벌

4 ●가사는 버림을 당하며 아스글론
은 폐허가 되며 아스돗은 대낮에 쫓
겨나며 에그론은 뽑히리라
5 해변 주민 그렛 족속에게 화 있을진
저 블레셋 사람의 땅 가나안아 여호
와의 말씀이 너희를 치나니 내가 너
를 멸하여 주민이 없게 하리라
6 해변은 풀밭이 되어 목자의 움막과
양 떼의 우리가 거기에 있을 것이
며
7 그 지경은 유다 족속의 남은 자에게
로 돌아갈지라 그들이 거기에서 양
떼를 먹이고 저녁에는 아스글론 집
들에 누우리니 이는 그들의 하나님
여호와가 그들을 보살피사 그들이
사로잡힘을 돌이킬 것임이라
8 ●내가 모압의 비방과 암몬 자손이
조롱하는 말을 들었나니 그들이 내
백성을 비방하고 자기들의 경계에
대하여 교만하였느니라
9 그러므로 만군의 여호와 이스라엘
의 하나님이 말하노라 내가 나의 삶
을 두고 맹세하노니 장차 모압은 소
돔 같으며 암몬 자손은 고모라 같을
것이라 찔레가 나며 소금 구덩이가
되어 영원히 황폐하리니 내 백성의
남은 자들이 그들을 노략하며 나의
남은 백성이 그것을 기업으로 얻을
것이라
10 그들이 이런 일을 당할 것은 그들이
만군의 여호와의 백성을 훼방하고
교만하여졌음이라
11 여호와가 그들에게 두렵게 되어서
세상의 모든 신을 쇠약하게 하리니
이방의 모든 해변 사람들이 각각
자기 처소에서 여호와께 경배하리
라
12 ●구스 사람들아 너희도 내 칼에 죽
임을 당하리라

13 여호와가 북쪽을 향하여 손을 펴서
앗수르를 멸하며 니느웨를 황폐하
게 하여 사막같이 메마르게 하리
니
14 각종 짐승이 그 가운데에 떼로 누울
것이며 당아와 고슴도치가 그 기둥
꼭대기에 깃들이고 그것들이 창에
서 울 것이며 문턱이 적막하리니 백
향목으로 지은 것이 벗겨졌음이라
15 이는 기쁜 성이라 염려 없이 거주하
며 마음속에 이르기를 오직 나만 있
고 나 외에는 다른 이가 없다 하더니
어찌 이와 같이 황폐하여 들짐승이
엎드릴 곳이 되었는고 지나가는 자
마다 비웃으며 손을 흔들리로다

예루살렘이 받을 형벌과 보호

3 패역하고 더러운 곳, 포학한 그 성
읍이 화 있을진저
2 그가 명령을 듣지 아니하며 교훈을
받지 아니하며 여호와를 의뢰하지
아니하며 자기 하나님에게 가까이
나아가지 아니하였도다
3 그 가운데 방백들은 부르짖는 사자
요 그의 재판장들은 이튿날까지 남
겨 두는 것이 없는 저녁 이리요
4 그의 선지자들은 경솔하고 간사한
사람들이요 그의 제사장들은 성소
를 더럽히고 율법을 범하였도다
5 그 가운데에 계시는 여호와는 의로
우사 불의를 행하지 아니하시고 아
침마다 빠짐없이 자기의 공의를 비
추시거늘 불의한 자는 수치를 알지
못하는도다
6 내가 여러 나라를 끊어 버렸으므로
그들의 망대가 파괴되었고 내가 그
들의 거리를 비게 하여 지나는 자가
없게 하였으므로 그들의 모든 성읍
이 황폐하며 사람이 없으며 거주할
자가 없게 되었느니라
7 내가 이르기를 너는 오직 나를 경외
하고 교훈을 받으라 그리하면 내가
형벌을 내리기로 정하기는 하였지
만 너의 거처가 끊어지지 아니하리
라 하였으나 그들이 [1]부지런히 그
들의 모든 행위를 더럽게 하였느니
라
8 ●나 여호와가 말하노라 그러므로
내가 일어나 [2]벌할 날까지 너희는
나를 기다리라 내가 뜻을 정하고 나
의 분노와 모든 진노를 쏟으려고 여
러 나라를 소집하며 왕국들을 모으
리라 온 땅이 나의 질투의 불에 소멸
되리라
9 ●그때에 내가 여러 백성의 입술을
깨끗하게 하여 그들이 다 여호와의
이름을 부르며 한 가지로 나를 섬기
게 하리니
10 내게 구하는 백성들 곧 내가 흩은 자
의 딸이 구스 강 건너편에서부터 예
물을 가지고 와서 내게 바칠지라
11 그날에 네가 내게 범죄한 모든 행위
로 말미암아 수치를 당하지 아니할
것은 그때에 내가 네 가운데서 교만
하여 자랑하는 자들을 제거하여 네
가 나의 성산에서 다시는 교만하지
않게 할 것임이라
12 내가 곤고하고 가난한 백성을 네 가
운데에 남겨 두리니 그들이 여호와
의 이름을 의탁하여 보호를 받을지
라
13 이스라엘의 남은 자는 악을 행하지
아니하며 거짓을 말하지 아니하며
입에 거짓된 혀가 없으며 먹고 누울
지라도 그들을 두렵게 할 자가 없으
리라

기뻐하며 부를 노래

14 ●시온의 딸아 노래할지어다 이스
라엘아 기쁘게 부를지어다 예루살
렘 딸아 전심으로 기뻐하며 즐거워

1) 일찍이 일어나서 2) 겁탈

할지어다
15 여호와가 네 형벌을 제거하였고 네
원수를 쫓아냈으며 이스라엘 왕 여
호와가 네 가운데 계시니 네가 다시
는 화를 당할까 두려워하지 아니할
것이라
16 그날에 사람이 예루살렘에 이르기
를 두려워하지 말라 시온아 네 손을
늘어뜨리지 말라
17 너의 하나님 여호와가 너의 가운데
에 계시니 그는 구원을 베푸실 전능
자이시라 그가 너로 말미암아 기쁨
을 이기지 못하시며 너를 잠잠히 사
랑하시며 너로 말미암아 즐거이 부
르며 기뻐하시리라 하리라
18 내가 절기로 말미암아 근심하는 자
들을 모으리니 그들은 네게 속한 자
라 그들에게 지워진 짐이 치욕이 되
었느니라
19 그때에 내가 너를 괴롭게 하는 자를
다 벌하고 저는 자를 구원하며 쫓겨난
자를 모으며 온 세상에서 수욕 받는
자에게 칭찬과 명성을 얻게 하리라
20 내가 그때에 너희를 이끌고 그때에
너희를 모을지라 내가 [1]너희 목전에
서 너희의 사로잡힘을 돌이킬 때에
너희에게 천하 만민 가운데서 명성
과 칭찬을 얻게 하리라 여호와의 말
이니라

1) 그들의

학개

Haggai

성전을 건축하라는 여호와의 말씀

1 다리오 왕 제이 년 여섯째 달 곧 그
달 초하루에 여호와의 말씀이 선지
자 학개로 말미암아 스알디엘의 아
들 유다 총독 스룹바벨과 여호사닥
의 아들 대제사장 여호수아에게 임
하니라 이르시되
2 만군의 여호와가 이같이 말하여 이
르노라 이 백성이 말하기를 여호와
의 전을 건축할 시기가 이르지 아니
하였다 하느니라
3 여호와의 말씀이 선지자 학개에게
임하여 이르시되
4 이 성전이 황폐하였거늘 너희가 이
때에 판벽한 집에 거주하는 것이 옳
으냐
5 그러므로 이제 만군의 여호와가 이
같이 말하노니 너희는 너희의 행위
를 살필지니라
6 너희가 많이 뿌릴지라도 수확이 적
으며 먹을지라도 배부르지 못하며
마실지라도 흡족하지 못하며 입어
도 따뜻하지 못하며 일꾼이 삯을 받
아도 그것을 구멍 뚫어진 전대에 넣
음이 되느니라
7 ●만군의 여호와가 말하노니 너희
는 자기의 행위를 살필지니라
8 너희는 산에 올라가서 나무를 가져
다가 성전을 건축하라 그리하면 내
가 그것으로 말미암아 기뻐하고 또
영광을 얻으리라 여호와가 말하였
느니라
9 너희가 많은 것을 바랐으나 도리어
적었고 너희가 그것을 집으로 가져
갔으나 내가 불어 버렸느니라 나 만
군의 여호와가 말하노라 이것이 무
슨 까닭이냐 내 집은 황폐하였으되
너희는 각각 자기의 집을 짓기 위하
여 빨랐음이라

10 그러므로 너희로 말미암아 하늘은
이슬을 그쳤고 땅은 산물을 그쳤으
며
11 내가 이 땅과 산과 곡물과 새 포도주
와 기름과 땅의 모든 소산과 사람과
가축과 손으로 수고하는 모든 일에
한재를 들게 하였느니라

성전 건축을 격려하다

12 ●스알디엘의 아들 스룹바벨과 여
호사닥의 아들 대제사장 여호수아
와 남은 모든 백성이 그들의 하나님
여호와의 목소리와 선지자 학개의
말을 들었으니 이는 그들의 하나님
여호와께서 그를 보내셨음이라 백
성이 다 여호와를 경외하매
13 그때에 여호와의 사자 학개가 여호
와의 위임을 받아 백성에게 말하여
이르되 여호와가 말하노니 내가 너
희와 함께하노라 하니라
14 여호와께서 스알디엘의 아들 유다
총독 스룹바벨의 마음과 여호사닥
의 아들 대제사장 여호수아의 마음
과 남은 모든 백성의 마음을 감동시
키시매 그들이 와서 만군의 여호와
그들의 하나님의 전 공사를 하였으
니
15 그때는 다리오 왕 제이 년 여섯째 달
이십사 일이었더라

학

2 일곱째 달 곧 그달 이십일 일에 여
호와의 말씀이 선지자 학개에게
임하니라 이르시되
2 너는 스알디엘의 아들 유다 총독 스
룹바벨과 여호사닥의 아들 대제사
장 여호수아와 남은 백성에게 말하
여 이르라
3 너희 가운데에 남아 있는 자 중에서
이 성전의 이전 영광을 본 자가 누구
냐 이제 이것이 너희에게 어떻게 보
이느냐 이것이 너희 눈에 보잘것없
지 아니하냐
4 그러나 여호와가 이르노라 스룹바
벨아 스스로 굳세게 할지어다 여호
사닥의 아들 대제사장 여호수아야
스스로 굳세게 할지어다 여호와의
말이니라 이 땅 모든 백성아 스스로
굳세게 하여 일할지어다 내가 너희
와 함께하노라 만군의 여호와의 말
이니라
5 너희가 애굽에서 나올 때에 내가 너
희와 언약한 말과 나의 영이 계속하
여 너희 가운데에 머물러 있나니 너
희는 두려워하지 말지어다
6 만군의 여호와가 이같이 말하노라
조금 있으면 내가 하늘과 땅과 바다
와 육지를 진동시킬 것이요
7 또한 모든 나라를 진동시킬 것이며
모든 나라의 [1]보배가 이르리니 내가
이 성전에 영광이 충만하게 하리라
만군의 여호와의 말이니라
8 은도 내 것이요 금도 내 것이니라 만
군의 여호와의 말이니라
9 이 성전의 나중 영광이 이전 영광보
다 크리라 만군의 여호와의 말이니
라 내가 이곳에 평강을 주리라 만군
의 여호와의 말이니라
10 ●다리오 왕 제이 년 아홉째 달 이십
사 일에 여호와의 말씀이 선지자 학
개에게 임하니라 이르시되
11 만군의 여호와가 말하노니 너는 제
사장에게 율법에 대하여 물어 이르
기를
12 사람이 옷자락에 거룩한 고기를 쌌
는데 그 옷자락이 만일 떡에나 국에
나 포도주에나 기름에나 다른 음식
물에 닿았으면 그것이 성물이 되겠
느냐 하라 학개가 물으매 제사장들
이 대답하여 이르되 아니니라 하는
지라
13 학개가 이르되 시체를 만져서 부정

1) 사모하는 것이

하여진 자가 만일 그것들 가운데 하
나를 만지면 그것이 부정하겠느냐
하니 제사장들이 대답하여 이르되
부정하리라 하더라
14 이에 학개가 대답하여 이르되 여호
와의 말씀에 내 앞에서 이 백성이 그
러하고 이 나라가 그러하고 그들의
손의 모든 일도 그러하고 그들이 거
기에서 드리는 것도 부정하니라
15 이제 원하건대 너희는 오늘부터 이
전 곧 여호와의 전에 돌이 돌 위에
놓이지 아니하였던 때를 기억하라
16 그때에는 이십 고르 곡식 더미에 이
른즉 십 고르뿐이었고 포도즙틀에
오십 고르를 길으러 이른즉 이십 고
르뿐이었었느니라
17 만군의 여호와가 말하노라 내가 너
희 손으로 지은 모든 일에 곡식을 마
르게 하는 재앙과 깜부기 재앙과 우
박으로 쳤으나 너희가 내게로 돌이
키지 아니하였느니라
18 너희는 오늘 이전을 기억하라 아홉
째 달 이십사 일 곧 여호와의 성전
지대를 쌓던 날부터 기억하여 보라
19 곡식 종자가 아직도 창고에 있느냐
포도나무, 무화과나무, 석류나무, 감
람나무에 열매가 맺지 못하였느니
라 그러나 오늘부터는 내가 너희에
게 복을 주리라
20 ●그달 이십사 일에 여호와의 말씀
이 다시 학개에게 임하니라 이르시
되
21 너는 유다 총독 스룹바벨에게 말하
여 이르라 내가 하늘과 땅을 진동시
킬 것이요
22 여러 왕국들의 보좌를 엎을 것이요
여러 나라의 세력을 멸할 것이요 그
병거들과 그 탄 자를 엎드러뜨리리
니 말과 그 탄 자가 각각 그의 동료
의 칼에 엎드러지리라
23 만군의 여호와가 말하노라 스알디
엘의 아들 내 종 스룹바벨아 여호와
가 말하노라 그날에 내가 너를 세우
고 너를 인장으로 삼으리니 이는 내
가 너를 택하였음이니라 만군의 여
호와의 말이니라 하시니라

스가랴

Zechariah

악한 길에서 돌아오라고 명령하시다

1 다리오 왕 제이 년 여덟째 달에 여
호와의 말씀이 잇도의 손자 베레갸
의 아들 선지자 스가랴에게 임하니
라 이르시되
2 여호와가 너희의 조상들에게 심히
진노하였느니라
3 그러므로 너는 그들에게 말하기를
만군의 여호와께서 이처럼 이르시
되 너희는 내게로 돌아오라 만군의
여호와의 말이니라 그리하면 내가
너희에게로 돌아가리라 만군의 여
호와의 말이니라
4 너희 조상들을 본받지 말라 옛적 선
지자들이 그들에게 외쳐 이르되 만
군의 여호와께서 이같이 말씀하시
기를 너희가 악한 길, 악한 행위를
떠나서 돌아오라 하셨다 하나 그들
이 듣지 아니하고 내게 귀를 기울이
지 아니하였느니라 여호와의 말이
니라
5 너희 조상들이 어디 있느냐 또 선지
자들이 영원히 살겠느냐
6 내가 나의 종 선지자들에게 명령한

내 말과 내 법도들이 어찌 너희 조상
들에게 임하지 아니하였느냐 그러
므로 그들이 돌이켜 이르기를 만군
의 여호와께서 우리 길대로, 우리 행
위대로 우리에게 행하시려고 뜻하
신 것을 우리에게 행하셨도다 하였
느니라

화석류나무 사이에 선 자

7 ●다리오 왕 제이 년 열한째 달 곧 스
밧 월 이십사 일에 잇도의 손자 베레
갸의 아들 선지자 스가랴에게 여호
와의 말씀이 임하니라
8 내가 밤에 보니 한 사람이 붉은 말을
타고 골짜기 속 화석류나무 사이에
섰고 그 뒤에는 붉은 말과 자줏빛 말
과 백마가 있기로
9 내가 말하되 내 주여 이들이 무엇이
니이까 하니 내게 말하는 천사가 내
게 이르되 이들이 무엇인지 내가 네
게 보이리라 하니
10 화석류나무 사이에 선 자가 대답하
여 이르되 이는 여호와께서 땅에 두
루 다니라고 보내신 자들이니라
11 그들이 화석류나무 사이에 선 여호
와의 천사에게 말하되 우리가 땅에
두루 다녀 보니 온 땅이 평안하고 조
용하더이다 하더라
12 여호와의 천사가 대답하여 이르되
만군의 여호와여 여호와께서 언제
까지 예루살렘과 유다 성읍들을 불
쌍히 여기지 아니하시려 하나이까
이를 노하신 지 칠십 년이 되었나이
다 하매
13 여호와께서 내게 말하는 천사에게
선한 말씀, 위로하는 말씀으로 대답
하시더라
14 내게 말하는 천사가 내게 이르되 너
는 외쳐 이르기를 만군의 여호와의
말씀에 내가 예루살렘을 위하며 시
온을 위하여 크게 질투하며
15 안일한 여러 나라들 때문에 심히 진
노하나니 나는 조금 노하였거늘 그
들은 힘을 내어 고난을 더하였음이
라
16 그러므로 여호와가 이처럼 말하노
라 내가 불쌍히 여기므로 예루살렘
에 돌아왔은즉 내 집이 그 가운데에
건축되리니 예루살렘 위에 먹줄이
쳐지리라 만군의 여호와의 말이니
라
17 그가 다시 외쳐 이르기를 만군의 여
호와의 말씀에 나의 성읍들이 넘치
도록 다시 풍부할 것이라 여호와가
다시 시온을 위로하며 다시 예루살
렘을 택하리라 하라 하니라

네 뿔과 대장장이 네 명

18 ●내가 눈을 들어 본즉 네 개의 뿔이
보이기로
19 이에 내게 말하는 천사에게 묻되 이
들이 무엇이니이까 하니 내게 대답
하되 이들은 유다와 이스라엘과 예
루살렘을 흩뜨린 뿔이니라
20 그때에 여호와께서 대장장이 네 명
을 내게 보이시기로
21 내가 말하되 그들이 무엇하러 왔
나이까 하니 대답하여 이르시되
그 뿔들이 유다를 흩뜨려서 사람들
이 능히 머리를 들지 못하게 하니
이 대장장이들이 와서 그것들을
두렵게 하고 이전의 뿔들을 들어
유다 땅을 흩뜨린 여러 나라의 뿔
들을 떨어뜨리려 하느니라 하시더
라

측량줄을 잡은 사람

2 내가 또 눈을 들어 본즉 한 사람이
측량줄을 그의 손에 잡았기로
2 네가 어디로 가느냐 물은즉 그가 내
게 대답하되 예루살렘을 측량하여
그 너비와 길이를 보고자 하노라 하
고 말할 때에

3 내게 말하는 천사가 나가고 다른 천
사가 나와서 그를 맞으며
4 이르되 너는 달려가서 그 소년에게
말하여 이르기를 예루살렘은 그 가
운데 사람과 가축이 많으므로 성곽
없는 성읍이 될 것이라 하라
5 여호와의 말씀에 내가 불로 둘러싼
성곽이 되며 그 가운데에서 영광이
되리라
6 ●오호라 너희는 북방 땅에서 도피
할지어다 여호와의 말씀이니라 이
는 내가 너희를 하늘 사방에 바람같
이 흩어지게 하였음이니라 여호와
의 말씀이니라
7 바벨론 [1)]성에 거주하는 시온아 이제
너는 피할지니라
8 만군의 여호와께서 이같이 말씀하
시되 영광을 위하여 나를 너희를 노
략한 여러 나라로 보내셨나니 너희
를 범하는 자는 그의 눈동자를 범하
는 것이라
9 내가 손을 그들 위에 움직인즉 그들
이 자기를 섬기던 자들에게 노략거
리가 되리라 하셨나니 너희가 만군
의 여호와께서 나를 보내신 줄 알리
라
10 여호와의 말씀에 시온의 딸아 노래
하고 기뻐하라 이는 내가 와서 네 가
운데에 머물 것임이라
11 그날에 많은 나라가 여호와께 속하
여 내 백성이 될 것이요 나는 네 가
운데에 머물리라 네가 만군의 여호
와께서 나를 네게 보내신 줄 알리
라
12 여호와께서 장차 유다를 거룩한 땅
에서 자기 소유를 삼으시고 다시 예
루살렘을 택하시리니
13 모든 육체가 여호와 앞에서 잠잠
할 것은 여호와께서 그의 거룩한
처소에서 일어나심이니라 하라 하
더라

여호와의 천사 앞에 선 여호수아

3 대제사장 여호수아는 여호와의
천사 앞에 섰고 사탄은 그의 오른
쪽에 서서 그를 대적하는 것을 여호
와께서 내게 보이시니라
2 여호와께서 사탄에게 이르시되 사
탄아 여호와께서 너를 책망하노라
예루살렘을 택한 여호와께서 너를
책망하노라 이는 불에서 꺼낸 그슬
린 나무가 아니냐 하실 때에
3 여호수아가 더러운 옷을 입고 천사
앞에 서 있는지라
4 여호와께서 자기 앞에 선 자들에게
명령하사 그 더러운 옷을 벗기라 하
시고 또 여호수아에게 이르시되 내
가 네 죄악을 제거하여 버렸으니 네
게 아름다운 옷을 입히리라 하시기
로
5 내가 말하되 정결한 관을 그의 머리
에 씌우소서 하매 곧 정결한 관을 그
머리에 씌우며 옷을 입히고 여호와
의 천사는 곁에 섰더라
6 ●여호와의 천사가 여호수아에게
증언하여 이르되
7 만군의 여호와의 말씀에 네가 만일
내 도를 행하며 내 규례를 지키면
네가 내 집을 다스릴 것이요 내 뜰
을 지킬 것이며 내가 또 너로 여기
섰는 자들 가운데에 왕래하게 하리
라
8 대제사장 여호수아야 너와 네 앞에
앉은 네 동료들은 내 말을 들을 것이
니라 이들은 예표의 사람들이라 내
가 내 종 싹을 나게 하리라
9 만군의 여호와가 말하노라 내가 너
여호수아 앞에 세운 돌을 보라 한 돌
에 일곱 눈이 있느니라 내가 거기에
새길 것을 새기며 이 땅의 죄악을 하

1) 딸과 함께

루에 제거하리라
10 만군의 여호와가 말하노라 그날에
너희가 각각 포도나무와 무화과나
무 아래로 서로 초대하리라 하셨느
니라

순금 등잔대와 두 감람나무

4 내게 말하던 천사가 다시 와서 나
를 깨우니 마치 자는 사람이 잠에
서 깨어난 것 같더라
2 그가 내게 묻되 네가 무엇을 보느
냐 내가 대답하되 내가 보니 순금 등
잔대가 있는데 그 위에는 기름 그
릇이 있고 또 그 기름 그릇 위에 일
곱 등잔이 있으며 그 기름 그릇 위
에 있는 등잔을 위해서 일곱 관이
있고
3 그 등잔대 곁에 두 감람나무가 있는
데 하나는 그 기름 그릇 오른쪽에
있고 하나는 그 왼쪽에 있나이다 하
고
4 내게 말하는 천사에게 물어 이르되
내 주여 이것들이 무엇이니이까 하
니
5 내게 말하는 천사가 대답하여 이르
되 네가 이것들이 무엇인지 알지 못
하느냐 하므로 내가 대답하되 내 주
여 내가 알지 못하나이다 하니
6 그가 내게 대답하여 이르되 여호와
께서 스룹바벨에게 하신 말씀이 이
러하니라 만군의 여호와께서 말씀
하시되 이는 힘으로 되지 아니하며
능력으로 되지 아니하고 오직 나의
영으로 되느니라
7 큰 산아 네가 무엇이냐 네가 스룹바
벨 앞에서 평지가 되리라 그가 머릿
돌을 내놓을 때에 무리가 외치기를
은총, 은총이 그에게 있을지어다 하
리라 하셨고
8 여호와의 말씀이 또 내게 임하여 이
르시되
9 스룹바벨의 손이 이 성전의 기초를
놓았은즉 그의 손이 또한 그 일을 마
치리라 하셨나니 만군의 여호와께
서 나를 너희에게 보내신 줄을 네가
알리라 하셨느니라
10 작은 일의 날이라고 멸시하는 자가
누구냐 사람들이 스룹바벨의 손에
다림줄이 있음을 보고 기뻐하리라
이 일곱은 온 세상에 두루 다니는 여
호와의 눈이라 하니라
11 ●내가 그에게 물어 이르되 등잔대
좌우의 두 감람나무는 무슨 뜻이니
이까 하고
12 다시 그에게 물어 이르되 금 기름을
흘리는 두 금관 옆에 있는 이 감람
나무 두 가지는 무슨 뜻이니이까 하
니
13 그가 내게 대답하여 이르되 네가 이
것이 무엇인지 알지 못하느냐 하는
지라 내가 대답하되 내 주여 알지 못
하나이다 하니
14 이르되 이는 기름부음 받은 자 둘이
니 온 세상의 주 앞에 서 있는 자니
라 하더라

날아가는 두루마리

5 내가 다시 눈을 들어 본즉 날아가
는 두루마리가 있더라
2 그가 내게 묻되 네가 무엇을 보느
냐 하기로 내가 대답하되 날아가는
두루마리를 보나이다 그 길이가 이
십 [1]규빗이요 너비가 십 규빗이니이
다
3 그가 내게 이르되 이는 온 땅 위에
내리는 저주라 도둑질하는 자는 그
이쪽 글대로 끊어지고 맹세하는 자
는 그 저쪽 글대로 끊어지리라 하
니
4 만군의 여호와께서 이르시되 내가
이것을 보냈나니 도둑의 집에도 들

1) 히, 암마

어가며 내 이름을 가리켜 망령되이
맹세하는 자의 집에도 들어가서 그
의 집에 머무르며 그 집을 나무와 돌
과 아울러 사르리라 하셨느니라 하
니라

에바 속의 여인

5 ●내게 말하던 천사가 나아와서 내
게 이르되 너는 눈을 들어 나오는 이
것이 무엇인가 보라 하기로
6 내가 묻되 이것이 무엇이니이까 하
니 그가 이르되 나오는 이것이 에바
이니라 하시고 또 이르되 온 땅에서
그들의 모양이 이러하니라
7 이 에바 가운데에는 한 여인이 앉았
느니라 하니 그때에 둥근 납 한 조각
이 들리더라
8 그가 이르되 이는 악이라 하고 그 여
인을 에바 속으로 던져 넣고 납 조각
을 에바 아귀 위에 던져 덮더라
9 내가 또 눈을 들어 본즉 두 여인이 나
오는데 학의 날개 같은 날개가 있고
그 날개에 바람이 있더라 그들이 그
에바를 천지 사이에 들었기로
10 내가 내게 말하는 천사에게 묻되 그
들이 에바를 어디로 옮겨 가나이까
하니
11 그가 내게 이르되 그들이 시날 땅으
로 가서 그것을 위하여 집을 지으려
함이니라 준공되면 그것이 제 처소
에 머물게 되리라 하더라

네 병거

6 내가 또 눈을 들어 본즉 네 병거가
두 산 사이에서 나오는데 그 산은
구리 산이더라
2 첫째 병거는 붉은 말들이, 둘째 병거
는 검은 말들이,
3 셋째 병거는 흰 말들이, 넷째 병거는
어룽지고 건장한 말들이 메었는지
라
4 내가 내게 말하는 천사에게 물어 이
르되 내 주여 이것들이 무엇이니이
까 하니
5 천사가 대답하여 이르되 이는 하늘
의 네 바람인데 온 세상의 주 앞에 서
있다가 나가는 것이라 하더라
6 검은 말은 북쪽 땅으로 나가고 흰 말
은 그 뒤를 따르고 어룽진 말은 남쪽
땅으로 나가고
7 건장한 말은 나가서 땅에 두루 다니
고자 하니 그가 이르되 너희는 여기
서 나가서 땅에 두루 다니라 하매 곧
땅에 두루 다니더라
8 그가 내게 외쳐 말하여 이르되 북쪽
으로 나간 자들이 북쪽에서 내 영을
쉬게 하였느니라 하더라

면류관을 여호수아의 머리에 씌우다

9 ●여호와의 말씀이 내게 임하여 이
르시되
10 사로잡힌 자 가운데 바벨론에서부
터 돌아온 헬대와 도비야와 여다야
가 스바냐의 아들 요시아의 집에 들
어갔나니 너는 이날에 그 집에 들어
가서 그들에게서 받되
11 은과 금을 받아 면류관을 만들어 여
호사닥의 아들 대제사장 여호수아
의 머리에 씌우고
12 말하여 이르기를 만군의 여호와께
서 이같이 말씀하시되 보라 싹이라
이름하는 사람이 자기 곳에서 돋아
나서 여호와의 전을 건축하리라
13 그가 여호와의 전을 건축하고 영광
도 얻고 그 자리에 앉아서 다스릴 것
이요 또 제사장이 자기 자리에 있으
리니 이 둘 사이에 평화의 의논이 있
으리라 하셨다 하고
14 그 면류관은 헬렘과 도비야와 여다
야와 스바냐의 아들 헨을 기념하기
위하여 여호와의 전 안에 두라 하시
니라
15 먼 데 사람들이 와서 여호와의 전을

건축하리니 만군의 여호와께서 나
를 너희에게 보내신 줄을 너희가 알
리라 너희가 만일 너희의 하나님 여
호와의 말씀을 들을진대 이같이 되
리라

여호와께서는 금식보다 청종을 원하신다

7 다리오 왕 제사 년 아홉째 달 곧 기
슬래 월 사 일에 여호와의 말씀이
스가랴에게 임하니라
2 그때에 벧엘 사람이 사레셀과 레겜
멜렉과 그의 부하들을 보내어 여호
와께 은혜를 구하고
3 만군의 여호와의 전에 있는 제사장
들과 선지자들에게 물어 이르되 내
가 여러 해 동안 행한 대로 오 월 중
에 울며 근신하리이까 하매
4 만군의 여호와의 말씀이 내게 임하
여 이르시되
5 온 땅의 백성과 제사장들에게 이르
라 너희가 칠십 년 동안 다섯째 달과
일곱째 달에 금식하고 애통하였거
니와 그 금식이 나를 위하여, 나를
위하여 한 것이냐
6 너희가 먹고 마실 때에 그것은 너희
를 위하여 먹고 너희를 위하여 마시
는 것이 아니냐
7 예루살렘과 사면 성읍에 백성이 평
온히 거주하며 남방과 평원에 사람
이 거주할 때에 여호와가 옛 선지자
들을 통하여 외친 말씀이 있지 않으
냐 하시니라

사로잡혀 가는 까닭

8 ●여호와의 말씀이 스가랴에게 임
하여 이르시되
9 만군의 여호와가 이같이 말하여 이
르시기를 너희는 진실한 재판을 행
하며 서로 인애와 긍휼을 베풀며
10 과부와 고아와 나그네와 궁핍한 자
를 압제하지 말며 서로 해하려고 마
음에 도모하지 말라 하였으나
11 그들이 듣기를 싫어하여 [1]등을 돌리
며 듣지 아니하려고 귀를 막으며
12 그 마음을 금강석 같게 하여 율법과
만군의 여호와가 그의 영으로 옛 선
지자들을 통하여 전한 말을 듣지 아
니하므로 큰 진노가 만군의 여호와
께로부터 나왔도다
13 내가 불러도 그들이 듣지 아니한 것
처럼 그들이 불러도 내가 듣지 아니
하리라 만군의 여호와가 말하였느
니라
14 내가 그들을 바람으로 불어 알지 못
하던 여러 나라에 흩었느니라 그 후
에 이 땅이 황폐하여 오고 가는 사람
이 없었나니 이는 그들이 아름다운
땅을 황폐하게 하였음이니라 하시
니라

예루살렘 회복에 대한 약속

8 만군의 여호와의 말씀이 임하여
이르시되
2 만군의 여호와가 이같이 말하노라
내가 시온을 위하여 크게 질투하며
그를 위하여 크게 분노함으로 질투
하노라
3 여호와가 이같이 말하노라 내가 시
온에 돌아와 예루살렘 가운데에 거
하리니 예루살렘은 진리의 성읍이
라 일컫겠고 만군의 여호와의 산은
성산이라 일컫게 되리라
4 만군의 여호와가 이같이 말하노라
예루살렘 길거리에 늙은 남자들과
늙은 여자들이 다시 앉을 것이라 다
나이가 많으므로 저마다 손에 지팡
이를 잡을 것이요
5 그 성읍 거리에 소년과 소녀들이 가
득하여 거기에서 뛰놀리라
6 만군의 여호와가 이같이 말하노라

1) 굳은 어깨로 향하며

슥

이 일이 그날에 남은 백성의 눈에는
기이하려니와 내 눈에야 어찌 기이
하겠느냐 만군의 여호와의 말이니
라
7 만군의 여호와가 이같이 말하노라
보라, 내가 내 백성을 해가 뜨는 땅
과 해가 지는 땅에서부터 구원하여
내고
8 인도하여다가 예루살렘 가운데에
거주하게 하리니 그들은 내 백성이
되고 나는 진리와 공의로 그들의 하
나님이 되리라
9 ●만군의 여호와가 이같이 말하노
라 만군의 여호와의 집 곧 성전을
건축하려고 그 지대를 쌓던 날에
있었던 선지자들의 입의 말을 이날
에 듣는 너희는 손을 견고히 할지
어다
10 이날 전에는 사람도 삯을 얻지 못하
였고 짐승도 삯을 받지 못하였으며
사람이 원수로 말미암아 평안히 출
입하지 못하였으니 내가 모든 사람
을 풀어 서로 치게 하였느니라
11 만군의 여호와의 말씀이니라 이제
는 내가 이 남은 백성을 대하기를 옛
날과 같이 아니할 것인즉
12 곧 평강의 씨앗을 얻을 것이라 포도
나무가 열매를 맺으며 땅이 산물을
내며 하늘은 이슬을 내리리니 내가
이 남은 백성으로 이 모든 것을 누리
게 하리라
13 유다 족속아, 이스라엘 족속아, 너희
가 이방인 가운데에서 저주가 되었
었으나 이제는 내가 너희를 구원하
여 너희가 복이 되게 하리니 두려워
하지 말지니라 손을 견고히 할지니
라
14 ●만군의 여호와가 이같이 말하노
라 너희 조상들이 나를 격노하게 하
였을 때에 내가 그들에게 재앙을 내
리기로 뜻하고 뉘우치지 아니하였
으나
15 이제 내가 다시 예루살렘과 유다 족
속에게 은혜를 베풀기로 뜻하였나
니 너희는 두려워하지 말지니라
16 너희가 행할 일은 이러하니라 너희
는 이웃과 더불어 진리를 말하며 너
희 성문에서 진실하고 화평한 재판
을 베풀고
17 마음에 서로 해하기를 도모하지 말
며 거짓 맹세를 좋아하지 말라 이 모
든 일은 내가 미워하는 것이니라 여
호와의 말이니라

금식에 관하여 말씀하시다

18 ●만군의 여호와의 말씀이 내게 임
하여 이르시되
19 만군의 여호와가 이같이 말하노라
넷째 달의 금식과 다섯째 달의 금식
과 일곱째 달의 금식과 열째 달의 금
식이 변하여 유다 족속에게 기쁨과
즐거움과 희락의 절기들이 되리니
오직 너희는 진리와 화평을 사랑할
지니라
20 만군의 여호와가 이와 같이 말하노
라 다시 여러 백성과 많은 성읍의 주
민이 올 것이라
21 이 성읍 주민이 저 성읍에 가서 이르
기를 우리가 속히 가서 만군의 여호
와를 찾고 여호와께 은혜를 구하자
하면 나도 가겠노라 하겠으며
22 많은 백성과 강대한 나라들이 예루
살렘으로 와서 만군의 여호와를 찾
고 여호와께 은혜를 구하리라
23 만군의 여호와가 이와 같이 말하노
라 그날에는 말이 다른 이방 백성 열
명이 유다 사람 하나의 옷자락을 잡
을 것이라 곧 잡고 말하기를 하나님
이 너희와 함께하심을 들었나니 우
리가 너희와 함께 가려 하노라 하리
라 하시니라

이스라엘 이웃 나라들에 대한 하나님의 말씀

9 여호와의 말씀이 하드락 땅에 내
리며 다메섹에 머물리니 사람들
과 이스라엘 모든 지파의 눈이 여호
와를 우러러봄이니라
2 그 접경한 하맛에도 임하겠고 두로
와 시돈에도 임하리니 그들이 매우
지혜로움이니라
3 두로는 자기를 위하여 요새를 건축
하며 은을 티끌같이, 금을 거리의 진
흙같이 쌓았도다
4 주께서 그를 정복하시며 그의 권세
를 바다에 쳐넣으시리니 그가 불에
삼켜질지라
5 아스글론이 보고 무서워하며 가사
도 심히 아파할 것이며 에그론은 그
소망이 수치가 되므로 역시 그러하
리라 가사에는 임금이 끊어질 것이
며 아스글론에는 주민이 없을 것이
며
6 아스돗에는 잡족이 거주하리라 내
가 블레셋 사람의 교만을 끊고
7 그의 입에서 그의 피를, 그의 잇사
이에서 그 가증한 것을 제거하리니
그들도 남아서 우리 하나님께로 돌
아와서 유다의 한 지도자같이 되겠
고 에그론은 여부스 사람같이 되리
라
8 ●내가 내 집을 둘러 진을 쳐서 적군
을 막아 거기 왕래하지 못하게 할 것
이라 포학한 자가 다시는 그 지경으
로 지나가지 못하리니 이는 내가 눈
으로 친히 봄이니라

구원을 베풀 왕

9 ●시온의 딸아 크게 기뻐할지어다
예루살렘의 딸아 즐거이 부를지
어다 보라 네 왕이 네게 임하시나
니 그는 공의로우시며 구원을 베
푸시며 겸손하여서 나귀를 타시
나니 나귀의 작은 것 곧 나귀 새끼니
라
10 내가 에브라임의 병거와 예루살렘
의 말을 끊겠고 전쟁하는 활도 끊으
리니 그가 이방 사람에게 화평을 전
할 것이요 그의 통치는 바다에서 바
다까지 이르고 유브라데 강에서 땅
끝까지 이르리라
11 ●또 너로 말할진대 네 언약의 피로
말미암아 내가 네 갇힌 자들을 물 없
는 구덩이에서 놓았나니
12 갇혀 있으나 소망을 품은 자들아 너
희는 요새로 돌아올지니라 내가 오
늘도 이르노라 내가 네게 갑절이나
갚을 것이라
13 내가 유다를 당긴 활로 삼고 에브라
임을 끼운 화살로 삼았으니 시온아
내가 네 자식들을 일으켜 헬라 자식
들을 치게 하며 너를 용사의 칼과 같
게 하리라
14 여호와께서 그들 위에 나타나서 그
들의 화살을 번개같이 쏘아내실 것
이며 주 여호와께서 나팔을 불게 하
시며 남방 회오리바람을 타고 가실
것이라
15 만군의 여호와께서 그들을 호위하
시리니 그들이 원수를 삼키며 물맷
돌을 밟을 것이며 그들이 피를 마시
고 즐거이 부르기를 술취한 것같이
할 것인즉 피가 가득한 동이와도 같
고 피 묻은 제단 모퉁이와도 같을 것
이라
16 이날에 그들의 하나님 여호와께서
그들을 자기 백성의 양 떼같이 구원
하시리니 그들이 왕관의 보석같이
여호와의 땅에 [1]빛나리로다
17 [2]그의 형통함과 [2]그의 아름다움이
어찌 그리 큰지 곡식은 청년을, 새
포도주는 처녀를 강건하게 하리라

1) 또는 높이 들리리로다 2) 또는 그들이

여호와께서 구원을 약속하시다

10 봄비가 올 때에 여호와 곧 구
름을 일게 하시는 여호와께 비
를 구하라 무리에게 소낙비를 내려
서 밭의 채소를 각 사람에게 주시
리라
2 드라빔들은 허탄한 것을 말하며 복
술자는 진실하지 않은 것을 보고 거
짓 꿈을 말한즉 그 위로가 헛되므로
백성들이 양같이 유리하며 목자가
없으므로 곤고를 당하나니
3 내가 목자들에게 노를 발하며 내가
숫염소들을 벌하리라 만군의 여호
와가 그 무리 곧 유다 족속을 돌보
아 그들을 전쟁의 준마와 같게 하리
니
4 모퉁잇돌이 그에게서, 말뚝이 그에
게서, 싸우는 활이 그에게서, 권세
잡은 자가 다 일제히 그에게서 나와
서
5 싸울 때에 용사같이 거리의 진흙 중
에 원수를 밟을 것이라 여호와가 그
들과 함께한즉 그들이 싸워 말 탄 자
들을 부끄럽게 하리라
6 내가 유다 족속을 견고하게 하며 요
셉 족속을 구원할지라 내가 그들을
긍휼히 여김으로 그들이 돌아오게
하리니 그들은 내가 내버린 일이 없
었음같이 되리라 나는 그들의 하나
님 여호와라 내가 그들에게 들으리
라
7 에브라임이 용사 같아서 포도주를 마
심같이 마음이 즐거울 것이요 그
들의 자손은 보고 기뻐하며 여호
와로 말미암아 마음에 즐거워하리
라
8 ●내가 그들을 향하여 휘파람을 불
어 그들을 모을 것은 내가 그들을 구
속하였음이라 그들이 전에 번성하
던 것같이 번성하리라
9 내가 그들을 여러 백성들 가운데 흩
으려니와 그들이 먼 곳에서 나를 기
억하고 그들이 살아서 그들의 자녀
들과 함께 돌아올지라
10 내가 그들을 애굽 땅에서 돌아오게
하며 그들을 앗수르에서부터 모으
며 길르앗 땅과 레바논으로 그들을
이끌어 가리니 그들이 거할 곳이 부
족하리라
11 내가 그들이 고난의 바다를 지나갈
때에 바다 물결을 치리니 나일의 깊
은 곳이 다 마르겠고 앗수르의 교만
이 낮아지겠고 애굽의 규가 없어지
리라
12 내가 그들로 나 여호와를 의지하여
견고하게 하리니 그들이 내 이름으
로 행하리라 나 여호와의 말이니라

요단의 자랑이 쓰러지다

11 레바논아 네 문을 열고 불이 네
백향목을 사르게 하라
2 너 잣나무여 곡할지어다 백향목이
넘어졌고 아름다운 나무들이 쓰러
졌음이로다 바산의 상수리나무들아
곡할지어다 무성한 숲이 엎드러졌
도다
3 목자들의 곡하는 소리가 남이여 그
들의 영화로운 것이 쓰러졌음이로
다 어린 사자의 부르짖는 소리가 남
이여 이는 요단의 자랑이 쓰러졌음
이로다

두 목자

4 ●여호와 나의 하나님이 이르시되
너는 잡혀 죽을 양 떼를 먹이라
5 사들인 자들은 그들을 잡아도 죄
가 없다 하고 판 자들은 말하기를
내가 부요하게 되었은즉 여호와께
찬송하리라 하고 그들의 목자들은
그들을 불쌍히 여기지 아니하는도
다

6 여호와가 말하노라 내가 다시는 이
땅 주민을 불쌍히 여기지 아니하고
그 사람들을 각각 그 이웃의 손과 임
금의 손에 넘기리니 그들이 이 땅을
칠지라도 내가 그들의 손에서 건져
내지 아니하리라 하시기로
7 내가 잡혀 죽을 양 떼를 먹이니 참
으로 가련한 양들이라 내가 막대기
둘을 취하여 하나는 은총이라 하며
하나는 연합이라 하고 양 떼를 먹일
새
8 한 달 동안에 내가 그 세 목자를 제
거하였으니 이는 내 마음에 그들을
싫어하였고 그들의 마음에도 나를
미워하였음이라
9 내가 이르되 내가 너희를 먹이지 아
니하리라 죽는 자는 죽는 대로, 망하
는 자는 망하는 대로, 나머지는 서로
살을 먹는 대로 두리라 하고
10 이에 은총이라 하는 막대기를 취하
여 꺾었으니 이는 모든 백성들과 세
운 언약을 폐하려 하였음이라
11 당일에 곧 폐하매 내 말을 지키던 가
련한 양들은 이것이 여호와의 말씀
이었던 줄 안지라
12 내가 그들에게 이르되 너희가 좋게
여기거든 내 품삯을 내게 주고 그렇
지 아니하거든 그만두라 그들이 곧
은 삼십 개를 달아서 내 품삯을 삼은
지라
13 여호와께서 내게 이르시되 그들이
나를 헤아린 바 그 삯을 토기장이에
게 던지라 하시기로 내가 곧 그 은
삼십 개를 여호와의 전에서 토기장
이에게 던지고
14 내가 또 연합이라 하는 둘째 막대기
를 꺾었으니 이는 유다와 이스라엘
형제의 의리를 끊으려 함이었느니
라
15 ●여호와께서 내게 이르시되 너는
또 어리석은 목자의 기구들을 빼앗
을지니라
16 보라 내가 한 목자를 이 땅에 일으키
리니 그가 없어진 자를 마음에 두지
아니하며 흩어진 자를 찾지 아니하
며 상한 자를 고치지 아니하며 강건
한 자를 먹이지 아니하고 오히려 살
진 자의 고기를 먹으며 또 그 굽을
찢으리라
17 화 있을진저 양 떼를 버린 못된 목자
여 칼이 그의 팔과 오른쪽 눈에 내리
리니 그의 팔이 아주 마르고 그의 오
른쪽 눈이 아주 멀어 버릴 것이라 하
시니라

예루살렘의 구원

12 이스라엘에 관한 여호와의 경
고의 말씀이라 ●여호와 곧 하
늘을 펴시며 땅의 터를 세우시며 사
람 안에 심령을 지으신 이가 이르시
되
2 보라 내가 예루살렘으로 그 사면 모
든 민족에게 취하게 하는 잔이 되게
할 것이라 예루살렘이 에워싸일 때
에 유다에까지 이르리라
3 그날에는 내가 예루살렘을 모든 민
족에게 무거운 돌이 되게 하리니 그
것을 드는 모든 자는 크게 상할 것이
라 천하 만국이 그것을 치려고 모이
리라
4 여호와가 말하노라 그날에 내가 모
든 말을 쳐서 놀라게 하며 그 탄 자
를 쳐서 미치게 하되 유다 족속은 내
가 돌보고 모든 민족의 말을 쳐서 눈
이 멀게 하리니
5 유다의 우두머리들이 마음속에 이
르기를 예루살렘 주민이 그들의 하
나님 만군의 여호와로 말미암아 힘
을 얻었다 할지라
6 그날에 내가 유다 지도자들을 나무
가운데에 화로 같게 하며 곡식단 사

이에 횃불 같게 하리니 그들이 그 좌
우에 에워싼 모든 민족들을 불사를
것이요 예루살렘 사람들은 다시 그
본 곳 예루살렘에 살게 되리라
7 여호와가 먼저 유다 장막을 구원하
리니 이는 다윗의 집의 영광과 예루
살렘 주민의 영광이 유다보다 더하
지 못하게 하려 함이니라
8 그날에 여호와가 예루살렘 주민을
보호하리니 그 중에 약한 자가 그날
에는 다윗 같겠고 다윗의 족속은 하
나님 같고 무리 앞에 있는 여호와의
사자 같을 것이라
9 예루살렘을 치러 오는 이방 나라들
을 그날에 내가 멸하기를 힘쓰리라
10 ●내가 다윗의 집과 예루살렘 주민
에게 은총과 간구하는 심령을 부어
주리니 그들이 그 찌른 바 [1]그를 바
라보고 그를 위하여 애통하기를 독
자를 위하여 애통하듯 하며 그를 위
하여 통곡하기를 장자를 위하여 통
곡하듯 하리로다
11 그날에 예루살렘에 큰 애통이 있으
리니 므깃도 골짜기 하다드림몬에
있던 애통과 같을 것이라
12 온 땅 각 족속이 따로 애통하되 다윗
의 족속이 따로 하고 그들의 아내들
이 따로 하며 나단의 족속이 따로 하
고 그들의 아내들이 따로 하며
13 레위의 족속이 따로 하고 그들의 아
내들이 따로 하며 시므이의 족속이
따로 하고 그들의 아내들이 따로 하
며
14 모든 남은 족속도 각기 따로 하고 그
들의 아내들이 따로 하리라

13 그날에 죄와 더러움을 씻는 샘
이 다윗의 족속과 예루살렘 주
민을 위하여 열리리라
2 만군의 여호와가 말하노라 그날에
내가 우상의 이름을 이 땅에서 끊어
서 기억도 되지 못하게 할 것이며 거
짓 선지자와 더러운 귀신을 이 땅에
서 떠나게 할 것이라
3 사람이 아직도 예언할 것 같으면 그
낳은 부모가 그에게 이르기를 네가
여호와의 이름을 빙자하여 거짓말
을 하니 살지 못하리라 하고 낳은 부
모가 그가 예언할 때에 칼로 그를 찌
르리라
4 그날에 선지자들이 예언할 때에 그
환상을 각기 부끄러워할 것이며 사
람을 속이려고 털옷도 입지 아니할
것이며
5 말하기를 나는 선지자가 아니요 나
는 농부라 내가 어려서부터 사람의
종이 되었노라 할 것이요
6 어떤 사람이 그에게 묻기를 네 두 팔
사이에 있는 상처는 어찌 됨이냐 하
면 대답하기를 이는 나의 친구의 집
에서 받은 상처라 하리라

목자를 치라는 명령

7 ●만군의 여호와가 말하노라 칼아
깨어서 내 목자, 내 짝된 자를 치라
목자를 치면 양이 흩어지려니와 작
은 자들 위에는 내가 내 손을 드리우
리라
8 여호와가 말하노라 이 온 땅에서 삼
분의 이는 멸망하고 삼분의 일은 거
기 남으리니
9 내가 그 삼분의 일을 불 가운데에 던
져 은같이 연단하며 금같이 시험할
것이라 그들이 내 이름을 부르리니
내가 들을 것이며 나는 말하기를 이
는 내 백성이라 할 것이요 그들은 말
하기를 여호와는 내 하나님이시라
하리라

예루살렘과 이방 나라들

14 여호와의 날이 이르리라 그날
에 네 재물이 약탈되어 네 가운

1) 히, '나를' 어떤 역본에는, '그를'

데에서 나누이리라
2 내가 이방 나라들을 모아 예루살렘
과 싸우게 하리니 성읍이 함락되며
가옥이 약탈되며 부녀가 욕을 당하
며 성읍 백성이 절반이나 사로잡혀
가려니와 남은 백성은 성읍에서 끊
어지지 아니하리라
3 그때에 여호와께서 나가사 그 이방
나라들을 치시되 이왕의 전쟁 날에
싸운 것같이 하시리라
4 그날에 그의 발이 예루살렘 앞 곧 동
쪽 감람 산에 서실 것이요 감람 산은
그 한 가운데가 동서로 갈라져 매우
큰 골짜기가 되어서 산 절반은 북으
로, 절반은 남으로 옮기고
5 그 산골짜기는 아셀까지 이를지라
너희가 그 산골짜기로 도망하되 유
다 왕 웃시야 때에 지진을 피하여 도
망하던 것같이 하리라 나의 하나님
여호와께서 임하실 것이요 모든 거
룩한 자들이 주와 함께하리라
6 그날에는 빛이 없겠고 광명한 것들
이 떠날 것이라
7 여호와께서 아시는 한 날이 있으리
니 낮도 아니요 밤도 아니라 어두워
갈 때에 빛이 있으리로다
8 그날에 생수가 예루살렘에서 솟아
나서 절반은 동해로, 절반은 서해로
흐를 것이라 여름에도 겨울에도 그
러하리라
9 ●여호와께서 천하의 왕이 되시리
니 그날에는 여호와께서 홀로 한 분
이실 것이요 그의 이름이 홀로 하나
이실 것이라
10 온 땅이 아라바같이 되되 게바에서
예루살렘 남쪽 림몬까지 이를 것이
며 예루살렘이 높이 들려 그 본처에
있으리니 베냐민 문에서부터 첫 문
자리와 성 모퉁이 문까지 또 하나넬
망대에서부터 왕의 포도주 짜는 곳
까지라
11 사람이 그 가운데에 살며 다시는 저
주가 있지 아니하리니 예루살렘이
평안히 서리로다
12 ●예루살렘을 친 모든 백성에게 여
호와께서 내리실 재앙은 이러하니
곧 섰을 때에 그들의 살이 썩으며 그
들의 눈동자가 눈구멍 속에서 썩으
며 그들의 혀가 입 속에서 썩을 것이
요
13 그날에 여호와께서 그들을 크게 요
란하게 하시리니 피차 손으로 붙잡
으며 피차 손을 들어 칠 것이며
14 유다도 예루살렘에서 싸우리니 이
때에 사방에 있는 이방 나라들의 보
화 곧 금 은과 의복이 심히 많이 모
여질 것이요
15 또 말과 노새와 낙타와 나귀와 그 진
에 있는 모든 가축에게 미칠 재앙도
그 재앙과 같으리라
16 ●예루살렘을 치러 왔던 이방 나라
들 중에 남은 자가 해마다 올라와서
그 왕 만군의 여호와께 경배하며 초
막절을 지킬 것이라
17 땅에 있는 족속들 중에 그 왕 만군의
여호와께 경배하러 예루살렘에 올
라오지 아니하는 자들에게는 비를
내리지 아니하실 것인즉
18 만일 애굽 족속이 올라오지 아니할
때에는 비 내림이 있지 아니하리니
여호와께서 초막절을 지키러 올라
오지 아니하는 이방 나라들의 사람
을 치시는 재앙을 그에게 내리실 것
이라
19 애굽 사람이나 이방 나라 사람이나
초막절을 지키러 올라오지 아니하
는 자가 받을 벌이 그러하니라
20 그날에는 말 방울에까지 여호와께
성결이라 기록될 것이라 여호와의
전에 있는 모든 솥이 제단 앞 주발과

다름이 없을 것이니
21 예루살렘과 유다의 모든 솥이 만군
의 여호와의 성물이 될 것인즉 제사
드리는 자가 와서 이 솥을 가져다가
그것으로 고기를 삶으리라 그날에
는 만군의 여호와의 전에 가나안 사
람이 다시 있지 아니하리라

말라기

Malachi

1 여호와께서 [1]말라기를 통하여 이
스라엘에게 말씀하신 경고라

여호와께서 이스라엘을 사랑하시다

2 ●여호와께서 이르시되 내가 너희를
사랑하였노라 하나 너희는 이르기
를 주께서 어떻게 우리를 사랑하셨
나이까 하는도다 나 여호와가 말하
노라 에서는 야곱의 형이 아니냐 그
러나 내가 야곱을 사랑하였고
3 에서는 미워하였으며 그의 산들을
황폐하게 하였고 그의 산업을 광야
의 이리들에게 넘겼느니라
4 에돔은 말하기를 우리가 [2]무너뜨림
을 당하였으나 황폐된 곳을 다시 쌓
으리라 하거니와 나 만군의 여호와
는 이르노라 그들은 쌓을지라도 나
는 헐리라 사람들이 그들을 일컬어
악한 지역이라 할 것이요 여호와의
영원한 진노를 받은 백성이라 할 것
이며
5 너희는 눈으로 보고 이르기를 여호
와께서는 이스라엘 지역 밖에서도
크시다 하리라

제사장과 백성들의 죄

6 ●내 이름을 멸시하는 제사장들아
나 만군의 여호와가 너희에게 이르
기를 아들은 그 아버지를, 종은 그
주인을 공경하나니 내가 아버지일
진대 나를 공경함이 어디 있느냐 내
가 주인일진대 나를 두려워함이 어
디 있느냐 하나 너희는 이르기를 우
리가 어떻게 주의 이름을 멸시하였
나이까 하는도다
7 너희가 더러운 떡을 나의 제단에 드
리고도 말하기를 우리가 어떻게 주
를 더럽게 하였나이까 하는도다 이
는 너희가 여호와의 식탁은 경멸히
여길 것이라 말하기 때문이라
8 만군의 여호와가 이르노라 너희가
눈먼 희생제물을 바치는 것이 어찌
악하지 아니하며 저는 것, 병든 것을
드리는 것이 어찌 악하지 아니하냐
이제 그것을 너희 총독에게 드려 보
라 그가 너를 기뻐하겠으며 너를 받
아 주겠느냐
9 만군의 여호와가 이르노라 너희는
나 하나님께 은혜를 구하면서 우리
를 불쌍히 여기소서 하여 보라 너희
가 이같이 행하였으니 내가 너희 중
하나인들 받겠느냐
10 만군의 여호와가 이르노라 너희가
내 제단 위에 헛되이 불사르지 못하
게 하기 위하여 너희 중에 성전 문을
닫을 자가 있었으면 좋겠도다 내가
너희를 기뻐하지 아니하며 너희가
손으로 드리는 것을 받지도 아니하
리라
11 만군의 여호와가 이르노라 해 뜨는
곳에서부터 해 지는 곳까지의 이방
민족 중에서 내 이름이 크게 될 것이
라 각처에서 내 이름을 위하여 분향

1) 나의 사자 2) 가난하나

하며 깨끗한 제물을 드리리니 이는
내 이름이 이방 민족 중에서 크게 될
것임이니라
12 그러나 너희는 말하기를 여호와의
식탁은 더러워졌고 그 위에 있는 과
일 곧 먹을 것은 경멸히 여길 것이라
하여 내 이름을 더럽히는도다
13 만군의 여호와가 이르노라 너희가
또 말하기를 이 일이 얼마나 번거로
운고 하며 코웃음치고 훔친 물건과
저는 것, 병든 것을 가져왔느니라 너
희가 이같이 봉헌물을 가져오니 내
가 그것을 너희 손에서 받겠느냐 이
는 여호와의 말이니라
14 짐승 떼 가운데에 수컷이 있거늘 그
서원하는 일에 흠 있는 것으로 속여
내게 드리는 자는 저주를 받으리니
나는 큰 임금이요 내 이름은 이방 민
족 중에서 두려워하는 것이 됨이니
라 만군의 여호와의 말이니라

제사장들에 대한 명령

2 너희 제사장들아 이제 너희에게
이같이 명령하노라
2 만군의 여호와가 이르노라 너희가
만일 듣지 아니하며 마음에 두지 아
니하여 내 이름을 영화롭게 하지 아
니하면 내가 너희에게 저주를 내려
너희의 복을 저주하리라 내가 이미
저주하였나니 이는 너희가 그것을
마음에 두지 아니하였음이라
3 보라 내가 너희의 자손을 꾸짖을 것
이요 똥 곧 너희 절기의 희생의 똥
을 너희 얼굴에 바를 것이라 너희가
그것과 함께 제하여 버림을 당하리
라
4 만군의 여호와가 이르노라 내가 이
명령을 너희에게 내린 것은 레위와
세운 나의 언약이 항상 있게 하려 함
인 줄을 너희가 알리라
5 레위와 세운 나의 언약은 생명과 평
강의 언약이라 내가 이것을 그에게
준 것은 그로 경외하게 하려 함이라
그가 나를 경외하고 내 이름을 두려
워하였으며
6 그의 입에는 진리의 법이 있었고 그
의 입술에는 불의함이 없었으며 그
가 화평함과 정직함으로 나와 동행
하며 많은 사람을 돌이켜 죄악에서
떠나게 하였느니라
7 제사장의 입술은 지식을 지켜야 하
겠고 사람들은 그의 입에서 율법을
구하게 되어야 할 것이니 제사장은
만군의 여호와의 사자가 됨이거늘
8 너희는 옳은 길에서 떠나 많은 사람
을 율법에 거스르게 하는도다 나 만
군의 여호와가 이르노니 너희가 레
위의 언약을 깨뜨렸느니라
9 너희가 내 길을 지키지 아니하고 율
법을 행할 때에 사람에게 치우치게
하였으므로 나도 너희로 하여금 모
든 백성 앞에서 멸시와 천대를 당하
게 하였느니라 하시니라

거짓을 행하는 유다

10 ●우리는 한 아버지를 가지지 아니
하였느냐 한 하나님께서 지으신 바
가 아니냐 어찌하여 우리 각 사람이
자기 형제에게 거짓을 행하여 우리
조상들의 언약을 욕되게 하느냐
11 유다는 거짓을 행하였고 이스라엘
과 예루살렘 중에서는 가증한 일을
행하였으며 유다는 여호와께서 사
랑하시는 그 [1]성결을 욕되게 하여
이방 신의 딸과 결혼하였으니
12 이 일을 행하는 사람에게 속한 자는
깨는 자나 응답하는 자는 물론이요
만군의 여호와께 제사를 드리는 자
도 여호와께서 야곱의 장막 가운데
에서 끊어 버리시리라
13 너희가 이런 일도 행하나니 곧 눈물

1) 성소를

과 울음과 탄식으로 여호와의 제단
을 가리게 하는도다 그러므로 여호
와께서 다시는 너희의 봉헌물을 돌
아보지도 아니하시며 그것을 너희
손에서 기꺼이 받지도 아니하시거
늘
14 너희는 이르기를 어찌 됨이니이까
하는도다 이는 너와 네가 어려서 맞
이한 아내 사이에 여호와께서 증인
이 되시기 때문이라 그는 네 짝이요
너와 서약한 아내로되 네가 그에게
거짓을 행하였도다
15 그에게는 영이 충만하였으나 오직
하나를 만들지 아니하셨느냐 어찌
하여 하나만 만드셨느냐 이는 경건
한 자손을 얻고자 하심이라 그러므
로 네 심령을 삼가 지켜 어려서 맞이
한 아내에게 거짓을 행하지 말지니
라
16 이스라엘의 하나님 여호와가 이르
노니 나는 이혼하는 것과 옷으로 학
대를 가리는 자를 미워하노라 만군
의 여호와의 말이니라 그러므로 너
희 심령을 삼가 지켜 거짓을 행하지
말지니라

주께서 임하시는 날

17 ●너희가 말로 여호와를 괴롭게 하
고도 이르기를 우리가 어떻게 여호
와를 괴롭혀 드렸나이까 하는도다
이는 너희가 말하기를 모든 악을 행
하는 자는 여호와의 눈에 좋게 보이
며 그에게 기쁨이 된다 하며 또 말하
기를 정의의 하나님이 어디 계시냐
함이니라

3 만군의 여호와가 이르노라 보라
내가 내 사자를 보내리니 그가 내
앞에서 길을 준비할 것이요 또 너
희가 구하는 바 주가 갑자기 그의
성전에 임하시리니 곧 너희가 사모
하는 바 언약의 사자가 임하실 것
이라
2 그가 임하시는 날을 누가 능히 당하
며 그가 나타나는 때에 누가 능히
서리요 그는 금을 연단하는 자의 불
과 표백하는 자의 잿물과 같을 것이
라
3 그가 은을 연단하여 깨끗하게 하는
자같이 앉아서 레위 자손을 깨끗하
게 하되 금, 은같이 그들을 연단하리
니 그들이 공의로운 제물을 나 여호
와께 바칠 것이라
4 그때에 유다와 예루살렘의 봉헌물
이 옛날과 고대와 같이 나 여호와께
기쁨이 되려니와
5 내가 심판하러 너희에게 임할 것이
라 점치는 자에게와 간음하는 자에
게와 거짓 맹세하는 자에게와 품꾼
의 삯에 대하여 억울하게 하며 과부
와 고아를 압제하며 나그네를 억울
하게 하며 나를 경외하지 아니하는
자들에게 속히 증언하리라 만군의
여호와가 말하였느니라
6 나 여호와는 변하지 아니하나니 그
러므로 야곱의 자손들아 너희가 소
멸되지 아니하느니라

십일조

7 ●만군의 여호와가 이르노라 너희
조상들의 날로부터 너희가 나의
규례를 떠나 지키지 아니하였도다
그런즉 내게로 돌아오라 그리하면
나도 너희에게로 돌아가리라 하였
더니 너희가 이르기를 우리가 어
떻게 하여야 돌아가리이까 하는도
다
8 사람이 어찌 하나님의 것을 도둑질
하겠느냐 그러나 너희는 나의 것을
도둑질하고도 말하기를 우리가 어
떻게 주의 것을 도둑질하였나이까
하는도다 이는 곧 십일조와 봉헌물
이라

9 너희 곧 온 나라가 나의 것을 도둑질
하였으므로 너희가 저주를 받았느
니라
10 만군의 여호와가 이르노라 너희의
온전한 십일조를 창고에 들여 나의
집에 양식이 있게 하고 그것으로 나
를 시험하여 내가 하늘 문을 열고 너
희에게 복을 쌓을 곳이 없도록 붓지
아니하나 보라
11 만군의 여호와가 이르노라 내가 너
희를 위하여 [1]메뚜기를 금하여 너희
토지 소산을 먹어 없애지 못하게 하
며 너희 밭의 포도나무 열매가 기한
전에 떨어지지 않게 하리니
12 너희 땅이 아름다워지므로 모든 이
방인들이 너희를 복되다 하리라 만
군의 여호와의 말이니라

여호와를 경외하는 자들

13 ●여호와가 이르노라 너희가 완악
한 말로 나를 대적하고도 이르기를
우리가 무슨 말로 주를 대적하였나
이까 하는도다
14 이는 너희가 말하기를 하나님을 섬
기는 것이 헛되니 만군의 여호와 앞
에서 그 명령을 지키며 슬프게 행하
는 것이 무엇이 유익하리요
15 지금 우리는 교만한 자가 복되다 하
며 악을 행하는 자가 번성하며 하나
님을 시험하는 자가 화를 면한다 하
노라 함이라
16 ●그때에 여호와를 경외하는 자들
이 피차에 말하매 여호와께서 그것
을 분명히 들으시고 여호와를 경외
하는 자와 그 이름을 존중히 여기는
자를 위하여 여호와 앞에 있는 기념
책에 기록하셨느니라
17 만군의 여호와가 이르노라 나는 내
가 정한 날에 그들을 나의 특별한 소
유로 삼을 것이요 또 사람이 자기를
섬기는 아들을 아낌같이 내가 그들
을 아끼리니
18 그때에 너희가 돌아와서 의인과 악
인을 분별하고 하나님을 섬기는 자
와 섬기지 아니하는 자를 분별하리
라

여호와께서 정하신 날

4 만군의 여호와가 이르노라 보라
용광로 불 같은 날이 이르리니 교
만한 자와 악을 행하는 자는 다 지푸
라기 같을 것이라 그 이르는 날에 그
들을 살라 그 뿌리와 가지를 남기지
아니할 것이로되
2 내 이름을 경외하는 너희에게는 공
의로운 해가 떠올라서 치료하는 [2]광
선을 비추리니 너희가 나가서 외양
간에서 나온 송아지같이 뛰리라
3 또 너희가 악인을 밟을 것이니 그들
이 내가 정한 날에 너희 발바닥 밑에
재와 같으리라 만군의 여호와의 말
이니라
4 ●너희는 내가 호렙에서 온 이스라
엘을 위하여 내 종 모세에게 명령한
법 곧 율례와 법도를 기억하라
5 보라 여호와의 크고 두려운 날이 이
르기 전에 내가 선지자 엘리야를 너
희에게 보내리니
6 그가 아버지의 마음을 자녀에게로
돌이키게 하고 자녀들의 마음을 그
들의 아버지에게로 돌이키게 하리
라 돌이키지 아니하면 두렵건대 내
가 와서 저주로 그 땅을 칠까 하노라
하시니라

1) 먹는 자를 2) 날개

신약전서

신약전서 목록

범 례

* 본문에 사용한 ●표는 새로운 문단의 시작을 가리킴
* 난외의 주는 본문을 이렇게 번역할 수도 있음을 밝히거나 이해를 돕기 위하여 설명을 덧붙인 것임
* 본문에 들어 있는 작은 글자는 원문에는 없는 말이지만 뜻을 명확하게 나타내기 위하여 번역하면서 더한 것임
* 히–히브리어 * 헬–헬라어
* 본문의 쪽 숫자는 〈성경전서 개역개정판〉 NKR73ES와 일치시켰음

마태복음

Matthew

예수 그리스도의 계보(눅 3:23-38)

1 아브라함과 다윗의 자손 예수 그
리스도의 계보라
2 아브라함이 이삭을 낳고 이삭은 야
곱을 낳고 야곱은 유다와 그의 형
제들을 낳고
3 유다는 다말에게서 베레스와 세라
를 낳고 베레스는 헤스론을 낳고
헤스론은 람을 낳고
4 람은 아미나답을 낳고 아미나답은
나손을 낳고 나손은 살몬을 낳고
5 살몬은 라합에게서 보아스를 낳고
보아스는 룻에게서 오벳을 낳고 오
벳은 이새를 낳고
6 이새는 다윗 왕을 낳으니라 ●다윗
은 우리아의 아내에게서 솔로몬을
낳고
7 솔로몬은 르호보암을 낳고 르호보
암은 아비야를 낳고 아비야는 아사
를 낳고
8 아사는 여호사밧을 낳고 여호사밧
은 요람을 낳고 요람은 웃시야를
낳고
9 웃시야는 요담을 낳고 요담은 아하
스를 낳고 아하스는 히스기야를 낳
고
10 히스기야는 므낫세를 낳고 므낫세
는 아몬을 낳고 아몬은 요시야를
낳고
11 바벨론으로 사로잡혀 갈 때에 요시
야는 여고냐와 그의 형제들을 낳으
니라
12 ●바벨론으로 사로잡혀 간 후에 여
고냐는 스알디엘을 낳고 스알디엘
은 스룹바벨을 낳고
13 스룹바벨은 아비훗을 낳고 아비훗
은 엘리아김을 낳고 엘리아김은 아
소르를 낳고
14 아소르는 사독을 낳고 사독은 아킴
을 낳고 아킴은 엘리웃을 낳고
15 엘리웃은 엘르아살을 낳고 엘르아
살은 맛단을 낳고 맛단은 야곱을
낳고
16 야곱은 마리아의 남편 요셉을 낳았
으니 마리아에게서 그리스도라 칭
하는 예수가 나시니라
17 ●그런즉 모든 대 수가 아브라함부
터 다윗까지 열네 대요 다윗부터
바벨론으로 사로잡혀 갈 때까지 열
네 대요 바벨론으로 사로잡혀 간
후부터 그리스도까지 열네 대더라

예수 그리스도의 나심(눅 2:1-7)

18 ●예수 그리스도의 나심은 이러하
니라 그의 어머니 마리아가 요셉과
약혼하고 동거하기 전에 성령으로
잉태된 것이 나타났더니
19 그의 남편 요셉은 의로운 사람이라
그를 드러내지 아니하고 가만히 끊
고자 하여
20 이 일을 생각할 때에 주의 사자가
현몽하여 이르되 다윗의 자손 요셉
아 네 아내 마리아 데려오기를 무
서워하지 말라 그에게 잉태된 자는
성령으로 된 것이라
21 아들을 낳으리니 이름을 예수라 하
라 이는 그가 자기 백성을 그들의
죄에서 구원할 자이심이라 하니라
22 이 모든 일이 된 것은 주께서 선지
자로 하신 말씀을 이루려 하심이니
이르시되
23 ㄱ보라 처녀가 잉태하여 아들을
낳을 것이요 그의 이름은 임마누
엘이라 하리라
하셨으니 이를 번역한즉 하나님이
우리와 함께 계시다 함이라

ㄱ. 사 7:14

24 요셉이 잠에서 깨어 일어나 주의
사자의 분부대로 행하여 그의 아내
를 데려왔으나
25 아들을 낳기까지 동침하지 아니하
더니 낳으매 이름을 예수라 하니라

동방으로부터 박사들이 경배하러 오다

2 헤롯 왕 때에 예수께서 유대 베
들레헴에서 나시매 동방으로부터
1)박사들이 예루살렘에 이르러 말하
되
2 유대인의 왕으로 나신 이가 어디
계시냐 우리가 동방에서 그의 별을
보고 그에게 경배하러 왔노라 하니
3 헤롯 왕과 온 예루살렘이 듣고 소
동한지라
4 왕이 모든 대제사장과 백성의 서기
관들을 모아 그리스도가 어디서 나
겠느냐 물으니
5 이르되 유대 베들레헴이오니 이는
선지자로 이렇게 기록된 바
6 ㄱ또 유대 땅 베들레헴아 너는 유대
2)고을 중에서 가장 작지 아니하도
다 네게서 한 다스리는 자가 나와서
내 백성 이스라엘의 목자가 되리라
하였음이니이다
7 이에 헤롯이 가만히 박사들을 불러
별이 나타난 때를 자세히 묻고
8 베들레헴으로 보내며 이르되 가서
아기에 대하여 자세히 알아보고 찾
거든 내게 고하여 나도 가서 그에
게 경배하게 하라
9 박사들이 왕의 말을 듣고 갈새 동
방에서 보던 그 별이 문득 앞서 인
도하여 가다가 아기 있는 곳 위에
머물러 서 있는지라
10 그들이 별을 보고 매우 크게 기뻐
하고 기뻐하더라
11 집에 들어가 아기와 그의 어머니
마리아가 함께 있는 것을 보고 엎
드려 아기께 경배하고 보배합을 열
어 황금과 유향과 몰약을 예물로
드리니라
12 그들은 꿈에 헤롯에게로 돌아가지
말라 지시하심을 받아 다른 길로
고국에 돌아가니라

애굽으로 피하다

13 ●그들이 떠난 후에 주의 사자가
요셉에게 현몽하여 이르되 헤롯이
아기를 찾아 죽이려 하니 일어나
아기와 그의 어머니를 데리고 애굽
으로 피하여 내가 네게 이르기까지
거기 있으라 하시니
14 요셉이 일어나서 밤에 아기와 그의
어머니를 데리고 애굽으로 떠나가
15 헤롯이 죽기까지 거기 있었으니 이
는 주께서 선지자를 통하여 말씀하
신 바
ㄴ애굽으로부터 내 아들을 불렀다
함을 이루려 하심이라
16 이에 헤롯이 박사들에게 속은 줄
알고 심히 노하여 사람을 보내어
베들레헴과 그 모든 지경 안에 있
는 사내아이를 박사들에게 자세히
알아본 그때를 기준하여 두 살부터
그 아래로 다 죽이니
17 이에 선지자 예레미야를 통하여 말
씀하신 바
18 ㄷ라마에서 슬퍼하며 크게 통곡하
는 소리가 들리니 라헬이 그 자식
을 위하여 애곡하는 것이라 그가
자식이 없으므로 위로 받기를 거
절하였도다
함이 이루어졌느니라

애굽에서 이스라엘 땅으로

19 ●헤롯이 죽은 후에 주의 사자가
애굽에서 요셉에게 현몽하여 이르
되
20 일어나 아기와 그의 어머니를 데리

1) 점성가들이 2) 헬, 두령 중에 ㄱ. 미 5:2 ㄴ. 호 11:1
ㄷ. 렘 31:15

고 이스라엘 땅으로 가라 아기의
목숨을 찾던 자들이 죽었느니라 하
시니
21 요셉이 일어나 아기와 그의 어머니
를 데리고 이스라엘 땅으로 들어가
니라
22 그러나 아켈라오가 그의 아버지 헤
롯을 이어 유대의 임금 됨을 듣고
거기로 가기를 무서워하더니 꿈에
지시하심을 받아 갈릴리 지방으로
떠나가
23 나사렛이란 동네에 가서 사니 이는
선지자로 하신 말씀에 ㄱ나사렛 사
람이라 칭하리라 하심을 이루려 함
이러라

세례 요한이 천국을 전파하다
(막 1:1-8; 눅 3:1-18; 요 1:19-28)

3 그때에 [1]세례 요한이 이르러 유
대 광야에서 전파하여 말하되
2 회개하라 천국이 가까이 왔느니라
하였으니
3 그는 선지자 이사야를 통하여 말씀
하신 자라 일렀으되
ㄴ광야에 외치는 자의 소리가 있
어 이르되 너희는 주의 길을 준비
하라 그가 오실 길을 곧게 하라
하였느니라
4 이 요한은 낙타털 옷을 입고 허리
에 가죽 띠를 띠고 음식은 메뚜기
와 석청이었더라
5 이때에 예루살렘과 온 유대와 요단
강 사방에서 다 그에게 나아와
6 자기들의 죄를 자복하고 요단 강에
서 그에게 [1]세례를 받더니
7 요한이 많은 바리새인들과 사두개
인들이 [1]세례 베푸는 데로 오는 것
을 보고 이르되 독사의 자식들아
누가 너희를 가르쳐 임박한 진노를
피하라 하더냐
8 그러므로 회개에 합당한 열매를 맺고
9 속으로 아브라함이 우리 조상이라
고 생각하지 말라 내가 너희에게 이
르노니 하나님이 능히 이 돌들로도
아브라함의 자손이 되게 하시리라
10 이미 도끼가 나무 뿌리에 놓였으니
좋은 열매를 맺지 아니하는 나무마
다 찍혀 불에 던져지리라
11 나는 너희로 회개하게 하기 위하여
물로 [1]세례를 베풀거니와 내 뒤에
오시는 이는 나보다 능력이 많으시
니 나는 그의 신을 들기도 감당하
지 못하겠노라 그는 성령과 불로
너희에게 [1]세례를 베푸실 것이요
12 손에 키를 들고 자기의 타작마당을
정하게 하사 알곡은 모아 곳간에
들이고 쭉정이는 꺼지지 않는 불에
태우시리라

세례를 받으시다 (막 1:9-11; 눅 3:21-22)

13 ●이때에 예수께서 갈릴리로부터
요단 강에 이르러 요한에게 [1]세례
를 받으려 하시니
14 요한이 말려 이르되 내가 당신에게
서 [1]세례를 받아야 할 터인데 당신
이 내게로 오시나이까
15 예수께서 대답하여 이르시되 이제
허락하라 우리가 이와 같이 하여
모든 의를 이루는 것이 합당하니라
하시니 이에 요한이 허락하는지라
16 예수께서 [1]세례를 받으시고 곧 물
에서 올라오실새 하늘이 [2]열리고
하나님의 성령이 비둘기같이 내려
자기 위에 임하심을 보시더니
17 하늘로부터 소리가 있어 말씀하시
되 이는 내 사랑하는 아들이요 내
기뻐하는 자라 하시니라

시험을 받으시다 (막 1:12-13; 눅 4:1-13)

4 그때에 예수께서 성령에게 이끌
리어 마귀에게 시험을 받으러 광

1) 헬, 또는 침례 2) 어떤 사본에, 자기에게 열리고 ㄱ. 사 11:1 ㄴ. 사 40:3

야로 가사
2 사십 일을 밤낮으로 금식하신 후에
주리신지라
3 시험하는 자가 예수께 나아와서 이
르되 네가 만일 하나님의 아들이어
든 명하여 이 돌들로 떡덩이가 되
게 하라
4 예수께서 대답하여 이르시되 기록
되었으되
ㄱ사람이 떡으로만 살 것이 아니
요 하나님의 입으로부터 나오는
모든 말씀으로 살 것이라
하였느니라 하시니
5 이에 마귀가 예수를 거룩한 성으로
데려다가 성전 꼭대기에 세우고
6 이르되 네가 만일 하나님의 아들이
어든 뛰어내리라 기록되었으되
ㄴ그가 너를 위하여 그의 사자들
을 명하시리니 그들이 손으로 너
를 받들어 발이 돌에 부딪치지 않
게 하리로다
하였느니라
7 예수께서 이르시되 또 기록되었으
되 ㄷ주 너의 하나님을 시험하지 말
라 하였느니라 하시니
8 마귀가 또 그를 데리고 지극히 높
은 산으로 가서 천하 만국과 그 영
광을 보여
9 이르되 만일 내게 엎드려 경배하면
이 모든 것을 네게 주리라
10 이에 예수께서 말씀하시되 사탄아
물러가라 기록되었으되 ㄹ주 너의
하나님께 경배하고 다만 그를 섬기
라 하였느니라
11 이에 마귀는 예수를 떠나고 천사들
이 나아와서 수종드니라

비로소 천국을 전파하시다
(막 1:14-15; 눅 4:14-15)

12 ●예수께서 요한이 잡혔음을 들으
시고 갈릴리로 물러가셨다가
13 나사렛을 떠나 스불론과 납달리 지
경 해변에 있는 가버나움에 가서
사시니
14 이는 선지자 이사야를 통하여 하신
말씀을 이루려 하심이라 일렀으되
15 ㅁ스불론 땅과 납달리 땅과 요단 강
저편 해변 길과 이방의 갈릴리여
16 흑암에 앉은 백성이 큰 빛을 보았
고 사망의 땅과 그늘에 앉은 자들
에게 빛이 비치었도다
하였느니라
17 ●이때부터 예수께서 비로소 전파
하여 이르시되 회개하라 천국이 가
까이 왔느니라 하시더라

어부들을 부르시다 (막 1:16-20; 눅 5:1-11)

18 ●갈릴리 해변에 다니시다가 두 형
제 곧 베드로라 하는 시몬과 그의
형제 안드레가 바다에 그물 던지는
것을 보시니 그들은 어부라
19 말씀하시되 나를 따라오라 내가 너
희를 사람을 낚는 어부가 되게 하
리라 하시니
20 그들이 곧 그물을 버려 두고 예수
를 따르니라
21 거기서 더 가시다가 다른 두 형제
곧 세베대의 아들 야고보와 그의
형제 요한이 그의 아버지 세베대와
함께 배에서 그물 깁는 것을 보시
고 부르시니
22 그들이 곧 배와 아버지를 버려 두
고 예수를 따르니라

가르치시며 전파하시며 고치시다
(눅 6:17-19)

23 ●예수께서 온 갈릴리에 두루 다니
사 그들의 회당에서 가르치시며 [1]천
국 복음을 전파하시며 백성 중의 모
든 병과 모든 약한 것을 고치시니
24 그의 소문이 온 수리아에 퍼진지라

1) 헬, 그 나라의 복음을 ㄱ. 신 8:3 ㄴ. 시 91:11,12 ㄷ. 신 6:16 ㄹ. 신 6:13 ㅁ. 사 9:1,2

사람들이 모든 앓는 자 곧 각종 병
에 걸려서 고통 당하는 자, 귀신 들
린 자, 간질하는 자, 중풍병자들을
데려오니 그들을 고치시더라
25 갈릴리와 데가볼리와 예루살렘과
유대와 요단 강 건너편에서 수많은
무리가 따르니라

복이 있는 사람 (눅 6:20-23)

5 예수께서 무리를 보시고 산에 올
라가 앉으시니 제자들이 나아온
지라
2 입을 열어 가르쳐 이르시되
3 심령이 가난한 자는 복이 있나니
천국이 그들의 것임이요
4 애통하는 자는 복이 있나니 그들이
위로를 받을 것임이요
5 온유한 자는 복이 있나니 그들이
땅을 기업으로 받을 것임이요
6 의에 주리고 목마른 자는 복이 있
나니 그들이 배부를 것임이요
7 긍휼히 여기는 자는 복이 있나니
그들이 긍휼히 여김을 받을 것임이
요
8 마음이 청결한 자는 복이 있나니
그들이 하나님을 볼 것임이요
9 화평하게 하는 자는 복이 있나니
그들이 하나님의 아들이라 일컬음
을 받을 것임이요
10 의를 위하여 박해를 받은 자는 복
이 있나니 천국이 그들의 것임이라
11 나로 말미암아 너희를 욕하고 박해
하고 거짓으로 너희를 거슬러 모든
악한 말을 할 때에는 너희에게 복
이 있나니
12 기뻐하고 즐거워하라 하늘에서 너
희의 상이 큼이라 너희 전에 있던
선지자들도 이같이 박해하였느니
라

소금이요 빛이라 (막 9:50; 눅 14:34-35)

13 ●너희는 세상의 소금이니 소금이
만일 그 맛을 잃으면 무엇으로 짜
게 하리요 후에는 아무 쓸 데 없어
다만 밖에 버려져 사람에게 밟힐
뿐이니라
14 너희는 세상의 빛이라 산 위에 있
는 동네가 숨겨지지 못할 것이요
15 사람이 등불을 켜서 말 아래에 두
지 아니하고 등경 위에 두나니 이
러므로 집 안 모든 사람에게 비치
느니라
16 이같이 너희 빛이 사람 앞에 비치
게 하여 그들로 너희 착한 행실을
보고 하늘에 계신 너희 아버지께
영광을 돌리게 하라

예수와 율법

17 ●내가 율법이나 선지자를 폐하러
온 줄로 생각하지 말라 폐하러 온
것이 아니요 완전하게 하려 함이라
18 진실로 너희에게 이르노니 천지가
없어지기 전에는 율법의 일점 일획
도 결코 없어지지 아니하고 다 이
루리라
19 그러므로 누구든지 이 계명 중의
지극히 작은 것 하나라도 버리고
또 그같이 사람을 가르치는 자는
천국에서 지극히 작다 일컬음을 받
을 것이요 누구든지 이를 행하며
가르치는 자는 천국에서 크다 일컬
음을 받으리라
20 내가 너희에게 이르노니 너희 의가
서기관과 바리새인보다 더 낫지 못
하면 결코 천국에 들어가지 못하리
라

노하지 말라

21 ●ㄱ옛 사람에게 말한 바 살인하지
말라 누구든지 살인하면 심판을 받
게 되리라 하였다는 것을 너희가
들었으나
22 나는 너희에게 이르노니 형제에게

ㄱ. 출 20:13; 신 5:17

마

노하는 자마다 심판을 받게 되고
형제를 대하여 [1]라가라 하는 자는
공회에 잡혀가게 되고 미련한 놈이
라 하는 자는 지옥 불에 들어가게
되리라
23 그러므로 예물을 제단에 드리려다
가 거기서 네 형제에게 원망들을
만한 일이 있는 것이 생각나거든
24 예물을 제단 앞에 두고 먼저 가서
형제와 화목하고 그 후에 와서 예
물을 드리라
25 너를 고발하는 자와 함께 길에 있
을 때에 급히 사화하라 그 고발하
는 자가 너를 재판관에게 내어 주
고 재판관이 옥리에게 내어 주어
옥에 가둘까 염려하라
26 진실로 네게 이르노니 네가 한 푼
이라도 남김이 없이 다 갚기 전에
는 결코 거기서 나오지 못하리라

간음하지 말라

(마 19:9; 막 10:11-12; 눅 16:18)

27 ●ㄱ또 간음하지 말라 하였다는 것
을 너희가 들었으나
28 나는 너희에게 이르노니 음욕을 품
고 여자를 보는 자마다 마음에 이
미 간음하였느니라
29 만일 네 오른 눈이 너로 실족하게
하거든 빼어 내버리라 네 백체 중
하나가 없어지고 온 몸이 지옥에
던져지지 않는 것이 유익하며
30 또한 만일 네 오른손이 너로 실족하
게 하거든 찍어 내버리라 네 백체
중 하나가 없어지고 온 몸이 지옥에
던져지지 않는 것이 유익하니라
31 또 일렀으되 ㄴ누구든지 아내를 버
리려거든 이혼 증서를 줄 것이라
하였으나
32 나는 너희에게 이르노니 누구든지
음행한 이유 없이 아내를 버리면
이는 그로 간음하게 함이요 또 누
구든지 버림받은 여자에게 장가드
는 자도 간음함이니라

맹세하지 말라

33 ●ㄷ또 옛 사람에게 말한 바 헛 맹
세를 하지 말고 네 맹세한 것을 주
께 지키라 하였다는 것을 너희가
들었으나
34 나는 너희에게 이르노니 도무지 맹
세하지 말지니 하늘로도 하지 말라
이는 하나님의 보좌임이요
35 땅으로도 하지 말라 이는 하나님의
발등상임이요 예루살렘으로도 하
지 말라 이는 큰 임금의 성임이요
36 네 머리로도 하지 말라 이는 네가
한 터럭도 희고 검게 할 수 없음이
라
37 오직 너희 말은 옳다 옳다, 아니라
아니라 하라 이에서 지나는 것은
[2]악으로부터 나느니라

악한 자를 대적하지 말라 (눅 6:29-30)

38 ●ㄹ또 눈은 눈으로, 이는 이로 갚으
라 하였다는 것을 너희가 들었으나
39 나는 너희에게 이르노니 [3]악한 자
를 대적하지 말라 누구든지 네 오른
편 빰을 치거든 왼편도 돌려 대며
40 또 너를 고발하여 속옷을 가지고자
하는 자에게 겉옷까지도 가지게 하
며
41 또 누구든지 너로 억지로 오 리를
가게 하거든 그 사람과 십 리를 동
행하고
42 네게 구하는 자에게 주며 네게 꾸
고자 하는 자에게 거절하지 말라

원수를 사랑하라 (눅 6:27-28, 32-36)

43 ●ㅁ또 네 이웃을 사랑하고 네 원수
를 미워하라 하였다는 것을 너희가

1) 라가는 히브리인의 욕설 2) 또는 악한 자로 3) 또는 악을 ㄱ. 출 20:14; 신 5:18 ㄴ. 신 24:1,3 ㄷ. 레 19:12; 민 30:2; 신 23:21 ㄹ. 출 21:24; 레 24:20; 신 19:21 ㅁ. 레 19:18

들었으나
44 나는 너희에게 이르노니 너희 원수
를 사랑하며 너희를 박해하는 자를
위하여 기도하라
45 이같이 한즉 하늘에 계신 너희 아
버지의 아들이 되리니 이는 하나님
이 그 해를 악인과 선인에게 비추
시며 비를 의로운 자와 불의한 자
에게 내려주심이라
46 너희가 너희를 사랑하는 자를 사랑
하면 무슨 상이 있으리요 세리도
이같이 아니하느냐
47 또 너희가 너희 형제에게만 문안하
면 남보다 더하는 것이 무엇이냐
이방인들도 이같이 아니하느냐
48 그러므로 하늘에 계신 너희 아버지
의 온전하심과 같이 너희도 온전하
라

구제함을 은밀하게 하라

6 사람에게 보이려고 그들 앞에서
너희 의를 행하지 않도록 주의하
라 그리하지 아니하면 하늘에 계신
너희 아버지께 상을 받지 못하느니
라
2 ●그러므로 구제할 때에 외식하는
자가 사람에게서 영광을 받으려고
회당과 거리에서 하는 것같이 너희
앞에 나팔을 불지 말라 진실로 너
희에게 이르노니 그들은 자기 상을
이미 받았느니라
3 너는 구제할 때에 오른손이 하는
것을 왼손이 모르게 하여
4 네 구제함을 은밀하게 하라 은밀한
중에 보시는 너의 아버지께서 갚으
시리라

너희는 이렇게 기도하라 (눅 11:2-4)

5 ●또 너희는 기도할 때에 외식하는
자와 같이 하지 말라 그들은 사람
에게 보이려고 회당과 큰 거리 어
귀에 서서 기도하기를 좋아하느니
라 내가 진실로 너희에게 이르노니
그들은 자기 상을 이미 받았느니라
6 너는 기도할 때에 네 골방에 들어
가 문을 닫고 은밀한 중에 계신 네
아버지께 기도하라 은밀한 중에 보
시는 네 아버지께서 갚으시리라
7 또 기도할 때에 이방인과 같이 중
언부언하지 말라 그들은 말을 많이
하여야 들으실 줄 생각하느니라
8 그러므로 그들을 본받지 말라 구하
기 전에 너희에게 있어야 할 것을
하나님 너희 아버지께서 아시느니
라
9 그러므로 너희는 이렇게 기도하라
하늘에 계신 우리 아버지여 이름이
거룩히 여김을 받으시오며
10 나라가 임하시오며 뜻이 하늘에서
이루어진 것같이 땅에서도 이루어
지이다
11 오늘 우리에게 [1]일용할 양식을 주
시옵고
12 우리가 우리에게 [2]죄 지은 자를 사
하여 준 것같이 우리 죄를 사하여
주시옵고
13 우리를 시험에 들게 하지 마시옵고
다만 [3]악에서 구하시옵소서 [4](나라
와 권세와 영광이 아버지께 영원히
있사옵나이다 아멘)
14 너희가 사람의 잘못을 용서하면 너
희 하늘 아버지께서도 너희 잘못을
용서하시려니와
15 너희가 사람의 잘못을 용서하지 아
니하면 너희 아버지께서도 너희 잘
못을 용서하지 아니하시리라

외식으로 금식하지 말라

16 ●금식할 때에 너희는 외식하는 자
들과 같이 슬픈 기색을 보이지 말

1) 또는 내일 양식을 2) 헬, 빚진 자를 탕감하여 준 것같이 우리의 빚도 탕감하여 주시옵고 3) 또는 악한 자에게서도 4) 고대 사본에, 이 괄호 내 구절이 없음

라 그들은 금식하는 것을 사람에게
보이려고 얼굴을 흉하게 하느니라
내가 진실로 너희에게 이르노니 그
들은 자기 상을 이미 받았느니라
17 너는 금식할 때에 머리에 기름을
바르고 얼굴을 씻으라
18 이는 금식하는 자로 사람에게 보이
지 않고 오직 은밀한 중에 계신 네
아버지께 보이게 하려 함이라 은밀
한 중에 보시는 네 아버지께서 갚
으시리라

보물을 하늘에 쌓아 두라
(눅 11:34-36; 12:22-34; 16:13)

19 ●너희를 위하여 보물을 땅에 쌓아
두지 말라 거기는 좀과 동록이 해
하며 도둑이 구멍을 뚫고 도둑질하
느니라
20 오직 너희를 위하여 보물을 하늘에
쌓아 두라 거기는 좀이나 동록이
해하지 못하며 도둑이 구멍을 뚫지
도 못하고 도둑질도 못하느니라
21 네 보물 있는 그곳에는 네 마음도
있느니라
22 눈은 몸의 등불이니 그러므로 네
눈이 [1]성하면 온 몸이 밝을 것이요
23 눈이 나쁘면 온 몸이 어두울 것이
니 그러므로 네게 있는 빛이 어두
우면 그 어둠이 얼마나 더하겠느냐
24 한 사람이 두 주인을 섬기지 못할
것이니 혹 이를 미워하고 저를 사
랑하거나 혹 이를 중히 여기고 저
를 경히 여김이라 너희가 하나님과
재물을 겸하여 섬기지 못하느니라
25 그러므로 내가 너희에게 이르노니
목숨을 위하여 무엇을 먹을까 무엇
을 마실까 몸을 위하여 무엇을 입
을까 염려하지 말라 목숨이 음식보
다 중하지 아니하며 몸이 의복보다
중하지 아니하냐
26 공중의 새를 보라 심지도 않고 거
두지도 않고 창고에 모아들이지도
아니하되 너희 하늘 아버지께서 기
르시나니 너희는 이것들보다 귀하
지 아니하냐
27 너희 중에 누가 염려함으로 그 [2]키
를 한 자라도 더할 수 있겠느냐
28 또 너희가 어찌 의복을 위하여 염
려하느냐 들의 백합화가 어떻게 자
라는가 생각하여 보라 수고도 아니
하고 길쌈도 아니하느니라
29 그러나 내가 너희에게 말하노니 솔
로몬의 모든 영광으로도 입은 것이
이 꽃 하나만 같지 못하였느니라
30 오늘 있다가 내일 아궁이에 던져지
는 들풀도 하나님이 이렇게 입히시
거든 하물며 너희일까보냐 믿음이
작은 자들아
31 그러므로 염려하여 이르기를 무엇
을 먹을까 무엇을 마실까 무엇을
입을까 하지 말라
32 이는 다 이방인들이 구하는 것이라
너희 하늘 아버지께서 이 모든 것
이 너희에게 있어야 할 줄을 아시
느니라
33 그런즉 너희는 먼저 그의 나라와
그의 의를 구하라 그리하면 이 모
든 것을 너희에게 더하시리라
34 그러므로 내일 일을 위하여 염려하
지 말라 내일 일은 내일이 염려할
것이요 한 날의 괴로움은 그날로
족하니라

비판하지 말라 (눅 6:37-38, 41-42)

7 비판을 받지 아니하려거든 비판
하지 말라
2 너희가 비판하는 그 비판으로 너희
가 비판을 받을 것이요 너희가 헤
아리는 그 헤아림으로 너희가 헤아
림을 받을 것이니라
3 어찌하여 형제의 눈 속에 있는 티

1) 헬, 순전하면 2) 또는 목숨을

는 보고 네 눈 속에 있는 들보는 깨
닫지 못하느냐
4 보라 네 눈 속에 들보가 있는데 어
찌하여 형제에게 말하기를 나로 네
눈 속에 있는 티를 빼게 하라 하겠
느냐
5 외식하는 자여 먼저 네 눈 속에서
들보를 빼어라 그 후에야 밝히 보
고 형제의 눈 속에서 티를 빼리라
6 ●거룩한 것을 개에게 주지 말며
너희 진주를 돼지 앞에 던지지 말
라 그들이 그것을 발로 밟고 돌이
켜 너희를 찢어 상하게 할까 염려
하라

구하라 찾으라 문을 두드리라 (눅 11:9-13)

7 ●구하라 그리하면 너희에게 주실
것이요 찾으라 그리하면 찾아낼 것
이요 문을 두드리라 그리하면 너희
에게 열릴 것이니
8 구하는 이마다 받을 것이요 찾는
이는 찾아낼 것이요 두드리는 이에
게는 열릴 것이니라
9 너희 중에 누가 아들이 떡을 달라
하는데 돌을 주며
10 생선을 달라 하는데 뱀을 줄 사람
이 있겠느냐
11 너희가 악한 자라도 좋은 것으로
자식에게 줄 줄 알거든 하물며 하
늘에 계신 너희 아버지께서 구하는
자에게 좋은 것으로 주시지 않겠느
냐
12 그러므로 무엇이든지 남에게 대접
을 받고자 하는 대로 너희도 남을
대접하라 이것이 율법이요 선지자
니라

좁은 문 (눅 13:24)

13 ●좁은 문으로 들어가라 멸망으로
인도하는 문은 크고 그 길이 넓어
그리로 들어가는 자가 많고
14 생명으로 인도하는 문은 좁고 길이
협착하여 찾는 자가 적음이라

열매로 그들을 알리라
(눅 6:43-44, 47-49; 13:25-27)

15 ●거짓 선지자들을 삼가라 양의 옷
을 입고 너희에게 나아오나 속에는
노략질하는 이리라
16 그들의 열매로 그들을 알지니 가시
나무에서 포도를, 또는 엉겅퀴에서
무화과를 따겠느냐
17 이와 같이 좋은 나무마다 아름다운
열매를 맺고 못된 나무가 나쁜 열
매를 맺나니
18 좋은 나무가 나쁜 열매를 맺을 수
없고 못된 나무가 아름다운 열매를
맺을 수 없느니라
19 아름다운 열매를 맺지 아니하는 나
무마다 찍혀 불에 던져지느니라
20 이러므로 그들의 열매로 그들을 알
리라
21 나더러 주여 주여 하는 자마다 다
천국에 들어갈 것이 아니요 다만
하늘에 계신 내 아버지의 뜻대로
행하는 자라야 들어가리라
22 그날에 많은 사람이 나더러 이르되
주여 주여 우리가 주의 이름으로
선지자 노릇 하며 주의 이름으로
귀신을 쫓아 내며 주의 이름으로
많은 권능을 행하지 아니하였나이
까 하리니
23 그때에 내가 그들에게 밝히 말하되
내가 너희를 도무지 알지 못하니
불법을 행하는 자들아 내게서 떠나
가라 하리라
24 그러므로 누구든지 나의 이 말을
듣고 행하는 자는 그 집을 반석 위
에 지은 지혜로운 사람 같으리니
25 비가 내리고 창수가 나고 바람이
불어 그 집에 부딪치되 무너지지
아니하나니 이는 주추를 반석 위에
놓은 까닭이요

26 나의 이 말을 듣고 행하지 아니하
는 자는 그 집을 모래 위에 지은 어
리석은 사람 같으리니
27 비가 내리고 창수가 나고 바람이
불어 그 집에 부딪치매 무너져 그
무너짐이 심하니라

무리들이 가르치심에 놀라다

28 ● 예수께서 이 말씀을 마치시매 무
리들이 그의 가르치심에 놀라니
29 이는 그 가르치시는 것이 권위 있
는 자와 같고 그들의 서기관들과
같지 아니함일러라

나병환자를 깨끗하게 하시다
(막 1:40-45; 눅 5:12-16)

8 예수께서 산에서 내려 오시니 수
많은 무리가 따르니라
2 한 나병환자가 나아와 절하며 이르
되 주여 원하시면 저를 깨끗하게
하실 수 있나이다 하거늘
3 예수께서 손을 내밀어 그에게 대시
며 이르시되 내가 원하노니 깨끗함
을 받으라 하시니 즉시 그의 나병
이 깨끗하여진지라
4 예수께서 이르시되 삼가 아무에게
도 이르지 말고 다만 가서 ㄱ제사장
에게 네 몸을 보이고 모세가 명한
예물을 드려 그들에게 입증하라 하
시니라

백부장의 하인을 고치시다
(눅 7:1-10; 요 4:43-54)

5 ● 예수께서 가버나움에 들어가시
니 한 백부장이 나아와 간구하여
6 이르되 주여 내 하인이 중풍병으로
집에 누워 몹시 괴로워하나이다
7 이르시되 내가 가서 고쳐 주리라
8 백부장이 대답하여 이르되 주여 내
집에 들어오심을 나는 감당하지 못
하겠사오니 다만 말씀으로만 하옵
소서 그러면 내 하인이 낫겠사옵나
이다
9 나도 남의 수하에 있는 사람이요
내 아래에도 군사가 있으니 이더러
가라 하면 가고 저더러 오라 하면
오고 내 종더러 이것을 하라 하면
하나이다
10 예수께서 들으시고 놀랍게 여겨 따
르는 자들에게 이르시되 내가 진실
로 너희에게 이르노니 1)이스라엘
중 아무에게서도 이만한 믿음을 보
지 못하였노라
11 또 너희에게 이르노니 동 서로부터
많은 사람이 이르러 아브라함과 이
삭과 야곱과 함께 천국에 2)앉으려
니와
12 그 나라의 본 자손들은 바깥 어두
운 데 쫓겨나 거기서 울며 이를 갈
게 되리라
13 예수께서 백부장에게 이르시되 가
라 네 믿은 대로 될지어다 하시니
그 즉시 하인이 나으니라

많은 사람들을 다 고치시다
(막 1:29-34; 눅 4:38-41)

14 ● 예수께서 베드로의 집에 들어가
사 그의 장모가 열병으로 앓아 누
운 것을 보시고
15 그의 손을 만지시니 열병이 떠나가
고 여인이 일어나서 예수께 수종들
더라
16 저물매 사람들이 귀신 들린 자를
많이 데리고 예수께 오거늘 예수께
서 말씀으로 귀신들을 쫓아 내시고
병든 자들을 다 고치시니
17 이는 선지자 이사야를 통하여 하신
말씀에

ㄴ우리의 연약한 것을 친히 담당
하시고 병을 짊어지셨도다

함을 이루려 하심이더라

1) 어떤 사본에, 이스라엘 중에서라도 2) 헬, 기대어 누우려니와(유대인이 음식 먹을 때에 가지는 자세) ㄱ. 레 14:2 이하 ㄴ. 사 53:4

나를 따르라 (눅 9:57-62)

18 ●예수께서 무리가 자기를 에워싸
는 것을 보시고 건너편으로 가기를
명하시니라
19 한 서기관이 나아와 예수께 아뢰되
선생님이여 어디로 가시든지 저는
따르리이다
20 예수께서 이르시되 여우도 굴이 있
고 공중의 새도 거처가 있으되 인
자는 머리 둘 곳이 없다 하시더라
21 제자 중에 또 한 사람이 이르되 주
여 내가 먼저 가서 내 아버지를 장
사하게 허락하옵소서
22 예수께서 이르시되 죽은 자들이 그
들의 죽은 자들을 장사하게 하고
너는 나를 따르라 하시니라

바람과 바다를 잔잔하게 하시다
(막 4:35-41; 눅 8:22-25)

23 ●배에 오르시매 제자들이 따랐더
니
24 바다에 큰 놀이 일어나 배가 물결
에 덮이게 되었으되 예수께서는 주
무시는지라
25 그 제자들이 나아와 깨우며 이르되
주여 구원하소서 우리가 죽겠나이다
26 예수께서 이르시되 어찌하여 무서
워하느냐 믿음이 작은 자들아 하시
고 곧 일어나사 바람과 바다를 꾸
짖으시니 아주 잔잔하게 되거늘
27 그 사람들이 놀랍게 여겨 이르되
이이가 어떠한 사람이기에 바람과
바다도 순종하는가 하더라

귀신 들린 두 사람을 고치시다
(막 5:1-20; 눅 8:26-39)

28 ●또 예수께서 건너편 가다라 지방
에 가시매 귀신 들린 자 둘이 무덤
사이에서 나와 예수를 만나니 그들
은 몹시 사나워 아무도 그 길로 지
나갈 수 없을 지경이더라
29 이에 그들이 소리 질러 이르되 하
나님의 아들이여 우리가 당신과 무
슨 상관이 있나이까 때가 이르기
전에 우리를 괴롭게 하려고 여기
오셨나이까 하더니
30 마침 멀리서 많은 돼지 떼가 먹고
있는지라
31 귀신들이 예수께 간구하여 이르되
만일 우리를 쫓아 내시려면 돼지
떼에 들여 보내 주소서 하니
32 그들에게 가라 하시니 귀신들이 나
와서 돼지에게로 들어가는지라 온
떼가 비탈로 내리달아 바다에 들어
가서 물에서 몰사하거늘
33 치던 자들이 달아나 시내에 들어가
이 모든 일과 귀신 들린 자의 일을
고하니
34 온 시내가 예수를 만나려고 나가서
보고 그 지방에서 떠나시기를 간구
하더라

중풍병자를 고치시다 (막 2:1-12; 눅 5:17-26)

9 예수께서 배에 오르사 건너가 본
동네에 이르시니
2 침상에 누운 중풍병자를 사람들이
데리고 오거늘 예수께서 그들의 믿
음을 보시고 중풍병자에게 이르시
되 작은 자야 안심하라 네 죄 사함
을 받았느니라
3 어떤 서기관들이 속으로 이르되 이
사람이 신성을 모독하도다
4 예수께서 그 생각을 아시고 이르시
되 너희가 어찌하여 마음에 악한
생각을 하느냐
5 네 죄 사함을 받았느니라 하는 말
과 일어나 걸어가라 하는 말 중에
어느 것이 쉽겠느냐
6 그러나 인자가 세상에서 죄를 사하
는 권능이 있는 줄을 너희로 알게
하려 하노라 하시고 중풍병자에게
말씀하시되 일어나 네 침상을 가지
고 집으로 가라 하시니

7 그가 일어나 집으로 돌아가거늘
8 무리가 보고 두려워하며 이런 권능
을 사람에게 주신 하나님께 영광을
돌리니라

마태를 부르시다 (막 2:13-17; 눅 5:27-32)

9 ●예수께서 그곳을 떠나 지나가시
다가 마태라 하는 사람이 세관에 앉
아 있는 것을 보시고 이르시되 나를
따르라 하시니 일어나 따르니라
10 예수께서 마태의 집에서 [1]앉아 음
식을 잡수실 때에 많은 세리와 죄
인들이 와서 예수와 그의 제자들과
함께 [1]앉았더니
11 바리새인들이 보고 그의 제자들에
게 이르되 어찌하여 너희 선생은
세리와 죄인들과 함께 잡수시느냐
12 예수께서 들으시고 이르시되 건강
한 자에게는 의사가 쓸 데 없고 병
든 자에게라야 쓸 데 있느니라
13 너희는 가서 ㄱ내가 긍휼을 원하고
제사를 원하지 아니하노라 하신 뜻
이 무엇인지 배우라 나는 의인을
부르러 온 것이 아니요 죄인을 부
르러 왔노라 하시니라

금식 논쟁 (막 2:18-22; 눅 5:33-39)

14 ●그때에 요한의 제자들이 예수께
나아와 이르되 우리와 바리새인들
은 금식하는데 어찌하여 당신의 제
자들은 금식하지 아니하나이까
15 예수께서 그들에게 이르시되 혼인
집 손님들이 신랑과 함께 있을 동
안에 슬퍼할 수 있느냐 그러나 신
랑을 빼앗길 날이 이르리니 그때에
는 금식할 것이니라
16 생베 조각을 낡은 옷에 붙이는 자
가 없나니 이는 기운 것이 그 옷을
당기어 해어짐이 더하게 됨이요
17 새 포도주를 낡은 가죽 부대에 넣
지 아니하나니 그렇게 하면 부대가
터져 포도주도 쏟아지고 부대도 버
리게 됨이라 새 포도주는 새 부대
에 넣어야 둘이 다 보전되느니라

한 관리의 딸과 예수의 옷을 만진 여자
(막 5:21-43; 눅 8:40-56)

18 ●예수께서 이 말씀을 하실 때에
한 관리가 와서 절하며 이르되 내
딸이 방금 죽었사오나 오셔서 그
몸에 손을 얹어 주소서 그러면 살
아나겠나이다 하니
19 예수께서 일어나 따라가시매 제자
들도 가더니
20 열두 해 동안이나 혈루증으로 앓는
여자가 예수의 뒤로 와서 그 겉옷
가를 만지니
21 이는 제 마음에 그 겉옷만 만져도
구원을 받겠다 함이라
22 예수께서 돌이켜 그를 보시며 이르
시되 딸아 안심하라 네 믿음이 너
를 구원하였다 하시니 여자가 그
즉시 구원을 받으니라
23 예수께서 그 관리의 집에 가사 피리
부는 자들과 떠드는 무리를 보시고
24 이르시되 물러가라 이 소녀가 죽은
것이 아니라 잔다 하시니 그들이
비웃더라
25 무리를 내보낸 후에 예수께서 들어
가사 소녀의 손을 잡으시매 일어나
는지라
26 그 소문이 그 온 땅에 퍼지더라

맹인들의 눈을 뜨게 하시다

27 ●예수께서 거기에서 떠나가실새
두 맹인이 따라오며 소리 질러 이
르되 다윗의 자손이여 우리를 불쌍
히 여기소서 하더니
28 예수께서 집에 들어가시매 맹인들
이 그에게 나아오거늘 예수께서 이
르시되 내가 능히 이 일 할 줄을 믿
느냐 대답하되 주여 그러하오이다
하니

1) 8:11 난하주를 보라 ㄱ. 호 6:6

29 이에 예수께서 그들의 눈을 만지시
며 이르시되 너희 믿음대로 되라
하시니
30 그 눈들이 밝아진지라 예수께서 엄
히 경고하시되 삼가 아무에게도 알
리지 말라 하셨으나
31 그들이 나가서 예수의 소문을 그
온 땅에 퍼뜨리니라

말 못하는 사람을 고치시다

32 ●그들이 나갈 때에 귀신 들려 말
못하는 사람을 예수께 데려오니
33 귀신이 쫓겨나고 말 못하는 사람이
말하거늘 무리가 놀랍게 여겨 이르
되 이스라엘 가운데서 이런 일을
본 적이 없다 하되
34 바리새인들은 이르되 그가 귀신의
왕을 의지하여 귀신을 쫓아낸다 하
더라

무리를 불쌍히 여기시다

35 ●예수께서 모든 도시와 마을에 두
루 다니사 그들의 회당에서 가르치
시며 [1]천국 복음을 전파하시며 모
든 병과 모든 약한 것을 고치시니라
36 무리를 보시고 불쌍히 여기시니 이
는 그들이 목자 없는 양과 같이 고
생하며 기진함이라
37 이에 제자들에게 이르시되 추수할
것은 많되 일꾼이 적으니
38 그러므로 추수하는 주인에게 청하
여 추수할 일꾼들을 보내 주소서
하라 하시니라

열두 제자를 부르시다
(막 3:13-19; 눅 6:12-16)

10 예수께서 그의 열두 제자를 부
르사 더러운 귀신을 쫓아내며
모든 병과 모든 약한 것을 고치는
권능을 주시니라

열두 제자에게 명하여 이르시다
(막 6:7-13; 눅 9:1-6)

2 ●열두 사도의 이름은 이러하니 베
드로라 하는 시몬을 비롯하여 그의
형제 안드레와 세베대의 아들 야고
보와 그의 형제 요한,
3 빌립과 바돌로매, 도마와 세리 마태,
알패오의 아들 야고보와 다대오,
4 [2]가나나인 시몬 및 가룟 유다 곧
예수를 판 자라
5 예수께서 이 열둘을 내보내시며 명
하여 이르시되 이방인의 길로도 가
지 말고 사마리아인의 고을에도 들
어가지 말고
6 오히려 이스라엘 집의 잃어버린 양
에게로 가라
7 가면서 전파하여 말하되 천국이 가
까이 왔다 하고
8 병든 자를 고치며 죽은 자를 살리
며 나병환자를 깨끗하게 하며 귀신
을 쫓아내되 너희가 거저 받았으니
거저 주라
9 너희 전대에 금이나 은이나 동을
가지지 말고
10 여행을 위하여 배낭이나 두 벌 옷
이나 신이나 지팡이를 가지지 말라
이는 일꾼이 자기의 먹을 것 받는
것이 마땅함이라
11 어떤 성이나 마을에 들어가든지 그
중에 합당한 자를 찾아내어 너희가
떠나기까지 거기서 머물라
12 또 그 집에 들어가면서 평안하기를
빌라
13 그 집이 이에 합당하면 너희 빈 평
안이 거기 임할 것이요 만일 합당
하지 아니하면 그 평안이 너희에게
돌아올 것이니라
14 누구든지 너희를 영접하지도 아니
하고 너희 말을 듣지도 아니하거든
그 집이나 성에서 나가가 너희 발의
먼지를 떨어 버리라

1) 헬, 그 나라의 복음을 2) 아람어에서 온 말로 열심당원이란 뜻이다.

15 내가 진실로 너희에게 이르노니 심
판 날에 소돔과 고모라 땅이 그 성
보다 견디기 쉬우리라

미움을 받을 것이다
(막 13:9-13; 눅 21:12-17)

16 ●보라 내가 너희를 보냄이 양을
이리 가운데로 보냄과 같도다 그러
므로 너희는 뱀같이 지혜롭고 비둘
기같이 순결하라
17 사람들을 삼가라 그들이 너희를 공
회에 넘겨 주겠고 그들의 회당에서
채찍질하리라
18 또 너희가 나로 말미암아 총독들과
임금들 앞에 끌려 가리니 이는 그
들과 이방인들에게 증거가 되게 하
려 하심이라
19 너희를 넘겨 줄 때에 어떻게 또는
무엇을 말할까 염려하지 말라 그때
에 너희에게 할 말을 주시리니
20 말하는 이는 너희가 아니라 너희
속에서 말씀하시는 이 곧 너희 아
버지의 성령이시니라
21 장차 형제가 형제를, 아버지가 자
식을 죽는 데에 내주며 자식들이
부모를 대적하여 죽게 하리라
22 또 너희가 내 이름으로 말미암아
모든 사람에게 미움을 받을 것이나
끝까지 견디는 자는 구원을 얻으리
라
23 이 동네에서 너희를 박해하거든 저
동네로 피하라 내가 진실로 너희에
게 이르노니 이스라엘의 모든 동네
를 다 다니지 못하여서 인자가 오
리라

두려워할 분을 두려워하라 (눅 12:2-9)

24 ●제자가 그 선생보다, 또는 종이
그 상전보다 높지 못하나니
25 제자가 그 선생 같고 종이 그 상전
같으면 족하도다 집 주인을 바알세
불이라 하였거든 하물며 그 집 사
람들이랴
26 그런즉 그들을 두려워하지 말라 감
추인 것이 드러나지 않을 것이 없
고 숨은 것이 알려지지 않을 것이
없느니라
27 내가 너희에게 어두운 데서 이르는
것을 광명한 데서 말하며 너희가
귓속말로 듣는 것을 집 위에서 전
파하라
28 몸은 죽여도 영혼은 능히 죽이지
못하는 자들을 두려워하지 말고 오
직 몸과 영혼을 능히 지옥에 멸하
실 수 있는 이를 두려워하라
29 참새 두 마리가 한 [1]앗사리온에 팔
리지 않느냐 그러나 너희 아버지께
서 허락하지 아니하시면 그 하나도
땅에 떨어지지 아니하리라
30 너희에게는 머리털까지 다 세신 바
되었나니
31 두려워하지 말라 너희는 많은 참새
보다 귀하니라
32 누구든지 사람 앞에서 나를 시인하
면 나도 하늘에 계신 내 아버지 앞
에서 그를 시인할 것이요
33 누구든지 사람 앞에서 나를 부인하
면 나도 하늘에 계신 내 아버지 앞
에서 그를 부인하리라

검을 주러 왔다 (눅 12:51-53; 14:26-27)

34 ●내가 세상에 화평을 주러 온 줄
로 생각하지 말라 화평이 아니요
검을 [2]주러 왔노라
35 내가 온 것은 사람이 그 아버지와,
딸이 어머니와, 며느리가 시어머니
와 불화하게 하려 함이니
36 사람의 원수가 자기 집안 식구리라
37 아버지나 어머니를 나보다 더 사랑
하는 자는 내게 합당하지 아니하고
아들이나 딸을 나보다 더 사랑하는
자도 내게 합당하지 아니하며

1) 동전의 명칭 2) 헬, 던지러

38 또 자기 십자가를 지고 나를 따르
지 않는 자도 내게 합당하지 아니
하니라
39 자기 목숨을 얻는 자는 잃을 것이
요 나를 위하여 자기 목숨을 잃는
자는 얻으리라

상을 받을 사람 (막 9:41)

40 ●너희를 영접하는 자는 나를 영접
하는 것이요 나를 영접하는 자는
나를 보내신 이를 영접하는 것이니
라
41 선지자의 이름으로 선지자를 영접
하는 자는 선지자의 상을 받을 것이
요 의인의 이름으로 의인을 영접하
는 자는 의인의 상을 받을 것이요
42 또 누구든지 제자의 이름으로 이
작은 자 중 하나에게 냉수 한 그릇
이라도 주는 자는 내가 진실로 너
희에게 이르노니 그 사람이 결단코
상을 잃지 아니하리라 **하시니라**

11 **예수께서 열두 제자에게 명하
기를 마치시고 이에 그들의 여
러 동네에서 가르치시며 전도하시
려고 거기를 떠나 가시니라**

세례 요한 (눅 7:18-35)

2 **●요한이 옥에서 그리스도께서 하
신 일을 듣고 제자들을 보내어**
3 **예수께 여짜오되 오실 그이가 당신
이오니이까 우리가 다른 이를 기다
리오리이까**
4 **예수께서 대답하여 이르시되** 너희
가 가서 듣고 보는 것을 요한에게
알리되
5 맹인이 보며 못 걷는 사람이 걸으
며 나병환자가 깨끗함을 받으며 못
듣는 자가 들으며 죽은 자가 살아
나며 가난한 자에게 복음이 전파된
다 하라
6 누구든지 나로 말미암아 실족하지
아니하는 자는 복이 있도다 **하시니
라**
7 **그들이 떠나매 예수께서 무리에게
요한에 대하여 말씀하시되** 너희가
무엇을 보려고 광야에 나갔더냐 바
람에 흔들리는 갈대냐
8 그러면 너희가 무엇을 보려고 나갔
더냐 부드러운 옷 입은 사람이냐
부드러운 옷을 입은 사람들은 왕궁
에 있느니라
9 그러면 너희가 어찌하여 나갔더냐
선지자를 보기 위함이었더냐 옳다
내가 너희에게 이르노니 선지자보
다 더 나은 자니라
10 기록된 바
ㄱ보라 내가 내 사자를 네 앞에 보
내노니 그가 네 길을 네 앞에 준
비하리라
하신 것이 이 사람에 대한 말씀이
니라
11 내가 진실로 너희에게 말하노니 여
자가 낳은 자 중에 1)세례 요한보다
큰 이가 일어남이 없도다 그러나
천국에서는 극히 작은 자라도 그보
다 크니라
12 1)세례 요한의 때부터 지금까지 천
국은 침노를 당하나니 침노하는 자
는 빼앗느니라
13 모든 선지자와 율법이 예언한 것은
요한까지니
14 만일 너희가 즐겨 받을진대 오리라
한 엘리야가 곧 이 사람이니라
15 귀 있는 자는 들을지어다
16 이 세대를 무엇으로 비유할까 비유
하건대 아이들이 장터에 앉아 제
동무를 불러
17 이르되 우리가 너희를 향하여 피리
를 불어도 너희가 춤추지 않고 우
리가 슬피 울어도 너희가 가슴을
치지 아니하였다 함과 같도다

1) 헬, 또는 침례 ㄱ. 말 3:1

18 요한이 와서 먹지도 않고 마시지도
아니하매 그들이 말하기를 귀신이
들렸다 하더니
19 인자는 와서 먹고 마시매 말하기를
보라 먹기를 탐하고 포도주를 즐기
는 사람이요 세리와 죄인의 친구로
다 하니 지혜는 그 [1]행한 일로 인하
여 옳다 함을 얻느니라

회개하지 아니하는 도시들 (눅 10:13-15)

20 ●예수께서 권능을 가장 많이 행하
신 고을들이 회개하지 아니하므로
그때에 책망하시되
21 화 있을진저 고라신아 화 있을진저
벳새다야 너희에게 행한 모든 권능
을 두로와 시돈에서 행하였더라면
그들이 벌써 베옷을 입고 재에 앉
아 회개하였으리라
22 내가 너희에게 이르노니 심판 날에
두로와 시돈이 너희보다 견디기 쉬
우리라
23 가버나움아 네가 하늘에까지 높아
지겠느냐 음부에까지 낮아지리라
네게 행한 모든 권능을 소돔에서
행하였더라면 그 성이 오늘까지 있
었으리라
24 내가 너희에게 이르노니 심판 날에
소돔 땅이 너보다 견디기 쉬우리라
하시니라

짐 진 자들아 내게로 오라 (눅 10:21-22)

25 ●그때에 예수께서 대답하여 이르
시되 천지의 주재이신 아버지여 이
것을 지혜롭고 슬기 있는 자들에게
는 숨기시고 어린아이들에게는 나
타내심을 감사하나이다
26 옳소이다 이렇게 된 것이 아버지의
뜻이니이다
27 내 아버지께서 모든 것을 내게 주
셨으니 아버지 외에는 아들을 아는
자가 없고 아들과 또 아들의 소원
대로 계시를 받는 자 외에는 아버
지를 아는 자가 없느니라
28 수고하고 무거운 짐 진 자들아 다 내
게로 오라 내가 너희를 쉬게 하리라
29 나는 마음이 온유하고 겸손하니 나
의 멍에를 메고 내게 배우라 그리
하면 너희 마음이 쉼을 얻으리니
30 이는 내 멍에는 쉽고 내 짐은 가벼
움이라 하시니라

안식일에 밀 이삭을 자르다
(막 2:23-28; 눅 6:1-5)

12 그때에 예수께서 안식일에 밀
밭 사이로 가실새 제자들이 시
장하여 이삭을 잘라 먹으니
2 바리새인들이 보고 예수께 말하되
보시오 당신의 제자들이 안식일에
하지 못할 일을 하나이다
3 예수께서 이르시되 ㄱ다윗이 자기
와 그 함께한 자들이 시장할 때에
한 일을 읽지 못하였느냐
4 그가 하나님의 전에 들어가서 제사
장 외에는 자기나 그 함께한 자들
이 먹어서는 안 되는 진설병을 먹
지 아니하였느냐
5 ㄴ또 안식일에 제사장들이 성전 안
에서 안식을 범하여도 죄가 없음을
너희가 율법에서 읽지 못하였느냐
6 내가 너희에게 이르노니 성전보다
더 큰 이가 여기 있느니라
7 ㄷ나는 자비를 원하고 제사를 원하
지 아니하노라 하신 뜻을 너희가
알았더라면 무죄한 자를 정죄하지
아니하였으리라
8 인자는 안식일의 주인이니라 하시
니라

안식일에 손 마른 사람을 고치시다
(막 3:1-6; 눅 6:6-11)

9 ●거기에서 떠나 그들의 회당에 들
어가시니

1) 어떤 사본에, 자녀들로 ㄱ. 삼상 21:6 ㄴ. 민 28:9,10
ㄷ. 호 6:6

10 한쪽 손 마른 사람이 있는지라 사
람들이 예수를 고발하려 하여 물어
이르되 안식일에 병 고치는 것이
옳으니이까
11 예수께서 이르시되 너희 중에 어떤
사람이 양 한 마리가 있어 안식일
에 구덩이에 빠졌으면 끌어내지 않
겠느냐
12 사람이 양보다 얼마나 더 귀하냐
그러므로 안식일에 선을 행하는 것
이 옳으니라 하시고
13 이에 그 사람에게 이르시되 손을
내밀라 하시니 그가 내밀매 다른
손과 같이 회복되어 성하더라
14 바리새인들이 나가서 어떻게 하여
예수를 죽일까 의논하거늘
15 예수께서 아시고 거기를 떠나가시
니 많은 사람이 따르는지라 예수께
서 그들의 병을 다 고치시고
16 자기를 나타내지 말라 경고하셨으
니
17 이는 선지자 이사야를 통하여 말씀
하신 바
18 ㄱ보라 내가 택한 종 곧 내 마음에
기뻐하는 바 내가 사랑하는 자로
다 내가 내 영을 그에게 줄 터이니
그가 심판을 이방에 알게 하리라
19 그는 다투지도 아니하며 들레지
도 아니하리니 아무도 길에서 그
소리를 듣지 못하리라
20 상한 갈대를 꺾지 아니하며 [1]꺼져
가는 심지를 끄지 아니하기를 심
판하여 이길 때까지 하리니
21 또한 이방들이 그의 이름을 바라
리라
함을 이루려 하심이니라

예수와 바알세불 (막 3:20-30;
눅 6:43-45; 11:14-23; 12:10)

22 ●그때에 귀신 들려 눈 멀고 말 못
하는 사람을 데리고 왔거늘 예수께
서 고쳐 주시매 그 말 못하는 사람
이 말하며 보게 된지라
23 무리가 다 놀라 이르되 이는 다윗
의 자손이 아니냐 하니
24 바리새인들은 듣고 이르되 이가 귀
신의 왕 바알세불을 힘입지 않고는
귀신을 쫓아내지 못하느니라 하거
늘
25 예수께서 그들의 생각을 아시고 이
르시되 스스로 분쟁하는 나라마다
황폐하여질 것이요 스스로 분쟁하
는 동네나 집마다 서지 못하리라
26 만일 사탄이 사탄을 쫓아내면 스스
로 분쟁하는 것이니 그리하고야 어
떻게 그의 나라가 서겠느냐
27 또 내가 바알세불을 힘입어 귀신을
쫓아내면 너희의 아들들은 누구를
힘입어 쫓아내느냐 그러므로 그들
이 너희의 재판관이 되리라
28 그러나 내가 하나님의 성령을 힘입
어 귀신을 쫓아내는 것이면 하나님
의 나라가 이미 너희에게 임하였느
니라
29 사람이 먼저 강한 자를 결박하지
않고서야 어떻게 그 강한 자의 집
에 들어가 그 세간을 강탈하겠느냐
결박한 후에야 그 집을 강탈하리라
30 나와 함께 아니하는 자는 나를 반
대하는 자요 나와 함께 모으지 아
니하는 자는 헤치는 자니라
31 그러므로 내가 너희에게 이르노니
사람에 대한 모든 죄와 모독은 사
하심을 얻되 성령을 모독하는 것은
사하심을 얻지 못하겠고
32 또 누구든지 말로 인자를 거역하면
사하심을 얻되 누구든지 말로 성령
을 거역하면 이 세상과 오는 세상
에서도 사하심을 얻지 못하리라
33 나무도 좋고 열매도 좋다 하든지

1) 또는 연기나는 삼대를 ㄱ. 사 42:1 이하

나무도 좋지 않고 열매도 좋지 않
다 하든지 하라 그 열매로 나무를
아느니라
34 독사의 자식들아 너희는 악하니 어
떻게 선한 말을 할 수 있느냐 이는
마음에 가득한 것을 입으로 말함이
라
35 선한 사람은 그 쌓은 선에서 선한
것을 내고 악한 사람은 그 쌓은 악
에서 악한 것을 내느니라
36 내가 너희에게 이르노니 사람이 무
슨 무익한 말을 하든지 심판 날에
이에 대하여 심문을 받으리니
37 네 말로 의롭다 함을 받고 네 말로
정죄함을 받으리라

악한 세대가 표적을 구하나
(막 8:11-12; 눅 11:24-26, 29-32)

38 ●그때에 서기관과 바리새인 중 몇
사람이 말하되 선생님이여 우리에
게 표적 보여주시기를 원하나이다
39 예수께서 대답하여 이르시되 악하
고 음란한 세대가 표적을 구하나
선지자 요나의 표적 밖에는 보일
표적이 없느니라
40 요나가 밤낮 사흘 동안 큰 물고기
뱃속에 있었던 것같이 인자도 밤낮
사흘 동안 땅 속에 있으리라
41 심판 때에 니느웨 사람들이 일어나
이 세대 사람을 정죄하리니 이는
그들이 요나의 전도를 듣고 회개하
였음이거니와 요나보다 더 큰 이가
여기 있으며
42 심판 때에 남방 여왕이 일어나 이
세대 사람을 정죄하리니 이는 그가
솔로몬의 지혜로운 말을 들으려고
땅끝에서 왔음이거니와 솔로몬보다
더 큰 이가 여기 있느니라
43 더러운 귀신이 사람에게서 나갔을
때에 물 없는 곳으로 다니며 쉬기
를 구하되 쉴 곳을 얻지 못하고
44 이에 이르되 내가 나온 내 집으로
돌아가리라 하고 와 보니 그 집이
비고 청소되고 수리되었거늘
45 이에 가서 저보다 더 악한 귀신 일
곱을 데리고 들어가서 거하니 그
사람의 나중 형편이 전보다 더욱
심하게 되느니라 이 악한 세대가
또한 이렇게 되리라

예수의 어머니와 형제 자매
(막 3:31-35; 눅 8:19-21)

46 ●예수께서 무리에게 말씀하실 때
에 그의 어머니와 [1]동생들이 예수
께 말하려고 밖에 섰더니
47 한 사람이 예수께 여짜오되 보소서
당신의 어머니와 [1]동생들이 당신께
말하려고 밖에 서 있나이다 하니
48 말하던 사람에게 대답하여 이르시
되 누가 내 어머니이며 내 [1]동생들
이냐 하시고
49 손을 내밀어 제자들을 가리켜 이르
시되 나의 어머니와 나의 [1]동생들
을 보라
50 누구든지 하늘에 계신 내 아버지의
뜻대로 하는 자가 내 형제요 자매
요 어머니이니라 하시더라

네 가지 땅에 떨어진 씨 비유
(막 4:1-9; 눅 8:4-8)

13 그날 예수께서 집에서 나가사
바닷가에 앉으시매
2 큰 무리가 그에게로 모여 들거늘
예수께서 배에 올라가 앉으시고 온
무리는 해변에 서 있더니
3 예수께서 비유로 여러 가지를 그들
에게 말씀하여 이르시되 씨를 뿌리
는 자가 뿌리러 나가서
4 뿌릴새 더러는 길가에 떨어지매 새
들이 와서 먹어버렸고
5 더러는 흙이 얕은 돌밭에 떨어지매
흙이 깊지 아니하므로 곧 싹이 나

1) 또는 형제들

오나
6 해가 돋은 후에 타서 뿌리가 없으
므로 말랐고
7 더러는 가시떨기 위에 떨어지매 가
시가 자라서 기운을 막았고
8 더러는 좋은 땅에 떨어지매 어떤
것은 백 배, 어떤 것은 육십 배, 어
떤 것은 삼십 배의 결실을 하였느
니라
9 귀 있는 자는 들으라 **하시니라**

비유를 설명하시다 (막 4:10-20; 눅 8:9-15)

10 ●**제자들이 예수께 나아와 이르되
어찌하여 그들에게 비유로 말씀하
시나이까**
11 **대답하여 이르시되** 천국의 비밀을
아는 것이 너희에게는 허락되었으
나 그들에게는 아니되었나니
12 무릇 있는 자는 받아 넉넉하게 되
되 없는 자는 그 있는 것도 빼앗기
리라
13 그러므로 내가 그들에게 비유로 말
하는 것은 그들이 보아도 보지 못
하며 들어도 듣지 못하며 깨닫지
못함이니라
14 이사야의 예언이 그들에게 이루어
졌으니 일렀으되
ㄱ너희가 듣기는 들어도 깨닫지
못할 것이요 보기는 보아도 알지
못하리라
15 이 백성들의 마음이 완악하여져
서 그 귀는 듣기에 둔하고 눈은
감았으니 이는 눈으로 보고 귀로
듣고 마음으로 깨달아 돌이켜 내
게 고침을 받을까 두려워함이라
하였느니라
16 그러나 너희 눈은 봄으로, 너희 귀
는 들음으로 복이 있도다
17 내가 진실로 너희에게 이르노니 많
은 선지자와 의인이 너희가 보는
것들을 보고자 하여도 보지 못하였
고 너희가 듣는 것들을 듣고자 하
여도 듣지 못하였느니라
18 그런즉 씨 뿌리는 비유를 들으라
19 아무나 [1]천국 말씀을 듣고 깨닫지
못할 때는 악한 자가 와서 그 마음
에 뿌려진 것을 빼앗나니 이는 곧
길가에 뿌려진 자요
20 돌밭에 뿌려졌다는 것은 말씀을 듣
고 즉시 기쁨으로 받되
21 그 속에 뿌리가 없어 잠시 견디다
가 말씀으로 말미암아 환난이나 박
해가 일어날 때에는 곧 넘어지는
자요
22 가시떨기에 뿌려졌다는 것은 말씀
을 들으나 세상의 염려와 재물의
유혹에 말씀이 막혀 결실하지 못하
는 자요
23 좋은 땅에 뿌려졌다는 것은 말씀을
듣고 깨닫는 자니 결실하여 어떤
것은 백 배, 어떤 것은 육십 배, 어
떤 것은 삼십 배가 되느니라 **하시
더라**
24 ●**예수께서 그들 앞에 또 비유를
들어 이르시되** 천국은 좋은 씨를
제 밭에 뿌린 사람과 같으니
25 사람들이 잘 때에 그 원수가 와서
곡식 가운데 가라지를 덧뿌리고 갔
더니
26 싹이 나고 결실할 때에 가라지도
보이거늘
27 집 주인의 종들이 와서 말하되 주
여 밭에 좋은 씨를 뿌리지 아니하
였나이까 그런데 가라지가 어디서
생겼나이까
28 주인이 이르되 원수가 이렇게 하였
구나 종들이 말하되 그러면 우리가
가서 이것을 뽑기를 원하시나이까
29 주인이 이르되 가만 두라 가라지를
뽑다가 곡식까지 뽑을까 염려하노

1) 헬, 그 나라의 말씀을 ㄱ. 사 6:9,10

라
30 둘 다 추수 때까지 함께 자라게 두
라 추수 때에 내가 추수꾼들에게
말하기를 가라지는 먼저 거두어 불
사르게 단으로 묶고 곡식은 모아
내 곳간에 넣으라 하리라

겨자씨와 누룩 비유

(막 4:30-32; 눅 13:18-21)

31 ●또 비유를 들어 이르시되 천국은
마치 사람이 자기 밭에 갖다 심은
겨자씨 한 알 같으니
32 이는 모든 씨보다 작은 것이로되
자란 후에는 풀보다 커서 나무가
되매 공중의 새들이 와서 그 가지
에 깃들이느니라
33 ●또 비유로 말씀하시되 천국은 마
치 여자가 가루 서 말 속에 갖다 넣
어 전부 부풀게 한 누룩과 같으니라

비유로 말씀하신 까닭 (막 4:33-34)

34 ●예수께서 이 모든 것을 무리에게
비유로 말씀하시고 비유가 아니면
아무 것도 말씀하지 아니하셨으니
35 이는 선지자를 통하여 말씀하신 바
ᄀ내가 입을 열어 비유로 말하고 창
세부터 감추인 것들을 드러내리라
함을 이루려 하심이라

가라지 비유를 설명하시다

36 ●이에 예수께서 무리를 떠나사 집
에 들어가시니 제자들이 나아와 이
르되 밭의 가라지의 비유를 우리에
게 설명하여 주소서
37 대답하여 이르시되 좋은 씨를 뿌리
는 이는 인자요
38 밭은 세상이요 좋은 씨는 [1]천국의
아들들이요 가라지는 악한 자의 아
들들이요
39 가라지를 뿌린 원수는 마귀요 추수
때는 세상 끝이요 추수꾼은 천사들
이니
40 그런즉 가라지를 거두어 불에 사르
는 것같이 세상 끝에도 그러하리라
41 인자가 그 천사들을 보내리니 그들
이 그 나라에서 모든 넘어지게 하
는 것과 또 불법을 행하는 자들을
거두어 내어
42 풀무불에 던져 넣으리니 거기서 울
며 이를 갈게 되리라
43 그때에 의인들은 자기 아버지 나라
에서 해와 같이 빛나리라 귀 있는
자는 들으라

세 가지 비유

44 ●천국은 마치 밭에 감추인 보화와
같으니 사람이 이를 발견한 후 숨
겨 두고 기뻐하며 돌아가서 자기의
소유를 다 팔아 그 밭을 사느니라
45 ●또 천국은 마치 좋은 진주를 구
하는 장사와 같으니
46 극히 값진 진주 하나를 발견하매
가서 자기의 소유를 다 팔아 그 진
주를 사느니라
47 ●또 천국은 마치 바다에 치고 각
종 물고기를 모는 그물과 같으니
48 그물에 가득하매 물가로 끌어 내고
앉아서 좋은 것은 그릇에 담고 못
된 것은 내버리느니라
49 세상 끝에도 이러하리라 천사들이
와서 의인 중에서 악인을 갈라 내어
50 풀무불에 던져 넣으리니 거기서 울
며 이를 갈리라

새 것과 옛 것

51 ●이 모든 것을 깨달았느냐 하시니
대답하되 그러하오이다
52 예수께서 이르시되 그러므로 천국
의 제자된 서기관마다 마치 새것과
옛것을 그 곳간에서 내오는 집주인
과 같으니라

고향에서 배척을 받으시다

(막 6:1-6; 눅 4:16-30)

53 ●예수께서 이 모든 비유를 마치신

1) 헬, 그 나라의 ㄱ. 시 78:2

후에 그곳을 떠나서
54 고향으로 돌아가사 그들의 회당에
서 가르치시니 그들이 놀라 이르되
이 사람의 이 지혜와 이런 능력이
어디서 났느냐
55 이는 그 목수의 아들이 아니냐 그
어머니는 마리아, 그 형제들은 야
고보, 요셉, 시몬, 유다라 하지 않느
냐
56 그 누이들은 다 우리와 함께 있지
아니하냐 그런즉 이 사람의 이 모
든 것이 어디서 났느냐 하고
57 [1]예수를 배척한지라 예수께서 그들
에게 말씀하시되 선지자가 자기 고
향과 자기 집 외에서는 존경을 받
지 않음이 없느니라 하시고
58 그들이 믿지 않음으로 말미암아 거
기서 많은 능력을 행하지 아니하시
니라

세례 요한의 죽음 (막 6:14-29; 눅 9:7-9)

14 그때에 분봉 왕 헤롯이 예수의
소문을 듣고
2 그 신하들에게 이르되 이는 [2]세례
요한이라 그가 죽은 자 가운데서
살아났으니 그러므로 이런 능력이
그 속에서 역사하는도다 하더라
3 전에 헤롯이 그 동생 빌립의 아내
헤로디아의 일로 요한을 잡아 결박
하여 옥에 가두었으니
4 이는 요한이 헤롯에게 말하되 당신
이 그 여자를 차지한 것이 옳지 않
다 하였음이라
5 헤롯이 요한을 죽이려 하되 무리가
그를 선지자로 여기므로 그들을 두
려워하더니
6 마침 헤롯의 생일이 되어 헤로디아
의 딸이 연석 가운데서 춤을 추어
헤롯을 기쁘게 하니
7 헤롯이 맹세로 그에게 무엇이든지
달라는 대로 주겠다고 약속하거늘
8 그가 제 어머니의 시킴을 듣고 이
르되 [2]세례 요한의 머리를 소반에
얹어 여기서 내게 주소서 하니
9 왕이 근심하나 자기가 맹세한 것과
그 함께 [3]앉은 사람들 때문에 주라
명하고
10 사람을 보내어 옥에서 요한의 목을
베어
11 그 머리를 소반에 얹어서 그 소녀
에게 주니 그가 자기 어머니에게로
가져가니라
12 요한의 제자들이 와서 시체를 가져
다가 장사하고 가서 예수께 아뢰니
라

오천 명을 먹이시다
(막 6:30-44; 눅 9:10-17; 요 6:1-14)

13 ●예수께서 들으시고 배를 타고 떠
나사 따로 빈 들에 가시니 무리가
듣고 여러 고을로부터 걸어서 따라
간지라
14 예수께서 나오사 큰 무리를 보시고
불쌍히 여기사 그 중에 있는 병자
를 고쳐 주시니라
15 저녁이 되매 제자들이 나아와 이르
되 이곳은 빈 들이요 때도 이미 저
물었으니 무리를 보내어 마을에 들
어가 먹을 것을 사 먹게 하소서
16 예수께서 이르시되 갈 것 없다 너
희가 먹을 것을 주라
17 제자들이 이르되 여기 우리에게 있
는 것은 떡 다섯 개와 물고기 두 마
리뿐이니이다
18 이르시되 그것을 내게 가져오라 하
시고
19 무리를 명하여 잔디 위에 [3]앉히시
고 떡 다섯 개와 물고기 두 마리를
가지사 하늘을 우러러 축사하시고
떡을 떼어 제자들에게 주시매 제자

1) 또는 예수로 말미암아 넘어진지라 2) 헬, 또는 침례
3) 8:11 난하주를 보라

들이 무리에게 주니
20 다 배불리 먹고 남은 조각을 열두
바구니에 차게 거두었으며
21 먹은 사람은 여자와 어린이 외에
오천 명이나 되었더라

물 위로 걸으시다
(막 6:45-52; 요 6:15-21)

22 ●예수께서 즉시 제자들을 재촉하
사 자기가 무리를 보내는 동안에
배를 타고 앞서 건너편으로 가게
하시고
23 무리를 보내신 후에 기도하러 따로
산에 올라가시니라 저물매 거기 혼
자 계시더니
24 배가 이미 [1]육지에서 수 리나 떠나
서 바람이 거스르므로 물결로 말미
암아 고난을 당하더라
25 밤 사경에 예수께서 바다 위로 걸
어서 제자들에게 오시니
26 제자들이 그가 바다 위로 걸어오심
을 보고 놀라 유령이라 하며 무서
워하여 소리 지르거늘
27 예수께서 즉시 이르시되 안심하라
나니 두려워하지 말라
28 베드로가 대답하여 이르되 주여 만
일 주님이시거든 나를 명하사 물
위로 오라 하소서 하니
29 오라 하시니 베드로가 배에서 내려
[2]물 위로 걸어서 예수께로 가되
30 바람을 보고 무서워 빠져 가는지라
소리 질러 이르되 주여 나를 구원
하소서 하니
31 예수께서 즉시 손을 내밀어 그를
붙잡으시며 이르시되 믿음이 작은
자여 왜 의심하였느냐 하시고
32 배에 함께 오르매 바람이 그치는지
라
33 배에 있는 사람들이 예수께 절하며
이르되 진실로 하나님의 아들이로
소이다 하더라

게네사렛에서 병자들을 고치시다
(막 6:53-56)

34 ●그들이 건너가 게네사렛 땅에 이
르니
35 그곳 사람들이 예수이신 줄을 알고
그 근방에 두루 통지하여 모든 병
든 자를 예수께 데리고 와서
36 다만 예수의 옷자락에라도 손을 대
게 하시기를 간구하니 손을 대는
자는 다 나음을 얻으니라

장로들의 전통 (막 7:1-23)

15 그때에 바리새인과 서기관들
이 예루살렘으로부터 예수께
나아와 이르되
2 당신의 제자들이 어찌하여 장로들
의 전통을 범하나이까 떡 먹을 때
에 손을 씻지 아니하나이다
3 대답하여 이르시되 너희는 어찌하
여 너희의 전통으로 하나님의 계명
을 범하느냐
4 하나님이 이르셨으되 ㄱ네 부모를
공경하라 하시고 또 ㄴ아버지나 어
머니를 비방하는 자는 반드시 죽임
을 당하리라 하셨거늘
5 너희는 이르되 누구든지 아버지에
게나 어머니에게 말하기를 내가 드
려 유익하게 할 것이 하나님께 드
림이 되었다고 하기만 하면
6 그 부모를 공경할 것이 없다 하여
너희의 전통으로 하나님의 말씀을
폐하는도다
7 외식하는 자들아 이사야가 너희에
관하여 잘 예언하였도다 일렀으되
8 ㄷ이 백성이 입술로는 나를 공경
하되 마음은 내게서 멀도다
9 사람의 계명으로 교훈을 삼아 가
르치니 나를 헛되이 경배하는도다

1) 어떤 사본에, 바다 가운데 있어 2) 어떤 사본에, 예수께 가려고 물 위로 걸어가다가 ㄱ. 출 20:12; 신 5:16 ㄴ. 출 21:17; 레 20:9 ㄷ. 사 29:13

하였느니라 하시고
10 무리를 불러 이르시되 듣고 깨달으
라
11 입으로 들어가는 것이 사람을 더럽
게 하는 것이 아니라 입에서 나오
는 그것이 사람을 더럽게 하는 것
이니라
12 이에 제자들이 나아와 이르되 바리
새인들이 이 말씀을 듣고 [1)]걸림이
된 줄 아시나이까
13 예수께서 대답하여 이르시되 심은
것마다 내 하늘 아버지께서 심으시
지 않은 것은 뽑힐 것이니
14 그냥 두라 그들은 맹인이 되어 맹
인을 인도하는 자로다 만일 맹인이
맹인을 인도하면 둘이 다 구덩이에
빠지리라 하시니
15 베드로가 대답하여 이르되 이 비유
를 우리에게 설명하여 주옵소서
16 예수께서 이르시되 너희도 아직까
지 깨달음이 없느냐
17 입으로 들어가는 모든 것은 배로
들어가서 뒤로 내버려지는 줄 알지
못하느냐
18 입에서 나오는 것들은 마음에서 나
오나니 이것이야말로 사람을 더럽
게 하느니라
19 마음에서 나오는 것은 악한 생각과
살인과 간음과 음란과 도둑질과 거
짓 증언과 비방이니
20 이런 것들이 사람을 더럽게 하는
것이요 씻지 않은 손으로 먹는 것
은 사람을 더럽게 하지 못하느니라

가나안 여자의 믿음 (막 7:24-30)

21 ●예수께서 거기서 나가사 두로와
시돈 지방으로 들어가시니
22 가나안 여자 하나가 그 지경에서
나와서 소리 질러 이르되 주 다윗
의 자손이여 나를 불쌍히 여기소서
내 딸이 흉악하게 귀신 들렸나이다
하되
23 예수는 한 말씀도 대답하지 아니하
시니 제자들이 와서 청하여 말하되
그 여자가 우리 뒤에서 소리를 지
르오니 그를 보내소서
24 예수께서 대답하여 이르시되 나는
이스라엘 집의 잃어버린 양 외에는
다른 데로 보내심을 받지 아니하였
노라 하시니
25 여자가 와서 예수께 절하며 이르되
주여 저를 도우소서
26 대답하여 이르시되 자녀의 떡을 취
하여 개들에게 던짐이 마땅하지 아
니하니라
27 여자가 이르되 주여 옳소이다마는
개들도 제 주인의 상에서 떨어지는
부스러기를 먹나이다 하니
28 이에 예수께서 대답하여 이르시되
여자여 네 믿음이 크도다 네 소원
대로 되리라 하시니 그때로부터 그
의 딸이 나으니라

많은 사람들을 고치시다

29 ●예수께서 거기서 떠나사 갈릴리
호숫가에 이르러 산에 올라가 거기
앉으시니
30 큰 무리가 다리 저는 사람과 장애
인과 맹인과 말 못하는 사람과 기
타 여럿을 데리고 와서 예수의 발
앞에 앉히매 고쳐 주시니
31 말 못하는 사람이 말하고 장애인이
온전하게 되고 다리 저는 사람이
걸으며 맹인이 보는 것을 무리가
보고 놀랍게 여겨 이스라엘의 하나
님께 영광을 돌리니라

사천 명을 먹이시다 (막 8:1-10)

32 ●예수께서 제자들을 불러 이르시
되 내가 무리를 불쌍히 여기노라
그들이 나와 함께 있은 지 이미 사
흘이매 먹을 것이 없도다 길에서

1) 또는 실족

기진할까 하여 굶겨 보내지 못하겠
노라
33 제자들이 이르되 광야에 있어 우리
가 어디서 이런 무리가 배부를 만
큼 떡을 얻으리이까
34 예수께서 이르시되 너희에게 떡이
몇 개나 있느냐 이르되 일곱 개와
작은 생선 두어 마리가 있나이다
하거늘
35 예수께서 무리에게 명하사 땅에 [1]앉
게 하시고
36 떡 일곱 개와 그 생선을 가지사 축
사하시고 떼어 제자들에게 주시니
제자들이 무리에게 주매
37 다 배불리 먹고 남은 조각을 일곱
광주리에 차게 거두었으며
38 먹은 자는 여자와 어린이 외에 사
천 명이었더라
39 예수께서 무리를 흩어 보내시고 배
에 오르사 마가단 지경으로 가시니
라

악한 세대가 표적을 구하나
(막 8:11-13; 눅 12:54-56)

16 바리새인과 사두개인들이 와서
예수를 시험하여 하늘로부터
오는 [2]표적 보이기를 청하니
2 예수께서 대답하여 이르시되 너희
가 저녁에 하늘이 붉으면 날이 좋
겠다 하고
3 아침에 하늘이 붉고 흐리면 오늘은
날이 궂겠다 하나니 너희가 날씨는
분별할 줄 알면서 시대의 [2]표적은
분별할 수 없느냐
4 악하고 음란한 세대가 [2]표적을 구
하나 요나의 [2]표적밖에는 보여 줄
[2]표적이 없느니라 하시고 그들을
떠나 가시니라

바리새인과 사두개인들의 누룩 (막 8:14-21)

5 ●제자들이 건너편으로 갈새 떡 가
져가기를 잊었더니
6 예수께서 이르시되 삼가 바리새인
과 사두개인들의 누룩을 주의하라
하시니
7 제자들이 서로 논의하여 이르되 [3]우
리가 떡을 가져오지 아니하였도다
하거늘
8 예수께서 아시고 이르시되 믿음이
작은 자들아 어찌 떡이 없으므로
서로 논의하느냐
9 너희가 아직도 깨닫지 못하느냐 떡
다섯 개로 오천 명을 먹이고 주운
것이 몇 바구니며
10 떡 일곱 개로 사천 명을 먹이고 주
운 것이 몇 광주리였는지를 기억하
지 못하느냐
11 어찌 내 말한 것이 떡에 관함이 아
닌 줄을 깨닫지 못하느냐 오직 바
리새인과 사두개인들의 누룩을 주
의하라 하시니
12 그제서야 제자들이 떡의 누룩이 아
니요 바리새인과 사두개인들의 교
훈을 삼가라고 말씀하신 줄을 깨달
으니라

베드로가 예수를 그리스도로 고백하다
(막 8:27-30; 눅 9:18-21)

13 ●예수께서 빌립보 가이사랴 지방
에 이르러 제자들에게 물어 이르시
되 사람들이 인자를 누구라 하느냐
14 이르되 더러는 [4]세례 요한, 더러는
엘리야, 어떤 이는 예레미야나 선
지자 중의 하나라 하나이다
15 이르시되 너희는 나를 누구라 하느
냐
16 시몬 베드로가 대답하여 이르되 [5]주
는 그리스도시요 살아 계신 하나님
의 아들이시니이다
17 예수께서 대답하여 이르시되 바요

1) 8:11 난하주를 보라 2) 또는 이적 3) 또는 이는 우리가 떡을 가져오지 아니하였음이로다 4) 헬, 또는 침례 5) 헬, 당신은

나 시몬아 네가 복이 있도다 이를
네게 알게 한 이는 혈육이 아니요
하늘에 계신 내 아버지시니라
18 또 내가 네게 이르노니 너는 [1]베드
로라 내가 이 반석 위에 내 교회를
세우리니 음부의 [2]권세가 이기지
못하리라
19 내가 천국 열쇠를 네게 주리니 네
가 땅에서 무엇이든지 매면 하늘에
서도 매일 것이요 네가 땅에서 무
엇이든지 풀면 하늘에서도 풀리리
라 하시고
20 이에 제자들에게 경고하사 자기가
그리스도인 것을 아무에게도 이르
지 말라 하시니라

죽음과 부활을 처음으로 이르시다
(막 8:31-9:1; 눅 9:22-27)

21 ●이때로부터 예수 그리스도께서
자기가 예루살렘에 올라가 장로들
과 대제사장들과 서기관들에게 많
은 고난을 받고 죽임을 당하고 제
삼일에 살아나야 할 것을 제자들에
게 비로소 나타내시니
22 베드로가 예수를 붙들고 항변하여
이르되 주여 그리 마옵소서 이 일이
결코 [3]주께 미치지 아니하리이다
23 예수께서 돌이키시며 베드로에게
이르시되 사탄아 내 뒤로 물러 가
라 너는 나를 넘어지게 하는 자로
다 네가 하나님의 일을 생각하지
아니하고 도리어 사람의 일을 생각
하는도다 하시고
24 이에 예수께서 제자들에게 이르시
되 누구든지 나를 따라오려거든 자
기를 부인하고 자기 십자가를 지고
나를 따를 것이니라
25 누구든지 제 목숨을 구원하고자 하
면 잃을 것이요 누구든지 나를 위
하여 제 목숨을 잃으면 찾으리라
26 사람이 만일 온 천하를 얻고도 제
목숨을 잃으면 무엇이 유익하리요
사람이 무엇을 주고 제 목숨과 바
꾸겠느냐
27 인자가 아버지의 영광으로 그 천사
들과 함께 오리니 그때에 각 사람
이 행한 대로 갚으리라
28 진실로 너희에게 이르노니 여기 서
있는 사람 중에 죽기 전에 인자가
그 왕권을 가지고 오는 것을 볼 자
들도 있느니라

영광스러운 모습으로 변형되시다
(막 9:2-13; 눅 9:28-36)

17 엿새 후에 예수께서 베드로와
야고보와 그 형제 요한을 데리
시고 따로 높은 산에 올라가셨더니
2 그들 앞에서 변형되사 그 얼굴이
해같이 빛나며 옷이 빛과 같이 희
어졌더라
3 그때에 모세와 엘리야가 예수와 더불
어 말하는 것이 그들에게 보이거늘
4 베드로가 예수께 여쭈어 이르되 주
여 우리가 여기 있는 것이 좋사오
니 만일 주께서 원하시면 내가 여
기서 초막 셋을 짓되 하나는 주님
을 위하여, 하나는 모세를 위하여,
하나는 엘리야를 위하여 하리이다
5 말할 때에 홀연히 빛난 구름이 그
들을 덮으며 구름 속에서 소리가 나
서 이르시되 이는 내 사랑하는 아들
이요 내 기뻐하는 자니 너희는 그의
말을 들으라 하시는지라
6 제자들이 듣고 엎드려 심히 두려워
하니
7 예수께서 나아와 그들에게 손을 대
시며 이르시되 일어나라 두려워하
지 말라 하시니
8 제자들이 눈을 들고 보매 오직 예수
외에는 아무도 보이지 아니하더라

1) 베드로는 곧 반석이란 뜻 2) 헬, 대문이 3) 헬, 당신께

9 ●그들이 산에서 내려올 때에 예수
께서 명하여 이르시되 인자가 죽은
자 가운데서 살아나기 전에는 본
것을 아무에게도 이르지 말라 하시
니
10 제자들이 물어 이르되 그러면 어찌
하여 서기관들이 엘리야가 먼저 와
야 하리라 하나이까
11 예수께서 대답하여 이르시되 엘리
야가 과연 먼저 와서 모든 일을 회
복하리라
12 내가 너희에게 말하노니 엘리야가
이미 왔으되 사람들이 알지 못하고
임의로 대우하였도다 인자도 이와
같이 그들에게 고난을 받으리라 하
시니
13 그제서야 제자들이 예수께서 말씀
하신 것이 [1]세례 요한인 줄을 깨달
으니라

귀신 들린 아이를 고치시다
(막 9:14-29; 눅 9:37-43 상)

14 ●그들이 무리에게 이르매 한 사람
이 예수께 와서 꿇어 엎드려 이르되
15 주여 내 아들을 불쌍히 여기소서
그가 간질로 심히 고생하여 자주
불에도 넘어지며 물에도 넘어지는
지라
16 내가 주의 제자들에게 데리고 왔으
나 능히 고치지 못하더이다
17 예수께서 대답하여 이르시되 믿음
이 없고 패역한 세대여 내가 얼마
나 너희와 함께 있으며 얼마나 너
희에게 참으리요 그를 이리로 데려
오라 하시니라
18 이에 예수께서 꾸짖으시니 귀신이
나가고 아이가 그때부터 나으니라
19 이때에 제자들이 조용히 예수께 나
아와 이르되 우리는 어찌하여 쫓아
내지 못하였나이까
20 이르시되 너희 믿음이 작은 까닭이
니라 진실로 너희에게 이르노니 만
일 너희에게 믿음이 겨자씨 한 알
만큼만 있어도 이 산을 명하여 여
기서 저기로 옮겨지라 하면 옮겨질
것이요 또 너희가 못할 것이 없으
리라
21 [2](없음)

죽음과 부활을 다시 이르시다
(막 9:30-32; 눅 9:43 하-45)

22 ●갈릴리에 모일 때에 예수께서 제
자들에게 이르시되 인자가 장차 사
람들의 손에 넘겨져
23 죽임을 당하고 제삼일에 살아나리라
하시니 제자들이 매우 근심하더라

성전세를 내시다

24 ●가버나움에 이르니 [3]반 세겔 받
는 자들이 베드로에게 나아와 이르
되 너의 선생은 반 세겔을 내지 아
니하느냐
25 이르되 내신다 하고 집에 들어가니
예수께서 먼저 이르시되 시몬아 네
생각은 어떠하냐 세상 임금들이 누
구에게 관세와 국세를 받느냐 자기
아들에게냐 타인에게냐
26 베드로가 이르되 타인에게니이다
예수께서 이르시되 그렇다면 아들
들은 세를 면하리라
27 그러나 우리가 그들이 실족하지 않
게 하기 위하여 네가 바다에 가서
낚시를 던져 먼저 오르는 고기를
가져 입을 열면 돈 한 세겔을 얻을
것이니 가져다가 나와 너를 위하여
주라 하시니라

천국에서 큰 사람 (막 9:33-37, 42-48;
눅 9:46-48; 15:3-7; 17:1-2)

18 그때에 제자들이 예수께 나아
와 이르되 천국에서는 누가 크

1) 헬, 또는 침례 2) 어떤 사본에, 21절 '기도와 금식이 아니면 이런 유가 나가지 아니하느니라' 가 있음 3) 반 세겔은 성전세로 바치는 금액

니이까
2 예수께서 한 어린아이를 불러 그들
가운데 세우시고
3 이르시되 진실로 너희에게 이르노
니 너희가 돌이켜 어린아이들과 같
이 되지 아니하면 결단코 천국에
들어가지 못하리라
4 그러므로 누구든지 이 어린아이와
같이 자기를 낮추는 사람이 천국에
서 큰 자니라
5 또 누구든지 내 이름으로 이런 어
린아이 하나를 영접하면 곧 나를
영접함이니
6 누구든지 나를 믿는 이 작은 자 중
하나를 실족하게 하면 차라리 연자
맷돌이 그 목에 달려서 깊은 바다
에 빠뜨려지는 것이 나으니라
7 실족하게 하는 일들이 있음으로 말
미암아 세상에 화가 있도다 실족하
게 하는 일이 없을 수는 없으나 실
족하게 하는 그 사람에게는 화가
있도다
8 만일 네 손이나 네 발이 너를 [1]범죄
하게 하거든 찍어 내버리라 장애인
이나 다리 저는 자로 [2]영생에 들어
가는 것이 두 손과 두 발을 가지고
영원한 불에 던져지는 것보다 나으
니라
9 만일 네 눈이 너를 [1]범죄하게 하거
든 빼어 내버리라 한 눈으로 영생에
들어가는 것이 두 눈을 가지고 지옥
불에 던져지는 것보다 나으니라
10 삼가 이 작은 자 중의 하나도 업신
여기지 말라 너희에게 말하노니 그
들의 천사들이 하늘에서 하늘에 계
신 내 아버지의 얼굴을 항상 뵈옵
느니라
11 [3](없음)
12 너희 생각에는 어떠하냐 만일 어떤
사람이 양 백 마리가 있는데 그 중
의 하나가 길을 잃었으면 그 아흔
아홉 마리를 산에 두고 가서 길 잃
은 양을 찾지 않겠느냐
13 진실로 너희에게 이르노니 만일 찾
으면 길을 잃지 아니한 아흔아홉
마리보다 이것을 더 기뻐하리라
14 이와 같이 이 작은 자 중의 하나라
도 잃는 것은 하늘에 계신 너희 아
버지의 뜻이 아니니라

형제가 죄를 범하거든 (눅 17:3)

15 ●네 형제가 [4]죄를 범하거든 가서
너와 그 사람과만 상대하여 권고하
라 만일 들으면 네가 네 형제를 얻
은 것이요
16 만일 듣지 않거든 한두 사람을 데
리고 가서 두세 증인의 입으로 말
마다 확증하게 하라
17 만일 그들의 말도 듣지 않거든 교
회에 말하고 교회의 말도 듣지 않
거든 이방인과 세리와 같이 여기라
18 진실로 너희에게 이르노니 무엇이
든지 너희가 땅에서 매면 하늘에서
도 매일 것이요 무엇이든지 땅에서
풀면 하늘에서도 풀리리라
19 진실로 다시 너희에게 이르노니 너
희 중의 두 사람이 땅에서 합심하
여 무엇이든지 구하면 하늘에 계신
내 아버지께서 그들을 위하여 이루
게 하시리라
20 두세 사람이 내 이름으로 모인 곳
에는 나도 그들 중에 있느니라

용서할 줄 모르는 종 비유

21 ●그때에 베드로가 나아와 이르되
주여 형제가 내게 죄를 범하면 몇
번이나 용서하여 주리이까 일곱 번
까지 하오리이까
22 예수께서 이르시되 네게 이르노니

1) 또는 실족 2) 헬, 생명에 3) 어떤 사본에, 11절 '인자가 온 것은 잃은 자를 구원하려 함이니라' 가 있음 4) 어떤 사본에, 네게 죄를

일곱 번뿐 아니라 일곱 번을 일흔
번까지라도 할지니라
23 그러므로 천국은 그 종들과 결산하
려 하던 어떤 임금과 같으니
24 결산할 때에 만 1)달란트 빚진 자 하
나를 데려오매
25 갚을 것이 없는지라 주인이 명하여
그 몸과 아내와 자식들과 모든 소
유를 다 팔아 갚게 하라 하니
26 그 종이 엎드려 절하며 이르되 내
게 참으소서 다 갚으리이다 하거늘
27 그 종의 주인이 불쌍히 여겨 놓아
보내며 그 빚을 탕감하여 주었더니
28 그 종이 나가서 자기에게 백 2)데나
리온 빚진 동료 한 사람을 만나 붙
들어 목을 잡고 이르되 빚을 갚으
라 하매
29 그 동료가 엎드려 간구하여 이르되
나에게 참아 주소서 갚으리이다 하되
30 허락하지 아니하고 이에 가서 그가
빚을 갚도록 옥에 가두거늘
31 그 동료들이 그것을 보고 몹시 딱
하게 여겨 주인에게 가서 그 일을
다 알리니
32 이에 주인이 그를 불러다가 말하되
악한 종아 네가 빌기에 내가 네 빚
을 전부 탕감하여 주었거늘
33 내가 너를 불쌍히 여김과 같이 너
도 네 동료를 불쌍히 여김이 마땅
하지 아니하냐 하고
34 주인이 노하여 그 빚을 다 갚도록
그를 옥졸들에게 넘기니라
35 너희가 각각 마음으로부터 형제를
용서하지 아니하면 나의 하늘 아버
지께서도 너희에게 이와 같이 하시
리라

이혼에 대하여 가르치시다 (막 10:1-12)

19 예수께서 이 말씀을 마치시고
갈릴리를 떠나 요단 강 건너
유대 지경에 이르시니
2 큰 무리가 따르거늘 예수께서 거기
서 그들의 병을 고치시더라
3 ●바리새인들이 예수께 나아와 그
를 시험하여 이르되 사람이 어떤
이유가 있으면 그 아내를 버리는
것이 옳으니이까
4 예수께서 대답하여 이르시되 사람
을 지으신 이가 본래 그들을 남자
와 여자로 지으시고
5 말씀하시기를 ㄱ그러므로 사람이
그 부모를 떠나서 아내에게 합하여
그 둘이 한 몸이 될지니라 하신 것
을 읽지 못하였느냐
6 그런즉 이제 둘이 아니요 한 몸이
니 그러므로 하나님이 짝지어 주신
것을 사람이 나누지 못할지니라 하
시니
7 여짜오되 그러면 어찌하여 ㄴ모세
는 이혼 증서를 주어서 버리라 명
하였나이까
8 예수께서 이르시되 모세가 너희 마
음의 완악함 때문에 아내 버림을
허락하였거니와 본래는 그렇지 아
니하니라
9 내가 너희에게 말하노니 누구든지
음행한 이유 외에 아내를 버리고
다른 데 장가 드는 자는 간음함이
니라
10 제자들이 이르되 만일 사람이 아내
에게 이같이 할진대 장가 들지 않
는 것이 좋겠나이다
11 예수께서 이르시되 사람마다 이 말
을 받지 못하고 오직 타고난 자라
야 할지니라
12 어머니의 태로부터 된 고자도 있고
사람이 만든 고자도 있고 천국을 위
하여 스스로 된 고자도 있도다 이
말을 받을 만한 자는 받을지어다

1) 금은의 중량 2) 은전의 명칭 ㄱ. 창 2:24 ㄴ. 신 24:1-4

어린아이들에게 안수하시다
(막 10:13-16; 눅 18:15-17)

13 ●그때에 사람들이 예수께서 안수
하고 기도해 주심을 바라고 어린아
이들을 데리고 오매 제자들이 꾸짖
거늘
14 예수께서 이르시되 어린아이들을
용납하고 내게 오는 것을 금하지
말라 천국이 이런 사람의 것이니라
하시고
15 그들에게 안수하시고 거기를 떠나
시니라

재물이 많은 청년
(막 10:17-31; 눅 18:18-30)

16 ●어떤 사람이 주께 와서 이르되
선생님이여 내가 무슨 선한 일을
하여야 영생을 얻으리이까
17 예수께서 이르시되 어찌하여 선한
일을 내게 묻느냐 선한 이는 오직
한 분이시니라 네가 생명에 들어
가려면 계명들을 지키라
18 이르되 어느 계명이오니이까 예수
께서 이르시되 ㄱ살인하지 말라, 간
음하지 말라, 도둑질하지 말라, 거
짓 증언 하지 말라,
19 네 부모를 공경하라, ㄴ네 이웃을 네
자신과 같이 사랑하라 하신 것이니
라
20 그 청년이 이르되 이 모든 것을 내
가 지키었사온대 아직도 무엇이 부
족하니이까
21 예수께서 이르시되 네가 온전하고
자 할진대 가서 네 소유를 팔아 가
난한 자들에게 주라 그리하면 하늘
에서 보화가 네게 있으리라 그리고
와서 나를 따르라 하시니
22 그 청년이 재물이 많으므로 이 말
씀을 듣고 근심하며 가니라
23 ●예수께서 제자들에게 이르시되
내가 진실로 너희에게 이르노니 부
자는 천국에 들어가기가 어려우니
라
24 다시 너희에게 말하노니 낙타가 바
늘귀로 들어가는 것이 부자가 하나
님의 나라에 들어가는 것보다 쉬우
니라 하시니
25 제자들이 듣고 몹시 놀라 이르되
그렇다면 누가 구원을 얻을 수 있
으리이까
26 예수께서 그들을 보시며 이르시되
사람으로는 할 수 없으나 하나님으
로서는 다 하실 수 있느니라
27 이에 베드로가 대답하여 이르되 보
소서 우리가 모든 것을 버리고 주
를 따랐사온대 그런즉 우리가 무엇
을 얻으리이까
28 예수께서 이르시되 내가 진실로 너
희에게 이르노니 세상이 새롭게 되
어 인자가 자기 영광의 보좌에 앉
을 때에 나를 따르는 너희도 열두
보좌에 앉아 이스라엘 열두 지파를
심판하리라
29 또 내 이름을 위하여 집이나 형제
나 자매나 [1]부모나 자식이나 전토
를 버린 자마다 여러 배를 받고 또
영생을 상속하리라
30 그러나 먼저 된 자로서 나중 되고 나
중 된 자로서 먼저 될 자가 많으니라

포도원의 품꾼들

20 천국은 마치 품꾼을 얻어 포
도원에 들여보내려고 이른 아
침에 나간 집 주인과 같으니
2 그가 하루 한 [2]데나리온씩 품꾼들
과 약속하여 포도원에 들여보내고
3 또 [3]제삼시에 나가 보니 장터에 놀
고 서 있는 사람들이 또 있는지라
4 그들에게 이르되 너희도 포도원에

1) 어떤 사본에는, '부모나' 아래에 '아내나' 가 있음 2) 은전의 명칭 3) 오전 아홉시 ㄱ. 출 20:12-16; 신 5:16-20 ㄴ. 레 19:18

들어가라 내가 너희에게 상당하게
주리라 하니 그들이 가고
5 [1]제육시와 [2]제구시에 또 나가 그와
같이 하고
6 [3]제십일시에도 나가 보니 서 있는
사람들이 또 있는지라 이르되 너희
는 어찌하여 종일토록 놀고 여기
서 있느냐
7 이르되 우리를 품꾼으로 쓰는 이가
없음이니이다 이르되 너희도 포도
원에 들어가라 하니라
8 저물매 포도원 주인이 청지기에게
이르되 품꾼들을 불러 나중 온 자
로부터 시작하여 먼저 온 자까지
삯을 주라 하니
9 제십일시에 온 자들이 와서 한 [4]데
나리온씩을 받거늘
10 먼저 온 자들이 와서 더 받을 줄 알
았더니 그들도 한 [4]데나리온씩 받
은지라
11 받은 후 집 주인을 원망하여 이르되
12 나중 온 이 사람들은 한 시간밖에
일하지 아니하였거늘 그들을 종일
수고하며 더위를 견딘 우리와 같게
하였나이다
13 주인이 그 중의 한 사람에게 대답하
여 이르되 친구여 내가 네게 잘못한
것이 없노라 네가 나와 한 [4]데나리
온의 약속을 하지 아니하였느냐
14 네 것이나 가지고 가라 나중 온 이
사람에게 너와 같이 주는 것이 내
뜻이니라
15 내 것을 가지고 내 뜻대로 할 것이
아니냐 내가 선하므로 네가 악하게
보느냐
16 이와 같이 나중 된 자로서 먼저 되
고 먼저 된 자로서 나중 되리라

죽음과 부활을 세 번째로 이르시다
(막 10:32-34; 눅 18:31-34)

17 ●예수께서 예루살렘으로 올라가
려 하실 때에 열두 제자를 따로 데
리시고 길에서 이르시되
18 보라 우리가 예루살렘으로 올라가
노니 인자가 대제사장들과 서기관
들에게 넘겨지매 그들이 죽이기로
결의하고
19 이방인들에게 넘겨 주어 그를 조롱
하며 채찍질하며 십자가에 못 박게
할 것이나 제삼일에 살아나리라

한 어머니의 요구 (막 10:35-45)

20 ●그때에 세베대의 아들의 어머니
가 그 아들들을 데리고 예수께 와
서 절하며 무엇을 구하니
21 예수께서 이르시되 무엇을 원하느
냐 이르되 나의 이 두 아들을 주의
나라에서 하나는 주의 우편에, 하
나는 주의 좌편에 앉게 명하소서
22 예수께서 대답하여 이르시되 너희
는 너희가 구하는 것을 알지 못하
는도다 내가 마시려는 잔을 너희가
마실 수 있느냐 그들이 말하되 할
수 있나이다
23 이르시되 너희가 과연 내 잔을 마
시려니와 내 좌우편에 앉는 것은
내가 주는 것이 아니라 내 아버지
께서 누구를 위하여 예비하셨든지
그들이 얻을 것이니라
24 열 제자가 듣고 그 두 형제에 대하
여 분히 여기거늘
25 예수께서 제자들을 불러다가 이르
시되 이방인의 집권자들이 그들을
임의로 주관하고 그 고관들이 그들
에게 권세를 부리는 줄을 너희가
알거니와
26 너희 중에는 그렇지 않아야 하나니
너희 중에 누구든지 크고자 하는
자는 너희를 섬기는 자가 되고
27 너희 중에 누구든지 으뜸이 되고자 하

1) 정오 열두시 2) 오후 세시 3) 오후 다섯시 4) 은전의 명칭

는 자는 너희의 종이 되어야 하리라
28 인자가 온 것은 섬김을 받으려 함
이 아니라 도리어 섬기려 하고 자
기 목숨을 많은 사람의 대속물로
주려 함이니라

맹인 두 사람을 고치시다
(막 10:46-52; 눅 18:35-43)

29 ●그들이 여리고에서 떠나 갈 때에
큰 무리가 예수를 따르더라
30 맹인 두 사람이 길가에 앉았다가
예수께서 지나가신다 함을 듣고 소
리 질러 이르되 주여 우리를 불쌍
히 여기소서 다윗의 자손이여 하니
31 무리가 꾸짖어 잠잠하라 하되 더욱
소리 질러 이르되 주여 우리를 불
쌍히 여기소서 다윗의 자손이여 하
는지라
32 예수께서 머물러 서서 그들을 불러
이르시되 너희에게 무엇을 하여 주
기를 원하느냐
33 이르되 주여 우리의 눈 뜨기를 원
하나이다
34 예수께서 불쌍히 여기사 그들의 눈
을 만지시니 곧 보게 되어 그들이
예수를 따르니라

예루살렘에 들어가시다 (막 11:1-11;
눅 19:28-38; 요 12:12-19)

21 그들이 예루살렘에 가까이 가
서 감람 산 벳바게에 이르렀을
때에 예수께서 두 제자를 보내시며
2 이르시되 너희는 맞은편 마을로 가
라 그리하면 곧 매인 나귀와 나귀
새끼가 함께 있는 것을 보리니 풀
어 내게로 끌고 오라
3 만일 누가 무슨 말을 하거든 주가
쓰시겠다 하라 1)그리하면 즉시 보
내리라 하시니
4 이는 선지자를 통하여 하신 말씀을
이루려 하심이라 일렀으되
5 ㄱ시온 딸에게 이르기를 네 왕이
네게 임하나니 그는 겸손하여 나
귀, 곧 멍에 메는 짐승의 새끼를
탔도다 하라
하였느니라
6 제자들이 가서 예수께서 명하신 대
로 하여
7 나귀와 나귀 새끼를 끌고 와서 자
기들의 겉옷을 그 위에 얹으매 예
수께서 그 위에 타시니
8 무리의 대다수는 그들의 겉옷을 길
에 펴고 다른 이들은 나뭇가지를
베어 길에 펴고
9 앞에서 가고 뒤에서 따르는 무리가
소리 높여 이르되 호산나 다윗의
자손이여 찬송하리로다 주의 이름
으로 오시는 이여 가장 높은 곳에
서 호산나 하더라
10 예수께서 예루살렘에 들어가시니
온 성이 소동하여 이르되 이는 누
구냐 하거늘
11 무리가 이르되 갈릴리 나사렛에서
나온 선지자 예수라 하니라

성전을 깨끗하게 하시다
(막 11:15-19; 눅 19:45-48; 요 2:13-22)

12 ●예수께서 성전에 들어가사 성전
안에서 매매하는 모든 사람들을 내
쫓으시며 돈 바꾸는 사람들의 상과
비둘기 파는 사람들의 의자를 둘러
엎으시고
13 그들에게 이르시되 기록된 바 ㄴ내
집은 기도하는 집이라 일컬음을 받
으리라 하였거늘 너희는 ㄷ강도의
소굴을 만드는도다 하시니라
14 맹인과 저는 자들이 성전에서 예수
께 나아오매 고쳐주시니
15 대제사장들과 서기관들이 예수께
서 하시는 이상한 일과 또 성전에
서 소리 질러 호산나 다윗의 자손

1) 또는 즉시 돌려 보내리라 하라 하시니 ㄱ. 사 62:11; 슥 9:9 ㄴ. 사 56:7 ㄷ. 렘 7:11

이여 하는 어린이들을 보고 노하여
16 예수께 말하되 그들이 하는 말을
듣느냐 예수께서 이르시되 ㄱ그렇
다 어린 아기와 젖먹이들의 입에서
나오는 찬미를 온전하게 하셨나이
다 함을 너희가 읽어 본 일이 없느
냐 하시고
17 그들을 떠나 성 밖으로 베다니에
가서 거기서 유하시니라

무화과나무가 마르다 (막 11:12-14, 20-24)

18 ●이른 아침에 성으로 들어오실 때
에 시장하신지라
19 길가에서 한 무화과나무를 보시고
그리로 가사 잎사귀 밖에 아무 것
도 찾지 못하시고 나무에게 이르시
되 이제부터 영원토록 네가 열매를
맺지 못하리라 하시니 무화과나무
가 곧 마른지라
20 제자들이 보고 이상히 여겨 이르되
무화과나무가 어찌하여 곧 말랐나
이까
21 예수께서 대답하여 이르시되 내가
진실로 너희에게 이르노니 만일 너
희가 믿음이 있고 의심하지 아니하
면 이 무화과나무에게 된 이런 일
만 할 뿐 아니라 이 산더러 들려 바
다에 던져지라 하여도 될 것이요
22 너희가 기도할 때에 무엇이든지 믿
고 구하는 것은 다 받으리라 하시
니라

예수의 권위를 두고 말하다
(막 11:27-33; 눅 20:1-8)

23 ●예수께서 성전에 들어가 가르치
실새 대제사장들과 백성의 장로들
이 나아와 이르되 네가 무슨 권위
로 이런 일을 하느냐 또 누가 이 권
위를 주었느냐
24 예수께서 대답하시되 나도 한 말을
너희에게 물으리니 너희가 대답하
면 나도 무슨 권위로 이런 일을 하
는지 이르리라
25 요한의 [1)]세례가 어디로부터 왔느냐
하늘로부터냐 사람으로부터냐 그
들이 서로 의논하여 이르되 만일
하늘로부터라 하면 어찌하여 그를
믿지 아니하였느냐 할 것이요
26 만일 사람으로부터라 하면 모든 사
람이 요한을 선지자로 여기니 백성
이 무섭다 하여
27 예수께 대답하여 이르되 우리가 알
지 못하노라 하니 예수께서 이르시
되 나도 무슨 권위로 이런 일을 하
는지 너희에게 이르지 아니하리라
28 그러나 너희 생각에는 어떠하냐 어
떤 사람에게 두 아들이 있는데 맏
아들에게 가서 이르되 얘 오늘 포
도원에 가서 일하라 하니
29 대답하여 이르되 아버지 가겠나이
다 하더니 가지 아니하고
30 둘째 아들에게 가서 또 그와 같이
말하니 대답하여 이르되 싫소이다
하였다가 그 후에 뉘우치고 갔으니
31 그 둘 중의 누가 아버지의 뜻대로
하였느냐 이르되 둘째 아들이니이
다 예수께서 그들에게 이르시되 내
가 진실로 너희에게 이르노니 세리
들과 창녀들이 너희보다 먼저 하나
님의 나라에 들어가리라
32 요한이 의의 도로 너희에게 왔거늘
너희는 그를 믿지 아니하였으되 세
리와 창녀는 믿었으며 너희는 이것
을 보고도 끝내 뉘우쳐 믿지 아니
하였도다

포도원 농부 비유 (막 12:1-12; 눅 20:9-19)

33 ●다른 한 비유를 들으라 한 집 주
인이 포도원을 만들어 산울타리로
두르고 거기에 즙 짜는 틀을 만들
고 망대를 짓고 농부들에게 세로
주고 타국에 갔더니

1) 헬, 또는 침례 ㄱ. 시 8:2

34 열매 거둘 때가 가까우매 그 열매
를 받으려고 자기 종들을 농부들에
게 보내니
35 농부들이 종들을 잡아 하나는 심히
때리고 하나는 죽이고 하나는 돌로
쳤거늘
36 다시 다른 종들을 처음보다 많이
보내니 그들에게도 그렇게 하였는
지라
37 후에 자기 아들을 보내며 이르되
그들이 내 아들은 존대하리라 하였
더니
38 농부들이 그 아들을 보고 서로 말
하되 이는 상속자니 자 죽이고 그
의 유산을 차지하자 하고
39 이에 잡아 포도원 밖에 내쫓아 죽
였느니라
40 그러면 포도원 주인이 올 때에 그
농부들을 어떻게 하겠느냐
41 그들이 말하되 그 악한 자들을 진
멸하고 포도원은 제 때에 열매를
바칠 만한 다른 농부들에게 세로
줄지니이다
42 예수께서 이르시되 너희가 성경에
ㄱ건축자들이 버린 돌이 모퉁이의
머릿돌이 되었나니 이것은 주로
말미암아 된 것이요 우리 눈에 기
이하도다
함을 읽어 본 일이 없느냐
43 그러므로 내가 너희에게 이르노니 하
나님의 나라를 너희는 빼앗기고 그
나라의 열매 맺는 백성이 받으리라
44 이 돌 위에 떨어지는 자는 깨지겠
고 이 돌이 사람 위에 떨어지면 그
를 가루로 만들어 흩으리라 하시니
45 대제사장들과 바리새인들이 예수
의 비유를 듣고 자기들을 가리켜
말씀하심인 줄 알고
46 잡고자 하나 무리를 무서워하니 이
는 그들이 예수를 선지자로 앎이었
더라

혼인 잔치 비유 (눅 14:15-24)

22 예수께서 다시 비유로 대답하
여 이르시되
2 천국은 마치 자기 아들을 위하여
혼인 잔치를 베푼 어떤 임금과 같
으니
3 그 종들을 보내어 그 청한 사람들
을 혼인 잔치에 오라 하였더니 오
기를 싫어하거늘
4 다시 다른 종들을 보내며 이르되
청한 사람들에게 이르기를 내가 오
찬을 준비하되 나의 소와 살진 짐
승을 잡고 모든 것을 갖추었으니
혼인 잔치에 오소서 하라 하였더니
5 그들이 돌아 보지도 않고 한 사람
은 자기 밭으로, 한 사람은 자기 사
업하러 가고
6 그 남은 자들은 종들을 잡아 모욕
하고 죽이니
7 임금이 노하여 군대를 보내어 그
살인한 자들을 진멸하고 그 동네를
불사르고
8 이에 종들에게 이르되 혼인 잔치는
준비되었으나 청한 사람들은 합당
하지 아니하니
9 네거리 길에 가서 사람을 만나는 대
로 혼인 잔치에 청하여 오라 한대
10 종들이 길에 나가 악한 자나 선한
자나 만나는 대로 모두 데려오니
혼인 잔치에 손님들이 가득한지라
11 임금이 손님들을 보러 들어올새 거
기서 예복을 입지 않은 한 사람을
보고
12 이르되 친구여 어찌하여 예복을 입
지 않고 여기 들어왔느냐 하니 그
가 아무 말도 못하거늘
13 임금이 사환들에게 말하되 그 손발
을 묶어 바깥 어두운 데에 내던지

ㄱ. 시 118:22 이하

라 거기서 슬피 울며 이를 갈게 되
리라 하니라
14 청함을 받은 자는 많되 택함을 입
은 자는 적으니라

가이사에게 세금을 바치는 것
(막 12:13-17; 눅 20:20-26)

15 ●이에 바리새인들이 가서 어떻게
하면 예수를 말의 올무에 걸리게
할까 상의하고
16 자기 제자들을 헤롯 당원들과 함께
예수께 보내어 말하되 선생님이여
우리가 아노니 당신은 참되시고 진
리로 하나님의 도를 가르치시며 아
무도 꺼리는 일이 없으시니 이는
사람을 외모로 보지 아니하심이니
이다
17 그러면 당신의 생각에는 어떠한지
우리에게 이르소서 가이사에게 세
금을 바치는 것이 옳으니이까 옳지
아니하니이까 하니
18 예수께서 그들의 악함을 아시고 이
르시되 외식하는 자들아 어찌하여
나를 시험하느냐
19 세금 낼 돈을 내게 보이라 하시니
1)데나리온 하나를 가져왔거늘
20 예수께서 말씀하시되 이 형상과 이
글이 누구의 것이냐
21 이르되 가이사의 것이니이다 이에
이르시되 그런즉 가이사의 것은 가
이사에게, 하나님의 것은 하나님께
바치라 하시니
22 그들이 이 말씀을 듣고 놀랍게 여
겨 예수를 떠나가니라

부활 논쟁 (막 12:18-27; 눅 20:27-40)

23 ●부활이 없다 하는 사두개인들이
그날 예수께 와서 물어 이르되
24 선생님이여 모세가 일렀으되 ㄱ사
람이 만일 자식이 없이 죽으면 그
동생이 그 아내에게 장가 들어 형
을 위하여 상속자를 세울지니라 하
였나이다
25 우리 중에 칠 형제가 있었는데 맏
이가 장가 들었다가 죽어 상속자가
없으므로 그 아내를 그 동생에게
물려 주고
26 그 둘째와 셋째로 일곱째까지 그렇
게 하다가
27 최후에 그 여자도 죽었나이다
28 그런즉 그들이 다 그를 취하였으니
부활 때에 일곱 중의 누구의 아내
가 되리이까
29 예수께서 대답하여 이르시되 너희
가 성경도, 하나님의 능력도 알지
못하는 고로 오해하였도다
30 부활 때에는 장가도 아니 가고 시
집도 아니 가고 하늘에 있는 천사
들과 같으니라
31 죽은 자의 부활을 논할진대 하나님
이 너희에게 말씀하신 바
32 ㄴ나는 아브라함의 하나님이요 이
삭의 하나님이요 야곱의 하나님이
로라 하신 것을 읽어 보지 못하였
느냐 하나님은 죽은 자의 하나님이
아니요 살아 있는 자의 하나님이시
니라 하시니
33 무리가 듣고 그의 가르치심에 놀라
더라

가장 큰 계명 (막 12:28-34; 눅 10:25-28)

34 ●예수께서 사두개인들로 대답할
수 없게 하셨다 함을 바리새인들이
듣고 모였는데
35 그 중의 한 율법사가 예수를 시험
하여 묻되
36 선생님 율법 중에서 어느 계명이
크니이까
37 예수께서 이르시되 ㄷ네 마음을 다
하고 목숨을 다하고 뜻을 다하여
주 너의 하나님을 사랑하라 하셨으
니

1) 은전의 명칭 ㄱ. 신 25:5 ㄴ. 출 3:6 ㄷ. 신 6:5

38 이것이 크고 첫째 되는 계명이요
39 둘째도 그와 같으니 ㄱ네 이웃을 네
자신같이 사랑하라 하셨으니
40 이 두 계명이 온 율법과 선지자의
강령이니라

그리스도와 다윗의 자손
(막 12:35-37; 눅 20:41-44)

41 ●바리새인들이 모였을 때에 예수
께서 그들에게 물으시되
42 너희는 그리스도에 대하여 어떻게
생각하느냐 누구의 자손이냐 대답
하되 다윗의 자손이니이다
43 이르시되 그러면 다윗이 성령에 감
동되어 어찌 그리스도를 주라 칭하
여 말하되
44 ㄴ주께서 내 주께 이르시되 내가
네 원수를 네 발 아래에 둘 때까지
내 우편에 앉아 있으라 하셨도다
하였느냐
45 다윗이 그리스도를 주라 칭하였은
즉 어찌 그의 자손이 되겠느냐 하
시니
46 한 마디도 능히 대답하는 자가 없
고 그날부터 감히 그에게 묻는 자
도 없더라

서기관들과 바리새인들을 꾸짖으시다
(막 12:38-40; 눅 11:37-52; 20:45-47)

23 이에 예수께서 무리와 제자들
에게 말씀하여 이르시되
2 서기관들과 바리새인들이 모세의
자리에 앉았으니
3 그러므로 무엇이든지 그들이 말하
는 바는 행하고 지키되 그들이 하
는 행위는 본받지 말라 그들은 말
만 하고 행하지 아니하며
4 또 무거운 짐을 묶어 사람의 어깨
에 지우되 자기는 이것을 한 손가
락으로도 움직이려 하지 아니하며
5 그들의 모든 행위를 사람에게 보이
고자 하나니 곧 그 경문 띠를 넓게
하며 옷술을 길게 하고
6 잔치의 윗자리와 회당의 높은 자리
와
7 시장에서 문안 받는 것과 사람에게
랍비라 칭함을 받는 것을 좋아하느
니라
8 그러나 너희는 랍비라 칭함을 받지
말라 너희 선생은 하나요 너희는
다 형제니라
9 땅에 있는 자를 아버지라 하지 말
라 너희의 아버지는 한 분이시니
곧 하늘에 계신 이시니라
10 또한 지도자라 칭함을 받지 말라
너희의 지도자는 한 분이시니 곧
그리스도시니라
11 너희 중에 큰 자는 너희를 섬기는
자가 되어야 하리라
12 누구든지 자기를 높이는 자는 낮아
지고 누구든지 자기를 낮추는 자는
높아지리라
13 ●화 있을진저 외식하는 서기관들
과 바리새인들이여 너희는 천국 문
을 사람들 앞에서 닫고 너희도 들
어가지 않고 들어가려 하는 자도
들어가지 못하게 하는도다
14 [1](없음)
15 ●화 있을진저 외식하는 서기관들
과 바리새인들이여 너희는 교인
한 사람을 얻기 위하여 바다와 육
지를 두루 다니다가 생기면 너희
보다 배나 더 지옥 자식이 되게 하
는도다
16 ●화 있을진저 눈 먼 인도자여 너희
가 말하되 누구든지 성전으로 맹세
하면 아무 일 없거니와 성전의 금으
로 맹세하면 지킬지라 하는도다
17 어리석은 맹인들이여 어느 것이 크
냐 그 금이냐 그 금을 거룩하게 하

1) 어떤 사본에, 14절에 막 12:40과 눅 20:47과 유사한 구절이 있음 ㄱ. 레 19:18 ㄴ. 시 110:1

는 성전이냐
18 너희가 또 이르되 누구든지 제단으
로 맹세하면 아무 일 없거니와 그
위에 있는 예물로 맹세하면 지킬지
라 하는도다
19 맹인들이여 어느 것이 크냐 그 예
물이냐 그 예물을 거룩하게 하는
제단이냐
20 그러므로 제단으로 맹세하는 자는
제단과 그 위에 있는 모든 것으로
맹세함이요
21 또 성전으로 맹세하는 자는 성전과
그 안에 계신 이로 맹세함이요
22 또 하늘로 맹세하는 자는 하나님의
보좌와 그 위에 앉으신 이로 맹세
함이니라
23 ●화 있을진저 외식하는 서기관들
과 바리새인들이여 너희가 박하와
회향과 근채의 십일조는 드리되 율
법의 더 중한 바 정의와 긍휼과 믿
음은 버렸도다 그러나 이것도 행하
고 저것도 버리지 말아야 할지니라
24 맹인 된 인도자여 하루살이는 걸러
내고 낙타는 삼키는도다
25 ●화 있을진저 외식하는 서기관들
과 바리새인들이여 잔과 대접의 겉
은 깨끗이 하되 그 안에는 탐욕과
방탕으로 가득하게 하는도다
26 눈 먼 바리새인이여 너는 먼저 안
을 깨끗이 하라 그리하면 겉도 깨
끗하리라
27 ●화 있을진저 외식하는 서기관들
과 바리새인들이여 회칠한 무덤 같
으니 겉으로는 아름답게 보이나 그
안에는 죽은 사람의 뼈와 모든 더
러운 것이 가득하도다
28 이와 같이 너희도 겉으로는 사람에
게 옳게 보이되 안으로는 외식과
불법이 가득하도다
29 ●화 있을진저 외식하는 서기관들
과 바리새인들이여 너희는 선지자
들의 무덤을 만들고 의인들의 비석
을 꾸미며 이르되
30 만일 우리가 조상 때에 있었더라면
우리는 그들이 선지자의 피를 흘리
는 데 참여하지 아니하였으리라 하
니
31 그러면 너희가 선지자를 죽인 자의
자손임을 스스로 증명함이로다
32 너희가 너희 조상의 분량을 채우라
33 뱀들아 독사의 새끼들아 너희가 어
떻게 지옥의 판결을 피하겠느냐
34 그러므로 내가 너희에게 선지자들
과 지혜 있는 자들과 서기관들을
보내매 너희가 그 중에서 더러는
죽이거나 십자가에 못 박고 그 중
에서 더러는 너희 회당에서 채찍질
하고 이 동네에서 저 동네로 따라
다니며 박해하리라
35 그러므로 의인 아벨의 피로부터 성
전과 제단 사이에서 너희가 죽인
바라갸의 아들 사가랴의 피까지 땅
위에서 흘린 의로운 피가 다 너희
에게 돌아가리라
36 내가 진실로 너희에게 이르노니 이
것이 다 이 세대에 돌아가리라

예루살렘을 두고 이르시다 (눅 13:34-35)

37 ●예루살렘아 예루살렘아 선지자
들을 죽이고 네게 파송된 자들을
돌로 치는 자여 암탉이 그 새끼를
날개 아래에 모음같이 내가 네 자
녀를 모으려 한 일이 몇 번이더냐
그러나 너희가 원하지 아니하였도
다
38 보라 너희 집이 황폐하여 버려진
바 되리라
39 내가 너희에게 이르노니 이제부터
너희는 찬송하리로다 주의 이름으
로 오시는 이여 할 때까지 나를 보
지 못하리라 하시니라

성전이 무너뜨려질 것을 예언하시다
(막 13:1-2; 눅 21:5-6)

24 **예수께서 성전에서 나와서 가**
실 때에 제자들이 성전 건물
들을 가리켜 보이려고 나아오니
2 **대답하여 이르시되** 너희가 이 모든
것을 보지 못하느냐 내가 진실로
너희에게 이르노니 돌 하나도 돌
위에 남지 않고 다 무너뜨려지리라

재난의 징조 (막 13:3-13; 눅 21:7-19)

3 ●**예수께서 감람 산 위에 앉으셨을**
때에 제자들이 조용히 와서 이르되
우리에게 이르소서 어느 때에 이런
일이 있겠사오며 또 주의 임하심과
세상 끝에는 무슨 징조가 있사오리
이까
4 **예수께서 대답하여 이르시되** 너희
가 사람의 미혹을 받지 않도록 주
의하라
5 많은 사람이 내 이름으로 와서 이
르되 나는 그리스도라 하여 많은
사람을 미혹하리라
6 난리와 난리 소문을 듣겠으나 너희
는 삼가 두려워하지 말라 이런 일이
있어야 하되 아직 끝은 아니니라
7 민족이 민족을, 나라가 나라를 대
적하여 일어나겠고 곳곳에 기근과
지진이 있으리니
8 이 모든 것은 재난의 시작이니라
9 그때에 사람들이 너희를 환난에 넘
겨 주겠으며 너희를 죽이리니 너희
가 내 이름 때문에 모든 민족에게
미움을 받으리라
10 그때에 많은 사람이 실족하게 되어
서로 잡아 주고 서로 미워하겠으며
11 거짓 선지자가 많이 일어나 많은
사람을 미혹하겠으며
12 불법이 성하므로 많은 사람의 사랑
이 식어지리라
13 그러나 끝까지 견디는 자는 구원을
얻으리라
14 이 천국 복음이 모든 민족에게 증
언되기 위하여 온 세상에 전파되리
니 그제야 끝이 오리라

가장 큰 환난 (막 13:14-23; 눅 21:20-24)

15 ●그러므로 너희가 선지자 다니엘
이 말한 바 ㄱ멸망의 가증한 것이
거룩한 곳에 선 것을 보거든 **(읽는**
자는 깨달을진저)
16 그때에 유대에 있는 자들은 산으로
도망할지어다
17 지붕 위에 있는 자는 집 안에 있는
물건을 가지러 내려 가지 말며
18 밭에 있는 자는 겉옷을 가지러 뒤
로 돌이키지 말지어다
19 그날에는 아이 밴 자들과 젖 먹이
는 자들에게 화가 있으리로다
20 너희가 도망하는 일이 겨울에나 안
식일에 되지 않도록 기도하라
21 이는 그때에 큰 환난이 있겠음이라
창세로부터 지금까지 이런 환난이
없었고 후에도 없으리라
22 그날들을 감하지 아니하면 모든 육
체가 구원을 얻지 못할 것이나 그
러나 택하신 자들을 위하여 그날들
을 감하시리라
23 그때에 사람이 너희에게 말하되 보
라 그리스도가 여기 있다 혹은 저
기 있다 하여도 믿지 말라
24 거짓 그리스도들과 거짓 선지자들
이 일어나 큰 [1]표적과 기사를 보여
할 수만 있으면 택하신 자들도 미
혹하리라
25 보라 내가 너희에게 미리 말하였노
라
26 그러면 사람들이 너희에게 말하되
보라 그리스도가 광야에 있다 하여
도 나가지 말고 보라 골방에 있다
하여도 믿지 말라

1) 또는 이적 ㄱ. 단 9:27; 11:31; 12:11

27 번개가 동편에서 나서 서편까지 번
쩍임같이 인자의 임함도 그러하리라
28 주검이 있는 곳에는 독수리들이 모
일 것이니라

인자가 오는 것을 보리라
(막 13:24-27; 눅 21:25-28)

29 ●그날 환난 후에 즉시 해가 어두
워지며 달이 빛을 내지 아니하며
별들이 하늘에서 떨어지며 하늘의
권능들이 흔들리리라
30 그때에 인자의 징조가 하늘에서 보
이겠고 그때에 땅의 모든 족속들이
통곡하며 그들이 인자가 구름을 타
고 능력과 큰 영광으로 오는 것을
보리라
31 그가 큰 나팔소리와 함께 천사들을
보내리니 그들이 그의 택하신 자들
을 하늘 이 끝에서 저 끝까지 사방
에서 모으리라

무화과나무에서 배울 교훈 (막 13:28-37;
눅 21:29-33; 17:26-30, 34-36; 12:35-48)

32 ●무화과나무의 비유를 배우라 그
가지가 연하여지고 잎사귀를 내면
여름이 가까운 줄을 아나니
33 이와 같이 너희도 이 모든 일을 보
거든 [1]인자가 가까이 곧 문 앞에 이
른 줄 알라
34 내가 진실로 너희에게 말하노니 이
세대가 지나가기 전에 이 일이 다
일어나리라
35 천지는 없어질지언정 내 말은 없어
지지 아니하리라
36 그러나 그날과 그때는 아무도 모르
나니 하늘의 천사들도, 아들도 모
르고 오직 아버지만 아시느니라
37 노아의 때와 같이 인자의 임함도
그러하리라
38 홍수 전에 노아가 방주에 들어가던
날까지 사람들이 먹고 마시고 장가
들고 시집 가고 있으면서
39 홍수가 나서 그들을 다 멸하기까지
깨닫지 못하였으니 인자의 임함도
이와 같으리라
40 그때에 두 사람이 밭에 있으매 한
사람은 데려가고 한 사람은 버려둠
을 당할 것이요
41 두 여자가 맷돌질을 하고 있으매
한 사람은 데려가고 한 사람은 버
려둠을 당할 것이니라
42 그러므로 깨어 있으라 어느 날에
너희 주가 임할는지 너희가 알지
못함이니라
43 너희도 아는 바니 만일 집 주인이
도둑이 어느 시각에 올 줄을 알았
더라면 깨어 있어 그 집을 뚫지 못
하게 하였으리라
44 이러므로 너희도 준비하고 있으라
생각하지 않은 때에 인자가 오리라
45 충성되고 지혜 있는 종이 되어 주
인에게 그 집 사람들을 맡아 때를
따라 양식을 나눠 줄 자가 누구냐
46 주인이 올 때에 그 종이 이렇게 하는
것을 보면 그 종이 복이 있으리로다
47 내가 진실로 너희에게 이르노니 주
인이 그의 모든 소유를 그에게 맡
기리라
48 만일 그 악한 종이 마음에 생각하
기를 주인이 더디 오리라 하여
49 동료들을 때리며 술친구들과 더불
어 먹고 마시게 되면
50 생각하지 않은 날 알지 못하는 시
각에 그 종의 주인이 이르러
51 [2]엄히 때리고 외식하는 자가 받는
벌에 처하리니 거기서 슬피 울며
이를 갈리라

열 처녀 비유

25 그때에 천국은 마치 등을 들
고 신랑을 맞으러 나간 열 처
녀와 같다 하리니

1) 또는 때가 2) 헬, 쪼개어 내고

2 그 중의 다섯은 미련하고 다섯은
슬기 있는 자라
3 미련한 자들은 등을 가지되 기름을
가지지 아니하고
4 슬기 있는 자들은 그릇에 기름을
담아 등과 함께 가져갔더니
5 신랑이 더디 오므로 다 졸며 잘새
6 밤중에 소리가 나되 보라 신랑이로
다 맞으러 나오라 하매
7 이에 그 처녀들이 다 일어나 등을
준비할새
8 미련한 자들이 슬기 있는 자들에게
이르되 우리 등불이 꺼져가니 너희
기름을 좀 나눠 달라 하거늘
9 슬기 있는 자들이 대답하여 이르되
우리와 너희가 쓰기에 다 부족할까
하노니 차라리 파는 자들에게 가서
너희 쓸 것을 사라 하니
10 그들이 사러 간 사이에 신랑이 오
므로 준비하였던 자들은 함께 혼인
잔치에 들어가고 문은 닫힌지라
11 그 후에 남은 처녀들이 와서 이르
되 주여 주여 우리에게 열어 주소
서
12 대답하여 이르되 진실로 너희에게
이르노니 내가 너희를 알지 못하노
라 하였느니라
13 그런즉 깨어 있으라 너희는 그날과
그때를 알지 못하느니라

달란트 비유 (눅 19:11-27)

14 ●또 어떤 사람이 타국에 갈 때 그
종들을 불러 자기 소유를 맡김과
같으니
15 각각 그 재능대로 한 사람에게는
금 다섯 [1]달란트를, 한 사람에게는
두 [1]달란트를, 한 사람에게는 한
[1]달란트를 주고 떠났더니
16 다섯 [1]달란트 받은 자는 바로 가서
그것으로 장사하여 또 다섯 [1]달란
트를 남기고
17 두 [1]달란트 받은 자도 그같이 하여
또 두 [1]달란트를 남겼으되
18 한 [1]달란트 받은 자는 가서 땅을 파
고 그 주인의 돈을 감추어 두었더
니
19 오랜 후에 그 종들의 주인이 돌아
와 그들과 결산할새
20 다섯 [1]달란트 받았던 자는 다섯
[1]달란트를 더 가지고 와서 이르되
주인이여 내게 다섯 [1]달란트를 주
셨는데 보소서 내가 또 다섯 [1]달란
트를 남겼나이다
21 그 주인이 이르되 잘하였도다 착하
고 충성된 종아 네가 적은 일에 충
성하였으매 내가 많은 것을 네게
맡기리니 네 주인의 즐거움에 참여
할지어다 하고
22 두 [1]달란트 받았던 자도 와서 이르
되 주인이여 내게 두 [1]달란트를 주
셨는데 보소서 내가 또 두 [1]달란트
를 남겼나이다
23 그 주인이 이르되 잘하였도다 착하
고 충성된 종아 네가 적은 일에 충
성하였으매 내가 많은 것을 네게
맡기리니 네 주인의 즐거움에 참여
할지어다 하고
24 한 [1]달란트 받았던 자는 와서 이르
되 주인이여 당신은 굳은 사람이라
심지 않은 데서 거두고 헤치지 않
은 데서 모으는 줄을 내가 알았으
므로
25 두려워하여 나가서 당신의 [1]달란트
를 땅에 감추어 두었었나이다 보소
서 당신의 것을 가지셨나이다
26 그 주인이 대답하여 이르되 악하고
게으른 종아 나는 심지 않은 데서
거두고 헤치지 않은 데서 모으는
줄로 네가 알았느냐
27 그러면 네가 마땅히 내 돈을 취리

1) 금은의 중량

하는 자들에게나 맡겼다가 내가 돌
아와서 내 원금과 이자를 받게 하
였을 것이니라 하고
28 그에게서 그 한 1)달란트를 빼앗아
열 1)달란트 가진 자에게 주라
29 무릇 있는 자는 받아 풍족하게 되
고 없는 자는 그 있는 것까지 빼앗
기리라
30 이 무익한 종을 바깥 어두운 데로
내쫓으라 거기서 슬피 울며 이를
갈리라 하니라

인자가 모든 천사와 함께 올 때

31 ●인자가 자기 영광으로 모든 천사
와 함께 올 때에 자기 영광의 보좌
에 앉으리니
32 모든 민족을 그 앞에 모으고 각각
구분하기를 목자가 양과 염소를 구
분하는 것같이 하여
33 양은 그 오른편에 염소는 왼편에
두리라
34 그때에 임금이 그 오른편에 있는
자들에게 이르시되 내 아버지께 복
받을 자들이여 나아와 창세로부터
너희를 위하여 예비된 나라를 상속
받으라
35 내가 주릴 때에 너희가 먹을 것을
주었고 목마를 때에 마시게 하였고
나그네 되었을 때에 영접하였고
36 헐벗었을 때에 옷을 입혔고 병들었
을 때에 돌보았고 옥에 갇혔을 때
에 와서 보았느니라
37 이에 의인들이 대답하여 이르되 주여
우리가 어느 때에 주께서 주리신 것
을 보고 음식을 대접하였으며 목마르
신 것을 보고 마시게 하였나이까
38 어느 때에 나그네 되신 것을 보고
영접하였으며 헐벗으신 것을 보고
옷 입혔나이까
39 어느 때에 병드신 것이나 옥에 갇
히신 것을 보고 가서 뵈었나이까
하리니
40 임금이 대답하여 이르시되 내가 진
실로 너희에게 이르노니 너희가 여
기 내 형제 중에 지극히 작은 자 하
나에게 한 것이 곧 내게 한 것이니
라 하시고
41 또 왼편에 있는 자들에게 이르시되
저주를 받은 자들아 나를 떠나 마
귀와 그 사자들을 위하여 예비된
영원한 불에 들어가라
42 내가 주릴 때에 너희가 먹을 것을
주지 아니하였고 목마를 때에 마시
게 하지 아니하였고
43 나그네 되었을 때에 영접하지 아니
하였고 헐벗었을 때에 옷 입히지
아니하였고 병들었을 때와 옥에 갇
혔을 때에 돌보지 아니하였느니라
하시니
44 그들도 대답하여 이르되 주여 우리
가 어느 때에 주께서 주리신 것이
나 목마르신 것이나 나그네 되신
것이나 헐벗으신 것이나 병드신 것
이나 옥에 갇히신 것을 보고 공양
하지 아니하더이까
45 이에 임금이 대답하여 이르시되 내
가 진실로 너희에게 이르노니 이
지극히 작은 자 하나에게 하지 아
니한 것이 곧 내게 하지 아니한 것
이니라 하시리니
46 그들은 영벌에, 의인들은 영생에
들어가리라 **하시니라**

예수를 죽이려고 의논하다

(막 14:1-2; 눅 22:1-2; 요 11:45-53)

26 예수께서 이 말씀을 다 마치
시고 제자들에게 이르시되
2 너희가 아는 바와 같이 이틀이 지
나면 유월절이라 인자가 십자가에
못 박히기 위하여 팔리리라 **하시더
라**

1) 금은의 중량

3 그때에 대제사장들과 백성의 장로
들이 가야바라 하는 대제사장의 관
정에 모여
4 예수를 흉계로 잡아 죽이려고 의논
하되
5 말하기를 민란이 날까 하노니 명절
에는 하지 말자 하더라

예수의 머리에 향유를 붓다
(막 14:3-9; 요 12:1-8)

6 ●예수께서 베다니 나병환자 시몬
의 집에 계실 때에
7 한 여자가 매우 귀한 향유 한 옥합
을 가지고 나아와서 [1]식사하시는
예수의 머리에 부으니
8 제자들이 보고 분개하여 이르되 무
슨 의도로 이것을 허비하느냐
9 이것을 비싼 값에 팔아 가난한 자
들에게 줄 수 있었겠도다 하거늘
10 예수께서 아시고 그들에게 이르시
되 너희가 어찌하여 이 여자를 괴
롭게 하느냐 그가 내게 좋은 일을
하였느니라
11 가난한 자들은 항상 너희와 함께
있거니와 나는 항상 함께 있지 아
니하리라
12 이 여자가 내 몸에 이 향유를 부은
것은 내 장례를 위하여 함이니라
13 내가 진실로 너희에게 이르노니 온
천하에 어디서든지 이 복음이 전파
되는 곳에서는 이 여자가 행한 일도
말하여 그를 기억하리라 하시니라

유다가 배반하다 (막 14:10-11; 눅 22:3-6)

14 ●그때에 열둘 중의 하나인 가룟
유다라 하는 자가 대제사장들에게
가서 말하되
15 내가 예수를 너희에게 넘겨 주리니
얼마나 주려느냐 하니 그들이 은
삼십을 달아 주거늘
16 그가 그때부터 예수를 넘겨 줄 기
회를 찾더라

마지막 만찬 (막 14:12-26; 눅 22:7-23;
요 13:21-30; 고전 11:23-25)

17 ●무교절의 첫날에 제자들이 예수
께 나아와서 이르되 유월절 음식
잡수실 것을 우리가 어디서 준비하
기를 원하시나이까
18 이르시되 성안 아무에게 가서 이르
되 선생님 말씀이 내 때가 가까이
왔으니 내 제자들과 함께 유월절을
네 집에서 지키겠다 하시더라 하라
하시니
19 제자들이 예수께서 시키신 대로 하
여 유월절을 준비하였더라
20 저물 때에 예수께서 열두 제자와
함께 [1]앉으셨더니
21 그들이 먹을 때에 이르시되 내가
진실로 너희에게 이르노니 너희 중
의 한 사람이 나를 팔리라 하시니
22 그들이 몹시 근심하여 각각 여짜오
되 주여 나는 아니지요
23 대답하여 이르시되 나와 함께 그릇
에 손을 넣는 그가 나를 팔리라
24 인자는 자기에 대하여 기록된 대로
가거니와 인자를 파는 그 사람에게
는 화가 있으리로다 그 사람은 차
라리 태어나지 아니하였더라면 제
게 좋을 뻔하였느니라
25 예수를 파는 유다가 대답하여 이르
되 랍비여 나는 아니지요 대답하시
되 네가 말하였도다 하시니라
26 그들이 먹을 때에 예수께서 떡을
가지사 축복하시고 떼어 제자들에
게 주시며 이르시되 받아서 먹으라
이것은 내 몸이니라 하시고
27 또 잔을 가지사 감사 기도 하시고
그들에게 주시며 이르시되 너희가
다 이것을 마시라
28 이것은 죄 사함을 얻게 하려고 많
은 사람을 위하여 흘리는 바 나의

1) 8:11 난하주를 보라

피 곧 언약의 피니라
29 그러나 너희에게 이르노니 내가 포
도나무에서 난 것을 이제부터 내
아버지의 나라에서 새것으로 너희
와 함께 마시는 날까지 마시지 아
니하리라 하시니라
30 ●이에 그들이 찬미하고 감람 산으
로 나아가니라

베드로가 부인할 것을 예언하시다
(막 14:27-31; 눅 22:31-34; 요 13:36-38)

31 ●그때에 예수께서 제자들에게 이
르시되 오늘 밤에 너희가 다 나를
[1]버리리라 기록된 바 ㄱ내가 목자를
치리니 양의 떼가 흩어지리라 하였
느니라
32 그러나 내가 살아난 후에 너희보다
먼저 갈릴리로 가리라
33 베드로가 대답하여 이르되 모두 주
를 [2]버릴지라도 나는 결코 [3]버리지
않겠나이다
34 예수께서 이르시되 내가 진실로 네
게 이르노니 오늘 밤 닭 울기 전에
네가 세 번 나를 부인하리라
35 베드로가 이르되 내가 주와 함께
죽을지언정 주를 부인하지 않겠나
이다 하고 모든 제자도 그와 같이
말하니라

겟세마네에서 기도하시다
(막 14:32-42; 눅 22:39-46)

36 ●이에 예수께서 제자들과 함께 겟
세마네라 하는 곳에 이르러 제자들
에게 이르시되 내가 저기 가서 기
도할 동안에 너희는 여기 앉아 있
으라 하시고
37 베드로와 세베대의 두 아들을 데리
고 가실새 고민하고 슬퍼하사
38 이에 말씀하시되 내 마음이 매우
고민하여 죽게 되었으니 너희는 여
기 머물러 나와 함께 깨어 있으라
하시고
39 조금 나아가사 얼굴을 땅에 대시고
엎드려 기도하여 이르시되 내 아버
지여 만일 할 만하시거든 이 잔을
내게서 지나가게 하옵소서 그러나
나의 원대로 마시옵고 아버지의 원
대로 하옵소서 하시고
40 제자들에게 오사 그 자는 것을 보
시고 베드로에게 말씀하시되 너희
가 나와 함께 한 시간도 이렇게 깨
어 있을 수 없더냐
41 시험에 들지 않게 깨어 기도하라
마음에는 원이로되 육신이 약하도
다 하시고
42 다시 두 번째 나아가 기도하여 이
르시되 내 아버지여 만일 내가 마
시지 않고는 이 잔이 내게서 지나
갈 수 없거든 아버지의 원대로 되
기를 원하나이다 하시고
43 다시 오사 보신즉 그들이 자니 이
는 그들의 눈이 피곤함일러라
44 또 그들을 두시고 나아가 세 번째
같은 말씀으로 기도하신 후
45 이에 제자들에게 오사 이르시되 이
제는 자고 쉬라 보라 때가 가까이
왔으니 인자가 죄인의 손에 팔리느
니라
46 일어나라 함께 가자 보라 나를 파
는 자가 가까이 왔느니라

잡히시다
(막 14:43-50; 눅 22:47-53; 요 18:3-12)

47 ●말씀하실 때에 열둘 중의 하나인
유다가 왔는데 대제사장들과 백성
의 장로들에게서 파송된 큰 무리가
칼과 몽치를 가지고 그와 함께 하
였더라
48 예수를 파는 자가 그들에게 군호를
짜 이르되 내가 입맞추는 자가 그
이니 그를 잡으라 한지라

1) 또는 나를 인하여 실족하리라 2) 헬, 주를 인하여 실족할지라도 3) 헬, 실족하지 않겠나이다 ㄱ. 슥 13:7

49 곧 예수께 나아와 랍비여 안녕하시
옵니까 하고 입을 맞추니
50 예수께서 이르시되 친구여 네가 무
엇을 하려고 왔는지 행하라 하신대
이에 그들이 나아와 예수께 손을
대어 잡는지라
51 예수와 함께 있던 자 중의 하나가
손을 펴 칼을 빼어 대제사장의 종
을 쳐 그 귀를 떨어뜨리니
52 이에 예수께서 이르시되 네 칼을
도로 칼집에 꽂으라 칼을 가지는
자는 다 칼로 망하느니라
53 너는 내가 내 아버지께 구하여 지
금 열두 군단 더 되는 천사를 보내
시게 할 수 없는 줄로 아느냐
54 내가 만일 그렇게 하면 이런 일이
있으리라 한 성경이 어떻게 이루어
지겠느냐 하시더라
55 그때에 예수께서 무리에게 말씀하
시되 너희가 강도를 잡는 것같이
칼과 몽치를 가지고 나를 잡으러
나왔느냐 내가 날마다 성전에 앉아
가르쳤으되 너희가 나를 잡지 아니
하였도다
56 그러나 이렇게 된 것은 다 선지자
들의 글을 이루려 함이니라 하시더
라 이에 제자들이 다 예수를 버리
고 도망하니라

공회 앞에 서시다 (막 14:53-65; 눅 22:54-55, 63-71; 요 18:13-14, 19-24)

57 ●예수를 잡은 자들이 그를 끌고
대제사장 가야바에게로 가니 거기
서기관과 장로들이 모여 있더라
58 베드로가 멀찍이 예수를 따라 대제
사장의 집 뜰에까지 가서 그 결말
을 보려고 안에 들어가 하인들과
함께 앉아 있더라
59 대제사장들과 온 공회가 예수를 죽
이려고 그를 칠 거짓 증거를 찾으매
60 거짓 증인이 많이 왔으나 얻지 못
하더니 후에 두 사람이 와서
61 이르되 이 사람의 말이 내가 하나
님의 성전을 헐고 사흘 동안에 지
을 수 있다 하더라 하니
62 대제사장이 일어서서 예수께 묻되
아무 대답도 없느냐 이 사람들이
너를 치는 증거가 어떠하냐 하되
63 예수께서 침묵하시거늘 대제사장
이 이르되 내가 너로 살아 계신 하
나님께 맹세하게 하노니 네가 하나
님의 아들 그리스도인지 우리에게
말하라
64 예수께서 이르시되 네가 말하였느
니라 그러나 내가 너희에게 이르노
니 이 후에 인자가 권능의 우편에
앉아 있는 것과 하늘 구름을 타고
오는 것을 너희가 보리라 하시니
65 이에 대제사장이 자기 옷을 찢으며
이르되 그가 신성모독 하는 말을
하였으니 어찌 더 증인을 요구하리
요 보라 너희가 지금 이 신성 모독
하는 말을 들었도다
66 너희 생각은 어떠하냐 대답하여 이
르되 그는 사형에 해당하니라 하고
67 이에 예수의 얼굴에 침 뱉으며 주
먹으로 치고 어떤 사람은 손바닥으
로 때리며
68 이르되 그리스도야 우리에게 선지
자 노릇을 하라 너를 친 자가 누구
냐 하더라

베드로가 예수를 알지 못한다고 하다 (막 14:66-72; 눅 22:56-62; 요 18:15-18, 25-27)

69 ●베드로가 바깥 뜰에 앉았더니 한
여종이 나아와 이르되 너도 갈릴리
사람 예수와 함께 있었도다 하거늘
70 베드로가 모든 사람 앞에서 부인하
여 이르되 나는 네가 무슨 말을 하
는지 알지 못하겠노라 하며
71 앞문까지 나아가니 다른 여종이 그

를 보고 거기 있는 사람들에게 말
하되 이 사람은 나사렛 예수와 함
께 있었도다 하매
72 베드로가 맹세하고 또 부인하여 이
르되 나는 그 사람을 알지 못하노
라 하더라
73 조금 후에 곁에 섰던 사람들이 나
아와 베드로에게 이르되 너도 진실
로 그 도당이라 네 말소리가 너를
표명한다 하거늘
74 그가 저주하며 맹세하여 이르되 나
는 그 사람을 알지 못하노라 하니
곧 닭이 울더라
75 이에 베드로가 예수의 말씀에 닭
울기 전에 네가 세 번 나를 부인하
리라 하심이 생각나서 밖에 나가서
심히 통곡하니라

예수를 빌라도에게 넘기다 (막 15:1; 눅 23:1-2; 요 18:28-32)

27 새벽에 모든 대제사장과 백성
의 장로들이 예수를 죽이려고
함께 의논하고
2 결박하여 끌고 가서 총독 빌라도에
게 넘겨 주니라

유다가 목매어 죽다 (행 1:18-19)

3 ●그때에 예수를 판 유다가 그의
정죄됨을 보고 스스로 뉘우쳐 그
은 삼십을 대제사장들과 장로들에
게 도로 갖다 주며
4 이르되 내가 무죄한 피를 팔고 죄
를 범하였도다 하니 그들이 이르되
그것이 우리에게 무슨 상관이냐 네
가 당하라 하거늘
5 유다가 은을 성소에 던져 넣고 물
러가서 스스로 목매어 죽은지라
6 대제사장들이 그 은을 거두며 이르
되 이것은 핏값이라 성전고에 넣어
둠이 옳지 않다 하고
7 의논한 후 이것으로 토기장이의 밭
을 사서 나그네의 묘지를 삼았으니
8 그러므로 오늘날까지 그 밭을 피밭
이라 일컫느니라
9 이에 선지자 예레미야를 통하여 하
신 말씀이 이루어졌나니 일렀으되
ㄱ그들이 그 가격 매겨진 자 곧 이
스라엘 자손 중에서 가격 매긴 자
의 가격 곧 은 삼십을 가지고
10 토기장이의 밭 값으로 주었으니 이
는 주께서 내게 명하신 바와 같으
니라 하였더라

십자가에 못 박히게 예수를 넘기다 (막 15:2-15; 눅 23:3-5, 13-25; 요 18:33-19:16)

11 ●예수께서 총독 앞에 섰으매 총독
이 물어 이르되 네가 유대인의 왕
이냐 예수께서 대답하시되 네 말이
옳도다 하시고
12 대제사장들과 장로들에게 고발을
당하되 아무 대답도 아니하시는지
라
13 이에 빌라도가 이르되 그들이 너를
쳐서 얼마나 많은 것으로 증언하는
지 듣지 못하느냐 하되
14 한 마디도 대답하지 아니하시니 총
독이 크게 놀라워하더라
15 명절이 되면 총독이 무리의 청원대
로 죄수 한 사람을 놓아 주는 전례
가 있더니
16 그때에 바라바라 하는 유명한 죄수
가 있는데
17 그들이 모였을 때에 빌라도가 물어
이르되 너희는 내가 누구를 너희에
게 놓아 주기를 원하느냐 [1]바라바
냐 그리스도라 하는 예수냐 하니
18 이는 그가 그들의 시기로 예수를
넘겨 준 줄 앎이더라
19 총독이 재판석에 앉았을 때에 그의
아내가 사람을 보내어 이르되 저
옳은 사람에게 아무 상관도 하지

1) 어떤 사본에, 바라바라 하는 예수냐 ㄱ. 슥 11:12,13

마옵소서 오늘 꿈에 내가 그 사람
으로 인하여 애를 많이 태웠나이다
하더라
20 대제사장들과 장로들이 무리를 권
하여 바라바를 달라 하게 하고 예
수를 죽이자 하게 하였더니
21 총독이 대답하여 이르되 둘 중의
누구를 너희에게 놓아 주기를 원하
느냐 이르되 바라바로소이다
22 빌라도가 이르되 그러면 그리스도
라 하는 예수를 내가 어떻게 하랴
그들이 다 이르되 십자가에 못 박
혀야 하겠나이다
23 빌라도가 이르되 어찜이냐 무슨 악
한 일을 하였느냐 그들이 더욱 소
리 질러 이르되 십자가에 못 박혀
야 하겠나이다 하는지라
24 빌라도가 아무 성과도 없이 도리어
민란이 나려는 것을 보고 물을 가
져다가 무리 앞에서 손을 씻으며
이르되 1)이 사람의 피에 대하여 나
는 무죄하니 너희가 당하라
25 백성이 다 대답하여 이르되 그 피
를 우리와 우리 자손에게 돌릴지어
다 하거늘
26 이에 바라바는 그들에게 놓아 주고
예수는 채찍질하고 십자가에 못 박
히게 넘겨 주니라

군병들이 예수를 희롱하다 (막 15:16-20; 요 19:2-3)

27 ●이에 총독의 군병들이 예수를 데
리고 관정 안으로 들어가서 온 군
대를 그에게로 모으고
28 그의 옷을 벗기고 홍포를 입히며
29 가시관을 엮어 그 머리에 씌우고 갈
대를 그 오른손에 들리고 그 앞에서
무릎을 꿇고 희롱하여 이르되 유대
인의 왕이여 평안할지어다 하며
30 그에게 침 뱉고 갈대를 빼앗아 그
의 머리를 치더라
31 희롱을 다 한 후 홍포를 벗기고 도
로 그의 옷을 입혀 십자가에 못 박
으려고 끌고 나가니라

십자가에 못 박히시다 (막 15:21-32; 눅 23:26-43; 요 19:17-27)

32 ●나가다가 시몬이란 구레네 사람
을 만나매 그에게 예수의 십자가를
억지로 지워 가게 하였더라
33 골고다 즉 해골의 곳이라는 곳에
이르러
34 쓸개 탄 포도주를 예수께 주어 마
시게 하려 하였더니 예수께서 맛보
시고 마시고자 하지 아니하시더라
35 그들이 예수를 십자가에 못 박은
후에 그 옷을 제비 뽑아 나누고
36 거기 앉아 지키더라
37 그 머리 위에 이는 유대인의 왕 예
수라 쓴 죄패를 붙였더라
38 이때에 예수와 함께 강도 둘이 십
자가에 못 박히니 하나는 우편에,
하나는 좌편에 있더라
39 지나가는 자들은 자기 머리를 흔들
며 예수를 모욕하여
40 이르되 성전을 헐고 사흘에 짓는
자여 네가 만일 하나님의 아들이어
든 자기를 구원하고 십자가에서 내
려오라 하며
41 그와 같이 대제사장들도 서기관들
과 장로들과 함께 희롱하여 이르되
42 그가 남은 구원하였으되 자기는 구
원할 수 없도다 그가 이스라엘의
왕이로다 지금 십자가에서 내려올
지어다 그리하면 우리가 믿겠노라
43 그가 하나님을 신뢰하니 하나님이
원하시면 이제 그를 구원하실지라
그의 말이 나는 하나님의 아들이라
하였도다 하며
44 함께 십자가에 못 박힌 강도들도
이와 같이 욕하더라

1) 어떤 사본에, 이 옳은 사람의

영혼이 떠나시다 (막 15:33-41;
눅 23:44-49; 요 19:28-30)

45 ●제육시로부터 온 땅에 어둠이 임
하여 제구시까지 계속되더니
46 제구시쯤에 예수께서 크게 소리 질
러 이르시되 ㄱ엘리 엘리 라마 사박
다니 하시니 이는 곧 나의 하나님,
나의 하나님, 어찌하여 나를 버리
셨나이까 하는 뜻이라
47 거기 섰던 자 중 어떤 이들이 듣고 이
르되 이 사람이 엘리야를 부른다 하고
48 그 중의 한 사람이 곧 달려가서 해
면을 가져다가 신 포도주에 적시어
갈대에 꿰어 마시게 하거늘
49 그 남은 사람들이 이르되 가만 두
라 엘리야가 와서 그를 구원하나
보자 하더라[1)]
50 예수께서 다시 크게 소리 지르시고
영혼이 떠나시니라
51 이에 성소 휘장이 위로부터 아래까
지 찢어져 둘이 되고 땅이 진동하
며 바위가 터지고
52 무덤들이 열리며 자던 성도의 몸이
많이 일어나되
53 예수의 부활 후에 그들이 무덤에서
나와서 거룩한 성에 들어가 많은
사람에게 보이니라
54 백부장과 및 함께 예수를 지키던 자
들이 지진과 그 일어난 일들을 보고
심히 두려워하여 이르되 이는 진실
로 하나님의 아들이었도다 하더라
55 예수를 섬기며 갈릴리에서부터 따
라온 많은 여자가 거기 있어 멀리
서 바라보고 있으니
56 그 중에는 막달라 마리아와 또 야고
보와 요셉의 어머니 마리아와 또 세
베대의 아들들의 어머니도 있더라

요셉이 예수의 시체를 무덤에 넣어 두다
(막 15:42-47; 눅 23:50-56; 요 19:38-42)

57 ●저물었을 때에 아리마대의 부자
요셉이라 하는 사람이 왔으니 그도
예수의 제자라
58 빌라도에게 가서 예수의 시체를 달
라 하니 이에 빌라도가 내주라 명
령하거늘
59 요셉이 시체를 가져다가 깨끗한 세
마포로 싸서
60 바위 속에 판 자기 새 무덤에 넣어 두
고 큰 돌을 굴려 무덤 문에 놓고 가니
61 거기 막달라 마리아와 다른 마리아
가 무덤을 향하여 앉았더라

경비병이 무덤을 지키다

62 ●그 이튿날은 준비일 다음 날이라
대제사장들과 바리새인들이 함께
빌라도에게 모여 이르되
63 주여 저 속이던 자가 살아 있을 때에
말하되 내가 사흘 후에 다시 살아나
리라 한 것을 우리가 기억하노니
64 그러므로 명령하여 그 무덤을 사흘
까지 굳게 지키게 하소서 그의 제
자들이 와서 시체를 도둑질하여 가
고 백성에게 말하되 그가 죽은 자
가운데서 살아났다 하면 후의 속임
이 전보다 더 클까 하나이다 하니
65 빌라도가 이르되 너희에게 경비병
이 있으니 가서 힘대로 굳게 지키
라 하거늘
66 그들이 경비병과 함께 가서 돌을
인봉하고 무덤을 굳게 지키니라

살아나시다
(막 16:1-8; 눅 24:1-12; 요 20:1-10)

28 안식일이 다 지나고 [2)]안식 후
첫날이 되려는 새벽에 막달라
마리아와 다른 마리아가 무덤을 보
려고 갔더니
2 큰 지진이 나며 주의 천사가 하늘
로부터 내려와 돌을 굴려 내고 그
위에 앉았는데

1) 어떤 사본에, 49절 끝에 요 19:34와 같은 말이 있음
2) 헬, 그 주간의 ㄱ. 시 22:1

3 그 형상이 번개 같고 그 옷은 눈같
이 희거늘
4 지키던 자들이 그를 무서워하여 떨
며 죽은 사람과 같이 되었더라
5 천사가 여자들에게 말하여 이르되
너희는 무서워하지 말라 십자가에
못 박히신 예수를 너희가 찾는 줄
을 내가 아노라
6 그가 여기 계시지 않고 그가 말씀
하시던 대로 살아나셨느니라 와서
그가 누우셨던 곳을 보라
7 또 빨리 가서 그의 제자들에게 이르
되 그가 죽은 자 가운데서 살아나셨
고 너희보다 먼저 갈릴리로 가시나
니 거기서 너희가 뵈오리라 하라 보
라 내가 너희에게 일렀느니라 하거늘
8 그 여자들이 무서움과 큰 기쁨으로
빨리 무덤을 떠나 제자들에게 알리
려고 달음질할새
9 예수께서 그들을 만나 이르시되 평
안하냐 하시거늘 여자들이 나아가
그 발을 붙잡고 경배하니
10 이에 예수께서 이르시되 무서워하
지 말라 가서 내 형제들에게 갈릴
리로 가라 하라 거기서 나를 보리
라 하시니라

경비병의 보고

11 ●여자들이 갈 때 경비병 중 몇이
성에 들어가 모든 된 일을 대제사
장들에게 알리니
12 그들이 장로들과 함께 모여 의논하
고 군인들에게 돈을 많이 주며
13 이르되 너희는 말하기를 그의 제자
들이 밤에 와서 우리가 잘 때에 그
를 도둑질하여 갔다 하라
14 만일 이 말이 총독에게 들리면 우
리가 권하여 너희로 근심하지 않게
하리라 하니
15 군인들이 돈을 받고 가르친 대로
하였으니 이 말이 오늘날까지 유대
인 가운데 두루 퍼지니라

제자들에게 할 일을 분부하시다 (막 16:14-18; 눅 24:36-49; 요 20:19-23; 행 1:6-8)

16 ●열한 제자가 갈릴리에 가서 예수
께서 지시하신 산에 이르러
17 예수를 뵈옵고 경배하나 아직도 의
심하는 사람들이 있더라
18 예수께서 나아와 말씀하여 이르시
되 하늘과 땅의 모든 권세를 내게
주셨으니
19 그러므로 너희는 가서 모든 민족을
제자로 삼아 아버지와 아들과 성령
의 이름으로 [1]세례를 베풀고
20 내가 너희에게 분부한 모든 것을
가르쳐 지키게 하라 볼지어다 내가
세상 끝날까지 너희와 항상 함께
있으리라 하시니라

1) 헬, 또는 침례

마가복음

Mark

막

복음을 전파하다

(마 3:1-12; 눅 3:1-9, 15-17; 요 1:19-23)

1 [1]하나님의 아들 예수 그리스도의
복음의 시작이라
2 선지자 이사야의 글에
[ㄱ]보라 내가 내 사자를 네 앞에 보
내노니 그가 네 길을 준비하리라
3 [ㄴ]광야에 외치는 자의 소리가 있
어 이르되 너희는 주의 길을 준비
하라 그의 오실 길을 곧게 하라

1) 어떤 사본에는, '하나님의 아들'이 없음 ㄱ. 말 3:1 ㄴ. 사 40:3

기록된 것과 같이
4 [1]세례 요한이 광야에 이르러 죄 사
함을 받게 하는 회개의 [1]세례를 전
파하니
5 온 유대 지방과 예루살렘 사람이
다 나아가 자기 죄를 자복하고 요
단 강에서 그에게 [1]세례를 받더라
6 요한은 낙타털 옷을 입고 허리에
가죽 띠를 띠고 메뚜기와 석청을
먹더라
7 그가 전파하여 이르되 나보다 능력
많으신 이가 내 뒤에 오시나니 나
는 굽혀 그의 신발끈을 풀기도 감
당하지 못하겠노라
8 나는 너희에게 물로 [1]세례를 베풀
었거니와 그는 너희에게 성령으로
[1]세례를 베푸시리라

세례를 받으시다 (마 3:13-17; 눅 3:21-22)

9 ●그때에 예수께서 갈릴리 나사렛
으로부터 와서 요단 강에서 요한에
게 [1]세례를 받으시고
10 곧 물에서 올라오실새 하늘이 갈라
짐과 성령이 비둘기같이 자기에게
내려오심을 보시더니
11 하늘로부터 소리가 나기를 너는 내
사랑하는 아들이라 내가 너를 기뻐
하노라 하시니라

시험을 받으시다 (마 4:1-11; 눅 4:1-13)

12 ●성령이 곧 예수를 광야로 몰아내
신지라
13 광야에서 사십 일을 계시면서 사탄
에게 시험을 받으시며 들짐승과 함
께 계시니 천사들이 수종 들더라

갈릴리에서 복음을 전파하시다
(마 4:12-17; 눅 4:14-15)

14 ●요한이 잡힌 후 예수께서 갈릴리
에 오셔서 하나님의 복음을 전파하
여
15 이르시되 때가 찼고 하나님의 나라
가 가까이 왔으니 회개하고 복음을
믿으라 하시더라

어부들을 부르시다 (마 4:18-22; 눅 5:1-11)

16 ●갈릴리 해변으로 지나가시다가
시몬과 그 형제 안드레가 바다에
그물 던지는 것을 보시니 그들은
어부라
17 예수께서 이르시되 나를 따라오라
내가 너희로 사람을 낚는 어부가
되게 하리라 하시니
18 곧 그물을 버려두고 따르니라
19 조금 더 가시다가 세베대의 아들
야고보와 그 형제 요한을 보시니
그들도 배에 있어 그물을 깁는데
20 곧 부르시니 그 아버지 세베대를
품꾼들과 함께 배에 버려두고 예수
를 따라가니라

더러운 귀신들린 사람을 고치시다
(눅 4:31-37)

21 ●그들이 가버나움에 들어가니라
예수께서 곧 안식일에 회당에 들어
가 가르치시매
22 뭇 사람이 그의 교훈에 놀라니 이
는 그가 가르치시는 것이 권위 있
는 자와 같고 서기관들과 같지 아
니함일러라
23 마침 그들의 회당에 더러운 귀신들
린 사람이 있어 소리 질러 이르되
24 나사렛 예수여 우리가 당신과 무슨
상관이 있나이까 우리를 멸하러 왔
나이까 나는 당신이 누구인 줄 아
노니 하나님의 거룩한 자니이다
25 예수께서 꾸짖어 이르시되 잠잠하
고 그 사람에게서 나오라 하시니
26 더러운 귀신이 그 사람에게 경련을
일으키고 큰 소리를 지르며 나오는
지라
27 다 놀라 서로 물어 이르되 이는 어
찜이냐 권위 있는 새 교훈이로다
더러운 귀신들에게 명한즉 순종하

1) 헬, 또는 침례

는도다 하더라
28 예수의 소문이 곧 온 갈릴리 사방
에 퍼지더라

많은 사람을 고치시다
(마 8:14-17; 눅 4:38-41)

29 ●회당에서 나와 곧 야고보와 요한
과 함께 시몬과 안드레의 집에 들
어가시니
30 시몬의 장모가 열병으로 누워 있는
지라 사람들이 곧 그 여자에 대하
여 예수께 여짜온대
31 나아가사 그 손을 잡아 일으키시니
열병이 떠나고 여자가 그들에게 수
종 드니라
32 ●저물어 해 질 때에 모든 병자와
귀신들린 자를 예수께 데려오니
33 온 동네가 그 문 앞에 모였더라
34 예수께서 각종 병이 든 많은 사람
을 고치시며 많은 귀신을 내쫓으시
되 귀신이 자기를 알므로 그 말하
는 것을 허락하지 아니하시니라

전도 여행을 떠나시다 (눅 4:42-44)

35 ●새벽 아직도 밝기 전에 예수께서
일어나 나가 한적한 곳으로 가사
거기서 기도하시더니
36 시몬과 및 그와 함께 있는 자들이
예수의 뒤를 따라가
37 만나서 이르되 모든 사람이 주를
찾나이다
38 이르시되 우리가 다른 가까운 마을
들로 가자 거기서도 전도하리니 내
가 이를 위하여 왔노라 하시고
39 이에 온 갈릴리에 다니시며 그들의
여러 회당에서 전도하시고 또 귀신
들을 내쫓으시더라

나병환자를 깨끗하게 하시다
(마 8:1-4; 눅 5:12-16)

40 ●한 나병환자가 예수께 와서 꿇어
엎드려 간구하여 이르되 원하시면
저를 깨끗하게 하실 수 있나이다
41 예수께서 불쌍히 여기사 손을 내밀
어 그에게 대시며 이르시되 내가
원하노니 깨끗함을 받으라 하시니
42 곧 나병이 그 사람에게서 떠나가고
깨끗하여진지라
43 곧 보내시며 엄히 경고하사
44 이르시되 삼가 아무에게 아무 말도
하지 말고 가서 네 몸을 제사장에
게 보이고 네가 깨끗하게 되었으니
ᄀ모세가 명한 것을 드려 그들에게
입증하라 하셨더라
45 그러나 그 사람이 나가서 이 일을
많이 전파하여 널리 퍼지게 하니
그러므로 예수께서 다시는 드러나
게 동네에 들어가지 못하시고 오직
바깥 한적한 곳에 계셨으나 사방에
서 사람들이 그에게로 나아오더라

중풍병자를 고치시다
(마 9:1-8; 눅 5:17-26)

2 수 일 후에 예수께서 다시 가버
나움에 들어가시니 집에 계시다
는 소문이 들린지라
2 많은 사람이 모여서 문 앞까지도
들어설 자리가 없게 되었는데 예수
께서 그들에게 도를 말씀하시더니
3 사람들이 한 중풍병자를 네 사람에
게 메워 가지고 예수께로 올새
4 무리들 때문에 예수께 데려갈 수
없으므로 그 계신 곳의 지붕을 뜯
어 구멍을 내고 중풍병자가 누운
상을 달아 내리니
5 예수께서 그들의 믿음을 보시고 중
풍병자에게 이르시되 작은 자야 네
죄 사함을 받았느니라 하시니
6 어떤 서기관들이 거기 앉아서 마음
에 생각하기를
7 이 사람이 어찌 이렇게 말하는가
신성모독이로다 오직 하나님 한
분 외에는 누가 능히 죄를 사하겠

ᄀ. 레 14:2 이하

느냐
8 그들이 속으로 이렇게 생각하는 줄
을 예수께서 곧 [1]중심에 아시고 이
르시되 어찌하여 이것을 마음에 생
각하느냐
9 중풍병자에게 네 죄 사함을 받았느
니라 하는 말과 일어나 네 상을 가
지고 걸어가라 하는 말 중에서 어
느 것이 쉽겠느냐
10 그러나 인자가 땅에서 죄를 사하는
권세가 있는 줄을 너희로 알게 하
려 하노라 하시고 중풍병자에게 말
씀하시되
11 내가 네게 이르노니 일어나 네 상
을 가지고 집으로 가라 하시니
12 그가 일어나 곧 상을 가지고 모든
사람 앞에서 나가거늘 그들이 다
놀라 하나님께 영광을 돌리며 이르
되 우리가 이런 일을 도무지 보지
못하였다 하더라

레위를 부르시다(마 9:9-13; 눅 5:27-32)

13 ●예수께서 다시 바닷가에 나가시
매 큰 무리가 나왔거늘 예수께서
그들을 가르치시니라
14 또 지나가시다가 알패오의 아들 레
위가 세관에 앉아 있는 것을 보시
고 그에게 이르시되 나를 따르라
하시니 일어나 따르니라
15 그의 집에 [2]앉아 잡수실 때에 많은
세리와 죄인들이 예수와 그의 제자
들과 함께 [3]앉았으니 이는 그러한
사람들이 많이 있어서 예수를 따름
이러라
16 바리새인의 서기관들이 예수께서 죄
인 및 세리들과 함께 잡수시는 것을
보고 그의 제자들에게 이르되 어찌
하여 세리 및 죄인들과 함께 먹는가
17 예수께서 들으시고 그들에게 이르시
되 건강한 자에게는 의사가 쓸데없
고 병든 자에게라야 쓸데 있느니라
나는 의인을 부르러 온 것이 아니요
죄인을 부르러 왔노라 하시니라

금식 논쟁 (마 9:14-17; 눅 5:33-39)

18 ●요한의 제자들과 바리새인들이
금식하고 있는지라 사람들이 예수
께 와서 말하되 요한의 제자들과
바리새인의 제자들은 금식하는데
어찌하여 당신의 제자들은 금식하
지 아니하나이까
19 예수께서 그들에게 이르시되 혼인
집 손님들이 신랑과 함께 있을 때
에 금식할 수 있느냐 신랑과 함께
있을 동안에는 금식할 수 없느니라
20 그러나 신랑을 빼앗길 날이 이르리
니 그날에는 금식할 것이니라
21 생베 조각을 낡은 옷에 붙이는 자
가 없나니 만일 그렇게 하면 기운
새것이 낡은 그것을 당기어 해어짐
이 더하게 되느니라
22 새 포도주를 낡은 가죽 부대에 넣는
자가 없나니 만일 그렇게 하면 새
포도주가 부대를 터뜨려 포도주와
부대를 버리게 되리라 오직 새 포도
주는 새 부대에 넣느니라 하시니라

안식일에 밀 이삭을 자르다
(마 12:1-8; 눅 6:1-5)

23 ●안식일에 예수께서 밀밭 사이로
지나가실새 그의 제자들이 길을 [4]열
며 이삭을 자르니
24 바리새인들이 예수께 말하되 보시
오 저들이 어찌하여 안식일에 하지
못할 일을 하나이까
25 예수께서 이르시되 [ㄱ]다윗이 자기
와 및 함께한 자들이 먹을 것이 없
어 시장할 때에 한 일을 읽지 못하
였느냐
26 그가 아비아달 대제사장 때에 하나님

1) 또는 심령으로 2) 헬, 기대어 누워(유대인이 음식 먹을 때에 가지는 자세) 3) 헬, 기대어 누웠으니 4) 또는 가며 ㄱ. 삼상 21:6

막

의 전에 들어가서 제사장 외에는 먹
어서는 안 되는 진설병을 먹고 함께
한 자들에게도 주지 아니하였느냐
27 또 이르시되 안식일이 사람을 위하
여 있는 것이요 사람이 안식일을
위하여 있는 것이 아니니
28 이러므로 인자는 안식일에도 주인
이니라

안식일에 손 마른 사람을 고치시다
(마 12:9-14; 눅 6:6-11)

3 예수께서 다시 회당에 들어가시
니 한쪽 손 마른 사람이 거기 있
는지라
2 사람들이 예수를 고발하려 하여 안
식일에 그 사람을 고치시는가 주시
하고 있거늘
3 예수께서 손 마른 사람에게 이르시
되 한 가운데에 일어서라 하시고
4 그들에게 이르시되 안식일에 선을
행하는 것과 악을 행하는 것, 생명을
구하는 것과 죽이는 것, 어느 것이
옳으냐 하시니 그들이 잠잠하거늘
5 그들의 마음이 완악함을 탄식하사 노
하심으로 그들을 둘러보시고 그 사람
에게 이르시되 네 손을 내밀라 하시
니 내밀매 그 손이 회복되었더라
6 바리새인들이 나가서 곧 헤롯당과
함께 어떻게 하여 예수를 죽일까
의논하니라

많은 무리가 나아오다

7 ●예수께서 제자들과 함께 바다로
물러가시니 갈릴리에서 큰 무리가
따르며
8 유대와 예루살렘과 이두매와 요단
강 건너편과 또 두로와 시돈 근처
에서 많은 무리가 그가 하신 큰 일
을 듣고 나아오는지라
9 예수께서 무리가 에워싸 미는 것을
피하기 위하여 작은 배를 대기하도
록 제자들에게 명하셨으니
10 이는 많은 사람을 고치셨으므로 병
으로 고생하는 자들이 예수를 만지
고자 하여 몰려왔음이더라
11 더러운 귀신들도 어느 때든지 예수
를 보면 그 앞에 엎드려 부르짖어
이르되 당신은 하나님의 아들이니
이다 하니
12 예수께서 자기를 나타내지 말라고
많이 경고하시니라

열두 제자를 세우시다
(마 10:1-4; 눅 6:12-16)

13 ●또 산에 오르사 자기가 원하는
자들을 부르시니 나아온지라
14 이에 열둘을 세우셨으니 이는 자기
와 함께 있게 하시고 또 보내사 전
도도 하며
15 귀신을 내쫓는 권능도 가지게 하려
하심이러라
16 이 열둘을 세우셨으니 시몬에게는
베드로란 이름을 더하셨고
17 또 세베대의 아들 야고보와 야고보
의 형제 요한이니 이 둘에게는 보
아너게 곧 우레의 아들이란 이름을
더하셨으며
18 또 안드레와 빌립과 바돌로매와 마
태와 도마와 알패오의 아들 야고보
와 및 다대오와 [1]가나나인 시몬이며
19 또 가룟 유다니 이는 예수를 판 자
더라

예수와 바알세불
(마 12:22-32; 눅 11:14-23; 12:10)

20 ●집에 들어가시니 무리가 다시 모
이므로 식사할 겨를도 없는지라
21 예수의 친족들이 듣고 그를 붙들러
나오니 이는 그가 미쳤다 함일러라
22 예루살렘에서 내려온 서기관들은
그가 바알세불이 지폈다 하며 또
귀신의 왕을 힘입어 귀신을 쫓아낸
다 하니

1) 아람어에서 온 말로 열심당원이란 뜻이다

23 예수께서 그들을 불러다가 비유로
말씀하시되 사탄이 어찌 사탄을 쫓
아낼 수 있느냐
24 또 만일 나라가 스스로 분쟁하면
그 나라가 설 수 없고
25 만일 집이 스스로 분쟁하면 그 집
이 설 수 없고
26 만일 사탄이 자기를 거슬러 일어나
분쟁하면 설 수 없고 망하느니라
27 사람이 먼저 강한 자를 결박하지
않고는 그 강한 자의 집에 들어가
세간을 강탈하지 못하리니 결박한
후에야 그 집을 강탈하리라
28 내가 진실로 너희에게 이르노니
[1]사람의 모든 죄와 모든 모독하는
일은 사하심을 얻되
29 누구든지 성령을 모독하는 자는 영
원히 사하심을 얻지 못하고 영원한
죄가 되느니라 하시니
30 이는 그들이 말하기를 더러운 귀신
이 들렸다 함이러라

예수의 어머니와 형제 자매
(마 12:46-50; 눅 8:19-21)

31 ●그때에 예수의 어머니와 [2]동생들
이 와서 밖에 서서 사람을 보내어
예수를 부르니
32 무리가 예수를 둘러 앉았다가 여짜
오되 보소서 당신의 어머니와 [2]동
생들과 누이들이 밖에서 찾나이다
33 대답하시되 누가 내 어머니이며
[2]동생들이냐 하시고
34 둘러앉은 자들을 보시며 이르시되
내 어머니와 내 [2]동생들을 보라
35 누구든지 하나님의 뜻대로 행하는 자
가 내 형제요 자매요 어머니이니라

네 가지 땅에 떨어진 씨 비유
(마 13:1-9; 눅 8:4-8)

4 예수께서 다시 바닷가에서 가르
치시니 큰 무리가 모여들거늘 예
수께서 바다에 떠 있는 배에 올라
앉으시고 온 무리는 바닷가 육지에
있더라
2 이에 예수께서 여러 가지를 비유로
가르치시니 그 가르치시는 중에 그
들에게 이르시되
3 들으라 씨를 뿌리는 자가 뿌리러
나가서
4 뿌릴새 더러는 길가에 떨어지매 새
들이 와서 먹어 버렸고
5 더러는 흙이 얕은 돌밭에 떨어지매
흙이 깊지 아니하므로 곧 싹이 나
오나
6 해가 돋은 후에 타서 뿌리가 없으
므로 말랐고
7 더러는 가시떨기에 떨어지매 가시
가 자라 기운을 막으므로 결실하지
못하였고
8 더러는 좋은 땅에 떨어지매 자라 무
성하여 결실하였으니 삼십 배나 육
십 배나 백 배가 되었느니라 하시고
9 또 이르시되 들을 귀 있는 자는 들
으라 하시니라

비유를 설명하시다
(마 13:10-23; 눅 8:9-15)

10 ●예수께서 홀로 계실 때에 함께
한 사람들이 열두 제자와 더불어
그 비유들에 대하여 물으니
11 이르시되 하나님 나라의 비밀을 너
희에게는 주었으나 외인에게는 모
든 것을 비유로 하나니
12 이는 ㄱ그들로 보기는 보아도 알지
못하며 듣기는 들어도 깨닫지 못하
게 하여 돌이켜 죄 사함을 얻지 못
하게 하려 함이라 하시고
13 또 이르시되 너희가 이 비유를 알
지 못할진대 어떻게 모든 비유를
알겠느냐
14 뿌리는 자는 말씀을 뿌리는 것이라
15 말씀이 길가에 뿌려졌다는 것은

1) 헬, 인자들의 2) 또는 형제들 ㄱ. 사 6:9,10

이들을 가리킴이니 곧 말씀을 들었
을 때에 사탄이 즉시 와서 그들에
게 뿌려진 말씀을 빼앗는 것이요
16 또 이와 같이 돌밭에 뿌려졌다는
것은 이들을 가리킴이니 곧 말씀을
들을 때에 즉시 기쁨으로 받으나
17 그 속에 뿌리가 없어 잠깐 견디다가
말씀으로 인하여 환난이나 박해가
일어나는 때에는 곧 넘어지는 자요
18 또 어떤 이는 가시떨기에 뿌려진
자니 이들은 말씀을 듣기는 하되
19 세상의 염려와 재물의 유혹과 기타
욕심이 들어와 말씀을 막아 결실하
지 못하게 되는 자요
20 좋은 땅에 뿌려졌다는 것은 곧 말
씀을 듣고 받아 삼십 배나 육십 배
나 백 배의 결실을 하는 자니라

등불은 등경 위에 (눅 8:16-18)

21 ●**또 그들에게 이르시되** 사람이 등
불을 가져오는 것은 말 아래에나
평상 아래에 두려 함이냐 등경 위
에 두려 함이 아니냐
22 드러내려 하지 않고는 숨긴 것이
없고 나타내려 하지 않고는 감추인
것이 없느니라
23 들을 귀 있는 자는 들으라
24 **또 이르시되** 너희가 무엇을 듣는가
스스로 삼가라 너희의 헤아리는 그
헤아림으로 너희가 헤아림을 받을
것이며 더 받으리니
25 있는 자는 받을 것이요 없는 자는
그 있는 것까지도 빼앗기리라

자라나는 씨 비유
(마 13:31-32; 눅 13:18-19)

26 ●**또 이르시되** 하나님의 나라는 사
람이 씨를 땅에 뿌림과 같으니
27 그가 밤낮 자고 깨고 하는 중에 씨
가 나서 자라되 어떻게 그리되는지
를 알지 못하느니라
28 땅이 스스로 열매를 맺되 처음에는
싹이요 다음에는 이삭이요 그 다음
에는 이삭에 충실한 곡식이라
29 열매가 익으면 곧 낫을 대나니 이
는 추수 때가 이르렀음이라

겨자씨 비유 (마 13:31-32; 눅 13:18-19)

30 ●**또 이르시되** 우리가 하나님의 나
라를 어떻게 비교하며 또 무슨 비
유로 나타낼까
31 겨자씨 한 알과 같으니 땅에 심길
때에는 땅 위의 모든 씨보다 작은
것이로되
32 심긴 후에는 자라서 모든 풀보다
커지며 큰 가지를 내나니 공중의
새들이 그 그늘에 깃들일 만큼 되
느니라

비유로 가르치시다 (마 13:34-35)

33 ●예수께서 이러한 많은 비유로 그
들이 알아들을 수 있는 대로 말씀
을 가르치시되
34 비유가 아니면 말씀하지 아니하시
고 다만 혼자 계실 때에 그 제자들
에게 모든 것을 해석하시더라

바람과 바다를 잔잔하게 하시다
(마 8:23-27; 눅 8:22-25)

35 ●그날 저물 때에 제자들에게 **이르
시되** 우리가 저편으로 건너가자 하
시니
36 그들이 무리를 떠나 예수를 배에
계신 그대로 모시고 가매 다른 배
들도 함께하더니
37 큰 광풍이 일어나며 물결이 배에
부딪쳐 들어와 배에 가득하게 되었
더라
38 예수께서는 고물에서 베개를 베고
주무시더니 제자들이 깨우며 이르
되 선생님이여 우리가 죽게 된 것
을 돌보지 아니하시나이까 하니
39 예수께서 깨어 바람을 꾸짖으시며
바다더러 **이르시되** 잠잠하라 고요
하라 하시니 바람이 그치고 아주

잔잔하여지더라
40 이에 제자들에게 이르시되 어찌하
여 이렇게 무서워하느냐 너희가 [1]어
찌 믿음이 없느냐 하시니
41 그들이 심히 두려워하여 서로 말하
되 그가 누구이기에 바람과 바다도
순종하는가 하였더라

귀신들린 사람을 고치시다
(마 8:28-34; 눅 8:26-39)

5 예수께서 바다 건너편 거라사인
의 지방에 이르러
2 배에서 나오시매 곧 더러운 귀신
들린 사람이 무덤 사이에서 나와
예수를 만나니라
3 그 사람은 무덤 사이에 거처하는데
이제는 아무도 그를 쇠사슬로도 맬
수 없게 되었으니
4 이는 여러 번 고랑과 쇠사슬에 매
였어도 쇠사슬을 끊고 고랑을 깨뜨
렸음이러라 그리하여 아무도 그를
제어할 힘이 없는지라
5 밤낮 무덤 사이에서나 산에서나 늘
소리 지르며 돌로 자기의 몸을 해
치고 있었더라
6 그가 멀리서 예수를 보고 달려와
절하며
7 큰 소리로 부르짖어 이르되 지극히
높으신 하나님의 아들 예수여 나와
당신이 무슨 상관이 있나이까 원하
건대 하나님 앞에 맹세하고 나를
괴롭히지 마옵소서 하니
8 이는 예수께서 이미 그에게 이르시
기를 더러운 귀신아 그 사람에게서
나오라 하셨음이라
9 이에 물으시되 네 이름이 무엇이냐
이르되 내 이름은 [2]군대니 우리가
많음이니이다 하고
10 자기를 그 지방에서 내보내지 마시
기를 간구하더니
11 마침 거기 돼지의 큰 떼가 산 곁에
서 먹고 있는지라
12 이에 간구하여 이르되 우리를 돼지에
게로 보내어 들어가게 하소서 하니
13 허락하신대 더러운 귀신들이 나와
서 돼지에게로 들어가매 거의 이천
마리 되는 떼가 바다를 향하여 비탈
로 내리달아 바다에서 몰사하거늘
14 치던 자들이 도망하여 읍내와 여러
마을에 말하니 사람들이 어떻게 되
었는지를 보러 와서
15 예수께 이르러 그 귀신들렸던 자
곧 군대 귀신 지폈던 자가 옷을 입
고 정신이 온전하여 앉은 것을 보
고 두려워하더라
16 이에 귀신들렸던 자가 당한 것과
돼지의 일을 본 자들이 그들에게
알리매
17 그들이 예수께 그 지방에서 떠나시
기를 간구하더라
18 예수께서 배에 오르실 때에 귀신
들렸던 사람이 함께 있기를 간구하
였으나
19 허락하지 아니하시고 그에게 이르
시되 집으로 돌아가 주께서 네게
어떻게 큰 일을 행하사 너를 불쌍
히 여기신 것을 네 가족에게 알리
라 하시니
20 그가 가서 예수께서 자기에게 어떻
게 큰 일 행하셨는지를 데가볼리에
전파하니 모든 사람이 놀랍게 여기
더라

야이로의 딸과 예수의 옷에 손을 댄 여자
(마 9:18-26; 눅 8:40-56)

21 ●예수께서 배를 타시고 다시 맞은
편으로 건너가시니 큰 무리가 그에
게로 모이거늘 이에 바닷가에 계시
더니
22 회당장 중의 하나인 야이로라 하는

1) 어떤 사본에, 어찌 아직도 믿음이 2) 헬, 레기온. 로
마 군대의 여단 규모

이가 와서 예수를 보고 발 아래 엎
드리어
23 간곡히 구하여 이르되 내 어린 딸
이 죽게 되었사오니 오셔서 그 위
에 손을 얹으사 그로 구원을 받아
살게 하소서 하거늘
24 이에 그와 함께 가실새 큰 무리가
따라가며 에워싸 밀더라
25 ●열두 해를 혈루증으로 앓아 온
한 여자가 있어
26 많은 의사에게 많은 괴로움을 받았
고 가진 것도 다 허비하였으되 아
무 효험이 없고 도리어 더 중하여
졌던 차에
27 예수의 소문을 듣고 무리 가운데 끼
어 뒤로 와서 그의 옷에 손을 대니
28 이는 내가 그의 옷에만 손을 대어
도 구원을 받으리라 생각함일러라
29 이에 그의 혈루 근원이 곧 마르매
병이 나은 줄을 몸에 깨달으니라
30 예수께서 그 능력이 자기에게서 나
간 줄을 곧 스스로 아시고 무리 가
운데서 돌이켜 말씀하시되 누가 내
옷에 손을 대었느냐 하시니
31 제자들이 여짜오되 무리가 에워싸
미는 것을 보시며 누가 내게 손을
대었느냐 물으시나이까 하되
32 예수께서 이 일 행한 여자를 보려
고 둘러 보시니
33 여자가 자기에게 이루어진 일을 알
고 두려워하여 떨며 와서 그 앞에
엎드려 모든 사실을 여쭈니
34 예수께서 이르시되 딸아 네 믿음이
너를 구원하였으니 평안히 가라 네
병에서 놓여 건강할지어다
35 ●아직 예수께서 말씀하실 때에 회
당장의 집에서 사람들이 와서 회당
장에게 이르되 당신의 딸이 죽었나
이다 어찌하여 선생을 더 괴롭게
하나이까
36 예수께서 그 하는 말을 곁에서 들
으시고 회당장에게 이르시되 두려
워하지 말고 믿기만 하라 하시고
37 베드로와 야고보와 야고보의 형제
요한 외에 아무도 따라옴을 허락하
지 아니하시고
38 회당장의 집에 함께 가사 떠드는
것과 사람들이 울며 심히 통곡함을
보시고
39 들어가서 그들에게 이르시되 너희
가 어찌하여 떠들며 우느냐 이 아이
가 죽은 것이 아니라 잔다 하시니
40 그들이 비웃더라 예수께서 그들을
다 내보내신 후에 아이의 부모와
또 자기와 함께한 자들을 데리시고
아이 있는 곳에 들어가사
41 그 아이의 손을 잡고 이르시되 달
리다굼 하시니 번역하면 곧 내가
네게 말하노니 소녀야 일어나라 하
심이라
42 소녀가 곧 일어나서 걸으니 나이가
열두 살이라 사람들이 곧 크게 놀
라고 놀라거늘
43 예수께서 이 일을 아무도 알지 못
하게 하라고 그들을 많이 경계하시
고 이에 소녀에게 먹을 것을 주라
하시니라

고향에서 배척을 받으시다
(마 13:53-58; 눅 4:16-30)

6 예수께서 거기를 떠나사 고향으
로 가시니 제자들도 따르니라
2 안식일이 되어 회당에서 가르치시
니 많은 사람이 듣고 놀라 이르되
이 사람이 어디서 이런 것을 얻었느
냐 이 사람이 받은 지혜와 그 손으
로 이루어지는 이런 권능이 어찌됨
이냐
3 이 사람이 마리아의 아들 목수가
아니냐 야고보와 요셉과 유다와 시
몬의 형제가 아니냐 그 누이들이

우리와 함께 여기 있지 아니하냐
하고 [1]예수를 배척한지라
4 예수께서 그들에게 이르시되 선지
자가 자기 고향과 자기 친척과 자
기 집 외에서는 존경을 받지 못함
이 없느니라 하시며
5 거기서는 아무 권능도 행하실 수
없어 다만 소수의 병자에게 안수하
여 고치실 뿐이었고
6 그들이 믿지 않음을 이상히 여기셨
더라

열두 제자를 부르사 둘씩 보내시다
(마 10:1, 5-15; 눅 9:1-6)

●이에 모든 촌에 두루 다니시며
가르치시더라
7 ●열두 제자를 부르사 둘씩 둘씩
보내시며 더러운 귀신을 제어하는
권능을 주시고
8 명하시되 여행을 위하여 지팡이 외
에는 양식이나 배낭이나 전대의
[2]돈이나 아무것도 가지지 말며
9 신만 신고 두 벌 옷도 입지 말라 하
시고
10 또 이르시되 어디서든지 누구의 집
에 들어가거든 그곳을 떠나기까지
거기 유하라
11 어느 곳에서든지 너희를 영접하지
아니하고 너희 말을 듣지도 아니하
거든 거기서 나갈 때에 발 아래 먼
지를 떨어버려 그들에게 증거를 삼
으라 하시니
12 제자들이 나가서 회개하라 전파하고
13 많은 귀신을 쫓아내며 많은 병자에
게 기름을 발라 고치더라

세례 요한의 죽음(마 14:1-12; 눅 9:7-9)

14 ●이에 예수의 이름이 드러난지라
헤롯 왕이 듣고 이르되 이는 [3]세례
요한이 죽은 자 가운데서 살아났도
다 그러므로 이런 능력이 그 속에
서 일어나느니라 하고
15 어떤 이는 그가 엘리야라 하고 또
어떤 이는 그가 선지자니 옛 선지
자 중의 하나와 같다 하되
16 헤롯은 듣고 이르되 내가 목 벤 요
한 그가 살아났다 하더라
17 전에 헤롯이 자기가 동생 빌립의
아내 헤로디아에게 장가든 고로 이
여자를 위하여 사람을 보내어 요한
을 잡아 옥에 가두었으니
18 이는 요한이 헤롯에게 말하되 동생
의 아내를 취한 것이 옳지 않다 하
였음이라
19 헤로디아가 요한을 원수로 여겨 죽
이고자 하였으되 하지 못한 것은
20 헤롯이 요한을 의롭고 거룩한 사람
으로 알고 두려워하여 보호하며 또
그의 말을 들을 때에 크게 번민을
하면서도 달갑게 들음이러라
21 마침 기회가 좋은 날이 왔으니 곧
헤롯이 자기 생일에 대신들과 천부
장들과 갈릴리의 귀인들로 더불어
잔치할새
22 헤로디아의 [4]딸이 친히 들어와 춤
을 추어 헤롯과 그와 함께 [5]앉은
자들을 기쁘게 한지라 왕이 그 소
녀에게 이르되 무엇이든지 네가 원
하는 것을 내게 구하라 내가 주리
라 하고
23 또 맹세하기를 무엇이든지 네가 내
게 구하면 내 나라의 절반까지라도
주리라 하거늘
24 그가 나가서 그 어머니에게 말하되
내가 무엇을 구하리이까 그 어머니
가 이르되 [3]세례 요한의 머리를 구
하라 하니
25 그가 곧 왕에게 급히 들어가 구하
여 이르되 [3]세례 요한의 머리를 소

1) 또는 예수로 말미암아 실족한지라 2) 헬, 동 3) 헬, 또는 침례 4) 또는 친딸이 들어와 5) 2:15 난하주를 보라

반에 얹어 곧 내게 주기를 원하옵
나이다 하니
26 왕이 심히 근심하나 자기가 맹세한
것과 그 [1]앉은 자들로 인하여 그를
거절할 수 없는지라
27 왕이 곧 시위병 하나를 보내어 요한
의 머리를 가져오라 명하니 그 사람
이 나가 옥에서 요한을 목 베어
28 그 머리를 소반에 얹어다가 소녀에
게 주니 소녀가 이것을 그 어머니
에게 주니라
29 요한의 제자들이 듣고 와서 시체를
가져다가 장사하니라

오천 명을 먹이시다

(마 14:13-21; 눅 9:10-17; 요 6:1-14)

30 ●사도들이 예수께 모여 자기들이 행
한 것과 가르친 것을 낱낱이 고하니
31 이르시되 너희는 따로 한적한 곳에
가서 잠깐 쉬어라 하시니 이는 오
고 가는 사람이 많아 음식 먹을 겨
를도 없음이라
32 이에 배를 타고 따로 한적한 곳에
갈새
33 그들이 가는 것을 보고 많은 사람
이 그들인 줄 안지라 모든 고을로
부터 도보로 그곳에 달려와 그들보
다 먼저 갔더라
34 예수께서 나오사 큰 무리를 보시고
그 목자 없는 양 같음으로 인하여
불쌍히 여기사 이에 여러 가지로
가르치시더라
35 때가 저물어가매 제자들이 예수께
나아와 여짜오되 이곳은 빈 들이요
날도 저물어가니
36 무리를 보내어 두루 촌과 마을로
가서 무엇을 사 먹게 하옵소서
37 대답하여 이르시되 너희가 먹을 것
을 주라 하시니 여짜오되 우리가
가서 이백 [2]데나리온의 떡을 사다
먹이리이까
38 이르시되 너희에게 떡 몇 개나 있
는지 가서 보라 하시니 알아보고
이르되 떡 다섯 개와 물고기 두 마
리가 있더이다 하거늘
39 제자들에게 명하사 그 모든 사람으
로 떼를 지어 푸른 잔디 위에 앉게
하시니
40 떼로 백 명씩 또는 오십 명씩 앉은
지라
41 예수께서 떡 다섯 개와 물고기 두
마리를 가지사 하늘을 우러러 축사
하시고 떡을 떼어 제자들에게 주어
사람들에게 나누어 주게 하시고 또
물고기 두 마리도 모든 사람에게
나누시매
42 다 배불리 먹고
43 남은 떡 조각과 물고기를 열두 바
구니에 차게 거두었으며
44 떡을 먹은 남자는 오천 명이었더라

바다 위로 걸으시다

(마 14:22-33; 요 6:15-21)

45 ●예수께서 즉시 제자들을 재촉하
사 자기가 무리를 보내는 동안에
배 타고 앞서 건너편 벳새다로 가
게 하시고
46 무리를 작별하신 후에 기도하러 산
으로 가시니라
47 저물매 배는 바다 가운데 있고 예
수께서는 홀로 뭍에 계시다가
48 바람이 거스르므로 제자들이 힘겹
게 노 젓는 것을 보시고 밤 사경쯤
에 바다 위로 걸어서 그들에게 오
사 지나가려고 하시매
49 제자들이 그가 바다 위로 걸어 오심
을 보고 유령인가 하여 소리 지르니
50 그들이 다 예수를 보고 놀람이라
이에 예수께서 곧 그들에게 말씀하
여 이르시되 안심하라 내니 두려워
하지 말라 하시고

1) 2:15 난하주를 보라 2) 은전의 명칭

51 배에 올라 그들에게 가시니 바람이
그치는지라 제자들이 마음에 심히
놀라니
52 이는 그들이 그 떡 떼시던 일을 깨
닫지 못하고 도리어 그 마음이 둔
하여졌음이러라

게네사렛에서 병자들을 고치시다
(마 14:34-36)

53 ●건너가 게네사렛 땅에 이르러 대고
54 배에서 내리니 사람들이 곧 예수신
줄을 알고
55 그 온 지방으로 달려 돌아다니며
예수께서 어디 계시다는 말을 듣는
대로 병든 자를 침상째로 메고 나
아오니
56 아무 데나 예수께서 들어가시는 지
방이나 도시나 마을에서 병자를 시
장에 두고 예수께 그의 옷가에라도
손을 대게 하시기를 간구하니 손을
대는 자는 다 성함을 얻으니라

장로들의 전통 (마 15:1-20)

7 바리새인들과 또 서기관 중 몇이
예루살렘에서 와서 예수께 모여
들었다가
2 그의 제자 중 몇 사람이 부정한 손
곧 씻지 아니한 손으로 떡 먹는 것
을 보았더라
3 (바리새인들과 모든 유대인들은 장
로들의 전통을 지키어 [1]손을 잘 씻
지 않고서는 음식을 먹지 아니하며
4 또 시장에서 돌아와서도 [2]물을 뿌
리지 않고서는 먹지 아니하며 그
외에도 여러 가지를 지키어 오는
것이 있으니 잔과 주발과 놋그릇을
씻음이러라)
5 이에 바리새인들과 서기관들이 예
수께 묻되 어찌하여 당신의 제자들
은 장로들의 전통을 준행하지 아니
하고 부정한 손으로 떡을 먹나이까
6 이르시되 이사야가 너희 외식하는
자에 대하여 잘 예언하였도다 기록
하였으되
ㄱ이 백성이 입술로는 나를 공경
하되 마음은 내게서 멀도다
7 사람의 계명으로 교훈을 삼아 가
르치니 나를 헛되이 경배하는도다
하였느니라
8 너희가 하나님의 계명은 버리고 사
람의 전통을 지키느니라
9 또 이르시되 너희가 너희 전통을
지키려고 하나님의 계명을 잘 저버
리는도다
10 모세는 ㄴ네 부모를 공경하라 하고
또 ㄷ아버지나 어머니를 모욕하는
자는 죽임을 당하리라 하였거늘
11 너희는 이르되 사람이 아버지에게
나 어머니에게나 말하기를 내가 드
려 유익하게 할 것이 고르반 곧 하
나님께 드림이 되었다고 하기만 하
면 그만이라 하고
12 자기 아버지나 어머니에게 다시 아
무것도 하여 드리기를 허락하지 아
니하여
13 너희가 전한 전통으로 하나님의 말
씀을 폐하며 또 이 같은 일을 많이
행하느니라 하시고
14 무리를 다시 불러 이르시되 너희는
다 내 말을 듣고 깨달으라
15 무엇이든지 밖에서 사람에게로 들
어가는 것은 능히 사람을 더럽게
하지 못하되
16 사람 안에서 나오는 것이 사람을
더럽게 하는 것이니라 하시고
17 무리를 떠나 집으로 들어가시니 제
자들이 그 비유를 묻자온대
18 예수께서 이르시되 너희도 이렇게
깨달음이 없느냐 무엇이든지 밖에
서 들어가는 것이 능히 사람을 더

1) 또는 팔뚝까지 2) 또는 목욕하지 않으면 ㄱ. 사 29:13 ㄴ. 출 20:12; 신 5:16 ㄷ. 출 21:17; 레 20:9

럽게 하지 못함을 알지 못하느냐
19 이는 마음으로 들어가지 아니하고
배로 들어가 뒤로 나감이라 이러므
로 모든 음식물을 깨끗하다 하시니
라
20 또 이르시되 사람에게서 나오는 그
것이 사람을 더럽게 하느니라
21 속에서 곧 사람의 마음에서 나오는
것은 악한 생각 곧 음란과 도둑질
과 살인과
22 간음과 탐욕과 악독과 속임과 음탕
과 질투와 비방과 교만과 우매함이
니
23 이 모든 악한 것이 다 속에서 나와
서 사람을 더럽게 하느니라

수로보니게 여자의 믿음 (마 15:21-28)

24 ●예수께서 일어나사 거기를 떠나
두로 지방으로 가서 한 집에 들어
가 아무도 모르게 하시려 하나 숨
길 수 없더라
25 이에 더러운 귀신들린 어린 딸을
둔 한 여자가 예수의 소문을 듣고
곧 와서 그 발 아래에 엎드리니
26 그 여자는 헬라인이요 수로보니게
족속이라 자기 딸에게서 귀신 쫓아
내 주시기를 간구하거늘
27 예수께서 이르시되 자녀로 먼저 배
불리 먹게 할지니 자녀의 떡을 취
하여 개들에게 던짐이 마땅치 아니
하니라
28 여자가 대답하여 이르되 주여 옳소
이다마는 상 아래 개들도 아이들이
먹던 부스러기를 먹나이다
29 예수께서 이르시되 이 말을 하였으
니 돌아가라 귀신이 네 딸에게서
나갔느니라 하시매
30 여자가 집에 돌아가 본즉 아이가
침상에 누웠고 귀신이 나갔더라

귀먹고 말 더듬는 사람을 고치시다

31 ●예수께서 다시 두로 지방에서 나
와 시돈을 지나고 데가볼리 지방을
통과하여 갈릴리 호수에 이르시매
32 사람들이 귀먹고 말 더듬는 자를
데리고 예수께 나아와 안수하여 주
시기를 간구하거늘
33 예수께서 그 사람을 따로 데리고
무리를 떠나사 손가락을 그의 양
귀에 넣고 침을 뱉어 그의 혀에 손
을 대시며
34 하늘을 우러러 탄식하시며 그에게
이르시되 에바다 하시니 이는 열리
라는 뜻이라
35 그의 귀가 열리고 혀가 맺힌 것이
곧 풀려 말이 분명하여졌더라
36 예수께서 그들에게 경고하사 아무
에게도 이르지 말라 하시되 경고하
실수록 그들이 더욱 널리 전파하니
37 사람들이 심히 놀라 이르되 그가
모든 것을 잘하였도다 못 듣는 사
람도 듣게 하고 말 못하는 사람도
말하게 한다 하니라

사천 명을 먹이시다 (마 15:32-39)

8 그 무렵에 또 큰 무리가 있어 먹
을 것이 없는지라 예수께서 제자
들을 불러 이르시되
2 내가 무리를 불쌍히 여기노라 그들
이 나와 함께 있은 지 이미 사흘이
지났으나 먹을 것이 없도다
3 만일 내가 그들을 굶겨 집으로 보
내면 길에서 기진하리라 그 중에는
멀리서 온 사람들도 있느니라
4 제자들이 대답하되 이 광야 어디서
떡을 얻어 이 사람들로 배부르게
할 수 있으리이까
5 예수께서 물으시되 너희에게 떡 몇
개나 있느냐 이르되 일곱이로소이
다 하거늘
6 예수께서 무리를 명하여 땅에 [1]앉
게 하시고 떡 일곱 개를 가지사 축

1) 2:15 난하주를 보라

사하시고 떼어 제자들에게 주어 나
누어 주게 하시니 제자들이 무리에
게 나누어 주더라
7 또 작은 생선 두어 마리가 있는지
라 이에 축복하시고 명하사 이것도
나누어 주게 하시니
8 배불리 먹고 남은 조각 일곱 광주
리를 거두었으며
9 사람은 약 사천 명이었더라 예수께
서 그들을 흩어 보내시고
10 곧 제자들과 함께 배에 오르사 달
마누다 지방으로 가시니라

이 세대가 표적을 구하나 (마 16:1-4)

11 ●바리새인들이 나와서 예수를 힐
난하며 그를 시험하여 하늘로부터
오는 [1]표적을 구하거늘
12 예수께서 마음속으로 깊이 탄식하
시며 이르시되 어찌하여 이 세대가
[1]표적을 구하느냐 내가 진실로 너
희에게 이르노니 이 세대에 [1]표적
을 주지 아니하리라 하시고
13 그들을 떠나 다시 배에 올라 건너
편으로 가시니라

바리새인들과 헤롯의 누룩 (마 16:5-12)

14 ●제자들이 떡 가져오기를 잊었으매
배에 떡 한 개밖에 그들에게 없더라
15 예수께서 경고하여 이르시되 삼가
바리새인들의 누룩과 헤롯의 누룩
을 주의하라 하시니
16 제자들이 서로 수군거리기를 [2]이는
우리에게 떡이 없음이로다 하거늘
17 예수께서 아시고 이르시되 너희가
어찌 떡이 없음으로 수군거리느냐
아직도 알지 못하며 깨닫지 못하느
냐 너희 마음이 둔하냐
18 너희가 눈이 있어도 보지 못하며
귀가 있어도 듣지 못하느냐 또 기
억하지 못하느냐
19 내가 떡 다섯 개를 오천 명에게 떼
어 줄 때에 조각 몇 바구니를 거두
었더냐 이르되 열둘이니이다
20 또 일곱 개를 사천 명에게 떼어 줄
때에 조각 몇 광주리를 거두었더냐
이르되 일곱이니이다
21 이르시되 아직도 깨닫지 못하느냐
하시니라

벳새다에서 맹인을 고치시다

22 ●벳새다에 이르매 사람들이 맹인
한 사람을 데리고 예수께 나아와
손 대시기를 구하거늘
23 예수께서 맹인의 손을 붙잡으시고
마을 밖으로 데리고 나가사 눈에
침을 뱉으시며 그에게 안수하시고
무엇이 보이느냐 물으시니
24 쳐다보며 이르되 사람들이 보이나
이다 나무 같은 것들이 걸어가는
것을 보나이다 하거늘
25 이에 그 눈에 다시 안수하시매 그
가 주목하여 보더니 나아서 모든
것을 밝히 보는지라
26 예수께서 그 사람을 집으로 보내시
며 이르시되 마을에는 들어가지 말
라 하시니라

베드로의 고백, 죽음과 부활을 말씀하심 (마 16:13-28; 눅 9:18-27)

27 ●예수와 제자들이 빌립보 가이사
랴 여러 마을로 나가실새 길에서
제자들에게 물어 이르시되 사람들
이 나를 누구라고 하느냐
28 제자들이 여짜와 이르되 [3]세례 요
한이라 하고 더러는 엘리야, 더러
는 선지자 중의 하나라 하나이다
29 또 물으시되 너희는 나를 누구라
하느냐 베드로가 대답하여 이르되
주는 그리스도시니이다 하매
30 이에 자기의 일을 아무에게도 말하
지 말라 경고하시고
31 인자가 많은 고난을 받고 장로들과

1) 또는 이적 2) 또는 우리에게 떡이 없도다 3) 헬, 또는 침례

대제사장들과 서기관들에게 버린
바 되어 죽임을 당하고 사흘 만에
살아나야 할 것을 비로소 그들에게
가르치시되
32 드러내 놓고 이 말씀을 하시니 베
드로가 예수를 붙들고 항변하매
33 예수께서 돌이키사 제자들을 보시
며 베드로를 꾸짖어 이르시되 사탄
아 내 뒤로 물러가라 네가 하나님
의 일을 생각하지 아니하고 도리어
사람의 일을 생각하는도다 하시고
34 무리와 제자들을 불러 이르시되 누
구든지 나를 따라오려거든 자기를
부인하고 자기 십자가를 지고 나를
따를 것이니라
35 누구든지 자기 목숨을 구원하고자
하면 잃을 것이요 누구든지 나와
복음을 위하여 자기 목숨을 잃으면
구원하리라
36 사람이 만일 온 천하를 얻고도 자기
목숨을 잃으면 무엇이 유익하리요
37 사람이 무엇을 주고 자기 목숨과
바꾸겠느냐
38 누구든지 이 음란하고 죄 많은 세
대에서 나와 내 말을 부끄러워하면
인자도 아버지의 영광으로 거룩한
천사들과 함께 올 때에 그 사람을
부끄러워하리라

9 또 그들에게 이르시되 내가 진실
로 너희에게 이르노니 여기 서 있
는 사람 중에는 죽기 전에 하나님의
나라가 권능으로 임하는 것을 볼
자들도 있느니라 하시니라

영광스러운 모습으로 변형되시다
(마 17:1-13; 눅 9:28-36)

2 ●엿새 후에 예수께서 베드로와 야
고보와 요한을 데리시고 따로 높은
산에 올라가셨더니 그들 앞에서 변
형되사
3 그 옷이 광채가 나며 세상에서 빨
래하는 자가 그렇게 희게 할 수 없
을 만큼 매우 희어졌더라
4 이에 엘리야가 모세와 함께 그들에
게 나타나 예수와 더불어 말하거늘
5 베드로가 예수께 고하되 랍비여 우
리가 여기 있는 것이 좋사오니 우리
가 초막 셋을 짓되 하나는 주를 위
하여, 하나는 모세를 위하여, 하나
는 엘리야를 위하여 하사이다 하니
6 이는 그들이 몹시 무서워하므로 그
가 무슨 말을 할지 알지 못함이더라
7 마침 구름이 와서 그들을 덮으며
구름 속에서 소리가 나되 이는 내
사랑하는 아들이니 너희는 그의 말
을 들으라 하는지라
8 문득 둘러보니 아무도 보이지 아니
하고 오직 예수와 자기들뿐이었더라
9 ●그들이 산에서 내려올 때에 예수
께서 경고하시되 인자가 죽은 자
가운데서 살아날 때까지는 본 것을
아무에게도 이르지 말라 하시니
10 그들이 이 말씀을 마음에 두며 서
로 문의하되 죽은 자 가운데서 살
아나는 것이 무엇일까 하고
11 이에 예수께 묻자와 이르되 어찌하
여 서기관들이 엘리야가 먼저 와야
하리라 하나이까
12 이르시되 엘리야가 과연 먼저 와서
모든 것을 회복하거니와 어찌 인자
에 대하여 기록하기를 많은 고난을
받고 멸시를 당하리라 하였느냐
13 그러나 내가 너희에게 이르노니 엘
리야가 왔으되 기록된 바와 같이
사람들이 함부로 대우하였느니라
하시니라

귀신들린 아이를 고치시다
(마 17:14-20; 눅 9:37-43 상)

14 ●이에 그들이 제자들에게 와서 보
니 큰 무리가 그들을 둘러싸고 서
기관들이 그들과 더불어 변론하고

있더라
15 온 무리가 곧 예수를 보고 매우 놀
라며 달려와 문안하거늘
16 예수께서 물으시되 너희가 무엇을
그들과 변론하느냐
17 무리 중의 하나가 대답하되 선생님
말 못하게 귀신들린 내 아들을 선
생님께 데려왔나이다
18 귀신이 어디서든지 그를 잡으면 거
꾸러져 거품을 흘리며 이를 갈며
그리고 파리해지는지라 내가 선생
님의 제자들에게 내쫓아 달라 하였
으나 그들이 능히 하지 못하더이다
19 대답하여 이르시되 믿음이 없는 세
대여 내가 얼마나 너희와 함께 있
으며 얼마나 너희에게 참으리요 그
를 내게로 데려오라 하시매
20 이에 데리고 오니 귀신이 예수를
보고 곧 그 아이로 심히 경련을 일
으키게 하는지라 그가 땅에 엎드러
져 구르며 거품을 흘리더라
21 예수께서 그 아버지에게 물으시되
언제부터 이렇게 되었느냐 하시니
이르되 어릴 때부터니이다
22 귀신이 그를 죽이려고 불과 물에
자주 던졌나이다 그러나 무엇을 하
실 수 있거든 우리를 불쌍히 여기
사 도와 주옵소서
23 예수께서 이르시되 할 수 있거든이
무슨 말이냐 믿는 자에게는 능히
하지 못할 일이 없느니라 하시니
24 곧 그 아이의 아버지가 소리를 질
러 이르되 내가 믿나이다 나의 믿
음 없는 것을 도와 주소서 하더라
25 예수께서 무리가 달려와 모이는 것
을 보시고 그 더러운 귀신을 꾸짖
어 이르시되 말 못하고 못 듣는 귀
신아 내가 네게 명하노니 그 아이
에게서 나오고 다시 들어가지 말라
하시매
26 귀신이 소리 지르며 아이로 심히
경련을 일으키게 하고 나가니 그
아이가 죽은 것같이 되어 많은 사
람이 말하기를 죽었다 하나
27 예수께서 그 손을 잡아 일으키시니
이에 일어서니라
28 집에 들어가시매 제자들이 조용히
묻자오되 우리는 어찌하여 능히 그
귀신을 쫓아내지 못하였나이까
29 이르시되 기도 외에 다른 것으로는
이런 종류가 나갈 수 없느니라 하
시니라

죽음과 부활을 두 번째로 말씀하시다
(마 17:22-23; 눅 9:43 하-45)

30 ●그곳을 떠나 갈릴리 가운데로 지
날새 예수께서 아무에게도 알리고
자 아니하시니
31 이는 제자들을 가르치시며 또 인자
가 사람들의 손에 넘겨져 죽임을 당
하고 죽은 지 삼 일 만에 살아나리
라는 것을 말씀하셨기 때문이더라
32 그러나 제자들은 이 말씀을 깨닫지
못하고 묻기도 두려워하더라

누가 크냐 (마 18:1-5; 눅 9:46-48)

33 ●가버나움에 이르러 집에 계실새
제자들에게 물으시되 너희가 길에서
서로 토론한 것이 무엇이냐 하시되
34 그들이 잠잠하니 이는 길에서 서로
누가 크냐 하고 쟁론하였음이라
35 예수께서 앉으사 열두 제자를 불러
서 이르시되 누구든지 첫째가 되고
자 하면 뭇 사람의 끝이 되며 뭇 사
람을 섬기는 자가 되어야 하리라
하시고
36 어린아이 하나를 데려다가 그들 가
운데 세우시고 안으시며 제자들에
게 이르시되
37 누구든지 내 이름으로 이런 어린아
이 하나를 영접하면 곧 나를 영접
함이요 누구든지 나를 영접하면 나

를 영접함이 아니요 나를 보내신
이를 영접함이니라

우리를 위하는 사람
(마 18:6-9; 눅 9:49-50; 17:1-2)

38 ●요한이 예수께 여짜오되 선생님
우리를 따르지 않는 어떤 자가 주
의 이름으로 귀신을 내쫓는 것을
우리가 보고 우리를 따르지 아니하
므로 금하였나이다
39 예수께서 이르시되 금하지 말라 내
이름을 의탁하여 능한 일을 행하고
즉시로 나를 비방할 자가 없느니라
40 우리를 반대하지 않는 자는 우리를
위하는 자니라
41 누구든지 너희가 그리스도에게 속
한 자라 하여 물 한 그릇이라도 주
면 내가 진실로 너희에게 이르노니
그가 결코 상을 잃지 않으리라
42 또 누구든지 나를 믿는 이 작은 자
들 중 하나라도 실족하게 하면 차
라리 연자 맷돌이 그 목에 매여 바
다에 던져지는 것이 나으리라
43 만일 네 손이 너를 [1]범죄하게 하거
든 찍어버리라 장애인으로 [2]영생에
들어가는 것이 두 손을 가지고 지
옥 곧 꺼지지 않는 불에 들어가는
것보다 나으니라
44 [3](없음)
45 만일 네 발이 너를 [1]범죄하게 하거
든 찍어버리라 다리 저는 자로 [2]영
생에 들어가는 것이 두 발을 가지고
지옥에 던져지는 것보다 나으니라
46 [3](없음)
47 만일 네 눈이 너를 [1]범죄하게 하거
든 빼버리라 한 눈으로 하나님의
나라에 들어가는 것이 두 눈을 가
지고 지옥에 던져지는 것보다 나으
니라
48 거기에서는 구더기도 죽지 않고 불
도 꺼지지 아니하느니라
49 사람마다 불로써 소금 치듯 함을
받으리라
50 소금은 좋은 것이로되 만일 소금이
그 맛을 잃으면 무엇으로 이를 짜
게 하리요 너희 속에 소금을 두고
서로 화목하라 하시니라

이혼에 대하여 가르치시다 (마 19:1-12)

10 예수께서 거기서 떠나 유대 지
경과 요단 강 건너편으로 가시
니 무리가 다시 모여들거늘 예수께
서 다시 전례대로 가르치시더니
2 바리새인들이 예수께 나아와 그를
시험하여 묻되 사람이 아내를 버리
는 것이 옳으니이까
3 대답하여 이르시되 모세가 어떻게
너희에게 명하였느냐
4 이르되 ㄱ모세는 이혼 증서를 써주
어 버리기를 허락하였나이다
5 예수께서 그들에게 이르시되 너희
마음이 완악함으로 말미암아 이 명
령을 기록하였거니와
6 창조 때로부터 사람을 남자와 여자
로 지으셨으니
7 이러므로 사람이 그 부모를 떠나서
8 그 둘이 한 몸이 될지니라 이러한
즉 이제 둘이 아니요 한 몸이니
9 그러므로 하나님이 짝지어 주신 것을
사람이 나누지 못할지니라 하시더라
10 집에서 제자들이 다시 이 일을 물
으니
11 이르시되 누구든지 그 아내를 버리
고 다른 데에 장가드는 자는 본처
에게 간음을 행함이요
12 또 아내가 남편을 버리고 다른 데
로 시집가면 간음을 행함이니라

어린아이들을 축복하시다
(마 19:13-15; 눅 18:15-17)

13 ●사람들이 예수께서 만져 주심을

1) 또는 실족하게 2) 헬, 생에 3) 어떤 사본에, 44, 46 양 절에, 48절과 같은 문구가 있음 ㄱ. 신 24:1,3

바라고 어린아이들을 데리고 오매
제자들이 꾸짖거늘
14 예수께서 보시고 노하시어 이르시
되 어린아이들이 내게 오는 것을
용납하고 금하지 말라 하나님의 나
라가 이런 자의 것이니라
15 내가 진실로 너희에게 이르노니 누
구든지 하나님의 나라를 어린아이
와 같이 받들지 않는 자는 결단코
그곳에 들어가지 못하리라 하시고
16 그 어린아이들을 안고 그들 위에
안수하시고 축복하시니라

재물이 많은 사람 (마 19:16-30; 눅 18:18-30)

17 ●예수께서 길에 나가실새 한 사람
이 달려와서 꿇어 앉아 묻자오되
선한 선생님이여 내가 무엇을 하여
야 영생을 얻으리이까
18 예수께서 이르시되 네가 어찌하여
나를 선하다 일컫느냐 하나님 한
분 외에는 선한 이가 없느니라
19 네가 계명을 아나니 ㄱ살인하지 말
라, 간음하지 말라, 도둑질하지 말
라, 거짓 증언하지 말라, 속여 빼앗
지 말라, 네 부모를 공경하라 하였
느니라
20 그가 여짜오되 선생님이여 이것은
내가 어려서부터 다 지켰나이다
21 예수께서 그를 보시고 사랑하사 이
르시되 네게 아직도 한 가지 부족
한 것이 있으니 가서 네게 있는 것
을 다 팔아 가난한 자들에게 주라
그리하면 하늘에서 보화가 네게 있
으리라 그리고 와서 나를 따르라
하시니
22 그 사람은 재물이 많은 고로 이 말
씀으로 인하여 슬픈 기색을 띠고
근심하며 가니라
23 ●예수께서 둘러보시고 제자들에
게 이르시되 재물이 있는 자는 하
나님의 나라에 들어가기가 심히 어
렵도다 하시니
24 제자들이 그 말씀에 놀라는지라 예
수께서 다시 대답하여 이르시되 얘
들아 1)하나님의 나라에 들어가기가
얼마나 어려운지
25 낙타가 바늘귀로 나가는 것이 부자
가 하나님의 나라에 들어가는 것보
다 쉬우니라 하시니
26 제자들이 매우 놀라 서로 말하되
그런즉 누가 구원을 얻을 수 있는
가 하니
27 예수께서 그들을 보시며 이르시되
사람으로는 할 수 없으되 하나님으
로는 그렇지 아니하니 하나님으로
서는 다 하실 수 있느니라
28 베드로가 여짜와 이르되 보소서 우
리가 모든 것을 버리고 주를 따랐
나이다
29 예수께서 이르시되 내가 진실로 너
희에게 이르노니 나와 복음을 위하
여 집이나 형제나 자매나 어머니나
2)아버지나 자식이나 전토를 버린
자는
30 현세에 있어 집과 형제와 자매와
어머니와 자식과 전토를 백 배나
받되 박해를 겸하여 받고 내세에
영생을 받지 못할 자가 없느니라
31 그러나 먼저 된 자로서 나중 되고
나중 된 자로서 먼저 될 자가 많으
니라

죽음과 부활을 세 번째로 이르시다
(마 20:17-19; 눅 18:31-34)

32 ●예루살렘으로 올라가는 길에 예
수께서 그들 앞에 서서 가시는데
그들이 놀라고 따르는 자들은 두려
워하더라 이에 다시 열두 제자를
데리시고 자기가 당할 일을 말씀하

1) 어떤 사본에, 재물을 의지하는 자는 하나님의 나라에
2) 어떤 사본에는, '아버지나' 아래에 '아내나'가 있음
ㄱ. 출 20:12-16; 신 5:16-20

여 이르시되
33 보라 우리가 예루살렘에 올라가노
니 인자가 대제사장들과 서기관들
에게 넘겨지매 그들이 죽이기로 결
의하고 이방인들에게 넘겨주겠고
34 그들은 능욕하며 침 뱉으며 채찍질
하고 죽일 것이나 그는 삼 일 만에
살아나리라 하시니라

야고보와 요한이 구하는 것 (마 20:20-28)

35 ●세베대의 아들 야고보와 요한이
주께 나아와 여짜오되 선생님이여
무엇이든지 우리가 구하는 바를 우
리에게 하여 주시기를 원하옵나이다
36 이르시되 너희에게 무엇을 하여 주
기를 원하느냐
37 여짜오되 주의 영광 중에서 우리를
하나는 주의 우편에, 하나는 좌편
에 앉게 하여 주옵소서
38 예수께서 이르시되 너희는 너희가
구하는 것을 알지 못하는도다 내가
마시는 잔을 너희가 마실 수 있으
며 내가 받는 [1)]세례를 너희가 받을
수 있느냐
39 그들이 말하되 할 수 있나이다 예
수께서 이르시되 너희는 내가 마시
는 잔을 마시며 내가 받는 [1)]세례를
받으려니와
40 내 좌우편에 앉는 것은 내가 줄 것
이 아니라 누구를 위하여 준비되었
든지 그들이 얻을 것이니라
41 열 제자가 듣고 야고보와 요한에
대하여 화를 내거늘
42 예수께서 불러다가 이르시되 이방
인의 집권자들이 그들을 임의로 주
관하고 그 고관들이 그들에게 권세
를 부리는 줄을 너희가 알거니와
43 너희 중에는 그렇지 않을지니 너희
중에 누구든지 크고자 하는 자는
너희를 섬기는 자가 되고
44 너희 중에 누구든지 으뜸이 되고자
하는 자는 모든 사람의 종이 되어
야 하리라
45 인자가 온 것은 섬김을 받으려 함
이 아니라 도리어 섬기려 하고 자
기 목숨을 많은 사람의 대속물로
주려 함이니라

맹인 바디매오가 고침을 받다
(마 20:29-34; 눅 18:35-43)

46 ●그들이 여리고에 이르렀더니 예
수께서 제자들과 허다한 무리와 함
께 여리고에서 나가실 때에 디매오
의 아들인 맹인 거지 바디매오가
길가에 앉았다가
47 나사렛 예수시란 말을 듣고 소리
질러 이르되 다윗의 자손 예수여
나를 불쌍히 여기소서 하거늘
48 많은 사람이 꾸짖어 잠잠하라 하되
그가 더욱 크게 소리 질러 이르되
다윗의 자손이여 나를 불쌍히 여기
소서 하는지라
49 예수께서 머물러 서서 그를 부르라
하시니 그들이 그 맹인을 부르며
이르되 안심하고 일어나라 그가 너
를 부르신다 하매
50 맹인이 겉옷을 내버리고 뛰어 일어
나 예수께 나아오거늘
51 예수께서 말씀하여 이르시되 네게
무엇을 하여 주기를 원하느냐 맹인
이 이르되 선생님이여 보기를 원하
나이다
52 예수께서 이르시되 가라 네 믿음이
너를 구원하였느니라 하시니 그가 곧
보게 되어 예수를 길에서 따르니라

예루살렘에 들어가시다
(마 21:1-11; 눅 19:28-40;요 12:12-19)

11 그들이 예루살렘에 가까이 와서
감람 산 벳바게와 베다니에 이
르렀을 때에 예수께서 제자 중 둘
을 보내시며

1) 헬, 또는 침례

2 이르시되 너희는 맞은편 마을로 가
라 그리로 들어가면 곧 아직 아무
도 타 보지 않은 나귀 새끼가 매여
있는 것을 보리니 풀어 끌고 오라
3 만일 누가 너희에게 왜 이렇게 하
느냐 묻거든 주가 쓰시겠다 [1]하라
그리하면 즉시 이리로 보내리라 하
시니
4 제자들이 가서 본즉 나귀 새끼가 문
앞 거리에 매여 있는지라 그것을 푸니
5 거기 서 있는 사람 중 어떤 이들이
이르되 나귀 새끼를 풀어 무엇 하
려느냐 하매
6 제자들이 예수께서 이르신 대로 말
한대 이에 허락하는지라
7 나귀 새끼를 예수께로 끌고 와서
자기들의 겉옷을 그 위에 얹어 놓
으매 예수께서 타시니
8 많은 사람들은 자기들의 겉옷을,
또 다른 이들은 들에서 벤 나뭇가
지를 길에 펴며
9 앞에서 가고 뒤에서 따르는 자들이
소리 지르되 호산나 찬송하리로다
주의 이름으로 오시는 이여
10 찬송하리로다 오는 우리 조상 다윗
의 나라여 가장 높은 곳에서 호산
나 하더라
11 ●예수께서 예루살렘에 이르러 성
전에 들어가사 모든 것을 둘러보시
고 때가 이미 저물매 열두 제자를
데리시고 베다니에 나가시니라

무화과나무에게 이르시다 (마 21:18-19)

12 ●이튿날 그들이 베다니에서 나왔
을 때에 예수께서 시장하신지라
13 멀리서 잎사귀 있는 한 무화과나무
를 보시고 혹 그 나무에 무엇이 있
을까 하여 가셨더니 가서 보신즉
잎사귀 외에 아무것도 없더라 이는
무화과의 때가 아님이라
14 예수께서 나무에게 말씀하여 이르
시되 이제부터 영원토록 사람이 네
게서 열매를 따 먹지 못하리라 하
시니 제자들이 이를 듣더라

성전을 깨끗하게 하시다
(마 21:12-17; 눅 19:45-48; 요 2:13-22)

15 ●그들이 예루살렘에 들어가니라
예수께서 성전에 들어가사 성전 안
에서 매매하는 자들을 내쫓으시며
돈 바꾸는 자들의 상과 비둘기 파
는 자들의 의자를 둘러 엎으시며
16 아무나 물건을 가지고 성전 안으로
지나다님을 허락하지 아니하시고
17 이에 가르쳐 이르시되 기록된 바
ㄱ내 집은 만민이 기도하는 집이라
칭함을 받으리라고 하지 아니하였
느냐 너희는 ㄴ강도의 소굴을 만들
었도다 하시매
18 대제사장들과 서기관들이 듣고 예
수를 어떻게 죽일까 하고 꾀하니
이는 무리가 다 그의 교훈을 놀랍
게 여기므로 그를 두려워함일러라
19 ●그리고 날이 저물매 그들이 성
밖으로 나가더라

무화과나무가 마르다 (마 21:20-22)

20 ●그들이 아침에 지나갈 때에 무화
과나무가 뿌리째 마른 것을 보고
21 베드로가 생각이 나서 여짜오되 랍
비여 보소서 저주하신 무화과나무
가 말랐나이다
22 예수께서 그들에게 대답하여 이르
시되 하나님을 믿으라
23 내가 진실로 너희에게 이르노니 누
구든지 이 산더러 들리어 바다에
던져지라 하며 그 말하는 것이 이
루어질 줄 믿고 마음에 의심하지
아니하면 그대로 되리라
24 그러므로 내가 너희에게 말하노니
무엇이든지 기도하고 구하는 것은

1) 또는 즉시 돌려 보내리라 하라 하시니 ㄱ. 사 56:7
ㄴ. 렘 7:11

받은 줄로 믿으라 그리하면 너희에
게 그대로 되리라
25 서서 기도할 때에 아무에게나 혐의
가 있거든 용서하라 그리하여야 하
늘에 계신 너희 아버지께서도 너희
허물을 사하여 주시리라 하시니라
26 [1]**(없음)**

예수의 권위를 두고 말하다
(마 21:23-27; 눅 20:1-8)

27 ●그들이 다시 예루살렘에 들어가
니라 예수께서 성전에서 거니실 때
에 대제사장들과 서기관들과 장로
들이 나아와
28 이르되 무슨 권위로 이런 일을 하느
냐 누가 이런 일 할 권위를 주었느냐
29 예수께서 이르시되 나도 한 말을
너희에게 물으리니 대답하라 그리
하면 나도 무슨 권위로 이런 일을
하는지 이르리라
30 요한의 [2]세례가 하늘로부터냐 사람
으로부터냐 내게 대답하라
31 그들이 서로 의논하여 이르되 만일
하늘로부터라 하면 어찌하여 그를
믿지 아니하였느냐 할 것이니
32 그러면 사람으로부터라 할까 하였
으나 모든 사람이 요한을 참 선지
자로 여기므로 그들이 백성을 두려
워하는지라
33 이에 예수께 대답하여 이르되 우리
가 알지 못하노라 하니 예수께서
이르시되 나도 무슨 권위로 이런
일을 하는지 너희에게 이르지 아니
하리라 하시니라

포도원 농부 비유 (마 21:33-46; 눅 20:9-19)

12 예수께서 비유로 그들에게 말
씀하시되 한 사람이 포도원을
만들어 산울타리로 두르고 즙 짜는
틀을 만들고 망대를 지어서 농부들
에게 세로 주고 타국에 갔더니
2 때가 이르매 농부들에게 포도원 소
출 얼마를 받으려고 한 종을 보내니
3 그들이 종을 잡아 심히 때리고 거
저 보내었거늘
4 다시 다른 종을 보내니 그의 머리
에 상처를 내고 능욕하였거늘
5 또 다른 종을 보내니 그들이 그를
죽이고 또 그 외 많은 종들도 더러
는 때리고 더러는 죽인지라
6 이제 한 사람이 남았으니 곧 그가
사랑하는 아들이라 최후로 이를 보
내며 이르되 내 아들은 존대하리라
하였더니
7 그 농부들이 서로 말하되 이는 상
속자니 자 죽이자 그러면 그 유산
이 우리 것이 되리라 하고
8 이에 잡아 죽여 포도원 밖에 내던
졌느니라
9 포도원 주인이 어떻게 하겠느냐 와
서 그 농부들을 진멸하고 포도원을
다른 사람들에게 주리라
10 너희가 성경에
ㄱ건축자들이 버린 돌이 모퉁이의
머릿돌이 되었나니
11 이것은 주로 말미암아 된 것이요
우리 눈에 놀랍도다
함을 읽어 보지도 못하였느냐 하시
니라
12 그들이 예수의 이 비유가 자기들을
가리켜 말씀하심인 줄 알고 잡고자
하되 무리를 두려워하여 예수를 두
고 가니라

가이사에게 세금을 바치는 것
(마 22:15-22; 눅 20:20-26)

13 ●그들이 예수의 말씀을 책잡으려
하여 바리새인과 헤롯당 중에서 사
람을 보내매
14 와서 이르되 선생님이여 우리가 아

1) 어떤 사본에, 26 '만일 너희가 용서하지 아니하면 하늘에 계신 너희 아버지도 너희 허물을 사하지 아니하시리라' 가 있음 2) 헬, 또는 침례 ㄱ. 시 118:22 이하

노니 당신은 참되시고 아무도 꺼리
는 일이 없으시니 이는 사람을 외
모로 보지 않고 오직 진리로써 하
나님의 도를 가르치심이니이다 가
이사에게 세금을 바치는 것이 옳으
니이까 옳지 아니하니이까
15 우리가 바치리이까 말리이까 한대
예수께서 그 외식함을 아시고 이
르시되 어찌하여 나를 시험하느냐
[1]데나리온 하나를 가져다가 내게
보이라 하시니
16 가져왔거늘 예수께서 이르시되 이
형상과 이 글이 누구의 것이냐 이
르되 가이사의 것이니이다
17 이에 예수께서 이르시되 가이사의
것은 가이사에게, 하나님의 것은
하나님께 바치라 하시니 그들이 예
수께 대하여 매우 놀랍게 여기더라

부활 논쟁 (마 22:23-33; 눅 20:27-40)

18 ●부활이 없다 하는 사두개인들이
예수께 와서 물어 이르되
19 선생님이여 ㄱ모세가 우리에게 써
주기를 어떤 사람의 형이 자식이
없이 아내를 두고 죽으면 그 동생
이 그 아내를 취하여 형을 위하여
상속자를 세울지니라 하였나이다
20 칠 형제가 있었는데 맏이가 아내를
취하였다가 상속자가 없이 죽고
21 둘째도 그 여자를 취하였다가 상속
자가 없이 죽고 셋째도 그렇게 하여
22 일곱이 다 상속자가 없었고 최후에
여자도 죽었나이다
23 일곱 사람이 다 그를 아내로 취하였
으니 부활 때 곧 그들이 살아날 때
에 그 중의 누구의 아내가 되리이까
24 예수께서 이르시되 너희가 성경도
하나님의 능력도 알지 못하므로 오
해함이 아니냐
25 사람이 죽은 자 가운데서 살아날
때에는 장가도 아니 가고 시집도
아니 가고 하늘에 있는 천사들과
같으니라
26 죽은 자가 살아난다는 것을 말할진
대 너희가 모세의 책 중 가시나무
떨기에 관한 글에 하나님께서 모세
에게 이르시되 ㄴ나는 아브라함의
하나님이요 이삭의 하나님이요 야
곱의 하나님이로라 하신 말씀을 읽
어보지 못하였느냐
27 하나님은 죽은 자의 하나님이 아니
요 산 자의 하나님이시라 너희가
크게 오해하였도다 하시니라

가장 큰 계명 (마 22:34-40; 눅 10:25-28)

28 ●서기관 중 한 사람이 그들이 변
론하는 것을 듣고 예수께서 잘 대
답하신 줄을 알고 나아와 묻되 모
든 계명 중에 첫째가 무엇이니이까
29 예수께서 대답하시되 첫째는 이것
이니 ㄷ이스라엘아 들으라 주 곧 우
리 하나님은 유일한 주시라
30 네 마음을 다하고 목숨을 다하고
뜻을 다하고 힘을 다하여 주 너의
하나님을 사랑하라 하신 것이요
31 둘째는 이것이니 ㄹ네 이웃을 네 자
신과 같이 사랑하라 하신 것이라
이보다 더 큰 계명이 없느니라
32 서기관이 이르되 선생님이여 옳소
이다 하나님은 한 분이시요 그 외
에 다른 이가 없다 하신 말씀이 참
이니이다
33 또 마음을 다하고 지혜를 다하고
힘을 다하여 하나님을 사랑하는 것
과 또 이웃을 자기 자신과 같이 사
랑하는 것이 전체로 드리는 모든 번
제물과 기타 제물보다 나으니이다
34 예수께서 그가 지혜 있게 대답함을
보시고 이르시되 네가 하나님의 나
라에서 멀지 않도다 하시니 그 후

1) 은전의 명칭 ㄱ. 신 25:5 ㄴ. 출 3:6 ㄷ. 신 6:4 이하 ㄹ. 레 19:18

에 감히 묻는 자가 없더라

그리스도와 다윗의 자손
(마 22:41-46; 눅 20:41-44)

35 ●예수께서 성전에서 가르치실새
대답하여 이르시되 어찌하여 서기
관들이 그리스도를 다윗의 자손이
라 하느냐
36 다윗이 성령에 감동되어 친히 말하되
ㄱ주께서 내 주께 이르시되 내가
네 원수를 네 발 아래에 둘 때까
지 내 우편에 앉았으라 하셨도다
하였느니라
37 다윗이 그리스도를 주라 하였은즉
어찌 그의 자손이 되겠느냐 하시니
많은 사람들이 즐겁게 듣더라

서기관들을 삼가라
(마 23:1-36; 눅 20:45-47)

38 ●예수께서 가르치실 때에 이르시
되 긴 옷을 입고 다니는 것과 시장
에서 문안받는 것과
39 회당의 높은 자리와 잔치의 윗자리
를 원하는 서기관들을 삼가라
40 그들은 과부의 가산을 삼키며 외식
으로 길게 기도하는 자니 그 받는
판결이 더욱 중하리라 하시니라

가난한 과부의 헌금 (눅 21:1-4)

41 ●예수께서 헌금함을 대하여 앉으
사 무리가 어떻게 헌금함에 돈 넣
는가를 보실새 여러 부자는 많이
넣는데
42 한 가난한 과부는 와서 두 [1]렙돈 곧
한 [2]고드란트를 넣는지라
43 예수께서 제자들을 불러다가 이르
시되 내가 진실로 너희에게 이르노
니 이 가난한 과부는 헌금함에 넣
는 모든 사람보다 많이 넣었도다
44 그들은 다 그 풍족한 중에서 넣었
거니와 이 과부는 그 가난한 중에
서 자기의 모든 소유 곧 생활비 전
부를 넣었느니라 하시니라

성전이 무너뜨려질 것을 이르시다
(마 24:1-2; 눅 21:5-6)

13 예수께서 성전에서 나가실 때
에 제자 중 하나가 이르되 선
생님이여 보소서 이 돌들이 어떠하
며 이 건물들이 어떠하니이까
2 예수께서 이르시되 네가 이 큰 건물
들을 보느냐 돌 하나도 돌 위에 남지
않고 다 무너뜨려지리라 하시니라

재난의 징조 (마 24:3-14; 눅 21:7-19)

3 ●예수께서 감람 산에서 성전을 마주
대하여 앉으셨을 때에 베드로와 야고
보와 요한과 안드레가 조용히 묻되
4 우리에게 이르소서 어느 때에 이런
일이 있겠사오며 이 모든 일이 이
루어지려 할 때에 무슨 징조가 있
사오리이까
5 예수께서 이르시되 너희가 사람의
미혹을 받지 않도록 주의하라
6 많은 사람이 내 이름으로 와서 이
르되 내가 그라 하여 많은 사람을
미혹하리라
7 난리와 난리의 소문을 들을 때에
두려워하지 말라 이런 일이 있어야
하되 아직 끝은 아니니라
8 민족이 민족을, 나라가 나라를 대
적하여 일어나겠고 곳곳에 지진이
있으며 기근이 있으리니 이는 재난
의 시작이니라
9 ●너희는 스스로 조심하라 사람들
이 너희를 공회에 넘겨주겠고 너희
를 회당에서 매질하겠으며 나로 말
미암아 너희가 권력자들과 임금들
앞에 서리니 이는 그들에게 증거가
되려 함이라
10 또 복음이 먼저 만국에 전파되어야
할 것이니라
11 사람들이 너희를 끌어다가 넘겨줄
때에 무슨 말을 할까 미리 염려하

1) 헬라 동전의 명칭 2) 로마 동전의 명칭 ㄱ. 시 110:1

지 말고 무엇이든지 그때에 너희에
게 주시는 그 말을 하라 말하는 이
는 너희가 아니요 성령이시니라
12 형제가 형제를, 아버지가 자식을
죽는 데에 내주며 자식들이 부모를
대적하여 죽게 하리라
13 또 너희가 내 이름으로 말미암아 모
든 사람에게 미움을 받을 것이나 끝
까지 견디는 자는 구원을 받으리라

가장 큰 환난 (마 24:15-28; 눅 21:20-24)

14 ●멸망의 가증한 것이 서지 못할
곳에 선 것을 보거든 (읽는 자는 깨
달을진저) 그때에 유대에 있는 자
들은 산으로 도망할지어다
15 지붕 위에 있는 자는 내려가지도
말고 집에 있는 무엇을 가지러 들
어가지도 말며
16 밭에 있는 자는 겉옷을 가지러 뒤
로 돌이키지 말지어다
17 그날에는 아이 밴 자들과 젖 먹이
는 자들에게 화가 있으리로다
18 이 일이 겨울에 일어나지 않도록
기도하라
19 이는 그날들이 환난의 날이 되겠음
이라 하나님께서 창조하신 시초부
터 지금까지 이런 환난이 없었고
후에도 없으리라
20 만일 주께서 그날들을 감하지 아니
하셨더라면 모든 육체가 구원을 얻
지 못할 것이거늘 자기가 택하신 자
들을 위하여 그날들을 감하셨느니라
21 그때에 어떤 사람이 너희에게 말하
되 보라 그리스도가 여기 있다 보
라 저기 있다 하여도 믿지 말라
22 거짓 그리스도들과 거짓 선지자들
이 일어나서 [1]이적과 기사를 행하
여 할 수만 있으면 택하신 자들을
미혹하려 하리라
23 너희는 삼가라 내가 모든 일을 너
희에게 미리 말하였노라

인자가 오는 것을 보리라
(마 24:29-31; 눅 21:25-28)

24 ●그때에 그 환난 후 해가 어두워
지며 달이 빛을 내지 아니하며
25 별들이 하늘에서 떨어지며 하늘에
있는 권능들이 흔들리리라
26 그때에 인자가 구름을 타고 큰 권
능과 영광으로 오는 것을 사람들이
보리라
27 또 그때에 그가 천사들을 보내어
자기가 택하신 자들을 땅끝으로부
터 하늘 끝까지 사방에서 모으리라

무화과나무 비유에서 배울 교훈
(마 24:32-44; 눅 21:29-33)

28 ●무화과나무의 비유를 배우라 그
가지가 연하여지고 잎사귀를 내면
여름이 가까운 줄 아나니
29 이와 같이 너희가 이런 일이 일어
나는 것을 보거든 [2]인자가 가까이
곧 문 앞에 이른 줄 알라
30 내가 진실로 너희에게 말하노니 이
세대가 지나가기 전에 이 일이 다
일어나리라
31 천지는 없어지겠으나 내 말은 없어
지지 아니하리라
32 그러나 그날과 그때는 아무도 모르
나니 하늘에 있는 천사들도, 아들
도 모르고 아버지만 아시느니라
33 주의하라 깨어 [3]있으라 그때가 언
제인지 알지 못함이라
34 가령 사람이 집을 떠나 타국으로
갈 때에 그 종들에게 권한을 주어
각각 사무를 맡기며 문지기에게 깨
어 있으라 명함과 같으니
35 그러므로 깨어 있으라 집 주인이
언제 올는지 혹 저물 때일는지, 밤
중일는지, 닭 울 때일는지, 새벽일
는지 너희가 알지 못함이라

1) 또는 표적 2) 또는 때가 3) 어떤 사본에, 있어 기도하라

36 그가 홀연히 와서 너희가 자는 것
을 보지 않도록 하라
37 깨어 있으라 내가 너희에게 하는
이 말은 모든 사람에게 하는 말이
니라 하시니라

예수를 죽일 방도를 찾다
(마 26:1-5; 눅 22:1-2; 요 11:45-53)

14 이틀이 지나면 유월절과 무교
절이라 대제사장들과 서기관
들이 예수를 흉계로 잡아 죽일 방
도를 구하며
2 이르되 민란이 날까 하노니 명절에
는 하지 말자 하더라

예수의 머리에 향유를 붓다
(마 26:6-13; 요 12:1-8)

3 ●예수께서 베다니 나병환자 시몬
의 집에서 [1]식사하실 때에 한 여자
가 매우 값진 향유 곧 순전한 나드
한 옥합을 가지고 와서 그 옥합을
깨뜨려 예수의 머리에 부으니
4 어떤 사람들이 화를 내어 서로 말하
되 어찌하여 이 향유를 허비하는가
5 이 향유를 삼백 [2]데나리온 이상에
팔아 가난한 자들에게 줄 수 있었겠
도다 하며 그 여자를 책망하는지라
6 예수께서 이르시되 가만 두라 너희
가 어찌하여 그를 괴롭게 하느냐
그가 내게 좋은 일을 하였느니라
7 가난한 자들은 항상 너희와 함께
있으니 아무 때라도 원하는 대로
도울 수 있거니와 나는 너희와 항
상 함께 있지 아니하리라
8 그는 힘을 다하여 내 몸에 향유를 부
어 내 장례를 미리 준비하였느니라
9 내가 진실로 너희에게 이르노니 온
천하에 어디서든지 복음이 전파되
는 곳에는 이 여자가 행한 일도 말
하여 그를 기억하리라 하시니라

유다가 배반하다 (마 26:14-16; 눅 22:3-6)

10 ●열둘 중의 하나인 가룟 유다가
예수를 넘겨주려고 대제사장들에
게 가매
11 그들이 듣고 기뻐하여 돈을 주기로
약속하니 유다가 예수를 어떻게 넘
겨줄까 하고 그 기회를 찾더라

제자들과 함께 유월절을 지키시다
(마 26:17-25; 눅 22:7-14, 21-23;
요 13:21-30)

12 ●무교절의 첫날 곧 유월절 양 잡
는 날에 제자들이 예수께 여짜오되
우리가 어디로 가서 선생님께서 유
월절 음식을 잡수시게 준비하기를
원하시나이까 하매
13 예수께서 제자 중의 둘을 보내시며
이르시되 성내로 들어가라 그리하
면 물 한 동이를 가지고 가는 사람
을 만나리니 그를 따라가서
14 어디든지 그가 들어가는 그 집 주
인에게 이르되 선생님의 말씀이 내
가 내 제자들과 함께 유월절 음식
을 먹을 나의 객실이 어디 있느냐
하시더라 하라
15 그리하면 자리를 펴고 준비한 큰
다락방을 보이리니 거기서 우리를
위하여 준비하라 하시니
16 제자들이 나가 성내로 들어가서 예
수께서 하시던 말씀대로 만나 유월
절 음식을 준비하니라
17 ●저물매 그 열둘을 데리시고 가서
18 다 [1]앉아 먹을 때에 예수께서 이르
시되 내가 진실로 너희에게 이르노
니 너희 중의 한 사람 곧 나와 함께
먹는 자가 나를 팔리라 하신대
19 그들이 근심하며 하나씩 하나씩 나
는 아니지요 하고 말하기 시작하니
20 그들에게 이르시되 열둘 중의 하나 곧
나와 함께 그릇에 손을 넣는 자니라
21 인자는 자기에 대하여 기록된 대로
가거니와 인자를 파는 그 사람에게

1) 2:15 난하주를 보라 2) 은전의 명칭

는 화가 있으리로다 그 사람은 차
라리 나지 아니하였더라면 자기에
게 좋을 뻔하였느니라 하시니라

마지막 만찬 (마 26:26-30;
눅 22:15-20; 고전 11:23-25)

22 ●그들이 먹을 때에 예수께서 떡을
가지사 축복하시고 떼어 제자들에
게 주시며 이르시되 받으라 이것은
내 몸이니라 하시고
23 또 잔을 가지사 감사 기도하시고
그들에게 주시니 다 이를 마시매
24 이르시되 이것은 많은 사람을 위하
여 흘리는 나의 피 곧 언약의 피니라
25 진실로 너희에게 이르노니 내가 포
도나무에서 난 것을 하나님 나라에
서 새것으로 마시는 날까지 다시
마시지 아니하리라 하시니라
26 ●이에 그들이 찬미하고 감람 산으
로 가니라

베드로가 부인할 것을 예언하시다
(마 26:31-35; 눅 22:31-34; 요 13:36-38)

27 ●예수께서 제자들에게 이르시되
너희가 다 [1]나를 버리리라 이는 기
록된 바 [ㄱ]내가 목자를 치리니 양들
이 흩어지리라 하였음이니라
28 그러나 내가 살아난 후에 너희보다
먼저 갈릴리로 가리라
29 베드로가 여짜오되 다 [2]버릴지라도
나는 그리하지 않겠나이다
30 예수께서 이르시되 내가 진실로 네게
이르노니 오늘 이 밤 닭이 두 번 울기
전에 네가 세 번 나를 부인하리라
31 베드로가 힘있게 말하되 내가 주와
함께 죽을지언정 주를 부인하지 않
겠나이다 하고 모든 제자도 이와
같이 말하니라

겟세마네에서 기도하시다
(마 26:36-46; 눅 22:39-46)

32 ●그들이 겟세마네라 하는 곳에 이
르매 예수께서 제자들에게 이르시
되 내가 기도할 동안에 너희는 여
기 앉아 있으라 하시고
33 베드로와 야고보와 요한을 데리고
가실새 심히 놀라시며 슬퍼하사
34 말씀하시되 내 마음이 심히 고민하
여 죽게 되었으니 너희는 여기 머
물러 깨어 있으라 하시고
35 조금 나아가사 땅에 엎드리어 될
수 있는 대로 이때가 자기에게서
지나가기를 구하여
36 이르시되 아빠 아버지여 아버지께
는 모든 것이 가능하오니 이 잔을
내게서 옮기시옵소서 그러나 나의
원대로 마시옵고 아버지의 원대로
하옵소서 하시고
37 돌아오사 제자들이 자는 것을 보시
고 베드로에게 말씀하시되 시몬아
자느냐 네가 한 시간도 깨어 있을
수 없더냐
38 시험에 들지 않게 깨어 있어 기도
하라 마음에는 원이로되 육신이 약
하도다 하시고
39 다시 나아가 동일한 말씀으로 기도
하시고
40 다시 오사 보신즉 그들이 자니 이
는 그들의 눈이 심히 피곤함이라
그들이 예수께 무엇으로 대답할 줄
을 알지 못하더라
41 세 번째 오사 그들에게 이르시되
이제는 자고 쉬라 그만 되었다 때
가 왔도다 보라 인자가 죄인의 손
에 팔리느니라
42 일어나라 함께 가자 보라 나를 파
는 자가 가까이 왔느니라

잡히시다
(마 26:47-56; 눅 22:47-53; 요 18:2-12)

43 ●예수께서 말씀하실 때에 곧 열둘
중의 하나인 유다가 왔는데 대제사

1) 또는 나로 말미암아 실족하리라 2) 헬, 실족할지라도
ㄱ. 슥 13:7

장들과 서기관들과 장로들에게서
파송된 무리가 검과 몽치를 가지고
그와 함께하였더라
44 예수를 파는 자가 이미 그들과 군
호를 짜 이르되 내가 입맞추는 자
가 그이니 그를 잡아 단단히 끌어
가라 하였는지라
45 이에 와서 곧 예수께 나아와 랍비
여 하고 입을 맞추니
46 그들이 예수께 손을 대어 잡거늘
47 곁에 서 있는 자 중의 한 사람이 칼
을 빼어 대제사장의 종을 쳐 그 귀
를 떨어뜨리니라
48 예수께서 무리에게 말씀하여 이르
시되 너희가 강도를 잡는 것같이
검과 몽치를 가지고 나를 잡으러
나왔느냐
49 내가 날마다 너희와 함께 성전에
있으면서 가르쳤으되 너희가 나를
잡지 아니하였도다 그러나 이는 성
경을 이루려 함이니라 하시더라
50 제자들이 다 예수를 버리고 도망하
니라

한 청년이 벗은 몸으로 도망하다

51 ●한 청년이 벗은 몸에 베 홑이불
을 두르고 예수를 따라가다가 무리
에게 잡히매
52 베 홑이불을 버리고 벗은 몸으로
도망하니라

공회 앞에 서시다 (마 26:57-68; 눅 22:54-55, 63-71; 요 18:13-14, 19-24)

53 ●그들이 예수를 끌고 대제사장에
게로 가니 대제사장들과 장로들과
서기관들이 다 모이더라
54 베드로가 예수를 멀찍이 따라 대제
사장의 집 뜰 안까지 들어가서 아랫
사람들과 함께 앉아 [1]불을 쬐더라
55 대제사장들과 온 공회가 예수를 죽
이려고 그를 칠 증거를 찾되 얻지
못하니
56 이는 예수를 쳐서 거짓 증언하는
자가 많으나 그 증언이 서로 일치
하지 못함이라
57 어떤 사람들이 일어나 예수를 쳐서
거짓 증언하여 이르되
58 우리가 그의 말을 들으니 손으로
지은 이 성전을 내가 헐고 손으로
짓지 아니한 다른 성전을 사흘 동
안에 지으리라 하더라 하되
59 그 증언도 서로 일치하지 않더라
60 대제사장이 가운데 일어서서 예수
에게 물어 이르되 너는 아무 대답
도 없느냐 이 사람들이 너를 치는
증거가 어떠하냐 하되
61 침묵하고 아무 대답도 아니하시거
늘 대제사장이 다시 물어 이르되 네
가 찬송받을 이의 아들 그리스도냐
62 예수께서 이르시되 내가 그니라 인
자가 권능자의 우편에 앉은 것과
하늘 구름을 타고 오는 것을 너희
가 보리라 하시니
63 대제사장이 자기 옷을 찢으며 이르되
우리가 어찌 더 증인을 요구하리요
64 그 신성모독 하는 말을 너희가 들
었도다 너희는 어떻게 생각하느냐
하니 그들이 다 예수를 사형에 해
당한 자로 정죄하고
65 어떤 사람은 그에게 침을 뱉으며
그의 얼굴을 가리고 주먹으로 치며
이르되 선지자 노릇을 하라 하고
하인들은 손바닥으로 치더라

베드로가 예수를 알지 못한다고 하다 (마 26:69-75; 눅 22:56-62; 요 18:15-18, 25-27)

66 ●베드로는 아랫뜰에 있더니 대제
사장의 여종 하나가 와서
67 베드로가 불 쬐고 있는 것을 보고
주목하여 이르되 너도 나사렛 예수
와 함께 있었도다 하거늘

1) 헬, 빛을 쬐더라

68 베드로가 부인하여 이르되 나는 네
가 말하는 것이 무엇인지 알지도
못하고 깨닫지도 못하겠노라 하며
앞뜰로 나갈새[1)]
69 여종이 그를 보고 곁에 서 있는 자
들에게 다시 이르되 이 사람은 그
도당이라 하되
70 또 부인하더라 조금 후에 곁에 서
있는 사람들이 다시 베드로에게 말
하되 너도 갈릴리 사람이니 참으로
그 도당이니라
71 그러나 베드로가 저주하며 맹세하
되 나는 너희가 말하는 이 사람을
알지 못하노라 하니
72 닭이 곧 두 번째 울더라 이에 베드
로가 예수께서 자기에게 하신 말씀
곧 닭이 두 번 울기 전에 네가 세
번 나를 부인하리라 하심이 기억되
어 그 일을 생각하고 울었더라

빌라도가 예수께 묻다 (마 27:1-2, 11-14; 눅 23:1-5; 요 18:28-38)

15 새벽에 대제사장들이 즉시 장
로들과 서기관들 곧 온 공회와
더불어 의논하고 예수를 결박하여
끌고 가서 빌라도에게 넘겨주니
2 빌라도가 묻되 네가 유대인의 왕이
냐 예수께서 대답하여 이르시되 네
말이 옳도다 하시매
3 대제사장들이 여러 가지로 고발하
는지라
4 빌라도가 또 물어 이르되 아무 대
답도 없느냐 그들이 얼마나 많은
것으로 너를 고발하는가 보라 하되
5 예수께서 다시 아무 말씀으로도 대
답하지 아니하시니 빌라도가 놀랍
게 여기더라

십자가에 못박히게 예수를 넘기다 (마 27:15-26; 눅 23:13-25; 요 18:39-19:16)

6 ●명절이 되면 백성들이 요구하는
대로 죄수 한 사람을 놓아 주는 전
례가 있더니
7 민란을 꾸미고 그 민란 중에 살인
하고 체포된 자 중에 바라바라 하
는 자가 있는지라
8 무리가 나아가서 전례대로 하여 주
기를 요구한대
9 빌라도가 대답하여 이르되 너희는
내가 유대인의 왕을 너희에게 놓아
주기를 원하느냐 하니
10 이는 그가 대제사장들이 시기로 예
수를 넘겨준 줄 앎이러라
11 그러나 대제사장들이 무리를 충동
하여 도리어 바라바를 놓아 달라
하게 하니
12 빌라도가 또 대답하여 이르되 그러
면 너희가 유대인의 왕이라 하는
이를 내가 어떻게 하랴
13 그들이 다시 소리 지르되 그를 십
자가에 못박게 하소서
14 빌라도가 이르되 어찜이냐 무슨 악
한 일을 하였느냐 하니 더욱 소리
지르되 십자가에 못박게 하소서 하
는지라
15 빌라도가 무리에게 만족을 주고자
하여 바라바는 놓아 주고 예수는
채찍질하고 십자가에 못박히게 넘
겨주니라

군인들이 예수를 희롱하다 (마 27:27-31; 요 19:2-3)

16 ●군인들이 예수를 끌고 브라이도
리온이라는 뜰 안으로 들어가서 온
군대를 모으고
17 예수에게 자색 옷을 입히고 가시관
을 엮어 씌우고
18 경례하여 이르되 유대인의 왕이여
평안할지어다 하고
19 갈대로 그의 머리를 치며 침을 뱉
으며 꿇어 절하더라
20 희롱을 다 한 후 자색 옷을 벗기고

1) 어떤 사본에는, 68절 끝에 '마침 닭이 울더라' 가 있음

도로 그의 옷을 입히고 십자가에
못박으려고 끌고 나가니라

십자가에 못박히시다 (마 27:32-44;
눅 23:26-43; 요 19:17-27)

21 ●마침 알렉산더와 루포의 아버지
인 구레네 사람 시몬이 시골로부터
와서 지나가는데 그들이 그를 억지
로 같이 가게 하여 예수의 십자가
를 지우고
22 예수를 끌고 골고다라 하는 곳(번
역하면 해골의 곳)에 이르러
23 몰약을 탄 포도주를 주었으나 예수
께서 받지 아니하시니라
24 십자가에 못박고 그 옷을 나눌새
누가 어느 것을 가질까 하여 제비
를 뽑더라
25 때가 제삼 시가 되어 십자가에 못
박으니라
26 그 위에 있는 죄패에 유대인의 왕
이라 썼고
27 강도 둘을 예수와 함께 십자가에
못박으니 하나는 그의 우편에, 하
나는 좌편에 있더라
28 [1](없음)
29 지나가는 자들은 자기 머리를 흔들
며 예수를 모욕하여 이르되 아하
성전을 헐고 사흘에 짓는다는 자여
30 네가 너를 구원하여 십자가에서 내
려오라 하고
31 그와 같이 대제사장들도 서기관들
과 함께 희롱하며 서로 말하되 그
가 남은 구원하였으되 자기는 구원
할 수 없도다
32 이스라엘의 왕 그리스도가 지금 십
자가에서 내려와 우리가 보고 믿게
할지어다 하며 함께 십자가에 못
박힌 자들도 예수를 욕하더라

숨지시다 (마 27:45-61;
눅 23:44-56; 요 19:28-30, 38-42)

33 ●제육 시가 되매 온 땅에 어둠이
임하여 제구 시까지 계속하더니
34 제구 시에 예수께서 크게 소리 지
르시되 엘리 엘리 라마 사박다니
하시니 이를 번역하면 나의 하나
님, 나의 하나님 어찌하여 나를 버
리셨나이까 하는 뜻이라
35 곁에 섰던 자 중 어떤 이들이 듣고
이르되 보라 엘리야를 부른다 하고
36 한 사람이 달려가서 해면에 신 포
도주를 적시어 갈대에 꿰어 마시게
하고 이르되 가만 두라 엘리야가
와서 그를 내려 주나 보자 하더라
37 예수께서 큰 소리를 지르시고 숨지
시니라
38 이에 성소 휘장이 위로부터 아래까
지 찢어져 둘이 되니라
39 예수를 향하여 섰던 백부장이 그렇
게 숨지심을 보고 이르되 이 사람
은 진실로 하나님의 아들이었도다
하더라
40 멀리서 바라보는 여자들도 있었는
데 그 중에 막달라 마리아와 또 작
은 야고보와 요세의 어머니 마리아
와 또 살로메가 있었으니
41 이들은 예수께서 갈릴리에 계실 때
에 따르며 섬기던 자들이요 또 이
외에 예수와 함께 예루살렘에 올라
온 여자들도 많이 있었더라

요셉이 예수의 시체를 무덤에 넣어 두다
(마 27:57-61; 눅 23:50-56; 요 19:38-42)

42 ●이날은 준비일 곧 안식일 전날이
므로 저물었을 때에
43 아리마대 사람 요셉이 와서 당돌히
빌라도에게 들어가 예수의 시체를
달라 하니 이 사람은 존경받는 공
회원이요 하나님의 나라를 기다리
는 자라
44 빌라도는 예수께서 벌써 죽었을까

1) 어떤 사본에는, 28 '불법자와 함께 인정함을 받았다 한 성경이 응하였느니라' 가 있음

하고 이상히 여겨 백부장을 불러
죽은 지가 오래냐 묻고
45 백부장에게 알아본 후에 요셉에게
시체를 내주는지라
46 요셉이 세마포를 사서 예수를 내려
다가 그것으로 싸서 바위 속에 판
무덤에 넣어 두고 돌을 굴려 무덤
문에 놓으매
47 막달라 마리아와 요세의 어머니 마
리아가 예수 둔 곳을 보더라

살아나시다

(마 28:1-10; 눅 24:1-12; 요 20:1-18)

16 안식일이 지나매 막달라 마리
아와 야고보의 어머니 마리아
와 또 살로메가 가서 예수께 바르
기 위하여 향품을 사다 두었다가
2 [1]안식 후 첫날 매우 일찍이 해 돋을
때에 그 무덤으로 가며
3 서로 말하되 누가 우리를 위하여 무
덤 문에서 돌을 굴려 주리요 하더니
4 눈을 들어본즉 벌써 돌이 굴려져
있는데 그 돌이 심히 크더라
5 무덤에 들어가서 흰옷을 입은 한 청
년이 우편에 앉은 것을 보고 놀라매
6 청년이 이르되 놀라지 말라 너희가
십자가에 못박히신 나사렛 예수를
찾는구나 그가 살아나셨고 여기 계
시지 아니하니라 보라 그를 두었던
곳이니라
7 가서 그의 제자들과 베드로에게 이
르기를 예수께서 너희보다 먼저 갈
릴리로 가시나니 전에 너희에게 말
씀하신 대로 너희가 거기서 뵈오리
라 하라 하는지라
8 여자들이 몹시 놀라 떨며 나와 무
덤에서 도망하고 무서워하여 아무
에게 아무 말도 하지 못하더라

막달라 마리아에게 보이시다

(마 28:9-10; 요 20:11-18)

9 [2][예수께서 안식 후 첫날 이른 아
침에 살아나신 후 전에 일곱 귀신
을 쫓아내어 주신 막달라 마리아에
게 먼저 보이시니
10 마리아가 가서 예수와 함께하던 사
람들이 슬퍼하며 울고 있는 중에
이 일을 알리매
11 그들은 예수께서 살아나셨다는 것
과 마리아에게 보이셨다는 것을 듣
고도 믿지 아니하니라

두 제자에게 나타나시다 (눅 24:13-35)

12 ●그 후에 그들 중 두 사람이 걸어
서 시골로 갈 때에 예수께서 다른
모양으로 그들에게 나타나시니
13 두 사람이 가서 남은 제자들에게
알리었으되 역시 믿지 아니하니라

만민에게 복음을 전파하라 (마 28:16-20; 눅 24:36-49; 요 20:19-23; 행 1:6-8)

14 ●그 후에 열한 제자가 [3]음식 먹을
때에 예수께서 그들에게 나타나사
그들의 믿음 없는 것과 마음이 완
악한 것을 꾸짖으시니 이는 자기가
살아난 것을 본 자들의 말을 믿지
아니함일러라
15 또 이르시되 너희는 온 천하에 다
니며 [4]만민에게 복음을 전파하라
16 믿고 [5]세례를 받는 사람은 구원을
얻을 것이요 믿지 않는 사람은 정
죄를 받으리라
17 믿는 자들에게는 이런 [6]표적이 따
르리니 곧 그들이 내 이름으로 귀
신을 쫓아내며 새 방언을 말하며
18 뱀을 집어 올리며 무슨 독을 마실지
라도 해를 받지 아니하며 병든 사람
에게 손을 얹은즉 나으리라 하시더라

하늘로 올려지시다

(눅 24:50-53; 행 1:9-11)

19 ●주 예수께서 말씀을 마치신 후에

1) 헬, 그 주간의 2) 어떤 사본에는, 9-20절까지 없음 3) 2:15 난하주를 보라 4) 헬, 온 창조세계에 5) 헬, 또는 침례 6) 또는 이적

하늘로 올려지사 하나님 우편에 앉
으시니라
20 제자들이 나가 두루 전파할새 주께
서 함께 역사하사 그 따르는 [1)]표적
으로 말씀을 확실히 증언하시니라]

1) 또는 이적

누가복음

Luke

데오빌로 각하에게

1 우리 중에 이루어진 사실에 대하여
2 처음부터 목격자와 말씀의 일꾼
된 자들이 전하여 준 그대로 내력
을 저술하려고 붓을 든 사람이 많
은지라
3 그 모든 일을 근원부터 자세히 미
루어 살핀 나도 데오빌로 각하에게
차례대로 써 보내는 것이 좋은 줄
알았노니
4 이는 각하가 알고 있는 바를 더 확
실하게 하려 함이로라

세례 요한의 출생을 예고하다

5 ●유대 왕 헤롯 때에 아비야 반열
에 제사장 한 사람이 있었으니 이
름은 사가랴요 그의 아내는 아론의
자손이니 이름은 엘리사벳이라
6 이 두 사람이 하나님 앞에 의인이
니 주의 모든 계명과 규례대로 흠
이 없이 행하더라
7 엘리사벳이 잉태를 못하므로 그들
에게 자식이 없고 두 사람의 나이
가 많더라
8 ●마침 사가랴가 그 반열의 차례대
로 하나님 앞에서 제사장의 직무를
행할새
9 제사장의 전례를 따라 제비를 뽑아
주의 성전에 들어가 분향하고
10 모든 백성은 그 분향하는 시간에
밖에서 기도하더니
11 주의 사자가 그에게 나타나 향단
우편에 선지라
12 사가랴가 보고 놀라며 무서워하니
13 천사가 그에게 이르되 사가랴여 무
서워하지 말라 너의 간구함이 들린
지라 네 아내 엘리사벳이 네게 아
들을 낳아 주리니 그 이름을 요한
이라 하라
14 너도 기뻐하고 즐거워할 것이요 많
은 사람도 그의 태어남을 기뻐하리
니
15 이는 그가 주 앞에 큰 자가 되며 포
도주나 독한 술을 마시지 아니하며
모태로부터 성령의 충만함을 받아
16 이스라엘 자손을 주 곧 그들의 하나
님께로 많이 돌아오게 하겠음이라
17 그가 또 엘리야의 심령과 능력으로
주 앞에 먼저 와서 아버지의 마음
을 자식에게, 거스르는 자를 의인
의 슬기에 돌아오게 하고 주를 위
하여 세운 백성을 준비하리라
18 사가랴가 천사에게 이르되 내가 이
것을 어떻게 알리요 내가 늙고 아
내도 나이가 많으니이다
19 천사가 대답하여 이르되 나는 하나
님 앞에 서 있는 가브리엘이라 이
좋은 소식을 전하여 네게 말하라고
보내심을 받았노라
20 보라 이 일이 되는 날까지 네가 말
못하는 자가 되어 능히 말을 못하
리니 이는 네가 내 말을 믿지 아니
함이거니와 때가 이르면 내 말이
이루어지리라 하더라
21 백성들이 사가랴를 기다리며 그가 성

전 안에서 지체함을 이상히 여기더라
22 그가 나와서 그들에게 말을 못하니
백성들이 그가 성전 안에서 환상을
본 줄 알았더라 그가 몸짓으로 뜻
을 표시하며 그냥 말 못하는 대로
있더니
23 그 직무의 날이 다 되매 집으로 돌
아가니라
24 ●이 후에 그의 아내 엘리사벳이
잉태하고 다섯 달 동안 숨어 있으
며 이르되
25 주께서 나를 돌보시는 날에 사람들
앞에서 내 부끄러움을 없게 하시려
고 이렇게 행하심이라 하더라

예수의 나심을 예고하다

26 ●여섯째 달에 천사 가브리엘이 하
나님의 보내심을 받아 갈릴리 나사
렛이란 동네에 가서
27 다윗의 자손 요셉이라 하는 사람과
약혼한 처녀에게 이르니 그 처녀의
이름은 마리아라
28 그에게 들어가 이르되 은혜를 받은
자여 평안할지어다 주께서 너와 함
께하시도다 하니
29 처녀가 그 말을 듣고 놀라 이런 인
사가 어찌함인가 생각하매
30 천사가 이르되 마리아여 무서워하
지 말라 네가 하나님께 은혜를 입
었느니라
31 보라 네가 잉태하여 아들을 낳으리
니 그 이름을 예수라 하라
32 그가 큰 자가 되고 지극히 높으신
이의 아들이라 일컬어질 것이요 주
하나님께서 그 조상 다윗의 왕위를
그에게 주시리니
33 영원히 야곱의 집을 왕으로 다스리
실 것이며 그 나라가 무궁하리라
34 마리아가 천사에게 말하되 나는 남
자를 알지 못하니 어찌 이 일이 있
으리이까
35 천사가 대답하여 이르되 성령이 네
게 임하시고 지극히 높으신 이의
능력이 너를 덮으시리니 이러므로
나실 바 거룩한 이는 하나님의 아
들이라 일컬어지리라
36 보라 네 친족 엘리사벳도 늙어서
아들을 배었느니라 본래 임신하지
못한다고 알려진 이가 이미 여섯
달이 되었나니
37 대저 하나님의 모든 말씀은 능하지
못하심이 없느니라
38 마리아가 이르되 주의 여종이오니
말씀대로 내게 이루어지이다 하매
천사가 떠나가니라

마리아가 엘리사벳을 방문하다

39 ●이때에 마리아가 일어나 빨리 산
골로 가서 유대 한 동네에 이르러
40 사가랴의 집에 들어가 엘리사벳에
게 문안하니
41 엘리사벳이 마리아가 문안함을 들
으매 아이가 복중에서 뛰노는지라
엘리사벳이 성령의 충만함을 받아
42 큰 소리로 불러 이르되 여자 중에
네가 복이 있으며 네 태중의 아이
도 복이 있도다
43 내 주의 어머니가 내게 나아오니
이 어찌 된 일인가
44 보라 네 문안하는 소리가 내 귀에
들릴 때에 아이가 내 복중에서 기
쁨으로 뛰놀았도다
45 주께서 하신 말씀이 반드시 이루어
지리라고 믿은 그 여자에게 복이
있도다

마리아의 찬가

46 마리아가 이르되
내 영혼이 주를 찬양하며
47 내 마음이 하나님 내 구주를 기뻐
하였음은
48 그의 여종의 비천함을 돌보셨음
이라 보라 이제 후로는 만세에 나

를 복이 있다 일컬으리로다
49 능하신 이가 큰 일을 내게 행하셨
으니 그 이름이 거룩하시며
50 긍휼하심이 두려워하는 자에게
대대로 이르는도다
51 그의 팔로 힘을 보이사 마음의 생
각이 교만한 자들을 흩으셨고
52 권세 있는 자를 그 위에서 내리치
셨으며 비천한 자를 높이셨고
53 주리는 자를 좋은 것으로 배불리
셨으며 부자는 빈손으로 보내셨
도다
54 그 종 이스라엘을 도우사 긍휼히
여기시고 기억하시되
55 우리 조상에게 말씀하신 것과 같
이 아브라함과 그 자손에게 영원
히 하시리로다
하니라
56 마리아가 석 달쯤 함께 있다가 집
으로 돌아가니라

세례 요한의 출생

57 ●엘리사벳이 해산할 기한이 차서
아들을 낳으니
58 이웃과 친족이 주께서 그를 크게
긍휼히 여기심을 듣고 함께 즐거워
하더라
59 팔 일이 되매 아이를 할례 하러 와
서 그 아버지의 이름을 따라 사가
랴라 하고자 하더니
60 그 어머니가 대답하여 이르되 아니
라 요한이라 할 것이라 하매
61 그들이 이르되 네 친족 중에 이 이
름으로 이름한 이가 없다 하고
62 그의 아버지께 몸짓하여 무엇으로
이름을 지으려 하는가 물으니
63 그가 서판을 달라 하여 그 이름을
요한이라 쓰매 다 놀랍게 여기더라
64 이에 그 입이 곧 열리고 혀가 풀리
며 말을 하여 하나님을 찬송하니
65 그 근처에 사는 자가 다 두려워하
고 이 모든 말이 온 유대 산골에 두
루 퍼지매
66 듣는 사람이 다 이 말을 마음에 두
며 이르되 이 아이가 장차 어찌 될
까 하니 이는 주의 손이 그와 함께
하심이러라

사가랴의 예언

67 ●그 부친 사가랴가 성령의 충만함
을 받아 예언하여 이르되
68 찬송하리로다 주 이스라엘의 하
나님이여 그 백성을 돌보사 속량
하시며
69 우리를 위하여 구원의 뿔을 그 종
다윗의 집에 일으키셨으니
70 이것은 주께서 예로부터 거룩한 선
지자의 입으로 말씀하신 바와 같이
71 우리 원수에게서와 우리를 미워
하는 모든 자의 손에서 구원하시
는 일이라
72 우리 조상을 긍휼히 여기시며 그
거룩한 언약을 기억하셨으니
73 곧 우리 조상 아브라함에게 하신
맹세라
74 우리가 원수의 손에서 건지심을
받고
75 종신토록 주의 앞에서 성결과 의
로 두려움이 없이 섬기게 하리라
하셨도다
76 이 아이여 네가 지극히 높으신 이
의 선지자라 일컬음을 받고 주 앞
에 앞서 가서 그 길을 준비하여
77 주의 백성에게 그 죄 사함으로 말
미암는 구원을 알게 하리니
78 이는 우리 하나님의 긍휼로 인함
이라 이로써 돋는 해가 위로부터
우리에게 임하여
79 어둠과 죽음의 그늘에 앉은 자에
게 비치고 우리 발을 평강의 길로
인도하시리로다
하니라

80 아이가 자라며 심령이 강하여지며
이스라엘에게 나타나는 날까지 빈
들에 있으니라

예수의 나심 (마 1:18-25)

2 그때에 가이사 아구스도가 영을 내
려 천하로 다 호적하라 하였으니
2 이 호적은 구레뇨가 수리아 총독이
되었을 때에 처음 한 것이라
3 모든 사람이 호적하러 각각 고향으
로 돌아가매
4 요셉도 다윗의 집 족속이므로 갈릴
리 나사렛 동네에서 유대를 향하여
베들레헴이라 하는 다윗의 동네로
5 그 약혼한 마리아와 함께 호적하러
올라가니 마리아가 이미 잉태하였
더라
6 거기 있을 그때에 해산할 날이 차서
7 첫아들을 낳아 강보로 싸서 구유에
뉘었으니 이는 여관에 있을 곳이
없음이러라

목자들이 예수 탄생 소식을 듣다

8 ●그 지역에 목자들이 밤에 밖에서
자기 양 떼를 지키더니
9 주의 사자가 곁에 서고 주의 영광
이 그들을 두루 비추매 크게 무서
워하는지라
10 천사가 이르되 무서워하지 말라 보
라 내가 온 백성에게 미칠 큰 기쁨
의 좋은 소식을 너희에게 전하노라
11 오늘 다윗의 동네에 너희를 위하여
구주가 나셨으니 곧 그리스도 주시
니라
12 너희가 가서 강보에 싸여 구유에
뉘어 있는 아기를 보리니 이것이
너희에게 표적이니라 하더니
13 홀연히 수많은 천군이 그 천사와
함께 하나님을 찬송하여 이르되
14 지극히 높은 곳에서는 하나님께
영광이요 땅에서는 하나님이 기
뻐하신 사람들 중에 평화로다
하니라
15 ●천사들이 떠나 하늘로 올라가니
목자가 서로 말하되 이제 베들레헴
으로 가서 주께서 우리에게 알리신
바 이 이루어진 일을 보자 하고
16 빨리 가서 마리아와 요셉과 구유에
누인 아기를 찾아서
17 보고 천사가 자기들에게 이 아기에
대하여 말한 것을 전하니
18 듣는 자가 다 목자들이 그들에게
말한 것들을 놀랍게 여기되
19 마리아는 이 모든 말을 마음에 새
기어 생각하니라
20 목자들은 자기들에게 이르던 바와
같이 듣고 본 그 모든 것으로 인하
여 하나님께 영광을 돌리고 찬송하
며 돌아가니라
21 ●할례 할 팔 일이 되매 그 이름을
예수라 하니 곧 잉태하기 전에 천
사가 일컬은 바러라

아기 예수의 정결예식

22 ●ㄱ모세의 법대로 정결예식의 날이
차매 아기를 데리고 예루살렘에 올
라가니
23 이는 주의 율법에 쓴 바 ㄴ첫 태에
처음 난 남자마다 주의 거룩한 자라
하리라 한 대로 아기를 주께 드리고
24 또 주의 율법에 말씀하신 대로 ㄷ산
비둘기 한 쌍이나 혹은 어린 집비
둘기 둘로 제사하려 함이더라
25 예루살렘에 시므온이라 하는 사람
이 있으니 이 사람은 의롭고 경건
하여 이스라엘의 위로를 기다리는
자라 성령이 그 위에 계시더라
26 그가 주의 그리스도를 보기 전에는
죽지 아니하리라 하는 성령의 지시
를 받았더니
27 성령의 감동으로 성전에 들어가매
마침 부모가 율법의 관례대로 행하

ㄱ. 레 12:2-6 ㄴ. 출 13:2,12 ㄷ. 레 12:8; 5:11

고자 하여 그 아기 예수를 데리고
오는지라
28 시므온이 아기를 안고 하나님을 찬
송하여 이르되
29 주재여 이제는 말씀하신 대로 종
을 평안히 놓아주시는도다
30 내 눈이 주의 구원을 보았사오니
31 이는 만민 앞에 예비하신 것이요
32 이방을 비추는 빛이요 주의 백성
이스라엘의 영광이니이다
하니
33 그의 부모가 그에 대한 말들을 놀
랍게 여기더라
34 시므온이 그들에게 축복하고 그의
어머니 마리아에게 말하여 이르되
보라 이는 이스라엘 중 많은 사람
을 패하거나 흥하게 하며 비방을
받는 표적이 되기 위하여 세움을
받았고
35 또 칼이 네 마음을 찌르듯 하리니
이는 여러 사람의 마음의 생각을
드러내려 함이니라 하더라
36 또 아셀 지파 바누엘의 딸 안나라
하는 선지자가 있어 나이가 매우
많았더라 그가 결혼한 후 일곱 해
동안 남편과 함께 살다가
37 과부가 되고 팔십사 세가 되었더라 이
사람이 성전을 떠나지 아니하고 주야
로 금식하며 기도함으로 섬기더니
38 마침 이때에 나아와서 하나님께 감사
하고 예루살렘의 속량을 바라는 모든
사람에게 그에 대하여 말하니라
39 주의 율법을 따라 모든 일을 마치
고 갈릴리로 돌아가 본 동네 나사
렛에 이르니라
40 ●아기가 자라며 강하여지고 지혜
가 충만하며 하나님의 은혜가 그의
위에 있더라

열두 살 시절의 예수

41 ●그의 부모가 해마다 유월절이 되
면 예루살렘으로 가더니
42 예수께서 열두 살 되었을 때에 그
들이 이 절기의 관례를 따라 올라
갔다가
43 그날들을 마치고 돌아갈 때에 아이
예수는 예루살렘에 머무셨더라 그
부모는 이를 알지 못하고
44 동행 중에 있는 줄로 생각하고 하
룻길을 간 후 친족과 아는 자 중에
서 찾되
45 만나지 못하매 찾으면서 예루살렘
에 돌아갔더니
46 사흘 후에 성전에서 만난즉 그가
선생들 중에 앉으사 그들에게 듣기
도 하시며 묻기도 하시니
47 듣는 자가 다 그 지혜와 대답을 놀
랍게 여기더라
48 그의 부모가 보고 놀라며 그의 어
머니는 이르되 아이야 어찌하여 우
리에게 이렇게 하였느냐 보라 네
아버지와 내가 근심하여 너를 찾았
노라
49 예수께서 이르시되 어찌하여 나를
찾으셨나이까 내가 [1]내 아버지 집
에 있어야 될 줄을 알지 못하셨나
이까 하시니
50 그 부모가 그가 하신 말씀을 깨닫
지 못하더라
51 예수께서 함께 내려가사 나사렛에
이르러 순종하여 받드시더라 그 어
머니는 이 모든 [2]말을 마음에 두니라
52 ●예수는 지혜와 키가 자라가며 하
나님과 사람에게 더욱 사랑스러워
가시더라

세례 요한의 전파
(마 3:1-12; 막 1:1-8; 요 1:19-28)

3 디베료 황제가 통치한 지 열다섯
해 곧 본디오 빌라도가 유대의
총독으로, 헤롯이 갈릴리의 분봉

1) 또는 내 아버지의 일에 관계하여야 2) 또는 일을

왕으로, 그 동생 빌립이 이두래와
드라고닛 지방의 분봉 왕으로, 루
사니아가 아빌레네의 분봉 왕으로,
2 안나스와 가야바가 대제사장으로
있을 때에 하나님의 말씀이 빈 들
에서 사가랴의 아들 요한에게 임한
지라
3 요한이 요단 강 부근 각처에 와서
죄 사함을 받게 하는 회개의 [1)]세례
를 전파하니
4 선지자 이사야의 책에 쓴 바
[ㄱ]광야에서 외치는 자의 소리가
있어 이르되 너희는 주의 길을 준
비하라 그의 오실 길을 곧게 하라
5 모든 골짜기가 메워지고 모든 산
과 작은 산이 낮아지고 굽은 것이
곧아지고 험한 길이 평탄하여질
것이요
6 모든 육체가 하나님의 구원하심
을 보리라
함과 같으니라
7 ●요한이 [1)]세례받으러 나아오는 무
리에게 이르되 독사의 자식들아 누
가 너희에게 일러 장차 올 진노를
피하라 하더냐
8 그러므로 회개에 합당한 열매를 맺
고 속으로 아브라함이 우리 조상이
라 말하지 말라 내가 너희에게 이
르노니 하나님이 능히 이 돌들로도
아브라함의 자손이 되게 하시리라
9 이미 도끼가 나무 뿌리에 놓였으니
좋은 열매 맺지 아니하는 나무마다
찍혀 불에 던져지리라
10 무리가 물어 이르되 그러면 우리가
무엇을 하리이까
11 대답하여 이르되 옷 두 벌 있는 자
는 옷 없는 자에게 나눠 줄 것이요
먹을 것이 있는 자도 그렇게 할 것
이니라 하고
12 세리들도 [1)]세례를 받고자 하여 와
서 이르되 선생이여 우리는 무엇을
하리이까 하매
13 이르되 부과된 것 외에는 거두지
말라 하고
14 군인들도 물어 이르되 우리는 무엇
을 하리이까 하매 이르되 사람에게
서 강탈하지 말며 거짓으로 고발하
지 말고 받는 급료를 족한 줄로 알
라 하니라
15 ●백성들이 바라고 기다리므로 모
든 사람들이 요한을 혹 그리스도신
가 심중에 생각하니
16 요한이 모든 사람에게 대답하여 이
르되 나는 물로 너희에게 [1)]세례를
베풀거니와 나보다 능력이 많으신
이가 오시나니 나는 그의 신발끈을
풀기도 감당하지 못하겠노라 그는
성령과 불로 너희에게 [1)]세례를 베
푸실 것이요
17 손에 키를 들고 자기의 타작마당을
정하게 하사 알곡은 모아 곳간에
들이고 쭉정이는 꺼지지 않는 불에
태우시리라
18 ●또 그 밖에 여러 가지로 권하여
백성에게 좋은 소식을 전하였으나
19 분봉 왕 헤롯은 그의 동생의 아내
헤로디아의 일과 또 자기가 행한
모든 악한 일로 말미암아 요한에게
책망을 받고
20 그 위에 한 가지 악을 더하여 요한
을 옥에 가두니라

세례를 받으시다 (마 3:13-17; 막 1:9-11)

21 ●백성이 다 [1)]세례를 받을새 예수
도 [1)]세례를 받으시고 기도하실 때
에 하늘이 열리며
22 성령이 비둘기 같은 형체로 그의 위
에 강림하시더니 하늘로부터 소리
가 나기를 너는 내 사랑하는 아들이
라 내가 너를 기뻐하노라 하시니라

1) 헬, 또는 침례 ㄱ. 사 40:3 이하

예수의 족보 (마 1:1-17)

23 ● 예수께서 가르치심을 시작하실
때에 삼십 세쯤 되시니라 사람들이
아는 대로는 요셉의 아들이니 요셉
의 위는 헬리요
24 그 위는 맛닷이요 그 위는 레위요
그 위는 멜기요 그 위는 안나요 그
위는 요셉이요
25 그 위는 맛다디아요 그 위는 아모
스요 그 위는 나훔이요 그 위는 에
슬리요 그 위는 낙개요
26 그 위는 마앗이요 그 위는 맛다디
아요 그 위는 서머인이요 그 위는
요섹이요 그 위는 요다요
27 그 위는 요아난이요 그 위는 레사
요 그 위는 스룹바벨이요 그 위는
스알디엘이요 그 위는 네리요
28 그 위는 멜기요 그 위는 앗디요 그
위는 고삼이요 그 위는 엘마담이요
그 위는 에르요
29 그 위는 예수요 그 위는 엘리에서
요 그 위는 요림이요 그 위는 맛닷
이요 그 위는 레위요
30 그 위는 시므온이요 그 위는 유다
요 그 위는 요셉이요 그 위는 요남
이요 그 위는 엘리아김이요
31 그 위는 멜레아요 그 위는 멘나요
그 위는 맛다다요 그 위는 나단이
요 그 위는 다윗이요
32 그 위는 이새요 그 위는 오벳이요
그 위는 보아스요 그 위는 살몬이
요 그 위는 나손이요
33 그 위는 아미나답이요 그 위는 아
니요 그 위는 헤스론이요 그 위는
베레스요 그 위는 유다요
34 그 위는 야곱이요 그 위는 이삭이
요 그 위는 아브라함이요 그 위는
데라요 그 위는 나홀이요
35 그 위는 스룩이요 그 위는 르우요
그 위는 벨렉이요 그 위는 헤버요
그 위는 살라요
36 그 위는 가이난이요 그 위는 아박
삿이요 그 위는 셈이요 그 위는 노
아요 그 위는 레멕이요
37 그 위는 므두셀라요 그 위는 에녹
이요 그 위는 야렛이요 그 위는 마
할랄렐이요 그 위는 가이난이요
38 그 위는 에노스요 그 위는 셋이요
그 위는 아담이요 그 위는 하나님
이시니라

시험을 받으시다 (마 4:1-11; 막 1:12-13)

4 예수께서 성령의 충만함을 입어
요단 강에서 돌아오사 광야에서
사십 일 동안 성령에게 이끌리시며
2 마귀에게 시험을 받으시더라 이 모
든 날에 아무것도 잡수시지 아니하
시니 날 수가 다하매 주리신지라
3 마귀가 이르되 네가 만일 하나님의
아들이어든 이 돌들에게 명하여 떡
이 되게 하라
4 예수께서 대답하시되 기록된 바 ㄱ사
람이 떡으로만 살 것이 아니라 하
였느니라
5 마귀가 또 예수를 이끌고 올라가서
순식간에 천하 만국을 보이며
6 이르되 이 모든 권위와 그 영광을
내가 네게 주리라 이것은 내게 넘
겨준 것이므로 내가 원하는 자에게
주노라
7 그러므로 네가 만일 내게 절하면
다 네 것이 되리라
8 예수께서 대답하여 이르시되 기록
된 바 ㄴ주 너의 하나님께 경배하고
다만 그를 섬기라 하였느니라
9 또 이끌고 예루살렘으로 가서 성전
꼭대기에 세우고 이르되 네가 만일
하나님의 아들이어든 여기서 뛰어
내리라
10 기록되었으되

ㄱ. 신 8:3 ㄴ. 신 6:13

ㄱ하나님이 너를 위하여 그 사자들
을 명하사 너를 지키게 하시리라
하였고
11 또한
그들이 손으로 너를 받들어 네 발
이 돌에 부딪치지 않게 하시리라
하였느니라
12 예수께서 대답하여 이르시되 ㄴ주
너의 하나님을 시험하지 말라 하였
느니라
13 마귀가 모든 시험을 다 한 후에 얼
마 동안 떠나니라

갈릴리 여러 회당에서 가르치시다
(마 4:12-17; 막 1:14-15)

14 ●예수께서 성령의 능력으로 갈릴
리에 돌아가시니 그 소문이 사방에
퍼졌고
15 친히 그 여러 회당에서 가르치시매
뭇 사람에게 칭송을 받으시더라

나사렛에서 배척을 받으시다
(마 13:53-58; 막 6:1-6)

16 ●예수께서 그 자라나신 곳 나사렛
에 이르사 안식일에 늘 하시던 대
로 회당에 들어가사 성경을 읽으려
고 서시매
17 선지자 이사야의 글을 드리거늘 책
을 펴서 이렇게 기록된 데를 찾으
시니 곧
18 ㄷ주의 성령이 내게 임하셨으니 이
는 가난한 자에게 복음을 전하게
하시려고 내게 기름을 부으시고 나
를 보내사 포로된 자에게 자유를,
눈 먼 자에게 다시 보게 함을 전파
하며 눌린 자를 자유롭게 하고
19 주의 은혜의 해를 전파하게 하려
하심이라
하였더라
20 책을 덮어 그 [1]맡은 자에게 주시고
앉으시니 회당에 있는 자들이 다
주목하여 보더라
21 이에 예수께서 그들에게 말씀하시
되 이 글이 오늘 너희 귀에 응하였
느니라 하시니
22 그들이 다 그를 증언하고 그 입으
로 나오는 바 은혜로운 말을 놀랍
게 여겨 이르되 이 사람이 요셉의
아들이 아니냐
23 예수께서 그들에게 이르시되 너희
가 반드시 의사야 너 자신을 고치
라 하는 속담을 인용하여 내게 말
하기를 우리가 들은 바 가버나움에
서 행한 일을 네 고향 여기서도 행
하라 하리라
24 또 이르시되 내가 진실로 너희에게
이르노니 선지자가 고향에서는 환
영을 받는 자가 없느니라
25 내가 참으로 너희에게 이르노니 엘
리야 시대에 하늘이 삼 년 육 개월
간 닫히어 온 땅에 큰 흉년이 들었
을 때에 이스라엘에 많은 과부가
있었으되
26 엘리야가 그 중 한 사람에게도 보내
심을 받지 않고 오직 시돈 땅에 있는
사렙다의 한 과부에게뿐이었으며
27 또 선지자 엘리사 때에 이스라엘에
많은 나병환자가 있었으되 그 중의
한 사람도 깨끗함을 얻지 못하고 오
직 수리아 사람 나아만뿐이었느니라
28 회당에 있는 자들이 이것을 듣고
다 크게 화가 나서
29 일어나 동네 밖으로 쫓아내어 그
동네가 건설된 산 낭떠러지까지 끌
고 가서 밀쳐 떨어뜨리고자 하되
30 예수께서 그들 가운데로 지나서 가
시니라

더러운 귀신 들린 사람을 고치시다
(막 1:21-28)

31 ●갈릴리의 가버나움 동네에 내려

1) 헬, 사환에게 ㄱ. 시 91:11,12 ㄴ. 신 6:16 ㄷ. 사 61:1 이하

오사 안식일에 가르치시매
32 그들이 그 가르치심에 놀라니 이는
그 말씀이 권위가 있음이러라
33 회당에 더러운 귀신 들린 사람이
있어 크게 소리 질러 이르되
34 아 나사렛 예수여 우리가 당신과 무
슨 상관이 있나이까 우리를 멸하러
왔나이까 나는 당신이 누구인 줄 아
노니 하나님의 거룩한 자니이다
35 예수께서 꾸짖어 이르시되 잠잠하
고 그 사람에게서 나오라 하시니
귀신이 그 사람을 무리 중에 넘어
뜨리고 나오되 그 사람은 상하지
아니한지라
36 다 놀라 서로 말하여 이르되 이 어
떠한 말씀인고 권위와 능력으로 더
러운 귀신을 명하매 나가는도다 하
더라
37 이에 예수의 소문이 그 근처 사방
에 퍼지니라

온갖 병자들을 고치시다
(마 8:14-17; 막 1:29-34)

38 ●예수께서 일어나 회당에서 나가사
시몬의 집에 들어가시니 시몬의 장
모가 중한 열병을 앓고 있는지라 사
람들이 그를 위하여 예수께 구하니
39 예수께서 가까이 서서 열병을 꾸짖
으신대 병이 떠나고 여자가 곧 일
어나 그들에게 수종드니라
40 ●해 질 무렵에 사람들이 온갖 병자
들을 데리고 나아오매 예수께서 일
일이 그 위에 손을 얹으사 고치시니
41 여러 사람에게서 귀신들이 나가며
소리 질러 이르되 당신은 하나님의
아들이니이다 예수께서 꾸짖으사
그들이 말함을 허락하지 아니하시
니 이는 자기를 그리스도인 줄 앎
이러라

복음을 전하러 떠나시다 (막 1:35-39)

42 ●날이 밝으매 예수께서 나오사 한
적한 곳에 가시니 무리가 찾다가
만나서 자기들에게서 떠나시지 못
하게 만류하려 하매
43 예수께서 이르시되 내가 다른 동네
들에서도 하나님의 나라 복음을 전
하여야 하리니 나는 이 일을 위해
보내심을 받았노라 하시고
44 [1]갈릴리 여러 회당에서 전도하시더
라

어부들이 예수를 따르다
(마 4:18-22; 막 1:16-20)

5 무리가 몰려와서 하나님의 말씀
을 들을새 예수는 게네사렛 호숫
가에 서서
2 호숫가에 배 두 척이 있는 것을 보
시니 어부들은 배에서 나와서 그물
을 씻는지라
3 예수께서 한 배에 오르시니 그 배
는 시몬의 배라 육지에서 조금 떼
기를 청하시고 앉으사 배에서 무리
를 가르치시더니
4 말씀을 마치시고 시몬에게 이르시
되 깊은 데로 가서 그물을 내려 고
기를 잡으라
5 시몬이 대답하여 이르되 선생님 우
리들이 밤이 새도록 수고하였으되
잡은 것이 없지마는 말씀에 의지하
여 내가 그물을 내리리이다 하고
6 그렇게 하니 고기를 잡은 것이 심
히 많아 그물이 찢어지는지라
7 이에 다른 배에 있는 동무들에게
손짓하여 와서 도와 달라 하니 그
들이 와서 두 배에 채우매 잠기게
되었더라
8 시몬 베드로가 이를 보고 예수의 무
릎 아래에 엎드려 이르되 주여 나를
떠나소서 나는 죄인이로소이다 하니
9 이는 자기 및 자기와 함께 있는 모
든 사람이 고기 잡힌 것으로 말미

1) 어떤 사본에는, 유대

암아 놀라고
10 세베대의 아들로서 시몬의 동업자
인 야고보와 요한도 놀랐음이라 예
수께서 시몬에게 이르시되 무서워
하지 말라 이제 후로는 네가 사람
을 [1]취하리라 하시니
11 그들이 배들을 육지에 대고 모든
것을 버려두고 예수를 따르니라

나병 들린 사람을 깨끗하게 하시다
(마 8:1-4; 막 1:40-45)

12 ●예수께서 한 동네에 계실 때에
온 몸에 나병 들린 사람이 있어 예
수를 보고 엎드려 구하여 이르되
주여 원하시면 나를 깨끗하게 하실
수 있나이다 하니
13 예수께서 손을 내밀어 그에게 대시며
이르시되 내가 원하노니 깨끗함을 받
으라 하신대 나병이 곧 떠나니라
14 예수께서 그를 경고하시되 아무에
게도 이르지 말고 가서 ㄱ제사장에
게 네 몸을 보이고 또 네가 깨끗하
게 됨으로 인하여 모세가 명한 대
로 예물을 드려 그들에게 입증하라
하셨더니
15 예수의 소문이 더욱 퍼지매 수많은
무리가 말씀도 듣고 자기 병도 고
침을 받고자 하여 모여 오되
16 예수는 물러가사 한적한 곳에서 기
도하시니라

중풍병자를 고치시다
(마 9:1-8; 막 2:1-12)

17 ●하루는 가르치실 때에 갈릴리의
각 마을과 유대와 예루살렘에서 온
바리새인과 율법교사들이 앉았는
데 병을 고치는 주의 능력이 예수
와 함께하더라
18 한 중풍병자를 사람들이 침상에 메
고 와서 예수 앞에 들여놓고자 하
였으나
19 무리 때문에 메고 들어갈 길을 얻
지 못한지라 지붕에 올라가 기와를
벗기고 병자를 침상째 무리 가운데
로 예수 앞에 달아 내리니
20 예수께서 그들의 믿음을 보시고 이
르시되 이 사람아 네 죄 사함을 받
았느니라 하시니
21 서기관과 바리새인들이 생각하여
이르되 이 신성모독 하는 자가 누
구냐 오직 하나님 외에 누가 능히
죄를 사하겠느냐
22 예수께서 그 생각을 아시고 대답하
여 이르시되 너희 마음에 무슨 생
각을 하느냐
23 네 죄 사함을 받았느니라 하는 말
과 일어나 걸어가라 하는 말이 어
느 것이 쉽겠느냐
24 그러나 인자가 땅에서 죄를 사하는
권세가 있는 줄을 너희로 알게 하리
라 하시고 중풍병자에게 말씀하시
되 내가 네게 이르노니 일어나 네
침상을 가지고 집으로 가라 하시매
25 그 사람이 그들 앞에서 곧 일어나
그 누웠던 것을 가지고 하나님께 영
광을 돌리며 자기 집으로 돌아가니
26 모든 사람이 놀라 하나님께 영광을
돌리며 심히 두려워하여 이르되 오늘
우리가 놀라운 일을 보았다 하니라

레위가 예수를 따르다
(마 9:9-17; 막 2:13-22)

27 ●그 후에 예수께서 나가사 레위라
하는 세리가 세관에 앉아 있는 것
을 보시고 나를 따르라 하시니
28 그가 모든 것을 버리고 일어나 따
르니라
29 레위가 예수를 위하여 자기 집에서
큰 잔치를 하니 세리와 다른 사람
이 많이 함께 [2]앉아 있는지라
30 바리새인과 그들의 서기관들이 그

1) 헬, 사로잡으리라 2) 헬, 기대어 누워 있는지라(유대인이 음식 먹을 때에 가지는 자세) ㄱ. 레 14:2 이하

제자들을 비방하여 이르되 너희가
어찌하여 세리와 죄인과 함께 먹고
마시느냐
31 예수께서 대답하여 이르시되 건강
한 자에게는 의사가 쓸데없고 병든
자에게라야 쓸 데 있나니
32 내가 의인을 부르러 온 것이 아니
요 죄인을 불러 회개시키러 왔노라
33 그들이 예수께 말하되 요한의 제자
는 자주 금식하며 기도하고 바리새
인의 제자들도 또한 그리하되 당신
의 제자들은 먹고 마시나이다
34 예수께서 그들에게 이르시되 혼인
집 손님들이 신랑과 함께 있을 때
에 너희가 그 손님으로 금식하게
할 수 있느냐
35 그러나 그날에 이르러 그들이 신랑
을 빼앗기리니 그날에는 금식할 것
이니라
36 또 비유하여 이르시되 새 옷에서
한 조각을 찢어 낡은 옷에 붙이는
자가 없나니 만일 그렇게 하면 새
옷을 찢을 뿐이요 또 새 옷에서 찢
은 조각이 낡은 것에 어울리지 아
니하리라
37 새 포도주를 낡은 가죽 부대에 넣
는 자가 없나니 만일 그렇게 하면
새 포도주가 부대를 터뜨려 포도주
가 쏟아지고 부대도 못쓰게 되리라
38 새 포도주는 새 부대에 넣어야 할
것이니라
39 묵은 포도주를 마시고 새 것을 원
하는 자가 없나니 이는 묵은 것이
좋다 함이니라

안식일에 밀 이삭을 자르다
(마 12:1-8; 막 2:23-28)

6 안식일에 예수께서 밀밭 사이로
지나가실새 제자들이 이삭을 잘
라 손으로 비비어 먹으니
2 어떤 바리새인들이 말하되 어찌하
여 안식일에 하지 못할 일을 하느냐
3 예수께서 대답하여 이르시되 ㄱ다
윗이 자기 및 자기와 함께한 자들
이 시장할 때에 한 일을 읽지 못하
였느냐
4 그가 하나님의 전에 들어가서 다만
제사장 외에는 먹어서는 안 되는
진설병을 먹고 함께한 자들에게도
주지 아니하였느냐
5 또 이르시되 인자는 안식일의 주인
이니라 하시더라

안식일에 손 마른 사람을 고치시다
(마 12:9-14; 막 3:1-6)

6 ●또 다른 안식일에 예수께서 회당
에 들어가사 가르치실새 거기 오른
손 마른 사람이 있는지라
7 서기관과 바리새인들이 예수를 고
발할 증거를 찾으려 하여 안식일에
병을 고치시는가 엿보니
8 예수께서 그들의 생각을 아시고 손
마른 사람에게 이르시되 일어나 한
가운데 서라 하시니 그가 일어나
서거늘
9 예수께서 그들에게 이르시되 내가
너희에게 묻노니 안식일에 선을 행
하는 것과 악을 행하는 것, 생명을
구하는 것과 죽이는 것, 어느 것이
옳으냐 하시며
10 무리를 둘러보시고 그 사람에게 이
르시되 네 손을 내밀라 하시니 그
가 그리하매 그 손이 회복된지라
11 그들은 노기가 가득하여 예수를 어
떻게 할까 하고 서로 의논하니라

열두 제자를 사도로 택하시다
(마 10:1-4; 4:23-25; 막 3:13-19)

12 ●이때에 예수께서 기도하시러 산
으로 가사 밤이 새도록 하나님께
기도하시고
13 밝으매 그 제자들을 부르사 그 중

ㄱ. 삼상 21:6

에서 열둘을 택하여 사도라 칭하셨
으니
14 곧 베드로라고도 이름을 주신 시몬
과 그의 동생 안드레와 야고보와
요한과 빌립과 바돌로매와
15 마태와 도마와 알패오의 아들 야고
보와 [1]셀롯이라는 시몬과
16 야고보의 아들 유다와 예수를 파는
자 될 가룟 유다라
17 예수께서 그들과 함께 내려오사 평
지에 서시니 그 제자의 많은 무리
와 [2]예수의 말씀도 듣고 병 고침을
받으려고 유대 사방과 예루살렘과
두로와 시돈의 해안으로부터 온 많
은 백성도 있더라
18 더러운 귀신에게 고난받는 자들도
고침을 받은지라
19 온 무리가 예수를 만지려고 힘쓰니
이는 능력이 예수께로부터 나와서
모든 사람을 낫게 함이러라

복과 화를 선포하시다 (마 5:1-12)

20 ●예수께서 눈을 들어 제자들을 보
시고 이르시되 너희 가난한 자는
복이 있나니 하나님의 나라가 너희
것임이요
21 지금 주린 자는 복이 있나니 너희
가 배부름을 얻을 것임이요 지금
우는 자는 복이 있나니 너희가 웃
을 것임이요
22 인자로 말미암아 사람들이 너희를
미워하며 멀리하고 욕하고 너희 이
름을 악하다 하여 버릴 때에는 너
희에게 복이 있도다
23 그날에 기뻐하고 뛰놀라 하늘에서
너희 상이 큼이라 그들의 조상들이
선지자들에게 이와 같이 하였느니라
24 그러나 화 있을진저 너희 부요한
자여 너희는 너희의 위로를 이미
받았도다
25 화 있을진저 너희 지금 배부른 자
여 너희는 주리리로다 화 있을진저
너희 지금 웃는 자여 너희가 애통
하며 울리로다
26 모든 사람이 너희를 칭찬하면 화가
있도다 그들의 조상들이 거짓 선지
자들에게 이와 같이 하였느니라

원수를 사랑하라 (마 5:38-48;
7:1-5,12 상,17-20; 12:34 하-35)

27 ●그러나 너희 듣는 자에게 내가
이르노니 너희 원수를 사랑하며 너
희를 미워하는 자를 선대하며
28 너희를 저주하는 자를 위하여 축복
하며 너희를 모욕하는 자를 위하여
기도하라
29 너의 이 뺨을 치는 자에게 저 뺨도
돌려대며 네 겉옷을 빼앗는 자에게
속옷도 거절하지 말라
30 네게 구하는 자에게 주며 네 것을
가져가는 자에게 다시 달라 하지
말며
31 남에게 대접을 받고자 하는 대로
너희도 남을 대접하라
32 너희가 만일 너희를 사랑하는 자만
을 사랑하면 칭찬받을 것이 무엇이
냐 죄인들도 사랑하는 자는 사랑하
느니라
33 너희가 만일 선대하는 자만을 선대
하면 칭찬받을 것이 무엇이냐 죄인
들도 이렇게 하느니라
34 너희가 받기를 바라고 사람들에게
꾸어 주면 칭찬받을 것이 무엇이냐
죄인들도 그만큼 받고자 하여 죄인
에게 꾸어 주느니라
35 오직 너희는 원수를 사랑하고 선대
하며 [3]아무것도 바라지 말고 꾸어
주라 그리하면 너희 상이 클 것이
요 또 지극히 높으신 이의 아들이

1) 열심당원 2) 사본에 따라 이 구절은 18절 상반절에 나타날 수도 있음. 3) 어떤 사본에, 아무에게도 실망하지 말고

되리니 그는 은혜를 모르는 자와
악한 자에게도 인자하시니라
36 너희 아버지의 자비로우심같이 너
희도 자비로운 자가 되라
37 비판하지 말라 그리하면 너희가 비
판을 받지 않을 것이요 정죄하지
말라 그리하면 너희가 정죄를 받지
않을 것이요 용서하라 그리하면 너
희가 용서를 받을 것이요
38 주라 그리하면 너희에게 줄 것이니
곧 후히 되어 누르고 흔들어 넘치
도록 하여 너희에게 안겨 주리라
너희가 헤아리는 그 헤아림으로 너
희도 헤아림을 도로 받을 것이니라

네 눈 속에 있는 들보

39 ●**또 비유로 말씀하시되** 맹인이 맹
인을 인도할 수 있느냐 둘이 다 구
덩이에 빠지지 아니하겠느냐
40 제자가 그 선생보다 높지 못하나
무릇 온전하게 된 자는 그 선생과
같으리라
41 어찌하여 형제의 눈 속에 있는 티
는 보고 네 눈 속에 있는 들보는 깨
닫지 못하느냐
42 너는 네 눈 속에 있는 들보를 보지
못하면서 어찌하여 형제에게 말하
기를 형제여 나로 네 눈 속에 있는
티를 빼게 하라 할 수 있느냐 외식
하는 자여 먼저 네 눈 속에서 들보
를 빼라 그 후에야 네가 밝히 보고
형제의 눈 속에 있는 티를 빼리라
43 못된 열매 맺는 좋은 나무가 없고
또 좋은 열매 맺는 못된 나무가 없
느니라
44 나무는 각각 그 열매로 아나니 가
시나무에서 무화과를, 또는 찔레에
서 포도를 따지 못하느니라
45 선한 사람은 마음에 쌓은 선에서
선을 내고 악한 자는 그 쌓은 악에
서 악을 내나니 이는 마음에 가득
한 것을 입으로 말함이니라

듣고 행하는 자와 행하지 아니하는 자
(마 7:24-27)

46 ●너희는 나를 불러 주여 주여 하
면서도 어찌하여 내가 말하는 것을
행하지 아니하느냐
47 내게 나아와 내 말을 듣고 행하는
자마다 누구와 같은 것을 너희에게
보이리라
48 집을 짓되 깊이 파고 주추를 반석
위에 놓은 사람과 같으니 큰 물이
나서 탁류가 그 집에 부딪치되 잘
지었기 때문에 능히 요동하지 못하
게 하였거니와
49 듣고 행하지 아니하는 자는 주추
없이 흙 위에 집 지은 사람과 같으
니 탁류가 부딪치매 집이 곧 무너
져 파괴됨이 심하니라 **하시니라**

백부장의 종을 고치시다
(마 8:5-13; 요 4:43-54)

7 예수께서 모든 말씀을 백성에게
들려주시기를 마치신 후에 가버
나움으로 들어가시니라
2 ●어떤 백부장의 사랑하는 종이 병
들어 죽게 되었더니
3 예수의 소문을 듣고 유대인의 장로
몇 사람을 예수께 보내어 오셔서
그 종을 구해 주시기를 청한지라
4 이에 그들이 예수께 나아와 간절히
구하여 이르되 이 일을 하시는 것
이 이 사람에게는 합당하니이다
5 그가 우리 민족을 사랑하고 또한 우
리를 위하여 회당을 지었나이다 하니
6 예수께서 함께 가실새 이에 그 집
이 멀지 아니하여 백부장이 벗들을
보내어 이르되 주여 수고하시지 마
옵소서 내 집에 들어오심을 나는
감당하지 못하겠나이다
7 그러므로 내가 주께 나아가기도 감
당하지 못할 줄을 알았나이다 말씀

만 [1]하사 내 하인을 낫게 하소서
8 나도 남의 수하에 든 사람이요 내 아
래에도 병사가 있으니 이더러 가라
하면 가고 저더러 오라 하면 오고 내
종더러 이것을 하라 하면 하나이다
9 예수께서 들으시고 그를 놀랍게 여
겨 돌이키사 따르는 무리에게 이르
시되 내가 너희에게 이르노니 이스
라엘 중에서도 이만한 믿음은 만나
보지 못하였노라 하시더라
10 보내었던 사람들이 집으로 돌아가
보매 종이 이미 나아 있었더라

과부의 아들을 살리시다

11 ●그 후에 예수께서 나인이란 성으
로 가실새 제자와 많은 무리가 동
행하더니
12 성문에 가까이 이르실 때에 사람들
이 한 죽은 자를 메고 나오니 이는
한 어머니의 독자요 그의 어머니는
과부라 그 성의 많은 사람도 그와
함께 나오거늘
13 주께서 과부를 보시고 불쌍히 여기
사 울지 말라 하시고
14 가까이 가서 그 관에 손을 대시니
멘 자들이 서는지라 예수께서 이르
시되 청년아 내가 네게 말하노니
일어나라 하시매
15 죽었던 자가 일어나 앉고 말도 하
거늘 예수께서 그를 어머니에게 주
시니
16 모든 사람이 두려워하며 하나님께
영광을 돌려 이르되 큰 선지자가
우리 가운데 일어나셨다 하고 또
하나님께서 자기 백성을 돌보셨다
하더라
17 예수께 대한 이 소문이 온 유대와
사방에 두루 퍼지니라

세례 요한의 제자들에게 대답하시다
(마 11:2-19)

18 ●요한의 제자들이 이 모든 일을
그에게 알리니
19 요한이 그 제자 중 둘을 불러 주께
보내어 이르되 오실 그이가 당신이
오니이까 우리가 다른 이를 기다리
오리이까 하라 하매
20 그들이 예수께 나아가 이르되 [2]세
례 요한이 우리를 보내어 당신께
여쭈어보라고 하기를 오실 그이가
당신이오니이까 우리가 다른 이를
기다리오리이까 하더이다 하니
21 마침 그때에 예수께서 질병과 고통
과 및 악귀 들린 자를 많이 고치시
며 또 많은 맹인을 보게 하신지라
22 예수께서 대답하여 이르시되 너희
가 가서 보고 들은 것을 요한에게
알리되 맹인이 보며 못 걷는 사람
이 걸으며 나병환자가 깨끗함을 받
으며 귀먹은 사람이 들으며 죽은
자가 살아나며 가난한 자에게 복음
이 전파된다 하라
23 누구든지 나로 말미암아 실족하지 아
니하는 자는 복이 있도다 하시니라
24 ●요한이 보낸 자가 떠난 후에 예
수께서 무리에게 요한에 대하여 말
씀하시되 너희가 무엇을 보려고 광
야에 나갔더냐 바람에 흔들리는 갈
대냐
25 그러면 너희가 무엇을 보려고 나갔
더냐 부드러운 옷 입은 사람이냐
보라 화려한 옷을 입고 사치하게
지내는 자는 왕궁에 있느니라
26 그러면 너희가 무엇을 보려고 나갔더
냐 선지자냐 옳다 내가 너희에게 이
르노니 선지자보다도 훌륭한 자니라
27 기록된 바
ㄱ보라 내가 내 사자를 네 앞에 보
내노니 그가 네 앞에서 네 길을
준비하리라

1) 어떤 사본에, 하소서 그리하면 내 하인이 낫겠나이다
2) 헬, 또는 침례 ㄱ. 말 3:1

한 것이 이 사람에 대한 말씀이라
28 내가 너희에게 말하노니 여자가 낳
은 자 중에 요한보다 큰 자가 없도다
그러나 하나님의 나라에서는 극히
작은 자라도 그보다 크니라 하시니
29 모든 백성과 세리들은 이미 요한의
[1]세례를 받은지라 이 말씀을 듣고
하나님을 의롭다 하되
30 바리새인과 율법교사들은 그의 [1]세
례를 받지 아니함으로 그들 자신을
위한 하나님의 뜻을 저버리니라
31 또 이르시되 이 세대의 사람을 무
엇으로 비유할까 무엇과 같은가
32 비유하건대 아이들이 장터에 앉아
서로 불러 이르되 우리가 너희를
향하여 피리를 불어도 너희가 춤추
지 않고 우리가 곡하여도 너희가
울지 아니하였다 함과 같도다
33 [1]세례 요한이 와서 떡도 먹지 아니
하며 포도주도 마시지 아니하매 너
희 말이 귀신이 들렸다 하더니
34 인자는 와서 먹고 마시매 너희 말
이 보라 먹기를 탐하고 포도주를
즐기는 사람이요 세리와 죄인의 친
구로다 하니
35 지혜는 자기의 모든 자녀로 인하여
옳다 함을 얻느니라

한 여자가 예수께 향유를 붓다

36 ●한 바리새인이 예수께 자기와 함
께 잡수시기를 청하니 이에 바리새
인의 집에 들어가 [2]앉으셨을 때에
37 그 동네에 죄를 지은 한 여자가 있
어 예수께서 바리새인의 집에 [2]앉
아 계심을 알고 향유 담은 옥합을
가지고 와서
38 예수의 뒤로 그 발 곁에 서서 울며
눈물로 그 발을 적시고 자기 머리
털로 닦고 그 발에 입맞추고 향유
를 부으니
39 예수를 청한 바리새인이 그것을 보
고 마음에 이르되 이 사람이 만일
선지자라면 자기를 만지는 이 여자
가 누구며 어떠한 자 곧 죄인인 줄
을 알았으리라 하거늘
40 예수께서 대답하여 이르시되 시몬
아 내가 네게 이를 말이 있다 하시
니 그가 이르되 선생님 말씀하소서
41 이르시되 빚 주는 사람에게 빚진
자가 둘이 있어 하나는 오백 [3]데나
리온을 졌고 하나는 오십 [3]데나리
온을 졌는데
42 갚을 것이 없으므로 둘 다 탕감하
여 주었으니 둘 중에 누가 그를 더
사랑하겠느냐
43 시몬이 대답하여 이르되 내 생각에
는 많이 탕감함을 받은 자니이다
이르시되 네 판단이 옳다 하시고
44 그 여자를 돌아보시며 시몬에게 이
르시되 이 여자를 보느냐 내가 네
집에 들어올 때 너는 내게 발 씻을
물도 주지 아니하였으되 이 여자는
눈물로 내 발을 적시고 그 머리털
로 닦았으며
45 너는 내게 입맞추지 아니하였으되
그는 내가 들어올 때로부터 내 발에
입맞추기를 그치지 아니하였으며
46 너는 내 머리에 감람유도 붓지 아
니하였으되 그는 향유를 내 발에
부었느니라
47 이러므로 내가 네게 말하노니 그의
많은 죄가 사하여졌도다 이는 그의
사랑함이 많음이라 사함을 받은 일
이 적은 자는 적게 사랑하느니라
48 이에 여자에게 이르시되 네 죄 사
함을 받았느니라 하시니
49 함께 [2]앉아 있는 자들이 속으로 말
하되 이가 누구이기에 죄도 사하는
가 하더라

1) 헬, 또는 침례 2) 5:29 난하주를 보라 3) 은전의 명칭

50 예수께서 여자에게 이르시되 네 믿
음이 너를 구원하였으니 평안히 가
라 하시니라

여자들이 예수의 활동을 돕다

8 그 후에 예수께서 각 성과 마을
에 두루 다니시며 하나님의 나라
를 선포하시며 그 복음을 전하실새
열두 제자가 함께하였고
2 또한 악귀를 쫓아내심과 병 고침을
받은 어떤 여자들 곧 일곱 귀신이 나
간 자 막달라인이라 하는 마리아와
3 헤롯의 청지기 구사의 아내 요안나
와 수산나와 다른 여러 여자가 함
께하여 자기들의 소유로 그들을 섬
기더라

네 가지 땅에 떨어진 씨 비유
(마 13:1-9; 막 4:1-9)

4 ●각 동네 사람들이 예수께로 나아
와 큰 무리를 이루니 예수께서 비
유로 말씀하시되
5 씨를 뿌리는 자가 그 씨를 뿌리러 나
가서 뿌릴새 더러는 길가에 떨어지매
밟히며 공중의 새들이 먹어버렸고
6 더러는 바위 위에 떨어지매 싹이
났다가 습기가 없으므로 말랐고
7 더러는 가시떨기 속에 떨어지매 가
시가 함께 자라서 기운을 막았고
8 더러는 좋은 땅에 떨어지매 나서
백 배의 결실을 하였느니라 이 말
씀을 하시고 외치시되 들을 귀 있
는 자는 들을지어다

비유를 설명하시다 (마 13:10-23; 막 4:13-20)

9 ●제자들이 이 비유의 뜻을 물으니
10 이르시되 하나님 나라의 비밀을 아
는 것이 너희에게는 허락되었으나
다른 사람에게는 비유로 *하나니* 이
는 그들로 보아도 보지 못하고 들
어도 깨닫지 못하게 하려 함이라
11 이 비유는 이러하니라 씨는 하나님
의 말씀이요
12 길가에 있다는 것은 말씀을 들은
자니 이에 마귀가 가서 그들이 믿
어 구원을 얻지 못하게 하려고 말
씀을 그 마음에서 빼앗는 것이요
13 바위 위에 있다는 것은 말씀을 들
을 때에 기쁨으로 받으나 뿌리가
없어 잠깐 믿다가 시련을 당할 때
에 배반하는 자요
14 가시떨기에 떨어졌다는 것은 말씀
을 들은 자이나 지내는 중 이생의
염려와 재물과 향락에 기운이 막혀
온전히 결실하지 못하는 자요
15 좋은 땅에 있다는 것은 착하고 좋
은 마음으로 말씀을 듣고 지키어
인내로 결실하는 자니라

등불은 등경 위에 (막 4:21-25)

16 ●누구든지 등불을 켜서 그릇으로
덮거나 평상 아래에 두지 아니하고
등경 위에 두나니 이는 들어가는
자들로 그 빛을 보게 하려 함이라
17 숨은 것이 장차 드러나지 아니할
것이 없고 감추인 것이 장차 알려
지고나타나지 않을 것이 없느니라
18 그러므로 너희가 어떻게 들을까 스
스로 삼가라 누구든지 있는 자는
받겠고 없는 자는 그 있는 줄로 아
는 것까지도 빼앗기리라 하시니라

예수의 어머니와 동생들
(마 12:46-50; 막 3:31-35)

19 ●예수의 어머니와 그 1)동생들이
왔으나 무리로 인하여 가까이하지
못하니
20 어떤 이가 알리되 당신의 어머니와
1)동생들이 당신을 보려고 밖에 서
있나이다
21 예수께서 대답하여 이르시되 내 어
머니와 내 1)동생들은 곧 하나님의
말씀을 듣고 행하는 이 사람들이라
하시니라

1) 또는 형제들

바람과 물결을 잔잔하게 하시다
(마 8:23-27; 막 4:35-41)

22 ●하루는 제자들과 함께 배에 오르
사 그들에게 이르시되 호수 저편으
로 건너가자 하시매 이에 떠나
23 행선할 때에 예수께서 잠이 드셨더
니 마침 광풍이 호수로 내리치매 배
에 물이 가득하게 되어 위태한지라
24 제자들이 나아와 깨워 이르되 주여
주여 우리가 죽겠나이다 한대 예수
께서 잠을 깨사 바람과 물결을 꾸짖
으시니 이에 그쳐 잔잔하여지더라
25 제자들에게 이르시되 너희 믿음이
어디 있느냐 하시니 그들이 두려워
하고 놀랍게 여겨 서로 말하되 그
가 누구이기에 바람과 물을 명하매
순종하는가 하더라

귀신 들린 사람을 고치시다
(마 8:28-34; 막 5:1-20)

26 ●그들이 갈릴리 맞은편 거라사인
의 땅에 이르러
27 예수께서 육지에 내리시매 그 도시
사람으로서 귀신 들린 자 하나가
예수를 만나니 그 사람은 오래 옷
을 입지 아니하며 집에 거하지도
아니하고 무덤 사이에 거하는 자라
28 예수를 보고 부르짖으며 그 앞에
엎드려 큰 소리로 불러 이르되 지
극히 높으신 하나님의 아들 예수여
당신이 나와 무슨 상관이 있나이까
당신께 구하노니 나를 괴롭게 하지
마옵소서 하니
29 이는 예수께서 이미 더러운 귀신을
명하사 그 사람에게서 나오라 하셨
음이라 (귀신이 가끔 그 사람을 붙
잡으므로 그를 쇠사슬과 고랑에 매
어 지켰으되 그 맨 것을 끊고 귀신
에게 몰려 광야로 나갔더라)
30 예수께서 네 이름이 무엇이냐 물으
신즉 이르되 [1]군대라 하니 이는 많
은 귀신이 들렸음이라
31 무저갱으로 들어가라 하지 마시기
를 간구하더니
32 마침 그곳에 많은 돼지 떼가 산에
서 먹고 있는지라 귀신들이 그 돼
지에게로 들어가게 허락하심을 간
구하니 이에 허락하시니
33 귀신들이 그 사람에게서 나와 돼지
에게로 들어가니 그 떼가 비탈로 내
리달아 호수에 들어가 몰사하거늘
34 치던 자들이 그 이루어진 일을 보
고 도망하여 성내와 마을에 알리니
35 사람들이 그 이루어진 일을 보러
나와서 예수께 이르러 귀신 나간
사람이 옷을 입고 정신이 온전하여
예수의 발치에 앉아 있는 것을 보
고 두려워하거늘
36 귀신 들렸던 자가 어떻게 구원받았
는지를 본 자들이 그들에게 이르매
37 거라사인의 땅 근방 모든 백성이
크게 두려워하여 예수께 떠나가시
기를 구하더라 예수께서 배에 올라
돌아가실새
38 귀신 나간 사람이 함께 있기를 구
하였으나 예수께서 그를 보내시며
이르시되
39 집으로 돌아가 하나님이 네게 어떻
게 큰 일을 행하셨는지를 말하라
하시니 그가 가서 예수께서 자기에
게 어떻게 큰 일을 행하셨는지를
온 성내에 전파하니라

야이로의 딸과 예수의 옷에 손 댄 여자
(마 9:18-26; 막 5:21-43)

40 ●예수께서 돌아오시매 무리가 환
영하니 이는 다 기다렸음이러라
41 이에 회당장인 야이로라 하는 사람
이 와서 예수의 발 아래에 엎드려
자기 집에 오시기를 간구하니
42 이는 자기에게 열두 살 된 외딸이

1) 헬, 레기온. 로마 군대의 여단 규모

있어 죽어감이러라 ●예수께서 가
실 때에 무리가 밀려들더라
43 이에 열두 해를 혈루증으로 앓는
중에 [1)]아무에게도 고침을 받지 못
하던 여자가
44 예수의 뒤로 와서 그의 옷 가에 손
을 대니 혈루증이 즉시 그쳤더라
45 예수께서 이르시되 내게 손을 댄
자가 누구냐 하시니 다 아니라 할
때에 [2)]베드로가 이르되 주여 무리
가 밀려들어 미나이다
46 예수께서 이르시되 내게 손을 댄
자가 있도다 이는 내게서 능력이
나간 줄 앎이로다 하신대
47 여자가 스스로 숨기지 못할 줄 알
고 떨며 나아와 엎드리어 그 손 댄
이유와 곧 나은 것을 모든 사람 앞
에서 말하니
48 예수께서 이르시되 딸아 네 믿음이
너를 구원하였으니 평안히 가라 하
시더라
49 ●아직 말씀하실 때에 회당장의 집
에서 사람이 와서 말하되 당신의
딸이 죽었나이다 선생님을 더 괴롭
게 하지 마소서 하거늘
50 예수께서 들으시고 이르시되 두려
워하지 말고 믿기만 하라 그리하면
딸이 구원을 얻으리라 하시고
51 그 집에 이르러 베드로와 요한과 야
고보와 아이의 부모 외에는 함께 들
어가기를 허락하지 아니하시니라
52 모든 사람이 아이를 위하여 울며 통
곡하매 예수께서 이르시되 울지 말
라 죽은 것이 아니라 잔다 하시니
53 그들이 그 죽은 것을 아는 고로 비
웃더라
54 예수께서 아이의 손을 잡고 불러
이르시되 아이야 일어나라 하시니
55 그 영이 돌아와 아이가 곧 일어나
거늘 예수께서 먹을 것을 주라 명
하시니
56 그 부모가 놀라는지라 예수께서 경
고하사 이 일을 아무에게도 말하지
말라 하시니라

열두 제자를 내보내시다
(마 10:5-15; 막 6:7-13)

9 예수께서 열두 제자를 불러 모으
사 모든 귀신을 제어하며 병을
고치는 능력과 권위를 주시고
2 하나님의 나라를 전파하며 앓는 자
를 고치게 하려고 내보내시며
3 이르시되 여행을 위하여 아무것도
가지지 말라 지팡이나 배낭이나 양
식이나 돈이나 두 벌 옷을 가지지
말며
4 어느 집에 들어가든지 거기서 머물
다가 거기서 떠나라
5 누구든지 너희를 영접하지 아니하
거든 그 성에서 떠날 때에 너희 발
에서 먼지를 떨어 버려 그들에게
증거를 삼으라 하시니
6 제자들이 나가 각 마을에 두루 다
니며 곳곳에 복음을 전하며 병을
고치더라

헤롯이 듣고 심히 당황하다
(마 14:1-12; 막 6:14-29)

7 ●분봉 왕 헤롯이 이 모든 일을 듣
고 심히 당황하니 이는 어떤 사람
은 요한이 죽은 자 가운데서 살아
났다고도 하며
8 어떤 사람은 엘리야가 나타났다고
도 하며 어떤 사람은 옛 선지자 한
사람이 다시 살아났다고도 함이라
9 헤롯이 이르되 요한은 내가 목을
베었거늘 이제 이런 일이 들리니
이 사람이 누군가 하며 그를 보고
자 하더라

1) 어떤 사본에는, 의사들에게 그 가산을 다 허비하였으되 아무에게도 2) 어떤 사본에는, 베드로와 및 함께 있는 자들이

오천 명을 먹이시다
(마 14:13-21; 막 6:30-44; 요 6:1-14)

10 ●사도들이 돌아와 자기들이 행한 모
든 것을 예수께 여쭈니 데리시고 따
로 벳새다라는 고을로 떠나가셨으나
11 무리가 알고 따라왔거늘 예수께서
그들을 영접하사 하나님 나라의 일
을 이야기하시며 병 고칠 자들은
고치시더라
12 날이 저물어 가매 열두 사도가 나
아와 여짜오되 무리를 보내어 두루
마을과 촌으로 가서 유하며 먹을
것을 얻게 하소서 우리가 있는 여
기는 빈 들이니이다
13 예수께서 이르시되 너희가 먹을 것
을 주라 하시니 여짜오되 우리에게
떡 다섯 개와 물고기 두 마리밖에
없으니 이 모든 사람을 위하여 먹
을 것을 사지 아니하고서는 할 수
없사옵나이다 하니
14 이는 남자가 한 오천 명 됨이러라
제자들에게 이르시되 떼를 지어 한
오십 명씩 앉히라 하시니
15 제자들이 이렇게 하여 다 앉힌 후
16 예수께서 떡 다섯 개와 물고기 두
마리를 가지시사 하늘을 우러러 축사
하시고 떼어 제자들에게 주어 무리
에게 나누어 주게 하시니
17 먹고 다 배불렀더라 그 남은 조각
을 열두 바구니에 거두니라

베드로의 고백, 죽음과 부활 예고
(마 16:13-28; 막 8:27-9:1)

18 ●예수께서 따로 기도하실 때에 제
자들이 주와 함께 있더니 물어 이르
시되 무리가 나를 누구라고 하느냐
19 대답하여 이르되 1)세례 요한이라
하고 더러는 엘리야라, 더러는 옛
선지자 중의 한 사람이 살아났다
하나이다
20 예수께서 이르시되 너희는 나를 누구
라 하느냐 베드로가 대답하여 이르되
하나님의 그리스도시니이다 하니
21 경고하사 이 말을 아무에게도 이르
지 말라 명하시고
22 이르시되 인자가 많은 고난을 받고
장로들과 대제사장들과 서기관들
에게 버린 바 되어 죽임을 당하고
제삼 일에 살아나야 하리라 하시고
23 또 무리에게 이르시되 아무든지 나
를 따라오려거든 자기를 부인하고
날마다 제 십자가를 지고 나를 따
를 것이니라
24 누구든지 제 목숨을 구원하고자 하
면 잃을 것이요 누구든지 나를 위
하여 제 목숨을 잃으면 구원하리라
25 사람이 만일 온 천하를 얻고도 자
기를 잃든지 빼앗기든지 하면 무엇
이 유익하리요
26 누구든지 나와 내 말을 부끄러워하
면 인자도 자기와 아버지와 거룩한
천사들의 영광으로 올 때에 그 사
람을 부끄러워하리라
27 내가 참으로 너희에게 이르노니 여
기 서 있는 사람 중에 죽기 전에 하
나님의 나라를 볼 자들도 있느니라

영광스러운 모습으로 변화되시다
(마 17:1-8; 막 9:2-8)

28 ●이 말씀을 하신 후 팔 일쯤 되어
예수께서 베드로와 요한과 야고보를
데리고 기도하시러 산에 올라가사
29 기도하실 때에 용모가 변화되고 그
옷이 희어져 광채가 나더라
30 문득 두 사람이 예수와 함께 말하
니 이는 모세와 엘리야라
31 영광 중에 나타나서 장차 예수께서
예루살렘에서 별세하실 것을 말할새
32 베드로와 및 함께 있는 자들이 깊
이 졸다가 온전히 깨어나 예수의 영
광과 및 함께 선 두 사람을 보더니

1) 헬, 또는 침례

33 두 사람이 떠날 때에 베드로가 예
수께 여짜오되 주여 우리가 여기
있는 것이 좋사오니 우리가 초막
셋을 짓되 하나는 주를 위하여, 하
나는 모세를 위하여, 하나는 엘리
야를 위하여 하사이다 하되 자기가
하는 말을 자기도 알지 못하더라
34 이 말 할 즈음에 구름이 와서 그들
을 덮는지라 구름 속으로 들어갈
때에 그들이 무서워하더니
35 구름 속에서 소리가 나서 이르되
이는 나의 아들 곧 택함을 받은 자
니 너희는 그의 말을 들으라 하고
36 소리가 그치매 오직 예수만 보이더
라 제자들이 잠잠하여 그 본 것을
무엇이든지 그때에는 아무에게도
이르지 아니하니라

귀신 들린 아이를 낫게 하시다
(마 17:14-18; 막 9:14-27)

37 ●이튿날 산에서 내려오시니 큰 무
리가 맞을새
38 무리 중의 한 사람이 소리 질러 이르
되 선생님 청컨대 내 아들을 돌보아
주옵소서 이는 내 외아들이니이다
39 귀신이 그를 잡아 갑자기 부르짖게
하고 경련을 일으켜 거품을 흘리게
하며 몹시 상하게 하고야 겨우 떠
나가나이다
40 당신의 제자들에게 내쫓아 주기를
구하였으나 그들이 능히 못하더이다
41 예수께서 대답하여 이르시되 믿음
이 없고 패역한 세대여 내가 얼마
나 너희와 함께 있으며 너희에게
참으리요 네 아들을 이리로 데리고
오라 하시니
42 올 때에 귀신이 그를 거꾸러뜨리고
심한 경련을 일으키게 하는지라 예
수께서 더러운 귀신을 꾸짖으시고
아이를 낫게 하사 그 아버지에게
도로 주시니
43 사람들이 다 하나님의 위엄에 놀라
니라

인자가 사람들의 손에 넘겨지리라
(마 17:22-23; 막 9:30-32)

●그들이 다 그 행하시는 모든 일
을 놀랍게 여길새 예수께서 제자들
에게 이르시되
44 이 말을 너희 귀에 담아 두라 인자
가 장차 사람들의 손에 넘겨지리라
하시되
45 그들이 이 말씀을 알지 못하니 이
는 그들로 깨닫지 못하게 숨긴 바
되었음이라 또 그들은 이 말씀을
묻기도 두려워하더라

누가 크냐 (마 18:1-5; 막 9:33-37)

46 ●제자 중에서 누가 크냐 하는 변
론이 일어나니
47 예수께서 그 마음에 변론하는 것을
아시고 어린아이 하나를 데려다가
자기 곁에 세우시고
48 그들에게 이르시되 누구든지 내 이
름으로 이런 어린아이를 영접하면
곧 나를 영접함이요 또 누구든지
나를 영접하면 곧 나를 보내신 이를
영접함이라 너희 모든 사람 중에 가
장 작은 그가 큰 자니라

너희를 위하는 사람 (막 9:38-40)

49 ●요한이 여짜오되 주여 어떤 사람
이 주의 이름으로 귀신을 내쫓는
것을 우리가 보고 우리와 함께 따
르지 아니하므로 금하였나이다
50 예수께서 이르시되 금하지 말라 너
희를 반대하지 않는 자는 너희를
위하는 자니라 하시니라

사마리아의 마을에서
예수를 받아들이지 않다

51 ●예수께서 승천하실 기약이 차가
매 예루살렘을 향하여 올라가기로
굳게 결심하시고
52 사자들을 앞서 보내시매 그들이 가

서 예수를 위하여 준비하려고 사마
리아인의 한 마을에 들어갔더니
53 예수께서 예루살렘을 향하여 가시
기 때문에 그들이 받아들이지 아니
하는지라
54 제자 야고보와 요한이 이를 보고
이르되 주여 우리가 불을 명하여
하늘로부터 내려 저들을 멸하라 하
기를 원하시나이까
55 예수께서 돌아보시며 꾸짖으시고[1)]
56 함께 다른 마을로 가시니라

나를 따르라 (마 8:19-22)

57 ●길 가실 때에 어떤 사람이 여짜
오되 어디로 가시든지 나는 따르리
이다
58 예수께서 이르시되 여우도 굴이 있
고 공중의 새도 집이 있으되 인자
는 머리 둘 곳이 없도다 하시고
59 또 다른 사람에게 나를 따르라 하시
니 그가 이르되 나로 먼저 가서 내
아버지를 장사하게 허락하옵소서
60 이르시되 죽은 자들로 자기의 죽은
자들을 장사하게 하고 너는 가서
하나님의 나라를 전파하라 하시고
61 또 다른 사람이 이르되 주여 내가
주를 따르겠나이다마는 나로 먼저
내 가족을 작별하게 허락하소서
62 예수께서 이르시되 손에 쟁기를 잡
고 뒤를 돌아보는 자는 하나님의
나라에 합당하지 아니하니라 하시
니라

칠십 인을 세워서 보내시다 (마 11:20-24)

10 그 후에 주께서 따로 칠십 인
을 세우사 친히 가시려는 각
동네와 각 지역으로 둘씩 앞서 보
내시며
2 이르시되 추수할 것은 많되 일꾼이
적으니 그러므로 추수하는 주인에
게 청하여 추수할 일꾼들을 보내
주소서 하라
3 갈지어다 내가 너희를 보냄이 어린
양을 이리 가운데로 보냄과 같도다
4 전대나 배낭이나 신발을 가지지 말며
길에서 아무에게도 문안하지 말며
5 어느 집에 들어가든지 먼저 말하되
이 집이 평안할지어다 하라
6 만일 [2)]평안을 받을 사람이 거기 있
으면 너희의 평안이 그에게 머물
것이요 그렇지 않으면 너희에게로
돌아오리라
7 그 집에 유하며 주는 것을 먹고 마
시라 일꾼이 그 삯을 받는 것이 마
땅하니라 이 집에서 저 집으로 옮
기지 말라
8 어느 동네에 들어가든지 너희를 영
접하거든 너희 앞에 차려놓는 것을
먹고
9 거기 있는 병자들을 고치고 또 말
하기를 하나님의 나라가 너희에게
가까이 왔다 하라
10 어느 동네에 들어가든지 너희를 영
접하지 아니하거든 그 거리로 나와
서 말하되
11 너희 동네에서 우리 발에 묻은 먼
지도 너희에게 떨어버리노라 그러
나 하나님의 나라가 가까이 온 줄
을 알라 하라
12 내가 너희에게 말하노니 그날에 소
돔이 그 동네보다 견디기 쉬우리라
13 화 있을진저 고라신아, 화 있을진
저 벳새다야, 너희에게 행한 모든
권능을 두로와 시돈에서 행하였더
라면 그들이 벌써 베옷을 입고 재
에 앉아 회개하였으리라
14 심판 때에 두로와 시돈이 너희보다
견디기 쉬우리라

1) 어떤 고대 사본에는, 55절 끝에 다음 말이 있음. '이르시되 너희는 무슨 정신으로 말하는지 모르는구나 인자는 사람의 생명을 멸망시키러 온 것이 아니요 구원하러 왔노라 하시고' 2) 헬, 평안의 아들이

15 가버나움아 네가 하늘에까지 높아
지겠느냐 음부에까지 낮아지리라
16 너희 말을 듣는 자는 곧 내 말을 듣
는 것이요 너희를 저버리는 자는
곧 나를 저버리는 것이요 나를 저
버리는 자는 나 보내신 이를 저버
리는 것이라 하시니라

칠십 인이 돌아오다

17 ●칠십 인이 기뻐하며 돌아와 이르
되 주여 주의 이름이면 귀신들도
우리에게 항복하더이다
18 예수께서 이르시되 사탄이 하늘로
부터 번개같이 떨어지는 것을 내가
보았노라
19 내가 너희에게 뱀과 전갈을 밟으며
원수의 모든 능력을 제어할 권능을
주었으니 너희를 해칠 자가 결코
없으리라
20 그러나 귀신들이 너희에게 항복하
는 것으로 기뻐하지 말고 너희 이
름이 하늘에 기록된 것으로 기뻐하
라 하시니라

예수의 감사 기도 (마 11:25-27; 13:16-17)

21 ●그때에 예수께서 성령으로 기뻐
하시며 이르시되 천지의 주재이신
아버지여 이것을 지혜롭고 슬기 있
는 자들에게는 숨기시고 어린아이
들에게는 나타내심을 감사하나이
다 옳소이다 이렇게 된 것이 아버
지의 뜻이니이다
22 내 아버지께서 모든 것을 내게 주
셨으니 아버지 외에는 아들이 누구
인지 아는 자가 없고 아들과 또 아
들의 소원대로 계시를 받는 자 외
에는 아버지가 누구인지 아는 자가
없나이다 하시고
23 제자들을 돌아보시며 조용히 이르
시되 너희가 보는 것을 보는 눈은
복이 있도다
24 내가 너희에게 말하노니 많은 선지
자와 임금이 너희가 보는 바를 보
고자 하였으되 보지 못하였으며 너
희가 듣는 바를 듣고자 하였으되
듣지 못하였느니라

자비를 베푼 사마리아 사람

25 ●어떤 율법교사가 일어나 예수를
시험하여 이르되 선생님 내가 무엇
을 하여야 영생을 얻으리이까
26 예수께서 이르시되 율법에 무엇이라
기록되었으며 네가 어떻게 읽느냐
27 대답하여 이르되 ㄱ네 마음을 다하
며 목숨을 다하며 힘을 다하며 뜻
을 다하여 주 너의 하나님을 사랑
하고 또한 ㄴ네 이웃을 네 자신같이
사랑하라 하였나이다
28 예수께서 이르시되 네 대답이 옳도다
이를 행하라 그러면 살리라 하시니
29 그 사람이 자기를 옳게 보이려고
예수께 여짜오되 그러면 내 이웃이
누구니이까
30 예수께서 대답하여 이르시되 어떤
사람이 예루살렘에서 여리고로 내
려가다가 강도를 만나매 강도들이
그 옷을 벗기고 때려 거의 죽은 것
을 버리고 갔더라
31 마침 한 제사장이 그 길로 내려가
다가 그를 보고 피하여 지나가고
32 또 이와 같이 한 레위인도 그곳에
이르러 그를 보고 피하여 지나가되
33 어떤 사마리아 사람은 여행하는 중
거기 이르러 그를 보고 불쌍히 여겨
34 가까이 가서 기름과 포도주를 그 상
처에 붓고 싸매고 자기 짐승에 태워
주막으로 데리고 가서 돌보아 주니라
35 그 이튿날 그가 주막 주인에게 [1]데
나리온 둘을 내어주며 이르되 이
사람을 돌보아 주라 비용이 더 들
면 내가 돌아올 때에 갚으리라 하
였으니

1) 은전의 명칭 ㄱ. 신 6:5 ㄴ. 레 19:18

36 네 생각에는 이 세 사람 중에 누가
강도 만난 자의 이웃이 되겠느냐
37 이르되 자비를 베푼 자니이다 예수
께서 이르시되 가서 너도 이와 같
이 하라 하시니라

마르다와 마리아

38 ●그들이 길 갈 때에 예수께서 한
마을에 들어가시매 마르다라 이름
하는 한 여자가 자기 집으로 영접
하더라
39 그에게 마리아라 하는 동생이 있어 주
의 발치에 앉아 그의 말씀을 듣더니
40 마르다는 1)준비하는 일이 많아 마
음이 분주한지라 예수께 나아가 이
르되 주여 내 동생이 나 혼자 일하
게 두는 것을 생각하지 아니하시나
이까 그를 명하사 나를 도와 주라
하소서
41 주께서 대답하여 이르시되 마르다
야 마르다야 네가 많은 일로 염려
하고 근심하나
42 2)몇 가지만 하든지 혹은 한 가지만
이라도 족하니라 마리아는 이 좋은
편을 택하였으니 빼앗기지 아니하
리라 하시니라

기도를 가르치시다 (마 6:9-15; 7:7-11)

11 예수께서 한 곳에서 기도하시
고 마치시매 제자 중 하나가 여
짜오되 주여 요한이 자기 제자들에
게 기도를 가르친 것과 같이 우리
에게도 가르쳐 주옵소서
2 예수께서 이르시되 너희는 기도할
때에 이렇게 하라 아버지여 이름이
거룩히 여김을 받으시오며 나라가
임하시오며
3 우리에게 날마다 일용할 양식을 주
시옵고
4 우리가 우리에게 3)죄 지은 모든 사
람을 용서하오니 우리 죄도 사하여
주시옵고 우리를 시험에 들게 하지
마시옵소서 하라
5 ●또 이르시되 너희 중에 누가 벗
이 있는데 밤중에 그에게 가서 말
하기를 벗이여 떡 세 덩이를 내게
꾸어 달라
6 내 벗이 여행중에 내게 왔으나 내
가 먹일 것이 없노라 하면
7 그가 안에서 대답하여 이르되 나를
괴롭게 하지 말라 문이 이미 닫혔
고 아이들이 나와 함께 침실에 누
웠으니 일어나 네게 줄 수가 없노
라 하겠느냐
8 내가 너희에게 말하노니 비록 벗
됨으로 인하여서는 일어나서 주지
아니할지라도 그 간청함을 인하여
일어나 그 요구대로 주리라
9 내가 또 너희에게 이르노니 구하라
그러면 너희에게 주실 것이요 찾으
라 그러면 찾아낼 것이요 문을 두드
리라 그러면 너희에게 열릴 것이니
10 구하는 이마다 받을 것이요 찾는
이는 찾아낼 것이요 두드리는 이에
게는 열릴 것이니라
11 너희 중에 아버지된 자로서 누가
아들이 4)생선을 달라 하는데 생선
대신에 뱀을 주며
12 알을 달라 하는데 전갈을 주겠느냐
13 너희가 악할지라도 좋은 것을 자식
에게 줄 줄 알거든 하물며 너희 하
늘 아버지께서 구하는 자에게 성령
을 주시지 않겠느냐 하시니라

예수와 바알세불
(마 12:22-30, 43-45; 막 3:20-27)

14 ●예수께서 한 말 못하게 하는 귀
신을 쫓아내시니 귀신이 나가매 말
못하는 사람이 말하는지라 무리들
이 놀랍게 여겼으나

1) 헬, 봉사하는 2) 최근의 본문(GNT 4판)에는 '한 가지만으로도 족하니라'로 되었음 3) 헬, 빚진 모든 4) 어떤 사본에, 떡을 달라 하면 돌을 주며 생선을

15 그 중에 더러는 말하기를 그가 귀
신의 왕 바알세불을 힘입어 귀신을
쫓아낸다 하고
16 또 더러는 예수를 시험하여 하늘로
부터 오는 [1]표적을 구하니
17 예수께서 그들의 생각을 아시고 이
르시되 스스로 분쟁하는 나라마다
황폐하여지며 스스로 분쟁하는 집
은 무너지느니라
18 너희 말이 내가 바알세불을 힘입어
귀신을 쫓아낸다 하니 만일 사탄이
스스로 분쟁하면 그의 나라가 어떻
게 서겠느냐
19 내가 바알세불을 힘입어 귀신을 쫓
아내면 너희 아들들은 누구를 힘입
어 쫓아내느냐 그러므로 그들이 너
희 재판관이 되리라
20 그러나 내가 만일 하나님의 [2]손을
힘입어 귀신을 쫓아낸다면 하나님
의 나라가 이미 너희에게 임하였느
니라
21 강한 자가 무장을 하고 자기 집을
지킬 때에는 그 소유가 안전하되
22 더 강한 자가 와서 그를 굴복시킬
때에는 그가 믿던 무장을 빼앗고
그의 [3]재물을 나누느니라
23 나와 함께하지 아니하는 자는 나를
반대하는 자요 나와 함께 모으지
아니하는 자는 헤치는 자니라
24 더러운 귀신이 사람에게서 나갔을
때에 물 없는 곳으로 다니며 쉬기
를 구하되 얻지 못하고 이에 이르
되 내가 나온 내 집으로 돌아가리
라 하고
25 가서 보니 그 집이 청소되고 수리
되었거늘
26 이에 가서 저보다 더 악한 귀신 일
곱을 데리고 들어가서 거하니 그
사람의 나중 형편이 전보다 더 심
하게 되느니라

복이 있는 자

27 ●이 말씀을 하실 때에 무리 중에
서 한 여자가 음성을 높여 이르되
당신을 밴 태와 당신을 먹인 젖이
복이 있나이다 하니
28 예수께서 이르시되 오히려 하나님
의 말씀을 듣고 지키는 자가 복이
있느니라 하시니라

악한 세대가 표적을 구하나
(마 12:38-42; 막 8:12)

29 ●무리가 모였을 때에 예수께서 말
씀하시되 이 세대는 악한 세대라
[1]표적을 구하되 요나의 [1]표적밖에
는 보일 [1]표적이 없나니
30 요나가 니느웨 사람들에게 [1]표적이
됨과 같이 인자도 이 세대에 그러
하리라
31 심판 때에 남방 여왕이 일어나 이
세대 사람을 정죄하리니 이는 그가
솔로몬의 지혜로운 말을 들으려고
땅끝에서 왔음이거니와 솔로몬보
다 더 큰 이가 여기 있으며
32 심판 때에 니느웨 사람들이 일어나
이 세대 사람을 정죄하리니 이는
그들이 요나의 전도를 듣고 회개하
였음이거니와 요나보다 더 큰 이가
여기 있느니라

눈은 몸의 등불 (마 5:15; 6:22-23)

33 ●누구든지 등불을 켜서 움 속에나
말 아래에 두지 아니하고 등경 위
에 두나니 이는 들어가는 자로 그
빛을 보게 하려 함이라
34 네 몸의 등불은 눈이라 네 눈이
[4]성하면 온 몸이 밝을 것이요 만일
나쁘면 네 몸도 어두우리라
35 그러므로 네 속에 있는 빛이 어두
지 아니한가 보라
36 네 온 몸이 밝아 조금도 어두운 데

1) 또는 이적 2) 헬, 손가락을 3) 헬, 노략물을 4) 헬, 순전하면

가 없으면 등불의 빛이 너를 비출
때와 같이 온전히 밝으리라 하시니
라

바리새인과 율법교사
(마 23:1-36; 막 12:38-40; 눅 20:45-47)

37 ●예수께서 말씀하실 때에 한 바리
새인이 자기와 함께 점심 잡수시기
를 청하므로 들어가 [1]앉으셨더니
38 잡수시기 전에 손 씻지 아니하심을
그 바리새인이 보고 이상히 여기는
지라
39 주께서 이르시되 너희 바리새인은
지금 잔과 대접의 겉은 깨끗이 하
나 너희 속에는 탐욕과 악독이 가
득하도다
40 어리석은 자들아 겉을 만드신 이가
속도 만들지 아니하셨느냐
41 그러나 그 안에 있는 것으로 구제
하라 그리하면 모든 것이 너희에게
깨끗하리라
42 ●화 있을진저 너희 바리새인이여
너희가 박하와 운향과 모든 채소의
십일조는 드리되 공의와 하나님께
대한 사랑은 버리는도다 그러나 이
것도 행하고 저것도 버리지 말아야
할지니라
43 화 있을진저 너희 바리새인이여 너
희가 회당의 높은 자리와 시장에서
문안받는 것을 기뻐하는도다
44 화 있을진저 너희여 너희는 [2]평토
장한 무덤 같아서 그 위를 밟는 사
람이 알지 못하느니라
45 ●한 율법교사가 예수께 대답하여
이르되 선생님 이렇게 말씀하시니
우리까지 모욕하심이니이다
46 이르시되 화 있을진저 또 너희 율
법교사여 지기 어려운 짐을 사람에
게 지우고 너희는 한 손가락도 이
짐에 대지 않는도다
47 화 있을진저 너희는 선지자들의 무
덤을 만드는도다 그들을 죽인 자도
너희 조상들이로다
48 이와 같이 그들은 죽이고 너희는
무덤을 만드니 너희가 너희 조상의
행한 일에 증인이 되어 옳게 여기
는도다
49 그러므로 하나님의 지혜가 일렀으
되 내가 선지자와 사도들을 그들에
게 보내리니 그 중에서 더러는 죽
이며 또 박해하리라 하였느니라
50 창세 이후로 흘린 모든 선지자의
피를 이 세대가 담당하되
51 곧 아벨의 피로부터 제단과 성전
사이에서 죽임을 당한 사가랴의 피
까지 하리라 내가 너희에게 이르노
니 과연 이 세대가 담당하리라
52 화 있을진저 너희 율법교사여 너희
가 지식의 열쇠를 가져가서 너희도
들어가지 않고 또 들어가고자 하는
자도 막았느니라 하시니라
53 ●거기서 나오실 때에 서기관과 바
리새인들이 거세게 달려들어 여러
가지 일을 따져 묻고
54 그 입에서 나오는 말을 책잡고자
하여 노리고 있더라

바리새인들의 외식을 주의하라
(마 10:26-33; 12:32; 10:19-20)

12 그 동안에 무리 수만 명이 모여
서로 밟힐 만큼 되었더니 예수
께서 먼저 제자들에게 말씀하여 이
르시되 바리새인들의 누룩 곧 외식
을 주의하라
2 감추인 것이 드러나지 않을 것이
없고 숨긴 것이 알려지지 않을 것
이 없나니
3 이러므로 너희가 어두운 데서 말한
모든 것이 광명한 데서 들리고 너
희가 골방에서 귀에 대고 말한 것
이 지붕 위에서 전파되리라

1) 5:29 난하주를 보라 2) 헬, 보이지 않는

4 내가 내 친구 너희에게 말하노니
몸을 죽이고 그 후에는 능히 더 못
하는 자들을 두려워하지 말라
5 마땅히 두려워할 자를 내가 너희에
게 보이리니 곧 죽인 후에 또한 지
옥에 던져 넣는 권세 있는 그를 두
려워하라 내가 참으로 너희에게 이
르노니 그를 두려워하라
6 참새 다섯 마리가 두 [1]앗사리온에
팔리는 것이 아니냐 그러나 하나님
앞에는 그 하나도 잊어버리시는 바
되지 아니하는도다
7 너희에게는 심지어 머리털까지도 다
세신 바 되었나니 두려워하지 말라
너희는 많은 참새보다 더 귀하니라
8 내가 또한 너희에게 말하노니 누구
든지 사람 앞에서 나를 시인하면
인자도 하나님의 사자들 앞에서 그
를 시인할 것이요
9 사람 앞에서 나를 부인하는 자는
하나님의 사자들 앞에서 부인을 당
하리라
10 누구든지 말로 인자를 거역하면 사
하심을 받으려니와 성령을 모독하
는 자는 사하심을 받지 못하리라
11 사람이 너희를 회당이나 위정자나
권세 있는 자 앞에 끌고 가거든 어
떻게 무엇으로 대답하며 무엇으로
말할까 염려하지 말라
12 마땅히 할 말을 성령이 곧 그때에
너희에게 가르치시리라 **하시니라**

한 부자 비유

13 ●**무리 중에 한 사람이 이르되 선**
생님 내 [2]형을 명하여 유산을 나와
나누게 하소서 하니
14 **이르시되** 이 사람아 누가 나를 너
희의 재판장이나 물건 나누는 자로
세웠느냐 **하시고**
15 **그들에게 이르시되** 삼가 모든 탐심
을 물리치라 사람의 생명이 그 소
유의 넉넉한 데 있지 아니하니라
하시고
16 **또 비유로 그들에게 말하여 이르시**
되 한 부자가 그 밭에 소출이 풍성
하매
17 심중에 생각하여 이르되 내가 곡식
쌓아 둘 곳이 없으니 어찌할까 하고
18 또 이르되 내가 이렇게 하리라 내
곳간을 헐고 더 크게 짓고 내 모든
곡식과 물건을 거기 쌓아 두리라
19 또 내가 내 영혼에게 이르되 영혼
아 여러 해 쓸 물건을 많이 쌓아 두
었으니 평안히 쉬고 먹고 마시고
즐거워하자 하리라 하되
20 하나님은 이르시되 어리석은 자여
오늘 밤에 네 영혼을 도로 찾으리
니 그러면 네 준비한 것이 누구의
것이 되겠느냐 하셨으니
21 자기를 위하여 재물을 쌓아 두고
하나님께 대하여 부요하지 못한 자
가 이와 같으니라

목숨과 몸을 위하여 염려하지 말라
(마 6:25-34)

22 ●**또 제자들에게 이르시되** 그러므
로 내가 너희에게 이르노니 너희 목
숨을 위하여 무엇을 먹을까 몸을 위
하여 무엇을 입을까 염려하지 말라
23 목숨이 음식보다 중하고 몸이 의복
보다 중하니라
24 까마귀를 생각하라 심지도 아니하
고 거두지도 아니하며 골방도 없고
창고도 없으되 하나님이 기르시나
니 너희는 새보다 얼마나 더 귀하냐
25 또 너희 중에 누가 염려함으로 그
[3]키를 한 자라도 더할 수 있느냐
26 그런즉 가장 작은 일도 하지 못하
면서 어찌 다른 일들을 염려하느냐
27 백합화를 생각하여 보라 실도 만들

1) 동전의 명칭 2) 또는 동생 3) 혹 목숨을 한 시간이라도 연장할 수 있느냐

지 않고 짜지도 아니하느니라 그러
나 내가 너희에게 말하노니 솔로몬
의 모든 영광으로도 입은 것이 이 꽃
하나만큼 훌륭하지 못하였느니라
28 오늘 있다가 내일 아궁이에 던져지
는 들풀도 하나님이 이렇게 입히시
거든 하물며 너희일까보냐 믿음이
작은 자들아
29 너희는 무엇을 먹을까 무엇을 마실까
하여 구하지 말며 근심하지도 말라
30 이 모든 것은 세상 백성들이 구하
는 것이라 너희 아버지께서는 이런
것이 너희에게 있어야 할 것을 아
시느니라
31 다만 너희는 그의 나라를 구하라
그리하면 이런 것들을 너희에게 더
하시리라
32 적은 무리여 무서워 말라 너희 아
버지께서 그 나라를 너희에게 주시
기를 기뻐하시느니라
33 너희 소유를 팔아 구제하여 낡아지
지 아니하는 배낭을 만들라 곧 하
늘에 둔 바 다함이 없는 보물이니
거기는 도둑도 가까이하는 일이 없
고 좀도 먹는 일이 없느니라
34 너희 보물 있는 곳에는 너희 마음
도 있으리라

깨어 준비하고 있으라 (마 24:45-51)

35 ●허리에 띠를 띠고 등불을 켜고
서 있으라
36 너희는 마치 그 주인이 혼인 집에
서 돌아와 문을 두드리면 곧 열어
주려고 기다리는 사람과 같이 되라
37 주인이 와서 깨어 있는 것을 보면
그 종들은 복이 있으리로다 내가
진실로 너희에게 이르노니 주인이
띠를 띠고 그 종들을 자리에 [1]앉히
고 나아와 수종 들리라
38 주인이 혹 이경에나 혹 삼경에 이
르러서도 종들이 그같이 하고 있는
것을 보면 그 종들은 복이 있으리
로다
39 너희도 아는 바니 집 주인이 만일
도둑이 어느 때에 이를 줄 알았더라
면 그 집을 뚫지 못하게 하였으리라
40 그러므로 너희도 준비하고 있으라
생각하지 않은 때에 인자가 오리라
하시니라
41 **●베드로가 여짜오되 주께서 이 비**
유를 우리에게 하심이니이까 모든
사람에게 하심이니이까
42 **주께서 이르시되** 지혜 있고 진실한
청지기가 되어 주인에게 그 집 종
들을 맡아 때를 따라 양식을 나누
어 줄 자가 누구냐
43 주인이 이를 때에 그 종이 그렇게
하는 것을 보면 그 종은 복이 있으
리로다
44 내가 참으로 너희에게 이르노니 주인
이 그 모든 소유를 그에게 맡기리라
45 만일 그 종이 마음에 생각하기를 주
인이 더디 오리라 하여 남녀 종들을
때리며 먹고 마시고 취하게 되면
46 생각하지 않은 날 알지 못하는 시
각에 그 종의 주인이 이르러 [2]엄히
때리고 신실하지 아니한 자의 받는
벌에 처하리니
47 주인의 뜻을 알고도 준비하지 아니
하고 그 뜻대로 행하지 아니한 종
은 많이 맞을 것이요
48 알지 못하고 맞을 일을 행한 종은
적게 맞으리라 무릇 많이 받은 자
에게는 많이 요구할 것이요 많이
맡은 자에게는 많이 달라 할 것이
니라

불을 던지러, 분쟁을 일으키러 왔다
(마 10:34-36)

49 ●내가 불을 땅에 던지러 왔노니
이 불이 이미 붙었으면 내가 무엇

1) 5:29 난하주를 보라 2) 헬, 쪼개어 내고

을 원하리요
50 나는 받을 [1]세례가 있으니 그것이
이루어지기까지 나의 답답함이 어
떠하겠느냐
51 내가 세상에 화평을 주려고 온 줄로
아느냐 내가 너희에게 이르노니 아니
라 도리어 분쟁하게 하려 함이로라
52 이 후부터 한 집에 다섯 사람이 있
어 분쟁하되 셋이 둘과, 둘이 셋과
하리니
53 아버지가 아들과, 아들이 아버지
와, 어머니가 딸과, 딸이 어머니와,
시어머니가 며느리와, 며느리가 시
어머니와 분쟁하리라 하시니라

시대를 분간하고, 화해하기를 힘쓰라
(마 5:25-26; 16:2-3)

54 ●또 무리에게 이르시되 너희가 구
름이 서쪽에서 이는 것을 보면 곧
말하기를 소나기가 오리라 하나니
과연 그러하고
55 남풍이 부는 것을 보면 말하기를 심
히 더우리라 하나니 과연 그러하니라
56 외식하는 자여 너희가 천지의 기상
은 분간할 줄 알면서 어찌 이 시대
는 분간하지 못하느냐
57 또 어찌하여 옳은 것을 스스로 판
단하지 아니하느냐
58 네가 너를 고발하는 자와 함께 법
관에게 갈 때에 길에서 화해하기를
힘쓰라 그가 너를 재판장에게 끌어
가고 재판장이 너를 옥졸에게 넘겨
주어 옥졸이 옥에 가둘까 염려하라
59 네게 이르노니 한 푼이라도 남김이
없이 갚지 아니하고서는 결코 거기
서 나오지 못하리라 하시니라

회개하지 아니하면 망하리라

13 그때 마침 두어 사람이 와서
빌라도가 어떤 갈릴리 사람들
의 피를 그들의 제물에 섞은 일로
예수께 아뢰니
2 대답하여 이르시되 너희는 이 갈릴
리 사람들이 이같이 해 받으므로
다른 모든 갈릴리 사람보다 죄가
더 있는 줄 아느냐
3 너희에게 이르노니 아니라 너희도
만일 회개하지 아니하면 다 이와
같이 망하리라
4 또 실로암에서 망대가 무너져 치어
죽은 열여덟 사람이 예루살렘에 거
한 다른 모든 사람보다 [2]죄가 더
있는 줄 아느냐
5 너희에게 이르노니 아니라 너희도
만일 회개하지 아니하면 다 이와
같이 망하리라

열매 맺지 못하는 무화과나무 비유

6 ●이에 비유로 말씀하시되 한 사람
이 포도원에 무화과나무를 심은 것
이 있더니 와서 그 열매를 구하였
으나 얻지 못한지라
7 포도원지기에게 이르되 내가 삼 년
을 와서 이 무화과나무에서 열매를
구하되 얻지 못하니 찍어버리라 어
찌 땅만 버리게 하겠느냐
8 대답하여 이르되 주인이여 금년에
도 그대로 두소서 내가 두루 파고
거름을 주리니
9 이후에 만일 열매가 열면 좋거니와
그렇지 않으면 찍어버리소서 하였
다 하시니라

안식일에 꼬부라진 여자를 고치시다

10 ●예수께서 안식일에 한 회당에서
가르치실 때에
11 열여덟 해 동안이나 귀신 들려 앓
으며 꼬부라져 조금도 펴지 못하는
한 여자가 있더라
12 예수께서 보시고 불러 이르시되 여
자여 네가 네 병에서 놓였다 하시고
13 안수하시니 여자가 곧 펴고 하나님
께 영광을 돌리는지라

1) 헬, 또는 침례 2) 헬, 빚진 것이

14 회당장이 예수께서 안식일에 병 고
치시는 것을 분 내어 무리에게 이르
되 일할 날이 엿새가 있으니 그 동
안에 와서 고침을 받을 것이요 안식
일에는 하지 말 것이니라 하거늘
15 주께서 대답하여 이르시되 외식하
는 자들아 너희가 각각 안식일에
자기의 소나 나귀를 외양간에서 풀
어 내어 이끌고 가서 물을 먹이지
아니하느냐
16 그러면 열여덟 해 동안 사탄에게
매인 바 된 이 아브라함의 딸을 안
식일에 이 매임에서 푸는 것이 합
당하지 아니하냐
17 예수께서 이 말씀을 하시매 모든
반대하는 자들은 부끄러워하고 온
무리는 그가 하시는 모든 영광스러
운 일을 기뻐하니라

겨자씨와 누룩 비유
(마 13:31-33; 막 4:30-32)

18 ●그러므로 예수께서 이르시되 하
나님의 나라가 무엇과 같을까 내가
무엇으로 비교할까
19 마치 사람이 자기 채소밭에 갖다
심은 겨자씨 한 알 같으니 자라 나
무가 되어 공중의 새들이 그 가지
에 깃들였느니라
20 또 이르시되 내가 하나님의 나라를
무엇으로 비교할까
21 마치 여자가 가루 서 말 속에 갖다
넣어 전부 부풀게 한 누룩과 같으
니라 하셨더라

좁은 문으로 들어가기를 힘쓰라
(마 7:13-14, 21-23)

22 ●예수께서 각 성 각 마을로 다니
사 가르치시며 예루살렘으로 여행
하시더니
23 어떤 사람이 여짜오되 주여 구원을
받는 자가 적으니이까 그들에게 이
르시되
24 좁은 문으로 들어가기를 힘쓰라 내
가 너희에게 이르노니 들어가기를
구하여도 못하는 자가 많으리라
25 집 주인이 일어나 문을 한 번 닫은
후에 너희가 밖에 서서 문을 두드리
며 주여 열어 주소서 하면 그가 대
답하여 이르되 나는 너희가 어디에
서 온 자인지 알지 못하노라 하리니
26 그때에 너희가 말하되 우리는 주 앞
에서 먹고 마셨으며 주는 또한 우리
의 길거리에서 가르치셨나이다 하나
27 그가 너희에게 말하여 이르되 나는
너희가 어디에서 왔는지 알지 못하
노라 행악하는 모든 자들아 나를
떠나가라 하리라
28 너희가 아브라함과 이삭과 야곱과
모든 선지자는 하나님 나라에 있고
오직 너희는 밖에 쫓겨난 것을 볼
때에 거기서 슬피 울며 이를 갈리라
29 사람들이 동서남북으로부터 와서
하나님의 나라 잔치에 [1]참여하리니
30 보라 나중 된 자로서 먼저 될 자도
있고 먼저 된 자로서 나중 될 자도
있느니라 하시더라

선지자들을 죽이는 예루살렘아 (마 23:37-39)

31 ●곧 그때에 어떤 바리새인들이 나
아와서 이르되 나가서 여기를 떠나
소서 헤롯이 당신을 죽이고자 하나
이다
32 이르시되 너희는 가서 저 여우에게
이르되 오늘과 내일은 내가 귀신을
쫓아내며 병을 고치다가 제삼일에
는 [2]완전하여지리라 하라
33 그러나 오늘과 내일과 모레는 내가
갈 길을 가야 하리니 선지자가 예루
살렘 밖에서는 죽는 법이 없느니라
34 예루살렘아 예루살렘아 선지자들
을 죽이고 네게 파송된 자들을 돌
로 치는 자여 암탉이 제 새끼를 날

1) 5:29 난하주를 보라 2) 또는 완전히 이루리라

개 아래에 모음같이 내가 너희의 자
녀를 모으려 한 일이 몇 번이냐 그
러나 너희가 원하지 아니하였도다
35 보라 너희 집이 황폐하여 버린 바
되리라 내가 너희에게 이르노니 너
희가 주의 이름으로 오시는 이를
찬송하리로다 할 때까지는 나를 보
지 못하리라 하시니라

수종병 든 사람을 고치시다

14 안식일에 예수께서 한 바리새
인 지도자의 집에 떡 잡수시러
들어가시니 그들이 엿보고 있더라
2 주의 앞에 수종병 든 한 사람이 있
는지라
3 예수께서 대답하여 율법교사들과
바리새인들에게 이르시되 안식일
에 병 고쳐 주는 것이 합당하냐 아
니하냐
4 그들이 잠잠하거늘 예수께서 그 사
람을 데려다가 고쳐 보내시고
5 또 그들에게 이르시되 너희 중에
누가 그 1)아들이나 소가 우물에 빠
졌으면 안식일에라도 곧 끌어내지
않겠느냐 하시니
6 그들이 이에 대하여 대답하지 못하
니라

끝자리에 앉으라

7 ●청함을 받은 사람들이 높은 자리
택함을 보시고 그들에게 비유로 말
씀하여 이르시되
8 네가 누구에게나 혼인 잔치에 청함
을 받았을 때에 높은 자리에 2)앉지
말라 그렇지 않으면 너보다 더 높
은 사람이 청함을 받은 경우에
9 너와 그를 청한 자가 와서 너더러
이 사람에게 자리를 내주라 하리니
그때에 네가 부끄러워 끝자리로 가
게 되리라
10 청함을 받았을 때에 차라리 가서 끝
자리에 2)앉으라 그러면 너를 청한
자가 와서 너더러 벗이여 올라 2)앉
으라 하리니 그때에야 함께 2)앉은
모든 사람 앞에서 영광이 있으리라
11 무릇 자기를 높이는 자는 낮아지고
자기를 낮추는 자는 높아지리라
12 ●또 자기를 청한 자에게 이르시되
네가 점심이나 저녁이나 베풀거든
벗이나 형제나 친척이나 부한 이웃
을 청하지 말라 두렵건대 그 사람
들이 너를 도로 청하여 네게 갚음
이 될까 하노라
13 잔치를 베풀거든 차라리 가난한 자
들과 몸 불편한 자들과 저는 자들
과 맹인들을 청하라
14 그리하면 그들이 갚을 것이 없으므
로 네게 복이 되리니 이는 의인들
의 부활시에 네가 갚음을 받겠음이
라 하시더라

큰 잔치 비유 (마 22:1-10)

15 ●함께 2)먹는 사람 중의 하나가 이 말
을 듣고 이르되 무릇 하나님의 나라
에서 떡을 먹는 자는 복되도다 하니
16 이르시되 어떤 사람이 큰 잔치를
베풀고 많은 사람을 청하였더니
17 잔치할 시각에 그 청하였던 자들에
게 종을 보내어 이르되 오소서 모
든 것이 준비되었나이다 하매
18 다 일치하게 사양하여 한 사람은
이르되 나는 밭을 샀으매 아무래도
나가 보아야 하겠으니 청컨대 나를
양해하도록 하라 하고
19 또 한 사람은 이르되 나는 소 다섯
겨리를 샀으매 시험하러 가니 청컨
대 나를 양해하도록 하라 하고
20 또 한 사람은 이르되 나는 장가들
었으니 그러므로 가지 못하겠노라
하는지라
21 종이 돌아와 주인에게 그대로 고하
니 이에 집 주인이 노하여 그 종에

1) 어떤 사본에, 나귀나 2) 5:29 난하주를 보라

게 이르되 빨리 시내의 거리와 골
목으로 나가서 가난한 자들과 몸
불편한 자들과 맹인들과 저는 자들
을 데려오라 하니라
22 종이 이르되 주인이여 명하신 대로
하였으되 아직도 자리가 있나이다
23 주인이 종에게 이르되 길과 산울타
리 가로 나가서 사람을 강권하여
데려다가 내 집을 채우라
24 내가 너희에게 말하노니 전에 청하
였던 그 사람들은 하나도 내 잔치를
맛보지 못하리라 하였다 **하시니라**

제자가 되는 길 (마 5:13; 막 9:50)

25 ●수많은 무리가 함께 갈새 예수께
서 돌이키사 이르시되
26 무릇 내게 오는 자가 자기 부모와
처자와 형제와 자매와 더욱이 자기
목숨까지 미워하지 아니하면 능히
내 제자가 되지 못하고
27 누구든지 자기 십자가를 지고 나를
따르지 않는 자도 능히 내 제자가
되지 못하리라
28 너희 중의 누가 망대를 세우고자
할진대 자기의 가진 것이 준공하기
까지에 족할는지 먼저 앉아 그 비
용을 계산하지 아니하겠느냐
29 그렇게 아니하여 그 기초만 쌓고
능히 이루지 못하면 보는 자가 다
비웃어
30 이르되 이 사람이 공사를 시작하고
능히 이루지 못하였다 하리라
31 또 어떤 임금이 다른 임금과 싸우
러 갈 때에 먼저 앉아 일만 명으로
써 저 이만 명을 거느리고 오는 자
를 대적할 수 있을까 헤아리지 아
니하겠느냐
32 만일 못할 터이면 그가 아직 멀리
있을 때에 사신을 보내어 화친을
청할지니라
33 이와 같이 너희 중의 누구든지 자
기의 모든 소유를 버리지 아니하면
능히 내 제자가 되지 못하리라
34 소금이 좋은 것이나 소금도 만일
그 맛을 잃으면 무엇으로 짜게 하
리요
35 땅에도, 거름에도 쓸 데 없어 내버
리느니라 들을 귀가 있는 자는 들
을지어다 **하시니라**

잃은 양을 찾은 목자 비유 (마 18:12-14)

15 모든 세리와 죄인들이 말씀을
들으러 가까이 나아오니
2 바리새인과 서기관들이 수군거려
이르되 이 사람이 죄인을 영접하고
음식을 같이 먹는다 하더라
3 ●예수께서 그들에게 이 비유로 이
르시되
4 너희 중에 어떤 사람이 양 백 마리
가 있는데 그 중의 하나를 잃으면
아흔아홉 마리를 들에 두고 그 잃
은 것을 찾아내기까지 찾아다니지
아니하겠느냐
5 또 찾아낸즉 즐거워 어깨에 메고
6 집에 와서 그 벗과 이웃을 불러 모
으고 말하되 나와 함께 즐기자 나
의 잃은 양을 찾아내었노라 하리라
7 내가 너희에게 이르노니 이와 같이
죄인 한 사람이 회개하면 하늘에서
는 회개할 것 없는 의인 아흔아홉
으로 말미암아 기뻐하는 것보다 더
하리라

잃은 드라크마를 찾은 여인 비유

8 ●어떤 여자가 열 [1]드라크마가 있
는데 하나를 잃으면 등불을 켜고
집을 쓸며 찾아내기까지 부지런히
찾지 아니하겠느냐
9 또 찾아낸즉 벗과 이웃을 불러 모
으고 말하되 나와 함께 즐기자 잃
은 [1]드라크마를 찾아내었노라 하리
라

1) 은전의 명칭

10 내가 너희에게 이르노니 이와 같이
죄인 한 사람이 회개하면 하나님의
사자들 앞에 기쁨이 되느니라

잃은 아들을 되찾은 아버지 비유

11 ●**또 이르시되** 어떤 사람에게 두
아들이 있는데
12 그 둘째가 아버지에게 말하되 아버
지여 재산 중에서 내게 돌아올 분
깃을 내게 주소서 하는지라 아버지
가 그 살림을 각각 나눠 주었더니
13 그 후 며칠이 안 되어 둘째 아들이
재물을 다 모아 가지고 먼 나라에
가 거기서 허랑방탕하여 그 재산을
낭비하더니
14 다 없앤 후 그 나라에 크게 흉년이
들어 그가 비로소 궁핍한지라
15 가서 그 나라 백성 중 한 사람에게
붙여 사니 그가 그를 들로 보내어
돼지를 치게 하였는데
16 그가 돼지 먹는 쥐엄 열매로 배를
채우고자 하되 주는 자가 없는지라
17 이에 스스로 돌이켜 이르되 내 아
버지에게는 양식이 풍족한 품꾼이
얼마나 많은가 나는 여기서 주려
죽는구나
18 내가 일어나 아버지께 가서 이르기
를 아버지 내가 하늘과 아버지께
죄를 지었사오니
19 지금부터는 아버지의 아들이라 일컬
음을 감당하지 못하겠나이다 나를
품꾼의 하나로 보소서 하리라 하고
20 이에 일어나서 아버지께로 돌아가
니라 아직도 거리가 먼데 아버지가
그를 보고 측은히 여겨 달려가 목
을 안고 입을 맞추니
21 아들이 이르되 아버지 내가 하늘과
아버지께 죄를 지었사오니 지금부
터는 아버지의 아들이라 일컬음을
감당하지 못하겠나이다 [1)]하나
22 아버지는 종들에게 이르되 제일 좋
은 옷을 내어다가 입히고 손에 가
락지를 끼우고 발에 신을 신기라
23 그리고 살진 송아지를 끌어다가 잡
으라 우리가 먹고 즐기자
24 이 내 아들은 죽었다가 다시 살아
났으며 내가 잃었다가 다시 얻었노
라 하니 그들이 즐거워하더라
25 맏아들은 밭에 있다가 돌아와 집에
가까이 왔을 때에 풍악과 춤추는
소리를 듣고
26 한 종을 불러 이 무슨 일인가 물은대
27 대답하되 당신의 동생이 돌아왔으
매 당신의 아버지가 건강한 그를
다시 맞아들이게 됨으로 인하여 살
진 송아지를 잡았나이다 하니
28 그가 노하여 들어가고자 하지 아니
하거늘 아버지가 나와서 권한대
29 아버지께 대답하여 이르되 내가 여
러 해 아버지를 섬겨 명을 어김이
없거늘 내게는 염소 새끼라도 주어
나와 내 벗으로 즐기게 하신 일이
없더니
30 아버지의 살림을 창녀들과 함께 삼
켜 버린 이 아들이 돌아오매 이를 위
하여 살진 송아지를 잡으셨나이다
31 아버지가 이르되 얘 너는 항상 나와
함께 있으니 내 것이 다 네 것이로되
32 이 네 동생은 죽었다가 살아났으며
내가 잃었다가 얻었기로 우리가 즐
거워하고 기뻐하는 것이 마땅하다
하니라

옳지 않은 청지기 비유

16 **또한 제자들에게 이르시되** 어
떤 부자에게 청지기가 있는데
그가 주인의 소유를 낭비한다는 말
이 그 주인에게 들린지라
2 주인이 그를 불러 이르되 내가 네
게 대하여 들은 이 말이 어찌 됨이
냐 네가 보던 일을 셈하라 청지기

1) 어떤 사본에, '나를 품꾼의 하나로 보소서' 가 있음

직무를 계속하지 못하리라 하니
3 청지기가 속으로 이르되 주인이 내
직분을 빼앗으니 내가 무엇을 할까
땅을 파자니 힘이 없고 빌어 먹자
니 부끄럽구나
4 내가 할 일을 알았도다 이렇게 하
면 직분을 빼앗긴 후에 사람들이
나를 자기 집으로 영접하리라 하고
5 주인에게 빚진 자를 일일이 불러다
가 먼저 온 자에게 이르되 네가 내
주인에게 얼마나 빚졌느냐
6 말하되 기름 백 말이니이다 이르되
여기 네 증서를 가지고 빨리 앉아
오십이라 쓰라 하고
7 또 다른 이에게 이르되 너는 얼마
나 빚졌느냐 이르되 밀 백 석이니
이다 이르되 여기 네 증서를 가지
고 팔십이라 쓰라 하였는지라
8 주인이 이 옳지 않은 청지기가 일
을 지혜 있게 하였으므로 칭찬하였
으니 이 세대의 아들들이 자기 시
대에 있어서는 빛의 아들들보다 더
지혜로움이니라
9 내가 너희에게 말하노니 불의의 재
물로 친구를 사귀라 그리하면 그
재물이 없어질 때에 그들이 너희를
영주할 처소로 영접하리라
10 지극히 작은 것에 충성된 자는 큰
것에도 충성되고 지극히 작은 것에
불의한 자는 큰 것에도 불의하니라
11 너희가 만일 불의한 재물에도 충성
하지 아니하면 누가 참된 것으로
너희에게 맡기겠느냐
12 너희가 만일 남의 것에 충성하지
아니하면 누가 너희의 것을 너희에
게 주겠느냐
13 집 하인이 두 주인을 섬길 수 없나
니 혹 이를 미워하고 저를 사랑하거
나 혹 이를 중히 여기고 저를 경히
여길 것임이니라 너희는 하나님과
재물을 겸하여 섬길 수 없느니라

율법과 하나님 나라의 복음

14 ●**바리새인들은 돈을 좋아하는 자**
들이라 이 모든 것을 듣고 비웃거늘
15 **예수께서 이르시되** 너희는 사람 앞
에서 스스로 옳다 하는 자들이나
너희 마음을 하나님께서 아시나니
사람 중에 높임을 받는 그것은 하
나님 앞에 미움을 받는 것이니라
16 율법과 선지자는 요한의 때까지요
그 후부터는 하나님 나라의 복음이
전파되어 사람마다 그리로 침입하
느니라
17 그러나 율법의 한 획이 떨어짐보다
천지가 없어짐이 쉬우리라
18 무릇 자기 아내를 버리고 다른 데
장가드는 자도 간음함이요 무릇 버
림당한 여자에게 장가드는 자도 간
음함이니라

부자와 거지

19 ●한 부자가 있어 자색 옷과 고운
베옷을 입고 날마다 호화롭게 즐기
더라
20 그런데 나사로라 이름하는 한 거지
가 헌데 투성이로 그의 대문 앞에
버려진 채
21 그 부자의 상에서 떨어지는 것으로
배불리려 하매 심지어 개들이 와서
그 헌데를 핥더라
22 이에 그 거지가 죽어 천사들에게
받들려 아브라함의 품에 들어가고
부자도 죽어 장사되매
23 그가 음부에서 고통 중에 눈을 들
어 멀리 아브라함과 그의 품에 있
는 나사로를 보고
24 불러 이르되 아버지 아브라함이여
나를 긍휼히 여기사 나사로를 보내
어 그 손가락 끝에 물을 찍어 내 혀
를 서늘하게 하소서 내가 이 불꽃
가운데서 괴로워하나이다

25 아브라함이 이르되 얘 너는 살았을
때에 좋은 것을 받았고 나사로는
고난을 받았으니 이것을 기억하라
이제 그는 여기서 위로를 받고 너
는 괴로움을 받느니라
26 그뿐 아니라 너희와 우리 사이에
큰 구렁텅이가 놓여 있어 여기서
너희에게 건너가고자 하되 갈 수
없고 거기서 우리에게 건너올 수도
없게 하였느니라
27 이르되 그러면 아버지여 구하노니 나
사로를 내 아버지의 집에 보내소서
28 내 형제 다섯이 있으니 그들에게
증언하게 하여 그들로 이 고통받는
곳에 오지 않게 하소서
29 아브라함이 이르되 그들에게 모세
와 선지자들이 있으니 그들에게 들
을지니라
30 이르되 그렇지 아니하니이다 아버
지 아브라함이여 만일 죽은 자에게
서 그들에게 가는 자가 있으면 회
개하리이다
31 이르되 모세와 선지자들에게 듣지
아니하면 비록 죽은 자 가운데서
살아나는 자가 있을지라도 권함을
받지 아니하리라 하였다 하시니라

용서, 믿음, 종이 할 일
(마 18:6-7; 21:22; 막 9:42)

17 예수께서 제자들에게 이르시되
실족하게 하는 것이 없을 수는
없으나 그렇게 하게 하는 자에게는
화로다
2 그가 이 작은 자 중의 하나를 실족
하게 할진대 차라리 연자맷돌이 그
목에 매여 바다에 던져지는 것이
나으리라
3 너희는 스스로 조심하라 만일 네
형제가 죄를 범하거든 경고하고 회
개하거든 용서하라
4 만일 하루에 일곱 번이라도 네게
죄를 짓고 일곱 번 네게 돌아와 내
가 회개하노라 하거든 너는 용서하
라 하시더라
5 ●사도들이 주께 여짜오되 우리에
게 믿음을 더하소서 하니
6 주께서 이르시되 너희에게 겨자씨
한 알만한 믿음이 있었더라면 이
뽕나무더러 뿌리가 뽑혀 바다에 심
기어라 하였을 것이요 그것이 너희
에게 순종하였으리라
7 너희 중 누구에게 밭을 갈거나 양
을 치거나 하는 종이 있어 밭에서
돌아오면 그더러 곧 와 [1]앉아서 먹
으라 말할 자가 있느냐
8 도리어 그더러 내 먹을 것을 준비
하고 띠를 띠고 내가 먹고 마시는
동안에 수종 들고 너는 그 후에 먹
고 마시라 하지 않겠느냐
9 명한 대로 하였다고 종에게 감사하
겠느냐
10 이와 같이 너희도 명령받은 것을
다 행한 후에 이르기를 우리는 무
익한 종이라 우리가 하여야 할 일
을 한 것뿐이라 할지니라

나병환자 열 명이 깨끗함을 받다

11 ●예수께서 예루살렘으로 가실 때
에 사마리아와 갈릴리 사이로 지나
가시다가
12 한 마을에 들어가시니 나병환자 열
명이 예수를 만나 멀리 서서
13 소리를 높여 이르되 예수 선생님이
여 우리를 불쌍히 여기소서 하거늘
14 보시고 이르시되 가서 제사장들에
게 너희 몸을 보이라 하셨더니 그
들이 가다가 깨끗함을 받은지라
15 그 중의 한 사람이 자기가 나은 것
을 보고 큰 소리로 하나님께 영광
을 돌리며 돌아와
16 예수의 발 아래에 엎드리어 감사하

1) 5:29 난하주를 보라

니 그는 사마리아 사람이라
17 **예수께서 대답하여 이르시되** 열 사
람이 다 깨끗함을 받지 아니하였느
냐 그 아홉은 어디 있느냐
18 이 이방인 외에는 하나님께 영광을
돌리러 돌아온 자가 없느냐 **하시고**
19 **그에게 이르시되** 일어나 가라 네
믿음이 너를 구원하였느니라 **하시**
더라

하나님의 나라는 너희 안에 있다
(마 24:23-28, 37-41)

20 ●**바리새인들이 하나님의 나라가**
어느 때에 임하나이까 묻거늘 예수
께서 대답하여 이르시되 하나님의
나라는 볼 수 있게 임하는 것이 아
니요
21 또 여기 있다 저기 있다고도 못하
리니 하나님의 나라는 너희 안에
있느니라
22 ●**또 제자들에게 이르시되** 때가 이
르리니 너희가 인자의 날 하루를
보고자 하되 보지 못하리라
23 사람이 너희에게 말하되 보라 저기
있다 보라 여기 있다 하리라 그러나
너희는 가지도 말고 따르지도 말라
24 번개가 하늘 아래 이쪽에서 번쩍이
어 하늘 아래 저쪽까지 비침같이
인자도 자기 날에 그러하리라
25 그러나 그가 먼저 많은 고난을 받
으며 이 세대에게 버린 바 되어야
할지니라
26 노아의 때에 된 것과 같이 인자의
때에도 그러하리라
27 노아가 방주에 들어가던 날까지 사
람들이 먹고 마시고 장가들고 시집
가더니 홍수가 나서 그들을 다 멸
망시켰으며
28 또 롯의 때와 같으리니 사람들이 먹고
마시고 사고 팔고 심고 집을 짓더니
29 롯이 소돔에서 나가던 날에 하늘로
부터 불과 유황이 비오듯 하여 그
들을 멸망시켰느니라
30 인자가 나타나는 날에도 이러하리라
31 그날에 만일 사람이 지붕 위에 있
고 그의 세간이 그 집 안에 있으면
그것을 가지러 내려가지 말 것이요
밭에 있는 자도 그와 같이 뒤로 돌
이키지 말 것이니라
32 롯의 처를 기억하라
33 무릇 자기 목숨을 보전하고자 하는
자는 잃을 것이요 잃는 자는 살리
리라
34 내가 너희에게 이르노니 그 밤에
둘이 한 자리에 누워 있으매 하나
는 데려감을 얻고 하나는 버려둠을
당할 것이요
35 두 여자가 함께 맷돌을 갈고 있으
매 하나는 데려감을 얻고 하나는
버려둠을 당할 것이니라
36 [1]**(없음)**
37 **그들이 대답하여 이르되 주여 어디**
오니이까 이르시되 주검 있는 곳에
는 독수리가 모이느니라 **하시니라**

과부와 재판장 비유

18 **예수께서 그들에게 항상 기도**
하고 낙심하지 말아야 할 것을
비유로 말씀하여
2 **이르시되** 어떤 도시에 하나님을 두
려워하지 않고 사람을 무시하는 한
재판장이 있는데
3 그 도시에 한 과부가 있어 자주 그
에게 가서 내 원수에 대한 나의 원
한을 풀어 주소서 하되
4 그가 얼마 동안 듣지 아니하다가 후
에 속으로 생각하되 내가 하나님을
두려워하지 않고 사람을 무시하나
5 이 과부가 나를 번거롭게 하니 내
가 그 원한을 풀어 주리라 그렇지

1) 어떤 고대 사본에, 36절 '두 사람이 밭에 있으매 하나는 데려감을 당하고 하나는 버려둠을 당할 것이요' 가 있음

않으면 늘 와서 나를 괴롭게 하리
라 하였느니라
6 주께서 또 이르시되 불의한 재판장
이 말한 것을 들으라
7 하물며 하나님께서 그 밤낮 부르짖
는 택하신 자들의 원한을 풀어 주
지 아니하시겠느냐 그들에게 오래
참으시겠느냐
8 내가 너희에게 이르노니 속히 그
원한을 풀어 주시리라 그러나 인자
가 올 때에 세상에서 믿음을 보겠
느냐 **하시니라**

바리새인과 세리 비유

9 ●**또 자기를 의롭다고 믿고 다른**
사람을 멸시하는 자들에게 이 비유
로 말씀하시되
10 두 사람이 기도하러 성전에 올라가
니 하나는 바리새인이요 하나는 세
리라
11 바리새인은 서서 따로 기도하여 이
르되 하나님이여 나는 다른 사람들
곧 토색, 불의, 간음을 하는 자들과
같지 아니하고 이 세리와도 같지
아니함을 감사하나이다
12 나는 이레에 두 번씩 금식하고 또
소득의 십일조를 드리나이다 하고
13 세리는 멀리 서서 감히 눈을 들어
하늘을 쳐다보지도 못하고 다만 가
슴을 치며 이르되 하나님이여 불쌍
히 여기소서 나는 죄인이로소이다
하였느니라
14 내가 너희에게 이르노니 이에 저
바리새인이 아니고 이 사람이 의롭
다 하심을 받고 그의 집으로 내려
갔느니라 무릇 자기를 높이는 자는
낮아지고 자기를 낮추는 자는 높아
지리라 **하시니라**

어린아이들을 금하지 말라
(마 19:13-15; 막 10:13-16)

15 ●**사람들이 예수께서 만져 주심을**
바라고 자기 어린 아기를 데리고
오매 제자들이 보고 꾸짖거늘
16 **예수께서 그 어린아이들을 불러 가**
까이하시고 이르시되 어린아이들
이 내게 오는 것을 용납하고 금하
지 말라 하나님의 나라가 이런 자
의 것이니라
17 내가 진실로 너희에게 이르노니 누
구든지 하나님의 나라를 어린아이와
같이 받아들이지 않는 자는 결단코
거기 들어가지 못하리라 **하시니라**

부자 관리 (마 19:16-30; 막 10:17-31)

18 ●**어떤 관리가 물어 이르되 선한**
선생님이여 내가 무엇을 하여야 영
생을 얻으리이까
19 **예수께서 이르시되** 네가 어찌하여
나를 선하다 일컫느냐 하나님 한
분 외에는 선한 이가 없느니라
20 네가 계명을 아나니 ㄱ간음하지 말
라, 살인하지 말라, 도둑질하지 말
라, 거짓 증언하지 말라, 네 부모를
공경하라 하였느니라
21 **여짜오되 이것은 내가 어려서부터**
다 지키었나이다
22 **예수께서 이 말을 들으시고 이르시**
되 네게 아직도 한 가지 부족한 것
이 있으니 네게 있는 것을 다 팔아
가난한 자들에게 나눠 주라 그리하
면 하늘에서 네게 보화가 있으리라
그리고 와서 나를 따르라 **하시니**
23 **그 사람이 큰 부자이므로 이 말씀**
을 듣고 심히 근심하더라
24 **예수께서 그를 보시고 이르시되** 재
물이 있는 자는 하나님의 나라에
들어가기가 얼마나 어려운지
25 낙타가 바늘귀로 들어가는 것이 부
자가 하나님의 나라에 들어가는 것
보다 쉬우니라 **하시니**
26 **듣는 자들이 이르되 그런즉 누가**

ㄱ. 출 20:12-16; 신 5:16-20

구원을 얻을 수 있나이까
27 이르시되 무릇 사람이 할 수 없는
것을 하나님은 하실 수 있느니라
28 베드로가 여짜오되 보옵소서 우리
가 우리의 것을 다 버리고 주를 따
랐나이다
29 이르시되 내가 진실로 너희에게 이
르노니 하나님의 나라를 위하여 집
이나 아내나 형제나 부모나 자녀를
버린 자는
30 현세에 여러 배를 받고 내세에 영
생을 받지 못할 자가 없느니라 하
시니라

죽음과 부활을 다시 이르시다
(마 20:17-19; 막 10:32-34)

31 ●예수께서 열두 제자를 데리시고
이르시되 보라 우리가 예루살렘으로
올라가노니 선지자들을 통하여 기록
된 모든 것이 인자에게 응하리라
32 인자가 이방인들에게 넘겨져 희롱
을 당하고 능욕을 당하고 침 뱉음
을 당하겠으며
33 그들은 채찍질하고 그를 죽일 것이나
그는 삼 일 만에 살아나리라 하시되
34 제자들이 이것을 하나도 깨닫지 못
하였으니 그 말씀이 감취었으므로
그들이 그 이르신 바를 알지 못하
였더라

맹인을 고치시다 (마 20:29-34; 막 10:46-52)

35 ●여리고에 가까이 가셨을 때에 한
맹인이 길가에 앉아 구걸하다가
36 무리가 지나감을 듣고 이 무슨 일
이냐고 물은대
37 그들이 나사렛 예수께서 지나가신
다 하니
38 맹인이 외쳐 이르되 다윗의 자손 예
수여 나를 불쌍히 여기소서 하거늘
39 앞서 가는 자들이 그를 꾸짖어 잠
잠하라 하되 그가 더욱 크게 소리
질러 다윗의 자손이여 나를 불쌍히
여기소서 하는지라
40 예수께서 머물러 서서 명하여 데려
오라 하셨더니 그가 가까이 오매
물어 이르시되
41 네게 무엇을 하여 주기를 원하느냐
이르되 주여 보기를 원하나이다
42 예수께서 그에게 이르시되 보라 네
믿음이 너를 구원하였느니라 하시매
43 곧 보게 되어 하나님께 영광을 돌
리며 예수를 따르니 백성이 다 이
를 보고 하나님을 찬양하니라

예수와 삭개오

19 예수께서 여리고로 들어가 지
나가시더라
2 삭개오라 이름하는 자가 있으니 세
리장이요 또한 부자라
3 그가 예수께서 어떠한 사람인가 하
여 보고자 하되 키가 작고 사람이
많아 할 수 없어
4 앞으로 달려가서 보기 위하여 돌무
화과나무에 올라가니 이는 예수께
서 그리로 지나가시게 됨이러라
5 예수께서 그곳에 이르사 쳐다보시
고 이르시되 삭개오야 속히 내려오
라 내가 오늘 네 집에 유하여야 하
겠다 하시니
6 급히 내려와 즐거워하며 영접하거늘
7 뭇 사람이 보고 수군거려 이르되
저가 죄인의 집에 유하러 들어갔도
다 하더라
8 삭개오가 서서 주께 여짜오되 주여
보시옵소서 내 소유의 절반을 가난
한 자들에게 주겠사오며 만일 누구
의 것을 속여 빼앗은 일이 있으면
네 갑절이나 갚겠나이다
9 예수께서 이르시되 오늘 구원이 이
집에 이르렀으니 이 사람도 아브라
함의 자손임이로다
10 인자가 온 것은 잃어버린 자를 찾
아 구원하려 함이니라

은 열 므나 비유 (마 25:14-30)

11 ●그들이 이 말씀을 듣고 있을 때
에 비유를 더하여 말씀하시니 이는
자기가 예루살렘에 가까이 오셨고
그들은 하나님의 나라가 당장에 나
타날 줄로 생각함이더라
12 이르시되 어떤 귀인이 왕위를 받아
가지고 오려고 먼 나라로 갈 때에
13 그 종 열을 불러 은화 열 [1]므나를
주며 이르되 내가 돌아올 때까지
장사하라 하니라
14 그런데 그 백성이 그를 미워하여
사자를 뒤로 보내어 이르되 우리는
이 사람이 우리의 왕 됨을 원하지
아니하나이다 하였더라
15 귀인이 왕위를 받아가지고 돌아와
서 은화를 준 종들이 각각 어떻게
장사하였는지를 알고자 하여 그들
을 부르니
16 그 첫째가 나아와 이르되 주인이여
당신의 한 [1]므나로 열 [1]므나를 남
겼나이다
17 주인이 이르되 잘하였다 착한 종이
여 네가 지극히 작은 것에 충성하였
으니 열 고을 권세를 차지하라 하고
18 그 둘째가 와서 이르되 주인이여
당신의 한 [1]므나로 다섯 [1]므나를
만들었나이다
19 주인이 그에게도 이르되 너도 다섯
고을을 차지하라 하고
20 또 한 사람이 와서 이르되 주인이
여 보소서 당신의 한 [1]므나가 여기
있나이다 내가 수건으로 싸 두었었
나이다
21 이는 당신이 엄한 사람인 것을 내
가 무서워함이라 당신은 두지 않은
것을 취하고 심지 않은 것을 거두
나이다
22 주인이 이르되 악한 종아 내가 네
말로 너를 심판하노니 너는 내가
두지 않은 것을 취하고 심지 않은
것을 거두는 엄한 사람인 줄로 알
았느냐
23 그러면 어찌하여 내 돈을 은행에
맡기지 아니하였느냐 그리하였으
면 내가 와서 그 이자와 함께 그 돈
을 찾았으리라 하고
24 곁에 섰는 자들에게 이르되 그 한
[1]므나를 빼앗아 열 [1]므나 있는 자
에게 주라 하니
25 그들이 이르되 주여 그에게 이미
열 [1]므나가 있나이다
26 주인이 이르되 내가 너희에게 말하
노니 무릇 있는 자는 받겠고 없는
자는 그 있는 것도 빼앗기리라
27 그리고 내가 왕 됨을 원하지 아니
하던 저 원수들을 이리로 끌어다가
내 앞에서 죽이라 하였느니라

예루살렘을 향하여 가시다
(마 21:1-11; 막 11:1-11; 요 12:12-19)

28 ●예수께서 이 말씀을 하시고 예루
살렘을 향하여 앞서서 가시더라
29 감람원이라 불리는 산쪽에 있는 벳
바게와 베다니에 가까이 가셨을 때
에 제자 중 둘을 보내시며
30 이르시되 너희는 맞은편 마을로 가
라 그리로 들어가면 아직 아무도
타 보지 않은 나귀 새끼가 매여 있
는 것을 보리니 풀어 끌고 오라
31 만일 누가 너희에게 어찌하여 푸느
냐 묻거든 말하기를 주가 쓰시겠다
하라 하시매
32 보내심을 받은 자들이 가서 그 말
씀하신 대로 만난지라
33 나귀 새끼를 풀 때에 그 임자들이 이
르되 어찌하여 나귀 새끼를 푸느냐
34 대답하되 주께서 쓰시겠다 하고
35 그것을 예수께로 끌고 와서 자기들
의 겉옷을 나귀 새끼 위에 걸쳐 놓

1) 금은의 중량

고 예수를 태우니
36 가실 때에 그들이 자기의 겉옷을
길에 펴더라
37 이미 감람 산 내리막길에 가까이
오시매 제자의 온 무리가 자기들이
본 바 모든 능한 일로 인하여 기뻐
하며 큰 소리로 하나님을 찬양하여
38 이르되 찬송하리로다 주의 이름으
로 오시는 왕이여 하늘에는 평화요
가장 높은 곳에는 영광이로다 하니
39 무리 중 어떤 바리새인들이 말하되
선생이여 당신의 제자들을 책망하
소서 하거늘
40 대답하여 이르시되 내가 너희에게
말하노니 만일 이 사람들이 침묵하
면 돌들이 소리 지르리라 하시니라
41 ●가까이 오사 성을 보시고 우시며
42 이르시되 너도 오늘 평화에 관한
일을 알았더라면 좋을 뻔하였거니
와 지금 네 눈에 숨겨졌도다
43 날이 이를지라 네 원수들이 토둔을
쌓고 너를 둘러 사면으로 가두고
44 또 너와 및 그 가운데 있는 네 자식
들을 땅에 메어치며 돌 하나도 돌
위에 남기지 아니하리니 이는 네가
[1]보살핌 받는 날을 알지 못함을 인
함이니라 하시니라

성전에 들어가신 예수
(마 21:12-17; 막 11:15-19; 요 2:13-22)

45 ●성전에 들어가사 장사하는 자들
을 내쫓으시며
46 그들에게 이르시되 기록된 바 ㄱ내
집은 기도하는 집이 되리라 하였거
늘 ㄴ너희는 강도의 소굴을 만들었
도다 하시니라
47 ●예수께서 날마다 성전에서 가르
치시니 대제사장들과 서기관들과
백성의 지도자들이 그를 죽이려고
꾀하되
48 백성이 다 그에게 귀를 기울여 들
으므로 어찌할 방도를 찾지 못하였
더라

예수의 권위를 두고 말하다
(마 21:23-27; 막 11:27-33)

20 하루는 예수께서 성전에서 백
성을 가르치시며 복음을 전하
실새 대제사장들과 서기관들이 장
로들과 함께 가까이 와서
2 말하여 이르되 당신이 무슨 권위로
이런 일을 하는지 이 권위를 준 이
가 누구인지 우리에게 말하라
3 대답하여 이르시되 나도 한 말을
너희에게 물으리니 내게 말하라
4 요한의 [2]세례가 하늘로부터냐 사람
으로부터냐
5 그들이 서로 의논하여 이르되 만일
하늘로부터라 하면 어찌하여 그를
믿지 아니하였느냐 할 것이요
6 만일 사람으로부터라 하면 백성이
요한을 선지자로 인정하니 그들이
다 우리를 돌로 칠 것이라 하고
7 대답하되 어디로부터인지 알지 못
하노라 하니
8 예수께서 이르시되 나도 무슨 권위
로 이런 일을 하는지 너희에게 이
르지 아니하리라 하시니라

포도원 농부 비유 (마 21:33-46; 막 12:1-12)

9 ●그가 또 이 비유로 백성에게 말
씀하시기 시작하시니라 한 사람이
포도원을 만들어 농부들에게 세로
주고 타국에 가서 오래 있다가
10 때가 이르매 포도원 소출 얼마를
바치게 하려고 한 종을 농부들에게
보내니 농부들이 종을 몹시 때리고
거저 보내었거늘
11 다시 다른 종을 보내니 그도 몹시
때리고 능욕하고 거저 보내었거늘
12 다시 세 번째 종을 보내니 이 종도

1) 심판, 벧전 2:12 참조 2) 헬, 또는 침례 ㄱ. 사 56:7
ㄴ. 렘 7:11

상하게 하고 내쫓은지라
13 포도원 주인이 이르되 어찌할까 내
사랑하는 아들을 보내리니 그들이
혹 그는 존대하리라 하였더니
14 농부들이 그를 보고 서로 의논하여
이르되 이는 상속자니 죽이고 그
유산을 우리의 것으로 만들자 하고
15 포도원 밖에 내쫓아 죽였느니라 그
런즉 포도원 주인이 이 사람들을
어떻게 하겠느냐
16 와서 그 농부들을 진멸하고 포도원
을 다른 사람들에게 주리라 하시니
사람들이 듣고 이르되 그렇게 되지
말아지이다 하거늘
17 그들을 보시며 이르시되 그러면 기
록된 바
ㄱ건축자들의 버린 돌이 모퉁이의
머릿돌이 되었느니라
함이 어찜이냐
18 무릇 이 돌 위에 떨어지는 자는 깨
어지겠고 이 돌이 사람 위에 떨어
지면 그를 가루로 만들어 흩으리라
하시니라

가이사에게 세를 바치는 것
(마 22:15-22; 막 12:13-17)

19 ●서기관들과 대제사장들이 예수
의 이 비유는 자기들을 가리켜 말
씀하심인 줄 알고 즉시 잡고자 하
되 백성을 두려워하더라
20 이에 그들이 엿보다가 예수를 총독
의 다스림과 권세 아래에 넘기려
하여 정탐들을 보내어 그들로 스스
로 의인인 체하며 예수의 말을 책
잡게 하니
21 그들이 물어 이르되 선생님이여 우
리가 아노니 당신은 바로 말씀하시
고 가르치시며 사람을 외모로 취하
지 아니하시고 오직 진리로써 하나
님의 도를 가르치시나이다
22 우리가 가이사에게 세를 바치는 것이
옳으니이까 옳지 않으니이까 하니
23 예수께서 그 간계를 아시고 이르시되
24 [1]데나리온 하나를 내게 보이라 누
구의 형상과 글이 여기 있느냐 대
답하되 가이사의 것이니이다
25 이르시되 그런즉 가이사의 것은 가
이사에게, 하나님의 것은 하나님께
바치라 하시니
26 그들이 백성 앞에서 그의 말을 능
히 책잡지 못하고 그의 대답을 놀
랍게 여겨 침묵하니라

부활 논쟁 (마 22:23-33; 막 12:18-27)

27 ●부활이 없다고 주장하는 사두개
인 중 어떤 이들이 와서
28 물어 이르되 선생님이여 ㄴ모세가
우리에게 써 주기를 만일 어떤 사
람의 형이 아내를 두고 자식이 없
이 죽으면 그 동생이 그 아내를 취
하여 형을 위하여 상속자를 세울지
니라 하였나이다
29 그런데 칠 형제가 있었는데 맏이가
아내를 취하였다가 자식이 없이 죽고
30 그 둘째와 셋째가 그를 취하고
31 일곱이 다 그와 같이 자식이 없이
죽고
32 그 후에 여자도 죽었나이다
33 일곱이 다 그를 아내로 취하였으니
부활 때에 그 중에 누구의 아내가
되리이까
34 예수께서 이르시되 이 세상의 자녀
들은 장가도 가고 시집도 가되
35 저 세상과 및 죽은 자 가운데서 부
활함을 얻기에 합당히 여김을 받은
자들은 장가 가고 시집 가는 일이
없으며
36 그들은 다시 죽을 수도 없나니 이
는 천사와 동등이요 부활의 자녀로
서 하나님의 자녀임이라
37 죽은 자가 살아난다는 것은 ㄷ모세

1) 은전의 명칭 ㄱ. 시 118:22 ㄴ. 신 25:5 ㄷ. 출 3:6

도 가시나무 떨기에 관한 글에서
주를 아브라함의 하나님이요 이삭
의 하나님이요 야곱의 하나님이시
라 칭하였나니
38 하나님은 죽은 자의 하나님이 아니
요 살아 있는 자의 하나님이시라
하나님에게는 모든 사람이 살았느
니라 하시니
39 서기관 중 어떤 이들이 말하되 선
생님 잘 말씀하셨나이다 하니
40 그들은 아무것도 감히 더 물을 수
없음이더라

그리스도와 다윗의 자손
(마 22:41-46; 막 12:35-37)

41 ●예수께서 그들에게 이르시되 사
람들이 어찌하여 그리스도를 다윗
의 자손이라 하느냐
42 시편에 다윗이 친히 말하였으되
ㄱ주께서 내 주께 이르시되
43 내가 네 원수를 네 발등상으로 삼
을 때까지 내 우편에 앉았으라 하
셨도다
하였느니라
44 그런즉 다윗이 그리스도를 주라 칭
하였으니 어찌 그의 자손이 되겠느
냐 하시니라

서기관들을 삼가라
(마 23:1-36; 막 12:38-40; 눅 11:37-54)

45 ●모든 백성이 들을 때에 예수께서
그 제자들에게 이르시되
46 긴 옷을 입고 다니는 것을 원하며
시장에서 문안받는 것과 회당의 높
은 자리와 잔치의 윗자리를 좋아하
는 서기관들을 삼가라
47 그들은 과부의 가산을 삼키며 외식
으로 길게 기도하니 그들이 더 엄
중한 심판을 받으리라 하시니라

가난한 과부의 헌금 (마 12:41-44)

21 예수께서 눈을 들어 부자들이 헌
금함에 헌금 넣는 것을 보시고
2 또 어떤 가난한 과부가 두 1)렙돈 넣
는 것을 보시고
3 이르시되 내가 참으로 너희에게 말
하노니 이 가난한 과부가 다른 모
든 사람보다 많이 넣었도다
4 저들은 그 풍족한 중에서 헌금을
넣었거니와 이 과부는 그 가난한
중에서 자기가 가지고 있는 생활비
전부를 넣었느니라 하시니라

성전이 무너뜨려질 것을 이르시다
(마 24:1-2; 막 13:1-2)

5 ●어떤 사람들이 성전을 가리켜 그
아름다운 돌과 헌물로 꾸민 것을
말하매 예수께서 이르시되
6 너희 보는 이것들이 날이 이르면
돌 하나도 돌 위에 남지 않고 다 무
너뜨려지리라
7 그들이 물어 이르되 선생님이여 그
러면 어느 때에 이런 일이 있겠사
오며 이런 일이 일어나려 할 때에
무슨 징조가 있사오리이까
8 이르시되 미혹을 받지 않도록 주의
하라 많은 사람이 내 이름으로 와서
이르되 내가 그라 하며 때가 가까이
왔다 하겠으나 그들을 따르지 말라
9 난리와 소요의 소문을 들을 때에 두
려워하지 말라 이 일이 먼저 있어야
하되 끝은 곧 되지 아니하리라

환난의 징조 (마 24:3-14; 막 13:3-13)

10 ●또 이르시되 민족이 민족을, 나
라가 나라를 대적하여 일어나겠고
11 곳곳에 큰 지진과 기근과 전염병이
있겠고 또 무서운 일과 하늘로부터
큰 징조들이 있으리라
12 이 모든 일 전에 내 이름으로 말미
암아 너희에게 손을 대어 박해하며
회당과 옥에 넘겨주며 임금들과 집
권자들 앞에 끌어가려니와
13 이 일이 도리어 너희에게 2)증거가

1) 동전의 명칭 2) 또는 증거의 기회가 ㄱ. 시 110:1

되리라
14 그러므로 너희는 변명할 것을 미리
궁리하지 않도록 명심하라
15 내가 너희의 모든 대적이 능히 대
항하거나 변박할 수 없는 구변과
지혜를 너희에게 주리라
16 심지어 부모와 형제와 친척과 벗이
너희를 넘겨주어 너희 중의 몇을
죽이게 하겠고
17 또 너희가 내 이름으로 말미암아
모든 사람에게 미움을 받을 것이나
18 너희 머리털 하나도 상하지 아니하
리라
19 너희의 인내로 너희 1)영혼을 얻으리라

예루살렘의 환난과 인자의 오심
(마 24:15-21, 29-31; 막 13:14-19, 24-27)

20 ●너희가 예루살렘이 군대들에게
에워싸이는 것을 보거든 그 멸망이
가까운 줄을 알라
21 그때에 유대에 있는 자들은 산으로
도망갈 것이며 2)성내에 있는 자들
은 나갈 것이며 촌에 있는 자들은
그리로 들어가지 말지어다
22 이날들은 기록된 모든 것을 이루는
징벌의 날이니라
23 그날에는 아이 밴 자들과 젖먹이는
자들에게 화가 있으리니 이는 땅에
큰 환난과 이 백성에게 진노가 있
겠음이로다
24 그들이 칼날에 죽임을 당하며 모든
이방에 사로잡혀 가겠고 예루살렘
은 이방인의 때가 차기까지 이방인
들에게 밟히리라
25 일월 성신에는 징조가 있겠고 땅에
서는 민족들이 바다와 파도의 성난
소리로 인하여 혼란한 중에 곤고하
리라
26 사람들이 세상에 임할 일을 생각하
고 무서워하므로 기절하리니 이는
하늘의 권능들이 흔들리겠음이라
27 그때에 사람들이 인자가 구름을 타
고 능력과 큰 영광으로 오는 것을
보리라
28 이런 일이 되기를 시작하거든 일어
나 머리를 들라 너희 속량이 가까
웠느니라 하시더라

무화과나무에서 배울 교훈
(마 24:32-35; 막 13:28-31)

29 ●이에 비유로 이르시되 무화과나
무와 모든 나무를 보라
30 싹이 나면 너희가 보고 여름이 가
까운 줄을 자연히 아나니
31 이와 같이 너희가 이런 일이 일어
나는 것을 보거든 하나님의 나라가
가까이 온 줄을 알라
32 내가 진실로 너희에게 말하노니 이
세대가 지나가기 전에 모든 일이
다 이루어지리라
33 천지는 없어지겠으나 내 말은 없어
지지 아니하리라

항상 기도하며 깨어 있으라

34 ●너희는 스스로 조심하라 그렇지 않
으면 방탕함과 술취함과 생활의 염
려로 마음이 둔하여지고 뜻밖에 그
날이 덫과 같이 너희에게 임하리라
35 이날은 온 지구상에 거하는 모든
사람에게 임하리라
36 이러므로 너희는 장차 올 이 모든 일
을 능히 피하고 인자 앞에 서도록 항
상 기도하며 깨어 있으라 하시니라
37 ●예수께서 낮에는 성전에서 가르
치시고 밤에는 나가 감람원이라 하
는 산에서 쉬시니
38 모든 백성이 그 말씀을 들으려고
이른 아침에 성전에 나아가더라

유다가 배반하다 (마 26:1-5, 14-16;
막 14:1-2, 10-11; 요 11:45-53)

22 유월절이라 하는 무교절이 다
가오매

1) 또는 목숨을 2) 헬, 그 안에

2 대제사장들과 서기관들이 예수를
무슨 방도로 죽일까 궁리하니 이는
그들이 백성을 두려워함이더라
3 ●열둘 중의 하나인 가룟인이라 부
르는 유다에게 사탄이 들어가니
4 이에 유다가 대제사장들과 성전 경
비대장들에게 가서 예수를 넘겨 줄
방도를 의논하매
5 그들이 기뻐하여 돈을 주기로 언약
하는지라
6 유다가 허락하고 예수를 무리가 없
을 때에 넘겨 줄 기회를 찾더라

유월절을 준비하다
(마 26:17-25; 막 14:12-21; 요 13:21-30)

7 ●유월절 양을 잡을 무교절날이 이
른지라
8 예수께서 베드로와 요한을 보내시
며 이르시되 가서 우리를 위하여 유
월절을 준비하여 우리로 먹게 하라
9 여짜오되 어디서 준비하기를 원하
시나이까
10 이르시되 보라 너희가 성내로 들어
가면 물 한 동이를 가지고 가는 사
람을 만나리니 그가 들어가는 집으
로 따라 들어가서
11 그 집 주인에게 이르되 선생님이
네게 하는 말씀이 내가 내 제자들
과 함께 유월절을 먹을 객실이 어
디 있느냐 하시더라 하라
12 그리하면 그가 자리를 마련한 큰
다락방을 보이리니 거기서 준비하
라 하시니
13 그들이 나가 그 하신 말씀대로 만
나 유월절을 준비하니라

마지막 만찬 (마 26:26-30;
막 14:22-26; 고전 11:23-25)

14 ●때가 이르매 예수께서 사도들과
함께 [1]앉으사
15 이르시되 내가 고난을 받기 전에
너희와 함께 이 유월절 먹기를 원
하고 원하였노라
16 내가 너희에게 이르노니 이 유월절
이 하나님의 나라에서 이루기까지
다시 먹지 아니하리라 하시고
17 이에 잔을 받으사 감사 기도 하시
고 이르시되 이것을 갖다가 너희끼
리 나누라
18 내가 너희에게 이르노니 내가 이제
부터 하나님의 나라가 임할 때까지
포도나무에서 난 것을 다시 마시지
아니하리라 하시고
19 또 떡을 가져 감사 기도 하시고 떼
어 그들에게 주시며 이르시되 이것
은 너희를 위하여 주는 내 몸이라
너희가 이를 행하여 나를 기념하라
하시고
20 저녁 먹은 후에 잔도 그와 같이 하
여 이르시되 이 잔은 내 피로 세우
는 새 언약이니 곧 너희를 위하여
붓는 것이라
21 그러나 보라 나를 파는 자의 손이
나와 함께 상 위에 있도다
22 인자는 이미 작정된 대로 가거니와
그를 파는 그 사람에게는 화가 있
으리로다 하시니
23 그들이 서로 묻되 우리 중에서 이
일을 행할 자가 누구일까 하더라

베드로가 부인할 것을 이르시다
(마 26:31-35; 막 14:27-31; 요 13:36-38)

24 ●또 그들 사이에 그 중 누가 크냐
하는 다툼이 난지라
25 예수께서 이르시되 이방인의 임금
들은 그들을 주관하며 그 집권자들
은 은인이라 칭함을 받으나
26 너희는 그렇지 않을지니 너희 중에
큰 자는 젊은 자와 같고 다스리는
자는 섬기는 자와 같을지니라
27 [1]앉아서 먹는 자가 크냐 섬기는 자
가 크냐 [1]앉아서 먹는 자가 아니냐

1) 5:29 난하주를 보라

그러나 나는 섬기는 자로 너희 중
에 있노라
28 너희는 나의 모든 시험 중에 항상
나와 함께한 자들인즉
29 내 아버지께서 나라를 내게 맡기신
것같이 나도 너희에게 맡겨
30 너희로 내 나라에 있어 내 상에서 먹
고 마시며 또는 보좌에 앉아 이스라엘
열두 지파를 다스리게 하려 하노라
31 시몬아, 시몬아, 보라 사탄이 너희를
밀 까부르듯 하려고 요구하였으나
32 그러나 내가 너를 위하여 네 믿음이
떨어지지 않기를 기도하였노니 너는
돌이킨 후에 네 형제를 굳게 하라
33 그가 말하되 주여 내가 주와 함께
옥에도, 죽는 데에도 가기를 각오
하였나이다
34 이르시되 베드로야 내가 네게 말하
노니 오늘 닭 울기 전에 네가 세 번
나를 모른다고 부인하리라 하시니라

전대와 배낭과 검

35 ●그들에게 이르시되 내가 너희를
전대와 배낭과 신발도 없이 보내었
을 때에 부족한 것이 있더냐 이르
되 없었나이다
36 이르시되 이제는 전대 있는 자는
가질 것이요 배낭도 그리하고 검
없는 자는 겉옷을 팔아 살지어다
37 내가 너희에게 말하노니 기록된 바
ㄱ그는 불법자의 동류로 여김을 받았
다 한 말이 내게 이루어져야 하리니
내게 관한 일이 1)이루어져 감이니라
38 그들이 여짜오되 주여 보소서 여기
검 둘이 있나이다 대답하시되 족하
다 하시니라

감람 산에서 기도하시다
(마 26:36-46; 막 14:32-42)

39 ●예수께서 나가사 습관을 따라 감람
산에 가시매 제자들도 따라갔더니
40 그곳에 이르러 그들에게 이르시되 유
혹에 빠지지 않게 기도하라 하시고
41 그들을 떠나 돌 던질 만큼 가서 무
릎을 꿇고 기도하여
42 이르시되 아버지여 만일 아버지의
뜻이거든 이 잔을 내게서 옮기시옵
소서 그러나 내 원대로 마시옵고
아버지의 원대로 되기를 원하나이
다 하시니
43 천사가 하늘로부터 예수께 나타나
힘을 더하더라
44 예수께서 힘쓰고 애써 더욱 간절히
기도하시니 땀이 땅에 떨어지는 핏
방울같이 되더라
45 기도 후에 일어나 제자들에게 가서
슬픔으로 인하여 잠든 것을 보시고
46 이르시되 어찌하여 자느냐 시험에 들
지 않게 일어나 기도하라 하시니라

잡히시다
(마 26:47-56; 막 14:43-50; 요 18:3-11)

47 ●말씀하실 때에 한 무리가 오는데
열둘 중의 하나인 유다라 하는 자
가 그들을 앞장서 와서
48 예수께 입을 맞추려고 가까이하는지
라 예수께서 이르시되 유다야 네가
입맞춤으로 인자를 파느냐 하시니
49 그의 주위 사람들이 그 된 일을 보
고 여짜오되 주여 우리가 칼로 치
리이까 하고
50 그 중의 한 사람이 대제사장의 종을
쳐 그 오른쪽 귀를 떨어뜨린지라
51 예수께서 일러 이르시되 이것까지
참으라 하시고 그 귀를 만져 낫게
하시더라
52 예수께서 그 잡으러 온 대제사장들
과 성전의 경비대장들과 장로들에
게 이르시되 너희가 강도를 잡는 것
같이 검과 몽치를 가지고 나왔느냐
53 내가 날마다 너희와 함께 성전에
있을 때에 내게 손을 대지 아니하

1) 또는 끝남이니라 ㄱ. 사 53:12

였도다 그러나 이제는 너희 때요
어둠의 권세로다 하시더라

베드로가 예수를 모른다고 하다 (마 26:57-58;
막 14:53-54, 66-72; 요 18:12-18, 25-27)

54 ●예수를 잡아 끌고 대제사장의 집
으로 들어갈새 베드로가 멀찍이 따
라가니라
55 사람들이 뜰 가운데 불을 피우고
함께 앉았는지라 베드로도 그 가운
데 앉았더니
56 한 여종이 베드로의 불빛을 향하여
앉은 것을 보고 주목하여 이르되 이
사람도 그와 함께 있었느니라 하니
57 베드로가 부인하여 이르되 이 여자
여 내가 그를 알지 못하노라 하더라
58 조금 후에 다른 사람이 보고 이르
되 너도 그 도당이라 하거늘 베드
로가 이르되 이 사람아 나는 아니
로라 하더라
59 한 시간쯤 있다가 또 한 사람이 장
담하여 이르되 이는 갈릴리 사람이
니 참으로 그와 함께 있었느니라
60 베드로가 이르되 이 사람아 나는 네
가 하는 말을 알지 못하노라고 아직
말하고 있을 때에 닭이 곧 울더라
61 주께서 돌이켜 베드로를 보시니 베
드로가 주의 말씀 곧 오늘 닭 울기
전에 네가 세 번 나를 부인하리라
하심이 생각나서
62 밖에 나가서 심히 통곡하니라

예수를 희롱하고 때리다
(마 26:67-68; 막 14:65)

63 ●지키는 사람들이 예수를 희롱하
고 때리며
64 그의 눈을 가리고 물어 이르되 선지자
노릇 하라 너를 친 자가 누구냐 하고
65 이 외에도 많은 말로 욕하더라

공회 앞에 서시다 (마 26:59-66;
막 14:55-64; 요 18:19-24)

66 ●날이 새매 백성의 장로들 곧 대
제사장들과 서기관들이 모여서 예
수를 그 공회로 끌어들여
67 이르되 네가 그리스도이거든 우리에
게 말하라 대답하시되 내가 말할
지라도 너희가 믿지 아니할 것이
요
68 내가 물어도 너희가 대답하지 아니
할 것이니라
69 그러나 이제부터는 인자가 하나님
의 권능의 우편에 앉아 있으리라
하시니
70 다 이르되 그러면 네가 하나님의
아들이냐 대답하시되 너희들이 내
가 그라고 말하고 있느니라
71 그들이 이르되 어찌 더 증거를 요
구하리요 우리가 친히 그 입에서
들었노라 하더라

빌라도가 예수께 묻다 (마 27:1-2,
11-14; 막 15:1-5; 요 18:28-38)

23 무리가 다 일어나 예수를 빌
라도에게 끌고 가서
2 고발하여 이르되 우리가 이 사람을
보매 우리 백성을 미혹하고 가이사
에게 세금 바치는 것을 금하며 자
칭 왕 그리스도라 하더이다 하니
3 빌라도가 예수께 물어 이르되 네가
유대인의 왕이냐 대답하여 이르시
되 네 말이 옳도다
4 빌라도가 대제사장들과 무리에게
이르되 내가 보니 이 사람에게 죄
가 없도다 하니
5 무리가 더욱 강하게 말하되 그가
온 유대에서 가르치고 갈릴리에서
부터 시작하여 여기까지 와서 백성
을 소동하게 하나이다
6 빌라도가 듣고 그가 갈릴리 사람이
냐 물어
7 헤롯의 관할에 속한 줄을 알고 헤
롯에게 보내니 그때에 헤롯이 예루
살렘에 있더라

헤롯 앞에 서시다

8 ●헤롯이 예수를 보고 매우 기뻐하
니 이는 그의 소문을 들었으므로
보고자 한 지 오래였고 또한 무엇
이나 [1]이적 행하심을 볼까 바랐던
연고러라
9 여러 말로 물으나 아무 말도 대답
하지 아니하시니
10 대제사장들과 서기관들이 서서 힘
써 고발하더라
11 헤롯이 그 군인들과 함께 예수를
업신여기며 희롱하고 빛난 옷을 입
혀 빌라도에게 도로 보내니
12 헤롯과 빌라도가 전에는 원수였으
나 당일에 서로 친구가 되니라

십자가에 못 박히게 예수를 넘기다
(마 27 :15-26; 막 15:6-15; 요 18:39-19:16)

13 ●빌라도가 대제사장들과 관리들
과 백성을 불러 모으고
14 이르되 너희가 이 사람이 백성을 미
혹하는 자라 하여 내게 끌고 왔도다
보라 내가 너희 앞에서 심문하였으
되 너희가 고발하는 일에 대하여 이
사람에게서 죄를 찾지 못하였고
15 헤롯이 또한 그렇게 하여 그를 우
리에게 도로 보내었도다 보라 그가
행한 일에는 죽일 일이 없느니라
16 그러므로 때려서 놓겠노라
17 [2](없음)
18 무리가 일제히 소리 질러 이르되
이 사람을 없이하고 바라바를 우리
에게 놓아주소서 하니
19 이 바라바는 성중에서 일어난 민란
과 살인으로 말미암아 옥에 갇힌
자러라
20 빌라도는 예수를 놓고자 하여 다시
그들에게 말하되
21 그들은 소리 질러 이르되 그를 십
자가에 못 박게 하소서 십자가에
못 박게 하소서 하는지라
22 빌라도가 세 번째 말하되 이 사람
이 무슨 악한 일을 하였느냐 나는
그에게서 죽일 죄를 찾지 못하였나
니 때려서 놓으리라 하니
23 그들이 큰 소리로 재촉하여 십자가
에 못 박기를 구하니 그들의 소리
가 이긴지라
24 이에 빌라도가 그들이 구하는 대로
하기를 언도하고
25 그들이 요구하는 자 곧 민란과 살
인으로 말미암아 옥에 갇힌 자를
놓아 주고 예수는 넘겨 주어 그들
의 뜻대로 하게 하니라

십자가에 못 박히시다
(마 27:32-44; 막 15:21-32; 요 19:17-27)

26 ●그들이 예수를 끌고 갈 때에 시
몬이라는 구레네 사람이 시골에서
오는 것을 붙들어 그에게 십자가를
지워 예수를 따르게 하더라
27 또 백성과 및 그를 위하여 가슴을
치며 슬피 우는 여자의 큰 무리가
따라오는지라
28 예수께서 돌이켜 그들을 향하여 이
르시되 예루살렘의 딸들아 나를 위
하여 울지 말고 너희와 너희 자녀
를 위하여 울라
29 보라 날이 이르면 사람이 말하기를
잉태하지 못하는 이와 해산하지 못
한 배와 먹이지 못한 젖이 복이 있
다 하리라
30 그때에 사람이 산들을 대하여 우리
위에 무너지라 하며 작은 산들을
대하여 우리를 덮으라 하리라
31 푸른 나무에도 이같이 하거든 마른
나무에는 어떻게 되리요 하시니라
32 또 다른 두 행악자도 사형을 받게
되어 예수와 함께 끌려 가니라
33 해골이라 하는 곳에 이르러 거기서

1) 또는 표적 2) 어떤 사본에는, 17 '명절을 당하면 반드시 한 사람을 놓아주더라' 가 있음

예수를 십자가에 못 박고 두 행악
자도 그렇게 하니 하나는 우편에,
하나는 좌편에 있더라
34 이에 [1]예수께서 이르시되 아버지 저
들을 사하여 주옵소서 자기들이 하는
것을 알지 못함이니이다 하시더라 그
들이 그의 옷을 나눠 제비 뽑을새
35 백성은 서서 구경하는데 관리들은
비웃어 이르되 저가 남을 구원하였
으니 만일 하나님이 택하신 자 그리
스도이면 자신도 구원할지어다 하고
36 군인들도 희롱하면서 나아와 신 포
도주를 주며
37 이르되 네가 만일 유대인의 왕이면
네가 너를 구원하라 하더라
38 그의 위에 이는 유대인의 왕이라
쓴 패가 있더라
39 ●달린 행악자 중 하나는 비방하여
이르되 네가 그리스도가 아니냐 너
와 우리를 구원하라 하되
40 하나는 그 사람을 꾸짖어 이르되
네가 동일한 정죄를 받고서도 하나
님을 두려워하지 아니하느냐
41 우리는 우리가 행한 일에 상당한
보응을 받는 것이니 이에 당연하거
니와 이 사람이 행한 것은 옳지 않
은 것이 없느니라 하고
42 이르되 예수여 당신의 나라에 임하
실 때에 나를 기억하소서 하니
43 예수께서 이르시되 내가 진실로 네
게 이르노니 오늘 네가 나와 함께
낙원에 있으리라 하시니라

숨지시다

(마 27:45-56; 막 15:33-41; 요 19:28-30)

44 ●때가 제육시쯤 되어 해가 빛을
잃고 온 땅에 어둠이 임하여 제구
시까지 계속하며
45 성소의 휘장이 한가운데가 찢어지
더라
46 예수께서 큰 소리로 불러 이르시되
아버지 내 영혼을 아버지 손에 부
탁하나이다 하고 이 말씀을 하신
후 숨지시니라
47 백부장이 그 된 일을 보고 하나님
께 영광을 돌려 이르되 이 사람은
정녕 의인이었도다 하고
48 이를 구경하러 모인 무리도 그 된
일을 보고 다 가슴을 치며 돌아가고
49 예수를 아는 자들과 갈릴리로부터
따라온 여자들도 다 멀리 서서 이
일을 보니라

요셉이 예수의 시체를 무덤에 넣어 두다

(마 27:57-61; 막 15:42-47; 요 19:38-42)

50 ●공회 의원으로 선하고 의로운 요
셉이라 하는 사람이 있으니
51 (그들의 결의와 행사에 찬성하지
아니한 자라) 그는 유대인의 동네
아리마대 사람이요 하나님의 나라
를 기다리는 자라
52 그가 빌라도에게 가서 예수의 시체
를 달라 하여
53 이를 내려 세마포로 싸고 아직 사
람을 장사한 일이 없는 바위에 판
무덤에 넣어 두니
54 이날은 준비일이요 안식일이 거의
되었더라
55 갈릴리에서 예수와 함께 온 여자들
이 뒤를 따라 그 무덤과 그의 시체
를 어떻게 두었는지를 보고
56 돌아가 향품과 향유를 준비하더라

살아나시다

(마 28:1-10; 막 16:1-8; 요 20:1-10)

●계명을 따라 안식일에 쉬더라
24 [2]안식 후 첫날 새벽에 이 여자
들이 그 준비한 향품을 가지
고 무덤에 가서
2 돌이 무덤에서 굴려 옮겨진 것을
보고

1) 어떤 사본에, '예수께서' 부터 '하시더라' 까지 없음
2) 헬, 그 주간의

3 들어가니 주 예수의 시체가 보이지
아니하더라
4 이로 인하여 근심할 때에 문득 찬
란한 옷을 입은 두 사람이 곁에 섰
는지라
5 여자들이 두려워 얼굴을 땅에 대니
두 사람이 이르되 어찌하여 살아 있
는 자를 죽은 자 가운데서 찾느냐
6 여기 계시지 않고 살아나셨느니라
갈릴리에 계실 때에 너희에게 어떻
게 말씀하셨는지를 기억하라
7 이르시기를 인자가 죄인의 손에 넘
겨져 십자가에 못 박히고 제삼일에
다시 살아나야 하리라 하셨느니라
한대
8 그들이 예수의 말씀을 기억하고
9 무덤에서 돌아가 이 모든 것을 열한
사도와 다른 모든 이에게 알리니
10 (이 여자들은 막달라 마리아와 요
안나와 야고보의 모친 마리아라 또
그들과 함께한 다른 여자들도 이것
을 사도들에게 알리니라)
11 사도들은 그들의 말이 허탄한 듯이
들려 믿지 아니하나
12 베드로는 일어나 무덤에 달려가서
구부려 들여다보니 세마포만 보이
는지라 그 된 일을 놀랍게 여기며
집으로 돌아가니라

엠마오 길에서 제자들에게 나타나시다
(막 16:12-13)

13 ●그날에 그들 중 둘이 예루살렘에
서 이십오 리 되는 엠마오라 하는
마을로 가면서
14 이 모든 된 일을 서로 이야기하더라
15 그들이 서로 이야기하며 문의할 때
에 예수께서 가까이 이르러 그들과
동행하시나
16 그들의 눈이 가리어져서 그인 줄
알아보지 못하거늘
17 예수께서 이르시되 너희가 길 가면
서 서로 주고받고 하는 이야기가
무엇이냐 하시니 두 사람이 슬픈
빛을 띠고 머물러 서더라
18 그 한 사람인 글로바라 하는 자가
대답하여 이르되 당신이 예루살렘
에 체류하면서도 요즘 거기서 된
일을 혼자만 알지 못하느냐
19 이르시되 무슨 일이냐 이르되 나사
렛 예수의 일이니 그는 하나님과
모든 백성 앞에서 말과 일에 능하
신 선지자이거늘
20 우리 대제사장들과 관리들이 사형
판결에 넘겨주어 십자가에 못 박았
느니라
21 우리는 이 사람이 이스라엘을 속량
할 자라고 바랐노라 이뿐 아니라
이 일이 일어난 지가 사흘째요
22 또한 우리 중에 어떤 여자들이 우
리로 놀라게 하였으니 이는 그들이
새벽에 무덤에 갔다가
23 그의 시체는 보지 못하고 와서 그
가 살아나셨다 하는 천사들의 나타
남을 보았다 함이라
24 또 우리와 함께한 자 중에 두어 사
람이 무덤에 가 과연 여자들이 말
한 바와 같음을 보았으나 예수는
보지 못하였느니라 하거늘
25 이르시되 미련하고 선지자들이 말
한 모든 것을 마음에 더디 믿는 자
들이여
26 그리스도가 이런 고난을 받고 자기
의 영광에 들어가야 할 것이 아니
냐 하시고
27 이에 모세와 모든 선지자의 글로
시작하여 모든 성경에 쓴 바 자기
에 관한 것을 자세히 설명하시니라
28 그들이 가는 마을에 가까이 가매 예
수는 더 가려 하는 것같이 하시니
29 그들이 강권하여 이르되 우리와 함
께 유하사이다 때가 저물어가고 날

이 이미 기울었나이다 하니 이에
그들과 함께 유하러 들어가시니라
30 그들과 함께 [1]음식 잡수실 때에 떡
을 가지사 축사하시고 떼어 그들에
게 주시니
31 그들의 눈이 밝아져 그인 줄 알아
보더니 예수는 그들에게 보이지 아
니하시는지라
32 그들이 서로 말하되 길에서 우리에
게 말씀하시고 우리에게 성경을 풀
어 주실 때에 우리 속에서 마음이
[2]뜨겁지 아니하더냐 하고
33 곧 그때로 일어나 예루살렘에 돌아
가 보니 열한 제자 및 그들과 함께
한 자들이 모여 있어
34 말하기를 주께서 과연 살아나시고
시몬에게 보이셨다 하는지라
35 두 사람도 길에서 된 일과 예수께
서 떡을 떼심으로 자기들에게 알려
지신 것을 말하더라

열한 제자에게 나타나시다 (마 28:16-20; 막 16:14-18; 요 20:19-23; 행 1:6-8)

36 ●이 말을 할 때에 예수께서 친히 그
들 가운데 서서 이르시되 너희에게
평강이 있을지어다 하시니
37 그들이 놀라고 무서워하여 그 보는
것을 영으로 생각하는지라
38 예수께서 이르시되 어찌하여 두려
워하며 어찌하여 마음에 의심이 일
어나느냐
39 내 손과 발을 보고 나인 줄 알라 또
나를 만져 보라 영은 살과 뼈가 없
으되 너희 보는 바와 같이 나는 있
느니라
40 이 말씀을 하시고 손과 발을 보이
시나
41 그들이 너무 기쁘므로 아직도 믿지
못하고 놀랍게 여길 때에 이르시되
여기 무슨 먹을 것이 있느냐 하시니
42 이에 구운 생선 한 토막을 드리니
43 받으사 그 앞에서 잡수시더라
44 ●또 이르시되 내가 너희와 함께
있을 때에 너희에게 말한 바 곧 모
세의 율법과 선지자의 글과 시편에
나를 가리켜 기록된 모든 것이 이
루어져야 하리라 한 말이 이것이라
하시고
45 이에 그들의 마음을 열어 성경을
깨닫게 하시고
46 또 이르시되 이같이 그리스도가 고
난을 받고 제삼일에 죽은 자 가운
데서 살아날 것과
47 또 그의 이름으로 죄 사함을 받게
하는 회개가 예루살렘에서 시작하
여 모든 족속에게 전파될 것이 기
록되었으니
48 너희는 이 모든 일의 증인이라
49 볼지어다 내가 내 아버지께서 약속
하신 것을 너희에게 보내리니 너희
는 위로부터 능력으로 입혀질 때까
지 이 성에 머물라 하시니라

하늘로 올려지시다 (막 16:19-20; 행 1:9-11)

50 ●예수께서 그들을 데리고 베다니
앞까지 나가사 손을 들어 그들에게
축복하시더니
51 축복하실 때에 그들을 떠나 [3][하늘
로 올려지시니]
52 그들이 [3][그에게 경배하고] 큰 기
쁨으로 예루살렘에 돌아가
53 늘 성전에서 하나님을 찬송하니라

1) 5:29 난하주를 보라 2) 헬, 불타지 3) 어떤 사본에는, 이 괄호 내 구절이 없음

요한복음

John

말씀이 육신이 되시다

1 태초에 [1)]말씀이 계시니라 이 [1)]말
씀이 하나님과 함께 계셨으니 이
말씀은 곧 하나님이시니라
2 그가 태초에 하나님과 함께 계셨고
3 만물이 그로 말미암아 지은 바 되
었으니 지은 것이 하나도 그가 없
이는 된 것이 없느니라
4 그 안에 생명이 있었으니 이 생명
은 사람들의 빛이라
5 빛이 어둠에 비치되 어둠이 [2)]깨닫
지 못하더라
6 하나님께로부터 보내심을 받은 사
람이 있으니 그의 이름은 요한이라
7 그가 증언하러 왔으니 곧 빛에 대
하여 증언하고 모든 사람이 자기로
말미암아 믿게 하려 함이라
8 그는 이 빛이 아니요 이 빛에 대하
여 증언하러 온 자라
9 참 빛 곧 세상에 와서 각 사람에게
비추는 빛이 있었나니
10 그가 세상에 계셨으며 세상은 그로
말미암아 지은 바 되었으되 세상이
그를 알지 못하였고
11 [3)]자기 땅에 오매 자기 백성이 영접
하지 아니하였으나
12 영접하는 자 곧 그 이름을 믿는 자
들에게는 하나님의 자녀가 되는 권
세를 주셨으니
13 이는 혈통으로나 육정으로나 사람
의 뜻으로 나지 아니하고 오직 하
나님께로부터 난 자들이니라
14 말씀이 육신이 되어 우리 가운데
거하시매 우리가 그의 영광을 보니
아버지의 독생자의 영광이요 은혜
와 [4)]진리가 충만하더라
15 요한이 그에 대하여 증언하여 외쳐
이르되 내가 전에 말하기를 내 뒤
에 오시는 이가 나보다 앞선 것은
나보다 먼저 계심이라 한 것이 이
사람을 가리킴이라 하니라
16 우리가 다 그의 충만한 데서 받으
니 은혜 위에 은혜러라
17 율법은 모세로 말미암아 주어진 것
이요 은혜와 [4)]진리는 예수 그리스
도로 말미암아 온 것이라
18 본래 하나님을 본 사람이 없으되
아버지 품 속에 있는 [5)]독생하신 하
나님이 나타내셨느니라

세례 요한의 증언

(마 3:1-12; 막 1:7-8; 눅 3:15-17)

19 ●유대인들이 예루살렘에서 제사
장들과 레위인들을 요한에게 보내
어 네가 누구냐 물을 때에 요한의
증언이 이러하니라
20 요한이 드러내어 말하고 숨기지 아
니하니 드러내어 하는 말이 나는
그리스도가 아니라 한대
21 또 묻되 그러면 누구냐 네가 엘리
야냐 이르되 나는 아니라 또 묻되
네가 그 선지자냐 대답하되 아니라
22 또 말하되 누구냐 우리를 보낸 이
들에게 대답하게 하라 너는 네게
대하여 무엇이라 하느냐
23 이르되 나는 선지자 이사야의 말과
같이 [ㄱ]주의 길을 곧게 하라고 광야
에서 외치는 자의 소리로라 하니라
24 그들은 바리새인들이 보낸 자라
25 또 물어 이르되 네가 만일 그리스
도도 아니요 엘리야도 아니요 그
선지자도 아닐진대 어찌하여 [6)]세
례를 베푸느냐
26 요한이 대답하되 나는 물로 [6)]세례

1) 헬, 로고스 2) 또는 이기지 못하더라 3) 또는 자기 소유에 4) 헬, 참이 5) 어떤 사본에, 독생자가 6) 헬, 또는 침례 ㄱ. 사 40:3

를 베풀거니와 너희 가운데 너희가
알지 못하는 한 사람이 섰으니
27 곧 내 뒤에 오시는 그이라 나는 그
의 신발끈을 풀기도 감당하지 못하
겠노라 하더라
28 이 일은 요한이 [1]세례 베풀던 곳 요
단 강 건너편 베다니에서 일어난
일이니라

하나님의 어린 양을 보라

29 ●이튿날 요한이 예수께서 자기에
게 나아오심을 보고 이르되 보라
세상 죄를 지고 가는 하나님의 어
린 양이로다
30 내가 전에 말하기를 내 뒤에 오는
사람이 있는데 나보다 앞선 것은
그가 나보다 먼저 계심이라 한 것
이 이 사람을 가리킴이라
31 나도 그를 알지 못하였으나 내가 와
서 물로 [1]세례를 베푸는 것은 그를 이
스라엘에 나타내려 함이라 하니라
32 요한이 또 증언하여 이르되 내가
보매 성령이 비둘기같이 하늘로부
터 내려와서 그의 위에 머물렀더라
33 나도 그를 알지 못하였으나 나를
보내어 물로 [1]세례를 베풀라 하신
그이가 나에게 말씀하시되 성령이
내려서 누구 위에든지 머무는 것을
보거든 그가 곧 성령으로 [1]세례를
베푸는 이인 줄 알라 하셨기에
34 내가 보고 그가 하나님의 아들이심
을 증언하였노라 하니라

요한의 두 제자

35 ●또 이튿날 요한이 자기 제자 중
두 사람과 함께 섰다가
36 예수께서 거니심을 보고 말하되 보
라 하나님의 어린 양이로다
37 두 제자가 그의 말을 듣고 예수를
따르거늘
38 예수께서 돌이켜 그 따르는 것을
보시고 물어 이르시되 무엇을 구하
느냐 이르되 랍비여 어디 계시오니
이까 하니(랍비는 번역하면 선생이
라)
39 예수께서 이르시되 와서 보라 그러
므로 그들이 가서 계신 데를 보고
그날 함께 거하니 때가 열 시쯤 되
었더라
40 요한의 말을 듣고 예수를 따르는
두 사람 중의 하나는 시몬 베드로
의 형제 안드레라
41 그가 먼저 자기의 형제 시몬을 찾아
말하되 우리가 메시야를 만났다 하
고 (메시야는 번역하면 그리스도라)
42 데리고 예수께로 오니 예수께서 보
시고 이르시되 네가 요한의 아들
시몬이니 장차 게바라 하리라 하시
니라 (게바는 번역하면 베드로라)

빌립과 나다나엘을 부르시다

43 ●이튿날 예수께서 갈릴리로 나가
려 하시다가 빌립을 만나 이르시되
나를 따르라 하시니
44 빌립은 안드레와 베드로와 한 동네
벳새다 사람이라
45 빌립이 나다나엘을 찾아 이르되 모
세가 율법에 기록하였고 여러 선지
자가 기록한 그이를 우리가 만났으
니 요셉의 아들 나사렛 예수니라
46 나다나엘이 이르되 나사렛에서 무
슨 선한 것이 날 수 있느냐 빌립이
이르되 와서 보라 하니라
47 예수께서 나다나엘이 자기에게 오
는 것을 보시고 그를 가리켜 이르시
되 보라 이는 참으로 이스라엘 사람
이라 그 속에 간사한 것이 없도다
48 나다나엘이 이르되 어떻게 나를 아
시나이까 예수께서 대답하여 이르
시되 빌립이 너를 부르기 전에 네
가 무화과나무 아래에 있을 때에
보았노라

1) 헬, 또는 침례

49 나다나엘이 대답하되 랍비여 당신
은 하나님의 아들이시요 당신은 이
스라엘의 임금이로소이다
50 예수께서 대답하여 이르시되 내가
너를 무화과나무 아래에서 보았다
하므로 믿느냐 이보다 더 큰 일을
보리라
51 또 이르시되 진실로 진실로 너희에
게 이르노니 하늘이 열리고 하나님
의 사자들이 인자 위에 오르락 내
리락 하는 것을 보리라 하시니라

가나의 혼례

2 사흘째 되던 날 갈릴리 가나에
혼례가 있어 예수의 어머니도 거
기 계시고
2 예수와 그 제자들도 혼례에 청함을
받았더니
3 포도주가 떨어진지라 예수의 어머
니가 예수에게 이르되 저들에게 포
도주가 없다 하니
4 예수께서 이르시되 여자여 나와 무
슨 상관이 있나이까 내 때가 아직
이르지 아니하였나이다
5 그의 어머니가 하인들에게 이르되
너희에게 무슨 말씀을 하시든지 그
대로 하라 하니라
6 거기에 유대인의 정결 예식을 따라
두세 통 드는 돌항아리 여섯이 놓
였는지라
7 예수께서 그들에게 이르시되 항아
리에 물을 채우라 하신즉 아귀까지
채우니
8 이제는 떠서 연회장에게 갖다 주라
하시매 갖다 주었더니
9 연회장은 물로 된 포도주를 맛보고
도 어디서 났는지 알지 못하되 물
떠온 하인들은 알더라 연회장이 신
랑을 불러
10 말하되 사람마다 먼저 좋은 포도주
를 내고 취한 후에 낮은 것을 내거
늘 그대는 지금까지 좋은 포도주를
두었도다 하니라
11 예수께서 이 첫 [1]표적을 갈릴리 가
나에서 행하여 그의 영광을 나타내
시매 제자들이 그를 믿으니라
12 ●그 후에 예수께서 그 어머니와
형제들과 제자들과 함께 가버나움
으로 내려가셨으나 거기에 여러 날
계시지는 아니하시니라

성전을 깨끗하게 하시다
(마 21:12-13; 막 11:15-17; 눅 19:45-46)

13 ●유대인의 유월절이 가까운지라 예
수께서 예루살렘으로 올라가셨더니
14 성전 안에서 소와 양과 비둘기 파
는 사람들과 돈 바꾸는 사람들이
앉아 있는 것을보시고
15 노끈으로 채찍을 만드사 양이나 소
를 다 성전에서내쫓으시고 돈 바
꾸는 사람들의 돈을 쏟으시며 상을
엎으시고
16 비둘기 파는 사람들에게 이르시되
이것을 여기서 가져가라 내 아버지
의 집으로 장사하는 집을 만들지
말라 하시니
17 제자들이 성경 말씀에 [ㄱ]주의 전을
사모하는 열심이 나를 삼키리라 한
것을 기억하더라
18 이에 유대인들이 대답하여 예수께
말하기를 네가 이런 일을 행하니
무슨 [1]표적을 우리에게 보이겠느냐
19 예수께서 대답하여 이르시되 너희
가 이 성전을 헐라 내가 사흘 동안
에 일으키리라
20 유대인들이 이르되 이 성전은 사십
육 년 동안에 지었거늘 네가 삼 일
동안에 일으키겠느냐 하더라
21 그러나 예수는 성전된 자기 육체를
가리켜 말씀하신 것이라
22 죽은 자 가운데서 살아나신 후에야

1) 또는 이적 ㄱ. 시 69:9

제자들이 이 말씀하신 것을 기억하
고 성경과 예수께서 하신 말씀을
믿었더라

예수는 사람의 마음속을 아신다

23 ●유월절에 예수께서 예루살렘에
계시니 많은 사람이 그의 행하시는
[1]표적을 보고 그의 이름을 믿었으
나
24 예수는 그의 몸을 그들에게 의탁하
지 아니하셨으니 이는 친히 모든
사람을 아심이요
25 또 사람에 대하여 누구의 증언도
받으실 필요가 없었으니 이는 그가
친히 사람의 속에 있는 것을 아셨
음이니라

예수와 니고데모

3 그런데 바리새인 중에 니고데모
라 하는 사람이 있으니 유대인의
[2]지도자라
2 그가 밤에 예수께 와서 이르되 랍
비여 우리가 당신은 하나님께로부
터 오신 선생인 줄 아나이다 하나
님이 함께 하시지 아니하시면 당신
이 행하시는 이 [1]표적을 아무도 할
수 없음이니이다
3 예수께서 대답하여 이르시되 진실
로 진실로 네게 이르노니 사람이
[3]거듭나지 아니하면 하나님의 나라
를 볼 수 없느니라
4 니고데모가 이르되 사람이 늙으면
어떻게 날 수 있사옵나이까 두 번
째 모태에 들어갔다가 날 수 있사
옵나이까
5 예수께서 대답하시되 진실로 진실
로 네게 이르노니 사람이 물과 성
령으로 나지 아니하면 하나님의 나
라에 들어갈 수 없느니라
6 육으로 난 것은 육이요 영으로 난
것은 영이니
7 내가 네게 거듭나야 하겠다 하는
말을 놀랍게 여기지 말라
8 바람이 임의로 불매 네가 그 소리
는 들어도 어디서 와서 어디로 가
는지 알지 못하나니 성령으로 난
사람도 다 그러하니라
9 니고데모가 대답하여 이르되 어찌
그러한 일이 있을 수 있나이까
10 예수께서 그에게 대답하여 이르시
되 너는 이스라엘의 선생으로서 이
러한 것들을 알지 못하느냐
11 진실로 진실로 네게 이르노니 우리
는 아는 것을 말하고 본 것을 증언
하노라 그러나 너희가 우리의 증언
을 받지 아니하는도다
12 내가 땅의 일을 말하여도 너희가
믿지 아니하거든 하물며 하늘의 일
을 말하면 어떻게 믿겠느냐
13 하늘에서 내려온 자 [4]곧 인자 외에
는 하늘에 올라간 자가 없느니라
14 모세가 광야에서 뱀을 든 것같이
인자도 들려야 하리니
15 이는 그를 믿는 자마다 영생을 얻
게 하려 하심이니라
16 ●하나님이 세상을 이처럼 사랑하
사 독생자를 주셨으니 이는 그를
믿는 자마다 멸망하지 않고 영생을
얻게 하려 하심이라
17 하나님이 그 아들을 세상에 보내신
것은 세상을 [5]심판하려 하심이 아
니요 그로 말미암아 세상이 구원을
받게 하려 하심이라
18 그를 믿는 자는 [5]심판을 받지 아니
하는 것이요 믿지 아니하는 자는 하
나님의 독생자의 이름을 믿지 아니
하므로 벌써 [5]심판을 받은 것이니
라
19 그 정죄는 이것이니 곧 빛이 세상
에 왔으되 사람들이 자기 행위가

1) 또는 이적 2) 또는 산헤드린 공회원 3) 또는 위에서
4) 어떤 사본에, 곧 하늘에 있는 인자 5) 또는 정죄

악하므로 빛보다 어둠을 더 사랑한
것이니라
20 악을 행하는 자마다 빛을 미워하여
빛으로 오지 아니하나니 이는 그
행위가 드러날까 함이요
21 [1]진리를 따르는 자는 빛으로 오나니
이는 그 행위가 하나님 안에서 행한
것임을 나타내려 함이라 하시니라

그는 흥하고 나는 쇠하여야 하리라

22 ●그 후에 예수께서 제자들과 유대
땅으로 가서 거기 함께 유하시며
[2]세례를 베푸시더라
23 요한도 살렘 가까운 애논에서 [2]세
례를 베푸니 거기 물이 많음이라
그러므로 사람들이 와서 [2]세례를
받더라
24 요한이 아직 옥에 갇히지 아니하였
더라
25 이에 요한의 제자 중에서 한 유대
인과 더불어 정결예식에 대하여 변
론이 되었더니
26 그들이 요한에게 가서 이르되 랍비
여 선생님과 함께 요단 강 저편에
있던 이 곧 선생님이 증언하시던
이가 [2]세례를 베풀매 사람이 다 그
에게로 가더이다
27 요한이 대답하여 이르되 만일 하늘
에서 주신 바 아니면 사람이 아무
것도 받을 수 없느니라
28 내가 말한 바 나는 그리스도가 아니
요 그의 앞에 보내심을 받은 자라고
한 것을 증언할 자는 너희니라
29 신부를 취하는 자는 신랑이나 서서
신랑의 음성을 듣는 친구가 크게
기뻐하나니 나는 이러한 기쁨으로
충만하였노라
30 그는 흥하여야 하겠고 나는 쇠하여
야 하리라 하니라

하늘로부터 오시는 이

31 ●위로부터 오시는 이는 만물 위에
계시고 땅에서 난 이는 땅에 속하
여 땅에 속한 것을 말하느니라 하
늘로부터 오시는 이는 만물 위에
계시나니
32 그가 친히 보고 들은 것을 증언하
되 그의 증언을 받는 자가 없도다
33 그의 증언을 받는 자는 하나님이
참되시다는 것을 인쳤느니라
34 하나님이 보내신 이는 하나님의 말
씀을 하나니 이는 하나님이 성령을
한량 없이 주심이니라
35 아버지께서 아들을 사랑하사 만물
을 다 그의 손에 주셨으니
36 아들을 믿는 자에게는 영생이 있고
아들에게 순종하지 아니하는 자는
영생을 보지 못하고 도리어 하나님
의 진노가 그 위에 머물러 있느니
라

사마리아 여자와 말씀하시다

4 예수께서 제자를 삼고 [2]세례를
베푸시는 것이 요한보다 많다 하
는 말을 바리새인들이 들은 줄을
주께서 아신지라
2 (예수께서 친히 [2]세례를 베푸신 것
이 아니요 제자들이 베푼 것이라)
3 유대를 떠나사 다시 갈릴리로 가실
새
4 사마리아를 통과하여야 하겠는지
라
5 사마리아에 있는 수가라 하는 동네
에 이르시니 야곱이 그 아들 요셉
에게 준 땅이 가깝고
6 거기 또 야곱의 우물이 있더라 예
수께서 길 가시다가 피곤하여 우물
곁에 그대로 앉으시니 때가 여섯
시쯤 되었더라
7 사마리아 여자 한 사람이 물을 길
으러 왔으매 예수께서 물을 좀 달
라 하시니

1) 헬, 참 2) 헬, 또는 침례

8 이는 제자들이 먹을 것을 사러 그
동네에 들어갔음이러라
9 사마리아 여자가 이르되 당신은 유
대인으로서 어찌하여 사마리아 여
자인 나에게 물을 달라 하나이까
하니 이는 유대인이 사마리아인과
상종하지 아니함이러라
10 예수께서 대답하여 이르시되 네가
만일 하나님의 선물과 또 네게 물
좀 달라 하는 이가 누구인 줄 알았
더라면 네가 그에게 구하였을 것이
요 그가 생수를 네게 주었으리라
11 여자가 이르되 주여 물 길을 그릇
도 없고 이 우물은 깊은데 어디서
당신이 그 생수를 얻겠사옵나이까
12 우리 조상 야곱이 이 우물을 우리
에게 주셨고 또 여기서 자기와 자
기 아들들과 짐승이 다 마셨는데
당신이 야곱보다 더 크니이까
13 예수께서 대답하여 이르시되 이 물을
마시는 자마다 다시 목마르려니와
14 내가 주는 물을 마시는 자는 영원
히 목마르지 아니하리니 내가 주는
물은 그 속에서 영생하도록 솟아나
는 샘물이 되리라
15 여자가 이르되 주여 그런 물을 내
게 주사 목마르지도 않고 또 여기
물 길으러 오지도 않게 하옵소서
16 이르시되 가서 네 남편을 불러 오라
17 여자가 대답하여 이르되 나는 남편
이 없나이다 예수께서 이르시되 네
가 남편이 없다 하는 말이 옳도다
18 너에게 남편 다섯이 있었고 지금
있는 자도 네 남편이 아니니 네 말
이 참되도다
19 여자가 이르되 주여 내가 보니 선
지자로소이다
20 우리 조상들은 이 산에서 예배하였
는데 당신들의 말은 예배할 곳이
예루살렘에 있다 하더이다
21 예수께서 이르시되 여자여 내 말을
믿으라 이 산에서도 말고 예루살렘
에서도 말고 너희가 아버지께 예배
할 때가 이르리라
22 너희는 알지 못하는 것을 예배하고
우리는 아는 것을 예배하노니 이는
구원이 유대인에게서 남이라
23 아버지께 참되게 예배하는 자들은
영과 진리로 예배할 때가 오나니 곧
이때라 아버지께서는 자기에게 이렇
게 예배하는 자들을 찾으시느니라
24 하나님은 영이시니 예배하는 자가
영과 진리로 예배할지니라
25 여자가 이르되 메시야 곧 그리스도
라 하는 이가 오실 줄을 내가 아노
니 그가 오시면 모든 것을 우리에
게 알려 주시리이다
26 예수께서 이르시되 네게 말하는 내
가 그라 하시니라
27 ●이때에 제자들이 돌아와서 예수
께서 여자와 말씀하시는 것을 이상
히 여겼으나 무엇을 구하시나이까
어찌하여 그와 말씀하시나이까 묻
는 자가 없더라
28 여자가 물동이를 버려 두고 동네로
들어가서 사람들에게 이르되
29 내가 행한 모든 일을 내게 말한 사
람을 와서 보라 이는 그리스도가
아니냐 하니
30 그들이 동네에서 나와 예수께로 오
더라
31 그 사이에 제자들이 청하여 이르되
랍비여 잡수소서
32 이르시되 내게는 너희가 알지 못하
는 먹을 양식이 있느니라
33 제자들이 서로 말하되 누가 잡수실
것을 갖다 드렸는가 하니
34 예수께서 이르시되 나의 양식은 나
를 보내신 이의 뜻을 행하며 그의
일을 온전히 이루는 이것이니라

35 너희는 넉 달이 지나야 추수할 때
가 이르겠다 하지 아니하느냐 그러
나 나는 너희에게 이르노니 너희
눈을 들어 밭을 보라 희어져 추수
하게 되었도다
36 거두는 자가 이미 삯도 받고 영생
에 이르는 열매를 모으나니 이는
뿌리는 자와 거두는 자가 함께 즐
거워하게 하려 함이라
37 그런즉 한 사람이 심고 다른 사람
이 거둔다 하는 말이 옳도다
38 내가 너희로 노력하지 아니한 것을
거두러 보내었노니 다른 사람들은
노력하였고 너희는 그들이 노력한
것에 참여하였느니라
39 ●여자의 말이 내가 행한 모든 것
을 그가 내게 말하였다 증언하므로
그 동네 중에 많은 사마리아인이
예수를 믿는지라
40 사마리아인들이 예수께 와서 자기
들과 함께 유하시기를 청하니 거기
서 이틀을 유하시매
41 예수의 말씀으로 말미암아 믿는 자
가 더욱 많아
42 그 여자에게 말하되 이제 우리가 믿
는 것은 네 말로 인함이 아니니 이
는 우리가 친히 듣고 그가 참으로
세상의 구주신 줄 앎이라 하였더라

왕의 신하의 아들을 고치시다

(마 8:5-13; 눅 7:1-10)

43 ●이틀이 지나매 예수께서 거기를
떠나 갈릴리로 가시며
44 친히 증언하시기를 선지자가 고향
에서는 높임을 받지 못한다 하시고
45 갈릴리에 이르시매 갈릴리인들이 그
를 영접하니 이는 자기들도 명절에
갔다가 예수께서 명절 중 예루살렘
에서 하신 모든 일을 보았음이더라
46 ●예수께서 다시 갈릴리 가나에 이
르시니 전에 물로 포도주를 만드신
곳이라 왕의 신하가 있어 그의 아
들이 가버나움에서 병들었더니
47 그가 예수께서 유대로부터 갈릴리
로 오셨다는 것을 듣고 가서 청하
되 내려오셔서 내 아들의 병을 고
쳐 주소서 하니 그가 거의 죽게 되
었음이라
48 예수께서 이르시되 너희는 1)표적과
기사를 보지 못하면 도무지 믿지
아니하리라
49 신하가 이르되 주여 내 아이가 죽
기 전에 내려오소서
50 예수께서 이르시되 가라 네 아들이
살아 있다 하시니 그 사람이 예수
께서 하신 말씀을 믿고 가더니
51 내려가는 길에서 그 종들이 오다가
만나서 아이가 살아 있다 하거늘
52 그 낫기 시작한 때를 물은즉 어제
일곱 시에 열기가 떨어졌나이다 하
는지라
53 그의 아버지가 예수께서 네 아들이
살아 있다 말씀하신 그때인 줄 알고
자기와 그 온 집안이 다 믿으니라
54 이것은 예수께서 유대에서 갈릴리
로 오신 후에 행하신 두 번째 1)표적
이니라

오래된 병을 고치시다

5 그 후에 유대인의 명절이 되어
예수께서 예루살렘에 올라가시
니라
2 ●예루살렘에 있는 양문 곁에 히브
리 말로 베데스다라 하는 못이 있
는데 거기 행각 다섯이 있고
3 그 안에 많은 병자, 맹인, 다리 저
는 사람, 혈기 마른 사람들이 누워
2)[물의 움직임을 기다리니
4 이는 천사가 가끔 못에 내려와 물
을 움직이게 하는데 움직인 후에

1) 또는 이적 2) 어떤 사본에는, 이 괄호 내 구절이 없고 3절의 '누워'는 '누웠으니'로 되어 있음

먼저 들어가는 자는 어떤 병에 걸
렸든지 낫게 됨이러라]
5 거기 서른여덟 해 된 병자가 있더라
6 예수께서 그 누운 것을 보시고 병
이 벌써 오래된 줄 아시고 이르시
되 네가 낫고자 하느냐
7 병자가 대답하되 주여 물이 움직일
때에 나를 못에 넣어 주는 사람이
없어 내가 가는 동안에 다른 사람
이 먼저 내려가나이다
8 예수께서 이르시되 일어나 네 자리
를 들고 걸어가라 하시니
9 그 사람이 곧 나아서 자리를 들고
걸어가니라 ●이날은 안식일이니
10 유대인들이 병 나은 사람에게 이르
되 안식일인데 네가 자리를 들고
가는 것이 옳지 아니하니라
11 대답하되 나를 낫게 한 그가 자리
를 들고 걸어가라 하더라 하니
12 그들이 묻되 너에게 자리를 들고
걸어가라 한 사람이 누구냐 하되
13 고침을 받은 사람은 그가 누구인지
알지 못하니 이는 거기 사람이 많으
므로 예수께서 이미 피하셨음이라
14 그 후에 예수께서 성전에서 그 사
람을 만나 이르시되 보라 네가 나
았으니 더 심한 것이 생기지 않게
다시는 죄를 범하지 말라 하시니
15 그 사람이 유대인들에게 가서 자기
를 고친 이는 예수라 하니라
16 그러므로 안식일에 이러한 일을 행
하신다 하여 유대인들이 예수를 박
해하게 된지라
17 예수께서 그들에게 이르시되 내 아
버지께서 이제까지 일하시니 나도
일한다 하시매
18 유대인들이 이로 말미암아 더욱 예
수를 죽이고자 하니 이는 안식일을
범할 뿐만 아니라 하나님을 자기의
친아버지라 하여 자기를 하나님과
동등으로 삼으심이러라

아들의 권한

19 ●그러므로 예수께서 그들에게 이
르시되 내가 진실로 진실로 너희에
게 이르노니 아들이 아버지께서 하
시는 일을 보지 않고는 아무것도
스스로 할 수 없나니 아버지께서
행하시는 그것을 아들도 그와 같이
행하느니라
20 아버지께서 아들을 사랑하사 자기
가 행하시는 것을 다 아들에게 보
이시고 또 그보다 더 큰 일을 보이
사 너희로 놀랍게 여기게 하시리라
21 아버지께서 죽은 자들을 일으켜 살
리심같이 아들도 자기가 원하는 자
들을 살리느니라
22 아버지께서 아무도 심판하지 아니
하시고 심판을 다 아들에게 맡기셨
으니
23 이는 모든 사람으로 아버지를 공경
하는 것같이 아들을 공경하게 하려
하심이라 아들을 공경하지 아니하
는 자는 그를 보내신 아버지도 공
경하지 아니하느니라
24 내가 진실로 진실로 너희에게 이르
노니 내 말을 듣고 또 나 보내신 이
를 믿는 자는 영생을 얻었고 [1]심판
에 이르지 아니하나니 사망에서 생
명으로 옮겼느니라
25 진실로 진실로 너희에게 이르노니
죽은 자들이 하나님의 아들의 음성
을 들을 때가 오나니 곧 이때라 듣
는 자는 살아나리라
26 아버지께서 자기 속에 생명이 있음
같이 아들에게도 생명을 주어 그
속에 있게 하셨고
27 또 인자됨으로 말미암아 심판하는
권한을 주셨느니라
28 이를 놀랍게 여기지 말라 무덤 속

1) 또는 정죄

에 있는 자가 다 그의 음성을 들을
때가 오나니
29 선한 일을 행한 자는 생명의 부활
로, 악한 일을 행한 자는 심판의 부
활로 나오리라

예수를 믿게 하는 증언

30 ●내가 아무것도 스스로 할 수 없
노라 듣는 대로 심판하노니 나는
나의 뜻대로 하려 하지 않고 나를
보내신 이의 뜻대로 하려 하므로
내 심판은 의로우니라
31 내가 만일 나를 위하여 증언하면
내 증언은 참되지 아니하되
32 나를 위하여 증언하시는 이가 따로
있으니 나를 위하여 증언하시는 그
증언이 참인 줄 아노라
33 너희가 요한에게 사람을 보내매 요
한이 진리에 대하여 증언하였느니
라
34 그러나 나는 사람에게서 증언을 취
하지 아니하노라 다만 이 말을 하
는 것은 너희로 구원을 받게 하려
함이니라
35 요한은 켜서 비추이는 등불이라 너
희가 한때 그 빛에 즐거이 있기를
원하였거니와
36 내게는 요한의 증거보다 더 큰 증
거가 있으니 아버지께서 내게 주사
이루게 하시는 역사 곧 내가 하는
그 역사가 아버지께서 나를 보내신
것을 나를 위하여 증언하는 것이요
37 또한 나를 보내신 아버지께서 친히
나를 위하여 증언하셨느니라 너희
는 아무 때에도 그 음성을 듣지 못
하였고 그 형상을 보지 못하였으며
38 그 말씀이 너희 속에 거하지 아니
하니 이는 그가 보내신 이를 믿지
아니함이라
39 너희가 성경에서 영생을 얻는 줄
생각하고 성경을 연구하거니와 이
성경이 곧 내게 대하여 증언하는
것이니라
40 그러나 너희가 영생을 얻기 위하여
내게 오기를 원하지 아니하는도다
41 나는 사람에게서 영광을 취하지 아
니하노라
42 다만 하나님을 사랑하는 것이 너희
속에 없음을 알았노라
43 나는 내 아버지의 이름으로 왔으매
너희가 영접하지 아니하나 만일 다
른 사람이 자기 이름으로 오면 영
접하리라
44 너희가 서로 영광을 취하고 유일하
신 하나님께로부터 오는 영광은 구
하지 아니하니 어찌 나를 믿을 수
있느냐
45 내가 너희를 아버지께 고발할까 생
각하지 말라 너희를 고발하는 이가
있으니 곧 너희가 바라는 자 모세
니라
46 모세를 믿었더라면 또 나를 믿었으
리니 이는 그가 내게 대하여 기록
하였음이라
47 그러나 그의 글도 믿지 아니하거든
어찌 내 말을 믿겠느냐 하시니라

오천 명을 먹이시다 (마 14:13-21; 막 6:30-44; 눅 9:10-17)

6 그 후에 예수께서 디베랴의 갈릴
리 바다 건너편으로 가시매
2 큰 무리가 따르니 이는 병자들에게
행하시는 [1]표적을 보았음이러라
3 예수께서 산에 오르사 제자들과 함
께 거기 앉으시니
4 마침 유대인의 명절인 유월절이 가
까운지라
5 예수께서 눈을 들어 큰 무리가 자기
에게로 오는 것을 보시고 빌립에게
이르시되 우리가 어디서 떡을 사서
이 사람들을 먹이겠느냐 하시니

1) 또는 이적

6 이렇게 말씀하심은 친히 어떻게 하
실지를 아시고 빌립을 시험하고자
하심이라
7 빌립이 대답하되 각 사람으로 조금
씩 받게 할지라도 이백 [1]데나리온
의 떡이 부족하리이다
8 제자 중 하나 곧 시몬 베드로의 형
제 안드레가 예수께 여짜오되
9 여기 한 아이가 있어 보리떡 다섯
개와 물고기 두 마리를 가지고 있
나이다 그러나 그것이 이 많은 사
람에게 얼마나 되겠사옵나이까
10 예수께서 이르시되 이 사람들로 [2]앉
게 하라 하시니 그곳에 잔디가 많
은지라 사람들이 [2]앉으니 수가 오
천 명쯤 되더라
11 예수께서 떡을 가져 축사하신 후에
[2]앉아 있는 자들에게 나눠 주시고
물고기도 그렇게 그들의 원대로 주
시니라
12 그들이 배부른 후에 예수께서 제자
들에게 이르시되 남은 조각을 거두
고 버리는 것이 없게 하라 하시므로
13 이에 거두니 보리떡 다섯 개로 먹
고 남은 조각이 열두 바구니에 찼
더라
14 그 사람들이 예수께서 행하신 이 [3]표
적을 보고 말하되 이는 참으로 세
상에 오실 그 선지자라 하더라
15 그러므로 예수께서 그들이 와서 자
기를 억지로 붙들어 임금으로 삼으
려는 줄 아시고 다시 혼자 산으로
떠나 가시니라

바다 위로 걸어오시다
(마 14:22-27; 막 6:45-52)

16 ●저물매 제자들이 바다에 내려가서
17 배를 타고 바다를 건너 가버나움으
로 가는데 이미 어두웠고 예수는 아
직 그들에게 오시지 아니하셨더니
18 큰 바람이 불어 파도가 일어나더라
19 제자들이 노를 저어 십여 리쯤 가다
가 예수께서 바다 위로 걸어 배에
가까이 오심을 보고 두려워하거늘
20 이르시되 내니 두려워하지 말라 하
신대
21 이에 기뻐서 배로 영접하니 배는
곧 그들이 가려던 땅에 이르렀더라

생명의 떡

22 ●이튿날 바다 건너편에 서 있던 무
리가 배 한 척 외에 다른 배가 거기
없는 것과 또 어제 예수께서 제자들
과 함께 그 배에 오르지 아니하시고
제자들만 가는 것을 보았더니
23 (그러나 디베랴에서 배들이 주께서
축사하신 후 여럿이 떡 먹던 그곳
에 가까이 왔더라)
24 무리가 거기에 예수도 안 계시고 제
자들도 없음을 보고 곧 배들을 타고
예수를 찾으러 가버나움으로 가서
25 바다 건너편에서 만나 랍비여 언제
여기 오셨나이까 하니
26 예수께서 대답하여 이르시되 내가
진실로 진실로 너희에게 이르노니
너희가 나를 찾는 것은 [3]표적을 본
까닭이 아니요 떡을 먹고 배부른
까닭이로다
27 썩을 양식을 위하여 일하지 말고
영생하도록 있는 양식을 위하여 하
라 이 양식은 인자가 너희에게 주
리니 인자는 아버지 하나님께서 인
치신 자니라
28 그들이 묻되 우리가 어떻게 하여야
하나님의 일을 하오리이까
29 예수께서 대답하여 이르시되 하나
님께서 보내신 이를 믿는 것이 하
나님의 일이니라 하시니
30 그들이 묻되 그러면 우리가 보고
당신을 믿도록 행하시는 [3]표적이

1) 은전의 명칭 2) 헬, 기대어 눕게(유대인이 음식 먹을 때에 가지는 자세) 3) 또는 이적

무엇이니이까, 하시는 일이 무엇이
니이까
31 기록된 바 ㄱ하늘에서 그들에게 떡
을 주어 먹게 하였다 함과 같이 우
리 조상들은 광야에서 만나를 먹었
나이다
32 예수께서 이르시되 내가 진실로 진
실로 너희에게 이르노니 모세가 너
희에게 하늘로부터 떡을 준 것이
아니라 내 아버지께서 너희에게 하
늘로부터 참 떡을 주시나니
33 하나님의 떡은 하늘에서 내려 세상
에 생명을 주는 것이니라
34 그들이 이르되 주여 이 떡을 항상
우리에게 주소서
35 예수께서 이르시되 나는 생명의 떡
이니 내게 오는 자는 결코 주리지
아니할 터이요 나를 믿는 자는 영
원히 목마르지 아니하리라
36 그러나 내가 너희에게 이르기를 너
희는 나를 보고도 믿지 아니하는도
다 하였느니라
37 아버지께서 내게 주시는 자는 다
내게로 올 것이요 내게 오는 자는
내가 결코 내쫓지 아니하리라
38 내가 하늘에서 내려온 것은 내 뜻
을 행하려 함이 아니요 나를 보내
신 이의 뜻을 행하려 함이니라
39 나를 보내신 이의 뜻은 내게 주신
자 중에 내가 하나도 잃어버리지
아니하고 마지막 날에 다시 살리는
이것이니라
40 내 아버지의 뜻은 아들을 보고 믿
는 자마다 영생을 얻는 이것이니
마지막 날에 내가 이를 다시 살리
리라 하시니라
41 ●자기가 하늘에서 내려온 떡이라
하시므로 유대인들이 예수에 대하
여 수군거려
42 이르되 이는 요셉의 아들 예수가
아니냐 그 부모를 우리가 아는데
자기가 지금 어찌하여 하늘에서 내
려왔다 하느냐
43 예수께서 대답하여 이르시되 너희
는 서로 수군거리지 말라
44 나를 보내신 아버지께서 이끌지 아
니하시면 아무도 내게 올 수 없으
니 오는 그를 내가 마지막 날에 다
시 살리리라
45 선지자의 글에 ㄴ그들이 다 하나님
의 가르치심을 받으리라 기록되었
은즉 아버지께 듣고 배운 사람마다
내게로 오느니라
46 이는 아버지를 본 자가 있다는 것
이 아니니라 오직 하나님에게서 온
자만 아버지를 보았느니라
47 진실로 진실로 너희에게 이르노니
믿는 자는 영생을 가졌나니
48 내가 곧 생명의 떡이니라
49 너희 조상들은 광야에서 만나를 먹
었어도 죽었거니와
50 이는 하늘에서 내려오는 떡이니 사
람으로 하여금 먹고 죽지 아니하게
하는 것이니라
51 나는 하늘에서 내려온 살아 있는
떡이니 사람이 이 떡을 먹으면 영
생하리라 내가 줄 떡은 곧 세상의
생명을 위한 내 살이니라 하시니라
52 ●그러므로 유대인들이 서로 다투
어 이르되 이 사람이 어찌 능히 자
기 살을 우리에게 주어 먹게 하겠
느냐
53 예수께서 이르시되 내가 진실로 진
실로 너희에게 이르노니 인자의 살
을 먹지 아니하고 인자의 피를 마
시지 아니하면 너희 속에 생명이
없느니라
54 내 살을 먹고 내 피를 마시는 자는

ㄱ. 출 16:4,15; 시 78:24; 105:40; 느 9:15 ㄴ. 사 54:13

영생을 가졌고 마지막 날에 내가
그를 다시 살리리니
55 내 살은 참된 양식이요 내 피는 참
된 음료로다
56 내 살을 먹고 내 피를 마시는 자는
내 안에 거하고 나도 그의 안에 거
하나니
57 살아 계신 아버지께서 나를 보내시
매 내가 아버지로 말미암아 사는
것같이 나를 먹는 그 사람도 나로
말미암아 살리라
58 이것은 하늘에서 내려온 떡이니 조
상들이 먹고도 죽은 그것과 같지
아니하여 이 떡을 먹는 자는 영원
히 살리라
59 이 말씀은 예수께서 가버나움 회당
에서 가르치실 때에 하셨느니라

영생의 말씀

60 ●제자 중 여럿이 듣고 말하되 이
말씀은 어렵도다 누가 들을 수 있
느냐 한대
61 예수께서 스스로 제자들이 이 말씀
에 대하여 수군거리는 줄 아시고
이르시되 이 말이 [1]너희에게 걸림
이 되느냐
62 그러면 너희는 인자가 이전에 있던
곳으로 올라가는 것을 본다면 어떻
게 하겠느냐
63 살리는 것은 영이니 육은 무익하니
라 내가 너희에게 이른 말은 영이
요 생명이라
64 그러나 너희 중에 믿지 아니하는
자들이 있느니라 하시니 이는 예수
께서 믿지 아니하는 자들이 누구며
자기를 팔 자가 누구인지 처음부터
아심이러라
65 또 이르시되 그러므로 전에 너희에
게 말하기를 내 아버지께서 오게
하여 주지 아니하시면 누구든지 내
게 올 수 없다 하였노라 하시니라
66 ●그때부터 그의 제자 중에서 많은
사람이 떠나가고 다시 그와 함께
다니지 아니하더라
67 예수께서 열두 제자에게 이르시되
너희도 가려느냐
68 시몬 베드로가 대답하되 주여 영생
의 말씀이 주께 있사오니 우리가
누구에게로 가오리이까
69 우리가 주는 하나님의 거룩하신 자
이신 줄 믿고 알았사옵나이다
70 예수께서 대답하시되 내가 너희 열
둘을 택하지 아니하였느냐 그러나
너희 중의 한 사람은 마귀니라 하
시니
71 이 말씀은 가룟 시몬의 아들 유다
를 가리키심이라 그는 열둘 중의
하나로 예수를 팔 자러라

형제들까지도 예수를 믿지 아니하다

7 그 후에 예수께서 갈릴리에서 다
니시고 유대에서 다니려 아니하
심은 유대인들이 죽이려 함이러라
2 유대인의 명절인 초막절이 가까운
지라
3 그 형제들이 예수께 이르되 당신이
행하는 일을 제자들도 보게 여기를
떠나 유대로 가소서
4 스스로 나타나기를 구하면서 묻혀
서 일하는 사람이 없나니 이 일을
행하려 하거든 자신을 세상에 나타
내소서 하니
5 이는 그 형제들까지도 예수를 믿지
아니함이러라
6 예수께서 이르시되 내 때는 아직
이르지 아니하였거니와 너희 때는
늘 준비되어 있느니라
7 세상이 너희를 미워하지 아니하되
나를 미워하나니 이는 내가 세상의
일들을 악하다고 증언함이라
8 너희는 명절에 올라가라 내 때가

1) 또는 너희로 실족하게 하느냐

아직 차지 못하였으니 나는 이 명
절에 아직 올라가지 아니하노라
9 이 말씀을 하시고 갈릴리에 머물러
계시니라

명절을 지키러 올라가시다

10 ●그 형제들이 명절에 올라간 후에
자기도 올라가시되 나타내지 않고
은밀히 가시니라
11 명절 중에 유대인들이 예수를 찾으
면서 그가 어디 있느냐 하고
12 예수에 대하여 무리 중에서 수군거
림이 많아 어떤 사람은 좋은 사람
이라 하며 어떤 사람은 아니라 무
리를 미혹한다 하나
13 그러나 유대인들을 두려워하므로
드러나게 그에 대하여 말하는 자가
없더라
14 ●이미 명절의 중간이 되어 예수께
서 성전에 올라가사 가르치시니
15 유대인들이 놀랍게 여겨 이르되 이
사람은 배우지 아니하였거늘 어떻
게 글을 아느냐 하니
16 예수께서 대답하여 이르시되 내 교
훈은 내 것이 아니요 나를 보내신
이의 것이니라
17 사람이 하나님의 뜻을 행하려 하면
이 교훈이 하나님께로부터 왔는지
내가 스스로 말함인지 알리라
18 스스로 말하는 자는 자기 영광만
구하되 보내신 이의 영광을 구하는
자는 참되니 그 속에 불의가 없느
니라
19 모세가 너희에게 율법을 주지 아니
하였느냐 너희 중에 율법을 지키는
자가 없도다 너희가 어찌하여 나를
죽이려 하느냐
20 무리가 대답하되 당신은 귀신이 들렸
도다 누가 당신을 죽이려 하나이까
21 예수께서 대답하여 이르시되 내가
한 가지 일을 행하매 너희가 다 이
로 말미암아 이상히 여기는도다
22 모세가 너희에게 할례를 행했으니
(그러나 할례는 모세에게서 난 것
이 아니요 조상들에게서 난 것이
라) 그러므로 너희가 안식일에도
사람에게 할례를 행하느니라
23 모세의 율법을 범하지 아니하려고
사람이 안식일에도 할례를 받는 일
이 있거든 내가 안식일에 사람의
전신을 건전하게 한 것으로 너희가
내게 노여워하느냐
24 외모로 판단하지 말고 공의롭게 판
단하라 하시니라

예수를 잡고자 하나

25 ●예루살렘 사람 중에서 어떤 사람
이 말하되 이는 그들이 죽이고자
하는 그 사람이 아니냐
26 보라 드러나게 말하되 그들이 아무
말도 아니하는도다 당국자들은 이
사람을 참으로 그리스도인 줄 알았
는가
27 그러나 우리는 이 사람이 어디서
왔는지 아노라 그리스도께서 오실
때에는 어디서 오시는지 아는 자가
없으리라 하는지라
28 예수께서 성전에서 가르치시며 외
쳐 이르시되 너희가 나를 알고 내
가 어디서 온 것도 알거니와 내가
스스로 온 것이 아니니라 나를 보
내신 이는 참되시니 너희는 그를
알지 못하나
29 나는 아노니 이는 내가 그에게서 났
고 그가 나를 보내셨음이라 하시니
30 그들이 예수를 잡고자 하나 손을
대는 자가 없으니 이는 그의 때가
아직 이르지 아니하였음이러라
31 무리 중의 많은 사람이 예수를 믿
고 말하되 그리스도께서 오실지라
도 그 행하실 [1]표적이 이 사람이 행

1) 또는 이적

한 것보다 더 많으랴 하니
32 예수에 대하여 무리가 수군거리는
것이 바리새인들에게 들린지라 대
제사장들과 바리새인들이 그를 잡
으려고 아랫사람들을 보내니
33 예수께서 이르시되 내가 너희와 함
께 조금 더 있다가 나를 보내신 이
에게로 돌아가겠노라
34 너희가 나를 찾아도 만나지 못할
터이요 나 있는 곳에 오지도 못하
리라 하시니
35 이에 유대인들이 서로 묻되 이 사
람이 어디로 가기에 우리가 그를
만나지 못하리요 헬라인 중에 흩어
져 사는 자들에게로 가서 헬라인을
가르칠 터인가
36 나를 찾아도 만나지 못할 터이요
나 있는 곳에 오지도 못하리라 한
이 말이 무슨 말이냐 하니라

배에서 생수의 강이 흘러나오리라

37 ●명절 끝날 곧 큰 날에 예수께서
서서 외쳐 이르시되 누구든지 목마
르거든 내게로 와서 마시라
38 나를 믿는 자는 성경에 이름과 같
이 그 배에서 생수의 강이 흘러나
오리라 하시니
39 이는 그를 믿는 자들이 받을 성령
을 가리켜 말씀하신 것이라 (예수
께서 아직 영광을 받지 않으셨으므
로 성령이 아직 그들에게 계시지
아니하시더라)
40 이 말씀을 들은 무리 중에서 어떤
사람은 이 사람이 참으로 그 선지
자라 하며
41 어떤 사람은 그리스도라 하며 어떤
이들은 그리스도가 어찌 갈릴리에
서 나오겠느냐
42 ㄱ성경에 이르기를 그리스도는 다
윗의 씨로 또 다윗이 살던 마을 베
들레헴에서 나오리라 하지 아니하
였느냐 하며
43 예수로 말미암아 무리 중에서 쟁론
이 되니
44 그 중에는 그를 잡고자 하는 자들도
있으나 손을 대는 자가 없었더라

대제사장들과 바리새인들은 믿지 않다

45 ●아랫사람들이 대제사장들과 바
리새인들에게로 오니 그들이 묻되
어찌하여 잡아오지 아니하였느냐
46 아랫사람들이 대답하되 그 사람이
말하는 것처럼 말한 사람은 이때까
지 없었나이다 하니
47 바리새인들이 대답하되 너희도 미
혹되었느냐
48 당국자들이나 바리새인 중에 그를
믿는 자가 있느냐
49 율법을 알지 못하는 이 무리는 저
주를 받은 자로다
50 그 중의 한 사람 곧 전에 예수께 왔
던 니고데모가 그들에게 말하되
51 우리 율법은 사람의 말을 듣고 그
행한 것을 알기 전에 심판하느냐
52 그들이 대답하여 이르되 너도 갈릴
리에서 왔느냐 찾아 보라 갈릴리에
서는 선지자가 나지 못하느니라 하
였더라

음행 중에 잡혀온 여자가 용서 받다

53 [1] [다 각각 집으로 돌아가고

8 예수는 감람 산으로 가시니라
2 아침에 다시 성전으로 들어오시
니 백성이 다 나아오는지라 앉으사
그들을 가르치시더니
3 서기관들과 바리새인들이 음행 중
에 잡힌 여자를 끌고 와서 가운데
세우고
4 예수께 말하되 선생이여 이 여자가
간음하다가 현장에서 잡혔나이다
5 ㄴ모세는 율법에 이러한 여자를 돌

1) 어떤 사본에, 7:53부터 8:11까지 없음 ㄱ. 삼하 7:12 이하; 미 5:2 ㄴ. 레 20:10; 신 22:22 이하

로 치라 명하였거니와 선생은 어떻
게 말하겠나이까
6 그들이 이렇게 말함은 고발할 조건
을 얻고자 하여 예수를 시험함이러
라 예수께서 몸을 굽히사 손가락으
로 땅에 쓰시니
7 그들이 묻기를 마지 아니하는지라
이에 일어나 이르시되 너희 중에 죄
없는 자가 먼저 돌로 치라 하시고
8 다시 몸을 굽혀 손가락으로 땅에
쓰시니
9 그들이 이 말씀을 듣고 양심에 가
책을 느껴 어른으로 시작하여 젊은
이까지 하나씩 하나씩 나가고 오직
예수와 그 가운데 섰는 여자만 남
았더라
10 예수께서 일어나사 여자 외에 아무
도 없는 것을 보시고 이르시되 여
자여 너를 고발하던 그들이 어디
있느냐 너를 정죄한 자가 없느냐
11 대답하되 주여 없나이다 예수께서
이르시되 나도 너를 정죄하지 아니
하노니 가서 다시는 죄를 범하지
말라 하시니라]

나는 세상의 빛

12 ●예수께서 또 말씀하여 이르시되
나는 세상의 빛이니 나를 따르는
자는 어둠에 다니지 아니하고 생명
의 빛을 얻으리라
13 바리새인들이 이르되 네가 너를 위
하여 증언하니 네 증언은 참되지
아니하도다
14 예수께서 대답하여 이르시되 내가
나를 위하여 증언하여도 내 증언이
참되니 나는 내가 어디서 오며 어
디로 가는 것을 알거니와 너희는
내가 어디서 오며 어디로 가는 것
을 알지 못하느니라
15 너희는 육체를 따라 판단하나 나는
아무도 판단하지 아니하노라
16 만일 내가 판단하여도 내 판단이
참되니 이는 내가 혼자 있는 것이
아니요 나를 보내신 이가 나와 함
께 계심이라
17 너희 ㄱ율법에도 두 사람의 증언이
참되다 기록되었으니
18 내가 나를 위하여 증언하는 자가
되고 나를 보내신 아버지도 나를
위하여 증언하시느니라
19 이에 그들이 묻되 네 아버지가 어
디 있느냐 예수께서 대답하시되 너
희는 나를 알지 못하고 내 아버지
도 알지 못하는도다 나를 알았더라
면 내 아버지도 알았으리라
20 이 말씀은 성전에서 가르치실 때에
헌금함 앞에서 하셨으나 잡는 사람
이 없으니 이는 그의 때가 아직 이
르지 아니하였음이러라

내가 가는 곳

21 ●다시 이르시되 내가 가리니 너희
가 나를 찾다가 너희 죄 가운데서
죽겠고 내가 가는 곳에는 너희가
오지 못하리라
22 유대인들이 이르되 그가 말하기를
내가 가는 곳에는 너희가 오지 못
하리라 하니 그가 자결하려는가
23 예수께서 이르시되 너희는 아래에
서 났고 나는 위에서 났으며 너희
는 이 세상에 속하였고 나는 이 세
상에 속하지 아니하였느니라
24 그러므로 내가 너희에게 말하기를
너희가 너희 죄 가운데서 죽으리라
하였노라 너희가 만일 내가 그인
줄 믿지 아니하면 너희 죄 가운데
서 죽으리라
25 그들이 말하되 네가 누구냐 예수께
서 이르시되 나는 처음부터 너희에
게 말하여 온 자니라
26 내가 너희에게 대하여 말하고 판단

ㄱ. 신 19:15; 17:6

할 것이 많으나 나를 보내신 이가
참되시매 내가 그에게 들은 그것을
세상에 말하노라 하시되
27 그들은 아버지를 가리켜 말씀하신
줄을 깨닫지 못하더라
28 이에 예수께서 이르시되 너희가 인
자를 든 후에 내가 그인 줄을 알고
또 내가 스스로 아무것도 하지 아니
하고 오직 아버지께서 가르치신 대
로 이런 것을 말하는 줄도 알리라
29 나를 보내신 이가 나와 함께 하시
도다 나는 항상 그가 기뻐하시는
일을 행하므로 나를 혼자 두지 아
니하셨느니라
30 이 말씀을 하시매 많은 사람이 믿
더라

진리가 너희를 자유롭게 하리라

31 ●그러므로 예수께서 자기를 믿은
유대인들에게 이르시되 너희가 내
말에 거하면 참으로 내 제자가 되고
32 진리를 알지니 진리가 너희를 자유
롭게 하리라
33 그들이 대답하되 우리가 아브라함
의 자손이라 남의 종이 된 적이 없
거늘 어찌하여 우리가 자유롭게 되
리라 하느냐
34 예수께서 대답하시되 진실로 진실
로 너희에게 이르노니 죄를 범하는
자마다 죄의 종이라
35 종은 영원히 집에 거하지 못하되
아들은 영원히 거하나니
36 그러므로 아들이 너희를 자유롭게
하면 너희가 참으로 자유로우리라
37 나도 너희가 아브라함의 자손인 줄
아노라 그러나 내 말이 너희 안에
있을 곳이 없으므로 나를 죽이려
하는도다
38 나는 내 아버지에게서 본 것을 말
하고 너희는 너희 아비에게서 들은
것을 행하느니라
39 대답하여 이르되 우리 아버지는 아
브라함이라 하니 예수께서 이르시
되 너희가 아브라함의 자손이면 아
브라함이 행한 일들을 할 것이거늘
40 지금 하나님께 들은 진리를 너희에
게 말한 사람인 나를 죽이려 하는
도다 아브라함은 이렇게 하지 아니
하였느니라
41 너희는 너희 아비가 행한 일들을
하는도다 대답하되 우리가 음란한
데서 나지 아니하였고 아버지는 한
분뿐이시니 곧 하나님이시로다
42 예수께서 이르시되 하나님이 너희
아버지였으면 너희가 나를 사랑하
였으리니 이는 내가 하나님께로부
터 나와서 왔음이라 나는 스스로
온 것이 아니요 아버지께서 나를
보내신 것이니라
43 어찌하여 내 말을 깨닫지 못하느냐
이는 내 말을 들을 줄 알지 못함이
로다
44 너희는 너희 아비 마귀에게서 났으
니 너희 아비의 욕심대로 너희도
행하고자 하느니라 그는 처음부터
살인한 자요 [1]진리가 그 속에 없으
므로 [1]진리에 서지 못하고 거짓을
말할 때마다 제 것으로 말하나니
이는 그가 거짓말쟁이요 거짓의 아
비가 되었음이라
45 내가 [1]진리를 말하므로 너희가 나
를 믿지 아니하는도다
46 너희 중에 누가 나를 죄로 책잡겠
느냐 내가 [1]진리를 말하는데도 어
찌하여 나를 믿지 아니하느냐
47 하나님께 속한 자는 하나님의 말씀
을 듣나니 너희가 듣지 아니함은 하
나님께 속하지 아니하였음이로다
48 유대인들이 대답하여 이르되 우리
가 너를 사마리아 사람이라 또는

1) 또는 참된 것

귀신이 들렸다 하는 말이 옳지 아
니하냐
49 예수께서 대답하시되 나는 귀신 들
린 것이 아니라 오직 내 아버지를
공경함이거늘 너희가 나를 무시하
는도다
50 나는 내 영광을 구하지 아니하나
구하고 판단하시는 이가 계시니라
51 진실로 진실로 너희에게 이르노니
사람이 내 말을 지키면 영원히 죽
음을 보지 아니하리라
52 유대인들이 이르되 지금 네가 귀신
들린 줄을 아노라 아브라함과 선지
자들도 죽었거늘 네 말은 사람이
내 말을 지키면 영원히 죽음을 맛
보지 아니하리라 하니
53 너는 이미 죽은 우리 조상 아브라
함보다 크냐 또 선지자들도 죽었거
늘 너는 너를 누구라 하느냐
54 예수께서 대답하시되 내가 내게 영
광을 돌리면 내 영광이 아무것도
아니거니와 내게 영광을 돌리시는
이는 내 아버지시니 곧 너희가 너
희 하나님이라 칭하는 그이시라
55 너희는 그를 알지 못하되 나는 아
노니 만일 내가 알지 못한다 하면
나도 너희같이 거짓말쟁이가 되리
라 나는 그를 알고 또 그의 말씀을
지키노라
56 너희 조상 아브라함은 나의 때 볼
것을 즐거워하다가 보고 기뻐하였
느니라
57 유대인들이 이르되 네가 아직 오십
세도 못되었는데 아브라함을 보았
느냐
58 예수께서 이르시되 진실로 진실로
너희에게 이르노니 아브라함이 나
기 전부터 내가 있느니라 하시니
59 그들이 돌을 들어 치려 하거늘 예
수께서 숨어 성전에서 나가시니라

날 때부터 맹인 된 사람을 고치시다

9 예수께서 길을 가실 때에 날 때
부터 맹인 된 사람을 보신지라
2 제자들이 물어 이르되 랍비여 이
사람이 맹인으로 난 것이 누구의
죄로 인함이니이까 자기니이까 그
의 부모니이까
3 예수께서 대답하시되 이 사람이나
그 부모의 죄로 인한 것이 아니라
그에게서 하나님이 하시는 일을 나
타내고자 하심이라
4 때가 아직 낮이매 나를 보내신 이
의 일을 우리가 하여야 하리라 밤
이 오리니 그때는 아무도 일할 수
없느니라
5 내가 세상에 있는 동안에는 세상의
빛이로라
6 이 말씀을 하시고 땅에 침을 뱉어
진흙을 이겨 그의 눈에 바르시고
7 이르시되 실로암 못에 가서 씻으라
하시니 (실로암은 번역하면 보냄을
받았다는 뜻이라) 이에 가서 씻고
밝은 눈으로 왔더라
8 이웃 사람들과 전에 그가 걸인인
것을 보았던 사람들이 이르되 이는
앉아서 구걸하던 자가 아니냐
9 어떤 사람은 그 사람이라 하며 어
떤 사람은 아니라 그와 비슷하다
하거늘 자기 말은 내가 그라 하니
10 그들이 묻되 그러면 네 눈이 어떻
게 떠졌느냐
11 대답하되 예수라 하는 그 사람이
진흙을 이겨 내 눈에 바르고 나더
러 실로암에 가서 씻으라 하기에
가서 씻었더니 보게 되었노라
12 그들이 이르되 그가 어디 있느냐
이르되 알지 못하노라 하니라

보게 된 맹인과 바리새인들

13 ●그들이 전에 맹인이었던 사람을
데리고 바리새인들에게 갔더라

14 예수께서 진흙을 이겨 눈을 뜨게
하신 날은 안식일이라
15 그러므로 바리새인들도 그가 어떻
게 보게 되었는지를 물으니 이르되
그 사람이 진흙을 내 눈에 바르매
내가 씻고 보나이다 하니
16 바리새인 중에 어떤 사람은 말하되
이 사람이 안식일을 지키지 아니하
니 하나님께로부터 온 자가 아니라
하며 어떤 사람은 말하되 죄인으로
서 어떻게 이러한 [1]표적을 행하겠느
냐 하여 그들 중에 분쟁이 있었더니
17 이에 맹인되었던 자에게 다시 묻되
그 사람이 네 눈을 뜨게 하였으니
너는 그를 어떠한 사람이라 하느냐
대답하되 선지자니이다 하니
18 유대인들이 그가 맹인으로 있다가
보게 된 것을 믿지 아니하고 그 부
모를 불러 묻되
19 이는 너희 말에 맹인으로 났다 하
는 너희 아들이냐 그러면 지금은
어떻게 해서 보느냐
20 그 부모가 대답하여 이르되 이 사
람이 우리 아들인 것과 맹인으로
난 것을 아나이다
21 그러나 지금 어떻게 해서 보는지
또는 누가 그 눈을 뜨게 하였는지
우리는 알지 못하나이다 그에게 물
어 보소서 그가 장성하였으니 자기
일을 말하리이다
22 그 부모가 이렇게 말한 것은 이미
유대인들이 누구든지 예수를 그리
스도로 시인하는 자는 출교하기로
결의하였으므로 그들을 무서워함
이러라
23 이러므로 그 부모가 말하기를 그가
장성하였으니 그에게 물어 보소서
하였더라
24 이에 그들이 맹인이었던 사람을 두
번째 불러 이르되 너는 하나님께
영광을 돌리라 우리는 이 사람이
죄인인 줄 아노라
25 대답하되 그가 죄인인지 내가 알지
못하나 한 가지 아는 것은 내가 맹
인으로 있다가 지금 보는 그것이니
이다
26 그들이 이르되 그 사람이 네게 무
엇을 하였느냐 어떻게 네 눈을 뜨
게 하였느냐
27 대답하되 내가 이미 일렀어도 듣지
아니하고 어찌하여 다시 듣고자 하
나이까 당신들도 그의 제자가 되려
하나이까
28 그들이 욕하여 이르되 너는 그의
제자이나 우리는 모세의 제자라
29 하나님이 모세에게는 말씀하신 줄
을 우리가 알거니와 이 사람은 어
디서 왔는지 알지 못하노라
30 그 사람이 대답하여 이르되 이상하
다 이 사람이 내 눈을 뜨게 하였으
되 당신들은 그가 어디서 왔는지
알지 못하는도다
31 하나님이 죄인의 말을 듣지 아니하
시고 경건하여 그의 뜻대로 행하는
자의 말은 들으시는 줄을 우리가
아나이다
32 창세 이후로 맹인으로 난 자의 눈을
뜨게 하였다 함을 듣지 못하였으니
33 이 사람이 하나님께로부터 오지 아
니하였으면 아무 일도 할 수 없으
리이다
34 그들이 대답하여 이르되 네가 온전
히 죄 가운데서 나서 우리를 가르치
느냐 하고 이에 쫓아내어 보내니라
맹인이 되었더라면 죄가 없으려니와
35 ●예수께서 그들이 그 사람을 쫓아
냈다 하는 말을 들으셨더니 그를
만나사 이르시되 네가 [2]인자를 믿
느냐

1) 또는 이적 2) 어떤 사본에, 하나님의 아들을

36 대답하여 이르되 주여 그가 누구시
오니이까 내가 믿고자 하나이다
37 예수께서 이르시되 네가 그를 보았
거니와 지금 너와 말하는 자가 그
이니라
38 이르되 주여 내가 믿나이다 하고
절하는지라
39 예수께서 이르시되 내가 심판하러
이 세상에 왔으니 보지 못하는 자
들은 보게 하고 보는 자들은 맹인
이 되게 하려 함이라 하시니
40 바리새인 중에 예수와 함께 있던
자들이 이 말씀을 듣고 이르되 우
리도 맹인인가
41 예수께서 이르시되 너희가 맹인이
되었더라면 죄가 없으려니와 본다
고 하니 너희 죄가 그대로 있느니라

양의 우리 비유

10 내가 진실로 진실로 너희에게
이르노니 문을 통하여 양의 우
리에 들어가지 아니하고 다른 데로
넘어가는 자는 절도며 강도요
2 문으로 들어가는 이는 양의 목자라
3 문지기는 그를 위하여 문을 열고
양은 그의 음성을 듣나니 그가 자
기 양의 이름을 각각 불러 인도하
여 내느니라
4 자기 양을 다 내놓은 후에 앞서 가
면 양들이 그의 음성을 아는 고로
따라오되
5 타인의 음성은 알지 못하는 고로
타인을 따르지 아니하고 도리어 도
망하느니라
6 예수께서 이 비유로 그들에게 말씀
하셨으나 그들은 그가 하신 말씀이
무엇인지 알지 못하니라

선한 목자

7 ●그러므로 예수께서 다시 이르시
되 내가 진실로 진실로 너희에게
말하노니 나는 양의 문이라
8 나보다 먼저 온 자는 다 절도요 강
도니 양들이 듣지 아니하였느니라
9 내가 문이니 누구든지 나로 말미암
아 들어가면 구원을 받고 또는 들
어가며 나오며 꼴을 얻으리라
10 도둑이 오는 것은 도둑질하고 죽이
고 멸망시키려는 것뿐이요 내가 온
것은 양으로 생명을 얻게 하고 더
풍성히 얻게 하려는 것이라
11 나는 선한 목자라 선한 목자는 양
들을 위하여 목숨을 버리거니와
12 삯꾼은 목자가 아니요 양도 제 양
이 아니라 이리가 오는 것을 보면
양을 버리고 달아나나니 이리가 양
을 물어가고 또 헤치느니라
13 달아나는 것은 그가 삯꾼인 까닭에
양을 돌보지 아니함이나
14 나는 선한 목자라 나는 내 양을 알
고 양도 나를 아는 것이
15 아버지께서 나를 아시고 내가 아버
지를 아는 것 같으니 나는 양을 위
하여 목숨을 버리노라
16 또 이 우리에 들지 아니한 다른 양
들이 내게 있어 내가 인도하여야 할
터이니 그들도 내 음성을 듣고 한
무리가 되어 한 목자에게 있으리라
17 내가 내 목숨을 버리는 것은 그것
을 내가 다시 얻기 위함이니 이로
말미암아 아버지께서 나를 사랑하
시느니라
18 이를 내게서 빼앗는 자가 있는 것
이 아니라 내가 스스로 버리노라
나는 버릴 권세도 있고 다시 얻을
권세도 있으니 이 계명은 내 아버
지에게서 받았노라 하시니라
19 ●이 말씀으로 말미암아 유대인 중
에 다시 분쟁이 일어나니
20 그 중에 많은 사람이 말하되 그가
귀신 들려 미쳤거늘 어찌하여 그
말을 듣느냐 하며

21 어떤 사람은 말하되 이 말은 귀신
들린 자의 말이 아니라 귀신이 맹인
의 눈을 뜨게 할 수 있느냐 하더라

유대인들이 예수를 돌로 치려 하다

22 ●예루살렘에 수전절이 이르니 때
는 겨울이라
23 예수께서 성전 안 솔로몬 행각에서
거니시니
24 유대인들이 에워싸고 이르되 당신
이 언제까지나 우리 마음을 의혹하
게 하려 하나이까 그리스도이면 밝
히 말씀하소서 하니
25 예수께서 대답하시되 내가 너희에
게 말하였으되 믿지 아니하는도다
내가 내 아버지의 이름으로 행하는
일들이 나를 증거하는 것이거늘
26 너희가 내 양이 아니므로 믿지 아
니하는도다
27 내 양은 내 음성을 들으며 나는 그
들을 알며 그들은 나를 따르느니라
28 내가 그들에게 영생을 주노니 영원
히 멸망하지 아니할 것이요 또 그들
을 내 손에서 빼앗을 자가 없느니라
29 [1]그들을 주신 내 아버지는 만물보
다 크시매 아무도 아버지 손에서
빼앗을 수 없느니라
30 나와 아버지는 하나이니라 하신대
31 유대인들이 다시 돌을 들어 치려
하거늘
32 예수께서 대답하시되 내가 아버지
로 말미암아 여러 가지 선한 일로
너희에게 보였거늘 그 중에 어떤
일로 나를 돌로 치려 하느냐
33 유대인들이 대답하되 선한 일로 말
미암아 우리가 너를 돌로 치려는
것이 아니라 신성모독으로 인함이
니 네가 사람이 되어 자칭 하나님
이라 함이로라
34 예수께서 이르시되 너희 ㄱ율법에
기록된 바 내가 너희를 신이라 하
였노라 하지 아니하였느냐
35 성경은 폐하지 못하나니 하나님의
말씀을 받은 사람들을 신이라 하셨
거든
36 하물며 아버지께서 거룩하게 하사
세상에 보내신 자가 나는 하나님의
아들이라 하는 것으로 너희가 어찌
신성모독이라 하느냐
37 만일 내가 내 아버지의 일을 행하
지 아니하거든 나를 믿지 말려니와
38 내가 행하거든 나를 믿지 아니할지
라도 그 일은 믿으라 그러면 너희
가 아버지께서 내 안에 계시고 내
가 아버지 안에 있음을 깨달아 알
리라 하시니
39 그들이 다시 예수를 잡고자 하였으
나 그 손에서 벗어나 나가시니라
40 ●다시 요단 강 저편 요한이 처음
으로 [2]세례 베풀던 곳에 가사 거기
거하시니
41 많은 사람이 왔다가 말하되 요한은
아무 [3]표적도 행하지 아니하였으나
요한이 이 사람을 가리켜 말한 것
은 다 참이라 하더라
42 그리하여 거기서 많은 사람이 예수
를 믿으니라

죽은 나사로를 살리시다

11 어떤 병자가 있으니 이는 마리
아와 그 자매 마르다의 마을 베
다니에 사는 나사로라
2 이 마리아는 향유를 주께 붓고 머
리털로 주의 발을 닦던 자요 병든
나사로는 그의 오라버니더라
3 이에 그 누이들이 예수께 사람을
보내어 이르되 주여 보시옵소서 사
랑하시는 자가 병들었나이다 하니
4 예수께서 들으시고 이르시되 이 병
은 죽을 병이 아니라 하나님의 영

1) 어떤 사본에, 내 아버지께서 내게 주신 것이 만물보다
크매 2) 헬, 또는 침례 3) 또는 이적 ㄱ. 시 82:6

광을 위함이요 하나님의 아들이 이
로 말미암아 영광을 받게 하려 함
이라 하시더라
5 예수께서 본래 마르다와 그 [1]동생
과 나사로를 사랑하시더니
6 나사로가 병들었다 함을 들으시고
그 계시던 곳에 이틀을 더 유하시고
7 그 후에 제자들에게 이르시되 유대
로 다시 가자 하시니
8 제자들이 말하되 랍비여 방금도 유
대인들이 돌로 치려 하였는데 또
그리로 가시려 하나이까
9 예수께서 대답하시되 낮이 열두 시
간이 아니냐 사람이 낮에 다니면
이 세상의 빛을 보므로 실족하지
아니하고
10 밤에 다니면 빛이 그 사람 안에 없
는 고로 실족하느니라
11 이 말씀을 하신 후에 또 이르시되
우리 친구 나사로가 잠들었도다 그
러나 내가 깨우러 가노라
12 제자들이 이르되 주여 잠들었으면
낫겠나이다 하더라
13 예수는 그의 죽음을 가리켜 말씀하
신 것이나 그들은 잠들어 쉬는 것을
가리켜 말씀하심인 줄 생각하는지라
14 이에 예수께서 밝히 이르시되 나사
로가 죽었느니라
15 내가 거기 있지 아니한 것을 너희
를 위하여 기뻐하노니 이는 너희로
믿게 하려 함이라 그러나 그에게로
가자 하시니
16 디두모라고도 하는 도마가 다른 제
자들에게 말하되 우리도 주와 함께
죽으러 가자 하니라

나는 부활이요 생명이니

17 ●예수께서 와서 보시니 나사로가
무덤에 있은 지 이미 나흘이라
18 베다니는 예루살렘에서 가깝기가
한 오 리쯤 되매
19 많은 유대인이 마르다와 마리아에게
그 오라비의 일로 위문하러 왔더니
20 마르다는 예수께서 오신다는 말을
듣고 곧 나가 맞이하되 마리아는
집에 앉았더라
21 마르다가 예수께 여짜오되 주께서
여기 계셨더라면 내 오라버니가 죽
지 아니하였겠나이다
22 그러나 나는 이제라도 주께서 무엇
이든지 하나님께 구하시는 것을 하
나님이 주실 줄을 아나이다
23 예수께서 이르시되 네 오라비가 다
시 살아나리라
24 마르다가 이르되 마지막 날 부활 때에
는 다시 살아날 줄을 내가 아나이다
25 예수께서 이르시되 나는 부활이요
생명이니 나를 믿는 자는 죽어도
살겠고
26 무릇 살아서 나를 믿는 자는 영원히
죽지 아니하리니 이것을 네가 믿느냐
27 이르되 주여 그러하외다 주는 그리
스도시요 세상에 오시는 하나님의
아들이신 줄 내가 믿나이다
28 이 말을 하고 돌아가서 가만히 그
자매 마리아를 불러 말하되 선생님
이 오셔서 너를 부르신다 하니
29 마리아가 이 말을 듣고 급히 일어
나 예수께 나아가매
30 예수는 아직 마을로 들어오지 아니
하시고 마르다가 맞이했던 곳에 그
대로 계시더라
31 마리아와 함께 집에 있어 위로하던
유대인들은 그가 급히 일어나 나가
는 것을 보고 곡하러 무덤에 가는
줄로 생각하고 따라가더니
32 마리아가 예수 계신 곳에 가서 뵈옵
고 그 발 앞에 엎드리어 이르되 주
께서 여기 계셨더라면 내 오라버니
가 죽지 아니하였겠나이다 하더라

1) 형제

33 예수께서 그가 우는 것과 또 함께 온
유대인들이 우는 것을 보시고 심령
에 비통히 여기시고 불쌍히 여기사
34 이르시되 그를 어디 두었느냐 이르
되 주여 와서 보옵소서 하니
35 예수께서 눈물을 흘리시더라
36 이에 유대인들이 말하되 보라 그를
얼마나 사랑하셨는가 하며
37 그 중 어떤 이는 말하되 맹인의 눈
을 뜨게 한 이 사람이 그 사람은 죽
지 않게 할 수 없었더냐 하더라
38 이에 예수께서 다시 속으로 비통히
여기시며 무덤에 가시니 무덤이 굴
이라 돌로 막았거늘
39 예수께서 이르시되 돌을 옮겨 놓으
라 하시니 그 죽은 자의 누이 마르
다가 이르되 주여 죽은 지가 나흘
이 되었으매 벌써 냄새가 나나이다
40 예수께서 이르시되 내 말이 네가
믿으면 하나님의 영광을 보리라 하
지 아니하였느냐 하시니
41 돌을 옮겨 놓으니 예수께서 눈을
들어 우러러 보시고 이르시되 아버
지여 내 말을 들으신 것을 감사하
나이다
42 항상 내 말을 들으시는 줄을 내가
알았나이다 그러나 이 말씀 하옵는
것은 둘러선 무리를 위함이니 곧
아버지께서 나를 보내신 것을 그들
로 믿게 하려 함이니이다
43 이 말씀을 하시고 큰 소리로 나사
로야 나오라 부르시니
44 죽은 자가 수족을 베로 동인 채로
나오는데 그 얼굴은 수건에 싸였더
라 예수께서 이르시되 풀어 놓아
다니게 하라 하시니라

예수를 죽이려고 모의하다

(마 26:1-5; 막 14:1-2; 눅 22:1-2)

45 ●마리아에게 와서 예수께서 하신 일
을 본 많은 유대인이 그를 믿었으나
46 그 중에 어떤 자는 바리새인들에게
가서 예수께서 하신 일을 알리니라
47 ●이에 대제사장들과 바리새인들
이 공회를 모으고 이르되 이 사람
이 많은 [1]표적을 행하니 우리가 어
떻게 하겠느냐
48 만일 그를 이대로 두면 모든 사람
이 그를 믿을 것이요 그리고 로마
인들이 와서 우리 땅과 민족을 빼
앗아 가리라 하니
49 그 중의 한 사람 그 해의 대제사장
인 가야바가 그들에게 말하되 너희
가 아무것도 알지 못하는도다
50 한 사람이 백성을 위하여 죽어서
온 민족이 망하지 않게 되는 것이
너희에게 유익한 줄을 생각하지 아
니하는도다 하였으니
51 이 말은 스스로 함이 아니요 그 해
의 대제사장이므로 예수께서 그 민
족을 위하시고
52 또 그 민족만 위할 뿐 아니라 흩어
진 하나님의 자녀를 모아 하나가
되게 하기 위하여 죽으실 것을 미
리 말함이러라
53 이날부터는 그들이 예수를 죽이려
고 모의하니라
54 ●그러므로 예수께서 다시 유대인
가운데 드러나게 다니지 아니하시
고 거기를 떠나 빈 들 가까운 곳인
에브라임이라는 동네에 가서 제자
들과 함께 거기 머무르시니라
55 유대인의 유월절이 가까우매 많은
사람이 자기를 성결하게 하기 위하
여 유월절 전에 시골에서 예루살렘
으로 올라갔더니
56 그들이 예수를 찾으며 성전에 서서
서로 말하되 너희 생각에는 어떠하
냐 그가 명절에 오지 아니하겠느냐
하니

1) 또는 이적

57 이는 대제사장들과 바리새인들이
누구든지 예수 있는 곳을 알거든
신고하여 잡게 하라 명령하였음이
러라

예수의 발에 향유를 붓다
(마 26:6-13; 막 14:3-9)

12 유월절 엿새 전에 예수께서 베
다니에 이르시니 이곳은 예수
께서 죽은 자 가운데서 살리신 나
사로가 있는 곳이라
2 거기서 예수를 위하여 잔치할새 마
르다는 일을 하고 나사로는 예수와
함께 [1]앉은 자 중에 있더라
3 마리아는 지극히 비싼 향유 곧 순
전한 나드 한 근을 가져다가 예수
의 발에 붓고 자기 머리털로 그의
발을 닦으니 향유 냄새가 집에 가
득하더라
4 제자 중 하나로서 예수를 잡아 줄
가룟 유다가 말하되
5 이 향유를 어찌하여 삼백 [2]데나리
온에 팔아 가난한 자들에게 주지
아니하였느냐 하니
6 이렇게 말함은 가난한 자들을 생각
함이 아니요 그는 도둑이라 돈궤를
맡고 거기 넣는 것을 훔쳐 감이러라
7 예수께서 이르시되 그를 가만 두어
나의 장례할 날을 위하여 그것을
간직하게 하라
8 가난한 자들은 항상 너희와 함께
있거니와 나는 항상 있지 아니하리
라 하시니라

나사로까지 죽이려고 모의하다

9 ●유대인의 큰 무리가 예수께서 여
기 계신 줄을 알고 오니 이는 예수만
보기 위함이 아니요 죽은 자 가운데
서 살리신 나사로도 보려 함이러라
10 대제사장들이 나사로까지 죽이려
고 모의하니
11 나사로 때문에 많은 유대인이 가서
예수를 믿음이러라

예루살렘으로 가시다
(마 21:1-11; 막 11:1-11; 눅 19:28-40)

12 ●그 이튿날에는 명절에 온 큰 무
리가 예수께서 예루살렘으로 오신
다는 것을 듣고
13 종려나무 가지를 가지고 맞으러 나
가 외치되 호산나 찬송하리로다 주
의 이름으로 오시는 이 곧 이스라
엘의 왕이시여 하더라
14 예수는 한 어린 나귀를 보고 타시니
15 이는 기록된 바 [ㄱ]시온 딸아 두려워
하지 말라 보라 너의 왕이 나귀 새
끼를 타고 오신다 함과 같더라
16 제자들은 처음에 이 일을 깨닫지
못하였다가 예수께서 영광을 얻으
신 후에야 이것이 예수께 대하여
기록된 것임과 사람들이 예수께 이
같이 한 것임이 생각났더라
17 나사로를 무덤에서 불러내어 죽은
자 가운데서 살리실 때에 함께 있
던 무리가 증언한지라
18 이에 무리가 예수를 맞음은 이 [3]표
적 행하심을 들었음이러라
19 바리새인들이 서로 말하되 볼지어
다 너희 하는 일이 쓸 데 없다 보라
온 세상이 그를 따르는도다 하니라

인자가 들려야 하리라

20 ●명절에 예배하러 올라온 사람 중
에 헬라인 몇이 있는데
21 그들이 갈릴리 벳새다 사람 빌립에
게 가서 청하여 이르되 선생이여 우
리가 예수를 뵈옵고자 하나이다 하니
22 빌립이 안드레에게 가서 말하고 안
드레와 빌립이 예수께 가서 여쭈니
23 예수께서 대답하여 이르시되 인자
가 영광을 얻을 때가 왔도다
24 내가 진실로 진실로 너희에게 이르

1) 6:10 난하주를 보라 2) 은전의 명칭 3) 또는 이적
ㄱ. 슥 9:9

노니 한 알의 밀이 땅에 떨어져 죽
지 아니하면 한 알 그대로 있고 죽
으면 많은 열매를 맺느니라
25 자기의 1)생명을 사랑하는 자는 잃
어버릴 것이요 이 세상에서 자기의
1)생명을 미워하는 자는 영생하도록
보전하리라
26 사람이 나를 섬기려면 나를 따르라
나 있는 곳에 나를 섬기는 자도 거
기 있으리니 사람이 나를 섬기면 내
아버지께서 그를 귀히 여기시리라
27 지금 내 2)마음이 괴로우니 무슨 말을
하리요 아버지여 나를 구원하여 이
때를 면하게 하여 주옵소서 그러나
내가 이를 위하여 이때에 왔나이다
28 아버지여, 아버지의 이름을 영광스
럽게 하옵소서 하시니 이에 하늘에
서 소리가 나서 이르되 내가 이미
영광스럽게 하였고 또다시 영광스
럽게 하리라 하시니
29 곁에 서서 들은 무리는 천둥이 울
었다고도 하며 또 어떤 이들은 천
사가 그에게 말하였다고도 하니
30 예수께서 대답하여 이르시되 이 소
리가 난 것은 나를 위한 것이 아니
요 너희를 위한 것이니라
31 이제 이 세상에 대한 심판이 이르렀
으니 이 세상의 임금이 쫓겨나리라
32 내가 땅에서 들리면 모든 사람을
내게로 이끌겠노라 하시니
33 이렇게 말씀하심은 자기가 어떠한
죽음으로 죽을 것을 보이심이러라
34 이에 무리가 대답하되 우리는 율법
에서 그리스도가 영원히 계신다 함
을 들었거늘 너는 어찌하여 인자가
들려야 하리라 하느냐 이 인자는
누구냐
35 예수께서 이르시되 아직 잠시 동안
빛이 너희 중에 있으니 빛이 있을
동안에 다녀 어둠에 붙잡히지 않게
하라 어둠에 다니는 자는 그 가는
곳을 알지 못하느니라
36 너희에게 아직 빛이 있을 동안에
빛을 믿으라 그리하면 빛의 아들이
되리라

그들이 예수를 믿지 아니하다

●예수께서 이 말씀을 하시고 그들을
떠나가서 숨으시니라
37 이렇게 많은 3)표적을 그들 앞에서
행하셨으나 그를 믿지 아니하니
38 이는 선지자 이사야의 말씀을 이루
려 하심이라 이르되
ㄱ주여 우리에게서 들은 바를 누
가 믿었으며 주의 팔이 누구에게
나타났나이까
하였더라
39 그들이 능히 믿지 못한 것은 이 때
문이니 곧 이사야가 다시 일렀으되
40 ㄴ그들의 눈을 멀게 하시고 그들
의 마음을 완고하게 하셨으니 이
는 그들로 하여금 눈으로 보고 마
음으로 깨닫고 돌이켜 내게 고침
을 받지 못하게 하려 함이라
하였음이더라
41 이사야가 이렇게 말한 것은 주의 영
광을 보고 주를 가리켜 말한 것이라
42 그러나 관리 중에도 그를 믿는 자
가 많되 바리새인들 때문에 드러나
게 말하지 못하니 이는 출교를 당
할까 두려워함이라
43 그들은 사람의 영광을 하나님의 영
광보다 더 사랑하였더라

마지막 날과 심판

44 ●예수께서 외쳐 이르시되 나를 믿
는 자는 나를 믿는 것이 아니요 나
를 보내신 이를 믿는 것이며
45 나를 보는 자는 나를 보내신 이를
보는 것이니라

1) 또는 영혼 2) 또는 영혼 3) 또는 이적 ㄱ. 사 53:1
ㄴ. 사 6:10

46 나는 빛으로 세상에 왔나니 무릇
나를 믿는 자로 어둠에 거하지 않
게 하려 함이로라
47 사람이 내 말을 듣고 지키지 아니
할지라도 내가 그를 심판하지 아니
하노라 내가 온 것은 세상을 심판
하려 함이 아니요 세상을 구원하려
함이로라
48 나를 저버리고 내 말을 받지 아니
하는 자를 심판할 이가 있으니 곧
내가 한 그 말이 마지막 날에 그를
심판하리라
49 내가 내 자의로 말한 것이 아니요
나를 보내신 아버지께서 내가 말할
것과 이를 것을 친히 명령하여 주
셨으니
50 나는 그의 명령이 영생인 줄 아노
라 그러므로 내가 이르는 것은 내
아버지께서 내게 말씀하신 그대로
니라 하시니라

제자들의 발을 씻으시다

13 유월절 전에 예수께서 자기가
세상을 떠나 아버지께로 돌아
가실 때가 이른 줄 아시고 세상에
있는 자기 사람들을 사랑하시되 끝
까지 사랑하시니라
2 마귀가 벌써 시몬의 아들 가룟 유
다의 마음에 예수를 팔려는 생각을
넣었더라
3 저녁 먹는 중 예수는 아버지께서 모
든 것을 자기 손에 맡기신 것과 또
자기가 하나님께로부터 오셨다가
하나님께로 돌아가실 것을 아시고
4 저녁 잡수시던 자리에서 일어나 겉
옷을 벗고 수건을 가져다가 허리에
두르시고
5 이에 대야에 물을 떠서 제자들의
발을 씻으시고 그 두르신 수건으로
닦기를 시작하여
6 시몬 베드로에게 이르시니 베드로
가 이르되 주여 주께서 내 발을 씻
으시나이까
7 예수께서 대답하여 이르시되 내가
하는 것을 네가 지금은 알지 못하
나 이 후에는 알리라
8 베드로가 이르되 내 발을 [1)]절대로
씻지 못하시리이다 예수께서 대답
하시되 내가 너를 씻어 주지 아니
하면 네가 나와 상관이 없느니라
9 시몬 베드로가 이르되 주여 내 발뿐
아니라 손과 머리도 씻어 주옵소서
10 예수께서 이르시되 이미 목욕한 자
는 발밖에 씻을 필요가 없느니라
온 몸이 깨끗하니라 너희가 깨끗하
나 다는 아니니라 하시니
11 이는 자기를 팔 자가 누구인지 아
심이라 그러므로 다는 깨끗하지 아
니하다 하시니라
12 ●그들의 발을 씻으신 후에 옷을
입으시고 다시 앉아 그들에게 이르
시되 내가 너희에게 행한 것을 너
희가 아느냐
13 너희가 나를 선생이라 또는 주라 하
니 너희 말이 옳도다 내가 그러하다
14 내가 주와 또는 선생이 되어 너희
발을 씻었으니 너희도 서로 발을
씻어 주는 것이 옳으니라
15 내가 너희에게 행한 것같이 너희도
행하게 하려 하여 본을 보였노라
16 내가 진실로 진실로 너희에게 이르
노니 종이 주인보다 크지 못하고
보냄을 받은 자가 보낸 자보다 크
지 못하나니
17 너희가 이것을 알고 행하면 복이
있으리라
18 내가 너희 모두를 가리켜 말하는 것
이 아니니라 나는 내가 택한 자들이
누구인지 앎이라 그러나 [ㄱ]내 떡을
먹는 자가 내게 발꿈치를 들었다 한

1) 또는 영원히 ㄱ. 시 41:9

성경을 응하게 하려는 것이니라
19 지금부터 일이 일어나기 전에 미리
너희에게 일러둠은 일이 일어날 때
에 내가 그인 줄 너희가 믿게 하려
함이로라
20 내가 진실로 진실로 너희에게 이르
노니 내가 보낸 자를 영접하는 자
는 나를 영접하는 것이요 나를 영
접하는 자는 나를 보내신 이를 영
접하는 것이니라

너희 중 하나가 나를 팔리라
(마 26:20-25; 막 14:17-21; 눅 22:21-23)

21 ●예수께서 이 말씀을 하시고 심령
이 괴로워 증언하여 이르시되 내가
진실로 진실로 너희에게 이르노니
너희 중 하나가 나를 팔리라 하시니
22 제자들이 서로 보며 누구에게 대하
여 말씀하시는지 의심하더라
23 예수의 제자 중 하나 곧 그가 사랑
하시는 자가 예수의 품에 의지하여
누웠는지라
24 시몬 베드로가 머릿짓을 하여 말하
되 말씀하신 자가 누구인지 말하라
하니
25 그가 예수의 가슴에 그대로 의지하
여 말하되 주여 누구니이까
26 예수께서 대답하시되 내가 떡 한
조각을 적셔다 주는 자가 그니라
하시고 곧 한 조각을 적셔서 가룟
시몬의 아들 유다에게 주시니
27 조각을 받은 후 곧 사탄이 그 속에
들어간지라 이에 예수께서 유다에
게 이르시되 네가 하는 일을 속히
하라 하시니
28 이 말씀을 무슨 뜻으로 하셨는지
그 [1]앉은 자 중에 아는 자가 없고
29 어떤 이들은 유다가 돈궤를 맡았으
므로 명절에 우리가 쓸 물건을 사라
하시는지 혹은 가난한 자들에게 무
엇을 주라 하시는 줄로 생각하더라
30 유다가 그 조각을 받고 곧 나가니
밤이러라

새 계명

31 ●그가 나간 후에 예수께서 이르시
되 지금 인자가 영광을 받았고 하
나님도 인자로 말미암아 영광을 받
으셨도다
32 만일 하나님이 그로 말미암아 영광
을 받으셨으면 하나님도 자기로 말
미암아 그에게 영광을 주시리니 곧
주시리라
33 작은 자들아 내가 아직 잠시 너희
와 함께 있겠노라 너희가 나를 찾
을 것이나 일찍이 내가 유대인들에
게 너희는 내가 가는 곳에 올 수 없
다고 말한 것과 같이 지금 너희에
게도 이르노라
34 새 계명을 너희에게 주노니 서로
사랑하라 내가 너희를 사랑한 것같
이 너희도 서로 사랑하라
35 너희가 서로 사랑하면 이로써 모든
사람이 너희가 내 제자인 줄 알리라

베드로가 부인할 것을 이르시다
(마 26:31-35; 막 14:27-31; 눅 22:31-34)

36 ●시몬 베드로가 이르되 주여 어디
로 가시나이까 예수께서 대답하시
되 내가 가는 곳에 네가 지금은 따
라올 수 없으나 후에는 따라오리라
37 베드로가 이르되 주여 내가 지금은
어찌하여 따라갈 수 없나이까 주를
위하여 내 목숨을 버리겠나이다
38 예수께서 대답하시되 네가 나를 위
하여 네 목숨을 버리겠느냐 내가 진
실로 진실로 네게 이르노니 닭 울기
전에 네가 세 번 나를 부인하리라

내가 곧 길이요 진리요 생명이니

14 너희는 마음에 근심하지 말라
하나님을 [2]믿으니 또 나를 믿
으라

1) 6:10 난하주를 보라 2) 또는 믿고

2 내 아버지 집에 거할 곳이 많도다
그렇지 않으면 너희에게 일렀으리
라 내가 너희를 위하여 거처를 예
비하러 가노니
3 가서 너희를 위하여 거처를 예비하
면 내가 다시 와서 너희를 내게로
영접하여 나 있는 곳에 너희도 있
게 하리라
4 내가 어디로 가는지 그 길을 너희
가 아느니라
5 **도마가 이르되 주여 주께서 어디로**
가시는지 우리가 알지 못하거늘 그
길을 어찌 알겠사옵나이까
6 **예수께서 이르시되** 내가 곧 길이요
진리요 생명이니 나로 말미암지 않
고는 아버지께로 올 자가 없느니라
7 너희가 나를 알았더라면 내 아버지
도 알았으리로다 이제부터는 너희
가 그를 알았고 또 보았느니라
8 **빌립이 이르되 주여 아버지를 우리**
에게 보여 주옵소서 그리하면 족하
겠나이다
9 **예수께서 이르시되** 빌립아 내가 이
렇게 오래 너희와 함께 있으되 네
가 나를 알지 못하느냐 나를 본 자
는 아버지를 보았거늘 어찌하여 아
버지를 보이라 하느냐
10 내가 아버지 안에 거하고 아버지는
내 안에 계신 것을 네가 믿지 아니
하느냐 내가 너희에게 이르는 말은
스스로 하는 것이 아니라 아버지께
서 내 안에 계셔서 그의 일을 하시
는 것이라
11 내가 아버지 안에 거하고 아버지께
서 내 안에 계심을 믿으라 그렇지
못하겠거든 행하는 그 일로 말미암
아 나를 믿으라
12 내가 진실로 진실로 너희에게 이르
노니 나를 믿는 자는 내가 하는 일
을 그도 할 것이요 또한 그보다 큰
일도 하리니 이는 내가 아버지께로
감이라
13 너희가 내 이름으로 무엇을 구하든
지 내가 행하리니 이는 아버지로
하여금 아들로 말미암아 영광을 받
으시게 하려 함이라
14 내 이름으로 무엇이든지 내게 구하
면 내가 행하리라
15 너희가 나를 사랑하면 나의 계명을
지키리라
16 내가 아버지께 구하겠으니 그가 또
다른 보혜사를 너희에게 주사 영원
토록 너희와 함께 있게 하리니
17 그는 진리의 영이라 세상은 능히
그를 받지 못하나니 이는 그를 보
지도 못하고 알지도 못함이라 그러
나 너희는 그를 아나니 그는 너희
와 함께 거하심이요 또 너희 속에
계시겠음이라
18 내가 너희를 고아와 같이 버려두지
아니하고 너희에게로 오리라
19 조금 있으면 세상은 다시 나를 보
지 못할 것이로되 너희는 나를 보
리니 이는 내가 살아 있고 너희도
살아 있겠음이라
20 그날에는 내가 아버지 안에, 너희
가 내 안에, 내가 너희 안에 있는
것을 너희가 알리라
21 나의 계명을 지키는 자라야 나를
사랑하는 자니 나를 사랑하는 자는
내 아버지께 사랑을 받을 것이요
나도 그를 사랑하여 그에게 나를
나타내리라
22 **가룟인 아닌 유다가 이르되 주여**
어찌하여 자기를 우리에게는 나타
내시고 세상에는 아니하려 하시나
이까
23 **예수께서 대답하여 이르시되** 사람
이 나를 사랑하면 내 말을 지키리
니 내 아버지께서 그를 사랑하실

것이요 우리가 그에게 가서 거처를
그와 함께 하리라
24 나를 사랑하지 아니하는 자는 내
말을 지키지 아니하나니 너희가 듣
는 말은 내 말이 아니요 나를 보내
신 아버지의 말씀이니라

보혜사

25 ●내가 아직 너희와 함께 있어서
이 말을 너희에게 하였거니와
26 보혜사 곧 아버지께서 내 이름으로
보내실 성령 그가 너희에게 모든
것을 가르치고 내가 너희에게 말한
모든 것을 생각나게 하리라
27 평안을 너희에게 끼치노니 곧 나의
평안을 너희에게 주노라 내가 너희
에게 주는 것은 세상이 주는 것과
같지 아니하니라 너희는 마음에 근
심하지도 말고 두려워하지도 말라
28 내가 갔다가 너희에게로 온다 하는
말을 너희가 들었나니 나를 사랑하
였더라면 내가 아버지께로 감을 기
뻐하였으리라 아버지는 나보다 크
심이라
29 이제 일이 일어나기 전에 너희에게
말한 것은 일이 일어날 때에 너희
로 믿게 하려 함이라
30 이 후에는 내가 너희와 말을 많이
하지 아니하리니 이 세상의 임금이
오겠음이라 그러나 그는 내게 관계
할 것이 없으니
31 오직 내가 아버지를 사랑하는 것과
아버지께서 명하신 대로 행하는 것
을 세상이 알게 하려 함이로라 일
어나라 여기를 떠나자 **하시니라**

나는 포도나무요 너희는 가지라

15 나는 참포도나무요 내 아버지
는 농부라
2 무릇 내게 붙어 있어 열매를 맺지
아니하는 가지는 아버지께서 그것
을 제거해 버리시고 무릇 열매를
맺는 가지는 더 열매를 맺게 하려
하여 그것을 깨끗하게 하시느니라
3 너희는 내가 일러준 말로 이미 깨
끗하여졌으니
4 내 안에 거하라 나도 너희 안에 거
하리라 가지가 포도나무에 붙어 있
지 아니하면 스스로 열매를 맺을
수 없음같이 너희도 내 안에 있지
아니하면 그러하리라
5 나는 포도나무요 너희는 가지라 그
가 내 안에, 내가 그 안에 거하면
사람이 열매를 많이 맺나니 나를
떠나서는 너희가 아무것도 할 수
없음이라
6 사람이 내 안에 거하지 아니하면
가지처럼 밖에 버려져 마르나니 사
람들이 그것을 모아다가 불에 던져
사르느니라
7 너희가 내 안에 거하고 내 말이 너
희 안에 거하면 무엇이든지 원하는
대로 구하라 그리하면 이루리라
8 너희가 열매를 많이 맺으면 내 아
버지께서 영광을 받으실 것이요 너
희는 내 제자가 되리라
9 아버지께서 나를 사랑하신 것같이
나도 너희를 사랑하였으니 나의 사
랑 안에 거하라
10 내가 아버지의 계명을 지켜 그의
사랑 안에 거하는 것같이 너희도
내 계명을 지키면 내 사랑 안에 거
하리라
11 내가 이것을 너희에게 이름은 내
기쁨이 너희 안에 있어 너희 기쁨
을 충만하게 하려 함이라
12 내 계명은 곧 내가 너희를 사랑한
것같이 너희도 서로 사랑하라 하는
이것이니라
13 사람이 친구를 위하여 자기 목숨을
버리면 이보다 더 큰 사랑이 없나니
14 너희는 내가 명하는 대로 행하면

곧 나의 친구라
15 이제부터는 너희를 종이라 하지 아
니하리니 종은 주인이 하는 것을
알지 못함이라 너희를 친구라 하였
노니 내가 내 아버지께 들은 것을
다 너희에게 알게 하였음이라
16 너희가 나를 택한 것이 아니요 내
가 너희를 택하여 세웠나니 이는
너희로 가서 열매를 맺게 하고 또
너희 열매가 항상 있게 하여 내 이
름으로 아버지께 무엇을 구하든지
다 받게 하려 함이라
17 내가 이것을 너희에게 명함은 너희
로 서로 사랑하게 하려 함이라
18 세상이 너희를 미워하면 너희보다
먼저 나를 미워한 줄을 알라
19 너희가 세상에 속하였으면 세상이
자기의 것을 사랑할 것이나 너희는
세상에 속한 자가 아니요 도리어
내가 너희를 세상에서 택하였기 때
문에 세상이 너희를 미워하느니라
20 내가 너희에게 종이 주인보다 더
크지 못하다 한 말을 기억하라 사
람들이 나를 박해하였은즉 너희도
박해할 것이요 내 말을 지켰은즉
너희 말도 지킬 것이라
21 그러나 사람들이 내 이름으로 말미
암아 이 모든 일을 너희에게 하리
니 이는 나를 보내신 이를 알지 못
함이라
22 내가 와서 그들에게 말하지 아니하
였더라면 죄가 없었으려니와 지금
은 그 죄를 핑계할 수 없느니라
23 나를 미워하는 자는 또 내 아버지
를 미워하느니라
24 내가 아무도 못한 일을 그들 중에
서 하지 아니하였더라면 그들에게
죄가 없었으려니와 지금은 그들이
나와 내 아버지를 보았고 또 미워
하였도다
25 그러나 이는 그들의 율법에 ㄱ기록
된 바 그들이 이유 없이 나를 미워
하였다 한 말을 응하게 하려 함이라
26 내가 아버지께로부터 너희에게 보
낼 보혜사 곧 아버지께로부터 나오
시는 진리의 성령이 오실 때에 그
가 나를 증언하실 것이요
27 너희도 처음부터 나와 함께 있었으
므로 증언하느니라

성령의 일

16 내가 이것을 너희에게 이름은 너
희로 실족하지 않게 하려 함이니
2 사람들이 너희를 출교할 뿐 아니라
때가 이르면 무릇 너희를 죽이는
자가 생각하기를 이것이 하나님을
섬기는 일이라 하리라
3 그들이 이런 일을 할 것은 아버지
와 나를 알지 못함이라
4 오직 너희에게 이 말을 한 것은 너
희로 그때를 당하면 내가 너희에게
말한 이것을 기억나게 하려 함이요
처음부터 이 말을 하지 아니한 것
은 내가 너희와 함께 있었음이라
5 지금 내가 나를 보내신 이에게로
가는데 너희 중에서 나더러 어디로
가는지 묻는 자가 없고
6 도리어 내가 이 말을 하므로 너희
마음에 근심이 가득하였도다
7 그러나 내가 너희에게 실상을 말하
노니 내가 떠나가는 것이 너희에게
유익이라 내가 떠나가지 아니하면
보혜사가 너희에게로 오시지 아니
할 것이요 가면 내가 그를 너희에
게로 보내리니
8 그가 와서 죄에 대하여, 의에 대하
여, 심판에 대하여 세상을 책망하
시리라
9 죄에 대하여라 함은 그들이 나를
믿지 아니함이요

ㄱ. 시 35:19; 69:4

10 의에 대하여라 함은 내가 아버지께
로 가니 너희가 다시 나를 보지 못
함이요
11 심판에 대하여라 함은 이 세상 임
금이 심판을 받았음이라
12 내가 아직도 너희에게 이를 것이
많으나 지금은 너희가 감당하지 못
하리라
13 그러나 진리의 성령이 오시면 그가
너희를 모든 진리 가운데로 인도하
시리니 그가 스스로 말하지 않고
오직 들은 것을 말하며 장래 일을
너희에게 알리시리라
14 그가 내 영광을 나타내리니 내 것을
가지고 너희에게 알리시겠음이라
15 무릇 아버지께 있는 것은 다 내 것
이라 그러므로 내가 말하기를 그가
내 것을 가지고 너희에게 알리시리
라 하였노라
16 조금 있으면 너희가 나를 보지 못
하겠고 또 조금 있으면 나를 보리
라 하시니
17 제자 중에서 서로 말하되 우리에게
말씀하신 바 조금 있으면 나를 보지
못하겠고 또 조금 있으면 나를 보리
라 하시며 또 내가 아버지께로 감이
라 하신 것이 무슨 말씀이냐 하고
18 또 말하되 조금 있으면이라 하신
말씀이 무슨 말씀이냐 무엇을 말씀
하시는지 알지 못하노라 하거늘
19 예수께서 그 묻고자 함을 아시고 이
르시되 내 말이 조금 있으면 나를
보지 못하겠고 또 조금 있으면 나를
보리라 하므로 서로 문의하느냐
20 내가 진실로 진실로 너희에게 이르
노니 너희는 곡하고 애통하겠으나
세상은 기뻐하리라 너희는 근심하
겠으나 너희 근심이 도리어 기쁨이
되리라
21 여자가 해산하게 되면 그때가 이르
렀으므로 근심하나 아기를 낳으면
세상에 사람 난 기쁨으로 말미암아
그 고통을 다시 기억하지 아니하느
니라
22 지금은 너희가 근심하나 내가 다시
너희를 보리니 너희 마음이 기쁠
것이요 너희 기쁨을 빼앗을 자가
없으리라
23 그날에는 너희가 아무것도 내게 1)묻
지 아니하리라 내가 진실로 진실로
너희에게 이르노니 너희가 무엇이
든지 아버지께 구하는 것을 내 이
름으로 주시리라
24 지금까지는 너희가 내 이름으로 아
무것도 구하지 아니하였으나 구하
라 그리하면 받으리니 너희 기쁨이
충만하리라

내가 세상을 이기었다

25 ●이것을 비유로 너희에게 일렀거
니와 때가 이르면 다시는 비유로
너희에게 이르지 않고 아버지에 대
한 것을 밝히 이르리라
26 그날에 너희가 내 이름으로 구할
것이요 내가 너희를 위하여 아버지
께 구하겠다 하는 말이 아니니
27 이는 너희가 나를 사랑하고 또 내
가 하나님께로부터 온 줄 믿었으므
로 아버지께서 친히 너희를 사랑하
심이라
28 내가 아버지에게서 나와 세상에 왔
고 다시 세상을 떠나 아버지께로
가노라 하시니
29 제자들이 말하되 지금은 밝히 말씀
하시고 아무 비유로도 하지 아니하
시니
30 우리가 지금에야 주께서 모든 것을
아시고 또 사람의 물음을 기다리시
지 않는 줄 아나이다 이로써 하나
님께로부터 나오심을 우리가 믿사

1) 또는 구하지 아니하리라

옵나이다
31 예수께서 대답하시되 이제는 너희
가 믿느냐
32 보라 너희가 다 각각 제 곳으로 흩
어지고 나를 혼자 둘 때가 오나니
벌써 왔도다 그러나 내가 혼자 있
는 것이 아니라 아버지께서 나와
함께 계시느니라
33 이것을 너희에게 이르는 것은 너희
로 내 안에서 평안을 누리게 하려
함이라 세상에서는 너희가 환난을
당하나 담대하라 내가 세상을 이기
었노라

기도하시다

17 예수께서 이 말씀을 하시고 눈
을 들어 하늘을 우러러 이르시
되 아버지여 때가 이르렀사오니 아
들을 영화롭게 하사 아들로 아버지
를 영화롭게 하게 하옵소서
2 아버지께서 아들에게 주신 모든 사
람에게 영생을 주게 하시려고 만민
을 다스리는 권세를 아들에게 주셨
음이로소이다
3 영생은 곧 유일하신 참 하나님과
그가 보내신 자 예수 그리스도를
아는 것이니이다
4 아버지께서 내게 하라고 주신 일을
내가 이루어 아버지를 이 세상에서
영화롭게 하였사오니
5 아버지여 창세 전에 내가 아버지와
함께 가졌던 영화로써 지금도 아버
지와 함께 나를 영화롭게 하옵소서
6 세상 중에서 내게 주신 사람들에게
내가 아버지의 이름을 나타내었나
이다 그들은 아버지의 것이었는데
내게 주셨으며 그들은 *아버지의* 말
씀을 지키었나이다
7 지금 그들은 아버지께서 내게 주신
것이 다 아버지로부터 온 것인 줄
알았나이다
8 나는 아버지께서 내게 주신 말씀들
을 그들에게 주었사오며 그들은 이
것을 받고 내가 아버지께로부터 나
온 줄을 참으로 아오며 아버지께서
나를 보내신 줄도 믿었사옵나이다
9 내가 그들을 위하여 비옵나니 내가
비옵는 것은 세상을 위함이 아니요
내게 주신 자들을 위함이니이다 그
들은 아버지의 것이로소이다
10 내 것은 다 아버지의 것이요 아버
지의 것은 내 것이온데 내가 그들
로 말미암아 영광을 받았나이다
11 나는 세상에 더 있지 아니하오나
그들은 세상에 있사옵고 나는 아버
지께로 가옵나니 거룩하신 아버지
여 내게 주신 아버지의 이름으로
그들을 보전하사 우리와 같이 그들
도 하나가 되게 하옵소서
12 내가 그들과 함께 있을 때에 내게
주신 아버지의 이름으로 그들을 보
전하고 지키었나이다 그 중의 하나
도 멸망하지 않고 다만 멸망의 자
식뿐이오니 이는 성경을 응하게 함
이니이다
13 지금 내가 아버지께로 가오니 내가
세상에서 이 말을 하옵는 것은 그
들로 내 기쁨을 그들 안에 충만히
가지게 하려 함이니이다
14 내가 아버지의 말씀을 그들에게 주
었사오매 세상이 그들을 미워하였
사오니 이는 내가 세상에 속하지
아니함같이 그들도 세상에 속하지
아니함으로 인함이니이다
15 내가 비옵는 것은 그들을 세상에서
데려가시기를 위함이 아니요 다만
악에 빠지지 않게 보전하시기를 위
함이니이다
16 내가 세상에 속하지 아니함같이 그
들도 세상에 속하지 아니하였사옵
나이다

17 그들을 진리로 거룩하게 하옵소서
아버지의 말씀은 진리니이다
18 아버지께서 나를 세상에 보내신 것
같이 나도 그들을 세상에 보내었고
19 또 그들을 위하여 내가 나를 거룩
하게 하오니 이는 그들도 진리로
거룩함을 얻게 하려 함이니이다
20 내가 비옵는 것은 이 사람들만 위
함이 아니요 또 그들의 말로 말미
암아 나를 믿는 사람들도 위함이니
21 아버지여, 아버지께서 내 안에, 내
가 아버지 안에 있는 것같이 그들
도 다 하나가 되어 우리 안에 있게
하사 세상으로 아버지께서 나를 보
내신 것을 믿게 하옵소서
22 내게 주신 영광을 내가 그들에게
주었사오니 이는 우리가 하나가 된
것같이 그들도 하나가 되게 하려
함이니이다
23 곧 내가 그들 안에 있고 아버지께
서 내 안에 계시어 그들로 온전함
을 이루어 하나가 되게 하려 함은
아버지께서 나를 보내신 것과 또
나를 사랑하심같이 그들도 사랑하
신 것을 세상으로 알게 하려 함이
로소이다
24 아버지여 내게 주신 자도 나 있는
곳에 나와 함께 있어 아버지께서
창세 전부터 나를 사랑하시므로 내
게 주신 나의 영광을 그들로 보게
하시기를 원하옵나이다
25 의로우신 아버지여 세상이 아버지
를 알지 못하여도 나는 아버지를
알았사옵고 그들도 아버지께서 나
를 보내신 줄 알았사옵나이다
26 내가 아버지의 이름을 그들에게 알
게 하였고 또 알게 하리니 이는 나
를 사랑하신 사랑이 그들 안에 있
고 나도 그들 안에 있게 하려 함이
니이다

잡히시다
(마 26:47-56; 막 14:43-50; 눅 22:47-53)

18 예수께서 이 말씀을 하시고 제
자들과 함께 기드론 시내 건너
편으로 나가시니 그곳에 동산이 있
는데 제자들과 함께 들어가시니라
2 그곳은 가끔 예수께서 제자들과 모
이시는 곳이므로 예수를 파는 유다
도 그곳을 알더라
3 유다가 군대와 대제사장들과 바리
새인들에게서 얻은 아랫사람들을
데리고 등과 횃불과 무기를 가지고
그리로 오는지라
4 예수께서 그 당할 일을 다 아시고 나
아가 이르시되 너희가 누구를 찾느냐
5 대답하되 나사렛 예수라 하거늘 이
르시되 내가 그니라 하시니라 그를
파는 유다도 그들과 함께 섰더라
6 예수께서 그들에게 내가 그니라 하
실 때에 그들이 물러가서 땅에 엎
드러지는지라
7 이에 다시 누구를 찾느냐고 물으신
대 그들이 말하되 나사렛 예수라
하거늘
8 예수께서 대답하시되 너희에게 내가
그니라 하였으니 나를 찾거든 이 사
람들이 가는 것은 용납하라 하시니
9 이는 아버지께서 내게 주신 자 중에
서 하나도 잃지 아니하였사옵나이다
하신 말씀을 응하게 하려 함이러라
10 이에 시몬 베드로가 칼을 가졌는데
그것을 빼어 대제사장의 종을 쳐서
오른편 귀를 베어버리니 그 종의
이름은 말고라
11 예수께서 베드로더러 이르시되 칼을
칼집에 꽂으라 아버지께서 주신 잔을
내가 마시지 아니하겠느냐 하시니라

안나스에게로 끌고 가다
(마 26:57-58; 막 14:53-54; 눅 22:54)

12 ●이에 군대와 천부장과 유대인의

아랫사람들이 예수를 잡아 결박하여
13 먼저 안나스에게로 끌고 가니 안나
스는 그 해의 대제사장인 가야바의
장인이라
14 가야바는 유대인들에게 한 사람이
백성을 위하여 죽는 것이 유익하다
고 권고하던 자러라

베드로가 제자가 아니라고 하다
(마 26:69-70; 막 14:66-68; 눅 22:55-57)

15 ●시몬 베드로와 또 다른 제자 한
사람이 예수를 따르니 이 제자는
대제사장과 아는 사람이라 예수와
함께 대제사장의 집 뜰에 들어가고
16 베드로는 문 밖에 서 있는지라 대
제사장을 아는 그 다른 제자가 나
가서 문 지키는 여자에게 말하여
베드로를 데리고 들어오니
17 문 지키는 여종이 베드로에게 말하
되 너도 이 사람의 제자 중 하나가
아니냐 하니 그가 말하되 나는 아
니라 하고
18 그때가 추운 고로 종과 아랫사람들
이 불을 피우고 서서 쬐니 베드로
도 함께 서서 쬐더라

대제사장이 예수에게 묻다 (마 26:59-66;
막 14:55-64; 눅 22:66-71)

19 ●대제사장이 예수에게 그의 제자
들과 그의 교훈에 대하여 물으니
20 예수께서 대답하시되 내가 드러내
놓고 세상에 말하였노라 모든 유대
인들이 모이는 회당과 성전에서 항
상 가르쳤고 은밀하게는 아무것도
말하지 아니하였거늘
21 어찌하여 내게 묻느냐 내가 무슨 말
을 하였는지 들은 자들에게 물어 보
라 그들이 내가 하던 말을 아느니라
22 이 말씀을 하시매 곁에 섰던 아랫
사람 하나가 손으로 예수를 쳐 이
르되 네가 대제사장에게 이같이 대
답하느냐 하니
23 예수께서 대답하시되 내가 말을 잘
못하였으면 그 잘못한 것을 증언하
라 바른 말을 하였으면 네가 어찌
하여 나를 치느냐 하시더라
24 안나스가 예수를 결박한 그대로 대
제사장 가야바에게 보내니라

베드로가 다시 제자가 아니라고 하다
(마 26:71-75; 막 14:69-72; 눅 22:58-62)

25 ●시몬 베드로가 서서 불을 쬐더니
사람들이 묻되 너도 그 제자 중 하
나가 아니냐 베드로가 부인하여 이
르되 나는 아니라 하니
26 대제사장의 종 하나는 베드로에게
귀를 잘린 사람의 친척이라 이르되
네가 그 사람과 함께 동산에 있는
것을 내가 보지 아니하였느냐
27 이에 베드로가 또 부인하니 곧 닭
이 울더라

빌라도 앞에 서시다 (마 27:1-2,
11-14; 막 15:1-5; 눅 23:1-5)

28 ●그들이 예수를 가야바에게서 관
정으로 끌고 가니 새벽이라 그들은
더럽힘을 받지 아니하고 유월절 잔
치를 먹고자 하여 관정에 들어가지
아니하더라
29 그러므로 빌라도가 밖으로 나가서
그들에게 말하되 너희가 무슨 일로
이 사람을 고발하느냐
30 대답하여 이르되 이 사람이 행악자
가 아니었더라면 우리가 당신에게
넘기지 아니하였겠나이다
31 빌라도가 이르되 너희가 그를 데려
다가 너희 법대로 재판하라 유대인
들이 이르되 우리에게는 사람을 죽
이는 권한이 없나이다 하니
32 이는 예수께서 자기가 어떠한 죽음
으로 죽을 것을 가리켜 하신 말씀
을 응하게 하려 함이러라
33 ●이에 빌라도가 다시 관정에 들어
가 예수를 불러 이르되 네가 유대

인의 왕이냐
34 예수께서 대답하시되 이는 네가 스
스로 하는 말이냐 다른 사람들이
나에 대하여 네게 한 말이냐
35 빌라도가 대답하되 내가 유대인이
냐 네 나라 사람과 대제사장들이
너를 내게 넘겼으니 네가 무엇을
하였느냐
36 예수께서 대답하시되 내 나라는 이
세상에 속한 것이 아니니라 만일
내 나라가 이 세상에 속한 것이었
더라면 내 종들이 싸워 나로 유대
인들에게 넘겨지지 않게 하였으리
라 이제 내 나라는 여기에 속한 것
이 아니니라
37 빌라도가 이르되 그러면 네가 왕이
아니냐 예수께서 대답하시되 네 말
과 같이 내가 왕이니라 내가 이를
위하여 태어났으며 이를 위하여 세
상에 왔나니 곧 진리에 대하여 증
언하려 함이로라 무릇 진리에 속한
자는 내 음성을 듣느니라 하신대
38 빌라도가 이르되 진리가 무엇이냐
하더라

십자가에 못 박도록 예수를 넘겨 주다
(마 27:15-31; 막 15:6-20; 눅 23:13-25)

●이 말을 하고 다시 유대인들에게
나가서 이르되 나는 그에게서 아무
죄도 찾지 못하였노라
39 유월절이면 내가 너희에게 한 사람
을 놓아 주는 전례가 있으니 그러
면 너희는 내가 유대인의 왕을 너
희에게 놓아 주기를 원하느냐 하니
40 그들이 또 소리 질러 이르되 이 사
람이 아니라 바라바라 하니 바라바
는 강도였더라

19 이에 빌라도가 예수를 데려다
가 채찍질하더라
2 군인들이 가시나무로 관을 엮어 그
의 머리에 씌우고 자색 옷을 입히고
3 앞에 가서 이르되 유대인의 왕이여
평안할지어다 하며 손으로 때리더라
4 빌라도가 다시 밖에 나가 말하되
보라 이 사람을 데리고 너희에게
나오나니 이는 내가 그에게서 아무
죄도 찾지 못한 것을 너희로 알게
하려 함이로라 하더라
5 이에 예수께서 가시관을 쓰고 자색
옷을 입고 나오시니 빌라도가 그들에
게 말하되 보라 이 사람이로다 하매
6 대제사장들과 아랫사람들이 예수
를 보고 소리 질러 이르되 십자가
에 못 박으소서 십자가에 못 박으
소서 하는지라 빌라도가 이르되 너
희가 친히 데려다가 십자가에 못
박으라 나는 그에게서 죄를 찾지
못하였노라
7 유대인들이 대답하되 우리에게 법
이 있으니 그 법대로 하면 그가 당
연히 죽을 것은 그가 자기를 하나
님의 아들이라 함이니이다
8 빌라도가 이 말을 듣고 더욱 두려
워하여
9 다시 관정에 들어가서 예수께 말하
되 너는 어디로부터냐 하되 예수께
서 대답하여 주지 아니하시는지라
10 빌라도가 이르되 내게 말하지 아니
하느냐 내가 너를 놓을 권한도 있
고 십자가에 못 박을 권한도 있는
줄 알지 못하느냐
11 예수께서 대답하시되 위에서 주지
아니하셨더라면 나를 해할 권한이
없었으리니 그러므로 나를 네게 넘
겨 준 자의 죄는 더 크다 하시니라
12 이러하므로 빌라도가 예수를 놓으
려고 힘썼으나 유대인들이 소리 질
러 이르되 이 사람을 놓으면 가이
사의 충신이 아니니이다 무릇 자기
를 왕이라 하는 자는 가이사를 반
역하는 것이니이다

13 빌라도가 이 말을 듣고 예수를 끌고
나가서 돌을 깐 뜰 (히브리 말로 가
바다)에 있는 재판석에 앉아 있더라
14 이날은 유월절의 준비일이요 때는
[1]제육시라 빌라도가 유대인들에게
이르되 보라 너희 왕이로다
15 그들이 소리 지르되 없이 하소서
없이 하소서 그를 십자가에 못 박
게 하소서 빌라도가 이르되 내가
너희 왕을 십자가에 못 박으랴 대
제사장들이 대답하되 가이사 외에
는 우리에게 왕이 없나이다 하니
16 이에 예수를 십자가에 못 박도록
그들에게 넘겨 주니라

십자가에 못 박히시다 (마 27:32-44;
막 15:21-32; 눅 23:26-43)

17 ●그들이 예수를 맡으매 예수께서
자기의 십자가를 지시고 해골(히브
리 말로 골고다)이라 하는 곳에 나
가시니
18 그들이 거기서 예수를 십자가에 못
박을새 다른 두 사람도 그와 함께
좌우편에 못 박으니 예수는 가운데
있더라
19 빌라도가 패를 써서 십자가 위에
붙이니 나사렛 예수 유대인의 왕이
라 기록되었더라
20 예수께서 못 박히신 곳이 성에서
가까운 고로 많은 유대인이 이 패
를 읽는데 히브리와 로마와 헬라
말로 기록되었더라
21 유대인의 대제사장들이 빌라도에게
이르되 유대인의 왕이라 쓰지 말고
자칭 유대인의 왕이라 쓰라 하니
22 빌라도가 대답하되 내가 쓸 것을
썼다 하니라
23 ●군인들이 예수를 십자가에 못 박
고 그의 옷을 취하여 네 깃에 나눠
각각 한 깃씩 얻고 속옷도 취하니
이 속옷은 호지 아니하고 위에서부
터 통으로 짠 것이라
24 군인들이 서로 말하되 이것을 찢지
말고 누가 얻나 제비 뽑자 하니 이
는 성경에

ㄱ그들이 내 옷을 나누고 내 옷을
제비 뽑나이다

한 것을 응하게 하려 함이러라 군
인들은 이런 일을 하고
25 예수의 십자가 곁에는 그 어머니와
이모와 글로바의 아내 마리아와 막
달라 마리아가 섰는지라
26 예수께서 자기의 어머니와 사랑하
시는 제자가 곁에 서 있는 것을 보
시고 자기 어머니께 말씀하시되 여
자여 보소서 아들이니이다 하시고
27 또 그 제자에게 이르시되 보라 네
어머니라 하신대 그때부터 그 제자
가 자기 집에 모시니라

영혼이 떠나가시다 (마 27:45-56;
막 15:33-41; 눅 23:44-49)

28 ●그 후에 예수께서 모든 일이 이
미 이루어진 줄 아시고 성경을 응
하게 하려 하사 이르시되 ㄴ내가 목
마르다 하시니
29 거기 신 포도주가 가득히 담긴 그
릇이 있는지라 사람들이 신 포도주
를 적신 해면을 우슬초에 매어 예
수의 입에 대니
30 예수께서 신 포도주를 받으신 후에
이르시되 다 이루었다 하시고 머리
를 숙이니 영혼이 떠나가시니라

창으로 옆구리를 찌르다

31 ●이날은 준비일이라 유대인들은
그 안식일이 큰 날이므로 그 안식
일에 시체들을 십자가에 두지 아니
하려 하여 빌라도에게 그들의 다리
를 꺾어 시체를 치워 달라 하니
32 군인들이 가서 예수와 함께 못 박
힌 첫째 사람과 또 그 다른 사람의

1) 낮 열두 시 ㄱ. 시 22:18 ㄴ. 시 69:21

다리를 꺾고
33 예수께 이르러서는 이미 죽으신 것
을 보고 다리를 꺾지 아니하고
34 그 중 한 군인이 창으로 옆구리를
찌르니 곧 피와 물이 나오더라
35 이를 본 자가 증언하였으니 그 증
언이 참이라 그가 자기의 말하는
것이 참인 줄 알고 너희로 믿게 하
려 함이니라
36 이 일이 일어난 것은 ㄱ그 뼈가 하
나도 꺾이지 아니하리라 한 성경을
응하게 하려 함이라
37 또 다른 성경에 ㄴ그들이 그 찌른
자를 보리라 하였느니라

새 무덤에 예수를 두다 (마 27:57-61; 막 15:42-47; 눅 23:50-56)

38 ●아리마대 사람 요셉은 예수의 제
자이나 유대인이 두려워 그것을 숨
기더니 이 일 후에 빌라도에게 예
수의 시체를 가져가기를 구하매 빌
라도가 허락하는지라 이에 가서 예
수의 시체를 가져가니라
39 일찍이 예수께 밤에 찾아왔던 니
고데모도 몰약과 침향 섞은 것을
백 [1]리트라쯤 가지고 온지라
40 이에 예수의 시체를 가져다가 유대
인의 장례법대로 그 향품과 함께
세마포로 쌌더라
41 예수께서 십자가에 못 박히신 곳에
동산이 있고 동산 안에 아직 사람
을 장사한 일이 없는 새 무덤이 있
는지라
42 이날은 유대인의 준비일이요 또 무
덤이 가까운 고로 예수를 거기 두
니라

살아나시다
(마 28:1-10; 막 16:1-8; 눅 24:1-12)

20 [2]안식 후 첫날 일찍이 아직
어두울 때에 막달라 마리아가
무덤에 와서 돌이 무덤에서 옮겨진
것을 보고
2 시몬 베드로와 예수께서 사랑하시
던 그 다른 제자에게 달려가서 말
하되 사람들이 주님을 무덤에서 가
져다가 어디 두었는지 우리가 알지
못하겠다 하니
3 베드로와 그 다른 제자가 나가서
무덤으로 갈새
4 둘이 같이 달음질하더니 그 다른
제자가 베드로보다 더 빨리 달려가
서 먼저 무덤에 이르러
5 구부려 세마포 놓인 것을 보았으나
들어가지는 아니하였더니
6 시몬 베드로는 따라와서 무덤에 들
어가 보니 세마포가 놓였고
7 또 머리를 쌌던 수건은 세마포와
함께 놓이지 않고 딴 곳에 쌌던 대
로 놓여 있더라
8 그때에야 무덤에 먼저 갔던 그 다
른 제자도 들어가 보고 믿더라
9 (그들은 성경에 그가 죽은 자 가운
데서 다시 살아나야 하리라 하신
말씀을 아직 알지 못하더라)
10 이에 두 제자가 자기들의 집으로
돌아가니라

막달라 마리아에게 나타나시다 (막 16:9-11)

11 ●마리아는 무덤 밖에 서서 울고
있더니 울면서 구부려 무덤 안을
들여다보니
12 흰 옷 입은 두 천사가 예수의 시체
뉘었던 곳에 하나는 머리 편에, 하
나는 발 편에 앉았더라
13 천사들이 이르되 여자여 어찌하여
우느냐 이르되 사람들이 내 주님을
옮겨다가 어디 두었는지 내가 알지
못함이니이다
14 이 말을 하고 뒤로 돌이켜 예수께
서 서 계신 것을 보았으나 예수이

1) 1리트라는 약 327그램임 2) 헬, 그 주간의 ㄱ. 출 12:46; 민 9:12; 시 34:20 ㄴ. 슥 12:10

신 줄은 알지 못하더라
15 예수께서 이르시되 여자여 어찌하
여 울며 누구를 찾느냐 하시니 마
리아는 그가 동산지기인 줄 알고
이르되 주여 당신이 옮겼거든 어디
두었는지 내게 이르소서 그리하면
내가 가져가리이다
16 예수께서 마리아야 하시거늘 마리
아가 돌이켜 히브리 말로 랍오니
하니 (이는 선생님이라는 말이라)
17 예수께서 이르시되 나를 붙들지 말
라 내가 아직 아버지께로 올라가지
아니하였노라 너는 내 형제들에게
가서 이르되 내가 내 아버지 곧 너
희 아버지, 내 하나님 곧 너희 하나
님께로 올라간다 하라 하시니
18 막달라 마리아가 가서 제자들에게
내가 주를 보았다 하고 또 주께서 자
기에게 이렇게 말씀하셨다 이르니라

제자들에게 나타나시다 (마 28:16-20; 막 16:14-18; 눅 24:36-49)

19 ●이날 곧 안식 후 첫날 저녁 때에
제자들이 유대인들을 두려워하여
모인 곳의 문들을 닫았더니 예수께
서 오사 가운데 서서 이르시되 너
희에게 평강이 있을지어다
20 이 말씀을 하시고 손과 옆구리를
보이시니 제자들이 주를 보고 기뻐
하더라
21 예수께서 또 이르시되 너희에게 평강
이 있을지어다 아버지께서 나를 보
내신 것같이 나도 너희를 보내노라
22 이 말씀을 하시고 그들을 향하사 숨
을 내쉬며 이르시되 성령을 받으라
23 너희가 누구의 죄든지 사하면 사하
여질 것이요 누구의 죄든지 그대로
두면 그대로 있으리라 하시니라

도마가 의심하다

24 ●열두 제자 중의 하나로서 디두모
라 불리는 도마는 예수께서 오셨을
때에 함께 있지 아니한지라
25 다른 제자들이 그에게 이르되 우리
가 주를 보았노라 하니 도마가 이
르되 내가 그의 손의 못자국을 보
며 내 손가락을 그 못자국에 넣으
며 내 손을 그 옆구리에 넣어 보지
않고는 믿지 아니하겠노라 하니라
26 ●여드레를 지나서 제자들이 다시
집 안에 있을 때에 도마도 함께 있
고 문들이 닫혔는데 예수께서 오사
가운데 서서 이르시되 너희에게 평
강이 있을지어다 하시고
27 도마에게 이르시되 네 손가락을 이
리 내밀어 내 손을 보고 네 손을 내
밀어 내 옆구리에 넣어 보라 그리
하여 믿음 없는 자가 되지 말고 믿
는 자가 되라
28 도마가 대답하여 이르되 나의 주님
이시요 나의 하나님이시니이다
29 예수께서 이르시되 너는 나를 본
고로 믿느냐 보지 못하고 믿는 자
들은 복되도다 하시니라

이 책을 기록한 목적

30 ●예수께서 제자들 앞에서 이 책에
기록되지 아니한 다른 [1]표적도 많
이 행하셨으나
31 오직 이것을 기록함은 너희로 예수
께서 하나님의 아들 그리스도이심
을 믿게 하려 함이요 또 너희로 믿
고 그 이름을 힘입어 생명을 얻게
하려 함이니라

일곱 제자에게 나타나시다

21

그 후에 예수께서 디베랴 호수
에서 또 제자들에게 자기를 나
타내셨으니 나타내신 일은 이러하
니라
2 시몬 베드로와 디두모라 하는 도마
와 갈릴리 가나 사람 나다나엘과
세베대의 아들들과 또 다른 제자

1) 또는 이적

둘이 함께 있더니
3 시몬 베드로가 나는 물고기 잡으러
가노라 하니 그들이 우리도 함께 가
겠다 하고 나가서 배에 올랐으나 그
날 밤에 아무것도 잡지 못하였더니
4 날이 새어갈 때에 예수께서 바닷가
에 서셨으나 제자들이 예수이신 줄
알지 못하는지라
5 예수께서 이르시되 얘들아 너희에게
고기가 있느냐 대답하되 없나이다
6 이르시되 그물을 배 오른편에 던지
라 그리하면 잡으리라 하시니 이에
던졌더니 물고기가 많아 그물을 들
수 없더라
7 예수께서 사랑하시는 그 제자가 베
드로에게 이르되 주님이시라 하니
시몬 베드로가 벗고 있다가 주님이
라 하는 말을 듣고 겉옷을 두른 후
에 바다로 뛰어 내리더라
8 다른 제자들은 육지에서 거리가 불
과 한 [1]오십 칸쯤 되므로 작은 배를
타고 물고기 든 그물을 끌고 와서
9 육지에 올라보니 숯불이 있는데 그
위에 생선이 놓였고 떡도 있더라
10 예수께서 이르시되 지금 잡은 생선
을 좀 가져오라 하시니
11 시몬 베드로가 올라가서 그물을 육
지에 끌어 올리니 가득히 찬 큰 물
고기가 백쉰세 마리라 이같이 많으
나 그물이 찢어지지 아니하였더라
12 예수께서 이르시되 와서 조반을 먹
으라 하시니 제자들이 주님이신 줄
아는 고로 당신이 누구냐 감히 묻
는 자가 없더라
13 예수께서 가셔서 떡을 가져다가 그
들에게 주시고 생선도 그와 같이
하시니라
14 이것은 예수께서 죽은 자 가운데서
살아나신 후에 세 번째로 제자들에
게 나타나신 것이라

내 양을 먹이라

15 ●그들이 조반 먹은 후에 예수께서
시몬 베드로에게 이르시되 요한의
아들 시몬아 네가 이 [2]사람들보다
나를 더 사랑하느냐 하시니 이르되
주님 그러하나이다 내가 주님을 사
랑하는 줄 주님께서 아시나이다 이
르시되 내 어린 양을 먹이라 하시고
16 또 두 번째 이르시되 요한의 아들 시
몬아 네가 나를 사랑하느냐 하시니
이르되 주님 그러하나이다 내가 주
님을 사랑하는 줄 주님께서 아시나
이다 이르시되 내 양을 치라 하시고
17 세 번째 이르시되 요한의 아들 시
몬아 네가 나를 사랑하느냐 하시니
주께서 세 번째 네가 나를 사랑하
느냐 하시므로 베드로가 근심하여
이르되 주님 모든 것을 아시오매
내가 주님을 사랑하는 줄을 주님께
서 아시나이다 예수께서 이르시되
내 양을 먹이라
18 내가 진실로 진실로 네게 이르노니
네가 젊어서는 스스로 띠 띠고 원
하는 곳으로 다녔거니와 늙어서는
네 팔을 벌리리니 남이 네게 띠 띠
우고 원하지 아니하는 곳으로 데려
가리라
19 이 말씀을 하심은 베드로가 어떠한
죽음으로 하나님께 영광을 돌릴 것
을 가리키심이러라 이 말씀을 하시
고 베드로에게 이르시되 나를 따르
라 하시니
20 베드로가 돌이켜 예수께서 사랑하
시는 그 제자가 따르는 것을 보니
그는 만찬석에서 예수의 품에 의지
하여 주님 주님을 파는 자가 누구
오니이까 묻던 자더라
21 이에 베드로가 그를 보고 예수께
여짜오되 주님 이 사람은 어떻게

1) 200규빗 2) 또는 것들보다

되겠사옵나이까
22 예수께서 이르시되 내가 올 때까지
그를 머물게 하고자 할지라도 네게
무슨 상관이냐 너는 나를 따르라
하시더라
23 이 말씀이 형제들에게 나가서 그
제자는 죽지 아니하겠다 하였으나
예수의 말씀은 그가 죽지 않겠다
하신 것이 아니라 내가 올 때까지
그를 머물게 하고자 할지라도 네게
무슨 상관이냐 하신 것이러라
24 ●이 일들을 증언하고 이 일들을
기록한 제자가 이 사람이라 우리는
그의 증언이 참된 줄 아노라
25 ●예수께서 행하신 일이 이 외에도
많으니 만일 낱낱이 기록된다면 이
세상이라도 이 기록된 책을 두기에
부족할 줄 아노라

사도행전

Acts

성령으로 세례를 받으리라

1 데오빌로여 내가 먼저 쓴 글에는
무릇 예수께서 행하시며 가르치
시기를 시작하심부터
2 그가 택하신 사도들에게 성령으로
명하시고 승천하신 날까지의 일을
기록하였노라
3 그가 고난받으신 후에 또한 그들에
게 확실한 많은 증거로 친히 살아
계심을 나타내사 사십 일 동안 그
들에게 보이시며 하나님 나라의 일
을 말씀하시니라
4 사도와 함께 모이사 그들에게 분부
하여 이르시되 예루살렘을 떠나지
말고 내게서 들은 바 아버지께서
약속하신 것을 기다리라
5 요한은 물로 [1)]세례를 베풀었으나 너
희는 몇 날이 못되어 성령으로 [1)]세
례를 받으리라 하셨느니라

예수께서 하늘로 올려지시다

6 ●그들이 모였을 때에 예수께 여쭈
어 이르되 주께서 이스라엘 나라를
회복하심이 이때니이까 하니
7 이르시되 때와 시기는 아버지께서
자기의 권한에 두셨으니 너희가 알
바 아니요
8 오직 성령이 너희에게 임하시면 너
희가 권능을 받고 예루살렘과 온
유대와 사마리아와 땅끝까지 이르
러 내 증인이 되리라 하시니라
9 이 말씀을 마치시고 그들이 보는데
올려져 가시니 구름이 그를 가리어
보이지 않게 하더라
10 올라가실 때에 제자들이 자세히 하
늘을 쳐다보고 있는데 흰 옷 입은
두 사람이 그들 곁에 서서
11 이르되 갈릴리 사람들아 어찌하여
서서 하늘을 쳐다보느냐 너희 가운
데서 하늘로 올려지신 이 예수는
하늘로 가심을 본 그대로 오시리라
하였느니라

유다 대신에 맛디아를 세우다

12 ●제자들이 감람원이라 하는 산으
로부터 예루살렘에 돌아오니 이 산
은 예루살렘에서 가까워 안식일에
가기 알맞은 길이라
13 들어가 그들이 유하는 다락방으로
올라가니 베드로, 요한, 야고보, 안
드레와 빌립, 도마와 바돌로매, 마
태와 및 알패오의 아들 야고보, [2)]셀
롯인 시몬, 야고보의 [3)]아들 유다가

1) 헬, 또는 침례 2) 열심당 3) 또는 형제

다 거기 있어
14 여자들과 예수의 어머니 마리아와
예수의 아우들과 더불어 마음을 같
이하여 오로지 기도에 힘쓰더라
15 ●모인 무리의 수가 약 백이십 명
이나 되더라 그때에 베드로가 그
형제들 가운데 일어서서 이르되
16 형제들아 성령이 다윗의 입을 통하
여 예수 잡는 자들의 길잡이가 된
유다를 가리켜 미리 말씀하신 성경
이 응하였으니 마땅하도다
17 이 사람은 본래 우리 수 가운데 참
여하여 이 [1]직무의 한 부분을 맡았
던 자라
18 (이 사람이 불의의 삯으로 밭을 사
고 후에 몸이 곤두박질하여 배가
터져 창자가 다 흘러 나온지라
19 이 일이 예루살렘에 사는 모든 사
람에게 알리어져 그들의 말로는 그
밭을 아겔다마라 하니 이는 피밭이
라는 뜻이라)
20 시편에 기록하였으되
ㄱ그의 거처를 황폐하게 하시며
거기 거하는 자가 없게 하소서
하였고 또 일렀으되
ㄴ그의 [2]직분을 타인이 취하게 하
소서
하였도다
21 이러하므로 요한의 [3]세례로부터 우
리 가운데서 올려져 가신 날까지 주
예수께서 우리 가운데 출입하실 때에
22 항상 우리와 함께 다니던 사람 중
에 하나를 세워 우리와 더불어 예
수께서 부활하심을 증언할 사람이
되게 하여야 하리라 하거늘
23 그들이 두 사람을 내세우니 하나는
바사바라고도 하고 별명은 유스도라
고 하는 요셉이요 하나는 맛디아라
24 그들이 기도하여 이르되 뭇 사람의
마음을 아시는 주여 이 두 사람 중
에 누가 주님께 택하신 바 되어
25 봉사와 및 사도의 직무를 대신할 자
인지를 보이시옵소서 유다는 이 직무
를 버리고 제 곳으로 갔나이다 하고
26 제비 뽑아 맛디아를 얻으니 그가
열한 사도의 수에 들어가니라

성령이 임하시다

2 오순절 날이 이미 이르매 그들이
다같이 한 곳에 모였더니
2 홀연히 하늘로부터 급하고 강한 바
람 같은 소리가 있어 그들이 앉은
온 집에 가득하며
3 마치 불의 혀처럼 갈라지는 것들이
그들에게 보여 각 사람 위에 하나
씩 임하여 있더니
4 그들이 다 성령의 충만함을 받고
성령이 말하게 하심을 따라 다른
언어들로 말하기를 시작하니라
5 ●그때에 경건한 유대인들이 천하
각국으로부터 와서 예루살렘에 머
물러 있더니
6 이 소리가 나매 큰 무리가 모여 각
각 자기의 방언으로 제자들이 말하
는 것을 듣고 소동하여
7 다 놀라 신기하게 여겨 이르되 보
라 이 말하는 사람들이 다 갈릴리
사람이 아니냐
8 우리가 우리 각 사람이 난 곳 방언
으로 듣게 되는 것이 어찌 됨이냐
9 우리는 바대인과 메대인과 엘람인
과 또 메소보다미아, 유대와 갑바
도기아, 본도와 아시아,
10 브루기아와 밤빌리아, 애굽과 및
구레네에 가까운 리비아 여러 지방
에 사는 사람들과 로마로부터 온
나그네 곧 유대인과 유대교에 들어
온 사람들과
11 그레데인과 아라비아인들이라 우

1) 헬, 봉사의 2) 헬, 감독의 직분 3) 헬, 또는 침례 ㄱ. 시 69:25 ㄴ. 시 109:8

리가 다 우리의 각 언어로 하나님
의 큰일을 말함을 듣는도다 하고
12 다 놀라며 당황하여 서로 이르되
이 어찌 된 일이냐 하며
13 또 어떤 이들은 조롱하여 이르되
그들이 새 술에 취하였다 하더라

베드로의 오순절 설교

14 ●베드로가 열한 사도와 함께 서서
소리를 높여 이르되 유대인들과 예
루살렘에 사는 모든 사람들아 이
일을 너희로 알게 할 것이니 내 말
에 귀를 기울이라
15 때가 1)제삼 시니 너희 생각과 같이
이 사람들이 취한 것이 아니라
16 이는 곧 선지자 요엘을 통하여 말
씀하신 것이니 일렀으되
17 ㄱ하나님이 말씀하시기를 말세에
내가 내 영을 모든 육체에 부어
주리니 너희의 자녀들은 예언할
것이요 너희의 젊은이들은 환상
을 보고 너희의 늙은이들은 꿈을
꾸리라
18 그때에 내가 내 영을 내 남종과
여종들에게 부어 주리니 그들이
예언할 것이요
19 또 내가 위로 하늘에서는 기사를
아래로 땅에서는 징조를 베풀리
니 곧 피와 불과 연기로다
20 주의 크고 영화로운 날이 이르기
전에 해가 변하여 어두워지고 달
이 변하여 피가 되리라
21 누구든지 주의 이름을 부르는 자
는 구원을 받으리라
하였느니라
22 이스라엘 사람들아 이 말을 들으라
너희도 아는 바와 같이 하나님께서
나사렛 예수로 큰 권능과 기사와
2)표적을 너희 가운데서 베푸사 너
희 앞에서 그를 증언하셨느니라
23 그가 하나님께서 정하신 뜻과 미리
아신 대로 내준 바 되었거늘 너희
가 법 없는 자들의 손을 빌려 못 박
아 죽였으나
24 하나님께서 그를 사망의 고통에서
풀어 살리셨으니 이는 그가 사망에
매여 있을 수 없었음이라
25 다윗이 그를 가리켜 이르되
ㄴ내가 항상 내 앞에 계신 주를 뵈
었음이여 나로 요동하지 않게 하기
위하여 그가 내 우편에 계시도다
26 그러므로 내 마음이 기뻐하였고
내 혀도 즐거워하였으며 육체도
희망에 거하리니
27 이는 내 영혼을 음부에 버리지 아
니하시며 주의 거룩한 자로 썩음
을 당하지 않게 하실 것임이로다
28 주께서 생명의 길을 내게 보이셨
으니 주 앞에서 내게 기쁨이 충만
하게 하시리로다
하였으므로
29 형제들아 내가 조상 다윗에 대하여
담대히 말할 수 있노니 다윗이 죽
어 장사되어 그 묘가 오늘까지 우
리 중에 있도다
30 그는 선지자라 하나님이 이미 맹세
하사 그 자손 중에서 한 사람을 그
위에 앉게 하리라 하심을 알고
31 미리 본 고로 그리스도의 부활을
말하되 그가 음부에 버림이 되지
않고 그의 육신이 썩음을 당하지
아니하시리라 하더니
32 이 예수를 하나님이 살리신지라 우
리가 다 3)이 일에 증인이로다
33 하나님이 오른손으로 예수를 높이
시매 그가 약속하신 성령을 아버지
께 받아서 너희가 보고 듣는 이것
을 부어 주셨느니라
34 다윗은 하늘에 올라가지 못하였으

1) 오전 아홉 시 2) 또는 이적 3) 또는 그의 ㄱ. 욜 2:28 이하 ㄴ. 시 16:8 이하

나 친히 말하여 이르되
ㄱ주께서 내 주에게 말씀하시기를
35 내가 네 원수로 네 발등상이 되게
하기까지 너는 내 우편에 앉아 있
으라 하셨도다
하였으니
36 그런즉 이스라엘 온 집은 확실히
알지니 너희가 십자가에 못 박은
이 예수를 하나님이 주와 그리스도
가 되게 하셨느니라 하니라
37 ●그들이 이 말을 듣고 마음에 찔
려 베드로와 다른 사도들에게 물어
이르되 형제들아 우리가 어찌할꼬
하거늘
38 베드로가 이르되 너희가 회개하여
각각 예수 그리스도의 이름으로 [1]세
례를 받고 죄 사함을 받으라 그리
하면 [2]성령의 선물을 받으리니
39 이 약속은 너희와 너희 자녀와 모
든 먼 데 사람 곧 주 우리 하나님이
얼마든지 부르시는 자들에게 하신
것이라 하고
40 또 여러 말로 확증하며 권하여 이
르되 너희가 이 패역한 세대에서
구원을 받으라 하니
41 그 말을 받은 사람들은 [1]세례를 받
으매 이날에 신도의 수가 삼천이나
더하더라
42 그들이 사도의 가르침을 받아 서로
교제하고 떡을 떼며 오로지 기도하
기를 힘쓰니라

믿는 사람이 모든 물건을 통용하다

43 ●사람마다 두려워하는데 사도들
로 말미암아 기사와 [3]표적이 많이
나타나니
44 믿는 사람이 다 함께 있어 모든 물
건을 서로 통용하고
45 또 재산과 소유를 팔아 각 사람의
필요를 따라 나눠 주며
46 날마다 마음을 같이하여 성전에 모
이기를 힘쓰고 집에서 떡을 떼며 기
쁨과 순전한 마음으로 음식을 먹고
47 하나님을 찬미하며 또 온 백성에게
칭송을 받으니 주께서 구원받는 사
람을 날마다 더하게 하시니라

베드로와 요한이 못 걷게 된 이를 고치다

3 [4]제구 시 기도 시간에 베드로와
요한이 성전에 올라갈새
2 나면서 못 걷게 된 이를 사람들이
메고 오니 이는 성전에 들어가는 사
람들에게 구걸하기 위하여 날마다
미문이라는 성전 문에 두는 자라
3 그가 베드로와 요한이 성전에 들어
가려 함을 보고 구걸하거늘
4 베드로가 요한과 더불어 주목하여
이르되 우리를 보라 하니
5 그가 그들에게서 무엇을 얻을까 하
여 바라보거늘
6 베드로가 이르되 은과 금은 내게
없거니와 내게 있는 이것을 네게
주노니 나사렛 예수 그리스도의 이
름으로 일어나 걸으라 하고
7 오른손을 잡아 일으키니 발과 발목
이 곧 힘을 얻고
8 뛰어 서서 걸으며 그들과 함께 성
전으로 들어가면서 걷기도 하고 뛰
기도 하며 하나님을 찬송하니
9 모든 백성이 그 걷는 것과 하나님
을 찬송함을 보고
10 그가 본래 성전 미문에 앉아 구걸
하던 사람인 줄 알고 그에게 일어
난 일로 인하여 심히 놀랍게 여기
며 놀라니라

베드로가 솔로몬의 행각에서 설교하다

11 ●나은 사람이 베드로와 요한을 붙
잡으니 모든 백성이 크게 놀라며
달려 나아가 솔로몬의 행각이라 불
리우는 행각에 모이거늘

1) 헬, 또는 침례 2) 또는 성령을 선물로 3) 또는 이적
4) 오후 세 시 ㄱ. 시 110:1

12 베드로가 이것을 보고 백성에게 말
하되 이스라엘 사람들아 이 일을
왜 놀랍게 여기느냐 우리 개인의
권능과 경건으로 이 사람을 걷게
한 것처럼 왜 우리를 주목하느냐
13 아브라함과 이삭과 야곱의 하나님
곧 우리 조상의 하나님이 그의 [1]종
예수를 영화롭게 하셨느니라 너희
가 그를 넘겨주고 빌라도가 놓아
주기로 결의한 것을 너희가 그 앞
에서 거부하였으니
14 너희가 거룩하고 의로운 이를 거부
하고 도리어 살인한 사람을 놓아
주기를 구하여
15 생명의 주를 죽였도다 그러나 하나
님이 죽은 자 가운데서 그를 살리
셨으니 우리가 [2]이 일에 증인이라
16 그 이름을 믿으므로 그 이름이 너
희가 보고 아는 이 사람을 성하게
하였나니 예수로 말미암아 난 믿음
이 너희 모든 사람 앞에서 이같이
완전히 낫게 하였느니라
17 형제들아 너희가 알지 못하여서 그
리하였으며 너희 관리들도 그리한
줄 아노라
18 그러나 하나님이 모든 선지자의 입
을 통하여 자기의 그리스도께서 고
난받으실 일을 미리 알게 하신 것
을 이와 같이 이루셨느니라
19 그러므로 너희가 회개하고 돌이켜
너희 죄 없이 함을 받으라 이같이
하면 새롭게 되는 날이 주 앞으로
부터 이를 것이요
20 또 주께서 너희를 위하여 예정하신
그리스도 곧 예수를 보내시리니
21 하나님이 영원 전부터 거룩한 선지
자들의 입을 통하여 말씀하신 바
만물을 회복하실 때까지는 하늘이
마땅히 그를 받아 두리라
22 [ㄱ]모세가 말하되 주 하나님이 너희
를 위하여 너희 형제 가운데서 나
같은 선지자 하나를 세울 것이니
너희가 무엇이든지 그의 모든 말을
들을 것이라
23 [ㄴ]누구든지 그 선지자의 말을 듣지
아니하는 자는 백성 중에서 멸망
받으리라 하였고
24 또한 사무엘 때부터 이어 말한 모
든 선지자도 이때를 가리켜 말하였
느니라
25 너희는 선지자들의 자손이요 또 하
나님이 너희 조상과 더불어 세우신
언약의 자손이라 아브라함에게 이
르시기를 [ㄷ]땅 위의 모든 족속이 너
의 씨로 말미암아 복을 받으리라
하셨으니
26 하나님이 그 [1]종을 세워 복 주시려
고 너희에게 먼저 보내사 너희로
하여금 돌이켜 각각 그 악함을 버
리게 하셨느니라

베드로와 요한이 공회 앞에 서다

4 사도들이 백성에게 말할 때에 제
사장들과 성전 [3]맡은 자와 사두
개인들이 이르러
2 예수 안에 죽은 자의 부활이 있다고
백성을 가르치고 전함을 싫어하여
3 그들을 잡으매 날이 이미 저물었으
므로 이튿날까지 가두었으나
4 말씀을 들은 사람 중에 믿는 자가
많으니 남자의 수가 약 오천이나
되었더라
5 ●이튿날 관리들과 장로들과 서기
관들이 예루살렘에 모였는데
6 대제사장 안나스와 가야바와 요한
과 알렉산더와 및 대제사장의 문중
이 다 참여하여
7 사도들을 가운데 세우고 묻되 너희
가 무슨 권세와 누구의 이름으로

1) 또는 소자 2) 또는 그의 3) 또는 경비대장 ㄱ. 신 18:15 ㄴ. 신 18:19 ㄷ. 창 12:3; 22:18; 26:4; 28:14

이 일을 행하였느냐
8 이에 베드로가 성령이 충만하여 이
르되 백성의 관리들과 장로들아
9 만일 병자에게 행한 착한 일에 대하
여 이 사람이 어떻게 구원을 받았느
냐고 오늘 우리에게 질문한다면
10 너희와 모든 이스라엘 백성들은 알
라 너희가 십자가에 못 박고 하나
님이 죽은 자 가운데서 살리신 나
사렛 예수 그리스도의 이름으로 이
사람이 건강하게 되어 너희 앞에
섰느니라
11 이 예수는 [ㄱ]너희 건축자들의 버린
돌로서 집 모퉁이의 머릿돌이 되었
느니라
12 다른 이로써는 구원을 받을 수 없
나니 천하 사람 중에 구원을 받을
만한 다른 이름을 우리에게 주신
일이 없음이라 하였더라
13 ●그들이 베드로와 요한이 담대하
게 말함을 보고 그들을 본래 학문
없는 범인으로 알았다가 이상히 여
기며 또 전에 예수와 함께 있던 줄
도 알고
14 또 병 나은 사람이 그들과 함께 서 있
는 것을 보고 비난할 말이 없는지라
15 명하여 공회에서 나가라 하고 서로
의논하여 이르되
16 이 사람들을 어떻게 할까 그들로
말미암아 유명한 [1]표적 나타난 것이
예루살렘에 사는 모든 사람에게 알려
졌으니 우리도 부인할 수 없는지라
17 이것이 민간에 더 퍼지지 못하게
그들을 위협하여 이 후에는 이 이
름으로 아무에게도 말하지 말게 하
자 하고
18 그들을 불러 경고하여 도무지 예수
의 이름으로 말하지도 말고 가르치
지도 말라 하니
19 베드로와 요한이 대답하여 이르되
하나님 앞에서 너희의 말을 듣는
것이 하나님의 말씀을 듣는 것보다
옳은가 판단하라
20 우리는 보고 들은 것을 말하지 아
니할 수 없다 하니
21 관리들이 백성들 때문에 그들을 어
떻게 처벌할지 방법을 찾지 못하고
다시 위협하여 놓아주었으니 이는
모든 사람이 그 된 일을 보고 하나
님께 영광을 돌림이라
22 이 [1]표적으로 병 나은 사람은 사십
여 세나 되었더라

한마음으로 하나님께 기도하다

23 ●사도들이 놓이매 그 동료에게 가
서 제사장들과 장로들의 말을 다
알리니
24 그들이 듣고 한마음으로 하나님께
소리를 높여 이르되 대주재여 천지
와 바다와 그 가운데 만물을 지은
이시요
25 또 주의 종 우리 조상 다윗의 입을
통하여 성령으로 말씀하시기를
[ㄴ]어찌하여 열방이 분노하며 족속
들이 허사를 경영하였는고
26 세상의 군왕들이 나서며 관리들
이 함께 모여 주와 그의 그리스도
를 대적하도다
하신 이로소이다
27 과연 헤롯과 본디오 빌라도는 이방
인과 이스라엘 백성과 합세하여 하
나님께서 기름 부으신 거룩한 [2]종
예수를 거슬러
28 하나님의 [3]권능과 뜻대로 이루려고
예정하신 그것을 행하려고 이 성에
모였나이다
29 주여 이제도 그들의 위협함을 굽어
보시옵고 또 종들로 하여금 담대히
하나님의 말씀을 전하게 하여 주시

1) 또는 이적 2) 또는 소자 3) 헬, 손과 ㄱ. 시 118:22
ㄴ. 시 2:1,2

오며
30 손을 내밀어 병을 낫게 하사옵고[1] 표
적과 기사가 거룩한 종 예수의 이름
으로 이루어지게 하옵소서 하더라
31 빌기를 다하매 모인 곳이 진동하더
니 무리가 다 성령이 충만하여 담대
히 하나님의 말씀을 전하니라

물건을 서로 통용하다

32 ●믿는 무리가 한마음과 한 [2]뜻이
되어 모든 물건을 서로 통용하고
자기 재물을 조금이라도 자기 것이
라 하는 이가 하나도 없더라
33 사도들이 큰 권능으로 주 예수의
부활을 증언하니 무리가 큰 은혜를
받아
34 그 중에 가난한 사람이 없으니 이
는 밭과 집 있는 자는 팔아 그 판
것의 값을 가져다가
35 사도들의 발 앞에 두매 그들이 각
사람의 필요를 따라 나누어 줌이라
36 ●구브로에서 난 레위족 사람이 있
으니 이름은 요셉이라 사도들이 일
컬어 바나바라 (번역하면 위로의
아들이라) 하니
37 그가 밭이 있으매 팔아 그 값을 가
지고 사도들의 발 앞에 두니라

아나니아와 삽비라

5 아나니아라 하는 사람이 그의 아
내 삽비라와 더불어 소유를 팔아
2 그 값에서 얼마를 감추매 그 아내
도 알더라 얼마만 가져다가 사도들
의 발 앞에 두니
3 베드로가 이르되 아나니아야 어찌
하여 사탄이 네 마음에 가득하여
네가 성령을 속이고 땅 값 얼마를
감추었느냐
4 땅이 그대로 있을 때에는 네 땅이
아니며 판 후에도 네 마음대로 할
수가 없더냐 어찌하여 이 일을 네
마음에 두었느냐 사람에게 거짓말
한 것이 아니요 하나님께로다
5 아나니아가 이 말을 듣고 엎드러져
혼이 떠나니 이 일을 듣는 사람이
다 크게 두려워하더라
6 젊은 사람들이 일어나 시신을 싸서
메고 나가 장사하니라
7 ●세 시간쯤 지나 그의 아내가 그
일어난 일을 알지 못하고 들어오니
8 베드로가 이르되 그 땅 판 값이 이
것뿐이냐 내게 말하라 하니 이르되
예 이것뿐이라 하더라
9 베드로가 이르되 너희가 어찌 함께
꾀하여 주의 영을 시험하려 하느냐
보라 네 남편을 장사하고 오는 사
람들의 발이 문 앞에 이르렀으니
또 너를 메어 내가리라 하니
10 곧 그가 베드로의 발 앞에 엎드러
져 혼이 떠나는지라 젊은 사람들이
들어와 죽은 것을 보고 메어다가
그의 남편 곁에 장사하니
11 온 교회와 이 일을 듣는 사람들이
다 크게 두려워하니라

사도들이 표적을 일으키다

12 ●사도들의 손을 통하여 민간에 [1]표
적과 기사가 많이 일어나매 믿는
사람이 다 마음을 같이하여 솔로몬
행각에 모이고
13 그 나머지는 감히 그들과 상종하는
사람이 없으나 백성이 칭송하더라
14 믿고 주께로 나아오는 자가 더 많
으니 남녀의 큰 무리더라
15 심지어 병든 사람을 메고 거리에
나가 침대와 요 위에 누이고 베드
로가 지날 때에 혹 그의 그림자라
도 누구에게 덮일까 바라고
16 예루살렘 부근의 수많은 사람들도
모여 병든 사람과 더러운 귀신에게
괴로움 받는 사람을 데리고 와서
다 나음을 얻으니라

1) 또는 이적 2) 또는 영혼

사도들이 능욕을 받다

17 ●대제사장과 그와 함께 있는 사람
즉 사두개인의 당파가 다 마음에
시기가 가득하여 일어나서
18 사도들을 잡아다가 옥에 가두었더니
19 주의 사자가 밤에 옥문을 열고 끌
어내어 이르되
20 가서 성전에 서서 이 생명의 말씀
을 다 백성에게 말하라 하매
21 그들이 듣고 새벽에 성전에 들어가
서 가르치더니 대제사장과 그와 함
께 있는 사람들이 와서 [1]공회와 이
스라엘 족속의 원로들을 다 모으고
사람을 옥에 보내어 사도들을 잡아
오라 하니
22 부하들이 가서 옥에서 사도들을 보
지 못하고 돌아와
23 이르되 우리가 보니 옥은 든든하게
잠기고 지키는 사람들이 문에 서
있으되 문을 열고 본즉 그 안에는
한 사람도 없더이다 하니
24 성전 [2]맡은 자와 제사장들이 이 말
을 듣고 의혹하여 이 일이 어찌 될
까 하더니
25 사람이 와서 알리되 보소서 옥에
가두었던 사람들이 성전에 서서 백
성을 가르치더이다 하니
26 성전 [2]맡은 자가 부하들과 같이 가
서 그들을 잡아왔으나 강제로 못함
은 백성들이 돌로 칠까 두려워함이
더라
27 그들을 끌어다가 공회 앞에 세우니
대제사장이 물어
28 이르되 우리가 이 이름으로 사람을
가르치지 말라고 엄금하였으되 너
희가 너희 가르침을 예루살렘에 가
득하게 하니 이 사람의 피를 우리
에게로 돌리고자 함이로다
29 베드로와 사도들이 대답하여 이르
되 사람보다 하나님께 순종하는 것
이 마땅하니라
30 너희가 나무에 달아 죽인 예수를
우리 조상의 하나님이 살리시고
31 이스라엘에게 회개함과 죄 사함을
주시려고 그를 [3]오른손으로 높이사
임금과 구주로 삼으셨느니라
32 우리는 이 [4]일에 증인이요 하나님
이 자기에게 순종하는 사람들에게
주신 성령도 그러하니라 하더라
33 ●그들이 듣고 크게 노하여 사도들
을 없이하고자 할새
34 바리새인 가말리엘은 율법교사로
모든 백성에게 존경을 받는 자라
공회 중에 일어나 명하여 사도들을
잠깐 밖에 나가게 하고
35 말하되 이스라엘 사람들아 너희가
이 사람들에게 대하여 어떻게 하려
는지 조심하라
36 이 전에 드다가 일어나 스스로 선
전하매 사람이 약 사백 명이나 따
르더니 그가 죽임을 당하매 따르던
모든 사람들이 흩어져 없어졌고
37 그 후 호적할 때에 갈릴리의 유다
가 일어나 백성을 꾀어 따르게 하
다가 그도 망한즉 따르던 모든 사
람들이 흩어졌느니라
38 이제 내가 너희에게 말하노니 이
사람들을 상관하지 말고 버려 두라
이 사상과 이 소행이 사람으로부터
났으면 무너질 것이요
39 만일 하나님께로부터 났으면 너희
가 그들을 무너뜨릴 수 없겠고 도
리어 하나님을 대적하는 자가 될까
하노라 하니
40 그들이 옳게 여겨 사도들을 불러들
여 채찍질하며 예수의 이름으로 말
하는 것을 금하고 놓으니
41 사도들은 그 이름을 위하여 능욕

1) 또는 공회 즉 이스라엘 2) 또는 경비대장 3) 또는 오른편에 4) 또는 말씀의

받는 일에 합당한 자로 여기심을
기뻐하면서 공회 앞을 떠나니라
42 그들이 날마다 성전에 있든지 집에
있든지 예수는 그리스도라고 가르
치기와 전도하기를 그치지 아니하
니라

일곱 일꾼을 택하다

6 그때에 제자가 더 많아졌는데 헬
라파 유대인들이 자기의 과부들
이 매일의 [1]구제에 빠지므로 히브
리파 사람을 원망하니
2 열두 사도가 모든 제자를 불러 이
르되 우리가 하나님의 말씀을 제쳐
놓고 [2]접대를 일삼는 것이 마땅하
지 아니하니
3 형제들아 너희 가운데서 성령과 지
혜가 충만하여 칭찬받는 사람 일곱
을 택하라 우리가 이 일을 그들에
게 맡기고
4 우리는 오로지 기도하는 일과 [3]말
씀 사역에 힘쓰리라 하니
5 온 무리가 이 말을 기뻐하여 믿음
과 성령이 충만한 사람 스데반과
또 빌립과 브로고로와 니가노르와
디몬과 바메나와 유대교에 입교했
던 안디옥 사람 니골라를 택하여
6 사도들 앞에 세우니 사도들이 기도
하고 그들에게 안수하니라
7 ●하나님의 말씀이 점점 왕성하여
예루살렘에 있는 제자의 수가 더
심히 많아지고 허다한 제사장의 무
리도 이 [4]도에 복종하니라

스데반이 잡히다

8 ●스데반이 은혜와 권능이 충만하여
큰 기사와 [5]표적을 민간에 행하니
9 이른 바 자유민들 즉 구레네인, 알
렉산드리아인, 길리기아와 아시아
에서 온 사람들의 회당에서 어떤
자들이 일어나 스데반과 더불어 논
쟁할새
10 스데반이 지혜와 성령으로 말함을
그들이 능히 당하지 못하여
11 사람들을 매수하여 말하게 하되 이
사람이 모세와 하나님을 모독하는
말을 하는 것을 우리가 들었노라
하게 하고
12 백성과 장로와 서기관들을 충동시
켜 와서 잡아가지고 공회에 이르러
13 거짓 증인들을 세우니 이르되 이
사람이 이 거룩한 곳과 율법을 거
슬러 말하기를 마지 아니하는도다
14 그의 말에 이 나사렛 예수가 이곳
을 헐고 또 모세가 우리에게 전하
여 준 규례를 고치겠다 함을 우리
가 들었노라 하거늘
15 공회 중에 앉은 사람들이 다 스데
반을 주목하여 보니 그 얼굴이 천
사의 얼굴과 같더라

스데반이 설교하다

7 대제사장이 이르되 이것이 사실
이냐
2 스데반이 이르되 ●여러분 부형들
이여 들으소서 우리 조상 아브라함
이 하란에 있기 전 메소보다미아에
있을 때에 영광의 하나님이 그에게
보여
3 이르시되 네 고향과 친척을 떠나 내
가 네게 보일 땅으로 가라 하시니
4 아브라함이 갈대아 사람의 땅을 떠
나 하란에 거하다가 그의 아버지가
죽으매 하나님이 그를 거기서 너희
지금 사는 이 땅으로 옮기셨느니라
5 그러나 여기서 발 붙일 만한 땅도
유업으로 주지 아니하시고 다만 이
땅을 아직 자식도 없는 그와 그의
후손에게 소유로 주신다고 약속하
셨으며
6 하나님이 또 이같이 말씀하시되 그

1) 헬, 봉사 2) 또는 재정 출납을 3) 헬, 말씀의 봉사에
4) 헬, 믿음 5) 또는 이적

후손이 다른 땅에서 나그네가 되리
니 그 땅 사람들이 종으로 삼아 사
백 년 동안을 괴롭게 하리라 하시고
7 또 이르시되 종 삼는 나라를 내가
심판하리니 그 후에 그들이 나와서
이곳에서 나를 섬기리라 하시고
8 할례의 언약을 아브라함에게 주셨
더니 그가 이삭을 낳아 여드레 만
에 할례를 행하고 이삭이 야곱을,
야곱이 우리 열두 조상을 낳으니라
9 여러 조상이 요셉을 시기하여 애굽
에 팔았더니 하나님이 그와 함께
계셔
10 그 모든 환난에서 건져내사 애굽
왕 바로 앞에서 은총과 지혜를 주
시매 바로가 그를 애굽과 자기 온
집의 통치자로 세웠느니라
11 그때에 애굽과 가나안 온 땅에 흉
년이 들어 큰 환난이 있을새 우리
조상들이 양식이 없는지라
12 야곱이 애굽에 곡식 있다는 말을
듣고 먼저 우리 조상들을 보내고
13 또 재차 보내매 요셉이 자기 형제
들에게 알려지게 되고 또 요셉의
친족이 바로에게 드러나게 되니라
14 요셉이 사람을 보내어 그의 아버지
야곱과 온 친족 일흔다섯 사람을
청하였더니
15 야곱이 애굽으로 내려가 자기와 우
리 조상들이 거기서 죽고
16 세겜으로 옮겨져 아브라함이 세겜
하몰의 자손에게서 은으로 값 주고
산 무덤에 장사되니라
17 하나님이 아브라함에게 약속하신
때가 가까우매 이스라엘 백성이 애
굽에서 번성하여 많아졌더니
18 요셉을 알지 못하는 새 임금이 애
굽 왕위에 오르매
19 그가 우리 족속에게 교활한 방법을
써서 조상들을 괴롭게 하여 그 어
린아이들을 내버려 살지 못하게 하
려 할새
20 그때에 모세가 났는데 하나님 보시
기에 아름다운지라 그의 아버지의
집에서 석 달 동안 길리더니
21 버려진 후에 바로의 딸이 그를 데
려다가 자기 아들로 기르매
22 모세가 애굽 사람의 모든 지혜를
배워 그의 말과 하는 일들이 능하
더라
23 나이가 사십이 되매 그 형제 이스
라엘 자손을 돌볼 생각이 나더니
24 한 사람이 원통한 일 당함을 보고
보호하여 압제 받는 자를 위하여 원
수를 갚아 애굽 사람을 쳐죽이니라
25 그는 그의 형제들이 하나님께서 자
기의 손을 통하여 구원해 주시는
것을 깨달으리라고 생각하였으나
그들이 깨닫지 못하였더라
26 이튿날 이스라엘 사람끼리 싸울 때
에 모세가 와서 화해시키려 하여
이르되 너희는 형제인데 어찌 서로
해치느냐 하니
27 그 동무를 해치는 사람이 모세를
밀어뜨려 이르되 누가 너를 관리와
재판장으로 우리 위에 세웠느냐
28 네가 어제는 애굽 사람을 죽임과
같이 또 나를 죽이려느냐 하니
29 모세가 이 말 때문에 도주하여 미
디안 땅에서 나그네 되어 거기서
아들 둘을 낳으니라
30 사십 년이 차매 천사가 시내 산 광
야 가시나무 떨기 불꽃 가운데서
그에게 보이거늘
31 모세가 그 광경을 보고 놀랍게 여
겨 알아보려고 가까이 가니 주의
소리가 있어
32 나는 네 조상의 하나님 즉 아브라
함과 이삭과 야곱의 하나님이라 하
신대 모세가 무서워 감히 바라보지

못하더라
33 주께서 이르시되 네 발의 신을 벗
으라 네가 서 있는 곳은 거룩한 땅
이니라
34 내 백성이 애굽에서 괴로움 받음을
내가 확실히 보고 그 탄식하는 소
리를 듣고 그들을 구원하려고 내려
왔노니 이제 내가 너를 애굽으로
보내리라 하시니라
35 그들의 말이 누가 너를 관리와 재
판장으로 세웠느냐 하며 거절하던
그 모세를 하나님은 가시나무 떨기
가운데서 보이던 천사의 손으로 관
리와 속량하는 자로서 보내셨으니
36 이 사람이 백성을 인도하여 나오게
하고 애굽과 홍해와 광야에서 사십
년간 기사와 [1]표적을 행하였느니라
37 이스라엘 자손에 대하여 [ㄱ]하나님
이 너희 형제 가운데서 나와 같은
선지자를 세우리라 하던 자가 곧
이 모세라
38 시내 산에서 말하던 그 천사와 우
리 조상들과 함께 광야 교회에 있
었고 또 살아 있는 말씀을 받아 우
리에게 주던 자가 이 사람이라
39 우리 조상들이 모세에게 복종하지
아니하고자 하여 거절하며 그 마음
이 도리어 애굽으로 향하여
40 아론더러 이르되 우리를 인도할 신
들을 우리를 위하여 만들라 애굽 땅
에서 우리를 인도하던 이 모세는 어
떻게 되었는지 알지 못하노라 하고
41 그때에 그들이 송아지를 만들어 그
우상 앞에 제사하며 자기 손으로
만든 것을 기뻐하더니
42 하나님이 외면하사 그들을 [2]그 하
늘의 군대 섬기는 일에 버려 두셨으
니 이는 선지자의 책에 기록된 바
[ㄴ]이스라엘의 집이여 너희가 광야
에서 사십 년간 희생과 제물을 내
게 드린 일이 있었느냐
43 몰록의 장막과 신 레판의 별을 받
들었음이여 이것은 너희가 절하
고자 하여 만든 형상이로다 내가
너희를 바벨론 밖으로 옮기리라
함과 같으니라
44 광야에서 우리 조상들에게 증거의
장막이 있었으니 이것은 모세에게
말씀하신 이가 명하사 그가 본 그
양식대로 만들게 하신 것이라
45 우리 조상들이 그것을 받아 하나님
이 그들 앞에서 쫓아내신 이방인의
땅을 점령할 때에 여호수아와 함께
가지고 들어가서 다윗 때까지 이르
니라
46 다윗이 하나님 앞에서 은혜를 받아
[3]야곱의 집을 위하여 하나님의 처
소를 준비하게 하여 달라고 하더니
47 솔로몬이 그를 위하여 집을 지었느
니라
48 그러나 지극히 높으신 이는 손으로
지은 곳에 계시지 아니하시나니 선
지자가 말한 바
49 [ㄷ]주께서 이르시되 하늘은 나의
보좌요 땅은 나의 발등상이니 너
희가 나를 위하여 무슨 집을 짓겠
으며 나의 안식할 처소가 어디냐
50 이 모든 것이 다 내 손으로 지은
것이 아니냐
함과 같으니라
51 목이 곧고 마음과 귀에 할례를 받지
못한 사람들아 너희도 너희 조상과
같이 항상 성령을 거스르는도다
52 너희 조상들이 선지자들 중의 누구
를 박해하지 아니하였느냐 의인이
오시리라 예고한 자들을 그들이 죽
였고 이제 너희는 그 의인을 잡아

1) 또는 이적 2) 그 하늘의 별들 3) 다른 사본에, 하나님을 위하여 처소를 ㄱ. 신 18:15 ㄴ. 암 5:25 이하 ㄷ. 사 66:1 이하

준 자요 살인한 자가 되나니
53 너희는 천사가 전한 율법을 받고도
지키지 아니하였도다 하니라

스데반이 순교하다

54 ●그들이 이 말을 듣고 마음에 찔
려 그를 향하여 이를 갈거늘
55 스데반이 성령 충만하여 하늘을 우
러러 주목하여 하나님의 영광과 및
예수께서 하나님 우편에 서신 것을
보고
56 말하되 보라 하늘이 열리고 인자가 하
나님 우편에 서신 것을 보노라 한대
57 그들이 큰 소리를 지르며 귀를 막
고 일제히 그에게 달려들어
58 성 밖으로 내치고 돌로 칠새 증인
들이 옷을 벗어 사울이라 하는 청
년의 발 앞에 두니라
59 그들이 돌로 스데반을 치니 스데반
이 부르짖어 이르되 주 예수여 내
영혼을 받으시옵소서 하고
60 무릎을 꿇고 크게 불러 이르되 주
여 이 죄를 그들에게 돌리지 마옵
소서 이 말을 하고 자니라

8 사울은 그가 죽임당함을 마땅히
여기더라

사울이 교회를 박해하다

●그날에 예루살렘에 있는 교회에
큰 박해가 있어 사도 외에는 다 유
대와 사마리아 모든 땅으로 흩어지
니라
2 경건한 사람들이 스데반을 장사하
고 위하여 크게 울더라
3 사울이 교회를 잔멸할새 각 집에
들어가 남녀를 끌어다가 옥에 넘기
니라

사마리아에 복음을 전하다

4 ●그 흩어진 사람들이 두루 다니며
복음의 말씀을 전할새
5 빌립이 사마리아 성에 내려가 그리
스도를 백성에게 전파하니
6 무리가 빌립의 말도 듣고 행하는
[1]표적도 보고 한마음으로 그가 하
는 말을 따르더라
7 많은 사람에게 붙었던 더러운 귀신
들이 크게 소리를 지르며 나가고
또 많은 중풍병자와 못 걷는 사람
이 나으니
8 그 성에 큰 기쁨이 있더라
9 ●그 성에 시몬이라 하는 사람이
전부터 있어 마술을 행하여 사마리
아 백성을 놀라게 하며 자칭 큰 자
라 하니
10 낮은 사람부터 높은 사람까지 다
따르며 이르되 이 사람은 크다 일
컫는 하나님의 능력이라 하더라
11 오랫동안 그 마술에 놀랐으므로 그
들이 따르더니
12 빌립이 하나님 나라와 및 예수 그리
스도의 이름에 관하여 전도함을 그
들이 믿고 남녀가 다 [2]세례를 받으니
13 시몬도 믿고 [2]세례를 받은 후에 전
심으로 빌립을 따라다니며 그 나타
나는 [1]표적과 큰 능력을 보고 놀라
니라
14 ●예루살렘에 있는 사도들이 사마
리아도 하나님의 말씀을 받았다 함
을 듣고 베드로와 요한을 보내매
15 그들이 내려가서 그들을 위하여 성
령 받기를 기도하니
16 이는 아직 한 사람에게도 성령 내
리신 일이 없고 오직 주 예수의 이
름으로 [2]세례만 받을 뿐이더라
17 이에 두 사도가 그들에게 안수하매
성령을 받는지라
18 시몬이 사도들의 안수로 성령 받는
것을 보고 돈을 드려
19 이르되 이 권능을 내게도 주어 누
구든지 내가 안수하는 사람은 성령
을 받게 하여 주소서 하니

1) 또는 이적 2) 헬, 또는 침례

20 베드로가 이르되 네가 하나님의 선
물을 돈 주고 살 줄로 생각하였으
니 네 은과 네가 함께 망할지어다
21 하나님 앞에서 네 마음이 바르지
못하니 이 [1]도에는 네가 관계도 없
고 분깃 될 것도 없느니라
22 그러므로 너의 이 악함을 회개하고
주께 기도하라 혹 마음에 품은 것
을 사하여 주시리라
23 내가 보니 너는 [2]악독이 가득하며
불의에 [3]매인 바 되었도다
24 시몬이 대답하여 이르되 나를 위하
여 주께 기도하여 말한 것이 하나도
내게 임하지 않게 하소서 하니라
25 ●두 사도가 주의 말씀을 증언하여
말한 후 예루살렘으로 돌아갈새 사
마리아인의 여러 마을에서 복음을
전하니라

빌립과 에디오피아 내시

26 ●주의 사자가 빌립에게 말하여 이
르되 일어나서 남쪽으로 향하여 예
루살렘에서 가사로 내려가는 길까
지 가라 하니 그 길은 광야라
27 일어나 가서 보니 에디오피아 사람
곧 에디오피아 여왕 간다게의 모든
국고를 맡은 관리인 내시가 예배하
러 예루살렘에 왔다가
28 돌아가는데 수레를 타고 선지자 이
사야의 글을 읽더라
29 성령이 빌립더러 이르시되 이 수레
로 가까이 나아가라 하시거늘
30 빌립이 달려가서 선지자 이사야의
글 읽는 것을 듣고 말하되 읽는 것
을 깨닫느냐
31 대답하되 지도해 주는 사람이 없으
니 어찌 깨달을 수 있느냐 하고 빌
립을 청하여 수레에 올라 같이 앉
으라 하니라
32 읽는 성경 구절은 이것이니 일렀으되
ㄱ그가 도살자에게로 가는 양과
같이 끌려갔고 털 깎는 자 앞에
있는 어린 양이 조용함과 같이 그
의 입을 열지 아니하였도다
33 그가 굴욕을 당했을 때 공정한 재
판도 받지 못하였으니 누가 그의
세대를 말하리요 그의 생명이 땅
에서 빼앗김이로다
하였거늘
34 그 내시가 빌립에게 말하되 청컨대
내가 묻노니 선지자가 이 말한 것
이 누구를 가리킴이냐 자기를 가리
킴이냐 타인을 가리킴이냐
35 빌립이 입을 열어 이 글에서 시작
하여 예수를 가르쳐 복음을 전하니
36 길 가다가 물 있는 곳에 이르러 그
내시가 말하되 보라 물이 있으니
내가 [4]세례를 받음에 무슨 거리낌
이 있느냐
37 [5](없음)
38 이에 명하여 수레를 멈추고 빌립과
내시가 둘 다 물에 내려가 빌립이
[4]세례를 베풀고
39 둘이 물에서 올라올새 주의 영이
빌립을 [6]이끌어간지라 내시는 기
쁘게 길을 가므로 그를 다시 보지
못하니라
40 빌립은 아소도에 나타나 여러 성을
지나 다니며 복음을 전하고 가이사
라에 이르니라

사울이 회개하다 (행 22:6-16; 26:12-18)

9 사울이 주의 제자들에 대하여 여
전히 위협과 살기가 등등하여 대
제사장에게 가서
2 다메섹 여러 회당에 가져갈 공문을
청하니 이는 만일 그 도를 따르는
사람을 만나면 남녀를 막론하고 결

1) 또는 일에는 2) 헬, 쓴 담즙이 3) 또는 매는 자가 되었도다 4) 헬, 또는 침례 5) 어떤 사본에, 37 '빌립이 이르되 네가 마음을 온전히 하여 믿으면 가하니라 대답하여 이르되 내가 예수 그리스도께서 하나님의 아들인 줄 믿노라' 가 있음 6) 헬, 빼앗아간지라 ㄱ. 사 53:7 이하

박하여 예루살렘으로 잡아오려 함
이라
3 사울이 길을 가다가 다메섹에 가까
이 이르더니 홀연히 하늘로부터 빛
이 그를 둘러 비추는지라
4 땅에 엎드러져 들으매 소리가 있어
이르시되 사울아 사울아 네가 어찌
하여 나를 박해하느냐 하시거늘
5 대답하되 주여 누구시니이까 이르
시되 나는 네가 박해하는 예수라
6 너는 일어나 시내로 들어가라 네가
행할 것을 네게 이를 자가 있느니
라 하시니
7 같이 가던 사람들은 소리만 듣고
아무도 보지 못하여 말을 못하고
서 있더라
8 사울이 땅에서 일어나 눈은 떴으나
아무것도 보지 못하고 사람의 손에
끌려 다메섹으로 들어가서
9 사흘 동안 보지 못하고 먹지도 마
시지도 아니하니라
10 ●그때에 다메섹에 아나니아라 하
는 제자가 있더니 주께서 환상 중
에 불러 이르시되 아나니아야 하시
거늘 대답하되 주여 내가 여기 있
나이다 하니
11 주께서 이르시되 일어나 직가라 하
는 거리로 가서 유다의 집에서 다
소 사람 사울이라 하는 사람을 찾
으라 그가 기도하는 중이니라
12 그가 아나니아라 하는 사람이 들어
와서 자기에게 안수하여 다시 보게
하는 것을 [1]보았느니라 하시거늘
13 아나니아가 대답하되 주여 이 사람
에 대하여 내가 여러 사람에게 듣사
온즉 그가 예루살렘에서 주의 성도
에게 적지 않은 해를 끼쳤다 하더니
14 여기서도 주의 이름을 부르는 모든
사람을 결박할 권한을 대제사장들
에게서 받았나이다 하거늘
15 주께서 이르시되 가라 이 사람은
내 이름을 이방인과 임금들과 이스
라엘 자손들에게 전하기 위하여 택
한 나의 그릇이라
16 그가 내 이름을 위하여 얼마나 고
난을 받아야 할 것을 내가 그에게
보이리라 하시니
17 아나니아가 떠나 그 집에 들어가서
그에게 안수하여 이르되 형제 사울
아 주 곧 네가 오는 길에서 나타나
셨던 예수께서 나를 보내어 너로
다시 보게 하시고 성령으로 충만하
게 하신다 하니
18 즉시 사울의 눈에서 비늘 같은 것
이 벗어져 다시 보게 된지라 일어
나 [2]세례를 받고
19 음식을 먹으매 강건하여지니라

사울이 다메섹에서 전도하다

●사울이 다메섹에 있는 제자들과
함께 며칠 있을새
20 즉시로 각 회당에서 예수가 하나님
의 아들이심을 전파하니
21 듣는 사람이 다 놀라 말하되 이 사
람이 예루살렘에서 이 이름을 부르
는 사람을 멸하려던 자가 아니냐
여기 온 것도 그들을 결박하여 대
제사장들에게 끌어가고자 함이 아
니냐 하더라
22 사울은 힘을 더 얻어 예수를 그리
스도라 증언하여 다메섹에 사는 유
대인들을 당혹하게 하니라

사울이 피신하다

23 ●여러 날이 지나매 유대인들이 사
울 죽이기를 공모하더니
24 그 계교가 사울에게 알려지니라 그
들이 그를 죽이려고 밤낮으로 성문
까지 지키거늘
25 그의 제자들이 밤에 사울을 광주리
에 담아 성벽에서 달아 내리니라

1) 어떤 사본에, 환상 중에 보았느니라 2) 헬, 또는 침례

사울이 예루살렘에 가다

26 ●사울이 예루살렘에 가서 제자들
을 사귀고자 하나 다 두려워하여
그가 제자 됨을 믿지 아니하니
27 바나바가 데리고 사도들에게 가서
그가 길에서 어떻게 주를 보았는지
와 주께서 그에게 말씀하신 일과
다메섹에서 그가 어떻게 예수의 이
름으로 담대히 말하였는지를 전하
니라
28 사울이 제자들과 함께 있어 예루살
렘에 출입하며
29 또 주 예수의 이름으로 담대히 말
하고 헬라파 유대인들과 함께 말하
며 변론하니 그 사람들이 죽이려고
힘쓰거늘
30 형제들이 알고 가이사랴로 데리고
내려가서 다소로 보내니라
31 ●그리하여 온 유대와 갈릴리와 사
마리아 교회가 평안하여 든든히 서
가고 주를 경외함과 성령의 [1)]위로
로 진행하여 수가 더 많아지니라

베드로가 중풍병자를 고치다

32 ●그때에 베드로가 사방으로 두루
다니다가 룻다에 사는 성도들에게
도 내려갔더니
33 거기서 애니아라 하는 사람을 만나
매 그는 중풍병으로 침상 위에 누
운 지 여덟 해라
34 베드로가 이르되 애니아야 예수 그
리스도께서 너를 낫게 하시니 일어
나 네 자리를 정돈하라 한대 곧 일
어나니
35 룻다와 사론에 사는 사람들이 다
그를 보고 주께로 돌아오니라

베드로가 도르가를 살리다

36 ●욥바에 다비다라 하는 여제자가
있으니 그 이름을 번역하면 도르가라
선행과 구제하는 일이 심히 많더니
37 그때에 병들어 죽으매 시체를 씻어
다락에 누이니라
38 룻다가 욥바에서 가까운지라 제자
들이 베드로가 거기 있음을 듣고
두 사람을 보내어 지체 말고 와 달
라고 간청하여
39 베드로가 일어나 그들과 함께 가서
이르매 그들이 데리고 다락방에 올
라가니 모든 과부가 베드로 곁에
서서 울며 도르가가 그들과 함께
있을 때에 지은 속옷과 겉옷을 다
내보이거늘
40 베드로가 사람을 다 내보내고 무릎
을 꿇고 기도하고 돌이켜 시체를
향하여 이르되 다비다야 일어나라
하니 그가 눈을 떠 베드로를 보고
일어나 앉는지라
41 베드로가 손을 내밀어 일으키고 성
도들과 과부들을 불러들여 그가 살
아난 것을 보이니
42 온 욥바 사람이 알고 많은 사람이
주를 믿더라
43 베드로가 욥바에 여러 날 있어 시
몬이라 하는 무두장이의 집에서 머
무니라

고넬료가 베드로를 청하다

10 가이사랴에 고넬료라 하는 사
람이 있으니 이달리야 부대라
하는 군대의 백부장이라
2 그가 경건하여 온 집안과 더불어
하나님을 경외하며 백성을 많이 구
제하고 하나님께 항상 기도하더니
3 하루는 제구 시쯤 되어 환상 중에
밝히 보매 하나님의 사자가 들어와
이르되 고넬료야 하니
4 고넬료가 주목하여 보고 두려워 이
르되 주여 무슨 일이니이까 천사가
이르되 네 기도와 구제가 하나님 앞
에 상달되어 기억하신 바가 되었으니
5 네가 지금 사람들을 욥바에 보내어

1) 또는 후원으로

베드로라 하는 시몬을 청하라
6 그는 무두장이 시몬의 집에 유숙하
니 그 집은 해변에 있다 하더라
7 마침 말하던 천사가 떠나매 고넬료
가 집안 하인 둘과 부하 가운데 경
건한 사람 하나를 불러
8 이 일을 다 이르고 욥바로 보내니라
9 ●이튿날 그들이 길을 가다가 그
성에 가까이 갔을 그때에 베드로가
기도하려고 지붕에 올라가니 그 시
각은 제육 시더라
10 그가 시장하여 먹고자 하매 사람들
이 준비할 때에 황홀한 중에
11 하늘이 열리며 한 그릇이 내려오는
것을 보니 큰 보자기 같고 네 귀를
매어 땅에 드리웠더라
12 그 안에는 땅에 있는 각종 네 발 가
진 짐승과 기는 것과 공중에 나는
것들이 있더라
13 또 소리가 있으되 베드로야 일어나
잡아먹어라 하거늘
14 베드로가 이르되 주여 그럴 수 없
나이다 속되고 깨끗하지 아니한 것
을 내가 결코 먹지 아니하였나이다
한대
15 또 두 번째 소리가 있으되 하나님
께서 깨끗하게 하신 것을 네가 속
되다 하지 말라 하더라
16 이런 일이 세 번 있은 후 그 그릇이
곧 하늘로 올려져 가니라
17 ●베드로가 본 바 환상이 무슨 뜻
인지 속으로 의아해 하더니 마침
고넬료가 보낸 사람들이 시몬의 집
을 찾아 문 밖에 서서
18 불러 묻되 베드로라 하는 시몬이
여기 유숙하느냐 하거늘
19 베드로가 그 환상에 대하여 생각할
때에 성령께서 그에게 말씀하시되
[1]두 사람이 너를 찾으니
20 일어나 내려가 의심하지 말고 함께
가라 내가 그들을 보내었느니라 하
시니
21 베드로가 내려가 그 사람들을 보고
이르되 내가 곧 너희가 찾는 사람
인데 너희가 무슨 일로 왔느냐
22 그들이 대답하되 백부장 고넬료는
의인이요 하나님을 경외하는 사람
이라 유대 온 족속이 칭찬하더니
그가 거룩한 천사의 지시를 받아
당신을 그 집으로 청하여 말을 들
으려 하느니라 한대
23 베드로가 불러들여 유숙하게 하니
라

베드로가 고넬료의 집에서 설교하다

●이튿날 일어나 그들과 함께 갈새
욥바에서 온 어떤 형제들도 함께
가니라
24 이튿날 가이사랴에 들어가니 고넬
료가 그의 친척과 가까운 친구들을
모아 기다리더니
25 마침 베드로가 들어올 때에 고넬료
가 맞아 발 앞에 엎드리어 절하니
26 베드로가 일으켜 이르되 일어서라
나도 사람이라 하고
27 더불어 말하며 들어가 여러 사람이
모인 것을 보고
28 이르되 유대인으로서 이방인과 교
제하며 가까이하는 것이 위법인 줄
은 너희도 알거니와 하나님께서 내
게 지시하사 아무도 속되다 하거나
깨끗하지 않다 하지 말라 하시기로
29 부름을 사양하지 아니하고 왔노라
묻노니 무슨 일로 나를 불렀느냐
30 고넬료가 이르되 내가 나흘 전 이
맘때까지 내 집에서 제구 시 기도
를 하는데 갑자기 한 사람이 빛난
옷을 입고 내 앞에 서서
31 말하되 고넬료야 하나님이 네 기도
를 들으시고 네 구제를 기억하셨으니

1) 어떤 사본에, 세 사람이

32 사람을 욥바에 보내어 베드로라 하
는 시몬을 청하라 그가 바닷가 무
두장이 시몬의 집에 유숙하느니라
하시기로
33 내가 곧 당신에게 사람을 보내었는
데 오셨으니 잘하였나이다 이제 우
리는 주께서 당신에게 명하신 모든
것을 듣고자 하여 다 하나님 앞에
있나이다
34 베드로가 입을 열어 말하되 내가
참으로 하나님은 사람의 외모를 보
지 아니하시고
35 각 나라 중 하나님을 경외하며 의
를 행하는 사람은 다 받으시는 줄
깨달았도다
36 만유의 주 되신 예수 그리스도로
말미암아 화평의 복음을 전하사 이
스라엘 자손들에게 보내신 말씀
37 곧 요한이 그 [1]세례를 반포한 후에
갈릴리에서 시작하여 온 유대에 두
루 전파된 그것을 너희도 알거니와
38 하나님이 나사렛 예수에게 성령과
능력을 기름 붓듯 하셨으매 그가 두
루 다니시며 선한 일을 행하시고 마
귀에게 눌린 모든 사람을 고치셨으
니 이는 하나님이 함께하셨음이라
39 우리는 유대인의 땅과 예루살렘에
서 그가 행하신 모든 일에 증인이라
그를 그들이 나무에 달아 죽였으나
40 하나님이 사흘 만에 다시 살리사
나타내시되
41 모든 백성에게 하신 것이 아니요
오직 미리 택하신 증인 곧 죽은 자
가운데서 부활하신 후 그를 모시고
음식을 먹은 우리에게 하신 것이라
42 우리에게 명하사 백성에게 전도하
되 하나님이 살아 있는 자와 죽은
자의 재판장으로 정하신 자가 곧
이 사람인 것을 증언하게 하셨고
43 그에 대하여 모든 선지자도 증언하
되 그를 믿는 사람들이 다 그의 이
름을 힘입어 죄 사함을 받는다 하
였느니라

이방인들도 성령을 받다

44 ●베드로가 이 말을 할 때에 성령
이 말씀 듣는 모든 사람에게 내려
오시니
45 베드로와 함께 온 할례받은 신자들
이 이방인들에게도 [2]성령 부어 주
심으로 말미암아 놀라니
46 이는 방언을 말하며 하나님 높임을
들음이러라
47 이에 베드로가 이르되 이 사람들이
우리와 같이 성령을 받았으니 누가
능히 물로 [1]세례 베풂을 금하리요
하고
48 명하여 예수 그리스도의 이름으로
[1]세례를 베풀라 하니라 그들이 베드
로에게 며칠 더 머물기를 청하니라

베드로가 예루살렘 교회에 보고하다

11 유대에 있는 사도들과 형제들
이 이방인들도 하나님의 말씀
을 받았다 함을 들었더니
2 베드로가 예루살렘에 올라갔을 때
에 할례자들이 비난하여
3 이르되 네가 무할례자의 집에 들어
가 함께 먹었다 하니
4 베드로가 그들에게 이 일을 차례로
설명하여
5 이르되 내가 욥바 시에서 기도할
때에 황홀한 중에 환상을 보니 큰
보자기 같은 그릇이 네 귀에 매어
하늘로부터 내리어 내 앞에까지 드
리워지거늘
6 이것을 주목하여 보니 땅에 네 발
가진 것과 들짐승과 기는 것과 공
중에 나는 것들이 보이더라
7 또 들으니 소리 있어 내게 이르되 베
드로야 일어나 잡아먹으라 하거늘

1) 헬, 또는 침례 2) 헬, 성령의 선물 부어 주심으로

8 내가 이르되 주님 그럴 수 없나이
다 속되거나 깨끗하지 아니한 것은
결코 내 입에 들어간 일이 없나이
다 하니
9 또 하늘로부터 두 번째 소리 있어
내게 이르되 하나님이 깨끗하게 하
신 것을 네가 속되다고 하지 말라
하더라
10 이런 일이 세 번 있은 후에 모든 것
이 다시 하늘로 끌려 올라가더라
11 마침 세 사람이 내가 유숙한 집 앞
에 서 있으니 가이사랴에서 내게로
보낸 사람이라
12 성령이 내게 명하사 아무 의심 말
고 함께 가라 하시매 이 여섯 형제
도 나와 함께 가서 그 사람의 집에
들어가니
13 그가 우리에게 말하기를 천사가 내
집에 서서 말하되 네가 사람을 욥
바에 보내어 베드로라 하는 시몬을
청하라
14 그가 너와 네 온 집이 구원받을 말
씀을 네게 이르리라 함을 보았다
하거늘
15 내가 말을 시작할 때에 성령이 그
들에게 임하시기를 처음 우리에게
하신 것과 같이 하는지라
16 내가 주의 말씀에 요한은 물로 [1]세
례를 베풀었으나 너희는 성령으로
[1]세례를 받으리라 하신 것이 생각
났노라
17 그런즉 하나님이 우리가 주 예수
그리스도를 믿을 때에 주신 것과
같은 선물을 그들에게도 주셨으니
내가 누구이기에 하나님을 능히 막
겠느냐 하더라
18 그들이 이 말을 듣고 잠잠하여 하
나님께 영광을 돌려 이르되 그러면
하나님께서 이방인에게도 생명 얻
는 회개를 주셨도다 하니라

안디옥 교회

19 ●그때에 스데반의 일로 일어난 환
난으로 말미암아 흩어진 자들이 베
니게와 구브로와 안디옥까지 이르
러 유대인에게만 말씀을 전하는데
20 그 중에 구브로와 구레네 몇 사람
이 안디옥에 이르러 [2]헬라인에게도
말하여 주 예수를 [3]전파하니
21 주의 손이 그들과 함께하시매 수많
은 사람들이 믿고 주께 돌아오더라
22 예루살렘 교회가 이 사람들의 소문을
듣고 바나바를 안디옥까지 보내니
23 그가 이르러 하나님의 은혜를 보고 기
뻐하여 모든 사람에게 굳건한 마음으
로 주와 함께 머물러 있으라 권하니
24 바나바는 착한 사람이요 성령과 믿
음이 충만한 사람이라 이에 큰 무
리가 주께 더하여지더라
25 바나바가 사울을 찾으러 다소에 가서
26 만나매 안디옥에 데리고 와서 둘이
교회에 일 년간 모여 있어 큰 무리
를 가르쳤고 제자들이 안디옥에서
비로소 그리스도인이라 일컬음을
받게 되었더라
27 ●그때에 선지자들이 예루살렘에
서 안디옥에 이르니
28 그 중에 아가보라 하는 한 사람이
일어나 성령으로 말하되 천하에 큰
흉년이 들리라 하더니 글라우디오
때에 그렇게 되니라
29 제자들이 각각 그 힘대로 유대에
사는 형제들에게 [4]부조를 보내기로
작정하고
30 이를 실행하여 바나바와 사울의 손
으로 장로들에게 보내니라

야고보의 순교와 베드로의 투옥

12 그때에 헤롯 왕이 손을 들어
교회 중에서 몇 사람을 해하려

1) 헬, 또는 침례 2) 어떤 사본에, 헬라파 유대인에게도
3) 헬, 복음으로 전하니 4) 헬, 봉사

하여
2 요한의 형제 야고보를 칼로 죽이니
3 유대인들이 이 일을 기뻐하는 것을
보고 베드로도 잡으려 할새 때는
무교절 기간이라
4 잡으매 옥에 가두어 군인 넷씩인
네 패에게 맡겨 지키고 유월절 후
에 백성 앞에 끌어 내고자 하더라
5 이에 베드로는 옥에 갇혔고 교회는
그를 위하여 간절히 하나님께 기도
하더라
6 헤롯이 잡아 내려고 하는 그 전날
밤에 베드로가 두 군인 틈에서 두
쇠사슬에 매여 누워 자는데 파수꾼
들이 문 밖에서 옥을 지키더니
7 홀연히 주의 사자가 나타나매 옥중
에 광채가 빛나며 또 베드로의 옆
구리를 쳐 깨워 이르되 급히 일어
나라 하니 쇠사슬이 그 손에서 벗
어지더라
8 천사가 이르되 띠를 띠고 신을 신
으라 하거늘 베드로가 그대로 하니
천사가 또 이르되 겉옷을 입고 따
라오라 한대
9 베드로가 나와서 따라갈새 천사가
하는 것이 생시인 줄 알지 못하고
환상을 보는가 하니라
10 이에 첫째와 둘째 파수를 지나 시
내로 통한 쇠문에 이르니 문이 저
절로 열리는지라 나와서 한 거리를
지나매 천사가 곧 떠나더라
11 이에 베드로가 정신이 들어 이르되
내가 이제야 참으로 주께서 그의
천사를 보내어 나를 헤롯의 손과
유대 백성의 모든 기대에서 벗어나
게 하신 줄 알겠노라 하여
12 깨닫고 마가라 하는 요한의 어머니
마리아의 집에 가니 여러 사람이
거기에 모여 기도하고 있더라
13 베드로가 대문을 두드린대 로데라
하는 여자 아이가 영접하러 나왔다
가
14 베드로의 음성인 줄 알고 기뻐하여
문을 미처 열지 못하고 달려 들어
가 말하되 베드로가 대문 밖에 섰
더라 하니
15 그들이 말하되 네가 미쳤다 하나
여자 아이는 힘써 말하되 참말이라
하니 그들이 말하되 그러면 그의
천사라 하더라
16 베드로가 문 두드리기를 그치지 아
니하니 그들이 문을 열어 베드로를
보고 놀라는지라
17 베드로가 그들에게 손짓하여 조용
하게 하고 주께서 자기를 이끌어 옥
에서 나오게 하던 일을 말하고 또
야고보와 형제들에게 이 말을 전하
라 하고 떠나 다른 곳으로 가니라
18 날이 새매 군인들은 베드로가 어떻
게 되었는지 알지 못하여 적지 않
게 소동하니
19 헤롯이 그를 찾아도 보지 못하매
파수꾼들을 심문하고 죽이라 명하
니라 헤롯이 유대를 떠나 가이사랴
로 내려가서 머무니라

헤롯이 죽다

20 ●헤롯이 두로와 시돈 사람들을 대
단히 노여워하니 그들의 지방이 왕
국에서 나는 양식을 먹는 까닭에
한마음으로 그에게 나아와 왕의 침
소 맡은 신하 블라스도를 설득하여
화목하기를 청한지라
21 헤롯이 날을 택하여 왕복을 입고
단상에 앉아 백성에게 연설하니
22 백성들이 크게 부르되 이것은 신의
소리요 사람의 소리가 아니라 하거늘
23 헤롯이 영광을 하나님께로 돌리지
아니하므로 주의 사자가 곧 치니
벌레에게 먹혀 죽으니라
24 ●하나님의 말씀은 흥왕하여 더하

더라
25 ●바나바와 사울이 [1]부조하는 일을
마치고 마가라 하는 요한을 데리고
예루살렘에서 돌아오니라

바나바와 사울을 보내다

13 안디옥 교회에 선지자들과 교
사들이 있으니 곧 바나바와 니
게르라 하는 시므온과 구레네 사람
루기오와 분봉 왕 헤롯의 젖동생
마나엔과 및 사울이라
2 주를 섬겨 금식할 때에 성령이 이
르시되 내가 불러 시키는 일을 위
하여 바나바와 사울을 따로 세우라
하시니
3 이에 금식하며 기도하고 두 사람에
게 안수하여 보내니라

바나바와 사울이 구브로에서 전도하다

4 ●두 사람이 성령의 보내심을 받아
실루기아에 내려가 거기서 배 타고
구브로에 가서
5 살라미에 이르러 하나님의 말씀을
유대인의 여러 회당에서 전할새 요
한을 수행원으로 두었더라
6 온 섬 가운데로 지나서 바보에 이
르러 바예수라 하는 유대인 거짓
선지자인 마술사를 만나니
7 그가 총독 서기오 바울과 함께 있
으니 서기오 바울은 지혜 있는 사
람이라 바나바와 사울을 불러 하나
님의 말씀을 듣고자 하더라
8 이 마술사 엘루마는(이 이름을 번
역하면 마술사라) 그들을 대적하여
총독으로 믿지 못하게 힘쓰니
9 바울이라고 하는 사울이 성령이 충
만하여 그를 주목하고
10 이르되 모든 거짓과 악행이 가득한
자요 마귀의 자식이요 모든 의의
원수여 주의 바른 길을 굽게 하기
를 그치지 아니하겠느냐
11 보라 이제 주의 손이 네 위에 있으
니 네가 맹인이 되어 얼마 동안 해
를 보지 못하리라 하니 즉시 안개
와 어둠이 그를 덮어 인도할 사람
을 두루 구하는지라
12 이에 총독이 그렇게 된 것을 보고
믿으며 주의 가르치심을 놀랍게 여
기니라

바울과 바나바가
비시디아 안디옥에서 전도하다

13 ●바울과 및 동행하는 사람들이 바
보에서 배 타고 밤빌리아에 있는
버가에 이르니 요한은 그들에게서
떠나 예루살렘으로 돌아가고
14 그들은 버가에서 더 나아가 비시디
아 안디옥에 이르러 안식일에 회당
에 들어가 앉으니라
15 율법과 선지자의 글을 읽은 후에
회당장들이 사람을 보내어 물어 이
르되 형제들아 만일 백성을 권할
말이 있거든 말하라 하니
16 바울이 일어나 손짓하며 말하되 이
스라엘 사람들과 및 하나님을 경외
하는 사람들아 들으라
17 이 이스라엘 백성의 하나님이 우리
조상들을 택하시고 애굽 땅에서 나
그네 된 그 백성을 높여 [2]큰 권능
으로 인도하여 내사
18 광야에서 약 사십 년간 [3]그들의 소
행을 참으시고
19 가나안 땅 일곱 족속을 멸하사 그
땅을 기업으로 주시기까지 약 사백
오십 년간이라
20 그 후에 선지자 사무엘 때까지 사
사를 주셨더니
21 그 후에 그들이 왕을 구하거늘 하
나님이 베냐민 지파 사람 기스의
아들 사울을 사십 년간 주셨다가
22 폐하시고 다윗을 왕으로 세우시고

1) 헬, 봉사를 2) 헬, 높이 드신 팔로 3) 어떤 사본에, 기르시고

증언하여 이르시되 ㄱ내가 이새의
아들 다윗을 만나니 내 마음에 맞
는 사람이라 내 뜻을 다 이루리라
하시더니
23 하나님이 약속하신 대로 이 사람의
후손에서 이스라엘을 위하여 구주
를 세우셨으니 곧 예수라
24 그가 오시기에 앞서 요한이 먼저
회개의 [1]세례를 이스라엘 모든 백
성에게 전파하니라
25 요한이 그 달려갈 길을 마칠 때에
말하되 너희가 나를 누구로 생각하
느냐 나는 그리스도가 아니라 내
뒤에 오시는 이가 있으니 나는 그
발의 신발끈을 풀기도 감당하지 못
하리라 하였으니
26 형제들아 아브라함의 후손과 너희
중 하나님을 경외하는 사람들아 이
구원의 말씀을 우리에게 보내셨거늘
27 예루살렘에 사는 자들과 그들 관리
들이 예수와 및 안식일마다 외우는
바 선지자들의 말을 알지 못하므로
예수를 정죄하여 선지자들의 말을
응하게 하였도다
28 죽일 죄를 하나도 찾지 못하였으나
빌라도에게 죽여 달라 하였으니
29 성경에 그를 가리켜 기록한 말씀을
다 응하게 한 것이라 후에 나무에서
내려다가 무덤에 두었으나
30 하나님이 죽은 자 가운데서 그를
살리신지라
31 갈릴리로부터 예루살렘에 함께 올
라간 사람들에게 여러 날 보이셨으
니 그들이 이제 백성 앞에서 그의
증인이라
32 우리도 조상들에게 주신 약속을 너
희에게 전파하노니
33 곧 하나님이 예수를 일으키사 우리
자녀들에게 이 약속을 이루게 하셨
다 함이라 시편 둘째 편에 기록한
바와 같이 ㄴ너는 내 아들이라 오늘
너를 낳았다 하셨고
34 또 하나님께서 죽은 자 가운데서 그
를 일으키사 다시 썩음을 당하지 않
게 하실 것을 가르쳐 이르시되 ㄷ내
가 다윗의 거룩하고 미쁜 은사를
너희에게 주리라 하셨으며
35 또 다른 시편에 일렀으되 ㄹ주의 거
룩한 자로 썩음을 당하지 않게 하
시리라 하셨느니라
36 다윗은 당시에 하나님의 뜻을 따라
섬기다가 잠들어 그 조상들과 함께
묻혀 썩음을 당하였으되
37 하나님께서 살리신 이는 썩음을 당
하지 아니하였나니
38 그러므로 형제들아 너희가 알 것은
이 사람을 힘입어 죄 사함을 너희
에게 전하는 이것이며
39 또 모세의 율법으로 너희가 의롭다
하심을 얻지 못하던 모든 일에도
이 사람을 힘입어 믿는 자마다 의
롭다 하심을 얻는 이것이라
40 그런즉 너희는 선지자들을 통하여
말씀하신 것이 너희에게 미칠까 삼
가라
41 일렀으되
ㅁ보라 멸시하는 사람들아 너희는
놀라고 멸망하라 내가 너희 때를
당하여 한 일을 행할 것이니 사람
이 너희에게 일러줄지라도 도무
지 믿지 못할 일이라
하였느니라 하니라
42 ●그들이 나갈새 사람들이 청하되
다음 안식일에도 이 말씀을 하라
하더라
43 회당의 모임이 끝난 후에 유대인과
유대교에 입교한 경건한 사람들이
많이 바울과 바나바를 따르니 두

1) 헬, 또는 침례 ㄱ. 삼상 13:14; 시 89:20 ㄴ. 시 2:7
ㄷ. 사 55:3 ㄹ. 시 16:10 ㅁ. 합 1:5

사도가 더불어 말하고 항상 하나님
의 은혜 가운데 있으라 권하니라
44 ●그 다음 안식일에는 온 시민이
거의 다 하나님의 말씀을 듣고자
하여 모이니
45 유대인들이 그 무리를 보고 시기가
가득하여 바울이 말한 것을 반박하
고 비방하거늘
46 바울과 바나바가 담대히 말하여 이
르되 하나님의 말씀을 마땅히 먼저
너희에게 전할 것이로되 너희가 그
것을 버리고 영생을 얻기에 합당하
지 않은 자로 자처하기로 우리가
이방인에게로 향하노라
47 주께서 이같이 우리에게 명하시되
ㄱ내가 너를 이방의 빛으로 삼아
너로 땅끝까지 구원하게 하리라
하셨느니라 하니
48 이방인들이 듣고 기뻐하여 하나님
의 말씀을 찬송하며 영생을 주시기
로 작정된 자는 다 믿더라
49 주의 말씀이 그 지방에 두루 퍼지
니라
50 이에 유대인들이 경건한 귀부인들
과 그 시내 유력자들을 선동하여
바울과 바나바를 박해하게 하여 그
지역에서 쫓아내니
51 두 사람이 그들을 향하여 발의 티
끌을 떨어 버리고 이고니온으로 가
거늘
52 제자들은 기쁨과 성령이 충만하니라

바울과 바나바가 이고니온에서 전도하다

14 이에 이고니온에서 두 사도가
함께 유대인의 회당에 들어가
말하니 유대와 헬라의 허다한 무리
가 믿더라
2 그러나 순종하지 아니하는 유대인
들이 이방인들의 마음을 선동하여
형제들에게 악감을 품게 하거늘
3 두 사도가 오래 있어 주를 힘입어
담대히 말하니 주께서 그들의 손으
로 1)표적과 기사를 행하게 하여 주
사 자기 은혜의 말씀을 증언하시니
4 그 시내의 무리가 나뉘어 유대인을
따르는 자도 있고 두 사도를 따르
는 자도 있는지라
5 이방인과 유대인과 그 관리들이 두
사도를 모욕하며 돌로 치려고 달려
드니
6 그들이 알고 도망하여 루가오니아
의 두 성 루스드라와 더베와 그 근
방으로 가서
7 거기서 복음을 전하니라

바울과 바나바가 루스드라에서 전도하다

8 ●루스드라에 발을 쓰지 못하는 한
사람이 앉아 있는데 나면서 걷지 못
하게 되어 걸어 본 적이 없는 자라
9 바울이 말하는 것을 듣거늘 바울이
주목하여 구원받을 만한 믿음이 그
에게 있는 것을 보고
10 큰 소리로 이르되 네 발로 바로 일
어서라 하니 그 사람이 일어나 걷
는지라
11 무리가 바울이 한 일을 보고 루가
오니아 방언으로 소리 질러 이르되
신들이 사람의 형상으로 우리 가운
데 내려오셨다 하여
12 바나바는 제우스라 하고 바울은 그
중에 말하는 자이므로 헤르메스라
하더라
13 시외 제우스 신당의 제사장이 소와
화환들을 가지고 대문 앞에 와서
무리와 함께 제사하고자 하니
14 두 사도 바나바와 바울이 듣고 옷
을 찢고 무리 가운데 뛰어 들어가
서 소리 질러
15 이르되 여러분이여 어찌하여 이러
한 일을 하느냐 우리도 여러분과
같은 성정을 가진 사람이라 여러분

1) 또는 이적 ㄱ. 사 49:6

에게 복음을 전하는 것은 이런 헛
된 일을 버리고 천지와 바다와 그
가운데 만물을 지으시고 살아 계신
하나님께로 돌아오게 함이라
16 하나님이 지나간 세대에는 모든 민
족으로 자기들의 길들을 가게 방임
하셨으나
17 그러나 자기를 증언하지 아니하신
것이 아니니 곧 여러분에게 하늘로
부터 비를 내리시며 결실기를 주시
는 선한 일을 하사 음식과 기쁨으
로 여러분의 마음에 만족하게 하셨
느니라 하고
18 이렇게 말하여 겨우 무리를 말려
자기들에게 제사를 못하게 하니라
19 ●유대인들이 안디옥과 이고니온
에서 와서 무리를 충동하니 그들이
돌로 바울을 쳐서 죽은 줄로 알고
시외로 끌어 내치니라
20 제자들이 둘러섰을 때에 바울이 일
어나 그 성에 들어갔다가 이튿날
바나바와 함께 더베로 가서
21 복음을 그 성에서 전하여 많은 사
람을 제자로 삼고 루스드라와 이고
니온과 안디옥으로 돌아가서
22 제자들의 마음을 굳게 하여 이 믿음
에 머물러 있으라 권하고 또 우리
가 하나님의 나라에 들어가려면 많
은 환난을 겪어야 할 것이라 하고
23 각 교회에서 장로들을 택하여 금식
기도 하며 그들이 믿는 주께 그들
을 위탁하고
24 비시디아 가운데로 지나서 밤빌리
아에 이르러
25 말씀을 버가에서 전하고 앗달리아
로 내려가서
26 거기서 배 타고 안디옥에 이르니
이곳은 두 사도가 이룬 그 일을 위
하여 전에 하나님의 은혜에 부탁하
던 곳이라
27 그들이 이르러 교회를 모아 하나님
이 함께 행하신 모든 일과 이방인
들에게 믿음의 문을 여신 것을 보
고하고
28 제자들과 함께 오래 있으니라

예루살렘 회의

15 어떤 사람들이 유대로부터 내려
와서 형제들을 가르치되 너희가
모세의 법대로 할례를 받지 아니하
면 능히 구원을 받지 못하리라 하니
2 바울 및 바나바와 그들 사이에 적
지 아니한 다툼과 변론이 일어난지
라 형제들이 이 문제에 대하여 바
울과 바나바와 및 그 중의 몇 사람
을 예루살렘에 있는 사도와 장로들
에게 보내기로 작정하니라
3 그들이 교회의 전송을 받고 베니게
와 사마리아로 다니며 이방인들이
주께 돌아온 일을 말하여 형제들을
다 크게 기쁘게 하더라
4 예루살렘에 이르러 교회와 사도와
장로들에게 영접을 받고 하나님이
자기들과 함께 계셔 행하신 모든
일을 말하매
5 바리새파 중에 어떤 믿는 사람들이
일어나 말하되 이방인에게 할례를
행하고 모세의 율법을 지키라 명하
는 것이 마땅하다 하니라
6 ●사도와 장로들이 이 일을 의논하
러 모여
7 많은 변론이 있은 후에 베드로가
일어나 말하되 형제들아 너희도 알
거니와 하나님이 이방인들로 내 입
에서 복음의 말씀을 들어 믿게 하
시려고 오래 전부터 너희 가운데서
나를 택하시고
8 또 마음을 아시는 하나님이 우리에
게와 같이 그들에게도 성령을 주어
증언하시고
9 믿음으로 그들의 마음을 깨끗이 하

사 그들이나 우리나 차별하지 아니
하셨느니라
10 그런데 지금 너희가 어찌하여 하나
님을 시험하여 우리 조상과 우리도
능히 메지 못하던 멍에를 제자들의
목에 두려느냐
11 그러나 우리는 그들이 우리와 동일
하게 주 예수의 은혜로 구원받는
줄을 믿노라 하니라
12 ●온 무리가 가만히 있어 바나바와
바울이 하나님께서 자기들로 말미
암아 이방인 중에서 행하신 [1]표적과
기사에 관하여 말하는 것을 듣더니
13 말을 마치매 야고보가 대답하여 이
르되 형제들아 내 말을 들으라
14 하나님이 처음으로 이방인 중에서
자기 이름을 위할 백성을 취하시려
고 그들을 돌보신 것을 시므온이
말하였으니
15 선지자들의 말씀이 이와 일치하도
다 기록된 바
16 ㄱ이 후에 내가 돌아와서 다윗의
무너진 장막을 다시 지으며 또 그
허물어진 것을 다시 지어 일으키
리니
17 이는 그 남은 사람들과 내 이름으
로 일컬음을 받는 모든 이방인들로
주를 찾게 하려 함이라 하셨으니
18 즉 예로부터 이것을 알게 하시는
주의 말씀이라
함과 같으니라
19 그러므로 내 의견에는 이방인 중에
서 하나님께로 돌아오는 자들을 괴
롭게 하지 말고
20 다만 우상의 더러운 것과 음행과
목매어 죽인 것과 피를 멀리하라고
편지하는 것이 옳으니
21 이는 예로부터 각 성에서 모세를
전하는 자가 있어 안식일마다 회당
에서 그 글을 읽음이라 하더라

이방인 신자들에게 보내는 편지

22 ●이에 사도와 장로와 온 교회가
그 중에서 사람들을 택하여 바울과
바나바와 함께 안디옥으로 보내기
를 결정하니 곧 형제 중에 인도자
인 바사바라 하는 유다와 실라더라
23 그 편에 편지를 부쳐 이르되 사도
와 장로된 형제들은 안디옥과 수리
아와 길리기아에 있는 이방인 형제
들에게 문안하노라
24 들은즉 우리 가운데서 어떤 사람들
이 우리의 지시도 없이 나가서 말
로 너희를 괴롭게 하고 마음을 혼
란하게 한다 하기로
25-26 사람을 택하여 우리 주 예수 그리
스도의 이름을 위하여 생명을 아끼
지 아니하는 자인 우리가 사랑하는
바나바와 바울과 함께 너희에게 보
내기를 만장일치로 결정하였노라
27 그리하여 유다와 실라를 보내니 그
들도 이 일을 말로 전하리라
28 성령과 우리는 이 요긴한 것들 외
에는 아무 짐도 너희에게 지우지
아니하는 것이 옳은 줄 알았노니
29 우상의 제물과 피와 목매어 죽인
것과 음행을 멀리할지니라 이에 스
스로 삼가면 잘되리라 평안함을 원
하노라 하였더라
30 ●그들이 작별하고 안디옥에 내려
가 무리를 모은 후에 편지를 전하니
31 읽고 그 [2]위로한 말을 기뻐하더라
32 유다와 실라도 선지자라 여러 말로
형제를 [3]권면하여 굳게 하고
33 얼마 있다가 평안히 가라는 전송을
형제들에게 받고 자기를 보내던 사
람들에게로 돌아가되
34 [4](없음)

1) 또는 이적 2) 또는 권면 3) 또는 위로 4) 어떤 사본에, 34 '실라는 그들과 함께 유하기를 작정하고' 가 있고 또 35 '바울과 바나바도'라 하였음 ㄱ. 암 9:11,12

35 바울과 바나바는 안디옥에서 유하
며 수다한 다른 사람들과 함께 주
의 말씀을 가르치며 전파하니라

바울과 바나바가 갈라서다

36 ●며칠 후에 바울이 바나바더러 말
하되 우리가 주의 말씀을 전한 각
성으로 다시 가서 형제들이 어떠한
가 방문하자 하고
37 바나바는 마가라 하는 요한도 데리
고 가고자 하나
38 바울은 밤빌리아에서 자기들을 떠
나 함께 일하러 가지 아니한 자를
데리고 가는 것이 옳지 않다 하여
39 서로 심히 다투어 피차 갈라서니
바나바는 마가를 데리고 배 타고
구브로로 가고
40 바울은 실라를 택한 후에 형제들에
게 주의 은혜에 부탁함을 받고 떠나
41 수리아와 길리기아로 다니며 교회
들을 견고하게 하니라

바울이 디모데를 데리고 가다

16 바울이 더베와 루스드라에도
이르매 거기 디모데라 하는 제
자가 있으니 그 어머니는 믿는 유
대 여자요 아버지는 헬라인이라
2 디모데는 루스드라와 이고니온에
있는 형제들에게 칭찬받는 자니
3 바울이 그를 데리고 떠나고자 할새
그 지역에 있는 유대인으로 말미암
아 그를 데려다가 할례를 행하니
이는 그 사람들이 그의 아버지는
헬라인인 줄 다 앎이러라
4 여러 성으로 다녀갈 때에 예루살렘
에 있는 사도와 장로들이 작정한
규례를 그들에게 주어 지키게 하니
5 이에 여러 교회가 믿음이 더 굳건
해지고 수가 날마다 늘어가니라

바울이 환상을 보다

6 ●성령이 아시아에서 말씀을 전하
지 못하게 하시거늘 그들이 브루기
아와 갈라디아 땅으로 다녀가
7 무시아 앞에 이르러 비두니아로 가
고자 애쓰되 예수의 영이 허락하지
아니하시는지라
8 무시아를 지나 드로아로 내려갔는데
9 밤에 환상이 바울에게 보이니 마게
도냐 사람 하나가 서서 그에게 청
하여 이르되 마게도냐로 건너와서
우리를 도우라 하거늘
10 바울이 그 환상을 보았을 때 우리
가 곧 마게도냐로 떠나기를 힘쓰니
이는 하나님이 저 사람들에게 복음
을 전하라고 우리를 부르신 줄로
인정함이러라

루디아가 믿다

11 ●우리가 드로아에서 배로 떠나 사
모드라게로 직행하여 이튿날 네압
볼리로 가고
12 거기서 빌립보에 이르니 이는 마게도
냐 지방의 [1]첫 성이요 또 로마의 식
민지라 이 성에서 수일을 유하다가
13 안식일에 우리가 기도할 곳이 있을
까 하여 문 밖 강가에 나가 거기 앉아
서 모인 여자들에게 말하는데
14 두아디라 시에 있는 자색 옷감 장
사로서 하나님을 섬기는 루디아라
하는 한 여자가 말을 듣고 있을 때
주께서 그 마음을 열어 바울의 말
을 따르게 하신지라
15 그와 그 집이 다 [2]세례를 받고 우
리에게 청하여 이르되 만일 나를
주 믿는 자로 알거든 내 집에 들어
와 유하라 하고 강권하여 머물게
하니라

바울과 실라가 갇히다

16 ●우리가 기도하는 곳에 가다가 점
치는 귀신 들린 여종 하나를 만나
니 점으로 그 주인들에게 큰 이익
을 주는 자라

1) 또는 첫째가는 성이요 2) 헬, 또는 침례

17 그가 바울과 우리를 따라와 소리
질러 이르되 이 사람들은 지극히
높은 하나님의 종으로서 구원의 길
을 너희에게 전하는 자라 하며
18 이같이 여러 날을 하는지라 바울이
심히 괴로워하여 돌이켜 그 귀신에
게 이르되 예수 그리스도의 이름으
로 내가 네게 명하노니 그에게서
나오라 하니 귀신이 즉시 나오니라
19 ●여종의 주인들은 자기 수익의 소
망이 끊어진 것을 보고 바울과 실
라를 붙잡아 장터로 관리들에게 끌
어갔다가
20 상관들 앞에 데리고 가서 말하되
이 사람들이 유대인인데 우리 성을
심히 요란하게 하여
21 로마 사람인 우리가 받지도 못하고
행하지도 못할 풍속을 전한다 하거늘
22 무리가 일제히 일어나 고발하니 상
관들이 옷을 찢어 벗기고 매로 치
라 하여
23 많이 친 후에 옥에 가두고 간수에
게 명하여 든든히 지키라 하니
24 그가 이러한 명령을 받아 그들을
깊은 옥에 가두고 그 발을 차꼬에
든든히 채웠더니
25 한밤중에 바울과 실라가 기도하고
하나님을 찬송하매 죄수들이 듣더
라
26 이에 갑자기 큰 지진이 나서 옥터가
움직이고 문이 곧 다 열리며 모든
사람의 매인 것이 다 벗어진지라
27 간수가 자다가 깨어 옥문들이 열린
것을 보고 죄수들이 도망한 줄 생
각하고 칼을 빼어 자결하려 하거늘
28 바울이 크게 소리 질러 이르되 네
몸을 상하지 말라 우리가 다 여기
있노라 하니
29 간수가 등불을 달라고 하며 뛰어
들어가 무서워 떨며 바울과 실라
앞에 엎드리고
30 그들을 데리고 나가 이르되 선생들
이여 내가 어떻게 하여야 구원을
받으리이까 하거늘
31 이르되 주 예수를 믿으라 그리하면
너와 네 집이 구원을 받으리라 하고
32 주의 말씀을 그 사람과 그 집에 있
는 모든 사람에게 전하더라
33 그 밤 그 시각에 간수가 그들을 데려
다가 그 맞은 자리를 씻어 주고 자기
와 그 온 가족이 다 [1]세례를 받은 후
34 그들을 데리고 자기 집에 올라가서
음식을 차려 주고 그와 온 집안이 하
나님을 믿으므로 크게 기뻐하니라
35 ●날이 새매 상관들이 부하를 보내
어 이 사람들을 놓으라 하니
36 간수가 그 말대로 바울에게 말하되
상관들이 사람을 보내어 너희를 놓
으라 하였으니 이제는 나가서 평안
히 가라 하거늘
37 바울이 이르되 로마 사람인 우리를
죄도 정하지 아니하고 공중 앞에서
때리고 옥에 가두었다가 이제는 가
만히 내보내고자 하느냐 아니라 그
들이 친히 와서 우리를 데리고 나
가야 하리라 한대
38 부하들이 이 말을 상관들에게 보고
하니 그들이 로마 사람이라 하는
말을 듣고 두려워하여
39 와서 권하여 데리고 나가 그 성에
서 떠나기를 청하니
40 두 사람이 옥에서 나와 루디아의
집에 들어가서 형제들을 만나 보고
[2]위로하고 가니라

바울이 데살로니가에서 전도하다

17 그들이 암비볼리와 아볼로니아
로 다녀가 데살로니가에 이르
니 거기 유대인의 회당이 있는지라
2 바울이 자기의 관례대로 그들에게

1) 헬, 또는 침례 2) 권면하고

로 들어가서 세 안식일에 성경을
가지고 강론하며
3 뜻을 풀어 그리스도가 해를 받고
죽은 자 가운데서 다시 살아나야
할 것을 증언하고 이르되 내가 너
희에게 전하는 이 예수가 곧 그리
스도라 하니
4 그 중의 어떤 사람 곧 경건한 헬라
인의 큰 무리와 적지 않은 귀부인
도 권함을 받고 바울과 실라를 따
르나
5 그러나 유대인들은 시기하여 저자
의 어떤 불량한 사람들을 데리고
떼를 지어 성을 소동하게 하여 야
손의 집에 침입하여 그들을 백성에
게 끌어내려고 찾았으나
6 발견하지 못하매 야손과 몇 형제들
을 끌고 읍장들 앞에 가서 소리 질
러 이르되 천하를 어지럽게 하던
이 사람들이 여기도 이르매
7 야손이 그들을 맞아 들였도다 이
사람들이 다 가이사의 명을 거역하
여 말하되 다른 임금 곧 예수라 하
는 이가 있다 하더이다 하니
8 무리와 읍장들이 이 말을 듣고 소
동하여
9 야손과 그 나머지 사람들에게 보석
금을 받고 놓아주니라

베뢰아 사람들이 말씀을 받다

10 ●밤에 형제들이 곧 바울과 실라를
베뢰아로 보내니 그들이 이르러 유
대인의 회당에 들어가니라
11 베뢰아에 있는 사람들은 데살로니
가에 있는 사람들보다 더 너그러워
서 간절한 마음으로 말씀을 받고
이것이 그러한가 하여 날마다 성경
을 상고하므로
12 그 중에 믿는 사람이 많고 또 헬라
의 귀부인과 남자가 적지 아니하나
13 데살로니가에 있는 유대인들은 바
울이 하나님의 말씀을 베뢰아에서
도 전하는 줄을 알고 거기도 가서
무리를 움직여 소동하게 하거늘
14 형제들이 곧 바울을 내보내어 바다
까지 가게 하되 실라와 디모데는
아직 거기 머물더라
15 바울을 인도하는 사람들이 그를 데
리고 아덴까지 이르러 그에게서 실
라와 디모데를 자기에게로 속히 오
게 하라는 명령을 받고 떠나니라

바울이 아덴에서 전도하다

16 ●바울이 아덴에서 그들을 기다리
다가 그 성에 우상이 가득한 것을
보고 마음에 격분하여
17 회당에서는 유대인과 경건한 사람
들과 또 장터에서는 날마다 만나는
사람들과 변론하니
18 어떤 에피쿠로스와 스토아 철학자
들도 바울과 쟁론할새 어떤 사람은
이르되 이 말쟁이가 무슨 말을 하
고자 하느냐 하고 어떤 사람은 이
르되 이방 신들을 전하는 사람인가
보다 하니 이는 바울이 예수와 부
활을 전하기 때문이러라
19 그를 붙들어 아레오바고로 가며 말
하기를 네가 말하는 이 새로운 가르침
이 무엇인지 우리가 알 수 있겠느냐
20 네가 어떤 이상한 것을 우리 귀에
들려주니 그 무슨 뜻인지 알고자
하노라 하니
21 모든 아덴 사람과 거기서 나그네
된 외국인들이 가장 새로운 것을
말하고 듣는 것 이외에는 달리 시
간을 쓰지 않음이더라
22 바울이 아레오바고 가운데 서서 말
하되 아덴 사람들아 너희를 보니
범사에 종교심이 많도다
23 내가 두루 다니며 너희가 위하는
것들을 보다가 알지 못하는 신에게
라고 새긴 단도 보았으니 그런즉

너희가 알지 못하고 위하는 그것을
내가 너희에게 알게 하리라
24 우주와 그 가운데 있는 만물을 지
으신 하나님께서는 천지의 주재시
니 손으로 지은 전에 계시지 아니
하시고
25 또 무엇이 부족한 것처럼 사람의
손으로 섬김을 받으시는 것이 아니
니 이는 만민에게 생명과 호흡과
만물을 친히 주시는 이심이라
26 인류의 모든 족속을 한 혈통으로
만드사 온 땅에 살게 하시고 그들
의 연대를 정하시며 거주의 경계를
한정하셨으니
27 이는 사람으로 혹 [1]하나님을 더듬
어 찾아 발견하게 하려 하심이로되
그는 우리 각 사람에게서 멀리 계
시지 아니하도다
28 우리가 그를 힘입어 살며 기동하며
존재하느니라 너희 시인 중 어떤
사람들의 말과 같이 우리가 그의
소생이라 하니
29 이와 같이 하나님의 소생이 되었은
즉 하나님을 금이나 은이나 돌에다
사람의 기술과 고안으로 새긴 것들
과 같이 여길 것이 아니니라
30 알지 못하던 시대에는 하나님이 간
과하셨거니와 이제는 어디든지 사
람에게 다 명하사 회개하라 하셨으
니
31 이는 정하신 사람으로 하여금 천하
를 공의로 심판할 날을 작정하시고
이에 그를 죽은 자 가운데서 다시
살리신 것으로 모든 사람에게 믿을
만한 증거를 주셨음이니라 하니라
32 ●그들이 죽은 자의 부활을 듣고
어떤 사람은 조롱도 하고 어떤 사
람은 이 일에 대하여 네 말을 다시
듣겠다 하니
33 이에 바울이 그들 가운데서 떠나매
34 몇 사람이 그를 가까이하여 믿으니
그 중에는 아레오바고 관리 디오누
시오와 다마리라 하는 여자와 또
다른 사람들도 있었더라

바울이 고린도에서 전도하다

18 그 후에 바울이 아덴을 떠나
고린도에 이르러
2 아굴라라 하는 본도에서 난 유대인
한 사람을 만나니 글라우디오가 모
든 유대인을 명하여 로마에서 떠나
라 한 고로 그가 그 아내 브리스길
라와 함께 이달리야로부터 새로 온
지라 바울이 그들에게 가매
3 생업이 같으므로 함께 살며 일을
하니 그 생업은 천막을 만드는 것
이더라
4 안식일마다 바울이 회당에서 강론하
고 유대인과 헬라인을 권면하니라
5 ●실라와 디모데가 마게도냐로부
터 내려오매 바울이 하나님의 말씀
에 붙잡혀 유대인들에게 예수는 그
리스도라 밝히 증언하니
6 그들이 대적하여 비방하거늘 바울
이 옷을 털면서 이르되 너희 피가
너희 머리로 돌아갈 것이요 나는
깨끗하니라 이 후에는 이방인에게
로 가리라 하고
7 거기서 옮겨 하나님을 경외하는 디
도 유스도라 하는 사람의 집에 들
어가니 그 집은 회당 옆이라
8 또 회당장 그리스보가 온 집안과
더불어 주를 믿으며 수많은 고린도
사람도 듣고 믿어 [2]세례를 받더라
9 밤에 주께서 환상 가운데 바울에게
말씀하시되 두려워하지 말며 침묵
하지 말고 말하라
10 내가 너와 함께 있으매 어떤 사람
도 너를 대적하여 해롭게 할 자가
없을 것이니 이는 이 성중에 내 백

1) 헬, 신 2) 헬, 또는 침례

성이 많음이라 하시더라
11 일 년 육 개월을 머물며 그들 가운
데서 하나님의 말씀을 가르치니라
12 ●갈리오가 아가야 총독 되었을 때
에 유대인이 일제히 일어나 바울을
대적하여 법정으로 데리고 가서
13 말하되 이 사람이 율법을 어기면서
하나님을 경외하라고 사람들을 권
한다 하거늘
14 바울이 입을 열고자 할 때에 갈리오
가 유대인들에게 이르되 너희 유대
인들아 만일 이것이 무슨 부정한 일
이나 불량한 행동이었으면 내가 너
희 말을 들어주는 것이 옳거니와
15 만일 문제가 언어와 명칭과 너희
법에 관한 것이면 너희가 스스로
처리하라 나는 이러한 일에 재판장
되기를 원하지 아니하노라 하고
16 그들을 법정에서 쫓아내니
17 모든 사람이 회당장 소스데네를 잡
아 법정 앞에서 때리되 갈리오가 이
일을 상관하지 아니하니라

바울이 안디옥으로 내려가다

18 ●바울은 더 여러 날 머물다가 형
제들과 작별하고 배 타고 수리아로
떠나갈새 브리스길라와 아굴라도
함께하더라 바울이 일찍이 서원이
있었으므로 겐그레아에서 머리를
깎았더라
19 에베소에 와서 그들을 거기 머물게
하고 자기는 회당에 들어가서 유대
인들과 변론하니
20 여러 사람이 더 오래 있기를 청하
되 허락하지 아니하고
21 작별하여 이르되 만일 하나님의 뜻
이면 너희에게 돌아오리라 하고 배
를 타고 에베소를 떠나
22 가이사랴에 상륙하여 올라가 교회
의 안부를 물은 후에 안디옥으로
내려가서
23 얼마 있다가 떠나 갈라디아와 브루
기아 땅을 차례로 다니며 모든 제
자를 굳건하게 하니라

아볼로가 담대히 전도하다

24 ●알렉산드리아에서 난 아볼로라 하
는 유대인이 에베소에 이르니 이 사람
은 언변이 좋고 성경에 능통한 자라
25 그가 일찍이 주의 도를 배워 열심
으로 예수에 관한 것을 자세히 말
하며 가르치나 요한의 [1]세례만 알
따름이라
26 그가 회당에서 담대히 말하기 시작
하거늘 브리스길라와 아굴라가 듣
고 데려다가 하나님의 도를 더 정
확하게 풀어 이르더라
27 아볼로가 아가야로 건너가고자 함
으로 형제들이 그를 격려하며 제자
들에게 편지를 써 영접하라 하였더
니 그가 가매 은혜로 말미암아 믿
은 자들에게 많은 유익을 주니
28 이는 성경으로써 예수는 그리스도
라고 증언하여 공중 앞에서 힘있게
유대인의 말을 이김이러라

바울이 에베소에서 전도하다

19 아볼로가 고린도에 있을 때에
바울이 윗지방으로 다녀 에베
소에 와서 어떤 제자들을 만나
2 이르되 너희가 믿을 때에 성령을
받았느냐 이르되 아니라 우리는 성
령이 계심도 듣지 못하였노라
3 바울이 이르되 그러면 너희가 무슨
[1]세례를 받았느냐 대답하되 요한의
[1]세례니라
4 바울이 이르되 요한이 회개의 [1]세
례를 베풀며 백성에게 말하되 내
뒤에 오시는 이를 믿으라 하였으니
이는 곧 예수라 하거늘
5 그들이 듣고 주 예수의 이름으로
[1]세례를 받으니

1) 헬, 또는 침례

6 바울이 그들에게 안수하매 성령이
그들에게 임하시므로 방언도 하고
예언도 하니
7 모두 열두 [1]사람쯤 되니라
8 ●바울이 회당에 들어가 석 달 동
안 담대히 하나님 나라에 관하여
강론하며 권면하되
9 어떤 사람들은 마음이 굳어 순종하
지 않고 무리 앞에서 이 도를 비방
하거늘 바울이 그들을 떠나 제자들
을 따로 세우고 두란노 서원에서
날마다 강론하니라
10 두 해 동안 이같이 하니 아시아에
사는 자는 유대인이나 헬라인이나
다 주의 말씀을 듣더라
11 하나님이 바울의 손으로 놀라운 능
력을 행하게 하시니
12 심지어 사람들이 바울의 몸에서 손
수건이나 앞치마를 가져다가 병든
사람에게 얹으면 그 병이 떠나고
[2]악귀도 나가더라
13 이에 돌아다니며 마술하는 어떤 유
대인들이 [3]시험 삼아 [2]악귀 들린 자
들에게 주 예수의 이름을 불러 말하
되 내가 바울이 전파하는 예수를 의
지하여 너희에게 명하노라 하더라
14 유대의 한 제사장 스게와의 일곱 아
들도 이 일을 행하더니
15 악귀가 대답하여 이르되 내가 예수
도 알고 바울도 알거니와 너희는 누
구냐 하며
16 악귀 들린 사람이 그들에게 뛰어올
라 눌러 이기니 그들이 상하여 벗은
몸으로 그 집에서 도망하는지라
17 에베소에 사는 유대인과 헬라인들
이 다 이 일을 알고 두려워하며 주
예수의 이름을 높이고
18 믿은 사람들이 많이 와서 자복하여
행한 일을 알리며
19 또 마술을 행하던 많은 사람이 그
책을 모아 가지고 와서 모든 사람
앞에서 불사르니 그 책값을 계산한
즉 은 오만이나 되더라
20 이와 같이 주의 말씀이 힘이 있어
흥왕하여 세력을 얻으니라

에베소에서 일어난 소동

21 ●이 일이 있은 후에 바울이 마게도
냐와 아가야를 거쳐 예루살렘에 가기
로 작정하여 이르되 내가 거기 갔다
가 후에 로마도 보아야 하리라 하고
22 자기를 돕는 사람 중에서 디모데와
에라스도 두 사람을 마게도냐로 보
내고 자기는 아시아에 얼마 동안
더 있으니라
23 ●그때쯤 되어 이 도로 말미암아 적
지 않은 소동이 있었으니
24 즉 데메드리오라 하는 어떤 은장색
이 은으로 아데미의 신상 모형을
만들어 직공들에게 적지 않은 벌이
를 하게 하더니
25 그가 그 직공들과 그러한 영업하는
자들을 모아 이르되 여러분도 알거
니와 우리의 풍족한 생활이 이 생
업에 있는데
26 이 바울이 에베소뿐 아니라 거의
전 아시아를 통하여 수많은 사람을
권유하여 말하되 사람의 손으로 만
든 것들은 신이 아니라 하니 이는
그대들도 보고 들은 것이라
27 우리의 이 영업이 천하여질 위험이
있을 뿐 아니라 큰 여신 아데미의
신전도 무시당하게 되고 온 아시아
와 천하가 위하는 그의 위엄도 떨
어질까 하노라 하더라
28 그들이 이 말을 듣고 분노가 가득
하여 외쳐 이르되 크다 에베소 사
람의 아데미여 하니
29 온 시내가 요란하여 바울과 같이
다니는 마게도냐 사람 가이오와 아

1) 헬, 남자 2) 헬, 악령 3) 또는 망령되이

리스다고를 붙들어 일제히 연극장
으로 달려 들어가는지라
30 바울이 백성 가운데로 들어가고자
하나 제자들이 말리고
31 또 아시아 관리 중에 바울의 친구
된 어떤 이들이 그에게 통지하여
연극장에 들어가지 말라 권하더라
32 사람들이 외쳐 어떤 이는 이런 말
을, 어떤 이는 저런 말을 하니 모인
무리가 분란하여 태반이나 어찌하
여 모였는지 알지 못하더라
33 유대인들이 무리 가운데서 알렉산
더를 권하여 앞으로 밀어내니 알렉
산더가 손짓하며 백성에게 변명하
려 하나
34 그들은 그가 유대인인 줄 알고 다
한 소리로 외쳐 이르되 크다 에베
소 사람의 아데미여 하기를 두 시
간이나 하더니
35 서기장이 무리를 진정시키고 이르
되 에베소 사람들아 에베소 시가
큰 아데미와 [1]제우스에게서 내려온
우상의 신전지기가 된 줄을 누가
알지 못하겠느냐
36 이 일이 그렇지 않다 할 수 없으니
너희가 가만히 있어서 무엇이든지
경솔히 아니하여야 하리라
37 신전의 물건을 도둑질하지도 아니
하였고 우리 여신을 비방하지도 아
니한 이 사람들을 너희가 붙잡아
왔으니
38 만일 데메드리오와 그와 함께 있는
직공들이 누구에게 고발할 것이 있
으면 재판 날도 있고 총독들도 있
으니 피차 고소할 것이요
39 만일 그 외에 무엇을 원하면 정식
으로 민회에서 결정할지라
40 오늘 아무 까닭도 없는 이 일에 우
리가 소요 사건으로 책망 받을 위
험이 있고 우리는 이 불법 집회에
관하여 보고할 자료가 없다 하고
41 이에 그 모임을 흩어지게 하니라

바울이 마게도냐와 헬라를 다니다

20 소요가 그치매 바울은 제자들
을 불러 권한 후에 작별하고
떠나 마게도냐로 가니라
2 그 지방으로 다녀가며 여러 말로
제자들에게 권하고 헬라에 이르러
3 거기 석 달 동안 있다가 배 타고 수
리아로 가고자 할 그때에 유대인들
이 자기를 해하려고 공모하므로 마
게도냐를 거쳐 돌아가기로 작정하니
4 [2]아시아까지 함께 가는 자는 베뢰
아 사람 부로의 아들 소바더와 데살
로니가 사람 아리스다고와 세군도
와 더베 사람 가이오와 및 디모데와
아시아 사람 두기고와 드로비모라
5 그들은 먼저 가서 드로아에서 우리
를 기다리더라
6 우리는 무교절 후에 빌립보에서 배
로 떠나 닷새 만에 드로아에 있는
그들에게 가서 이레를 머무니라

유두고를 살리다

7 ●그 주간의 첫날에 우리가 떡을
떼려 하여 모였더니 바울이 이튿날
떠나고자 하여 그들에게 강론할새
말을 밤중까지 계속하매
8 우리가 모인 윗다락에 등불을 많이
켰는데
9 유두고라 하는 청년이 창에 걸터
앉아 있다가 깊이 졸더니 바울이
강론하기를 더 오래 하매 졸음을
이기지 못하여 삼 층에서 떨어지거
늘 일으켜보니 죽었는지라
10 바울이 내려가서 그 위에 엎드려
그 몸을 안고 말하되 떠들지 말라
생명이 그에게 있다 하고
11 올라가 떡을 떼어 먹고 오랫동안
곧 날이 새기까지 이야기하고 떠나

1) 또는 하늘로서 2) 어떤 사본에는, '아시아까지' 가 없음

니라
12 사람들이 살아난 청년을 데리고 가
서 적지 않게 위로를 받았더라

드로아에서 밀레도까지 항해하다

13 ●우리는 앞서 배를 타고 앗소에서
바울을 태우려고 그리로 가니 이는
바울이 [1]걸어서 가고자 하여 그렇
게 정하여 준 것이라
14 바울이 앗소에서 우리를 만나니 우
리가 배에 태우고 미둘레네로 가서
15 거기서 떠나 이튿날 기오 앞에 오
고 그 이튿날 사모에 들르고 또 그
다음 날 밀레도에 이르니라
16 바울이 아시아에서 지체하지 않기
위하여 에베소를 지나 배 타고 가기
로 작정하였으니 이는 될 수 있는
대로 오순절 안에 예루살렘에 이르
려고 급히 감이러라

에베소 장로들에게 고별 설교를 하다

17 ●바울이 밀레도에서 사람을 에베
소로 보내어 교회 장로들을 청하니
18 오매 그들에게 말하되 아시아에 들
어온 첫날부터 지금까지 내가 항상
여러분 가운데서 어떻게 행하였는
지를 여러분도 아는 바니
19 곧 모든 겸손과 눈물이며 유대인의
간계로 말미암아 당한 시험을 참고
주를 섬긴 것과
20 유익한 것은 무엇이든지 공중 앞에
서나 각 집에서나 거리낌이 없이
여러분에게 전하여 가르치고
21 유대인과 헬라인들에게 하나님께
대한 회개와 우리 주 예수 그리스
도께 대한 믿음을 증언한 것이라
22 보라 이제 나는 성령에 매여 예루
살렘으로 가는데 거기서 무슨 일을
당할는지 알지 못하노라
23 오직 성령이 각 성에서 내게 증언
하여 결박과 환난이 나를 기다린다
하시나
24 내가 달려갈 길과 주 예수께 받은
사명 곧 하나님의 은혜의 복음을
증언하는 일을 마치려 함에는 나의
생명조차 조금도 귀한 것으로 여기
지 아니하노라
25 보라 내가 여러분 중에 왕래하며
하나님의 나라를 전파하였으나 이
제는 여러분이 다 내 얼굴을 다시
보지 못할 줄 아노라
26 그러므로 오늘 여러분에게 증언하
거니와 모든 사람의 피에 대하여
내가 깨끗하니
27 이는 내가 꺼리지 않고 하나님의
뜻을 다 여러분에게 전하였음이라
28 여러분은 자기를 위하여 또는 온
양 떼를 위하여 삼가라 성령이 그
들 가운데 여러분을 감독자로 삼고
[2]하나님이 자기 피로 사신 교회를
보살피게 하셨느니라
29 내가 떠난 후에 사나운 이리가 여
러분에게 들어와서 그 양 떼를 아
끼지 아니하며
30 또한 여러분 중에서도 제자들을 끌
어 자기를 따르게 하려고 어그러진
말을 하는 사람들이 일어날 줄을
내가 아노라
31 그러므로 여러분이 일깨어 내가 삼
년이나 밤낮 쉬지 않고 눈물로 각
사람을 훈계하던 것을 기억하라
32 지금 내가 여러분을 주와 및 그 은
혜의 말씀에 부탁하노니 그 말씀이
여러분을 능히 든든히 세우사 거룩
하게 하심을 입은 모든 자 가운데
기업이 있게 하시리라
33 내가 아무의 은이나 금이나 의복을
탐하지 아니하였고
34 여러분이 아는 바와 같이 이 손으
로 나와 내 동행들이 쓰는 것을 충
당하여

1) 또는 육로로 2) 어떤 사본에, 주께서

35 범사에 여러분에게 모본을 보여준
바와 같이 수고하여 약한 사람들을
돕고 또 주 예수께서 친히 말씀하
신 바 주는 것이 받는 것보다 복이
있다 하심을 기억하여야 할지니라
36 ●이 말을 한 후 무릎을 꿇고 그 모
든 사람들과 함께 기도하니
37 다 크게 울며 바울의 목을 안고 입
을 맞추고
38 다시 그 얼굴을 보지 못하리라 한
말로 말미암아 더욱 근심하고 배에
까지 그를 전송하니라

바울이 예루살렘으로 가다

21 우리가 그들을 작별하고 배를
타고 바로 고스로 가서 이튿날
로도에 이르러 거기서부터 바다라
로 가서
2 베니게로 건너가는 배를 만나서 타
고 가다가
3 구브로를 바라보고 이를 왼편에 두
고 수리아로 항해하여 두로에서 상
륙하니 거기서 배의 짐을 풀려 함
이러라
4 제자들을 찾아 거기서 이레를 머물
더니 그 제자들이 성령의 감동으로
바울더러 예루살렘에 들어가지 말
라 하더라
5 이 여러 날을 지낸 후 우리가 떠나
갈새 그들이 다 그 처자와 함께 성
문 밖까지 전송하거늘 우리가 바닷
가에서 무릎을 꿇어 기도하고
6 서로 작별한 후 우리는 배에 오르
고 그들은 집으로 돌아가니라
7 ●두로를 떠나 항해를 다 마치고
돌레마이에 이르러 형제들에게 안
부를 묻고 그들과 함께 하루를 있
다가
8 이튿날 떠나 가이사랴에 이르러 일
곱 집사 중 하나인 전도자 빌립의
집에 들어가서 머무르니라
9 그에게 딸 넷이 있으니 처녀로 예
언하는 자라
10 여러 날 머물러 있더니 아가보라 하
는 한 선지자가 유대로부터 내려와
11 우리에게 와서 바울의 띠를 가져다
가 자기 수족을 잡아매고 말하기를
성령이 말씀하시되 예루살렘에서
유대인들이 이같이 이 띠 임자를
결박하여 이방인의 손에 넘겨주리
라 하거늘
12 우리가 그 말을 듣고 그곳 사람들
과 더불어 바울에게 예루살렘으로
올라가지 말라 권하니
13 바울이 대답하되 여러분이 어찌하
여 울어 내 마음을 상하게 하느냐
나는 주 예수의 이름을 위하여 결
박당할 뿐 아니라 예루살렘에서 죽
을 것도 각오하였노라 하니
14 그가 권함을 받지 아니하므로 우리
가 주의 뜻대로 이루어지이다 하고
그쳤노라
15 ●이 여러 날 후에 여장을 꾸려 예
루살렘으로 올라갈새
16 가이사랴의 몇 제자가 함께 가며
한 오랜 제자 구브로 사람 나손을
데리고 가니 이는 우리가 그의 집
에 머물려 함이라

바울이 야고보를 방문하다

17 ●예루살렘에 이르니 형제들이 우
리를 기꺼이 영접하거늘
18 그 이튿날 바울이 우리와 함께 야
고보에게로 들어가니 장로들도 다
있더라
19 바울이 문안하고 하나님이 자기의
사역으로 말미암아 이방 가운데서
하신 일을 낱낱이 말하니
20 그들이 듣고 하나님께 영광을 돌리
고 바울더러 이르되 형제여 그대도
보는 바에 유대인 중에 믿는 자 수
만 명이 있으니 다 율법에 열성을

가진 자라
21 네가 이방에 있는 모든 유대인을
가르치되 모세를 배반하고 아들들
에게 할례를 행하지 말고 또 관습
을 지키지 말라 한다 함을 그들이
들었도다
22 그러면 어찌할꼬 그들이 필연 그대
가 온 것을 들으리니
23 우리가 말하는 이대로 하라 서원한
네 사람이 우리에게 있으니
24 그들을 데리고 함께 결례를 행하고
그들을 위하여 비용을 내어 머리를
깎게 하라 그러면 모든 사람이 그
대에 대하여 들은 것이 사실이 아
니고 그대도 율법을 지켜 행하는
줄로 알 것이라
25 주를 믿는 이방인에게는 우리가 우
상의 제물과 피와 목매어 죽인 것
과 음행을 피할 것을 결의하고 편
지하였느니라 하니
26 바울이 이 사람들을 데리고 이튿날
그들과 함께 결례를 행하고 성전에
들어가서 각 사람을 위하여 제사
드릴 때까지의 결례 기간이 만기된
것을 신고하니라

바울이 잡히다

27 ●그 이레가 거의 차매 아시아로부
터 온 유대인들이 성전에서 바울을
보고 모든 무리를 충동하여 그를
붙들고
28 외치되 이스라엘 사람들아 도우라
이 사람은 각처에서 우리 백성과
율법과 이곳을 비방하여 모든 사람
을 가르치는 그 자인데 또 헬라인
을 데리고 성전에 들어가서 이 거
룩한 곳을 더럽혔다 하니
29 이는 그들이 전에 에베소 사람 드
로비모가 바울과 함께 시내에 있음
을 보고 바울이 그를 성전에 데리
고 들어간 줄로 생각함이러라
30 온 성이 소동하여 백성이 달려와
모여 바울을 잡아 성전 밖으로 끌
고 나가니 문들이 곧 닫히더라
31 그들이 그를 죽이려 할 때에 온 예
루살렘이 요란하다는 소문이 군대
의 천부장에게 들리매
32 그가 급히 군인들과 백부장들을 거
느리고 달려 내려가니 그들이 천부
장과 군인들을 보고 바울 치기를
그치는지라
33 이에 천부장이 가까이 가서 바울을
잡아 두 쇠사슬로 결박하라 명하고
그가 누구이며 그가 무슨 일을 하
였느냐 물으니
34 무리 가운데서 어떤 이는 이런 말
로, 어떤 이는 저런 말로 소리 치거
늘 천부장이 소동으로 말미암아 진
상을 알 수 없어 그를 영내로 데려
가라 명하니라
35 바울이 층대에 이를 때에 무리의
폭행으로 말미암아 군사들에게 들
려가니
36 이는 백성의 무리가 그를 없이하자
고 외치며 따라감이러라

바울이 백성에게 말하다

37 ●바울을 데리고 영내로 들어가려
할 그때에 바울이 천부장에게 이르
되 내가 당신에게 말할 수 있느냐
이르되 네가 헬라 말을 아느냐
38 그러면 네가 이전에 소요를 일으켜
자객 사천 명을 거느리고 광야로
가던 애굽인이 아니냐
39 바울이 이르되 나는 유대인이라 소
읍이 아닌 길리기아 다소 시의 시
민이니 청컨대 백성에게 말하기를
허락하라 하니
40 천부장이 허락하거늘 바울이 층대
위에 서서 백성에게 손짓하여 매우
조용히 한 후에 히브리 말로 말하
니라

22

부형들아 내가 지금 여러분
앞에서 변명하는 말을 들으라

바울이 변명하다 (행 9:1-19; 26:12-18)

2 ●그들이 그가 히브리 말로 말함을
듣고 더욱 조용한지라 이어 이르되
3 나는 유대인으로 길리기아 다소에
서 났고 이 성에서 자라 가말리엘
의 문하에서 우리 조상들의 율법의
엄한 교훈을 받았고 오늘 너희 모
든 사람처럼 하나님께 대하여 열심
이 있는 자라
4 내가 이 도를 박해하여 사람을 죽
이기까지 하고 남녀를 결박하여 옥
에 넘겼노니
5 이에 대제사장과 모든 장로들이 내
증인이라 또 내가 그들에게서 다메
섹 형제들에게 가는 공문을 받아
가지고 거기 있는 자들도 결박하여
예루살렘으로 끌어다가 형벌 받게
하려고 가더니
6 가는 중 다메섹에 가까이 갔을 때
에 오정쯤 되어 홀연히 하늘로부터
큰 빛이 나를 둘러 비치매
7 내가 땅에 엎드러져 들으니 소리
있어 이르되 사울아 사울아 네가
왜 나를 박해하느냐 하시거늘
8 내가 대답하되 주님 누구시니이까
하니 이르시되 나는 네가 박해하는
나사렛 예수라 하시더라
9 나와 함께 있는 사람들이 빛은 보
면서도 나에게 말씀하시는 이의 소
리는 듣지 못하더라
10 내가 이르되 주님 무엇을 하리이까
주께서 이르시되 일어나 다메섹으
로 들어가라 네가 해야 할 모든 것
을 거기서 누가 이르리라 하시거늘
11 나는 그 빛의 광채로 말미암아 볼
수 없게 되었으므로 나와 함께 있
는 사람들의 손에 끌려 다메섹에
들어갔노라
12 율법에 따라 경건한 사람으로 거기
사는 모든 유대인들에게 칭찬을 듣
는 아나니아라 하는 이가
13 내게 와 곁에 서서 말하되 형제 사
울아 [1]다시 보라 하거늘 즉시 그를
쳐다보았노라
14 그가 또 이르되 우리 조상들의 하
나님이 너를 택하여 너로 하여금
자기 뜻을 알게 하시며 그 의인을
보게 하시고 그 입에서 나오는 음
성을 듣게 하셨으니
15 네가 그를 위하여 모든 사람 앞에서
네가 보고 들은 것에 증인이 되리라
16 이제는 왜 주저하느냐 일어나 주의
이름을 불러 [2]세례를 받고 너의 죄
를 씻으라 하더라
17 후에 내가 예루살렘으로 돌아와서
성전에서 기도할 때에 황홀한 중에
18 보매 주께서 내게 말씀하시되 속히
예루살렘에서 나가라 그들은 네가
내게 대하여 증언하는 말을 듣지
아니하리라 하시거늘
19 내가 말하기를 주님 내가 주를 믿
는 사람들을 가두고 또 각 회당에
서 때리고
20 또 주의 증인 스데반이 피를 흘릴
때에 내가 곁에 서서 찬성하고 그
죽이는 사람들의 옷을 지킨 줄 그
들도 아나이다
21 나더러 또 이르시되 떠나가라 내가
너를 멀리 이방인에게로 보내리라
하셨느니라
22 이 말하는 것까지 그들이 듣다가
소리 질러 이르되 이러한 자는 세
상에서 없애 버리자 살려둘 자가
아니라 하여
23 떠들며 옷을 벗어 던지고 티끌을
공중에 날리니
24 천부장이 바울을 영내로 데려가라

1) 또는 쳐다보라 2) 헬, 또는 침례

명하고 그들이 무슨 일로 그에 대
하여 떠드는지 알고자 하여 채찍질
하며 심문하라 한대
25 가죽 줄로 바울을 매니 바울이 곁에
서 있는 백부장더러 이르되 너희가
로마 시민된 자를 죄도 정하지 아니
하고 채찍질할 수 있느냐 하니
26 백부장이 듣고 가서 천부장에게 전
하여 이르되 어찌하려 하느냐 이는
로마 시민이라 하니
27 천부장이 와서 바울에게 말하되 네
가 로마 시민이냐 내게 말하라 이
르되 그러하다
28 천부장이 대답하되 나는 돈을 많이
들여 이 시민권을 얻었노라 바울이
이르되 나는 나면서부터라 하니
29 심문하려던 사람들이 곧 그에게서
물러가고 천부장도 그가 로마 시민
인 줄 알고 또 그 결박한 것 때문에
두려워하니라

바울이 공회 앞에서 증언하다

30 ●이튿날 천부장은 유대인들이 무
슨 일로 그를 고발하는지 진상을
알고자 하여 그 결박을 풀고 명하
여 제사장들과 온 공회를 모으고
바울을 데리고 내려가서 그들 앞에
세우니라

23 바울이 공회를 주목하여 이르
되 여러분 형제들아 오늘까지
나는 범사에 양심을 따라 1)하나님
을 섬겼노라 하거늘
2 대제사장 아나니아가 바울 곁에 서 있
는 사람들에게 그 입을 치라 명하니
3 바울이 이르되 회칠한 담이여 하나
님이 너를 치시리로다 네가 나를
율법대로 심판한다고 앉아서 율법
을 어기고 나를 치라 하느냐 하니
4 곁에 선 사람들이 말하되 하나님의
대제사장을 네가 욕하느냐
5 바울이 이르되 형제들아 나는 그가
대제사장인 줄 알지 못하였노라 기
록하였으되 ㄱ너의 백성의 관리를
비방하지 말라 하였느니라 하더라
6 바울이 그 중 일부는 사두개인이요
다른 일부는 바리새인인 줄 알고
공회에서 외쳐 이르되 여러분 형제
들아 나는 바리새인이요 또 바리새
인의 아들이라 죽은 자의 소망 곧
부활로 말미암아 내가 심문을 받노
라
7 그 말을 한즉 바리새인과 사두개인
사이에 다툼이 생겨 무리가 나누어
지니
8 이는 사두개인은 부활도 없고 천사
도 없고 영도 없다 하고 바리새인
은 다 있다 함이라
9 크게 떠들새 바리새인 편에서 몇
서기관이 일어나 다투어 이르되 우
리가 이 사람을 보니 악한 것이 없
도다 혹 영이나 혹 천사가 그에게
말하였으면 어찌 하겠느냐 하여
10 큰 분쟁이 생기니 천부장은 바울이
그들에게 찢겨질까 하여 군인을 명
하여 내려가 무리 가운데서 빼앗아
가지고 영내로 들어가라 하니라
11 ●그날 밤에 주께서 바울 곁에 서
서 이르시되 담대하라 네가 예루살
렘에서 나의 일을 증언한 것같이
로마에서도 증언하여야 하리라 하
시니라

바울을 죽이려는 간계

12 ●날이 새매 유대인들이 당을 지어
맹세하되 바울을 죽이기 전에는 먹
지도 아니하고 마시지도 아니하겠
다 하고
13 이같이 동맹한 자가 사십여 명이더
라
14 대제사장들과 장로들에게 가서 말
하되 우리가 바울을 죽이기 전에는

1) 헬, 하나님께 백성 노릇 하였노라 ㄱ. 출 22:28

아무것도 먹지 않기로 굳게 맹세하
였으니
15 이제 너희는 그의 사실을 더 자세
히 물어보려는 척하면서 공회와 함
께 천부장에게 청하여 바울을 너희
에게로 데리고 내려오게 하라 우리
는 그가 가까이 오기 전에 죽이기
로 준비하였노라 하더니
16 바울의 생질이 그들이 매복하여 있
다 함을 듣고 와서 영내에 들어가
바울에게 알린지라
17 바울이 한 백부장을 청하여 이르되
이 청년을 천부장에게로 인도하라
그에게 무슨 할 말이 있다 하니
18 천부장에게로 데리고 가서 이르되
죄수 바울이 나를 불러 이 청년이
당신께 할 말이 있다 하여 데리고
가기를 청하더이다 하매
19 천부장이 그의 손을 잡고 물러가서
조용히 묻되 내게 할 말이 무엇이냐
20 대답하되 유대인들이 공모하기를
그들이 바울에 대하여 더 자세한
것을 묻기 위함이라 하고 내일 그
를 데리고 공회로 내려오기를 당신
께 청하자 하였으니
21 당신은 그들의 청함을 따르지 마옵
소서 그들 중에서 바울을 죽이기
전에는 먹지도 않고 마시지도 않기
로 맹세한 자 사십여 명이 그를 죽
이려고 숨어서 지금 다 준비하고
당신의 허락만 기다리나이다 하니
22 이에 천부장이 청년을 보내며 경계
하되 이 일을 내게 알렸다고 아무
에게도 이르지 말라 하고
23 백부장 둘을 불러 이르되 밤 제 삼
시에 가이사랴까지 갈 보병 이백
명과 기병 칠십 명과 창병 이백 명
을 준비하라 하고
24 또 바울을 태워 총독 벨릭스에게로
무사히 보내기 위하여 짐승을 준비
하라 명하며
25 또 이 아래와 같이 편지하니 일렀
으되
26 글라우디오 루시아는 총독 벨릭스
각하께 문안하나이다
27 이 사람이 유대인들에게 잡혀 죽게
된 것을 내가 로마 사람인 줄 들어
알고 군대를 거느리고 가서 구원하
여다가
28 유대인들이 무슨 일로 그를 고발하
는지 알고자 하여 그들의 공회로
데리고 내려갔더니
29 고발하는 것이 그들의 율법 문제에
관한 것뿐이요 한 가지도 죽이거나
결박할 사유가 없음을 발견하였나
이다
30 그러나 이 사람을 해하려는 간계가
있다고 누가 내게 알려 주기로 곧
당신께로 보내며 또 고발하는 사람
들도 당신 앞에서 그에 대하여 말
하라 하였나이다 하였더라

바울을 벨릭스 총독 앞에 세우다

31 ●보병이 명을 받은 대로 밤에 바
울을 데리고 안디바드리에 이르러
32 이튿날 기병으로 바울을 호송하게
하고 영내로 돌아가니라
33 그들이 가이사랴에 들어가서 편지
를 총독에게 드리고 바울을 그 앞
에 세우니
34 총독이 읽고 바울더러 어느 영지
사람이냐 물어 길리기아 사람인 줄
알고
35 이르되 너를 고발하는 사람들이 오
거든 네 말을 들으리라 하고 헤롯
궁에 그를 지키라 명하니라

바울을 고발하다

24 닷새 후에 대제사장 아나니아
가 어떤 장로들과 한 변호사
더둘로와 함께 내려와서 총독 앞에
서 바울을 고발하니라

2 바울을 부르매 더둘로가 고발하여
이르되
3 벨릭스 각하여 우리가 당신을 힘입
어 태평을 누리고 또 이 민족이 당
신의 선견으로 말미암아 여러 가지
로 개선된 것을 우리가 어느 모양
으로나 어느 곳에서나 크게 감사하
나이다
4 당신을 더 괴롭게 아니하려 하여
우리가 대강 여짜옵나니 관용하여
들으시기를 원하나이다
5 우리가 보니 이 사람은 전염병 같
은 자라 천하에 흩어진 유대인을
다 소요하게 하는 자요 나사렛 이
단의 우두머리라
6 그가 또 성전을 더럽게 하려 하므
로 우리가 잡았사오니 [1](6하반–8
상반 없음)
8 당신이 친히 그를 심문하시면 우리
가 고발하는 이 모든 일을 아실 수
있나이다 하니
9 유대인들도 이에 참가하여 이 말이
옳다 주장하니라

바울이 변명하다

10 ●총독이 바울에게 머리로 표시하
여 말하라 하니 그가 대답하되 당
신이 여러 해 전부터 이 민족의 재
판장 된 것을 내가 알고 내 사건에
대하여 기꺼이 변명하나이다
11 당신이 아실 수 있는 바와 같이 내
가 예루살렘에 예배하러 올라간 지
열이틀밖에 안 되었고
12 그들은 내가 성전에서 누구와 변론
하는 것이나 회당 또는 시중에서
무리를 소동하게 하는 것을 보지
못하였으니
13 이제 나를 고발하는 모든 일에 대
하여 그들이 능히 당신 앞에 내세
울 것이 없나이다
14 그러나 이것을 당신께 고백하리이
다 나는 그들이 이단이라 하는 도
를 따라 조상의 하나님을 섬기고
율법과 선지자들의 글에 기록된 것
을 다 믿으며
15 그들이 기다리는 바 하나님께 향한
소망을 나도 가졌으니 곧 의인과 악
인의 부활이 있으리라 함이니이다
16 이것으로 말미암아 나도 하나님과
사람에 대하여 항상 양심에 거리낌
이 없기를 힘쓰나이다
17 여러 해 만에 내가 내 민족을 구제
할 것과 제물을 가지고 와서
18 드리는 중에 내가 결례를 행하였고
모임도 없고 소동도 없이 성전에
있는 것을 그들이 보았나이다 그러
나 아시아로부터 온 어떤 유대인들
이 있었으니
19 그들이 만일 나를 반대할 사건이
있으면 마땅히 당신 앞에 와서 고
발하였을 것이요
20 그렇지 않으면 이 사람들이 내가
공회 앞에 섰을 때에 무슨 옳지 않
은 것을 보았는가 말하라 하소서
21 오직 내가 그들 가운데 서서 외치
기를 내가 죽은 자의 부활에 대하
여 오늘 너희 앞에 심문을 받는다
고 한 이 한 소리만 있을 따름이니
이다 하니
22 벨릭스가 이 도에 관한 것을 더 자
세히 아는 고로 연기하여 이르되
천부장 루시아가 내려오거든 너희
일을 처결하리라 하고
23 백부장에게 명하여 바울을 지키되
자유를 주고 그의 친구들이 그를
돌보아 주는 것을 금하지 말라 하
니라

1) 어떤 사본에는 24:6하반절–8상반절에 다음 내용이 더 있다. '그래서 우리의 율법대로 재판하려고 했으나 7 천부장 루시아가 와서 그를 우리 손에서 강제로 빼앗아 갔나이다 8 그리고는 그를 고발하는 사람들에게 각하께 가라고 명하였나이다'

바울이 감옥에 갇혀 지내다

24 ●수일 후에 벨릭스가 그 아내 유
대 여자 드루실라와 함께 와서 바
울을 불러 그리스도 예수 믿는 도
를 듣거늘
25 바울이 의와 절제와 장차 오는 심
판을 강론하니 벨릭스가 두려워하
여 대답하되 지금은 가라 내가 틈
이 있으면 너를 부르리라 하고
26 동시에 또 바울에게서 돈을 받을까
바라는 고로 더 자주 불러 같이 이
야기하더라
27 이태가 지난 후 보르기오 베스도가
벨릭스의 소임을 이어받으니 벨릭
스가 유대인의 마음을 얻고자 하여
바울을 구류하여 두니라

바울이 가이사에게 상소하다

25 베스도가 부임한 지 삼 일 후
에 가이사랴에서 예루살렘으
로 올라가니
2 대제사장들과 유대인 중 높은 사람
들이 바울을 고소할새
3 베스도의 호의로 바울을 예루살렘
으로 옮기기를 청하니 이는 길에 매
복하였다가 그를 죽이고자 함이더라
4 베스도가 대답하여 바울이 가이사
랴에 구류된 것과 자기도 멀지 않
아 떠나갈 것을 말하고
5 또 이르되 너희 중 유력한 자들은
나와 함께 내려가서 그 사람에게
만일 옳지 아니한 일이 있거든 고
발하라 하니라
6 ●베스도가 그들 가운데서 팔 일
혹은 십 일을 지낸 후 가이사랴로
내려가서 이튿날 재판 자리에 앉고
바울을 데려오라 명하니
7 그가 나오매 예루살렘에서 내려온
유대인들이 둘러서서 여러 가지 중
대한 사건으로 고발하되 능히 증거
를 대지 못한지라
8 바울이 변명하여 이르되 유대인의
율법이나 성전이나 가이사에게나
내가 도무지 죄를 범하지 아니하였
노라 하니
9 베스도가 유대인의 마음을 얻고자
하여 바울더러 묻되 네가 예루살렘
에 올라가서 이 사건에 대하여 내
앞에서 심문을 받으려느냐
10 바울이 이르되 내가 가이사의 재판
자리 앞에 섰으니 마땅히 거기서
심문을 받을 것이라 당신도 잘 아
시는 바와 같이 내가 유대인들에게
불의를 행한 일이 없나이다
11 만일 내가 불의를 행하여 무슨 죽
을 죄를 지었으면 죽기를 사양하지
아니할 것이나 만일 이 사람들이
나를 고발하는 것이 다 사실이 아
니면 아무도 나를 그들에게 내줄
수 없나이다 내가 가이사께 상소하
노라 한대
12 베스도가 배석자들과 상의하고 이
르되 네가 가이사에게 상소하였으
니 가이사에게 갈 것이라 하니라

바울이 아그립바 왕과 버니게 앞에 서다

13 ●수일 후에 아그립바 왕과 버니게
가 베스도에게 문안하러 가이사랴
에 와서
14 여러 날을 있더니 베스도가 바울의
일로 왕에게 고하여 이르되 벨릭스
가 한 사람을 구류하여 두었는데
15 내가 예루살렘에 있을 때에 유대인
의 대제사장들과 장로들이 그를 고
소하여 정죄하기를 청하기에
16 내가 대답하되 무릇 피고가 원고들
앞에서 고소 사건에 대하여 변명할
기회가 있기 전에 내주는 것은 로
마 사람의 법이 아니라 하였노라
17 그러므로 그들이 나와 함께 여기
오매 내가 지체하지 아니하고 이튿
날 재판 자리에 앉아 명하여 그 사

람을 데려왔으나
18 원고들이 서서 내가 짐작하던 것
같은 악행의 혐의는 하나도 제시하
지 아니하고
19 오직 자기들의 종교와 또는 예수라
하는 이가 죽은 것을 살아 있다고
바울이 주장하는 그 일에 관한 문
제로 고발하는 것뿐이라
20 내가 이 일에 대하여 어떻게 심리
할는지 몰라서 바울에게 묻되 예루
살렘에 올라가서 이 일에 심문을
받으려느냐 한즉
21 바울은 황제의 판결을 받도록 자기
를 지켜 주기를 호소하므로 내가
그를 가이사에게 보내기까지 지켜
두라 명하였노라 하니
22 아그립바가 베스도에게 이르되 나
도 이 사람의 말을 듣고자 하노라
베스도가 이르되 내일 들으시리이
다 하더라
23 ●이튿날 아그립바와 버니게가 크
게 위엄을 갖추고 와서 천부장들과
시중의 높은 사람들과 함께 접견
장소에 들어오고 베스도의 명으로
바울을 데려오니
24 베스도가 말하되 아그립바 왕과 여
기 같이 있는 여러분이여 당신들이
보는 이 사람은 유대의 모든 무리
가 크게 외치되 살려두지 못할 사
람이라고 하여 예루살렘에서와 여
기서도 내게 청원하였으나
25 내가 살피건대 죽일 죄를 범한 일
이 없더이다 그러나 그가 1)황제에
게 상소한 고로 보내기로 결정하였
나이다
26 그에 대하여 황제께 확실한 사실을
아뢸 것이 없으므로 심문한 후 상
소할 자료가 있을까 하여 당신들
앞 특히 아그립바 왕 당신 앞에 그
를 내세웠나이다
27 그 죄목도 밝히지 아니하고 죄수를
보내는 것이 무리한 일인 줄 아나
이다 하였더라

바울이 변명하다 (행 9:1-19; 22:6-16)

26 아그립바가 바울에게 이르되
너를 위하여 말하기를 네게
허락하노라 하니 이에 바울이 손을
들어 변명하되
2 아그립바 왕이여 유대인이 고발하
는 모든 일을 오늘 당신 앞에서 변
명하게 된 것을 다행히 여기나이다
3 특히 당신이 유대인의 모든 풍속과
문제를 아심이니이다 그러므로 내
말을 너그러이 들으시기를 바라나
이다
4 내가 처음부터 내 민족과 더불어
예루살렘에서 젊었을 때 생활한 상
황을 유대인이 다 아는 바라
5 일찍부터 나를 알았으니 그들이 증
언하려 하면 내가 우리 종교의 가
장 엄한 파를 따라 바리새인의 생
활을 하였다고 할 것이라
6 이제도 여기 서서 심문받는 것은
하나님이 우리 조상에게 약속하신
것을 바라는 까닭이니
7 이 약속은 우리 열두 지파가 밤낮
으로 간절히 하나님을 받들어 섬김
으로 얻기를 바라는 바인데 아그립
바 왕이여 이 소망으로 말미암아
내가 유대인들에게 고소를 당하는
것이니이다
8 당신들은 하나님이 죽은 사람을 살
리심을 어찌하여 못 믿을 것으로
여기나이까
9 나도 나사렛 예수의 이름을 대적하
여 많은 일을 행하여야 될 줄 스스
로 생각하고
10 예루살렘에서 이런 일을 행하여 대
제사장들에게서 권한을 받아 가지

1) 헬, 아구스도에게

고 많은 성도를 옥에 가두며 또 죽
일 때에 내가 찬성 투표를 하였고
11 또 모든 회당에서 여러 번 형벌하
여 강제로 모독하는 말을 하게 하
고 그들에 대하여 심히 격분하여
외국 성에까지 가서 박해하였고
12 그 일로 대제사장들의 권한과 위임
을 받고 다메섹으로 갔나이다
13 왕이여 정오가 되어 길에서 보니
하늘로부터 해보다 더 밝은 빛이
나와 내 동행들을 둘러 비추는지라
14 우리가 다 땅에 엎드러지매 내가
소리를 들으니 히브리 말로 이르되
사울아 사울아 네가 어찌하여 나를
박해하느냐 [1]가시채를 뒷발질하기
가 네게 고생이니라
15 내가 대답하되 주님 누구시니이까
주께서 이르시되 나는 네가 박해하
는 예수라
16 일어나 너의 발로 서라 내가 네게
나타난 것은 곧 네가 나를 본 일과
장차 내가 네게 나타날 일에 너로
종과 증인을 삼으려 함이니
17 이스라엘과 이방인들에게서 내가
너를 구원하여 그들에게 보내어
18 그 눈을 뜨게 하여 어둠에서 빛으
로, 사탄의 권세에서 하나님께로
돌아오게 하고 죄 사함과 나를 믿
어 거룩하게 된 무리 가운데서 기
업을 얻게 하리라 하더이다
19 아그립바 왕이여 그러므로 하늘에
서 보이신 것을 내가 거스르지 아
니하고
20 먼저 다메섹과 예루살렘에 있는 사
람과 유대 온 땅과 이방인에게까지
회개하고 하나님께로 돌아와서 회
개에 합당한 일을 하라 전하므로
21 유대인들이 성전에서 나를 잡아 죽
이고자 하였으나
22 하나님의 도우심을 받아 내가 오늘
까지 서서 높고 낮은 사람 앞에서 증
언하는 것은 선지자들과 모세가 반
드시 되리라고 말한 것밖에 없으니
23 곧 그리스도가 고난을 받으실 것과
죽은 자 가운데서 먼저 다시 살아
나사 이스라엘과 이방인들에게 빛
을 전하시리라 함이니이다 하니라

바울이 아그립바 왕에게 전도하다

24 ●바울이 이같이 변명하매 베스도
가 크게 소리 내어 이르되 바울아
네가 미쳤도다 네 많은 학문이 너
를 미치게 한다 하니
25 바울이 이르되 베스도 각하여 내가
미친 것이 아니요 참되고 온전한
말을 하나이다
26 왕께서는 이 일을 아시기로 내가
왕께 담대히 말하노니 이 일에 하
나라도 아시지 못함이 없는 줄 믿
나이다 이 일은 한쪽 구석에서 행
한 것이 아니니이다
27 아그립바 왕이여 선지자를 믿으시
나이까 믿으시는 줄 아나이다
28 아그립바가 바울에게 이르되 네가
[2]적은 말로 나를 권하여 그리스도
인이 되게 하려 하는도다
29 바울이 이르되 [3]말이 적으나 많으
나 당신뿐만 아니라 오늘 내 말을
듣는 모든 사람도 다 이렇게 결박
된 것 외에는 나와 같이 되기를 하
나님께 원하나이다 하니라
30 ●왕과 총독과 버니게와 그 함께
앉은 사람들이 다 일어나서
31 물러가 서로 말하되 이 사람은 사
형이나 결박을 당할 만한 행위가
없다 하더라
32 이에 아그립바가 베스도에게 이르
되 이 사람이 만일 가이사에게 상
소하지 아니하였더라면 석방될 수

1) 가축을 앞으로 몰기 위한 끝이 뾰족한 막대기 2) 또는 짧은 시간에 3) 또는 시간이 짧으나 기나

있을 뻔하였다 하니라

바울이 로마로 압송되다

27 우리가 배를 타고 이달리야에
가기로 작정되매 바울과 다른
죄수 몇 사람을 아구스도대의 백부
장 율리오란 사람에게 맡기니
2 아시아 해변 각처로 가려 하는 아
드라뭇데노 배에 우리가 올라 항해
할새 마게도냐의 데살로니가 사람
아리스다고도 함께하니라
3 이튿날 시돈에 대니 율리오가 바울
을 친절히 대하여 친구들에게 가서
대접받기를 허락하더니
4 또 거기서 우리가 떠나가다가 맞바
람을 피하여 구브로 해안을 의지하
고 항해하여
5 길리기아와 밤빌리아 바다를 건너
루기아의 무라 시에 이르러
6 거기서 백부장이 이달리야로 가려
하는 알렉산드리아 배를 만나 우리
를 오르게 하니
7 배가 더디 가 여러 날 만에 간신히
니도 맞은편에 이르러 풍세가 더
허락하지 아니하므로 살모네 앞을
지나 그레데 해안을 바람막이로 항
해하여
8 간신히 그 연안을 지나 미항이라는
곳에 이르니 라새아 시에서 가깝더라
9 ●여러 날이 걸려 금식하는 절기가
이미 지났으므로 항해하기가 위태
한지라 바울이 그들을 권하여
10 말하되 여러분이여 내가 보니 이번
항해가 하물과 배만 아니라 우리
생명에도 타격과 많은 손해를 끼치
리라 하되
11 백부장이 선장과 선주의 말을 바울
의 말보다 더 믿더라
12 그 항구가 겨울을 지내기에 불편하
므로 거기서 떠나 아무쪼록 뵈닉스
에 가서 겨울을 지내자 하는 자가
더 많으니 뵈닉스는 그레데 항구라
한쪽은 서남을, 한쪽은 서북을 향
하였더라
13 남풍이 순하게 불매 그들이 뜻을
이룬 줄 알고 닻을 감아 그레데 해
변을 끼고 항해하더니
14 얼마 안 되어 섬 가운데로부터 유
라굴로라는 광풍이 크게 일어나니
15 배가 밀려 바람을 맞추어 갈 수 없
어 가는 대로 두고 쫓겨가다가
16 가우다라는 작은 섬 아래로 지나
간신히 거루를 잡아
17 끌어 올리고 줄을 가지고 선체를
둘러 감고 [1]스르디스에 걸릴까 두
려워하여 연장을 내리고 그냥 쫓겨
가더니
18 우리가 풍랑으로 심히 애쓰다가 이
튿날 사공들이 짐을 바다에 풀어
버리고
19 사흘째 되는 날에 배의 기구를 그
들의 손으로 내버리니라
20 여러 날 동안 해도 별도 보이지 아
니하고 큰 풍랑이 그대로 있으매
구원의 여망마저 없어졌더라
21 여러 사람이 오래 먹지 못하였으매
바울이 가운데 서서 말하되 여러분
이여 내 말을 듣고 그레데에서 떠
나지 아니하여 이 타격과 손상을
면하였더라면 좋을 뻔하였느니라
22 내가 너희를 권하노니 이제는 안심
하라 너희 중 아무도 생명에는 아무
런 손상이 없겠고 오직 배뿐이리라
23 내가 속한 바 곧 내가 섬기는 하나
님의 사자가 어제 밤에 내 곁에 서
서 말하되
24 바울아 두려워하지 말라 네가 가이
사 앞에 서야 하겠고 또 하나님께
서 너와 함께 항해하는 자를 다 네
게 주셨다 하였으니

1) 모래톱

25 그러므로 여러분이여 안심하라 나
는 내게 말씀하신 그대로 되리라고
하나님을 믿노라
26 그런즉 우리가 반드시 한 섬에 걸
리리라 하더라

풍랑으로 배가 깨어지다

27 ●열나흘째 되는 날 밤에 우리가
아드리아 바다에서 이리저리 쫓겨
가다가 자정쯤 되어 사공들이 어느
육지에 가까워지는 줄을 짐작하고
28 물을 재어 보니 스무 길이 되고 조
금 가다가 다시 재니 열다섯 길이라
29 암초에 걸릴까 하여 고물로 닻 넷
을 내리고 날이 새기를 고대하니라
30 사공들이 도망하고자 하여 이물에
서 닻을 내리는 체하고 거룻배를
바다에 내려놓거늘
31 바울이 백부장과 군인들에게 이르
되 이 사람들이 배에 있지 아니하
면 너희가 구원을 얻지 못하리라
하니
32 이에 군인들이 거룻줄을 끊어 떼어
버리니라
33 날이 새어 가매 바울이 여러 사람에
게 음식 먹기를 권하여 이르되 너희
가 기다리고 기다리며 먹지 못하고
주린 지가 오늘까지 열나흘인즉
34 음식 먹기를 권하노니 이것이 너희
의 구원을 위하는 것이요 너희 중
머리카락 하나도 잃을 자가 없으리
라 하고
35 떡을 가져다가 모든 사람 앞에서
하나님께 축사하고 떼어 먹기를 시
작하매
36 그들도 다 안심하고 받아 먹으니
37 배에 있는 우리의 수는 전부 이백
칠십육 명이더라
38 배부르게 먹고 밀을 바다에 버려
배를 가볍게 하였더니
39 날이 새매 어느 땅인지 알지 못하
나 경사진 해안으로 된 항만이 눈
에 띄거늘 배를 거기에 들여다 댈
수 있는가 의논한 후
40 닻을 끊어 바다에 버리는 동시에 키
를 풀어 늦추고 돛을 달고 바람에
맞추어 해안을 향하여 들어가다가
41 두 물이 합하여 흐르는 곳을 만나
배를 걸매 이물은 부딪쳐 움직일
수 없이 붙고 고물은 큰 물결에 깨
어져 가니
42 군인들은 죄수가 헤엄쳐서 도망할
까 하여 그들을 죽이는 것이 좋다
하였으나
43 백부장이 바울을 구원하려 하여 그
들의 뜻을 막고 헤엄칠 줄 아는 사
람들을 명하여 물에 뛰어내려 먼저
육지에 나가게 하고
44 그 남은 사람들은 널조각 혹은 배
물건에 의지하여 나가게 하니 마침
내 사람들이 다 상륙하여 구조되니
라

멜리데 섬에 오르다

28 우리가 구조된 후에 안즉 그
섬은 멜리데라 하더라
2 비가 오고 날이 차매 원주민들이
우리에게 특별한 동정을 하여 불을
피워 우리를 다 영접하더라
3 바울이 나무 한 묶음을 거두어 불
에 넣으니 뜨거움으로 말미암아 독
사가 나와 그 손을 물고 있는지라
4 원주민들이 이 짐승이 그 손에 매
달려 있음을 보고 서로 말하되 진
실로 이 사람은 살인한 자로다 바
다에서는 구조를 받았으나 공의가
그를 살지 못하게 함이로다 하더니
5 바울이 그 짐승을 불에 떨어 버리
매 조금도 상함이 없더라
6 그들은 그가 붓든지 혹은 갑자기
쓰러져 죽을 줄로 기다렸다가 오래
기다려도 그에게 아무 이상이 없음

을 보고 돌이켜 생각하여 말하되
그를 신이라 하더라
7 ●이 섬에서 가장 높은 사람 보블
리오라 하는 이가 그 근처에 토지
가 있는지라 그가 우리를 영접하여
사흘이나 친절히 머물게 하더니
8 보블리오의 부친이 열병과 이질에
걸려 누워 있거늘 바울이 들어가서
기도하고 그에게 안수하여 낫게 하매
9 이러므로 섬 가운데 다른 병든 사
람들이 와서 고침을 받고
10 후한 예로 우리를 대접하고 떠날
때에 우리 쓸 것을 배에 실었더라

바울이 로마로 가다

11 ●석 달 후에 우리가 그 섬에서 겨
울을 난 알렉산드리아 배를 타고
떠나니 그 배의 머리 장식은 1)디오
스구로라
12 수라구사에 대고 사흘을 있다가
13 거기서 둘러가서 레기온에 이르러
하루를 지낸 후 남풍이 일어나므로
이튿날 보디올에 이르러
14 거기서 형제들을 만나 그들의 청함
을 받아 이레를 함께 머무니라 그
래서 우리는 이와 같이 로마로 가
니라
15 그곳 형제들이 우리 소식을 듣고
압비오 광장과 2)트레이스 타베르네
까지 맞으러 오니 바울이 그들을
보고 하나님께 감사하고 담대한 마
음을 얻으니라

바울이 로마에서 전도하다

16 ●우리가 로마에 들어가니 바울에
게는 자기를 지키는 한 군인과 함
께 따로 있게 허락하더라
17 사흘 후에 바울이 유대인 중 높은 사
람들을 청하여 그들이 모인 후에 이
르되 여러분 형제들아 내가 이스라
엘 백성이나 우리 조상의 관습을 배
척한 일이 없는데 예루살렘에서 로마
인의 손에 죄수로 내준 바 되었으니
18 로마인은 나를 심문하여 죽일 죄목
이 없으므로 석방하려 하였으나
19 유대인들이 반대하기로 내가 마지
못하여 가이사에게 상소함이요 내
민족을 고발하려는 것이 아니니라
20 이러므로 너희를 보고 함께 이야기
하려고 청하였으니 이스라엘의 소
망으로 말미암아 내가 이 쇠사슬에
매인 바 되었노라
21 그들이 이르되 우리가 유대에서 네
게 대한 편지도 받은 일이 없고 또
형제 중 누가 와서 네게 대하여 좋
지 못한 것을 전하든지 이야기한
일도 없느니라
22 이에 우리가 너의 사상이 어떠한가
듣고자 하니 이 파에 대하여는 어
디서든지 반대를 받는 줄 알기 때
문이라 하더라
23 ●그들이 날짜를 정하고 그가 유숙
하는 집에 많이 오니 바울이 아침
부터 저녁까지 강론하여 하나님의
나라를 증언하고 모세의 율법과 선
지자의 말을 가지고 예수에 대하여
권하더라
24 그 말을 믿는 사람도 있고 믿지 아
니하는 사람도 있어
25 서로 맞지 아니하여 흩어질 때에
바울이 한 말로 이르되 성령이 선
지자 이사야를 통하여 너희 조상들
에게 말씀하신 것이 옳도다
26 일렀으되
ㄱ이 백성에게 가서 말하기를 너
희가 듣기는 들어도 도무지 깨닫
지 못하며 보기는 보아도 도무지
알지 못하는도다
27 이 백성들의 마음이 우둔하여져
서 그 귀로는 둔하게 듣고 그 눈

1) 제우스의 쌍둥 아들 2) 헬, 세 여관이라는 뜻임 ㄱ. 사 6:9,10

은 감았으니 이는 눈으로 보고 귀
로 듣고 마음으로 깨달아 돌아오
면 내가 고쳐 줄까 함이라
하였으니
28 그런즉 하나님의 이 구원이 이방인
에게로 보내어진 줄 알라 그들은
그것을 들으리라 하더라
29 [1](없음)
30 ●바울이 온 이태를 자기 셋집에
머물면서 자기에게 오는 사람을 다
영접하고
31 하나님의 나라를 전파하며 주 예수
그리스도에 관한 모든 것을 담대하
게 거침없이 가르치더라

1) 어떤 사본에, 29 '그가 이 말을 마칠 때에 유대인들이 서로 큰 쟁론을 하며 물러가더라' 가 있음

로마서

Romans

인사

1 예수 그리스도의 종 바울은 사도
로 부르심을 받아 하나님의 복음
을 위하여 택정함을 입었으니
2 이 복음은 하나님이 선지자들을 통
하여 그의 아들에 관하여 성경에
미리 약속하신 것이라
3 그의 아들에 관하여 말하면 육신으
로는 다윗의 [1]혈통에서 나셨고
4 성결의 영으로는 [2]죽은 자들 가운
데서 부활하사 능력으로 하나님의
아들로 선포되셨으니 곧 우리 주
예수 그리스도시니라
5 그로 말미암아 우리가 은혜와 사도
의 직분을 받아 그의 이름을 위하
여 모든 이방인 중에서 믿어 순종
하게 하나니
6 너희도 그들 중에서 예수 그리스도
의 것으로 부르심을 받은 자니라
7 로마에서 하나님의 사랑하심을 받
고 성도로 부르심을 받은 모든 자
에게 하나님 우리 아버지와 주 예
수 그리스도로부터 은혜와 평강이
있기를 원하노라

바울의 로마 방문 계획

8 ●먼저 내가 예수 그리스도로 말미
암아 너희 모든 사람에 관하여 내
하나님께 감사함은 너희 믿음이 온
세상에 전파됨이로다
9 내가 그의 아들의 복음 안에서 내
심령으로 섬기는 하나님이 나의 증
인이 되시거니와 항상 내 기도에
쉬지 않고 너희를 말하며
10 어떻게 하든지 이제 하나님의 뜻
안에서 너희에게로 나아갈 좋은 길
얻기를 구하노라
11 내가 너희 보기를 간절히 원하는 것은
어떤 신령한 은사를 너희에게 나누
어 주어 너희를 견고하게 하려 함이니
12 이는 곧 내가 너희 가운데서 너희
와 나의 믿음으로 말미암아 피차
안위함을 얻으려 함이라
13 형제들아 내가 여러 번 너희에게
가고자 한 것을 너희가 모르기를
원하지 아니하노니 이는 너희 중에
서도 다른 이방인 중에서와 같이
열매를 맺게 하려 함이로되 지금까
지 길이 막혔도다
14 헬라인이나 [3]야만인이나 지혜 있는
자나 어리석은 자에게 다 내가 빚
진 자라
15 그러므로 나는 할 수 있는 대로 로

1) 헬, 씨 2) 헬, 죽은 자의 부활로 3) 헬라어를 사용하지 않는 사람

마에 있는 너희에게도 복음 전하기
를 원하노라
16 내가 복음을 부끄러워하지 아니하
노니 이 복음은 모든 믿는 자에게
구원을 주시는 하나님의 능력이 됨
이라 먼저는 유대인에게요 그리고
헬라인에게로다
17 복음에는 하나님의 의가 나타나서
믿음으로 믿음에 이르게 하나니 기
록된 바 ㄱ오직 의인은 믿음으로 말
미암아 살리라 함과 같으니라

모든 경건하지 않음과 불의

18 ●하나님의 진노가 불의로 진리를
막는 사람들의 모든 경건하지 않음
과 불의에 대하여 하늘로부터 나타
나나니
19 이는 하나님을 알 만한 것이 그들
속에 보임이라 하나님께서 이를 그
들에게 보이셨느니라
20 창세로부터 그의 보이지 아니하는
것들 곧 그의 영원하신 능력과 신
성이 그가 만드신 만물에 분명히
보여 알려졌나니 [1]그러므로 그들이
핑계하지 못할지니라
21 하나님을 알되 하나님을 영화롭게
도 아니하며 감사하지도 아니하고
오히려 그 생각이 허망하여지며 미
련한 마음이 어두워졌나니
22 스스로 지혜 있다 하나 어리석게
되어
23 썩어지지 아니하는 하나님의 영광
을 썩어질 사람과 새와 짐승과 기
어다니는 동물 모양의 우상으로 바
꾸었느니라
24 ●그러므로 하나님께서 그들을 마
음의 정욕대로 더러움에 내버려 두
사 그들의 몸을 서로 욕되게 하게
하셨으니
25 이는 그들이 하나님의 진리를 거짓
것으로 바꾸어 피조물을 조물주보
다 더 경배하고 섬김이라 주는 곧
영원히 찬송할 이시로다 아멘
26 ●이 때문에 하나님께서 그들을 부
끄러운 욕심에 내버려 두셨으니 곧
그들의 여자들도 순리대로 쓸 것을
바꾸어 역리로 쓰며
27 그와 같이 남자들도 순리대로 여자
쓰기를 버리고 서로 향하여 음욕이
불일듯 하매 남자가 남자와 더불어
부끄러운 일을 행하여 그들의 그릇
됨에 상당한 보응을 그들 자신이
받았느니라
28 ●또한 그들이 [2]마음에 하나님 두
기를 싫어하매 하나님께서 그들을
그 상실한 마음대로 내버려 두사
합당하지 못한 일을 하게 하셨으
니
29 곧 모든 불의, 추악, 탐욕, 악의가
가득한 자요 시기, 살인, 분쟁, 사
기, 악독이 가득한 자요 수군수군
하는 자요
30 비방하는 자요 [3]하나님께서 미워하
시는 자요 능욕하는 자요 교만한
자요 자랑하는 자요 악을 도모하는
자요 부모를 거역하는 자요
31 우매한 자요 배약하는 자요 무정한
자요 무자비한 자라
32 그들이 이 같은 일을 행하는 자는
사형에 해당한다고 하나님께서 정
하심을 알고도 자기들만 행할 뿐
아니라 또한 그런 일을 행하는 자
들을 옳다 하느니라

하나님의 심판

2 그러므로 남을 판단하는 사람아,
누구를 막론하고 네가 핑계하지
못할 것은 남을 판단하는 것으로
네가 너를 정죄함이니 판단하는 네
가 같은 일을 행함이니라

1) 또는 이는 그들로 핑계하지 못하게 하심이니라 2) 헬, 지식에 3) 또는 하나님을 미워하는 자요 ㄱ. 합 2:4

2 이런 일을 행하는 자에게 하나님의
심판이 진리대로 되는 줄 우리가
아노라
3 이런 일을 행하는 자를 판단하고도
같은 일을 행하는 사람아, 네가 하나
님의 심판을 피할 줄로 생각하느냐
4 혹 네가 하나님의 인자하심이 너를
인도하여 회개하게 하심을 알지 못
하여 그의 인자하심과 용납하심과
길이 참으심이 풍성함을 멸시하느냐
5 다만 네 고집과 회개하지 아니한
마음을 따라 진노의 날 곧 하나님
의 의로우신 심판이 나타나는 그날
에 임할 진노를 네게 쌓는도다
6 하나님께서 각 사람에게 그 행한
대로 보응하시되
7 참고 선을 행하여 영광과 존귀와
썩지 아니함을 구하는 자에게는 영
생으로 하시고
8 오직 당을 지어 진리를 따르지 아
니하고 불의를 따르는 자에게는 진
노와 분노로 하시리라
9 악을 행하는 각 사람의 영에는 환
난과 곤고가 있으리니 먼저는 유대
인에게요 그리고 헬라인에게며
10 선을 행하는 각 사람에게는 영광과
존귀와 평강이 있으리니 먼저는 유
대인에게요 그리고 헬라인에게라
11 이는 하나님께서 외모로 사람을 취
하지 아니하심이라
12 ●무릇 율법 없이 범죄한 자는 또
한 율법 없이 망하고 무릇 율법이
있고 범죄한 자는 율법으로 말미암
아 심판을 받으리라
13 하나님 앞에서는 율법을 듣는 자가
의인이 아니요 오직 율법을 행하는
자라야 의롭다 하심을 얻으리니
14 (율법 없는 이방인이 본성으로 율
법의 일을 행할 때에는 이 사람은
율법이 없어도 자기가 자기에게 율
법이 되나니
15 이런 이들은 그 양심이 증거가 되
어 그 생각들이 서로 혹은 고발하
며 혹은 변명하여 그 마음에 새긴
율법의 행위를 나타내느니라)
16 곧 나의 복음에 이른 바와 같이 하
나님이 예수 그리스도로 말미암아
사람들의 은밀한 것을 심판하시는
그날이라

유대인과 율법

17 ●유대인이라 불리는 네가 율법을
의지하며 하나님을 자랑하며
18 율법의 교훈을 받아 하나님의 뜻을
알고 [1]지극히 선한 것을 분간하며
19 맹인의 길을 인도하는 자요 어둠에
있는 자의 빛이요
20 율법에 있는 지식과 진리의 모본을
가진 자로서 어리석은 자의 교사요
어린아이의 선생이라고 스스로 믿
으니
21 그러면 다른 사람을 가르치는 네가
네 자신은 가르치지 아니하느냐 도
둑질하지 말라 선포하는 네가 도둑
질하느냐
22 간음하지 말라 말하는 네가 간음하
느냐 우상을 가증히 여기는 네가
신전 물건을 도둑질하느냐
23 율법을 자랑하는 네가 율법을 범함
으로 하나님을 욕되게 하느냐
24 기록된 바와 같이 ㄱ하나님의 이름
이 너희 때문에 이방인 중에서 모
독을 받는도다
25 네가 율법을 행하면 할례가 유익하
나 만일 율법을 범하면 네 할례는
무할례가 되느니라
26 그런즉 무할례자가 율법의 규례를
지키면 그 무할례를 할례와 같이
여길 것이 아니냐
27 또한 본래 무할례자가 율법을 온전

1) 또는 능히 갈지 아니한 점을 분별하라 ㄱ. 사 52:5

히 지키면 율법 조문과 할례를 가
지고 율법을 범하는 너를 정죄하지
아니하겠느냐
28 무릇 표면적 유대인이 유대인이 아
니요 표면적 육신의 할례가 할례가
아니니라
29 오직 이면적 유대인이 유대인이며
할례는 마음에 할지니 영에 있고
율법 조문에 있지 아니한 것이라
그 칭찬이 사람에게서가 아니요 다
만 하나님에게서니라

3 그런즉 유대인의 나음이 무엇이
며 할례의 유익이 무엇이냐
2 범사에 많으니 우선은 그들이 하나
님의 말씀을 맡았음이니라
3 어떤 자들이 믿지 아니하였으면 어
찌하리요 그 믿지 아니함이 하나님
의 미쁘심을 폐하겠느냐
4 그럴 수 없느니라 사람은 다 거짓
되되 오직 하나님은 참되시다 할지
어다 기록된 바
ㄱ주께서 주의 말씀에 의롭다 함
을 얻으시고 판단 받으실 때에 이
기려 하심이라
함과 같으니라
5 그러나 우리 불의가 하나님의 의를
드러나게 하면 무슨 말 하리요 [내가
사람의 말하는 대로 말하노니] 진노
를 내리시는 하나님이 불의하시냐
6 결코 그렇지 아니하니라 만일 그러
하면 하나님께서 어찌 세상을 심판
하시리요
7 그러나 나의 거짓말로 하나님의 참
되심이 더 풍성하여 그의 영광이
되었다면 어찌 내가 죄인처럼 심판
을 받으리요
8 또는 그러면 선을 이루기 위하여
악을 행하자 하지 않겠느냐 어떤
이들이 이렇게 비방하여 우리가 이
런 말을 한다고 하니 그들은 정죄
받는 것이 마땅하니라

다 죄 아래에 있다

9 ●그러면 어떠하냐 우리는 1)나으냐
결코 아니라 유대인이나 헬라인이
나 다 죄 아래에 있다고 우리가 이
미 선언하였느니라
10 기록된 바
ㄴ의인은 없나니 하나도 없으며
11 깨닫는 자도 없고 하나님을 찾는
자도 없고
12 다 치우쳐 함께 무익하게 되고 선
을 행하는 자는 없나니 하나도 없
도다
13 ㄷ그들의 목구멍은 열린 무덤이요
ㄹ그 혀로는 속임을 일삼으며 그
입술에는 독사의 독이 있고
14 ㅁ그 입에는 저주와 악독이 가득
하고
15 ㅂ그 발은 피 흘리는 데 빠른지라
16 파멸과 고생이 그 길에 있어
17 평강의 길을 알지 못하였고
18 ㅅ그들의 눈 앞에 하나님을 두려
워함이 없느니라
함과 같으니라

하나님의 의

19 ●우리가 알거니와 무릇 율법이 말
하는 바는 율법 아래에 있는 자들
에게 말하는 것이니 이는 모든 입
을 막고 온 세상으로 하나님의 2)심
판 아래에 있게 하려 함이라
20 그러므로 율법의 행위로 그의 앞에
의롭다 하심을 얻을 육체가 없나니
율법으로는 죄를 깨달음이니라
21 이제는 율법 외에 하나님의 한 의
가 나타났으니 율법과 선지자들에
게 증거를 받은 것이라
22 곧 예수 그리스도를 믿음으로 말미

1) 또는 그들만 못하뇨 2) 또는 정죄 ㄱ. 시 51:4 ㄴ. 시 14:1 이하; 53:1 이하 ㄷ. 시 5:9 ㄹ. 시 140:3 ㅁ. 시 10:7 ㅂ. 사 59:7 이하 ㅅ. 시 36:1

암아 모든 믿는 자에게 미치는 하
나님의 의니 차별이 없느니라
23 모든 사람이 죄를 범하였으매 하나
님의 영광에 이르지 못하더니
24 그리스도 예수 안에 있는 속량으로
말미암아 하나님의 은혜로 값없이
의롭다 하심을 얻은 자 되었느니라
25 이 예수를 하나님이 [1]그의 피로써
믿음으로 말미암는 화목제물로 세
우셨으니 이는 하나님께서 길이 참
으시는 중에 전에 지은 죄를 간과
하심으로 자기의 의로우심을 나타
내려 하심이니
26 곧 이때에 자기의 의로우심을 나타
내사 자기도 의로우시며 또한 예수
믿는 자를 의롭다 하려 하심이라
27 그런즉 자랑할 데가 어디냐 있을 수
가 없느니라 무슨 법으로냐 행위로
냐 아니라 오직 믿음의 법으로니라
28 그러므로 사람이 의롭다 하심을 얻
는 것은 율법의 행위에 있지 않고 믿
음으로 되는 줄 우리가 인정하노라
29 하나님은 다만 유대인의 하나님이
시냐 또한 이방인의 하나님은 아니
시냐 진실로 이방인의 하나님도 되
시느니라
30 할례자도 믿음으로 말미암아 또한
무할례자도 믿음으로 말미암아 의
롭다 하실 하나님은 한 분이시니라
31 그런즉 우리가 믿음으로 말미암아
율법을 파기하느냐 그럴 수 없느니
라 도리어 율법을 굳게 세우느니라

아브라함의 믿음과 그로 말미암은 언약

4 그런즉 [2]육신으로 우리 조상인 아
브라함이 무엇을 얻었다 하리요
2 만일 아브라함이 행위로써 의롭다
하심을 받았으면 자랑할 것이 있으
려니와 하나님 앞에서는 없느니라
3 성경이 무엇을 말하느냐 ㄱ아브라
함이 하나님을 믿으매 그것이 그에
게 의로 여겨진 바 되었느니라
4 일하는 자에게는 그 삯이 은혜로 여겨
지지 아니하고 보수로 여겨지거니와
5 일을 아니할지라도 경건하지 아니한
자를 의롭다 하시는 이를 믿는 자에
게는 그의 믿음을 의로 여기시나니
6 일한 것이 없이 하나님께 의로 여
기심을 받는 사람의 복에 대하여
다윗이 말한 바
7 ㄴ불법이 사함을 받고 죄가 가리
어짐을 받는 사람들은 복이 있고
8 주께서 그 죄를 인정하지 아니하
실 사람은 복이 있도다
함과 같으니라
9 그런즉 이 복이 할례자에게냐 혹은
무할례자에게도냐 무릇 우리가 말
하기를 아브라함에게는 그 믿음이
의로 여겨졌다 하노라
10 그런즉 그것이 어떻게 여겨졌느냐
할례시냐 무할례시냐 할례시가 아
니요 무할례시니라
11 그가 할례의 표를 받은 것은 무할
례시에 믿음으로 된 의를 인친 것
이니 이는 무할례자로서 믿는 모든
자의 조상이 되어 그들도 의로 여
기심을 얻게 하려 하심이라
12 또한 할례자의 조상이 되었나니 곧
할례받을 자에게뿐 아니라 우리 조
상 아브라함이 무할례시에 가졌던
믿음의 자취를 따르는 자들에게도
그러하니라
13 아브라함이나 그 [3]후손에게 세상의
상속자가 되리라고 하신 언약은 율
법으로 말미암은 것이 아니요 오직
믿음의 의로 말미암은 것이니라
14 만일 율법에 속한 자들이 상속자이
면 믿음은 헛것이 되고 약속은 파

1) 또는 그의 피를 믿음으로 말미암는 화목제물로 세우셨으니 2) 또는 우리 조상 아브라함이 육으로 3) 헬, 씨
ㄱ. 창 15:6 ㄴ. 시 32:1 이하

기되었느니라
15 율법은 진노를 이루게 하나니 율법
이 없는 곳에는 범법도 없느니라
16 그러므로 상속자가 되는 그것이 은
혜에 속하기 위하여 믿음으로 되나
니 이는 그 약속을 그 모든 [1]후손에
게 굳게 하려 하심이라 율법에 속한
자에게뿐만 아니라 아브라함의 믿
음에 속한 자에게도 그러하니 아브
라함은 우리 모든 사람의 조상이라
17 기록된 바 ㄱ내가 너를 많은 민족의
조상으로 세웠다 하심과 같으니 그
가 믿은 바 하나님은 죽은 자를 살
리시며 없는 것을 있는 것으로 부
르시는 이시니라
18 아브라함이 바랄 수 없는 중에 바
라고 믿었으니 이는 ㄴ네 [1]후손이
이같으리라 하신 말씀대로 많은 민
족의 조상이 되게 하려 하심이라
19 그가 백 세나 되어 자기 몸이 죽은
것 같고 사라의 태가 죽은 것 같음을
알고도 믿음이 약하여지지 아니하고
20 믿음이 없어 하나님의 약속을 의심
하지 않고 믿음으로 견고하여져서
하나님께 영광을 돌리며
21 약속하신 그것을 또한 능히 이루실
줄을 확신하였으니
22 그러므로 그것이 그에게 의로 여겨
졌느니라
23 그에게 의로 여겨졌다 기록된 것은
아브라함만 위한 것이 아니요
24 의로 여기심을 받을 우리도 위함이
니 곧 예수 우리 주를 죽은 자 가운
데서 살리신 이를 믿는 자니라
25 예수는 우리가 범죄한 것 때문에
내줌이 되고 또한 우리를 의롭다
하시기 위하여 살아나셨느니라

의롭다 하심을 받은 사람의 삶

5 그러므로 우리가 믿음으로 의롭
다 하심을 받았으니 [2]우리 주 예
수 그리스도로 말미암아 하나님과
[3]화평을 누리자
2 또한 그로 말미암아 우리가 믿음으
로 서 있는 이 은혜에 들어감을 얻
었으며 하나님의 영광을 바라고 즐
거워하느니라
3 다만 이뿐 아니라 우리가 환난 중
에도 즐거워하나니 이는 환난은 인
내를,
4 인내는 연단을, 연단은 소망을 이
루는 줄 앎이로다
5 소망이 우리를 부끄럽게 하지 아니
함은 우리에게 주신 성령으로 말미
암아 하나님의 사랑이 우리 마음에
부은 바 됨이니
6 우리가 아직 연약할 때에 기약대로
그리스도께서 경건하지 않은 자를
위하여 죽으셨도다
7 의인을 위하여 죽는 자가 쉽지 않
고 선인을 위하여 용감히 죽는 자
가 혹 있거니와
8 우리가 아직 죄인 되었을 때에 그
리스도께서 우리를 위하여 죽으심
으로 하나님께서 우리에 대한 자기
의 사랑을 확증하셨느니라
9 그러면 이제 우리가 그의 피로 말
미암아 의롭다 하심을 받았으니 더
욱 그로 말미암아 진노하심에서 구
원을 받을 것이니
10 곧 우리가 원수 되었을 때에 그의
아들의 죽으심으로 말미암아 하나
님과 화목하게 되었은즉 화목하게
된 자로서는 더욱 그의 살아나심으
로 말미암아 구원을 받을 것이니라
11 그뿐 아니라 이제 우리로 화목하게
하신 우리 주 예수 그리스도로 말

1) 헬, 씨 2) 또는 믿음으로 서 있는 이 은혜에 들어감을 우리로 얻게 하신 우리 주 예수 그리스도로 말미암아 하나님으로 더불어 화평을 누리며 또한 하나님의 영광을 바라고 즐거워하자 3) 또는 화평이 있고 ㄱ. 창 17:5 ㄴ. 창 15:5

미암아 하나님 안에서 또한 즐거워
하느니라

아담과 그리스도

12 ●그러므로 한 사람으로 말미암아
죄가 세상에 들어오고 죄로 말미암
아 사망이 들어왔나니 이와 같이
모든 사람이 죄를 지었으므로 사망
이 모든 사람에게 이르렀느니라
13 죄가 율법 있기 전에도 세상에 있
었으나 율법이 없었을 때에는 죄를
죄로 여기지 아니하였느니라
14 그러나 아담으로부터 모세까지 아
담의 범죄와 같은 죄를 짓지 아니한
자들까지도 사망이 왕 노릇 하였나
니 아담은 오실 자의 [1]모형이라
15 그러나 이 은사는 그 범죄와 같지
아니하니 곧 한 사람의 범죄를 인
하여 많은 사람이 죽었은즉 더욱
하나님의 은혜와 또한 한 사람 예
수 그리스도의 은혜로 말미암은 선
물은 많은 사람에게 넘쳤느니라
16 또 이 선물은 범죄한 한 사람으로
말미암은 것과 같지 아니하니 심판
은 한 사람으로 말미암아 정죄에
이르렀으나 은사는 많은 범죄로 말
미암아 의롭다 하심에 이름이니라
17 한 사람의 범죄로 말미암아 사망이
그 한 사람을 통하여 왕 노릇 하였
은즉 더욱 은혜와 의의 선물을 넘
치게 받는 자들은 한 분 예수 그리
스도를 통하여 생명 안에서 왕 노
릇 하리로다
18 그런즉 한 범죄로 많은 사람이 정
죄에 이른 것같이 한 의로운 행위
로 말미암아 많은 사람이 의롭다
하심을 받아 생명에 이르렀느니라
19 한 사람이 순종하지 아니함으로 많
은 사람이 죄인된 것같이 한 사람
이 순종하심으로 많은 사람이 의인
이 되리라
20 율법이 들어온 것은 범죄를 더하게
하려 함이라 그러나 죄가 더한 곳
에 은혜가 더욱 넘쳤나니
21 이는 죄가 사망 안에서 왕 노릇 한
것같이 은혜도 또한 의로 말미암아
왕 노릇 하여 우리 주 예수 그리스
도로 말미암아 영생에 이르게 하려
함이라

그리스도와 함께 죽고 함께 산다

6 그런즉 우리가 무슨 말을 하리요
은혜를 더하게 하려고 죄에 거하
겠느냐
2 그럴 수 없느니라 죄에 대하여 죽은
우리가 어찌 그 가운데 더 살리요
3 무릇 그리스도 예수와 합하여 [2]세
례를 받은 우리는 그의 죽으심과
합하여 [2]세례를 받은 줄을 알지 못
하느냐
4 그러므로 우리가 그의 죽으심과 합
하여 [2]세례를 받음으로 그와 함께
장사되었나니 이는 아버지의 영광
으로 말미암아 그리스도를 죽은 자
가운데서 살리심과 같이 우리로 또
한 새 생명 가운데서 행하게 하려
함이라
5 만일 우리가 그의 죽으심과 같은
모양으로 연합한 자가 되었으면 또
한 그의 부활과 같은 모양으로 연
합한 자도 되리라
6 우리가 알거니와 우리의 옛 사람이
예수와 함께 십자가에 못박힌 것은
죄의 몸이 죽어 다시는 우리가 죄에
게 종노릇하지 아니하려 함이니
7 이는 죽은 자가 죄에서 벗어나 의
롭다 하심을 얻었음이라
8 만일 우리가 그리스도와 함께 죽었
으면 또한 그와 함께 살 줄을 믿노니
9 이는 그리스도께서 죽은 자 가운데
서 살아나셨으매 다시 죽지 아니하

1) 또는 예표 2) 헬, 또는 침례

시고 사망이 다시 그를 주장하지
못할 줄을 앎이로라
10 그가 죽으심은 죄에 대하여 단번에
죽으심이요 그가 살아 계심은 하나
님께 대하여 살아 계심이니
11 이와 같이 너희도 너희 자신을 죄
에 대하여는 죽은 자요 그리스도
예수 안에서 하나님께 대하여는 살
아 있는 자로 여길지어다
12 ●그러므로 너희는 죄가 너희 죽을
몸을 지배하지 못하게 하여 몸의
사욕에 순종하지 말고
13 또한 너희 지체를 불의의 무기로 죄
에게 내주지 말고 오직 너희 자신을
죽은 자 가운데서 다시 살아난 자같
이 하나님께 드리며 너희 지체를 의
의 무기로 하나님께 드리라
14 죄가 너희를 주장하지 못하리니 이
는 너희가 법 아래에 있지 아니하
고 은혜 아래에 있음이라

의의 종

15 ●그런즉 어찌하리요 우리가 법 아
래에 있지 아니하고 은혜 아래에
있으니 죄를 지으리요 그럴 수 없
느니라
16 너희 자신을 종으로 내주어 누구에
게 순종하든지 그 순종함을 받는
자의 종이 되는 줄을 너희가 알지
못하느냐 혹은 죄의 종으로 사망에
이르고 혹은 순종의 종으로 의에
이르느니라
17 하나님께 감사하리로다 너희가 본
래 죄의 종이더니 [1]너희에게 전하
여 준 바 교훈의 본을 마음으로 순
종하여
18 죄로부터 해방되어 의에게 종이 되
었느니라
19 너희 육신이 연약하므로 내가 사람
의 예대로 말하노니 전에 너희가
너희 지체를 부정과 불법에 내주어
불법에 이른 것같이 이제는 너희
지체를 의에게 종으로 내주어 거룩
함에 이르라
20 너희가 죄의 종이 되었을 때에는
의에 대하여 자유로웠느니라
21 너희가 그때에 무슨 열매를 얻었느
냐 이제는 너희가 그 일을 부끄러
워하나니 이는 그 마지막이 사망임
이라
22 그러나 이제는 너희가 죄로부터 해
방되고 하나님께 종이 되어 거룩함
에 이르는 열매를 맺었으니 그 마
지막은 영생이라
23 죄의 삯은 사망이요 하나님의 [2]은
사는 그리스도 예수 우리 주 안에
있는 영생이니라

혼인 관계로 비유한 율법과 죄

7 형제들아 내가 법 아는 자들에게
말하노니 너희는 그 법이 사람이
살 동안만 그를 주관하는 줄 알지
못하느냐
2 남편 있는 여인이 그 남편 생전에
는 법으로 그에게 매인 바 되나 만
일 그 남편이 죽으면 남편의 법에
서 벗어나느니라
3 그러므로 만일 그 남편 생전에 다
른 남자에게 가면 음녀라 그러나
만일 남편이 죽으면 그 법에서 자
유롭게 되나니 다른 남자에게 갈지
라도 음녀가 되지 아니하느니라
4 그러므로 내 형제들아 너희도 그리
스도의 몸으로 말미암아 율법에 대
하여 죽임을 당하였으니 이는 다른
이 곧 죽은 자 가운데서 살아나신
이에게 가서 우리가 하나님을 위하
여 열매를 맺게 하려 함이라
5 우리가 육신에 있을 때에는 율법으
로 말미암는 죄의 정욕이 우리 지
체 중에 역사하여 우리로 사망을

1) 헬, 너희를 맡은 바 교훈의 2) 선물

위하여 열매를 맺게 하였더니
6 이제는 우리가 얽매였던 것에 대하
여 죽었으므로 율법에서 벗어났으
니 이러므로 우리가 영의 새로운
것으로 섬길 것이요 율법 조문의
묵은 것으로 아니할지니라
7 그런즉 우리가 무슨 말을 하리요
율법이 죄냐 그럴 수 없느니라 율
법으로 말미암지 않고는 내가 죄를
알지 못하였으니 곧 율법이 ㄱ탐내
지 말라 하지 아니하였더라면 내가
탐심을 알지 못하였으리라
8 그러나 죄가 기회를 타서 계명으로
말미암아 내 속에서 온갖 탐심을
이루었나니 이는 율법이 없으면 죄
가 죽은 것임이라
9 전에 1)율법을 깨닫지 못했을 때에
는 내가 살았더니 계명이 이르매
죄는 살아나고 나는 죽었도다
10 생명에 이르게 할 그 계명이 내게
대하여 도리어 사망에 이르게 하는
것이 되었도다
11 죄가 기회를 타서 계명으로 말미암
아 나를 속이고 그것으로 나를 죽
였는지라
12 이로 보건대 율법은 거룩하고 계명
도 거룩하고 의로우며 선하도다
13 그런즉 선한 것이 내게 사망이 되
었느냐 그럴 수 없느니라 오직 죄
가 죄로 드러나기 위하여 선한 그
것으로 말미암아 나를 죽게 만들었
으니 이는 계명으로 말미암아 죄로
심히 죄 되게 하려 함이라
14 우리가 율법은 신령한 줄 알거니와
나는 육신에 속하여 죄 아래에 팔
렸도다
15 내가 행하는 것을 내가 알지 못하
노니 곧 내가 원하는 것은 행하지
아니하고 도리어 미워하는 것을 행
함이라
16 만일 내가 원하지 아니하는 그것을
행하면 내가 이로써 율법이 선한
것을 시인하노니
17 이제는 그것을 행하는 자가 내가
아니요 내 속에 거하는 죄니라
18 내 속 곧 내 육신에 선한 것이 거하
지 아니하는 줄을 아노니 원함은 내
게 있으나 선을 2)행하는 것은 없노라
19 내가 원하는 바 선은 행하지 아니
하고 도리어 원하지 아니하는 바
악을 행하는도다
20 만일 내가 원하지 아니하는 그것을
하면 이를 행하는 자는 내가 아니
요 내 속에 거하는 죄니라
21 그러므로 내가 한 법을 깨달았노니
곧 선을 행하기 원하는 나에게 악
이 함께 있는 것이로다
22 내 속사람으로는 하나님의 법을 즐
거워하되
23 내 지체 속에서 한 다른 법이 내 마
음의 법과 싸워 내 지체 속에 있는
죄의 법으로 나를 사로잡는 것을
보는도다
24 오호라 나는 곤고한 사람이로다 이
사망의 몸에서 누가 나를 건져내랴
25 우리 주 예수 그리스도로 말미암아
하나님께 감사하리로다 그런즉 내
자신이 마음으로는 하나님의 법을
육신으로는 죄의 법을 섬기노라

생명의 성령의 법

8 그러므로 이제 그리스도 예수 안
에 있는 자에게는 결코 정죄함이
없나니
2 이는 그리스도 예수 안에 있는 생
명의 성령의 법이 죄와 사망의 법
에서 3)너를 해방하였음이라
3 율법이 육신으로 말미암아 연약하
여 할 수 없는 그것을 하나님은 하

1) 헬, 법 없이 내가 2) 또는 행할 능은 3) 어떤 사본에, 나를 ㄱ. 출 20:17; 신 5:21

시나니 곧 죄로 말미암아 자기 아
들을 죄 있는 육신의 모양으로 보
내어 육신에 죄를 정하사
4 육신을 따르지 않고 그 영을 따라
행하는 우리에게 율법의 요구가 이
루어지게 하려 하심이니라
5 육신을 따르는 자는 육신의 일을,
영을 따르는 자는 영의 일을 생각
하나니
6 육신의 생각은 사망이요 영의 생각
은 생명과 평안이니라
7 육신의 생각은 하나님과 원수가 되
나니 이는 하나님의 법에 굴복하지
아니할 뿐 아니라 할 수도 없음이라
8 육신에 있는 자들은 하나님을 기쁘
시게 할 수 없느니라
9 만일 너희 속에 하나님의 영이 거
하시면 너희가 육신에 있지 아니하
고 영에 있나니 누구든지 그리스도
의 영이 없으면 그리스도의 사람이
아니라
10 또 그리스도께서 너희 안에 계시면
몸은 죄로 말미암아 죽은 것이나
영은 의로 말미암아 [1]살아 있는 것
이니라
11 예수를 죽은 자 가운데서 살리신
이의 영이 너희 안에 거하시면 그
리스도 예수를 죽은 자 가운데서
살리신 이가 너희 안에 거하시는
그의 영으로 말미암아 너희 죽을
몸도 살리시리라
12 ●그러므로 형제들아 우리가 빚진
자로되 육신에게 져서 육신대로 살
것이 아니니라
13 너희가 육신대로 살면 반드시 죽을
것이로되 영으로써 몸의 행실을 죽
이면 살리니
14 무릇 하나님의 영으로 인도함을 받
는 사람은 곧 하나님의 아들이라
15 너희는 다시 무서워하는 종의 영을
받지 아니하고 양자의 영을 받았으
므로 우리가 아빠 아버지라고 부르
짖느니라
16 성령이 친히 우리의 영과 더불어
우리가 하나님의 자녀인 것을 증언
하시나니
17 자녀이면 또한 상속자 곧 하나님의
상속자요 그리스도와 함께한 상속
자니 우리가 그와 함께 영광을 받
기 위하여 고난도 함께 받아야 할
것이니라

모든 피조물이 구원을 고대하다

18 ●생각하건대 현재의 고난은 장차
우리에게 나타날 영광과 비교할 수
없도다
19 피조물이 고대하는 바는 하나님의
아들들이 나타나는 것이니
20 피조물이 허무한 데 굴복하는 것은
자기 뜻이 아니요 오직 굴복하게
하시는 이로 말미암음이라
21 그 바라는 것은 피조물도 썩어짐의
종노릇한 데서 해방되어 하나님의
자녀들의 영광의 자유에 이르는 것
이니라
22 피조물이 다 이제까지 함께 탄식하
며 함께 고통을 겪고 있는 것을 우
리가 아느니라
23 그뿐 아니라 또한 우리 곧 성령의
처음 익은 열매를 받은 우리까지도
속으로 탄식하여 양자될 것 곧 우
리 몸의 속량을 기다리느니라
24 우리가 소망으로 구원을 얻었으매
보이는 소망이 소망이 아니니 보는
것을 누가 바라리요
25 만일 우리가 보지 못하는 것을 바
라면 참음으로 기다릴지니라
26 ●이와 같이 성령도 우리의 연약함
을 도우시나니 우리는 마땅히 기도
할 바를 알지 못하나 오직 성령이

1) 헬, 생명

말할 수 없는 탄식으로 우리를 위
하여 친히 간구하시느니라
27 마음을 살피시는 이가 성령의 생각
을 아시나니 이는 성령이 하나님의
뜻대로 성도를 위하여 간구하심이
니라
28 우리가 알거니와 하나님을 사랑하
는 자 곧 그의 뜻대로 부르심을 입
은 자들에게는 [1]모든 것이 합력하
여 선을 이루느니라
29 하나님이 미리 아신 자들을 또한
그 아들의 형상을 본받게 하기 위
하여 미리 정하셨으니 이는 그로
많은 형제 중에서 맏아들이 되게
하려 하심이니라
30 또 미리 정하신 그들을 또한 부르
시고 부르신 그들을 또한 의롭다
하시고 의롭다 하신 그들을 또한
영화롭게 하셨느니라

그리스도의 사랑 하나님의 사랑

31 ●그런즉 이 일에 대하여 우리가 무
슨 말 하리요 만일 하나님이 우리를
위하시면 누가 우리를 대적하리요
32 자기 아들을 아끼지 아니하시고 우
리 모든 사람을 위하여 내주신 이
가 어찌 그 아들과 함께 모든 것을
우리에게 주시지 아니하겠느냐
33 누가 능히 하나님께서 택하신 자들
을 고발하리요 의롭다 하신 이는
하나님이시니
34 누가 정죄하리요 죽으실 뿐 아니라
다시 살아나신 이는 그리스도 예수
시니 그는 하나님 우편에 계신 자요
우리를 위하여 간구하시는 자시니라
35 누가 우리를 그리스도의 사랑에서
끊으리요 환난이나 곤고나 박해나
기근이나 적신이나 위험이나 칼이랴
36 기록된 바
ㄱ우리가 종일 주를 위하여 죽임
을 당하게 되며 도살 당할 양같이
여김을 받았나이다
함과 같으니라
37 그러나 이 모든 일에 우리를 사랑
하시는 이로 말미암아 우리가 넉넉
히 이기느니라
38 내가 확신하노니 사망이나 생명이
나 천사들이나 권세자들이나 현재
일이나 장래 일이나 능력이나
39 높음이나 깊음이나 다른 어떤 피조
물이라도 우리를 우리 주 그리스도
예수 안에 있는 하나님의 사랑에서
끊을 수 없으리라

약속의 자녀 약속의 말씀

9 1-2 내가 그리스도 안에서 참말
을 하고 거짓말을 아니하노라 나
에게 큰 근심이 있는 것과 마음에
그치지 않는 고통이 있는 것을 내
양심이 성령 안에서 나와 더불어
증언하노니
3 나의 형제 곧 골육의 친척을 위하여
내 자신이 저주를 받아 그리스도에
게서 끊어질지라도 원하는 바로라
4 그들은 이스라엘 사람이라 그들에
게는 양자됨과 영광과 언약들과 율
법을 세우신 것과 예배와 약속들이
있고
5 조상들도 그들의 것이요 육신으로
하면 그리스도가 그들에게서 나셨
으니 [2]그는 만물 위에 계셔서 세세
에 찬양을 받으실 하나님이시니라
아멘
6 그러나 하나님의 말씀이 폐하여진
것 같지 않도다 이스라엘에게서 난
그들이 다 이스라엘이 아니요
7 또한 아브라함의 씨가 다 그의 자
녀가 아니라 ㄴ오직 이삭으로부터
난 자라야 네 씨라 불리리라 하셨

1) 어떤 사본에, 하나님이 모든 것을 합하여 선을 이루시느니라 2) 또는 만물 위에 계신 하나님께 세세에 찬양이 있으리로다 ㄱ. 시 44:22 ㄴ. 창 21:12

으니
8 곧 육신의 자녀가 하나님의 자녀가
아니요 오직 약속의 자녀가 씨로
여기심을 받느니라
9 약속의 말씀은 이것이니 ㄱ명년 이
때에 내가 이르리니 사라에게 아들
이 있으리라 하심이라
10 그뿐 아니라 또한 리브가가 우리
조상 이삭 한 사람으로 말미암아
임신하였는데
11 그 자식들이 아직 나지도 아니하고
무슨 선이나 악을 행하지 아니한
때에 택하심을 따라 되는 하나님의
뜻이 행위로 말미암지 않고 오직
부르시는 이로 말미암아 서게 하려
하사
12 ㄴ리브가에게 이르시되 큰 자가 어
린 자를 섬기리라 하셨나니
13 기록된 바 ㄷ내가 야곱은 사랑하고
에서는 미워하였다 하심과 같으니라
14 ●그런즉 우리가 무슨 말을 하리요
하나님께 불의가 있느냐 그럴 수
없느니라
15 모세에게 이르시되 ㄹ내가 긍휼히
여길 자를 긍휼히 여기고 불쌍히 여
길 자를 불쌍히 여기리라 하셨으니
16 그런즉 원하는 자로 말미암음도 아
니요 달음박질하는 자로 말미암음
도 아니요 오직 긍휼히 여기시는
하나님으로 말미암음이니라
17 성경이 바로에게 이르시되 ㅁ내가
이 일을 위하여 너를 세웠으니 곧
너로 말미암아 내 능력을 보이고
내 이름이 온 땅에 전파되게 하려
함이라 하셨으니
18 그런즉 하나님께서 하고자 하시는
자를 긍휼히 여기시고 하고자 하시
는 자를 완악하게 하시느니라

하나님의 진노와 긍휼

19 ●혹 네가 내게 말하기를 그러면
하나님이 어찌하여 허물하시느냐
누가 그 뜻을 대적하느냐 하리니
20 이 사람아 네가 누구이기에 감히
하나님께 반문하느냐 지음을 받은
물건이 지은 자에게 어찌 나를 이
같이 만들었느냐 말하겠느냐
21 토기장이가 진흙 한 덩이로 하나는
귀히 쓸 그릇을, 하나는 천히 쓸 그
릇을 만들 권한이 없느냐
22 만일 하나님이 그의 진노를 보이시
고 그의 능력을 알게 하고자 하사
멸하기로 준비된 진노의 그릇을 오
래 참으심으로 관용하시고
23 또한 영광 받기로 예비하신 바 긍
휼의 그릇에 대하여 그 영광의 풍
성함을 알게 하고자 하셨을지라도
무슨 말을 하리요
24 이 그릇은 우리니 곧 유대인 중에
서뿐 아니라 이방인 중에서도 부르
신 자니라
25 호세아의 글에도 이르기를
ㅂ내가 내 백성 아닌 자를 내 백성
이라, 사랑하지 아니한 자를 사랑
한 자라 부르리라
26 ㅅ너희는 내 백성이 아니라 한 그
곳에서 그들이 살아 계신 하나님
의 아들이라 일컬음을 받으리라
함과 같으니라
27 또 이사야가 이스라엘에 관하여 외
치되 ㅇ이스라엘 자손들의 수가 비
록 바다의 모래 같을지라도 남은
자만 구원을 받으리니
28 주께서 땅 위에서 그 말씀을 이루
고 속히 시행하시리라 하셨느니라
29 또한 이사야가 미리 말한 바
ㅈ만일 만군의 주께서 우리에게
씨를 남겨 두지 아니하셨더라면

ㄱ. 창 18:10 ㄴ. 창 25:23 ㄷ. 말 1:2 이하 ㄹ. 출 33:19 ㅁ. 출 9:16 ㅂ. 호 2:23 ㅅ. 호 1:10 ㅇ. 사 10:22 이하 ㅈ. 사 1:9

우리가 소돔과 같이 되고 고모라
와 같았으리로다
함과 같으니라

믿음에서 난 의

30 ●그런즉 우리가 무슨 말을 하리요
의를 따르지 아니한 이방인들이 의
를 얻었으니 곧 믿음에서 난 의요
31 의의 법을 따라간 이스라엘은 율법
에 이르지 못하였으니
32 어찌 그러하냐 이는 그들이 믿음을
의지하지 않고 행위를 의지함이라
부딪칠 돌에 부딪쳤느니라
33 기록된 바
[ㄱ]보라 내가 걸림돌과 거치는 바위
를 시온에 두노니 그를 믿는 자는
부끄러움을 당하지 아니하리라
함과 같으니라

10 형제들아 내 마음에 원하는 바
와 하나님께 구하는 바는 이스
라엘을 위함이니 곧 그들로 구원을
받게 함이라
2 내가 증언하노니 그들이 하나님께
열심이 있으나 올바른 지식을 따른
것이 아니니라
3 하나님의 의를 모르고 자기 의를
세우려고 힘써 하나님의 의에 복종
하지 아니하였느니라
4 그리스도는 모든 믿는 자에게 의를
이루기 위하여 율법의 마침이 되시
니라
5 모세가 기록하되 [ㄴ]율법으로 말미
암는 의를 행하는 사람은 그 의로
살리라 하였거니와
6 믿음으로 말미암는 의는 이같이 말
하되 [ㄷ]네 마음에 누가 하늘에 올라
가겠느냐 하지 말라 하니 올라가겠
느냐 함은 그리스도를 모셔 내리려
는 것이요
7 혹은 누가 무저갱에 내려가겠느냐
하지 말라 하니 내려가겠느냐 함은
그리스도를 죽은 자 가운데서 모셔
올리려는 것이라
8 그러면 무엇을 말하느냐 [ㄹ]말씀이
네게 가까워 네 입에 있으며 네 마
음에 있다 하였으니 곧 우리가 전
파하는 믿음의 말씀이라
9 네가 만일 네 입으로 예수를 주로
시인하며 또 하나님께서 그를 죽은
자 가운데서 살리신 것을 네 마음
에 믿으면 구원을 받으리라
10 사람이 마음으로 믿어 의에 이르고
입으로 시인하여 구원에 이르느니라
11 성경에 이르되 [ㅁ]누구든지 그를 믿
는 자는 부끄러움을 당하지 아니하
리라 하니
12 유대인이나 헬라인이나 차별이 없
음이라 한 분이신 주께서 모든 사
람의 주가 되사 그를 부르는 모든
사람에게 부요하시도다
13 [ㅂ]누구든지 주의 이름을 부르는 자
는 구원을 받으리라
14 그런즉 그들이 믿지 아니하는 이를
어찌 부르리요 듣지도 못한 이를
어찌 믿으리요 전파하는 자가 없이
어찌 들으리요
15 보내심을 받지 아니하였으면 어찌
전파하리요 기록된 바 [ㅅ]아름답도
다 [1)]좋은 소식을 전하는 자들의 발
이여 함과 같으니라

믿음과 들음과 그리스도의 말씀

16 ●그러나 그들이 다 복음을 순종하
지 아니하였도다 이사야가 이르되
[ㅇ]주여 우리가 전한 것을 누가 믿었
나이까 하였으니
17 그러므로 믿음은 들음에서 나며 들
음은 그리스도의 말씀으로 말미암
았느니라

1) 또는 복음을 ㄱ. 사 28:16 ㄴ. 레 18:5 ㄷ. 신 30:12 이하 ㄹ. 신 30:14 ㅁ. 사 28:16 ㅂ. 욜 2:32 ㅅ. 사 52:7 ㅇ. 사 53:1

18 그러나 내가 말하노니 그들이 듣지
아니하였느냐 그렇지 아니하니
ㄱ그 소리가 온 땅에 퍼졌고 그 말
씀이 땅끝까지 이르렀도다
하였느니라
19 그러나 내가 말하노니 이스라엘이
알지 못하였느냐 먼저 모세가 이르
되
ㄴ내가 백성 아닌 자로써 너희를
시기하게 하며 미련한 백성으로
써 너희를 노엽게 하리라
하였고
20 이사야는 매우 담대하여
ㄷ내가 나를 찾지 아니한 자들에
게 찾은 바 되고 내게 묻지 아니
한 자들에게 나타났노라
말하였고
21 이스라엘에 대하여 이르되 ㄹ순종
하지 아니하고 거슬러 말하는 백성
에게 내가 종일 내 손을 벌렸노라
하였느니라

이스라엘의 남은 자

11 그러므로 내가 말하노니 하나
님이 자기 백성을 버리셨느냐
그럴 수 없느니라 나도 이스라엘인
이요 아브라함의 씨에서 난 자요
베냐민 지파라
2 하나님이 그 미리 아신 자기 백성
을 버리지 아니하셨나니 너희가 성
경이 엘리야를 가리켜 말한 것을
알지 못하느냐 그가 이스라엘을 하
나님께 고발하되
3 ㅁ주여 그들이 주의 선지자들을 죽
였으며 주의 제단들을 헐어 버렸고
나만 남았는데 내 목숨도 찾나이다
하니
4 그에게 하신 대답이 무엇이냐 ㅂ내
가 나를 위하여 바알에게 무릎을
꿇지 아니한 사람 칠천 명을 남겨
두었다 하셨으니
5 그런즉 이와 같이 지금도 은혜로
택하심을 따라 남은 자가 있느니라
6 만일 은혜로 된 것이면 행위로 말
미암지 않음이니 그렇지 않으면 은
혜가 은혜 되지 못하느니라
7 그런즉 어떠하냐 이스라엘이 구하
는 그것을 얻지 못하고 오직 택하
심을 입은 자가 얻었고 그 남은 자
들은 우둔하여졌느니라
8 기록된 바 ㅅ하나님이 오늘까지 그
들에게 혼미한 [1]심령과 보지 못할
눈과 듣지 못할 귀를 주셨다 함과
같으니라
9 또 다윗이 이르되
ㅇ그들의 밥상이 올무와 덫과 거
치는 것과 보응이 되게 하시옵고
10 그들의 눈은 흐려 보지 못하고 그
들의 등은 항상 굽게 하옵소서
하였느니라
11 그러므로 내가 말하노니 그들이 넘
어지기까지 실족하였느냐 그럴 수
없느니라 그들이 넘어짐으로 구원
이 이방인에게 이르러 이스라엘로
시기나게 함이니라
12 그들의 넘어짐이 세상의 풍성함이
되며 그들의 실패가 이방인의 풍성
함이 되거든 하물며 그들의 충만함
이리요

이방인의 구원

13 ●내가 이방인인 너희에게 말하노
라 내가 이방인의 사도인 만큼 내
직분을 영광스럽게 여기노니
14 이는 혹 내 골육을 아무쪼록 시기
하게 하여 그들 중에서 얼마를 구
원하려 함이라
15 그들을 버리는 것이 세상의 화목이
되거든 그 받아들이는 것이 죽은

1) 헬, 영 ㄱ. 시 19:4 ㄴ. 신 32:21 ㄷ. 사 65:1 ㄹ. 사 65:2 ㅁ. 왕상 19:10 ㅂ. 왕상 19:18 ㅅ. 사 29:10; 신 29:4 ㅇ. 시 69:22 이하

자 가운데서 살아나는 것이 아니면
무엇이리요
16 제사하는 처음 익은 곡식 가루가
거룩한즉 떡덩이도 그러하고 뿌리
가 거룩한즉 가지도 그러하니라
17 또한 가지 얼마가 꺾이었는데 돌감
람나무인 네가 그들 중에 접붙임이
되어 참감람나무 뿌리의 진액을 함
께 받는 자가 되었은즉
18 그 가지들을 향하여 자랑하지 말라
자랑할지라도 네가 뿌리를 보전하
는 것이 아니요 뿌리가 너를 보전
하는 것이니라
19 그러면 네 말이 가지들이 꺾인 것
은 나로 접붙임을 받게 하려 함이
라 하리니
20 옳도다 그들은 믿지 아니하므로 꺾이
고 너는 믿으므로 섰느니라 높은 마
음을 품지 말고 도리어 두려워하라
21 하나님이 원 가지들도 아끼지 아니
하셨은즉 너도 아끼지 아니하시리라
22 그러므로 하나님의 인자하심과 준
엄하심을 보라 넘어지는 자들에게
는 준엄하심이 있으니 너희가 만일
하나님의 인자하심에 머물러 있으
면 그 인자가 너희에게 있으리라 그
렇지 않으면 너도 찍히는 바 되리라
23 그들도 믿지 아니하는 데 머무르지
아니하면 접붙임을 받으리니 이는
그들을 접붙이실 능력이 하나님께
있음이라
24 네가 원 돌감람나무에서 찍힘을 받
고 본성을 거슬러 좋은 감람나무에
접붙임을 받았으니 원 가지인 이
사람들이야 얼마나 더 자기 감람나
무에 접붙이심을 받으랴

이스라엘의 구원

25 ●형제들아 너희가 스스로 지혜 있
다 하면서 이 신비를 너희가 모르
기를 내가 원하지 아니하노니 이
신비는 이방인의 [1)]충만한 수가 들
어오기까지 이스라엘의 더러는 우
둔하게 된 것이라
26 그리하여 온 이스라엘이 구원을 받
으리라 기록된 바
[ㄱ]구원자가 시온에서 오사 야곱에
게서 경건하지 않은 것을 돌이키
시겠고
27 [ㄴ]내가 그들의 죄를 없이 할 때에
그들에게 이루어질 내 언약이 이
것이라
함과 같으니라
28 복음으로 하면 그들이 너희로 말미
암아 원수된 자요 택하심으로 하면
조상들로 말미암아 사랑을 입은 자라
29 하나님의 은사와 부르심에는 후회
하심이 없느니라
30 너희가 전에는 하나님께 순종하지
아니하더니 이스라엘이 순종하지 아
니함으로 이제 긍휼을 입었는지라
31 이와 같이 이 사람들이 순종하지 아
니하니 이는 너희에게 베푸시는 긍
휼로 이제 그들도 긍휼을 얻게 하려
하심이라
32 하나님이 모든 사람을 순종하지 아
니하는 가운데 가두어 두심은 모든
사람에게 긍휼을 베풀려 하심이로
다
33 ●깊도다 하나님의 [2)]지혜와 지식의
풍성함이여, 그의 판단은 헤아리지
못할 것이며 그의 길은 찾지 못할
것이로다
34 ●누가 주의 마음을 알았느냐 누가
그의 모사가 되었느냐
35 ●누가 주께 먼저 드려서 갚으심을
받겠느냐
36 ●이는 만물이 주에게서 나오고 주
로 말미암고 주에게로 돌아감이라

1) 헬, 충만히 2) 또는 부요와 지혜와 지식이여 ㄱ. 사 59:20 이하 ㄴ. 사 27:9 이하

그에게 영광이 세세에 있을지어다
아멘

하나님의 뜻을 분별하는 새 생활

12 그러므로 형제들아 내가 하나
님의 모든 자비하심으로 너희
를 권하노니 너희 몸을 하나님이 기
뻐하시는 거룩한 산 제물로 드리라
이는 너희가 드릴 [1]영적 예배니라
2 너희는 이 세대를 본받지 말고 오
직 마음을 새롭게 함으로 변화를
받아 하나님의 선하시고 기뻐하시
고 온전하신 뜻이 무엇인지 분별하
도록 하라
3 ●내게 주신 은혜로 말미암아 너희
각 사람에게 말하노니 마땅히 생각
할 그 이상의 생각을 품지 말고 오
직 하나님께서 각 사람에게 나누어
주신 믿음의 분량대로 지혜롭게 생
각하라
4 우리가 한 몸에 많은 지체를 가졌
으나 모든 지체가 같은 기능을 가
진 것이 아니니
5 이와 같이 우리 많은 사람이 그리
스도 안에서 한 몸이 되어 서로 지
체가 되었느니라
6 우리에게 주신 은혜대로 받은 은사
가 각각 다르니 혹 예언이면 믿음
의 분수대로,
7 혹 섬기는 일이면 섬기는 일로, 혹
가르치는 자면 가르치는 일로,
8 혹 위로하는 자면 위로하는 일로,
구제하는 자는 성실함으로, 다스리
는 자는 부지런함으로, 긍휼을 베
푸는 자는 즐거움으로 할 것이니라
9 사랑에는 거짓이 없나니 악을 미워
하고 선에 속하라
10 형제를 사랑하여 서로 우애하고 존
경하기를 서로 먼저 하며
11 부지런하여 게으르지 말고 열심을
품고 주를 섬기라
12 소망 중에 즐거워하며 환난 중에
참으며 기도에 항상 힘쓰며
13 성도들의 쓸 것을 공급하며 손 대
접하기를 힘쓰라

그리스도인의 생활

14 ●너희를 박해하는 자를 축복하라
축복하고 저주하지 말라
15 즐거워하는 자들과 함께 즐거워하
고 우는 자들과 함께 울라
16 서로 마음을 같이하며 높은 데 마음
을 두지 말고 도리어 낮은 데 처하
며 스스로 지혜 있는 체하지 말라
17 아무에게도 악을 악으로 갚지 말고
모든 사람 앞에서 선한 일을 도모
하라
18 할 수 있거든 너희로서는 모든 사
람과 더불어 화목하라
19 내 사랑하는 자들아 너희가 친히
원수를 갚지 말고 하나님의 진노하
심에 맡기라 기록되었으되 ㄱ원수
갚는 것이 내게 있으니 내가 갚으
리라고 주께서 말씀하시니라
20 ㄴ네 원수가 주리거든 먹이고 목마
르거든 마시게 하라 그리함으로 네
가 숯불을 그 머리에 쌓아 놓으리라
21 악에게 지지 말고 선으로 악을 이
기라

그리스도인과 세상 권세

13 각 사람은 위에 있는 권세들에
게 복종하라 권세는 하나님으
로부터 나지 않음이 없나니 모든
권세는 다 하나님께서 정하신 바라
2 그러므로 권세를 거스르는 자는 하
나님의 명을 거스름이니 거스르는
자들은 심판을 자취하리라
3 다스리는 자들은 선한 일에 대하여
두려움이 되지 않고 악한 일에 대
하여 되나니 네가 권세를 두려워하
지 아니하려느냐 선을 행하라 그리

1) 합당한 ㄱ. 신 32:35 ㄴ. 잠 25:21 이하

하면 그에게 칭찬을 받으리라
4 그는 하나님의 사역자가 되어 네게
선을 베푸는 자니라 그러나 네가
악을 행하거든 두려워하라 그가 공
연히 칼을 가지지 아니하였으니 곧
하나님의 사역자가 되어 악을 행하
는 자에게 진노하심을 따라 보응하
는 자니라
5 그러므로 복종하지 아니할 수 없으
니 진노 때문에 할 것이 아니라 양
심을 따라 할 것이라
6 너희가 조세를 바치는 것도 이로
말미암음이라 그들이 하나님의 일
꾼이 되어 바로 이 일에 항상 힘쓰
느니라
7 모든 자에게 줄 것을 주되 조세를
받을 자에게 조세를 바치고 관세를
받을 자에게 관세를 바치고 두려워
할 자를 두려워하며 존경할 자를
존경하라

사랑은 율법의 완성

8 ●피차 사랑의 빚 외에는 아무에게
든지 아무 빚도 지지 말라 남을 사랑
하는 자는 율법을 다 이루었느니라
9 ㄱ간음하지 말라, 살인하지 말라, 도
둑질하지 말라, 탐내지 말라 한 것
과 그 외에 다른 계명이 있을지라
도 네 이웃을 네 자신과 같이 사랑
하라 하신 그 말씀 가운데 다 들었
느니라
10 사랑은 이웃에게 악을 행하지 아니
하나니 그러므로 사랑은 율법의 완
성이니라

구원의 때가 가까워졌다

11 ●또한 너희가 이 시기를 알거니와
자다가 깰 때가 벌써 되었으니 이
는 이제 우리의 구원이 처음 믿을
때보다 가까웠음이라
12 밤이 깊고 낮이 가까웠으니 그러므
로 우리가 어둠의 일을 벗고 빛의
갑옷을 입자
13 낮에와 같이 단정히 행하고 방탕하
거나 술 취하지 말며 음란하거나
호색하지 말며 다투거나 시기하지
말고
14 오직 주 예수 그리스도로 옷 입고
정욕을 위하여 육신의 일을 도모하
지 말라

형제를 비판하지 말라

14 믿음이 연약한 자를 너희가 받
되 그의 의견을 비판하지 말라
2 어떤 사람은 모든 것을 먹을 만한
믿음이 있고 믿음이 연약한 자는
채소만 먹느니라
3 먹는 자는 먹지 않는 자를 업신여
기지 말고 먹지 않는 자는 먹는 자
를 비판하지 말라 이는 하나님이
그를 받으셨음이라
4 남의 하인을 비판하는 너는 누구냐
그가 서 있는 것이나 넘어지는 것
이 자기 주인에게 있으매 그가 세
움을 받으리니 이는 그를 세우시는
권능이 주께 있음이라
5 어떤 사람은 이날을 저날보다 낫게
여기고 어떤 사람은 모든 날을 같
게 여기나니 각각 자기 마음으로
확정할지니라
6 날을 중히 여기는 자도 주를 위하여
중히 여기고 먹는 자도 주를 위하여
먹으니 이는 하나님께 감사함이요
먹지 않는 자도 주를 위하여 먹지
아니하며 하나님께 감사하느니라
7 우리 중에 누구든지 자기를 위하여
사는 자가 없고 자기를 위하여 죽
는 자도 없도다
8 우리가 살아도 주를 위하여 살고 죽
어도 주를 위하여 죽나니 그러므로
사나 죽으나 우리가 주의 것이로다
9 이를 위하여 그리스도께서 죽었다

ㄱ. 출 20:13 이하; 신 5:17 이하

가 다시 살아나셨으니 곧 죽은 자
와 산 자의 주가 되려 하심이라
10 네가 어찌하여 네 형제를 비판하느
냐 어찌하여 네 형제를 업신여기느
냐 우리가 다 하나님의 심판대 앞
에 서리라
11 기록되었으되
ㄱ주께서 이르시되 내가 살았노니
모든 무릎이 내게 꿇을 것이요 모
든 혀가 [1]하나님께 자백하리라
하였느니라
12 이러므로 우리 각 사람이 자기 일
을 하나님께 직고하리라

형제로 거리끼게 하지 말라

13 ●그런즉 우리가 다시는 서로 비판
하지 말고 도리어 부딪칠 것이나
거칠 것을 형제 앞에 두지 아니하
도록 [2]주의하라
14 내가 주 예수 안에서 알고 확신하
노니 무엇이든지 스스로 속된 것이
없으되 다만 속되게 여기는 그 사
람에게는 속되니라
15 만일 음식으로 말미암아 네 형제가
근심하게 되면 이는 네가 사랑으로
행하지 아니함이라 그리스도께서
대신하여 죽으신 형제를 네 음식으
로 망하게 하지 말라
16 그러므로 너희의 선한 것이 비방을
받지 않게 하라
17 하나님의 나라는 먹는 것과 마시는
것이 아니요 오직 성령 안에 있는
의와 평강과 희락이라
18 이로써 그리스도를 섬기는 자는 하
나님을 기쁘시게 하며 사람에게도
칭찬을 받느니라
19 그러므로 우리가 화평의 일과 서로
덕을 세우는 일을 힘쓰나니
20 음식으로 말미암아 하나님의 사업
을 무너지게 하지 말라 만물이 다
깨끗하되 거리낌으로 먹는 사람에
게는 악한 것이라
21 고기도 먹지 아니하고 포도주도 마
시지 아니하고 무엇이든지 네 형제
로 거리끼게 하는 일을 아니함이
아름다우니라
22 네게 있는 믿음을 하나님 앞에서
스스로 가지고 있으라 자기가 옳다
하는 바로 자기를 정죄하지 아니하
는 자는 복이 있도다
23 의심하고 먹는 자는 정죄되었나니
이는 믿음을 따라 하지 아니하였기
때문이라 믿음을 따라 하지 아니하
는 것은 다 죄니라

선을 이루고 덕을 세우라

15 믿음이 강한 우리는 마땅히 믿
음이 약한 자의 약점을 담당하
고 자기를 기쁘게 하지 아니할 것
이라
2 우리 각 사람이 이웃을 기쁘게 하
되 선을 이루고 덕을 세우도록 할
지니라
3 그리스도께서도 자기를 기쁘게 하
지 아니하셨나니 기록된 바 ㄴ주를
비방하는 자들의 비방이 내게 미쳤
나이다 함과 같으니라
4 무엇이든지 전에 기록된 바는 우리
의 교훈을 위하여 기록된 것이니
우리로 하여금 인내로 또는 성경의
위로로 소망을 가지게 함이니라
5 이제 인내와 위로의 하나님이 너희
로 그리스도 예수를 본받아 서로
뜻이 같게 하여 주사
6 한마음과 한 입으로 하나님 곧 우
리 주 예수 그리스도의 아버지께
영광을 돌리게 하려 하노라
7 그러므로 그리스도께서 우리를 받
아 하나님께 영광을 돌리심과 같이
너희도 서로 받으라

1) 또는 하나님을 찬미하리라 2) 또는 판단하라 ㄱ. 사 45:23 ㄴ. 시 69:9

8 내가 말하노니 그리스도께서 하나
님의 진실하심을 위하여 할례의 추
종자가 되셨으니 이는 조상들에게
주신 약속들을 견고하게 하시고
9 이방인들도 그 긍휼하심으로 말미
암아 하나님께 영광을 돌리게 하려
하심이라 기록된 바
ㄱ그러므로 내가 열방 중에서 주
께 감사하고 주의 이름을 찬송하
리로다
함과 같으니라
10 또 이르되
ㄴ열방들아 주의 백성과 함께 즐
거워하라
하였으며
11 또
ㄷ모든 열방들아 주를 찬양하며
모든 백성들아 그를 찬송하라
하였으며
12 또 이사야가 이르되
ㄹ이새의 뿌리 곧 열방을 다스리
기 위하여 일어나시는 이가 있으
리니 열방이 그에게 소망을 두리
라
하였느니라
13 소망의 하나님이 모든 기쁨과 평강
을 믿음 안에서 너희에게 충만하게
하사 성령의 능력으로 소망이 넘치
게 하시기를 원하노라

하나님의 복음의 제사장 직분

14 ●내 형제들아 너희가 스스로 선함
이 가득하고 모든 지식이 차서 능
히 서로 권하는 자임을 나도 확신
하노라
15 그러나 내가 너희로 다시 생각나게
하려고 하나님께서 내게 주신 은혜
로 말미암아 더욱 담대히 대략 너
희에게 썼노니
16 이 은혜는 곧 나로 이방인을 위하
여 그리스도 예수의 일꾼이 되어
하나님의 복음의 제사장 직분을 하
게 하사 이방인을 제물로 드리는
것이 성령 안에서 거룩하게 되어
받으실 만하게 하려 하심이라
17 그러므로 내가 그리스도 예수 안에
서 하나님의 일에 대하여 자랑하는
것이 있거니와
18 그리스도께서 이방인들을 순종하
게 하기 위하여 나를 통하여 역사
하신 것 외에는 내가 감히 말하지
아니하노라 그 일은 말과 행위로
19 표적과 기사의 능력으로 성령의 능
력으로 이루어졌으며 그리하여 내
가 예루살렘으로부터 두루 행하여
일루리곤까지 그리스도의 복음을
1)편만하게 전하였노라
20 또 내가 그리스도의 이름을 부르는
곳에는 복음을 전하지 않기를 힘썼
노니 이는 남의 터 위에 건축하지
아니하려 함이라
21 기록된 바
ㅁ주의 소식을 받지 못한 자들이
볼 것이요 듣지 못한 자들이 깨달
으리라
함과 같으니라

바울의 로마 방문 계획

22 ●그러므로 또한 내가 너희에게 가
려 하던 것이 여러 번 막혔더니
23 이제는 이 지방에 일할 곳이 없고
또 여러 해 전부터 언제든지 서바
나로 갈 때에 너희에게 가기를 바
라고 있었으니
24 이는 지나가는 길에 너희를 보고
먼저 너희와 사귐으로 얼마간 기쁨
을 가진 후에 너희가 그리로 보내
주기를 바람이라
25 그러나 이제는 내가 성도를 섬기는
일로 예루살렘에 가노니

1) 또는 채웠노라 ㄱ. 시 18:49 ㄴ. 신 32:43 ㄷ. 시 117:1 ㄹ. 사 11:10 ㅁ. 사 52:15

26 이는 마게도냐와 아가야 사람들이
예루살렘 성도 중 가난한 자들을
위하여 기쁘게 얼마를 연보하였음
이라
27 저희가 기뻐서 하였거니와 또한 저
희는 그들에게 빚진 자니 만일 이
방인들이 그들의 영적인 [1]것을 나
눠 가졌으면 육적인 것으로 그들을
섬기는 것이 마땅하니라
28 그러므로 내가 이 일을 마치고 이
열매를 그들에게 [2]확증한 후에 너
희에게 들렀다가 서바나로 가리라
29 내가 너희에게 나아갈 때에 그리스
도의 충만한 복을 가지고 갈 줄을
아노라
30 ●형제들아 내가 우리 주 예수 그
리스도와 성령의 사랑으로 말미암
아 너희를 권하노니 너희 기도에
나와 힘을 같이하여 나를 위하여
하나님께 빌어
31 나로 유대에서 순종하지 아니하는
자들로부터 건짐을 받게 하고 또
예루살렘에 대하여 내가 섬기는 일
을 성도들이 받을 만하게 하고
32 나로 하나님의 뜻을 따라 기쁨으로
너희에게 나아가 너희와 함께 편히
쉬게 하라
33 평강의 하나님께서 너희 모든 사람
과 함께 계실지어다 아멘

인사

16 내가 겐그레아 교회의 [3]일꾼
으로 있는 우리 자매 뵈뵈를
너희에게 추천하노니
2 너희는 주 안에서 성도들의 합당한
예절로 그를 영접하고 무엇이든지
그에게 소용되는 바를 도와줄지니
이는 그가 여러 사람과 나의 보호
자가 되었음이라
3 ●너희는 그리스도 예수 안에서 나
의 동역자들인 브리스가와 아굴라
에게 문안하라
4 그들은 내 목숨을 위하여 자기들의
목까지도 내놓았나니 나뿐 아니라
이방인의 모든 교회도 그들에게 감
사하느니라
5 또 저의 집에 있는 교회에도 문안
하라 내가 사랑하는 에배네도에게
문안하라 그는 아시아에서 그리스
도께 처음 맺은 열매니라
6 너희를 위하여 많이 수고한 마리아
에게 문안하라
7 내 친척이요 나와 함께 갇혔던 안
드로니고와 유니아에게 문안하라
그들은 사도들에게 존중히 여겨지
고 또한 나보다 먼저 그리스도 안
에 있는 자라
8 또 주 안에서 내 사랑하는 암블리
아에게 문안하라
9 그리스도 안에서 우리의 동역자인
우르바노와 나의 사랑하는 스다구
에게 문안하라
10 그리스도 안에서 인정함을 받은 아
벨레에게 문안하라 아리스도불로
의 권속에게 문안하라
11 내 친척 헤로디온에게 문안하라 나
깃수의 가족 중 주 안에 있는 자들
에게 문안하라
12 주 안에서 수고한 드루배나와 드루
보사에게 문안하라 주 안에서 많이
수고하고 사랑하는 버시에게 문안
하라
13 주 안에서 택하심을 입은 루포와
그의 어머니에게 문안하라 그의 어
머니는 곧 내 어머니니라
14 아순그리도와 블레곤과 허메와 바
드로바와 허마와 및 그들과 함께
있는 형제들에게 문안하라
15 빌롤로고와 율리아와 또 네레오와

1) 또는 것으로 동정을 받았으면 2) 헬, 인친 후에 3) 또는 집사

고전

그의 자매와 올름바와 그들과 함께
있는 모든 성도에게 문안하라
16 너희가 거룩하게 입맞춤으로 서로
문안하라 그리스도의 모든 교회가
다 너희에게 문안하느니라
17 ●형제들아 내가 너희를 권하노니
너희가 배운 교훈을 거슬러 분쟁을
일으키거나 거치게 하는 자들을 살
피고 그들에게서 떠나라
18 이 같은 자들은 우리 주 그리스도
를 섬기지 아니하고 다만 자기들의
배만 섬기나니 교활한 말과 아첨하
는 말로 순진한 자들의 마음을 미
혹하느니라
19 너희의 순종함이 모든 사람에게 들리
는지라 그러므로 내가 너희로 말미암
아 기뻐하노니 너희가 선한 데 지혜
롭고 악한 데 미련하기를 원하노라
20 평강의 하나님께서 속히 사탄을 너
희 발 아래에서 상하게 하시리라
●우리 주 예수의 은혜가 너희에게
있을지어다

문안과 찬양

21 ●나의 동역자 디모데와 나의 친척
누기오와 야손과 소시바더가 너희
에게 문안하느니라
22 이 편지를 기록하는 나 더디오도
주 안에서 너희에게 문안하노라
23 나와 온 교회를 돌보아 주는 가이오
도 너희에게 문안하고 이 성의 [1]재
무관 에라스도와 형제 구아도도 너
희에게 문안하느니라
24 [2](없음)
25 나의 복음과 예수 그리스도를 전파
함은 영세 전부터 감추어졌다가
26 이제는 나타내신 바 되었으며 영원
하신 하나님의 명을 따라 선지자들
의 글로 말미암아 모든 민족이 믿
어 순종하게 하시려고 알게 하신
바 그 신비의 계시를 따라 된 것이
니 이 복음으로 너희를 능히 견고
하게 하실
27 지혜로우신 하나님께 예수 그리스
도로 말미암아 영광이 세세무궁하
도록 있을지어다 아멘

1) 헬, 청지기 2) 어떤 사본에, 24절 '우리 주 예수 그리스도의 은혜가 너희 모든 이에게 있을지어다 아멘' 이 있음

고린도전서

1 Corinthians

인사와 감사

1 하나님의 뜻을 따라 그리스도 예
수의 사도로 부르심을 받은 바울
과 형제 소스데네는
2 고린도에 있는 하나님의 교회 곧
그리스도 예수 안에서 거룩하여지
고 성도라 부르심을 받은 자들과
또 각처에서 우리의 주 곧 그들과
우리의 주 되신 예수 그리스도의
이름을 부르는 모든 자들에게
3 하나님 우리 아버지와 주 예수 그
리스도로부터 은혜와 평강이 있기
를 원하노라
4 ●그리스도 예수 안에서 너희에게
주신 하나님의 은혜로 말미암아 내
가 너희를 위하여 항상 하나님께
감사하노니
5 이는 너희가 그 안에서 모든 일 곧 모
든 언변과 모든 지식에 풍족하므로
6 그리스도의 증거가 너희 중에 견고
하게 되어
7 너희가 모든 은사에 부족함이 없이

우리 주 예수 그리스도의 나타나심
을 기다림이라
8 주께서 너희를 우리 주 예수 그리
스도의 날에 책망할 것이 없는 자
로 끝까지 견고하게 하시리라
9 너희를 불러 그의 아들 예수 그리
스도 우리 주와 더불어 교제하게
하시는 하나님은 미쁘시도다

고린도 교회의 분쟁

10 ●형제들아 내가 우리 주 예수 그
리스도의 이름으로 너희를 권하노
니 모두가 같은 말을 하고 너희 가
운데 분쟁이 없이 같은 마음과 같
은 뜻으로 온전히 합하라
11 내 형제들아 글로에의 집 편으로
너희에 대한 말이 내게 들리니 곧
너희 가운데 분쟁이 있다는 것이라
12 내가 이것을 말하거니와 너희가 각
각 이르되 나는 바울에게, 나는 아
볼로에게, 나는 게바에게, 나는 그리
스도에게 속한 자라 한다는 것이니
13 그리스도께서 어찌 나뉘었느냐 바
울이 너희를 위하여 십자가에 못
박혔으며 바울의 이름으로 너희가
1)세례를 받았느냐
14 나는 그리스보와 가이오 외에는 너
희 중 아무에게도 내가 1)세례를 베
풀지 아니한 것을 감사하노니
15 이는 아무도 나의 이름으로 1)세례
를 받았다 말하지 못하게 하려 함
이라
16 내가 또한 스데바나 집 사람에게 1)세
례를 베풀었고 그 외에는 다른 누
구에게 1)세례를 베풀었는지 알지
못하노라
17 그리스도께서 나를 보내심은 1)세례
를 베풀게 하려 하심이 아니요 오
직 복음을 전하게 하려 하심이로되
말의 지혜로 하지 아니함은 그리스
도의 십자가가 헛되지 않게 하려
함이라

하나님의 능력과 지혜이신 그리스도

18 ●십자가의 도가 멸망하는 자들에
게는 미련한 것이요 구원을 받는
우리에게는 하나님의 능력이라
19 기록된 바
ㄱ)내가 지혜 있는 자들의 지혜를
멸하고 총명한 자들의 총명을 폐
하리라
하였으니
20 지혜 있는 자가 어디 있느냐 선비가
어디 있느냐 이 세대에 변론가가 어
디 있느냐 하나님께서 이 세상의 지
혜를 미련하게 하신 것이 아니냐
21 하나님의 지혜에 있어서는 이 세상
이 자기 지혜로 하나님을 알지 못
하므로 하나님께서 전도의 미련한
것으로 믿는 자들을 구원하시기를
기뻐하셨도다
22 유대인은 2)표적을 구하고 헬라인은
지혜를 찾으나
23 우리는 십자가에 못박힌 그리스도
를 전하니 유대인에게는 거리끼는
것이요 이방인에게는 미련한 것이
로되
24 오직 부르심을 받은 자들에게는 유
대인이나 헬라인이나 그리스도는
하나님의 능력이요 하나님의 지혜
니라
25 하나님의 어리석음이 사람보다 지
혜롭고 하나님의 약하심이 사람보
다 강하니라
26 ●형제들아 너희를 부르심을 보라
육체를 따라 지혜로운 자가 많지
아니하며 능한 자가 많지 아니하며
문벌 좋은 자가 많지 아니하도다
27 그러나 하나님께서 세상의 미련한
것들을 택하사 지혜 있는 자들을
부끄럽게 하려 하시고 세상의 약한

1) 헬, 또는 침례 2) 또는 이적 ㄱ. 사 29:14

고전

것들을 택하사 강한 것들을 부끄럽
게 하려 하시며
28 하나님께서 세상의 천한 것들과 멸
시받는 것들과 없는 것들을 택하사
있는 것들을 폐하려 하시나니
29 이는 아무 육체도 하나님 앞에서
자랑하지 못하게 하려 하심이라
30 너희는 하나님으로부터 나서 그리
스도 예수 안에 있고 예수는 하나
님으로부터 나와서 우리에게 지혜
와 의로움과 거룩함과 구원함이 되
셨으니
31 기록된 바 ㄱ자랑하는 자는 주 안에
서 자랑하라 함과 같게 하려 함이라

십자가에 못박히신 그리스도

2 형제들아 내가 너희에게 나아가
하나님의 1)증거를 전할 때에 말
과 지혜의 아름다운 것으로 아니하
였나니
2 내가 너희 중에서 예수 그리스도와
그가 십자가에 못박히신 것 외에는
아무것도 알지 아니하기로 작정하
였음이라
3 내가 너희 가운데 거할 때에 약하
고 두려워하고 심히 떨었노라
4 내 말과 내 전도함이 설득력 있는
지혜의 말로 하지 아니하고 다만
성령의 나타나심과 능력으로 하여
5 너희 믿음이 사람의 지혜에 있지
아니하고 다만 하나님의 능력에 있
게 하려 하였노라

성령으로 보이셨다

6 ●그러나 우리가 2)온전한 자들 중
에서는 지혜를 말하노니 이는 이 세
상의 지혜가 아니요 또 이 세상에서
없어질 통치자들의 지혜도 아니요
7 오직 3)은밀한 가운데 있는 하나님
의 지혜를 말하는 것으로서 곧 감
추어졌던 것인데 하나님이 우리의
영광을 위하여 만세 전에 미리 정
하신 것이라
8 이 지혜는 이 세대의 통치자들이
한 사람도 알지 못하였나니 만일
알았더라면 영광의 주를 십자가에
못박지 아니하였으리라
9 기록된 바
ㄴ하나님이 자기를 사랑하는 자들
을 위하여 예비하신 모든 것은 눈
으로 보지 못하고 귀로 듣지 못하
고 사람의 마음으로 생각하지도
못하였다
함과 같으니라
10 오직 하나님이 성령으로 이것을 우
리에게 보이셨으니 성령은 모든 것
곧 하나님의 깊은 것까지도 통달하
시느니라
11 사람의 일을 사람의 속에 있는 영
외에 누가 알리요 이와 같이 하나
님의 일도 하나님의 영 외에는 아
무도 알지 못하느니라
12 우리가 세상의 영을 받지 아니하고
오직 하나님으로부터 온 영을 받았
으니 이는 우리로 하여금 하나님께
서 우리에게 은혜로 주신 것들을
알게 하려 하심이라
13 우리가 이것을 말하거니와 사람의 지
혜가 가르친 말로 아니하고 오직 성
령께서 가르치신 것으로 하니 영적인
일은 영적인 것으로 분별하느니라
14 육에 속한 사람은 하나님의 성령의
일들을 받지 아니하나니 이는 그것
들이 그에게는 어리석게 보임이요,
또 그는 그것들을 알 수도 없나니
그러한 일은 영적으로 분별되기 때
문이라
15 신령한 자는 모든 것을 판단하나
자기는 아무에게도 판단을 받지 아

1) 어떤 사본에, 비밀을 2) 또는 장성한 3) 하나님의 지혜를 비밀한 것으로 ㄱ. 렘 9:23 이하 ㄴ. 사 64:4; 65:17

니하느니라
16 누가 주의 마음을 알아서 주를 가
르치겠느냐 그러나 우리가 그리스
도의 마음을 가졌느니라

하나님의 동역자들

3 형제들아 내가 신령한 자들을 대
함과 같이 너희에게 말할 수 없
어서 육신에 속한 자 곧 그리스도
안에서 어린아이들을 대함과 같이
하노라
2 내가 너희를 젖으로 먹이고 밥으로
아니하였노니 이는 너희가 감당하
지 못하였음이거니와 지금도 못하
리라
3 너희는 아직도 육신에 속한 자로다
너희 가운데 시기와 분쟁이 있으니
어찌 육신에 속하여 사람을 따라
행함이 아니리요
4 어떤 이는 말하되 나는 바울에게라
하고 다른 이는 나는 아볼로에게라
하니 너희가 육의 사람이 아니리요
5 그런즉 아볼로는 무엇이며 바울은
무엇이냐 그들은 주께서 각각 주신
대로 너희로 하여금 믿게 한 1)사역
자들이니라
6 나는 심었고 아볼로는 물을 주었으되
오직 하나님께서 자라나게 하셨나니
7 그런즉 심는 이나 물 주는 이는 아
무것도 아니로되 오직 자라게 하시
는 이는 하나님뿐이니라
8 심는 이와 물 주는 이는 한가지이
나 각각 자기가 일한 대로 자기의
상을 받으리라
9 우리는 하나님의 동역자들이요 너
희는 하나님의 밭이요 하나님의 집
이니라
10 ●내게 주신 하나님의 은혜를 따라
내가 지혜로운 건축자와 같이 터를
닦아 두매 다른 이가 그 위에 세우
나 그러나 각각 어떻게 그 위에 세
울까를 조심할지니라
11 이 닦아 둔 것 외에 능히 다른 터를
닦아 둘 자가 없으니 이 터는 곧 예
수 그리스도라
12 만일 누구든지 금이나 은이나 보석
이나 나무나 풀이나 짚으로 이 터
위에 세우면
13 각 사람의 공적이 나타날 터인데
그날이 공적을 밝히리니 이는 불로
나타내고 그 불이 각 사람의 공적
이 어떠한 것을 시험할 것임이라
14 만일 누구든지 그 위에 세운 공적
이 그대로 있으면 상을 받고
15 누구든지 그 공적이 불타면 해를
받으리니 그러나 자신은 구원을 받
되 불 가운데서 받은 것 같으리라
16 ●너희는 너희가 하나님의 성전인
것과 하나님의 성령이 너희 안에
계시는 것을 알지 못하느냐
17 누구든지 하나님의 성전을 2)더럽히
면 하나님이 그 사람을 멸하시리라
하나님의 성전은 거룩하니 너희도
그러하니라
18 ●아무도 자신을 속이지 말라 너희
중에 누구든지 이 세상에서 지혜
있는 줄로 생각하거든 어리석은 자
가 되라 그리하여야 지혜로운 자가
되리라
19 이 세상 지혜는 하나님께 어리석은
것이니 기록된 바 하나님은 ㄱ지혜
있는 자들로 하여금 자기 꾀에 빠
지게 하시는 이라 하였고
20 또 ㄴ주께서 지혜 있는 자들의 생각
을 헛것으로 아신다 하셨느니라
21 그런즉 누구든지 사람을 자랑하지
말라 만물이 다 너희 것임이라
22 바울이나 아볼로나 게바나 세계나
생명이나 사망이나 지금 것이나 장

1) 또는 집사들 2) 또는 멸하면 ㄱ. 욥 5:13 ㄴ. 시 94:11

래 것이나 다 너희의 것이요
23 너희는 그리스도의 것이요 그리스
도는 하나님의 것이니라

그리스도의 일꾼

4 사람이 마땅히 우리를 그리스도
의 일꾼이요 하나님의 비밀을 맡
은 자로 여길지어다
2 그리고 맡은 자들에게 구할 것은
충성이니라
3 너희에게나 [1]다른 사람에게나 판단
받는 것이 내게는 매우 작은 일이
라 나도 나를 판단하지 아니하노니
4 내가 자책할 아무것도 깨닫지 못하
나 이로 말미암아 의롭다 함을 얻
지 못하노라 다만 나를 심판하실
이는 주시니라
5 그러므로 때가 이르기 전 곧 주께
서 오시기까지 아무것도 판단하지
말라 그가 어둠에 감추인 것들을
드러내고 마음의 뜻을 나타내시리
니 그때에 각 사람에게 하나님으로
부터 칭찬이 있으리라
6 ●형제들아 내가 너희를 위하여 이
일에 나와 아볼로를 들어서 본을
보였으니 이는 너희로 하여금 기록
된 말씀 밖으로 넘어가지 말라 한
것을 우리에게서 배워 서로 대적하
여 교만한 마음을 가지지 말게 하
려 함이라
7 누가 너를 남달리 구별하였느냐 네
게 있는 것 중에 받지 아니한 것이
무엇이냐 네가 받았은즉 어찌하여
받지 아니한 것같이 자랑하느냐
8 너희가 이미 배부르며 이미 풍성하
며 우리 없이도 왕이 되었도다 우
리가 너희와 함께 왕 노릇 하기 위
하여 참으로 너희가 왕이 되기를
원하노라
9 내가 생각하건대 하나님이 사도인
우리를 죽이기로 작정된 자같이 끄
트머리에 두셨으매 우리는 세계 곧
천사와 사람에게 구경거리가 되었
노라
10 우리는 그리스도 때문에 어리석으
나 너희는 그리스도 안에서 지혜롭
고 우리는 약하나 너희는 강하고
너희는 존귀하나 우리는 비천하여
11 바로 이 시각까지 우리가 주리고 목
마르며 헐벗고 매맞으며 정처가 없고
12 또 수고하여 친히 손으로 일을 하
며 모욕을 당한즉 축복하고 박해를
받은즉 참고
13 비방을 받은즉 권면하니 우리가 지
금까지 세상의 더러운 것과 만물의
찌꺼기같이 되었도다
14 ●내가 너희를 부끄럽게 하려고 이
것을 쓰는 것이 아니라 오직 너희
를 내 사랑하는 자녀같이 권하려
하는 것이라
15 그리스도 안에서 일만 스승이 있으
되 아버지는 많지 아니하니 그리스
도 예수 안에서 내가 복음으로써
너희를 낳았음이라
16 그러므로 내가 너희에게 권하노니
너희는 나를 본받는 자가 되라
17 이로 말미암아 내가 주 안에서 내
사랑하고 신실한 아들 디모데를 너
희에게 보내었으니 그가 너희로 하
여금 그리스도 예수 안에서 나의
행사 곧 내가 각처 각 교회에서 가
르치는 것을 생각나게 하리라
18 어떤 이들은 내가 너희에게 나아가
지 아니할 것같이 스스로 교만하여
졌으나
19 주께서 [2]허락하시면 내가 너희에게
속히 나아가서 교만한 자들의 말이
아니라 오직 그 능력을 알아보겠으니
20 하나님의 나라는 말에 있지 아니하
고 오직 능력에 있음이라

1) 헬, 사람의 날에게나 2) 또는 원하시면

21 너희가 무엇을 원하느냐 내가 매를
가지고 너희에게 나아가랴 사랑과
온유한 1)마음으로 나아가랴

음행한 자를 판단하다

5 너희 중에 심지어 음행이 있다
함을 들으니 그런 음행은 이방인
중에서도 없는 것이라 누가 그 아
버지의 아내를 취하였다 하는도다
2 그리하고도 너희가 오히려 교만하
여져서 어찌하여 통한히 여기지 아
니하고 그 일 행한 자를 너희 중에
서 쫓아내지 아니하였느냐
3 내가 실로 몸으로는 떠나 있으나
영으로는 함께 있어서 거기 있는
것같이 이런 일 행한 자를 이미 판
단하였노라
4 주 예수의 이름으로 너희가 내 영
과 함께 모여서 우리 주 예수의 능
력으로
5 이런 자를 사탄에게 내주었으니 이
는 육신은 멸하고 영은 2)주 예수의
날에 구원을 받게 하려 함이라
6 너희가 자랑하는 것이 옳지 아니하
도다 적은 누룩이 온 덩어리에 퍼
지는 것을 알지 못하느냐
7 너희는 누룩 없는 자인데 새 덩어
리가 되기 위하여 묵은 누룩을 내
버리라 우리의 유월절 양 곧 그리
스도께서 희생되셨느니라
8 이러므로 우리가 명절을 지키되 묵
은 누룩으로도 말고 악하고 악의에
찬 누룩으로도 말고 누룩이 없이 오
직 순전함과 진실함의 떡으로 하자
9 ●내가 너희에게 쓴 편지에 음행하
는 자들을 사귀지 말라 하였거니와
10 이 말은 이 세상의 음행하는 자들
이나 탐하는 자들이나 속여 빼앗는
자들이나 우상 숭배하는 자들을 도
무지 사귀지 말라 하는 것이 아니
니 만일 그리하려면 너희가 세상
밖으로 나가야 할 것이라
11 이제 내가 너희에게 쓴 것은 만일
어떤 형제라 일컫는 자가 음행하거
나 탐욕을 부리거나 우상 숭배를
하거나 모욕하거나 술 취하거나 속
여 빼앗거든 사귀지도 말고 그런
자와는 함께 먹지도 말라 함이라
12 밖에 있는 사람들을 판단하는 것이
야 내게 무슨 상관이 있으리요마는
교회 안에 있는 사람들이야 너희가
판단하지 아니하랴
13 밖에 있는 사람들은 하나님이 심판
하시려니와 이 악한 사람은 너희
중에서 내쫓으라

세상 법정에 송사하지 말라

6 너희 중에 누가 다른 이와 더불
어 다툼이 있는데 구태여 불의한
자들 앞에서 고발하고 성도 앞에서
하지 아니하느냐
2 성도가 세상을 판단할 것을 너희가
알지 못하느냐 세상도 너희에게 판
단을 받겠거든 지극히 작은 일 판
단하기를 감당하지 못하겠느냐
3 우리가 천사를 판단할 것을 너희가
알지 못하느냐 그러하거든 하물며
세상 일이랴
4 그런즉 너희가 세상 사건이 있을 때
에 교회에서 경히 여김을 받는 자들
을 세우느냐
5 내가 너희를 부끄럽게 하려 하여
이 말을 하노니 너희 가운데 그 형
제간의 일을 판단할 만한 지혜 있
는 자가 이같이 하나도 없느냐
6 형제가 형제와 더불어 고발할 뿐더
러 믿지 아니하는 자들 앞에서 하느냐
7 너희가 피차 고발함으로 너희 가운
데 이미 뚜렷한 허물이 있나니 차
라리 불의를 당하는 것이 낫지 아
니하며 차라리 속는 것이 낫지 아

1) 헬, 영 2) 어떤 사본에는 주의 날에

니하냐
8 너희는 불의를 행하고 속이는구나
그는 너희 형제로다
9 불의한 자가 하나님의 나라를 유업
으로 받지 못할 줄을 알지 못하느
냐 미혹을 받지 말라 음행하는 자
나 우상 숭배하는 자나 간음하는
자나 탐색하는 자나 남색하는 자나
10 도적이나 탐욕을 부리는 자나 술
취하는 자나 모욕하는 자나 속여
빼앗는 자들은 하나님의 나라를 유
업으로 받지 못하리라
11 너희 중에 이와 같은 자들이 있더니
주 예수 그리스도의 이름과 우리 하
나님의 성령 안에서 씻음과 거룩함
과 의롭다 하심을 받았느니라

몸으로 하나님께 영광을 돌리라

12 ●모든 것이 내게 가하나 다 유익
한 것이 아니요 모든 것이 내게 가
하나 내가 무엇에든지 얽매이지 아
니하리라
13 음식은 배를 위하여 있고 배는 음
식을 위하여 있으나 하나님은 이것
저것을 다 폐하시리라 몸은 음란을
위하여 있지 않고 오직 주를 위하
여 있으며 주는 몸을 위하여 계시
느니라
14 하나님이 주를 다시 살리셨고 또한
그의 권능으로 우리를 다시 살리시
리라
15 너희 몸이 그리스도의 지체인 줄을
알지 못하느냐 내가 그리스도의 지
체를 가지고 창녀의 지체를 만들겠
느냐 결코 그럴 수 없느니라
16 창녀와 합하는 자는 그와 한몸인
줄을 알지 못하느냐 일렀으되 ㄱ둘
이 한 육체가 된다 하셨나니
17 주와 합하는 자는 한 영이니라
18 음행을 피하라 사람이 범하는 죄마
다 몸 밖에 있거니와 음행하는 자
는 자기 몸에 죄를 범하느니라
19 너희 몸은 너희가 하나님께로부터
받은 바 너희 가운데 계신 성령의
전인 줄을 알지 못하느냐 너희는
너희 자신의 것이 아니라
20 값으로 산 것이 되었으니 그런즉 너
희 몸으로 하나님께 영광을 돌리라

결혼에 대하여 이르다

7 너희가 쓴 문제에 대하여 말하면
남자가 여자를 가까이 아니함이
좋으나
2 음행을 피하기 위하여 남자마다 자
기 아내를 두고 여자마다 자기 남
편을 두라
3 남편은 그 아내에 대한 의무를 [1]다
하고 아내도 그 남편에게 그렇게
할지라
4 아내는 자기 몸을 주장하지 못하고
오직 그 남편이 하며 남편도 그와
같이 자기 몸을 주장하지 못하고
오직 그 아내가 하나니
5 서로 분방하지 말라 다만 기도할 틈
을 얻기 위하여 합의상 얼마 동안은
하되 다시 합하라 이는 너희가 절제
못함으로 말미암아 사탄이 너희를
시험하지 못하게 하려 함이라
6 그러나 내가 이 말을 함은 허락이
요 명령은 아니니라
7 나는 모든 사람이 나와 같기를 원
하노라 그러나 각각 하나님께 받은
자기의 은사가 있으니 이 사람은
이러하고 저 사람은 저러하니라
8 ●내가 결혼하지 아니한 자들과 과
부들에게 이르노니 나와 같이 그냥
지내는 것이 좋으니라
9 만일 절제할 수 없거든 결혼하라
정욕이 불같이 타는 것보다 결혼하
는 것이 나으니라
10 결혼한 자들에게 내가 명하노니

1) 헬, 갚고 ㄱ. 창 2:24

(명하는 자는 내가 아니요 주시라)
여자는 남편에게서 갈라서지 말고
11 (만일 갈라섰으면 그대로 지내든지
다시 그 남편과 화합하든지 하라)
남편도 아내를 버리지 말라
12 그 나머지 사람들에게 내가 말하노
니 (이는 주의 명령이 아니라) 만일
어떤 형제에게 믿지 아니하는 아내
가 있어 남편과 함께 살기를 좋아
하거든 그를 버리지 말며
13 어떤 여자에게 믿지 아니하는 남편
이 있어 아내와 함께 살기를 좋아
하거든 그 남편을 버리지 말라
14 믿지 아니하는 남편이 아내로 말미
암아 거룩하게 되고 믿지 아니하는
아내가 [1]남편으로 말미암아 거룩하
게 되나니 그렇지 아니하면 너희
자녀도 깨끗하지 못하니라 그러나
이제 거룩하니라
15 혹 믿지 아니하는 자가 갈리거든
갈리게 하라 형제나 자매나 이런
일에 구애될 것이 없느니라 그러나
하나님은 화평 중에서 [2]너희를 부
르셨느니라
16 아내 된 자여 네가 남편을 구원할
는지 어찌 알 수 있으며 남편 된 자
여 네가 네 아내를 구원할는지 어
찌 알 수 있으리요
17 오직 주께서 각 사람에게 나눠 주
신 대로 하나님이 각 사람을 부르
신 그대로 행하라 내가 모든 교회
에서 이와 같이 명하노라
18 할례자로서 부르심을 받은 자가 있
느냐 무할례자가 되지 말며 무할례
자로 부르심을 받은 자가 있느냐
할례를 받지 말라
19 할례받는 것도 아무것도 아니요 할
례받지 아니하는 것도 아무것도 아
니로되 오직 하나님의 계명을 지킬
따름이니라
20 각 사람은 부르심을 받은 그 부르
심 그대로 지내라
21 네가 종으로 있을 때에 부르심을
받았느냐 염려하지 말라 [3]그러나
네가 자유롭게 될 수 있거든 그것
을 이용하라
22 주 안에서 부르심을 받은 자는 종
이라도 주께 속한 자유인이요 또
그와 같이 자유인으로 있을 때에
부르심을 받은 자는 그리스도의 종
이니라
23 너희는 값으로 사신 것이니 사람들
의 종이 되지 말라
24 형제들아 너희는 각각 부르심을 받
은 그대로 하나님과 함께 거하라

처녀와 과부에게 주는 권면

25 ●처녀에 대하여는 내가 주께 받은
계명이 없으되 주의 자비하심을 받
아서 충성스러운 자가 된 내가 의
견을 말하노니
26 내 생각에는 이것이 좋으니 곧 임
박한 환난으로 말미암아 사람이 그
냥 지내는 것이 좋으니라
27 네가 아내에게 매였느냐 놓이기를
구하지 말며 아내에게서 놓였느냐
아내를 구하지 말라
28 그러나 장가가도 죄 짓는 것이 아니
요 처녀가 시집가도 죄 짓는 것이 아
니로되 이런 이들은 육신에 고난이
있으리니 나는 너희를 아끼노라
29 형제들아 내가 이 말을 하노니 그때
가 단축하여진 고로 이 후부터 아내
있는 자들은 없는 자같이 하며
30 우는 자들은 울지 않는 자같이 하
며 기쁜 자들은 기쁘지 않은 자같
이 하며 매매하는 자들은 없는 자
같이 하며
31 세상 물건을 쓰는 자들은 다 쓰지

1) 헬, 형제로 2) 어떤 사본에, 우리를 3) 또는 자유할 수 있어도 그대로 지내라

못하는 자같이 하라 이 세상의 외
형은 지나감이니라
32 너희가 염려 없기를 원하노라 장가
가지 않은 자는 주의 일을 염려하
여 어찌하여야 주를 기쁘시게 할까
하되
33 장가간 자는 세상 일을 염려하여 어
찌하여야 아내를 기쁘게 할까 하여
34 마음이 갈라지며 시집가지 않은 자
와 처녀는 주의 일을 염려하여 몸
과 영을 다 거룩하게 하려 하되 시
집간 자는 세상 일을 염려하여 어
찌하여야 남편을 기쁘게 할까 하느
니라
35 내가 이것을 말함은 너희의 유익을
위함이요 너희에게 올무를 놓으려
함이 아니니 오직 너희로 하여금
이치에 합당하게 하여 흐트러짐이
없이 주를 섬기게 하려 함이라
36 그러므로 만일 누가 자기의 [1]약혼
녀에 대한 행동이 합당하지 못한 줄
로 생각할 때에 그 [1]약혼녀의 혼기
도 지나고 그같이 할 필요가 있거든
원하는 대로 하라 그것은 죄 짓는
것이 아니니 그들로 결혼하게 하라
37 그러나 그가 마음을 정하고 또 부
득이한 일도 없고 자기 뜻대로 할
권리가 있어서 그 [1]약혼녀를 그대
로 두기로 하여도 잘하는 것이니라
38 그러므로 결혼하는 자도 잘하거니
와 결혼하지 아니하는 자는 더 잘
하는 것이니라
39 아내는 그 남편이 살아 있는 동안
에 매여 있다가 남편이 [2]죽으면 자
유로워 자기 뜻대로 시집갈 것이나
주 안에서만 할 것이니라
40 그러나 내 뜻에는 그냥 지내는 것
이 더욱 복이 있으리로다 나도 또
한 하나님의 영을 받은 줄로 생각
하노라

우상에게 바친 제물

8 우상의 제물에 대하여는 우리가
다 지식이 있는 줄을 아나 지식
은 교만하게 하며 사랑은 덕을 세
우나니
2 만일 누구든지 무엇을 아는 줄로
생각하면 아직도 마땅히 알 것을
알지 못하는 것이요
3 또 누구든지 하나님을 사랑하면 그
사람은 하나님도 알아주시느니라
4 그러므로 우상의 제물을 먹는 일에
대하여는 우리가 우상은 세상에 아
무것도 아니며 또한 하나님은 한
분밖에 없는 줄 아노라
5 비록 하늘에나 땅에나 신이라 불리
는 자가 있어 많은 신과 많은 주가
있으나
6 그러나 우리에게는 한 하나님 곧
아버지가 계시니 만물이 그에게서
났고 우리도 그를 위하여 있고 또
한 한 주 예수 그리스도께서 계시
니 만물이 그로 말미암고 우리도
그로 말미암아 있느니라
7 그러나 이 지식은 모든 사람에게 있
는 것은 아니므로 어떤 이들은 지금
까지 우상에 대한 습관이 있어 우상
의 제물로 알고 먹는 고로 그들의
양심이 약하여지고 더러워지느니라
8 음식은 우리를 하나님 앞에 내세우
지 못하나니 우리가 먹지 않는다고
해서 더 못사는 것도 아니고 먹는다
고 해서 더 잘사는 것도 아니니라
9 그런즉 너희의 [3]자유가 믿음이 약
한 자들에게 걸려 넘어지게 하는
것이 되지 않도록 조심하라
10 지식 있는 네가 우상의 집에 앉아
먹는 것을 누구든지 보면 그 믿음
이 약한 자들의 양심이 담력을 얻
어 우상의 제물을 먹게 되지 않겠

1) 헬, 처녀 또는 처녀 딸 2) 헬, 잠들면 3) 헬, 권리가

느냐
11 그러면 네 지식으로 그 믿음이 약
한 자가 멸망하나니 그는 그리스도
께서 위하여 죽으신 형제라
12 이같이 너희가 형제에게 죄를 지어
그 약한 양심을 상하게 하는 것이 곧
그리스도에게 죄를 짓는 것이니라
13 그러므로 만일 음식이 내 형제를
실족하게 한다면 나는 영원히 고기
를 먹지 아니하여 내 형제를 실족
하지 않게 하리라

사도의 권리

9 내가 자유인이 아니냐 사도가 아
니냐 예수 우리 주를 보지 못하
였느냐 주 안에서 행한 나의 일이
너희가 아니냐
2 다른 사람들에게는 내가 사도가 아
닐지라도 너희에게는 사도이니 나
의 사도 됨을 [1]주 안에서 인친 것이
너희라
3 나를 비판하는 자들에게 변명할 것
이 이것이니
4 우리가 먹고 마실 권리가 없겠느냐
5 우리가 다른 사도들과 주의 형제들
과 게바와 같이 믿음의 자매 된 아
내를 데리고 다닐 권리가 없겠느냐
6 어찌 나와 바나바만 일하지 아니할
권리가 없겠느냐
7 누가 자기 비용으로 군 복무를 하겠
느냐 누가 포도를 심고 그 열매를
먹지 않겠느냐 누가 양 떼를 기르고
그 양 떼의 젖을 먹지 않겠느냐
8 내가 사람의 예대로 이것을 말하느냐
율법도 이것을 말하지 아니하느냐
9 모세의 율법에 ㄱ곡식을 밟아 떠는
소에게 망을 씌우지 말라 기록하였
으니 하나님께서 어찌 소들을 위하
여 염려하심이냐
10 오로지 우리를 위하여 말씀하심이
아니냐 과연 우리를 위하여 기록된
것이니 밭 가는 자는 소망을 가지
고 갈며 곡식 떠는 자는 함께 얻을
소망을 가지고 떠는 것이라
11 우리가 너희에게 신령한 것을 뿌렸
은즉 너희의 육적인 것을 거두기로
과하다 하겠느냐
12 다른 이들도 너희에게 이런 권리를
가졌거든 하물며 우리일까 보냐 그
러나 우리가 이 권리를 쓰지 아니
하고 범사에 참는 것은 그리스도의
복음에 아무 장애가 없게 하려 함
이로다
13 성전의 일을 하는 이들은 성전에서
나는 것을 먹으며 제단에서 섬기는
이들은 제단과 함께 나누는 것을
너희가 알지 못하느냐
14 이와 같이 주께서도 복음 전하는
자들이 복음으로 말미암아 살리라
명하셨느니라
15 그러나 내가 이것을 하나도 쓰지
아니하였고 또 이 말을 쓰는 것은
내게 이같이 하여 달라는 것이 아
니라 내가 차라리 죽을지언정 누구
든지 내 자랑하는 것을 헛된 데로
돌리지 못하게 하리라
16 내가 복음을 전할지라도 자랑할 것
이 없음은 내가 부득불 할 일임이
라 만일 복음을 전하지 아니하면
내게 화가 있을 것이로다
17 내가 내 자의로 이것을 행하면 상
을 얻으려니와 내가 자의로 아니한
다 할지라도 나는 사명을 받았노라
18 그런즉 내 상이 무엇이냐 내가 복
음을 전할 때에 값없이 전하고 복
음으로 말미암아 내게 있는 권리를
다 쓰지 아니하는 이것이로다
19 내가 모든 사람에게서 자유로우나
스스로 모든 사람에게 종이 된 것
은 더 많은 사람을 얻고자 함이라

1) 또는 인친 것이 주 안에 있는 너희라 ㄱ. 신 25:4

20 유대인들에게 내가 유대인과 같이
된 것은 유대인들을 얻고자 함이요
율법 아래에 있는 자들에게는 내가
율법 아래에 있지 아니하나 율법
아래에 있는 자같이 된 것은 율법
아래에 있는 자들을 얻고자 함이요
21 율법 없는 자에게는 내가 하나님께
는 율법 없는 자가 아니요 도리어
그리스도의 율법 아래에 있는 자이
나 율법 없는 자와 같이 된 것은 율
법 없는 자들을 얻고자 함이라
22 약한 자들에게 내가 약한 자와 같
이 된 것은 약한 자들을 얻고자 함
이요 내가 여러 사람에게 여러 모
습이 된 것은 아무쪼록 몇 사람이
라도 구원하고자 함이니
23 내가 복음을 위하여 모든 것을 행
함은 복음에 참여하고자 함이라
24 운동장에서 달음질하는 자들이 다
달릴지라도 오직 상을 받는 사람은
한 사람인 줄을 너희가 알지 못하
느냐 너희도 상을 받도록 이와 같
이 달음질하라
25 이기기를 다투는 자마다 모든 일에
절제하나니 그들은 썩을 승리자의
관을 얻고자 하되 우리는 썩지 아
니할 것을 얻고자 하노라
26 그러므로 나는 달음질하기를 향방
없는 것같이 아니하고 싸우기를 허
공을 치는 것같이 아니하며
27 내가 내 몸을 쳐 복종하게 함은 내
가 남에게 전파한 후에 자신이 도리
어 버림을 당할까 두려워함이로다

우상 숭배하는 일을 피하라

10 형제들아 나는 너희가 알지 못
하기를 원하지 아니하노니 우
리 조상들이 다 구름 아래에 있고
바다 가운데로 지나며
2 모세에게 속하여 다 구름과 바다에
서 1)세례를 받고
3 다 같은 신령한 음식을 먹으며
4 다 같은 신령한 음료를 마셨으니
이는 그들을 따르는 신령한 반석으
로부터 마셨으매 그 반석은 곧 그
리스도시라
5 그러나 그들의 다수를 하나님이 기
뻐하지 아니하셨으므로 그들이 광
야에서 멸망을 받았느니라
6 이러한 일은 우리의 본보기가 되어
우리로 하여금 그들이 악을 즐겨
한 것같이 즐겨 하는 자가 되지 않
게 하려 함이니
7 그들 가운데 어떤 사람들과 같이
너희는 우상 숭배하는 자가 되지
말라 기록된 바 ㄱ백성이 앉아서 먹
고 마시며 일어나서 뛰논다 함과
같으니라
8 그들 중의 어떤 사람들이 음행하다
가 하루에 이만 삼천 명이 죽었나니
우리는 그들과 같이 음행하지 말자
9 그들 가운데 어떤 사람들이 주를
시험하다가 뱀에게 멸망하였나니
우리는 그들과 같이 시험하지 말자
10 그들 가운데 어떤 사람들이 원망하
다가 멸망시키는 자에게 멸망하였
나니 너희는 그들과 같이 원망하지
말라
11 그들에게 일어난 이런 일은 본보기
가 되고 또한 말세를 만난 우리를
깨우치기 위하여 기록되었느니라
12 그런즉 선 줄로 생각하는 자는 넘
어질까 조심하라
13 사람이 감당할 시험밖에는 너희가
당한 것이 없나니 오직 하나님은
미쁘사 너희가 감당하지 못할 시
험당함을 허락하지 아니하시고 시
험당할 즈음에 또한 피할 길을 내
사 너희로 능히 감당하게 하시느
니라

1) 헬, 또는 침례 ㄱ. 출 32:6

14 ●그런즉 내 사랑하는 자들아 우상
숭배하는 일을 피하라
15 나는 지혜 있는 자들에게 말함과
같이 하노니 너희는 내가 이르는
말을 스스로 판단하라
16 우리가 축복하는 바 축복의 잔은
그리스도의 피에 참여함이 아니며
우리가 떼는 떡은 그리스도의 몸에
참여함이 아니냐
17 떡이 하나요 많은 우리가 한몸이니
이는 우리가 다 한 떡에 참여함이
라
18 육신을 따라 난 이스라엘을 보라
제물을 먹는 자들이 제단에 참여하
는 자들이 아니냐
19 그런즉 내가 무엇을 말하느냐 우상
의 제물은 무엇이며 우상은 무엇이
냐
20 무릇 이방인이 제사하는 것은 귀신
에게 하는 것이요 하나님께 제사하
는 것이 아니니 나는 너희가 귀신
과 교제하는 자가 되기를 원하지
아니하노라
21 너희가 주의 잔과 귀신의 잔을 겸
하여 마시지 못하고 주의 식탁과
귀신의 식탁에 겸하여 참여하지 못
하리라
22 그러면 우리가 주를 노여워하시게
하겠느냐 우리가 주보다 강한 자냐

다 하나님의 영광을 위하여 하라

23 ●모든 것이 가하나 모든 것이 유익
한 것은 아니요 모든 것이 가하나
모든 것이 덕을 세우는 것은 아니니
24 누구든지 자기의 유익을 구하지 말
고 남의 유익을 구하라
25 무릇 시장에서 파는 것은 양심을
위하여 묻지 말고 먹으라
26 이는 땅과 거기 충만한 것이 주의
것임이라
27 불신자 중 누가 너희를 청할 때에
너희가 가고자 하거든 너희 앞에
차려 놓은 것은 무엇이든지 양심을
위하여 묻지 말고 먹으라
28 누가 너희에게 이것이 제물이라 말
하거든 알게 한 자와 그 양심을 위
하여 먹지 말라
29 내가 말한 양심은 너희의 것이 아
니요 남의 것이니 어찌하여 내 자
유가 남의 양심으로 말미암아 판단
을 받으리요
30 만일 내가 감사함으로 참여하면 어
찌하여 내가 감사하는 것에 대하여
비방을 받으리요
31 그런즉 너희가 먹든지 마시든지 무
엇을 하든지 다 하나님의 영광을
위하여 하라
32 유대인에게나 헬라인에게나 하나
님의 교회에나 거치는 자가 되지
말고
33 나와 같이 모든 일에 모든 사람을
기쁘게 하여 자신의 유익을 구하지
아니하고 많은 사람의 유익을 구하
여 그들로 구원을 받게 하라
11 내가 그리스도를 본받는 자가
된 것같이 너희는 나를 본받는
자가 되라

여자가 머리를 가리는 것

2 ●너희가 모든 일에 나를 기억하고
또 내가 너희에게 전하여 준 대로
그 전통을 너희가 지키므로 너희를
칭찬하노라
3 그러나 나는 너희가 알기를 원하노
니 각 남자의 머리는 그리스도요
여자의 머리는 남자요 그리스도의
머리는 하나님이시라
4 무릇 남자로서 머리에 무엇을 쓰고
기도나 예언을 하는 자는 그 머리
를 욕되게 하는 것이요
5 무릇 여자로서 머리에 쓴 것을 벗
고 기도나 예언을 하는 자는 그 머

리를 욕되게 하는 것이니 이는 머
리를 민 것과 다름이 없음이라
6 만일 여자가 머리를 가리지 않거든
깎을 것이요 만일 깎거나 미는 것
이 여자에게 부끄러움이 되거든 가
릴지니라
7 남자는 하나님의 형상과 영광이니
그 머리를 마땅히 가리지 않거니와
여자는 남자의 영광이니라
8 남자가 여자에게서 난 것이 아니요
여자가 남자에게서 났으며
9 또 남자가 여자를 위하여 지음을
받지 아니하고 여자가 남자를 위하
여 지음을 받은 것이니
10 그러므로 여자는 천사들로 말미암
아 권세 아래에 있는 표를 그 머리
위에 둘지니라
11 그러나 주 안에는 남자 없이 여자
만 있지 않고 여자 없이 남자만 있
지 아니하니라
12 이는 여자가 남자에게서 난 것같이
남자도 여자로 말미암아 났음이라
그리고 모든 것은 하나님에게서 났
느니라
13 너희는 스스로 판단하라 여자가 머
리를 가리지 않고 하나님께 기도하
는 것이 마땅하냐
14 만일 남자에게 긴 머리가 있으면 자
기에게 부끄러움이 되는 것을 본성
이 너희에게 가르치지 아니하느냐
15 만일 여자가 긴 머리가 있으면 자
기에게 영광이 되나니 긴 머리는
가리는 것을 대신하여 주셨기 때문
이니라
16 논쟁하려는 생각을 가진 자가 있을
지라도 우리에게나 하나님의 모든
교회에는 이런 관례가 없느니라

성만찬의 제정

(마 26:26-29; 막 14:22-25; 눅 22:14-20)

17 ●내가 명하는 이 일에 너희를 칭
찬하지 아니하나니 이는 너희의 모
임이 유익이 못되고 도리어 해로움
이라
18 먼저 너희가 교회에 모일 때에 너
희 중에 분쟁이 있다 함을 듣고 어
느 정도 믿거니와
19 너희 중에 파당이 있어야 너희 중
에 옳다 인정함을 받은 자들이 나
타나게 되리라
20 그런즉 너희가 함께 모여서 주의
만찬을 먹을 수 없으니
21 이는 먹을 때에 각각 자기의 만찬
을 먼저 갖다 먹으므로 어떤 사람
은 시장하고 어떤 사람은 취함이
라
22 너희가 먹고 마실 집이 없느냐 너
희가 하나님의 교회를 업신여기고
빈궁한 자들을 부끄럽게 하느냐 내
가 너희에게 무슨 말을 하랴 너희
를 칭찬하랴 이것으로 칭찬하지 않
노라
23 내가 너희에게 전한 것은 주께 받
은 것이니 곧 주 예수께서 잡히시
던 밤에 떡을 가지사
24 축사하시고 떼어 이르시되 이것은
너희를 위하는 내 몸이니 이것을
행하여 나를 기념하라 하시고
25 식후에 또한 그와 같이 잔을 가지
시고 이르시되 이 잔은 내 피로 세
운 새 언약이니 이것을 행하여 마
실 때마다 나를 기념하라 하셨으니
26 너희가 이 [1]떡을 먹으며 이 잔을 마
실 때마다 주의 죽으심을 그가 오
실 때까지 전하는 것이니라
27 그러므로 누구든지 주의 [1]떡이나
잔을 합당하지 않게 먹고 마시는
자는 주의 몸과 피에 대하여 죄를
짓는 것이니라
28 사람이 자기를 살피고 그 후에야

1) 헬, 떡덩이

이 [1]떡을 먹고 이 잔을 마실지니
29 주의 몸을 분별하지 못하고 먹고
마시는 자는 자기의 [2]죄를 먹고 마
시는 것이니라
30 그러므로 너희 중에 약한 자와 병
든 자가 많고 잠자는 자도 적지 아
니하니
31 우리가 우리를 살폈으면 판단을 받
지 아니하려니와
32 우리가 판단을 받는 것은 주께 징
계를 받는 것이니 이는 우리로 세
상과 함께 정죄함을 받지 않게 하
려 하심이라
33 그런즉 내 형제들아 먹으러 모일
때에 서로 기다리라
34 만일 누구든지 시장하거든 집에서
먹을지니 이는 너희의 모임이 판단
받는 모임이 되지 않게 하려 함이
라 그밖의 일들은 내가 언제든지
갈 때에 바로잡으리라

성령의 은사

12 형제들아 신령한 것에 대하여
나는 너희가 알지 못하기를 원
하지 아니하노니
2 너희도 알거니와 너희가 이방인으
로 있을 때에 말 못하는 우상에게
로 끄는 그대로 끌려갔느니라
3 그러므로 내가 너희에게 알리노니
하나님의 영으로 말하는 자는 누구
든지 예수를 저주할 자라 하지 아
니하고 또 성령으로 아니하고는 누
구든지 예수를 주시라 할 수 없느
니라
4 ●은사는 여러 가지나 성령은 같고
5 직분은 여러 가지나 주는 같으며
6 또 사역은 여러 가지나 모든 것을
모든 사람 가운데서 이루시는 하나
님은 같으니
7 각 사람에게 성령을 나타내심은 유
익하게 하려 하심이라
8 어떤 사람에게는 성령으로 말미암
아 지혜의 말씀을, 어떤 사람에게
는 같은 성령을 따라 지식의 말씀
을,
9 다른 사람에게는 같은 성령으로 믿
음을, 어떤 사람에게는 한 성령으
로 병 고치는 은사를,
10 어떤 사람에게는 능력 행함을, 어
떤 사람에게는 예언함을, 어떤 사
람에게는 영들 분별함을, 다른 사
람에게는 각종 방언 말함을, 어떤
사람에게는 방언들 통역함을 주시
나니
11 이 모든 일은 같은 한 성령이 행하
사 그의 뜻대로 각 사람에게 나누
어 주시는 것이니라

하나의 몸과 많은 지체

12 ●몸은 하나인데 많은 지체가 있고
몸의 지체가 많으나 한몸임과 같이
그리스도도 그러하니라
13 우리가 유대인이나 헬라인이나 종
이나 자유인이나 다 한 성령으로
[3]세례를 받아 한몸이 되었고 또 다
한 성령을 마시게 하셨느니라
14 몸은 한 지체뿐만 아니요 여럿이니
15 만일 발이 이르되 나는 손이 아니
니 몸에 붙지 아니하였다 할지라도
이로써 몸에 붙지 아니한 것이 아
니요
16 또 귀가 이르되 나는 눈이 아니니
몸에 붙지 아니하였다 할지라도 이
로써 몸에 붙지 아니한 것이 아니
니
17 만일 온 몸이 눈이면 듣는 곳은 어
디며 온 몸이 듣는 곳이면 냄새 맡
는 곳은 어디냐
18 그러나 이제 하나님이 그 원하시는
대로 지체를 각각 몸에 두셨으니
19 만일 다 한 지체뿐이면 몸은 어디

1) 헬, 떡덩이 2) 헬, 심판 3) 헬, 또는 침례

냐
20 이제 지체는 많으나 몸은 하나라
21 눈이 손더러 내가 너를 쓸 데가 없
다 하거나 또한 머리가 발더러 내
가 너를 쓸 데가 없다 하지 못하리
라
22 그뿐 아니라 더 약하게 보이는 몸
의 지체가 도리어 요긴하고
23 우리가 몸의 덜 귀히 여기는 그것
들을 더욱 귀한 것들로 입혀 주며
우리의 아름답지 못한 지체는 더
욱 아름다운 것을 얻느니라 그런
즉
24 우리의 아름다운 지체는 그럴 필요
가 없느니라 오직 하나님이 몸을
고르게 하여 부족한 지체에게 귀중
함을 더하사
25 몸 가운데서 분쟁이 없고 오직 여
러 지체가 서로 같이 돌보게 하셨
느니라
26 만일 한 지체가 고통을 받으면 모
든 지체가 함께 고통을 받고 한 지
체가 영광을 얻으면 모든 지체가
함께 즐거워하느니라
27 너희는 그리스도의 몸이요 지체의
각 부분이라
28 하나님이 교회 중에 몇을 세우셨
으니 첫째는 사도요 둘째는 선지자
요 셋째는 교사요 그 다음은 능력
을 행하는 자요 그 다음은 병 고치
는 은사와 서로 돕는 것과 다스리
는 것과 각종 방언을 말하는 것이
라
29 다 사도이겠느냐 다 선지자이겠느
냐 다 교사이겠느냐 다 능력을 행
하는 자이겠느냐
30 다 병 고치는 은사를 가진 자이겠
느냐 다 방언을 말하는 자이겠느냐
다 통역하는 자이겠느냐
31 너희는 더욱 큰 은사를 사모하라
내가 또한 가장 좋은 길을 너희에
게 보이리라

사랑

13 내가 사람의 방언과 천사의 말
을 할지라도 사랑이 없으면 소
리 나는 구리와 울리는 꽹과리가
되고
2 내가 예언하는 능력이 있어 모든
비밀과 모든 지식을 알고 또 산을
옮길 만한 모든 믿음이 있을지라도
사랑이 없으면 내가 아무것도 아니
요
3 내가 내게 있는 모든 것으로 구제
하고 또 내 몸을 불사르게 내줄지
라도 사랑이 없으면 내게 아무 유
익이 없느니라
4 사랑은 오래 참고 사랑은 온유하
며 시기하지 아니하며 사랑은 자
랑하지 아니하며 교만하지 아니하
며
5 무례히 행하지 아니하며 자기의 [1)]유
익을 구하지 아니하며 성내지 아니
하며 악한 것을 생각하지 아니하
며
6 불의를 기뻐하지 아니하며 진리와
함께 기뻐하고
7 모든 것을 참으며 모든 것을 믿으
며 모든 것을 바라며 모든 것을 견
디느니라
8 사랑은 언제까지나 떨어지지 아니
하되 예언도 폐하고 방언도 그치고
지식도 폐하리라
9 우리는 부분적으로 알고 부분적으
로 예언하니
10 온전한 것이 올 때에는 부분적으로
하던 것이 폐하리라
11 내가 어렸을 때에는 말하는 것이
어린아이와 같고 깨닫는 것이 어린
아이와 같고 생각하는 것이 어린아

1) 헬, 것을

이와 같다가 장성한 사람이 되어서
는 어린아이의 일을 버렸노라
12 우리가 지금은 거울로 보는 것같이
희미하나 그때에는 얼굴과 얼굴을
대하여 볼 것이요 지금은 내가 부
분적으로 아나 그때에는 주께서 나
를 아신 것같이 내가 온전히 알리
라
13 그런즉 믿음, 소망, 사랑, 이 세 가
지는 항상 있을 것인데 그 중의 [1]제
일은 사랑이라

방언과 예언

14 사랑을 추구하며 신령한 것들
을 사모하되 특별히 예언을 하
려고 하라
2 방언을 말하는 자는 사람에게 하지
아니하고 하나님께 하나니 이는 알
아 듣는 자가 없고 영으로 비밀을
말함이라
3 그러나 예언하는 자는 사람에게 말
하여 덕을 세우며 권면하며 위로하
는 것이요
4 방언을 말하는 자는 자기의 덕을
세우고 예언하는 자는 교회의 덕을
세우나니
5 나는 너희가 다 방언 말하기를 원
하나 특별히 예언하기를 원하노라
만일 방언을 말하는 자가 통역하여
교회의 덕을 세우지 아니하면 예언
하는 자만 못하니라
6 그런즉 형제들아 내가 너희에게 나
아가서 방언으로 말하고 계시나 지
식이나 예언이나 가르치는 것으로
말하지 아니하면 너희에게 무엇이
유익하리요
7 혹 피리나 거문고와 같이 생명 없
는 것이 소리를 낼 때에 그 음의 분
별을 나타내지 아니하면 피리 부는
것인지 거문고 타는 것인지 어찌
알게 되리요
8 만일 나팔이 분명하지 못한 소리를
내면 누가 전투를 준비하리요
9 이와 같이 너희도 혀로써 알아 듣
기 쉬운 말을 하지 아니하면 그 말
하는 것을 어찌 알리요 이는 허공
에다 말하는 것이라
10 이같이 세상에 소리의 종류가 많으
나 뜻 없는 소리는 없나니
11 그러므로 내가 그 소리의 뜻을 알
지 못하면 내가 말하는 자에게 [2]외
국인이 되고 말하는 자도 내게 [2]외
국인이 되리니
12 그러므로 너희도 영적인 것을 사
모하는 자인즉 교회의 덕을 세우
기 위하여 그것이 풍성하기를 구
하라
13 그러므로 방언을 말하는 자는 통역
하기를 기도할지니
14 내가 만일 방언으로 기도하면 나의
영이 기도하거니와 나의 마음은 열
매를 맺지 못하리라
15 그러면 어떻게 할까 내가 영으로
기도하고 또 마음으로 기도하며 내
가 영으로 찬송하고 또 마음으로
찬송하리라
16 그렇지 아니하면 네가 영으로 축복
할 때에 [3]알지 못하는 처지에 있는
자가 네가 무슨 말을 하는지 알지
못하고 네 감사에 어찌 아멘 하리
요
17 너는 감사를 잘하였으나 그러나 다
른 사람은 덕 세움을 받지 못하리
라
18 내가 너희 모든 사람보다 방언을
더 말하므로 하나님께 감사하노
라
19 그러나 교회에서 내가 남을 가르치
기 위하여 깨달은 마음으로 다섯

1) 헬, 더 큰 것은 2) 또는 야만인 3) 또는 은사를 받지 못한 자가

마디 말을 하는 것이 일만 마디 방
언으로 말하는 것보다 나으니라
20 ●형제들아 지혜에는 아이가 되지
말고 악에는 어린아이가 되라 지혜
에는 장성한 사람이 되라
21 율법에 기록된 바 ㄱ주께서 이르시
되 내가 다른 방언을 말하는 자와
다른 입술로 이 백성에게 말할지라
도 그들이 여전히 듣지 아니하리라
하였으니
22 그러므로 방언은 믿는 자들을 위하
지 아니하고 믿지 아니하는 자들을
위하는 표적이나 예언은 믿지 아니
하는 자들을 위하지 않고 믿는 자
들을 위함이니라
23 그러므로 온 교회가 함께 모여 다
방언으로 말하면 [1]알지 못하는 자들
이나 믿지 아니하는 자들이 들어와
서 너희를 미쳤다 하지 아니하겠느
냐
24 그러나 다 예언을 하면 믿지 아니
하는 자들이나 알지 못하는 자들이
들어와서 모든 사람에게 책망을 들
으며 모든 사람에게 판단을 받고
25 그 마음의 숨은 일들이 드러나게
되므로 엎드리어 하나님께 경배하
며 하나님이 참으로 너희 가운데
계신다 전파하리라

차례를 따라 하라

26 ●그런즉 형제들아 어찌할까 너희
가 모일 때에 각각 찬송시도 있으
며 가르치는 말씀도 있으며 계시도
있으며 방언도 있으며 통역함도 있
나니 모든 것을 덕을 세우기 위하
여 하라
27 만일 누가 방언으로 말하거든 두
사람이나 많아야 세 사람이 차례를
따라 하고 한 사람이 통역할 것이
요
28 만일 통역하는 자가 없으면 교회에
서는 잠잠하고 자기와 하나님께 말
할 것이요
29 예언하는 자는 둘이나 셋이나 말하
고 다른 이들은 분별할 것이요
30 만일 곁에 앉아 있는 다른 이에게
계시가 있으면 먼저 하던 자는 잠
잠할지니라
31 너희는 다 모든 사람으로 배우게
하고 모든 사람으로 권면을 받게
하기 위하여 하나씩 하나씩 예언할
수 있느니라
32 예언하는 자들의 영은 예언하는 자
들에게 제재를 받나니
33 하나님은 무질서의 하나님이 아니
시요 오직 화평의 [2]하나님이시니라
●모든 성도가 교회에서 함과 같
이
34 여자는 교회에서 잠잠하라 그들에
게는 말하는 것을 허락함이 없나니
율법에 이른 것같이 ㄴ오직 복종할
것이요
35 만일 무엇을 배우려거든 집에서
자기 남편에게 물을지니 여자가 교
회에서 말하는 것은 부끄러운 것
이라
36 하나님의 말씀이 너희로부터 난 것
이냐 또는 너희에게만 임한 것이
냐
37 ●만일 누구든지 자기를 선지자나
혹은 신령한 자로 생각하거든 내가
너희에게 편지하는 이 글이 주의
명령인 줄 알라
38 만일 누구든지 알지 못하면 [3]그는
알지 못한 자니라
39 ●그런즉 내 형제들아 예언하기를
사모하며 방언 말하기를 금하지 말
라

1) 또는 은사를 받지 못한 자들 2) 또는 하나님이시니 모든 성도의 교회에서 그러하니라 3) 어떤 사본에, 알지 못하는 대로 두라 ㄱ. 사 28:11 이하 ㄴ. 창 3:16

40 모든 것을 품위 있게 하고 질서 있
게 하라

그리스도의 부활

15 형제들아 내가 너희에게 전한
복음을 너희에게 알게 하노니
이는 너희가 받은 것이요 또 그 가
운데 선 것이라
2 너희가 만일 내가 전한 그 말을 굳
게 지키고 헛되이 믿지 아니하였
으면 그로 말미암아 구원을 받으리
라
3 내가 받은 것을 먼저 너희에게 전
하였노니 이는 성경대로 그리스도
께서 우리 죄를 위하여 죽으시고
4 장사 지낸 바 되셨다가 성경대로
사흘 만에 다시 살아나사
5 게바에게 보이시고 후에 열두 제자
에게와
6 그 후에 오백여 형제에게 일시에
보이셨나니 그 중에 지금까지 대다
수는 살아 있고 어떤 사람은 잠들
었으며
7 그 후에 야고보에게 보이셨으며 그
후에 모든 사도에게와
8 맨 나중에 만삭되지 못하여 난 자
같은 내게도 보이셨느니라
9 나는 사도 중에 가장 작은 자라 나
는 하나님의 교회를 박해하였으므
로 사도라 칭함 받기를 감당하지
못할 자니라
10 그러나 내가 나 된 것은 하나님의
은혜로 된 것이니 내게 주신 그의
은혜가 헛되지 아니하여 내가 모든
사도보다 더 많이 수고하였으나 내
가 한 것이 아니요 오직 나와 함께
하신 하나님의 은혜로라
11 그러므로 나나 그들이나 이같이 전
파하매 너희도 이같이 믿었느니라

죽은 사람의 부활

12 ●그리스도께서 죽은 자 가운데서
다시 살아나셨다 전파되었거늘 너
희 중에서 어떤 사람들은 어찌하여
죽은 자 가운데서 부활이 없다 하
느냐
13 만일 죽은 자의 부활이 없으면 그
리스도도 다시 살아나지 못하셨으
리라
14 그리스도께서 만일 다시 살아나지
못하셨으면 우리가 전파하는 것도
헛것이요 또 너희 믿음도 헛것이
며
15 또 우리가 하나님의 거짓 증인으
로 발견되리니 우리가 하나님이
그리스도를 다시 살리셨다고 증언
하였음이라 만일 죽은 자가 다시
살아나는 일이 없으면 하나님이
그리스도를 다시 살리지 아니하셨
으리라
16 만일 죽은 자가 다시 살아나는 일
이 없으면 그리스도도 다시 살아나
신 일이 없었을 터이요
17 그리스도께서 다시 살아나신 일이
없으면 너희의 믿음도 헛되고 너희
가 여전히 죄 가운데 있을 것이요
18 또한 그리스도 안에서 잠자는 자도
망하였으리니
19 만일 그리스도 안에서 우리가 바라
는 것이 다만 이 세상의 삶뿐이면
모든 사람 가운데 우리가 더욱 불
쌍한 자이리라
20 ●그러나 이제 그리스도께서 죽은
자 가운데서 다시 살아나사 잠자는
자들의 첫 열매가 되셨도다
21 사망이 한 사람으로 말미암았으니
죽은 자의 부활도 한 사람으로 말
미암는도다
22 아담 안에서 모든 사람이 죽은 것
같이 그리스도 안에서 모든 사람이
삶을 얻으리라
23 그러나 각각 자기 차례대로 되리니

먼저는 첫 열매인 그리스도요 다음
에는 그가 강림하실 때에 그리스도
에게 속한 자요
24 그 후에는 마지막이니 그가 모든
통치와 모든 권세와 능력을 멸하시
고 나라를 아버지 하나님께 바칠
때라
25 그가 모든 원수를 그 발 아래에 둘
때까지 반드시 왕 노릇 하시리니
26 맨 나중에 멸망 받을 원수는 사망
이니라
27 ㄱ만물을 그의 발 아래에 두셨다 하
셨으니 만물을 아래에 둔다 말씀하
실 때에 만물을 그의 아래에 두신
이가 그 중에 들지 아니한 것이 분
명하도다
28 만물을 그에게 복종하게 하실 때
에는 1)아들 자신도 그때에 만물을
자기에게 복종하게 하신 이에게
복종하게 되리니 이는 하나님이 만
유의 주로서 만유 안에 계시려 하
심이라
29 ●만일 죽은 자들이 도무지 다시
살아나지 못하면 죽은 자들을 위하
여 2)세례를 받는 자들이 무엇을
하겠느냐 어찌하여 그들을 위하여
2)세례를 받느냐
30 또 어찌하여 우리가 언제나 위험을
무릅쓰리요
31 형제들아 내가 그리스도 예수 우리
주 안에서 가진 바 너희에 대한 나
의 자랑을 두고 단언하노니 나는
날마다 죽노라
32 내가 사람의 방법으로 에베소에서
맹수와 더불어 싸웠다면 내게 무슨
유익이 있으리요 죽은 자가 다시
살아나지 못한다면 내일 죽을 터이
니 먹고 마시자 하리라
33 속지 말라 악한 동무들은 선한 행
실을 더럽히나니
34 깨어 의를 행하고 죄를 짓지 말라
하나님을 알지 못하는 자가 있기로
내가 너희를 부끄럽게 하기 위하여
말하노라

몸의 부활

35 ●누가 묻기를 죽은 자들이 어떻게
다시 살아나며 어떠한 몸으로 오느
냐 하리니
36 어리석은 자여 네가 뿌리는 씨가
죽지 않으면 살아나지 못하겠고
37 또 네가 뿌리는 것은 장래의 형체
를 뿌리는 것이 아니요 다만 밀이
나 다른 것의 알맹이뿐이로되
38 하나님이 그 뜻대로 그에게 형체를
주시되 각 종자에게 그 형체를 주
시느니라
39 육체는 다 같은 육체가 아니니 하
나는 사람의 육체요 하나는 짐승의
육체요 하나는 새의 육체요 하나는
물고기의 육체라
40 하늘에 속한 형체도 있고 땅에 속
한 형체도 있으나 하늘에 속한 것
의 영광이 따로 있고 땅에 속한 것
의 영광이 따로 있으니
41 해의 영광이 다르고 달의 영광이
다르며 별의 영광도 다른데 별과
별의 영광이 다르도다
42 죽은 자의 부활도 그와 같으니 썩
을 것으로 심고 썩지 아니할 것으
로 다시 살아나며
43 욕된 것으로 심고 영광스러운 것으
로 다시 살아나며 약한 것으로 심
고 강한 것으로 다시 살아나며
44 육의 몸으로 심고 신령한 몸으로
다시 살아나나니 육의 몸이 있은즉
또 영의 몸도 있느니라
45 기록된 바 ㄴ첫 사람 아담은 생령이

1) 또는 아들도 그때에 스스로 만물을 자기에게 복종하게 하신 이에게 복종하리라 2) 헬, 또는 침례 ㄱ. 시 8:6 ㄴ. 창 2:7

되었다 함과 같이 마지막 아담은
살려 주는 영이 되었나니
46 그러나 먼저는 신령한 사람이 아니
요 육의 사람이요 그 다음에 신령
한 사람이니라
47 첫 사람은 땅에서 났으니 흙에 속
한 자이거니와 둘째 사람은 하늘에
서 나셨느니라
48 무릇 흙에 속한 자들은 저 흙에
속한 자와 같고 무릇 하늘에 속한
자들은 저 하늘에 속한 이와 같으
니
49 우리가 흙에 속한 자의 형상을 입
은 것같이 또한 하늘에 속한 이의
형상을 입으리라
50 ●형제들아 내가 이것을 말하노니
혈과 육은 하나님 나라를 이어받을
수 없고 또한 썩는 것은 썩지 아니
하는 것을 유업으로 받지 못하느니
라
51 보라 내가 너희에게 비밀을 말하노
니 우리가 다 잠잘 것이 아니요 마
지막 나팔에 순식간에 홀연히 다
변화되리니
52 나팔 소리가 나매 죽은 자들이 썩
지 아니할 것으로 다시 살아나고
우리도 변화되리라
53 이 썩을 것이 반드시 썩지 아니할
것을 입겠고 이 죽을 것이 죽지 아
니함을 입으리로다
54 이 썩을 것이 썩지 아니함을 입고
이 죽을 것이 죽지 아니함을 입을
때에는 ㄱ사망을 삼키고 이기리라
고 기록된 말씀이 이루어지리라
55 ㄴ사망아 너의 승리가 어디 있느냐
사망아 네가 쏘는 것이 어디 있느
냐
56 사망이 쏘는 것은 죄요 죄의 권능
은 율법이라
57 우리 주 예수 그리스도로 말미암아
우리에게 승리를 주시는 하나님께
감사하노니
58 그러므로 내 사랑하는 형제들아 견
실하며 흔들리지 말고 항상 주의
일에 더욱 힘쓰는 자들이 되라 이
는 너희 수고가 주 안에서 헛되지
않은 줄 앎이라

성도를 위하는 연보

16 성도를 위하는 연보에 관하여
는 내가 갈라디아 교회들에게
명한 것같이 너희도 그렇게 하라
2 매주 첫날에 너희 각 사람이 수입
에 따라 모아 두어서 내가 갈 때에
연보를 하지 않게 하라
3 내가 이를 때에 너희가 인정한 사
람에게 편지를 주어 너희의 은혜
를 예루살렘으로 가지고 가게 하리
니
4 만일 나도 가는 것이 합당하면 그
들이 나와 함께 가리라
5 내가 마게도냐를 지날 터이니 마게
도냐를 지난 후에 너희에게 가서
6 혹 너희와 함께 머물며 겨울을 지
낼 듯도 하니 이는 너희가 나를 내
가 갈 곳으로 보내어 주게 하려 함
이라
7 이제는 지나는 길에 너희 보기를
원하지 아니하노니 이는 만일 주께
서 허락하시면 얼마 동안 너희와
함께 머물기를 바람이라
8 내가 오순절까지 에베소에 머물려
함은
9 내게 광대하고 유효한 문이 열렸으
나 대적하는 자가 많음이라
10 ●디모데가 이르거든 너희는 조심
하여 그로 두려움이 없이 너희 가
운데 있게 하라 이는 그도 나와 같
이 주의 일을 힘쓰는 자임이라
11 그러므로 누구든지 그를 멸시하지

ㄱ. 사 25:8 ㄴ. 호 13:14

말고 평안히 보내어 내게로 오게
하라 나는 그가 형제들과 함께 오
기를 기다리노라
12 형제 아볼로에 대하여는 그에게 형
제들과 함께 너희에게 가라고 내가
많이 권하였으되 지금은 갈 뜻이
전혀 없으나 기회가 있으면 가리
라

권면과 끝 인사

13 ●깨어 믿음에 굳게 서서 남자답게
강건하라
14 너희 모든 일을 사랑으로 행하라
15 ●형제들아 스데바나의 집은 곧 아
가야의 첫 열매요 또 성도 섬기기
로 작정한 줄을 너희가 아는지라
내가 너희를 권하노니
16 이 같은 사람들과 또 함께 일하며
수고하는 모든 사람에게 순종하라
17 내가 스데바나와 브드나도와 아가
이고가 온 것을 기뻐하노니 그들이
너희의 부족한 것을 채웠음이라
18 그들이 나와 너희 마음을 시원하게
하였으니 그러므로 너희는 이런 사
람들을 알아 주라
19 ●아시아의 교회들이 너희에게 문
안하고 아굴라와 브리스가와 그 집
에 있는 교회가 주 안에서 너희에
게 간절히 문안하고
20 모든 형제도 너희에게 문안하니 너
희는 거룩하게 입맞춤으로 서로 문
안하라
21 ●나 바울은 친필로 너희에게 문안
하노니
22 만일 누구든지 주를 사랑하지 아니
하면 저주를 받을지어다 [1]우리 주
여 오시옵소서
23 주 예수 그리스도의 은혜가 너희와
함께하고
24 나의 사랑이 그리스도 예수 안에서
너희 무리와 함께[2]할지어다

1) 또는 우리 주께서 임하셨도다 아람어, 마라나타 2) 어떤 사본에, 할지어다 아멘

고린도후서

2Corinthians

고난과 위로와 구원과 감사

1 하나님의 뜻으로 말미암아 그리
스도 예수의 사도 된 바울과 형제
디모데는 고린도에 있는 하나님의
교회와 또 온 아가야에 있는 모든
성도에게
2 하나님 우리 아버지와 주 예수 그
리스도로부터 은혜와 평강이 있기
를 원하노라
3 찬송하리로다 그는 우리 주 예수
그리스도의 하나님이시요 자비의
아버지시요 모든 위로의 하나님이
시며
4 우리의 모든 환난 중에서 우리를
위로하사 우리로 하여금 하나님께
받는 위로로써 모든 환난 중에 있
는 자들을 능히 위로하게 하시는
이시로다
5 그리스도의 고난이 우리에게 넘친
것같이 우리가 받는 위로도 그리스
도로 말미암아 넘치는도다
6 우리가 환난 당하는 것도 너희가
위로와 구원을 받게 하려는 것이요
우리가 위로를 받는 것도 너희가
위로를 받게 하려는 것이니 이 위
로가 너희 속에 역사하여 우리가
받는 것 같은 고난을 너희도 견디
게 하느니라

7 너희를 위한 우리의 소망이 견고함
은 너희가 고난에 참여하는 자가
된 것같이 위로에도 그러할 줄을
앎이라
8 형제들아 우리가 아시아에서 당한
환난을 너희가 모르기를 원하지 아
니하노니 힘에 겹도록 심한 고난을
당하여 살 소망까지 끊어지고
9 우리는 우리 자신이 사형 선고를
받은 줄 알았으니 이는 우리로 자
기를 의지하지 말고 오직 죽은 자
를 다시 살리시는 하나님만 의지하
게 하심이라
10 그가 이같이 큰 사망에서 우리를
건지셨고 또 건지실 것이며 이후에
도 건지시기를 그에게 바라노라
11 너희도 우리를 위하여 간구함으로
도우라 이는 우리가 많은 사람의
기도로 얻은 은사로 말미암아 많은
사람이 우리를 위하여 감사하게 하
려 함이라

고린도 교회 방문을 연기하다

12 ●우리가 세상에서 특별히 너희에
대하여 하나님의 거룩함과 진실함
으로 행하되 육체의 지혜로 하지
아니하고 하나님의 은혜로 행함은
우리 양심이 증언하는 바니 이것이
우리의 자랑이라
13 오직 너희가 읽고 아는 것 외에 우
리가 다른 것을 쓰지 아니하노니
너희가 완전히 알기를 내가 바라는
것은
14 너희가 우리를 부분적으로 알았으
나 우리 주 예수의 날에는 너희가
우리의 자랑이 되고 우리가 너희의
자랑이 되는 그것이라
15 ●내가 이 확신을 가지고 너희로
두 번 은혜를 얻게 하기 위하여 먼
저 너희에게 이르렀다가
16 너희를 지나 마게도냐로 갔다가 다
시 마게도냐에서 너희에게 가서 너
희의 도움으로 유대로 가기를 계획
하였으니
17 이렇게 계획할 때에 어찌 경솔히 하
였으리요 혹 계획하기를 육체를 따
라 계획하여 예 예 하면서 아니라
아니라 하는 일이 내게 있겠느냐
18 하나님은 미쁘시니라 우리가 너희
에게 한 말은 예 하고 아니라 함이
없노라
19 우리 곧 나와 실루아노와 디모데로
말미암아 너희 가운데 전파된 하나
님의 아들 예수 그리스도는 예 하
고 아니라 함이 되지 아니하셨으니
그에게는 예만 되었느니라
20 하나님의 약속은 얼마든지 그리스
도 안에서 예가 되니 그런즉 그로
말미암아 우리가 아멘 하여 하나님
께 영광을 돌리게 되느니라
21 우리를 너희와 함께 그리스도 안에
서 굳건하게 하시고 우리에게 기름
을 부으신 이는 하나님이시니
22 그가 또한 우리에게 인치시고 보증
으로 우리 마음에 성령을 주셨느니
라
23 ●내가 내 목숨을 걸고 하나님을
불러 증언하시게 하노니 내가 다시
고린도에 가지 아니한 것은 너희를
아끼려 함이라
24 우리가 너희 믿음을 주관하려는 것
이 아니요 오직 너희 기쁨을 돕는
자가 되려 함이니 이는 너희가 믿
음에 섰음이라

2

내가 다시는 너희에게 근심 중에
나아가지 아니하기로 스스로 결
심하였노니
2 내가 너희를 근심하게 한다면 내가
근심하게 한 자 밖에 나를 기쁘게
할 자가 누구냐
3 내가 이같이 쓴 것은 내가 갈 때에

고후

마땅히 나를 기쁘게 할 자로부터
도리어 근심을 얻을까 염려함이요
또 너희 모두에 대한 나의 기쁨이
너희 모두의 기쁨인 줄 확신함이로
라
4 내가 마음에 큰 눌림과 걱정이 있
어 많은 눈물로 너희에게 썼노니
이는 너희로 근심하게 하려 한 것
이 아니요 오직 내가 너희를 향하
여 넘치는 사랑이 있음을 너희로
알게 하려 함이라

근심하게 한 사람을 용서하라

5 ●근심하게 한 자가 있었을지라도
나를 근심하게 한 것이 아니요 어
느 정도 너희 모두를 근심하게 한
것이니 어느 정도라 함은 내가 너
무 지나치게 말하지 아니하려 함이
라
6 이러한 사람은 많은 사람에게서 벌
받는 것이 마땅하도다
7 그런즉 너희는 차라리 그를 용서하
고 위로할 것이니 그가 너무 많은
근심에 1)잠길까 두려워하노라
8 그러므로 너희를 권하노니 사랑을
그들에게 나타내라
9 너희가 범사에 순종하는지 그 증거
를 알고자 하여 내가 이것을 너희
에게 썼노라
10 너희가 무슨 일에든지 누구를 용서
하면 나도 그리하고 내가 만일 용
서한 일이 있으면 용서한 그것은
너희를 위하여 그리스도 앞에서 한
것이니
11 이는 우리로 사탄에게 속지 않게
하려 함이라 우리는 그 계책을 알
지 못하는 바가 아니로라

그리스도의 향기

12 ●내가 그리스도의 복음을 위하여
드로아에 이르매 주 안에서 문이
내게 열렸으되
13 내가 내 형제 디도를 만나지 못하
므로 내 심령이 편하지 못하여 그
들을 작별하고 마게도냐로 갔노라
14 항상 우리를 그리스도 안에서 이기
게 하시고 우리로 말미암아 각처에
서 그리스도를 아는 냄새를 나타내
시는 하나님께 감사하노라
15 우리는 구원받는 자들에게나 망하
는 자들에게나 하나님 앞에서 그리
스도의 향기니
16 이 사람에게는 사망으로부터 사망
에 이르는 냄새요 저 사람에게는
생명으로부터 생명에 이르는 냄새
라 누가 이 일을 감당하리요
17 우리는 수많은 사람들처럼 하나님
의 말씀을 혼잡하게 하지 아니하고
곧 순전함으로 하나님께 받은 것같
이 하나님 앞에서와 그리스도 안에
서 말하노라

새 언약의 일꾼들

3 우리가 다시 자천하기를 시작하
겠느냐 우리가 어찌 어떤 사람처
럼 추천서를 너희에게 부치거나 혹
은 너희에게 받거나 할 필요가 있
느냐
2 너희는 우리의 편지라 우리 마음에
썼고 뭇 사람이 알고 읽는 바라
3 너희는 우리로 말미암아 나타난 그
리스도의 편지니 이는 먹으로 쓴
것이 아니요 오직 살아 계신 하나
님의 영으로 쓴 것이며 또 돌판에
쓴 것이 아니요 오직 육의 마음판
에 쓴 것이라
4 우리가 그리스도로 말미암아 하나
님을 향하여 이 같은 확신이 있으
니
5 우리가 무슨 일이든지 우리에게서
난 것같이 스스로 만족할 것이 아
니니 우리의 만족은 오직 하나님으

1) 헬, 삼키울까

로부터 나느니라
6 그가 또한 우리를 새 언약의 일꾼
되기에 만족하게 하셨으니 율법 조
문으로 하지 아니하고 오직 영으로
함이니 율법 조문은 죽이는 것이요
영은 살리는 것이니라
7 돌에 써서 새긴 죽게 하는 율법 조
문의 직분도 영광이 있어 이스라엘
자손들은 모세의 얼굴의 없어질 영
광 때문에도 그 얼굴을 주목하지
못하였거든
8 하물며 영의 직분은 더욱 영광이
있지 아니하겠느냐
9 정죄의 직분도 영광이 있은즉 의의
직분은 영광이 더욱 넘치리라
10 영광되었던 것이 더 큰 영광으로
말미암아 이에 영광될 것이 없으나
11 없어질 것도 영광으로 말미암았은
즉 길이 있을 것은 더욱 영광 가운
데 있느니라
12 ●우리가 이 같은 소망이 있으므로
담대히 말하노니
13 우리는 모세가 이스라엘 자손들에
게 장차 없어질 것의 결국을 주목
하지 못하게 하려고 수건을 그 얼
굴에 쓴 것같이 아니하노라
14 그러나 그들의 마음이 완고하여 오
늘까지도 구약을 읽을 때에 그 수
건이 벗겨지지 아니하고 있으니 그
수건은 그리스도 안에서 없어질 것
이라
15 오늘까지 모세의 글을 읽을 때에
수건이 그 마음을 덮었도다
16 그러나 언제든지 주께로 돌아가면
그 수건이 벗겨지리라
17 주는 영이시니 주의 영이 계신 곳
에는 자유가 있느니라
18 우리가 다 수건을 벗은 얼굴로 거
울을 보는 것같이 주의 영광을 보
매 그와 같은 형상으로 변화하여
영광에서 영광에 이르니 곧 주의
영으로 말미암음이니라

질그릇에 담긴 보배

4 그러므로 우리가 이 직분을 받아
긍휼하심을 입은 대로 낙심하지
아니하고
2 이에 숨은 부끄러움의 일을 버리고
속임으로 행하지 아니하며 하나님
의 말씀을 혼잡하게 하지 아니하고
오직 [1]진리를 나타냄으로 하나님
앞에서 각 사람의 양심에 대하여
스스로 추천하노라
3 만일 우리의 복음이 가리었으면 망
하는 자들에게 가리어진 것이라
4 그 중에 이 세상의 신이 믿지 아니
하는 자들의 마음을 혼미하게 하여
그리스도의 영광의 복음의 광채가
비치지 못하게 함이니 그리스도는
하나님의 형상이니라
5 우리는 우리를 전파하는 것이 아니
라 오직 그리스도 예수의 주 되신
것과 또 예수를 위하여 우리가 너
희의 종 된 것을 전파함이라
6 ㄱ어두운 데에 빛이 비치라 말씀하
셨던 그 하나님께서 예수 그리스도
의 얼굴에 있는 하나님의 영광을
아는 빛을 우리 마음에 비추셨느니
라
7 ●우리가 이 보배를 질그릇에 가졌
으니 이는 심히 큰 능력은 하나님
께 있고 우리에게 있지 아니함을
알게 하려 함이라
8 우리가 사방으로 욱여쌈을 당하여
도 싸이지 아니하며 답답한 일을
당하여도 낙심하지 아니하며
9 박해를 받아도 버린 바 되지 아니
하며 거꾸러뜨림을 당하여도 망하
지 아니하고
10 우리가 항상 예수의 죽음을 몸에

1) 헬, 참 ㄱ. 창 1:3

짊어짐은 예수의 생명이 또한 우리
몸에 나타나게 하려 함이라
11 우리 살아 있는 자가 항상 예수를
위하여 죽음에 넘겨짐은 예수의 생
명이 또한 우리 죽을 육체에 나타
나게 하려 함이라
12 그런즉 사망은 우리 안에서 역사하
고 생명은 너희 안에서 역사하느니
라
13 기록된 바 ㄱ내가 믿었으므로 말하
였다 한 것같이 우리가 같은 믿음
의 마음을 가졌으니 우리도 믿었으
므로 또한 말하노라
14 주 예수를 다시 살리신 이가 예수
와 함께 우리도 다시 살리사 너희
와 함께 그 앞에 서게 하실 줄을 아
노라
15 이는 모든 것이 너희를 위함이니
많은 사람의 감사로 말미암아 은혜
가 더하여 넘쳐서 하나님께 영광을
돌리게 하려 함이라

겉사람과 속사람

16 ●그러므로 우리가 낙심하지 아니
하노니 우리의 겉사람은 낡아지나
우리의 속사람은 날로 새로워지도
다
17 우리가 잠시 받는 환난의 경한
것이 지극히 크고 영원한 영광의
중한 것을 우리에게 이루게 함이
니
18 우리가 주목하는 것은 보이는 것이
아니요 보이지 않는 것이니 보이는
것은 잠깐이요 보이지 않는 것은
영원함이라

5 만일 땅에 있는 우리의 장막 집
이 무너지면 하나님께서 지으신
집 곧 손으로 지은 것이 아니요 하
늘에 있는 영원한 집이 우리에게
있는 줄 아느니라
2 참으로 우리가 여기 있어 탄식하며
하늘로부터 오는 우리 처소로 덧입
기를 간절히 사모하노라
3 이렇게 입음은 우리가 벗은 자들로
발견되지 않으려 함이라
4 참으로 이 장막에 있는 우리가 짐
진 것같이 탄식하는 것은 벗고자
함이 아니요 오히려 덧입고자 함이
니 죽을 것이 생명에 삼킨 바 되게
하려 함이라
5 곧 이것을 우리에게 이루게 하시고
보증으로 성령을 우리에게 주신 이
는 하나님이시니라
6 그러므로 우리가 항상 담대하여 몸
으로 있을 때에는 주와 따로 있는
줄을 아노니
7 이는 우리가 믿음으로 행하고 보는
것으로 행하지 아니함이로라
8 ●우리가 담대하여 원하는 바는 차
라리 몸을 떠나 주와 함께 있는 그
것이라
9 그런즉 우리는 몸으로 있든지 떠나
든지 주를 기쁘시게 하는 자가 되
기를 힘쓰노라
10 이는 우리가 다 반드시 그리스도의
심판대 앞에 나타나게 되어 각각
선악간에 그 몸으로 행한 것을 따
라 받으려 함이라

화목하게 하는 직분

11 ●우리는 주의 두려우심을 알므로
사람들을 권면하거니와 우리가 하
나님 앞에 알리어졌으니 또 너희
의 양심에도 알리어지기를 바라노
라
12 우리가 다시 너희에게 자천하는 것
이 아니요 오직 우리로 말미암아
자랑할 기회를 너희에게 주어 마음
으로 하지 않고 외모로 자랑하는
자들에게 대답하게 하려 하는 것이
라

ㄱ. 시 116:10

13 우리가 만일 미쳤어도 하나님을 위
한 것이요 정신이 온전하여도 너희
를 위한 것이니
14 그리스도의 사랑이 우리를 [1]강권하
시는도다 우리가 생각하건대 한 사
람이 모든 사람을 대신하여 죽었은
즉 모든 사람이 죽은 것이라
15 그가 모든 사람을 대신하여 죽으심
은 살아 있는 자들로 하여금 다시
는 그들 자신을 위하여 살지 않고
오직 그들을 대신하여 죽었다가 다
시 살아나신 이를 위하여 살게 하
려 함이라
16 그러므로 우리가 이제부터는 어떤
사람도 육신을 따라 알지 아니하노
라 비록 우리가 그리스도도 육신을
따라 알았으나 이제부터는 그같이
알지 아니하노라
17 그런즉 누구든지 그리스도 안에 있
으면 새로운 피조물이라 이전 것
은 지나갔으니 보라 새것이 되었
도다
18 모든 것이 하나님께로서 났으며 그
가 그리스도로 말미암아 우리를
자기와 화목하게 하시고 또 우리
에게 화목하게 하는 직분을 주셨
으니
19 곧 하나님께서 그리스도 안에 계시
사 세상을 자기와 화목하게 하시며
그들의 죄를 그들에게 돌리지 아니
하시고 화목하게 하는 말씀을 우리
에게 부탁하셨느니라
20 ●그러므로 우리가 그리스도를 대
신하여 사신이 되어 하나님이 우리
를 통하여 너희를 권면하시는 것같
이 그리스도를 대신하여 간청하노
니 너희는 하나님과 화목하라
21 하나님이 죄를 알지도 못하신 이를
우리를 대신하여 죄로 삼으신 것은
우리로 하여금 그 안에서 하나님의
의가 되게 하려 하심이라

6 우리가 하나님과 함께 일하는 자
로서 너희를 권하노니 하나님의
은혜를 헛되이 받지 말라
2 이르시되
ㄱ내가 은혜 [2]베풀 때에 너에게 듣
고 구원의 날에 너를 도왔다
하셨으니 보라 지금은 은혜 받을
만한 때요 보라 지금은 구원의 날
이로다
3 우리가 이 직분이 비방을 받지 않
게 하려고 무엇에든지 아무에게도
거리끼지 않게 하고
4 오직 모든 일에 하나님의 일꾼으로
자천하여 많이 견디는 것과 환난과
궁핍과 고난과
5 매 맞음과 갇힘과 난동과 수고로움
과 자지 못함과 먹지 못함 가운데
서도
6 깨끗함과 지식과 오래 참음과 자비
함과 성령의 감화와 거짓이 없는
사랑과
7 [3]진리의 말씀과 하나님의 능력으로
의의 무기를 좌우에 가지고
8 영광과 욕됨으로 그러했으며 악한
이름과 아름다운 이름으로 그러했
느니라 우리는 속이는 자 같으나
참되고
9 무명한 자 같으나 유명한 자요 죽
은 자 같으나 보라 우리가 살아 있
고 징계를 받는 자 같으나 죽임을
당하지 아니하고
10 근심하는 자 같으나 항상 기뻐하고
가난한 자 같으나 많은 사람을 부
요하게 하고 아무것도 없는 자 같
으나 모든 것을 가진 자로다
11 ●고린도인들이여 너희를 향하여
우리의 입이 열리고 우리의 마음이

1) 또는 끄는도다 2) 또는 받을 만한 때 3) 헬, 참 ㄱ. 사 49:8

넓어졌으니
12 너희가 우리 안에서 좁아진 것이
아니라 오직 너희 심정에서 좁아진
것이니라
13 내가 자녀에게 말하듯 하노니 보답
하는 것으로 너희도 마음을 넓히
라

우리는 살아 계신
하나님의 성전

14 ●너희는 믿지 않는 자와 멍에를 함
께 메지 말라 의와 불법이 어찌 함
께하며 빛과 어둠이 어찌 사귀며
15 그리스도와 벨리알이 어찌 조화되
며 믿는 자와 믿지 않는 자가 어찌
상관하며
16 하나님의 성전과 우상이 어찌 일치
가 되리요 우리는 살아 계신 하나
님의 성전이라 이와 같이 하나님께
서 이르시되
ㄱ내가 그들 가운데 거하며 두루
행하여 ㄴ나는 그들의 하나님이
되고 그들은 나의 백성이 되리라
17 그러므로 ㄷ너희는 그들 중에서
나와서 따로 있고 부정한 것을
만지지 말라 내가 너희를 영접하
여
18 ㄹ너희에게 아버지가 되고 너희는
내게 자녀가 되리라 전능하신 주
의 말씀이니라
하셨느니라

7 그런즉 사랑하는 자들아 이 약속
을 가진 우리는 하나님을 두려워
하는 가운데서 거룩함을 온전히 이
루어 육과 영의 온갖 더러운 것에
서 자신을 깨끗하게 하자

고린도 교회의 회개를 기뻐하다

2 ●마음으로 우리를 영접하라 우리
는 아무에게도 불의를 행하지 않
고 아무에게도 해롭게 하지 않고
아무에게서도 속여 빼앗은 일이 없
노라
3 내가 이 말을 하는 것은 너희를 정
죄하려고 하는 것이 아니라 내가
이전에 말하였거니와 너희가 우리
마음에 있어 함께 죽고 함께 살게
하고자 함이라
4 나는 너희를 향하여 담대한 것도
많고 너희를 위하여 자랑하는 것도
많으니 내가 우리의 모든 환난 가
운데서도 위로가 가득하고 기쁨이
넘치는도다
5 ●우리가 마게도냐에 이르렀을 때
에도 우리 육체가 편하지 못하였고
사방으로 환난을 당하여 밖으로는
다툼이요 안으로는 두려움이었노
라
6 그러나 낙심한 자들을 위로하시는
하나님이 디도가 옴으로 우리를 위
로하셨으니
7 그가 온 것뿐 아니요 오직 그가 너
희에게서 받은 그 위로로 위로하고
너희의 사모함과 애통함과 나를 위
하여 열심 있는 것을 우리에게 보
고함으로 나를 더욱 기쁘게 하였느
니라
8 그러므로 내가 편지로 너희를 근심
하게 한 것을 후회하였으나 지금은
후회하지 아니함은 그 편지가 너희
로 잠시만 근심하게 한 줄을 앎이
라
9 내가 지금 기뻐함은 너희로 근심하
게 한 까닭이 아니요 도리어 너희
가 근심함으로 회개함에 이른 까닭
이라 너희가 하나님의 뜻대로 근심
하게 된 것은 우리에게서 아무 해
도 받지 않게 하려 함이라
10 하나님의 뜻대로 하는 근심은 후회
할 것이 없는 구원에 이르게 하는

ㄱ. 레 26:12; 출 29:45; 겔 37:27 ㄴ. 렘 31:1 ㄷ. 사 52:11 ㄹ. 호 1:10; 사 43:6

회개를 이루는 것이요 세상 근심은
사망을 이루는 것이니라
11 보라 하나님의 뜻대로 하게 된 이 근
심이 너희로 얼마나 간절하게 하
며 얼마나 변증하게 하며 얼마나
분하게 하며 얼마나 두렵게 하며
얼마나 사모하게 하며 얼마나 열
심 있게 하며 얼마나 벌하게 하였
는가 너희가 그 일에 대하여 일체
너희 자신의 깨끗함을 나타내었느
니라
12 그런즉 내가 너희에게 쓴 것은 그
불의를 행한 자를 위한 것도 아니
요 그 불의를 당한 자를 위한 것도
아니요 오직 우리를 위한 너희의
간절함이 하나님 앞에서 너희에게
나타나게 하려 함이로라
13 이로 말미암아 우리가 위로를 받았
고 우리가 받은 위로 위에 디도의
기쁨으로 우리가 더욱 많이 기뻐함
은 그의 [1)]마음이 너희 무리로 말미
암아 안심함을 얻었음이라
14 내가 그에게 너희를 위하여 자랑한
것이 있더라도 부끄럽지 아니하니
우리가 너희에게 이른 말이 다 참
된 것같이 디도 앞에서 우리가 자
랑한 것도 참되게 되었도다
15 그가 너희 모든 사람들이 두려움과
떪으로 자기를 영접하여 순종한 것
을 생각하고 너희를 향하여 그의
심정이 더욱 깊었으니
16 내가 범사에 너희를 신뢰하게 된
것을 기뻐하노라

풍성한 연보

8 형제들아 하나님께서 마게도냐
교회들에게 주신 은혜를 우리가
너희에게 알리노니
2 환난의 많은 시련 가운데서 그들의
넘치는 기쁨과 극심한 가난이 그들
의 풍성한 연보를 넘치도록 하게
하였느니라
3 내가 증언하노니 그들이 힘대로 할
뿐 아니라 힘에 지나도록 자원하
여
4 이 은혜와 성도 섬기는 일에 참여
함에 대하여 우리에게 간절히 구하
니
5 우리가 바라던 것뿐 아니라 그들
이 먼저 자신을 주께 드리고 또 하
나님의 뜻을 따라 우리에게 주었도
다
6 그러므로 우리가 디도를 권하여 그
가 이미 너희 가운데서 시작하였은
즉 이 은혜를 그대로 성취하게 하
라 하였노라
7 오직 너희는 믿음과 말과 지식과
모든 간절함과 우리를 사랑하는 이
모든 일에 풍성한 것같이 이 은혜
에도 풍성하게 할지니라
8 내가 명령으로 하는 말이 아니요
오직 다른 이들의 간절함을 가지고
너희의 사랑의 진실함을 증명하고
자 함이로라
9 우리 주 예수 그리스도의 은혜를
너희가 알거니와 부요하신 이로서
너희를 위하여 가난하게 되심은 그
의 가난함으로 말미암아 너희를 부
요하게 하려 하심이라
10 이 일에 관하여 나의 뜻을 알리노
니 이 일은 너희에게 유익함이라
너희가 일 년 전에 행하기를 먼저
시작할 뿐 아니라 원하기도 하였은
즉
11 이제는 하던 일을 성취할지니 마음
에 원하던 것과 같이 완성하되 있
는 대로 하라
12 할 마음만 있으면 있는 대로 받으
실 터이요 없는 것은 받지 아니하
시리라

1) 헬, 영

13 이는 다른 사람들은 평안하게 하고
너희는 곤고하게 하려는 것이 아니
요 균등하게 하려 함이니
14 이제 너희의 넉넉한 것으로 그들의
부족한 것을 보충함은 후에 그들의
넉넉한 것으로 너희의 부족한 것을
보충하여 균등하게 하려 함이라
15 기록된 것같이 ㄱ많이 거둔 자도 남
지 아니하였고 적게 거둔 자도 모
자라지 아니하였느니라

디도와 그의 동역자

16 ●너희를 위하여 같은 간절함을 디
도의 마음에도 주시는 하나님께 감
사하노니
17 그가 권함을 받고 더욱 간절함으로
자원하여 너희에게 나아갔고
18 또 그와 함께 그 형제를 보내었으
니 이 사람은 복음으로써 모든 교
회에서 칭찬을 받는 자요
19 이뿐 아니라 그는 동일한 주의 영
광과 우리의 원을 나타내기 위하여
여러 교회의 택함을 받아 우리가
맡은 은혜의 일로 우리와 동행하는
자라
20 이것을 조심함은 우리가 맡은 이
거액의 연보에 대하여 아무도 우리
를 비방하지 못하게 하려 함이니
21 이는 우리가 주 앞에서뿐 아니라
사람 앞에서도 선한 일에 조심하려
함이라
22 또 그들과 함께 우리의 한 형제를
보내었노니 우리는 그가 여러 가지
일에 간절한 것을 여러 번 확인하
였거니와 이제 그가 너희를 크게
믿으므로 더욱 간절하니라
23 디도로 말하면 나의 동료요 너희를
위한 나의 동역자요 우리 형제들로
말하면 여러 교회의 [1]사자들이요
그리스도의 영광이니라
24 그러므로 너희는 여러 교회 앞에서
너희의 사랑과 너희에 대한 우리
자랑의 증거를 그들에게 보이라

가난한 성도를 섬기는 연보

9 성도를 섬기는 일에 대하여는 내
가 너희에게 쓸 필요가 없나니
2 이는 내가 너희의 원함을 앎이라
내가 너희를 위하여 마게도냐인들
에게 아가야에서는 일 년 전부터
준비하였다는 것을 자랑하였는데
과연 너희의 열심이 퍽 많은 사람
들을 분발하게 하였느니라
3 그런데 이 형제들을 보낸 것은 이
일에 너희를 위한 우리의 자랑이
헛되지 않고 내가 말한 것같이 준
비하게 하려 함이라
4 혹 마게도냐인들이 나와 함께 가서
너희가 준비하지 아니한 것을 보면
너희는 고사하고 우리가 이 믿던
것에 부끄러움을 당할까 두려워하
노라
5 그러므로 내가 이 형제들로 먼저
너희에게 가서 너희가 전에 약속한
[2]연보를 미리 준비하게 하도록 권
면하는 것이 필요한 줄 생각하였노
니 이렇게 준비하여야 참 [2]연보답
고 [3]억지가 아니니라
6 ●이것이 곧 적게 심는 자는 적게
거두고 [4]많이 심는 자는 [4]많이 거
둔다 하는 말이로다
7 각각 그 마음에 정한 대로 할 것이
요 인색함으로나 억지로 하지 말지
니 하나님은 즐겨 내는 자를 사랑
하시느니라
8 하나님이 능히 모든 은혜를 너희에
게 넘치게 하시나니 이는 너희로
모든 일에 항상 모든 것이 넉넉하
여 모든 착한 일을 넘치게 하게 하
려 하심이라

1) 헬, 사도들 2) 헬, 복 3) 또는 탐심이 4) 헬, 복으로
ㄱ. 출 16:18

9 기록된 바
「그가 흩어 가난한 자들에게 주
었으니 그의 의가 영원토록 있느
니라
함과 같으니라
10 심는 자에게 씨와 먹을 양식을 1)주
시는 이가 너희 심을 것을 2)주사
풍성하게 하시고 너희 의의 열매를
더하게 하시리니
11 너희가 모든 일에 넉넉하여 너그럽
게 연보를 함은 그들이 우리로 말
미암아 하나님께 감사하게 하는 것
이라
12 이 봉사의 직무가 성도들의 부족한
것을 보충할 뿐 아니라 사람들이
하나님께 드리는 많은 감사로 말미
암아 넘쳤느니라
13 이 직무로 증거를 삼아 너희가 그
리스도의 복음을 진실히 믿고 복종
하는 것과 그들과 모든 사람을 섬
기는 너희의 후한 연보로 말미암아
하나님께 영광을 돌리고
14 또 그들이 너희를 위하여 간구하며
하나님이 너희에게 주신 지극한 은
혜로 말미암아 너희를 사모하느니
라
15 말할 수 없는 그의 은사로 말미암
아 하나님께 감사하노라

바울이 자기의 사도직을 변호하다

10 너희를 대면하면 유순하고 떠
나 있으면 너희에 대하여 담
대한 나 바울은 이제 그리스도의 온
유와 관용으로 친히 너희를 권하
고
2 또한 우리를 육신에 따라 행하는
자로 여기는 자들에 대하여 내가
담대히 대하는 것같이 너희와 함께
있을 때에 나로 하여금 이 담대한
태도로 대하지 않게 하기를 구하노
라
3 우리가 육신으로 행하나 육신에 따
라 싸우지 아니하노니
4 우리의 싸우는 무기는 육신에 속한
것이 아니요 오직 어떤 견고한 진
도 무너뜨리는 하나님의 능력이라
모든 이론을 무너뜨리며
5 하나님 아는 것을 대적하여 높아진
것을 다 무너뜨리고 모든 생각을
사로잡아 그리스도에게 복종하게
하니
6 너희의 복종이 온전하게 될 때에
모든 복종하지 않는 것을 벌하려고
준비하는 중에 있노라
7 너희는 외모만 보는도다 만일 사
람이 자기가 그리스도에게 속한
줄을 믿을진대 자기가 그리스도에
게 속한 것같이 우리도 그러한 줄
을 자기 속으로 다시 생각할 것이
라
8 주께서 주신 권세는 너희를 무너뜨
리려고 하신 것이 아니요 세우려고
하신 것이니 내가 이에 대하여 지
나치게 자랑하여도 부끄럽지 아니
하리라
9 이는 내가 편지들로 너희를 놀라게
하려는 것같이 생각하지 않게 함이
라
10 그들의 말이 그의 편지들은 무게가
있고 힘이 있으나 그가 몸으로 대
할 때는 약하고 그 말도 시원하지
않다 하니
11 이런 사람은 우리가 떠나 있을 때
에 편지들로 말하는 것과 함께 있
을 때에 행하는 일이 같은 것임을
알지라
12 우리는 자기를 칭찬하는 어떤 자와
더불어 감히 짝하며 비교할 수 없
노라 그러나 그들이 자기로써 자기

1) 헬, 공급하시는 2) 헬, 공급하사 ㄱ. 시 112:9

를 헤아리고 자기로써 자기를 비교
하니 지혜가 없도다
13 그러나 우리는 분수 이상의 자랑을
하지 않고 오직 하나님이 우리에게
나누어 주신 그 범위의 한계를 따
라 하노니 곧 너희에게까지 이른
것이라
14 우리가 너희에게 미치지 못할 자로
서 스스로 지나쳐 나아간 것이 아
니요 그리스도의 복음으로 너희에
게까지 이른 것이라
15 우리는 남의 수고를 가지고 분수
이상의 자랑을 하는 것이 아니라
오직 너희 믿음이 자랄수록 우리의
규범을 따라 너희 가운데서 더욱
풍성하여지기를 바라노라
16 이는 남의 규범으로 이루어 놓은
것으로 자랑하지 아니하고 너희 지
역을 넘어 복음을 전하려 함이라
17 ㄱ자랑하는 자는 주 안에서 자랑할
지니라
18 옳다 인정함을 받는 자는 자기를
칭찬하는 자가 아니요 오직 주께서
칭찬하시는 자니라

바울과 거짓 사도들

11 원하건대 너희는 나의 좀 어리
석은 것을 용납하라 [1]청하건대
나를 용납하라
2 내가 하나님의 열심으로 너희를 위
하여 열심을 내노니 내가 너희를
정결한 처녀로 한 남편인 그리스도
께 드리려고 중매함이로다 그러나
나는
3 뱀이 그 간계로 하와를 미혹한 것
같이 너희 마음이 그리스도를 향하
는 진실함과 깨끗함에서 떠나 부패
할까 두려워하노라
4 만일 누가 가서 우리가 전파하지
아니한 다른 예수를 전파하거나 혹
은 너희가 받지 아니한 다른 영을
받게 하거나 혹은 너희가 받지 아
니한 다른 복음을 받게 할 때에는
너희가 잘 용납하는구나
5 나는 지극히 크다는 사도들보다 부
족한 것이 조금도 없는 줄로 생각
하노라
6 내가 비록 말에는 부족하나 지식에
는 그렇지 아니하니 이것을 우리가
모든 사람 가운데서 모든 일로 너
희에게 나타내었노라
7 내가 너희를 높이려고 나를 낮추어
하나님의 복음을 값없이 너희에게
전함으로 죄를 지었느냐
8 내가 너희를 섬기기 위하여 다른
여러 교회에서 비용을 받은 것은
탈취한 것이라
9 또 내가 너희와 함께 있을 때 비용
이 부족하였으되 아무에게도 누를
끼치지 아니하였음은 마게도냐에
서 온 형제들이 나의 부족한 것을
보충하였음이라 내가 모든 일에 너
희에게 폐를 끼치지 않기 위하여
스스로 조심하였고 또 조심하리라
10 그리스도의 [2]진리가 내 속에 있으
니 아가야 지방에서 나의 이 자랑
이 막히지 아니하리라
11 어떠한 까닭이냐 내가 너희를 사랑
하지 아니함이냐 하나님이 아시느
니라
12 나는 내가 해 온 그대로 앞으로도
하리니 기회를 찾는 자들이 그 자
랑하는 일로 우리와 같이 인정받으
려는 그 기회를 끊으려 함이라
13 그런 사람들은 거짓 사도요 속이는
일꾼이니 자기를 그리스도의 사도
로 가장하는 자들이니라
14 이것은 이상한 일이 아니니라 사탄
도 자기를 광명의 천사로 가장하나

1) 또는 너희가 과연 나를 용납하느니라 2) 헬, 참 ㄱ. 렘 9:24

니
15 그러므로 사탄의 일꾼들도 자기를
의의 일꾼으로 가장하는 것이 또한
대단한 일이 아니니라 그들의 마지
막은 그 행위대로 되리라

바울의 참된 자랑

16 ●내가 다시 말하노니 누구든지 나
를 어리석은 자로 여기지 말라 만
일 그러하더라도 내가 조금 자랑
할 수 있도록 어리석은 자로 받으
라
17 내가 말하는 것은 주를 따라 하는
말이 아니요 오직 어리석은 자와
같이 기탄 없이 자랑하노라
18 여러 사람이 육신을 따라 자랑하니
나도 자랑하겠노라
19 너희는 지혜로운 자로서 어리석은
자들을 기쁘게 용납하는구나
20 누가 너희를 종으로 삼거나 잡아먹
거나 빼앗거나 스스로 높이거나 뺨
을 칠지라도 너희가 용납하는도다
21 나는 우리가 약한 것같이 욕되게
말하노라 그러나 누가 무슨 일에
담대하면 어리석은 말이나마 나도
담대하리라
22 그들이 히브리인이냐 나도 그러하
며 그들이 이스라엘인이냐 나도 그
러하며 그들이 아브라함의 후손이
냐 나도 그러하며
23 그들이 그리스도의 일꾼이냐 정신
없는 말을 하거니와 나는 더욱 그
러하도다 내가 수고를 넘치도록 하
고 옥에 갇히기도 더 많이 하고 매
도 수없이 맞고 여러 번 죽을 뻔하
였으니
24 유대인들에게 사십에서 하나 감한
매를 다섯 번 맞았으며
25 세 번 태장으로 맞고 한 번 돌로 맞
고 세 번 파선하고 일 주야를 깊은
바다에서 지냈으며
26 여러 번 여행하면서 강의 위험과
강도의 위험과 동족의 위험과 이방
인의 위험과 시내의 위험과 광야의
위험과 바다의 위험과 거짓 형제
중의 위험을 당하고
27 또 수고하며 애쓰고 여러 번 자지
못하고 주리며 목마르고 여러 번
굶고 춥고 헐벗었노라
28 이 외의 일은 고사하고 아직도 날
마다 내 속에 눌리는 일이 있으니
곧 모든 교회를 위하여 염려하는
것이라
29 누가 약하면 내가 약하지 아니하며
누가 실족하게 되면 내가 [1]애타지
아니하더냐
30 내가 부득불 자랑할진대 내가 약한
것을 자랑하리라
31 주 예수의 아버지 영원히 찬송할
하나님이 내가 거짓말 아니하는 것
을 아시느니라
32 다메섹에서 아레다 왕의 고관이
나를 잡으려고 다메섹 성을 지켰
으나
33 나는 광주리를 타고 들창문으로
성벽을 내려가 그 손에서 벗어났
노라

주께서 보여 주신 환상과 계시

12 무익하나마 내가 부득불 자랑
하노니 주의 환상과 계시를 말
하리라
2 내가 그리스도 안에 있는 한 사람
을 아노니 그는 십사 년 전에 셋째
하늘에 이끌려 간 자라 (그가 몸 안
에 있었는지 몸 밖에 있었는지 나
는 모르거니와 하나님은 아시느니
라)
3 내가 이런 사람을 아노니 (그가 몸
안에 있었는지 몸 밖에 있었는지
나는 모르거니와 하나님은 아시느

1) 헬, 타지 않더냐

니라)
4 그가 낙원으로 이끌려 가서 말로
표현할 수 없는 말을 들었으니 사
람이 가히 이르지 못할 말이로다
5 내가 이런 사람을 위하여 자랑하겠
으나 나를 위하여는 약한 것들 외
에 자랑하지 아니하리라
6 내가 만일 자랑하고자 하여도 어리
석은 자가 되지 아니할 것은 내가
참말을 함이라 그러나 누가 나를
보는 바와 내게 듣는 바에 지나치
게 생각할까 두려워하여 그만두노
라
7 여러 계시를 받은 것이 지극히 크
므로 너무 자만하지 않게 하시려고
내 육체에 가시 곧 사탄의 사자를
주셨으니 이는 나를 쳐서 너무 자
만하지 않게 하려 하심이라
8 이것이 내게서 떠나가게 하기 위하
여 내가 세 번 주께 간구하였더니
9 나에게 이르시기를 내 은혜가 네게
족하도다 이는 내 능력이 약한 데
서 온전하여짐이라 하신지라 그러
므로 도리어 크게 기뻐함으로 나의
여러 약한 것들에 대하여 자랑하
리니 이는 그리스도의 능력이 내게
[1]머물게 하려 함이라
10 그러므로 내가 그리스도를 위하여
약한 것들과 능욕과 궁핍과 박해와
곤고를 기뻐하노니 이는 내가 약한
그때에 강함이라

고린도 교회의 일을 염려하다

11 ●내가 어리석은 자가 되었으나 너
희가 억지로 시킨 것이니 나는 너
희에게 칭찬을 받아야 마땅하도다
내가 아무것도 아니나 지극히 크다
는 사도들보다 조금도 부족하지 아
니하니라
12 사도의 표가 된 것은 내가 너희 가
운데서 모든 참음과 [2]표적과 기사
와 능력을 행한 것이라
13 내 자신이 너희에게 폐를 끼치지
아니한 일 밖에 다른 교회보다 부
족하게 한 것이 무엇이 있느냐 너
희는 나의 이 공평하지 못한 것을
용서하라
14 ●보라 내가 이제 세 번째 너희에
게 가기를 준비하였으나 너희에게
폐를 끼치지 아니하리라 내가 구하
는 것은 너희의 재물이 아니요 오
직 너희니라 어린아이가 부모를 위
하여 재물을 저축하는 것이 아니요
부모가 어린아이를 위하여 하느니
라
15 내가 너희 영혼을 위하여 크게 기
빠하므로 재물을 사용하고 또 내
자신까지도 내어 주리니 너희를 더
욱 사랑할수록 나는 사랑을 덜 받
겠느냐
16 하여간 어떤 이의 말이 내가 너희
에게 짐을 지우지는 아니하였을지
라도 교활한 자가 되어 너희를 속
임수로 취하였다 하니
17 내가 너희에게 보낸 자 중에 누구
로 너희의 이득을 취하더냐
18 내가 디도를 권하고 함께한 형제를
보내었으니 디도가 너희의 이득을
취하더냐 우리가 동일한 성령으로
행하지 아니하더냐 동일한 보조로
하지 아니하더냐
19 너희는 이때까지 우리가 자기 변명
을 하는 줄로 생각하는구나 우리
는 그리스도 안에서 하나님 앞에
말하노라 사랑하는 자들아 이 모
든 것은 너희의 덕을 세우기 위함
이니라
20 내가 갈 때에 너희를 내가 원하는
것과 같이 보지 못하고 또 내가 너
희에게 너희가 원하지 않는 것과

1) 헬, 장막으로 덮게 2) 또는 이적

같이 보일까 두려워하며 또 다툼과
시기와 분냄과 당 짓는 것과 비방
과 수군거림과 거만함과 혼란이 있
을까 두려워하고
21 또 내가 다시 갈 때에 내 하나님이
나를 너희 앞에서 낮추실까 두려워
하고 또 내가 전에 죄를 지은 여러
사람의 그 행한 바 더러움과 음란
함과 호색함을 회개하지 아니함 때
문에 슬퍼할까 두려워하노라

권면과 끝 인사

13 내가 이제 세 번째 너희에게
가리니 두세 증인의 입으로 말
마다 확정하리라
2 내가 이미 말하였거니와 지금 떠
나 있으나 두 번째 대면하였을 때
와 같이 전에 죄지은 자들과 그 남
은 모든 사람에게 미리 말하노니
내가 다시 가면 용서하지 아니하
리라
3 이는 그리스도께서 내 안에서 말
씀하시는 증거를 너희가 구함이니
그는 너희에게 대하여 약하지 않
고 도리어 너희 안에서 강하시니
라
4 그리스도께서 약하심으로 십자가
에 못 박히셨으나 하나님의 능력으
로 살아 계시니 우리도 [1]그 안에서
약하나 너희에게 대하여 하나님의
능력으로 그와 함께 살리라
5 너희는 믿음 안에 있는가 너희 자
신을 시험하고 너희 자신을 확증하
라 예수 그리스도께서 너희 안에
계신 줄을 너희가 스스로 알지 못
하느냐 그렇지 않으면 너희는 버림
받은 자니라
6 우리가 버림받은 자 되지 아니한
것을 너희가 알기를 내가 바라고
7 우리가 하나님께서 너희로 악을 조
금도 행하지 않게 하시기를 구하노
니 이는 우리가 옳은 자임을 나타
내고자 함이 아니라 오직 우리는
버림받은 자 같을지라도 너희는 선
을 행하게 하고자 함이라
8 우리는 진리를 거슬러 아무것도 할
수 없고 오직 진리를 위할 뿐이니
9 우리가 약할 때에 너희가 강한 것
을 기뻐하고 또 이것을 위하여 구
하니 곧 너희가 온전하게 되는 것
이라
10 그러므로 내가 떠나 있을 때에 이
렇게 쓰는 것은 대면할 때에 주께
서 너희를 넘어뜨리려 하지 않고
세우려 하여 내게 주신 그 권한을
따라 엄하지 않게 하려 함이라
11 ●마지막으로 말하노니 형제들아
기뻐하라 온전하게 되며 위로를 받
으며 마음을 같이하며 평안할지어
다 또 사랑과 평강의 하나님이 너
희와 함께 계시리라 거룩하게 입맞
춤으로 서로 문안하라
12 모든 성도가 너희에게 문안하느니
라
13 ●주 예수 그리스도의 은혜와 하나
님의 사랑과 성령의 교통하심이 너
희 무리와 함께 있을지어다

1) 어떤 사본에, 그와 함께 약하나

갈라디아서

Galatians

인사

1 사람들에게서 난 것도 아니요 사람으로 말미암은 것도 아니요 오직 예수 그리스도와 그를 죽은 자 가운데서 살리신 하나님 아버지로 말미암아 사도된 바울은

2 함께 있는 모든 형제와 더불어 갈라디아 여러 교회들에게

3 우리 하나님 아버지와 주 예수 그리스도로부터 은혜와 평강이 있기를 원하노라

4 그리스도께서 하나님 곧 우리 아버지의 뜻을 따라 이 악한 세대에서 우리를 건지시려고 우리 죄를 대속하기 위하여 자기 몸을 주셨으니

5 영광이 그에게 세세토록 있을지어다 아멘

다른 복음은 없다

6 ●그리스도의 은혜로 너희를 부르신 이를 이같이 속히 떠나 다른 복음을 따르는 것을 내가 이상하게 여기노라

7 다른 복음은 없나니 다만 어떤 사람들이 너희를 교란하여 그리스도의 복음을 변하게 하려 함이라

8 그러나 우리나 혹은 하늘로부터 온 천사라도 우리가 너희에게 전한 복음 외에 다른 복음을 전하면 저주를 받을지어다

9 우리가 전에 말하였거니와 내가 지금 다시 말하노니 만일 누구든지 너희가 받은 것 외에 다른 복음을 전하면 저주를 받을지어다

10 이제 내가 사람들에게 좋게 하랴 하나님께 좋게 하랴 사람들에게 기쁨을 구하랴 내가 지금까지 사람들의 기쁨을 구하였다면 그리스도의 종이 아니니라

바울이 사도가 된 내력

11 ●형제들아 내가 너희에게 알게 하노니 내가 전한 복음은 사람의 뜻을 따라 된 것이 아니니라

12 이는 내가 사람에게서 받은 것도 아니요 배운 것도 아니요 오직 예수 그리스도의 계시로 말미암은 것이라

13 내가 이전에 유대교에 있을 때에 행한 일을 너희가 들었거니와 하나님의 교회를 심히 박해하여 멸하고

14 내가 내 동족 중 여러 연갑자보다 유대교를 지나치게 믿어 내 조상의 전통에 대하여 더욱 열심이 있었으나

15 그러나 내 어머니의 태로부터 나를 택정하시고 그의 은혜로 나를 부르신 이가

16 그의 아들을 이방에 전하기 위하여 그를 내 속에 나타내시기를 기뻐하셨을 때에 내가 곧 혈육과 의논하지 아니하고

17 또 나보다 먼저 사도된 자들을 만나려고 예루살렘으로 가지 아니하고 아라비아로 갔다가 다시 다메섹으로 돌아갔노라

18 ●그 후 삼 년 만에 내가 게바를 방문하려고 예루살렘에 올라가서 그와 함께 십오 일을 머무는 동안

19 주의 형제 야고보 외에 다른 사도들을 보지 못하였노라

20 보라 내가 너희에게 쓰는 것은 하나님 앞에서 거짓말이 아니로다

21 그 후에 내가 수리아와 길리기아 지방에 이르렀으나

22 그리스도 안에 있는 유대의 교회들이 나를 얼굴로는 알지 못하고

23 다만 우리를 박해하던 자가 전에
멸하려던 그 믿음을 지금 전한다
함을 듣고
24 나로 말미암아 하나님께 영광을 돌
리니라

할례자의 사도와 이방인의 사도

2 십사 년 후에 내가 바나바와 함
께 디도를 데리고 다시 예루살렘
에 올라갔나니
2 계시를 따라 올라가 내가 이방 가
운데서 전파하는 복음을 그들에게
제시하되 유력한 자들에게 사사로
이 한 것은 내가 달음질하는 것이
나 달음질한 것이 헛되지 않게 하
려 함이라
3 그러나 나와 함께 있는 헬라인 디
도까지도 억지로 할례를 받게 하지
아니하였으니
4 이는 가만히 들어온 거짓 형제들
때문이라 그들이 가만히 들어온 것
은 그리스도 예수 안에서 우리가
가진 자유를 엿보고 우리를 종으로
삼고자 함이로되
5 그들에게 우리가 한시도 복종하지
아니하였으니 이는 복음의 진리가
항상 너희 가운데 있게 하려 함이
라
6 유력하다는 이들 중에 (본래 어떤
이들이든지 내게 상관이 없으며 하
나님은 사람을 외모로 취하지 아니
하시나니) 저 유력한 이들은 내게
의무를 더하여 준 것이 없고
7 도리어 그들은 내가 무할례자에게
복음 전함을 맡은 것이 베드로가
할례자에게 맡음과 같은 것을 보았
고
8 베드로에게 역사하사 그를 할례자
의 사도로 삼으신 이가 또한 내게
역사하사 나를 이방인의 사도로 삼
으셨느니라
9 또 기둥같이 여기는 야고보와 게바
와 요한도 내게 주신 은혜를 알므
로 나와 바나바에게 친교의 악수를
하였으니 우리는 이방인에게로, 그
들은 할례자에게로 가게 하려 함이
라
10 다만 우리에게 가난한 자들을 기억
하도록 부탁하였으니 이것은 나도
본래부터 힘써 행하여 왔노라

믿음으로 의롭게 되다

11 ●게바가 안디옥에 이르렀을 때에
책망받을 일이 있기로 내가 그를
대면하여 책망하였노라
12 야고보에게서 온 어떤 이들이 이르
기 전에 게바가 이방인과 함께 먹
다가 그들이 오매 그가 할례자들을
두려워하여 떠나 물러가매
13 남은 유대인들도 그와 같이 외식하
므로 바나바도 그들의 외식에 유혹
되었느니라
14 그러므로 나는 그들이 복음의 진
리를 따라 바르게 행하지 아니함
을 보고 모든 자 앞에서 게바에게
이르되 네가 유대인으로서 이방인
을 따르고 유대인답게 살지 아니
하면서 어찌하여 억지로 이방인을
유대인답게 살게 하려느냐 하였노
라
15 우리는 본래 유대인이요 이방 죄인
이 아니로되
16 사람이 의롭게 되는 것은 율법의
행위로 말미암음이 아니요 오직 예
수 그리스도를 믿음으로 말미암는
줄 알므로 우리도 그리스도 예수를
믿나니 이는 우리가 율법의 행위로
써가 아니고 그리스도를 믿음으로
써 의롭다 함을 얻으려 함이라 율
법의 행위로써는 의롭다 함을 얻을
육체가 없느니라
17 만일 우리가 그리스도 안에서 의롭

게 되려 하다가 죄인으로 드러나면
그리스도께서 죄를 짓게 하는 자냐
결코 그럴 수 없느니라
18 만일 내가 헐었던 것을 다시 세우
면 내가 나를 범법한 자로 만드는
것이라
19 내가 율법으로 말미암아 율법에 대
하여 죽었나니 이는 하나님에 대하
여 살려 함이라
20 내가 그리스도와 함께 십자가에 못
박혔나니 그런즉 이제는 내가 사는
것이 아니요 오직 내 안에 그리스
도께서 사시는 것이라 이제 내가
육체 가운데 사는 것은 나를 사랑
하사 나를 위하여 자기 자신을 버
리신 하나님의 아들을 믿는 믿음
안에서 사는 것이라
21 내가 하나님의 은혜를 폐하지 아니
하노니 만일 의롭게 되는 것이 율
법으로 말미암으면 그리스도께서
헛되이 죽으셨느니라

갈라디아 사람들에게 호소하다

3 어리석도다 갈라디아 사람들아
예수 그리스도께서 십자가에 못
박히신 것이 너희 눈 앞에 밝히 보
이거늘 누가 너희를 꾀더냐
2 내가 너희에게서 다만 이것을 알려
하노니 너희가 성령을 받은 것이
율법의 행위로냐 혹은 [1)]듣고 믿음
으로냐
3 너희가 이같이 어리석으냐 성령으
로 시작하였다가 이제는 육체로 마
치겠느냐
4 너희가 이같이 많은 괴로움을 헛되
이 받았느냐 과연 헛되냐
5 너희에게 성령을 [2)]주시고 너희 가
운데서 능력을 행하시는 이의 일이
율법의 행위에서냐 혹은 듣고 믿음
에서냐
6 [ㄱ]아브라함이 하나님을 믿으매 그
것을 그에게 의로 정하셨다 함과
같으니라
7 그런즉 믿음으로 말미암은 자들은
아브라함의 자손인 줄 알지어다
8 또 하나님이 [3)]이방을 믿음으로 말
미암아 의로 정하실 것을 성경이
미리 알고 먼저 아브라함에게 복음
을 전하되 [ㄴ]모든 [3)]이방인이 너로
말미암아 복을 받으리라 하였느니
라
9 그러므로 믿음으로 말미암은 자는
믿음이 있는 아브라함과 함께 복을
받느니라
10 무릇 율법 행위에 속한 자들은 저
주 아래에 있나니 기록된 바 [ㄷ]누구
든지 율법 책에 기록된 대로 모든
일을 항상 행하지 아니하는 자는
저주 아래에 있는 자라 하였음이
라
11 또 하나님 앞에서 아무도 율법으로
말미암아 의롭게 되지 못할 것이
분명하니 이는 [ㄹ]의인은 믿음으로
살리라 하였음이라
12 율법은 믿음에서 난 것이 아니니 [ㅁ]율
법을 행하는 자는 그 가운데서 살
리라 하였느니라
13 그리스도께서 우리를 위하여 저주
를 받은 바 되사 율법의 저주에서
우리를 속량하셨으니 기록된 바 [ㅂ]나
무에 달린 자마다 저주 아래에 있
는 자라 하였음이라
14 이는 그리스도 예수 안에서 아브라
함의 복이 이방인에게 미치게 하고
또 우리로 하여금 믿음으로 말미암
아 성령의 약속을 받게 하려 함이라

율법과 약속

15 ●형제들아 내가 사람의 예대로 말

1) 또는, 믿음으로 들음에서냐 2) 헬, 수응하고 3) 또는 족속 ㄱ. 창 15:6 ㄴ. 창 12:3 ㄷ. 신 27:26 ㄹ. 합 2:4 ㅁ. 레 18:5 ㅂ. 신 21:23

하노니 사람의 언약이라도 정한 후
에는 아무도 폐하거나 더하거나 하
지 못하느니라
16 이 약속들은 ㄱ아브라함과 그 [1]자
손에게 말씀하신 것인데 여럿을
가리켜 그 [1]자손들이라 하지 아니
하시고 오직 한 사람을 가리켜 네
[1]자손이라 하셨으니 곧 그리스도
라
17 내가 이것을 말하노니 하나님께서
미리 정하신 언약을 사백삼십 년
후에 생긴 율법이 폐기하지 못하
고 그 약속을 헛되게 하지 못하리
라
18 만일 그 유업이 율법에서 난 것이
면 약속에서 난 것이 아니리라 그
러나 하나님이 약속으로 말미암아
아브라함에게 주신 것이라
19 그런즉 율법은 무엇이냐 범법하므
로 더하여진 것이라 천사들을 통하
여 한 중보자의 손으로 베푸신 것
인데 약속하신 [1]자손이 오시기까지
있을 것이라
20 그 중보자는 한 편만 위한 자가 아
니나 하나님은 한 분이시니라
21 그러면 율법이 하나님의 약속들과
반대되는 것이냐 결코 그럴 수 없
느니라 만일 능히 살게 하는 율법
을 주셨더라면 의가 반드시 율법으
로 말미암았으리라
22 그러나 성경이 모든 것을 죄 아래
에 가두었으니 이는 예수 그리스도
를 믿음으로 말미암는 약속을 믿는
자들에게 주려 함이라

하나님의 아들

23 ●믿음이 오기 전에 우리는 율법
아래에 매인 바 되고 계시될 믿음
의 때까지 갇혔느니라
24 이같이 율법이 우리를 그리스도께
로 인도하는 초등교사가 되어 우리
로 하여금 믿음으로 말미암아 의롭
다 함을 얻게 하려 함이라
25 믿음이 온 후로는 우리가 초등교사
아래에 있지 아니하도다
26 너희가 다 믿음으로 말미암아 그리
스도 예수 안에서 하나님의 아들이
되었으니
27 누구든지 그리스도와 합하기 위하
여 [2]세례를 받은 자는 그리스도로
옷 입었느니라
28 너희는 유대인이나 헬라인이나 종
이나 자유인이나 남자나 여자나
다 그리스도 예수 안에서 하나이니
라
29 너희가 그리스도의 것이면 곧 아브
라함의 [1]자손이요 약속대로 유업을
이을 자니라

4 내가 또 말하노니 유업을 이을
자가 모든 것의 주인이나 어렸을
동안에는 종과 다름이 없어서
2 그 아버지가 정한 때까지 후견인과
청지기 아래에 있나니
3 이와 같이 우리도 어렸을 때에 이
세상의 [3]초등학문 아래에 있어서
종 노릇 하였더니
4 때가 차매 하나님이 그 아들을 보
내사 여자에게서 나게 하시고 율법
아래에 나게 하신 것은
5 율법 아래에 있는 자들을 속량하시
고 우리로 아들의 명분을 얻게 하
려 하심이라
6 너희가 아들이므로 하나님이 그 아
들의 영을 우리 마음 가운데 보내
사 아빠 아버지라 부르게 하셨느니
라
7 그러므로 네가 이 후로는 종이 아
니요 아들이니 아들이면 하나님으
로 말미암아 유업을 받을 자니라

1) 헬, 씨 2) 헬, 또는 침례 3) 헬, 스토이케이아. 고대
의 우주관과 운명론 등 ㄱ. 창 13:15; 17:8

갈

갈

바울이 갈라디아 교회를 염려하다

8 ●그러나 너희가 그때에는 하나님
을 알지 못하여 본질상 하나님이
아닌 자들에게 종 노릇 하였더니
9 이제는 너희가 하나님을 알 뿐 아
니라 더욱이 하나님이 아신 바 되
었거늘 어찌하여 다시 약하고 천박
한 초등학문으로 돌아가서 다시 그
들에게 종 노릇 하려 하느냐
10 너희가 날과 달과 절기와 해를 삼
가 지키니
11 내가 너희를 위하여 수고한 것이
헛될까 두려워하노라
12 ●형제들아 내가 너희와 같이 되었
은즉 너희도 나와 같이 되기를 구
하노라 너희가 내게 해롭게 하지
아니하였느니라
13 내가 처음에 육체의 약함으로 말미
암아 너희에게 복음을 전한 것을
너희가 아는 바라
14 너희를 시험하는 것이 내 육체에
있으되 이것을 너희가 업신여기지
도 아니하며 버리지도 아니하고 오
직 나를 하나님의 천사와 같이 또
는 그리스도 예수와 같이 영접하였
도다
15 너희의 복이 지금 어디 있느냐 내
가 너희에게 증언하노니 너희가 할
수만 있었더라면 너희의 눈이라도
빼어 나에게 주었으리라
16 그런즉 [1]내가 너희에게 참된 말을
하므로 원수가 되었느냐
17 그들이 너희에게 대하여 열심 내는
것은 좋은 뜻이 아니요 오직 너희
를 이간시켜 너희로 그들에게 대하
여 열심을 내게 하려 함이라
18 좋은 일에 대하여 열심으로 사모
함을 받음은 내가 너희를 대하였
을 때뿐 아니라 언제든지 좋으니
라
19 나의 자녀들아 너희 속에 그리스
도의 형상을 이루기까지 다시 너
희를 위하여 해산하는 수고를 하
노니
20 내가 이제라도 너희와 함께 있어
내 언성을 높이려 함은 너희에 대
하여 의혹이 있음이라

하갈과 사라

21 ●내게 말하라 율법 아래에 있고자
하는 자들아 율법을 듣지 못하였느
냐
22 기록된 바 ㄱ아브라함에게 두 아들
이 있으니 하나는 여종에게서, 하
나는 자유 있는 여자에게서 났다
하였으며
23 ㄴ여종에게서는 육체를 따라 났고
자유 있는 여자에게서는 약속으로
말미암았느니라
24 이것은 비유니 이 여자들은 두 언
약이라 하나는 시내 산으로부터 종
을 낳은 자니 곧 하갈이라
25 이 하갈은 아라비아에 있는 시내
산으로서 지금 있는 예루살렘과 같
은 곳이니 그가 그 자녀들과 더불
어 종 노릇 하고
26 오직 위에 있는 예루살렘은 자유자
니 곧 우리 어머니라
27 기록된 바
ㄷ잉태하지 못한 자여 즐거워하라
산고를 모르는 자여 소리 질러 외
치라 이는 [2]홀로 사는 자의 자녀가
남편 있는 자의 자녀보다 많음이라
하였으니
28 형제들아 너희는 이삭과 같이 약속
의 자녀라
29 그러나 그때에 육체를 따라 난 자
가 성령을 따라 난 자를 박해한 것

1) 또는 내가 정당히 너희를 대접하므로 2) 헬, 광야의 자녀가 ㄱ. 창 16:15 ㄴ. 창 21:2 ㄷ. 사 54:1

갈이 이제도 그러하도다
30 그러나 성경이 무엇을 말하느냐 ㄱ여
종과 그 아들을 내쫓으라 여종의
아들이 자유 있는 여자의 아들과
더불어 유업을 얻지 못하리라 하였
느니라
31 그런즉 형제들아 우리는 여종의 자
녀가 아니요 자유 있는 여자의 자
녀니라

5 그리스도께서 우리를 자유롭게
하려고 자유를 주셨으니 그러므
로 굳건하게 서서 다시는 종의 멍
에를 메지 말라

그리스도인의 자유와 사랑

2 ●보라 나 바울은 너희에게 말하노
니 너희가 만일 할례를 받으면 그
리스도께서 너희에게 아무 유익이
없으리라
3 내가 할례를 받는 각 사람에게 다
시 증언하노니 그는 율법 전체를
행할 의무를 가진 자라
4 율법 안에서 의롭다 함을 얻으려
하는 너희는 그리스도에게서 끊어
지고 은혜에서 떨어진 자로다
5 우리가 성령으로 믿음을 따라 의의
소망을 기다리노니
6 그리스도 예수 안에서는 할례나 무
할례나 효력이 없으되 사랑으로써
역사하는 믿음뿐이니라
7 너희가 달음질을 잘 하더니 누가
너희를 막아 진리를 순종하지 못하
게 하더냐
8 그 권면은 너희를 부르신 이에게서
난 것이 아니니라
9 적은 누룩이 온 덩이에 퍼지느니
라
10 나는 너희가 아무 다른 마음을 품
지 아니할 줄을 주 안에서 확신하
노라 그러나 너희를 요동하게 하
는 자는 누구든지 심판을 받으리
라
11 형제들아 내가 지금까지 할례를 전
한다면 어찌하여 지금까지 박해를
받으리요 그리하였으면 십자가의
걸림돌이 제거되었으리니
12 너희를 어지럽게 하는 자들은 스스
로 베어 버리기를 원하노라
13 ●형제들아 너희가 자유를 위하여
부르심을 입었으나 그러나 그 자유
로 육체의 기회를 삼지 말고 오직
사랑으로 서로 종 노릇 하라
14 온 율법은 ㄴ네 이웃 사랑하기를 네
자신같이 하라 하신 한 말씀에서
이루어졌나니
15 만일 서로 물고 먹으면 피차 멸망
할까 조심하라

육체의 일과 성령의 열매

16 ●내가 이르노니 너희는 성령을 따
라 행하라 그리하면 육체의 욕심을
이루지 아니하리라
17 육체의 소욕은 성령을 거스르고 성
령은 육체를 거스르나니 이 둘이
서로 대적함으로 너희가 원하는 것
을 하지 못하게 하려 함이니라
18 너희가 만일 성령의 인도하시는 바
가 되면 율법 아래에 있지 아니하리
라
19 육체의 일은 분명하니 곧 음행과
더러운 것과 호색과
20 우상 숭배와 주술과 원수 맺는 것
과 분쟁과 시기와 분냄과 당 짓는
것과 분열함과 이단과
21 투기와 술 취함과 방탕함과 또 그
와 같은 것들이라 전에 너희에게
경계한 것같이 경계하노니 이런 일
을 하는 자들은 하나님의 나라를
유업으로 받지 못할 것이요
22 오직 성령의 열매는 사랑과 희락과
화평과 오래 참음과 자비와 양선과

ㄱ. 창 21:10,12 ㄴ. 레 19:18

충성과
23 온유와 절제니 이 같은 것을 금지
할 법이 없느니라
24 그리스도 예수의 사람들은 육체와
함께 그 정욕과 탐심을 십자가에
못 박았느니라
25 ●만일 우리가 성령으로 살면 또한
성령으로 행할지니
26 헛된 영광을 구하여 서로 노엽게
하거나 서로 투기하지 말지니라

짐을 서로 지라

6 형제들아 사람이 만일 무슨 범죄
한 일이 드러나거든 신령한 너희
는 온유한 심령으로 그러한 자를
바로잡고 너 자신을 살펴보아 너도
시험을 받을까 두려워하라
2 너희가 [1]짐을 서로 지라 그리하여
그리스도의 법을 성취하라
3 만일 누가 아무것도 되지 못하고
된 줄로 생각하면 스스로 속임이
라
4 각각 자기의 일을 살피라 그리하면
자랑할 것이 자기에게는 있어도 남
에게는 있지 아니하리니
5 각각 자기의 짐을 질 것이라
6 ●가르침을 받는 자는 말씀을 가르
치는 자와 모든 좋은 것을 함께하
라
7 스스로 속이지 말라 하나님은 업
신여김을 받지 아니하시나니 사람
이 무엇으로 심든지 그대로 거두
리라
8 자기의 육체를 위하여 심는 자는
육체로부터 썩어질 것을 거두고 성
령을 위하여 심는 자는 성령으로부
터 영생을 거두리라
9 우리가 선을 행하되 낙심하지 말지
니 포기하지 아니하면 때가 이르매
거두리라
10 그러므로 우리는 기회 있는 대로
모든 이에게 착한 일을 하되 더욱
믿음의 가정들에게 할지니라

할례와 그리스도의 십자가

11 ●내 손으로 너희에게 이렇게 큰
글자로 쓴 것을 보라
12 무릇 육체의 모양을 내려 하는 자
들이 억지로 너희에게 할례를 받
게 함은 그들이 그리스도의 십자가
로 말미암아 박해를 면하려 함뿐이
라
13 할례를 받은 그들이라도 스스로
율법은 지키지 아니하고 너희에게
할례를 받게 하려 하는 것은 그들
이 너희의 육체로 자랑하려 함이
라
14 그러나 내게는 우리 주 예수 그리
스도의 십자가 외에 결코 자랑할
것이 없으니 그리스도로 말미암아
세상이 나를 대하여 십자가에 못
박히고 내가 또한 세상을 대하여
그러하니라
15 할례나 무할례가 아무것도 아니로
되 오직 새로 지으심을 받는 것만
이 중요하니라
16 무릇 이 규례를 행하는 자에게와
하나님의 이스라엘에게 평강과 긍
휼이 있을지어다
17 ●이후로는 누구든지 나를 괴롭게
하지 말라 내가 내 몸에 예수의 흔
적을 지니고 있노라
18 ●형제들아 우리 주 예수 그리스도
의 은혜가 너희 심령에 있을지어다
아멘

1) 또는 무거운 짐을

에베소서

Ephesians

인사

1 하나님의 뜻으로 말미암아 그리
스도 예수의 사도된 바울은 에베
소에 있는 성도들과 그리스도 예수
안에 있는 신실한 자들에게 편지하
노니
2 하나님 우리 아버지와 주 예수 그
리스도로부터 은혜와 평강이 너희
에게 있을지어다

하늘에 속한 신령한 복

3 ●찬송하리로다 하나님 곧 우리 주
예수 그리스도의 아버지께서 그리
스도 안에서 하늘에 속한 모든 신
령한 복을 우리에게 주시되
4 곧 창세 전에 그리스도 안에서 우
리를 택하사 우리로 1)사랑 안에서
그 앞에 거룩하고 흠이 없게 하시
려고
5 그 기쁘신 뜻대로 우리를 예정하사
예수 그리스도로 말미암아 자기의
아들들이 되게 하셨으니
6 이는 그가 사랑하시는 자 안에서 우
리에게 거저 주시는 바 그의 은혜의
영광을 찬송하게 하려는 것이라
7 우리는 그리스도 안에서 그의 은혜
의 풍성함을 따라 그의 피로 말미암
아 속량 곧 죄 사함을 받았느니라
8 이는 그가 모든 지혜와 총명을 우
리에게 넘치게 하사
9 그 뜻의 비밀을 우리에게 알리신
것이요 그의 기뻐하심을 따라 그리
스도 안에서 때가 찬 경륜을 위하
여 예정하신 것이니
10 하늘에 있는 것이나 땅에 있는 것
이 다 그리스도 안에서 통일되게
하려 하심이라
11 모든 일을 그의 뜻의 결정대로 일
하시는 이의 계획을 따라 우리가
예정을 입어 그 안에서 기업이 되
었으니
12 이는 우리가 그리스도 안에서 전부
터 바라던 그의 영광의 찬송이 되
게 하려 하심이라
13 그 안에서 너희도 2)진리의 말씀 곧
너희의 구원의 복음을 듣고 그 안
에서 또한 믿어 3)약속의 성령으로
인치심을 받았으니
14 이는 우리 기업의 4)보증이 되사 그
얻으신 것을 속량하시고 그의 영광
을 찬송하게 하려 하심이라

바울의 기도

15 ●이로 말미암아 주 예수 안에서
너희 믿음과 모든 성도를 향한 사
랑을 나도 듣고
16 내가 기도할 때에 기억하며 너희로
말미암아 감사하기를 그치지 아니
하고
17 우리 주 예수 그리스도의 하나님,
영광의 아버지께서 지혜와 계시의
영을 너희에게 주사 하나님을 알게
하시고
18 너희 마음의 눈을 밝히사 그의 부
르심의 소망이 무엇이며 성도 안에
서 그 기업의 영광의 풍성함이 무
엇이며
19 그의 힘의 위력으로 역사하심을 따
라 믿는 우리에게 베푸신 능력의
지극히 크심이 어떠한 것을 너희로
알게 하시기를 구하노라
20 그의 능력이 그리스도 안에서 역사
하사 죽은 자들 가운데서 다시 살
리시고 하늘에서 자기의 오른편에
앉히사

1) 4절에 '사랑 안에서'를 빼고 5절에 '사랑으로 예정하사'로 할 수 있음 2) 헬, 참 3) 또는 약속의 성령에 4) 헬, 보증금

21 모든 통치와 권세와 능력과 주권과
이 세상뿐 아니라 오는 세상에 일
컫는 모든 이름 위에 뛰어나게 하
시고
22 또 만물을 그의 발 아래에 복종하
게 하시고 그를 만물 위에 교회의
머리로 삼으셨느니라
23 교회는 그의 몸이니 만물 안에서
만물을 충만하게 하시는 이의 충만
함이니라

엡

허물과 죄로 죽었던 너희를 살리셨다

2 그는 허물과 죄로 죽었던 너희를
살리셨도다
2 그때에 너희는 그 가운데서 행하여
이 [1)]세상 풍조를 따르고 공중의 권
세 잡은 자를 따랐으니 곧 지금 불
순종의 아들들 가운데서 역사하는
영이라
3 전에는 우리도 다 그 가운데서 우
리 육체의 욕심을 따라 지내며 육
체와 마음의 원하는 것을 하여 다
른 이들과 같이 본질상 진노의 자
녀이었더니
4 긍휼이 풍성하신 하나님이 우리를
사랑하신 그 큰 사랑을 인하여
5 허물로 죽은 우리를 그리스도와 함
께 살리셨고 (너희는 은혜로 구원
을 받은 것이라)
6 또 함께 일으키사 그리스도 예수
안에서 함께 하늘에 앉히시니
7 이는 그리스도 예수 안에서 우리에
게 자비하심으로써 그 은혜의 지극
히 풍성함을 오는 여러 세대에 나
타내려 하심이라
8 너희는 그 은혜에 의하여 믿음으로
말미암아 구원을 받았으니 이것은
너희에게서 난 것이 아니요 하나님
의 선물이라
9 행위에서 난 것이 아니니 이는 누
구든지 자랑하지 못하게 함이라
10 우리는 그가 만드신 바라 그리스도
예수 안에서 선한 일을 위하여 지
으심을 받은 자니 이 일은 하나님
이 전에 예비하사 우리로 그 가운
데서 행하게 하려 하심이니라

십자가로 화목하게 하시다

11 ●그러므로 생각하라 너희는 그때
에 육체로는 이방인이요 손으로
육체에 행한 할례를 받은 무리라
칭하는 자들로부터 할례를 받지
않은 무리라 칭함을 받는 자들이
라
12 그때에 너희는 그리스도 밖에 있었
고 이스라엘 나라 밖의 사람이라
약속의 언약들에 대하여는 외인이
요 세상에서 소망이 없고 하나님도
없는 자이더니
13 이제는 전에 멀리 있던 너희가 그
리스도 예수 안에서 그리스도의 피
로 가까워졌느니라
14 그는 우리의 화평이신지라 둘로 하
나를 만드사 원수 된 것 곧 중간에
막힌 담을 자기 육체로 허시고
15 법조문으로 된 계명의 율법을 폐하
셨으니 이는 이 둘로 자기 안에서
한 새 사람을 지어 화평하게 하시
고
16 또 십자가로 이 둘을 한 몸으로 하
나님과 화목하게 하려 하심이라
원수된 것을 십자가로 소멸하시
고
17 또 오셔서 먼 데 있는 너희에게 평
안을 전하시고 가까운 데 있는 자
들에게 평안을 전하셨으니
18 이는 그로 말미암아 우리 둘이 한
성령 안에서 아버지께 나아감을 얻
게 하려 하심이라

1) 헬, 세대

19 그러므로 이제부터 너희는 외인도
아니요 나그네도 아니요 오직 성도
들과 동일한 시민이요 하나님의 권
속이라
20 너희는 사도들과 선지자들의 터 위
에 세우심을 입은 자라 그리스도
예수께서 친히 모퉁잇돌이 되셨느
니라
21 그의 안에서 건물마다 서로 연결하
여 주 안에서 성전이 되어 가고
22 너희도 성령 안에서 하나님이 거하
실 처소가 되기 위하여 그리스도
예수 안에서 함께 지어져 가느니라

하나님의
구원의 경륜의 비밀

3 이러므로 그리스도 예수의 일로
너희 이방인을 위하여 갇힌 자
된 나 바울이 말하거니와
2 너희를 위하여 내게 주신 하나님의
그 은혜의 경륜을 너희가 들었을
터이라
3 곧 계시로 내게 비밀을 알게 하신
것은 내가 먼저 간단히 기록함과
같으니
4 그것을 읽으면 내가 그리스도의 비
밀을 깨달은 것을 너희가 알 수 있
으리라
5 이제 그의 거룩한 사도들과 선지자
들에게 성령으로 나타내신 것같이
다른 세대에서는 사람의 아들들에
게 알리지 아니하셨으니
6 이는 이방인들이 복음으로 말미
암아 그리스도 예수 안에서 함께
상속자가 되고 함께 지체가 되고
함께 약속에 참여하는 자가 됨이
라
7 이 복음을 위하여 그의 능력이 역
사하시는 대로 내게 주신 하나님의
은혜의 선물을 따라 내가 일꾼이
되었노라
8 모든 성도 중에 지극히 작은 자보
다 더 작은 나에게 이 은혜를 주신
것은 측량할 수 없는 그리스도의
풍성함을 이방인에게 전하게 하시
고
9 [1]영원부터 만물을 창조하신 하나
님 속에 감추어졌던 비밀의 경륜이
어떠한 것을 드러내게 하려 하심이
라
10 이는 이제 교회로 말미암아 하늘에
있는 통치자들과 권세들에게 하나
님의 각종 지혜를 알게 하려 하심
이니
11 곧 영원부터 우리 주 그리스도 예
수 안에서 예정하신 뜻대로 하신
것이라
12 우리가 그 안에서 그를 믿음으로
말미암아 담대함과 확신을 가지고
하나님께 나아감을 얻느니라
13 그러므로 너희에게 구하노니 너희
를 위한 나의 여러 환난에 대하여
낙심하지 말라 이는 너희의 영광이
니라

그리스도의 사랑을 알게 하시기를

14 ●이러므로 내가 하늘과 땅에 있는
각 족속에게
15 이름을 주신 아버지 앞에 무릎을
꿇고 비노니
16 그의 영광의 풍성함을 따라 그의
성령으로 말미암아 너희 속사람을
능력으로 강건하게 하시오며
17 믿음으로 말미암아 그리스도께서
너희 마음에 계시게 하시옵고 너희
가 사랑 가운데서 뿌리가 박히고
터가 굳어져서
18 능히 모든 성도와 함께 지식에 넘
치는 그리스도의 사랑을 알고
19 그 너비와 길이와 높이와 깊이가
어떠함을 깨달아 하나님의 모든 충

1) 어떤 사본에, 9절 처음에 '모든 사람에게' 가 있음

만하신 것으로 너희에게 충만하게
하시기를 구하노라
20 ●우리 가운데서 역사하시는 능력
대로 우리가 구하거나 생각하는 모
든 것에 더 넘치도록 능히 하실 이
에게
21 교회 안에서와 그리스도 예수 안에
서 영광이 대대로 영원무궁하기를
원하노라 아멘

성령이 하나되게 하신 것

4 그러므로 주 안에서 갇힌 내가
너희를 권하노니 너희가 부르심
을 받은 일에 합당하게 행하여
2 모든 겸손과 온유로 하고 오래 참음
으로 사랑 가운데서 서로 용납하고
3 평안의 매는 줄로 성령이 하나 되
게 하신 것을 힘써 지키라
4 몸이 하나요 성령도 한 분이시니
이와 같이 너희가 부르심의 한 소
망 안에서 부르심을 받았느니라
5 주도 한 분이시요 믿음도 하나요 [1]세
례도 하나요
6 하나님도 한 분이시니 곧 만유의
아버지시라 만유 위에 계시고 만유
를 통일하시고 만유 가운데 계시도
다
7 우리 각 사람에게 그리스도의 선물
의 분량대로 은혜를 주셨나니
8 그러므로 이르기를
ㄱ그가 위로 올라가실 때에 사로
잡혔던 자들을 사로잡으시고 사
람들에게 선물을 주셨다
하였도다
9 올라가셨다 하였은즉 땅 아래 낮은
곳으로 내리셨던 것이 아니면 무엇
이냐
10 내리셨던 그가 곧 모든 하늘 위에
오르신 자니 이는 만물을 충만하게
하려 하심이라
11 그가 어떤 사람은 사도로, 어떤 사
람은 선지자로, 어떤 사람은 복음
전하는 자로, 어떤 사람은 목사와
교사로 삼으셨으니
12 이는 성도를 온전하게 하여 봉사의
일을 하게 하며 그리스도의 몸을
세우려 하심이라
13 우리가 다 하나님의 아들을 믿는
것과 아는 일에 하나가 되어 온전
한 사람을 이루어 그리스도의 [2]장
성한 분량이 충만한 데까지 이르리
니
14 이는 우리가 이제부터 어린아이가
되지 아니하여 사람의 속임수와 간
사한 유혹에 빠져 온갖 교훈의 풍
조에 밀려 요동하지 않게 하려 함
이라
15 오직 [3]사랑 안에서 [4]참된 것을 하
여 범사에 그에게까지 자랄지라 그
는 머리니 곧 그리스도라
16 그에게서 온 몸이 각 마디를 통하
여 도움을 받음으로 연결되고 결합
되어 각 지체의 분량대로 역사하여
그 몸을 자라게 하며 사랑 안에서
스스로 세우느니라

옛 사람과 새 사람

17 ●그러므로 내가 이것을 말하며 주
안에서 증언하노니 이제부터 너희
는 이방인이 그 마음의 허망한 것
으로 행함같이 행하지 말라
18 그들의 총명이 어두워지고 그들 가
운데 있는 무지함과 그들의 마음이
굳어짐으로 말미암아 하나님의 생
명에서 떠나 있도다
19 그들이 감각 없는 자가 되어 자신
을 방탕에 방임하여 모든 더러운
것을 욕심으로 행하되
20 오직 너희는 그리스도를 그같이 배
우지 아니하였느니라

1) 헬, 또는 침례 2) 헬, 충만의 신장의 분량이 3) 사랑 안에서 자라자 4) 또는 참된 생활을 하여 ㄱ. 시 68:18

21 [1]진리가 예수 안에 있는 것같이
너희가 참으로 그에게서 듣고 또
한 그 안에서 가르침을 받았을진
대
22 너희는 유혹의 욕심을 따라 썩어져
가는 구습을 따르는 옛 사람을 벗
어 버리고
23 오직 너희의 심령이 새롭게 되어
24 하나님을 따라 의와 진리의 거룩함
으로 지으심을 받은 새 사람을 입
으라

하나님을 본받는 생활

25 ●그런즉 거짓을 버리고 ᄀ각각 그
이웃과 더불어 참된 것을 말하라
이는 우리가 서로 지체가 됨이라
26 ᄂ분을 내어도 죄를 짓지 말며 해가
지도록 분을 품지 말고
27 마귀에게 틈을 주지 말라
28 도둑질하는 자는 다시 도둑질하지
말고 돌이켜 가난한 자에게 구제할
수 있도록 자기 손으로 수고하여
선한 일을 하라
29 무릇 더러운 말은 너희 입 밖에도
내지 말고 오직 덕을 세우는 데 소
용되는 대로 선한 말을 하여 듣는
자들에게 은혜를 끼치게 하라
30 하나님의 성령을 근심하게 하지 말
라 그 안에서 너희가 구원의 날까
지 인치심을 받았느니라
31 너희는 모든 악독과 노함과 분냄과
떠드는 것과 비방하는 것을 모든
악의와 함께 버리고
32 서로 친절하게 하며 불쌍히 여기며
서로 용서하기를 하나님이 그리스
도 안에서 너희를 용서하심과 같이
하라

5 그러므로 사랑을 받는 자녀같이
너희는 하나님을 본받는 자가 되
고
2 그리스도께서 너희를 사랑하신 것
같이 너희도 사랑 가운데서 행하라
그는 우리를 위하여 자신을 버리사
향기로운 제물과 희생제물로 하나
님께 드리셨느니라
3 음행과 온갖 더러운 것과 탐욕은
너희 중에서 그 이름조차도 부르
지 말라 이는 성도에게 마땅한 바
니라
4 누추함과 어리석은 말이나 희롱의
말이 마땅치 아니하니 오히려 감사
하는 말을 하라
5 너희도 정녕 이것을 알거니와 음행
하는 자나 더러운 자나 탐하는 자
곧 우상 숭배자는 다 그리스도와
하나님의 나라에서 기업을 얻지 못
하리니
6 누구든지 헛된 말로 너희를 속이지
못하게 하라 이로 말미암아 하나님
의 진노가 불순종의 아들들에게 임
하나니
7 그러므로 그들과 함께하는 자가 되
지 말라
8 너희가 전에는 어둠이더니 이제는
주 안에서 빛이라 빛의 자녀들처럼
행하라
9 빛의 열매는 모든 착함과 의로움과
[1]진실함에 있느니라
10 주를 기쁘시게 할 것이 무엇인가
시험하여 보라
11 너희는 열매 없는 어둠의 일에 참
여하지 말고 도리어 책망하라
12 그들이 은밀히 행하는 것들은 말하
기도 부끄러운 것들이라
13 그러나 책망을 받는 모든 것은 빛
으로 말미암아 드러나나니 드러나
는 것마다 빛이니라
14 그러므로 이르시기를 잠자는 자여
깨어서 죽은 자들 가운데서 일어나
라 그리스도께서 너에게 비추이시

1) 헬, 참 ᄀ. 슥 8:16 ᄂ. 시 4:4

리라 하셨느니라

그리스도의 이름으로 감사하라

15 ●그런즉 너희가 어떻게 행할지를
자세히 주의하여 지혜 없는 자같이
하지 말고 오직 지혜 있는 자같이
하여
16 [1]세월을 아끼라 [2]때가 악하니라
17 그러므로 어리석은 자가 되지 말고
오직 주의 뜻이 무엇인가 이해하라
18 술 취하지 말라 이는 방탕한 것이
니 오직 성령으로 충만함을 받으라
19 시와 찬송과 신령한 노래들로 서로
화답하며 너희의 마음으로 주께 노
래하며 찬송하며
20 범사에 우리 주 예수 그리스도의
이름으로 항상 아버지 하나님께 감
사하며
21 그리스도를 경외함으로 피차 복종
하라

아내와 남편

22 ●아내들이여 자기 남편에게 복종
하기를 주께 하듯 하라
23 이는 남편이 아내의 머리됨이 그리
스도께서 교회의 머리됨과 같음이
니 그가 바로 몸의 구주시니라
24 그러므로 교회가 그리스도에게 하
듯 아내들도 범사에 자기 남편에게
복종할지니라
25 남편들아 아내 사랑하기를 그리스
도께서 교회를 사랑하시고 그 교회
를 위하여 자신을 주심같이 하라
26 이는 곧 물로 씻어 말씀으로 깨끗
하게 하사 거룩하게 하시고
27 자기 앞에 영광스러운 교회로 세우
사 티나 주름 잡힌 것이나 이런 것
들이 없이 거룩하고 흠이 없게 하
려 하심이라
28 이와 같이 남편들도 자기 아내 사
랑하기를 자기 자신과 같이 할지니
자기 아내를 사랑하는 자는 자기를
사랑하는 것이라
29 누구든지 언제나 자기 육체를 미워
하지 않고 오직 양육하여 보호하기
를 그리스도께서 교회에게 함과 같
이 하나니
30 우리는 그 몸의 지체임이라
31 ㄱ그러므로 사람이 부모를 떠나 그
의 아내와 합하여 그 둘이 한 육체
가 될지니
32 이 비밀이 크도다 나는 그리스도와
교회에 대하여 말하노라
33 그러나 너희도 각각 자기의 아내
사랑하기를 자신같이 하고 아내도
자기 남편을 존경하라

자녀와 부모

6 자녀들아 주 안에서 너희 부모에
게 순종하라 이것이 옳으니라
2 ㄴ네 아버지와 어머니를 공경하라
이것은 약속이 있는 첫 계명이니
3 이로써 네가 잘되고 땅에서 장수하
리라
4 또 아비들아 너희 자녀를 노엽게
하지 말고 오직 주의 교훈과 훈계
로 양육하라

종과 상전

5 ●종들아 두려워하고 떨며 성실한
마음으로 육체의 상전에게 순종하
기를 그리스도께 하듯 하라
6 눈가림만 하여 사람을 기쁘게 하는
자처럼 하지 말고 그리스도의 종들
처럼 [3]마음으로 하나님의 뜻을 행
하고
7 기쁜 마음으로 섬기기를 주께 하듯
하고 사람들에게 하듯 하지 말라
8 이는 각 사람이 무슨 선을 행하든
지 종이나 자유인이나 주께로부터
그대로 받을 줄을 앎이라
9 상전들아 너희도 그들에게 이와 같

1) 헬, 기회를 사라 2) 헬, 그날들이 3) 헬, 목숨 ㄱ. 창 2:24 ㄴ. 출 20:12; 신 5:16

이 하고 위협을 그치라 이는 그들
과 너희의 상전이 하늘에 계시고
그에게는 사람을 외모로 취하는 일
이 없는 줄 너희가 앎이라

마귀를 대적하는 싸움

10 ●끝으로 너희가 주 안에서와 그
힘의 능력으로 강건하여지고
11 마귀의 간계를 능히 대적하기 위하
여 하나님의 전신 갑주를 입으라
12 우리의 씨름은 혈과 육을 상대하
는 것이 아니요 통치자들과 권세
들과 이 어둠의 세상 주관자들과
하늘에 있는 악의 영들을 상대함
이라
13 그러므로 하나님의 전신 갑주를 취
하라 이는 악한 날에 너희가 능히
대적하고 모든 일을 행한 후에 서
기 위함이라
14 그런즉 서서 [1]진리로 너희 허리 띠
를 띠고 의의 호심경을 붙이고
15 평안의 복음이 준비한 것으로 신을
신고
16 모든 것 위에 믿음의 방패를 가지
고 이로써 능히 악한 자의 모든 불
화살을 소멸하고
17 구원의 투구와 성령의 검 곧 하나
님의 말씀을 가지라
18 모든 기도와 간구를 하되 항상 성
령 안에서 기도하고 이를 위하여
깨어 구하기를 항상 힘쓰며 여러
성도를 위하여 구하라
19 또 나를 위하여 구할 것은 내게 말
씀을 주사 나로 입을 열어 복음의
비밀을 담대히 알리게 하옵소서 할
것이니
20 이 일을 위하여 내가 쇠사슬에 매인
사신이 된 것은 나로 이 일에 당연히
할 말을 담대히 하게 하려 하심이라

끝 인사

21 ●나의 사정 곧 내가 무엇을 하는
지 너희에게도 알리려 하노니 사랑
을 받은 형제요 주 안에서 진실한
일꾼인 두기고가 모든 일을 너희에
게 알리리라
22 우리 사정을 알리고 또 너희 마음
을 위로하기 위하여 내가 특별히
그를 너희에게 보내었노라
23 ●아버지 하나님과 주 예수 그리스
도께로부터 평안과 믿음을 겸한 사
랑이 형제들에게 있을지어다
24 우리 주 예수 그리스도를 변함없이
사랑하는 모든 자에게 은혜가 있을
지어다

1) 헬, 참

빌립보서

Philippians

인사

1 그리스도 예수의 종 바울과 디모
데는 그리스도 예수 안에서 빌립
보에 사는 모든 성도와 또한 감독
들과 집사들에게 편지하노니
2 하나님 우리 아버지와 주 예수 그
리스도로부터 은혜와 평강이 너희
에게 있을지어다

빌립보 성도들을
생각하며 간구하다

3 ●내가 너희를 생각할 때마다 나의
하나님께 감사하며
4 간구할 때마다 너희 무리를 위하여
기쁨으로 항상 간구함은
5 너희가 첫날부터 이제까지 복음을
위한 일에 참여하고 있기 때문이라

6 너희 안에서 착한 일을 시작하신
이가 그리스도 예수의 날까지 이루
실 줄을 우리는 확신하노라
7 내가 너희 무리를 위하여 이와 같
이 생각하는 것이 마땅하니 이는
너희가 내 마음에 있음이며 나의
매임과 복음을 변명함과 확정함에
너희가 다 나와 함께 은혜에 참여
한 자가 됨이라
8 내가 예수 그리스도의 심장으로 너
희 무리를 얼마나 사모하는지 하나
님이 내 증인이시니라
9 내가 기도하노라 너희 사랑을 지식
과 모든 총명으로 점점 더 풍성하
게 하사
10 너희로 [1]지극히 선한 것을 분별하
며 또 진실하여 허물 없이 그리스
도의 날까지 이르고
11 예수 그리스도로 말미암아 의의 열
매가 가득하여 하나님의 영광과 찬
송이 되기를 원하노라

바울의 매임과 복음 전파

12 ●형제들아 내가 당한 일이 도리어
복음 전파에 진전이 된 줄을 너희
가 알기를 원하노라
13 이러므로 나의 매임이 그리스도 안
에서 모든 시위대 안과 그 밖의 모
든 사람에게 나타났으니
14 [2]형제 중 다수가 나의 매임으로 말
미암아 주 안에서 신뢰함으로 겁
없이 하나님의 말씀을 더욱 담대히
전하게 되었느니라
15 어떤 이들은 투기와 분쟁으로, 어
떤 이들은 착한 뜻으로 그리스도를
전파하나니
16 이들은 내가 복음을 변증하기 위하
여 세우심을 받은 줄 알고 사랑으
로 하나
17 그들은 나의 매임에 괴로움을 더하
게 할 줄로 생각하여 순수하지 못
하게 다툼으로 그리스도를 전파하
느니라
18 그러면 무엇이냐 겉치레로 하나 참
으로 하나 무슨 방도로 하든지 전
파되는 것은 그리스도니 이로써 나
는 기뻐하고 또한 기뻐하리라
19 이것이 너희의 간구와 예수 그리스
도의 성령의 도우심으로 나를 구원
에 이르게 할 줄 아는 고로
20 나의 간절한 기대와 소망을 따라
아무 일에든지 부끄러워하지 아니
하고 지금도 전과 같이 온전히 담
대하여 살든지 죽든지 내 몸에서
그리스도가 존귀하게 되게 하려 하
나니
21 이는 내게 사는 것이 그리스도니
죽는 것도 유익함이라
22 그러나 만일 육신으로 사는 이것이
내 일의 열매일진대 무엇을 택해야
할는지 나는 알지 못하노라
23 내가 그 둘 사이에 끼었으니 차라
리 세상을 떠나서 그리스도와 함께
있는 것이 훨씬 더 좋은 일이라 그
렇게 하고 싶으나
24 내가 육신으로 있는 것이 너희를
위하여 더 유익하리라
25 내가 [3]살 것과 너희 믿음의 진보와
기쁨을 위하여 너희 무리와 함께
거할 이것을 확실히 아노니
26 내가 다시 너희와 같이 있음으로 그
리스도 예수 안에서 너희 자랑이 나
로 말미암아 풍성하게 하려 함이라
27 오직 너희는 그리스도의 복음에 합
당하게 [4]생활하라 이는 내가 너희
에게 가 보나 떠나 있으나 너희가
[5]한마음으로 서서 한 뜻으로 복음
의 신앙을 위하여 협력하는 것과
28 무슨 일에든지 대적하는 자들 때문

1) 또는 같지 아니한 것을 2) 또는 주 안의 형제들 3) 헬, 거할 것과 4) 또는 시민 노릇 5) 헬, 영 또는 정신

에 두려워하지 아니하는 이 일을
듣고자 함이라 이것이 그들에게는
멸망의 증거요 너희에게는 구원의
증거니 이는 하나님께로부터 난 것
이라
29 그리스도를 위하여 너희에게 은혜
를 주신 것은 다만 그를 믿을 뿐 아
니라 또한 그를 위하여 고난도 받
게 하려 하심이라
30 너희에게도 그와 같은 싸움이 있으
니 너희가 내 안에서 본 바요 이제
도 내 안에서 듣는 바니라

그리스도의 겸손

2 그러므로 그리스도 안에 무슨 권
면이나 사랑의 무슨 위로나 성령
의 무슨 교제나 긍휼이나 자비가
있거든
2 마음을 같이하여 같은 사랑을 가지
고 뜻을 합하며 한마음을 품어
3 아무 일에든지 다툼이나 허영으로
하지 말고 오직 겸손한 마음으로
각각 자기보다 남을 낫게 여기고
4 각각 자기 일을 돌볼뿐더러 또한
각각 다른 사람들의 일을 돌보아
나의 기쁨을 충만하게 하라
5 너희 안에 이 마음을 품으라 곧 그
리스도 예수의 마음이니
6 그는 근본 하나님의 [1]본체시나 하
나님과 동등됨을 [2]취할 것으로 여
기지 아니하시고
7 오히려 자기를 비워 종의 [3]형체를
가지사 사람들과 같이 되셨고
8 사람의 모양으로 나타나사 자기를
낮추시고 죽기까지 복종하셨으니
곧 십자가에 죽으심이라
9 이러므로 하나님이 그를 지극히 높여
모든 이름 위에 뛰어난 이름을 주사
10 하늘에 있는 자들과 땅에 있는 자
들과 땅 아래에 있는 자들로 모든
무릎을 예수의 이름에 꿇게 하시고
11 모든 입으로 예수 그리스도를 주라
시인하여 하나님 아버지께 영광을
돌리게 하셨느니라

하나님의 흠 없는 자녀로 살라

12 ●그러므로 나의 사랑하는 자들아
너희가 나 있을 때뿐 아니라 더욱
지금 나 없을 때에도 항상 복종하
여 두렵고 떨림으로 너희 구원을
이루라
13 너희 안에서 행하시는 이는 하나님
이시니 자기의 기쁘신 뜻을 위하여
너희에게 소원을 두고 행하게 하시
나니
14 모든 일을 원망과 시비가 없이 하라
15 이는 너희가 흠이 없고 순전하여
어그러지고 거스르는 세대 가운데
서 하나님의 흠 없는 자녀로 세상
에서 그들 가운데 빛들로 나타내며
16 [4]생명의 말씀을 [5]밝혀 나의 달음질
이 헛되지 아니하고 수고도 헛되지
아니함으로 그리스도의 날에 내가
자랑할 것이 있게 하려 함이라
17 만일 너희 믿음의 제물과 섬김 위
에 내가 나를 전제로 드릴지라도
나는 기뻐하고 너희 무리와 함께
기뻐하리니
18 이와 같이 너희도 기뻐하고 나와
함께 기뻐[6]하라

디모데와 에바브로디도

19 ●내가 디모데를 속히 너희에게 보
내기를 주 안에서 바람은 너희의 사
정을 앎으로 안위를 받으려 함이니
20 이는 뜻을 같이하여 너희 사정을
진실히 생각할 자가 이밖에 내게
없음이라
21 그들이 다 자기 일을 구하고 그리
스도 예수의 일을 구하지 아니하되
22 디모데의 연단을 너희가 아나니 자

1) 또는 형체 2) 또는 보류 3) 또는 본체 4) 헬, 생 5) 또는 붙들어 6) 또는 하느니라

식이 아버지에게 함같이 나와 함께
복음을 위하여 수고하였느니라
23 그러므로 내가 내 일이 어떻게 될
지를 보아서 곧 이 사람을 보내기
를 바라고
24 나도 속히 가게 될 것을 주 안에서
확신하노라
25 그러나 에바브로디도를 너희에게
보내는 것이 필요한 줄로 생각하노
니 그는 나의 형제요 함께 수고하
고 함께 군사 된 자요 너희 사자로
내가 쓸 것을 돕는 자라
26 그가 너희 무리를 간절히 사모하고
자기가 병든 것을 너희가 들은 줄
을 알고 심히 근심한지라
27 그가 병들어 죽게 되었으나 하나님
이 그를 긍휼히 여기셨고 그뿐 아
니라 또 나를 긍휼히 여기사 내 근
심 위에 근심을 면하게 하셨느니라
28 그러므로 내가 더욱 급히 그를 보낸
것은 너희로 그를 다시 보고 기뻐하
게 하며 내 근심도 덜려 함이니라
29 이러므로 너희가 주 안에서 모든
기쁨으로 그를 영접하고 또 이와
같은 자들을 존귀히 여기라
30 그가 그리스도의 일을 위하여 죽기
에 이르러도 자기 목숨을 돌보지
아니한 것은 나를 섬기는 너희의
일에 부족함을 채우려 함이니라

하나님께로부터 난 의

3 끝으로 나의 형제들아 주 안에서
기뻐하라 너희에게 같은 말을 쓰
는 것이 내게는 수고로움이 없고
너희에게는 안전하니라
2 개들을 삼가고 행악하는 자들을 삼
가고 몸을 상해하는 일을 삼가라
3 하나님의 성령으로 봉사하며 그리
스도 [1]예수로 자랑하고 육체를 신뢰
하지 아니하는 우리가 곧 할례파라
4 그러나 나도 육체를 신뢰할 만하며
만일 누구든지 다른 이가 육체를
신뢰할 것이 있는 줄로 생각하면
나는 더욱 그러하리니
5 나는 팔일 만에 할례를 받고 이스
라엘 족속이요 베냐민 지파요 히브
리인 중의 히브리인이요 율법으로
는 바리새인이요
6 열심으로는 교회를 박해하고 율법
의 의로는 흠이 없는 자라
7 그러나 무엇이든지 내게 유익하던
것을 내가 그리스도를 위하여 다
해로 여길뿐더러
8 또한 모든 것을 해로 여김은 내 주
그리스도 예수를 아는 지식이 가장
고상하기 때문이라 내가 그를 위하
여 모든 것을 잃어버리고 배설물로
여김은 그리스도를 얻고
9 그 안에서 발견되려 함이니 내가
가진 의는 율법에서 난 것이 아니
요 오직 그리스도를 믿음으로 말미
암은 것이니 곧 믿음으로 하나님께
로부터 난 의라
10 내가 그리스도와 그 부활의 권능과
그 고난에 [2]참여함을 알고자 하여
그의 죽으심을 본받아
11 어떻게 해서든지 죽은 자 가운데서
부활에 이르려 하노니
12 내가 이미 얻었다 함도 아니요 온
전히 이루었다 함도 아니라 오직
내가 그리스도 예수께 잡힌 바 된
그것을 잡으려고 달려가노라
13 형제들아 나는 아직 내가 잡은 줄
로 여기지 아니하고 오직 한 일 즉
뒤에 있는 것은 잊어버리고 앞에
있는 것을 잡으려고
14 푯대를 향하여 그리스도 예수 안에
서 하나님이 [3]위에서 부르신 부름
의 상을 위하여 달려가노라
15 그러므로 누구든지 우리 온전히 이

1) 또는 예수 안에서 2) 또는 교제 3) 또는 위로

른 자들은 이렇게 생각할지니 만일
어떤 일에 너희가 달리 생각하면
하나님이 이것도 너희에게 나타내
시리라
16 오직 우리가 어디까지 이르렀든지
그대로 행할 것이라

우리의 시민권은 하늘에

17 ●형제들아 너희는 함께 나를 본받
으라 그리고 너희가 우리를 본받은
것처럼 그와 같이 행하는 자들을
눈여겨 보라
18 내가 여러 번 너희에게 말하였거니
와 이제도 눈물을 흘리며 말하노니
여러 사람들이 그리스도의 십자가
의 원수로 행하느니라
19 그들의 마침은 멸망이요 그들의 신
은 배요 그 영광은 그들의 부끄러움
에 있고 땅의 일을 생각하는 자라
20 그러나 우리의 시민권은 하늘에 있
는지라 거기로부터 구원하는 자 곧
주 예수 그리스도를 기다리노니
21 그는 만물을 자기에게 복종하게 하
실 수 있는 자의 역사로 우리의 낮
은 몸을 자기 영광의 몸의 형체와
같이 변하게 하시리라

4 그러므로 나의 사랑하고 사모하
는 형제들, 나의 기쁨이요 면류
관인 사랑하는 자들아 이와 같이
주 안에 서라

권면

2 ●내가 유오디아를 권하고 순두게
를 권하노니 주 안에서 같은 마음
을 품으라
3 또 참으로 나와 멍에를 같이한 네
게 구하노니 복음에 나와 함께 힘쓰
던 저 여인들을 돕고 또한 글레멘드
와 그 외에 나의 동역자들을 도우라
그 이름들이 생명책에 있느니라
4 ●주 안에서 항상 기뻐하라 내가
다시 말하노니 기뻐하라
5 너희 관용을 모든 사람에게 알게
하라 주께서 가까우시니라
6 아무것도 염려하지 말고 다만 모든
일에 기도와 간구로, 너희 구할 것
을 감사함으로 하나님께 아뢰라
7 그리하면 모든 지각에 뛰어난 하나
님의 평강이 그리스도 예수 안에서
너희 마음과 생각을 지키시리라
8 ●끝으로 형제들아 무엇에든지 참
되며 무엇에든지 경건하며 무엇에
든지 옳으며 무엇에든지 정결하며
무엇에든지 사랑받을 만하며 무엇
에든지 칭찬받을 만하며 무슨 덕이
있든지 무슨 기림이 있든지 이것들
을 생각하라
9 [1]너희는 내게 배우고 받고 듣고 본
바를 행하라 그리하면 평강의 하나
님이 너희와 함께 계시리라

빌립보 사람들의 선물

10 ●내가 주 안에서 크게 기뻐함은
너희가 나를 생각하던 것이 이제
다시 싹이 남이니 너희가 또한 이
를 위하여 생각은 하였으나 기회가
없었느니라
11 내가 궁핍하므로 말하는 것이 아니
니라 어떠한 형편에든지 나는 자족
하기를 배웠노니
12 나는 비천에 처할 줄도 알고 풍부에
처할 줄도 알아 모든 일 곧 배부름
과 배고픔과 풍부와 궁핍에도 처할
줄 아는 일체의 비결을 배웠노라
13 내게 능력 주시는 자 안에서 내가
모든 것을 할 수 있느니라
14 그러나 너희가 내 괴로움에 함께
[2]참여하였으니 잘하였도다
15 빌립보 사람들아 너희도 알거니와
복음의 시초에 내가 마게도냐를 떠
날 때에 주고 받는 내 일에 [2]참여

1) 또는 너희는 배우고…… 내 안에서 본 바를 2) 또는 교제

한 교회가 너희 외에 아무도 없었
느니라
16 데살로니가에 있을 때에도 너희가
한 번뿐 아니라 두 번이나 나의 쓸
것을 보내었도다
17 내가 선물을 구함이 아니요 오직
너희에게 유익하도록 풍성한 열매
를 구함이라
18 내게는 모든 것이 있고 또 풍부한
지라 에바브로디도 편에 너희가 준
것을 받으므로 내가 풍족하니 이는
받으실 만한 향기로운 제물이요 하
나님을 기쁘시게 한 것이라
19 나의 하나님이 그리스도 예수 안에
서 영광 가운데 그 풍성한 대로 너
희 모든 쓸 것을 채우시리라
20 하나님 곧 우리 아버지께 세세 무
궁하도록 영광을 돌릴지어다 아멘

끝 인사

21 ●그리스도 예수 안에 있는 성도에
게 각각 문안하라 나와 함께 있는
형제들이 너희에게 문안하고
22 모든 성도들이 너희에게 문안하되
특히 가이사의 집 사람들 중 몇이
니라
23 ●주 예수 그리스도의 은혜가 너희
심령에 있을지어다

골로새서

Colossians

인사

1 하나님의 뜻으로 말미암아 그리
스도 예수의 사도된 바울과 형제
디모데는
2 골로새에 있는 [1]성도들 곧 그리스
도 안에서 신실한 형제들에게 편지
하노니 우리 아버지 하나님으로부
터 은혜와 평강이 너희에게 있을지
어다

하나님께 감사를 드리다

3 ●우리가 너희를 위하여 기도할 때
마다 하나님 곧 우리 주 예수 그리
스도의 아버지께 감사하노라
4 이는 그리스도 예수 안에 너희의
믿음과 모든 성도에 대한 사랑을
들었음이요
5 너희를 위하여 하늘에 쌓아 둔 소망
으로 말미암음이니 곧 너희가 전에
복음 [2]진리의 말씀을 들은 것이라
6 이 복음이 이미 너희에게 이르매
너희가 듣고 참으로 하나님의 은혜
를 깨달은 날부터 너희 중에서와
같이 또한 온 천하에서도 열매를
맺어 자라는도다
7 이와 같이 우리와 함께 종된 사랑
하는 에바브라에게 너희가 배웠나
니 그는 너희를 위한 그리스도의
신실한 일꾼이요
8 성령 안에서 너희 사랑을 우리에게
알린 자니라

하나님의 형상이시요 교회의 머리시라

9 ●이로써 우리도 듣던 날부터 너희
를 위하여 기도하기를 그치지 아니
하고 구하노니 너희로 하여금 모든
신령한 지혜와 총명에 하나님의 뜻
을 아는 것으로 채우게 하시고
10 주께 합당하게 행하여 범사에 기쁘
시게 하고 모든 선한 일에 열매를
맺게 하시며 하나님을 아는 것에
자라게 하시고
11 그의 영광의 힘을 따라 모든 능력

1) 또는 성도들과 2) 헬, 참

으로 능하게 하시며 기쁨으로 모든
견딤과 오래 참음에 이르게 하시고
12 우리로 하여금 빛 가운데서 성도의
기업의 부분을 얻기에 합당하게 하
신 아버지께 감사하게 하시기를 원
하노라
13 그가 우리를 흑암의 권세에서 건져
내사 그의 사랑의 아들의 나라로
옮기셨으니
14 그 아들 안에서 우리가 속량 곧 죄
사함을 얻었도다
15 그는 보이지 아니하는 하나님의 형
상이시요 모든 피조물보다 먼저 나
신 이시니
16 만물이 그에게서 창조되되 하늘과
땅에서 보이는 것들과 보이지 않는
것들과 혹은 왕권들이나 주권들이
나 통치자들이나 권세들이나 만물
이 다 그로 말미암고 그를 위하여
창조되었고
17 또한 그가 만물보다 먼저 계시고
만물이 그 안에 함께 섰느니라
18 그는 몸인 교회의 머리시라 그가
근본이시요 죽은 자들 가운데서 먼
저 나신 이시니 이는 친히 만물의
으뜸이 되려 하심이요
19 아버지께서는 모든 충만으로 예수
안에 거하게 하시고
20 그의 십자가의 피로 화평을 이루사
만물 곧 땅에 있는 것들이나 하늘에
있는 것들이 그로 말미암아 자기와
화목하게 되기를 기뻐하심이라
21 전에 악한 행실로 멀리 떠나 마음
으로 원수가 되었던 너희를
22 이제는 그의 육체의 죽음으로 말미
암아 화목하게 하사 너희를 거룩하
고 흠 없고 책망할 것이 없는 자로
그 앞에 세우고자 하셨으니
23 만일 너희가 믿음에 거하고 터 위
에 굳게 서서 너희 들은 바 복음의
소망에서 흔들리지 아니하면 그리
하리라 이 복음은 천하 [1]만민에게
전파된 바요 나 바울은 이 복음의
일꾼이 되었노라

교회를 위하여 바울이 하는 일

24 ●나는 이제 너희를 위하여 받는
괴로움을 기뻐하고 그리스도의 남
은 고난을 그의 몸된 교회를 위하
여 내 육체에 채우노라
25 내가 교회의 일꾼된 것은 하나님이
너희를 위하여 내게 주신 직분을 따
라 하나님의 말씀을 이루려 함이니라
26 이 비밀은 만세와 만대로부터 감추
어졌던 것인데 이제는 그의 성도들
에게 나타났고
27 하나님이 그들로 하여금 이 비밀의
영광이 이방인 가운데 얼마나 풍성
한지를 알게 하려 하심이라 이 비
밀은 너희 안에 계신 그리스도시니
곧 영광의 소망이니라
28 우리가 그를 전파하여 [2]각 사람을
권하고 모든 지혜로 각 사람을 가
르침은 각 사람을 그리스도 안에서
완전한 자로 세우려 함이니
29 이를 위하여 나도 내 속에서 능력
으로 역사하시는 이의 역사를 따라
힘을 다하여 수고하노라

2 내가 너희와 라오디게아에 있는
자들과 무릇 내 육신의 얼굴을 보
지 못한 자들을 위하여 얼마나 힘쓰
는지를 너희가 알기를 원하노니
2 이는 그들로 마음에 위안을 받고
사랑 안에서 연합하여 확실한 이해
의 모든 풍성함과 하나님의 비밀인
그리스도를 깨닫게 하려 함이니
3 그 안에는 지혜와 지식의 모든 보
화가 감추어져 있느니라
4 내가 이것을 말함은 아무도 교묘한

1) 헬, 모든 창조물에게 2) 또는 모든 지혜로 각 사람을 권하고

말로 너희를 속이지 못하게 하려
함이니
5 이는 내가 육신으로는 떠나 있으나
심령으로는 너희와 함께 있어 너희
가 질서 있게 행함과 그리스도를
믿는 너희 믿음이 굳건한 것을 기
쁘게 봄이라

그리스도 안에서 행하라

6 ●그러므로 너희가 그리스도 예수
를 주로 받았으니 그 안에서 행하되
7 그 안에 뿌리를 박으며 세움을 받
아 교훈을 받은 대로 믿음에 굳게
서서 감사함을 넘치게 하라
8 ●누가 철학과 헛된 속임수로 너희
를 사로잡을까 주의하라 이것은 사
람의 전통과 세상의 초등학문을 따
름이요 그리스도를 따름이 아니니
라
9 그 안에는 신성의 모든 충만이 육
체로 거하시고
10 너희도 그 안에서 충만하여졌으니
그는 모든 통치자와 권세의 머리시
라
11 또 그 안에서 너희가 손으로 하지
아니한 할례를 받았으니 곧 육의
몸을 벗는 것이요 그리스도의 할례
니라
12 너희가 [1]세례로 그리스도와 함께
장사되고 또 죽은 자들 가운데서
그를 일으키신 하나님의 역사를 믿
음으로 말미암아 그 안에서 함께
일으키심을 받았느니라
13 또 범죄와 육체의 무할례로 죽었던
너희를 하나님이 그와 함께 살리시
고 우리의 모든 죄를 사하시고
14 우리를 거스르고 불리하게 하는 법
조문으로 쓴 증서를 지우시고 제하
여 버리사 십자가에 못박으시고
15 통치자들과 권세들을 [2]무력화하여
드러내어 구경거리로 삼으시고 십
자가로 그들을 이기셨느니라
16 ●그러므로 먹고 마시는 것과 절기
나 초하루나 안식일을 이유로 누구
든지 너희를 비판하지 못하게 하라
17 이것들은 장래 일의 그림자이나 몸
은 그리스도의 것이니라
18 아무도 꾸며낸 겸손과 천사 숭배를
이유로 너희를 정죄하지 못하게 하
라 그가 그 본 것에 의지하여 그 육
신의 생각을 따라 헛되이 과장하고
19 머리를 붙들지 아니하는지라 온 몸
이 머리로 말미암아 마디와 힘줄로
공급함을 받고 연합하여 하나님이
자라게 하시므로 자라느니라

그리스도와 함께하는 새 사람

20 ●너희가 세상의 초등학문에서 그
리스도와 함께 죽었거든 어찌하여
세상에 사는 것과 같이 규례에 순
종하느냐
21 (곧 붙잡지도 말고 맛보지도 말고
만지지도 말라 하는 것이니
22 이 모든 것은 한때 쓰이고는 없어
지리라) 사람의 명령과 가르침을
따르느냐
23 이런 것들은 자의적 숭배와 겸손과
몸을 괴롭게 하는 데는 지혜 있는
모양이나 오직 육체 따르는 것을 금
하는 데는 조금도 유익이 없느니라
3 그러므로 너희가 그리스도와 함
께 다시 살리심을 받았으면 위의
것을 찾으라 거기는 그리스도께서
하나님 우편에 앉아 계시느니라
2 위의 것을 생각하고 땅의 것을 생
각하지 말라
3 이는 너희가 죽었고 너희 생명이
그리스도와 함께 하나님 안에 감추
어졌음이라
4 우리 생명이신 그리스도께서 나타
나실 그때에 너희도 그와 함께 영

1) 헬, 또는 침례 2) 또는 폐하여

광 중에 나타나리라
5 ●그러므로 땅에 있는 지체를 죽이
라 곧 음란과 부정과 사욕과 악한
정욕과 탐심이니 탐심은 우상 숭배
니라
6 이것들로 말미암아 하나님의 [1]진노
가 임하느니라
7 너희도 전에 그 가운데 살 때에는
그 가운데서 행하였으나
8 이제는 너희가 이 모든 것을 벗어
버리라 곧 분함과 노여움과 악의와
비방과 너희 입의 부끄러운 말이라
9 너희가 서로 거짓말을 하지 말라
옛 사람과 그 행위를 벗어 버리고
10 새사람을 입었으니 이는 자기를 창
조하신 이의 형상을 따라 지식에까
지 새롭게 하심을 입은 자니라
11 거기에는 헬라인이나 유대인이나
할례파나 무할례파나 야만인이나
스구디아인이나 종이나 자유인이
차별이 있을 수 없나니 오직 그리스
도는 만유시요 만유 안에 계시니라
12 ●그러므로 너희는 하나님이 택하
사 거룩하고 사랑받는 자처럼 긍휼
과 자비와 겸손과 온유와 오래 참
음을 옷 입고
13 누가 누구에게 불만이 있거든 서로
용납하여 피차 용서하되 주께서 너
희를 용서하신 것같이 너희도 그리
하고
14 이 모든 것 위에 사랑을 더하라 이
는 온전하게 매는 띠니라
15 그리스도의 평강이 너희 마음을 주
장하게 하라 너희는 평강을 위하여
한 몸으로 부르심을 받았나니 너희
는 또한 감사하는 자가 되라
16 그리스도의 말씀이 너희 속에 풍성
히 거하여 모든 지혜로 피차 가르
치며 권면하고 시와 찬송과 신령한
노래를 부르며 [2]감사하는 마음으로
하나님을 찬양하고
17 또 무엇을 하든지 말에나 일에나
다 주 예수의 이름으로 하고 그를
힘입어 하나님 아버지께 감사하라

주께 하듯 하라

18 ●아내들아 남편에게 복종하라 이
는 주 안에서 마땅하니라
19 남편들아 아내를 사랑하며 괴롭게
하지 말라
20 자녀들아 모든 일에 부모에게 순종
하라 이는 주 안에서 기쁘게 하는
것이니라
21 아비들아 너희 자녀를 노엽게 하지
말지니 낙심할까 함이라
22 종들아 모든 일에 육신의 상전들에게
순종하되 사람을 기쁘게 하는 자와
같이 눈가림만 하지 말고 오직 주를
두려워하여 성실한 마음으로 하라
23 무슨 일을 하든지 마음을 다하여
주께 하듯 하고 사람에게 하듯 하
지 말라
24 이는 기업의 상을 주께 받을 줄 아
나니 너희는 주 [3]그리스도를 섬기
느니라
25 불의를 행하는 자는 불의의 보응을
받으리니 주는 사람을 외모로 취하
심이 없느니라

4 상전들아 의와 공평을 종들에게
베풀지니 너희에게도 하늘에 상
전이 계심을 알지어다

권면

2 ●기도를 계속하고 기도에 감사함
으로 깨어 있으라
3 또한 우리를 위하여 기도하되 하나
님이 [4]전도할 문을 우리에게 열어
주사 그리스도의 비밀을 말하게 하
시기를 구하라 내가 이 일 때문에

1) 어떤 사본에, '진노가' 아래 '순종하지 아니하는 자식들에게'가 있음 2) 또는 은혜로 3) 헬, 그리스도께 종노릇하느니라 4) 또는 말씀의 문을

매임을 당하였노라
4 그리하면 내가 마땅히 할 말로써
이 비밀을 나타내리라
5 외인에게 대해서는 지혜로 행하여
[1)]세월을 아끼라
6 너희 말을 항상 [2)]은혜 가운데서 소
금으로 맛을 냄과 같이 하라 그리
하면 각 사람에게 마땅히 대답할
것을 알리라

끝 인사

7 ●두기고가 내 사정을 다 너희에게
알려 주리니 그는 사랑받는 형제요
신실한 일꾼이요 주 안에서 함께
종이 된 자니라
8 내가 그를 특별히 너희에게 보내는
것은 너희로 우리 사정을 알게 하고
너희 마음을 위로하게 하려 함이라
9 신실하고 사랑을 받는 형제 오네시
모를 함께 보내노니 그는 너희에게
서 온 사람이라 그들이 여기 일을
다 너희에게 알려 주리라
10 ●나와 함께 갇힌 아리스다고와 바
나바의 생질 마가와 (이 마가에 대
하여 너희가 명을 받았으매 그가
이르거든 영접하라)
11 유스도라 하는 예수도 너희에게 문
안하느니라 그들은 할례파이나 이
들만은 하나님의 나라를 위하여 함
께 역사하는 자들이니 이런 사람들
이 나의 위로가 되었느니라
12 그리스도 예수의 종인 너희에게서
온 에바브라가 너희에게 문안하느
니라 그가 항상 너희를 위하여 애
써 기도하여 너희로 하나님의 모든
뜻 가운데서 완전하고 확신 있게
서기를 구하나니
13 그가 너희와 라오디게아에 있는 자
들과 히에라볼리에 있는 자들을 위
하여 많이 수고하는 것을 내가 증
언하노라
14 사랑을 받는 의사 누가와 또 데마
가 너희에게 문안하느니라
15 라오디게아에 있는 형제들과 눔바와
그 여자의 집에 있는 교회에 문안하고
16 이 편지를 너희에게서 읽은 후에
라오디게아인의 교회에서도 읽게
하고 또 라오디게아로부터 오는 편
지를 너희도 읽으라
17 아킵보에게 이르기를 주 안에서 받
은 직분을 삼가 이루라고 하라
18 ●나 바울은 친필로 문안하노니 내
가 매인 것을 생각하라 은혜가 너
희에게 있을지어다

1) 헬, 기회를 사라 2) 또는 감사하는 가운데서

데살로니가전서

1 Thessalonians

인사

1 바울과 실루아노와 디모데는 하
나님 아버지와 주 예수 그리스도
안에 있는 데살로니가인의 교회에
편지하노니 은혜와 평강이 너희에
게 있을지어다

데살로니가 교인들의 믿음의 본

2 ●우리가 너희 모두로 말미암아 항
상 하나님께 감사하며 기도할 때에
너희를 기억함은
3 너희의 믿음의 역사와 사랑의 수
고와 우리 주 예수 그리스도에 대
한 소망의 인내를 우리 하나님 아
버지 앞에서 끊임없이 기억함이
니
4 하나님의 사랑하심을 받은 형제들

아 너희를 택하심을 아노라
5 이는 우리 복음이 너희에게 말로만
이른 것이 아니라 또한 능력과 성
령과 큰 확신으로 된 것임이라 우
리가 너희 가운데서 너희를 위하여
어떤 사람이 된 것은 너희가 아는
바와 같으니라
6 또 너희는 많은 환난 가운데서 성
령의 기쁨으로 말씀을 받아 우리와
주를 본받은 자가 되었으니
7 그러므로 너희가 마게도냐와 아가
야에 있는 모든 믿는 자의 본이 되
었느니라
8 주의 말씀이 너희에게로부터 마게
도냐와 아가야에만 들릴 뿐 아니라
하나님을 향하는 너희 믿음의 소문
이 각처에 퍼졌으므로 우리는 아무
말도 할 것이 없노라
9 그들이 우리에 대하여 스스로 말하
기를 우리가 어떻게 너희 가운데에
들어갔는지와 너희가 어떻게 우상
을 버리고 하나님께로 돌아와서 살
아 계시고 참되신 하나님을 섬기는
지와
10 또 죽은 자들 가운데서 다시 살리
신 그의 아들이 하늘로부터 강림하
실 것을 너희가 어떻게 기다리는지
를 말하니 이는 장래의 노하심에서
우리를 건지시는 예수시니라

데살로니가에서 벌인 바울의 사역

2 형제들아 우리가 너희 가운데 들
어간 것이 헛되지 않은 줄을 너
희가 친히 아나니
2 너희가 아는 바와 같이 우리가 먼
저 빌립보에서 고난과 능욕을 당하
였으나 우리 하나님을 힘입어 많은
싸움 중에 하나님의 복음을 너희에
게 전하였노라
3 우리의 권면은 간사함이나 부정에
서 난 것이 아니요 속임수로 하는
것도 아니라
4 오직 하나님께 옳게 여기심을 입어
복음을 위탁받았으니 우리가 이와
같이 말함은 사람을 기쁘게 하려
함이 아니요 오직 우리 마음을 감
찰하시는 하나님을 기쁘시게 하려
함이라
5 너희도 알거니와 우리가 아무 때에
도 아첨하는 말이나 탐심의 탈을
쓰지 아니한 것을 하나님이 증언하
시느니라
6 또한 우리는 너희에게서든지 다른
이에게서든지 사람에게서는 영광
을 구하지 아니하였노라
7 우리는 그리스도의 사도로서 마땅
히 [1]권위를 주장할 수 있으나 도리
어 너희 가운데서 유순한 자가 되
어 유모가 자기 자녀를 기름과 같
이 하였으니
8 우리가 이같이 너희를 사모하여 하
나님의 복음뿐 아니라 우리의 목숨
까지도 너희에게 주기를 기뻐함은
너희가 우리의 사랑하는 자 됨이라
9 형제들아 우리의 수고와 애쓴 것을
너희가 기억하리니 너희 아무에게
도 폐를 끼치지 아니하려고 밤낮으
로 일하면서 너희에게 하나님의 복
음을 전하였노라
10 우리가 너희 믿는 자들을 향하여
어떻게 거룩하고 옳고 흠 없이 행
하였는지에 대하여 너희가 증인이
요 하나님도 그러하시도다
11 너희도 아는 바와 같이 우리가 너
희 각 사람에게 아버지가 자기 자
녀에게 하듯 권면하고 위로하고 경
계하노니
12 이는 너희를 부르사 자기 나라와
영광에 이르게 하시는 하나님께 합
당히 행하게 하려 함이라

1) 또는 폐를 끼칠 터이나

13 ●이러므로 우리가 하나님께 끊임
없이 감사함은 너희가 우리에게 들
은 바 하나님의 말씀을 받을 때에
사람의 말로 받지 아니하고 하나님
의 말씀으로 받음이니 진실로 그러
하도다 이 말씀이 또한 너희 믿는
자 가운데에서 역사하느니라
14 형제들아 너희가 그리스도 예수 안
에서 유대에 있는 하나님의 교회들
을 본받은 자 되었으니 그들이 유
대인들에게 고난을 받음과 같이 너
희도 너희 동족에게서 동일한 고난
을 받았느니라
15 유대인은 주 예수와 선지자들을 죽
이고 우리를 쫓아내고 하나님을 기
쁘시게 하지 아니하고 모든 사람에
게 대적이 되어
16 우리가 이방인에게 말하여 구원받
게 함을 그들이 금하여 자기 죄를
항상 채우매 노하심이 끝까지 그들
에게 임하였느니라

바울이 데살로니가에 다시 가기를 원하다

17 ●형제들아 우리가 잠시 너희를 떠
난 것은 얼굴이요 마음은 아니니
너희 얼굴 보기를 열정으로 더욱
힘썼노라
18 그러므로 나 바울은 한 번 두 번 너
희에게 가고자 하였으나 사탄이 우
리를 막았도다
19 우리의 소망이나 기쁨이나 자랑의
면류관이 무엇이냐 그가 강림하실
때 우리 주 예수 앞에 너희가 아니냐
20 너희는 우리의 영광이요 기쁨이니라

3 이러므로 우리가 참다 못하여 우
리만 아덴에 머물기를 좋게 생각
하고
2 우리 형제 곧 그리스도의 복음을
전하는 하나님의 일꾼인 디모데를
보내노니 이는 너희를 굳건하게 하
고 너희 믿음에 대하여 위로함으로
3 아무도 이 여러 환난 중에 흔들리지
않게 하려 함이라 우리가 이것을 위
하여 세움 받은 줄을 너희가 친히
알리라
4 우리가 너희와 함께 있을 때에 장
차 받을 환난을 너희에게 미리 말
하였는데 과연 그렇게 된 것을 너
희가 아느니라
5 이러므로 나도 참다 못하여 너희 믿
음을 알기 위하여 그를 보내었노니 이
는 혹 시험하는 자가 너희를 시험하
여 우리 수고를 헛되게 할까 함이니
6 지금은 디모데가 너희에게로부터
와서 너희 믿음과 사랑의 기쁜 소
식을 우리에게 전하고 또 너희가
항상 우리를 잘 생각하여 우리가
너희를 간절히 보고자 함과 같이
너희도 우리를 간절히 보고자 한다
하니
7 이러므로 형제들아 우리가 모든 궁
핍과 환난 가운데서 너희 믿음으로
말미암아 너희에게 위로를 받았노라
8 그러므로 너희가 주 안에 굳게 선
즉 우리가 이제는 살리라
9 우리가 우리 하나님 앞에서 너희로
말미암아 모든 기쁨으로 기뻐하니
너희를 위하여 능히 어떠한 감사로
하나님께 보답할까
10 주야로 심히 간구함은 너희 얼굴을
보고 너희 믿음이 부족한 것을 보
충하게 하려 함이라
11 ●하나님 우리 아버지와 우리 주 예
수는 우리 길을 너희에게로 갈 수
있게 하시오며
12 또 주께서 우리가 너희를 사랑함과
같이 너희도 피차간과 모든 사람에
대한 사랑이 더욱 많아 넘치게 하사
13 너희 마음을 굳건하게 하시고 우리
주 예수께서 그의 모든 성도와 함
께 강림하실 때에 하나님 우리 아

버지 앞에서 거룩함에 흠이 없게
하시기를 원하노라

하나님을 기쁘시게 하는 생활

4 그러므로 형제들아 우리가 끝으
로 주 예수 안에서 너희에게 구하
고 권면하노니 너희가 마땅히 어떻
게 행하며 하나님을 기쁘시게 할 수
있는지를 우리에게 배웠으니 곧 너
희가 행하는 바라 더욱 많이 힘쓰라
2 우리가 주 예수로 말미암아 너희에
게 무슨 명령으로 준 것을 너희가
아느니라
3 하나님의 뜻은 이것이니 너희의 거
룩함이라 곧 음란을 버리고
4 각각 거룩함과 존귀함으로 [1]자기의
아내 대할 줄을 알고
5 하나님을 모르는 이방인과 같이 색
욕을 따르지 말고
6 이 일에 분수를 넘어서 형제를 해하
지 말라 이는 우리가 너희에게 미리
말하고 증언한 것과 같이 이 모든
일에 주께서 신원하여 주심이라
7 하나님이 우리를 부르심은 부정하게
하심이 아니요 거룩하게 하심이니
8 그러므로 저버리는 자는 사람을 저
버림이 아니요 너희에게 그의 성령
을 주신 하나님을 저버림이니라
9 ●형제 사랑에 관하여는 너희에게
쓸 것이 없음은 너희들 자신이 하
나님의 가르치심을 받아 서로 사랑
함이라
10 너희가 온 마게도냐 모든 형제에
대하여 과연 이것을 행하도다 형제
들아 권하노니 더욱 그렇게 행하고
11 또 너희에게 명한 것같이 조용히
자기 일을 하고 너희 손으로 일하
기를 힘쓰라
12 이는 외인에 대하여 단정히 행하고
또한 아무 궁핍함이 없게 하려 함
이라

주의 강림과 죽은 자들의 부활

13 ●형제들아 자는 자들에 관하여는
너희가 알지 못함을 우리가 원하지
아니하노니 이는 소망 없는 다른 이
와 같이 슬퍼하지 않게 하려 함이라
14 우리가 예수께서 죽으셨다가 다시
살아나심을 믿을진대 이와 같이 [2]예
수 안에서 자는 자들도 하나님이
그와 함께 데리고 오시리라
15 우리가 주의 말씀으로 너희에게 이
것을 말하노니 주께서 강림하실 때
까지 우리 살아남아 있는 자도 자
는 자보다 결코 앞서지 못하리라
16 주께서 호령과 천사장의 소리와 하
나님의 나팔 소리로 친히 하늘로부
터 강림하시리니 그리스도 안에서
죽은 자들이 먼저 일어나고
17 그 후에 우리 살아남은 자들도 그
들과 함께 구름 속으로 끌어 올려
공중에서 주를 영접하게 하시리니
그리하여 우리가 항상 주와 함께
있으리라
18 그러므로 이러한 말로 서로 위로하
라

5 형제들아 때와 시기에 관하여는
너희에게 쓸 것이 없음은
2 주의 날이 밤에 도둑같이 이를 줄을
너희 자신이 자세히 알기 때문이라
3 그들이 평안하다, 안전하다 할 그
때에 임신한 여자에게 해산의 고통
이 이름과 같이 멸망이 갑자기 그
들에게 이르리니 결코 피하지 못하
리라
4 형제들아 너희는 어둠에 있지 아니
하매 그날이 도둑같이 너희에게 임
하지 못하리니
5 너희는 다 빛의 아들이요 낮의 아
들이라 우리가 밤이나 어둠에 속하

1) 헬, 자기 몸을 절제할 줄 알고 2) 또는 자는 자들을
예수로 말미암아

지 아니하나니
6 그러므로 우리는 다른 이들과 같이
자지 말고 오직 깨어 정신을 차릴
지라
7 자는 자들은 밤에 자고 취하는 자
들은 밤에 취하되
8 우리는 낮에 속하였으니 정신을 차
리고 믿음과 사랑의 호심경을 붙이
고 구원의 소망의 투구를 쓰자
9 하나님이 우리를 세우심은 노하심
에 이르게 하심이 아니요 오직 우
리 주 예수 그리스도로 말미암아
구원을 받게 하심이라
10 예수께서 우리를 위하여 죽으사 우
리로 하여금 깨어 있든지 자든지
자기와 함께 살게 하려 하셨느니라
11 그러므로 피차 권면하고 서로 덕을
세우기를 너희가 하는 것같이 하라

권면과 끝 인사

12 ●형제들아 우리가 너희에게 구하
노니 너희 가운데서 수고하고 주
안에서 너희를 다스리며 권하는 자
들을 너희가 알고
13 그들의 역사로 말미암아 사랑 안에
서 가장 귀히 여기며 너희끼리 화
목하라
14 또 형제들아 너희를 권면하노니 게
으른 자들을 권계하며 마음이 약한
자들을 격려하고 힘이 없는 자들을
붙들어 주며 모든 사람에게 오래
참으라
15 삼가 누가 누구에게든지 악으로 악을
갚지 말게 하고 서로 대하든지 모든
사람을 대하든지 항상 선을 따르라
16 항상 기뻐하라
17 쉬지 말고 기도하라
18 범사에 감사하라 이것이 그리스도
예수 안에서 너희를 향하신 하나님
의 뜻이니라
19 성령을 소멸하지 말며
20 예언을 멸시하지 말고
21 범사에 헤아려 좋은 것을 취하고
22 악은 어떤 모양이라도 버리라
23 ●평강의 하나님이 친히 너희를 온
전히 거룩하게 하시고 또 너희의
온 영과 [1)]혼과 몸이 우리 주 예수
그리스도께서 강림하실 때에 흠 없
게 보전되기를 원하노라
24 너희를 부르시는 이는 미쁘시니 그
가 또한 이루시리라
25 ●형제들아 우리를 위하여 기도하라
26 ●거룩하게 입맞춤으로 모든 형제
에게 문안하라
27 내가 주를 힘입어 너희를 명하노니
모든 형제에게 이 편지를 읽어 주라
28 ●우리 주 예수 그리스도의 은혜가
너희에게 있을지어다

1) 또는 목숨

데살로니가후서

2 Thessalonians

인사

1 *바울과 실루아노와 디모데*는 하
나님 우리 아버지와 주 예수 그리
스도 안에 있는 데살로니가인의 교
회에 편지하노니
2 하나님 아버지와 주 예수 그리스도
로부터 은혜와 평강이 너희에게 있
을지어다

하나님의 공의로운 심판의 표

3 ●형제들아 우리가 너희를 위하여
항상 하나님께 감사할지니 이것이

당연함은 너희의 믿음이 더욱 자라
고 너희가 다 각기 서로 사랑함이
풍성함이니
4 그러므로 너희가 견디고 있는 모든
박해와 환난 중에서 너희 인내와
믿음으로 말미암아 하나님의 여러
교회에서 우리가 친히 자랑하노라
5 이는 하나님의 공의로운 심판의 표
요 너희로 하여금 하나님의 나라에
합당한 자로 여김을 받게 하려 함
이니 그 나라를 위하여 너희가 또
한 고난을 받느니라
6 너희로 환난을 받게 하는 자들에게
는 환난으로 갚으시고
7 환난을 받는 너희에게는 우리와 함
께 안식으로 갚으시는 것이 하나님
의 공의시니 주 예수께서 자기의
능력의 천사들과 함께 하늘로부터
불꽃 가운데에 나타나실 때에
8 하나님을 모르는 자들과 우리 주
예수의 복음에 복종하지 않는 자들
에게 형벌을 내리시리니
9 이런 자들은 주의 얼굴과 그의 힘
의 영광을 떠나 영원한 멸망의 형
벌을 받으리로다
10 그날에 그가 강림하사 그의 성도들
에게서 영광을 받으시고 모든 믿는
자들에게서 놀랍게 여김을 얻으시
리니 이는 (우리의 증거가 너희에
게 믿어졌음이라)
11 이러므로 우리도 항상 너희를 위하
여 기도함은 우리 하나님이 너희를
그 부르심에 합당한 자로 여기시고
모든 선을 기뻐함과 믿음의 역사를
능력으로 이루게 하시고
12 우리 하나님과 주 예수 그리스도의
은혜대로 우리 주 예수의 이름이
너희 가운데서 영광을 받으시고 너
희도 그 안에서 영광을 받게 하려
함이라

멸망하는 자들

2 형제들아 우리가 너희에게 구하
는 것은 우리 주 예수 그리스도
의 강림하심과 우리가 그 앞에 모
임에 관하여
2 영으로나 또는 말로나 또는 우리에
게서 받았다 하는 편지로나 주의
날이 이르렀다고 해서 쉽게 마음이
흔들리거나 두려워하거나 하지 말
아야 한다는 것이라
3 누가 어떻게 하여도 너희가 미혹되
지 말라 먼저 배교하는 일이 있고
저 불법의 사람 곧 멸망의 아들이
나타나기 전에는 그날이 이르지 아
니하리니
4 그는 대적하는 자라 신이라고 불리
는 모든 것과 숭배함을 받는 것에
대항하여 그 위에 자기를 높이고
하나님의 성전에 앉아 자기를 하나
님이라고 내세우느니라
5 내가 너희와 함께 있을 때에 이 일
을 너희에게 말한 것을 기억하지
못하느냐
6 너희는 지금 그로 하여금 그의 때
에 나타나게 하려 하여 막는 것이
있는 것을 아나니
7 불법의 비밀이 이미 활동하였으나
지금은 그것을 막는 자가 있어 그
중에서 옮겨질 때까지 하리라
8 그때에 불법한 자가 나타나리니 주
예수께서 그 입의 기운으로 그를
죽이시고 강림하여 나타나심으로
폐하시리라
9 악한 자의 나타남은 사탄의 활동을
따라 모든 능력과 표적과 거짓 기
적과
10 불의의 모든 속임으로 멸망하는 자
들에게 있으리니 이는 그들이 [1]진
리의 사랑을 받지 아니하여 구원함

1) 헬, 참

을 받지 못함이라
11 이러므로 하나님이 미혹의 역사를
그들에게 보내사 거짓 것을 믿게
하심은
12 [1]진리를 믿지 않고 불의를 좋아하
는 모든 자들로 하여금 심판을 받
게 하려 하심이라

가르침을 받은 전통을 지키라

13 ●주께서 사랑하시는 형제들아 우
리가 항상 너희에 관하여 마땅히
하나님께 감사할 것은 하나님이 처
음부터 너희를 택하사 성령의 거룩
하게 하심과 [1]진리를 믿음으로 구
원을 받게 하심이니
14 이를 위하여 우리의 복음으로 너희
를 부르사 우리 주 예수 그리스도
의 영광을 얻게 하려 하심이니라
15 그러므로 형제들아 굳건하게 서서
말로나 우리의 편지로 가르침을 받
은 전통을 지키라
16 ●우리 주 예수 그리스도와 우리를
사랑하시고 영원한 위로와 좋은 소
망을 은혜로 주신 하나님 우리 아
버지께서
17 너희 마음을 위로하시고 모든 선한
일과 말에 굳건하게 하시기를 원하
노라

우리를 위하여 기도하라

3 끝으로 형제들아 너희는 우리를
위하여 기도하기를 주의 말씀이
너희 가운데서와 같이 퍼져 나가
영광스럽게 되고
2 또한 우리를 부당하고 악한 사람들
에게서 건지시옵소서 하라 믿음은
모든 사람의 것이 아니니라
3 주는 미쁘사 너희를 굳건하게 하시
고 악한 자에게서 지키시리라
4 너희에 대하여는 우리가 명한 것을
너희가 행하고 또 행할 줄을 우리
가 주 안에서 확신하노니
5 주께서 너희 마음을 인도하여 하나
님의 사랑과 그리스도의 인내에 들
어가게 하시기를 원하노라

게으름을 경계하다

6 ●형제들아 우리 주 예수 그리스도
의 이름으로 너희를 명하노니 게으
르게 행하고 우리에게서 받은 전통
대로 행하지 아니하는 모든 형제에
게서 떠나라
7 어떻게 우리를 본받아야 할지를 너
희가 스스로 아나니 우리가 너희
가운데서 무질서하게 행하지 아니
하며
8 누구에게서든지 음식을 값없이 먹
지 않고 오직 수고하고 애써 주야
로 일함은 너희 아무에게도 폐를
끼치지 아니하려 함이니
9 우리에게 권리가 없는 것이 아니요
오직 스스로 너희에게 본을 보여
우리를 본받게 하려 함이니라
10 우리가 너희와 함께 있을 때에도
너희에게 명하기를 누구든지 일하
기 싫어하거든 먹지도 말게 하라
하였더니
11 우리가 들은즉 너희 가운데 게으르
게 행하여 도무지 일하지 아니하고
일을 만들기만 하는 자들이 있다
하니
12 이런 자들에게 우리가 명하고 주
예수 그리스도 안에서 권하기를 조
용히 일하여 자기 양식을 먹으라
하노라
13 형제들아 너희는 선을 행하다가 낙
심하지 말라
14 누가 이 편지에 한 우리 말을 순종
하지 아니하거든 그 사람을 지목하
여 사귀지 말고 그로 하여금 부끄
럽게 하라
15 그러나 원수와 같이 생각하지 말고

1) 헬, 참

형제같이 권면하라

축복

16 ●평강의 주께서 친히 때마다 일마
다 너희에게 평강을 주시고 주께서
너희 모든 사람과 함께하시기를 원
하노라
17 ●나 바울은 친필로 문안하노니 이는
편지마다 표시로서 이렇게 쓰노라
18 우리 주 예수 그리스도의 은혜가
너희 무리에게 있을지어다

디모데전서

1 Timothy

인사

1 우리 구주 하나님과 우리의 소망
이신 그리스도 예수의 명령을 따
라 그리스도 예수의 사도된 바울은
2 믿음 안에서 참 아들된 디모데에
게 편지하노니 하나님 아버지와 그
리스도 예수 우리 주께로부터 은
혜와 긍휼과 평강이 네게 있을지
어다

다른 교훈을 가르치지 말라

3 ●내가 마게도냐로 갈 때에 너를
권하여 에베소에 머물라 한 것은
어떤 사람들을 명하여 다른 교훈을
가르치지 말며
4 신화와 끝없는 족보에 몰두하지 말
게 하려 함이라 이런 것은 믿음 안
에 있는 하나님의 경륜을 이룸보다
도리어 변론을 내는 것이라
5 이 교훈의 목적은 청결한 마음과
선한 양심과 거짓이 없는 믿음에서
나오는 사랑이거늘
6 사람들이 이에서 벗어나 헛된 말에
빠져
7 율법의 선생이 되려 하나 자기가
말하는 것이나 자기가 확증하는 것
도 깨닫지 못하는도다
8 그러나 율법은 사람이 그것을 적법
하게만 쓰면 선한 것임을 우리는
아노라
9 알 것은 이것이니 율법은 옳은 사
람을 위하여 세운 것이 아니요 오
직 불법한 자와 복종하지 아니하는
자와 경건하지 아니한 자와 죄인과
거룩하지 아니한 자와 망령된 자와
아버지를 죽이는 자와 어머니를 죽
이는 자와 살인하는 자며
10 음행하는 자와 남색하는 자와 인신
매매를 하는 자와 거짓말하는 자와
거짓맹세하는 자와 기타 [1]바른 교
훈을 거스르는 자를 위함이니
11 이 교훈은 내게 맡기신 바 복되신 하
나님의 영광의 복음을 따름이니라

은혜를 감사하다

12 ●나를 능하게 하신 그리스도 예수
우리 주께 내가 감사함은 나를 충성
되이 여겨 내게 직분을 맡기심이니
13 내가 전에는 비방자요 박해자요 폭
행자였으나 도리어 긍휼을 입은 것
은 내가 믿지 아니할 때에 알지 못
하고 행하였음이라
14 우리 주의 은혜가 그리스도 예수
안에 있는 믿음과 사랑과 함께 넘
치도록 풍성하였도다
15 미쁘다 모든 사람이 받을 만한 이
말이여 그리스도 예수께서 죄인을
구원하시려고 세상에 임하셨다 하
였도다 죄인 중에 내가 괴수니라
16 그러나 내가 긍휼을 입은 까닭은
예수 그리스도께서 내게 먼저 일체

1) 헬, 건전한

오래 참으심을 보이사 후에 주를
믿어 영생 얻는 자들에게 본이 되
게 하려 하심이라
17 영원하신 왕 곧 썩지 아니하고 보
이지 아니하고 홀로 하나이신 하나
님께 존귀와 영광이 영원무궁하도
록 있을지어다 아멘
18 ●아들 디모데야 내가 네게 이 교
훈으로써 명하노니 전에 너를 지도
한 예언을 따라 그것으로 선한 싸
움을 싸우며
19 믿음과 착한 양심을 가지라 어떤
이들은 이 양심을 버렸고 그 믿음
에 관하여는 파선하였느니라
20 그 가운데 후메내오와 알렉산더가
있으니 내가 사탄에게 내준 것은
그들로 훈계를 받아 신성을 모독하
지 못하게 하려 함이라

기도에 대한 가르침

2 그러므로 내가 첫째로 권하노니
모든 사람을 위하여 간구와 기도
와 도고와 감사를 하되
2 임금들과 높은 지위에 있는 모든
사람을 위하여 하라 이는 우리가
모든 경건과 단정함으로 고요하고
평안한 생활을 하려 함이라
3 이것이 우리 구주 하나님 앞에 선
하고 받으실 만한 것이니
4 하나님은 모든 사람이 구원을 받으
며 [1]진리를 아는 데에 이르기를 원
하시느니라
5 하나님은 한 분이시요 또 하나님과
사람 사이에 중보자도 한 분이시니
곧 사람이신 그리스도 예수라
6 그가 모든 사람을 위하여 자기를
대속물로 주셨으니 기약이 이르러
주신 증거니라
7 이를 위하여 내가 전파하는 자와
사도로 세움을 입은 것은 참말이요
거짓말이 아니니 믿음과 진리 안에
서 내가 이방인의 스승이 되었노라
8 ●그러므로 각처에서 남자들이 분
노와 다툼이 없이 거룩한 손을 들
어 기도하기를 원하노라
9 또 이와 같이 여자들도 단정하게
옷을 입으며 소박함과 정절로써 자
기를 단장하고 땋은 머리와 금이나
진주나 값진 옷으로 하지 말고
10 오직 선행으로 하기를 원하노라 이
것이 하나님을 경외한다 하는 자들
에게 마땅한 것이니라
11 여자는 일체 순종함으로 조용히 배
우라
12 여자가 가르치는 것과 남자를 주관
하는 것을 허락하지 아니하노니 오
직 조용할지니라
13 이는 아담이 먼저 지음을 받고 하
와가 그 후며
14 아담이 속은 것이 아니고 여자가
속아 죄에 빠졌음이라
15 그러나 여자들이 만일 정숙함으로
써 믿음과 사랑과 거룩함에 거하면
그의 해산함으로 구원을 얻으리라

감독과 집사의 자격

3 미쁘다 이 말이여, 곧 사람이 감
독의 직분을 얻으려 함은 선한
일을 사모하는 것이라 함이로다
2 그러므로 감독은 책망할 것이 없으
며 한 아내의 남편이 되며 절제하
며 신중하며 단정하며 나그네를 대
접하며 가르치기를 잘하며
3 술을 즐기지 아니하며 구타하지 아
니하며 오직 관용하며 다투지 아니
하며 돈을 사랑하지 아니하며
4 자기 집을 잘 다스려 자녀들로 모
든 공손함으로 복종하게 하는 자라
야 할지며
5 (사람이 자기 집을 다스릴 줄 알지
못하면 어찌 하나님의 교회를 돌보

1) 헬, 참

리요)
6 새로 입교한 자도 말지니 교만하여
져서 마귀를 정죄하는 그 정죄에
빠질까 함이요
7 또한 외인에게서도 선한 증거를 얻
은 자라야 할지니 비방과 마귀의
올무에 빠질까 염려하라
8 이와 같이 집사들도 정중하고 일구
이언을 하지 아니하고 술에 인박히
지 아니하고 더러운 이를 탐하지
아니하고
9 깨끗한 양심에 믿음의 비밀을 가진
자라야 할지니
10 이에 이 사람들을 먼저 시험하여
보고 그 후에 책망할 것이 없으면
집사의 직분을 맡게 할 것이요
11 여자들도 이와 같이 정숙하고 모함
하지 아니하며 절제하며 모든 일에
충성된 자라야 할지니라
12 집사들은 한 아내의 남편이 되어
자녀와 자기 집을 잘 다스리는 자
일지니
13 집사의 직분을 잘한 자들은 아름다
운 지위와 그리스도 예수 안에 있
는 믿음에 큰 담력을 얻느니라

경건의 비밀

14 ●내가 속히 네게 가기를 바라나
이것을 네게 쓰는 것은
15 만일 내가 지체하면 너로 하여금
하나님의 집에서 어떻게 행하여야
할지를 알게 하려 함이니 이 집은
살아 계신 하나님의 교회요 진리의
기둥과 터니라
16 크도다 경건의 비밀이여, 그렇지
않다 하는 이 없도다 ●그는 육신
으로 나타난 바 되시고 영으로 의
롭다 하심을 받으시고 천사들에게
보이시고 만국에서 전파되시고 세
상에서 믿은 바 되시고 영광 가운
데서 올려지셨느니라

거짓말하는 자들

4 그러나 성령이 밝히 말씀하시기
를 후일에 어떤 사람들이 믿음에
서 떠나 미혹하는 영과 귀신의 가
르침을 따르리라 하셨으니
2 자기 양심이 화인을 맞아서 외식함
으로 거짓말하는 자들이라
3 혼인을 금하고 어떤 음식물은 먹지
말라고 할 터이나 음식물은 하나님
이 지으신 바니 믿는 자들과 진리
를 아는 자들이 감사함으로 받을
것이니라
4 하나님께서 지으신 모든 것이 선하
매 감사함으로 받으면 버릴 것이
없나니
5 하나님의 말씀과 기도로 거룩하여
짐이라

그리스도 예수의 좋은 일꾼

6 ●네가 이것으로 형제를 깨우치면
그리스도 예수의 좋은 일꾼이 되어
믿음의 말씀과 네가 따르는 좋은
교훈으로 양육을 받으리라
7 망령되고 허탄한 신화를 버리고 경
건에 이르도록 네 자신을 연단하라
8 육체의 연단은 약간의 유익이 있으
나 경건은 범사에 유익하니 금생과
내생에 약속이 있느니라
9 미쁘다 이 말이여 모든 사람들이
받을 만하도다
10 이를 위하여 우리가 수고하고 힘쓰
는 것은 우리 소망을 살아 계신 하
나님께 둠이니 곧 모든 사람 특히
믿는 자들의 구주시라
11 너는 이것들을 명하고 가르치라
12 누구든지 네 연소함을 업신여기지
못하게 하고 오직 말과 행실과 사
랑과 믿음과 정절에 있어서 믿는
자에게 본이 되어
13 내가 이를 때까지 읽는 것과 권하
는 것과 가르치는 것에 전념하라

14 네 속에 있는 은사 곧 장로의 회에
서 안수 받을 때에 예언을 통하여
받은 것을 가볍게 여기지 말며
15 이 모든 일에 전심전력하여 너의
성숙함을 모든 사람에게 나타나게
하라
16 네가 네 자신과 가르침을 살펴 이
일을 계속하라 이것을 행함으로 네
자신과 네게 듣는 자를 구원하리라

성도를 대하는 태도

5 늙은이를 꾸짖지 말고 권하되 아
버지에게 하듯 하며 젊은이에게
는 형제에게 하듯 하고
2 늙은 여자에게는 어머니에게 하듯
하며 젊은 여자에게는 온전히 깨끗
함으로 자매에게 하듯 하라
3 참 과부인 과부를 존대하라
4 만일 어떤 과부에게 자녀나 손자들
이 있거든 그들로 먼저 자기 집에
서 효를 행하여 부모에게 보답하기
를 배우게 하라 이것이 하나님 앞
에 받으실 만한 것이니라
5 참 과부로서 외로운 자는 하나님께
소망을 두어 주야로 항상 간구와
기도를 하거니와
6 향락을 좋아하는 자는 살았으나 죽
었느니라
7 네가 또한 이것을 명하여 그들로
책망받을 것이 없게 하라
8 누구든지 자기 친족 특히 자기 가족
을 돌보지 아니하면 믿음을 배반한
자요 불신자보다 더 악한 자니라
9 과부로 명부에 올릴 자는 나이가
육십이 덜 되지 아니하고 한 남편
의 아내였던 자로서
10 선한 행실의 증거가 있어 혹은 자
녀를 양육하며 혹은 나그네를 대접
하며 혹은 성도들의 발을 씻으며
혹은 환난당한 자들을 구제하며 혹
은 모든 선한 일을 행한 자라야 할
것이요
11 젊은 과부는 올리지 말지니 이는
정욕으로 그리스도를 배반할 때에
시집가고자 함이니
12 처음 믿음을 저버렸으므로 정죄를
받느니라
13 또 그들은 게으름을 익혀 집집으로
돌아다니고 게으를 뿐 아니라 쓸데
없는 말을 하며 일을 만들며 마땅
히 아니할 말을 하나니
14 그러므로 젊은이는 시집가서 아이
를 낳고 집을 다스리고 대적에게
비방할 기회를 조금도 주지 말기를
원하노라
15 이미 사탄에게 돌아간 자들도 있도다
16 만일 믿는 여자에게 과부 친척이
있거든 자기가 도와주고 교회가 짐
지지 않게 하라 이는 참 과부를 도
와주게 하려 함이라
17 ●잘 다스리는 장로들은 배나 존경
할 자로 알되 말씀과 가르침에 수
고하는 이들에게는 더욱 그리할 것
이니라
18 성경에 일렀으되 ㄱ곡식을 밟아 떠
는 소의 입에 망을 씌우지 말라 하
였고 또 일꾼이 그 삯을 받는 것은
마땅하다 하였느니라
19 장로에 대한 고발은 두세 증인이
없으면 받지 말 것이요
20 범죄한 자들을 모든 사람 앞에서
꾸짖어 나머지 사람들로 두려워하
게 하라
21 하나님과 그리스도 예수와 택하심
을 받은 천사들 앞에서 내가 엄히
명하노니 너는 편견이 없이 이것들
을 지켜 아무 일도 불공평하게 하
지 말며
22 아무에게나 경솔히 안수하지 말고
다른 사람의 죄에 간섭하지 말며

ㄱ. 신 25:4

네 자신을 지켜 정결하게 하라
23 이제부터는 물만 마시지 말고 네
위장과 자주 나는 병을 위하여는
포도주를 조금씩 쓰라
24 어떤 사람들의 죄는 밝히 드러나
먼저 심판에 나아가고 어떤 사람들
의 죄는 그 뒤를 따르나니
25 이와 같이 선행도 밝히 드러나고 그
렇지 아니한 것도 숨길 수 없느니라
6 무릇 멍에 아래에 있는 종들은
자기 상전들을 범사에 마땅히 공
경할 자로 알지니 이는 하나님의
이름과 교훈으로 비방을 받지 않게
하려 함이라
2 믿는 상전이 있는 자들은 그 상전을
형제라고 가볍게 여기지 말고 더 잘
섬기게 하라 이는 유익을 받는 자들
이 믿는 자요 사랑을 받는 자임이라
너는 이것들을 가르치고 권하라

말씀과 경건에 관한 교훈

3 ●누구든지 다른 교훈을 하며 [1]바
른 말 곧 우리 주 예수 그리스도의
말씀과 경건에 관한 교훈을 따르지
아니하면
4 그는 교만하여 아무것도 알지 못하
고 변론과 언쟁을 좋아하는 자니
이로써 투기와 분쟁과 비방과 악한
생각이 나며
5 마음이 부패하여지고 진리를 잃어
버려 경건을 이익의 방도로 생각하
는 자들의 다툼이 일어나느니라
6 그러나 자족하는 마음이 있으면 경
건은 큰 이익이 되느니라
7 우리가 세상에 아무것도 가지고 온
것이 없으매 또한 아무것도 가지고
가지 못하리니
8 우리가 먹을 것과 입을 것이 있은
즉 족한 줄로 알 것이니라
9 부하려 하는 자들은 시험과 올무와
여러 가지 어리석고 해로운 욕심에
떨어지나니 곧 사람으로 파멸과 멸
망에 빠지게 하는 것이라
10 돈을 사랑함이 일만 악의 뿌리가
되나니 이것을 탐내는 자들은 미혹
을 받아 믿음에서 떠나 많은 근심
으로써 자기를 찔렀도다

믿음의 선한 싸움

11 ●오직 너 하나님의 사람아 이것들
을 피하고 의와 경건과 믿음과 사
랑과 인내와 온유를 따르며
12 믿음의 선한 싸움을 싸우라 영생을
취하라 이를 위하여 네가 부르심을
받았고 많은 증인 앞에서 선한 증
언을 하였도다
13 만물을 살게 하신 하나님 앞과 본
디오 빌라도를 향하여 선한 증언을
하신 그리스도 예수 앞에서 내가
너를 명하노니
14 우리 주 예수 그리스도께서 나타나
실 때까지 흠도 없고 책망받을 것
도 없이 이 명령을 지키라
15 기약이 이르면 하나님이 그의 나타
나심을 보이시리니 하나님은 복되
시고 유일하신 주권자이시며 만왕
의 왕이시며 만주의 주시요
16 오직 그에게만 죽지 아니함이 있고
가까이 가지 못할 빛에 거하시고
어떤 사람도 보지 못하였고 또 볼
수 없는 이시니 그에게 존귀와 영
원한 권능을 돌릴지어다 아멘
17 ●네가 이 세대에서 부한 자들을 명
하여 마음을 높이지 말고 정함이 없
는 재물에 소망을 두지 말고 오직
우리에게 모든 것을 후히 주사 누리
게 하시는 하나님께 두며
18 선을 행하고 선한 사업을 많이 하
고 나누어 주기를 좋아하며 너그러
운 자가 되게 하라
19 이것이 장래에 자기를 위하여 좋은

1) 헬, 건전한

터를 쌓아 참된 생명을 취하는 것
이니라
20 ●디모데야 망령되고 헛된 말과 거
짓된 지식의 반론을 피함으로 네게
부탁한 것을 지키라
21 이것을 따르는 사람들이 있어 믿음
에서 벗어났느니라 은혜가 너희와
함께 있을지어다

디모데후서

2Timothy

인사

1 하나님의 뜻으로 말미암아 그리스
도 예수 안에 있는 생명의 약속대
로 그리스도 예수의 사도된 바울은
2 사랑하는 아들 디모데에게 편지하
노니 하나님 아버지와 그리스도 예
수 우리 주께로부터 은혜와 긍휼과
평강이 네게 있을지어다

복음과 함께 고난을 받으라

3 ●내가 밤낮 간구하는 가운데 쉬지
않고 너를 생각하여 청결한 양심으
로 조상적부터 섬겨 오는 하나님께
감사하고
4 네 눈물을 생각하여 너 보기를 원함
은 내 기쁨이 가득하게 하려 함이니
5 이는 네 속에 거짓이 없는 믿음이
있음을 생각함이라 이 믿음은 먼저
네 외조모 로이스와 네 어머니 유
니게 속에 있더니 네 속에도 있는
줄을 확신하노라
6 그러므로 내가 나의 안수함으로 네
속에 있는 하나님의 은사를 다시
불일듯 하게 하기 위하여 너로 생
각하게 하노니
7 하나님이 우리에게 주신 것은 두려
워하는 1)마음이 아니요 오직 능력
과 사랑과 절제하는 1)마음이니
8 그러므로 너는 내가 우리 주를 증
언함과 또는 주를 위하여 갇힌 자
된 나를 부끄러워하지 말고 오직
하나님의 능력을 따라 복음과 함께
고난을 받으라
9 하나님이 우리를 구원하사 거룩하
신 소명으로 부르심은 우리의 행위
대로 하심이 아니요 오직 자기의
뜻과 영원 전부터 그리스도 예수
안에서 우리에게 주신 은혜대로 하
심이라
10 이제는 우리 구주 그리스도 예수의
나타나심으로 말미암아 나타났으
니 그는 사망을 폐하시고 복음으로
써 생명과 썩지 아니할 것을 드러
내신지라
11 내가 이 복음을 위하여 선포자와
사도와 교사로 세우심을 입었노라
12 이로 말미암아 내가 또 이 고난을
받되 부끄러워하지 아니함은 내가
믿는 자를 내가 알고 또한 내가 의
탁한 것을 그날까지 그가 능히 지
키실 줄을 확신함이라
13 너는 그리스도 예수 안에 있는 믿
음과 사랑으로써 내게 들은 바 2)바
른 말을 본받아 지키고
14 우리 안에 거하시는 성령으로 말미
암아 네게 부탁한 아름다운 것을
지키라
15 ●아시아에 있는 모든 사람이 나를
버린 이 일을 네가 아나니 그 중에
는 부겔로와 허모게네도 있느니라
16 원하건대 주께서 오네시보로의 집
에 긍휼을 베푸시옵소서 그가 나를

1) 헬, 영 2) 헬, 건전한

딤후

자주 격려해 주고 내가 사슬에 매
인 것을 부끄러워하지 아니하고
17 로마에 있을 때에 나를 부지런히
찾아와 만났음이라
18 (원하건대 주께서 그로 하여금 그
날에 주의 긍휼을 입게 하여 주옵
소서) 또 그가 에베소에서 많이 봉
사한 것을 네가 잘 아느니라

예수 그리스도의 좋은 병사

2 내 아들아 그러므로 너는 그리스
도 예수 안에 있는 은혜 가운데
서 강하고
2 또 네가 많은 증인 앞에서 내게 들
은 바를 충성된 사람들에게 부탁하
라 그들이 또 다른 사람들을 가르
칠 수 있으리라
3 너는 그리스도 예수의 좋은 병사로
나와 함께 고난을 받으라
4 병사로 복무하는 자는 자기 생활에 얽
매이는 자가 하나도 없나니 이는 병사
로 모집한 자를 기쁘게 하려 함이라
5 경기하는 자가 법대로 경기하지 아
니하면 승리자의 관을 얻지 못할
것이며
6 수고하는 농부가 곡식을 먼저 받는
것이 마땅하니라
7 내가 말하는 것을 생각해 보라 주
께서 범사에 네게 총명을 주시리라
8 내가 전한 복음대로 다윗의 씨로
죽은 자 가운데서 다시 살아나신
예수 그리스도를 기억하라
9 복음으로 말미암아 내가 죄인과 같
이 매이는 데까지 고난을 받았으나
하나님의 말씀은 매이지 아니하니라
10 그러므로 내가 택함받은 자들을 위
하여 모든 것을 참음은 그들도 그리
스도 예수 안에 있는 구원을 영원한
영광과 함께 받게 하려 함이라
11 미쁘다 이 말이여 우리가 주와 함
께 죽었으면 또한 함께 살 것이요
12 참으면 또한 함께 왕 노릇 할 것이
요 우리가 주를 부인하면 주도 우
리를 부인하실 것이라
13 우리는 미쁨이 없을지라도 주는 항
상 미쁘시니 자기를 부인하실 수
없으시리라

인정받는 일꾼

14 ●너는 그들로 이 일을 기억하게
하여 말다툼을 하지 말라고 하나님
앞에서 엄히 명하라 이는 유익이
하나도 없고 도리어 듣는 자들을
망하게 함이라
15 너는 진리의 말씀을 옳게 분별하며
부끄러울 것이 없는 일꾼으로 인정
된 자로 자신을 하나님 앞에 드리
기를 힘쓰라
16 망령되고 헛된 말을 버리라 그들은
경건하지 아니함에 점점 나아가나니
17 그들의 말은 악성 종양이 퍼져 나
감과 같은데 그 중에 후메내오와
빌레도가 있느니라
18 진리에 관하여는 그들이 그릇되었도
다 부활이 이미 지나갔다 함으로 어
떤 사람들의 믿음을 무너뜨리느니라
19 그러나 하나님의 견고한 터는 섰으
니 인침이 있어 일렀으되 ㄱ주께서
자기 백성을 아신다 하며 또 ㄴ주의
이름을 부르는 자마다 불의에서 떠
날지어다 하였느니라
20 큰 집에는 금 그릇과 은 그릇뿐 아
니라 나무 그릇과 질그릇도 있어
귀하게 쓰는 것도 있고 천하게 쓰
는 것도 있나니
21 그러므로 누구든지 이런 것에서 자
기를 깨끗하게 하면 귀히 쓰는 그
릇이 되어 거룩하고 주인의 쓰심에
합당하며 모든 선한 일에 준비함이
되리라
22 또한 너는 청년의 정욕을 피하고

ㄱ. 민 16:5 ㄴ. 사 26:13

주를 깨끗한 마음으로 부르는 자들
과 함께 의와 믿음과 사랑과 화평
을 따르라
23 어리석고 무식한 변론을 버리라 이
에서 다툼이 나는 줄 앎이라
24 주의 종은 마땅히 다투지 아니하고
모든 사람에 대하여 온유하며 가르
치기를 잘하며 참으며
25 거역하는 자를 온유함으로 훈계할
지니 혹 하나님이 그들에게 회개함
을 주사 진리를 알게 하실까 하며
26 그들로 깨어 마귀의 올무에서 벗어
나 하나님께 사로잡힌 바 되어 그
뜻을 따르게 하실까 함이라

마지막 가르침

3 너는 이것을 알라 말세에 고통하
는 때가 이르러
2 사람들이 자기를 사랑하며 돈을 사
랑하며 자랑하며 교만하며 비방하
며 부모를 거역하며 감사하지 아니
하며 거룩하지 아니하며
3 무정하며 원통함을 풀지 아니하며
모함하며 절제하지 못하며 사나우
며 선한 것을 좋아하지 아니하며
4 배신하며 조급하며 자만하며 쾌락
을 사랑하기를 하나님 사랑하는 것
보다 더하며
5 경건의 모양은 있으나 경건의 능력
은 부인하니 이 같은 자들에게서
네가 돌아서라
6 그들 중에 남의 집에 가만히 들어
가 어리석은 여자를 유인하는 자들
이 있으니 그 여자는 죄를 중히 지
고 여러 가지 욕심에 끌린 바 되어
7 항상 배우나 끝내 진리의 지식에
이를 수 없느니라
8 얀네와 얌브레가 모세를 대적한 것
같이 그들도 진리를 대적하니 이 사
람들은 그 마음이 부패한 자요 믿음
에 관하여는 버림받은 자들이라
9 그러나 그들이 더 나아가지 못할
것은 저 두 사람이 된 것과 같이 그
들의 어리석음이 드러날 것임이라
10 나의 교훈과 행실과 의향과 믿음과
오래 참음과 사랑과 인내와
11 박해를 받음과 고난과 또한 안디옥
과 이고니온과 루스드라에서 당한
일과 어떠한 박해를 받은 것을 네가
과연 보고 알았거니와 주께서 이 모
든 것 가운데서 나를 건지셨느니라
12 무릇 그리스도 예수 안에서 경건하게
살고자 하는 자는 박해를 받으리라
13 악한 사람들과 속이는 자들은 더욱
악하여져서 속이기도 하고 속기도
하나니
14 그러나 너는 배우고 확신한 일에
거하라 너는 네가 누구에게서 배운
것을 알며
15 또 어려서부터 성경을 알았나니 성
경은 능히 너로 하여금 그리스도 예
수 안에 있는 믿음으로 말미암아 구
원에 이르는 지혜가 있게 하느니라
16 모든 성경은 하나님의 [1]감동으로
된 것으로 교훈과 책망과 바르게
함과 의로 [2]교육하기에 유익하니
17 이는 하나님의 사람으로 온전하게
하며 모든 선한 일을 행할 능력을
갖추게 하려 함이라
4 하나님 앞과 살아 있는 자와 죽
은 자를 심판하실 그리스도 예수
앞에서 그가 나타나실 것과 그의
나라를 두고 엄히 명하노니
2 너는 말씀을 전파하라 때를 얻든지
못 얻든지 항상 힘쓰라 범사에 오
래 참음과 가르침으로 경책하며 경
계하며 권하라
3 때가 이르리니 사람이 [3]바른 교훈
을 받지 아니하며 귀가 가려워서 자
기의 사욕을 따를 스승을 많이 두고

1) 또는 영감 2) 또는 징계 3) 헬, 건전한

4 또 그 귀를 진리에서 돌이켜 허탄
한 이야기를 따르리라
5 그러나 너는 모든 일에 신중하여
고난을 받으며 전도자의 일을 하며
네 직무를 다하라
6 전제와 같이 내가 벌써 부어지고
나의 떠날 시각이 가까웠도다
7 나는 선한 싸움을 싸우고 나의 달
려갈 길을 마치고 믿음을 지켰으니
8 이제 후로는 나를 위하여 의의 면
류관이 예비되었으므로 주 곧 의로
우신 재판장이 그날에 내게 주실
것이며 내게만 아니라 주의 나타나
심을 사모하는 모든 자에게도니라

사사로운 부탁

9 ●너는 어서 속히 내게로 오라
10 데마는 이 세상을 사랑하여 나를
버리고 데살로니가로 갔고 그레스
게는 갈라디아로, 디도는 달마디아
로 갔고
11 누가만 나와 함께 있느니라 네가
올 때에 마가를 데리고 오라 그가
나의 일에 유익하니라
12 두기고는 에베소로 보내었노라
13 네가 올 때에 내가 드로아 가보의
집에 둔 겉옷을 가지고 오고 또 책
은 특별히 가죽 종이에 쓴 것을 가
져오라
14 구리 세공업자 알렉산더가 내게 해
를 많이 입혔으매 주께서 그 행한
대로 그에게 갚으시리니
15 너도 그를 주의하라 그가 우리 말
을 심히 대적하였느니라
16 내가 처음 변명할 때에 나와 함께
한 자가 하나도 없고 다 나를 버렸
으나 그들에게 허물을 돌리지 않기
를 원하노라
17 주께서 내 곁에 서서 나에게 힘을
주심은 나로 말미암아 선포된 말씀
이 온전히 전파되어 모든 이방인이
듣게 하려 하심이니 내가 사자의
입에서 건짐을 받았느니라
18 주께서 나를 모든 악한 일에서 건
져내시고 또 그의 천국에 들어가도
록 구원하시리니 그에게 영광이 세
세무궁토록 있을지어다 아멘

끝 인사

19 ●브리스가와 아굴라와 및 오네시
보로의 집에 문안하라
20 에라스도는 고린도에 머물러 있고
드로비모는 병들어서 밀레도에 두
었노니
21 너는 겨울 전에 어서 오라 으뵬로와
부데와 리노와 글라우디아와 모든
형제가 다 네게 문안하느니라
22 ●나는 주께서 네 심령에 함께 계
시기를 바라노니 은혜가 너희와 함
께 있을지어다

디도서

Titus

인사

1 하나님의 종이요 예수 그리스도
의 사도인 나 바울이 사도된 것은
하나님이 택하신 자들의 믿음과 경
건함에 속한 진리의 지식과
2 영생의 소망을 위함이라 이 영생은
거짓이 없으신 하나님이 영원 전부
터 약속하신 것인데
3 자기 때에 자기의 말씀을 전도로
나타내셨으니 이 전도는 우리 구주
하나님이 명하신 대로 내게 맡기신
것이라

4 같은 믿음을 따라 나의 참 아들된
디도에게 편지하노니 하나님 아버
지와 그리스도 예수 우리 구주로부
터 은혜와 평강이 네게 있을지어다

그레데에서 해야 할 디도의 사역

5 ●내가 너를 그레데에 남겨 둔 이
유는 남은 일을 정리하고 내가 명
한 대로 각 성에 장로들을 세우게
하려 함이니
6 책망할 것이 없고 한 아내의 남편
이며 방탕하다는 비난을 받거나 불
순종하는 일이 없는 믿는 자녀를
둔 자라야 할지라
7 감독은 하나님의 청지기로서 책망
할 것이 없고 제 고집대로 하지 아
니하며 급히 분내지 아니하며 술을
즐기지 아니하며 구타하지 아니하
며 더러운 이득을 탐하지 아니하며
8 오직 나그네를 대접하며 선행을 좋
아하며 신중하며 의로우며 거룩하
며 절제하며
9 미쁜 말씀의 가르침을 그대로 지켜
야 하리니 이는 능히 [1]바른 교훈으
로 권면하고 거슬러 말하는 자들을
책망하게 하려 함이라
10 ●불순종하고 헛된 말을 하며 속이
는 자가 많은 중 할례파 가운데 특
히 그러하니
11 그들의 입을 막을 것이라 이런 자
들이 더러운 이득을 취하려고 마땅
하지 아니한 것을 가르쳐 가정들을
온통 무너뜨리는도다
12 그레데인 중의 어떤 선지자가 말하되
그레데인들은 항상 거짓말쟁이며
악한 짐승이며 배만 위하는 게으
름뱅이라
하니
13 이 증언이 참되도다 그러므로 네가
그들을 엄히 꾸짖으라 이는 그들로
하여금 믿음을 [2]온전하게 하고
14 유대인의 허탄한 이야기와 진리를
배반하는 사람들의 명령을 따르지
않게 하려 함이라
15 깨끗한 자들에게는 모든 것이 깨끗
하나 더럽고 믿지 아니하는 자들에
게는 아무것도 깨끗한 것이 없고 오
직 그들의 마음과 양심이 더러운지라
16 그들이 하나님을 시인하나 행위로
는 부인하니 가증한 자요 복종하지
아니하는 자요 모든 선한 일을 버
리는 자니라

교훈에 합당한 말

2 오직 너는 [1]바른 교훈에 합당한
것을 말하여
2 늙은 남자로는 절제하며 경건하며
신중하며 믿음과 사랑과 인내함에
[2]온전하게 하고
3 늙은 여자로는 이와 같이 행실이
거룩하며 모함하지 말며 많은 술의
종이 되지 아니하며 선한 것을 가
르치는 자들이 되고
4 그들로 젊은 여자들을 교훈하되 그
남편과 자녀를 사랑하며
5 신중하며 순전하며 집안 일을 하며
선하며 자기 남편에게 복종하게 하
라 이는 하나님의 말씀이 비방을
받지 않게 하려 함이라
6 너는 이와 같이 젊은 남자들을 신
중하도록 권면하되
7 범사에 네 자신이 선한 일의 본을
보이며 교훈에 부패하지 아니함과
단정함과
8 책망할 것이 없는 [1]바른 말을 하게
하라 이는 대적하는 자로 하여금
부끄러워 우리를 악하다 할 것이
없게 하려 함이라
9 종들은 자기 상전들에게 범사에 순
종하여 기쁘게 하고 거슬러 말하지
말며

1) 헬, 건전한 2) 헬, 건전하게

10 훔치지 말고 오히려 모든 참된 신
실성을 나타내게 하라 이는 범사에
우리 구주 하나님의 교훈을 [1]빛나
게 하려 함이라
11 모든 사람에게 구원을 주시는 하나
님의 은혜가 나타나
12 우리를 양육하시되 경건하지 않은
것과 이 세상 정욕을 다 버리고 신
중함과 의로움과 경건함으로 이 세
상에 살고
13 복스러운 소망과 우리의 크신 하나
님 구주 예수 그리스도의 영광이 나
타나심을 기다리게 하셨으니
14 그가 우리를 대신하여 자신을 주심
은 모든 불법에서 우리를 속량하시
고 우리를 깨끗하게 하사 선한 일
을 열심히 하는 자기 백성이 되게
하려 하심이라

선한 일을 가르치라

15 ●너는 이것을 말하고 권면하며 모
든 권위로 책망하여 누구에게서든
지 업신여김을 받지 말라

3

너는 그들로 하여금 통치자들과
권세 잡은 자들에게 복종하며 순
종하며 모든 선한 일 행하기를 준
비하게 하며
2 아무도 비방하지 말며 다투지 말며
관용하며 범사에 온유함을 모든 사
람에게 나타낼 것을 기억하게 하라
3 우리도 전에는 어리석은 자요 순종
하지 아니한 자요 속은 자요 여러
가지 정욕과 행락에 종노릇한 자요
악독과 투기를 일삼은 자요 가증스
러운 자요 피차 미워한 자였으나
4 우리 구주 하나님의 자비와 사람
사랑하심이 나타날 때에
5 우리를 구원하시되 우리가 행한 바
의로운 행위로 말미암지 아니하고
오직 그의 긍휼하심을 따라 중생의
씻음과 성령의 새롭게 하심으로 하
셨나니
6 우리 구주 예수 그리스도로 말미암
아 우리에게 그 성령을 풍성히 부
어 주사
7 우리로 그의 은혜를 힘입어 의롭다
하심을 얻어 영생의 소망을 따라
상속자가 되게 하려 하심이라
8 이 말이 미쁘도다 원하건대 너는
이 여러 것에 대하여 굳세게 말하
라 이는 하나님을 믿는 자들로 하
여금 조심하여 선한 일을 힘쓰게
하려 함이라 이것은 아름다우며 사
람들에게 유익하니라
9 그러나 어리석은 변론과 족보 이야
기와 분쟁과 율법에 대한 다툼은
피하라 이것은 무익한 것이요 헛된
것이니라
10 이단에 속한 사람을 한두 번 훈계
한 후에 멀리하라
11 이러한 사람은 네가 아는 바와 같
이 부패하여 스스로 정죄한 자로서
죄를 짓느니라

부탁과 끝 인사

12 ●내가 아데마나 두기고를 네게 보
내리니 그때에 네가 급히 니고볼리
로 내게 오라 내가 거기서 겨울을
지내기로 작정하였노라
13 율법교사 세나와 및 아볼로를 급히
먼저 보내어 그들로 부족함이 없게
하고
14 또 우리 사람들도 열매 없는 자가
되지 않게 하기 위하여 필요한 것
을 준비하는 좋은 일에 힘쓰기를
배우게 하라
15 ●나와 함께 있는 자가 다 네게 문
안하니 믿음 안에서 우리를 사랑하
는 자들에게 너도 문안하라 ●은혜
가 너희 무리에게 있을지어다

1) 헬, 단장하게

빌레몬서

Philemon

인사

1 그리스도 예수를 위하여 갇힌 자
된 바울과 및 형제 디모데는 우리
의 사랑을 받는 자요 동역자인 빌
레몬과
2 자매 압비아와 우리와 함께 병사된
아킵보와 네 집에 있는 교회에 편
지하노니
3 하나님 우리 아버지와 주 예수 그
리스도로부터 은혜와 평강이 너희
에게 있을지어다

빌레몬의 믿음과 사랑

4 ●내가 항상 내 하나님께 감사하고
기도할 때에 너를 말함은
5 주 예수와 및 모든 성도에 대한 네
사랑과 믿음이 있음을 들음이니
6 이로써 네 믿음의 교제가 우리 가
운데 있는 선을 알게 하고 그리스
도께 이르도록 역사하느니라
7 형제여 성도들의 마음이 너로 말미
암아 평안함을 얻었으니 내가 너의
사랑으로 많은 기쁨과 위로를 받았
노라

오네시모를 위하여 간구하다

8 ●이러므로 내가 그리스도 안에서
아주 담대하게 네게 마땅한 일로
명할 수도 있으나
9 도리어 사랑으로써 간구하노라 나
이가 많은 나 바울은 지금 또 예수
그리스도를 위하여 갇힌 자 되어
10 갇힌 중에서 낳은 아들 오네시모를
위하여 네게 간구하노라
11 그가 전에는 네게 무익하였으나 이
제는 나와 네게 유익하므로
12 네게 그를 돌려보내노니 그는 내
1)심복이라
13 그를 내게 머물러 있게 하여 내 복
음을 위하여 갇힌 중에서 네 대신
나를 섬기게 하고자 하나
14 다만 네 승낙이 없이는 내가 아무
것도 하기를 원하지 아니하노니 이
는 너의 선한 일이 억지같이 되지
아니하고 자의로 되게 하려 함이라
15 아마 그가 잠시 떠나게 된 것은 너로
하여금 그를 영원히 두게 함이리니
16 이후로는 종과 같이 대하지 아니하
고 종 이상으로 곧 사랑받는 형제
로 둘 자라 내게 특별히 그러하거
든 하물며 육신과 주 안에서 상관
된 네게랴
17 그러므로 네가 나를 동역자로 알진
대 그를 영접하기를 내게 하듯 하고
18 그가 만일 네게 불의를 하였거나
네게 빚진 것이 있으면 그것을 내
앞으로 계산하라
19 나 바울이 친필로 쓰노니 내가 갚
으려니와 네가 이외에 네 자신이
내게 빚진 것은 내가 말하지 아니
하노라
20 오 형제여 나로 주 안에서 너로 말
미암아 기쁨을 얻게 하고 내 마음
이 그리스도 안에서 평안하게 하라
21 나는 네가 순종할 것을 확신하므로
네게 썼노니 네가 내가 말한 것보
다 더 행할 줄을 아노라
22 오직 너는 나를 위하여 숙소를 마
련하라 너희 기도로 내가 너희에게
나아갈 수 있기를 바라노라

끝 인사

23 ●그리스도 예수 안에서 나와 함께
갇힌 자 에바브라와
24 또한 나의 동역자 마가, 아리스다
고, 데마, 누가가 문안하느니라
25 ●우리 주 예수 그리스도의 은혜가
너희 심령과 함께 있을지어다

1) 헬, 심장

하나님이 아들을 통하여 말씀하시다

1 옛적에 선지자들을 통하여 여러
부분과 여러 모양으로 우리 조상
들에게 말씀하신 하나님이
2 이 모든 날 마지막에는 아들을 통
하여 우리에게 말씀하셨으니 이 아
들을 만유의 상속자로 세우시고 또
그로 말미암아 모든 세계를 지으셨
느니라
3 이는 하나님의 영광의 광채시요 그
본체의 형상이시라 그의 능력의 말
씀으로 만물을 붙드시며 죄를 정결
하게 하는 일을 하시고 높은 곳에
계신 지극히 크신 이의 우편에 앉
으셨느니라
4 그가 천사보다 훨씬 뛰어남은 그들
보다 더욱 아름다운 이름을 기업으
로 얻으심이니
5 하나님께서 어느 때에 천사 중 누
구에게

ㄱ너는 내 아들이라 오늘 내가 너
를 낳았다

하셨으며 또 다시

ㄴ나는 그에게 아버지가 되고 그
는 내게 아들이 되리라

하셨느냐
6 또 그가 맏아들을 이끌어 세상에
다시 들어오게 하실 때에

ㄷ하나님의 모든 천사들은 그에게
경배할지어다

말씀하시며
7 또 천사들에 관하여는

ㄹ그는 그의 천사들을 1)바람으로,
그의 사역자들을 불꽃으로 삼으
시느니라

하셨으되
8 아들에 관하여는

ㅁ하나님이여 주의 보좌는 영영하
며 주의 나라의 규는 공평한 규이
니이다
9 주께서 의를 사랑하시고 불법을
미워하셨으니 그러므로 하나님
곧 주의 하나님이 즐거움의 기름
을 주께 부어 주를 동류들보다 뛰
어나게 하셨도다

하였고
10 또

ㅂ주여 태초에 주께서 땅의 기초
를 두셨으며 하늘도 주의 손으로
지으신 바라
11 그것들은 멸망할 것이나 오직 주
는 영존할 것이요 그것들은 다 옷
과 같이 낡아지리니
12 의복처럼 갈아입을 것이요 그것들
은 옷과 같이 변할 것이나 주는 여
전하여 연대가 다함이 없으리라

하였으나
13 어느 때에 천사 중 누구에게

ㅅ내가 네 원수로 네 발등상이 되
게 하기까지 너는 내 우편에 앉아
있으라

하셨느냐
14 모든 천사들은 섬기는 영으로서 구
원받을 상속자들을 위하여 섬기라
고 보내심이 아니냐

큰 구원

2 그러므로 우리는 들은 것에 더욱
유념함으로 우리가 흘러 떠내려
가지 않도록 함이 마땅하니라
2 천사들을 통하여 하신 말씀이 견고
하게 되어 모든 범죄함과 순종하지
아니함이 공정한 보응을 받았거든
3 우리가 이같이 큰 구원을 등한히 여

1) 또는 영들로 ㄱ. 시 2:7 ㄴ. 삼하 7:14 ㄷ. 시 97:7; 벧전 3:22 ㄹ. 시 104:4 ㅁ. 시 45:6 이하 ㅂ. 시 102:25 이하 ㅅ. 시 110:1

기면 어찌 그 보응을 피하리요 이
구원은 처음에 주로 말씀하신 바요
들은 자들이 우리에게 확증한 바니
4 하나님도 [1]표적들과 기사들과 여러
가지 능력과 및 자기의 뜻을 따라
성령이 나누어 주신 것으로써 그들
과 함께 증언하셨느니라

구원의 창시자

5 ●하나님이 우리가 말하는 바 장차
올 세상을 천사들에게 복종하게 하
심이 아니니라
6 그러나 누구인가가 어디에서 증언
하여 이르되
ㄱ사람이 무엇이기에 주께서 그를
생각하시며 인자가 무엇이기에
주께서 그를 돌보시나이까
7 그를 [2]잠시 동안 천사보다 못하게
하시며 영광과 존귀로 관을 씌우
시며[3]
8 만물을 그 발 아래에 복종하게 하
셨느니라
하였으니 만물로 그에게 복종하게
하셨은즉 복종하지 않은 것이 하나
도 없어야 하겠으나 지금 우리가
만물이 아직 그에게 복종하고 있는
것을 보지 못하고
9 오직 우리가 천사들보다 [2]잠시 동
안 못하게 하심을 입은 자 곧 죽음
의 고난받으심으로 말미암아 영광
과 존귀로 관을 쓰신 예수를 보니
이를 행하심은 하나님의 은혜로 말
미암아 모든 사람을 위하여 죽음을
맛보려 하심이라
10 그러므로 만물이 그를 위하고 또한
그로 말미암은 이가 많은 아들들을
이끌어 영광에 들어가게 하시는 일
에 그들의 구원의 창시자를 고난을
통하여 온전하게 하심이 합당하도다
11 거룩하게 하시는 이와 거룩하게 함
을 입은 자들이 다 한 근원에서 난
지라 그러므로 형제라 부르시기를
부끄러워하지 아니하시고
12 이르시되
ㄴ내가 주의 이름을 내 형제들에
게 선포하고 내가 주를 교회 중에
서 찬송하리라
하셨으며
13 또 다시
ㄷ내가 그를 의지하리라
하시고 또 다시
ㄹ볼지어다 나와 및 하나님께서
내게 주신 자녀라
하셨으니
14 자녀들은 혈과 육에 속하였으매 그
도 또한 같은 모양으로 혈과 육을 함
께 지니심은 죽음을 통하여 죽음의
세력을 잡은 자 곧 마귀를 멸하시며
15 또 죽기를 무서워하므로 한평생 매
여 종노릇 하는 모든 자들을 놓아
주려 하심이니
16 이는 확실히 천사들을 붙들어 주려
하심이 아니요 오직 아브라함의 [4]자
손을 붙들어 주려 하심이라
17 그러므로 그가 범사에 형제들과 같
이 되심이 마땅하도다 이는 하나님
의 일에 자비하고 신실한 대제사장
이 되어 백성의 죄를 속량하려 하
심이라
18 그가 시험을 받아 고난을 당하셨은
즉 시험받는 자들을 능히 도우실
수 있느니라

하나님이 주시는 안식

3 그러므로 함께 하늘의 부르심을
받은 거룩한 형제들아 우리가 믿
는 도리의 사도이시며 대제사장이
신 예수를 깊이 생각하라

1) 또는 이적 2) 또는 조금 3) 어떤 사본에, 7절 끝에 '또한 주의 손으로 만드신 것 위에 그를 세우시고' 가 있음 4) 헬, 씨 ㄱ. 시 8:4 이하 ㄴ. 시 22:22 ㄷ. 사 8:17 ㄹ. 사 8:18

히

2 그는 자기를 세우신 이에게 신실하
시기를 모세가 하나님의 온 집에서
한 것과 같이 하셨으니
3 그는 모세보다 더욱 영광을 받을
만한 것이 마치 집 지은 자가 그 집
보다 더욱 존귀함 같으니라
4 집마다 지은 이가 있으니 만물을
지으신 이는 하나님이시라
5 또한 모세는 장래에 말할 것을 증
언하기 위하여 하나님의 온 집에서
종으로서 신실하였고
6 그리스도는 하나님의 집을 맡은 아
들로서 그와 같이 하셨으니 우리가
소망의 확신과 자랑을 끝까지 굳게
잡고 있으면 우리는 그의 집이라
7 그러므로 성령이 이르신 바와 같이
ㄱ오늘 너희가 그의 음성을 듣거든
8 광야에서 시험하던 날에 거역하
던 것같이 너희 마음을 완고하게
하지 말라
9 거기서 너희 열조가 나를 시험하
여 증험하고 사십 년 동안 나의
행사를 보았느니라
10 그러므로 내가 이 세대에게 노하
여 이르기를 그들이 항상 마음이
미혹되어 내 길을 알지 못하는도
다 하였고
11 내가 노하여 맹세한 바와 같이 그
들은 내 안식에 들어오지 못하리
라 하였다
하였느니라
12 형제들아 너희는 삼가 혹 너희 중
에 누가 믿지 아니하는 악한 마음
을 품고 살아 계신 하나님에게서
떨어질까 조심할 것이요
13 오직 오늘이라 일컫는 동안에 매일
피차 권면하여 너희 중에 누구든지
죄의 유혹으로 완고하게 되지 않도
록 하라
14 우리가 시작할 때에 확신한 것을
끝까지 견고히 잡고 있으면 그리스
도와 함께 참여한 자가 되리라
15 성경에 일렀으되
ㄴ오늘 너희가 그의 음성을 듣거
든 격노하시게 하던 것같이 너희
마음을 완고하게 하지 말라
하였으니
16 듣고 격노하시게 하던 자가 누구냐
모세를 따라 애굽에서 나온 모든
사람이 아니냐
17 또 하나님이 사십 년 동안 누구에
게 노하셨느냐 그들의 시체가 광야
에 엎드러진 범죄한 자들에게가 아
니냐
18 또 하나님이 누구에게 맹세하사 그
의 안식에 들어오지 못하리라 하셨
느냐 곧 순종하지 아니하던 자들에
게가 아니냐
19 이로 보건대 그들이 믿지 아니하므
로 능히 들어가지 못한 것이라

4 그러므로 우리는 두려워할지니
그의 안식에 들어갈 약속이 남아
있을지라도 너희 중에는 혹 이르지
못할 자가 있을까 함이라
2 그들과 같이 우리도 복음 전함을 받
은 자이나 들은 바 그 말씀이 그들
에게 유익하지 못한 것은 듣는 자가
믿음과 결부시키지 아니함이라
3 이미 믿는 우리들은 저 안식에 들
어가는도다 그가 말씀하신 바와 같
으니
ㄷ내가 노하여 맹세한 바와 같이
그들이 내 안식에 들어오지 못하
리라 하셨다
하였으나 세상을 창조할 때부터 그
일이 이루어졌느니라
4 제칠일에 관하여는 어딘가에 이렇
게 일렀으되 ㄹ하나님은 제칠일에
그의 모든 일을 쉬셨다 하였으며

ㄱ. 시 95:7 이하 ㄴ. 시 95:7 ㄷ. 시 95:11 ㄹ. 창 2:2

5 또 다시 거기에 ㄱ그들이 내 안식에
들어오지 못하리라 하였으니
6 그러면 거기에 들어갈 자들이 남아
있거니와 복음 전함을 먼저 받은
자들은 순종하지 아니함으로 말미
암아 들어가지 못하였으므로
7 오랜 후에 다윗의 글에 다시 어느
날을 정하여 오늘이라고 미리 이같
이 일렀으되
ㄴ오늘 너희가 그의 음성을 듣거든
너희 마음을 완고하게 하지 말라
하였나니
8 만일 1)여호수아가 그들에게 안식을
주었더라면 그 후에 다른 날을 말
씀하지 아니하셨으리라
9 그런즉 안식할 때가 하나님의 백성
에게 남아 있도다
10 이미 그의 안식에 들어간 자는 하
나님이 자기의 일을 쉬심과 같이
그도 자기의 일을 쉬느니라
11 그러므로 우리가 저 안식에 들어가
기를 힘쓸지니 이는 누구든지 저
순종하지 아니하는 본에 빠지지 않
게 하려 함이라
12 하나님의 말씀은 살아 있고 활력이
있어 좌우에 날선 어떤 검보다도
예리하여 혼과 영과 및 관절과 골
수를 찔러 쪼개기까지 하며 또 마
음의 생각과 뜻을 판단하나니
13 지으신 것이 하나도 그 앞에 나타
나지 않음이 없고 우리의 결산을
받으실 이의 눈앞에 만물이 벌거벗
은 것같이 드러나느니라

큰 대제사장이신 예수

14 ●그러므로 우리에게 큰 대제사장
이 계시니 승천하신 이 곧 하나님
의 아들 예수시라 우리가 믿는 도
리를 굳게 잡을지어다
15 우리에게 있는 대제사장은 우리의
연약함을 동정하지 못하실 이가 아
니요 모든 일에 우리와 똑같이 시험
을 받으신 이로되 죄는 없으시니라
16 그러므로 우리는 긍휼하심을 받고
때를 따라 돕는 은혜를 얻기 위하
여 은혜의 보좌 앞에 담대히 나아
갈 것이니라

5 대제사장마다 사람 가운데서 택
한 자이므로 하나님께 속한 일에
사람을 위하여 예물과 속죄하는 제
사를 드리게 하나니
2 그가 무식하고 미혹된 자를 능히
용납할 수 있는 것은 자기도 연약
에 휩싸여 있음이라
3 그러므로 백성을 위하여 속죄제를
드림과 같이 또한 자신을 위하여도
드리는 것이 마땅하니라
4 이 존귀는 아무도 스스로 취하지
못하고 오직 아론과 같이 하나님의
부르심을 받은 자라야 할 것이니라
5 또한 이와 같이 그리스도께서 대제
사장 되심도 스스로 영광을 취하심
이 아니요 오직 말씀하신 이가 그
에게 이르시되
ㄷ너는 내 아들이니 내가 오늘 너
를 낳았다
하셨고
6 또한 이와 같이 다른 데서 말씀하
시되
ㄹ네가 영원히 멜기세덱의 반차를
따르는 제사장이라
하셨으니
7 그는 육체에 계실 때에 자기를 죽
음에서 능히 구원하실 이에게 심한
통곡과 눈물로 간구와 소원을 올렸
고 그의 경건하심으로 말미암아 들
으심을 얻었느니라
8 그가 아들이시면서도 받으신 고난
으로 순종함을 배워서

1) 헬, 예수 ㄱ. 시 95:11 ㄴ. 시 95:7 ㄷ. 시 2:7 ㄹ. 시 110:4

9 온전하게 되셨은즉 자기에게 순종
하는 모든 자에게 영원한 구원의
근원이 되시고
10 하나님께 멜기세덱의 반차를 따른
대제사장이라 칭하심을 받으셨느
니라

변절을 경계하다

11 ●멜기세덱에 관하여는 우리가 할
말이 많으나 너희가 듣는 것이 둔
하므로 설명하기 어려우니라
12 때가 오래 되었으므로 너희가 마땅
히 선생이 되었을 터인데 너희가
다시 하나님의 말씀의 초보에 대하
여 누구에게서 가르침을 받아야 할
처지이니 단단한 음식은 못 먹고
젖이나 먹어야 할 자가 되었도다
13 이는 젖을 먹는 자마다 어린아이니
의의 말씀을 경험하지 못한 자요
14 단단한 음식은 장성한 자의 것이니
그들은 지각을 사용함으로 연단을
받아 선악을 분별하는 자들이니라

6 그러므로 우리가 그리스도의 [1]도
의 초보를 버리고 죽은 행실을
회개함과 하나님께 대한 신앙과
2 [2]세례들과 안수와 죽은 자의 부활
과 영원한 심판에 관한 교훈의 터
를 다시 닦지 말고 완전한 데로 나
아갈지니라
3 하나님께서 허락하시면 우리가 이
것을 하리라
4 한 번 빛을 받고 하늘의 은사를 맛
보고 성령에 참여한 바 되고
5 하나님의 [3]선한 말씀과 내세의 능
력을 맛보고도
6 타락한 자들은 다시 새롭게 하여 회
개하게 할 수 없나니 이는 그들이
하나님의 아들을 다시 십자가에 못
박아 드러내 놓고 욕되게 함이라
7 땅이 그 위에 자주 내리는 비를 흡
수하여 밭 가는 자들이 쓰기에 합당
한 채소를 내면 하나님께 복을 받고
8 만일 가시와 엉겅퀴를 내면 버림을
당하고 저주함에 가까워 그 마지막
은 불사름이 되리라
9 ●사랑하는 자들아 우리가 이같이
말하나 너희에게는 이보다 더 좋은
것 곧 구원에 속한 것이 있음을 확
신하노라
10 하나님은 불의하지 아니하사 너희
행위와 그의 이름을 위하여 나타낸
사랑으로 이미 성도를 섬긴 것과
이제도 섬기고 있는 것을 잊어버리
지 아니하시느니라
11 우리가 간절히 원하는 것은 너희 각
사람이 동일한 부지런함을 나타내
어 끝까지 소망의 풍성함에 이르러
12 게으르지 아니하고 믿음과 오래 참
음으로 말미암아 약속들을 기업으
로 받는 자들을 본받는 자 되게 하
려는 것이니라

하나님의 확실한 약속

13 ●하나님이 아브라함에게 약속하
실 때에 가리켜 맹세할 자가 자기
보다 더 큰 이가 없으므로 자기를
가리켜 맹세하여
14 이르시되 ㄱ내가 반드시 너에게 복
주고 복 주며 너를 번성하게 하고
번성하게 하리라 하셨더니
15 그가 이같이 오래 참아 약속을 받
았느니라
16 사람들은 자기보다 더 큰 자를 가
리켜 맹세하나니 맹세는 그들이 다
투는 모든 일의 최후 확정이니라
17 하나님은 약속을 기업으로 받는 자
들에게 그 뜻이 변하지 아니함을
충분히 나타내시려고 그 일을 맹세
로 보증하셨나니
18 이는 하나님이 거짓말을 하실 수

1) 또는 말씀 2) 헬, 또는 침례 3) 또는 말씀의 선하심과 ㄱ. 창 22:16

없는 이 두 가지 변하지 못할 사실
로 말미암아 앞에 있는 소망을 얻
으려고 피난처를 찾은 우리에게 큰
안위를 받게 하려 하심이라
19 우리가 이 소망을 가지고 있는 것
은 영혼의 닻 같아서 튼튼하고 견
고하여 휘장 안에 들어가나니
20 그리로 앞서 가신 예수께서 멜기세
덱의 반차를 따라 영원히 대제사장
이 되어 우리를 위하여 들어가셨느
니라

멜기세덱

7 이 멜기세덱은 살렘 왕이요 지극
히 높으신 하나님의 제사장이라
여러 왕을 쳐서 죽이고 돌아오는
아브라함을 만나 복을 빈 자라
2 아브라함이 모든 것의 십분의 일을
그에게 나누어 주니라 그 이름을 해
석하면 먼저는 의의 왕이요 그 다음
은 살렘 왕이니 곧 평강의 왕이요
3 아버지도 없고 어머니도 없고 족보
도 없고 시작한 날도 없고 생명의
끝도 없어 하나님의 아들과 닮아서
항상 제사장으로 있느니라
4 ●이 사람이 얼마나 높은가를 생각
해 보라 조상 아브라함도 노략물
중 십분의 일을 그에게 주었느니라
5 레위의 아들들 가운데 제사장의 직
분을 받은 자들은 율법을 따라 아
브라함의 허리에서 난 자라도 자기
형제인 백성에게서 십분의 일을 취
하라는 명령을 받았으나
6 레위 족보에 들지 아니한 멜기세덱
은 아브라함에게서 십분의 일을 취
하고 약속을 받은 그를 위하여 복
을 빌었나니
7 논란의 여지없이 낮은 자가 높은
자에게서 축복을 받느니라
8 또 여기는 죽을 자들이 십분의 일
을 받으나 저기는 산다고 증거를
얻은 자가 받았느니라
9 또한 십분의 일을 받는 레위도 아
브라함으로 말미암아 십분의 일을
바쳤다고 할 수 있나니
10 이는 멜기세덱이 아브라함을 만날
때에 레위는 이미 자기 조상의 허
리에 있었음이라
11 ●레위 계통의 제사 직분으로 말미
암아 온전함을 얻을 수 있었으면
(백성이 그 아래에서 율법을 받았으
니) 어찌하여 아론의 반차를 따르지
않고 멜기세덱의 반차를 따르는 다
른 한 제사장을 세울 필요가 있느냐
12 제사 직분이 바꾸어졌은즉 율법도
반드시 바꾸어지리니
13 이것은 한 사람도 제단 일을 받들
지 않는 다른 지파에 속한 자를 가
리켜 말한 것이라
14 우리 주께서는 유다로부터 나신 것
이 분명하도다 이 지파에는 모세가
제사장들에 관하여 말한 것이 하나
도 없고
15 멜기세덱과 같은 별다른 한 제사장이
일어난 것을 보니 더욱 분명하도다
16 그는 육신에 속한 한 계명의 법을
따르지 아니하고 오직 불멸의 생명
의 능력을 따라 되었으니
17 증언하기를 ㄱ네가 영원히 멜기세
덱의 반차를 따르는 제사장이라 하
였도다
18 전에 있던 계명은 연약하고 무익하
므로 폐하고
19 (율법은 아무것도 온전하게 못할지
라) 이에 더 좋은 소망이 생기니 이
것으로 우리가 하나님께 가까이 가
느니라
20 또 예수께서 제사장이 되신 것은 맹
세 없이 된 것이 아니니
21 (그들은 맹세 없이 제사장이 되었

ㄱ. 시 110:4

으되 오직 예수는 자기에게 말씀하
신 이로 말미암아 맹세로 되신 것
이라 ㄱ주께서 맹세하시고 뉘우치
지 아니하시리니 네가 영원히 제사
장이라 하셨도다)
22 이와 같이 예수는 더 좋은 언약의
보증이 되셨느니라
23 제사장 된 그들의 수효가 많은 것
은 죽음으로 말미암아 항상 있지
못함이로되
24 예수는 영원히 계시므로 그 제사장
직분도 갈리지 아니하느니라
25 그러므로 자기를 힘입어 하나님께
나아가는 자들을 온전히 구원하실
수 있으니 이는 그가 항상 살아 계
셔서 그들을 위하여 간구하심이라
26 ●이러한 대제사장은 우리에게 합
당하니 거룩하고 악이 없고 더러움
이 없고 죄인에게서 떠나 계시고
하늘보다 높이 되신 이라
27 그는 저 대제사장들이 먼저 자기
죄를 위하고 다음에 백성의 죄를
위하여 날마다 제사 드리는 것과
같이 할 필요가 없으니 이는 그가
단번에 자기를 드려 이루셨음이라
28 율법은 약점을 가진 사람들을 제사
장으로 세웠거니와 율법 후에 하신
맹세의 말씀은 영원히 온전하게 되
신 아들을 세우셨느니라

새 언약의 대제사장

8 지금 우리가 하는 말의 요점은
이러한 대제사장이 우리에게 있
다는 것이라 그는 하늘에서 지극히
크신 이의 보좌 우편에 앉으셨으니
2 성소와 참 장막에서 섬기는 이시라
이 장막은 주께서 세우신 것이요
사람이 세운 것이 아니니라
3 대제사장마다 예물과 제사 드림을
위하여 세운 자니 그러므로 그도 무
엇인가 드릴 것이 있어야 할지니라
4 예수께서 만일 땅에 계셨더라면 제
사장이 되지 아니하셨을 것이니 이
는 율법을 따라 예물을 드리는 제
사장이 있음이라
5 그들이 섬기는 것은 하늘에 있는
것의 모형과 그림자라 모세가 장막
을 지으려 할 때에 지시하심을 얻
음과 같으니 이르시되 ㄴ삼가 모든
것을 산에서 네게 보이던 본을 따
라 지으라 하셨느니라
6 그러나 이제 그는 더 아름다운 직
분을 얻으셨으니 그는 더 좋은 약
속으로 세우신 더 좋은 언약의 중
보자시라
7 저 첫 언약이 무흠하였더라면 둘째
것을 요구할 일이 없었으려니와
8 그들의 잘못을 지적하여 말씀하시되
ㄷ주께서 이르시되 볼지어다 날이
이르리니 내가 이스라엘 집과 유다
집과 더불어 새 언약을 맺으리라
9 또 주께서 이르시기를 이 언약은
내가 그들의 열조의 손을 잡고 애
굽 땅에서 인도하여 내던 날에 그
들과 맺은 언약과 같지 아니하도
다 그들은 내 언약 안에 머물러
있지 아니하므로 내가 그들을 돌
보지 아니하였노라
10 또 주께서 이르시되 그날 후에 내
가 이스라엘 집과 맺을 언약은 이
것이니 내 법을 그들의 생각에 두
고 그들의 마음에 이것을 기록하
리라 나는 그들에게 하나님이 되
고 그들은 내게 백성이 되리라
11 또 각각 자기 나라 사람과 각각
자기 형제를 가르쳐 이르기를 주
를 알라 하지 아니할 것은 그들이
작은 자로부터 큰 자까지 다 나를
앎이라
12 내가 그들의 불의를 긍휼히 여기

ㄱ. 시 110:4 ㄴ. 출 25:40 ㄷ. 렘 31:31 이하

고 그들의 죄를 다시 기억하지 아
니하리라
하셨느니라
13 새 언약이라 말씀하셨으매 첫 것은
낡아지게 하신 것이니 낡아지고 쇠
하는 것은 없어져 가는 것이니라

손으로 지은 성소와 온전한 성소

9 첫 언약에도 섬기는 예법과 세상
에 속한 성소가 있더라
2 예비한 첫 장막이 있고 그 안에 등
잔대와 상과 진설병이 있으니 이는
성소라 일컫고
3 또 둘째 휘장 뒤에 있는 장막을 지
성소라 일컫나니
4 ㄱ금 향로와 사면을 금으로 싼 언약
궤가 있고 그 안에 만나를 담은 금
항아리와 아론의 싹난 지팡이와 언
약의 돌판들이 있고
5 그 위에 속죄소를 덮는 영광의 그
룹들이 있으니 이것들에 관하여는
이제 낱낱이 말할 수 없노라
6 이 모든 것을 이같이 예비하였으니
제사장들이 항상 첫 장막에 들어가
섬기는 예식을 행하고
7 오직 둘째 장막은 대제사장이 홀로
일 년에 한 번 들어가되 자기와 백
성의 허물을 위하여 드리는 피 없
이는 아니하나니
8 성령이 이로써 보이신 것은 첫 장
막이 서 있을 동안에는 성소에 들
어가는 길이 아직 나타나지 아니한
것이라
9 이 장막은 현재까지의 비유니 이에
따라 드리는 예물과 제사는 섬기는
자를 그 양심상 온전하게 할 수 없
나니
10 이런 것은 먹고 마시는 것과 여러
가지 씻는 것과 함께 육체의 예법
일 뿐이며 개혁할 때까지 맡겨 둔
것이니라
11 ●그리스도께서는 장래 좋은 일의
대제사장으로 오사 손으로 짓지 아
니한 것 곧 이 창조에 속하지 아니한
더 크고 온전한 장막으로 말미암아
12 염소와 송아지의 피로 하지 아니하
고 오직 자기의 피로 영원한 속죄
를 이루사 단번에 성소에 들어가셨
느니라
13 염소와 황소의 피와 및 암송아지의
재를 부정한 자에게 뿌려 그 육체
를 정결하게 하여 거룩하게 하거든
14 하물며 영원하신 성령으로 말미암아
흠 없는 자기를 하나님께 드린 그리
스도의 피가 어찌 너희 양심을 죽은
행실에서 깨끗하게 하고 살아 계신
하나님을 섬기게 하지 못하겠느냐
15 이로 말미암아 그는 새 언약의 중
보자시니 이는 첫 언약 때에 범한
죄에서 속량하려고 죽으사 부르심
을 입은 자로 하여금 영원한 기업
의 약속을 얻게 하려 하심이라
16 [1]유언은 [1]유언한 자가 죽어야 되나니
17 [1]유언은 그 사람이 죽은 후에야 유
효한즉 [1]유언한 자가 살아 있는 동
안에는 효력이 없느니라
18 이러므로 첫 언약도 피 없이 세운
것이 아니니
19 모세가 율법대로 모든 계명을 온
백성에게 말한 후에 송아지와 염소
의 피 및 물과 붉은 양털과 우슬초
를 취하여 그 두루마리와 온 백성
에게 뿌리며
20 이르되 ㄴ이는 하나님이 너희에게
명하신 언약의 피라 하고
21 또한 이와 같이 피를 장막과 섬기는
일에 쓰는 모든 그릇에 뿌렸느니라
22 율법을 따라 거의 모든 물건이 피
로써 정결하게 되나니 피 흘림이
없은즉 사함이 없느니라

1) 헬, 언약 ㄱ. 대하 26:19; 겔 8:11 ㄴ. 출 24:8

그리스도의 희생으로 이루어진 속죄

23 ●그러므로 하늘에 있는 것들의 모
형은 이런 것들로써 정결하게 할
필요가 있었으나 하늘에 있는 그것
들은 이런 것들보다 더 좋은 제물
로 할지니라
24 그리스도께서는 참 것의 그림자인
손으로 만든 성소에 들어가지 아니
하시고 바로 그 하늘에 들어가사
이제 우리를 위하여 하나님 앞에
나타나시고
25 대제사장이 해마다 다른 것의 피로
써 성소에 들어가는 것같이 자주
자기를 드리려고 아니하실지니
26 그리하면 그가 세상을 창조한 때부
터 자주 고난을 받았어야 할 것이
로되 이제 자기를 단번에 제물로
드려 죄를 없이 하시려고 세상 끝
에 나타나셨느니라
27 한 번 죽는 것은 사람에게 정해진
것이요 그 후에는 심판이 있으리니
28 이와 같이 그리스도도 많은 사람의
죄를 담당하시려고 단번에 드리신
바 되셨고 구원에 이르게 하기 위
하여 죄와 상관없이 자기를 바라는
자들에게 두 번째 나타나시리라

10 율법은 장차 올 좋은 일의 그
림자일 뿐이요 참 형상이 아니
므로 해마다 늘 드리는 같은 제사
로는 나아오는 자들을 언제나 온전
하게 할 수 없느니라
2 그렇지 아니하면 섬기는 자들이 단
번에 정결하게 되어 다시 죄를 깨
닫는 일이 없으리니 어찌 제사 드
리는 일을 그치지 아니하였으리요
3 그러나 이 제사들에는 해마다 죄를
기억하게 하는 것이 있나니
4 이는 황소와 염소의 피가 능히 죄
를 없이 하지 못함이라
5 그러므로 주께서 세상에 임하실 때
에 이르시되
ㄱ하나님이 제사와 예물을 원하지
아니하시고 오직 나를 위하여 한
몸을 예비하셨도다
6 번제와 속죄제는 기뻐하지 아니
하시나니
7 이에 내가 말하기를 하나님이여
보시옵소서 두루마리 책에 나를
가리켜 기록된 것과 같이 하나님
의 뜻을 행하러 왔나이다
하셨느니라
8 위에 말씀하시기를 주께서는 제사
와 예물과 번제와 속죄제는 원하지
도 아니하고 기뻐하지도 아니하신
다 하셨고 (이는 다 율법을 따라 드
리는 것이라)
9 그 후에 말씀하시기를 보시옵소서
내가 하나님의 뜻을 행하러 왔나이
다 하셨으니 그 첫째 것을 폐하심
은 둘째 것을 세우려 하심이라
10 이 뜻을 따라 예수 그리스도의 몸
을 단번에 드리심으로 말미암아 우
리가 거룩함을 얻었노라
11 제사장마다 매일 서서 섬기며 자주
같은 제사를 드리되 이 제사는 언제
나 죄를 없게 하지 못하거니와
12 오직 그리스도는 죄를 위하여 [1]한
영원한 제사를 드리시고 하나님 우
편에 앉으사
13 그 후에 자기 원수들을 자기 발등상
이 되게 하실 때까지 기다리시나니
14 그가 거룩하게 된 자들을 한 번의 제
사로 영원히 온전하게 하셨느니라
15 또한 성령이 우리에게 증언하시되
16 ㄴ주께서 이르시되 그날 후로는
그들과 맺을 언약이 이것이라 하
시고 내 법을 그들의 마음에 두고
그들의 생각에 기록하리라

1) 또는 한 제사를 드리고 영원히 ㄱ. 시 40:6 이하 ㄴ. 렘 31:33 이하

하신 후에
17 또
그들의 죄와 그들의 불법을 내가
다시 기억하지 아니하리라
하셨으니
18 이것들을 사하셨은즉 다시 죄를 위
하여 제사 드릴 것이 없느니라

소망을 굳게 잡으라

19 ●그러므로 형제들아 우리가 예수
의 피를 힘입어 성소에 들어갈 담
력을 얻었나니
20 그 길은 우리를 위하여 휘장 가운
데로 열어 놓으신 새로운 살 길이
요 휘장은 곧 그의 육체니라
21 또 하나님의 집 다스리는 큰 제사
장이 계시매
22 우리가 마음에 뿌림을 받아 악한 양
심으로부터 벗어나고 몸은 맑은 물
로 씻음을 받았으니 참 마음과 온전
한 믿음으로 하나님께 나아가자
23 또 약속하신 이는 미쁘시니 우리가
믿는 도리의 소망을 움직이지 말며
굳게 잡고
24 서로 돌아보아 사랑과 선행을 격려
하며
25 모이기를 폐하는 어떤 사람들의 습
관과 같이 하지 말고 오직 권하여
그날이 가까움을 볼수록 더욱 그리
하자
26 ●우리가 진리를 아는 지식을 받은
후 짐짓 죄를 범한즉 다시 속죄하
는 제사가 없고
27 오직 무서운 마음으로 심판을 기다
리는 것과 대적하는 자를 태울 맹
렬한 불만 있으리라
28 모세의 법을 폐한 자도 두세 증인
으로 말미암아 불쌍히 여김을 받지
못하고 죽었거든
29 하물며 하나님의 아들을 짓밟고 자
기를 거룩하게 한 언약의 피를 부
정한 것으로 여기고 은혜의 성령을
욕되게 하는 자가 당연히 받을 형
벌은 얼마나 더 무겁겠느냐 너희는
생각하라
30 ㄱ원수 갚는 것이 내게 있으니 내가
갚으리라 하시고 또 다시 주께서
그의 백성을 심판하리라 말씀하신
것을 우리가 아노니
31 살아 계신 하나님의 손에 빠져 들
어가는 것이 무서울진저
32 ●전날에 너희가 빛을 받은 후에
고난의 큰 싸움을 견디어 낸 것을
생각하라
33 혹은 비방과 환난으로써 사람에게
구경거리가 되고 혹은 이런 형편에
있는 자들과 사귀는 자가 되었으니
34 너희가 갇힌 자를 동정하고 너희
소유를 빼앗기는 것도 기쁘게 당한
것은 더 낫고 영구한 소유가 있는
줄 앎이라
35 그러므로 너희 담대함을 버리지 말
라 이것이 큰 상을 얻게 하느니라
36 너희에게 인내가 필요함은 너희가
하나님의 뜻을 행한 후에 약속하신
것을 받기 위함이라
37 ㄴ잠시 잠깐 후면 오실 이가 오시
리니 지체하지 아니하시리라
38 나의 의인은 믿음으로 말미암아
살리라 또한 뒤로 물러가면 내 마
음이 그를 기뻐하지 아니하리라
하셨느니라
39 우리는 뒤로 물러가 멸망할 자가
아니요 오직 영혼을 구원함에 이르
는 믿음을 가진 자니라

믿음

11 믿음은 바라는 것들의 실상이
요 보이지 않는 것들의 증거니
2 선진들이 이로써 증거를 얻었느니라
3 믿음으로 모든 세계가 하나님의 말

ㄱ. 신 32:35,36 ㄴ. 합 2:3 이하

씀으로 지어진 줄을 우리가 아나니
보이는 것은 나타난 것으로 말미암
아 된 것이 아니니라
4 믿음으로 아벨은 가인보다 더 나은
제사를 하나님께 드림으로 의로운
자라 하시는 증거를 얻었으니 하나
님이 그 예물에 대하여 증언하심이
라 그가 죽었으나 그 믿음으로써
지금도 말하느니라
5 믿음으로 에녹은 죽음을 보지 않고
옮겨졌으니 하나님이 그를 옮기심
으로 다시 보이지 아니하였느니라
그는 옮겨지기 전에 하나님을 기쁘
시게 하는 자라 하는 증거를 받았
느니라
6 믿음이 없이는 하나님을 기쁘시게
하지 못하나니 하나님께 나아가는
자는 반드시 그가 계신 것과 또한
그가 자기를 찾는 자들에게 상 주
시는 이심을 믿어야 할지니라
7 믿음으로 노아는 아직 보이지 않는
일에 경고하심을 받아 경외함으로
방주를 준비하여 그 집을 구원하였
으니 이로 말미암아 세상을 정죄하
고 믿음을 따르는 의의 상속자가
되었느니라
8 믿음으로 아브라함은 부르심을 받
았을 때에 순종하여 장래의 유업으
로 받을 땅에 나아갈새 갈 바를 알
지 못하고 나아갔으며
9 믿음으로 그가 이방의 땅에 있는
것같이 약속의 땅에 거류하여 동일
한 약속을 유업으로 함께 받은 이
삭 및 야곱과 더불어 장막에 거하
였으니
10 이는 그가 하나님이 계획하시고 지
으실 터가 있는 성을 바랐음이라
11 믿음으로 사라 자신도 나이가 많아
단산하였으나 잉태할 수 있는 힘을
얻었으니 이는 약속하신 이를 미쁘
신 줄 알았음이라
12 이러므로 죽은 자와 같은 한 사람
으로 말미암아 하늘의 허다한 별과
또 해변의 무수한 모래와 같이 많
은 후손이 생육하였느니라
13 ●이 사람들은 다 믿음을 따라 죽
었으며 약속을 받지 못하였으되 그
것들을 멀리서 보고 환영하며 또
땅에서는 외국인과 나그네임을 증
언하였으니
14 그들이 이같이 말하는 것은 자기들
이 본향 찾는 자임을 나타냄이라
15 그들이 나온 바 본향을 생각하였더
라면 돌아갈 기회가 있었으려니와
16 그들이 이제는 더 나은 본향을 사
모하니 곧 하늘에 있는 것이라 이
러므로 하나님이 그들의 하나님이
라 일컬음 받으심을 부끄러워하지
아니하시고 그들을 위하여 한 성을
예비하셨느니라
17 ●아브라함은 시험을 받을 때에 믿
음으로 이삭을 드렸으니 그는 약속
들을 받은 자로되 그 외아들을 드
렸느니라
18 [1]그에게 이미 말씀하시기를 ㄱ네 [2]자
손이라 칭할 자는 이삭으로 말미암
으리라 하셨으니
19 그가 하나님이 능히 이삭을 죽은
자 가운데서 다시 살리실 줄로 생
각한지라 비유컨대 그를 죽은 자
가운데서 도로 받은 것이니라
20 믿음으로 이삭은 장차 있을 일에
대하여 야곱과 에서에게 축복하였
으며
21 믿음으로 야곱은 죽을 때에 요셉의
각 아들에게 축복하고 그 지팡이
머리에 의지하여 경배하였으며
22 믿음으로 요셉은 임종시에 이스라
엘 자손들이 떠날 것을 말하고 또

1) 또는 그에게 대하여 2) 헬, 씨 ㄱ. 창 21:12

자기 뼈를 위하여 명하였으며
23 믿음으로 모세가 났을 때에 그 부
모가 아름다운 아이임을 보고 석
달 동안 숨겨 왕의 명령을 무서워
하지 아니하였으며
24 믿음으로 모세는 장성하여 바로의
공주의 아들이라 칭함 받기를 거절
하고
25 도리어 하나님의 백성과 함께 고난
받기를 잠시 죄악의 낙을 누리는
것보다 더 좋아하고
26 그리스도를 위하여 받는 수모를 애
굽의 모든 보화보다 더 큰 재물로 여
겼으니 이는 상 주심을 바라봄이라
27 믿음으로 애굽을 떠나 왕의 노함을
무서워하지 아니하고 곧 보이지 아
니하는 자를 보는 것같이 하여 참
았으며
28 믿음으로 유월절과 피 뿌리는 예식
을 정하였으니 이는 장자를 멸하는
자로 그들을 건드리지 않게 하려
한 것이며
29 믿음으로 그들은 홍해를 육지같이
건넜으나 애굽 사람들은 이것을 시
험하다가 빠져 죽었으며
30 믿음으로 칠 일 동안 여리고를 도
니 성이 무너졌으며
31 믿음으로 기생 라합은 정탐꾼을 평
안히 영접하였으므로 순종하지 아
니한 자와 함께 멸망하지 아니하였
도다
32 내가 무슨 말을 더 하리요 기드온,
바락, 삼손, 입다, 다윗 및 사무엘과
선지자들의 일을 말하려면 내게 시
간이 부족하리로다
33 그들은 믿음으로 나라들을 이기기
도 하며 의를 행하기도 하며 약속
을 받기도 하며 사자들의 입을 막
기도 하며
34 불의 세력을 멸하기도 하며 칼날을
피하기도 하며 연약한 가운데서 강
하게 되기도 하며 전쟁에 용감하게
되어 이방 사람들의 진을 물리치기
도 하며
35 여자들은 자기의 죽은 자들을 부활
로 받아들이기도 하며 또 어떤 이
들은 더 좋은 부활을 얻고자 하여
심한 고문을 받되 구차히 풀려나기
를 원하지 아니하였으며
36 또 어떤 이들은 조롱과 채찍질뿐
아니라 결박과 옥에 갇히는 시련도
받았으며
37 돌로 치는 것과 톱으로 켜는 것과
시험과 칼로 죽임을 당하고 양과
염소의 가죽을 입고 유리하여 궁핍
과 환난과 학대를 받았으니
38 (이런 사람은 세상이 감당하지 못
하느니라) 그들이 광야와 산과 동
굴과 토굴에 유리하였느니라
39 이 사람들은 다 믿음으로 말미암아
증거를 받았으나 약속된 것을 받지
못하였으니
40 이는 하나님이 우리를 위하여 더
좋은 것을 예비하셨은즉 우리가 아
니면 그들로 온전함을 이루지 못하
게 하려 하심이라

주께서 주시는 징계

12 이러므로 우리에게 구름같이
둘러싼 허다한 증인들이 있으
니 모든 [1]무거운 것과 얽매이기 쉬
운 죄를 벗어 버리고 인내로써 우
리 앞에 당한 경주를 하며
2 믿음의 주요 또 온전하게 하시는 이
인 예수를 바라보자 그는 그 앞에 있
는 기쁨을 위하여 십자가를 참으사
부끄러움을 개의치 아니하시더니
하나님 보좌 우편에 앉으셨느니라
3 너희가 피곤하여 낙심하지 않기 위
하여 죄인들이 이같이 자기에게 거

1) 또는 거리끼는

역한 일을 참으신 이를 생각하라
4 너희가 죄와 싸우되 아직 피 흘리
기까지는 대항하지 아니하고
5 또 아들들에게 권하는 것같이 너희
에게 권면하신 말씀도 잊었도다 일
렀으되
ㄱ내 아들아 주의 징계하심을 경
히 여기지 말며 그에게 꾸지람을
받을 때에 낙심하지 말라
6 주께서 그 사랑하시는 자를 징계
하시고 그가 받아들이시는 아들
마다 채찍질하심이라
하였으니
7 너희가 참음은 징계를 받기 위함이
라 하나님이 아들과 같이 너희를
대우하시나니 어찌 아버지가 징계
하지 않는 아들이 있으리요
8 징계는 다 받는 것이거늘 너희에게
없으면 사생자요 친아들이 아니니라
9 또 우리 육신의 아버지가 우리를
징계하여도 공경하였거든 하물며
모든 영의 아버지께 더욱 복종하며
살려 하지 않겠느냐
10 그들은 잠시 자기의 뜻대로 우리를
징계하였거니와 오직 하나님은 우
리의 유익을 위하여 그의 거룩하심
에 참여하게 하시느니라
11 무릇 징계가 당시에는 즐거워 보이
지 않고 슬퍼 보이나 후에 그로 말
미암아 연단 받은 자들은 의와 평
강의 열매를 맺느니라
12 그러므로 피곤한 손과 연약한 무릎
을 일으켜 세우고
13 너희 발을 위하여 곧은 길을 만들
어 저는 다리로 하여금 어그러지지
않고 고침을 받게 하라

하나님의 은혜를 거역한 자들에게 주는 경고

14 ●모든 사람과 더불어 화평함과 거
룩함을 따르라 이것이 없이는 아무
도 주를 보지 못하리라
15 너희는 하나님의 은혜에 이르지 못
하는 자가 없도록 하고 또 쓴 뿌리가
나서 괴롭게 하여 많은 사람이 이로
말미암아 더럽게 되지 않게 하며
16 음행하는 자와 혹 한 그릇 음식을
위하여 장자의 명분을 판 에서와
같이 망령된 자가 없도록 살피라
17 너희가 아는 바와 같이 그가 그 후
에 축복을 이어받으려고 눈물을 흘
리며 구하되 버린 바가 되어 회개
할 기회를 얻지 못하였느니라
18 ●너희는 만질 수 있고 불이 붙는
산과 침침함과 흑암과 폭풍과
19 나팔 소리와 말하는 소리가 있는
곳에 이른 것이 아니라 그 소리를
듣는 자들은 더 말씀하지 아니하시
기를 구하였으니
20 이는 ㄴ짐승이라도 그 산에 들어가
면 돌로 침을 당하리라 하신 명령
을 그들이 견디지 못함이라
21 그 보이는 바가 이렇듯 무섭기로
모세도 이르되 ㄷ내가 심히 두렵고
떨린다 하였느니라
22 그러나 너희가 이른 곳은 시온 산
과 살아 계신 하나님의 도성인 하
늘의 예루살렘과 천만 천사와
23 하늘에 기록된 장자들의 모임과 교
회와 만민의 심판자이신 하나님과
및 온전하게 된 의인의 영들과
24 새 언약의 중보자이신 예수와 및
아벨의 피보다 더 나은 것을 말하
는 뿌린 피니라
25 너희는 삼가 말씀하신 이를 거역하
지 말라 땅에서 경고하신 이를 거
역한 그들이 피하지 못하였거든 하
물며 하늘로부터 경고하신 이를 배
반하는 우리일까 보냐
26 그때에는 그 소리가 땅을 진동하였
거니와 이제는 약속하여 이르시되

ㄱ. 잠 3:11,12 ㄴ. 출 19:12 ㄷ. 신 9:19

[ㄱ]내가 또 한 번 땅만 아니라 하늘
도 진동하리라 하셨느니라
27 이 또 한 번이라 하심은 진동하지
아니하는 것을 영존하게 하기 위하
여 진동할 것들 곧 만드신 것들이
변동될 것을 나타내심이라
28 그러므로 우리가 흔들리지 않는 나
라를 받았은즉 [1]은혜를 [2]받자 이로
말미암아 경건함과 두려움으로 하
나님을 기쁘시게 섬길지니
29 우리 하나님은 소멸하는 불이심이
라

하나님이 기뻐하시는 제사

13 형제 사랑하기를 계속하고
2 손님 대접하기를 잊지 말라
이로써 부지중에 천사들을 대접한
이들이 있었느니라
3 너희도 함께 갇힌 것같이 갇힌 자
를 생각하고 너희도 몸을 가졌은즉
학대받는 자를 생각하라
4 [3]모든 사람은 결혼을 귀히 여기고
침소를 더럽히지 않게 하라 음행하
는 자들과 간음하는 자들을 하나님
이 심판하시리라
5 돈을 사랑하지 말고 있는 바를 족
한 줄로 알라 그가 친히 말씀하시
기를 [ㄴ]내가 결코 너희를 버리지 아
니하고 너희를 떠나지 아니하리라
하셨느니라
6 그러므로 우리가 담대히 말하되
[ㄷ]주는 나를 돕는 이시니 내가 무
서워하지 아니하겠노라 사람이
내게 어찌하리요
하노라
7 하나님의 말씀을 너희에게 일러 주
고 너희를 인도하던 자들을 생각하
며 그들의 행실의 결말을 주의하여
보고 그들의 믿음을 본받으라
8 예수 그리스도는 어제나 오늘이나
영원토록 동일하시니라
9 여러 가지 다른 교훈에 끌리지 말
라 마음은 은혜로써 굳게 함이 아
름답고 음식으로써 할 것이 아니니
음식으로 말미암아 행한 자는 유익
을 얻지 못하였느니라
10 우리에게 제단이 있는데 장막에서
섬기는 자들은 그 제단에서 먹을
권한이 없나니
11 이는 죄를 위한 짐승의 피는 대제
사장이 가지고 성소에 들어가고 그
육체는 영문 밖에서 불사름이라
12 그러므로 예수도 자기 피로써 백성
을 거룩하게 하려고 성문 밖에서
고난을 받으셨느니라
13 그런즉 우리도 그의 치욕을 짊어지
고 영문 밖으로 그에게 나아가자
14 우리가 여기에는 영구한 도성이 없
으므로 장차 올 것을 찾나니
15 그러므로 우리는 예수로 말미암아
항상 찬송의 제사를 하나님께 드리
자 이는 그 이름을 증언하는 입술
의 열매니라
16 오직 선을 행함과 서로 나누어 주
기를 잊지 말라 하나님은 이같은
제사를 기뻐하시느니라
17 너희를 인도하는 자들에게 순종하
고 복종하라 그들은 너희 영혼을 위
하여 경성하기를 자신들이 청산할
자인 것같이 하느니라 그들로 하여
금 즐거움으로 이것을 하게 하고
근심으로 하게 하지 말라 그렇지
않으면 너희에게 유익이 없느니라
18 ●우리를 위하여 기도하라 우리가
모든 일에 선하게 행하려 하므로
우리에게 선한 양심이 있는 줄을
확신하노니
19 내가 더 속히 너희에게 돌아가기

1) 또는 감사하자 2) 어떤 사본에, 받아 3) 또는 사람에게 혼인은 귀하니 침소가 더러운 것이 아니라 ㄱ. 학 2:6 ㄴ. 신 31:6; 수 1:5 ㄷ. 시 118:6

위하여 너희가 기도하기를 더욱 원
하노라

축복과 끝 인사

20 ●양들의 큰 목자이신 우리 주 예
수를 영원한 언약의 피로 죽은 자
가운데서 이끌어 내신 평강의 하나
님이
21 모든 선한 일에 너희를 온전하게
하사 자기 뜻을 행하게 하시고 그
앞에 즐거운 것을 예수 그리스도로
말미암아 우리 가운데서 이루시기
를 원하노라 영광이 그에게 세세무
궁토록 있을지어다 아멘
22 ●형제들아 내가 너희를 권하노니
권면의 말을 용납하라 내가 간단히
너희에게 썼느니라
23 우리 형제 디모데가 놓인 것을 너
희가 알라 그가 속히 오면 내가 그
와 함께 가서 너희를 보리라
24 ●너희를 인도하는 자들과 및 모든
성도들에게 문안하라 이달리야에
서 온 자들도 너희에게 문안하느니
라
25 ●은혜가 너희 모든 사람에게 있을
지어다[1)]

1) 어떤 사본에, 25절 끝에 '아멘'이 있음

야고보서

James

인사

1 하나님과 주 예수 그리스도의 종
야고보는 흩어져 있는 열두 지파
에게 문안하노라

믿음과 지혜

2 ●내 형제들아 너희가 여러 가지 시
험을 당하거든 온전히 기쁘게 여기라
3 이는 너희 믿음의 시련이 인내를
만들어 내는 줄 너희가 앎이라
4 인내를 온전히 이루라 이는 너희로
온전하고 구비하여 조금도 부족함
이 없게 하려 함이라
5 ●너희 중에 누구든지 지혜가 부족
하거든 모든 사람에게 후히 주시고
꾸짖지 아니하시는 하나님께 구하
라 그리하면 주시리라
6 오직 믿음으로 구하고 조금도 의심
하지 말라 의심하는 자는 마치 바
람에 밀려 요동하는 바다 물결 같
으니
7 이런 사람은 무엇이든지 주께 얻기
를 생각하지 말라
8 두 마음을 품어 모든 일에 정함이
없는 자로다

낮은 형제, 부한 자

9 ●낮은 형제는 자기의 높음을 자랑
하고
10 부한 자는 자기의 낮아짐을 자랑할
지니 이는 그가 풀의 꽃과 같이 지
나감이라
11 해가 돋고 뜨거운 바람이 불어 풀
을 말리면 꽃이 떨어져 그 모양의
아름다움이 없어지나니 부한 자도
그 행하는 일에 이와 같이 쇠잔하
리라

시험에 견디어 낸 자

12 ●시험을 참는 자는 복이 있나니
이는 시련을 견디어 낸 자가 주께
서 자기를 사랑하는 자들에게 약속
하신 생명의 면류관을 얻을 것이기
때문이라
13 사람이 시험을 받을 때에 내가 하
나님께 시험을 받는다 하지 말지니
하나님은 악에게 시험을 받지도 아

니하시고 친히 아무도 시험하지 아
니하시느니라
14 오직 각 사람이 시험을 받는 것은
자기 욕심에 끌려 미혹됨이니
15 욕심이 잉태한즉 죄를 낳고 죄가
장성한즉 사망을 낳느니라
16 내 사랑하는 형제들아 속지 말라
17 온갖 좋은 은사와 온전한 선물이
다 위로부터 빛들의 아버지께로부
터 내려오나니 그는 변함도 없으시
고 회전하는 그림자도 없으시니라
18 그가 그 피조물 중에 우리로 한 첫
열매가 되게 하시려고 자기의 뜻을
따라 진리의 말씀으로 우리를 낳으
셨느니라

말씀을 들음과 행함

19 ●내 사랑하는 형제들아 너희가 알
지니 사람마다 듣기는 속히 하고
말하기는 더디 하며 성내기도 더디
하라
20 사람이 성내는 것이 하나님의 의를
이루지 못함이라
21 그러므로 모든 더러운 것과 넘치는
악을 내버리고 너희 영혼을 능히
구원할 바 마음에 심어진 말씀을
온유함으로 받으라
22 너희는 말씀을 행하는 자가 되고
듣기만 하여 자신을 속이는 자가
되지 말라
23 누구든지 말씀을 듣고 행하지 아니
하면 그는 거울로 자기의 생긴 얼
굴을 보는 사람과 같아서
24 제 자신을 보고 가서 그 모습이 어
떠했는지를 곧 잊어버리거니와
25 자유롭게 하는 온전한 율법을 들여
다보고 있는 자는 듣고 잊어버리는
자가 아니요 실천하는 자니 이 사람
은 그 행하는 일에 복을 받으리라
26 누구든지 스스로 경건하다 생각하
며 자기 혀를 재갈 물리지 아니하
고 자기 마음을 속이면 이 사람의
경건은 헛것이라
27 하나님 아버지 앞에서 정결하고 더
러움이 없는 경건은 곧 고아와 과
부를 그 환난 중에 돌보고 또 자기
를 지켜 세속에 물들지 아니하는
그것이니라

차별하여 대하지 말라

2 내 형제들아 영광의 주 곧 우리
주 예수 그리스도에 대한 믿음을
너희가 가졌으니 사람을 차별하여
대하지 말라
2 만일 너희 회당에 금 가락지를 끼
고 아름다운 옷을 입은 사람이 들
어오고 또 남루한 옷을 입은 가난
한 사람이 들어올 때에
3 너희가 아름다운 옷을 입은 자를
눈여겨 보고 말하되 여기 좋은 자
리에 앉으소서 하고 또 가난한 자
에게 말하되 너는 거기 서 있든지
내 발등상 아래에 앉으라 하면
4 너희끼리 서로 차별하며 악한 생각
으로 판단하는 자가 되는 것이 아
니냐
5 내 사랑하는 형제들아 들을지어다
하나님이 세상에서 가난한 자를 택
하사 믿음에 부요하게 하시고 또
자기를 사랑하는 자들에게 약속하
신 나라를 상속으로 받게 하지 아
니하셨느냐
6 너희는 도리어 가난한 자를 업신여
겼도다 부자는 너희를 억압하며 법
정으로 끌고 가지 아니하느냐
7 그들은 너희에게 대하여 일컫는 바
그 아름다운 이름을 비방하지 아니
하느냐
8 너희가 만일 성경에 기록된 대로 ㄱ네
이웃 사랑하기를 네 몸과 같이 하라
하신 최고의 법을 지키면 잘하는

ㄱ. 레 19:18

것이거니와
9 만일 너희가 사람을 차별하여 대하
면 죄를 짓는 것이니 율법이 너희
를 범법자로 정죄하리라
10 누구든지 온 율법을 지키다가 그 하
나를 범하면 모두 범한 자가 되나니
11 ㄱ간음하지 말라 하신 이가 또한 살
인하지 말라 하셨은즉 네가 비록
간음하지 아니하여도 살인하면 율
법을 범한 자가 되느니라
12 너희는 자유의 율법대로 심판 받을
자처럼 말도 하고 행하기도 하라
13 긍휼을 행하지 아니하는 자에게는
긍휼 없는 심판이 있으리라 긍휼은
심판을 이기고 자랑하느니라

행함이 없는 믿음은 죽은 것

14 ●내 형제들아 만일 사람이 믿음이
있노라 하고 행함이 없으면 무슨
유익이 있으리요 그 믿음이 능히
자기를 구원하겠느냐
15 만일 형제나 자매가 헐벗고 일용할
양식이 없는데
16 너희 중에 누구든지 그에게 이르되
평안히 가라, 덥게 하라, 배부르게
하라 하며 그 몸에 쓸 것을 주지 아
니하면 무슨 유익이 있으리요
17 이와 같이 행함이 없는 믿음은 그
자체가 죽은 것이라
18 어떤 사람은 말하기를 너는 믿음이
있고 나는 행함이 있으니 행함이
없는 네 믿음을 내게 보이라 나는
행함으로 내 믿음을 네게 보이리라
하리라
19 네가 하나님은 한 분이신 줄을 믿
느냐 잘하는도다 귀신들도 믿고 떠
느니라
20 아아 허탄한 사람아 행함이 없는
믿음이 헛것인 줄을 알고자 하느냐
21 우리 조상 아브라함이 그 아들 이
삭을 제단에 바칠 때에 행함으로
의롭다 하심을 받은 것이 아니냐
22 네가 보거니와 믿음이 그의 행함과
함께 일하고 행함으로 믿음이 온전
하게 되었느니라
23 이에 성경에 이른 바 ㄴ아브라함이
하나님을 믿으니 이것을 의로 여기
셨다는 말씀이 이루어졌고 그는 하
나님의 벗이라 칭함을 받았나니
24 이로 보건대 사람이 행함으로 의롭
다 하심을 받고 믿음으로만은 아니
니라
25 또 이와 같이 기생 라합이 사자들
을 접대하여 다른 길로 나가게 할
때에 행함으로 의롭다 하심을 받은
것이 아니냐
26 영혼 없는 몸이 죽은 것같이 행함
이 없는 믿음은 죽은 것이니라

말에 실수가 없도록 하라

3 내 형제들아 너희는 선생된 우리
가 더 큰 심판을 받을 줄 알고 선
생이 많이 되지 말라
2 우리가 다 실수가 많으니 만일 말에
실수가 없는 자라면 곧 온전한 사람
이라 능히 온 몸도 굴레 씌우리라
3 우리가 말들의 입에 1)재갈 물리는
것은 우리에게 순종하게 하려고 그
온 몸을 제어하는 것이라
4 또 배를 보라 그렇게 크고 광풍에
밀려가는 것들을 지극히 작은 키로
써 사공의 뜻대로 운행하나니
5 이와 같이 혀도 작은 지체로되 큰
것을 자랑하도다 보라 얼마나 작은
불이 얼마나 2)많은 나무를 태우는가
6 혀는 곧 불이요 불의의 세계라 혀는
우리 지체 중에서 온 몸을 더럽히고
삶의 수레바퀴를 불사르나니 그 사
르는 것이 지옥 불에서 나느니라
7 여러 종류의 짐승과 새와 벌레와

1) 헬, 굴레 씌우는 것은 2) 또는 큰 수풀을 ㄱ. 출 20:13,14; 신 5:17 ㄴ. 사 41:8; 대하 20:7

바다의 생물은 다 사람이 길들일
수 있고 길들여 왔거니와
8 혀는 능히 길들일 사람이 없나니
쉬지 아니하는 악이요 죽이는 독이
가득한 것이라
9 이것으로 우리가 주 아버지를 찬송
하고 또 이것으로 하나님의 형상대
로 지음을 받은 사람을 저주하나니
10 한 입에서 찬송과 저주가 나오는도
다 내 형제들아 이것이 마땅하지
아니하니라
11 샘이 한 구멍으로 어찌 단물과 쓴
물을 내겠느냐
12 내 형제들아 어찌 무화과나무가 감
람 열매를, 포도나무가 무화과를
맺겠느냐 이와 같이 짠물이 단물을
내지 못하느니라

위로부터 난 지혜

13 ●너희 중에 지혜와 총명이 있는
자가 누구냐 그는 선행으로 말미암
아 지혜의 온유함으로 그 행함을
보일지니라
14 그러나 너희 마음속에 독한 시기와
다툼이 있으면 자랑하지 말라 진리
를 거슬러 거짓말하지 말라
15 이러한 지혜는 위로부터 내려온 것
이 아니요 땅 위의 것이요 정욕의
것이요 귀신의 것이니
16 시기와 다툼이 있는 곳에는 혼란과
모든 악한 일이 있음이라
17 오직 위로부터 난 지혜는 첫째 성
결하고 다음에 화평하고 관용하고
양순하며 긍휼과 선한 열매가 가득
하고 편견과 거짓이 없나니
18 화평하게 하는 자들은 화평으로 심
어 의의 열매를 거두느니라

세상과 벗하지 말라

4 너희 중에 싸움이 어디로부터 다
툼이 어디로부터 나느냐 너희 지
체 중에서 싸우는 정욕으로부터 나
는 것이 아니냐
2 너희는 욕심을 내어도 얻지 못하여
살인하며 시기하여도 능히 취하지
못하므로 다투고 싸우는도다 너희
가 얻지 못함은 구하지 아니하기
때문이요
3 구하여도 받지 못함은 정욕으로 쓰
려고 잘못 구하기 때문이라
4 [1]간음한 여인들아 세상과 벗된 것
이 하나님과 원수 됨을 알지 못하
느냐 그런즉 누구든지 세상과 벗이
되고자 하는 자는 스스로 하나님과
원수 되는 것이니라
5 너희는 하나님이 우리 속에 거하게
하신 성령이 시기하기까지 사모한
다 하신 말씀을 헛된 줄로 생각하
느냐
6 그러나 더욱 큰 은혜를 주시나니
그러므로 일렀으되 ㄱ하나님이 교
만한 자를 물리치시고 겸손한 자에
게 은혜를 주신다 하였느니라
7 그런즉 너희는 하나님께 복종할지
어다 마귀를 대적하라 그리하면 너
희를 피하리라
8 하나님을 가까이하라 그리하면 너
희를 가까이하시리라 죄인들아 손
을 깨끗이 하라 두 마음을 품은 자
들아 마음을 성결하게 하라
9 슬퍼하며 애통하며 울지어다 너희
웃음을 애통으로, 너희 즐거움을
근심으로 바꿀지어다
10 주 앞에서 낮추라 그리하면 주께서
너희를 높이시리라

서로 비방하지 말라

11 ●형제들아 서로 비방하지 말라 형
제를 비방하는 자나 형제를 판단하
는 자는 곧 율법을 비방하고 율법
을 판단하는 것이라 네가 만일 율
법을 판단하면 율법의 준행자가 아

1) 또는 간음한 사람들아 ㄱ. 잠 3:34

니요 재판관이로다
12 입법자와 재판관은 오직 한 분이시
니 능히 구원하기도 하시며 멸하기
도 하시느니라 너는 누구이기에 이
웃을 판단하느냐

허탄한 생각을 경고하다

13 ●들으라 너희 중에 말하기를 오늘
이나 내일이나 우리가 어떤 도시에
가서 거기서 일 년을 머물며 장사
하여 이익을 보리라 하는 자들아
14 내일 일을 너희가 알지 못하는도다
너희 생명이 무엇이냐 너희는 잠깐
보이다가 없어지는 안개니라
15 너희가 도리어 말하기를 주의 뜻이
면 우리가 살기도 하고 이것이나
저것을 하리라 할 것이거늘
16 이제도 너희가 허탄한 자랑을 하니
그러한 자랑은 다 악한 것이라
17 그러므로 사람이 선을 행할 줄 알
고도 행하지 아니하면 죄니라

부한 자에게 주는 경고

5 들으라 부한 자들아 너희에게 임
할 고생으로 말미암아 울고 통곡
하라
2 너희 재물은 썩었고 너희 옷은 좀
먹었으며
3 너희 금과 은은 녹이 슬었으니 이
녹이 너희에게 증거가 되며 불같이
너희 살을 먹으리라 너희가 말세에
재물을 쌓았도다
4 보라 너희 밭에서 추수한 품꾼에게
주지 아니한 삯이 소리 지르며 그
추수한 자의 우는 소리가 만군의
주의 귀에 들렸느니라
5 너희가 땅에서 사치하고 방종하여
살륙의 날에 너희 마음을 살찌게
하였도다
6 너희는 의인을 정죄하고 죽였으나
그는 너희에게 대항하지 아니하였
느니라

인내와 기도

7 ●그러므로 형제들아 주께서 강림
하시기까지 길이 참으라 보라 농부
가 땅에서 나는 귀한 열매를 바라
고 길이 참아 이른 비와 늦은 비를
기다리나니
8 너희도 길이 참고 마음을 굳건하게
하라 주의 강림이 가까우니라
9 형제들아 서로 원망하지 말라 그리
하여야 심판을 면하리라 보라 심판
주가 문 밖에 서 계시니라
10 형제들아 주의 이름으로 말한 선지
자들을 고난과 오래 참음의 본으로
삼으라
11 보라 인내하는 자를 우리가 복되다
하나니 너희가 욥의 인내를 들었고
주께서 주신 결말을 보았거니와 주
는 가장 자비하시고 긍휼히 여기시
는 이시니라
12 ●내 형제들아 무엇보다도 맹세하
지 말지니 하늘로나 땅으로나 아무
다른 것으로도 맹세하지 말고 오직
너희가 그렇다고 생각하는 것은 그
렇다 하고 아니라고 생각하는 것은
아니라 하여 정죄 받음을 면하라
13 ●너희 중에 고난 당하는 자가 있
느냐 그는 기도할 것이요 즐거워하
는 자가 있느냐 그는 찬송할지니라
14 너희 중에 병든 자가 있느냐 그는
교회의 장로들을 청할 것이요 그들
은 주의 이름으로 기름을 바르며
그를 위하여 기도할지니라
15 믿음의 기도는 병든 자를 구원하리
니 주께서 그를 일으키시리라 혹시
죄를 범하였을지라도 사하심을 받
으리라
16 그러므로 너희 죄를 서로 고백하며
병이 낫기를 위하여 서로 기도하라
의인의 간구는 역사하는 힘이 큼이
니라

17 엘리야는 우리와 성정이 같은 사람
이로되 그가 비가 오지 않기를 간
절히 기도한즉 삼 년 육 개월 동안
땅에 비가 오지 아니하고
18 다시 기도하니 하늘이 비를 주고
땅이 열매를 맺었느니라
19 ●내 형제들아 너희 중에 미혹되어
진리를 떠난 자를 누가 돌아서게
하면
20 너희가 알 것은 죄인을 미혹된 길
에서 돌아서게 하는 자가 그의 영
혼을 사망에서 구원할 것이며 허다
한 죄를 덮을 것임이라

베드로전서

1 Peter

인사

1 예수 그리스도의 사도 베드로는
본도, 갈라디아, 갑바도기아, 아시
아와 비두니아에 흩어진 나그네
2 곧 하나님 아버지의 미리 아심을
따라 성령이 거룩하게 하심으로 순
종함과 예수 그리스도의 피 뿌림을
얻기 위하여 택하심을 받은 자들에
게 편지하노니 은혜와 평강이 너희
에게 더욱 많을지어다

산 소망

3 ●우리 주 예수 그리스도의 아버지
하나님을 찬송하리로다 그의 많으
신 긍휼대로 예수 그리스도를 죽은
자 가운데서 부활하게 하심으로 말
미암아 우리를 거듭나게 하사 산
소망이 있게 하시며
4 썩지 않고 더럽지 않고 쇠하지 아
니하는 유업을 잇게 하시나니 곧
너희를 위하여 하늘에 간직하신 것
이라
5 너희는 말세에 나타내기로 예비하
신 구원을 얻기 위하여 믿음으로
말미암아 하나님의 능력으로 보호
하심을 받았느니라
6 그러므로 너희가 이제 여러 가지
시험으로 말미암아 잠깐 근심하게
되지 않을 수 없으나 오히려 크게
기뻐하는도다
7 너희 믿음의 확실함은 불로 연단하
여도 없어질 금보다 더 귀하여 예
수 그리스도께서 나타나실 때에 칭
찬과 영광과 존귀를 얻게 할 것이
니라
8 예수를 너희가 보지 못하였으나 사
랑하는도다 이제도 보지 못하나 믿
고 말할 수 없는 영광스러운 즐거
움으로 기뻐하니
9 믿음의 결국 곧 영혼의 구원을 받
음이라
10 이 구원에 대하여는 너희에게 임할
은혜를 예언하던 선지자들이 연구
하고 부지런히 살펴서
11 자기 속에 계신 그리스도의 영이 그
받으실 고난과 후에 받으실 영광을
미리 증언하여 누구를 또는 어떠한
때를 지시하시는지 상고하니라
12 이 섬긴 바가 자기를 위한 것이 아
니요 너희를 위한 것임이 계시로
알게 되었으니 이것은 하늘로부터
보내신 성령을 힘입어 복음을 전하
는 자들로 이제 너희에게 알린 것
이요 천사들도 살펴 보기를 원하는
것이니라

모든 행실에 거룩한 자가 되라

13 ●그러므로 너희 마음의 허리를 동

이고 근신하여 예수 그리스도께서
나타나실 때에 너희에게 가져다 주
실 은혜를 온전히 바랄지어다
14 너희가 순종하는 자식처럼 전에 알
지 못할 때에 따르던 너희 사욕을
본받지 말고
15 오직 너희를 부르신 거룩한 이처럼
너희도 모든 행실에 거룩한 자가
되라
16 기록되었으되 ㄱ내가 거룩하니 너
희도 거룩할지어다 하셨느니라
17 외모로 보시지 않고 각 사람의 행
위대로 심판하시는 이를 너희가 아
버지라 부른즉 너희가 나그네로 있
을 때를 두려움으로 지내라
18 너희가 알거니와 너희 조상이 물려
준 헛된 행실에서 대속함을 받은
것은 은이나 금같이 [1]없어질 것으
로 된 것이 아니요
19 오직 흠 없고 점 없는 어린 양 같은
그리스도의 보배로운 피로 된 것이
니라
20 그는 창세 전부터 미리 알린 바 되
신 이나 이 말세에 너희를 위하여
나타내신 바 되었으니
21 너희는 그를 죽은 자 가운데서 살
리시고 영광을 주신 하나님을 그리
스도로 말미암아 믿는 자니 너희
믿음과 소망이 하나님께 있게 하셨
느니라
22 너희가 진리를 순종함으로 너희 영
혼을 깨끗하게 하여 거짓이 없이
형제를 사랑하기에 이르렀으니 마
음으로 뜨겁게 서로 사랑하라
23 너희가 거듭난 것은 썩어질 씨로
된 것이 아니요 썩지 아니할 씨로
된 것이니 살아 있고 항상 있는 하
나님의 말씀으로 되었느니라
24 그러므로
ㄴ모든 육체는 풀과 같고 그 모든
영광은 풀의 꽃과 같으니 풀은 마
르고 꽃은 떨어지되
25 오직 주의 말씀은 세세토록 있도다
하였으니 너희에게 전한 복음이 곧
이 말씀이니라

산 돌과 하나님의 백성

2 그러므로 모든 악독과 모든 기만
과 외식과 시기와 모든 비방하는
말을 버리고
2 갓난 아기들같이 순전하고 신령한
젖을 사모하라 이는 그로 말미암아
너희로 구원에 이르도록 자라게 하
려 함이라
3 너희가 주의 인자하심을 맛보았으
면 그리하라
4 사람에게는 버린 바가 되었으나 하
나님께는 택하심을 입은 보배로운
산 돌이신 예수께 나아가
5 너희도 산 돌같이 신령한 집으로
세워지고 예수 그리스도로 말미암
아 하나님이 기쁘게 받으실 신령한
제사를 드릴 거룩한 제사장이 될지
니라
6 성경에 기록되었으되
ㄷ보라 내가 택한 보배로운 모퉁잇
돌을 시온에 두노니 그를 믿는 자
는 부끄러움을 당하지 아니하리라
하였으니
7 그러므로 믿는 너희에게는 보배이
나 믿지 아니하는 자에게는
ㄹ건축자들이 버린 그 돌이 모퉁
이의 머릿돌이 되고
8 또한
ㅁ부딪치는 돌과 걸려 넘어지게
하는 바위가 되었다
하였느니라 그들이 말씀을 순종하
지 아니하므로 넘어지나니 이는 그
들을 이렇게 정하신 것이라

1) 헬, 썩어질 것으로 ㄱ. 레 11:44; 19:2; 20:7 ㄴ. 사 40:6 이하 ㄷ. 사 28:16 ㄹ. 시 118:22 ㅁ. 사 8:14

9 그러나 너희는 택하신 족속이요 왕
같은 제사장들이요 거룩한 나라요
그의 소유가 된 백성이니 이는 너
희를 어두운 데서 불러내어 그의
기이한 빛에 들어가게 하신 이의
아름다운 덕을 선포하게 하려 하심
이라
10 너희가 전에는 백성이 아니더니 이
제는 하나님의 백성이요 전에는 긍
휼을 얻지 못하였더니 이제는 긍휼
을 얻은 자니라

하나님의 종과 같이 하라

11 ●사랑하는 자들아 거류민과 나그
네 같은 너희를 권하노니 영혼을
거슬러 싸우는 육체의 정욕을 제어
하라
12 너희가 이방인 중에서 행실을 선하
게 가져 너희를 악행한다고 비방하
는 자들로 하여금 너희 선한 일을
보고 [1]오시는 날에 하나님께 영광
을 돌리게 하려 함이라
13 ●인간의 모든 제도를 주를 위하여
순종하되 혹은 위에 있는 왕이나
14 혹은 그가 악행하는 자를 징벌하고
선행하는 자를 포상하기 위하여 보
낸 총독에게 하라
15 곧 선행으로 어리석은 사람들의 무
식한 말을 막으시는 것이라
16 너희는 자유가 있으나 그 자유로
악을 가리는 데 쓰지 말고 오직 하
나님의 종과 같이 하라
17 뭇사람을 공경하며 형제를 사랑하
며 하나님을 두려워하며 왕을 존대
하라

그리스도의 고난

18 ●사환들아 범사에 두려워함으로
주인들에게 순종하되 선하고 관용
하는 자들에게만 아니라 또한 까다
로운 자들에게도 그리하라
19 부당하게 고난을 받아도 하나님을
생각함으로 슬픔을 참으면 이는 [2]아
름다우나
20 죄가 있어 매를 맞고 참으면 무슨
칭찬이 있으리요 그러나 선을 행함
으로 고난을 받고 참으면 이는 하
나님 앞에 아름다우니라
21 이를 위하여 너희가 부르심을 받았
으니 그리스도도 너희를 위하여 고
난을 받으사 너희에게 본을 끼쳐
그 자취를 따라오게 하려 하셨느니
라
22 그는 죄를 범하지 아니하시고 그
입에 거짓도 없으시며
23 욕을 당하시되 맞대어 욕하지 아니
하시고 고난을 당하시되 위협하지
아니하시고 오직 공의로 심판하시
는 이에게 부탁하시며
24 친히 나무에 달려 그 몸으로 우리
죄를 담당하셨으니 이는 우리로 죄
에 대하여 죽고 의에 대하여 살게
하려 하심이라 그가 채찍에 맞음으
로 너희는 나음을 얻었나니
25 너희가 전에는 양과 같이 길을 잃
었더니 이제는 너희 영혼의 목자와
감독되신 이에게 돌아왔느니라

아내와 남편

3 아내들아 이와 같이 자기 남편에
게 순종하라 이는 혹 말씀을 순
종하지 않는 자라도 말로 말미암지
않고 그 아내의 행실로 말미암아
구원을 받게 하려 함이니
2 너희의 두려워하며 정결한 행실을
봄이라
3 너희의 단장은 머리를 꾸미고 금을
차고 아름다운 옷을 입는 외모로
하지 말고
4 오직 마음에 숨은 사람을 온유하고
안정한 심령의 썩지 아니할 것으로
하라 이는 하나님 앞에 값진 것이

1) 또는 심판하시는 2) 헬, 은혜

니라
5 전에 하나님께 소망을 두었던 거룩
한 부녀들도 이와 같이 자기 남편
에게 순종함으로 자기를 단장하였
나니
6 사라가 아브라함을 주라 칭하여 순
종한 것같이 너희는 선을 행하고
아무 두려운 일에도 놀라지 아니하
면 그의 딸이 된 것이니라
7 ●남편들아 이와 같이 [1]지식을 따
라 너희 아내와 동거하고 그를 더
연약한 그릇이요 또 생명의 은혜를
함께 이어받을 자로 알아 귀히 여
기라 이는 너희 기도가 막히지 아
니하게 하려 함이라

선을 위한 고난

8 ●마지막으로 말하노니 너희가 다
마음을 같이하여 동정하며 형제를
사랑하며 불쌍히 여기며 겸손하며
9 악을 악으로, 욕을 욕으로 갚지 말
고 도리어 복을 빌라 이를 위하여
너희가 부르심을 받았으니 이는 복
을 이어받게 하려 하심이라
10 그러므로
ㄱ생명을 사랑하고 좋은 날 보기
를 원하는 자는 혀를 금하여 악한
말을 그치며 그 입술로 거짓을 말
하지 말고
11 악에서 떠나 선을 행하고 화평을
구하며 그것을 따르라
12 주의 눈은 의인을 향하시고 그의
귀는 의인의 간구에 기울이시되
주의 얼굴은 악행하는 자들을 대
하시느니라
하였느니라
13 ●또 너희가 열심으로 선을 행하면
누가 너희를 해하리요
14 그러나 의를 위하여 고난을 받으면
복 있는 자니 그들이 두려워하는
것을 두려워하지 말며 근심하지 말
고
15 너희 마음에 그리스도를 주로 삼아
거룩하게 하고 너희 속에 있는 소
망에 관한 이유를 묻는 자에게는
대답할 것을 항상 준비하되 온유와
두려움으로 하고
16 선한 양심을 가지라 이는 그리스도
안에 있는 너희의 선행을 욕하는
자들로 그 비방하는 일에 부끄러움
을 당하게 하려 함이라
17 선을 행함으로 고난받는 것이 하나
님의 뜻일진대 악을 행함으로 고난
받는 것보다 나으니라
18 그리스도께서도 단번에 죄를 위하
여 [2]죽으사 의인으로서 불의한 자
를 대신하셨으니 이는 우리를 하나
님 앞으로 인도하려 하심이라 육체
로는 죽임을 당하시고 영으로는 살
리심을 받으셨으니
19 그가 또한 영으로 가서 옥에 있는
영들에게 선포하시니라
20 그들은 전에 노아의 날 방주를 준
비할 동안 하나님이 오래 참고 기
다리실 때에 복종하지 아니하던 자
들이라 방주에서 물로 말미암아 구
원을 얻은 자가 몇 명뿐이니 겨우
여덟 명이라
21 물은 예수 그리스도께서 부활하심
으로 말미암아 이제 너희를 구원하
는 [3]표니 곧 [4]세례라 이는 육체의
더러운 것을 제하여 버림이 아니요
하나님을 향한 선한 양심의 간구니
라
22 그는 하늘에 오르사 하나님 우편에
계시니 천사들과 권세들과 능력들
이 그에게 복종하느니라

1) 또는 그 아내를 더 연약한 그릇같이 여겨 지식을 따라 동거하고 또 생명의 은혜를 2) 어떤 사본에, 고난을 받으사 3) 또는 실체 4) 헬, 또는 침례 ㄱ. 시 34:12 이하

하나님의 은혜를 맡은 선한 청지기

4 그리스도께서 이미 육체의 고난
을 받으셨으니 너희도 같은 마음
으로 갑옷을 삼으라 이는 육체의
고난을 받은 자는 죄를 그쳤음이니
2 그 후로는 다시 사람의 정욕을 따
르지 않고 하나님의 뜻을 따라 육
체의 남은 때를 살게 하려 함이라
3 너희가 음란과 정욕과 술취함과 방
탕과 향락과 무법한 우상 숭배를
하여 이방인의 뜻을 따라 행한 것
은 지나간 때로 족하도다
4 이러므로 너희가 그들과 함께 그
런 극한 방탕에 달음질하지 아니
하는 것을 그들이 이상히 여겨 비방
하나
5 그들이 산 자와 죽은 자를 심판하
기로 예비하신 이에게 사실대로 고
하리라
6 이를 위하여 죽은 자들에게도 복음
이 전파되었으니 이는 육체로는 사
람으로 심판을 받으나 영으로는 하
나님을 따라 살게 하려 함이라
7 ●만물의 마지막이 가까이 왔으니
그러므로 너희는 정신을 차리고 근
신하여 기도하라
8 무엇보다도 뜨겁게 서로 사랑할지
니 사랑은 허다한 죄를 덮느니라
9 서로 대접하기를 원망 없이 하고
10 각각 은사를 받은 대로 하나님의
여러 가지 은혜를 맡은 선한 청지
기같이 서로 봉사하라
11 만일 누가 말하려면 하나님의 말씀
을 하는 것같이 하고 누가 봉사하
려면 하나님이 공급하시는 힘으로
하는 것같이 하라 이는 범사에 예
수 그리스도로 말미암아 하나님이
영광을 받으시게 하려 함이니 그에
게 영광과 권능이 세세에 무궁하도
록 있느니라 아멘

그리스도인이 받을 고난

12 ●사랑하는 자들아 너희를 연단하
려고 오는 불 시험을 이상한 일
당하는 것같이 이상히 여기지 말
고
13 오히려 너희가 그리스도의 고난에
참여하는 것으로 즐거워하라 이는
그의 영광을 나타내실 때에 너희
로 즐거워하고 기뻐하게 하려 함
이라
14 너희가 그리스도의 이름으로 치욕
을 당하면 복 있는 자로다 영광의
영 곧 하나님의 영이 너희 위에 계
심이라
15 너희 중에 누구든지 살인이나 도둑
질이나 악행이나 남의 일을 간섭하
는 자로 고난을 받지 말려니와
16 만일 그리스도인으로 고난을 받으
면 부끄러워하지 말고 도리어 그
이름으로 하나님께 영광을 돌리라
17 하나님의 집에서 심판을 시작할 때
가 되었나니 만일 우리에게 먼저
하면 하나님의 복음을 순종하지 아
니하는 자들의 그 마지막은 어떠하
며
18 또 의인이 겨우 구원을 받으면 경
건하지 아니한 자와 죄인은 어디에
[1]서리요
19 그러므로 하나님의 뜻대로 고난을
받는 자들은 또한 선을 행하는 가
운데에 그 영혼을 미쁘신 창조주께
의탁할지어다

하나님의 양 무리를 치라

5 너희 중 장로들에게 권하노니 나
는 함께 장로 된 자요 그리스도
의 고난의 증인이요 나타날 영광에
참여할 자니라
2 너희 중에 있는 하나님의 양 무리
를 치되 억지로 하지 말고 하나님

1) 헬, 보이리요

의 뜻을 따라 자원함으로 하며 더
러운 이득을 위하여 하지 말고 기
꺼이 하며
3 맡은 자들에게 주장하는 자세를 하
지 말고 양 무리의 본이 되라
4 그리하면 목자장이 나타나실 때에
시들지 아니하는 영광의 관을 얻으
리라
5 젊은 자들아 이와 같이 장로들에게
순종하고 다 서로 겸손으로 허리를
동이라 하나님은 교만한 자를 대적
하시되 겸손한 자들에게는 은혜를
주시느니라
6 그러므로 하나님의 능하신 손 아래
에서 겸손하라 때가 되면 너희를
높이시리라
7 너희 염려를 다 주께 맡기라 이는
그가 너희를 돌보심이라
8 근신하라 깨어라 너희 대적 [1]마귀
가 우는 사자같이 두루 다니며 삼
킬 자를 찾나니
9 너희는 믿음을 굳건하게 하여 그를
대적하라 이는 세상에 있는 너희
형제들도 동일한 고난을 당하는 줄
을 앎이라
10 모든 은혜의 하나님 곧 그리스도
안에서 너희를 부르사 자기의 영원
한 영광에 들어가게 하신 이가 잠
깐 고난을 당한 너희를 친히 온전
하게 하시며 굳건하게 하시며 강하
게 하시며 [2]터를 견고하게 하시리
라
11 권능이 세세무궁하도록 그에게 있
을지어다 아멘

끝 인사

12 ●내가 신실한 형제로 아는 실루아
노로 말미암아 너희에게 간단히 써
서 권하고 이것이 하나님의 참된
은혜임을 증언하노니 너희는 이 은
혜에 굳게 서라
13 택하심을 함께 받은 바벨론에 있는
[3]교회가 너희에게 문안하고 내 아
들 마가도 그리하느니라
14 너희는 사랑의 입맞춤으로 서로 문
안하라 ●그리스도 안에 있는 너희
모든 이에게 평강이 있을지어다

1) 헬, 훼방자 2) 어떤 사본에, '터를 견고하게'가 없음
3) 또는 여자가

베드로후서

2Peter

부르심과 택하심

1 예수 그리스도의 종이며 사도인
시몬 베드로는 우리 하나님과 구
주 예수 그리스도의 의를 힘입어
동일하게 보배로운 믿음을 우리
와 함께 받은 자들에게 편지하노
니
2 하나님과 우리 주 예수를 앎으로
은혜와 평강이 너희에게 더욱 많을
지어다
3 그의 신기한 능력으로 생명과 경건
에 속한 모든 것을 우리에게 주셨
으니 이는 자기의 영광과 덕으로써
우리를 부르신 이를 앎으로 말미암
음이라
4 이로써 그 보배롭고 지극히 큰 약
속을 우리에게 주사 이 약속으로
말미암아 너희가 정욕 때문에 세상
에서 썩어질 것을 피하여 신성한
성품에 참여하는 자가 되게 하려
하셨느니라
5 그러므로 너희가 더욱 힘써 너희

믿음에 덕을, 덕에 지식을,
6 지식에 절제를, 절제에 인내를, 인
내에 경건을,
7 경건에 형제 우애를, 형제 우애에
사랑을 더하라
8 이런 것이 너희에게 있어 흡족한즉
너희로 우리 주 예수 그리스도를
알기에 게으르지 않고 열매 없는
자가 되지 않게 하려니와
9 이런 것이 없는 자는 맹인이라 멀
리 보지 못하고 그의 옛 죄가 깨끗
하게 된 것을 잊었느니라
10 그러므로 형제들아 더욱 힘써 너희
부르심과 택하심을 굳게 하라 너희
가 이것을 행한즉 언제든지 실족하
지 아니하리라
11 이같이 하면 우리 주 곧 구주 예수
그리스도의 영원한 나라에 들어감
을 넉넉히 너희에게 [1]주시리라

그리스도의 영광과 성경의 예언

12 ●그러므로 너희가 이것을 알고 이
미 있는 진리에 서 있으나 내가 항
상 너희에게 생각나게 하려 하노라
13 내가 이 장막에 있을 동안에 너희
를 일깨워 생각나게 함이 옳은 줄
로 여기노니
14 이는 우리 주 예수 그리스도께서
내게 지시하신 것같이 나도 나의
장막을 벗어날 것이 임박한 줄을
앎이라
15 내가 힘써 너희로 하여금 내가 떠
난 후에라도 어느 때나 이런 것을
생각나게 하려 하노라
16 우리 주 예수 그리스도의 능력과
강림하심을 너희에게 알게 한 것이
교묘히 만든 이야기를 따른 것이
아니요 우리는 그의 크신 위엄을
친히 본 자라
17 지극히 큰 영광 중에서 이러한 소
리가 그에게 나기를 이는 내 사랑
하는 아들이요 내 기뻐하는 자라
하실 때에 그가 하나님 아버지께
존귀와 영광을 받으셨느니라
18 이 소리는 우리가 그와 함께 거룩
한 산에 있을 때에 하늘로부터 난
것을 들은 것이라
19 또 우리에게는 더 확실한 예언이
있어 어두운 데를 비추는 등불과
같으니 날이 새어 샛별이 너희 마
음에 떠오르기까지 너희가 이것을
주의하는 것이 옳으니라
20 먼저 알 것은 성경의 모든 예언은
사사로이 풀 것이 아니니
21 예언은 언제든지 사람의 뜻으로 낸
것이 아니요 오직 성령의 감동하심
을 받은 사람들이 하나님께 받아
말한 것임이라

거짓 선지자들과
거짓 선생들 (유 4-13)

2 그러나 백성 가운데 또한 거짓
선지자들이 일어났었나니 이와
같이 너희 중에도 거짓 선생들이
있으리라 그들은 멸망하게 할 이단
을 가만히 끌어들여 자기들을 사신
[2]주를 부인하고 임박한 멸망을 스
스로 취하는 자들이라
2 여럿이 그들의 호색하는 것을 따르
리니 이로 말미암아 진리의 도가
비방을 받을 것이요
3 그들이 탐심으로써 지어낸 말을 가
지고 너희로 이득을 삼으니 그들의
심판은 옛적부터 지체하지 아니하
며 그들의 멸망은 잠들지 아니하느
니라
4 하나님이 범죄한 천사들을 용서하
지 아니하시고 지옥에 던져 어두운
구덩이에 두어 심판 때까지 지키게
하셨으며
5 옛 세상을 용서하지 아니하시고 오

1) 헬, 공급하시리라 2) 또는 상전

직 의를 전파하는 노아와 그 일곱
식구를 보존하시고 경건하지 아니
한 자들의 세상에 홍수를 내리셨으
며
6 소돔과 고모라 성을 멸망하기로 정
하여 재가 되게 하사 후세에 경건
하지 아니할 자들에게 본을 삼으셨
으며
7 무법한 자들의 음란한 행실로 말미
암아 고통당하는 의로운 롯을 건지
셨으니
8 (이는 이 의인이 그들 중에 거하여
날마다 저 불법한 행실을 보고 들음
으로 그 의로운 심령이 상함이라)
9 주께서 경건한 자는 시험에서 건
지실 줄 아시고 불의한 자는 형벌
아래에 두어 심판 날까지 지키시
며
10 특별히 육체를 따라 더러운 정욕
가운데서 행하며 주관하는 이를 멸
시하는 자들에게는 형벌할 줄 아시
느니라 이들은 당돌하고 자긍하며
떨지 않고 영광 있는 자들을 비방
하거니와
11 더 큰 힘과 능력을 가진 천사들도
주 앞에서 그들을 거슬러 비방하는
고발을 하지 아니하느니라
12 그러나 이 사람들은 본래 잡혀 죽
기 위하여 난 이성 없는 짐승 같아
서 그 알지 못하는 것을 비방하고
그들의 멸망 가운데서 멸망을 당하
며
13 불의의 값으로 불의를 당하며 낮에
즐기고 노는 것을 기쁘게 여기는
자들이니 점과 흠이라 너희와 함께
연회할 때에 그들의 1)속임수로 즐
기고 놀며
14 음심이 가득한 눈을 가지고 범죄하
기를 그치지 아니하고 굳세지 못한
영혼들을 유혹하며 탐욕에 연단된
마음을 가진 자들이니 저주의 자식
이라
15 그들이 바른 길을 떠나 미혹되어
브올의 아들 발람의 길을 따르는도
다 그는 불의의 삯을 사랑하다가
16 자기의 불법으로 말미암아 책망을
받되 말하지 못하는 나귀가 사람의
소리로 말하여 이 선지자의 미친
행동을 저지하였느니라
17 이 사람들은 물 없는 샘이요 광풍
에 밀려 가는 안개니 그들을 위하
여 캄캄한 어둠이 예비되어 있나
니
18 그들이 허탄한 자랑의 말을 토하며
그릇되게 행하는 사람들에게서 겨
우 피한 자들을 음란으로써 육체의
정욕 중에서 유혹하는도다
19 그들에게 자유를 준다 하여도 자신
들은 멸망의 종들이니 누구든지 진
자는 이긴 자의 종이 됨이라
20 만일 그들이 우리 주 되신 구주 예
수 그리스도를 앎으로 세상의 더러
움을 피한 후에 다시 그 중에 얽매
이고 지면 그 나중 형편이 처음보
다 더 심하리니
21 의의 도를 안 후에 받은 거룩한 명
령을 저버리는 것보다 알지 못하는
것이 도리어 그들에게 나으니라
22 참된 속담에 이르기를 ㄱ개가 그 토
하였던 것에 돌아가고 돼지가 씻
었다가 더러운 구덩이에 도로 누
웠다 하는 말이 그들에게 응하였
도다

하나님의 날

3 사랑하는 자들아 내가 이제 이
둘째 편지를 너희에게 쓰노니 이
두 편지로 너희의 진실한 마음을
일깨워 생각나게 하여
2 곧 거룩한 선지자들이 예언한 말씀

1) 어떤 사본에, 애연에 ㄱ. 잠 26:11 일부

과 주 되신 구주께서 너희의 사도
들로 말미암아 명하신 것을 기억하
게 하려 하노라
3 먼저 이것을 알지니 말세에 조롱하
는 자들이 와서 자기의 정욕을 따
라 행하며 조롱하여
4 이르되 주께서 강림하신다는 약속
이 어디 있느냐 조상들이 잔 후로
부터 만물이 처음 창조될 때와 같
이 그냥 있다 하니
5 이는 하늘이 옛적부터 있는 것과
땅이 물에서 나와 물로 성립된 것
도 하나님의 말씀으로 된 것을 그
들이 일부러 잊으려 함이로다
6 이로 말미암아 그때에 세상은 물이
넘침으로 멸망하였으되
7 이제 하늘과 땅은 그 동일한 말씀
으로 불사르기 위하여 보호하신 바
되어 경건하지 아니한 사람들의 심
판과 멸망의 날까지 보존하여 두신
것이니라
8 ●사랑하는 자들아 주께는 하루가
천 년 같고 천 년이 하루 같다는 이
한 가지를 잊지 말라
9 주의 약속은 어떤 이들이 더디다고
생각하는 것같이 더딘 것이 아니라
오직 주께서는 너희를 대하여 오래
참으사 아무도 멸망하지 아니하고
다 회개하기에 이르기를 원하시느
니라
10 그러나 주의 날이 도둑같이 오리니
그날에는 하늘이 큰 소리로 떠나가
고 물질이 뜨거운 불에 풀어지고
땅과 그 중에 있는 모든 일이 [1]드러
나리로다
11 이 모든 것이 이렇게 풀어지리니
너희가 어떠한 사람이 되어야 마
땅하냐 거룩한 행실과 경건함으
로
12 하나님의 날이 임하기를 바라보고
간절히 사모하라 그날에 하늘이 불
에 타서 풀어지고 물질이 뜨거운
불에 녹아지려니와
13 우리는 그의 약속대로 의가 있는
곳인 새 하늘과 새 땅을 바라보도
다
14 ●그러므로 사랑하는 자들아 너희
가 이것을 바라보나니 주 앞에서
점도 없고 흠도 없이 평강 가운데
서 나타나기를 힘쓰라
15 또 우리 주의 오래 참으심이 구원
이 될 줄로 여기라 우리가 사랑하
는 형제 바울도 그 받은 지혜대로
너희에게 이같이 썼고
16 또 그 모든 편지에도 이런 일에 관
하여 말하였으되 그 중에 알기 어
려운 것이 더러 있으니 무식한 자
들과 굳세지 못한 자들이 다른 성
경과 같이 그것도 [2]억지로 풀다가
스스로 멸망에 이르느니라
17 그러므로 사랑하는 자들아 너희가
이것을 미리 알았은즉 무법한 자들
의 미혹에 이끌려 너희가 굳센 데
서 떨어질까 삼가라
18 오직 우리 주 곧 구주 예수 그리스
도의 은혜와 그를 아는 지식에서
자라 가라 영광이 이제와 영원한
날까지 그에게 있을지어다[3]

1) 어떤 사본에, 타지리라 2) 또는 교묘하게 3) 어떤 사본에, 18절 끝에 '아멘'이 있음

요한일서

1John

생명의 말씀

1 태초부터 있는 생명의 [1]말씀에 관
하여는 우리가 들은 바요 눈으로
본 바요 자세히 보고 우리의 손으
로 만진 바라
2 이 생명이 나타내신 바 된지라 이
영원한 생명을 우리가 보았고 증언
하여 너희에게 전하노니 이는 아버
지와 함께 계시다가 우리에게 나타
내신 바 된 이시니라
3 우리가 보고 들은 바를 너희에게도
전함은 너희로 우리와 사귐이 있게
하려 함이니 우리의 사귐은 아버지
와 그의 아들 예수 그리스도와 더
불어 누림이라
4 우리가 이것을 씀은 우리의 기쁨이
충만하게 하려 함이라

하나님은 빛이시다

5 ●우리가 그에게서 듣고 너희에게
전하는 소식은 이것이니 곧 하나님
은 빛이시라 그에게는 어둠이 조금
도 없으시다는 것이니라
6 만일 우리가 하나님과 사귐이 있
다 하고 어둠에 행하면 거짓말을
하고 [2]진리를 행하지 아니함이거
니와
7 그가 빛 가운데 계신 것같이 우리
도 빛 가운데 행하면 우리가 서로
사귐이 있고 그 아들 예수의 피가
우리를 모든 죄에서 깨끗하게 하실
것이요
8 만일 우리가 죄가 없다고 말하면
스스로 속이고 또 [2]진리가 우리 속
에 있지 아니할 것이요
9 만일 우리가 우리 죄를 자백하면
그는 미쁘시고 의로우사 우리 죄를
사하시며 우리를 모든 불의에서 깨
끗하게 하실 것이요
10 만일 우리가 범죄하지 아니하였다
하면 하나님을 거짓말하는 이로 만
드는 것이니 또한 그의 말씀이 우
리 속에 있지 아니하니라

대언자이신 예수 그리스도

2 나의 자녀들아 내가 이것을 너희
에게 씀은 너희로 죄를 범하지
않게 하려 함이라 만일 누가 죄를
범하여도 아버지 앞에서 우리에게
[3]대언자가 있으니 곧 의로우신 예
수 그리스도시라
2 그는 우리 죄를 위한 화목제물이니
우리만 위할 뿐 아니요 온 세상의
죄를 위하심이라
3 우리가 그의 계명을 지키면 이로써
우리가 그를 아는 줄로 알 것이요
4 그를 아노라 하고 그의 계명을 지
키지 아니하는 자는 거짓말하는
자요 [2]진리가 그 속에 있지 아니하
되
5 누구든지 그의 말씀을 지키는 자는
하나님의 사랑이 참으로 그 속에서
온전하게 되었나니 이로써 우리가
그의 안에 있는 줄을 아노라
6 그의 안에 산다고 하는 자는 그가
행하시는 대로 자기도 행할지니라

옛 계명과 새 계명

7 ●사랑하는 자들아 내가 새 계명을
너희에게 쓰는 것이 아니라 너희가
처음부터 가진 옛 계명이니 이 옛
계명은 너희가 들은 바 말씀이거니
와
8 다시 내가 너희에게 새 계명을 쓰
노니 그에게와 너희에게도 참된 것
이라 이는 어둠이 지나가고 참빛이
벌써 비침이니라
9 빛 가운데 있다 하면서 그 형제를

1) 헬, 로고스 2) 헬, 참 3) 또는 보혜사

미워하는 자는 지금까지 어둠에 있
는 자요
10 그의 형제를 사랑하는 자는 빛 가
운데 거하여 자기 속에 거리낌이
없으나
11 그의 형제를 미워하는 자는 어둠에
있고 또 어둠에 행하며 갈 곳을 알
지 못하나니 이는 그 어둠이 그의
눈을 멀게 하였음이라
12 ●자녀들아 내가 너희에게 쓰는 것
은 너희 죄가 그의 이름으로 말미
암아 사함을 받았음이요
13 아비들아 내가 너희에게 쓰는 것은
너희가 태초부터 계신 이를 알았음
이요 청년들아 내가 너희에게 쓰는
것은 너희가 악한 자를 이기었음이
라
14 아이들아 내가 너희에게 쓴 것은
너희가 아버지를 알았음이요 아비
들아 내가 너희에게 쓴 것은 너희
가 태초부터 계신 이를 알았음이요
청년들아 내가 너희에게 쓴 것은
너희가 강하고 하나님의 말씀이 너
희 안에 거하시며 너희가 흉악한
자를 이기었음이라
15 이 세상이나 세상에 있는 것들을
사랑하지 말라 누구든지 세상을 사
랑하면 아버지의 사랑이 그 안에
있지 아니하니
16 이는 세상에 있는 모든 것이 육신
의 정욕과 안목의 정욕과 이생의
자랑이니 다 아버지께로부터 온
것이 아니요 세상으로부터 온 것
이라
17 이 세상도, 그 정욕도 지나가되 오
직 하나님의 뜻을 행하는 자는 영
원히 거하느니라

적그리스도와 하나님의 자녀

18 ●아이들아 지금은 마지막 때라 적
그리스도가 오리라는 말을 너희가
들은 것과 같이 지금도 많은 적그
리스도가 일어났으니 그러므로 우
리가 마지막 때인 줄 아노라
19 그들이 우리에게서 나갔으나 우리
에게 속하지 아니하였나니 만일 우
리에게 속하였더라면 우리와 함께
거하였으려니와 그들이 나간 것은
다 우리에게 속하지 아니함을 나타
내려 함이니라
20 너희는 거룩하신 자에게서 기름부
음을 받고 모든 것을 아느니라
21 내가 너희에게 쓰는 것은 너희가
1)진리를 알지 못하기 때문이 아니
라 알기 때문이요 또 모든 거짓은
1)진리에서 나지 않기 때문이라
22 거짓말하는 자가 누구냐 예수께서
그리스도이심을 부인하는 자가 아
니냐 아버지와 아들을 부인하는 그
가 적그리스도니
23 아들을 부인하는 자에게는 또한 아
버지가 없으되 아들을 시인하는 자
에게는 아버지도 있느니라
24 너희는 처음부터 들은 것을 너희
안에 거하게 하라 처음부터 들은
것이 너희 안에 거하면 너희가 아
들과 아버지 안에 거하리라
25 그가 우리에게 약속하신 것은 이것
이니 곧 영원한 생명이니라
26 너희를 미혹하는 자들에 관하여 내
가 이것을 너희에게 썼노라
27 너희는 주께 받은 바 기름부음이
너희 안에 거하나니 아무도 너희를
가르칠 필요가 없고 오직 그의 기
름부음이 모든 것을 너희에게 가르
치며 또 참되고 거짓이 없으니 너
희를 가르치신 그대로 주 안에 거
하라
28 자녀들아 이제 그의 안에 거하라
이는 주께서 나타내신 바 되면 그

1) 헬, 참

가 강림하실 때에 우리로 담대함을
얻어 그 앞에서 부끄럽지 않게 하
려 함이라
29 너희가 그가 의로우신 줄을 알면
의를 행하는 자마다 그에게서 난
줄을 알리라

3 보라 아버지께서 어떠한 사랑을
우리에게 베푸사 하나님의 자녀
라 일컬음을 받게 하셨는가, 우리
가 그러하도다 그러므로 세상이 우
리를 알지 못함은 그를 알지 못함
이라
2 사랑하는 자들아 우리가 지금은 하
나님의 자녀라 장래에 어떻게 될지
는 아직 나타나지 아니하였으나 그
가 나타나시면 우리가 그와 같을
줄을 아는 것은 그의 참모습 그대
로 볼 것이기 때문이니
3 주를 향하여 이 소망을 가진 자마
다 그의 깨끗하심과 같이 자기를
깨끗하게 하느니라
4 죄를 짓는 자마다 불법을 행하나니
죄는 불법이라
5 그가 우리 죄를 없애려고 나타나신
것을 너희가 아나니 그에게는 죄가
없느니라
6 그 안에 거하는 자마다 범죄하지
아니하나니 범죄하는 자마다 그를
보지도 못하였고 그를 알지도 못하
였느니라
7 자녀들아 아무도 너희를 미혹하지
못하게 하라 의를 행하는 자는 그
의 의로우심과 같이 의롭고
8 죄를 짓는 자는 마귀에게 속하나니
마귀는 처음부터 범죄함이라 하나
님의 아들이 나타나신 것은 마귀의
일을 멸하려 하심이라
9 하나님께로부터 난 자마다 죄를 짓
지 아니하나니 이는 하나님의 씨가
그의 속에 거함이요 그도 범죄하지
못하는 것은 하나님께로부터 났음
이라
10 이러므로 하나님의 자녀들과 마귀
의 자녀들이 드러나나니 무릇 의를
행하지 아니하는 자나 또는 그 형
제를 사랑하지 아니하는 자는 하나
님께 속하지 아니하니라
11 우리는 서로 사랑할지니 이는 너희
가 처음부터 들은 소식이라
12 가인같이 하지 말라 그는 악한 자
에게 속하여 그 [1)]아우를 죽였으니
어떤 이유로 죽였느냐 자기의 행위
는 악하고 그의 [1)]아우의 행위는 의
로움이라

행함과 진실함으로 사랑하자

13 ●형제들아 세상이 너희를 미워하
여도 이상히 여기지 말라
14 우리는 형제를 사랑함으로 사망에
서 옮겨 생명으로 들어간 줄을 알
거니와 사랑하지 아니하는 자는 사
망에 머물러 있느니라
15 그 형제를 미워하는 자마다 살인하
는 자니 살인하는 자마다 영생이
그 속에 거하지 아니하는 것을 너
희가 아는 바라
16 그가 우리를 위하여 목숨을 버리셨
으니 우리가 이로써 사랑을 알고
우리도 형제들을 위하여 목숨을 버
리는 것이 마땅하니라
17 누가 이 세상의 재물을 가지고 형
제의 궁핍함을 보고도 도와 줄 마
음을 닫으면 하나님의 사랑이 어찌
그 속에 거하겠느냐
18 자녀들아 우리가 말과 혀로만 사랑
하지 말고 행함과 진실함으로 하자
19 이로써 우리가 [2)]진리에 속한 줄을
알고 또 우리 마음을 주 앞에서 굳
세게 하리니
20 이는 우리 마음이 혹 우리를 책망

1) 헬, 형제 2) 헬, 참

할 일이 있어도 하나님은 우리 마
음보다 크시고 모든 것을 아시기
때문이라
21 사랑하는 자들아 만일 우리 마음이
우리를 책망할 것이 없으면 하나님
앞에서 담대함을 얻고
22 무엇이든지 구하는 바를 그에게서
받나니 이는 우리가 그의 계명을
지키고 그 앞에서 기뻐하시는 것을
행함이라
23 그의 계명은 이것이니 곧 그 아들
예수 그리스도의 이름을 믿고 그가
우리에게 주신 계명대로 서로 사랑
할 것이니라
24 그의 계명을 지키는 자는 주 안에
거하고 주는 그의 안에 거하시나니
우리에게 주신 성령으로 말미암아
그가 우리 안에 거하시는 줄을 우
리가 아느니라

하나님의 영과 적그리스도의 영

4 사랑하는 자들아 영을 다 믿지
말고 오직 영들이 하나님께 속하
였나 분별하라 많은 거짓 선지자가
세상에 나왔음이라
2 이로써 너희가 하나님의 영을 알지
니 곧 예수 그리스도께서 육체로
오신 것을 시인하는 영마다 하나님
께 속한 것이요
3 예수를 시인하지 아니하는 영마다
하나님께 속한 것이 아니니 이것이
곧 적그리스도의 영이니라 오리라
한 말을 너희가 들었거니와 지금
벌써 세상에 있느니라
4 자녀들아 너희는 하나님께 속하였
고 또 그들을 이기었나니 이는 너
희 안에 계신 이가 세상에 있는 자
보다 크심이라
5 그들은 세상에 속한 고로 세상에
속한 말을 하매 세상이 그들의 말
을 듣느니라
6 우리는 하나님께 속하였으니 하나
님을 아는 자는 우리의 말을 듣고
하나님께 속하지 아니한 자는 우
리의 말을 듣지 아니하나니 [1]진리
의 영과 미혹의 영을 이로써 아느
니라

하나님은 사랑이시다

7 ●사랑하는 자들아 우리가 서로 사
랑하자 사랑은 하나님께 속한 것이
니 사랑하는 자마다 하나님으로부
터 나서 하나님을 알고
8 사랑하지 아니하는 자는 하나님을
알지 못하나니 이는 하나님은 사랑
이심이라
9 하나님의 사랑이 우리에게 이렇게
나타난 바 되었으니 하나님이 자
기의 독생자를 세상에 보내심은 그
로 말미암아 우리를 살리려 하심
이라
10 사랑은 여기 있으니 우리가 하나님
을 사랑한 것이 아니요 하나님이
우리를 사랑하사 우리 죄를 속하기
위하여 화목제물로 그 아들을 보내
셨음이라
11 사랑하는 자들아 하나님이 이같이
우리를 사랑하셨은즉 우리도 서로
사랑하는 것이 마땅하도다
12 어느 때나 하나님을 본 사람이 없으
되 만일 우리가 서로 사랑하면 하나
님이 우리 안에 거하시고 그의 사랑
이 우리 안에 온전히 이루어지느니
라
13 그의 성령을 우리에게 주시므로 우
리가 그 안에 거하고 그가 우리 안
에 거하시는 줄을 아느니라
14 아버지가 아들을 세상의 구주로 보
내신 것을 우리가 보았고 또 증언
하노니
15 누구든지 예수를 하나님의 아들이

1) 헬, 참

라 시인하면 하나님이 그의 안에 거
하시고 그도 하나님 안에 거하느니
라
16 하나님이 우리를 사랑하시는 사랑
을 우리가 알고 믿었노니 하나님은
사랑이시라 사랑 안에 거하는 자는
하나님 안에 거하고 하나님도 그의
안에 거하시느니라
17 이로써 사랑이 우리에게 온전히 이
루어진 것은 우리로 심판 날에 담
대함을 가지게 하려 함이니 주께서
그러하심과 같이 우리도 이 세상에
서 그러하니라
18 사랑 안에 두려움이 없고 온전한
사랑이 두려움을 내쫓나니 두려움
에는 형벌이 있음이라 두려워하는
자는 사랑 안에서 온전히 이루지
못하였느니라
19 우리가 사랑함은 그가 먼저 우리를
사랑하셨음이라
20 누구든지 하나님을 사랑하노라 하
고 그 형제를 미워하면 이는 거짓
말하는 자니 보는 바 그 형제를 사
랑하지 아니하는 자는 보지 못하
는 바 하나님을 사랑할 수 없느니
라
21 우리가 이 계명을 주께 받았나니
하나님을 사랑하는 자는 또한 그
형제를 사랑할지니라

세상을 이기는 믿음

5 예수께서 그리스도이심을 믿는
자마다 하나님께로부터 난 자니
또한 낳으신 이를 사랑하는 자마다
그에게서 난 자를 사랑하느니라
2 우리가 하나님을 사랑하고 그의 계
명들을 지킬 때에 이로써 우리가
하나님의 자녀를 사랑하는 줄을 아
느니라
3 하나님을 사랑하는 것은 이것이니
우리가 그의 계명들을 지키는 것이
라 그의 계명들은 무거운 것이 아
니로다
4 무릇 하나님께로부터 난 자마다
세상을 이기느니라 세상을 이기는
승리는 이것이니 우리의 믿음이니
라
5 예수께서 하나님의 아들이심을 믿
는 자가 아니면 세상을 이기는 자
가 누구냐
6 이는 물과 피로 임하신 이시니 곧
예수 그리스도시라 물로만 아니요
물과 피로 임하셨고 증언하는 이는
성령이시니 성령은 [1]진리니라
7 증언하는 이가 셋이니
8 성령과 물과 피라 또한 이 셋은 합
하여 하나이니라
9 만일 우리가 사람들의 증언을 받을
진대 하나님의 증거는 더욱 크도
다 하나님의 증거는 이것이니 그
의 아들에 대하여 증언하신 것이
니라
10 하나님의 아들을 믿는 자는 자기
안에 증거가 있고 하나님을 믿지
아니하는 자는 하나님을 거짓말하
는 자로 만드나니 이는 하나님께서
그 아들에 대하여 증언하신 증거를
믿지 아니하였음이라
11 또 증거는 이것이니 하나님이 우
리에게 영생을 주신 것과 이 생명
이 그의 아들 안에 있는 그것이니
라
12 아들이 있는 자에게는 생명이 있고
하나님의 아들이 없는 자에게는 생
명이 없느니라

영생을
알게 하려 함이라

13 ●내가 하나님의 아들의 이름을 믿
는 너희에게 이것을 쓰는 것은 너
희로 하여금 너희에게 영생이 있음

1) 헬, 참

을 알게 하려 함이라
14 그를 향하여 우리가 가진 바 담대
함이 이것이니 그의 뜻대로 무엇을
구하면 들으심이라
15 우리가 무엇이든지 구하는 바를 들
으시는 줄을 안즉 우리가 그에게 구
한 그것을 얻은 줄을 또한 아느니라
16 누구든지 형제가 사망에 이르지 아
니하는 죄 범하는 것을 보거든 구
하라 [1]그리하면 사망에 이르지 아
니하는 범죄자들을 위하여 그에게
생명을 주시리라 사망에 이르는 죄
가 있으니 이에 관하여 나는 구하
라 하지 않노라
17 모든 불의가 죄로되 사망에 이르지
아니하는 죄도 있도다
18 ●하나님께로부터 난 자는 다 범죄
하지 아니하는 줄을 우리가 아노라
하나님께로부터 [2]나신 자가 그를
지키시매 악한 자가 그를 만지지도
못하느니라
19 또 아는 것은 우리는 하나님께 속
하고 온 세상은 악한 자 안에 처한
것이며
20 또 아는 것은 하나님의 아들이 이
르러 우리에게 지각을 주사 우리로
참된 자를 알게 하신 것과 또한 우
리가 참된 자 곧 그의 아들 예수 그
리스도 안에 있는 것이니 그는 참
하나님이시요 영생이시라
21 자녀들아 너희 자신을 지켜 우상에
게서 멀리하라

요한이서

2John

인사

1 장로인 나는 택하심을 받은 부녀와
그의 자녀들에게 편지하노니 내가
참으로 사랑하는 자요 나뿐 아니라
진리를 아는 모든 자도 그리하는
것은
2 우리 안에 거하여 영원히 우리와
함께 할 진리로 말미암음이로다
3 은혜와 긍휼과 평강이 하나님 아버
지와 아버지의 아들 예수 그리스도
께로부터 진리와 사랑 가운데서 우
리와 함께 있으리라

진리와 사랑

4 ●너의 자녀들 중에 우리가 아버지
께 받은 계명대로 진리를 행하는
자를 내가 보니 심히 기쁘도다
5 부녀여, 내가 이제 네게 구하노니
서로 사랑하자 이는 새 계명같이
네게 쓰는 것이 아니요 처음부터
우리가 가진 것이라
6 또 사랑은 이것이니 우리가 그 계명
을 따라 행하는 것이요 계명은 이것
이니 너희가 처음부터 들은 바와 같
이 그 가운데서 행하라 하심이라
7 미혹하는 자가 세상에 많이 나왔나
니 이는 예수 그리스도께서 육체로
오심을 부인하는 자라 이런 자가
미혹하는 자요 적그리스도니
8 너희는 스스로 삼가 우리가 일한 것을
잃지 말고 오직 온전한 상을 받으라
9 지나쳐 그리스도의 교훈 안에 거하
지 아니하는 자는 다 하나님을 모
시지 못하되 교훈 안에 거하는 그
사람은 아버지와 아들을 모시느니
라

1) 또는 그러면 그에게 생명을 주시리니 곧 사망에 이르지 아니하는 범죄자에게니라 2) 어떤 사본에, 난 자가 자기를 지키매

10 누구든지 이 교훈을 가지지 않고
너희에게 나아가거든 그를 집에 들
이지도 말고 인사도 하지 말라
11 그에게 인사하는 자는 그 악한 일
에 참여하는 자임이라

끝 인사

12 ●내가 너희에게 쓸 것이 많으나
종이와 먹으로 쓰기를 원하지 아니
하고 오히려 너희에게 가서 대면하
여 말하려 하니 이는 [1]너희 기쁨을
충만하게 하려 함이라
13 택하심을 받은 네 자매의 자녀들이
네게 문안하느니라

요한삼서

3John

인사

1 장로인 나는 사랑하는 가이오 곧
내가 참으로 사랑하는 자에게 편지
하노라
2 ●사랑하는 자여 네 영혼이 잘됨같
이 네가 범사에 잘되고 강건하기를
내가 간구하노라
3 형제들이 와서 네게 있는 진리를
증언하되 네가 진리 안에서 행한다
하니 내가 심히 기뻐하노라
4 내가 내 자녀들이 진리 안에서 행
한다 함을 듣는 것보다 더 기쁜 일
이 없도다

영접함과 내쫓음

5 ●사랑하는 자여 네가 무엇이든지
형제 곧 나그네 된 자들에게 행하
는 것은 신실한 일이니
6 그들이 교회 앞에서 너의 사랑을 증
언하였느니라 네가 하나님께 합당
하게 그들을 전송하면 좋으리로다
7 이는 그들이 주의 이름을 위하여
나가서 이방인에게 아무것도 받지
아니함이라
8 그러므로 우리가 이 같은 자들을
영접하는 것이 마땅하니 이는 우리
로 진리를 위하여 함께 일하는 자
가 되게 하려 함이라
9 ●내가 두어 자를 교회에 썼으나
그들 중에 으뜸되기를 좋아하는 디
오드레베가 우리를 맞아들이지 아
니하니
10 그러므로 내가 가면 그 행한 일을
잊지 아니하리라 그가 악한 말로
우리를 비방하고도 오히려 부족하
여 형제들을 맞아들이지도 아니하
고 맞아들이고자 하는 자를 금하여
교회에서 내쫓는도다
11 사랑하는 자여 악한 것을 본받지
말고 선한 것을 본받으라 선을 행
하는 자는 하나님께 속하고 악을
행하는 자는 하나님을 뵈옵지 못하
였느니라
12 데메드리오는 뭇 사람에게도, 진리
에게서도 증거를 받았으매 우리도
증언하노니 너는 우리의 증언이 참
된 줄을 아느니라

끝 인사

13 ●내가 네게 쓸 것이 많으나 먹과
붓으로 쓰기를 원하지 아니하고
14 속히 보기를 바라노니 또한 우리가
대면하여 말하리라
15 평강이 네게 있을지어다 여러 친구
가 네게 문안하느니라 너는 친구들
의 이름을 들어 문안하라

1) 어떤 사본에, 우리

유다서

Jude

인사

1 예수 그리스도의 종이요 야고보
의 형제인 유다는 부르심을 받은
자 곧 하나님 아버지 안에서 사랑
을 얻고 예수 그리스도를 위하여
지키심을 받은 자들에게 편지하
노라
2 긍휼과 평강과 사랑이 너희에게 더
욱 많을지어다

거짓 교사들에게 내릴 심판
(벧후 2:1-17)

3 ●사랑하는 자들아 우리가 일반으
로 받은 구원에 관하여 내가 너희
에게 편지하려는 생각이 간절하던
차에 성도에게 단번에 주신 믿음의
도를 위하여 힘써 싸우라는 편지로
너희를 권하여야 할 필요를 느꼈노
니
4 이는 가만히 들어온 사람 몇이 있
음이라 그들은 옛적부터 이 판결을
받기로 미리 기록된 자니 경건하지
아니하여 우리 하나님의 은혜를 도
리어 방탕한 것으로 바꾸고 홀로
하나이신 주재 곧 우리 주 예수 그
리스도를 부인하는 자니라
5 ●너희가 본래 모든 사실을 알고
있으나 내가 너희로 다시 생각나
게 하고자 하노라 주께서 백성을
애굽에서 구원하여 내시고 후에
믿지 아니하는 자들을 멸하셨으
며
6 또 자기 지위를 지키지 아니하고
자기 처소를 떠난 천사들을 큰 날
의 심판까지 영원한 결박으로 흑암
에 가두셨으며
7 소돔과 고모라와 그 이웃 도시들도
그들과 같은 행동으로 음란하며 다
른 육체를 따라가다가 영원한 불의
형벌을 받음으로 거울이 되었느니
라
8 그러한데 꿈꾸는 이 사람들도 그와
같이 육체를 더럽히며 권위를 업신
여기며 영광을 비방하는도다
9 천사장 미가엘이 모세의 시체에
관하여 마귀와 다투어 변론할 때
에 감히 비방하는 판결을 내리지
못하고 다만 말하되 주께서 너를
꾸짖으시기를 원하노라 하였거
늘
10 이 사람들은 무엇이든지 그 알지
못하는 것을 비방하는도다 또 그들
은 이성 없는 짐승같이 본능으로
아는 그것으로 멸망하느니라
11 화 있을진저 이 사람들이여, 가인
의 길에 행하였으며 삯을 위하여
발람의 어그러진 길로 몰려갔으며
고라의 패역을 따라 멸망을 받았도
다
12 그들은 기탄 없이 너희와 함께 먹
으니 너희의 애찬에 암초요 자기
몸만 기르는 목자요 바람에 불려가
는 물 없는 구름이요 죽고 또 죽어
뿌리까지 뽑힌 열매 없는 가을 나
무요
13 자기 수치의 거품을 뿜는 바다의
거친 물결이요 영원히 예비된 캄캄
한 흑암으로 돌아갈 유리하는 별들
이라
14 아담의 칠대 손 에녹이 이 사람들
에 대하여도 예언하여 이르되 보라
주께서 그 수만의 거룩한 자와 함
께 임하셨나니
15 이는 뭇 사람을 심판하사 모든 경
건하지 않은 자가 경건하지 않게
행한 모든 경건하지 않은 일과 또
경건하지 않은 죄인들이 주를 거슬

러 한 모든 완악한 말로 말미암아
그들을 정죄하려 하심이라 하였느
니라
16 이 사람들은 원망하는 자며 불만을
토하는 자며 그 정욕대로 행하는
자라 그 입으로 자랑하는 말을 하
며 이익을 위하여 아첨하느니라

훈계와 권면

17 ●사랑하는 자들아 너희는 우리 주
예수 그리스도의 사도들이 미리 한
말을 기억하라
18 그들이 너희에게 말하기를 마지막
때에 자기의 경건하지 않은 정욕대
로 행하며 조롱하는 자들이 있으리
라 하였나니
19 이 사람들은 분열을 일으키는 자며
육에 속한 자며 성령이 없는 자니
라
20 사랑하는 자들아 너희는 너희의 지
극히 거룩한 믿음 위에 자신을 세
우며 성령으로 기도하며
21 하나님의 사랑 안에서 자신을 지키
며 영생에 이르도록 우리 주 예수
그리스도의 긍휼을 기다리라
22 어떤 의심하는 자들을 긍휼히 여기
라
23 또 어떤 자를 불에서 끌어내어 구
원하라 또 어떤 자를 그 육체로 더
럽힌 옷까지도 미워하되 두려움으
로 긍휼히 여기라

축복

24 ●능히 너희를 보호하사 거침이 없
게 하시고 너희로 그 영광 앞에 흠
이 없이 기쁨으로 서게 하실 이
25 곧 우리 구주 홀로 하나이신 하나
님께 우리 주 예수 그리스도로 말
미암아 영광과 위엄과 권력과 권세
가 영원 전부터 이제와 영원토록
있을지어다 아멘

요한계시록

Revelation

표제와 인사

1 예수 그리스도의 계시라 이는 하
나님이 그에게 주사 반드시 속히
일어날 일들을 그 종들에게 보이시
려고 그의 천사를 그 종 요한에게
보내어 알게 하신 것이라
2 요한은 하나님의 말씀과 예수 그리
스도의 증거 곧 자기가 본 것을 다
증언하였느니라
3 이 예언의 말씀을 읽는 자와 듣는
자와 그 가운데에 기록한 것을 지키
는 자는 복이 있나니 때가 가까움이
라
4 ●요한은 아시아에 있는 일곱 교회
에 편지하노니 이제도 계시고 전에
도 계셨고 장차 오실 이와 그의 보
좌 앞에 있는 일곱 영과
5 또 충성된 증인으로 죽은 자들 가
운데에서 먼저 나시고 땅의 임금들
의 머리가 되신 예수 그리스도로
말미암아 은혜와 평강이 너희에게
있기를 원하노라 우리를 사랑하사
그의 피로 [1]우리 죄에서 우리를 해
방하시고
6 그의 아버지 하나님을 위하여 우리
를 나라와 제사장으로 삼으신 그에
게 영광과 능력이 세세토록 있기를
원하노라 아멘
7 볼지어다 그가 구름을 타고 오시리

1) 어떤 사본에, 우리 죄를 씻으시고

라 각 사람의 눈이 그를 보겠고 그
를 찌른 자들도 볼 것이요 땅에 있
는 모든 족속이 그로 말미암아 애
곡하리니 그러하리라 아멘
8 ●주 하나님이 이르시되 나는 알파
와 오메가라 이제도 있고 전에도
있었고 장차 올 자요 전능한 자라
하시더라

그리스도의 명령

9 ●나 요한은 너희 형제요 예수의
환난과 나라와 참음에 동참하는 자
라 하나님의 말씀과 예수를 증언하
였음으로 말미암아 밧모라 하는 섬
에 있었더니
10 주의 날에 내가 성령에 감동되어
내 뒤에서 나는 나팔 소리 같은 큰
음성을 들으니
11 이르되 네가 보는 것을 두루마리에
써서 에베소, 서머나, 버가모, 두아
디라, 사데, 빌라델비아, 라오디게
아 등 일곱 교회에 보내라 하시기
로
12 몸을 돌이켜 나에게 말한 음성을
알아 보려고 돌이킬 때에 일곱 금
촛대를 보았는데
13 촛대 사이에 인자 같은 이가 발에
끌리는 옷을 입고 가슴에 금띠를
띠고
14 그의 머리와 털의 희기가 흰 양털
같고 눈 같으며 그의 눈은 불꽃 같
고
15 그의 발은 풀무불에 단련한 빛난
주석 같고 그의 음성은 많은 물 소
리와 같으며
16 그의 오른손에 일곱 별이 있고 그
의 입에서 좌우에 날선 검이 나오
고 그 얼굴은 해가 힘있게 비치는
것 같더라
17 내가 볼 때에 그의 발 앞에 엎드러
져 죽은 자같이 되매 그가 오른손
을 내게 얹고 이르시되 두려워하지
말라 나는 처음이요 마지막이니
18 곧 살아 있는 자라 내가 전에 죽었
었노라 볼지어다 이제 세세토록 살
아 있어 사망과 음부의 열쇠를 가
졌노니
19 그러므로 네가 본 것과 지금 있는
일과 장차 될 일을 기록하라
20 네가 본 것은 내 오른손의 일곱 별
의 비밀과 또 일곱 금 촛대라 일곱
별은 일곱 교회의 사자요 일곱 촛
대는 일곱 교회니라

에베소 교회에
보내는 말씀

2 에베소 교회의 사자에게 편지하
라 오른손에 있는 일곱 별을 붙
잡고 일곱 금 촛대 사이를 거니시
는 이가 이르시되
2 내가 네 행위와 수고와 네 인내를
알고 또 악한 자들을 용납하지 아
니한 것과 자칭 사도라 하되 아닌
자들을 시험하여 그의 거짓된 것을
네가 드러낸 것과
3 또 네가 참고 내 이름을 위하여 견
디고 게으르지 아니한 것을 아노
라
4 그러나 너를 책망할 것이 있나니
너의 처음 사랑을 버렸느니라
5 그러므로 어디서 떨어졌는지를 생
각하고 회개하여 처음 행위를 가지
라 만일 그리하지 아니하고 회개하
지 아니하면 내가 네게 가서 네 촛
대를 그 자리에서 옮기리라
6 오직 네게 이것이 있으니 네가 니
골라 당의 행위를 미워하는도다 나
도 이것을 미워하노라
7 귀 있는 자는 성령이 교회들에게
하시는 말씀을 들을지어다 이기는
그에게는 내가 하나님의 낙원에 있
는 생명나무의 열매를 주어 먹게

하리라

서머나 교회에
보내는 말씀

8 ●서머나 교회의 사자에게 편지하
라 처음이며 마지막이요 죽었다가
살아나신 이가 이르시되
9 내가 네 환난과 궁핍을 알거니와
실상은 네가 부요한 자니라 자칭
유대인이라 하는 자들의 비방도 알
거니와 실상은 유대인이 아니요 사
탄의 회당이라
10 너는 장차 받을 고난을 두려워하지
말라 볼지어다 마귀가 장차 너희
가운데에서 몇 사람을 옥에 던져
시험을 받게 하리니 너희가 십 일
동안 환난을 받으리라 네가 죽도록
충성하라 그리하면 내가 생명의 관
을 네게 주리라
11 귀 있는 자는 성령이 교회들에게
하시는 말씀을 들을지어다 이기는
자는 둘째 사망의 해를 받지 아니
하리라

버가모 교회에
보내는 말씀

12 ●버가모 교회의 사자에게 편지하
라 좌우에 날선 검을 가지신 이가
이르시되
13 네가 어디에 사는지를 내가 아노니
거기는 사탄의 권좌가 있는 데라
네가 내 이름을 굳게 잡아서 내 충
성된 증인 안디바가 너희 가운데
곧 사탄이 사는 곳에서 죽임을 당
할 때에도 나를 믿는 믿음을 저버
리지 아니하였도다
14 그러나 네게 두어 가지 책망할 것
이 있나니 거기 네게 발람의 교훈
을 지키는 자들이 있도다 발람이
발락을 가르쳐 이스라엘 자손 앞
에 걸림돌을 놓아 우상의 제물을
먹게 하였고 또 행음하게 하였느
니라
15 이와 같이 네게도 니골라 당의 교
훈을 지키는 자들이 있도다
16 그러므로 회개하라 그리하지 아니
하면 내가 네게 속히 가서 내 입의
검으로 그들과 싸우리라
17 귀 있는 자는 성령이 교회들에게
하시는 말씀을 들을지어다 이기는
그에게는 내가 감추었던 만나를 주
고 또 흰 돌을 줄 터인데 그 돌 위
에 새 이름을 기록한 것이 있나니
받는 자밖에는 그 이름을 알 사람
이 없느니라

두아디라 교회에
보내는 말씀

18 ●두아디라 교회의 사자에게 편지
하라 그 눈이 불꽃 같고 그 발이 빛
난 주석과 같은 하나님의 아들이
이르시되
19 내가 네 사업과 사랑과 믿음과 섬
김과 인내를 아노니 네 나중 행위
가 처음 것보다 많도다
20 그러나 네게 책망할 일이 있노라
자칭 선지자라 하는 여자 이세벨을
네가 용납함이니 그가 내 종들을
가르쳐 꾀어 행음하게 하고 우상의
제물을 먹게 하는도다
21 또 내가 그에게 회개할 기회를 주
었으되 자기의 음행을 회개하고자
하지 아니하는도다
22 볼지어다 내가 그를 침상에 던질
터이요 또 그와 더불어 간음하는
자들도 만일 그의 행위를 회개하
지 아니하면 큰 환난 가운데에 던
지고
23 또 내가 사망으로 그의 자녀를 죽
이리니 모든 교회가 나는 사람의
뜻과 마음을 살피는 자인 줄 알지
라 내가 너희 각 사람의 행위대로
갚아주리라

24 두아디라에 남아 있어 이 교훈을
받지 아니하고 소위 사탄의 깊은
것을 알지 못하는 너희에게 말하노
니 다른 짐으로 너희에게 지울 것
은 없노라
25 다만 너희에게 있는 것을 내가 올
때까지 굳게 잡으라
26 이기는 자와 끝까지 내 일을 지키
는 그에게 만국을 다스리는 권세를
주리니
27 그가 철장을 가지고 그들을 다스려
질그릇 깨뜨리는 것과 같이 하리라
나도 내 아버지께 받은 것이 그러
하니라
28 내가 또 그에게 새벽별을 주리라
29 귀 있는 자는 성령이 교회들에게
하시는 말씀을 들을지어다

사데 교회에 보내는 말씀

3 사데 교회의 사자에게 편지하라
하나님의 일곱 영과 일곱 별을
가지신 이가 이르시되 내가 네 행
위를 아노니 네가 살았다 하는 이
름은 가졌으나 죽은 자로다
2 너는 일깨어 그 남은 바 죽게 된 것
을 굳건하게 하라 내 하나님 앞에
네 행위의 온전한 것을 찾지 못하
였노니
3 그러므로 네가 어떻게 받았으며 어
떻게 들었는지 생각하고 지켜 회개
하라 만일 일깨지 아니하면 내가
도둑같이 이르리니 어느 때에 네게
이를는지 네가 알지 못하리라
4 그러나 사데에 그 옷을 더럽히지
아니한 자 몇 명이 네게 있어 흰옷
을 입고 나와 함께 다니리니 그들
은 합당한 자인 연고라
5 이기는 자는 이와 같이 흰옷을 입
을 것이요 내가 그 이름을 생명책
에서 결코 지우지 아니하고 그 이
름을 내 아버지 앞과 그의 천사들
앞에서 시인하리라
6 귀 있는 자는 성령이 교회들에게
하시는 말씀을 들을지어다

빌라델비아 교회에 보내는 말씀

7 ●빌라델비아 교회의 사자에게 편
지하라 거룩하고 진실하사 다윗의
열쇠를 가지신 이 곧 열면 닫을 사
람이 없고 닫으면 열 사람이 없는
그가 이르시되
8 볼지어다 내가 네 앞에 열린 문을
두었으되 능히 닫을 사람이 없으리
라 내가 네 행위를 아노니 네가 작
은 능력을 가지고서도 내 말을 지
키며 내 이름을 배반하지 아니하였
도다
9 보라 사탄의 회당 곧 자칭 유대인
이라 하나 그렇지 아니하고 거짓말
하는 자들 중에서 몇을 네게 주어
그들로 와서 네 발 앞에 절하게 하
고 내가 너를 사랑하는 줄을 알게
하리라
10 네가 나의 인내의 말씀을 지켰은즉
내가 또한 너를 지켜 시험의 때를
면하게 하리니 이는 장차 온 세상
에 임하여 땅에 거하는 자들을 시
험할 때라
11 내가 속히 오리니 네가 가진 것을
굳게 잡아 아무도 네 면류관을 빼
앗지 못하게 하라
12 이기는 자는 내 하나님 성전에 기
둥이 되게 하리니 그가 결코 다시
나가지 아니하리라 내가 하나님의
이름과 하나님의 성 곧 하늘에서
내 하나님께로부터 내려오는 새 예
루살렘의 이름과 나의 새 이름을
그이 위에 기록하리라
13 귀 있는 자는 성령이 교회들에게
하시는 말씀을 들을지어다

라오디게아 교회에
보내는 말씀

14 ●라오디게아 교회의 사자에게 편
지하라 아멘이시요 충성되고 참된
증인이시요 하나님의 창조의 근본
이신 이가 이르시되
15 내가 네 행위를 아노니 네가 차지
도 아니하고 뜨겁지도 아니하도다
네가 차든지 뜨겁든지 하기를 원하
노라
16 네가 이같이 미지근하여 뜨겁지도
아니하고 차지도 아니하니 내 입에
서 너를 토하여 버리리라
17 네가 말하기를 나는 부자라 부요하
여 부족한 것이 없다 하나 네 곤고
한 것과 가련한 것과 가난한 것과
눈먼 것과 벌거벗은 것을 알지 못
하는도다
18 내가 너를 권하노니 내게서 불로
연단한 금을 사서 부요하게 하고
흰옷을 사서 입어 벌거벗은 수치를
보이지 않게 하고 안약을 사서 눈
에 발라 보게 하라
19 무릇 내가 사랑하는 자를 책망하여
징계하노니 그러므로 네가 열심을
내라 회개하라
20 볼지어다 내가 문밖에 서서 두드리
노니 누구든지 내 음성을 듣고 문
을 열면 내가 그에게로 들어가 그
와 더불어 먹고 그는 나와 더불어
먹으리라
21 이기는 그에게는 내가 내 보좌에
함께 앉게 하여 주기를 내가 이기
고 아버지 보좌에 함께 앉은 것과
같이 하리라
22 귀 있는 자는 성령이 교회들에게
하시는 말씀을 들을지어다

하늘의 예배

4 이 일 후에 내가 보니 하늘에 열
린 문이 있는데 내가 들은 바 처
음에 내게 말하던 나팔 소리 같은
그 음성이 이르되 이리로 올라오라
이 후에 마땅히 일어날 일들을 내
가 네게 보이리라 하시더라
2 내가 곧 성령에 감동되었더니 보라
하늘에 보좌를 베풀었고 그 보좌
위에 앉으신 이가 있는데
3 앉으신 이의 모양이 벽옥과 홍보
석 같고 또 무지개가 있어 보좌에
둘렸는데 그 모양이 녹보석 같더
라
4 또 보좌에 둘려 이십사 보좌들이
있고 그 보좌들 위에 이십사 장로
들이 흰옷을 입고 머리에 금관을
쓰고 앉았더라
5 보좌로부터 번개와 음성과 우렛소
리가 나고 보좌 앞에 켠 등불 일곱
이 있으니 이는 하나님의 일곱 영
이라
6 보좌 앞에 수정과 같은 유리 바다
가 있고 보좌 가운데와 보좌 주위
에 네 생물이 있는데 앞뒤에 눈들
이 가득하더라
7 그 첫째 생물은 사자 같고 그 둘째
생물은 송아지 같고 그 셋째 생물
은 얼굴이 사람 같고 그 넷째 생물
은 날아가는 독수리 같은데
8 네 생물은 각각 여섯 날개를 가졌
고 그 안과 주위에는 눈들이 가득
하더라 그들이 밤낮 쉬지 않고 이
르기를

거룩하다 거룩하다 거룩하다 주
하나님 곧 전능하신 이여 전에도
계셨고 이제도 계시고 장차 오실
이시라

하고
9 그 생물들이 보좌에 앉으사 세세토
록 살아 계시는 이에게 영광과 존
귀와 감사를 돌릴 때에
10 이십사 장로들이 보좌에 앉으신 이

앞에 엎드려 세세토록 살아 계시는
이에게 경배하고 자기의 관을 보좌
앞에 드리며 이르되
11 우리 주 하나님이여 영광과 존귀
와 권능을 받으시는 것이 합당하
오니 주께서 만물을 지으신지라
만물이 주의 뜻대로 있었고 또 지
으심을 받았나이다
하더라

책과 어린 양

5 내가 보매 보좌에 앉으신 이의
오른손에 두루마리가 있으니 안
팎으로 썼고 일곱 인으로 봉하였더
라
2 또 보매 힘있는 천사가 큰 음성으
로 외치기를 누가 그 두루마리를
펴며 그 인을 떼기에 합당하냐 하
나
3 하늘 위에나 땅 위에나 땅 아래에
능히 그 두루마리를 펴거나 보거나
할 자가 없더라
4 그 두루마리를 펴거나 보거나 하기
에 합당한 자가 보이지 아니하기로
내가 크게 울었더니
5 장로 중의 한 사람이 내게 말하되
울지 말라 유대 지파의 사자 다윗
의 뿌리가 이겼으니 그 두루마리와
그 일곱 인을 떼시리라 하더라
6 내가 또 보니 보좌와 네 생물과 장
로들 사이에 한 어린 양이 서 있는
데 일찍이 죽임을 당한 것 같더라
그에게 일곱 뿔과 일곱 눈이 있으
니 이 눈들은 온 땅에 보내심을 받
은 하나님의 일곱 영이더라
7 그 어린 양이 나아와서 보좌에 앉
으신 이의 오른손에서 두루마리를
취하시니라
8 그 두루마리를 취하시매 네 생물과
이십사 장로들이 그 어린 양 앞에
엎드려 각각 거문고와 향이 가득한
금 대접을 가졌으니 이 향은 성도
의 기도들이라
9 그들이 새 노래를 불러 이르되
두루마리를 가지시고 그 인봉을
떼기에 합당하시도다 일찍이 죽
임을 당하사 각 족속과 방언과
백성과 나라 가운데에서 사람들
을 피로 사서 하나님께 드리시
고
10 그들로 우리 하나님 앞에서 나라
와 제사장들을 삼으셨으니 그들
이 땅에서 왕 노릇 하리로다
하더라
11 내가 또 보고 들으매 보좌와 생물
들과 장로들을 둘러선 많은 천사의
음성이 있으니 그 수가 만만이요
천천이라
12 큰 음성으로 이르되
죽임을 당하신 어린 양은 능력과
부와 지혜와 힘과 존귀와 영광과
찬송을 받으시기에 합당하도다
하더라
13 내가 또 들으니 하늘 위에와 땅 위
에와 땅 아래와 바다 위에와 또 그
가운데 모든 피조물이 이르되
보좌에 앉으신 이와 어린 양에게
찬송과 존귀와 영광과 권능을 세
세토록 돌릴지어다
하니
14 네 생물이 이르되 아멘 하고 장로
들은 엎드려 경배하더라

일곱 봉인에 담긴 심판

6 내가 보매 어린 양이 일곱 인 중
의 하나를 떼시는데 그때에 내가
들으니 네 생물 중의 하나가 우렛
소리같이 말하되 오라 하기로
2 이에 내가 보니 흰말이 있는데 그
탄 자가 활을 가졌고 면류관을 받
고 나아가서 이기고 또 이기려고
하더라

3 ●둘째 인을 떼실 때에 내가 들으
니 둘째 생물이 말하되 오라 하니
4 이에 다른 붉은 말이 나오더라 그
탄 자가 허락을 받아 땅에서 화평
을 제하여 버리며 서로 죽이게 하
고 또 큰 칼을 받았더라
5 ●셋째 인을 떼실 때에 내가 들으
니 셋째 생물이 말하되 오라 하기
로 내가 보니 검은 말이 나오는데
그 탄 자가 손에 저울을 가졌더라
6 내가 네 생물 사이로부터 나는 듯
한 음성을 들으니 이르되 한 [1]데나
리온에 밀 한 되요 한 [1]데나리온에
보리 석 되로다 또 감람유와 포도
주는 해치지 말라 하더라
7 ●넷째 인을 떼실 때에 내가 넷째
생물의 음성을 들으니 말하되 오라
하기로
8 내가 보매 청황색 말이 나오는데
그 탄 자의 이름은 사망이니 음부
가 그 뒤를 따르더라 그들이 땅 사
분의 일의 권세를 얻어 검과 흉년
과 사망과 땅의 짐승들로써 죽이더
라
9 ●다섯째 인을 떼실 때에 내가 보
니 하나님의 말씀과 그들이 가진
증거로 말미암아 죽임을 당한 영혼
들이 제단 아래에 있어
10 큰 소리로 불러 이르되 거룩하고
참되신 대주재여 땅에 거하는 자들
을 심판하여 우리 피를 갚아주지
아니하시기를 어느 때까지 하시려
하나이까 하니
11 각각 그들에게 흰 두루마기를 주시
며 이르시되 아직 잠시 동안 쉬되
그들의 동무 종들과 형제들도 자기
처럼 죽임을 당하여 그 수가 차기
까지 하라 하시더라
12 ●내가 보니 여섯째 인을 떼실 때
에 큰 지진이 나며 해가 검은 털로
짠 상복같이 검어지고 달은 온통
피같이 되며
13 하늘의 별들이 무화과나무가 대풍
에 흔들려 설익은 열매가 떨어지는
것같이 땅에 떨어지며
14 하늘은 두루마리가 말리는 것같이
떠나가고 각 산과 섬이 제자리에서
옮겨지매
15 땅의 임금들과 왕족들과 장군들과
부자들과 강한 자들과 모든 종과
자유인이 굴과 산들의 바위틈에 숨
어
16 산들과 바위에게 말하되 우리 위에
떨어져 보좌에 앉으신 이의 얼굴에
서와 그 어린 양의 진노에서 우리
를 가리라
17 그들의 진노의 큰 날이 이르렀으니
누가 능히 서리요 하더라

인치심을 받은 십사만 사천 명

7 이 일 후에 내가 네 천사가 땅 네
모퉁이에 선 것을 보니 땅의 사방
의 바람을 붙잡아 바람으로 하여금
땅에나 바다에나 각종 나무에 불지
못하게 하더라
2 또 보매 다른 천사가 살아 계신 하
나님의 인을 가지고 해 돋는 데로
부터 올라와서 땅과 바다를 해롭게
할 권세를 받은 네 천사를 향하여
큰 소리로 외쳐
3 이르되 우리가 우리 하나님의 종들
의 이마에 인치기까지 땅이나 바다
나 나무들을 해하지 말라 하더라
4 내가 인침을 받은 자의 수를 들으
니 이스라엘 자손의 각 지파 중에
서 인침을 받은 자들이 십사만 사
천이니

각 나라에서 온 무리

5 ●유다 지파 중에 인침을 받은 자
가 일만 이천이요 르우벤 지파 중

1) 은전의 명칭

에 일만 이천이요 갓 지파 중에 일
만 이천이요
6 아셀 지파 중에 일만 이천이요 납
달리 지파 중에 일만 이천이요 므
낫세 지파 중에 일만 이천이요
7 시므온 지파 중에 일만 이천이요
레위 지파 중에 일만 이천이요 잇
사갈 지파 중에 일만 이천이요
8 스불론 지파 중에 일만 이천이요
요셉 지파 중에 일만 이천이요 베
냐민 지파 중에 인침을 받은 자가
일만 이천이라
9 이 일 후에 내가 보니 각 나라와 족
속과 백성과 방언에서 아무도 능히
셀 수 없는 큰 무리가 나와 흰옷을
입고 손에 종려 가지를 들고 보좌
앞과 어린 양 앞에 서서
10 큰 소리로 외쳐 이르되
구원하심이 보좌에 앉으신 우리
하나님과 어린 양에게 있도다
하니
11 모든 천사가 보좌와 장로들과 네
생물의 주위에 서 있다가 보좌 앞
에 엎드려 얼굴을 대고 하나님께
경배하여
12 이르되
아멘 찬송과 영광과 지혜와 감사
와 존귀와 권능과 힘이 우리 하
나님께 세세토록 있을지어다 아
멘
하더라
13 장로 중 하나가 응답하여 나에게
이르되 이 흰옷 입은 자들이 누구
며 또 어디서 왔느냐
14 내가 말하기를 내 주여 당신이 아
시나이다 하니 그가 나에게 이르되
이는 큰 환난에서 나오는 자들인데
어린 양의 피에 그 옷을 씻어 희게
하였느니라
15 그러므로 그들이 하나님의 보좌 앞
에 있고 또 그의 성전에서 밤낮 하
나님을 섬기매 보좌에 앉으신 이가
그들 위에 장막을 치시리니
16 그들이 다시는 주리지도 아니하며
목마르지도 아니하고 해나 아무
뜨거운 기운에 상하지도 아니하리
니
17 이는 보좌 가운데에 계신 어린 양
이 그들의 목자가 되사 생명수 샘
으로 인도하시고 하나님께서 그들
의 눈에서 모든 눈물을 씻어 주실
것임이라

일곱째 봉인과 금 향로

8 일곱째 인을 떼실 때에 하늘이
반 시간쯤 고요하더니
2 내가 보매 하나님 앞에 일곱 천사
가 서 있어 일곱 나팔을 받았더라
3 ●또 다른 천사가 와서 제단 곁에
서서 금 향로를 가지고 많은 향을
받았으니 이는 모든 성도의 기도와
합하여 보좌 앞 금 제단에 드리고
자 함이라
4 향연이 성도의 기도와 함께 천사의
손으로부터 하나님 앞으로 올라가
는지라
5 천사가 향로를 가지고 제단의 불을
담아다가 땅에 쏟으매 우레와 음성
과 번개와 지진이 나더라

나팔 소리

6 ●일곱 나팔을 가진 일곱 천사가
나팔 불기를 준비하더라
7 ●첫째 천사가 나팔을 부니 피 섞
인 우박과 불이 나와서 땅에 쏟아
지매 땅의 삼분의 일이 타 버리고
수목의 삼분의 일도 타 버리고 각
종 푸른 풀도 타 버렸더라
8 ●둘째 천사가 나팔을 부니 불붙
는 큰 산과 같은 것이 바다에 던
져지매 바다의 삼분의 일이 피가
되고

9 바다 가운데 생명 가진 피조물들의
삼분의 일이 죽고 배들의 삼분의
일이 깨지더라
10 ●셋째 천사가 나팔을 부니 횃불같
이 타는 큰 별이 하늘에서 떨어져
강들의 삼분의 일과 여러 물샘에
떨어지니
11 이 별 이름은 쓴 쑥이라 물의 삼분
의 일이 쓴 쑥이 되매 그 물이 쓴
물이 되므로 많은 사람이 죽더라
12 ●넷째 천사가 나팔을 부니 해 삼
분의 일과 달 삼분의 일과 별들의
삼분의 일이 타격을 받아 그 삼분
의 일이 어두워지니 낮 삼분의 일
은 비추임이 없고 밤도 그러하더
라
13 ●내가 또 보고 들으니 공중에 날
아가는 독수리가 큰 소리로 이르되
땅에 사는 자들에게 화, 화, 화가
있으리니 이는 세 천사들이 불어야
할 나팔 소리가 남아 있음이로다
하더라

9 다섯째 천사가 나팔을 불매 내가
보니 하늘에서 땅에 떨어진 별
하나가 있는데 그가 무저갱의 열쇠
를 받았더라
2 그가 무저갱을 여니 그 구멍에서
큰 화덕의 연기 같은 연기가 올라
오매 해와 공기가 그 구멍의 연기
로 말미암아 어두워지며
3 또 황충이 연기 가운데로부터 땅
위에 나오매 그들이 땅에 있는 전
갈의 권세와 같은 권세를 받았더
라
4 그들에게 이르시되 땅의 풀이나 푸
른 것이나 각종 수목은 해하지 말
고 오직 이마에 하나님의 인침을
받지 아니한 사람들만 해하라 하시
더라
5 그러나 그들을 죽이지는 못하게 하
시고 다섯 달 동안 괴롭게만 하게
하시는데 그 괴롭게 함은 전갈이
사람을 쏠 때에 괴롭게 함과 같더
라
6 그날에는 사람들이 죽기를 구하여
도 죽지 못하고 죽고 싶으나 죽음
이 그들을 피하리로다
7 황충들의 모양은 전쟁을 위하여 준
비한 말들 같고 그 머리에 금 같은
관 비슷한 것을 썼으며 그 얼굴은
사람의 얼굴 같고
8 또 여자의 머리털 같은 머리털이
있고 그 이빨은 사자의 이빨 같으
며
9 또 철 호심경 같은 호심경이 있고
그 날개들의 소리는 병거와 많은
말들이 전쟁터로 달려 들어가는 소
리 같으며
10 또 전갈과 같은 꼬리와 쏘는 살이
있어 그 꼬리에는 다섯 달 동안 사
람들을 해하는 권세가 있더라
11 그들에게 왕이 있으니 무저갱의 사
자라 히브리어로는 그 이름이 아바
돈이요 헬라어로는 그 이름이 아볼
루온이더라
12 ●첫째 화는 지나갔으나 보라 아직
도 이 후에 화 둘이 이르리로다
13 ●여섯째 천사가 나팔을 불매 내가
들으니 하나님 앞 금 제단 네 뿔에
서 한 음성이 나서
14 나팔 가진 여섯째 천사에게 말하기
를 큰 강 유브라데에 결박한 네 천
사를 놓아주라 하매
15 네 천사가 놓였으니 그들은 그 년
월 일 시에 이르러 사람 삼분의 일
을 죽이기로 준비된 자들이더라
16 마병대의 수는 [1]이만 만이니 내가
그들의 수를 들었노라
17 이 같은 환상 가운데 그 말들과 그

1) 또는 이억이니

위에 탄 자들을 보니 불빛과 자줏
빛과 유황빛 호심경이 있고 또 말
들의 머리는 사자 머리 같고 그 입
에서는 불과 연기와 유황이 나오더
라
18 이 세 재앙 곧 자기들의 입에서 나
오는 불과 연기와 유황으로 말미암
아 사람 삼분의 일이 죽임을 당하
니라
19 이 말들의 힘은 입과 꼬리에 있으
니 꼬리는 뱀 같고 또 꼬리에 머리
가 있어 이것으로 해하더라
20 이 재앙에 죽지 않고 남은 사람들
은 손으로 행한 일을 회개하지 아
니하고 오히려 여러 귀신과 또는
보거나 듣거나 다니거나 하지 못하
는 금, 은, 동과 목석의 우상에게
절하고
21 또 그 살인과 복술과 음행과 도둑
질을 회개하지 아니하더라

천사와 작은 책

10 내가 또 보니 힘 센 다른 천사
가 구름을 입고 하늘에서 내려
오는데 그 머리 위에 무지개가 있
고 그 얼굴은 해 같고 그 발은 불기
둥 같으며
2 그 손에는 펴 놓인 작은 두루마리
를 들고 그 오른발은 바다를 밟고
왼발은 땅을 밟고
3 사자가 부르짖는 것같이 큰 소리로
외치니 그가 외칠 때에 일곱 우레
가 그 소리를 내어 말하더라
4 일곱 우레가 말을 할 때에 내가 기
록하려고 하다가 곧 들으니 하늘에
서 소리가 나서 말하기를 일곱 우
레가 말한 것을 인봉하고 기록하지
말라 하더라
5 내가 본 바 바다와 땅을 밟고 서 있
는 천사가 하늘을 향하여 오른손을
들고
6 세세토록 살아 계신 이 곧 하늘과
그 가운데에 있는 물건이며 땅과
그 가운데에 있는 물건이며 바다와
그 가운데에 있는 물건을 창조하신
이를 가리켜 맹세하여 이르되 [1]지
체하지 아니하리니
7 일곱째 천사가 소리 내는 날 그의
나팔을 불려고 할 때에 하나님이
그의 종 선지자들에게 전하신 복음
과 같이 하나님의 그 비밀이 이루
어지리라 하더라
8 하늘에서 나서 내게 들리던 음성이
또 내게 말하여 이르되 네가 가서
바다와 땅을 밟고 서 있는 천사의
손에 펴 놓인 두루마리를 가지라
하기로
9 내가 천사에게 나아가 작은 두루마
리를 달라 한즉 천사가 이르되 갖
다 먹어 버리라 네 배에는 쓰나 네
입에는 꿀같이 달리라 하거늘
10 내가 천사의 손에서 작은 두루마리
를 갖다 먹어 버리니 내 입에는 꿀
같이 다나 먹은 후에 내 배에서는
쓰게 되더라
11 그가 내게 말하기를 네가 많은 백
성과 나라와 방언과 임금에게 다시
예언하여야 하리라 하더라

두 증인

11 또 내게 지팡이 같은 갈대를 주
며 말하기를 일어나서 하나님
의 성전과 제단과 그 안에서 경배
하는 자들을 측량하되
2 성전 바깥 마당은 측량하지 말고
그냥 두라 이것은 이방인에게 주었
은즉 그들이 거룩한 성을 마흔두
달 동안 짓밟으리라
3 내가 나의 두 증인에게 권세를 주
리니 그들이 굵은 베옷을 입고 천
이백육십 일을 예언하리라

1) 또는 시간이 다시 없으리니

4 그들은 이 땅의 주 앞에 서 있는 두
감람나무와 두 [1]촛대니
5 만일 누구든지 그들을 해하고자
하면 그들의 입에서 불이 나와서
그들의 원수를 삼켜 버릴 것이요
누구든지 그들을 해하고자 하면
반드시 그와 같이 죽임을 당하리
라
6 그들이 권능을 가지고 하늘을 닫아
그 예언을 하는 날 동안 비가 오지
못하게 하고 또 권능을 가지고 물
을 피로 변하게 하고 아무 때든지
원하는 대로 여러 가지 재앙으로
땅을 치리로다
7 그들이 그 증언을 마칠 때에 무저
갱으로부터 올라오는 짐승이 그들
과 더불어 전쟁을 일으켜 그들을
이기고 그들을 죽일 터인즉
8 그들의 시체가 큰 성 길에 있으리
니 그 성은 영적으로 하면 소돔이
라고도 하고 애굽이라고도 하니 곧
그들의 주께서 십자가에 못 박히신
곳이라
9 백성들과 족속과 방언과 나라 중에
서 사람들이 그 시체를 사흘 반 동
안을 보며 무덤에 장사하지 못하게
하리로다
10 이 두 선지자가 땅에 사는 자들을
괴롭게 한 고로 땅에 사는 자들이
그들의 죽음을 즐거워하고 기뻐
하여 서로 예물을 보내리라 하더
라
11 삼 일 반 후에 하나님께로부터 생
기가 그들 속에 들어가매 그들이
발로 일어서니 구경하는 자들이 크
게 두려워하더라
12 하늘로부터 큰 음성이 있어 이리로
올라오라 함을 그들이 듣고 구름을
타고 하늘로 올라가니 그들의 원수
들도 구경하더라
13 그때에 큰 지진이 나서 성 십분의
일이 무너지고 지진에 죽은 사람이
칠천이라 그 남은 자들이 두려워하
여 영광을 하늘의 하나님께 돌리더
라
14 ●둘째 화는 지나갔으나 보라 셋째
화가 속히 이르는도다

일곱째 나팔 소리

15 ●일곱째 천사가 나팔을 불매 하늘
에 큰 음성들이 나서 이르되
세상 나라가 우리 주와 그의 그리
스도의 나라가 되어 그가 세세토
록 왕 노릇 하시리로다
하니
16 하나님 앞에서 자기 보좌에 앉아
있던 이십사 장로가 엎드려 얼굴을
땅에 대고 하나님께 경배하여
17 이르되
감사하옵나니 옛적에도 계셨고
지금도 계신 주 하나님 곧 전능하
신 이여 친히 큰 권능을 잡으시고
왕 노릇 하시도다
18 이방들이 분노하매 주의 진노가
내려 죽은 자를 심판하시며 종 선
지자들과 성도들과 또 작은 자든
지 큰 자든지 주의 이름을 경외하
는 자들에게 상 주시며 또 땅을
망하게 하는 자들을 멸망시키실
때로소이다
하더라
19 ●이에 하늘에 있는 하나님의 성전
이 열리니 성전 안에 하나님의 언
약궤가 보이며 또 번개와 음성들
과 우레와 지진과 큰 우박이 있더
라

여자와 용

12 하늘에 큰 [2]이적이 보이니 해
를 옷 입은 한 여자가 있는데
그 발 아래에는 달이 있고 그 머리

1) 헬, 등잔대니 2) 또는 표적

에는 열두 별의 관을 썼더라
2 이 여자가 아이를 배어 해산하게
되매 아파서 애를 쓰며 부르짖더라
3 하늘에 또 다른 [1]이적이 보이니 보
라 한 큰 붉은 용이 있어 머리가 일
곱이요 뿔이 열이라 그 여러 머리
에 일곱 왕관이 있는데
4 그 꼬리가 하늘의 별 삼분의 일을
끌어다가 땅에 던지더라 용이 해산
하려는 여자 앞에서 그가 해산하면
그 아이를 삼키고자 하더니
5 여자가 아들을 낳으니 이는 장차
철장으로 만국을 다스릴 남자라 그
아이를 하나님 앞과 그 보좌 앞으
로 올려가더라
6 그 여자가 광야로 도망하매 거기서
천이백육십 일 동안 그를 양육하기
위하여 하나님께서 예비하신 곳이
있더라
7 ●하늘에 전쟁이 있으니 미가엘과
그의 사자들이 용과 더불어 싸울새
용과 그의 사자들도 싸우나
8 이기지 못하여 다시 하늘에서 그들
이 있을 곳을 얻지 못한지라
9 큰 용이 내쫓기니 옛 뱀 곧 마귀라
고도 하고 사탄이라고도 하며 온
천하를 꾀는 자라 그가 땅으로 내
쫓기니 그의 [2]사자들도 그와 함께
내쫓기니라
10 내가 또 들으니 하늘에 큰 음성이
있어 이르되
이제 우리 하나님의 구원과 능력
과 나라와 또 그의 그리스도의
권세가 나타났으니 우리 형제들
을 참소하던 자 곧 우리 하나님
앞에서 밤낮 참소하던 자가 쫓겨
났고
11 또 우리 형제들이 어린 양의 피와
자기들이 증언하는 말씀으로써
그를 이겼으니 그들은 죽기까지
자기들의 생명을 [3]아끼지 아니하
였도다
12 그러므로 하늘과 그 가운데에 거
하는 자들은 즐거워하라 그러나
땅과 바다는 화 있을진저 이는 마
귀가 자기의 때가 얼마 남지 않은
줄을 알므로 크게 분내어 너희에
게 내려갔음이라
하더라
13 ●용이 자기가 땅으로 내쫓긴 것을
보고 남자를 낳은 여자를 박해하는
지라
14 그 여자가 큰 독수리의 두 날개를
받아 광야 자기 곳으로 날아가 거
기서 그 뱀의 낯을 피하여 한 때와
두 때와 반 때를 양육 받으매
15 여자의 뒤에서 뱀이 그 입으로 물
을 강같이 토하여 여자를 물에 떠
내려 가게 하려 하되
16 땅이 여자를 도와 그 입을 벌려 용
의 입에서 토한 강물을 삼키니
17 용이 여자에게 분노하여 돌아가서
그 여자의 남은 자손 곧 하나님의
계명을 지키며 예수의 증거를 가진
자들과 더불어 싸우려고 바다 모래
위에 서 있더라

짐승 두 마리

13 내가 보니 바다에서 한 짐승이
나오는데 뿔이 열이요 머리가
일곱이라 그 뿔에는 열 왕관이 있
고 그 머리들에는 신성모독 하는
이름들이 있더라
2 내가 본 짐승은 표범과 비슷하고
그 발은 곰의 발 같고 그 입은 사
자의 입 같은데 용이 자기의 능력
과 보좌와 큰 권세를 그에게 주었
더라
3 그의 머리 하나가 상하여 죽게 된
것 같더니 그 죽게 되었던 상처가

1) 또는 표적 2) 또는 천사들도 3) 헬, 사랑하지

나으매 온 땅이 놀랍게 여겨 짐승
을 따르고
4 용이 짐승에게 권세를 주므로 용
에게 경배하며 짐승에게 경배하여
이르되 누가 이 짐승과 같으냐 누
가 능히 이와 더불어 싸우리요 하
더라
5 또 짐승이 과장되고 신성모독을 말
하는 입을 받고 또 마흔두 달 동안
일할 권세를 받으니라
6 짐승이 입을 벌려 하나님을 향하
여 비방하되 그의 이름과 그의 장
막 곧 하늘에 사는 자들을 비방하더
라
7 또 권세를 받아 성도들과 싸워 이
기게 되고 각 족속과 백성과 방언
과 나라를 다스리는 권세를 받으
니
8 죽임을 당한 어린 양의 생명책에
창세 이후로 이름이 기록되지 못하
고 이 땅에 사는 자들은 다 그 짐승
에게 경배하리라
9 누구든지 귀가 있거든 들을지어다
10 사로잡힐 자는 사로잡혀 갈 것이요
[1]칼에 죽을 자는 마땅히 칼에 죽을
것이니 성도들의 인내와 믿음이 여
기 있느니라
11 ●내가 보매 또 다른 짐승이 땅에
서 올라오니 어린 양같이 두 뿔이
있고 용처럼 말을 하더라
12 그가 먼저 나온 짐승의 모든 권세
를 그 앞에서 행하고 땅과 땅에 사
는 자들을 처음 짐승에게 경배하게
하니 곧 죽게 되었던 상처가 나은
자니라
13 큰 이적을 행하되 심지어 사람들
앞에서 불이 하늘로부터 땅에 내려
오게 하고
14 짐승 앞에서 받은 바 이적을 행함
으로 땅에 거하는 자들을 미혹하며
땅에 거하는 자들에게 이르기를 칼
에 상하였다가 살아난 짐승을 위하
여 우상을 만들라 하더라
15 그가 권세를 받아 그 짐승의 우상
에게 생기를 주어 그 짐승의 우상
으로 말하게 하고 또 짐승의 우상
에게 경배하지 아니하는 자는 몇이
든지 다 죽이게 하더라
16 그가 모든 자 곧 작은 자나 큰 자나
부자나 가난한 자나 자유인이나 종
들에게 그 오른손에나 이마에 표를
받게 하고
17 누구든지 이 표를 가진 자 외에는
매매를 못하게 하니 이 표는 곧 짐
승의 이름이나 그 이름의 수라
18 지혜가 여기 있으니 총명한 자는
그 짐승의 수를 세어 보라 그것은
사람의 수니 그의 수는 육백육십육
이니라

십사만 사천 명이 부르는 노래

14 또 내가 보니 보라 어린 양이
시온 산에 섰고 그와 함께 십
사만 사천이 서 있는데 그들의 이
마에는 어린 양의 이름과 그 아버
지의 이름을 쓴 것이 있더라
2 내가 하늘에서 나는 소리를 들으니
많은 물 소리와도 같고 큰 우렛소
리와도 같은데 내가 들은 소리는
거문고 타는 자들이 그 거문고를
타는 것 같더라
3 그들이 보좌 앞과 네 생물과 장로
들 앞에서 새 노래를 부르니 땅에
서 속량함을 받은 십사만 사천 밖
에는 능히 이 노래를 배울 자가 없
더라
4 이 사람들은 여자와 더불어 더럽히
지 아니하고 순결한 자라 어린 양

1) 어떤 사본에는, '칼로 죽이는 자는 마땅히 칼에 죽으리니'로 된 곳도 있음

이 어디로 인도하든지 따라가는 자
며 사람 가운데에서 속량함을 받아
처음 익은 열매로 하나님과 어린
양에게 속한 자들이니
5 그 입에 거짓말이 없고 흠이 없는
자들이더라

세 천사가 전하는 말

6 ●또 보니 다른 천사가 공중에 날
아가는데 땅에 거주하는 자들 곧
모든 민족과 종족과 방언과 백성
에게 전할 영원한 복음을 가졌더
라
7 그가 큰 음성으로 이르되 하나님을
두려워하며 그에게 영광을 돌리라
이는 그의 심판의 시간이 이르렀음
이니 하늘과 땅과 바다와 물들의
근원을 만드신 이를 경배하라 하더
라
8 ●또 다른 천사 곧 둘째가 그 뒤를
따라 말하되 무너졌도다 무너졌도
다 큰 성 바벨론이여 모든 나라에
게 그의 음행으로 말미암아 진노
의 포도주를 먹이던 자로다 하더
라
9 ●또 다른 천사 곧 셋째가 그 뒤를
따라 큰 음성으로 이르되 만일 누
구든지 짐승과 그의 우상에게 경
배하고 이마에나 손에 표를 받으
면
10 그도 하나님의 진노의 포도주를 마
시리니 그 진노의 잔에 섞인 것이
없이 부은 포도주라 거룩한 천사들
앞과 어린 양 앞에서 불과 유황으
로 고난을 받으리니
11 그 고난의 연기가 세세토록 올라가
리로다 짐승과 그의 우상에게 경배
하고 그의 이름표를 받는 자는 누
구든지 밤낮 쉼을 얻지 못하리라
하더라
12 성도들의 인내가 여기 있나니 그들
은 하나님의 계명과 예수에 대한
믿음을 지키는 자니라
13 ●또 내가 들으니 하늘에서 음성이
나서 이르되 기록하라 지금 이후로
주 안에서 죽는 자들은 복이 있도
다 하시매 성령이 이르시되 그러하
다 그들이 수고를 그치고 쉬리니
이는 그들의 행한 일이 따름이라
하시더라

마지막 수확

14 ●또 내가 보니 흰 구름이 있고 구
름 위에 인자와 같은 이가 앉으셨
는데 그 머리에는 금 면류관이 있
고 그 손에는 예리한 낫을 가졌더
라
15 또 다른 천사가 성전으로부터 나와
구름 위에 앉은 이를 향하여 큰 음
성으로 외쳐 이르되 당신의 낫을
휘둘러 거두소서 땅의 곡식이 다
익어 거둘 때가 이르렀음이니이다
하니
16 구름 위에 앉으신 이가 낫을 땅에
휘두르매 땅의 곡식이 거두어지니
라

마지막 재난을 가지고 온 천사

17 ●또 다른 천사가 하늘에 있는 성
전에서 나오는데 역시 예리한 낫을
가졌더라
18 또 불을 다스리는 다른 천사가 제
단으로부터 나와 예리한 낫 가진
자를 향하여 큰 음성으로 불러 이
르되 네 예리한 낫을 휘둘러 땅의
[1]포도송이를 거두라 그 포도가 익
었느니라 하더라
19 천사가 낫을 땅에 휘둘러 땅의 포
도를 거두어 하나님의 진노의 큰
포도주 틀에 던지매
20 성 밖에서 그 틀이 밟히니 틀에서

1) 헬, 포도나무

피가 나서 말 굴레에까지 닿았고
천육백 1)스다디온에 퍼졌더라

15 또 하늘에 크고 이상한 다른
2)이적을 보매 일곱 천사가 일
곱 재앙을 가졌으니 곧 마지막 재
앙이라 하나님의 진노가 이것으로
마치리로다
2 ●또 내가 보니 불이 섞인 유리 바
다 같은 것이 있고 짐승과 그의 우
상과 그의 이름의 수를 이기고 벗
어난 자들이 유리 바다 가에 서서
하나님의 거문고를 가지고
3 하나님의 종 모세의 노래, 어린 양
의 노래를 불러 이르되
주 하나님 곧 전능하신 이시여 하
시는 일이 크고 놀라우시도다 3)만
국의 왕이시여 주의 길이 의롭고
참되시도다
4 ㄱ주여 누가 주의 이름을 두려워
하지 아니하며 영화롭게 하지 아
니하오리이까 오직 주만 거룩하
시니이다 주의 의로우신 일이 나
타났으매 만국이 와서 주께 경배
하리이다
하더라
5 ●또 이 일 후에 내가 보니 하늘에
증거 장막의 성전이 열리며
6 일곱 재앙을 가진 일곱 천사가 성
전으로부터 나와 맑고 빛난 4)세
마포 옷을 입고 가슴에 금띠를 띠
고
7 네 생물 중의 하나가 영원토록 살
아 계신 하나님의 진노를 가득히
담은 금 대접 일곱을 그 일곱 천사
들에게 주니
8 하나님의 영광과 능력으로 말미
암아 성전에 연기가 가득 차매 일
곱 천사의 일곱 재앙이 마치기까
지는 성전에 능히 들어갈 자가 없
더라

진노의 일곱 대접

16 또 내가 들으니 성전에서 큰
음성이 나서 일곱 천사에게
말하되 너희는 가서 하나님의 진
노의 일곱 대접을 땅에 쏟으라 하
더라
2 ●첫째 천사가 가서 그 대접을 땅
에 쏟으매 짐승의 표를 받은 사람
들과 그 우상에게 경배하는 자들에
게 악하고 독한 종기가 나더라
3 ●둘째 천사가 그 대접을 바다에
쏟으매 바다가 곧 죽은 자의 피같
이 되니 바다 가운데 모든 생물이
죽더라
4 ●셋째 천사가 그 대접을 강과 물
근원에 쏟으매 피가 되더라
5 내가 들으니 물을 차지한 천사가
이르되 전에도 계셨고 지금도 계신
거룩하신 이여 이렇게 심판하시니
의로우시도다
6 그들이 성도들과 선지자들의 피
를 흘렸으므로 그들에게 피를 마
시게 하신 것이 합당하니이다 하더
라
7 또 내가 들으니 제단이 말하기를
그러하다 주 하나님 곧 전능하신
이시여 심판하시는 것이 참되시고
의로우시도다 하더라
8 ●넷째 천사가 그 대접을 해에 쏟
으매 해가 권세를 받아 불로 사람
들을 태우니
9 사람들이 크게 태움에 태워진지라
이 재앙들을 행하는 권세를 가지신
하나님의 이름을 비방하며 또 회개
하지 아니하고 주께 영광을 돌리지
아니하더라
10 ●또 다섯째 천사가 그 대접을 짐
승의 왕좌에 쏟으니 그 나라가 곧

1) 한 스다디온은 약 192미터임 2) 또는 표적 3) 어떤 사본에, 만 대에 4) 어떤 사본에, 보석 ㄱ. 렘 10:7

어두워지며 사람들이 아파서 자기
혀를 깨물고
11 아픈 것과 종기로 말미암아 하늘의
하나님을 비방하고 그들의 행위를
회개하지 아니하더라
12 ●또 여섯째 천사가 그 대접을 큰
강 유브라데에 쏟으매 강물이 말라
서 동방에서 오는 왕들의 길이 예
비되었더라
13 또 내가 보매 개구리 같은 세 더러
운 영이 용의 입과 짐승의 입과 거
짓 선지자의 입에서 나오니
14 그들은 귀신의 영이라 이적을 행하
여 온 천하 왕들에게 가서 하나님
곧 전능하신 이의 큰 날에 있을 전
쟁을 위하여 그들을 모으더라
15 보라 내가 도둑같이 오리니 누구든
지 깨어 자기 옷을 지켜 벌거벗고
다니지 아니하며 자기의 부끄러움
을 보이지 아니하는 자는 복이 있
도다
16 세 영이 히브리어로 아마겟돈이라
하는 곳으로 왕들을 모으더라
17 ●일곱째 천사가 그 대접을 공중
에 쏟으매 큰 음성이 성전에서 보
좌로부터 나서 이르되 되었다 하시
니
18 번개와 음성들과 우렛소리가 있고
또 큰 지진이 있어 얼마나 큰지 사
람이 땅에 있어 온 이래로 이같이
큰 지진이 없었더라
19 큰 성이 세 갈래로 갈라지고 만국
의 성들도 무너지니 큰 성 바벨론
이 하나님 앞에 기억하신 바 되어
그의 맹렬한 진노의 포도주 잔을
받으매
20 각 섬도 없어지고 산악도 간 데 없
더라
21 또 무게가 한 [1]달란트나 되는 큰 우
박이 하늘로부터 사람들에게 내리
매 사람들이 그 우박의 재앙 때문
에 하나님을 비방하니 그 재앙이
심히 큼이러라

큰 음녀에게 내릴 심판

17 또 일곱 대접을 가진 일곱 천사
중 하나가 와서 내게 말하여 이
르되 이리로 오라 많은 물 위에 앉
은 큰 음녀가 받을 심판을 네게 보
이리라
2 땅의 임금들도 그와 더불어 음행하
였고 땅에 사는 자들도 그 음행의
포도주에 취하였다 하고
3 곧 성령으로 나를 데리고 광야로
가니라 내가 보니 여자가 붉은 빛
짐승을 탔는데 그 짐승의 몸에
하나님을 모독하는 이름들이 가
득하고 일곱 머리와 열 뿔이 있
으며
4 그 여자는 자주 빛과 붉은빛 옷을
입고 금과 보석과 진주로 꾸미고
손에 금 잔을 가졌는데 가증한 물
건과 그의 음행의 더러운 것들이
가득하더라
5 그의 이마에 이름이 기록되었으니
비밀이라, 큰 바벨론이라, 땅의 음
녀들과 가증한 것들의 어미라 하였
더라
6 또 내가 보매 이 여자가 성도들의
피와 예수의 증인들의 피에 취한지
라 내가 그 여자를 보고 놀랍게 여
기고 크게 놀랍게 여기니
7 천사가 이르되 왜 놀랍게 여기느냐
내가 여자와 그가 탄 일곱 머리와
열 뿔 가진 짐승의 비밀을 네게 이
르리라
8 네가 본 짐승은 전에 있었다가 지
금은 없으나 장차 무저갱으로부터
올라와 멸망으로 들어갈 자니 땅에
사는 자들로서 창세 이후로 그 이

1) 약 60킬로그램

름이 생명책에 기록되지 못한 자들
이 이전에 있었다가 지금은 없으나
장차 나올 짐승을 보고 놀랍게 여
기리라
9 지혜 있는 뜻이 여기 있으니 그 일
곱 머리는 여자가 앉은 일곱 산이
요
10 또 일곱 왕이라 다섯은 망하였고
하나는 있고 다른 하나는 아직 이
르지 아니하였으나 이르면 반드시
잠시 동안 머무르리라
11 전에 있었다가 지금 없어진 짐승은
여덟째 왕이니 일곱 중에 속한 자
라 그가 멸망으로 들어가리라
12 네가 보던 열 뿔은 열 왕이니 아직
나라를 얻지 못하였으나 다만 짐승
과 더불어 임금처럼 한동안 권세를
받으리라
13 그들이 한뜻을 가지고 자기의 능력
과 권세를 짐승에게 주더라
14 그들이 어린 양과 더불어 싸우려니
와 어린 양은 만주의 주시요 만왕
의 왕이시므로 그들을 이기실 터이
요 또 그와 함께 있는 자들 곧 부르
심을 받고 택하심을 받은 진실한
자들도 이기리로다
15 또 천사가 내게 말하되 네가 본 바
음녀가 앉아 있는 물은 백성과 무
리와 열국과 방언들이니라
16 네가 본 바 이 열 뿔과 짐승은 음녀
를 미워하여 망하게 하고 벌거벗게
하고 그의 살을 먹고 불로 아주 사
르리라
17 이는 하나님이 자기 뜻대로 할 마
음을 그들에게 주사 한 뜻을 이루
게 하시고 그들의 나라를 그 짐승
에게 주게 하시되 하나님의 말씀이
응하기까지 하심이라
18 또 네가 본 그 여자는 땅의 왕들을
다스리는 큰 성이라 하더라

바벨론의 패망

18 이 일 후에 다른 천사가 하늘
에서 내려오는 것을 보니 큰
권세를 가졌는데 그의 영광으로 땅
이 환하여지더라
2 힘찬 음성으로 외쳐 이르되 무너
졌도다 무너졌도다 큰 성 바벨론
이여 귀신의 처소와 각종 더러운
영이 모이는 [1]곳과 각종 더럽고 가
증한 새들이 모이는 [1]곳이 되었도
다
3 그 음행의 진노의 포도주로 말미암
아 만국이 무너졌으며 또 땅의 왕
들이 그와 더불어 음행하였으며 땅
의 상인들도 그 사치의 세력으로
치부하였도다 하더라
4 ●또 내가 들으니 하늘로부터 다
른 음성이 나서 이르되 내 백성아,
거기서 나와 그의 죄에 참여하지
말고 그가 받을 재앙들을 받지 말
라
5 그의 죄는 하늘에 사무쳤으며 하나
님은 그의 불의한 일을 기억하신지
라
6 그가 준 그대로 그에게 주고 그의
행위대로 갑절을 갚아주고 그가 섞
은 잔에도 갑절이나 섞어 그에게
주라
7 그가 얼마나 자기를 영화롭게 하였
으며 사치하였든지 그만큼 고통과
애통함으로 갚아주라 그가 마음에
말하기를 나는 여왕으로 앉은 자요
과부가 아니라 결단코 애통함을 당
하지 아니하리라 하니
8 그러므로 하루 동안에 그 재앙들이
이르리니 곧 사망과 애통함과 흉년
이라 그가 또한 불에 살라지리니
그를 심판하시는 주 하나님은 강하
신 자이심이라

1) 또는 옥

9 그와 함께 음행하고 사치하던 땅의
왕들이 그가 불타는 연기를 보고
위하여 울고 가슴을 치며
10 그의 고통을 무서워하여 멀리 서서
이르되 화 있도다 화 있도다 큰 성,
견고한 성 바벨론이여 한 시간에
네 심판이 이르렀다 하리로다
11 땅의 상인들이 그를 위하여 울고
애통하는 것은 다시 그들의 상품을
사는 자가 없음이라
12 그 상품은 금과 은과 보석과 진주
와 세마포와 자주 옷감과 비단과
붉은 옷감이요 각종 향목과 각종
상아 그릇이요 값진 나무와 구리와
철과 대리석으로 만든 각종 그릇이
요
13 계피와 향료와 향과 향유와 유향과
포도주와 감람유와 고운 밀가루와
밀이요 소와 양과 말과 수레와 종
들과 사람의 영혼들이라
14 바벨론아 네 영혼이 탐하던 과일이
네게서 떠났으며 맛있는 것들과 빛
난 것들이 다 없어졌으니 사람들이
결코 이것들을 다시 보지 못하리로
다
15 바벨론으로 말미암아 치부한 이 상
품의 상인들이 그의 고통을 무서워
하여 멀리 서서 울고 애통하여
16 이르되 화 있도다 화 있도다 큰 성
이여 세마포 옷과 자주 옷과 붉은
옷을 입고 금과 보석과 진주로 꾸
민 것인데
17 그러한 부가 한 시간에 망하였도다
모든 선장과 각처를 다니는 선객들
과 선원들과 바다에서 일하는 자들
이 멀리 서서
18 그가 불타는 연기를 보고 외쳐 이
르되 이 큰 성과 같은 성이 어디 있
느냐 하며
19 티끌을 자기 머리에 뿌리고 울며
애통하여 외쳐 이르되 화 있도다
화 있도다 이 큰 성이여 바다에서
배 부리는 모든 자들이 너의 보배
로운 상품으로 치부하였더니 한 시
간에 망하였도다
20 하늘과 성도들과 사도들과 선지자
들아, 그로 말미암아 즐거워하라
하나님이 너희를 위하여 그에게 심
판을 행하셨음이라 하더라
21 ●이에 한 힘센 천사가 큰 맷돌 같
은 돌을 들어 바다에 던져 이르되
큰 성 바벨론이 이같이 비참하게
던져져 결코 다시 보이지 아니하리
로다
22 또 거문고 타는 자와 풍류하는 자
와 퉁소 부는 자와 나팔 부는 자들
의 소리가 결코 다시 네 안에서 들
리지 아니하고 어떠한 세공업자든
지 결코 다시 네 안에서 보이지 아
니하고 또 맷돌 소리가 결코 다시
네 안에서 들리지 아니하고
23 등불 빛이 결코 다시 네 안에서 비
치지 아니하고 신랑과 신부의 음성
이 결코 다시 네 안에서 들리지 아
니하리로다 너의 상인들은 땅의 왕
족들이라 네 복술로 말미암아 만국
이 미혹되었도다
24 선지자들과 성도들과 및 땅 위에서
죽임을 당한 모든 자의 피가 그 성
중에서 발견되었느니라 하더라

어린 양의 혼인 잔치

19 이 일 후에 내가 들으니 하늘
에 허다한 무리의 큰 음성 같
은 것이 있어 이르되
할렐루야 구원과 영광과 능력이
우리 하나님께 있도다
2 그의 심판은 참되고 의로운지라
음행으로 땅을 더럽게 한 큰 음녀
를 심판하사 자기 종들의 피를 그
음녀의 손에 갚으셨도다

하고
3 두 번째로 할렐루야 하니 그 연기
가 세세토록 올라가더라
4 또 이십사 장로와 네 생물이 엎드
려 보좌에 앉으신 하나님께 경배하
여 이르되 아멘 할렐루야 하니
5 보좌에서 음성이 나서 이르시되
하나님의 종들 곧 그를 경외하는
너희들아 작은 자나 큰 자나 다
우리 하나님께 찬송하라
하더라
6 또 내가 들으니 허다한 무리의 음
성과도 같고 많은 물 소리와도 같
고 큰 우렛소리와도 같은 소리로
이르되
할렐루야 주 우리 하나님 곧 전능
하신 이가 통치하시도다
7 우리가 즐거워하고 크게 기뻐하
며 그에게 영광을 돌리세 어린 양
의 혼인 기약이 이르렀고 그의 아
내가 자신을 준비하였으므로
8 그에게 빛나고 깨끗한 세마포 옷
을 입도록 허락하셨으니 이 세마
포 옷은 성도들의 옳은 행실이로
다
하더라
9 천사가 내게 말하기를 기록하라 어
린 양의 혼인 잔치에 청함을 받은
자들은 복이 있도다 하고 또 내게
말하되 이것은 하나님의 참되신 말
씀이라 하기로
10 내가 그 발 앞에 엎드려 경배하려
하니 그가 나에게 말하기를 나는
너와 및 예수의 증언을 받은 네 형
제들과 같이 된 종이니 삼가 그리
하지 말고 오직 하나님께 경배하라
예수의 증언은 예언의 영이라 하더
라

백마를 탄 자

11 ●또 내가 하늘이 열린 것을 보니
보라 백마와 그것을 탄 자가 있으
니 그 이름은 충신과 진실이라 그
가 공의로 심판하며 싸우더라
12 그 눈은 불꽃 같고 그 머리에는 많
은 관들이 있고 또 이름 쓴 것 하
나가 있으니 자기밖에 아는 자가
없고
13 또 그가 피 뿌린 옷을 입었는데 그
이름은 하나님의 [1]말씀이라 칭하더
라
14 하늘에 있는 군대들이 희고 깨끗한
세마포 옷을 입고 백마를 타고 그
를 따르더라
15 그의 입에서 예리한 검이 나오니
그것으로 만국을 치겠고 친히 그들
을 철장으로 다스리며 또 친히 하
나님 곧 전능하신 이의 맹렬한 진
노의 포도주 틀을 밟겠고
16 그 옷과 그 다리에 이름을 쓴 것이
있으니 만왕의 왕이요 만주의 주라
하였더라
17 ●또 내가 보니 한 천사가 태양 안
에 서서 공중에 나는 모든 새를 향
하여 큰 음성으로 외쳐 이르되 와
서 하나님의 큰 잔치에 모여
18 왕들의 살과 장군들의 살과 장사들
의 살과 말들과 그것을 탄 자들의
살과 자유인들이나 종들이나 작은
자나 큰 자나 모든 자의 살을 먹으
라 하더라
19 ●또 내가 보매 그 짐승과 땅의 임
금들과 그들의 군대들이 모여 그
말 탄 자와 그의 군대와 더불어 전
쟁을 일으키다가
20 짐승이 잡히고 그 앞에서 표적을
행하던 거짓 선지자도 함께 잡혔으
니 이는 짐승의 표를 받고 그의 우
상에게 경배하던 자들을 표적으로
미혹하던 자라 이 둘이 산 채로 유

1) 헬, 로고스

황불 붙는 못에 던져지고
21 그 나머지는 말 탄 자의 입으로부
터 나오는 검에 죽으매 모든 새가
그들의 살로 배불리더라

천 년 왕국

20 또 내가 보매 천사가 무저갱
의 열쇠와 큰 쇠사슬을 그의
손에 가지고 하늘로부터 내려와서
2 용을 잡으니 곧 옛 뱀이요 마귀요
사탄이라 잡아서 천 년 동안 결박
하여
3 무저갱에 던져 넣어 잠그고 그 위
에 인봉하여 천 년이 차도록 다시
는 만국을 미혹하지 못하게 하였는
데 그 후에는 반드시 잠깐 놓이리
라
4 ●또 내가 보좌들을 보니 거기에
앉은 자들이 있어 심판하는 권세를
받았더라 또 내가 보니 예수를 증
언함과 하나님의 말씀 때문에 목
베임을 당한 자들의 영혼들과 또
짐승과 그의 우상에게 경배하지 아
니하고 그들의 이마와 손에 그의
표를 받지 아니한 자들이 살아서
그리스도와 더불어 천 년 동안 왕
노릇 하니
5 (그 나머지 죽은 자들은 그 천 년이
차기까지 살지 못하더라) 이는 첫
째 부활이라
6 이 첫째 부활에 참여하는 자들은
복이 있고 거룩하도다 둘째 사망이
그들을 다스리는 권세가 없고 도리
어 그들이 하나님과 그리스도의 제
사장이 되어 천 년 동안 그리스도
와 더불어 왕 노릇 하리라

사탄의 패망

7 ●천 년이 차매 사탄이 그 옥에서
놓여
8 나와서 땅의 사방 백성 곧 곡과 마
곡을 미혹하고 모아 싸움을 붙이
리니 그 수가 바다의 모래 같으리
라
9 그들이 지면에 널리 퍼져 성도들의
진과 사랑하시는 성을 두르매 하늘
에서 불이 내려와 그들을 태워 버
리고
10 또 그들을 미혹하는 마귀가 불과
유황 못에 던져지니 거기는 그 짐
승과 거짓 선지자도 있어 세세토록
밤낮 괴로움을 받으리라

크고 흰 보좌에서
심판을 내리시다

11 ●또 내가 크고 흰 보좌와 그 위에
앉으신 이를 보니 땅과 하늘이 그
앞에서 피하여 간 데 없더라
12 또 내가 보니 죽은 자들이 큰 자나
작은 자나 그 보좌 앞에 서 있는데
책들이 펴 있고 또 다른 책이 펴졌
으니 곧 생명책이라 죽은 자들이
자기 행위를 따라 책들에 기록된
대로 심판을 받으니
13 바다가 그 가운데에서 죽은 자들
을 내주고 또 사망과 음부도 그 가
운데에서 죽은 자들을 내주매 각
사람이 자기의 행위대로 심판을
받고
14 사망과 음부도 불못에 던져지니 이
것은 둘째 사망 곧 불못이라
15 누구든지 생명책에 기록되지 못한
자는 불못에 던져지더라

새 하늘과 새 땅

21 또 내가 새 하늘과 새 땅을 보
니 처음 하늘과 처음 땅이 없
어졌고 바다도 다시 있지 않더라
2 또 내가 보매 거룩한 성 새 예루살
렘이 하나님께로부터 하늘에서 내
려오니 그 준비한 것이 신부가 남
편을 위하여 단장한 것 같더라
3 내가 들으니 보좌에서 큰 음성이
나서 이르되 보라 하나님의 장막이

사람들과 함께 있으매 하나님이 그
들과 함께 계시리니 그들은 하나님
의 백성이 되고 하나님은 친히 그
들과 함께 [1]계셔서
4 모든 눈물을 그 눈에서 닦아 주시
니 다시는 사망이 없고 애통하는
것이나 곡하는 것이나 아픈 것이
다시 있지 아니하리니 처음 것들이
다 지나갔음이러라
5 보좌에 앉으신 이가 이르시되 보라
내가 만물을 새롭게 하노라 하시고
또 이르시되 이 말은 신실하고 참
되니 기록하라 하시고
6 또 내게 말씀하시되 이루었도다 나
는 알파와 오메가요 처음과 마지막
이라 내가 생명수 샘물을 목마른
자에게 값없이 주리니
7 이기는 자는 이것들을 상속으로 받
으리라 나는 그의 하나님이 되고
그는 내 아들이 되리라
8 그러나 두려워하는 자들과 믿지 아
니하는 자들과 흉악한 자들과 살인
자들과 음행하는 자들과 점술가들
과 우상 숭배자들과 거짓말하는 모
든 자들은 불과 유황으로 타는 못
에 던져지리니 이것이 둘째 사망이
라

새 예루살렘

9 ●일곱 대접을 가지고 마지막 일곱
재앙을 담은 일곱 천사 중 하나가
나아와서 내게 말하여 이르되 이리
오라 내가 신부 곧 어린 양의 아내
를 네게 보이리라 하고
10 성령으로 나를 데리고 크고 높은
산으로 올라가 하나님께로부터 하
늘에서 내려오는 거룩한 성 예루살
렘을 보이니
11 하나님의 영광이 있어 그 성의 빛
이 지극히 귀한 보석 같고 벽옥과
수정같이 맑더라
12 크고 높은 성곽이 있고 열두 문이
있는데 문에 열두 천사가 있고 그
문들 위에 이름을 썼으니 이스라엘
자손 열두 지파의 이름들이라
13 동쪽에 세 문, 북쪽에 세 문, 남쪽
에 세 문, 서쪽에 세 문이니
14 그 성의 성곽에는 열두 기초석이
있고 그 위에는 어린 양의 열두 사
도의 열두 이름이 있더라
15 내게 말하는 자가 그 성과 그 문들
과 성곽을 측량하려고 금 갈대 자
를 가졌더라
16 그 성은 네모가 반듯하여 길이와
너비가 같은지라 그 갈대 자로 그
성을 측량하니 만 이천 [2]스다디온
이요 길이와 너비와 높이가 같더
라
17 그 성곽을 측량하매 백사십사 [3]규
빗이니 사람의 측량 곧 천사의 측
량이라
18 그 성곽은 벽옥으로 쌓였고 그 성
은 정금인데 맑은 유리 같더라
19 그 성의 성곽의 기초석은 각색 보
석으로 꾸몄는데 첫째 기초석은 벽
옥이요 둘째는 남보석이요 셋째는
옥수요 넷째는 녹보석이요
20 다섯째는 홍마노요 여섯째는 홍보
석이요 일곱째는 황옥이요 여덟째
는 녹옥이요 아홉째는 담황옥이요
열째는 비취옥이요 열한째는 청옥
이요 열두째는 자수정이라
21 그 열두 문은 열두 진주니 각 문마
다 한 개의 진주로 되어 있고 성의
길은 맑은 유리 같은 정금이더라
22 성 안에서 내가 성전을 보지 못하
였으니 이는 주 하나님 곧 전능하
신 이와 및 어린 양이 그 성전이심
이라

1) 어떤 사본에, '계셔서 그들의 하나님이 되시고' 가 있음 2) 한 스다디온은 약 192미터임 3) 헬, 페기스

23 그 성은 해나 달의 비침이 쓸 데 없
으니 이는 하나님의 영광이 비치고
어린 양이 그 등불이 되심이라
24 만국이 그 빛 가운데로 다니고 땅
의 왕들이 자기 영광을 가지고 그
리로 들어가리라
25 낮에 성문들을 도무지 닫지 아니하
리니 거기에는 밤이 없음이라
26 사람들이 만국의 영광과 존귀를 가
지고 그리로 들어가겠고
27 무엇이든지 속된 것이나 가증한 일
또는 거짓말하는 자는 결코 그리로
들어가지 못하되 오직 어린 양의
생명책에 기록된 자들만 들어가리
라

22 또 그가 수정같이 맑은 생명
수의 강을 내게 보이니 하나
님과 및 어린 양의 보좌로부터 나
와서
2 길 가운데로 흐르더라 강 좌우에
생명나무가 있어 열두 가지 열매를
맺되 달마다 그 열매를 맺고 그 나
무 잎사귀들은 만국을 치료하기 위
하여 있더라
3 다시 저주가 없으며 하나님과 그
어린 양의 보좌가 그 가운데에 있
으리니 그의 종들이 그를 섬기며
4 그의 얼굴을 볼 터이요 그의 이름
도 그들의 이마에 있으리라
5 다시 밤이 없겠고 등불과 햇빛이
쓸 데 없으니 이는 주 하나님이 그
들에게 비치심이라 그들이 세세토
록 왕 노릇 하리로다

주 예수여 오시옵소서

6 ●또 그가 내게 말하기를 이 말은
신실하고 참된지라 주 곧 선지자들
의 영의 하나님이 그의 종들에게
반드시 속히 되어질 일을 보이시려
고 그의 천사를 보내셨도다
7 보라 내가 속히 오리니 이 두루마
리의 예언의 말씀을 지키는 자는
복이 있으리라 하더라
8 ●이것들을 보고 들은 자는 나 요
한이니 내가 듣고 볼 때에 이 일을
내게 보이던 천사의 발 앞에 경배
하려고 엎드렸더니
9 그가 내게 말하기를 나는 너와 네
형제 선지자들과 또 이 두루마리의
말을 지키는 자들과 함께 된 종이
니 그리하지 말고 하나님께 경배하
라 하더라
10 ●또 내게 말하되 이 두루마리의
예언의 말씀을 인봉하지 말라 때가
가까우니라
11 불의를 행하는 자는 그대로 불의
를 행하고 더러운 자는 그대로 더
럽고 의로운 자는 그대로 의를 행
하고 거룩한 자는 그대로 거룩하
게 하라
12 보라 내가 속히 오리니 내가 줄 [1)]상
이 내게 있어 각 사람에게 그가 행
한 대로 갚아주리라
13 나는 알파와 오메가요 처음과 마지
막이요 시작과 마침이라
14 자기 두루마기를 빠는 자들은 복이
있으니 이는 그들이 생명나무에 나
아가며 문들을 통하여 성에 들어갈
권세를 받으려 함이로다
15 개들과 점술가들과 음행하는 자들
과 살인자들과 우상 숭배자들과 및
거짓말을 좋아하며 지어내는 자는
다 성 밖에 있으리라
16 ●나 예수는 교회들을 위하여 내
사자를 보내어 이것들을 너희에게
증언하게 하였노라 나는 다윗의 뿌
리요 자손이니 곧 광명한 새벽별이
라 하시더라
17 ●성령과 신부가 말씀하시기를 오
라 하시는도다 듣는 자도 오라 할

1) 헬, 내 삯

것이요 목마른 자도 올 것이요 또
원하는 자는 값없이 생명수를 받으
라 하시더라
18 ●내가 이 두루마리의 예언의 말씀
을 듣는 모든 사람에게 증언하노
니 만일 누구든지 이것들 외에 더하
면 하나님이 이 두루마리에 기록
된 재앙들을 그에게 더하실 것이
요
19 ●만일 누구든지 이 두루마리의 예
언의 말씀에서 제하여 버리면 하나
님이 이 두루마리에 기록된 생명나
무와 및 거룩한 성에 참여함을 제
하여 버리시리라
20 ●이것들을 증언하신 이가 이르시
되 내가 진실로 속히 오리라 하시
거늘 아멘 주 예수여 오시옵소서
21 ●주 예수의 은혜가 [1]모든 자들에
게 있을지어다 아멘

1) 어떤 사본에, 성도들에게

예장출판사

예배 전의 묵상

오직 여호와는 그 성전에 계시니 온 땅은
그 앞에서 잠잠할지니라 하시니라(하박국 2:20)

하나님은 영이시니 예배하는 자가
영과 진리로 예배할지니라(요한복음 4:24)

기쁨으로 여호와를 섬기며 노래하면서
그의 앞에 나아갈지어다(시편 100:2)

시와 찬송과 신령한 노래들로 서로 화답하며
너희의 마음으로 주께 노래하며 찬송하며(에베소서 5:19)

예배 후의 묵상

여호와는 그 얼굴을 네게로 향하여 드사
평강 주시기를 원하노라 할지니라 하라(민수기 6:26)

주 예수 그리스도의 은혜와 하나님의 사랑과 성령의 교통하심이
너희 무리와 함께 있을지어다(고린도후서 13:13)

머 리 말

찬송은 하나님께 영광을 돌리고 복음을 선포하는 예술이며, 곡조 있는 기도요, 하나님께서 교회에 주신 최고의 선물이며 은혜이다. 그러므로 한국교회의 뜨거운 열망에 따라 새로 발간되는 '찬송가'로 온 성도들이 하나님께 영광 돌릴 수 있게 되기를 바란다.

21세기를 맞아 한국찬송가공회는 한국인에 의한 창작찬송과 세계 모든 나라의 찬송을 보강하여 더 좋은 새로운 '찬송가'가 될 수 있도록 노력하였다.

1892년 존스와 로스와일러는 한국 최초의 찬송가인 『찬미가』의 증보판 서문에서 "번역 찬송보다 한국인 창작자를 세우실 때까지 개척자로서 다리의 역할을 할 것"이라고 말하였고, 1894년 언더우드는 『찬양가』 서문에서 "외국 노래를 가지고 조선말로 번역하고 곡조를 맞게 하여 책 한 권을 만들었으니 예배드릴 때에 이 책을 가지고 찬양하기를 바란다"라고 하였다.

이들의 말대로 외국 찬송을 번역하여 부르던 시대에 이어, 이제는 우리의 정서로 표현된 한국인 작사, 작곡 128곡을 수록하게 되었다. 이는 지난 찬송가의 17곡에 비하여 선교 122주년을 맞이한 한국교회가 우리의 찬송가를 갖게 되었다는 점에서 역사적 의미를 갖는다. 아울러 이 '찬송가'는 예배찬송가를 비롯하여 교회력에 따른 찬송과 교독문을 보강하였으며 편집에 있어서도 내용과 분류를 대폭 수정하였다.

이 작업은 지난 10년 동안 신학자, 목회자, 국문학자들과 교회음악 전문가가 대거 참여하여 수많은 모임을 통해 더 좋은 찬송가를 만들려고 함께 노력한 우리 모두의 결실이다.

찬송은 거룩하고 신령한 예배를 위하여 만들어진 노래이므로 새로 발간된 찬송가를 한국교회가 예배와 생활을 통하여 애창함으로써 하나님께 영광 돌려지고 온 성도들에게 은혜가 더하여져 한국교회에 더욱 부흥의 불길이 일어나기를 바란다.

앞으로 이 찬송가에 이어 더 발전된 찬송가로 거듭나기를 바라며 두려운 마음으로 하나님과 교회 앞에 이 '찬송가'를 내놓는다. 작사 작곡자, 감수위원 및 실무자 등 '찬송가' 편찬에 참여하신 모든 분들의 수고에 감사한다.

2006년 9월 30일

한국찬송가공회

차 례

제목 분류

제목 차례

(가나다순)

* 표시는 새로 추가된 곡입니다. (통)은 통일 찬송가입니다.

일러두기

- 각 찬송의 왼편, 또는 오른편 위에 있는 숫자는 찬송의 장수이다.
- 찬송의 제목은 원제목 대신 가사의 첫줄을 제목으로 사용하였다.
- 각 찬송의 제목 아래에 있는 것은 찬송가 가사와 관련된 성경구절이다.
- 왼편 위에는 작사자와 작사 연도 또는 출생 연도, 찬송의 출처, 그리고 그 아래에는 찬송의 일반적 연주속도를 표시하였다.
- 오른편 위에 쓰인 것은 찬송가의 곡명과 운율이고 그 아래 줄에 작곡자 또는 편곡자, 작곡 연도 또는 출생 연도 그리고 찬송의 출처를 표시하였다.
- 찬송가의 제목 분류는 왼편의 작사자 위쪽이나 오른편의 운율 위쪽에 표기하였다.
- 연주속도의 표시는 메트로놈 상의 속도표시와는 무관하게 일반적으로 회중들이 부르기 편안한 속도를 중간 템포로 하여 다음의 3단계로 나누었다. 조금 느리게, 보통으로, 조금 빠르게, 2/2박이나 6/8박, 9/8박은 2분음 1개나 8분음 3개를 기준 박으로 하여 대부분 보통 속도를 따르게 하였다.
- '아멘'은 예배찬송 등 꼭 붙여야 할 찬송에는 고려하였으나 작사, 작곡자의 의견을 존중하기로 하였다.
- 반주를 위한 전주표시는 ⌐¬ 로 하였다.
- 21세기 새찬송가에 3곡이 교체되어 수록되었습니다. 교체된 곡은 11장, 61장, 194장입니다.
- 찬송가 안의 약자 및 영문자 풀이는 다음과 같다.

  Adapt.(Adaptation) = 개작
  Alt.(Alter) = 수정
  Anonymous = 작자미상
  Arr.(Arrange) = 편곡
  Attr.(Attribute) = 누구의 작품으로 여김
  D.(Double) = 중복
  Harm.(Harmonized) = 화성 붙임
  IRREG.(Irregular) = 불규칙적 운율
  Para.(Paraphrase) = 인용
  Ref.(Refrain) = 후렴
  St.(Stanza) = 절
  Trad.(Traditional) = 전통적인
  Trans.(Translate) = 번역하다
- 연대에 사용된 약자 및 영문자 풀이는 다음과 같다.

  b.(born) = 출생하다
  d.(died) = 사망하다
  c.(circa) = 대략

만복의 근원 하나님
(통 1) 1
송영
Doxology
T. Ken(1637-1711)
온 땅이여 여호와께 즐거운 찬송을 부를지어다
(시 100:1)
OLD HUNDREDTH: 8.8.8.8.
Genevan Psalter
L. Bourgeois, 1551
찬송가
보통으로
Ab Fm Ab Db Eb
만 복 의 근 원 하 나 님 온 백 성 찬 송 드 리 고
Ab Eb Db Eb7 Ab Eb Ab Eb Ab Db Ab
저 천 사 여 찬 송 하 세 찬 송 성 부 성 자 성 령 아 멘
찬양 성부 성자 성령
(통 6) 2
송영
Tate and Brady, 1696
이제부터 영원까지 여호와의 이름을 찬송할지로다
(시 113:2)
ORTONVILLE: 8.6.8.8.6.6.
T. Hastings, 1837
보통으로
G D G C G D
찬 양 성 부 성 자 성 령 성 삼 위 일 체 께 영 원 무 궁 하
G D7 G D7 G C G
기 까 지 영 광 을 돌 리 세 영 광 을 돌 리 세 아 멘
송영
Gloria Patri
Traditional, 2nd Century
성부 성자와 성령
(통 2) 3
그에게 영광과 능력이 세세토록 있기를 원하노라 아멘
(계 1:6)
MEINEKE: IRREG.
C. Meineke, 1844
보통으로
A E B7 E F#m E B7 E A
성 부 성 자 와 성 령 찬 송 과 영 광 돌 려 보 내 세 태 초 로 지 금
A E E7 A D E E7 A D A
까 지 또 영 원 무 궁 토 록 성 삼 위 께 영 광 영 광 아 멘

4 (통 4)
성부 성자와 성령
그에게 영광과 능력이 세세토록 있기를 원하노라 아멘
(계 1:6)
Gloria Patri
Traditional, 2nd Century
송영
GREATOREX: IRREG.
H. W. Greatorex, 1851
보통으로
Eb Bb Eb Bb Eb Bb F7 Bb Eb
성부성자와성령 영원히영광받으옵소 서 태초로지금
Bb Eb Bb7 Eb Bb7 Eb
까지 또길이영원무궁 성 삼위 께 영 광 아 멘
5 (통 3)
이 천지간 만물들아
온 땅이여 하나님께 즐거운 소리를 낼지어다
(시 66:1)
Doxology
Anonymous
송영
SESSIONS: 8.8.8.8.
L. O. Emerson (1820-1915)
보통으로
Bb F Bb
이 천지간 만 물들아 복 주시는 주 여호와
Gm F Bb F Bb Eb Bb
전능성부성 자성령 찬송하고 찬송하세 아 멘
6 (통 8)
목소리 높여서
여호와여 주의 기이한 일을 하늘이 찬양할 것이요
(시 89:5)
I. Watts, 1719
P. Doddridge (1702-1751)
송영
ST. JOHN: 6.6.6.6.8.8.
The Parish Choir, 1851
조금 빠르게
D A Bm A E A G D G A7
목소리높여서 주찬양하여라 영광과권세와 존귀와위엄
D G D Em A7 D G D
을 온누리다스리시는만왕의왕께돌려 라 아멘

성부 성자 성령 7

송영

Gloria Patri, 2nd Century

그에게 영광과 능력이 세세토록 있기를 원하노라 아멘

(계 1:6)

BETHEL PARK: IRREG.

J. F. Erickson, 1984

보통으로

D A D Bm G D Bm

성부성자성령 삼위일체께 입을모아찬양경배

A E7 D G A7 G Em A D G Bm A7 D

드리 세태초부터지금까지 또 영원토록 영광 영광아 멘

거룩 거룩 거룩 전능하신 주님 (통 9) 8

경배

R. Heber, 1826

거룩하다 거룩하다 거룩하다 주 하나님 곧 전능하신 이여

(계 4:8)

NICAEA: 12.13.12.10.

J. B. Dykes, 1861

보통으로

D Bm A A7 D G D A D Bm A E A

1. 거룩거룩거 룩 전능하신주 님 이른아침 우리주를 찬송합니 다
2. 거룩거룩거 룩 주의보좌앞 에 모든성도 면류관을 벗어드리 네
3. 거룩거룩거 룩 주의빛난영 광 모든죄인 눈어두워 볼수없도 다
4. 거룩거룩거 룩 전능하신주 님 천지만물 모두주를 찬송합니 다

D Bm A A7 D G D Bm D D7 G D D7 G A7 D G D

거룩거룩거 룩 자 비하신주 님 성 삼위일체 우리주로 다
천군천사모 두 주 께굴복하 니 영 원히위에 계신주로 다
거룩하신이 가 주 님밖에없 네 온 전히전능 하신주로 다
거룩거룩거 룩 전 능하신주 님 성 삼위일체 우리주로 다 아멘

9 (통 53) 하늘에 가득 찬 영광의 하나님
경배
김정준 (1914-1981)
영과 진리로 예배할지니라
(요 4:24)
구원의 하나님: IRREG.
곽상수, 1967
보통으로
1. 하늘에 가득찬 영광의 – 하나님 온땅에 충만한 존귀하신 하나님 생명과 빛으로 지혜와
2. 사랑이 넘치는 자비하신 하나님 은혜가 풍성한 구원의 – 하나님 참회의 심령에 평안을
3. 연약한 심령을 굳게 세워 주시고 우둔한 마음을 지혜롭게 하시고 주의뜻 받들어 참되게
4. 주앞에 나올때 우리마음 기쁘고 그말씀 힘되어 새희망이 솟는다 고난도 슬픔도 이기게
권능으로 언제나 우리를 지키시는 하나님 성부와 성자와 성 령 삼위의 하나 님
주시옵고 죄악과 허물을 용서하여 주소서 찬송과 영광과 생 명 구원의 하나 님
살아가며 주말씀 따라서 용감하게 하소서 권능과 지 혜와 사 랑 은혜의 하나 님
하시옵고 영원에 잇대어 살아가게 하소서 우리의 자랑과 기 쁨 생명의 하나 님
우 리 예 배를 받 아 주 시 옵 소 서 아 멘
10 (통 34) 전능왕 오셔서
경배
Collection of Hymns for Social Worship, 1757, alt.
주 하나님 곧 전능하신 이여
(계 4:8)
ITALIAN HYMN: 6.6.4.6.6.6.4.
F. de Giardini, 1769
보통으로
1.전능왕 오 셔서 주이름 찬 송케 하옵소 서 영광과
2.강생한 성 자여 오셔서 기 도를 들으소 서 택하신
3.위로의 주 성령 오셔서 큰 증거 주옵소 서 전능한
4.성삼위 일 체께 한없는 찬 송을 드립니 다 존귀한
권 능의 성부여 오 셔서 우리를 다스려 주옵소 서
백 성들 복내려 주 시고 거룩한 마음을 주옵소 서
주 시여 각사람 맘 에서 떠나지 마 시고 계십소 서
주 님을 영광중 뵈 옵고 영원히 모 시게 하옵소 서 아 멘

하나님이 친히 (통 54) 11

13 영원한 하늘나라

너희가 회개하여 각각 예수 그리스도의 이름으로 세례를 받고 죄 사함을 받으라
(행 2 : 38)

경배

김윤국, 1981

찬양 영광 성결: IRREG.
김의작, 1990

보통으로

D G D A7 Bm G D A D7 G D D7 G D
1. 영원한 하늘나라보좌 위의하나 님 낮 고 천한인생 까지두 루 살펴주시고 통회
2. 사람몸 입으시고찾아 오신예수 님 하 늘 영광버리 시고죄 인 들을구하려 부끄
3. 성도를 돌보시고위로 하는주성 령 우 리 맘에임하 시어진 리 알게하시고 갈구
D G D A D G D A7 Bm A7 D G D
하는심령 을소생 시켜주시 니 찬양을 받 으소서 영광 의주하나 님
러운십자 가우리 위해지셨 네 영광을 받 으소서 구원 의주예수 님
하는심령 에충만 하게하시 어 성결케 하 옵소서 보혜 사성령이 여 아멘

14 (통 30) 주 우리 하나님

D. ben Judah, 14th Century
Para. by T. Olivers, 1760, alt.

보좌에 앉으신 하나님께 경배하여 이르되
(계 19 : 4)

경배

YIGDAL(LEONI): 6.6.8.4.D.
Hebrew Melody, Sacred Harmony, 1780
Harm. from *Hymns Ancient and Modern*, 1875, alt.

보통으로

Fm C B♭m E♭ A♭ C Fm E♭ Fm D♭ A♭ E♭ A♭
1. 주 우리하나 님 하 늘 에계시 니 온천하만민 주앞에찬 송하 네
2. 주 언약하신 것 끝 까 지지키 니 저하늘나라 향하여곧 가리 라
3. 왕 의왕되신 주 하 늘 에계시 니 이세상죄악 이기신구 주예 수
4. 성 삼위일체 께 승 리 한무리 들 다기쁜소리 높여서감 사드 려
A♭ E♭ Fm C Fm A♭ B♭m Fm C Fm B♭m F
이천지만물 도주 앞에엎드 려 그 거룩하신 이름 을늘 높이 네
주얼굴뵈올 때내 맘이기쁘 고 영 원히주의 영광 을찬 양하 리
저천군천사 들주 옹위하고 서 뭇 성도함께 영원 히늘 섬기 네
창조주하나 님내 주님되시 니 주 앞에나도 엎드 려경 배하 네 아멘

하나님의 크신 사랑
(통 55) 15
경배
C. Wesley, 1747
하나님의 사랑이 우리에게 이렇게 나타난 바 되었으니
(요일 4:9)
BEECHER: 8.7.8.7.D.
J. Zundel, 1870
보통으로
1. 하나님의 크신사랑하늘에서 내리사우리맘에 항상 계셔 온전하게 하소서
2. 걱정근심 많은자를성령감화하시며복과은혜 사랑받아 평안하게 하소서
3. 전능하신 아버지여주의능력 주시고우리맘에 임하셔서 떠나가지 마소서
4. 우리들이 거듭나서흠이없게 하시고주의크신 구원받아 온전하게 하소서
우리주는자비 하사 사랑무한하시 니 두려워서떠는자를구원하여주소 서
첨과끝이 되신 주님 항상인도하셔 서 마귀유혹받는 것을속히끊게하소 서
주께영광 항상 돌려 천사처럼섬기 며 주의사랑영영 토록찬송하게하소 서
영광에서 영광 으로 천국까지이르 러 크신사랑감격 하여경배하게하소 서 아멘
은혜로신 하나님 우리 주 하나님 16
경배
한병기 (1913-2004)
하나님이 세상을 이처럼 사랑하사 독생자를 주셨으니
(요 3:16)
우리 하나님: 7.6.7.6.7.5.7.5.
공석준 (1938-2007)
보통으로
1. 은혜로신 하나님 우리주 하나님 우주만물 만들고 우리를 택하여
2. 하나님의 독생자 우리주 예수님 우리들의 모든죄 다씻기 위하여
3. 약속대로 임하신 보혜사 성령님 충만하게 하시어 기쁨을주시고
사랑하는 자녀로 삼아주신 것 그은혜가 고 마워 찬양합니 다
이세상에 오셔서 십자가지 신 그큰사랑 그 은혜 찬양합니 다
구원받은 확신을 주신사랑 에 감사하며 찬 송을 드리옵니 다 아멘

17 사랑의 하나님
경배
김희보, 1991
사랑하지 아니하는 자는
(요일 4 : 8)
하나님 사랑: IRREG.
박재훈, 2003
보통으로
1. 사랑의 하나님 이곳에 계시니 주 영광 이 성전에 가득히 넘치네
2. 은혜의 예수님 우리 죄인 하여 속죄의 큰 사랑을 이루어 주셔서
3. 위로의 성령님 우리의 마음에 늘 함께 계시오니 큰 힘이 됩니다
거룩한 주님 앞에 죄인 된 우리들 경건한 마음으로 찬양합니다
율법의 멍에에서 해방해 주시니 복음의 자유 누림 감사합니다
슬픔도 두려움도 넉넉히 이기니 이 세상 끝날까지 함께하소서 아멘
18 성도들아 찬양하자
찬양
전제동, 1987
시와 찬송과 신령한 노래들로 서로 화답하며
(엡 5 : 19)
찬양 감사: IRREG.
이중화, 1998
보통으로
1. 성도들아 찬양하자 하나님께 찬양하자 천지만물
2. 성도들아 감사하자 하나님께 감사하자 모든 죄인
3. 성도들아 찬양하자 하나님께 찬양하자 하늘나라
창조하신 그 놀라운 능력을 우리 함께 소리 높여 하나님께
구원하신 그 놀라운 은혜를 우리 함께 기뻐하며 하나님께
영화로운 그 놀라운 영광을 우리 함께 큰 소리로 하나님께
찬양하자 영원하신 창조주를 우리 모두 찬양하자
감사하자 자비하신 구세주께 우리 모두 감사하자
찬양하자 천국 영광 찬란함을 우리 모두 찬양하자 아멘

찬송하는 소리 있어 (통 44) 19

찬양

T. Kelly, 1806

모든 백성들아 그를 찬송하라
(롬 15 : 11)

HARWELL: 8.7.8.7.8.8. ALLELUIAS

L. Mason, 1840

보통으로

G D G D7 G D G D7 G

1. 찬송 하는소리 있어사람 기뻐하도 다 하늘 아버지의 이름거룩 거룩하도 다
2. 하나 님의나라 권세영원 토록있도 다 하나 님의영광 나라거룩 거룩하도 다
3. 하나 님의크신 섭리그뜻 대로되도 다 우리 아버지의 뜻은거룩 거룩하도 다

D7 G D G D7 G C G

세상사람찬양하자 거룩하신하나 님께
하늘보좌계신주님 세상주관하시 도다 할렐 루야할렐 루야할렐 루야아 멘 아 멘
주여속히임하셔서 기쁜날을주옵 소서

큰 영광 중에 계신 주 (통 41) 20

찬양

I. Watts, 1707

그의 지극히 위대하심을 따라 찬양할지어다
(시 150 : 2)

MANOAH: 8.6.8.6.

H. W. Greatorex's Collection, 1851

보통으로

G C Am G D

1. 큰 영 광 중 에 계 신 주 나 찬 송 합 니 다
2. 한 없 이 크 신 능 력 을 나 찬 송 합 니 다
3. 온 천 지 창 조 하 시 던 그 말 씀 힘 있 어
4. 그 온 유 하 신 주 음 성 날 불 러 주 시 고

D7 G C G C E Am G D7 G C G

영 원 히 계 신 주 이 름 나 찬 송 합 니 다
참 되 고 미 쁜 그 언 약 나 찬 송 합 니 다
영 원 히 변 치 않 는 줄 나 믿 사 옵 니 다
그 품 에 품 어 주 시 니 나 찬 송 합 니 다 아 멘

21 (통 21)
다 찬양하여라
내 영혼아 여호와를 송축하며 그의 모든 은택을 잊지 말지어다
(시 103 : 2)
찬양
J. Neander, 1680
LOBE DEN HERREN: 14.14.4.7.8.
Stralsund Gesangbuch, 1665
Harm. from The Chorale Book for England, 1864
조금 빠르게
G D C D G D C D G
1. 다찬양하여라전능왕창조의주 께 내혼아주찬양평강과구원의주 님
2. 다찬양하여라놀라운만유의주 께 포근한날개밑늘품어주시는주 님
3. 다찬양하여라온몸과마음을바 쳐 이세상만물이주앞에다나와찬 양
G C G D Em B Am D7 G C G
성도들아 주앞에이제나 와 즐겁게찬양하여 라
성도들아 주님의뜻안에 서 네소원다이루리 라
성도들아 기쁘게소리높 여 영원히찬양하여 라 아 멘
22 (통 26)
만유의 주 앞에
나팔 소리가 나매 죽은 자들이 썩지 아니할 것으로 다시 살아나고
(고전 15 : 52)
찬양
C. Wesley, 1746
DARWALL: 6.6.6.6.REF.
J. Darwall, 1770
조금 빠르게
D Bm G A D Bm E A E A
1. 만유의주앞에감사를드리고다경배하면 서찬송을부르 세
2. 영원한그나라주다스리시니생명의열쇠 는주님의것이 라
3. 죄짐을벗은후주앞에가리니마음에영원 한기쁨이넘친 다
4. 참소망가지고그날을기리며주다시오실 때기쁘게맞으 리
후렴
D G A7 D A G Bm D A D G D
네맘열 어한 소리로기 빠주를찬 양하 라 아멘

만 입이 내게 있으면 (통 23) 23
찬양
C. Wesley, 1739
주께 노래하며 찬송하며
(엡 5:19)
AZMON: 8.6.8.6.
C. G. Gläser, 1828
Arr. by L. Mason, 1839
보통으로
1.만 입이내 게 있으면 그 입다가 지 고
2.내 은혜로 신 하나님 날 도와주 시 고
3.내 주의귀 한 이름이 날 위로하 시 고
4.내 죄의권 세 깨뜨려 그 결박푸 시 고
내 구주주신 은총을늘 찬송하겠 네
그 크신영광 널리펴다 알게하소 서
이 귀에음악 같으니참 희락되도 다
이 추한맘을 피로써곧 정케하셨 네 아 멘
왕 되신 주 24
찬양
W. Churchill
하나님은 온 땅의 왕이심이라 지혜의 시로 찬송할지어다
(시 47:7)
10.10.10.10.
W. Churchill
Arr. by T. Fettke
보통으로
1.왕되신주다찬양하여라 영광과존귀주께돌리세
2.소망의주다찬양하여라 휘장을걷고보좌오르사
3.거룩한주다경배하여라 선하신주께다찬양하라
하늘위에높이계신주님 주님의말씀존귀하도다
우리위해중보되신주님 날마다은혜부어주신다
천사들도다경배하여라 구세주예수영원하도다 아멘

25 (통 25) 면류관 벗어서

St. 1, 3 by M. Bridges, 1851
St. 2 by G. Thring, 1874

자기의 관을 보좌 앞에 드리며
(계 4 : 10)

찬양
DIADEMATA: 6.6.8.6.D.
G. J. Elvey, 1868

보통으로

1. 면류관벗어서주앞에드리세 저천사기쁜노래가온땅에퍼지네
2. 면류관벗어서주앞에드리세 그손과몸의상처가영광중빛나네
3. 면류관벗어서주앞에드리세 온세상전쟁그치고참평화오겠네

내 혼아깨어서주찬송하여라온 백 성죄를속하신만왕의왕일 세
하 늘의천사도그영광보고서고 난 의신비알고자늘흠모하도 다
주 보좌앞에서온백성엎드려그 한량없는영광을늘찬송합니 다 아멘

26 (통 14) 구세주를 아는 이들

T. Kelly, 1806

찬송의 제사를 하나님께 드리자
(히 13 : 15)

찬양
PRAISE: 8.8.8.5.
Traditional German Melody

보통으로

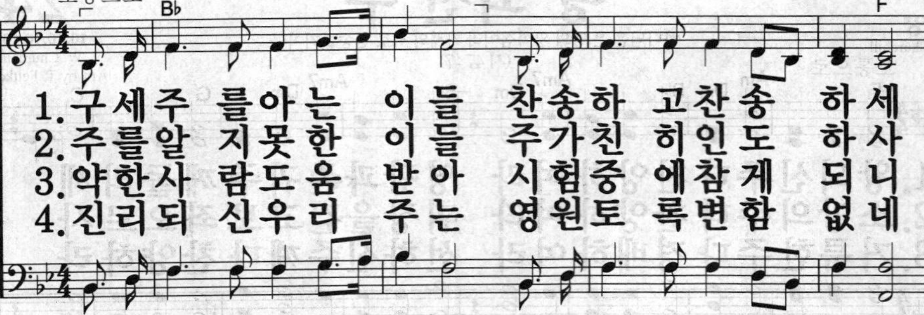

1. 구세주 를아는 이들 찬송하 고찬송 하세
2. 주를알 지못한 이들 주가친 히인도 하사
3. 약한사 람도움 받아 시험중 에참게 되니
4. 진리되 신우리 주는 영원토 록변함 없네

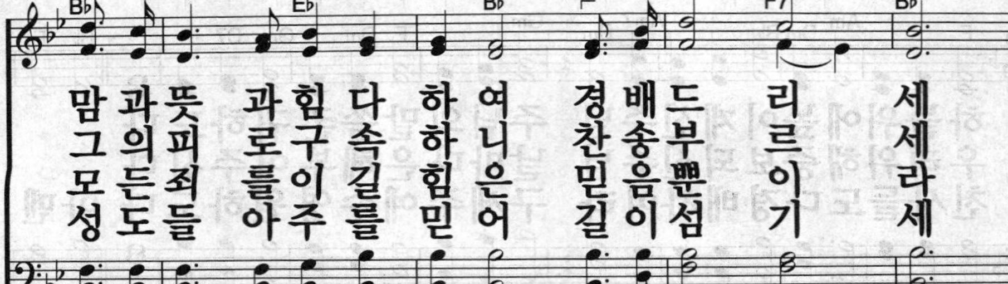

맘과뜻 과힘다하여 경배드 리 세
그의피 로구속하니 찬송부 르 세
모든죄 를이길힘은 믿음뿐 이 라
성도들 아주를믿어 길이섬 기 세

찬양
빛나고 높은 보좌와
(통 27) 27
S. Stennett, 1787
그 얼굴은 해가 힘있게 비치는 것 같더라
(계 1:16)
ORTONVILLE: 8.6.8.6.6.
T. Hastings, 1837
보통으로
1.빛나고높은보좌와그위에앉으신 주예수얼굴 영광이해 같이빛나네 해 같이빛나네
2.지극히높은위엄과한없는자비를 뭇천사소리 합하여늘 찬송드리네 늘찬송드리네
3.영죽을나를살리려그영광떠나서 그부끄러운 십자가날 위해지셨네 날위해지셨네
4.나이제생명있음은주님의은혜요 저사망권세 이기니큰 기쁨넘치네 큰기쁨넘치네
5.주님의보좌있는데천한몸이르러 그영광몸소 뵈올때내 기쁨넘치리 내기쁨넘치리 아멘
찬양
복의 근원 강림하사
(통 28) 28
R. Robinson, 1758
여호와께서 여기까지 우리를 도우셨다
(삼상 7:12)
NETTLETON: 8.7.8.7.D.
Wyeth's Repository of Sacred Music, 1813
보통으로
1.복의 근원강림 하사찬송 하게하소 서 한량 없이자비 하심측량 할길없도 다 천사 들의찬송 가를내게 가르치소 서구속 하신그사 랑을항상찬송합니 다
2.주의 크신도움 받아이때 까지왔으 니 이와 같이천국 에도이르 기를바라 네 하나 님의품을 떠 나죄에 빠진우리 를예수 구원하시 려고보혈흘려주셨 네
3.주의 귀한은혜 받고일생 빚진자되 네 주의 은혜사슬 되사나를 주께매소 서 우리 맘은연약 하여범죄 하기쉬우 니하나 님이받으 시고천국 인을치소 서 아 멘

29 (통 29) 성도여 다 함께

찬양

보좌에 앉으신 하나님께 경배하여 이르되 아멘 할렐루야 하니
(계 19 : 4)

C. H. Bateman, 1843

MADRID: 6.6.6.6.D.
Traditional Spanish Melody
Arr. by B. Carr, 1824
Harm. by D. Evans, 1927

보통으로

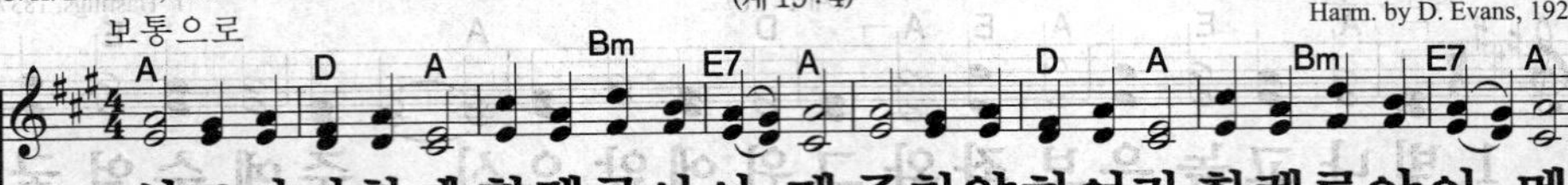

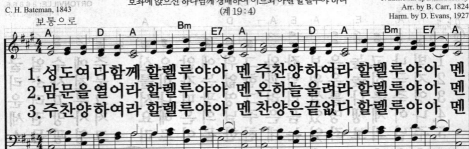

1. 성도여다함께 할렐루야아 멘 주찬양하여라 할렐루야아 멘
2. 맘문을열어라 할렐루야아 멘 온하늘울려라 할렐루야아 멘
3. 주찬양하여라 할렐루야아 멘 찬양은끝없다 할렐루야아 멘

주보좌앞에서 택하신은혜를 다 찬송하여라 할렐루야아 멘
인도자되시며 친구가되신주 그 사랑끝없다 할렐루야아 멘
거룩한집에서 주은총기리며 늘 찬송부르자 할렐루야아 멘

30 전능하고 놀라우신

찬양

여호와여 영광을 우리에게 돌리지 마옵소서
(시 115 : 1)

B. B. McKinney, 1942

GLORIOUS NAME: 8.7.8.7.REF.
B. B. McKinney, 1942

보통으로

1. 전능하고놀라우신나의주님 구세주 거룩하신은혜의왕주를경배 합니다
2. 하늘위에계신주님참된빛이 되시니 이세상의모든나라주께영광 돌리네
3. 하늘나라보좌에서죄악많은 세상에 우리구원하시려고주님세상 오셨네
4. 영원하신우리주님어서속히 오셔서 주의모든성도들을천국인도 하소서

후렴

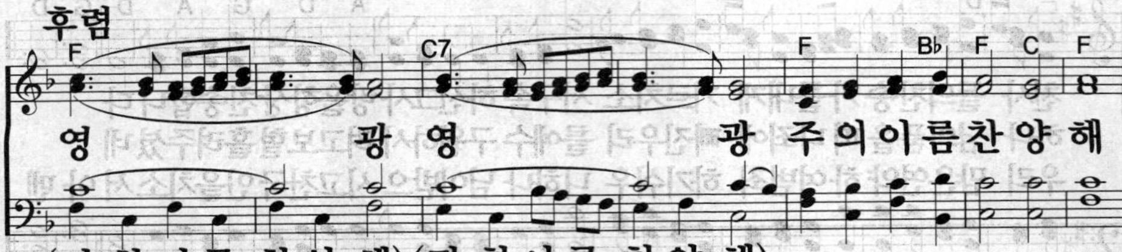

영 광 영 광 주 의 이 름 찬 양 해

(귀 한 이 름 찬 양 해)(귀 한 이 름 찬 양 해)

영 광 영 광 귀한이름찬양 해 아멘
(귀 한이름 찬양해)(귀 한이름 찬양해)

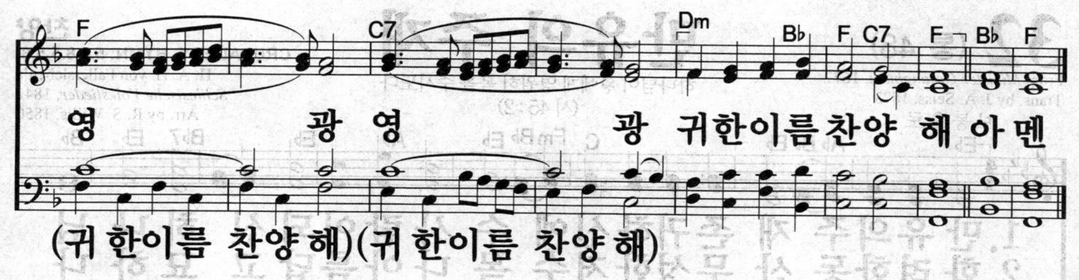

찬양하라 복되신 구세주 예수 (통 46) 31

찬양

F. J. Crosby, 1869

나의 평생에 내 하나님을 찬송하리로다
(시 146 : 2)

JOYFUL SONG: IRREG.
C. G. Allen, 1869

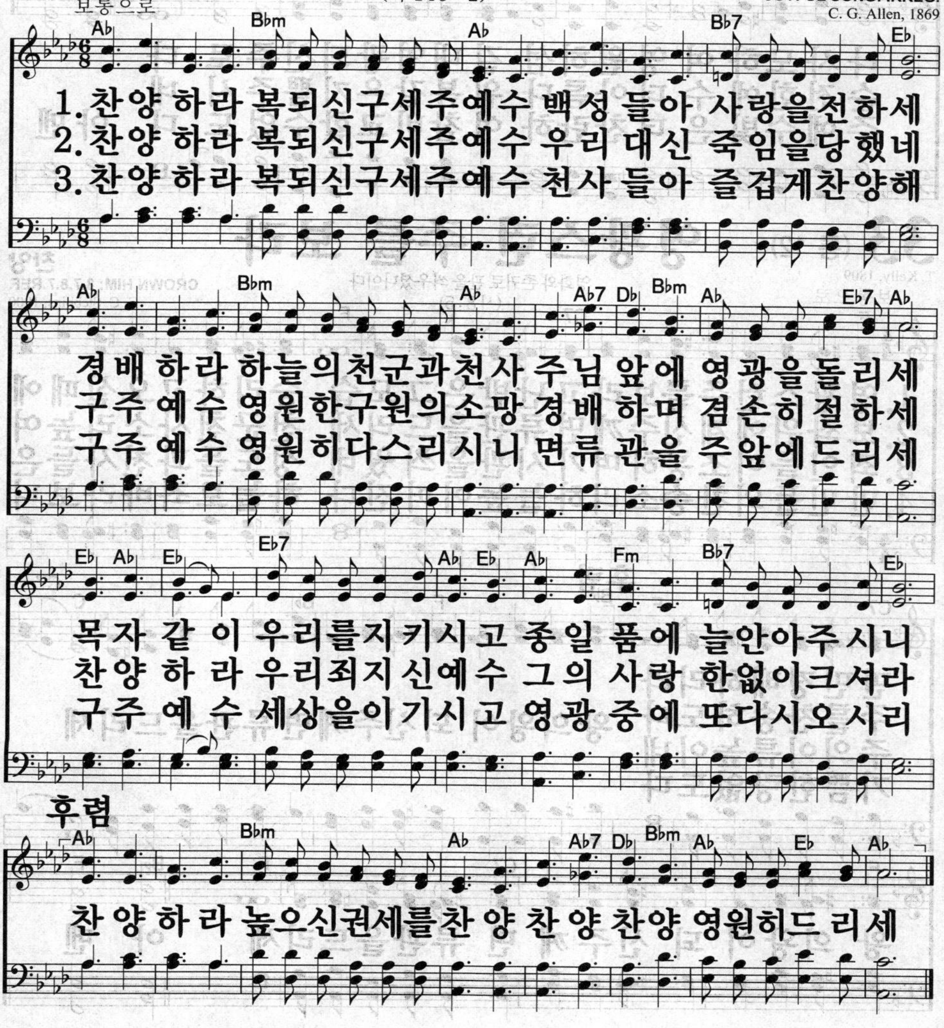

보통으로
1.찬양 하라 복되신구세주예수 백성 들아 사랑을전하세
2.찬양 하라 복되신구세주예수 우리 대신 죽임을당했네
3.찬양 하라 복되신구세주예수 천사 들아 즐겁게찬양해
경배 하라 하늘의천군과천사 주님 앞에 영광을돌리세
구주 예수 영원한구원의소망 경배 하며 겸손히절하세
구주 예수 영원히다스리시니 면류 관을 주앞에드리세
목자 같 이 우리를지키시고 종일 품에 늘안아주시니
찬양 하 라 우리죄지신예수 그의 사랑 한없이크셔라
구주 예 수 세상을이기시고 영광 중에 또다시오시리
후렴
찬 양 하 라 높으신권세를찬 양 찬 양 찬양 영원히드 리세

32 (통 48)
만유의 주재
찬양
From Münster Gesangbuch, 1677
Trans. by J. A. Seiss, 1873
하나님이 왕에게 영원히 복을 주시도다
(시 45:2)
CRUSADER'S HYMN: 5.6.8.5.5.8.
H. A. H. von Fallersleben's
Schlesische Volkslieder, 1842
Arr. by R. S. Willis, 1850
보통으로
1.만 유의주 재 존귀하신예 수 사람이되신 하나 님
2.화 려한동 산 무성한저수 목 다아름답고 묘하 나
3.광 명한해 와 명랑한저달 빛 수많은별들 빛나 나
나사모하 여 영원히섬 길내영광되신주로 다
순전한예 수 더아름다 워봄같은기쁨주시 네
주예수빛 은 더찬란하 여참비교할수없도 다 아 멘
33 (통 12)
영광스런 주를 보라
찬양
T. Kelly, 1809
영화와 존귀로 관을 씌우셨나이다
(시 8:5)
CROWN HIM: 8.7.8.7.REF.
G. C. Stebbins, 1900
보통으로
1.영광스런주를보라고난받은그모습 승리하고오실때에
2.보좌위에계신주께면류관을드리세 천군천사소리높여
3.죄인들이조롱하며가시관을씌웠네 성도들과천사들은
4.만민들의찬송소리하늘높이퍼진다 하늘보좌바라보니
후렴
만민경배하리라
주를찬송하도다
주의이름높이네
기쁨한량없도다
왕의왕이 되신주께면류관을드리세
왕 의왕이 되 신주께 면 류관을드리세 아 멘

찬양
참 놀랍도다 주 크신 이름
(통 45) 34
C. Wesley, 1744
구원하심이 보좌에 앉으신 우리 하나님과 어린 양에게 있도다
(계 7:10)
HANOVER: 10.10.11.11.
Attr. to W. Croft, 1708
보통으로
Ab Eb Ab Eb Ab Eb Bb7 Eb
1.참놀랍도다 주크신이름 온세상중 에다전파하라
2.주능력으로 늘보호하고 늘우리곁 에함께계시네
3.저보좌위에 앉으신주께 큰소리높 여영광돌리세
4.주하나님께 다찬양하라 영광과권 능지혜와존귀
C Fm Eb Ab Bb7 Eb Cm Db Eb Ab Bbm Eb Ab Db Ab
주예수이세상다스리시 니그높으신 이름참영화롭 다
그보좌앞에서큰무리모 여구속하신 주를찬양하리 라
저천군천사들그보좌앞 에다머리숙 여서경배드리 네
저천사와함께주께돌리 고그영원한 사랑다감사하 세 아멘
찬양
큰 영화로신 주
(통 50) 35
B. Francis (1734-1799)
두세 사람이 내 이름으로 모인 곳에는 나도 그들 중에 있느니라
(마 18:20)
LENOX: 6.6.6.6.8.8.8.
L. Edson, 1782
보통으로
A E A E A E7 A
1.큰영화로신주이곳에오셔 서이모인자들 로주백성삼으사
2.이백성기도와또예물드림 이향내와같으 니곧받으옵소서
3.또우리자손들다주를기리 고저성전돌같 이긴하게하소서
4.주믿는만민이참진리지키 며옛성도들같 이주찬송하다가
A D E F#m D Bm E7 A D A
그중에항상계시고그 중에항상계시고큰영광나타내소 서
주예수크신복음을주 예수크신복음을만백성듣게하소 서
주구원하신능력을주 구원하신능력을늘끝날까지주소 서
저천국보좌앞에서저 천국보좌앞에서늘찬송하게하소 서 아멘

36 (통 36) 주 예수 이름 높이어
E. Perronet, 1779
J. Rippon, 1787, alt.
만왕의 왕이요 만주의 주라 하였더라
(계 19 : 16)
찬양
CORONATION: 8.6.8.6.8.6.
O. Holden, 1792
조금 빠르게
1.주예수이름높이어다찬양하여라 금면류관을드려서
2.주예수당한고난을못잊을죄인아 네귀한보배바쳐서
3.이지구위에거하는온세상사람들 그크신위엄높여서
4.주믿는성도다함께주앞에엎드려 무궁한노래불러서
만유의주찬 양금면류관을드려서만유의주 찬양
만유의주찬 양네귀한보배바쳐서만유의주 찬양
만유의주찬 양그크신위엄높여서만유의주 찬양
만유의주찬 양무궁한노래불러서만유의주 찬양 아멘
37 (통 37) 주 예수 이름 높이어
E. Perronet, 1779
J. Rippon, 1787, alt.
만왕의 왕이요 만주의 주라 하였더라
(계 19 : 16)
찬양
DIADEM: 8.6.6.8.REF.
J. Ellor, 1838
조금 빠르게
1.주예수이 름 높 이어다 찬양하여라 다찬 양하여라금 면류관 을 드 려서
2.주예수당 한 고 난을못 잊을죄인아 못잊 을죄인아네 귀한보 배 바 쳐서
3.이지구위 에 거 하는온 세상사람들 온세 상사람들그 크신위 엄 높 여서
4.주믿는성 도 다 함께주 앞에엎드려 주앞 에엎드려무 궁한노 래 불 러서
후렴
만 유 의 주 를 찬 양 하 세 찬 양
만 유 의 주 를 찬 양 찬 양하세 찬 양하세
찬 양 찬 양 만 유 의 주 찬 양 아 멘
찬 양하세 찬 양 만유의 주

찬양
예수 우리 왕이여
38
P. Kyle, 1991
저희가 어린 양으로 더불어 싸우려니와
(계 17 : 14)
보통으로
IRREG.
P. Kyle, 1991
1.예수 우리왕이여 이곳에오셔서 우리가 왕께 드리는 영광을받아주소서 우리는주 님의백성 주님은 우 리왕 이라 왕이신예수님오 셔서좌정하사다스리 소서
2.예수 우리주시여 이곳에오셔서 (오 셔 서)우리가 주께 드리는 찬양을받아주소서 우리는주 님의종들 주님은 우 리주 시라 주되신예수님오 셔서이찬양을받아주 소서
찬양
주 은혜를 받으려
(통 39)
39
Netherlands Folk Hymn, 16th Century
여호와를 자기 하나님으로 삼은 나라 … 백성은 복이 있도다
(시 33 : 12)
KREMSER:12.11.12.11.
Traditional Netherlands Folk Song, 1626
Arr. by E. Kremser, 1877
보통으로
1.주 은 혜를 받으려 모 인 성 도들주 크 신뜻 깨 닫게 하 옵소서 내고통의 멍에를다 벗게되니날구속하신이 름찬양하리
2.주우 리를 곁에서 인 도하 시니그 거 룩한나 라가 이 뤄지네 저마귀와 싸워서늘 승리하니큰영광주께돌 려찬양하리
3.주우 리의 방패와 창 검되 시니나 승 리의주 님을따 릅니다 큰환난을 당할때늘 도우시니승 전가높이불 려찬양하리 아 멘

40 (통 43) 찬송으로 보답할 수 없는
찬양
F. J. Crosby, 1885
그에게 감사하며 그의 이름을 송축할지어다
(시 100:4)
GLORY TO GOD HALLELUJAH: 13.9.13.9.REF.
W. J. Kirkpatrick, 1885
보통으로
1. 찬송 으로보답할수없는 큰사랑 주님께영광할렐 루 야 형제 자매모두함께모여 찬송해 주님께영광할렐루 야
2. 우리 받은주님은혜한량 없도다 주님께영광할렐 루 야 기쁜 찬송부르면서천국 가겠네 주님께영광할렐루 야
3. 잠시 후에우리모두주를 보겠네 주님께영광할렐 루 야 영광 스런보좌위에거룩 하신주 주님께영광할렐루 야
4. 만국 백성천국에서소리 높여서 주님께영광할렐 루 야 영원 토록주의공로찬양 하겠네 주님께영광할렐루 야
후렴
하나 님의자녀여 크게 찬송부르며 밝고 거룩한길로 기쁨 으로나아가 주의 보좌앞으로 속히 들어가겠네 주 님께 영광할렐 루야
41 내 영혼아 주 찬양하여라
찬양
T. Dudley-Smith (b. 1926)
Based on The Song of Mary
할렐루야 내 영혼아 여호와를 찬양하라
(시 146:1)
BIRMINGHAM: 10.10.10.12.
From Wyeth's Repository of Sacred Music, 1813
Harm. from Songs of Praise, 1925
보통으로
1.내 영 혼 아 주 찬 양 하 여 라 온 뜻 과 정 성 을 다 모 아 서 사 랑 과 은 혜 풍 성 하 시 니 주 안 에 참 된 기 쁨 이 넘 치 도 다
2.내 영 혼 아 주 찬 양 하 여 라 그 팔 로 행 하 신 큰 위 업 을 인 자 와 자 비 풍 성 하 시 니 온 세 상 모 두 알 리 라 세 세 토 록
3.내 영 혼 아 주 찬 양 하 여 라 능 력 과 권 세 로 다 스 리 네 교 만 한 자 는 물 리 치 시 고 이 낮 고 천 한 백 성 들 높 이 시 네
4.내 영 혼 아 주 찬 양 하 여 라 하 나 님 약 속 은 늘 신 실 해 온 세 상 향 해 크 게 말 하 라 내 주 님 위 대 하 심 을 영 원 토 록 아 멘

거룩한 주님께
(통 11) 42
주일
J. S. B. Monsell (1811-1875)
거룩한 옷을 입고 여호와께 예배할지어다
(시 29 : 2)
MONSELL: 12.10.12.10.
W. F. Sherwin (1826-1888)
보통으로
1.거 룩 한 주 님 께 예 배 를 드 리 세 무 릎 을 꿇 고 서 영 광 돌 려
2.주 앞 에 삼 가 서 겸 손 히 행 하 면 주 너 를 언 제 나 돌 보 시 리
3.주 앞 에 설 때 에 두 려 워 말 아 라 가 난 한 우 리 를 도 우 시 리
4.떨 면 서 바 치 는 이 작 은 예 물 도 주 님 은 귀 하 게 받 으 시 리
금 같 은 순 종 과 향 기 론 겸 손 을 주 님 께 바 쳐 서 경 배 하 세
말 씀 엔 위 로 와 기 도 엔 응 답 을 네 갈 길 바 르 게 인 도 하 리
보 배 론 진 리 와 온 유 한 사 랑 은 주 님 께 다 바 칠 귀 한 예 물
어 둔 밤 지 나 고 새 아 침 맞 으 니 믿 음 과 소 망 을 늘 주 시 리 아 멘
즐겁게 안식할 날
(통 57) 43
주일
C. Wordsworth, 1862
이날에 우리가 즐거워하고 기뻐하리로다
(시 118 : 24)
MENDEBRAS: 7.6.7.6.D.
Traditional German Melody
Arr. by L. Mason, 1839
보통으로
1.즐 겁게안식 할날반 갑고좋은 날 내 맘을편케 하니즐 겁고기쁜 날
2.이 날에하늘 에서새 양식내리 네 성 회로모이 라고종 소리울리 네
3.이 주일지킴 으로새 은혜입어 서 영 원히쉬는 곳에다 올라갑시 다
이날에천하 만민다보좌앞에서 참되신삼위 일체다 찬송부르 네
복음의밝은 빛은온세상비치며 또영생물이 흘러시 원케하시 네
성부께찬미 하고성자와또성령 참되신삼위 일체다 찬송부르 세 아멘

44 (통 56) 지난 이레 동안에

주일

매 안식일에 모든 혈육이 내 앞에 나아와 예배하리라
(사 66 : 23)

J. Newton, 1774

SABBATH: 7.7.7.7.D.
L. Mason, 1824

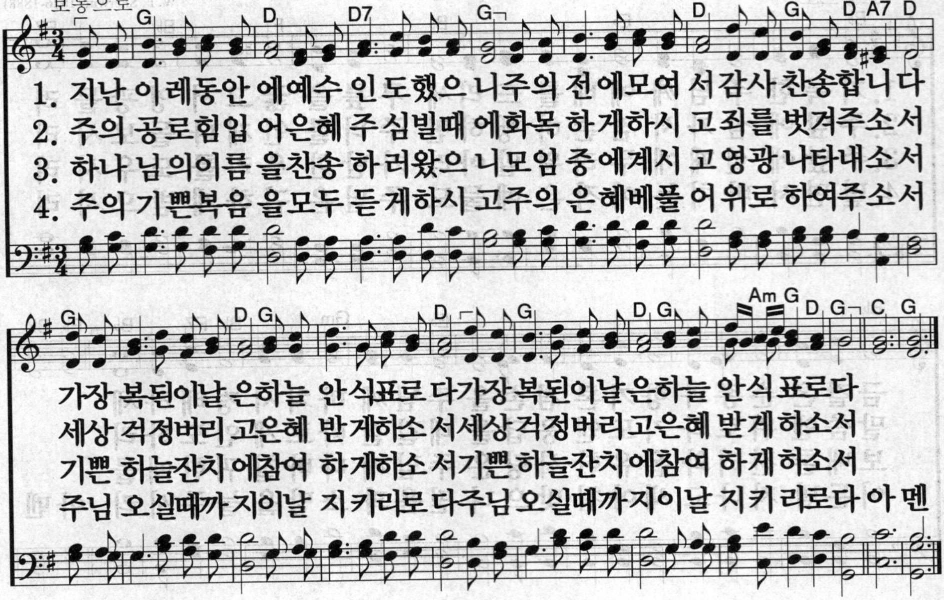

보통으로
G D D7 G D G D A7 D
1. 지난 이레동안 에예수 인도했으 니주의 전에모여 서감사 찬송합니 다
2. 주의 공로힘입 어은혜 주심빌때 에화목 하게하시 고죄를 벗겨주소 서
3. 하나 님의이름 을찬송 하러왔으 니모임 중에계시 고영광 나타내소 서
4. 주의 기쁜복음 을모두 듣게하시 고주의 은혜베풀 어위로 하여주소 서
G D G D G D G Am G D G C G
가장 복된이날 은하늘 안식표로 다가장 복된이날 은하늘 안식표로 다
세상 걱정버리 고은혜 받게하소 서세상 걱정버리 고은혜 받게하소 서
기쁜 하늘잔치 에참여 하게하소 서기쁜 하늘잔치 에참여 하게하소 서
주님 오실때까 지이날 지키리로 다주님 오실때까 지이날 지키리로 다 아 멘

45 거룩한 주의 날

주일

이날은 여호와께서 정하신 것이라
(시 118 : 24)

김영헌, 1994

주의 날: IRREG.
나인용, 1999

보통으로
A♭ D♭ E♭7 A♭ D♭ B♭
1.거 룩 한 주 의 날 주 앞 에 모 여 서 찬 양 과 경 배 를
2.거 룩 한 주 의 날 주 앞 에 모 여 서 온 몸 과 마 음 을
3.거 룩 한 주 의 날 주 앞 에 모 여 서 하 늘 의 소 망 을
A♭ E♭ A♭ E♭ Fm A♭ E♭ A♭ E♭
주님께드리세 주님의크신사랑 놀라운주의은 혜
다주께드리세 한없는주의복은 부족함전혀없 네
다함께누리세 날마다주의성령 우리를인도하 니

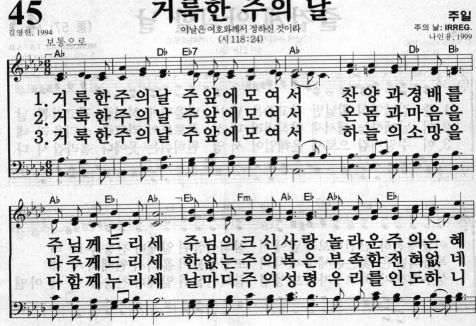

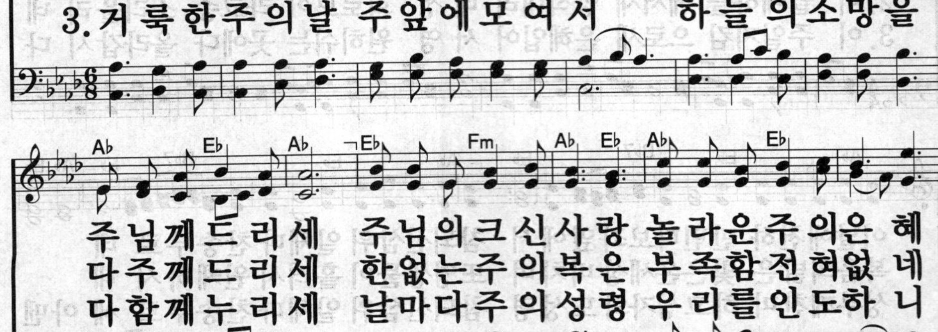

후렴
Ab Db Ab Eb7 Ab Edim7 Fm
귀하신주께영광 영광을돌리세
귀하신주께감사 감사를드리세 엎드려경배하세
십자가바라보며 주님만따르리
Ab Eb Ab C Fm Db Ab Eb7 Ab
주님의크신은 혜 영원토록 할렐루야 소리높여찬양하세

주일

I. Watts, 1719

이날은 주님 정하신 (통 58) 46

이날은 여호와께서 정하신 것이라
(시 118:24)

ARLINGTON: 8.6.8.6.
T. A. Arne, 1762

보통으로

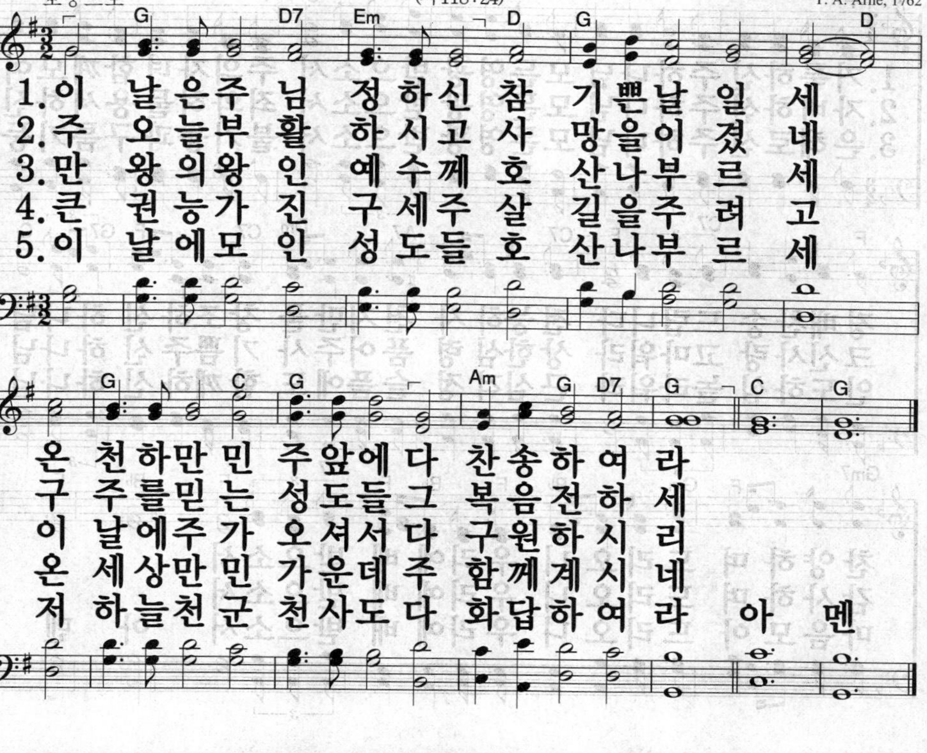

G D7 Em D G D

1.이 날은주 님 정하신 참 기쁜날 일 세
2.주 오늘부 활 하시고 사 망을이 겼 네
3.만 왕의왕 인 예수께 호 산나부 르 세
4.큰 권능가 진 구세주 살 길을주 려 고
5.이 날에모 인 성도들 호 산나부 르 세

G C G Am G D7 G C G

온 천하만 민 주앞에 다 찬송하 여 라
구 주를믿 는 성도들 그 복음전 하 세
이 날에주 가 오셔서 다 구원하 시 리
온 세상만 민 가운데 주 함께계 시 네
저 하늘천 군 천사도 다 화답하 여 라 아 멘

47
하늘이 푸르고
주일
강대식, 1991
안식일을 기억하여 거룩하게 지키라 (출 20 : 8)
주 앞에 나아가: 6.6.6.6.D.
김규태, 2000
조금 느리게
Eb Cm Ddim Eb Bb Eb Cm Bb Eb Cm Eb
1. 하늘이푸르고 드높이맑은날 찬란한아침이 열리며밝았네
2. 주말씀들으며 가슴을여는날 기쁨의파도가 밀려와닿았네
3. 걱정과근심이 없어진좋은날 새로운희망이 솟구쳐오르네
Bb Eb Bb Eb Cm Gm Cm Ab Eb Cm Bb G7 Cm Bb Eb Cm Eb
주앞에나아가 그이름부르면 지은죄많아도 용서해주시리
피곤한몸과맘 편안히쉬는날 성전에나와서 주찬양하리라
생명의양식을 땅에서맛보면 하늘의은총을 넘치게주시리
48
거룩하신 주 하나님
주일
정치근, 1994
우리는 예수로 말미암아 항상 찬송의 제사를 하나님께 드리자 (히 13 : 15)
예배: 8.8.8.8.8.8.7.8.8.
문성모, 1994
보통으로
F Dm7 C F
1. 거룩하신 주하나님 모든영광 받으소서 주의자녀 함께모여
2. 자비하신 주하나님 모든영광 받으소서 죄와허물 용서하신
3. 은혜로신 주하나님 모든영광 받으소서 불기둥과 구름기둥
F C7 F C7 A7 Dm C7 F G7 C
경배찬송 드립니다 전능하사 천지만물 창조하신 하나님
크신사랑 고마워라 상한심령 품어주사 기쁨주신 하나님
인도하심 놀라워라 근심걱정 슬픔에도 함께하신 하나님
Gm7 F Gm Bb F Bb F C7 F Bb F
찬양하며 드리오니 우리예배 받으소서
감사하며 드리오니 우리예배 받으소서
마음모아 드리오니 우리예배 받으소서 아 멘

하나님이 언약하신 그대로 (통 72) 49

50 (통 71) 내게 있는 모든 것을
그 가난한 중에서 자기가 가지고 있는 생활비 전부를 넣었느니라
(눅 21 : 4)
봉헌
J. W. Van Deventer, 1896
SURRENDER: 8.7.8.7.REF.
W. S. Weeden, 1896
보통으로
1. 내게있는모든것을아낌없이드리네 사랑하고의지하며주만따라살리라
2. 내게있는모든것을겸손하게드리네 세상욕심 멀리하니나를받아주소서
3. 내게있는모든것을주를위해드리네 주의성령충만하게내게내려주소서
후렴
주께드리네 주께드리 네 사랑하는구주앞에모두드리네 아멘
주께드리네 주께드리네
51 주님 주신 거룩한 날
이는 받으실 만한 향기로운 제물이요 하나님을 기쁘시게 한 것이라
(빌 4 : 18)
봉헌
김이호, 2005
귀한 물질: 8.8.8.8.D.
김영준, 2005
보통으로
1. 주님주신거룩한날 기쁨으로 주앞에와 기도하고찬양하며
2. 내게있는귀한것을 주님앞에 다바쳐도 주님주신큰사랑엔
3. 내가받은모든것은 하나님의 선물이니 마음과뜻다하여서
주께경배 드립니다 내게주신 귀한물질 하나님께 드리오니
부족할것 뿐입니다 구원하신 나의주님 크신은혜 생각하면
겸손하게 드립니다 주님기뻐 받으시니 바치는나 즐겁도다

Eb Ab Eb Bb7 Eb Ab Eb
기 쁘 받 을 제 물 로 서 열 납 되 게 하 옵 소 서
주 께 힘 써 바 치 겠 네 아 까 울 것 무 엇 이 랴
복 의 근 원 하 나 님 께 영 원 토 록 감 사 하 리 아 멘
거룩하신 나의 하나님
52
봉헌
정필도, 2005
하나님의 은혜로 값 없이 의롭다 하심을 얻은 자 되었느니라
(롬 3 : 24)
보통으로
귀한 생명: 4 · 4. 변형
백효죽, 2005
Eb C Eb Bb Gm Eb Bb Cm Gm Cm Eb Bb Cm G
1.거 룩 하 신 나 의 하 나 님 나 의 주 님 천 하 보 다 귀 한 생 명
2.은 혜 로 신 나 의 하 나 님 나 의 주 님 가 난 하 고 빈 마 음 에
3.자 비 하 신 나 의 하 나 님 나 의 주 님 바 치 는 것 너 무 적 어
4.전 능 하 신 나 의 하 나 님 나 의 주 님 주 님 주 신 귀 한 사 명
F7 Bb Eb F Bb Eb C Eb Bb Gm Eb F7 Bb Eb Ab Eb Ab Eb
값 도 없 이 베 푸 시 니 주 님 위 해 나 의 생 명 아 낌 없 이 바 칩 니 다
하 늘 보 배 채 우 시 니 내 게 있 는 모 든 것 을 주 뜻 대 로 드 립 니 다
부 족 한 손 내 밀 어 도 복 주 시 고 힘 주 시 니 이 생 명 도 드 립 니 다
우 리 에 게 맡 기 시 니 온 마 음 과 힘 을 다 해 주 님 위 해 일 합 니 다 아 멘
성전을 떠나가기 전
(통 59) 53
예배 마침
J. Ellerton, 1870
주의 집에 사는 자들은 복이 있나니
(시 84 : 4)
보통으로
BEATITUDO: 8.6.8.6.
J. B. Dykes, 1875
Ab Db Ab Fm Bb7 Eb Eb7 Ab C7 Fm Ab Eb7 Ab Db Ab
1. 성전을떠나가 기전 머리를숙일때 주께서함께 계시고복내려 주소서
2. 집으로돌아가 는길 주동행하시고 내모든언행 심사를다지켜 주소서
3. 거룩한날이다 가고 저녁이되도록 주우리맘에 빛되사늘계시 옵소서 아 멘

54 (통 61) 주여 복을 구하오니
예배 마침
Attr. to J. Fawcett, 1773
모든 신령한 복을 우리에게 주시되
(엡 1:3)
GREENVILLE: 8.7.8.7.8.7.
J. J. Rousseau, 1752
보통으로
1.주 여 복 을 구 하 오 니 편 히 가 게 하 시 고
2.주 의 복 된 말 씀 듣 고 무 한 감 사 합 니 다
사 람 마 다 주 은 혜 로 이 기 도 록 하 시 고
구 원 받 은 주 의 성 도 열 매 맺 게 하 시 며
광 야 같 은 세 상 에 서 항 상 인 도 하 소 서
하 나 님 이 우 리 함 께 항 상 계 시 옵 소 서 아 멘
55 (통 62) 주 이름으로 모였던
예배 마침
Anonymous
평안을 너희에게 끼치노니 곧 나의 평안을
(요 14:27)
DISMISSAL: IRREG.
G. Whelpton (1847-1930)
보통으로
주 이 름 으 로 모 였 던 우 리 가 지 금 헤 어 질 때
언 제 나 함 께 하 시 며 평 안 케 하 소 서 아 멘

우리의 주여
예배 마침
(통 60) 56
J. Ellerton, 1866
여호와께서 자기 백성에게 평강의 복을 주시리로다
(시 29:11)
ELLERS: 10.10.10.10.
E. J. Hopkins, 1869
보통으로
1. 우리의 주여 폐회하기 전 또한번 주께 찬송하오 며
2. 구주의 이름 찬양하고 서 돌아갈 때에 안위하시 고
3. 고요한 밤에 주의자녀 들 흑암중 에도 지켜주소 서
4. 살동안 항상 평안주시 고 근심할 때에 위로하시 고
구주의평안 내려주시기 겸손히꿇어 간구합니 다
우리와종일 함께계셔서 범죄치않게 도와주소 서
주께는밤과 낮이없으니 영원한평안 내려주소 서
세상의수고 지나간후에 영원한안식 얻게하소 서 아멘
오늘 주신 말씀에
예배 마침
57
정치근, 2005
너희가 내 말에 거하면 참으로 내 제자가 되고
(요 8:31)
폐회: IRREG.
김정일, 2005
조금 빠르게
오늘주신말씀에 새힘얻어서 세상으로 나가서 살아갈때 에
나 혼자힘으로 늘부족하오니 주여나를도우사 승리하게하소서 아멘

58 (통 66) 지난밤에 보호하사

아침과 저녁
WILMOT: 8.7.8.7.

찬셩시, 1900

내가 평안히 눕고 자기도 하리니
(시 4 : 8)

C. M. von Weber (1786-1826)
Arr. by L. Mason (1792-1872)

보통으로

Bb Eb Bb F Bb
1.지 난 밤 에 보 호 하 사 잠 잘 자 게 했 으 니
2.우 리 육 신 평 안 함 과 생 명 호 흡 주 시 고
3.주 예 수 의 밝 은 빛 이 우 리 맘 에 비 치 사
4.성 령 님 께 비 옵 나 니 오 늘 우 리 생 활 을
Eb Bb Eb Bb F7 Bb Eb Bb
고 마 우 신 주 의 은 총 감 사 찬 송 합 니 다
모 든 질 병 고 쳐 주 니 무 한 감 사 합 니 다
밤 중 같 이 어 둔 것 을 낮 과 같 게 하 소 서
맡 아 주 관 하 여 주 사 온 전 하 게 하 소 서 아 멘

59 (통 68) 하나님 아버지 어둔 밤이 지나

아침과 저녁
CHRISTE SANCTORIUM: 12.11.13.6.

돋는 해가 위로부터 우리에게 임하여
(눅 1 : 78)

Gregory the Great (c. 540-604)

French Church Melody, La Feillèes
Methode du Plain Chant, 1782

보통으로

Eb Bb Eb Ab Eb Bb Eb Cm F7 Bb
1.하나님아버지어 둔밤이지 나 먼 동이터 서 밝 은아침되 니
2.만유의주시여주 님앞에비 는 우 리들에 게 힘 을주시옵 고
3.거룩한아버지삼 위일체주 님 구 원의사 랑 한 량없이크 니
Eb Fm G Fm Bb7 Eb Bb Eb Ab Eb Bb Eb Ab Bb Eb
우리가이시간 주님앞에나아와 주찬양합 니 다
하나님나라의 한량없는은혜를 내리어주 소 서
영광의주이름 영원토록빛나서 온땅에찼 도 다 아 멘

아침과 저녁
영혼의 햇빛 예수님
(통 67) 60
J. Keble, 1820
보통으로
여호와는 나의 빛이요 나의 구원이시니
(시 27 : 1)
HURSLEY: 8.8.8.8.
Arr. from Katholisches Gesangbuch, Vienna, c. 1774
F C7 F C C7 F C B♭ F C7 F B♭ F
1.영혼의햇 빛예 수님 가까이비 춰주 시고
2.이눈에단 잠오 기전 고요히주 를그 리며
3.잠깰때주 여오 셔서 나에게복 을주 시고
이세상구 름일어나 가리지않 게하 소서
구주의품 에안기니 한없이평 안합 니다
주님의사 랑안에서 언제나살 게하 소서 아 멘
아침과 저녁
지난밤에 나 고요히
(통 64) 61
Adapt. from G. Gascoigne(1525-1577)
아침에 내가 주께 기도하고 바라리이다 (시 5 : 3)
HAYDN: 8.6.8.6.D.
F. J. Haydn(1732–1809)
조금 빠르게
F C7 F Gm7 F C F Gm F C F C Em C7 F G C F C7 F C F B♭ F
1.지난밤에나 고요히잠 들어쉬었네 동녘하늘솟아오는햇
2.우울하던그 한밤도꿈 같이지났네 하늘나라영광스런새
3.큰은혜로주 영광을나 이제봅니다 세상수고다끝난후참
빛도반가워 내가슴을다활 짝펴목소리높여
모습보이니 믿음사랑이땅 에서온전히이루
평안주소서 기쁜날이이어 지고슬픔이없는
서 전능왕께감 사드려한찬송 부르네
어 햇빛보다더 빛나는주얼굴 뵙겠네
곳 찬란하고복 된집에영살게 하소서 아 멘

62 고요히 머리 숙여
아침과 저녁
저녁 기도: 7.7.7.7.7.7.
내가 평안히 눕고 자기도 하리니
(시 4:8)
서정운, 1966
곽상수, 1967
보통으로
1.고요히 머리 숙여 주님 생각합니다 머리 도 둘 곳 없이 고생
2.고요히 머리 숙여 하루 생각합니다 지은 죄 많사오나 용서
3.고요히 머리 숙여 이웃 생각합니다 슬픔과 괴롬 중에 시달
4.고요히 머리 숙여 나를 생각합니다 곤한 몸 잠이 들어 깨어
하신 예수님 쉴 곳을 주시오니 깊이 감사합니다
하여 주시고 주님의 은총 속에 편히 쉬게 하소서
리는 사람들 하늘의 평강으로 고이 감싸 주소서
나지 못할 때 주님의 품 안에서 안식하게 하소서 아멘
63 주가 세상을 다스리니
창조주
9.8.9.8.D.
Sbornik Duhovnyh Pesen, Moscow, 1984
주의 손으로 만드신 것을 다스리게 하시고
(시 8:6)
E. Gebhardt
보통으로
1.주가 세상을 다스리니 그 위엄이 넘쳐나고 그 의 나라와 주의
2.주가 권능의 손으로써 이 세상을 창조하니 그 의 놀라운 창조
3.주가 세상의 피조물을 인간에게 다 맡기고 순종하라는 말씀
영광 온 하늘에 가득하다 저 흉악한 마귀의 무리 다
솜씨 만 백성이 경탄하네 저 하늘의 별들도 모두 주
으로 그 권위를 주셨도다 온 땅 위에 주님의 위엄 늘
멸망케 하시는 주 이 찬양을 주께 드리니 큰 영광을 받으소서
영광을 나타내어 늘 돌보아 주시는 주께 큰 영광을 돌립니다
넘치며 가득하니 그 나라와 주님의 영광 온 천하에 찬란하다

기뻐하며 경배하세
(통 13) 64
창조주
H. Van Dyke, 1907
그때에 새벽 별들이 기뻐 노래하며 하나님의 아들들이 다 기뻐 소리를 질렀느니라
(욥 38:7)
HYMN TO JOY: 8.7.8.7.D.
L. van Beethoven, 1824
조금 빠르게
G D7 G D G G7 G D G
1. 기 뻐 하 며 경 배 하 세 영 광 의 주 하 나 님 주 앞 에 서 우 리 마 음 피 어 나 는 꽃 같 아
2. 땅 과 하 늘 만 물 들 이 주 의 솜 씨 빛 내 고 별 과 천 사 노 랫 소 리 끊 임 없 이 드 높 아
3. 우 리 주 는 사 랑 이 요 복 의 근 원 이 시 니 삶 이 기 쁜 샘 이 되 어 바 다 처 럼 넘 치 네
4. 새 벽 별 의 노 래 따 라 힘 찬 찬 송 부 르 니 주 의 사 랑 줄 이 되 어 한 맘 되 게 하 시 네
D G D G D B B7 Em A D G G7 G D G C G
죄와슬픔사라지고의심 구름걷 히니변 -함없는 기쁨의주 밝은빛을주시네
물과숲과산과골짝들판 이나바 다나모 -든만물 주의사랑 기뻐찬양하여라
아버지의사랑안에우리 모두형 제니서 -로서로 사랑하게 도와주시옵소서
노래하며행진하여싸움 에서이 기고승 -전가를 높이불러 주께영광돌리세 아멘
내 영혼아 찬양하라
(통 19) 65
창조주
H. F. Lyte, 1834
내 영혼아 여호와를 송축하라
(시 103:22)
LAUDA ANIMA: 8.7.8.7.8.7.
J. Goss, 1869
보통으로
D A D G D G D G A Bm Em A F#7 Bm E
1.내 영 혼 아 찬 양 하 라 주 님 앞 에 엎 드 려 구 속 하 신 넓 은 은 혜
2.환 난 중 의 성 도 들 을 구 원 하 여 주 셨 네 노 하 심 은 더 디 하 고
3.우 리 약 함 아 시 는 주 항 상 지 켜 주 시 고 인 자 하 신 그 손 으 로
4.천 사 들 아 우 리 함 께 주 께 찬 양 드 리 세 성 도 들 아 모 두 모 여
F#m E A D E A D G A Bm A D A Em D A D G D
높이찬양하여라 할렐 루야할렐 루야 영원 하신하나 님
인자하심넘치니 할렐 루야할렐 루야 신실 하신하나 님
보호하여주시니 할렐 루야할렐 루야 자비 하신하나 님
주께경배하여라 할렐 루야할렐 루야 은혜 로신하나 님 아멘

66 (통 20)
다 감사드리세
창조주
우리가 주께 감사하오며 주의 영화로운 이름을 찬양하나이다
(대상 29 : 13)
NUN DANKET: 6.7.6.7.6.6.6.6.
J. Crüger, 1647
Harm. by F. Mendelssohn, 1840
M. Rinkart, 1636
보통으로
1. 다감사드리 세온 맘을주께바 쳐그섭리놀라워온세상기 뻐 하 네
2. 사랑의하나 님언 제나함께계 셔기쁨과평화의복내려주 옵 소 서
3. 감사와찬송 을다 주께드리어 라저높은곳에서다스리시 는 주 님
예부터 주신 복한없 는그 사 랑선 물로주시네이 제와영원 히
몸과맘 병들 때은혜 로지 키 사이 세상악에서구 하여주소 서
영원한 하나 님다경 배하 여 라전 에도이제도장 래도영원 히 아멘
67 (통 31)
영광의 왕께 다 경배하며
창조주
W. Kethe, 1561
Adapt. by R. Grant, 1833
주께서 지으신 모든 것들이 주께 감사하며
(시 145 : 10)
LYONS: 10.10.11.11.
Attr. to J. M. Haydn; Arr. by W. Gardiner, 1815
보통으로
1.영광의왕께 다경배하며 그 크신사랑 늘찬송하라
2.능력과은혜 다찬송하라 그 옷은햇빛 그집은궁창
3.저아름답고 놀라운일이 가 득한이땅 다주의조화
4.질그릇같이 연약한인생 주 의지하여 늘강건하리
예부터영 원히참방패시니그 영광의주를다찬 송하라
큰우레소 리로주노하시고폭 풍의날개로달려 가신다
그힘찬명 령에터잡히나니저 푸른바다는옷자 락이라
온백성지 으신만왕이시니그 자비영원히변함 없어라아 멘

오 하나님 우리의 창조주시니 (통 32) 68

창조주

J. C. Cory (1882-1963)

무리 가운데에서 여호와를 송축하리이다 (시 26:12)

KREMSER: 12.11.12.11.

Traditional Netherlands Folk Song, 17th C.

Arr. by E. Kremser, 1877

보통으로

1. 오 하나님 우리의 창조주시니 내 주님께 귀한것 드립니다 내주께만 엎드려경배드리며 내주의 이름높이 찬양하네
2. 오 하나님 우리의 대주재시여 큰 풍랑이 일 때도 도우셨네 죽음에서 우리를구하셨으니 내주의 이름높이 찬양하네
3. 주 하나님 이름을 함께높이며 대주재께 영광을 돌리오리 그능력이 우리를지켜주시니 주하나님을높이 찬양하네 아멘

온 천하 만물 우러러 (통 33) 69

창조주

St. Francis of Assisi, 1225

Trans. and para. by

W. H. Draper (1855-1933)

여호와의 이름을 찬양함은 … 지음을 받았음이로다 (시 148:5)

LASST UNS ERFREUEN: 8.8.4.4.8.8.ALLELUIAS

Geistliche Kirchengesang, Köln, 1623

보통으로

1. 온천하만물우러러 다 주를찬양하여라 할렐루야할렐루야 저 금빛나는밝은해 저 은빛나는밝은달 하나님을찬양하라
2. 힘차게부는바람아 떠 가는묘한구름아 할렐루야할렐루야 저 돋는장한아침해 저 지는고운저녁놀 하나님을찬양하라
3. 저흘러가는맑은물 다 주를노래하여라 할렐루야할렐루야 저 조화많은밝은불 그 빛과열을내어서 하나님을찬양하라
4. 저귀한땅은날마다 한 없는복을펼치어 할렐루야할렐루야 땅 위의꽃과열매들 주 영광나타내어서 하나님을찬양하라
5. 너선한마음가진자 늘 용서하며살아라 할렐루야할렐루야 큰 고통슬픔지닌자 네 근심주께맡겨라 하나님을찬양하라
6. 주은혜받은만민아 다 꿇어경배하여라 할렐루야할렐루야 성 삼위일체주님께 존 귀와영광돌려라 주를찬양할렐루야

할렐루야 할렐루야 할렐루야 아멘

70 (통 79) 피난처 있으니
창조주
찬송가, 1908
하나님은 우리의 피난처시요 힘이시니
(시 46:1)
AMERICA: 6.6.4.6.6.6.4.
Thesaurus Musicus, c. 1745
보통으로
F C F Gm C F
1.피난처 있으니 환난을 당한자 이리오라 땅들이
2.이방이 떠들고 나라들 모여서 진동하나 우리주
3.만유주 하나님 우리를 도우니 피난처요 세상의
4.높으신 하나님 우리를 구하니 할렐루야 괴롬이
F C7 F Gm F C7 F
변하고 물결이 일어나 산위에 넘치되 두렵잖네
목소리 한번만 발하면 천하에 모든것 망하겠네
난리를 그치게 하시니 세상의 창검이 쓸데없네
심하고 환난이 극하나 피난처 되시는주 하나님
71 (통 438) 예부터 도움 되시고
창조주
I. Watts, 1719
주는 대대에 우리의 거처가 되셨나이다
(시 90:1)
ST. ANNE: 8.6.8.6.
W. Croft, 1708
보통으로
C Dm7 G C Am D G
1.예부터 도움 되시고 내 소망 되신 주
2.이 천지 만물 있기전 주 먼저 계셨고
3.주 앞에 천년 만년이 한날과 같으니
4.세월이 흘러 가듯이 인생은 떠나니
5.예부터 도움 되시고 내 소망 되신 주
F Dm C E C F G C F C
이 세상 풍파 중에도 늘 보호하시리
온 세상 만물 변해도 주 변함 없도다
이 세상 모든 일들이 다 잠시뿐이라
이 인생 백년 살아도 꿈결과 같도다
일평생 지나 갈동안 늘 보호하소서 아멘

만왕의 왕 앞에 나오라 72

창조주
Anonymous

오라 우리가 여호와께 노래하며 우리의 구원의 반석을 향하여 즐거이 외치자
(시 95 : 1)

IRREG.
Karnatic Hymn Melody; Trscr. and drone accom. I-to Loh

보통으로

A F#m A A A F#m A

1. 만 왕의왕 앞에 나오라 기쁨과감사의마음으로 하나님행하신일들을
2. 온 세상만 물을 지으신 위대한하나님아버지는 저깊은바다와높은산
3. 드 넓은육 지와 큰바다 하나님손으로지으셨네 사랑과인자가넘치니
4. 하 나님앞 으로 다나와 무릎을꿇고서경배하자 주말씀듣고서따르면
5. 성 부와성 자와 성령께 찬송과영광을돌립니다 만물을지으신창조주

후렴

즐거운노 래로감사하여라
온우주만 물을다스리시네
우리는그 품의어린양이라 만 왕의왕앞에나오라 기쁨과감사의마음으로
평안과즐 거움넘치리로다
영원히영 광을받으옵소서

내 눈을 들어 두루 살피니 (통 73) 73

창조주
J. Campbell, Duke of Argyll, 1877

내가 산을 향하여 눈을 들리라 나의 도움이 어디서 올까
(시 121 : 1)

SANDON: 10.4.10.4.10.10.
C. H. Purday, 1860

보통으로

F B♭ C F Gm C F B♭ C F Gm C F

1. 내눈을들어두루살피니산악이라 날돕는구원어디서오나그어디서
2. 주께서나의가는곳마다지키시며 졸지도않고깨어계셔서늘지키네
3. 여호와나의보호자시니늘지키며 오른팔들어보호하시고그늘되네
4. 여호와나의영혼지키사돌보시며 내모든죄를사해주시고늘지키네

C C7 F B♭ F C7 B♭ C7 F B♭ F

하 늘 과 땅 을 지 은 여 호 와 날 도 와 주 심 확 실 하 도 다
이 스 라 엘 을 지 키 시 는 이 쉬 지 도 않 고 살 펴 주 시 네
낮 에 는 해 가 상 치 못 하 며 또 밤 의 달 이 해 치 못 하 네
이 제 로 부 터 영 원 무 궁 히 주 나 의 출 입 지 켜 주 시 리 아 멘

74 (통 74) 오 만세 반석이신
창조주
E. H. Bickersteth, 1860
주 여호와는 영원한 반석이심이로다
(사 26 : 4)
MIRIAM: 7.6.7.6.D.
J. P. Holbrook, 1865
보통으로
Bb Eb Bb F7 Bb Eb Bb F7 Bb
1. 오만세반석이신주우리하나님 저창조이전부터또영원하도록
2. 이인생사는것이뜬구름같으며 저푸른동산안의꽃송이같도다
3. 한없는사랑으로늘깨어지키사 큰자비베푸시고늘인도하시니
Gm D Gm Eb D Bb Eb Bb F7 Bb Eb Bb
한없는영광 중에그보좌있으니 큰환난풍파에도날지켜주시네
풀위의이슬 같고잠속의꿈같이 이세상모든영광곧사라지도다
내평생짧은 세월빛나게살도록 참빛인성령으로날채워주소서 아멘
75 (통 47) 주여 우리 무리를
창조주
피득 (A. A. Pieters), 1898
우리에게 은혜를 베푸사 복을 주시고
(시 67 : 1)
ALETTA: 7.7.7.7.
W. B. Bradbury, 1858
보통으로
F C F C C7 F
1. 주 여 우 리 무 리 를 불 쌍 하 게 여 기 사
2. 주 의 구 원 하 심 을 널 리 알 게 하 시 니
3. 주 가 다 스 리 시 고 바 른 심 판 하 시 니
4. 땅 에 나 는 모 든 것 주 의 크 신 은 혜 니
5. 하 나 님 우 리 에 게 복 을 내 려 주 시 니
Bb F C F C C7 F Bb F
크 신 복 을 주 시 고 주 의 얼 굴 뵈 소 서
천 하 만 국 백 성 들 주 께 찬 송 합 니 다
나 라 들 이 즐 기 며 기 쁜 노 래 합 니 다
모 든 나 라 백 성 들 주 께 찬 송 합 니 다
땅 의 모 든 만 물 이 주 를 경 배 합 니 다 아 멘

창조주
이용원, 1979
창조의 주 아버지께
76
하나님을 찬미하며 (행 2:47)
찬송과 기도: 8.8.8.8.D.
김정일, 1997
보통으로
G Em G Em G
1. 창조의 주아버지 께감사 찬송드립니 다부름받 은자녀들 이주의 전에함께모 여
2. 은혜의 주구세주 여용서 하여주옵소 서허물많 은죄인들 이주님 앞에회개하 니
3. 능력의 주성령이 여새마 음을주옵소 서구원받 은성도들 이주의 성령충만하 여
Bm Em C A7 D G Em G
찬송하고기도하 며몸과 마음모두어 서주께예 배드리오 니아버 지여받으소 서
거듭나게해주시 고말씀 으로성장하 여서로서 로사랑하 여하나 되게하옵소 서
분부하신주의복 음땅끝 까지전파하 여하늘나 라세우도 록능력 으로이끄소 서
창조주
전재동, 1975
거룩하신 하나님
77
찬송과 존귀와 영광과 권능을 세세토록 돌릴지어다 (계 5:13)
경배 찬양: 7.7.8.7.D.
김성은, 1998
보통으로
Fm B♭m Fm A♭ B♭m E♭ A♭ B♭m E♭
1. 거 룩 하 신 하 나 님 전 능 하 신 아 버 지 우 주 만 물
2. 거 룩 하 신 하 나 님 자 비 하 신 아 버 지 모 든 죄 를
3. 거 룩 하 신 하 나 님 영 원 하 신 아 버 지 영 생 하 는
C7 Fm D♭ Fm C7 Fm B♭m Fm A♭
창 조 하 신 살 아 계 신 하 나 님 아 름 다 운 세 상 에 우 리 살 게
용 서 하 신 은 혜 로 신 하 나 님 우 리 들 을 인 도 해 생 명 길 로
말 씀 으 로 복 을 주 신 하 나 님 이 세 상 을 진 리 로 이 끄 시 는
B♭m E♭ A♭ D♭ E♭ C7 Fm B♭m A♭ D♭ Fm C7 Fm B♭m Fm
하 시 니 거 룩 하 신 하 나 님 께 경 배 찬 양 합 니 다
이 끄 신 거 룩 하 신 하 나 님 께 경 배 찬 양 합 니 다
하 나 님 거 룩 하 신 하 나 님 께 감 사 찬 양 합 니 다 아 멘

78 (통 75) 저 높고 푸른 하늘과

하늘이 하나님의 영광을 선포하고
(시 19 : 1)

J. Addison, 1712

섭리
CREATION: 8.8.8.8.D.
Arr. from F. J. Haydn, *Die Schöpfung*, 1798

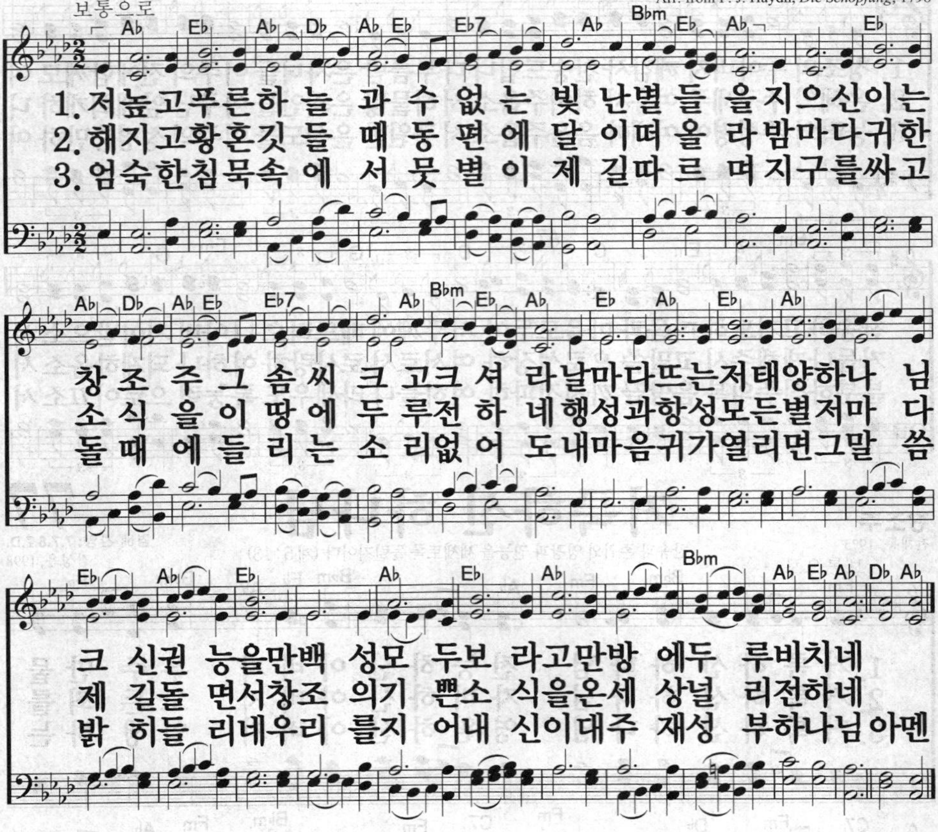
보통으로
Ab Eb Ab Db Ab Eb Eb7 Ab Bbm Eb Ab Eb
1.저높고푸른하 늘 과 수 없 는 빛 난별들 을지으신이는
2.해지고황혼깃 들 때 동 편 에 달 이떠올 라밤마다귀한
3.엄숙한침묵속 에 서 뭇 별 이 제 길따르 며지구를싸고
Ab Db Ab Eb Eb7 Ab Bbm Eb Ab Eb Ab Eb Ab
창 조 주 그 솜 씨 크 고크 셔 라날마다뜨는저태양하나 님
소 식 을 이 땅 에 두 루전 하 네행성과항성모든별저마 다
돌 때 에 들 리 는 소 리없 어 도내마음귀가열리면그말 씀
Eb Ab Eb Ab Eb Ab Bbm Ab Eb Ab Db Ab
크 신권 능을만백 성모 두보 라고만방 에두 루비치네
제 길돌 면서창조 의기 쁜소 식을온세 상널 리전하네
밝 히들 리네우리 를지 어내 신이대주 재성 부하나님아멘

79 (통 40) 주 하나님 지으신 모든 세계

여호와는 크신 하나님이시요
(시 95 : 3)

C. G. Boberg (1859-1940)
Eng. Trans. and St. 4 by S. K. Hine, 1949

섭리
O STORE GUD: 11.10.11.10.REF.
Swedish Folk Melody
Arr. by E. A. Edgren

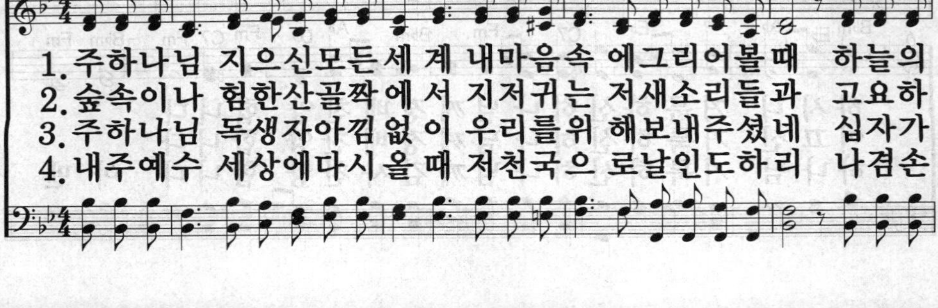
보통으로
Bb Eb Bb F7 Bb
1.주하나님 지으신모든세 계 내마음속 에그리어볼때 하늘의
2.숲속이나 험한산골짝에 서 지저귀는 저새소리들과 고요하
3.주하나님 독생자아낌없 이 우리를위 해보내주셨네 십자가
4.내주예수 세상에다시올 때 저천국으 로날인도하리 나겸손

후렴
별 울려퍼지는뇌성주님의 권 능우주에찼 네
게 흐르는시냇물은주님의솜 씨노래하도 다
에 피흘려죽으 신주 내모든죄 를대속하셨 네
히 엎드려경배 하며 영원히 주 를찬양하리 라
주님의높 고위 대하심 을
내영혼이 찬양하네 주님의높 고위 대하심 을 내영혼이 찬양하네
천지에 있는 이름 중
(통 101) 80
예수 그리스도
그의 이름이 홀로 높으시며 그의 영광이 땅과 하늘 위에 뛰어나심이로다
(시 148:13)
G. Bethune, 1858
SWEETEST NAME: 8.7.8.7.REF.
W. B. Bradbury, 1861
보통으로
1. 천 지에있는 이름중귀 하고높은 이름주 나시기전 지으신구 주의이름 예수
2. 주 십자가에 달릴때명 패에쓰인 대로저 유대인의 왕이요곧 우리왕이 시라
3. 지 금도살아 계셔서언 제나하시 는일나 같은죄인 부르사참 소망주시 도다
4. 주 예수께서 영원히어 제나오늘 이나그 이름으로 우리게참 복을내리 신다
후렴
주 앞에내 가 엎드려그 이름찬 송 함은
내 귀에들 린 말씀중 귀 하신이 름 예 수 아 멘

81 (통 452) 주는 귀한 보배

그리스도를 얻고 그 안에서 발견되려 함이니
(빌 3:8-9)

예수 그리스도

J. Frank, 1653

JESU, MEINE FREUDE: 6.6.5.6.6.5.7.8.6.
J. Crüger, 1653

보통으로

Cm Fm G Cm Gm A♭ G Cm G7 Cm

1. 주는귀한보 배 참기쁨의근 원 참된내친 구
2. 주의품에안 겨 편히쉬는나 를 누가해치 랴
3. 기쁨의주예 수 우리함께하 니 슬픔없어 라

Cm Fm G Cm Gm A♭ G Cm G Cm E♭

갈급한내마 음 주를사모하 여 목이탑니 다 흠이없는
땅이흔들리 고 모두떨지라 도 겁낼것없 네 죄와지옥
하나님의자 녀 폭풍속에서 도 평화로워 라 무슨일을

B♭ E♭ Gm E♭ Cm D7 Gm Cm Fm G7 Cm Fm C

어린양 그품안에괴롬없 어더바랄것없 네
물결이 우리들을덮치어 도주는피난처 라
만나도 주안에는기쁨있 네주는나의보 배 아멘

82 (통 90) 성부의 어린 양이

예수 그리스도

H. Bonar, 1843

세상 죄를 지고 가는 하나님의 어린 양이로다
(요 1:29)

MIRIAM: 7.6.7.6.D.
J. P. Holbrook, 1865

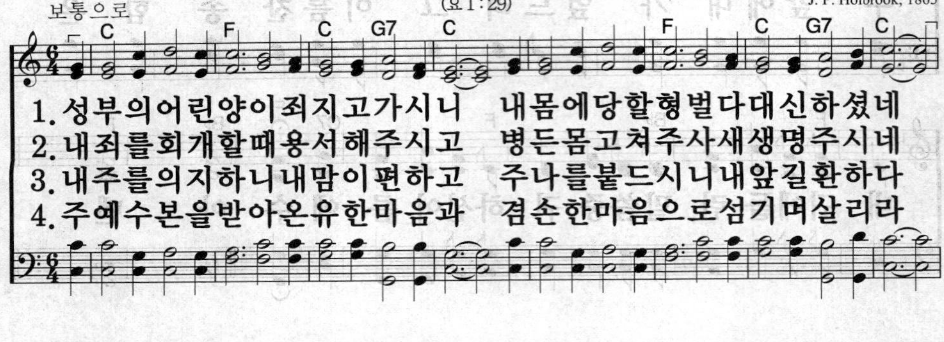

보통으로

C F C G7 C F C G7 C

1. 성부의어린양이죄지고가시니 내몸에당할형벌다대신하셨네
2. 내죄를회개할때용서해주시고 병든몸고쳐주사새생명주시네
3. 내주를의지하니내맘이편하고 주나를붙드시니내앞길환하다
4. 주예수본을받아온유한마음과 겸손한마음으로섬기며살리라

Am E Am F E C F C G7 C
내죄가추악 하나그피로씻으면 눈같이희게되어티하나없으리
내속에쌓인 근심한없이크건만 주친히벗겨주사위로해주시네
임마누엘주 예수끝없는그사랑 그향기바람타고온땅에퍼지네
나주의뒤를 따라저천국이르러 천사의노래따라주찬송하리라
나의 맘에 근심 구름
(통 83)
83
예수 그리스도
J. B. Mackay, 1899
다른 이로써는 구원을 받을 수 없나니 … 다른 이름을 우리에게 주신 일이 없음이라
(행 4 : 12)
HE'S THE ONE
: 15.11.15.11.REF.
J. B. Mackay, 1899
보통으로
D♭ A♭
1. 나의 맘에근심구름가득 하게덮이고 슬픈 눈물하염 없이흐를때
2. 무거 운짐등에지고인생 길을가는자 힘이 없어쓰러 지려할때에
3. 지은 죄를돌아보니부끄 럽고괴로워 자나 깨나맘에평안없을때
4. 요단 강을건너가서시온 성을향할때 나와 항상동행할이누굴까
D♭ A♭ D♭
인자 하고부드러운음성 으로부르사 나를 위로할이누가있을까
능력 있는팔을펴서나의 손을붙들어 나를 구해줄이누가있을까
추한 죄인용납하사품에 안아주시고 깨끗 하게하실이가누굴까
두려 움의검은구름모두 헤쳐버리고 나의 갈길인도할이누굴까
후렴
D♭ G♭ D♭ A♭
주예수 주예수 주예수밖에누가있으랴
주예수 주예수
D♭ G♭ D♭ A♭ D♭
슬퍼 낙심될때에 내 친구되시는 구주 예수밖에다시없도다

84 (통 96) 온 세상이 캄캄하여서

각 사람에게 비추는 빛이 있었나니
(요 1 : 9)

신정 찬송가, 1931

예수 그리스도
LIGHT OF THE WORLD: 9.7.9.7.REF.
신정 찬송가, 1931

보통으로
E♭
B♭
B♭7
1. 온 세상이캄캄 하여서참 빛이없었더 니 그 빛나는영광 나타나온 세상비치었 네
2. 주 말씀을믿는 사람은그 맘이시원하 고 주 명령을준행 하는자그 길이환하겠 네
3. 죄 가운데사는 사람은그 눈이어두워 도 그 죄악을씻는 날에는그 눈이밝아지 네
후렴
Cm
영 광 영광의주 영 광 영광의주 밝은그빛내게비 추었네
영 광 영광의주 영 광 영광의주 이세상의빛은오직 주예수님

85 (통 85) 구주를 생각만 해도

Ascr. to Bernard of Clairvaux (1091-1153)
Trans. by E. Caswall (1814-1878)

예수를 깊이 생각하라
(히 3 : 1)

예수 그리스도
ST. AGNES: 8.6.8.6.
J. B. Dykes, 1866

보통으로

G Am D7 G D A7 Am D G D G C G

1. 구주를생각만 해도 이렇게좋거든 주얼굴뵈올때에야 얼마나좋 으랴
2. 만민의구주예 수의 귀하신이름은 천지에있는이름중 비할데없 도다
3. 참회개하는자 에게 소망이되시고 구하고찾는자에게 기쁨이되 신다
4. 예수의넓은사 랑을 어찌다말하랴 주사랑받은사람만 그사랑알 도다
5. 사랑의구주예 수여 내기쁨되시고 이제로부터영원히 영광이되 소서 아 멘

예수 그리스도
내가 늘 의지하는 예수
(통 86) 86
P. P. Bilhorn, 1891
너희는 내가 명하는 대로 행하면 곧 나의 친구라
(요 15 : 14)
THE BEST FRIEND: 9.9.7.7.9.REF.
P. P. Bilhorn, 1891
보통으로
G Am D7 G G7
1. 내가늘의 지하는 예수나의 상처입은심령 을 불쌍 하게여기사 위로
2. 주의손의 지하고 살때나를 해할자가없도 다 주님 나의마음을 크게
3. 내가요단 강건너 가며맘이 두려워서떨때 도 주가 인도하시니 어찌
4. 이후천국 에올라 가서모든 성도들과다함 께 우리 들을구하신 주를
C Am D G 후렴 D7
하여주시니 미쁘 신나의좋은친구
위로하시니 미쁘 신나의좋은친구
두려워하랴 미쁘 신나의좋은친구
찬양하리라 미쁘 신나의좋은친구
내가의지하는예 수 나 의사모하는
나의지하는
D7 G C G D7 G
친 구 나의기도들으사 응답하여주시니 미쁘신 나의좋 은친 구
나사모하는
예수 그리스도
내 주님 입으신 그 옷은
(통 87) 87
H. Barraclough, 1915
왕의 모든 옷은 몰약과 침향과 육계의 향기가
(시 45 : 8)
MONTRIAT: 9.6.9.6.REF.
H. Barraclough, 1915
보통으로
E♭ B♭ E♭ A♭ B♭ E♭ B♭ E♭ D7 Gm E♭ B♭7 E♭
1. 내주님입 으신그옷은참아름다워라 그향기내 맘에사 무쳐내기 쁨되도다
2. 내주는쓰 라린고통을다견디셨도다 주지신십 자가대 할때나는 물흘리네
3. 내주님입 으신귀한옷나만져보았네 내발이죄 악에빠 질때주나 를붙드네
4. 내주님영 광의옷입고문 열어주실때 나주님나 라에들 어가영원 히살겠네
후렴
E♭ B♭7 E♭ D7 Gm A♭ E♭ B♭7 E♭
시온성보다더찬란한 저천성떠나서 이세상오신 예수님 참 내구세 주

88 (통 88)
내 진정 사모하는
예수 그리스도
THE LILY OF THE VALLEY: IRREG.
C. W. Fry, 1881
뺨은 향기로운 꽃밭 같고… 입술은 백합화 같고
(아5:13)
J. R. Murray, 1861
Arr. by W. S. Hays (1837-1907)
보통으로
1.내 진정사모하는 친구가되시는 구주 예수님은아름다워라
2.내 맘의모든염려 이 세상고락도 주님 항상같이 하여주시고
3.내 맘을다하여서 주님을따르면 길이 길이나를사랑하리니
산 밑에백합화요 빛나는새벽별 주님 형언할길아주없도다
시 험을당할때에 악마의계교를 즉시 물리치사나를지키네
물 불이두렵잖고 창검도겁없네 주는높은산성내방패시라
내맘이아플적에 큰위로되시며 나 외로울때좋은친구라
온세상날버려도 주예수안버려 끝 까지나를돌아보시니
내영혼먹이시는 그은혜누리고 나 친히주를뵙기원하네
주는저산밑에백합 빛나는새벽별 이땅위에비길것이없도다 아멘
89 (통 89)
샤론의 꽃 예수
예수 그리스도
GABRIEL: 11.11.11.11.REF.
I. A. Guirey, 1922
나는 사론의 수선화요 골짜기의 백합화로다 (아2:1)
C. H. Gabriel, 1922
보통으로
1. 샤론의꽃예수 나 의마음에 거 룩하고아름답게피소서
2. 샤론의꽃예수 이 세상에서 어 느꽃과비교할수있으랴
3. 샤론의꽃예수 모 든질병을 한 이없는능력으로고치사
4. 샤론의꽃예수 길 이피소서 주 의영광이땅위에가득해

내 생명이참 사랑의향기로 간 데마다풍겨나게하소서
나 의삶에한 결같은은혜와 사 랑으로가득하게하소서
고 통하며근 심하는자에게 크 신힘과소망내려주소서
천 하만민주 님앞에엎드려 경 배하며영광돌릴때까지
후렴
예수 샤론의꽃 나 의맘에사랑으로피소서
나의주여 샤론의꽃
예수 그리스도
J. G. Small, 1863
주 예수 내가 알기 전
(통 98) 90
너희를 친구라 하였노니
(요 15 : 15)
FRIEND: 8.7.8.7.D.
G. C. Stebbins, 1878
보통으로
1. 주예수내가 알기전날 먼저사랑했네그 크신사랑
2. 내친구되신 예수님날 구원하시려고그 귀한몸을
3. 내진실하신 친구여큰 은혜내려주사날 항상보호
나타나내 영 혼거듭났네주 내맘에늘 계시고나
버리사내 죄 를대속했네나 주님을늘 믿으며그
하시고내 방 패되옵소서그 풍성한참 사랑을뉘
주 의안에있어저 포도비유 같으니참 좋 은나의친구
손 을의지하고내 몸과맘을 바쳐서끝 까 지충성하리
능 히끊을쏘냐날 구원하신 예수는참 좋 은나의친구

91 (통 91) 슬픈 마음 있는 사람
예수 그리스도
L. Baxter, 1870
모든 이름 위에 뛰어난 이름을 주사
(빌 2:9)
PRECIOUS NAME: 8.7.8.7.REF.
W. H. Doane, 1871
조금 빠르게
1. 슬픈마음있는 사람 예수이름믿으 면 영원토록변함 없는 기쁜마음얻으 리
2. 거룩하신주의 이름 너의방패삼으 라 환난시험당할 때에 주께기도드려 라
3. 존귀하신주의 이름 우리기쁨되도 다 주의품에안길 때에 기뻐찬송부르 리
4. 우리갈길다간 후에 보좌앞에나아 가 왕의왕께경배 하며 면류관을드리 리
후렴
예수의 이름은 세상 의소망이요 예수의 이름은 천국의기쁨일세
예수의 이름은 예수의 이름은
92 (통 97) 위에 계신 나의 친구
예수 그리스도
J. Oatman Jr. (1856-1926)
너희를 친구라 하였노니
(요 15:15)
BUTTS: 8.8.8.8.REF.
B. F. Butts
보통으로
1. 위에계 신나의친 구그의사 랑지극하 다이는예 수그리스 도나의구 주나의친 구
2. 나를위 해죽으시 고나를구 원하셨으 니기쁨으 로경배하 며찬양하 리나의친 구
3. 내맘속 에늘계시 고영원토 록함께하 네가지되 어하나되 리포도나 무나의친 구
4. 그날이 와황금길 에그의영 광바라보 며그의팔 로날안을 때만나보 리나의친 구
후렴
사랑하 는 나의친 구 늘가까 이 계시도 다
사랑하는 나의친구 늘가까이 계시도다
그의사 랑 놀랍도 다 변함없 는 나의 친 구
그의사랑 놀랍도다

예수 그리스도
W. L. Thompson, 1904
예수는 나의 힘이요
(통 93) 93
우리는 그리스도 안에서 그의 은혜의 풍성함을 따라 (엡 1 : 7)
ELIZABETH: IRREG.
W. L. Thompson, 1904
보통으로
1.예수는나의 힘이요내 생명되시 니 구주예수떠 나살면죄 중에빠지 리
2.예수는나의 힘이요내 친구되시 니 그은혜를간 구하면풍 성히받으 리
3.예수는나의 힘이요내 기쁨되시 니 그명령을준 행하여늘 충성하겠 네
4.예수는나의 힘이요내 소망되시 니 이세상을떠 나갈때곧 영생얻으 리
눈물이앞을 가리고 내맘에근심 쌓일때 위로하고 힘주실이 주 예 수
햇빛과비를 주시니 추수할곡식 많도다 귀한열매 주시는이 주 예 수
주야로보호 하시며 바른길가게 하시니 의지하고 따라갈이 주 예 수
한없는복을 주시고 영원한기쁨 주시니 나의생명 나의기쁨 주 예 수
주 예수보다 더 귀한 것은 없네
(통 102) 94
예수 그리스도
R. F. Miller, 1925
내가 그를 위하여 모든 것을 잃어버리고 배설물로 여김은
(빌 3 : 8)
I'D RATHER HAVE JESUS
: 12.11.10.10.REF.
G. B. Shea, 1929
보통으로
1.주 예 수 보 다 더 귀 한 것 은 없 네 이 세 상 부 귀 와 바 꿀 수 없 네
2.주 예 수 보 다 더 귀 한 것 은 없 네 이 세 상 명 예 와 바 꿀 수 없 네
3.주 예 수 보 다 더 귀 한 것 은 없 네 이 세 상 행 복 과 바 꿀 수 없 네
영죽은내대 신돌아 가신그놀라운사 랑잊 지못 해
이전에즐기 던세상 일도주사랑하는 맘뺏 지못 해세상 즐거움다 버리고
유혹과핍박 이몰려 와도주섬기는내 맘변 치않 아
후렴
세상 자랑다버렸 네 주 예수보다 더귀한 것은없 네예 수밖에는 없네

95 (통 82) 나의 기쁨 나의 소망되시며

내 사랑하는 자가 … 동산 가운데에서 양 떼를 먹이며 백합화를 꺾는구나
(아6:2)

예수 그리스도
MEDITATION: 11.8.11.8.

J. Swain, 1791
Wyeth's *Repository of Sacred Music*, 1813
Arr. by H. P. Main, 1869

보통으로

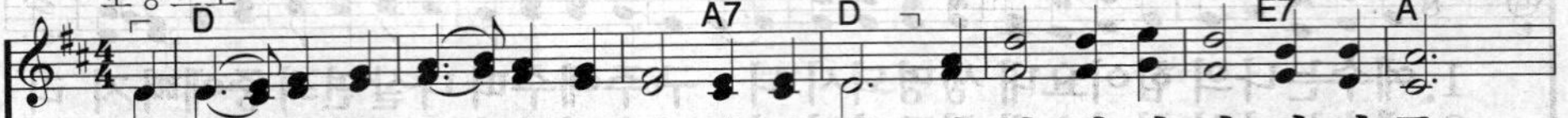

D A7 D E7 A

1.나의 기쁨나 의소망되시며 나의생명이되신주
2.나의 사모하 는선한목자는 어느꽂다운동산에
3.길도 없이거 친넓은들에서 갈길못찾아애쓰며
4.주의 자비롭 고화평한얼굴 모든천사도반기며
5.나의 진정사 모하는예수님 음성조차도반갑고

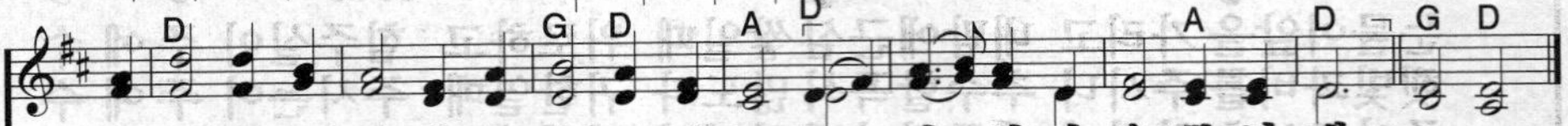

D G D A D A D G D

밤낮불러서찬송을드려도늘 아 쉰마음뿐일세
양의무리와늘함께가셔서기 쁨 을함께하실까
이리저리로헤매는내모양저 원 수조롱하도다
주의놀라운진리의말씀에천 지 가화답하도다
나의생명과나의참소망은오 직 주예수뿐일세 아멘

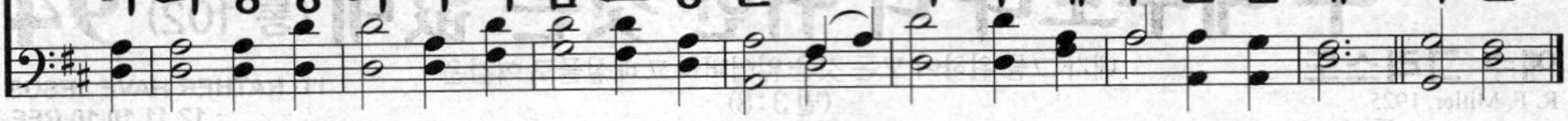

96 (통 94) 예수님은 누구신가

민로아(F. S. Miller), 1905
그는 몸인 교회의 머리시라 그가 근본이시요
(골1:18)

예수 그리스도
GREENVILLE: 8.7.8.7.8.7.
J. J. Rousseau, 1752

보통으로

F C F C7 F B♭ F

1. 예수님은누구신가 우는자의 위로와 없는자의 풍성이며
2. 예수님은누구신가 약한자의 강함과 눈먼자의 빛이시며
3. 예수님은누구신가 추한자의 정함과 죽을자의 생명이며
4. 예수님은누구신가 온교회의 머리와 온세상의 구주시며

F B♭ F C F C7 F

천한자의높음과 잡힌자의 놓임되고 우리기쁨 되시네
병든자의고침과 죽은자의 부활되고 우리생명 되시네
죄인들의중보와 멸망자의 구원되고 우리평화 되시네
모든왕의왕이요 심판하실 주님되고 우리영광 되시네

구주 강림
정혼한 처녀에게
97
G. Grindal, 1984
은혜를 받은 자여 평안할지어다 (눅 1:28)
ANNUNCIATION: 7.6.7.6.7.6.
R. Edwards, 1984
보통으로
1.정 혼한 처녀에게주 천사나타나 두려워하지말라
2.주 은혜 받은자여큰 복이있으라 주님이함께하니
3.천 사의말을듣고엎 드린마리아 떨리는마음으로
4.무 서워하지말라너 잉태하리니 그 탄생하는아기
5.마 리아말하기를이 런일있을까 전능한주님께서
6.주 말씀듣고나서마 리아엎드려 나 주의종이오니
참 기쁜소식을 온 세상사람에게나 전파하노라
큰 영광이로다 주 너를택하시사 큰 복을주셨네
그 말씀들었네 주 천사전한말씀 그 맘에새겼네
예 수라하리라 온 세상다스리는 만왕의왕이라
너 함께하시며 그 크신권능으로 널 덮으시리라
뜻 대로하소서 나 이몸주께맡겨 그 말씀따르리
구주 강림
예수님 오소서
98
채희동 (1963-2004)
구원의 뿔을 그 종 다윗의 집에 일으키셨으니 (눅 1:69)
구주 강림: IRREG.
이천진, 2005
보통으로
1. 예수님 오소서 임마누엘 우리주 이곳에 오셔서 기도들어 주소서
2. 예수님 오소서 임마누엘 우리주 보좌를 떠나서 사람몸을 입었네
3. 예수님 오소서 임마누엘 우리주 죄악된 세상에 속죄주로 오셨네
능하신 주께서 크신일을 행하사 간구하는 우리의 기도를 들어 주소서
높은자 낮추고 비천한자 높였네 만민위해 오셔서 사슬을 풀어 주소서
주린자 먹이며 병든자를 고쳤네 천하만민 돌보사 빛의길 가게 하소서 아 멘

99 주님 앞에 떨며 서서

구주 강림

From Liturgy of St. James, 4th Century
Trans. by G. Moultrie, 1864

오직 여호와는 그 성전에 계시니
(합 2:20)

PICARDY: 8.7.8.7.8.7.
French Carol
Harm. from *The English Hymnal*, 1906

보통으로

Dm F Dm F7 B♭ Dm A7 B♭ F Dm

1. 주님앞에떨며 서서 세상생각버리 고 고요하게머리 숙여
2. 왕의왕이되신 주님 이세상에오셔 서 사람몸에나시 어서
3. 하늘천사무리 지어 행진하며나가 니 영광스런하늘 나라
4. 하늘천사주님 앞에 엎드려서절하 고 소리높여찬송 하며

Dm F7 B♭ F D Gm Dm C Dm Gm C F Dm

주의은총빌어 라 하늘보좌버리시 고 우리위해오신 주
우리주가되셨 네 하늘양식넘치도 록 우리에게주시 네
참된빛이퍼지 네 마귀권세물러가 고 밝은세상되리 라
주의이름기리 네 알렐루야알렐루 야 주께찬양합니 다

100 미리암과 여인들이

구주 강림

정숙자, 2005

마리아가 이르되 내 영혼이 주를 찬양하며 (눅 1:46)

미리암과 여인들이: 8.8.8.8.D.
황의구, 2005

보통으로

F Gm Dm Gm B♭ F G7 C F Dm

1. 미리암과 여인들이 춤을추며 노래하고 전쟁무기 멀리하고
2. 마리아는 이웃들과 기도하며 노래하고 비천함을 높이셨던
3. 오랫동안 기다려온 백성들이 노래하고 구원실현 약속하신

Gm F B♭ F C F B♭ C

하나님을기뻐하네 온갖수난 이겨내고 평화세상 바라보며
하나님을기뻐하네 갈릴리의 사람들과 평화세상 바라보며
하나님을기뻐하네 분열분쟁 사라지는 평화세상 바라보며

역사안에 살아계신 하나님을 찬양하리
세상속에 태어나실 예수님을 찬양하리
평등인간 창조하신 하나님을 기다리세 아 멘

구주 강림

German Carol, 15th Century

이새의 뿌리에서 (통 106) 101

이새의 뿌리 곧 열방을 다스리기 위하여
(롬 15:12)

ES IST EIN' ROS' ENTSPRUNGEN: 7.6.7.6.6.7.6.

Geistliche Kirchengesang, Köln, 1599

보통으로

1.이새의뿌리에서새싹이 돋아나옛선지노래대로장미꽃 피었다
2.이사야예언대로어리신 우리주동정녀마리아의몸빌려 나셨다
3.그부드러운향기온하늘 채우고그영광찬란한빛어둠을 쫓았다

한추운겨울밤주탄생하신이날거룩한 날이여
탄생한아기는영원한구세주라참기쁜 날이여
참신과참사람우리를구하셨다영광의 날이여 아멘

구주 강림

G. Weissel (1590-1635)

영원한 문아 열려라 (통 107) 102

영원한 문들아 들릴지어다 (시 24:7)

TRURO: 8.8.8.8.

Williams' *Psalmodia Evangelica*, 1789

조금 빠르게

1.영원한문 아열려라 새임금 들어 가신다
2.네마음문 곧열어라 네사사론 일 그치고
3.오나의주 내마음에 곧드사 함께 계시며

만왕의왕이오시니만민의구주시로다
그나라일이루도록주계실성전삼으라
그큰사랑을베푸사늘동행하여주소서 아멘

103 우리 주님 예수께
The Psalter, 1912
As in Rejoice in the Lord, 1985
여호와 우리 주여 주의 이름이 온 땅에 어찌 그리 아름다운지요
(시 8 : 9)
구주 강림
GOTT SEI DANK DURCH ALLE WELT: 7.7.7.7.
Freylinghausen's Geistreiches Gesangbuch, 1704, alt.
보통으로
1.우 리 주 님 예 수 께 기 쁜 찬 송 드 리 세
2.주 의 크 신 능 력 이 어 둠 권 세 묶 었 네
3.밤 하 늘 의 별 들 도 주 의 영 광 찬 양 해
4.우 리 주 님 오 시 면 사 랑 은 혜 넘 치 고
하 늘 높 은 곳 에 도 주 의 영 광 넘 치 네
원 수 들 을 물 리 쳐 주 뜻 대 로 되 도 다
무 엇 으 로 그 영 광 비 교 할 수 있 으 랴
영 광 스 런 면 류 관 내 게 씌 워 주 시 네 아 멘
104 (통 104) 곧 오소서 임마누엘
Latin Hymn, 12th Century
그의 이름은 임마누엘이라 하리라 (마 1 : 23)
구주 강림
VENI EMMANUEL
: 8.8.8.8.REF.
Adapt. from Plain Song
Arr. by T. Helmore, 1854
보통으로
1.곧 오 소 서 임 마 누 엘 오 구 하 소 서 이 스 라 엘
2.곧 오 소 서 지 혜 의 주 온 만 물 질 서 주 시 고
3.곧 오 소 서 소 망 의 주 만 백 성 한 맘 이 루 어
그 포 로 생 활 고 달 파 메 시 야 기 다 립 니 다
참 진 리 의 길 보 이 사 갈 길 을 인 도 하 소 서
시 기 와 분 쟁 없 애 고 참 평 화 채 워 주 소 서
후렴
기 뻐 하 라 이 스 라 엘 곧 오 시 리 오 임 마 누 엘 아 멘

오랫동안 기다리던 (통 105) 105
구주 강림
C. Wesley, 1744
우리를 위하여 구원의 뿔을
(눅1:69)
HYFRYDOL: 8.7.8.7.D.
R. H. Prichard (1811-1887)
보통으로
1. 오 랫 동 안 기 다 리 던 주 님 강 림 하 셔 서 죄 에 매 인 백 성 들 을 자 유 얻 게 하 시 네 주 는 우 리 소 망 이 요 힘 과 위 로 되 시 니 오 래 기 다 리 던 백 성 많 은 복 을 받 겠 네
2. 모 든 백 성 구 하 려 고 임 금 으 로 오 시 니 영 원 토 록 우 리 들 을 친 히 다 스 리 시 네 죄 로 상 한 우 리 마 음 은 혜 로 써 고 치 고 주 의 빛 난 보 좌 앞 에 이 르 도 록 하 소 서 아 멘
아기 예수 나셨네 106
성탄
Trad. French Carol, 19th Century
오늘 다윗의 동네에 너희를 위하여 구주가 나셨으니
(눅2:11)
IL EST NÉ: 7.8.7.7.REF.
French Carol, 18th Century
Harm. by C. R. Young, 1988
보통으로
Refrain
Fine
D.C.
아기예수 나셨네 피리 불고 소고치며주를찬양 하여라 아기 예수 나셨 네
1. 예언자가 말했 네 구주예수 나신다고세세토록 영원 히 아기예수 찬양 해
2. 사랑스런 예수 님 완전하고 순전한주흠이없고 순결 한 자비로운 구세 주
3. 만왕의왕 예수 님 이세상에 오시었네아기예수 우리 주 하늘평화 주시 네

107 거룩한 밤 복된 이 밤

Mandarin Carol
Weiyu Zhu and Jingren Wu, 1921
Para. by K. Moody

또 유대 땅 베들레헴아 너는 유대 고을 중에서 가장 작지 아니하도다
(마2:6)

성탄
8.11.8.9.9.
Qigui Shy, 1982
Arr. by Pen-li Chen, 1987

보통으로

D A A D Bm7 A D A D Bm7 Bm7 A D

1. 거룩한 밤 복된 이 밤 별들은 빛나고 땅은 고요해 언덕들과 숲에 싸인 작은 고을 베들레헴서 아기 예수 구유에 자네
2. 거룩한 밤 복된 이 밤 천사들 찬송에 목자 놀라네 땅과 하늘 기뻐하고 만물들은 찬송 부르네 구주 나신 소식 전하라
3. 거룩한 밤 복된 이 밤 세상에 나신 주 함께하시네 희생 사랑 평화 정의 햇빛처럼 밝게 빛나네 영광 은혜 땅에 넘치네

성탄

St. 1-2 from *Little Children's Book for School and Families*, c. 1885
St. 3 by J. T. McFarland (1851-1913)

그 어린 주 예수 (통 113) 108

구유에 뉘었으니 이는 여관에 있을 곳이 없음이러라
(눅 2:7)

CRADLE HYMN: 11.11.11.11.
J. E. Spilman
Arr. by C. H. Gabriel (1856-1932)

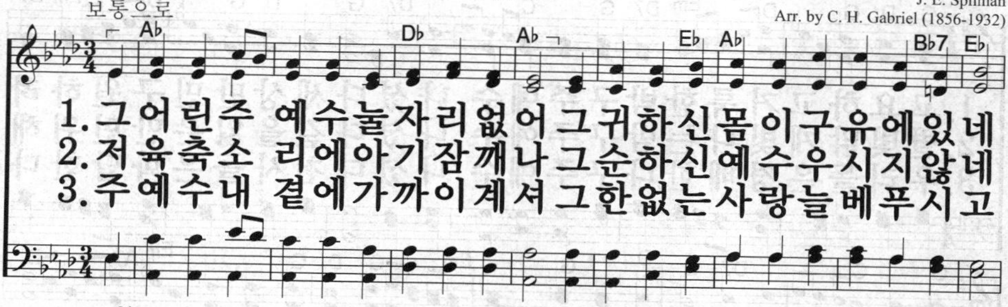

보통으로

1.그어린주 예수눌자리없어그귀하신몸이구유에있네
2.저육축소 리에아기잠깨나그순하신예수우시지않네
3.주예수내 곁에가까이계셔그한없는사랑늘베푸시고

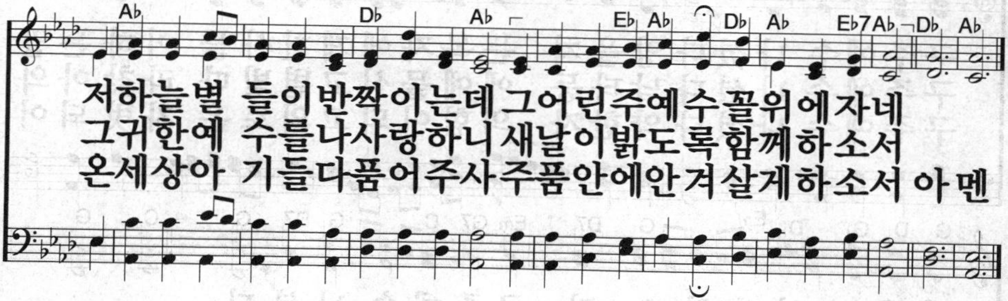

저하늘별 들이반짝이는데그어린주예수꼴위에자네
그귀한예 수를나사랑하니새날이밝도록함께하소서
온세상아 기들다품어주사주품안에안겨살게하소서 아멘

성탄

J. Mohr, 1818
Trans. J. F. Young

고요한 밤 거룩한 밤 (통 109) 109

강보에 싸여 구유에 뉘어 있는 아기를 보리니
(눅 2:12)

STILLE NACHT: IRREG.
F. X. Grüber, 1818

보통으로

1.고요한밤 거룩한밤 어둠에 묻힌밤 주의부 모앉아서
2.고요한밤 거룩한밤 영광이 둘린밤 천군천사나타나
3.고요한밤 거룩한밤 동방의 박사들 별을보 고찾아와
4.고요한밤 거룩한밤 주예수 나신밤 그의얼 굴광채가

감사기 도드릴때 아기잘도잔다 아기잘도잔다
기뻐노 래불렀네 구주나셨도다 구주나셨도다
꿇어경 배드렸네 구주나셨도다 구주나셨도다
세상빛 이되었네 구주나셨도다 구주나셨도다 아 멘

110
고요하고 거룩한 밤
성탄
임성길, 1951
오늘 다윗의 동네에 너희를 위하여 구주가 나셨으니
(눅 2:11)
주님 나신 밤: 8.7.8.7.D.
장수철 (1917–1966)
조금 빠르게
1.고요하고거룩한밤구주예수 나셨다세상만민구원하려
2.별빛맑게빛나는밤구주예수 나셨다길을잃은만민위해
3.우리들은경배한다구주예수 나셨다천사들은화답한다
구주예수 나셨다양을치 는목자에게천사들 이하는말
구주예수 나셨다낙타등 에예물싣고별빛따 라찾아와
구주예수 나셨다약한자 의힘이되고외로운 자벗되어
기쁜소 식전하노라 구주예수 나셨다
동방박 사경배한다 구주예수 나셨다
천한몸 을입으시고 구주예수 나셨다 아 멘
111 (통 111)
귀중한 보배합을
성탄
신정 찬송가, 1931
보배합을 열어 황금과 유향과 몰약을 (마 2:11)
BRING OUR ALL: 7.6.7.6.D.
신정 찬송가, 1931
보통으로
1. 귀중한보배합을 주앞에드리고 우리의몸과맘도 다함께바치세
2. 주께서주신은혜 한없이크오니 우리가받은것을 감사히바치세
3. 들에서밤을새며 양치던목자들 하늘의빛난영광 보고서놀랐네
진리는오묘하고 사랑은성결해 주께서탄생하신 거룩한날일세
기쁨은충만하고 소망은불변해 정성과맘을다해 경배를드리세
천사의기쁜소식 목자들듣고서 찾아와경배하며 영광을돌렸네

그 맑고 환한 밤중에 (통 112) 112
성탄
E. H. Sears, 1849
천사들과 함께 하나님을 찬송하여 이르되
(눅 2:13)
CAROL: 8.6.8.6.D.
R. S. Willis, 1850
보통으로
1. 그 맑고 환한 밤중에 뭇 천사 내려와 그 손에 비파 들고서 다 찬송하기를
2. 뭇 천사 날개 펴고서 이 땅에 내려와 그 때에 부른 노래가 또 다시 들리니
3. 이 괴롬 많은 세상에 짐 지고 가는 자 그 험산 준령 넘느라 온 몸이 곤하나
4. 옛 선지 예언 응하여 베들레헴 성에 주 예수 탄생하시니 온 세상 구주라
평강의 왕이 오시니 다 평안하여라 그 소란하던 세상이 다 고요하도다
이 슬픔 많은 세상에 큰 위로 넘치고 온 세상 기뻐 뛰놀며 다 찬송하도다
이 죄악 세상 살 동안 새 소망 가지고 저 천사 기쁜 찬송을 들으며 쉬어라
저 천사 기쁜 노래를 또 다시 부르니 온 세상 사는 사람들 다 화답하도다
저 아기 잠이 들었네 113
성탄
W. C. Dix, c. 1871
홀연히 수많은 천군이 그 천사들과 함께 하나님을 찬송하여 이르되
(눅 2:13)
GREENSLEEVES
: 8.7.8.7.REF.
English Ballad, 16th Century
Arr. from Christmas Carols New and Old, 1871
보통으로
1. 저 아기 잠이 들었네 마리아 무릎에서 그 목자 양을 칠 때에 저 천사 노래하네
2. 저 짐승들 이 사는 곳 그 추한 구유 안에 주 예수 탄생하시니 참 기쁜 소식이라
3. 저 황금 유향 몰약을 다 주께 드리어서 만왕의 왕 된 구세주 늘 함께 경배하세
후렴
왕 되신 주님께 다 나와 천사 따라서 어리신 예수께 다 모여 경배하세

114 (통 114) 그 어린 주 예수

구유에 뉘었으니 이는 여관에 있을 곳이 없음이러라
(눅 2:7)

St. 1-2 from *Little Children's Book for School and Families*, c. 1885
St. 3 by J. T. McFarland (1851-1913)

성탄
MUELLER: 11.11.11.11.
J. R. Murray, 1887

보통으로
Duet
1.그어린주예수눌자리없어 그 귀 하 신 몸이구유에있네
2.저육축소리에아기잠깨나 그 순 하 신 예수우시지않네
3.주예수내곁에가까이계셔 그 한 없는 사랑늘베푸시고
저 하늘의별들반짝이는데 그 어린주예수꼴위에자네
귀 하신예수를나사랑하니 새 날이밝도록함께하소서
온 세상아기들다품어주사 주 품안에안겨살게하소서 아멘

115 (통 115) 기쁘다 구주 오셨네

성탄
ANTIOCH: 8.6.8.6.6.8.

큰 기쁨의 좋은 소식을 너희에게 전하노라
(눅 2:10)

I. Watts (1674-1748)
G. F. Handel, 1742
Arr. by L. Mason (1792-1872)

조금 빠르게

1. 기쁘다구주오셨 네만백성맞으라온교회 여 다일어 나 다
2. 구세주탄생했으 니다찬양하여라이세상 의 만물들 아 다
3. 온세상죄를사하 려주예수오셨네죄와슬 픔 몰아내 고 다
4. 은혜와진리되신 주다주관하시니만국백 성 구주앞 에 다

찬양하여 라 다 찬양하여 라 다 찬 양찬 양하여 라
화답하여 라 다 화답하여 라 다 화 답화 답하여 라
구원하시 네 다 구원하시 네 다 구 원구 원하시 네
경배하여 라 다 경배하여 라 다 경 배경 배하여 라아멘

다 찬양하여 라 다 찬양하여 라다

동방에서 박사들 (통 116) 116

성탄

J. H. Hopkins Jr., 1857

동방으로부터 박사들이 예루살렘에 이르러
(마 2:1)

KINGS OF ORIENT: 7.7.8.6.REF.
J. H. Hopkins Jr., 1857

보통으로

1. 동방에서 박사들 귀한예물 가지고 산을넘고 물을건너 별따라 왔도다
2. 베들레헴 임금께 나는황금 드리네 영원토록 모든백성 다스려 주소서
3. 거룩하신 구주께 나는유향 드리네 만국백성 찬송드려 만유주 섬기세
4. 주의죽을 몸위해 나는몰약 드리네 세상모든 죄인위해 십자가 지셨네
5. 다시사신 구주님 왕의왕이 되시네 할렐루야 할렐루야 모두다 부르세

후렴

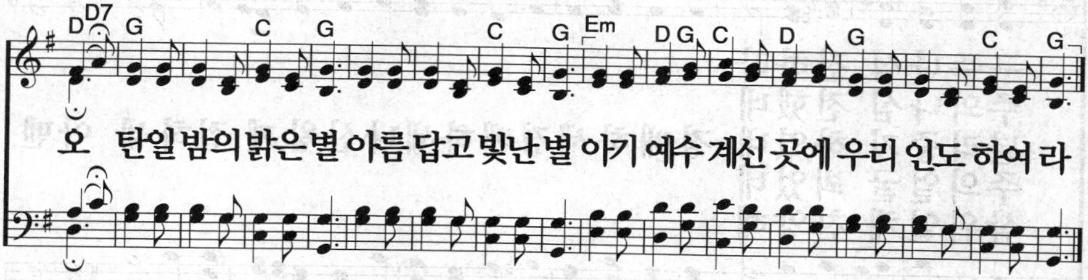

오 탄일밤의 밝은별 아름답고 빛난별 아기 예수 계신곳에 우리 인도 하여라

만백성 기뻐하여라 (통 117) 117

성탄

Traditional English Carol, 18th Century

땅에서는 하나님이 기뻐하신 사람들 중에 평화로다
(눅 2:14)

GOD REST YOU MERRY: 8.6.8.6.8.6.REF.
Traditional English Melody, 18th Century
Arr. by J. Stainer, 1867

조금 빠르게

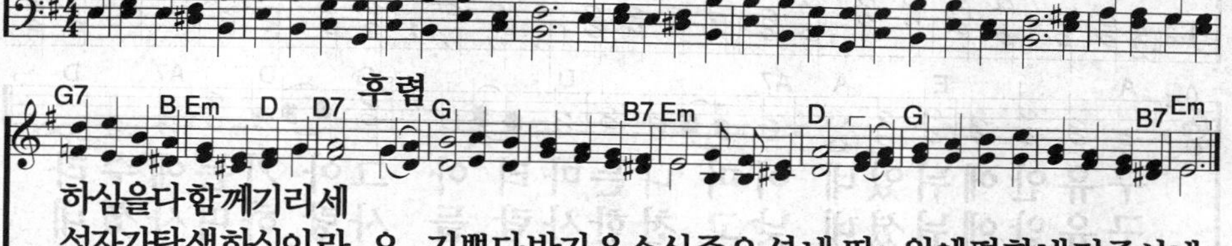

1. 만백성기뻐하여라 하늘의평화가 저마귀권세이기고 우리를구했네 구세주탄생하심을 다함께기리세
2. 양치는목자들에게 한천사나타나 그전한기쁜소식은 이세상구원할 하나님독생성자가 탄생하심이라
3. 그천사들이전한말 무서워말아라 동정녀몸을빌려서 주탄생하셨네 저하늘에영광광땅에는평화라

후렴

오 기쁘다 반가운소식 주오셨네 땅 위에평화내려주시네

118 (통 118) 영광 나라 천사들아
성탄
J. Montgomery, 1816
그 지역에 목자들이 밤에 밖에서 자기 양 떼를 지키더니
(눅 2:8)
REGENT SQUARE: 8.7.8.7.REF.
H. T. Smart, 1867
조금 빠르게
Bb Eb Bb F F7 Bb D
1. 영광나라천사들아땅끝까지날면서 하나님을 찬양하고
2. 들에있던목자들이밤에양떼지킬때 천사들이 나타나서
3. 박사들도기뻐하며밝은별을따라가 구주예수 나신것을
4. 성도들이간절하게주를사모하다가 영광중에 나타나신
5. 성도들아찬양하라성부성자성령께 우리모두 소리높여
후렴
Gm C7 F Bb Eb Gm F Bb Eb Bb
구주나심 전하라
주의나심 전했네
널리증거 하였네 경배하세경배하세나신왕께 절하세 아멘
주의얼굴 뵈었네
삼위일체 찬양해
119 (통 119) 옛날 임금 다윗성에
성탄
C. F. H. Alexander, 1848
너희가 가서 강보에 싸여 구유에 뉘어 있는 아기를 보리니
(눅 2:12)
WELCOME: IRREG.
찬성시, 1905
보통으로
D G D G D A D G D
1. 옛날 임금다윗 성에낮은마구 있더니 어머 니가갓난 아기
2. 천지 만물지으 신주 하늘에서 오시사 마구 간에나시 어서
3. 착하 셔라어릴 때에모친순종 하시고 사랑 으로섬기 신것
4. 하늘 에서오신 예수우리위해 죽으사 사망 권세이기 시고
A E A A7 D G D A7 D
구유안에뉘었네 어머 니는마리 아 그아 기는예수라
구유안에뉘셨네 낮고 천한사람 들 사랑 하며사셨네
참된본이되셨네 주님 처럼우리 도 순종 하며살리라
주님승천하셨네 그가 계신곳으 로 우리 인도하시리

성탄
오 베들레헴 작은 골
(통 120) 120
P. Brooks, 1868
너는 유대 고을 중에서 가장 작지 아니하도다
(마 2:6)
ST. LOUIS: 8.6.8.6.7.6.8.6.
L. H. Redner, 1868
보통으로
1. 오베들레헴 작은골너잠들었느냐별들만높이빛나고잠잠히있으니
2. 온세상모든 사람들잠자는동안에평화의왕이세상에탄생하셨도다
3. 오놀라우신 하나님큰선물주시니주믿는사람마음에큰은혜받도다
4. 오베들레헴 예수님내맘에오셔서내죄를모두사하고늘함께하소서
저놀라운빛 지금캄캄한이밤에 온하늘두루비춘줄너 어찌모르나
저새벽별 이 홀로그일을아는듯밤새껏귀한그일을말 없이지켰네
이죄악세 상 사람주오심모르나 주영접하는사람들그 맘에오시네
저천사들 의 소식나기뻐들으니 오임마누엘예수님내 맘에오소서 아멘
성탄
우리 구주 나신 날
(통 121) 121
찬송가, 1908
구주가 나셨으니 곧 그리스도 주시니라
(눅 2:11)
WATCHMAN: 7.7.7.7.REF.
L. Mason, 1830
보통으로
1. 우리구주나신날 목자영광볼때에 천사찬송하는말 예수과연 나셨네
2. 천사노래듣고서 베들레헴가보니 나신아기누군가 예수과연 나셨네
3. 목자처럼우리도 나아가서엎디세 오늘다윗성에서 예수과연 나셨네
후렴
우 리임 금우 리주 모두함 께 절 하세
예 수그리스도우 리주 베들레헴 에 나 셨네

122 (통 122) 참 반가운 성도여

기뻐하신 사람들 중에 평화로다
(눅 2:14)

성탄

Latin Hymn, 18th Century
Attr. to J. F. Wade, 1751

ADESTE FIDELES: IRREG.
J. F. Wade's *Cantus Diversi*, 1751

보통으로

1. 참반가운성도여다 이리와서베들 레헴성 안에가봅시다 저구유에누 이신아 기를보 고
2. 저천사여찬송을높 이불러서이광 활한천 지에울리어라 주하나님앞 에늘영 광을돌 려
3. 이세상에주께서탄 생할때에참신 과참사 람이되시려고 저동정녀몸 에서나 시었으 니
4. 여호와의말씀이육 신을입어날구 원할구 주가되셨도다 늘감사한찬 송을주 앞에드 려

후렴

엎드 려절하 세 엎드 려절하세엎드 려절 하 세구주나셨네 아멘

123 (통 123) 저 들 밖에 한밤중에

그 지역에 목자들이 밤에 밖에서 자기 양 떼를 지키더니
(눅 2:8)

성탄

Traditional English Carol, 17th Century

THE FIRST NOEL: 8.8.8.8.REF.
W. Sandys' *Christmas Carols*, 1833
Arr. by J. Stainer, 1871

보통으로

1. 저 들 밖 에 한 밤 중 에 양 틈 에 자 던 목 자 들
2. 저 동 방 에 별 하 나 가 이 상 한 빛 을 비 추 어
3. 그 한 별 이 베 들 레 헴 향 하 여 바 로 가 더 니
4. 저 동 방 의 박 사 들 이 새 아 기 보 고 절 하 고

천 사 들 이 전 하 여 준 주 나 신 소 식 들 었 네
이 땅 위 에 큰 영 광 이 나 타 날 징 조 보 였 네
아 기 예 수 누 우 신 집 그 위 에 오 자 멈 췄 네
그 보 배 합 다 열 어 서 세 가 지 예 물 드 렸 네
후렴
노 엘 노 엘 노 엘 노 엘 이스라엘왕 이나 셨네 아 멘
성탄
양 지키는 목자여
124
J. Bowring, 1825; alt., 1972
그 지역에 목자들이 밤에 밖에서 자기 양 떼를 지키더니
(눅 2:8)
ABERYSTWYTH: 7.7.7.7.D.
J. Parry, 1879
보통으로
1.양 지 키 는 목 자 여 지 난 밤 을 말 하 라 멀 리 서 온
2.목 자 들 은 하 늘 의 빛 난 별 을 말 하 고 박 사 들 은
3.목 자 들 은 전 하 라 밝 아 오 는 새 아 침 박 사 들 은
박 사 들 영 광 의 별 말 하 라 그 별 빛 은 이 땅 에
땅 위 의 평 화 진 리 말 하 라 목 자 들 은 예 수 의
전 하 라 물 러 가 는 어 둠 을 순 례 하 는 자 들 아
아 름 다 운 새 소 망 오 늘 나 신 예 수 를 온 천 하 에 전 하 라
복 된 탄 생 말 하 고 박 사 들 은 세 상 에 그 소 식 을 전 하 라
어 서 집 에 돌 아 가 하 나 님 의 독 생 자 평 화 의 왕 전 하 라

125 (통 125) 천사들의 노래가
성탄
Traditional French Carol
Trans. by J. Chadwick (1813-1882)
하나님께 영광을 돌리고 찬송하며 돌아가니라
(눅 2 : 20)
GLORIA: 7.7.7.7.REF.
Traditional French Melody
Arr. by E. S. Barnes, 1937
조금 빠르게
1. 천사들의노 래가하늘에서들리니 산과들이기 뻐서 메아리쳐울린다
2. 한밤중에목 자들양떼들을지킬때 아름다운노 래가 청아하게들린다
3. 베들레헴달 려가나신아기예수께 꿇어경배합 시다 탄생하신아기께
4. 구유안에누 이신어린아기예수께 우리들도다 함께 기쁜찬송부르자
후렴
영 광을 높이계신주 께
영 광을 높이계신주님 께 아멘
126 (통 126) 천사 찬송하기를
성탄
C. Wesley, 1739
그 천사들과 함께 하나님을 찬송하여 이르되
(눅 2 : 13)
MENDELSSOHN: 7.7.7.7.D.7.7.
F. Mendelssohn, 1840
Arr. by W. H. Cummings (1831-1915)
보통으로
1. 천사찬송하기를 거룩하 신구주께 영광돌려보내세 구주오 늘
2. 오늘나신예수는 하늘에 서내려와 처녀몸에나셔서 사람몸 을
3. 의로우신예수는 평화의 왕이시고 세상빛이되시며 우리생 명
나셨네 크고작은나라들 기뻐화답하여라 영광받을왕의왕
입었네 세상모든사람들 영원하신주님께 영광돌려보내며
되시네 죄인들을불러서 거듭나게하시고 영생하게하시니

C F C F B♭ Gm D Gm C7 F C F B♭ F
베들레헴나신주 영광받을왕의왕 베들레헴나신주
높이찬양하여라 영광돌려보내며 높이찬양하여라
왕께찬양하여라 영생하게하시니 왕께찬양하여라 아멘
성탄
그 고요하고 쓸쓸한
127
Native American (Huron)
J. de Brébeuf, c. 1641
English text: J. E. Middleton, 1926
지극히 높은 곳에서는 하나님께 영광이요
(눅 2 : 14)
조금 느리게
UNE JEUNE PUCELLE: 8.6.8.6.8.8.8.REF.
French Carol, 16th Century
Gm Dm7 Gm
1.그고요하고쓸쓸한 저달빛아래서 저하늘천사찬양이 사
2.저볼것없는구유에 주께서나셨네 그온유하신예수님 참
3.온세상사는자녀들 다기뻐하여라 그귀한아기예수님 널
Gm Dm7 Gm E♭ C Adim7 Gm Dm
방에퍼지네 그찬란한빛비 치며큰기쁜소식들리네
아름다워라 동방에서온박 사들그귀한예물드렸네
위해나셨다 참평화기쁨주 시는아기께경배하여라
후렴
Gm Dm7 Gm Dm7 Gm Dm7 Gm
우리왕 나셨네 주 나셨네 영광할렐루 야

128 거룩하신 우리 주님
첫아들을 낳아 강보로 싸서 구유에 뉘었으니
(눅 2:7)
성탄
W ZLOBIE LEZY: 4.4.7.4.4.7.4.4.4.4.7.
Polish Carol
Trans. and para. by E. M. G. Reed, 1925
Polish Carol
Arr. by E. M. G. Reed, 1926
Harm. by A. E. Rusbridge (1917-1969)
보통으로
1. 거룩 하신우리 주님마구간에나셨 네 가축 들이잠든 때에우리 주님나셨 네 천사들이찬양하네노엘노엘기쁜소식구주예수나셨네
2. 목자 들은잠든 양떼아침 까지지켰 네 영광 중에탄생 하신기쁜 소식들었 네 목자들이감격하여찬양찬양찬송하네구주예수나셨네
129 마리아는 아기를
너희가 가서 강보에 싸여 구유에 뉘어 있는 아기를 보리니
(눅 2:12)
성탄
TEMPUS ADEST FLORIDUM: 7.6.7.6.7.6.7.7.
J. S. Cook, 1919
Piae Cantiones, 1582
Arr. by E. C. MacMillan, 1930
보통으로
1. 마리아는아기를 구유안에뉘 고 이세상에나신주 강보속에싸 여 천한곳에나신주 우리구주시 라 자비하신주께서영광중에오 셨 네
2. 천사찬송부르며 동방박사오 고 반짝이는별빛과 주의영광비 춰 천사들의찬양을 목자들이듣 네 어둔밤은빛나고높은산은진 동 해
3. 마리아는아기를 구유안에뉘 고 이세상에나신주 우리구주시 니 아기예수탄생은 아름다운소 식 온세상은노래로소리높여찬 양 해

찬란한 주의 영광은
(통 42) 130
주현
St. Ambrose of Milan (340-397)
참 빛 곧 세상에 와서 … 비추는 빛이 있었나니
(요 1:9)
WAREHAM: 8.8.8.8.
W. Knapp, 1738
보통으로
Bb Cm F Bb F Gm C7 F
1.찬 란 한 주 의 영 광 은 영 원 히 빛 날 광 채 요
2.올 바 른 일 을 힘 쓰 며 이 맘 의 탐 욕 버 리 고
3.온 천 지 만 물 성 부 께 온 성 도 모 두 성 자 께
Eb Bb Gm F Bb Eb Bb Cm Bb Eb Bb
참 빛 을 비 춘 예 수 는 생 명 의 빛 이 되 신 다
불 같 은 믿 음 가 지 고 늘 주 를 사 랑 하 리 라
보 혜 사 성 령 힘 입 어 영 원 히 찬 양 합 니 다 아 멘
다 나와 찬송 부르세
(통 24) 131
주현
Scottish Psalter, 1650
여호와께 노래하며 우리의 구원의 반석을 향하여 즐거이 외치자
(시 95:1)
IRISH: 8.6.8.6.
Melody from A Collection of Hymns and Sacred Poems, Dublin, 1749
보통으로
Eb Ab Eb Cm Bb Eb
1.다 나 와 찬 송 부 르 세 한 소 리 높 여 서
2.그 보 좌 앞 에 엎 드 려 한 없 는 감 사 와
3.참 되 고 높 은 하 나 님 만 왕 의 왕 께 서
4.다 나 와 찬 송 드 리 세 다 같 이 엎 드 려
Eb Ab Bb Cm Ab Bb Eb Ab Eb
넘 치 는 기 쁜 맘 으 로 하 나 님 기 리 세
무 궁 한 찬 송 드 려 서 구 세 주 기 리 세
저 깊 은 물 과 높 은 산 다 다 스 리 시 네
주 앞 에 무 릎 꿇 고 서 창 조 주 기 리 세 아 멘

132 (통 38) 주의 영광 빛나니
주현
우리 주 하나님이여 영광과 존귀와 권능을 받으시는 것이 합당하오니
(계 4:11)
H. F. Lyte, 1834
LLANFAIR: 7.4.7.4.D.
R. Williams, 1817
조금 빠르게
1. 주의영광빛나니할 렐 루 야성도들은주앞에할 렐 루 야
2. 하늘이여땅이여할 렐 루 야주의기사전하라할 렐 루 야
3. 주의은혜넘치니할 렐 루 야주의섭리놀라워할 렐 루 야
보좌앞에천사도할 렐루 야주의사랑크셔라 할 렐 루 야
만물들아영원히할 렐루 야서로화답하여라 할 렐 루 야
주의역사크셔라할 렐루 야주의사랑한없네 할 렐 루 야아멘
133 하나님의 말씀으로
주현
나는 알파와 오메가요
(계 22:13)
A. C. Prudentius (348-413)
DIVINUM MYSTERIUM: 8.8.8.8.8.8.7.8.
Sanctus, 11th Century
Arr. W. Douglas, 1940
보통으로
1. 하나님의말씀으 로 이세상이창조 되니 그는알파와오메 가 처음이요끝이 시라
2. 온하늘이찬양하 며 천사들도찬양 하네 만국백성경배하 네 우리의왕하나 님께
3. 성부성자성령주 님 삼위일체하나 님께 감사찬미노래하 며 끊임없이찬양 하리
지난날과장래일 을 모두주관하시네 영원토록영원토 록
모든입술열어찬 양 목소리를합하여 영원토록영원토 록
존귀영광주의권 세 영원하신승리를 영원토록영원토 록 아 멘

나 어느 날 꿈 속을 헤매며 (통 84) 134

생애

바람과 바다를 꾸짖으시니 아주 잔잔하게 되거늘
(마 8:26)

L. N. Morris (1862-1929)

THE STRANGER OF GALILEE: 10.8.10.8.D.REF.
L. N. Morris (1862-1929)

보통으로

1. 나 어느날꿈속을 헤매며어느 바닷가거닐 때(거닐때) 그 갈릴리오신이 따르는많은 무리를보았 네(보았네)나 그때에확실히 맹인이 눈을뜨 는것보았 네(보았네)
2. 그 사랑의눈빛과 음성을나는 잊을수없겠 네(없겠네) 그 갈릴리오신이 그때에이- 죄인을향하 여(향하여)못 자국난그손과 옆구 리 보이 시 면서하신 말(하신말)
3. 그 사나운바다를 향하여잔잔 하라고명했 네(명했네) 그 파도가주말씀 따라서아주 잔잔케되었 네(되었네)그 잔잔한바다의 평온함 나의맘 속에남아 서(남아서)
4. 이 세상의무거운 짐진자모두 주앞에나오 라(나오라) 그 놀라운은혜를 받아서맘의 평안을얻으 라(얻으라)나 주께서명하신 복음을 힘써 전 하며살동 안(살동안)

그 갈릴리오신이 능력이나를 놀라게하 였 네
네 지은죄사했다 하실때나의 죄짐이풀렸 네
그 갈릴리오신이 의지할참된 믿음이되 었 네
그 갈릴리오신이 내맘에항상 계시기원하 네

후렴

내가 영 원히사모할 주 님 (사모할주님)
참 사랑과은혜넘 쳐 (넘치어) 나 뵈옵고그후로 부 터 (그후로부터) 내 구주로섬겼 네

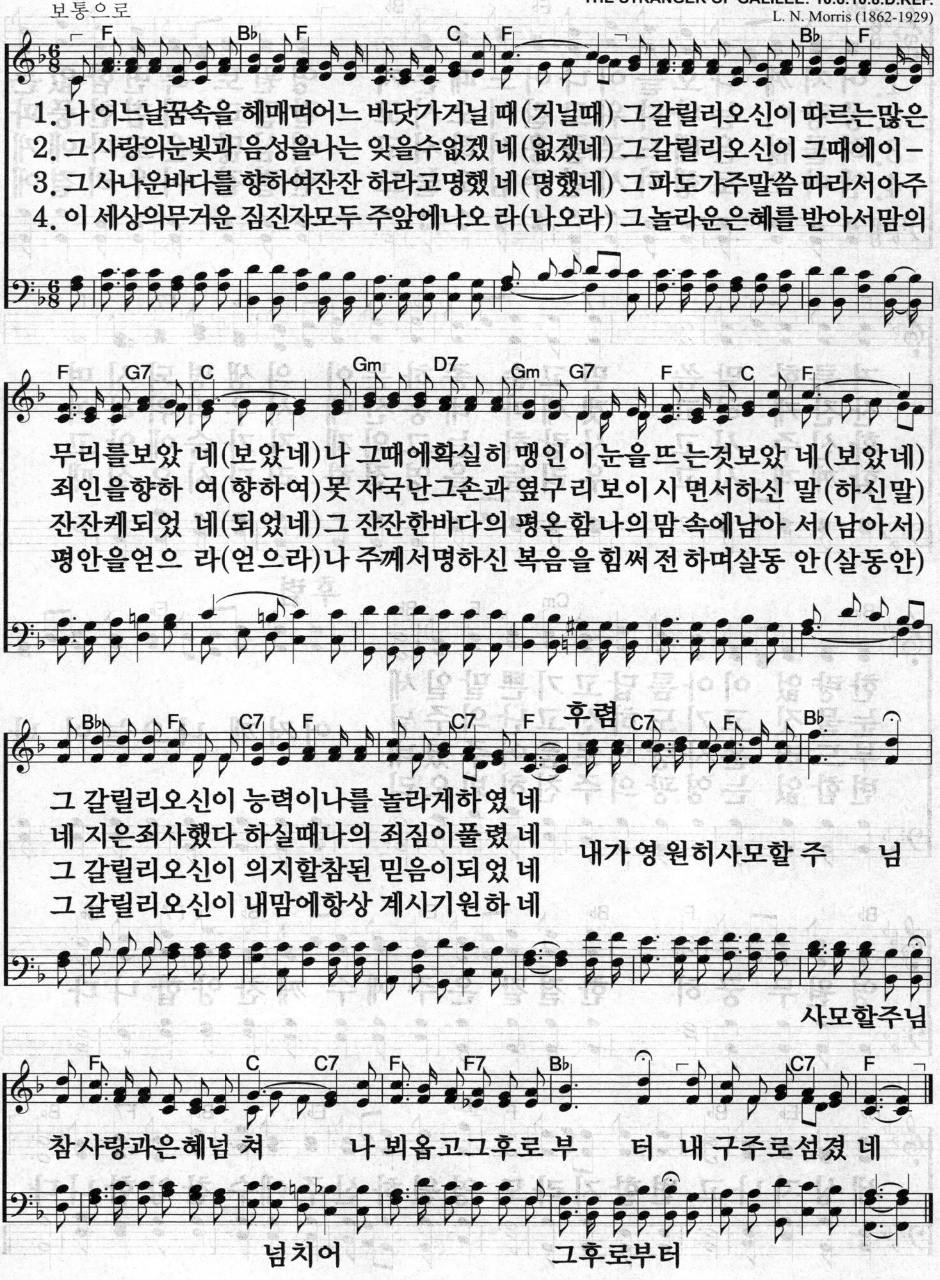

135 (통 133) 어저께나 오늘이나

생애

예수 그리스도는 어제나 오늘이나 영원토록 동일하시니라
(히 13:8)

A. B. Simpson, 1890

YESTERDAY, TODAY, FOREVER
: 8.5.8.5.D.REF.
J. H. Burke, 1890

보통으로

Bb Eb Bb F F7 Bb Eb F7 F Cm Bb

1. 어저께 나오늘이나어느때든지 영원토 록변함없는 거룩한 말씀 믿고순 종하는이 의생명되시며 한량없 이아름답고기쁜말일세
2. 풍랑이 는바다위로걸어오시고 갈릴리 의험한풍파 잔잔케 하고 겟세마 네동산에 서우리위하여 눈물짓 고기도하신고난의주님
3. 허물많 은베드로를용서하시고 의심많 은도마에게 확신주 시고 사랑하 는그의제 자가슴에안고 부드러 운사랑으로품어주셨네
4. 엠마오 로행하시던주님오늘도 한결같 이우리곁에 함께계 시고 우리들 을영접하 러다시오실때 변함없 는영광의주친히뵈오리

후렴

어저께 나오늘이 나 영원무 궁히 한결같 은주예수 께찬양합니다 세상지나고 변할지라도 영원하신주예수 찬양합니다

생애
가나의 혼인 잔치
136
이무경, 1981
항아리에 물을 채우라 하신즉
(요 2:7)
찾아오신 주: 7.8.7.8.REF.
박정화, 2000
보통으로
D A Bm Em A E A D Bm F♯m Em D G D A7 D
1.가나의혼 인잔치 찾아가신 주예수여 이시 간찾아오사 생명수로 채우소서
2.빈들의오 병이어 넘치게한 주예수여 이시 간찾아오사 넘치도록 주옵소서
3.병든자찾 아가서 고쳐주신 주예수여 이시 간찾아오사 어루만져 주옵소서
4.제자들두 려울때 찾아가신 주예수여 이시 간찾아오사 주의평안 주옵소서
후렴
A D G C♯ F♯m A
하 늘문 을 여 시고 은 혜내 려 주 소서
D Bm Em D G D A7 D
오 주 여 넘 치도 록 가 득채 워 주옵소 서
생애
하나님의 아들이
137
서병주, 1991
말씀이 육신이 되어 우리 가운데 거하시매
(요 1:14)
성육신: 7.7.7.8.7.7.7.7.
한정희, 1993
보통으로
F Dm Gm Dm F G C F Dm Gm Dm F
1. 하나님의아 들이사 람몸을입 으사 이땅위에오 셨다 모두나와 영접하자
2. 하나님의아 들이사 람몸을입 으사 우리안에오 셨다 세상만민 기뻐하자
3. 하나님의아 들이사 람몸을입 으사 우리함께사 셨다 소리높여 찬양하자
Dm F C7 Dm C7 F Dm7 F C F B♭ F
구주여 우리들을 거룩하게하 시어 어 둠을 밝혀주는 빛이되게하 소서
구주여 크신사랑 우리맘에채 우사 원 수도 친구삼아 화평하게하 소서
구주여 우리마음 생명으로채 우사 주 님께 영광돌려 길이살게하 소서 아멘

138 (통 52) 햇빛을 받는 곳마다
모든 왕이 그의 앞에 부복하며 모든 민족이 다 그를 섬기리로다
(시 72 : 11)
I. Watts, 1719
생애
DUKE STREET: 8.8.8.8.
J. Hatton, 1793
보통으로
D E7 A D G D A D A
1.햇 빛 을 받 는 곳 마 다 주 예 수 다 스 리 시 고
2.주 님 을 찬 양 하 면 서 간 절 히 기 도 드 리 니
3.온 세 상 모 든 사 람 들 그 사 랑 찬 송 하 도 다
4.주 예 수 계 신 곳 마 다 그 은 혜 충 만 하 도 다
5.이 세 상 모 든 만 물 아 주 앞 에 경 배 하 여 라
D G A D G D Em D A7 D G D
이 세 상 끝 날 때 까 지 그 나 라 왕 성 하 리 라
그 기 도 향 기 되 어 서 주 앞 에 상 달 하 도 다
어 린 이 들 도 기 뻐 서 구 주 를 찬 송 하 도 다
곤 하 고 지 친 사 람 들 주 님 의 사 랑 받 도 다
저 천 군 천 사 다 함 께 주 님 을 찬 송 하 여 라 아 멘
139 (통 128) 오 영원한 내 주 예수
사람이 나를 섬기려면 나를 따르라
(요 12 : 26)
C. W. Laufer (1874-1938)
종려주일
PERCIVAL SMITH: 8.6.8.6.D.
C. W. Laufer (1874-1938)
보통으로
Cm Fm Cm A♭ G7 Cm Fm Cm G Cm
1.오영원한내주예수앞 서서가시니 이날의주의승리는영원무궁하리
2.온인류의구주예수앞 서서가시니 주뜻을따라우리도십자가지리라
3.참소망의내주예수앞 서서가시니 이세상온갖탐욕이다사라지리라
4.참생명과빛되신주만 왕의왕앞에그위엄높이기리어호산나부르자
Cm A♭ Fm Cm G Cm G Cm G7 Cm Fm C
저용서받은무리들주함께나가니 그나라강한 권세가영원히있도다
갈길이멀고험해도주따라가리니 그나라굳게 세우러다함께나가자
온인간세상어디나주뜻을이루니 참사랑과참 평화의종소리울린다
온세상가는곳마다사랑이이기니 참친구되신 주예수앞서서가소서 아멘

왕 되신 우리 주께 (통 130) 140

종려주일

호산나 찬송하리로다 주의 이름으로 오시는 이여
(막 11:9)

Theodulph of Orleans (d. 821)

ST. THEODULPH: 7.6.7.6.D.
M. Teschner (1584-1635)
Arr. by W. H. Monk, 1861

보통으로

C G7 C G7 C G7 C G7 C

1. 왕되신우리주 께다영광돌리세 그옛날많은무 리호산나불렀네
2. 저천군천사들 이호산나부르니 뒤따라가던무 리다화답하도다
3. 주고난받기전 에수많은무리가 영광의찬송불 러주찬양하였네

C D G Am D7 G C G7 C F G7 C F C

다윗의 자손으 로세상에오시 어왕위에오른주 께다영광돌리 세
저유대 백성같 이종려가지들 고오시는주를맞 아호산나부르 세
이같이 우리들 도주환영하오 니그넓은사랑안 에다받아주소 서 아멘

호산나 호산나 (통 132) 141

종려주일

주의 이름으로 오시는 이여 … 호산나 하더라
(마 21:9)

J. Threlfall, 1873

ELLACOMBE: 6.6.7.6.7.6.7.6.
Gesangbuch der Herzogl. Katholischen Hofkapelle, 1784

보통으로

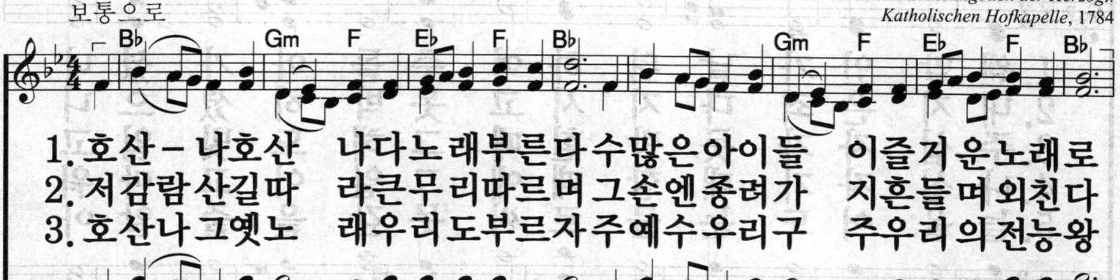

B♭ Gm F E♭ F B♭ Gm F E♭ F B♭

1. 호산-나호산 나다노래부른다 수많은아이들 이즐거운노래로
2. 저감람산길따 라큰무리따르며 그손엔종려가 지흔들며외친다
3. 호산나그옛노 래우리도부르자 주예수우리구 주우리의전능왕

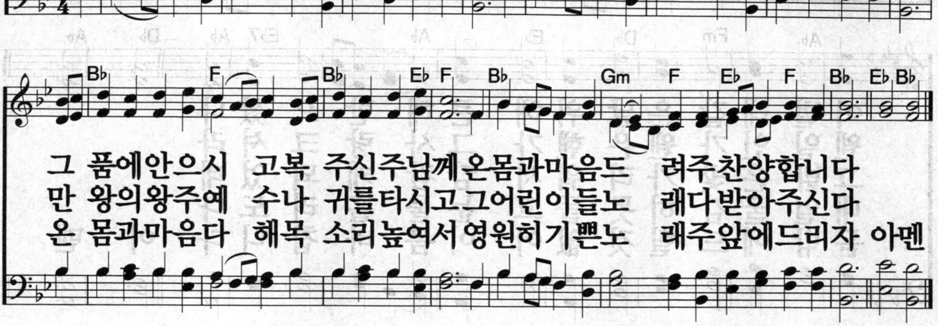

B♭ F B♭ E♭ F B♭ Gm F E♭ F B♭ E♭ B♭

그 품에안으시 고복 주신주님께온몸과마음드 려주찬양합니다
만 왕의왕주예 수나 귀를타시고그어린이들노 래다받아주신다
온 몸과마음다 해목 소리높여서영원히기쁜노 래주앞에드리자 아멘

142
시온에 오시는 주
종려주일
호산나 다윗의 자손이여 찬송하리로다
(마 21 : 9)
홍안의, 1980
호산나: 7.7.7.7.7.8.7.7.
김종덕, 1997
보통으로
1. 시 온에 오시는 주 호 산나 찬송하며 두 손 들고 기쁨으로 내 주를 맞이하리
2. 시 온에 오시는 주 호 산나 찬송하며 종려가지 손에 들고 내 주를 맞이하리
3. 시 온에 오시는 주 호 산나 찬송하며 모든 백성 노래하며 내 주를 맞이하리
겸손히 나귀 타고 우리 주님 오시는 날 내 주를 소리 높여 호 산나 찬송하리
만왕의 왕이 되신 우리 주님 오시는 날 내 주를 소리 높여 호 산나 찬송하리
만민의 구주 되신 우리 주님 오시는 날 내 주를 경배하며 호 산나 찬송하리
143 (통 141)
웬말인가 날 위하여
고난
MARTYRDOM: 8.6.8.6.
내 영혼을 아버지 손에 부탁하나이다… 하신 후 숨지시니라
(눅 23 : 46)
I. Watts, 1707
H. Wilson, c. 1800
Adapt. and harm. by R. Smith, 1825
보통으로
1. 웬 말 인 가 날 위 하 여 주 돌 아 가 셨 나
2. 내 지 은 죄 다 지 시 고 못 박 히 셨 으 니
3. 주 십 자 가 못 박 힐 때 그 해 도 빛 잃 고
4. 나 십 자 가 대 할 때 에 그 일 이 고 마 워
5. 늘 울 어 도 눈 물 로 써 못 갚 을 줄 알 아
이 벌 레 같 은 날 위 해 큰 해 받 으 셨 나
웬 일 인 가 웬 은 혜 가 그 사 랑 크 셔 라
그 밝 은 빛 가 리 워 서 캄 캄 케 되 었 네
내 얼 굴 감 히 못 들 고 눈 물 흘 리 도 다
몸 밖 에 드 릴 것 없 어 이 몸 바 칩 니 다 아 멘

예수 나를 위하여 (통 144) 144
고난
김인식,1905
십자가로 이 둘을 한 몸으로 하나님과 화목하게 하려 하심이라
(엡 2 : 16)
NEAR THE CROSS: 7.6.7.6.REF.
W. H. Doane, 1869
보통으로
F Bb F C F Bb F C F
1. 예수나를위하여 십자가를질때 세상죄를지시고 고초당하셨네
2. 십자가를지심은 무슨죄가있나 저무지한사람들 메시야죽였네
3. 피와같이붉은죄 없는이가없네 십자가의공로로 눈과같이되네
4. 아름답다예수여 나의좋은친구 예수공로아니면 영원형벌받네
후렴
F Bb F C F A7 Bb F C7 F Bb F
예수님 예수님 나 의죄위하여 보배피를흘리니 죄인받으소서 아멘
오 거룩하신 주님 (통 145) 145
고난
Bernard of Clairvaux (1091-1153)
가시관을 엮어 그 머리에 씌우고
(마 27 : 29)
PASSION CHORALE: 7.6.7.6.D.
H. L. Hassler, 1601
Arr. by J. S. Bach, 1729
조금 느리게
Am F C G C E7 Am E Am F C G C E Am E Am
1. 오 거 룩하 신주 님그 상하신머 리조 롱과욕 에싸 여가 시관쓰셨 네
2. 주 당 하신 그고 난죄 인위함이 라내 지은죄 로인 해주 형벌받았 네
3. 나 무 슨말 로주 께다 감사드리 랴끝 없는주 의사 랑한 없이고마 워
Dm C F G7 F C F Dm A D7 G D G C Dm G7 C F C
아 침해처 럼 밝 던주님의얼굴 이고통과 치욕으 로창 백 해지 셨네
내 주여비 옵 나 니이약한죄인 을은혜와 사랑으 로늘 지 켜주소서
보 잘것 없 는 나 를주의것삼으 사주님만 사랑하 며나 살 게하소서 아멘

146 (통 146) 저 멀리 푸른 언덕에
고난
C. F. H. Alexander, 1848
예수께서 자기의 십자가를 지시고 해골이라 하는 곳에 나가시니
(요 19:17)
GREEN HILL: 8.6.8.6.REF.
G. C. Stebbins, 1878
보통으로
1.저 멀 리 푸 른 언 덕 에 그 십 자 가 위 에 주 예 수 나 를 위 하 여 못 박 히 셨 도 다
2.그 흉 한 십 자 가 에 서 한 없 는 고 통 을 이 세 상 사 람 위 하 여 당 하 신 것 일 세
3.그 흘 린 보 배 피 로 써 날 속 량 했 으 니 저 하 늘 문 을 여 시 고 날 인 도 하 시 리
후렴
그 귀 한 주 의 사 랑 이 날 구 원 하 시 니 그 사 랑 나 도 본 받 아 주 위 해 힘 쓰 리 아 멘
147 (통 136) 거기 너 있었는가
고난
예수를 섬기며 갈릴리에서부터 따라온 많은 여자가 거기 있어
(마 27:55)
WERE YOU THERE: IRREG.
Afro-American Spiritual
Afro-American Spiritual
보통으로
1.거 기 너 있 었 는 가 그 때 에 주 님 그 십 자 가 에 달 릴 때
2.거 기 너 있 었 는 가 그 때 에 주 님 그 나 무 위 에 달 릴 때
3.거 기 너 있 었 는 가 그 때 에 해 가 그 밝 은 빛 을 잃 을 때 오
4.거 기 너 있 었 는 가 그 때 에 주 님 그 무 덤 속 에 뉘 일 때
5.거 기 너 있 었 는 가 그 때 에 주 님 그 무 덤 에 서 나 올 때
(1-4)때 로 그 일 로 나 는 떨 려 떨 려 떨 려 거 기 너 있 었 는 가 그 때 에
(5) 때 로 그 일 로 주 께 영 광 영 광 영 광 거 기 너 있 었 는 가 그 때 에

고난
영화로운 주 예수의
(통 142) 148
W. M. K. Darwood
해골이라 하는 곳에 이르러 거기서 예수를 십자가에 못 박고 (눅 23:33)
CALVARY: 8.8.8.8.REF.
J. R. Sweney, 1886
보통으로
1. 영화로운 주예수의 십자가를 생각하면 세상부귀 모든영화 분토만도 못하도다
2. 구주께서 죽으실때 성전휘장 찢어지어 구원의길 여심으로 천국기쁨 주셨도다
3. 구주예수 갈보리에 흘린피와 물가지고 나의몸과 영혼까지 구속하여 주셨도다
4. 구주예수 나를위해 십자가에 죽었으니 그사랑에 감격하여 이몸주께 드립니다
영화로운 주예수의 십자가를 생각하면
세상부귀 모든영화 분토만도
후렴
오갈보리오갈보리주예수나를위하여 십자가에못박히신보배로우신나의주
고난
주 달려 죽은 십자가
(통 147) 149
I. Watts, 1707
HAMBURG: 8.8.8.8.
우리 주 예수 그리스도의 십자가 외에 결코 자랑할 것이 없으니 (갈 6:14)
Gregorian Melody
Arr. by L. Mason, 1824
보통으로
1. 주달려죽은 십자가 우리가생각 할때에 세상에속한 욕심을 헛된줄알고 버리네
2. 죽으신구주 밖에는 자랑을말게 하소서 보혈의공로 힘입어 교만한맘을 버리네
3. 못박힌손발 보오니 큰자비나타 내셨네 가시로만든 면류관 우리를위해 쓰셨네
4. 온세상만물 가져도 주은혜못다 갚겠네 놀라운사랑 받은나 몸으로제물 삼겠네 아멘

150 (통 135) 갈보리산 위에
그들이 거기서 예수를 십자가에 못 박을새
(요 19 : 18)
G. Bennard, 1913
고난
OLD RUGGED CROSS: 12.9.12.9.REF.
G. Bennard, 1913
조금 느리게
B♭ E♭ F7 B♭
1. 갈보리 산위에십자가섰으니주가 고난을당한표라 험한십 자가를
2. 멸시천 대받은주의십자가에나의 마음이끌리도다 귀한어 린양이
3. 험한십 자가에주가흘린피를믿는 맘으로바라보니 나를용 서하고
4. 주님예 비하신나의본향집에나를 부르실그날에는 영광중 에계신
E♭ F7 B♭ 후렴 F7 B♭
내가사랑함은주가 보혈을흘림이라
세상죄를지고험한 십자가지셨도다
내죄사하시려주가 흘리신보혈이라
우리주와함께내가 죽도록충성하리
최후 승리를얻기까 지
E♭ B♭ E♭ B♭ F7 B♭
주의십자가사랑하리 빛난면류관받기까지 험한십자가붙들겠네
151 (통 138) 만왕의 왕 내 주께서
그가 찔림은 우리의 허물 때문이요
(사 53 : 5)
I. Watts, 1707
Ref. R. E. Hudson, 1885
고난
HUDSON: 8.6.8.6.REF.
R. E. Hudson, 1885
조금 빠르게
E A F#m B E
1. 만왕의왕내주께서왜고초당했나이벌레같은날위해그
2. 주십자가못박힘은속죄함아닌가그긍휼함과큰은혜말
3. 늘울어도그큰은혜다갚을수없네나주님께몸바쳐서주

F#m B E 후렴 B B7
보혈흘렸네
할수없도다 십자 가십자가내가 처음볼때에나의맘에큰고통사라
의일힘쓰리
E A E F#m B7 E
져 오늘 믿고서 내눈 밝았네 참 내 기쁨영원하도다
사라져
귀하신 예수 152
고난
Johann Hermann (1585-1647)
하나님이 죄를 알지도 못하신 이를 우리를 대신하여
(고후 5:21)
HERZLIEBSTER JESU: 5.6.5.6.5.6.5.
Johann Crüger (1598-1662)
보통으로
Gm Cm F B♭ Gm E♭ B♭ Cm D Gm F B♭ E♭ Cm B♭ F B♭
1.귀하신예수 정죄당하심은 악한자들의미움때문 이 라
2.뉘잘못인가 누가범죄했나 오나의반역 주는죄가 없 다
3.주사람되심 나를위함이라 그심한슬픔 살과피를 주 심
4.주님의은혜 갚을길이없어 나경배하고 항상기도 한 다
Gm Dm E♭ B♭ F Gm B♭ Cm Gm B♭ Cm Gm D7 Gm Cm G
원수의조롱 주의몸상하심 오 괴로워 라
이몹쓸내가 주를배반하고 못 박았구 나
고난과죽음 주가당하시고 날 구하셨 다
주님의자비 주의크신사랑 오 고마워 라 아 멘

153
가시 면류관
고난
정대위, 1990
예수에게 자색 옷을 입히고 가시관을 엮어 씌우고
(막 15:17)
가시 면류관: IRREG.
나운영, 1992
조금 느리게
1.가시 면류관 가시 면 류 관 저가시 면류관 아직도쓰 셨 나
2.흘러 내리는 흘러 내 리 는 그 피의 자국이 아직도뚜 렷 해
3.모든 왕의왕 모든 왕 의 왕 저가시 면류관 영광의면 류 관
4.주님 따르리 주님 따 르 리 저가시 면류관 나위해쓰 신 주
여위신 그 얼굴 숭고한그 기품 떨리는 가 슴에 아픔이쌓이 네
상하신 그 모습 거룩한그 얼굴 오늘도 빛 나는 거룩한그얼 굴
그얼굴 광 채는 하나님의 영광 장엄한 그 사랑 내가슴울리 네
존귀한 나 의주 흘리신핏 자국 오늘도 밟 으며 주님만따르 리
154 (통 139)
생명의 주여 면류관
고난
J. E. Hussey, 1921
예수께서 자기의 십자가를 지시고 해골이라 하는 곳에 나가시니
(요 19:17)
DUNCANNON: 8.6.8.6.REF.
W. J. Kirkpatrick, 1921
조금 빠르게
1. 생명의주여 면류관 받으시옵소 서 날위해쓰신 가시관나 기억합니 다
2. 누셨던무덤 내게도 보이시옵소 서 잠드신동안 천사가군 게지키었 네
3. 마리아처럼 새벽에 주께로갑니 다 빈무덤내게 보이사날 가르치소 서
4. 고난의잔을 날위해 다마셨나이 다 나항상나의 십자가감 당케하소 서
후렴
저겟세마네 기도를 늘기 억하게 하시고 그십자가의 은혜로 날인도하소서 아멘

십자가 지고 155

고난
이성희, 2004

예수께서 자기의 십자가를 지시고 해골이라 하는 곳에 나가시니
(요 19:17)

주님 가신 길: 5.5.5.4.REF.
이문승, 2005

보통으로

Fm Cm B♭m Cm B♭m Fm B♭m Fm B♭m C

1. 십자가 지고 주님 가신 길 붉은 피 흘린 고난의 길
2. 멸시와 천대 받고 가는 길 구속의 역사 베푸신 길
3. 골고다 언덕 주님 가신 길 우리의 구원 이루신 길

후렴

Fm B♭m C Fm C7 Fm C Fm C7 Fm C7 Fm B♭m F

우리 죄 모두 지고 홀로 가신 길 이 길은 고난의 길 승리의 길 아멘

머리에 가시관 붉은 피 흐르는 156

고난
반병섭, 1986

그가 우리를 위하여 목숨을 버리셨으니
(요일 3:16)

가시관 붉은 피: IRREG.
황철익, 2000

보통으로

Gm Adim Gm Cm Gm Em F7 Gm Adim Gm Cm Gm Adim D

1. 머리에 가시관 붉은 피 흐르는 주님의 얼굴을 우러러보라
2. 채찍에 상하고 쇠못에 박히신 주님의 그 상처 우러러보라
3. 골고다 언덕에 주께서 달리신 고통의 십자가 우러러보라

Cm G7 Gm Cm D7 G Cm Gm D7 Gm

나의 죄 사하신 그 얼굴 보고서
내 대신 당하신 그 상처 보고서 참사랑을 알았네
내 대신 죽으신 예수를 보고서

157 겟세마네 동산에서 최후 기도

이르시되 엘리 엘리 라마 사박다니 하시니
(마 27:46)

고난

김광영, 1989

피 흘리신 주의 길: 8.7.8.7.D.
김정양, 1999

조금 느리게

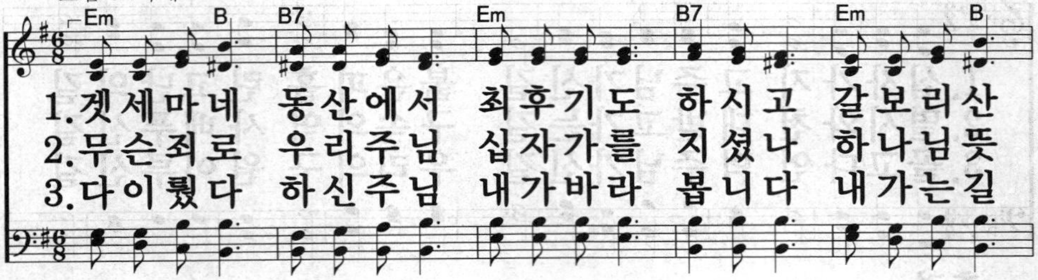

1.겟세마네 동산에서 최후기도 하시고 갈보리산
2.무슨죄로 우리주님 십자가를 지셨나 하나님뜻
3.다이뤘다 하신주님 내가바라 봅니다 내가는길

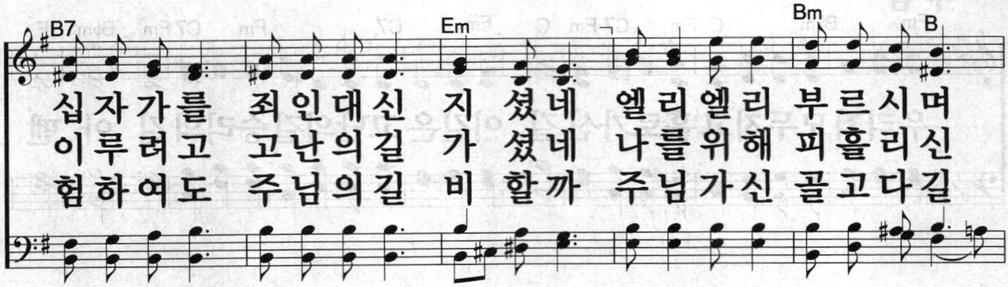

십자가를 죄인대신 지 셨네 엘리엘리 부르시며
이루려고 고난의길 가 셨네 나를위해 피흘리신
험하여도 주님의길 비 할까 주님가신 골고다길

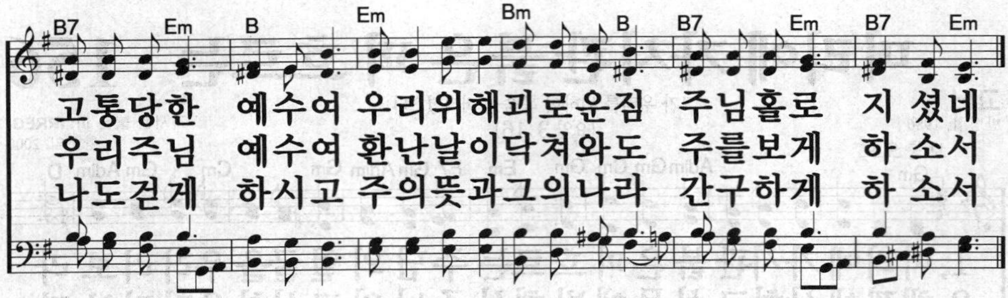

고통당한 예수여 우리위해괴로운짐 주님홀로 지 셨네
우리주님 예수여 환난날이닥쳐와도 주를보게 하 소서
나도걷게 하시고 주의뜻과그의나라 간구하게 하 소서

158 서쪽 하늘 붉은 노을

해골이라 하는 곳에 이르러 거기서 예수를 십자가에 못 박고
(눅 23:33)

고난

주기철 (1897-1944)

일사각오: 8.8.8.8.D.
김남수, 2005

보통으로

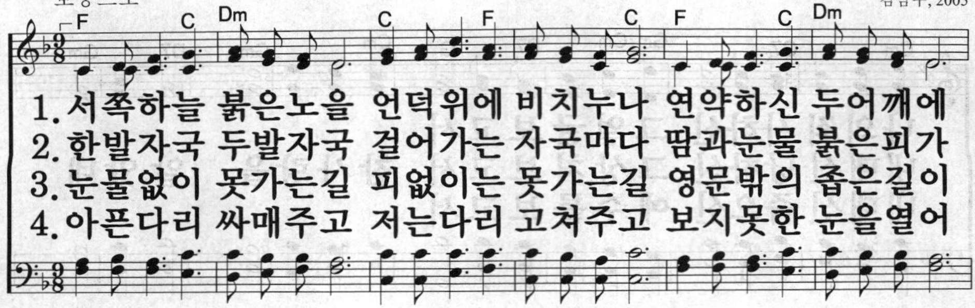

1.서쪽하늘 붉은노을 언덕위에 비치누나 연약하신 두어깨에
2.한발자국 두발자국 걸어가는 자국마다 땀과눈물 붉은피가
3.눈물없이 못가는길 피없이는 못가는길 영문밖의 좁은길이
4.아픈다리 싸매주고 저는다리 고쳐주고 보지못한 눈을열어

C Dm Gm F C7 Dm
십자가를 생각하니 머리에쓴 가시관과 몸에걸 친
가득하게 고였구나 간악하다 유대인들 포악하다
골고다의 길이라네 영생의복 얻으려면 이길만을
영생길을 보여주니 온갖고통 다하여도 제십자가
머리에쓴 가시관과
F C Dm C7 Dm Gm F C7 F B♭ F
붉은옷에 피흘리며 걸어가신 영문밖의 길이라네
로마병정 걸음마다 자국마다 갖은곤욕 보셨도다
걸어야해 배고파도 올라가고 죽더라도 올라가세
바로지고 골고다의 높은고개 나도가게 하옵소서 아멘
피흘리며 걸어가신

부활

H. Bonar, 1861

기쁘 찬송하세 (통 149) 159

찬송하리로다…죽은 자 가운데서 부활하게 하심으로 말미암아
(벧전 1:3)

조금 빠르게

6.6.6.5.REF.
J. J. Husband, 1815

G D

1. 기 쁘 찬 송 하 세 주 님 부 활 했 네 그 무 덤 의 권 세 다 깨 뜨 렸 네
2. 기 쁘 찬 송 하 세 밝 은 빛 이 왔 네 그 어 둠 의 권 세 다 이 기 셨 네
3. 기 쁘 찬 송 하 세 주 님 피 를 흘 려 그 속 량 할 값 을 다 치 르 셨 네
4. 기 쁘 찬 송 하 세 죄 를 사 했 으 니 그 속 죄 한 은 혜 다 찬 송 하 세

후렴

G D G D7 G

찬송하고전파 하세대속하신주님 할렐루야찬송 하세다시 사셨도다

160 (통 150)
무덤에 머물러
부활
R. Lowry, 1874
주의 천사가 하늘로부터 내려와 돌을 굴려 내고 (마 28 : 2)
CHRIST AROSE: 6.5.6.4.REF.
R. Lowry, 1874
조금 느리게
Bb F F7 Bb Eb Bb Gm C F
1.무덤에머물러 예수내구주 새벽기다렸네 예수내주
2.헛되이지키네 예수내구주 헛되이봉하네 예수내주
3.거기못가두네 예수내구주 우리를살리네 예수내주
후렴
Bb Eb Bb F7 Bb Eb Bb
원수를다이기고 무덤에서살아나셨네 어두움을이기시고 나와서
이기고 사셨네
Eb C F Gm F Bb Eb Bb F7 Bb
성도 함께길이다스리시네사셨네 사셨네 예수 다시사셨네
사셨네 사셨네
161 (통 159)
할렐루야 우리 예수
부활
P. P. Bliss (1838-1876)
그들이 보는데 올려져 가시니 (행 1 : 9)
8.7.8.7.D.
P. P. Bliss (1838-1876)
조금 빠르게
F C7 F C7 F
1. 할렐루야우리 예수부활 승천하셨네세상 사람찬양 하니천사 화답하도다
2. 할렐루야우리 예수왕의 왕이되시고우리 들의중보 되심성령 증거하시네
3. 할렐루야우리 예수흠과 티가없도다무덤 속에있는 죄인주가 일으키시네
Bb F C7 F Bb F C7 F
구주 예수부활 하사사망 권세이겼네구주 예수부활 하사사망 권세이겼네
구주 예수부활 하사처음 열매되셨네구주 예수부활 하사처음 열매되셨네
구주 예수부활 하사영광 주로오시네구주 예수부활 하사영광 주로오시네

부활
부활하신 구세주
(통 151) 162
A. H. Ackley, 1934
주께서 과연 살아나시고
(눅 24 : 34)
ACKLEY: IRREG.
A. H. Ackley, 1934
보통으로
1.부활하신구세 주나항상섬기네 온세상조롱해 도 주정녕사셨네 그은혜로운손 길부드러운음성 주예수나와함께 늘계시 네
2.온세상살펴보 니주사랑알겠네 내맘이아플때 도 주사랑알겠네 이세상풍파이 길힘주시는주님 주다시영광중에 곧오시 리
3.주믿는성도들 아다기쁜노래로 주예수우리왕 께 다찬양드리세 이세상소망이 요참친구되시는 주예수영원토록 찬양하 세
후렴
예수 예수 예수 예수 늘살아계셔서 주동행하여주시며늘말씀하시네 예수 예수 예수 예수 내구세주예수 내 맘에살아 계시네늘살아계시네

163 (통 160) 할렐루야 할렐루야
부활
J. Tisserand, c. 1490
그가 죽은 자 가운데서 살아나셨고
(마 28 : 7)
O FILII ET FILIAE: 8.8.8.8.ALLELUIAS
Traditional French Melody, 15th Century
보통으로
Gm E♭ D Gm D D7 Gm D Gm D7 Gm
할렐루야 할 렐 루야 할 렐루야할렐루 야
1.다함께찬송부 르자
2.주부활하신새 벽에
3.흰옷을입은천 사가
4.주뵙지않고믿 는자
5.주부활하신기 쁜날
Gm D7 Gm E♭ D Gm D D7 Gm D Gm Cm G
D.S.
큰영 광의왕우 리주이날에다시사 셨네 할 렐루야할렐루 야
그충 성스런여 인들무 덤을찾아나 섰네 할 렐루야할렐루 야
세여 인에게하 는말주 이미살아나 셨다 할 렐루야할렐루 야
그믿 음아름다 워라영 원한생명얻 으리 할 렐루야할렐루 야
우리 들마음다 하여즐 거운찬송부 르세 할 렐루야할렐루 야아멘
164 (통 154) 예수 부활했으니
부활
St. 1-3 from Latin Hymn, 14th Century
St. 4 by C. Wesley, 1739
그가 죽은 자 가운데서 살아나셨고
(마 28 : 7)
EASTER HYMN: 7.7.7.7.ALLELUIAS
Arr. from Lyra Davidica, 1708
조금 빠르게
C F C Dm C G7 C F G C Dm C G7 C
1. 예수부활했으니 만민찬송하여라
2. 대속하신주예수 선한싸움이겼네
3. 마귀권세이긴주 왕의왕이되셨네
4. 길과진리되신주 우리부활하겠네
할 렐 루 야 할 렐 루 야
G C G D G C F C F C G C F C
천사들이 즐거워 기쁜찬송부르네
사망권세 이기고 하늘문을여셨네
높은이름 세상에 널리반포하여라
부활생명 되시니 우리부활하겠네
할 렐 루 야 할 렐 루 야 아멘

부활
주님께 영광
(통 155) 165
E. L. Budry, 1884
우리를 의롭다 하시기 위하여 살아나셨느니라 (롬 4 : 25)
JUDAS MACCABAEUS
: 10.11.11.11.REF.
G. F. Handel, 1748
조금 빠르게
1.주님께영광다시사신주 사망권세모두이기시었네
2.부활의주님나타나시사 두려움과의심물리치셨네
3.생명의임금영광의주님 주님없는삶은헛될뿐이라
흰옷입은천사돌을옮겼고 누우셨던곳은비어있었네
주의교회기뻐찬송하여라 다시사신주님죽음이겼네
주의사랑으로세상이기고 요단건너본향가게하소서
후렴
주님께영광다시사신주 사망권세모두이기시었네
부활
싸움은 모두 끝나고
(통 156) 166
Latin Hymn, c. 1695
그리스도께서 죽은 자 가운데서 다시 살아나사 잠자는 자들의 첫 열매가 되셨도다 (고전 15 : 20)
VICTORY
: 8.8.8.4.ALLELUIAS
G. P. da Palestrina, 1591
Adapt. by W. H. Monk, 1861
보통으로
할렐루 야할렐루 야할렐루 야
1.싸움은모두끝나고 생명의승리얻었네 개선가높이부르세 할렐루야
2.사망의나라권세를 주께서깨뜨리셨네 승전가높이외치세 할렐루야
3.슬프던사흘지나고 주께서살아나셨네 영광을주께돌리세 할렐루야
4.사망의문을잠그고 생명의문을여셨네 부활의찬송부르세 할렐루야 아멘
D.S.

167 (통 157) 즐겁도다 이날

167 (통 157) 즐겁도다 이날
그가 죽은 자 가운데서 살아나셨고
(마 28:7)
부활
V. H. Fortunatus, 6th Century
HERMAS: 6.5.6.5.D.REF.
F. R. Havergal, 1871
조금 빠르게
1.즐겁도다이날 세세에할말 사망권세깨고 하늘이열려
2.부활하신주님 나타나시니 천지만물모두 새옷입었네
3.생명의주예수 죽음이기고 무덤문을열고 살아나셨네
죽은자가다시 살아나와서 생명의주예수 찬송하도 다
꽃은만발하고 잎이우거져 승리하신주를 찬송하도 다
주의말씀대로 이루어져서 사흘만에다시 살아나셨 네
후렴
즐겁도다이날 세세에할말 사망권세깨고 승리하셨 네 아멘

168 (통 158) 하늘에 찬송이 들리던 그날

그리스도도 많은 사람의 죄를 담당하시려고
(히 9:28)

부활

J. W. Chapman, 1910

CHAPMAN: 11.10.11.10.REF.

C. H. Marsh, 1910

조금 빠르게

Db Ab7 Db

1. 하늘에찬송이 들리던그날 죄악이가득한그날밤에 동정녀몸 에서
2. 갈보리산으로 끌려가시사 십자가위에서죽으신날 가시관쓰 시고
3. 동산에주홀로 묻히신그날 고난을이기고쉬신그날 천사들내 려와
4. 무덤이예수를 못가둔그날 인봉한그돌이굴러간날 죽음의권 세를
5. 천사장나팔이 울리는그날 하늘의영광이나타날때 날사랑하 시는

후렴
Db
Ab
Eb
Ab7
Db
Ab7
Db
탄생한주님 우리를구하러오신 예수
피흘리시사 우리를구하신구주 예수
무덤을지켜 우리게소망을주신 예수
깨뜨린주님 하늘에오르신내주 예수
참되신친구 날영접하시러오실 예수
살아서사랑 죽어서구원
Db
Gb Bb7
Eb7
Ab7
Db
Ab7
Db
Gb
Eb7
Ab7
Db
묻혀서내 죄를 담당하사
부활로우리를 구하신예수
다시오 시리 영 광의그날

사망의 권세가

169

부활

T. Colvin, c. 1970
Para. of *African Chewa Hymn*

사망아 너의 승리가 어디 있느냐
(고전 15:55)

NCHEU: 11.11.10.8.8.
Traditional Angoni War Song
Adapt. by T. Colvin, c. 1970

보통으로

F
Dm7
Gm7
C
F
Dm7
Bb
F
Am7 F
1. 사망의권세가 주님가두나 예수님일어나 부활하셨네 부활하신주
2. 어두운무덤에 갇히었으나 사망의권세를 물리치셨네 부활하신주
3. 우리의죄사슬 풀어주시고 자유를주시니 영생이로다 부활하신주
4. 주싸움끝내고 승리하시니 부활의우리주 영광이로다 부활하신주
Bb
F
C7
F
Dm7
Gm7
C
F
Dm7
Gm Bb C7 F
승리하셨네
승리하셨네
승리하셨네
찬양할지라
할렐루야할렐루야 할렐루야할렐루야

170 (통 16) 내 주님은 살아 계셔
부활
나의 대속자가 살아 계시니
(욥 19:25)
C. Wesley, 1742
BRADFORD: 8.6.8.6.
G. F. Handel, 1741
보통으로
D A Bm G A7 D A Bm A E7 A
1. 내 주 님 은 살 아 계 셔 날 지 켜 주 시 니
2. 나 의 구 원 되 신 주 님 내 소 망 되 신 주
3. 나 를 거 룩 하 게 하 려 주 나 를 부 르 니
4. 굳 센 믿 음 나 가 지 고 주 말 씀 따 르 면
D A Bm G A D A Bm Em D A7 D G D
그 큰 사 랑 인 하 여 서 나 자 유 얻 었 네
항 상 나 와 함 께 하 셔 곧 다 시 오 시 리
주 의 은 혜 내 게 넘 쳐 주 뜻 을 이 루 리
주 님 다 시 강 림 할 때 날 영 접 하 시 리 아 멘
171 하나님의 독생자
부활
하나님이 세상을 이처럼 사랑하사 독생자를 주셨으니
(요 3:16)
G. & W. J. Gaither, 1971
RESURRECTION: 9.8.9.12.REF.
W. J. Gaither, 1971
보통으로
A♭ A♭7 D♭ A♭ E♭7 A♭ B♭m7 E♭7
1. 하나님의 독생자예수 날위하여 오시었네
2. 주안에서 거듭난우리 기뻐하며 찬양하리
3. 선한싸움 다마친후에 우리주님 뵈오리라
Cm A♭ A♭7 D♭ A♭ E♭7 A♭
내모든죄 사하시려고 십자가지셨으나다 시사셨네
가슴속에 넘치는확신 우리의가는길에소 망넘치네
사망권세 다물리치고 주님이다스리니영 광넘치네

후렴
살아계신주 나의참된소망 두려움이 사라지네
사랑의주내갈길인도하니 내모든삶의기쁨 늘충만하네

사망을 이긴 주 (통 152) 172

부활

사망아 너의 승리가 어디 있느냐
(고전 15 : 55)

T. Kelly (1769-1854)

RIALTO: 6.6.8.6.
G. F. Root (1820-1895)

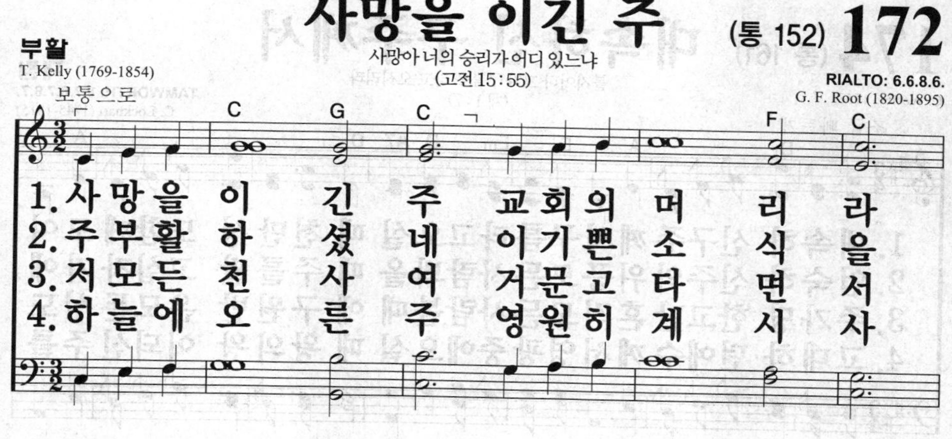
보통으로
1.사망을 이 긴 주 교회의 머 리 라
2.주부활 하 셨 네 이기쁜 소 식 을
3.저모든 천 사 여 거문고 타 면 서
4.하늘에 오 른 주 영원히 계 시 사

죄사함받 은우리도 주함께살 리 라
온세상모 두알도록 다전파하 여 라
사망을이 긴주님을 늘찬송하 여 라
온교회성 도위하여 늘기도하 시 네 아 멘

173 다 함께 찬송 부르자
그가 여기 계시지 않고 그가 말씀하시던 대로 살아나셨느니라
(마 28 : 6)
이동일 (b. 1943)
부활
다 함께
이동일 (b. 1943)
보통으로
C Em F C D7 G Am C G7 C
다 함께찬송부르자 영 광의왕 우리주 다시사셨
C G C G C F C
다할렐루야다시사셨다할렐루야 할렐루야 아멘
174 (통 161) 대속하신 구주께서
볼지어다 그가 구름을 타고 오시리라
(계 1 : 7)
C. Wesley, 1758
재림
TAMWORTH: 8.7.8.7.8.7.
C. Lockhart (1745-1815)
조금 빠르게
D A D Em D A7 D A
1. 대속하 신구주께서구름타고오실 때 천만성 도함께모여
2. 엄숙하 신주의위풍모든사람뵈올 때 주를팔 고십자가에
3. 주가당 한고난흔적모든사람볼때 에 구원받 은모든성도
4. 고대하 던예수께서영광중에오실 때 왕의왕 이되신주를
D Em D A7 D A7 D G Em D A7 D G D
주의뒤를따르 네 할렐루 야할렐루 야우리 구주오시네
못을박던자들 이 슬피울 고가슴치 며참메 시야뵙겠네
주께경배드리 네 할렐루 야할렐루 야주님 다시오시네
우리환영하겠 네 할렐루 야할렐루 야주여 어서오소서 아 멘

신랑 되신 예수께서 (통 162) 175

밤중에 소리가 나되 보라 신랑이로다
(마 25:6)

재림
E. R. Latta, 1895

WHEN THE BRIDEGROOM COMES: IRREG.
W. J. Kirkpatrick, 1895

176 (통 163) 주어느 때 다시 오실는지
재림
F. J. Crosby (1820-1915)
그러므로 깨어 있으라
(마 24 : 42)
WILL JESUS FIND US WATCHING
: 10.7.10.7.REF.
W. H. Doane (1832-1915)
조금 빠르게
1. 주어느때다시오실는지 아는이가없으니 등밝히고너는
2. 주오늘에다시오신다면 부끄러움없을까 잘하였다주님
3. 주예수님맡겨주신일에 모두충성다했나 내맘속에확신
4. 주예수님언제오실는지 한밤에나낮에나 늘깨어서주님
후렴
깨어있어 주를반겨맞으라
칭찬하며 우리맞아주실 까
넘칠때에 영원안식얻겠네
맞는성도 주의영광보겠네
주안에서우리몸과 맘이
깨끗하게되어 서 주예수님다시오실때에 모두기쁨으로맞으라
177 (통 164) 오랫동안 고대하던
재림
J. M. Kirk (1854-1945)
천 년 동안 그리스도와 더불어 왕 노릇 하리라 (계 20 : 6)
OUR LORD'S RETURN
: 15.15.15.11.REF.
J. M. Kirk (1854-1945)
조금 빠르게
1. 오랫 동안고대하던천년 왕국이를때 주의 신부공중으로들려 올라가겠네
2. 그때 모든성도들의기도 응답되리니 하나 님을모르는이천지 간에없으리
3. 주의 구속함을얻는천만 성도일제히 거룩 한산시온성에기쁨 으로모이리
4. 우리 주의평화로운천년 왕국이를때 그곳 에는죄와고통사망 없어지겠네
항상깨어기도하며어서 준비합시다 우리주님세상다시오시네
모든질병근심고통눈물 없게하시려 우리주님세상다시오시네
화평함과인애로써세상 다스리시려 우리주님세상다시오시네
천만성도간절하게주를 고대하도다 우리주님세상다시오시네

후렴
G
D
우리 주님세상다시오시네 할렐루야주님다시오시네
오시네
오시네
G
C
G
C
G
D
G
C G
악한마귀결박하고세상 다스리시려 할렐 루야주가다시오시네 아멘
재림
L. Laurenti, 1700
보통으로
주 예수 믿는 자여
178
그런즉 깨어 있으라 너희는 그날과 그때를 알지 못하느니라
(마 25 : 13)
주님 오실 때: IRREG.
박정선, 1999
G
D
G
D
G
C
G D7
1. 주예수믿는 자여 등불을가지 고 신랑을영접 하러 다함께나가
2. 네등불살펴 보고 기름을예비 해 곧준비아니 하면 너때를놓치
3. 내고대하던 주여 지금곧오셔 서 이어둔세상 위에 참빛을주소
G
D
세 주님오실때 가 되 고 밤은깊어가 는 데
리 저산에서파 수 꾼 이 큰소리로외 칠 때
서 나의손을높 이 들 어 우리주께비 오 니
주님오실때가되고 밤은깊어가는데
저산에서파수꾼이 큰소리로외칠때
나의손을높이들어 우리주께비오니
G
C
G
D7
G
C
G
곧 깨어예 비 하 라 주님속히오 신 다
다 할렐루 야 불 러 주님나와맞 으 라
이 세상구 세 주 여 지금강림하 소 서 아 멘

179 (통 167) 주 예수의 강림이
재림
J. Hopkins, 1830
보라 내가 속히 오리니
(계 22 : 12)
EXPOSTULATION: 11.11.11.11.
J. Hopkins, 1830
보통으로
G C D7 G D G D
1. 주 예 수 의 강 림 이 가 까 우 니 저 천 국 을 얻 을 자 회 개 하 라
2. 주 예 수 님 너 희 를 찾 으 시 니 왜 의 심 을 하 면 서 오 지 않 나
3. 이 세 상 이 즐 기 는 재 물 로 는 네 근 심 과 고 초 를 못 면 하 리
4. 내 아 버 지 주 시 는 생 명 양 식 다 배 불 리 먹 고 서 영 생 하 라
G D G D G C D7 G
주 성 령 도 너 희 를 부 르 시 고 뭇 천 사 도 나 와 서 영 접 하 네
온 세 상 죄 담 당 한 어 린 양 은 죄 많 은 자 불 러 서 구 원 하 네
또 숨 질 때 위 로 를 못 얻 으 며 저 천 국 에 갈 길 도 못 찾 으 리
곧 의 심 을 버 리 고 주 께 오 면 그 한 없 는 자 비 를 힘 입 으 리
180 (통 168) 하나님의 나팔 소리
재림
J. M. Black (1856-1938)
하나님의 나팔 소리로 친히 하늘로부터 강림하시리니
(살전 4 : 16)
ROLL CALL: 15.11.15.11.REF.
J. M. Black (1856-1938)
조금 빠르게
G C G D
1. 하 나 님 의 나 팔 소 리 천 지 진 동 할 때 에 예 수 영 광 중 에 구 름 타 시 고
2. 무 덤 속 에 잠 자 는 자 그 때 다 시 일 어 나 영 화 로 운 부 활 승 리 얻 으 리
3. 주 님 다 시 오 실 날 을 우 리 알 수 없 으 니 항 상 기 도 하 고 깨 어 있 어 서
G C G D7 G
천 사 들 을 세 계 만 국 모 든 곳 에 보 내 어 구 원 받 은 성 도 들 을 모 으 리
주 가 택 한 모 든 성 도 구 름 타 고 올 라 가 공 중 에 서 주 의 얼 굴 뵈 오 리
기 쁨 으 로 보 좌 앞 에 우 리 나 가 서 도 록 그 때 까 지 참 고 기 다 리 겠 네

후렴
나팔불 때나의이 름 나팔불 때나의이 름
나팔불때나의이름부를때 나팔불때나의이름부를때
나 팔불 때나 의 이 름 부 를 때 에잔 치 참 여하 겠네
나 팔불 때나 의 이 름
부활 승천하신 주께서 181
재림
이성봉 (1900-1965)
아멘 주 예수여 오시옵소서
(계 22 : 20)
아멘 주 예수여: 9.9.8.9.REF.
나운영, 1979
보통으로
1. 부활승천하신 주께서 약속하신대로 오시리 세상끝날의 징조가 뚜렷하니깨어 있으라
2. 다시오시게될 주께서 어떤상급내려 주실까 맡은달란트 얼마를 남겼는가셈해 보아라
3. 너의등잔안에 기름을 가득가득채워 넣으라 등불밝혀서 오시는 신랑예수영접 하여라
4. 그날그시간을 모르니 모두깨어나와 있으라 충성다하면 어린양 잔치자리참여 하리라
후렴
죽기까지 충성하라 생 명의면류관을 네게주리라 내가속히 오리라 아멘주예수여오시옵소서

182 (통 169) 강물같이 흐르는 기쁨

성령 강림

곧 나의 평안을 너희에게 주노라
(요 14 : 27)

M. P. Ferguson, 1900

BLESSED QUIETNESS: 9.7.9.7.REF.
W. S. Marshall, 19th Century
Arr. by J. M. Kirk, 1900

183 (통 172) 빈 들에 마른 풀같이

성령 강림

때를 따라 소낙비를 내리되 복된 소낙비를 내리리라
(겔 34 : 26)

D. W. Whittle, 1882

SHOWERS OF BLESSING: 8.7.8.7.REF.
J. McGranahan, 1882

보통으로

1. 빈들에마른풀같이 시들은나의영혼 주님이약속한성령
2. 반가운빗소리들려 산천이춤을추네 봄비로내리는성령
3. 철따라우로를내려 초목이무성하니 갈급한내심령위에
4. 참되신사랑의언약 어길수있사오랴 오늘에흡족한은혜

후렴
Gm
F7
Bb
F
간절히기다리네
내게도주옵소서
성령을부으소서
주실줄믿습니다
가물어메마른땅에 단비를내리시듯
Bb7
Eb
Bb
F7
Bb
Eb
Bb
성령의단비를부어 새생명주옵소서 아멘
불길 같은 주 성령
(통 173)
184
성령 강림
C. W. Fry (1837-1882)
이것이 네 입에 닿았으니 … 네 죄가 사하여졌느니라
(사6:7)
WAITING FOR THE FIRE: 7.7.7.7.REF.
Old English Air
보통으로
G
D7
G
D
A
D
1. 불길 같은주성령간구하는우리게지금 강림하셔서영광보여주소서
2. 주의 제단불위에우리몸과영혼과우리 가진모든것지금 바치옵니다
3. 모든 것다바치고비고빈내마음에성령 충만하도록주여 채워주소서
4. 구속 하신주께서약속하신성령을믿고 간구하오니지금 내려주소서
후렴
G
C
Am
D
G
C
성령이 여임하사 우리영 의소원을만 족하게하소서
G
C
G
D7
G
C
G
기다리 는우리게 불로 불로 충만하게하소서 아멘

185 (통 179) 이 기쁜 소식을
성령 강림
COMFORTER
: 12.12.12.6.REF.
F. Bottome, 1890
주의 성령이 내게 임하셨으니 이는 가난한 자에게 복음을 전하게 하시려고
(눅 4 : 18)
W. J. Kirkpatrick, 1890
조금 빠르게
C F C Am G C
1. 이 기 쁜 소 식 을 온 세 상 전 하 세 큰 환 난 고 통 을 당 하 는 자 에 게 주 믿 는 성 도
2. 만 왕 의 왕 께 서 저 사 로 잡 힌 자 다 구 원 하 시 고 참 자 유 주 셨 네 승 리 의 노 래
3. 한 없 는 사 랑 과 그 크 신 은 혜 를 늘 의 심 하 면 서 안 믿 는 자 에 게 내 작 은 입 으
C F C G7 C 후렴 F
들 다 전 할 소 식 은 성 령 이 오 셨 네
가 온 성 에 들 리 니 성 령 이 오 셨 네 성 령 이 오 셨 네 성 령 이 오 셨 네 내
로 곧 증 언 하 리 니 성 령 이 오 셨 네
C Am G C F C G7 C
주 님 보 내 신 성 령 이 오 셨 네 이 기 쁜 소 식 을 온 세 상 전 하 세 성 령 이 오 셨 네
186 (통 176) 영화로신 주 성령
성령 강림
MERCY: 7.7.7.7.
A. Reed, 1817
아버지께서 내 이름으로 보내실 성령 (요 14 : 26)
L. M. Gottschalk, 1854
Arr. by E. P. Parker, c. 1880
보통으로
B♭ Gm B♭ C7 F
1. 영 화 로 신 주 성 령 나 의 마 음 비 추 사
2. 전 능 하 신 주 성 령 성 결 하 게 하 시 고
3. 화 평 하 신 주 성 령 슬 픈 맘 에 오 셔 서
4. 거 룩 하 신 주 성 령 나 의 맘 에 계 시 사
B♭ D Gm A♯dim B♭ F7 B♭ E♭ B♭
어 둠 몰 아 내 시 고 밝 게 하 여 주 소 서
나 의 맘 을 살 피 사 죄 를 멸 해 주 소 서
온 갖 괴 롬 없 애 고 기 쁜 맘 을 주 소 서
망 령 된 일 없 애 고 홀 로 주 관 하 소 서 아 멘

성령 강림
비둘기같이 온유한
(통 171) 187
S. Browne, 1720
Ash and Evans' Collection, 1769
성령이 친히 우리의 영과 더불어 (롬 8:16)
HOLLEY: 8.8.8.8.
G. Hews, 1835
보통으로
Eb Bb Bb7 Eb Bb Eb Bb
1. 비 둘 기 같 이 온 유 한 은 혜 의 성 령 오 셔 서
2. 진 리 의 빛 을 비 추 사 주 의 길 바 로 걸 으 며
3. 주 님 과 동 행 하 면 서 거 룩 한 길 로 행 하 며
4. 연 약 한 나 를 도 우 사 하 나 님 나 라 이 르 러
Eb Bb Cm Bb Eb Bb Eb Eb7 Ab Eb Bb7 Eb Ab Eb
거 친 맘 어 루 만 지 사 위 로 와 평 화 주 소 서
주 님 을 옆 에 모 시 고 경 건 히 살 게 하 소 서
진 리 의 예 수 붙 잡 고 길 잃 지 않 게 하 소 서
주 님 의 품 에 안 기 는 영 원 한 안 식 주 소 서 아 멘
성령 강림
무한하신 주 성령
(통 180) 188
G. Rawson, 1853
다른 보혜사를 너희에게 주사 영원토록 너희와 함께 있게 하리니(요 14:16)
PARACLETE: 7.7.7.5.
U. C. Burnap (1834-1900)
보통으로
G C G D7 G
1. 무 한 하 신 주 성 령 우 리 어 둔 성 품 에
2. 우 리 죄 를 씻 으 사 피 곤 한 자 힘 주 며
3. 우 리 맘 에 평 안 을 이 슬 같 이 내 리 사
4. 우 리 들 의 연 약 함 탄 식 하 며 도 우 사
5. 예 수 말 씀 따 라 서 아 버 지 라 부 름 을
6. 영 생 하 는 인 친 표 기 업 얻 을 증 거 니
G C G A D7 G
생 명 빛 을 주 소 서 보 혜 사 시 여
잃 은 양 찾 으 소 서 보 혜 사 시 여
열 매 맺 게 하 소 서 보 혜 사 시 여
우 리 위 해 비 소 서 보 혜 사 시 여
밝 히 가 르 치 소 서 보 혜 사 시 여
천 국 인 도 하 소 서 보 혜 사 시 여

189 (통 181) 진실하신 주 성령
진리의 성령이 오시면 … 진리 가운데로 인도하시리니
(요 16 : 13)
M. M. Wells, 1858
보통으로
성령 강림
GUIDE: 7.7.7.7.D.
M. M. Wells, 1858
1.진 실 하 신 주 성 령 성 도 곁 에 계 시 사 순 례 길 을
2.어 디 에 나 계 신 주 나 를 도 와 주 시 사 어 둠 속 을
3.모 든 수 고 끝 나 고 편 히 쉬 기 원 할 때 하 늘 나 라
갈 때에 손을잡아주 소서 모든곤한사 람들 기쁜소식
헤 맬때 홀로두지마 소서 풍랑심히일 어나 소망끊어
밖 에는 참된위로없 도다 주만의지하 고서 요단강을
들으니 성령말씀하 기를 나를따라오 너라
질때에 성령말씀하 기를 나를따라오 너라
건널때 성령말씀하 기를 나를따라오 너라 아 멘
190 (통 177) 성령이여 강림하사
그들이 다 성령의 충만함을 받고
(행 2 : 4)
E. H. Stokes, 1879
보통으로
성령 강림
FILL ME NOW: 8.7.8.7.REF.
J. R. Sweney, 1879
1. 성령이여강림하사나를감화하시고 애통하며회개한맘충만하게하소서
2. 성령이여강림하사크신권능주소서 원하옵고원하오니충만하게하소서
3. 힘이없고연약하나엎드려서비오니 성령강림하옵소서충만하게하소서
4. 정케하고위로하사복을받게하소서 충만하게하시오니무한감사합니다

후렴
D G C G D G D7 G C G
예수여 비오니 나의기도들으사 애통하며 회개한맘충만하게 하소서 아멘
내가 매일 기쁘게 (통 427) 191
성령 강림
H. Buffum (1879-1939)
다른 보혜사를 … 영원토록 너희와 함께 있게 하리니
(요 14 : 16)
HE ABIDES: 7.7.11.7.7.9.REF.
D. M. Shanks
조금 빠르게
A♭ D♭ E♭7 A♭
1. 내가매일기쁘게 순례의길행함은 주의팔이나를안보함이요
2. 전에죄에빠져서 평안함이없을때 예수십자가의공로힘입어
3. 나와동행하시고 모든염려아시니 나는숲의새와같이기쁘다
4. 세상모든욕망과 나의모든정욕은 십자가에이미못을박았네
A♭ D♭ E♭7 A♭
내가주의큰복을 받는참된비결은 주의영이함께함이라
그발아래엎드려 참된평화얻음은 주의영이함께함이라
내가기쁜맘으로 주의뜻을행함은 주의영이함께함이라
어둔밤이지나고 무거운짐벗으니 주의영이함께함이라
후렴
A♭ E♭7 A♭
성령이 계시네 할렐루야함께하시네
성령이 계시네
A♭ D♭ E♭7 A♭
좁은길을걸으며 밤낮기뻐하는것 주의영이함께함이라

192 임하소서 임하소서

홀연히 하늘로부터 급하고 강한 바람 같은 소리가 있어
(행 2:2)

성령 강림

김응조, 1980

임하소서: 8.8.8.8.D.
임우상, 2000

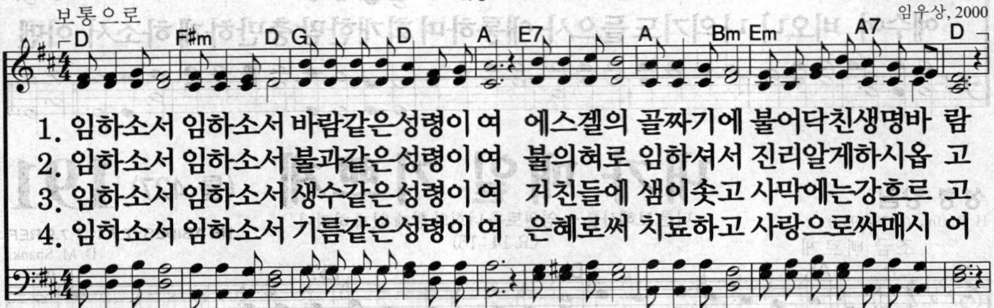

보통으로

1. 임하소서 임하소서 바람같은성령이 여 에스겔의 골짜기에 불어닥친생명바 람
2. 임하소서 임하소서 불과같은성령이 여 불의혀로 임하셔서 진리알게하시옵 고
3. 임하소서 임하소서 생수같은성령이 여 거친들에 샘이솟고 사막에는강흐르 고
4. 임하소서 임하소서 기름같은성령이 여 은혜로써 치료하고 사랑으로싸매시 어

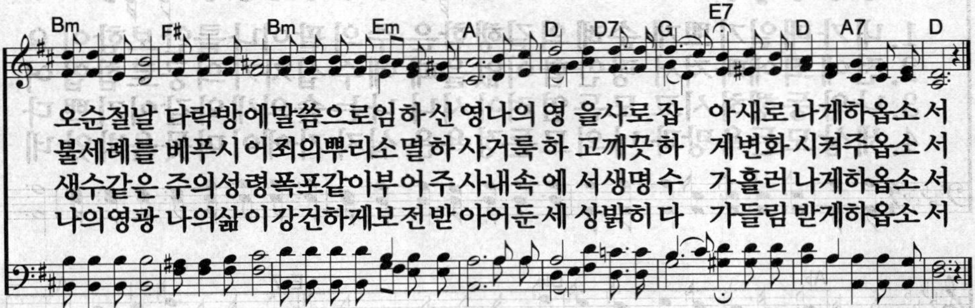

오순절날 다락방에말씀으로임하신 영나의영 을사로잡 아새로 나게하옵소 서
불세례를 베푸시어죄의뿌리소멸하 사거룩하 고깨끗하 게변화 시켜주옵소 서
생수같은 주의성령폭포같이부어주 사내속에 서생명수 가흘러 나게하옵소 서
나의영광 나의삶이강건하게보전받 아어둔세 상밝히다 가들림 받게하옵소 서

193 성령의 봄바람 불어오니

제자들은 기쁨과 성령이 충만하니라
(행 13:52)

성령 강림

임태득, 2004

성령: 10.10.10.10.9.9.
이문승, 2004

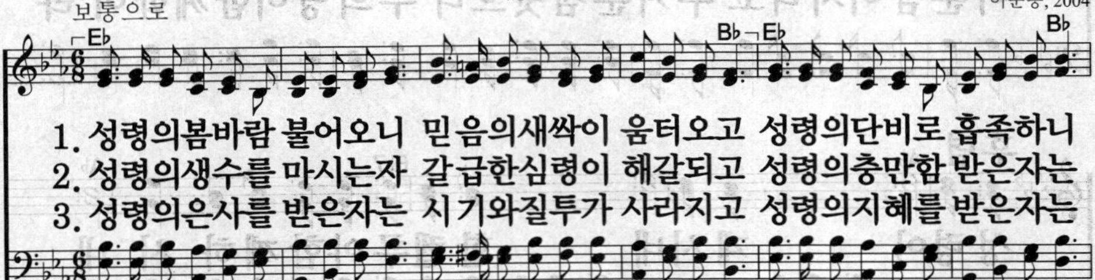

보통으로

1. 성령의봄바람 불어오니 믿음의새싹이 움터오고 성령의단비로 흡족하니
2. 성령의생수를 마시는자 갈급한심령이 해갈되고 성령의충만함 받은자는
3. 성령의은사를 받은자는 시기와질투가 사라지고 성령의지혜를 받은자는

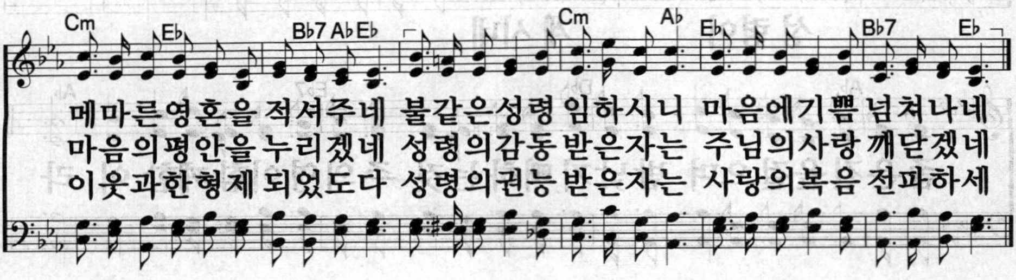

메마른영혼을 적셔주네 불같은성령 임하시니 마음에기쁨 넘쳐나네
마음의평안을 누리겠네 성령의감동 받은자는 주님의사랑 깨닫겠네
이웃과한형제 되었도다 성령의권능 받은자는 사랑의복음 전파하세

성령 강림
불꽃과 같은 주 예수
194
William Booth(1829-1912)
마치 불의 혀처럼 갈라지는 것들이
(행 2:3)
TUCKER: 8.9.D.8.8.8.9.
Indian Traditional Tune
Arr. by F. Booth-Tucker(1853-1929)
조금 느리게
1.불 꽃 과같은주예수
2.내 간 구들으시는주
3.불 길 과같은주성령
4.내 약 한심령강하게
불내 려 불내려주소서
주 보 혈흘린은혜
주 뜻 과같이살도
주 거 룩하신뜻대
이 세 상구원위하
로
록
로
여
불내려 불내려 주소서
주 언 약 믿고비오니 내
내 죄 다 태워주시고 내
나 항 상 선을행하고 정
주 제 단 앞에엎드려 내
중 심돌아보시사 오 순절 에내린성령
마 음새롭게하며 그 크신 영광위하여
결 하게살아가며 주 안에 승리위하여
모 든것드리오니 이 제물 받아주시고
불내 려 불내려주소 서
성령 강림
성령이여 우리 찬송 부를 때
(통 175)
195
W. H. Parker (1845-1929)
성령이 오시면 그가 너희를 모든 진리 가운데로 인도하시리니
(요 16:13)
ERNSTEIN: 6.5.6.5.
J. F. Swift (1847-1931)
조금 빠르게
1.성령이여우 리 찬송부를 때 진심으로 찬 양 하게하소서
2.성령이여우 리 기도드릴 때 우리곁에 계 셔 일러주소서
3.성령이여우 리 성경읽을 때 그속에서 빛 을 보게하소서
4.성령이여우 리 전도할때 에 지혜로운 말 씀 주시옵소서
5.성령이여우 리 겸손해져 서 우리주와 같 이 되게하소서 아멘

196 (통 174) 성령의 은사를

은사

E. Hatch, 1878

하늘 아버지께서 구하는 자에게 성령을 주시지 않겠느냐
(눅 11:13)

TRENTHAM: 6.6.8.6.
R. Jackson, 1888

보통으로
F Bb F Gm7 G7 C F Bb
1.성령의 은 사 를 나에게 채 우 사 주님의
2.성령의 은 사 를 나에게 채 우 사 정결한
3.성령의 은 사 를 나에게 채 우 사 더러운
4.성령의 은 사 를 나에게 채 우 사 영원한
F Gm F C7 F Bb F
사 랑 본 받 아 나 살 게 하 소 서
마 음 가 지 고 나 행 케 하 소 서
세 상 탐 욕 을 다 태 워 주 소 서
주 님 나 라 에 나 살 게 하 소 서 아 멘

197 (통 178) 은혜가 풍성한 하나님은

은사

U. Nakada, 1922

주께서 … 소멸하는 영으로 … 더러움을 씻기시며
(사 4:4)

THE OLD TIME RELIGION
: 10.9.10.9.REF.
J. M. Harris, 1908

조금 빠르게

Eb Bb

1.은혜가풍성한 하나님은 믿는자한사람 한사람
2.정욕과죄악에 물든맘을 성령의불길로 태우사
3.희생의제물로 돌아가신 어린양우리주 예수여
4.주님의깊으신 은혜만을 세상에널리전 하리니

Eb Ab Eb Bb7 Eb

어제도 오늘도 언제든지 변찮고보호해 주시네
정결케 하소서 태우소서 깨끗게하여주 옵소서
구속의 은혜를 내리시사 오늘도구원해 주소서
하늘의 능력과 권세로써 오늘도입혀주 옵소서

후렴

Eb F7 Bb7

주여 성령의 은사들을 오늘도 내리어 주소서

은사들을 주소서

Eb Bb7 Eb Ab Eb

성령 의 뜨거운 불길로써 오늘도 충만케 하소서 아멘

불길로써

주 예수 해변서 (통 284) 198

성경

M. A. Lathbury, 1877

내가 곧 생명의 떡이니라
(요 6 : 48)

BREAD OF LIFE: 6.4.6.4.D.
W. F. Sherwin, 1877

보통으로

Eb Bb Eb Bb F7 Bb

1. 주 예수 해변서 떡을떼사 무리를 먹이어주심같이
2. 생명의 말씀인 나의주여 목말라 주님을찾나이다
3. 내주여 진리의 말씀으로 사슬에 얽매인날푸시사
4. 성령을 내맘에 보내셔서 내 어둔 영의눈밝히시사

Bb7 Eb Bb F Bb Bb7 Eb Fm7 Bb Eb Ab Eb

영생의양식을 나에게도 풍족히나누어주옵소서
해변서무리를 먹임같이 갈급한내심령채우소서
내맘에평화를 누리도록 영원한생명을주옵소서
말씀에감추인 참진리를 깨달아알도록하옵소서 아멘

199 (통 234) 나의 사랑하는 책

성경

M. B. Williams, 1921

또 어려서부터 성경을 알았나니 (딤후 3 : 15)

MY MOTHER'S BIBLE: 7.7.11.D.REF.

C. D. Tillman, 1893

조금 빠르게

Ab Db Ab Bb7 Eb

1. 나의사랑하는책 비록해어졌으나 어머니의무릎위에앉아서
2. 옛날용맹스럽던 다니엘의경험과 유대임금다윗왕의역사와
3. 예수세상계실때 많은고난당하고 십자가에달려죽임당한일
4. 그때일은지나고 나의눈에환하오 어머니의말씀기억하면서

Ab Db Ab Eb7 Ab

재미있게듣던말 그때일을지금도 내가잊지않고기억합니다
주의선지엘리야 바람타고하늘에 올라가던일을기억합니다
어머니가읽으며 눈물많이흘린것 지금까지내가기억합니다
나도시시때때로 성경말씀읽으며 주의뜻을따라살려합니다

후렴

Eb7 Ab Db Bb7 Eb7

귀하고 귀하다 우리어머니가들려주시던

귀하고 귀하다

Ab Db Ab Eb7 Ab

재미있게듣던말 이책중에있으니 이 성경심히사랑합니다

200 (통 235) 달고 오묘한 그 말씀

성경

P. P. Bliss, 1874

주의 말씀의 맛이 내게 어찌 그리 단지요 내 입에 꿀보다 더 다니이다 (시 119 : 103)

WORDS OF LIFE: 8.6.8.6.6.6.REF.

P. P. Bliss, 1874

보통으로

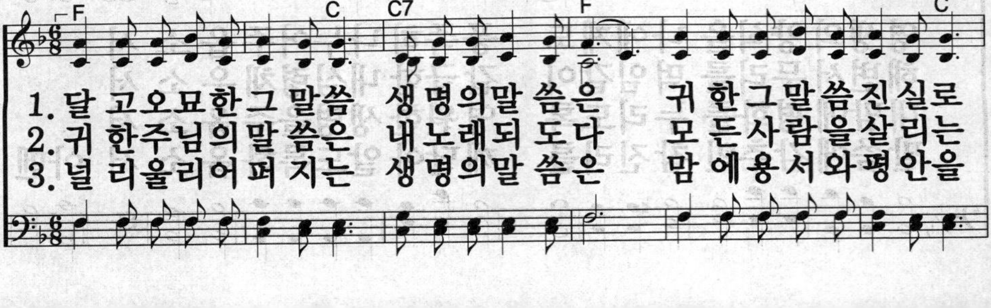

F C C7 F C

1. 달 고오묘한그 말씀 생명의말 씀은 귀 한그말씀진실로
2. 귀 한주님의말 씀은 내노래되 도다 모 든사람을살리는
3. 널 리울리어퍼 지는 생명의말 씀은 맘 에용서와평안을

후렴

C7 F B♭ F B♭ F C7 F

생명의말씀이 나의길과믿음 밝히보여주니
생명의말씀을 값도없이받아 생명길을가니 아름답고 귀한말씀
골고루주나니 다만예수말씀 듣고복을받네

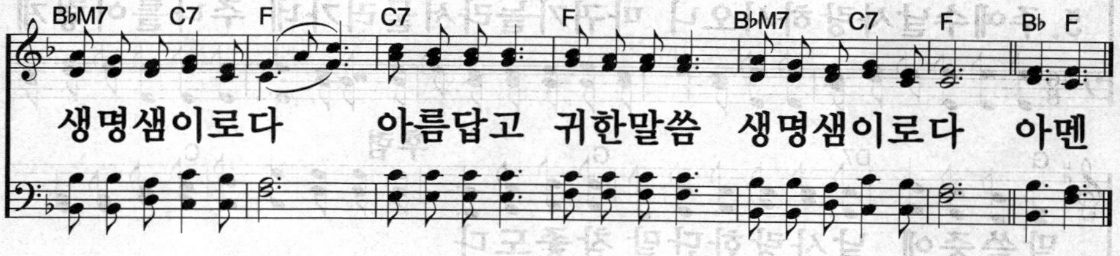

B♭M7 C7 F C7 F B♭M7 C7 F B♭ F

생명샘이로다 아름답고 귀한말씀 생명샘이로다 아멘

참 사람 되신 말씀 (통 240) 201

성경

말씀이 육신이 되어 우리 가운데 거하시매
(요 1:14)

W. W. How, 1867

MUNICH: 7.6.7.6.D.
Neuvermehrtes Meiningisches Gesangbuch, 1693
Adapt. and harm. by F. Mendelssohn (1809-1847)

보통으로

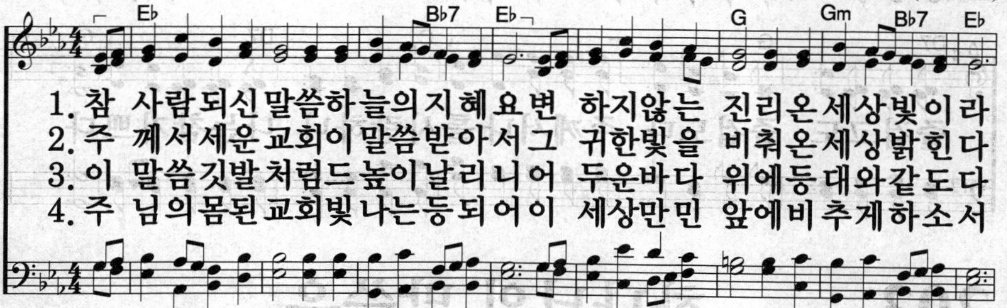

E♭ B♭7 E♭ G Gm B♭7 E♭

1. 참 사람되신말씀하늘의지혜요변 하지않는 진리온세상빛이라
2. 주 께서세운교회이말씀받아서그 귀한빛을 비춰온세상밝힌다
3. 이 말씀깃발처럼드높이날리니어 두운바다 위에등대와같도다
4. 주 님의몸된교회빛나는등되어이 세상만민 앞에비추게하소서

B♭ Cm F B♭ E♭ A♭ E♭ A♭ B♭7 E♭ A♭ E♭

주말씀성경 에서찬란히빛나 고내길에등불 되니늘찬송하리라
귀중한성경 말씀금보다귀하 고주님의귀한 모습잘드러내도다
이고해같은세상나평생지낼 때그말씀나의 길에등불이되도다
저방황하는길손이등불따라 서주얼굴볼때 까지잘가게하소서 아멘

202 (통 241) 하나님 아버지 주신 책은

아버지께서 나를 사랑하신 것같이 나도 너희를 사랑하였으니
(요 15:9)

P. P. Bliss, 1874

성경
JESUS LOVES EVEN ME: 10.10.10.10.REF.
P. P. Bliss, 1874

보통으로

G D7 G

1. 하나님아버지주신책은 귀하고중하신말씀일세 기쁘고반가운
2. 구속의은혜를저버리고 어긋난딴길로가다가도 예수의사랑만
3. 구주의영광을바라보며 예수의이름을찬양하리 영원히찬양할
4. 주예수날사랑하시오니 나또한예수를사랑하네 날구원하시려
5. 주예수날사랑하시오니 마귀가놀라서물러가네 주나를이렇게

G D7 G 후렴 C

말씀중에 날사랑한단말 참좋도다
생각하면 곧다시예수께 돌아오리
나의노래 예수의이름이 귀하도다 주께서나를사랑하니
내려오사 십자가위에서 죽으셨네
사랑하니 그사랑어떻게 보답할까

D7 G C D7 G

즐겁고도 즐겁도다 주께서나를사랑하니 나는참기쁘다

203 하나님의 말씀은

조창희, 1996

대저 하나님의 모든 말씀은 능하지 못하심이 없느니라
(눅 1:37)

성경
하나님의 말씀: IRREG.
이천진, 1999

보통으로

E♭ Gm Cm Fm Fm7 B♭ E♭

1. 하나님 의말씀은 생명의말씀이라 광야같 은
2. 하나님 의말씀은 은혜의말씀이라 누구든 지
3. 하나님 의말씀은 진리의말씀이라 믿음으 로
4. 하나님 의말씀은 사랑의말씀이라 험한세 상

Gm Cm Fm B♭7 E♭ B♭ E♭
세 상 에 길 잃 고 방 황 할 때 절 망 중 에 빠 진 이 몸
믿 고 서 참 으 로 회 개 하 면 하 나 님 이 사 해 주 사
지 키 어 자 유 를 얻 게 되 면 어 려 운 일 힘 든 일 도
살 동 안 언 제 나 돌 보 시 고 변 함 없 는 사 랑 으 로
A♭ F7 B♭ E♭ Cm Gm Cm E♭ B♭7 E♭
하 나 님 보 호 하 사 생 명 샘 이 솟 아 나 와 새 힘 이 넘 칩 니 다
구 원 함 베 푸 시 고 가 이 없 는 큰 은 혜 로 늘 품 어 주 십 니 다
담 대 히 할 수 있 어 온 전 하 신 말 씀 으 로 승 리 케 하 십 니 다
우 리 를 지 키 시 어 하 늘 나 라 이 르 도 록 인 도 해 주 십 니 다
성경
주의 말씀 듣고서 (통 379) 204
민로아(F. S. Miller), 1905
주추를 반석 위에 놓은 까닭이요
(마 7 : 25)
MORE TO FOLLOW: 7.6.7.6.D.REF.
P. P. Bliss (1838-1876)
보통으로
E♭ B♭ E♭ B♭ E♭
1. 주의말씀 듣고서 준행하는자는 반석위에 터닦고 집을지음 같아
2. 주의말씀 듣고도 행치않는자는 모래위에 터닦고 집을지음 같아
3. 세상모든 사람들 집을짓는자니 반석위가아니면 모래위에 짓네
E♭ A♭ E♭ B♭ E♭ A♭ E♭ B♭ E♭
비가오고 물나며 바람부딪 쳐도 반석위에 세운집 무너지지 않네
비가오고 물나며 바람부딪 칠때 모래위에 세운집 크게무너 지네
우리구주 오셔서 지은상을 줄때 세운공로 따라서 영영상벌 주리
후렴
E♭ A♭ E♭ B♭ E♭ A♭ E♭ B♭ E♭
잘짓고 잘짓세 우리집잘 짓세 만세반석 위에다 우리집잘 짓세

205 (통 236) 주 예수 크신 사랑

영생의 말씀이 주께 있사오니 우리가 누구에게로 가오리이까 (요 6:68)

성경

A. C. Hankey, 1866

EVANGEL: 7.6.7.6.D.REF.

W. H. Doane (1832-1915)

조금 빠르게

1. 주예수크신사랑늘말해주시오 나항상듣던 말씀또들려주시오 저뵈지않는천국주 예수계신곳나 밝히알아 듣게또들려주시오

2. 아침의이슬방울쉬사라짐같이 내기억부족하여늘잊기쉬우니 잘알아듣기쉽게늘 말해주시오날 구속하신 사랑또들려주시오

3. 주예수나를위해이세상오셔서 날구속하신은혜말하여주시오 나같은사람위해주 보혈흘렸네이 복스러운 말씀또들려주시오

4. 이세상헛된영화날미혹할때에 주예수크신사랑늘들려주시오 천국의빛난영광내 눈에비칠때주 예수크신 사랑또들려주시오

후렴

나항상듣던말씀 나항상듣던 말씀 주예수크신사랑또 들려주시오

206 주님의 귀한 말씀은

주의 말씀은 내 발에 등이요 내 길에 빛이니이다 (시 119:105)

성경

B. D. Barton, 1836

귀한 말씀: 8.6.8.6.

임석인, 1999

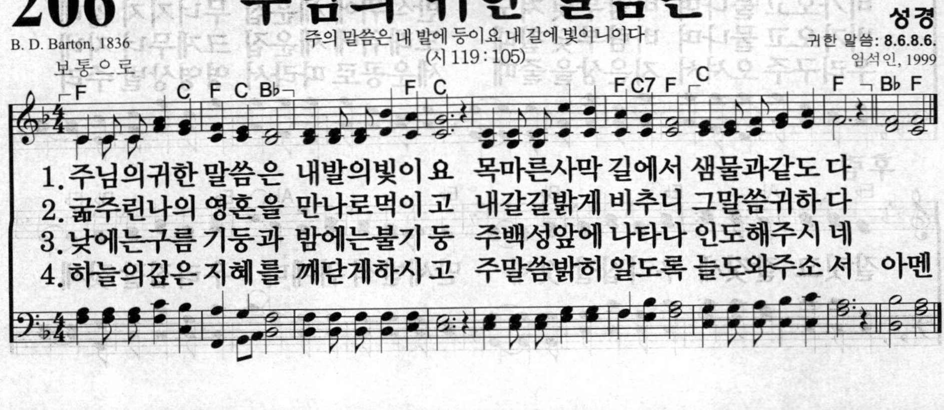

보통으로

1. 주님의귀한 말씀은 내발의빛이요 목마른사막 길에서 샘물과같도다

2. 굶주린나의 영혼을 만나로먹이고 내갈길밝게 비추니 그말씀귀하다

3. 낮에는구름 기둥과 밤에는불기둥 주백성앞에 나타나 인도해주시네

4. 하늘의깊은 지혜를 깨닫게하시고 주말씀밝히 알도록 늘도와주소서 아멘

하나님 나라
귀하신 주님 계신 곳
(통 243) 207
W. Cowper, 1769
너희는 여호와를 만날 만한 때에 찾으라… 그를 부르라
(사 55:6)
DUKE STREET: 8.8.8.8.
J. Hatton, 1793
보통으로
1.귀하신 주님 계신 곳 그 백성 함께 모이네
2.겸손한 사람 마음에 주 항상 같이 계셔서
3.선하신 목자 우리 주 사랑이 풍성하도다
4.그 거룩하신 주 앞에 간절히 기도드리니
다 함께 주를 만나니 그곳은 거룩하도다
외로움 없게 하시고 천국에 인도하시네
우리가 기다리오니 위로해 주시옵소서
어둔 눈 즉시 밝아져 큰 영광 보게 하소서 아멘
하나님 나라
내 주의 나라와
(통 246) 208
T. Dwight (1752-1817)
이 집은 살아 계신 하나님의 교회요 진리의 기둥과 터니라
(딤전 3:15)
ST. THOMAS: 6.6.8.6.
A. Williams, 1763
보통으로
1.내 주의 나라와 주 계신 성전과
2.내 주의 교회는 천성과 같아서
3.이 교회 위하여 눈물과 기도로
4.성도의 교제와 교회의 위로와
5.하늘의 영광과 베푸신 은혜가
피 흘려 사신 교회를 늘 사랑합니다
눈동자 같이 아끼사 늘 보호하시네
내 생명 다하기까지 늘 봉사합니다
구주와 맺은 언약을 늘 기뻐합니다
진리와 함께 영원히 시온에 넘치네 아멘

209 (통 247) 이 세상 풍파 심하고
하나님 나라
H. Stowell, 1828
거기서 내가 너와 만나고 … 네게 이르리라 (출 25 : 22)
RETREAT: 8.8.8.8.
T. Hastings, 1842
보통으로
1.이 세 상 풍 파 심 하 고 또 환 난 질 고 많 으 나
2.그 향 기 로 운 기 름 을 주 내 게 부 어 주 셔 서
3.주 믿 는 형 제 자 매 들 그 몸 은 떠 나 있 으 나
4.내 손 과 혀 가 굳 어 도 내 몸 의 피 가 식 어 도
나 편 히 쉬 게 될 곳 은 주 예 비 하 신 주 의 전
내 기 쁨 더 해 주 는 곳 주 피 로 사 신 주 의 전
주 앞 에 기 도 드 릴 곳 다 함 께 모 일 주 의 전
나 영 영 잊 지 못 할 곳 은 혜 의 보 좌 주 의 전 아 멘
210 (통 245) 시온성과 같은 교회
하나님 나라
J. Newton, 1779
하나님의 성이여 너를 가리켜 영광스럽다 말하는도다 (시 87 : 3)
AUSTRIAN HYMN: 8.7.8.7.D.
F. J. Haydn, 1797
보통으로
1.시 온성 과 같 은 교 회 그 의 영 광 한 없 다 허 락 하 신
2.생 명샘 이 솟 아 나 와 모 든 성 도 마 시 니 언 제 든 지
3.주 의 은 혜 내 가 받 아 시 온 백 성 되 는 때 세 상 사 람
말 씀 대 로 주 가 친 히 세 웠 다 반 석 위 에 세 운 교 회
흘 러 넘 쳐 부 족 함 이 없 도 다 이 런 물 이 흘 러 가 니
비 방 해 도 주 를 찬 송 하 리 라 세 상 헛 된 모 든 영 광
흔 들 자 가 누 구 랴 모 든 원 수 에 워 싸 도 아 무 근 심 없 도 다
목 마 를 자 누 구 랴 주 의 은 혜 풍 족 하 여 넘 치 고 도 넘 친 다
아 침 안 개 같 으 나 주 의 자 녀 받 을 복 은 영 원 무 궁 하 도 다 아 멘

헌신과 봉사
값비싼향유를주께드린
(통 346)
211
E. P. Parker, 1889
그는 향유를 내 발에 부었느니라
(눅 7:46)
LOVE'S OFFERING: 6.4.6.4.6.6.4.4.
E. P. Parker, 1889
보통으로
1.값비싼향유를 주께드린 막달라마리아 본받아서
2.연약한자에게 힘을주고 어두운세상에 빛을비춰
3.두려운마음에 소망주고 슬픔에싸인자 위로하며
4.인생의황혼이 깃들어서 이땅의수고가 끝날때에
향기론산제물 주님께바치리
성실과인내로 내형제이끌리
길잃은자들을 친절히이끌리
주님을섬기다 평안히가리라
사랑의주 내주 님께 아멘
헌신과 봉사
겸손히 주를 섬길 때
(통 347)
212
W. Gladden, 1879
인내로써 우리 앞에 당한 경주를 하며
(히 12:1)
MARYTON: 8.8.8.8.
H. P. Smith, 1874
보통으로
1.겸손히주를섬길때 괴로운일이많으나
2.인자한말을가지고 사람을감화시키며
3.구주의귀한인내를 깨달아알게하시고
4.장래의영광비추사 소망이되게하시며
구주여내게힘주사 잘감당하게하소서
갈길을잃은무리를 잘인도하게하소서
굳건한믿음주셔서 늘승리하게하소서
구주와함께살면서 참평강얻게하소서 아멘

213 (통 348) 나의 생명 드리니

너희 지체를 의의 무기로 하나님께 드리라
(롬 6:13)

헌신과 봉사

F. R. Havergal, 1874

MAIN: 7.7.7.7.

W. A. Mozart (1756-1791)

보통으로

G D D7 G D7 G D
1.나 의 생 명 드 리 니 주 여 받 아 주 셔 서
2.손 과 발 을 드 리 니 주 여 받 아 주 셔 서
3.나 의 음 성 드 리 니 주 여 받 아 주 셔 서
4.나 의 보 화 드 리 니 주 여 받 아 주 셔 서
5.나 의 시 간 드 리 니 주 여 받 아 주 셔 서
G D D7 G Am G D7 G C G
세 상 살 아 갈 동 안 찬 송 하 게 하 소 서
주 의 일 을 위 하 여 민 첩 하 게 하 소 서
주 의 진 리 말 씀 만 전 파 하 게 하 소 서
하 늘 나 라 위 하 여 주 뜻 대 로 쓰 소 서
평 생 토 록 주 위 해 봉 사 하 게 하 소 서 아 멘

214 (통 349) 나 주의 도움 받고자

모든 것을 버려두고 예수를 따르니라
(눅 5:11)

헌신과 봉사

E. H. Hamilton, 19th Century

TAKE ME AS I AM: 8.8.8.6.REF.

I. D. Sankey (1840-1908)

보통으로

E♭ B♭7 E♭ A♭ E♭ B♭7 E♭

1. 나 주의 도움 받고자 주 예수님께 빕니다 그 구원 허락 하시사 날 받아주소서
2. 큰 죄에 빠져 영 죽을 날 위해 피흘렸으니 주 형상대로 빚으사 날 받아주소서
3. 내 힘과 결심 약하여 늘 깨어지기 쉬우니 주 이름으로 구원해 날 받아주소서
4. 내 주님 서신 발 앞에 나 꿇어 엎드렸으니 그 크신 역사 이루게 날 받아주소서

후렴

E♭ B♭7 E♭ B♭7 E♭ A♭ E♭ B♭7 E♭ A♭ E♭

내 모습 이대로 주 받아주소서 날 위해 돌아가신 주 날 받아주소서 아멘

내 죄 속해 주신 주께 (통 354) 215

헌신과 봉사

M. D. James (1810-1883)

네 마음을 다하고 목숨을 다하고
(마 22:37)

ALL FOR JESUS: 8.7.8.7.D.
A. Hull (b. 1828)

보통으로

F C F C F
1. 내죄속해주신 주께 힘과정성다하 니 나의온갖언행 심사 주를위한것일 세
2. 나의손과발을 드려 주의명령행하 고 오직주만바라 보며 주만찬양하겠 네
3. 내가주를바라 보니 나의영혼밝아 져 십자가를지신 주만 항상바라봅니 다
4. 신기하고놀라 워라 영광스런왕의 왕 나를친구삼아 주사 편히쉬게하시 네
B♭ F C F B♭ F C F B♭ F
내게있는모든 것을주를위해바치 리 내게있는모든 것을주를위해바치 리
항상주를찬송 하며이몸바치오리 다 항상주를찬송 하며이몸바치오리 다
십자가를바라 보며주만따라가리 라 십자가를바라 보며주만따라가리 라
주의날개보호 아래영원안식얻겠 네 주의날개보호 아래영원안식얻겠 네 아멘

성자의 귀한 몸 (통 356) 216

헌신과 봉사

S. D. Phelps, 1862

그가 우리를 위하여 목숨을 버리셨으니
(요일 3:16)

SOMETHING FOR THEE:
6.4.6.4.6.6.6.4.
R. Lowry, 1871

보통으로

G C G D7 G C G D7 G
1.성 자의귀한몸 날 위하여 버 리신그사랑 고 마워라
2.지 금도날위해 간 구하심 이 옅은믿음이 아 옵나니
3.주 님의십자가 나 도지고 신 실한믿음과 마 음으로
4.만 가지은혜를 받 았으니 내 평생슬프나 즐 거우나
D7 G Am C G D7 G C G
내 머리숙여서 주님께 비는말 나 무엇주님께 바 치리까
주 님의참사랑 고맙고 놀라워 찬송과기도를 쉬 지않네
형 제의사랑과 친절한 위로를 뉘 게나베풀게 하 옵소서
이 몸을온전히 주님께 바쳐서 주님만위하여 늘 살겠네 아멘

217 (통 362) 하나님이 말씀하시기를

네 마음을 내게 주며
(잠 23:26)

헌신과 봉사
BOURNE: 10.10.10.10.REF.

E. E. Hewitt, 1898
W. J. Kirkpatrick, 1898

보통으로

F Bb F C7 F F Bb F C G7 C7 F F Bb F G7 C7 F Bb F Bb F G7 C7 F Bb F

1.하나님이말씀하시기를 네맘을나에게바치어라 너어디 있든지날섬기며 기쁘게날항상의지하라
2.구주께서말씀하시기를 네맘을나에게다바치고 사악한 죄에서벗어나면 나어찌널구원않겠느냐 바치어라
3.성령께서말씀하시기를 가진바모든것다맡기고 네맘도 기쁘게바치어라 풍성한은혜를더하리라

후렴

네마음을 주께서 나에게 이르시네 캄캄한 죄에서 불러내신 주께서 늘 인도 하시리라 아 멘

218 (통 369) 네 맘과 정성을 다하여서

주 너의 하나님을 사랑하라 … 네 이웃을 네 자신같이 사랑하라
(마 22:37-39)

헌신과 봉사
그 명령 따라서
: 10.11.10.10.10.10.

정용철, 1966
곽상수, 1967

보통으로

Eb Ab Eb Bb7 Eb Bb7 Eb

1.네맘과 정성을다하여서 주너의하나님을사랑하라
2.널미워 해치는원수라도 언제나너그럽게사랑하라
3.나항상 주님을멀리하고 형제를사랑하지못하였다

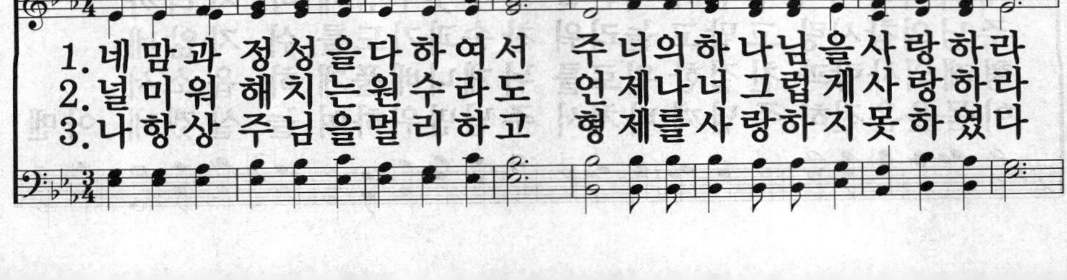

Eb Ab Eb Bb7 Eb Bb7 Eb
네몸을 아끼고사랑하듯 형 제와이웃을사랑하라
널핍박 하는자위해서도 신 실한맘으로복을빌라
이러한 죄인을사랑하사 주 께서몸버려죽으셨다
Eb Gm F7 Bb Ab Eb Bb7 Eb Ab Eb
주께서우리게명하시니 그명령따라서살아가리
주께서우리게명하시니 그명령따라서살아가리
속죄의큰사랑받은이몸 내생명다바쳐충성하리 아 멘
성도의 교제
C. H. Richards, 1910
주하나님의사랑은
(통 279) 219
인류의 모든 족속을 한 혈통으로 만드사 온 땅에 살게 하시고
(행 17 : 26)
BETHLEHEM: 8.6.8.6.D.
G. W. Fink, 1842
보통으로
A D A D E A D
1.주 하나님의 사 랑은한 없이넓으 사 온 세상모든
2.큰 은혜로써 고 르게복 내려주시 고 다 같은주의
3.싸 워서받은 상 처를곧 낫게하시 고 그 교만함과
4.그 평화로운 거 문고한 곡조울리 니 저 어지러운
A E B7 E E7 A E7 A
백 성을그 자녀삼았네 각 나라말과 역사가다
계 시를늘 보여주시네 한 아버지신 하나님다
간 사함다 소멸하시네 각 나라서로 도우며참
소 리들곧 그쳐버리네 큰 영광보는 그날을늘
D B7 E A D A D E A
다르더라 도 온 세상사람 믿 으니한 형제자매 라
같이모시 고 만 백성서로 지 체니한 형제자매 라
사랑으로 써 주 하나님을 섬 기니한 형제자매 라
기다리나 니 그 나라올라 가 서도한 형제자매 라

220 (통 278) 사랑하는 주님 앞에
날마다 마음을 같이하여 성전에 모이기를 힘쓰고 (행 2:46)
성도의 교제
TOWNER: 8.8.8.8.D.
Shinsen Sambika, c. 1896
D. B. Towner, 1897
조금 느리게
Duet
1. 사랑하는 주님앞에 형제자매 한자리에 크신은
2. 사랑하는 주님앞에 온갖충성 다바쳐서 괴로우
3. 사랑하는 주님예수 같은주로 섬기나니 한피받
혜생각하며즐거운 찬송부르네 내주예 수
나즐거우나주님만 힘써섬기네 우리주 님
아한몸이룬형제여 친구들이여 한몸같 이
Chorus
내주예수
본을받 아 모든사람 내몸같이 환난근
거룩한 손 제자들의 발을씻어 남섬기
친밀하 고 마음으로 하나되어 우리주
본을받아 모든사람 내몸같이
심 위로하고 진심으로 사랑하세
는 종의도를 몸소행해 보이셨네
님 크신뜻을 지성으로 준행하세
환난근심 위로하고 진심으로

성도의 교제
주 믿는 형제들
(통 525) 221
J. Fawcett, 1782
형제가 연합하여 동거함이 어찌 그리 선하고 아름다운고
(시 133:1)
DENNIS: 6.6.8.6.
J. H. G. Nägeli (1768-1836)
Arr. by L. Mason, 1845
보통으로
F C F B♭ F C C7 F C F C7 F
1. 주믿 는형 제들사 랑 의사 귐은천국 의교 제같 으니 참좋 은친 교라
2. 하나 님보 좌앞다 기 도드 리니우리 의믿 음소 망이 주안 에하 나라
3. 피차 에슬 픔과수 고 를나 누고늘동 고동 락하 면서 참사 랑나 누네
4. 또이 별할 때에맘 비 록슬 퍼도주안 에교 제하 면서 또다 시만 나리
성도의 교제
우리 다시 만날 때까지
(통 524) 222
J. E. Rankin, 1880
우리 주 예수의 은혜가 너희에게 있을지어다
(롬 16:20)
GOD BE WITH YOU: 9.8.8.9.REF.
W. G. Tomer (1833-1896)
보통으로
C G C F C G
1. 우 리다시만날때까지 하 나님이함께계 셔 훈 계로써인도
2. 우 리다시만날때까지 하 나님이함께계 셔 간 데마다보호
3. 우 리다시만날때까지 하 나님이함께계 셔 위 태한일면케
4. 우 리다시만날때까지 하 나님이함께계 셔 사 망권세이기
C G C 후렴 F
하 며 도 와주시기를바라네
하 며 양 식주시기를바라네
하 고 품 어주시기를바라네
도 록 지 켜주시기를바라네
다시만날때다시만날때예수
C G C F C G C
앞에만날 때 다시만날때다시만날때 그 때까지계심 바라네

223
하나님은 우리들의
성도의 교제
나채운, 1992
예수 그리스도로 말미암아 자기의 아들들이 되게 하셨으니
(엡 1:5)
참된 아버지: 8.5.8.5.8.5.7.5.
석종환, 1993
보통으로
Eb
Cm
Fm
Eb
G
Cm
1.하나님은 우리들의 참 된아버지 사랑하는
2.예수님은 우리들의 참 된스승님 사랑하는
3.사도들은 우리들의 장 한선배들 충성되이
4.아버지를 잘섬기어 좋 은자녀로 스승님께
Cm
Fm
Bb7
Eb
Cm
G
Cm
아들딸로삼 아주셨다 거룩하신 아버지의
제자들로삼 아주셨다 그귀하신 가르침을
주를섬긴그 들본받아 죽기까지 복음전파
잘배워서좋 은제자로 선배들을 본받아서
거룩하신
아버지의
Cm
G
Cm
Bb
Bb7
Eb
뜻 을따라서 성 별된 자녀답게 살 아가리라
깊 이배워서 훌 륭한 제자답게 따 라가리라
사 명다하여 충 실한 후배답게 충 성하리라
좋 은후배로 우 리의 귀한신분 지 켜나가자
따라서
224
정한 물로 우리 죄를
세례(침례)
BEACH SPRING: 8.7.8.7.D.
사람이 물과 성령으로 나지 아니하면
(요 3:5)
R. Duck, 1987
Attr. to B. F. White, 1844
Harm. by R. A. Nelson, 1978
보통으로
F
Gm7 F
Dm
Bb C7 Bb
F
Gm7 F
Dm
Bb C7 Bb
F
1. 정한물로우리죄 를모두씻어주시사주의자녀삼으시 고은혜내려주소서
2. 주님앞에나온사 람하늘잔치참여해주의잔과생명떡 을받아먹게하소서
3. 거룩하신주의뜻 을우리알수없으나주님앞에존귀영 광찬양하게하소서

F C Dm Am F B♭7 C Dm Dm7 B♭7 F Gm7 Am Gm7 F
빛난옷을입히시 고 사랑으로채우며 주의성 령임하시 니 기쁨넘 치 옵니다
죄와유혹물리치 고 주와동행하면서 하늘나 라시민되 어 승리하 게 하소서
죄를씻고성령받 아 주님앞에나오니 사랑으 로우리들 을 새로빛 어 주소서
실로암 샘물가에 핀
(통 298)
225
세례(침례)
R. Heber (1783-1826)
내 사랑하는 자가 … 동산 가운데에서 양 떼를 먹이며 백합화를
(아 6:2)
SILOAM: 8.6.8.6.
I. B. Woodbury, 1842
보통으로
D G D A D A7 D
1.실 로 암 샘 물 가 에 핀 한 송 이 흰 백 합
2.평 화 의 길 을 따 르 는 순 진 한 어 린 이
3.찬 서 리 매 운 바 람 이 휘 몰 아 쳐 오 면
4.주 님 의 길 을 따 르 는 하 나 님 자 녀 는
D A7 D G D A D G D
한 떨 기 향 기 풍 기 는 샤 론 의 장 미 꽃
주 님 을 믿 는 그 마 음 거 룩 한 꽃 이 라
저 고 운 백 합 장 미 도 시 들 때 있 으 리
그 사 랑 안 에 영 원 히 빛 나 게 살 리 라 아 멘
성령으로 세례 받아
226
세례(침례)
R. S. Cole-Turner, 1981
어린아이들이 내게 오는 것을 용납하고 금하지 말라
(눅 18:16)
STUTTGART: 8.7.8.7.
Attr. to C. F. Witt, 1715
Adapt. by H. J. Gauntlett, 1861
보통으로
G Am7 D G C D G D B7 Em A D7 G C G D G
1.성령으로 *세례받아 복을받은 어린이 하나님이 물로씻어 은총으로 인쳤네
2.주를사랑 하는아이 귀한믿음 주시고 성령께서 인도하며 참된기쁨 주시네
3.하나님께 오는아이 보배롭고 귀하며 주님앞에 나온아이 은총속에 살리라
4.부모들은 주의아이 사랑으로 돌보니 기도하며 찬송하고 믿음으로 자라네
* 침례

227 (통 283) 주 앞에 성찬 받기 위하여

그들이 먹을 때에 예수께서 떡을 가지사 축복하시고
(마 26 : 26)

성찬

E. H. Bickersteth, 1872

MORECAMBE: 10.10.10.10.
F. C. Atkinson, 1870

보통으로

1. 주 앞에 성찬 받기 위하여 이 죄인 감히 나아옵니다
2. 죄 길로 나가 방황했으나 주 앞에 감히 돌아옵니다
3. 한번만 주의 음성 들어도 그 말씀 내게 능력되어서
4. 온유한 주의 음성 듣고서 죄인은 와서 쉬임 얻으며
5. 기도와 찬송 주께 드리고 주님의 떡과 잔을 받으니

주 공로 믿고 떨며 나오니 내 죄를 용서하여 주소서
자녀 될 자격 내게 없어도 주 나를 용납하여 주소서
이 세상 마귀 유혹 이기고 원수의 비방 막게 됩니다
성도들 함께 참여하여서 베푸신 잔치 먹게 됩니다
내 맘에 주여 들어오셔서 주 말씀 따라 살게 하소서 아멘

228 (통 285) 오 나의 주님 친히 뵈오니

이 떡을 먹는 자는 영원히 살리라
(요 6 : 58)

성찬

H. Bonar, 1855

PENITENTIA: 10.10.10.10.
E. Dearle, 1874

보통으로

1. 오 나의 주님 친히 뵈오니 영원한 세계 밝히 나타나
2. 주님의 떡을 내가 먹으며 주님의 잔을 내가 마시고
3. 주 예수 밖에 도움 없어서 주님의 팔에 의지합니다
4. 주님의 성찬 받을 때마다 하늘의 기쁨 미리 맛보고

한없는 은혜 길이 누리니 주님께 모든 염려 맡기리
근심의 짐을 벗어버리니 죄 사함 받아 내 맘 새롭다
주 권능으로 힘이 솟아서 주 안에 내가 만족합니다
어린양 잔치 참여함 같이 영원한 복을 내가 누리리 아멘

229 아무 흠도 없고 (통 281)

성찬

오직 흠 없고 점 없는 어린 양 같은 그리스도의 보배로운 피로 된 것이니라
(벧전 1 : 19)

T. Sasao, 1897

GOLDEN HILL: 6.6.8.6.
A. Chapin, 1805

보통으로

1. 아무흠 도 없고거룩거 룩하신주하나 님어린양 이죽임을 당 했네
2. 이는날 위 하여십자가 위에서못박히 사깨뜨리 신주님의 몸 일세
3. 이는날 위 하여형벌을 받으사주가친 히대신흘 린주의보 혈 일세
4. 이는주 가 지금나에게 주시는영생하 는양식이 요마시는 잔 일세
5. 심히사 모 하는떠나셨 던주님속히세 상다시올 때반가이 뵙 겠네
6. 우리그 때 까지십자가 를지고주의자 비함과은 혜널리전 파 하세

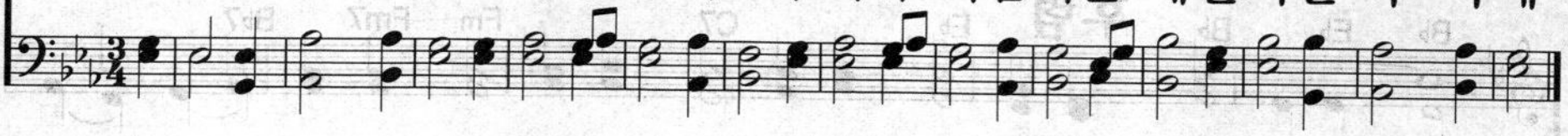

230 우리의 참되신 구주시니

성찬

너희가 이를 행하여 나를 기념하라 하시고
(눅 22 : 19)

T. Aquinas (c. 1225-1274)
Trans. by J. R. Woodford, 1850

ADORO TE DEVOTE: 10.10.10.10.
Benedictine Plainsong, 13th Century
As in *Hymnal for Colleges and Schools*, 1956

보통으로

1. 우리의참되신구주시니 다함께모여서경배하세
나주님앞에죄인이오니 정성을다하여찬송합니다
2. 주님의살과피기념하여 생명의떡과잔받아먹네
내영혼영생주신주님께 온정성다하여찬송합니다
3. 주님은진리의근원되사 피흘려우리죄씻어주고
내믿음굳게하여주시며 소망과평화를얻게하소서
4. 사랑의구주님은혜로써 우리가구원을받았으니  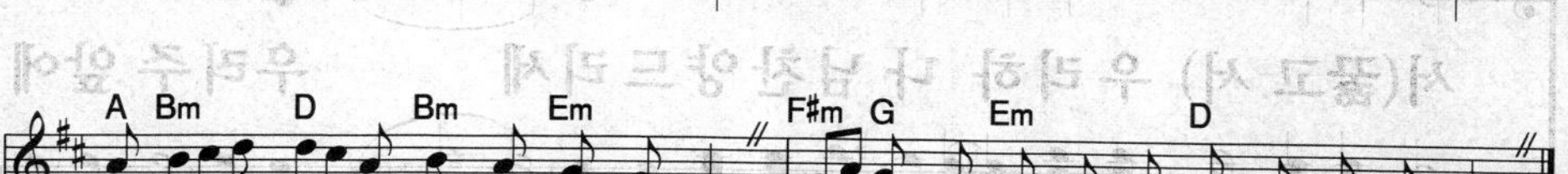
나주님모습보게하시고 주님의영광을찬양합니다

231 우리 다 같이 무릎 꿇고서

너희가 이 떡을 먹으며 이 잔을 마실 때마다
(고전 11 : 26)

성찬

LET US BREAK BREAD: 5.5.4.6.REF.

Afro-American Spiritual

Afro-American Spiritual
Arr. by M. W. Costen, 1988

보통으로

성찬
유월절 때가 이르러 (통 282) 232
J. Morison (1749-1798)
As in Scottish Paraphrases, 1781
예수께서 떡을 가지사 축복하시고 … 이것은 내 몸이니라
(마 26 : 26)
FEDERAL STREET: 8.8.8.8.
H. K. Oliver, 1832
조금 느리게
F Bb F C C7 F C7 F G7 C
1. 유 월 절 때 가 이 르 러 주 팔 리 시 던 날 밤 에
2. 천 지 를 다 스 리 시 는 천 부 께 감 사 드 리 고
3. 이 것 은 너 를 위 한 몸 다 함 께 받 아 먹 으 라
4. 그 후 에 손 에 잔 들 고 또 다 시 감 사 드 리 고
5. 이 잔 은 너 를 위 한 피 너 희 를 위 한 새 언 약
6. 이 잔 을 입 에 댈 때 에 너 나 를 생 각 하 여 라
F C7 F C C7 F Bb F C7 F Bb F
온 제 자 둘 러 모 인 때 주 께 서 떡 을 떼 셨 네
주 께 서 떡 을 떼 어 서 제 자 들 에 게 주 셨 네
인 자 의 죽 음 전 하 며 날 기 억 하 라 하 셨 네
주 님 의 얼 굴 빛 나 며 입 열 어 말 씀 하 셨 네
영 원 한 언 약 그 대 로 큰 은 혜 부 어 주 리 라
내 몸 과 내 피 네 맘 에 영 원 한 생 명 되 리 라 아 멘
성찬
자비로 그 몸 찢기시고 233
R. Heber, 1826
예수께서 이르시되 나는 생명의 떡이니
(요 6 : 35)
EUCHARISTIC HYMN: 9.8.9.8.
J. S. B. Hodges, 1868
보통으로
Eb Ab Eb Bb7 Eb Ab Eb Bb7 Eb
1. 자 비 로 그 몸 찢 기 시 고 그 의 피 흘 려 주 신 주
2. 회 개 한 죄 인 상 한 가 슴 흐 르 는 눈 물 보 시 고
Ab Eb Ab Fm Eb Bb Eb Ab Fm Eb Bb7 Eb
생 명 의 말 씀 주 심 으 로 우 리 죄 사 해 주 셨 네
은 혜 로 내 영 먹 이 시 는 큰 잔 치 되 게 하 소 서

234 (통 220) 구주 예수 그리스도

내가 다시 와서 너희를 내게로 영접하여 나 있는 곳에 너희도 있게 하리라
(요 14:3)

천국

T. Sasao, 1900

THE GATE AJAR FOR ME: 8.7.8.7.REF.

S. J. Vail, 1872

보통으로

C F C F C G C F C G7 C
1. 구 주예수그 리스도다 시세상오 실 때기 쁨으로우 리맞아길 이같이살 겠 네
2. 괴 롬없고죽 음없는하 늘나라올 라 가그 생명의강 가에서편 히쉬게되 리 라
3. 천 국에는해 와달과별 과등불없 어 도하 늘나라밝 은빛이찬 란하게비 치 네
4. 하 늘나라찬 양소리쉴 새없이들 리 고거 문고와노 랫소리청 아하고묘 하 다
5. 만 국백성사 면에서주 의보좌둘 러 서천 사노래화 답하며길 이찬양하 겠 네
후렴
G7 Am C F C G C F C G C
영 화롭고아름다운우 리본향천 국에서주 와 같이 영 원히살겠 네
주와 같이

235 (통 222) 보아라 즐거운 우리 집

내가 너희를 위하여 거처를 예비하러 가노니
(요 14:2)

천국

D. W. C. Huntington (1830-1912)

HOME OVER THERE: IRREG.

T. C. O'kane (1830-1912)

보통으로

G D G C
1. 보아 라즐거운우리 집 밝고 도거룩한천국 에 거룩 한백성들거기 서
2. 앞서 간우리의친구 들 광명 한그집에올라 가 거룩 한주님의보좌 앞
3. 우리 를구하신주님 도 거룩 한그집에계시 니 우리 도이세상떠날 때
4. 우리 의일생이끝나 면 영원 히즐거운곳에 서 거룩 한아버지모시 고
천국에
G D7 G D G
영원히영광에 살겠네 거기 서 거기서 기쁘
찬미로영원히 즐기네 거기 서 거기서 기쁘
주님과영원히 살겠네 거기 서 거기서 기쁘
기쁘고즐겁게 살겠네 거기 서 거기서 기쁘
살겠네 거기서 거기서

D7 G D G C G D G
고즐거운집에서 거기서 거기서 거기서 영원히 영광에살겠네
고즐거운집에서 거기서 거기서 거기서 찬미로 영원히 즐기네
고즐거운집에서 거기서 거기서 거기서 주님과 영원히살겠네
고즐거운집에서 거기서 거기서 거기서 기쁘고 즐겁게살겠네
집에서 거기서
우리 모든 수고 끝나
(통 223) 236
천국
C. B. Widmeyer, 1911
새 예루살렘이 하나님께로부터 하늘에서 내려오니
(계 21 : 2)
IN THE NEW JERUSALEM
: 15.11.15.7.REF.
C. B. Widmeyer, 1911
조금 빠르게
A♭ Fm B♭7 E♭7
1. 우리모든수고끝나세상장막벗고서 모든근심걱정 사라진후 에
2. 가는길이외로워도주님나를붙드니 시험환난근심 걱정없으 며
3. 내가세상작별하고모든눈물거둔후 주의영광찬란 하게비칠 때
4. 아름다운그곳에서구속받은성도와 사랑하는주님 만나뵈올 때
C Fm D♭ A♭ D♭ E♭7 A♭
주를뵙고성도함께면류관을쓰리라 새예루 살렘에 서
주를믿고따라가면그의뜻을알리라 새예루 살렘에 서
나를구속하신주를기쁨으로뵈오리 새예루 살렘에 서
주의영광노래하며영원토록살리라 새예루 살렘에 서
후렴
D♭ A♭ E♭7 A♭
성도 들이함께올때기뻐 노 래하리라 새예루살렘 새 예 루살렘
새예 루살렘에서 새 예 루살렘에서
D♭ A♭ E♭7 A♭
호산 나를높이불러왕의 왕 을맞으리 새예루 살렘에 서
새예루살렘에 서예루살렘

237 (통 226) 저 건너편 강 언덕에

해 지는 저편 238

천국
현재의 고난은 장차 우리에게 나타날 영광과 비교할 수 없도다
(롬 8 : 18)
V. T. Brock (1887-1978)
BEYOND THE SUNSET: 10.9.10.9.
B. K. Brock (1888-1958)
보통으로
E♭
B♭7
1. 해지는저편 새하늘에는 우리주예수 계시오니
2. 해지는저편 구름도없고 무서운폭풍 없으리니
3. 해지는저편 하나님나라 주께서우리 인도하네
4. 해지는저편 그영광중에 먼저간성도 만나보리
A♭
D7
고난은가고 찬란한새벽 영광의날이 밝으리라
즐거운그날 영원한그날 해지는저편 기쁨넘쳐
주님이나를 영접해주니 영원히주를 찬송하리
영원한본향 그리운그곳 이별의슬픔 없으리라 아멘
저 뵈는 본향 집 (통 230) 239
천국
그들이 이제는 더 나은 본향을 사모하니
(히 11 : 16)
P. Cary, 1852
SOLEMNITY: 6.6.8.6.REF.
P. Phillips (1834-1895)
보통으로
B♭
F7
F
1. 저뵈는본향집 날마다가까워 내갈길멀지않으니전보다가깝다
2. 내주의집에는 거할곳많도다 그보좌있는곳으로가까이갑니다
3. 내생명끝날에 십자가벗고서 나면류관을쓸때가가깝게되었네
4. 내삶의끝날을 분명히모르니 내주여길다가도록늘함께하소서
후렴
더가깝고 더가깝다 하룻길되는내본향가까운곳일세 아멘

240 (통 231) 주가 맡긴 모든 역사

어린 양이 그들의 목자가 되사… 눈물을 씻어 주실 것임이라
(계 7:17)

천국

F. J. Crosby (1820-1915)

I SHALL KNOW HIM: 15.11.15.11.REF.

J. R. Sweney (1837-1899)

보통으로

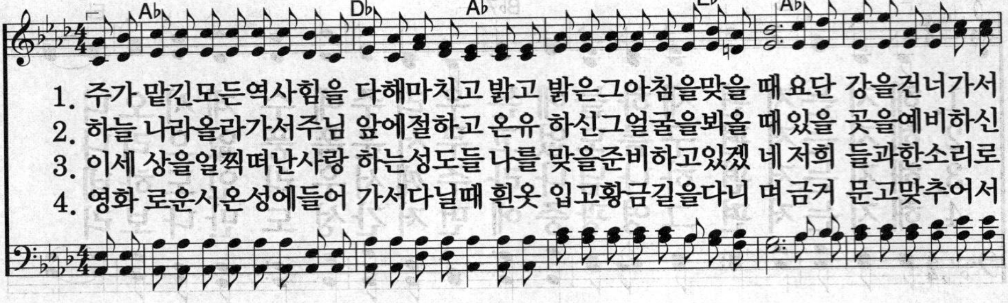

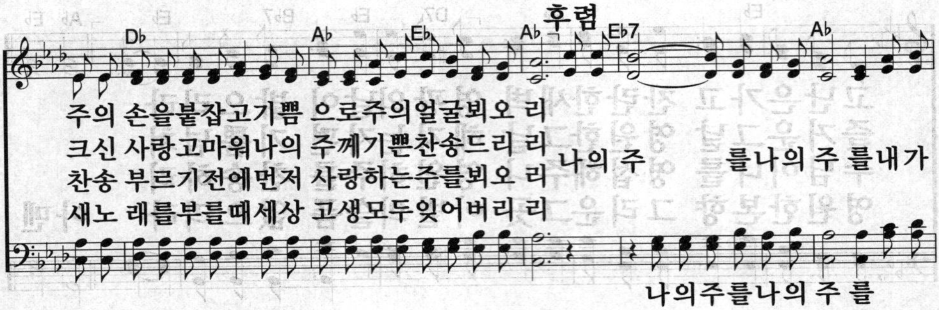

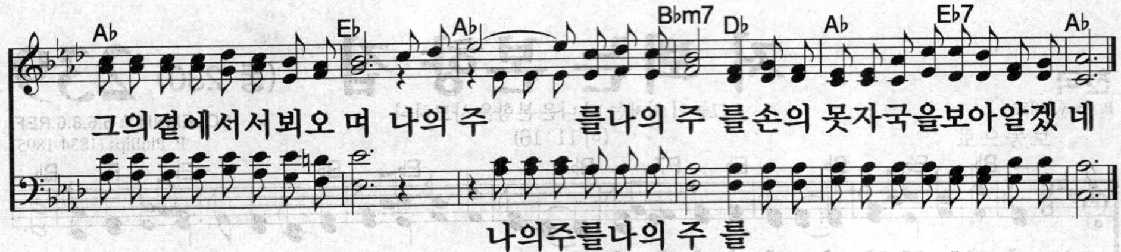

1. 주가 맡긴모든역사힘을 다해마치고 밝고 밝은그아침을맞을 때 요단 강을건너가서 주의 손을붙잡고기쁨 으로주의얼굴뵈오 리
2. 하늘 나라올라가서주님 앞에절하고 온유 하신그얼굴을뵈올 때 있을 곳을예비하신 크신 사랑고마워나의 주께기쁜찬송드리 리
3. 이세 상을일찍떠난사랑 하는성도들 나를 맞을준비하고있겠 네 저희 들과한소리로 찬송 부르기전에먼저 사랑하는주를뵈오 리
4. 영화 로운시온성에들어 가서다닐때 흰옷 입고황금길을다니 며 금거 문고맞추어서 새노 래를부를때세상 고생모두잊어버리 리

후렴

나의 주 를나의 주 를내가 (나의주를나의 주 를) 그의곁에서서뵈오 며 나의 주 (나의주를나의 주 를) 를나의 주 를손의 못자국을보아알겠 네

241 (통 232) 아름다운 본향

내 아버지 집에 거할 곳이 많도다
(요 14:2)

천국

E. H. Gates, 1865

GATES: IRREG.

P. Phillips, 1865

보통으로

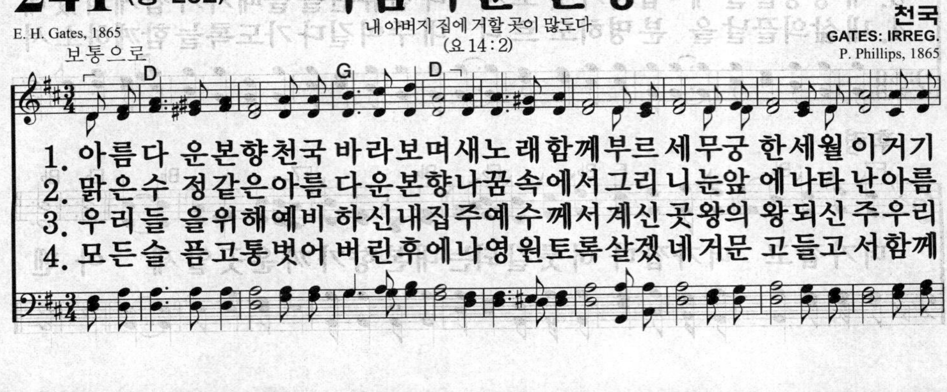

1. 아름다 운본향천국 바라보며새노래함께부르 세무궁 한세월 이거기
2. 맑은수 정같은아름 다운본향나꿈속에서그리 니눈앞 에나타 난아름
3. 우리들 을위해예비 하신내집주예수께서계신 곳왕의 왕되신 주우리
4. 모든슬 픔고통벗어 버린후에나영원토록살겠 네거문 고들고 서함께

흘러갈때 고난풍파 가 일지않네 고난풍파가일 지않네 무궁
다운도성 찬란한 그 모습보이네 찬란한그모습 보이네 눈앞
쓸면류관 손에들 고 서 기 다리네 손에들고서기 다리네 왕의
찬송할때 우리가 서 로 만 나겠네 우리가서로만 나겠네 거문
한 세월이 거기흘러갈 때 고난풍파가 일지않 네
에 보이는 아름다운도 성 찬란한그모 습보이 네
왕 되신주 우리쓸면류 관 손에들고서 기다리 네
고 들고서 함께찬송할 때 우리가서로 만나겠 네 아 멘
황무지가 장미꽃같이
천국
(통 233) 242
F. Horton, 20th Century
보통으로
이는 광야에서 물이 솟겠고 사막에서 시내가 흐를 것임이라 (사 35:6)
WALKING IN THEKING'S HIGHWAY
: 9.7.9.7.REF.
F. Horton, 20th Century
1. 황무 지가장미꽃같 이 피는것을볼때 에 구속 함의노래부르
2. 하나 님의아름다움 과 그의영광볼때 에 모든 괴롬잊어버리
3. 마른 땅에샘물터지 고 사막에물흐를 때 기쁨 으로찬송부르
4. 거기 악한짐승없으 니 두려울것없겠 네 평안 함과즐거움으
5. 거기 죄인전혀없으 니 거룩한자뿐이 라 주님 주신면류관쓰
장 미 꽃같이 볼때에 노 래
며 거룩한길다니 리
고 거룩한길다니 리
며 거룩한길다니 리 거기거룩한그길에 검
로 거룩한길다니 리
고 거룩한길다니 리
후렴
부르며 그길에
은구름없 으니 낮과같이맑고밝은 거룩한길다니리
없으니 또밝은

243 (통 224) 저 요단강 건너편에

강 좌우에 생명나무가 있어 열두 가지 열매를 맺되
(계 22 : 2)

천국
I SHALL SEE HIM FACE TO FACE
: 15.11.15.11.REF.

C. E. Breck (1855-1934)

신중 복음가, 1919

보통으로

1. 저 요단강 건너편에 화려하게 뵈는 집 나를 위해 예비하신 집일세 강가에는 생명나무 꽃이 만발하였네 주의 얼굴 그곳에서 뵈오리(나 뵈오리)
2. 주가 내게 부탁하신 모든 역사 마친 후 예비하신 그곳에서 쉬겠네 성도들이 주의 영광 할렐루야 부를 때 나의 음성 그 노래에 합하리(나 합하리)
3. 먼저 떠나 그곳에 간 사랑하는 친구들 나를 기다리고 있으리로다 세상길을 다 간 후에 나도 거기 올라가 그 집에서 우리 함께 살겠네(나 살겠네)
4. 이 세상에 머물 동안 주의 일을 힘쓰며 주의 구원함과 은총 전하고 나의 생명 마치는 날 저 본향에 올라가 주의 얼굴 그곳에서 뵈오리(나 뵈오리)

후렴
주의 얼굴 뵈오리(주의 얼굴 나 뵈오리) 주의 얼굴 뵈오리(주의 얼굴 나 뵈오리) 슬픔 하나도 없고 금빛 찬란한 데서 구속하신 주의 얼굴 뵈오리(나 뵈오리)

천국
구원받은 천국의 성도들 244
W. W. How, 1864
이러므로 우리에게 구름같이 둘러싼
(히 12:1)
SINE NOMINE: 10.10.10.ALLELUIAS
R. Vaughan Williams, 1906
보통으로
G Em G C D G A D G D GM7 A7 D
1.구원받은 천국의성도들 믿음으로 주 고백했기에
2.천국에서 누리는안식은 새 하늘과 새 땅의영화라
3.믿음위해 순교한성도들 하 나님께 큰 상급받으니
후렴
G C G D G C G Em C D7 G
천 국에서 큰영광누리 네
눈 물슬픔 죽음도없는 곳 알 렐루 야 알 렐루 야
성 삼위께 다찬양드리 세
천국
저 좋은 낙원 이르니 (통 228) 245
E. P. Stites (1836-1921)
내가 너희를 위하여 거처를 예비하러 가노니
(요 14:2)
BEULAH LAND: 8.8.8.8.REF.
J. R. Sweney (1837-1899)
보통으로
E B7 E B7 E
1.저 좋은낙원 이르니내 기쁨한이 없도다그 어둔밤이 지나고화 창한아침 되도다
2.이 곳과저곳 멀잖다주 예수건너 오셔서내 손을잡고 가는것내 평생소원 이로다
3.저 묘한화초 향기는바 람에불려 오는데생 명수강가 초목은언 제나청청 하도다
4.청 아한음악 소리는내 귀에들려 오는데흰 옷을입은 무리들천 사와노래 하도다
후렴
B E B7 E B B7
영 화롭다낙 원이여이 산위에서 보오니먼 바 다건너 있는집
E A E B7 E
주 예비하신 곳일세그 화려하게 지은것영 원한내집 이로다

246 (통 221) 나가나안 땅 귀한 성에

천국

수정같이 맑은 생명수의 강을 내게 보이니
(계 22 : 1)

I. D. Ogdon, 1877

THE HEALING WATERS: 14.10.14.10.REF.
P. P. Bilhorn (1865-1936)

보통으로

Ab Db Ab Eb7

1. 나가나안땅귀한성에들어 가 려고 내무거운짐벗어버렸 네
2. 그불과구름기둥으로인도 하 시니 나가는길이형통하겠 네
3. 내주린영혼만나로써먹여 주 시니 그양식내게생명되겠 네

Ab Db Ab Eb7 Ab

죄 중에다시방황할일전혀없으니 저 생명시냇가에살겠 네
그 요단강을내가지금건넌후에는 저 생명시냇가에살겠 네
이 후로생명양식주와함께먹으며 저 생명시냇가에살겠 네

후렴

Ab Db Ab Eb

길이살겠네 나길이살겠네 저 생명시냇가에살겠 네

Ab Db Ab Eb7 Ab

길이살겠네 나길이살겠네 저 생명시냇가에 살겠 네(살 겠 네)

247 보아라 저 하늘에

천국

그 옷과 그 다리에 이름을 쓴 것이 있으니
(계 19 : 16)

송창근 (1898-1950)

백마를 타신 주: 7.8.7.8.D.
하재은, 2002

보통으로

Bb Eb C7 F Bb

1. 보 아라 저하늘에 백 마타고 계신주님 피 뿌린
2. 이 세상 악의세력 제 아무리 강하여도 진 리가
3. 참 으로 복되도다 기 뻐하며 경배하라 어 린양

B♭ E♭ C7 F B♭ D7 Gm C7 F G7 D7
옷입으신 만왕의왕 만주의주 공의로 심판하며 앞장서서
이기리니 말씀으로 무장하자 주예수 증거받은 성도들아
혼인잔치 청함받은 모든성도 성도의 옳은행실 광채나는
Gm F E♭ B♭ D7 Gm D Gm E♭7 C F7 B♭ E♭ B♭
싸우시니 그이름거룩하신말씀이신 주 예수라
일어나서 깨끗한옷을입고주예수님 따 라가 자
세마포니 주께서입히시고잔치자리 베 푸시 리 아멘
언약의 주 하나님 248
천국
한상동(1901-1976)
우리가 소망으로 구원을 얻었으매 보이는 소망이 소망이 아니니
(롬 8:24)
언약의 주 하나님
: 7.7.6.7.6.7.7.5.
정희치, 2000
보통으로
Dm Gm A7 Dm F A7 Em7
1.언약의주 하나님 우리들의 아버지 믿음의
2.아들이삭 주셔서 그약속을 이루고 손으로
3.영원한저 천국은 지금안뵐 지라도 약속의
F Dm C#dim Dm A7 Dm B♭ C#dim Dm F
조상인 아브라함에-게 아 들을 주시마
만지며 확인하게하셨네 출 애굽 약속은
천국은 분명한나의본향 약 속다 이루어
Gm C7 F Gm7 Dm C7 F A Dm A7 Dm
친히약속 하시고 때가되어 이삭을 나게하 셨 네
보지못하 였어도 아브라함 죽은후 이루어 졌 네
보여주셨 으-니 주님예수 믿으면 천국에 가 네

249 (통 249) 주 사랑하는 자 다 찬송할 때에

기쁨으로 여호와를 섬기며 노래하면서 그의 앞에 나아갈지어다
(시100:2)

I. Watts, 1707; Ref. R. Lowry, 1867

천국
MARCHING TO ZION: 6.6.8.8.6.6.REF.
R. Lowry, 1867

보통으로
F
C7
C
Bb
Gm
G
C7
1. 주 사 랑 하 는 자 다 찬 송 할 때 에 그 보 좌 앞 에 둘 러 서 그
2. 주 믿 지 않 는 자 다 찬 송 못 하 나 하 나 님 자 녀 된 자 들 하
3. 저 하 늘 황 금 길 나 올 라 갈 때 에 시 온 성 언 덕 위 에 서 시
4. 내 눈 물 다 씻 고 늘 찬 송 부 르 리 저 임 마 누 엘 주 앞 에 저
보 좌 앞 에 둘 러 서 큰 영 광 돌 리 세 큰 영 광 돌 리 세
나 님 자 녀 된 자 들 그 기 쁨 전 하 세 그 기 쁨 전 하 세
온 성 언 덕 위 에 서 수 많 은 천 사 들 날 인 도 하 리 라
임 마 누 엘 주 앞 에 나 영 광 누 리 리 나 영 광 누 리 리
후렴
저 밝고도 묘한 시온성향하여 가세내 주의찬란한 성에 찬 송하며올라가 세

250 (통 182) 구주의 십자가 보혈로

그리스도의 피가 … 살아 계신 하나님을 섬기게 하지 못하겠느냐
(히9:14)

E. A. Hoffman, 1878

회개와 용서
GLORY TO HIS NAME: 9.9.9.5.REF.
J. H. Stockton (1813-1877)

보통으로

Ab Db Ab Eb

1. 구 주 의 십 자 가 보 혈 로 죄 씻 음 받 기 를 원 하 네
2. 죄 악 을 속 하 여 주 신 주 내 속 에 들 어 와 계 시 네
3. 주 앞 에 흐 르 는 생 명 수 날 씻 어 정 하 게 하 시 네
4. 내 주 께 회 개 한 영 혼 은 생 명 수 가 운 데 젖 었 네

Ab Db Ab Eb Ab
내 죄를씻 으신주 이 름 찬 송합 시 다
십 자가앞 에서주 이 름 찬 송합 시 다
내 기쁨정 성을다 하 여 찬 송합 시 다
흠 없고순 전한주 이 름 찬 송합 시 다
후렴
Db Ab Eb Ab Db Ab Eb Ab
찬송합시 다 찬송합시 다 내죄를씻으신 주이름 찬송합시 다
놀랍다 주님의 큰 은혜
(통 137) 251
회개와 용서
J. H. Johnston, 1911
우리와 동일하게 주 예수의 은혜로 구원받는 줄을 믿노라
(행 15 : 11)
MOODY: 9.9.9.9.REF.
D. B. Towner, 1911
조금 빠르게
G D G D D7 G D
1. 놀랍다주님의큰은혜 우리의죄를속하시려 갈보리 십자가
2. 죄악은성난파도같이 우리영혼을위협하나 헤아릴수없는
3. 죄악에물든영혼들을 주께서피로씻으시네 지금도흐르는
4. 비할수 없는그은혜를 믿는자에게거저주네 형제여 주앞에
G Am G D G 후렴 C G D7
위에서 어린양보혈을흘렸네
주은혜 십자가에서보이셨네 주 의은 혜 우리의
그피에 눈보다더희게씻으라
나와서 더지체말고곧받으라
주의은혜 크신은혜
D7 G C G C G Am G D G
죄를다씻었네 주 의 은 혜 우리의죄를다씻었네
주의은혜 크신은혜

252 (통 184) 나의 죄를 씻기는
예수의 피가 우리를 모든 죄에서 깨끗하게 하실 것이요
(요일 1:7)
회개와 용서
R. Lowry, 1876
PLAINFIELD: 7.8.7.8.REF.
R. Lowry, 1876
보통으로
G
D7 G
D7 G
1. 나의죄를 씻기는 예수의피밖에 없네 다시정케 하기도 예수의피밖에 없네
2. 나를정케 하기는 예수의피밖에 없네 사죄하는증거도 예수의피밖에 없네
3. 나의죄속 하기는 예수의피밖에 없네 나는공로 없으니 예수의피밖에 없네
4. 평안함과 소망은 예수의피밖에 없네 나의의는이것뿐 예수의피밖에 없네
5. 영원토록 내할말 예수의피밖에 없네 나의찬미 제목은 예수의피밖에 없네
후렴
G
D7
G
D7 G
예수의흘린피 날희게 하오니 귀하고 귀하다 예수의피밖에 없네
253 그 자비하신 주님
그의 피로 말미암아 속량 곧 죄 사함을 받았느니라
(엡 1:7)
회개와 용서
O. Allen (1810-1878), alt.
ANTHES: 7.6.7.6.D.
F. K. Anthes (b. 1812)
보통으로
A♭
D♭ A♭ E♭ A♭
D♭ A♭ E♭ A♭
1. 그자비하신주님날불러주시고주귀한보혈흘려날씻어주시니
2. 그크신주의사랑날주께이끌어그넓은주의마음날용서하시네
3. 주성령우리맘을주께로이끄니나주의은총입고주찬양합니다
4. 주넓은가슴안에날안아주시고내마음슬플때도날위로하시네
E♭ Fm B♭ E♭
B♭ E♭ A♭ E♭ A♭
Fm
B♭ E♭ A♭ D♭
A♭ E♭ A♭
내죄가흉하여도날 깨끗게하사그귀한보혈로 써날구원하시네
그크신주의은총큰 기쁨주시며나주의영광잔 치참여케하시네
주성령내게오사나 방황할때에늘인도하여주 사실족케마소서
나절망할때에도주 인도하셔서이세상끝날까 지늘함께하소서

회개와 용서
내 주의 보혈은
(통 186) 254
L. Hartsough, 1872
예수의 피가 우리를 모든 죄에서 깨끗하게 하실 것이요 (요일 1 : 7)
WELCOME VOICE: 6.6.8.6.REF.
L. Hartsough, 1872
보통으로
1. 내 주의보혈은정 하고정하다내 죄를정케하신주날 오라하신다
2. 약 하고추해도주 께로나가면힘 주시고내추함을곧 씻어주시네
3. 날 오라하심은온 전한믿음과또 사랑함과평안함다 주려함이라
4. 큰 죄인복받아살 길을얻었네한 없이넓고큰은혜베 풀어주소서
5. 그 피가맘속에큰 증거됩니다내 기도소리들으사다 허락하소서
후렴
내가주께로 지금가오니 십자가의보혈로날씻어주소서 아 멘
회개와 용서
너희 죄 흉악하나
(통 187) 255
F. J. Crosby, 1871
너희의 죄가 주홍 같을지라도 눈과 같이 희어질 것이요 (사 1 : 18)
CRIMSON: IRREG.
W. H. Doane, 1887
보통으로
Duet
1. 너희죄흉 악하나눈과같이희겠네 너희죄흉 악하나눈과같이희겠네
2. 악한죄벗 으라고주님 너를부르네 악한죄벗 으라고주님 너를부르네
3. 너희죄사 해주사기억 아니하시네 너희죄사 해주사기억 아니하시네
Chorus
Duet
죄의빛 흉악하나희게되리라 주홍 빛같은네죄
하나님 크신사랑한이없어라 악한 죄벗으라고
불쌍한 사람들아오라하시네 너희 죄사해주사
Chorus
죄의빛
주홍빛 같은네죄 눈과같 이희겠네 눈과같 이희겠네
악한죄 벗으라 고주님너 를부르네 주님너 를부르네
너희죄 사해주 사기억아 니하시네 기억아 니하시네

256 나의 죄 모두 지신 주님

만일 우리가 우리 죄를 자백하면 그는 미쁘시고 의로우사
(요일 1 : 9)

오소운, 1998

회개와 용서
나의 죄 지신 주: 5.4.5.4.D.
오소운, 1998

보통으로

Dm A7 Dm F C F B♭ F Gm A Dm B♭ A7 Dm Gm D

1. 나의죄모두지신주님 십자가모진그고통을 묵묵히참고당하셨네 그은혜어찌보답할까
2. 흉악한죄는내가짓고 고통은주가당했으니 나어찌감히고개들고 주얼굴뵐수있으리까
3. 눈물로주께아뢥니다 그피로이몸사셨으니 충성된종이되게하사 주위해살게하옵소서 아멘

257 (통 189) 마음에 가득한 의심을 깨치고

오직 흠 없고 점 없는… 그리스도의 보배로운 피로
(벧전 1 : 19)

R. K. Carter (1849-1926)

회개와 용서
I'M REDEEMED: 12.9.12.9.REF.
R. K. Carter (1849-1926)

보통으로

F C F C F 후렴 C F C G C F F7 B♭ F C7 F

1. 마음에가득한의심을깨치고지극히화평한맘으로 찬송을부름은 어린양예수의그피로속죄함얻었네
2. 금이나은같이없어질보배로속죄함받은것아니오 거룩한하나님 어린양예수의그피로속죄함얻었네
3. 나같은죄인이용서함받아서주앞에옳다함얻음은 확실히믿기는 어린양예수의그피로속죄함얻었네
4. 거룩한천국에올라간후에도넘치는은혜의찬송을 기쁘게부름은 어린양예수의그피로속죄함얻었네

(후렴) 속죄함 속죄함 속죄함 속죄함 주예수내죄를속했네할렐루야소리를합하여함께 찬송하세그피로속죄함얻었네

회개와 용서
샘물과 같은 보혈은
(통 190) 258
W. Cowper, 1771
그날에 죄와 더러움을 씻는 샘이
(슥 13 : 1)
CLEANING FOUNTAIN: 8.6.8.6.6.6.8.6.
Traditional American Melody
Arr. by L. Mason, 1830
보통으로
1.샘 물과같은보혈은주 님의피로 다보 혈에죄를씻으면정 하게되겠네
2.저 도적회개하고서보 혈에씻었 네저 도적같은이몸도죄 씻기원하네
3.죄 속함받은백성은영 생을얻겠 네샘 솟듯하는피권세한 없이크도다
4.날 정케하신피보니그 사랑한없 네살 동안받는사랑을늘 찬송하겠네
5.이 후에천국올라가더 좋은노래 로날 구속하신은혜를늘 찬송하겠네
정 하게되겠 네 정하게되겠 네보 혈에죄를씻으면정 하게되겠네
죄 씻기원하 네 죄씻기원하 네저 도적같은이몸도죄 씻기원하네
한 없이크도 다 한없이크도 다샘 솟듯하는피권세한 없이크도다
늘 찬송하겠 네 늘찬송하겠 네살 동안받는사랑을늘 찬송하겠네
늘 찬송하겠 네 늘찬송하겠 네날 구속하신은혜를늘 찬송하겠네 아멘
회개와 용서
예수 십자가에 흘린 피로써
(통 193) 259
E. A. Hoffman, 1878
예수의 피가 우리를 모든 죄에서 깨끗하게 하실 것이요
(요일 1 : 7)
WASHED IN THE BLOOD
: 11.9.11.9.REF.
E. A. Hoffman, 1878
보통으로
1.예수십자가에흘린피로써그대는씻기어있는가 더러운죄희게하는
2.주예수와밤낮으로늘함께그대는행동을하는가 아무때나어디서나
3.주님예수다시올때그대는영접할예복이있는가 그대몸은거룩한곳
4.모든죄에더러워진예복을주앞에지금다벗어서 샘물같이솟아나는
능력을그대는참의지하는가
그대는십자가붙들고있는가
천국에들어갈준비가됐는가
보혈로눈보다더희게씻으라
후렴
예수의 보혈로 그대
예수의 보혈로
는씻기어있는가 마음속의여러가지 죄악이깨끗 이씻기어있는가
있는가

260 (통 194) 우리를 죄에서 구하시려

오호라 나는 곤고한 사람이로다 이 사망의 몸에서 누가 나를 건져내랴
(롬 7 : 24)
P. P. Bilhorn, 1907
회개와 용서
GLORY TO JESUS: 10.10.10.6.REF.
P. P. Bilhorn, 1907
보통으로
B♭ F7 B♭ E♭ F
1. 우리를죄에서 구하시려 주예수십자가 지셨으니 기쁘게부르세 할렐루야 나구원얻 었네
2. 우리를주께서 구했으니 이전에행하던 악한일과 추하고더러운 모든죄를 온전히버 렸네
3. 나지금죄에서 사함받아 거룩한백성이 되었으니 이육신장막을 벗을때도 겁날것없 겠네
4. 우리가이세상 떠날때에 예수의손목을 굳게잡고 영원히즐거운 천국에서 주함께살 겠네
후렴
찬송하세 찬송하세 주님나를구하셨네 찬송하세 찬송하세 주가구원하셨네

261 (통 195) 이 세상의 모든 죄를

나의 죄를 씻어 주소서 내가 눈보다 희리이다
(시 51 : 7)

E. R. Latta (b. 1839)

회개와 용서

WHITER THAN SNOW: 8.8.8.8.D.REF.

H. S. Perkins (1833-1914)

보통으로

D A D A D

1. 이세상의모 든죄를 맑히시는주의보혈 성자예수그 귀한
2. 가시관을쓰 셨으니 피로얼굴물드셨고 십자가의모 진고
3. 아버지를멀 리떠나 바른길을저버리고 여러가지죄 악으

D Em7 A7 D G D
피 찬송하고찬송하세 주님앞을멀 리떠나
통 나를위해당하셨네 말로형용할 수없는
로 주홍같이되었으니 물같은것가 지고는
G E A A7 D Em7 A7 D
길을잃고헤맬때에 나의뒤를따 라오사 친히구원하셨도다
구세주의구속하심 그은혜와크 신사랑 찬송하고찬송하세
씻을수가아주없네 주여귀한보 배피로 날정결케하옵소서
후렴
D A7 D
흰 눈보다더 흰 눈보다더
흰눈보다더 흰눈보다더 흰눈보다더 흰눈보다더
D G D A7 D G D
주의흘리신 보혈로 희 게 씻어주 옵소서 아멘
보혈로
날 구원하신 예수님
(통 196) 262
회개와 용서
Bernard of Clairvaux (1091-1153)
그가 우리를 위하여 목숨을 버리셨으니 … 이로써 사랑을 알고
(요일 3 : 16)
ROCKINGHAM NEW: 8.8.8.8.
L. Mason, 1830
보통으로
F C F C F C B♭ F Dm C7 F B♭ C F C F B♭ F Dm C7 F
1. 날 구원하신 예수님 영 원히찬송 하겠네저 죄인어서 주께와죄 사유하심 받으라
2. 구 하라주실 것이요 찾 으라얻을 것이라죄 중에상한 영혼을주 온전하게 하시네
3. 주 우리죄로 인하여 피 흘려죽으 셨으니주 밖에없는 사랑을만 백성알게 전하세
4. 주 예수사랑 못잊어 나 항상눈물 흘리네이 세상어디 가든지나 주만생각 합니다
5. 목 마른자이 샘에와 영 생의물을 마시라내 주를사랑 한대도늘 맘에부족 하도다

263 (통 197) 이 세상 험하고
회개와 용서
ALL TO CHRIST
: 6.6.6.6.REF.
E. M. Myers, 1865
그리스도께서도 단번에 죄를 위하여 죽으사 … 불의한 자를 대신하셨으니 (벧전 3 : 18)
J. T. Grape, 1868
보통으로
D A D A D
1. 이 세 상험하고나비 록약하나늘 기 도힘쓰면 큰 권 능얻겠네
2. 주 님 의권능은한없 이크오니돌 같 은내마음 곧 녹 여주소서
3. 내 맘 이약하여늘넘 어지오니주 예 수힘주사 굳 세 게하소서
4. 죄 사 함받은후새사 람되어서주 앞 에서는날 늘 찬 송하겠네
후렴
D A D G E7 D A D G D
주의은혜로 대속받아서 피와같이붉은죄눈같이희겠네 아 멘
264 (통 198) 정결하게 하는 샘이
회개와 용서
I WILL PRAISE HIM: 8.7.8.7.REF.
M. J. Harris (1874-1955)
그날에 죄와 더러움을 씻는 샘이 … 열리리라
(슥 13 : 1)
M. J. Harris (1874-1955)
보통으로
E♭ B♭7 E♭
1. 정 결하게하는샘이 나 의앞에있도다 성 령께서권고
2. 나 의가는길이좁고 내 뜻대로안돼도 모 든욕심다버
3. 나 의마음제단위에 불 길같이타올라 영 원토록찬양
4. 한 량없는주의은혜 나 를영접하셨네 내 가지은모든
5. 성 부하나님께영광 성 자예수께영광 성 령님께또한
A♭ E♭ B♭7 E♭
후렴
하 심 죄씻으라하 시 네
리 고 주만따라가 겠 네
하 며 주께영광돌 리 네 찬 양하리 찬 양하리
죄 와 허물용서하 셨 네
영 광 모두돌려드 리 세
E♭ B♭ B♭7 E♭ B♭7 E♭
죽임당한어린양(찬양하리) 주께영광돌리어라 우리죄를씻어주셨네

회개와 용서
주 십자가를 지심으로
(통 199) 265
J. G. Foote, 19th Century
내가 피를 볼 때에 너희를 넘어가리니
(출12:13)
WHEN I SEE THE BLOOD: 9.9.9.9.REF.
J. G. Foote, 19th Century
보통으로
1. 주십자가를 지심으로 죄인을구속하셨으니 그피를보고 믿는자는 주님의진노 면하겠네
2. 흉악한죄인 괴수라도 예수는능히구원하네 온몸을피에 담글때에 주님의진노 면하겠네
3. 심판할때에 모든백성 행한일대로보응받네 주님의피로 죄씻으면 주님의진노 면하겠네
4. 구주의사랑 크신은혜 보혈의능력의지하세 심판의불이 내릴때에 주님의진노 면하겠네
후렴
내 가 그피를 유월절 그양의 피를 볼때에 내가널 넘어서 가리라(가리라)
내가 그피를 유월절 그양의 피를 볼때에
회개와 용서
주의 피로 이룬 샘물
(통 200) 266
P. P. Knapp (1839-1908)
그리스도의 보배로운 피로 된 것이니라
(벧전 1:19)
THE CLEANING WAVE: 8.6.8.6.REF.
P. P. Knapp (1839-1908)
보통으로
1. 주의피로이 룬샘물참 깊고넓도다 구 원하는크 신능력다 찬송할지 라
2. 죄악세상이 김으로거 룩한길가는 나 의마음성 전삼고주 께서계시 네
3. 주예수를깊 이아는놀 라운그은혜 하 늘나라즐 거움이매 일새롭도 다
후렴
찬 송하세주 의보혈그 샘에지금 나아가죄 에깊이빠 진이몸그 피로씻어 맑히네

267 (통 201) 주의 확실한 약속의 말씀 듣고

하나님의 영광을 보리라
(요 11:40)

P. P. Bliss (1838-1876)

회개와 용서
HALLELUJAH 'TIS DONE: 5.7.5.7.REF.
P. P. Bliss (1838-1876)

보통으로

F C C7 F

1. 주의확실한 약속의 말씀듣고 주만 믿으면 구원을 얻으리 라
2. 나의갈길이 험하고 위험하나 항상 예수의 도우심 믿고가 네
3. 주의보좌에 천사들 둘러서서 우리 구주를 높이어 찬양하 네
4. 예언자들과 왕들도 반열대로 황금 길따라 나아와 찬송하 네
5. 우리 모두다 그반열 뒤따르며 함께즐거운 찬송을 부르리 라

후렴

F Dm B♭ F

할렐 루야할렐 루야내가 예수를 믿어그의흘리신 피로내 죄씻었 네

F Dm B♭ F C7 F

할렐루야할렐루야내가 예수를 믿어그의 흘리신 피로내 죄씻었 네

268 (통 202) 죄에서 자유를 얻게 함은

우리 죄를 대속하기 위하여 자기 몸을 주셨으니
(갈 1:4)

L. E. Jones, 1899

회개와 용서
POWER IN THE BLOOD: 10.9.10.9.REF.
L. E. Jones, 1899

보통으로

B♭ E♭ B♭ F B♭

1. 죄 에서자 유를 얻 게함은 보 혈의능력 주의보혈 시 험을이기고
2. 육 체의정 욕을이 길힘은 보 혈의능력 주의보혈 정 결한마 음을
3. 눈 보다더 희게 맑 히는것 보 혈의능력 주의보혈 부 정한모 든것
4. 구 주의복 음을 전 할제목 보 혈의능력 주의보혈 날 마다나 에게

후렴
승 리하니 참놀 라운능력이로다
언 게하니 참놀 라운능력이로다
밝 히시니 참놀 라운능력이로다
찬 송주니 참놀 라운능력이로다
주의보 혈 능력있도다 주의
보 혈보혈
피 믿으오 주의보 혈 그어린양의매우 귀중한피로다
주의피 믿으오 보혈보혈

그 참혹한 십자가에 (통 211) 269

회개와 용서
신중 복음가, 1919
보통으로

예수의 피가 우리를 모든 죄에서 깨끗하게 하실 것이요
(요일 1:7)

LORD, I BELIEVE: 8.6.8.6.D.REF.
신중 복음가, 1919

1.그참혹한십 자가에주 달려흘린 피 샘물같이늘 흘러서죄 씻어주시 네
2.저흉악한한 강도는제 죄를깨달 아 죄없으신주 예수를구 주로믿었 네
3.온백성의죄 사하신하 나님어린 양 그십자가지 심으로온 인류구했 네
값없어도다나와서내죄를고하면 흰눈보다더희도록참성결얻으리
내지은죄흉악하나주예수믿으면 용서받은강도같이곧구원받으리
저영원한새나라에다같이모여서 금거문고한곡조로새노래부르리
후렴
나믿노라나믿노라그보혈공로를 흠없어도피흘리사날구원하셨네

270 (통 214) 변찮는 주님의 사랑과

예수의 피가 우리를 모든 죄에서 깨끗하게 하실 것이요
(요일 1:7)

회개와 용서

F. Bottome (1823-1894)

SWEET BY AND BY: 9.9.9.9.REF.

J. P. Webster, 1867

보통으로

G C G D G C G

1. 변찮는주님의사랑과 거룩한보혈의공로를 우리다찬양을합시다 주님을 만나볼 때까지
2. 우리를깨끗게한피는 무궁한생명의물일세 생명의구원을받은자 하나님 찬양을 합시다
3. 주님의거룩한보혈을 날마다입으로간증해 담대히싸우며나가세 천국에 들어갈 때까지
4. 십자가단단히붙잡고 날마다이기며나가세 머리에면류관쓰고서 주앞에 찬양할 때까지

G Am G D G D D7 G C G Am G D7 G

후렴

예수는 우리를 깨끗게하시는주시니 그의피 우리를 눈보다더희게하셨네

(예수는 우리를 그의피 우리를)

271 나와 같은 죄인 위해

그리스도 예수께서 죄인을 구원하시려고 세상에 임하셨다
(딤전 1:15)

회개와 용서

박봉배, 1976

회개: 8.7.8.7.D.

구두회, 1977

보통으로

Dm B♭ A Dm Gm A

1. 나와같은죄인위해 십자가를지시고 골고다의언덕길을
2. 가슴치며통회하고 주님앞에나오니 십자가의흘린피로
3. 사랑으로용서하신 주님은혜고마워 마음속에다짐하며

Em7 Dm A7 Dm A7 Em7 C7 F A
피 흘리며가신주 그 주님을배반하 고 그 의사랑버리고
용 서하여주소서 땅 을치고애통하 며 밤 을새워외치는
겸 손하게빕니다 죄 의상처볼때마 다 내 가슴을찢으며
Dm Gm A Em7 Dm A7 Dm Gm D
자비하신주의맘 에 가 시못을박았네
이죄인의울부짖 음 물 리치지마소서
두번다시우리주 님 배 반하지않으리 아 멘
회개와 용서
고통의 멍에 벗으려고 (통 330) 272
W. T. Sleeper, 1887
나를 보내사 마음이 상한 자를 고치며 포로된 자에게 자유를 (사 61:1)
JESUS, I COME: IRREG.
G. C. Stebbins, 1887
보통으로
Ab Db Ab Eb7 Ab
1.고 통의멍 에벗으려고 예수께로 나갑니다 자 유와기 쁨
2.낭 패와실 망당한뒤에 예수께로 나갑니다 십 자가은 혜
3.교 만한맘 을내버리고 예수께로 나갑니다 복 되신말 씀
4.죽 음의길 을벗어나서 예수께로 나갑니다 영 원한집 을
Db Ab Eb7 Ab Db Ab
베푸시는 주께로갑 니 다 병든내몸 이튼 튼하고
받으려고 주께로갑 니 다 슬프던마 음위 로받고
따르려고 주께로갑 니 다 실망한이 몸힘 을얻고
바라보고 주께로갑 니 다 멸망의포 구헤 어나와
Eb Bb7 Eb7 Ab Db Ab Eb7 Ab
빈궁한삶이부해지며 죄 악을벗어버리려고 주께로갑니다
이생의풍파잔잔하며 영 광의찬송부르려고 주께로갑니다
예수의크신사랑받아 하 늘의기쁨맛보려고 주께로갑니다
평화의나라다다라서 영 광의주를뵈오려고 주께로갑니다

273 (통 331) 나 주를 멀리 떠났다
회개와 용서
W. J. Kirkpatrick, 1892
내가 일어나 아버지께 가서 (눅 15 : 18)
COMING HOME: 8.5.8.5.REF.
W. J. Kirkpatrick, 1892
보통으로
1. 나주를멀리떠 났다 이제옵니 다나죄의길에시 달려 주여옵니 다
2. 그귀한세월보 내고 이제옵니 다나뉘우치는눈 물로 주여옵니 다
3. 나죄에매여고 달파 이제옵니 다주크신사랑받 고자 주여옵니 다
4. 이병든맘을고 치려 이제옵니 다큰힘과소망바 라고 주여옵니 다
5. 나바랄것이무 언가 우리주예 수날위해죽임당 하심 믿고옵니 다
후렴
나이제 왔으니 내집을찾 아 주여나를받 으사 맞아주소 서
274 (통 332) 나 행한 것 죄뿐이니
회개와 용서
W. C. Smith, 1901
나의 죄를 씻어 주소서 내가 눈보다 희리이다 (시 51 : 7)
A CLEAN HEART: 8.8.8.8.REF.
F. H. Byshe, 1901
보통으로
1.나행한것 죄뿐이니 주예수께비옵기는 나의몸과 나의맘을
2.내어둔눈 밝히시니 참기쁘고고마우나 그보다더 원하오니
3.정결한맘 그속에서 신령한빛비치오니 이러한맘 나얻으면
4.못된행실 다고치고 악한생각다버려도 주앞에서 정결타고
깨끗하 게 하옵소서
정결한 맘 주옵소서
눈까지 도 밝으리라
자랑치 는 못하리 라
후렴
물가지고 날씻든지 불가지고 태우든
물가지 고 날씻든 지 불가지 고
지 내안과밖 다닦으사 내모든죄 멸하소서
태우든지 내안과 밖 닦으사 내모든죄

회개와 용서
날마다 주와 멀어져
(통 333) 275
L. DeArmond (1861-1921)
이 믿음은… 네 어머니 … 속에 있더니
(딤후 1:5)
MOTHER'S PRAYER: 8.8.8.8.REF.
B. D. Ackley, 1912
보통으로
D G D A D G D A D
1. 날마다 주와멀어 져 그크신 사랑버리 고 방탕한 길 로가다 가 어머니 기도못잊 어
2. 메마른 들과험한산 갈바를 몰라헤매 며 영죽게 된 지경에 서 어머니 기도못잊 어
3. 내죄를 담당하신 주 새소망 비 춰주시 니 내기쁜 정 성다하 여 주이름 찬송하겠 네
후렴
D A7 D A7 D
나집에 돌아갑니 다 어머니 기 도못잊 어 새사람 되어살려 고 나집에 돌아갑니 다
회개와 용서
아버지여 이 죄인을
(통 334) 276
R. Palmer, 1864
잃은 양같이 내가 방황하오니 주의 종을 찾으소서
(시 119:176)
BEECHER: 8.7.8.7.D.
J. Zundel, 1870
조금 빠르게
B♭ E♭ F B♭
1. 아 버 지 여 이 죄 인 을 용 납 하 여 주 시 고 예 수 님 의
2. 전 에 하 던 헛 된 일 을 애 통 하 게 여 기 고 겸 손 하 게
3. 나 의 죄 를 사 하 시 려 주 님 죽 으 셨 으 니 그 공 로 를
B♭ E♭ B♭ F B♭ Gm D Gm D B♭
이 름 으 로 구 원 하 여 주 소 서 아 버 지 를 떠 나 산 지 벌 써 오 래
엎 드 려 서 용 서 하 심 빕 니 다 은 혜 감 당 못 하 오 나 회 개 하 는
의 지 하 여 주 만 의 지 합 니 다 아 버 지 여 용 납 하 사 나 를 품 어
F C7 F7 B♭ E♭ B♭ F7 B♭ E♭ B♭
되 었 고 험 한 길 에 곤 한 몸 이 이 제 돌 아 옵 니 다
영 혼 과 나 의 약 한 육 신 까 지 감 히 드 리 옵 니 다
주 시 고 주 의 사 랑 품 안 에 서 길 이 살 게 하 소 서 아 멘

277 (통 335) 양 떼를 떠나서
회개와 용서
H. Bonar, 1843
너희가 전에는 양과 같이 길을 잃었더니
(벧전 2:25)
LEBANON: 6.6.8.6.D.
J. Zundel, 1855
보통으로
1. 양떼를떠나서 길 잃어버린나 목자의소리 싫어서면 길로나갔 네
2. 양잃은목자는 그 양을찾으러 산 넘고강을 건너며사 막을지났 네
3. 내목자예수는 날 사랑하셔서 그 피로나를 씻으사온 전케하셨 네
4. 양떼를떠나서 맘 대로다녔네 나 목자음성 들으며그 길을따르 리
방탕한이몸은 큰 불효행하여 아 버지음성 싫어서면 길로나갔 네
갈길을모르고 나 지쳐있을때 그 목자마침 나타나날 구원하셨 네
길 잃은양찾아 큰 위로주시고 그 우리안에 이끌어늘 보호하시 네
나 이제후로는 방 황치않으며 내 아버지의 집 에서영 원히살겠 네 아멘
278 (통 336) 여러 해 동안 주 떠나
회개와 용서
R. Lowry (1826-1899)
이에 일어나서 아버지께로 돌아가니라
(눅 15:20)
WHERE IS MY BOY TONIGHT: 8.8.9.7.REF.
R. Lowry (1826-1899)
보통으로
1. 여러해동안 주떠나세상 연락을즐기 고 저 흉악한죄에 빠져서주 은혜를잊었 네
2. 죄악에죽을 인생을심히 불쌍히여기 사 저 하늘의영광 버리고이 세상에오셨 네
3. 홍포를입은 구주는가시 면류관쓰시 고 저 십자가높이 달리사그 아픔을참았 네
4. 미련한우리 인생은주의 공로를모르 고 그 쓸쓸한사막 가운데늘 헤매고다녔 네
후렴
오 사랑의예 수 님 내 맘을곧엽 니 다
곧 들 어와 나와함께하며 내 생명이되 소 서 아 멘

인애하신 구세주여 (통 337) 279

회개와 용서

F. J. Crosby, 1868

내가 부르짖는 소리를 들으소서 내가 주께 기도하나이다
(시 5 : 2)

PASS ME NOT: 8.5.8.5.REF.
W. H. Doane, 1870

조금 빠르게

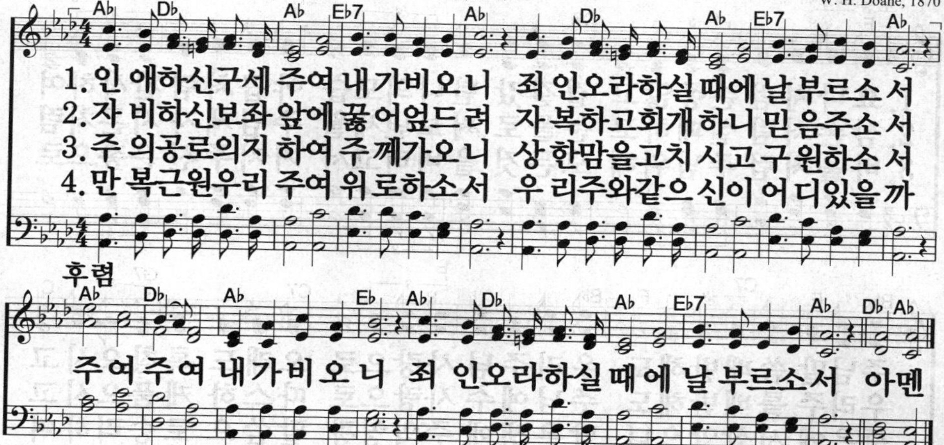

1. 인애하신구세주여 내가비오니 죄인오라하실때에 날부르소서
2. 자비하신보좌앞에 꿇어엎드려 자복하고회개하니 믿음주소서
3. 주의공로의지하여 주께가오니 상한맘을고치시고 구원하소서
4. 만복근원우리주여 위로하소서 우리주와같으신이 어디있을까

후렴

주여주여 내가비오니 죄인오라하실때에 날부르소서 아멘

천부여 의지 없어서 (통 338) 280

회개와 용서

C. Wesley, 1741

아버지께 가서 이르기를 … 내가 하늘과 아버지께 죄를 지었사오니
(눅 15 : 18)

AULD LANG SYNE
: 8.6.8.6.REF.
Arr. by W. Shield (1748-1829)

보통으로

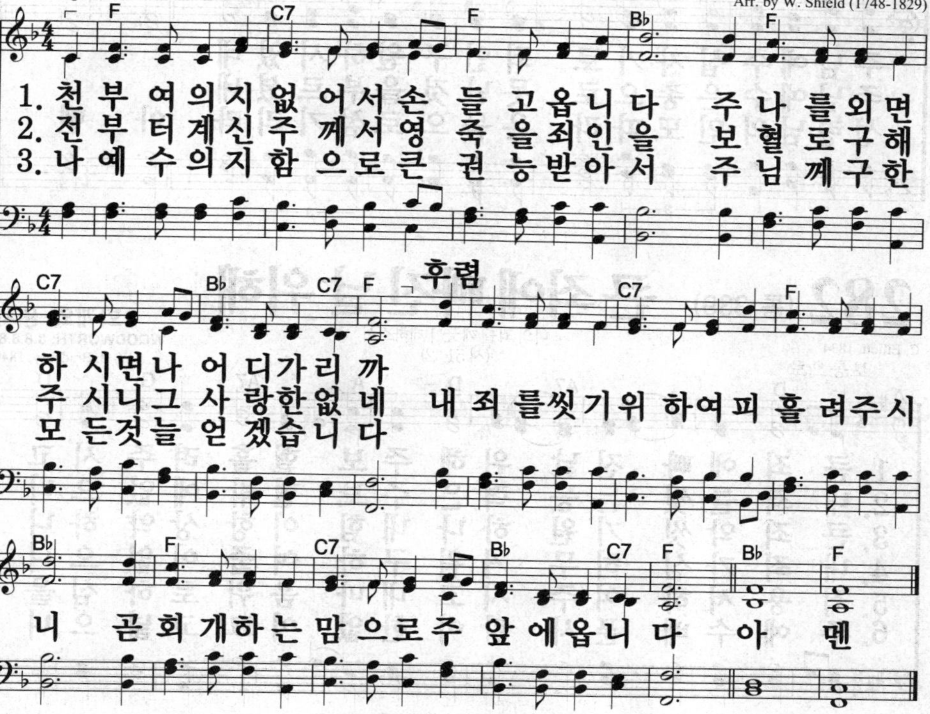

1. 천부여의지없어서손들고옵니다 주나를외면하시면나어디가리까
2. 전부터계신주께서영죽을죄인을 보혈로구해주시니그사랑한없네
3. 나예수의지함으로큰권능받아서 주님께구한모든것늘얻겠습니다

후렴

내죄를씻기위하여피흘려주시니 곧회개하는맘으로주앞에옵니다 아멘

281 요나처럼 순종않고

정성구, 1998

나는 감사하는 목소리로 주께 제사를 드리며
(욘 2:9)

회개와 용서
참으시는 하나님: 8.8.8.8.D.
김홍규, 1999

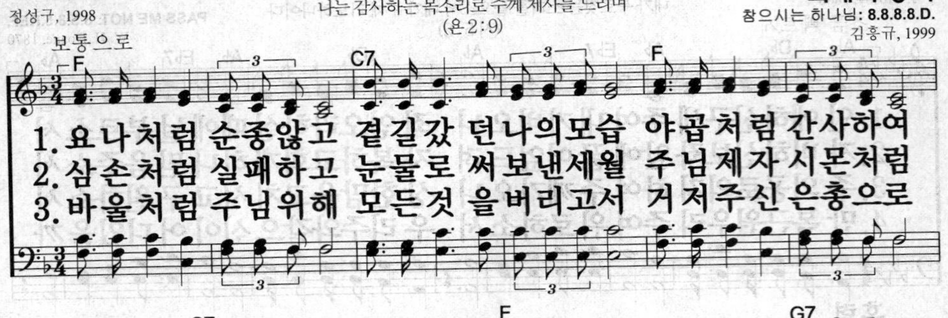

보통으로
F C7 F
1.요나처럼 순종않고 곁길갔 던나의모습 야곱처럼 간사하여
2.삼손처럼 실패하고 눈물로 써보낸세월 주님제자 시몬처럼
3.바울처럼 주님위해 모든것 을버리고서 거저주신 은총으로

B♭ F C7 F B♭ F C7 G7 C
주님말 씀배반해도 우리주님 사랑으로 오래도 록참으시고
우리주 를배반해도 주님예수 사랑으로 따스하 게품으시고
죽음에 서살았으니 남은생애 주의영광 말씀으 로승리하여

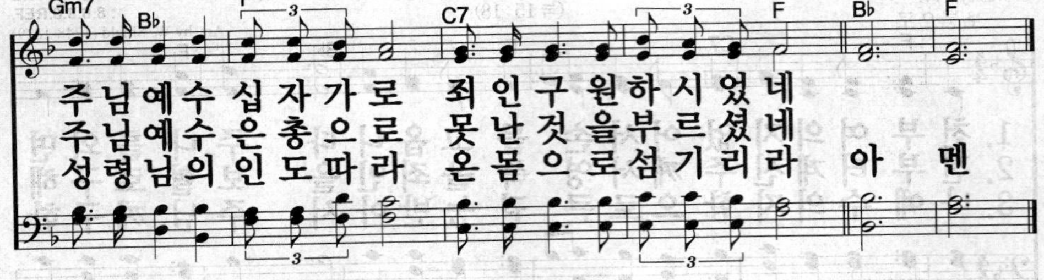

Gm7 B♭ F C7 F B♭ F
주님예수 십자가로 죄인구 원하시었네
주님예수 은총으로 못난것 을부르셨네
성령님의 인도따라 온몸으 로섬기리라 아 멘

282 (통 339) 큰 죄에 빠진 날 위해

C. Elliott, 1834

나의 죄를 깨끗이 제하소서
(시 51:2)

회개와 용서
WOODWORTH: 8.8.8.8.
W. B. Bradbury, 1849

보통으로

D A7 D A A7 G D

1. 큰 죄 에 빠 진 날 위 해 주 보 혈 흘 려 주 시 고
2. 내 죄 를 씻 는 능 력 은 주 보 혈 밖 에 없 으 니
3. 큰 죄 악 씻 기 원 하 나 내 힘 이 항 상 약 하 니
4. 내 죄 가 심 히 무 거 워 구 하 여 줄 이 없 으 니
5. 죄 용 서 하 여 주 시 고 내 마 음 위 로 하 심 을
6. 주 예 수 베 푼 사 랑 이 한 없 이 크 고 넓 으 니

D G D A D G D
또 나 를 오 라 하 시 니 주 께 로 거 저 갑 니 다
정 하 게 되 기 원 하 여 주 께 로 거 저 갑 니 다
보 혈 의 공 로 믿 고 서 주 께 로 거 저 갑 니 다
내 의 심 떨 쳐 버 리 고 주 께 로 거 저 갑 니 다
나 항 상 믿 고 고 마 워 주 께 로 거 저 갑 니 다
내 뜻 을 모 두 버 리 고 주 께 로 거 저 갑 니 다
아 멘

나 속죄함을 받은 후 (통 183) 283

거듭남

E. O. Excell, 1884

그 아들 안에서 우리가 속량 곧 죄 사함을 얻었도다

(골 1 : 14)

OTHELO: 8.6.8.6.REF.

E. O. Excell, 1884

보통으로

F C7 F Gm F C7 F

1. 나속죄함을 받은후한없는기쁨을 다헤아릴수 없어서늘찬송합니다
2. 나속죄함을 받은후내맘이새로워 주뜻을준행 하면서죄길을버리네
3. 나속죄함을 받은후성령이오셔서 하나님자녀 된것을곧증언합니다
4. 나속죄함을 받은후보혈의공로로 내주의은혜 입으니늘평안합니다

후렴

F C7 F

나 속 죄받은후 나 속죄받은후 주를찬미하겠네

나 속죄받은후 나 속죄받은후

F C C7 F
나 속 죄받은후 주의이름찬미하겠 네
나 속죄받은후 나 속죄받은후

284 (통 206) 오랫동안 모든 죄 가운데 빠져
사람이 친구를 위하여 자기 목숨을 버리면 이보다
더 큰 사랑이 없나니 (요 15:13)
거듭남
THE SHEAVES: 12.11.12.11.REF.
신증 복음가, 1919
G. A. Minor (1845-1904)
보통으로
1. 오랫동안모든 죄가운데빠져 더럽기가한량 없던우 리들 아무공로없이 구원함을얻어 하나님의자녀 지금되었네
2. 주의보혈로써 정결하게씻겨 죄악에서떠난 몸이되 었고 세상근심구름 간곳없어지니 하나님의빛이 영화롭도다
3. 죄의깊은잠과 뜬세상의꿈을 어서깨어나라 나의친 구여 은혜받은날과 구원얻을때가 지금온세상에 선포되었네
후렴
주의그사랑 한량없도다 찬송할지어다 예수의공로 주의그사랑 한량없도다 찬송할지어다 예수의공로
285 (통 209) 주의 말씀 받은 그날
P. Doddridge (1702-1751)
Ref. Wesleyan Sacred Harp, 1854
지금은 구원의 날이로다
(고후 6:2)
거듭남
HAPPY DAY: 8.8.8.8.REF.
Arr. from E. F. Rimbault, 1854
보통으로
1. 주의말 씀 받은그 날 참기쁘 고 복되도 다 이기쁜 맘 못이겨 서 온세상 에 전하노 라
2. 이좋은 날 내천한 몸 새사람 이 되었으 니 이몸과 맘 다바쳐 서 영광의 주 늘섬기 리
3. 새사람 된 그날부 터 평안한 맘 늘있어 서 이복된 말 전하는 일 나의본 분 삼았도 다

후렴

F C7 Dm F C7 F

기쁜날 기쁜날 주나의죄 다씻은날 늘깨어서 기도하고

F C7 Dm F C7 F B♭ F

늘기쁘게 살아가리 기쁜날기쁜날 주나의죄 다씻은날 아 멘

주 예수님 내 맘에 오사 (통 218) 286

거룩한 생활

H. D. Clarke (1888-1957)

그리스도께서 너희 마음에 계시게 하시옵고
(엡 3 : 17)

INTO MY HEART: 9.7.9.7.REF.
H. D. Clarke (1888-1957)

보통으로

F C C7 F C

1. 주예수님내맘에오 사날붙들어주 시고 내마음에새힘을주사
2. 주예수님내맘에오 사내소원다아 시고 내무거운짐맡아주사
3. 주예수님내맘에오 사날정결케하 시고 그은혜를내맘에채워
4. 주예수님내맘에오 사내길인도하 시고 주성령을내맘에채워

G7 C 후렴 F C C7 F

늘기쁘게하소서
참평안을주소서
늘충만케하소서
늘충만케하소서

사랑의주 사랑의주내맘속에찾아오 사

B♭ F C7 F B♭ C7 F B♭ F

내모든죄사하시고내상한맘고치소서 아 멘

287 (통 205) 예수 앞에 나오면

다 내게로 오라 내가 너희를 쉬게 하리라
(마 11:28)

거룩한 생활

신편 찬송가, 1935

'TIS FOR YOU AND ME: 7.6.7.5.REF.
신편 찬송가, 1935

보통으로

Eb Bb7 Eb Fm Eb Bb7 Eb

1. 예수앞에나오면죄사함받으며주의품에안기어편히쉬리라
2. 예수앞에나와서은총을받으며맘에기쁨넘치어감사하리라
3. 예수앞에설때에흰옷을입으며밝고빛난내집에길이살리라

후렴

Eb Bb F Bb7 Eb Ab Eb Bb7 Eb

우리 주만믿으 면모두 구원얻으 며 영생복락면류관확실 히받겠 네

288 (통 204) 예수를 나의 구주 삼고

하나님의 아들을 믿는 믿음 안에서 사는 것이라
(갈 2:20)

거룩한 생활

F. J. Crosby, 1873

BLESSED ASSURANCE: 9.10.9.9.REF.
P. P. Knapp, 1873

보통으로

D G D A E7 A D

1. 예수를나의구주삼고 성령과피로써거듭나니 이세상에서
2. 온전히주께맡긴내영 사랑의음성을듣는중에 천사들왕래
3. 주안에기쁨누림으로 마음의풍랑이잔잔하니 세상과나는

G D Em7 A D

내영혼이 하늘의영광누리도다
하는것과 하늘의영광보리로다
간곳없고 구속한주만보이도다

후렴

G D

이것이나의간증이요 이것이

G E A D G D Em7 A D G D
나의찬송일세 나사는동안끊임없이 구주를찬송하리로다 아멘
거룩한 생활
주예수내맘에들어와
(통 208) 289
R. H. McDaniel, 1914
옛 사람을 벗어 버리고 오직 너희의 심령이 새롭게 되어
(엡 4:22-23)
McDANIEL: 12.8.12.8.REF.
C. H. Gabriel, 1914
보통으로
Ab Db Ab
1. 주 예 수 내 맘 에 들 어 와 계 신 후 변 하 여 새 사 람 되 고
2. 주 예 수 내 맘 에 들 어 와 계 신 후 망 령 된 행 실 을 끊 고
3. 내 맘 에 소 망 을 든 든 히 가 짐 은 주 예 수 내 맘 에 오 심
4. 사 망 의 음 침 한 골 짜 기 가 다 가 밝 은 빛 홀 연 히 비 쳐
5. 내 가 저 천 성 에 올 라 가 살 기 는 주 예 수 내 맘 에 오 심
Ab Bb7 Eb7
내 가 늘 바 라 던 참 빛 을 찾 음 도 주 예 수 내 맘 에 오 심
머 리 털 보 다 도 더 많 던 내 죄 가 눈 보 다 더 희 어 졌 네
의 심 의 구 름 이 사 라 져 버 림 도 주 예 수 내 맘 에 오 심
저 멀 리 하 늘 문 환 하 게 보 임 도 주 예 수 내 맘 에 오 심
천 성 에 올 라 가 주 님 을 뵈 리 니 그 기 쁨 비 길 데 없 네
후렴
Ab Db Ab
주 예수 내맘에오심 주 예수 내맘에오심
주 예수 내맘 에 맘에오심주 예수 내맘 에 맘에오심
Ab Db Ab Eb7 Ab
물밀 듯 내맘에 기 쁨이 넘 침은 주 예수 내맘에오심

290 (통 412) 우리는 주님을 늘 배반하나

내가 너를 위하여 네 믿음이 떨어지지 않기를 기도하였노니
(눅 22 : 32)

은혜와 사랑

S. O. Clough, 1860

INTERCESSION: 11.11.12.11.REF.

I. D. Sankey, 1875

보통으로
G D7 G A7 D
1.우리는주님을늘 배반하나내주예수여전히날부르사 그
2.주께서풍성한은 혜를내려내영혼이나날이복받으니 주
3.무거운짐지고애 타는인생주예수께돌아와곧쉬어라 내
G D7 G C G A7 G D7 G
참되신사랑을베 푸시나 니내형제여주님을곧따르라
예수를너희도구 주로섬겨곧따르면풍성한복받겠네
주예수너희를돌 보실때에참복락과안위가넘치겠네
후렴
G D C G D G
주널 위해비 네주 널 위해비 네주 널 위해비 네항상 비시네

291 (통 413) 외롭게 사는 이 그 누군가

너희는 마음에 근심하지 말라
(요 14 : 1)

은혜와 사랑

C. D. Martin (1869-1948)

SOMEBODY LOVES YOU: 10.10.12.10.REF.

W. S. Martin (1862-1935)

보통으로

E♭ B♭7 E♭ B♭7 E♭

1. 외롭게사는이그누군가 맘아파헤매는 그대로다
2. 외로워우는이그누군가 친구를잃은이 그대로다
3. 사망을이기신능력의주 네곁에늘계심 왜모르나

십자가형틀에너위해상하신하나님독생자 왜잊었나
모두널버려도네죄를속하신주예수참친구 왜잊었나
주말씀따라서사는이누구나외롭지않으며 즐거우리
후렴
오직주예수님널돌보신다 오직주예수님널사랑해
손잡아네길 인도하시는 사랑의주예수 오하나님
주 없이 살 수 없네
(통 415) 292
은혜와 사랑
F. R. Havergal, 1873
이는 만민에게 생명과 호흡과 만물을 친히 주시는 이심이라
(행 17 : 25)
ENDSLEIGH: 7.6.7.6.D.
S. Ferreti (1817-1874)
조금 빠르게
1. 주 없이살수없네죄 인의구주여그 귀한보배피로날 구속하소서
2. 주 없이살수없네나 혼자못서리힘 없고부족하며지 혜도없도다
3. 주 없이살수없네내 주는아신다내 영의깊은간구마 음의소원을
4. 주 없이살수없네세 월이흐르고이 깊은고독속에내 생명끝나도
구 주의사랑으 로흘리신보혈이내 소망나의위로내 영광됩니다
내 주는나의생 명또나의힘이라주 님을의지하여지 혜를얻으리
주 밖에나의마 음뉘알아주리요내 마음위로하사평 온케하시네
사 나운풍랑일 때날지켜주시니내 곁에계신주님늘 힘이됩니다 아멘

293 (통 414)
주의 사랑 비칠 때에
긍휼이 풍성하신 하나님이 우리를 사랑하신 그 큰 사랑을 인하여
(엡 2:4)
C. E. Breck (1855-1934)
보통으로
은혜와 사랑
WHEN LOVE SHINES IN
: 12.12.14.11.REF.
W. J. Kirkpatrick (1838-1921)
1. 주의사랑비칠때에기쁨오네 근심걱정물러가고기쁨오네
2. 주의사랑비칠때에이세상은 아름답고활기차게다변하네
3. 주의사랑비칠때에이세상은 어둠슬픔중한짐이다사라져
4. 주의사랑비칠때에그광채가 찬란하게우리둘러비치겠네
기도하게하시며 희미한것물리쳐 주의사랑비칠때기쁨오네
화평중에내영혼 영광스런새생명 다시찾게되었네그큰사랑
우리들의가는길 밝히비춰주시며 복을받게하시네그큰사랑
세상모두이기고 천국생활할때도 주의사랑비치네그큰사랑
후렴
그큰 사 랑 내맘 속 에 충만하게
그큰사랑
그큰 사랑 그큰 사랑 내맘 속에
비칠때에찬송 하 네 그큰 사 랑
그큰사랑
그큰사랑 그큰사랑
내맘 속 에 화평함과기쁨주네그큰 사 랑
내맘속에

하나님은 외아들을 (통 416) 294
은혜와 사랑
T. Mitani, 1901
하나님이 세상을 이처럼 사랑하사 독생자를 주셨으니 (요 3 : 16)
GOD'S LOVE: 8.6.8.6.REF.
Sambika, 1903
보통으로
1. 하나 님은외아 들을주시 는데까지 세상 사람사랑 하니참사 랑이로다
2. 하나 님을배반 하고멀리 떠난우리 원수 같이대적 하나사랑 하여주네
3. 세상 죄를사하 시려우리 죽을대신 성자 예수십자 가에고난 받으셨네
4. 이사 랑에감사 하여곧주 께나오라 곤한 영혼주께 맡겨구원 을얻으라
후렴
하나 님은사랑 이라죄악 에빠졌던 우리 까지사랑 하니참사 랑아닌가
큰 죄에 빠진 나를 (통 417) 295
은혜와 사랑
L. N. Morris, 1912
지식에 넘치는 그리스도의 사랑을 알고 그 너비와 길이와 높이와 깊이가 (엡 3 : 18-19)
SWEETER AS THE YEARS GO BY : 7.6.7.6.7.7.7.6.REF.
L. N. Morris, 1912
보통으로
1.큰 죄에빠진 나를주 예수건지 사그 넓은품에 다시품 으신은혜 는저 바다보다 깊고저 하늘보다 높다그 사랑영원 토록나찬 송하리 라
2.옛 날에유대 땅에주 예수다닐 때그 은혜받으 려고큰 무리모였 네눈 먼자병든 자를다 고쳐주셨 으니나 같은죄인 까지그은 혜받도 다
3.주 크신사랑 으로만 백성위하 여그 십자가의 고난다 받으셨으 니그 속죄받은 성도큰 소리함께 높여온 천 지울리 도록주찬 송하리 라
후렴
날 로더욱귀하다
날 로 더욱귀하다
날로더욱귀하 다 한 이없이넓은 우리주의사랑 날로더욱귀하 다
날 로 더욱 귀하다

296 (통 416) 죄인 구원하시려고
은혜와 사랑
사랑은 여기 있으니 우리가 하나님을 사랑한 것이 아니요
(요일 4 : 10)
박형룡 (1897-1978)
깊은 은혜: 8.8.8.8.D.
김순세 (1931–2007)
보통으로
1.죄인 구원하시려 고피를 흘려주시옵 고거역 하고돌아서 면채찍 으로붙드셨 네
2.크신 은혜우리에 게항상 내려주시옵 고환난 시험당할때 도감당 하게하시오 니
3.하나 님의크신경 륜우리 삶을주관하 고선한 뜻을이루시 려연단 하여주시오 니
하나 님의크신사 랑어찌 능히헤아리 며하나 님의깊은사 랑어찌 능히감당할 까
하나 님의크신은 혜어찌 능히헤아리 며하나 님의깊은은 혜어찌 능히보답할 까
하나 님의크신지 혜어찌 능히헤아리 며하나 님의깊은지 혜어찌 능히깨달을 까
297 (통 191) 양 아흔아홉 마리는
은혜와 사랑
나의 잃은 양을 찾아내었노라
(눅 15 : 6)
E. C. Clephane, 1868
THE NINETY AND NINE: IRREG.
I. D. Sankey (1840-1908)
보통으로
1.양 아흔아홉 마리는울 안에있으 나 한 마리양은 떨어져길 잃고헤매 네
2.그 아흔아홉 마리가넉 넉지않은 가 저 목자힘써 하는말그 양도사랑 해
3.길 잃은양을 찾으러산 넘고물건 너 그 어둔밤이 새도록큰 고생하셨 네
4.산 길에흘린 피흔적그 누가흘렸 나 길 잃은양을 찾느라저 목자흘렸 네
5.저 목자기쁨 넘쳐서큰 소리외치 며 내 잃은양을 찾았다다 기뻐하여 라
산 높 고깊 은 험 한데 목 자 를멀 리 떠 났네 목자 를멀 리 떠 났네
그 길 이멀 고 험 해도 그 양 을찾 을 것 이라 그양 을찾 을 것 이라
그 양 의울 음 소 리를 저 목 자들 으 셨 도다 저목 자들 으 셨 도다
손 발 은어 찌 상 했나 가 시 에찔 리 셨 도다 가시 에찔 리 셨 도다
저 천 사화 답 하 는말 그 양 을찾 으 셨 도다 그양 을찾 으 셨 도다

은혜와 사랑
속죄하신 구세주를
(통 35)
298
P. P. Bliss, 1876
우리는 그의 구원을 기뻐하며 즐거워하리라 (사 25 : 9)
MY REDEEMER: 8.7.8.7.REF.
J. McGranahan (1840-1907)
보통으로
1.속 죄하 신 구 세주 를 내 가찬 송하 리라
2.내 가구 원 받 은증 거 기 뻐전 파하 리라
3.승 리하 신 구 세주 를 내 가찬 송하 리라
4.고 마우 신 구 세주 를 내 가찬 송하 리라
내 게자 유 주 시려 고 주 가고 난당 했네
내 죄모 두 담 당하 신 주 의사 랑크 셔라
죄 와죽 음 지 옥권 세 주 가모 두이 겼네
죽 음에 서 생 명으 로 나 를인 도하 셨네
후렴
크 신사 랑찬 양하 리 나 의
크 신사랑크신사랑찬 양하리찬양하리나 의
죄 사하려고 십자가 에죽임
죄사하려고 하 려고사하려고 십 자가에십 자가에죽 임
당 한 나의주 찬양하리 (찬 양하 리)
당 한죽 임당 한나 의주 나의주를 찬양하리

299 (통 418) 하나님 사랑은
은혜와 사랑
O. Clute (1837-1902)
하나님이 우리를 사랑하시는 사랑을 우리가 알고 믿었노니
(요일 4 : 16)
TRENTHAM: 6.6.8.6.
R. Jackson, 1888
보통으로
F Bb F Gm G7 C F Bb F Bb Gm F C7 F Bb F
1. 하나님사랑은온전한참 사랑 내맘에부어 주시사충만 케하소서
2. 내주님참사랑햇빛과같 으니 그사랑내게 비추사뜨겁 게하소서
3. 그사랑앞에는풍파도그 치며 어두운밤도 환하니그힘 이크도다
4. 하나님사랑은온전한참 사랑 내맘과영에 채우사새힘 을주소서 아 멘
300 (통 406) 내 맘이 낙심되며
은혜와 사랑
J. B. Evans, 20th Century
주께서 내 곁에 서서 나에게 힘을 주심은
(딤후 4 : 17)
HIS GRACE IS ENOUGH
: 7.6.7.6.D.REF.
J. B. Evans, 20th Century
보통으로
Bb F7 Bb F7
1.내맘이낙 심되 며 근심에눌 릴때 주께서내 게오 사
2.희망이사 라지 고 친구날버 릴때 주내게속 삭이 며
3.번민이가 득차 고 눈물이흐 를때 주나의곁 에오 사
C7 F7 Bb F7 Bb
위로해주 시 네 가는길캄 캄 하 고 괴로움많 으 나
새희망주 시 네 싸움이맹 렬 하 여 두려워떨 때 에
위로해주 시 네 환난이닥 쳐 와 서 어려움당 할 때
후렴
Eb Bb G7 C7 F7 Bb Bb Eb Bb
주께서함 께하 며 내짐을지 시 네
승리의왕 이되 신 주음성들 리 네 그은혜가내 게 족하네 그
주님의능 력입 어 원수를이 기 네
Eb Bb Eb Bb Eb C7 F7 Bb
은혜가족 하 네 이괴로운세 상 지 날때 그은혜가족 하 네

지금까지 지내온 것
(통 460) 301
은혜와 사랑
T. Sasao, 1897
여호와께서 여기까지 우리를 도우셨다 하고 (삼상 7 : 12)
크신 은혜: 8.7.8.7.D.
박재훈, 1967
보통으로
1. 지금 까지지 내 온것주의 크신은 혜 라한이 없는주의 사랑어찌 이루말하 랴
2. 몸도 맘도연 약 하나새힘 받아살 았 네물붓 듯이부으 시는주의은혜족하 다
3. 주님 다시뵈올 날이날로 날로다 가 와무거 운짐주 께 맡겨벗을 날도멀잖 네
자나 깨나주 의 손이항상 살펴주시 고모든 일을주안 에서형 통 하게하시 네
사랑 없는거 리 에나험한 산길헤맬 때주의 손을굳게 잡고찬 송 하며가리 라
나를 위해예 비 하신고향 집에돌아 가아버 지의품안 에서영 원 토록살리 라
내주하나님 넓고큰은혜는
(통 408) 302
은혜와 사랑
A. B. Simpson, 1891
깊은 데로 가서 그물을 내려 고기를 잡으라 (눅 5 : 4)
LAUNCH OUT: 11.8.11.8.REF.
R. K. Carter, 1891
보통으로
1. 내주 하나님 넓고큰 은혜는 저 큰바다보다깊 다 너 곧 닻줄을 끌러
2. 왜너 인생은 언제나 거기서 저 큰바다물결보 고 그 밑 모르는 깊은
3. 많은 사람이 얕은물 가에서 저 큰바다가려다 가 찰 싹 거리는 작은
4. 자곧 가거라 이제곧 가거라 저 큰 은혜바다향 해 자 곧 네노를 저어
깊은데 로 저 한 가운데 가보 라
바다속 을 한 번 헤아려 안보 나
파도보 고 마 음 약하여 못가 네
깊은데 로 가 라 망망한 바다 로
후렴
언 덕 을떠나서
언덕을 떠나서
창 파 에배띄 워 내 주 예 수은혜의 바다로 네 맘껏저어가 라

303 (통 403) 날 위하여 십자가의

새 노래 곧 우리 하나님께 올릴 찬송을 내 입에 두셨으니
(시 40 : 3)

은혜와 사랑
HOW CAN I KEEP FROM SINGING
: 8.7.8.7.D.

T. Sasao, 1897

R. Lowry (1826-1899)

보통으로

G C G D G C G D G G C G D7 G

1. 날위하여 십자가의 중한고통 받으사 대신죽은 주예수의 사랑하신 은혜여 보배로운 피를흘려 영영죽을죄에서 구속함을받은우리 어찌찬양 안할까
2. 예수안에 있는우리 한량없이 즐겁고 주성령의 위로함이 마음속에 차도다 천국음악 소리같은 은혜로운그말씀 끊임없이듣는우리 어찌찬양 안할까
3. 이세상의 모진풍파 쉬지않고 불어도 주님안에 보호받는 우리마음 편하다 늘깨어서 기도하고 저천국을바라며 주님만을기다리니 어찌찬양 안할까

304 (통 404) 그 크신 하나님의 사랑

하나님이 세상을 이처럼 사랑하사 독생자를 주셨으니
(요 3 : 16)

은혜와 사랑
THE LOVE OF GOD: IRREG.

F. M. Lehman, 1917

F. M. Lehman, 1917

보통으로

D A7 D

1. 그크신하 나님의사랑말로다형 용못하네 저높고높 은별을
2. 괴로운시 절지나가 고땅위의영 화쇠할때 주민지않 던영혼
3. 하늘을두 루마리삼 고바다를먹 물삼아도 한없는하 나님의

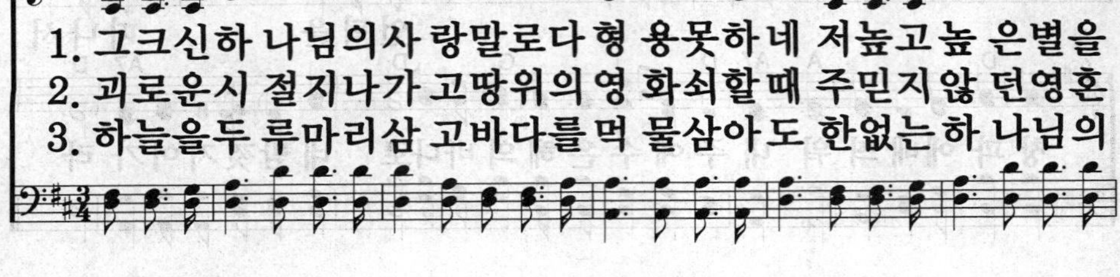

넘어이낮고낮 은땅위에 죄범한영 혼구하려 그아들보 내
들은큰소리외 쳐울어도 주믿는성 도들에게 큰사랑베 푸
사랑다기록할 수없겠네 하나님의 크신사랑 그어찌다 쓸
후렴
사 화목제물 삼으시고 죄용서하 셨네
사 우리의죄 사했으니 그은혜잊 을까 하나님크 신사랑
까 저하늘높 이쌓아도 채우지못 하리
은 측량다못 하네영원히변치않는사랑성도여찬양하세
나 같은 죄인 살리신
(통 405) 305
은혜와 사랑
J. Newton, 1779
보통으로
너희는 은혜로 구원을 받은 것이라
(엡2:5)
AMAZING GRACE: 8.6.8.6.
Traditional American Melody
Arr. by E. O. Excell, 1900
1.나 같 은 죄 인 살 리 신 주 은 혜 놀 라 워
2.큰 죄 악 에 서 건 지 신 주 은 혜 고 마 워
3.이 제 껏 내 가 산 것 도 주 님 의 은 혜 라
4.거 기 서 우 리 영 원 히 주 님 의 은 혜 로
잃 었 던 생 명 찾 았 고 광 명 을 얻 었 네
나 처 음 믿 은 그 시 간 귀 하 고 귀 하 다
또 나 를 장 차 본 향 에 인 도 해 주 시 리
해 처 럼 밝 게 살 면 서 주 찬 양 하 리 라 아 멘

306 죽을 죄인 살려 주신
은혜와 사랑
나를 충성되이 여겨 내게 직분을 맡기심이니
(딤전 1:12)
김창인, 1992
참된 충성: 8.8.8.8.REF.
허방자, 2000
보통으로
Gm D7 Gm Cm Gm Dm Gm D7 Gm Cm
1. 죽을죄인 살려주신 크신은혜 놀라워라 십자가를 바라보며
2. 병든이몸 고쳐주신 크신사랑 고마워라 능력의주 바라보며
3. 이몸불러 맡겨주신 귀한사명 고마워라 말씀따라 순종하며
4. 하나님의 자녀삼은 크신은혜 고마워라 생명의주 바라보며
Gm D7 Gm Am7 D7 Gm D7 Gm Cm Gm Dm Gm
후렴
눈물로써 감사하네
강건하게 살아가자
끝날까지 충성하자
하늘나라 들어가리
감당못할 크신은혜 무엇으로 보답할까
Gm D7 Gm Cm Gm D7 Gm Am7 D7 Gm Cm G
힘을다해 봉사하고 생명다해 충성하리 아멘
307 소리 없이 보슬보슬
은혜와 사랑
그리고 맡은 자들에게 구할 것은 충성이니라
(고전 4:2)
마경일 (1912-1987)
봄비처럼: 8.8.8.8.D.
나인용, 1993
보통으로
E♭ Cm7 E♭ B♭7 Fm Cm B♭7 Cm7
1. 소리없이 보슬보슬 내리는 저봄비처럼 내가슴에
2. 진리의뜻 밝혀주고 사랑의 힘심어주니 은혜롭고
3. 우리주님 자취따라 나도건 는십자가길 가난하고

Gm
Eb
Gm Cm7
Gm7
Eb
C
Fm
사무치는 주의음 성고마워라 줄기마 다 잎이돋 고
풍성하신 주의말 씀고마워라 모든사 람 가슴마 다
외로운자 죄인들 의친구예수 영광중 에 다시뵈 올
G
Fm Cm7
F7
Bb7
Cm
Ab
Eb7
Cm
Bb7
Eb
가지마다 꽃이피어 주렁주렁 열매맺어 나의삶 은풍요롭다
전해지는 복된소식 어두움을 몰아내고 밝은세 상동터온다
주의날을 기다리며 넘어지고 쓰러져도 죽기까 지따르오리

내 평생 살아온 길 308

은혜와 사랑

조용기, 1983

우리도 형제들을 위하여 목숨을 버리는 것이 마땅하니라 (요일 3 : 16)

내 평생 살아온 길: IRREG.

김성혜, 1983

보통으로
D
A
D
G
E
1. 내평생 살아온길 뒤를돌 아보오니 걸음마 다자욱마
2. 나같이 못난인간 주님께 서살리려 하늘나 라영광보
3. 예수님 나의주님 사랑의 주하나님 이제나 는예수님
A
D
Bm
G A
F#m
다 모두죄 뿐입니다 우리죄 를사하신 주의
좌 모두버 리시었네 낮고낮 은세상의 사람
만 높이면 서살겠네 나의남 은인생을 주와
Bm
F#
D
A
A7
D
은혜크시니 골고다 의언덕길 주님바 라봅니다
형상입으신 하나님 의큰사랑 어디에 다견주리
동행하면서 주님사 랑전하며 말씀따 라살겠네

309 (통 409) 목마른 내 영혼
은혜와 사랑
A. I. Zelley, 20th Century
넘치는 그리스도의 사랑을 알고
(엡 3 : 18)
LIKE A MIGHTY SEA: 13.13.13.13.REF.
H. L. Gilmour (1837-1920)
보통으로
F
B♭
F
C
1.목마른내영혼 주가이미허락한 그귀한영생수 주여갈망합니다
2.주내게약속한 큰비내려주시려 은혜의저구름 건너편에떠올라
3.은혜의소낙비 지금흡족히내려 구원의큰강물 흘러차고넘쳐서
4.그차고넘치는 주의은혜의물결 힘차게밀려와 내게만족합니다
F
C
F7
B♭
F
B♭
F
C7
F
그약속따라서 힘써간구하오니 오주여내기도 어서들어주소서
그귀한징조가 내게밝히보이니 나힘을다하여 주께간구합니다
내추한모든죄 모두씻어버리니 나지금은혜를 충만하게받았네
오할렐루야로 주를찬송하오니 내맘에기쁨이 항상충만함이라
후렴
F
B♭
F
C
D7
C7
예수의사랑 예수의사랑 바다물결같이 내게임하니
F
B♭
F
C7
F
영광의물결에 온전히싸여서 내영혼의기쁨 한량없도다
310 (통 410) 아 하나님의 은혜로
은혜와 사랑
D. W. Whittle, 1883
그날까지 그가 능히 지키실 줄을 확신함이라
(딤후 1 : 12)
EL NATHAN: 8.6.8.6.REF.
J. McGranahan, 1883
보통으로
E♭
A♭E♭
B♭
E♭
A♭E♭
B♭
E♭
1.아하나님의 은혜로이쓸데없는 자왜구속하여 주는지난알수없도다
2.왜내게굳센 믿음과또복음주셔 서내맘이항상 편한지난알수없도다
3.왜내게성령 주셔서내마음감동 해주예수믿게 하는지난알수없도다
4.주언제강림 하실지혹밤에혹낮 에또주님만날 그곳도난알수없도다

후렴
Ab
Eb
Bb
Eb
내가 믿고 또의지함은 내모든형편 아시는주님
Ab
Eb
Bb7
Eb
늘 보 호 해주실것을 나는확 실히 아 네
내 너를 위하여
(통 185)
311
소명과 충성
F. R. Havergal, 1859
나를 사랑하사 나를 위하여 자기 자신을 버리신 하나님의 아들을
(갈 2 : 20)
보통으로
KENOSIS: IRREG.
P. P. Bliss, 1873
C
F
C
G7
C
1.내 너 를위 하 여 몸 버 려피 흘려 네 죄 를속 하
2.아 버 지보 좌 와 그 영 광떠 나 서 밤 같 은세 상
3.죄 중 에빠 져 서 영 죽 을인 생 을 구 하 여주 려
4.한 없 는용 서 와 참 사 랑가 지 고 세 상 에내 려
F
C
G7
C
G7
C
여 살 길 을주 었 다 널 위 해몸 을 주 건만 너
에 만 백 성구 하 려 내 몸 을희 생 했 건만 너
고 나 피 를흘 렸 다 네 죄 를대 속 했 건만 너
와 값 없 이주 었 다 이 것 이귀 중 하 건만 너
G7
C
G7
C
G7
C
무 엇주 느 냐 널위해몸 을주건만너무 엇주 느냐
무 엇하 느 냐 내몸을희 생했건만너무 엇하 느냐
무 엇하 느 냐 네죄를대 속했건만너무 엇하 느냐
무 엇주 느 냐 이것이귀 중하건만너무 엇주 느냐

312 (통 341) 너 하나님께 이끌리어
소명과 충성
내가 네 갈 길을 가르쳐 보이고
(시 32:8)
G. Neumark, 1657
NEUMARK: 9.8.9.8.8.8.
G. Neumark, 1657
보통으로
1. 너하나님께이끌리어 일평생주만바라면 너어려울때힘주시고
2. 너설레는맘가다듬고 희망중기다리면서 그은혜로신주의뜻과
3. 주찬양하고기도하며 네본분힘써다하라 주약속하신모든은혜
언제나지켜주시리 주크신사랑믿는자 그반석위에서리라
사랑에만족하여라 우리를불러주신주 마음의소원아신다
네게서이뤄지리라 참되고의지하는자 주께서기억하시리 아멘
313 (통 352) 내 임금 예수 내 주여
소명과 충성
살든지 죽든지 내 몸에서 그리스도가 존귀하게 되게 하려 하나니
(빌 1:20)
E. E. Hewitt (1851-1920)
HEWITT: 8.8.8.9.8.8.
J. R. Sweney (1837-1899)
보통으로
1. 내임금예수내주여 이죄인이 주님앞에한 없는은혜 받고서
2. 내임금예수내주여 내허물은 덮으시고주 십자가에 흘리신
3. 내임금예수내주여 주은혜에 감격하여한 없는감사 찬송을
4. 내임금예수내주여 이마음과 이천한몸그 보배피로 값주고
내생명모두 드리오니그풍성하신 은총을주 내게내려 주소서
그피를믿는 마음보사내중한죄를 사하여참 평안한맘 주소서
내주님앞에 드리오며내맘과정성 다하여늘 기뻐하며 살리라
주친히사신 것이오니나이제사나 죽으나주 뜻만따라 살리라

내 구주 예수를 더욱 사랑 (통 511) 314

소명과 충성
E. P. Prentiss, 1856

네 마음을 다하고 목숨을 다하고 뜻을 다하여 주 너의 하나님을 사랑하라
(마 22 : 37)

MORE LOVE TO THEE: IRREG.
W. H. Doane, 1870

보통으로

1. 내 구주 예수를 더 욱 사랑 엎드려 비는 말 들으소서
2. 이 전엔 세상 낙 기뻤어도 지금 내 기쁨은 오직 예수
3. 이 세상 떠날 때 찬양하고 숨질 때 하는 말 이것일세

내 진정 소원이 내 구주 예수를 더 욱 사랑 더 욱 사랑
다만 내 비는 말 내 구주 예수를 더 욱 사랑 더 욱 사랑
다만 내 비는 말 내 구주 예수를 더 욱 사랑 더 욱 사랑 아멘

내 주 되신 주를 참 사랑하고 (통 512) 315

소명과 충성
W. R. Featherstone, c. 1862

네가 이 사람들보다 나를 더 사랑하느냐
(요 21 : 15)

GORDON: 11.11.11.11.
A. J. Gordon, 1876

보통으로

1. 내 주 되신 주를 참 사랑하고 곧 그에게 죄를 다 고합니다
2. 주 날 사랑하사 구하시려고 저 십자가 고난 당하셨도다
3. 내 평생에 힘 쓸 그 큰 의무는 주 예수의 덕을 늘 기림이라
4. 그 영광의 나라 나 들어가서 그 풍성한 은혜 늘 감사하리
큰 은혜를 주신 내 예수시니 이전보다 더 욱 사랑합니다
그 가시관 쓰신 내 주 뵈오니 이전보다 더 욱 사랑합니다
숨질 때에까지 내 할 말씀은 이전보다 더 욱 사랑합니다
금 면류관 쓰고 나 찬송할 말 이전보다 더 욱 사랑합니다

316 주여 나의 생명

누가 우리를 그리스도의 사랑에서 끊으리요
(롬 8 : 35)

김보훈, 1968

소명과 충성
불 같은 성령: IRREG.
김보훈, 1968

소명과 충성
내 주 예수 주신 은혜
(통 353) 317
J. J. McLaurin
그들이 먼저 자신을 주께 드리고
(고후 8:5)
THE OFFERING: 12.12.12.
E. O. Excell (1851-1921)
보통으로
C
F
G
C
F
1.내주예수 주신은혜 한없 건 만 내주앞에 이적은것
2.주날위해 보배로운 피흘 리 사 그귀하신 생명까지
3.주예수께 빚진것이 한없 건 만 나주위해드린것은
4.날위하여 십자가에 피흘 리 신 주예수의 은혜로써
5.주날위해 그귀하신 몸버 리 사 이내몸을 피값으로
D7
G7
C
F
C
G7 C
다 드 리 니 주예수여 내정성을 받으 소 서
다 주 시 니 내천한몸 이생명을 왜아 끼 라
참 적 으 니 주예수여 너그럽게 보옵 소 서
인 치 시 고 내모든것 주의소유 삼으 소 서
사 셨 으 니 내생명도 주예수께 바칩 니 다
소명과 충성
순교자의 흘린 피가
318
Anonymous
네가 죽도록 충성하라 그리하면 내가 생명의 관을 네게 주리라
(계 2:10)
값진 희생: 8.8.8.8.D.
하재은, 2000
보통으로
G
D
G
Em
G
1.순교자의흘린피가 역사속에 맥박치고 전도자가뿌린복음 우리강산밝히었다
2.동서남북 모든사람 주안에서 하나이니 주예수님 말씀따라 내몸같이사랑하자
3.성부성자 성령님께 할렐루야 찬송하며 말씀으로 인도받아 승리하는삶을살리
D
G
C
A7
D7
G
Em
G
초 대교회 귀한믿음이어받아 충성하고 선진들의값진희생 열매맺어 보답하자
금 수강산방방곡곡 복음으로 꽃피우며 땅끝까지복된소식 널리널리 전파하자
죽 기까지충성하여 그나라에 들림받아 주앞에서생-명의 면류관을받으리라

319 말씀으로 이 세상을
소명과 충성
김영진, 2002
믿음으로 모든 세계가 (히 11 : 3)
창조의 하나님: 8.8.8.8.D.
박재훈, 2004
보통으로
C G7 C Am G Dm G7
1. 말씀으로 이세상을 창조하신주하나님 온인류를 구원하려
2. 이스라엘 백성들을 선택하신주하나님 우리들을 선택하여
3. 선택받은 백성이요 구원받은성도로서 우리에게 주신사명
Am C F C G Am G D G
독생 성자주셨도다 주예수님 십자가로 새생명을 받은우리
구원 받게하셨으니 특별하신 그사랑을 한시라도 잊지말고
성실 하게수행하여 하나님께 존귀영광 세상에선 빛과소금
C F D7 C F7 C F C
이구원의 기쁜소식 널리널리 전파하세
하나님의 자녀답게 바로살게 하옵소서
천국가는 그날까지 몸과마음 다바치리 아멘
320 (통 350) 나의 죄를 정케 하사
소명과 충성
M. E. Maxwell, 1900
내가 감사함은 나를 충성되이 여겨 내게 직분을 맡기심이니 (딤전 1 : 12)
CHANNELS ONLY: 8.7.8.7.REF.
A. R. Gibbs, 1900
보통으로
A E E7 A E7 A
1. 나의 죄를정케 하사주의 일꾼삼으 신구세 주의넓은 사랑항상 찬송합니 다
2. 내게 부어주시 려고은혜 예비하신 주주의 은혜채워 주사능력 있게하소 서
3. 죄의 짐을풀어 주신주의 능력크도 다나를 피로사신 예수내맘 속에오소 서
4. 주여 내게성령 으로충만 하게채우 사생명 수가강물 처럼흐르 게하옵소 서
후렴
E A D A
나를 일꾼삼으신 주 크신능력 주시고

E
A
D
E7
A
D
A
언제든지 주뜻대로 사용하여 주소서 아 멘
날 대속하신 예수께 (통 351) 321
소명과 충성
R. E. Hudson, 1882
보통으로
내게 사는 것이 그리스도니 죽는 것도 유익함이라
(빌 1 : 21)
DUNBAR: 8.8.8.6.REF.
C. R. Dunbar, 1882
F
C
F
F7
B♭
F
C7
F
1. 날대속하신 예수께 내 생명모두 드리니 늘진실하 게 하소서내 구주예수 여
2. 날구원하신 예수를 일 평생의지 하오니 날영접하 여 주소서내 구주예수 여
3. 주십자가에 달리사 날 자유하게 했으니 내몸과맘 을 주위해다 쓰게하소 서
후렴
F
C
F
F7
B♭
F
C7
F
B♭
F
나구주위해 살리라내 기쁨한량 없으리 내갈길인 도 하소서내 구주예수 여 아 멘
세상의 헛된 신을 버리고 (통 357) 322
소명과 충성
G. Matheson, 1890
보통으로
우리 하나님은 유일한 주시라
(막 12 : 29)
PENITENTIA: 10.10.10.10.
E. Dearle, 1874
E♭
Fm7
B♭
E♭
A♭
E♭
Fm
B♭7
1. 세상의 헛된신 을버리고 하나님 이름높여기리 세
2. 세상의 헛된우 상버리고 인간의 모든부귀영화 와
3. 주님의 백성서 로헤아려 시기와 미움아주버리 고
E♭
E♭7
A♭
C
Fm
B♭7
E♭
A♭
E♭
B♭7
E♭
A♭
E♭
온천하 백성 모두나와서 다같이 하나님만 섬기 세
거짓과 불의 모두버리고 온전히 하나님만 섬기 세
하나님 만을 홀로섬기는 천국을 어서이뤄주소 서 아멘

323 (통 355) 부름 받아 나선 이 몸
소명과 충성
이호운 (1911-1969)
맡은 자들에게 구할 것은 충성이니라 (고전 4:2)
부름 받은 이 몸: 8.8.8.8.D.
이유선 (1911-2005)
보통으로
1. 부름받아 나선이몸 어디든지 가오리다 괴로우나 즐거우나 주만따라 가오리니 어느누가 막으리까 죽음인들 막으리까 어느누가 막으리까 죽음인 들 막으리까
2. 아골골짝 빈들에도 복음들고 가오리다 소돔같은 거리에도 사랑안고 찾아가서 종의몸에 지닌것도 아낌없이 드리리다 종의몸에 지닌것도 아낌없 이 드리리다
3. 존귀영광 모든권세 주님홀로 받으소서 멸시천대 십자가는 제가지고 가오리다 이름없이 빛도없이 감사하며 섬기리다 이름없이 빛도없이 감사하 며 섬기리다 아 멘
324 (통 360) 예수 나를 오라 하네
소명과 충성
E. W. Blandy, 1890
나를 따라오려거든 … 자기 십자가를 지고 나를 따를 것이니라 (마 16:24)
NORRIS: 8.8.8.9.REF.
J. S. Norris, 1890
조금 빠르게
1. 예수나를오라하네 예수나를오라하네 어디든지주를 따라 주와같이같이가려네
2. 겟세마네동산까지 주와함께가려하네 피땀흘린동산 까지 주와함께함께가려네
3. 심판하실자리까지 주와함께가려하네 심판하실자리 까지 주와함께함께가려네
4. 주가크신은혜내려 나를항상돌보시고 크신영광보여 주며 나와함께함께가시네
후렴
주의인도하심따라 주의

인 도 하 심 따 라 어 디 든 지 주 를 따 라 주 와 같 이 같 이 가 려 네
소명과 충성
C. F. Weigele (1871-1966)
예수가 함께 계시니
(통 359) 325
우리 중에 누구든지 자기를 위하여 사는 자가 없고
(롬 14 : 7)
LIVING FOR JESUS: 8.8.8.8.REF.
C. F. Weigele (1871-1966)
보통으로
1. 예수가함께 계시니 시험이오나 겁없네 기쁨의근원 되시는 예수를위해 삽시다
2. 이세상사는 동안에 주이름전파 하면서 무한한복락 주시는 예수를위해 삽시다
3. 이세상친구 없어도 예수는나의 친구니 불의한일을 버리고 예수를위해 삽시다
4. 주께서심판 하실때 잘했다칭찬 하리니 이러한상급 받도록 예수를위해 삽시다
후렴
날 마 다 주 를 섬 기 며 언 제 나 주 를 기 리 고
그 사 랑 안 에 살 면 서 딴 길 로 가 지 맙 시 다
소명과 충성
소안련 (W. L. Swallen), 1905
내 죄를 회개하고
(통 368) 326
사람이 나를 섬기려면 나를 따르라 (요 12 : 26)
SERVING THE LORD: 7.6.7.6.REF.
Songs for Young People, c. 19th Century
보통으로
1. 내 죄를회개 하 고주 예수믿고서 내 주를사랑 하 며잘 섬기리로다
2. 내주의뜻을 따 라나 살기원하며 이 세상있을 동 안주 섬기리로다
3. 내모든마음 드 려주 위해일하며 내 주의말씀 따 라잘 섬기리로다
4. 주님의크신 능 력날 도와주시니 내 본분다하 여 서주 섬기리로다
5. 내직분감당 하 고저 천국올라가 내 주를길이 길 이잘 섬기리로다
후렴
나 어 디 가 든 지 무 엇 하 든 지 주 예 수 위 하 여 충 성 하 리 라

327 (통 361) 주님 주실 화평
소명과 충성
E. A. Hoffman (1839-1929)
형제와 화목하고 그 후에 와서 예물을 드리라
(마 5:24)
HOFFMAN: 12.9.12.9.REF.
E. A. Hoffman (1839-1929)
보통으로
Eb
Bb7
Eb
1. 주님 주 실화 평 믿음얻 기위 해 너는정 성껏 기 도했 나
2. 주의 밝 은빛 에 항상활 동하 며 선한사 업을 힘 쓰겠 나
3. 주의 제 단앞 에 모두바 친후 에 주와온 전히 사 귀겠 네
Eb
Bb7
Eb
주의 제 단앞 에 모두바 치기 전 복을받 을줄 생 각마 라
자유 얻 으려 면 주의뜻 을따 라 너의모 든것 희 생하 라
주님 주 신기 쁨 또한그 의사 랑 어찌말 로다 형 용하 랴
후렴
Ab
Eb
Ab
F
Bb7
주의제단에 산제사 드린후 에 주 네맘을 주장하 니
Eb
Bb7
Eb
주의뜻을따 라 그와동행하 면 영생복락을 누리겠 네
328 (통 374) 너 주의 사람아
소명과 충성
W. P. Merrill, 1911
깨어 믿음에 굳게 서서 … 강건하라 (고전 16:13)
FESTAL SONG: 6.6.8.6.
W. H. Walter (1825-1893)
조금 빠르게
Bb
Eb
Bb
Eb
F
Bb
Eb
F
Eb
F7
Bb
1. 너주의사람아 헛된일버리고 마음과뜻과힘다해 왕의왕섬기라
2. 너주의사람아 그날을기다려 죄악의밤을이기고 새아침맞으라
3. 너주의사람아 교회는부른다 할일이많고많으니 다나와일하라
4. 너주의사람아 충성을다하여 십자가높이들고서 발자취따르라

소명과 충성

F. R. Havergal, 1872

말씀하옵소서 주의 종이 듣겠나이다
(삼상 3 : 10)

CANONBURY: 8.8.8.8.
R. A. Schumann, 1839

보통으로

1. 주 날 불러 이르소서 말씀대로 전하리라
나 주님의뜻 을따 라길 잃은양찾 으리 다

2. 주 날 인도하옵소서 나도 남을 인도하리
주 말씀에주 린양 떼다 먹이게하 옵소 서

3. 저 든든한 반석 위에 날 세우사 힘 주소서
내 손을펴물 에빠 진저 무리를건 지리 다

4. 내 주 얼굴 뵙기까지 주님 나를 도우소서
이 천한몸받 으셔 서주 뜻대로쓰 옵소 서 아 멘

어둔 밤 쉬 되리니 (통 370) 330

소명과 충성

A. L. Coghill, 1854

밤이 오리니 그때는 아무도 일할 수 없느니라
(요 9 : 4)

WORK SONG: 7.6.7.5.D.
L. Mason, 1864

조금 빠르게

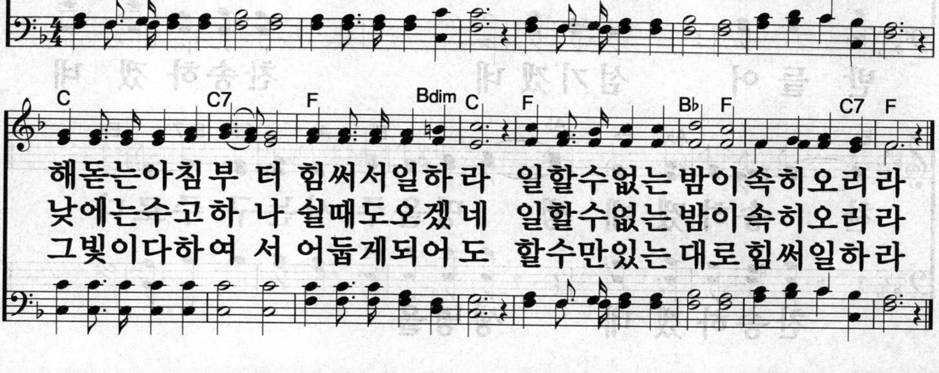

1. 어둔밤쉬되리니 네직분지켜서 찬이슬맺힐때에 일찍일어나
해돋는아침부 터 힘써서일하라 일할수없는밤이속히오리라

2. 어둔밤쉬되리니 네직분지켜서 일할때일하면서 놀지말아라
낮에는수고하 나 쉴때도오겠네 일할수없는밤이속히오리라

3. 어둔밤쉬되리니 네직분지켜서 지는해비낀별에 힘써일하고
그빛이다하여 서 어둡게되어도 할수만있는대로힘써일하라

331 (통 375) 영광을 받으신 만유의 주여

소명과 충성
우리는 부지런한
332
오병수, 1981
그리스도의 신실한 일꾼이요
(골 1:7)
주님의 일꾼: IRREG.
이영수, 2000
보통으로
F C F B♭ G7 C F7 Gm A B♭ C7 F
1. 우리는부지런한 예수님의일 꾼 의롭고풍성한 나라의주 인
2. 우리는충성하는 예수님의일 꾼 참되고화평한 믿음의형 제
3. 우리는전도하는 예수님의일 꾼 하나님기업을 계승한자 녀
Am F B♭ F C F Gm A B♭ C7 F
일하며믿음의 꽃을피우고 땀 흘려사-랑의 열매를맺 자
연장을든손에 생산이있고 힘 쓰는노-력에 부요가있 다
거친들옥토로 만들어내고 황 무지낙원으로 가꾸어가 자
소명과 충성
충성하라 죽도록
(통 381)
333
B. Schmolck, 1717
네가 죽도록 충성하라
(계 2:10)
FAITHFUL: 7.7.8.8.7.7.
Old Melody
조금 빠르게
G D G D C G D G D A D
1. 충성하라죽도록 충성 하라 주님께 슬픔이나 괴로움이
2. 충성하라죽도록 충성 하라 주님께 찬란하다 저면류관
3. 충성하라죽도록 충성 하라 주님께 항상내가 힘쓰오니
D A D A D7 G D G C D7 G C G
주의사랑못끊으리 충성하라죽도록충성 하라 끝까지
들려온다주의음성 충성하라죽도록충성 하라 끝까지
주님나를도우소서 충성하라죽도록충성 하리 끝까지 아멘

334
위대하신 주를
소명과 충성
DUDLEY: 12.12.14.13.
B. J. Leech, 1982
네게 광야 길을 걷게 하신 것을 기억하라
(신 8:2)
B. J. Leech, 1982
Arr. by R. Tabell, 1984
보통으로
F Gm7 F Gm7 C7 F Gm7 F Dm7 Gm7 C
1. 위대하신 주를 나 기억하겠네 언약하신 대로 날인도하시네 저
2. 영광스런 주를 나 기억하면서 앞을바라 보며 나달려가리라 주
3. 교회머리 되신 주 기억하면서 힘과부귀 모두 나주께바치네 참
B♭ Em7 C Dm7 Gm7 C7 Dm Em7 F Gm7 C7 F
단비와같은 은혜 늘내려주시니 그크신주의 사랑 날구속하셨네
우리와함께 하며 늘동행하시니 성령의능력 으로 섬기게하소서
충성된종이 되어 그길을가면서 주다시올때 까지 교회를섬기리
335
크고 놀라운 평화가
소명과 충성
IRREG.
H. Lillenas (1885-1959)
하늘에는 평화요 가장 높은 곳에는 영광이로다
(눅 19:38)
H. Lillenas (1885-1959)
보통으로
F B♭ F C F F7
1. 크고 놀라운평화가 내게있네이세 상 에는없는평 화 나의 영혼과몸주께
2. 나의 일생을인도해 주옵소서나의 생 각도주관하 사 주의 뜻대로날다스
3. 나의 모든것주님께 드리오니주여 기 쁘게받으시 사 주의 나라위해성별
4. 주의 광채가찬란히 비쳐오네전능 하 신왕구세주 여 세상 끝날까지찬양
B♭ F C7 F 후렴 F7 B♭
드 립니다 오 놀라운나의구주
리 옵소서 오 놀라운나의구주 오 놀라운주 오 놀 라운주 저
하 옵소서 오 놀라운나의구주
드 립니다 오 놀라운나의구주
F C F F7 B♭ F C7 F
천군과천사들 경배하네 나 엎드려서주 경 배하리 오놀라운구주예수

시련과 극복
환난과 핍박 중에도 (통 383) 336
ST. CATHERINE: 8.8.8.8.8.8.
F. W. Faber, 1849
네가 죽도록 충성하라
(계 2:10)
H. F. Hemy, 1864
Adapt. by J. G. Walton, 1874
보통으로
1.환난과핍 박중 에도 성도는신앙 지 켰네 이신앙생 각할 때에
2.옥중에매 인성 도나 양심은자유 얻 었네 우리도고 난받 으면
3.성도의신 앙본 받아 원수도사랑 하 겠네 인자한언 어행 실로
기쁨이충만하 도다 성도의신앙따라서 죽도록충성하겠네
죽어도영광되 도다 성도의신앙따라서 죽도록충성하겠네
이신앙전파하 리라 성도의신앙따라서 죽도록충성하겠네 아 멘
시련과 극복
내 모든 시험 무거운 짐을 (통 363) 337
E. A. Hoffman, 1894
수고하고 무거운 짐 진 자들아 다 내게로 오라
(마 11:28)
ORWIGSBURG: 10.9.10.9.REF.
E. A. Hoffman, 1894
보통으로
1. 내모든시 험 무거운짐 을주예수앞 에 아뢰이면 근심에싸 인 날돌아
2. 내모든괴 롬 닥치는환 난 주예수앞 에 아뢰이면 주께서친 히 날구해
3. 내짐이점 점 무거워질 때 주예수앞 에 아뢰이면 주께서친 히 날구해
4. 마음의시 험 무서운죄 를주예수앞 에 아뢰이면 예수는나 의 능력이
보사 내근심 모두 맡으시네
주사 넓으신사랑 베푸시네
주사 내대신 짐을 져주시네
되사 세상을 이길 힘주시네
후렴
무거운짐 을 나홀로지 고 견디다
못해쓰러질때 불쌍히여겨 구원해줄 이 은혜의 주 님 오직예수

338 (통 364) 내 주를 가까이하게 함은

꿈에 본즉 사닥다리가 땅 위에 서 있는데 그 꼭대기가 하늘에 닿았고
(창 28 : 12)

시련과 극복
BETHANY: 6.4.6.4.6.6.6.4.
L. Mason, 1856

S. F. Adams, 1841

보통으로

G D Em C G D G D Em C G D7 G

1. 내 주를가까이 하게함은 십자가짐같은 고 생이나
2. 내 고생하는것 옛 야곱이 돌베개베고잠 같 습니다
3. 천 성에가는길 험 하여도 생명길되나니 은 혜로다
4. 야 곱이잠깨어 일 어난후 돌단을쌓은것 본 받아서

G C G C G D G Am G C G D7 G C G

내일생소원은 늘찬송하면서 주께더나가기 원 합니다
꿈에도소원이 늘찬송하면서 주께더나가기 원 합니다
천사날부르니 늘찬송하면서 주께더나가기 원 합니다
숨질때되도록 늘찬송하면서 주께더나가기 원 합니다 아멘

339 (통 365) 내 주님 지신 십자가

누구든지 나를 따라오려거든 … 자기 십자가를 지고 나를 따를 것이니라
(마 16 : 24)

시련과 극복
MAITLAND: 8.6.8.6.
G. N. Allen, 1844

T. Shepherd, 1693

보통으로

A♭ B♭m D♭ A♭ E♭

1. 내 주 님지 신십 자가 우 리 는안 질 까
2. 내 몫 에태 인십 자가 늘 지 고가 리 다
3. 저 수 정같 은길 에서 면류 관벗 어 서
4. 저 천 사소 리높 여서 늘찬 송할 때 에
5. 그 면 류관 도 귀 하고 부활 도귀 하 다

A♭ B♭m D♭ A♭ E♭ A♭ D♭ A♭

뉘 게 나있 는십 자가 내게 도있 도 다
그 면 류관 을쓰 려고 저천 국가 겠 네
주 예 수앞 에바 치며 늘찬 송하 겠 네
그 좋 은노 래곡 조가 참아 름답 도 다
저 천 사내 려보 내사 날영 접하 소 서 아 멘

어지러운 세상 중에 (통 366) 340

시련과 극복

C. F. H. Alexander, 1852

나를 따라오라
(막 1 : 17)

BARTIMAEUS: 8.7.8.7.
S. Jenks (1772-1856)

보통으로

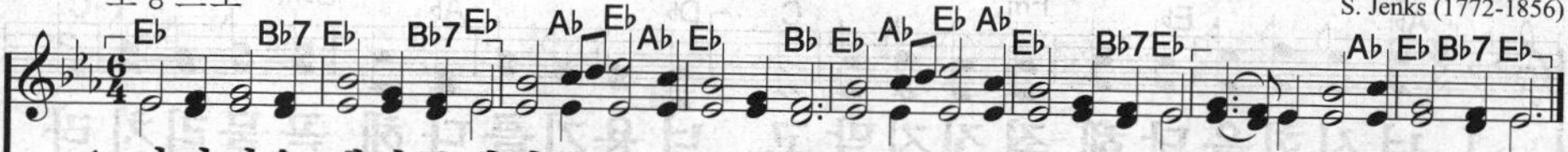

1. 어지러운 세상중에 기쁜소리 들리네 예수말씀 하시기를 믿는자여 따르라
2. 세상헛된 신과영화 모두내어 버렸네 예수친히 하신말씀 날더귀히 여겨라
3. 기쁜때나 슬픈때나 바쁜때나 틈날때 예수친히 하신말씀 날더귀히 여겨라
4. 주님크신 은혜로써 부르심을 듣게하시고 복종하는 맘을주사 따라가게 하소서

십자가를 내가 지고 (통 367) 341

시련과 극복

H. F. Lyte, 1824

우리가 모든 것을 버리고 주를 따랐나이다
(막 10 : 28)

ELLESDIE: 8.7.8.7.D.
Attr. to W. A. Mozart (1756-1791)
Arr. by H. P. Main (1839-1925)

보통으로

1. 십 자 가 를 내 가 지 고 주 를 따 라 갑 니 다 이 제 부 터
2. 주 도 곤 욕 당 했 으 니 나 도 곤 욕 당 하 리 세 상 사 람
3. 내 가 핍 박 당 할 때 에 주 의 품 에 안 기 고 세 상 고 초

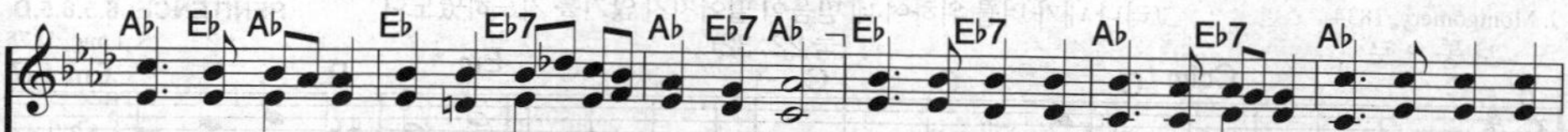

예 수 로 만 나 의 보 배 삼 겠 네 세 상 에 서 부 귀 영 화 모 두 잃 어
간 사 하 나 예 수 진 실 합 니 다 예 수 나 를 사 랑 하 사 빛 난 얼 굴
당 할 수 록 많 은 위 로 받 겠 네 주 가 주 신 기 쁨 외 에 기 뻐 할 것

버 려 도 주 의 평 안 내 가 받 고 영 생 복 을 받 겠 네
보 이 면 원 수 들 이 미 워 해 도 염 려 할 것 없 겠 네
무 어 냐 주 가 나 를 사 랑 하 니 기 뻐 할 것 뿐 일 세 아 멘

342 (통 395) 너 시험을 당해
시련과 극복
H. R. Palmer, 1868
시험을 참는 자는 복이 있나니 … 생명의 면류관을 얻을 것이기 때문이라 (약1:12)
PALMER: 6.5.6.5.D.REF.
H. R. Palmer, 1868
보통으로
Ab Eb Fm C Db Ab Bbm C
1. 너 시험을 당해 죄 짓지 말고 너 용기를 다해 곧 물리치라
2. 네 친구를 삼가 잘 선택하고 너 언행을 삼가 늘 조심하라
3. 잘 이기는 자는 상 받으리니 너 낙심치 말고 늘 전진하라
Ab Eb Fm C Db Ab Eb7 Ab
너 시험을 이겨 새 힘을 얻고 주 예수를 믿어 늘 승리하라
너 열심을 다해 늘 충성하고 온 정성을 다해 주 봉사하라
네 구세주 예수 힘 주시리니 주 예수를 믿어 늘 승리하라
후렴
Ab Eb Ab Db Ab Eb7 Ab
우리 구주의 힘과 그의 위로를 빌라 주님 네 편에 서서 항상 도우시리
343 (통 443) 시험 받을 때에
시련과 극복
J. Montgomery, 1834
그러나 내가 너를 위하여 네 믿음이 떨어지지 않기를 기도하였노니 (눅22:32)
PENITENCE: 6.5.6.5.D.
S. Lane, 1875
보통으로
C Cdim C G C Em B Em G7
1. 시험 받을 때에 나를 도우사 주를 떠나가지 말게 하소서
2. 세상 부귀영화 나를 얽매고 세상 헛된 재물 유혹할 때에
3. 주의 자비하심 내게 임하사 근심 걱정 고통 내가 당할 때
4. 이 땅 위의 삶을 모두 마치고 흙과 같은 육신 무너질 때에
G7 C G7 C C7 F C G7 C F C
떨며 주저할 때 나를 붙드사 넘어지지 않게 지켜 주소서
겟세마네 피땀 생각케 하사 십자가의 주를 보게 하소서
주의 능한 손을 보게 하시며 주여 나의 근심 맡아 주소서
오직 주의 은혜 의지하리니 영생하는 곳에 인도하소서 아멘

믿음으로 가리라 (통 398) 344
시련과 극복
김동청, 2006
복음에는 하나님의 의가 나타나서
(롬 1 : 17)
믿음으로: 7.8.7.8.REF.
한상은, 2006
조금 빠르게
1. 믿음으로가리라 주님가신고난의길주님말씀붙잡고 승리 하며살아가리
2. 고난중에있을때 소망중에기뻐하며주님말씀따라서 기쁨 으로살아가리
3. 악한세력에워싸 큰고난이닥쳐와도주님말씀붙잡고 권능 으로물리치리
후렴
주님앞에나아가 무릎꿇어간구하고 겸손하게주님섬겨 새힘을얻으리라
캄캄한 밤 사나운 바람 불 때 (통 461) 345
시련과 극복
김활란 (1899-1970)
큰 광풍이 일어나며
(막 4 : 37)
풍랑서 구하심: IRREG.
이동훈 (1922-1974)
보통으로
1.캄캄한밤 사나운 바람불 때 만경창파 망망한 바 다에
2.비바람이 무섭게 몰아치 고 그성난물 큰파도 일 때에
3.절망중에 그사공 떨면서 도 한줄기의 밝은빛 보 고서
4.아버지여 이죄인 굽어보 사 성난풍랑 잔잔케 하 시고
5.모진바람 또험한 큰물결 이 제아무리 성내어 덮 쳐도
외로운배 한척이 떠 나가니 아 위태하구나 위 태하구나
저뱃사공 어쩔줄 몰 라하니 아 가련하구나 가 련하구나
배안에도 하나님 계 심믿고 오 기도올린다 기 도올린다
이불쌍한 인생을 살 리소서 오 우리하나님 우 리하나님
권능의손 그노를 저 으시니 오 잔잔한바다 잔 잔한바다

346 (통 398) 주 예수 우리 구하려

R. Heber (1783-1826)

죽기까지 자기들의 생명을 아끼지 아니하였도다
(계 12:11)

분투와 승리
ALL SAINTS NEW: 8.6.8.6.D.
H. S. Cutler, 1872

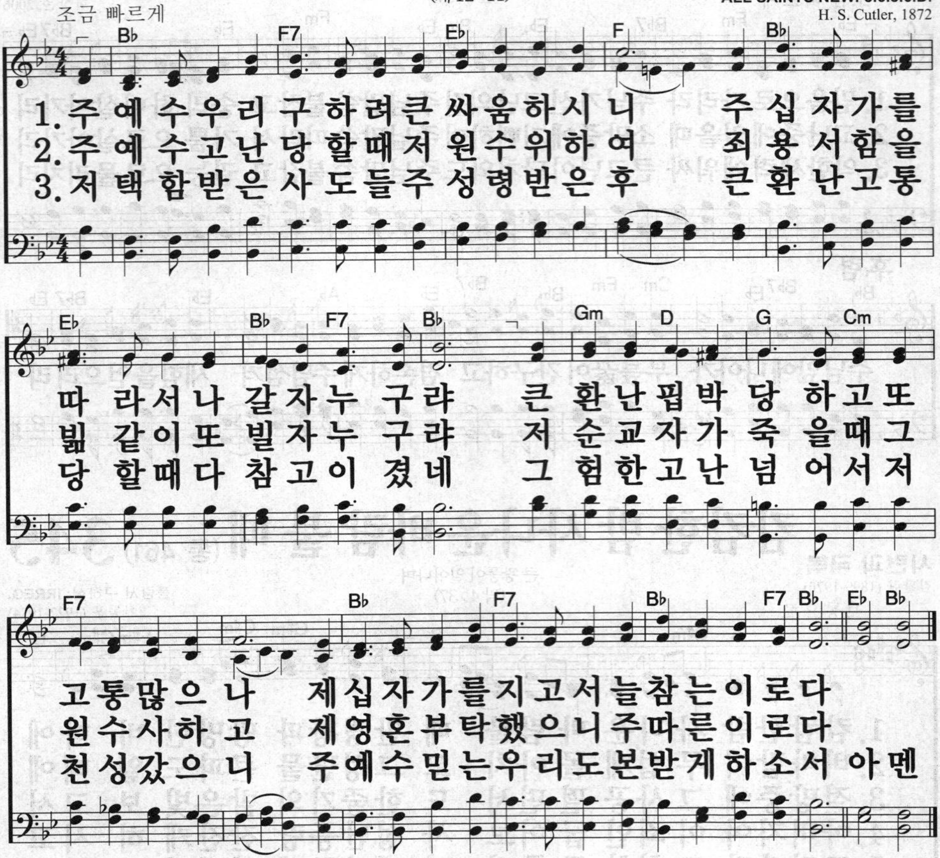

조금 빠르게

1.주 예수우리 구하려큰싸움하시니 주십자가를
2.주 예수고난 당할때저 원수위하여 죄용서함을
3.저 택함받은 사도들주 성령받은후 큰환난고통

따 라서나 갈자누 구랴 큰 환난핍박 당 하고또
빎 같이또 빌자누 구랴 저 순교자가 죽 을때그
당 할때다 참고이 겼네 그 험한고난 넘 어서저

고통많으 나 제십자가를지고서늘참는이로다
원수사하 고 제영혼부탁했으니주따른이로다
천성갔으 니 주예수믿는우리도본받게하소서 아멘

347 (통 382) 허락하신 새 땅에

Adapt. from C. M. Robinson, 1898

오직 나와 내 집은 여호와를 섬기겠노라
(수 24:15)

분투와 승리
DARE TO STAND: 7.5.7.5.REF.
P. P. Bilhorn, 1898

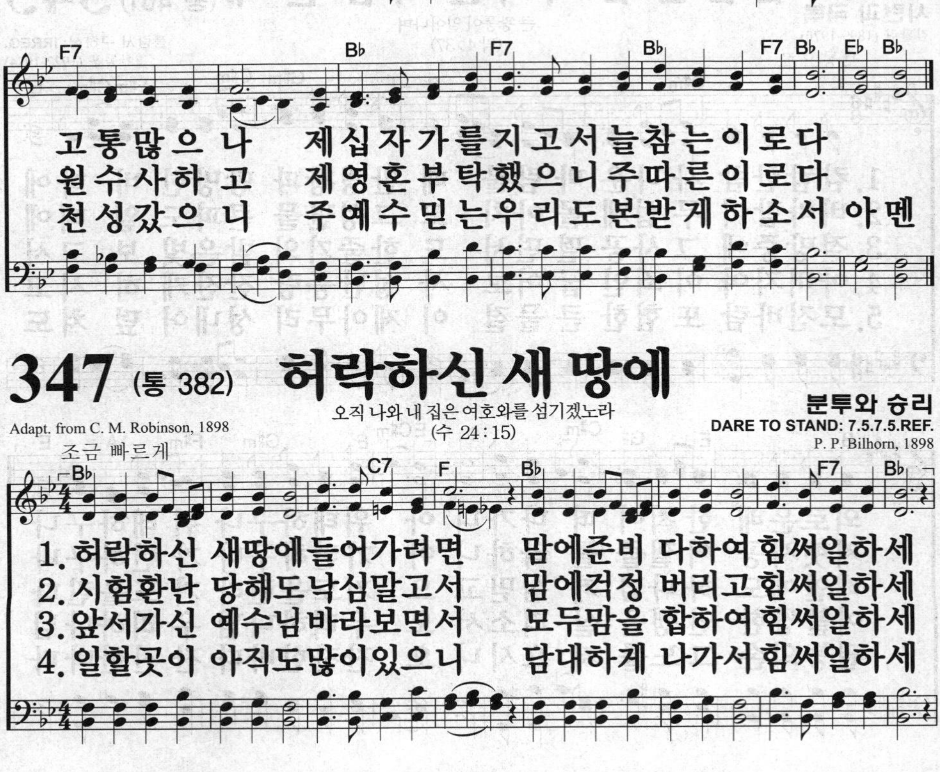

조금 빠르게

1. 허락하신 새땅에들어가려면 맘에준비 다하여 힘써일하세
2. 시험환난 당해도낙심말고서 맘에걱정 버리고 힘써일하세
3. 앞서가신 예수님바라보면서 모두맘을 합하여 힘써일하세
4. 일할곳이 아직도많이있으니 담대하게 나가서 힘써일하세

후렴
B♭
E♭
C
F
B♭
F
B♭
E♭
B♭
F7
B♭
여호수아본받아 앞으로가세 우리거할처소는 주님품일세
마귀들과 싸울지라
(통 388)
348
분투와 승리
신증 복음가, 1919
마귀를 대적하라 그리하면 너희를 피하리라
(약 4:7)
BATTLE HYMN: 15.15.15.6.REF.
Traditional American Melody, c. 1852
조금 빠르게
C
F
1.마귀들과싸울지라죄악벗은형제여 담대하게싸울지라저기
2.마귀들과싸울지라죄악벗은형제여 고함치는무리들은흉한
3.마귀들과싸울지라죄악벗은형제여 구주예수그리스도크신
C
Dm
C
G
C
악한적병과 심판날과멸망의날네가섰는눈앞에 곧다가오리라
마귀아닌가 무섭고도더러운죄모두떨쳐버리고 주예수붙들라
팔을벌리고 너를도와주시려고서서기다리시니 너어서나오라
후렴
C
F
C
영 광영광할렐루 야 영 광영광할렐루 야
C
Dm
C
G
C
영 광영광할렐루 야 곧승리하리라

349 (통 387) 나는 예수 따라가는

분투와 승리

A SOLDIER FOR JESUS

: 8.6.8.6.D.REF.

I. Watts, 1724

너는 그리스도 예수의 좋은 병사로 나와 함께 고난을 받으라 (딤후 2:3)

L. N. Morris (1862-1929)

보통으로

Unison

1. 나는 예수 따라 가는 십자 가군 사라 주이 름증 언하 기를 왜 주 저하 리요 다른군사피흘리며나가 서싸울때 나혼자편 히 앉 아서바라 만보 리오(보 리 오)
2. 큰싸 움은 시작 되어 용사 를부 른다 일어 나전쟁마 당에 다 어 서나 가자 거룩하신주님위해싸우 러나가자 주님의권 능 힘 입어다이 길때 까지(때 까 지)
3. 그승 리의 영광 위해 싸워 야하 리라 주말 씀나 의힘 되니 겁 낼 것없 도다 모든싸움이긴후에그날 이이르면 승전가높 이 부 르며큰영 광누 리리(누 리 리)

Duet

후렴 Chorus

다 른 사람어쩌든지나 다른사람들은모두어쩌든지 주님의용사되리 나 주 의 용사되리 나 는 주의군사되어충 성을맹세 하 나는언제나주의군사되어충 성 을 맹 여 세 하 여 내가승리하기까 지 주은혜로싸우리

Bb Gm Bb F7 Cm Bb Cm F7 Bb
주님의용사된내 게 주의일맡기소서
이내몸에
분투와 승리
Anonymous
우리들이 싸울 것은
(통 393)
350
우리의 씨름은 혈과 육을 상대하는 것이 아니요
(엡 6:12)
GEORGIA MARCH: 13.13.13.9.REF.
Anonymous
조금 빠르게
G C G Em D7
1.우리들이싸울것은혈기아니오 우리들이싸울것은육체아니오
2.우리들이입은갑옷쇠가아니오 우리들이가진검은강철아니오
3.악한마귀제아무리강할지라도 우리들의대장예수앞서가시니
4.죄악중에빠진사람죄를뉘우쳐 십자가에달린예수믿기만하면
G C G D G
마귀권세맞서싸워깨쳐버리고 죽을영혼살릴것일 세
하나님께받아가진평화의복음 거룩하신말씀이로 다
주저말고용감하게힘써싸우세 최후승리얻을때까 지
위태한데빠진영혼구원얻어서 천국백성될것임일 세
후렴
G C G D
한마 음으 로힘써나가세 한마 음으 로힘써싸우세
G C G D G
악한마귀군사들과힘써싸워서 승전고를울리기까 지

351 (통 389) 믿는 사람들은 주의 군사니

너는 그리스도 예수의 좋은 병사로 나와 함께 고난을 받으라 (딤후 2:3)

S. Baring-Gould, 1864

분투와 승리

ST. GERTRUDE: 6.5.6.5.D.REF.

A. S. Sullivan, 1871

조금 빠르게

Eb Bb7 Eb F7 Bb F7 Bb

1. 믿는사람들 은 주의군사니 앞서가신주 를 따라갑시다
2. 원수마귀모 두 쫓겨가기는 예수이름듣 고 겁이남이라
3. 세상나라들 은 멸망당하나 예수교회영 영 왕성하리라
4. 백성들아와 서 함께모여서 우리모두함 께 개가부르세

Bb Eb Ab Bb

우리대장예 수기를들고서 접전하는곳 에 가신것보라
우리찬송듣 고지옥떨리니 형제들아주 를 찬송합시다
마귀권세감 히해치못함은 주가모든교 회 지키심이라
영원토록영 광권세찬송을 우리임금주 께 돌려보내세

후렴

Eb Bb7 Eb Bb7 Eb Ab Bb7 Eb Ab Eb

믿는사람들 은 주의군사 니 앞서가신주를따라갑시다 아멘

352 (통 390) 십자가 군병들아

하나님의 전신 갑주를 입으라 (엡 6:11)

G. Duffield, 1858

분투와 승리

WEBB: 7.6.7.6.D.

G. J. Webb, 1837

조금 빠르게

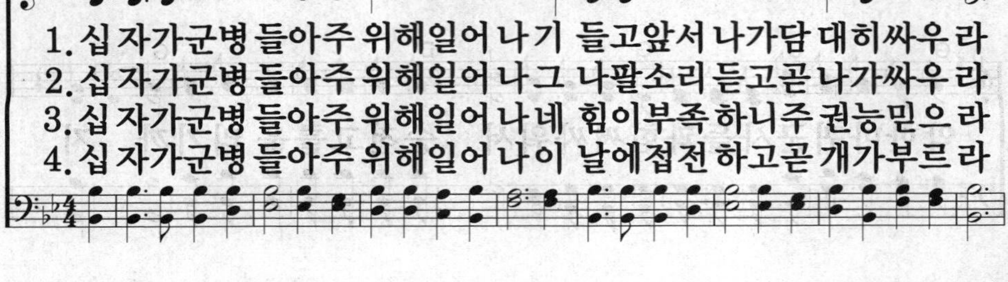

Bb Eb Bb F7 Bb Eb Bb F7 Bb

1. 십 자가군병 들아주 위해일어 나기 들고앞서 나가담 대히싸우 라
2. 십 자가군병 들아주 위해일어 나그 나팔소리 듣고곧 나가싸우 라
3. 십 자가군병 들아주 위해일어 나네 힘이부족 하니주 권능믿으 라
4. 십 자가군병 들아주 위해일어 나이 날에접전 하고곧 개가부르 라

F
B♭
E♭
B♭
F
B♭
E♭
B♭
F7
B♭
E♭
B♭
주께서승전하고영 광을얻도록 그 군대거느리사이기게하시네
수없는원수앞에주 따라갈때에 주 예수힘을주사강하게하시네
복음의갑주입고늘 기도하면서 너 맡은자리에서충성을다하라
승전한군사들은영 생을얻으며 영 광의주와함께왕노릇하리라 아멘
십자가 군병 되어서
(통 391) 353
분투와 승리
I. Watts, 1724
너는 그리스도 예수의 좋은 병사로 나와 함께 고난을 받으라
(딤후 2:3)
A SOLDIER OF THE CROSS: 8.6.8.6.REF.
I. D. Sankey (1840-1908)
조금 빠르게
D
G
D
A
E7
A
D
G
D
1.십자가군병되어서 예 수를따를때 무서워하는맘으로
2.뭇성도피를흘리며 큰 싸움하는데 나어찌편히누워서
3.이죄악많은세상에 수 많은원수들 날유혹하고해치나
4.나면류관을쓰려고 몸 바쳐싸울때 주내게용기주시사
5.승리의그날이르러 십 자가군병들 개가를불러영광을
D
G
A7
D
후렴
A
D
주모른체할까
상받기바랄까
내주만따르리
이기게하시네
주님께돌리리
나의주 그리스도
나의주 그리스도
G
D
A7
D
G
D
G
A7
D
나를속량했으니 나십자가를벗은후 저면류관쓰리

354 (통 394) 주를 앙모하는 자

신정 찬송가, 1931

여호와를 앙망하는 자는 새 힘을 얻으리니 독수리가… 올라감 같을 것이요
(사 40:31)

분투와 승리
MOUNTING UP: 7.6.5.7.7.6.5.REF.
신정 찬송가, 1931

조금 빠르게

1. 주를 앙모하는자올라 가(올라가)올라 가(올라가) 독수 리같이 모든 싸움이기고 근심 걱정벗은후 올라 가(올라가)올라 가(올라가)독수 리같이
2. 주를 앙모하는자걸어 가(걸어가)걸어 가(걸어가) 고단 치않네 길을 잃은양떼를 두루 찾아다니며 걸어 가(걸어가)걸어 가(걸어가)고단 치않네
3. 주를 앙모하는자달려 가(달려가)달려 가(달려가) 피곤 치않네 천성 문을향하여 면류 관을얻도록 달려 가(달려가)달려 가(달려가)피곤 치않네
4. 주를 앙모하는자올라 가(올라가)올라 가(올라가) 독수 리같이 은혜 안에뛰놀며 주의 영광보리라 올라 가(올라가)올라 가(올라가)독수 리같이

후렴

주 앙 모하는자 주 앙 모하는자
(주 앙모하는앙모하는 자) (주 앙모하는앙모하는자)
주 앙 모하는자 늘 강 건하리라
(주 앙모하는앙모하는자) (늘 강건하리 강건하리 라)

분투와 승리
다 같이 일어나
(통 386) 355
G. T. Coster, 1897
그들은 믿음으로 나라들을 이기기도 하며 의를 행하기도 하며
(히 11:33)
ARTHUR'S SEAT: 6.6.6.6.8.8.
Arr. from J. Goss, 1874
조금 빠르게
1. 다같이일어나 용감히싸워라 저마귀물리친 옛성도들같이
2. 옛성도걸어간 그길을따라서 이거룩한싸움 늘싸워이기며
3. 힘차게나가자 큰싸움할때에 주님의강한손 내능력되시면
4. 주님만의지해 힘차게나가자 이거룩한싸움 곧끝이나리니
그어떤고난당해도 주영광드러내리라
이세상유혹물리쳐 내주만따라가리라
저마귀능히물리쳐 늘승리하게되리라
저승리의면류관을 내주가주시리로다 아멘
분투와 승리
주 예수 이름 소리 높여
(통 396) 356
신편 찬송가, 1935
우리의 씨름은… 하늘에 있는 악의 영들을 상대함이라
(엡 6:12)
WAR OF THE SOUL: 9.5.9.5.REF.
신편 찬송가, 1935
조금 빠르게
1. 주예수이름 소리높여찬송드리니 그거룩하고 크신영광널리퍼지네
2. 큰죄에빠져 종된백성놓아주시고 그영광나라 백성되게하여주소서
3. 내영의원수 이길힘을누가주시랴 그악한마귀 정복한이구주예수라
4. 내사망고통 면케하사새사람되고 새힘을주사 승리생활하게하소서
후렴
나의영혼싸울때 나의영혼싸울때
영 혼싸울때
싸울때
주나의대장 되시사나를인도하소서 아멘

357 (통 397) 주 믿는 사람 일어나

세상을 이기는 승리는… 우리의 믿음이니라
(요일 5:4)

J. H. Yates, 1891

분투와 승리
SANKEY: 8.6.8.6.D.REF.
I. D. Sankey, 1891

조금 빠르게

1.주믿는사람일어나다힘을합하여 이세상모든마귀를
2.온인류마귀궤휼로큰죄에빠지니 진리로띠를띠고서
3.끝까지이긴자에게흰옷을입히고 또영생복을주시니

다쳐서멸하세 저앞에오는적군을다싸워이겨라
늘기도드리세 참믿고의지하면서겁없이나갈때
참기쁜일일세 이어둔세상지나서저천성가도록

주예수믿는힘으로온세상이기네
주예수믿는힘으로온세상이기네
주예수믿는힘으로온세상이기네

후렴

믿 음이이기네
믿음이이기네

믿 음이이기네 주 예수를믿음이온세상이기네
믿음이이기네

주의 진리 위해 십자가 군기 (통 400) 358

너는 그리스도 예수의 좋은 병사로
(딤후 2:3)
분투와 승리
D. W. Whittle, 1887
ROYAL BANNER: 11.7.11.7.REF.
J. McGranahan, 1887
조금 빠르게
Ab
Eb7
Ab
1. 주의진리위해 십자가군기 하늘높이들고 서
2. 원수들이비록 강할지라도 주의군기붙잡 고
3. 산과들과바다 가는곳마다 주의군기날리 며
4. 원수들은이미 예수의손에 하나없이패하 고
Ab
Eb7
Bb
Eb
주의군사되어 용맹스럽게 찬송하며나가 세
주의진리위해 용기다하여 분발하여싸우 세
반갑고도기쁜 승리의소식 온세상에전하 세
주의군기만이 영광스럽게 온누리에날리 네
후렴
Eb7
Ab
Db
Ab
Eb
나가세 나가세 주 예 수만을위하여
나가 나가 주예수위해
Ab
Db
Ab
Eb7
Ab
목숨 까 지 도 바 치 고 싸 움 터 로 나 가 세

359 (통 401) 천성을 향해 가는 성도들아

앞에 있는 것을 잡으려고 … 위에서 부르신 … 상을 위하여 달려가노라
(빌 3 : 13-14)

신중 복음가, 1919

분투와 승리
GO FORWARD: 11.11.11.9.REF.
R. Lowry (1826-1899)

조금 빠르게

Bb F Bb F C F
1. 천성을향 해가는성도 들아 앞길에장애를두려워말라
2. 너가는길 을누가비웃 거든 확실한증거를보여주어라
3. 너가는길 을모두가기 전에 네손에든검을꽂지말아라
Bb F Bb Eb Bb F7 Bb
성령이너를인도하시리 니 왜지체를 하고 있느냐
성령이친히감화하여주 사 그들도참 길을 찾으리
저마귀흉계모두깨뜨리 고 끝까지잘 싸워 이겨라
후렴
Bb F
앞으로앞으로 천성을향해나가세 천성문만 바라고나가세
Bb Eb Bb F Bb Eb Bb F7 Bb
모든천사 너희를영접하 러 문 앞에기 다려 서있네

행군 나팔 소리에 (통 402) 360

분투와 승리

H. Waters (1674-1748)

믿음의 선한 싸움을 싸우라
(딤전 6:12)

WEAR A CROWN: 7.7.7.7.REF.

D. B. Towner, 1905

조금 빠르게

1. 행군나팔소리에주의호령났으니 십자가의군기를높이들고나가세
2. 악한마귀권세를모두 깨쳐버리고 승리하신주님과승전가를부르세
3. 달려갈길다가고싸움 모두마친후 주와함께기쁨을용사들아누리세

후렴

선한싸움다싸우고 의의면류관 의의면류관 받아쓰리라

선한싸움다싸우고 의의면류관예루살렘성에서

면류관 받으리 저요단강건너

면류관 받으리

우리싸움마치는날 의의면류관 예루살 렘성 에 서

361 (통 480) 기도하는 이 시간
기도와 간구
그가 내게 간구하리니 내가 그에게 응답하리라
(시 91:15)
F. J. Crosby, 1880
BLESSED HOUR: IRREG.
W. H. Doane, 1880
보통으로
1.기도 하는이시 간 주께 무릎꿇고 우리구세주 앞에다 나아가네
2.기도 하는이시 간 주가 곁에오사 인자하신얼굴로귀 기울이네
3.기도 하는이시 간 주께 엎디어서 은밀하게구할때곧 응답받네
4.기도 하는이시 간 주를 의지하고 크신은혜구하면꼭 받으리라
후렴
믿음 으로나가 면 주가 보살피사
우리 마음비우 고 주를 의지하 면
잘못 된것아뢰 면 측은 히여기사
의지 하는마음 에 근심 사라지고
크신은혜를 주네거기 기 쁨있 네
기도 시 간 에 복을 주 시 네 곤한 내 마 음 속 에 기쁨 충 만 하 네
362 (통 481) 주여 복을 주시기를
기도와 간구
그는 벤 풀 위에 내리는 비같이, 땅을 적시는 소낙비같이 내리리니
(시 72:6)
E. Codner, 1860
EVEN ME: 8.7.8.7.REF.
W. B. Bradbury, 1862
보통으로
1. 주여복을 주시기를 마른땅에 비내려 풍성하게 함과같이 은혜내려 주소서
2. 나의마음 주를떠나 죄에빠져 갈때에 은혜로신 아버지여 나를잡아 주소서
3. 온유하신 나의주여 내손잡아 주시고 주의은혜 갈망하는 나를불러 주소서
4. 전능하신 성령이여 나의귀를 밝히사 능력있는 주의말씀 바로듣게 하소서
5. 변함없는 주의사랑 영원무궁 하오며 풍성하신 주의보혈 나의맘에 넘치네
후렴
내 게 도 내 게 도 은 혜 내 려 주 소 서 아 멘

기도와 간구

내가 깊은 곳에서 (통 479) 363

M. Luther (1483-1546)

여호와여 내가 깊은 곳에서 주께 부르짖었나이다
(시 130 : 1)

ST. PETERSBURG: 7.7.7.7.7.7.
D. S. Bortniansky (1752-1825)

보통으로

C G7 C F C G7 C G C G7 C

1.내 가깊은곳 에서 주 를불러아 뢰니 주 여 나의간 구를
2.주 가죄를살 피면 누 가능히서 리요 오 직 주만모 든죄
3.파 수꾼이새 벽을 기 다리고바 라듯 나 의 영혼주 님만
4.주 의크신은 혜와 그 의능력바 라라 주 의 깊은은 총에

F C Am D G G7 C G C F G7 C

들 어주심바 라고보좌앞에나 가니 은혜내려주소 서
용 서하여주 시니주님앞에떨 면서 용서하심빕니 다
간 절하게바 라네이스라엘백 성아 주를바라보아 라
우 리구원있 으니변함없는주 님만 믿고기다릴지 라

기도와 간구

내 기도하는 그 시간 (통 482) 364

W. W. Walford, c. 1845

마음을 같이하여 오로지 기도에 힘쓰더라
(행 1 : 14)

SWEET HOUR: 8.8.8.8.D.
W. B. Bradbury, 1861

보통으로

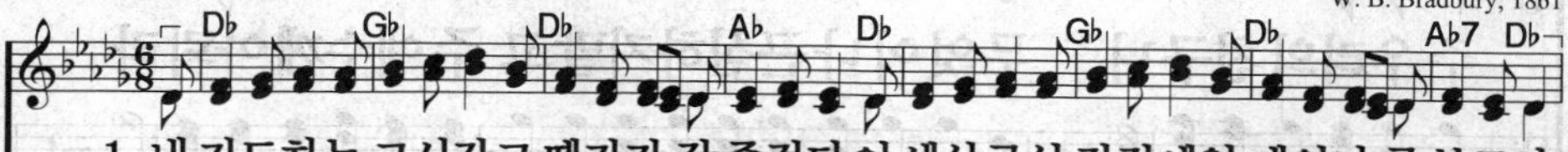

D♭ G♭ D♭ A♭ D♭ G♭ D♭ A♭7 D♭

1. 내 기도하는 그시간그 때가가 장 즐겁다 이 세상근심 걱정에얽 매인나 를부르사
2. 내 기도하는 그시간내 게는가 장 귀하다 저 광야같은 세상을끝 없이방 황하면서
3. 내 기도하는 그시간그 때가가 장 즐겁다 이 때껏지은 큰죄로내 마음심 히 아파도
4. 내 기도하는 그시간그 때가가 장 즐겁다 주 세상에서 일찍이저 요란한곳 피하여

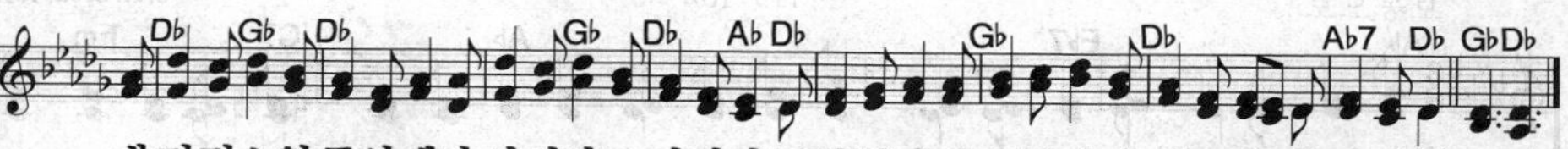

D♭ G♭ D♭ G♭ D♭ A♭ D♭ G♭ D♭ A♭7 D♭ G♭D♭

내 진정소원 주앞에낱 낱이바로 아뢰어큰 불행당해 슬플때나 위로받 게 하시네
위 태한길로 나갈때주 께서나를 이끌어그 보좌앞에 나아가큰 은혜받 게 하시네
참마음으로 뉘우쳐다 숨김없이 아뢰면주 나를위해 복주사새 은혜부 어 주시네
빈 들에서나 산에서온 밤을새워 지내사주 예수친히 기도로큰 본을보 여 주셨네 아멘

365 (통 484) 마음속에 근심 있는 사람

내일 일을 위하여 염려하지 말라
(마 6:34)

기도와 간구

J. E. Rankin (1828-1904)

TELL IT TO JESUS: 10.10.10.7.REF.

E. S. Lorenz, 1888

조금 빠르게

Bb Eb Bb F Bb Eb Bb F7 Bb 후렴 F Bb Eb Bb F Bb Eb Bb F7 Bb

1. 마음속에 근심있는사람 주예수앞에 다아뢰어라 슬픈마음 있을때에라도 주예수께아뢰라
2. 눈물나며 깊은한숨쉴때 주예수앞에 다아뢰어라 은밀한죄 네게있더라도 주예수께아뢰라
3. 괴로움과 두려움있을때 주예수앞에 다아뢰어라 내일일을 염려하지말고 주예수께아뢰라
4. 죽음앞에 겁을내는자여 주예수앞에 다아뢰어라 하늘나라 바라보는자여 주예수께아뢰라

(후렴) 주예수앞에 다아뢰어라 주우리의친구니 무엇이나근심하지말고 주예수께아뢰라

366 (통 485) 어두운 내 눈 밝히사

내 눈을 열어서 주의 율법에서 놀라운 것을 보게 하소서
(시 119:18)

기도와 간구

C. H. Scott, 1895

SCOTT: IRREG.

C. H. Scott, 1895

보통으로

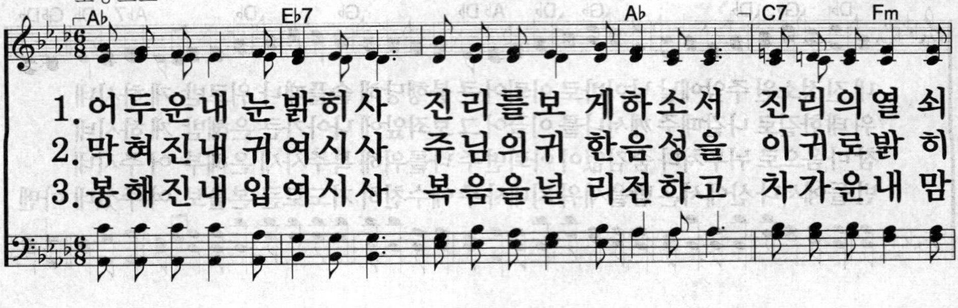

Ab Eb7 Ab C7 Fm

1. 어두운내 눈밝히사 진리를보 게하소서 진리의열 쇠
2. 막혀진내 귀여시사 주님의귀 한음성을 이귀로밝 히
3. 봉해진내 입여시사 복음을널 리전하고 차가운내 맘

내게주사 참빛을찾 게하 소서
들을때에 내기쁨한 량없 겠네 깊으신뜻 을알고자
녹여주사 사랑을하 게하 소서
내눈을뜨 게하 소서 성 령이여
엎드려기 다리 오니 내귀를열 어주 소서 성 령이여
내입을열 어주 소서 성 령이여

인내하게 하소서 주여 우리를 367

기도와 간구

I. Prohanova

인내를 온전히 이루라
(약 1:4)

7.5.6.5.REF.
I. Kajakov

조금 느리게

Em F#dim Em G D7 G B Am B Em F#dim F#7 B

1. 인내하게하소서주여우리를 슬픔가득차고질병있을때
2. 인내하게하소서주여우리를 유혹다가오고괴롬있을때
3. 인내하게하소서주여우리를 고통당할때에위로하소서
4. 인내하게하소서주여우리를 정죄당할때에보호하소서
5. 인내하게하소서주여우리를 짐이무거워서눌려있을때
6. 인내하게하소서주여우리를 암흑속의사람용서하도록

후렴

Em D G F#dim B7 Em

주 여 주 여 주여참 는맘 을 주 여

B7 Em Am B7 Em Am Em

주 여 주 여참 는맘 을

368 (통 486) 주 예수여 은혜를
내가 부르짖는 날에 속히 내게 응답하소서
(시 102 : 2)
신중 복음가, 1919
기도와 간구
HEART LONGINGS: 11.8.11.8.REF.
신중 복음가, 1919
보통으로
Eb Bb7 Eb Ab
1. 주예수여은혜를내려주사 곧충만케하옵소서 이주리고목마른
2. 주예수여죄에서풀어주사 날정결케하옵소서 이세상의유혹이
3. 옛야곱이천사와씨름하던 그믿음을주옵소서 이세상의물결이
4. 주예수여완전한주의사랑 나받기를원합니다 그사랑이내맘에
5. 내마음에임하신주의성령 늘계실줄믿습니다 큰은사를나에게
후렴
Eb Bb7 Eb Bb7 Eb
나의맘에주성령을부으소서
나의맘에틈못타게하옵소서
흉흉해도날평안케하옵소서 주예수여충만한은혜내
충만하여날기쁘게하옵소서
부어주사주섬기게하옵소서
Bb F Bb Eb Ab Eb Cm Eb F Bb7 Eb
영혼에부으소서 주예수만나의힘되고내만족함 됩니다
369 (통 487) 죄짐 맡은 우리 구주
J. Scriven, 1855
아버지께 구하는 것을 내 이름으로 주시리라
(요 16 : 23)
기도와 간구
CONVERSE: 8.7.8.7.D.
C. C. Converse, 1868
보통으로
F Bb F C F Bb
1. 죄짐맡은우리구주 어찌좋은친군지 걱정근심무거운짐
2. 시험걱정모든괴롬 없는사람누군가 부질없이낙심말고
3. 근심걱정무거운짐 아니진자누군가 피난처는우리예수

F C F C7 F B♭ F C
우 리주께맡기세 주 께고함없는고로 복 을받지못하네
기 도드려아뢰세 이 런진실하신친구 찾 아볼수있을까
주 께기도드리세 세 상친구멸시하고 너 를조롱하여도
F B♭ F C F B♭ F
사 람들이어찌하 여 아 뢸줄을모를까
우 리약함아시오 니 어 찌아니아뢸까
예 수품에안기어 서 참 된위로받겠네 아 멘
인도와 보호
E. E. Hewitt, 1898
주 안에 있는 나에게
(통 455)
370
주의 율례들이 나의 노래가 되었나이다
(시 119:54)
SINGING I GO: 8.6.8.6.REF.
W. J. Kirkpatrick (1838-1921)
보통으로
G D G
1.주안에있는나에게딴근심있으랴 십자가밑에나아가내
2.그두려움이변하여내기도되었고 전날의한숨변하여내
3.내주는자비하셔서늘함께계시고 내궁핍함을아시고늘
4.내주와맺은언약은영불변하시니 그나라가기까지는늘
C D7 G
짐을풀었네
노래되었네
채워주시네
보호하시네
후렴
D G D
주님을찬송하면서 할렐루야 할렐루야
G C D7 G
내앞길멀고 험 해도 나 주님만따라가 리

371 (통 419) 구주여 광풍이 불어

인도와 보호

M. A. Baker, 1874

바다에 큰 놀이 일어나… 어찌하여 무서워하느냐 (마 8 : 24-26)

PEACE BE STILL
: 8.7.9.7.8.6.10.7.REF.
H. R. Palmer (1834-1907)

보통으로

1. 구주여 광풍이 불어 큰 물결이 일어나 온 하늘이 어둠에 싸여 피할 곳을 모르니 우리가 죽게 된 것을 안 돌아봅니까 깊은 바다에 빠지게 된 때 주 무시려 합니까
2. 구주여 떨리는 내 맘 저 풍랑과 같아서 늘 불안에 싸여서 사니 날 붙들어 주소서 세상의 풍파가 나를 삼키려 합니다 지금 죽게 된 날 돌아보사 곧 구원해 주소서
3. 사나운 광풍이 자고 큰 물결이 그치니 그 잔잔한 바다와 같이 내 마음이 편하다 구주여 늘 함께 계셔 떠나지 마소서 복된 항구에 즐거이 가서 그 언덕에 쉬리라

후렴

큰 바람과 물결아 잔잔해 잔 잔해 (잔잔해 잔잔해) 사납게 뛰노는 파도나 저 흉악한 마귀나 아무것도 주 편안히 잠들어 누신 배 뒤엎어 놀 능력이 없도다 주 예수 풍파를 꾸짖어 잔잔해 잔잔해 주 예수 풍파를 꾸짖어 잔잔하라

Chords printed above the melody: B♭, Cm, F7, B♭, Cm, F7, B♭, D7, Gm, F7, Gm, F, C, F, B♭, Cm, F, B♭, B♭, F7, F, B♭, F7, B♭7, E♭, C, F, D, Gm, F, B♭, B♭, F7, B♭, F7, B♭

인도와 보호
그 누가 나의 괴롬 알며
(통 420) 372
Afro-American Spiritual
구원의 노래로 나를 두르시리이다 (시 32 : 7)
NOBODY KNOWS: IRREG.
Afro-American Spiritual
보통으로
G C G D7 G
그누가나의 괴롬알며 또나의슬픔알까 주밖에누가 알아주랴 영광할렐루야
G D G D7 G
1.나 자주넘어집니다 오주 여 나자주실패합니다 오주 여
2.나 슬픈일당합니다 오주 여 나심히괴롭습니다 오주 여
3.저 마귀유혹합니다 오주 여 나승리하게하소서 오주 여
G C G D7 G
그누가나의 괴롬알며 또나의슬픔알까 주밖에누가 알아주랴 영광할렐루야
인도와 보호
고요한 바다로
(통 503) 373
A. M. Toplady (1740-1778)
바람과 바다를 꾸짖으시니 아주 잔잔하게 되거늘 (마 8 : 26)
GOLDEN HILL: 6.6.8.6.
A. Chapin, 1805
조금 느리게
E♭ A♭ B♭7 E♭ A♭ E♭ B♭
1.고 요 한 바 다 로 저 천 국 향 할 때
2.큰 물 결 일 어 나 나 쉬 지 못 하 나
3.내 걱 정 근 심 을 쉬 없 게 하 시 고
4.이 세 상 고 락 간 주 뜻 을 본 받 고
E♭ A♭ B♭ E♭ A♭ B♭7 E♭ A♭ E♭
주 내 게 순 풍 주 시 니 참 감 사 합 니 다
이 풍 랑 으 로 인 하 여 더 빨 리 갑 니 다
내 주 여 어 둔 영 혼 을 곧 밝 게 하 소 서
내 몸 이 의 지 없 을 때 큰 믿 음 주 소 서 아 멘

374 (통 423)
나의 믿음 약할 때
인도와 보호
A. R. Haborshon (b.1861)
나를 붙드소서 그리하시면 내가 구원을 얻고
(시 119:117)
HE WILL HOLD ME FAST: 7.5.7.5.REF.
R. Harkness (1880-1961)
조금 빠르게
1. 나의믿음약할때 주가붙드네 마귀나를꾀일때 주가붙드 네
2. 우리구주아니면 서지못하네 나의사랑식을때 주가붙드 네
3. 나를귀히보시고 항상붙드네 구원얻은사람을 항상붙드 네
4. 나의영혼약할때 주가붙드네 피를흘려샀으니 주가붙드 네
후렴
나를붙드네 나를붙드네 사랑하는나의주 나를붙드네
375 (통 421)
나는 갈 길 모르니
인도와 보호
배위량 부인(A. A. Baird), 1895
네 길을 여호와께 맡기라
(시 37:5)
PILOT: 7.7.7.7.7.7.
J. E. Gould, 1871
보통으로
1. 나는갈길모르니 주여인도하소서 어디가야좋을지
2. 아무것도모르니 나를가르치소서 어찌해야좋을지
3. 아이같이어리니 나를도와주소서 힘도없고약하니
4. 마음심히슬프니 나를위로하소서 의지없이다니니
나를인도하소서 어디가야좋을지 나를인도하소서
나를가르치소서 어찌해야좋을지 나를가르치소서
나를도와주소서 힘도없고약하니 나를도와주소서
나를위로하소서 의지없이다니니 나를위로하소서 아 멘

인도와 보호
나그네와 같은 내가 (통 422) 376
W. Williams, 1745
영원히 우리 하나님이시니 그가 우리를 죽을 때까지 인도하시리로다
(시 48:14)
ZION: 8.7.8.7.4.7.4.7.
T. Hastings (1784-1872)
보통으로
1. 나그네와같은내가힘이부족하오니 전능하신나의주여내손잡고가소
2. 수정같은생명수로항상대어주시고 불과구름기둥으로갈길인도하소
3. 요단강을건널때에겁이없게하시고 저기뵈는가나안땅편히닿게하소
서하늘양식내게먹여주소 서하늘양식내게먹여주소서
서나의주여힘과방패되소 서나의주여힘과방패되소서
서나의주께항상찬송드리 리나의주께항상찬송드리리 아 멘
인도와 보호
전능하신 주 하나님 (통 451) 377
W. Williams, 1745
영원히 우리 하나님이시니 그가 우리를 죽을 때까지 인도하시리로다
(시 48:14)
CWM RHONDDA
: 8.7.8.7.8.7.7.
Welsh Hymn Melody
J. Hughes, 1907
조금 빠르게
1.전능하 신주 하 나님 나는순례 자이니 나는심 히
2.수정같 은생 명 수를 마시도록 하시며 불과구 름
3.요단강 을건 널 때에 겁이없게 하시고 저기뵈 는
연 약 해도 주는강하 옵니다 하 늘양 식하 늘양 식
기 둥 으로 나를인도 하소서 나 의주 여나 의주 여
가 나 안땅 편히닿게 하소서 영 원토 록영 원토 록
먹 여주시옵소서 먹 여주 시 옵소 서
힘 과방패되소서 힘 과방 패 되소 서
주 께찬양하리라 주 께찬 양 하리 라 아 멘

378 (통 430) 내 선한 목자
C. S. Robinson (1829-1899)
나의 잃은 양을 찾아내었노라
(눅 15 : 6)
인도와 보호
LYNDE: 11.10.12.10.
Thüringen Folk Song
보통으로
Bb F7 Bb Eb Bb C7 F
1. 내 선한 목 자 양 먹이 시는 곳 저 방 초 동 산은 참 편 한 데
2. 내 선한 목 자 길 잃 은주 의양 끝 까 지 찾 으 며 부 르 소 서
3. 내 선한 목 자 날 인 도 하 시 고 주 따 라 가 는 법 늘 가 르 쳐
F7 Bb G C F7 Bb F7 Bb Eb Bb
나 어 찌 목 자 와 양 떼 를 떠 나 서 위 험 한 곳 으 로 나 갔 던 가
택 하 신 모 든 양 문 앞 에 모 여 서 다 들 어 가 도 록 이 끄 소 서
또 다 시 죄 악 에 빠 지 지 않 도 록 주 은 혜 가 운 데 날 두 소 서 아 멘
379 (통 429) 내 갈 길 멀고 밤은 깊은데
J. H. Newman, 1833
흑암과 사망의 그늘에서 인도하여 내시고
(시 107 : 14)
인도와 보호
LUX BENIGNA: 10.4.10.4.10.10.
J. B. Dykes, 1865
조금 느리게
Ab Eb Ab
1. 내 갈 길 멀 고 밤 은 깊 은 데 빛 되 신 주 저 본 향 집 을 향 해 가 는
2. 이 전 에 방 탕 하 게 지 낼 때 교 만 하 여 맘 대 로 고 집 하 던 이 죄
3. 이 전 에 나 를 인 도 하 신 주 장 래 에 도 내 앞 에 험 산 준 령 만 날
Ab Eb Ab Eb Bb Eb Bb7
길 비 추 소 서 내 가 는 길 다 알 지 못 하
인 사 하 소 서 내 지 은 죄 다 기 억 마 시
때 도 우 소 서 밤 지 나 고 저 밝 은 아 침
Eb7 Ab Db Ab Eb7 Ab Db Ab
나 한 걸 음 씩 늘 인 도 하 소 서
고 주 뜻 대 로 늘 주 장 하 소 서
에 기 쁨 으 로 내 주 를 만 나 리 아 멘

인도와 보호
F. J. Crosby, 1875
나의 생명 되신 주
(통 424) 380
나를 눈동자같이 지키시고 주의 날개 그늘 아래에 감추사 (시 17:8)
EVERY DAY, AND HOUR
: 7.9.7.9.REF.
W. H. Doane (1832-1915)
조금 느리게
1.나의생명되신주 주님앞에나아갑니다 주의흘린보혈로 정케하사받아주소서
2.괴론세상지낼때 나를인도하여주소서 주를믿고나가면 나의길을잃지않겠네
3.세상살아갈때에 주를더욱사랑합니다 밝고빛난천국에 나의영혼들어가겠네
후렴
날마다 날마다
날마다주를 날마다주를
주를찬송하겠네 주의사랑줄로써 나를굳게잡아매소서 아멘
인도와 보호
J. W. Van Deventer (1855-1939)
나 캄캄한 밤 죄의 길에
(통 425) 381
이제는 주 안에서 빛이라 (엡 5:8)
SUNLIGHT: 9.5.8.6.REF.
W. S. Weeden (1847-1908)
보통으로
1.나캄캄한밤죄의길에방황했으나 주크신사랑비칠때곧어둠떠났네
2.저검은구름하늘덮고풍랑일어나 온세상캄캄하여도내맘에빛있네
3.나빛가운데행할때에주함께하니 이어둔세상등지고나전진하리라
4.나넓게퍼진저들판을지나갈때에 저영광스런그열매다추수하겠네
5.나잠시후에영광의빛내게비칠때 그영광스런주얼굴나친히뵙겠네
후렴
사랑의빛 오늘내맘에 사랑의빛 항상있도다
내가예수믿고 죄짐벗은후 마음속에항상그빛있도다

382 (통 432) 너 근심 걱정 말아라
인도와 보호
그가 너를 그의 깃으로 덮으시리니 네가 그의 날개 아래에 피하리로다
(시 91 : 4)
C. D. Martin, 1904
GOD CARE: 8.6.8.6.REF.
W. S. Martin, 1904
보통으로
1. 너근심걱 정말아라 주너를지키리 주날개밑 에거하라 주너를지키리
2. 어려워낙 심될때에 주너를지키리 위험한일 을당할때 주너를지키리
3. 너쓸것미 리아시고 주너를지키리 구하는것 을주시며 주너를지키리
4. 어려운시 험당해도 주너를지키리 구주의품 에거하라 주너를지키리
후렴
주너를지키리 아무때나 어디서나 주너를 지키리 늘지켜주시 리(너를)아멘
383 (통 433) 눈을 들어 산을 보니
인도와 보호
내가 산을 향하여 눈을 들리라 나의 도움이 어디서 올까
(시 121 : 1)
피득(A. A. Pieters), 1898
NETTLETON: 8.7.8.7.D.
Traditional American Melody
Wyeth's Repository of Sacred Music, 1813
보통으로
1. 눈을들어산을보니도움어디서오나 천지지은주하나님나를도와주시네 나의 발이실족않 게주가깨어지키며 택한백성항상지켜길이보호하시네
2. 도우시는하나님이네게그늘되시니 낮의해와밤의달이너를상치않겠네 네게 화를주지않 고혼을보호하시며 너의출입지금부터영영인도하시리 아멘

인도와 보호
나의 갈 길 다 가도록
(통 434)
384
F. J. Crosby, 1875
나는 선한 싸움을 싸우고 나의 달려갈 길을 마치고 믿음을 지켰으니
(딤후 4:7)
ALL THE WAY
: 8.7.8.7.8.7.8.7.8.7.
R. Lowry, 1875
보통으로
1. 나의갈 길다가 도록예수 인도하시 니 내주 안 에있는 긍휼어찌 의심하리 요 믿음 으로사는자는하늘위로받겠네 무슨 일을만나든지 만사형통하리라 무슨일 을만나든지만사형통하리 라
2. 나의갈 길다가 도록예수 인도하시 니 어려 운 일당한 때도족한 은혜주시 네 나는 심히고단하고영혼매우갈하나 나의 앞에반석에서 샘물나게하시네 나의앞 에반석에서샘물나게하시 네
3. 나의갈 길다가 도록예수 인도하시 니 그의 사 랑어찌 큰지말로 할수없도 다 성령 감화받은영혼하늘나라갈때에 영영 부를나의찬송 예수인도하셨네 영영부 를나의찬송예수인도하셨 네 아 멘
인도와 보호
못 박혀 죽으신
(통 435)
385
R. Palmer, 1830
믿음의 주요 또 온전하게 하시는 이인 예수를 바라보자 (히 12:2)
OLIVET: 6.6.4.6.6.6.4.
L. Mason, 1832
조금 느리게
1. 못박혀 죽으신 하나님 어린양 믿습니다 죄속함 받고서 이몸과맘드려 간절히빌때에 들으소서
2. 풍성한 은혜로 약한맘 도우사 열심주고 날대속 했으니 주사랑하는맘 불같이뜨겁게 하옵소서
3. 이세상 어두워 길찾지 못하니 인도하사 내슬픈 눈물을 다씻어주시고 그밝은빛으로 이끄소서
4. 내생명 꿈같이 이세상 떠날때 부르시고 사랑을 베푸사 평안케하시며 영생을누리게 하옵소서 아멘

386 (통 439) 만세 반석 열린 곳에
M. D. James (1810-1883)
주 여호와는 영원한 반석이심이로다 (사 26 : 4)
인도와 보호
HORTON: 8.7.8.7.REF.
W. W. Bently
보통으로
Eb Ab Eb Bb Eb
1. 만세반석 열린곳에 내가숨어 있으니 원수마귀 손못대고
2. 죄에매여 죽을인생 편히쉬기 바라니 주의가슴 넓은품에
3. 이땅위에 평안없고 기쁜일을 몰라도 주예수의 참사랑을
4. 험한풍파 지나도록 순풍으로 도우사 평화로운 피난처에
Ab Eb Bb7 Eb Bb7
후렴
환난풍파 없도다
내가찾아 안기네
내가이제 알았네
길이살게 하소서
만세반석 열린곳에 내가편히 쉬리니
Eb Ab Eb Bb7 Eb Ab Eb
나의반석 구주예수 나를숨겨 주소서 아 멘
387 (통 440) 멀리 멀리 갔더니
전에 멀리 있던 너희가 그리스도 예수 안에서 그리스도의 피로 가까워졌느니라
(엡 2 : 13)
인도와 보호
배위량 부인(A. A. Baird), 1895
TRUSTING: 7.7.7.7.REF.
W. G. Fischer, 1870
보통으로
G D G C G D7 G
1. 멀리 멀리갔더 니처량 하고곤하 며슬프 고도외로 워정처 없이다니 니
2. 예수 예수내주 여마음 아파울때 에눈물 씻어주시 고나를 위로하소 서
3. 다니 다가쉴때 에쓸쓸 한곳만나 도홀로 있게마시 고주여 보호하소 서
후렴
G D G C G D7 G C G
예수 예수내주 여지금 내게오셔 서떠나 가지마시 고길이 함께하소 서아 멘

인도와 보호
비바람이 칠 때와
(통 441) 388
C. Wesley, 1740
주는 나의 은신처이오니 환난에서 나를 보호하시고 (시 32:7)
MARTYN: 7.7.7.7.D.
S. B. Marsh, 1834
보통으로
F C F B♭ F C7 F C F B♭ F C7 F
1.비바람이칠때와 물결높이일때 에 사랑많은우리주 나를품어주소 서
2.나의영혼피할데 예수밖에없으 니 혼자있게마시고 위로하여주소 서
3.전능하신예수께 나의소원있으 니 병든자와맹인을 고쳐주심빕니 다
4.나의죄를사하는 주의은혜크도 다 생명수로고치사 나를성케하소 서
F B♭ F Dm G7 C F C F B♭ F C7 F B♭ F
풍파지나가도 록 나를숨겨주시 고 안식얻는곳으로 주여인도하소 서
구주의지하옵 고 도와주심비오 니 할수없는죄인을 주여보호하소 서
나에게는죄악 이 가득하게찼으 나 예수께는진리와 은혜충만하도 다
생명수는예수 니 마시게하시옵 고 샘물처럼내맘에 솟아나게하소 서 아멘
인도와 보호
내게로 오라 하신 주님의
389
E. Liebich (1713-1780)
우리 발을 평강의 길로 인도하시리로다 (눅 1:79)
내 갈 길: IRREG.
김순세 (1931-2007)
보통으로
G Bm A G C G C D G Bm
1.내게로오라하신 주님의 말씀을따 라 나와 서 내몸과맘을주께
2.내맘에주의성령 오셔서 정결케하 여 주시 고 주님의귀한성전
3.내참된친구되신 구주여 나에게임 재 하시 사 이세상끝날되어
A Em D D7 G D
드 리 니 주여받 아주 소 서 내 뜻 과정성모두어 주
삼 으 사 항상계 시옵 소 서 나 주 님힘써섬기며 늘
숨 질 때 주여함 께하 소 서 나 주 님품에안기어 참
D G C G F♯dim G D7 G
예 수따 라 가오니 내갈길인도하여주소서오 나의주 시 여
충 성하 며 살리니 내갈길인도하여주소서오 나의주 시 여
안 식영 생 누리리 내갈길인도하여주소서오 나의주 시 여

390 (통 444) 예수가 거느리시니

자기 이름을 위하여 의의 길로 인도하시는도다
(시 23 : 3)

인도와 보호

J. H. Gilmore, 1862

HE LEADETH ME: 8.8.8.8.REF.
W. B. Bradbury, 1864

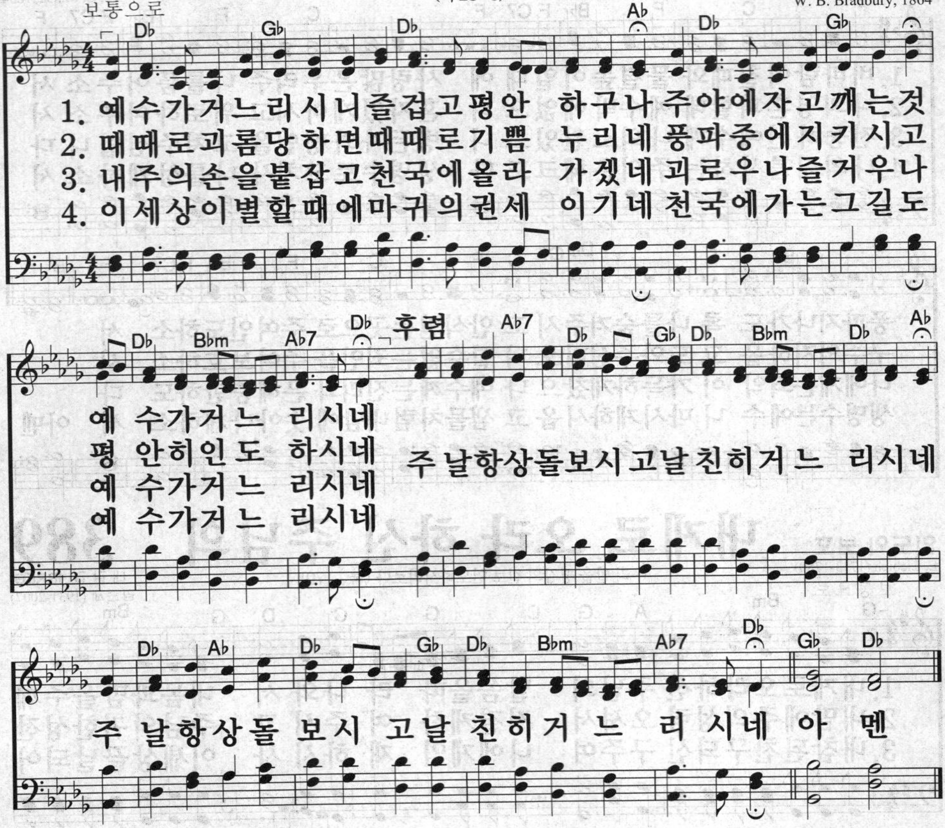
보통으로
Db Gb Db Ab Db Gb
1. 예수가거느리시니즐겁고평안 하구나 주야에자고깨는것
2. 때때로괴롬당하면때때로기쁨 누리네 풍파중에지키시고
3. 내주의손을붙잡고천국에올라 가겠네 괴로우나즐거우나
4. 이세상이별할때에마귀의권세 이기네 천국에가는그길도
Db Bbm Ab7 Db 후렴 Ab7 Db Gb Db Bbm Db Ab
예 수가거느 리시네
평 안히인도 하시네
예 수가거느 리시네
예 수가거느 리시네
주 날항상돌보시고날친히거느 리시네
Db Ab Db Gb Db Bbm Ab7 Db Gb Db
주 날항상돌 보시 고날 친히거 느 리 시네 아 멘

391 (통 446) 오 놀라운 구세주

내가 너를 반석 틈에 두고 내가 지나도록 내 손으로 너를 덮었다가
(출 33 : 22)

인도와 보호

F. J. Crosby (1820-1915)

KIRKPATRICK: 11.8.11.8.REF.
W. J. Kirkpatrick (1838-1921)

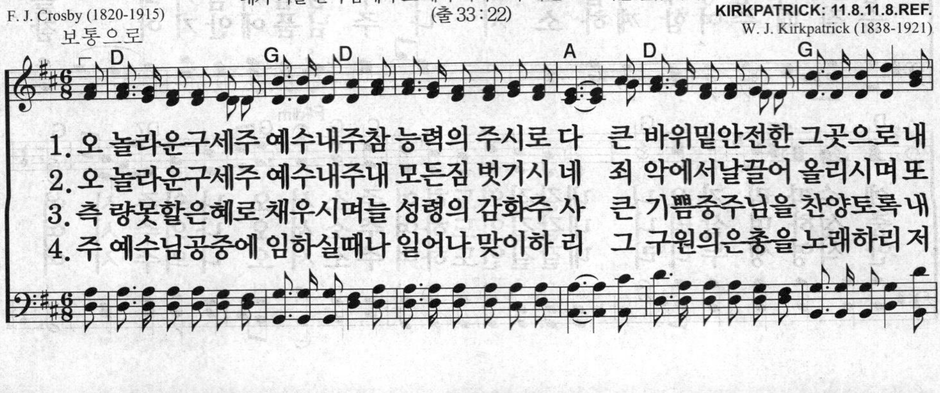
보통으로
D G D A D G
1. 오 놀라운구세주 예수내주참 능력의 주시로 다 큰 바위밑안전한 그곳으로내
2. 오 놀라운구세주 예수내주내 모든짐 벗기시 네 죄 악에서날끌어 올리시며또
3. 측 량못할은혜로 채우시며늘 성령의 감화주 사 큰 기쁨중주님을 찬양토록내
4. 주 예수님공중에 임하실때나 일어나 맞이하 리 그 구원의은총을 노래하리저

후렴
영혼을숨기시 네
나에게힘주시 네
믿음을도우시 네
천군과천사함 께
메 마른땅을종일 걸어가도나 피곤치아니하 며 저
위험한곳 내가 이를때면큰 바위에숨기시 고 주 손으로덮으시 네
인도와 보호
주여 어린 사슴이
392
전영택 (1894-1968)
하나님이여 사슴이 시냇물을 찾기에 갈급함같이 (시 42:1)
어린 사슴: 7.5.7.5.D.
박재훈, 1947
보통으로
1.주 여어 린 사슴이 목 이갈하 여 시 냇물 을
2.악 한원 수 마귀는 나 를비웃 어 너 의찾 는
3.나 는머 리 수그려 한 숨지오 니 옛 날성 전
4.슬 픈마 음 행여나 품 지말지 라 낮 에인 자
찾 으며 허 덕이 듯 이 나 의갈 급 한영 은
하 나님 어 디있 느 냐 종 일핍 박 하오 니
그 리워 눈 물집 니 다 주 의폭 포 소리 는
하 심을 내 게베 풀 고 어 둔밤 에 노래 로
살 아계 신 주 나 진정사 모 함 으로 애 가탑 니 다
나 는주 야 에 눈 물을흘 려 음 식을 삼 았나 이 다
산 을울 리 고 큰 바다물 결 일 어나 넘 치나 이 다
품 어주 시 니 나 진정주 를 우 러러 사 모합 니 다

393 (통 447) 오 신실하신 주

이것들이 아침마다 새로우니 주의 성실하심이 크시도소이다
(애 3 : 23)

인도와 보호

T. O. Chisholm, 1923

FAITHFULNESS: 11.10.11.10.REF.

W. M. Runyan, 1923

보통으로

Eb Fm Bb7 Ab Eb Ab Eb

1. 오 신 실 하 신 주 내 아 버 지 여 늘 함 께 계 시 니
2. 봄 철 과 또 여 름 가 을 과 겨 울 해 와 달 별 들 도
3. 내 죄 를 사 하 여 안 위 하 시 고 주 친 히 오 셔 서

F Bb Bb7 Eb Ab

두 렴 없 네 그 사 랑 변 찮 고 날 지 키 시 며
다 주 의 것 만 물 이 주 영 광 드 러 내 도 다
인 도 하 네 오 늘 의 힘 되 고 내 일 의 소 망

후렴

F#dim Eb Bb7 Eb Bb Eb

어 제 나 오 늘 이 한 결 같 네
신 실 한 주 사 랑 나 타 내 네 오 신 실 하 신 주
주 만 이 만 복 을 내 리 시 네

C7 Fm Bb7 Eb F Bb Bb7

오 신 실 하 신 주 날 마 다 자 비 를 베 푸 시 며 일 용 할

Eb Ab F#dim Eb Bb7 Eb

모 든 것 내 려 주 시 니 오 신 실 하 신 주 나 의 구 주

이 세상의 친구들 (통 449) 394

인도와 보호

A. A. Luther, 1927

너희를 친구라 하였노니
(요 15:15)

JESUS NEVER FAILS: 7.5.7.5.REF.
A. A. Luther, 1927

보통으로
Ab
Eb7
Ab
Eb
Bb7
Eb
1. 이세상 의 친구들 나를버려 도 나를사랑하는이 예수뿐일 세
2. 검은구 름 덮이고 광풍일어 도 예수나의힘되니 겁낼것없 네
3. 괴로운 일 당해도 낙심말아 라 영원하신주능력 나를붙드 네
후렴
Ab
Bbm
Eb7
Ab
Db
Ab
F7
Db
Ab
Eb7
Ab
예수내친 구 날버리잖 네 온천지는 변해도날 버리지않 네

자비하신 예수여 (통 450) 395

인도와 보호

T. Hastings, 1858

여호와여 주의 이름을 아는 자는 주를 의지하오리니
(시 9:10)

REFUGE: 7.7.7.7.D.
J. P. Holbrook, 1862

조금 느리게
Duet
C
F
C
G7
C
G7
C
1. 자비 하신예수 여 내가사람가운 데의지할 이없으니 슬픈자 가됩니 다
2. 죄를 지은까닭 에 나의맘이곤하 니용서하 여주시고 쉬게하 여주소 서
3. 허락 하심이루 어 사랑항상있도 다모두이 뤄주심을 나는믿 사옵니 다
4. 거룩 하신구주 여 피로날사셨으 니어찌감 사하온지 말로할 수없도 다
Chorus
C
F
C
F
C
G7
C
F
C
F
C
G7
C
F
C
마음심히어두니 밝게하여주소 서나를보호하시 고 항상인도하소 서
천국가고싶으나 나의공로없으 니예수 공로힘입 어 천국가게하소 서
구주밖에누구를 달리찾아보리 요복과 영생예수니 더원할것없도 다
주의귀한형상 을 나도입게하시 고하늘나라가서 도 사랑하게하소 서 아 멘

396
우리 주님 밤새워
인도와 보호
최기채, 2004
새벽 아직도 밝기 전에 예수께서 일어나
(막 1:35)
새벽 기도: 7.7.7.7.D
이문승, 2004
보통으로
F
B♭
C
C7
G7
1. 우리주님밤새워 기도하신그모습 헬몬산의찬이슬 머리위에이셨네
2. 우리주님새벽에 기도하심본받아 그발아래엎드려 은혜갈망하오니
3. 나의생명오늘도 보호하여주시고 새벽마다일깨워 기도하게하시는
성도들아일어나 함께기도드리세 새벽닭도울면서 우리영혼깨우네
간구하는심령에 넘치도록부으사 마음모아간절히 기도하게하소서
성령님의도우심 무한감사하오니 기도하는맘으로 살아가게하소서
397 (통 454)
주 사랑 안에 살면
인도와 보호
A. L. Waring, 1850
하나님의 사랑에서 끊을 수 없으리라
(롬 8:39)
NYLAND: 7.6.7.6.D.
Traditional Finnish Melody
Harm. by D. Evans, 1928
보통으로
E♭
Fm
B♭
Cm
B♭7
A♭
1. 주 사랑 안에 살 면두려움없으며 그 사랑 변함 없 어
2. 주 나의 목자 시 니부족함없으며 주 인도 하는 대 로
3. 저 넓고 푸른 들 판내앞에열리고 그 검은 구름 걷 혀
늘마음편하다 저폭풍몰아쳐 서내 마음떨려도
늘따라가리라 그지혜나를깨 쳐내 앞길밝히니
새하늘보인다 끝없는나의소 망저 환한생명길
주 나의 곁에 계 셔겁낼것없어라
나 주의 길을 따 라주함께살리라
참 보배 되신 주 님늘함께하소서 아 멘

인도와 보호
어둠의 권세에서
398
마경일 (1912-1987)
그가 우리를 흑암의 권세에서 건져내사
(골 1:13)
밝은 광채: 7.7.7.7.D.
김연준 (1914-2008)
보통으로
1. 어둠의 권세에서 인생을 건지신 주 길 잃고 헤매이던 우리의 빛이시라
2. 허무와 고독에서 인생을 건지신 주 외론길 홀로가는 우리의 친구시라
3. 온세상 모든 만물 지으신 영광의 주 참 생명 주시려고 세상에 오셨도다
영 원한 그나라의 참모습 보이시고 그 얼굴 밝은 광채 우리길 비추인다
진 리의 험한 고개 싸우며 넘어가는 성 도의 발걸음에 굳센힘 주시도다
우 리의 죄와 허물 대속해 주셨으니 영 원히 찬양드릴 우리의 주시로다
인도와 보호
어린 양들아 두려워 말아라
399
P. Rader (1879-1938)
두려워하지 말라 내가 너와 함께함이라
(사 41:10)
IRREG.
P. Rader (1879-1938)
보통으로
1. 어린 양들아 두려워 말아라 주님 우리와 함께 하신다 하늘과 땅의 모든 권세로 그 양떼들을 항상 지키신다
2. 어린 양들아 두려워 말아라 주가 네 갈 길 인도하신다 마라*의 쓴물 달게 하신 주 그 동산에서 피땀 흘리셨네
3. 어린 양들아 두려워 말아라 주님 언제나 함께 하신다 고난과 역경 환난 중에도 능력의 주님 너를 지키신다
후렴
오직 믿음 믿음으로 두려움 없으리 오직 믿음 오직 믿음 믿음으로 두려움 없으리 오직 믿음
*마라: 이스라엘 백성이 홍해를 건넌 후 처음 진을 친 곳

400 (통 463) 험한 시험 물 속에서

바람과 바다를 꾸짖으시니 아주 잔잔하게 되거늘
(마 8:26)

F. Woodrow

인도와 보호
JESUS, HIDE ME: 8.7.8.7.REF.
C. Fisher

보통으로

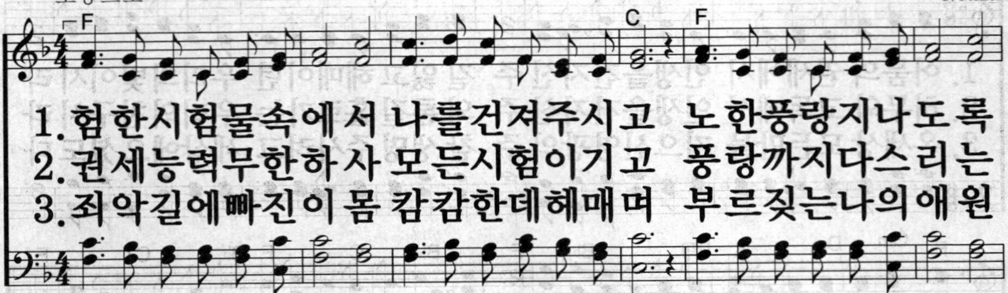

F C F

1. 험한시험물속에서 나를건져주시고 노한풍랑지나도록
2. 권세능력무한하사 모든시험이기고 풍랑까지다스리는
3. 죄악길에빠진이몸 캄캄한데헤매며 부르짖는나의애원

B♭ F C7 F C F B♭ C

후렴

나를숨겨주소서
주님앞에비오니 주여나를 돌보시사 고이품어주시고
들으소서내주여

F B♭ F C7 F B♭ F

험 한풍파지나도 록 나 를숨겨주소서 아 멘

401 (통 457) 주의 곁에 있을 때

나의 마음이 기쁘고… 내 육체도 안전히 살리니
(시 16:9)

F. M. Davis (1839-1896)

인도와 보호
LEAD ME, SAVIOUR: 7.7.7.7.REF.
F. M. Davis (1839-1896)

보통으로

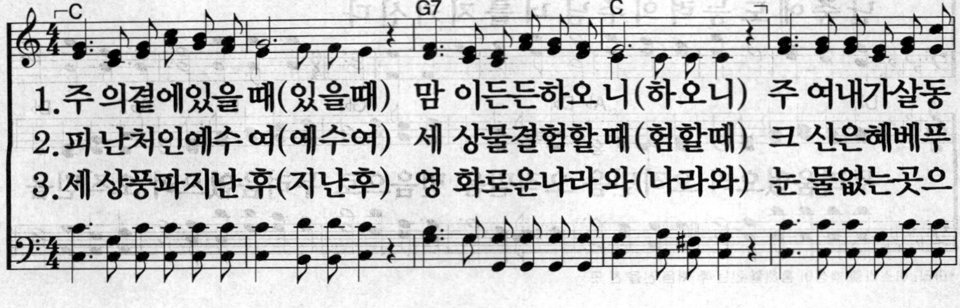

C G7 C

1. 주의곁에있을때(있을때) 맘이든든하오니(하오니) 주여내가살동
2. 피난처인예수여(예수여) 세상물결험할때(험할때) 크신은혜베푸
3. 세상풍파지난후(지난후) 영화로운나라와(나라와) 눈물없는곳으

후렴

안(살동안) 인 도하여주소 서(주소서)
사(베푸사) 나 를숨겨주소 서(주소서) 주여 주여 나를인도하소
로(곳으로) 들 어가게하소 서(하소서)

서 빠른세상살동 안 주여 인도하소 서 아 멘

하소서 살동안 하소서

나의 반석 나의 방패 402

인도와 보호

이명직, 1943

여호와는 나의 반석이시요
(시 18:2)

나의 반석: 8.5.8.5.D.
권순호, 1993

보통으로

1. 나의반석 나의방패 나 의피난 처 나의힘이 되신주님 사 랑합니 다
2. 주앞에서 깨끗하게 사 는사람 들 원수들이 미워하나 두 렴없어 라
3. 주님밖에 피할반석 어 디있으 랴 주의권위 주의말씀 완 전하도 다
4. 살아계신 하나님께 찬 양드리 며 구원의주 하나님께 감 사드리 세

원수들이 둘러싸고 나 를누를 때 부르짖는 나의기도 들 어주셨 네
주께서는 교만한자 물 리치시 고 겸손한자 높이시며 지 켜주신 다
강한팔로 붙드시고 보 호하시 며 나의길을 안전하게 인 도하신 다
한결같은 사랑으로 인 도하시 며 큰승리를 주신주께 영 광돌리 세

403 영원하신 주님의
인도와 보호
Sbornik Duhovnyh Pesen, Moscow, 1984
주의 법이 나의 즐거움이 되지 아니하였더면
(시 119:92)
IRREG.
Sbornik Duhovnyh Pesen, Moscow, 1984
조금 느리게
1. 영원하신주님의 은총아니면 나는진정가련한 죄인이로다 이죄인이구 원을 받지못했더라 면 나는이미오래전 죽었으리라
2. 세상사람모두다 믿지말래도 마음속에소망과 믿음가지고 주님말씀들으며 찬양하리주님 께 맘과뜻을다하여 영광돌리리
3. 주님나의선하신 목자되시니 모든죄와두려움 사라지도다 기쁜마음가지고 주와함께가면 서 힘써사랑하면서 봉사하리라
4. 하나님은우리의 거룩하신왕 영원하신진리의 말씀이시니 가난하고연약한 나의영혼살피 사 주와함께숨쉬며 살게하소서
404 (통 477) 바다에 놀이 일 때에
평안과 위로
G. Thring, 1861
큰 광풍이 일어나며 물결이 배에 부딪쳐 (막 4:37)
ST. AELRED: 8.8.8.3.
J. B. Dykes, 1862
보통으로
1. 바다에 놀이일 때에 제자들당황하여도 주예수곤히잠들어 누셨네
2. 우리를 살려주소서 제자들소리지르니 주예수풍랑꾸짖어 고요해
3. 사나운 바다물결도 잠이든어린애같이 주예수명령따라서 잔잔해
4. 일평생 사는동안에 괴로운시련많으나 주예수함께계시니 평안해

주의 친절한 팔에 안기세 (통 458) 405

406 (통 464) 곤한 내 영혼 편히 쉴 곳과

내가 두려워하는 날에는 내가 주를 의지하리이다
(시 56:3)

평안과 위로

L. N. Morris (1862-1929)

THE EVERLASTING ARMS: 10.10.10.9.REF.
L. N. Morris (1862-1929)

보통으로

Ab Eb7 Ab Bbm Ab Eb7 Ab 후렴 Eb Ab Eb7 Ab Db Ab Fm Ab Eb7 Ab

1. 곤한 내 영혼 편히 쉴 곳과 풍랑 일어도 안전 한 포구 폭풍 까지도 다스리시는 주의 영원한 팔 의지해
2. 세상 친구들 나를 버려도 예수 늘 함께 동행 함으로 주의 은혜가 충만하리니 주의 영원한 팔 의지해
3. 나의 믿음이 연약해져도 미리 예비한 힘을 주시며 위태 할 때도 안보하시는 주의 영원한 팔 의지해
4. 능치 못한 것 주께 없으니 나의 일생을 주께 맡기면 나의 모든 짐 대신 지시는 주의 영원한 팔 의지해

주의 영원하신 팔 함께 하사 항상 나를 붙드시니 어느 곳에 가든지 요동하지 않음은 주의 팔을 의지함이라

407 (통 465) 구주와 함께 나 죽었으니

그리스도와 함께 십자가에 못 박혔나니 … 내 안에 그리스도께서 사시는 것이라
(갈 2:20)

평안과 위로

D. W. Whittle, 1893

MOMENT BY MOMENT: 10.10.10.10.REF.
M. W. Moody, 1893

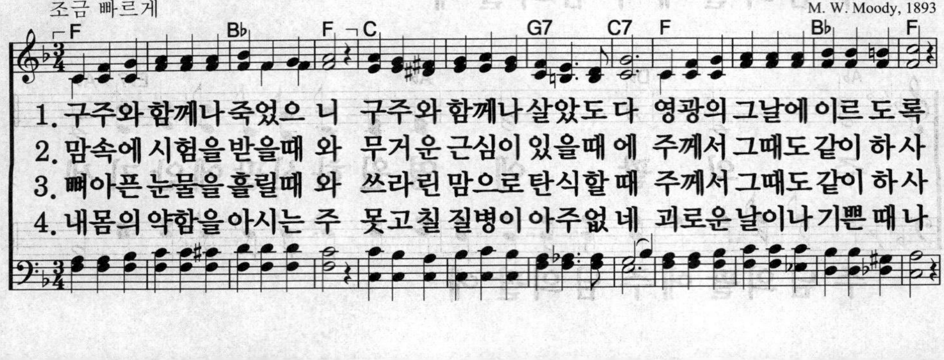

조금 빠르게

F Bb F C G7 C7 F Bb F

1. 구주와 함께 나 죽었으니 구주와 함께 나 살았도다 영광의 그날에 이르도록
2. 맘속에 시험을 받을 때와 무거운 근심이 있을 때에 주께서 그때도 같이 하사
3. 빼아픈 눈물을 흘릴 때와 쓰라린 맘으로 탄식할 때 주께서 그때도 같이 하사
4. 내 몸의 약함을 아시는 주 못 고칠 질병이 아주 없네 괴로운 날이나 기쁜 때나

F7
Gm
C
F
후렴
C
F
언제나주만 바라봅니다
언제나나를 도와주시네
언제나나를 생각하시네
언제나나와 함께계시네
언제나 주는날 사랑하사 언제나 새생명
G
C
F
D7
Gm
C
F
B♭
F
주 시나니 영광의그날에 이르도록 언제나주만 바라봅니다 아 멘

나 어느 곳에 있든지 (통 466) 408

평안과 위로

J. S. Brown, 19th Century

평안을 너희에게 끼치노니 곧 나의 평안을 너희에게 주노라
(요 14 : 27)

HIDDEN PEACE: 8.6.8.6.REF.

L. O. Brown, 19th Century

보통으로

G
D7
G
C
G
D7
G
D7
G
C
1. 나 어느곳에 있든지늘 맘 이편하다 주 예수주신 평안함늘 충 만하도다
2. 내 맘에솟는 영생수한 없 이흐르니 목마름다시 없으며늘 평 안하도다
3. 참 되신주의 사랑을형 언 치못하네 그사랑내맘 여시고소 망 을주셨네
4. 주 예수온갖 고난을왜 몸 소당했나 주함께고난 받으면면 류 관얻겠네
G
D7
G
후렴
C
G
D
A7
나의맘속이늘평안해 나의맘속이늘평안
평안해
D
G
C
G
D7
G
해 악한죄 파도가 많으나 맘이늘 평안해
평안해

409 나의 기쁨은 사랑의 주님께
엄문용, 1981
나의 영혼이 잠잠히 하나님만 바람이여
(시 62:1)
평안과 위로
나의 기쁨은: IRREG.
전낙표, 2005
보통으로
1.나의기쁨은사 랑의 주님께있사오니 나의평안은
2.나의소망은능 력의 주님께있사오니 나의믿음은
3.나의영혼은전 능의 주님께있사오니 나의구원은
온 전히 주로부터 나옵니다 하나님 은나 의산성
온 전히 주로부터 나옵니다 예수님 은나 의구원
온 전히 주로부터 나옵니다 성령님 은나 의능력
피난처되 시니 우리모두두려울것 전 혀없으리라
반석이되 시니 우리모두걱정할것 전 혀없으리라
참생명되 시니 우리모두의심할것 전 혀없으리라
410 (통 468) 내 맘에 한 노래 있어
P. P. Bilhorn, 1887
평강의 주께서 친히 … 너희에게 평강을 주시고
(살후 3:16)
평안과 위로
SWEET PEACE: 8.8.8.7.REF.
P. P. Bilhorn, 1887
보통으로
1.내맘에한노래있어 나즐겁게늘부르네 이노래를부를때에 큰평화임하도다
2.주십자가지심으로 날구원해주셨으며 주예수님고난받아 나평화누리도다
3.나주님께영광돌려 참평화가넘치도다 주하나님은혜로써 이평화누리도다
4.이평화를얻으려고 주앞으로나아갈때 주예수님우리에게 이평화주시도다
후렴
평화평화 하나님주신선 물(선 물)그 놀라운주의평 화 하 나님선물일 세

411 아 내 맘속에 (통 473)

412 (통 469) 내 영혼의 그윽히 깊은 데서

하나님의 평강이 … 너희 마음과 생각을 지키시리라
(빌 4:7)

평안과 위로

W. D. Cornell, 19th Century

WONDERFUL PEACE: 11.9.12.8.REF.

W. G. Cooper, 19th Century

보통으로

1. 내 영혼의그윽히 깊은데서 맑은 가락이울려나 네 하늘 곡조가언제나 흘러나와 내 영혼을고이싸네
2. 내 맘속에솟아난 이평화는 깊이 묻히인보배로 다 나의 보화를캐내어 가져갈자 그 아무도없으리라
3. 내 영혼에평화가 넘쳐남은 주의 큰복을받음이 라 내가 주야로주님과 함께있어 내 영혼이편히쉬네
4. 이 땅위의험한길 가는동안 참된 평화가어디있 나 우리 모두다예수를 친구삼아 참 평화를누리겠네

후렴

평 화 평화로다 하늘 위에서내려 오네 그 사랑의물결이 영원토록내 영혼을덮으소서

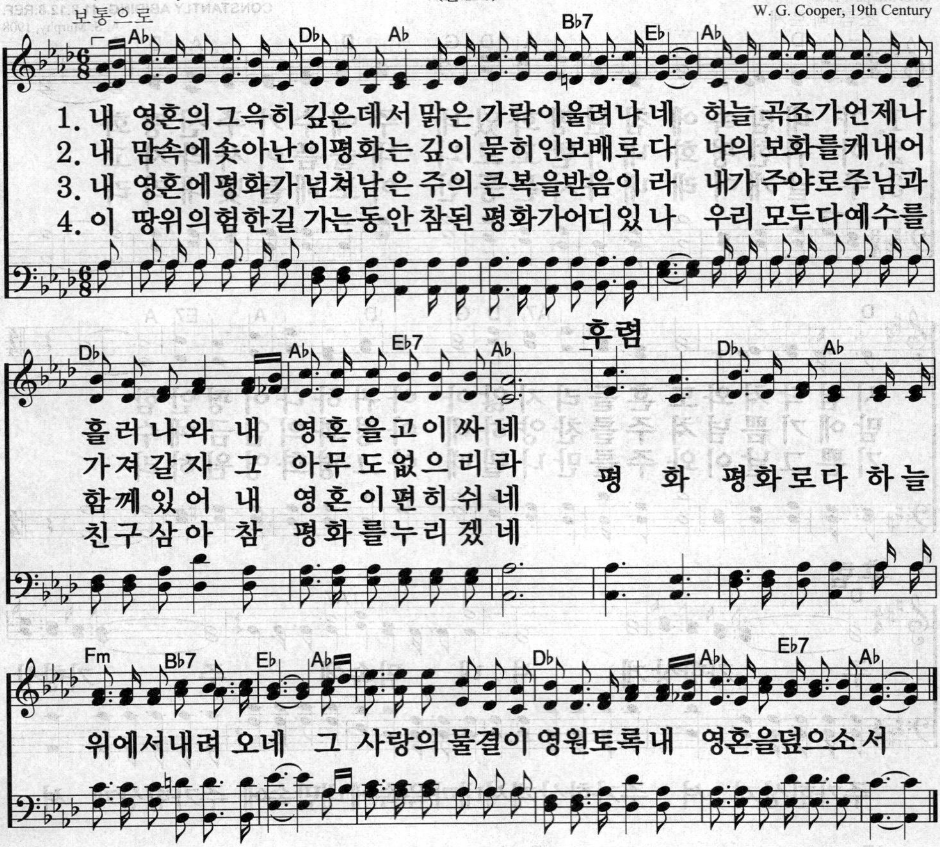

413 (통 470) 내 평생에 가는 길

내 평생에 선하심과 인자하심이 반드시 나를 따르리니
(시 23:6)

평안과 위로

H. G. Spafford, 1873

VILLE DU HAVRE: 11.8.11.9.REF.

P. P. Bliss, 1876

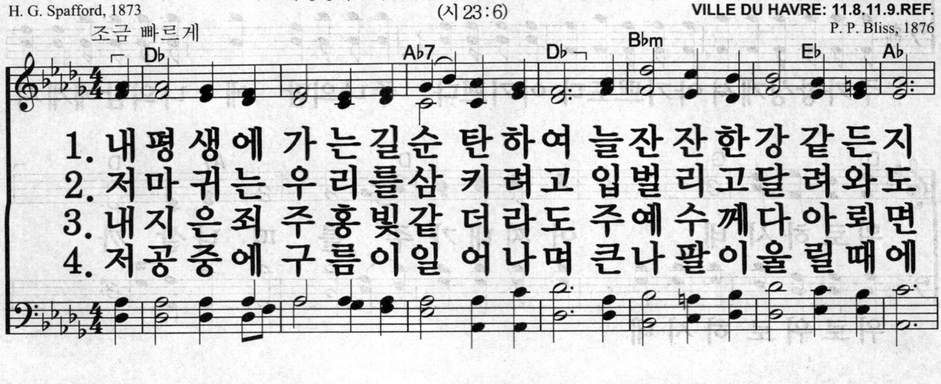

조금 빠르게

1. 내평생에 가는길순 탄하여 늘잔잔한강 같든지
2. 저마귀는 우리를삼 키려고 입벌리고달려와도
3. 내지은죄 주홍빛같 더라도 주예수께다 아뢰면
4. 저공중에 구름이일 어나며 큰나팔이울릴때에

Ab7 Db Gb Ebm Eb7 Ab Db Ab Db
큰 풍파로무섭고 어렵든지나의 영혼은늘편하다
주 예수는우리의 대장되니끝내 싸워서이기리라
그 십자가피로써 다씻으사흰눈 보다더정하리라
주 오셔서세상을 심판해도나의 영혼은겁없으리
후렴
Db Ab Ab7 Db Gb Db Ab Db
내영혼 평안해 내영혼내영혼평안해
내영혼 평안해
평안과 위로
이 세상은 요란하나
(통 475)
414
W. T. Matson (1833-1906)
너희로 내 안에서 평안을 누리게 하려 함이라
(요16:33)
DIMAN: 8.8.8.8.
J. E. Sweeter (1825-1873)
보통으로
F G C7 F Bb F C G C
1.이세상은요란하나 내마음은늘편하다
2.이세상은늘변하고 험악한일참많으나
3.육신의눈못볼때에 신령한눈곧밝히사
4.내마음과내영혼이 모든욕심다버리고
5.이육신의복락보다 신령한복더좋으니
C7 F G C7 F G C7 F
구주의뜻준행하니 참기쁨이내것일세
주은혜만생각하니 참기쁨이내것일세
저천성문보게하니 참기쁨이내것일세
주은혜로성결하니 참기쁨이내것일세
내맘과뜻다합하여 저천성만향해가네

415 (통 471) 십자가 그늘 아래
E. C. Clephane (1830-1869)
우리 주 예수 그리스도의 십자가 외에 결코 자랑할 것이 없으니 (갈6:14)
평안과 위로
ST. CHRISTOPHER: 7.6.8.6.8.6.8.6.
F. C. Maker, 1881
보통으로
D♭ A♭7 D♭ B♭m
1.십 자 가그늘아 래나쉬 기원하네 저 햇볕심히
2.내 눈 을밝히떠 서저십 자가볼때 날 위 해고난
3.십 자 가그늘에 서나길 이살겠네 나 사 모하는
B♭m G♭6 G♭7 F D♭
뜨겁고또 짐 이무거 워 이광 야같은 세상에늘
당하신주 예 수보인 다 그 형 상볼때 내맘에큰
광채는주 얼 굴뿐이 라 이 세 상나를 버려도나
G♭ B♭7 E♭m A♭7 D♭ D♭7 G♭ D♭ A♭7 D♭ G♭ D♭
방황할때에 주십자가의그늘에내쉴곳찾았네
찔림받아서 그사랑감당못하여눈물만흘리네
두려움없네 내한량없는영광은십자가뿐이라 아멘
416 너희 근심 걱정을
최진호, 1988
너희는 먼저 그의 나라와 그의 의를 구하라 (마6:33)
평안과 위로
그 나라와 그 의: 7.7.7.7.D.
김수정, 2005
보통으로
E♭ B♭7 E♭ B♭ E♭ B♭7 E♭ Fm E♭
1.너희근심걱정을 내게모두 맡겨라 예수말씀하시니 염려할것 없도다
2.무얼먹고마실까 염려하지 말아라 예수말씀하시니 염려할것 없도다
3.성령께서언제나 우리곁에 계시며 도와주실것이니 염려할것 없도다
Cm Gm Fm Cm E♭ B♭ Cm E♭ Cm E♭ Cm E♭ B♭7 E♭
하나님을 믿으며 또한나를 믿으라 예수말씀하시니 두려울것 없도다
하나님의 나라와 그의의를 구하라 우리에게필요한 모든것을 주도다
성령께서 지혜와 깨달음을 주시고 능력또한주시니 두려울것 없도다

평안과 위로
주 예수 넓은 품에
(통 476) 417
F. J. Crosby, 1868
암탉이 제 새끼를 날개 아래에 모음같이
(눅 13:34)
HEART'S REFUGE: 7.6.7.6.7.7.7.6.REF.
W. H. Doane, 1868
조금 빠르게
1.주예수넓은품 에 나편히안겨서 그크신사랑 안 에 나편히쉬겠 네 영광의들을지 나 저푸른바다건 너 천사의노랫소 리 내귀에들리네
2.주예수넓은품 에 나편히안기니 이세상악한 세 력 날해치못하 네 슬픔과근심걱 정 이후에없으리 니 시험이닥쳐와 도 나염려없겠네
3.주예수죄인위 해 십자가졌으니 이만세반석 위 에 나굳게서겠 네 밤지나가기까 지 나참고기다리 며 새아침동터올 때 주만나뵙겠네
후렴
주예수넓은품 에 나편히안겨서 그크신사랑안 에 나 편히쉬겠 네
G G7 C D D7 A7

418 기쁠 때나 슬플 때나
유호준, 1981
너희 중에 고난 당하는 자가 있느냐 그는 기도할 것이요
(약 5 : 13)
평안과 위로
위로의 주: 8.8.8.8.REF.
문성모, 1990
보통으로
F Bb F C F Bb F
1. 기쁠때나 슬플때나 도우시는 사랑의주 기쁠때에 찬양하고 슬플때기 도 합니다
2. 병들때나 괴로울때 도우시는 위로의주 믿음으로 간구하니 연약함고 쳐 주소서
3. 바쁠때나 고달플때 도우시는 능력의주 힘이없고 지칠때에 내손을잡 아 주소서
후렴
F Gm Bb F C F Bb F Gm Bb F
사랑의우리주 여 위로하소서 임마누엘 주 여 새힘주소서
419 (통 478) 주날개 밑 내가 편안히 쉬네
W. O. Cushing, 1896
나를 눈동자같이 지키시고 주의 날개 그늘 아래에 감추사
(시 17 : 8)
평안과 위로
HINGHAM: 11.10.11.10.REF.
I. D. Sankey, 1896
보통으로
C G7 C
1.주날개밑내가편안히쉬네 밤깊고비바람불어쳐도 아버지께서날
2.주날개밑나의피난처되니 거기서쉬기를원하노라 세상이나를위
3.주날개밑참된기쁨이있네 고달픈세상길가는동안 나거기숨어돌
F C F C G7 C 후렴 G7 C
지켜주시니 거기서편안히 쉬리로다
로치못하나 거기서평화를 누리리라 주날개밑 평안하다
보심을받고 영원한안식을 얻으리라
C G C F C F C G7 C
그사랑끊을자 뉘뇨 주날개밑내 쉬는영혼 영원히거기서 살 리

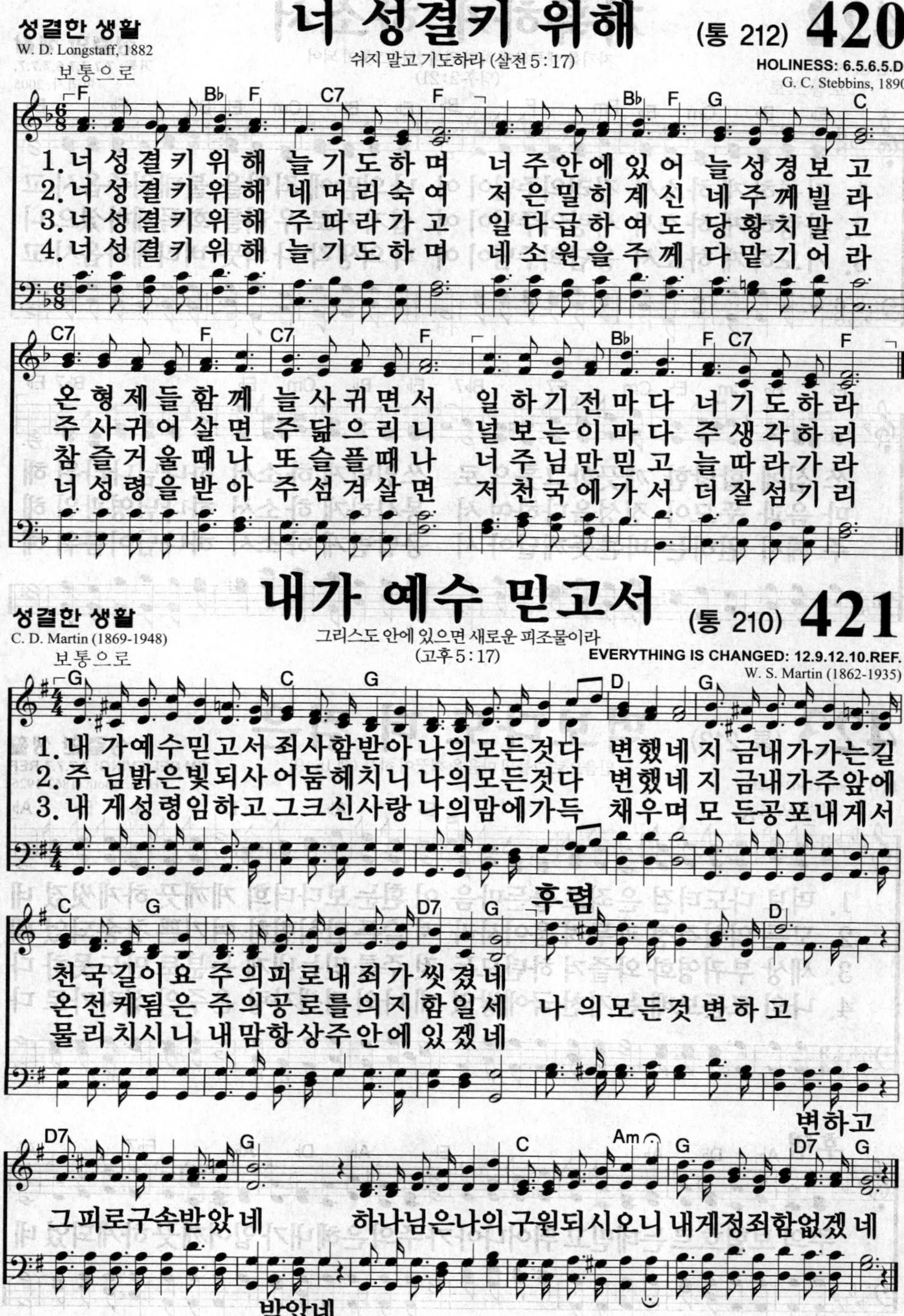

성결한 생활
너 성결키 위해
(통 212) 420
W. D. Longstaff, 1882
쉬지 말고 기도하라 (살전 5:17)
HOLINESS: 6.5.6.5.D.
G. C. Stebbins, 1890
보통으로
1.너성결키위해 늘기도하며 너주안에있어 늘성경보고
2.너성결키위해 네머리숙여 저은밀히계신 네주께빌라
3.너성결키위해 주따라가고 일다급하여도 당황치말고
4.너성결키위해 늘기도하며 네소원을주께 다맡기어라
온형제들함께 늘사귀면서 일하기전마다 너기도하라
주사귀어살면 주닮으리니 널보는이마다 주생각하리
참즐거울때나 또슬플때나 너주님만믿고 늘따라가라
너성령을받아 주섬겨살면 저천국에가서 더잘섬기리
성결한 생활
내가 예수 믿고서
(통 210) 421
C. D. Martin (1869-1948)
그리스도 안에 있으면 새로운 피조물이라 (고후 5:17)
EVERYTHING IS CHANGED: 12.9.12.10.REF.
W. S. Martin (1862-1935)
보통으로
1.내 가예수믿고서 죄사함받아 나의모든것다 변했네 지 금내가가는길
2.주 님밝은빛되사 어둠헤치니 나의모든것다 변했네 지 금내가주앞에
3.내 게성령임하고 그크신사랑 나의맘에가득 채우며 모 든공포내게서
천국길이요 주의피로내죄가 씻겼네
온전케됨은 주의공로를의지 함일세
물리치시니 내맘항상주안에 있겠네
후렴
나 의모든것 변하고
변하고
그피로구속받았 네
받았네
하나님은나의 구원되시오니 내게정죄함없겠 네

422 거룩하게 하소서

자기를 깨끗하게 하면 귀히 쓰는 그릇이 되어
(딤후 2:21)

성결한 생활

박윤선, 1983

거룩: 7.7.7.7.6.7.7.7.

이귀자, 2005

보통으로

1. 거룩하게 하소서 진리의주님이 여 나의맘에 죄악을 불태워주옵시 고
2. 사랑하게 하소서 사랑의주님이 여 십자가로 우리를 화목케하셨으 니
3. 기도하게 하소서 응답의주님이 여 나의생각 나의뜻 버리게하옵시 고

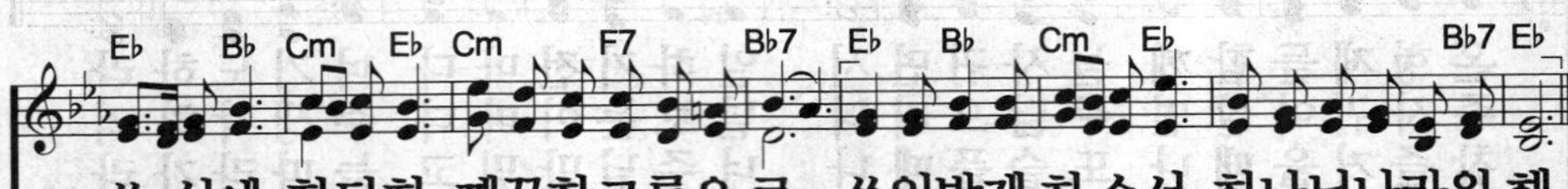

쓰 심에 합당한 깨끗한그릇으 로 쓰임받게 하소서 하나님나라위 해
마 음과 뜻모아 정성을다하여 서 봉사하게 하소서 하나님영광위 해
주 께서 원하는 바른뜻깨달아 서 응답받게 하소서 하나님이름위 해

423 (통 213) 먹보다도 더 검은

믿음으로 그들의 마음을 깨끗이 하사 (행 15:9)

성결한 생활

H. H. Booth (1862-1926)

I'M BELIEVING: 7.7.7.7.REF.

H. H. Booth (1862-1926)

보통으로

1. 먹보 다도더검 은죄로 물든마음 이 흰눈 보다더희 게깨끗 하게씻겼 네
2. 모든 의심걱정 과두려 움이사라 져 슬픈 탄식변하 여기쁜 찬송되었 네
3. 세상 부귀영화 와즐겨 하던모든 것 주를 믿는내게 는분토 만도못하 다
4. 나의 모든보배 는저천 국에쌓였 네 나의 평생자랑 은주의 십자가로 다

후렴 A♭ D♭ A♭ E♭ A♭ D♭ A♭ E♭7 A♭

주의 보혈흐르 는데믿고 뛰어나아 가주의 은혜내가 입어깨끗 하게되었 네

성결한 생활
아버지여 나의 맘을 (통 216) 424
Anonymous, 1849
우리가 예수의 피를 힘입어 … 담력을 얻었나니 (히 10:19)
DORRNANCE: 8.7.8.7.
I. B. Woodbury, 1849
보통으로
1.아버지여 나의맘을 맡아주관하시고 완악
2.온유하고 겸손하여 화평하게하시고 망령
3.하나님의 은총속에 나를보호하시고 주의
4.구세주의 흘린피로 죄를씻어주시고 성령
하고교만한것 변케하여주소서
되고악한일을 물리치게하소서
사랑줄이되어 나를매어주소서
이여하늘길로 나를인도하소서 아멘
성결한 생활
주님의 뜻을 이루소서 (통 217) 425
A. A. Pollard, 1902
아버지의 원대로 되기를 원하나이다 (눅 22:42)
ADELAIDE: 5.4.5.4.D.
G. C. Stebbins, 1907
보통으로
1.주님의뜻을 이루소서 고요한중에 기다리니 진흙과
2.주님의뜻을 이루소서 주님발앞에 엎드리니 나의맘
3.주님의뜻을 이루소서 병들어몸이 피곤할때 권능의
4.주님의뜻을 이루소서 온전히나를 주장하사 주님과
같은날빚으사 주님의형상 만드소서
속을살피시사 눈보다희게 하옵소서
손을내게펴사 강건케하여 주옵소서
함께동행함을 만민이알게 하옵소서 아멘

426 (통 215) 이 죄인을 완전케 하시옵고
성결한 생활
나의 죄를 씻어 주소서 내가 눈보다 희리이다
(시 51:7)
J. L. Nicholson, 1872
FISCHER: 11.11.11.11.REF.
W. G. Fischer, 1872
보통으로
1. 이죄인을 완전케 하시옵고 내 맘속에 영원히 거하소서
2. 저보좌에 앉으신 주예수여 이 몸주께 드리니 받으소서
3. 그상하신 발아래 엎드려서 날 깨끗게 하시기 원합니다
죄가운데 빠졌던 몸과맘을 흰눈보다 더희게 하옵소서
내마음과 지식도 드리오니 흰눈보다 더희게 하옵소서
날정결케 하는피 믿사오니 흰눈보다 더희게 하옵소서
후렴
눈보다 더욱희어지게 곧씻어서 정결케 하옵소서 아 멘
427 (통 516) 맘 가난한 사람
감사의 생활
심령이 가난한 자는 복이 있나니 천국이 그들의 것임이요
(마 5:3)
민로아(F. S. Miller), 1905
WESLEY: 11.10.11.10.
L. Mason (1792-1872)
보통으로
1. 맘 가난한사람 복이있나니 천 국이그 들의것임이 요
2. 온 유한 사람은 복이있나니 그 땅이기 업이될것이 요
3. 긍 휼히 여기면 복이있나니 긍 휼히여 김을받으리 라
4. 화 평케 하는이 복이있나니 그 들이하 나님아들이 요
5. 주 위해 욕보면 복이있나니 하 늘의큰 상을받으리 라

늘 애통하는이 복이있나니 그들이 위로를받으리라
의 사모하는이 복이있나니 그들이 배부를것이로다
맘 청결한사람 복이있나니 그들이 하나님볼것이라
핍 박을받는이 복이있나니 천국이 그들의것임이라
성 부와성자와 성령께영광 영 원히 돌리세할렐루야 아 멘
내 영혼에 햇빛 비치니 (통 488) 428
감사의 생활
E. E. Hewitt, 1887
어두운 데에 빛이 비치라
(고후 4:6)
SUNSHINE: 9.6.8.6.REF.
J. R. Sweney, 1887
조금 빠르게
1. 내영혼에햇빛비치니주 영광찬란해이 세상어떤빛보다
2. 내영혼에노래있으니주 찬양합니다주 귀를기울이시사
3. 내영혼에봄날되어서주 함께하실때그 평화내게깃들고
4. 내영혼에희락이있고큰 소망넘치네주 예수복을주시고
이 빛더빛나네
다 듣고계시네
주 은혜꽃피네
또 내려주시네
후렴
주의영 광빛난광 채내게
주의영광영 광 빛난광채광 채
비춰주시옵소서 그 밝은얼굴뵈올때나의영혼기쁘다
주옵소서

429 (통 489) 세상 모든 풍파 너를 흔들어

J. Oatman Jr., 1897

모든 신령한 복을 우리에게 주시되
(엡 1:3)

감사의 생활
BLESSINGS: 11.11.11.11.REF.
E. O. Excell, 1897

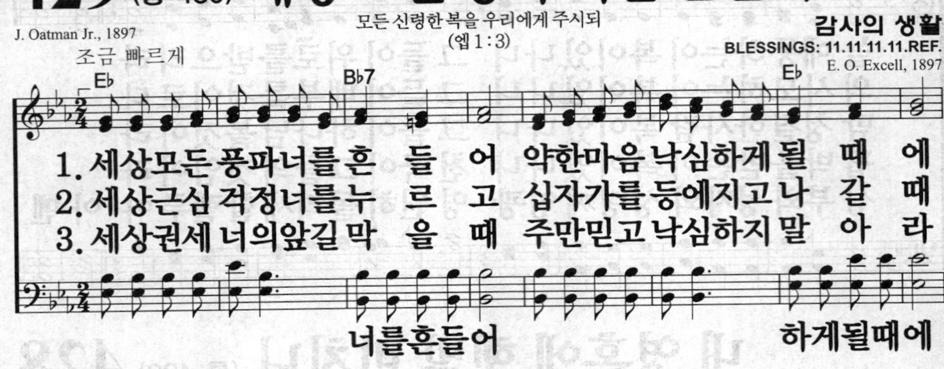

조금 빠르게
Eb
Bb7
Eb
1. 세상모든풍파너를흔 들 어 약한마음낙심하게될 때 에
2. 세상근심 걱정너를누 르 고 십자가를등에지고나 갈 때
3. 세상권세 너의앞길막 을 때 주만믿고낙심하지말 아 라
너를흔들어
하게될때에

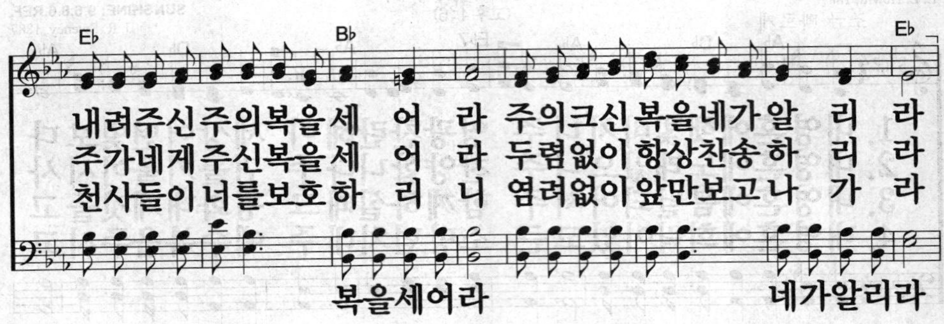

Eb
Bb
Eb
내려주신주의복을세 어 라 주의크신복을네가알 리 라
주가네게주신복을세 어 라 두렴없이항상찬송하 리 라
천사들이너를보호하 리 니 염려없이앞만보고나 가 라
복을세어라
네가알리라

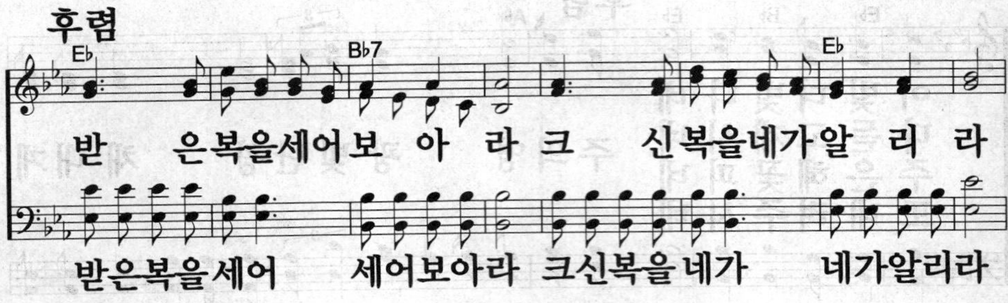

후렴
Eb
Bb7
Eb
받 은복을세어보 아 라 크 신복을네가알 리 라
받은복을세어 세어보아라 크신복을네가 네가알리라

Eb
Ab
Bb7
Eb
Ab
Eb
Bb7
Eb
받 은복을 세어보아라 주의크신복을네가 알리라
주께받은복을모두

주와 동행
주와 같이 길 가는 것 (통 456) 430
A. B. Simpson, 1897
에녹이 하나님과 동행하더니
(창 5:24)
STEP BY STEP: 8.7.8.7.REF.
A. B. Simpson, 1897
조금 빠르게
1. 주와같이길가는것 즐거운일 아닌가 우리주님 걸어가신 발자취를밟겠네
2. 어린아이같은우리 미련하고 약하나 주의손에 이끌리어 생명길로가겠네
3. 꽃이피는들판이나 험한골짜 기라도 주가인도하는대로 주와같이가겠네
4. 옛선지자에녹같이 우리들도 천국에 들려올라갈때까지 주와같이걷겠네
후렴
한걸음 한걸음 주예수와함께 날마다 날마다 우리걸어가리
주와 동행
주 안에 기쁨 있네 431
박성문, 1978
그런즉 누구든지 그리스도 안에 있으면 새로운 피조물이라
(고후 5:17)
주 안의 기쁨: 7.5.7.5.D.
백태현, 1998
보통으로
1. 주안에기쁨있네 주안에살자 주안에평안있네 주안에살자
2. 주안에사랑있네 주안에살자 주안에소망있네 주안에살자
3. 주안에영생있네 주안에살자 주안에천국있네 주안에살자
불안이연기처럼스며들어도 주안에사는마음기쁨넘치네
검푸른성난파도밀어닥쳐도 주안에사는마음평화넘치네
불길이지옥처럼솟아올라도 주안에사는마음생명넘치네

432 (통 462) 큰 물결이 설레는 어둔 바다

주와 동행

A. Blenkhorn

바다에 큰 놀이 일어나
(마 8 : 24)

WITH CHRIST AS MY PILOT: 11.11.11.11.REF.
W. S. Nickel

보통으로

Eb Bb7 Eb Bb Eb

1. 큰물결이설레는어둔바다저등대의불빛도희미한데 이풍랑에배저어
2. 큰풍랑이이배를위협하며저깊은물입벌려달려드나 이바다에노저어
3. 큰소리로물결을명하시면이바다는고요히잠자리라 저동녘이환하게

후렴

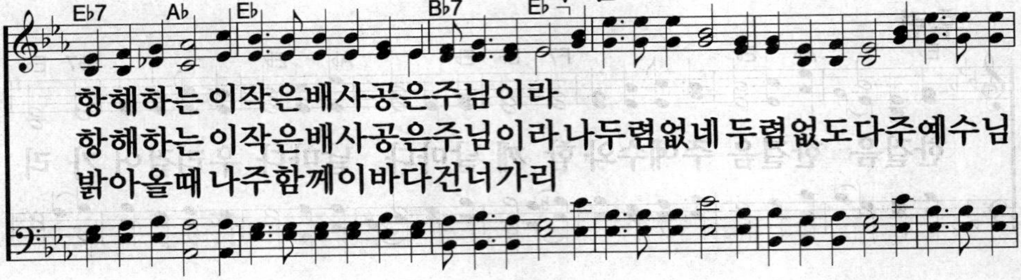

Eb7 Ab Eb Bb7 Eb

항해하는이작은배사공은주님이라
항해하는이작은배사공은주님이라 나두렴없네 두렴없도다주예수님
밝아올때 나주함께이바다건너가리

F Bb Eb Eb7 Ab Eb Bb Eb

늘깨어 계시도다 이흉흉한바다를다지나면저소망의나라에이르리라

433 (통 490) 귀하신 주여 날 붙드사

주와 동행

L. N. Morris, 1898

하나님을 가까이하라 그리하면 너희를 가까이하시리라
(약 4 : 8)

MORRIS: 9.10.9.10.10.
L. N. Morris, 1898

조금 느리게

Db Ab Bbm Gb Db Gb Db Bbm Eb7 Ab Db Ab Db

1. 귀하신주여날붙드 사 주 께로날마다더가까 이 저하늘나라
2. 봉헌할물건나없어 도 날 마다주께로더가까 이 내죄를주께
3. 간악한마귀날꾀어 도 주 예수앞으로더가까 이 이세상속한
4. 이세상내가살동안 에 주 께로날마다더가까 이 저뵈는천국

Gb Ab Db Gb Db Ab Db Gb Db A7 Db Ab7 Db Gb Db
나올라가 구 주의품안에늘안기어 영생의복 받기 원합니다
다고하니 주 님의보혈로날씻으사 눈보다더 희게 하옵소서
그허영심 또 추한생각을다버리니 정결한맘 내게 늘주소서
나들어가 한 없는복락을다얻도록 풍성한은 혜를 주옵소서 아멘

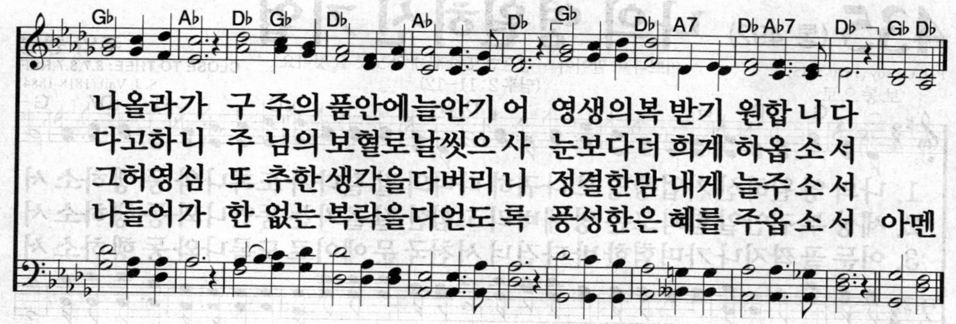

귀하신 친구 내게 계시니 (통 491) 434

주와 동행

C. H. Greene, c. 1951

너희 마음이 기쁠 것이요
(요 16 : 22)

I'M HAPPY IN JESUS TODAY: 10.8.10.8.REF.

Arr. by A. B. Smith, 1951

보통으로

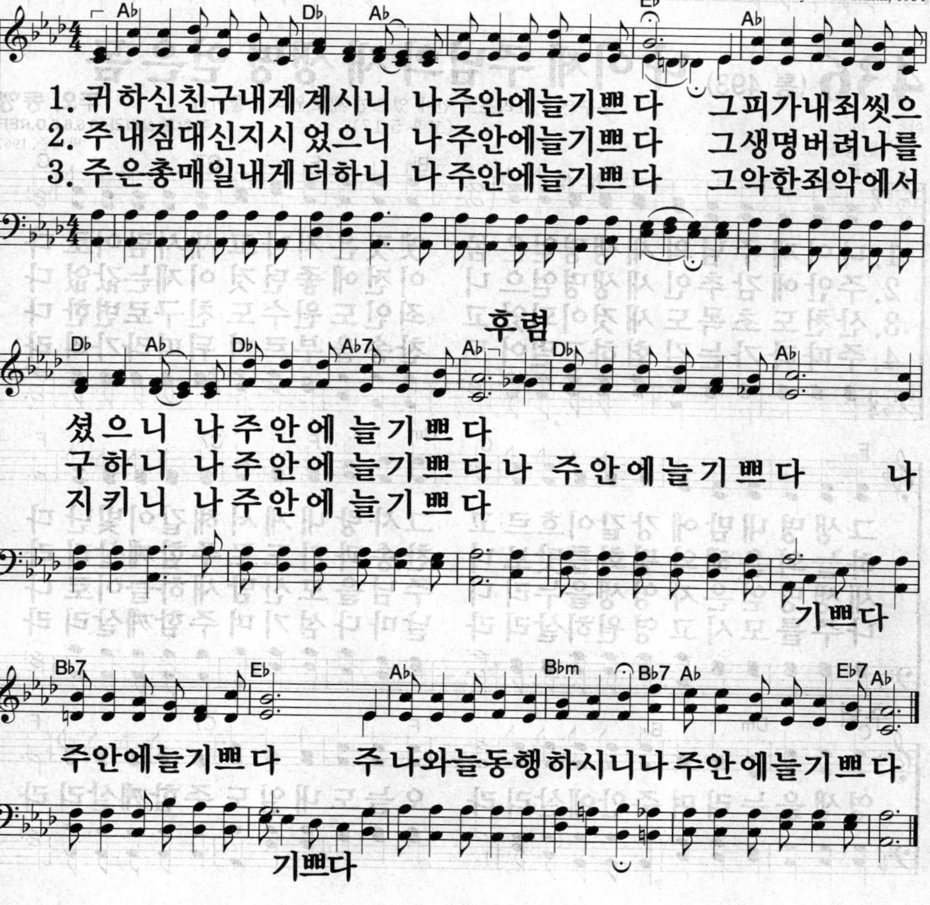

Ab Db Ab Eb Ab
1. 귀하신친구내게 계시니 나주안에늘기쁘다 그피가내죄씻으
2. 주내짐대신지시 었으니 나주안에늘기쁘다 그생명버려나를
3. 주은총매일내게 더하니 나주안에늘기쁘다 그악한죄악에서
Db Ab Db Ab7 Ab Db Ab
후렴
셨으니 나주안에 늘기쁘다
구하니 나주안에 늘기쁘다나 주안에늘기쁘다 나
지키니 나주안에 늘기쁘다
기쁘다
Bb7 Eb Ab Bbm Bb7 Ab Eb7 Ab
주안에늘기쁘다 주나와늘동행하시니나주안에늘기쁘다
기쁘다

435 (통 492) 나의 영원하신 기업
주와 동행
F. J. Crosby (1820-1915)
미쁘다 이 말이여 … 참으면 또한 함께 왕 노릇 할 것이요
(딤후 2:11-12)
CLOSE TO THEE: 8.7.8.7.REF.
S. J. Vail (1818-1884)
보통으로
G D G D G C G D7 G
1. 나의 영 원하신 기업생명 보다귀하 다나의 갈 길다가 도록나와 동 행하소 서
2. 세상 부 귀안일 함과모든 명 예버리 고험한 길 을가는 동안나와 동 행하소 서
3. 어둔 골 짝지나 가며험한 바 다건너 서천국 문 에이르 도록나와 동 행하소 서
후렴
D7 G D G C G D7 G C G
주께 로가까 이주께로가오 니나의 갈 길다가 도록나와 동 행하소 서 아 멘
436 (통 493) 나 이제 주님의 새 생명 얻은 몸
주와 동행
이호운, 1967
누구든지 그리스도 안에 있으면 새로운 피조물이라
(고후 5:17)
주 함께 살리라: 6.6.6.6.D.REF.
박태준, 1967
보통으로
F B♭ F G7 C
1. 나이제 주님의 새생명얻은몸 옛것은지나고 새사람이로 다
2. 주안에 감추인 새생명얻으니 이전에좋던것 이제는값없 다
3. 산천도 초목도 새것이되었고 죄인도 원수도 친구로변한 다
4. 주따라 가는길 험하고멀어도 찬송을부르며 뒤따라가리 라
F C Dm F C7 F
그생명 내맘에 강같이흐르고 그사랑 내게서 해같이빛난 다
하늘의 은혜와 평화를맛보니 찬송과 기도로 주함께살리 라
새생명 얻은자 영생을누리니 주님을 모신맘 새하늘이로 다
나주를 모시고 영원히살리라 날마다 섬기며 주함께살리 라
후렴
C Dm B♭ F C7 F
영생을 누리며 주안에살리라 오늘도 내일도 주함께살리 라

주와 동행
하늘 보좌 떠나서
437
박명수, 1999
내가 너희에게 행한 것같이 너희도 행하게 하려 하여 본을 보였노라
(요 13:15)
생명의 문: IRREG.
백경환, 2000
보통으로
1. 하늘 보좌떠나 서세상 에오신주 님우리 에게본을보 여따르라 하셨으 니
2. 악의 힘과싸우 며진리 로사신주 님우리 에게본을보 여따르라 하셨으 니
3. 세상 유혹이기 고십자 가지신주 님우리 에게본을보 여따르라 하셨으 니
4. 죽음 권세이기 고생명 문여신주 님우리 에게본을보 여따르라 하셨으 니
우리 들도주님처 럼남섬기며 살아모든사람한결같 이사랑 하게하옵소 서
우리 들도주님처 럼선한싸움 싸워세상불의물리치 고살아 가게하옵소 서
우리 들도주님처 럼희생하며 살아시험고통모두이 겨감당 하게하옵소 서
우리 들도주님처 럼승리하며 살아하늘영광바라보 며따라 가게하옵소 서
내 영혼이 은총 입어
(통 495)
438
주와 동행
C. F. Butler, 1898
하나님의 나라는 너희 안에 있느니라
(눅 17:21)
WHERE JESUS IS 'TIS HEAVEN
: 8.8.8.8.REF.
J. M. Black, 1898
보통으로
1. 내영혼 이은총입 어중한죄 짐벗고보 니슬픔많 은이세상 도천국으 로화하도 다
2. 주의얼 굴뵙기전 에멀리뵈 던하늘나 라내맘속 에이뤄지 니날로날 로가깝도 다
3. 높은산 이거친들 이초막이 나궁궐이 나내주예 수모신곳 이그어디 나하늘나 라
후렴
할 렐 루 야 찬 양 하 세 내 모 든 죄 사 함 받 고
주 예 수 와 동 행 하 니 그 어 디 나 하 늘 나 라

439 (통 496) 십자가로 가까이
주와 동행
F. J. Crosby, 1869
십자가의 도가 멸망하는 자들에게는 미련한 것이요
(고전 1 : 18)
NEAR THE CROSS: 7.6.7.6.REF.
W. H. Doane, 1869
조금 느리게
1.십자가로가까이 나를이끄시고 거기흘린보혈로 정케하옵소서
2.십자가에가까이 내가떨고섰네 거기있는새벽별 내게비추시네
3.십자가로가까이 가게하시옵고 몸소받은고생도 알게하옵소서
4.십자가에가까이 의지하고서서 천국이를때까지 항상머물겠네
후렴
십자가 십자가 무 한영광일세 요단강을건넌후 영원안식얻네 아멘
440 (통 497) 어디든지 예수 나를 이끌면
주와 동행
J. B. Pounds, 1887
Adapt. by H. C. Dixon (1877-1969)
두려워하지 말라 내가 너와 함께함이라
(사 41 : 10)
SECURITY: 11.11.11.11.REF.
D. B. Towner, 1887
보통으로
1.어디든지예수나를이끌 면 어디든지예수함께가려 네
2.세상친구모두나를떠나 도 주와동행하면외롬없겠 네
3.어둔그늘나를에워쌀때 에 주가함께계심믿고자려 네
예수함께아니가면낙 없 고 예수님과동행하면겁 없 네
가는길이위태하고험 해 도 어디든지예수함께가 려 네
죽은후에천국에서깨 어 나 예수함께길이길이살 리 라
후렴
어디를 가든지 겁낼것없네 어디든지예수함께가 려 네

은혜 구한 내게 은혜의 주님 (통 498) 441

442 (통 499) 저 장미꽃 위에 이슬
주와 동행
C. A. Miles, 1912
막달라 마리아가 가서 제자들에게 내가 주를 보았다 하고 (요 20:18)
IN THE GARDEN: 8.9.10.7.REF.
C. A. Miles, 1912
보통으로
1. 저 장미꽃위에이 슬 아직 맺혀있는그 때에귀에 은은히소리 들리니주 음성분명하 다
2. 그 청아한주의음성 우는 새도잠잠케 한다내게 들리던주의 음성이늘 귀에쟁쟁하 다
3. 밤 깊도록동산안에 주와 함께있으려 하나괴론 세상에할일 많아서날 가라명하신 다
후렴
주 님 나 와동행을 하 면서나를 친 구삼으셨 네
우리 서 로받은그 기 쁨은 알 사람이없도 다
443 아침 햇살 비칠 때
주와 동행
황금찬, 1977
볼지어다 내가 문밖에 서서 두드리노니 (계 3:20)
아침 햇살: IRREG.
황철익, 2002
보통으로
1. 아침햇살비칠때 찬란하듯이 주님얼굴대할때 마음즐겁다
2. 온세상이빛없어 캄캄해질때 뜻과정성다모아 주영접하자
3. 어둔구름걷히고 해가빛나듯 모든죄를씻으니 기쁨넘치네
우리주님내맘에 빛나는태양 문 앞에서 머 무시는
마음속에풍랑이 일어날때도 믿 는이의 참 소망은
주의은혜맘속에 가득히받아 생 명의주 늘 모시고
주님영접 해(주님영접해) 한평생을 주와함께 살 아가리 라
우리주님 뿐(우리주님뿐) 일생토록 주섬기며 살 아가리 라
향기가되 어(향기가되어) 영광스런 한세상을 빛 내어보 자

444 겟세마네 동산에서

주와 동행

한경직, 1981

예수께서 힘쓰고 애써 더욱 간절히 기도하시니
(눅 22 : 44)

은혜 보답: 8.8.8.8.REF.

박영근, 2005

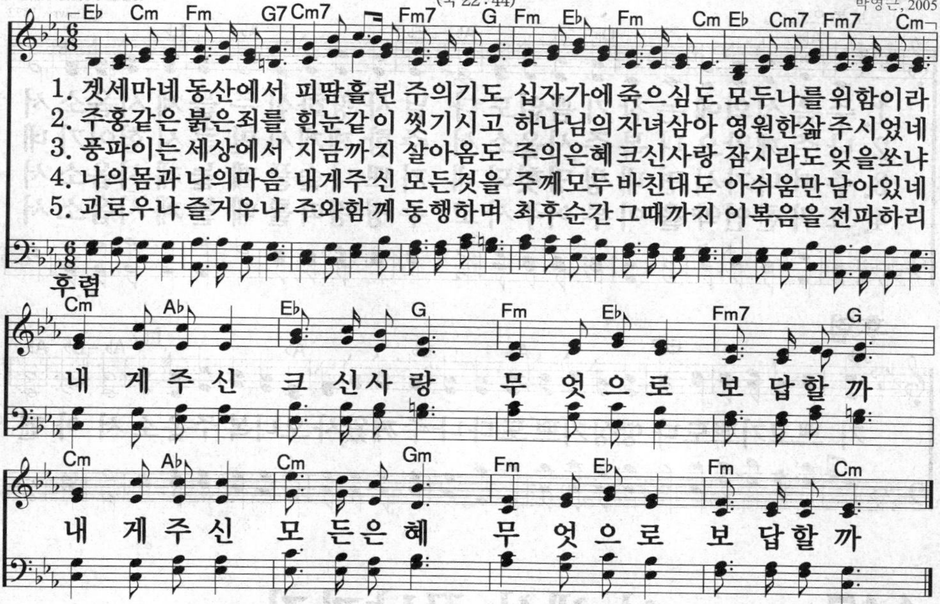

보통으로

1. 겟세마네 동산에서 피땀흘린 주의기도 십자가에죽으심도 모두나를위함이라
2. 주홍같은 붉은죄를 흰눈같이 씻기시고 하나님의자녀삼아 영원한삶 주시었네
3. 풍파이는 세상에서 지금까지 살아옴도 주의은혜 크신사랑 잠시라도 잊을쏘냐
4. 나의몸과 나의마음 내게주신 모든것을 주께모두 바친대도 아쉬움만 남아있네
5. 괴로우나 즐거우나 주와함께 동행하며 최후순간 그때까지 이복음을 전파하리

후렴

내 게 주 신 크 신사 랑 무 엇 으 로 보 답할 까
내 게 주 신 모 든은 혜 무 엇 으 로 보 답할 까

445 태산을 넘어 험곡에 가도 (통 502)

주와 동행

H. J. Zelley, 1899

그가 빛 가운데 계신 것같이 우리도 빛 가운데 행하면
(요일 1 : 7)

HEAVENLY SUNLIGHT: 10.9.10.9.REF.

G. H. Cook, 1899

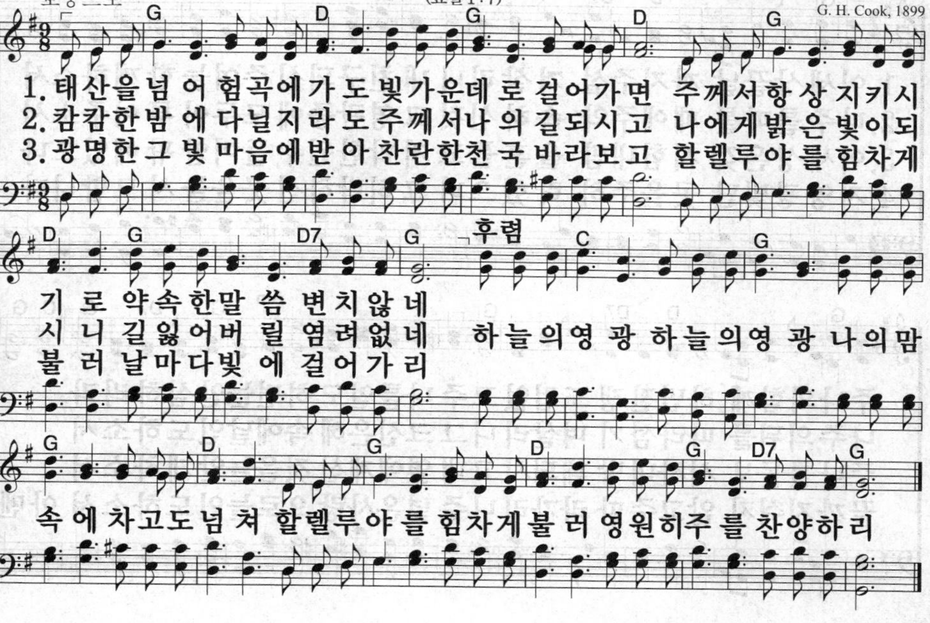

보통으로

1. 태산을넘 어 험곡에가 도 빛가운데 로 걸어가면 주께서항 상 지키시 기 로 약속한말 씀 변치않 네
2. 캄캄한밤 에 다닐지라 도 주께서나 의 길되시고 나에게밝 은 빛이되 시 니 길잃어버 릴 염려없 네
3. 광명한그 빛 마음에받 아 찬란한천 국 바라보고 할렐루야 를 힘차게 불 러 날마다빛 에 걸어가 리

후렴

하늘의영 광 하늘의영 광 나의맘 속 에 차고도넘 쳐 할렐루야 를 힘차게불 러 영원히주 를 찬양하리

446 (통 500) 주 음성 외에는

나를 떠나서는 너희가 아무것도 할 수 없음이라
(요 15:5)

A. S. Hawks, 1872

주와 동행
NEED: 6.6.6.6.REF.
R. Lowry, 1872

보통으로

1. 주음성외에는 참기쁨없도다 날사랑하신주 늘계시옵소서
2. 나주께왔으니 복주시옵소서 주함께계시면 큰시험이기네
3. 주떠나가시면 내생명헛되네 기쁘나슬플때 늘계시옵소서
4. 그귀한언약을 이루어주시고 주명령따를때 늘계시옵소서

후렴

기쁘고기쁘도다 항상기쁘도다 나주께왔사오니 복주옵소서 아멘

447 (통 448) 이 세상 끝날까지

사람이 나를 섬기려면 나를 따르라
(요 12:26)

J. E. Bode, 1866

주와 동행
ANGEL'S STORY: 7.6.7.6.D.
A. H. Mann, 1881

보통으로

1. 이세상끝날 까지주섬 겨살리니 내친구되신주여늘 함께하소서
2. 나주를따를 때에주약 속하신것 그영광중에모두이 루어주소서
3. 이세상온갖 시험내맘 을흔들고 저악한원수들이안 팎에있으나
4. 저영광빛난 곳을주허 락했으니 그허락하신곳을늘 사모합니다

주나와함께 하면전쟁 도겁없고주 나를인도 하면늘안심하리라
나주의뒤를 따라섬기 며살리니그 크신은혜 속에날인도하소서
주나를돌보 시사내방 패되시고내 옆에계신 것을늘알게하소서
끝까지쉬지 않고주따 라가리니주 넓은사랑 으로늘인도하소서 아멘

제자의 도리
주님 가신 길을 따라
448
임종락, 1997
좁은 문으로 들어가라
(마 7:13)
가신 길 따라: 8.8.8.8.D.
한태근, 2000
보통으로
F Gm F B♭ F Dm B♭ G7 C
1. 주님가신 길을따라 좁은길로 가오리다 가기좋은 넓은길로 많은사람 갈지라도
2. 주님가신 뒤를따라 순종하며 가오리다 많은사람 믿음없이 넓은길로 갈지라도
3. 주님가신 진실한길 의의길로 가오리다 좁은문과 좁은길은 십자가의 길이오나
F C F Dm B♭ G7 C F B♭ F Gm B♭ F
멸망으로 가는길을 나는가지 아니하고 주님가신 영생의 길 좁은길로 가오리다
멸망으로 가는길을 나는가지 아니하고 주님가신 생명의 길 좁은길로 가오리다
영생영광 바라보며 천국가는 길이오니 죽기까지 주님가신 길을따라 가오리다
제자의 도리
예수 따라가며
(통 377) 449
J. H. Sammis, 1887
선을 행하는 각 사람에게는 영광과 존귀와 평강이 있으리니
(롬 2:10)
TRUST AND OBEY: 6.6.9.D.REF.
W. H. Doane, 1887
보통으로
F C F B♭ F C F C F
1. 예수 따라가 며복음 순종하 면우리 행할길 환하겠 네주를 의지하 며순종 하는자 를
2. 해를 당하거 나우리 고생할 때주가 위로해 주시겠 네주를 의지하 며순종 하는자 를
3. 남의 짐을지 고슬픔 위로하 면주가 상급을 주시겠 네주를 의지하 며순종 하는자 를
4. 우리 받은것 을주께 다드리 면우리 기쁨이 넘치겠 네주를 의지하 며순종 하는자 를
5. 주를 힘입어 서말씀 잘배우 고주를 모시고 살아가 세주를 의지하 며항상 순종하 면
후렴
B♭ F C7 F C F D Gm C7 F C7 F
주가 늘함께 하시리 라
주가 안위해 주시리 라
항상 복내려 주시리 라 의지하 고순종 하는길 은예수 안에즐 겁고복된 길이로 다
은혜 풍성케 하시리 라
주가 사랑해 주시리 라

450 (통 376) 내 평생 소원 이것뿐

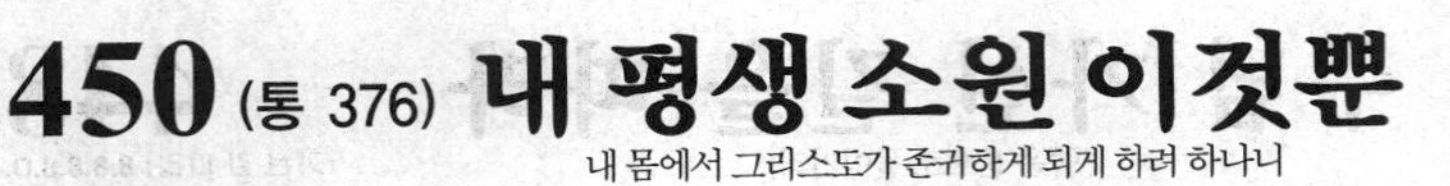

내 몸에서 그리스도가 존귀하게 되게 하려 하나니
(빌 1:20)

찬송가, 1908

제자의 도리
AZMON: 8.6.8.6.
C. G. Gläser, 1828
Arr. by L. Mason, 1839

보통으로

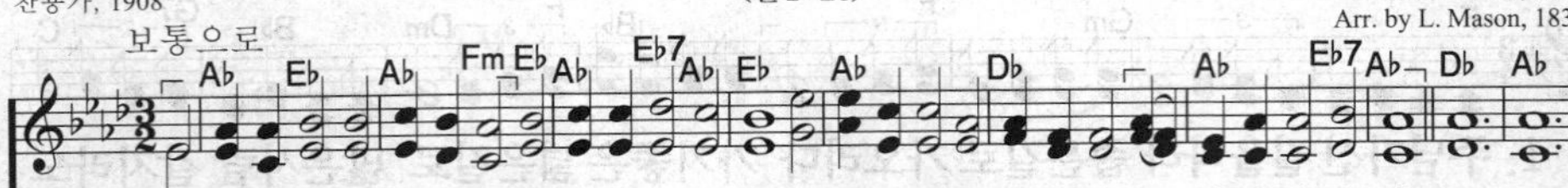

1. 내 평생소원 이것뿐주 의일하다 가이 세상이별 하는날주 앞에가리 라
2. 꿈같이헛된 세상일취 할것무어 냐이 수고암만 하여도헛 된것뿐일 세
3. 불같은시험 많으나겁 내지맙시 다구 주의권능 크시니이 기고남겠 네
4. 금보다귀한 믿음은참 보배되도 다이 진리믿는 사람들다 복을받겠 네
5. 살같이빠른 광음을주 위해아끼 세온 몸과맘을 바치고힘 써서일하세 아 멘

451 (통 504) 예수 영광 버리사

예수를 깊이 생각하라
(히 3:1)

민로아(F. S. Miller), 1905

제자의 도리
PARACLETE: 7.7.7.5.
U. C. Burnap (1834-1900)

보통으로

1. 예수영광 버리 사사 람되신 것보 고너도고난 당하나 길이참으라
2. 예수친히 십자 가지 고가신 것보 고너도주의 십자가 지고따르라
3. 예수너를 위하 여죽 으심을 본받 아너도남을 위하여 몸을바쳐라
4. 예수부활 하셔 서승 리하신 것보 고너도승리 할줄을 믿고싸워라
5. 예수승천 하셔 서영 광받으 심보 고너도영광 받을줄 믿고섬겨라
6. 예수다시 오셔 서상 을주실 줄믿 고너도상을 얻도록 참고참으라

452 (통 505) 내 모든 소원 기도의 제목

하나님이 미리 아신 자들을 또한 그 아들의 형상을 본받게 하기 위하여
(롬 8:29)

T. O. Chisholm, 1897

제자의 도리
RONDINELLA: 10.9.10.9.REF.
W. J. Kirkpatrick, 1897

보통으로

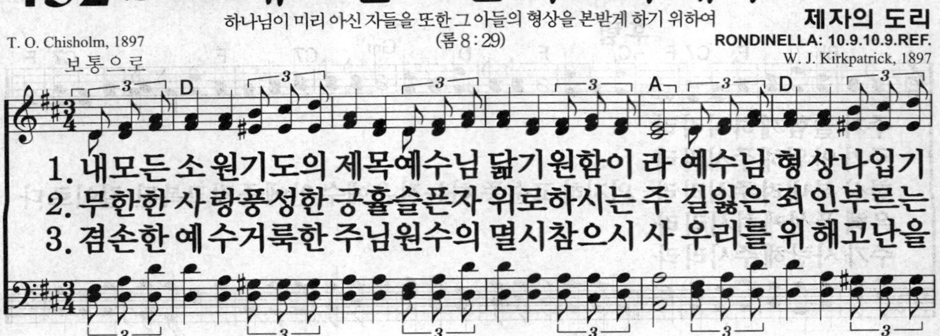

1. 내모든 소 원기도의 제목예수님 닮기원함이 라 예수님 형 상나입기
2. 무한한 사 랑풍성한 긍휼슬픈자 위로하시는 주 길잃은 죄 인부르는
3. 겸손한 예 수거룩한 주님원수의 멸시참으시 사 우리를 위 해고난을

후렴
D E7 A7 D G D
위 해 세상의 보 화 아끼잖 네
예 수 그형상 닮 게 하옵소 서
받 은 구주를 닮 게 하옵소 서
예 수님 닮기 내가원 하 네날구원
A7 D G D A7 D
하 신 예수님 을 내 마음속 에 지금곧 오 사주님의 형 상 인치소 서
제자의 도리
E. E. Hewitt, 1887
예수 더 알기 원하네 (통 506) 453
그를 아는 지식에서 자라 가라 영광이 … 그에게 있을지어다 (벧후 3 : 18)
SWENEY: 8.8.8.8.REF.
J. R. Sweney, 1887
보통으로
Ab Eb7 Ab
1. 예수더알 기 원 하네 크고도넓 은 은 혜와 대속해주 신
2. 성령이스 승 되 셔서 진리를가 르 치 시고 거룩한뜻 을
3. 성령의감 화 받 아서 하나님말 씀 배 우니 그말씀한 절
4. 예수가계 신 보 좌는 영광에둘 려 있 도다 평화의왕 이
Ab Bbm Eb7 Ab
후렴
사 랑을 간 절히알 기 원 하네
깨 달아 예 수를알 게 하 소 서
한 절이 내 맘에교 훈 되 도 다
오 시니 그 나라왕 성 하 도 다
내 평생의 소 원
Eb Ab Bbm Eb7 Ab
내 평생의 소 원 대속해주신 사랑을 간 절히알 기 원하네

454 (통 508) 주와 같이 되기를

그리스도도 너희를 위하여 고난을 받으사 너희에게 본을 끼쳐
(벧전 2:21)

제자의 도리

F. J. Crosby, 1867

HOLLINGSIDE: 7.7.7.7.D.

J. B. Dykes, 1861

보통으로

D A D A D A F# Bm D A7 D

1. 주와같이 되 기를 내가항상 원하니 온유하고 겸 손한 주의마음 주 소서
2. 비록작은새 라도 돌보시는나의주 나와함께 계 시어 나를지켜 주 소서
3. 주와같이 되 기를 내가항상 원하니 주님뜻을 따 라서 살아가게 하 소서

G D G D A7 D A F# Bm D A7 D G D

세상에서 우리가 나그네로 있을때 주의형 상 닮 아서 살아가게 하 소서
맘이깨끗 하기를 내가항상 원하니 악한맘 을버 리고 살아가게 하 소서
주은혜로 거듭나 말씀위에 굳게서 영원무 궁하 도록 주와함께 살 리라 아멘

455 (통 507) 주님의 마음을 본받는 자

이 마음을 품으라 곧 그리스도 예수의 마음이니
(빌 2:5)

제자의 도리

C. H. Gabriel (1856-1932)

WE SHALL BE LIKE HIM: 10.10.10.10.REF.

C. H. Gabriel (1856-1932)

보통으로

B♭ F7 B♭ E♭ B♭ F

1. 주님의마음을본받는자 그맘에평강이찾아옴은
2. 주모습내눈에안보이며 그음성내귀에안들려도
3. 가는길거칠고 험하여도 내맘에불평이 없어짐은
4. 주예수세상에 다시오실 그날엔뭇성도 변화하여

B♭ F B♭ Cm B♭ F7 B♭

험악한세상을이길힘이 하늘로부터임 함이로다
내영혼날마다주를만나 신령한말씀늘 배우도다
십자가고난을이겨내신 주님의마음본 받음이라
주님의빛나는그형상을 다함께보며주 찬양하리

후렴
주 님의마 음 본 받아살 면서
주님의마 음주님의마 음그마음본받아살 면서
그 거룩하 심 나 도 이루리
주님의그거룩하 심 나 도이루리이루리
거친 세상에서 실패하거든 (통 509) 456
제자의 도리
B. B. McKinney (1886-1952)
내가 그의 손의 못 자국을 보며
(요 20 : 25)
THE NAIL-SCARRED HAND: 11.8.11.8.REF.
B. B. McKinney (1886-1952)
보통으로
1. 거친세상에서실패하거든그손못자국만져라고된일하다가힘을 얻으리 그손못 자국만져 라
2. 네가어둠속을걸어갈때에그손못자국만져라주가참평안을네게 주시리 그손못 자국만져 라
3. 네가부활의주따라가려면그손못자국만져라네가주안에서길이 살리라 그손못 자국만져 라
4. 너의죄악의짐무거울때에그손못자국만져라마음문열고서주를 모셔라 그손못 자국만져 라
후렴
그손못자국만져 라 그손 못자국만져라 주가널 지키며 인도하시 리그손못자국만져라

457 (통 510) 겟세마네 동산의
신증 복음가, 1919
예수께서 제자들과 함께 겟세마네라 하는 곳에 이르러
(마 26 : 36)
제자의 도리
TOPLADY: 7.7.7.7.7.7.
T. Hastings, 1830
조금 느리게
1. 겟세마네동산의 주를생각할때에 근심이나걱정을 외면할수있을까 나를항상버리고 주를따라가리라
2. 빌라도의뜰에선 주를생각할때에 수치됨과아픈것 못견딜수있을까 길이참고묵묵히 주를따라가리라
3. 갈보리산올라간 주를생각할때에 나의받는괴롬을 비교할수없으리 십자가를지고서 주를따라가리라
4. 무덤에서부활한 주를생각할때에 환난이나죽음도 두려울것없으리 승전가를부르며 주를따라가리라

458 (통 513) 너희 마음에 슬픔이 가득할 때

환난 중에도 즐거워하나니 이는 환난은 인내를, 인내는 연단을
(롬 5 : 3-4)

제자의 도리

I. D. Ogdon, 1916

CARRY YOUR CROSS: 12.9.12.8.REF.

C. H. Gabriel, 1916

보통으로

1. 너희 마음에슬픔이가득할때 주가 위로해주시리라 아침 해같이빛나는 마음으로 너 십자가지고가 라
2. 때를 따라서주시는은혜로써 갈한 심령에힘을얻고 주가 언약한말씀을 기억하고 너 십자가지고가 라
3. 네가 맡은일성실히 행할때에 주님 앞에서상받으리 주가 베푸신은혜를 감사하며 너 십자가지고가 라

후렴

참기쁜마음으로 십자가지고가 라 네가 기쁘게십자가 지고가면 슬픈마음이위로받네

(참기쁜마 음으로 십자가지 고 가라)

누가 주를 따라
(통 514) 459
제자의 도리
F. R. Havergal, 1877
사람이 나를 섬기려면 나를 따르라
(요 12:26)
ARMAGEDDON: 6.5.6.5.D.REF.
C. Reichardt, 1853
Arr. by J. Goss, 1872
보통으로
B♭ E♭ B♭ D7 Gm D7 Gm C F
1.누가주를따라 섬기려는가 누가죄를떠나주만따를까
2.세상영광위해 따름아니요 크신사랑인해주만따르고
3.환난핍박많고 원수강하나 주의용사더욱힘이강하니
B♭ G7 F7 B♭ F B♭ F7 B♭ E♭ B♭ F7 B♭
누가주를섬 겨 남을구할까 누가주의뒤를따라가려 나
주가내려주 신 은혜힘입어 주의뒤를따라힘써일하 네
누가능히이 겨 넘어뜨리랴 변함없는진리승리하리 라
B♭ E♭ B♭ Gm E♭ B♭ F7 B♭
부르심을받아 주의은혜 로 주를따라가네 주만따르네
부르심을받아 주의은혜 로 주를따라가네 주만따르네
기쁜찬송하며 주의은혜 로 주를따라가네 주만따르네
뜻없이 무릎 꿇는
(통 515) 460
제자의 도리
J. Hay, 1891
믿음이 있노라 하고 행함이 없으면 무슨 유익이 있으리요
(약 2:14)
LLANGLOFFAN: IRREG.
Welsh Hymn Melody
Adapt. from D. Evans' Hymnal a Thonau, 1865
보통으로
Gm D Gm Cm Gm D E♭ F7 B♭ E♭ D Gm
1.뜻없이무릎꿇 는그복종아니 요운 명에맡겨사 는그생활아니라
2.약한자힘주시 고강한자바르 게추 한자정케함 이주님의뜻이라
B♭ F7 B♭ F Gm D Gm D Gm E♭ D Gm Cm G
우 리의믿음 치솟아독 수리날듯이 주뜻이이뤄지 이다외치며사나니
해 아래압박 있는곳주 거기계셔서 그팔로막아주 시어정의가사나니 아멘

461 (통 519) 십자가를 질 수 있나
제자의 도리
E. B. Marlatt, 1925
내가 마시려는 잔을 너희가 마실 수 있느냐
(마 20 : 22)
BEACON HILL: 8.7.8.7.REF.
H. S. Mason, 1924
보통으로
1. 십자 가를질수 있나주가 물어보실 때죽기 까지따르 오리성도 대답하였 다
2. 너는 기억하고 있나구원 받은강도 를그가 회개하였 을때낙원 허락받았 다
3. 걱정 근심어둔 그늘너를 둘러덮을 때주께 네영맡기 겠나최후 승리믿으 며
4. 이런 일다할수 있나주가 물어보실 때용감 한자바울 처럼선뜻 대답하리 라
후렴
우 리 의심령 주 의 것이 니 주 님의형 상 만 드소서
주 인도따라 살아갈동 안 사랑 과충 성늘 바 치 오리다 아 멘
462 (통 517) 생명 진리 은혜 되신
제자의 도리
S. C. Lowry, 1893
너희도 행하게 하려 하여 본을 보였노라
(요 13 : 15)
IN BABILONE: 8.7.8.7.D.
Traditional Dutch Melody
조금 빠르게
1. 생명 진리은혜 되신 영원 하신 구세주 사람되사 모든 인류 구원 하여 주시니
2. 남섬 기며사신 주님 우리 들도 본받고 이웃사랑 나누 면서 살아 가게 하소서
3. 사랑 의주평화 의왕 우리 중에 오셔서 모든싸움 다그 치고 하나 되게 하소서
4. 행진 하는주의 무리 빈부 귀천 없으니 한맘 으로 봉사 하고 같은 주님 모시네
영광 중에 계신주님 크신 은혜베푸 사 사랑으로채우 시고우리 고쳐 주소서
온세 상의금은보화 모두 주의것이 니 책임맡은일꾼 으로충성 하게 하소서
지난 날의어두움과 환난 풍파지나 고 형제사랑밝은 장래이뤄 지게 하소서
우리 에게하나되라 분부 하신주시 여 주의뜻이 이땅 위에이뤄 지게 하소서 아멘

제자의 도리
Afro-American Spiritual
신자 되기 원합니다 (통 518) 463
이날에 신도의 수가 삼천이나 더하더라
(행 2:41)
I WANT TO BE A CHRISTIAN: IRREG.
Afro-American Spiritual
보통으로
1. 신자되기원합니다진심으로진심으로 신자되기원합니다진심으로
2. 사랑하기원합니다진심으로진심으로 사랑하기원합니다진심으로
3. 거룩하기원합니다진심으로진심으로 거룩하기원합니다진심으로
4. 예수닮기원합니다진심으로진심으로 예수닮기원합니다진심으로
진심으로 진심으로
신자되기원합니다진심으로
사랑하기원합니다진심으로
거룩하기원합니다진심으로
예수닮기원합니다진심으로 아멘
진심으로 진심으로
제자의 도리
엄상신, 2002
믿음의 새 빛을 464
너희의 믿음의 역사와 사랑의 수고와
(살전 1:3)
믿음의 삶: 6.6.6.6.7.6.7.6.
이보철, 2004
보통으로
1. 믿음의새빛을 밝히는맘으로 주의길나서는하나님백성들
2. 소망의새빛이 가득한맘으로 주의길따르는하나님백성들
3. 사랑의새빛을 나누는맘으로 주의길행하는하나님백성들
언제나밝은마음믿음으로살면 은혜의 구원열매 풍성히맺으리
언제나푸른마음소망으로살면 영광의 하늘나라 면류관얻으리
언제나넓은마음사랑으로살면 평화의 주님나라 이땅에이루리 아멘

465 (통 523) 주 믿는 나 남 위해
오직 말과 행실과 사랑과 믿음과 정절에 있어서 믿는 자에게 본이 되어
(딤전 4:12)
H. A. Walter, 1907
제자의 도리
PEEK: 11.10.11.10.10.
J. Y. Peek, 1909
보통으로
1. 주 믿는 나 남 위해 진실하고 날 보는 자 위해서 정결
2. 저 원수도 내 참된 친구 삼고 남 주면서 행한 일 잊으
3. 늘 바빠도 나 힘써 기도하며 주와 함께 늘 교제하리
코 담대하여 이 세상 환난 중에 나 용감히 늘
리 연약한 나 늘 온유 겸손하여 늘 섬기며 기
라 주 가신 길 그 발자취를 따라 믿음으로 늘
승리하리라 나 용감히 늘 승리하리라
쁘게 살리라 늘 섬기며 기쁘게 살리라
살게 하소서 믿음으로 늘 살게 하소서 아멘
466 죽기까지 사랑하신 주
새 계명을 너희에게 주노니 서로 사랑하라
(요 13:34)
Anonymous
제자의 도리
IRREG.
J. Weber, 1970
보통으로
Refrain
Fine
죽기까지 사랑하신 주 그보다 더 큰 사랑 없네

Am D B Em Am D Em7 G D.C.
1.내가 너희들에게 새계 명을주노니 나 너희들을사랑하듯 서로사랑하라
2.네가 나를따르면 나의 친구되리니 나 너희들을사랑하듯 서로사랑하라
3.주님 먼저우리를 진정 사랑하셨네 나 너희들을사랑하듯 서로사랑하라
4.네가 사랑함으로 나의 계명지키라 나 너희들을사랑하듯 서로사랑하라
5.너희 행합인하여 제자 됨을알리라 나 너희들을사랑하듯 서로사랑하라

높으신 주께서 낮아지심은 467

제자의 도리

박지혜, 1993

마리아는 지극히 비싼 향유 곧 순전한 나드 한 근을 가져다가
(요 12:3)

낮아지신 주: IRREG.
전희준, 1994

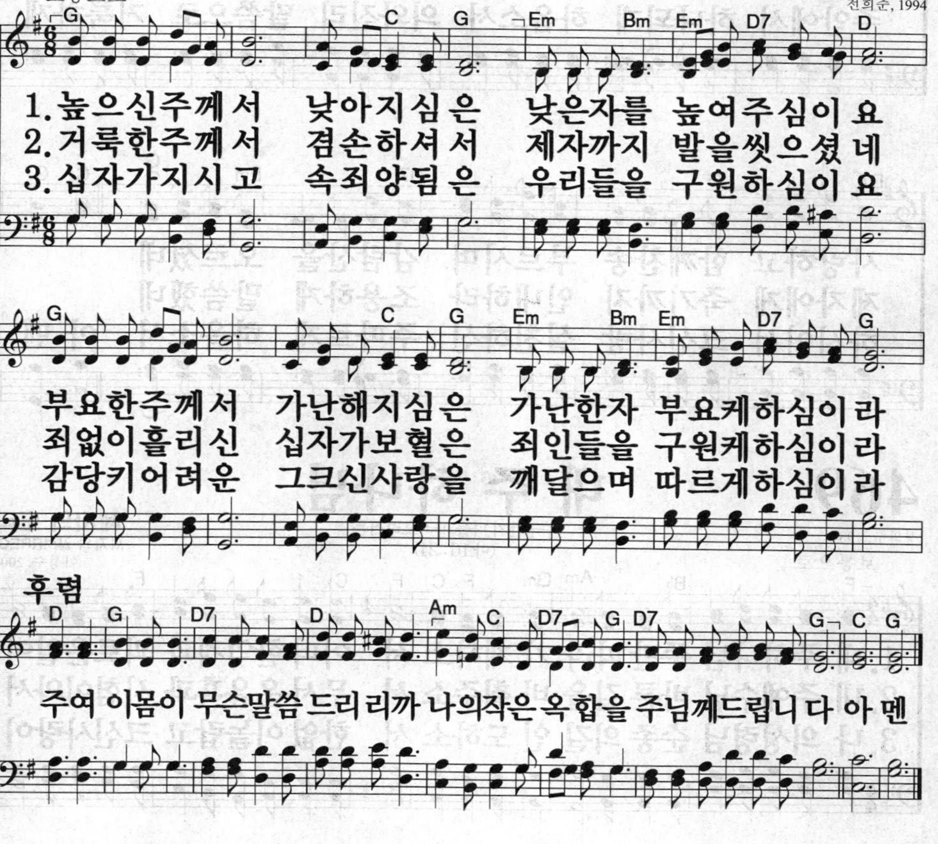

보통으로

G C G Em Bm Em D7 D

1.높으신주께서 낮아지심은 낮은자를 높여주심이 요
2.거룩한주께서 겸손하셔서 제자까지 발을씻으셨 네
3.십자가지시고 속죄양됨은 우리들을 구원하심이 요

G C G Em Bm Em D7 G

부요한주께서 가난해지심은 가난한자 부요케하심이라
죄없이흘리신 십자가보혈은 죄인들을 구원케하심이라
감당키어려운 그크신사랑을 깨달으며 따르게하심이라

후렴

D G D7 D Am C D7 G D7 G C G

주여 이몸이 무슨말씀 드리 리까 나의작은 옥 합을 주님께드립니 다 아 멘

468 큰 사랑의 새 계명을

신세원, 1988

새 계명을 너희에게 주노니 서로 사랑하라
(요 13:34)

제자의 도리
새 계명: 8.8.8.8.D.
정두영, 1994

보통으로

1.큰사랑의 새계명을 우리에게 주신주님 서로서로
2.겟세마네 기도로써 아버지뜻 이루시고 십자가의
3.우리위해 기도하신 주의뜻을 이루도록 우리모두

사랑하면 제자된다 가르쳤네 그연약한 제자들을 끝날까지
고난길로 걸어가신 우리주님 악한무리 막으려고 검을빼는
주안에서 하나되게 하옵소서 의와진리 말씀으로 거룩하게

사랑하고 함께찬송 부르시며 감람산을 오르셨네
제자에게 죽기까지 인내하라 조용하게 말씀했네
하시어서 크신사랑 실천하신 주따르게 하옵소서 아 멘

469 내 주 하나님

정의수, 1984

누구든지 나를 따라오려거든
(마 16:24)

제자의 도리
제자의 길: IRREG.
이성수, 2004

보통으로

1. 내 주하나님 주만 따라 가 게하소 서 어떠한역경과 괴로운일이
2. 내 주예수님 바른 길을 비 춰주소 서 무서운유혹과 시험이와서
3. 나 의성령님 순종 의길 인 도하소 서 한없 이놀랍고 크신사랑이

Gm C Dm F C F C F
내앞길을가로막아도 물리치고 가게하소서 환난풍파슬픔모두
내앞길을어지럽혀도 찬송하며 가게하소서 할렐루야기뻐하고
내앞길을인도하시니 감사하며 가게하소서 최후의길승리의길
Gm G C F B♭ Am Gm F C7 F
이겨내고서 나 언제나 이길로만 가 게하소 서
감사하면서 나 언제나 이길로만 가 게하소 서
주만나는길 나 언제나 이길로만 가 게하소 서
신유의 권능
나의 몸이 상하여
470
안종원, 2005
예수께서 질병과 고통과 및 악귀 들린 자를 많이 고치시며
(눅 7:21)
치유 능력: 7.7.7.7.8.8.8.8.
정태봉, 2005
조금 느리게
E♭ A♭ B♭7 Cm E♭ Fm E♭ A♭ B♭ Cm
1.나의몸이상하여 근심걱정 쌓이고 나의죄가무거워
2.연약한내영혼이 어려움에 처하여 깊은곳에빠져서
3.괴로움의골짜기 헤매이던 이내몸 갈길몰라헤맬때
E♭ Gm Fm E♭ A♭ E♭ A♭ B♭ E♭ B♭
아픔속에 빠졌네 못박히신그손으로 나의죄를씻으소서
헤어날줄 모르네 가시관을쓰신주님 나의영혼깨우소서
들려오는 주음성 너의병을고쳐주마 주님말씀하시었네
A♭ Cm G7 Cm A♭ Ddim B♭ E♭ A♭ E♭
못박히신그손으로 나의병을고치소서
가시관을쓰신주님 나를구원하옵소서
나를구원하신다고 주님말씀하시었네 아 멘

471 (통 528) 주여 나의 병든 몸을

손을 대는 자는 다 성함을 얻으니라
(막 6:56)

신중 복음가, 1919

신유의 권능
HEAL ME NOW: IRREG.
신중 복음가, 1919

보통으로

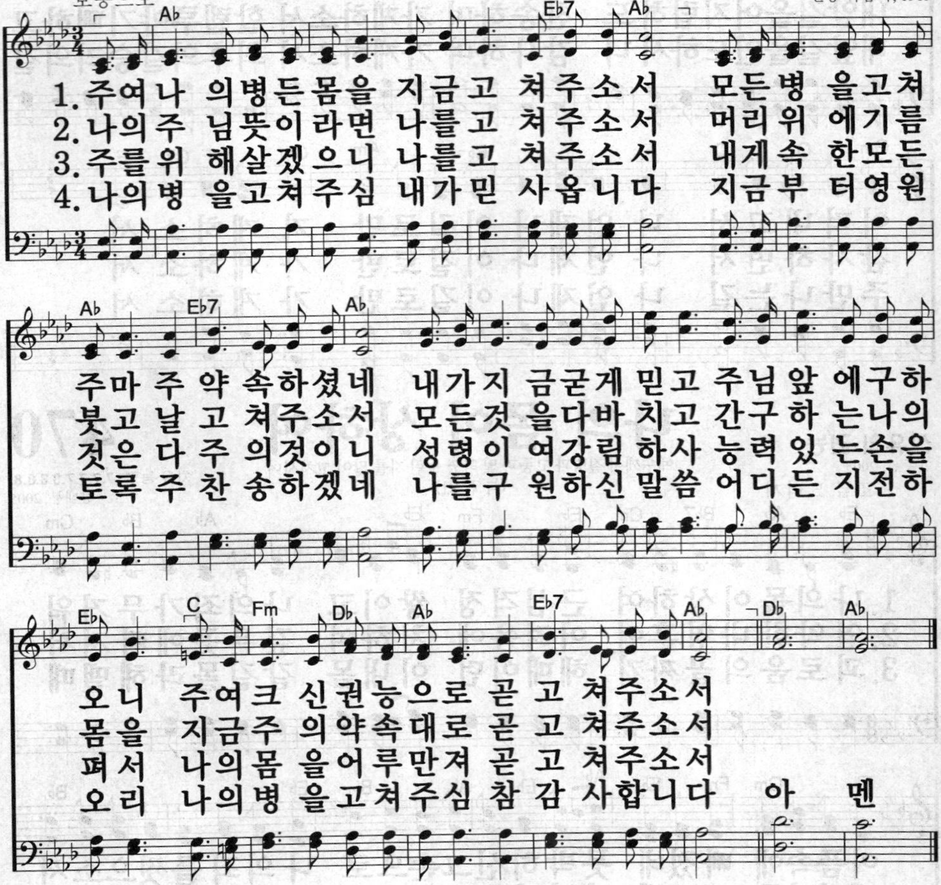

Ab Eb7 Ab
1.주여나 의병든몸을 지금고 쳐주소서 모든병 을고쳐
2.나의주 님뜻이라면 나를고 쳐주소서 머리위 에기름
3.주를위 해살겠으니 나를고 쳐주소서 내게속 한모든
4.나의병 을고쳐주심 내가믿 사옵니다 지금부 터영원
Ab Eb7 Ab
주마 주 약 속하셨네 내가지 금굳게 믿고 주님앞 에구하
붓고 날 고 쳐주소서 모든것 을다바 치고 간구하 는나의
것은 다 주 의것이니 성령이 여강림 하사 능력있 는손을
토록 주 찬 송하겠네 나를구 원하신 말씀 어디든 지전하
Eb C Fm Db Ab Eb7 Ab Db Ab
오니 주여크 신권능으로 곧 고 쳐주소서
몸을 지금주 의약속대로 곧 고 쳐주소서
펴서 나의몸 을어루만져 곧 고 쳐주소서
오리 나의병 을고쳐주심 참 감 사합니다 아 멘

472 (통 530) 네 병든 손 내밀라고

네 손을 내밀라 하시니 내밀매 그 손이 회복되었더라
(막 3:5)

A. B. Simpson, 1904

신유의 권능
STRETCH FORTH THY HAND
: 8.8.8.8.D.REF.
A. B. Simpson, 1904

보통으로

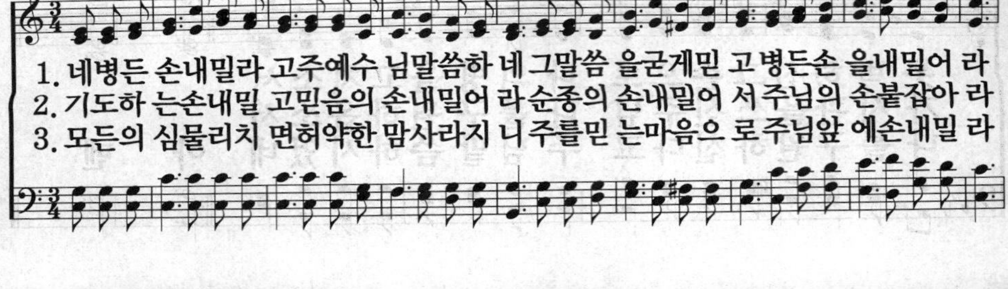

C F G C G7 C
1. 네병든 손내밀라 고주예수 님말씀하 네그말씀 을굳게믿 고병든손 을내밀어 라
2. 기도하 는손내밀 고믿음의 손내밀어 라순종의 손내밀어 서주님의 손붙잡아 라
3. 모든의 심물리치 면허약한 맘사라지 니주를믿 는마음으 로주님앞 에손내밀 라

G7 C F G C G7 C
옛날같 이 오늘날 도 주권능 이 크시오 니 전능하 신 권능으 로 병든네 몸 고치시 리
저갈릴 리 바다에 서 주예수 님 행하신 일 오늘날 도 믿는자 는 그능력 을 보리로 다
주예수 는 자비하 사 크신사 랑 베푸시 니 지체말 고 믿는자 는 영생복 을 받으리 라
후렴
C G7
네병든 손 내밀어 라 주예수 님 고치시 리
네병든손 내밀어라 주예수님 고치시리
C F C G7 C
네 병 든 손 내 밀 어 라 주 님 고 치 시 리 라
네 병 든 손 내 밀 어 라
신유의 권능
정치근, 2005
괴로움과 고통을
473
백성 중의 모든 병과 모든 약한 것을 고치시니 (마 4 : 23)
치유: 7.8.7.7.REF.
김성훈, 2005
보통으로
F C F B♭ Gm C F C F
1. 괴로움과고 통을 친히당하신예수님 병든몸과이 마음
2. 비바람이불 어도 주님품안에있으니 하늘위로새 희망
3. 쓰러지고지 칠때 새힘주시는예수님 의지약한이 마음
B♭ C7 F 후렴 B♭ F C A7 Dm Gm C
소망을주옵소서
마음에가득하네 구주예수 능력의주 힘과용기주옵시고
붙들어주옵소서
Am B♭ F C A7 Dm C7 F B♭ F
말씀으로 고치소서 깨끗하게하옵소서 아 멘

474 의원 되신 예수님의
신유의 권능
이병선, 2005
공의로운 해가 떠올라서 치료하는 광선을 비추리니
(말 4:2)
의원 되신 예수님: 8.8.8.8.D.
최현경, 2005
보통으로
D G A A7 Cm Eb Fm Bb
1. 의원되신 예수님의 크신은총믿사오며 예수님의 병고치심 그은총을믿습니다 예수님의 은총으로 모든죄를사하시고 예 수님 의권능으로 모 든질 병 고치시네
2. 의원되신 예수님의 크신능력믿사오며 예수님의 병고치심 그능력을믿습니다 예수님의 능력으로 눈먼자도눈을뜨고 예 수님 의권능으로 못 고칠 병 없으시네
3. 의원되신 예수님의 크신이적믿사오며 예수님의 병고치심 그이적을믿습니다 예수님의 이적으로 죽을병도물러가고 예 수님 의권능으로 모 든고통씻어주네 아 멘
475 (통 272) 인류는 하나 되게
화해와 평화
홍현설, 1967
너희는 그리스도의 몸이요 지체의 각 부분이라
(고전 12:27)
인류는 한가족: 7.7.7.7.7.7.
나인용, 1983
보통으로
1. 인류는하나되게 지음받 은한가족 우리는 그속에서
2. 죄악은뿌리깊게 우리맘 에도사려 편당심 일으키며
3. 주님은십자가로 화해하 는본보여 불신의 이땅위에
4. 영광도부끄럼도 함께받 는우리니 믿음과 소망으로

Fm Bb Eb Bb Eb
협조하 며일하는 형제와 자매로다 형제와 자매로다
차별의 식넣어서 대화를 막으련다 대화를 막으련다
믿음사 랑되찾는 새세계 명하신다 새세계 명하신다
튼튼하 게뭉쳐서 이어둠 뚫고가자 이어둠 뚫고가자
꽃이 피고 새가 우는 476
자연과 환경
임종락, 1988
하나님이 모든 것을 지으시되 때를 따라 아름답게 하셨고
(전3:11)
주님 크신 사랑: 8.8.8.8.D.
주성희, 2002
조금 빠르게
Eb Bb Eb Ab Eb Bb Eb Ab Bb
1. 꽃이피고새가우는 아름다운봄이왔네 하나님이창조하신
2. 모든식물무럭무럭 자라나는여름왔네 하나님의푸른생명
3. 무르익은모든곡식 풍성해진가을왔네 하나님이주신열매
4. 산과들에흰눈덮여 깨끗해진겨울왔네 주홍같이붉은죄도
Fm Eb Bb Eb Bb Eb Ab Eb Cm Bb
산과들이푸르러라 이좋은날마음열고 아이처럼뛰어놀며
산과들에가득하다 우리주가주시는힘 불길처럼솟아올라
집집마다가득하다 자라나고익게하신 그솜씨가고마워서
흰눈같이사함받네 죄없으신우리주님 이땅위에내려오사
Eb G Cm Ab Bb Eb Bb7 Eb Ab Eb
우리주님크신사랑 찬송하며기뻐하세
젊었을때기운차게 부지런히일해보세
거둔열매하나님께 다드려서감사하세
우리위해대신죽은 그사랑을찬양하세 아멘

477 하나님이 창조하신

자연과 환경

씨 가진 열매 맺는 나무를 내니 하나님이 보시기에 좋았더라
(창 1 : 12)

채희동 (1963-2004)

하나님이 창조하신: **IRREG.**
김승호, 2005

보통으로

1. 하나 님이창조 하신꽃들 이아름다 워들길 따라핀꽃 들도하나 님을찬양하 네
2. 하나 님이창조 하신수목 이아름다 워숲속 에서자란 나무하나 님께감사하 네
3. 하나 님이창조 하신강들 이아름다 워돌무 덤과가시 밭길가로 질러흘러가 네
4. 하나 님이창조 하신별들 이아름다 워밤하 늘을수놓 으며하나 님을경외하 네

맑은 향기를고운 노래 를온천지에날리 네아버 지여우리 믿음꽃들 처럼피게하소 서
곧은 가지를푸른 희망 을하늘높이뻗치 네아버 지여우리 믿음나무 처럼곧게하소 서
깊은 바다로넓은 바다 로쉬지않고흐르 네아버 지여우리 믿음강물 처럼깊게하소 서
빛이 되어라어둠 밝혀 라주의말씀따르 네아버 지여우리 믿음별들 처럼밝게하소 서

478 (통 78) 참 아름다워라

자연과 환경

땅과 … 세계와 그 가운데에 사는 자들은 다 여호와의 것이로다
(시 24 : 1)

M. D. Babcock, 1901

TERRA BEATA: 6.6.8.6.D.
Traditional English Melody
Adapt. by F. L. Sheppard, 1915

보통으로

1. 참 아름다워라주 님의세계는저솔로몬의 옷보다더고운백합 화
2. 참 아름다워라주 님의세계는저아침해와 저녁놀밤하늘빛난 별
3. 참 아름다워라주 님의세계는저산에부는 바람과잔잔한시냇 물

주 찬송하는듯저 맑은새소리내아버지의 지으신그솜씨깊도 다
망 망한바다와늘 푸른봉우리다주하나님 영광을잘드러내도 다
그 소리가운데주 음성들리니주하나님의 큰뜻을나알듯하도 다 아멘

미래와 소망
괴로운 인생길 가는 몸이 (통 290) 479
T. R. Taylor (1807-1835)
나는 선한 싸움을 싸우고… 달려갈 길을 마치고 믿음을 지켰으니 (딤후 4:7)
보통으로
CAMBRIA: 10.10.12.10.
Welsh Hymn Melody in The Bristol Tune Book
1.괴로운 인 생길 가는몸 이 평안히 쉴 곳이 아주없 네
2.광야에 찬 바람 불더라 도 앞으로 남 은길 멀지않 네
3.날구원 하 신주 모시옵 고 영원한 영 광을 누리리 라
걱정과고생이어디는없으리돌아갈내고향하늘나라
산넘어눈보라세차게불어도돌아갈내고향하늘나라
그리던성도들한자리만나리돌아갈내고향하늘나라 아 멘
미래와 소망
천국에서 만나보자 (통 293) 480
I. G. Martin, 1905
그의 종들이 그를 섬기며 그의 얼굴을 볼 터이요 (계 22:3-4)
보통으로
THE EASTERN GATE: 8.7.8.7.REF.
Arr. by I. G. Martin, 1905
1.천 국에서만나보 자 그 날아침거기서 순 례자여예비하 라
2.너 의등불밝혀있 나 기 다린다신랑이 천 국문에이를때 에
3.기 다리던성도들 과 그 문에서만날때 참 즐거운우리모 임
후렴
늦어지지않도록
그가반겨맞으 리만나보자 만나 보자 저기 뵈는저천국문에
그 얼마나기쁘랴
그아침에 그아침에
서 만나 보자 만나 보자 그날아침그문에서만나자
그아침에 그아침에

481 (통 531) 때 저물어서 날이 어두니

미래와 소망

H. F. Lyte, 1847

때가 저물어가고 날이 이미 기울었나이다
(눅 24:29)

EVENTIDE: 10.10.10.10.
W. H. Monk, 1861

보통으로

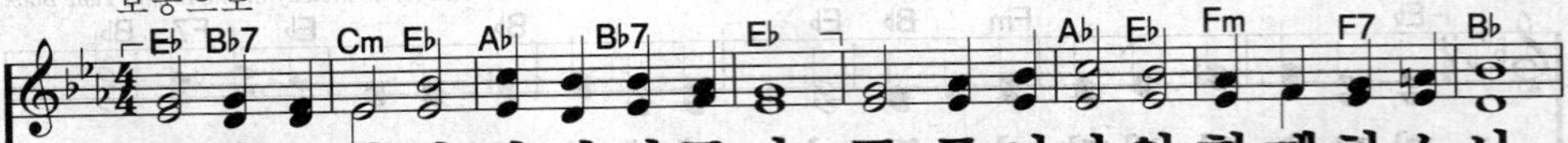

Eb Bb7 Cm Eb Ab Bb7 Eb Ab Eb Fm F7 Bb

1. 때저물어서 날이어두니 구 주여나와함께하소서
2. 내사는날이 속히지나고 이 세상영광빨리지나네
3. 주홀로마귀 물리치시니 언 제나나와함께하소서
4. 이육신쇠해 눈을감을때 십 자가밝히보여주소서

Eb Bb7 Cm Eb Ab C7 Fm Bb7 Eb Ab Eb Bb7 Eb Ab Eb

내 친구나를 위로못할때 날 돕는주여함께하소 서
이 천지만물 모두변하나 변 찮는주여함께하소 서
주 같이누가 보호하리까 사 랑의주여함께하소 서
내 모든슬픔 위로하시고 생 명의주여함께하소 서 아멘

482 (통 49) 참 즐거운 노래를

미래와 소망

C. M. Wilson

내가 노래하며 나의 마음을 다하여 찬양하리로다 (시 108:1)

SING ON: 7.6.7.6.D.REF.
J. R. Sweney (1837-1899)

보통으로

Eb Bb Eb Bb B7 Eb

1.참즐거운노래 를늘높이불러서 이세상사는
2.참즐거운노래 를늘높이불러서 내영혼구원
3.참즐거운노래 를늘높이불러서 만왕의왕되

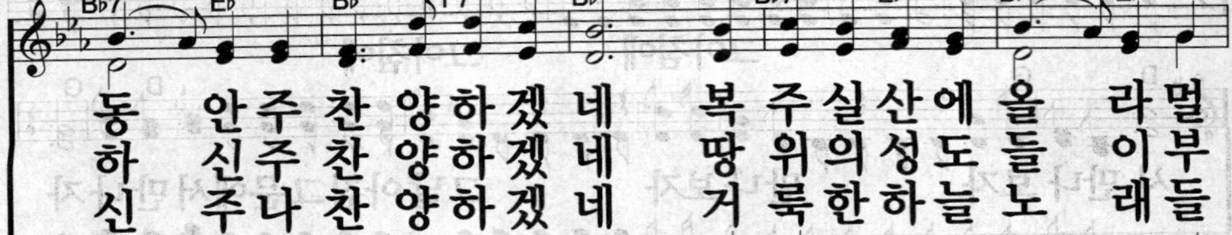

Bb7 Eb Bb F7 Bb Bb7 Eb Bb Eb

동 안주찬양하겠네 복주실산에올 라멀
하 신주찬양하겠네 땅위의성도들 이부
신 주나찬양하겠네 거룩한하늘노 래들

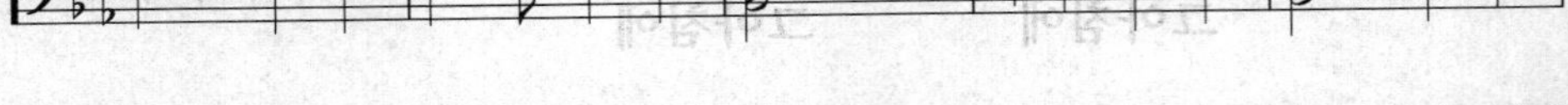

G Cm G Cm A♭ E♭ B♭7 E♭
리바라보니 나건너갈요단 강뚜렷이보이네
르는노래에 저하늘의천사 들다화답하겠네
려올그때에 참그립던주님 을반가이대하리
후렴
E♭
참 아름다운노 래 늘 높이부르세
B♭ B♭7 E♭ B♭7 F7 B♭7
하 늘의소망주 신주 찬 양하여 라
E♭
참 아름다운노 래 다 함께부르세
B♭ B♭7 E♭ A♭ E♭ B♭7 E♭
하 늘의기쁨주 신주 찬 양하여 라

483 (통 532) 구름 같은 이 세상
미래와 소망
IS MY NAME WRITTEN
: 13.13.13.13.REF.
M. A. Kidder (1820-1905)
너희 이름이 하늘에 기록된 것으로 기뻐하라
(눅 10 : 20)
F. M. Davis (1839-1896)
보통으로
Ab
Db
Ab
Bb7
Eb
1.구름같은이 세상모든부귀영 화 나는분토와 같이내어버리고 서
2.주여보배피 로써모든죄씻으 사 나의부정한 것을씻어맑히소 서
3.죄가하나도 없고아무병도없 는 영화롭고도 밝은천국올라가 서
Ab
Db
Ab
Db
Ab
Eb7
Ab
오직천국의 복을사모하며사 니 구원받은내 이름기억하옵소 서
흰눈보다더 희게죄를씻었으 니 구원받은내 이름기록하옵소 서
주와함께그 곳에길이살겠으 니 이런소망의 삶은참된행복이 라
후렴
Ab
Eb
Ab
Db
Ab
Eb7
Ab
주가나의이 름 보좌앞에놓 인 어린양생명 책에기록하옵소 서
484 (통 533) 내 맘의 주여 소망되소서
미래와 소망
SLANE: 10.10.10.10.
Irish Hymn, c. 8th Century
주 외에 누가 내게 있으리요 … 주밖에 내가 사모할 이 없나이다 (시 73 : 25)
Traditional Irish Melody
Harm. by C. Young, 1963
보통으로
Eb
Bb
1.내맘의 주여소 망되소 서 주없이 모든일 헛되어 라
2.지혜의 주여말 씀으로 서 언제나 내안에 계십소 서
3.세상의 영광나 안보여 도 언제나 주님은 나의기 업
4.영원한 주님내 승리의 주 하늘의 기쁨을 주옵소 서
Ab
Eb
Ab
Bb
Eb
Ab
Eb
Ab
Eb
밤에나 낮에나주님생각 잘때나깰때함 께하소 서
주는내 아버지나는아들 주안에내가늘 함께하 네
주님만 내맘에계시오니 영원한주님참 귀하셔 라
어떠한 고난이닥쳐와도 만유의주여소 망되소 서 아 멘

세월이 흘러가는데 (통 534) 485
미래와 소망
D. Nelson, 1835
나그네 같은 너희를 권하노니
(벧전 2:11)
SHINING SHORE: 8.7.8.7.REF.
G. F. Root, 1855
조금 느리게
1. 세 월이흘러 가는데이 나그네된 나는괴 로운세월 가는것막 을길아주 없네
2. 저 뵈는하늘 집에서날 오라하실 때에등 예비하라 하신말나 항상순종 하네
3. 어두운그날 닥쳐도찬 송을쉬지 마세금 거문고를 타면서나 주를찬양 하리
4. 큰 풍파일어 나는것세 상줄끊음 일세주 께서오라 하시면내 본향찾아 가리
후렴
저요단강가섰는 데 내 친구건너 가 네 저 건너편에 빛난곳내 눈 에환하 도다
이 세상에 근심된 일이 많고 (통 474) 486
미래와 소망
H. L. Glimour (1837-1920)
평안을 너희에게 끼치노니 … 너희는 마음에 근심하지도 말고 두려워하지도 말라
(요 14:27)
THE HAVEN OF REST: 11.8.11.8.REF.
G. D. Moore, 19th Century
보통으로
1.이 세 상에근심된 일 이많 고참 평 안을몰랐구 나 내 주예수날오라
2.이 세 상에곤고한 일 이많 고참 쉬 는날없었구 나 내 주예수날사랑
3.이 세 상에죄악된 일 이많 고참 죽 을일쌓였구 나 내 주예수날건져
부르시니 곧평안 히쉬 리로다
하시오니 곧평안 히쉬 리로다
주시오니 곧평안 히쉬 리로다
후렴
주예 수의구 원의 은 혜로다
참 기쁘고즐겁구나 그은혜를영원히누리겠네 곧평안히쉬 리로 다

487 (통 535) 어두움 후에 빛이 오며

미래와 소망

시련을 견디어 낸 자가… 면류관을 얻을 것이기 때문이라 (약 1 : 12)

F. R. Havergal (1836-1879)

LIGHT AFTER DARKNESS: 9.9.9.9.

I. D. Sankey (1840-1908)

보통으로

Db Bb Ebm Ab7 Db

1. 어두움후 에 빛이오며 바람분후 에 잔잔하고
2. 연약함후 에 강건하며 애통한후 에 위로받고
3. 괴로움후 에 평안있고 슬퍼한후 에 기쁨있고
4. 고생한후 에 기쁨있고 십자가후 에 영광있고

Db Gb Db Ab7 Db

소나기후 에 햇빛나며 수고한후에 쉼이있네
눈물난후 에 웃음있고 씨뿌린후에 추수하네
멀어진후 에 가까우며 고독함후에 친구있네
죽음온후 에 영생하니 이러한도가 진리로다

488 (통 539) 이 몸의 소망 무언가

미래와 소망

그 반석은 곧 그리스도시라 (고전 10 : 4)

E. Mote, c. 1834

SOLID ROCK: 8.8.8.8.REF.

W. B. Bradbury, 1863

조금 빠르게

F C Bb F

1. 이 몸의소 망 무언가 우 리주예 수 뿐일세
2. 무 섭게바 람 부는밤 물 결이높 이 설렐때
3. 세 상에믿 던 모든것 끊 어질그 날 되어도
4. 바 라던천 국 올라가 하 나님앞 에 뵈올때

F C Bb F

우 리주예 수 밖에는 믿 을이아 주 없도다
우 리주크 신 은혜에 소 망의닻 을 주리라
구 주의언 약 믿사와 내 소망더 욱 크리라
구 주의의 를 힘입어 어 엿이바 로 서리라

후렴
F Bb F C F C7 F
주 나의반석 이시니그 위에내가 서리라그 위에내가 서리라
저 요단강 건너편에 찬란하게
(통 541)
489
미래와 소망
C. E. Breck, 1898
그의 종들이 그를 섬기며 그의 얼굴을 볼 터이요
(계 22:3-4)
FACE TO FACE: 8.7.8.7.REF.
G. C. Tullar, 1898
보통으로
Ab Eb7 Ab
1. 저 요단강건너편 에 찬 란하게뵈는집
2. 주 가내게부탁하 신 모 든일을마친후
3. 성 도들이함께모 여 할 렐루야부를때
4. 이 세상에사는동 안 주 의일에힘쓰고
Ab Db Ab Eb7 Ab
예 루살렘새집에 서주의얼굴뵈 오리
예 비하신그집에 서주의얼굴뵈 오리
나 도기쁜마음으 로화답하여부 르리
썩 을장막떠날때 에주의얼굴뵈 오리
후렴
Eb7 Ab Eb Bb7 Eb7
빛 난하늘그집에 서 주 의얼굴뵈오리
Ab Db Ab Eb7 Ab
한 량없는영광중 에주의얼굴뵈 오리

490 (통 542) 주여 지난밤 내 꿈에

그곳의 한 돌을 가져다가 베개로 삼고 거기 누워 자더니
(창 28 : 11)

미래와 소망

J. B. Pounds (1861-1921)

MY WONDERFUL DREAM: 12.9.12.9.REF.

C. H. Gabriel (1856-1932)

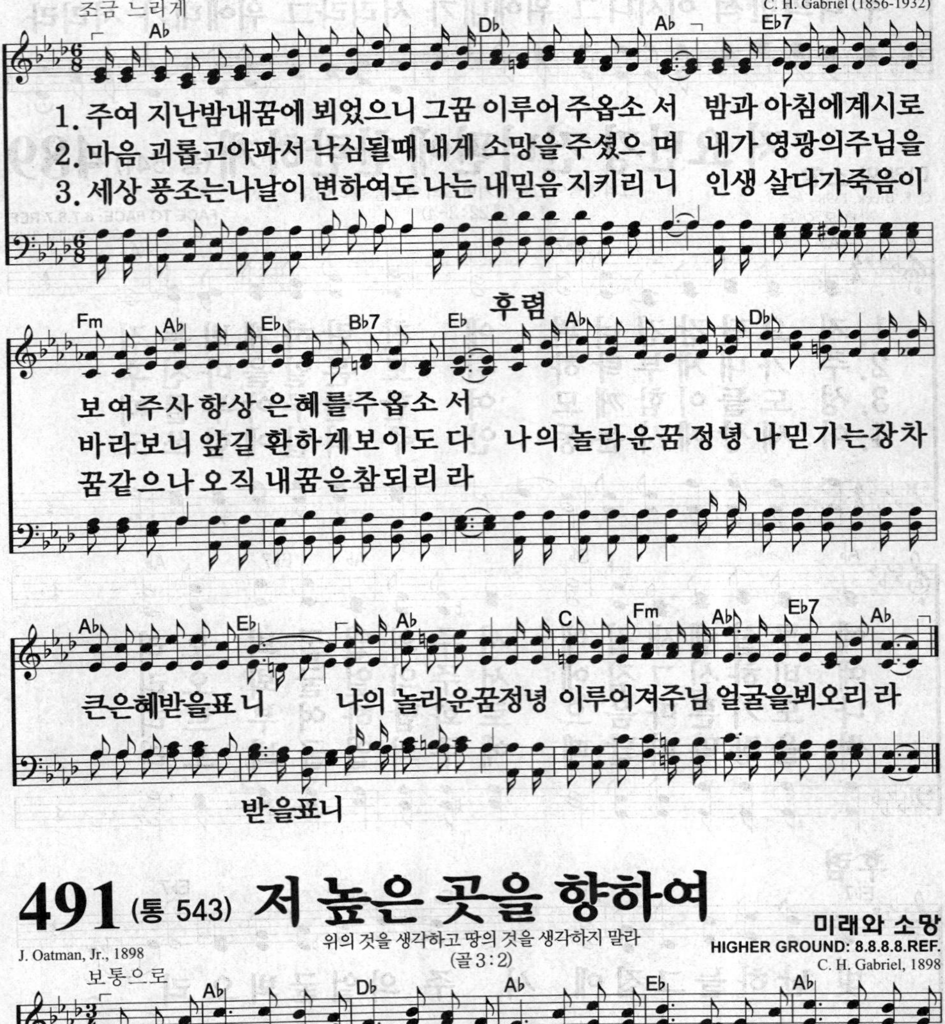

조금 느리게

1. 주여 지난밤내꿈에 뵈었으니 그꿈 이루어 주옵소 서 밤과 아침에계시로 보여주사 항상 은혜를주옵소 서
2. 마음 괴롭고아파서 낙심될때 내게 소망을주셨으 며 내가 영광의주님을 바라보니 앞길 환하게보이도 다
3. 세상 풍조는나날이 변하여도 나는 내믿음 지키리 니 인생 살다가죽음이 꿈같으나 오직 내꿈은참되리 라

후렴

나의 놀라운꿈 정녕 나믿기는장차 큰은혜받을표 니 나의 놀라운꿈정녕 이루어져주님 얼굴을뵈오리 라

받을표니

491 (통 543) 저 높은 곳을 향하여

위의 것을 생각하고 땅의 것을 생각하지 말라
(골 3 : 2)

미래와 소망

J. Oatman, Jr., 1898

HIGHER GROUND: 8.8.8.8.REF.

C. H. Gabriel, 1898

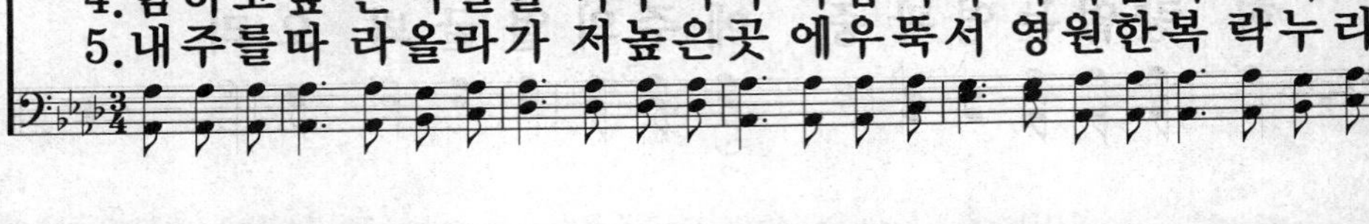

보통으로

1. 저높은곳 을향하여 날마다나 아갑니다 내뜻과정 성모아
2. 괴롬과죄 가있는곳 나비록여 기살아도 빛나고높 은저곳
3. 의심의안 개걷히고 근심의구 름없는곳 기쁘고참 된평화
4. 험하고높 은이길을 싸우며나 아갑니다 다시금기 도하오
5. 내주를따 라올라가 저높은곳 에우뚝서 영원한복 락누리

후렴
Db Ab Eb7 Ab Eb7
서 날마다기도합니 다
을 날마다바라봅니 다
가 거기만있사옵니 다 내주여내 맘붙드사 그곳에
니 내주여인도하소 서
며 즐거운노래부르 리
Eb7 Ab Db Ab Eb7 Ab
있 게하소서 그곳은빛 과사랑이 언제나넘치옵니 다
잠시 세상에 내가 살면서 (통 544) 492
미래와 소망
C. H. Gabriel (1856-1932)
흰 두루마기를 주시며 … 아직 잠시 동안 쉬되
(계 6:11)
보통으로
WHERE THE GATES SWING: 10.8.10.8.REF.
C. H. Gabriel (1856-1932)
Ab Db Ab Eb7
1.잠시세상에내가살면서항상찬송부르다가 날이저물어오라
2.눈물골짜기더듬으면서나의갈길다간후에 주의품안에내가
3.나의가는길멀고험하며산은높고골은깊어 곤한나의몸쉴곳
4.한숨가시고죽음없는날사모하며기다리니 내가그리던주를
후렴
Ab Bb7 Eb Ab Db
하시면영광중에나아가 리
안기어영원토록살리로 다 열린천국문내가들어가세상
없어도복된날이밝아오 리
뵈올때나의기쁨넘치리 라
Ab Eb Ab Db Ab Eb7 Ab
짐을내려놓고 빛난면류관받아쓰고 서 주와함께길이살 리

493 (통 545) 하늘 가는 밝은 길이
그리스도 예수 안에서 함께 하늘에 앉히시니
(엡 2:6)
J. H. Lozier, 19th Century
미래와 소망
ANNIE LAURIE: IRREG.
Lady J. Scott (1810-1900)
조금 느리게
1.하늘가는밝은길이 내앞에있으니 슬픈일을많이
2.내가염려하는일이 세상에많은중 속에근심밖에
3.내가천성바라보고 가까이왔으니 아버지의영광
보고 늘고생하여도 하늘영광밝음이 어둔
걱정 늘시험하여도 예수보배로운피 모든
집에 나쉬고싶도다 나는부족하여도 영접
그늘헤치니 예수공로의 지하여 항상빛을보도다
것을이기니 예수공로의 지하여 항상이기리로다
하실터이니 영광나라계신임금 우리구주예수라
494 (통 188) 만세 반석 열리니
신령한 반석으로부터 마셨으매 그 반석은 곧 그리스도시라
(고전 10:4)
A. M. Toplady, 1776
미래와 소망
TOPLADY: 7.7.7.7.7.7.
T. Hastings, 1830
보통으로
1. 만세반석열리니 내가들어갑니다 창에허리상하여
2. 내가공을세우나 은혜갚지못하네 쉼이없이힘쓰고
3. 빈손들고앞에가 십자가를붙드네 의가없는자라도
4. 살아생전숨쉬고 죽어세상떠나서 거룩하신주앞에

F7 B♭ F7 B♭ E♭ B♭
물과피를흘린 것내게효험되어서 정결하 게하소서
눈물근심많으 나구속못할죄인을 예수홀 로속하네
도와주심바라 고생명샘에나가니 나를씻 어주소서
끝날심판당할 때만세반석열리니 내가들 어갑니다 아 멘
전도
익은 곡식 거둘 자가
(통 271) 495
L. N. Morris (1862-1929)
누가 우리를 위하여 갈꼬… 내가 여기 있나이다 나를 보내소서
(사6:8)
SEND ME: 13.7.13.7.REF.
L. N. Morris (1862-1929)
보통으로
A♭ E♭7 A♭
1. 익은곡식거둘자가없는이 때 에누가가서 거 둘 까
2. 주가두루다니시며일꾼부 르 나 따르는자 적 도 다
3. 주가나를부르시니언제어 디 나 기뻐가서 일 하 리
A♭ B♭ E♭7 A♭
내가어찌게으르게앉아있 을 까 어서가 자 밭 으 로
보라주의사랑하는익은곡 식 을 어서거 두 러 가 자
주가명령내리실때능력받 아 서 기뻐거 두 리 로 다
후렴
A♭ E♭7 A♭
보내주 소 서 보내주 소 서
보내소서보내주소서 보내소서보내주소서
A♭ A♭7 D♭ A♭ E♭ A♭
제단 숯불내입술에대니 어찌주저할까주여 나를보내주소서

496 (통 260) 새벽부터 우리

울며 씨를 뿌리러 나가는 자는 반드시 기쁨으로 그 곡식 단을 가지고 돌아오리로다
(시 126 : 6)

전도

K. Shaw (1834-1878)

HARVEST: 12.11.12.11.REF.
G. A. Minor (1845-1904)

보통으로

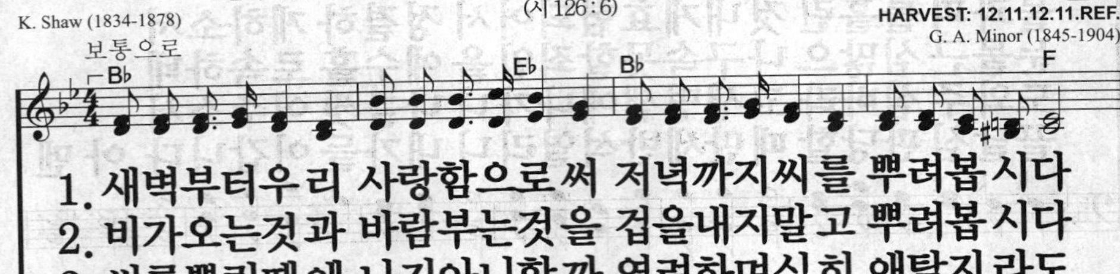

1. 새벽부터우리 사랑함으로써 저녁까지씨를 뿌려봅시다
2. 비가오는것과 바람부는것을 겁을내지말고 뿌려봅시다
3. 씨를뿌릴때에 나지아니할까 염려하며심히 애탈지라도

열매차차익어 곡식거둘때에 기쁨으로단을 거두리로다
일을마쳐놓고 곡식거둘때에 기쁨으로단을 거두리로다
나중예수께서 칭찬하시리니 기쁨으로단을 거두리로다

후렴

거두리로다 거두리로다 기쁨으로단을 거두리로다

거두리로다 거두리로다 기쁨으로단을 거두리로다 아멘

주 예수 넓은 사랑 (통 274) 497

전도

예수는 그리스도라고 가르치기와 전도하기를 그치지 아니하니라
(행 5:42)

A. C. Hankey, 1866

HANKEY: 7.6.7.6.D.REF.
W. G. Fischer, 1869

보통으로

1.주 예 수 넓 은 사 랑 그 크 신 은 혜 를 나 힘 써 전 파
2.이 말 씀 전 할 때 에 내 맘 이 기 쁘 고 그 말 씀 전 할
3.이 말 씀 들 은 사 람 또 듣 기 원 하 고 목 말 라 사 모

함 은 참 기 쁜 일 일 세 주 예 수 복 된 말 씀 생
수 록 새 기 쁨 넘 치 네 구 원 의 복 된 말 씀 못
하 니 그 말 씀 진 리 라 그 나 라 영 광 중 에 나

명 과 진 리 요 내 맘 의 갈 급 함 을 다 채 워 주 시 네
들 은 사 람 이 세 상 에 많 으 므 로 힘 써 서 전 하 세
부 를 새 노 래 예 부 터 좋 아 하 던 이 말 씀 뿐 일 세

후렴

예 부 터 전 한 말 씀 주 예 수 크 신 사 랑 나

항 상 전 파 하 기 참 기 뻐 하 도 다

498 (통 275) 저 죽어가는 자 다 구원하고
전도
F. J. Crosby, 1869
허물과 죄로 죽었던 너희를 살리셨도다
(엡 2:1)
RESCUE: 11.10.11.10.REF.
W. H. Doane, 1870
보통으로
Bb Eb Bb F Bb C F
1.저 죽어가는자 다 구원하고 죽 음과죄에서건 져내며
2.주 믿지않는자 불 쌍히여겨 참 회개할때를기 다리네
3.저 죽어가는자 구 원해내야 우 리의본분을다 하리니
Bb Eb Bb F Bb F7 Bb
죄 인을위하여 늘 애통하 며 예 수의공 로로구 원하네
열 심을다하여 인 도해보 세 예 수를믿 으면다 살겠네
예 수의구원을 전 파할때 에 그 크신능 력을다 주시네
후렴
F Bb F Bb Eb Bb F7 Bb Eb Bb
저죽어가는자 예수를믿어 그은혜힘입어 다살겠네 아 멘
499 (통 277) 흑암에 사는 백성들을 보라
전도
J. McGranahan, 1886
내가 여기 있나이다 나를 보내소서 (사 6:8)
GO YE: 11.10.11.10.REF.
J. McGranahan, 1886
보통으로
Ab Eb Ab Bb7 Eb
1.흑 암에사 는백성들을보 라 수 많은심 령멸망하겠네
2.구 원의문 은넓게열렸으 니 십 자가군 병일어나거라
3.왜 너는멸 망길을가려느 냐 주 음성듣 고응답하여라
4.온 천하만 민승리의그날 에 영 광과찬 송주께드리네
Ab Eb Eb7 Ab Eb7 Ab
그 누가갈 까주의복음들 고 생 명을구원하는곳 으 로
너 희의힘 을하나로뭉쳐 서 죄 악의쇠사슬을끊 어 라
널 구원하 려예수죽었으 니 생 명의참된복음전 하 라
속 죄함입 어구원받았으 니 기 쁘게할렐루야부 르 세

후렴

Ab Db Bb Eb

큰 권세 주께있으니 큰 권세 주께있으니

Eb Ab Eb7 Ab7 Db Eb Eb7 Ab

너는가서주의복음전 하 라 주가 너 항상지 키 리 라

물 위에 생명줄 던지어라 (통 258) 500

전도

E. S. Ufford (1851-1929)

너는 사망으로 끌려가는 자를 건져 주며
(잠 24 : 11)

LIFELINE: 10.10.10.11.REF.
E. S. Ufford, 1888

보통으로

F C F G7 C F

1. 물위에생명줄던지어라 누가저형제를 구원하랴 우리 의가까운
2. 너빨리생명줄던지어라 형제여너어찌 지체하나 보아라저형제
3. 너어서생명줄던지어라 저형제지쳐서 허덕인다 시험과근심의
4. 위험한풍파가 곧지나고 건너편언덕에 이르리니 형제여너어찌

C F C7 F 후렴

형제이니 이생명줄그누가던지려나
빠져간다 이구조선타고서속히가라
거센풍파 저형제를휩쓸어몰아간다
지체하나 곧생명줄던져서구원하라

생명줄던져 생명줄던져

C F Bb C7 F

물속에빠져간다 생명줄던져 생명줄던져 지금곧건지어라

501 (통 255) 너 시온아 이 소식 전파하라
전도
아름다운 소식을 시온에 전하는 자여
(사 40:9)
M. A. Thomson, 1868
TIDINGS: 11.10.11.10.REF.
J. Walch, 1875
보통으로
1. 너시온아이 소식전파하라 영광의주참빛이되신다 만백성 을이 밝은빛에 모아
2. 죄사슬에얽 매어있는사람 하도많아다셀수없구나 이형제 들다 건져내기 위해
3. 온세상에너 크게외치어라 하나님은참사랑이시다 겸비하 게이 땅에오신 예수
4. 네자녀도이 복음전파하라 늘기도와온재물드려서 이복음 을너 힘써전파 하면
후렴
영원한구원 주려하신다
주예수복음 널리알리자
만민의죄를 담당하셨다
영광의상을 네가받으리
이기쁜 소식곧전하 라 구원의소 식을널리전하 라 아멘
502 (통 259) 빛의 사자들이여
세계선교
땅끝까지 이르러 내 증인이 되리라 하시니라
(행 1:8)
J. E. Lewis
HERALD OF LIGHT: 11.7.11.7.REF.
J. E. Jones (b. 1886)
보통으로
1.빛의사자들이여 어서가 서 어 둠 을물 리 치 고
2.선한사역위하여 힘을내 라 주 함 께하 시 겠 네
3.주님부탁하신말 순종하 여 이 진 리전 파 하 라
4.동서남북어디나 땅끝까 지 주 님 만의 지 하 고
물리치고
주의진리모르는 백성에 게 복음의빛비춰라
주의크신사랑을 전파하 며 복음의빛비춰라
산을넘고물건너 힘을다 해 복음의빛비춰라
눈어두워못보는 백성에 게 복음의빛비춰라
비춰라

후렴
빛의 사자 들이여 복음 의빛 비춰라
들이여 비춰라
죄로어둔밤 밝게비춰라 빛의사자들이여(들 이 여)
세상 모두 사랑 없어 (통 373) 503
세계선교
E. O. Excell (1851-1921)
우리도 서로 사랑하는 것이 마땅하도다
(요일 4:11)
LOVE: 8.7.8.7.7.7.7.7.
E. O. Excell (1851-1921)
보통으로
1. 세상 모두사랑 없어냉랭 함을아느 냐곳곳 마다사랑 없어탄식 소리뿐일 세
2. 곳곳 마다번민 함은사랑 없는연고 요측은 하게손을 펴고사랑 받기원하 네
3. 어떤 사람우상 앞에복을 빌고있으 며어떤 사람자연 앞에사랑 요구하도 다
4. 기갈 중에있는 영혼사랑 받기원하 며아이 들도소리 질러사랑 받기원하 네
악을 선케만들 고모든 소망이루 는사랑얻기위하 여저들 오래참았 네
어떤 이는고통 과근심 걱정많으 니사랑없는까닭 에저들 실망하도 다
먼저 믿는사람 들예수 사랑가지 고나타내지않으 면저들 실망하겠 네
저들소리들을 때가서 도와줍시 다만민중에나가 서예수 사랑전하 세
사랑 없는 까닭 에사랑 없는까닭 에 사랑얻기위하여저들 오래참았 네
사랑 없는 까닭 에사랑 없는까닭 에 사랑없는까닭에저들 실망하도 다
예수사랑 가지 고예수 사랑가지 고 나타내지않으면저들 실망하겠 네
예수사랑 전하 세예수 사랑전하 세 만민중에나가서예수 사랑전하 세

504 (통 266) 주님의 명령 전할 사자여
세계선교
L. S. Copenhaver, 1894
외치는 자의 소리여 (사 40:3)
NATIONAL HYMN: 10.10.10.10.
G. W. Warren, 1892
보통으로
1.주 님의명 령전할사자여 구 원의소 식손에들고서
2.거 친사막 또늪을건너서 밀 림과바 다높은산넘어
3.믿 음으로 그길을닦아서 약 속의성 취보게하소서
그소식널리전파하여서 주님의길을곧게닦아라
주저치말고힘을다하여 주님의길을예비하여라
싸움이없고다툼그칠때 평화의왕이오시리로다 아멘
505 (통 268) 온 세상 위하여
세계선교
H. B. Allen, 1938
우리는 오로지 기도하는 일과 말씀 사역에 힘쓰리라
(행 6:4)
CHRIST FOR THE WORLD
: 12.14.12.14.REF.
B. B. McKinney, 1938
보통으로
1.온세상위하여 나복음전하리 만백성모두나와서주말씀들으라
2.온세상위하여 이복음전하리 저죄인회개하고서주예수믿으라
3.온세상위하여 주은혜입하니 주예수이름힘입어이복음전하자
죄 중에빠져서 헤매는자들아 주님의음성듣고서너구원받으라
이 세상구하려 주돌아가신것 나증거하지않으면그사랑모르리
먼 곳에나가서 전하지못해도 나어느곳에있든지늘기도힘쓰리
후렴
전하고 기도해 매일증인되리라
즐겨전하고 매일기도해 되리라

G D G7 C G D7 G
세 상 모 든 사 람 다 듣 고 그 사 랑 알 도 록
세계선교
김순권, 1983
조금 빠르게
땅끝까지 복음을
오직 성령이 너희에게 임하시면
(행 1:8)
506
복음의 증인: 7.7.7.6.REF.
김정일, 2005
1. 땅끝까지 복음을 주님분부 하신말 이생명 다하도록 전하고 전하리
2. 주님권세 받고서 땅끝까지복음을 두려워 하지말고 담대히 전하리
3. 주님말씀 듣고도 실천하지 않으면 그책망두렵구나 순종해 전하리
후렴
너도나도복음듣고 외치고외치자 동서남북어디서나 전하고전하자 아멘
저 북방 얼음산과
(통 273)
507
세계선교
R. Heber, 1819
보통으로
마게도냐로 건너와서 우리를 도우라 하거늘
(행 16:9)
MISSIONARY HYMN: 7.6.7.6.D.
L. Mason, 1824
1. 저북방얼음산과또대양산호섬 저남방모든나라수많은백성들
2. 주은혜받은우리큰책임잊고서 주예수참된구원전하지않으랴
3. 만왕의왕된예수이세상오셔서 만백성구속하니참구주시로다
큰죄악범한민족다구원얻으려 참빛을받은우리곧오라부른다
온세상모든백성참구원얻도록 온몸과재산드려이복음전하자
저부는바람따라이소식퍼치고 저바다물결따라이복음전하자 아멘

508 (통 270) 우리가 지금은 나그네 되어도

후렴

영 광 영 광 주 께 돌 리 세　하 늘 비 파 소 리 울 리 네

파 도 소 리 같 은 찬 양 소 리 를　천 지 진 동 하 게 부 르 세

하나님의 진리 등대 (통 276) 510

세계선교

P. P. Bliss (1838-1876)

너희 빛이 사람 앞에 비치게 하여
(마 5 : 16)

LOWER LIGHTS: 8.7.8.7.REF.
P. P. Bliss (1838-1876)

보통으로

1.하나님 의진리등대 길이길 이빛나니　우리들 도등대 되어 주의사랑비 추세
2.죄의밤 은깊어가고 성난물 결설렌다　어디불 빛없는 가고 찾는무리많 구나
3.너의등 불돋우어라 거친바 다비춰라　빛을찾 아헤매 는이 생명선에건 져라

후렴

우리작 은불을켜서 험한 바 다비추세　물에빠 져헤매는이 건져내어살 리세

511 (통 263) 예수 말씀하시기를
D. March, 1868
너희 눈을 들어 밭을 보라 희어져 추수하게 되었도다
(요 4 : 35)
세계선교
MISSION SONG: 8.7.8.7.D.
P. P. van Arsdale
보통으로
F C F Bb F Bb F C F C F Bb F C7 F
1. 예수말씀하시기를 누가오늘일할까 곡식익어 거둘때니 누가추수 하리요
2. 멀리가서 이방사람 구원하지 못하나 네집근처 다니면서 건질죄인 많도다
3. 죽을사람 구하라고 예수너를부르니 힘이없어 못한다고 핑계하지 말아라
Bb F C F C F Bb F C7 F
후한상을주 시려고 일할사람 부르 니 주의직분 맡으려고 대답할이 누구냐
천사같이말 못하고 바울같이 못하 나 예수께서 구속함을 힘을다해 전하세
주가주신직 분맡아 항상기뻐 지키 고 부르실때 대답할말 나를보내 주소서
512 (통 328) 천성길을 버리고
E. Neumeister, 1718
나는 의인을 부르러 온 것이 아니요 죄인을 부르러 왔노라
(마 9 : 13)
세계선교
NEUMEISTER: 7.7.7.7.REF.
J. McGranahan, 1883
보통으로
C G C
1.천성길 을버리고죄에빠 진우리를 예수영 접하시니
2.모든죄 에빠진자 예수영 접하시니 너도주 께나가면
3.지금맘 이편하고 지금흠 이없음은 나의공 로아니요
4.죄인영 접하시니 나도영 접하시고 나의죄 를다씻어
G C
어찌감 사안할까
편히쉼 을얻으리
오직주 의공로라
길이함 께계시네
♩=♩. 후렴
F C
항상말 씀전하라
말씀전하라 말씀전하라

G7
C
G7
C
F
죄인영 접하신다 밝히말 씀전하
죄인영접하신다 죄인영접하신다 말씀전하라
C
C7
Dm
G
C
라 죄 인 영 접 하 신 다
말 씀전 하라
헛된 욕망 길을 가며
513
전도와 교훈
Gabriel Chi, 1973
내게 귀를 기울여 속히 건지시고 (시 31 : 2)
SUIT YIN: 8.7.8.7.REF.
Gabriel Chi, 1973
보통으로
D
G
D
Em
A
1.헛된욕망 길을가며방황하는사람아 세상쾌락
2.천하얻고 생명잃어유익함이무언가 세상권세
3.오직주를 믿는자가영생얻을것이요 그영혼이
G
D
Em
A
D
G
D
후렴
G
D
A
따라사니그생명을어이해 예수구원예수생명
헛되도다어서주께나오라
은혜입어평안함을누리리
D
Bm
E7
A
G
D
A
D
A7
D
우리사망이겼다영원생명주셨으니그사랑이크도다

514 먼동 튼다 일어나라
전도와 교훈
오병학, 1997
그때에 내가 이르되 내가 여기 있나이다 나를 보내소서
(사6:8)
복음의 일꾼: 8.5.8.5.D.
박영주, 1999
보통으로
1. 먼동튼다 일어나라 복음전하자 논과밭에 씨뿌리듯 복음전하자
2. 우리주님 추수때에 일꾼부른다 어서어서 나오라고 일꾼부른다
3. 비바람이 몰아쳐도 힘써일하자 고단하고 외로워도 힘써일하자
하나님이 주신말씀 심어가꾸 면 귀한생명 풍성하게 거두게되리
때 잃으면 어찌하나 세상사람 들 살려달라 애타도록 소리치누나
이땅위에 하늘나라 이루어질 때 할렐루야 소리높여 찬양하리라
515 (통 256) 눈을 들어 하늘 보라
전도와 교훈
석진영, 1952
눈을 들어 밭을 보라 희어져 추수하게 되었도다
(요 4:35)
믿는 자여 어이할꼬: 8.8.8.8.D.
박재훈, 1952
보통으로
1.눈을들어하 늘 보라어지러운세상중에 곳곳마 다상 한
2.눈을들어하 늘 보라어두워진세상중에 외치는자많 건
3.눈을들어하 늘 보라살아계신주하나님 약한자 를부 르
4.눈을들어하 늘 보라다시사신그리스도 만백성 을사 랑
영 의탄식소리들려온다 빛을잃 은많은 사 람길을
마 는생명수는말랐어라 죄를대 속하신 주 님선한
시 어하늘뜻을전하셨다 생명수 는흘로 예 수처음
하 사오래참고기다리네 인애하 신우리 구 주의의

Fm7 F7 B♭7 E♭ G7 Cm A♭ E♭ B♭7 E♭
잃고헤매이며 탕자처럼기진하니 믿는자여어이할꼬
일꾼찾으시나 대답할이어디있나 믿는자여어이할꼬
이요나중이라 주님너를부르신다 믿는자여어이할꼬
심판하시는날 곧가까이임하는데 믿는자여어이할꼬
전도와 교훈
옳은 길 따르라 의의 길을 (통 265) 516
H. E. Nichol, 1896
내가 곧 길이요 진리요 생명이니
(요 14:6)
MESSAGE: 10.8.8.7.7.REF.
H. E. Nichol, 1896
보통으로
1.옳은길따르라의의길 을세계만민의참된길 이길따라서
2.주예수따르라승리의 주세계만민이나아갈 길과진리요
3.놀라운이소식알리어 라세계만민을구하려 내주예수를
4.고난길헤치고찾아온 길많은백성을구한길 모두나와서
살기를온세계에전하세 만백성이나갈길
참생명네창검을부수고 다따르라화평왕
보내신참사랑의하나님 만백성이따를길
믿으면온세상이마침내 이진리에살겠네
후렴
어둔밤지나고동튼다 환한빛보아라저빛
주예수의나라이땅에곧오겠네오겠네

517 가난한 자 돌봐주며

전도와 교훈

오만세, 1980

주의 성령이 내게 임하셨으니 이는 가난한 자에게 복음을 (눅 4 : 18)

주의 명령: 8.8.8.8.8.5.8.5.

김국진, 1989

보통으로

Em Am Em Bm Em Am Em B7 Em B7 Em
1. 가난한 자 돌봐주며 복된소식 전하라고 주님께 서 우리들을 기름부어 세우셨네
2. 포로된 자 풀어주며 자유얻 게 하시려고 주님께 서 우리들을 땅끝까지 보내시네
3. 주님사랑 온세상에 본이되 게 하시려고 주님께 서 우리들을 친구처럼 사랑하네
G D G Am D G D Em Am E
주의영이 우리에게 말씀하시 네 복된소식 전파하라 명령하시 네
주의영이 우리에게 말씀하시 네 땅끝까지 전파하라 명령하시 네
주의영이 우리에게 말씀하시 네 네이웃을 사랑하라 명령하시 네

518 (통 252) 기쁜 소리 들리니

전도와 교훈

P. J. Owens (1829-1907)

주 예수를 믿으라 그리하면 … 구원을 받으리라 (행 16 : 31)

JESUS SAVES: 7.7.7.7.D.

W. J. Kirkpatrick (1838-1921)

조금 빠르게

G D G
1. 기쁜소리들리니 예수구원하신다 만민에게전하라
2. 바다들아외쳐라 예수구원하신다 모든죄인들으라
3. 환난중에하는말 예수구원하신다 다시살아나시어
4. 바람들아외쳐라 예수구원하신다 기뻐하라나라들
D G C G D
예수구 원하신다 주님명령하시니 산을넘고물건너
예수구 원하신다 모든섬아일어나 메아리쳐울려라
예수구 원하신다 지은죄로인하여 슬픈맘이있어도
예수구 원하신다 구원하는복음을 산과들에전하라

G C G D G
온 세 상 에 전 하 라 예 수 구 원 하 신 다
복 음 중 의 복 음 은 예 수 구 원 하 신 다
숨 질 때 에 내 할 말 예 수 구 원 하 신 다
우 리 들 의 승 전 가 예 수 구 원 하 신 다

구주께서 부르되 (통 251) 519

부르심과 영접

신중 복음가, 1919

아버지께서 내게 주시는 자는 다 내게로 올 것이요
(요 6 : 37)

COME, COME, TO THE SAVIOR: 7.7.7.7.D.

신중 복음가, 1919

보통으로

1.구주 께서 부르 되 오늘 오라 하시 니 올수 있는
2.구주 께서 널위 해 기다 리고 계시 니 모든 고통
3.모든 죄를 떠나 서 회개 하고 나오 라 주가 용서
4.지체 말고 주께 로 어서 바삐 나오 라 예비 하신

기회 에 긍휼 함을 받으 라 널위 하여 비시 는
두려 움 주께 와서 아뢰 라 풍성 하신 그은 혜
하시 고 너를 영접 하시 리 눈보 다도 더희 게
구원 은 지금 받을 은혜 라 좋은 기회 놓치 고

주의 음성 들으 며 주의 약속 믿어 서 네구 주로 섬기 라
자비 로운 그사 랑 회개 하고 주께 와 간구 하여 얻으 라
너의 맘을 씻어 서 네마 음에 천국 이 임하 도록 하리 라
슬피 후회 말지 니 지금 문을 두드 려 구원 함을 받으 라

520 (통 257) 듣는 사람마다 복음 전하여
P. P. Bliss, 1870
이 예언의 말씀을 읽는 자와 듣는 자와 … 복이 있나니
(계 1 : 3)
부르심과 영접
WHOSOEVER: 11.11.11.7.REF.
P. P. Bliss, 1870
보통으로
C F C G C
1. 듣는사람마다 복음전하여 복스러운소식 두루퍼치세 모든사람에게
2. 오는사람들은 지체말고서 문열었을때에 들어오시오 생명길은오직
3. 언약하신대로 이룰것이니 누구든지 언약받을수있네 받은사람에게
F C G G7 C 후렴 G G7 C F C
전할소식은 어느누구나오라
구주예수니 어느누구나오라 어느누구나 주께나오라
생명이로다 어느누구나오라
C F D7 G C F G G7 C
어서와서주의말씀 들으라 하늘아버지가 오라하시니 어느누구나오라
521 (통 253) 구원으로 인도하는
신증 복음가, 1919
좁은 문으로 들어가기를 힘쓰라
(눅 13 : 24)
부르심과 영접
TELL ME THE STORY
: 8.7.8.7.8.7.8.8.REF.
J. R. Sweney (1837-1899)
보통으로
E♭ B♭7 E♭ A♭
1. 구원으로인도하 는 그문은참좁으며 생명으로인도
2. 이세상의많은사 람 큰문으로들어가 넓은길로갈지
3. 구원의문열렸으 니 주의공로힘입어 주저말고들어
E♭ B♭ B♭7 E♭ A♭ E♭
하 는 그길은참험하니 우리몸에지워있 는
라 도 멸망으로끝나니 세상헛된부귀영 화
가 서 생명길로갑시다 구원의문닫힌후 엔

그더러운죄짐을 하나없이벗어놓고 힘써서들어갑시 다
모두내어버리고 주의말씀순종하여 그생명길로갑시 다
들어가고싶으나 한번닫힌구원의문 또열려지지않으 리
후렴
구원으로인도하 는 그좁은문들어가
영생으로인도하 는 그생명길갑시다
웬일인가 내 형제여 (통 269) 522
부르심과 영접
C. Wesley (1707-1788)
주 예수를 믿으라 그리하면 너와 네 집이 구원을 받으리라
(행 16:31)
MARTYRDOM(AVON): 8.6.8.6.
H. Wilson, c. 1800
보통으로
1.웬일인가내형제여 주아니믿다가
2.웬일인가내형제여 마귀만따르다
3.웬일인가내형제여 재물만취하다
4.웬일인가내형제여 죄악에매여서
5.사랑하는내동포여 주께로나오라
죄값으로지옥형벌 너도받겠구나
저마귀지옥갈때에 너도가겠구나
세상물질불탈때에 너도타겠구나
한없이고생하는것 참못보겠구나
십자가에못박힌주 너를사랑하네

523 (통 262) 어둔 죄악 길에서

지금은 은혜 받을 만한 때요 … 구원의 날이로다
(고후 6 : 2)

부르심과 영접
MEET ME THERE: 7.7.10.D.REF.
W. J. Kirkpatrick (1838-1921)

Z. Nakada, 1909

보통으로

Eb Ab Eb Bb
1. 어둔죄악길에서 목자없는양같이 모든사람길찾아 헤맨다
2. 험한십자가위에 달려돌아가신주 다시살아나셨네 기쁘다
3. 주의귀한말씀에 영원생명있나니 주님너를용서해 주신다
4. 세월빨리흐르고 세상친구가는데 너의영혼오늘밤 떠나도

Eb Ab Eb Bb7 Eb
자비하신하나님독생자를보내사 너를지금부르니 나오라
죄인구원하실때어서주께나아와 크신은혜구하라 구하라
주가부르실때에힘과정성다하여 주의은혜받으라 받으라
주의구원받으면천국에서영원히 주와함께살리라 살리라

후렴
Eb 3 Ab Eb Bb
이때라 이때라 주의긍휼받을때가이때라
이때라 이때라 이때라

Eb Ab Eb Bb7 Eb
지금주께나아와겸손하게아뢰라 구원함을얻으리 얻으리

부르심과 영접
갈 길을 밝히 보이시니 (통 313) 524
G. F. Root, 1866
내가 네 갈 길을… 보이고
(시 32:8)
COME TO THE SAVIOUR: 9.9.9.6.REF.
G. F. Root, 1866
보통으로
1.갈길을밝히보이시니 주앞에빨리나갑시다 우리를찾는
2.우리를오라하시는말 기쁘게듣고순종하세 구주를믿기
3.주오늘여기계시오니 다와서주의말씀듣세 듣기도하며
구주예수 곧오라하시네
지체말고 속속히나가세
생각하니 참진리시로다
후렴
죄악벗은우리영혼은
기뻐뛰며주를보겠네 하늘에계신주예수를 영원히섬기리
부르심과 영접
돌아와 돌아와 (통 315) 525
E. H. Gates, 1886
이에 일어나서 아버지께로 돌아가니라
(눅 15:20)
THE PRODIGAL CHILD: 6.6.6.6.REF.
W. H. Doane, 1869
보통으로
1. 돌아와 돌아와 맘이곤한이여길이참어둡고 매우험악하니
2. 돌아와 돌아와 해가질때까지기다리고계신 우리아버지께
3. 돌아와 돌아와 환난있는곳과죄가있는곳과 미혹받는데서
4. 돌아와 돌아와 집에돌아오라모든것풍성한 아버지집으로
후렴
집을나간자여어서와돌아 와 어서와 돌아오라

526 (통 316) 목마른 자들아

내가 주는 물은 그 속에서 영생하도록 솟아나는 샘물이 되리라
(요 4:14)

부르심과 영접

찬송가, 1908

CONSOLATION(WEBBE): 11.10.11.10.

S. Webbe, 1792

보통으로

1.목마른자들아 다 이리오 라 이곳에좋은샘 흐르도다
2.이샘에솟는물 강 같이흘 러 온천하만국에 다통하네
3.생명수샘물을 마 신자마 다 목다시마르지 아니하고
4.이샘의이름은 생 명의샘 물 저수정빛같이 늘맑도다

힘쓰고 애씀이 없을지 라 도이 샘에오면다마시겠네
빈부나 귀천에 분별이 없 이다 와서쉬고또마시겠네
속에서 솟아나 생수가 되 어영 원히솟아늘풍성하리
어린양 보좌가 근원이 되 어생 명수샘이늘그치잖네

527 (통 317) 어서 돌아오오

이에 일어나서 아버지께로 돌아가니라
(눅 15:20)

부르심과 영접

전영택, 1943

어서 돌아오오: IRREG.

박재훈, 1943

보통으로

1.어서돌 아오오어서돌아만오오지은죄 가아무 리
2.어서돌 아오오어서돌아만오오우리주 는날마 다
3.어서돌 아오오어서돌아만오오채찍맞 아아파 도

무 겁고크기로 주 어찌못담당하고못 받으시리 요
기 다리신다오 밤 마다문열어놓고마 음졸이시 며
주 님의손으로 때 리시고어루만져위 로해주시 는

G
C
G
D7
G
우리주 의넓은 가 슴은하늘보다넓고 넓 어
나간자 식돌아 오 기만밤새기다리신 다 오
우리주 의넓은 품 으로어서돌아오오 어 서
예수가 우리를 부르는 소리 (통 318) 528
부르심과 영접
W. L. Thompson, 1880
수고하고 무거운 짐 진 자들아 다 내게로 오라
(마11:28)
THOMPSON: 11.7.11.7.REF.
W. L. Thompson, 1880
보통으로
A♭
D♭
A♭
B♭7
E♭
1. 예수가우리를부르는소리 그음성부드러워
2. 간절히오라고부르실때에 우리는지체하랴
3. 세월이살같이빠르게지나 쾌락이끝이나고
4. 우리를위하여예비해두신 영원한집이있어
A♭
D♭
A♭
E♭7
A♭
문앞에나와서사면을보며 우리를기다리네
주님의은혜를왜아니받고 못들은체하려나
사망의그늘이너와내앞에 둘리며가리우네
죄많은세상을떠나게될때 영접해주시겠네
후렴
E♭7
A♭
E♭
F7
B♭7
E♭
E♭7
오 라 오 라 방황치말고 오라
오라 오라
A♭
D♭
A♭
E♭7
A♭
죄 있는자들아이리로오라 주예수앞에오라

529 (통 319) 온유한 주님의 음성
부르심과 영접
H. Lillenas (1885-1959)
누구든지 내 음성을 듣고 문을 열면
(계 3 : 20)
HALDOR LILLENAS: 8.7.9.8.REF.
H. Lillenas (1885-1959)
보통으로
1. 온유한주님의음성 네귀에속삭이네 네마음문을두드리니곧
2. 사랑의주예수친히 이땅에내려오사 문밖에서서 기다리니참
3. 주님이부르는음성 널받아주시나니 회개한네게 임하시어끝
4. 주님의은혜를받고 너주를영접하라 마음문활짝 열어놓고너
주님을영접하라
놀라운사랑이라
까지널도우시네
주님을영접하라
후렴
피하지말라 피하지말라
우리가곁길로피해도맘 속에오시리 심판날당할때주님을너
맞을준비해 맘속에주님을영접하라 주 영접하라
530 (통 320) 주께서 문에 오셔서
부르심과 영접
J. Grigg, 1765
내가 문 밖에 서서 두드리노니 (계 3 : 20)
BERA: 8.8.8.8.
J. E. Gould, 1849
보통으로
1.주 께서문 에 오 셔 서 곧열어달라 하 실 때
2.십 자가상 처 입 으 신 인자한주의 그 모 습
3.피 묻은옷 을 입 으 신 주 예수네게 오 셨 네
4.네 마음문 을 열 고 서 주 예수맞아 들 이 면

E♭ Fm E♭ B♭ E♭ A♭ E♭ B♭7 E♭ A♭ E♭
왜 지 체 하 며 안 열 고 너 어 찌 박 대 하 느 냐
비 할 데 없 는 그 사 랑 원 수 도 사 랑 하 셨 네
그 분 은 너 의 친 구 요 죄 인 의 친 구 되 시 네
주 께 서 너 를 돌 보 며 큰 복 을 내 려 주 시 리 아 멘

부르심과 영접

자비한 주께서 부르시네 (통 321) 531

F. J. Crosby, 1883

수고하고 무거운 짐 진 자들아 다 내게로 오라
(마 11 : 28)

CALLING TODAY: 10.8.10.7.REF.
G. C. Stebbins, 1883

보통으로

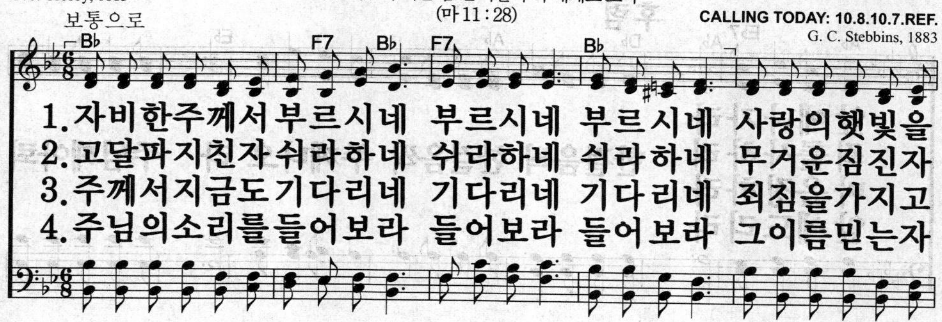
B♭ F7 B♭ F7 B♭
1.자비한주께서부르시네 부르시네 부르시네 사랑의햇빛을
2.고달파지친자쉬라하네 쉬라하네 쉬라하네 무거운짐진자
3.주께서지금도기다리네 기다리네 기다리네 죄짐을가지고
4.주님의소리를들어보라 들어보라 들어보라 그이름믿는자

B♭ F7 B♭ F C F F7 B♭ F7
후렴
왜안받고 점점더멀리가나
다나오라 쉬게해주시리라
다나오라 어서주앞에오라
복받으리 어서곧일어나라
지 금오라
오라지금오라오라

F7 B♭ B♭7 E♭ B♭ F7 B♭
지 금오라 자 비한 주 께로지금곧나아오라
오라지금오라오라 자비한주께로 지금곧오 라

532 (통 323)
주께로 한 걸음씩
그 자취를 따라오게 … 하셨느니라
(벧전 2:21)
부르심과 영접
ONLY A STEP: 7.6.7.6.REF.
F. J. Crosby, 1873
W. H. Doane (1832-1915)
보통으로
1.주께로한 걸음 씩왜가지않느냐 네죄를자복하 고그
2.주께로한 걸음 씩너빨리나가라 주께서너를맞 아네
3.주께로한 걸음 씩주은혜받으라 기회를잃 지말 고네
4.주께로한 걸음 씩곧와서아뢰라 기쁘게너 의몸 을주
후렴
앞에나가라
죄를사하리
마음정하라
앞에드리라
한걸음씩 한걸음씩 주께나오 라 주님께아뢰
이면 너복을받으리라 값없이주는은혜너거절말아라
533
우리 주 십자가
해골이라 하는 곳에 이르러 거기서 예수를 십자가에 못 박고
(눅 23:33)
부르심과 영접
McKINNEY: IRREG.
R. D. Baker (b. 1927)
R. D. Baker (b. 1927)
보통으로
1.우리주 십자가 고난당하실때에너는거 기있 었나
2.세상의 모든것 소유한다 고해도 네게만 족없 으며
3.우리주 조용히 너를부르 실때에주께모두나 오라

죄인들위하여목숨버리실때에너는거기있었나
오직주예수님네게생명을주사참된만족주시네
오직주예수를믿고순종할때에주가영생주시리
후렴
저기십자가에서 우리위해죽으신주님
너희는무엇을주저하고있느냐사랑의주께로오라
부르심과 영접
F. L. Sheppard, 1915
주님 찾아오셨네
(통 324) 534
내가 문 밖에 서서 두드리노니 … 문을 열면 … 들어가
(계 3:20)
7.6.7.6.7.7.7.6.
C. L. Naylor
보통으로
1. 주님찾아오셨네 모시어 들이세 가시관을쓰셨네 모시어 들이세
2. 보라성자오셨네 모시어 들이세 영광중에계신주 모시어 들이세
3. 겸손한자찾도다 모시어 들이세 하늘에서부르네 모시어 들이세
4. 주여내가믿으니 오소서 오소서 주여환영하오니 오소서 오소서
우리 죄를속하려 십자가를지셨네 받은고난크셔라 모시어들이세
헛된 교만버리고 우리구주모시어 영원복락누리세 모시어들이세
좋은자리드리고 주실은혜구하세 하늘나라세우세 모시어들이세
생명길로이끄사 슬픔위로하시고 진리알게하소서 오소서오소서 아멘

535 (통 325) 주 예수 대문 밖에
부르심과 영접
ST. HILDA: 7.6.7.6.D.
W. W. How, 1867
볼지어다 내가 문 밖에 서서 두드리노니
(계 3:20)
J. H. Knecht (1752-1817)
and E. Husband (1843-1908)
보통으로
1.주예수 대문밖에 기다려 섰으나 단단히 잠가두 니
2.문두드리는 손은 못박힌 손이요 또가시 면류관 은
3.주예수 간곡하게 권하는 말씀이 네죄로 죽은나 를
못들어오 시네 나주를 믿노라 고그이름부르 나
그이마둘 렀네 이처럼기다리 심참사랑이로 다
너박대할 쏘냐 나죄를회개하 고곧문을엽니 다
문 밖에 세워 두 니참 나의수치 라
문 굳게 닫아 두 니한 없는내죄 라
드 셔서 좌정 하 사떠 나지마소 서 아 멘
536 (통 326) 죄짐에 눌린 사람은
부르심과 영접
STOCKTON: 8.6.8.6.REF.
J. H. Stockton, 1874
누구든지 주의 이름을 부르는 자는 구원을 받으리라
(행 2:21)
J. H. Stockton, 1874
보통으로
1.죄 짐 에눌 린 사 람은 다 주 께 나 오 라
2.참 구 원주 신 주 께서 보 혈 을 흘 렸 네
3.길 되 신우 리 구 세주 늘 인 도 하 시 네
4.온 성 도하 나 되 어서 영 광 길 걸 으 면

주 말 씀의지 할 때에곧 평 안얻으 리
눈 같 이희게 할 피에온 몸 을잠그 세
너 지 체말고 믿 으면참 복 을받겠 네
한 없 는은혜 받 아서영 원 히누리 리
후렴
의지하세의지하세주의지하세 구하시네구하시네곧구하시네
부르심과 영접
G. F. Root, 1860
보통으로
형제여 지체 말라
(통 329)
537
안심하고 일어나라 그가 너를 부르신다 하매
(막 10 : 49)
SHEFFIELD: IRREG.
G. F. Root, 1860
1.형제여지 체 말라 왜 거기서방황하 나
2.형제여지 체 말라 네 몸과맘드리어 라
3.형제여네 맘 속에 늘 성령이권하시 네
4.형제여지 체 말라 이 기회를잃지말 라
그 은혜를입은자 중에 주 너희를두시려 네
주 예수께구원이 있고 또 영생할길이있 네
왜 주님의구원을 떠나 죄 가운데살려하 나
주 너에게복주실 때니 곧 주앞에나아오 라
후렴
오라 오라 지체말고오라 오라 오라 지체말고오라

538 (통 327) 죄짐을 지고서 곤하거든

우리 모두의 죄악을 그에게 담당시키셨도다
(사 53 : 6)

L. N. Morris, 1898

부르심과 영접
McCONNELSVILLE: 10.9.10.8.REF.
L. N. Morris, 1898

보통으로
1. 죄짐을지고서곤하거든 네맘속에주영접하 며 새사람되기를
2. 정결케되기를원하거든 네맘속에주영접하 며 생명수마시기
3. 진실한친구를원하거든 네맘속에주영접하 며 네맘에평안을
4. 즐거운찬송을하려거든 네맘속에주영접하 며 평안한복지에
원하거든 네구 주를영접하라
원하거든 네구 주를영접하라
원하거든 네구 주를영접하라
가려거든 네구 주를영접하라
후렴
의 심을다버리고
구 주를영접하라 맘 문다열어놓고 네구주를영접하라

539 (통 483) 너 예수께 조용히 나가

수고하고 무거운 짐 진 자들아 다 내게로 오라 내가 너희를 쉬게 하리라
(마 11 : 28)

E. E. Hewitt (1851-1920)

부르심과 영접
O STEAL AWAY: 9.8.9.8.REF.
W. J. Kirkpatrick (1838-1921)

보통으로

1. 너 예수께조용히나가네 모든짐내려놓고 주십자가사랑을믿어죄
2. 주 예수의은혜를입어네 슬픔이없어지리 네이웃을늘사랑하여너
3. 주 예수를친구로삼아늘 네옆에모시어라 그 영원한생명샘 물에네
4. 너 주님과사귀어살면새 생명이넘치리라 주 예수를찾는이앞에참

후렴
사함을너받으라
받은것거저주라
마른목축이어라
밝은빛비추어라
주예수께조용히나 가네마음을쏟아노라
늘 은 밀히보시는 주 님 큰 은혜를베푸시 리
믿음과 확신
주의 음성을 내가 들으니 (통 219) 540
F. J. Crosby, 1875
온전한 믿음으로 하나님께 나아가자
(히 10:22)
보통으로
I AM THINE: 10.7.10.7.REF.
W. H. Doane, 1875
1.주의음성을내가들으니사랑한단말일 세믿는맘으로주께
2.주여넓으신은혜베푸사나를받아주시 고나의품은뜻주의
3.주의보좌로나아갈때에어찌아니기쁠 까주의얼굴을항상
4.우리구주의넓은사랑을측량할자없으 며주가주시는참된
가오니나를영접하소서
뜻같이되게하여주소서
뵈오니더욱친근합니다
기쁨도헤아릴수없도다
후렴
내가매 일 십자가앞에 더가
매일매일
까이가오니구세주의흘린 보배피로써나를정케하소서 아멘

541 꽃이 피는 봄날에만
믿음과 확신
손양원 (1902-1950)
하나님의 사랑에서 끊을 수 없으리라 (롬 8:39)
사계절 찬송: 8.8.8.8.D.
김국진, 1987
보통으로
F C Dm Gm A7 Dm F
1.꽃 이피는 봄날에만 주 의사랑 있음인가 열 매맺는
2.솔 로몬의 부귀보다 욥 의고난 더귀하고 솔 로몬의
3.세 상권력 등에업고 믿 는자를 핍박하는 어 리석은
4.저 천국을 바라보니 이 세상은 나그네길 죽 음의길
C Dm Gm A7 Dm C7 F Dm
가을에만 주의은혜 있음인가 땀을쏟는 여름에도 주의사랑
지혜보다 욥의인내 아름답다 이세상의 부귀영화 마귀유혹
사람들아 회개하고 돌아오라 우상의힘 얼마가며 인간의힘
피하라며 나의갈길 막지말라 내게맡긴 양을위해 나의겨레
C7 F Dm Am F C Dm C7 F B♭ F
여전하며 추운겨울 주릴때도 주의위로 변함없네
손짓하나 고생중에 인내하면 최후승리 이루리라
얼마가나 하나님의 심판날에 견디지를 못하리라
평화위해 우리주님 가신길을 충성으로 따르리라 아멘
542 (통 340) 구주 예수 의지함이
믿음과 확신
L. M. R. Stead, 1882
내가 주의 말씀을 의지함이니이다 (시 119:42)
TRUST IN JESUS: 8.7.8.7.REF.
W. J. Kirkpatrick, 1882
보통으로
A♭ D♭ A♭ B♭7 E♭ A♭ D♭ A♭ D♭ E♭ A♭
1. 구주예수 의지함이심히기쁜일일세 영생허락 받았으니 의심아주 없도다
2. 구주예수 의지함이심히기쁜일일세 주를믿는나의마음그의피에 적시네
3. 구주예수 의지하여죄악벗어버리네 안위받고 영생함을주께모두 얻었네
4. 구주예수 의지하여구원함을얻었네 영원무궁 지나도록주여함께 하소서
후렴
A♭ E♭ A♭ B♭7 E♭ A♭ D♭ A♭ D♭ E♭ A♭ D♭ A♭
예수예수 믿는것은받은증거많도다 예수예수 귀한예수 믿음더욱 주소서 아멘

믿음과 확신

어려운 일 당할 때 (통 342) 543

E. P. Stites, 1876

네 길을 여호와께 맡기라 그를 의지하면 그가 이루시고 (시 37:5)

TRUSTING JESUS: 7.7.7.7.REF.

I. D. Sankey, 1876

보통으로

1. 어려운일 당할때 나의믿음적으나 의지하는 내주를 더욱의지 합니다
2. 성령께서 내마음 밝히비춰주시니 인도하심 따라서 주만의지 합니다
3. 밝을때에 노래와 어둘때에기도로 위태할때 도움을 주께간구 합니다
4. 생명있을 동안에 예수의지 합니다 천국올라 가도록 의지할것 뿐일세

후렴

세월지나 갈수록 의지할것 뿐일세 무슨일을 당해도 예수의지 합니다

믿음과 확신

울어도 못하네 (통 343) 544

R. Lowry, 1867

믿음으로 말미암아 구원을 받았으니 (엡 2:8)

WEEPING WILL NOT SAVE ME : 6.7.7.7.6.REF.

R. Lowry, 1867

조금 빠르게

1. 울어도못하네 눈물많이흘려도 겁을없게못하고 죄를씻지못하니 울어도못하네
2. 힘써도못하네 말과뜻과행실이 깨끗하고착해도 다시나게못하니 힘써도못하네
3. 참아도못하네 할수없는죄인이 흉한죄에빠져서 어찌아니죽을까 참아도못하네
4. 믿으면되겠네 주예수만믿어서 그은혜를힘입고 오직주께나가면 영원삶을얻네

후렴

십자가에 달려서 예수고난 당했네 나를구원하실이 예수밖에 없네

545 (통 344) 이 눈에 아무 증거 아니 뵈어도
믿음으로 행하고 보는 것으로 행하지 아니함이로라
(고후 5:7)
믿음과 확신
CUSHING: 12.12.12.11.REF.
T. Mitani, 1901
R. Lowry (1826-1899)
조금 빠르게
Ab Db Ab Eb Ab Eb
1. 이 눈에아무증거아니뵈어도 믿음만을가지고서늘 걸으며
2. 이 눈이보기에는어떠하든지 이미얻은증거대로늘 믿으며
3. 주 님의거룩함을두고맹세한 주하나님아버지는참 미쁘다
Ab Db Ab Db Ab Eb7 Ab
이귀에아무소리아니들려도 하나님의약속위에 서 리 라
이맘에의심없이살아갈때에 우리소원주안에서 이 루 리
그귀한모든약속믿는자에게 능치못할무슨일이 있 을 까
후렴
Ab Db Ab Eb Ab Eb7
걸 어 가 세 믿음위에서 서 나가세 나가세 의심버리고
Ab Db Ab Db Ab Eb7 Ab
걸 어 가 세 믿음위에서 서 눈과귀에아무증거 없 어 도
546 (통 399) 주님 약속하신 말씀 위에 서
천지는 없어질지언정 내 말은 없어지지 아니하리라
(마 24:35)
믿음과 확신
PROMISES: 11.11.11.9.REF.
R. K. Carter, 1886
R. K. Carter, 1886
조금 빠르게
Bb Eb Bb
1.주님약속하신말씀위 에 서 영원토록주를찬송하리라
2.주님약속하신말씀위 에 서 세상염려내게엄습할때에
3.주님약속하신말씀위 에 서 영원하신주의사랑힘입고
4.주님약속하신말씀위 에 서 성령인도하는대로행하며

소리높여주께영광돌리며 약속믿고굳게서리라
용감하게힘써싸워이기며 약속믿고굳게서리라
성령으로힘써싸워이기며 약속믿고굳게서리라
주님품에항상안식얻으며 약속믿고굳게서리라
후렴
굳 게 서 리 영원하신말씀위에굳게서리
약속믿고굳게서 약속믿고굳게서
굳 게 서 리 그말씀위에굳게서리라
말씀위에굳게서 말씀위에굳게서
믿음과 확신
나 같은 죄인까지도
547
김성호, 1972
내 영혼이 주를 찾기에 갈급하니이다 (시 42:1)
보통으로
나 같은 죄인: 8.6.8.6.D.
주성희, 1980
1. 나같은죄인까지도 찾아와주신 주 간곡한음성못잊어 마음문엽니다
2. 목마른사슴갈하여 시냇물찾듯 이 메마른영혼말씀을 갈급해합니다
3. 질그릇같은이몸도 깨끗게하시 고 죽으나사나주위해 일하게하소서
피흘려주신 그사랑 감당치못하 여 상하신주님 그얼굴 우러러봅니 다
진리의성령 오셔서 인도해주시 고 샘같이솟는그말씀 넘치게주소 서
영광의주님 오실때 부끄럼많으 나 흰예복입고주님을 뵈옵게하소 서

548 날 구속하신
믿음과 확신
J. Calvin (1509-1564)
우리가 성령으로 믿음을 따라 의의 소망을 기다리노니
(갈 5:5)
TOULON: 10.10.10.10.
Genevan Psalter, 1551
보통으로
1.날 구속하신 주께엎드려 그크신은혜 찬송합니다
2.자비와은혜 충만하신주 진리로우리 다스리시네
3.주님은우리 생명이시며 진리와길이 되시나이다
4.주님의사랑 한량없으니 나같은죄인 주안에살고
5.우리가구원 얻을때까지 믿음에굳게 세워주시고
내연약함을긍휼히보사 근심과걱정맡아주소 서
우리의마음방황할때에 갈길을비쳐인도하소 서
믿음과소망항상주시사 섬기며봉사하게하소 서
내안에주님항상계시니 죄악이나를주장못하 네
은혜와진리넘치게하사 주님뜻이뤄지게하소 서 아멘
549 (통 431) 내 주여 뜻대로
믿음과 확신
JEWETT: 6.6.6.6.D.
B. Schmolck, 1704
나의 원대로 마시옵고 아버지의 원대로 하옵소서
(막 14:36)
C. M. von Weber, 1820
Arr. by J. P. Holbrook, 1862
보통으로
1.내주여 뜻대로 행하시 옵소서 온몸과 영혼을다 주께드리 니
2.내주여 뜻대로 행하시 옵소서 큰근심 중에도낙 심케마소 서
3.내주여 뜻대로 행하시 옵소서 내모든 일들을다 주께맡기 고
이세상 고락간 주인도 하시고 날주관 하셔서뜻 대로하소서
주님도 때로는 울기도 하셨네 날주관 하셔서뜻 대로하소서
저천성 향하여 고요히 가리니 살든지 죽든지뜻 대로하소서 아멘

시온의 영광이 빛나는 아침 (통 248) 550

새해(송구영신)

T. Hastings (1784-1872)

여호와의 영광이 네 위에 임하였음이니라
(사 60:1)

WESLEY: 11.10.11.10.

L. Mason (1792-1872)

보통으로

Ab Db Ab Eb Bb Eb Bb Eb

1. 시 온의 영광이 빛나는 아침 어 둡던이 땅이 밝아오네
2. 시 온의 영광이 빛나는 아침 매 였던종 들이 돌아오네
3. 보 아라 광야에 화초가 피고 말 랐던시 냇물 흘러오네
4. 땅 들아 바다야 많은 섬들아 찬 양을주 님께 드리어라

Ab Eb7 Ab Eb Ab Eb Fm Db Ab Eb7 Ab Db Ab

슬픔과 애통이 기쁨이 되니 시온의 영광이 비쳐오네
오래전 선지자 꿈꾸던 복을 만민이 다같이 누리겠네
이산과 저산이 마주쳐 울려 주예수 은총을 찬송하네
싸움과 죄악이 가득한 땅에 찬송이 하늘에 사무치네 아 멘

오늘까지 복과 은혜 (통 296) 551

새해(송구영신)

J. D. Burns (1823-1864)

이전 것은 지나갔으니 보라 새것이 되었도다
(고후 5:17)

DULCE CARMEN: 8.7.8.7.D.

Essay on the Church Plain Chant, 1782

보통으로

Ab Eb7 Fm Db Eb7 Ab Eb7 Fm Db Eb7 Ab

1. 오늘까지 복과 은혜 내려주신 주앞에 감사찬송 부르면서 새해맞이 합니다
2. 죄인위해 십자가에 희생하신 우리주 그사랑에 감격하여 이몸바치 옵니다
3. 주의얼굴 뵙고살면 하루하루 즐겁고 주와함께 짐을지면 나의짐이 가벼워

Db Ab Eb Ab Bb Eb Ab Db Fm Ab Db Eb7 Ab Db Ab

우리갈길 비춰주는 주의빛을 기리고 사랑줄로 매어주는 은혜찬양합니다
우리갈길 다가도록 친구되어 주시고 원수들도 사랑하게 새마음을 주소서
이땅위에 영광의날 밝아오는 때까지 사랑깃발 휘날리며 봉사하며 살리라 아멘

552 (통 358) 아침 해가 돋을 때
새해(송구영신)
찬송가, 1908
이같이 너희 빛이 사람 앞에 비치게 하여 (마 5:16)
SUNSHINE MINUTES: 7.7.7.7.REF.
찬송가, 1908
보통으로
G C D7 G C G D7 G
1. 아침해 가돋을 때만물신선하여라나도 세상지낼때 햇빛 되게 하소서
2. 새로오 는광음 을보람있게보내고주의 일을행할때 햇빛 되게 하소서
3. 한번가 면안오 는빠른광음지날때귀한 시간바쳐서 햇빛 되게 하소서
4. 밤낮주 를위하 여몸과맘을드리고주의 사랑나타내 햇빛 되게 하소서
후렴
G D G C G D7 G C G
주여 나를도우 사세월 허송않고 서어둔 세상지낼 때햇빛 되게 하소 서 아 멘
553 새해 아침 환히 밝았네
새해(송구영신)
김소엽, 2005
보라 내가 새 일을 행하리니 이제 나타낼 것이라 (사 43:19)
새해 아침: 9.7.9.7.8.7.8.7.
명정훈, 2005
조금 빠르게
E♭ Cm B♭ E♭ A♭ E♭ B♭ E♭
1. 새 해아침환히 밝았네 어서깨어일어나 주 님앞에모두
2. 새 해아침환히 밝았네 새마음을가지고 말 씀으로양식
3. 새 해아침환히 밝았네 나도장성하여서 주 님안에높은
4. 새 해아침환히 밝았네 새론결단하고서 지 난일들모두
E♭ Cm A♭ E♭ B♭ E♭ Cm A♭ E♭ A♭ F7
모여서기쁜찬송드리세 지난일을감사하며 주의일에힘쓰
삼고서기도하기힘쓰세 주님께서허락하신 주의가정위하
뜻품어선한꿈을세우세 하루하루세월아껴 최선다해살면
잊고서새로운맘가지세 어제보다오늘더욱 신실하게살면
B♭ E♭ A♭ E♭ A♭ E♭ B♭7 E♭ A♭ E♭
며 서로돕고 사랑하여 주께영광돌리세
여 서로돕고 사랑하여 천국가정이루세
서 서로돕고 사랑하여 주의사명다하세
서 서로돕고 사랑하여 천국소망이루세 아 멘

새해(송구영신)
A. Tennyson (1809-1892)
보통으로
종소리 크게 울려라 (통 297) 554
이전것은지나갔으니 보라새것이되었도다 (고후5:17)
WALTHAM: 8.8.8.8.
J. B. Calkin (1827-1905)
1.종소리크게울려라저묵은해가가는데옛것은울려보내고새것을맞아들이자
2.시기와분쟁옛생각모두다울려보내고순결한삶과새맘을다함께맞아들이자
3.그흉한질병고통과또한이없는탐욕과전쟁은울려보내고평화를맞아들이자
4.기쁨과넓은사랑과참자유행복누리게이땅의어둠보내고주예수맞아들이자 아멘
가정
엄원용, 1996
보통으로
우리 주님 모신 가정 555
그가 경건하여 온 집안과 더불어 하나님을 경외하며
(행10:2)
화목한 가정: 8.8.8.8.D.
박정선, 1997
1.우리주님모신가정복되고도복된가정괴로우나즐거우나주를위해살아가리온식구가모여앉아즐거웁게찬송하니지금까지지내온것주의크신은혜로다
2.주의자녀모여앉아주께기도드리오니가족들의건강함과화목함을주옵소서슬플때에위로함과괴로울때평안함을험한세상살아갈때환난에서구하소서
3.주를사모하는가정변치않게하시옵고이가정에주의은혜넘쳐나게하옵소서사시사철주의사랑강물같이흘러넘쳐따뜻하고평화로운보금자리주옵소서

556 날마다 주님을 의지하는
가정
권기창, 1998
오직 나와 내 집은 여호와를 섬기겠노라 (수 24:15)
행복의 안식처: IRREG.
문성모, 1998
보통으로
1. 날마다주님을의지하는 우리집온가족복되어라 다함께모여서 찬양하니 하늘의위로가넘쳐나네
2. 아버지어머니사랑하고 형제와자매들우애하니 세상의풍파가 밀려와도 주사랑안에서두렴없네
3. 말씀과기도가풍성하고 기쁨과감사가가득하니 하나님우리집 생각하사 대대로복되게하시도다
후렴
할렐루야 우리가정 사랑과행복의안식처 할렐루야 우리가정 주님만모시고살아가리
557 에덴의 동산처럼
가정
이무경, 1981
그와 온 집안이 하나님을 믿으므로 크게 기뻐하니라 (행 16:34)
즐거운 가정: 7.8.7.8.D.
임순미, 1999
보통으로
1. 에 덴의 동 산처럼 복되어라우 리가 정 날 마다 양 식주사 건강하게하 시오 며
2. 새 들의 노 래처럼 즐거워라우 리가 정 약 할때 힘 되시고 아플때에치 료하 며
3. 아 침의 햇 살처럼 평화로운우 리가 정 험 한길 인 도하고 캄캄한밤비 추시 며

Cm Ab Cm F Bb
은혜의단비내려 풍성하게하시오니
슬플때위로하고 어려울때도우시니
이세상끝날까지 사랑으로보호하니
Cm F7 Bb Eb Ab Eb
우리주하나님께 감사찬송드립니다
우리주하나님께 감사기도드립니다
우리주하나님께 몸과마음바칩니다
가정
미더워라 주의 가정
558
문익환, 1967
내 아들아 나의 법을 잊어버리지 말고 (잠 3:1)
주의 가정: 8.7.8.7.D.
곽상수, 1967
보통으로
Eb Fm Eb Ab Bb7 Eb Ab
1.미더워라 주의가정 반석위에 섰으니 비바람이 불어쳐도
2.평화롭다 주의가정 아늑하다 그품이 따뜻하고 포근하여
3.즐거워라 주의가정 사랑의샘 솟는다 메마른땅 적시어라
4.향기롭다 주의가정 기도하는 이제단 마음드려 기도하고
Eb Cm Bb Eb Fm Eb Ab Bb7 Eb
흔들리지 않으리 하나님을 믿는마음 서로서로 믿는맘
마음놓고 쉬리라 미소하는 얼굴들에 주의마음 서리어
물이올라 꽃핀다 너도나도 어깨펴고 노래하며 즐기니
몸을바쳐 섬기니 타오르는 몸과마음 온누리에 향기라
Ab Eb Cm Eb Fm Bb7 Eb Ab Eb
얼기설기 하나되어 믿으면서 살리라
하늘평화 풍기면서 서로서로 살리라
이웃들이 형제로다 내몸처럼 아끼리
흐뭇하게 퍼져가는 온누리에 향기라 아 멘

559 (통 305) 사철에 봄바람 불어 잇고
여호와를 경외하며 그의 계명을 크게 즐거워하는 자는…후손에게 복이 있으리로다
(시 112:1-2)
가정
전영택 (1894-1968)
임마누엘 가정: 10.10.10.10.REF.
구두회, 1967
보통으로
1.사철에봄바람불어잇고 하나님아버지모셨으 니 믿음의반석도
2.어버이우리를고이시고 동기들사랑에뭉쳐있 고 기쁨과설움도
3.아침과저녁에수고하여 다같이일하는온식구 가 한상에둘러서
든든하다 우리집즐거운동산이라
같이하니 한간의초가도천국이라 고마워라 임마누엘 예 수만
먹고마셔 여기가우리의낙원이라
후렴
섬기는우리집 고마워라 임마누엘 복 되고즐거운하루하 루
560 주의 발자취를 따름이
나는 세상의 빛이니 나를 따르는 자는 어둠에 다니지 아니하고 (요 8:12)
어린이
G. C. Tullar (1869-1950)
TULLAR: 9.9.9.7.REF.
G. C. Tullar (1869-1950)
조금 빠르게
1.주 의발자취를 따름이 어찌즐거운일 아 닌가
2.주 의발자취를 따름이 어찌행복한일 아 닌가
3.주 의발자취를 따름이 어찌든든한일 아 닌가
맘 에맑은하 늘 열 리 고 밝 은빛이비 친 다
맘 에악한생 각 사 라 져 밝 은마 음싹 튼 다
맘 에두려움 은 사 라 져 새 로운힘솟 는 다

후렴
발자취를따라가 자기쁜 마음으로
발자취를따라가자 찬송하며즐겁게 아멘
예수님의 사랑은
561
어린이
안성진, 1997
예수께서 그 어린아이들을 불러 가까이하시고
(눅 18:16)
예수님의 사랑:
7.5.7.6.7.5.7.5.
박재훈, 1997
조금 느리게
1.예수님의 사랑은 따 뜻한사 랑 햇빛처럼 포 근 히 날 품어 주시네 잠들때나 깰때나 늘 지켜주시니 그 의사랑고마워 찬 송 합니다
2.예수님의 말씀은 참 좋은말 씀 듣고듣고 들 어 도 또 새로 운말씀 샘물처럼 흐르는 한 없는말씀과 그 의사랑고마워 찬 송 합니다
3.해와달은 하늘의 빛 이되지 만 예수님은 온 세 계 참 빛이 랍니다 온세상을 밝히는 우 리의예수님 그 의사랑고마워 찬 송 합니다

562 예루살렘 아이들

어린 아기와 젖먹이들의 입에서 나오는 찬미를 온전하게 하셨나이다
(마 21 : 16)

어린이

J. Henley (1800-1842), alt.

INFANT PRAISE: 7.7.7.7.REF.
Curwen's *Tune Book*, 1842

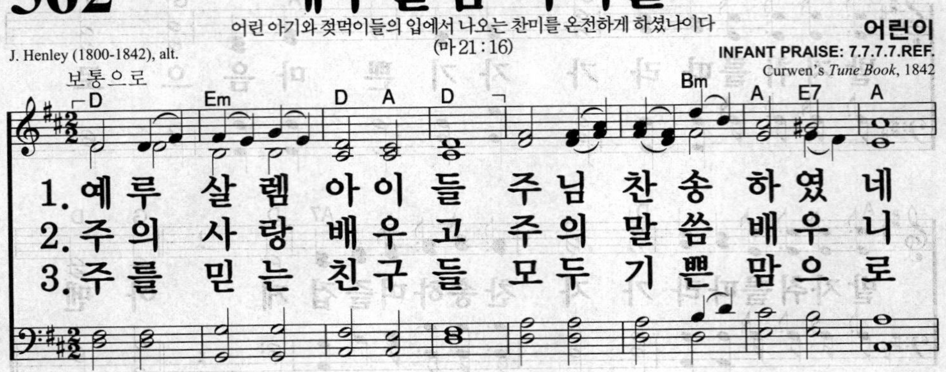
보통으로
D Em D A D Bm A E7 A
1. 예루 살렘 아이 들 주님 찬송 하였 네
2. 주의 사랑 배우 고 주의 말씀 배우 니
3. 주를 믿는 친구 들 모두 기쁜 맘으 로

A Em D G D G Em D A7 D
우리 들도주님 께 호산나를 부르 자
맘과 뜻을다하 여 호산나를 부르 자
큰소 리로주님 께 호산나를 부르 자

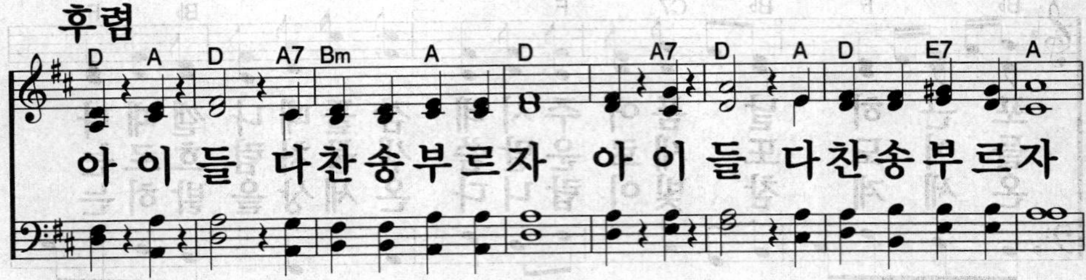
후렴
D A D A7 Bm A D A7 D A D E7 A
아이들 다찬송부르자 아이들 다찬송부르자

D G D G D G Em D A7 D
호 산나호 산나우 리임금 예수님

예수 사랑하심을 (통 411) 563

어린이

A. B. Warner, 1860

나도 너희를 사랑하였으니
(요 15 : 9)

CHINA: 7.7.7.7.REF.
W. B. Bradbury, 1862

보통으로

Eb Ab Eb Ab Eb Bb Eb

1. 예수사랑 하심을성경에서 배웠네 우리들은 약하나예수권세 많도다
2. 나를사랑 하시고나의죄를 다씻어 하늘문을 여시고들어가게 하시네
3. 내가연약 할수록더욱귀히 여기사높은보좌 위에서낮은나를 보시네
4. 세상사는 동안에나와함께 하시고세상떠나 가는날천국가게 하소서

후렴

Eb Ab Eb Bb Eb Ab Eb Bb7 Eb Ab Eb

날사랑하심 날사랑하심 날사랑하심성경에쓰 였네 아 멘

예수께서 오실 때에 (통 299) 564

어린이

W. O. Cushing (1823-1902)

어린아이들과 같이 되지 아니하면 … 천국에 들어가지 못하리라
(마 18 : 3)

JEWELS: 8.6.8.5.REF.
G. F. Root, 1866

보통으로

Eb Bb7 Eb Bb7 Eb

1. 예수 께서오실때에그귀중한보배하나 라도남김 없이다찾으시리
2. 정한 보배빛난보배주예수의보배하늘 나라두시 려고다거두시리
3. 주를 사랑하는아이이세상에살때주의 말씀순종하면참보배로다

후렴

Ab Eb Bb Eb Ab Eb Bb7 Eb

샛별 같은그보배면 류관에달려 반짝 반짝빛나게비 치리로다

565 (통 300) 예수께로 가면

예수께서 그 어린아이들을 불러 가까이하시고
(눅 18:16)

어린이

찬셩시, 1905

IF I GO TO JESUS: 6.5.6.5.REF.
찬셩시, 1905

조금 빠르게
B♭ E♭ F F7 B♭ E♭ F F7 B♭
1. 예수께로가면 나는기뻐요 걱정근심없고 정말즐거워
2. 예수께로가면 맞아주시고 나를사랑하사 용서하셔요
3. 예수께로가면 손을붙잡고 어디서나나를 인도하셔요
후렴
D Gm D E♭ B♭ E♭ F F7 B♭
예수께로가면나는기뻐요 나와같은아이 부르셨어요

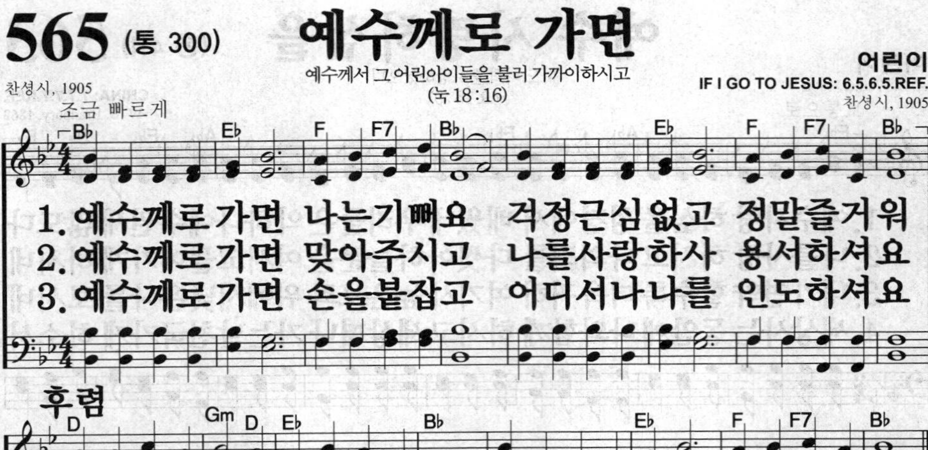

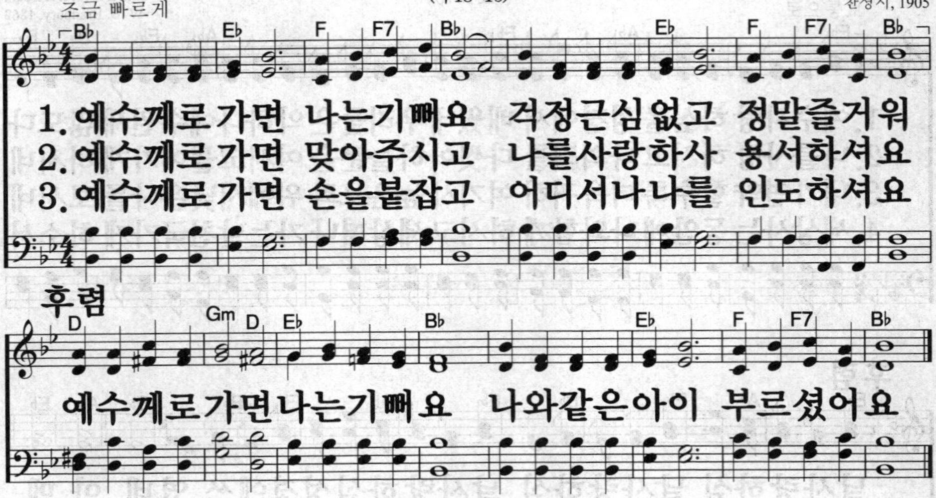

566 (통 301) 사랑의 하나님 귀하신 이름은

어린아이들에게는 나타내심을 감사하나이다
(마 11:25)

어린이

J. E. Leeson (1807-1882)

AUGUSTINE: 6.6.8.6.
J. S. Bach (1685-1750)

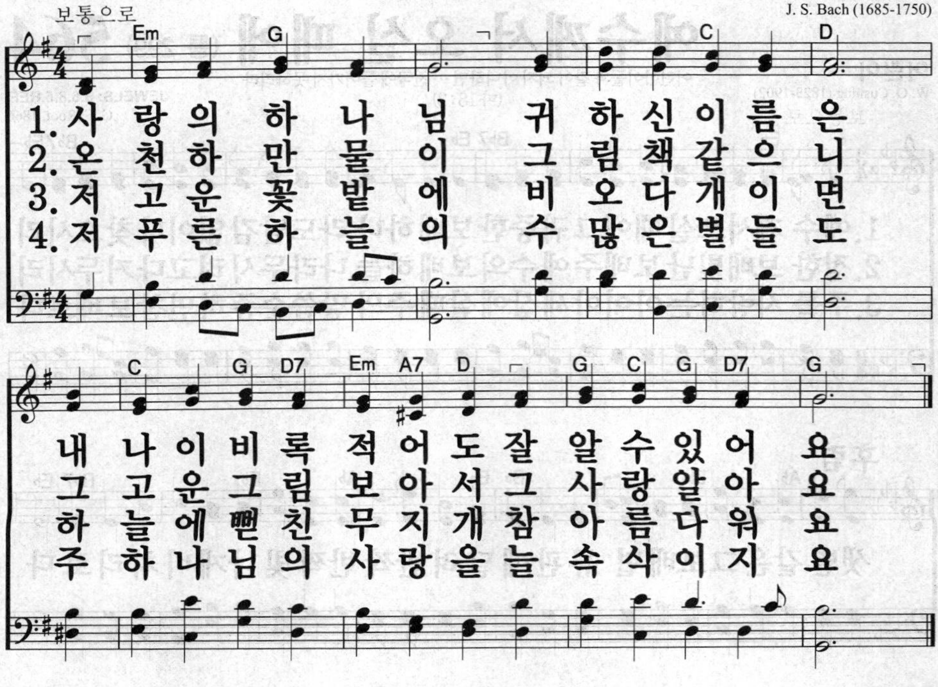

보통으로
Em G C D
1. 사 랑 의 하 나 님 귀 하 신 이 름 은
2. 온 천 하 만 물 이 그 림 책 같 으 니
3. 저 고 운 꽃 밭 에 비 오 다 개 이 면
4. 저 푸 른 하 늘 의 수 많 은 별 들 도
C G D7 Em A7 D G C G D7 G
내 나 이 비 록 적 어 도 잘 알 수 있 어 요
그 고 운 그 림 보 아 서 그 사 랑 알 아 요
하 늘 에 뻗 친 무 지 개 참 아 름 다 워 요
주 하 나 님 의 사 랑 을 늘 속 삭 이 지 요

어린이
다정하신 목자 예수 (통 436) 567
M. L. Duncan, 1839
나는 선한 목자라 나는 내 양을 알고 (요 10:14)
BLOCKLESBURY: 8.7.8.7.
C. A. Barnard, 1868
보통으로
1. 다 정하신 목자예수 어린양을 돌 보사
2. 선 한목자 내주예수 나의기도 들 으사
3. 좋 은옷을 입히시고 맛난음식 먹 이사
4. 주 여나의 지난허물 용서하여 주 시고
캄캄한밤 지낼동안 나를품어 주소서
내일아침 될때까지 나를지켜 주소서
고이길러 주시오니 주여감사 합니다
친구들도 저와같이 복을받게 하소서 아 멘
어린이
하나님은 나의 목자시니 568
석진영 (b. 1926)
여호와는 나의 목자시니 내게 부족함이 없으리로다 (시 23:1)
나의 목자: IRREG.
이일래 (1903-1979)
보통으로
1. 하나님은나의목자시니 내게부족함이 없으리로다 나로하여금
2. 내영혼을구원하시오니 내게감사함이 넘치나이다 나로하여금
3. 하나님이함께하시오니 내게두려움이 없으리로다 나로하여금
푸른풀밭에 눕게하시며잔 잔한물가 로 인도하여주시 네
모든고난을 참게하시며하 늘의평안 을입게하여주시 네
땅에살아도 진리안에서이 기고이기 게항상능력주시 네

569 (통 442) 선한 목자 되신 우리 주
어린이
D. A. Thrupp (1779-1847)
선한 목자는 양들을 위하여 목숨을 버리거니와
(요 10 : 11)
BRADBURY: 9.7.9.7.8.7.8.7.
W. B. Bradbury, 1859
조금 빠르게
1. 선한목자되신 우리주 항상인도하시 고 푸른풀밭좋은 곳에서 우리먹여주소 서
2. 양의문이되신 예수여 우리영접하시 고 길을잃은양의 무리를 항상인도하소 서
3. 흠이많고악한 우리를 용납하여주시 고 주의넓고크신 은혜로 자유얻게하셨 네
4. 일찍주의뜻을 따라서 살아가게하시 고 주의크신사랑 베푸사 따라가게하소 서
선한 목자구세주여항상 인도하소서 선한 목자구세주여항상 인도하소 서
선한 목자구세주여기도 들어주소서 선한 목자구세주여기도 들어주소 서
선한 목자구세주여지금 나아갑니 다 선한 목자구세주여지금 나아갑니 다
선한 목자구세주여항상 인도하소서 선한 목자구세주여항상 인도하소 서 아멘
570 (통 453) 주는 나를 기르시는 목자
어린이
최봉춘, 1956
여호와는 나의 목자시니 내게 부족함이 없으리로다
(시 23 : 1)
주는 나의 목자: 11.10.11.10.REF.
장수철 (1917-1966)
보통으로
1. 주는나를 기르시는 목자요나는 주님의귀한어린 양푸른 풀밭 맑은시냇
2. 예쁜새들 노래하는 아침과노을 비끼는고운황혼 에사랑 하는 나의목자
3. 못된 짐승 나를해치 못하고거친 비바람상치못하 리나의 주님 강한손을
후렴
물가로나를늘인도하여주신다
음성이나를언제나불러주신다 주는나 의좋은목 자나는
펼치사나를주야로지켜주신다
주는나의좋은목 자
그 의어린양 철을따라 꼴을먹여 주시니내게 부족함전혀없어라 아멘
나는그의어린양

젊은이
역사 속에 보냄 받아
571
이용원, 1979
내가 이르되 내가 여기 있나이다 나를 보내소서
(사6:8)
복된 나라: 8.8.8.8.D.
이한응, 1979
조금 느리게
1.역사속에보냄받아 이나라에태어났다 많은사람가운데
2.우리조국금수강산 할일많은이땅위에 주의뜻을이루도
3.같은믿음같은사명 주께받은젊은이여 사랑으로하나되
서 우리들을부르시어 주의복음전하도록 귀한사명주셨으
록 보내심을받은우리 갈길잃고방황하는 우리민족우리겨
고 말씀으로무장하자 우리모두힘을합쳐 용감하게전진하
니 몸과마음다바쳐서 복된나라이룩하자
레 주의길로인도하여 민족구원이룩하자
고 이땅위에주의나라 생명바쳐이룩하자 아멘
젊은이
바다같이 넓은 은혜
572
도한호, 2005
새벽 이슬 같은 주의 청년들이 주께 나오는도다
(시110:3)
바다같이 넓은 은혜: 8.7.8.5.REF.
윤학원, 2005
보통으로
1. 바다같이 넓은은혜 주님께서 베풀때 죄악의짐 내려놓고 새사람되 라
2. 산과같이 높은사랑 주님께서 베풀때 부르심에 순종하여 주의종되 라
3. 하늘같이 크신증거 주님께서 베풀때 받은은사 권능으로 주의일하 라
후렴
이땅의 젊은이로 태어난우리들은 진리로 세상을 새롭게하리라

573 말씀에 순종하여

이러므로 나의 평생에 주를 송축하며 주의 이름으로 말미암아 나의 손을 들리이다
(시 63:4)

젊은이

박지혜, 2005

부름 받은 젊은이: 7.8.8.8.8.8.REF.

유병용, 2005

조금 빠르게

1. 말씀에순종하여 부름받은젊은이여 예수님의은총으로
2. 예수님은총으로 사랑받는젊은이여 기도하고찬양함이
3. 성령의충만으로 사명받은젊은이여 말씀으로거듭난자
4. 하나님사랑으로 택함받은젊은이여 거룩하신주의말씀

사랑받은자녀이 니 육신위해 살던자가 말씀으로살아가 라
은총이며기쁨이 니 새생명을 주신주님 감사하며살아가 라
믿음으로승리하 니 예수님을 증거하며 소망으로살아가 라
온세계에전하리 니 하늘나라 이르도록 그의사랑영원하 라

후렴

강하라(강하라)담대하라 주의사랑 붙드시니 주의이름찬양하 라

574 (통 303) 가슴마다 파도친다

젊은이

너는 청년의 때에 너의 창조주를 기억하라
(전 12:1)

반병섭, 1967

우리들의 젊은이: 8.7.8.7.D.

이동훈, 1967

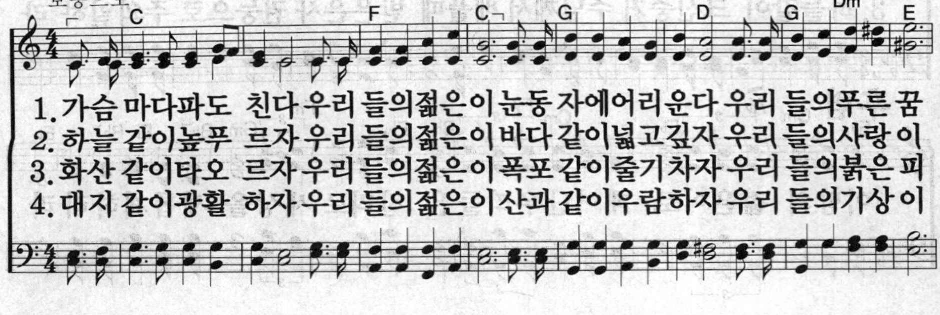

보통으로

1. 가슴 마다파도 친다 우리 들의젊은이 눈동 자에어리운다 우리 들의푸른 꿈
2. 하늘 같이높푸 르자 우리 들의젊은이 바다 같이넓고깊자 우리 들의사랑 이
3. 화산 같이타오 르자 우리 들의젊은이 폭포 같이줄기차자 우리 들의붉은 피
4. 대지 같이광활 하자 우리 들의젊은이 산과 같이우람하자 우리 들의기상 이

주의 말씀주의행함길과 진리되시 니우리 평생한결 같이주만 따라살리라
우리 들은주의자녀부름 받은한형 제몸과 마음다바 쳐서주뜻 대로살리라
할일 많은이나라에우리 태어났으 니복음 들고앞장 서서충성 되게일하자
십자 가를높이들고노래 하며나가 자하늘 뜻이이땅 위에이루어질때까지 아멘
젊은이
주님께 귀한 것 드려
(통 302)
575
H. B. Grose (1851-1939)
보통으로
그 아름다운 것 곧 거룩하게 한 부분을 가져다가 여호와께 거제로 드릴지니라
(민 18 : 29)
BARNARD
: 8.7.8.7.D.REF.
C. A. Barnard (1830-1869)
1.주님께 귀한것 드 려 젊을때힘다하라 진리의싸움을할 때
2.주님께 귀한것 드 려 네몸과네마음도 주위해모든것바 쳐
3.우리의 귀한것 모 두 주님께바치어도 그귀한생명을주 신
열심을다하여라 모범을보이신예 수 굽히지않으셨네
힘다해섬기어라 독생자보내신성 부 은혜를베푸시니
주은혜못갚겠네 하늘의영광을버 려 우리를구했으니
너희는 충성을 다 해 주님을 섬기 어라
너희는 정성을 다 해 주님을 섬기 어라
너희는 마음을 다 해 주님을 섬기 어라
후렴
주님께 귀한것 드 려 젊을때 힘다하라
구원의 갑주를 입 고 끝까지 싸 워라

576
하나님의 뜻을 따라
어버이
정치근, 1980
네 부모를 즐겁게 하며 너를 낳은 어미를 기쁘게 하라
(잠 23 : 25)
어머니의 기도: 8.5.8.5.8.5.8.6.
한태근, 1982
보통으로
1. 하나님의 뜻을따라 태어난 생 명 잃을세라 다칠세라 가슴조 이 며
2. 잘자라서 이세상의 소금이 되 고 어서커서 어둔세상 빛이되 라 고
3. 나를위해 고운얼굴 주름이 지 고 나를위해 검은머리 희어졌 으 니
갖은수고 온갖고생 모두바 쳐 서 어머니는 지성으로 나를키우셨 네
자나깨나 오직한맘 빌고또 빌 던 어머니의 기도소리 잊지못하겠 네
하늘높다 바다깊다 말들하 지 만 어머니의 사랑보다 더는못하리 라
577
낳으시고 길러주신
어버이
김수진, 2005
자녀들아 모든 일에 부모에게 순종하라 (골 3 : 20)
낳으시고 길러주신
: 8.7.8.8.8.8.REF.
이관섭, 2005
보통으로
1. 낳으시고 길러주신 어버이의 큰사랑 바다보다 넓으시고 산보다도
2. 힘들거나 괴로울때 기도하신 어버이 즐거운일 함께웃고 기뻐하신
3. 재미있게 가르치신 귀한성경 말씀이 기쁜노래 찬양하며 예배드린
후렴
높은사랑 하나님을 경외하신 어버이의 크신사랑
그얼굴이 긴긴시간 흘렀으나 마음속에 남았구나 내게주신 크신은혜
그시절이 지금와서 생각하니 어찌평생 잊으리까
하 나 님 을 찬양하세 주 님 은 혜 감 사 하 며 영 광 찬 양 할렐루야

578 언제나 바라봐도

어버이

김정준 (1914-1981)

이 믿음은 먼저 네 외조모 로이스와 네 어머니 유니게 속에 있더니 (딤후 1:5)

어머니: 7.6.7.6.D.

박재훈, 1947

보통으로

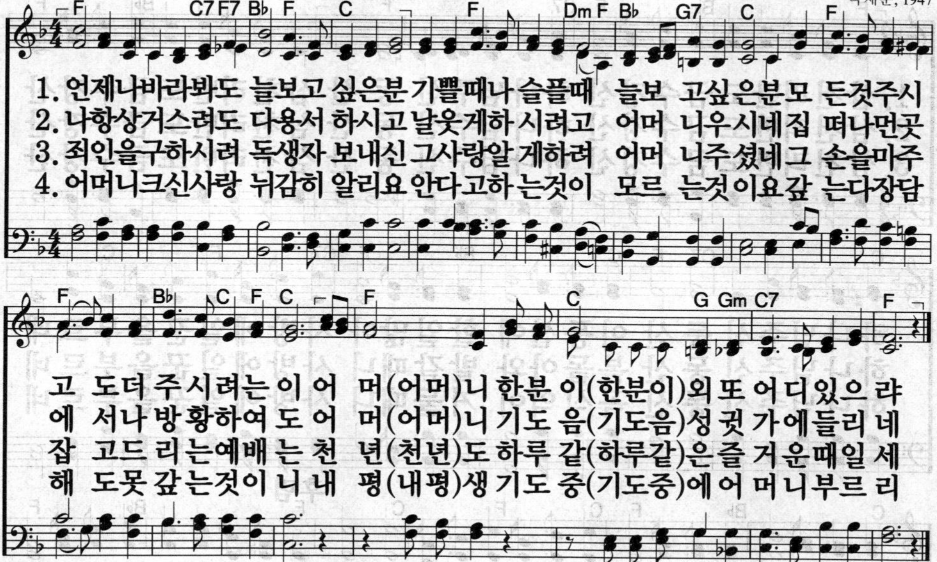

1. 언제나바라봐도 늘보고 싶은분 기쁠때나 슬플때 늘보 고싶은분모 든것주시고 도더 주시려는이 어 머(어머)니 한분 이(한분이)외또 어디있으 라
2. 나항상거스려도 다용서 하시고 날웃게하 시려고 어머 니우시네집 떠나먼곳에 서나 방황하여도 어 머(어머)니 기도 음(기도음)성귓 가에들리 네
3. 죄인을구하시려 독생자 보내신 그사랑알 게하려 어머 니주셨네그 손을마주잡 고드리는예배는 천 년(천년)도 하루 같(하루같)은즐 거운때일 세
4. 어머니크신사랑 뉘감히 알리요 안다고하 는것이 모르 는것이요갚 는다장담해 도못 갚는것이니 내 평(내평)생 기도 중(기도중)에어 머니부르 리

579 어머니의 넓은 사랑 (통 304)

어버이

주요한 (1900-1979)

네 어미의 법을 떠나지 말라 (잠 1:8)

어머니의 사랑: 8.7.8.7.D.

구두회, 1967

보통으로

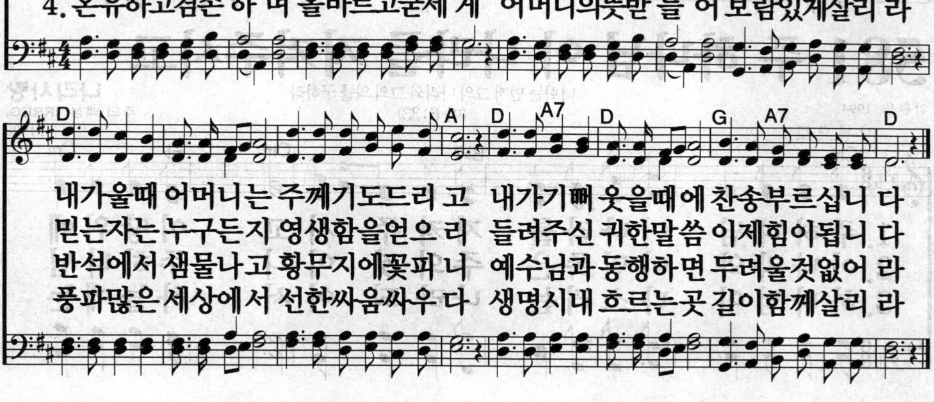

1. 어머니의넓은 사 랑 귀하고도귀하 다 그사랑이언제 든 지 나를감싸줍니 다 내가울때 어머니는 주께기도드리 고 내가기뻐 웃을때에 찬송부르십니 다
2. 아침저녁읽으 시 던 어머니의성경 책 손때남은구절 마 다 모습본듯합니 다 믿는자는 누구든지 영생함을얻으 리 들려주신 귀한말씀 이제힘이됩니 다
3. 홀로누워괴로 울 때 헤매다가지칠 때 부르시던찬송 소 리 귀에살아옵니 다 반석에서 샘물나고 황무지에꽃피 니 예수님과 동행하면 두려울것없어 라
4. 온유하고겸손 하 며 올바르고굳세 게 어머니의뜻받 들 어 보람있게살리 라 풍파많은 세상에서 선한싸움싸우 다 생명시내 흐르는곳 길이함께살리 라

580 (통 371) 삼천리 반도 금수강산
나라사랑
일하러 가세: IRREG.
남궁억 (1863-1939)
추수할 것은 많되 일꾼이 적으니
(마 9:37)
Arr. from G. Donizetti
(1797-1848)
조금 빠르게
1. 삼천리반도 금수강산 하나님주신 동 산 삼천리반도금수강산
2. 삼천리반도 금수강산 하나님주신 동 산 삼천리반도금수강산
3. 삼천리반도 금수강산 하나님주신 동 산 삼천리반도금수강산
하나님주신 동 산 이동산에 할일많아 사방에일꾼을부르네
하나님주신 동 산 봄돌아와 밭갈때니 사방에일꾼을부르네
하나님주신 동 산 곡식익어 거둘때니 사방에일꾼을부르네
곧이날에 일가려고 그누가대답을할 까
곧이날에 일가려고 그누가대답을할 까 일하러가세 일하러가
곧이날에 일가려고 그누가대답을할 까
후렴
삼천리강산 위 해 하나님명령받았으니반도 강산에일하러가세
581 주 하나님 이 나라를 지켜주시고
나라사랑
엄원용, 1994
너희는 먼저 그의 나라와 그의 의를 구하라
(마 6:33)
주의 백성: IRREG.
신영순, 1998
보통으로
1. 주하나님 이나라를 지켜 주 시 고 이땅위에
2. 이나라와 이민족은 주의 것 이 니 주하나님
3. 하나님이 다스리는 나라 되 어 서 하늘에는

주의나라 세워주소서 이민족을 은혜로써
큰뜻대로 인도하소서 아름다운 이강산에
영광이요 땅에는 평화 진리평화 참정의가
주의백성 되게하사 우리모두 구원받아 살게하소서
믿음으로 사는우리 사랑하며 사는민족 되게하소서
강물같이 흘러넘쳐 복된나라 주의나라 되게하소서
나라사랑
어둔 밤 마음에 잠겨 (통 261) 582
김재준 (1901-1987)
아름답도다 좋은 소식을 전하는 자들의 발이여
(롬 10:15)
교회: IRREG.
이동훈 (1922-1974)
보통으로
1. 어둔밤마음에잠겨역사에어둠짙었을때에계명성동쪽에밝아
2. 옥토에뿌리는깊어하늘로줄기가지솟을때가지잎억만을헤어
3. 맑은샘줄기용솟아거칠은땅에흘러적실때기름진푸른벌판이
이나라여명이왔다 고요한아침의나라 빛속에새롭다
그열매만민이산다 고요한아침의나라 일꾼을부른다
눈앞에활짝트인다 고요한아침의나라 새하늘새땅아
이 빛 삶 속에얽혀 이땅에생명탑놓아간다
하 늘 씨 앗이되어 역사의생명을이어가리
길 이 꺼 지지않는 인류의횃불되어타거라

583
이 민족에 복음을
나라사랑
너희가 내게 대하여 제사장 나라가 되며 (출 19:6)
나라사랑: 7.5.7.5.REF.
이윤구, 2005
임준희, 2006
보통으로
1. 이민족에복음을 허락하시고 우리들을죄에서 구원하셨다
2. 한반도의수려한 산과들에서 우리겨레하나로 힘써나가세
3. 오대양과육대주 세상끝까지 어디든지달려가 복음전하자
후렴
우리나라 복주시고 높이세우 신 살아계신 하나님의 놀라우신은혜
584
우리나라 지켜주신
나라사랑
그리스도께서 우리를 자유롭게 하려고 자유를 주셨으니 (갈 5:1)
지켜주신 하나님: 8.8.8.8.8.8.REF.
김경희, 1996
백태현, 2000
보통으로
1. 우리나 라 지켜주 신 하나님께찬 양하라 억눌렸 던 겨레
2. 북을치 고 나팔불 며 하나님께찬 양하라 어깨에 서 짐벗
3. 영원토 록 지키시 는 하나님께찬 양하라 죄와우 상 몰아
4. 사랑으 로 복주시 는 하나님께찬 양하라 이나라 를 살리
울음가슴터져 쏟아졌네 만세소 리 울린그날태양빛도눈부셨네
기고손발사슬 푸시었네 말과글 을찾았으니주의은혜고마워라
내고믿음으로 하나되어 순교자들본받아서주를위해일을하세
신뜻세계만민 위함일세 기쁜소식 전파하라지상명령준행하세

후렴
오 랫동 안 당 한고 통 나라찾은 그 감격을
대 대후 손 일 깨워 서 그 뜻을 전해주 세
내 주는 강한 성이요 (통 384) 585
종교개혁기념일
M. Luther, 1529
하나님은 우리의 피난처시요 힘이시니 (시 46:1)
EIN FESTE BURG: 8.8.8.8.6.6.6.6.6.8.
M. Luther, 1529
보통으로
1.내주는강한성이요방패와병기되시니큰환난에서우리를
2.내힘만의지할때는패할수밖에없도다힘있는장수나와서
3.이땅에마귀들끓어우리를삼키려하나겁내지말고섰거라
구하여내시리로다옛원수마귀 는 이때도 힘 을써
날대신하여싸우네이장수누군 가 주예수그리스도
진리로이기리로다친척과재물 과 명예와 생 명을
모략과권세 로무기를 삼으 니 천하에누가당하랴
만군의주로 다당할자 누구 랴반드시이기리로다
다빼앗긴대 도진리는 살아 서그나라영원하리라 아멘

586 (통 521) 어느 민족 누구게나
종교개혁기념일
너희가 섬길 자를 오늘 택하라 (수 24:15)
J. R. Lowell, 1845
TON-Y-BOTEL: 8.7.8.7.D.
T. J. Williams, 1890
조금 느리게
1.어느 민족누구 게나결단 할때있 나니 참과 거짓
2.고상 하고아름 답다진리 편에서 는일 진리 위해
3.순교 자의빛을 따라주의 뒤를좇 아서 십자 가를
4.악이 비록성하 여도진리 더욱강 하다 진리 따라
싸울 때에어느 편에설 건가 주가 주신새목 표가우리 앞에
억압 받고명예 이익잃 어도 비겁 한자물러 서나용감 한자
등에 지고앞만 향해가 리라 새시 대는새사 명을우리 에게
살아 갈때어려 움도당 하리 우리 가는그앞 길에어둔 장막
보이 니빛과 어둠사이 에서선택 하며살 리라
굳세 게낙심 한자돌아 오는그날 까지서 리라
주나 니진리 따라사는 자는전진 하리언 제나
덮쳐 도하나 님이함께 계셔항상 지켜주 시리 아멘
587 (통 306) 감사하는 성도여
감사절
추수 때에 … 곡식은 모아 내 곳간에 넣으라 (마 13:30)
H. Alford, 1844
ST. GEORGE'S WINDSOR: 7.7.7.7.D.
G. J. Elvey, 1858
보통으로
1.감 사하는 성도여 추 수찬송 부르세 추 운겨울
2.이 세상은 밭이요 주 는씨를 뿌리네 좋 은곡식
3.우 리주님 오셔서 곡 식거둬 들이고 밭 에있는
4.주 여어서 오셔서 우 리거둬 주소서 죄 와슬픔

오기전 염려없게거뒀네 하나님이우리게 일용양식
싹날때 가라지도나도다 싹과잎이자라서 열매맺게
나쁜것 모두소멸하실때 가라지는골라서 불에던져
중에서 우리건져주소서 모든성도영원히 하늘집에
주시니 주의전에모여서 추수찬송부르세
되나니 우리들을온전한 알곡되게하소서
태우고 알곡들은곳간에 길이쌓아두시리
이르러 천군천사어울려 추수찬송부르리 아멘
공중 나는 새를 보라 (통 307) 588
감사절
민로아(F. S. Miller), 1905
공중의 새를 보라… 너희 하늘 아버지께서 기르시나니 (마 6:26)
ARMSTRONG: 8.7.8.7.D.
H. B. Richards (1817-1889)
Arr. by Emmelar
보통으로
1.공중나는새를보라 농사하지않으며 곡식모아곳간안에 들인것이없어도 세상주관하는주님 새를먹여주시니 너희먹을것을위해 근심할것무어냐
2.들의백합화를보라 길쌈수고안해도 솔로몬의입은옷도 이꽃만못하였네 아궁속에던질풀도 귀히입히시거든 사랑하는자녀들을 입히시지않으랴
3.너희들은세상에서 무엇먹고마시며 무슨옷을입고살까 염려하지말아라 이는이방사람들이 간구하는것이요 너희하늘아버지는 너희쓸것아신다
4.너는먼저주의나라 그의의를구하면 하나님이모든것을 너희에게주시리 내일일을위하여서 아무염려말지니 내일염려하지말라 오늘고생족하다

589 (통 308) 넓은 들에 익은 곡식
감사절
J. O. Thompson, 1885
추수할 것은 많되 일꾼이 적으니
(마 9:37)
REAPERS: 8.7.8.7.REF.
J. B. O. Clemm, 1885
보통으로
1.넓 은들 에익은곡 식황금물결뒤 치며 어디든지 태양빛에향기진동하도다
2.추 수할 것많은때 에일꾼매우적 으니 열심있는 일꾼들을주여보내주소서
3.먼 동틀 때일어나 서일찍들에나 아가 황혼때가 되기까지추수하게하소서
4.거 둬들 인모든알 곡천국창고들 인후 주가베풀 잔치자리우리참여하겠네
후렴
무르익은저곡식은낫을기다 리는데 때가지나가기전에어서추수합시다 아멘
590 (통 309) 논밭에 오곡백과
감사절
J. S. B. Monsell (1811-1875)
추수하는 즐거움과
(사 9:3)
WIE LIEBLICH IST DER MAIEN: 7.6.7.6.D.
J. Steurlein, 1575
보통으로
1.논밭에오곡 백 과거 두게하신주 목소리가다
2.사막에샘이 솟 아꽃 피게하시니 시냇물노래
3.은혜로거둔 곡 식주 앞에바치고 구원을받은

Eb Bb F Bb F
듬 어할 렐루야찬 양 철 따 라거둔 열 매주
하 고산 들은춤추 네 메 마 른모든 땅 에단
이 몸주 님께바치 세 겸 손 히무릎 꿇 어마
Bb Cm F Bb Eb Bb F7 Bb
님의은 혜 라 참고마우 신 주 를다 찬양하여 라
비를주 시 고 오곡이풍 성 하 게주 복을주셨 네
음을드 리 고 생명을주 신 주 께다 경배드리 세
감사절
저 밭에 농부 나가
(통 310)
591
M. Claudius, 1782
농부가 땅에서 나는 귀한 열매를 바라고
(약 5:7)
WIR PFLÜGEN: 7.6.7.6.D.REF.
J. A. P. Schulz, 1800
조금 빠르게
Ab Eb7 Bb7 Cm Fm Bb Eb
1.저밭에농부 나가씨 뿌려놓은후 주크신능력내 려잘 길러주셨 네
2.저산과들을 보라참 아름답구나 길가의고운꽃 도주 님의솜씨 라
3.씨뿌려거둔 곡식주 님의은혜라 우리의몸과마 음새 힘이넘치 네
Eb7 Ab Bbm Eb Ab Eb Ab Fm Bbm Eb7 Ab
또사시사철따라햇빛과단비를 저밭에내려주니그사랑한없 네
저공중나는새도다먹여주시니 그사랑하는자녀돌보지않으랴
주은혜받은우리참감사하면서 이예물드리오니다받아주소서
후렴
Ab Eb Ab Eb Ab Fm Db Ab Eb Ab Db Ab
온갖귀한선물주님이주신것 그풍성하신은혜를다감사드리세 아멘

592 (통 311) 산마다 불이 탄다 고운 단풍에

하늘로부터 비를 내리시며 결실기를 주시는 선한 일을 하사
(행 14:17)

임옥인 (1915-1995)

감사절

감사 찬송: 7.5.7.5.D.REF.

박재훈, 1967

감사절
아름다운 하늘과
(통 312) 593
F. S. Pierpoint, 1864
여호와여 주께서 하신 일이 어찌 그리 많은지요
(시 104 : 24)
DIX: 7.7.7.7.REF.
C. Kocher, 1838
Harm. by W. H. Monk, 1861
보통으로
G D7 G C D G D7 G C D G
1. 아름다운 하늘과 묘한세상 주시고 많은사랑 베풀어 우리길러 주시니
2. 산과들의 초목을 울창하게 하시고 달과별의 광채를 밤에보여 주시니
3. 눈과귀를 밝히사 맘과뜻이 합하고 신기하게 움직여 묘한조화 이루니
4. 부모자녀 애정과 형제자매 우애와 친구들의 사랑을 나누도록 하시니
5. 거룩한손 가지고 봉사하는 교회가 순결함과 사랑을 나타내게 하시니
6. 주는인류 위하여 십자가에 달리사 땅에평화 이루고 하늘기쁨 주시니
후렴
G D7 G C D G C G
우 리 주 님 예 수 께 감 사 찬 송 합 니 다 아 멘
감사절
감사하세 찬양하세
594
박정아, 1996
내 영혼아 여호와를 송축하라 (시 104 : 1)
오곡백과: IRREG.
김은석, 1996
보통으로
F C F C F
1. 감사 하 세 찬양하세 주를 믿 는 성도들아 하 나 님 이
2. 감사 하 세 찬양하세 속죄 받 은 성도들아 하 나 님 이
3. 감사 하 세 찬양하세 은혜 받 은 자녀들아 하 나 님 이
Dm Edim F Gm B♭ F C Dm C F
복을주사 가난한우리도풍성하네 할렐루야 찬송하세
햇빛주사 삼천리강산이풍년일세 주신알곡 나눠주며
우리에게 풍성히거두라복주셨네 거둬들인 알곡안고
C F Am C#dim7 Dm 후렴 B♭ C Dm Gm F C7 F
창조주하나님 감사하세
창조주하나님 감사하세 오곡백과가 풍성하니 하나님께 감사하세
창조주하나님 감사하세

595 (통 372)
나 맡은 본분은
임직
네 직무를 다하라
(딤후 4:5)
WIRKSWORTH: 6.6.8.6.
C. Wesley, 1762
J. Chetham's Psalmody, 1718
보통으로
Fm B♭m Fm C7 Fm A♭ D♭ A♭ E♭ A♭
1. 나 맡은본 분 은 구 주를높 이 고
2. 부 르심받 들 어 내 형제섬 기 며
3. 주 앞에모 든 일 잘 행케하 시 고
4. 나 항상깨 어 서 늘 기도드 리 며
Fm C Fm B♭m C7 Fm C7 Fm B♭m F
뭇 영혼구 원 얻도록 잘 인도함 이 라
구 주의뜻 을 따라서 내 정성다 하 리
이 후에주 님 뵈올때 상 받게하 소 서
내 믿음변 치 않도록 날 도와주 소 서 아 멘
596
영광은 주님 홀로
임직
죽도록 충성하라 그리하면 내가 생명의 관을 네게 주리라
(계 2:10)
강신명 (1903-1985)
사나 죽으나: 7.5.7.5.8.5.7.5.
박정선, 1993
보통으로
Dm Am Am7 Dm A Dm Am Dm A7 Dm
1. 영 광은 주님홀로 받으옵소 서 불러주신 그은혜 되새기면서
2. 찬 양은 주님홀로 받아주소 서 맡겨주신 그책임 감당하면서
3. 믿 는자 주님품에 영접하소 서 보내시는 그곳에 말씀전하며
B♭ F Dm F C F A Dm Gm F Am C7 F B♭ F
사나죽으나주님의 나라위하 여 순종하며 몸바쳐 섬기오리다
사나죽으나주님의 교회위하 여 충성으로 받들며 섬기오리다
사나죽으나주님의 복음위하 여 그놀라운 구원을 증거하오리 아멘

임직
이전에 주님을 내가 몰라 (통 378) 597
정용철, 1967
네가 죽도록 충성하라
(계 2:10)
충성하리: 10.10.10.10.
이유선 (1911-2005)
보통으로
1.이전에 주님을 내가 몰라 영광의 주님을 비방했다 지극한 그 은혜 내게 넘쳐 날 불러 주시니 고마워라
2.나 받은 달란트 얼마런가 나 힘써 그것을 남기어서 갑절로 주님께 바치오면 충성된 종이라 상주시리
3.천하고 무능한 나에게도 귀중한 직분을 맡기셨다 그 은혜 고맙고 고마워라 이 생명 바쳐서 충성하리
4.나 하는 일들이 하도 적어 큰 열매 눈앞에 안 뵈어도 주님께 죽도록 충성하면 생명의 면류관 얻으리라
헌당
천지 주관하는 주님 (통 244) 598
찬셩시, 1900
너희는 너희가 하나님의 성전인 것과 (고전 3:16)
RATHBUN: 8.7.8.7.
I. Conkey, 1849
보통으로
1.천지 주관하는 주님 어디에나 계시니 사람 손이 지은 전에 어찌 계심 바랄까
2.푸른 하늘 보좌되고 땅은 주의 발등상 우리들이 무슨 집을 주 위하여 세울까
3.예수 이름 힘입어서 두세 사람 모여도 내가 함께 있으리라 주님 말씀하셨네
4.모퉁이 돌 되신 예수 요긴한 돌 되시고 주의 말씀 터가 되니 우리들은 돌일세
5.이 터 위에 귀한 전을 튼튼하게 세우니 주를 믿는 형제자매 성전이라 하셨네 아멘

599 우리의 기도 들어주시옵소서

종이 주 앞에서 부르짖는 것과 비는 기도를 들으시옵소서
(대하 6:19)
헌당
Latin Hymn, 9th Century
ISTE CONFESSOR(ROUEN): IRREG.
Antiphoner, 1746
조금 느리게
Dm Gm A Dm Gm Dm Gm A G A Dm C F
1.우리의기도 들 어주시옵소서 우리의찬송 받아주시옵소서
2.우리의교회 머 리되신예수여 성령의충만 채워주시옵소서
3.하나님백성 모 두모인자리에 주님의은혜 내려주시옵소서
4.주님의집은 모 여오는사람들 죄용서하사 위로하여주시고
5.이곳에모인 모 든주의백성은 세상의소금 세상빛이되어서
6.영광이가득 성 부되신하나님 존귀가넘친 성자되신예수님
Dm C F C F Dm Gm Dm A Dm Gm D
이시간이땅에 모퉁이돌놓으니 주님의교회 라
날마다우리게 귀한말씀주소서 하나님말씀 을
주님의기쁨을 함께하게하소서 주님의상에 서
하나님나라의 참생명을주시는 간증의집이 라
주님께영광을 정성다해돌리는 봉사의무리 들
찬양이있으라 성령되신보혜사 영원히영원 히 아멘

600 (통 242) 교회의 참된 터는

헌당

S. J. Stone, 1866, alt.

이 터는 곧 예수 그리스도라
(고전 3:11)

AURELIA: 7.6.7.6.D.
S. S. Wesley, 1864

보통으로

Eb Bb Ab Bb Eb G7 Ab Bb7 Eb Bb

1.교회의참된터 는우리주예수라 그귀한말씀위 에이교회세웠네
2.온세계모든교 회한몸을이루어 한주님섬기면 서한믿음가지네
3.땅위의모든교 회주안에있어서 하늘의성도들 과한몸을이루네

주예수강림하사피흘려샀으니 땅위의모든교회주님의신부라
한이름찬송하고한성경읽으며 다같은소망품고늘은혜받도다
오주여복을주사저성도들같이 우리도주와함께늘살게하소서 아멘

601 하나님이 정하시고

혼례

심군식 (1933-2000)

사랑은 언제까지나 떨어지지 아니하되 (고전 13:8)

크신 사랑: 8.8.8.8.D.

조은옥, 2005

보통으로

F C Dm F B♭ F C F C F C Dm F Gm F C F B♭
1. 하나님이정하시고 때가되어 만남으로 믿음으로준비시켜 깊은사랑 고백하네
2. 예수님의크신은혜 가슴마다 감동주어 서로다른마음들을 이해하고 감싸주네
3. 성령님의크신역사 믿음으로 갈망하여 우리부부한맘으로 주님뜻에 순종하네
C F Dm Gm F C Dm B♭ F B♭ Gm F
말씀위에 손을얹고 축복으로 출발하니 하나님의크신사랑 감사하며 찬양하세
아름다운 부부로서 사랑으로 하나되고 예수믿는귀한언행 널리널리 나타내세
가족친지 교우사랑 소망으로 세워주고 주님사랑실천하여 온세상에 증거되리

602 성부님께 빕니다 (통 286)

혼례

찬성시, 1900

하나님이 짝지어 주신 것을 (마 19:6)

INNOCENTS: 7.7.7.7.

Arr. from 13th Century French Melody in *The Parish Choir*, 1850

보통으로

D A7 G D A D A G D A D A E7 A7 D G D A7 D G D
1. 성부 님께빕니 다신랑 신부두사람하나 되는이 시 간 복을내려주소서
2. 성자 님께빕니 다이두 사람도우사서로 위해섬 기 며 한길 가게하소서
3. 성령 님께빕니 다크신 권능베푸사환난 시험만 나 도 승리 하게하소서
4. 세상 에서살동 안행복 하게하시고하늘 나라까 지 도 함께 가게하소서 아멘

603 태초에 하나님이

남자가 부모를 떠나 그의 아내와 합하여 둘이 한 몸을 이룰지로다
(창 2 : 24)

혼례

반병섭, 1998

혼인 예식: 7.6.8.6.8.6.8.6.
김은석, 2005

보통으로

1. 태초에하나님이 낙원을세우고 생육하고 번성하라 주말씀하셨네
2. 가나의혼인집에 주님이계시어 기적으로 복을주신 주은혜힘입어
3. 이땅에주의나라 세우는우리들 순결하고 평화로운 가정을이루네

여기모여혼인예배 주님께드리어 사랑스런신랑신부 한몸을이루네
여기모여혼인예배 주님께드리니 주님주신행복으로 넘치게하소서
여기모여혼인예배 주님께드리고 우리주님믿음으로 복되게살리라

604 (통 288) 완전한 사랑

아내 사랑하기를 그리스도께서 교회를 사랑하시고
(엡 5 : 25)

혼례

D. F. B. Gurney, 1883

O PERFECT LOVE: 11.10.11.10.
J. Barnby, 1889

보통으로

1. 완 전한사 랑 하나님의사 랑 다 함이 없 는 사랑에겨워
2. 온 전한생 활 하게하옵소 서 믿 음과 소 망 사랑가지고
3. 슬 픔을이 길 기쁨주시옵 고 다 툼을 없 앨 평화내리사

둘한몸되어 보람있게살 라손모아주님앞에빕니다
아픔과죽음 겁을내지않 고주님만의지하게하소서
사랑의아침 환히동터오 는행복한나날되게하소서 아멘

혼례
오늘 모여 찬송함은 (통 287) 605
찬셩시, 1905
그러므로 사람이 그 부모를 떠나서 … 그 둘이 한 몸이 될지니라 (마 19 : 5)
HYMN TO JOY: 8.7.8.7.D.
L. van Beethoven, 1824
조금 빠르게
G D G D G G7 Am G D7 G
1. 오늘모여 찬송함은 형제자매 즐거움 거룩하신 주뜻대로 혼인예식 합니다
2. 세상에서 사는동안 한길가게 하시고 맘과뜻이 하나되어 주따르게 하소서
3. 아버지여 우리들이 기도하고 바람은 저들부부 세상에서 해로하게 하소서
D G D G D B Em A7 D G G7 Am G D7 G C G
신랑신부 이두사람 한몸되게 하 시 고 온 -집안이 하나되고 한뜻되게 하소서
서로믿고 존경하며 서로돕고 사 랑 해 고 -와낙을 함께하며 승리하게 하소서
이두사람 감화하사 항상주를 섬 기 며 이 -세상을 살아갈때 행복하게 하소서 아멘
장례
해보다 더 밝은 저 천국 (통 291) 606
S. F. Bennett, 1867
그 성은 해나 달의 비침이 쓸데없으니
(계 21 : 23)
SWEET BY AND BY: 9.9.9.9.REF.
J. P. Webster, 1867
보통으로
G Am C G D G Am C G
1. 해보다 더 밝은 저 천국 믿음만 가지고 가겠네 믿는자 위하여 있을곳
2. 찬란한 주의 빛 있으니 거기는 어두움 없도다 우리들 거기서 만날때
3. 이세상 작별한 성도들 하늘에 올라가 만날때 인간의 괴롬이 끝나고
4. 광명한 하늘에 계신주 우리도 모시고 살겠네 성도들 즐거운 노래로
G Am G D G 후렴 D D7 G
우리주 예비해 두셨네
기쁜낮 서로가 대하리
이별의 눈물이 없겠네
영광을 주앞에 돌리리
며칠후 며칠후 요단강 건너가 만나리
며칠후 며칠후
G C G Am G D7 G C G
며칠후 며칠후 요단강 건너가 만나리 아멘
며칠후 며칠후

607 (통 292)
내 본향 가는 길
장례
THE BLESSED LAND
: 10.10.12.10.
신편 찬송가, 1935
나는 선한 싸움을 싸우고 나의 달려갈 길을 마치고 믿음을 지켰으니
(딤후 4:7)
신편 찬송가, 1935
보통으로
G D7 G G7 C A D D7
1. 내 본향 가는 길 보이도다 인생의 갈 길을 다 달리고
2. 주 예수 예비한 저 새집은 영원히 영원히 빛나는 집
3. 평생에 행한 일 돌아보니 못다한 일 많아 부끄럽네
G D7 G G7 C Cm G D7 G C G
땅위의 수고를 그치라 하시니 내앞에 남은 일 오직 저 길
거기서 성도들 즐거운 노래로 사랑의 구주를 길이 찬송
아버지 사랑이 날 용납하시고 생명의 면류관 주시리라 아멘
608 (통 295)
후일에 생명 그칠 때
장례
CROSBY: 8.8.8.8.REF.
F. J. Crosby, 1892
하늘에 있는 영원한 집이 우리에게 있는 줄 아느니라 (고후 5:1)
G. C. Stebbins (1846-1945)
조금 느리게
E♭ B♭7 E♭ A♭ F7 B♭7 E♭ B♭7 E♭
1. 후일에 생명 그칠 때 여전히 찬송 못하나 성부의 집에 깰 때에
2. 후일에 장막 같은 몸 무너질 때는 모르나 정녕히 내가 알기는
3. 후일에 석양 가까워 서산에 해 가질 때에 주께서 쉬라 하리니
4. 그날을 예비하면서 내 등불 밝게 켰다가 주께서 문을 여실 때
A♭ E♭ B♭7 E♭ 후렴 B♭7 E♭
내 기쁨 한량없겠네
주 예비하신 집 있네
영원한 안식 얻겠네
이 영혼 들어가겠네
내 주 예수 뵈올 때에 그 은혜 찬송하겠네
예수 때에
E♭ B♭7 A♭ E♭ B♭7 E♭ A♭ E♭
내 주 예수 뵈올 때에 그 은혜 찬송하겠네 아멘
예수 때에

장례
이 세상 살 때에
609
김지길 (b. 1923)
너희는 마음에 근심하지 말라 (요 14 : 1)
영생길: 6.5.6.5.D.
홍권옥, 1998
보통으로
Gm D Gm D7 Gm D Gm Cm B♭ Adim D Gm
1.이세상살 때에수고와슬픔 나그네인생길빨리지나네
2.이육신이 생명하나님선물 주께서오라면순종뿐이라
3.어린양보 좌앞성도들모여 면류관드리며영광돌리네
B♭ D7 Gm Cm B♭ F7 D Gm D Gm D D7 Gm Cm G
돌아갈고향은주님의나 라 주 께서예 비한주님의나 라
내영혼주님께부탁하고 서 평 안히잠 들리주님품안 에
영생을얻은몸흰옷입고 서 구 원의찬 양을높이부르 세 아 멘
장례
고생과 수고가 다 지난후 (통 289) 610
C. H. Gabriel, 1900
그들이 수고를 그치고 쉬리니 (계 14 : 13)
GLORY SONG: 10.10.10.10.REF.
C. H. Gabriel, 1900
보통으로
G D G D
1. 고생과수고가다지난후 광명한천국에편히쉴때 주님을모시고나살리니
2. 주님의한없는은혜로써 예비한그집에나이르러 거기서주님을뵈옵는것
3. 앞서간친구를만나볼때 기쁨이내맘에차려니와 주께서날맞아주시리니
A D7 후렴 G D7
영원히빛나는 영광일세 영광일세 영광일세 내가누릴
영원히빛나는 영광일세 영 광일세 영광일세 영광일
영원히빛나는 영광일세
D7 G C B C G C G D7 G C G
영광일세 은혜로주얼굴 뵈옵나니 지극한영광내 영광일세 아멘
세 영광일세

611
주님 오라 부르시어
추모
최태영, 2005
하늘에 있는 영원한 집이 우리에게 있는 줄 아느니라
(고후 5:1)
주님 오라 부르시어: 8.5.8.5.D.
정재규, 2005
보통으로
F C F Am B♭ C
1. 주님오라 부르시어 먼저가신 이 말씀따라 충성하신
2. 근심걱정 눈물많은 이땅위에 서 영원무궁 평화로운
3. 하나님의 품안에서 평안누리 는 먼저가신 성도들의
F C7 F C F C
복된한평 생 한결같은 믿음으로 승 리한삶을
하늘나라 로 주님먼저 부르신뜻 깨 닫게하사
삶을본받 아 주안에서 순종하는 자 녀가되어
F B♭ C7 F B♭ F
우리모두 마음모아 사 랑합니다
슬픈마음 소망으로 위 로하소서
넘치는복 은총속에 살 게하소서 아 멘
612
이 땅에서 주를 위해
추모
김지길, 1980
육의 몸으로 심고 신령한 몸으로 다시 살아나나니
(고전 15:44)
추모 찬송: 8.5.8.5.D.
최종진, 1980
보통으로
F B♭ F C
1. 이 땅 에 서 주 를 위 해 봉 사 하 다 가
2. 하 나 님 이 이 자 리 에 함 께 하 시 사
3. 우 리 모 두 이 땅 에 서 충 성 하 다 가
F B♭ F C7 F
하 나 님 의 부 름 받 아 앞 서 간 성 도
주 의 위 로 우 리 에 게 내 려 주 소 서
하 나 님 이 부 르 실 때 가 게 하 소 서

그 의 생 애 생 각 하 며 모 였 습 니 다
우 리 들 도 가 신 성 도 뒤 를 따 라 서
영 화 로 운 주 의 나 라 들 어 간 후 에
추모하는 마음으로 모였습니 다
하늘나라 바라보며 살게하소 서
다시만나 주와함께 살게하소 서 아 멘
추모
박종화, 2005
사랑의 주 하나님
613
의인은 그의 죽음에도 소망이 있느니라
(잠 14 : 32)
추모: 7.9.8.9.REF.
박영근, 2005
보통으로
1. 사랑의주 하나님 우리삶을 주관하 시니 말씀으로
2. 은혜의주 예수님 십자가의 공로의 지해 구원받은
3. 위로의주 성령님 영생으로 인도하 시니 하늘나라
4. 우리곁을 떠나서 주님품에 먼저안 기운 주의성도
우리에게 영원천국 알게하 소서
이영혼을 기쁨으로 받아주 소서
평강으로 풍족하게 채워주 소서
우리모두 주께영광 찬양합 니다
후렴
이세상사는동안 주의나라
바라며 그의의를 힘입어 소망중에 살게하소서 아멘

614 얼마나 아프셨나

경배와 찬양

예수에게 자색 옷을 입히고 가시관을 엮어 씌우고
(막15:17)

조용기, 1980

구원의 강물: 7.7.7.7.D.REF.
김성혜, 1981

보통으로

1.얼마 나 아프셨나 못박힌 그손과발 죄없이 십자가에
도 산과들도 초목들 도다울고 해조차 빛을잃고
2.나의 죄 너의죄와 우리의 모든죄를 모두다 사하시려
과 손과발에 흐르는 그귀한피 골고다 언덕위를

달리신 주예수님 하늘
캄캄하 게되었 네
십자가 달리신주 얼굴
붉게물 들이셨 네

후렴

오 놀 라운사랑
크시고 끝없도다 오주 님사랑에 구원의강 물넘치네

615 그 큰 일을 행하신

경배와 찬양

능하신 이가 큰 일을 내게 행하셨으니
(눅1:49)

F. J. Crosby, 1875

TO GOD BE THE GLORY
: 11.11.11.11.REF.
W. H. Doane, 1875

조금 빠르게

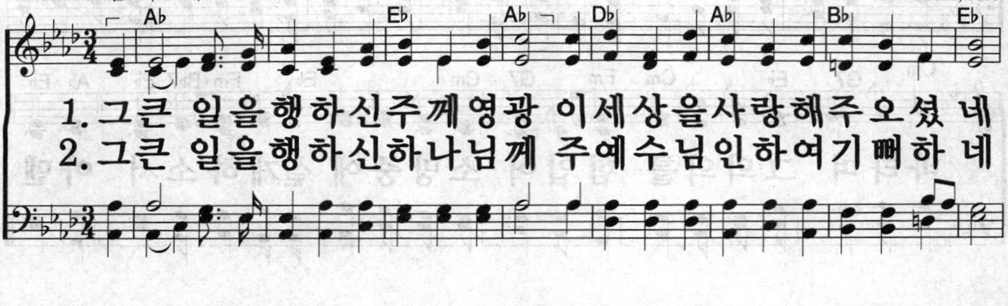

1.그큰 일을행하신주께영광 이세상을사랑해주오셨 네
2.그큰 일을행하신하나님께 주예수님인하여기뻐하 네

주를 경배하리 616

경배와 찬양

D. Gardner

온 땅이 주께 경배하고 주를 노래하며 주의 이름을 노래하리이다 (시 66 : 4)

IRREG.

D. Gardner

617 주님을 찬양합니다

경배와 찬양

내가 주를 기뻐하고 즐거워하며 지존하신 주의 이름을 찬송하리니
(시 9:2)

Anonymous

주님을 찬양합니다: IRREG.
백효죽, 2006

보통으로

1. 주님을찬양합니다 내맘과정성다 하여 놀라우신
2. 주님을경배합니다 내맘과정성다 하여 놀라우신

주님의크신능력찬양하 리라 주님을찬양합 니다
주님의크신능력경배합 니다 주님을경배합 니다

내맘과정성다 하여 주안에서언제나 기뻐하리라
내맘과정성다 하여 주안에서언제나 사랑하리라

할렐루야 주안에서언제나 기뻐하리 라 할렐루야
할렐루야 주안에서언제나 사랑하리 라 할렐루야

618 나 주님을 사랑합니다

경배와 찬양

너희 모든 성도들아 여호와를 사랑하라
(시 31:23)

L. Klein (b. 1950)

I LOVE YOU LORD: IRREG.
L. Klein (b. 1950)
Arr. by E. Thomas (b. 1941)

보통으로

나주님을 사랑합니다 참사 랑의주를경 배해

경배와 찬양

A. Mieir, 1959

놀라운 그 이름 619

그의 이름은 임마누엘이라 하리라
(마 1 : 23)

HIS NAME IS WONDERFUL: IRREG.

A. Mieir, 1959

보통으로

놀라운그이름 놀라운그이름 놀라운 그이름 예수내주

전능의왕이요 만물의주시니 놀라운 그이름 예수내주

선하신목자또영원한반석 전능의하 나님

경배드리며 찬양드리세 놀라운그이름 예수내주

620 여기에 모인 우리

평안과 믿음을 겸한 사랑이 형제들에게 있을지어다
(엡 6 : 23)

경배와 찬양

Nancy Price, 1990

WE WILL KEEP OUR FAITH ALIVE: 7.9.7.8.REF.

Don Besig, 1990

조금 빠르게

G C D G

1. 여기에 모인우리 주의은 총받은자여라
2. 주님이 뜻하신일 헤아리 기어렵더라도
3. 여기에 모인우리 사랑받 는주의자녀라

여기에 모인우리

G C G D G

주께서 이자리에 함께계 심을아노라
언제나 주뜻안에 내가있 음을아노라
주께서 뜻하신바 우리통 해펼치신다

주께서 이자리에

D G C A D

언제나 주님만을 찬양하 며따라가리니
사랑과 말씀들이 나를더 욱새롭게하니
고통과 슬픔중에 더욱주 님의지하오니

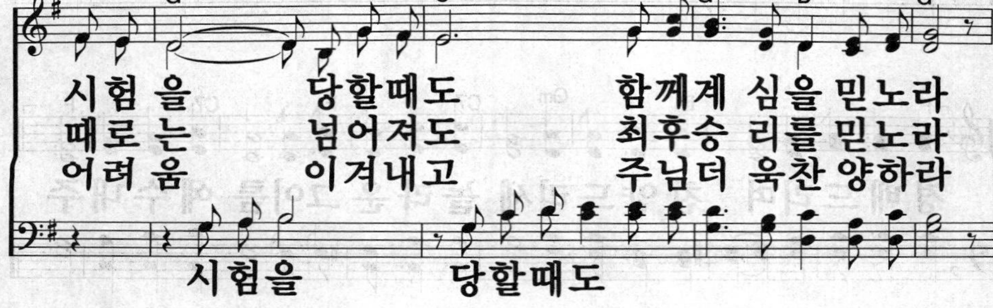

G C G D G
시험을 당할때도 함께계 심을믿노라
때로는 넘어져도 최후승 리를믿노라
어려움 이겨내고 주님더 욱찬양하라
시험을 당할때도

후렴

G C D G D G D

이믿음더 욱굳 세라 주가지켜주신다 어둔밤 에도주의

1.2. 3.

G C G D7 G Bm D D7 G

밝은빛인도하 여주 신다 하 여주 신 다

찬양하라 내 영혼아 621

경배와 찬양

Anonymous

내 영혼아 여호와를 송축하라

(시 103 : 1)

8.8.8.5.

Anonymous

보통으로

E7 A AM7 D B B7 E
1. 찬양하라 내영혼 아 찬양하라 내영혼 아
2. 경배하라 내영혼 아 경배하라 내영혼 아

A D C# F#m B A E7 A
온 맘 과 정 성 다 하 여 주 찬 양 하 라
온 맘 과 정 성 다 하 여 주 경 배 하 라

622
거룩한 밤
경배와 찬양
P. Cappeau (1808-1877)
Eng. Trans. by J. S. Dwight (1847)
나실 바 거룩한 이는 하나님의 아들이라 일컬어지리라
(눅 1:35)
CANTIQUE DE NOËL: IRREG.
A. Adam (1803-1856)
보통으로
1. 거룩한 밤 별빛이 찬란하다 우리 주 예수님 나신 이 밤 오랫동안 죄악에 얽매여서 헤매던 우리 위해 오셨네 온 땅이 주의 나심 기뻐하며 희망의 아침 밝아오도다 무릎 꿇고 천사와 화답하라 오 거룩한 밤 주님 탄생하신 밤 이 밤 거룩한 밤 거룩한 밤
2. 우리 모두 믿음의 빛을 따라 그 앞에 감사히 다 나가세 동방박사 별빛의 인도 따라 주 나신 베들레헴 찾았네 만왕의 왕이 이 땅 위에 오셔 우리의 참된 친구 되시네 우리들의 연약함 아신 주님 다 경배하라 만왕의 왕 주님께 이 밤 거룩한 밤 거룩한 밤
3. 주의 뜻은 사랑과 평화로다 우리도 서로를 사랑하세 주님께서 사슬을 끊으시니 이 땅의 억눌림이 사라져 기쁨의 찬송 함께 부르면서 주님의 이름 높이 기리세 주 예수님 그 이름 영원하리 다 선포하세 주님 크신 능력을 이 밤 거룩한 밤 거룩한 밤

주님의 시간에
623
경배와 찬양
D. Ball (b. 1941)
오직 하나님의 뜻을 행하는 자는 영원히 거하느니라
(요일 2:17)
IN HIS TIME: IRREG.
D. Ball (b. 1941)
보통으로
1. 주님의 (주님의) 시간에 (시간에) 아름답게모든 것 변하리 (변하리) 주님 나의갈길을 인도 하여주시니 주의 뜻을따라서 살리라 (살리라)
2. 주님의 (주님의) 시간에 (시간에) 아름답게모든 것 변하리 (변하리) 나의 정성다하여 주를 찬송하오니 주의 뜻을이루어 주소서 (주소서)
우리 모두 찬양해
624
경배와 찬양
Anonymous
호흡이 있는 자마다 여호와를 찬양할지어다 할렐루야
(시 150:6)
조금 빠르게
Cameroonian Melody
우리모두찬양해 우리구주예수님 우리모두찬양해 아 멘
할 렐루야 할 렐루야 할 렐루야 아 멘

625 거룩 거룩 거룩한 하나님

거룩하다 거룩하다 거룩하다 만군의 여호와여
(사 6:3)

입례송

Sanctus

W. F. Smith (b. 1941)

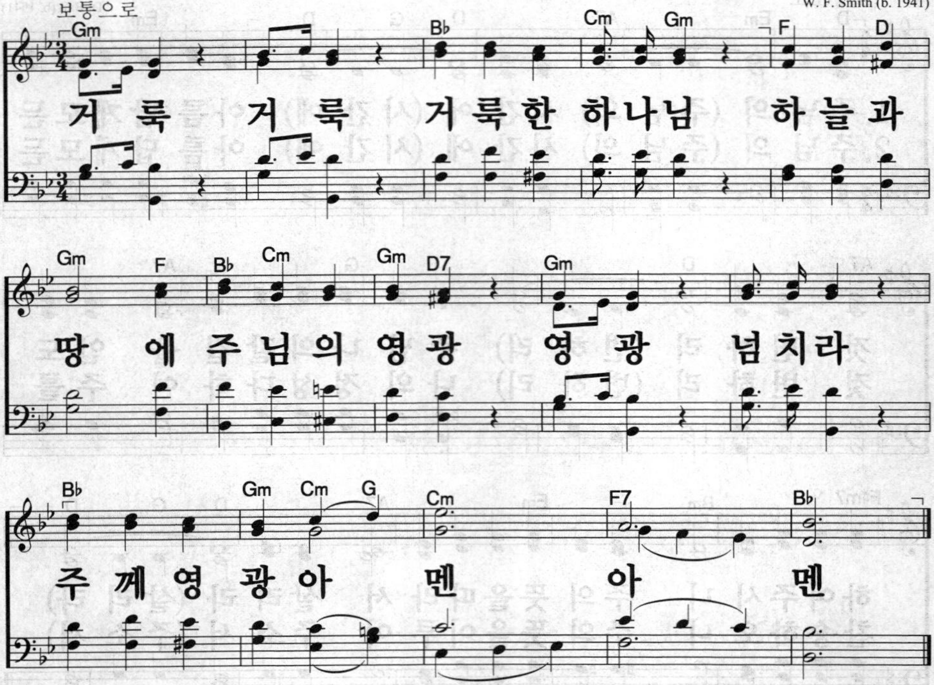

보통으로
Gm Bb Cm Gm F D
거 룩 거 룩 거 룩 한 하 나 님 하 늘 과
Gm F Bb Cm Gm D7 Gm
땅 에 주 님 의 영 광 영 광 넘 치 라
Bb Gm Cm G Cm F7 Bb
주 께 영 광 아 멘 아 멘

626 만민들아 다 경배하라

너희 만민들아 손바닥을 치고 즐거운 소리로 하나님께 외칠지어다
(시 47:1)

입례송

이영조, 1992

만민들아: IRREG.
이영조, 1992

보통으로
Eb Ab Eb Bb7 Eb F7 Bb
만 민 들 아 다 경 배 하 라 주 여 호 와 하 나 님 경 배 하 라
Eb Cm Ab Eb Cm Ab Eb Ab Eb Bb7 Eb Ab Eb
만 민 들 아 다 찬 양 하 라 여 호 와 하 나 님 찬 양 하 라 아 멘

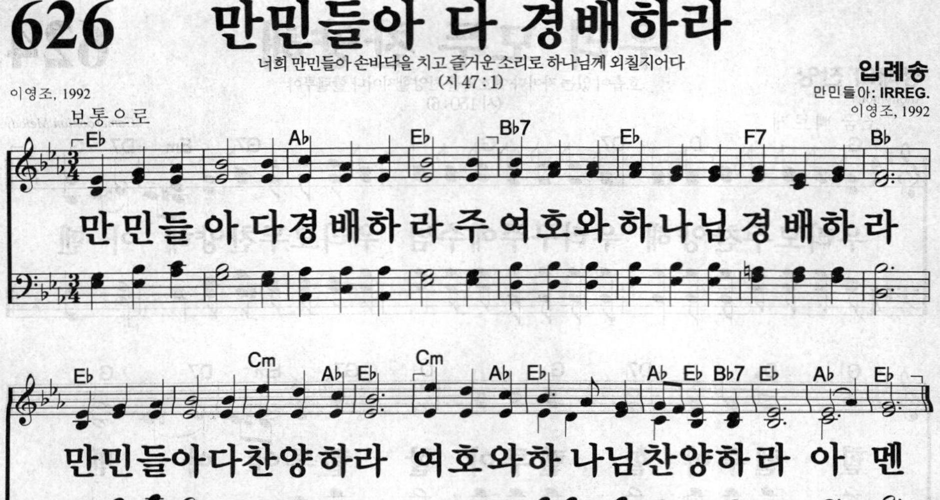

할렐루야 할렐루야 다 함께 627

입례송
이영조, 1992

할렐루야, 여호와를 경외하며
(시 112:1)

경배 할렐루야
이영조, 1992

보통으로

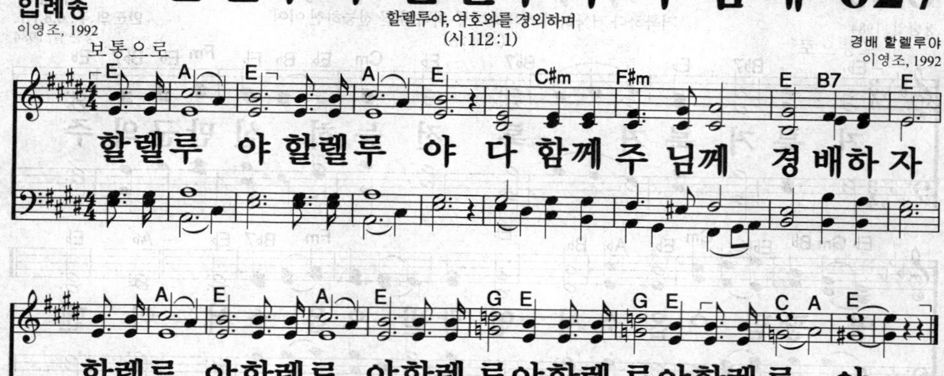

할렐루 야할렐루 야할렐 루야할렐 루야할렐루 야

아멘 아멘 아멘 영광과 존귀를 628

입례송
김행기, 1985

영광이 대대로 영원무궁하기를 원하노라 아멘
(엡 3:21)

영광 존귀
김행기, 1985

보통으로

아 멘아 멘아 멘 영 광과

존귀를 영 원히 주님 께 영원히

태초부터

성부와성자와성령께 영광존귀 찬 양드리 세 아멘

찬양 드리세

629 거룩 거룩 거룩
입례송
장순일, 1984
거룩하다 거룩하다 거룩하다 주 하나님 곧 전능하신 이여
(계 4 : 8)
만군의 주: 6.8.7.7.
장순일, 1984
보통으로
거 룩 거 룩 거 룩 전 능 하 신 만 군 의 주
영 광 받 으 옵 소 서 영 광 받 으 옵 소 서 아 멘
630 (통 547) 진리와 생명 되신 주
기도송
H. Westwood (b. 1884)
너희 몸을… 거룩한 산 제물로 드리라
(롬 12 : 1)
MENDON: 8.8.8.8.
H. Westwood (b. 1884)
보통으로
진 리 와 생 명 되 신 주 이 몸 을 바 치 옵 니 다
믿 음 과 소 망 사 랑 에 한 마 음 되 게 하 소 서 아 멘
631 (통 549) 우리 기도를
기도송
Anonymous
여호와여 내 기도를 들으시며 내 간구에 귀를 기울이시고
(시 143 : 1)
WHELPTON
G. Whelpton, 1897
보통으로
우 리 기 도 를 들 어 주 시 고
주 님 의 평 화 를 내 려 주 소 서 아 멘

주여 주여 우리를
632
기도송
Kyrie
거룩하다 거룩하다 거룩하다 (계 4 : 8)
자비송: IRREG.
이보철, 2002
보통으로
주여 주여 우리를불쌍히여기소서 그리스도여 그리스도여
우리를불쌍히여기소서 주여 주여 우리를불쌍히여기소서
나의 하나님 받으소서
633
헌금응답송
김성훈, 2002
감사로 하나님께 제사를 드리며
(시 50 : 14)
헌금응답송: IRREG.
김성훈, 2002
보통으로
나의 하 나님받 으소 서 주께 드 리는이 예물 을
소리 높여감사 로 주께드리네 아멘
모든 것이 주께로부터
(통 70)
634
헌금응답송
모든 것이 주께로 말미암았사오니 우리가 주의 손에서 받은 것으로 주께 드렸을 뿐이니이다
(대상 29 : 14)
ALL THINGS
Attr. to L. van Beethoven (1770-1827)
보통으로
모든 것이 주께로부터왔으니 이 예물을 주께드리 나이다 아멘

635 하늘에 계신(주기도문)

하늘에 계신 우리 아버지여
(마6:9-13)

주기도송
THE LORD'S PRAYER: IRREG.
A. H. Malotte
Arr. by Jae Eun Ha

보통으로

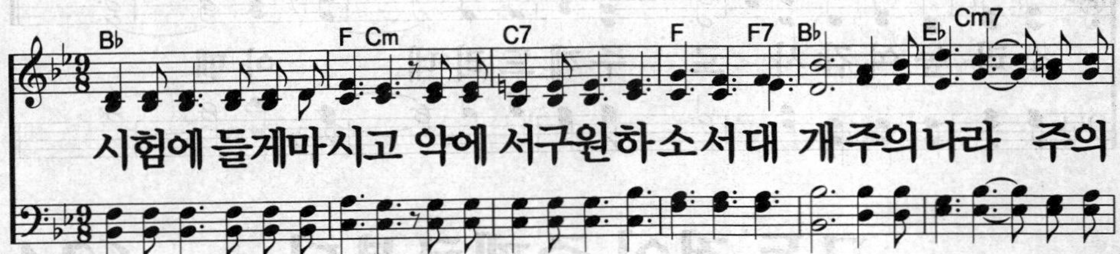

주기도송
The Lord's Prayer

하늘에 계신(주기도문) (통 548) 636

하늘에 계신 우리 아버지여
(마 6:9-13)

THE LORD'S PRAYER
L. T. Downes

보통으로(말하듯이)

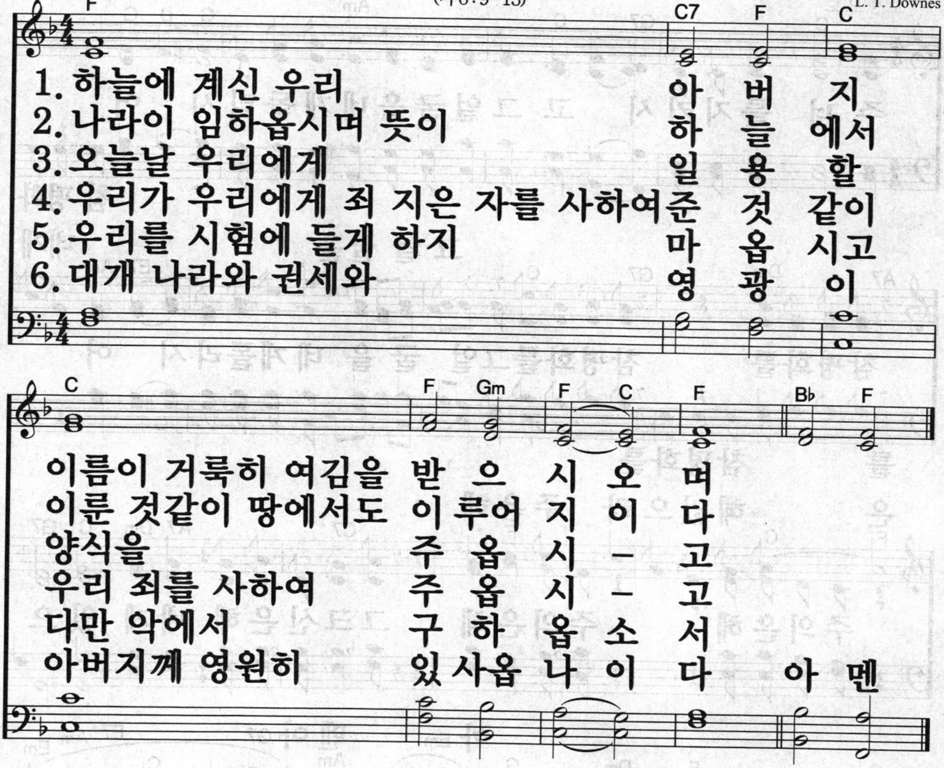

F C7 F C
1. 하늘에 계신 우리 아 버 지
2. 나라이 임하옵시며 뜻이 하 늘 에서
3. 오늘날 우리에게 일 용 할
4. 우리가 우리에게 죄 지은 자를 사하여 준 것 같이
5. 우리를 시험에 들게 하지 마 옵 시고
6. 대개 나라와 권세와 영 광 이
C F Gm F C F B♭ F
이름이 거룩히 여김을 받 으 시 오 며
이룬 것같이 땅에서도 이루어 지 이 다
양식을 주 옵 시 – 고
우리 죄를 사하여 주 옵 시 – 고
다만 악에서 구 하 옵 소 서
아버지께 영원히 있사옵 나 이 다 아 멘

주님 우리의 마음을 여시어 637

말씀응답송

너희는 말씀을 행하는 자가 되고
(약 1:22)

보통으로

말씀응답송: IRREG.
서장원, 2005

F Gm7 B♭ F G7 C
주 님 우 리의 마 음 을 여 시 어
F C7 F B♭ F
말 씀 을 깨 닫 게 하 옵소 서 아 멘

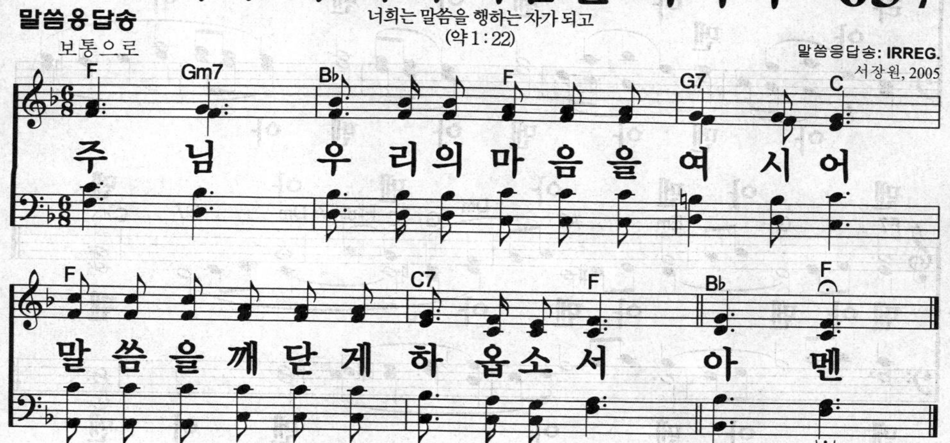

638 (통 550) 주 너를 지키시고
여호와는 네게 복을 주시고 너를 지키시기를 원하며
(민 6 : 24)
축도송
BENEDICTION: IRREG.
P. C. Lutkin, 1900
보통으로
주 너를 지키시 고 그 얼굴을 네게 돌리시 어
참 평화
그 얼 굴을 네게
참평화를 참평화를 그얼 굴 을 네 게 돌리시 어
를 참평화를
은 혜있으라 주은혜
주의은혜 주의은혜 그 크신 은혜 네게 있으
아 멘 아
라 아 멘 아 멘 아
아 멘
아 멘 아 멘 아 멘 아
멘 아 멘 아 멘 아 멘
멘 아 멘 아 멘 아 멘
멘 아 멘 아 멘 아 멘

축도송
백경환, 1983
주 함께하소서
(통 555)
639
사랑하는 모든 자에게 은혜가 있을지어다 (엡 6:24)
주께 비오니
백경환, 1983
보통으로
G C G Am D
주함께하소서 주함께하소서 성전을떠나가기전 주님께비오
G C G
니 주함께하소서 아 멘아 멘 아 멘
아멘
(통 554)
640
아멘송
Greek
G Em Am D7 G
아 멘 아 멘
아멘
(통 552)
641
아멘송
V. D. Thompson, 1890
F B♭ C F
아 멘 아 멘
아멘
642
아멘송
하재은, 2003
B♭ Gm Cm B♭ Gm Cm B♭ F G
아 멘 아 멘 아 멘

643 (통 555) 아멘
아멘송
Danish
Ab Eb Fm Cm Db Bbm Ab Eb Ab
아 멘 아 멘 아 멘
644 (통 557) 아멘
아멘송
J. Stainer, 1870
G A7 D B7 Em C D7 G D D7 G
아 멘 아 멘 아 멘 아 멘
645 (통 558) 아멘
아멘송
J. Stainer, c. 1870
아 멘 아 멘 아
D A Bm E7 A Bm A Dm7 E Em Bm E7 A D E7 A
아 멘 아 멘 아 멘 아 멘 아
아 멘 아 멘
멘 아 멘
E7 A E F#m E7 A E E7 A
멘 아 멘 아 멘
아 멘

교독문 차례

교독문

1. 시편 1편

복 있는 사람은 악인들의 꾀를 따르지 아니하며 죄인들의 길에 서지 아니하며
오만한 자들의 자리에 앉지 아니하고
오직 여호와의 율법을 즐거워하여
그의 율법을 주야로 묵상하는도다
그는 시냇가에 심은 나무가 철을 따라 열매를 맺으며
그 잎사귀가 마르지 아니함 같으니 그가 하는 모든 일이 다 형통하리로다
악인들은 그렇지 아니함이여
오직 바람에 나는 겨와 같도다
그러므로 악인들은 심판을 견디지 못하며
죄인들이 의인들의 모임에 들지 못하리로다
(다같이) **무릇 의인들의 길은 여호와께서 인정하시나 악인들의 길은 망하리로다** (1–6)

2. 시편 2편

어찌하여 이방 나라들이 분노하며 민족들이 헛된 일을 꾸미는가
세상의 군왕들이 나서며 관원들이 서로 꾀하여
여호와와 그의 기름 부음 받은 자를 대적하며
우리가 그들의 맨 것을 끊고 그의 결박을 벗어 버리자 하는도다
하늘에 계신 이가 웃으심이여
주께서 그들을 비웃으시리로다
그 때에 분을 발하며 진노하사 그들을 놀라게 하여 이르시기를
내가 나의 왕을 내 거룩한 산 시온에 세웠다 하시리로다
내가 여호와의 명령을 전하노라 여호와께서 내게 이르시되
너는 내 아들이라 오늘 내가 너를 낳았도다
내게 구하라 내가 이방 나라를 네 유업으로 주리니
네 소유가 땅 끝까지 이르리로다 (1–8)

3. 시편 4편

내 의의 하나님이여 내가 부를 때에 응답하소서 곤란 중에 나를 너그럽게 하셨사오니
내게 은혜를 베푸사 나의 기도를 들으소서
인생들아 어느 때까지 나의 영광을 바꾸어 욕되게 하며
헛된 일을 좋아하고 거짓을 구하려는가
여호와께서 자기를 위하여 경건한 자를 택하신 줄 너희가 알지어다
내가 그를 부를 때에 여호와께서 들으시리로다
너희는 떨며 범죄하지 말지어다 자리에 누워 심중에 말하고 잠잠할지어다
의의 제사를 드리고 여호와를 의지할지어다
여러 사람의 말이 우리에게 선을 보일 자 누구뇨 하오니
여호와여 주의 얼굴을 들어 우리에게 비추소서

주께서 내 마음에 두신 기쁨은

그들의 곡식과 새 포도주가 풍성할 때보다 더하니이다

내가 평안히 눕고 자기도 하리니

나를 안전히 살게 하시는 이는 오직 여호와이시니이다 (1–8)

4. 시편 5편

여호와여 나의 말에 귀를 기울이사 나의 심정을 헤아려 주소서

나의 왕, 나의 하나님이여 내가 부르짖는 소리를 들으소서 내가 주께 기도하나이다

여호와여 아침에 주께서 나의 소리를 들으시리니 아침에 내가 주께 기도하고 바라리이다

주는 죄악을 기뻐하는 신이 아니시니 악이 주와 함께 머물지 못하며

오만한 자들이 주의 목전에 서지 못하리이다 주는 모든 행악자를 미워하시며

거짓말하는 자들을 멸망시키시리이다 여호와께서는 피 흘리기를 즐기는 자와 속이는 자를 싫어하시나이다

오직 나는 주의 풍성한 사랑을 힘입어 주의 집에 들어가 주를 경외함으로 성전을 향하여 예배하리이다

여호와여 나의 원수들로 말미암아 주의 의로 나를 인도하시고 주의 길을 내 목전에 곧게 하소서 (1–8)

5. 시편 8편

여호와 우리 주여 주의 이름이 온 땅에 어찌 그리 아름다운지요

주의 영광이 하늘을 덮었나이다

주의 대적으로 말미암아 어린 아이들과 젖먹이들의 입으로 권능을 세우심이여

이는 원수들과 보복자들을 잠잠하게 하려 하심이니이다

주의 손가락으로 만드신 주의 하늘과

주께서 베풀어 두신 달과 별들을 내가 보오니

사람이 무엇이기에 주께서 그를 생각하시며

인자가 무엇이기에 주께서 그를 돌보시나이까

그를 하나님보다 조금 못하게 하시고

영화와 존귀로 관을 씌우셨나이다

주의 손으로 만드신 것을 다스리게 하시고 만물을 그의 발 아래 두셨으니

곧 모든 소와 양과 들짐승이며 공중의 새와 바다의 물고기와 바닷길에 다니는 것이니이다

(다같이) **여호와 우리 주여 주의 이름이 온 땅에 어찌 그리 아름다운지요** (1–9)

6. 시편 10편

여호와여 일어나옵소서 하나님이여 손을 드옵소서 가난한 자들을 잊지 마옵소서

어찌하여 악인이 하나님을 멸시하여 그의 마음에 이르기를 주는 감찰하지 아니하리라 하나이까

주께서는 보셨나이다 주는 재앙과 원한을 감찰하시고 주의 손으로 갚으려 하시오니

외로운 자가 주를 의지하나이다 주는 벌써부터 고아를 도우시는 이시니이다

악인의 팔을 꺾으소서 악한 자의 악을 더 이상 찾아낼 수 없을 때까지 찾으소서
여호와께서는 영원무궁하도록 왕이시니 이방 나라들이 주의 땅에서 멸망하였나이다
여호와여 주는 겸손한 자의 소원을 들으셨사오니
그들의 마음을 준비하시며 귀를 기울여 들으시고
고아와 압제당하는 자를 위하여 심판하사
세상에 속한 자가 다시는 위협하지 못하게 하시리이다 (12–18)

7. 시편 13편

여호와여 어느 때까지니이까 나를 영원히 잊으시나이까
주의 얼굴을 나에게서 어느 때까지 숨기시겠나이까
나의 영혼이 번민하고 종일토록 마음에 근심하기를 어느 때까지 하오며
내 원수가 나를 치며 자랑하기를 어느 때까지 하리이까
여호와 내 하나님이여 나를 생각하사 응답하시고 나의 눈을 밝히소서
두렵건대 내가 사망의 잠을 잘까 하오며
두렵건대 나의 원수가 이르기를 내가 그를 이겼다 할까 하오며
내가 흔들릴 때에 나의 대적들이 기뻐할까 하나이다
나는 오직 주의 사랑을 의지하였사오니
나의 마음은 주의 구원을 기뻐하리이다
(다같이) **내가 여호와를 찬송하리니 이는 주께서 내게 은덕을 베푸심이로다** (1–6)

8. 시편 14편

어리석은 자는 그의 마음에 이르기를 하나님이 없다 하는도다
그들은 부패하고 그 행실이 가증하니 선을 행하는 자가 없도다
여호와께서 하늘에서 인생을 굽어살피사 지각이 있어 하나님을 찾는 자가 있는가 보려 하신즉
다 치우쳐 함께 더러운 자가 되고 선을 행하는 자가 없으니 하나도 없도다
죄악을 행하는 자는 다 무지하냐 그들이 떡 먹듯이 내 백성을 먹으면서 여호와를 부르지 아니하는도다
그러나 거기서 그들은 두려워하고 두려워하였으니 하나님이 의인의 세대에 계심이로다
너희가 가난한 자의 계획을 부끄럽게 하나 오직 여호와는 그의 피난처가 되시도다
이스라엘의 구원이 시온에서 나오기를 원하도다
(다같이) **여호와께서 그의 백성을 포로된 곳에서 돌이키실 때에 야곱이 즐거워하고 이스라엘이 기뻐하리로다** (1–7)

9. 시편 15편

여호와여 주의 장막에 머무를 자 누구오며
주의 성산에 사는 자 누구오니이까
정직하게 행하며 공의를 실천하며
그의 마음에 진실을 말하며
그의 혀로 남을 허물하지 아니하고 그의 이웃에게 악을 행하지 아니하며

그의 이웃을 비방하지 아니하며
그의 눈은 망령된 자를 멸시하며
여호와를 두려워하는 자들을 존대하며
그의 마음에 서원한 것은 해로울지라도 변하지 아니하며
이자를 받으려고 돈을 꾸어 주지 아니하며
뇌물을 받고 무죄한 자를 해하지 아니하는 자이니
이런 일을 행하는 자는 영원히 흔들리지 아니하리이다 (1–5)

10. 시편 16편

하나님이여 나를 지켜 주소서 내가 주께 피하나이다
내가 여호와께 아뢰되 주는 나의 주님이시오니 주밖에는 나의 복이 없다 하였나이다
땅에 있는 성도들은 존귀한 자들이니 나의 모든 즐거움이 그들에게 있도다
다른 신에게 예물을 드리는 자는 괴로움이 더할 것이라
나는 그들이 드리는 피의 전제를 드리지 아니하며
내 입술로 그 이름도 부르지 아니하리로다
여호와는 나의 산업과 나의 잔의 소득이시니 나의 분깃을 지키시나이다
내게 줄로 재어 준 구역은 아름다운 곳에 있음이여 나의 기업이 실로 아름답도다
나를 훈계하신 여호와를 송축할지라
밤마다 내 양심이 나를 교훈하도다
내가 여호와를 항상 내 앞에 모심이여
그가 나의 오른쪽에 계시므로 내가 흔들리지 아니하리로다 (1–8)

11. 시편 17편

여호와여 의의 호소를 들으소서 나의 울부짖음에 주의하소서
거짓 되지 아니한 입술에서 나오는 나의 기도에 귀를 기울이소서
주께서 나를 판단하시며 주의 눈으로 공평함을 살피소서
주께서 내 마음을 시험하시고 밤에 내게 오시어서 나를 감찰하셨으나
흠을 찾지 못하셨사오니 내가 결심하고 입으로 범죄하지 아니하리이다
사람의 행사로 논하면 나는 주의 입술의 말씀을 따라 스스로 삼가서
포악한 자의 길을 가지 아니하였사오며
나의 걸음이 주의 길을 굳게 지키고 실족하지 아니하였나이다
하나님이여 내게 응답하시겠으므로 내가 불렀사오니
내게 귀를 기울여 내 말을 들으소서
주께 피하는 자들을 그 일어나 치는 자들에게서 오른손으로 구원하시는 주여
주의 기이한 사랑을 나타내소서 (1–7)

12. 시편 19편

하늘이 하나님의 영광을 선포하고
궁창이 그의 손으로 하신 일을 나타내는도다
낮은 날에게 말하고 밤은 밤에게 지식을 전하니 언어도 없고 말씀도 없으며 들리는 소리

도 없으나
그의 소리가 온 땅에 통하고 그의 말씀이 세상 끝까지 이르도다 (1-4상)
여호와의 율법은 완전하여 영혼을 소성시키며
여호와의 증거는 확실하여 우둔한 자를 지혜롭게 하며
여호와의 교훈은 정직하여 마음을 기쁘게 하고
여호와의 계명은 순결하여 눈을 밝게 하시도다
여호와를 경외하는 도는 정결하여 영원까지 이르고
여호와의 법도 진실하여 다 의로우니
(다같이) **금 곧 많은 순금보다 더 사모할 것이며 꿀과 송이꿀보다 더 달도다** (7-10)

13. 시편 23편

여호와는 나의 목자시니
내게 부족함이 없으리로다
그가 나를 푸른 풀밭에 누이시며
쉴 만한 물 가로 인도하시는도다
내 영혼을 소생시키시고
자기 이름을 위하여 의의 길로 인도하시는도다
내가 사망의 음침한 골짜기로 다닐지라도 해를 두려워하지 않을 것은
주께서 나와 함께 하심이라 주의 지팡이와 막대기가 나를 안위하시나이다
주께서 내 원수의 목전에서 내게 상을 차려 주시고
기름을 내 머리에 부으셨으니 내 잔이 넘치나이다
내 평생에 선하심과 인자하심이 반드시 나를 따르리니
내가 여호와의 집에 영원히 살리로다 (1-6)

14. 시편 24편

땅과 거기에 충만한 것과 세계와 그 가운데에 사는 자들은 다 여호와의 것이로다
여호와께서 그 터를 바다 위에 세우심이여 강들 위에 건설하셨도다
여호와의 산에 오를 자가 누구며 그의 거룩한 곳에 설 자가 누구인가
곧 손이 깨끗하며 마음이 청결하며 뜻을 허탄한 데에 두지 아니하며 거짓 맹세하지 아니하는 자로다
그는 여호와께 복을 받고 구원의 하나님께 의를 얻으리니
이는 여호와를 찾는 족속이요 야곱의 하나님의 얼굴을 구하는 자로다
문들아 너희 머리를 들지어다 영원한 문들아 들릴지어다 영광의 왕이 들어가시리로다
영광의 왕이 누구시냐 강하고 능한 여호와시요 전쟁에 능한 여호와시로다
문들아 너희 머리를 들지어다 영원한 문들아 들릴지어다 영광의 왕이 들어가시리로다
영광의 왕이 누구시냐 만군의 여호와께서 곧 영광의 왕이시로다 (1-10)

15. 시편 27편

여호와는 나의 빛이요 나의 구원이시니 내가 누구를 두려워하리요
여호와는 내 생명의 능력이시니 내가 누구를 무서워하리요

악인들이 내 살을 먹으려고 내게로 왔으나
나의 대적들, 나의 원수들인 그들은 실족하여 넘어졌도다
군대가 나를 대적하여 진 칠지라도 내 마음이 두렵지 아니하며
전쟁이 일어나 나를 치려 할지라도 나는 여전히 태연하리로다
내가 여호와께 바라는 한 가지 일 그것을 구하리니 곧 내가 내 평생에 여호와의 집에 살면서
여호와의 아름다움을 바라보며 그의 성전에서 사모하는 그것이라
여호와께서 환난 날에 나를 그의 초막 속에 비밀히 지키시고
그의 장막 은밀한 곳에 나를 숨기시며 높은 바위 위에 두시리로다
이제 내 머리가 나를 둘러싼 내 원수 위에 들리리니
내가 그의 장막에서 즐거운 제사를 드리겠고 노래하며 여호와를 찬송하리로다 (1–6)

16. 시편 28편

여호와여 내가 주께 부르짖으오니 나의 반석이여 내게 귀를 막지 마소서
주께서 내게 잠잠하시면 내가 무덤에 내려가는 자와 같을까 하나이다
내가 주의 지성소를 향하여 나의 손을 들고 주께 부르짖을 때에
나의 간구하는 소리를 들으소서
악인과 악을 행하는 자들과 함께 나를 끌어내지 마옵소서
그들은 그 이웃에게 화평을 말하나 그들의 마음에는 악독이 있나이다 (1–3)
그들은 여호와께서 행하신 일과 손으로 지으신 것을 생각하지 아니하므로
여호와께서 그들을 파괴하고 건설하지 아니하시리로다
여호와를 찬송함이여
내 간구하는 소리를 들으심이로다
여호와는 나의 힘과 나의 방패이시니
내 마음이 그를 의지하여 도움을 얻었도다 (5–7상)
(다같이) **여호와는 그들의 힘이시요 그의 기름부음 받은 자의 구원의 요새이시로다** (8)

17. 시편 29편

너희 권능 있는 자들아 영광과 능력을 여호와께 돌리고 돌릴지어다
여호와께 그의 이름에 합당한 영광을 돌리며 거룩한 옷을 입고 여호와께 예배할지어다
여호와의 소리가 물 위에 있도다 영광의 하나님이 우렛소리를 내시니 여호와는 많은 물 위에 계시도다
여호와의 소리가 힘 있음이여 여호와의 소리가 위엄차도다
여호와의 소리가 백향목을 꺾으심이여 여호와께서 레바논 백향목을 꺾어 부수시도다
그 나무를 송아지같이 뛰게 하심이여 레바논과 시룐으로 들송아지같이 뛰게 하시도다
여호와의 소리가 화염을 가르시도다
여호와의 소리가 광야를 진동하심이여 여호와께서 가데스 광야를 진동시키시도다
여호와의 소리가 암사슴을 낙태하게 하시고 삼림을 말갛게 벗기시니
그의 성전에서 그의 모든 것들이 말하기를 영광이라 하도다

여호와께서 홍수 때에 좌정하셨음이여 여호와께서 영원하도록 왕으로 좌정하시도다
여호와께서 자기 백성에게 힘을 주심이여 여호와께서 자기 백성에게 평강의 복을 주시리로다 (1–11)

18. 시편 31편

여호와여 내가 주께 피하오니 나를 영원히 부끄럽게 하지 마시고 주의 공의로 나를 건지소서
내게 귀를 기울여 속히 건지시고 내게 견고한 바위와 구원하는 산성이 되소서
주는 나의 반석과 산성이시니 그러므로 주의 이름을 생각하셔서 나를 인도하시고 지도하소서
그들이 나를 위하여 비밀히 친 그물에서 빼내소서 주는 나의 산성이시니이다
내가 나의 영을 주의 손에 부탁하나이다 진리의 하나님 여호와여 나를 속량하셨나이다
내가 허탄한 거짓을 숭상하는 자들을 미워하고 여호와를 의지하나이다
내가 주의 인자하심을 기뻐하며 즐거워할 것은 주께서 나의 고난을 보시고 환난 중에 있는 내 영혼을 아셨으며
나를 원수의 수중에 가두지 아니하셨고 내 발을 넓은 곳에 세우셨음이니이다 (1–8)

19. 시편 32편

허물의 사함을 받고 자신의 죄가 가려진 자는 복이 있도다
마음에 간사함이 없고 여호와께 정죄를 당하지 아니하는 자는 복이 있도다
내가 입을 열지 아니할 때에 종일 신음하므로 내 뼈가 쇠하였도다
주의 손이 주야로 나를 누르시오니 내 진액이 빠져서 여름 가뭄에 마름같이 되었나이다 (1–4)
주께 내 죄를 아뢰고 내 죄악을 숨기지 아니하였더니
곧 주께서 내 죄악을 사하셨나이다
이로 말미암아 모든 경건한 자는 주를 만날 기회를 얻어서 주께 기도할지라
진실로 홍수가 범람할지라도 그에게 미치지 못하리이다
주는 나의 은신처이오니 환난에서 나를 보호하시고
구원의 노래로 나를 두르시리이다 (5하–7)
너희 의인들아 여호와를 기뻐하며 즐거워할지어다
마음이 정직한 너희들아 다 즐거이 외칠지어다 (11)

20. 시편 33편

너희 의인들아 여호와를 즐거워하라 찬송은 정직한 자들이 마땅히 할 바로다
수금으로 여호와께 감사하고 열 줄 비파로 찬송할지어다
새 노래로 그를 노래하며 즐거운 소리로 아름답게 연주할지어다
여호와의 말씀은 정직하며 그가 행하시는 일은 다 진실하시도다
그는 공의와 정의를 사랑하심이여 세상에는 여호와의 인자하심이 충만하도다
여호와의 말씀으로 하늘이 지음이 되었으며 그 만상을 그의 입 기운으로 이루었도다
그가 바닷물을 모아 무더기같이 쌓으시며 깊은 물을 곳간에 두시도다
온 땅은 여호와를 두려워하며 세상의 모든 거민들은 그를 경외할지어다 (1–8)

21. 시편 34편

내가 여호와를 항상 송축함이여 내 입술로 항상 주를 찬양하리이다

내 영혼이 여호와를 자랑하리니 곤고한 자들이 이를 듣고 기뻐하리로다

나와 함께 여호와를 광대하시다 하며 함께 그의 이름을 높이세

내가 여호와께 간구하매 내게 응답하시고 내 모든 두려움에서 나를 건지셨도다 (1-4)

이 곤고한 자가 부르짖으매 여호와께서 들으시고 그의 모든 환난에서 구원하셨도다

여호와의 천사가 주를 경외하는 자를 둘러 진 치고 그들을 건지시는도다

너희는 여호와의 선하심을 맛보아 알지어다 그에게 피하는 자는 복이 있도다

너희 성도들아 여호와를 경외하라 그를 경외하는 자에게는 부족함이 없도다

(다같이) **젊은 사자는 궁핍하여 주릴지라도 여호와를 찾는 자는 모든 좋은 것에 부족함이 없으리로다** (6-10)

22. 시편 37편

악을 행하는 자들 때문에 불평하지 말며 불의를 행하는 자들을 시기하지 말지어다

그들은 풀과 같이 속히 베임을 당할 것이며 푸른 채소같이 쇠잔할 것임이로다

여호와를 의뢰하고 선을 행하라 땅에 머무는 동안 그의 성실을 먹을 거리로 삼을지어다

또 여호와를 기뻐하라 그가 네 마음의 소원을 네게 이루어 주시리로다

네 길을 여호와께 맡기라 그를 의지하면 그가 이루시고

네 의를 빛같이 나타내시며 네 공의를 정오의 빛같이 하시리로다

여호와 앞에 잠잠하고 참고 기다리라

자기 길이 형통하며 악한 꾀를 이루는 자 때문에 불평하지 말지어다

(다같이) **분을 그치고 노를 버리며 불평하지 말라 오히려 악을 만들 뿐이라** (1-8)

23. 시편 43편

하나님이여 나를 판단하시되 경건하지 아니한 나라에 대하여 내 송사를 변호하시며

간사하고 불의한 자에게서 나를 건지소서

주는 나의 힘이 되신 하나님이시거늘 어찌하여 나를 버리셨나이까

내가 어찌하여 원수의 억압으로 말미암아 슬프게 다니나이까

주의 빛과 주의 진리를 보내시어 나를 인도하시고

주의 거룩한 산과 주께서 계시는 곳에 이르게 하소서

그런즉 내가 하나님의 제단에 나아가 나의 큰 기쁨의 하나님께 이르리이다

하나님이여 나의 하나님이여 내가 수금으로 주를 찬양하리이다

내 영혼아 네가 어찌하여 낙심하며 어찌하여 내 속에서 불안해 하는가

너는 하나님께 소망을 두라 그가 나타나 도우심으로 말미암아 내 하나님을 여전히 찬송하리로다 (1-5)

24. 시편 46편

하나님은 우리의 피난처시요 힘이시니

환난 중에 만날 큰 도움이시라

그러므로 땅이 변하든지 산이 흔들려 바다 가운데에 빠지든지 바닷물이 솟아나고 뛰놀든지

그것이 넘침으로 산이 흔들릴지라도 우리는 두려워하지 아니하리로다
한 시내가 있어 나뉘어 흘러 하나님의 성 곧 지존하신 이의 성소를 기쁘게 하도다
하나님이 그 성 중에 계시매 성이 흔들리지 아니할 것이라 새벽에 하나님이 도우시리로다 (1–5)
그가 땅 끝까지 전쟁을 쉬게 하심이여
활을 꺾고 창을 끊으며 수레를 불사르시는도다
이르시기를 너희는 가만히 있어 내가 하나님 됨을 알지어다
내가 뭇 나라 중에서 높임을 받으리라 내가 세계 중에서 높임을 받으리라 하시도다
만군의 여호와께서 우리와 함께하시니
야곱의 하나님은 우리의 피난처시로다 (9–11)

25. 시편 47편

너희 만민들아 손바닥을 치고 즐거운 소리로 하나님께 외칠지어다
지존하신 여호와는 두려우시고 온 땅에 큰 왕이 되심이로다
여호와께서 만민을 우리에게, 나라들을 우리 발 아래에 복종하게 하시며
우리를 위하여 기업을 택하시나니 곧 사랑하신 야곱의 영화로다
하나님께서 즐거운 함성 중에 올라가심이여 여호와께서 나팔 소리 중에 올라가시도다
찬송하라 하나님을 찬송하라 찬송하라 우리 왕을 찬송하라
하나님은 온 땅의 왕이심이라 지혜의 시로 찬송할지어다
하나님이 뭇 백성을 다스리시며 하나님이 그의 거룩한 보좌에 앉으셨도다
뭇 나라의 고관들이 모임이여 아브라함의 하나님의 백성이 되도다
세상의 모든 방패는 하나님의 것임이여 그는 높임을 받으시리로다 (1–9)

26. 시편 50편

내 백성아 들을지어다 내가 말하리라 이스라엘아 내가 네게 증언하리라 나는 하나님 곧 네 하나님이로다
나는 네 제물 때문에 너를 책망하지는 아니하리니 네 번제가 항상 내 앞에 있음이로다
내가 네 집에서 수소나 네 우리에서 숫염소를 가져가지 아니하리니
이는 삼림의 짐승들과 뭇 산의 가축이 다 내 것이며
산의 모든 새들도 내가 아는 것이며 들의 짐승도 내 것임이로다
내가 가령 주려도 네게 이르지 아니할 것은 세계와 거기에 충만한 것이 내 것임이로다
내가 수소의 고기를 먹으며 염소의 피를 마시겠느냐
감사로 하나님께 제사를 드리며 지존하신 이에게 네 서원을 갚으며
(다같이) **환난 날에 나를 부르라 내가 너를 건지리니 네가 나를 영화롭게 하리로다** (7–15)

27. 시편 51편

하나님이여 주의 인자를 따라 내게 은혜를 베푸시며
주의 많은 긍휼을 따라 내 죄악을 지워 주소서
나의 죄악을 말갛게 씻으시며 나의 죄를 깨끗이 제하소서

무릇 나는 내 죄과를 아오니 내 죄가 항상 내 앞에 있나이다
내가 주께만 범죄하여 주의 목전에 악을 행하였사오니
주께서 말씀하실 때에 의로우시다 하고 주께서 심판하실 때에 순전하시다 하리이다
내가 죄악 중에서 출생하였음이여
어머니가 죄 중에서 나를 잉태하였나이다 (1–5)
우슬초로 나를 정결하게 하소서 내가 정하리이다
나의 죄를 씻어 주소서 내가 눈보다 희리이다 (7)
하나님이여 내 속에 정한 마음을 창조하시고
내 안에 정직한 영을 새롭게 하소서 (10)

28. 시편 63편

하나님이여 주는 나의 하나님이시라 내가 간절히 주를 찾되
물이 없어 마르고 황폐한 땅에서 내 영혼이 주를 갈망하며 내 육체가 주를 앙모하나이다
내가 주의 권능과 영광을 보기 위하여
이와 같이 성소에서 주를 바라보았나이다
주의 인자하심이 생명보다 나으므로
내 입술이 주를 찬양할 것이라
이러므로 나의 평생에 주를 송축하며
주의 이름으로 말미암아 나의 손을 들리이다
골수와 기름진 것을 먹음과 같이
나의 영혼이 만족할 것이라
나의 입이 기쁜 입술로 주를 찬송하되 내가 나의 침상에서 주를 기억하며
새벽에 주의 말씀을 작은 소리로 읊조릴 때에 하오리니 주는 나의 도움이 되셨음이라
(다같이) **내가 주의 날개 그늘에서 즐겁게 부르리이다** (1–7)

29. 시편 65편

하나님이여 찬송이 시온에서 주를 기다리오며
사람이 서원을 주께 이행하리이다
기도를 들으시는 주여 모든 육체가 주께 나아오리이다
죄악이 나를 이겼사오니 우리의 허물을 주께서 사하시리이다
주께서 택하시고 가까이 오게 하사
주의 뜰에 살게 하신 사람은 복이 있나이다
우리가 주의 집 곧 주의 성전의 아름다움으로 만족하리이다 (1–4)
땅을 돌보사 물을 대어 심히 윤택하게 하시며
하나님의 강에 물이 가득하게 하시고
이같이 땅을 예비하신 후에 그들에게 곡식을 주시나이다 (9)
초장은 양 떼로 옷 입었고 골짜기는 곡식으로 덮였으매
그들이 다 즐거이 외치고 또 노래하나이다 (13)

30. 시편 67편

하나님은 우리에게 은혜를 베푸사 복을 주시고 그의 얼굴 빛을 우리에게 비추사
주의 도를 땅 위에, 주의 구원을 모든 나라에게 알리소서
하나님이여 민족들이 주를 찬송하게 하시며
모든 민족들이 주를 찬송하게 하소서
온 백성은 기쁘고 즐겁게 노래할지니
주는 민족들을 공평히 심판하시며 땅 위의 나라들을 다스리실 것임이니이다
하나님이여 민족들이 주를 찬송하게 하시며 모든 민족으로 주를 찬송하게 하소서
땅이 그의 소산을 내어 주었으니 하나님 곧 우리 하나님이 우리에게 복을 주시리로다
하나님이 우리에게 복을 주시리니
땅의 모든 끝이 하나님을 경외하리로다 (1-7)

31. 시편 68편

하나님이 일어나시니 원수들은 흩어지며
주를 미워하는 자들은 주 앞에서 도망하리이다
연기가 불려 가듯이 그들을 몰아내소서
불 앞에서 밀이 녹음같이 악인이 하나님 앞에서 망하게 하소서
의인은 기뻐하여 하나님 앞에서 뛰놀며 기뻐하고 즐거워할지어다
하나님께 노래하며 그의 이름을 찬양하라
하늘을 타고 광야에 행하시던 이를 위하여 대로를 수축하라
그의 이름은 여호와이시니 그의 앞에서 뛰놀지어다
그의 거룩한 처소에 계신 하나님은 고아의 아버지시며 과부의 재판장이시라
하나님이 고독한 자들은 가족과 함께 살게 하시며
갇힌 자들은 이끌어 내사 형통하게 하시느니라
오직 거역하는 자들의 거처는 메마른 땅이로다 (1-6)
(다같이) **하나님이여 주께서 가난한 자를 위하여 주의 은택을 준비하셨나이다** (10하)

32. 시편 71편

여호와여 내가 주께 피하오니 내가 영원히 수치를 당하게 하지 마소서
주의 의로 나를 건지시며 나를 풀어 주시며 주의 귀를 내게 기울이사 나를 구원하소서
주는 내가 항상 피하여 숨을 바위가 되소서 주께서 나를 구원하라 명령하셨으니
이는 주께서 나의 반석이시요 나의 요새이심이니이다
나의 하나님이여 나를 악인의 손 곧 불의한 자와 흉악한 자의 장중에서 피하게 하소서
주 여호와여 주는 나의 소망이시요 내가 어릴 때부터 신뢰한 이시라
내가 모태에서부터 주를 의지하였으며 나의 어머니의 배에서부터 주께서 나를 택하셨사오니
나는 항상 주를 찬송하리이다 (1-6)

33. 시편 72편

하나님이여 주의 판단력을 왕에게 주시고 주의 공의를 왕의 아들에게 주소서

그가 주의 백성을 공의로 재판하며 주의 가난한 자를 정의로 재판하리니
의로 말미암아 산들이 백성에게 평강을 주며 작은 산들도 그리하리로다
그가 가난한 백성의 억울함을 풀어 주며 궁핍한 자의 자손을 구원하며 압박하는 자를 꺾으리로다
그들이 해가 있을 동안에도 주를 두려워하며 달이 있을 동안에도 대대로 그리하리로다
그는 벤 풀 위에 내리는 비같이, 땅을 적시는 소낙비같이 내리리니
그의 날에 의인이 흥왕하여 평강의 풍성함이 달이 다할 때까지 이르리로다
그가 바다에서부터 바다까지와 강에서부터 땅 끝까지 다스리리니 (1–8)
(다같이) **모든 왕이 그의 앞에 부복하며 모든 민족이 다 그를 섬기리로다** (11)

34. 시편 81편

우리의 능력이 되시는 하나님을 향하여 기쁘게 노래하며 야곱의 하나님을 향하여 즐거이 소리칠지어다
시를 읊으며 소고를 치고 아름다운 수금에 비파를 아우를지어다
초하루와 보름과 우리의 명절에 나팔을 불지어다
이는 이스라엘의 율례요 야곱의 하나님의 규례로다
하나님이 애굽 땅을 치러 나아가시던 때에 요셉의 족속 중에 이를 증거로 세우셨도다
거기서 내가 알지 못하던 말씀을 들었나니
이르시되 내가 그의 어깨에서 짐을 벗기고
그의 손에서 광주리를 놓게 하였도다
네가 고난 중에 부르짖으매 내가 너를 건졌고
우렛소리의 은밀한 곳에서 네게 응답하며 므리바 물 가에서 너를 시험하였도다
내 백성이여 들으라 내가 네게 증언하리라 이스라엘이여 내게 듣기를 원하노라
너희 중에 다른 신을 두지 말며 이방 신에게 절하지 말지어다
나는 너를 애굽 땅에서 인도하여 낸 여호와 네 하나님이니 네 입을 크게 열라 내가 채우리라 하였으나
내 백성이 내 소리를 듣지 아니하며 이스라엘이 나를 원하지 아니하였도다
(1–11)

35. 시편 84편

만군의 여호와여 주의 장막이 어찌 그리 사랑스러운지요
내 영혼이 여호와의 궁정을 사모하여 쇠약함이여
내 마음과 육체가 살아 계시는 하나님께 부르짖나이다
나의 왕, 나의 하나님, 만군의 여호와여
주의 제단에서 참새도 제 집을 얻고 제비도 새끼 둘 보금자리를 얻었나이다
주의 집에 사는 자들은 복이 있나니 그들이 항상 주를 찬송하리이다
주께 힘을 얻고 그 마음에 시온의 대로가 있는 자는 복이 있나이다
그들이 눈물 골짜기로 지나갈 때에
그 곳에 많은 샘이 있을 것이며 이른 비가 복을 채워 주나이다 (1–6)
주의 궁정에서의 한 날이 다른 곳에서의 천 날보다 나은즉

악인의 장막에 사는 것보다 내 하나님의 성전 문지기로 있는 것이 좋사오니 (10)
만군의 여호와여 주께 의지하는 자는 복이 있나이다 (12)

36. 시편 90편

주여 주는 대대에 우리의 거처가 되셨나이다
산이 생기기 전, 땅과 세계도 주께서 조성하시기 전 곧 영원부터 영원까지 주는 하나님이시니이다
주께서 사람을 티끌로 돌아가게 하시고 말씀하시기를 너희 인생들은 돌아가라 하셨사오니
주의 목전에는 천 년이 지나간 어제 같으며 밤의 한 순간 같을 뿐임이니이다
주께서 그들을 홍수처럼 쓸어가시나이다 그들은 잠깐 자는 것 같으며 아침에 돋는 풀 같으니이다
풀은 아침에 꽃이 피어 자라다가 저녁에는 시들어 마르나이다
우리는 주의 노에 소멸되며 주의 분내심에 놀라나이다
주께서 우리의 죄악을 주의 앞에 놓으시며 우리의 은밀한 죄를 주의 얼굴 빛 가운데에 두셨사오니
우리의 모든 날이 주의 분노 중에 지나가며 우리의 평생이 순식간에 다하였나이다
우리의 연수가 칠십이요 강건하면 팔십이라도 그 연수의 자랑은 수고와 슬픔뿐이요 신속히 가니 우리가 날아가나이다
누가 주의 노여움의 능력을 알며 누가 주의 진노의 두려움을 알리이까
우리에게 우리 날 계수함을 가르치사 지혜로운 마음을 얻게 하소서 (1–12)

37. 시편 91편

지존자의 은밀한 곳에 거주하며
전능자의 그늘 아래에 사는 자여
나는 여호와를 향하여 말하기를 그는 나의 피난처요 나의 요새요 내가 의뢰하는 하나님이라 하리니
이는 그가 너를 새 사냥꾼의 올무에서와 심한 전염병에서 건지실 것임이로다
그가 너를 그의 깃으로 덮으시리니 네가 그의 날개 아래에 피하리로다
그의 진실함은 방패와 손 방패가 되시나니 (1–4)
천 명이 네 왼쪽에서, 만 명이 네 오른쪽에서 엎드러지나
이 재앙이 네게 가까이 하지 못하리로다 (7)
그가 너를 위하여 그의 천사들을 명령하사
네 모든 길에서 너를 지키게 하심이라 (11)
(다같이) **하나님이 이르시되 그가 나를 사랑한즉 내가 그를 건지리라 그가 내 이름을 안즉 내가 그를 높이리라** (14)

38. 시편 92편

지존자여 십현금과 비파와 수금으로 여호와께 감사하며 주의 이름을 찬양하고
아침마다 주의 인자하심을 알리며 밤마다 주의 성실하심을 베풂이 좋으니이다
여호와여 주께서 행하신 일로 나를 기쁘게 하셨으니

주의 손이 행하신 일로 말미암아 내가 높이 외치리이다 (1-4)
의인은 종려나무같이 번성하며 레바논의 백향목같이 성장하리로다
이는 여호와의 집에 심겼음이여 우리 하나님의 뜰 안에서 번성하리로다
그는 늙어도 여전히 결실하며 진액이 풍족하고 빛이 청청하니
여호와의 정직하심과 나의 바위 되심과 그에게는 불의가 없음이 선포되리로다 (12-15)

39. 시편 95편

오라 우리가 여호와께 노래하며
우리의 구원의 반석을 향하여 즐거이 외치자
우리가 감사함으로 그 앞에 나아가며
시를 지어 즐거이 그를 노래하자
여호와는 크신 하나님이시요
모든 신들보다 크신 왕이시기 때문이로다
땅의 깊은 곳이 그의 손 안에 있으며
산들의 높은 곳도 그의 것이로다
바다도 그의 것이라 그가 만드셨고
육지도 그의 손이 지으셨도다
오라 우리가 굽혀 경배하며
우리를 지으신 여호와 앞에 무릎을 꿇자
(다같이) **그는 우리의 하나님이시요 우리는 그가 기르시는 백성이며 그의 손이 돌보시는 양이기 때문이라** (1-7상)

40. 시편 96편

새 노래로 여호와께 노래하라 온 땅이여 여호와께 노래할지어다
여호와께 노래하여 그의 이름을 송축하며 그의 구원을 날마다 전파할지어다
그의 영광을 백성들 가운데에, 그의 기이한 행적을 만민 가운데에 선포할지어다 (1-3)
만국의 모든 신들은 우상들이지만 여호와께서는 하늘을 지으셨음이로다
존귀와 위엄이 그의 앞에 있으며
능력과 아름다움이 그의 성소에 있도다 (5-6)
아름답고 거룩한 것으로 여호와께 예배할지어다
온 땅이여 그 앞에서 떨지어다 (9)
하늘은 기뻐하고 땅은 즐거워하며 바다와 거기에 충만한 것이 외치고
밭과 그 가운데에 있는 모든 것은 즐거워할지로다
그 때 숲의 모든 나무들이 여호와 앞에서 즐거이 노래하리니
그가 임하시되 땅을 심판하러 임하실 것임이라
(다같이) **그가 의로 세계를 심판하시며 그의 진실하심으로 백성을 심판하시리로다** (11-13)

41. 시편 97편

여호와께서 다스리시나니 땅은 즐거워하며 허다한 섬은 기뻐할지어다
구름과 흑암이 그를 둘렀고 의와 공평이 그의 보좌의 기초로다

불이 그의 앞에서 나와 사방의 대적들을 불사르시는도다
그의 번개가 세계를 비추니 땅이 보고 떨었도다
산들이 여호와의 앞 곧 온 땅의 주 앞에서 밀랍같이 녹았도다
하늘이 그의 의를 선포하니 모든 백성이 그의 영광을 보았도다
조각한 신상을 섬기며 허무한 것으로 자랑하는 자는 다 수치를 당할 것이라 너희 신들아 여호와께 경배할지어다
여호와여 시온이 주의 심판을 듣고 기뻐하며 유다의 딸들이 즐거워하였나이다
여호와여 주는 온 땅 위에 지존하시고 모든 신들보다 위에 계시니이다
여호와를 사랑하는 너희여 악을 미워하라 그가 그의 성도의 영혼을 보전하사 악인의 손에서 건지시느니라
의인을 위하여 빛을 뿌리고 마음이 정직한 자를 위하여 기쁨을 뿌리시는도다
의인이여 너희는 여호와로 말미암아 기뻐하며 그의 거룩한 이름에 감사할지어다 (1–12)

42. 시편 98편

새 노래로 여호와께 찬송하라 그는 기이한 일을 행하사
그의 오른손과 거룩한 팔로 자기를 위하여 구원을 베푸셨음이로다
여호와께서 그의 구원을 알게 하시며
그의 공의를 뭇 나라의 목전에서 명백히 나타내셨도다
그가 이스라엘의 집에 베푸신 인자와 성실을 기억하셨으므로
땅 끝까지 이르는 모든 것이 우리 하나님의 구원을 보았도다
온 땅이여 여호와께 즐거이 소리칠지어다
소리 내어 즐겁게 노래하며 찬송할지어다
수금으로 여호와를 노래하라
수금과 음성으로 노래할지어다
나팔과 호각 소리로 왕이신 여호와 앞에 즐겁게 소리칠지어다
바다와 거기 충만한 것과 세계와 그 중에 거주하는 자는 다 외칠지어다
(다같이) **여호와 앞에서 큰 물은 박수할지어다 산악이 함께 즐겁게 노래할지어다** (1–8)

43. 시편 99편

여호와께서 다스리시니 만민이 떨 것이요
여호와께서 그룹 사이에 좌정하시니 땅이 흔들릴 것이로다
시온에 계시는 여호와는 위대하시고 모든 민족보다 높으시도다
주의 크고 두려운 이름을 찬송할지니 그는 거룩하심이로다
능력 있는 왕은 정의를 사랑하느니라 주께서 공의를 견고하게 세우시고
주께서 야곱에게 정의와 공의를 행하시나이다
너희는 여호와 우리 하나님을 높여 그의 발등상 앞에서 경배할지어다
그는 거룩하시도다
그의 제사장들 중에는 모세와 아론이 있고 그의 이름을 부르는 자들 중에는 사무엘이 있도다

그들이 여호와께 간구하매 응답하셨도다
여호와께서 구름 기둥 가운데서 그들에게 말씀하시니
그들은 그가 그들에게 주신 증거와 율례를 지켰도다
여호와 우리 하나님이여 주께서는 그들에게 응답하셨고
그들의 행한 대로 갚기는 하셨으나 그들을 용서하신 하나님이시니이다
너희는 여호와 우리 하나님을 높이고 그 성산에서 예배할지어다
여호와 우리 하나님은 거룩하심이로다 (1–9)

44. 시편 100편

온 땅이여 여호와께 즐거운 찬송을 부를지어다
기쁨으로 여호와를 섬기며 노래하면서 그의 앞에 나아갈지어다
여호와가 우리 하나님이신 줄 너희는 알지어다
그는 우리를 지으신 이요 우리는 그의 것이니 그의 백성이요 그의 기르시는 양이로다
감사함으로 그의 문에 들어가며 찬송함으로 그의 궁정에 들어가서
그에게 감사하며 그의 이름을 송축할지어다
여호와는 선하시니 그의 인자하심이 영원하고
그의 성실하심이 대대에 이르리로다 (1–5)

45. 시편 103편

내 영혼아 여호와를 송축하라
내 속에 있는 것들아 다 그의 거룩한 이름을 송축하라
내 영혼아 여호와를 송축하며 그의 모든 은택을 잊지 말지어다
그가 네 모든 죄악을 사하시며 네 모든 병을 고치시며
네 생명을 파멸에서 속량하시고 인자와 긍휼로 관을 씌우시며
좋은 것으로 네 소원을 만족하게 하사 네 청춘을 독수리같이 새롭게 하시는도다 (1–5)
여호와는 긍휼이 많으시고 은혜로우시며 노하기를 더디 하시고 인자하심이 풍부하시도다
자주 경책하지 아니하시며 노를 영원히 품지 아니하시리로다
우리의 죄를 따라 우리를 처벌하지는 아니하시며 우리의 죄악을 따라 우리에게 그대로 갚지는 아니하셨으니
이는 하늘이 땅에서 높음같이 그를 경외하는 자에게 그의 인자하심이 크심이로다
동이 서에서 먼 것같이 우리의 죄과를 우리에게서 멀리 옮기셨으며
아버지가 자식을 긍휼히 여김같이 여호와께서는 자기를 경외하는 자를 긍휼히 여기시나니
(다같이) **이는 그가 우리의 체질을 아시며 우리가 단지 먼지뿐임을 기억하심이로다** (8–14)

46. 시편 104편

내 영혼아 여호와를 송축하라 여호와 나의 하나님이여
주는 심히 위대하시며 존귀와 권위로 옷 입으셨나이다
주께서 옷을 입음같이 빛을 입으시며 하늘을 휘장같이 치시며

물에 자기 누각의 들보를 얹으시며 구름으로 자기 수레를 삼으시고
바람 날개로 다니시며 바람을 자기 사신으로 삼으시고 불꽃으로 자기 사역자를 삼으시며
땅에 기초를 놓으사 영원히 흔들리지 아니하게 하셨나이다 (1–5)
주께서 물의 경계를 정하여 넘치지 못하게 하시며
다시 돌아와 땅을 덮지 못하게 하셨나이다
여호와께서 샘을 골짜기에서 솟아나게 하시고 산 사이에 흐르게 하사
각종 들짐승에게 마시게 하시니 들나귀들도 해갈하며
공중의 새들도 그 가에서 깃들이며
나뭇가지 사이에서 지저귀는도다
그가 그의 누각에서부터 산에 물을 부어 주시니
주께서 하시는 일의 결실이 땅을 만족시켜 주는도다 (9–13)

47. 시편 105편

여호와께 감사하고 그의 이름을 불러 아뢰며 그가 하는 일을 만민 중에 알게 할지어다
그에게 노래하며 그를 찬양하며 그의 모든 기이한 일들을 말할지어다
그의 거룩한 이름을 자랑하라 여호와를 구하는 자들은 마음이 즐거울지로다
여호와와 그의 능력을 구할지어다 그의 얼굴을 항상 구할지어다
그의 종 아브라함의 후손 곧 택하신 야곱의 자손 너희는 그가 행하신 기적과 그의 이적과 그의 입의 판단을 기억할지어다
그는 여호와 우리 하나님이시라 그의 판단이 온 땅에 있도다
그는 그의 언약 곧 천 대에 걸쳐 명령하신 말씀을 영원히 기억하셨으니
이것은 아브라함과 맺은 언약이고 이삭에게 하신 맹세이며
야곱에게 세우신 율례 곧 이스라엘에게 하신 영원한 언약이라
이르시기를 내가 가나안 땅을 네게 주어 너희에게 할당된 소유가 되게 하리라 하셨도다 (1–11)

48. 시편 106편

여호와여 주의 백성에게 베푸시는 은혜로 나를 기억하시며
주의 구원으로 나를 돌보사
내가 주의 택하신 자가 형통함을 보고 주의 나라의 기쁨을 나누어 가지게 하사
주의 유산을 자랑하게 하소서
우리가 우리의 조상들처럼 범죄하여
사악을 행하며 악을 지었나이다
우리의 조상들이 애굽에 있을 때 주의 기이한 일들을 깨닫지 못하며
주의 크신 인자를 기억하지 아니하고 바다 곧 홍해에서 거역하였나이다
그러나 여호와께서는 자기의 이름을 위하여 그들을 구원하셨으니
그의 큰 권능을 만인이 알게 하려 하심이로다
이에 홍해를 꾸짖으시니 곧 마르니 그들을 인도하여 바다 건너가기를 마치 광야를 지나감 같게 하사
그들을 그 미워하는 자의 손에서 구원하시며 그 원수의 손에서 구원하셨고

그들의 대적들은 물로 덮으시매 그들 중에서 하나도 살아 남지 못하였도다
이에 그들이 그의 말씀을 믿고 그를 찬양하는 노래를 불렀도다 (4-12)

49. 시편 108편

하나님이여 내 마음을 정하였사오니
내가 노래하며 나의 마음을 다하여 찬양하리로다
비파야, 수금아, 깰지어다
내가 새벽을 깨우리로다
여호와여 내가 만민 중에서 주께 감사하고
뭇 나라 중에서 주를 찬양하오리니
주의 인자하심이 하늘보다 높으시며
주의 진실은 궁창에까지 이르나이다
하나님이여 주는 하늘 위에 높이 들리시며
주의 영광이 온 땅에서 높임 받으시기를 원하나이다
(다같이) **주께서 사랑하시는 자들을 건지시기 위하여 우리에게 응답하사 오른손으로 구원하소서** (1-6)

50. 시편 116편

여호와께서 내 음성과 내 간구를 들으시므로 내가 그를 사랑하는도다
그의 귀를 내게 기울이셨으므로 내가 평생에 기도하리로다
사망의 줄이 나를 두르고 스올의 고통이 내게 이르므로 내가 환난과 슬픔을 만났을 때에
내가 여호와의 이름으로 기도하기를 여호와여 주께 구하오니 내 영혼을 건지소서 하였도다
여호와는 은혜로우시며 의로우시며 우리 하나님은 긍휼이 많으시도다
여호와께서는 순진한 자를 지키시나니 내가 어려울 때에 나를 구원하셨도다
내 영혼아 네 평안함으로 돌아갈지어다 여호와께서 너를 후대하심이로다
주께서 내 영혼을 사망에서, 내 눈을 눈물에서, 내 발을 넘어짐에서 건지셨나이다 (1-8)
내게 주신 모든 은혜를 내가 여호와께 무엇으로 보답할까
내가 구원의 잔을 들고 여호와의 이름을 부르며
여호와의 모든 백성 앞에서 나는 나의 서원을 여호와께 갚으리로다
그의 경건한 자들의 죽음은 여호와께서 보시기에 귀중한 것이로다 (12-15)

51. 시편 118편

여호와께 감사하라 그는 선하시며 그의 인자하심이 영원함이로다
이제 이스라엘은 말하기를 그의 인자하심이 영원하다 할지로다
이제 아론의 집은 말하기를 그의 인자하심이 영원하다 할지로다
이제 여호와를 경외하는 자는 말하기를 그의 인자하심이 영원하다 할지로다
내가 고통 중에 여호와께 부르짖었더니 여호와께서 응답하시고 나를 넓은 곳에 세우셨도다

여호와는 내 편이시라 내가 두려워하지 아니하리니 사람이 내게 어찌할까
여호와께서 내 편이 되사 나를 돕는 자들 중에 계시니
그러므로 나를 미워하는 자들에게 보응하시는 것을 내가 보리로다
여호와께 피하는 것이 사람을 신뢰하는 것보다 나으며 여호와께 피하는 것이 고관들을 신뢰하는 것보다 낫도다
뭇 나라가 나를 에워쌌으니 내가 여호와의 이름으로 그들을 끊으리로다 (1–10)
너는 나를 밀쳐 넘어뜨리려 하였으나 여호와께서는 나를 도우셨도다
여호와는 나의 능력과 찬송이시요 또 나의 구원이 되셨도다 (13–14)

52. 시편 119편

청년이 무엇으로 그의 행실을 깨끗하게 하리이까 주의 말씀만 지킬 따름이니이다
내가 전심으로 주를 찾았사오니 주의 계명에서 떠나지 말게 하소서
내가 주께 범죄하지 아니하려 하여 주의 말씀을 내 마음에 두었나이다
찬송을 받으실 주 여호와여 주의 율례들을 내게 가르치소서 (9–12)
내가 주의 법도들을 작은 소리로 읊조리며 주의 길들에 주의하며
주의 율례들을 즐거워하며 주의 말씀을 잊지 아니하리이다 (15–16)
주의 법이 나의 즐거움이 되지 아니하였더면 내가 내 고난 중에 멸망하였으리이다
내가 주의 법도들을 영원히 잊지 아니하오니 주께서 이것들 때문에 나를 살게 하심이니이다
나는 주의 것이오니 나를 구원하소서 내가 주의 법도들만을 찾았나이다
악인들이 나를 멸하려고 엿보오나 나는 주의 증거들만을 생각하겠나이다
내가 보니 모든 완전한 것이 다 끝이 있어도 주의 계명들은 심히 넓으니이다
내가 주의 법을 어찌 그리 사랑하는지요 내가 그것을 종일 작은 소리로 읊조리나이다 (92–97)

53. 시편 121편

내가 산을 향하여 눈을 들리라 나의 도움이 어디서 올까
나의 도움은 천지를 지으신 여호와에게서로다
여호와께서 너를 실족하지 아니하게 하시며 너를 지키시는 이가 졸지 아니하시리로다
이스라엘을 지키시는 이는 졸지도 아니하시고 주무시지도 아니하시리로다
여호와는 너를 지키시는 이시라 여호와께서 네 오른쪽에서 네 그늘이 되시나니
낮의 해가 너를 상하게 하지 아니하며 밤의 달도 너를 해치지 아니하리로다
여호와께서 너를 지켜 모든 환난을 면하게 하시며 또 네 영혼을 지키시리로다
여호와께서 너의 출입을 지금부터 영원까지 지키시리로다 (1–8)

54. 시편 126편

여호와께서 시온의 포로를 돌려 보내실 때에 우리는 꿈꾸는 것 같았도다
그 때에 우리 입에는 웃음이 가득하고 우리 혀에는 찬양이 찼었도다
그 때에 뭇 나라 가운데에서 말하기를 여호와께서 그들을 위하여 큰 일을 행하셨다 하였도다

여호와께서 우리를 위하여 큰 일을 행하셨으니 우리는 기쁘도다
여호와여 우리의 포로를 남방 시내들같이 돌려 보내소서
눈물을 흘리며 씨를 뿌리는 자는 기쁨으로 거두리로다
(다같이) **울며 씨를 뿌리러 나가는 자는 반드시 기쁨으로 그 곡식 단을 가지고 돌아오리로다** (1–6)

55. 시편 127편

여호와께서 집을 세우지 아니하시면 세우는 자의 수고가 헛되며
여호와께서 성을 지키지 아니하시면 파수꾼의 깨어 있음이 헛되도다
너희가 일찍이 일어나고 늦게 누우며 수고의 떡을 먹음이 헛되도다
그러므로 여호와께서 그의 사랑하시는 자에게는 잠을 주시는도다
보라 자식들은 여호와의 기업이요
태의 열매는 그의 상급이로다
젊은 자의 자식은 장사의 수중의 화살 같으니
이것이 그의 화살통에 가득한 자는 복되도다
(다같이) **그들이 성문에서 그들의 원수와 담판할 때에 수치를 당하지 아니하리로다** (1–5)

56. 시편 128편

여호와를 경외하며 그의 길을 걷는 자마다 복이 있도다
네가 네 손이 수고한 대로 먹을 것이라 네가 복되고 형통하리로다
네 집 안방에 있는 네 아내는 결실한 포도나무 같으며
네 식탁에 둘러 앉은 자식들은 어린 감람나무 같으리로다
여호와를 경외하는 자는 이같이 복을 얻으리로다
여호와께서 시온에서 네게 복을 주실지어다
너는 평생에 예루살렘의 번영을 보며 네 자식의 자식을 볼지어다
이스라엘에게 평강이 있을지로다 (1–6)

57. 시편 130편

여호와여 내가 깊은 곳에서 주께 부르짖었나이다
주여 내 소리를 들으시며 나의 부르짖는 소리에 귀를 기울이소서
여호와여 주께서 죄악을 지켜보실진대
주여 누가 서리이까
그러나 사유하심이 주께 있음은
주를 경외하게 하심이니이다
나 곧 내 영혼은 여호와를 기다리며
나는 주의 말씀을 바라는도다
파수꾼이 아침을 기다림보다 내 영혼이 주를 더 기다리나니
참으로 파수꾼이 아침을 기다림보다 더하도다
이스라엘아 여호와를 바랄지어다

여호와께서는 인자하심과 풍성한 속량이 있음이라
(다같이) 그가 이스라엘을 그의 모든 죄악에서 속량하시리로다 (1–8)

58. 시편 133편

보라 형제가 연합하여 동거함이
어찌 그리 선하고 아름다운고
머리에 있는 보배로운 기름이
수염 곧 아론의 수염에 흘러서 그의 옷깃까지 내림 같고
헐몬의 이슬이 시온의 산들에 내림 같도다
거기서 여호와께서 복을 명령하셨나니 곧 영생이로다 (1–3)

59. 시편 136편

여호와께 감사하라 그는 선하시며 그 인자하심이 영원함이로다
신들 중에 뛰어난 하나님께 감사하라 그 인자하심이 영원함이로다
주들 중에 뛰어난 주께 감사하라 그 인자하심이 영원함이로다
홀로 큰 기이한 일들을 행하시는 이에게 감사하라 그 인자하심이 영원함이로다
지혜로 하늘을 지으신 이에게 감사하라 그 인자하심이 영원함이로다
땅을 물 위에 펴신 이에게 감사하라 그 인자하심이 영원함이로다
큰 빛들을 지으신 이에게 감사하라 그 인자하심이 영원함이로다
해로 낮을 주관하게 하신 이에게 감사하라 그 인자하심이 영원함이로다
달과 별들로 밤을 주관하게 하신 이에게 감사하라 그 인자하심이 영원함이로다
애굽의 장자를 치신 이에게 감사하라 그 인자하심이 영원함이로다
이스라엘을 그들 중에서 인도하여 내신 이에게 감사하라 그 인자하심이 영원함이로다
강한 손과 펴신 팔로 인도하여 내신 이에게 감사하라 그 인자하심이 영원함이로다 (1–12)

60. 시편 139편

여호와여 주께서 나를 살펴보셨으므로 나를 아시나이다
주께서 내가 앉고 일어섬을 아시고 멀리서도 나의 생각을 밝히 아시오며
나의 모든 길과 내가 눕는 것을 살펴보셨으므로 나의 모든 행위를 익히 아시오니
여호와여 내 혀의 말을 알지 못하시는 것이 하나도 없으시니이다 (1–4)
내가 주의 영을 떠나 어디로 가며 주의 앞에서 어디로 피하리이까
내가 하늘에 올라갈지라도 거기 계시며 스올에 내 자리를 펼지라도 거기 계시니이다
내가 새벽 날개를 치며 바다 끝에 가서 거주할지라도
거기서도 주의 손이 나를 인도하시며 주의 오른손이 나를 붙드시리이다 (7–10)
하나님이여 나를 살피사 내 마음을 아시며 나를 시험하사 내 뜻을 아옵소서
내게 무슨 악한 행위가 있나 보시고 나를 영원한 길로 인도하소서 (23–24)

61. 시편 142편

내가 소리 내어 여호와께 부르짖으며

소리 내어 여호와께 간구하는도다
내가 내 원통함을 그의 앞에 토로하며
내 우환을 그의 앞에 진술하는도다
내 영이 내 속에서 상할 때에도 주께서 내 길을 아셨나이다
내가 가는 길에 그들이 나를 잡으려고 올무를 숨겼나이다
오른쪽을 살펴보소서 나를 아는 이도 없고 나의 피난처도 없고
내 영혼을 돌보는 이도 없나이다
여호와여 내가 주께 부르짖어 말하기를
주는 나의 피난처시요 살아 있는 사람들의 땅에서 나의 분깃이시라 하였나이다
나의 부르짖음을 들으소서 나는 심히 비천하니이다
나를 핍박하는 자들에게서 나를 건지소서 그들은 나보다 강하니이다
내 영혼을 옥에서 이끌어 내사 주의 이름을 감사하게 하소서
주께서 나에게 갚아 주시리니 의인들이 나를 두르리이다 (1–7)

62. 시편 143편

여호와여 내 기도를 들으시며 내 간구에 귀를 기울이시고
주의 진실과 의로 내게 응답하소서
주의 종에게 심판을 행하지 마소서
주의 눈 앞에는 의로운 인생이 하나도 없나이다
원수가 내 영혼을 핍박하며 내 생명을 땅에 엎어서 나로 죽은 지 오랜 자같이 나를 암흑 속에 두었나이다
그러므로 내 심령이 속에서 상하며 내 마음이 내 속에서 참담하니이다
내가 옛날을 기억하고 주의 모든 행하신 것을 읊조리며 주의 손이 행하는 일을 생각하고
주를 향하여 손을 펴고 내 영혼이 마른 땅같이 주를 사모하나이다
여호와여 속히 내게 응답하소서 내 영이 피곤하니이다 (1–7상)
여호와여 주의 이름을 위하여 나를 살리시고 주의 의로 내 영혼을 환난에서 끌어내소서
주의 인자하심으로 나의 원수들을 끊으시고
내 영혼을 괴롭게 하는 자를 다 멸하소서 나는 주의 종이니이다 (11–12)

63. 시편 145편

왕이신 나의 하나님이여 내가 주를 높이고 영원히 주의 이름을 송축하리이다
내가 날마다 주를 송축하며 영원히 주의 이름을 송축하리이다
여호와는 위대하시니 크게 찬양할 것이라 그의 위대하심을 측량하지 못하리로다
대대로 주께서 행하시는 일을 크게 찬양하며 주의 능한 일을 선포하리로다
주의 존귀하고 영광스러운 위엄과 주의 기이한 일들을 나는 작은 소리로 읊조리리이다
사람들은 주의 두려운 일의 권능을 말할 것이요 나도 주의 위대하심을 선포하리이다
그들이 주의 크신 은혜를 기념하여 말하며 주의 의를 노래하리이다
여호와는 은혜로우시며 긍휼이 많으시며 노하기를 더디 하시며 인자하심이 크시도다
여호와께서는 모든 것을 선대하시며 그 지으신 모든 것에 긍휼을 베푸시는도다

여호와여 주께서 지으신 모든 것들이 주께 감사하며 주의 성도들이 주를 송축하리이다 (1-10)

64. 시편 148편

할렐루야 하늘에서 여호와를 찬양하며 높은 데서 그를 찬양할지어다

그의 모든 천사여 찬양하며 모든 군대여 그를 찬양할지어다

해와 달아 그를 찬양하며 밝은 별들아 다 그를 찬양할지어다

하늘의 하늘도 그를 찬양하며 하늘 위에 있는 물들도 그를 찬양할지어다

그것들이 여호와의 이름을 찬양함은 그가 명령하시므로 지음을 받았음이로다

그가 또 그것들을 영원히 세우시고 폐하지 못할 명령을 정하셨도다 (1-6)

여호와의 이름을 찬양할지어다 그의 이름이 홀로 높으시며 그의 영광이 땅과 하늘 위에 뛰어나심이로다

그가 그의 백성의 뿔을 높이셨으니 그는 모든 성도 곧 그를 가까이 하는 백성 이스라엘 자손의 찬양 받을 이시로다 할렐루야 (13-14)

65. 시편 149편

할렐루야 새 노래로 여호와께 노래하며 성도의 모임 가운데에서 찬양할지어다

이스라엘은 자기를 지으신 이로 말미암아 즐거워하며 시온의 주민은 그들의 왕으로 말미암아 즐거워할지어다

춤 추며 그의 이름을 찬양하며 소고와 수금으로 그를 찬양할지어다

여호와께서는 자기 백성을 기뻐하시며 겸손한 자를 구원으로 아름답게 하심이로다

성도들은 영광 중에 즐거워하며 그들의 침상에서 기쁨으로 노래할지어다

그들의 입에는 하나님에 대한 찬양이 있고 그들의 손에는 두 날 가진 칼이 있도다

이것으로 뭇 나라에 보수하며 민족들을 벌하며

그들의 왕들은 사슬로, 그들의 귀인은 철고랑으로 결박하고

(다같이) **기록한 판결대로 그들에게 시행할지로다 이런 영광은 그의 모든 성도에게 있도다 할렐루야** (1-9)

66. 시편 150편

할렐루야 그의 성소에서 하나님을 찬양하며

그의 권능의 궁창에서 그를 찬양할지어다

그의 능하신 행동을 찬양하며

그의 지극히 위대하심을 따라 찬양할지어다

나팔 소리로 찬양하며

비파와 수금으로 찬양할지어다

소고 치며 춤 추어 찬양하며

현악과 퉁소로 찬양할지어다

큰 소리 나는 제금으로 찬양하며

높은 소리 나는 제금으로 찬양할지어다

(다같이) **호흡이 있는 자마다 여호와를 찬양할지어다 할렐루야** (1-6)

67. 잠언 3장

지혜를 얻은 자와 명철을 얻은 자는 복이 있나니
이는 지혜를 얻는 것이 은을 얻는 것보다 낫고 그 이익이 정금보다 나음이니라
지혜는 진주보다 귀하니 네가 사모하는 모든 것으로도 이에 비교할 수 없도다
그의 오른손에는 장수가 있고 그의 왼손에는 부귀가 있나니
그 길은 즐거운 길이요 그의 지름길은 다 평강이니라
지혜는 그 얻은 자에게 생명 나무라 지혜를 가진 자는 복되도다
여호와께서는 지혜로 땅에 터를 놓으셨으며 명철로 하늘을 견고히 세우셨고
그의 지식으로 깊은 바다를 갈라지게 하셨으며 공중에서 이슬이 내리게 하셨느니라
내 아들아 완전한 지혜와 근신을 지키고 이것들이 네 눈 앞에서 떠나지 말게 하라
(13-21)
대저 여호와는 네가 의지할 이시니라 네 발을 지켜 걸리지 않게 하시리라 (26)

68. 이사야 40장(1)

외치는 자의 소리여 이르되 너희는 광야에서 여호와의 길을 예비하라
사막에서 우리 하나님의 대로를 평탄하게 하라
골짜기마다 돋우어지며 산마다, 언덕마다 낮아지며 고르지 아니한 곳이 평탄하게 되며
험한 곳이 평지가 될 것이요
여호와의 영광이 나타나고 모든 육체가 그것을 함께 보리라
이는 여호와의 입이 말씀하셨느니라
말하는 자의 소리여 이르되 외치라 대답하되 내가 무엇이라 외치리이까 하니
이르되 모든 육체는 풀이요 그의 모든 아름다움은 들의 꽃과 같으니
풀은 마르고 꽃이 시듦은 여호와의 기운이 그 위에 붊이라 이 백성은 실로 풀이로다
풀은 마르고 꽃은 시드나 우리 하나님의 말씀은 영원히 서리라 하라 (3-8)

69. 이사야 40장(2)

너희는 눈을 높이 들어 누가 이 모든 것을 창조하였나 보라
주께서는 수효대로 만상을 이끌어 내시고
그들의 모든 이름을 부르시나니
그의 권세가 크고 그의 능력이 강하므로 하나도 빠짐이 없느니라
야곱아 어찌하여 네가 말하며 이스라엘아 네가 이르기를 내 길은 여호와께 숨겨졌으며
내 송사는 내 하나님에게서 벗어난다 하느냐
너는 알지 못하였느냐 듣지 못하였느냐 영원하신 하나님 여호와, 땅 끝까지 창조하신 이는
피곤하지 않으시며 곤비하지 않으시며 명철이 한이 없으시며
피곤한 자에게는 능력을 주시며 무능한 자에게는 힘을 더하시나니
소년이라도 피곤하며 곤비하며 장정이라도 넘어지며 쓰러지되
오직 여호와를 앙망하는 자는 새 힘을 얻으리니
독수리가 날개치며 올라감 같을 것이요
(다같이) **달음박질하여도 곤비하지 아니하겠고 걸어가도 피곤하지 아니하리로다**
(26-31)

70. 이사야 42장

내가 붙드는 나의 종, 내 마음에 기뻐하는 자 곧 내가 택한 사람을 보라
내가 나의 영을 그에게 주었은즉 그가 이방에 정의를 베풀리라
그는 외치지 아니하며 목소리를 높이지 아니하며 그 소리를 거리에 들리게 하지 아니하며
상한 갈대를 꺾지 아니하며 꺼져가는 등불을 끄지 아니하고 진실로 정의를 시행할 것이며
그는 쇠하지 아니하며 낙담하지 아니하고 세상에 정의를 세우기에 이르리니
섬들이 그 교훈을 앙망하리라 (1–4)
나 여호와가 의로 너를 불렀은즉 내가 네 손을 잡아 너를 보호하며
너를 세워 백성의 언약과 이방의 빛이 되게 하리니
네가 눈먼 자들의 눈을 밝히며 갇힌 자를 감옥에서 이끌어 내며
흑암에 앉은 자를 감방에서 나오게 하리라 (6–7)

71. 이사야 55장

오호라 너희 모든 목마른 자들아 물로 나아오라 돈 없는 자도 오라
너희는 와서 사 먹되 돈 없이, 값 없이 와서 포도주와 젖을 사라
너희가 어찌하여 양식이 아닌 것을 위하여 은을 달아 주며
배부르게 하지 못할 것을 위하여 수고하느냐
내게 듣고 들을지어다 그리하면 너희가 좋은 것을 먹을 것이며
너희 자신들이 기름진 것으로 즐거움을 얻으리라
너희는 귀를 기울이고 내게로 나아와 들으라
그리하면 너희의 영혼이 살리라
내가 너희를 위하여 영원한 언약을 맺으리니
곧 다윗에게 허락한 확실한 은혜이니라 (1–3)
너희는 여호와를 만날 만한 때에 찾으라
가까이 계실 때에 그를 부르라
악인은 그의 길을, 불의한 자는 그의 생각을 버리고 여호와께로 돌아오라
그리하면 그가 긍휼히 여기시리라
(다같이) **우리 하나님께로 돌아오라 그가 너그럽게 용서하시리라** (6–7)

72. 이사야 58장

내가 기뻐하는 금식은 흉악의 결박을 풀어 주며 멍에의 줄을 끌러 주며
압제 당하는 자를 자유하게 하며 모든 멍에를 꺾는 것이 아니겠느냐
또 주린 자에게 네 양식을 나누어 주며 유리하는 빈민을 집에 들이며
헐벗은 자를 보면 입히며 또 네 골육을 피하여 스스로 숨지 아니하는 것이 아니겠느냐
그리하면 네 빛이 새벽같이 비칠 것이며 네 치유가 급속할 것이며
네 공의가 네 앞에 행하고 여호와의 영광이 네 뒤에 호위하리니
네가 부를 때에는 나 여호와가 응답하겠고
네가 부르짖을 때에는 내가 여기 있다 하리라
만일 네가 너희 중에서 멍에와 손가락질과 허망한 말을 제하여 버리고

주린 자에게 네 심정이 동하며 괴로워하는 자의 심정을 만족하게 하면
네 빛이 흑암 중에서 떠올라 네 어둠이 낮과 같이 될 것이며
여호와가 너를 항상 인도하여 메마른 곳에서도 네 영혼을 만족하게 하며 네 뼈를 견고하게 하리니
(다같이) **너는 물 댄 동산 같겠고 물이 끊어지지 아니하는 샘 같을 것이라** (6–11)

73. 이사야 65장

보라 내가 새 하늘과 새 땅을 창조하나니
이전 것은 기억되거나 마음에 생각나지 아니할 것이라
너희는 내가 창조하는 것으로 말미암아
영원히 기뻐하며 즐거워할지니라
보라 내가 예루살렘을 즐거운 성으로 창조하며 그 백성을 기쁨으로 삼고
내가 예루살렘을 즐거워하며 나의 백성을 기뻐하리니
우는 소리와 부르짖는 소리가 그 가운데에서 다시는 들리지 아니할 것이며 (17–19)
이리와 어린 양이 함께 먹을 것이며
사자가 소처럼 짚을 먹을 것이며 뱀은 흙을 양식으로 삼을 것이니
나의 성산에서는 해함도 없겠고 상함도 없으리라 여호와께서 말씀하시니라 (25)

74. 마태복음 5장

심령이 가난한 자는 복이 있나니
천국이 그들의 것임이요
애통하는 자는 복이 있나니
그들이 위로를 받을 것임이요
온유한 자는 복이 있나니
그들이 땅을 기업으로 받을 것임이요
의에 주리고 목마른 자는 복이 있나니
그들이 배부를 것임이요
긍휼히 여기는 자는 복이 있나니
그들이 긍휼히 여김을 받을 것임이요
마음이 청결한 자는 복이 있나니
그들이 하나님을 볼 것임이요
화평하게 하는 자는 복이 있나니
그들이 하나님의 아들이라 일컬음을 받을 것임이요
의를 위하여 박해를 받은 자는 복이 있나니
천국이 그들의 것임이라
나로 말미암아 너희를 욕하고 박해하고 거짓으로 너희를 거슬러 모든 악한 말을 할 때에는 너희에게 복이 있나니
기뻐하고 즐거워하라 하늘에서 너희의 상이 큼이라 너희 전에 있던 선지자들도 이같이 박해하였느니라 (3–12)

75. 마태복음 6장

그러므로 내가 너희에게 이르노니 목숨을 위하여 무엇을 먹을까 무엇을 마실까 몸을 위하여 무엇을 입을까 염려하지 말라

목숨이 음식보다 중하지 아니하며 몸이 의복보다 중하지 아니하냐

공중의 새를 보라 심지도 않고 거두지도 않고 창고에 모아들이지도 아니하되

너희 하늘 아버지께서 기르시나니 너희는 이것들보다 귀하지 아니하냐

너희 중에 누가 염려함으로 그 키를 한 자라도 더할 수 있겠느냐

또 너희가 어찌 의복을 위하여 염려하느냐

들의 백합화가 어떻게 자라는가 생각하여 보라

수고도 아니하고 길쌈도 아니하느니라 (25-28)

그러므로 염려하여 이르기를 무엇을 먹을까 무엇을 마실까 무엇을 입을까 하지 말라

이는 다 이방인들이 구하는 것이라 너희 하늘 아버지께서 이 모든 것이 너희에게 있어야 할 줄을 아시느니라

그런즉 너희는 먼저 그의 나라와 그의 의를 구하라

그리하면 이 모든 것을 너희에게 더하시리라 (31-33)

76. 요한복음 1장

태초에 말씀이 계시니라 이 말씀이 하나님과 함께 계셨으니

이 말씀은 곧 하나님이시니라

그가 태초에 하나님과 함께 계셨고 만물이 그로 말미암아 지은 바 되었으니

지은 것이 하나도 그가 없이는 된 것이 없느니라

그 안에 생명이 있었으니 이 생명은 사람들의 빛이라

빛이 어둠에 비치되 어둠이 깨닫지 못하더라 (1-5)

참 빛 곧 세상에 와서 각 사람에게 비추는 빛이 있었나니

그가 세상에 계셨으며 세상은 그로 말미암아 지은 바 되었으되

세상이 그를 알지 못하였고 자기 땅에 오매 자기 백성이 영접하지 아니하였으나

영접하는 자 곧 그 이름을 믿는 자들에게는 하나님의 자녀가 되는 권세를 주셨으니

이는 혈통으로나 육정으로나 사람의 뜻으로 나지 아니하고

오직 하나님께로부터 난 자들이니라

말씀이 육신이 되어 우리 가운데 거하시매 우리가 그의 영광을 보니

아버지의 독생자의 영광이요 은혜와 진리가 충만하더라 (9-14)

77. 요한복음 3장

하나님이 세상을 이처럼 사랑하사 독생자를 주셨으니

이는 그를 믿는 자마다 멸망하지 않고 영생을 얻게 하려 하심이라

하나님이 그 아들을 세상에 보내신 것은

세상을 심판하려 하심이 아니요

그로 말미암아 세상이 구원을 받게 하려 하심이라

그를 믿는 자는 심판을 받지 아니하는 것이요

믿지 아니하는 자는 하나님의 독생자의 이름을 믿지 아니하므로

벌써 심판을 받은 것이니라
그 정죄는 이것이니 곧 빛이 세상에 왔으되
사람들이 자기 행위가 악하므로 빛보다 어둠을 더 사랑한 것이니라
악을 행하는 자마다 빛을 미워하여 빛으로 오지 아니하나니
이는 그 행위가 드러날까 함이요
진리를 따르는 자는 빛으로 오나니
이는 그 행위가 하나님 안에서 행한 것임을 나타내려 함이라 하시니라 (16–21)

78. 요한복음 14장

너희는 마음에 근심하지 말라 하나님을 믿으니 또 나를 믿으라
내 아버지 집에 거할 곳이 많도다 그렇지 않으면 너희에게 일렀으리라
내가 너희를 위하여 거처를 예비하러 가노니 가서 너희를 위하여 거처를 예비하면
내가 다시 와서 너희를 내게로 영접하여 나 있는 곳에 너희도 있게 하리라
내가 어디로 가는지 그 길을 너희가 아느니라
도마가 이르되 주여 주께서 어디로 가시는지 우리가 알지 못하거늘 그 길을 어찌 알 겠사옵나이까
예수께서 이르시되 내가 곧 길이요 진리요 생명이니
나로 말미암지 않고는 아버지께로 올 자가 없느니라 (1–6)

79. 요한복음 15장

나는 포도나무요 너희는 가지라 그가 내 안에, 내가 그 안에 거하면
사람이 열매를 많이 맺나니 나를 떠나서는 너희가 아무 것도 할 수 없음이라
사람이 내 안에 거하지 아니하면 가지처럼 밖에 버려져 마르나니
사람들이 그것을 모아다가 불에 던져 사르느니라
너희가 내 안에 거하고 내 말이 너희 안에 거하면 무엇이든지 원하는 대로 구하라
그리하면 이루리라
너희가 열매를 많이 맺으면 내 아버지께서 영광을 받으실 것이요
너희는 내 제자가 되리라
아버지께서 나를 사랑하신 것같이 나도 너희를 사랑하였으니
나의 사랑 안에 거하라
내가 아버지의 계명을 지켜 그의 사랑 안에 거하는 것같이
너희도 내 계명을 지키면 내 사랑 안에 거하리라
(다같이) **내가 이것을 너희에게 이름은 내 기쁨이 너희 안에 있어 너희 기쁨을 충만하게 하려 함이라** (5–11)

80. 고린도후서 4장

우리가 이 보배를 질그릇에 가졌으니
이는 심히 큰 능력은 하나님께 있고 우리에게 있지 아니함을 알게 하려 함이라
우리가 사방으로 욱여쌈을 당하여도 싸이지 아니하며
답답한 일을 당하여도 낙심하지 아니하며

박해를 받아도 버린 바 되지 아니하며
거꾸러뜨림을 당하여도 망하지 아니하고
우리가 항상 예수의 죽음을 몸에 짊어짐은
예수의 생명이 또한 우리 몸에 나타나게 하려 함이라
우리 살아 있는 자가 항상 예수를 위하여 죽음에 넘겨짐은
예수의 생명이 또한 우리 죽을 육체에 나타나게 하려 함이라 (7–11)

81. 에베소서 4장

그러므로 주 안에서 갇힌 내가 너희를 권하노니
너희가 부르심을 받은 일에 합당하게 행하여
모든 겸손과 온유로 하고 오래 참음으로 사랑 가운데서 서로 용납하고
평안의 매는 줄로 성령이 하나 되게 하신 것을 힘써 지키라
몸이 하나요 성령도 한 분이시니
이와 같이 너희가 부르심의 한 소망 안에서 부르심을 받았느니라
주도 한 분이시요 믿음도 하나요 세례도 하나요
하나님도 한 분이시니 곧 만유의 아버지시라
(다같이) **만유 위에 계시고 만유를 통일하시고 만유 가운데 계시도다** (1–6)

82. 빌립보서 2장

너희 안에 이 마음을 품으라
곧 그리스도 예수의 마음이니
그는 근본 하나님의 본체시나
하나님과 동등됨을 취할 것으로 여기지 아니하시고
오히려 자기를 비워 종의 형체를 가지사
사람들과 같이 되셨고 사람의 모양으로 나타나사
자기를 낮추시고 죽기까지 복종하셨으니 곧 십자가에 죽으심이라
이러므로 하나님이 그를 지극히 높여 모든 이름 위에 뛰어난 이름을 주사
하늘에 있는 자들과 땅에 있는 자들과 땅 아래에 있는 자들로
모든 무릎을 예수의 이름에 꿇게 하시고
(다같이) **모든 입으로 예수 그리스도를 주라 시인하여 하나님 아버지께 영광을 돌리게 하셨느니라** (5–11)

83. 빌립보서 4장

주 안에서 항상 기뻐하라 내가 다시 말하노니 기뻐하라
너희 관용을 모든 사람에게 알게 하라 주께서 가까우시니라
아무 것도 염려하지 말고 다만 모든 일에 기도와 간구로
너희 구할 것을 감사함으로 하나님께 아뢰라
그리하면 모든 지각에 뛰어난 하나님의 평강이
그리스도 예수 안에서 너희 마음과 생각을 지키시리라
끝으로 형제들아 무엇에든지 참되며 무엇에든지 경건하며 무엇에든지 옳으며

무엇에든지 정결하며 무엇에든지 사랑받을 만하며 무엇에든지 칭찬받을 만하며
무슨 덕이 있든지 무슨 기림이 있든지 이것들을 생각하라
너희는 내게 배우고 받고 듣고 본 바를 행하라
(다같이) **그리하면 평강의 하나님이 너희와 함께 계시리라** (4-9)

84. 히브리서 11장

믿음은 바라는 것들의 실상이요 보이지 않는 것들의 증거니
선진들이 이로써 증거를 얻었느니라
믿음으로 모든 세계가 하나님의 말씀으로 지어진 줄을 우리가 아나니
보이는 것은 나타난 것으로 말미암아 된 것이 아니니라
믿음으로 아벨은 가인보다 더 나은 제사를 하나님께 드림으로 의로운 자라 하시는 증거를 얻었으니
하나님이 그 예물에 대하여 증언하심이라 그가 죽었으나 그 믿음으로써 지금도 말하느니라
믿음으로 에녹은 죽음을 보지 않고 옮겨졌으니 하나님이 그를 옮기심으로 다시 보이지 아니하였느니라
그는 옮겨지기 전에 하나님을 기쁘시게 하는 자라 하는 증거를 받았느니라
믿음이 없이는 하나님을 기쁘시게 하지 못하나니
하나님께 나아가는 자는 반드시 그가 계신 것과 또한 그가 자기를 찾는 자들에게 상 주시는 이심을 믿어야 할지니라 (1-6)

85. 요한1서 4장

사랑하는 자들아 우리가 서로 사랑하자 사랑은 하나님께 속한 것이니
사랑하는 자마다 하나님으로부터 나서 하나님을 알고
사랑하지 아니하는 자는 하나님을 알지 못하나니
이는 하나님은 사랑이심이라
하나님의 사랑이 우리에게 이렇게 나타난 바 되었으니
하나님이 자기의 독생자를 세상에 보내심은 그로 말미암아 우리를 살리려 하심이라
사랑은 여기 있으니 우리가 하나님을 사랑한 것이 아니요
하나님이 우리를 사랑하사 우리 죄를 속하기 위하여 화목 제물로 그 아들을 보내셨음이라
사랑하는 자들아 하나님이 이같이 우리를 사랑하셨은즉
우리도 서로 사랑하는 것이 마땅하도다
어느 때나 하나님을 본 사람이 없으되 만일 우리가 서로 사랑하면
하나님이 우리 안에 거하시고 그의 사랑이 우리 안에 온전히 이루어지느니라 (7-12)

86. 요한계시록 14장

또 내가 보니 보라 어린 양이 시온 산에 섰고 그와 함께 십사만 사천이 서 있는데
그들의 이마에는 어린 양의 이름과 그 아버지의 이름을 쓴 것이 있더라
내가 하늘에서 나는 소리를 들으니 많은 물 소리와도 같고 큰 우렛소리와도 같은데

내가 들은 소리는 거문고 타는 자들이 그 거문고를 타는 것 같더라
그들이 보좌 앞과 네 생물과 장로들 앞에서 새 노래를 부르니
땅에서 속량함을 받은 십사만 사천 밖에는 능히 이 노래를 배울 자가 없더라
이 사람들은 여자와 더불어 더럽히지 아니하고 순결한 자라
어린 양이 어디로 인도하든지 따라가는 자며
사람 가운데에서 속량함을 받아 처음 익은 열매로 하나님과 어린 양에게 속한 자들이니
그 입에 거짓말이 없고 흠이 없는 자들이더라 (1-5)

87. 요한계시록 21장

또 내가 새 하늘과 새 땅을 보니
처음 하늘과 처음 땅이 없어졌고 바다도 다시 있지 않더라
또 내가 보매 거룩한 성 새 예루살렘이 하나님께로부터 하늘에서 내려오니
그 준비한 것이 신부가 남편을 위하여 단장한 것 같더라
내가 들으니 보좌에서 큰 음성이 나서 이르되
보라 하나님의 장막이 사람들과 함께 있으매
하나님이 그들과 함께 계시리니 그들은 하나님의 백성이 되고
하나님은 친히 그들과 함께 계셔서 모든 눈물을 그 눈에서 닦아 주시니
다시는 사망이 없고 애통하는 것이나 곡하는 것이나 아픈 것이 다시 있지 아니하리니
처음 것들이 다 지나갔음이러라
보좌에 앉으신 이가 이르시되
보라 내가 만물을 새롭게 하노라 (1-5상)

88. 세례(침례)(1)

하늘에 계시는 주여 내가 눈을 들어 주께 향하나이다
여호와 우리 하나님을 바라보며 우리에게 은혜 베풀어 주시기를 기다리나이다
(시 123:1, 2하)
우리가 아직 죄인 되었을 때에 그리스도께서 우리를 위하여 죽으심으로
하나님께서 우리에 대한 자기의 사랑을 확증하셨느니라
그러면 이제 우리가 그의 피로 말미암아 의롭다 하심을 받았으니
더욱 그로 말미암아 진노하심에서 구원을 받을 것이니 (롬 5:8-9)
이는 아버지의 영광으로 말미암아 그리스도를 죽은 자 가운데서 살리심과 같이
우리로 또한 새 생명 가운데서 행하게 하려 함이라 (롬 6:4하)
그러므로 너희가 그리스도 예수를 주로 받았으니
그 안에서 행하되 그 안에 뿌리를 박으며 세움을 받아
(다같이) **교훈을 받은 대로 믿음에 굳게 서서 감사함을 넘치게 하라** (골 2:6-7)

89. 세례(침례)(2)

무릇 그리스도 예수와 합하여 세례를 받은 우리는
그의 죽으심과 합하여 세례를 받은 줄을 알지 못하느냐
그러므로 우리가 그의 죽으심과 합하여 세례를 받음으로 그와 함께 장사되었나니

이는 아버지의 영광으로 말미암아 그리스도를 죽은 자 가운데서 살리심과 같이
우리로 또한 새 생명 가운데서 행하게 하려 함이라
만일 우리가 그의 죽으심과 같은 모양으로 연합한 자가 되었으면 또한 그의 부활과 같은 모양으로 연합한 자도 되리라
우리가 알거니와 우리의 옛 사람이 예수와 함께 십자가에 못 박힌 것은 죄의 몸이 죽어 다시는 우리가 죄에게 종 노릇 하지 아니하려 함이니
이는 죽은 자가 죄에서 벗어나 의롭다 하심을 얻었음이라
만일 우리가 그리스도와 함께 죽었으면 또한 그와 함께 살 줄을 믿노니
이는 그리스도께서 죽은 자 가운데서 살아나셨으매 다시 죽지 아니하시고
(다같이) **사망이 다시 그를 주장하지 못할 줄을 앎이로라** (롬 6:3–9)

90. 세례(침례)(3)

예수께서 대답하여 이르시되 진실로 진실로 네게 이르노니
사람이 거듭나지 아니하면 하나님의 나라를 볼 수 없느니라
니고데모가 이르되 사람이 늙으면 어떻게 날 수 있사옵나이까
두 번째 모태에 들어갔다가 날 수 있사옵나이까
예수께서 대답하시되 진실로 진실로 네게 이르노니
사람이 물과 성령으로 나지 아니하면 하나님의 나라에 들어갈 수 없느니라
육으로 난 것은 육이요 영으로 난 것은 영이니
내가 네게 거듭나야 하겠다 하는 말을 놀랍게 여기지 말라 (요 3:3–7)
무릇 그리스도 예수와 합하여 세례를 받은 우리는
그의 죽으심과 합하여 세례를 받은 줄을 알지 못하느냐
그러므로 우리가 그의 죽으심과 합하여 세례를 받음으로 그와 함께 장사되었나니
이는 아버지의 영광으로 말미암아 그리스도를 죽은 자 가운데서 살리심과 같이
(다같이) **우리로 또한 새 생명 가운데서 행하게 하려 함이라** (롬 6:3–4)

91. 성찬(1)

예수께서 이르시되 나는 생명의 떡이니 내게 오는 자는 결코 주리지 아니할 터이요
나를 믿는 자는 영원히 목마르지 아니하리라 (요 6:35)
나는 하늘에서 내려온 살아 있는 떡이니 사람이 이 떡을 먹으면 영생하리라
내가 줄 떡은 곧 세상의 생명을 위한 내 살이니라 하시니라 (요 6:51)
내 살을 먹고 내 피를 마시는 자는 영생을 가졌고 마지막 날에 내가 그를 다시 살리리니
내 살은 참된 양식이요 내 피는 참된 음료로다
내 살을 먹고 내 피를 마시는 자는 내 안에 거하고 나도 그의 안에 거하나니
살아 계신 아버지께서 나를 보내시매 내가 아버지로 말미암아 사는 것같이 나를 먹는 그 사람도 나로 말미암아 살리라 (요 6:54–57)
새 계명을 너희에게 주노니 서로 사랑하라 내가 너희를 사랑한 것같이 너희도 서로 사랑하라
너희가 서로 사랑하면 이로써 모든 사람이 너희가 내 제자인 줄 알리라 (요 13:34–35)

92. 성찬(2)

때가 이르매 예수께서 사도들과 함께 앉으사 이르시되

내가 고난을 받기 전에 너희와 함께 이 유월절 먹기를 원하고 원하였노라

(눅 22:14-15)

내가 너희에게 이르노니 내가 이제부터 하나님의 나라가 임할 때까지

포도나무에서 난 것을 다시 마시지 아니하리라 하시고

또 떡을 가져 감사 기도 하시고 떼어 그들에게 주시며 이르시되

이것은 너희를 위하여 주는 내 몸이라 너희가 이를 행하여 나를 기념하라 하시고

저녁 먹은 후에 잔도 그와 같이 하여 이르시되

이 잔은 내 피로 세우는 새 언약이니 곧 너희를 위하여 붓는 것이라

(눅 22:18-20)

93. 새해(1)

주께서 옛적에 땅의 기초를 놓으셨사오며 하늘도 주의 손으로 지으신 바니이다

천지는 없어지려니와 주는 영존하시겠고

그것들은 다 옷같이 낡으리니 의복같이 바꾸시면 바뀌려니와

주는 한결같으시고 주의 연대는 무궁하리이다 (시 102:25-27)

너희는 이전 일을 기억하지 말며 옛날 일을 생각하지 말라

보라 내가 새 일을 행하리니 이제 나타낼 것이라 (사 43:18-19상)

너희는 유혹의 욕심을 따라 썩어져 가는 구습을 따르는 옛 사람을 벗어 버리고

오직 너희의 심령이 새롭게 되어 하나님을 따라 의와 진리의 거룩함으로 지으심을 받은 새 사람을 입으라 (엡 4:22-24)

그런즉 누구든지 그리스도 안에 있으면 새로운 피조물이라

이전 것은 지나갔으니 보라 새 것이 되었도다 (고후 5:17)

새 계명을 너희에게 주노니 서로 사랑하라

내가 너희를 사랑한 것같이 너희도 서로 사랑하라 (요 13:34)

94. 새해(2)

찬송하리로다 하나님 곧 우리 주 예수 그리스도의 아버지께서

그리스도 안에서 하늘에 속한 모든 신령한 복을 우리에게 주시되

곧 창세 전에 그리스도 안에서 우리를 택하사 우리로 사랑 안에서 그 앞에 거룩하고 흠이 없게 하시려고

그 기쁘신 뜻대로 우리를 예정하사 예수 그리스도로 말미암아 자기의 아들들이 되게 하셨으니

이는 그가 사랑하시는 자 안에서 우리에게 거저 주시는 바 그의 은혜의 영광을 찬송하게 하려는 것이라

우리는 그리스도 안에서 그의 은혜의 풍성함을 따라 그의 피로 말미암아 속량 곧 죄 사함을 받았느니라

이는 그가 모든 지혜와 총명을 우리에게 넘치게 하사 그 뜻의 비밀을 우리에게 알리신 것이요 (엡 1:3-9상)

하늘에 있는 것이나 땅에 있는 것이 다 그리스도 안에서 통일되게 하려 하심이라
모든 일을 그의 뜻의 결정대로 일하시는 이의 계획을 따라 우리가 예정을 입어 그 안에서 기업이 되었으니
이는 우리가 그리스도 안에서 전부터 바라던 그의 영광의 찬송이 되게 하려 하심이라 (엡 1:10–12)

95. 가정주일

내가 사람의 방언과 천사의 말을 할지라도
사랑이 없으면 소리 나는 구리와 울리는 꽹과리가 되고
내가 예언하는 능력이 있어 모든 비밀과 모든 지식을 알고 또 산을 옮길 만한 모든 믿음이 있을지라도
사랑이 없으면 내가 아무 것도 아니요
내가 내게 있는 모든 것으로 구제하고 또 내 몸을 불사르게 내줄지라도
사랑이 없으면 내게 아무 유익이 없느니라
사랑은 오래 참고 사랑은 온유하며
시기하지 아니하며 사랑은 자랑하지 아니하며 교만하지 아니하며
무례히 행하지 아니하며 자기의 유익을 구하지 아니하며
성내지 아니하며 악한 것을 생각하지 아니하며 불의를 기뻐하지 아니하며
진리와 함께 기뻐하고 모든 것을 참으며
모든 것을 믿으며 모든 것을 바라며 모든 것을 견디느니라
사랑은 언제까지나 떨어지지 아니하되
예언도 폐하고 방언도 그치고 지식도 폐하리라 (고전 13:1–8)
(다같이) **그런즉 믿음, 소망, 사랑, 이 세 가지는 항상 있을 것인데 그 중의 제일은 사랑이라** (고전 13:13)

96. 어린이주일

보라 자식들은 여호와의 기업이요
태의 열매는 그의 상급이로다
젊은 자의 자식은 장사의 수중의 화살 같으니
이것이 그의 화살통에 가득한 자는 복되도다 (시 127:3–5상)
이르시되 진실로 너희에게 이르노니 너희가 돌이켜 어린 아이들과 같이 되지 아니하면
결단코 천국에 들어가지 못하리라
그러므로 누구든지 이 어린 아이와 같이 자기를 낮추는 사람이
천국에서 큰 자니라
또 누구든지 내 이름으로 이런 어린 아이 하나를 영접하면
곧 나를 영접함이니 (마 18:3–5)
또 아비들아 너희 자녀를 노엽게 하지 말고 오직 주의 교훈과 훈계로 양육하라 (엡 6:4)
마땅히 행할 길을 아이에게 가르치라
(다같이) **그리하면 늙어도 그것을 떠나지 아니 하리라** (잠 22:6)

97. 청년주일

너는 청년의 때에 너의 창조주를 기억하라 곧 곤고한 날이 이르기 전에
나는 아무 낙이 없다고 할 해들이 가깝기 전에
해와 빛과 달과 별들이 어둡기 전에
비 뒤에 구름이 다시 일어나기 전에 그리하라 (전 12:1–2)
청년이여 네 어린 때를 즐거워하며 네 청년의 날들을 마음에 기뻐하여 마음에 원하는 길들과 네 눈이 보는 대로 행하라
그러나 하나님이 이 모든 일로 말미암아 너를 심판하실 줄 알라 (전 11:9)
여호와를 경외하는 것이 지식의 근본이거늘
미련한 자는 지혜와 훈계를 멸시하느니라 (잠 1:7)
청년이 무엇으로 그의 행실을 깨끗하게 하리이까
주의 말씀만 지킬 따름이니이다 (시 119:9)
또한 너는 청년의 정욕을 피하고
주를 깨끗한 마음으로 부르는 자들과 함께 의와 믿음과 사랑과 화평을 따르라 (딤후 2:22)
주의 권능의 날에 주의 백성이 거룩한 옷을 입고 즐거이 헌신하니
새벽 이슬 같은 주의 청년들이 주께 나오는도다 (시 110:3)

98. 어버이주일

네 부모를 공경하라
그리하면 네 하나님 여호와가 네게 준 땅에서 네 생명이 길리라 (출 20:12)
내 아들아 네 아비의 훈계를 들으며 네 어미의 법을 떠나지 말라
이는 네 머리의 아름다운 관이요 네 목의 금 사슬이니라 (잠 1:8–9)
너를 낳은 아비에게 청종하고 네 늙은 어미를 경히 여기지 말지니라 (잠 23:22)
네 부모를 즐겁게 하며 너를 낳은 어미를 기쁘게 하라 (잠 23:25)
자녀들아 주 안에서 너희 부모에게 순종하라 이것이 옳으니라
네 아버지와 어머니를 공경하라 이것은 약속이 있는 첫 계명이니 이로써 네가 잘되고 땅에서 장수하리라 (엡 6:1–3)

99. 나라 사랑(1)

온 땅은 여호와를 두려워하며 세상의 모든 거민들은 그를 경외할지어다 (시 33:8)
여호와께서 나라들의 계획을 폐하시며 민족들의 사상을 무효하게 하시도다
여호와의 계획은 영원히 서고 그의 생각은 대대에 이르리로다
여호와를 자기 하나님으로 삼은 나라 곧 하나님의 기업으로 선택된 백성은 복이 있도다
여호와께서 하늘에서 굽어보사 모든 인생을 살피심이여
곧 그가 거하시는 곳에서 세상의 모든 거민들을 굽어살피시는도다 (시 33:10–14)
많은 군대로 구원 얻은 왕이 없으며
용사가 힘이 세어도 스스로 구원하지 못하는도다 (시 33:16)
여호와는 그를 경외하는 자 곧 그의 인자하심을 바라는 자를 살피사

그들의 영혼을 사망에서 건지시며 그들이 굶주릴 때에 그들을 살리시는도다
우리 영혼이 여호와를 바람이여 그는 우리의 도움과 방패시로다 (시 33:18–20)
여호와여 우리가 주께 바라는 대로 주의 인자하심을 우리에게 베푸소서 (시 33:22)

100. 나라 사랑(2)

할렐루야 내 영혼아 여호와를 찬양하라
나의 생전에 여호와를 찬양하며 나의 평생에 내 하나님을 찬송하리로다
귀인들을 의지하지 말며 도울 힘이 없는 인생도 의지하지 말지니
그의 호흡이 끊어지면 흙으로 돌아가서 그 날에 그의 생각이 소멸하리로다
야곱의 하나님을 자기의 도움으로 삼으며
여호와 자기 하나님에게 자기의 소망을 두는 자는 복이 있도다
여호와는 천지와 바다와 그 중의 만물을 지으시며 영원히 진실함을 지키시며
억눌린 사람들을 위해 정의로 심판하시며 주린 자들에게 먹을 것을 주시는 이시로다
여호와께서는 갇힌 자들에게 자유를 주시는도다 여호와께서 맹인들의 눈을 여시며 여호와께서 비굴한 자들을 일으키시며
여호와께서 의인들을 사랑하시며 여호와께서 나그네들을 보호하시며 고아와 과부를 붙드시고 악인들의 길은 굽게 하시는도다 (시 146:1–9)

101. 나라 사랑(3)

내가 여호와를 찬송하리니 그는 높고 영화로우심이요
말과 그 탄 자를 바다에 던지셨음이로다
여호와는 나의 힘이요 노래시며 나의 구원이시로다
그는 나의 하나님이시니 내가 그를 찬송할 것이요 (출 15:1하–2상)
여호와여 주의 오른손이 권능으로 영광을 나타내시니이다
여호와여 주의 오른손이 원수를 부수시니이다 (출 15:6)
여호와께서 시온의 포로를 돌려 보내실 때에 우리는 꿈꾸는 것 같았도다
그 때에 우리 입에는 웃음이 가득하고 우리 혀에는 찬양이 찼었도다
그 때에 뭇 나라 가운데에서 말하기를 여호와께서 그들을 위하여 큰 일을 행하셨다 하였도다
여호와께서 우리를 위하여 큰 일을 행하셨으니 우리는 기쁘도다 (시 126:1–3)
흑암에 행하던 백성이 큰 빛을 보고
사망의 그늘진 땅에 거주하던 자에게 빛이 비치도다
(다같이) **주께서 이 나라를 창성하게 하시며 나의 기업 이스라엘이여, 복이 있을지어다 하실 것임이라** (사 9:2–3상, 19:25하)

102. 나라 사랑(4)

그 땅 이스라엘 모든 산에서 그들이 한 나라를 이루어서 한 임금이 모두 다스리게 하리니
그들이 다시는 두 민족이 되지 아니하며 두 나라로 나누이지 아니할지라
그들이 그 우상들과 가증한 물건과 그 모든 죄악으로 더 이상 자신들을 더럽히지 아니하리라

내가 그들을 그 범죄한 모든 처소에서 구원하여 정결하게 한즉
그들은 내 백성이 되고 나는 그들의 하나님이 되리라 (겔 37:22-23)
그가 열방 사이에 판단하시며 많은 백성을 판결하시리니
무리가 그들의 칼을 쳐서 보습을 만들고 그들의 창을 쳐서 낫을 만들 것이며
이 나라와 저 나라가 다시는 칼을 들고 서로 치지 아니하며 다시는 전쟁을 연습하지 아니하리라 (사 2:4)
내가 에브라임의 병거와 예루살렘의 말을 끊겠고 전쟁하는 활도 끊으리니
그가 이방 사람에게 화평을 전할 것이요
그의 통치는 바다에서 바다까지 이르고 유브라데 강에서 땅 끝까지 이르리라 (슥 9:10)
보라 형제가 연합하여 동거함이 어찌 그리 선하고 아름다운고
머리에 있는 보배로운 기름이 수염 곧 아론의 수염에 흘러서 그의 옷깃까지 내림 같고
헐몬의 이슬이 시온의 산들에 내림 같도다 거기서 여호와께서 복을 명령하셨나니 곧 영생이로다 (시 133:1-3)

103. 나라 사랑(5)

내가 비옵는 것은 그들을 세상에서 데려가시기를 위함이 아니요
다만 악에 빠지지 않게 보전하시기를 위함이니이다
내가 세상에 속하지 아니함같이 그들도 세상에 속하지 아니하였사옵나이다
그들을 진리로 거룩하게 하옵소서 아버지의 말씀은 진리니이다
아버지께서 나를 세상에 보내신 것같이
나도 그들을 세상에 보내었고
또 그들을 위하여 내가 나를 거룩하게 하오니
이는 그들도 진리로 거룩함을 얻게 하려 함이니이다 (요 17:15-19)
아버지여, 아버지께서 내 안에, 내가 아버지 안에 있는 것같이
그들도 다 하나가 되어 우리 안에 있게 하사
세상으로 아버지께서 나를 보내신 것을 믿게 하옵소서
내게 주신 영광을 내가 그들에게 주었사오니
(다같이) **이는 우리가 하나가 된 것같이 그들도 하나가 되게 하려 함이니이다**
(요 17:21-22)

104. 종교개혁주일

나의 힘이신 여호와여 내가 주를 사랑하나이다
여호와는 나의 반석이시요 나의 요새시요 나를 건지시는 이시요
나의 하나님이시요 내가 그 안에 피할 나의 바위시요 나의 방패시요
나의 구원의 뿔이시요 나의 산성이시로다 (시 18:1-2)
예수께서 이르시되 오히려 하나님의 말씀을 듣고 지키는 자가 복이 있느니라 하시니라 (눅 11:28)
내가 복음을 부끄러워하지 아니하노니
이 복음은 모든 믿는 자에게 구원을 주시는 하나님의 능력이 됨이라
먼저는 유대인에게요 그리고 헬라인에게로다

복음에는 하나님의 의가 나타나서 믿음으로 믿음에 이르게 하나니
기록된 바 오직 의인은 믿음으로 말미암아 살리라 함과 같으니라 (롬 1:16–17)
너희가 내 말에 거하면 참으로 내 제자가 되고
진리를 알지니 진리가 너희를 자유롭게 하리라 (요 8:31하–32)
우리 주 예수 그리스도로 말미암아 우리에게 승리를 주시는 하나님께 감사하노니
그러므로 내 사랑하는 형제들아 견실하며 흔들리지 말고
(다같이) **항상 주의 일에 더욱 힘쓰는 자들이 되라** (고전 15:57–58상)

105. 감사절(1)

여호와께 감사하라 그는 선하시며
그 인자하심이 영원함이로다 (시 107:1)
여호와께 감사하고 그의 이름을 불러 아뢰며
그가 하는 일을 만민 중에 알게 할지어다 (시 105:1)
그들이 광야 사막 길에서 방황하며 거주할 성읍을 찾지 못하고
주리고 목이 말라 그들의 영혼이 그들 안에서 피곤하였도다
이에 그들이 근심 중에 여호와께 부르짖으매
그들의 고통에서 건지시고 또 바른 길로 인도하사 거주할 성읍에 이르게 하셨도다
여호와의 인자하심과 인생에게 행하신 기적으로 말미암아 그를 찬송할지로다
그가 사모하는 영혼에게 만족을 주시며 주린 영혼에게 좋은 것으로 채워주심이로다 (시 107:4–9)

106. 감사절(2)

할렐루야 우리 하나님을 찬양하는 일이 선함이여 찬송하는 일이 아름답고 마땅하도다
여호와께서 예루살렘을 세우시며 이스라엘의 흩어진 자들을 모으시며
상심한 자들을 고치시며 그들의 상처를 싸매시는도다
그가 별들의 수효를 세시고 그것들을 다 이름대로 부르시는도다
우리 주는 위대하시며 능력이 많으시며 그의 지혜가 무궁하시도다
여호와께서 겸손한 자들은 붙드시고 악인들은 땅에 엎드러뜨리시는도다
감사함으로 여호와께 노래하며 수금으로 하나님께 찬양할지어다
그가 구름으로 하늘을 덮으시며 땅을 위하여 비를 준비하시며 산에 풀이 자라게 하시며
들짐승과 우는 까마귀 새끼에게 먹을 것을 주시는도다
여호와는 말의 힘이 세다 하여 기뻐하지 아니하시며 사람의 다리가 억세다 하여 기뻐하지 아니하시고
(다같이) **여호와는 자기를 경외하는 자들과 그의 인자하심을 바라는 자들을 기뻐하시는도다** (시 147:1–11)

107. 임직식(1)

이에 제자들에게 이르시되 추수할 것은 많되 일꾼이 적으니
그러므로 추수하는 주인에게 청하여 추수할 일꾼들을 보내 주소서 하라 하시니라 (마 9:37–38)

그가 또한 우리를 새 언약의 일꾼 되기에 만족하게 하셨으니 율법 조문으로 하지 아니하고
오직 영으로 함이니 율법 조문은 죽이는 것이요 영은 살리는 것이니라 (고후 3:6)
나를 능하게 하신 그리스도 예수 우리 주께 내가 감사함은 나를 충성되이 여겨 내게 직분을 맡기심이니
우리 주의 은혜가 그리스도 예수 안에 있는 믿음과 사랑과 함께 넘치도록 풍성하였도다 (딤전 1:12,14)
그 주인이 이르되 잘하였도다 착하고 충성된 종아 네가 적은 일에 충성하였으매
내가 많은 것을 네게 맡기리니 네 주인의 즐거움에 참여할지어다 하고 (마 25:23)
(다같이) **그리고 맡은 자들에게 구할 것은 충성이니라** (고전 4:2)

108. 임직식(2)

우리 각 사람에게 그리스도의 선물의 분량대로 은혜를 주셨나니 (엡 4:7)
그가 어떤 사람은 사도로, 어떤 사람은 선지자로, 어떤 사람은 복음 전하는 자로, 어떤 사람은 목사와 교사로 삼으셨으니
이는 성도를 온전하게 하여 봉사의 일을 하게 하며 그리스도의 몸을 세우려 하심이라
우리가 다 하나님의 아들을 믿는 것과 아는 일에 하나가 되어
온전한 사람을 이루어 그리스도의 장성한 분량이 충만한 데까지 이르리니 (엡 4:11-13)
오직 사랑 안에서 참된 것을 하여 범사에 그에게까지 자랄지라 (엡 4:15상)
그에게서 온 몸이 각 마디를 통하여 도움을 받음으로 연결되고 결합되어
각 지체의 분량대로 역사하여 그 몸을 자라게 하며 사랑 안에서 스스로 세우느니라 (엡 4:16)

109. 헌당예배

여호와의 집 우리 여호와의 성전 곧 우리 하나님의 성전 뜰에 서 있는 너희여 여호와를 찬송하라
여호와는 선하시며 그의 이름이 아름다우니 그의 이름을 찬양하라 (시 135:2-3)
내가 주를 위하여 거하실 성전을 건축하였사오니 주께서 영원히 계실 처소로소이다 하고 (대하 6:2)
우리가 그의 계신 곳으로 들어가서 그의 발등상 앞에서 엎드려 예배하리로다 (시 132:7)
문들아 너희 머리를 들지어다 영원한 문들아 들릴지어다
영광의 왕이 들어가시리로다 (시 24:7)
그러나 나의 하나님 여호와여 주의 종의 기도와 간구를 돌아보시며
주의 종이 주 앞에서 부르짖는 것과 비는 기도를 들으시옵소서 (대하 6:19)
내가 곧 그들을 나의 성산으로 인도하여
기도하는 내 집에서 그들을 기쁘게 할 것이며
그들의 번제와 희생을 나의 제단에서 기꺼이 받게 되리니
이는 내 집은 만민이 기도하는 집이라 일컬음이 될 것임이라 (사 56:7)
(다같이) **오직 여호와는 그 성전에 계시니 온 땅은 그 앞에서 잠잠할지니라 하시니라** (합 2:20)

110. 선교주일

온 땅이여 여호와께 노래하며 그의 구원을 날마다 선포할지어다

그의 영광을 모든 민족 중에, 그의 기이한 행적을 만민 중에 선포할지어다

여호와는 위대하시니 극진히 찬양할 것이요 모든 신보다 경외할 것임이여
(대상 16:23-25)

예수께서 또 이르시되 너희에게 평강이 있을지어다 아버지께서 나를 보내신 것같이 나도 너희를 보내노라 (요 20:21)

그러므로 너희는 가서 모든 민족을 제자로 삼아 아버지와 아들과 성령의 이름으로 세례를 베풀고

내가 너희에게 분부한 모든 것을 가르쳐 지키게 하라

볼지어다 내가 세상 끝날까지 너희와 항상 함께 있으리라 하시니라 (마 28:19-20)

오직 성령이 너희에게 임하시면 너희가 권능을 받고

(다같이) **예루살렘과 온 유대와 사마리아와 땅 끝까지 이르러 내 증인이 되리라 하시니라** (행 1:8)

111. 성서주일

여호와여 주의 율례들의 도를 내게 가르치소서 내가 끝까지 지키리이다

나로 하여금 깨닫게 하여 주소서 내가 주의 법을 준행하며 전심으로 지키리이다 (시 119:33-34)

주의 말씀의 맛이 내게 어찌 그리 단지요

내 입에 꿀보다 더 다니이다

주의 법도들로 말미암아 내가 명철하게 되었으므로

모든 거짓 행위를 미워하나이다

주의 말씀은 내 발에 등이요 내 길에 빛이니이다

주의 의로운 규례들을 지키기로 맹세하고 굳게 정하였나이다 (시 119:103-106)

너희가 성경에서 영생을 얻는 줄 생각하고 성경을 연구하거니와

이 성경이 곧 내게 대하여 증언하는 것이니라 (요 5:39)

모든 성경은 하나님의 감동으로 된 것으로 교훈과 책망과 바르게 함과 의로 교육하기에 유익하니

이는 하나님의 사람으로 온전하게 하며 모든 선한 일을 행할 능력을 갖추게 하려 함이라 (딤후 3:16-17)

112. 교회교육주일

이는 곧 너희의 하나님 여호와께서 너희에게 가르치라고 명하신 명령과 규례와 법도라

너희가 건너가서 차지할 땅에서 행할 것이니 곧 너와 네 아들과 네 손자들이 평생에 네 하나님 여호와를 경외하며

내가 너희에게 명한 그 모든 규례와 명령을 지키게 하기 위한 것이며

또 네 날을 장구하게 하기 위한 것이라 이스라엘아 듣고 삼가 그것을 행하라

그리하면 네가 복을 받고 네 조상들의 하나님 여호와께서 네게 허락하심같이

젖과 꿀이 흐르는 땅에서 네가 크게 번성하리라

이스라엘아 들으라 우리 하나님 여호와는 오직 유일한 여호와이시니
너는 마음을 다하고 뜻을 다하고 힘을 다하여 네 하나님 여호와를 사랑하라
(신 6:1–5)

113. 자연과 환경

태초에 하나님이 천지를 창조하시니라 (창 1:1)
하나님이 지으신 그 모든 것을 보시니 보시기에 심히 좋았더라 (창 1:31상)
하늘이 하나님의 영광을 선포하고
궁창이 그의 손으로 하신 일을 나타내는도다 (시 19:1)
땅과 거기에 충만한 것과 세계와 그 가운데에 사는 자들은 다 여호와의 것이로다 (시 24:1)
피조물이 고대하는 바는 하나님의 아들들이 나타나는 것이니 (롬 8:19)
그 바라는 것은 피조물도 썩어짐의 종 노릇 한 데서 해방되어
하나님의 자녀들의 영광의 자유에 이르는 것이니라
피조물이 다 이제까지 함께 탄식하며 함께 고통을 겪고 있는 것을 우리가 아느니라
그뿐 아니라 또한 우리 곧 성령의 처음 익은 열매를 받은 우리까지도
속으로 탄식하여 양자 될 것 곧 우리 몸의 속량을 기다리느니라 (롬 8:21–23)
내 거룩한 산 모든 곳에서 해 됨도 없고 상함도 없을 것이니
(다같이) **이는 물이 바다를 덮음같이 여호와를 아는 지식이 세상에 충만할 것임이니라**
(사 11:9)

114. 이웃 사랑

주는 주의 힘으로 산을 세우시며 권능으로 띠를 띠시며
바다의 설렘과 물결의 흔들림과 만민의 소요까지 진정하시나이다
땅 끝에 사는 자가 주의 징조를 두려워하나이다
주께서 아침 되는 것과 저녁 되는 것을 즐거워하게 하시며
땅을 돌보사 물을 대어 심히 윤택하게 하시며 하나님의 강에 물이 가득하게 하시고
이같이 땅을 예비하신 후에 그들에게 곡식을 주시나이다
주께서 밭고랑에 물을 넉넉히 대사 그 이랑을 평평하게 하시며
또 단비로 부드럽게 하시고 그 싹에 복을 주시나이다
주의 은택으로 한 해를 관 씌우시니 주의 길에는 기름 방울이 떨어지며
들의 초장에도 떨어지니 작은 산들이 기쁨으로 띠를 띠었나이다
초장은 양 떼로 옷 입었고 골짜기는 곡식으로 덮였으매
그들이 다 즐거이 외치고 또 노래하나이다 (시 65:6–13)

115. 구주 강림(1)

성문으로 나아가라 나아가라 백성이 올 길을 닦으라
큰 길을 수축하고 수축하라 돌을 제하라 만민을 위하여 기치를 들라
여호와께서 땅 끝까지 선포하시되 너희는 딸 시온에게 이르라 보라 네 구원이 이르렀느니라
보라 상급이 그에게 있고 보응이 그 앞에 있느니라 하셨느니라
사람들이 너를 일컬어 거룩한 백성이라 여호와께서 구속하신 자라 하겠고

또 너를 일컬어 찾은 바 된 자요 버림 받지 아니한 성읍이라 하리라 (사 62:10-12)
선지자 이사야의 책에 쓴 바 광야에서 외치는 자의 소리가 있어 이르되
너희는 주의 길을 준비하라 그의 오실 길을 곧게 하라
모든 골짜기가 메워지고 모든 산과 작은 산이 낮아지고
굽은 것이 곧아지고 험한 길이 평탄하여질 것이요
(다같이) **모든 육체가 하나님의 구원하심을 보리라 함과 같으니라** (눅 3:4-6)

116. 구주 강림(2)

이새의 줄기에서 한 싹이 나며 그 뿌리에서 한 가지가 나서 결실할 것이요
그의 위에 여호와의 영 곧 지혜와 총명의 영이요 모략과 재능의 영이요
지식과 여호와를 경외하는 영이 강림하시리니
그가 여호와를 경외함으로 즐거움을 삼을 것이며
그의 눈에 보이는 대로 심판하지 아니하며 그의 귀에 들리는 대로 판단하지 아니하며
공의로 가난한 자를 심판하며 정직으로 세상의 겸손한 자를 판단할 것이며
그의 입의 막대기로 세상을 치며 그의 입술의 기운으로 악인을 죽일 것이며
공의로 그의 허리띠를 삼으며 성실로 그의 몸의 띠를 삼으리라
그 때에 이리가 어린 양과 함께 살며 표범이 어린 염소와 함께 누우며
송아지와 어린 사자와 살진 짐승이 함께 있어 어린 아이에게 끌리며
암소와 곰이 함께 먹으며 그것들의 새끼가 함께 엎드리며 사자가 소처럼 풀을 먹을 것이며
젖 먹는 아이가 독사의 구멍에서 장난하며 젖 뗀 어린 아이가 독사의 굴에 손을 넣을 것이라
내 거룩한 산 모든 곳에서 해 됨도 없고 상함도 없을 것이니
이는 물이 바다를 덮음같이 여호와를 아는 지식이 세상에 충만할 것임이니라
그 날에 이새의 뿌리에서 한 싹이 나서 만민의 기치로 설 것이요
열방이 그에게로 돌아오리니 그가 거한 곳이 영화로우리라 (사 11:1-10)

117. 구주 강림(3)

광야와 메마른 땅이 기뻐하며 사막이 백합화같이 피어 즐거워하며
무성하게 피어 기쁜 노래로 즐거워하며 레바논의 영광과 갈멜과 사론의 아름다움을 얻을 것이라
그것들이 여호와의 영광 곧 우리 하나님의 아름다움을 보리로다
너희는 약한 손을 강하게 하며 떨리는 무릎을 굳게 하며
겁내는 자들에게 이르기를 굳세어라, 두려워하지 말라, 보라 너희 하나님이 오사
보복하시며 갚아 주실 것이라 하나님이 오사 너희를 구하시리라 하라
그 때에 맹인의 눈이 밝을 것이며 못 듣는 사람의 귀가 열릴 것이며
그 때에 저는 자는 사슴같이 뛸 것이며 말 못하는 자의 혀는 노래하리니
이는 광야에서 물이 솟겠고 사막에서 시내가 흐를 것임이라
뜨거운 사막이 변하여 못이 될 것이며 메마른 땅이 변하여 원천이 될 것이며
승냥이의 눕던 곳에 풀과 갈대와 부들이 날 것이며
거기에 대로가 있어 그 길을 거룩한 길이라 일컫는 바 되리니

(다같이) **깨끗하지 못한 자는 지나가지 못하겠고 오직 구속함을 입은 자들을 위하여 있 게 될 것이라** (사 35:1–8상)

118. 구주 강림(4)

나는 시온의 의가 빛같이, 예루살렘의 구원이 횃불같이 나타나도록
시온을 위하여 잠잠하지 아니하며 예루살렘을 위하여 쉬지 아니할 것인즉
이방 나라들이 네 공의를, 뭇 왕이 다 네 영광을 볼 것이요
너는 여호와의 입으로 정하실 새 이름으로 일컬음이 될 것이며
너는 또 여호와의 손의 아름다운 관, 네 하나님의 손의 왕관이 될 것이라 (사 62:1–3)
원하건대 주는 하늘을 가르고 강림하시고 주 앞에서 산들이 진동하기를
불이 섶을 사르며 불이 물을 끓임 같게 하사 주의 원수들이 주의 이름을 알게 하시며 이방 나라들로 주 앞에서 떨게 하옵소서
주께서 강림하사 우리가 생각하지 못한 두려운 일을 행하시던 그 때에 산들이 주 앞에서 진동하였사오니
(다같이) **주 외에는 자기를 앙망하는 자를 위하여 이런 일을 행한 신을 옛부터 들은 자도 없고 귀로 들은 자도 없고 눈으로 본 자도 없었나이다** (사 64:1–4)

119. 성탄절(1)

여호와의 영광이 나타나고
모든 육체가 그것을 함께 보리라 이는 여호와의 입이 말씀하셨느니라 (사 40:5)
베들레헴 에브라다야 너는 유다 족속 중에 작을지라도
이스라엘을 다스릴 자가 네게서 내게로 나올 것이라 그의 근본은 상고에, 영원에 있느니라 (미 5:2)
이는 한 아기가 우리에게 났고 한 아들을 우리에게 주신 바 되었는데
그의 어깨에는 정사를 메었고 그의 이름은 기묘자라, 모사라, 전능하신 하나님이라
영존하시는 아버지라, 평강의 왕이라 할 것임이라
그 정사와 평강의 더함이 무궁하며
또 다윗의 왕좌와 그의 나라에 군림하여 그 나라를 굳게 세우고
지금 이후로 영원히 정의와 공의로 그것을 보존하실 것이라 (사 9:6–7상)
천사가 이르되 무서워하지 말라 보라 내가 온 백성에게 미칠 큰 기쁨의 좋은 소식을 너희에게 전하노라
오늘 다윗의 동네에 너희를 위하여 구주가 나셨으니 곧 그리스도 주시니라 (눅 2:10–11)

120. 성탄절(2)

찬송하리로다 주 이스라엘의 하나님이여 그 백성을 돌보사 속량하시며
우리를 위하여 구원의 뿔을 그 종 다윗의 집에 일으키셨으니
이것은 주께서 예로부터 거룩한 선지자의 입으로 말씀하신 바와 같이
우리 원수에게서와 우리를 미워하는 모든 자의 손에서 구원하시는 일이라
우리 조상을 긍휼히 여기시며 그 거룩한 언약을 기억하셨으니

곧 우리 조상 아브라함에게 하신 맹세라
우리가 원수의 손에서 건지심을 받고 종신토록 주의 앞에서
성결과 의로 두려움이 없이 섬기게 하리라 하셨도다 (눅 1:68–75)
이는 우리 하나님의 긍휼로 인함이라 이로써 돋는 해가 위로부터 우리에게 임하여
어둠과 죽음의 그늘에 앉은 자에게 비치고 우리 발을 평강의 길로 인도하시리로다 (눅 1:78–79)
그러므로 주께서 친히 징조를 너희에게 주실 것이라
보라 처녀가 잉태하여 아들을 낳을 것이요 그의 이름을 임마누엘이라 하리라 (사 7:14)

121. 주현절(1)

여호와여 주의 인자하심이 하늘에 있고
주의 진실하심이 공중에 사무쳤으며
주의 의는 하나님의 산들과 같고 주의 심판은 큰 바다와 같으니이다
여호와여 주는 사람과 짐승을 구하여 주시나이다
하나님이여 주의 인자하심이 어찌 그리 보배로우신지요
사람들이 주의 날개 그늘 아래에 피하나이다
그들이 주의 집에 있는 살진 것으로 풍족할 것이라
주께서 주의 복락의 강물을 마시게 하시리이다
진실로 생명의 원천이 주께 있사오니
주의 빛 안에서 우리가 빛을 보리이다
주를 아는 자들에게 주의 인자하심을 계속 베푸시며
마음이 정직한 자에게 주의 공의를 베푸소서 (시 36:5–10)

122. 주현절(2)

내가 전심으로 주께 감사하며
신들 앞에서 주께 찬송하리이다
내가 주의 성전을 향하여 예배하며 주의 인자하심과 성실하심으로 말미암아 주의 이름에 감사하오리니
이는 주께서 주의 말씀을 주의 모든 이름보다 높게 하셨음이라 (시 138:1–2)
여호와여 세상의 모든 왕들이 주께 감사할 것은 그들이 주의 입의 말씀을 들음이오며
그들이 여호와의 도를 노래할 것은 여호와의 영광이 크심이니이다
여호와께서는 높이 계셔도 낮은 자를 굽어살피시며 멀리서도 교만한 자를 아심이니이다 (시 138:4–6)
여호와께서 나를 위하여 보상해 주시리이다 여호와여 주의 인자하심이 영원하오니 주의 손으로 지으신 것을 버리지 마옵소서 (시 138:8)

123. 주현절(3)

거룩하다 거룩하다 거룩하다 주 하나님 곧 전능하신 이여 전에도 계셨고 이제도 계시고 장차 오실 이시라 (계 4:8하)

주 하나님 곧 전능하신 이시여 하시는 일이 크고 놀라우시도다 만국의 왕이시여 주의 길이 의롭고 참되시도다

주여 누가 주의 이름을 두려워하지 아니하며 영화롭게 하지 아니하오리이까

오직 주만 거룩하시니이다 주의 의로우신 일이 나타났으매 만국이 와서 주께 경배하리이다 (계 15:3하–4)

우리 주 하나님이여 영광과 존귀와 권능을 받으시는 것이 합당하오니 주께서 만물을 지으신지라

만물이 주의 뜻대로 있었고 또 지으심을 받았나이다 (계 4:11)

보좌에 앉으신 이와 어린 양에게 찬송과 존귀와 영광과 권능을 세세토록 돌릴지어다 (계 5:13하)

아멘 찬송과 영광과 지혜와 감사와 존귀와 권능과 힘이 우리 하나님께 세세토록 있을지어다 아멘 (계 7:12)

124. 사순절(1)

내 하나님이여 내 하나님이여 어찌 나를 버리셨나이까

어찌 나를 멀리 하여 돕지 아니하시오며 내 신음 소리를 듣지 아니하시나이까

내 하나님이여 내가 낮에도 부르짖고 밤에도 잠잠하지 아니하오나 응답하지 아니하시나이다

이스라엘의 찬송 중에 계시는 주여 주는 거룩하시니이다

우리 조상들이 주께 의뢰하고 의뢰하였으므로 그들을 건지셨나이다

그들이 주께 부르짖어 구원을 얻고 주께 의뢰하여 수치를 당하지 아니하였나이다 (시 22:1–5)

나를 멀리 하지 마옵소서 환난이 가까우나 도울 자 없나이다 (시 22:11)

악한 무리가 나를 둘러 내 수족을 찔렀나이다

내가 내 모든 뼈를 셀 수 있나이다 그들이 나를 주목하여 보고 내 겉옷을 나누며 속옷을 제비 뽑나이다

여호와여 멀리 하지 마옵소서 나의 힘이시여 속히 나를 도우소서 (시 22:16하–19)

나를 사자의 입에서 구하소서 주께서 내게 응답하시고 들소의 뿔에서 구원하셨나이다

내가 주의 이름을 형제에게 선포하고 회중 가운데에서 주를 찬송하리이다

여호와를 두려워하는 너희여 그를 찬송할지어다

야곱의 모든 자손이여 그에게 영광을 돌릴지어다 너희 이스라엘 모든 자손이여 그를 경외할지어다 (시 22:21–23)

125. 사순절(2)

하나님이여 사슴이 시냇물을 찾기에 갈급함같이

내 영혼이 주를 찾기에 갈급하니이다

내 영혼이 하나님 곧 살아 계시는 하나님을 갈망하나니

내가 어느 때에 나아가서 하나님의 얼굴을 뵈올까

사람들이 종일 내게 하는 말이 네 하나님이 어디 있느뇨 하오니

내 눈물이 주야로 내 음식이 되었도다 (시 42:1–3)

내 영혼아 네가 어찌하여 낙심하며 어찌하여 내 속에서 불안해 하는가
너는 하나님께 소망을 두라 그가 나타나 도우심으로 말미암아 내가 여전히 찬송하리로다 (시 42:5)
낮에는 여호와께서 그의 인자하심을 베푸시고
밤에는 그의 찬송이 내게 있어 생명의 하나님께 기도하리로다
내 반석이신 하나님께 말하기를 어찌하여 나를 잊으셨나이까
내가 어찌하여 원수의 압제로 말미암아 슬프게 다니나이까 하리로다
내 뼈를 찌르는 칼같이 내 대적이 나를 비방하여 늘 내게 말하기를
네 하나님이 어디 있느냐 하도다
내 영혼아 네가 어찌하여 낙심하며 어찌하여 내 속에서 불안해 하는가
너는 하나님께 소망을 두라 나는 그가 나타나 도우심으로 말미암아 내 하나님을 여전히 찬송하리로다 (시 42:8–11)

126. 사순절(3)

여호와여 나의 영혼이 주를 우러러보나이다
나의 하나님이여 내가 주께 의지하였사오니 나를 부끄럽지 않게 하시고
나의 원수들이 나를 이겨 개가를 부르지 못하게 하소서
주를 바라는 자들은 수치를 당하지 아니하려니와 까닭 없이 속이는 자들은 수치를 당하리이다
여호와여 주의 도를 내게 보이시고 주의 길을 내게 가르치소서
주의 진리로 나를 지도하시고 교훈하소서 주는 내 구원의 하나님이시니 내가 종일 주를 기다리나이다
여호와여 주의 긍휼하심과 인자하심이 영원부터 있었사오니
주여 이것들을 기억하옵소서
여호와여 내 젊은 시절의 죄와 허물을 기억하지 마시고
주의 인자하심을 따라 주께서 나를 기억하시되 주의 선하심으로 하옵소서
여호와는 선하시고 정직하시니 그러므로 그의 도로 죄인들을 교훈하시리로다
온유한 자를 정의로 지도하심이여 온유한 자에게 그의 도를 가르치시리로다
(다같이) **여호와의 모든 길은 그의 언약과 증거를 지키는 자에게 인자와 진리로다**
(시 25: 1–10)

127. 사순절(4)

여호와를 자기 하나님으로 삼은 나라 곧 하나님의 기업으로 선택된 백성은 복이 있도다
여호와께서 하늘에서 굽어보사 모든 인생을 살피심이여
곧 그가 거하시는 곳에서 세상의 모든 거민들을 굽어살피시는도다
그는 그들 모두의 마음을 지으시며 그들이 하는 일을 굽어살피시는 이로다
많은 군대로 구원 얻은 왕이 없으며 용사가 힘이 세어도 스스로 구원하지 못하는도다
(시 33:12–16)
우리 영혼이 여호와를 바람이여 그는 우리의 도움과 방패시로다
우리 마음이 그를 즐거워함이여 우리가 그의 성호를 의지하였기 때문이로다

여호와여 우리가 주께 바라는 대로 주의 인자하심을 우리에게 베푸소서 (시 33:20-22)

128. 사순절(5)

나의 영혼이 잠잠히 하나님만 바람이여 나의 구원이 그에게서 나오는도다
오직 그만이 나의 반석이시요 나의 구원이시요 나의 요새이시니 내가 크게 흔들리지 아니하리로다
넘어지는 담과 흔들리는 울타리같이 사람을 죽이려고 너희가 일제히 공격하기를 언제까지 하려느냐
그들이 그를 그의 높은 자리에서 떨어뜨리기만 꾀하고 거짓을 즐겨 하니 입으로는 축복이요 속으로는 저주로다
나의 영혼아 잠잠히 하나님만 바라라 무릇 나의 소망이 그로부터 나오는도다
오직 그만이 나의 반석이시요 나의 구원이시요 나의 요새이시니 내가 흔들리지 아니하리로다
나의 구원과 영광이 하나님께 있음이여 내 힘의 반석과 피난처도 하나님께 있도다
백성들아 시시로 그를 의지하고 그의 앞에 마음을 토하라 하나님은 우리의 피난처시로다 (시 62:1-8)

129. 종려주일

시온의 딸아 크게 기뻐할지어다
예루살렘의 딸아 즐거이 부를지어다
보라 네 왕이 네게 임하시나니 그는 공의로우시며 구원을 베푸시며
겸손하여서 나귀를 타시나니 나귀의 작은 것 곧 나귀 새끼니라
내가 에브라임의 병거와 예루살렘의 말을 끊겠고
전쟁하는 활도 끊으리니 그가 이방 사람에게 화평을 전할 것이요
그의 통치는 바다에서 바다까지 이르고
유브라데 강에서 땅 끝까지 이르리라 (슥 9:9-10)
앞에서 가고 뒤에서 따르는 무리가 소리 높여 이르되
호산나 다윗의 자손이여 찬송하리로다
(다같이) **주의 이름으로 오시는 이여 가장 높은 곳에서 호산나 하더라** (마 21:9)

130. 고난주간(1)

이튿날 요한이 예수께서 자기에게 나아오심을 보고 이르되
보라 세상 죄를 지고 가는 하나님의 어린 양이로다 (요 1:29)
그 날에 죄와 더러움을 씻는 샘이
다윗의 족속과 예루살렘 주민을 위하여 열리리라 (슥 13:1)
이러므로 나의 마음이 기쁘고 나의 영도 즐거워하며 내 육체도 안전히 살리니
이는 주께서 내 영혼을 스올에 버리지 아니하시며 주의 거룩한 자를 멸망시키지 않으실 것임이니이다
주께서 생명의 길을 내게 보이시리니

주의 앞에는 충만한 기쁨이 있고 주의 오른쪽에는 영원한 즐거움이 있나이다 (시 16:9-11)

(다같이) **큰 음성으로 이르되 죽임을 당하신 어린양은 능력과 부와 지혜와 힘과 존귀와 영광과 찬송을 받으시기에 합당하도다 하더라** (계 5:12)

131. 고난주간(2)

우리가 전한 것을 누가 믿었느냐
여호와의 팔이 누구에게 나타났느냐
그는 주 앞에서 자라나기를 연한 순 같고 마른 땅에서 나온 뿌리 같아서
고운 모양도 없고 풍채도 없은즉 우리가 보기에 흠모할 만한 아름다운 것이 없도다
그는 멸시를 받아 사람들에게 버림 받았으며
간고를 많이 겪었으며 질고를 아는 자라 (사 53:1-3상)
그는 실로 우리의 질고를 지고 우리의 슬픔을 당하였거늘
우리는 생각하기를 그는 징벌을 받아 하나님께 맞으며 고난을 당한다 하였노라
그가 찔림은 우리의 허물 때문이요
그가 상함은 우리의 죄악 때문이라
그가 징계를 받으므로 우리는 평화를 누리고
그가 채찍에 맞으므로 우리는 나음을 받았도다
우리는 다 양 같아서 그릇 행하여 각기 제 길로 갔거늘
여호와께서는 우리 모두의 죄악을 그에게 담당시키셨도다 (사 53:4-6)

132. 고난주간(3)

이에 예수께서 제자들에게 이르시되 누구든지 나를 따라오려거든
자기를 부인하고 자기 십자가를 지고 나를 따를 것이니라 (마 16:24)
이를 위하여 너희가 부르심을 받았으니 그리스도도 너희를 위하여 고난을 받으사
너희에게 본을 끼쳐 그 자취를 따라오게 하려 하셨느니라
그는 죄를 범하지 아니하시고 그 입에 거짓도 없으시며 욕을 당하시되 맞대어 욕하지 아니하시고
고난을 당하시되 위협하지 아니하시고 오직 공의로 심판하시는 이에게 부탁하시며
친히 나무에 달려 그 몸으로 우리 죄를 담당하셨으니
이는 우리로 죄에 대하여 죽고 의에 대하여 살게 하려 하심이라
그가 채찍에 맞음으로 너희는 나음을 얻었나니
너희가 전에는 양과 같이 길을 잃었더니 이제는 너희 영혼의 목자와 감독 되신 이에게 돌아왔느니라 (벧전 2:21-25)

133. 부활절(1)

하나님께서 그를 사망의 고통에서 풀어 살리셨으니
이는 그가 사망에 매여 있을 수 없었음이라 (행 2:24)
우리 주 예수 그리스도로 말미암아 우리에게 승리를 주시는 하나님께 감사하노니
그러므로 내 사랑하는 형제들아 견실하며 흔들리지 말고 항상 주의 일에 더욱 힘쓰

는 자들이 되라 (고전 15:57-58상)
이 말을 할 때에 예수께서 친히 그들 가운데 서서 이르시되 너희에게 평강이 있을지어다 하시니
그들이 놀라고 무서워하여 그 보는 것을 영으로 생각하는지라
예수께서 이르시되 어찌하여 두려워하며 어찌하여 마음에 의심이 일어나느냐
내 손과 발을 보고 나인 줄 알라 또 나를 만져 보라
영은 살과 뼈가 없으되 너희 보는 바와 같이 나는 있느니라 (눅 24:36-39)
그러나 이제 그리스도께서 죽은 자 가운데서 다시 살아나사 잠자는 자들의 첫 열매가 되셨도다 (고전 15:20)
예수께서 이르시되 나는 부활이요 생명이니 나를 믿는 자는 죽어도 살겠고 무릇 살아서 나를 믿는 자는 영원히 죽지 아니하리니 이것을 네가 믿느냐
이르되 주여 그러하외다 주는 그리스도시요 세상에 오시는 하나님의 아들이신 줄 내가 믿나이다 (요 11:25-27)

134. 부활절(2)

내가 받은 것을 먼저 너희에게 전하였노니 이는 성경대로 그리스도께서 우리 죄를 위하여 죽으시고
장사 지낸 바 되셨다가 성경대로 사흘 만에 다시 살아나사 게바에게 보이시고
후에 열두 제자에게와 그 후에 오백여 형제에게 일시에 보이셨나니
그중에 지금까지 대다수는 살아 있고 어떤 사람은 잠들었으며 그 후에 야고보에게 보이셨으며
그 후에 모든 사도에게와 맨 나중에 만삭되지 못하여 난 자 같은 내게도 보이셨느니라 (고전 15:3-8)
그리스도께서 만일 다시 살아나지 못하셨으면 우리가 전파하는 것도 헛것이요 또 너희 믿음도 헛것이며 (고전 15:14)
만일 그리스도 안에서 우리가 바라는 것이 다만 이 세상의 삶뿐이면 모든 사람 가운데 우리가 더욱 불쌍한 자이리라
그러나 이제 그리스도께서 죽은 자 가운데서 다시 살아나사 잠자는 자들의 첫 열매가 되셨도다 (고전 15:19-20)

135. 성령 강림(1)

그의 위에 여호와의 영 곧 지혜와 총명의 영이요 모략과 재능의 영이요
지식과 여호와를 경외하는 영이 강림하시리니 (사 11:2)
오직 하나님이 성령으로 이것을 우리에게 보이셨으니
성령은 모든 것 곧 하나님의 깊은 것까지도 통달하시느니라 (고전 2:10)
내가 아버지께 구하겠으니 그가 또 다른 보혜사를 너희에게 주사
영원토록 너희와 함께 있게 하리니 그는 진리의 영이라 (요 14:16-17상)
보혜사 곧 아버지께서 내 이름으로 보내실 성령 그가 너희에게 모든 것을 가르치고
내가 너희에게 말한 모든 것을 생각나게 하리라 (요 14:26)
오직 성령이 너희에게 임하시면 너희가 권능을 받고

예루살렘과 온 유대와 사마리아와 땅끝까지 이르러 내 증인이 되리라 하시니라
(행 1:8)

136. 성령 강림(2)

그 후에 내가 내 영을 만민에게 부어 주리니
너희 자녀들이 장래 일을 말할 것이며
너희 늙은이는 꿈을 꾸며 너희 젊은이는 이상을 볼 것이며
그때에 내가 또 내 영을 남종과 여종에게 부어 줄 것이며
내가 이적을 하늘과 땅에 베풀리니 곧 피와 불과 연기 기둥이라
여호와의 크고 두려운 날이 이르기 전에
해가 어두워지고 달이 핏빛같이 변하려니와
누구든지 여호와의 이름을 부르는 자는 구원을 얻으리니
이는 나 여호와의 말대로 시온 산과 예루살렘에서 피할 자가 있을 것임이요
남은 자 중에 나 여호와의 부름을 받을 자가 있을 것임이니라 (욜 2:28-32)

137. 삼위일체

예수께서 세례를 받으시고 곧 물에서 올라오실새 하늘이 열리고
하나님의 성령이 비둘기같이 내려 자기 위에 임하심을 보시더니
하늘로부터 소리가 있어 말씀하시되
이는 내 사랑하는 아들이요 내 기뻐하는 자라 하시니라 (마 3:16-17)
그러므로 너희는 가서 모든 민족을 제자로 삼아 아버지와 아들과 성령의 이름으로 세례를 베풀고
내가 너희에게 분부한 모든 것을 가르쳐 지키게 하라
볼지어다 내가 세상 끝날까지 너희와 항상 함께 있으리라 하시니라 (마 28:19-20)
몸이 하나요 성령도 한 분이시니 이와 같이 너희가 부르심의 한 소망 안에서 부르심을 받았느니라
주도 한 분이시요 믿음도 하나요 세례도 하나요 하나님도 한 분이시니
곧 만유의 아버지시라 만유 위에 계시고 만유를 통일하시고 만유 가운데 계시도다
(엡 4:4-6)

성구 색인

운율 색인

곡명 색인

작사자 · 작곡자 · 편곡자 색인

작사자

작곡자

나라별 색인 (작사 / 작곡)

찬송가

2006년 11월 15일 초판 1쇄
2018년 6월 1일 2판 1쇄
2024년 7월 23일 2판 82쇄

저 작 자
편저작자 (재)한국찬송가공회

편 집 인 이 사 장 김정훈 오창우
이 사 김승룡 김종준 박대선 박유철
서기영 손인선 신상범 오병욱
윤두태 이승철 이홍렬 조경행

발 행 (주)예장출판사
서울특별시 강남구 영동대로 330
대 표 이양수 정건수
등 록 제16-1597호
책 번 호 YA240016

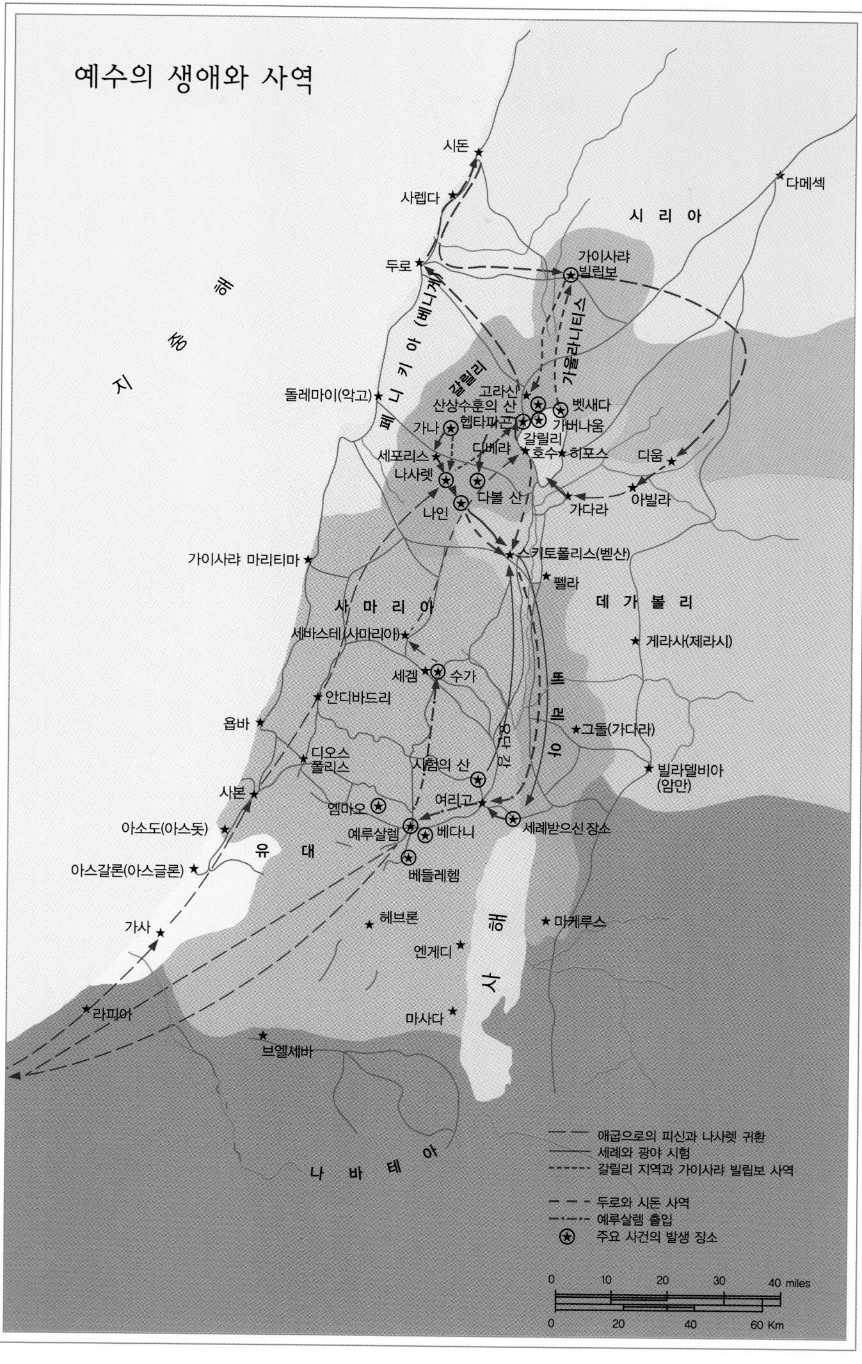
예수의 생애와 사역
시돈
사렙다
다메섹
시 리 아
두로
가이사랴 빌립보
지 중 해
페 니 키 아 (베니게)
갈릴리
가울라니티스
돌레마이(악고)
고라신
산상수훈의 산
벳새다
가나
헵타파곤
가버나움
갈릴리 호수
세포리스
디베랴
히포스
디움
나사렛
다볼 산
아빌라
가다라
나인
스키토폴리스(벧산)
가이사랴 마리티마
펠라
사 마 리 아
데 가 볼 리
세바스테(사마리아)
게라사(제라시)
세겜
수가
안디바드리
요단 강
베레아
욥바
그돌(가다라)
디오스폴리스
시험의 산
빌라델비아 (암만)
사본
엠마오
여리고
아소도(아스돗)
예루살렘
베다니
세례받으신 장소
유 대
아스갈론(아스글론)
베들레헴
헤브론
마케루스
가사
엔게디
사 해
라피아
마사다
브엘세바
나 바 테 아
애굽으로의 피신과 나사렛 귀환
세례와 광야 시험
갈릴리 지역과 가이사랴 빌립보 사역
두로와 시돈 사역
예루살렘 출입
주요 사건의 발생 장소
0 10 20 30 40 miles
0 20 40 60 Km

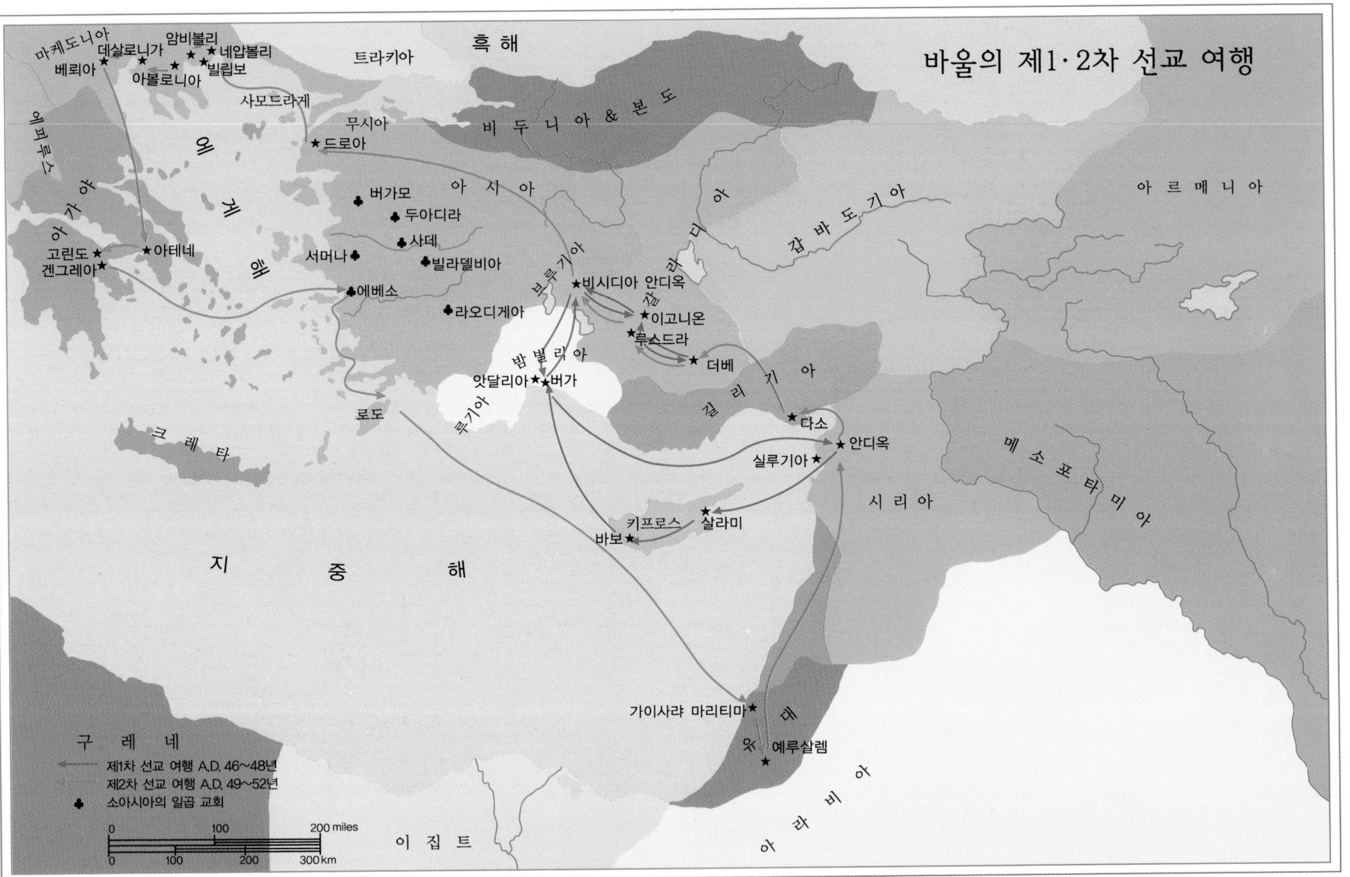

바울의 제1·2차 선교 여행
흑해
트라키아
마케도니아
데살로니가
암비볼리
네압볼리
베뢰아
아볼로니아
빌립보
사모드라게
무시아
드로아
비두니아 & 본도
에피루스
아가야
에게해
고린도
겐그레아
아테네
아시아
버가모
두아디라
사데
서머나
빌라델비아
에베소
라오디게아
브루기아
비시디아 안디옥
이고니온
루스드라
더베
갈라디아
갑바도기아
아르메니아
밤빌리아
앗달리아
버가
루기아
로도
크레타
길리기아
다소
안디옥
실루기아
시리아
메소포타미아
키프로스
살라미
바보
지중해
가이사랴 마리티마
유대
예루살렘
아라비아
이집트
구레네
제1차 선교 여행 A.D. 46~48년
제2차 선교 여행 A.D. 49~52년
소아시아의 일곱 교회
0
100
200 miles
0
100
200
300 km

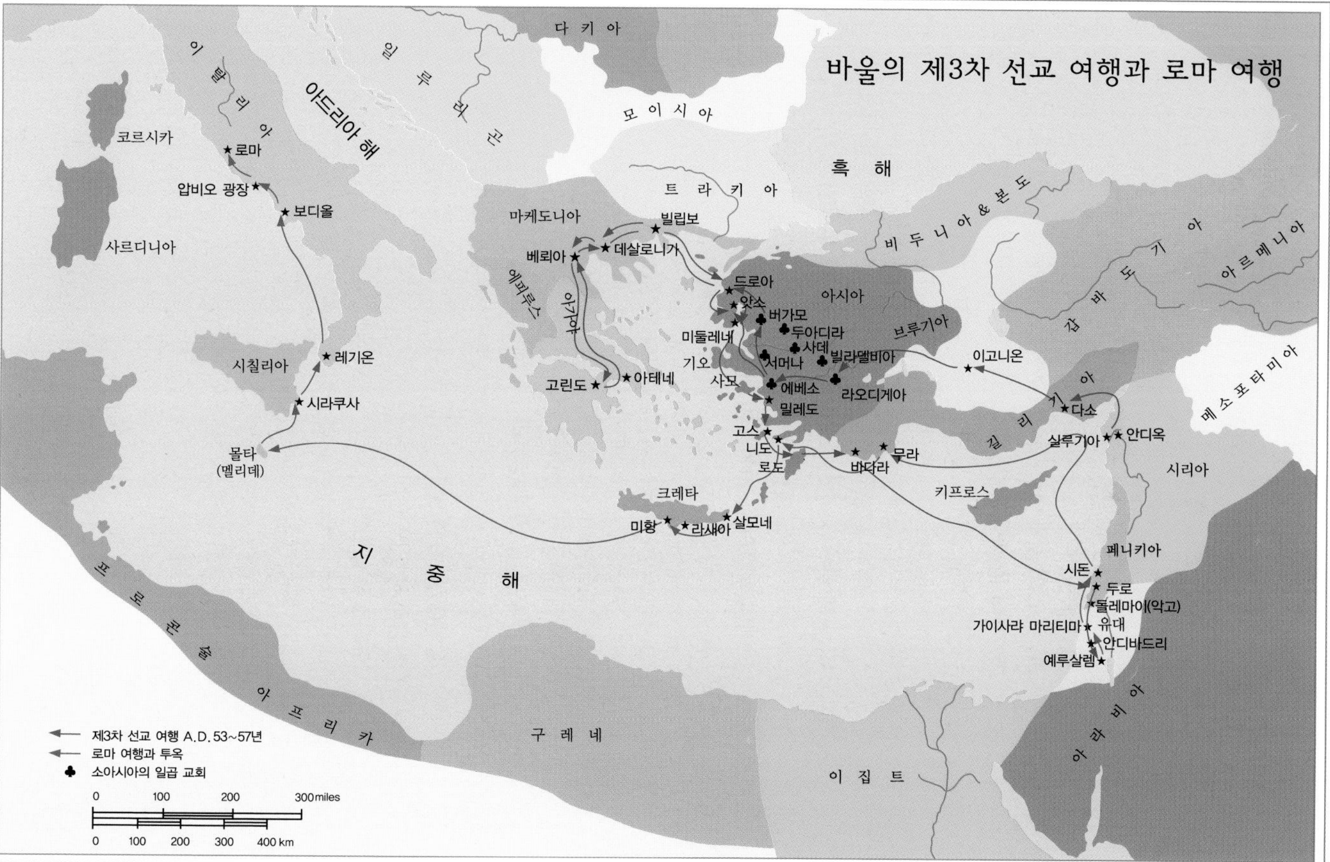

바울의 제3차 선교 여행과 로마 여행
다 키 아
일 루 리 곤
모 이 시 아
이 탈 리 아
아드리아 해
코르시카
사르디니아
로마
압비오 광장
보디올
레기온
시칠리아
시라쿠사
몰타
(멜리데)
마케도니아
빌립보
데살로니가
베뢰아
에피루스
아가야
고린도
아테네
트 라 키 아
흑 해
비 두 니 아 & 본 도
갑 바 도 기 아
아 르 메 니 아
메 소 포 타 미 아
아시아
드로아
앗소
버가모
두아디라
사데
빌라델비아
서머나
에베소
라오디게아
미둘레네
기오
사모
밀레도
브루기아
이고니온
길 리 기 아
다소
안디옥
실루기아
고스
니도
로도
바다라
무라
크레타
미항
라새아
살모네
키프로스
시리아
페니키아
시돈
두로
돌레마이(악고)
유대
가이사랴 마리티마
안디바드리
예루살렘
지 중 해
구 레 네
이 집 트
아 라 비 아
프 로 콘 술 아 프 리 카
제3차 선교 여행 A.D. 53~57년
로마 여행과 투옥
소아시아의 일곱 교회
0 100 200 300 miles
0 100 200 300 400 km

십계명 | The Ten Commandments

하나님이 이 모든 말씀으로 말씀하여 이르시되,
나는 너를 애굽 땅, 종 되었던 집에서 인도하여 낸 네 하나님 여호와니라.

제일은, **너는 나 외에는 다른 신(神)들을 네게 두지 말라.**

제이는, **너를 위하여 새긴 우상을 만들지 말고,**
또 위로 하늘에 있는 것이나, 아래로 땅에 있는 것이나,
땅 아래 물 속에 있는 것의 어떤 형상도 만들지 말며,
그것들에게 절하지 말며, 그것들을 섬기지 말라.

나 네 하나님 여호와는 질투하는 하나님인즉 나를 미워하는 자의 죄를 갚되,
아버지로부터 아들에게로 삼사 대까지 이르게 하거니와,
나를 사랑하고 내 계명을 지키는 자에게는 천 대까지 은혜를 베푸느니라.

제삼은, **너는 네 하나님 여호와의 이름을 망령되게 부르지 말라.**

여호와는 그의 이름을 망령(妄靈)되게 부르는 자를 죄 없다 하지 아니하리라.

제사는, **안식일(安息日)을 기억하여 거룩하게 지키라.**

엿새 동안은 힘써 네 모든 일을 행할 것이나, 일곱째 날은 네 하나님
여호와의 안식일인즉, 너나 네 아들이나 네 딸이나, 네 남종이나 네 여종이나,
네 가축이나, 네 문 안에 머무는 객이라도 아무 일도 하지 말라.
이는 엿새 동안에 나 여호와가 하늘과 땅과 바다와 그 가운데 모든 것을
만들고 일곱째 날에 쉬었음이라. 그러므로 나 여호와가 안식일(安息日)을
복되게 하여, 그날을 거룩하게 하였느니라.

제오는, **네 부모를 공경(恭敬)하라.**

그리하면 네 하나님 여호와가 네게 준 땅에서 네 생명이 길리라.

제육은, **살인(殺人)하지 말라.**

제칠은, **간음하지 말라.**

제팔은, **도둑질하지 말라.**

제구는, **네 이웃에 대하여 거짓 증거하지 말라.**

제십은, **네 이웃의 집을 탐내지 말라.**

네 이웃의 아내나, 그의 남종이나 그의 여종이나, 그의 소나 그의 나귀나,
무릇 네 이웃의 소유를 탐내지 말라. (출애굽기 20:1-17)

예수께서 이르시되, 네 마음을 다하고 목숨을 다하고 뜻을 다하여,
주 너의 하나님을 사랑하라 하셨으니,
이것이 크고 첫째 되는 계명이요,
둘째도 그와 같으니, 네 이웃을 네 자신같이 사랑하라 하셨으니,
이 두 계명이 온 율법과 선지자의 강령이니라.

(마태복음 22:37-40)